Weltfußball Enzyklopädie

Band 2: Amerika, Afrika, Ozeanien

Hardy Grüne

VERLAG DIE WERKSTATT

Weltfußball Enzyklopädie

Band 2: Amerika, Afrika, Ozeanien

Hardy Grüne

VERLAG DIE WERKSTATT

INHALT

KAPITEL	SEITE
VORWORT	7
FUSSBALL IN AFRIKA	11
ÄGYPTEN	33
ALGERIEN	39
ANGOLA	44
ÄQUATORIALGUINEA	48
ÄTHIOPIEN	50
BENIN	53
BOTSWANA	56
BURKINA FASO	58
BURUNDI	61
DJIBOUTI	63
ELFENBEINKÜSTE	65
ERITREA	69
GABUN	71
GAMBIA	73
GHANA	76
GUINEA	82
GUINEA-BISSAU	85
KAMERUN	87
Südliches Kamerun	92
KAP VERDE	93
KENIA	95
KOMOREN	98
DR KONGO	100
KONGO (REPUBLIK)	105
LESOTHO	109
LIBERIA	111
LIBYEN	114
MADAGASKAR	117
MALAWI	119
MALI	121
MAROKKO	124
MAURETANIEN	130
MAURITIUS	132
MASSAI	134
MAYOTTE	134
MOSAMBIK	135
NAMIBIA	138
NIGER	141
NIGERIA	143
RÉUNION	149
RUANDA	150
SAHARA	153
SAMBIA	154
ST. HELENA	158
SANSIBAR	158
SÃO TOMÉ E PRÍNCIPE	159
SENEGAL	161
SEYCHELLEN	165
SIERRA LEONE	167
SIMBABWE	170
SOMALIA	174
SOMALILAND	176
SÜDAFRIKA	177
SUDAN	183
SWASILAND	187
TANSANIA	189
TOGO	192
TSCHAD	196
TUNESIEN	198
UGANDA	203
VEREINIGTE ARABISCHE REPUBLIK	206
WESTAFRIKA (FRANZÖSICH-)	206
ZENTRALAFRIKA	207
FUSSBALL IN SÜDAMERIKA	209
ARGENTINIEN	234
Falkland-Inseln	242
BOLIVIEN	244
BRASILIEN	248
CHILE	259
ECUADOR	264
KOLUMBIEN	268

PARAGUAY	273	ST. KITTS UND NEVIS	396
PERU	278	ST. LUCIA	398
URUGUAY	283	ST. BARTÉLEMEY	400
VENEZUELA	289	ST. MARTIN/SINT MAARTEN	400
		ST. PIERRE UND MIQUELON	401
FUSSBALL IN NORD- UND MITTELAMERIKA	293	ST. VINCENT UND DIE GRENADINEN	402
AMERIKANISCHE JUNGFERNINSELN	311	SURINAME	404
ANGUILLA	313	TRINIDAD UND TOBAGO	407
ANTIGUA UND BARBUDA	315	TURKS- UND CAICOS-INSELN	411
ARUBA	317	USA	413
BAHAMAS	319		
BARBADOS	321	**FUSSBALL IN OZEANIEN**	421
BELIZE	323	AMERIKANISCH-SAMOA	427
BERMUDA	325	AUSTRALIEN	429
BRITISCHE JUNGFERNINSELN	327	COOK-INSELN	436
BRITISCH-KARIBIK	328	FIDSCHI	438
CAYMAN-INSELN	329	KIRIBATI	441
COSTA RICA	331	MARSHALL-INSELN	441
DOMINICA	336	FÖDERATIVE STAATEN MIKRONESIEN	442
DOMINIKANISCHE REPUBLIK	338	NAURU	442
EL SALVADOR	340	NEUKALEDONIEN	443
FRANZÖSISCH-GUYANA	345	NEUSEELAND	446
GRENADA	346	NIUE	452
GUADELOUPE	348	OSTERINSEL	452
GUATEMALA	349	PALAU	452
GUAYANA	353	PAPUA-NEUGUINEA	453
HAITI	355	SALOMONEN	456
HONDURAS	360	SAMOA	459
JAMAIKA	365	TAHITI	461
KANADA	369	TOKELAU	463
KUBA	373	TONGA	464
MARTINIQUE	377	TUVALU	466
MEXIKO	378	VANUATU	467
MONTSERRAT	386	WALLIS UND FUTUNA	469
NICARAGUA	388	YAP	469
NIEDERLÄNDISCHE ANTILLEN	390		
PANAMA	392	LITERATUR	470
PUERTO RICO	394	DER AUTOR	472

Bibliografische Informationen der deutschen Bibliothek:
Die Deutsche Bibliothek verzeichnet diese Publikation in der Deutschen Nationalbibliografie; detaillierte bibliografische Daten sind im Internet über www.dnb.ddb.de abrufbar.

WELTFUSSBALL-ENZYKLOPÄDIE
Band 1: Europa und Asien

Hardy Grüne
Weltfußball-Enzyklopädie
448 Seiten
A4, Hardcover, Fotos

ISBN: 978-3-89533-576-1
39,90 Euro

IMPRESSUM

Copyright 2009 © Verlag Die Werkstatt GmbH
Lotzestraße 24a
D-37083 Göttingen
www.werkstatt-verlag.de

Redaktionsschluss für statistische Angaben: 31. Dezember 2008

Satz und Gestaltung: Bürte Hoppe, Duderstadt
Druck und Bindung: Westermann Druck, Zwickau
Kartografie: Bürte Hoppe, Duderstadt
Wissenschaftliches Lektorat: Rolf Husmann, Göttingen

ISBN: 978-3-89533-640-9
Alle Rechte vorbehalten

VORWORT

Eine Reise um die Welt

Die Welt entdeckte ich über den Fußball. Erst blamierte ich meinen Vater mit der nie beantworteten Frage, wo denn Uerdingen sei. Dann begab ich mich selbst auf die Reise. Das erste Fußballspiel außerhalb meiner Heimatstadt führte mich anno 1976 ins damals noch geteilte Berlin. Wacker 04 Reinickendorf gegen Göttingen 05 lautete die Paarung, und, ja, es war ein Zweitligaspiel.

Nachdem ich Deutschland erkundet hatte, ging es hinaus in die Welt. In England entdeckte ich meine Liebe zu den Bristol Rovers, die durch alle Höhen (Aufstieg im frisch eröffneten Wembleystadion 2007) und Tiefen (drei Jahre ohne einen einzigen vor Ort miterlebten Sieg) nur stärker wurde. Fällt ein Tor für »the Gas«, lässt ein guter Freund vor Ort mein Telefon bimmeln, und ich fühle mich, als wäre ich live dabei.

Ein Sommerjob in der Bretagne ließ mich der Aura von En Avant de Guingamp verfallen. Ein kleines Nest in der Côtes d'Armor, wo alle störrisch Bretonisch reden und die Einwohnerzahl schon mal verdoppelt wird, wenn die »Rouges et Noirs« auflaufen. Als ich das erste Mal im Stade Roudourou stand, trug der spätere Weltmeister Stéphane Guivarc'h, Bretone durch und durch, das rot-schwarze Jersey. Viele Jahre später jubelte ich Didier Drogba und Florent Malouda zu, die den Dorfklub zu einem 4:1-Sieg bei Meister Olympique Lyon schossen – es war der achte Sieg in Folge, und ich bin noch heute überzeugt, dass die Guingampais, hätte die Saison noch ein paar mehr Spieltage gehabt (es war leider der letzte), selbst Meister geworden wären.

Mit Fußball entdeckte ich also die Welt, und bis heute bereitet es mir bedenklich wenig Mühe, an einem tristen Februartag trotz heftigem Schneetreiben und hohen Benzinpreisen einmal quer durch das Land zu fahren, um in Sedan, Strasbourg oder Reims eine Handvoll bretonischer Freunde zu treffen und mit ihnen 90 Minuten Fußball zu erleben. Oder mich in einen Flieger zu setzen, um meinen »Torlieferanten« aus Bristol irgendwo in Scunthorpe oder Northampton zu treffen. Man darf das als irrational bezeichnen und den Kopf über so viel Unvernunft schütteln. Ich betrachte es als gelebte Leidenschaft.

Fußball brachte mich in Kontakt mit Menschen aus aller Welt. In Tansania wurde ich vom Präsidenten eines Klubs auf die Ehrentribüne eingeladen, weil ich der erste »Mzungu« (»Weiße«) im Stadion war. In den USA wollte jeder mit mir über Fußball diskutieren, weil ich aus dem Land des Weltmeisters kam. In Portugal entwickelte sich aus meiner Unfähigkeit, in flüssigem Portugiesisch

eine Eintrittskarte für das Nachbarschaftsderby Sporting Braga gegen Vitória Guimarães zu erwerben, eine wunderbare Freundschaft mit einem des Englischen mächtigen Braga-Anhänger. Und in Ungarn verstand ich kein Wort – und amüsierte mich trotzdem prächtig mit einer Handvoll MTK-Fans.

Fußball ist eine universelle Sprache. Diese abgedroschene Floskel stimmt, und sie stimmt noch mehr in Zeiten der Globalisierung. Einem Marco Pantelić ist es egal, wer ihn wo bezahlt – Hauptsache, er bezahlt viel. In Deutschland spielen inzwischen Fußballer aus allen Ecken und Winkeln dieser Welt. Aus einem Sport, in dem der Nationalismus eine tragende Rolle spielte und den George Orwell einst sinngemäß als »Fortsetzung des Krieges ohne Waffen« bezeichnete, ist ein globaler »Nationalsport« geworden. Fußball verbindet Nationalstolz und Toleranz wie kaum etwas anderes. Ob Deutschland und die Türkei bei der Europameisterschaft 2008 oder Ghana und die Elfenbeinküste bei der Afrikameisterschaft im selben Jahr – der Fußball trennt die Menschen und überwindet zur selben Zeiten ihre Gräben. Als ich 2008 zur Afrikameisterschaft nach Ghana fuhr, sah ich überall Stolz in den Augen der Menschen, für die die »Black Stars« und ihr Heimatland ein und dasselbe war. Fußball öffnete mir die Türen zu ihren Häusern und zu ihren Herzen.

Dass jede Nation auf der Weltkugel ihre eigene Fußballaura aufweist, zeigt sich auch im zweiten Band der Weltfußball-Enzyklopädie. Wie für Teil eins, der sich um Europa und Asien kümmert, gilt auch für Teil zwei die Floskel »Am Anfang waren die Briten«. Fußball war in Europa schon etabliert, als er den Weg nach Südamerika, nach Nordamerika, nach Australien und nach Afrika fand. Neben Briten waren es vor allem Spanier, Franzosen, Italiener, Portugiesen, Niederländer und auch Deutsche, die das Spiel über die Weltkugel verbreiteten.

Geschichte ist ein komplexes System. So wurde die Karibik zur Cricketregion, weil der Fußball zu Hochzeiten des britischen Imperiums in den »West Indies« in London noch in den Kinderschuhen steckte. Als Großbritannien seinen Griff auf Afrika ausdehnte, waren es Absolventen der fußballverrückten britischen Public Schools – die das Spiel frühzeitig in Afrika installierten. Christliche Missionen – allen voran deutsche – sahen anschließend im Fußball ein ideales Werkzeug, um die animistischen Traditionen der Einheimischen zu brechen und ihnen das Wort Gottes nahezubringen.

Frankreich suchte über den Fußball nach Wegen, seine Kolonialgebiete in die »Grande Nation« zu integrieren. Portugal kümmerte das wenig – stattdessen holte man Spieler wie Eusébio einfach nach Lissabon. Und in Südamerika war Fußball sogar nationenbildend. Argentiniens Hauptstadt Buenos Aires ist bis heute fest in den Händen spanisch- und italienischstämmiger Menschen, wenn es um Fußball geht. Auch in den USA war Fußball beliebtes Mittel für Einwanderer aus Europa, um ihre Wahlheimat in eine wirkliche Heimat zu verwandeln.

Angesichts einer derartigen Kraft überrascht es nicht, dass der Fußball global als politisches Werkzeug benutzt wurde. Das konnte positive Effekte haben – in Südafrika halfen Fußball und Rugby, die Rassentrennung zu überwinden –, doch es konnte auch böse Folgen haben wie anno 1969 im berühmten »Fußballkrieg« zwischen Honduras und El Salvador. In diesem Buch kommt neben dem Fußball daher immer wieder auch die Politik zur Sprache. Historisch bewanderte Zeitgenossen mögen mir verzeihen, dass ich in den meisten Fällen einen kurzen historischen Abriss über die jüngere Landesgeschichte vorangestellt habe, ehe ich auf den Fußball zu sprechen komme. Doch die Entwicklung des Fußballs in Ländern wie Ghana, den Salomonen oder auch Argentinien ist ohne ein zeitgeschichtliches Hintergrundwissen nicht möglich.

Nun bleibt mir noch die angenehme Aufgabe, mich bei einigen Mitstreitern zu bedanken. Allen voran bei meiner Partnerin Bürte Hoppe, ohne die ich diese fiktive Reise durch die Fußballwelt nie hätte antreten können und die mir bei meinen realen Reisen durch die Fußballwelt schon so manches Mal die Augen für Besonderheiten geöffnet hat. Wir sind eben das »stärkste Duo seit …«, und ich freue mich schon darauf, 2010 mit dir Angola zu entdecken! Mel Thomas lebt zwar in Wales, ist aber ein verrückter Experte für den afrikanischen Fußball. Seiner umfangreichen Bibliothek über den Schwarzen Kontinent verdanke viel Insiderwissen. Noch mehr aber genieße ich die überwältigende Gastfreundschaft, die Mel und seine Frau Mary uns stets zukommen lassen, wenn wir wieder einmal den Weg nach Blaenau Ffestiniog gefunden haben. It's a pleasure to have you! Chris und Rowena aus dem wunderschönen Clevedon sind nicht nur befreundete Bristol-Rovers-Supporters (Chris ist mein »Telefon-Mann«), sondern der lebende Beweis, was aus einer Fußballfreundschaft alles werden kann. Stay rude, stay rebel! Marc der Bretone, der immer noch sein Mandarin in China auffrischt, Guy von der Kop Rouge 29 und überhaupt toutes les Kopistes Guingampais sei ein baldiges »Kenavo« zugerufen!

Ein wertvoller Begleiter auf meiner Reise durch die Fußballwelt war Rolf Husmann, der für das Lektorat verantwortlich zeichnete und mich mit seinem enormen Fachwissen immer wieder beeindruckte. Und nun lass uns die Welt in »natura« entdecken, lieber Rolf! Ein großes Dankeschön schließlich geht an das Team vom Verlag Die Werkstatt, das sich mutig mit auf diese Weltreise begeben hat.

AFRIKA

Confédération Africaine de Football (CAF)
Afrikanischer Fußball-Verband
gegründet 8. Februar 1957
Anschrift PO Box 23, 3 Abdel Khalek Sarwat Street, El Hay El Motameyez, 6th October City, Ägypten
Telefon +20 - 2/8371000
Fax +20 - 2/8370006
Internet www.cafonline.com
E-Mail info@cafonline.com
Mitglieder
54 Verbände
12.000 Vereine und 71.000 Mannschaften.
46.930.000 Spieler (davon 7.000 Profis)

Nach der asiatischen AFC (1954) und der europäischen UEFA (1956) entstand 1957 mit der Confédération Africaine de Football (CAF) auch ein afrikanischer Kontinentalverband. Die ersten Treffen zwischen afrikanischen Fußballfunktionären und der FIFA hatte es bereits 1954 anlässlich der WM in der Schweiz gegeben. Auf dem Berner FIFA-Kongress wurde seinerzeit mit dem Ägypter Abdel Aziz Abdallah Salem erstmals ein Afrikaner in das FIFA-Exekutivkomitee gewählt. Auf dem FIFA-Kongress am 7. Juni 1956 einigten sich Vertreter Ägyptens, Südafrikas und Sudans schließlich auf die Bildung eines Kontinentalverbandes. Die daraufhin am 8. Februar 1957 in der sudanesischen Hauptstadt Khartoum gegründete Confédération Africaine de Football (CAF) wurde noch im selben Jahr in den Weltverband aufgenommen. Die CAF erfuhr angesichts der in den 1950er Jahren einsetzenden Dekolonisation Afrikas (1956 wurden Sudan, Tunesien und Marokko unabhängig, 1957 folgten Ghana, 1958 Guinea etc.) eine rasante Mitgliederentwicklung. Nichtsdestotrotz stand sie jahrzehntelang im Schatten der europäischen bzw. südamerikanischen Konföderationen. Der Verbandssitz wurde 1957 nach einem Feuer in den ersten Geschäftsräumen in der sudanesischen Hauptstadt Khartoum in die ägyptische Hauptstadt Kairo verlegt, wo er sich bis heute befindet.

LÄNDERKÜRZEL AFRIKA

EGY	→	Ägypten	COM	→	Komoren	SEY	→	Seychellen
ALG	→	Algerien	COD	→	DR Kongo	SLE	→	Sierra Leone
ANG	→	Angola	CGO	→	Kongo	ZIM	→	Simbabwe
EQC	→	Äquatorialguinea	LES	→	Lesotho	SOM	→	Somalia
ETH	→	Äthiopien	LBR	→	Liberia	RSA	→	Südafrika
BEN	→	Benin	LBY	→	Libyen	SUD	→	Sudan
BOT	→	Botswana	MAD	→	Madagaskar	SWZ	→	Swasiland
BFA	→	Burkina Faso	MWI	→	Malawi	TAN	→	Tansania
BDI	→	Burundi	MLI	→	Mali	TOG	→	Togo
CIV	→	Elfenbeinküste (Côte d'Ivoire)	MAR	→	Marokko	CHA	→	Tschad
DJI	→	Djibouti	MTN	→	Mauretanien	TUN	→	Tunesien
ERI	→	Eritrea	MRI	→	Mauritius	UGA	→	Uganda
GAB	→	Gabun	MOZ	→	Mosambik	CTA	→	Zentralafrika
GAM	→	Gambia	NAM	→	Namibia	Nicht-FIFA-Mitglieder		
GHA	→	Ghana	NIG	→	Niger	MYT	→	Mayotte
GUI	→	Guinea	NGA	→	Nigeria	REU	→	Réunion
GNB	→	Guinea-Bissau	RWA	→	Ruanda	ZAN	→	Sansibar
CMR	→	Kamerun	ZAM	→	Sambia		→	Sahara
CPV	→	Kap Verde	STP	→	São Tomé e Príncipe			
KEN	→	Kenia	SEN	→	Senegal			

ZENTRALAFRIKA
Die Länder im Zentrum Afrikas sind von höchster Vielfalt. Im Westen befinden sich neben dem als »Afrika im Kleinen« bezeichneten Kamerun auch die Ölnationen Gabun und Äqatorialguinea. In der Mitte dehnen sich die seit langem politisch instabile Demokratische Republik Kongo (Ex-Zaïre) sowie Zentralafrika aus, und im Norden ragt der Tschad tief in die Sahara hinein. Fußballerisch haben vor allem Frankreich (Kamerun, Gabun, Republik Kongo), Belgien (DR Kongo), Portugal (Äquatorialguinea) sowie Großbritannien (Ruanda und Burundi) ihre Spuren hinterlassen. Erfolgreichste Nationen waren zunächst die beiden Kongos, die 1968, 1972 und 1974 jeweils den Afrikameister stellten. 1974 wurde die DR Kongo als Zaïre zudem erster schwarzafrikanischer WM-Teilnehmer. Auf Klubebene dominierten seinerzeit kongolesische Vereine wie TP Englebert Lubumbashi und CARA Brazzaville die Konkurrenz. Anschließend rückte Kamerun zunehmend in den Vordergrund und schrieb sich 1990 mit einem mitreißenden WM-Auftritt in die Annalen des Weltfußballs. Mit Douala und Yaoundé zählten in den 1970er Jahren zwei kamerunische Metropolen zu den erfolgreichsten Fußballstädten Afrikas.

NORDAFRIKA
Mit Afrikas Rekordmeister Ägypten, dem vierfachen WM-Teilnehmer Marokko sowie Algerien und Tunesien umfasst Nordafrika die erfolgreichsten Fußballnationen des Kontinents. Lediglich Libyen hat abgesehen von Platz zwei bei der Afrikameisterschaft 1982 im eigenen Land keine Erfolge vorzuweisen. Von Engländern (Ägypten), Italienern (Libyen) und Franzosen bzw. Spaniern (Marokko, Tunesien, Algerien) eingeführt, breitete sich der Fußball rasch über die Kreise der Kolonialisten aus. Ägypten trat 1923 als erstes afrikanisches Land der FIFA bei und reiste 1934 zur WM nach Italien. In Algerien wurde Fußball zu einem wichtigen Werkzeug im Kampf gegen die französische Fremdherrschaft, und auch in Marokko und Tunesien diente das Spiel als politischer Steigbügelhalter im Unabhängigkeitskampf. Auf Klubebene zählen Vereine wie Al-Ahly und Zamalek Kairo (Ägypten), Espérance Tunis, Club Africaine Tunis, ES Sahel Sousse und CS Sfaxien (alle Tunesien), JS Kabylie Tizi-Ouzou und ES Sétif (Algerien) sowie Raja und Wydad Casablanca bzw. FAR Rabat zu den kontinentalen Führungskräften. Die marokkanisch besetzte Sahara (bzw. Westsahara) ringt seit vielen Jahren um ihre Unabhängigkeit.

WESTAFRIKA
Der von Senegal bis Nigeria bzw. von Mali bis zum Golf von Guinea reichende afrikanische Südwesten ist die Wiege des schwarzafrikanischen Fußballs. Ausgehend von der ehemaligen Goldküste (heute Ghana) wurde dort bereits vor der Jahrhundertwende auch von Afrikanern gegen den von Briten eingeführten Ball getreten. In Nigeria fungierte das Spiel später als Werkzeug im Kampf gegen die britische Kolonialherrschaft. Im französisch geprägten Westen kam es derweil nach dem Zweiten Weltkrieg zur Einführung einer großräumigen Fußball-Liga, die nach der Nordafrikas die erste grenzüberschreitende Spielklasse Afrikas war. Mit Ghana und Nigeria verfügt die Region über zwei der einflussreichsten Fußballnationen Afrikas. Dazu kommen Mali, das in den späten 1960er Jahren mit dem legendären Salif Keïta zu den stärksten Nationen des Kontinents zählte, die Elfenbeinküste, die nach der Millenniumswende mit ihrer von Didier Drogba angeführten Auswahl Furore machte und zudem mit ASEC Abidjan einen der erfolgreichsten und seriösesten Vereine Schwarzafrikas stellt. Liberia, Sierra Leone, Guinea, Togo, Benin, Senegal und Burkina Faso konnten ebenfalls phasenweise auf sich aufmerksam machen. Auf Vereinsebene haben neben ASEC Abidjan vor allem die ghanaischen Rivalen Hearts of Oak Accra und Asante Kotoko Kumasi Schlagzeilen geschrieben. Nigerias Vereinsfußball ist von Instabilität geprägt.

OSTAFRIKA
Von den Ausläufern der Sahara im Nordwesten bis hin zum Indischen Ozean im Südosten erstreckt sich Ostafrika. Während im Norden die bürgerkriegsgeplagten Länder Sudan, Äthiopien, Eritrea und Somalia zu finden sind, wird der Süden von Kenia, Uganda und Tansania eingenommen. Die Region steht im Spannungsfeld zwischen dem Islam und animistischen bzw. christlichen Traditionen. Fußball wurde über britische, italienische und deutsche Kolonialisten eingeführt, wobei im Süden vor allem die Missionsschulen für seine Verbreitung sorgten. Nach dem Zweiten Weltkrieg zählten Äthiopien und Sudan zu den Geburtshelfern des pankolonialen Fußballs in Afrika und waren gemeinsam mit Ägypten und Südafrika Wegbereiter für die Gründung der CAF bzw. die Einführung einer Kontinentalmeisterschaft. Äthiopien wurde 1962 Afrikameister, Sudan gelang dies 1970. Abgesehen von gelegentlichen Höhenflügen durch Uganda (Finalist der Afrikameisterschaft 1978), Kenia und Sudan stand Ostafrika anschließend in Sachen Erfolge über weite Strecken im Abseits. Während dies in Sudan, Äthiopien und Somalia den Bürgerkriegen zuzuschreiben war, hat die anhaltende Leistungsschwäche von Kenia, Tansania und Uganda vor allem ökonomische Ursachen. An einer WM hat bislang keines der Länder teilgenommen, und auch in der afrikanischen Vereinsmeisterschaft ging Ostafrika seit 1970 leer aus. Als aussichtsreichste Nation gilt das ölreiche Sudan, das sich 2008 erstmals seit 32 Jahren wieder für die Afrikameisterschaft qualifizierte.

SÜDLICHES AFRIKA
Der Süden des afrikanischen Kontinents verfügt über zahlreiche renommierte Fußballhochburgen. Neben Südafrika, dessen Fußballgeschichte lange Zeit von der Apartheidspolitik geprägt war, gilt dies vor allem für Sambia, das mit Kalusha Bwalya einen der renommiertesten Fußballer des Kontinents hervorbrachte. Auch Simbabwe (ehemals Rhodesien), Mosambik (die Heimat von Weltstar Eusébio) sowie Angola konnten große Fußballerfolge feiern. Angola reiste 2006 erstmals zur WM und wird 2010 die Afrikameisterschaft ausrichten. Das ölreiche ehemalige Bürgerkriegsland gilt als eine der aussichtsreichsten Fußballnationen Schwarzafrikas. Eingeführt von Briten und Portugiesen, schlägt das Herz des Fußballs im südlichen Afrika vor allem in den Industriezentren der Region. So ist der Kupfergürtel in Sambia ebenso Fußballhochburg wie die südafrikanische Goldminenregion Witwatersrand mit ihren Metropolen Pretoria und Johannesburg. In Südafrika avancierte der Fußball unter der Apartheidspolitik der weißen Regierung zu einem schwarzen Sport, während Rugby von der weißen Minderheit bevorzugt wurde. Mit den Orlando Pirates und den Kaizer Chiefs stellt Südafrika die beiden vermutlich bedeutendsten Fußballvereine Schwarzafrikas. Fußball und Rugby waren wesentliche Katalysatoren bei der Überwindung der Apartheid Anfang der 1990er Jahre. 1996 richtete Südafrika die Afrikameisterschaft aus und wurde erstmals Kontinentalsieger. 2010 wird das Land die erste WM auf afrikanischem Boden austragen. Sambia erreichte 1974 und 1994 jeweils das Endspiel um die Afrikameisterschaft.

FUSSBALL IN AFRIKA

Ein Kontinent zwischen Freude und Verzweiflung

Afrika ist Lachen, ist Fröhlichkeit, ist Lebensfreude. Emotionen, die man in Afrika auch in jedem Fußballstadion sieht. Da wird fröhlich getanzt, getrommelt, gelacht und gesungen – häufig sogar unabhängig vom Spielstand.

Aber Afrika ist auch Krieg, Blutvergießen und Hass. Kein einziger afrikanischer Staat ist seit Ende des Zweiten Weltkrieges von bewaffneten Auseinandersetzungen verschont geblieben. Kein einziger! Da wüteten dem Wahnsinn nahe Schlächter wie der Ugander Idi Amin oder der Zentralafrikaner Jean-Bédel Bokassa. Da versuchten sich Ethnien gegenseitig auszulöschen – wie die Hutu und die Tutsi in Ruanda und Burundi. Da ergriffen skrupellose »Warlords« die Macht und nahmen ihre Völker als Geiseln – wie in Somalia. Auslöser waren häufig die Hinterlassenschaften einer Kolonialepoche, die der so genannten »Ersten Welt« auf Kosten von Afrika wirtschaftliche Prosperiät beschert hatte. Jahrhundertelang war Afrika eine gewaltige Ressourcenkammer für die »entwickelte« Welt – egal, ob sie sich nun kapitalistisch oder sozialistisch gab. Erst waren es Arbeitssklaven und Rohstoffe, dann nur noch Rohstoffe. Heute lädt Europa seinen Wohlstandsmüll in Afrika ab und bedient sich im Gegenzug an den Öl- und Diamantenressourcen eines Kontinents, den China zugleich mit Waren (und Fußballstadien!) überschwemmt, um eine neue Epoche der Abhängigkeit einzuläuten. Nimmt man das dramatische Bevölkerungswachstum, die exorbitante AIDS-Rate und die fürchterlichen Bürgerkriege hinzu, wirkt Afrika wie ein »verlorener Kontinent«.

Zu den begehrten Ressourcen des Kontinents gehören auch Fußballer. Schon zwischen den beiden Weltkriegen stiegen Nordafrikaner wie Larbi Benbarek in Frankreich und Spanien zu Fußballstars auf. In den 1950er Jahren machten Größen wie Just Fontaine, Salif Keïta und Eusébio in Frankreich bzw. Portugal Weltkarriere. Mit Zaïres WM-Qualifikation 1974 rückte Schwarzafrika erstmals ins globale Blickfeld, ehe Kameruns WM-Auftritt von 1990 einen Exodus auslöste, hinter dem inzwischen ein gewaltiger Apparat steht. Allein das Fußballinternat von ASEC Abidjan (Elfenbeinküste) hat bereits Hunderte von Fußballprofis für den Weltmarkt ausgebildet. Für Afrika ist dies eine zweischneidige Entwicklung. Einerseits verschafft der Fußball Afrikas Jugend eine attraktive Karriereperspektive, zumal zur afrikanischen Lebensphilosophie gehört, dass jemand, der Geld verdient, die gesamte Familie versorgt. Die Einkünfte eines Didier Drogba gehen also auch in dessen Heimat. Andererseits ist der Kontinent personell inzwischen völlig ausgeblutet. Im Frühjahr 2009 wurde erstmals eine Kontinentalmeisterschaft ausgespielt, bei der nur Spieler zugelassen worden waren, die noch in ihren Heimatländern spielen – also diejenigen, deren Talent selbst für moldawische oder färingische Klubs nicht reicht. Im Schatten von Eto'o und Drogba existiert eben noch eine zweite afrikanische Fußballwahrheit.

Die wirtschaftliche Ausbeutung setzte sich für viele afrikanische Staaten auch nach Erlangung der Unabhängigkeit fort. Das betrifft nicht zuletzt den Fußball. Beschränkte sich die »Erste Welt« bis in die 1980er Jahre noch darauf, Afrikaner zwar in Klub-, nicht aber in Länderteams einzusetzen (Ausnahmen bildeten Akteure wie Just Fontaine oder Eusébio, die aber noch zu Kolonialzeiten für Frankreich bzw. Portugal aufliefen), werden Afrikaner seit den 1990er Jahren zunehmend »nationalisiert« und fallen damit für ihre Heimatländer aus. Gerald Asamoah, Emmanuel Olisadebe, Emile M'Penza und Ibrahim Ba waren die Ersten, die diesem Trend folgten und eine neue Staatsbürgerschaft annahmen.

Afrikas Fußballprobleme sind vielfältig. Das gilt vor allem für Schwarzafrika. Während im Norden fast ein europäischer Standard erreicht wird, existiert südlich der Sahara nur in wenigen Ländern ein Netz seriös geführter Vereine, ist Profifußball von wenigen Ausnahmen abgesehen unbekannt. In vielen Ligen dominieren Korruption, Gewalt und Willkür. Zahlreiche Klubs unterliegen dem Einfluss fragwürdiger »Businessmänner«, und über allem stehen nationale Fußballverbände, die nicht selten der Willkür ihrer politischen Landesführung ausgesetzt sind. Auf keinem anderen Kontinent sind die Verbindungen zwischen Fußball und Politik so ausgeprägt wie in Afrika. Dass Roger Milla 1990 zur WM nach Italien reiste, erfolgte nur auf Anweisung von Kameruns Staatschef Biya. Dass Nigeria sein Potenzial nicht abrufen kann, liegt nicht zuletzt an einem Dauerkonflikt zwischen der zumeist militärischen Regierung und dem Fußballverband. In Ländern wie Ghana, Mali, Guinea, Südafrika, Elfenbeinküste und Zaïre (DR Kongo) ist oder war Fußball politisches Werkzeug, um ethnische Spannungen zu überwinden oder Werbung in eigener (politischer) Sache zu machen. Das muss nicht automatisch negativ sein, denn in Südafrika beispielsweise haben Fußball und Rugby enorm geholfen, die Apartheid zu überwinden.

Eingeführt worden war das Spiel von den Kolonialmächten; allen voran Großbritannien. Südafrika machte in den 1880er Jahren den Anfang. Erste Fußballhochburg wurde aber Nordafrika, wo sich Briten, Franzosen und Spanier engagierten. Freilich konnte man nirgendwo von einem »afrikanischem« Fußball sprechen. Vielmehr waren es Europäer, die auf afrikanischem Boden spielten. Nichtsdestotrotz wurde das Spiel über das Militär, die Kolonialschulen und die kirchlichen Missionen in die heimische Bevölkerung hineingetragen und von dieser mit Begeisterung aufgegriffen. Inwieweit sich die Kolonien anschließend fußballerisch weiterentwickeln konnten, war abhängig von der Politik der Kolonialmacht. So kannten die portugiesischen Kolonien zwar keinen Rassismus, dafür kümmerte sich Portugal aber auch nicht um ihre Entwicklung, sondern beschränkte sich auf die Ausbeutung der Ressourcen – und dazu gehörten Fußballer wie der

Mosambikaner Eusébio. Frankreich gibt ein differenzierteres Bild ab. Während in Senegal eine in Frankreich ausgebildete afrikanische Elite die Grundlage zur großräumigen Westafrikaliga legen konnte, durften afrikanische Fußballer in Kamerun nicht einmal französische Klubnamen führen. Großbritannien betrachtete Sport als Bestandteil seiner kolonialen »Entwicklungspolitik« und förderte den Fußball dementsprechend – immer vorausgesetzt allerdings, er stellte nicht den Machtanspruch der britischen Krone in Frage…

Genau das aber tat der Fußball mit dem Aufkommen der Unabhängigkeitsbewegungen nach dem Zweiten Weltkrieg verstärkt. Wie in Nigeria, Algerien und Tansania wurden Fußballspiele auch in anderen Ländern »nebenbei« für politische Veranstaltungen benutzt und dienten als »Deckmantel« für politische Arbeit oder Werbeträger für die Unabhängigkeitsbewegungen. Mit Erlangung der staatlichen Selbständigkeit wurde das Spiel dann zum Staatssport. So sah Ghanas erster Präsident Nkrumah im Fußball ein geeignetes Mittel, um sein multiethnisches Land zu einen. Mit den »Real Republicans« schuf er sogar eine Art Vereins-Nationalmannschaft, die große Erfolge feierte. Auch Guineas dreifacher Kontinentalmeister Hafia FC Conakry stand unter dem Regierungsprotektorat, während Senegals WM-2002-Qualifikation ein Regierungswechsel vorausgegangen war. Dass Liberias Fußballstar George Weah nach seiner Karriere eine politische Laufbahn einschlagen konnte, zeigt, dass es auch andersherum funktionieren kann.

Die Abarbeitung von Nationalismus und Patriotismus über den Fußball ist jedoch nicht ungefährlich. So wurden die Nationalspieler der Elfenbeinküste 2000 in Militärlager verschleppt, weil sie bei der Afrikameisterschaft enttäuscht hatten, während Nigerias Shooting Stars 1984 die Auflösung drohte, nachdem sie das Endspiel um die Kontinentalmeisterschaft verloren hatten.

Afrika ist ein unglaublich fußballbegeisterter Kontinent. Nur wenige Länder stehen abseits – so wie Zentralafrika, wo der Basketball dominiert. Fußball in Afrika bedeutet Inspiration, Kreativität und Fröhlichkeit. Das betrifft nicht nur die Liebe zum schönen Spiel (ein technisches Kabinettstückchen sorgt in Afrika immer für Jubel), sondern auch für das Drumherum. Auf keinem Kontinent gibt es derart phantasievolle Klubnamen. In Swasiland streiten die »Eleven Men in Flight« um den Ball. In Ghana sind die »Mysteries Dwarfs« (»Mysteriöse Zwerge«) unterwegs, und in Botswana faszinieren die »Township Rollers« die Massen. Keine Landesauswahl in Afrika kann ohne Spitzname auskommen – seien es die »Lone Stars« aus Liberia, Südafrikas »Bafana Bafana« oder Sambias »Chipolopolo« (»Gewehrkugeln«). Und nirgendwo ist Fußball von einer vergleichbaren Mischung aus Mystik und Exotik umgeben wie in Schwarzafrika, wo die Anwendung von »muti« (Zauberkraft) elementarer Bestandteil im Fußballspielbetrieb ist.

SIEGERTAFEL AFRIKA

	AFRIKAMEISTERSCHAFT	KONTINENTAL-MEISTER	CECAFA-CUP (OSTAFRIKA)	COSAFA-CUP (SÜDLICHES AFRIKA)	AMÍLCAR CABRAL (WESTL. AFRIKA)	FUSSBALLER DES JAHRES
1957	Ägypten					
1959	Ägypten					
1962	Äthiopien					
1963	Ghana					
1965	Ghana	Oryx Douala (CMR)				
1966		Stade Abidjan (CIV)				
1967		TP Englebert Lubumbashi (COD)				
1968	DR Kongo	TP Englebert Lubumbashi (COD)				
1969		Al-Ismaili (EGY)				
1970	Sudan	Asante Kotoko Kumasi (GHA)				Salif Keita (MLI)
1971		Canon Yaoundé (CMR)				Ibrahim Sunday (GHA)
1972	Kongo	Hafia FC Conakry (GUI)				Chérif Souleymane (GUI)
1973		AS Vita Kinshasa (COD)	Uganda			Tshimimu Bwanga (COD)
1974	Zaïre	CARA Brazzaville (CGO)	Tansania			Paul Moukila (CGO)
1975		Hafia FC Conakry (GUI)	Kenia			Ahmed Faras (MAR)
1976	Marokko	Mouloudia Algiers (ALG)	Uganda			Roger Milla (CMR)
1977		Hafia FC Conakry (GUI)	Uganda			Tarak Dhiab (TUN)
1978	Ghana	Canon Yaoundé (CMR)	Malawi			Abdul Razak (GHA)
1979		Union Douala (CMR)	Malawi		Senegal	Thomas N'Kono (CMR)
1980	Nigeria	Canon Yaoundé (CMR)	Sudan		Senegal	Jean Manga Onguéné (CMR)
1981		JE Tizi-Ouzou (ALG)	Kenia		Guinea	Lakdar Belloumi (ALG)
1982	Ghana	Al-Ahly Kairo (EGY)	Kenia		Guinea	Thomas N'Kono (CMR)
1983		Asante Kotoko Kumasi (GHA)	Kenia		Senegal	Mahmmoud Al-Khatib (EGY)
1984	Kamerun	Zamalek Kairo (EGY)	Sambia		Senegal	Théophile Abega (CMR)
1985		FAR Rabat (MAR)	Simbabwe		Senegal	Mohammed Timoumi (MAR)
1986	Ägypten	Zamalek Kairo (EGY)	nicht ausgespielt		Senegal	Badu al-Zaki (MAR)
1987		Al-Ahly Kairo (EGY)	Äthiopien		Guinea	Rabah Madjer (ALG)
1988	Kamerun	ES Sétif (ALG)	Malawi		Guinea	Kalusha Bwalya (ZAM)
1989		Raja Casablanca (MAR)	Uganda		Mali	George Weah (LIB)
1990	Algerien	JS KabylieTizi-Ouzou (ALG)	Uganda			Roger Milla (CMR)
1991		Club Africain Tunis (TUN)	Sambia		Senegal	Abedi Pelé (GHA)
1992	Elfenbeinküste	WAC Casablanca (MAR)	Uganda			France Footb.: Abedi Pelé (GHA) CAF: Abedi Pelé (GHA)
1993		Zamalek Kairo (EGY)	nicht ausgetragen		Sierra Leone	France Footb.:Abedi Pelé (GHA) CAF: Rashidi Yekini (NGA)
1994	Nigeria	Espérance Tunis (TUN)	Tansania			France Footb.:George Weah (LIB) CAF: Emmanuel Amunike (NGA)
1995		Orlando Pirates (RSA)	Sansibar		Sierra Leone	George Weah (LIB)
1996	Südafrika	Zamalek Kairo (EGY)	Uganda			Nwankwo Kanu (NGA)
1997		Raja Casablanca (MAR)	nicht ausgetragen	Sambia	Mali	Vicor Ikpeba (NGA)
1998	Ägypten	ASEC Mimosas Abidjan (CIV)	nicht ausgetragen	Sambia		Mustapha Hadj (Mar)
1999		Raja Casablanca (MAR)	Ruanda B-Elf	Angola		Nwankwo Kanu (NGA)
2000	Kamerun	Hearts of Oak Accra (GHA)	Uganda	Simbabwe	Kap Verde	Patrick M'Boma (CMR)
2001		Al-Ahly Kairo (EGY)	Äthiopien	Angola	Senegal	El-Hadji Diouf (SEN)
2002	Kamerun	Zamalek Kairo (EGY)	Kenia	Südafrika		El-Hadji Diouf (SEN)
2003		Enyimba Aba (NGA)	Uganda	Simbabwe		Samuel Eto'o (CMR)
2004	Tunesien	Enyimba Aba (NGA)	Äthiopien	Angola		Samuel Eto'o (CMR)
2005		Al-Ahly Kairo (EGY)	Äthiopien	Simbabwe	Guinea	Samuel Eto'o (CMR)
2006	Ägypten	Al-Ahly Kairo (EGY)	Sambia	Sambia		Didier Drogba (CIV)
2007		Etoile du Sahel Sousse (TUN)	Sudan	Südafrika	Mali	Frédéric Kanoute (MLI)
2008	Ägypten	Al-Ahly Kairo (EGY)	Uganda	Südafrika		Emmanuel Adebayor (TOG)

STATISTIK AFRIKA

African Nations Cup Anlässlich der WM 1954 wurde erstmals über die Bildung eines afrikanischen Kontinentalverbandes verhandelt, der 1956 auf dem FIFA-Kongress in Lissabon ins Leben gerufen wurde. Die Initiatoren aus Ägypten, Sudan und Südafrika planten seinerzeit zudem die Einführung einer Kontinentalmeisterschaft, die für 1957 in Ägypten anberaumt wurde. Aufgrund der politischen Verhältnisse musste das Turnier wenig später jedoch nach Sudan verlegt werden. Der Coupe d'Afrique des Nations de Football (CAN) bzw. African Nations Cup ist seitdem zu einem festen Bestandteil im afrikanischen Fußballkalender geworden. Beginnend mit nur vier Mannschaften, erhöhte sich das Teilnehmerfeld im Zuge der Auflösung der Kolonialreiche Afrikas in den 1960er Jahren schlagartig. Nachdem anfänglich die nordafrikanischen Länder dominiert hatten, holten die großen Fußballnationen Schwarzafrikas rasch auf. Zum Vorzeigemodell wurde Ghana, wo Staatschef Nkrumah die »Black Stars« zur nationalen Angelegenheit erklärte und das 1963 erstmals die nach dem ersten CFA-Präsident Abdelaziz Abdallah Salem benannte Siegertrophäe erhielt. 1978 durfte Ghana die Trophäe nach seinem dritten Gesamtsieg behalten. Anschließend wurde um die Trophy of African Unity gespielt, die 2000 dauerhaft in die Hände des Dreifachsiegers Kamerun überging. Seitdem steht die aktuelle Trophäe zur Disposition. Das seit 1968 im Zweijahresrhythmus durchgeführte Turnier rückte mit den zunehmenden Erfolgen afrikanischer Mannschaften in den 1980er Jahren verstärkt ins globale Blickfeld. Zugleich rief es wiederholt Streitigkeiten zwischen den afrikanischen Verbänden und der UEFA bzw. den europäischen Klubs hervor, da das Turnier aus klimatischen Gründen zumeist in den ersten Monaten eines Jahres ausgetragen wird – ausgerechnet zu einer Phase also, in der in Europa die Entscheidungen in den nationalen Ligen anstehen.

■ African Nations Cup 1957
10.-16.2.1957, Turnier in Khartoum, Sudan
▶ **Halbfinale**
Sudan - ÄGYPTEN 1:2
Freilos: ÄTHIOPIEN (Südafrika war wegen seiner Apartheidspolitik disqualifiziert worden)
▶ **Finale** (10.2.1957, 30.000)
ÄGYPTEN - Äthiopien 4:0
Ägypten: Brascos, Nour El-Dali, Mossaad Daoud, Rifaat El-Fanageely, Hanafi Bastan, Rifaat Ateya, Samir Qotb, Ibrahim Tawfik, Ad-Diba, Rafaat Attia, Alaa El-Homouli, Hamdi Abdel Fattah - *Äthiopien*: Gila, Ayele, Adale, Adamu, Asefaw, Berthe, Kebede, Zewode, Abreha, Netsere, Berhane - *Tore*: Ad-Diba (4x) - *SR*: Youssef (Sudan)

■ African Nations Cup 1959
22.-29.5.1959, Turnier in Ägypten
Ägypten - Äthiopien 4:0
Sudan - Äthiopien 1:0
Ägypten - Sudan 2:1
1. ÄGYPTEN 2 2 0 0 6:1 4-0
2. Sudan 2 1 0 1 2:2 2-2
3. Äthiopien 2 0 0 2 0:5 0-4
Ägypten: Adel Hekal, Tarek Selim, Yakan Hussein, Rifaat El-Fanageely, Taha Ismail, Mimi El-Sherbini, Mahmoud El-Gohary, Sherif El-Far, Saleh Selim, Esam Baheeg, Alaa El-Hamouly

■ African Nations Cup 1962
▶ **Qualifikation**
Qualifying Tournament
Ägypten als Titelverteidiger und Äthiopien als Gastgeber für die Endrunde qualifiziert
1. Runde
Sudan trat nicht an
TUNESIEN - Marokko x:0, x:0
Marokko trat nicht an
NIGERIA - Ghana 0:0, *2:2
*Nigeria gewann nach Losentscheid
Sansibar - UGANDA 1:2, 0:2
ÄTHIOPIEN - Kenia 6:1, 4:5
2. Runde
Nigeria - TUNESIEN 2:1, 0:x*
*Nigeria brach das Spiel ab. mit 2:0 für Tunesien gewertet
Kenia - UGANDA 0:1, 1:0*
*Uganda gewann nach Losentscheid
▶ **Endturnier**
14.-21.1.1962 in Äthiopien
Halbfinale
ÄTHIOPIEN - Tunesien 4:2
ÄGYPTEN - Uganda 2:1
Spiel um Platz 3
Tunesien - Uganda 3:0
Finale
Äthiopien - Ägypten 4:2 n.V.
Äthiopien: Gila, Kiflom, Asmelashi, Berhe, Awade, Tesfaye, Luciano, Girma, Menguistou, Italo, Guetacheou - *Ägypten*: Heykal, Ahmed Mostafa, Raafat, Tarak, Fanaguilli, M. Badawi, Salah Selim, Taha, Cherbini, Chehta, Abdelfattah Badawi - *Tore*: 0:1 Abdelfattah Badawi (35.), 1:1 Girma (74.), 1:2 Abdelfattah Badawi (79.), 2:2 Mengistou (84.), 3:2 Italo (101.), 4:2 Mengistou (117.) - *SR*: Brooks (Uganda)

■ African Nations Cup 1963
24.11.-1.12.1963, Turnier in Ghana
▶ **Vorrunde**
Gruppe 1
Ghana - Tunesien 1:1
Ghana - Äthiopien 2:0
Äthiopien - Tunesien 4:2
1. GHANA 2 1 1 0 3:1 3-1
2. ÄTHIOPIEN 2 1 0 1 4:4 2-2
3. Tunesien 2 0 1 1 3:5 1-3
Gruppe 2
Ägypten - Nigeria 6:3
Sudan - Ägypten 2:2
Sudan - Nigeria 4:0
1. SUDAN 2 1 1 0 6:2 3-1
2. ÄGYPTEN 2 1 1 0 8:5 3-1
3. Nigeria 2 0 0 2 3:10 0-4
▶ **Spiel um Platz 3**
Ägypten - Äthiopien 3:0
▶ **Finale**
GHANA - Sudan 3:0
Ghana: Ankrah, Crentsil, Aggrey-Fynn, Odametey, Simmons, Obiley, Acquah, Ofei Dodo, Mfum, Acquah, Salisu - *Sudan*: Sabbit, Samir, Kabir, Amin, Omar, Zarzour, Magid, Ibrahima, Djaksa, Nagy, Jagdoul - *Tore*: 1:0 Aggrey-Fynn (62.), 2:0 Mfum (72.), 3:0 Mfum (82.) - *SR*: Abdelkader (Tunesien)

■ African Nations Cup 1965
12.-21.11.1965, Turnier in Tunesien
▶ **Vorrunde**
Gruppe 1
Tunesien - Äthiopien 4:0
Senegal - Tunesien 0:0
Senegal - Äthiopen 5:1
1. TUNESIEN 2 1 1 0 4:0 3-1
2. SENEGAL 2 1 1 0 5:1 3-1
3. Äthiopien 2 0 0 2 1:9 0-4
Gruppe 2
Ghana - Kongo-Kinshasa 5:2
Elfenbeinküste - Kongo-Kinshasa 3:0
Ghana - Elfenbeinküste 4:1
1. GHANA 2 2 0 0 9:3 4-0
2. ELFENBEINK. 2 1 0 1 4:4 2-2
3. Kongo Kinsh. 2 0 0 2 2:8 0-4
▶ **Spiel um Platz 3**
Elfenbeinküste - Senegal 1:0
▶ **Finale** (21.11.1965)
GHANA - Tunesien 3:2 n.V.
Ghana: Naawu, Ben Kusi, Acquah, Odametey, Evans, Kwamenti, Mensah, Osei Kofi, Jones, Kofi Pare, Odoi - *Tunesien*: Attouga, Benzerti, Douiri, Habacha, Lamine, Chetali, Chaibi, Sassi, Gribaa, Delhoum, Djedidi - Tore: 1:0 Odoi (37.), 1:1 Chetali (47.), 1:2 Chaibi (67.), 2:2 Kofi (79.), 3:2 Odoi (96.) - *SR*: Chekaimi (Algerien)

■ African Nations Cup 1968
▶ **Qualifikation**
Gruppe 1
Senegal - Guinea 4:1, 0:3
Senegal - Liberia 4:1, 1:1
Guinea - Libera 3:0, 2:2
1. Senegal 4 2 1 1 9:6 5-3
2. Guinea 4 2 1 1 9:6 5-3
3. Liberia 4 0 2 2 4:10 2-6
Entscheidungsspiel
SENEGAL - Guinea 2:1
Gruppe 2
Algerien - Mali 1:0, 3:0
Algerien - Obervolta 3:1, 2:1
Mali - Obervolta 4:0, 1:0
1. ALGERIEN 4 4 0 0 9:2 8-0
2. Mali 4 2 0 2 5:4 4-4
3. Obervolta 4 0 0 4 2:10 0-8
Gruppe 3
Elfenbeinküste - Nigeria 2:0, 0:0
Elfenbeinküste - Togo 3:0, 2:0
Nigeria - Togo 4:2, 0:1
1. ELF'KÜSTE 4 3 1 0 7:0 7-1
2. Nigeria 4 1 1 2 4:5 3-5
3. Togo 4 1 0 3 3:9 2-6
Gruppe 4
Ägypten - Libyen 3:2, 2:2
Uganda - Kenia 2:1, 3:3
Uganda - Ägypten 0:1
Uganda Gruppensieger nach Rückzug Ägypten
Gruppe 5
Kongo-Brazzaville - Tunesien x:0, 1:1
Kongo-Brazzaville - Kamerun 2:1, ???
Tunesien - Kamerun 4:0, 0:2
1. KONGO-B. 3 2 1 0 3:2 5-1
2. Tunesien 4 1 1 2 5:3 3-5
3. Kamerun 3 1 0 2 3:6 2-4
Gruppe 6
1. Runde
KONGO-KINSHASA - Sudan 3:2, 0:1, 2:1
TANSANIA - Mauritius 1:0, 1:1
2. Runde
KONGO-KINSHASA - Tansania x:0
Tansania trat nicht an
▶ **Endturnier**
12.-21.1.1968 in Äthiopien
Gruppe 1
Äthiopien - Uganda 2:1
Elfenbeinküste - Algerien 3:0
Äthiopien - Elfenbeinküste 1:0
Algerien - Uganda 4:0
Elfenbeinküste - Uganda 2:1
Äthiopien - Algerien 3:1
1. ÄTHIOPIEN 3 3 0 0 6:2 6-0
2. ELF'KÜSTE 3 2 0 1 5:2 4-2
3. Algerien 3 1 0 2 5:6 2-4
4. Uganda 3 0 0 3 2:8 0-6
Gruppe 2
Ghana - Senegal 2:2
Kongo-Kinshasa - Kongo-Brazzaville 3:0
Senegal - Kongo-Brazzaville 2:1
Ghana - Kongo-Kinshasa 2:1
Kongo-Kinshasa - Senegal 2:1
Ghana - Kongo-Brazzaville 3:1
1. GHANA 3 2 1 0 7:4 5-1
2. KONGO-KINSH.3 2 0 1 6:3 4-2
3. Senegal 3 1 1 1 5:5 3-3
4. Kongo-Brazza. 3 0 0 3 2:8 0-6
Halbfinale
KONGO-KINSHASA - Äthiopien 3:2
GHANA - Elfenbeinküste 4:3
Spiel um Platz 3
Elfenbeinküste - Äthiopien 1:0
Finale (21.1.1968)
KONGO-KINSHASA - Ghana 1:0
Kongo-Kinshasa: Kazadi, Mange, Katumba, Tshimanga, Mukomba, Kibonge, Kassongo, Kalala, Kidumu, Kembo, Mungamuni - *Ghana*: Naawu, Crentsil, Eshun, Odametey, Kusi, Sunday, Odoi, Kofi, Attuquayefio, Mfum, Malik - *Tor*: 1:0 Kalala (66.), *SR*: El-Diba (Ägypten)

■ African Nations Cup 1970
▶ **Qualifikation**
1. Runde
ALGERIEN - Marokko 2:0, 0:1
ÄGYPTEN - Somalia x:0
GUINEA - Togo 4:0, 1:1
Kenia - TANSANIA 0:1, 1:1
MALI - Obervolta x:0
Mauritius - SAMBIA 2:3, 2:2
NIGER - Nigeria x:0
SENEGAL - Sierra Leone x:0
Uganda - KAMERUN 1:1, 0:2
2. Runde
ÄGYPTEN - Algerien 1:0, 1:1
ÄTHIOPIEN - Tansania 7:0, 2:1
GHANA - Niger 6:0, 9:1
Mali - ELFENBEINKÜSTE 0:0, 0:4
Senegal - GUINEA 1:1, 3:4
Sambia - KAMERUN 2:2, 1:2
▶ **Endturnier**
6.-16.2.1970 im Sudan
Gruppe 1
Kamerun - Elfenbeinküste 3:2
Sudan - Äthiopien 3:0
Kamerun - Äthiopien 3:2
Elfenbeinküste - Sudan 1:0
Elfenbeinküste - Äthiopien 6:1
Sudan - Kamerun 2:1
1. ELF'KÜSTE 3 2 0 1 9:4 4-2
2. SUDAN 3 2 0 1 5:2 4-2
3. Kamerun 3 2 0 1 7:6 4-2
4. Äthiopien 3 0 0 3 3:12 0-6
Gruppe 2
Ghana - Kongo-Kinshasa 2:0
Ägypten - Guinea 4:1
Kongo-Kinshasa - Guinea 2:2
Ägypten - Ghana 1:1
Ghana - Guinea 1:1
Ägypten - Kongo-Kinshasa 1:0
1. ÄGYPTEN 3 2 1 0 6:3 5-1
2. GHANA 3 1 2 0 4:2 4-2
3. Guinea 3 0 2 1 5:7 2-4
4. Kongo-Kinsh. 3 0 1 2 2:5 1-5
Halbfinale
SUDAN - Ägypten 2:1
GHANA - Elfenbinküste 2:1
Spiel um Platz 3
Ägypten - Elfenbeinküste 3:1
Finale (16.2.1970)
SUDAN - Ghana 1:0
Sudan: Aziz, Kaunda, Suliman, Amin, Samir, Bushara, Bushra, El-Issed, Djaksa, Dahish, Hassabu - *Ghana*: Mensah, Boye, Mingle, Eshun, Acquah, Ghartey, Attuquayafio, Sunday, Folley, Owusu, Malik - *Tor*: 1:0 El-Issed (12.), *SR*: Tesfaye (Äthiopien)

■ African Nations Cup 1972
▶ **Qualifikation**
1. Runde
Algerien - MAROKKO 3:1, 0:3
Gabun - ELFENBEINKÜSTE 1:2, 0:1
GHANA - Obervolta x:0
GUINEA - Senegal 1:0, 0:0
Libyen - ÄGYPTEN 0:1, 1:2
KENIA - Äthiopien 2:0, 1:0
Madagaskar - MAURITIUS 2:1, 1:4
Niger - MALI 0:1, 1:3
Nigeria - KONGO 0:0, 1:2
Tansania - SAMBIA 1:1, 1:5
TOGO - Dahomey 2:1, 0:0
Uganda - ZAÏRE 1:4, 0:1
2. Runde
Guinea - MALI 0:0, 1:3
Elfenbeinküste - KONGO 3:2, 0:2
KENIA - Mauritius 2:1, 0:0
MAROKKO - Ägypten 3:0, 2:3
TOGO - Ghana 0:0, 1:0
Sambia - ZAÏRE 2:1, 0:3
▶ **Endturnier** (23.2.-5.3.1972 in Kamerun)
Gruppe 1
Kamerun - Kenia 2:1
Mali - Togo 3:3
Mali - Kenia 1:1
Kamerun - Togo 2:0
Togo - Kenia 1:1
Kamerun - Mali 1:1
1. KAMERUN 3 2 1 0 5:2 5-1
2. MALI 3 0 3 0 5:5 3-3
3. Kenia 3 0 2 1 3:4 2-4
4. Togo 3 0 2 1 4:6 2-4
Gruppe 2
Kongo - Marokko 1:1
Zaïre - Sudannah 1:1
Marokko - Sudan 1:1
Zaïre - Kongo 2:0
Zaïre - Marokko 1:1
Kongo - Sudan 4:2
1. ZAÏRE 3 1 2 0 4:2 4-2
2. KONGO 3 1 1 1 5:5 3-3
3. Marokko 3 0 3 0 3:3 3-3
4. Sudan 3 0 2 1 4:6 2-4
Halbfinale
KONGO - Kamerun 1:0
MALI - Zaïre 4:2
Spiel um Platz 3
Kamerun - Zaïre 5:2
Finale (5.3.1972)
Kongo - Mali 3:2
Kongo: Matsima, Dengaky, Ngassaki, Ndolou, Niangou, Minga, Balekita, M'Pelé, Bahamboula, Matongo (Ongania), M'Bono (Mouki-la) - *Mali*: M. Keita, Moctar, Sangare, Kidian,

Cheikna, Bakary Traoré, O. Traoré, Touré (M. Traoré), S. Keita (A. Traoré), F. Keita, Diakhité - *Tore*: 0:1 Diakhité (42.), 1:1 M'Bono (57.), 2:1 M'Bono (59.), 3:1 M'Pelé (63.), 3:3 M. Traoré (75.) - *SR*: Aouissi (Algerien)

African Nations Cup 1974

▶ Qualifikation

Vorrunde
ZENTRALAFRIKA - Gabun x:0
SIERRA LEONE - Benin x:0
Somalia - UGANDA 2:0, 0:5

1. Runde
ALGERIEN - Libyen x:0
KAMERUN - Niger x:0
Zentralafrika - ELFENBEINKÜSTE 4:1, 1:2*
*Zentralafrika wurde disqualifiziert
Äthiopien - TANSANIA 2:1, 0:3
GHANA - Senegal 3:2, 0:1 n.V., 5:3 n.E.
GUINEA - Togo x:0
Lesotho - MAURITIUS 0:0, 1:5
Sierra Leone - MALI 1:1, 2:4
Sudan - NIGERIA 1:1, 1:2
UGANDA - Kenia 1:0, 2:1
Obervolta - ZAÏRE 0:5, 1:4
SAMBIA - Madagaskar 3:1, 1:2

2. Runde
Kamerun - ZAÏRE 2:1, 0:2
Ghana - ELFENBEINKÜSTE 0:3, 0:1
Mali - GUINEA 2:2, 1:1
Tansania - MAURITIUS 1:1, 0:0 n.V., 0:x n.E.
UGANDA - Algerien 2:1, 1:1
SAMBIA - Nigeria 5:1, 2:3

▶ Endturnier (1.-14.3.1974 in Ägypten)

Gruppe 1
Ägypten - Uganda 2:1
Sambia - Elfenbeinküste 1:0
Ägypten - Sambia 3:1
Elfenbeinküste - Uganda 2:2
Ägypten - Elfenbinküste 2:0
Sambia - Uganda 1:0

1. ÄGYPTEN	3	3	0	0	7:2	6-0
2. SAMBIA	3	2	0	1	3:3	4-2
3. Uganda	3	0	1	2	3:5	1-5
4. Elfenbeinküste	3	0	1	2	2:5	1-5

Gruppe 2
Zaïre - Guinea 2:1
Kongo - Mauritius 2:0
Kongo - Zaïre 2:1
Guinea - Mauritius 2:1
Guinea - Kongo 1:1
Zaïre - Mauritius 4:1

1. KONGO	3	2	1	0	5:2	5-1
2. ZAIRE	3	2	0	1	7:4	4-2
3. Guinea	3	1	1	1	4:4	3-3
4. Mauritius	3	0	0	3	2:8	0-6

Halbfinale
ZAÏRE - Ägypten 3:2
SAMBIA - Kongo 4:2

Spiel um Platz 3
Ägypten - Kongo 4:0

Finale (11. und 14.3.1976)
Zaïre - Sambia 2:2
Zaïre: Kazadi, Mwepu, Bwanga, Lobilo, Ngoie, Mavuba, Mana, Mayanga, Ndaye, Kidumu, Kakoko - *Sambia*: Mwape, Musenge, Chama, Makwaza, Mbaso, Simutowe, Simulambo, Mapulanga, Changa, Kaushi, Sinyangwe - *Tore*: 0:1 Kaushi (40.), 1:1 Ndaye (65.), 2:1 Ndaye (117.), 2:2 Sinyangwe (120.) - *SR*: Gamar (Libyen)
ZAÏRE - Sambia 2:0
Zaïre: Kazadi, Mwepu, Mukombo, Bwanga, Lobilo, Mavuba, Mana, Mayanga, Ndaye, Kidumu, Kakoko - *Sambia*: Mwape, Musenge, Chama, Makwaza, Mbaso, Simutowe, Simulambo, Mapulanga, Changa, Kaushi, Sinyangwe - *Tore*: 1:0 Ndaye (30.), 2:0 Ndaye (76.) - *SR*: Gamar (Libyen)

African Nations Cup 1976

▶ Qualifikation

Vorrunde
MALI - Lesotho x:0
MAROKKO - Gambia 3:0, 3:0
NIGER - Benin x:0
Somalia - BURUNDI 0:2, 1:0
TOGO - Liberia 1:0, 2:0
TUNESIEN - Libyen 1:0, 0:1 n.V., x:0 n.E.

1. Runde
Burundi - ÄGYPTEN 0:3, 0:2
Kamerun - TOGO 3:0, 0:4
KONGO - Elfenbeinküste 1:0, 1:2
Mali - GHANA 3:1, 0:4
MAROKKO - Senegal 4:0, 1:2
Niger - GUINEA 2:4, 0:3
NIGERIA - Zentralafrika x:0
SUDAN - Kenia 1:0, 2:0
TANSANIA- Madagaskar x:0
TUNESIEN - Algerien 1:1, 2:1
UGANDA - Mauritius 4:0, 1:1
SAMBIA - Malawi 3:3, 6:1

2. Runde
Kongo - NIGERIA 0:1, 1:2
Ghana - MAROKKO 2:0, 0:2 n.V., 0:x n.E.
Tansania - ÄGYPTEN 1:1, 2:5
Togo - GUINEA 2:2, 0:2
Tunesien - SUDAN 3:2, 1:2
Sambia - UGANDA 2:1, 0:3

▶ Endturnier (29.2.-14.3.1976 in Äthiopien)

Gruppe 1
Äthiopien - Uganda 2:0
Ägypten - Guinea 1:1
Ägypten - Uganda 2:1
Guinea - Äthiopien 2:1
Guinea - Uganda 2:1
Ägypten - Äthiopien 1:1

1. GUINEA	3	2	1	0	5:3	5-1
2. ÄGYPTEN	3	1	2	0	4:3	4-2
3. Äthiopien	3	1	1	1	4:3	3-3
4. Uganda	3	0	0	3	2:6	0-6

Gruppe 2
Nigeria - Zaïre 4:2
Marokko - Sudan 2:2
Nigeria - Sudan 1:0
Marokko - Zaïre 1:0
Marokko - Nigeria 3:1
Zaïre - Sudan 1:1

1. MAROKKO	3	2	1	0	6:3	5-1
2. NIGERIA	3	2	0	1	6:5	4-2
3. Sudan	3	0	2	1	3:4	2-4
4. Zaïre	3	0	1	2	3:6	1-5

Finalrunde
Guinea - Nigeria 1:1
Marokko - Ägypten 2:1
Marokko - Nigeria 2:1
Guinea - Ägypten 4:2
Nigeria - Ägypten 3:2
Marokko - Guinea 1:1

1. MAROKKO	3	2	1	0	5:3	5-1
2. Guinea	3	1	2	0	6:4	4-2
3. Nigeria	3	1	1	1	5:5	3-3
4. Ägypten	3	0	0	3	5:9	0-6

Marokko: Hazzaz, Cherif, Baba, Claoua, Mehdi, Guezzar, Larbi, Semmat, Zahraoui, Tazi, Faras, Abouali, Dolmy

African Nations Cup 1978

▶ Qualifikation

Vorrunde
Malawi - MAURITIUS 1:1, 2:3

1. Runde
ALGERIEN - Kenia 4:1, 1:2
Obervolta - ELFENBEINKÜSTE 0:1, 1:4
Kamerun - KONGO 2:0, 0:4
Ägypten - TUNESIEN 2:2, 2:3
GUINEA - Libyen 3:0, 2:0
MALI - Niger x:0
Mauitius - ÄTHIOPIEN 2:3, 0:1
SENEGAL - Togo 2:1, 1:0
Sierra Leone - NIGERIA 1:1, 0:2
UGANDA - Tansania x:0
SAMBIA - Sudan x:0
Freilos: GABUN

2. Runde
Algerien - SAMBIA 2:0, 0:2, 0:x n.E.
KONGO - Gabun 3:2, 3:3
Äthiopien - UGANDA 0:0, 1:2
Senegal - NIGERIA 3:1, 0:3
TUNESIEN - Guinea 3:0, 2:3
Elfenbeinküste - Mali x:x
beide Mannschaften wurden disqualifiziert. Dafür rückte Obervolta nach

▶ Endturnier (5.-18.3.1978 in Ghana)

Gruppe 1
Ghana - Sambia 2:1
Nigeria- Obervolta 4:2
Sambia - Obervolta 2:0
Ghana - Nigeria 1:1
Sambia - Nigeria 0:0
Ghana - Obervolta 3:0

1. GHANA	3	2	1	0	6:2	5-1
2. NIGERIA	3	1	2	0	5:3	4-2
3. Sambia	3	1	1	1	3:2	3-3
4. Obervolta	3	0	0	3	2:9	0-6

Gruppe 2
Marokko - Tunesien 1:1
Uganda - Kongo 3:1
Tunesien - Uganda 3:1
Marokko - Kongo 1:0
Kongo - Tunesien 0:0
Uganda - Marokko 3:0

1. UGANDA	3	2	0	1	7:4	4-2
2. TUNESIEN	3	1	2	0	4:2	4-2
3. Marokko	3	1	1	1	2:4	3-3
4. Kongo	3	0	1	2	1:4	1-5

Halbfinale
GHANA - Tunesien 1:0
UGANDA - Nigeria 2:1

Spiel um Platz 3
Nigeria - Tunesien *
*nach 30 Minuten beim Stande von 1:1 abgebrochen und mit 2:0 für Nigeria gewertet

Finale (18.3.1978, 40.000)
Ghana - Uganda 2:0
Ghana: Carr, Paha, Quaye, Acquaye, Dadzie, Kyenkyehen, Yawson, Seidi, Afriye, Razak, Ahmed - *Uganda*: Ssali, Semwanga, Musenze, Lwanga, Kirundu, Kiganda, Nasur, Nsereko, Omondi, Kisitu, Isabirye (Lubega) - *Tore*: 1:0 Afriye (38.), 2:0 Afriye (64.) - *SR*: Al-Ghoul (Ägypten)

African Nations Cup 1980

▶ Qualifikation

Vorrunde
Madagaskar - MALAWI 2:1, 1:5
MAURITIUS - Lesotho 0:1, 2:1
BENIN - Niger x:0

1. Runde
Benin - ELFENBEINKÜSTE 1:0, 1:4
Kongo - ZAÏRE 4:2, 1:4
GUINEA - Kamerun 3:0, 0:3 n.V., x:0 n.E.
LIBYEN - Äthiopien 2:1, 1:1
Malawi - SAMBIA 0:2, 0:2
Mauretanien - MAROKKO 2:2, 1:4
Mauritius - TANSANIA 3:2, 0:4
TOGO - Gambia 2:0, 0:1
ALGERIEN - Burundi x:0
ÄGYPTEN - Somalia x:0
KENIA - Tunesien x:0
SUDAN - Uganda x:0

2. Runde
ALGERIEN - Libyen 3:1, 0:1
Kenia - ÄGYPTEN 3:1, 0:3
MAROKKO - Togo 7:0, 1:2
Sudan - ELFENBEINKÜSTE 2:0, 0:4
TANSANIA - Sambia 1:0, 1:1
Zaïre - GUINEA 3:2, 1:3

▶ Endturnier (8. - 22.3.1980 in Nigeria)

Gruppe 1
Nigeria - Tansania 3:1
Ägypten - Elfenbeinküste 2:1
Ägypten - Tansania 2:1
Nigeria - Elfenbeinküste 0:0
Tansania- Elfenbeinküste 1:1
Nigeria - Ägypten 1:0

1. NIGERIA	3	2	1	0	4:1	5-1
2. ÄGYPTEN	3	2	0	1	4:3	4-2
3. Elfenbeinküste	3	0	2	1	2:3	2-4
4. Tansania	3	0	1	2	3:6	1-5

Gruppe 2
Ghana - Algerien 0:0
Guinea - Marokko 1:1
Algerien - Marokko 1:0
Ghana - Guinea 1:0
Algerien - Guinea 3:2
Marokko - Ghana 1:0

1. ALGERIEN	3	2	1	0	4:2	5-1
2. MAROKKO	3	1	1	1	2:2	3-3
3. Ghana	3	1	1	1	1:1	3-3
4. Guinea	3	0	1	2	3:5	1-5

Halbfinale
NIGERIA - Marokko 1:0
ALGERIEN - Ägypten 2:2 n.V., 4:2 n.E.

Spiel um Platz 3
Marokko - Ägypten 2:0

Finale (22.3.1980, 80.000)
NIGERIA - Algerien 3:0
Nigeria: Best, Adiele, Chukwu, Isima, Atuegbu, Odiye, Owalabi, Odegbami, Lawal, Amiesemaka - *Algerien*: Cerbah, Merzekane, Horr, Khedis, Kouici, Mahyouz, Fergani, Belloumi, Bensaoula (Madjer), Benmiloudi (Guemri), Assad - *Tore*: 1:0 Odegbami (2.), 2:0 Odegbami (42.), 3:0 Lawal (50.) - *SR*: Tesfaye (Äthiopien)

African Nations Cup 1982

▶ Qualifikation

Vorrunde
Angola - KONGO 1:1, 0:0
LIBERIA - Gambia 0:0, 1:1
MADAGASKAR - Mauritius 0:0, 1:1
Malawi - SIMBABWE 0:1, 1:1
MALI - Mauretanien 2:0, 1:2
MOSAMBIK - Lesotho 6:1, 1:2
SENEGAL - Siera Leone 2:0, 2:1
OBERVOLTA - Gabun x:0
ÄQUATORIAL-GUINEA - Benin x:0
RUANDA - Uganda x:0

1. Runde
ALGERIEN - Mali 5:1, 0:3
KAMERUN - Togo 4:0, 2:2
ÄTHIOPIEN - Ruanda 1:0, 0:1 n.V., 4:3 n.E.
GHANA - Kongo 1:1, 1:0
MAROKKO - Liberia 3:1, 5:0
TUNESIEN - Senegal 1:0, 0:0
ZAÏRE - Mosambik 2:1, 3:3
Simbabwe - SAMBIA 0:1, 0:2
Kenia - ÄGYPTEN 3:5, 0:2
GUINEA - Äquatorial-Guinea x:0
MADAGASKAR - Tansania x:0

2. Runde
ALGERIEN - Obervolta 7:0, 1:1
KAMERUN - Madagaskar 5:1, 1:2
GHANA - Zaïre 2:2, 2:1
Guinea - ÄTHIOPIEN 2:2, 1:1
Marokko - SAMBIA 2:1, 0:2
TUNESIEN - Ägypten x:0

▶ Endturnier (5. - 19.3.1982 in Libyen)

Gruppe 1
Libyen - Ghana 2:0
Kamerun - Tunesien 1:1
Kamerun - Ghana 0:0
Libyen - Tunesien 2:0
Ghana - Tunesien 1:0
Libyen - Kamerun 0:0

1. LIBYEN	3	1	2	0	4:2	4-2
2. GAHANA	3	1	2	0	3:2	4-2
3. Kamerun	3	0	3	0	1:1	3-3
4. Tunesien	3	0	1	2	1:4	1-5

Gruppe 2
Nigeria -Äthiopien 3:0
Algerien - Sambia 1:0
Sambia - Äthiopien 1:0
Algerien - Nigeria 2:1
Algerien - Äthiopien 0:0
Sambia - Nigeria 3:0

1. ALGERIEN	3	2	1	0	3:1	5-1
2. SAMBIA	3	2	0	1	4:1	4-2
3. Nigeria	3	1	0	2	4:5	2-4
4. Äthiopien	3	0	1	2	0:4	1-5

Halbfinale
GHANA - Algerien 3:2
LIBYEN - Sambia 2:1

Spiel um Platz 3
Sambia - Algerien 2:0

Finale (19.3.1982, 50.000)
Ghana - Libyen 1:1 n.V., 7:6 n.E.
Ghana: Owusu, Haruna Yusif, L. Sampson, Paha, K. Sampson, Asase, Quarshie, Kofi Badu (Abédi Pelé), Essein (Opoki Nti), Al-Hassan, Abbrey Kofi - *Libyen*: Kouafi, El-Ageli, Zeiw, Sola, Beshari, Majdoub (El-Borosi), Garana, El-Fergami (Abubaker), Ferjani, Issawi, Gonaim - *Tore*: 1:0 Al-Hassan (35.), 1:1 Beshari (70.) - *SR*: Ramlochun (Mauritius)

African Nations Cup 1984

▶ Qualifikation

Vorrunde
Gabun - ANGOLA 2:2, 0:4
MALAWI - Simbabwe 2:0, 2:0
MALI - Gambia 3:1, 0:1
Niger - SENEGAL 0:0, 0:1
Somalia - RUANDA 0:1, 0:x
Tansania - UGANDA 1:1, 2:3
TOGO - Sierra Leone 3:0, 1:0
BENIN - Liberia x:0
MAURITIUS - Lesotho x:0
MOSAMBIK - Swaziland x:0

1. Runde
ALGERIEN - Benin 6:2, 1:1
Kongo -ÄGYPTEN 2:0, 0:2, 0:x n.E.
ÄTHIOPIEN - Mauritius 1:0, 0:1 n.,V., ??? n.E.
Guinea - TOGO 0:1, 0:2
Libyen - SENEGAL 2:1, 0:1
MADAGASKAR - Uganda 1:0, 1:2
MAROKKO - Mali 4:0, 0:2
Mosambik - KAMERUN 3:0, 0:4
NIGERIA - Angola 2:0, 0:1
SUDAN - Sambia 2:1, 0:0
TUNESIEN - Ruanda 5:0, 1:0
MALAWI - Zaïre x:0

2. Runde
KAMERUN - Sudan 5:0, 0:2
ÄGYPTEN - Tunesien 1:0, 0:0
Äthiopien - TOGO 2:1, 0:3
Madagaskar - MALAWI 0:1, 1:1
NIGERIA - Marokko 0:0, 0:0 n.V., 4:3 n.E.
Senegal - ALGERIEN 1:1, 0:2

▶ Endturnier (4.- 8.3.84 in der Elfenbeinküste)

Gruppe 1
Elfenbeinküste - Togo 3:0
Ägypten - Kamerun 1:0
Kamerun - Togo 4:1
Ägypten - Elfenbeinküste 2:1
Ägypten - Togo 0:0
Kamerun - Elfenbeinküste 2:0

1. ÄGYPTEN	3	2	1	0	3:1	5-1
2. KAMERUN	3	2	0	1	6:2	4-2
3. Elfenbeinküste	3	1	0	2	4:4	2-4
4. Togo	3	0	1	2	1:7	1-5

Gruppe 2
Nigeria - Ghana 2:1
Algerien - Malawi 3:0
Malawi - Nigeria 2:2
Algerien - Ghana 2:0
Algerien - Nigeria 0:0
Ghana - Malawi 1:0

1. ALGERIEN	3	2	1	0	5:0	5-1
2. NIGERIA	3	1	2	0	4:3	4-2

3. Ghana 3 1 0 2 2:4 2-4
4. Malawi 3 0 1 2 2:6 1-5
Halbfinale
NIGERIA - Ägypten 2:2 n.V., 8:7 n.E.
KAMERUN - Algerien 0:0 n.V., 5:4 n.E.
Spiel um Platz 3
Algerien - Ägypten 3:1
Finale (18.3.1984, 50.000)
Kamerun - Nigeria 3:1
Kamerun: Bell, Toubé, Ndjeya, Doumbé, Léa, Sinkot, Abega, Mbida, Aoudou, Ebongué, Milla, Djonkep (Kundé) - *Nigeria*: Okala, Kingsley, Keshi, Eboigbe, Shofoluwe, Lawal, Adesina (Okoku), Edobor, Ali Bala (Temile), Nwosu, Etokebe - *Tore*: 0:1 Lawal (10.), 1:1 Ndjeya (32.), 2:1 Abega (79.), 3:1 Ebongué (84.) - *SR*: Bennaceur (Tunesien)

African Nations Cup 1986

Qualifikation
Vorrunde
Gambia - SIERRA LEONE 3:2, 0:2
Liberia - MAURETANIEN 3:1, 0:3
MALI - Benin 1:0, 2:2
Mauritius - MOSAMBIK 0:0, 0:3
Somalia - KENIA 1:0, 0:1 n.V., 3:4 n.E.
TANSANIA - Uganda 0:1, 3:1
ZAÏRE - Gabun 2:0, 1:1
SIMBABWE - Swaziland 3:0, 5:1
1. Runde
ALGERIEN - Mauritanien 4:0, 1:1
Kongo - ZAÏRE 2:5, 0:0
GHANA - Guinea 1:1, 4:1
ELFENBEINKÜSTE - Mali 6:0, 1:1
LIBYEN - Tunesien 2:0, 0:1
Madagaskar - SIMBABWE 0:1, 2:5
Malawi - MOSAMBIK 1:1, 1:1 n.V., 5:6 n.E.
Togo - SENEGAL 0:1, 1:1
KENIA - Sudan x:0
MAROKKO - Sierra Leone x:0
NIGERIA - Tansania x:0
SAMBIA - Äthiopien x:0
2. Runde
ELFENBEINKÜSTE - Ghana 2:0, 0:0
Kenia - ALGERIEN 0:0, 0:3
Libyen - MOSAMBIK 2:1, 1:2 n.V., 3:4 n.E.
MAROKKO - Zaïre 1:0, 0:0
Nigeria - SAMBIA 0:0, 0:1
Simbabwe - SENEGAL 1:0, 0:3
Endturnier (7.-21.3.1986 in Ägypten)
Gruppe 1
Senegal - Ägypten 1:0
Elfenbeinküste - Mosambik 3:0
Senegal - Mosambik 2:0
Ägypten - Elfenbeinküste 2:0
Elfenbeinküste - Senegal 1:0
Ägypten - Mosambik 2:0
1. ÄGYPTEN 3 2 0 1 4:1 4-2
2. ELFENBEINK. 3 2 0 1 4:2 4-2
3. Senegal 3 2 0 1 3:1 4-2
4. Mosambik 3 0 0 3 0:7 0-6
Gruppe 2
Kamerun - Sambia 3:2
Algerien - Marokko 0:0
Sambia - Algerien 0:0
Kamerun - Marokko 1:1
Marokko - Sambia 1:0
Kamerun - Algerien 3:2
1. KAMERUN 3 2 1 0 7:5 5-1
2. MAROKKO 3 1 2 0 2:1 4-2
3. Algerien 3 0 2 1 2:3 2-4
4. Sambia 3 0 1 2 2:4 1-5
Halbfinale
ÄGYPTEN - Marokko 1:0
KAMERUN - Elfenbeinküste 1:0
Spiel um Platz 3
Elfenbeinküste - Marokko 3:2
Finale (21.3.1986, 100.000)
Ägypten - Kamerun 0:0 n.V., 5:4 n.E.
Ägypten: Batal, Yassine, Chehata, Omar (Mayhoub), Sedki, Kassem, Abdelghani, Abou Zeid (Yehia), Abdelhamid, Abdou, Khatib - *Kamerun*: N'Kono, N'Dip, Aoudou, Kundé, Sinkot, Mbouh, Kana, Mbida, Ebongué (Oumarou), Milla, Mfédé - *Tore*: Fehlanzeige - *SR*: Bennaceur (Tunesien)

African Nations Cup 1988

Qualifikation
Vorrunde
ANGOLA - Gabun 1:0, 0:1 n.V., 5:3 n.E.
Zentralafrika - KONGO 1:2, 1:5
Äthiopien - TANSANIA 4:2, 0:x
GUINEA - Gambia 2:1, 1:0
SIERRA LEONE - Liberia 2:1, 1:1
UGANDA - Somalia 5:0, 0:0
MADAGASKAR - Mauritius x:0
RUANDA - Lesotho x:0
TOGO - Äquatorial-Guinea x:0
TUNESIEN - Mali x:0
1. Runde
ALGERIEN - Tunesien 1:0, 1:1
KAMERUN - Uganda 5:1, 1:3
Ghana - SIERRA LEONE 1:2, 0:0
ELFENBEINKÜSTE - Kongo 2:0, 2:1
KENIA - Madagaskar 2:0, 1:2
Mosambik - SIMBABWE 1:1, 2:3
NIGERIA - Togo 2:0, 1:1
SENEGAL - Guinea 4:0, 0:0
SUDAN - Tansania 1:0, 1:1
ZAÏRE - Angola 3:0, 0:1
LIBYEN - Sambia x:0
MALAWI - Ruanda x:0
2. Runde
ALGERIEN - Libyen x:0
KAMERUN - Sudan 2:0, 0:1
Malawi - ELFENBEINKÜSTE 1:2, 0:2
NIGERIA - Sierra Leone 3:0, 0:2
Senegal - ZAÏRE 0:0, 0:0 n.V., 2:4 n.E.
Simbabwe - KENIA 1:1, 0:0
Endturnier (13.-27.3.1988 in Marokko)
Gruppe 1
Marokko - Zaïre 11
Algerien - Elfenbeinküste 1:1
Elfenbeinküste - Zaïre 1:1
Marokko - Algerien 1:0
Algerien - Zaïre 1:0
Marokko - Elfenbeinküste 0:0
1. MAROKKO 3 1 2 0 2:1 4-2
2. ALGERIEN 3 1 1 1 2:2 3-3
3. Elfenbeinküste 3 0 3 0 2:2 3-3
4. Zaïre 3 0 2 1 2:3 2-4
Gruppe 2
Kamerun - Ägypten 1:0
Nigeria - Kenia 3:0
Kamerun - Nigeria 1:1
Ägypten - Kenia 3:0
Kamerun - Kenia 0:0
Ägypten - Nigeria 0:0
1. NIGERIA 3 1 2 0 4:1 4-2
2. KAMERUN 3 1 2 0 2:1 4-2
3. Ägypten 3 1 1 1 3:1 3-3
4. Kenia 3 0 1 2 0:6 1-5
Halbfinale
KAMERUN - Marokko 1:0
NIGERIA - Algerien 1:1 n.V., 9:8 n.E.
Spiel um Platz 3
MAROKKO - Algerien 1:1 n.V., 4:3 n.E.
Finale (27.3.1988, 50.000)
KAMERUN - Nigeria 1:0
Kamerun: Bell, Massing, Kundé, Ntamark, Tataw, Mbouh, M'Fede, K. Biyik, Makanaky, Milla, Olleolle (Abena) - *Nigeria*: Rufai, Sofoluwe, Keshi, Eboigbe, Omokaro, Nwosu, Okosieme, Eguavon, Folorunso (Edobor), Okwaraji, Yekini - *Tor*: 1:0 Kundé (55.) - *SR*: Idrissa (Senegal)

African Nations Cup 1990

Qualifikation
Vorrunde
Liberia - MALI 0:1, 0:3
MAURITIUS - Seychellen 3:0, 0:1
Tansania - SWAZILAND 1:1, 1:1 n.V., 1:3 n.E.
ÄTHIOPIEN - Uganda x:0
GUINEA - Gambia x:0
LIBYEN - Mauretanien x:0
MOSAMBIK - Madagaskar x:0
1. Runde
Angola - ELFENBEINKÜSTE 0:2, 1:4
Äthiopien - ÄGYPTEN 1:0, 1:6
GABUN - Ghana 1:0, 0:1 n.V., 5:3 n.E.
Guinea - NIGERIA 1:1, 0:3
MALI - Marokko 0:0, 1:1
Mauritius - SIMBABWE 1:4, 0:1
MOSAMBIK - Sambia 0:1, 3:0
Sudan - KENIA 1:0, 0:1 n.V., 5:6 n.E.
Swasiland - MALAWI 0:2, 1:1
SENEGAL - Togo x:0
TUNESIEN - Libyen x:0
ZAÏRE - Sierra Leone x:0
2. Runde
ÄGYPTEN - Zaïre 2:0, 0:0
NIGERIA - Simbabwe 3:0, 1:1
Malawi - KENIA 2:3, 0:0
Mali - ELFENBEINKÜSTE 2:2, 1:3
SENEGAL - Tunesien 3:0, 1:0
SAMBIA - Gabun 3:0, 1:2
Endturnier (2.-16.3.1990 in Algerien)
Gruppe 1
Algerien - Nigeria 5:1
Elfenbeinküste - Ägypten 3:1
Nigeria - Ägypten 1:0
Algerien - Elfenbinküste 3:0
Nigeria - Elfenbeinküste 1:0
Algerien - Ägypten 2:0
1. ALGERIEN 3 3 0 0 10:1 6-0
2. NIGERIA 3 2 0 1 3:5 4-2
3. Elfenbeinküste 3 1 0 2 3:5 2-4
4. Ägypten 3 0 0 3 1:6 0-6
Gruppe 2
Sambia - Kamerun 1:0
Senegal - Kenia 0:0
Sambia - Kenia 1:0
Senegal - Kamerun 2:0
Sambia - Senegal 0:0
Kamerun - Kenia 2:0
1. SAMBIA 3 2 1 0 2:0 5-1
2. SENEGAL 3 1 2 0 2:0 4-2
3. Kamerun 3 1 0 2 2:3 2-4
4. Kenia 3 0 1 2 0:3 1-5
Halbfinale
ALGERIEN - Senegal 2:1
NIGERIA - Sambia 2:0
Spiel um Platz 3
Sambia - Senegal 1:0
Finale (16.3.1990, 80.000)
ALGERIEN - Nigeria 1:0
Algerien: Demani, Benhalima, Kegharia, Serrar, Ait-Abderrahmane, El Ouazani (Neftah), Amani, Saib, Madjer, Oudjani (Rahim), Menad - *Nigeria*: Agui, Okechukwu, Anijekwu, Semitoje, Uwe (Aminu), Adesina, Kpakor, Oliha, Ogunlana (Omokachi), Yaekini, Elahor - *Tor*: 1:0 Oudjani (38.))

African Nations Cup 1992

Qualifikation
Vorrunde
MAURETANIEN - Gambia 2:0, 1:2
Gruppe 1
Kamerun - Mail 0:0, 2:0
Guinea - Sierra Leone 1:2, 1:0
Sierra Leone - Kamerun 1:1, 0:1
Mali - Guinea 1:1, 1:2
Guinea - Kamerun 0:0, 0:1
Mali - Sierra Leone 0:0, 0:1
1. KAMERUN 6 3 3 0 5:1 9
2. Guinea 6 2 2 2 5:5 6
3. Sierra Leone 6 2 2 2 4:4 6
4. Mali 6 0 3 3 2:6 3
Gruppe 2
Ägypten - Äthiopien 2:0, *
Tunesien - Tschad 2:1, 0:0
Tschad - Ägypten 0:0, 1:5
Äthiopien - Tunesien 0:2, *
Tunesien - Ägypten 2:2, 2:2
Tschad - Äthiopien *, *
1. ÄGYPTEN 6 2 3 0 11:5 7
2. Tunesien 6 2 3 0 8:5 7
3. Tschad 6 0 2 2 2:7 2
4. Äthiopien* 2 0 0 2 0:4 0
*Äthiopien zog sich nach zwei Spielen zurück
Gruppe 3
Elfenbeinküste - Mauretanien 2:0, 2:0
Marokko - Niger 2:0, 0:1
Marokko - Mauretanien 4:0, 2:0
Niger - Elfenbeinküste 0:1, 0:1
Niger - Mauretanien 7:1, 1:0
Marokko - Elfenbeinküste 3:1, 0:2
1. ELFENBEINK. 6 5 0 1 9:3 10
2. Marokko 6 4 0 2 11:4 8
3. Niger 6 3 0 3 9:5 6
4. Mauretanien 6 0 0 6 1:18 0
GRUPPE 4
Nigeria - Togo 3:0, 0:0
Burkina Faso - Benin 2:0, 2:1
Ghana - Nigeria 1:0, 0:0
Burkina Faso - Togo 2:0, 0:1
Benin - Nigeria 0:1, 0:3
Togo - Ghana 0:1, 0:2
Ghana - Burkina Faso 2:0, 1:2
Benin - Togo 1:1, 0:2
Burkina Faso - Nigeria 1:1, 1:7
Ghana - Benin 4:0, 1:7
1. GHANA 8 5 1 2 12:9 11
2. Nigeria 8 4 3 1 15:3 11
3. Burkina Faso 8 4 1 3 10:13 9
4. Togo 8 2 2 4 4:9 6
5. Benin 8 1 1 6 9:16 3
Gruppe 5
Angola - Madagaskar 0:1, 0:0
Sambia - Swaziland 5:0, 1:2
Madagaskar - Sambia 0:0, 1:2
Swaziland - Angola 1:1, 1:1
Angola - Sambia 1:2, 0:1
Swaziland - Madagaskar 0:1, *
*nicht ausgetragen
1. SAMBIA 6 4 1 1 11:4 9
2. Madagaskar 5 2 2 1 3:2 6
3. Swaziland 5 1 2 2 4:9 4
4. Angola 6 0 3 3 3:6 3
Gruppe 6
Mauritius trat nicht an
Sudan - Mosambik 1:0, 0:1
Mosambik - Kenia 2:1, 0:1
Sudan - Kenia 1:0, 1:2
1. KENIA 4 2 0 2 4:4 4
2. Sudan 4 2 0 2 3:3 4
3. Mosambik 4 2 0 2 3:3 4
Gruppe 7
Malawi - Kongo 0:1, 1:2
Kongo - Simbabwe 2:0, 2:2
Simbabwe - Malawi 4:0, 2:2
1. KONGO 4 3 1 0 7:3 4
2. Simbabwe 4 1 2 1 8:6 4
3. Malawi 4 0 1 3 3:9 1
Gruppe 8
Gabun - Uganda 1:0, 0:0
Zaïre - Tansania 2:0, 0:1
Tansania - Gabun 0:0, 0:1
Uganda - Zaïre 2:1, 0:1
Zaïre - Gabun 2:1, 0:0
Uganda - Tansania 3:2, 1:1
1. ZAIRE 6 3 1 2 6:4 7
2. Gabun 6 2 3 1 3:2 7
3. Uganda 6 2 2 2 6:6 6
4. Tansania 6 1 2 3 4:7 4
Endturnier (12. - 26.1.1992 in Senegal)
Gruppe A
Nigeria - Senegal 2:1
Nigeria - Kenia 2:1
Senegal - Kenia 3:0
1. NIGERIA 2 2 0 0 4:2 4
2. SENEGAL 2 1 0 1 4:2 2
3. Kenia 2 0 0 2 1:5 0
Gruppe B
Kamerun - Marokko 1:0
Marokko - Zaïre 1:1
Kamerun - Zaïre 1:1
1. KAMERUN 2 1 1 0 2:1 3
2. ZAIRE 2 0 2 0 2:2 2
3. Marokko 2 0 1 1 1:2 1
Gruppe C
Elfenbeinküste - Algerien 3:0
Elfenbeinküste - Kongo 0:0
Algerien - Kongo 1:1
1. ELFENBEINK. 2 1 1 0 3:0 3
2. KONGO 2 0 2 0 1:1 2
3. Algerien 2 0 1 1 1:4 1
Gruppe D
Sambia - Ägypten 1:0
Ghana - Sambia 1:0
Ghana -Ägypten 1:0
1. GHANA 2 2 0 0 2:0 4
2. SAMBIA 2 1 0 1 1:1 2
3. Ägypten 2 0 0 2 0:2 0
Viertelfinale
NIGERIA - Zaïre 1:0
KAMERUN - Senegal 1:0
ELFENBEINKÜSTE - Sambia 1:0
GHANA - Kongo 2:1
Halbfinale
GHANA - Nigeria 2:1
ELFENBEINKÜSTE - Kamerun 0:0 n.V., 3:1 n.E.
Spiel um Platz 3
Nigeria - Kamerun 2:1
Finale (26.1.1992, 47.500)
ELFENBEINKÜSTE - Ghana 0:0 n.V., 11:010 n.E.
Elfenbeinküste: Gouamené, Aka, Hobou, Sekana, Sam Abouo, Magui, Godji Celi, Otokoré (M. Traoré), Tiehi, A. Traoré (Kouadio) - *Ghana*: Ansah, Asare, Mensah, Ampeah, Baffoe, Gyamfi (49. Naowu), Armah, Aboraa, Lamptey, Prince Opoku Polley, Yeboah - *Tore*: Fehlanzeige - *SR*: Badara Sene (Ghana)

African Nations Cup 1994

Qualifikation
LESOTHO – Botswana 0:0, 4:0
GUINEA-BISSAU – Kap Verde 3:1, 1:0
Qualifikation
Gruppe 1
Benin – Niger 1:2, 1:4
Gabun – Kamerun 0:0, 0:0
Kamerun – Benin 2:0, 3:0
Niger – Gabun 1:3, 0:3
Gabun – Benin 2:0, 2:1
Niger – Kamerun 0:0, 0:2
1. GABUN 6 4 2 0 10:2 10-2
2. Kamerun 6 3 3 0 7:0 9-3
3. Niger 6 2 1 3 7:10 5-7
4. Benin 6 0 0 6 3:15 0-12
Gruppe 2
Uganda – Äthiopien 3:1, 2:2
Sudan – Nigeria 0:0, 0:4
Nigeria – Uganda 2:0, 0:0
Äthiopien – Sudan 3:0, 0:1
Sudan – Uganda 1:0, 1:0
Äthiopien – Nigeria 1:0, 0:6
1. NIGERIA 6 3 2 1 12:1 8-4
2. Uganda 6 2 3 1 5:7 7-5
3. Äthiopien 6 2 1 3 7:12 5-7
4. Sudan 6 1 2 3 2:9 4-8
Gruppe 3
Algerien – Guinea-Bissau 3:1, 4:1
Senegal – Togo 2:0, 1:1
Sierra Leone – Algerien 1:0, 0:0
Senegal – Guinea-Bissau 3:0, 3:0
Togo – Algerien 0:0, 0:4
Guinea-Bissau – Sierra Leone 0:3, 0:2
Sierra Leone – Senegal 2:0, 1:1
Togo – Guinea-Bissau 0:0, *
Senegal – Algerien 1:2, 0:4

Sierra Leone – Togo 0:0, *
1. ALGERIEN 8 5 2 1 17:4 12-4
2. Sierra Leone 7 4 3 0 9:1 11-3
3. Senegal 8 3 2 3 11:10 8-8
4. Togo* 6 0 4 2 1:7 4-8
5. Guinea-Bissau 7 0 1 6 2:18 1-13
Togo zog sich nach sechs Spielen zurück
Gruppe4
Zaïre – Mosambik 2:0, 0:0
Lesotho – Kenia 2:2, 0:3
Kenia – Zaïre 1:3, 1:0
Mosambiki – Lesotho 3:0, 1:1
Lesotho – Zaïre 1:1, 0:7
Mosambik – Kenia 0:0, 1:4
1. ZAÏRE 6 3 2 1 13:3 8-4
2. Kenia 6 3 2 1 11:6 8-4
3. Mosambik 6 1 3 2 5:7 5-7
4. Lesotho 6 0 3 3 4:17 3-9
Gruppe 5
Simbabwe – Südafrika 4:1, 1:1
Sambia – Mauritius 2:1, 3:0
Mauritius – Simbabwe 0:1, 0:2
Südafrika – Sambia 0:1, 0:3
Sambia – Simbabwe 0:0, 1:1
Südafrika – Mauritius 0:0, 3:1
1. SAMBIA 6 4 2 0 10:2 10-2
2. Simbabwe 6 3 3 0 9:3 9-3
3. Südafrika 6 1 2 3 5:10 4-8
4. Mauritius 6 0 1 5 2:11 1-11
Gruppe 6
Tschad – Guinea 0:3, *
Burundi – Kongo 1:0, 0:0
Kongo – Tschad 2:0, *
Guinea – Burundi 2:2, 2:2
Guinea – Kongo 1:0, 0:0
Burundi – Tschad *, *
1. GUINEA 4 1 3 0 5:4 5-3
2. Burundi 4 1 3 0 5:4 5-3
3. Kongo 2 0 2 2 0:2 2-6
4. Tschad* 0 0 0 0 0:0 0-0
*Tschad zog sich vor dem Start zurück
Gruppe 7
Tansania – Ghana 2:2, *
Burkina Faso – Liberia 1:1, *
Liberia – Tansania 1:1, *
Ghana – Burkina Faso 3:0, *
Burkina Faso – Tansania *, *
Ghana – Liberia 1:0, 2:0
1. GHANA 2 2 0 0 3:0 4-0
2. Liberia 2 0 0 2 0:3 0-4
3. Burkina Faso* 0 0 0 0 0:0 0-0
4. Tansania* 0 0 0 0 0:0 0-0
* Burkina Faso und Tansania zogen vor dem Start zurück
Gruppe 8
Malawi – Ägypten 1:0, 0:2
Mali – Marokko 2:1, 0:1
Malawi – Mali 1:1, 1:2
Marokko – Ägypten 0:0, 1:1
Ägypten – Mali 2:1, 1:2
Malawi – Marokko 1:0, 0:2
1. MALI 6 3 1 2 8:7 7-5
2. Ägypten 6 2 2 2 6:5 6-6
3. Marokko 6 2 2 2 5:4 6-6
4. Malawi 6 2 1 3 4:7 5-7
▶ **Endturnier** (26.3. - 10.4.1994 in Tunesien)
Gruppe 1
Mali – Tunesien 2:0
Zaïre – Mali 1:0
Tunesien – Zaïre 1:1
1. ZAÏRE 2 1 1 0 2:1 3-1
2. MALI 2 1 0 1 2:1 2-2
3. Tunesien 2 0 1 1 1:3 1-3
Gruppe 2
Nigeria – Gabun 3:0
Ägypten – Gabun 4:0
Nigeria – Ägypten 0:0
1. ÄGYPTEN 2 1 1 0 4:0 3-1
2. NIGERIA 2 1 1 0 3:0 3-1
3. Gabun 2 0 0 2 0:7 0-4
Gruppe 3
Elfenbeinküste – Sierra Leone 4:0
Sambia – Sierra Leone 0:0
Sambia – Elfenbeinküste 1:0
1. SAMBIA 2 1 1 0 1:0 3-1
2. ELFENBEINK. 2 1 0 1 4:1 2-2
3. Sierra Leone 2 0 1 1 0:4 1-3
Gruppe 4
Ghana – Guinea 1:0
Senegal – Guinea 2:1
Ghana – Senegal 1:0
1. GHANA 2 2 0 0 2:0 4-0
2. SENEGAL 2 1 0 1 2:2 2-2
3. Guinea 2 0 0 2 1:3 0-4
Viertelfinale
NIGERIA – Zaïre 2:0
MALI - Ägypten 1:0
SAMBIA – Senegal 1:0
ELFENBEINKÜSTE – Ghana 2:1
Halbfinale
NIGERIA – Elfenbeinküste 2:2, 4:2 n. E.
SAMBIA – Mali 4:0
Spiel um Platz 3
ELFENBEINKÜSTE – Mali 3:1
Finale (10. April 1994, 25.000)
NIGERIA – Sambia 2:1
Nigeria: Rufai, Eguavon, Okafor, Okechukwu, Iroha, Amokachi, Oliseh, Okocha (73. Ugbade), Finidi (41. Siasa), Yekini, Amunike - *Sambia*: James Phiri, Mordon Malitoli, Chongo, Litana, Chyangi, Joel Bwalya (70. Johnston Bwalya), Kenneth Malitoli, Sakolo, Mulenga (60. Makwaza), Saileti, Kalusha Bwalya - Tore: 0:1 Litana (3.), 1:1 Amunike (5.), 2:1 Amunike (47.) - *SR*: Lim Kee Chong (Mauritius)

African Nations Cup 1996

▶ **Vorrunde**
Gruppe 1
Zaïre – Malawi 1:1, 1:0
Simbabwe – Lesotho 5:0, 1:0
Malawi – Simbabwe 3:1, 1:1
Kamerun – Zaïre 1:0, 1:2
Lesotho – Kamerun 2:0, 1:4
Simbabwe – Zaïre 2:1, 0:5
Kamerun – Malawi 0:0, 3:1
Zaïre – Lesotho 3:0, *
Lesotho – Malawi 0:2, *
Simbabwe – Kamerun 4:1, 1:0
1. ZAÏRE 6 3 1 2 10:5 10
2. Simbabwe 6 3 1 2 9:11 10
3. Kamerun 6 2 1 3 6:8 7
4. Malawi 6 1 3 2 6:7 5
5. Lesotho* 4 1 0 4 3:10 1
* Lesotho zog sich nach vier Spielen zurück
Gruppe 2
Senegal – Mauritius 0:0, 1:0
Guinea-Bissau – Tunesien 1:3, *
Liberia – Togo 1:0, 0:0
Mauritius – Guinea-Bissau 1:1, *
Togo – Senegal 2:0, 1:5
Mauritius – Liberia 1:1, 0:2
Guinea-Bissau – Senegal 1:4, *
Tunesien – Togo 1:1, 1:0
Senegal – Tunesien 0:0, 0:4
Togo – Mauritius 0:0, 1:2
Liberia – Senegal 1:1, 0:3
Tunesien – Mauritius 1:0, 0:0
Tunesien – Liberia 0:0, 0:1
1. TUNESIEN 8 3 4 1 7:2 13
2. Liberia 8 3 4 1 6:5 13
3. Senegal 8 3 3 2 10:8 12
4. Mauritius 8 1 4 3 3:6 7
5. Togo 8 1 3 4 5:10 6
6. Guinea-Bissau* 3 0 1 2 3:8 1
* Guinea-Bissau zog sich nach drei Spielen zurück
Gruppe 3
Kongo – Gambia 1:1, 1:1
Ghana – Sierra Leone 4:1, 0:1
Niger – Ghana 1:5, 0:1
Sierra Leone – Kongo 3:2, 2:0
Gambia – Ghana 1:2, *
Niger – Sierra Leone 4:2, 1:5
Sierra Leone – Gambia 2:0, *
Kongo – Niger 3:1, *
Ghana – Kongo 3:1, 2:0
Niger – Gambia 1:1, *
1. GHANA 4 3 0 1 9:3 9
2. Sierra Leone 4 3 0 1 7:6 9
3. Kongo 4 0 0 4 3:10 0
4. Gambia* 5 0 3 2 4:8 3
* Gambia zog sich nach fünf Spielen zurück
Gruppe 4
Tansania – Uganda 4:0, 0:2
Äthiopien – Algerien 0:0, 0:2
Sudan – Ägypten 0:0, 1:3
Algerien – Sudan 1:1, 0:2
Ägypten – Tansania 5:1, 2:1
Uganda – Äthiopien 4:1, 0:0
Ägypten – Äthiopien 5:0, 2:0
Tansania – Sudan 2:0, 1:2
Uganda – Algerien 1:1, 1:1
Äthiopien – Tansania 1:0, 0:2
Algerien – Ägypten 1:0, 1:1
Sudan – Uganda 3:1, 0:2
Tansania – Algerien 2:1, 1:2
Uganda – Ägypten 0:0, 0:6
Äthiopien – Sudan 2:0, 0:3
1. ÄGYPTEN 10 6 3 1 24:5 21
2. Algerien 10 3 5 2 10:9 14
3. Sudan 10 4 2 4 12:12 14
4. Uganda 10 3 4 3 11:16 13
5. Tansania 10 4 0 6 14:15 12
6. Äthiopien 10 2 2 6 4:18 8
Gruppe 5
Madagaskar – Südafrika 0:1, *
Südafrika – Mauritius 1:0, *
Gabun – Mauritius 3:0, 3:0
Sambia – Südafrika 1:1, *
Gabun – Sambia 2:1, 0:1
Mauritius – Sambia 0:3, 0:2
1. GABUN 4 3 0 1 8:2 9
2. Sambia 4 3 0 1 7:2 9
3. Mauritius 4 0 0 4 0:11 0
4. Madagaskar 1 0 0 1 0:1 0
* Madagaskar zog sich nach einem Spiel zurück
Gruppe 6
Angola – Namibia 2:0, 2:2
Botswana – Guinea 0:1, 0:5
Mali – Mosambik 2:1, 0:1
Namibia – Mali 2:1, 0:2
Guinea – Angola 3:1, 0:3
Mosambik – Botswana 3:1, 3:0
Mali – Guinea 2:0, 1:4
Mali – Angola 0:0, 0:1
Mosambik – Guinea 2:1, 0:0
Namibia – Botswana 1:1, 1:1
Angola – Mosambik 1:0, 1:2
Botswana – Mali 1:3, 0:4
Guinea – Namibia 3:0, 0:0
Botswana – Angola 1:2, 0:4
Mosambik – Namibia 4:2, 0:0
1. ANGOLA 10 6 2 2 17:8 20
2. Mosambik 10 6 2 2 16:8 20
3. Guinea 10 5 2 3 17:9 17
4. Mali 10 5 1 4 15:10 16
5. Namibia 10 1 5 4 8:16 8
6. Botswana 10 0 2 8 5:27 2
Gruppe 7
Burkina Faso – Marokko 2:1, 0:0
Marokko – Elfenbeinküste 1:0, 0:2
Elfenbeinküste – Burkina Faso 2:2, 1:1
1. BURKINA FASO 4 1 3 0 5:4 6
2. Elfenbeinküste 4 1 2 1 5:4 5
3. Marokko 4 1 1 2 2:4 4
▶ **Endturnier** (13.1.-3.2.1996 in Südafrika)
Gruppe 1
Südafrika – Kamerun 3:0
Ägypten – Angola 2:1
Kamerun – Ägypten 2:1
Angola – Südafrika 0:1
Ägypten – Südafrika 1:0
Angola – Kamerun 3:3
1. SÜDAFRIKA 3 2 0 1 4:1 6
2. ÄGYPTEN 3 2 0 1 4:3 6
3. Kamerun 3 1 1 1 5:7 4
4. Angola 3 0 1 2 4:6 1
Gruppe B
Sambia – Algerien 0:0
Sierra Leone – Burkina Faso 2:1
Algerien – Sierra Leone 2:0
Burkina Faso – Sambia 1:5
Sierra Leone – Sambia 0:4
Burkina Faso – Algerien 2:1
1. SAMBIA 3 2 1 0 9:1 7
2. ALGERIEN 3 1 1 1 3:2 4
3. Burkina Faso 3 1 0 2 4:8 3
4. Sierra Leone 3 1 0 2 2:7 3
Gruppe C
Gabun – Liberia 1:2
Zaïre – Gabun 0:2
Liberia – Zaïre 0:2
1. GABUN 2 1 0 1 3:2 3
2. ZAÏRE 2 1 0 1 2:2 3
3. Liberia 2 1 0 1 2:3 3
Gruppe D
Elfenbeinküste – Ghana 0:2
Tunesien – Mosambik 1:1
Ghana – Tunesien 2:1
Elfenbeinküste – Mosambik 1:0
Tunesien – Elfenbeinküste 3:1
Ghana – Mosambik 2:0
1. GHANA 3 3 0 0 6:1 9
2. TUNESIEN 3 1 1 1 5:4 4
3. Elfenbeinküste 3 1 0 2 2:5 3
4. Mosambik 3 0 1 2 1:4 1
Viertelfinale
SÜDAFRIKA – Algerien 2:1
SAMBIA – Ägypten 3:1
GHANA – Zaïre 1:0
Gabun – TUNESIEN 1:1, 1:4 n.E.
Halbfinale
Sambia – TUNESIEN 2:4
SÜDAFRIKA – Ghana 3:0
Spiel um Platz 3
SAMBIA – Ghana 1:0
Finale (3. Februar 1996, 80.000)
SÜDAFRIKA – Tunesien 2:0
Südafrika: Arendse, Motaung, Fish, Tovey, Radebe, Tinkler, Buthelezi (51. Mkhalele), Khumalo, Moshoeu, Masinga (65. Williams), Bartlett - *Tunesien*: El Ouaer, Jaballah, Boukadida, Chouchane, Ben Rekhissa, Fekih, Bouazizi (77. Hassen), Beya, Kadhbane (46. Hanini), Ben Slimane, Sellimi - *Tore*: 1:0 Williams (73.), 2:0 Williams (75.) - *SR*: Massembe (Uganda

African Nations Cup 1998

▶ **Qualifikation**
MAURITIUS – Seychellen 0:0, 1:1
KONGO – Togo 0:0, 1:1
Botswana – NAMIBIA 0:0, 0:6
BENIN – Mauretanien 4:1, 0:0
Zentralafrika – Burundi *, *
* Zentralafrika trat nicht an
Uganda – ÄTHIOPIEN 1:1, 1:1 n.V., 2:4 n.E.
▶ **Vorrunde**
Gruppe 1
Ghana – Angola 2:1, 0:1
Simbabwe – Ghana 0:0, 1:2
Simbabwe – Angola 1:0, 1:2
1. GHANA 4 2 1 1 4:3 7
2. Angola 4 2 0 2 4:4 6
3. Simbabwe 4 1 1 2 3:4 4
Gruppe 2
Benin – Mali 1:2, 1:3
Algerien – Elfenbeinküste 4:1, 1:2
Elfenbeinküste – Benin 1:0, 0:0
Mali – Algerien 1:0, 0:1
Benin – Algerien 1:1, 0:2
Mali – Elfenbeinküste 1:2, 2:4
1. ELFENBEINK. 6 4 1 1 10:8 13
2. Algerien 6 3 1 2 9:5 10
3. Mali 6 3 0 3 9:9 9
4. Benin 6 0 2 4 3:9 2
Gruppe 3
Äthiopien – Senegal 1:2, 0:3
Ägypten – Marokko 1:1, 0:1
Senegal – Marokko 0:0, 0:3
Äthiopien – Ägypten 1:1, 1:8
Senegal – Ägypten 0:0, 0:2
Marokko – Äthiopien 4:0, 1:0
1. MAROKKO 6 4 2 0 10:1 14
2. Ägypten 6 2 3 1 12:4 9
3. Senegal 6 2 2 2 5:6 8
4. Äthiopien 6 0 1 5 3:19 1
Gruppe 4
Tunesien – Sierra Leone 2:0, *
Guinea – Tunesien 1:0, 0:1
Guinea – Sierra Leone 1:0, *
1. TUNESIEN 3 2 0 1 3:1 6
2. Guinea 3 2 0 1 2:1 6
3. Sierra Leone 2 0 0 2 0:3 0
Gruppe 5
Namibia – Kenia 1:0, 1:0
Gabun – Kamerun 0:0, 2:2
Kamerun – Namibia 4:0, 1:0
Kenia – Gabun 1:0, 0:1
Kenia – Kamerun 0:0, 1:1
Namibia – Gabun 1:1, 1:1
1. KAMERUN 6 2 4 0 8:3 10
2. Namibia 6 2 2 2 4:7 8
3. Gabun 6 1 4 1 5:5 7
4. Kenia 6 1 2 3 2:4 4
Gruppe 6
Togo – Tansania 2:1, 0:1
DR Kongo – Liberia 0:0, 1:2
Liberia – Togo 1:2, 0:4
Tansania – DR Kongo 1:2, 1:1
Tansania – Liberia 1:1, 0:1
Togo - DR Kongo 1:1, 0:1
1. TOGO 6 3 1 2 9:5 10
2. DR Kongo 6 2 3 1 6:5 9
3. Liberia 6 2 2 2 5:8 8
4. Tansania 6 1 2 3 5:7 5
Gruppe 7
Mauritius – Malawi 1:2, 2:3
Sambia – Mosambik 1:0, 2:2
Malawi – Sambia 0:2, 1:3
Mosambik – Mauritius 3:0, 3:1
Malawi – Mosambik 2:0, 1:2
Mauritius – Sambia 0:0, 0:1
1. SAMBIA 6 4 2 0 9:3 14
2. Mosambik 6 3 1 2 10:7 10
3. Malawi 6 3 0 3 9:10 9
4. Mauritius 6 0 1 5 4:12 1
▶ **Endturnier** (7.-28.2.1998 in Burkina Faso)
Gruppe 1
Burkina Faso – Kamerun 0:1
Algerien – Guinea 0:1
Kamerun – Guinea 2:2
Burkima Faso – Algerien 2:1
Burkina Faso – Guinea 1:0
Kamerun – Algerien 2:1
1. KAMERUN 3 2 1 0 5:3 7
2. BURKINA FASO 3 2 0 1 3:2 6
3. Guinea 3 1 1 1 1:3 4
4. Algerien 3 0 0 3 2:5 0
Gruppe 2
Togo – DR Kongo 1:2
Ghana – Tunesien 2:0
Tunesien – DR Kongo 2:1
Ghana – Togo 1:2
Ghana – DR Kongo 0:1
Tunesien – Togo 3:1
1. TUNESIEN 3 2 0 1 5:4 6
2. DR KONGO 3 2 0 1 4:3 6
3. Ghana 3 1 0 2 3:3 3
4. Togo 3 1 0 2 4:6 3
Gruppe 3
Südafrika – Angola 0:0
Elfenbeinküste – Namibia 4:3

Südafrika – Elfenbeinküste 1:1
Angola – Namibia 3:3
Südafrika – Namibia 4:1
Elfenbeinküste – Angola 5:2
1. ELFENBEINK. 3 2 1 0 10:6 7
2. SÜDAFRIKA 3 1 2 0 5:2 5
3. Angola 3 0 2 1 5:8 2
4. Namibia 3 0 1 2 7:11 1

Gruppe 4
Sambia – Marokko 1:1
Ägypten – Mosambik 2:0
Sambia – Ägypten 0:4
Marokko – Mosambik 3:0
Sambia – Mosambik 3:1
Ägypten – Marokko 0:1
1. MAROKKO 3 2 1 0 5:1 7
2. ÄGYPTEN 3 2 0 1 6:1 6
3. Sambia 3 1 1 1 4:6 4
4. Mosambik 3 0 0 3 1:8 0

Viertelfinale
Kamerun – DR KONGO 0:1
Elfenbeinküste – ÄGYPTEN 0:0, 4:5 n.E.
Tunesien – BURKINA FASO 1:1, 6:7 n.E.
MAROKKO – Südafrika 1:0

Halbfinale
DR Kongo – SÜDAFRIKA 1:2 n.V.
Burkina Faso – ÄGYPTEN 0:2

Spiel um 3. Platz
DR Kongo – Burkina Faso 4:4 n.V., 4:1 n.E.

Finale (28.2.1998, Ouagadougou)
Ägypten – Südafrika 2:0
Ägypten: Al-Sayed; Ramzy, Radwan, Abdel Sakka, Kamouna, Omara, Ahmed Hassan, Abdel Hady, Emam (55. Sabri), Mostafa (79. Nabih), Hossam Hassan - *Südafrika*: Baloyi, Rabutla, Fish, Jackson, Radebe, Augustine (48. Fortune), Moeti, Moshoeu, Mkhalele, McCarthy, Masinga (81. Ndlanya) - *Tore*: 1:0 Ahmed Hassan (5.), 2:0 Tarek Mostafa (13.) - *SR*: Said Belqola (Marokko)

African Nations Cup 2000

Qualifikation
Libyen – ALGERIEN 1:3, 0:3
MALI - Kap Verde 3:0, 0:0
São Tomé e Príncipe – TOGO 0:4, 0:2
Gambia – SENEGAL 0:x
Mauretanien – SIERRA LEONE 0:x
Niger – LIBERIA 2:1, 0:2
Benin – ANGOLA 2:1, 0:2
Tschad – KONGO 1:1, 0:0
Äquatorialguinea – GABUN 0:2, 0:3
BURUNDI – Tansania 1:0, 1:0
Dschibuti – KENIA 0:3, 1:9
NAMIBIA – Malawi 2:1, 1:0
Äthiopien – Eritrea 0:x
Botswana – MOSAMBIK 0:0, 1:2
Lesotho – MAURITIUS 1:1, 0:3
Swasiland – MADAGASKAR 1:2, 1:1
UGANDA – Ruanda 5:0, 0:0

Vorrunde
Gruppe 1
Mosambik – Eritrea 3:1, 0:1
Eritrea – Kamerun 1:1, 0:1
Kamerun – Mosambik 1:0, 6:1
1. KAMERUN 4 3 1 0 9:2 10
2. Eritrea 4 1 1 2 3:5 4
3. Mosambik 4 1 0 3 4:9 3

Gruppe 2
Togo – Guinea 2:0, 1:2
Guinea – Marokko 1:1, 0:1
Togo – Marokko 2:3, 1:1
Marokko - Sierra Leone 3:0*
*Ergebnis annulliert, Sierra Leone wurde disqualifziert
1. MAROKKO 4 2 2 0 6:4 8
2. Togo 4 1 1 2 6:6 4
3. Guinea 4 1 1 2 3:5 4

Gruppe 3
Namibia – Kongo 0:1, 0:3
Mali – Elfenbeinküste 0:1, 0:0
Kongo – Mali 0:0, 1:3
Elfenbeinküste – Namibia 3:0, 1:1
Namibia – Mali 0:0, 1:2
Kongo – Elfenbeinküste 1:0, 0:2
1. ELFENBEINK. 6 3 2 1 7:2 11
2. Kongo 6 3 1 2 6:5 10
3. Mali 6 2 3 1 5:3 9
4. Namibia 6 0 2 4 2:10 2

Gruppe 4
Südafrika – Angola 1:0, 2:2
Gabun – Mauritius 2:0, 2:2
Angola – Gabun 3:1, 1:3
Mauritius – Südafrika 1:1, 0:2
Südafrika – Gabun 4:1, 0:1
Angola – Mauritius 0:2, 1:1
1. SÜDAFRIKA 6 3 2 1 10:5 11
2. Gabun 6 3 1 2 10:10 10
3. Mauritius 6 1 3 2 6:8 6
4. Angola 6 1 2 3 7:10 6

Gruppe 5
Burundi – Senegal 1:0, 0:1
Senegal – Burkina Faso 1:1, 2:2
Burundi – Burkina Faso 1:2, 1:3
1. BURKINA FASO 4 2 2 0 8:5 8
2. Senegal 4 1 2 1 4:4 5
3. Burundi 4 1 0 3 3:6 3

Gruppe 6
Sambia – DR Kongo 1:1, 1:0
Kenia – Madagaskar 1:1, 1:1
Madagaskar – Sambia 1:2, 0:3
DR Kongo – Kenia 2:1, 1:0
Kenia – Sambia 0:1, 0:1
Madagaskar – DR Kongo 3:1, 0:1
1. SAMBIA 6 5 1 0 9:2 16
2. DR Kongo 6 3 1 2 7:6 10
3. Madagaskar 6 1 2 3 6:10 5
4. Kenia 6 0 2 4 3:7 2

Gruppe 7
Tunesien – Liberia 2:1, 0:2
Uganda – Algerien 2:1, 0:2
Liberia – Ugnada 2:0, 0:1
Algerien – Tunesien 0:1, 0:2
Tunesien – Uganda 6:0, 2:0
Liberia – Algerien 1:1, 1:4
1. Tunesien 6 5 0 1 13:3 15
2. Algerien 6 2 1 3 8:7 7
3. Liberia 6 2 1 3 7:8 7
4. Uganda 6 2 0 4 3:13 6

Endturnier (22.1.-13.2. in Ghana/Nigeria)
Gruppe 1
Ghana – Kamerun 1:1
Elfenbeinküste – Togo 1:1
Ghana – Togo 2:0
Kamerun – Elfenbeinküste 3:0
Ghana – Elfenbeinküste 0:2
Kamerun – Togo 0:1
1. KAMERUN 3 1 1 1 4:2 4
2. GHANA 3 1 1 1 3:3 4
3. Elfenbeinküste 3 1 1 1 3:4 4
4. Togo 3 1 1 1 2:3 4

Gruppe 2
Südafrika – Gabun 3:1
Algerien – DR Kongo 0:0
Südafrika – DR Kongo 1:0
Gabun – Algerien 1:3
Südafrika – Algerien 1:1
Gabun – DR Kongo 0:0
1. SÜDAFRIKA 3 2 1 0 5:2 7
2. ALGERIEN 3 1 2 0 4:2 5
3. DR Kongo 3 0 2 1 0:1 2
4. Gabun 3 0 1 2 2:6 1

Gruppe 3
Ägypten – Sambia 2:0
Burkina Faso – Senegal 1:3
Ägypten – Senegal 1:0
Sambia – Burkina Faso 1:1
Ägypten – Burkina Faso 4:2
Sambia – Senegal 2:2
1. ÄGYPTEN 3 3 0 0 7:2 9
2. SENEGAL 3 1 1 1 5:4 4
3. Sambia 3 0 2 1 3:5 2
4. Burkina Faso 3 0 1 2 4:8 1

Gruppe 4
Nigeria – Tunesien 4:2
Marokko – Kongo 1:0
Nigeria – Kongo 0:0
Tunesien – Marokko 0:0
Nigeria – Marokko 2:0
Tunesien –Marokko 1:0
1. Nigeria 3 2 1 0 6:2 7
2. Tunesien 3 1 1 1 3:4 4
3. Marokko 3 1 1 1 1:2 4
4. Kongo 3 0 1 2 0:2 1

Viertelfinale
KAMERUN – Algerien 2:1
SÜDAFRIKA – Ghana 1:0
Ägypten – TUNESIEN 0:1
NIGERIA – Senegal 2:1

Halbfinale
KAMERUN – Tunesien 3:0
Südafrika – NIGERIA 0:2

Spiel um 3. Platz
Tunesien – SÜDAFRIKA 2:2 n.V., 3:4 n.E.

Finale (13.2.2000, Lagos, 60.000)
Nigeria – KAMERUN 2:2 n.V., 3:4 n.E.
Nigeria: Shorunmu, Okpara, Iyenemi, West, Babayaro, Oliseh, Adepoju (96. Ikpeba), Okocha, Finidi (70. Babangida), Kanu, Chukwu (46. Aghahowa) - *Kamerun*: Alioum, Song, Kalla (93. Mettomo), Njanka, Foé, Womé, Fotso Nijtap, Mayer, Olémbé, M'Boma, Eto'o (72. Job) - *Tore*: 0:1 Eto'o (26.), 0:2 M'Boma (31.), 2:2 Chukwu (45.), 2:2 Okocha (47.) - *SR*: Daami (Tunesien)

African Nations Cup 2002

Qualifikation
Guinea-Bissau – MAROKKO 0:x
Guinea-Bissau trat nicht an
Gambia – GUINEA 2:2, 0:2
Äquatorialguinea – ANGOLA 0:1, 1:4
Kap Verde – LIBERIA 1:0, 0:3
Mauretanien – BURKINA FASO 0:0, 0:3
Sierra Leone – TOGO 2:0, 0:2 n.V., 2:4n.E.
Benin – NAMIBIA 2:0, 2:8
Niger – ELFENBEINKÜSTE 0:1, 0:6
São Tomé e Príncipe – GABUN 1:1, 1:4
Zentralafrika – DR KONGO 1:1, 0:2
SUDAN – Eritrea 5:1, 1:2
Ruanda – KONGO 2:1, 1:5
Djibouti – BURUNDI 1:3, 0:1
Botswana – MADAGASKAR 1:0, 0:2
Tschad – LIBYEN 3:1, 1:3 n.V., 7:8 n.E.
Äthiopien – SAMBIA 1:0, 0:2
Seychellen – SIMBABWE 0:1, 0:5
Tansania – MAURITIUS 0:1, 2:3
UGANDA – Malawi 3:1, 2:1
LESOTHO – Mosambik 1:0, 0:1 n.V., 3:2 n.E.
Swaziland – KENIA 3:2, 0:3

Gruppe 1
Nigeria – Namibia 4:0, 2:0
Sambia – Madagaskar 1:2, 1:0
Madagaskar – Nigeria 0:0, 0:1
Namibia – Sambia 1:2, 0:0
Nigeria – Sambia 1:0, 1:1
Namibia – Madagaskar 2:2, 2:1
1. NIGERIA 6 4 2 0 9:1 14
2. SAMBIA 6 2 2 2 5:5 8
3. Madagaskar 6 1 2 3 5:7 5
4. Namibia 6 1 2 3 5:11 5

Gruppe 2
Liberia – Mauritius 4:0, 2:0
Kongo – Südafrika 1.2, 0:0
Mauritius – Kongo 1:2, 0:0
Südafrika – Liberia 2:1, 1:1
Mauritius – Südafrika 1:1, 0:3
Liberia – Kongo 5:1, 1:0
1. LIBERIA 6 4 1 1 14:4 13
2. SÜDAFRIKA 6 3 3 0 9:4 12
3. Kongo 6 1 2 3 4:9 5
4. Mauritius 6 0 2 4 2:12 2

Gruppe 3
Gabun – Marokko 2:0, 1:0
Kenia – Tunesien 0:0, 1:4
Tunesien – Gabun 4:2, 1:1
Marokko – Kenia 1:0, 1:1
Tunesien – Marokko 0:1, 0:2
Kenia – Gabun 2:1, 1:1
1. MAROKKO 6 3 1 2 5:4 10
2. TUNESIEN 6 2 2 2 9:7 8
3. Gabun 6 2 2 2 8:8 8
4. Kenia 6 1 3 2 5:8 6

Gruppe 4
Burundi – Angola 0:0, 1:2
Algerien – Burkina Faso 1:1, 0:1
Burkina Faso – Burundi 1:0, 0:0
Angola – Algerien 2:2, 2:3
Algerien – Burundi 2:1, 1:0
Burkina Faso – Angola 1:0, 0:2
1. ALGERIEN 6 3 2 1 9:7 11
2. BURKINA FASO 6 3 2 1 4:3 11
3. Angola 6 2 2 2 8:7 8
4. Burundi 6 0 2 4 2:6 2

Gruppe 5
Uganda – Guinea 3:1, *
Senegal – Togo 0:0, 0:1
Togo – Unganda 3:0, 3:0
Guinea – Senegal 1:0, *
Uganda – Senegal 1:1, 0:3
Guinea – Togo 0:0, *
Togo – Guinea *
Senegal – Guinea *
Guinea – Uganda *
* Guinea trat nicht an
1. TOGO 4 3 1 0 7:0 10
2. SENEGAL 4 1 2 1 4:2 5
3. Uganda 4 0 1 3 1:10 1

Gruppe 6
Simbabwe – DR Kongo 3:2, 1:2
Lesotho – Ghana 3:3, 1:3
Ghana – Simbabwe 4:1, 2:1
DR Kongo – Lesotho 1:1, 0:0
Simbabwe – Lesotho 1:2, 1:0
DR Kongo – Ghana 2:1, 0:3
1. GHANA 6 4 1 1 16:8 13
2. DR KONGO 6 2 2 2 7:9 8
3. Lesotho 6 1 3 2 7:9 6
4. Simbabwe 6 2 0 4 8:12 6

Gruppe 7
Ägypten – Elfenbeinküste 1:0, 2:2
Libyen – Sudan 1:0, 0:1
Sudan – Ägypten 0:1, 2:3
Elfenbeinküste – Libyen 2:1, 3:0
Ägypten – Libyen 4:0, 0:2
Elfenbeinküste – Sudan 2:0, 0:0
1. ÄGYPTEN 6 4 1 1 11:6 13
2. ELFENBEINK. 6 3 2 1 9:4 11
3. Libyen 6 2 0 4 4:10 6
4. Sudan 6 1 1 4 3:7 4

Endturnier (19.1.-10.2002 in Mali)
Gruppe A
Mali – Liberia 1:1
Algerien – Nigeria 0:1
Mali – Nigeria 0:0
Liberia – Algerien 2:2
Mali – Algerien 2:0
Liberia – Nigeria 0:1
1. NIGERIA 3 2 1 0 2:0 7
2. MALI 3 1 2 0 3:1 5
3. Liberia 3 0 2 1 3:4 2
4. Algerien 3 0 1 2 2:5 1

Gruppe B
Südafrika – Burkina Faso 0:0
Marokko – Ghana 0:0
Südafrika – Ghana 0:0
Burkina Faso – Marokko 1:2
Südafrika – Marokko 3:1
Burkina Faso – Ghana 1:2
1. SÜDAFRIKA 3 1 2 0 3:1 5
2. GHANA 3 1 2 0 2:1 5
3. Marokko 3 1 1 1 3:4 4
4. Burkina Faso 3 0 1 2 2:4 1

Gruppe C
Kamerun – DR Kongo 1:0
Togo – Elfenbeinküste 0:0
Kamerun – Elfenbeinküste 1:0
DR Kongo – Togo 0:0
Kamerun – Togo 3:0
DR Kongo – Elfenbeinküste 3:1
1. KAMERUN 3 3 0 0 5:0 9
2. DR KONGO 3 2 2 2 3:2 4
3. Togo 3 0 2 1 0:3 2
4. Elfenbeinküste 3 0 1 2 1:4 1

Gruppe D
Ägypten – Senegal 0:1
Sambia – Tunesien 0:0
Ägypten – Tunesien 1:0
Senegal – Sambia 1:0
Ägypten – Sambia 2:1
Senegal – Tunesien 0:0
1. SENEGAL 3 2 1 0 2:0 7
2. ÄGYPTEN 3 2 0 1 3:2 6
3. Tunesien 3 0 2 1 0:1 2
4. Sambia 3 0 1 2 1:3 1

Viertelfinale
Südafrika – MALI 0:2
NIGERIA – Ghana 1:0
KAMERUN – Ägypten 1:0
SENEGAL – DR Kongo 2:0

Halbfinale
SENEGAL – Nigeria 2:1 n.V.
Mali – KAMERUN 0:3

Spiel um Platz 3
Mali – Nigeria 0:1

Finale (10.2.2002, Bamako, 50.000)
KAMERUN – Senegal 0:0 n.V., 3:2 n. E.
Kamerun: Boukar, Song, Tchato, Nijtap, Eta-me-Mayer, Foé, Olémbé, Womé, Ndiefi (105. Suffo), Eto'o - *Senegal*: T. Sylva, Coly, Diatta, Cisse, Daf, Ndiaye (46. M. Ndiaye), Diao, Diop (91. Faye), Fadiga, H. Camara (106. S. Camara), Diouf - *Tore*: Fehlanzeige- *SR*: El Ghandour (Ägypten) - *11m-Schießen*: Wome - gehalten, 0:1 Coly, 1:1 Suffo, 1:2 Fadiga, 2:2 Etame-Mayer, Faye - gehalten, 3:2 Njitap, Diouf - daneben, Song - gehalten, Cisse - gehalten

African Nations Cup 2004

Qualifikation
Gruppe 1
Angola – Nigeria 0:0, 2:2
Malawi – Angola 1:0, 1:5
Malawi – Nigeria 0:1, 1:4
Djibouti zog sich vor dem Start zurück
1. NIGERIA 4 2 2 0 7:3 8
2. Angola 4 1 2 1 7:4 5
3. Malawi 4 1 0 3 3:10 3

Gruppe 2
Niger – Äthiopien 3:1, 0:2
Guinea – Liberia 3:0, 2:1
Liberia – Niger 1:0, 0:1
Äthiopien – Guinea 1:0, 0:3
Äthiopien – Liberia 1:0, 0:1
Guinea – Niger 2:0, 0:1
1. GUINEA 6 4 0 2 10:3 12
2. Niger 6 3 0 3 5:6 9
3. Äthiopien 6 3 0 3 5:7 9
4. Liberia 6 2 0 4 3:7 6

Gruppe 3
Benin – Tansania 4:0, 1:0
Sudan – Sambia 0:1, 1:0
Tansania – Sudan 1:2, *
Sambia – Benin 1:1, 0:3
Tansania – Sambia 0:1, 0:2
Sudan – Benin 3:0, 0:3
1. BENIN 6 4 1 1 12:4 13
2. Sambia 6 3 2 1 6:5 11
3. Sudan 5 2 1 2 6:6 7
4. Tansania 5 0 0 5 1:10 0

STATISTIK AFRIKA 19

Gruppe 4
Kongo – Burkina Faso 0:0, 0:3
Zentralafrika – Mosambik 1:1, 0:1
Burkina Faso – Zentralafrika 2:1, 3:0
Mosambik – Kongo 0:3, 0:0
Mosambik – Burkina Faso 1:0, 0:4
Kongo – Zentralafrika 2:1, 0:0
1. BURKINA FASO 6 4 1 1 12:4 13
2. Kongo 6 2 3 1 5:4 9
3. Mosambik 6 2 2 2 3:8 8
4. Zentralafrika 6 0 2 4 3:9 2

Gruppe 5
Mauretanien – Kap Verde 0:2, 0:3
Kenia – Togo 3:0, 0:2
Kap Verde – Kenia 0:1, 0:1
Togo – Mauretanien 1:0, 0:0
Kenia – Mauretanien 4:0, 0:0
Kap Verde – Togo 2:1, 2:5
1. KENIA 6 4 1 1 9:2 13
2. Togo 6 3 1 2 9:7 10
3. Kap Verde 6 3 0 3 9:8 9
4. Mauretanien 6 0 2 4 0:10 2

Gruppe 6
Seychellen – Eritrea 1:0, 0:1
Simbabwe – Mali 1:0, 0:0
Eritrea – Simbabwe 0:1, 0:2
Mali – Seychellen 3:0, 2:0
Eritrea – Mali 0:2, 0:1
Simbabwe – Seychellen 3:1, 1:2
1. MALI 6 4 1 1 8:1 13
2. Simbabwe 6 4 1 1 8:3 13
3. Seychellen 6 2 0 4 4:10 6
4. Eritrea 6 1 0 5 1:7 3

Gruppe 7
Gabun – Marokko 0:1, 0:2
Äquatorialguinea – Sierra Leone 1:3, 0:2
Sierra Leone – Gabun 2:0, 0:2
Marokko – Äquatorialguinea 5:0, 1:0
Sierra Leone – Marokko 0:0, 0:1
Gabun – Äquatorialguinea 4:0, 1:2
1. MAROKKO 6 5 1 0 10:0 16
2. Sierra Leone 6 3 1 2 7:4 10
3. Gabun 6 2 0 4 7:7 6
4. Äquatorialg. 6 1 0 5 3:16 3

Gruppe 8
Lesotho – Senegal 0:1, 0:3
Gambia – Lesotho 6:0, 0:1
Gambia – Senegal 0:0, 1:3
São Tomé e Príncipe trat nicht an
1. SENEGAL 4 3 1 0 7:1 10
2. Gambia 4 1 1 2 7:4 7
3. Lesotho 4 1 0 4 1:10 6

Gruppe 9
Botswana – Swasiland 0:0, 2:3
Libyen – DR Kongo 3:2, 1:2
DR Kongo – Botswana 2:0, 0:0
Swasiland – Libyen 2:1, 2:6
Libyen – Botswana 0:0, 1:0
Swasiland – DR Kongo 1:1, 0:2
1. DR KONGO 6 3 2 1 9:5 11
2. Libyen 6 3 1 2 12:8 10
3. Swasiland 6 2 2 2 8:12 8
4. Botswana 6 0 3 3 2:6 3

Gruppe 10
Madagaskar – Ägypten 1:0, 0:6
Mauritius – Madagaskar 0:1, 2:0
Mauritius – Ägypten 0:1, 0:7
1. ÄGYPTEN 4 3 0 1 14:1 9
2. Madagaskar 4 2 0 2 2:8 6
3. Mauritius 4 1 0 3 2:9 3

Gruppe 11
Elfenbeinküste – Südafrika 0:0, 1:2
Südafrika – Burundi 2:0, 2:0
Burundi – Elfenbeinküste 0:1, 1:6
1. SÜDAFRIKA 4 3 1 0 6:1 10
2. Elfenbeinküste 4 2 1 1 8:3 7
3. Burundi 4 0 0 4 1:11 0

Gruppe 12
Namibia – Algerien 0:1, 0:1
Algerien – Tschad 4:1, 0:0
Tschad – Namibia 2:0, 1:2
1. ALGERIEN 4 3 1 0 6:1 10
2. Tschad 4 1 1 2 4:6 4
3. Namibia 4 1 0 3 2:5 3

Gruppe 13
Uganda – Ghana 1:0, 1:1
Ghana – Ruanda 4:2, 0:1
Ruanda – Uganda 0:0, 1:0
1. RUANDA 4 2 1 1 4:4 7
2. Uganda 4 1 2 1 2:2 5
3. Ghana 4 1 1 2 5:5 4

▶ **Endturnier** (24.1.-14.2.2002 in Tunesien)

Gruppe A
Tunesien – Ruanda 2:1
DR Kongo – Guinea 1:2
Tunesien – DR Kongo 3:0
Ruanda – Guinea 1:1
Tunesien – Guinea 1:1
Ruanda – DR Kongo 1:0
1. TUNESIEN 3 2 1 0 6:2 7
2. GUINEA 3 1 2 0 4:3 5
3. Ruanda 3 1 1 1 3:3 4
4. DR Kongo 3 0 0 3 1:6 0

Gruppe B
Senegal – Burkina Faso 0:0
Kenia – Mali 1:3
Burkina Faso – Mali 1:3
Senegal – Kenia 3:0
Senegal – Mali 1:1
Burkina Faso – Kenia 0:3
1. MALI 3 2 1 0 7:3 7
2. SENEGAL 3 1 2 0 4:1 5
3. Kenia 3 1 0 2 4:6 3
4. Burkina Faso 3 0 1 2 1:6 1

Gruppe C
Simbabwe – Ägypten 1:2
Kamerun – Algerien 1:1
Kamerun – Simbabwe 5:3
Algerien – Ägypten 2:1
Kamerun – Ägypten 0:0
Algerien – Simbabwe 1:2
1. KAMERUN 3 1 2 0 6:4 5
2. ALGERIEN 3 1 1 1 4:4 4
3. Ägypten 3 1 1 1 3:3 4
4. Simbabwe 3 1 0 2 6:8 3

Gruppe D
Nigeria – Marokko 0:1
Südafrika – Benin 2:0
Nigeria – Südafrika 4:0
Marokko – Benin 4:0
Marokko – Südafrika 1:1
Nigeria – Benin 2:1
1. MAROKKO 3 2 1 0 6:1 7
2. NIGERIA 3 2 0 1 6:2 6
3. Südafrika 3 1 1 1 3:5 4
4. Benin 3 0 0 3 1:8 0

Viertelfinale
TUNESIEN – Senegal 1:0
MALI – Guinea 2:1
Kamerun – NIGERIA 1:2
MAROKKO – Algerien 3:1 n.V.

Halbfinale
TUNESIEN – Nigeria 1:1 n.V., 5:3 i.E.
MAROKKO – Mali 4:0

Spiel um Platz 3
Nigeria – Mali 2:1

Endspiel (14.2.2004, Tunis, 60.000)
TUNESIEN – Marokko 2:1

Tunesien: Ali Boumnijel, Hatem Trabelsi, Karim Hagui, Radhi Jaidi, José Clayton; Riadh Bouazizi, Mehdi Nafti (56. Jawhar Mnari), Adel Chedli; Slim BenAchour (57. Kaies Ghodhbane); Ziad Jaziri (71. Imed Mhedhebi), Francileudo dos Santos - *Marokko*: Khalid Fouhami; Abdeslam Ouaddou, Noureddine Naybet, Talal El Karkouri; Walid Regragui, Abdelkrim Kaissi, Youssef Safri (63. Mohamed Yaacoubi), Youssef Mokhtari, Akram Roumani (74. Jawad Zairi); Youssef Hadji (87. Nabil Baha), Marouane Chamakh - *Tore*: 1:0 dos Santos (5.), 1:1 Mokhatri (38.), 2:1 Jaziri (52.) - *SR*: Falla Ndoye (Senegal)

■ African Nations Cup 2006

▶ **Qualifikation**
Zugleich WM 2006-Qualifikation

Vorausscheidung
Guinea-Bissau - MALI 1:2, 0:2
Madagaskar - BENIN 1:1, 2:3
Äquatorialguinea - TOGO 1:0, 0:2
Tansania - KENIA 0:0, 0:3
BOTSWANA - Lesotho 4:1, 0:0
Uganda - MAURITIUS 3:0, 1:3 n.V.
Niger - ALGERIEN 0:1, 0:6
São Tomé e Príncipe - LIBYEN 0:1, 0:8
Seychellen - SAMBIA 0:4, 1:1
Äthiopien - MALAWI 1:3, 0:0
Gambia- LIBERIA 2:0, 0:3
KONGO - Sierra Leone 1:0, 1:1
Burundi - GABUN 0:0, 1:4
GUINEA - Mosambik 1:0, 4:3
SIMBABWE - Mauretanien 3:0, 1:2
SUDAN - Eritrea 3:0, 0:0
RUANDA - Namibia 3:0, 1:1
Tschad - ANGOLA 3:1, 0:2
Swasiland - KAP VERDE 1:1, 0:3
Somalia - GHANA 0:5, 0:2
Zentralafrika - BURKINA Faso 0:x

Vorrunde

Gruppe 1
Senegal - Kongo 2:0, 0:0
Sambia - Togo 1:0, 1:4
Liberia - Mali 1:0, 1:4
Mali - Sambia 1:1, 0:1
Kongo - Liberia 3:0, 2:0
Togo -Senegal 3:1, 2:2
Senegal - Sambia 1:0, 1:0
Kongo - Mali 1:0, 0:2
Liberia - Togo 0:0, 0:3
Sambia - Liberia 1:0, 5:0
Mali - Senegal 2:2, 0:3
Togo - Kongo 2:0, 3:2
Kongo - Sambia 2:3, 0:2
Liberia - Senegal 0:3, 1:6
Togo - Mali 1:0, 2:1
1. TOGO 10 7 2 1 20:8 23
2. SENEGAL 10 6 3 1 21:8 21
3. Sambia 10 6 1 3 16:10 19
4. Kongo 10 3 1 6 10:14 10
5. Mali 10 2 2 6 11:14 8
6. Liberia 10 1 1 8 3:27 4

Gruppe 2
Burkina Faso - Ghana 1:0, 1:2
Südafrika - Kap Verde 2:1, 2:1
Uganda - DR Kongo 1:0, 0:4
Kap Verde - Uganda 1:0, 0:1
DR Kongo - Burkina Faso 3:2, 0:2
Ghana - Südafrika 3:0, 2:0
Südafrika - Burkina Faso 2:0, 1:3
Uganda - Ghana 1:1, 0:2
Kap Verde - DR Kongo 1:1, 1:2
Burkina Faso - Uganda 2:0, 2:2
DR Kongo - Südafrika 1:0, 2:2
Ghana - Kap Verde 2:0, 4:0
Kap Verde - Burkina Faso 1:0, 2:1
Uganda - Südafrika 0:1, 1:2
Ghana - DR Kongo 0:0, 1:1
1. GHANA 10 6 3 1 17:4 21
2. DR KONGO 10 4 4 2 14:10 16
3. Südafrika 10 5 1 4 12:14 16
4. Burkin Faso 10 4 1 5 14:13 13
5. Kap Verde 10 3 1 6 8:15 10
6. Uganda 10 2 2 6 6:15 8

Gruppe 3
Kamerun - Benin 2:1, 4:1
Elfenbeinküste - Libyen 2:0, 0:0
Sudan - Ägypten 0.3, 1:6
Libyen - Kamerun 0:0, 0:1
Ägypten - Elfenbeinküste 1:2, 0:2
Benin - Sudan 1:1, 0:1
Sudan - Libyen 0:1, 1:4
Benin - Ägypten 3:3, 1:4
Kamerun - Elfenbeinküste 2:0, 3:2
Libyen - Benin 4:1, 0:1
Elfenbeinküste - Sudan 5:0, 3:1
Ägypten - Kamerun 3:2, 1:1
Libyen - Ägypten 2:1, 1:4
Benin - Elfenbeinküste 0:1, 0:3
Sudan - Kamerun 1:1, 1:2
1. ELFENBEINK. 10 7 1 2 20:7 22
2. KAMERUN 10 6 3 1 18:10 21
3. Ägypten 10 5 2 3 26:15 17
4. Libyen 10 3 3 4 8:10 12
5. Sudan 10 1 3 6 6:22 6
6. Benin 10 1 2 7 9:23 5

Gruppe 4
Algerien - Angola 0:0, 1:2
Gabun - Simbabwe 1:1, 0:1
Nigeria - Ruanda 2:0, 1:1
Ruanda - Gabun 3:1, 0:3
Angola - Nigeria 1:0, 1:1
Simbabwe - Algerien 1:1, 2:2
Gabun - Angola 2:2, 0:3
Nigeria - Algerien 1:0, 5:2
Ruanda - Simbabwe 0:2, 1:3
Algerien - Gabun 0:3, 0:0
Angola - Rwanda 1:0, 1:0
Simbabwe - Nigeria 0:3, 1:5
Gabun - Nigeria 1:1, 0:2
Ruanda - Algerien 1:1, 0:1
Angola - Simbabwe 1:0, 0:2
1. ANGOLA* 10 6 3 1 12:6 21
2. NIGERIA 10 6 3 1 21:7 21
3. Simbabwe 10 4 3 3 13:14 15
4. Gabun 10 2 4 4 11:13 10
5. Algerien 10 1 5 4 8:15 8
6. Rwanda 10 1 2 7 6:16 5
*Angola Gruppensieger durch direkten Vergleich

Gruppe 5
Malawi - Marokko 1:1, 1:4
Tunesien - Botswana 4:1, 3:1
Botswana - Malawi 2:0, 3:1
Guinea - Tunesien 2:1, 0:2
Malawi - Guinea 1:1, 1:3
Botswana - Marokko 0:1, 0:1
Kenia - Malawi 3:2, 0:3
Marokko - Tunesien 1:1, 2:2
Guinea - Botswana 4:0, 2:1
Malawi - Tunesien 2:2, 0:7
Botswana - Kenia 2:1, 0:1
Guinea - Marokko 1:1, 0:1
Kenia - Guinea 2:1, 0:1
Marokko - Kenia 5:1, 0:0
1. TUNESIEN 10 6 3 1 25:9 20
2. MAROKKO 10 5 5 0 17:7 20
3. Guinea 10 5 2 3 15:10 17
4. Kenia 10 3 1 6 8:17 10
5. Botswana 10 3 0 7 10:18 9
6. Malawi 10 1 3 6 12:26 6

▶ **Endturnier** (20.1.-10.2002 in Ägypten)

Gruppe A
Ägypten – Libyen 3:0
Marokko – Elfenbeinküste 0:1
Libyen – Elfenbeinküste 1:2
Ägypten – Marokko 0:0
Libyen – Marokko 0:0
Ägypten – Elfenbeinküste 3:1
1. ÄGYPTEN 3 2 1 0 6:1 7
2. ELFENBEINK. 3 2 0 1 4:4 6
3. Marokko 3 0 2 1 0:1 2
4. Libyen 3 0 1 2 1:5 1

Gruppe B
Kamerun – Angola 3:1
Togo – DR Kongo 0:2
Angola – DR Kongo 0:0
Kamerun – Togo 2:0
Angola – Togo 3:2
Kamerun – DR Kongo 2:0
1. KAMERUN 3 3 0 0 7:1 9
2. DR KONGO 3 1 1 1 2:2 4
3. Angola 3 1 1 1 4:5 4
4. Togo 3 0 0 3 2:7 0

Gruppe C
Tunesien – Sambia 4:1
Südafrika – Guinea 0:2
Sambia – Guinea 1:2
Tunesien – Südafrika 2:0
Tunesien – Guinea 0:3
Sambia – Südafrika 1:0
1. GUINEA 3 3 0 0 7:1 9
2. TUNESIEN 3 2 0 1 6:4 6
3. Sambia 3 1 0 2 3:6 3
4. Südafrika 3 0 0 3 0:5 0

Gruppe D
Nigeria – Ghana 1:0
Simbabwe – Senegal 0:2
Ghana – Senegal 1:0
Nigeria – Simbabwe 2:0
Nigeria – Senegal 2:1
Ghana – Simbabwe 1:2
1. NIGERIA 3 3 0 0 5:1 9
2. SENEGAL 3 1 0 2 3:3 3
3. Ghana 3 1 0 2 2:3 3
4. Simbabwe 3 1 0 2 2:5 3

Viertelfinale
ÄGYPTEN – DR Kongo 4:1
Guinea – SENEGAL 2:3
Kamerun – ELFENBEINK. 1:1 n.V., 11:12 i.E.
NIGERIA – Tunesien 1:1 n.V., 6:5 i.E.

Halbfinale
ÄGYPTEN – Senegal 2:1
ELFENBEINKÜSTE – Nigeria 1:0

Spiel um Platz 3
Senegal – Nigeria 0:1

Endspiel (10.2.2006, Kairo, 74.100)
ÄGYPTEN – Elfenbeinküste 0:0 n.V. 4:2 i.E.

Ägypten: El Hadary; Said (113. Halim Ali), El Saka, Gomaa (21. A.Fathy), Abdelwahab; Barakat, Shawky, Abo Treka, Ahmed Hassan; Emad Motaeb (81. H. Mostafa), Amri Zaky - *Elfenbeinküste*: Tizie; Eboue, Kolo Touré, Kouassi, Boka; Zokora, Yaya Touré (91. Bakari Koné), Faé, Akale (62. Kalou); Arouna Koné, Drogba - Tore: Fehlanzeige - SR: Mourad Daami (Tunesien) - *11m-Schießen*: 1:0 Ahmed Hassan, Drogba - gehalten, 2:0 Abdel Wahab, 2:1 Toure, Abdelhalim - daneben, Bakari Koné - gehalten, 3:1 Amr Zaki, 3:2 Eboue, 4:2 Aboutraika

■ African Nations Cup 2008

▶ **Qualifikation**

Gruppe 1
Gabun – Madagaskar 4:0, 2:0
Elfenbeinküste – Gabun 5:0, 0:0
Madagaskar – Elfenbeinküste 0:3, 0:5
Djibouti trat nicht an
1. ELFENBEINK. 4 3 1 0 13:0 10
2. Gabun 4 2 1 1 6:5 7
3. Madagaskar 4 0 0 4 0:14 0
4. Dschibuti zurückgezogen

Gruppe 2
Ägypten – Burundi 4:1, 0:0
Mauretanien – Botswana 4:0, 1:2
Botswana – Ägypten 0:0, 0:1
Burundi – Mauretanien 3:1, 1:2
Ägypten – Mauretanien 3:0, 1:1
Botswana – Burundi 1:0, 0:1
1. ÄGYPTEN 6 3 3 0 9:2 12
2. Mauretanien 6 2 1 3 9:10 7
3. Burundi 6 2 1 3 6:8 7
4. Botswana 6 2 1 3 3:7 7

Gruppe 3
Uganda – Lesotho 3:0, 0:0
Nigeria – Niger 2:0, 3:1
Lesotho – Nigeria 0:1, 0:2
Niger – Uganda 0:0, 1:3
Nigeria – Uganda 1:0, 1:2
Lesotho – Niger 3:1, 0:2

20 STATISTIK AFRIKA

1. NIGERIA	6	5	0	1	10:3	15
2. Uganda	6	3	2	1	8:3	11
3. Niger	6	1	1	4	5:11	4
4. Lesotho	6	1	1	4	3:9	4

Gruppe 4
Sudan – Seychellen					3:0,	2:0
Mauritius – Tunesien					0:0,	0:2
Seychellen – Mauritius					2:1,	1:1
Tunesien – Sudan					1:0,	2:3
Mauritius – Sudan					1:2,	0:3
Seychellen – Tunesien					0:3,	0:4
1. SUDAN	6	5	0	1	13:4	15
2. TUNESIEN	6	4	1	1	12:3	13
3. Seychellen	6	1	1	4	3:14	4
4. Mauritius	6	0	2	4	3:10	2

Gruppe 5
Ruanda – Kamerun					0:3,	1:2
Äquatorialguinea – Liberia					2:1,	0:0
Kamerun – Äquatorialguinea					3:0,	0:1
Liberia – Ruanda					3:2,	0:4
Äquatorialguinea – Ruanda					3:1,	0:2
Kamerun – Liberia						
1. KAMERUN	6	5	0	1	13:4	15
2. Äquatorialg.	6	3	1	2	6:7	10
3. Ruanda	6	2	0	4	10:11	6
4. Liberia	6	1	1	4	6:13	4

Gruppe 6
Kenia – Eritrea					1:2,	0:1
Swasiland – Angola					0:2,	0:3
Eritrea – Swasiland					0:0,	0:0
Angola – Kenia					3:1,	1:2
Kenia – Swasiland					2:0,	0:0
Angola – Eritrea					6:1,	1:1
1. ANGOLA	6	4	1	1	16:5	13
2. Eritrea	6	2	3	1	5:8	9
3. Kenia	6	2	1	3	6:7	7
4. Swasiland	6	0	3	3	0:7	3

Gruppe 7
Tansania – Burkina Faso					2:1,	1:0
Senegal – Mosambik					2:0,	0:0
Burkina Faso – Senegal					1:0,	1:5
Mosambik – Tansania					0:0,	1:0
Senegal – Tansania					4:0,	1:1
Burkina Faso – Mosambik					1:1,	0:3
1. SENEGAL	6	3	2	1	12:3	11
2. Mosambik	6	2	3	1	5:3	9
3. Tansania	6	2	2	2	4:7	8
4. Burkina Faso	6	1	1	4	4:12	4

Gruppe 8
Guinea – Algerien					0:0,	0:0
Gambia – Kap Verde					2:0,	0:0
Algerien – Gambia					1:0,	1:2
Kap Verde – Guinea					1:0,	0:4
Gambia – Guinea					0:2,	2:2
Algerien – Kap Verde					2:0,	2:2
1. GUINEA	6	3	2	1	10:3	11
2. Algerien	6	2	2	2	6:6	8
3. Gambia	6	2	2	2	6:6	8
4. Kap Verde	6	1	2	3	3:10	5

Gruppe 9
Sierra Leone – Mali					0:0,	0:6
Togo – Benin					2:1,	1:4
Mali – Togo					1:0,	2:0
Benin – Sierra Leone					2:0,	2:0
Togo – Sierra Leone					3:1,	1:0
Mali – Benin					1:1,	0:0
1. MALI	6	3	3	0	10:1	12
2. BENIN	6	3	2	1	10:4	11
3. Togo	6	3	0	3	7:9	9
4. Sierra Leone	6	0	1	5	1:14	1

Gruppe 10
Äthiopien – Libyen					1:0,	1:3
DR Kongo – Namibia					3:2,	1:1
Namibia – Äthiopien					1:0,	3:2
Libyen – DR Kongo					1:1,	1:1
DR Kongo – Äthiopien					2:0,	0:1
Libyen – Namibia					2:1,	0:1
1. NAMIBIA	6	3	1	2	9:8	10
2. DR Kongo	6	2	3	1	8:6	9
3. Libyen	6	2	2	2	7:6	8
4. Äthiopien	6	2	0	4	5:9	6

Gruppe 11
Südafrika – Kongo					0:0,	1:1
Tschad – Sambia					0:2,	1:1
Kongo – Tschad					3:1,	1:1
Sambia – Südafrika					0:1,	3:1
Tschad – Südafrika					0:3,	0:4
Kongo – Sambia					0:0,	0:3
1. SAMBIA	6	3	2	1	9:3	11
2. SÜDAFRIKA	6	3	2	1	10:4	11
3. Kongo	6	1	4	1	5:6	7
4. Tschad	6	0	2	4	3:14	2

Gruppe 12
Marokko – Malawi					2:0,	1:0
Malawi – Simbabwe					1:0,	1:3
Simbabwe – Marokko					1:1,	0:2
1. MAROKKO	4	3	1	0	6:1	10
2. Simbabwe	4	1	1	2	4:5	4
3. Malawi	4	1	0	3	2:6	3

▶ **Endturnier** (20.1.-10.2.2008 in Ghana)

Gruppe A
Ghana – Guinea	2:1
Namibia – Marokko	1:5
Guinea – Marokko	3:2
Ghana – Namibia	1:0
Ghana – Marokko	2:0
Guinea – Namibia	1:1

1. GHANA	3	3	0	0	5:1	9
2. GUINEA	3	1	1	1	5:5	4
3. Marokko	3	1	0	2	7:6	3
4. Namibia	3	0	1	2	2:7	1

Gruppe B
Nigeria – Elfenbeinküste	0:1
Mali – Benin	1:0
Elfenbeinküste – Benin	4:1
Nigeria – Mali	0:0
Nigeria – Benin	2:0
Elfenbeinküste – Mali	3:0

1. ELFENBEINK.	3	3	0	0	8:1	9
2. NIGERIA	3	1	1	1	2:1	4
3. Mali	3	1	1	1	1:3	4
4. Benin	3	0	0	3	1:7	0

Gruppe C
Ägypten – Kamerun	4:2
Sudan – Sambia	0:3
Kamerun – Sambia	5:1
Ägypten – Sudan	3:0
Ägypten – Sambia	1:1
Kamerun – Sudan	3:0

1. ÄGYPTEN	3	2	1	0	8:3	7
2. KAMERUN	3	2	0	1	10:5	6
3. Sambia	3	1	1	1	5:6	4
4. Sudan	3	0	0	3	0:9	0

Gruppe D
Tunesien – Senegal	2:2
Südafrika – Angola	1:1
Senegal – Angola	1:3
Tunesien – Südafrika	3:1
Tunesien – Angola	0:0
Senegal – Südafrika	1:1

1. TUNESIEN	3	1	2	0	5:3	5
2. ANGOLA	3	1	2	0	4:2	5
3. Senegal	3	0	2	1	4:6	2
4. Südafrika	3	0	2	1	3:5	2

Viertelfinale
GHANA – Nigeria	2:1
ELFENBEINKÜSTE – Guinea	5:0
ÄGYPTEN – Angola	2:1
Tunesien – KAMERUN	2:3 n.V.

Halbfinale
Ghana – KAMERUN	0:1
Elfenbeinküste – ÄGYPTEN	1:4

Spiel um Platz 3
Ghana – Elfenbeinküste	4:2

Endspiel (10.2.2008, Accra, 35.500)
Kamerun – ÄGYPTEN 0:1
Kamerun: Idriss Carlos Kameni; Bill Tchato, Geremi Njitap, Rigobert Song, Timothee Atouba; Achille Emana (55. Mohamadou Idrissou), Alexandre Song (16. Augustin Binya), Stephane Mbia, Joel Epalle (65. Modeste Mbami); Alain Nkong, Samuel Eto'o - *Ägypten*: Essam El Hadary; Shady Mohamed, Hany Said, Wael Gomaa, Sayed Moawad; Hosny Abd Rabou, Ahmed Fathy, Ahmed Hassan, Mohamed Aboutrika (89. Ibrahim Said); Emad Moteab (60. Mohamed Zidan), Amr Zaky (84. Mohamed Shawky) - *Tor*: 0:1 Aboutrika (77.), SR: Coffi Codjia (Benin)

■ **Afrikaspiele**
Das Fußballturnier der Afrikaspiele wird seit 1991 als U23-Turnier ausgespielt
▶ **1965 (Brazzaville, Kongo)**
Kongo - Mali 10:9 n.V., 7:2 nach Ecken
Kongo - Mali 0:0 n.V., 7:2 n. Ecken
▶ **1973 (Lagos, Nigeria)**
Nigeria - Guinea 2:0
▶ **1978 (Alger, Algerien)**
Algerien - Nigeria 1:0
▶ **1987 (Nairobi, Kenia)**
Ägypten - Kenia 1:0
▶ **1991**
Kamerun - Tunisien 1:0
▶ **1995 (Harare, Simbabwe)**
Ägypten - Simbabwe 3:1
▶ **1999 (Johannesburg, Südafrika)**
Kamerun - Sambia 0:0 n.V., 4:3 n.E.
▶ **2003 (Abuja, Nigeria)**
Kamerun - Nigeria 2:0
▶ **1973 (Algerien)**
Kamerun - Guinea 1:0

■ **Copa Amilcar Cabral**
Turnier der westafrikanischen Länder, das nach dem kapverdischen Unabhängigkeitskämpfer Amilcar Cabral benannt ist (1924 – 1973)
1979 Senegal **1980** Senegal **1981** Guinea **1982** Guinea **1983** Senegal **1984** Senegal **1985** Senegal **1986** Senegal **1987** Guinea **1988** Guinea **1989** Mali **1990** nicht ausgespielt **1991** Senegal **1993** Sierra Leone **1995** Sierra Leone **1997** Mali **2000** Kap Verde **2001** Senegal **2003** nicht ausgespielt **2005** Guinea **2007** Mali

■ **CECAFA Cup (Gossage Cup)**
Der Council of East and Central Africa Football Associations (CECAFA) ist ein Turnier der ost- und mittelafrikanischen Verbände. Vorgänger waren der East and Central African Senior Challenge Cups (1967–1971) bzw. der Gossage Cup (1926–1966)
1926 Kenia **1928** Uganda **1929** Uganda **1930** Uganda **1931** Kenia **1932** Uganda **1935** Uganda **1936** Uganda **1937** Uganda **1938** Uganda **1939** Uganda **1940** Uganda **1941** Kenia **1942** Kenia **1943** Uganda **1944** Kenia **1945** Uganda **1946** Kenia **1947** Uganda **1948** Uganda **1949** Uganda **1951** Tanganjika **1952** Uganda **1953** Kenia **1954** Uganda **1955** Uganda **1956** Uganda **1957** Uganda **1958** Kenia **1959** Kenia **1960** Kenia/Uganda **1961** Kenia **1962** Kenia **1963** Uganda **1964** Tansania **1965** Tansania **1966** Kenia **1967** Kenia **1968** Uganda **1969** Uganda **1970** Uganda **1971** Kenia **1973** Uganda **1974** Tansania **1975** Kenia **1976** Uganda **1977** Uganda **1978** Malawi **1979** Malawi **1980** Sudan **1981** Kenia **1982** Kenia **1983** Kenia **1984** Sambia **1985** Simbabwe **1986** ausgefallen **1987** Äthiopien **1988** Malawi **1989** Uganda **1990** Uganda **1991** Sambia **1992** Uganda **1993** ausgefallen **1994** Tansania **1995** Sansibar **1996** Uganda **1997** und **1998** nicht ausgetragen **1999** Ruanda **2000** Uganda **2001** Äthiopien **2002** Kenia **2003** Uganda **2004** Äthiopien **2005** Äthiopien **2006** Sambia **2007** Sudan **2009** Uganda

■ **COSAFA Cup**
Von der Brauerei "Castle" gesponsorter Wettbewerb der Confederation of Southern African Football Associations (COSAFA)
1997 Sambia **1998** Sambia **1999** Angola **2000** Simbabwe **2001** Angola **2002** Südafrika **2003** Simbabwe **2004** Angola **2005** Simbabwe **2006** Sambia **2007** Südafrika **2008** Südafrika

■ **U-23 Meisterschaft**
1979 Algerien **1981** Ägypten **1983** Nigeria **1985** Nigeria **1987** Nigeria **1989** Nigeria **1991** Ägypten **1993** Ghana **1995** Kamerun **1997** Marokko **1999** Ghana **2001** Angola **2003** Ägypten **2005** Nigeria **2007** Kongo

■ **U-17 Meisterschaft**
1995 Ghana **1997** Ägypten **1999** Ghana **2001** Nigeria **2003** Kamerun **2005** Gambia **2007** Nigeria

Ägypten wurde 2008 neuer Rekordmeister Afrikas.

Champions League Ghana und sein umtriebiger Präsident Nkrumah waren wesentliche Antreiber bei der Einrichtung einer afrikanischen Kontinentalmeisterschaft für Landesmeister im Jahr 1964. Der erste Wettbewerb ging seinerzeit als Turnier in der ghanaischen Hauptstadt Accra über die Bühne. Der Champions' Cup konnte sich auf Anhieb etablieren und wird seit 1966 regelmäßig ausgespielt. Angesichts der enormen Entfernungen, der schwierigen wirtschaftlichen Verhältnisse in vielen Ländern und der zahlreichen Bürgerkriege ist dies eine bemerkenswerte Entwicklung, die den hohen Wert des Fußballs in Afrika unterstreicht. Bis in die 1970er Jahre wurde der Wettbewerb von den Vereinen Schwarzafrikas beherrscht. Vor allem Kamerun – mit Canon und Tonnerre Yaoundé sowie Union Douala –, die DR Kongo/Zaïre mit TP Englebert/Mazembe Lubumbashi sowie dem AS Vita Club Kinshasa und Guinea mit der Präsidentenelf des Hafia FC Conakry beherrschten die Konkurrenz. Die Länder nördlich der Sahara zeigten zunächst kaum Interesse an der Kontinentalmeisterschaft. Das änderte sich erst in den 1980er Jahren, als man vor allem in Ägypten sein Interesse an der afrikanischen Königsklasse entdeckte. Seit 1981 dominieren die wirtschaftlich und infrastrukturell den schwarzafrikanischen Ländern hochüberlegenen Nordafrikaner den Wettbewerb und stellten in 22 von 28 Jahren den Sieger. Südafrika, das erst nach dem Ende der Apartheid an dem Wettbewerb teilnehmen konnte, stellte 1995 mit den Orlando Pirates zum bislang einzigen Mal den Sieger. 2004 konnte die nigerianische Elf von Enyimba Aba erstmals seit 1968 den Titel verteidigen. Rekordhalter ist Al-Ahly Kairo, das 2008 seinen sechsten Titel feierte. 1997 wurde der Wettbewerb reformiert und in die Champions League umgewandelt, an der zunächst lediglich die Landesmeister teilnehmen durften. Seit 2004 stellen die führenden Nationen noch einen zweiten Teilnehmer. Schwarzafrikas Vereine leiden seit den 1990er Jahren unter ihrem ständigen Exodus von Spitzenspielern nach Europa, der die Klubmannschaften auf kontinentaler Ebene gegenüber den wirtschaftsstarken Vereinen aus Ägypten, Tunesien und Marokko zusätzlich benachteiligt.

Champions' Cup 1964

▶ Vorrunde

Nord- Zentral- und Ostafrika
Sieger: COTTON FACTORY CLUB DIRE DAWA (ETH)
Westafrika Gruppe A
STADE MALIEN BAMAO (MLI) - Espoir St-Louis (SEN) 4:1, *
*Rückspielergebnis nicht bekannt (es endete unentschieden)
Conakry* (GUI) - STADE MALIEN BAMAKO (MLI) 4:2, 2:2, 2:3
*nicht bekannt, ob es sich um Conakry I oder Conakry II handelte
Weitere Ergebnisse unbekannt
Sieger: STADE MALIEN BAMAKO (MLI)
Westafrika Gruppe B
Sieger: REAL REPUBLICANS ACCRA (GHA)
Zentralafrika
Sieger: ORYX DOUALA (CAM)

▶ Endturnier (31.1.-7.2.1964, Ghana)

Halbfinale
ORYX DOUALA (CAM) - Real Republicans Accra (GHA) 2:1
STADE MALIEN B. (MLI) - Cotton Factory Club (ETH) 3:1
Finale
ORYX DOUALA (CAM) - Stade Malien Bamako (MLI) 2:1

Champions' Cup 1965

Nicht ausgespielt

Champions' Cup 1966

▶ Vorrunde

CONAKRY I (GUI) - US Gorée Dakar (SEN) x:0
DIABLES NOIRS BR. (CGO) - Dragons Kinshasa (COD) 1:2, 2:0
Ethio-Cement (ETH) - AL-HILAL OMDURMAN (SUD) 1:4, 0:6
Etoile Filante Lomé (TOG) - ASANTE KOTOKO (GHA) 0:3, 0:3
Etoile Filante Ouag. (BFA) - STADE ABIDJAN (CIV) 2:0, 1:4
Invincible Eleven M. (LBR) - AS REAL BAMAKO (MLI) 2:3, 0:6
Freilos: ORYX DOUALA (CAM)

▶ Viertelfinale

AL-HILAL OMDURMAN (SUD) - Diables Noirs (CGO) 6:1, 4:1
Asante Kotoko Kumasi (GHA) - STADE ABIDJAN (CIV) 0:1, 2:2
AS REAL BAMAKO (MLI) - Conakry I (GUI) 2:1, 3:2
Freilos: ORYX DOUALA (CAM)

▶ Halbfinale

Al-Hilal Omdurman (SUD) - STADE ABIDJAN (CIV) 1:0, 2:4
Oryx Douala (CAM) - AS REAL BAMAKO (MLI) 2:4, 2:3

▶ Finale (11. und 25.12.1966)

AS Real Bamako (MLI) - STADE ABIDJAN (CIV) 3:1, 1:4 n.V.

Champions' Cup 1967

▶ Qualifikation

AS FONCTIONNAIRES (BFA) - Augustinians Banjul (GAM) x:0
Secteur 6 Niamey (NIG) - AL-ITTIHAD TRIPOLI (LBY) 3:2, 1:3

▶ Vorrunde

Al-Hilal Omd. (SUD) - OLYMPIC ALEXANDRIA (EGY) 0:1, 1:3
AL-ITTIHAD Tripoli (LBY) - Diamant Yaoundé (CAM) x:0
DJOLIBA AC (MLI) - Invincible Eleven Monrovia (LBR) x:0
AS Fonctionnaires (BFA) - CONAKRY II (GUI) 0:2, 1:1
SAINT GEORGE (ETH) - Bitumastic Kampala (UGA) x:0
AS Saint Louisienne (SEN) - ASANTE KOTOKO (GHA) 2:3, 0:3
STADE ABIDJAN (CIV) - Modèle Lomé (TOG) 2:1, 0:0
TP ENGLEBERT LUBUMB. (COD) - Abeilles FC (CGO) 2:0, *1:3
*TP Englebert Lubumbashi (vermutlich) Sieger nach Los

▶ Viertelfinale

Al-Ittihad Tripoli (LBY) - TP ENGLEBERT LUBUMB. (COD) 0:x
DJOLIBA AC BAMAKO (MLI) - Conakry II (GUI) 2:1, 0:0
SAINT GEORGE (ETH) - Olympic Alexandria (EGY) 3:2, x:0
Stade Abidjan (CIV) - ASANTE KOTOKO KUM. (GHA) 1:3, 2:5

▶ Halbfinale

ASANTE KOTOKO (GHA) - Djoliba AC Bamako (MLI) 1:1, 2:1
TP ENGLEBERT LUBUMB. (COD) - Saint George (ETH) 3:1, 1:2

▶ Finale (19. und 26.11.1967)

Asante Kotoko Kumasi (GHA) - TP Englebert Lubumb. (COD) 1:1
TP ENGLEBERT LUBUMBASHI - Asante Kotoko Kum. 2:2 n.V.
Nach Ende der Verlängerung wollte der Schiedsrichter den Sieger per Loswurf ermitteln. Das wurde vom anwesenden CAF-Funktionär unterbunden und statt dessen für den 27. Dezember ein Entscheidungsspiel in Yaounde (Kamerun) angekündigt. Zu jenem trat Asante Kotoko nicht an, da der Verein nicht rechtzeitig von seinem Nationalverband informiert worden war. TP Englebert wurde daraufhin kampflos zum Sieger erklärt.

Champions' Cup 1968

▶ Qualifikation

ETOILE DU CONGO (CGO) - Mighty Blackpool Freet. (SLE) x:0
FAR RABAT (MAR) - Augustinians Banjul (GAM) x:0
POLICE MOGADISHU (SOM) - Cosmopolitans Dar (TAN) x:0
Secteur 6 Niamey (NIG) - US OUAGADOUGOU (BFA) 1:1, 1:3

▶ Vorrunde

ABALUHYA UNITED (KEN) - Saint George (ETH) 1:1, 3:1
Africa Sports (CIV) - TP ENGLEBERT LUBUMB. (COD) 2:0, 4:4*
*Africa Sports wegen Einsatz nicht spielberechtigten Akteurs disqualifiziert
Etoile du Congo Brazz. (CGO) - ORYX DOUALA (CAM) 1:2, 3:4
FAR RABAT (MAR) - Foyer France Dakar (SEN) 2:0, 1:0
Mighty Barolle Monrovia (LIB) - CONAKRY II (GUI) 1:2, 0:x
Police Mogadishu (SOM) - AL-MOURADA K. (SUD) 1:1, 1:3
STATIONERY ST. (NGA) - Cape Coast Dwarfs (GHA) 3:2, *1:3
*Stationery Stores Sieger nach Münzwurf
US Ouagadougou (BFA) - ETOILE FILANTE L. (TOG) 1:4, 0:2

▶ Viertelfinale

ABALUHYA UNITED (KEN) - Al-Mourada KH. (SUD) 3:0, 1:3
ETOILE FILANTE LOMÉ (TOG) - Conakry II (GUI) 3:0, x:0
FAR RABAT (MAR) - Stationery Stores L. (NGA) 1:0, 1:2, *2:2
*FAR Sieger nach Münzwurf. Es hatte keine Verlängerungen gegeben
TP ENGLEBERT LUBUMB. (COD) - Oryx Douala (CAM) 3:0, 2:0

▶ Halbfinale

Abaluhya United (KEN) - ETOILE FILANTE LOMÉ (TOG) 2:0, 0:4
TP ENGLEBERT LUBUMB. (COD) - FAR Rabat (MAR) 1:1, 3:1

▶ Finale (16. und 30.3.1969)

TP ENGLEBERT LUBUMB. (COD) - Etoile Filante (TOG) 5:0, 1:4
Tore im Rückspiel: Kaolo (2), Ananou (2) - Kalonzo

Champions' Cup 1969

▶ Qualifikation

AFRICA SPORTS (CIV) - Olympique Sportif (GAB) 5:1, 2:0
Hoga Mogadishu (SOM) - BURRI KHARTOUM (SUD) 2:0, 1:4
US Cattin (CAF) - SAINT ELOI LUPOPO (COD) 0:x
YOUNG AFRICANS DAR (TAN) - Fitarikandro (MAD) 4:1, 0:2

▶ Vorrunde

Al-Tahaddi Tripoli (LBY) - ISMAILY CAIRO (EGY) 0:5, 0:3
ASANTE KOTOKO (GHA) - Patronage Ste-Anne (CGO) 5:1, 1:1
Burri Khartoum (SUD) - GOR MAHIA NAIROBI (KEN) 2:4, 1:0
Caïman Douala (CAM) - SAINT ELOI LUPOPO (COD) 0:0, 1:3
Saint George (ETH) - YOUNG AFRICANS DAR (TAN) 0:0, 0:5
Secteur 6 Niamey (NIG) - ETOILE FILANTE L. (TOG) 1:5, 0:3
TP ENGLEBERT LUBUMB. (COD) - Africa Sports (CIV) 2:1, 2:2
USFRAN Ouagadougou (BFA) - CONAKRY II (GUI) 2:7, 0:x

▶ Viertelfinale

ASANTE KOTOKO (GHA) - Young Africans Dar (TAN) 1:1, *1:1
Asante Kotoko Sieger nach Münzwurf
CONAKRY II (GUI) - Saint Eloi Lupopo (COD) 7:2, 3:1
ISMAILY CAIRO (EGY) - Gor Mahia Nairobi (KEN) 3:1, 1:1
TP ENGLEBERT LUBUMB. (COD) - Etoile Filante (TOG) 4:1, 0:1

▶ Halbfinale

Asante Kotoko Kumasi (GHA) - ISMAILY CAIRO (EGY) 2:2, 2:3
TP ENGLEBERT LUBUMBASHI (COD) - Conakry II (GUI) 4:0, 3:5

▶ Finale (22.12.1969 und 9.1.1970)

TP Englebert Lubumb. (COD) - ISMAILY CAIRO (EGY) 2:2, 1:3

Champions' Cup 1970

▶ Vorrunde

Aigle Royal (GAB) - CARA BRAZZAVILLE (CGO) 0:3, 5:2*
*CARA Brazzaville Sieger nach Münzwurf
CR Belcourt Alger (ALG) - ASC JEANNE D'ARC (SEN) 5:3, 0:x
Lavori Publici Mogadishu (SOM) - PRISONS FC (UGA) 2:1, 2:4
AS REAL BAMAKO (MLI) - AS Fonctionnaires O. (BFA) 3:0, 2:2
Secteur 6 Niamey (NIG) - UNION DOUALA (CAM) 0:2, 2:1
STATIONERY STORES (NGA) - Forces Armées (BEN) 3:1, 3:2
YOUNG AFRICANS (TAN) - US Fonctionnaires (MAD) 4:0, 2:4
Freilos: AS KALOUM STAR (GUI), AL-HILAL OMDURAMAN (SUD), ASANTE KOTOKO KUMASI (GHA), ISMAILIY SC (EGY), MODÈLE LOMÉ (TOG), NAKURU ALL STARS (KEN), STADE ABIDJAN (CIV), TP ENGLEBERT LUBUMBASHI (COD), TELE SC ASMARA (ETH)

▶ 2. Runde

AS KALOUM STAR (GUI) - ASC Jeanne d'Arc (SEN) 3:1, 1:2
ISMAILIY SC (EGY) - Al-Hilal Omdurman (SUD) 1:0, 0:0
Nakuru All Stars (KEN) - YOUNG AFRICANS DAR (TAN) 1:0, 1:3
PRISONS FC KAMPALA (UGA) - Tele SC Asmara (ETH) 3:2, *1:2
*Prisons FC Kampala Sieger nach Münzwurf
AS Real Bamako (MLI) - STADE ABIDJAN (CIV) 2:3, 2:6
Stationery Stores (NGA) - ASANTE KOTOKO (GHA) 3:2, *
*beim Stande von 0:1 in der 2. Halbzeit abgebrochen und als Sieg für Asante Kotoko Kumasi gewertet
TP ENGLEBERT LUB. (COD) - CARA Brazzaville (CGO) 3:0, 2:2
Union Douala (CAM) - MODÈLE LOMÉ (TOG) 0:0, 1:1*
*Modèle Lomé Sieger nach Münzwurf

▶ Viertelfinale

ISMAILIY SC (EGY) - Prisons FC Kampala (UGA) 4:1, 2:1
Modèle Lomé (TOG) - TP ENGLEBERT LUBUMB. (COD) 0:0, 1:3
Stade Abidjan (CIV) - AS KALOUM STAR (GUI) 1:1, 3:4
Young Africans Dar (TAN) - ASANTE KOTOKO (GHA) 1:1, 0:2

▶ Halbfinale

AS Kaloum Star (GUI) - TP ENGLEBERT LUBIMB. (COD)1:2, 1:3
Ismailiy SC (EGY) - ASANTE KOTOKO KUMASI (GHA) 0:0, 0:2

▶ Finale (10. und 24.1.1971)

Asante Kotoko Kumasi (GHA) - TP Englebert Lub. (COD) 1:1
TP Englebert Lubumbashi - ASANTE KOTOKO KUMASI 1:2

Champions' Cup 1971

▶ Vorrunde

Abaluhya United (KEN) - GREAT OLYMPICS (GHA) 0:0, 1:3
AL-MERREIKH (SUD) - Tele Asmara (ETH) 2:1, 0:1 n.V., 5:4 n.E.
CANON YAOUNDÉ (CAM) - AS Solidarité (GAB) 7:3, 2:1
ASC Diaraf Dakar (SEN) - STADE MALIEN BAM. (MLI) 3:0, 0:4
ESPÉRANCE TUNIS (TUN) - Al-Ahly Benghazi (LBY) 0:0, 1:0
Maseru United (LES) - MMM TAMATAVE (MAD) 1:2, 2:3
AS Porto Novo (BEN) - VICTORIA MOKANDA (CGO) 0:1, 0:2
Secteur 6 Niamey (NIG) - ENUGU RANGERS (NGA) 1:1, 0:1
YOUNG AFRICANS DAR (TAN) - Lavori Publici (SOM) 2:0, 0:0
Freilos: AS KALOUM STAR (GUI), ASEC ABIDJAN (CIV), ASANTE KOTOKO KUMAISI (GHA), COFFEE UNITED KAKIRA (UGA), DYNAMIC TOGOLAIS LOMÉ (TOG), ISMAILIY SC (EGY), AS VITA CLUB KINSHASA (COD)

▶ 2. Runde

AS Kaloum Star (GUI) - ENUGU RANGERS (NGA) 3:3, 1:2
Al-Merreikh (SUD) - ASANTE KOT. (GHA) 2:1, 0:1 n.V., 4:5 n.E.
COFFEE UNITED KAKIRA (UGA) - Young Africans (TAN) x:0
ISMAILIY SC (EGY) - Espérance Tunis (TUN) x:0
Stade Malien Bamako (MLI) - ASEC ABIDJAN (CIV) 2:2, 1:2
MMM Tamatave (MAD) - GREAT OLYMPICS (GHA) 2:1, 0:4
Victoria Mokanda (CGO) - DYNAMIC TOGOLAIS (TOG)1:2, 0:2
Vita Club (COD) - CANON YAOU. (CAM) 2:0, 1:3 n.V., 3:4 n.E.

▶ Viertelfinale

Coffee United Kakira (UGA) - GREAT OLYMPICS (GHA) 0:0, 0:2
Dynamic Togolais (TOG) - CANON YAOUNDÉ (CAM) 1:2, 3:4
Enugu Rangers (NGA) - ASEC ABIDJAN (CIV) 0:1, 0:2
Ismailiy SC (EGY) - ASANTE KOTOKO KUMASI (GHA) 0:0, 0:3

▶ Halbfinale

ASEC Abidjan (CIV) - CANON YAOUNDÉ (CAM) 2:1, 1:4
Great Olympics (GHA) - ASANTE KOTOKO K. (GHA) 1:1, 0:1

▶ Finale (5., 19. und 21.12.1971)

Asante Kotoko Kumasi (GHA) - Canon Yaoundé (CAM) 3:0
Canon Yaoundé - Asante Kotoko Kumasi 2:0
CANON YAOUNDÉ - Asante Kotoko Kumasi 1:0*
*beim Stande von 1:0 abgebrochen und mit 1:0 gewertet

Champions' Cup 1972

▶ Vorrunde

ASFA Ouagadougou (BFA) - DJOLIBA AC BAM. (MLI) 1:3, 0:1
AIGLE NKONGSAMBA (CAM) - Olym. Real Bangui (CAF) 3:1, 0:1
AL-AHLY TRIPOLI (LBY) - Al-Merreikh Omdurman (SUD) x:0
AS FORCES ARMÉES D. (SEN) - AS Cotonou (BEN) 3:0, 3:2
HAFIA FC CONAKRY (GUI) - ASFAN Niamey (NIG) 4:1, 1:1
HEARTS OF OAK Accra (GHA) - Abaluhya United (KEN) x:0
Majanja Mobales H. (LES) - KABWE WARRIORS (ZAM) 2:2, 0:9
AS SAINT MICHAEL (MAD) - Young Africans Dar (TAN) 2:0, 0:1
SAINT GEORGE (ETH) - Lavori Publici Mogad. (SOM) 3:1, 1:1
TP MAZEMBE LUBUMB. (COD) - Police (GAB) 2:0, 1:1
Freilos: AFRICA SPORTS ABIDJAN (CIV), CANON YAOUNDÉ (CAM), DYNAMIC TOGOLAIS LOMÉ (TOG), ISMAILIY SC (EGY), SIMBA FC KAMPALA (UGA), WNDC IBADAN (NGA)

▶ Achtelfinale

Africa Sports Abidjan (CIV) - TP MAZEMBE LUB. (COG) 1:2, 2:5
Canon Yaoundé (CAM) - HAFIA FC CONAKRY (GUI) 3:2, 1:4
Dyn. Togolais (TOG) - AIGLE NKONGSAMBA (CAM) 1:1, 3:4
AS Forces Armées Dakar (SEN) - DJOLIBA AC (MLI) 2:0, 0:2*
Forces Armées Dakar zog sich zurück
Ismailiy SC (EGY) - AL-AHLY TRIPOLI (LBY)0:1, 2:1 n.V., 3:4 n.E.
KABWE WARRIORS (ZAM) - AS Saint Michael (MAD) 2:1, 3:0
SIMBA FC KAMPALA (UGA) - Saint Georges (ETH) 4:0, 1:1
WNDC Ibadan (NGA) - HEARTS OF OAK ACCRA (GHA)1:0, 0:3

▶ Viertelfinale

Al-Ahly Tripoli (LBY) - SIMBA FC KAMPALA (UGA) 1:1, 0:3
HAFIA FC CONAKRY (GUI) - Djoliba AC Bamako (MLI) 3:0, 1:2
HEARTS OF OAK A. (GHA) - Kabwe Warriors (ZAM) 7:2, 1:2
TP MAZEMBE L. (COD) - Aigle Nkongsamba (CAM) 4:1, 2:1

▶ Halbfinale

Hearts of Oak Accra (GHA) - SIMBA FC KAMP. (UGA) 1:1, 0:1
TP Mazembe Lub. (COD) - HAFIA FC CONAKRY (GUI) 3:2, 0:x

▶ Finale (10. und 22.12.1972)

HAFIA FC CONAKRY (GUI) - Simba FC Kampala (UGA) 4:2, 3:2

Champions' Cup 1973

▶ Vorrunde

ASEC ABIDJAN (CIV - Mighty Barolle Monrovia (LBR) 2:1, 3:1
BREWERIES (KEN) - Tele SC Asmara (ETH) 1:1, 1:1 n.V., 5:4 n.E.
CARA BRAZZAVILLE (CGO) - Sports Dynamic (BDI) 1:0, 2:2
AS Forces Armées Dakar (SEN) - MODÈLE LOMÉ (TOG) 2:2, 2:4

FORTIOR MAHAJANGA (MAD) - Police (LES) 5:1, 1:2
Horsed FC Mogadishu (SOM) - ISMAILIY SC (EGY) 3:1, 0:5
MIGHTY JETS JOS (NGA) - Jeanne d'Arc (BFA) 2:1, 0:1*
*Jeanne d'Arc zog sich zurück
Young Africans Dar (TAN) - AL-MERREIKH OM. (SUD) 1:2, 1:1
Freilos: AL-AHLY BENGHAZI (LBY), ASANTE KOTOKO KUMASI (GHA), HAFIA FC CONAKRY (GUI), KABWE WARRIORS (ZAM), LÉOPARDS DOUALA (CAM), SIMBA FC KAMPALA (UGA), STADE MALIEN BAMAKO (MLI), AS VITA CLUB KINSHASA (COD)

▶ **Achtelfinale**
Al-Merreikh (SUD) - ASANTE KOTOKO KUMASI (GHA) 1:1, 0:3
BREWERIES BUSIA (KEN) - Simba FC Kampala (UGA) 3:1, 1:2
HAFIA CONAKRY (GUI) - ASEC Abidjan (CIV) 2:1, 3:4 n.V., 3:2 n.E.
ISMAILIY SC (EGY) - Al-Ahly Benghazi (LBY) 4:1, 1:0
KABWE WARRIORS (ZAM) - Fortior Mahajanga (MAD) 4:0, 3:0
LÉOPARDS DOUALA (CAM) - CARA Brazzaville (CGO) 2:0, 0:1
STADE MALIEN BAMAKO (MLI) - Modèle Lomé (TOG) 2:1, 0:0
AS VITA CLUB KINSHASA (COD) - Mighty Jets Jos (NGA x:0

▶ **Viertelfinale**
BREWERIES BUSIA (KEN) - Ismailiy SC (EGY) 0:0, 1:2*
Ismailiy SC zog sich zurück
Hafia FC Conakry (GUI) - LÉOPARDS DOUALA (CAM) 2:4, 3:2
Kabwe Warriors (ZAM) - ASANTE KOTOKO K. (GHA) 2:1, 0:2
Stade Malien B. (MLI) - AS VITA CLUB KINSH. (COD) 0:3, 1:4

▶ **Halbfinale**
Breweries Busia (KEN) - ASANTE KOTOKO K. (GHA) 0:2, 1:2
AS VITA CLUB KINSH. (COD) - Léopards Douala (CAM) 3:0, 1:3

▶ **Finale** (25.11. und 16.12.1973)
Asante Kotoko (GHA) - AS VITA CLUB KINSH. (COD) 4:2, 0:3

Champions' Cup 1974

▶ **Vorrunde**
Al-Ahly Tripoli (LBY) - AL-HILAL OMDURMAN (SUD) 2:2, 0:3
BENDEL INSUR. BENIN-CITY (NGA) - Secteur 7 (NIG) 7:0, 0:1
CARA BRAZZAVILLE (CGO) - Zalang (GAB) 3:1, 4:0
GREEN BUFFALOES LUSAKA (ZAM) - Antalaha (MAD) 4:1, 2:1
Linare FC Leribe (LES) - SIMBA SC DAR-ES-S. (TAN) 1:3, 1:2
Mighty Barolle Monrovia (LBR) - ASEC ABIDJAN (CIV) 0:0, 0:2
MODÈLE LOMÉ (TOG) - AS Porto Novo (BEN) 3:0, 0:1
OLYMPIQUE REAL BANGUI (CAF) - Simba FC K. (UGA) 4:0, 0:1
Ports Authority F. (SLE) - ASC JEANNE D'ARC (SEN) 3:2, 1:3
TELE SC ASMARA (ETH) - Horseed FC Mogadishu (SOM) x:0
Freilose: ABALUHYA UNITED (KEN), DJOLIBA AC BAMAKO (MLI), HAFIA FC CONAKRY (GUI), HEARTS OF OAK ACCRA (GHA), MEHALLA AL-KUBRA (EGY), AS VITA CLUB KINSHASA (COD)

▶ **Achtelfinale**
ASEC ABIDJAN (CIV) - Modèle Lomé (TOG) 3:0, x:0
ABALUHYA UNITED (KEN) - Tele SC Asmara (ETH) 2:0, 0:1
CARA BRAZZAVILLE (CGO) - AS Vita Club Kins. (COD) 4:0, 0:3
DJOLIBA AC (MLI) - Bendel Insurance Benin-C. (NGA) 2:0, 0:1
Green Buffaloes Lusaka (ZAM) - SIMBA SC DAR (TAN) 1:2, 0:1
HEARTS OF OAK (GHA) - Olympique Real Ban. (CAF) 6:1, 3:3
JEANNE D'ARC DAKAR (SEN) - Hafia FC Conakry (GUI) x:0
MEHALLA AL-KUBRA (EGY) - Al-Hilal (SUD) 4:1, 1:4 n.V., 4:2 n.E.

▶ **Viertelfinale**
ASEC Abidjan (CIV) - JEANNE D'ARC DAKAR (SEN) 2:1, 0:1
Djoliba AC Bamako (MLI) - CARA BRAZZAVILLE (CGO) 0:0, 0:3
Hearts of Oak Accra (GHA) - SIMBA SC Dar-es-S. (TAN) 1:2, 0:0
MEHALLA AL-KUBRA (EGY) - Abaluhya United (KEN) 3:0, 1:1

▶ **Halbfinale**
CARA BRAZZAVILLE (CGO) - ASC Jeanne d'Arc (SEN) 2:0, 4:1
Simba (TAN) - MEHALLA AL-KUBRA (EGY) 1:0, 0:1 n.V., 0:3 n.E.

▶ **Finale** (29.11. und 13.12.1974)
CARA BRAZZAVILLE (CGO) - Mehalla Al-Kubra (EGY) 4:2, 2:1

Champions' Cup 1975

▶ **Vorrunde**
ASDR Fatima (CAF) - AL-MERREIKH OMDURM. (SUD) 3:0, 0:x
ASDR Fatima zog sich während des Rückspiels beim Stande von 2:0 für Al-Merreikh zurück
Bame Monrovia (LBR) - LOMÉ I (TOG) 0:1, 1:3
BATA BULLETS BLANT. (MWI) - Matlama FC Maseru (LES) x:0
DJOLIBA AC (MLI) - Mighty Blackpool Freetown (SLE) 2:0, 1:0
Embassoyra Asmara (ETH) - FC INTER-STAR (BDI) 1:1, 0:2
EXPRESS FC KAMPALA (UGA) - Horseed F C M. (SOM) 1:0, 0:0
Great Olympics (GHA) - ENUGU RANGERS (NGA) 0:2, 1:2
GREEN BUFFALOES (ZAM) - Corps Enseignant (MAD) x:0
HAFIA FC CONAKRY (GUI) - Real Banjul (GAM) x:0
Olympic Niamey (NIG) - ASEC ABIDJAN (CIV) 0:2, 1:4
SILURES Ou. (BFA) - Etoile Sportive Porto-Novo (BEN) 3:2, 2:0
AS VITA CLUB KINSH. (COD) - Petrosport FC (GAB) 4:0, 1:1
Freilos: CARA BRAZZAVILLE (CGD), AS FORCES ARMÉES DAKAR (SEN), MEHALLA AL-KUBRA (EGY), YOUNG AFRICANS DAR-ES-SALAAM (TAN)

▶ **Achtelfinale**
ASEC ABIDJAN (CIV) - AS Forces Armées Dakar (SEN) 1:1, 1:1 n.V., 6:5 n.E.
Bata Bullets Blant. (MWI) - GREEN BUFFALOES (ZAM) 0:2, 2:3
CARA BRAZZAVILLE (CGD) - Silures Ouagad. (BFA) 4:0, 5:4
Djoliba AC Bamako (MLI) - LOMÉ I (TOG) 1:1, 2:3
ENUGU RANGERS (NGA) - Young Africans Dar (TAN) 0:0, 1:1
Express FC Kamp. (UGA) - MEHALLA AL-KUBRA (EGY) 1:1, 0:1
FC Inter-Star Bujumbura (BDI) - AL-MERREIKH (SUD) 0:0, 2:4
AS Vita Club Kinsh. (COD) - HAFIA FC CONAKRY (GUI) 2:0, 0:3

▶ **Viertelfinale**
ASEC Abidjan (CIV) - LOMÉ I (TOG) 1:0, 1:3
CARA Brazzaville (CGO) - HAFIA FC CONAKRY (GUI) 2:0, 0:2 n.V., 3:4 n.E.
Green Buffaloes Lus. (ZAM) - ENUGU RANGERS (NGA) 2:2, 1:2
MEHALLA AL-KUBRA (EGY) - Al-Merreikh Omd. (SUD) 2:1, 0:0

▶ **Halbfinale**
HAFIA FC CONAKRY (GUI) - Lomé I (TOG) 1:0, 1:1
Mehalla Al-Kubra (EGY) - ENUGU RANGERS (NGA) 3:1, 0:3

▶ **Finale** (7. und 20.12.1975)
HAFIA FC CONAKRY (GUI) - Enugu Rangers (NGA) 1:0, 2:1

Champions' Cup 1976

▶ **Vorrunde**
Al-Ahly Benghazi (LBY) - MC ALGER (ALG) 3:2, 1:3
ASANTE KOTOKO KUMASI (GHA) - Okoume (GAB) x:0
CARA BRAZZAVILLE (CGO) - CS Imana (COD) 4:0, 0:2
Corps Enseignant (MAD) - SIMBA SC DAR-ES-S. (TAN) 4:2, 1:4
ASC DIARAF DAKAR (SEN) - Balantas Mantsôa (GNB) 6:1, 4:1
EXPRESS (UGA) - Caiman Douala (CAM) 1:0, 0:1 n.V., 4:3 n.E.
LUO UNION NAIROBI (KEN) - Saint George (ETH) 3:1, 2:0
Real Banjul (GAM) - DJOLIBA AC BAMAKO (MLI) 0:2, 0:2
SILURES OUAGADOUGOU (BFA) - ASFAN Niamey (NIG) x:0
Freilos: ASEC ABIDJAN (CIV), AL-AHLY CAIRO (EGY), AL-MERREIKH OMDURMAN (SUD), ENUGU RANGERS (NGA), GREEN BUFFALOES LUSAKA (ZAM), HAFIA FC CONAKRY (GUI), LOMÉ I (TOG)

▶ **Achtelfinale**
ASEC ABIDJAN (CIV) - Silures Ouagadougou (BFA) 2:0, 2:0
ASANTE KOTOKO K. (GHA) - CARA Brazzaville (CGO) 1:0, 1:2
Djoliba AC Bamako (MLI) - HAFIA FC CONAKRY (GUI) 2:1, 0:2
ENUGU RANGERS (NGA) - Express FC Kamp. (UGA) 0:0, 2:2
GREEN BUFFALOES (ZAM) - Simba SC Dar-es-S. (TAN) 3:2, 1:0
Lomé I (TOG) - ASC DIARAF DAKAR (SEN) 1:1, 0:1
LUO UNION NAIROBI (KEN) - Al-Merreikh Omdur. (SUD) x:0
MC ALGER (ALG) - Al-Ahly Cairo (EGY) 3:0, 0:1

▶ **Viertelfinale**
Asante Kotoko Kumasi (GHA) - ASEC ABIDJAN (CIV) 2:1, 0:1
ASC Diaraf Dakar (SEN) - HAFIA FC CONAKRY (GUI) 2:2, 0:4
Green Buffaloes L. (ZAM) - ENUGU RANGERS (NGA) 3:1, 0:3
MC ALGER (ALG) - Luo Union Nairobi (KEN) 6:3, 1:0

▶ **Halbfinale**
ASEC Abidjan (CIV) - HAFIA FC CONAKRY (GUI) 3:0, 0:5
Enugu Rangers (NGA) - MC ALGER (ALG) 2:0, 0:3

▶ **Finale** (5. und 12.12.1976)
Hafia Conakry (GUI) - MC Alger (ALG) 3:0, 0:3 n.V., 1:4 n.E.

Champions' Cup 1977

▶ **Vorrunde**
ASC DIARAF (SEN) - ASC Garde Nationale (MTN) 3:0, 2:0
ASC GAGNOA (CIV) - AS Tempête Mocaf Bangui (CAF) x:0
GOR MAHIA (KEN) - Yamaha Wand. (MLW) 1:2, 2:1 n.V., 5:3 n.E.
Horseed Mogadishu (SOM) - AL-AHLY CAIRO (EGY) 1:1, 0:3
KAMPALA CITY COUNCIL (UGA) - Mechal Army (ETH) 1:0, 3:0
MUFULIRA WANDERERS (ZAM) - Maseru United (LES) 1:1, 2:2
Olympic Niamey (NIG) - AL-MEDINA TRIPOLI (LBY) 2:4, 2:2
Saint Joseph Warriors (LBR) - HEARTS OF OAK (GHA) 1:3, 1:2
SIMBA SC DAR-ES-S. (TAN) - Mbabane Highlanders (SWA) x:0
TP Mazembe Lubumbashi (COD) - LOMÉ I (TOG) 1:1, 0:3
UDIB Bissau (GNB) - DJOLIBA AC BAMAKO (MLI) 0:1, 0:5
UNION DOUALA (CAM) - Silures Ougadougou (BFA) 2:0, 1:0
Vantour Mangoungou (GAB) - DIABLES NOIRS (CGO) 2:4, 2:4
Freilos: HAFIA FC CONAKRY (GUI), MC ALGER (ALG), WATER CORPORATION (NGA)

▶ **Achtelfinale**
AL-AHLY CAIRO (EGY) - Al-Medina Tripoli (LBY) 7:2, 0:1
Diables Noirs Bra. (CGO) - HAFIA FC CONAKRY (GUI) 0:1, 1:1
ASC Diaraf (SEN) - HEARTS OF OAK ACCRA (GHA) 1:1, 1:2
ASC Gagnoa (CIV) - DJOLIBA AC BAMAKO (MLI) 1:3, 1:1
Gor Mahia N. (KEN) - MUFULIRA WANDERERS (ZAM) 2:1, 2:4
Kampala City Council (UGA) - MC ALGER (ALG) 1:1, 2:3
Union Douala (CAM) - LOMÉ I (TOG) 1:1, 1:1 n.V., 3:4 n.E.
WATER CORPORATION (NGA) - Simba SC Dar (TAN) 0:0, 1:0

▶ **Viertelfinale**
Al-Ahly Cairo (EGY) - HEARTS OF OAK ACCRA (GHA) 1:0, 0:3
Djoliba AC Bamako (MLI) - LOMÉ I (TOG) 2:0, 0:1*
Djoliba AC später ausgeschlossen
MC Alger (ALG) - MUFULIRA WANDERERS (ZAM) 2:1, 0:2
Water Corporation (NGA) - HAFIA FC CONAKRY (GUI) 4:2, 0:3

▶ **Halbfinale**
Lomé I (TOG) - Hafia FC Conakry (GUI) 2:1, 0:2
Mufulira Wanderers (ZAM) - HEARTS OF OAK (GHA) 5:2, 0:3

▶ **Finale** (4. und 18.12.1977)
Hearts of Oak (GHA) - HAFIA FC CONAKRY (GUI) 0:1, 2:3

Champions' Cup 1978

▶ **Vorrunde**
AL-TAHADI TRIPOLI (LBY) - Medr Babur (ETH) 3:1, 2:3
Corps Enseignant (MAD) - MATLAMA FC (LES) 1:2, 0:x
ASC GARDE NATIONALE (MTN) - Wallidan B. (GAM) 3:1, 2:2
Hardware Stars (MWI) - AL-MERREIKH OM. (SUD) 1:1, 0:4
KAMPALA CITY COUNCIL (UGA) - Horseed M. (SOM) 1:1, 2:0
SCAF Tocages Bangui (CAF) - OLYMPIC NIAMEY (NIG) 1:3, 1:1
SILURES Ouagadougou (BFA) - Benfica Bissau (GNB) 7:0, 3:2
SIMBA SC DAR (TAN) - Vantour Mangoungou (GAB) 2:0, 0:1
Freilos: AFRICA SPORTS ABIDJAN (CIV), AL-AHLY CAIRO (EGY), CANON YAOUNDÉ (CAM), ENUGU RANGERS (NGA), GREEN BUFFALOES LUSAKA (ZAM), HAFIA FC CONAKRY (GUI), JE TIZI-OUZOU (ALG), AS VITA CLUB KINSHASA (COD)

▶ **Achtelfinale**
Africa Sports Abidjan (CIV) - SILURES OUAGAD. (BFA) 2:1, 1:3
CANON YAOUNDÉ (CAM) - Al-Merreikh Omdur. (SUD) 2:0, 1:2
ENUGU RANGERS (NGA) - Olympic Niamey (NIG) x:0
GREEN BUFFALOES L. (ZAM) - Matlama FC (LES) 1:0, 0:0
HAFIA FC CONAKRY (GUI) - Garde Nationale (MTN) 5:0, 1:0
JE TIZI-OUZOU (ALG) - Al-Tahadi Tripoli (LBY) 1:0, 2:0
KAMPALA CITY COUNCIL (UGA) - Al-Ahly Cairo (EGY) x:0
AS VITA CLUB KINSHASA (COD) - Simba SC Dar (TAN) 1:0, 1:0

▶ **Viertelfinale**
Canon Yaoundé (CAM) - Green Buffaloes (ZAM) 2:0, 1:1
Enugu Rangers (NGA) - Kampala City Council (UGA) 3:1, 1:0
JE Tizi-Ouzou (ALG) - AS Vita Club Kinshasa (COD) 3:2, 0:1
Silures Ouagadougou (BFA) - Hafia FC Conakry (GUI) 0:4, 1:4

▶ **Halbfinale**
CANON YAOUNDÉ (CAM) - Enugu Rangers (NGA) 0:0, 0:0 n.V., 6:5 n.E.
HAFIA CONAKRY (HUI) - AS Vita Club Kinshasa (COD) 2:0, 1:3

▶ **Finale** (3. und 17.12.1978)
Hafia FC Conakry (GUI) - Canon Yaoundé (CAM) 0:0, 0:2

Champions' Cup 1979

▶ **Vorrunde**
ASDR Fatima (CAF) - SILURES Oug. (BFA) 1:1, 1:1 n.V., 4:5 n.V.
Al-Ahly Tripoli (LBY) - MP ALGER (ALG) 1:2, 0:2
Kisumu Breweries (KEN) - Al-Merreikh Omdurman (SUD) x:x
beide Klubs zogen zurück
Desportivo Maputo (MOZ) - MATLAMA FC (LES) 3:2, 0:1
Dragons de l'Ouémé (BEN) - AFRICA SPORTS (CIV) 0:2, 1:3
ETOILE DU CONGO B. (CGO) - FC 105 Libreville (GAB) 2:0, 1:1
Mighty Blackpool Monrovia (SLE) - HEARTS OF OAK ACCRA (GHA) 2:0, 0:2 n.V., 2:4 n.E.
OGADEN ANBASSA (ETH) - Bata Bullets Blantyre (MWI) x:0
Saint Joseph Warriors (LBR) - REAL BANJUL (GAM) 0:0, 0:1
SIMBA SC DAR (TAN) - Mufulira Wanderers (ZAM) 0:4, 5:0
US GORÉE DAKAR (SEN) - ASC Garde Nationale (MTN) 2:0, 1:1
ZAMALEK CAIRO (EGY) - Simba FC Kampala (UGA) 2:1, x:0
Freilos: CS IMANA (COD), HAFIA FC CONAKRY (GU), RACCAH ROVERS (NGA), UNION DOUALA (CAM)

▶ **Achtelfinale**
Africa Sports Abidjan (CIV) - CS IMANA (COD) 1:0, 0:2
Etoile du Congo Brazzaville (CGO) - US GORÉE (SEN) 2:3, 0:1
HAFIA FC CONAKRY (GUI) - Silures (BFA) 1:0, 0:1 n.V., 1:0 n.E.
HEARTS OF OAK ACCRA (GHA) - Real Banjul (GAM) 2:0, 1:1
MP Alger (ALG) - UNION DOUALA (CAM) 2:0, 0:2 n.V., 1:2 n.E.
Simba SC Dar-es-S. (TAN) - RACCAH ROVERS (NGA) 0:0, 0:2
ZAMALEK CAIRO (EGY) - Ogaden Anbassa (ETH) x:0
Freilos: MATLAMA FC MASERU (LES)

▶ **Viertelfinale**
Hafia FC Conakry (GUI) - HEARTS OF OAK (GHA) 2:0, 0:3
Matlama FC Maseru (LES) - UNION DOUALA (CAM) 1:3, 0:2
US GORÉE DAKAR (SEN) - Raccah Rovers (NGA) 2:0, 0:1
ZAMALEK CAIRO (EGY) - CS Imana (COD) 3:1, *
**Rückspiel beim Stande von 1:0 für CS Imana abgebrochen*

▶ **Halbfinale**
CS Imana (COD) - UNION DOUALA (CAM) 1:2, 0:1
US Gorée Dakar (SEN) - HEARTS OF OAK ACCRA (GHA) 1:2, 1:4

▶ **Finale** (2. und 16.12.1979)
Hearts of Oak Accra (GHA) - UNION DOUALA (CAM) 1:0, 0:1 n.V., 3:5 n.E.

Champions' Cup 1980

▶ **Vorrunde**
AS Niamey (NIG) - DJOLIBA AC BAMAKO (MLI) 0:1, 0:2
Anges ABC (GAB) - HEARTS OF OAK ACCRA (GHA) 2:3, 2:2
BENDEL INSURANCE (NGA) - Commercial Bank (UGA) x:0
Benfica Bissau (GNB) - STELLA ABIDJAN (CIV) 0:4, 2:3
CANON YAOUNDÉ (CAM) - Primeiro de Agosto (ANG) 3:0, 4:3
Costa do Sol Maputo (MOZ) - AS BILIMA (COD) 0:0, 1:3
Dragons de l'Ouémé (BEN) - MP ALGER (ALG) 0:0, 0:3
Ela Nguema (EQG) - SEMASSI SOKODÉ (TOG) 1:0, 0:4
FORTIOR MAHAJANGA (MAD) - Limbe Leaf Wand. (MWL) x:0
ASC Garde Nationale (MTN) - HAFIA CONAKRY (GUI) 1:1, 0:2
Horseed Mogadishu (SOM) - GOR MAHIA N. (KEN) 0:0, 0:2
Linare FC Leribe (LES) - SIMBA SC DAR-ES-S. (TAN) 2:1, 0:3
Mighty Blackpool Freet. (SLE) - ASF POLICE (SEN) 1:2, 0:2
Olympique Real B. (CAF) - ETOILE DU CONGO (CGO) 0:1, 1:3
Wallidan Banjul (GAM) - SILURES OUAGAD. (BFA) 1:1, 0:1
Freilos: UNION DOUALA (CAM)

▶ **Achtelfinale**
AS BILIMA (COD) - Fortior Mahajanga (MAD) 3:0, 1:1
Bendel Insurance (NGA) - GOR MAHIA NAIROBI (KEN) 1:2, 3:2
Djoliba AC Bamako (MLI) - HEARTS OF OAK (GHA) 1:1, 0:1
ETOILE DU CONGO BRAZZAVILLE (CGO) - Hafia FC Conakry (GUI) 0:1, 1:0 n.V., 3:1 n.V.
Semassi Sokodé (TOG) - ASF POLICE DAKAR (SEN) 1:1, 0:1
Silures Ouagad. (BFA) - CANON YAOUNDÉ (CAM) 0:1, 0:3
Simba SC Dar-es-S. (TAN) - UNION DOUALA (CAM) 2:4, 0:1
Stella Abidjan (CIV) - MP ALGER (ALG) 4:2, 1:3

▶ **Viertelfinale**
CANON YAOUNDÉ (CAM) - MP Alger (ALG) 2:0, 1:3
ETOILE DU CONGO (CGO) - Bendel Insurance (NGA) 3:2, 0:1
Hearts of Oak Accra (GHA) - AS BILIMA (COD) 1:3, 0:1
ASF Police Dakar (SEN) - UNION DOUALA (CAM) 0:3, 3:2

▶ **Halbfinale**
CANON YAOUNDÉ (CAM) - Bendel Insurance (NGA) 0:0, 4:2
Union Douala (CAM) - AS BILIMA (COD) 1:0, 1:5

▶ **Finale** (30.11. und 14.12.1980)
CANON YAOUNDÉ (CAM) - AS Bilima (COD) 2:2, 3:0

Champions' Cup 1981

▶ **Vorrunde**
AS KALOUM STAR Con. (GUI) - Starlight Banjul (GAM) 2:1, 1:0
AGAZA LOMÉ (TOG) - Benfica Bissau (GNB) x:0
AL-AHLY CAIRO (EGY) - Abaluhya Nairobi (KEN) 3:1, 1:1
Al-Ahly Tripoli (LBY) - JE TIZI-OUZOU (ALG) 0:0, 1:2
ASANTE KOTOKO (GHA) - Invincible Eleven (LBR) 3:0, 1:1
DYNAMOS HARARE (ZIM) - Linare FC Leribe (LES) 5:0, 1:1
East End Lions (SLE) - SILURES OUAGADOUGOU (BFA) 1:1, 0:1

STATISTIK AFRIKA 23

HORSEED MOGADISHU (SOM) - Simba SC Dar-e.-S. (TAN) x:0
MMM Tamatave (MAD) - COSTA DO SOL M. (MOZ) 2:4, 0:2
MBILA NZAMBI (GAB) - Real Bamako (MLI) 1:0, 0:1 n.V., 4:2 n.E.
NCHANGA RANGERS (ZAM) - M. Highlanders (SWA) 1:0, 4:0
NILE BREWERIES FC (UGA) - USCA Bangui (CAF) 2:1, x:0
Primeiro de Agosto (ANG) - AS VITA KINSHASA (COD) 1:1, 1:2
SEIB Diourbel (SEN) - ASEC ABIDJAN (CIV) 2:1, 1:2 n.V., 3:4 n.E.
SHOOTING STARS (NGA) - Township Rollers (BOT) 7:1, 0:2
Freilos: CANON YAOUNDÉ (CAM)

▶ **Achtelfinale**
Asante Kotoko Kum. (GHA) - AS KALOUM STAR (GUI) 1:0, 1:3
Canon Yaoundé (CAM) - ASEC ABIDJAN (CIV) 0:0, 1:3
Costa do Sol (MOZ) - NCHANGA RANGERS (ZAM) 1:3, 1:3
Horseed Mogadishu (SOM) - JE TIZI-OUZOU (ALG) 1:2, 0:x
US MBILA NZAMBI (GAB) - Agaza Lomé (TOG) 2:0, 0:1
Nile Breweries FC (UGA) - AL-AHLY CAIRO (EGY) 2:0, 0:5
Shooting Stars (NGA) - DYNAMOS HARARE (ZIM) 1:2, 0:3
Silures Ouagadougou (BFA) - AS VITA KINSH. (COD) 0:1, 3:3

▶ **Viertelfinale**
KALOUM STAR CONAKRY (GUI) - ASEC Abidjan (CIV) 2:1, 2:1
JE TIZI-OUZOU (ALG) - Dynamos Harare (ZIM) 3:0, 2:2
US Mbila Nzambi (GAB) - AL-AHLY CAIRO (EGY) 1:1, 0:3
AS VITA KINSHASA (COD) - Nchanga Rangers (ZAM) 4:1, 0:2

▶ **Halbfinale**
JE TIZI-OUZOU (ALG) - Al-Ahly Cairo (EGY) x:0
AS VITA CLUB KINSHASA (COD) - AS Kaloum Star (GUI) 1:0, 0:0

▶ **Vorrunde** (27.11. und 13.12.1980)
JE TIZI-OUZOU (ALG) - AS Vita Club Kinshasa (COD) 4:0, 1:0

Champions' Cup 1982

▶ **Qualifikation**
Atlético Malabo (EQG) - SPORT. MOURA BANGUI (CAF) 0:1, 1:3
MHLUME PEACEMAKERS (SWA) - Maseru Brothers (LES) 1:0, 2:2
AS Police Nouakchott (MTN) - ADJIDJAS FAP (BEN) 0:2, 1:1
VITAL'Ô BUJUMBURA (BDI) - Rayon Sp. Butare (RWA) 3:1, 0:1

▶ **Vorrunde**
AS KALOUM STAR C. (GUI) - Real Republicans (SLE) 3:0, 0:1
Adjidjas FAP (BEN) - STELLA ABIDJAN (CIV) 1:3, 1:3
AL-HILAL (SUD) - JE Tizi-Ouzou (ALG) 1:0, 0:1 n.V., 4:1 n.E.
DYNAMOS HARARE (ZIM) - Defence Force XI (BOT) 2:2, 2:1
Etoile du Congo (CGO) - AS REAL BAMAKO (MLI) 1:1, 0:1
FC LUPOPO LUBUMB. (COD) - Sporting Moura (CAF) 4:2, 3:0
GREEN BUFFALOES (ZAM) - Vital'ô Bujumbara (BDI) 0:0, 2:0
INVINCIBLE ELEVEN (LBR) - Tonnerre Yaoundé (CAM) 1:0, 1:1
KAMPALA CITY COUNCIL (UGA) - AFC Leopards (KEN) 3:0, 1:4
Lavori Publici Mogadishu (SOM) - AL-AHLY C. (EGY) 0:0, 0:1
US MBILA NZAMBI (GAB) - US Gorée Dakar (SEN) x:0
Primeiro de Agosto (ANG) - ENUGU RANGERS (NGA) 1:1, 0:3
RS KOUBA (ALG) - KAC Kénitra (MAR) 1:1, 3:1
Semassi Sokodé (TOG) - ASANTE KOTOKO (GHA) 3:2, 0:2
AS SOMASUD (MAD) - Mhlume Peacemakers (SWA) 4:0, 0:2
Textil Pungue (MOZ) - YOUNG AFRICANS DAR (TAN) 1:2, 0:2

▶ **Achtelfinale**
AL-AHLY CAIRO (EGY) - Young Africans Dar (TAN) 5:0, 1:1
Al-Hilal Om. (SUD) - KAMPALA CITY COUNCIL (UGA) 0:2, 1:3
ENUGU RANGERS (NGA) - AS Kaloum Star (GUI) 0:0, 1:0
FC LUPOPO LUBUMB. (COD) - Dynamos Harare (ZIM) 0:0, 1:1
GREEN BUFFALOES L. (ZAM) - AS Somasud (MAD) 3:0, 3:1
Invincible Eleven (LBR) - ASANTE KOTOKO (GHA) 0:0, 0:3
US Mbila Nzambi (GAB) - AS REAL BAMAKO (MLI) 1:0, 0:2
Stella Abidjan (CIV) - RS KOUBA (ALG) 1:0, 0:1 n.V., 3:4 n.E.

▶ **Viertelfinale**
AL-AHLY CAIRO (EGY) - Green Buffaloes Lusaka (ZAM) 3:1, 0:1
ASANTE KOTOKO (GHA) - Kampala City Council (UGA) 6:0, 1:1
ENUGU RANGERS (NGA) - RS Kouba (ALG) 5:0, 2:1
LUPOPO LUBUMBASHI (COD) - Real Bamako (MLI) 2:0, 2:3

▶ **Halbfinale**
Enugu Rangers (NGA) - AL-AHLY CAIRO (EGY) 1:0, 0:4
Lupopo Lubumbashi (COD) - ASANTE KOTOKO (GHA) 1:2, 0:2

▶ **Finale** (28.11. und 12.12.1982)
AL-AHLY CAIRO (EGY) - Asante Kotoko Kumasi (GHA) 3:0, 1:1

Champions' Cup 1983

▶ **Qualifikation**
ASC DIARAF (SEN) - Ports Authority Banjul (GAM) 4:0, 2:0
Fantastique Bujumbura (BDI) - OLYMP. REAL (CAF) 2:1, 0:1
HIGHLANDERS (SWA) - Township Rollers Gab. (BOT) 2:1, 1:0
AS Police Nouakchott (MTN) - SIERRA FISHERIES (SLE) 1:3, 0:1

▶ **Vorrunde**
AS BILIMA (COD) - Semassi Sokodé (TOG) 5:1, 3:4
Africa Sports (CIV) - ASC DIARAF (SEN) 0:0, 0:0 n.V., 0:3 n.E.
AL-AHLY CAIRO (EGY) - Al-Merreikh Omdurman (SUD) 1:0, 0:0
Al-Ahly Tripoli (LBY) - JE TIZI-OUZOU (ALG) 0:1, 0:2
CARA BRAZZAVILLE (CGO) - Dragons FC (EQG) 6:1, 2:0
CANON YAOUNDÉ (CAM) - Dragons Ouémé (BEN) 2:0, 0:1
Djoliba AC Bamako (MLI) - HAFIA FC CONAKRY (GUI) 0:0, 0:1
DYNAMOS HARARE (ZIM) - AFC Leopards N. (KEN) 5:1, 0:3
Enugu Rangers (NGA) - SIERRA FISHERIES M. (SLE) 0:1, 0:1
FC 105 Libreville (GAB) - ASANTE KOTOKO (GHA) 1:2, 0:2
KAC KÉNITRA (MAR) - Benfica Bissau (GNB) x:0
Matlama FC Maseru (LES) - FERROVIÁRIO (MOZ) 1:2, 1:3
NAKIVUBO VILLA SC (UGA) - Dinamo Fima (MAD) 4:2, 1:1
NKANA RED DEVILS (ZAM) - Highlanders (SWA) 2:2, 1:0
PETRO ATLÉTICO (ANG) - Olympique Real (CAF) 3:1, 3:2
Wagad Mogadishu (SOM) - PAN AFRICAN DAR (TAN) 1:2, 0:0

▶ **Achtelfinale**
AS BILIMA (COD) - Sierra Fisheries Monrovia (SLE) 1:0, 1:1
AL-AHLY CAIRO (EGY) - Dynamos Harare (ZIM) 4:1, 2:1
CARA Brazzaville (CGO) - ASANTE KOTOKO (GHA) 3:2, 0:2
Ferroviário M. (MOZ) - NAKIVUBO VILLA SC (UGA) 1:2, 0:3
JE Tizi-Ouzou (ALG) - ASC DIARAF DAKAR (SEN) 0:1, 0:0
KAC KÉNITRA (MAR) - Hafia FC Conakry (GUI) 4:0, 0:0
NKANA R. DEVILS (ZAM) - Pan African (TAN) 0:0, 0:0 n.V., 4:2 n.E.
Petro Atlético L. (ANG) - CANON YAOUNDÉ (CAM) 0:0, 3:4

▶ **Viertelfinale**
AL-AHLY CAIRO (EGY) - Canon Yaoundé (CAM) 5:0, 0:1
ASANTE KOTOKO KUMASI (GHA) - AS Bilima (COD) 3:0, 0:2
KAC Kénitra (MAR) - ASC DIARAF DAKAR (SEN) 1:1, 1:2
NKANA RED DEVILS (ZAM) - Nakivubo Villa SC (UGA) 4:0, 1:2

▶ **Halbfinale**
ASC Diaraf Dakar (SEN) - ASANTE KOTOKO (GHA) 2:1, 0:2
Nkana Red Devils (ZAM) - AL-AHLY CAIRO (EGY) 0:0, 0:2

▶ **Finale** (27.11. und 11.12.1983)
Al-Ahly Cairo (EGY) - ASANTE KOTOKO KUMASI (GHA) 0:0, 0:1

Champions' Cup 1984

▶ **Qualifikation**
Atlético Malabo (EQG) - PRIMEIRO DE MAIO (ANG) 2:0, 1:6
DESP. MAPUTO (MOZ) - Manzini Wanderers (SWA) 1:1, 1:0
KIYOVU SPORTS (RWA) - ADMARC Tigers Blantyre (MWI) x:0
Real Banjul (GAM) - SPORTING CLUBE BISSAU (GNB) 0:0, 0:2
REAL REPUBLICANS (SLE) - Invincible Eleven (LBR) 1:0, 0:0
Township Rollers Gaborone (BOT) - LPF MASERU (LES) 0:2, 1:1
US Ouagadougou (UPV) - DRAGONS L'OUÉMÉ (BEN) 0:2, 1:3

▶ **Vorrunde**
Africa Sports Abidjan (CIV) - SEMASSI SOKODÉ (TOG) 2:1, 2:4
Al-Hilal Omdurman (SUD) - PRINTING AGENCY (SOM) 1:1, 0:1
Al-Medina Tripoli (LBY) - MAS FÈS (MAR) 0:0, 1:2
Asante Kotoko (GHA) - PRIMEIRO DE MAIO (ANG) 1:1, 1:2
FC 105 LIBREVILLE (GAB) - ASDR Fatima Bangui (CAF) 3:1, 5:1
HTMF Mahajanga (MAD) - DYNAMOS HARARE (ZIM) 0:3, 0:x
JE TIZI-OUZOU (ALG) - Real Republicans Freetown (SLE) 1:0, 2:1
KAMPALA CITY COUNCIL (UGA) - Desp. Maputo (MOZ) 6:1, 3:2
NKANA RED DEVILS (ZAM) - LPF Maseru (LES) 5:0, 1:0
Real Bamako (MLI) - DRAGONS DE L'OUÉMÉ (BEN) 2:2, 0:2
SANGA BALENDE (COD) - Kiyovu Sports (RWA) 2:1, 4:1
SHOOTING STARS IBAD. (NGA) - SEIB Diourbel (SEN) 2:0, 0:1
SPORTING CLUBE BISSAU (GNB) - Hafia FC Conakry (GUI) x:0
Vital'ô Bujumbura (BDI) - TONNERRE YAOUNDÉ (CAM) 1:0, 0:3
Young Africans Dar (TAN) - GOR MAHIA NAIR. (KEN) 1:1, 0:1
ZAMALEK CAIRO (EGY) - CS Sfaxien (TUN) 3:0, 1:1

▶ **Achtelfinale**
JE TIZI-OUZOU (ALG) - Sporting Clube Bissau (GNB) x:0
Kampala City Council (UGA) - DYNAMOS HARARE (ZIM) 0:0, 1:2
MAS FÈS (MAR) - Dragons de l'Ouémé (BEN) 3:0, 0:1
Primeiro de Maio Luanda (ANG) - SEMASSI SOKODÉ (TOG) 2:0, 0:2 n.V., 3:4 n.E.
Printing Agency (SOM) - NKANA RED DEVILS (ZAM) 2:1, 0:3
Sanga Balende (ZOD) - FC 105 LIBREVILLE (GAB) 2:0, 0:x*
**Rückspiel in der 55. Minute beim Stand von 0:2 abgebrochen und für FC 105 Libreville gewertet*
IBADAN SHOOTING STARS (NGA) - Tonnerre Yaoundé (CAM) 4:0, 0:4 n.V., 5:4 n.E.
ZAMALEK CAIRO (EGY) - Gor Mahia Nairobi (KEN) x:0
In der 38. Minute wegen eines Angriffs von Gor Mahia-Spielern auf den Schiedsrichter abgebrochen und für Zamalek gewertet

▶ **Viertelfinale**
Dynamos Harare (ZIM) - JE TIZI-OUZOU (ALG) 2:0, 0:2 n.V., 2:3 n.E.
MAS Fès (MAR) - IBADAN SHOOTING STARS (NGA) 1:1, 1:4
Nkana Red Devils (ZAM) - ZAMALEK CAIRO (EGY) 1:1, 1:5
SEMASSI SOKODÉ (TOG) - FC 105 Libreville (GAB) x:0*
FC 105 Libreville wegen Einsatz eines nicht spielberechtigten Akteurs im Achtelfinale disqualifiziert

▶ **Halbfinale**
JE Tizi-Ouzou (ALG) - ZAMALEK CAIRO (EGY) 3:1, 0:3
I. SHOOTING STARS (NGA) - Semassi Sokodé (TOG) 5:1, 1:2

▶ **Finale** (23.11. und 8.12.1984)
ZAMALEK CAIRO (EGY) - Ibadan Shooting Stars (NGA) 2:0, 1:0
Tore 1. Spiel: 1:0 Gamil Abdul-Hamid (59.), 2:0 Gamil Abdul-Hamid (69./E) - *SR:* J F Diamba (Gabun)
Tor 2. Spiel: 0:1 Obeng (53./ET) - Zuschauer: 90.000

Champions' Cup 1985

▶ **Qualifikation**
ASC GARDE NATIONALE (MTN) - Sporting Bissau (GNB) 1:0, 2:1
Ground Force (ETH) - VITAL'Ô BUJUMBURA (BDI) 1:2, 0:2
MBABANE HIGHLANDERS (SWA) - LPF Maseru (LES) 4:1, 0:2
PETRO ATLÉTICO (ANG) - AS Tempête Mocaf (CAF) 4:1, 1:1
PORTS AUTHORITY (GAM) - ASFA Ouagadougou (BFA) x:0

▶ **Vorrunde**
AS BILIMA (COD) - Township Rollers Gaborone (BOT) 3:0, 1:0
AS KALOUM STAR (GUI) - Real Republicans (SLE) 1:0, 2:2
Agaza Lomé (TOG) - CARA BRAZZAVILLE (CGO) 0:1, 1:2
BLACK RHINOS (ZIM) - Mbabane Highlanders (SWA) 1:0, 3:1
CA BIZERTE (TUN) - ASC Garde Nationale N. (MTN) 1:0, 1:1
ENUGU RANGERS (NGA) - Petro Atlético L. (ANG) 2:0, 2:1
FAR RABAT (MAR) - Ports Authority Banjul (GAM) 8:0, x:0
GCR MASCARA (ALG) - Al-Ittihad Tripoli (LBY) 4:0, 0:3
INVINCIBLE ELEVEN (LBR) - Stade Malien (MLI) 3:0, 1:1
Lions de l'Atakory (BEN) - HEARTS OF OAK (GHA) 0:1, 0:3
Nakivubo Villa SC (UGA) - AL-HILAL OMDUR. (SUD) 4:2, 0:2
POWER DYNAMOS (ZAM) - KMKM Zanzibar (TAN) 4:0, 2:1
Scarlets Nakuru (KEN) - VITAL'Ô BUJUMBURA (BDI) 2:1, 0:1
Stella Abidjan (CIV) - US GORÉE DAKAR (SEN) 1:1, 0:3
Tonnerre Yaoundé (CAM) - AS SOGARA P.-G. (GAB) 2:1, 0:1
ZAMALEK CAIRO (EGY) - Marine Club Mogadishu (SOM) x:0

▶ **Achtelfinale**
AS BILIMA KINSHASA (COD) - CARA Brazzaville (CGO) 1:1, 1:0
AS KALOUM STAR (GUI) - Enugu Rangers (NGA) 2:0, 1:3
CA Bizerte (TUN) - FAR RABAT (MAR) 1:4, 1:0
Power Dynamos K.-N. (ZAM) - BLACK RHINOS (ZIM) 0:2, 1:1
Stade Malien Bamako (MLI) - GCR MASCARA (ALG) 2:0, 0:3
US GORÉE DAKAR (SEN) - Hearts of Oak Accra (GHA) 3:0, 0:1
VITAL'Ô BUJUMBURU (BDI) - AS Sogara (GAB) 3:1, 1:1
ZAMALEK CAIRO (EGY) - Al-Hilal Omdurman (SUD) 4:0, 1:1

▶ **Viertelfinale**
Black Rhinos Mutare (ZIM) - US GORÉE DAKAR (SEN) 2:0, 0:3
FAR RABAT (MAR) - AS Kaloum Star (GUI) 3:0, 0:3 n.V., 3:1 n.E.
GCR Mascara (ALG) - AS BILIMA KINSHASA (COD) 0:0, 0:3
Vital'ô Bujumburu (BDI) - ZAMALEK CAIRO (EGY) 1:0, 2:5

▶ **Halbfinale**
AS BILIMA KINSHASA (COD) - US Gorée Dakar (SEN) 2:0, 0:1
Zamalek Cairo (EGY) - FAR RABAT (MAR) 1:0, 0:1 n.V., 3:4 n.E.

▶ **Finale** (30.11. und 22.12.1985)
FAR RABAT (MAR) - AS Bilima Kinshasa (COD) 5:2, 1:1

Champions' Cup 1986

▶ **Qualifikation**
ETOILE FILANTE (BFA) - ASC Ksar Nouakchott (MTN) x:0
Lioli FC Teyateyaneng (LES) - MAJI MAJI SONGEA (TAN) 2:3, 0:4
Manzini Wanderers (SWA) - AC SOTEMA (MAD) 1:3, 2:3
PANTHÈRES NOIRES (RWA) - Wagad Mogadishu (SOM) 3:0, 2:1
SCAF TOCAGES BANGUI (CAF) - Juvenil Reyes (EQG) 4:1, 2:1
UDIB BISSAU (GNB) - East End Lions Freetown (SLE) x:0

▶ **Vorrunde**
ASFOSA Lomé (TOG) - NEW NIGERIA BANK (NGA) 0:2, 0:2
AFRICA SPORTS ABIDJAN (CIV) - Requins de l'Atlantique (BEN) 1:0, 0:1 n.V., 4:3 n.E.
Al-Merreikh Omd. (SUD) - ESPÉRANCE TUNIS (TUN) 2:1, 0:1
Kisumu Breweries (KEN) - BREWERY JIMMA (ETH) 0:0, 1:2
CANON YAOUNDÉ (CAM) - Primeiro de Maio (ANG) 3:0, 0:2
Al-Dahra Tri. (LBY) - KAMPALA CITY COUNCIL (UGA) 2:1, 0:2
DYNAMOS HARARE (ZIM) - Maji Maji Songea (TAN) 5:1, x:0
FAR RABAT (MAR) - UDIB Bissau (GNB) x:0
FC 105 Libreville (GAB) - SCAF TOCAGES BANG. (CAF) 1:0, 0:2
HEARTS OF OAK (GHA) - Wallidan Banjul (GAM) 2:0, 0:1
HOROYA CONAKRY (GUI) - Invincible Eleven (LBR) 4:0, 1:3
INTER-STAR BUJUMB. (BDI) - US Tshinkunku (COD) 2:1, 1:1
JE TIZI-OUZOU (ALG) - Etoile Filante Ougad. (BFA) 5:0, 1:1
ASC Jeanne d'Arc Dakar (SEN) - MAS FÈS (MAR) 0:0, 0:2
NKANA RED DEVILS (ZAM) - AC Sotema (MAD) 4:1, 1:2
ZAMALEK CAIRO (EGY) - Panthères Noires (RWA) 5:1, 1:1

▶ **Achtelfinale**
AFRICA SPORTS AB. (CIV) - New Nigeria Bank (NGA) 5:0, 0:2
Brewery Jimma (ETH) - NKANA RED DEVILS (ZAM) 0:0, 0:0 n.V., 3:4 n.E.
Horoya AC Conakry (GUI) - HEARTS OF OAK (GHA) 1:2, 0:2
JE Tizi-Ouzou (ALG) - ESPÉRANCE TUNIS (TUN) 2:1, 0:1
Kampala City Council (UGA) - FC INTER-STAR (BDI) 1:1, 1:2
MAS Fès (MAR) - CANON YAOUNDÉ (CAM) 1:0, 0:3
SCAF Tocages Bangui (CAF) - FAR RABAT (MAR) 0:1, 1:6
ZAMALEK CAIRO (EGY) - Dynamos Harare (ZIM) 2:1, 2:0

▶ **Viertelfinale**
AFRICA SPORTS ABID. (CIV) - Espérance Tunis (TUN) 1:0, 1:2
CANON YAOUNDÉ (CAM) - FAR Rabat (MAR) 2:0, 0:1
Inter-Star Burumburu (BDI) - ZAMALEK CAIRO (EGY) 1:0, 0:3
NKANA RED DEVILS (ZAM) - Hearts of Oak (GHA) 2:0, 1:1

▶ **Halbfinale**
Canon Yaoundé (CAM) - ZAMALEK CAIRO (EGY) 2:1, 0:2
Nkana Red Devils (ZAM) - AFRICA SPORTS AB. (CIV) 1:1, 0:0

▶ **Finale** (28.11. und 21.12.1986)
ZAMALEK (EGY) - Africa Sports Ab. (CIV) 2:0, 0:2 n.V., 4:2 n.E.

Champions' Cup 1987

▶ **Qualifikation**
BTM Antananarivo (MAD) - MAJI MAJI SONGEA (TAN) 1:1, 1:2
JUVENIL REYES (EQG) - Sporting Moura Bangui (CAF) x:0
MATLAMA FC (LES) - Gaborone United (BOT) 1:0, 2:0
Municipality (SOM) - PANTHÈRES NOIRES (RWA) 1:0, 0:2
PETRO ATLÉTICO (ANG) - Maxaquene Maputo (MOZ) 3:1, 1:0
SPORTING CLUBE BISSAU (GNB) - Old Edwardians (SLE) x:0
Cadets Club Quatre-B. (MRI) - HIGHLANDERS (SWA) 3:2, 1:2

▶ **Vorrunde**
AFC LEOPARDS NAIR. (KEN) - Maji Maji Songea (TAN) 1:0, 1:0
AFRICA SPORTS Abidjan (CIV) - ASFOSA Lomé (TOG) 2:1, 1:0
AL-AHLY CAIRO (EGY) - Panthères Noires (RWA) 4:0, 1:1
AL-HILAL OMDURMAN (SUD) - FC Inter-Star B. (BDI) 2:0, 1:0
ASANTE KOTOKO (GHA) - Sporting Clube Bissau (GNB) x:0
DYNAMOS HARARE (ZIM) - Mb. Highlanders (SWA) 6:1, 2:1
ETOILE DU SAHEL SOUSSE (TUN) - Al-Ittihad Tripoli (LBY) x:0
FC LUPOPO LUBUMB. (COD) - FC 105 Libreville (GAB) 1:0, 0:0
ASC Jeanne d'Arc Dakar (SEN) - ENTENTE SÉTIF (ALG) 2:1, 0:2
MIGHTY BAROLLE (LBR) - Horoya AC Conakry (GUI) 2:1, 0:0
NAKIVUBO VILLA SC (UGA) - Matlama FC Maseru (LES) 4:0, 1:0
NKANA RED DEVILS (ZAM) - Petro Atlético (ANG) 1:1, 1:0
AS Real Bamako (MLI) - LEVENTIS UNITED (NGA) 0:0, 0:4
Requins Atlantique (BEN) - CANON YAOUNDÉ (CAM) 0:0, 0:7
WYDAD CASABL. (MAR) - AS Police Nouak. (MTN) 3:1, x:0
ZAMALEK CAIRO (EGY) - Juvenil Reyes Bata (EQG) x:0

▶ **Achtelfinale**
AFRICA SPORTS ABDIJAN (CIV) - Mighty Barolle (LBR) 2:1, 1:1
AL-AHLY CAIRO (EGY) - AFC Leopards Nairobi (KEN) 6:0, 1:2
DYNAMOS HARARE (ZIM) - Lupopo Lubumb. (COD) 3:1, 1:1
Entente Sétif (ALG) - CANON YAOUNDÉ (CAM) 0:0, 1:2
Etoile Sahel Sousse (TUN) - LEVENTIS UNITED (NGA) 2:1, 0:1
Nakivubo Villa SC (UGA) - AL-HILAL OMDUR. (SUD) 2:1, 0:1
Nkana Red Devils (ZAM) - ZAMALEK CAIRO (EGY) 1:0, 0:2
Wydad Casablanca (MAR) - ASANTE KOTOKO (GHA) 1:1, 0:2

▶ **Viertelfinale**
Africa Sports (CIV) - AL-AHLY CAIRO (EGY) 2:0, 0:2 n.V., 2:4 n.E.
AL-HILAL OMDURM. (SUD) - Leventis United (NGA) 2:1, 0:0
CANON YAOUNDÉ (CAM) - Dynamos Harare (ZIM) 2:1, 1:1
Zamalek Cairo (EGY) - ASANTE KOTOKO (GHA) 2:0, 1:5

▶ **Halbfinale**
AL-AHLY CAIRO (EGY) - Asante Kotoko Kumasi (GHA) 2:0, 0:1
AL-HILAL (SUD) - Canon Yaoundé (CAM) 1:0, 0:1 n.V., 4:1 n.E.
▶ **Finale** (29.11. und 18.12.1987)
Al-Hilal Omdurman (SUD) - AL-AHLY CAIRO (EGY) 0:0, 0:2

Champions' Cup 1988

▶ **Qualifikation**
Ela Nguema (EQG) - ETOILE DU CONGO BR. (CGO) 0:1, 0:4
MANZINI WANDERERS (SWA) - Township Rollers (BOT) 2:0, 4:1
Panthères Noires (RWA) - WAGAD MOGADISHU (SOM) 2:2, 0:1
RL Defence Force (LES) - SUNRISE FLACQ UNITED (MTS) 2:0, 0:3
Sierra Fisheries (SLE) - AS POLICE NOUAKCH. (MTN) 0:1, 0:0
▶ **Vorrunde**
AS Kaloum Star (GUI) - AFRICA SPORTS ABIDJ. (CIV) 0:2, 1:3
Asante Kotoko (GHA) - FC 105 LIBREVILLE (GAB) 2:0, 0:2 n.V., 2:4 n.E.
Doumbé Sansanné Mango (TOG) - TONNERRE YAOUNDÉ (CAM) 0:1, 0:1
Etoile du Congo Brazzav. (CGO) - INTER-STAR (BDI) 0:0, 0:2
ETOILE DU SAHEL SOUSSE (TUN) - Al-Nasr Tripoli (LBY) x:0
Invincible Eleven Monrovia (LBR) - FAR RABAT (MAR) 0:1, 0:0
IWUANYANWU OWERRI (NGA) - Requins de l'Atlantique (BEN) 2:0, 1:0
Manzini Wanderers (SWA) - NAKIVUBO VILLA (UGA) 1:4, 1:1
MATCHEDJE MAPUTO (MOZ) - Jos Nosy-Bé (MAD) 3:1, 1:2
PETRO ATLÉTICO (ANG) - TP Mazembe Lub. (COD) 2:1, 1:0
AS POLICE (MTN) - SEIB Diourbel (SEN) 2:0, 0:2 n.V., 10:9 n.E.
Shabana Kisii (KEN) - KABWE WARRIORS (ZAM) 1:0, 1:4
Stade Malien Bamako (MLI) - ENTENTE SÉTIF (ALG) 1:1, 0:4
SUNRISE FLACQ UNITED (MTS) - Black Rhinos (ZIM) 2:1, 2:2
Wagad Mogadishu (SOM) - AL-HILAL OMD. (SUD) 1:1, 0:6
Young Africans Dar (TAN) - AL-AHLY CAIRO (EGY) 0:0, 0:4
▶ **Achtelfinale**
AFRICA SPORTS (CIV) - Petro Atlético Luanda (ANG) 3:0, 1:2
Etoile du Sahel Sousse (TUN) - ENTENTE SÉTIF (ALG) 2:1, 0:2
FAR RABAT (MAR) - AS Police Nouakchott (MTN) 5:0, 1:2
FC 105 LIBREVILLE (GAB) - FC Inter-Star Buj. (BDI) 2:1, 1:1
IWUANYAN. OWERRI (NGA) - Tonnerre Yaoundé (CAM) 2:0, 2:3
Kabwe Warriors (ZAM) - AL-HILAL OMDURM. (SUD) 0:0, 1:3
Nakivubo Villa SC (UGA) - AL-AHLY CAIRO (EGY) 2:3, 1:3
Sunrise Flacq Utd (MTS) - MATCHEDJE MAPUTO (MOZ) 2:0, 1:5
▶ **Viertelfinale**
AL-AHLY CAIRO (EGY) - Matchedje Maputo (MOZ) 2:0, 0:1
Al-Hilal Omdurman (SUD) - FAR RABAT (MAR) 1:0, 0:3
FC 105 Libreville (GAB) - ENTENTE SÉTIF (ALG) 3:1, 0:3
IWUANYANWU OWERRI (NGA) - Africa Sports (CIV) 2:0, 1:2
▶ **Halbfinale**
ENTENTE SÉTIF (ALG) - Al-Ahly (EGY) 2:0, 0:2 n.V., 4:2 n.E.
IWUANYANWU OWERRI (NGA) - FAR Rabat (MAR) 4:1, 1:4 n.V., 5:3 n.E.
▶ **Finale** (26.11. und 9.12.1988)
Iwuanyanwu Owerri (NGA) - ENTENTE SÉTIF (ALG) 1:0, 0:4

Champions' Cup 1989

▶ **Qualifikation**
Ela Nguema (EQG) - ASDR FATIMA BANGUI (CAF) 1:0, 0:4
MBABANE HIGHLANDERS (SWA) - Pan African (TAN) 2:0, x:0
Matlama FC Maseru (LES) - DEFENCE FORCE XI (BOT) 0:1, 1:4
MIGHTY BLACKPOOL FREET. (SLE) - Benfica Bissau (GNB) x:0
SAINT LOUIS (SEY) - COSFAP Antananarivo (MAD) 0:0, 1:0
Zumunta AC (NIG) - ETOILE FILANTE OUGAD. (BFA) 0:2, 1:1
▶ **Vorrunde**
AFC LEOPARDS (KEN) - Inter-Star Bujumburu (BDI) 0:0, 1:1
Desportivo Maputo (MOZ) - ZIMBABWE SAINTS (ZIM) 2:2, 1:1
DJOLIBA AC Bamako (MLI) - Horoya AC Conakry (GUI) 1:0, 0:0
Entente Sétif (ALG) - MIGHTY BLACKPOOL FREETOWN (SLE) 1:0, 0:1 n.V., 3:5 n.E.
ESPÉRANCE (TUN) - Etoile Filante Ouagadougou (BFA) 2:1, 0:0
EXPRESS FC KAMPALA (UGA) - Highlanders (SWA) 4:0, 1:2
FIRE BRIGADE SC (MTS) - Saint Louis FC Victoria (SEY) 1:0, 1:0
INTER CLUB (CGO) - Petro Atlético Luanda (ANG) 2:1, 2:2
IWUANYANWU OWERRI (NGA) - Mighty Barolle (LBR) 4:1, 0:0
JAC PORT-GENTIL (GAB) - Africa Sports (CIV) 1:0, 0:1 n.V., 5:3 n.E.
MP ORAN (ALG) - Al-Ittihad Tripoli (LBY) x:0
NKANA RED DEVILS (ZAM) - Defence Force XI (BOT) 4:1, 1:1
RAJA CASABLANCA (MAR) - ASC Jeanne d'Arc (SEN) 2:0, 0:1
TONNERRE YAOUNDÉ (CAM) - ASDR Fatima (CAF) 2:0, 3:0
AS VITA CLUB KINSHASA (COD) - Mukungwa (RWA) 4:0, 2:1
Zamalek Cairo (EGY) - AL-MOURADA OMDUR. (SUD) 2:1, 0:1
▶ **Achtelfinale**
AFC Leopards (KEN) - AL-MOURADA OMDUR. (SUD) 1:0, 0:3
Iwuanyanwu Owerri (NGA) - INTER CLUB BRAZZAVILLE (CGO) 2:1, 1:2 n.V., 4:5 n.E.
MP ORAN (ALG) - Espérance Tunis (TUN) 2:3, 3:1
MIGHTY BLACKPOOL (SLE) - Djoliba AC Bamako (MLI) 2:1, 0:0
NKANA RED DEVILS (ZAM) - Fire Brigade SC (MTS) 5:1, 3:2
RAJA CASABLANCA (MAR) - JAC Port-Gentil (GAB) 0:0, 1:1
AS Vita Club K. (COD) - TONNERRE YAOUNDÉ (CAM) 1:1, 1:3
ZIMBABWE SAINTS (ZIM) - Express FC (UGA) 0:1, 1:0 n.V., 4:3 n.E.
▶ **Viertelfinale**
Al-Mourada Omdurman (SUD) - MP ORAN (ALG) 1:0, 0:4
Mighty Blackpool (SLE) - TONNERRE YAOUNDÉ (CAM) 0:1, 1:3
RAJA CASABLANCA (MAR) - Inter Club Brazz. (CGO) 2:0, 0:1
Zimbabwe Saints (ZIM) - NKANA RED DEVILS (ZAM) 0:0, 1:2
▶ **Halbfinale**
Nkana Red Devils (ZAM) - MP ORAN (ALG) 1:0, 2:5
RAJA CASABLANCA (MAR) - Tonnerre Yaoundé (CAM) 2:0, 2:2
▶ **Finale** (3. und 15.12.1989, n.b., 40.000)
Raja Casablanca (MAR) - MP Oran (ALG) 1:0
MP Oran - RAJA CASABLANCA 1:0 n.V., 2:4 n.E.
Oran: Berkane, Foussi, Lebbah (51. Bott), Ouanes, Benhalima, El-Ouazzani, Sebbah, Maroc, Belloumi, Mecheri, Mezziane (82. Larbi) - *Raja*: Hassan, Mustaphe, Fawzi, Mouahid, Khalid, Souïb, Madih, Fethi, Bartal, Salif Diagne, Ould Mou - *Tor*: 1:0 Sebbah (44./E) - *SR*: Mohamed Hafez (Ägypten) - *11m*: Sebbah, Maroc für MP - Khalif, Fawzio, Bartal Diagne für Raja

Champions' Cup 1990

▶ **Qualifikation**
AC SOTEMA MAHAJ. (MAD) - Defence Force XI (BOT) 1:0, 1:2
AS KALOUM STAR (GUI) - Benfica Bissau (GNB) 2:0, 1:0
ASKO KARA LOMÉ (TOG) - ASFA-Yennega Oug. (BFA) 1:0, 2:0
AL-ITTIHAD TRIPOLI (LBY) - Olympic Niamey (NIG) 6:1, 0:2
ARSENAL MASERU (LES) - Denver Sundowns (SWA) 1:0, 3:0
Dragons de l'Ouémé (BEN) - MIGHTY BAROLLE (LBR) 0:0, 0:3
FC Inter-Star Buruj. (BDI) - PETRO ATLÉTICO (ANG) 2:0, 0:3
MBC Mogad. (SOM) - SAINT LOUIS VICTORIA (SEY) 1:0, 2:4
Malindi Zanzibar (TAN) - MUKUNGWA SPORTS (RWA) 0:0, 1:2
Renaissance Abéché (CHD) - SCAF TOCAGES (CAF) 2:2, 0:1
▶ **Vorrunde**
AFC LEOPARDS (KEN) - Saint Louis Victoria (SEY) 4:2, 3:3
AS Sogara (GAB) - ETOILE DU CONGO BRAZZ. (CGO) 0:2, 0:1
AL-AHLY CAIRO (EGY) - Al-Ittihad Tripoli (LBY) 5:0, 3:0
AL-HILAL OMDURMAN (SUD) - Mukungwa Sp. (RWA) 4:0, 2:0
ASANTE KOTOKO (GHA) - Freetown United (SLE) 4:0, 1:1
CS Imana (COD) - AFRICA SPORTS ABIDJAN (CIV) 1:0, 0:3
ASC Diaraf (SEN) - IWUANYANWU OWERRI (NGA) 1:0, 0:3
DYNAMOS HARARE (ZIM) - Petro Atlético Luanda (ANG) 1:1, 1:1 n.V., 5:4 n.E.
ESPÉRANCE TUNIS (TUN) - Stade Malien Bamako (MLI) 2:0, 1:0
FAR RABAT (MAR) - AS Kaloum Star (GUI) 4:0, 1:1
Ferroviário Maputo (MOZ) - ARSENAL MASERU (LES) 1:0, 0:2
JS KABYLIE (ALG) - ASKO Kara Lomé (TOG) 6:0, 4:0
NKANA RED DEVILS (ZAM) - Express FC K. (UGA) 3:1, 1:0
RACING BAFOUSSAM (CAM) - SCAF Tocages (CAF) 2:1, 0:0
RAJA CASABLANCA (MAR) - Mighty Barolle (LBR) 2:0, 1:2
SUNRISE FLACQ UNITED (MTS) - AC Sotema (MAD) 4:1, 0:2
▶ **Achtelfinale**
Africa Sports (CIV) - IWUANYANWU OWERRI (NGA) 1:1, 2:3
Al-Ahly Cairo (EGY) - ESPÉRANCE (TUN) 0:0, 0:0 n.V., 2:4 n.E.
Arsenal Maseru (LES) - NKANA RED DEVILS (ZAM) 0:3, 1:5
Dynamos Harare (ZIM) - AL-HILAL OMDURMAN (SUD) 2:1, 0:1
Etoile du Congo Brazzaville (CGO) - JS KABYLIE (ALG) 2:2, 0:2
FAR Rabat (MAR) - ASANTE KOTOKO KUMASI (GHA) 3:3, 0:1
RACING BAFOUSSAM (CAM) - Raja Casablanca (MAR) x:0
Sunrise Flacq United (MTS) - AFC LEOPARDS (KEN) 1:1, 0:3
▶ **Viertelfinale**
AFC Leopards Nairobi (KEN) - JS KABYLIE T-O (ALG) 2:1, 0:3
Al-Hilal Omdurman (SUD) - ASANTE KOTOKO (GHA) 2:2, 1:2
IWUANYANWU OWERRI (NGA) - Espérance Tunis (TUN) 2:1, 1:1
Racing Bafoussam (CAM) - NKANA RED DEVILS (ZAM) 0:1, 1:2
▶ **Halbfinale**
Asante Kotoko Kumasi (GHA) - JS KABYLIE (ALG) 1:0, 0:2
NKANA RED DEVILS (ZAM) - Iwuanyanwu Owerri (NGA) 1:0, 1:0
▶ **Finale** (30.11. und 22.12.1990, 70.000/35.000)
JS Kabylie Tizi-Ouzou (ALG) - Nkana Red Devils (ZAM) 1:0
Kabylie: Amara – Sadmi, Adghigh, Rahmouni, Meftah, Karouf – Ladjadj (Benkaci), Adane, Saïb – Aït Tahar, Medane. Coaches: Stefan Zywotko, Ali Fergani - *Nkana*: Shonga – Chizumira, Modon, Malitoli, Phiri – Amos Bwalya, Chishimba, Muselepete, Sakala, Masela – Kenneth Malitoli, Sikawze (Kazika) – *Tor*: 1:0 Rahmouni (47./E) - *SR*: Badara Sène (Senegal)
Nkana Red Devils - JS KABYLIE TIZI-OUZOU 1:0 n.V., 3:5 n.E.
Nkana: Shonga – Chishimba, Chizumira, Modon, Malitoli, Amos Bwalya – Muselepete, Kabwe (Kunda), Sakala, Masela – Kenneth Malitoli, Chambeshi (Sikawze) - *Kabylie*: Amara – Sadmi, Adghigh (Hafaf), Meftah, Karouf – Ladjadj, Adane, Saïb (Aït Tahar) – Djahnit, Medane - *Tor*: 1:0 Amos Bwalya (80./E) - *SR*: Idrissa Sarr (Mauritania)

Champions' Cup 1991

▶ **Qualifikation**
ASF FIANARANTSOA (MAD) - Saint Louis Vict. (SEY) 4:1, 0:0
BREWERY ADDIS ABEBA (ETH) - Jadidka Mogad. (SOM) x:0
DENVER SUNDOWNS MBABANE (SWA) - Gaborone United (BOT) 0:1, 1:0 n.V., 4:2 n.E.
Ifodje Atakpamé (TOG) - SAHEL SC NIAMEY (NIG) 0:0, 1:3
RL Defence Force (LES) - PAMBA MWANZA (TAN) 0:3, 0:0
AS Tempête Mocaf (CAF) - PETRO ATLÉTICO (ANG) 2:4, 0:4
▶ **Vorunde**
AL-AHLY CAIRO (EGY) - Brewery Addis Abeba (ETH) x:0
Al-Ittihad Tripoli (LBY) - ASEC ABIDJAN (CIV) 0:2, 0:0
Al-Merreikh (SUD) - NAKIVUBO VILLA (UGA) 1:0, 0:1 n.V., 7:8 n.E.
CLUB AFRICAIN (TUN) - Requins de l'Atlantique (BEN) 5:1, 2:1
FC Lupopo Lubumb. (COD) - JAC PORT-GENTIL (GAB) 1:1, 0:0
Gor Mahia (KEN) - ZIMBABWE HIGHLANDERS (ZIM) 1:0, 0:4
Hearts of Oak Accra (GHA) - PETRO ATLÉTICO (ANG) 4:2, 1:3
Inter Club Brazzaville (CGO) - VITAL'Ô BUJUMB. (BDI) 2:1, 0:1
IWUANYANWU OWERRI (NGA) - Old Edwardians (SLE) 3:0, 0:2
JS KABYLIE (ALG) - Elect Sports N'Djamena (CHD) 6:0, 0:1
Matchedje Maputo (MOZ) - PAMBA MWANZA (TAN) 1:1, 0:1
NKANA RED DEVILS (ZAM) - ASF Fianarantsoa (MAD) 6:0, x:0
Port Autonome Dakar (SEN) - DJOLIBA AC (MLI) 0:0, 0:1
Sahel SC Niamey (NIG) - WYDAD CASABLANCA (MAR) 0:0, 1:3
SUNRISE FLACQ UTD (MTS) - Denver Sundowns (SWA) 6:0, 1:2
UNION DOUALA (CAM) - Etoile Filante Ouagad. (BFA) 3:0, 2:1
▶ **Achtelfinale**
AL-AHLY CAIRO (EGY) - Zimbabwe Highlanders (ZIM) 3:1, 1:0
CLUB AFRICAIN (TUN) - Djoliba AC Bamabko (MLI) 2:0, 0:0
IWUANYANWU OWERRI (NGA) - JAC Port-Gentil (GAB) 5:0, 2:1
JS Kabylie (ALG) - WYDAD CASABLANCA (MAR) 1:0, 0:3
NAKIVUBO VILLA SC (UGA) - Pamba Mwanza (TAN) 4:1, 1:2
NKANA RED DEVILS (ZAM) - Sunrise Flacq United (MTS) 4:1, 0:2
Petro Atlético (ANG) - ASEC ABIDJAN (CIV) 1:0, 0:1 n.V., 1:3 n.E.
UNION DOUALA (CAM) - Vital'ô Bujumburu (BDI) 2:0, 0:0
▶ **Viertelfinale**
Al-Ahly (EGY) - NAKIVUBO VILLA SC (UGA) 2:0, 0:2 n.V., 2:4 n.E.
CLUB AFRICAIN Tunis (TUN) - Wydad Casablanca (MAR) 2:0, 0:1
IWUANYANWU OWERRI (NGA) - ASEC Abidjan (CIV) 3:0, 0:3 n.V., 6:5 n.E.
Union Douala (CAM) - NKANA RED DEVILS (ZAM) 2:1, 0:1
▶ **Halbfinale**
CLUB AFRICAIN (TUN) - Nkana Red Devils (ZAM) 3:0, 1:4
NAKIVUBO VILLA (UGA) - Iwuanyanwu Owerri (NGA) 3:2, 1:1
▶ **Finale** (23.11. und 14.12.1991, 40.000/25.000)
Club Africain Tunis (TUN) - Nakivubo Villa SC (UGA) 6:2
Africain: Hammami - Adel Rouissi (64. Elmi), Maghraria, Mhaissi, Bergaoui, Nasri, Samir Sellimi, Lofti Rouissi, Adel Sellimi, Touati (70. Bouhali), Faouzi Rouissi - *Nakivubo*: Mukasa - Hasule, Semugabi, Higenyi, Nkemba, Nkria, Musisi, Kivumbi, Nsaba, Tebesigwa (46. Mukaiabala), Kato - *Tore*: 1:0 Lofti Mhaissi (30.), 1:1 Suleiman Kato (33.), 2:1 Sami Touati (44.), 3:1 Lofti Mhaissi (49.), 4:1 Adel Sellimi (57.), 5:1 Faouzi Rouissi (79.), 5:2 Majid Musisi (81.), 6:2 Faouzi Rouissi (84.) - *SR*: H. Kouassi (Togo)
Nakivubo Villa SC - CLUB AFRICAIN TUNIS 1:1
Nakivubo: Mukasa - Hasule, Kyagulanyi, Nkemba, Higenyi, Nkria, Kivumbi (71. Semukula), Nsaba (51. Butambuze), Musisi, Mukaiabala, Kato - *Africain*: Hammami - Adel Rouissi, Magharia, Mhaissi, Bergaoui, Nasri, Samir Sellimi, Lofti Rouissi, Adel Sellimi, Touati (56. Bouhali, 74. Abdelhak), Faouzi Rouissi - *Tore*: 0:1 Sami Touati (51.), 1:1 Idi Butambuze (71.) - *SR*: B. Sene (Senegal)

Champions' Cup 1992

▶ **Qualifikation**
ARSENAL MASERU (LES) - Eleven Arrows Walv. (NAM) 3:0, 1:0
Defence Force XI (BOT) - MBABANE HIGHLAND. (SWA) 1:1, 0:1
Ela Nguema (EQG) - PRIMEIRO DE AGOSTO (ANG) 2:3, 0:x
LPRC Oilers (LBR) - MIGHTY BLACKPOOL (SLE) 1:0, 1:3
AS Police (MTN) - REAL BAMAKO (MLI) 1:1, 1:1 n.V., 4:5 n.E.
Port Autonome Dakar (SEN) - SPORTING PRAIA (CPV) 0:0, 0:0 n.V., 1:3 n.E.
Saint George Addis Abeba (ETH) - AL-ITTIHAD (LBY) 2:1, 0:3
Saint Louis (SEY) - YOUNG AFRICANS DAR (TAN) 1:3, 1:4
SAHEL SC NOAMEY (NIG) - Postel Sport (BEN) 2:1, 2:1
TOURBILLON N'DJ. (CHD) - Forces Armées CA (CAF) 0:0, 1:1
▶ **Vorrunde**
Al-Ittihad Tripoli (LBY) - GOR MAHIA NAIROBI (KEN) 1:0, 0:2
Arsenal Maseru (LES) - KAMPALA CITY COUNCIL (UGA) 2:1, 0:1
Diables Noirs (CGO) - JULIUS BERGER LAGOS (NGA) 2:1, 0:4
Etoile Filante Ouagad. (BFA) - ASEC ABIDJAN (CIV) 1:2, 0:2
HOROYA AC CONAKRY (GUI) - Espérance Tunis (TUN) 2:0, 0:2 n.V., 5:4 n.E.
FC Inter-Star Bujumb. (BDI) - COSTA DO SOL (MOZ) 2:0, 0:3
Mbabane Highland. (SWA) - NKANA RED DEVILS (ZAM) 0:2, 1:7
Mighty Blackpool Freetown (SLE) - CANON YAOUNDÉ (CAM) 2:1, 1:2 n.V., 3:4 n.E.
Mikishi Lubumbashi (COD) - ASANTE KOTOKO (GHA) 1:1, 0:2
PRIMEIRO DE AGOSTO (ANG) - AS Sogara (GAB) 1:0, 2:0
AS Real Bamako (MLI) - WYDAD CASABLANCA (MAR) 2:1, 0:2
Sahel SC Niamey (NIG) - MO CONSTANTINE (ALG) 2:1, 0:2
Sporting Praia (CPV) - CLUB AFRICAIN TUNIS (TUN) 0:0, 1:3
Sunrise Flacq United (MTS) - AS SOTEMA (MAD) 2:3, 1:0
Tourbillon N'Djamena (CHD) - AL-HILAL OMD. (SUD) 2:1, 0:1
Young Africans Dar-es-S. (TAN) - ISMAILIY SC (EGY) 0:2, 1:1
▶ **Achtelfinale**
AS SOTEMA MAHAJANGA (MAD) - Al-Hilal Omd. (SUD) x:0
Costa do Sol (MOZ) - ASANTE KOTOKO (GHA) 1:2, 1:2
GOR MAHIA NAIROBI (KEN) - Canon Yaoundé (CAM) 0:0, 1:1
Horoya AC Conakry (GUI) - ASEC ABIDJAN (CIV) 1:2, 0:4
Julius Berger Lagos (NGA) - WYDAD CASABL. (MAR) 0:0, 1:2
Kampala City Coun. (UGA) - NKANA RED DEVILS (ZAM) 0:4, 0:2
MO Constantine (ALG) - ISMAILIY (EGY) 1:0, 0:1 n.V., 2:3 n.E.
Primeiro de Agosto (ANG) - CLUB AFRICAIN (TUN) 2:0, 0:3
▶ **Viertelfinale**
ASEC ABIDJAN (CIV) - Asante Kotoko Kumasi (GHA) 1:2, 3:2
Club Africain Tunis (TUN) - ISMAILIY SC (EGY) 3:3, 1:3
Gor Mahia Nairobi (KEN) - AL-HILAL (SUD) 2:0, 0:2 n.V., 2:4 n.E.
Nkana Red Devils (ZAM) - WYDAD CASABL. (MAR) 2:1, 1:3
▶ **Halbfinale**
ASEC Abidjan (CIV) - WYDAD CASABLANCA (MAR) 3:1, 0:2
Ismailiy SC (EGY) - AL-HILAL OMDURMAN (SUD) 1:1, 0:0
▶ **Finale** (29.11. und 13.12.1992, 80.000, 30.000)
Wydad Casablanca (MAR) - Al-Hilal Omdurman (SUD) 2:0
Wydad: Achab, Abrami, Naybet, Fadel, Daoudi, Mestouri, Benabicha, Postnov, Rajhy, Moussa Ndaw, Fertout - *Hilal*: Suleiman Hassan, Khalid Azzuma, Tarek Adam, Akef Atta, Jamal Al-Thaalab, Jalal Al-Diqi, Abdelaziz Menguistou, Mohamed Hassan, Nader Mansour, Mustapha Koumi, Sabri Al-Hadi, Kandourah - *Tore*: 1:0 Daoudi (87./E), 2:0 Fertout (90.) - *SR*: Diramba (Gabun)
Al-Hilal Omdurman - WYDAD CASABLANCA 0:0
Hilal: Suleiman Hassan, Jamal A-Thaalab, Akef Atta, Tarek Adam, Nader Mansour »Tangha«, Abdelaziz Menguistou, Nader Mansour (Azzuma), Ibrahim William, Jalal Al-Diqi, Koumi, Sabri - *Wydad*: Achab, Abrami, Naybet, Fadel, Daoudi, Mestouri, Benabicha, Postnov, Rajhy, Moussa Ndaw, Fertout - *SR*: Medjiba (Algerien)

Champions' Cup 1993

▶ **Qualifikation**

FC Akonangui (EQG) - TP USCA BANGUI (CAF) 1:2, 0:2
COSTA DO SOL (MOZ) - Ramblers Windhoek (NAM) 2:1, 0:0
DJOLIBA AC BAMAKO (MLI) - ASC Sonader (MTN) 1:0, 1:1
KIYOVU SPORTS (RWA) - Bata Bullets Blantyre (MWI) x:0
Lobatse CS Gunners (BOT) - KAIZER CHIEFS (RSA) 0:1, 0:5
LPRC OILERS MONROVIA (LBR) - Etoile Filante Lomé (TOG) x:0
Matlama FC (LES) - SUNRISE FLACQ UNITED (MTS) 2:1, 1:3
Mbabane Highlanders (SWA) - AC SOTEMA (MAD) 0:1, 0:2
ASEC NDIAMBOUR (SEN) - CS Mindelense (CIV) 1:1, 2:1
PRIMEIRO DE AGOSTO (ANG) - Buffles de Borgou (BEN) x:0
Saint George Addis (ETH) - MALINDI MWANZA (TAN) 1:1, 0:1
SAHEL SC NIAMEY (NIG) - Elect Sports N'Dj. (CHD) 2:0, 2:0
Sporting Clube Bissau (GNB) - ETOILE FILANTE Oug. (BFA) 0:x

▶ **Vorrunde**

AC SOTEMA MAHAJANGA (MAD) - Black Aces (ZIM) x:0
AFC Leopards (KEN) - NKANA RED DEVILS (ZAM) 1:1, 0:1
AS SOGARA (GAB) - Etoile du Congo Brazzaville (CGO) 2:0, 0:0
COSTA DO SOL MAPUTO (MOZ) - US Bilombe (COD) x:0
Djoliba AC Bamako (MLI) - ASEC ABIDJAN (CIV) 1:1, 0:2
Etoile Filante Ouagadougou (BFA) - MC ORAN (ALG) 1:0, 0:2
KAC MARRAKECH (MAR) - Horoya AC Conakry (GUI) 5:0, 0:1
Kiyovu Sports (RWA) - KAIZER CHIEFS (RSA) 2:5, 1:4
LPRC Oilers Monrovia (LBR) - CLUB AFRICAIN TUNIS (TUN) 0:x
Malindi Mwanza (TAN) - ZAMALEK CAIRO (EGY) 0:1, 0:4
NAKIVUBO VILLA SC (UGA) - Vital'ô Bujumburu (BDI) 1:0, 1:2
ASEC Ndiambour (SEN) - WYDAD CASABL. (MAR) 2:1, 1:3
Primeiro de Agosto (ANG) - Racing Bafoussam (CAM) 2:2, 0:2
Sahel SC Niamey (NIG) - ASANTE KOTOKO (GHA) 0:0, 0:2
SUNRISE FLACQ UTD (MTS) - Al-Hilal Port Sudan (SUD) 2:0, 1:0
TP USCA Bangui (CAF) - STATIONERY STORES (NGA) 1:3, 2:2

▶ **Achtelfinale**

AC Sotema (MAD) - NAKIVUBO VILLA SC (UGA) 0:2, 2:6
AS SOGARA (GAB) - Club Africain Tunis (TUN) 1:0, 2:2
ASEC ABIDJAN (CIV) - Costa do Sol Maputo (MOZ) 2:0, 1:1
ASANTE KOTOKO (GHA) - KAC Marrakech (MAR) 3:0, 0:1
Kaizer Chiefs (RSA) - ZAMALEK CAIRO (EGY) 2:1, 0:1
NKANA RED DEVILS (ZAM) - Sunrise Flacq United (MTS) 0:0, 1:0
Racing Bafoussam (CAM) - MC ORAN (ALG) 1:0, 0:2
Wydad Casabl. (MAR) - STATIONERY STORES (NGA) 3:1, 1:4

▶ **Viertelfinale**

AS Sogara (GAB) - STATIONERY STORES (NGA) 3:2, 0:1
Nakivubo Villa SC (UGA) - ASEC ABIDJAN (CIV) 1:1, 0:x
Nkana Red Devils (ZAM) - ASANTE KOTOKO (GHA) 1:0, 0:3
ZAMALEK CAIRO (EGY) - MC Oran (ALG) 4:0, 1:1

▶ **Halbfinale**

ASEC Abidjan (CIV) - ASANTE KOTOKO KUMASI (GHA) 3:1, 0:2
ZAMALEK CAIRO (EGY) - Stationery Stores (NGA) 3:1, 0:1

▶ **Finale** (26.11. und 10.12.1993)

ASANTE KOTOKO (GHA) - Zamalek (EGY) 0:0, 0:0 n.V., 6:7 n.E.

Champions' Cup 1994

▶ **Qualifikation**

MEBRAT HAIL (ETH) - Kiyovu Sports Kigalin (RWA) 3:2, 2:2
LOBATSE CS GUNNERS (BOT) - Chief Santos (NAM) 2:0, 3:3
Mighty Barolle (LBR) - SEMASSI SOKODÉ (TOG) 0:x
Postel 2000 (CHD) - AS TEMPÊTE MOCAF (CAF) 0:1, 0:2
JS SAINT-PIERROISE (REU) - Mbabane Swallows (SWA) 4:0, 2:2
ASC SONADER (MTN) - Académica do Sal (CPV) 2:0, 0:0

▶ **Vorrunde**

AS Kaloum Star (GUI) - AS TEMPÊTE MOCAF (CAF) 1:0, 0:3
Al-Merreikh Omdurman (SUD) - SIMBA SC DAR (TAN) 0:1, 0:1
Arsenal (LES) - MAMELODI SUNDOWNS (RSA) 0:1, 1:4
COSTA DO SOL (MOZ) - JS Saint-Pierroise (REU) 2:0, 2:3
East End Lions (SLE) - STADE MALIEN (MLI) 2:0, 0:2 n.V., 2:3 n.E.
ESPÉRANCE TUNIS (TUN) - Etoile Filante Oug. (BFA) 5:0, 3:2
Fire Brigade SC (MTS) - BTM ANTANANARIVO (MAD) 1:1, 1:2
GOR MAHIA NAIROBI (KEN) - Mebrat Hail (ETH) 2:0, 1:3
IWUANYANWU OWERRI (NGA) - Zumunta AC (NIG) 3:0, 3:1
MC ORAN (ALG) - ASC Sonader Nouakchott (MTN) 4:0, 0:2
NKANA RED DEVILS (ZAM) - Highlanders Bul. (ZIM) x:0
Petro Atlético (ANG) - AS SOGARA P.-GENTIL (GAB) 0:0, 1:2
RACING BAFOUSSAM (CAM) - Dragons l'Ouémé (BEN) x:0
AS VITA KINSHASA (COD) - Lobatse CS Gunners (BOT) 5:0, 1:1
WYDAD CASABLANCA (MAR) - Semassi Sokodé (TOG) 6:1, 0:2
ZAMALEK CAIRO (EGY) - Express FC Kampala (UGA) x:0

▶ **Achtelfinale**

Costa do Sol (MOZ) - NKANA RED DEVILS (ZAM) 1:0, 0:2
Gor Mahia Nairobi (KEN) - ZAMALEK CAIRO (EGY) 1:1, 1:2
IWUANYANWU OWERRI (NGA) - Rac. Bafoussam (CAM) 1:2, 3:2
MC ORAN (ALG) - AS Tempête Mocaf Bangui (CAF) 7:4, 3:0
SIMBA SC Dar-es-S. (TAN) - BTM Antananarivo (MAD) 1:0, 0:0
Stade Malien (MLI) - ESPÉRANCE TUNIS (TUN) 0:1, 0:3
AS VITA KINSH. (COD) - Mamelodi Sundowns (RSA) 2:1, 2:3
Wydad Casablanca (MAR) - AS SOGARA P.-G. (GAB) 0:1, 0:2

▶ **Viertelfinale**

ESPÉRANCE TUNIS (TUN) - Iwuanyanwu Owerri (NGA) 3:0, 1:1
NKANA RED DEVILS (ZAM) - Simba SC Dar (TAN) 4:1, 0:2
AS Vita Kinshasa (COD) - MC ORAN (ALG) 0:x
ZAMALEK CAIRO (EGY) - AS Sogara Port-Gentil (GAB) 1:0, 2:2

▶ **Halbfinale**

ESPÉRANCE TUNIS (TUN) - MC Oran (ALG) 3:1, 2:2
ZAMALEK CAIRO (EGY) - Nkana Red Devils (ZAM) 2:0, 0:1

▶ **Finale** (4. und 17.12.1994, 90.000, n.b.)

Zamalek Cairo (EGY) - ESPÉRANCE TUNIS (TUN) 0:0, 1:3

1. Spiel: *Zamalek*: El Sayed – Abdelatif, Yaken, Kassem, Medha, A. Youssef – I. Youssef, Sabri (70. R. Nasser), I. Fathi (53. J. Okyere) – El Ghandour, O. Laud - *Espérance*: El Ouaer – Thabet, Berrekhissa, Bousnina, Nouira – Chihi, Ben Neji, Mahjoubi, Belkassen (84. Gabsi) – K. Malitoli, A. Hamrouni - *SR*: Yengo (Kongo)

Champions' Cup 1995

▶ **Qualifikation**

ELEVEN MEN IN FLIGHT SITEKI (SWA) - Lobatse CS Gunners (BOT) 2:2, 2:2 n.V., 4:2 n.E.

▶ **Vorrunde**

Eleven Men in Flight (SWA) - ORLANDO PIRATES (RSA) 0:3, 0:2
FIRE BRIGADE SC (MTS) - Costa do Sol Maputo (MOZ) 3:0, 0:1
DYNAMOS HARARE (ZIM) - Al-Hilal Omdurman (SUD) 1:0, 1:0
Fantastique Bujumbura (BDI) - ISMAILIY SC (EGY) 0:1, 0:1
RL Defence Force (LES) - JS SAINT-PIERROISE (REU) 2:2, 0:4
Force Nat. Sécurité (DJI) - EXPRESS KAMPALA (UGA) 0:2, 0:7
Etoile du Congo (CGO) - AIGLE NKONGSAMBA (CAM) 3:2, 0:1
Etoile Filante Ouag. (BFA) - ESPÉRANCE TUNIS (TUN) 1:1, 1:4
Semassi Sokodé (TOG) - BCC LIONS GBOKO (NGA) 0:1, 0:1
REAL BANJUL (GAM) - Desportivo Travadores (CPV) 1:0, 0:0
MBILINGA FC P.-G. (GAB) - AS Vita Kinshasa (COD) 4:0, 2:4
Petro Atlético Luanda (ANG) - ASEC ABIDJAN (CIV) 1:2, 1:3
Power Dynamos (ZAM) - SIMBA SC (TAN) 1:1, 1:1 n.V. 3:4 n.E.
NPA Anchors (LBR) - GOLDFIELDS OBUASI (GHA) 0:0, 1:8
STADE MALIEN (MLI) - Horoya AC Conakry (GUI) 1:0, 1:1
US CHAOUIA (ALG) - Dragons de l'Ouémé (BEN) x:0

▶ **Achtelfinale**

ASEC ABIDJAN (CIV) - Simba SC Dar-es-Salaam(TAN) 2:1, 2:1
BCC Lions Gboko (NGA) - ORLANDO PIRATES (RSA) 1:1, 0:1
Real Banjul (GAM) - MBILINGA FC PORT-GENTIL (GAB) 2:0, *

**Rückspiel nach 70 Minuten beim Stande von 0:4 abgebrochen, weil Real Banjul sich nach einer Schiedsrichterentscheidung weigerte, weiterzuspielen*

GOLDFIELDS OBUASI (GHA) - Stade Malien (MLI) 1:0, 0:0
ESPÉRANCE TUNIS (TUN) - Fire Brigade SC (MTS) 2:0, 2:0
ISMAILIY SC (EGY) - JS Saint-Pierroise (REU) 5:0, 3:1
DYNAMOS HARARE (ZIM) - US Chaouia (ALG) 1:1, 3:2
EXPRESS KAMPALA (UGA) - Aigle Nkongsamba (CAM) 3:0, 0:1

▶ **Viertelfinale**

Espérance Tunis (TUN) - ISMAILIY SC (EGY) 0:1, 0:0
Goldfields Obuasi (GHA) - ASEC ABIDJAN (CIV) 0:2, 0:0
Mbilinga FC P.-G. (GAB) - ORLANDO PIRATES (RSA) 2:1, 0:3
EXPRESS FC KAMP. (UGA) - Dynamos Harare (ZIM) 0:1, 2:1

▶ **Halbfinale**

Ismailiy SC (EGY) - ASEC ABIDJAN (CIV) 1:0, 1:5
ORLANDO PIRATES (RSA) - Express Kampala (UGA) 1:0, 1:1

▶ **Finale**

ORLANDO PIRATES (RSA) - ASEC Abidjan (CIV) 2:2, 1:0

Champions' Cup 1996

▶ **Qualifikation**

Toffa Cotonou (BEN) - MIGHTY BAROLLE (LBR) 0:0, 0:x
SAINT GEORGE A.-A. (ETH) - Sunshine Victoria (SEY) 1:0, 1:2
BOAVISTA PRAIA (CPV) - ASC Sonalec Nouakchott (MTN) x:0
Forces Armées (CAF) - FANTASTIQUE BUJUMB. (BDI) 0:4, 0:x
POSTEL 2000 N'DJAMENA (CHD) - Cheminots (CGO) 2:0, 1:1
Fobar Toliara (MAD) - MBABANE HIGHLANDERS (SWA) 0:0, 1:2
CS SAINT-DENIS (REU) - Majanja Mobales H. (LES) 7:0, 3:1
Express FC (UGA) - SUNRISE FLACQ UNITED (MTS) 1:0, 1:3
Young Africans Dar (TAN) - APR FC KIGALI (RWA) 1:0, 0:3
Township Rollers (BOT) - BLACK AFRICA (NAM) 2:1, 0:4

▶ **Vorrunde**

COD MEKNÈS (MAR) - Semassi Sokodé (TOG) 1:0, 1:2
ASFA Yennega (BUF) - GOLDFIELDS OBUASI (GHA) 1:4, 1:1
JS KABYLIE TIZI-OUZOU (ALG) - Boavista Praia (CPV) 2:0, 2:1
ASEC ABIDJAN (CIV) - Postel 2000 N'Djamena (CHD) 4:0, 1:0
ASC DIARAF DAKAR (SEN) - AS Kaloum Star (GUI) 0:0, 1:1
SHOOTING STARS IBADAN (NGA) - Mangasport (GAB) 4:0, 1:2
DYNAMOS HARARE (ZIM) - Gor Mahia Nairobi (KEN) 1:0, 1:0
MUFULIRA WANDERERS (ZAM) - Mbabane Highlanders (SWA) 3:0, 1:0
ORLANDO PIRATES (RSA) - CS Saint-Denis (REU) 2:0, 2:3
ZAMALEK CAIRO (EGY) - Sunrise Flacq United (MTS) 3:1, 1:2
AS Bantous (COD) - APR FC KIGALI (RWA) 1:0, 0:2
PETRO ATLÉTICO LUANDA (ANG) - Black Africa (NAM) 2:0, 1:1
Al-Hilal Omdurman (SUD) - SAINT GEORGE (ETH) 0:0, 0:1
CS SFAXIEN (TUN) - Mighty Barolle Monrovia (LBR) x:0
DESPORTIVO MAPUTO (MOZ) - Cape Town Spurs (RSA) x:0
Racing Bafoussam (CAM) - FANTASTIQUE BUJ. (BDI) 1:1, 0:x

▶ **Achtelfinale**

CS SFAXIEN (TUN) - Saint George Addis Abeba (ETH) 3:0, 0:1
COD MEKNÈS (MAR) - Goldfields Obuasi (GHA) 1:0, 0:0
JS KABYLIE TIZI (ALG) - Fantastique Bujumbura (BDI) 0:0, 1:0
ASEC Abidjan (CIV) - ASC DIARAF DAKAR (SEN) 1:1, 0:0
SHOOTING STARS (NGA) - Dynamos Harare (ZIM) 5:1, 1:3
Mufulira Wanderers (ZAM) - ORLANDO PIRATES (RSA)1:1, 0:1
ZAMALEK CAIRO (EGY) - Desportivo Maputo (MOZ) x:0
APR FC Kigali (RWA) - PETRO ATLÉTICO LUA. (ANG) 2:0, 0:3

▶ **Viertelfinale**

Orlando Pirates (RSA) - SHOOTING STARS IBADAN (NGA) 1:0, 0:1 n.V., 3:4 n.E.
ZAMALEK CAIRO (EGY) - COD Meknès (MAR) 2:0, 2:2
CS SFAXIEN (TUN) - ASC Diaraf Dakar (SEN) 5:0, 1:3
Petro Atlético Luanda (ANG) - JS KABYLIE TIZI-O. (ALG) 1:1, 0:1

▶ **Halbfinale**

JS Kabylie (ALG) - SHOOTING STARS IBADAN (NGA) 1:1, 0:1
CS Sfaxien (TUN) - ZAMALEK CAIRO (EGY) 1:0, 0:1 n.V., 3:4 n.E.

▶ **Finale** (30.11. und 13.1996, 30.000, n.b.)

Shooting Stars Ibadan (NGA) - Zamalek Cairo (EGY) 2:1

Shooting Stars: Baruwa Abiodun – Aboyemi Isaaka, Sam Pam, Arthur Madueme, Alibade Babalade (75. Ovie Ighofose), Emmanuel Teberen, Udi Duke, David Ogaga, Patrick Mancha, Patrick Pascal, Dotun Alatise (60. Okunowo) - *Zamalek*: Nader El-Sayed – Ashraf Abdelrahman, Moetemed Abdelaziz, Osama Nahib, Medhat Abdelhady, Mohamed Tarek, Ismail Youssef, Mohamed Sabry (69. Nabil Mahmoud), Ifat Nassar, Kaci Saïd (46. Elshishini), Ahmed El-Kass (79. Essam Marei) - *Tore*: 1:0 Patrick (34.), 2:0 Babalade (63.), 2:1 Mustapha (89.) - *SR*: Mc Leod (Südafrika)

ZAMALEK CAIRO - Shooting Stars Ibadan 2:1 n.V., 5:4 n.E.

Zamalek: Hessein El-Sayed (89. Nader El-Sayed) – Ashraf Abdelrahman, Moetemed Abdelaziz, Osama Nahib, Medhat Abdelhady, Mohamed Tarek, Ismail Youssef, Mohamed Sabry (65. Elshishini), Nabil Mahmoud, Ayman Mansour, Kaci Saïd (85. Ahmed El-Kass) - *Shooting Stars*: Baruwa Abiodun – John Benson (43. David Ogaga), Peter Obitor, Patrick Ovie, Alibade Babalade, Emmanuel Teberen, Arthur Madyeme, Patrick Pascal (71. Johnson Ademola), Udi Duke (85. Okonowo), Sanni Abacha, Patrick Mancha - *Tore*: 1:0 Medhat Abdelhady, 2:0 Ayman Mansour, 2:1 Johnson Ademola (87.) - *SR*: Magassa Sidi Beckaye (Mali)

Champions' Cup 1997

▶ **Qualifikation**

ASCOT N'DJAMENA (CHD) - AS Tempête Mocaf (CAF) x:0
Mogas 90 (BEN) - DESPORTIVO TRAVADORES (CPV) 1:0, 0:2
MUNISPORT (CGO) - Café Band Sportif (EQG) 4:1, 1:0
JUNIOR PROFESSIONALS MONROVIA (LBR) - Racing Bobo Dioulasso (BFA) 2:0, 0:1
Saint Michel United (SEY) - FC BFV ANTANAN. (MAD) 1:2, 0:3
NOTWANE GABORONE (BOT) - Blue Waters W. (NAM) x:0
Limbe Leaf Wanderers (MWI) - ROMA ROVERS (LES) 1:0, 1:5
Young Africans Dar-es-Salaam (TAN) - EXPRESS RED EAGLES FC (UGA) 0:0, 0:1

▶ **Vorrunde**

USM ALGER (ALG) - Desportivo Travadores (CPV) 6:1, 3:1
UDOJI UNITED (NGA) - AS Kaloum Star Conakry (GUI) 3:1, 1:1
UNISP. BAFANG (CAM) - Munisport (CGO)2:0, 0:2 n.V., 5:4 n.E.
FERROVIÁRIO MAPUTO (MOZ) - FC BFV Ant. (MAD) 4:0, 1:0
RAJA CASABLANCA (MAR) - Sonacos Djourbel (SEN) 3:1, 2:0
MBILINGA FC (GAB) - DC Motema Pembe Kinsh. (COD) 3:0, 3:4
AFRICA SPORTS Ab.(CIV) - ASCOT N'Djamena (CHD) 3:0, 1:2
PRIMEIRO DE AGOSTO (ANG) - Notwane Gab. (BOT) 1:1, 2:1
ZAMALEK CAIRO (EGY) - Saint George A.-A. (ETH) 2:0, 1:1
MUFULIRA WANDERERS (ZAM) - APR FC Kigali (RWA) 4:1, 1:0
CLUB AFRICAIN TUNIS (TUN) - Djoliba AC (MLI) 3:2, 1:1
Sunrise Flacq United (MTS) - JS SAINT-PIERROISE (REU) 1:0, 0:3
Breweries (KEN) - AL-HILAL OMD. (SUD) 0:0, 0:0 n.V., 4:5 n.E.
GOLDFIELDS OBUASI (GHA) - Junior Professionals (LBR) 3:0, 1:2
CAPS UNITED (ZIM) - Express Red Eagles FC (UGA) 5:2, 2:4
ORLANDO PIRATES (RSA) - Roma Rovers (LES) 1:0, 0:0

▶ **Achtelfinale**

USM ALGER (ALG) - Udoji United (NGA) 3:0, 0:2
Unisport Bafang (CAM) - FERROVIÁRIO MAP. (MOZ) 1:0, 1:4
RAJA CASABLANCA (MAR) - Mbilinga FC (GAB) 3:0, 1:1
Africa Sports (CIV) - PRIMEIRO DE AGOSTO (ANG) 1:1, 0:5
ZAMALEK CAIRO (EGY) - Mufulira Wanderers (ZAM) 5:2, 1:0
CLUB AFRICAIN (TUN) - JS Saint Pierroise (REU) 6:1, 5:0
Al-Hilal Omdur. (SUD) - GOLDFIELDS OBUASI (GHA) 2:1, 0:2
CAPS United Harare (ZIM) - ORLANDO PIRATES (RSA) 1:2, 0:1

▶ **Viertelfinale**

Gruppe A

Orlando Pirates - Primeiro de Agosto Luanda 1:2, 1:2
USM Alger - Raja Casablanca 2:2, 2:0
USM Alger - Orlando Pirates 2:1, 1:1
Primeiro de Agosto Luanda - Raja Casablanca 1:1, 0:4
Primeiro de Agosto Luanda - USM Alger 2:1, 0:1
Raja Casablanca - Orlando Pirates 1:0, 2:1

1. RAJA CASABLANCA (MAR)	6	3	2	1	10:6	11
2. USM Alger (ALG)	6	3	2	1	9:6	11
3. Primeiro Agosto Luanda (ANG)	6	3	1	2	7:9	10
4. Orlando Pirates (RSA)	6	0	1	5	5:10	1

Gruppe B

Zamalek Cairo - Ferroviário Maputo 2:1, 0:2
Club Africain Tunis - Goldfields Obasi 0:0, 0:2
Ferroviário Maputo - Goldfields Obasi 2:1, 0:4
Club Africain Tunis - Zamalek Cairo 2:0, 0:2
Ferroviário Maputo - Club Africain Tunis 0:0, 0:1
Goldfields Obasi - Zamalek Cairo 3:1, 0:2

1. GOLDFIELDS OBUASI (GHA)	6	3	1	2	10:5	10
2. Zamalek Cairo (EGY)	6	3	0	3	7:8	9
3. Club Africain Tunis (TUN)	6	2	2	2	3:4	8
4. Ferroviário Maputo (MOZ)	6	2	1	3	5:8	7

▶ **Finale** (30.11. und 14.12.1997, 20.000, 85.000)

Goldfields Obuasi (GHA) - Raja Casablanca (MAR) 1:0

Goldfields: Nibombe Wake – T. Ahinful, Owusu Ansah, Agyemang Duah, S. Adjei (32. Y. Owusu) – L. Adjei, Koné, Dadzie, K. Debrah – J. Okyere, Noutsoudje - *Raja*: Chadli – Sabir, Fahmi, Rimi, Bekhari – Jrindou, Khalif, Sellami (59. Belmamoune), Ogandaga – Moustaoudia, Nazir - *Tor*: 1:0 L. Adjei (79.) - *SR*: Sinko Zeli (Elfenbeinküste)

RAJA CASABLANCA - Goldfields Obuasi 1:0 n.V., 5:4 n.E.

Raja: Chadli – Sabir, Fahmi, Rimi, Belmamoun (74. Amaddah) – Jrindou, Nejjari, Reda Erreyahi, Ogandaga – Moustaoudia, Nazir - *Goldfields*: Nibombe Wake – T. Ahinful, Owusu Ansah, Agyemang Duah, Issah Abdulrahman, Owusu – L. Adjei, Koné, Quaino (41. Naua Ahin Duah) – J. Okyere, Noutsoudje (74. K. Debrah) - Tor: 1:0 Nazir (78.) - *SR*: Lim Kim Chong (Mauritius)

Champions' Cup 1998

▶ **Qualifikation**

Saint Michel United Victoria (SEY) - COFFEE FC (ETH) 1:0, 1:8
RAYON SPORT (RWA) - Maniema Bujumbura (BDI) 6:1, x:0
TELECOM WANDERERS (MWI) - Defence Force XI (BOT) 3:0, 1:1
Mbabane Swallows (SWA) - RL DEFENCE FORCE (LES) 1:4, 0:2
Medlaw Megbi (ERI) - UTALII NAIROBI (KEN) 0:1, 0:1
SS St-Louisienne (REU) - SUNRISE FLACQ UNITED (MTS) 1:2, 0:1

Ishmael Addo vom ghanaischen Champions League-Sieger 2000 Hearts of Oak Accra.

DESPORTIVO MONGOMO (EQG) - Munisport (CGO) x:0
Wallidan Banjul (GAM) - AS DOUANES DAKAR (SEN) 0:0, 0:2
MOGAS 90 PORTO-NOVO (BEN) - East End Lions (SLE) x:0
TOURBILLON (CHD) - AS Tempête Mocaf Bangui (CAF) x:0

▶ Vorrunde
COFFEE FC ADDIS ABEBA (ETH) - Al-Ahly Cairo (EGY) 1:1, 2:2
Rayon Sport (RWA) - YOUNG AFRICANS DAR (TAN) 2:2, 1:1
Telecom Wanderers (MWI) - DYNAMOS HARARE (ZIM) 1:2, 1:2
Sunrise Flacq United (MTS) - FERROVIÁRIO MAPUTO (MOZ) 0:4, 0:0
Kampala City Council (UGA) - POWER DYNAMOS (ZAM) 0:1, 1:2
Defence Force XI (LES) - MANNING RANGERS (RSA) 3:3, 1:2
UTALII NAIROBI (KEN) - Al-Merreikh Omdurman (SUD) 4:0, 0:3
Industriel Kamsar (GUI) - ETOILE DU SAHEL (TUN) 1:2, 2:3
Desportivo Mongomo (EQG) - PETRO ATLÉTICO (ANG) 1:4, 0:2
EAGLE CEMENT (NGA) - AS Vita Kinshasa (COD) 4:1, 0:2
Racing Bobo-Dioulasso (BUF) - ASEC ABIDJAN (CIV) 1:0, 1:4
Dinamique Lomé (TOG) - FC 105 LIBREVILLE (GAB) 3:3, 2:6
AS DOUANES DAKAR (SEN) - CS Constantine (ALG) 2:1, 0:0

Mogas 90 P.-N. (BEN) - RAJA CASABLANCA (MAR) 0:0, 1:6
Tourbillon (CHD) - COTONSPORT GAROUA (CAM) 0:0, 1:4
Djoliba AC (MLI) - HEARTS OF OAK ACCRA (GHA) 0:0, 0:1

▶ Achtelfinale
Coffee FC (ETH) - YOUNG AFRICANS DAR-ES-S. (TAN) 2:2, 1:6
DYNAMOS HARARE (ZIM) - Ferroviário Maputo (MOZ) 1:1, 1:0
Power Dynamos (ZAM) - MANNING RANGERS (RSA) 0:2, 0:2
Utalii (KEN) - ETOILE DU SAHEL (TUN) 1:0, 0:1 n.V., 2:4 n.E.
Petro Atlético Luanda (ANG) - EAGLE CEMENT (NGA) 0:1, 0:2
ASEC ABIDJAN (CIV) - FC 105 Libreville (GAB) 2:0, 2:2
AS Douanes (SEN) - RAJA CASABLANCA (MAR) 1:0, 0:2
Cotonsport Garoua (CAM) - HEARTS OF OAK (GHA) 2:1, 0:1

▶ Viertelfinale
Gruppe A
Etoile du Sahel Sousse - Hearts of Oak Accra 2:1, 2:3
Dynamos Harare - Eagle Cement Port Harcourt 3:0, 1:0
Eagle Cement Port Harcourt - Etoile du Sahel Sousse 2:1, 0:5
Hearts of Oak Accra - Dynamos Harare 1:1, 1:0
Dynamos Harare - Etoile du Sahel Sousse 1:0, 1:0

Eagle Cement Port Harcourt - Hearts of Oak Accra 1:0, 0:1
1. DYNAMOS HARARE (ZIM)   6 3 1 2 6:3 10
2. Hearts of Oak Accra (GHA) 6 3 1 2 7:6 10
3. Etoile du Sahel Sousse (TUN) 6 3 0 3 11:7 9
4. Eagle Cem. Port Harcourt (NGA) 6 2 0 4 3:11 6

Gruppe B
Young Africans Dar-es-Salaam - Manning Rangers D. 1:1, 0:4
Raja Casablanca - ASEC Abidjan 0:1, 1:1
Manning Rangers Durban - Raja Casablanca 1:0, 1:2
ASEC Abidjan - Young Africans Dar-es-Salaam 2:1, 3:0
Raja Casablanca - Young Africans Dar-es-Salaam 6:0, 3:3
ASEC Abidjan - Manning Rangers Durban 3:1, 0:1
1. ASEC ABIDJAN (CIV)   6 4 1 1 10:4 13
2. Manning Rangers Durban (RSA) 6 3 1 2 9:6 10
3. Raja Casablanca (MAR)   6 2 2 2 12:7 8
4. Young Africans Dar-es-S. (TAN) 6 0 2 4 5:19 2

▶ **Finale** (28.11. und 12.12.1998, 45.000, 50.000)
Dynamos Harare (ZIM) - ASEC Abidjan (CIV) 0:0
Dynamos: Chirambadare – Chigama, Pasuwa, Musanhu, Dinyero – Mucherahowa, Mutasa, Maringwa, Narbe – Soma Phiri (88. Owusu), Mutambikwa - *ASEC:* Diarra – Diomandé, Abouo, Kouassi, Botty Bi – Baloki, Guel, Badra, Sié, Bantsimba (83. M. Gouaméné) – Zaki (60. Bamba Siaka) - *SR:* Daho (Algerien)
ASEC Abidjan - Dynamos Harare 4:2
ASEC: Diarra – Diomandé, Abouo, Kouassi (89. Sylla), Botty Bi (89. Gaoté) – Baloki, Guel, Badra, Sié – Zaki, Kamara (75. M. Gouaméné) - *Dynamos*: Chirambadare (35. Muzadzi) – Pasuwa, Musanhu, Dinyero – Fulawo, Ncube, Mutasa, Maringwa, Shereni – Owusu (82. Chigama), Soma Phiri (69. Mutambowa) - *Tore*: 1:0 Kamara (30.), 2:0 Kamara (38.), 3:0 Sié (43.), 4:0 Zaki (52.), 4:1 Soma Phiri (60.), 4:2 Owusu (81.)

Champions' Cup 1999

▶ **Qualifikation**
Red Sea Asmara (ERI) - RAYON SPORT KIGALI (RWA) 1:1, 0:2
ASC NDIAMBOUR (SEN) - Invincible Eleven (LBR) 4:0, x:0
USFA OUAGADOUG. (BIF) - Dragons de l'Ouémé (BEN) 2:0, 0:1
ELA NGUEMA (EQG) - Santana FC (STP) x:0
TELECOM WANDERERS (MWI) - Scouts Club (MTS) 0:1, 3:1
SS SAINT-LOUISIENNE (REU) - Red Star Anse (ERI) 2:0, 4:0
ASCOT N'Djamena (CHD) - AL MAHALA TRIPOLI (LBY) 2:0, 0:3
Notwane Gaborone (BOT) - RL DEFENCE FORCE (LES) 1:1, 1:3
Real Banjul (GAM) - KALOUM STARS CONAKRY (GUI) 0:2, 1:1
▶ **Vorrunde**
Maji Maji Songea (TAN) - AL-AHLY CAIRO (EGY) 0:3, 0:2
RAYON SPORT KIGALI (RWA) - AFC Leopards (KEN) 2:1, 1:0
ASC Ndiambour (SEN) - RAJA CASABLANCA (MAR) 1:0, 0:4
DJOLIBA AC (MLI) - Cotonsport Garoua (CAM) 2:0, 1:3
FC 105 Libreville (GAB) - ASEC ABIDJAN (CIV) 1:0, 1:3
USFA Ouagadougou (BUF) - USM EL HARRACH (ALG) 2:0, 0:6
Ela Nguema (EQG) - HEARTS OF OAK ACCRA (GHA) 0:3, 0:6
VILLA SC KAMPALA (UGA) - Mebrat Hail (ETH) 5:0, 2:2
AS Kaloum Stars (GUI) - SHOOTING STARS IBA. (NGA) 3:0, 0:6
Costa do Sol (MOZ) - DC MOTEMA PEMBE (COD) 0:1, 0:x
Telecom Wanderers (MWI) - MAMELODI SUNDOWNS (RSA) 1:2, 0:3
SS SAINT-LOUISIENNE (REU) - DSA Antanana. (MAD) 1:0, 1:1
Al Mahala Tripoli (LBY) - ESPÉRANCE TUNIS (TUN) 1:2, 0:2
Nchanga Rangers (ZAM) - AL-HILAL OMDUR. (SUD) 1:0, 0:2
Vital'ô Bujumbura (BDI) - Primeiro Agosto L. (ANG) 2:1, 1:1
RL Defence Force (LES) - Dynamos Harare (ZIM) 0:3, 0:1
▶ **Achtelfinale**
AL-AHLY CAIRO (EGY) - Rayon Sport Kigali (RWA) 3:0, 0:1
RAJA CASABLANCA (MAR) - Djoliba AC Bamako (MLI) 2:1, 1:2 n.V., 7:6 n.E.
ASEC ABIDJAN (CIV) - USM El Harrach (ALG) 4:0, 1:2
HEARTS OF OAK ACCRA (GHA) - Villa SC Kamp. (UGA) 3:0, 1:1
SHOOTING STARS (NGA) - DC Motema Pembe (COD) 2:0, *
**Shooting Stars traten nach der Halbzeitpause (Spielstand 0:0) nicht mehr an, weil sie sich von den Fans bedroht fühlten. Das Spiel wurde für für Shooting Stars gewertet*
Mamelodi Sundowns (RSA) - SS ST-LOUISIENNE (REU) 1:1, 2:4
ESPÉRANCE TUNIS (TUN) - Al-Hilal Omdurman (SUD) 5:0, 3:3
Vital'ô Bujumbura (BDI) - DYNAMOS HARARE (ZIM) 0:2, 0:1
▶ **Viertelfinale**
Gruppe A
Shooting Stars Ibadan - Al-Ahly Cairo 2:3, 1:4
Raja Casablanca - Hearts of Oak Accra 1:0, 0:0
Al-Ahly Cairo - Raja Casablanca 0:1, 1:1
Hearts of Oak Accra - Shooting Stars Ibadan 3:0, 2:2
Raja Casablanca - Shooting Stars Ibadan 1:0, 0:1
Hearts of Oak Accra - Al-Ahly Cairo 2:1, 0:2

1. RAJA CASABLANCA (MAR)	6	3	2	1	4:2	11
2. Al-Ahly Cairo (EGY)	6	3	1	2	11:7	10
3. Hearts of Oak Accra (GHA)	6	2	2	2	7:6	8
4. Shooting Stars Ibadan (NGA)	6	1	1	4	6:13	4

Gruppe B
Espérance Tunis - ASEC Abidjan 3:0, 0:1
SS Saint-Louisienne - Dynamos Harare 1:0, 2:7
Dynamos Harare - Espérance Tunis 0:2, 0:1
ASEC Abidjan - SS Saint-Louisienne 3:1, 0:0
ASEC Abidjan - Dynamos Harare 2:0, 1:2
Espérance Tunis - SS Saint-Louisienne 5:0, 2:0

1. ESPÉRANCE TUNIS (TUN)	6	5	0	1	13:1	15
2. ASEC Abidjan (CIV)	6	3	1	2	7:6	10
3. Dynamo Harare (ZIM)	6	2	0	4	9:9	6
4. SS Saint-Louisienne (REU)	6	1	1	4	4:17	4

▶ **Finale** (27.11. und 12.12.1999, 10.000, 50.000)
Raja Casablanca (MAR) - Espérance Tunis (TUN) 0:0
Raja: Chadli – Safri, El Himer, Mesbah (55. Lizgui), Grindou – Abboub, Kharbourch, Nejjari (63. Armoumen) – M'Barki (87. Serraj), Riahi, Moustaoudaa - *Espérance*: El Ouaer – Tabit, Badra, Jaidi, Chihi – Guenzari, Gabsi (88. Julies), Agoué (67. Zitouni), Zouloulou – Fayçal, Ben Hamed - *SR:* Mathabella Petros (Südafrika)
Espérance Tunis - RAJA CASABLANCA 0:0 n.V., 3:4 n.E.
Espérance: El-Ouaer – Sahbani, Azaiez, Badra, Jaidi - Chihi, Gabsi, Kanzari, Ben Hamed (72. Laroussi) - Agoué (60. Agahoya), Zitouni - *Raja*: Chadli – Rezgui (79. Siraj), Lehimar, Karkouri, Ajoub – Safri, Riahi (60. Armoumen), Jrindou, Khoubèche – Moustaoudaa, Nejjari (43. Misbah) - *SR*: Duarte (Kapverde) - *11m*: 0:1 Khoubèche, 1:1 Badra, 1:2 Karkouri, Kanzari - verschossen, Safri - verschossen, 2:2 Gabsi, 2:3 Ajoub, 3:3 Chihi, 3:4 Lehimar, El-Ouaer - verschossen

Champions' Cup 2000

▶ **Qualifikation**
TUSKER (KEN) - Red Sea Asmara (ERI) 1:1, 1:1 n.V., 6:5 n.E.
SC Villa Kampala (UGA) - SAINT GEORGE (ETH) 2:2, 0:3
VITAL'Ô BUJUMBURA (BUR) - Bata Bullets Bl. (MWI) 4:0, 1:0
DRAGONS L'OUÉMÉ (BEN) - Ports Authority (GAM) 2:0, 1:1
Sporting Praia Cruz (CPV) - TEMPÊTE MOCAF (CAF) 2:3, 0:1
PRIMEIRO AGOSTO (ANG) - Akonangui FC (EQG) 4:0, 1:0
HOROYA AC (GUI) - Sporting Clube Bissau (GBI) 2:0, 1:1
Notwane Gaborone (BOT) - BLACK AFRICA (NAM) 1:1, 2:4
VACOAS-PHOENIX FC (MTS) - St Michel United (SEY) 1:1, 2:1
AS Fortior Toamasiha (MAD) - LESOTHO DEFENCE FORCE (LES) 0:0, 0:0 n.V., 2:3 n.E.
AL-AHLY TRIPOLI (LBY) - Olympic Niamey (NIG) 4:0, 2:1
APR FC KIGALI (RWA) - Renaissance (CHA) 1:1, 1:1 n.V., 3:2 n.E.
FERROVIÁRIO MAPUTO (MOZ) - Prisons Dar (TAN) 1:0, 2:3
▶ **Vorrunde**
RAJA CASABLANCA (MAR) - Dragons l'Ouémé (BEN) 3:1, 2:2
MC Alger (ALG) - JEANNE D'ARC DAKAR (SEN) 1:1, 1:5
AL-AHLY CAIRO (EGY) - Tusker Nairobi (KEN) 3:1, 0:1
Saint George A.-A. (ETH) - VITAL'Ô BUJUMBURA (BUR) 1:2, 2:2
ESPÉRANCE TUNIS (TUN) - APR FC Kigali (RWA) 7:0, x:0
ASFA Yennega Ouagad. (BFA) - DJOLIBA AC (MLI) 2:2, 1:1
LOBI STARS (NGA) - Tempête Mocaf Bangui (CAF) 2:0, 1:1
Vita Mokanda P.-N. (CGO) - PRIMEIRO AGOSTO (ANG) 2:1, 0:4
HEARTS OF OAK ACCRA (GHA) - Horoya AC C. (GUI) 2:1, 2:2
DC MOTEMA PEMBE (COD) - Black Africa Windh. (NAM) x:0
HIGHLANDERS (ZIM) - St Michel United Victoria (SEY) 1:0, 2:0
SABLE BATIÉ (CAM) - FC 105 Libreville (GAB) 2:1, 1:1
US Stade Tamponnaise (REU) - NKANA FC (ZAM) 1:2, 0:3
MAMELODI SUNDOWNS (RSA) - Lesotho Defence Force (LES) 2:1, 4:1
AFRICA SPORTS ABIDJAN (CIV) - Al-Ahly Tripoli (LBY) 4:0, 2:0
Al-Hilal (SUD) - FERROV. MAPUTO (MOZ) 1:1, 1:1 n.V., 4:5 n.E.
▶ **Achtelfinale**
Raja Casablanca (MAR) - JEANNE D'ARC DAKAR (SEN) 2:1, 0:1
AL-AHLY CAIRO (EGY) - Vital'ô Bujumbura (BUR) 3:0, 1:2
ESPÉRANCE TUNIS (TUN) - Djoliba AC Bamako (MLI) 3:2, 1:1
LOBI STARS (NGA) - Primeiro Agosto Luanda (ANG) 1:1, 1:0
HEARTS OF OAK (GHA) - DC Motema Pembe (COD) 4:1, 0:2
Highlanders (ZIM) - SABLE BATIÉ (CAM) 3:0, 0:3 n.V., 3:4 n.E.
Nkana FC (ZAM) - MAMELODI SUNDOWNS (RSA) 1:1, 0:0
AFRICA SPORTS (CIV) - Ferroviário Maputo (MOZ) 5:0, 2:1
▶ **Viertelfinale**
Gruppe A
Mamelodi Sundowns - Africa Sports Abidjan 2:0, 1:6
Espérance Tunis - Sable de Batié 4:0, 2:1
Africa Sports Abidjan - Espérance Tunis 2:1, 0:2
Sable de Batié - Mamelodi Sundowns 1:2, 1:2
Espérance Tunis - Mamelodi Sundowns 3:2, 0:2
Sable de Batié - Africa Sports Abidjan 1:1, 1:3

1. ESPÉRANCE TUNIS (TUN)	6	4	0	2	12:7	12
2. Mamelodi Sundowns Pr. (RSA)	6	4	0	2	11:11	12
3. Africa Sports Abidjan (CIV)	6	3	1	2	12:8	10
4. Sable de Batié (CAM)	6	0	1	5	5:14	1

Gruppe B
Lobi Stars Makurdi - Jeanne d'Arc Dakar 3:1, 0:0
Hearts of Oak Accra - Al-Ahly Cairo 2:1, 1:1
Al-Ahly Cairo - Lobi Stars Makurdi 3:1, 1:3
Jeanne d'Arc Dakar - Hearts of Oak Accra 2:4, 1:1
Lobi Stars Makurdi - Hearts of Oak Accra 0:2, 0:2
Jeanne d'Arc Dakar - Al-Ahly Cairo 1:1, 1:3

1. HEARTS OF OAK ACCRA (GHA)	6	4	2	0	12:5	14
2. Al-Ahly Cairo (EGY)	6	2	2	2	10:9	8
3. Lobi Stars Makurdi (NGA)	6	2	1	3	7:9	7
4. Jeanne d'Arc Dakar (SEN)	6	0	3	3	6:12	3

▶ **Finale** (2. und 17.12.2000, 30.000, 45.000)
Espérance Tunis (TUN) - Hearts of Oak Accra (GHA) 1:2
Espérance: Chokri El Ouaer; Tarek Thabet, Faycal Ben Ahmed, Radhi Jaidi, Hakim Nouira; Sirajeddine Chihi, Hassan Gabsi, Maher Kanzari (69. Adailton), Taoufik Hammani; Ali Zitouni, Reinaldo - *Hearts of Oak*: Sammy Adjei; Yaw Amankwah Mireku, Jacob Nettey, Agyeman Duah; Stephen Tetteh, Joe Ansah, Charles Allotey (76. Daniel Ziem Quaye), Adjah Tetteh, Emmanuel Osei Kuffour, Ishmael Addo (59. Emmanuel Adjogu), Charles Taylor (71. Edmund Copson) - Tore: 1:0 Zitouni (36.), 1:1 Addo (52.), 1:2 Kuffour (79.) - *SR*: Lim Kee Chong (Mauritius)
HEARTS OF OAK ACCRA - Espérance Tunis 3:1
Hearts of Oak: Sammy Adjei; Dan Quaye, Jacob Nettey, Edward Agyeman-Duah, Stephen Tetteh, Joe Ansah, Charles Allotey (46. Emmanuel Adjogu), Adjah Tetteh (67. Edmond Copson), Ishmael Addo, Emmanuel Osei Kuffour, Charles Taylor (73. Osmanu Amadu) - *Espérance*: Chokri El Ouaer (85. Maher Kanzari), Tarek Thabet (85. Faycal Ben Ahmed), Walid Azaiez, Radhi Jaidi, Hakim Nouira, Mohamed Bedhiafi, Hassen Gabsi, Mourad Melki (69. Taoufik Hammami), Adailton, Reinaldo, Ali Zitouni - *Tore*: 0:1 Gabsi (18.), 1:1 Kuffour (83.), 2:1 Kuffour (89.), 3:1 Addo (90.) - SR: Robin Williams (Südafrika)
**Das Spiel wurde in der 75. Minute für 18 Minuten unterbrochen, nachdem Tränengas in die Zuschauer gefeuert worden war. Espérance spielte anschließend unter Protest weiter.*

Champions' Cup 2001

▶ **Qualifikation**
REAL BANJUL (GAM) - FC Derby Mindelo (CPV) 0:0, 1:0
Inter de Bom-Bom (STP) - SONY ELA NGUEMA (EQG) 0:2, 0:1
AS Fortior Tamatave (MAD) - ST. MICHEL UNITED (SEY) 0:0, 1:3
RED SEA ASMARA (ERI) - Tourbillon (CHA) 2:0, 0:2 n.V., 4:2 n.E.
ANGES FATIMA (CAF) - Rayon Sport (RWA) 1:0, 0:1 n.V., 1:0 n.E.
AS MARSOUINS (REU) - Mbabane Highlanders (SWA) 1:1, 2:0
Mangasport (GAB) - USFA OUAGADOUGOU (BFA) 0:1, 0:3
▶ **Vorrunde**
ASC DIARAF DAKAR (SEN) - Real Banjul (GAM) 1:0, 1:1
ASEC ABIDJAN (CIV) - Stade Malien (MLI) 2:0, 0:2 n.V., 4:3 n.E.
JULIUS BERGER (NGA) - Sony Ela Nguema (EQG) 5:0, 3:0
SC VILLA KAMPALA (UGA) - Vital'ô Bujumbura (BUR) 2:2, 2:1
AS Marsouins (REU) - SAINT MICHEL UNITED (SEY) 3:2, 1:2
AL-AHLY CAIRO (EGY) - Red Sea Asmara (ERI) 3:0, 0:1
ESPÉRANCE TUNIS (TUNB) - JS Ténéré (NIG) 1:0, 3:1
Saint George (ETH) - TUSKER NAIROBI (KEN) 1:1, 0:0
YOUNG AFRICANS DAR (TAN) - Highlanders (ZIM) 2:2, *
**nach 80 Minuten beim Stande von 2:0 für Young Africans abgebrochen, als Zuschauer bei einem Elfmeter für Yougn Africans Gegenstände auf das Spielfeld warfen*
MAMELODI SUNDOWNS (RSA) - Costa do Sol (MOZ) 0:0, 2:0
CR BELOUIZDAD (ALG) - Al-Ahly Tripoli (LBY) 2:0, 1:1
AL-MERREIKH OMDURMAN (SUD) - Power Dynamos (ZAM) 2:0, 2:1
RAJA CASABLANCA (MAR) - USFA Ouagadougou (BUF) 2:0, 1:3
TP MAZEMBE LUB. (COD) - Anges de Fatima (CAF) 1:0, 1:0
Hearts of Oak Accra (GHA) - ETOILE DU CONGO (CGO) 3:1, 1:5
Fovu Baham (CAM) - PETRO ATLÉTICO LUANDA (ANG) 2:2, 2:3
▶ **Achtelfinale**
ASEC ABIDJAN (CIV) - ASC Diaraf (SEN) 2:0, 0:2 n.V., 3:2 n.E.
SC Villa Kampala (UGA) - JULIUS BERGER LAGOS (NGA) 1:0, 0:3
AL-AHLY CAIRO (EGY) - Saint Michel United (SEY) 5:0, 1:0
Tusker Nairobi (KEN) - ESPÉRANCE TUNIS (TUN) 2:1, 0:1
MAMELODI SUNDOWNS (RSA) - Young Africans (TAN) 3:2, 3:3
Al-Merreikh Omdurman (SUD) - CR BELOUIZDAD (ALG) 2:0, 0:3
TP MAZEMBE (COD) - Raja Casablanca (MAR) 2:0, 1:2
PETRO ATL. LUANDA (ANG) - Etoile du Congo (CGO) 4:1, 2:2
▶ **Viertelfinale**
Mamelodi Sundowns Pretoria - Espérance Tunis 0:0, 0:0
TP Mazembe Lubumbashi - Julius Berger Lagos 1:0, 0:1
Espérance Tunis - TP Mazembe Lubumbashi 2:1, 2:3
Julius Berger Lagos - Mamelodi Sundowns Pretoria 2:0, 0:1
Julius Berger Lagos - Espérance Tunis 1:1, 2:3
TP Mazembe Lubumbashi - Mamelodi Sundowns P. 0:0, 0:1

1. ESPÉRANCE TUNIS (TUN)	6	2	3	1	8:7	9
2. MAMELODI SUNDOWNS (RSA)	6	2	3	1	2:2	9
3. Julius Berger Lagos (NGA)	6	2	1	3	6:6	7
4. TP Mazembe Lubumbashi (COD)	6	2	1	3	5:6	7

Gruppe B
CR Belouizdad Alger - ASEC Abidjan 1:1, 0:7
Petro Atlético Luanda - Al-Ahly Cairo 1:3. 4:2
Al-Ahly Cairo - CR Belouizdad Alger 1:0, 1:0
ASEC Abidjan - Petro Atlético Luanda 1:2, 1:0
CR Belouizdad Alger - Petro Atlético Luanda 0:1, 1:2
ASEC Abidjan - Al-Ahly Cairo 1:0, 1:2

1. PETRO ATLÉTICO LUANDA (ANG)	6	4	0	2	10:8	12
2. AL-AHLY CAIRO (EGY)	6	4	0	2	9:7	12
3. ASEC Abidjan (CIV)	6	3	1	2	12:5	10
4. CR Belouizdad Alger (ALG)	6	0	1	5	2:13	1

▶ **Halbfinale**
MAMELODI SUNDOWNS (RSA) - Petro Atlético Luanda (ANG) 2:0, 0:2 n.V., 5:3 n.E.
AL-AHLY CAIRO (EGY) - Espérance Tunis (TUN) 0:0, 1:1
▶ **Finale** (8. und 21.12.2001, 5.000, 80.000)
Mamelodi Sundowns Pretoria (RSA) - Al-Ahly Cairo (EGY) 1:1
Sundowns: Tlale – Manzini, Booth, F. McCarthy – Semake (71. Qaba), Mnguni, Mudau (65. S. Ndlovu), Kampamba, Mohlala – C. Scott, Marumo (84. Masilela) - *Al-Ahly*: Al-Hadary – El-Magd Mostafa, Hady Khashaba, Shady Mohamed, Ahmed el-Sayed – Abdelhafiz (80. Hanafy), Hossam Ghaly, Ibeji, Abo Mosallem – Farouk (86. Alaa Ibrahim), Maher (72. Salaheddine) - *Tore*: 1:0 Gift Kampamba (26.), 1:1 Said Abdelhafiz (58.) - *SR*: Coffi Codja (Benin)
AL-AHLY CAIRO - Mamelodi Sundowns Pretoria 3:0
Al-Ahly: Al-Hadary – El-Magd Mostafa, Ibrahim Saïd, Gomaa, Shady Mohamed – Abdelhafiz (63. Hady Khashaba), Hossam Ghaly, Ibeji (84. Wael Riad), Abo Mosallem – Farouk (79. Walid Salaheddine), Khaled Bebo - *Sundowns*: Tlale – Manzini, Booth, F. McCarthy, Mudau – Shai, Mnguni (88. Masilela), Kampamba – C. Scott (78. S. Ndlovu), Marumo, Mutogli - *Tore*: 1:0 Khaled Bebo (37./E), 2:0 Khaled Bebo (45.), 3:0 Khaled Bebo (90.) - *SR*: El-Arjoune (Marokko)

Champions' Cup 2002

▶ **Qualifikation**
STADE OLYMP. L'EMYRNE (MAD) - Olymp. Moka (MTS) 2:0, 2:1
COSTA DO SOL MAP. (MOZ) - Prince Louis FC (BUR) 4:0, 1:0
Hintsa FC (ERI) - APR FC KIGALI (RWA) 1:0, 0:4
Red Star Victoria (SEY) - SIMBA SC DAR-ES-S. (TAN) 0:1, 0:3
WALLIDAN FC BANJUL (GAM) - Horoya AC (GUI) 3:0, 1:1
TOURBILLON (CHA) - Dynamic Togolais Lomé (TOG) 3:2, 0:0
Olymp. Réal (CAF) - AKONANGUI FC (EQG) 1:0, 0:1 n.V., 6:7 n.E.
Mogoditshane Fighters (BOT) - LESOTHO DEF. FOR. (LES) 0:1, 1:1
OSERIAN FASTAC NAIVASHA (KEN) - Mebrat Hail (ETH) 1:0, 2:1
▶ **Vorrunde**
Petro Atlético Luanda (ANG) - STADE OLYMPIQUE DE L'EMYRNE (MAD) 1:1, 1:1 n.V., 1:3 n.E.
Highlanders Bulawayo (ZIM) - COSTA DO SOL (MOZ) 1:0, 0:2
ASEC ABIDJAN (CIV) - FC 105 Libreville (GAB) 4:0, 4:2
ENYIMBA Aba (NGA) - Etoile Filante Ougad. (BUF) 4:0, 1:3
ZAMALEK CAIRO (EGY) - APR FC Kigali (RWA) 6:0, 0:0
NKANA FC KITWE (ZAM) - Simba SC Dar-es-S. (TAN) 4:0, 0:3
RAJA CASABLANCA (MAR) - Wallidan FC (GAM) 2:1, 3:1
Cotonsport Garoua (CAM) - ETOILE DU CONGO (CGO) 0:1, 1:1
ESPÉRANCE TUNIS (TUN) - Tourbillon (CHA) 5:1, 3:1
Al-Medina Tripoli (LBY) - AKONANGUI FC (EQG) 3:1, 2:4
Hearts of Oak Accra (GHA) - STADE MALIEN (MLI) 1:1, 1:3

CR Belouizdad (ALG) - JEANNE D'ARC DAKAR (SEN) 1:1, 0:1
TP MAZEMBE (COD) - Lesotho Defence Force (LES) 2:0, 1:1
ORLANDO PIRATES (RSA) - SS Saint-Louisienne (REU) 2:1, 2:0
AL-AHLY CAIRO (EGY) - Oserian Fastac Naivasha (KEN) 2:1, 0:0
AL-MERREIKH OMDURMAN (SUD) - SC Villa K. (UGA) 2:1, 2:2

▶ Achtelfinale

Stade Olymp. l'Emyrne (MAD) - COSTA DO SOL (MOZ) 2:1, 0:2
ASEC ABIDJAN (CIV) - Enyimba Aba (NGA) 4:1, 1:3
ZAMALEK CAIRO (EGY) - Nkana FC Kitwe (ZAM) 2:0, 1:1
RAJA CASABLANCA (MAR) - Etoile du Congo (CGO) 3:0, 2:3
ESPÉRANCE TUNIS (TUN) - Al-Medina Tripoli (LBY) 4:0, 1:2
Stade Malien (MLI) - JEANNE D'ARC DAKAR (SEN) 0:3, 1:2
TP MAZEMBE LUB. (COD) - Orlando Pirates (RSA) 1:1, 3:1
AL-AHLY (EGY) - Al-Merreikh Omdurman (SUD) 2:0, 1:3

▶ Viertelfinale

Gruppe A

Al-Ahly Cairo - Jeanne d'Arc Dakar 1:2, 1:2
TP Mazembe Lubumbashi - Raja Casablanca 2:0, 0:1
Jeanne d'Arc Dakar - TP Mazembe Lubumbashi 0:1, 1:3
Raja Casablanca - Al-Ahly Cairo 2:1, 3:3
Al-Ahly Cairo - TP Mazembe Lubumbashi 1:0, 0:0
Jeanne d'Arc Dakar - Raja Casablanca 1:2, 1:2

1. RAJA CASABLANCA (MAR)	6	4	1	1	10:8	13
2. TP MAZEMBE LUBUMB. (COD)	6	3	1	2	6:3	10
3. Jeanne d'Arc Dakar (SEN)	6	2	0	4	7:10	6
4. Al-Ahly Cairo (EGY)	6	1	2	3	7:9	5

Gruppe B

Zamalek Cairo - ASEC Abidjan 3:1, 0:1
Costa do Sol Maputo - Espérance Tunis 0:1, 1:4
Espérance Tunis - Zamalek Cairo 1:1, 0:1
ASEC Abidjan - Costa do Sol Maputo 5:0, 2:0
Costa do Sol Maputo - Zamalek Cairo 0:2, 0:3
Espérance Tunis - ASEC Abidjan 2:0, 1:3

1. ZAMALEK CAIRO (EGY)	6	4	1	1	10:3	13
2. ASEC ABIDJAN (CIV)	6	4	0	2	12:6	12
3. Espérance Tunis (TUN)	6	3	1	2	9:6	10
4. Costa do Sol Maputo (MOZ)	6	0	0	6	1:17	0

▶ Halbfinale

ASEC Abidjan (CIV) - RAJA CASABLANCA (MAR) 2:0, 0:4
TP Mazembe Lubumb. (COD) - ZAMALEK CAIRO (EGY) 1:1, 0:2

▶ Finale (30.11. und 13.12.2002)

Raja Casablanca (MAR) - ZAMALEK CAIRO (EGY) 0:0, 0:1
Rückspiel: *Raja*: Mustapha Chadli, Abdelouahad Abdessamad, Abdellatif Jrindrou, El Amin Erbate (80. Omar Zouit), Tajeddine Sami (64. Mohamed Ali Diallo), Zakaria Aboub, Nabil Masloub, Noureddine Kacemi, Hamid Nater, François Endene, Hicham Aboucherouane - *Zamalek*: Abdel Wahed Al Sayed, Ibrahim Hassan, Mehdat Abdelhadi, Besheer El-Tabei, Wael El-Quabbani, Tarek El-Sayed, Tamer Abdel Hamid, Mohamed Aboul Ela, Hazem Emam (78. Hossam Abdel Moniem), Walid Salah Abdel Latif (82. Abdel Halim Ali), Hossam Hassan - Tor: Tamer Abdel Hamid (45.+4)

Champions' Cup 2003

LPRC Oilers (Liberia) wegen Rückzug in der Saison 2000 gesperrt

▶ Qualifikation

WALLIDAN FC (GAM) - Dragons de l'Ouémé (BEN) 1:0, 0:0
FC Nouadhibou (MTN) - AS NIAMEY (NGR) 2:1, 0:1
Sony Elá Nguema (EQG) - AS DOUANE LOMÉ (TOG) 0:0, 0:1
SC VILLA KAMPALA (UGA) - Muzinga Bujumb. (BUR) 4:1, 0:1
Saint George Addis A. (ETH) - RAYON SPORT (RWA) 1:3, 1:0
AS Adema (MAD) - SS SAINT-LOUISIENNE (REU) 1:0, 0:3
Red Sea Asmara (ERI) - NZOIA SUGAR BUNGOMA (KEN) 2:0, 0:2 n.V., 3:4 n.E.
SIMBA SC DAR (TAN) - Botswana Defence Force (BOT) 1:0, 3:1
La Passe FC (SEY) - AS PORT-LOUIS 2000 (MTS) 1:0, 0:2

▶ Vorrunde

USM ALGER (ALG) - Wallidan FC Banjul (GAM) 2:0, 1:2
STADE MALIEN (MLI) - AS Police Brazzaville (CGO) 1:0, 1:2
CANON YAOUNDÉ (CAM) - Al-Merreikh Omd. (SUD) 5:0, 0:4
FC SAINT ELOI-LUPOPO (COD) - USM Libreville (GAB) 0:1, 3:0
ASEC ABIDJAN (CIV) - AS Niamey (NGR) 3:0, 2:2
HUS AGADIR (MAR) - Al-Ittihad Tripoli (LBY) 0:0, 0:0 n.V., 5:4 n.E.
HEARTS OF OAK (GHA) - AS Douane Lomé (TOG) 1:0, 3:1
ATLÉTICO SPORT AVIAÇÃO (ANG) - SC Villa K. (UGA) 1:2, 2:0
JEANNE D'ARC (SEN) - ASFA-Yennega Oug. (BUF) 2:0, 0:1
ENYIMBA ABA (NGA) - Satellite FC (GUI) 3:0, 5:2
ESPÉRANCE TUNIS (TUN) - Rayon Sport Kigali (RWA) 5:0, 2:2
HIGHLANDERS BULAWAYO (ZIM) - SS Saint-Louisienne (REU) 3:1, 1:1
ZAMALEK CAIRO (EGY) - Nzoia Sugar Bungoma (KEN) 3:0, 4:1
Santos Cape Town (RSA) - SIMBA SC (TAN) 0:0, 0:0 n.V., 8:9 n.E.
ISMAILY CAIRO (EGY) - Zanaco Lusaka (ZAM) 1:0, 0:0
Ferroviário Maputo (MOZ) - AS PORT-LOUIS 2000 (MTS) 2:0, 0:2 n.V., 1:3 n.E.

▶ Achtelfinale

Stade Malien Bamako (MLI) - USM ALGER (ALG) 1:1, 0:2
FC St-Eloi-Lupopo (COD) - CANON YAOUNDÉ (CAM) 0:0, 1:3
HUS Agadir (MAR) - ASEC ABIDJAN (CIV) 0:0, 0:1
ATLÉTICO SP. AVIAÇÃO (ANG) - Hearts of Oak (GHA) 3:0, 0:2
ENYIMBA ABA (NGA) - Jeanne d'Arc Dakar (SEN) 4:0, 0:0
Highlanders Bulawayo (ZIM) - ESPÉRANCE T. (TUN) 1:1, 0:6
SIMBA SC DAR (TAN) - Zamalek (EGY) 1:0, 0:1 n.V., 3:2 n.E.
AS Port-Louis 2000 (MTS) - ISMAILY CAIRO (EGY) 0:1, 0:6

▶ Viertelfinale

Gruppe A

ASEC Abidjan - Ismaily SC 1:1, 0:2
Enyimba Aba - Simba SC Dar-es-Salaam 3:0, 1:2
Ismaily SC - Enyimba Aba 6:1, 2:4
Simba SC Dar-es-Salaam - ASECAbidjan 1:0, 3:4
Enyimba Aba - ASECAbidjan 3:1, 2:0
Simba SC Dar-es-Salaam - Ismaily SC 0:0, 1:2

1. ENYIMBA ABA (NGA)	6	4	0	2	14:11	12
2. ISMAILY SC (EGY)	6	3	2	1	13:7	11
3. Simba SC Dar-es-S. (TAN)	6	2	1	3	7:10	7
4. ASEC Abidjan (CIV)	6	1	1	4	6:12	4

Gruppe B

AS Aviação Luanda - USM Alger 1:0, 0:2
Espérance Tunis - Canon Yaoundé 2:1, 1:1
USM Alger - Espérance Tunis 0:1, 0:2
Canon Yaoundé - AS Aviação Luanda 2:1, 2:1
USM Alger - Canon Yaoundé 3:0, 2:0
AS Aviação Luanda - Espérance Tunis 0:0, 0:1

1. ESPÉRANCE TUNIS (TUN)	6	4	2	0	7:2	14
2. USM ALGER (ALG)	6	3	0	3	7:4	9
3. Canon Yaoundé (CAM)	6	2	1	3	6:10	7
4. AS Aviação Luanda (ANG)	6	1	1	4	3:7	4

▶ Halbfinale

ISMAILY SC (EGY) - Espérance Tunis (TUN) 3:1, 3:1
USM Alger (ALG) - ENYIMBA ABA (NGA) 1:1, 1:2

▶ Finale (30.11. und 12.12.2003)

ENYIMBA ABA (NGA) - Ismaily SC (EGY) 2:0, 0:1
Torschützen 1. Spiel: 1:0 Emeka Nwanna (28.), 2:0 Ndidi Anumunu (49.) - *Torschütze 2. Spiel*: 1:0 Hosni Abd Rabbou (27./E)

Champions' Cup 2004

▶ Qualifikation

US Stade Tamponnaise (REU) - AS PORT-LOUIS 2000 (MTS) 0:x
SUPERSPORT UNITED (RSA) - Civics Windhoek (NAM) 5:0, 1:0
Saint George (ETH) - Al-Hilal Omdurman (SUD) 1:2, 1:1
Ecoredipharm Toamasina (MAD) - ST. MICHEL UNITED (SEY) 0:0, 0:2
Matlama FC Maseru (LES) - ORLANDO PIRATES (RSA) 0:3, 0:4
Simba SC Dar-es-S. (TAN) - ZANACO LUSAKA (ZAM) 1:0, 1:3
BAKILI BULLETS BL. (MWI) - SC Villa Kampala (UGA) 2:1, 0:0
APR FC Kigalo (RWA) - Anseba SC Keren (ERI) 7:1, 4:2
Dragons de l'Ouémé (BEN) - AS DOUANE LOMÉ (TOG) 1:1, 0:0
Al-Ittihad Tripoli (LBY) - SAHEL SC NIAMEY (NGR) 1:0, 0:2
ST. MICHEL D'OUENZÉ (CGO) - US Bitam (GAB) 2:0, 0:2 n.V., 4:3 n.E.
ASFA-YENNEGA OUG. (BUF) - Julius Berger (NGA) 3:2, 0:0
ASANTE KOTOKO (GHA) - AS Tempête Mocaf (CAF) x:0
Armed Forces (GAM) - JEANNE D'ARC DAKAR (SEN) 0:3, 0:3
AS VITA CLUB KINSHASA (COD) - Ulinzi Stars Thika (KEN) x:0
Stade Malien (MLI) - HEARTS OF OAK ACCRA (GHA) 0:0, 0:2
AS AVIAÇÃO LUANDA (ANG) - SC Cilu Lukala (COD) 1:1, 1:0
HUS AGADIR (MAR) - ASC Nasr de Sebkha (MTN) 7:0, x:0
ASFAG Conakry (GUI) - ASC DIARAF DAKAR (SEN) 0:1, 1:2
AMAZULU (ZIM) - Maxaquene Maputo (MOZ) 3:1, 4:3
PETRO ATL. LUANDA (ANG) - Atlético Malabo (EQG) 3:1, 3:1

▶ Vorrunde

AS Port-Louis 2000 (MTS) - SUPERSPORT UTD (RSA) 1:1, 0:2
Al-Ahly Cairo (EGY) - AL-HILAL OMDURMAN (SUD) 0:1, 0:0
St. Michel United (SEY) - ORLANDO PIRATES (RSA) 2:3, 1:5
Zanaco Lusaka (ZAM) - BAKILI BUL. (MWI) 0:1, 1:0 n.V., 5:6 n.E.
Zamalek Cairo (EGY) - APR FC KIGALI (RWA) 3:2, 1:4
AFRICA SPORTS Ab. (CIV) - AS Douane Lomé (TOG) 4:1, 1:0
ESPÉRANCE TUNIS (TUN) - Sahel SC Niamey (NGR) 4:0, 1:0
COTONSPORT GAROUA (CAM) - St. Michel d'Ouenzé (CGO) 4:1, 0:1
USM ALGER (ALG) - ASFA-Yennega Ougad. (BUF) 8:1, 2:2
ASEC Abidjan (CIV) - ASANTE KOTOKO KUMASI (GHA) 1:1, 0:0
Raja Casablanca (MAR) - JEANNE D'ARC (SEN) 2:0, 0:2 n.V., 4:5 n.E.
CANON YAOUNDÉ (CAM) - AS Vita Kinshasa (COD) 3:0, 1:1
HEARTS OF OAK (GHA) - AS Aviação Luanda (ANG) 4:1, 1:1
ETOILE DU SAHEL SOUSSE (TUN) - HUS Agadir (MAR) 2:0, 0:0
ENYIMBA ABA (NGA) - ASC Diaraf Dakar (SEN) 3:0, 0:2
Amazulu (ZIM) - PETRO ATLÉTICO LUANDA (ANG) 0:0, 1:2

▶ Achtelfinale

SUPERSPORT UTD (RSA) - Al-Hilal Omdurman (SUD) 2:0, 0:0
Orlando Pirates (RSA) - BAKILI BULLETS BLAN. (MWI) 2:1, 0:1
APR FC Kig. (RWA) - AFRICA SPORTS (CIV) 1:0, 0:1 n.V., 1:3 n.E.
ESPÉRANCE TUNIS (TUN) - Cotonsport Garoua (CAM) 3:0, 0:1
USM ALGER (ALG) - Asante Kotoko (GHA) 2:0, 0:2 n.V., 3:1 n.E.
JEANNE D'ARC (SEN) - Canon Yaoundé (CAM) 2:0, 1:2
Hearts of Oak Accra (GHA) - ETOILE DU SAHEL SOUSSE (TUN) 1:0, 0:1 n.V., 4:5 n.E.
ENYIMBA ABA (NGA) - Petro Atlético Luanda (ANG) 1:1, 2:1

▶ Viertelfinale

Gruppe A

Bakili Bullets Blantyre - Etoile du Sahel Sousse 0:1, 1:1
Africa Sports Abidjan - Enyimba Aba 0:3, 1:0
Etoile du Sahel Sousse - Africa Sports Abidjan 2:0, 2:3
Enyimba Aba - Bakili Bullets Blantyre 6:0, 1:1
Etoile du Sahel Sousse - Enyimba Aba 1:0, 1:1
Bakili Bullets Blantyre - Africa Sports Abidjan 2:1, 1:1

1. ETOILE SAHEL SOUSSE (TUN)	6	3	2	1	8:5	11
2. ENYIMBA ABA (NGA)	6	2	2	2	11:4	8
3. Africa Sports Abidjan (CIV)	6	2	1	3	6:10	7
4. Bakili Bullets Blantyre (MWI)	6	1	3	2	5:11	6

Gruppe B

SuperSport United Pretoria - Espérance Tunis 1:2, 0:2
Jeanne d'Arc Dakar - USM Alger 2:1, 1:1
USM Alger - SuperSport United Pretoria 2:1, 0:2
Espérance Tunis - Jeanne d'Arc Dakar 5:0, 1:2
Espérance Tunis - USM Alger 2:1, 0:3
SuperSport United Pretoria - Jeanne d'Arc Dakar 1:1, 0:2

1. ESPÉRANCE TUNIS (TUN)	6	4	0	2	12:7	12
2. JEANNE D'ARC DAKAR (SEN)	6	3	2	1	8:9	11
3. USM Alger (ALG)	6	2	1	3	8:8	7
4. SuperSp. United Pretoria (RSA)	6	1	1	4	5:9	4

▶ Halbfinale

Jeanne d'Arc Dakar (SEN) - ETOILE DU SAHEL (TUN) 2:1, 0:3
ENYIMBA ABA (NGA) - Espérance Tunis (TUN) 1:1, 1:1 n.V., 6:5 n.E.

▶ Finale (4. und 12.12.2004)

ES Sahel Sousse (TUN) - Enyimba Aba (NGA) 2:1
Sahel: Austin Ejide, Omar Kalabane, Kais Zouaghi, Mohamed Miladi (88. Marouane El Bokri), Ahmed Hammi, Hakim Bargui, Zoubeir Beya, Imed Mhadhebi (64. Mohhamed Jedidi), Lofti Sellemi, Emeka Opara, Kandia Traoré - *Enyimba*: Vincent Enyeama, Obinna Nwaneri, Musa Aliyu, Jerome Ezoba, Ajibade Omolade, Mohamed Yusuf, Omeykachi Okonkwo, David Tyavkase, Mouri Ogunbiyi (89. Joatex Frimpong), Emeka Nwanna (47. Damian Udeh), Ekene Ezenwa (81. Eric Fasindo) - *Tore*: 0:1 Nwanna (15.), 1:1 Mhadhebi (44./E), 2:1 Traoré (53.) - *SR*: Benouza (Algerien)

ENYIMBA ABA - ES Sahel Sousse 2:1 n.V., 5:3 n.E.
Enyimba: Vincent Enyeama (90. Dele Aiyenugba), Obinna Nwaneri, Musa Aliyu, Jerome Ezoba, Ajibade Omolade, Mohamed Yusuf, David Tyavkase (64. Frimpong), Mouri Ogunbiyi, Damian Udeh, Emeka Nwanna (80. Ekene Ezenwa), Ndidi Anumnu - *Sahel*: Austin Ejide, Omar Kalabane, Kais Zouaghi, Mohamed Miladi, Ahmed Hammi, Marouane El Bokri, Zoubeir Beya, Imed Mhadhebi, Saber Ben Frej, Mejdi Ettraoui, Kandia Traoré - *Tore*: 1:0 Enyeama (43./E), 2:0 Ogunbiyi (53.), 2:1 Zouaghi (63.) - *SR*: Codja Coffdi (Benin) - *11m-Schießen*: 1:0 Ezoba, 1:1 Miladi, 2:1 Aliyu, Ben Frej - verschossen, 3:1 Frimpong, 3:2 Traore, 4:2 Udeh, 4:3 Beya, 5:4 Nwaneri

Champions' Cup 2005

▶ Qualifikation

ASANTE KOTOKO (GHA) - Wallidan FC Banjul (GAM) x:0
FAR RABAT (MAR) - ACS Ksar Nouakchott (MTN) 4:0, 0:1
Djoliba AC (MLI) - AS DOUANES DAKAR (SEN) 1:1, 0:1
RACING DE BAFOUSSAM (CAM) - Donjo (BEN) 1:0, 2:0
DC MOTEMA PEMBE (COD) - Rayon Sport (RWA) 3:0, 0:2
DOLPHIN FC (NGA) - Renacimiento FC (EQG) 3:0, 0:1
SAGRADA ESPERANÇA (ANG) - Mangasport (GAB) 0:0, 2:1
AS AVIAÇÃO LUANDA (ANG) - Blue Waters (NAM) 3:0, 1:2
TUSKER FC KISUMU (KEN) - KMKM Zanzibar (TAN) 4:1, 3:0
TP Mazembe (COD) - ASFA-YENNEGA (BUF) 2:0, 0:2 n.V., 4:5 n.E.
AJAX CAPE TOWN (RSA) - Mhlambanyatsi Rovers (SWA) 1:0, 1:1
ASC Diaraf Dakar (SEN) - FELLO STAR LABÉ (GUI) 2:1, 0:1
AL-HILAL OMDURMAN (SUD) - Awassa Kenema (ETH) 2:1, 1:1
La Passe Victoria (SEY) - USJF/RAVINALA (MAD) 2:2, 1:4
KAIZER CHIEFS (RSA) - AS Port Louis 2000 (MTS) 2:0, 1:2
SIMBA SC Dar (TAN) - Ferroviário Nampula (MOZ) 2:1, 1:1
CAPS UNITED (ZIM) - Lesotho Defence Force (LES) 4:1, 4:3
RED ARROWS LUSAKA (ZAM) - Diables Noirs Brazzaville (CGO) 0:0, 0:0 n.V., 3:2 n.E.
AL-OLYMPIQUE AZ-ZWIYAH (LBY) - Renaissance (CHA) 2:0, 2:3
SC VILLA Kampala (UGA) - Adulis Asmara (ERI) 1:0, 2:0

▶ Vorrunde

Asante Kotoko Kumasi (GHA) - FAR RABAT (MAR) 1:0, 0:2
AS Douanes Dakar (SEN) - ETOILE DU SAHEL (TUN) 0:0, 1:3
Racing Bafoussam (CAM) - AFRICA SPORTS (CIV) 1:0, 1:3
DC Motema Pembe (COD) - RAJA CASABLANCA (MAR) 1:1, 0:2
DOLPHIN FC PORT H. (NGA) - Hearts of Oak (GHA) 4:0, 1:2
Sagrada Esperança (ANG) - ASEC ABIDJAN (CIV) 2:2, 0:1
AS AVIAÇÃO LU. (ANG) - Cotonsport Garoua (CAM) 2:0, 0:1
Tusker FC Kisumu (KEN) - ZAMALEK CAIRO (EGY) 0:1, 1:3
ASFA-Yennega Ouagadougou (BUF) - AJAX CAPE TOWN (RSA) 1:0, 0:1 n.V., 3:5 n.E.
FELLO STAR LABÉ (GUI) - JS Kabylie Tizi-O. (ALG) 1:0, 0:0
Al-Hilal Omdurman (SUD) - ESPÉRANCE TUNIS (TUN) 2:0, 1:5
USJF/Ravinala (MAD) - KAIZER CHIEFS (RSA) 0:1, 1:4
Simba SC Dar-es-S. (TAN) - ENYIMBA ABA (NGA) 1:1, 0:4
CAPS United (ZIM) - RED ARROWS LUSAKA (ZAM) 1:1, 1:2
Al-Olympique Az-Zwiyah (LBY) - USM ALGER (ALG) 0:2, 0:5
SC Villa Kampala (UGA) - AL-AHLY CAIRO (EGY) 0:0, 0:6

▶ Achtelfinale

FAR Rabat (MAR) - ETOILE DU SAHEL Sousse (TUN) 1:0, 0:2
Africa Sports Abidj. (CIV) - RAJA CASABLANCA (MAR) 1:1, 0:1
Dolphin FC (NGA) - ASEC ABIDJAN (CIV) 2:0, 0:2 n.V., 3:5 n.E.
AS Aviação Luanda (ANG) - ZAMALEK CAIRO (EGY) 1:1, 0:2
AJAX CAPE TOWN (RSA) - Fello Star Labé (GUI) 2:0, 0:2 n.V., 3:2 n.E.
ESPÉRANCE TUNIS (TUN) - Kaizer Chiefs (RSA) 4:0, 1:2
ENYIMBA ABA (NGA) - Red Arrows Lusaka (ZAM) 3:0, 6:1
USM Alger (ALG) - AL-AHLY CAIRO (EGY) 0:1, 2:2

▶ Viertelfinale

Gruppe A

Al-Ahly Cairo - Raja Casablanca 1:0, 1:1
Ajax Cape Town - Enyimba Aba 1:1, 0:2
Raja Casablanca - Ajax Cape Town 1:1, 3:0
Enyimba Aba - Al-Ahly Cairo 0:1, 1:2
Al-Ahly Cairo - Ajax Cape Town 2:0, 0:0
Raja Casablanca - Enyimba Aba 1:0, 0:2

1. AL-AHLY CAIRO (EGY)	6	4	2	0	7:2	14
2. RAJA CASABLANCA (MAR)	6	2	2	2	6:5	8
3. Enyimba Aba (NGA)	6	2	1	3	6:5	7
4. Ajax Cape Town (RSA)	6	0	3	3	2:9	3

Gruppe B

ASEC Abidjan - Zamalek Cairo 1:1, 1:2
Etoile du Sahel Sousse - Espérance Tunis 0:0, 1:1
Espérance Tunis - ASEC Abidjan 0:0, 0:1
Zamalek Cairo - Etoile du Sahel Sousse 1:1, 1:2
ASEC Abidjan - Etoile du Sahel Sousse 1:1, 1:2
Zamalek Cairo - Espérance Tunis 1:1, 2:1

1. ETOILE SAHEL SOUSSE (TUN)	6	2	4	0	7:5	10
2. ZAMALAEK CAIRO (EGY)	6	2	3	1	8:7	9
3. ASEC Abidjan (CIV)	6	1	3	2	5:6	6
4. Espérance Tunis (TUN)	6	0	4	2	3:5	4

Halbfinale

Zamalek Cairo (EGY) - AL-AHLY CAIRO (EGY) 1:2, 0:2
Raja Casablanca (MAR) - ETOILE DU SAHEL (TUN) 0:1, 0:1

Finale (29.10. und 12.11.2005, 20.000, 35.000)

Etoile du Sahel (TUN) - Al-Ahly Cairo (EGY) 0:0

Sahel: Austine Egide, Lotfi Sellami, Sabeur Frej, Seïf Ghezal, Kaïs Zouaghi, Ahmed Hammi, Chaker Zouaghi, Marouene Bokri (81. Majdi Traoui), Mohamed Jedidi, Gilson Silva, Emeka Opara (62., Yacine Chikhaoui, 85. Saber Trabelsi - *Al-Ahly*: Essam El-Hadary, Islam Chater, Gilberto Sebastiao, Imed Nahas, Wael Gomaâ, Ahmed Sayed, Mohamed Chawki, Hasan Moustafa, Mohamed Aboutraika (90.+2 Ossama Hosni), Emad Moteab, Mohamed Barakat - *SR*: Abderrahim El Arjoun (Marokko)

AL-AHLY CAIRO - Etoile du Sahel 3:0

Al-Ahly: Essam El-Hadary; Mohamed Barakat, Wael Gomaa, Emad El-Nahhas, Ahmed El-Sayed, Gilberto Sebastiao (32. Mohamed Abdel Wahab), Mohamed Aboutraika, Mohamed Shawki, Hassan Moustafa, Emad Moteab, Ossama Hosni (66. Islam El-Shater) - *Sahel*: Austine Egide, Seïf Ghezal, Kaïs Zouaghi, Lotfi Sellami, Ben Fredj, Ahmed Hammi, Chaker Zouaghi, Marouene Bokri (67. Ben Nasr), Mohamed Jedidi (79. Saber Trabelsi), Gilson Silva, Emeka Opara (53. Yacine Chikhaoui) - *Tore*: 1:0 Mohammed Aboutraika (20.), 2:0 Osamah Hosni (51.), 3:0 Mohammed Barakat (90.) - *SR*: Bar Lassina (Burkina Faso)

Champions' Cup 2006

Qualifikation

RENACIMIENTO FC (EQG) - Africa Sports Abidj. (CIV) 0:0, 2:2
STADE MALIEN BAMAKO (MLI) - Satellite FC (GUI) 3:0, 2:2
TUSKER FC KISUMU (KEN) - Red Sea Asmara (ERI) 3:1, 1:0
RC Kadiogo Ouagadougou (BUF) - USM ALGER (ALG) 1:1, 0:1
AS Douanes Lomé (TOG) - PORT AUTON. DAKAR (SEN) 0:0, 2:3
CIVICS WINDHOEK (NAM) - Sagrada Esperança (ANG) 4:0, 1:2
East End Lions (SLE) - ASEC ABIDJAN (CIV) 0:4, 0:3
Mbabane Swallows (SWA) - ORLANDO PIRATES (RSA) 0:5, 2:2
AS PORT LOUIS 2000 (MTS) - Coin Nord Mitsamiouli (COM) 1:0 n.V., x:0
Police Kampala (UGA) - AL-HILAL OMDURMAN (SUD) 0:0, 0:3
Police XI Otse (BOT) - ENUGU RANGERS (NGA) 2:2, 0:1
Mangasport Moanda (GAB) - ENYIMBA ABA (NGA) 1:0, 0:2
LPRC Oilers Monrovia (LBR) - DIARAF DAKAR (SEN) 0:0, 2:3
Renaissance FC (CHA) - COTONSPORT GAROUA (CAM) 1:1, 0:1
FC ST-ELOI LUPOPO (COD) - AS Police P. Noire (CGO) 2:0, 2:1
ASDR Fatima Bangui (CAF) - DC MOTEMA PEMBE (COD) 0:0, 0:2
AS-FNIS Niamey (NIG) - CS SFAXIEN (TUN) 1:3, 0:4
APR FC KIGALI (RWA) - AS Aviação Luanda (ANG) 3:2, 1:0
Aigle Royal Menoua (CAM) - ASANTE KOTOKO (GHA) 1:1, 0:3
La Passe (SEY) - FERROVIÁRIO MAPUTO (MOZ) 0:0, 0:2
Likhopo (LES) - MAMELODI SUNDOWNS (RSA) 0:1, 0:3
Excelsior Saint-Joseph (REU) - USCAFOOT (MAD) 3:1, 0:2
Wallidan Banjul (GAM) - HEARTS OF OAK ACCRA (GHA) 0:x
ENPPI Cairo (EGY) - SAINT GEORGE ADDIS A. (ETH) 0:0, 0:1
AS POLISI ZANZIBAR (TAN) - Civo United (MLW) x:0
Al-Ittihad Tripoli (LBY) - JS KABYLIE TIZI-OUZOU (ALG) 1:1, 0:4
Young Africans (TAN) - ZANACO LUSAKA (ZAM) 2:1, 0:2
INTER STAR BUJUMBURA (BUR) - CAPS United (ZIM) 3:3, 0:0*
CAPS United wurde wegen Einsatz eines nicht spielberechtigten Akteurs disqualifiziert
El Ahmedi FC Sebkha (MTN) - RAJA CASABLANCA (MAR) 0:x

Vorrunde

Stade Malien (MLI) - RENACIMIENTO FC (EQG) 2:1, 0:1
Tusker FC Kigumu (KEN) - AL-AHLY CAIRO (EGY) 0:2, 0:3
PORT AUTONOME DAKAR (SEN) - USM Alger (ALG) 2:1, 2:3
ASEC ABIDJAN (CIV) - Civics Windhoek (NAM) 3:0, 1:0
AS Port Louis 2000 (MTS) - ORLANDO PIRATES (RSA) 0:5, 0:4
Enugu Rangers (NGA) - AL-HILAL OMDURMAN (SUD) 1:0, 0:4
Diaraf Dakar (SEN) - ENYIMBA ABA (NGA) 0:0, 0:2
FC ST-ELOI LUPOPO (COD) - Cotonsport Garoua (CAM) 1:0, 0:0
CS SFAXIEN (TUN) - DC Motema Pembe (COD) 1:1, 1:0
APR FC Kigali (RWA) - FAR RABAT (MAR) 2:1, 0:1
Ferroviário Maputo (MOZ) - ASANTE KOTOKO (GHA) 0:0, 1:2
USCAFOOT (MAD) - Mamelodi Sundowns (RSA) 1:1, 2:2
SAINT GEORGE (ETH) - Hearts of Oak Accra (GHA) 4:0, *
* in der 54. Minute abgebrochen, als Saint George aus Protest gegen eine Schiedsrichterentscheidung das Spielfeld verließ
AS Polisi Zanzibar (TAN) - ETOILE DU SAHEL (TUN) 0:2, 0:3
Zanaco Lusaka (ZAM) - JS KABYLIE TIZI-OUZOU (ALG) 1:0, 0:3
Raja Casablanca (MAR) - CAPS United Harare (ZIM) 1:0, *
CAPS United wegen Einsatz nicht spielberechtigter Akteure in der Qualifikation ausgeschlossen und durch Inter Star ersetzt
RAJA CASABLANCA (MAR) - Inter Star Bujumb. (BUR) 7:0, 1:2

Achtelfinale

Renacimiento FC (EQG) - AL-AHLY CAIRO (EGY) 0:0, 0:4
Port Autonome Dakar (SEN) - ASEC ABIDJAN (CIV) 1:0, 0:6
ORLANDO PIRATES (RSA) - Al-Hilal Omdurman (SUD) 2:0, 1:3
ENYIMBA ABA (NGA) - FC St-Eloi Lupopo (COD) 2:0, 1:0
CS SFAXIEN (TUN) - FAR Rabat (MAR) 1:1, 1:0
ASANTE KOTOKO Kumasi (GHA) - USCAFOOT (MAD) 6:0, 0:1
HEARTS OF OAK (GHA) - ES Sahel (TUN) 1:0, 0:1 n.V., 6:5 n.E.
JS KABYLIE TIZI-OU. (ALG) - Raja Casablanca (MAR) 3:1, 0:1

Viertelfinale

Gruppe A

CS Sfaxien - Al-Ahly Cairo 1:0, 1:2
JS Kabylie Tizi-Ouzou - Asante Kotoko Kumasi 1:0, 1:2
Asante Kotoko Kumasi - CS Sfaxien 4:2, 1:2
Al-Ahly Cairo - JS Kabylie Tizi-Ouzou 2:0, 2:2
Asante Kotoko Kumasi - Al-Ahly Cairo 0:0, 0:4
JS Kabylie Tizi-Ouzou - CS Sfaxien 0:1, 0:2

1. CS SFAXIEN (TUN)	6	4	0	2	9:7	12
2. AL-AHLY CAIRO (EGY)	6	3	2	1	10:4	11
3. Asante Kotoko Kumasi (GHA)	6	2	1	3	7:10	7
4. JS Kabyle Tizi-Ouzou (ALG)	6	1	1	3	4:9	4

Gruppe B

Hearts of Oak Accra - Enyimba Aba 0:2, 0:1
Orlando Pirates Johannesburg - ASEC Abidjan 1:1, 0:4
Enyimba Aba - Orlando Pirates Johannesburg 1:1, 0:1
ASEC Abidjan - Hearts of Oak Accra 3:0, 0:0
Orlando Pirates Johannesburg - Hearts of Oak Accra 0:0, 1:0
ASEC Abidjan - Enyimba Aba 3:0, 0:0

1. ASEC ABIDJAN (CIV)	6	3	3	0	11:1	12
2. ORLANDO PIRATES (RSA)	6	2	3	1	4:6	9
3. Enyimba Aba (NGA)	6	2	2	2	4:5	8
4. Hearts of Oak Accra Accra (GHA)	6	0	2	4	0:7	2

Halbfinale

Orlando Pirates (RSA) - CS SFAXIEN (TUN) 0:0, 0:1
AL-AHLY CAIRO (EGY) - ASEC Abidjan (CIV) 2:0, 1:2

Finale (29. 10. und 11.11.2006)

Al-Ahly Cairo (EGY) - CS Sfaxien (TUN) 1:1

Al-Ahly: Essam Al-Hadari, Moamed Sedik, Wael Gomaa, Shady Mohamed, Hossam Ashour, Mohamed Shawky, Ahmed Qanawi (70. Islam El Shater), Mohamed Aboutrika, Mohamed Barakat (81. Ahmed Hassan), Flávio, Emad Moteab (80. Wael Riad) - *Sfaxien*: Ahmed Jaouachi, Fateh Garbi, Amir Haj Massaoud, Wissem El Abdi, Issam Merdassi, Anis Boujelbene (89. Bechir Mechregui), Haitham Mrabet, Chadi Hammami, Abdelkrim Nafti, Tarak Ziadi (75. Blaise Kouassi), Joetex Frimpong (90. Chaker Berguagi) - *Tore*: 1:0 Aboutreika (27.), 1:1 Frimpong (53.) - *SR*: Sowe (Gambia)

CS Sfaxien - AL-AHLY CAIRO 0:1

Sfaxien: Ahmed Jaouachi, Fateh Garbi, Amir Haj Massaoud, Bechir Mechregui, Issam Merdassi, Anis Boujelbene, Haitham Mrabet, Chadi Hammami (89. Blaise Kouassi), Abdelkrim Nafti, Tarak Ziadi (80. Hamza Younes), Joetex Frimpong - *Al-Ahly*: Essam Al-Hadari, Moamed Sedik (70. Wael Riad), Mohamed Abdellah (65. Islam El Shater), Wael Gomaa, Shady Mohamed, Hossam Ashour, Ahmed Qanawi, Hassan Mostafa, Akwetey Mensah (43. Emad Moteab), Mohamed Aboutrika, Flávio - *Tor*: 0:1 Aboutreika (90.+2.)

Champions' Cup 2007

Qualifikation

HIGHLANDERS BULAWAYO (ZIM) - Pamplemousses SC (MTS) 1:0, 0:1 n.V., 9:8 n.E.
MAMELODI SUNDOWNS (RSA) - Royal Leopards (SWA) 4:2, 2:0
JS Saint-Pierroise (REU) - GD DE MAPUTO (MOZ) 0:x
ZAMALEK CAIRO (EGY) - Vital'ô Bujumbura (BUR) 4:1, 1:0
AL-HILAL OMDURMAN (SUD) - Polisi Zanzibar (TAN) 4:0, 2:0
Asante Kotoko Kumasi (GHA) - PORTS AUTHORITY BANJUL (GAM) 1:0, 0:1 n.V., 2:4 n.E.
ASFA/Yennenga Ouagadougou (BFA) - NASARAWA UNITED LAFIA (NGA) 1:1, 0:2
FELLO STAR DE LABÉ (GUI) - Sporting Clube Praia (CVE) x:0
Diaraf Dakar (SEN) - MARANATHA FIOKPO (TOG) 1:0, 0:3
FC St-Eloi Lupopo (COD) - APR FC KIGALI (RWA) 1:2, 0:2
USM Alger (ALG) - AS-FNIS NIAMEY (NIG) 3:1, 0:2
AL-ITTIHAD TRIPOLI (LBY) - Mogas 90 (BEN) 3:0, 1:0
Canon Yaoundé (CAM) - ETOILE DU CONGO (CGO) 1:0, 0:2
SAINT GEORGE ADDIS AB. (ETH) - Super Escom (MLW) x:0
WYDAD CASABL. (MAR) - ASC Mauritel Mobile (MTN) 4:0, 1:2
Stade Malien Bamako (MLI) - DOUANES DAKAR (SEN) 1:2, 0:2
Ocean Boys Brass (NGA) - KALLON FREETOWN (SLE) 0:0, 0:1
PETRO ATL. LUANDA (ANG) - Civics Windhoek (NAM) 1:0, 1:1
YOUNG AFRICANS (TAN) - AJSM Mutsamudu (COM) 5:1, x:0
Likhopo (LES) - ZANACO LUSAKA (ZAM) 0:0, 0:1
ESPÉRANCE TUNIS (TUN) - Renaissance (CHA) 4:0, 2:1
Renacimiento (EQG) - ASHANTIGOLD OBUASI (GHA) 0:1, 0:1
TP MAZEMBE LUBUMBASHI (COD) - Police XI (BOT) 3:0, 4:2
AS ADEMA (MAD) - Anse Réunion (SEY) 0:0, 3:0
JS KABYLIE (ALG) Tizi-O. - Os Balantas Mansôa (GBI) 3:1, 2:1
Primeiro Agosto (ANG) - MANGASPORT MOA. (GAB) 0:1, 1:1
COTONSPORT GAROUA (CAM) - URA Kamp. (UGA) 3:0, 0:0
SÉWÉ SPORT SAN PEDRO (CIV) - Mighty Barolle (LBR) 3:1, 0:1
Freilos: AL-AHLY CAIRO (EGY), ASEC ABIDJAN (CIV), ETOILE DU SAHEL SOUSSE (TUN), FAR RABAT (MAR)

Vorrunde

Highlanders Bulawayo (ZIM) - AL-AHLY CAIRO (EGY) 0:0, 0:2
Dep. Maputo (MOZ) - MAMELODI SUNDOWNS (RSA) 1:1, 0:2
AL-HILAL OMDURMAN (SUD) - Zamalek Cairo (EGY) 2:0, 2:2
NASARAWA UNITED LAFIA (NGA) - Ports Authority Banjul (GAM) 3:0, 1:2
Fello Star Labé (GUI) - ES SAHEL SOUSSE (TUN) 0:1, 1:4
APR FC KIGALI (RWA) - Maranatha Fiokpo (TOG) 2:0, *
*Rückspiel in der 82. Minute beim Stande von 2:0 für Maranatha abgebrochen
AL-ITTIHAD TRIPOLI (LBY) - AS-FNIS Niamey (NIG) 4:1, 1:0
Saint George (ETH) - ETOILE DU CONGO (CGO) 1:0, 0:2
Stade Malien (MLI) - WYDAD CASABLANCA (MAR) 0:0, 1:3
Kallon FC Freetown (SLE) - ASEC ABIDJAN (CIV) 0:1, 1:2
YOUNG AFRICANS (TAN) - Petro Atl. Luanda (ANG) 3:0, 0:2
ESPÉRANCE TUNIS (TUN) - Zanaco Lusaka (ZAM) 2:0, 4:1
AshantiGold Ob. (GHA) - FAR RABAT (MAR) 2:0, 0:2 n.V., 6:7 n.E.
AS ADEMA (MAD) - TP MAZEMBE LUBUMB. (COD) 2:2, 1:4
Mangasport Moanda (GAB) - JS KABYLIE Tizi-O. (ALG) 3:1, 0:3
Séwé Sport San Pedro (CIV) - COTONSPORT GAROUA (CAM) 1:0, 0:4

Achtelfinale

Mamelodi Sundowns (RSA) - AL-AHLY CAIRO (EGY) 2:2, 0:2
Nasarawa United Lafia (NGA) - AL-HILAL OMDURMAN (SUD) 3:0, 0:3 n.V., 2:3 n.E.
Maranatha Fiokpo (TOG) - ETOILE DU SAHEL SOUSSE (TUN) 0:0, 0:3
Etoile du Congo (CGO) - AL-ITTIHAD TRIPOLI (LBY) 3:1, 0:2
ASEC ABIDJAN (CIV) - Wydad Casablanca (MAR) 2:1, 0:0
ESPÉRANCE TUNIS (TUN) - Young Africans Dar (TAN) 3:0, 0:0
TP Mazembe Lubumbashi (COD) - FAR RABAT (MAR) 1:0, 0:2
Cotonsport Garoua (CAM) - JS KABYLIE Tizi-O.(ALG) 1:0, 0:2

Viertelfinale

Gruppe A

Al-Ittihad Tripoli - JS Kabylie Tizi-Ouzou 1:0, 1:3
FAR Rabat - Etoile du Sahel Sousse 0:1, 0:0
JS Kabylie Tizi-Ouzou - FAR Rabat 2:0, 1:1
Etoile du Sahel Sousse - Al-Ittihad Tripoli 0:0, 0:2
Etoile du Sahel Sousse - JS Kabylie Tizi-Ouzou 3:0, 2:0
FAR Rabat - Al-Ittihad Tripoli 1:0, 0:2

1. ETOILE SAHEL SOUSSE (TUN)	6	3	2	1	6:2	11
2. AL-ITTIHAD TRIPOLI (LBY)	6	3	1	2	6:4	10
3. JS Kabyle Tizi-Ouzou (ALG)	6	2	1	3	6:8	7
4. FAR Rabat (MAR)	6	1	2	3	2:6	5

Gruppe B

Espérance Tunis - ASEC Abidjan 0:0, 0:2
Al-Ahly Cairo - Al-Hilal Omdurman 2:0, 0:3
ASEC Abidjan - Al-Ahly Cairo 0:1, 0:2
Al-Hilal Omdurman - Espérance Tunis 2:0, 1:1
Al-Ahly Cairo - Espérance Tunis 3:0, 0:1
Al-Hilal Omdurman - ASEC Abidjan 2:1, 0:1

1. AL-AHLY CAIRO (EGY)	6	4	0	2	8:4	12
2. AL-HILAL OMDURMAN (SUD)	6	3	1	2	8:5	10
3. ASEC Abidjan (CIV)	6	2	1	3	4:5	7
4. Espérance Tunis (TUN)	6	1	2	3	2:8	5

Halbfinale

Al-Hilal Omdurman (SUD) - ES SAHEL SOUSSE (TUN) 2:1, 1:3
Al-Ittihad Tripoli (LBY) - AL-AHLY CAIRO (EGY) 0:0, 0:1

Finale (27. 10. und 9.11.2007)

ES Sahel Sousse (TUN) - Al-Ahly Cairo (EGY) 0:0

Sahel: Aymen Mathouthi, Seif Ghezal, Radhouene Felhi, Mehdi Meriah, Sabeur Ben Frej, Moussa Narry, Mejdi Traoui /67. Sadat Bukari), Mohamed Ali Nadkha, Muri Ogunbiyi (89. Hatem Bejaoui), Ja, Amine Chermiti - *Al-Ahly*: Essam Al-Hadari, Islam El-Shater (89. Osama Hosni), Emad Al-Nahhas, Shady Mohamed, Wael Gomaa, Hossam Ashour, Anis Boujelbene, Ahmed El Sayed, Mohamed Barakat, Mohamed Aboutrika (89. Ahmed Sedik), Flávio (86. Emad Moteab) - *Tore*: Fehlanzeige - *SR*: Raphael Devine Evehe (Kamerun)

Al-Ahly Cairo - ES SAHEL SOUSSE 1:3

Al-Ahly: Essam Al-Hadari, Islam El-Shater (46. Hassan Mostafa), Emad Al-Nahhas, Ahmed El Sayed, Shady Mohamed, Hossam Ashour, Anis Boujelbene (66. Ahmed Sedik), Gilberto (75. Ahmed Qanawi), Mohamed Aboutrika, Emad Moteab, Flávio - *Sahel*: Aymen Mathouthi, Sabeur Ben Frej, Radhouene Felhi, Ammar Jemal, Moussa Narry, Hatem Bejaoui, Mohamed Ali Nafkha, Afouene Gharbi (66. Mejdi Traouil), Muri Ogunbiyi (85. Bassem Ben Basr), Ja (87. Mahmoud Khemiri), Amine Chermiti - *Tore*: 0:1 Gharbi (44.), 1:1 Al-Nahhas (50.),. 1:2 Chermiti (89.), 1:3 Narry (90.) - *SR*: Abderrahim El Arjoune Marokko)

Champions' Cup 2008

Qualifikation

ASC SNIM Nouadhibou (MTN) - ES SÉTIF (ALG) 1:5, 0:2
Sporting Clube Bissau (GBI) - OC KHOURIBGA (MAR) 0:2, 0:2
Invincible XI Monrovia (LBR) - AS KALOUM STARS (GUI) 0:x
Renacimiento (EQG) - INTERCLUBE LUANDA (ANG) 1:2, 1:2
FAR Rabat (MAR) - SPORTING PRAIA (CPV) 3:0, 0:3 n.V., 4:5 n.E.
Tonnerre FC (BEN) - AFRICA SPORTS ABIDJAN (CIV) 0:0, 0:3
APR FC Kigali (RWA) - ZAMALEK CAIRO (EGY) 1:2, 0:2
AS DOUANES DAKAR (SEN) - CFO Ouagadougou (BUF) 0:0, 3:2
COSTA DO SOL MAPUTO (MOZ) - Ajesaia (MAD) 2:0, 0:1
Royal Leopards (SWA) - DYNAMOS HARARE (ZIM) 0:1, 0:2
Sahel SC (NGR) - ASHANTIGOLD OBUASI (GHA) 1:0, 1:6
DC Motema Pembe Kinshasa (COD) - GOMBE UNITED (NGA) 2:0, 0:2 n.V., 1:4 n.E.
Vital'ô Bujum. (BUR) - COTONSPORT GAROUA (CAM) 0:1, 0:1
FC 105 LIBREVILLE (GAB) - Hearts of Oak Accra (GHA) 3:0, 1:3
Renaissance N'Djaména (CHA) - TP MAZEMBE L. (COD) 0:x
Stade Malien (MLI) - PRIMEIRO AGOSTO (ANG) 1:2, 0:0
ASC Saloum (SEN) - CLUB AFRICAIN TUNIS (TUN) 1:2, 0:1
ASKO KARA LOMÉ (TOG) - Union Douala (CAM) 3:1, 1:0
SIMBA SC DAR-ES-S. (TAN) - Awassa Kenema (ETH) 3:0, 1:1
ENYIMBA ABA (NGA) - Diables Noirs Brazz. (CGO) 4:0, 3:2
Tusker FC Kisumu (KEN) - AL-TAHRIR (ERI) 0:x
US STADE TAMPONNAISE (REU) - St Michel Utd (SEY) 3:1, 1:0
PLATINUM STARS (RSA) - LCS Maseru (LES) 4:0, 0:1
CUREPIPE STARLIGHT (MTS) - Coin Nord Mitsamiouli (COM) 2:0, 0:1
Miembeni SC (ZAN) - MAMELODI SUNDOWNS (RSA) 0:1, 0:4
Uganda Revenue Authority (UGA) - ZESCO UNITED (ZAM) 0:2, 0:0
Freilos: ASEC ABIDJAN (CIV), ETOILE DU SAHEL SOUSSE (TUN), JS KABYLIE TIZI-OUZOU (ALG), AL-ITTIHAD TRIPOLI (LBY), AL-AHLY CAIRO (EGY), AL-HILAL OMDURMAN (SUD)

Vorrunde

OC KHOURIBGA (MAR) - ES Sétif (ALG) 2:0, 0:2 n.V., 3:0 n.E.
ASEC ABIDJAN (CIV) - AS Kaloum Stars (GUI) 1:1, 1:0
Sporting Clube Praia (CPV) - INTERCLUBE (ANG) 2:1, 0:1
ZAMALEK (EGY) - Africa Sports (CIV) 2:0, 0:2 n.V., 5:4 n.E.
ES SAHEL SOUSSE (TUN) - AS Douanes Dakar (SEN) 5:0, 0:3
DYNAMOS HARARE (ZIM) - Costa do Sol Map. (MOZ) 3:0, 1:2
JS KABYLIE T.-O. (ALG) - AshantiGold Obuasi (GHA) 3:0, 0:0
COTONSPORT GAROUA (CAM) - Gombe United (NGA) 5:0, 1:2
TP MAZEMBE LUB. (COD) - FC 105 Libreville (GAB) 1:1, 1:0
AL-ITTIHAD TRIPOLI (LBY) - Primeiro Agosto (ANG) 1:0, 1:2
ASKO Kara Lomé (TOG) - CLUB AFRICAIN (TUN) 2:0, 0:4
ENYIMBA ABA (NGA) - Simba SC Dar-es-S. (TAN) 4:0, 3:1

AL-AHLY CAIRO (EGY) - Al-Tahrir (ERI) x:0
PLATINUM STARS (RSA) - US Stade Tamponnaise (REU) 2:0, 1:1
MAMELODI SUNDOWNS (RSA) - Curepipe Starlight (MTWS)
3:0, 1:0
AL-HILAL OMDURMAN (SUD) - Zesco United (ZAM) 2:0, 1:1

▶ **Achtelfinale**
ASEC ABIDJAN (CIV) - OC Khouribga (MAR) 0:0, 1:1
ZAMALEK CAIRO (EGY) - InterClube Luanda (ANG) 3:0, 1:2
DYNAMOS HARARE (ZIM) - ES Sahel Sousse (TUN) 1:0, 1:0
COTONSPORT GAROUA (CAM) - JS Kabylie (ALG) 3:0, 1:2
Al-Ittihad Tripoli (LBY) - TP MAZEMBE LUB. (COD) 2:1, 0:2
ENYIMBA ABA (NGA) - Club Africain Tunis (TUN) 5:1, 1:2
Platinum Stars (RSA) - AL-AHLY CAIRO (EGY) 2:1, 0:2
AL-HILAL OMD. (SUD) - Mamelodi Sundowns (RSA) 4:2, 0:1

▶ **Viertelfinale**
Gruppe A
Al-Ahly Cairo - Zamalek Cairo 2:1, 2:2
Dynamos Harare - ASEC Abidjan 2:1, 2:1
ASEC Abidjan - Al-Ahly Cairo 0:0, 2:2
Zamalek Cairo - Dynamos Harare 1:0, 0:1
Zamalek Cairo - ASEC Abidjan 0:0, 0:3
Al-Ahly Cairo - Dynamo Harare 2:1, 1:0
1. AL-AHLY CAIRO (EGY) 6 3 3 0 9:6 12
2. DYNAMOS HARARE (ZIM) 6 3 0 3 6:6 9
3. ASEC Abidjan (CIV) 6 1 3 2 7:6 6
4. Zamalek Cairo (EGY) 6 1 2 3 4:8 5
Gruppe B
Al-Hilal Omdurman - Enyimba Aba 3:2, 1:4
Cotonsport Garoua - TP Mazembe Lubumbashi 1:0, 0:2
TP Mazembe Lubumbashi - Al-Hilal Omdurman 0:0, 1:1
Enyimba Aba - Cotonsport Garoua 2:0, 0:3
Al-Hilal Omdurman - Cotonsport Garoua 1:1, 0:1
Enyimba Aba - TP Mazembe Lubumbashi 2:0, 0:3
1. COTONSPORT GAROUA (CAM) 6 3 1 2 6:5 10
2. ENYIMBA ABA (NGA) 6 3 0 3 10:10 9
3. TP Mazembe Lubumbashi (COD) 6 2 2 2 7:5 8
4. Al-Hilal Omdurman (SUD) 6 1 3 2 7:10 6

▶ **Halbfinale**
Dynamos Harare (ZIM) - COTONSPORT GAROUA (CAM) 0:1, 0:4
Enyimba Aba (NGA) - AL-AHLY CAIRO (EGY) 0:0, 0:1

▶ **Finale** (2. und 16.11.2008)
AL-AHLY CAIRO (EGY) - Cotonsport Garoua (CAM) 2:0, 2:2
Torschützen 1 Spiel: 1:0 Wael Gomaa (4.), 2:0 Flávio (15.) - *Torschützen 2. Spiel*: 1:0 Ahmed Hassan (38.), 1:1 Karim Lancina (45.), 1:2 Daouda Kmalo (63.), 2:2 Shady Mohamed (89./E)

Al-Ahly Cairo wurde 2008 mit seinem sechsten Gewinn in der Champions League neuer Rekordhalter. Kapitän Shadi Mohamed mit der Siegertrophäe.

African Cup Winners' Cup
► **1975**
Tonnerre Yaoundé (CAM) - Stella Club Abidjan (CIV)   1:0, 4:1
► **1976**
Shooting Stars Ib.(NGA) - Tonnerre Yaoundé (CAM)   4:1, 0:1
► **1977**
Enugu Rangers (NGA) - Canon Yaoundé (CAM)   4:1, 1:1
► **1978**
Horoya AC Conakry (GUI) - MA Hussein-Dey (ALG)   3:1, 2:1
► **1979**
Canon Yaoundé (CAM) - Gor Mahia Nairobi (KEN(2:0, 6:0
► **1980**
TP Mazembe Lubumb. (COD) - Africa Sports Ab. (CIV)   3:1, 1:0
► **1980**
Union Douala (CAM) - Stationery Stores Lagos (NGA)   0:0, 2:1
► **1982**
Al-Mokaoulun al-Ar. (EGY) - Power Dynamos (ZAM)   2:0, 2:0
► **1983**
Al-Mokaoulun al-Arab (EGY) - Agaza Lomé (TOG)   1:0, 0:0
► **1986**
Al-Ahly Cairo (EGY) - Canon Yaoundé (CAM)   1:0, 0:1 n.V., 2:4 n.E.
► **1985**
Al-Ahly Cairo (EGY) - Leventis United (NGA)   2:0, 0:1
► **1986**
Al-Ahly Cairo (EGY) - AS Sogara Port-Gentil (GAB)   3:0, 0:2
► **1987**
Gor Mahia Nairobi (KEN) - Espérance Tunis (TUN)   2:2, 1:1
► **1988**
CA Bizerte (TUN) - Ranchers Bees Kaduna (NGA)   0:0, 1:0
► **1989**
Al-Merreikh Omdurman (SUD) - Bendel United (NGA)   1:0, 0:0
► **1990**
BCC Lions Gboko (NGA) - Club Africain Tunis (TUN)   3:0, 1:1
► **1991**
Power Dynamos (ZAM) - BCC Lions Gboko (NGA)   2:3, 3:1
► **1992**
Africa Sports Abidjan (CIV) - Vital'O FC Bujumb. (BUR)   1:1, 4:0
► **1993**
Al-Ahly Cairo (EGY) - Africa Sports Abidjan (CIV)   1:1, 1:0
► **1994**
DC Motema Pembe (COD) - Tusker FC Kisumu (KEN)   2:2, 3:0
► **1995**
JS Kabylie Tizi-Ouzu (ALG) - Julius Berger Lago (NGA)   1:1, 2:1
► **1996**
Al-Mokaoulun al-Arab (EGY) - AC Sodigraf K. (COD)   0:0, 4:0
► **1997**
Étoile du Sahel Sousse (TUN) - FAR Rabat (MAR)   2:0, 1:1
► **1998**
Espérance Tunis (TUN) - Primeiro de Agosto L. (ANG)   3:1, 1:1
► **1999**
Africa Sports Abidjan (CIV) - Club Africain Tunis (TUN)   1:0, 1:1
► **2000**
Zamalek Cairo (EGY) - Canon Yaoundé (CAM)   4:1, 0:2
► **2001**
Kaizer Chiefs (RSA) - Inter Luanda (ANG)   1:1, 1:0
► **2002**
Wydad Casablanca (MAR) - Asante Kotoko (GHA)   1:0, 1:2
► **2003**
ES Sahel Sousse (TUN) - Julius Berger Lagos (NGA)   0:2, 3:0
Wettbewerb eingestellt

CAF-Cup
Wettbewerb nach dem Vorbild des UEFA-Cups
► **1992**
Nakivubo Villa SC (UGA) - SHOOTING STARS (NGA)   0:0, 0:3
► **1993**
STELLA ABIDJAN (CIV) - SC Simba Dar-es-Sal. (TAN)   0:0, 2:0
► **1994**
Primeiro de Maio (ANG) - BENDEL INSURANCE (NGA)   1:0, 0:3
► **1995**
AS Kaloum Star (GUI) - ES SAHEL SOUSSE (TUN)   0:0, 0:2
► **1996**
ES Sahel Sousse (TUN) - KAC MARRAKECH (MAR)   3:1, 0:2
► **1997**
Petro Atlético Luanda (ANG) - ESPÉRANCE T. (TUN)   1:0, 0:2
► **1998**
ASC Jeanne d'Arc Dakar (SEN) - CS SFAXIEN (TUN)   0:1, 0:3
► **1999**
ES SAHEL SOUSSE (TUN) - Wydad Casablanca (MAR)   1:0, 1:2
► **2000**
Ismaily SC (EGY) - JS KABYLIE TIZI-OUZOU (ALG)   1:1, 0:0
► **2001**
ES Sahel Sousse (TUN) - JS KABYLIE TIZI-O. (ALG)   2:1, 0:1
► **2002**
JS KABYLIE TIZI-O. (ALG) - Tonnerre Yaoundé (CAM)   4:0, 0:1
► **2003**
RAJA CASABLANCA (MAR) - Cotonsp. Garoua (CAM)   2:0, 0:0
Wettbewerb eingestellt

Confederation-Cup
Wettbewerb, der durch den Zusammenschluss des Pokalsieger-wettbewerbs und des CAF-Cups entstand
► **2004**
HEARTS OF OAK ACCRA (GHA) - Asante Kotoko Kumasi (GHA)   1:1, 1:1 n.V., 8:7 n.E.
► **2005**
Dolphin FC Port-Harbour (NGA) - FAR RABAT (MAR)   1:0, 0:3
► **2006**
FAR Rabat (MAR) - ES SAHEL SOUSSE (TUN)   1:1, 0:0
► **2007**
Al-Merreikh Omdurman (SUD) - CS SFAXIEN (TUN)   2:4, 0:1
► **2008**
CS SFAXIEN (TUN) - ES Sahel Sousse (TUN)   0:0, 2:2

CECAFA-Cup
Wettbewerb der ostafrikanischen Länder
1974 Simba SC Dar-es-Salaam **1975** Young Africans Dar-es-Salaam **1976** Luo Union Nairobi **1977** Luo Union (Nairobi **1978** Kampala City **1979** AFC Leopards Nairobi **1980** Gor Mahia Nairobi **1981** Gor Mahia Nairobi **1982** AFC Leopards Nairobi **1983** AFC Leopards Nairobi **1984** AFC Leopards Nairobi **1985** Gor Mahia Nairobi **1986** Al-Merreikh Omdurman **1987** Villa SC Kampala **1988** Tusker FC Kisumu **1989** Tusker FC Kisumu **1990** nicht ausgetragen **1991** Simba SC Dar-es-Salaam **1992** Simba SC Dar-es-Salaam **1993** Young Africans Dar-es-Salaam **1994** Al-Merreikh Omdurman **1995** Simba SC Dar-es-Salaam**1996** Simba SC Dar-es-Salaam **1997** AFC Leopards Nairobi **1998** Rayon Sports FC Kigali **1999** Young Africans Dar-es-Salaam **2000** Tusker FC Kisumu **2001** Tusker FC Kisumu **2002** Simba SC Dar-es-Salaam **2003** Villa SC Kampala **2004** APR FC Kigali **2005** Villa SC Kampala **2006** Police FC Kampala **2007** APR FC Kigali **2008** Tusker FC Kisumu

Championnat d'Association Nord-Africain
1921 von europäischen Fußballern in Algerien (Algiers, Oran, Constantine) und Tunesien (Tunis) gegründeter Wettbewerb der drei Maghreb-Länder Algerien, Marokko und Tunesien. Teilnehmer waren für fünf Sieger der Regionalmeisterschaften von Algiers, Oran, Constantine, Tunis und Tunis. Nachdem Tunesien und Marokko 1956 in die Unabhängigkeit entlassen worden waren, führte Algerien den Wettbewerb bis zur Entlassung in die Unabhängigkeit 1962 als Championnat d'Algérie fort
1920/21 AS Marine Oran **1921/22** SC Bel-Abbès Sidi-bel-Abbès **1922/23** FC Blidéen Blida **1923/24** SC Bel-Abbès Sidi-bel-Abbès **1924/25** SC Bel-Abbès Sidi-bel-Abbès **1925/26** SC Bel-Abbès Sidi-bel-Abbès **1926/27** SC Bel-Abbès Sidi-bel-Abbès **1927/28** Gallia Sports Alger **1928/29** FC Blidéen Blida **1929/30** AS Saint Eugène Alger **1930/31** Club des Joyeusetés Oran **1931/32** US Marocaine Casablanca **1932/33** US Marocaine Casablanca **1933/34** US Marocaine Casablanca **1934/35** Racing Universitaire Alger **1935/36** Gallia Club Oran **1936/37** Gallia Sports Alger **1937/38** Jeunesse AC Bône **1938/39** Racing Universitaire Alger **1939-41** nicht ausgetragen **1941/42** US Marocaine Casablanca **1942-46** nicht ausgetragen **1946/47** Gallia Sports Alger **1947/48** Wydad Casablanca **1948/49** Wydad Casablanca **1949/50** Wydad Casablanca **1950/51** Gallia Sports Alger **1951/52** US Marocaine Casablanca **1952/53** SC Bel-Abbès Sidi-bel-Abbès **1953/54** SC Bel-Abbès Sidi-bel-Abbès **1954/55** ESFM Guelma **1955/56** nicht ausgetragen *Championnat d'Algérie* **1956/57** nicht ausgetragen **1957/58** Gallia Sports Alger **1958/59** Olympique Hussein-Dey **1959/60** SC Bel-Abbès Sidi-bel-Abbès **1960/61** AS Saint Eugène Alger **1961/62** abgebrochen

Westafrikameisterschaft
siehe Seite 206
1947 US Gorée Dakar **1948** Foyer France Sénégal **1949** Racing Club Dakar **1949/50** Racing Club Conakry **1950/51** Jeanne d'Arc Dakar **1951/52** Jeanne d'Arc Dakar **1952/53** Jeanne d'Arc Bamako **1953/54** US Gorée Dakar **1954/55** US Gorée Dakar **1955/56** Jeanne d'Arc Bamako **1956/57** Réveil Saint-Louis **1957/58** Africa Sports Abidjan **1958/59** Saint-Louisienne AAS **1960** Etoile Filante Lomé

Ugandas Kapitän George Ssemwogere nimmt die COSAFA-Cup-Trophäe 2000 in Empfang.

ÄGYPTEN

Von nationaler Bedeutung

Al-Ahly und Zamalek beherrschen Ägyptens Fußball, Ägypten beherrscht Afrikas Fußball

Egyptian Football Association

Ägyptischer Fußball-Verband | gegründet: 3.12.1921 | Beitritt FIFA: 21.5.1923 | Beitritt CAF: 1957 | Spielkleidung: rotes Trikot, weiße Hose, weiße Stutzen | Spieler/Profis: 3.138.110/48 | Vereine/Mannschaften: 590/6.495 | Anschrift: 5 Gabalaya Street, Gezira, El Borg Post Office, Cairo | Telefon: +20-2/7351793 | Fax: +20-2/7367817 | Internet: www.efa.com.eg | E-Mail: efa_football@hotmail.com

Wo spielt sich das heißeste Fußballderby der Welt ab? In Buenos Aires bei Boca Juniors gegen River Plate? In Spanien bei Real gegen Barça? Oder möglicherweise in Ägypten, wenn die Kairoer Erzrivalen Al-Ahly und Zamalek aufeindertreffen? Der nigerianische Journalist Fabio Lanipekum bezeichnete diese Begegnung einst jedenfalls als »die Generalprobe für den Dritten Weltkrieg«.

Tote sind in der Tat nichts Ungewöhnliches, wenn Al-Ahly, 1907 gegründet und Bannerträger der ägypten Nationalbewegung, und Zamalek, 1911 von einem Belgier ins Leben gerufen und stolz auf seine freigeistige und liberale Ausstrahlung, aufeinandertreffen. Nach Angaben ägyptischer Fußballfans gibt es bei diesem Duell niemanden, der neutral ist, wobei Zamalek vornehmlich in gutbürgerlichen Kreisen geschätzt wird, während Al-Ahly als Verein der Mittel- und Unterschicht gilt.

Das Kairoer Derby vermag sogar mühelos die ägyptische Nationalmannschaft aus den Schlagzeilen zu verdrängen. Wenig überraschend die »Pharaonen« getauft, hat sie in den letzten Jahrzehnten allerdings auch ein eher diffuses Bild abgegeben. Bei einer Weltmeisterschaft war Ägypten zuletzt 1990 dabei, als Hossam Hassan und Co. in Italien unglücklich in der Vorrunde scheiterten. Seitdem gab es eine Pleite nach der anderen. Zugleich ist Ägypten in der Kontinentalmeisterschaft seit einiger Zeit allerdings das Maß der Dinge. 1998, 2006 und 2008 sicherten sich die »Pharaonen« jeweils die Trophäe des Afrikameisters.

Ägyptens Erfolgsrezept ist nicht zuletzt im angesprochenen Kairoer Derby begründet. Während junge Fußballer überall in Afrika von einem Engagement beim FC Barcelona oder dem AC Mailand träumen, hat ein ägyptisches Talent eigentlich nur ein Ziel: Al-Ahly oder Zamalek. Dass nur eine Handvoll Ägypter im Ausland Karriere machte, liegt also keinesfalls am fehlenden Talent, sondern vor allem an der mangelnden Motivation. Bei Al-Ahly oder Zamalek kann ein ägyptischer Fußballer alles finden, was er zu einem glücklichen Leben braucht: eine moderne Infrastruktur, ein leidenschaftliches Publikum, viel Ruhm und nicht zuletzt reichlich Bares. Ägyptens stärkste Fußballwaffe richtet sich dadurch bisweilen gegen sich selbst, da es ägyptischen Fußballern gelegentlich an jenen wertvollen Erfahrungen mangelt, sich bei europäischen Topklubs durchbeißen zu müssen.

■ **ÄGYPTEN GEHÖRT ZU DEN ÄLTESTEN** Siedlungsgebieten der Welt. Das Land ist etwa dreimal so groß wie Deutschland und zählt rund 72 Mio. Einwohner, von denen die meisten entlang des lebensspendenden Nils bzw. an der Mittelmeerküste leben. Im Zentrum steht die Millionenstadt Kairo, deren wahre Einwohnerzahl niemand zu schätzen wagt und die eine überragende Bedeutung für das wirtschaftliche und politische Leben im Land hat. Kairo war in den 1880er Jahren auch Schauplatz der ersten Fußballspiele auf ägyptischem Boden. Protagonisten waren britische Soldaten. Nach dem kostspieligen Bau des Sueskanals (1859–1869), der den Seeweg von Europa nach Asien erleichtern sollte, war Ägypten zunehmend von ausländischen Anleihen abhängig geworden. 1882 hatte Großbritannien die Region annektiert und Soldaten zum Schutz der für Europa wichtigen Wasserstraße an den Nil geschickt.

In ihrem Gepäck hatten die britischen Soldaten auch den Fußball. Das erste Spiel auf ägyptischem Boden soll 1882 in der Hafenstadt Alexandria durchgeführt worden sein.

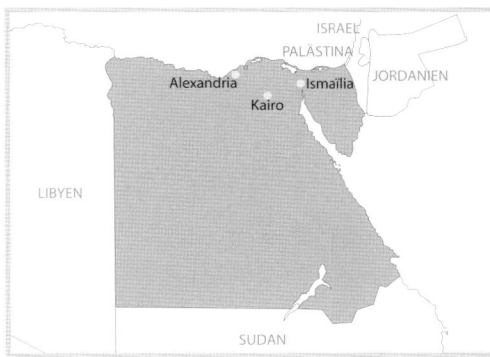

Arab Republic of Egypt al-Ǧumhūriyya al-Misriyya al-'Arabiyya

Arabische Republik Ägypten | Fläche: 1.002.000 km² | Einwohner: 72.642.000 (73 je km²) | Amtssprache: Arabisch | Hauptstadt: Al-Qāhirah (Kairo, 9.586.000) | Weitere Städte: Al-Iskandarīyah (Alexandria, 3,4 Mio.), Al-Jīzah (Gise, 2,2 Mio.), Shubrā al-Khaymah (870.000) | Währung: 1 Ägyptisches Pfund = 100 Piaster | Zeitzone: MEZ +1 h | Länderkürzel: EG | FIFA-Kürzel: EGY | Telefon-Vorwahl: +20

STÄTTEN | TEMPEL

▶ Stad El-Qahira El-Dawly/International Stadium

Ägyptens – und Kairos – Fußballherz schlägt in der 1960 eröffneten Riesenarena, die zu ihren besten Zeiten bis zu 150.000 Menschen Platz bot. Gelegen im monumental-modernistischen Kairoer Vorort Nasserstadt, dient die Arena sowohl Al-Ahly als auch Zamalek als Heimstätte. 1974, 1986 und 2006 war sie jeweils Schauplatz des Endspiels um die Afrikameisterschaft. Durch die Versitzplatzung sank das Fassungsvermögen 2005 von etwa 120.000 auf gegenwärtig 74.100 Plätze.

TEAMS | MYTHEN

■ **AL-ITTIHAD ALEXANDRIA** Die Grün-Weißen aus der Küstenstadt Alexandria (Al-Iskandarīyah) durchbrachen 1926 als erster Klub die Al-Ahly/Al-Mokhtalat (Zamalek)-Dominanz und sicherten sich den Landespokal. Fünf weitere Pokalsiege zieren inzwischen die Annalen des 1914 gegründeten Vereins, dessen größter internationaler Erfolg der Einzug in das Halbfinale des kontinentalen Pokalsiegerwettbewerbs 1977 ist (Aus gegen Canon Yaoundé). Zwei Jahre zuvor hatte Al-Ittihad (»Eintracht«) im Viertelfinale desselben Wettbewerbs für Aufregung gesorgt, als man nach einem 4:0-Hinspielsieg gegen Tonnerre Yaoundé im Rückspiel nach 70 Minuten beim Stande von 0:3 das Spielfeld verließ und sich weigerte, weiterzuspielen. Die »Seed El Balad« (»Könige der Stadt«), für die in den 1950er Jahren Ägyptens Torjägerlegende Ad-Diba auflief, gelten als nationale Nummer vier nach Al-Ahly, Zamalek und Ismaily. 2007 beendete Ägyptens Rekordnationalspieler Hossam Hassan seine Karriere bei Al-Ittihad. [1914 | Alexandria (20.000) | - | 6]

■ **AL-AHLY CAIRO** Afrikas schillernder Fußballkönig, der 2000 zum Jahrhundertklub des Kontinents gekürt wurde. Schon die schiere Auflistung der Erfolge ist beeindruckend. National errang Al-Ahly 33 Meisterschaften und 35 Pokalsiege. International gewann man sechsmal die Kontinentalmeisterschaft und viermal den Pokal der Pokalsieger, zu denen sich vier afrikanische Superpokalerfolge gesellen. 2006 erhielt Al-Ahly zudem als erster afrikanischer Klub eine Medaille bei der FIFA-Klub-WM (Bronze). Die Anhängerschaft des zu den größten und legendärsten Vereinen der Welt zählenden Klubs wird auf 40 Mio. geschätzt. Im arabischen Raum unumstrittene Nummer eins, nimmt Al-Ahly in Ägypten den Status eines Heiligtums ein. Das verdankt der Großverein mit mehr als 40.000 Mitgliedern und einer Vielzahl von Sparten auch seiner klaren politischen Positionierung, die bereits der Klubname Al-Ahly (»Volk« im Sinne von Nation) ausdrückt. Obwohl erst 1907 gegründet, liegen Al-Ahlys Wurzeln im Jahr 1905, als der Student Omar Bey Lotfi einen Studentenverein installierte. Am 24. April 1907 wurde daraus der im Süden des auf der Nil-Insel Gezira gelegenen Kairoer Stadtteils Zamalek ansässige Sportverein Al-Ahly. Das britische Protektorat, unter dem Ägypten seinerzeit stand, hatte zur Entstehung einer Nationalbewegung geführt, zu der auch die Vereinsgründer um den ägyptischen Nationalhelden Saad Zaghloul gehörten. Sie gaben ihrem Klub das Rot der ägyptischen Flagge und schufen ein Wappen, das den königlichen Adler sowie die Königskrone aufwies. Während Al-Ahly damit zum Aushängeschild der Nationalisten wurde, stieg die 1911 gebildete Fußballabteilung binnen kurzem zum populärsten und größten Verein in Kairo bzw. Ägypten auf. Ärgster Rivale war der gleichfalls in Zamalek ansässige liberale Klub Al-Mokhtalat (»International«), der seit 1952 Zamalek heißt. Während Al-Ahly vornehmlich die Mittelschicht und die Arbeiter erreicht, wird Zamalek der Aristokratie zugeordnet. Sowohl in der Zahl seiner Erfolge als auch in der Popularität rangiert Al-Ahly allerdings mit deutlichem Vorsprung vor dem Erzrivalen. Schätzungen zufolge bekennen sich rund 70 Prozent aller ägyptischen Fußballfans zu Al-Ahly. Wiederholt mussten deshalb zu entscheidenden Spielen ausländische Schiedsrichter eingeflogen werden, da es schwierig war, in Ägypten Al-Ahly gegenüber neutrale Unparteiische zu finden. Der Klub hat in seiner Geschichte zahlreiche herausragende Spieler hervorgebracht. So bestand die in den 1920er Jahren erfolgreiche ägyptische Olympiamannschaft zum Großteil aus Al-Ahly-Akteuren, während man 1934 bei der WM in Italien u.a. von Ausnahmestürmer »Mokhtar« El-Titch vertreten wurde. Als 1949 Ägyptens Fußball-Nationalliga eingeführt wurde, schwang sich Al-Ahly zur dominierenden Kraft auf und gewann bis 1989 insgesamt 22 von 33 ausgespielten Titeln. Die Dominanz war nicht zuletzt der Nähe zur

---

Ägyptische Arbeiter, die das seltsame Treiben beobachteten, griffen es seinerzeit auf und sorgten für seine Verbreitung nach Kairo, wo es ebenfalls auf Akzeptanz stieß.

1890 berichtete erstmals eine lokale Zeitung über Fußball, der inzwischen in mehreren Mannschaften gepflegt wurde. Renommiertester Akteur war Mohamed Nashed, der in einem britischen Soldatencamp arbeitete und 1898 das erste Duell zwischen einem britischen und einem ägyptischen Team organisierte. 5.000 Zuschauer sahen einen überraschenden 2:0-Erfolg der Heimelf, der die junge ägyptische Fußballbewegung ungemein beflügelte.

■ **NACH DER JAHRHUNDERTWENDE** entwickelte sich allmählich eine Vereinslandschaft. Darunter waren neben britischen, italienischen und griechischen Teams auch ägyptische Mannschaften. Es begann mit einem der Eisenbahngesellschaft unterstelltem Klub, ehe 1906 in Alexandria der Verein El-Olympi das Licht der Welt erblickte. Ein Jahr später folgte der aus einem Studentenklub hervorgehende heutige Rekordmeister Al-Ahly (»Volk« im Sinne von Nation), der allerdings erst 1911 eine Fußballabteilung erhielt. Im selben Jahr erblickte mit Kasr El-Nil auch der Vorläufer von Al-Ahlys heutigem Gegenspieler Zamalek das Licht der Welt. Der von einem Belgier gegründete Klub gab sich wenig später den vielsagenden Namen Al-Mokhtalat (»International«). Beide Klubs waren in wohlhabenden höheren Bildungskreisen verankert und auf der inmitten von Kairo gelegenen Nil-Insel Gezira ansässig. Während Al-Ahly seine Anhänger vor allem unter national denkenden Ägyptern fand, gab sich Al-Mokhtalat liberal und polyglott.

Unter Anleitung des griechischen IOC-Mitglieds Bolanaki entstand 1910 die Union of Egyptian Sports Associations, die ab 1914 regelmäßig Fußballspiele organisierte. 1916 wurde erstmals um den Sultan's Cup gespielt, an dem neben Al-Mokhtalat und Al-Ahly auch mehrere britische Armeeteams sowie Schul- bzw. Collegemannschaften aus Kairo, Alexandria und dem Kanaldistrikt teilnahmen. Am 9. Oktober 1917 kam es im Rahmen des Sultan's Cup zum ersten Derby zwischen Al-Ahly und Al-Mokhtalat (also Zamalek), wobei Al-Ahly mit 1:0 die Oberhand behielt.

Zweite ägyptische Fußballhochburg nach Kairo war die Hafenstadt Alexandria, in der sich ab 1914 mit Al-Ittihad ein weiterer Topverein neben dem bereits bestehenden El-Olympi etabliert hatte.

■ **NACH DEM ERSTEN WELTKRIEG** breitete sich das Spiel weiter aus. 1920 entstand in der Hafenstadt Port-Saïd mit El-Masry ein erster von Ägyptern geführter Fußballklub, und 1921 wurde auch in Ismaïlia, dem Verwaltungssitz der Sueskanal-Gesellschaft, mit dem Nahda Sporting Clubs ein Team ins Leben gerufen, das heute unter dem Namen Ismaily SC Ägyptens Nummer drei ist.

Zudem betrat Ägypten internationales Terrain. 1920 reiste eine ägyptische Landesauswahl zum olympischen Fußballturnier nach Antwerpen, wo sie nach einem unglücklichen 1:2 gegen Italien Jugoslawien mit 4:2 bezwang. Kapitän der Mannschaft war Hussein Hegazi, der in England studiert hatte und auf der Insel für den Fulham FC aufgelaufen war.

Animiert von der Begegnung mit dem gut organisierten europäischen Fußball wurde am 3. Dezember 1921 mit der Egyptian Football Association (EFA) ein Nationalverband gebildet, der 1923 nach dem Rückzug der Besatzungsmacht Großbritannien als erste afrikanische Landesorganisation der FIFA beitrat. 1924 reiste Ägyptens Nationalauswahl abermals zu den Olympischen Spielen und feierte in Paris einen vielbeachteten 3:0-Sieg über Ungarn.

Nach dem Rückzug der britischen Besatzungsmacht übernahm die EFA zudem die Kontrolle über den nationalen Fußball und rief 1922 mit dem auf ägyptische Teams beschränkten Faruk Cup den Vorläufer des heutigen Landespokal ins Leben. Erster Sieger wurde die Elf von Al-Mokhtalat, die vom zwischenzeitlich aus England zurückgekehrten Nationalelfkapitän Hussein Hegazi angeführt wurde. Gemeinsam mit Al-Ahly dominierte Al-Mokhtalat anschließend den ägyptischen Fußball. Als sich Hegazi 1924 Al-Ahly anschloss, gewannen die Rot-Weißen prompt erstmals den Faruk-Cup und sicherten sich von 1925-27 dreimal in Folge den Sultan's Cup.

■ **ÄGYPTENS FUSSBALL WAR** seinerzeit vergleichsweise hoch entwickelt. Das spiegelte auch die 1928 erfolgte dritte Olympiateilnahme wider, bei der sich die »Pharaonen«

jeweiligen Landesführung zu verdanken. Nach dem Sturz der Monarchie bekannte sich auch Ägyptens Präsident Nasser zu dem Fußball spielenden Nationalheiligtum und wurde von jenem zum Ehrenmitglied ernannt. Nachdem der Klub in den 1960er und 1970er Jahren, angeführt von der Vereinslegende Saleh Selim und trainiert u. a. von Nandor Hidegkuti und Ferenc Puskás, national weiterhin von Erfolg zu Erfolg geeilt war, eroberte er in den 1980er Jahren schließlich auch die internationale Bühne. 1982, 1983 und 1987 erreichten die »Red Devils« jeweils das Endspiel um die Kontinentalmeisterschaft, das sie 1982 (gegen Asante Kotoko aus Ghana) und 1987 (gegen Al-Hilal aus Sudan) jeweils für sich entschieden, während sie 1983 an Asante Kotoko scheiterten. Zudem ging der Klub von 1984-86 im kontinentalen Pokalsiegerwettbewerb dreimal in Folge als Sieger hervor. Im Gegensatz zur Konkurrenz setzte Al-Ahly dabei vornehmlich (aber nicht ausschließlich) auf ägyptische Spieler und folgte damit seinem Ruf als »Nationalverein«. Nach einer längeren Durststrecke sicherte sich 1993 eine von den Nationalspielern Hani Ramzi, Hossam Hassan, Ibrahim Hassan und Magdi Abdul-Ghani geprägte Elf zum vierten Mal die afrikanische Pokalsiegertrophäe. 2000 zu Afrikas »Jahrhundertklub« gekürt, konnte die große Fangemeinde (»Ahly Lovers Union«, »ALU«) 2001, 2005, 2006 und 2008 vier weitere Male die Kontinentalmeisterschaft bejubeln. Mit sechs Titeln ist Al-Ahly damit Afrikas Rekordmeister. Ohnehin ist der Klub eigentlich nur in Superlativen zu beschreiben und nimmt vor allem im arabischen Raum eine herausragende Bedeutung ein. Mit dem Mokhtar-El-Titch-Stadion verfügt er zudem über ein höchsten Ansprüchen genügendes Trainings- und Vereinszentrum. Seine Spiele bestreitet Al-Ahly allerdings ebenso wie Zamalek im International Stadium von Nasserstadt. [24.4.1907 | Cairo International (74.100) | 33 | 35]

■ **AL-MOKAOULOM AL-ARAB KAIRO** (ARAB CONTRACTORS) Kairos dritte Kraft, die dreimal den afrikanischen Pokal der Pokalsieger gewann, für viele ägyptische Fans aber ein ungeliebter Retortenverein ist. Grund: Al-Mokaoulom al-Arabi wurde 1973 von dem wohlhabenden Bauunternehmer Osman Ahmed Osman gegründet, der zuvor schon den Ismaily Sports Club zu großen Erfolge geführt hatte und der über enorme finanzielle Möglichkeiten verfügte. Osmans Unternehmen »Arab Contractors«, unter dem das Al-Mokaoulom al-Arab-Team international bekannt wurde, hatte u.a. den Aswan-Staudamm errichtet und war durch den Bau von Bunkern reich geworden. Klubchef Osman galt als enger Vertrauter von Präsident Sadat. Der vermögende Unternehmer verstärkte die Schwarz-Gelben Anfang der 1980er Jahre mit Ausnahmefußballern wie dem kamerunischen WM-Torhüter Joseph-Antoine Bell, Ghanas Fußballer des Jahres 1978 Abdul Razak und den ägyptischen Nationalspielern Ali Shehata, Mohammed Radwan, Hamdi Noor und Nasser Mohammed Ali. Die »Meqawleen« (»Berglöwen«) wurden daraufhin 1982 und 1983 zweimal in Folge Afrikas Pokalsieger und gewannen 1983 die ägyptische Meisterschaft. Nach einer längeren sportlichen Durststrecke führte der deutsche Trainer Michael Krüger den Klub 1995 zum dritten Mal zum Triumph im kontinentalen Pokalsiegerwettbewerb. Seit dem Tod von Klubchef Osman im Jahr 1999 sehen sich die Schwarz-Gelben heftigen Turbulenzen ausgesetzt und verbrachten das Spieljahr 2005 in der 2. Liga. [1973 | Osman Ahmed Osman, Nasr City (45.000) | 1 | 3]

■ **AL-TERSANA KAIRO** Wie Al-Ahly und Zamalek ein auf der Kairoer Nil-Insel Gezira ansässiger Klub, der im Umfeld der Kairoer Schiffswerften verankert ist. Feierte 1963 seine einzige Landesmeisterschaft und gewann 1923 seinen ersten von inzwischen sechs Landespokalen. Bekannteste Namen der Klubgeschichte sind Hassan Chazli, Mostafa Riyad, Mohammad Abul Ezz und Ibrahim El-Khalil. [1911 | Mit Okba (15.000) | 1 | 6]

Präsident Nassers »rechte Hand« Marschall Abdelhakim Amer (rechts) gratuliert Nationalmannschaftskapitän Salah Selim zum Gewinn der Afrikameisterschaft 1959.

um Torjäger »Mokhtar« El-Titch gegen die Türkei und Portugal durchsetzten, ehe sie im Halbfinale an Argentinien scheiterten. Spätestens mit diesem couragierten Auftritt hatte sich der krasse Außenseiter Ägypten in den Vordergrund gespielt und wurde zu den ambitioniertesten Fußballmannschaften im Mittelmeerraum gezählt.

1934 meldete Ägypten als erstes afrikanisches Land seine Teilnahme an der WM-Qualifikation und reiste nach zwei überzeugenden Ausscheidungsspielen gegen Palästina (Israel) zum Endturnier nach Italien. Dort schied die vom Briten James McCray trainierte Elf nach einem spektakulären 2:4 gegen Ungarn im Achtelfinale aus.

Auf nationaler Ebene dominierten die heutigen Größen Al-Ahly und Al-Mokhtalat (von 1941-52 Faruk genannt, seitdem Zamalek). Bis zum Beginn des Zweiten Weltkriegs vermochten lediglich die Alexandriaer Klubs Al-Ittihad (1926 und 1936) bzw. Olympi (1933 und 1934) sowie der Hafenklub Al-Tersana Kairo (1929) dem Erfolgsduo den Faruk-Cup zu entreißen. Al-Ahly und Al-Mokhtalat stellten auch das Gros der Nationalspieler, unter denen Mahmoud »Mokhtar« El-Tetch und Husein Hegazi (alle Al-Ahly) sowie Ali Al-Hassani (Al-Mokhtalat) herausragten. Al-Ahly war 1929 zudem zu einer spektakulären Europatournee aufgebrochen und hatte u. a. vier Spiele in Deutschland bestritten (2:2 gegen den VfB Leipzig, 4:3 gegen München 1860 und 2:2 sowie 5:3 gegen Tennis Borussia Berlin).

■ **NACH DEM ZWEITEN WELTKRIEG** wurde es turbulent um Ägypten und seinen Fußball.

Während der Nationalverband 1949 eine elf Teams umfassende Nationalliga ins Leben rief, rückte die Palästina/Israel-Frage auf die politische Agenda. Nach der vernichtenden militärischen Niederlage der arabischen Koalition – darunter Ägypten – im Krieg gegen Israel destabilisierte sich die Lage ab 1948 zunehmend. 1952 wurde Ägyptens König Faruk gestürzt, ehe 1954 mit Gamal Abdel Nasser ein Mann die Macht übernahm, dessen an die Sowjetunion angelehnter nationalistischer, panarabischer und antiisraelischer Kurs Ägypten zum Vorreiter in der antiisraelischen Bewegung machte.

Mit Nassers Verstaatlichung des Sueskanals begann 1956 die Sueskrise, die zur vorübergehenden Besetzung der Sinai-Halbinsel durch Israel führte. Um einen starken arabischen Block gegen Großbritannien, Frankreich und Israel zu bilden, schlossen sich Ägypten und Syrien zwei Jahre später zur Vereinigten Arabischen Republik (VAR) zusammen, die allerdings nicht über Absichtserklärungen hinauskam und 1961 durch den Austritt Syriens wieder zerbrach. Ägypten hielt noch bis 1972 an dem Namen VAR fest.

Ägyptens Fußball blieb von den politischen Turbulenzen zunächst unbeeindruckt. 1954 nahmen die »Pharaonen« erstmals seit 20 Jahren wieder an einer WM-Qualifikation teil und reisten sowohl 1948 als auch 1952 zu den olympischen Fußballturnieren. Zudem zählte das Land 1956 zu den Initiatoren bei der Gründung der afrikanischen Konföderation CAF, deren erstes Kontinentalturnier 1957 eigentlich in Kairo stattfinden sollte, ehe es

● **Erfolge**
Afrikameister 1957, 1959, 1986, 1998, 2006, 2008

● **FIFA World Ranking**
1993	1994	1995	1996	1997	1998	1999	2000
26	22	23	28	32	28	38	33
2001	2002	2003	2004	2005	2006	2007	2008
41	39	323	34	32	27	39	16

● **Weltmeisterschaft**
1930 nicht teilgenommen **1934** Endturnier (Achtelfinale) **1938-50** nicht teilgenommen **1954** Qualifikation **1958-70** nicht teilgenommen **1974-86** Qualifikation **1990** Endturnier (Vorrunde) **1994-2010** Qualifikation

● **Afrikameisterschaft**
1957 Endturnier (Sieger) **1959** Endturnier (Ausrichter, Sieger) **1962** Endturnier (Zweiter) **1963** Endturnier (Zweiter) **1965** Endturnier (nicht angetreten) **1968** Endturnier (nicht angetreten) **1970** Endturnier (Dritter) **1972** Qualifikation **1974** Endturnier (Ausrichter, Dritter) **1976** Endturnier (Vierter) **1980** Endturnier (Vierter) **1982** Endturnier (nicht angetreten) **1984** Endturnier (Vierter) **1986** Endturnier (Ausrichter, Sieger) **1988** Endturnier (Vorrunde) **1990** Endturnier (Vorrunde) **1992** Endturnier (Vorrunde) **1994** Endturnier (Viertelfinale) **1996** Endturnier (Viertelfinale) **1998** Endturnier (Sieger) **2000** Endturnier (Viertelfinale) **2002** Endturnier (Viertelfinale) **2004** Endturnier (Vorrunde) **2006** Endturnier (Ausrichter, Sieger) **2008** Endturnier (Sieger)

● **Vereinserfolge**
Landesmeister Ismaily SC (1969), Al-Ahly Kairo (1982, 1987, 2001, 2005, 2006, 2008), Zamalek Kairo (1984, 1986, 1996, 2002) **Pokalsieger** Al-Mokaoulom Kairo (1982, 1983, 1996), Al-Ahly Kairo (1984, 1985, 1986, 1993), Zamalek Kairo (2000)

aufgrund der Suezkrise nach Sudan verlegt wurde. Mit Abdelaziz Abdallah Salem übernahm ein Ägypter die erste Präsidentschaft über die CAF.

Sportlich beherrschte Ägypten die afrikanische Konkurrenz seinerzeit nach Belieben. Unter den verantwortlichen Trainern Mohamed Latif und Mourad Fahmy waren die »Pharaonen« gegen renommierte osteuropäische Klubmannschaften wie ÚDA Prag (später Dukla) geschult worden und sicherten sich 1957 mit einem 4:0-Finalsieg über Äthiopien erstmals die Afrikameisterschaft. Aus dem nahezu komplett der ägyptischen Armee angeschlossenen Erfolgsteam ragten der griechisch-ägyptische Torhüter Brascos, Regisseur Rifâat Al-Fanaguili sowie Kapitän Raafat heraus. Zwei Jahre später verteidigte die inzwischen durch die spätere Al-Ahly-Legende Salah Selim verstärkte Elf ihren Titel bei der zweiten Afrikameisterschaft vor eigenem Publikum in Kairo mit einem 2:1 über Sudan.

■ **MIT DER SUEZKRISE WURDE** der Fußball in Ägypten zum politischen Werkzeug. 1956 zog sich Ägypten aus Protest gegen die Besetzung der Sinai-Halbinsel durch Israel vom olympischen Fußballturnier in Melbourne zurück, während Al-Ahly und Zamalek ein gemeinsames Benefizkonzert für die gefallenen »Märtyrer« organisierten.

In der Nationalliga dominierte unterdessen die Elf von Al-Ahly, die von 1949 bis 1962 elf der zwölf ausgeschriebenen Meisterschaften gewann. Akteure wie die Brüder Saleh und Tarek Selim, Abdul Karim Sagr, Al-Misri sowie Fuad Sidgi zählten seinerzeit zum Besten, was Nordafrikas Fußball zu bieten hatte. Darüber hinaus stand der Klub unter der Patronage von Ägyptens politischer Führung um Gamal Abdel Nasser, der 1956 zu Al-Ahlys Ehrenpräsident ernannt wurde.

Nachdem Ägypten 1962 zum dritten Mal in Folge das kontinentale Finale erreicht hatte (2:4 gegen Äthiopien) und 1964 beim olympischen Fußballturnier in Tokio ins Halbfinale eingezogen war, stoppte der folgenschwere Sechstagekrieg mit Israel 1967 den Spielbetrieb. Zwischen 1968 und 1972 wurden weder die Landesmeisterschaft noch der Pokalwettbewerb durchgeführt, zog sich Ägyptens Landesauswahl aus der Qualifikation zur Afrikameisterschaft 1968 zurück und fehlte auch beim olympischen Fußballturnier im selben Jahr.

Die erneute und diesmal dauerhafte Besetzung der Sinai-Halbinsel durch Israel löste zudem eine Flüchtlingswelle ins ägyptische Kernland aus und verwandelte die Fußballklubs der Kanalregion in Heimatvertriebene. Auch der Ismaily Sporting Club, der 1967 zum ersten Mal Landesmeister geworden war, musste seine Heimatstadt vorübergehend aufgeben und nach Kairo emigrieren. Dennoch drangen die Blau-Gelben 1969 in der afrikanischen Landesmeisterschaft als erstes ägyptisches Team bis ins Finale vor, wo sie sich sensationell gegen Titelverteidiger TP Englebert Lubumbashi aus der DR Kongo durchsetzten. 1970 erreichten die Exilanten erneut das Halbfinale, in dem sie jedoch an Ghanas Asante Kotoko Kumasi scheiterten.

Dass Ägypten damit ausgerechnet während einer der düstersten Phasen seiner modernen Geschichte einen Fußball-Höhepunkt erreichte, war nicht zuletzt dem Krieg zu verdanken. Hinter Ismailys Erfolgen stand mit Osman Ahmed Osman ein umtriebiger Bauunternehmer, der u. a. mit der Errichtung von Bunkern ein Vermögen gemacht hatte.

Als der nationale Spielbetrieb Mitte der 1970er Jahre wieder aufgenommen wurde, kehrte der eine Zeitlang von der ungarischen Fußball-Legende Nandor Hidegkuti trainierte Rekordmeister Al-Ahly an die Spitze des ägyptischen Fußball zurück. Zwischen 1975 und 1990 verpassten die »Red Devils« lediglich viermal die Landesmeisterschaft. Die erste Meisterschaft nach der Wiederaufnahme des Spielbetriebs ging allerdings 1973 in die Textilhochburg El-Mahalla El-Kubra. Lokalmatador Ghazl El-Mehalla – genannt »El Fallahen« (»Die Bauern«) – erreichte anschließend als zweites ägyptisches Team das Finale um die kontinentale Landesmeisterschaft, in dem man CARA Brazzaville unterlag.

■ **POLITISCH BEFAND SICH ÄGYPTEN** seinerzeit im Umbruch. Nach dem Tod von Präsident Nasser hatte 1970 Anwar Sadat die Macht übernommen und sich vom langjährigen Bündnispartner Sowjetunion getrennt. 1973 unternahm Sadat gemeinsam mit Syrien einen Überraschungsangriff auf Israel

■ **ZAMALEK KAIRO** Wenn Al-Ahly der größte und berühmteste Klub Afrikas ist,  muss der Kairoer Lokalrivale Zamalek zweifelsohne als kontinentale Nummer zwei bezeichnet werden. Gemeinsam haben die beiden Klubs elfmal die afrikanische Landesmeisterschaft nach Kairo geholt (Zamalek gelang dies 2002 zum fünften Mal), und wo immer sie auftreten, sind volle Ränge garantiert. Das gilt vor allem für das Lokalderby, das in der Vergangenheit bis zu 150.000 Zuschauer anlockte. Die Rivalität zwischen Al-Ahly und Zamalek hat neben der sportlichen vor allem eine politische Dimension. Während Al-Ahly der Klub der ägyptischen Nationalisten ist, gibt sich Zamalek liberal und international. Der Verein wird dem wohlhabenden Bürgertum zugerechnet, wohingegen Al-Ahly als Team des Mittelstandes und der Arbeiter gilt. 1911 von einem Belgier als Kasr El-Nil gegründet, nahm Zamalek 1913 die Bezeichnung Al-Mokhtalat (»International«) an, unter der man 1922 erstmals den ägyptischen Landespokal gewann. Das Erfolgsteam wurde seinerzeit angeführt von Nationalmannschaftskapitän Hussein Hegazy, der im englischen Cambridge studiert und sich nach seiner Rückkehr nach Kairo Al-Mokhtalat angeschlossen hatte. Angeführt von einem renommierten belgischen Rechtsanwalt avancierte Al-Mokhtalat in den 1920er Jahren zu einem internationalen Klub, in dem Ägypter und Ausländer aus gehobenem Hause gemeinsam Sport trieben – und damit zum Widersacher des gegen die britische Fremdherrschaft kämpfenden Nachbarn Al-Ahly, der Teil der Nationalbewegung war. Erst in den 1930er Jahren wuchs auch bei Al-Mokhtalat der Widerstand gegen Europäer, woraufhin sich die Klubführung entschloss, den Verein für Ausländer zu schließen. 1941 nahm man den Namen Faruk an (Ägyptens König fungierte als Schirmherr), ehe der Klub nach der Revolution von 1952 und dem Sturz der Monarchie zum Zamalek Sports Club wurde. Zamalek ist ein wohlhabender Stadtteil auf der Kairoer Nil-Insel Gezira, von dem auch Erzrivale Al-Ahly stammt. Obwohl Zamalek gemeinsam mit Al-Ahly Ägyptens Fußball seit langem beherrschen, reichen die Erfolge der »White Knights« nicht an die des Rekordmeisters heran. 11 Zamalek-Meisterschaften stehen 33 Al-Ahly-Triumphen gegenüber, und im Pokal lautet das Verhältnis 21:35. Nichtsdestotrotz hat Zamalek ebenso wie Al-Ahly Ägyptens Fußball geprägt und eine Vielzahl herausragender Fußballer hervorgebracht. Dazu zählten Magdy Tolba und Tarek El-Saeed, die Zamalek 1984 erstmals zur Kontinentalmeisterschaft führten. 1986, 1993, 1996 und 2002 bestieg Zamalek vier weitere Male den kontinentalen Fußballthron, während die Elf um die von Al-Ahly gekommenen Brüder Ibrahim und Hossam Hassan 2000 Afrikas Pokalsieger wurde. [1911 | Cairo International (74.100) | 11 | 21]

■ **ISMAILY SPORTING CLUB** Ägyptens Nummer drei – sowohl in punkto Erfolge als auch in der Publikums-  gunst. Der Verein wurde 1921 als Nahda Sporting Club gegründet und ist in der am Sueskanal gelegenen Stadt Ismaïlia ansässig. Die »El-Draweesh« (»Samba Boys«) wurden 1967, 1991 und 2002 jeweils Landesmeister und holten 1969 als erster Klub die Kontinentalmeisterschaft nach Ägypten. Hinter den Erfolgen der 1960er Jahre stand mit Osman Ahmed Osman der größte Bauunternehmer Ägyptens, dessen Unternehmen »Arab Contractors« rund 50.000 Angestellte umfasste und das u.a. durch den Bau des Naswa-Staudamms und von Schutzbunkern zu Reichtum gekommen war. Ihren ersten nationalen Titel errangen die Blau-Gelben in der Saison 1967, als mit Ali Abugreisha ein treffsicherer Torjäger aus der vom Engländer Thompson trainierten Elf herausragte. Im selben Jahr musste Ismaily allerdings wegen der Besetzung der Sinai-Halbinsel durch Israel Ismaïlia verlassen und nach Kairo emigrieren. Dort gewann das Team 1969 überraschend die afrikanische Landesmeisterschaft, als es sich im Finale gegen den Titelverteidiger TP Englebert Lubumbashi aus der DR Kongo durchsetzte. Trotz des Exilantendaseins erreichte Ismaily auch 1970 wieder das Halbfinale, während man 1971 und 1973 immerhin jeweils bis ins Viertelfinale vordrang. Nach Israels Teilrückzug von der Sinai-Halbinsel konnte der Klub 1975 in seine Heimatstadt zurückkehren und mit dem Wiederaufbau seines kriegszerstörten Stadions beginnen. Allerdings verlor man bei diesem Prozess seinen Protektor Osman Achmed Osman, der 1973 in Kairo mit Al-Mokaoulom al-Arab (»Arab Contractors«) einen neuen Klub aufzog. Nach einer längeren sportlichen Durststrecke kehrte Ismaily erst 1986 auf die kontinentale Ebene zurück und erreichte im Pokalsiegerwettbewerb das Halbfinale. Dem Gewinn der Landesmeisterschaft 1991 folgte 1992 der Einzug ins Halbfinale der Champions League, während die »El-Draweesh« 2000 im Finale um den CAF-Cup dem algerischen Klub JS Kabylie Tizi-Ouzu unterlagen. 2002 wurde Ismaily zum dritten Mal ägyptischer Landesmeister. [1911 | Mit Okba (15.000) | 1 | 6]

HELDEN | LEGENDEN

■ **MAHMOUD AL-KHATIB** Einziger Ägypter, der bislang zu Afrikas Fußballer des Jahres gewählt wurde. »Bibo«, wie der Mann mit der Nummer 10 stets genannt wurde, lenkte von 1972-88 das Spiel von Al-Ahly und war von 1976-88 auch Galionsfigur der ägyptischen Nationalelf. Mit Al-Ahly errang er elf Landesmeisterschaften und fünf kontinentale Titel (zweimal Landesmeister, dreimal Pokalsieger), während er mit Ägypten 1980 und 1984 jeweils zum olympischen Fußballturnier reiste und die »Pharaonen« 1986 als Kapitän zur Afrikameisterschaft führte. Der fünffache Fußballer des Jahres Ägyptens wurde 1983 zu Afrikas Fußballer des Jahres gewählt und belegte 2007 bei einer Umfrage über die besten afrikanischen Spieler der vergangenen 50 Jahre Platz zwei. [*30.10.1954]

■ **HOSSAM HASSAN** Ägyptens Rekordnationalspieler ist mit 170 Länderspielen die weltweite Nummer drei. 2006 wurde Hassan mit Ägypten zum dritten Mal Afrikameister, und mit 41 Titelgewinnen – darunter 14 Landesmeisterschaften mit Al-Ahly sowie Zamalek – ist er einer der erfolgreichsten Fußballer seines Landes. Gefürchtet für seine Zornausbrüche kam der in Helwan geborene Hossam ebenso wie sein Zwillingsbruder Ibrahim als Jugendlicher zu Al-Ahly und debütierte im November 1985 für die »Red Devils«. 1986 gewann er mit Ägypten erstmals die Afrikameisterschaft und avancierte zur Galionsfigur jener legendären Al-Ahly-Elf, die von 1985-93 dreimal kontinentaler Pokalsieger und einmal Kontinentalmeister wurde. 1990 zählte der inzwischen in Griechenland aktive Allroundspieler zur Stammformation der ägyptischen WM-Elf, ehe er 1998 mit den »Pharaonen« abermals Afrikameister wurde und bei der Wahl zu Afrikas Fußballer des Jahres Platz zwei belegte. Mit seinem Wechsel zu PAOK Saloniki hatte Hassan 1990 eine fußballerische Weltodyssee begonnen, die ihm den Ruf bescherte, nicht sonderlich vertragstreu zu sein. Bis zu seinem Karriereende 2007 trug er die Jerseys von Xamax Neuchâtel und Al-Ain im Ausland bzw. Al-Ahly, Al-Masry, Al-Tersana sowie Al-Ittihad Alexandria in Ägypten. Sein spektakulärer Wechsel von Al-Ahly, wo er sich mit Trainer Rainer Zobel zerstritten hatte, zu Erzrivale Zamalek erregte 2000 wochenlang die Gemüter in Ägypten. [*10.8.1966 | 170 LS/69 Tore]

■ **MOKHTAR EL-TITCH** Ägyptens erster Fußballstar, der über die Landesgrenzen hinaus berühmt wurde. Mahmoud Mokhtar, genannt »El-Titch«, begann seine Laufbahn 1922 bei Al-Ahly und führte Ägyptens »Pharaonen« zwischen 1924 und 1936 dreimal zum olympischen Fußballturnier bzw. 1934 zur WM nach Italien. Al-Ahlys Heimstatt in Gezira ist nach dem unvergessenen Torjäger benannt. [*23.12.1907 †21.12.1965]

■ **HANY RAMZY** Einer der wenigen Ägypter, der auf eine erfolgreiche Karriere im Ausland zurückblicken kann. Ramzy wechselte 1990 von seinem Stammverein Al-Ahly zu Xamax Neuchâtel in die Schweiz und kam 1994 zu Werder Bremen, wo er bis 1998 erfolgreich am Ball war. Anschlie-

Jubel um die »Pharaonen«, die 2008 zum sechsten Mal Afrikameister wurden.

(»Oktoberkrieg«), der zur Teilbefreiung der Sinai-Halbinsel führte. Anschließend suchte er den Dialog mit Israel, was 1979 zur Unterzeichnung eines Friedensvertrags und dem endgültigen Abzug der israelischen Truppen von der Sinai-Halbinsel führte. Allerdings geriet Ägypten dadurch in der arabischen Welt in die Isolation und wurde zum Ziel islamistischer Fundamentalisten.

Nachdem der inzwischen mit dem Friedensnobelpreis ausgezeichnete Sadat 1981 einem Anschlag zum Opfer gefallen war, gelang es Nachfolger Hosni Mubarak, Ägypten in die Arabische Liga zurückzuführen. Seine auf Verständigung mit Israel ausgerichtete Politik ruft allerdings regelmäßig den Zorn radikaler Islamisten hervor, während Kritiker ihm ein pseudodemokratisches Regierungssystem unterstellen.

Die 1980er Jahre sollten zur erfolgreichsten internationalen Epoche des ägyptischen Fußballs werden. Vorausgegangen war ein Umdenken in der Verbandspolitik, die bis dato überwiegend auf die nationale Ebene gerichtet war. Nachdem der Blick auf den gesamten afrikanischen Kontinent ausgeweitet worden war, konnte Ägypten zur führenden Nation Afrikas aufsteigen. Viermal ging die kontinentale Landesmeisterschaft während dieser Epoche nach Kairo (Al-Ahly gewann 1982 und 1987, Zamalek 1984 und 1986), während der Pokalsiegerwettbewerb zwischen 1982 und 1986 sogar fünfmal in Folge von einem ägyptischen Team errungen wurde. 1982 und 1983 setzte sich mit Al-Mokaoulom al-Arab ein Team durch, das unter dem Namen »Arab Contractors« international bekannt wurde. Dies wiederum war das Bauunternehmen des ehemaligen Ismaily-Förderers Osman Ahmed Osman, der inzwischen in der Hauptstadt aktiv war. Osman, ein enger Vertrauter von Ex-Staatspräsident Sadat, hatte Al-Mokaoulom al-Arab mit der Verpflichtung renommierter Akteure wie den ägyptischen Auswahlspielern Ali Shehata, Mohammed Radwan, Hamdi Nouh und Nasser Mohammed Ali sowie Kameruns Nationaltorhüter Joseph-Antoine Bell und Afrikas Fußballer des Jahres 1978, Abdul Razak aus Ghana, international wettbewerbsfähig gemacht. Rekordmeister Al-Ahly indes setzte auf ägyptische Spieler und wurde damit von 1984-86 dreimal in Folge Pokalsieger Afrikas.

Ägyptens Klubfußball war der Konkurrenz aus Schwarzafrika seinerzeit nicht nur sportlich haushoch überlegen. »Ihr Organisationsstandard und ihre Infrastruktur sowie ihre überlegene technische Ausstattung und bessere finanzielle Situation erklärt die Überlegenheit der ägyptischen Klubs«, referierte das Fachblatt »Jeune Afrique« 1986. In der Tat war vor allem das Lokalderby zwischen Al-Ahly und Zamalek ein Kassenschlager, bei dem 1981 rund 150.000 Zuschauer eine Rekordkulisse für die Ewigkeit aufgestellt hatten.

■ **IM ZUGE DER VEREINSERFOLGE** konnte auch die Nationalelf allmählich an bessere Tage anknüpfen. 1984 erreichte Ägyptens Olympiaauswahl in Los Angeles das Viertelfinale. 1986 durften sich dann die vom Waliser Michael Smith betreuten »Pharaonen« bei der im eigenen Land ausgetragenen Afrikameisterschaft erstmals seit 1959 wieder die Krone des Kontinentalmeisters aufsetzen. 1983 wurde mit Al-Ahly-Regisseur Mahmoud »Bibo« Al-Khatib zudem erstmals ein Ägypter zum Fußballer des Jahres in Afrika gewählt.

Der größte Erfolg gelang jedoch in der WM-Qualifikation 1990, in der sich Ägypten unter anderem gegen den zweifachen WM-Teilnehmer Algerien durchsetzte. Beim Endturnier in Italien schlug sich die Elf um Torhüter Achmed Shoubeir, Kapitän Abdelhamid und Libero Hany Ramzy gegen die Niederlande (1:1), Irland (0:0) und England (0:1) dann zwar tapfer, blieb aber glücklos und musste nach der Vorrunde heimreisen. »Wir haben unser Land hervorragend vertreten«, verkündete Trainer Al-Gohary anschließend.

Vorausgegangen war ein 1985 verhängtes Verbot von ausländischen Spielern in der Nationalliga, mit dem der heimische Nachwuchs gestärkt werden sollte.

Nach der WM setzte Ernüchterung ein. Einem ungeheuren Verschleiß an Nationaltrainern stand eine sportliche Pleite nach der anderen gegenüber. Nachdem Ägypten zwischen 1988 und 1992 dreimal in Folge sogar schon in der Vorrunde der Afrikameisterschaft ausgeschieden war, erreichten die »Pharaonen« 1994 in Tunesien zumindest wieder das Viertelfinale. Auch auf Klubebene waren Erfolge selten. Lediglich Zamalek vermochte 1993 und 1996 die kontinentale Landesmeisterschaft nach Kairo zu holen, während Al-Ahly 1993 und Al-Mokaoulom 1996 Afrikas Pokalsieger wurden.

Der Deutsche Michael Krüger, der 1996 mit Al-Mokaoulom den Afrikapokal gewann, sah ein ganzes Bündel von Ursachen für die sportliche Durststrecke. »Hier fehlt es an kontinuierlicher Planung«, kritisierte Krüger die Verbandspolitik. Weil es keinen Rahmenterminkalender gab, stand beispielsweise zum Saisonstart nicht einmal fest, wann der letzte Spieltag ausgetragen werden würde. Hinzu kamen die spezifischen religiösen Bedingungen im tiefgläubigen Ägypten. So benachteiligt der islamischen Fastenmonat Ramadan ägyptische Teams gegenüber der nichtislamischen Konkurrenz, während der tiefe Glaube mangelnde Selbstkritik und einen gewissen Fatalismus nach sich zieht. Krüger: »Jeder dritte Satz endet hier mit Inch Allah, so Gott will. Wenn ich einen Stürmer frage, warum hast du den Ball nicht reingemacht, kann es vorkommen, dass er sagt: Ich habe alles gegeben, aber Gott hat nicht gewollt, dass ich heute treffe.«

Auch die anhaltende Dominanz von Al-Ahly und Zamalek wirkt sich negativ aus. So gewann Al-Ahly 2004/05 24 seiner 26 Ligaspiele und sorgte damit für große Langeweile. Mit seiner enormen wirtschaftlichen Kraft beherrscht das längst zu mächtigen und weitverzweigten Wirtschaftsunternehmen aufgestiegene Führungsduo sowohl die Liga als auch die Nationalelf. Als es beispielsweise 1996 zu Ausschreitungen beim Derby kam, verweigerte Zamalek seinen Nationalspielern aus Protest die Reise zu einem Länderspiel. Beide Seiten behaupten zudem regelmäßig, die jeweils andere Seite übe einen zu großen Einfluss auf die Nationalelf bzw. den ägyptischen Fußballverband aus.

Rekordnationalspieler Hossam Hassan.

■ **NACHDEM SELBST RENOMMIERTE** Trainer wie der Niederländer Ruud Krol an der Aufgabe, Ägyptens Nationalelf aus der Krise zu führen, gescheitert waren, schaffte erst der reaktivierte WM-1990-Coach Mahmoud Al-Gohari die Wende. Al-Gohari, der zwischenzeitlich sowohl Al-Ahly als auch Zamalek zu Erfolgen verholfen hatte, holte Europalegionäre wie Hany Ramzy und Hossam Hassan zurück und führte Ägypten damit 1998 zum vierten Mal zum Gewinn der Afrikameisterschaft. 2006 setzte sich die Elf um Rekordnationalspieler Hossam Hassan dann beim Turnier im eigenen Land zum fünften Mal durch, ehe Ägypten 2008 mit einem 1:0-Finalsieg über Kamerun seinen sechsten Kontinentaltitel einfuhr und damit alleiniger Rekordhalter wurde.

Auch auf Klubebene ist Ägypten inzwischen wieder das Maß der Dinge in Afrika. Seit der Millenniumswende haben Al-Ahly und Zamalek insgesamt fünfmal die Champions League gewonnen und sind der Konkurrenz aus Schwarzafrika weit enteilt. Insbesondere Al-Ahly, das 2000 zu Afrikas Mannschaft des Jahrhunderts gekürt wurde, verfügt mit geschätzten 40 Mio. Anhängern im gesamten arabischen Raum über ein enormes Potenzial.

Für viele schwarzafrikanische Fußballer ist Ägypten inzwischen eine beinahe ebenso attraktive Adresse wie Europa. Der hohe Lebensstandard, die moderne Infrastruktur, die begeisterte Anhängerschaft und die ausgezeichneten Verdienstmöglichkeiten in der seit einigen Jahren unter Profibedingungen arbeitenden Nationalliga haben Ägypten zu einer attraktiven Adresse werden lassen.

ßend von seinem Ziehvater Otto Rehhagel nach Kaiserslautern geholt, wurde er mit den Pfälzern sensationell Deutscher Meister. Aufgrund einer hartnäckigen Verletzung verlor Ramzy 2003 seinen Stammplatz auf dem Betzenberg und ließ seine Laufbahn 2005 beim 1. FC Saarbrücken ausklingen. [*10.3.1969 | 124 LS]

■ **MAHMOUD AL-GOHARI** Ihm gelang als Einzigem das Kunststück, sowohl als Spieler wie auch als Trainer Afrikameister zu werden. 1959 schoss er die »Pharaonen« vor eigenem Publikum zum zweiten Mal nach 1957 zum Titel, und 1998 lenkte er Ägypten als Trainer zum vierten Erfolg. Sechs Meisterschaften mit Al-Ahly zeichnen die Spielerkarriere von »Little Titch« (nach Al-Ahly-Legende El-Titch) aus, ehe er seine Laufbahn verletzungsbedingt vorzeitig beenden musste und mit seinen Erfolgen als Trainer endgültig zur ägyptischen Fußball-Legende wurde. 1990 führte Al-Gohari die »Pharaonen« zum zweiten Mal nach 1934 zur WM. [*23.6.1937]

Jahr	Pokalsieger	Jahr	Pokalsieger
1921/22	Al-Mokhtalat Kairo	1935/36	Al-Ittihad Alexand.
1922/23	Al-Tersana Kairo	1936/37	Al-Ahly Kairo
1923/24	Al-Ahly Kairo	1937/38	Al-Mokhtalat Kairo
1924/25	Al-Ahly Kairo	1938/39	Teram
1925/26	Al-Ittihad Alexand.	1939/40	Al-Ahly Kairo
1926/27	Al-Ahly Kairo	1940/41	Al-Mokhtalat Kairo
1927/28	Al-Ahly Kairo	1941/42	Al-Ahly Kairo
1928/29	Al-Tersana Kairo	1942/43	Al-Ahly/Faruk
1929/30	Al-Ahly Kairo	1943/44	Faruk Kairo
1930/31	Al-Ahly Kairo	1944/45	Al-Ahly Kairo
1931/32	Al-Mokhtalat Kairo	1945/46	Al-Ahly Kairo
1932/33	Olympi Alexandria	1946/47	Al-Ahly Kairo
1933/34	Olympi Alexandria	1947/48	Al-Ittihad Alexand.
1934/35	Al-Mokhtalat Kairo		

Jahr	Meister	Pokalsieger
1948/49	Al-Ahly Kairo	Al-Ahly Kairo
1949/50	Al-Ahly Kairo	Al-Ahly Kairo
1950/51	Al-Ahly Kairo	Zamalek Kairo
1951/52	nicht ausgespielt	Zamalek Kairo
1952/53	Al-Ahly Kairo	Al-Ahly Kairo
1953/54	Al-Ahly Kairo	Al-Tersana Kairo
1954/55	abgebrochen	Zamalek Kairo
1955/56	Al-Ahly Kairo	Al-Ahly Kairo
1956/57	Al-Ahly Kairo	Zamalek Kairo
1957/58	Al-Ahly Kairo	Zamalek/Al-Ahly
1958/59	Al-Ahly Kairo	Zamalek Kairo
1959/60	Zamalek Kairo	Zamalek Kairo
1960/61	Al-Ahly Kairo	Al-Ahly Kairo
1961/62	Al-Ahly Kairo	Zamalek Kairo
1962/63	Al-Tersana Kairo	Al-Ittihad Alexandria
1963/64	Zamalek Kairo	Qanah Suez
1964/65	Zamalek Kairo	Al-Tersana Kairo
1965/66	Olympi Alexandria	
1966/67	Ismaily SC	Al-Tersana Kairo
1967-72	nicht ausgespielt	nicht ausgespielt
1972/73	Al-Mahala	Al-Ittihad Alexandria
1973/74	abgebrochen	abgebrochen
1974/75	Al-Ahly Kairo	Zamalek Kairo
1975/76	Al-Ahly Kairo	Al-Ittihad Alexandria
1976/77	Al-Ahly Kairo	Zamalek Kairo
1977/78	Zamalek Kairo	Al-Ahly Kairo
1978/79	Al-Ahly Kairo	Zamalek Kairo
1979/80	Al-Ahly Kairo	nicht ausgespielt
1980/81	Al-Ahly Kairo	Al-Ahly Kairo
1981/82	Al-Ahly Kairo	nicht ausgespielt
1982/83	Al-Mokaoulun Kairo	Al-Ahly Kairo
1983/84	Zamalek Kairo	Al-Ahly Kairo
1984/85	Al-Ahly Kairo	Al-Ahly Kairo
1985/86	Al-Ahly Kairo	Al-Tersana Kairo
1986/87	Al-Ahly Kairo	nicht ausgespielt
1987/88	Zamalek Kairo	Zamalek Kairo
1988/89	Al-Ahly Kairo	Al-Ahly Kairo
1989/90	abgebrochen	Al-Mokaoulun Kairo
1990/91	Ismaily SC	Al-Ahly Kairo
1991/92	Zamalek Kairo	Al-Ahly Kairo
1992/93	Zamalek Kairo	Al-Ahly Kairo
1993/94	Al-Ahly Kairo	nicht ausgespielt
1994/95	Al-Ahly Kairo	Al-Mokaoulun Kairo
1995/96	Al-Ahly Kairo	Al-Ahly Kairo
1996/97	Al-Ahly Kairo	Ismaily SC
1997/98	Al-Ahly Kairo	Al-Masry Port Saïd
1998/99	Al-Ahly Kairo	Al-Ahly Kairo
1999/00	Al-Ahly Kairo	Ismaily SC
2000/01	Zamalek Kairo	Al-Ahly Kairo
2001/02	Ismaily SC	Zamalek Kairo
2002/03	Zamalek Kairo	Al-Ahly Kairo
2003/04	Zamalek Kairo	Al-Mokaoulun Kairo
2004/05	Al-Ahly Kairo	ENPPI Kairo
2005/06	Al-Ahly Kairo	Zamalek Kairo
2006/07	Al-Ahly Kairo	Al-Ahly Kairo
2007/08	Al-Ahly Kairo	Zamalek Kairo

ALGERIEN

Eine wirkliche »Fußball-Revolution«

Algeriens goldene Fußball-Epoche ist längst Geschichte

Fédération Algérienne de Football

Algerischer Fußball-Bund | gegründet: 1962 | Beitritt FIFA: 1963 | Beitritt CAF: 1963 | Spielkleidung: grünes Trikot, grüne Hose, grüne Stutzen | Saison: August - Mai | Spieler/Profis: 1.790.200/300 | Vereine/Mannschaften: 2.090/2.560 | Anschrift: Chemin Ahmed Ouaked, Case Postale 39, Dely Brahim, Alger | Tel: +213-21/372929 | Fax: +213-21/367266 | www.faf.org.dz | E-Mail: faffootball.yahoo.fr

Algerien liefert eine der bemerkenswerten Fußballstorys der Kolonialgeschichte: Ausgerechnet das von französischen Besatzern eingeführte Spiel avancierte nach dem Zweiten Weltkrieg zu einem wichtigen Faktor im nationalen Befreiungskampf. Als die algerische Unabhängigkeitsbewegung Front de Libération Nationale (FNL) 1958 die in Frankreich lebenden algerischen Fußballprofis aufforderte, sich dem Unabhängigkeitskampf anzuschließen und Frankreich zu verlassen, rückte das Schicksal Algeriens schlagartig in die Weltpresse. Angeführt von Größen wie Rachid Mekhloufi, der bereits für Frankreichs »Equipe Tricolore« aufgelaufen war, formierte sich eine spielstarke FLN-Elf, die in rund 100 Begegnungen für Algeriens Unabhängigkeit warb. Während sich Frankreich – ebenso wie die FIFA – empört zeigten, wurden die Fußball-Revolutionäre wie Helden gefeiert, als Algerien am 5. Juli 1962 schließlich in die Unabhängigkeit entlassen wurde.

■ **ALGERIEN IST DAS NACH SUDAN** zweitgrößte afrikanische Land und stand lange Zeit unter osmanischer Herrschaft. Dominierende Volksstämme sind aus der Region stammende Berber (vornehmlich Kabylen) sowie Araber, die Mitte des siebten Jahrhunderts nach Algerien vordrangen und der Region ihre Sprache, ihre Religion und ihre Kultur aufdrückten. Die meisten der etwa 33 Mio. Algerier leben im Norden. Weite Teile des Südens werden von der Sahara eingenommen, die 85 Prozent der Landfläche Algeriens ausmacht und in der es nur vereinzelt Oasen gibt.

Nachdem ab 1830 französische Truppen in das Gebiet des heutigen Algerien vorgedrungen waren, verleibte sich Frankreich das Territorium 1847 ein und besiedelte es mit französischen Einwanderern. Rund 70 Jahre später blieben im Gegenzug etwa 70.000 Algerier, die sich während des Ersten Weltkriegs den französischen Soldatenrock übergestreift hatten, nach Kriegsende in Frankreich. Darunter waren die Familien diverser späterer Fußballprofis. So ist Frankreichs in Marseille geborene Fußball-Ikone Zinedine Zidane Sohn einer allerdings erst später emigrierten Berberfamilie aus der Kabylei.

Während die französischen Einwanderer in Nordafrika (wozu neben Algerien auch die gleichfalls im französischen Besitz stehenden Nachbarn Tunesien und Marokko zählten) in Wohlstand lebten, litt die heimische Bevölkerung unter Armut und Unterdrückung. 1925 bildete sich eine Unabhängigkeitsbewegung, die während des Zweiten Weltkriegs einen Aufstand begann, der jedoch niedergeschlagen wurde. Als sich Frankreich über das Kriegsende hinaus Reformen verweigerte, begann im Oktober 1954 ein erneuter Aufstand gegen den Kolonialherren. Angeführt von der zwischenzeitlich gebildeten FNL entwickelte sich daraus ein von beiden Seiten mit äußerster Härte geführter Bürgerkrieg.

Nachdem Frankreich 1956 zwar Tunesien und Marokko in die Unabhängigkeit entlassen, an Algerien jedoch festgehalten hatte, erhöhte die FNL den Druck. 1959 lenkte Frankreichs ein Jahr zuvor an die Macht zurückgekehrter General Charles de Gaulle schließlich ein. Gegen den Widerstand aus eigenen Reihen unterzeichnete er 1962 ein Friedensabkommen und entließ Algerien in die Unabhängigkeit. Fluchtartig verließen daraufhin mehr als eine Mio. französische Siedler sowie rund 100.000 arabische Kollaborateure Algerien aus Furcht vor Repressionen.

Die von der FLN angeführte Regierung installierte unterdessen ein sozialistisches Gesellschaftssystem nach sowjetischem Vorbild und

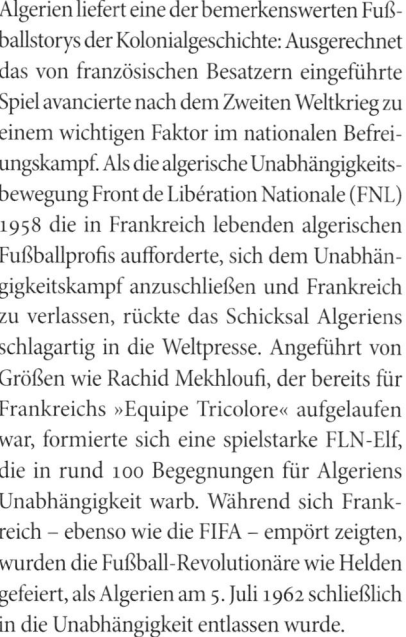

al-Ǧumāhūriyya al-Ǧazāʾiriyya ad-Dīmuqrāṭiyya aš-Šaʿbiyya

Demokratische Volksrepublik Algerien | Fläche: 2.381.741 km² | Einwohner: 32.358.000 (13,6 je km²) | Amtssprachen: Arabisch | Hauptstadt: El Djazzaïr (Alger/Algier, 1,5 Mio.) | Weitere Städte: Wahrān (Oran, 655.852), Qusanṭīna (Constantine, 462.187), Batna (242.514), ʾAnnāba (215.083), Stif (Setif, 211.859) | Währung: 1 Algerischer Dinar = 100 Centimes | Bruttosozialprodukt: 2.270 $/Kopf | Zeitzone: MEZ | Länderkürzel: DZ | FIFA-Kürzel: ALG | Telefon-Vorwahl: +213

STÄTTEN | TEMPEL

▶ Stade 5-juillet-1962, Alger

Algeriens fußballerisches Wohnzimmer wurde 1972 eröffnet und war 1978 Schauplatz der dritten Afrikaspiele. 1990 gewannen »les Fennecs« dort zum bislang einzigen Mal die Afrikameisterschaft. Fasste das Stadion seinerzeit noch 114.000 Menschen, so sank sein Fassungsvermögen inzwischen durch Versitzplatzung auf 66.000. Die auch Stade Mohamed Boudiaf bzw. Stade El Djezair benannte Multiarena ist nach dem Tag benannt, an dem sich Algerien für unabhängig von Frankreich erklärte.

unter militärischer Führung. Nach Jahren des kontinuierlichen Wirtschaftswachstums (nicht zuletzt dank größerer Erdölfunde) geriet Algerien in den 1980er Jahren zunehmend in Schwierigkeiten. Hinzu kamen Autonomieforderungen der Kabylen, die von der arabisch dominierten FLN-Führung brutal niedergeschlagen wurden. Von den sozialen Spannungen profitierten vor allem muslimische Fundamendalisten, die rasant Zulauf erhielten.

Nachdem sich Algerien mit dem Zusammenbruchs des Ostblocks vom Sozialismus abgewandt hatte, wurden 1992 erstmals demokratische Wahlen durchgeführt. Als sich dabei die fundamentalistische islamische Heilsfront FIS durchzusetzen drohte, wurde der Wahlgang abgebrochen und die FIS verboten. Algerien geriet anschließend in einen inneren Bürgerkrieg zwischen den Militärs und der FIS, dem bis 2000 mehr als 90.000 Menschen zum Opfer fielen. Die 1999 mit der Rückkehr zu einer zivilen Regierung aufgekommene Hoffnung auf eine Befriedung des Landes hat sich nach Ansicht von Experten nur bedingt erfüllt. Algerien steht unverändert im Fokus von Menschenrechtsorganisationen, die Militärs gelten noch immer als heimliche Machthaber und die Korruption beherrscht viele Lebensbereiche.

■ DER INNENPOLITISCHE KONFLIKT hat auch Algeriens Fußball schwer zugesetzt. Seit 1990, als die Nationalmannschaft »les Fennecs« (»Die Wüstenfüchse«) zum einzigen Mal Afrikameister wurde und die JS Kabylie Tizi-Ouzou zum dritten Mal die kontinentale Landesmeisterschaft ins Land holte, sind algerische Teams international leer ausgegangen. Viele im Ausland spielende Legionäre weigern sich, aufgrund der unsicheren Lage zu Länderspielen in ihre Heimat zu reisen, und anhaltende Differenzen zwischen dem nationalen Fußballverband und dem Sportministerium haben zu einem organisatorischen Stillstand geführt. Folge ist, dass Algerien in der FIFA-Weltrangliste von Position 35 (1993) auf Platz 103 (Juni 2008) zurückfiel. Der gegenwärtige Zustand steht in einem frappierenden Kontrast zur glorreichen Vergangenheit, denn jahrzehntelang gehörte Algerien zu den Fußballhochburgen in Nordafrika.

Das Land kann auf eine über hundertjährige Fußballgeschichte zurückblicken. Französische Siedler führten das Spiel bereits vor der Jahrhundertwende ein. 1897 wurde mit Joyeuses d'Oran der erste Klub gegründet, und 1904 setzte sich der Sporting Club Oranais im ersten Endspiel um die Fußball-Landesmeisterschaft mit 3:1 gegen den FC de Bône durch. Nach dem Ersten Weltkrieg riefen die Stadtverbände von Algier (Alger), Constantine und Oran gemeinsam mit denen Tunesiens und Marokkos den Championnat d'Afrique du Nord ins Leben, der den gesamten französisch-nordafrikanischen Raum abdeckte. Erster Nordafrikameister wurde 1921 die AS Marine aus der französischen Verwaltungshochburg Oran, die im Norden von Algerien liegt.

Der Wettbewerb war allerdings auf europäische Sportler beschränkt – neben Franzosen und Spaniern vor allem Italiener, Griechen und Malteser, die ebenso wie Juden als Siedler nach Nordafrika gelockt worden waren. Einheimische Berber und Araber hatten den Fußball zwar ebenfalls aufgegriffen, wurden in den französischen Klubs aber nicht geduldet. Nach dem Ersten Weltkrieg entstanden daher erste muslimische Vereine wie der 1921 gegründete Moulouda Club d'Alger (MCA), der an die aufstrebende algerische Nationalbewegung angelehnt war und der heute Algeriens ältester Verein ist. Entgegen der Bemühungen der französischen Verwaltung, Kontakte zwischen europäischen und afrikanischen Mannschaften zu unterbinden, wurden zugleich algerische Fußballtalente nach Frankreich transferiert. So verstärkte 1934 Ali Bennouna die berühmte Double-Siegerelf des FC Sète, während Ben Ali 1941 mit Girondins Bordeaux Pokalsieger wurde. Der in Sidi-bel-Abbès geborene Franzose André Liminana wurde unterdessen 1925 erster aus Nordafrika stammender Akteur in Diensten der französischen »Equipe Tricolore«.

Die beiden berühmtesten algerischen Fußballer jener Tage heimsten ihren Ruhm allerdings auf anderen Gebieten ein: Albert Camus, in den frühen 1930er Jahren Torhüter von Racing Universitaire d'Alger, als weltberühmter Philosoph, und Ahmed Ben Bella, im April 1940 als Fußballprofi in einem Ligaspiel für Olympique Marseille am Ball und beim 9:0 über den FC Antibes sogar als Torschütze gefeiert, als Gründer der Befreiungsbewegung FLN und späterer erster algerischer Staatspräsident.

■ IN DEN 1930ER JAHREN schlüpfte der Fußball in Algerien zunehmend in eine politische Rolle und wurde zum heimlichen Bannerträger der

TEAMS | MYTHEN

■ **CR BELCOURT ALGER**  Mit sechs Meisterschaften Algeriens nach Rekordmeister JS Kabylie Tizi-Ouzou erfolgreichstes Team. Die Rot-Weißen sind im Stadtviertel Mohamed Belouizdad (früher Hamma-Anassers) der Hauptstadt Algiers (Alger) ansässig. Unmittelbar nach der Unabhängigkeitserklärung Algeriens 1962 durch den Zusammenschluss von Club Atlétique (CA) Belcourt und Widad Riadhi (WR) Belcourt entstanden, verlebte Chabab Riadhi (CR) de Belouzdad seine beste Epoche zwischen 1965 und 1970, als man vier seiner sechs Meistertitel gewann und sich dreimal das Double aus Meisterschaft und Pokal sicherte. Das seinerzeit im gefürchteten ehemaligen Vélodrome El-Annasser ansässige Team gewann zudem 1970 und 1971 den Championnat du Maghreb. Galionsfigur der Erfolgself war Torjäger Ahcène Lalmas, der 1993 zum »besten Spieler aller Zeiten« in Algerien gewählt wurde. Aufgrund seiner finanzkräftigen Anhänger war »Chabab« seinerzeit in der Lage, Spieler aus allen Landesteilen Algeriens anzuheuern. Nach einer langen Phase der Erfolglosigkeit und einem zwischenzeitlichen Abstieg in die 2. Liga (1988) gelang erst Mitte der 1990er Jahre die Renaissance. 1995 wurden die Rot-Weißen zum fünften Mal Pokalsieger, drangen 1996 im CAF-Cup bis ins Halbfinale und fügten 2000 und 2001 zwei weitere Meistertitel ihren Annalen zu. [1962 | 20 Août 1955 (20.000) | 6 | 5]

■ **MC ALGER**  Mit Abstand der populärste arabische Verein Algeriens und zudem der älteste Klub des Landes, der demzufolge auch »le doyen« (»der Älteste«) genannt wird. Der 1921 von jungen Algeriern aus den hauptstädtischen Vierteln Casbah und Bab El-Oued gegründete Mouloudia Club d'Alger avancierte in den 1930er Jahren zum Flaggschiff der algerischen Nationalbewegung und ist bis heute das fußballerische Aushängeschild der algerischen Nationalisten. Der Vereinsname erinnert an den islamischen Feiertag »Mouloud«, an dem der Geburt des Propheten Mohammed gedacht wird. Die Klubfarben Grün-Rot symbolisieren das Grün des Islam und das Blut der gefallenen Märtyrer. 1922 in den vom französischen Nationalverband FFF kontrollierten Spielbetrieb von Französisch-Algerien aufgenommen, avancierte MCA zum Fußball spielenden Arm der algerischen Nationalbewegung und sah sich dementsprechend Repressalien ausgesetzt. 1936 gelang dem Klub als erstem muslimischen der Sprung in die Nationalliga, deren Meister die »Mouloudéens« 1944 erstmals wurden. 1956 folgte MCA der FLN-Aufforderung und stellte seinen Spielbetrieb bis zur Befreiung Algeriens ein. Nach einem schwierigen Neustart und drei Spielzeiten in der zweiten Liga etablierten sich die Grün-Roten ab Ende der 1960er Jahre in der nationalen Spitze und errangen 1972 ihre erste Landesmeisterschaft. Höhepunkt der »goldenen 1970er« war das »Triple« aus Meisterschaft, Pokal und afrikanischer Landesmeisterschaft im Jahr 1976. Im kontinentalen Finale egalisierte die Elf um Vereinslegende Rachid Bétrouni seinerzeit gegen den guineischen Meister Hafia FC Conakry eine 0:3-Hinspielniederlage und triumphierte im Elfmeterschießen des Rückspiels. Nach dem fünften Titelgewinn 1978 vergingen mehr als 20 Jahre, ehe die »Mouloudéens« 1999 ihre sechste Meisterschaft feiern konnten. Anschließend überschlugen sich die Ereignisse. 2001 musste MCA überraschend absteigen, kehrte umgehend ins Oberhaus zurück und löste 2006 mit seinem Sieg im Pokalfinale über den kabylischen Stadtrivalen USM Algier Ausschreitungen zwischen Anhängern beider Vereine aus. Als arabischer Verein steht MCA zudem in politischer Rivalität mit dem kabylischen Aushängeschild JS Kabylie Tizi-Ouzou. [7.8.1921 | 5 Juillet 1962 (60.000) | 6 | 6]

■ **USM ALGER (USK ALGER)**  Klub der Berber (Kabylen) der algerischen Hauptstadt Algiers. 1937 als Union Sportive Kabyle (USK) d'Alger gegründet, nahm der im Soustara-Viertel der Altstadt Casbah ansässige Verein später den Namen US Musulmane an, aus dem

nach der Sportreform von 1977 die US Kahraba wurde. Seit 1989 tragen die Rot-Schwarzen den Namen US de la Médina d'Alger. Der kabylische Klub steht in Konkurrenz zum algerischen Nationalverein MC Alger sowie dem Rekordmeister JS Kabylie Tizi-Ouzou, der gleichfalls in kabylischen Kreisen verankert ist. »Les Rouges« wurden 1963 erster Landesmeister des »freien Algeriens«. Anschließend erreichten sie von 1969-80 zwar siebenmal das Pokalfinale, gingen dabei jedoch stets als Verlierer vom Platz. Nachdem der Bann 1981 mit einem 2:1 über ASM Oran endlich gebrochen war, drehte das Team den Spieß um und sicherte sich bis 2004 bei sechs weiteren Finalteilnahmen jeweils die Trophäe. Zwischenzeitlich konnten die »Usmistes« 1996 auch den Gewinn ihrer zweiten Landesmeisterschaft verbuchen. Im Folgejahr verpassten die Hauptstädter nur knapp das Finale um die afrikanische Champions League. Seit der Millenniumswende hat man im Stade Omar Hammadi drei weitere nationale Titel bejubeln können. 2003 wurde der Einzug ins Halbfinale um die Champions League gefeiert, in dem die USM an Enyimba Aba aus Nigeria scheiterte. Der Klub wird 2009 ein vereinseigenes Stadion beziehen.
[5.7.1937 | Omar Hammadi (15.000) | 5 | 7]

■ **MC ORAN (MP ORAN)** Landesweit populärer Klub aus der Stadt Oran, die als die liberalste und weltoffenste des Landes gilt. Oran war zu französischen Kolonialzeiten eine quirlige Handelsmetropole, die vom Miteinander der Kulturen geprägt war. Dadurch konnte der Sitz der französischen Präfektur schon vor der Jahrhundertwende zu einer Hochburg des Sports in Nordafrika aufsteigen. Bereits 1897 entstand mit dem Sporting Club d'Oran ein französischer Verein, dem 1918 mit Mouloudia Hamidia d'Oran (MHO) ein muslimischer folgte. Nach dem Zweiten Weltkrieg vereinten sich mehrere im populären Stadtviertel Lamur (heute El-Hamri) ansässige muslimische Vereine zum Mouloudia Club (MC) d'Oran, dessen Name an einen hohen Feiertag zu Ehren des Propheten Mohammed erinnert. Unter den Klubgründern waren einflussreiche und wohlhabende Geschäftsleute, mit deren Hilfe sich die Rot-Weißen nach Erlangung der Unabhängigkeit Algeriens rasch in der nationalen Spitze etablierten. 1971 gewann »El Hamri« (nach dem erwähnten Stadtbezirk) seine erste von inzwischen vier Meisterschaften, während man Fußball-Größen wie Lakhdar Belloumi, Tedj Bensaoula und Karim Morocco hervorbrachte. Von 1977 bis 1989 als Mouloudia Pétrolière Oranais (MPO) auflaufend, drangen die »Hamraouas« 1989 im afrikanischen Landesmeisterwettbewerb bis ins Finale vor, wo sie sich Raja Casablanca aus Marokko im Elfmeterschießen geschlagen geben mussten. Nachdem 1993 die vierte Landesmeisterschaft errungen worden war, avancierte der Klub zum ewigen Pechvogel. Vier Vizemeisterschaften und zwei verlorenen Pokalfinals stand lediglich der Pokalsieg 1996 gegenüber. 2008 musste MCO sogar erstmals aus der algerischen Nationalliga absteigen.
[14.5.1946 | Ahmed Zabana (40.000) | 4 | 4]

■ **ES SÉTIF (EP SÉTIF)** Die Entente Sportive de Sétif entstand 1958 als Société Sportive Sétifienne und erhielt 1962 ihren heutigen Namen. Die an der Nordostküste gelegene Stadt Sétif war am 8. Mai 1945 Schauplatz eines Massakers, als französische Truppen einen Aufstand Einheimischer brutal niederschlugen und dabei nach unterschiedlichen Angaben zwischen 1.020 und 40.000 Algerier ums Leben kamen. Aus Respekt vor den Opfern trägt die ES Sétif bis heute einen schwarzen Dress. Nach der Unabhängigkeit Algeriens zählten die »l'Aigle Noir« (»Schwarze Adler«) zu den spielstärksten Teams des Landes. Zwischen 1963 und 1968 gewann die Elf um die Brüder Messaoudi viermal den Landespokal und feierte 1968 sogar das Double. Dank einer erfolgreichen Nachwuchsförderung konnte man sich seinerzeit dauerhaft in der nationalen Spitze etablieren und nahm 1977 mit der staatlichen Sportreform den Namen Entente Pétroliers (EP) Sétifienne an, aus dem 1984 die Entente Plastique (EP)

In Moskau wurden Algeriens »Fußball-Revolutionäre« 1958 in offenen Lastkraftwagen durch die Straßen gefahren.

Unabhängigkeitsbewegung. Viele muslimische Klubs liefen im Grün des Islam auf, und auf den Rängen kam es zu kollektiven Bekenntnissen für die nationale Unabhängigkeit. Auch die um ihre Macht bangende französische Verwaltung versuchte daraufhin, den Fußball in ihrem Sinne einzusetzen. So nahmen bis dahin Europäern vorbehaltene Traditionsvereine wie SC Bel-Abbès oder Gallia Club d'Oran nun auch einheimische Fußballer auf, während Begegnungen zwischen muslimischen und europäischen Teams erlaubt wurden. Eine Vermischung blieb jedoch aus. Statt dessen formten sich nach Ende des Zweiten Weltkriegs weitere muslimische Klubs wie JS Kabylie Tizi-Ouzou und MC Oran, während 1948 mit WAC Casablanca erstmals eine Mannschaft die Meisterschaft von Nordafrika gewann.

Unterdessen strömten verstärkt muslimische Fußballer nach Frankreich, wo einigen von ihnen sogar der Sprung in die »Equipe Tricolore« gelang. Das war möglich, da Nordafrika seinerzeit als integraler Bestandteil des französischen Mutterlandes galt. Zu den renommiertesten Spielern jener Tage zählten Ben Bouali, der ab 1954 in Nizza kickte, Brahimi und Bouchouk, die 1957 in Toulouse unterschrieben, sowie der legendäre Rachid Mekhloufi, der ab 1958 in St. Etienne spielte.

■ **MIT DEM ERWÄHNTEN** ehemaligen OM-Spieler Ben Bella saß seinerzeit ein Mann der in der Schweiz ansässigen Unabhängigkeitsbewegung FLN vor, der das enorme Potenzial der algerischen Fußballstars im Kampf um die Unabhängigkeit erkannte. Während der Weltmeisterschaft 1954 beriet die FLN erstmals über die Möglichkeiten, den Fußball in den Kampf einzubinden. 1956 forderte die Organisation schließlich alle muslimischen Mannschaften in Algerien auf, ihren Spielbetrieb einzustellen und sich dem bewaffneten Kampf anzuschließen. Ein Jahr später nutzten FLN-Kämpfer das französische Pokalfinale zwischen Toulouse und Angers, um den algerischen Botschafter Bachagha Ali Chekal zu ermorden, während FLN-Funktionär Mohamed Boumezrag mit einer algerischen Fußballauswahl zum Weltjugendfestival nach Moskau reiste.

Auf dem Höhepunkt forderte die FLN 1958 die 53 seinerzeit in Frankreichs Profiklubs aktiven Algerier unmissverständlich auf, Frankreich zu verlassen und sich zum »Fußball spielenden Flügel« der FLN zusammenzuschließen. Daraufhin kam es zu einer der spektakulärsten Aktionen in der Fußballweltgeschichte, als sich im April 1958 zehn algerische Fußballprofis aus Frankreich absetzten und wenige Tage später in der tunesischen Hauptstadt Tunis erstmals als »Freies Algerien« ausliefen. Kolonialherr Frankreich stand unter Schock, denn mit Rachid Mekhloufi und Mustapha Zitouni waren zwei Akteure unter den Revolutionären, die fest für die WM 1958 eingeplant waren. Insgesamt setzten sich 30 Spieler ab, ehe die »Grande Nation« ihre Grenzen absperrte und weiteren abtrünnigen Fußball-Profis mit Gefängnisstrafen drohte.

Der spektakuläre Coup rückte das Schicksal Algeriens wie erhofft weltweit in die Schlagzeilen. Insgesamt tourte das FLN-Team zu 91 Freundschafts- bzw. Solidaritätsspielen durch Europa und Asien, wobei es 65 Begegnungen

- **Erfolge**
Afrikameister 1990

- **FIFA World Ranking**

1993	1994	1995	1996	1997	1998	1999	2000
35	57	48	49	59	71	86	82
2001	2002	2003	2004	2005	2006	2007	2008
75	68	62	73	80	80	79	64

- **Weltmeisterschaft**
1930-66 nicht teilgenommen **1970-78** Qualifikation **1982** Endturnier (Vorrunde) **1986** Endturnier (Vorrunde) **1990-2010** Qualifikation

- **Afrikameisterschaft**
1957-65 nicht teilgenommen **1968** Endturnier (Vorrunde) **1970-78** Qualifikation **1980** Endturnier (Zweiter) **1982** Endturnier (Vierter) **1984** Endturnier (Dritter) **1986** Endturnier (Vorrunde) **1988** Endturnier (Dritter) **1990** Endturnier (Sieger) **1992** Endturnier (Vorrunde) **1994** disqualifiziert **1996** Endturnier (Viertelfinale) **1998** Endturnier (Vorrunde) **2000** Endturnier (Viertelfinale) **2002** Endturnier (Vorrunde) **2004** Endturnier (Viertelfinale) **2006-10** Qualifikation

- **Vereinserfolge**
Landesmeister MC Alger (1976), JS Kabylie Tizi-Ouzou (1981, 1990)
Pokalsieger JS Kabylkie Tizi-Ouzou (1995) CAF-Cup JS Kabylie Tizi-Ouzou (2000, 2001, 2002)

gewann und nur 13 verlor. Der algerische Fußballcoup half entscheidend mit, den Widerstand Frankreichs zu brechen und Algerien 1962 zur Unabhängigkeit zu verhelfen.

■ **FUSSBALL BLIEB ÜBER DEN** Unabhängigkeitskampf hinaus auf der politischen Agenda und wurde zum Werkzeug bei der Bildung einer sozialistischen Gesellschaft. Namentlich die Landesauswahl galt als ideales Hilfsmittel, das algerische Modell des Sozialismus international zu präsentieren, zumal sie national Gelegenheit bot, die Nationalhymne »Kassaman« anzustimmen und damit den Nationalstolz der in einem Konflikt zwischen Arabern und Berbern (Kabylen) steckenden algerischen Gesellschaft zu stärken.

Ohnehin nahm der Sport eine wichtige Rolle beim Aufbau der algerischen Gesellschaft ein. In Verbindung mit Schulen, Gewerkschaften und Kommunen wurde eine »sportausgebildete Gesellschaft« angestrebt. Diese war untergliedert in die Bereiche Breitensport und Leistungssport. Durch eine systematische und landesweite Talentsuche sowie der Aufforderung, sich zu spezialisieren, erhielt Algerien seinerzeit Spitzensportler wie Sid Ali Djouadi und Lakhdar Rahal, die 1973 bei den Afrikaspielen in Nigeria erstmals Medaillen ins Land holten.

Dank der zwischenzeitlich angelaufenen Ölförderung konnte Algerien zudem eine moderne Sport-Infrastruktur errichten, deren Glanzpunkt das 1976 eröffnete Olympiastadion »5. Juli« war. 1978 diente es als Schauplatz der dritten Afrikaspiele, bei denen Algerien gleich 58 Medaillen einheimste – darunter die goldene im Fußballturnier.

■ **ALGERIENS FUSSBALL HATTE** sich vergleichsweise zögerlich entwickelt – nicht zuletzt aufgrund des FLN-animierten Spielboykotts von 1956-62. 1963 waren eine Nationalliga und ein Landespokal aus der Taufe gehoben worden, deren erster Sieger das kabylische Hauptstadtteam der USM Alger sowie die ES Sétif waren, die mit ihrer schwarzen Spielkleidung an ein 1945 von Franzosen an Algeriern verübtes Massaker erinnerte. Anschließend dominierten die Klubs aus der Hauptstadt Algiers die Geschicke – allen voran die von Ahcène Lalmas angeführte legendäre Elf von CR Belcourt, die von 1966-70 dreimal das Double gewann. Bis 1979 durchbrachen lediglich Annaba (1964), Sétif (1968), Oran (1971) und Tizi-Ouzou (1973, 1974 und 1977) die hauptstädtische Titelhegemonie.

International tat sich Algerien schwer. In der WM-Qualifikation kamen »les Fennecs« zunächst nicht über die Qualifikationsrunden hinaus, und in der Afrikameisterschaft gelang ihnen lediglich 1968 der Sprung zum Endturnier. Viele Spitzenspieler waren nach der algerischen Unabhängigkeitserklärung nach Frankreich zurückgekehrt und feierten dort große Erfolge. So wurde Rachid Mekhloufi, der aufgrund seiner Einsätze für Frankreich keine Spielberechtigung für Algerien erhalten hatte, 1964 mit St. Etienne Landesmeister und errang zwei Jahre später mit »les Verts« auch den Coupe de France. Einziger internationaler Kluberfolg blieb zunächst der Gewinn der afrikanischen Landesmeisterschaft 1976 durch MC Alger, als sich die von Rachid Bétrouni angeführten Grün-Roten im Finale überraschend gegen den favorisierten Hafia FC aus Guinea durchsetzten.

1977 reagierte die algerische Führung und ersetzte die noch aus Kolonialzeiten stammenden nationalen Sportstrukturen durch ein am Vorbild Sowjetunion angelehntes System. Fortan war der Sport unmittelbar lokalen Behörden bzw. nationalen Gesellschaften unterworfen und es gab nur noch zwei Typen von Vereinen: die Associations Sportives de Performance (ASP), die als Eliteklubs für die Entwicklung des Leistungssports zuständig waren, sowie die Associations Sportives Communales (ASC), die sich um den Breitensport kümmerten.

Die leistungsfähigsten Fußballteams kamen nun unter die Obhut der Petroindustrie und anderer staatlicher Industriezweige. So wurde aus der ES Sétif die Entente Pétrolier Sétif, traten MC Alger fortan als MP Alger und MC Oran als MP Oran an, wurde die JS Kabylie Tizi-Ouzou zur Jeunesse Électronique. Im Verbund mit einer intensivierten Nachwuchspflege – 1979 wurde Algeriens Nachwuchs Afrikameister – gelang damit der Durchbruch. In den 1980er Jahren eilte Algerien sowohl mit seiner Landesauswahl als auch mit seinen Vereinsteams von Erfolg zu Erfolg. 1981 holte JE Tizi-Ouzou zum zweiten Mal den Pokal der afrikanischen Landesmeister nach Algerien, und von 1988-89 stellte Algerien erstmals zweimal in Folge einen kontinentalen Finalisten. Während sich EP Sétif 1988 gegen Iwuanmyanwu Nationale aus Nigeria durchsetzte, unterlag MP Oran im Folgejahr Raja Casablanca.

Sétifienne wurde. 1989 kehrte der Klub zu seinem Ursprungsnamen ES Sétif zurück. Im selben Jahr errangen die Schwarz-Weißen ihren größten internationalen Erfolg, als sie sich im Finale um Afrikas Landesmeisterschaft gegen Nigerias Spitzenklub Iwuanyanwu Nationale durchsetzten. Drei Jahre später drang das Team im Pokalsiegerwettbewerb ebenfalls bis ins Halbfinale vor. Der Klub ist berüchtigt für seinen hohen Verschleiß an Präsidenten. Der gegenwärtige Klubchef Abdelhakim Serrar ist bereits der 19. Präsident in 50 Jahren. Er konnte 2007 die dritte Landesmeisterschaft der Vereinsgeschichte bejubeln. [1958 | Stade 8 Mai 1945 (30.000) | 3 | 6]

■ **JS KABYLIE TIZI-OUZOU** (JE TIZI-OUZOU)

Algeriens Rekordmeister entstand 1946 und ist in der Küstenstadt Tizi-Ouzou ansässig. Tizi-Ouzou ist die Hochburg des zu den Berbern zählenden Volksstammes der Kabylen, deren Siedlungsschwerpunkt die in Nordostalgerien gelegene Kabylei ist. Seit langem fordern die Kabylen von der arabisch dominierten algerischen Führung mehr Autonomie und mahnen sprachliche und kulturelle Freiheiten an. Seit den 1980er Jahren kam es mehrfach zu gewaltsamen Auseinandersetzungen zwischen Arabern und Kabylen. Der Jeunesse Sportive de Kabylie (JSK) haftet daher eine politische Aura an, und dass die Grün-Gelben mit 14 Titeln Algeriens Rekordmeister sind, wird von den Kabylen mit großem Stolz vermerkt. Die Gründung des Klubs erfolgte 1946 vor dem Hintergrund des Unabhängigkeitskampfes gegen Frankreich. Bis zur Erlangung der Unabhängigkeit 1962 war das Schicksal des Vereins von Auseinandersetzungen mit der französischen Verwaltung geprägt. Nach der Entlassung Algeriens in die Unabhängigkeit zählte man 1963 zu den Gründungsmitgliedern der Nationalliga. Ihren Durchbruch erreichten die Grün-Gelben in den 1970er Jahren unter ihrem ehrgeizigen Präsidenten Abdelkader Khalef. Trainer wie Mahieddine Khalef und der Pole Stefan Ziwotko, der 15 Jahre für den Verein tätig war, führten »les Canaris« (»die Kanarienvögel«)

Jahr	Meister	Pokalsieger
1962/63	USK Alger	ES Sétif
1963/64	USM Annaba	ES Sétif
1964/65	CR Belcourt Alger	MC Saïda
1965/66	CR Belcourt Alger	CR Belcourt Alger
1966/67	NA Hussein Dey Alger	ES Sétif
1967/68	ES Sétif	ES Sétif
1968/69	CR Belcourt Alger	CR Belcourt Alger
1969/70	CR Belcourt Alger	CR Belcourt Alger
1970/71	MC Oran	MC Alger
1971/72	MC Alger	Hamra Annaba
1972/73	JS Kabylie Tizi Ouzou	MC Alger
1973/74	JS Kabylie Tizi Ouzou	USM El-Harrach
1974/75	MC Alger	MC Oran
1975/76	MC Alger	MC Alger
1976/77	JS Kawkabi Tizi Ouzou	JS Kawkabi Tizi Ouzou
1977/78	MP Alger	CR Belcourt Alger
1978/79	MP Alger	MA Hussein Dey
1979/80	JSE Tizi Ouzou	EP Sétif
1980/81	RS Kouba	USK Alger
1981/82	JSE Tizi Ouzou	DNC Alger
1982/83	JSE Tizi Ouzou	MP Alger
1983/84	GCR Mascara	MP Oran
1984/85	JSE Tizi Ouzou	MP Oran
1985/86	JSE Tizi Ouzou	JSE Tizi Ouzou
1986/87	EP Sétif	USM El-Harrach
1987/88	MP Oran	USK Alger
1988/89	JSE Tizi Ouzou	EP Sétif
1989/90	JS Kabylie Tizi Ouzou	nicht ausgespielt
1990/91	MO Constantine	USM Bel-Abbès
1991/92	MC Oran	JS Kabylie Tizi Ouzou
1992/93	MC Oran	nich ausgespielt
1993/94	US Chaouia Oum El-B.	JS Kabylie Tizi Ouzou
1994/95	JS Kabylie Tizi Ouzou	CR Belcourt Alger
1995/96	USM Alger	MC Oran
1996/97	CS Constantine	USM Alger
1997/98	USM El Harrach	WA Tlmcen
1998/99	MC Alger	USM Alger
1999/00	CR Belouizdad Alger	CR Beni-Thour
2000/01	CR Belouizdad Alger	USM Alger
2001/02	USM Alger	WA Tlemcen
2002/03	USM Alger	USM Alger
2003/04	USM Alger	USM Alger
2004/05	USM Alger	ASO Chlef
2005/06	JS Kabylie Tizi Ouzou	MC Alger
2006/07	ES Sétif	MC Alger
2007/08	JS Kabylie Tizi Ouzou	JSM Béjaïa

1973, 1974 und 1977 jeweils zur Landesmeisterschaft. Im Zuge der politischen Reformen traten die Grün-Gelben dabei von 1974-77 als Jamiat Sari' Kawkabi (JSK) und von 1977-89 als Jeunesse Électronique de Tizi-Ouzou (JET) an. Die 1980er Jahre wurden zur erfolgreichsten Epoche der »Lions du Djurdjura« (»Löwen von Djurdjura«, nach der gleichnamigen Bergkette), während der die von Kapitän Ali Fergani angeführte Elf sechsmal Landesmeister wurde und den nationalen Fußball nahezu beherrschte. 1981 erreichten die Kabylen bei ihrer zweiten Teilnahme am afrikanischen Landesmeisterwettbewerb zudem erstmals das Finale, in dem sie sich gegen die AS Vita Kinshasa aus Zaïre durchzusetzen vermochten. 1984 gelang der Einzug ins Halbfinale, ehe JSK 1990 im Elfmeterschießen des Endspiels gegen die Nkana Red Devils aus Sambia zum zweiten Mal Afrikameister wurden. Seitdem konnten die Kabylen als einzige algerische Mannschaft auch weiterhin internationale Erfolge feiern und sich 1995 den Pokalsiegerwettbewerb 1995 und 2000-03 dreimal in Folge den CAF-Cup sichern. [1946 | du 1er Novembre 1954 (15.000) | 14 | 4]

HELDEN | LEGENDEN

■ **LAKHDAR BELLOUMI** Gemeinsam mit Rabah Madjer Kopf der algerischen Erfolgself der 1980er Jahre. Der aus Mascara stammende Stürmer führte »les Fennecs« 1980 erstmals in das Finale um die Kontinentalmeisterschaft sowie ins Viertelfinale bei den Olympischen Spielen in Moskau. 1982 und 1986 nahm er an den WM-Turnieren teil. 1982 gelang ihm beim 2:1 über Deutschland der Siegtreffer. Ein Jahr zuvor war der über weite Strecken seiner Karriere für MC Alger und MC Oran auflaufende Belloumi zu Afrikas Fußballer des Jahres gewählt worden. Nach seinem Karriereende begann der bisweilen mit Maradona und Michel Platini verglichene Belloumi eine Trainerlaufbahn. [*29.12.1958 | 87 LS/40 Tore]

■ **ALI FERGANI** Kopf der algerischen Nationalelf in den 1970er und frühen 1980er Jahren, dessen Karriere mit der WM-Teilnahme 1982 seinen Höhepunkt erfuhr. Der im nordfranzösischen Onnain geborene »Roumi« begann seine Laufbahn beim Hauptstadtklub NA Hussein Dey und avancierte ab 1979 bei der JS Kabylie Tizi-Ouzou zur Leitfigur. Von 1980-86 nahm er mit Algerien viermal in Folge an der Afrikameisterschaft teil und führte »les Fennecs« 1990 als Trainer zur bislang einzigen Afrikameisterschaft. [*21.9.1952]

■ **AHCÈNE LALMAS** Herausragender Akteur der 1960er Jahre, der 1993 zum besten Spieler aller Zeiten in Algerien gewählt wurde. Lalmas führte die legendäre CR Belcourt 1966, 1969 und 1970 jeweils zum Double. [*12.3.1943 | 75 LS]

■ **RABAH MADJER** Galionsfigur der algerischen WM-Elf von 1982, der beim 2:1 über Deutschland den 1:0-Führungstreffer markierte. Madjer wechselte nach der WM von NA Hussein Dey zu Racing Paris und gelangte über den FC Tours 1985 zum FC Porto, wo er sich rasch etablierte. 1986 reiste er mit Algerien erneut zur WM, ehe ihm 1987 im Endspiel des europäischen Landesmeisterwettbewerbes beim 2:1-Überraschungssieg des FC Porto über Bayern München der Führungstreffer gelang. Im selben Jahr wurde Madjer zum Fußballer des Jahres in Afrika gewählt. [*15.2.1958 | 87 LS/40 Tore]

■ **RACHID MEKHLOUFI** »Le Footballer de la Révolution« wird Mekhloufi bis heute in Algerien genant. Er war der Anführer der FLN-Elf, die sich 1958 bildete, um für das freie Algerien zu werben. Mekhloufi war 1958 von der USM Sétif zu AS Saint-Étienne gewechselt und zählte zu den französischen WM-Kandidaten, als sich er sich 1958 der FLN anschloss und Frankreich verließ. Nach Erlangung der Unabhängigkeit kehrte er 1962 nach Frankreich zurück und avancierte in St-Etienne zum umjubelten Publikumsliebling. 1966 und 1967 wurde er zum Spieler des Jahres in Frankreich gewählt. [*12.8.1936 | 4 LS für Frankreich, 11/2 für Algerien]

Der 2:1-Sieg über Deutschland bei der WM 1982 gehört zu den größten algerischen Fußballerfolgen. Rabah Madjer, Schütze des 1:0, im Duell mit Paul Breitner.

Das Herzstück der erfolgreichsten Dekade der algerischen Fußballgeschichte war aber die Nationalmannschaft »les Fennecs«. Angeführt von Lakhdar Belloumi (Afrikas Fußballer des Jahres 1983), Rabah Madjer, Ali Fergani, Mustapha Dahleb und Salah Assad erreichte sie 1980 das Finale um die Afrikameisterschaft (0:3 gegen Nigeria) und drang beim olympischen Fußballturnier in Moskau bis ins Viertelfinale vor. 1982 qualifizierte sie sich dann erstmals für ein WM-Turnier. Die Erfolgsgrundlage hatten mit dem Jugoslawen Zdravko Rajkov und dem Russen Ewgeni Rogow zwei Osteuropäer gelegt, die das Team gemeinsam mit JE Tizi-Ouzou-Erfolgscoach Mahrediene Khalef technisch und taktisch enorm weiterentwickelt hatten.

Beim WM-Turnier in Spanien sorgten Madjer und Belloumi dann für jenen historischen 2:1-Sieg über Deutschland, der nach dem berühmten deutsch-österreichischen »Nichtangriffspakt von Gijón« jedoch wertlos war. Die »Fennecs« blieben dennoch in der Erfolgsspur. Nach Platz drei bei der Afrikameisterschaft 1984 qualifizierten sie sich 1986 abermals für die WM, enttäuschten diesmal jedoch und konnten in Mexiko lediglich Nordirland einen Punkt abringen.

1990 erreichte die Erfolgsära ihren Höhepunkt. Während Algerien erstmals die Afrikameisterschaft ausrichtete, drangen die von einer Welle der Begeisterung getragenen »Wüstenfüchse« unter Trainer Abdelhamid Kermali bis ins Finale vor, wo sie Nigeria durch einen Treffer von Chérif Oudjani mit 1:0 bezwangen. Im selben Jahr holte die JS Kabylie zum dritten Mal die kontinentale Landesmeistertrophäe ins Land. Zugleich überschlugen sich die politischen Ereignisse im Land. Als Algerien nach dem Zusammenbruch der sozialistischen Staaten in Osteuropa plötzlich ohne Rückendeckung dagestanden hatte, waren 1989 der Sozialismus aufgegeben und demokratische Reformen eingeleitet worden. Der sich abzeichnende Erfolg der islamistischen Fundamentalisten FIS bei den Parlamentswahlen 1992 rief jedoch das Militär auf den Plan, und mit dem Verbot der FIS geriet Algerien in einen blutigen Bürgerkrieg, der sich fatal auf den Fußball auswirkte.

Nach der Aufgabe des Sozialismus und der Privatisierung der staatseigenen Betriebe waren Algeriens Vereine schon 1989 in eine schwierige Lage geraten. Zwar hatten sie ihre Traditionsnamen wie JS Kabylie und ES Sétif wieder annehmen können, mussten sich fortan aber selbst finanzieren. Trotz der Einführung des Profitums erwies sich dies angesichts der wirtschaftlichen und politischen Situation im Land als überaus schwierig. Algerien rutschte dadurch in eine Fußballkrise, deren Dimensionen erst nach und nach sichtbar wurden. Zwar qualifizierten sich »les Fennecs« zwischen 1992 und 2004 sechsmal für eine Afrikameisterschaft, kamen dort aber nicht mehr über das Viertelfinale hinaus. Seit 2006 haben sie das kontinentale Endturnier sogar stets verpasst – wie Algerien seit 1990 auch die WM-Turniere nur noch am Fernsehbildschirm hat verfolgen können.

Die Bilanz auf Klubebene sieht kaum besser aus. Seit 1990 hat kein algerisches Team mehr das Landesmeisterfinale erreicht, und im Pokalsiegerwettbewerb gelang lediglich der JS Kabylie Tizi-Ouzou 1995 ein Erfolg. Der Klub der kabylischen Minderheit gewann zudem von 2000-02 dreimal in Folge den CAF-Cup (vergleichbar mit dem UEFA-Cup) und ist mit 14 Titeln auch Algeriens Rekordmeister.

ANGOLA

Federação Angolana de Futebol

Angolanischer Fußball-Bund | gegründet: 1979 | Beitritt FIFA: 1980 | Beitritt CAF: 1980 | Spielkleidung: rotes Trikot, schwarze Hose, rote Stutzen | Saison: April - Januar | Spieler/Profis: 664.690/0 | Vereine/Mannschaften: 100/500 | Anschrift: Compl. da Cidadela Desportiva, Luanda 3449 | Telefon: +244- 22/264948 | Fax: +244-22/260566 | Internet: www.fafutebol-angola.og.ao | E-Mail: sgeral@fafutebol-angola.og.ao

Eine glückliche Mischung

Nach dem langen Bürgerkrieg zeigt sich der Fußball in Angola erholt und im Aufbruch

República de Angola

Republik Angola | Fläche: 1.246.700 km² | Einwohner: 15.490.000 (12,4 je km²) | Amtssprache: Portugiesisch | Hauptstadt: Luanda (2,6 Mio.) | Weitere Städte: Huambo (400.000), Benguela (155.000), Lobito (150.000), Lubango (105.000), Namibe (100.000) | Währung: Kwanza | Zeitzone: MEZ | Länderkürzel: AO | FIFA-Kürzel: ANG | Telefon-Vorwahl: +244

Frieden, Begabung und Geld – das waren die wesentlichen Wirkstoffe, mit denen Angolas nach dem Bürgerkrieg brachliegender Fußball wieder zum Leben erweckt wurde.
Frieden, als 2002 fast drei Jahrzehnte des erbitterten Krieges endlich ihr Ende fanden. *Begabung*, als die von der angolanischen Fußball-Ikone Luis Gonçalves trainierte U20-Auswahl 2001 überraschend Afrikameister wurde. Und *Geld*, als sich die angolanische Ölindustrie mit dem Ende des Bürgerkriegs endlich frei entfalten und Angola zum Wirtschaftsmagneten im südlichen Afrika aufsteigen konnte.

Nur zwei Jahre nach Kriegsende rangierte Angola 2004 bereits auf Position vier jener Rangliste, in der die Länder aufgeführt werden, in denen sich ausländische Investoren am liebsten engagieren. Vor allem Chinesen und US-Amerikaner tummeln sich in Angola, das neben Öl auch Diamanten zu bieten hat. Eine Folge ist jedoch, dass Angolas Hauptstadt Luanda 2008 den eher zweifelhaften Titel der »teuersten Hauptstadt« der Welt erhielt. Da Wohnraum extrem knapp ist, sind Monatsmieten von 15.000 Dollar für ein schlichtes Appartement keine Seltenheit. Zudem erreicht der plötzliche Reichtum nur die schmale Oberschicht, während der Großteil der 15,5 Mio. Angolaner noch immer buchstäblich von der Hand in den Mund leben muss.

■ **ANGOLAS GESCHICHTE IST** geprägt von Fremdbestimmung. Ende des 15. Jahrhunderts landeten portugiesische Seefahrer am unteren Kongolauf und etablierten einen schwunghaften Sklavenhandel, durch den Zehntausende Afrikaner nach Brasilien gelangten – einem Land, das Angolas Fußball heute stark beeinflusst. 1885 auf der Berliner Konferenz der Kolonialmächte endgültig Portugal zugesprochen, regte sich nach dem Zweiten Weltkrieg allmählich der Widerstand der einheimischen Bevölkerung. 1959 begann ein Aufstand, der 1964 blutig niedergeschlagen wurde, während US-amerikanische und französische Konzerne die angolanischen Ölfelder übernahmen bzw. südafrikanische und US-amerikanische Gesellschaften die Kontrolle über die Diamantenfelder erhielten.

Der Widerstand organisierte sich über drei miteinander konkurrierende Befreiungsbewegungen: der 1956 gegründeten sozialistischen MPLA (»Movimento Popular de Libertação de Angola«), deren Anhänger linksintellektuelle Weiße bzw. Schwarze sowie die Lohnarbeiter der Kaffeeplantagen waren, der 1962 von im Norden lebenden Bakongo gegründeten pro-westlichen FNLA (»Frente National de Libertação de Angola«) sowie der 1966 von der FNLA abgespaltenen und gleichfalls pro-westlichen UNITA (»União Nacional para a Independençia Total de Angola«), deren Anhänger vor allem in den ländlichen Gebieten des Südens in der Volksgruppe der Ovimbundu zu finden waren.

■ **MIT DEM ENDE VON** Portugals Diktatur in der so genannten »Nelkenrevolution« öffnete sich 1974 der koloniale Griff Portugals um Angola, das am 11. November 1975 unabhängig wurde. Das Land erhob seinerzeit auch Ansprüche auf die von der DR Kongo umschlossene rohstoffreiche Enklave Cabinda, die zuvor gleichfalls unter der Kontrolle Portugals gestanden hatte.

Angola geriet jedoch übergangslos in einen Bürgerkrieg und wurde zum Spielball im »Kalten Krieg« zwischen Ost und West.

TEAMS | MYTHEN

■ **ASA LUANDA** Klub der nationalen Fluggesellschaft »TAAG«, der mit sieben Landesmeisterschaften die nationale Nummer drei ist. 1953 als Atlético de Luanda gegründet, trägt man inzwischen den Namen Atlético Sport Aviação (ASA). Die erfolgreichste Phase der Fliegerelf aus Luanda waren die 1960er Jahre, als sie von 1965-68 viermal in Folge Landesmeister wurde. Nach der Unabhängigkeit dominierten die Orange-Schwarzen von 2002-04 mit drei Landesmeisterschaften in Folge den nationalen Spielbetrieb, während sie 1993 mit dem Erreichen des Halbfinales im CAF-Cup ihren größten internationalen Erfolg verbuchten. 2003 erreichte ASA zum bislang einzigen Mal die Gruppenphase der Champions League. 2006 stellte man mit Jamba und Love zwei Akteure des angolanischen WM-Kaders. [1953 | Joaquim Dinis (10.000) | 3 (4) | 2]

■ **PETRO ATLÉTICO LUANDA** Angolas Rekordmeister gilt als der beliebteste Verein des Landes und verfügt dank der Unterstützung durch die staatliche Ölgesellschaft »Sonangol« über eine beinahe europäischen Maßstäben genügende Infrastruktur. Der Klub Atlético Petróleos de Luanda entstand im Januar 1980 durch den Zusammenschluss von Sport Benfica Atlético do Luanda und der Betriebssportgruppe GD de Sonangol. Ziel war es, zu den seinerzeit dominierenden Armeemannschaften von Primeiro Agosto Luanda und Primeiro Maio Benguela aufzuschließen. Benfica Atlético war ein zu Kolonialzeiten entstandener und in intellektuellen Kreisen verankerter Klub, der der linksgerichteten Regierungspartei MPLA nahestand, die während des Bürgerkrieges die Kontrolle über die Ölfelder besaß. Der solide geführte Fusionsverein Petro Atlético feierte nur zwei Jahre nach seiner Gründung erstmals die Landesmeisterschaft und dominiert seitdem gemeinsam mit den Lokalrivalen Primeiro do Agosto bzw. ASA die Nationalliga. International erreichten die im Nationalstadion da Cidadela ansässigen Gelb-Blau-Roten 1997 ihren ersten großen Erfolg, als der Einzug in das Finale um den CAF-Cup gelang. 2001 drangen die »Petrofileros« (»Öl-Jungs«) um Nationalspieler Flávio in der Champions League bis ins Halbfinale vor, wo sie an Mamelodi Sundowns aus Südafrika scheiterten. 2006 stellte der 14-fache Landesmeister mit Lebo Lebo, Lamá, Zé Kalanga und Delgado vier Akteure des angolanischen WM-Kaders, während mit Manucho ein umworbenes Ausnahmetalent heranreifte. Angolas Fußballrekordmeister zählt auch im Basketball zu den erfolgreichsten Klubs des Landes und stellte bereits eine Vielzahl von Nationalspielern. [14.1.1980 | da Cidadela (60.000) | 14 | 8]

■ **PRIMEIRO DE AGOSTO LUANDA** 1977 gebildeter Armeeklub, der mit neun Meistertiteln Angolas zweiterfolgreichstes Team ist. Der Clube Desportivo Primeiro de Agosto ist benannt nach dem Vereinsgründungstag 1. August 1977. Verstärkt mit Spielern aus allen Landesteilen, konnten die Rot-Schwarzen bereits 1979 ihren ersten Titel erringen und dominierten anschließend gemeinsam mit dem gleichfalls der Armee unterstellten Klub Primeiro de Maio Benguela sowie dem Lokalrivalen Petro Atlético die Landesmeisterschaft. 1998 erreichten sie das Finale des kontinentalen Pokalsiegerwettbewerbs, das gegen Espérance Tunis verloren ging. Ein Jahr zuvor hatte Primeiro de Agosto an bislang einzigen Mal an den Gruppenspielen der Champions League teilgenommen. 2006 stellte der Klub mit Loco einen Leistungsträger in Angolas WM-Auswahl. Ebenso wie Erzrivale Petro Atlético gehört Primeiro de Agosto auch im Basketball zu den führenden Teams Angolas und stellt regelmäßig das Gros wichtiger Nationalspieler. [1.8.1977 | da Cidadela (60.000) | 9 | 4]

Das Team von Angolas Rekordmeister Petro Atlético Luanda im Jahr 1991.

Finanziert von ausländischen Kräften entwickelte sich ein blutiger Machtkampf zwischen der von der Sowjetunion und Kuba unterstützten Regierungspartei MPLA, der von China gestärkten UNITA sowie der FNLA, an deren Seite Zaïre und Südafrika standen. 1978 schied die FNLA nach ihrer militärischen Niederlage aus, während der Krieg zwischen der pro-sowjetischen MPLA und der inzwischen von Südafrika und den USA unterstützten UNITA mit voller Härte weiterging.

■ **DAS ENDE DES OST-WEST-KONFLIKTS** sowie der Zusammenbruch des »Ostblocks« sorgten ab 1989 allmählich für einen Rückgang der Kampfhandlungen. Als sich MPLA-Führer dos Santos jedoch 1992 bei den ersten freien Wahlen gegen UNITA-Chef Savimbi durchsetzte, brach der Konflikt erneut mit voller Härte aus. Erst mit Savimbis Tod im Februar 2002 gelang es, einen dauerhaften Frieden zu schließen.

Anschließend konnten die mehr als vier Mio. Binnenflüchtlinge sowie die etwa 500.000 ins Ausland geflohenen Angolaner in ihre Heimatregionen zurückkehren und dort mit dem Wiederaufbau beginnen, während massive Wirtschaftshilfe vor allem aus China und den USA Angola in ein Boomland verwandelten. Insbesondere die Hauptstadt Luanda entwickelte sich rasant, wobei die damit einhergehenden Preissteigerungen für weite Teile der Bevölkerung bald nicht mehr zu finanzieren waren. Heute ist Angola eine gespaltene Gesellschaft, in der eine schmale Oberschicht in Saus und Braus lebt, während das Gros der Bevölkerung unter Armut und Perspektivlosigkeit leidet.

■ **AUCH ANGOLAS FUSSBALL LITT** bis Mitte der 1990er Jahre unter dem Bürgerkrieg. Das Land zählte lange Zeit zu den Schlusslichtern im afrikanischen Fußball und wurde im Juni 1994 lediglich auf Position 124 der FIFA-Weltrangliste geführt. Hinzu kam eine enorme Konkurrenz durch den Basketball, der in Angola lange unumstrittener Volkssport war. Sowohl MPLA-Führer dos Santos als auch sein UNITA-Rivale Savimbi galten als passionierte Basketballanhänger, die dem Fußball reserviert gegenüberstanden.

Der Fußball indes blickte auf eine recht unspektakuläre Vergangenheit zurück. Mitte der 1910er Jahre von portugiesischen Soldaten eingeführt, konnte sich das Spiel vor allem in den Städten etablieren. 1922 war in der heutigen Hauptstadt Luanda eine Stadtliga gebildet worden, ehe 1926 die Associação de Football de Luanda entstand, die dem portugiesischen Nationalverband als Regionalgruppe beitrat. Von Beginn an kickten weiße Europäer und schwarze Einheimische Seite an Seite, so dass sich das Spiel landesweit ausbreiten konnte.

Nach dem Zweiten Weltkrieg stabilisierte sich die angolanische Fußballgemeinde. Im Verlauf der 1950er Jahre entstanden später führende Vereine wie Atlético Luanda (heute Atlético Sport Aviação), Sport Benfica Atlético (heute Petro Atlético) und der mit der Ölindustrie verbundene Petro Huambo. Die Stadtliga von Luanda konnte derweil in eine Art Nationalliga ausgeweitet werden, deren Einzugsgebiet sich allerdings auf die infrastrukturell erschlossene Atlantikküste konzentrierte.

Während Angolas Meister am portugiesischen Pokalwettbewerb teilnehmen durfte (keine Erfolge überliefert), sah Kolonialherr Portugal in Angola vor allem einen Ressourcenlieferanten. 1951 wechselte mit Verteidiger Miguel Arcanjo erstmals ein Angolaner nach Portugal, wo er sich beim FC Porto

● **FIFA World Ranking**
1993	1994	1995	1996	1997	1998	1999	2000
102	106	80	70	58	50	52	55
2001	2002	2003	2004	2005	2006	2007	2008
55	76	83	72	61	55	72	67

● **Weltmeisterschaft**
1930-82 nicht teilgenommen **1986-2002** Qualifikation **2006** Endturnier (Vorrunde) **2010** Qualifikation

● **Afrikameisterschaft**
1957-80 nicht teilgenommen **1982-84** Qualifikation **1986** nicht teilgenommen **1988-92** Qualifikation **1994** nicht teilgenommen **1996** Endturnier (Vorrunde) **1998** Endturnier (Vorrunde) **2000-04** Qualifikation **2006** Endturnier (Vorrunde) **2008** Endturnier (Viertelfinale) **2010** Endturnier (Gastgeber)

bewährte und später auch in der portugiesischen Nationalelf zum Einsatz kam. Ihm folgten zahlreiche weitere Akteure – darunter Joaquím Santana, der in den 1960er Jahren an der Seite des gebürtigen Mosambikaners Eusébio bei Benfica Lissabon spielte.

■ **MIT BEGINN DES** Befreiungskampfes rückte der Fußball in Angola ab 1961 ins Abseits. Nach Erlangung der Unabhängigkeit übernahmen 1975 Einheimische die Führung über den nationalen Fußball, und am 1. Juni 1977 konnte Angolas »Palancas Negras« (»Schwarze Antilopen«) genannte Nationalelf mit einem 1:0 über Bündnispartner Kuba auf der Fußball-Weltbühne debütieren. 1979 entstand die Federação Angolana de Futebol, die 1980 der FIFA bzw. der CAF beitrat. 1982 erfolgte Angolas Debüt in der Afrikameisterschaft, 1984 nahm man erstmals an der Olympiaqualifikation teil, und 1986 beteiligten sich die »Palancas Negras« erstmals am Rennen um WM-Punkte.

Auf nationaler Ebene gelang es 1979 trotz des anhaltenden Bürgerkrieges, einen landesweiten Spielbetrieb zu etablieren. Daran nahmen zunächst 24 Mannschaften in vier Regionalgruppen teil, ehe 1980 die 14 erfolgreichsten Teams in der landesweiten »Girabola« zusammengefasst wurden. Diese wurde vom ersten Tag an von drei Mannschaften aus der Hauptstadt Luanda dominiert: Petro Atlético, Primeiro de Agosto und Atlético Sport Aviação. Insgesamt errangen diese drei Teams bis 2008 26 der 29 ausgespielten Meistertitel.

Erfolgreichste Elf ist die von der staatlichen Ölgesellschaft »Sonangol« unterstützte Mannschaft von Petro Atlético, die 1980 durch Fusion von Sport Benfica Atlético und der GS Sonangol entstanden war und die 2008 zum 14. Mal Meister wurde. Die der Regierungsarmee unterstellte Elf von Primeiro de Agosto errang neun Titel, derweil das von der Luftfahrtgesellschaft »TAAG« protegierte Atlético Sport Aviação dreimal Meister wurde. Die einseitige Konzentration auf die Hauptstadt war nicht zuletzt eine Folge des Bürgerkriegs, denn nur in Luanda war ein geregelter Trainings- und Spielbetrieb möglich.

Analog dem sowjetischen Vorbild waren Angolas Klubs entweder staatlichen Behörden, dem Militär bzw. der Polizei oder Großbetrieben untergeordnet. Sämtliche Topklubs standen der Regierungspartei MPLA nahe. Internationale Erfolge waren aufgrund des Bürgerkriegs rar. Für den größten Coup sorgte 1988 ausgerechnet Underdog Ferroviário Lubango, der im Pokalsiegerwettbewerb bis ins Viertelfinale vordrang. Der Eisenbahnknotenpunkt Lubango war seinerzeit Hochburg der SWAPO.

Angolas Nationalmannschaft nahm zwar ab 1982 regelmäßig an den Qualifikationsspielen zur Afrikameisterschaft bzw. den WM-Turnieren teil, vermochte dabei aber nur selten aufzutrumpfen. Durch den Bürgerkrieg gingen dem Land zudem mehrere Generationen aussichtsreicher Fußballtalente verloren, die stattdessen in Portugal Erfolge feierten. Vata Garcia erreichte 1990 mit Benfica Lissabon sogar das Endspiel des europäischen Pokalsiegerwettbewerbs.

■ **ERST MIT DER ENTSPANNUNG** der politischen Lage konnte sich Angolas Fußball Mitte der 1990er Jahre allmählich erholen. 1996 wurde das enorme Potenzial des Landes erstmals deutlich, als sich die »Palancas Negras« völlig überraschend für die Afrikameisterschaft qualifizierten und in Südafrika mit schwungvollem Angriffsfußball begeisterten. Vater der Erfolgself war der aus Kap Verde stammende ehemalige Portugal-Profi Carlos Alhinho, der sich systematisch um die Integration in Europa spielender Angolaner bemüht hatte. Neben den Portugal-Legionären Paulão, Jony, Amadeu und Luisinho ragte mit Fabrice Alcebiades Maieco ein 17-jähriges Ausnahmetalent heraus, das unter dem Künstlernamen Akwá auflief und Experten an den legendären Eusébio erinnerte.

Wie in seiner ökonomischen Entwicklung war Angola auch in seinem fußballerischen Fortschritt kaum zu bremsen. Mit der Verpflichtung mehrerer brasilianischer Fußball-Lehrer wurde seinerzeit die Grundlage zu einer Kombination der südamerikanischen und der afrikanischen Fußballkultur gelegt, die Angola einen einzigartigen Stil bescherte. Der Nationalverband FAF kümmerte sich um den Aufbau stabiler Strukturen und einer modernen Infrastruktur, derweil der Ölreichtum die Zahlungen von üppigen Prämien ermöglichte und auch den in Angola aktiven Nationalspielern damit ein Leben als Profis erlaubte.

Nachdem die »Palancas Negras« in der WM-Qualifikation 1998 noch knapp an Kamerun gescheitert waren, erreichten sie im selben Jahr zum zweiten Mal in Folge die Afrikameisterschaft. 1999 folgte der Gewinn des prestigeträchtigen COSAFA-Cup, während man in der WM-Qualifikation 2002 abermals knapp an Kamerun scheiterte.

■ **PRIMEIRO DE MAIO BENGUELA** Nur dreimal ging Angolas Landesmeisterschaft seit der Unabhängigkeit des Landes nicht in die Hauptstadt Luanda. 1983 und 1985 sicherte sich mit dem Primeiro de Maio ein der Armee unterstellter Klub den Titel, der 1955 als Estrela Club gegründet wurde und in der 430 km südlich von Luanda gelegenen Eisenbahnstadt Benguela zu Hause ist. Die Stadt ist Geburtsort von Rui Jordão, der in den 1970er Jahren für Benfica Lissabon stürmte, sowie Angolas WM-Teilnehmer Akwá. 1994 drangen die Rot-Schwarzen im CAF-Cup bis ins Finale vor. Der seit 1981 getragene heutige Klubname soll an den 1890 ausgerufenen »Kampftag der Arbeiterbewegung« erinnern (1. Mai), aus dem sich später der Internationale Arbeiter- und Bauernfeiertag entwickelte. [1955 | Municipal (15.000) | 2 | 3]

■ **GD INTERCLUBE LUANDA** Angolas Landesmeister von 2007 erreichte 2001 das Finale um den kontinentalen Pokalsiegerwettbewerb (1:1 und 0:1 gegen Kaizer Chiefs) und stellte 2006 mit Miloy sowie Mário zwei Akteure des angolanischen WM-Kaders. Die der hauptstädtischen Polizei unterstellte Grupo Desportivo Interclube trägt ihre Heimspiele im Estádio dos Coqueiros und steht in der Publikumsgunst deutlich hinter den Lokalrivalen Petro Atlético und Primeiro de Agosto. [1953 | Coqueiros (12.000) | 1 | 2]

HELDEN | LEGENDEN

■ **AKWÁ** Der Kapitän der angolanischen WM-Elf von 2006 ist mit 80 Länderspielen und 36 Toren sowohl Rekordnationalspieler als auch Rekordtorschütze Angolas. In seiner Heimat gilt der aus dem Provinzklub Nacional Benguela hervorgehende Stürmer als Fußball-Superstar. Bereits mit 18 Jahren zu Benfica Lissabon gewechselt, wurde Fabrice Alcebiades Maieco (»Akwá«) zwar vielfach mit der mosambikanischen Fußball-Legende Eusébio verglichen, verpasste aber bei Benfica den Durchbruch. Erst nach seinem Wechsel zum FC Alverca konnte er sich ab 1995 etablieren und schnürte später auch noch die Schuhe für Académico Coimbra. 1998 wechselte Akwá nach Katar, wo er für Al-Wakrah, Al-Gharafa und den Qatar Sports Club auflief, ehe er 2007 nach Angola zurückkehrte und sich Petro Atlético anschloss. In der WM-Qualifikation 2006 gelang dem bisweilen etwas exzentrischen und eigensinnigen Stürmer im entscheidenden Spiel in Ruanda jener angolanische Treffer, der die »Palancas Negras« zum Endturnier nach Deutschland brachte. [*30.5.1977 | 80 LS/36 Tore]

■ **FLÁVIO** Der Stürmer schoss sich 2006 in die Fußball-Annalen seines Landes, als ihm beim 1:1 gegen Iran der bislang einzige angolanische WM-Treffer gelang. Kurz zuvor für seinen Stürmerkollegen Akwá eingewechselt, sorgte Flávio in der 51. Minute des WM-Vorrundenspiels sogar für Angolas Führung. Flávio da Silva Amado begann seine Laufbahn bei Rekordmeister Petro Atlético, mit dem er 2001 bis ins Halbfinale der Champions League vordrang und in dessen Dress er zweimal angolanischer Torschützenkönig wurde. 2005 zum ägyptischen Spitzenklub Al Ahly Kairo gewechselt, kam er zunächst nicht über eine Mitläuferrolle hinaus. 2006 trug er mit zwei Qualifikationstreffern zum

Sprung der Nationalmannschaft »Palancas Negras« zur WM in Deutschland bei. [*30.12.1979 | 47 LS/14 Tore]

■ **MANUCHO** 2008 als einziger Angolaner bei der Afrikameisterschaft in Ghana in die Elf des Turniers gewählter Außenstürmer. Der aus dem Luandaer Amateurverein Flamenguinhos Terra Nova hervorgehende Mateus Alberto Contreiras Gonçalves begann seine Profikarriere 1999 bei Benfica Luanda und wurde schon früh als Ausnahmetalent gehandelt. 2002 wechselte er zu Rekordmeister Petro Atlético, für den er bis 2008 in 78 Spielen 34 Tore schoss. Nach seinem erfolgreichen Auftritt bei der Afrikameisterschaft 2008 in Ghana wagte Manucho den Sprung zu Manchester United, das ihn aber umgehend an Panathinaikos Athen bzw. Hull City auslieh. [*7.3.1984 | 15 LS/6 Tore]

■ **JOAQUÍM SANTANA** 1936 im angolanischen Lobito geborener Stürmer, der 1961 an der Seite von Eusébio mit Benfica Lissabon den Europapokal der Landesmeister errang. Von 1960-64 lief Joaquim Guimarães Silva Santana zudem fünfmal für Portugal auf. [*22.3.1936 | 5 LS für Portugal]

Akwá, Mateus und Fofana – drei Garanten für den angolanischen Fußballaufschwung.

Jahr	Meister	Pokalsieger
1957	Ferroviário de Luanda	
1958		-
1959	Recreativo da Catumbela	
1960-64		
1965	Atlético de Luanda	
1966	Atlético de Luanda	
1967	Atlético de Luanda	
1968	Atlético de Luanda	
1969	Indep. SC Porto Alexandre	
1970	Indep. SC Porto Alexandre	
1971	Indep. SC Porto Alexandre	
1972	Sport Nova Lisboa Benfica	
1973	FC Moxico Luena	
1974	Ferroviário de Nova Lisboa	
1975	abgebrochen	
1974-78	nicht ausgespielt	
1979	Primeiro Agosto Luanda	
1980	Primeiro Agosto Luanda	Nacional Benguela
1981	Primeiro Agosto Luanda	Atlético Aviação Luanda
1982	Petro Atlético Luanda	Primeiro Maio Benguela
1983	Primeiro Maio Benguela	Primeiro Maio Benguela
1984	Petro Atlético Luanda	Primeiro Agosto Luanda
1985	Primeiro Maio Benguela	Ferroviário de Huíla
1986	Petro Atlético Luanda	GD Interclub Luanda
1987	Petro Atlético Luanda	Petro Atlético Luanda
1988	Petro Atlético Luanda	Sagrada Esp. Dundo
1989	Petro Atlético Luanda	Ferroviário de Huíla
1990	Petro Atlético Luanda	Primeiro Agosto Luanda
1991	Primeiro Agosto Luanda	Primeiro Agosto Luanda
1992	Primeiro Agosto Luanda	Petro Atlético Luanda
1993	Petro Atlético Luanda	Atlético Aviação Luanda
1994	Petro Atlético Luanda	Petro Atlético Luanda
1995	Petro Atlético Luanda	Atlético Aviação Luanda
1996	Primeiro Agosto Luanda	Progresso Sambizanga
1997	Petro Atlético Luanda	Petro Atlético Luanda
1998	Primeiro Agosto Luanda	Petro Atlético Luanda
1999	Primeiro Agosto Luanda	Sagrada Esp. Dundo
2000	Petro Atlético Luanda	Petro Atlético Luanda
2001	Petro Atlético Luanda	Dep. Sonangol Namibe
2002	Atlético Aviação Luanda	Petro Atlético Luanda
2003	Atlético Aviação Luanda	GD Interclube Luanda
2004	Atlético Aviação Luanda	Dep. Sonangol Namibe
2005	Sagrada Esperança Dundo	Atlético Aviação Luanda
2006	Primeiro Agosto Luanda	Primeiro Agosto Luanda
2007	GD Interclube Luanda	Primeiro Maio Luanda
2008	Petro Atlético Luanda	Santos FC Luanda

Auch auf Klubebene stellten sich allmählich Erfolge ein. Bereits 1995 war mit dem Armeeklub Primeiro Agosto erstmals ein angolanisches Team in ein kontinentales Finale eingezogen (CAF-Cup) und hatte sich Bendel Insurance aus Nigeria beugen müssen. Drei Jahre später scheiterten die Rot-Schwarzen im Finale des Pokalsiegerwettbewerbs an Espérance Tunis. 2001 war Angola erstmals mit zwei Teams in Halbfinals vertreten, während Rekordmeister Petro Atlético im Landesmeisterwettbewerb im Elfmeterschießen an den Mamelodi Sundowns scheiterte, drang Luandas Polizeiverein Interclube im Pokalsiegerwettbewerb sogar bis ins Finale vor.

■ **ALS LUIS DE OLIVEIRA GONÇALVES** 2001 die U20 des Landes zur Afrikameisterschaft führte, brach eine neue Erfolgsepoche an. Der Kern der Nachwuchself fand sich wenig später auf Seniorenebene wieder und gewann 2001 und 2004 jeweils den COSAFA-Cup, ehe ihm in der WM-Qualifikation 2006 eine Sensation gelang, als er sich gegen den hohen Favoriten Nigeria durchsetzte und Angola erstmals das WM-Ticket buchte.

Gonçalves' Erfolgsteam war ein anschauliches Abbild der verworrenen Landesgeschichte. Offensivspieler Figueiredo war Sohn portugiesischer Siedler, die nach der Unabhängigkeit aus Angola geflohen waren. Der exzentrische Torjäger Akwá wuchs zwar in Benguela auf, wechselte aber bereits mit 16 Jahren zu Benfica Lissabon. Flávio indes kickte noch immer in der Heimat, wo er dank Angolas ökonomischer Entwicklung gutes Geld verdienen konnte. Das bunte Ensemble erwies sich als gelungene Mischung. Zwar musste Angola nach einer unglücklichen 0:1-Niederlage gegen Ex-Kolonialherr Portugal, einem 0:0 gegen Mexiko und einem 1:1 gegen Iran bereits nach der WM-Vorrunde heimreisen, das Team durfte jedoch erhobenen Hauptes in die Heimat zurückkehren. 2008 bestätigten die »Palancas Negras« ihren Aufwärtstrend und schieden bei der Afrikameisterschaft in Ghana erst im Viertelfinale gegen den späteren Gesamtsieger Ägypten aus.

Angolas Fußballaufschwung ist aber nicht nur in sportlicher Hinsicht bemerkenswert. Der Verband zeichnet sich durch eine in Afrika eher seltene Geduld aus (der 2008 scheidende Erfolgstrainer Gonçalves war insgesamt fünf Jahre im Amt), die nationalen Infrastrukturen sind vorbildlich und die Klubs der Nationalliga sind inzwischen selbst für renommierte Trainer aus Brasilien und Portugal attraktiv. Nächster Höhepunkt soll die Afrikameisterschaft 2010 sein, für die in Luanda, Benguela, Lubango und der politisch abtrünnigen Enklave Cabinda bereits moderne Stadien entstehen.

Die Zeiten des Fußball-Underdogs Angola sind zweifelsohne vorbei. Möglicherweise verfügt Angola mit seiner einzigartigen Kombination aus Geld, Begabung und seriöser Führungspolitik sogar über die gegenwärtig beste Ausgangsposition aller schwarzafrikanischen Fußballnationen. Da wächst etwas heran!

ÄQUATORIALGUINEA

Federación Ecuatoguineana de Fútbol

Äquatorialguineanischer Fußball-Bund | gegründet: 1960 | Beitritt FIFA: 1986 | Beitritt CAF: 1986 | Spielkleidung: rotes Trikot, rote Hose, rote Stutzen | Saison: Oktober - Juni | Spieler/Profis: 25.590/230 | Vereine/Mannschaften: 18/48 | Anschrift: Apartado de correo numero 1017, Malabo | Telefon: +240-9/1874 | Fax: +240-9/6565 | Internet: www.feguifut.net | E-Mail: feguifut@orange.gq

Der importierte Erfolg

Äquatorialguinea gelang mit Hilfe des Erdöls und spanischer Fußball-Ausbildung der Durchbruch

República de Guinea Ecuatorial

Republik Äquatorialguinea | Fläche: 28.051 km² | Einwohner: 492.000 (17,5 je km²) | Amtssprache: Spanisch | Hauptstadt: Malabo (95.450) | Weitere Städte: Bata (50.023), Ebebiyin (13.000), Mbini (12.000) | Währung: FCA-Franc | Zeitzone: MEZ | Länderkürzel: GQ | FIFA-Kürzel: EQG | Telefon-Vorwahl: +240

Fußball als Spiel der Massen und Spielzeug der Mächtigen – in Äquatorialguinea ist das bittere Wahrheit. Während in den Slums der Hauptstadt Malabo Hunger herrscht und die Kinder mit Stoffballfetzen kicken müssen, lebt die Oberschicht des ölfördernden Landes in Saus und Braus und jettet regelmäßig nach Spanien, um dort Fußballern äquatorialguineischer Herkunft zuzujubeln. Keine zwei Dollar pro Tag und Person steht der Mehrheit der knapp 500.000 Einwohner eines Landes zur Verfügung, dessen korrupter Staatspräsident Obiang Nguema Schätzungen zufolge rund 700 Mio. Dollar Privatvermögen angesammelt hat.

■ **ÄQUATORIALGUINEA STAND** bis 1959 als Spanisch-Guinea unter spanischer Kolonialverwaltung und liegt zwischen Kamerun und Gabun am Golf von Guinea. Mit 28.051 km² ist es eines der kleinsten Länder Afrikas, zählt aber dank seiner Erdölressourcen zugleich zu den reichsten Ländern des Kontinents. Es entstand aus zwei separaten spanischen Überseebesitzungen: den dicht besiedelten Inseln Bioko und Pagalu sowie dem nur spärlich bewohnten Festlandgebiet Mbini, das einst Río Muni hieß und überwiegend von tropischem Regenwald bedeckt ist. Die Hauptstadt Malabo befindet sich auf Bioko, das zu Kolonialzeiten nach ihrem portugiesischen Entdecker Fernando Póo benannt war und als exotisches Urlaubsziel beliebt ist.

Das gesellschaftliche Leben des Landes spielt sich überwiegend auf Bioko und Pagalu ab. Dort lebt auch die wohlhabende afrikanische Oberschicht sowie die Fernandinos genannten Mischlinge afrikanisch-spanischer Herkunft.

1963 hatte die Region als Äquatorialguinea Autonomiestatus erhalten und war 1968 auf internationalen Druck hin in die Unabhängigkeit entlassen worden. Erster Regierungschef wurde der von der Bevölkerungsmehrheit der Fang gestützte Francisco Macías Nguema, dessen marxistisch-leninistische Politik Äquatorialguinea jedoch in Chaos und Armut trieb. Während seiner elfjährigen Diktatur verlor das international isolierte Land fast ein Drittel seiner Einwohner – 20.000 durch soziale Unruhen bzw. politische Morde sowie 100.000 durch Landflucht.

1979 stürzte Neffe Obiang Nguema seinen Onkel mit Militärgewalt und installierte entgegen seiner Beteuerungen, demokratische Verhältnisse herstellen zu wollen, eine weitere Diktatur. Als sein Regime in den 1990er Jahren durch massive Menschenrechtsverletzungen in die Schlagzeilen der Weltpresse geriet, drohte Äquatorialguinea erneut in die Isolation abzurutschen. Nachdem jedoch 1992 umfangreiche Erdölvorkommen entdeckt worden waren, änderte sich dies schlagartig. Die USA, die ihre Botschaft in Malabo aus Protest gegen die Menschenrechtsverletzungen zwischenzeitlich geschlossen hatte, pries Äquatorialguinea plötzlich als »Kuwait Afrikas« und wurde zum wichtigsten Handelspartner.

■ **DER ÖLREICHTUM RÜCKTE** erstmals auch den äquatorialguineischen Fußball in den Fokus. In den 1920er Jahren von spanischen Kolonialisten eingeführt, war das Spiel lange Zeit unbeachtet und in zwei getrennten Ligen mit europäischer bzw. mit einheimischer Prägung betrieben worden. Aus dem Jahr 1948 sind für die Hauptstadt Malabo zwölf Mannschaften in der »Liga Europa« (Juvenil, Barcelona Junior, Santa Isabel, Los Polos und Canarias) bzw. der »Liga Indigenas« (Cultural, Hércules, Escolar,

TEAMS | MYTHEN

■ **AKONANGUI CF EBEBIYÍN** Team aus der Provinz Kié-Ntem, die im Nordosten des Landes liegt. »El equipo rojo« (»die rote Elf«) setzte sich 2006 im CAF Confederations Cup überraschend gegen den kamerunischen Vertreter FC Impots durch und scheiterte in der zweiten Runde erst im Elfmeterschießen an den Lobi Stars aus Nigeria. [Manuel Enguru (5.000) | 3 | 4]

■ **ATLÉTICO MALABO** Dreifacher Landesmeister aus der Hauptstadt Malabo. Der Club Atlético Malabo feierte 2002 seinen bislang letzten Titelgewinn und errang 2001 zum sechsten Mal den Landespokal. [Internacional (6.000) | 3 | 6]

■ **CD ELÁ NGUEMA MALABO** Mit elf Titeln Rekordmeister des Landes. Der Klub ist nach Staatschef Nguema benannt und ging von 1984 bis 1991 achtmal in Folge als Landesmeister durchs Ziel. Zudem feierten »Los Merengues« (»Die Meringues«) aus Malabo bereits sieben Pokalsiege. Seit ihrem letzten Titelgewinn 2002 sind sie allerdings vom Stadtrivalen Renacimiento FC von der Spitze verdrängt worden. Der Klub läuft seit einiger Zeit als Sony CF Elá Nguema auf. [Internacional (6.000) | 11 | 7]

■ **RENACIMIENTO FC MALABO** Der Renacimiento Fútbol Club (»FC Wiedergeburt«) feierte 2006 seinen größten internationalen Erfolg, als er in der Champions League den malischen Spitzenklub Stade Malien ausschaltete. Im Achtelfinale rang man Al-Ahly Kairo daheim ein 0:0 ab, ehe mit einem 0:4 in Kairo das Aus kam. Auf nationaler Ebene beherrscht die Elf um Nationalverteidiger Laurence National den Spielbetrieb seit 2004 quasi im Alleingang. [Internacional (6.000) | 4 | -]

HELDEN | LEGENDEN

■ **RODOLFO BODIPO** Unumstrittener Fußball-Volksheld des Landes, der in Sevilla geboren wurde und u. a. beim spanischen Profiklub Deportivo La Coruña spielte. Bodipo ist Galionsfigur der spanisch-äquatorialguineischen Auswahlmannschaft. [*25.10.1977 | 13]

■ **JAVIER BALBOA** Der ehemalige Real-Madrid-Außenstürmer lief 2007 erstmals für Äquatorialguinea auf und gilt als Hoffnungsträger für eine glorreiche Zukunft. [*13.5.1985 | 4]

Jahr	Meister	Pokalsieger
1979	Real Rebola	Akonangui CF Ebebiyín
1980	Deportivo Mongomo	CD Elá Nguema Malabo
1981	Atlético Malabo	CD Elá Nguema Malabo
1982	Atlético Malabo	CD Elá Nguema Malabo
1983	Dragons Bata	CD Elá Nguema Malabo
1984	CD Elá Nguema Malabo	GD Lage Malabo
1985	CD Elá Nguema Malabo	Atlético Malabo
1986	CD Elá Nguema Malabo	Juvenil Reyes Bata
1987	CD Elá Nguema Malabo	Atlético Malabo
1988	CD Elá Nguema Malabo	Atlético Malabo
1989	CD Elá Nguema Malabo	Union Vesper Bata
1990	CD Elá Nguema Malabo	Atlético Malabo
1991	CD Elá Nguema Malabo	Atlético Malabo
1992	Akonangui CF Ebebiyín	CD Elá Nguema Malabo
1993-95	unbekannt	unbekannt
1996	Cafe Bank Sportif Malabo	Akonangui CF Ebebiyín
1997	Deportivo Mongomo	CD Elá Nguema Malabo
1998	CD Elá Nguema Malabo	Union Vesper Bata
1999	Akonangui CF Ebebiyín	CD Unidad
2000	CD Elá Nguema Malabo	CD Unidad
2001	Akonangui CF Ebebiyín	Atlético Malabo
2002	CD Elá Nguema Malabo	Akonangui CF Ebebiyín
2003	Atlético Malabo	Deportivo Mongomo
2004	Renacimiento FC Malabo	CD Elá Nguema Malabo
2005	Renacimiento FC Malabo	
2006	Renacimiento FC Malabo	
2007	Renacimiento FC Malabo	Akonangui CF Ebebiyín
2008	unbekannt	unbekannt

Español de Santiago de Baney, Isleño, Oriental und San Fernando) überliefert.

Mit der politischen Autonomie entstand zwar 1960 die Federación Ecuatoguineana de Fútbol (FEGUIFUT), die Landesauswahl »Nzalang Nacional« (»Nationale Blitze«) konnte jedoch erst im Dezember 1984 debütieren und verlor dabei mit 0:5 im Kongo. Nachdem die FEGUIFUT 1986 Mitglied der CAF und der FIFA wurde, konnte Äquatorialguinea 1990 erstmals an der Afrikameisterschaft teilnehmen und 2002 in der WM-Qualifikation debütieren.

Wie fast alle Lebensbereiche beherrscht die Politik von Diktator Nguema auch den nationalen Fußball. Zwischen 1984 und 1991 dominierte der nach dem Präsidenten benannte Hauptstadtklub Elá Nguema mit acht Meisterschaften in Folge die 1979 gegründete »Primera División de Honor«. Die Blau-Gelben waren 1980 auch der erste Klub des Landes, der an der Kontinentalmeisterschaft teilnahm.

■ **2003 ERWACHTE DER** bis dahin beschauliche äquatorialguineische Fußball, als sich Nationaltrainer Oscar Engongas in Spanien auf die Suche nach ausgewanderten Landsleuten machte, um diese für die »Nzaland Nacional« zu begeistern. Die Geschichte äquatorialguineischer Fußballer im spanischen Profispielbetrieb reicht bis in das Jahr 1959 zurück, als sich mit Miguel Jones erstmals ein in Spanien geborener Äquatorialguineaner bei Atlético Madrid durchsetzte. 1962 war Jones beim 3:0-Finalsieg der Madrilenen im Europapokal der Pokalsieger gegen den AC Florenz sogar ein Treffer gelungen. Noch größere Erfolge hatte mit Vincente Engonga der Bruder von Äquatorialguineas erwähntem Nationaltrainer Oscar gefeiert. 1965 in Barcelona geboren, hatte er in seiner schillernden Karriere die Trikots von Valladolid, Celta Vigo, Mallorca, Valencia und Coventry City getragen und war 2000 mit der spanischen »seleccíon« sogar zur Europameisterschaft gereist.

Im Verbund mit Ruslan Obiang, dem Sohn von Diktator Nguema, gelang es Auswahltrainer Oscar Engongas im Sommer 2003, Profispieler wie Rodolfo Bodipo (Deportivo La Coruña), José Luis Rondo (Zweitligist Vecindario), Juvenal Edjogo (Huelva), Benjamín Zarandona (Betis Sevilla, war 1998 mit Spanien U21-Europameister geworden), Juan Epitié Dyowe (Castellón), Juan Remigio Cuyami (San Sebastián) und Francisco Salvador Elà (Real Madrid) für das rote Spielkleid der »Nzalang Nacional« zu begeistern.

Der Erfolg stellte sich ad hoc ein, denn schon beim ersten Auftritt der Legionäre im Oktober 2003 gelang im Rahmen der WM-Qualifikation ein sensationelles 1:0 über Togo. Für die meisten spanisch-äquatorialguineischen Debütanten war es im Übrigen das erste Mal, dass sie einen Fuß in ihre »Heimat« setzten. Zwar schied die Elf um Publikumsliebling Rodolfo Bodipo mit einer 0:2-Rückspielniederlage in Lomé vorzeitig aus, Nationaltrainer Engongas konnte aber dennoch zufrieden sein.

■ **2008 BESTÄTIGTE DAS TEAM** seinen Aufwärtstrend, als es in der Qualifikation zur Afrikameisterschaft sogar Kamerun besiegte und nur knapp das Endturnier in Ghana verpasste. Großes Ziel des kleinen Landes ist nun die Afrikameisterschaft 2012, die man gemeinsam mit dem Nachbarn Gabun ausrichten wird. In Malabo und Bata sind dafür moderne Stadien geplant, und damit es sportlich klappt, setzt man weiterhin auf in Europa tätige Spitzenspieler, deren Gene äquatorialguineische Anteile aufweisen. »Nur so können können wir die traditionell vorherrschenden afrikanischen Fußballnationen in ihrer Stellung gefährden«, ist sich Oscar Engonga sicher.

Dessen ungeachtet gab es auch auf Klubebene erste Erfolge zu feiern. 2006 erreichten mit Renacimiento und Akonangui erstmals gleich zwei Teams des kleinen Landes die zweite Runde in den internationalen Wettbewerben, wo sie unglücklich an Al-Ahly Kairo (Renacimiento, Champions League) bzw. den Lobi Stars aus Nigeria (Akonangui, CAF Confederations Cup) scheiterten.

Neben aller Freude über die rasante Entwicklung des Leistungsfußballs in Äquatorialguinea gibt es aber auch Schattenseiten. Nicht nur, dass die Erfolge der Landesauswahl ohne die in Spanien ausgebildeten Spieler niemals möglich gewesen wären und damit »importierte Erfolge« sind – die krassen sozialen Gegensätze im Land sind auch im Fußball offenkundig und geben Anlass zur Sorge. Während spanische Fußballhelden wie Rodolfo Bodipo hofiert und üppig entlohnt werden, führt der einheimische Nachwuchs in den Armenviertel von Malabo einen täglichen Überlebenskampf. Über allem steht die korrupte Politik von Staatspräsident Nguema, dessen Herrschaft von einigen internationalen Experten sogar als »schlimmer als die Mugabes in Simbabwe« beurteilt wird.

Fazit: Fußball, wie überall in Afrika auch in Äquatorialguinea das Spiel der Massen, ist in dem kleinen Land zusätzlich eben das Spielzeug der Mächtigen.

● **FIFA World Ranking**

1993	1994	1995	1996	1997	1998	1999	2000
-	-	-	-	-	195	188	187
2001	2002	2003	2004	2005	2006	2007	2008
190	192	160	171	171	109	85	123

● **Weltmeisterschaft**
1930-98 nicht teilgenommen **2002-2010** Qualifikation

● **Afrikameisterschaft**
1957-88 nicht teilgenommen **1990** Qualifikation **1992-2000** nicht teilgenommen **2002-2010** Qualifikation

ÄQUATORIALGUINEA

ÄTHIOPIEN

Ethiopian Football Federation

Äthiopischer Fußball-Bund | gegründet: 1943 | Beitritt FIFA: 1953 | Beitritt CAF: 1957 | Spielkleidung: grünes Trikot, gelbe Hose, rote Stutzen | Saison: September - Juni | Spieler/Profis: 3.474.245/20 | Vereine/Mannschaften: 1.000/3.000 | Anschrift: Addias Abeba Stadium, PO Box 1080, Addis Abeba | Telefon: +251-115/514321 | Fax: +251-115/515899 | Internet: keine Homepage | E-Mail: eff@telecom.net.et

Verblichener Ruhm, vergangene Erfolge

Äthiopien zählte zu den wichtigsten Impulsgebern beim Aufbau kontinentaler Fußballstrukturen in Afrika

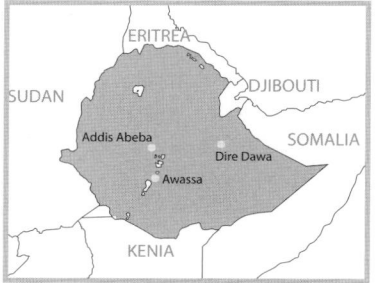

yä-Ityoppya Fädäralawi Dimokrasiyawi Ripäblik

Demokratische Bundesrepublik Äthiopien | Fläche: 1.133.380 km² | Einwohner: 69.961.000 (62 je km²) | Amtssprache: Amharisch | Hauptstadt: Addis Abeba (2.973.000) | Weitere Städte: Dire Dawa (281.800), Nazret (228.623), Gonder (194.773) | Währung: 1 Birr = 100 Cents | Zeitzone: MEZ +2h | Länderkürzel: ETH | FIFA-Kürzel: ETH | Telefon-Vorwahl: +251

In der westlichen Welt steht Äthiopien gemeinhin für »Leiden«. Die Bilder verhungernder Menschen gingen um die Welt und prägten das Bild eines Landes, das zu den abwechslungsreichsten, interessantesten, aber auch kompliziertesten in Afrika zählt.

Das auch als Abessinien bekannte Äthiopien liegt an der Schnittstelle zwischen Nord- und Schwarzafrika und wurde nie kolonialisiert. Bis 1975 war es eine Monarchie, deren Ursprünge bis zum israelischen König Salomo zurückreichten. Zu den ältesten Siedlungsgebieten der Welt zählend, umfasst Äthiopien mehr als 80 ethnische Gruppen, mindestens 70 Sprachen und Dialekte sowie drei Hauptreligionen. Die bedeutendste Bevölkerungsgruppe sind die Amhara, die traditionell das Königshaus sowie weite Teile des Adels stellten und dementsprechend sowohl politisch als auch wirtschaftlich dominierten. Amharisch ist auch Äthiopiens offizielle Landessprache. Im Süden überwiegen Oromo- und Galla-Völker, während Afar, Somali und Falesha wichtige Minoritäten bilden. Bei den Religionen dominieren orthodoxe Christen und Muslime, die jeweils etwa 40-45 Prozent stellen. Dazu kommen etwa zehn Prozent Protestanten.

■ **IM FUSSBALL GEHÖRTE** Äthiopien nach dem Zweiten Weltkrieg zu den Pionieren bei der Afrikanisierung des von den Kolonialmächten geprägten Sports. 1957 war man Gründungsmitglied des Kontinentalverbandes CAF und richtete 1962 die dritte Afrikameisterschaft aus.

Fußball war um 1924 von britischen Lehrern an der Taferi Makonnen- bzw. der Menelik II.-Schule von Addis Abeba eingeführt worden. Im Zuge des Eisenbahnbaus ins Land gekommene Ausländer (v.a. Griechen, Armenier und Italiener) hatten das Spiel aufgegriffen und es in der erst 1892 gegründeten Hauptstadt verankert. Zwar fanden anschließend vereinzelt christliche Äthiopier den Zugang zum Fußball, der breitete sich aber nur langsam aus.

Das war nicht zuletzt anhaltenden politischen Turbulenzen zuzuschreiben. Während Kaiser Haile Selassie I (Ras Tafari) nach seiner Inthronisierung 1930 eine vorsichtige Modernisierung eingeleitet hatte, wurde Äthiopien 1935 von Italien angegriffen und besetzt. Erst 1944 gelang es, den Agressor mit britischer Hilfe zurückzuschlagen. Just in jene turbulenten Tage fiel die eigentliche Geburtsstunde des äthiopischen Fußballs, als eine im hauptstädtischen Arada-Viertel lebende Gruppe einheimischer Studenten 1936 mit dem Saint George FC den ersten Fußballverein des Landes ins Leben rief. Seinen Namen von der nahegelegenen St. George-Kirche ableitend, verankerte Äthiopiens heutiger Rekordmeister das Spiel anschließend durch aufsehenerregende Erfolge gegen griechische und italienische Mannschaften im nationalen Bewusstsein und gab damit die Initialzündung zu einer Reihe von weiteren Klubgründungen.

Während der italienischen Besatzungszeit herrschte in Äthiopien eine rigide Rassentrennung, die später zum Vorbild für Südafrikas Apartheidspolitik wurde. Dem rücksichtslosen Vorgehen der italienischen Faschisten fielen mehr als 700.000 Menschen zum Opfer. Die Lebensbedingungen der einheimischen Bevölkerung waren unerträglich, und Äthiopiens Fußballer mussten zumeist mit einer »Yecherekquasse« genannten Mischung aus Lumpen und Haaren als Ball vorlieb nehmen.

Mit der Vertreibung der Italiener geriet Äthiopien kurzzeitig unter britischen Einfluss, was für die Entwicklung des nationalen Fußballs

TEAMS | MYTHEN

■ **AWASSA CITY** Dominierendes Team aus der rund 200 Kilometer südlich von Addis Abeba im ostafrikanischen Grabenbruch gelegenen Stadt Awassa. Errang 2004 und 2007 jeweils die Landesmeisterschaft, wobei der zweite Titel insofern begünstigt war, als sich die Klubs aus Addis Abeba aus Protest aus der Liga zurückgezogen hatten. [1978 | Awassa Kenema (25.000) | 2 | 1]

■ **EEPCO FC ADDIS ABEBA** Dreifacher Landesmeister (1993, 1998, 2001), der unter der Obhut eines nationalen Stromproduzenten steht (EEPCO steht für »Ethiopian Electric Power Corporation«, der Klub lief früher als EELPA auf – »Ethiopian Electric Light and Power Authority«). Er wird auf Amharisch »Mebrat Hail« genannt. Im November 2006 übergab EEPCO mit Kenneth Morton einem ehemaligen Manchester United-Jugendspieler das Training. [1962 | Mebrat Hail (8.000) | 3 | 1]

■ **ETHIOPIAN COFFEE ADDIS ABEBA** 1975 als Yebuna Negat gegründeter Verein, der zunächst nur Hobby bzw. Betriebsfußball spielte. Nachdem die National Coffee Trading Corporation den Klub übernommen hatte, wurde er zunächst in Buna Gebeya SC (»Kaffee-Vermarktung«) und 1984 dann in Ethiopian Coffee Sports Club umbenannt. Mit seinem attraktiven Angriffsfußball erwarb er sich rasch eine solide Fanbasis und stieg zum Rivalen um Serienmeister St. George auf. Duelle zwischen den beiden Teams waren in der Vergangenheit wiederholt von Ausschreitungen überschattet. Im Vergleich zu St. Georges fallen die Erfolgsannalen von »Buna« aber eher karg aus. Einen Meistertitel errang man bislang noch nicht, und nur im Pokal reichte es bislang zu Siegen (1998, 2000, 2003). Seinen größten Erfolg feierte der Klub 1998 in der kontinentalen Champions League, als er sich gegen den ägyptischen Rekordmeister Al-Ahly Kairo durchsetzte (1:1 daheim, 2:2 in Kairo) und nur knapp die Gruppenspiele verpasste. [1975 | Abebe Bikila (36.000) | - | 3]

■ **ST. GEORGE FC ADDIS ABEBA** Ältester Fußballverein Äthiopiens, der mit 22 Titeln zudem Rekordmeister ist. Der Klub wurde 1936 von Ayele Atnash und George Dukas aus einer bereits seit Dezember 1928 bestehenden Fußballmannschaft gebildet und ist nach der im hauptstädtischen Viertel Arada gelegenen Kirche St. George benannt. Zu Zeiten der italienischen Besatzung erlangten die »Kidus Giorgis« mit Siegen über europäische Mannschaften großen Respekt und verhalfen dem Fußball in Äthiopien damit zum Durchbruch. 1948 zählte der Verein zu den Gründungsmitgliedern der Nationalliga. In jener standen die Rot-Gelben um Torjägerlegende Ydnekatchew Tessema (365 Spiele und 318 Tore von 1943-58) bzw. dessen Nachfolger Mengistu Worku sportlich zunächst etwas im Schatten der Armeeelf Mechal, des Cotton FC Dire Dawa sowie den eritreischen Vertretern. Unter dem Mengistu-Regime sah sich St. George sogar erheblichen politischen Repressialien ausgesetzt und kickte von 1982-85 nur in der zweiten Liga. Seinerzeit lief das Team um Mulugeta Kebede, Torjäger Getu Kebede und Regisseur Solomon Yohannes als Brewery Addis Abeba auf. Nach der Rückkehr ins Oberhaus errangen die Rot-Gelben 1985 ihren siebten Meistertitel und übernahmen 1993 mit dem Ausscheiden Eritreas eine dominierende Rolle im nationalen Fußball. Der Klub kann sich auf eine große Fangemeinde verlassen, die mit Scheich Mohammed Alamoudi Äthiopiens reichster Mann zählt. National seit nunmehr fast 20 Jahren dominierend, eilt St. George international dem Erfolg hinterher und ist in den afrikanischen Vereinswettbewerben bislang nicht über die zweite Runde hinausgekommen. Das im Klublogo integrierte »V« symbolisiert die traditionsreiche gelbe Spielkleidung, die über einen roten V-Ausschnitt verfügt. [1936 | Saba (20.000) | 22 | 8]

positive Folgen hatten. Ermuntert von den britischen Militärs hoben der spätere CAF-Präsident Ydnekatchew Tessema und Amde Mikael Desselegne 1943 eine nationale Sportbehörde aus der Taufe und gründeten eine multikulturelle Stadtliga, an der das amharische Team von St. George, die armenische Ararat-Elf, das italienische Fortitito, das griechische Olympiakos sowie die britische Military Mission teilnahmen. Fünf Jahre später wurde daraus eine zweistufige Nationalliga mit insgesamt 16 Mannschaften, ehe man zu einem System überging, bei dem der Landesmeister in einem Endturnier der Regionalmeister aus Addis Abeba, Shoa, Hararghe und Eritrea ermittelt wurde.

Äthiopiens Landesauswahl »Walya Antelopes« (»Steinböcke«) debütierte im Mai 1947 mit einem 5:0 über Französisch-Somalia (heute Djibouti). Nachdem im Dezember 1948 in Addis Abeba ein Stadtverband entstanden war, konnte im Oktober 1949 die Grundlage für den heutigen Nationalverband Ethiopian Football Federation (EFF) gelegt werden, der 1967 durch den Zusammenschluss mehrerer Regionalverbände entstand.

■ **DIE 1950 VON DEN VEREINTEN NATIONEN** vorgeschlagene Bildung eines gemeinsamen Bundesstaates von Äthiopien und der ehemaligen italienischen Kolonie Eritrea erwies sich sowohl politisch als auch sportlich als tiefer Einschnitt für die Region. Während auf eritreischer Seite Zurückhaltung herrschte, weitete Kaiser Haile Selassie seine Macht über den kleinen Bündnispartner sukzessive aus. Im Fußball indes übernahm Eritrea eine Führungsrolle. Unter den italienischen Kolonialisten war die fußballerische Entwicklung des kleinen Landes rasch fortgeschritten, so dass Eritrea eine Vielzahl von Fußballtalenten in den gemeinsamen Bundesstaat einbringen konnte. Nachdem die eritreische Spitzenelf von Hamassien Asmara 1953 im nationalen Endspiel dem äthiopischen Armeeteam noch mit 3:4 unterlegen gewesen war, ging die Landesmeisterschaft von 1955-59 gleich viermal in die eritreische Hafenstadt Asmara.

Eritreas Dominanz spiegelte sich auch in der Landesauswahl wider. Als die »Walya Antelopes« 1954 auf eine Europatournee gingen, dominierten ebenso wie beim Pflichtspieldebüt im Rahmen der Olympiaqualifikation im Januar 1956 (1:4 gegen Ägypten) Eritreer den Kader. Damit begann die Blütezeit des äthiopischen Fußballs. 1957 reiste eine von Ydnekatchew Tessema angeführte äthiopische Delegation in den Sudan, um gemeinsam mit Ägypten, Sudan und Südafrika den afrikanischen Kontinentalverband CAF aus der Taufe zu heben. Bei der zeitgleich ausgespielten ersten Afrikameisterschaft musste sich Äthiopien nach einem 0:4 gegen Ägypten allerdings mit Platz zwei begnügen. Im Übrigen verhalf seinerzeit nicht nur der Fußballsport dem Land zu Ruhm: Mit Abeke Bikila wurde 1960 und 1964 ein Äthiopier sogar Marathon-Olympiasieger.

■ **1962 FUNGIERTE ÄTHIOPIEN** als Ausrichter der dritten Afrikameisterschaft und erklomm seinen sportlichen Zenit. Vor heimischer Kulisse setzte sich die vom Jugoslawen Milosević betreute Elf im Finale mit 4:2 in der Verlängerung

● **Erfolge**
Afrikameister 1962

● **FIFA World Ranking**
1993 1994 1995 1996 1997 1998 1999 2000
96 115 105 108 126 145 142 133
2001 2002 2003 2004 2005 2006 2007 2008
155 138 130 151 112 92 105 103

● **Weltmeisterschaft**
1930-58 nicht teilgenommen **1962** Qualifikation **1966** nicht teilgenommen **1970-86** Qualifikation **1990** nicht teilgenommen **1994-2010** Qualifikation

● **Afrikameisterschaft**
1957 Endturnier (Zweiter) **1959** Endturnier (Dritter) **1962** Endturnier (Ausrichter, Sieger) **1963** Endturnier (Vierter) **1965** Endturnier (Vorrunde) **1968** Endturnier (Ausrichter, Vierter) **1970** Endturnier (Vorrunde) **1972-74** Qualifikation **1976** Endturnier (Vorrunde) **1978-80** Qualifikation **1982** Endturnier (Vorrunde) **1984** Qualifikation **1986-88** Rückzug **1990** Qualifikation **1992** Rückzug **1994-98** Qualifikation **2000** Rückzug **2000-08** Qualifikation **2010** Ausschluss

Kaiser Haile Selassie überreicht Kapitän Yidnekatchew 1947 eine Trophäe.

Jahr	Meister	Pokalsieger
1944	British Military M.	
1945	nicht ausgespielt	British Military M.
1946	nicht ausgespielt	Army Addis Abeba
1947	nicht ausgespielt	Polisportiva Addis Ab.
1948	Key Baher Addis Abeba	Body Guard Addis Ab.
1949	Army Addis Abeba	Army Addis Abeba
1950	St. George Addis Abeba	Army Addis Abeba
1951	Army Addis Abeba	Army Addis Abeba
1952	Army Addis Abeba	St. George Addis Abeba
1953	Army Addis Abeba	St. George Addis Abeba
1954	Army Addis Abeba	Army Addis Abeba
1955	Hamasien Asmara	Mechal Addis Abeba
1956	Mechal Addis Abeba	Mechal Addis Abeba
1957	Hamasien Asmara	St. George Addis Abeba
1958	Akala Gisare	Mekuria Addis Abeba
1959	Tele SC Asmara	Omedla Addis Abeba
1960	Cotton Dire Dawa	Nib Debre Zeit
1961	Ethio-Cement Dire Dawa	nicht ausgespielt
1962	Cotton Dire Dawa	nicht ausgespielt
1963	Cotton Dire Dawa	nicht ausgespielt
1964	Ethio-Cement Dire Dawa	nicht ausgespielt
1965	Cotton Dire Dawa	nicht ausgespielt
1966	St. George Addis Abeba	nicht ausgespielt
1967	St. George Addis Abeba	nicht ausgespielt
1968	St. George Addis Abeba	nicht ausgespielt
1969	Tele SC Asmara	nicht ausgespielt
1970	Tele SC Asmara	Hamasien Asmara
1971	St. George Addid Abeba	Electir Addis Abeba
1972	Hamasien Asmara	Electir Addis Abeba
1973	Hamasien Asmara	St. George Addis Abeba
1974	Embassoyra Eritrea	St. George Addis Abeba
1975	St. George Addis Abeba	Mechal Addis Abeba
1976	Mechal Addis Abeba	Electir Addis Abeba
1977	Medr Babur Dire Dawa	St. George Addis Abeba
1978	Ogaden Anbassa Harar	Omedla Addis Abeba
1979	Omedla Addis Abeba	nicht ausgespielt
1980	Tegl Fre Addis Abeba	Ermejachen Addis Ab.
1981	Ermejachen Addis Abeba	Key Bahr Eritrea
1982	Mechal Addis Abeba	Mechal Addis Abeba
1983	Cotton Dire Dawa	Key Bahr Eritrea
1984	Mechal Addis Abeba	Eritrea Shoes
1985	Brewery Addis Abeba	Eritrea Shoes
1986	Brewery Addis Abeba	Building Con. Addis Ab.
1987	St. George Addis Abeba	Eritrea Shoes
1988	Mechal Addis Abeba	Bunna Gebeya Addis A.
1989	Mechal Addis Abeba	nicht ausgespielt
1990	Brewery Addis Abeba	Mechal Addis Abeba
1991	St. George Addis Abeba	nicht ausgespielt
1992	St. George Addis Abeba	nicht ausgespielt
1993	Mebrat Hail Addis Abeba	St. George Addis Abeba
1994	St. George Addis Abeba	Muger Cement Nazret
1995	St. George Addis Abeba	Medhin Addis Abeba
1996	St. George Addis Abeba	Awassa Flour Mill
1997	Ethio-Bunna Addis Abeba	Wolaita Tussa Awassa
1998	Mebrat Hail Addis Abeba	Ethiopian Coffee Addis
1999	St. George Addis Abeba	St. George Addis Abeba
2000	St. George Addis Abeba	Ethiopian Coffee Addis
2001	Mebrat Hail Addis Abeba	EEPCO Addis Abeba
2002	St. George Addis Abeba	Medhin Addis Abeba
2003	St. George Addis Abeba	Ethiopan Coffee Addis
2004	Awassa Kenema Awassa	Banks SC Addis Abeba
2005	St. George Addis Abeba	Awassa Kenema
2006	St. George Addis Abeba	Mekelakeya Addis A.
2007	Awassa Kenema Awassa	Harar Bira
2008	St. George Addis Abeba	Ethiopian Bunna A. Ab.

St. George feiert die Meisterschaft 2008.

gegen Ägypten durch und wurde Kontinentalmeister. Dem Erfolgsteam um die nationale Fußball-Legende Mengistu Worku gehörten insgesamt neun Eritreer an – darunter Kapitän Luciano Vassalo und dessen Bruder Italo.

Nachdem die »Walya Antelopes« sowohl 1963 in Ghana als auch 1968 beim abermals in Äthiopien durchgeführten sechsten Kontinentalturnier jeweils im Halbfinale gescheitert waren, endete die goldene Ära des äthiopisch-eritreischen Fußballs und es begannen die Jahrzehnte des Leidens. Verantwortlich dafür war die politische Entwicklung. Nach einem bewaffneten Aufstand der eritreischen Unabhängigkeitsbewegung »ELF« hatte Kaiser Haile Selassie den Bündnispartner 1962 völkerrechtswidrig annektiert und Äthiopien damit in einen Bürgerkrieg geführt. Korruption, politische und wirtschaftliche Inkompetenz sowie Hungersnöte hatten die allgemeine Lage weiter verschlechtert, als sich 1974 eine »Derg« (»Kommitee«) genannte Gruppe marxistischer Militärs um Mengistu Haile Mariam an die Macht putschte und die Monarchie in eine sozialistische Volksrepublik verwandelte.

Als Mengistu 17 Jahre später gestürzt wurde, lagen das Land und sein Fußball am Boden. 1976 hatte Äthiopien zwar zum dritten Mal die Afrikameisterschaft ausgerichtet, war aber schon nicht mehr über die Vorrunde hinausgekommen. Zahlreiche Spitzenspieler hatten sich ins Ausland abgesetzt, die Talentförderung lag völlig brach, und der nationale Spielbetrieb kochte auf Sparflamme. 1979 wurde die erst 1967 eingerichtete landesweite Nationalliga durch ein Konstrukt ersetzt, an dem ausschließlich Militärmannschaften sowie Gewerkschafts- und Universitätsteams teilnehmen durften. Selbst Rekordmeister St. George FC, der 1967 im Halbfinale der Kontinentalmeisterschaft an TP Englebert Lubumbashi aus Zaïre (heute DR Kongo) gescheitert war, musste ein Schattendasein als »Brewery« fristen.

■ **WÄHREND SICH ERITREA** 1993 in die Unabhängigkeit verabschiedete, stabilisierte sich der Spielbetrieb in Äthiopien allmählich wieder. 1993 drang Medhin Addis Abeba (heute Ethiopian Insurance) im CAF Cup bis ins Halbfinale vor, und 1997 konnte sogar die Nationalliga wiedererweckt werden. Acht Teams aus Addis Abeba, Dire Dawa, Awassa, Tigray und Wollo bildeten den Gründungsstamm. St. George schwang sich derweil zur prägenden Kraft auf, die mit enormen wirtschaftlichen Möglichkeiten – zu den Förderern der Rot-Gelben zählt mit Scheich Mohammed Alamoudi Äthiopiens reichster Mann – einen großen Vorsprung erarbeiten konnte.

Größter Hoffnungsträger ist Äthiopiens Nachwuchs. 2001 richtete das Land die U20-Meisterschaft Afrikas aus und qualifizierte sich erstmals für die Weltmeisterschaft in Argentinien. Administrativ indes liegt vieles im Argen. So wurde Äthiopien im Februar 2008 aus der WM-Qualifikation 2010 ausgeschlossen, weil man sich wiederholt FIFA-Anordnungen widersetzt hatte.

■ **MECHAL ADDIS ABEBA** Der Armee nahestehendes Team, das elfmal Landesmeister und ebenso häufig Pokalsieger wurde. Die Grün-Roten dominierten vor allem in den 1950er Jahren den Spielbetrieb. Größter internationaler Erfolg war der Einzug ins Viertelfinale des kontinentalen Pokalsiegerwettbewerbs 1976. Anschließend setzten sich sechs Spieler der Erfolgself bei einem Spiel in Kairo aus politischen Gründen vom Team ab und es kam zum Neuaufbau. [11 | 11]

■ **COTTON FC DIRE DAWA** Dire Dawa ist die zweitgrößte Stadt Äthiopiens und liegt an der Bahnstrecke Djibouti-Addis Abeba. Die Stadt wurde in der Vergangenheit wiederholt in den Konflikt mit dem nahegelegenen Somalia gezogen. In Dire Dawa entstand 1947 die nach Addis Abeba zweitälteste Fußballliga Äthiopiens. 1960 holte der mit der Textilindustrie verbundene Cotton FC erstmals die äthiopische Landesmeisterschaft in die Industriestadt und debütierte fünf Jahre später als erster Klub des Landes in der Kontinentalmeisterschaft. Berühmtester Fußballer der Klubgeschichte ist der langjährige Nationalelfkapitän Luciano Vassalo. [5 | -]

HELDEN | LEGENDEN

■ **YDNEKATCHEW TESSEMA**  Nicht unumstrittener Spieler der Frühzeit und späterer Funktionär. Lernte das Spiel an der Taferi-Makonnen-Schule kennen und schloss sich dem Pionierklub St. George an, für den er von 1943-58 in 365 Partien 318 Tore markierte. Zählte 1947 zu den Eckpfeilern beim Aufbau der äthiopischen Nationalmannschaft und reiste 1957 mit den »Walya Antelopes« zur ersten Afrikameisterschaft in den Sudan. Anschließend beendete er seine Karriere und übernahm das Training der Nationalelf, mit der er 1962 Afrikameister wurde. Inzwischen in die Funktionärslaufbahn gewechselt, wurde Tessema im Februar 1972 zum Präsidenten der CAF gewählt und blieb bis zu seinem Tod im Jahr 1987 im Amt. Kritiker umschrieben seine Regentschaft als »mit eiserner Hand« geführt. [*11.9.1921 †19.8.1987 | 15 LS/3 Tore]

■ **LUCIANO VASSALO** Kapitän der äthiopischen Nationalelf, die 1962 Afrikameister wurde. Ebenso wie sein Bruder Italo stammt Luciano, wie er überall genannt wurde, aus Eritrea und war der Sohn eines italienischen Vaters und einer eritreischen Mutter. Sein Stammklub war allerdings der Cotton FC Dire Dawa. 1962 schoss er Äthiopien im Halbfinale gegen Tunesien mit zwei Treffern fast im Alleingang ins Finale der Afrikameisterschaft und wurde zum besten Spieler des Turniers gewählt. Anschließend wirkte er bis 1970 an vier weiteren Afrikameisterschaften mit. Luciano war gefürchtet für seine präzisen Freistöße und galt als sicherer Elfmeterschütze. Nach Beendigung seiner Karriere betätigte er sich als Trainer u. a. bei Dire Dawa Cotton und der äthiopischen Nationalelf, ehe er unter dem Deng-Regime nach Italien auswanderte.

■ **MENGISTU WORKU**  Symbolfigur der äthiopischen Erfolgself von 1962, für die er im Finale gegen Ägypten zwei von vier Treffern markierte. Mit sechs Afrikameisterschaftsteilnahmen (1959-70) ist Mengistu kontinentaler Rekordhalter und wurde 1995 vom Magazin »Afrique Football« in einer Aufstellung der 50 besten Spieler des Kontinents geführt. Der herausragende Akteur in der Geschichte des Rekordmeisters St. George trug von 1957-72 ohne Unterbrechung die Nummer »8« der Rot-Gelben und führte sie zu zahlreichen Erfolgen. Später auf die Trainerbank gewechselt, gewann der orthodoxe Christ 1987 mit Äthiopien den Cecafa-Cup.

BENIN

Eichhörnchen auf dem Vormarsch

Benins Fußball konnte sich erst nach dem Ende der Volksrepublik entwickeln

Fédération Béninoise de Football

Fußball-Bund Benin | gegründet: 1960 | Beitritt FIFA: 1960 | Beitritt CAF: 1969 | Spielkleidung: grünes Trikot, gelbe Hose, rote Stutzen | Saison: November - Juni | Spieler/Profis: 320.600/0 | Vereine/Mannschaften: 110/440 | Anschrift: Stade René Pleven d'Akpakpa, Case postale 965, Cotonou 01 | Tel: +229-21/330537 | Fax: +229-21/330537 | www.febefoot.net | E-Mail: nicht vorhanden

Wenn Fußball und Politik aufeinanderprallen, wird es bisweilen brisant. Vor allem die Politik überstrapaziert das Verhältnis gerne und wird vom willkommenen Unterstützer zum gefährlichen Lenker. In Benin geschah das genaue Gegenteil: Dort straften marxistische Politiker das Spiel nach ihrer erfolgreichen Revolution 1975 mit einem derartigen Desinteresse, dass sich die recht aussichtsreiche junge Fußballnation binnen kurzem auf einem Abstellgleis wiederfand. Erst Mitte der 1990er Jahre bot sich wieder eine etwas günstigere Position für den Fußball im Land, der daraufhin prompt zu den Größen des Kontinents aufschloss und sich sowohl 2004 als auch 2008 für die Afrikameisterschaft qualifizierte.

■ **BENIN HIESS BIS 1975** Dahomey und stand zu Kolonialzeiten unter der französischen Tricolore. 1904 wurde die Region der Westafrikanischen Föderation angeschlossen, der auch Senegal, Französisch-Soudan (heute Mali), Guinea, Elfenbeinküste, Obervolta (Burkina Faso) und Mauretanien angehörten. Nach dem Zweiten Weltkrieg gelangte das Land schrittweise in die Selbstständigkeit, ehe es 1960 zur Republik Dahomey wurde, die nach dem vorkolonialen Königreich Abomey benannt war.

Benin bzw. Dahomey ist ein schmales Land, das sich über rund 700 Kilometer zwischen Togo und Nigeria landeinwärts von der feuchtheißen Guineaküste im Süden bis in die Sahelzone des Nordens erstreckt. Die Grenzen sind zu Kolonialzeiten gezogen worden und durchschneiden vielfach die Siedlungsgebiete der etwa 60 Ethnien, die in der Region leben.

Während andere ehemalige französische Kolonien wie Elfenbeinküste, Senegal oder Guinea von »starken Männern« mit »eiserner Hand« in die Unabhängigkeit geführt wurden, litt Dahomey unter internen Konflikten. Es gab nur eine kleine Gruppe in Frankreich ausgebildeter Intellektueller, und ethnisch standen sich drei konkurrierende Regionen gegenüber, deren Führer Migan Apithy (Südosten), Justin Ahomadégbé (Südwesten) und Hubert Maga (Norden) in einer unversöhnlichen Rivalität mit wechselnden Allianzen standen.

Zahlreiche Regierungswechsel und Putsche hatten das wirtschaftsschwache Land bereits erheblich geschwächt, als 1972 das Militär putschte und der linksgerichtete Major Mathieu Kérékou die Macht übernahm. Hintergrund war ein seit langem schwelender Konflikt zwischen der kleinen bürgerlichen Führungsschicht und den von der ehemaligen französischen Kolonialarmee ausgebildeten Militärs. 1975 wurde aus der Republik Dahomey die Volksrepublik Benin, deren Name der gleichnamigen Bucht entlehnt war. Die wiederum erinnert an das in Nigeria gelegene historische Königreich Benin.

Unter der Militärdiktatur stabilisierte sich die politische Lage zwar, der erhoffte Wirtschaftsaufschwung aber blieb aus. Nach einer schweren Krise Anfang der 1980er Jahre hatte sich Diktator Kérékou bereits zunehmend dem Westen angenähert, als der Zusammenbruch der UdSSR 1989 zur Aufgabe des Marxismus und zur Umwandlung der Volksrepublik in eine demokratische Republik führte. Mit seinem geglückten Übergang von der Volks- zur Marktwirtschaft wurde Benin anschließend zum demokratischen Vorzeigemodell für Afrika und erfreute sich eines kontinuierlichen Wachstums.

République du Bénin

Republik Benin | Fläche: 112.622 km² | Einwohner: 8.177.000 (73 je km²) | Amtssprache: Französisch | Hauptstadt: Porto Novo (223.552) | Weitere Städte: Cotonou (665.100), Parakou (149.819) | Währung: CFA-Franc | Bruttosozialprodukt: 450 $/Kopf | Zeitzone: MEZ | Länderkürzel: BJ | FIFA-Kürzel: BEN | Telefon-Vorwahl: +229

● FIFA World Ranking
1993	1994	1995	1996	1997	1998	1999	2000
130	143	161	143	137	127	140	148
2001	2002	2003	2004	2005	2006	2007	2008
152	146	121	122	113	114	97	101

● Weltmeisterschaft
1930-70 nicht teilgenommen 1974 Qualifikation 1978-82 nicht teilgenommen 1986 Qualifikation 1990 nicht teilgenommen 1994-2010 Qualifikation

● Afrikameisterschaft
1957-70 nicht teilgenommen 1972 Qualifikation 1974-78 nicht teilgenommen 1980 Qualifikation 1982 nicht teilgenommen 1984-86 Qualifikation 1988-90 nicht teilgenommen 1992-94 Qualifikation 1996 nicht teilgenommen 1998-2002 Qualifikation 2004 Endturnier (Vorrunde) 2006 Qualifikation 2008 Endturnier (Vorrunde)

■ **DAS ERMÖGLICHTE AUCH DEM** zu Volksrepublikzeiten sträflich vernachlässigten Fußball eine allmähliche Erholung. Das Spiel war vor dem Ersten Weltkrieg von französischen Kolonialisten ins Land gebracht worden und hatte sich überwiegend in der Wirtschaftsmetropole Cotonou sowie der benachbarten Hauptstadt Porto Novo etabliert. Die weitere Ausbreitung war nur zögerlich fortgeschritten, so dass sich erst nach dem Zweiten Weltkrieg eine auf den Süden des Landes konzentrierte Fußballgemeinde entwickelt hatte.

Seinerzeit engagierte sich Dahomey zudem in der 1947 gebildeten Ligue d'Afrique occidentale française (AOF), die mit der Westafrikanischen Liga einen die Kolonien Dahomey, Senegal, Französisch-Soudan (heute Mali), Guinea, Elfenbeinküste, Obervolta (Burkina Faso) und Togo umfassenden Fußballwettbewerb durchführte. 1952 erreichte mit Étoile Sportive Porto Novo erstmals ein dahomeyischer Klub das Finale, in dem der krasse Außenseiter dem senegalesischen Verein Jeanne d'Arc Dakar mit 0:2 unterlag. Im November 1959 betrat schließlich Dahomeys Landesauswahl die Weltbühne und unterlag Nigeria mit 0:1.

Nach der Erlangung der Unabhängigkeit im August 1960 feierte das Land einen erfolgreichen internationalen Start. 1960 formierte sich die Fédération Dahoméenne de Football, die im selben Jahr der FIFA und 1969 der CAF beitrat. Die »les Écureuils« (»die Eichhörnchen«) genannte Landesauswahl vermochte derweil 1961 beim Freundschaftsturnier in der Elfenbeinküste Platz drei zu belegen und schied in der Qualifikation zu den Olympischen Spielen 1964 nach drei Unentschieden gegen Tunesien erst im Losverfahren aus. Galionsfiguren der als spielstark gelobten Auswahl waren Jules Kodjo sowie Kapitän François Chablis.

Interne Zerwürfnisse durch die politische Dreiteilung des Landes behinderten die weitere Entwicklung. Erst 1969 konnte ein Endturnier um die Landesmeisterschaft eingerichtet werden, dessen Teilnehmer zuvor in regionalen Vorrunden ausgesiebt wurden. Erster Landesmeister Dahomeys wurde die Elf von FAD Cotonou.

In der 1975 gebildeten marxistischen Volksrepublik Benin ging es mit dem Fußball steil bergab. Von 1975-77 ruhte die Landesmeisterschaft, die Talentesichtung und die Förderung des Nachwuchses wurden eingestellt, und die Nationalmannschaft trat nur noch sporadisch auf. An der WM-Qualifikation nahm sie weder 1978 noch 1982 teil, und auch in der Afrikameisterschaft war Benin nur selten zu sehen.

Dessen ungeachtet machte das Land Schlagzeilen, als es 1987 seine Bewerbung für die Ausrichtung der WM 1994 ankündigte. Drei Jahre zuvor hatte der von der Verwaltung des Departements Ouémé unterstützte Klub Dragons de l'Ouémé Porto Novo unter seinem ambitionierten Präsidenten Gbadamassi Moucharaf zudem begonnen, ein »Dreamteam« zusammenzustellen, mit dem er Afrikas Klubfußball erobern wollte. Nachdem kurzzeitig sogar der ghanaische Superstar Abédi Pelé in Porto Novo gekickt hatte, erreichte das Team um den nigerianischen Torsteher Peter Rufai, Gangbo Bashirou und Kingston Ashabi 1987 das Halbfinale im kontinentalen Pokalsiegerwettbewerb, wo sich jedoch der kenianische Spitzenklub Gor Mahia Nairobi durchsetzte. Gerüchten zufolge soll die 2:3-Rückspielniederlage der »Drachen« von Bestechung beeinflusst gewesen sein.

■ **OHNEHIN WAR ES NUR EIN** Strohfeuer. Benins WM-Bewerbungsunterlagen gingen nie bei der FIFA ein, Abédi Pelé und Peter Rufai verließen Porto Novo schon 1984 bzw. 1989 wieder, und Ende der 1980er Jahre lag der Fußball im Land weitestgehend am Boden. Erst mit der Aufgabe des Marxismus und der Öffnung für demokratische Verhältnisse konnte sich das Spiel allmählich erholen. Neben den staatlich gelenkten Kooperations-Sportgemeinschaften entstanden nun privat geführte Fußballklubs, die sich ungleich ambitionierter zeigten, allerdings unter schwierigen ökonomischen Umständen arbeiten mussten.

Im Mai 1990 rief Benins Regierung ein Projekt zur Entwicklung des nationalen Fußballs ins Leben, für dessen Umsetzung mit dem Deutschen Peter Schnittger ein afrikaerfahrener Fußball-Entwicklungshelfer engagiert wurde. Gemeinsam mit Ex-Nationalspieler Jules Kodjo entstand 1991 die Fußball-Akademie »France-Bénin Football-Plus«, aus deren Reihen 1992 die JS Suresnes hervorging, die ausschließlich mit Nachwuchsspielern bestückt ist und am nationalen Spielbetrieb teilnimmt. Schnittger installierte zudem ein landesweites Talentsichtungssystem, musste aber zugleich mehrfach Rückschläge durch Machtkämpfe innerhalb des Nationalverbandes FBF hinnehmen.

Nichtsdestotrotz konnte Benin rasch erste Erfolge ernten. 1992 drang der Hauptstadtklub Mogas 90 im afrikanischen Pokalsiegerwett-

TEAMS | MYTHEN

■ **REQUINS DE L'ATLANTIQUE COTONOU** Erfolgreichstes Team der Wirtschafts- und Handelsmetropole Cotonou. Die Rot-Weißen errangen bislang drei Meistertitel und wurden fünfmal Pokalsieger. Der Klub wird von seinen Anhängern »Awissi Wassa« genannt und brachte 2004 mit Stéphane Sessegnon einen Europalegionär hervor. [René Pleven d'Akpakpa (10.000) | 3 | 5]

■ **AS PORTO NOVO** Dominierendes Team der frühen 1970er Jahre, als der »Katato« genannte Klub drei Titel binnen vier Jahren errang.

■ **DRAGONS DE L'OUÉMÉ PORTO NOVO** Benins beliebtester und mit zwölf Meisterschaften auch erfolgreichster Verein. Der Klub war ursprünglich der Departementsverwaltung von Ouémé unterstellt, in deren Zentrum die Hauptstadt Porto Novo liegt. Die »Drachen von Ouémé« machten in den 1980er Jahren afrikaweit Furore, als ihr damaliger Vereinspräsident Gbadamassi Moucharaf ein so genanntes »Dreamteam« zusammenstellte, mit dem er in die Spitze des afrikanischen Klubfußballs vordringen wollte. 1984 streifte sich sogar kurzzeitig Ghanas Superstar Abédi Pelé das blau-weiße Drachenjersey über. 1985 erreichte der Klub im kontinentalen Pokalsiegerwettbewerb das Viertelfinale (1:1 und 0:4 gegen Al-Ahly Kairo), ehe er 1987, angeführt vom nigerianischen Nationalkeeper Peter Rufai, sogar bis ins Halbfinale vordrang. Dort setzte sich allerdings der kenianische Klub Gor Mahia Nairobi durch, wobei die 2:3-Rückspielniederlage der Dragons (Hinspiel 0:0) von Bestechungsgerüchten begleitet wurde. Nachdem 1989 mit Peter Rufai der letzte Legionär gegangen war, reduzierten sich die Erfolge wieder auf die nationale Ebene. Seit seiner zwölften Landesmeisterschaft 2003 steckt der Klub in einer anhaltenden internen Krise und wird von wiederholten Vorstandswechseln geplagt. [Charles de Gaulle (15.000) | 12 | 5]

■ **MOGAS 90 PORTO NOVO** Der Klub aus der Wirtschaftsmetropole Cotonou erreichte 1992 das Viertelfinale im afrikanischen Pokalsiegerwettbewerb und sicherte sich 1996, 1997 sowie 2006 jeweils die Landesmeisterschaft. Mogas 90 wird von der nationalen Ölgesellschaft »SONACOP« unterstützt. [Charles de Gaulle (15.000) | 3 | 9]

HELDEN | LEGENDEN

■ **MOURITALA OGUNBIYI** Im nigerianischen Ota geboren, kam »Mouri« noch als Kind nach Benin, wo er bei den Dragons de l'Ouémé Porto Novo mit dem Fußball begann. 2002 wechselte er zum nigerianischen Klub Enyimba Aba, mit dem er 2003 und 2004 die afrikanische Champions League gewann. Von 2006-08 beim tunesischen Spitzenklub Étoile du Sahel spielend, wurde der offensive Mittelfeldspieler im Herbst 2008 vom französischen Zweitligisten En Avant Guingamp unter Vertrag genommen. Ogunbiyi galt lange Zeit als herausragendes Talent und zählt seit 1998 zur Stammformation der Landesauswahl. [*10.10.1982]

■ **RAZAK OMOTOYOSSI** Der gebürtige Nigerianer nahm 2004 aufgrund einer drohenden Sperre in seinem Heimatland die beninische Staatsbürgerschaft an und reiste 2005 mit der U20 zur Weltmeisterschaft in die Niederlande. 2005 zum moldawischen Profiklub FC Sheriff Tiraspol gewechselt, nahm er mit den Osteuropäern an der Qualifikation zur Champions League teil und wechselte 2007 zu

Helsingborgs IF nach Schweden. Mit 14 Treffern in 23 Spielen trug er erheblich zum überraschenden Titelgewinn der Blau-Roten um Henrik Larsson bei und avancierte in der Heimat zum umjubelten Superstar. 2008 war er Leistungsträger der beninischen »Eichhörnchen« bei der Afrikameisterschaft in Ghana. Im Sommer desselben Jahres wurde er vom saudischen Klub Al-Nasr Riad unter Vertrag genommen. Omotoyossi ist praktizierender Moslem und äußerte sich gegenüber der schwedischen Tageszeitung »Helsingborgs Dagblad« mit deutlichen Worten über seinen Berufsstand: Fußballer seien »wie Prostituierte, wir gehen dorthin, wo das Geld ist«. [*8.10.1985]

■ **STÉPHANE SESSEGNON** In Allahé, rund 150 Kilometer nördlich von Porto Novo gelegen, geboren, begann der offensive Mittelfeldspieler seine Laufbahn bei Requins de l'Atlantique FC Cotonou. 2004 wurde er vom französischen Zweitligisten US Créteil nach Europa geholt und verhalf ab 2006 Erstligaaufsteiger US Le Mans zur Etablierung im französischen Oberhaus. 2008 wechselte er für acht Mio. Euro zu Paris-SG. Sessegnon nahm 2008 mit Benin an der Afrikameisterschaft teil. Er ist Sohn des nationalen Sportministers Galiou Soglo und Großsohn von Benins Präsident Nicéphore Soglo. [*10.10.1982]

■ **OUMAR TCHOMOGO** Zur ersten Generation in Europa erfolgreicher Spieler des Landes zählender Stürmer. Kam 1998 zum französischen Profiklub Grenoble Foot 38 und trug anschließend u.a. die Trikots der Klubs ASOC Valence, En Avant Guingamp, Amiens SC, Vitória Setúbal und Vitória Guimarães. Mit der Nationalmannschaft »les Écureuils« nahm Tchomogo 2004 und 2008 an der Afrikameisterschaft teil. Nachdem Tchomogo schon in der Qualifikation 2004 als bester Torschütze Benins einen hohen Anteil am Erfolg gehabt hatte, gelangen ihm vier Jahre später im entscheidenden Duell gegen Sierra Leone zwei Treffer, die Benin abermals die Turniertür öffneten. [*7.1.1978]

Jahr	Meister	Pokal
1969	FAD Cotonou	
1970	AS Porto Novo	
1971	AS Cotonou	
1972	AS Porto Novo	
1973	AS Porto Novo	
1974	Etoile Sportive Porto Novo	Etoile Sportive Porto N.
1975-77	nicht ausgespielt	nicht ausgespielt
1978	Dragons l'Ouémé Porto N.	Requins de l'Atlantique
1979	Dragons l'Ouémé Porto N.	Buffles Borgou Parakou
1980	Buffles Borgou Parakou	nicht ausgespielt
1981	Ajijas Cotonou	Requins de l'Atlantique
1982	Dragons l'Ouémé Porto N.	Buffles Borgou Parakou
1983	Dragons l'Ouémé Porto N.	Requins de l'Atlantique
1984	Lions l'Atakory Cotonou	Dragons l'Ouémé P.-N.
1985	Requins de l'Atlantique C.	Dragons l'Ouémé P.-N.
1986	Dragons l'Ouémé Porto N.	Dragons l'Ouémé P.-N.
1987	Requins de l'Atlantique C.	nicht ausgespielt
1988	nicht ausgespielt	Requins de l'Atlantique
1989	Dragons l'Ouémé Porto N.	Requins de l'Atlantique
1990	Requins de l'Atlantique C.	Dragons l'Ouémé P.-N.
1991	Postel Sport Porto Novo	Mogas 90 Porto Novo
1992	Buffles Borgou Parakou	Mogas 90 Porto Novo
1993	Dragons l'Ouémé Porto N.	Locomotive Cotonou
1994	Dragons l'Ouémé Porto N.	Mogas 90 Porto Novo
1995	Toffa Cotonou	Mogas 90 Porto Novo
1996	Mogas 90 Porto Novo	Université Nationale PN
1997	Mogas 90 Porto Novo	Energie Sport Cotonou
1998	Dragons l'Ouémé Porto N.	Mogas 90 Porto Novo
1999	Dragons l'Ouémé Porto N.	Mogas 90 Porto Novo
2000-01	nicht ausgespielt	Mogas 90 Porto Novo
2002	Dragons l'Ouémé Porto N.	Jeunesse Sportive Pobè
2003	Dragons l'Ouémé Porto N.	Mogas 90 Porto Novo
2004	abgebrochen	Mogas 90 Porto Novo
2005	nicht ausgespielt	nicht ausgespielt
2006	Mogas 90 Porto Novo	Dragons l'Ouémé P.-N.
2007	Tonnerre d'Abomey FC	Université Nationale PN
2008	nicht ausgespielt	

Fans des »Eichhörnchen« aus Benin bei der Afrikameisterschaft 2008 in Ghana.

bewerb bis ins Viertelfinale vor und erreichte im Folgejahr das Endspiel um den regionalen UFOA-Cup. 1995 gelang es der FBF, eine auf zwei Regionalstaffeln beschränkte Nationalliga einzurichten. Doch die Verhältnisse blieben schwierig. In dem wirtschaftsschwachen Land gab es kaum Sponsoren, die Spiele lockten nur wenige Zuschauer an und Benins Talente wanderten verstärkt ins (bevorzugt europäische) Ausland ab. Zur ersten Legionärsgeneration zählten neben den in Frankreich erfolgreichen Oumar Tchomogo und Anicet Adjamonsi auch Moussa Latoundji und Amadou Moudachirou, die sich in Cottbus bzw. St. Pauli einen guten Namen erwarben.

■ **DANK IHRER ERFAHRUNG** vermochten sich auch Benins »les Écureuils« allmählich in den Vordergrund zu spielen. Nachdem die Landesauswahl bereits 2002 in der WM-Qualifikation erst im Schlussspurt den Senegal hatte vorbeiziehen lassen müssen, gelang ihr in der Qualifikation zur Afrikameisterschaft 2004 unter dem Ghanaer John Cecil Attuquayefio der Durchbruch. Mit einem 3:0 über den Favoriten Sambia qualifizierten sich die heimstarken »Eichhörnchen« zum ersten Mal für das kontinentale Endturnier und stürzten ihr Land in eine nie zuvor erlebte Fußballeurophie.

Der Erfolg war nicht zuletzt verhältnismäßig stabilen Strukturen zu verdanken, die sich unter dem mächtigen Sportminister Ganiou Soglo entwickelt hatten. Die Anreise zu Auswärtsspielen war bestens organisiert (ein Novum in Afrika...), die Prämien wurden zuverlässig gezahlt und auch bei Heimspielen ging es ungewöhnlich pannenfrei zu. Lediglich sportlich lief es noch nicht rund, denn beim Endturnier in Tunesien kam Benin in einer allerdings illuster besetzten Gruppe mit Südafrika, Marokko und Nigeria nicht über den letzten Platz hinaus.

Doch der Anfang war gemacht. Ein Jahr später reiste Benins U20 zur Weltmeisterschaft in die Niederlande, während die Senioren 2008 abermals das Endturnier um die Afrikameisterschaft erreichten und mit Siegen über Mali und Togo in nie erlebte Höhen der FIFA-Weltrangliste vordrangen (im August 2007 erreichte Benin mit Platz 79 sein Allzeithoch). Nach einem umstrittenen Trainerwechsel – sechs Wochen vor dem Turnierstart löste Reinhard Fabisch Wabi Gomez ab – hinterließ die Mannschaft um Torjäger Razah Omotoyossi und Regisseur Stéphan Sessegnon im Frühjahr 2008 in Ghana einen vorzüglichen Eindruck, schied allerdings, umrankt von Bestechungsgerüchten, erneut in der Vorrunde aus. In der WM-Qualifikation 2010 warf die Auswahl mit Angola dann einen der großen Favoriten aus dem Rennen und darf weiter von der Qualifikation für das Endturnier in Südafrika träumen.

Insgesamt hat sich der beninische Fußball in der letzten Dekade überaus hoffnungsvoll entwickelt. Die Erfahrung der Europaprofis – wenngleich sie in der Regel nur in den zweiten oder dritten Ligen spielen – haben die Mannschaft sichtlich gefestigt, und auch national hat sich das Spiel erfolgreich weiterentwickeln können. 2007 konnte sogar erstmals in einer landesweiten Nationalliga gespielt werden. Auch wenn es für Benin mit nur 8,2 Mio. Einwohnern und einer unverändert auf den Süden konzentrierten Fußball-Infrastruktur möglicherweise nie zum ganz großen Durchbruch reichen wird – unterschätzen darf man die »Eichhörnchen« zweifelsohne nicht mehr.

BOTSWANA

Botswana Football Association

Fußball-Bund Botswana | gegründet: 1966 | Beitritt FIFA: 1978 | Beitritt CAF: 1976 | Spielkleidung: blaues Trikot, blaue Hose, blaue Stutzen | Saison: Februar - Oktober | Spieler/Profis: 98.632/12 | Vereine/Mannschaften: 63/348 | Anschrift: PO Box 1396, Gaborone | Telefon: +267-3900279 | Fax: +267-3900280 | Internet: www.bfa.co.bw | E-Mail: bfa@co.bw

Wenn die Township Rollers spielen

Botswanas Fußballfans sind stark nach Südafrika ausgerichtet

Republic of Botswana

Republik Botswana | Fläche: 581.730 km² | Einwohner: 1.769.000 (3 je km²) | Amtssprache: Englisch | Hauptstadt: Gaborone (186.007) | Weitere Städte: Francistown (83.023), Molekpolole (54.561), Selebi Phikwe (49.849) | Währung: 1 Pula = 100 Thebe | Zeitzone: MEZ +1h | Länderkürzel: BW | FIFA-Kürzel: BOT | Telefon-Vorwahl: +267

»Dieser Weg wird kein leichter sein«, schickte Xavier Naidoo der deutschen Nationalmannschaft vor der WM 2006 mit auf den Weg. »Dieser Weg wird kein leichter sein«, galt lange Zeit auch für Botswana, dessen Nationalmannschaft »Zebras« 1968 mit einem 1:8-Debakel in Malawi debütierte, und die sich 40 Jahre später nach einem bescheidenen, aber beharrlichen Aufbau um ein Haar für die Afrikameisterschaft in Ghana qualifiziert hätte. Lohn der Anstrengungen: Im Januar 2007 wurde Botswana in der FIFA-Weltrangliste erstmals in seiner Geschichte unter den 100 besten Fußballnationen der Welt geführt.

■ **BOTSWANA IST EIN** Konstrukt der Kolonialgeschichte. Um eine Landverbindung zwischen den Burenrepubliken Transvaal bzw. Oranje (heute Südafrika) und Deutsch-Südwestafrika (heute Namibia) zu verhindern, erklärte die britische Krone das damalige Betschuanaland 1885 zum britischen Protektorat. Da die Region trotz einiger Bodenschätze über eine »Pufferzone« hinaus keine weitere Bedeutung für Großbritannien hatte, wurde die Verwaltung weitestgehend einheimischen Häuptlingen überlassen. Nach dem Zweiten Weltkrieg übernahm der mit einer Britin verheiratete Bamangwato-Häuptling Seretse Khama die Führung über Betschuanaland und führte es 1966 als Republik Botswana (ein von der Volksgruppe der Tswana abgeleiteter Name) in die Unabhängigkeit. Mit rund 581.000 km² ist Botswana etwas größer als Frankreich und zählt zu den am dünnsten besiedelten Ländern der Erde.

Unter Khama entwickelte sich das Binnenland zum afrikanischen Vorzeigestaat, der sich durch eine hohe politische Kontinuität auszeichnete. Mit der Entdeckung von Diamantenfeldern sowie Kupfer- und Nickelvorkommen genoss Botswana zudem einen wirtschaftlichen Aufschwung, der dem zu den ärmsten Regionen Afrikas zählenden Land zweistellige Zuwachsraten bescherte.

Eine sich ungehindert ausbreitende Korruption sorgte in den 1990er Jahren im Zusammenspiel mit sinkenden Wachtumsraten sowie einer verheerenden Dürrekatastrophe allerdings für eine gewisse Destabilisierung, während eine ungerechte Einkommensverteilung für soziale Unruhen sorgte und sich die Immunschwächekrankheit AIDS mit rasanter Geschwindigkeit ausbreitete. Mit einer Infektionsrate von 36 Prozent hielt Botswana 2008 einen traurigen Weltrekord. Der größte Diamantenexporteur der Welt zählt aber auch zu den engagiertesten und erfolgreichsten Kämpfern gegen AIDS und weist ein für afrikanische Verhältnisse enorm hohes Bruttonationaleinkommen auf (4.630 US-Dollar pro Kopf, Mosambik kommt beispielsweise nur auf 270).

■ **MIT SEINER BRITISCHEN** Vergangenheit gehört Botswana zu den ältesten Fußballregionen im südlichen Afrika. Allerdings spiegelt sich die Gleichgültigkeit der ehemaligen Protektoratsmacht an der Region auch im Fußball wider, denn erst nach dem Zweiten Weltkrieg kam das Spiel im damaligen Betchuanaland über rudimentäre Strukturen heraus. Als ältester Klub gilt der 1925 gebildete Gaboroner Vorstadtklub Mogoditshane Fighers FC. Die meisten der heutigen Vereine erblickten jedoch erst in den Aufbruchjahren der 1960er das Licht der Welt.

So wurde 1959 in der Hauptstadt Gaborone der heute beliebteste und auch erfolgreichste

TEAMS | MYTHEN

BOTSWANA DEFENCE FORCE GABORONE Team der 1977 aufgestellten Nationalarmee. 1978 gegründet, errangen die Grün-Roten 2001 ihren siebten Meistertitel und sind damit der zweiterfolgreichste Klub des Landesgeschichte. [1978 | SSKB (6.000) | 7 | 3]

GABORONE UNITED Die im August 1967 gegründeten Rot-Weißen aus der Hauptstadt prägten die ersten Jahre des unabhängigen Botswana und sicherten sich bis 1990 fünf Meisterschaften. Aus dem Klub ging der spätere Auslandsprofi »Dipsy« Selolwane hervor. 2000 in die Zweitklassigkeit abgestiegen, gelang »GU« erst 2005 die Rückkehr ins Oberhaus. [1967 | National (38.000) | 5 | 5]

NOTWANE FC GABORONE Dreifacher Landesmeister bzw. Pokalsieger aus der Hauptstadt Gaborone. 1968 gegründet, errangen die Schwarz-Gelben 1978 ihren ersten Titel. Seinen bislang letzten Titelgewinn (1998) verdankte der Klub vor allem seinem treffsicheren Angriffsduo Thazo Tiwayi und Shono Ngaka. 1996 erreichte der Klub als erster botswanischer Vertreter die zweite Runde in der Kontinentalmeisterschaft. [1968 | National (38.000) | 4 | 3]

TOWNSHIP ROLLERS GABORONE 1959 gebildeter Rekordmeister, der als landesweit beliebter »Volksverein« und Publikumsmagnet angesehen wird. 2007 bezeichneten sich 80 Prozent aller Befragten in einer landesweiten Umfrage als Anhänger der »Mapalastina« (»Blauen«). Die im VDC-Stadion in Tlokweng ansässigen Blau-Gelben tragen ihre Ligaspiele zumeist im Nationalstadion von Gaborone aus und tragen das Motto »Popa Popa ea ipopa« (»Die glücklichen Menschen von Palastina«). Zwischen 1979 und 1987 dominierte der Klub die botswanische Nationalliga mit sieben Meisterschaften binnen neun Jahren. [1959 | National (38.000) | 9 | 5]

MOGODITSHANE FIGHTERS Vierfacher Meister aus der vor den Toren Gaborones gelegenen Siedlung Mogoditshane. Die »Village Boys« werden aufgrund ihrer grüngelben Spielkleidung auch »The Brazilians« genannt. [19.4.1925 | Molepolole | 4 |3]

HELDEN | LEGENDEN

DIPHETOGO SELOLWANE Renommiertester Akteur, den Botswana bislang hervorgebracht hat. »Dipsy« begann seine Laufbahn 1997 bei Gaborone United, spielte von 2000-2001 für die US-amerikanische St. Louis University und versuchte sich anschließend mit mäßigem Erfolg beim dänischen Profiklub Vejle BK. 2002 wurde er von Chicago Fire verpflichtet und schaffte in der US-amerikanischen MLS den Durchbruch. 2005 schloss sich Selolwane dem südafrikanischen Profiklub Santos an, ehe er 2007 zu Jomo Cosmos wechselte. Im Frühjahr 2008 folgte der Wechsel zu Ajax Cape Town. 1999 in der botswanischen Nationalmannschaft debütierend, hatte »Dipsy« wesentlichen Anteil am Aufschwung der »Zebras«. [*27.1.1978 | 34 LS/11 Tore]

»Volksklub« Township Rollers ins Leben gerufen. Unterdessen entstanden landesweit Fußballwettbewerbe. 1966 fungierten Tlokweng Pirates, Notwane, Black Peril, Queens Park Rangers und Ngwaketse Kanye 1966 als Gründungsmitglieder der Nationalliga, während 1968 ein Pokalwettbewerb eingeführt wurde. Zunächst dominierendes Team war das von Gaborone United. Ein Jahr nach der Gründung der Nationalarmee entstand 1978 mit dem Team der Botswana Defence Force eine weitere spielstarke Elf, ehe sich die Township Rollers aus Gaborone in den Vordergrund spielten.

■ **DIE 1966 GEBILDETE** Botswana National Football Association (BNFA, heute BFA) schloss sich 1976 der CAF und 1978 der FIFA an. International war Botswana zunächst nicht sonderlich aktiv. Das Debüt der »Zebras« (bzw. »Ezimbi« in der Landessprache Setswana) genannten Landesauswahl endete im Juli 1968 mit einem 1:8 in Malawi, und erst 1988 betrat Botswana unter dem schottischen Trainer Peter Cormack im Rahmen der Olympiaqualifikation die Fußball-Weltbühne. 1994 nahm das Land erstmals an der WM- sowie der Afrikameisterschafts-Qualifikation teil, wobei im Rennen um WM-Punkte immerhin ein 0:0 gegen die Elfenbeinküste gelang.

Auf ihren ersten Pflichtspielsieg mussten die »Zebras« noch bis 2004 warten, als das vom späteren US-Profi »Dipsy« Selolwane angeführte Team Lesotho in der WM-2006-Qualifikation mit 4:1 bezwang. 2007 führte Trainer Colwyn Rowe das Team in der FIFA-Weltrangliste bis auf Position 95 und damit zur besten Platzierung der Verbandsgeschichte. Unter seinem Nachfolger Stanley Tshosane setzte Botswana seinen Aufwärtstrend fort und feierte im Juni 2008 einen 2:1-Überraschungssieg über Mosambik sowie ein 1:1 gegen die Elfenbeinküste.

Auf internationaler Klubebene sind Erfolge selten. 1996 überstand mit dem Notwane FC Gaborone erstmals ein botswanischer Klub die erste Runde eines kontinentalen Wettbewerbs (Pokalsieger), und 2002 sowie 2006 drangen Defence Force bzw. Rekordmeister Township Rollers im CAF-Cup ebenfalls bis in Runde 2 vor. National dominieren analog der Bevölkerungsstruktur die Teams aus dem dichtbesiedelten Südosten. Der dortige Großraum um die Hauptstadt Gaborone stellte bis 2007 alljährlich den Landesmeister, ehe ECCO City Greens Francistown den Titel erstmals in den Nordosten entführte. Im Südwesten Botswanas erstreckt sich die berühmte Sandwüste der dünn besiedelten Kalahari.

Seit den 1990er Jahren dominieren Behörden- und Institutsklubs das Spielgeschehen, die gegenüber privaten Vereinen deutlich im Vorteil sind. Mit Gaborone United musste sogar ein zeitweilig führendes Team in die Zweitklassigkeit absteigen, während Publikumsmagnet Township Rollers mit der Umstellung auf das Profitum die Wende gelang.

Obwohl Botswana als fußballbegeistertes Land gilt, liegen die Zuschauerzahlen in der Nationalliga allerdings auf einem geringen Niveau. Die meisten Fans verfolgen lieber die Spiele der südafrikanischen Größen Orlando Pirates und Kaizer Chiefs, die in Gaborone und anderen botswanischen Orten höher im Kurs stehen als die eigenen Teams.

● **FIFA World Ranking**

1993	1994	1995	1996	1997	1998	1999	2000
140	145	155	161	162	155	165	150
2001	2002	2003	2004	2005	2006	2007	2008
153	136	112	102	101	108	103	117

● **Weltmeisterschaft**
1930-90 nicht teilgenommen **1994** Qualifikation **1998** nicht teilgenommen **2002-2010** Qualifikation

● **Afrikameisterschaft**
1957-92 nicht teilgenommen **1994-2010** Qualifikation

Jahr	Meister	Pokal
1966	unbekannt	
1967	Gaborone United	
1968	unbekannt	Gaborone United
1969	Gaborone United	unbekannt
1970	Gaborone United	Gaborone United
1971-77	unbekannt	unbekannt
1978	Notwane FC Gaborone	Gaborone United
1979	Township Rollers Gaborone	Township Rollers Gabor.
1980	Township Rollers Gaborone	unbekannt
1981	Botswana Defence Force	unbekannt
1982	Township Rollers Gaborone	Gaborone United
1983	Township Rollers Gaborone	Police
1984	Township Rollers Gaborone	Gaborone United
1985	Township Rollers Gaborone	Gaborone United
1986	Gaborone United	Nico United Selebi Ph.
1987	Township Rollers Gaborone	unbekannt
1988	Botswana Defence Force	Ext. Gunners Lobatse
1989	Botswana Defence Force	Botswana Defence For.
1990	Gaborone United	Gaborone United
1991	Botswana Defence Force	TASC Francistown
1991		Mochudi Centre Chiefs
1992	LCS Ext. Gunners Lobatse	Ext. Gunners Lobatse
1993	LCS Ext. Gunners Lobatse	Township Rollers Gabor.
1994	LCS Ext. Gunners Lobatse	Township Rollers Gabor.
1995	Township Rollers Gaborone	Notwane FC Gaborone
1996	Notwane FC Gaborone	Township Rollers Gabor.
1997	Botswana Defence Force	Notwane FC Gaborone
1998	Notwane FC Gaborone	Botswana Defence For.
1999	Mogoditshane Fighters	Mogoditshane Fighters
2000	Mogoditshane Fighters	Mogoditshane Fighters
2001	Mogoditshane Fighters	TASC Francistown
2002	Botswana Defence Force	Tafic CF Francistown
2003	Mogoditshane Fighters	Mogoditshane Fighters
2004	Botswana Defence Force	Botswana Defence For.
2005	Township Rollers Gaborone	Township Rollers Gabor.
2006	Police XI Otse	Notwane FC Gaborone
2007	ECCO City Green Francist.	Bots. Meat Commission
2008	Centre Chiefs Mochudi	Mochudi Centre Chiefs

BURKINA FASO

Fédération Burkinabé de Foot-Ball

Burkinabischer Fußball-Bund | gegründet: 1960 | Beitritt FIFA: 1964 | Beitritt CAF: 1964 | Spielkleidung: grünes Trikot, grüne Hose, grüne Stutzen | Saison: Oktober - Juli | Spieler/Profis: 605.100/0 | Vereine/Mannschaften: 100/850 | Anschrift: Centre Technique National, Ouaga 2000, Casa Postale 57, Ouagadougou 01 | Telefon: +226-50/396864 | Fax: +226-50/396866 | Internet: www.fasofoot.com | E-Mail: febefoo@fasonet.bf

Unvergessene Afrikameisterschaft 1998

Burkina Fasos Nationalliga leidet unter Spielerexodus und bedrohlichem Niveauverfall

République Démocratique du Burkina Faso

Demokratische Republik Burkina Faso | Fläche: 274.000 km² | Einwohner: 12.822.000 (47 je km²) | Amtssprache: Französisch | Hauptstadt: Ouagadougou (709.736) | Weitere Städte: Bobo-Dioulasso (309.771), Koudougou (72.490), Ouahigouya (52.193) | Währung: CFA-Francs | Zeitzone: MEZ -1h | Länderkürzel: BF | FIFA-Kürzel: BFA | Telefon-Vorwahl: +226

Den 21. Februar 1998 wird man in Burkina Faso wohl nie vergessen. An diesem Tag stand die heimische Landesauswahl bei der Afrikameisterschaft im eigenen Land im Viertelfinale der übermächtigen Elf von Tunesien gegenüber – und rückte mit einem 8:7-Sieg im Elfmeterschießen sensationell ins Halbfinale vor! Der unerwartete Fußballerfolg stürzte das zu den ärmsten Ländern der Welt zählende Burkina Faso in eine nie erlebte Fußballeuphorie und bugsierte es schlagartig in die Fußballweltpresse. Doch schon vier Tage später brachte Ägypten das freudetrunkene Land mit einem 2:0-Halbfinalsieg wieder zum Schweigen, und als Burkina Faso in der Partie um Platz drei binnen 15 Minuten einen 3:0-Vorsprung verspielte, kehrte der beschauliche Fußballalltag vollends zurück.

■ **BURKINA FASO IST EIN LAND** mit turbulenter Vergangenheit. In der Sahelzone zwischen der Elfenbeinküste, Mali, Niger, Benin, Togo und Ghana gelegen, zählte es einst zum Kerngebiet der Mossi-Königreiche, die dort im Spätmittelalter herrschten. 1890 fiel die Region an Frankreich, das sie in die Kolonie Obersenegal-Niger integrierte und 1904 seiner Westafrikanischen Föderation anschloss. 1919 wurde das Territorium als Obervolta eigene Kolonie, ehe es 1932 nach inneren Unruhen zerschlagen und auf die französischen Kolonien Elfenbeinküste, Mali sowie Niger verteilt wurde. 1947 unter französischer Flagge wieder zusammengefasst, mündeten Autonomieforderungen 1960 in der Unabhängigkeit.

Die Herausforderungen für den ersten Präsidenten Maurice Yaméogo waren enorm. Frankreich hatte keinerlei Strukturen hinterlassen, und durch die zeitweise Aufspaltung waren mit Ouagadougou und Bobo-Dioulasso zwei miteinander konkurrierende Zentren entstanden. Nachdem Yaméogo 1966 vom Militär gestürzt worden war, geriet Obervolta in einen von politischen Querelen und Dürrekatastrophen geprägten Stillstand, der das Land weit zurückwarf.

Im August 1983 putschte sich der junge Hauptmann Thomas Sankara an die Macht und nahm zum Zeichen des endgültigen Endes der Kolonialherrschaft die Umbenennung in Burkina Faso vor. Der Name setzt sich zusammen aus den Sprachen der beiden größten Bevölkerungsgruppen Mossi und Dioula und steht sinngemäß für »Land der Aufrechten«. Mit sozialistisch geprägten Reformen erwarb sich Sankara anschließend große Sympathien im Volk, wohingegen er beim Ex-Kolonialherren Frankreich Sorge über einen Linksruck in der Region auslöste. Sankaras zunehmend repressive Politik, ein verlustreicher Grenzkrieg mit Mali und ausbleibende wirtschaftliche Erfolge führten 1987 abermals zum Putsch, bei dem mit Blaise Campaoré ein ehemaliger Mitstreiter Sankaras die Führung übernahm. Mit eiserner Hand gelang es ihm anschließend, die gesellschaftliche und wirtschaftliche Stabilisierung des Landes zu erreichen.

■ **ZU SEINEN MASSNAHMEN** zählte die verstärkte Förderung des Sports im Land – nicht zuletzt des Fußballs, dem der leidenschaftliche Fußballanhänger Campaoré besonders nahesteht.

Obwohl Nachbar Ghana die Wiege des Fußballs in Westafrika ist, kam das Spiel verhältnismäßig spät ins heutige Burkina Faso. Erst in den 1930er Jahren führten französische Militärangehörige, Missionare, Beamte der Kolonialverwaltung sowie Kaufleute aus den Nachbarkolonien den Fußball in der Region

TEAMS | MYTHEN

■ **ASF BOBO-DIOULASSO** Die 1948 von Beamten der Kolonialverwaltung gegründete Association Sportive des Fonctionnaires (ASF) wurde 1961 erster Landesmeister des damaligen Obervolta und hat bislang fünfmal den Pokal errungen. Anno 1960 waren die Schwarz-Gelben in der Westafrikameisterschaft bis ins Achtelfinale vorgedrungen. Renommierteste Spieler in der Geschichte von »les Buffles« (»die Büffel«) sind Seydou Bamba, Sibiri Traoré und Bernard Ouédraogo. [20.4.1948 | Wobi (10.000) | 2 | 5]

■ **RACING BOBO-DIOULASSO** Der dreifache Landesmeister und sechsfache Pokalsieger ist der älteste Fußballklub, den Burkina Faso aufzuweisen hat. 1935 legten aus dem heutigen Benin stammende Kaufleute in der Handelsmetropole Bobo-Dioulasso mit dem Klub Togo-Daho die Klubwurzeln, aus denen später die US Bobo-Dioulasso wurde. Diese fusionierte im Juli 1949 mit der von Maliern gegründeten Union Soudanaise Bobo-Dioulasso zum Racing Club de Bobo-Dioulasso. Die Schwarz-Weißen sind im Stadtviertel Diarradougou verankert und tragen den Beinnamen »Les Panthères de Diarradougou« (»Die Panther von Diarradougou«). RCB nahm in den 1950er Jahren mehrfach am Westafrikapokal teil und wurde 1961 erster Pokalsieger des unabhängigen Obervolta. 1972 gelang dem Klub die erste Landesmeisterschaft, die er 1996 und 1997 zwei weitere Male errang. [Juni 1949 | Wobi (10.000) | 3 | 6]

■ **SILURES BOBO-DIOULASSO** Dominierendes Team der 1970er Jahre, das seinerzeit sieben Landesmeisterschaften feierte und zudem international erfolgreichster Klub des Landes wurde. 1978 erreichte der nach einem mystischen Fisch benannte Elf (Silures ist eine Welsart) das Viertelfinale in der Kontinentalmeisterschaft, wo sie an Hafia Conakry scheiterte. Der als Regionalauswahl konzipierte Verein wurde 1982 aufgelöst. [7 | 1]

■ **ASFA YENNENGA OUAGADOUGOU** Acht Meisterschaften verhalfen der Association Sportive du Faso Yennenga in der nationalen Bestenliste zu Rang zwei hinter dem Lokalrivalen Étoile Filante, mit dem man eine intensive Rivalität pflegt. Der Klub wurde 1947 von Abt Ambroise Ouédraogo unter dem Namen Charles Lwanga gegründet und erhielt später die Bezeichnung Jeanne d'Arc, unter der er 1973 erstmals Landesmeister wurde. Nach einer Fusion mit dem Racing Club Ouagadougou wurde daraus die heutige Association Sportive du Faso Yennenga. Yennenga ist eine legendäre Prinzessin aus der Mossi-Sage. 1991 erreichten die Grün-Roten im kontinentalen Pokalsiegerwettbewerb das Viertelfinale. [1947 | du 4-Août (35.000) | 8 | 1]

■ **ÉTOILE FILANTE OUAGADOUGOU** Mit zwölf Meisterschaften und 20 Pokalsiegen sind »les Stellistes« der erfolgreichste Verein des Landes. International erreichten sie 1999 mit dem Einzug in das Viertelfinale um den CAF-Cup ihren Höhepunkt (Aus gegen Canon Yaoundé). »EFO« ist im Nordosten von Ouagadougou ansässig und rekrutiert seine Mitglieder vorwiegend aus den Vierteln Dapoya, Paspanga sowie Koulouba. Zu den großen Namen der Vereinsgeschichte zählen Boukari Ouédragao und Soumaïla Traoré. [1955 | du 4-Août (35.000) | 12 | 20]

■ **RCK OUAGADOUGOU** 1967 als ASFRAN gegründeter Verein, der heute Rail Club du Kadiogo (RCK) heißt und 2005 Landesmeister wurde. »Les Faucons« (»die Falken«) zählen zu den international renommiertesten Mannschaften des Landes und erreichten zwischen 1977 und

ein. Zur nationalen Fußballkapitale wurde Bobo-Dioulasso, das seinerzeit ebenso wie die heutige Hauptstadt Ouagadougou zur französischen Kolonie Elfenbeinküste gehörte. 1935 entstand dort mit Togo-Daho der Vorgänger des heutigen Racing Club Bobo-Dioulasso.

In Ouagadougou sowie jenen Gebieten, die seinerzeit zu Niger bzw. Französisch-Soudan (heute Mali) gehörten, kam der Fußball erst in den 1940er Jahren auf. Nach der Wiederherstellung der Kolonie Obervolta (1947) wurden auch in Ouagadougou erste Vereine gegründet, deren Hintergründe kultureller, ethnischer oder religiöser Natur waren. Federführend waren französische Kolonialisten, Angehörige der elitären Oberschicht und Ausländer. So bildeten togolesische Immigranten den Klub Modèle Sport, während der christliche Geistliche Ambroise Ouédraogo mit »Charles Lwanga« den Vorgänger des heutigen Spitzenklubs ASFA Yennenga ins Leben rief. Nachdem der Franzose Lucien Sanga 1947 einen obervoltaischen Regionalverband konstituiert hatte, konnte zwei Jahre später eine überwiegend aus Spielern aus Bobo-Dioulasso bestehende Auswahl zu einem Turnier nach Abidjan (Elfenbeinküste) reisen.

In den 1950er Jahren öffnete sich der Fußball allmählich auch anderen Bevölkerungsschichten. Landesweit entstanden Vereine, während der in Bobo-Dioulasso residierende Regionalverband der Westafrikanischen Liga beitrat, die Mitglied des französischen Fußballverbandes FFF war und einen populären Pokalwettbewerb betrieb (siehe Seite 206). Nachdem die Eröffnung kommunaler Stadien in Bobo-Dioulasso (1952) und Ouagadougou (1958) die Infrastruktur verbessert hatte, kam es zu einem verstärken Spielbetrieb und ersten Erfolgen. 1954 erreichte Racing Bobo-Dioulasso in der Westafrikameisterschaft erstmals das Viertelfinale, in dem man an Foyer du Soudan Bamako scheiterte.

■ **MIT DER UNABHÄNGIGKEIT** Obervoltas (1960) übernahm die Fédération Voltaïque de Football (FVF) die Oberaufsicht. Im April desselben Jahres schickte sie erstmals eine »les Étalons« (»die Hengste«, in Erinnerung an den Hengst der legendären Mossi-Prinzessin Yennenga) genannte Landesauswahl ins Rennen, die einen 5:4-Sieg über Gabun feierte. Die weitere Entwicklung wurde von politischen Turbulenzen überschattet, und erst 1964 konnte Obervolta der FIFA bzw. der CAF beitreten. 1968 beteiligten sich »les Étalons« erstmals an der Afrikameisterschaft, derweil bis zum WM-Debüt noch ein weiteres Jahrzehnt verging.

Das Niveau des obervoltaischen Fußballs war lange Zeit schwach. Erst als sich ab 1971 zunehmend nationale Unternehmen engagierten und ein Sportministerium eingerichtet werden konnte, wurden Fortschritte erzielt. 1978 führte der Deutsche Otto Pfister die Landesauswahl um Mamadou Koita (»le sorcier«, »der Zauberer«) und Pascal Ouedraogo (»docteur ballon«) erstmals zum Endturnier der Afrikameisterschaft, wobei man allerdings vom Ausschluss der Elfenbeinküste profitierte. Beim Endturnier in Ghana setzte es in drei Spielen ebenso viele Niederlagen.

Nach dem Sankara-Putsch kam es ab 1983 zur einer massiven Förderung des Sports, der nach den

Jubel nach dem Viertelfinalsieg über Tunesien bei der Afrikameisterschaft 1998.

● **FIFA World Ranking**

1993	1994	1995	1996	1997	1998	1999	2000
127	97	101	107	106	75	71	69
2001	2002	2003	2004	2005	2006	2007	2008
78	75	78	84	87	61	113	62

● **Weltmeisterschaft**
1930-74 nicht teilgenommen **1978** Qualifikation **1982-86** nicht teilgenommen **1990** Qualifikation **1994** nicht teilgenommen **1998-2010** Qualifikation

● **Afrikameisterschaft**
1957-65 nicht teilgenommen **1968** Qualifikation **1970-72** nicht teilgenommen **1974** Qualifikation **1976** nicht teilgenommen **1978** Endturnier (Vorrunde) **1980** nicht teilgenommen **1982-82** Qualifikation **1984-88** nicht teilgenommen **1990-94** Qualifikation **1996** Endturnier (Vorrunde) **1998** Endturnier (Ausrichter, Vierter) **2000-04** Endturnier (Vorrunde) **2006-10** Qualifikation

Vorstellungen der Militärs nicht nur der Volksgesundheit dienen, sondern vor allem dem nunmehrigen Burkina Faso im Ausland zu erhöhtem Ansehen verhelfen sollte. Erst der 1987 putschende ehemalige Sankara-Mitstreiter Blaise Compaoré konnte die sportlichen Erfolge jedoch ernten, als den »Étalons« 1996 erstmals aus sportlicher Kraft die Qualifikation zur Afrikameisterschaft gelang. In Südafrika blieb die von Idrissa Traoré trainierte Elf um Seydou Traoré und Aboubacary Abdoulaye aber erneut punktlos.

Entsprechend zurückhaltend ging die burkinabische Fußballgemeinde in das 1998 in Ouagadougou und Bobo-Dioulasso durchgeführte 21. Kontinentalturnier. Doch die »CAN 1998« sollte in jeglicher Hinsicht zu einem Meilenstein in der Geschichte des Fußballs in Burkina Faso werden. Noch heute schwärmen die Teilnehmer von der einzigartigen Atmosphäre in dem von Hitze und Kargheit geprägten Land, dem es trotz seiner schwachen Wirtschaft gelang, drei moderne Stadien zur Verfügung zu stellen und ein fröhliches Fußballfest zu inszinieren.

Die burkinabische Nationalelf trug mit unerwarteten sportlichen Erfolgen zur Jubelstimmung bei. Nach ihrer 0:1-Auftaktniederlage gegen Kamerun eilte die aus lauter zweitklassigen Profis und Amateuren bestehende Elf unter ihrem französischen Trainer Philippe Troussier mit hohem Kollektivgeist und schnellem Angriffsfußball von Erfolg zu Erfolg. Mit einem 2:1 über Algerien qualifizierte sie sich für das Viertelfinale, schaltete dort sensationell Tunesien aus und wurde erst im Halbfinale von den cleveren Ägyptern gestoppt. Damit war die Luft allerdings auch raus, denn im Spiel um Platz drei gab das Team um Kapitän Ibrahima Diarra gegen die DR Kongo eine 3:0-Führung aus der Hand und verlor im abschließenden Elfmeterschießen.

Ohnehin folgte dem Glanzpunkt in der burkinabischen Fußballgeschichte der brutale Absturz. Obwohl das Land auf Legionäre wie Moumouni Dagano (Guingamp, Sochaux), Kassoum »Zico« Ouédraogo (Espérance Tunis), Yssouf Koné (Rosenborg) und Jonathan Pitroipa (Freiburg) zurückgreifen konnte, kam es bei drei weiteren Afrikameisterschaften (2000-04) nicht mehr über die Vorrunde hinaus und hat das Kontinentalturnier seit 2006 sogar regelmäßig verpasst.

Die große Hoffnung ruht auf dem Nachwuchs. 1999 erreichte Burkinas U17 erstmals die Weltmeisterschaft und wurde 2001 nach einem 2:0 über Argentinien sogar WM-Dritter. Zwei Jahre später erreichte die U20 um Aristide Bancé und Wilfried Sanou bei der WM in den Vereinigten Arabischen Emiraten das Achtelfinale. Allerdings musste die 1998 eröffnete und erfolgreiche nationale Jugendakademie »Planète Champion International« inzwischen geschlossen werden, weil der Transfer von Spielern ins europäische Ausland nicht die erhofften finanziellen Erlöse gebracht hatte.

■ **AUF NATIONALER EBENE** dominieren seit Gründung der Landesmeisterschaft im Jahr 1961 die Teams aus Ouagadougou und Bobo-Dioulasso. Nachdem viele Jahre in zwei Stadtligen mit abschließender Endrunde gespielt worden war, gelang es 1986, auch Städte wie Koudougou, Ouahigouya, Banfora und Tenkodogo in den Spielbetrieb zu integrieren und eine landesweite Nationalliga zu bilden. 2007 wurde beschlossen, die Zahl der Erstligisten aus Ouagadougou auf fünf und die der aus Bobo-Dioulasso auf drei zu beschränken, um die Dominanz der beiden Städte zu brechen.

Erster Landesmeister war 1961 die Association Sportive des Fonctionnaires de Bobo-Dioulasso geworden. In den 1970er Jahren hatte der als Stadtauswahl konzipierte Silures FC mit sieben Titeln in Folge dominiert und war 1978 sogar bis ins Viertelfinale um die afrikanische Landesmeisterschaft vorgedrungen. 1978 und 1980 erreichte der gleichfalls als Regionalauswahl fungierende RCK Ouagadougou jeweils das Halbfinale im kontinentalen Pokalwettbewerb.

Die einstige Dominanz von Bobo-Dioulasso ist inzwischen einer beherrschenden Position der hauptstädtischen Klubs Étoile Filante und ASFA Yennenga gewichen. Étoile Filante errang 2008 seinen zwölften Titel, während die ASFA Yennenga bislang acht Landesmeisterschaften feierte.

Insgesamt leidet Burkinas Nationalliga unter einem frappierenden Bedeutungsverlust, und nur wenige Spiele locken mehr als 1.000 Besucher an. Experten führen das auf einen eklatanten Qualitätsverfall zurück, da die Talente frühzeitig ins Ausland wechseln und den heimischen Klubs nur noch die weniger talentierten Akteure bleiben. Seitdem Tabakfirmen das Sportsponsoring untersagt ist, hat sich zudem die finanzielle Situation bei den meisten Klubs dramatisch zugespitzt. Gegenwärtig sind es vor allem libanesische Unternehmen, die sich im burkinabischen Fußball engagieren.

1980 jeweils zweimal das Halb- bzw. das Viertelfinale im kontinentalen Pokalwettbewerb. Dabei setzten sich die als Regionalauswahl konzipierten Orange-Schwarzen u. a. gegen Gegner wie Zamalek Kairo, Asante Kotoko und Canon Yaoundé durch. [1967 | Kadiogo (8.000) | 6 | 2]

■ **USFAN OUAGADOUGOU** Burkinas Armeeklub Union Sportive des Forces Armées Nationale (gegründet als Association Sportive des Forces Armées Nationales) gewann 1969 seine erste von inzwischen sechs Landesmeisterschaften. Die Rot-Blauen zählen zu den konstantesten Teams im Land. [1962 | de l'USFA (9.000) | 6 | 2]

HELDEN | LEGENDEN

■ **MOUMOUNI DAGANO** Treffsicherer Stürmer, der sich ab 2000 in Belgien bzw. Frankreich etablierte und u. a. für KRC Genk (2002 belgischer Meister), En Avant Guingamp und den FC Sochaux auflief (2007 französischer Pokalsieger). 2001 debütierte Dagano in der burkinabischen Nationalelf. [*1.1.1981 | 26 LS/13 Tore]

■ **YSSOUF KONÉ** In der Elfenbeinküste geborener Angreifer, der 2007/08 in der europäischen Champions League vier Treffer für Rosenborg Trondheim erzielte. Hatte 2006 im Nationalteam debütiert und wechselte 2008 zum rumänischen Champions-League-Teilnehmer CFR Cluj. [*19.2.1982 | 8 LS/2 Tore]

■ **OUSMANE SANOU** Neben Kapitän Ibrahim Diarra wichtigster Erfolgsgarant bei der Afrikameisterschaft 1998. Lief zwischen 1996 und 2004 in fast 200 Ligaspielen für die niederländischen Profiklubs Willem II Tilburg, Sparta Rotterdam und den FC Eindhoven auf. Mit Willem II nahm er an der Champions League teil. [*11.3.1978]

Jahr	Meister	Pokal
1961	ASFB Bobo Dioulasso	Racing Bobo Dioulasso
1962	Etoile Filante Ouaga.	Racing Bobo Dioulasso
1963	USFRAN Ouagadougou	Etoile Filante Ouaga.
1964	USFRAN Ouagadougou	Etoile Filante Ouaga.
1965	Etoile Filante Ouaga.	Etoile Filante Ouaga.
1966	ASFB Bobo Dioulasso	USFRAN Ouagadougou
1967	US Ouagadougou	USFRAN Ouagadougou
1968	USFRAN Ouagadougou	USFA Ouagadougou
1969	ASFAN Ouagadougou	USFRAN Ouagadougou
1970	ASFAN Ouagadougou	USFRAN Ouagadougou
1971	ASFAN Ouagadougou	USFRAN Ouagadougou
1972	Racing Bobo Dioulasso	Etoile Filante Ouaga.
1973	Jeanne d'Arc Ouaga.	nicht ausgespielt
1974	Silures Bobo Dioulasso	USFRAN Ouagadougou
1975	Silures Bobo Dioulasso	Etoile Filante Ouaga.
1976	Silures Bobo Dioulasso	Etoile Filante Ouaga.
1977	Silures Bobo Dioulasso	nicht ausgespielt
1978	Silures Bobo Dioulasso	nicht ausgespielt
1979	Silures Bobo Dioulasso	nicht ausgespielt
1980	Silures Bobo Dioulasso	nicht ausgespielt
1981	nicht ausgespielt	Silures Bobo Dioulasso
1982	nicht ausgespielt	
1983	US Ouagadougou	Racing Bobo Dioulasso
1984	ASFAN Ouagadougou	Racing Bobo Dioulasso
1985	Etoile Filante Ouaga.	Etoile Filante Ouaga.
1986	Etoile Filante Ouaga.	ASF Bobo Dioulasso
1987	USFAN Ouagadougou	Racing Bobo Dioulasso
1988	Etoile Filante Ouaga.	Etoile Filante Ouaga.
1989	ASFA-Yennenga Ouaga.	ASF Bobo Dioulasso
1990	Etoile Filante Ouaga.	Etoile Filante Ouaga.
1991	Etoile Filante Ouaga.	ASFA-Yennenga Ouaga.
1992	Etoile Filante Ouaga.	Etoile Filante Ouaga.
1993	Etoile Filante Ouaga.	Etoile Filante Ouaga.
1994	Etoile Filante Ouaga.	Rail Club Kadiogo
1995	ASFA-Yennenga Ouaga.	Racing Bobo Dioulasso
1996	Racing Bobo Dioulasso	Etoile Filante Ouaga.
1997	Racing Bobo Dioulasso	ASF Bobo Dioulasso
1998	USFAN Ouagadougou	ASF Bobo Dioulasso
1999	ASFA-Yennenga Ouaga.	Etoile Filante Ouaga.
2000	USFAN Ouagadougou	Etoile Filante Ouaga.
2001	ASFA-Yennenga Ouaga.	Etoile Filante Ouaga.
2002	ASFA-Yennenga Ouaga.	USFAN Ouagadougou
2003	ASFA-Yennenga Ouaga.	Etoile Filante Ouaga.
2004	ASFA-Yennenga Ouaga.	ASF Bobo Dioulasso
2005	RCK Ouagadougou	US Ouagadougou
2006	ASFA-Yennenga Ouaga.	Etoile Filante Ouaga.
2007	Commune FC Ouaga.	Racing Bobo Dioulasso
2008	Etoile Filante Ouaga.	Etoile Filante Ouaga.

BURUNDI

Zerstörte Fußballträume

Burundi war auf dem Weg nach oben, als der Bürgerkrieg alles zerstörte

Fédération de Football du Burundi

Fußballbund von Burundi | gegründet: 1948 | Beitritt FIFA: 1972 | Beitritt CAF: 1972 | Spielkleidung: rotes Trikot, weiße Hose, grüne Stutzen | Saison: Oktober - Juli | Spieler/Profis: 352.334/3 | Vereine/Mannschaften: 165/189 | Anschrift: Avenue Muyinga, Case postale 3426, Bujumbura | Tel: +257-79928762 | Fax: +257-22242892 | Internet: keine Homepage | E-Mail: lydiansekera@yahoo.fr

»Nigeria und Burundi werden in der kommenden Dekade um die Krone des afrikanischen Fußballs kämpfen«, war sich der nigerianische Fußballstar Findi George 1993 sicher. Das kleine Burundi hatte seinerzeit jeweils ein Team im Halbfinale der kontinentalen Klubmeisterschaft (Vital'ö) bzw. des Pokalsiegerwettbewerbs (Inter FC), verfügte über eine Nationalmannschaft, die immerhin Ghana geschlagen hatte, und besaß einen Nachwuchs, der zu den hoffnungsvollsten in Afrika gehörte.

Doch Burundi kam nie in die Verlegenheit, um die Fußballkrone des Kontinents zu kämpfen. Weder hat das Land überhaupt den Sprung zur Afrikameisterschaft geschafft, noch errangen seine Klubmannschaften nennenswerte Erfolge. Stattdessen zerplatzten sämtliche burundischen Fußballhoffnungen am 21. Oktober 1993, als Burundis Präsident Melchior Ndadaye ermordet wurde und das Siebenmillionenland am Tanganjikasee in einen fürchterlichen Bürgerkrieg geriet. Auslöser waren ethnische Spannungen zwischen den Volksgruppen der Hutus (stellen etwa 84 % der Bevölkerung) und der Tutsis. Nach 30 Jahren der Tutsi-Diktatur war Ndadaye erster Hutu-Präsident gewesen und zum Hoffnungsträger aufgestiegen.

■ **BURUNDI ZÄHLT ZU DEN** am dichtesten bevölkerten Staaten Afrikas. Das Land wird von einem Hochplateau durchzogen und grenzt an die DR Kongo, Ruanda und Tansania. Über Jahrhunderte stand es unter der Führung eines Mwami (»König«) und wurde von rund dreihundert Tutsi-Clans beherrscht, derweil die Hutu das Land bewirtschafteten. 1884 kam die Region unter deutsche Kolonialgewalt und wurde 1890 gemeinsam mit dem benachbarten Ruanda als »Urundi-Ruanda« der Kolonie Deutsch-Ostafrika angegliedert. Während des Ersten Weltkriegs eroberten belgische Truppen das Gebiet, das anschließend vom Völkerbund unter belgische Verwaltung gestellt wurde. Sowohl Deutschland als auch Belgien protegierten die herrschende Tutsi-Minderheit und verschärften damit den Konflikt, der sich nach dem Zweiten Weltkrieg allmählich zuspitzte.

1962 wurden Ruanda und Burundi als getrennte Einheiten in die staatliche Unabhängigkeit entlassen. Burundis Regierungspartei UPRONA zerbrach daraufhin in eine aus Tutsi und Hutu bestehende prowestliche Führung sowie eine radikale Tutsi-Opposition. Nach vier von Gewalt überschatteten Jahren wurde das Königreich Burundi 1966 in eine Republik verwandelt, in der sich die Beziehungen zwischen Hutu und Tutsi zusehends verschlechterten. 1973 eskalierte die Lage in bürgerkriegsähnliche Zustände, in deren Verlauf ein Genozid an der Hutu-Mehrheit verübt wurde.

Nur drei Monate, nachdem sich der Hutu Melchior Ndadaye 1993 bei den ersten demokratischen Wahlen durchgesetzt hatte, fiel er dem eingangs erwähnten Anschlag zum Opfer, der Burundi erneut in einen Bürgerkrieg stürzte. Nach der Millenniumswende gelang es zwar, das Land zu befrieden, doch nach Angaben der Welthungerhilfe ist Burundi gegenwärtig das ärmste Land der Welt. Fast zwei Drittel aller Einwohner müssen mit weniger als einem Dollar pro Tag auskommen, die Lebenserwartung beträgt 42 Jahre und die Infrastruktur ist weitestgehend zerstört.

■ **FÜR DEN FUSSBALL WAR** inmitten der politischen und ethnischen Fehden nur selten Platz. Dabei blickt das Spiel in Burundi auf uralte Wurzeln zurück. Schon vor dem Ers-

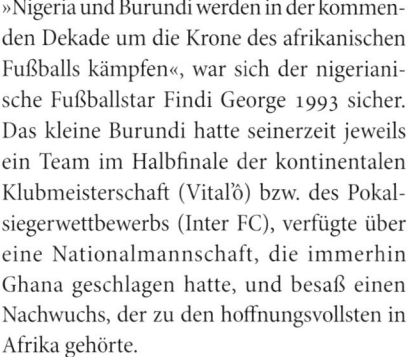

**Republika y'Uburundi
République du Burundi**

Republik Burundi | Fläche: 27.834 km² | Einwohner: 7.282.000 (262 je km²) | Amtssprache: Kirundi, Französisch | Hauptstadt: Bujumbura (319.098) | Weitere Städte: Gitega (23.500), Muyinga (79.335), Ngozi (74.218) | Währung: 1 Burundi-Franc = 100 Centimes | Bruttosozialprodukt: 90 $/Kopf | Zeitzone: MEZ +1h | Länderkürzel: BI | FIFA-Kürzel: BDI | Telefon-Vorwahl: +257

● **FIFA World Ranking**
1993	1994	1995	1996	1997	1998	1999	2000
101	126	146	137	152	141	133	126
2001	2002	2003	2004	2005	2006	2007	2008
139	135	145	152	147	117	109	136

● **Weltmeisterschaft**
1930-90 nicht teilgenommen **1994** Qualifikation **1998-2002** nicht teilgenommen **2006-10** Qualifikation

● **Afrikameisterschaft**
1957-74 nicht teilgenommen **1976** Qualifikation **1978-92** nicht teilgenommen **1994** Qualifikation **1996-98** nicht teilgenommen **2000-10** Qualifikation

Nationale Fußballkapitale ist die Hauptstadt Bujumbura, die am östlichen Ufer des Tanganjikasees liegt. Am Stadtstrand des Viertels Buyenzi wurde wie an der berühmten Copacabana in Rio de Janeiro fleißig gekickt und eine technisch starke Fußballkultur entwickelt.

1948 entstand die von Weißen dominierte Association de Football de Bujumbura (AFB), ehe in den 1950er Jahren allmählich Einheimische die Führung übernahmen. 1957 formierte sich mit dem Rwanda FC der Vorläufer des heutigen Rekordmeisters Vital'ô, und mit der Unabhängigkeit löste die Fédération de Football du Burundi (FFB) die AFB ab. 1958 hatte mit Wairless Usumbura allerdings noch ein burundischer Klub zu den Gründungsmitgliedern der Nationalliga der DR Kongo gezählt.

Burundis politische Spannungen behinderten die weitere Entwicklung. So konnte die »Intamba« genannte Nationalmannschaft erst im Dezember 1971 mit einem 1:4 in Tansania ihr Debüt abliefern. Im darauffolgenden Jahr trat die FFB sowohl der FIFA als auch der CAF bei und beteiligte sich 1976 erstmals an der Afrikameisterschaft.

■ **1970 HATTE EINE AUF DEN** Großraum Bujumbura beschränkte Nationalliga ihren Spielbetrieb aufgenommen, der ebenfalls von den immer wieder ausbrechenden Kampfhandlungen beeinträchtigt wurde. Sämtliche Meisterschaften gingen bislang in die Hauptstadt Bujumbura. Nachdem zunächst Burundi Sports Dynamic und der Armeeklub Inter FC (heute Intersport) den Ton angaben, beherrscht seit 1979 der Vital'ô FC das Geschehen. Die Lila-Schwarzen sind auch international der erfolgreichste Klub und drangen 1985, 1987 und 1990 unter ihrem algerischen Trainer Rachid Cheradi in den kontinentalen Wettbewerben jeweils bis ins Viertelfinale vor.

Vital'ô war elementar daran beteiligt, dass die frühen 1990er Jahre zur Blütezeit des burundischen Fußballs wurden. Im August 1992 gelang der »Intamba« in der Qualifikation zur Afrikameisterschaft ein 1:0 über Kongo. Zwei Monate später feierte die Elf um Fußball-Nationallegende Malik Jabir bei ihrem Debüt in der WM-Qualifikation einen 1:0-Erfolg über Ghanas »Black Stars«, und 1992 erreichte die Vital'ô-Elf um Juma Mossi, Gatera Alphonse ten Weltkrieg von deutschen Missionaren eingeführt, war es im Verlauf der 1920er Jahre über christliche Missionsschulen im ganzen Land verteilt worden.

und Mbuyi Jean das Finale des afrikanischen Pokalsiegerwettbewerbs.

Vorausgegangen war ein politischer Wechsel und damit einhergehend eine Richtungsänderung in der nationalen Sportpolitik. Unter dem seit 1987 regierenden Tutsi-Offizier Pierre Buyoya war ein Befriedungsprozess zwischen den rivalisierenden Volksgruppen eingeleitet worden, wobei dem Fußball eine elementare Rolle zukam. Das Spiel sollte helfen, das gemeinsame Nationalgefühl zu erhöhen. Mit finanzieller und materieller Unterstützung durch den Staat konnten sich die burundischen Talente erstmals völlig auf den Fußball konzentrieren und ihr Talent damit entwickeln. Erfahrene Trainer wie der für den FC Inter arbeitende Russe Alexandre Rakitsky, Vital'ôs Erfolgscoach, der Algerier Sheradi sowie der in Deutschland ausgebildete Nationalcoach Ribakare »Ndindi« Baudolun sorgten derweil für die taktische Schulung.

■ **ES DAUERTE NICHT LANGE, DA** stellte sich der Erfolg ein. In der Qualifikation zur Afrikameisterschaft 1994 blieb der ewige Außenseiter Burundi ungeschlagen und erreichte ein Entscheidungsspiel gegen die punktgleiche Elf aus Guinea. Burundis Auswahl befand sich bereits im Spielort Libreville, als das Land mit der Ermordung des ersten Hutu-Staatspräsidenten Ndadaye am 23. Oktober 1993 erneut in einen Bürgerkrieg geriet. Tags darauf verlor die »Intamba« das Entscheidungsspiel gegen Guinea mit 4:5 im Elfmeterschießen, woraufhin die Erfolgself in alle Winde zerstob. Kaum einer der Auswahlspieler kehrte in seine bürgerkriegszerrüttete Heimat zurück, und Burundi musste seinen Verzicht auf sämtliche Wettbewerbe erklären.

Nur der Nachwuchs gab weiter Anlass zur Hoffnung. 1995 erntete Burundi sogar einen späten Erfolg seiner intensivierten Nachwuchsarbeit, als die von Ndindi Ribakare trainierte U20 um Freddy Ndayisimiye afrikanischer Vizemeister wurde und zur WM nach Katar reiste, wo sie Chile immerhin ein 1:1 abrang.

Insgesamt verpasste das Land jedoch den Anschluss. Im Juli 1998 fiel Burundi in der FIFA-Weltrangliste auf Position 160 und damit die schlechteste Platzierung seiner Geschichte zurück. Die Nationalelf blieb von 2001-04 in 14 aufeinanderfolgenden Spielen ohne Sieg, während auf Klubebene das Aus seit Jahren zumeist in einer der ersten beiden Runden kommt. Und auch dass der in Bujumbura geborene Ausnahmespieler Shabandi Nonda (»der neue George Weah«) nach längerem Zögern nicht für Burundi, sondern für die DR Kongo aufläuft (»das ist die Heimat meiner Eltern«), gehört wohl zur Tragik der jüngeren burundischen Fußballgeschichte.

HINWEISE
Côte d'Ivoire = siehe Elfenbeinküste
Dahomey = siehe Benin

TEAMS | MYTHEN

■ **VITAL'Ô FC BUJUMBURA** Populärstes und auch erfolgreichstes Team des Landes. Der Verein wurde 1957 als Rwanda Sport FC gegründet und lief von 1971-73 als Alteco bzw. als Tout Puissant Bata auf. Später mit Rapid Bujumbura zu Espoir vereint, nahm er 1975 seinen heutigen Namen an. 1979 spielten sich die Lila-Weißen mit ihrer ersten Landesmeisterschaft und einem legendären 7:3-Freundschaftsspielsieg über den tansanischen Simba FC in die Herzen der Fans. In den 1980er Jahren eroberte eine von Malik Jabir, Shundu und Juma Mossi angeführte und vom Algerier Rachid Cheradi trainierte Elf die nationale Vorherrschaft. 1985, 1987 und 1990 erreichten »Les Mauves« (»Die Lilanen«) dreimal ein Viertelfinale auf Kontinentalebene, wobei das heimstarke Team kontinentale Größen wie Gor Mahia Nairobi (1983), Tonnerre Yaoundé (1984) und Zamalek Kairo (1985) bezwang. 1992 drang man im Pokalsiegerwettbewerb sogar ins Finale vor, in dem Vital'ô dem ivorischen Africa Sports nach einem 1:1 in Bujumbura allerdings mit 0:4 in Abidjan unterlag. [1957 | Prince Louis Rwagasore (22.000) | 11 | 12]

■ **INTER STAR BUJUMBURA** Nach Vital'ô der erfolgreichste Klub des Landes. Von 1978-91 sicherte sich der Armeeklub als FC Inter fünf Meisterschaften und drang 1991 unter dem russischen Trainer Alexandre Rakitsky als erster burundischer Verein in ein kontinentales Halbfinale vor (Pokalsieger). Nach dem Bürgerkrieg entstand der Inter Star FC und fügte den Annalen der Schwarz-Weißen zwei weitere Meistertitel hinzu. Das Derby zwischen Vital'ô und Inter Star gilt als »Klassiker«. [7 | -]

HELDEN | LEGENDEN

■ **MALIK JABIR** 2000 zum »Spieler des Jahrhunderts« gewählter Angreifer des Vital'ô FC sowie der Nationalmannschaft. Der dribbelstarke Linksaußen, dessen eigentlicher Name Fazil Malikonge ist, war als Freistoßschütze gefürchtet und trug entscheidend zu den Erfolgen seines Stammvereins Vital'ô auf kontinentaler Ebene bei.

■ **SAIDI NTIBAZONKIZA** Der aus dem Nachwuchspool von Vital'ô stammende Nationalstürmer kam 2005 als Asylsuchender in die Niederlande und schloss sich dem Erstligisten NEC Nijmegen an. Im November 2006 debütierte er in der »Eredivisie«. [1.5.1987 | 7 LS/1 Tore]

Jahr	Meister	Pokalsieger
1970	unbekannt	
1971	annulliert	
1972	Burundi Sports Dynamic B.	
1973	Burundi Sports Dynamic B.	
1974	Inter FC Bujumbura	
1975-77	unbekannt	
1978	Inter FC Bujumbura	
1979	Vital'ô Bujumbura	
1980	Prince Louis Bujumbura	
1981	Prince Louis Bujumbura	
1982	Vital'ô Bujumbura	Vital'ô Bujumbura
1983	Fantastique Bujumbura	International Stars
1984	Vital'ô Bujumbura	International Stars
1985	Vital'ô Bujumbura	Vital'ô Bujumbura
1986	Vital'ô Bujumbura	Vital'ô Bujumbura
1987	Inter FC Bujumbura	Muzinga Bujumbura
1988	Vital'ô Bujumbura	Vital'ô Bujumbura
1989	Inter FC Bujumbura	Vital'ô Bujumbura
1990	Vital'ô Bujumbura	International Stars
1991	Vital'ô Bujumbura	Vital'ô Bujumbura
1992	Vital'ô Bujumbura	Prince Louis Bujumbura
1993	nicht ausgetragen	Vital'ô Bujumbura
1994	nicht ausgetragen	Vital'ô Bujumbura
1995	Fantastique Bujumbura	Vital'ô Bujumbura
1996	Fantastique Bujumbura	Vital'ô Bujumbura
1997	Maniema	Vital'ô Bujumbura
1998	Vital'ô Bujumbura	Elite
1999	Vital'ô Bujumbura	Vital'ô Bujumbura
2000	Vital'ô Bujumbura	Atletico Olympique B.
2001	Prince Louis Bujumbura	
2002	Muzinga Bujumbura	
2003	abgebrochen	
2004	Atletico Olympique B.	Bafalo Muramvya
2005	Inter Star Bujumbura	
2006	Vital'ô Bujumbura	
2007	Vital'ô Bujumbura	
2008	Inter Star Bujumbura	

 # DJIBOUTI

13 Jahre Warten auf den ersten Sieg

Mangelhafte Infrastruktur verhinderte die Entwicklung des Fußballs in Djibouti

Fédération Djiboutienne de Football

Fußball-Verband Djibouti | gegründet: 1977 | Beitritt FIFA: 1994 | Beitritt CAF: 1986 | Spielkleidung: grünes Trikot, weiße Hose, blaue Stutzen | Saison: September - Juni | Spieler/Profis: 36.320/0 | Vereine/Mannschaften: 6/84 | Anschrift: Centre Technique National, Case postale 2694, Djibouti | Tel: +253-353599 | Fax: +253-353588 | Internet: keine Homepage | E-Mail: fdf-1979@yahoo.fr

Djibouti zählt zu den Schlusslichtern im fußballverrückten Afrika. In der FIFA-Weltrangliste stand das kleine Land am Horn von Afrika nie besser als auf Platz 169 und gilt als beliebter Sparringspartner. So feierten die just in die Fußball-Weltgemeinde aufgenommenen Komoren im Dezember 2006 gegen die Auswahl von Djibouti den ersten Pflichtspielsieg ihrer noch jungen Geschichte, während Djibouti von 1994-2006 in 23 aufeinanderfolgenden Spielen ohne Sieg blieb.

Die sportliche Schwäche des 800.000-Einwohner-Winzlings im Golf von Aden ist nicht zuletzt eklatanten infrastrukturellen und ökonomischen Schwächen zuzuschreiben. Auftritte in der WM- bzw. Afrikameisterschaftsqualifikation sind ebenso rar wie djiboutische Klubs in den kontinentalen Vereinswettbewerben. Zuletzt musste sich das Land 2007 aus der Qualifikation für die Afrikameisterschaft in Ghana zurückziehen, weil das Nationalstadion nicht den internationalen Normen entsprach. Dank eines von der FIFA-Initiative »Win in Africa with Africa« finanzierten Kunstrasenfeldes konnte Djibouti immerhin pünktlich zur WM-Qualifikation 2010 auf die internationale Bühne zurückkehren und beim 1:0 über Somalia sogar den ersten Pflichtspielsieg seiner Geschichte feiern.

■ **DJIBOUTI IST EIN ERST SEIT 1977** unabhängiges, knapp 24.000 km² großes Land, das von karger Buschsavanne geprägt ist und zwischen Eritrea, Äthiopien und Somalia liegt. Die meisten der knapp 800.000 Einwohner leben in der Hauptstadt Djibouti City, die dem Land auch seinen Namen verleiht. Nur wenige Nomaden durchziehen die Steppe, und der Ertrag aus dem Ackerbau reicht kaum für den Eigenbedarf. Dementsprechend schlagen die Dürrekatastrophen der Sahelzone stets mit verheerender Wucht zu.

Hinzu kommt ein hartnäckiger ethnischer Konflikt. Dominierende Volksgruppe sind die im Süden des Landes lebenden Issa, ein Somali-Stamm, der etwa die Hälfte der Einwohner des Landes stellt. Im Norden hingegen dominieren die Afar, deren Anteil an der Gesamtbevölkerung rund 40 Prozent beträgt. Beide Volksgruppen sind hamitische Nomadenvölker, die seit langem miteinander verfeindet sind.

Nachdem Frankreich 1862 die Region erworben und Djibouti City in einen Konkurrenzhafen zum britischen Aden (Jemen) verwandelt hatte, war sie 1896 als Französisch-Somaliland zur Kolonie geworden. Nach dem Zweiten Weltkrieg sprach sich die Bevölkerungsmehrheit 1958 und 1967 bei Volksabstimmungen jeweils für den Verbleib bei Frankreich aus, wobei die Issa die Unabhängigkeit forderten und den Anschluss Djiboutis an Somalia anstrebten, während die Afar für die Beibehaltung des Status quo votierten.

Nach wiederholten Unruhen kam es 1977 zu einer dritten Volksabstimmung. Da die Afar diesmal aus Protest fernblieben, setzten sich die Issa durch, und am 27. Juni 1977 wurde die Unabhängigkeit Djiboutis verkündet. Vier Jahre später verwandelte der erste Präsident Hassan Gouled Aptidon das junge Land in einen von den Issa dominierten Einparteienstaat, der sich freilich als erfolgreicher Vermittler zwischen den verfeindeten Nachbarn Äthiopien und Somalia erwies.

Als Afar-Rebellen 1991 zu den Waffen griffen, eskalierte der schwelende ethnische Konflikt zum offenen Bürgerkrieg, der erst im Dezember 1994 beendet werden konnte.

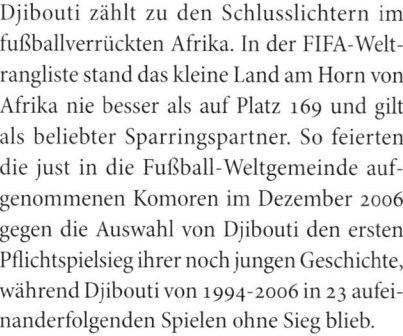

**Jumhūriyyat Jībūtī
Jamhuuriyadda Jabuuti
République de Djibouti**

Republik Djibouti | Fläche: 23.200 km² | Einwohner: 779.000 (34 je km²) | Amtssprache: Arabisch, Französisch | Hauptstadt: Djibouti (547.100) | Weitere Städte: Ali-Sabieh (8.000), Tadjoura (7.500), Dikhil (6.500) | Währung: 1 Djiboutischer Franc = 100 Centimes | Bruttosozialprodukt: 950 $/Kopf | Zeitzone: MEZ +2h | Länderkürzel: DI | FIFA-Kürzel: DJI | Telefon-Vorwahl: +253

● FIFA World Ranking
1993 1994 1995 1996 1997 1998 1999 2000
  -   169 177 185 189 191 195 189
2001 2002 2003 2004 2005 2006 2007 2008
 193 195 197 201 200 198 173 188

● Weltmeisterschaft
1930-98 nicht teilgenommen **2002**
Qualifikation **2006** nicht teilgenommen
2010 Qualifikation

● Afrikameisterschaft
1957-98 nicht teilgenommen **2002-08**
Qualifikation **2010** nicht teilgenommen

Seitdem hat sich die Lage zwar einigermaßen beruhigt, doch wirtschaftlich zählt Djibouti zu Afrikas Schlusslichtern und ist in hohem Maße von internationaler Hilfe abhängig.

■ **ÜBER DIE GESCHICHTE** des Fußballs in Djibouti ist nur wenig bekannt. Im Verlauf der 1920er Jahre kam es zu ersten Spielen, die allesamt im französischen Verwaltungssitz Djibouti City ausgetragen wurden und bei denen die Europäer weitestgehend unter sich blieben. Beim ersten »Länderspiel« Französisch-Somalias, das im Mai 1947 mit einem 0:5 gegen Äthiopien endete, standen indes bereits einheimische Kicker auf dem Platz.

Die islamische Bevölkerung des Landes hatte das Spiel während des Zweiten Weltkriegs verstärkt aufgegriffen. Nach Kriegsende entwickelten sich eigenständige Strukturen, aus denen schließlich nach der Unabhängigkeitserklärung von 1977 der Nationalverband Fédération Djiboutienne de Football (FDF) hervorging. Im März 1983 unterlag daraufhin eine »richtige« Landesauswahl Nachbar Äthiopien mit 1:8.

1986 trat Djibouti der CAF bei und debütierte im Rahmen der Qualifikation zu den Afrikaspielen 1987 mit einem 1:7 gegen Madagaskar. Nachdem »les Riverains de la Mer Rouge« (»die Anwohner des Roten Meeres«) 1988 beim 2:1 über den Südjemen ihren ersten Sieg errungen hatten, wurde die FDF 1994 auch in die FIFA aufgenommen.

■ **ANFANG DER 1980ER** Jahre bildeten und kommunalen Behörden bzw. Institutionen unterstellte Mannschaften rangen derweil 1987 erstmals um eine Landesmeisterschaft, die an das hauptstädtische Team der AS Etablissements Merill ging. Seit 1988 wird in Djibouti zudem um einen Landespokal gespielt. Der auf den Großraum der Hauptstadt Djibouti City konzentrierte Spielbetrieb ist wiederholt durch die angespannte politische Lage in der Region unterbrochen worden. Rekordmeister ist mit sieben Titeln (zuletzt 2001) die Auswahl der nationalen Polizeikräfte FNS bzw. FNP, während der Eisenbahnerverein CDE 2007 bereits seinen vierten Meistertitel errang. Abgesehen von der Hauptstadt verfügen auch die im Süden des Landes gelegenen Orte Ali-Sabieh und Dikhil über lebendige Fußballgemeinden.

International trat Djibouti bis zur Millenniumswende nur sporadisch auf. Neben den immer wieder aufflammenden bewaffneten Konflikten in der Region verhinderten die desolate Infrastruktur sowie frappierende ökonomische Probleme die Teilnahme an den kontinentalen Wettbewerben. Erst 2000 gelang das Debüt in der Afrikameisterschaft, und 2002 nahm Djibouti erstmals an der WM-Qualifikation teil. Seinerzeit erzielte man immerhin ein 1:1 gegen die DR Kongo, die allerdings auf ihre europäischen Legionäre verzichtet hatte. Als sie im Rückspiel ausliefen, ging Djibouti prompt mit 1:9 unter.

Nach zwei verheerenden Niederlagen in der Afrikameisterschaft gegen Uganda (1:10 bzw. 0:7) zog der Nationalverband FDF seine Landesauswahl 2001 für vier Jahre aus dem internationalen Spielbetrieb zurück, um die Strukturen vor allem im nationalen Nachwuchsbereich neu zu ordnen. Als Djibouti 2005 beim CECAFA-Cup in Ruanda auf die internationale Bühne zurückkehrte, zeigte sich jedoch insbesondere beim 1:2 gegen Somalia, dass die Pause nur wenig bewirkt hatte.

Unterdessen gelangte Djibouti in das FIFA-Projekt »Win in Africa with Africa« und wurde in das Förderprogramm des Weltfußballverbandes aufgenommen. Mit der 2007 erfolgten Einweihung eines strapazierfähigen Kunstrasens im Stade National Gouled erhielt Djibouti erstmals eine verlässliche Fußballinfrastruktur.

Prompt gelang dem Land am 16. November 2007 beim 1:0 über Somalia der erste Pflichtspielsieg seiner Verbandsgeschichte. 10.000 Zuschauer bejubelten den Torschützen Hussein Yassin, der sechs Minuten vor dem Spielende das Tor des Tages markierte und Djibouti damit zugleich die Pforte zur Gruppenphase in der WM-Qualifikation 2010 öffnete. Darüber hinaus katapultierte der Erfolg Djibouti in der FIFA-Weltrangliste hinauf bis auf Platz 173 – und damit auf die beste Position seit 13 Jahren!

TEAMS | MYTHEN

■ **FORCE NATIONALE DE POLICE DJIBOUTI** Das Team der nationalen Polizeikräfte führt mit sieben Landesmeisterschaften die Ehrenliste der djiboutischen Meister an. Bis 2000 lief die Elf als Force Nationale Sécurité (FNS) auf, ehe sie ihre heutige Bezeichnung erhielt. Die Mannschaft ist in der Hauptstadt Djibouti-City beheimatet und trägt ihre Spiele im Nationalstadion Gouled aus. [National Gouled (10.000) | 7 | 2]

■ **CDE DJIBOUTI** Der Eisenbahnverein AS Chemin de Fer Djibouto-Ethiopien entstand 1984 und errang den vorliegenden Aufzeichnungen zufolge 1988 seinen ersten von inzwischen vier Meistertiteln. Nach Angaben des Vereins wurde CDE allerdings bereits achtmal Meister. Seit 2008 trägt man die Bezeichnung CDE Colas. [1984 | National Gouled (10.000) | 4 | 2]

■ **SID KARTILEH** Gegründet als Poste de Djibouti tritt die Mannschaft seit 2005 als Société Immobilière de Djibouti auf und ist im hauptstädtischen Stadtteil Kartileh ansässig. 2008 errang das Team seine zweite Landesmeisterschaft. [National Gouled (10.000) | 2 | 1]

Jahr	Meister	Pokal
1987	AS Etablissements Merill	
1988	AS CDE Djibouti	AS Port Djibouti
1989	nicht ausgespielt	AS Port Djibouti
1990	nicht ausgespielt	
1991	Aéroport Djibouti	Aéroport Djibouti
1992	nicht ausgespielt	AS CDE Djibouti
1993	nicht ausgespielt	Force Nat. Sécurité
1994	Force Nationale Sécurité	Balbala Djibouti
1995	Force Nationale Sécurité	Balbala Djibouti
1996	Force Nationale Sécurité	Balbala Djibouti
1997	Force Nationale Sécurité	Force Nat. Sécurité
1998	Force Nationale Sécurité	Force Nat. Sécurité
1999	Force Nationale Sécurité	Balbala Djibouti
2000	AS CDE Djibouti	unbekannt
2001	Force Nationale de Police	CDE Djibouti
2002	AS Boreh	Jeunesse Espoir Djib.
2003	Gendarmerie Nationale	AS Boreh
2004	Gendarmerie Nationale	CDE Djibouti
2005	AS CDE Djibouti	Poste de Djibouti
2006	SID Kartileh	AS Ali Sabieh
2007	AS CDE Djibouti	SID Kartileh
2008	SID Kartileh	CDE Colas Djibouti

Das Nationalstadion von Djibouti erhielt 2007 eine Kunststoffspielfläche, mit der viele Probleme gelöst werden konnten (siehe kleines Bild oben rechts).

ELFENBEINKÜSTE

Wo die gelben Mimosen blühen

Auch in der Elfenbeinküste ist der Fußball Friedensbotschafter

Fédération Ivoirienne de Football

Fußballbund der Elfenbeinküste | gegründet: 1960 | Beitritt FIFA: 1960 | Beitritt CAF: 1960 | Spielkleidung: oranges Trikot, weiße Hose, grüne Stutzen | Saison: Dezember - August | Spieler/Profis: 801.700/100 | Vereine/Mannschaften: 220/1.320 | Anschrift: 01 Case postale 1202, Abidjan 01 | Tel: +225-21240027 | Fax: +225-21259552 | www.fif.ci | E-Mail: fifci@aviso.ci

Nachwuchsarbeit rangiert auf der Agenda afrikanischer Fußballvereine für gewöhnlich nicht allzu hoch – der kurzfristige Erfolg ist in der Regel wichtiger. In der Elfenbeinküste ist das anders. Da hat sich mit ASEC Abidjan ein Klub zum erfolgreichsten Ausbildungsverein Schwarzafrikas hochgearbeitet, aus dessen renommierter Talenteschmiede Weltstars wie Kolo Touré und Aruna Dindane hervorgingen und der auch in Sachen Infrastruktur und Management vorbildlich ist.

Der Klub steht damit im scharfen Kontrast zum allgemeinen Zustand des Landes Elfenbeinküste, das nach mehr als einem Jahrzehnt blutiger Unruhen ausgelaugt ist. Der von Rebellen kontrollierte islamische Norden und der christlich geprägte Süden standen sich bis 2007 feindselig gegenüber, und während die Mehrheit der rund 18 Mio. Ivorer in bitterer Armut lebt, protzt eine Minderheit mit schier unermesslichem Reichtum.

■ **DIE ELFENBEINKÜSTE IST** ein rohstoffreiches Land, das über Jahrzehnte mit einer für afrikanische Verhältnisse äußerst verlässlichen Politik auftrumpfen konnte. Dafür stand Staatsgründer Félix Houphouët-Boigny, der fast 50 Jahre lang die dominierende Institution war und eine von harter Hand bestimmte liberal-konservative Politik verfolgte. Obwohl aus einer adeligen Familie stammend, erlag allerdings auch er den Reizen des Machtmissbrauchs. 1983 erklärte er seinen Geburtsort Yamoussoukro sogar zur neuen Landeshauptstadt und ließ eine dem vatikanischen Petersdom nachgebildete gigantische Kathedrale errichten, die den ivorischen Staatshaushalt schwer strapazierte. Houphouët-Boigny war es auch, der im Oktober 1985 verfügte, sein Land dürfe fortan nur noch Côte d'Ivoire genannt werden. Seitdem ist die Benutzung von Übersetzungen wie »Elfenbeinküste« oder »Ivory Coast« mit Strafen belegt.

Der Begriff Côte d'Ivoire geht auf Franzosen zurück, die sich ab Mitte des 17. Jahrhunderts am Golf von Guinea niederließen und einen schwunghaften Elfenbeinhandel aufbauten. 1893 wurde die Kolonie Côte d'Ivoire gegründet, die 1904 der Föderation Französisch-Westafrika einverleibt und anschließend unter dem heftigen Widerstand vor allem der Baule und der Agni von Paris ausgebeutet wurde. Neben Kakao, dem bis heute wichtigsten Exportgut, füllten insbesondere Kaffee, Elfenbein und Edelhölzer sowie Rohstoffe wie Gold, Diamanten und Bauxit die Taschen der Kolonialherren.

Während des Zweiten Weltkriegs bildete sich eine Widerstandsbewegung, zu deren Anführern Felix Houphouët-Boigny zählt. Der wohlhabende Arzt und Plantagenbesitzer plädierte für eine enge Zusammenarbeit mit Frankreich und führte die Côte d'Ivoire 1960 entsprechend harmonisch in die Unabhängigkeit. Mit einer Mischung aus Autorität und Einbindung der Opposition sowie der Unterstützung ausländischer Investoren gelang es ihm, die Elfenbeinküste in ein afrikanisches »Wirtschaftswunderland« zu verwandeln. Zugleich verband er die widerstrebenden Interessen der zahlreichen ethnischen Gruppen geschickt miteinander und verstand es, das Land aus den zahlreichen Konflikten in den Nachbarländern herauszuhalten.

Als Houphouët-Boigny im Dezember 1993 starb, übernahm sein Nachfolger Henri Konan Bédié allerdings ein Land, dessen wirtschaftliche Prosperität durch den boomenden asiatischen Markt in Gefahr geraten war. Binnen kurzem entglitt Bédié die Kontrolle. 1995 kam es in Abidjan zu ersten Gewaltausbrüchen, ehe

République de Côte d'Ivoire

Republik Côte d'Ivoire (Elfenbeinküste) | Fläche: 322.462 km² | Einwohner: 17.872.000 (55 je km²) | Amtssprache: Französisch | Hauptstadt: Yamoussoukro (299.243) | Weitere Städte: Abidjan (2,9 Mio.), Bouaké (461.618), Daloa (173.107), Korhogo (142.093) | Währung: CFA-Francs | Bruttosozialprodukt: 760 $/Kopf | Zeitzone: MEZ -1h | Länderkürzel: CI | FIFA-Kürzel: CIV | Telefon-Vorwahl: +225

● **Erfolge**
1992 Afrikameister

● **FIFA World Ranking**
1993	1994	1995	1996	1997	1998	1999	2000
33	25	20	51	52	44	53	51
2001	2002	2003	2004	2005	2006	2007	2008
44	64	70	40	42	18	37	29

● **Weltmeisterschaft**
1930-70 nicht teilgenommen **1974-78** Qualifikation **1982** nicht teilgenommen **1986-2002** Qualifikation **2006** Endturnier (Vorrunde)

● **Afrikameisterschaft**
1957-63 nicht teilgenommen **1965** Endturnier (Dritter) **1968** Endturnier (Dritter) **1970** Endturnier (Vierter) **1972** Qualifikation **1974** Endturnier (Vorrunde) **1976** Qualifikation **1980** Endturnier (Vorrunde) **1982** nicht teilgenommen **1984** Endturnier (Vorrunde) **1986** Endturnier (Dritter) **1988** Endturnier (Vorrunde) **1990** Endturnier (Vorrunde) **1992** Endturnier (Sieger) **1994** Endturnier (Dritter) **1996** Endturnier (Vorrunde) **1998** Endturnier (Viertelfinale) **2000-02** Endturnier (Vorrunde) **2006** Endturnier (Zweiter) **2008** Endturnier (Vierter)

● **Vereinserfolge**
Landesmeister ASEC Abidjan (1998) **Pokalsieger** Africa Sports Abidjan (1992, 1999) **CAF-Cup** Stella Abidjan (1993)

das seit Monaten unbezahlte ivorische Militär im Dezember 1999 putschte und Bédié gestürzt wurde. Anschließend geriet die Côte d'Ivoire in einen ethnisch motivierten Konflikt zwischen dem Norden, in dem viele während der Boomjahre ins Land gekommene islamische Fremdarbeiter leben, und dem Süden, in dem die christlich geprägte ivorische Bevölkerungsmehrheit zu finden ist. 2002 eskalierte der Konflikt zum Bürgerkrieg und führte zur faktischen Teilung des Landes. Erst im März 2007 gelang es auf Vermittlung von Burkina Faso, einen Friedensvertrag zu schließen, nach dem sich die Lage allmählich beruhigte.

■ **DER KONFLIKT GRIFF** auch auf den ivorischen Fußball über. 2003 mussten drei aus der Rebellenregion im Norden stammende Erstligisten in den Großraum Abidjan umziehen, weil sie nicht mehr für die Sicherheit ihrer Gegner garantieren konnten. Zeitgleich avancierte der Fußball aber auch zu einem hilfreichen Werkzeug bei der Suche nach einer Konfliktlösung. Die ivorische Nationalelf »les Éléphants« lief regelmäßig im Norden auf und war mit ihrer ethnischen Mischung aus Nord- und Südivorern Vorbild für die nationale Einheit.

Die Anfänge des Fußballs in der Elfenbeinküste reichen zurück in die frühen 1920er Jahre, als die benachbarte Goldküste (heute Ghana) längst eine Fußballhochburg war. In den frühen 1930er Jahren etablierten sich in Abidjan erste Fußballvereine, wobei zumeist französische Kolonialisten als Gründer fungierten. Darunter waren der 1932 gebildete Jeunesse Club d'Abidjan sowie die Vorläufer der heutigen Spitzenvereine Africa Sports und Stade d'Abidjan. Nachdem 1938 ein von französischen Kolonialisten errichtetes Stadion eröffnet worden war, wurde erstmals um einen Pokal gespielt, den sich der FC Bassam sicherte. Wenig später entstand in Abidjan eine Stadtliga.

Laurent Pokou (links) 1979.

Nach dem Zweiten Weltkrieg zählte die Elfenbeinküste zu den Säulen der Westafrikanischen Liga, an der Teams aus den damaligen französischen Kolonien Elfenbeinküste, Senegal, Dahomey (heute Benin) und Soudan (Mali) teilnahmen (siehe Seite 206). Nachdem Pionierklub JC d'Abidjan bereits 1948 das Finale erreicht hatte, drang der von Angestellten der französischen Kolonialverwaltung gegründete Klub ASEC Abidjan zwischen 1955-58 dreimal binnen vier Jahren ins Finale vor, ohne jenes gewinnen zu können. 1958 unterlag man dabei dem Lokalrivalen Africa Sport Abidjan.

■ **MIT DER STAATLICHEN UNABHÄNGIGKEIT** begab sich die Côte d'Ivoire 1960 auch fußballerisch auf eigene Wege. Der noch im selben Jahr gegründete Nationalverband Fédération Ivoirienne de Football schickte im April 1960 erstmals eine Landesauswahl ins Rennen (3:2 gegen Dahomey) und rief sowohl eine Landesmeisterschaft als auch einen Pokalwettbewerb ins Leben.

Begünstigt von einer stabilen politischen Lage und positiven wirtschaftlichen Entwicklung konnte sich die Elfenbeinküste binnen kurzem unter den Fußballhochburgen Schwarzafrikas etablieren. 1965 beteiligte sich die Nationalmannschaft »les Éléphants« (»die Elefanten«) erstmals an der Kontinentalmeisterschaft und wurde in Tunesien prompt Dritter. Drei Jahre später konnte sie diese Position verteidigen, wohingegen man 1970 mit Rang vier zufrieden sein musste. Die Ivorer bestachen seinerzeit durch einen vom Franzosen François Gevaudan bzw. dem Deutschen Peter Schnittger gelehrten Angriffsfußball und hatten in dem späteren Frankreich-Legionär Laurent Pokou ihre überragende Kraft. 1970 gelangen dem ASEC-Stürmer beim 6:1 über Äthiopien gleich fünf Treffer, und mit insgesamt 14 Toren bei den Turnieren 1968 und 1970 war er bis 2008 Rekordtorjäger der Afrikameisterschaft, ehe er

TEAMS | MYTHEN

■ **ASEC MIMOSAS ABIDJAN** Erfolgreichster Klub des Landes und unumstrittenes Aushängeschild der Nachwuchsförderung in Schwarzafrika. Die Association Sportive des Employés de Commerce (ASEC) Mimosas wurde 1948 von Mitarbeitern der französischen Kolonialverwaltung gegründet und ist im Abidjaner Stadtviertel Treichville ansässig. Der Namenszusatz »Mimosas« geht auf die im Stadtbild omnipräsenten Mimosensträucher zurück, deren Gelb an ASECs Spielkleidung erinnert. Der Klub erreichte (und verlor) von 1950-58 dreimal das Endspiel um die Westafrikameisterschaft, ehe er nach der Unabhängigkeit der Elfenbeinküste gemeinsam mit seinen Lokalrivalen Stade bzw. Africa Sports zur dominierenden nationalen Kraft wurde. In den 1970er Jahren errang eine Generation um Ausnahmestürmer Laurent Pokou, Jean Keita und Jean-Baptiste Akran fünf Landesmeisterschaften und zog zweimal ins Halb- bzw. Viertelfinale der Kontinentalmeisterschaft ein. Anschließend machten die vom Argentinier Luis Oscar Fullone betreuten »enfants de Fullone« (»Fullones Kinder«) um N'diaye Aboubacar, Youssouf Fofana und Kassy Kouadio Lucien Furore, als sie 1983 das Halbfinale des afrikanischen Pokalsiegerwettbewerbs erreichten. Später in den Schatten des erfolgreicheren Lokalrivalen Africa Sports geraten, übernahm im November 1989 der erst 39-jährige Rechtsanwalt Roger Ouégnin die Vereinsführung und krempelte den Klub komplett um. Mit dem Franzosen Philippe Troussier engagierte Ouégnin einen ebenso ehrgeizigen wie unbekannten Trainer, der in Abidjan zum »sorcier blanc« (»weißer Zauberer«) wurde. In 108 aufeinanderfolgenden Spielen blieben die Schwarz-Gelben unter Troussiers Regie ungeschlagen (Weltrekord) und wurden von 1990-95 fünfmal in Folge Meister. Unterdessen rief Ouégnin gemeinsam mit dem ehemaligen französischen Nationalspieler Jean-Marc Guillou Afrikas erste Jugendakademie ins Leben, die Heranwachsenden aus ärmlichen Verhältnissen die Möglichkeiten bieten sollte, über den Sport der Armut zu entrinnen. Mit Unterstützung des Unternehmens »Sifcom« wurde daraus 1994 die im Abidjaner Vorort Sol Béni angesiedelte »Académie MimoSifcom«, deren Ziel es ist, Fußballer auszubilden, um sie anschließend zu verkaufen. Spieler wie Abdoulaye Traoré, Donald-Olivier Sié, Kolo Touré, Aruna Dindane, Salomon Kalou, Didier Zokora, Yaya Touré, Emmanuel Eboué und Gilles Yapi durchliefen das Ausbildungsprogramm und verhalfen sowohl ASEC als auch der ivorischen Nationalmannschaft zu internationalen Erfolgen. Nachdem ASEC 1995 im Endspiel um die Afrikameisterschaft noch gegen die Orlando Pirates aus Südafrika verloren hatte, gelang den »Mimosas« 1998 der langersehnte internationale Durchbruch, als sie sich im kontinentalen Finale gegen die Dynamos aus der simbabwischen Hauptstadt Harare durchsetzten. Ein Jahr später errang eine ausschließlich aus Akademie-Zöglingen gebildete Mannschaft den afrikanischen Supercup, während es 2002 und 2006 jeweils zum Halbfinale in der Champions League reichte. Als Akademiechef Guillou 2001 eine Verbindung mit dem belgischen Profiklub KSK Beveren einging, kündigte ASEC-Präsident Ouégnin die Zusammenarbeit und übernahm die Akademie. Guillou gründete kurz darauf eine weitere Fußballschule. Dennoch ist ASEC ein für Afrika ungewöhnliches Vorbild an Kontinuität und Seriosität. Ouégnin führt den Klub seit 20 Jahren und gilt als allseits geschätzter Vereinschef, der zwischen 1993 und 2003 mit lediglich sechs Trainern auskam. Ökonomisch zählt ASEC zu den stabilsten Klubs auf dem Kontinent und wurde 2003 vom Fachblatt »Afrique Football« als neben den Orlando Pirates einziger schwarzafrikanischer Verein in die von Nordafrika dominierte Liste der zehn besten Vereine des Kontinents aufgenommen. In der Côte d'Ivoire ist ASEC der beliebteste Klub, dessen Anhänger sich »Les Actionnaires« (»Aktionäre«) nennen. 2007 wurden die »Mimosas« nach sieben aufeinanderfolgenden Landesmeisterschaften allerdings wieder vom nationalen Titelthron gestoßen. [1948 | Félix Houphouët-Boigny (50.000) | 22 | 15]

AFRICA SPORTS NATIONAL ABIDJAN

Im noblen Stadtviertel Treichville ansässiger Klub, der als elitär gilt. Seine Wurzeln reichen zurück bis in das Jahr 1936, als der mit der Bété-Volksgemeinschaft verbundene Club Sportif Bété entstand. Am 27. April 1947 öffnete sich der Verein allen Volksgruppen und nahm den Namen Africa Sports National an, der von dem Fachblatt »Afrique Sports« inspiriert war. Der Klub trägt das Motto »Honeur – Discipline – Solidarité« (»Ehre, Disziplin, Solidarität«). 1957 und 1958 erreichten die Grün-Roten jeweils das Finale um die Westafrikameisterschaft, in dem sie sich 1958 gegen den Lokalrivalen ASEC mit 5:0 durchsetzten. Nach der Unabhängigkeit dominierte Africa Sports zunächst gemeinsam mit ASEC und Stade Abidjan den nationalen Fußball. 1980 und 1991 erreichten »les Aiglons« (»Die Adler«) jeweils das Finale um die Kontinentalmeisterschaft, unterlagen dort jedoch TP Mazembe Lubumbashi bzw. Al-Ahly Kairo. Auf nationaler Ebene dominierten die Grün-Roten um Pascal Miezan über weite Strecken der 1980er Jahre und krönten ihre Erfolgsphase mit dem Gewinn des afrikanischen Pokalsiegerwettbewerbes 1992. Anschließend gerieten sie jedoch in den Schatten des aufstrebenden Nachbarn ASEC und konnten lediglich 1996 bzw. 1999 Meisterschaften erringen. Mit der Doppelmeisterschaft 2006-07 hofft man nun im Stade Robert Champroux, dass wieder bessere Zeiten für »les Aiglons« anbrechen. [1936 | Robert Champroux (20.000) | 15 | 13]

STADE D'ABIDJAN

Die großen Zeiten der Nummer drei von Abdijan waren die 1960er Jahre. Neben fünf Landesmeisterschaften gelang seinerzeit mit dem Gewinn der afrikanischen Kontinentalmeisterschaft 1966 der erste internationale Triumph der Elfenbeinküste. Im Endspiel setzten sich die Rot-Blauen gegen das Team des malischen Superstars Salif Keïta, Real Bamako, durch. Stade d'Abidjan wurde 1936 als ASFI gegründet und nahm nach einer Fusion mit PIC bzw. OC zunächst den Namen USF Abidjan an. Seit 1959 trägt man die heutige Bezeichnung. Unter dem ehrgeizigen Präsidenten Richmind Abi will sich Stade in Zukunft wieder als feste Größe neben ASEC und Africa Sports etablieren. [1936 | Municipal (9.000) | 5 | 5]

STELLA CLUB D'ADJAMÉ

Dreifacher Landesmeister, der 1975 das Finale des afrikanischen Pokalsiegerwettbewerbes erreichte und 1993 den CAF Cup gewann. Der Klub entstand 1953 durch den Zusammenschluss von Red Star, Etoile d'Adjamé und US Bella und gilt als Abidjaner Nummer vier. [1936 | Parc des Sports (10.000) | 3 | 2]

HELDEN | LEGENDEN

DIDIER DROGBA

Publikumsliebling, Superstar, Torschütze, verlängerter Trainerarm, Friedensbotschafter – Didier Drogba ist die Personifizierung des ivorischen Fußballaufschwungs, der das Land 2006 erstmals zur WM führte. Geboren in Abidjan, kam er bereits mit fünf Jahren nach Frankreich, wo sein Onkel Michel Goba als Profi spielte. 1998 trat er beim Le Mans UC in den Profifußball ein, in dem er allerdings erst 2002 mit seinem Wechsel zu En Avant Guingamp den Durchbruch schaffte. Gemeinsam mit Florent Malouda verpasste er 2002/03 mit dem bretonischen Provinzklub nur knapp den UEFA-Cup. 2003 zu Olympique Marseille gewechselt, zahlte Chelsea London 2004 die Rekordsumme von 24 Mio. Pfund für den antrittsschnellen und treffsicheren Stürmer. An der Stamford Bridge etablierte sich der auf allen seinen Stationen als Publikumsliebling gefeierte Drogba endgültig in der Weltspitze und führte die ivorische Nationalmannschaft 2006 sowie

Rekordmeister ASEC ist der beliebteste Klub der Elfenbeinküste.

von Samuel Eto'o abgelöst wurde. An seiner Seite standen mit Ernest Kallet, Christophe Bazo und Jo Bléziri weitere Spitzenkräfte. Auch auf Klubebene zählte die Côte d'Ivoire seinerzeit zur Crème de la Crème in Afrika. Serienmeister Stade Abidjan erreichte 1966 den Zenit, als er sich im Finale um die Afrikameisterschaft gegen den malischen Vertreter Real Bamako durchsetzte und Kontinentalmeister wurde.

NACH DER UNGLÜCKLICHEN Niederlage im Halbfinale um die Afrikameisterschaft 1970 gegen den Nachbarn Ghana zog sich die ivorische Erfolgsgeneration allmählich zurück und es brachen beschaulichere Jahre an. Peinlicher Tiefpunkt war das Vorrunden-Aus bei der Afrikameisterschaft 1984 im eigenen Land. Anschließend wurde ein staatlich finanziertes Förderprogramm aufgestellt, das den von 1982-85 unter Otto Pfister arbeitenden »Éléphants« sogar eine Gastspielreise nach Brasilien ermöglichte.

1986 erreichte die Elf um Torjäger Abdoulaye Traoré und Frankreichlegionär François Zahoui erstmals nach 16 Jahren wieder das kontinentale Halbfinale und wurde Dritter. Doch der ivorische Spitzenfußball steckte seinerzeit in einem Zwiespalt. Die günstige wirtschaftliche Entwicklung hatte das Land zu einer attraktiven Adresse für Fußballer aus den weniger stabilen Nachbarländern werden lassen und Akteure wie die Nigerianer Henry Hwosu und Stephen Keshi sowie Kameruns Nationalkeeper Joseph-Antoine Bell ins Land gebracht. Nach Ansicht der Verantwortlichen ging dies zu Lasten der Landesauswahl, weshalb der Nationalverband FIF 1985 eine Beschränkung der Zahl von Profispielern pro Verein verhängte – mit der Folge, dass ivorische Spitzenspieler nun vehement nach Europa strömten. Als sich der in Monaco gefeierte Auswahlspieler Youssef Fofana sogar um die französische Staatsbürgerschaft bemühte, sprach Landesvater Houphouët-Boigny schließlich ein Machtwort.

DASS DER ELFENBEINKÜSTE anschließend die Wende gelang, war vor allem mit der Person von Roger Ouégnin verbunden. Der umtriebige Rechtsanwalt übernahm im November 1989 die Vereinsführung von ASEC Abidjan und krempelte den seinerzeit im Schatten des Lokalrivalen Africa Sports stehenden Verein komplett um. Unter dem zuvor unbekannten französischen Trainer Philippe Troussier wurden die »Mimosas« (nach den in Abidjan allgegenwärtigen Mimosensträuchern) von 1990-95 fünfmal in Folge Landesmeister und erreichten 1998 mit dem Gewinn der Kontinentalmeisterschaft ihren Zenit.

Zu verdanken war dies neben einem hohen Maß an Seriosität und Kontinuität vor allem einem einzigartigen Nachwuchskonzept. Mit der Académie MimoSifcom betrieb ASEC im hauptstädtischen Vorort Sol Béni Afrikas erstes Fußballinternat, in dem unter Führung des ehemaligen französischen Nationalspielers Jean-Marc Guillou landesweit gesammelte Talente geschult wurden, um sie gewinnbringend weiterzuveräußern. Ein System, von dem beide Seiten profitierten: ASEC erhielt talentierte junge Fußballer und konnte über die erzielten Ablösesummen seine eigene Entwicklung fortsetzen, während die Spieler von Fachkräften ausgebildet wurden und ihr Talent nicht – wie überall sonst in Afrika – in die Hände dubioser Agenten legen mussten.

Als die Elfenbeinküste 1992 unter Trainer Yéop Martial in Senegal zum ersten Mal Afrikameister wurde, standen neben dem überragenden Angriffsduo Abdoulaye Traoré und Donald-Olivier Sié sieben weitere ASEC-Spieler im Team.

National wurden die Schwarz-Gelben ad hoc zur alles dominierenden Kraft, die zwischen 1990 und 2006 nur dreimal die Landesmeisterschaft verpasste. Sie überstanden selbst eine

Ivorischer Jubel bei der Afrikameisterschaft 2008.

interne Spaltung, als Akademiechef Guillou im Juni 2001 einen umstrittenen Vertrag mit dem belgischen Profiklub KSK Beveren schloss. ASEC-Präsident Roger Ouégnin übernahm daraufhin die Kontrolle über die Akademie, derweil Guillou ein eigenes Internat ins Leben rief.

■ **WÄHREND DIE IVORISCHE** Nationalauswahl dank der erfolgreichen Nachwuchsarbeit zunehmend an Spielstärke gewann und 1994 ins Halb- sowie 1998 ins Viertelfinale der Afrikameisterschaft vordrang, geriet die Elfenbeinküste in politische Turbulenzen. Im September 2002 rebellierten Teile der Armee und brachten den Norden des Landes unter ihre Kontrolle. Daraufhin mussten die in der betroffenen Region ansässigen Klubs FC Man, CO Korhogo und Sabé Sports Bouna in den Großraum Abidjan umziehen, während die Zuschauerzahlen landesweit abstürzten und sich viele Sponsoren zurückzogen.

Inmitten dieses Tohuwabohus begab sich die ivorische Nationalmannschaft auf einen mitreißenden Höhenflug, dessen Höhepunkt Platz zwei bei der Afrikameisterschaft 2006 sowie die Qualifikation zur WM in Deutschland war. Vorausgegangen war ein Wechsel an der Verbandsspitze. 2002 hatte mit Jacques Anouma der Finanzchef des umstrittenen ivorischen Staatspräsidenten Laurent Gbagbo die Führung übernommen und mit hohem finanziellen Einsatz weltweit nach Fußballern mit ivorischen Wurzeln suchen lassen. Darüber hinaus war die Nachwuchsförderung im eigenen Land intensiviert worden, woraufhin die ivorische U20-Auswahl um Arouna Koné 2003 bei der WM in den Vereinigten Arabischen Emiraten bis ins Achtelfinale vorgedrungen war.

Die Seniorenauswahl wurde derweil angeführt von Torjäger Didier Drogba, der schon seit seiner Kindheit in Frankreich lebte, aber erst 2003 beim bretonischen Erstligisten En Avant Guingamp den Durchbruch geschafft hatte. Während er in Frankreich ausgebildet worden war, hatten nahezu alle anderen Leistungsträger (Didier Zokora, Kolo Touré, Aruna Dindane, Bonaventure Kalou, Arouna Koné etc.) die Fußballakademie von ASEC durchlaufen.

Trotz eines begeisternden Offensivfußballs blieb »les Éléphants« die Krönung jedoch versagt. Im Finale um die Afrikameisterschaft 2006 unterlagen sie Gastgeber Ägypten im Elfmeterschießen, bei der WM 2006 scheiterten sie als WM-Debütant in der »Todesgruppe« mit Argentinien und den Niederlanden, und im Januar 2008 mussten sie sich bei der Afrikameisterschaft in Ghana bereits im Halbfinale den cleveren Ägyptern geschlagen geben. Wie die erste »goldene Generation« um Laurent Pokou in den 1970er Jahren droht nun auch die zweite »goldene Generation« um Didier Drogba ohne Titelgewinn in die Historie einzugehen.

■ **DIE INTERNATIONALEN** Erfolge haben die Rolle des Fußballs im Lands nachhaltig verändert. Die Elfenbeinküste ist immer eine Fußballnation gewesen, die vor allem mit ihrer Nationalelf fieberte. Doch die parallel zum Bürgerkrieg gefeierten Erfolge von Drogba und Co. waren mehr als nur sportliche Ereignisse. Sie waren Balsam auf die Wunden des inneren Konfliktes und hatten eine Vorbildfunktion, denn das Erfolgsteam war ein repräsentatives Abbild der vielschichtigen ivorischen Gesellschaft. Weil Südivorer wie Drogba und Nordivorer wie Kolo Touré auf dem Spielfeld harmonierten, fungierten »les Éléphants« als perfektes Symbol für die Möglichkeit einer Einheit des zerbrechenden Landes. Die beiden Spieler engagierten sich entsprechend und nutzten ihre Popularität, um den Friedensprozess voranzutreiben.

wohl zur Afrikameisterschaft als auch erstmals zur WM. 2007 wurde er zu Afrikas Fußballer des Jahres gewählt. Abseits des Spielfeldes fungierte Drogba erfolgreich als Friedensbotschafter im ivorischen Bürgerkrieg. [*11.3.1978 | 52 LS/33 Tore]

■ **LAURENT POKOU** Legendärer Torjäger, der bei den Afrikameisterschaften 1968 und 1970 insgesamt 14 Tore markierte und damit bis 2008 Rekordtorschütze des Wettbewerbes war. Nach seinen fünf Treffern beim 6:1 über Äthiopien in der äthiopischen Stadt Asmara erhielt er 1968 den Beinamen »L'homme d'Asmara« (»Mann von Asmara«). Pokou war ein schneller und wendiger Spieler, der vor dem Tor förmlich explodieren konnte. Nach acht Jahren in Diensten von ASEC Abidjan wechselte er im Dezember 1973 nach Frankreich und lief dort für Stade Rennes bzw. AS Nancy auf. Eine hartnäckige Knieverletzung, die er sich im Februar 1971 beim Abidjaner Derby zwischen ASEC und Africa Sports zugezogen hatte, zwang ihn schließlich 1980 zum vorzeitigen Karriereende. Bis der Stern von Didier Drogba aufging, war »Pok« ivorischer Fußballheld Nummer eins. [*8.10.1947]

■ **DIDIER ZOKORA** Rekordnationalspieler der Côte d'Ivoire und ab 2000 eine feste Größe im defensiven Mittelfeld der Ivorer. Durchlief die ASEC-Akademie und wechselte 2000 zum belgischen KRC Genk bzw. 2004 zu AS Saint-Étienne. Wenngleich deutlich weniger im Vordergrund als seine Teamkollegen Didier Drogba und Kolo Touré, war »Maestro« ein Schlüsselspieler bei der WM-Qualifikation 2006 und stand beim Endturnier in Deutschland bei allen drei Spielen auf dem Feld. [*14.12.1980 | 75 LS/1 Tor]

Jahr	Meister	Pokalsieger
1960	Onze Frères Bassam	Espoir de Man
1961	Onze Frères Bassam	Africa Sports Abidjan
1962	Stade Abidjan	ASEC Mimosa Abidjan
1963	ASEC Mimosa Abidjan	Jeunesse Abidjan
1964	Stade Abidjan	Africa Sports Abidjan
1965	Stade Abidjan	nicht ausgespielt
1966	Stade Abidjan	nicht ausgespielt
1967	Africa Sports Abidjan	ASEC Mimosa Abidjan
1968	Africa Sports Abidjan	ASEC Mimosa Abidjan
1969	Stade Abidjan	ASEC Mimosa Abidjan
1970	ASEC Mimosa Abidjan	ASEC Mimosa Abidjan
1971	Africa Sports Abidjan	Stade Abidjan
1972	ASEC Mimosa Abidjan	ASEC Mimosa Abidjan
1973	ASEC Mimosa Abidjan	ASEC Mimosa Abidjan
1974	ASEC Mimosa Abidjan	Stella Club d'Adjamé
1975	ASEC Mimosa Abidjan	Stella Club d'Adjamé
1976	SC Gagnoa	Stade Abidjan
1977	Africa Sports Abidjan	Africa Sports Abidjan
1978	Africa Sports Abidjan	Africa Sports Abidjan
1979	Stella Club d'Adjamé	Africa Sports Abidjan
1980	ASEC Mimosa Abidjan	RC Daola
1981	Stella Club d'Adjamé	Africa Sports Abidjan
1982	Africa Sports Abidjan	Africa Sports Abidjan
1983	Africa Sports Abidjan	ASEC Mimosa Abidjan
1984	Stella Club d'Adjamé	Stade ASbidjan
1985	Africa Sports Abidjan	Africa Sports Abidjan
1986	Africa Sports Abidjan	Africa Sports Abidjan
1987	Africa Sports Abidjan	ASC Bouaké
1988	Africa Sports Abidjan	ASI Abengourou
1989	Africa Sports Abidjan	Africa Sports Abidjan
1990	ASEC Mimosa Abidjan	SC Gagnoa
1991	ASEC Mimosa Abidjan	nicht ausgespielt
1992	ASEC Mimosa Abidjan	ASEC Mimosa Abidjan
1993	ASEC Mimosa Abidjan	Africa Sports Abidjan
1994	ASEC Mimosa Abidjan	Stade Abidjan
1995	ASEC Mimosa Abidjan	ASEC Mimosa Abidjan
1996	Africa Sports Abidjan	SO Armee Yamoussoukro
1997	ASEC Mimosa Abidjan	ASEC Mimosa Abidjan
1998	ASEC Mimosa Abidjan	Africa Sports Abidjan
1999	ASEC Mimosa Abidjan	ASEC Mimosa Abidjan
2000	ASEC Mimosa Abidjan	Stade Abidjan
2001	ASEC Mimosa Abidjan	Alliance Bouaké
2002	ASEC Mimosa Abidjan	Africa Sports Abidjan
2003	ASEC Mimosa Abidjan	ASEC Mimosa Abidjan
2004	ASEC Mimosa Abidjan	CO Bouaflé
2005	ASEC Mimosa Abidjan	ASEC Mimosa Abidjan
2006	ASEC Mimosa Abidjan	Issia Wazi
2007	Africa Sports Abidjan	ASEC Mimosa Abidjan
2008	Africa Sports Abidjan	ASEC Mimosa Abidjan

ERITREA

Der verschwiegene Erfolg

Eritrea blickt auf eine reiche und erfolgreiche Fußballhistorie zurück

Eritrean National Football Federation

Nationaler Fußball-Bund Eritrea | gegründet: 1992 | Beitritt FIFA: 1998 | Beitritt CAF: 1997 | Spielkleidung: blaues Trikot, rote Hose, grüne Stutzen | Saison: November - Juni | Spieler/Profis: 381.218/0 | Vereine/Mannschaften: 24/258 | Anschrift: Sematat Avenue 29-31, PO Box 3665, Asmara | Tel: +291-1/120335 | Fax: +291-1/126821 | Internet: keine Homepage | E-Mail: enff@tse.co.er

Eritreas größter Fußballerfolg ist in keiner Statistik festgehalten und wird den meisten Fußballfans unbekannt sein: Er ereignete sich im Jahr 1962, als Äthiopien Afrikameister wurde. Äthiopien? – ja, denn eigentlich war es ein eritreischer Erfolg, da gleich neun Akteure der Siegerelf aus dem kleinen Land am Horn von Afrika stammten, das zwei Jahre zuvor völkerrechtswidrig von Äthiopien annektiert worden war.

Dass Eritrea 25 Jahre später seinen ersten auch offiziell anerkannten Fußballerfolg indirekt ausgerechnet Äthiopien verdankte, scheint da wie eine gerechte Laune der Geschichte zu sein. Im Juni 1998 weigerte sich der große Nachbar, aus dessen Gewalt Eritrea fünf Jahre zuvor entlassen worden war, in der Qualifikation zur Afrikameisterschaft in Eritreas Hauptstadt Asmara aufzulaufen. Daraufhin am grünen Tisch in die nächste Runde eingezogen, traf Eritrea auf die »unbezwingbaren Löwen« aus Kamerun und rang jenen im ersten Pflichtheimspiel seiner Geschichte ein heroisches 0:0 ab.

■ **MIT SEINER STRATEGISCH** günstigen Lage am Roten Meer war Eritrea lange Zeit Spielball der diversen Regionalmächte. Osmanen, Ägypter, Äthiopier und Italiener rangen um Einfluss in einem Land, das etwa so groß ist wie England und auf rund 4,2 Mio. Einwohner kommt – davon jeweils die Hälfte Christen und Muslime.

1890 setzte sich Italien im Machtpoker durch und erklärte Eritrea zur italienischen Kolonie. Nach Mussolinis Machtergreifung wurde das kleine Land im Verlauf der 1920er Jahre zum Aufmarschgebiet der Faschisten, die ihre Expansionspläne von Eritrea aus verwirklichen wollten. Im Gepäck der italienischen Verwaltungs- und Sicherheitskräfte befand sich der Calcio, der sich im Laufe der 1920er Jahre in der Verwaltungshauptstadt Asmara etablierte und zur Gründung von Klubs sowie Ligen führte. Obwohl die Italiener analog zu ihrer auf strikte Rassentrennung bedachten Politik unter sich blieben, wurde der Fußball seinerzeit auch von den Einheimischen aufgegriffen.

Während Mussolini nach der militärischen Invasion Äthiopiens (1935) rund 60.000 Italiener in der Region ansiedelte und die Rassentrennung verschärfte, entstanden eritreische Fußballklubs wie Ardita, Savoia oder Vittoria, die im Dezember 1936 einen eigenständigen Ligaspielbetrieb ins Leben riefen.

■ **NACHDEM ITALIEN** im Mai 1941 von der britischen Armee aus der Region vertrieben worden war, übernahm zunächst Großbritannien die Kontrolle über Eritrea. Die Anwesenheit britischer Soldaten kurbelte das Fußballinteresse erheblich an. Doch weil die Briten die italienischen Strukturen unangetastet ließen und nicht einmal die faschistischen Führungskräfte im Sport austauschten, blieb es bei getrennten Spielklassen. Erst 1945 wurde mit Hamasien ein eritreischer Klub in die italienische Liga aufgenommen, der mit seinem enormen Zuschauerzuspruch den Neid und die Missgunst der Europäer weckte und rasch wieder ausgeschlossen wurde.

Fünf Jahre später bildeten einheimische Fußballer einen eritreischen Nationalverband, dem sich mit Eritrea, Asmara und Gejeret auch drei italienische Klubs anschlossen. Während viele Italiener in den frühen 1950er Jahren nach Europa zurückkehrten, übernahmen peu à peu Einheimische die Kontrolle über Eritreas Fußball.

Unterdessen glühten die Drähte auf politischer Ebene. 1950 beschloss die UN, Eritrea ohne Votum des Volkes mit Äthiopien in einem vom

Eritrea/Iritriyya

Staat Eritrea | Fläche: 121.144 km² | Einwohner: 4.232.000 (35 je km²) | Amtssprache: Tigrinya, Arabisch | Hauptstadt: Asmera (Asmara, 400.000) | Weitere Städte: Aseb (Assab, 56.300), Keren (38.0000), Mitsiwa (Massawa, 30.700) | Währung: 1 Nakfa = 100 Cents | Bruttosozialprodukt: 190 $/Kopf | Zeitzone: MEZ +2h | Länderkürzel: ER | FIFA-Kürzel: ERI | Telefon-Vorwahl: +291

äthiopischen Kaiser Haile Selassie angeführten Bundesstaat zu vereinen. Eritreas Fußballer mussten sich daraufhin dem äthiopischen Nationalverband anschließen und sich dessen Statuten unterwerfen. Über welch enorme Spielstärke eritreische Teams wie Hamasien, Tele SC und Akale Guzay seinerzeit verfügten, bewiesen sie, als sie von 1955-59 viermal äthiopischer Meister wurden.

Die Zeit des friedlichen Miteinanders war jedoch kurz. Weil Äthiopien seinen Einfluss auf das formal gleichberechtigte Eritrea stetig ausdehnte, griff die 1960 gebildete eritreische Befreiungsfront »ELF« 1962 zu den Waffen. Äthiopien annektierte Eritrea daraufhin völkerrechtswidrig und löste einen 30 Jahre währenden Bürgerkrieg aus.

■ **ZUR SELBEN ZEIT BEGANN** die goldene Ära des äthiopischen Fußballs – und die war wesentlich eritreischen Fußballern zu verdanken. Hintergrund war die deutlich stärkere Ausbreitung des Fußballs im Vergleich zum nichtkolonialisierten Äthiopien, wo das Spiel erst nach dem Zweiten Weltkrieg den Durchbruch geschafft hatte. Dass Italiens Kolonialisten in Asmara nicht nur Pizza, Cappuccino und Radfahren hinterlassen hatten, zeigt sich bis heute, denn italienische Klubs stehen in Eritrea hoch im Kurs und bei Welt- und Europameisterschaften drückt man der »Squadra azzurra« die Daumen.

Angeführt von den Brüdern Luciano und Italio Vassalo, Söhne eines italienischen Vaters und einer eritreischen Mutter, erwarb sich Äthiopiens Nationalmannschaft in den 1960er Jahren eine Spitzenposition im afrikanischen Fußball. Als sie 1963 mit einem 4:2-Verlängerungssieg über Ägypten Afrikameister wurde, standen neben den Vassalo-Brüdern sieben weitere Eritreer im Kader. Unterdessen dominierten von 1969-73 mit dem Tele SC und Hamasien zwei asmarische Vereine die äthiopische Liga und sicherten sich vier Meisterschaften.

■ **IN DEN 1970ER JAHREN** verschlechterten sich die Beziehungen zwischen Eritreern und Äthiopiern dramatisch. 1974 putschte sich General Mengistu Haile Mariam an die Macht und verwandelte Äthiopien in eine sozialistische Volksrepublik. Derweil führten Zerwürfnisse innerhalb der eritreischen Befreiungsfront ELF zu deren Spaltung und zwei internen Bürgerkriegen (1972-74 bzw. 1980/81), die mit der Vertreibung der »ELF«-Anhänger in den Sudan endeten. Anschließend brachte die Misswirtschaft von Mengistus Militärjunta die Region in eine dramatische wirtschaftliche Notlage, die 1990 durch eine Dürrekatastrophe noch verschärft wurde. Fußball in Eritrea ruhte bereits seit 1974, als die »ELF« die eritreischen Vereine zum Rückzug aus dem äthiopischen Spielbetrieb aufgefordert hatte. Erst als Mengistu 1991 gestürzt wurde, gelang die Wende. Nachdem die eritreische Befreiungsbewegung im Mai 1991 auch die Hafenstadt Assab erobert hatte, war der Krieg entschieden, und am 24. Mai 1993 konnte der unabhängige Staat Eritrea ausgerufen werden.

■ **SCHON EIN JAHR ZUVOR** war der Nationalverband Eritrean National Football Federation (ENFF) entstanden, der mit einem 1:1 im Sudan für Eritreas Debüt im internationalen Fußball gesorgt hatte. 1994 wurde eine auf die Hauptstadt Asmara beschränkte Nationalliga ausgerufen, derweil die Landesauswahl beim CECAFA-Cup in Tansania bis ins Halbfinale vorpreschte. 1997 der CAF und 1998 der FIFA beigetreten, konnte Eritreas Auswahl um Torhüter Brhane Areya schließlich im Januar 1999 das eingangs erwähnte 0:0 in der Qualifikation zur Afrikameisterschaft 2000 gegen Kamerun feiern.

Das war umso bemerkenswerter, als Eritrea ein Jahr zuvor in einen Krieg mit Äthiopien um ein 400 km² großes Stück Halbwüste gezogen worden war, bei dem die nationale Infrastruktur erheblichen Schaden nahm. Erst im Dezember 2000 kam es zu einem Friedensabkommen.

Während Eritrea heute zu den ärmsten Ländern der Welt gehört, weisen die sportlichen Zeichen konstant nach oben. 2002 nahm man erstmals an der WM-Qualifikation teil und errang u. a. ein 0:0 gegen Nigeria, dem 2007 im Rahmen der Qualifikation zur Afrikameisterschaft zwei Siege über Kenia folgten. Landesmeister Red Sea Asmara überstand derweil 2001 erstmals die Qualifikationsrunde der Champions League und scheiterte dort an Al-Ahly Kairo. Eritreas Vereine gehen im Übrigen auf ehemalige Betriebsmannschaften zurück, die sich zu sozialistischen Zeiten in den 1980er Jahren gebildet hatten.

Größtes Problem sind die katastrophalen wirtschaftlichen Verhältnisse. Es gibt kaum Sponsoren, der Staat ist nicht in der Lage zu helfen, und das Publikum strömt zwar zahlreich, hat aber ebenfalls kein Geld. So konnte Landesmeister Al-Tahir 2007 aus finanziellen Gründen nicht an der Champions League teilnehmen, während sich die Nationalmannschaft aus der WM-Qualifikation 2010 zurückziehen musste. Im März 2007 setzten sich sechs Nationalspieler beim Qualifikationsspiel in Angola ab, um der prekären Situation in der Heimat zu entkommen.

Eritreas Hoffnung ruht auf dem Nachwuchs. Die Fußballbegeisterung im Land ist enorm, und vor allem abseits der Hauptstadt Asmara tummeln sich viele Talente, die im Fußball eine berufliche Perspektive sehen. 2007 gelang der U17 sogar ein Sieg über Ägypten.

TEAMS | MYTHEN

■ **ADULIS ASMARA** Der Meister der Jahre 2004 und 2006 zählt zu den ambitioniertesten Kräften im Land und ist Heimatklub von Nationalstürmer Shimangu Yednekatchew. [Cicero (10.000) | 2]

■ **HAMASIEN ASMARA** Der legendärste Verein der eritreischen Fußballgeschichte wurde 1936 als Zusammenschluss der damals besten lokalen Fußballer gebildet. Ziel war die Teilnahme am Spielbetrieb mit den europäischen Mannschaften jener Tage. Hamasien ist der Name der Provinz, in der die Hauptstadt Asmara liegt. Der Klub ist im christlichen Umfeld verankert und steht damit in Konkurrenz zum muslimischen Stadtrivalen Mar Rosso. 1945 in die damalige italienische Stadtliga von Asmara aufgenommen, avancierte er zu einem Vorreiter im Kampf gegen die Kolonialmacht. Nach der Vereinigung Eritreas mit Äthiopien unterlag Hamasien 1953 im äthiopischen Finale dem Addis-Abeber-Armeeteam und wurde 1957 als erster eritreischer Klub äthiopischer Meister. 1972 und 1973 gelangen zwei weitere Titelgewinne. [1936]

■ **MAR ROSSO/RED SEA ASMARA** Beliebtester und auch erfolgreichster Klub des Landes, dessen Gründung in das Jahr 1936 zurückreicht. Gründer war Keleta Asfeha, unter dem der Klub 1946 in die italienisch dominierte Stadtliga von Asmara aufgenommen wurde. Mar Rosso (»Rotes Meer«) rekrutiert seine Anhänger überwiegend im muslimischen Umfeld und steht damit in Konkurrenz zum christlich geprägten Stadtrivalen Hamasien. Nach der Unabhängigkeit konnte der Klub dank des italienisch-eritreischen Geschäftsmannes Tewolde Vaccara phasenweise unter Halbprofibedingungen arbeiten und wurde mit sechs Titeln seit 1994 zum eritreischen Rekordmeister. Erster internationaler Erfolg war ein Sieg über Ismaili Kairo im CAF-Cup 1997, in dem Mar Rosso seinerzeit die dritte Runde erreichte. 2001 zog der von bis zu 10.000 Zuschauern unterstützte Klub in die Vorrunde der Champions League ein, wo er Al-Ahly Kairo nach einer 0:3-Hinspielniederlage in Ägypten auf eigenem Platz mit 1:0 bezwingen konnte. [1936 | Cicero (10.000) | 6]

■ **TELE SC ASMARA** Zu äthiopischen Zeiten einer der eritreischen Aushängeschilder. Der Klub wurde 1959, 1969 und 1970 äthiopischer Meister. [Ras Asula (15.000)]

HELDEN | LEGENDEN

■ **LUCIANO VASSALO** siehe Seite 52

● FIFA World Ranking

1993	1994	1995	1996	1997	1998	1999	2000
-	-	-	-	-	189	169	158
2001	2002	2003	2004	2005	2006	2007	2008
171	157	155	169	169	140	132	162

● Weltmeisterschaft
1930-98 nicht teilgenommen **2002-06** Qualifikation **2010** nicht teilgenommen

● Afrikameisterschaft
1957-98 nicht teilgenommen **2002-08** Qualifikation **2010** nicht teilgenommen

Jahr	Meister	Pokalsieger
1994	unbekannt	
1995	Red Sea FC Asmara	
1996	unbekannt	Adulis Asmara
1997	Mdlaw Megbi Asmara	Food Factory Asmara
1998	Red Sea FC Asmara	Hensa Asmara
1999	Red Sea FC Asmara	
2000	Red Sea FC Asmara	
2001	Hensa Asmara	
2002	Red Sea FC Asmara	
2003	Anseba SC Keren	
2004	Adulis Club Asmara	
2005	Red Sea FC Asmara	
2006	Adulis Club Asmara	
2007	Al Tahrir	
2008	Asmara Berra	

GABUN

Währungseinbruch stoppt den Fußball

Gabuns Fußball hat schwer unter wirtschaftlichen Problemen zu leiden

Fédération Gabonaise de Football

Gabunischer Fußball-Bund | gegründet: 1962 | Beitritt FIFA: 1963 | Beitritt CAF: 1967 | Spielkleidung: grünes Trikot, blaue Hose, weiße Stutzen | Saison: Oktober - Juli | Spieler/Profis: 69.800/0 | Vereine/Mannschaften: 60/220 | Anschrift: Case postale 181, Libreville | Tel: +241- 774862 | Fax: +241- 564199 | keine Homepage | E-Mail: nicht vorhanden

»Gabun hat den schönsten Fußball des Turniers gespielt«, verkündete Frankreichs Superstar Michel Platini nach der Afrikameisterschaft 1996 in Südafrika begeistert. In einem dramatischen Viertelfinale hatte sich die Auswahl des kleinen westafrikanischen Landes erst im Elfmeterschießen Tunesien geschlagen geben müssen und war erhobenen Hauptes nach Hause gefahren. Gabuns Fußball stand seinerzeit in voller Blüte. Neben der Ländermannschaft mischten auch die Klubteams unter den besten Mannschaften des Kontinents mit, und der 46. Platz, den sich Gabun in der FIFA-Weltrangliste erarbeitet hatte, spiegelte den bemerkenswerten Aufschwung treffend wider. Doch Gabuns Glück sollte nicht von Dauer sein. Als sich die nationale Ölindustrie wenig später aus dem Fußball zurückzog, stürzte das Land regelrecht ab. 2007 fand sich Gabun auf Position 104 wieder und drohte in einem tristen Mix aus internen Querelen, Streitigkeiten und Misswirtschaft zu ertrinken.

■ **GABUN LIEGT ZWISCHEN** Kamerun und der Republik Kongo im westlichen Zentralafrika. Seinen Namen verdankt man portugiesischen Seefahrern, die der Region 1472 aufgrund ihrer äußeren Gestalt die Bezeichnung »Gabão« (»Kapuzenmantel«) gaben. Ab 1839 von Frankreich kolonialisiert, wurde 1849 die heutige Hauptstadt Libreville gegründet, um dort freigelassene Sklaven aus den französischen Kolonialgebieten anzusiedeln. Alsdann wurde das rohstoffreiche Land (Edelhölzer, Erdöl, Mangan, Uran, Eisenerz und Gold) brutal durch französische Privatgesellschaften ausgebeutet, während inmitten der schwer zugänglichen Lagunenküste in Lambaréné der Schweizer Missionsarzt Dr. Albert Schweizer sein berühmtes Tropenhospital betrieb.

Nach dem Zweiten Weltkrieg erhoben sich Forderungen nach Unabhängigkeit, die am 17. August 1960 erfüllt wurden. Anschließend führte der die größten Bevölkerungsgruppen Fang und Mpongwe vertretende Léon Mba Gabun mit Unterstützung der Ex-Kolonialmacht Frankreich zu einem wirtschaftlichen Aufschwung, der mit einer rasanten Verstädterung des dünn besiedelten Landes einherging. Nach Mbas Tod übernahm 1967 Albert-Bernard Bongo die Präsidentschaft, die er unter Ausschaltung der Opposition festigte und bis heute in seinen Händen hält.

Gabun lebt vor allem von seinem Ölreichtum und klagt über eine korruptionsverseuchte Wirtschaft und Politik. So hat das von Präsident Bongo vorangetriebene Prestigeprojekt der Trans-Gabun-Eisenbahn von Libreville nach Bongos Geburtsstadt Franceville zu einer enormen Auslandsverschuldung geführt.

■ **ZUM FUSSBALL KAM DAS LAND** über französische Missionare. Als »Vater des gabunischen Fußballs« wird Owandault Berre bezeichnet, der am 27. September 1927 das erste Spiel auf gabunischem Boden organisierte. Nach seinem Tod im Folgejahr griff der französische Geistliche Lefèvre die Initative auf und entwickelte eine zunächst auf die Hauptstadt Libreville beschränkte Fußballgemeinde. Als sich das Spiel nach dem Zweiten Weltkrieg weiter ausbreitete, avancierte die Ölhafenstadt Port-Gentil zur zweiten Fußballhochburg nach Libreville. 1958 entstand dort der von der nationalen Ölgesellschaft SOGARA geförderte spätere mehrfache Landesmeister AS Sogara.

Kurz vor Erlangung der staatlichen Unabhängigkeit lieferte Gabun im April 1960 sein in-

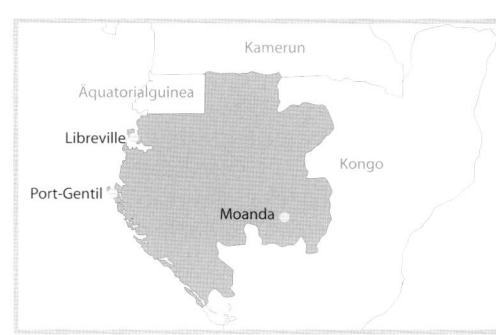

République Gabonaise

Republik Gabun | Fläche: 267.667 km² | Einwohner: 1.362.000 (5,1 je km²) | Amtssprache: Französisch | Hauptstadt: Libreville (611.033) | Weitere Städte: Port-Gentil (79.225), Franceville (31.183), Oyem (22.882), Mianda (21.882) | Währung: CFA-Franc | Bruttosozialprodukt: 4.080 $/Kopf | Zeitzone: MEZ | Länderkürzel: GA | FIFA-Kürzel: GAB | Telefon-Vorwahl: +241

● FIFA World Ranking
1993	1994	1995	1996	1997	1998	1999	2000
60	64	67	46	63	82	74	89
2001	2002	2003	2004	2005	2006	2007	2008
102	121	111	109	104	96	104	62

● Weltmeisterschaft
1930-86 nicht teilgenommen **1990-2010** Qualifikation

● Afrikameisterschaft
1957-70 nicht teilgenommen **1972** Qualifikation **1974-76** nicht teilgenommen **1978** Qualifikation **1980-82** nicht teilgenommen **1984-92** Qualifikation **1994** Endturnier (Vorrunde) **1996** Endturnier (Viertelfinale) **1998** Qualifikation **2000** Endturnier (Vorunde) **2002-2010** Qualifikation

ternationales Debüt und unterlag Obervolta (heute Burkina Faso) mit 4:5. 1962 rief Augustin Chango die Fédération Gabonaise de Football (FEGAFOOT) ins Leben, die 1963 der FIFA und 1967 der CAF beitrat. 1966 meldete die nach dem Azingo-See benannte Landesauswahl »Azingo nationale« der FIFA zwar ihre Teilnahme an der WM-Qualifikation, schloss sich jedoch dem afrikanischen Boykott aufgrund der eurozentrierten FIFA-Politik an und verzichtete. 1972 nahm Gabun erstmals an der Afrikameisterschaft teil.

Nachdem die Regierung in der Hauptstadt Libreville ein modernes Großstadion bzw. in den neun Provinzhauptstädten adäquate Spielstätten hatte errichten lassen, ging es in den 1980er Jahren mit dem Fußball in Gabun kometenartig aufwärts. Die boomende Ölwirtschaft, die zahlreiche ausländische Arbeitskräfte und Investoren ins Land lockte, verschaffte den nationalen Fußballteams exzellente Bedingungen. So konnte der 1975 gegründete Armeeverein FC 105 sogar ghanaische Ex-Profis wie Owusu Mensah, George Alhassane und Emmanuel Quarshie in die gabunische Hauptstadt Libreville locken.

Unter dem 1980 zum Jugend- und Sportminister ernannten Ex-Nationalspieler Moïse Abessolo Edou wurde derweil die Entwicklung der heimischen Fußballer forciert. Edou beschränkte die Zahl der Ausländer pro Mannschaft auf zwei und wies die Vereine an, moderne Spiel- und Trainingsstätten zu erbauen. Der Erfolg ließ nicht lange auf sich warten. 1984 setzte sich die vom Franzosen Alain de Martigny trainierte »Azingo nationale« erstmals gegen den einst übermächtigen Nachbarn Kongo durch, ein Jahr später gewann die Auswahl um Pierre Aubame, Samuel Raouto und Jean-Claude Docuka den UDEAC-Pokal, und 1986 erreichte die AS Sogara Port-Gentil das Finale um den Pokal der afrikanischen Pokalsieger, in dem sie Al Ahly Kairo knapp unterlag. 1990 schließlich feierte Gabun bei seinem Debüt in der WM-Qualifikation mit einem 2:1 über Nigeria einen der größten Erfolge seiner Geschichte.

■ **IN DER ERSTEN HÄLFTE** der 1990er Jahre schwamm Gabun auf einer regelrechten Erfolgswelle. Das betraf sowohl die Vereine – von 1992-94 erreichten gabunische Klubs fünf Viertelfinals und ein Halbfinale – als auch die Landesauswahl. 1994 qualifizierte sich die »Azingo nationale« erstmals für das Endturnier um die Afrikameisterschaft, von dem sie allerdings sieglos heimkehrte. Zwei Jahre später machte es die vom Belgier Jean Thissen trainierte Elf um Guy-Roger Nzamba, Ndong Parfait und Rekordnationalspieler François Amégasse bei dem Turnier in Südafrika besser und erreichte das Viertelfinale, in dem sie gegen Tunesien knapp den Kürzeren zog.

Damit war der Höhepunkt der gabunischen Erfolgswelle erreicht. Nach der Abwertung der westafrikanischen Gemeinschaftswährung CAF um 50 Prozent zog sich die nationale Ölindustrie aus dem Fußball zurück, und die Klubs mussten sich fortan selbst finanzieren. Die AS Sogara Port-Gentil, die von 1991-94 viermal in Folge Meister geworden war, musste daraufhin sogar aufgelöst werden. Lediglich zwei Teams vermochten seitdem ein kontinentales Viertelfinale zu erreichen (Pokalsieger), wobei Mbilinga Port-Gentil 1998 an Espérance Tunis und Evizo Lambaréné 2001 an den Kumbo Strikers aus Kamerun scheiterten.

Strukturelle Defizite, Misswirtschaft und Vetternwirtschaft auf der Verbandsebene beschleunigten derweil den Niedergang, und auch die Nachwuchsarbeit kam zum Stillstand. Während sich auf dem ganzen Kontinent Fußball-Akademien für eine landesweite Sichtung und Förderung der Talente etablierten, verharrte Gabuns Nachwuchsarbeit auf dem Stand der 1980er Jahre.

Ihren letzten Erfolg feierte die inzwischen in »Les Panthères« umgetaufte Nationalelf 2000, als sie zum dritten Mal das Endturnier der Afrikameisterschaft erreichte. In Ghana/Nigeria schied die von zahlreichen Europalegionären gebildete Elf jedoch sang- und klanglos in der Vorrunde aus. Nachdem ausgerechnet Fußball-Winzling Madagaskar für Gabuns Aus in der WM-Qualifikation 2002 gesorgt hatte, versuchte es die FGF mit prominenten Namen und übergab 2004 dem Brasilianer Jairzinho das Training. Weder der Weltmeister von 1970 noch sein französischer Nachfolger Alain Giresse konnten jedoch eine Wende herbeiführen. Die Hoffnungen ruhen nun auf der Afrikameisterschaft 2012, die Gabon gemeinsam mit dem Nachbarn Äquatorialguinea ausrichten wird.

Auf nationaler Ebene dominieren seit der Millenniumswende mit dem Armeeklub FC 105 und der AS Mangasport aus der Manganminenstadt Moanda im Osten Gabuns zwei Mannschaften, die der nationalen Konkurrenz sowohl strukturell als auch sportlich weit enteilt sind. International jedoch streichen auch sie regelmäßig bereits in der ersten Runde die Segel.

Was Michel Platini wohl heute über Gabuns Fußball sagen würde?

TEAMS | MYTHEN

■ **FC 105 LIBREVILLE** 1975 gegründeter Armeeverein, der mit zehn Titeln Gabuns Rekordmeister ist. Gegründet als Football Canon 105 de Libreville (FC 105), gingen die Orange-Schwarzen zwischen 1989-93 eine Fusion mit Vautour Mangoungou (Meister 1976 und 1977) zur AS Militaire Omnisports ein. Ihre größten internationalen Erfolge feierten die Hauptstädter 1988 mit dem Einzug in das Viertelfinale des kontinentalen Pokalwettbewerbs bzw. 1992 mit Sprung in das Viertelfinale um den CAF-Cup. »Les Canonniers« konnten sich auch nach dem Rückzug der Ölindustrie aus dem nationalen Fußball 1994 in der Spitze halten. Seit der Millenniumswende dominieren sie gemeinsam mit der AS Mangasport Moanda den nationalen Spielbetrieb. 2004 erreichte der Armeeklub das Finale um den UNIFFAC-Cup.
[1975 | Omar Nongo (40.000) | 10 | 4]

■ **MANGASPORT MOANDA** 1962 gegründet, errang die Association Sportive Mangasport 1995 ihren ersten von inzwischen sechs Meistertiteln. Die Grün-Gelben verdanken ihren Aufschwung der größten Manganmine der Welt, die sich nahe der 21.000-Einwohnerstadt im Osten Gabuns befindet. Die Minengesellschaft COMILOG (Compagnie Minière de l'Ogooué) zählt zu den Förderern des Klubs, der international bislang nicht auf sich aufmerksam machen konnte.
[1962 | Henri Sylvoz (4.000) | 6 | 5]

■ **AS SOGARA PORT-GENTIL** Dominierendes Team der 1990er Jahre, das von 1991-94 viermal in Folge Landesmeister wurde und 1987 das Finale im afrikanischen Pokalsiegerwettbewerb erreichte (0:3, 2:0 gegen Al Ahly Kairo). Als der Namensgeber und Unterstützer SOGARA (Société Gabonaise de Raffinage) nach der Abwertung des CAF 1994 sein Engagement plötzlich einstellte, wurde der Klub aus der Nationalliga ausgeschlossen und aufgelöst. Seine Nachfolge trat später der Sogéa FC an. [1958 | 6 | 1]

HELDEN | LEGENDEN

■ **FRANÇOIS AMÉGASSE** Rekordnationalspieler und Galionsfigur der Erfolgself der 1980er Jahre. War zeitweilig im Ausland im Einsatz.

Jahr	Meister	
1968	Olympique Libreville	
1969	Aigle Royal Libreville	
1970	Aigle Royal Libreville	
1971	AS Solidarité Libreville	
1972	Olympique Libreville	
1973	AS Police Libreville	
1974	Zalang COC Libreville	
1975	Petrosport Port-Gentil	
1976	Vautour Mangoungou	
1977	Vautour Mangoungou	
1978	FC 105 Libreville	Stade Mandji O.-M.
1979	Anges ABC Libreville	Stade Mandji O.-M.
1980	US Mbila Nzambi	
1981	US Mbila Nzambi	
1982	FC 105 Libreville	
1983	FC 105 Libreville	
1984	AS Sogara Port-Gentil	FC 105 Libreville
1985	FC 105 Libreville	AS Sogara Port-Gentil
1986	FC 105 Libreville	FC 105 Libreville
1987	FC 105 Libreville	US Mbila Nzambi
1988	US Mbila Nzambi	Vautour Mangoungou
1989	AS Sogara Port-Gentil	Petrosport Port-Gentil
1990	JAC Libreville	Shellsport Port-Gentil
1991	AS Sogara Port-Gentil	US Mbila Nzambi
1992	AS Sogara Port-Gentil	Delta Sports Libreville
1993	AS Sogara Port-Gentil	Mangasport Moanda
1994	AS Sogara Port-Gentil	Mangasport Moanda
1995	Mangasport Moanda	Mbilinga FC Port-Gentil
1996	Mbilinga FC Port-Gentil	FC 105 Libreville
1997	AS Sogara Port-Gentil	Mbilinga FC Port-Gentil
1998	AS Sogara Port-Gentil	Ndzimba Libreville
1999	Petrosport Port-Gentil	US Bitam
2000	Mangasport Moanda	AO Evizo Lambaréné
2001	AS Sogara Port-Gentil	Mangasport Moanda
2002	US Mbila Nzambi	USM Libreville
2003	US Bitam	US Bitam
2004	Mangasport Moanda	FC 105 Libreville
2005	Mangasport Moanda	Mangasport Moanda
2006	Mangasport Moanda	Delta Télestar Libreville
2007	FC 105 Libreville	Mangasport Moanda
2008	Mangasport Moanda	USM Libreville

Sportminister stoppte die »Skorpione«

Gambias Fußball geriet wiederholt in die politischen Turbulenzen des Landes

Gambia Football Association

Gambischer Fußball-Verband | gegründet: 3.11.1952 | Beitritt FIFA: 1966 | Beitritt CAF: 1966 | Spielkleidung: rotes Trikot, rote Hose, rote Stutzen | Saison: November - Juli | Spieler/Profis: 68.030/0 | Vereine/Mannschaften: 50/200 | Anschrift: Independence Stadium, Bakau, PO Box 523, Banjul | Tel: +220-4494802 | Fax: +220-4494802 | www.gambiafa.org | E-Mail: info@gambiafa.org

Dass Gambia ein ungewöhnliches Land ist, verdeutlicht schon ein Blick auf die Landkarte. Wie ein Wurm schlängelt sich der kleinste Flächenstaat Afrikas über 325 Kilometer nach Senegal hinein, das Gambia komplett umschließt. Die ungewöhnliche Grenzziehung ist ein Relikt aus dem Kolonialzeitalter. 1816 gründeten Briten die Siedlung Bathurst (heute Banjul) und kolonialisierten beide Seiten des Flusses Gambia, von dem das Land seinen Namen hat. Nach und nach drangen sie weiter in Richtung Osten vor, ehe die Berliner Konferenz von 1884 der britischen Krone schließlich den kleinen Landstrich zusprach, während Senegal an Frankreich fiel.

■ **AUS GAMBIAS GESCHICHTE** ragt der Name von Kunta Kinte heraus. Der Hauptdarsteller in Arthur Haileys Sklavenepos »Roots« steht symbolisch für das einstige Schicksal des ressourcenarmen Landes als Umschlagplatz für den Sklavenhandel. Heute dominieren in Gambia die muslimischen Mandinka, zu denen auch Hailey gehörte.

Unter der britischen Krone genoss Britisch-Gambia weitreichende Freiheiten. Zugleich wurde eine kleine Elite ausgebildet, die nach Erlangung der Unabhängigkeit im Jahr 1965 die Führung über die nunmehr unabhängige Monarchie Gambia übernahm. 1970 wurde The Gambia, wie das Land offiziell heißt, in eine Republik umgewandelt.

Obwohl das Land seinerzeit als eines der politisch stabilsten in Schwarzafrika galt, gärte es hinter den Kulissen. Gambias Wirtschaft hing einseitig von der Erdnussproduktion ab, Korruption und Machtmissbrauch durch das Regime des mächtigen Präsidenten David Jawara zerstörten das Vertrauen, und steigende Arbeitslosigkeit sowie sinkende Löhne sorgten für ein angespanntes Klima. 1981 kam es zu einem Putsch durch sozialistische Aktivisten, der mit Hilfe senegalesischer Truppen niedergeschlagen wurde.

Anschließend durchlitt Gambia eine lange Phase der Instabilität. Pläne zum Zusammenschluss mit Senegal verliefen im Sande, und eine langanhaltende Wirtschaftskrise sowie zahlreiche Korruptionsaffären der politischen Führung eskalierten 1994 in einem Militärputsch, in dem Yahya Jammeh die Macht übernahm. Der 1996 zum Präsidenten gewählte Jammeh hat seitdem mit einer ebenso gnadenlosen wie skurrilen Politik wiederholt für Aufsehen gesorgt. So ordnete er die Wiedereinführung der Todesstrafe im Rahmen der islamischen Scharia an und behauptete zugleich, er könne AIDS-Kranke allein durch Handauflegen heilen.

The Gambia gehört zu den ärmsten Ländern der Welt. Der Tourismus ist nur punktuell entwickelt, und die lukrativste wirtschaftliche Aktivität besteht im Schmuggel senegalesischer Erdnussprodukte in die gambische Hauptstadt Banjul. Dort werden sie gegen Industrieprodukte aus Fernost und Europa getauscht, die in Gambia deutlich niedriger besteuert werden als im Senegal.

■ **MIT SEINER BRITISCHEN** Vergangenheit bot Gambia einen idealen Nährboden für die Etablierung des Fußballs an der westafrikanischen Atlantikküste. Schon in den 1920er Jahren wurde im damaligen Bathurst – Gambias Hauptstadt, die seit 1973 Banjul heißt – fleißig gekickt, wobei die Aktivitäten weitestgehend von britischen Kolonialisten bzw. Militärs ausgingen. Darüber hinaus kickte aber auch die von den Briten ausgebildete schmale einheimische Elite, so dass der Fußball in den 1930er Jahren bereits fest etabliert war.

Republic of the Gambia

Republik Gambia | Fläche: 11.295 km² | Einwohner: 1.478.000 (131 je km²) | Amtssprache: Englisch | Hauptstadt: Banjul (34.828) | Weitere Städte: Serekunda (322.410), Brikama (63.000) | Währung: 1 Dalasi = 100 Bututs | Bruttosozialprodukt: 280 $/Kopf | Zeitzone: MEZ -1h | Länderkürzel: GM | FIFA-Kürzel: GMB | Telefon-Vorwahl: +220

● **FIFA World Ranking**

1993	1994	1995	1996	1997	1998	1999	2000
125	117	112	128	132	135	151	155
2001	2002	2003	2004	2005	2006	2007	2008
148	143	138	154	164	134	117	62

● **Weltmeisterschaft**
1930-78 nicht teilgenommen **1982-86** Qualifikation **1990-94** nicht teilgenommen **1998-2010** Qualifikation

● **Afrikameisterschaft**
1957-74 nicht teilgenommen **1976** Qualifikation **1978** nicht teilgenommen **1980-88** Qualifikation **1990** nicht teilgenommen **1992** Qualifikation **1994-2000** nicht teilgenommen **2002-2010** Qualifikation

1940 wurde in Bathurst eine Stadtliga eingerichtet, der sieben Mannschaften angehörten (UAC, Rainbow, Augustians, Gambia United, Police, Gambia Regiment und Medical XI). 1952 kam ein Pokalwettbewerb hinzu, in dessen ersten Endspiel sich die Teams von Gambia United und Augustians Bathurst gegenüberstanden (2:1). Im selben Jahr formierte sich der Nationalverband Gambia Football Federation (GFF), unter dessen Obhut 1954 eine zweite Liga ins Leben gerufen wurde.

■ **1962 DEBÜTIERTE DIE** »The Scorpions« genannte gambische Landesauswahl mit einem 3:2-Sieg über den Senegal auf internationaler Ebene. Bereits drei Jahre vor Erlangung der Unabhängigkeit des Landes wurde die GFF 1962 Mitglied der CAF, ehe sie 1966 auch der FIFA beitrat.

Im Verlauf der 1960er Jahre nahm die Popularität des Spiels im Land stetig zu und es bildeten sich spätere Spitzenvereine wie Real Bathurst/Banjul, Wallidan und Gambia Ports Authority. Die Nationalliga blieb zunächst allerdings auf den Großraum der Hauptstadt beschränkt und umfasste zwischen sechs und acht teilnehmenden Mannschaften. Heutiger Rekordmeister ist Wallidan Banjul, in dessen Annalen 15 Titel verzeichnet sind. Stadtrivale Real errang achtmal die Meisterschaft, während die Elf der Hafenbehörde Gambia Ports Authority fünfmal als Sieger durchs Ziel ging.

International zählt das in den 1980er Jahren 600.000 Einwohner aufweisende Gambia zu den schwächsten Teams in Westafrika. 1976 debütierten »The Scorpions« in der Afrikameisterschaft bzw. der Olympiaqualifikation, ehe sie 1982 erstmals an der WM-Qualifikation teilnahmen. Zu den herausragenden Erfolgen jener Tage gehört ein 1:0 über Togo in der Qualifikation zur Afrikameisterschaft 1980.

Im Verlauf der 1980er Jahre vermochte Gambia allmählich zur westafrikanischen Elite aufzuschließen. 1980 drang die Landesauswahl beim in der gambischen Hauptstadt Banjul durchgeführten Amílcar Cabral-Cup erstmals bis ins Finale vor, wo sie Senegals »Lions« mit 0:1 unterlag. Fünf Jahre später kam mit Holger Obermann ein renommierter deutscher Fußball-Entwicklungshelfer ins Land, das im selben Jahr abermals Ausrichter des Amílcar Cabral-Cups war. Mit einem 1:0 über Mali erreichte die Landesauswahl zum zweiten Mal das Finale, das jedoch vor 30.000 Zuschauern im Banjuler Nationalstadion mit 0:1 gegen den Senegal verloren ging.

Mit Offensivspieler Pelé und Libero Alaghi Sarr versuchten sich zugleich zwei Gambier mit unterschiedlichem Erfolg im deutschen Halbprofibereich – Pelé erreichte 1986 mit dem SC Charlottenburg immerhin die Aufstiegsrunde zur 2. Bundesliga, während Alaghi bei Zweitligist Viktoria Aschaffenburg auf der Bank versauerte.

Berühmtester gambischer Fußballer war im Übrigen Torhüter Alhaji Momodu Ngoos Njie, der es in den 1970er Jahren unter dem Namen Biri Biri beim spanischen Profiklub Sevilla FC zur Kultfigur brachte und noch heute als bester Spieler in der Geschichte Gambias gilt. Biri Biris Stammverein Wallidan Banjul erreichte unterdessen 1988 das Viertelfinale im afrikanischen Pokalsiegerwettbewerb, konnte dort gegen den CA Bizerte aus Tunesien aber nicht antreten.

Infrastrukturell vermochte Gambia 1984 mit der Eröffnung des hauptstädtischen Independence Stadium einen wichtigen Schritt in Richtung Moderne zu machen. Bau und Finanzierung waren von China vorgenommen worden.

■ **1988 SETZTE ES EINEN** herben Rückschlag für die aufstrebende gambische Fußballgemeinde. Aufgrund der anhaltend schlechten Resultate ordnete Sportminister Backary Dabo den Rückzug aller gambischen Mannschaften vom internationalen Spielbetrieb sowie die Auflösung des Nationalverbandes GFA an. Erst zwei Jahre später lockerte sich das Verdikt, ehe Gambia im Februar 1990 unter dem neuen Verbandspräsidenten George Gómez sogar auf die internationale Bühne zurückkehren konnte. Nur zwei Jahre später eskalierte ein verbandsinterner Streit jedoch in der erneuten Verbandsauflösung.

Als sich die Verhältnisse 1993 dauerhaft stabilisierten, stand Gambias Fußballgemeinde vor einem Scherbenhaufen. Erst 1996 zeigten »The Scorpions« mit einem 2:1-Erfolg in der Qualifikation zur WM 1998 über Liberia erste Anzeichen der Erholung. Ein Jahr später fungierte Banjul zum dritten Mal als Ausrichter des Amílcar Cabral-Cups. Unter dem neuen Staatspräsidenten Jammeh war es zwischenzeitlich zu einer intensiveren Förderung des nationalen Fußballs gekommen. Jammeh wollte Gambia für den Tourismus öffnen, wozu Turniere wie das um den Amílcar Cabral-Cup beitragen sollten.

Auch Gambias Nationalliga litt unter Turbulenzen. 1988 hatte der Spielbetrieb abgebrochen werden müssen, nachdem drei Mannschaften aus finanziellen Gründen zurückgezogen worden waren. Anschließend

TEAMS | MYTHEN

■ **GAMBIA PORTS AUTHORITY (GPA) BANJUL** Team der in Banjul ansässigen nationalen Hafenbehörde, das 2006 seine vierte Landesmeisterschaft gewann. Der Klub wurde 1973 gegründet und übernahm seinerzeit sowohl die Mannschaft als auch den Ligaplatz von Real Banjul. Dem Gewinn der ersten Meisterschaft noch im Gründungsjahr folgte 1975 der erste Pokalsieg für das Erfolgsteam um Torhüter Saho und Nationallibero Alhaji Sarr. Als der Klub 1988 aufgelöst wurde, trat der Waterside FC seine Nachfolge an. Acht Jahre später wiederum wurde aus dem Falcons FC der heutige Gambia Ports Authority FC (GPA FC), der 1997 in die höchste Spielklasse aufstieg. 1999 erklommen »The Ferry Boys« unter ihrem Trainer Modou Lamin Fofana (»Faraba«) erstmals nach 15 Jahren wieder den Thron des gambischen Landesmeisters. 2007 gelang dem Team in der afrikanischen Champions League ein sensationeller 1:0-Sieg über Asante Kotoko aus Ghana, dem jedoch das Ausscheiden im Elfmeterschießen folgte. Mit Mandou Bojang, Pa Modou Jagne, Furmus Mendy, Sainey Nyassi und Sanna Nyassi stellten die Grün-Weißen im selben Jahr fünf Akteure der gambischen U20-Auswahl, die bei der WM in Kanada das Achtelfinale erreichte. [1973/1996 | 5 | 2]

■ **REAL BANJUL** 1967 aus dem Firmenteam »Benson and Hedges« hervorgehender Klub, der mit acht Meisterschaften Nummer drei des Landes ist. Nachdem die Ligaelf 1973 dem neugegründeten Gambia Ports Auhority FC zugeteilt worden war, musste der Pokalsieger von 1969 einen Neuanfang starten, der 1975 überraschend zur ersten Landesmeisterschaft führte. 1997 gelang dem Klub der Gewinn des Doubles aus Meisterschaft und Pokal. 2007 stellten die Grün-Schwarzen mit Pa Landing Conateh und Abdoulie Mansally zwei Teilnehmer der erfolgreichen gambischen U20-Auswahl. [1967 | 8 | 2]

■ **WALLIDAN BANJUL** Gambias Rekordmeister gehört seit den 1970er Jahren zu den prägenden Kräften des Fußballs im Land. 1970 gelang Wallidan der erste Titelgewinn, während »The Blue Boys« 1976 erstmals den nationalen Pokalwettbewerb für sich entschieden. 1988 erreichte das Team im afrikanischen Pokalsiegerwettbewerb das Viertelfinale. Mit Alhaji Momodu Njie (»Biri Biri«) brachte der Hauptstadtklub den berühmtesten gambischen Fußballer aller Zeiten hervor, der drei Jahre lang für den spanischen Klub Sevilla FC zwischen den Pfosten stand. Mit Kebba Bah, Yankuba Ceesay, Abdourahman Conateh, Lamin Conateh, Joseph Gomez, Ousman Jallow, Modou Ngum und Ebrima Sohna trugen zahlreiche weitere Auswahlspieler das blau-weiß quergestreifte Wallidan-Jersey. [Cicero (10.000) | 15 | 18]

HELDEN | LEGENDEN

■ **BIRI BIRI** Gambias berühmtester Fußballer stand in seinen besten Jahren für den spanischen Spitzenklub Sevilla FC zwischen den Pfosten. Alhaji Momodu Ngoos Njie, wie Biri Biri eigentlich hieß, begann seine Laufbahn 1965 beim Augustians FC Bathurst, ehe er 1970 zum englischen Profiklub Derby County  wechselte. Auf der Britischen Insel kaum zum Einsatz gekommen, wechselte der langjährige gambische Nationaltorhüter 1975 nach Sevilla, wo er sich sofort durchsetzen konnte. In Sevilla erhielt er auch seinen Künstlernamen »Biri Biri«. Bis 1978 bei den Andalusiern zwischen den Pfosten stehend, schloss sich der Gambier anschließend dem dänischen Klub Herfølge BK an, ehe er 1981 in sein Heimatland zurückkehrte und bei

Gambias »Scorpions« beim Amílcar Cabral-Cup 1994.

Wallidan Banjul unterschrieb. 1986 legte er die Torhüterhandschuhe nieder und widmete sich einer Karriere als Politiker bzw. Funktionär. 2000 wurde Biri Biri von Gambias Präsident Yahya Jammeh für seine Verdienste mit einem Orden ausgezeichnet. [30.3.1948]

■ **OMAR KOROMA** Der aus den Banjul Hawks hervorgehende Stürmer war einer der Leistungsträger der gambischen U20-Auswahl, die 2007 bei der WM in Kanada das Achtelfinale erreichte. Koroma absolvierte anschließend ein Probetraining beim englischen Profiklub Watford FC, das aufgrund von Visaproblemen aber nicht zum von beiden Seiten angestrebten Vertragsabschluss führte. Nachdem Koroma eine Britin geheiratet hatte, waren die Visaprobleme beseitigt, und der junge Stürmer konnte 2008 vom Premier-League-Klub Portsmouth FC unter Vertrag genommen werden, der ihn umgehend an Norwich City auslieh. Am 9. August 2008 debütierte Koroma als Auswechselspieler bei der 0:2-Niederlage Norwichs in Coventry. Einen Monat später lief Gambias gegenwärtig größtes Fußballtalent auch zum ersten Mal in der Seniorennationalelf seines Heimatlandes »The Scorpions« auf. [22.10.1989]

spielte sich mit Wallidan Banjul ein Klub in den Vordergrund, dessen Anspruch es war, nationale Nummer eins zu werden. »The Blue Boys« gelang es tatsächlich, die dominierende Elf der Gambia Ports Authority von der Spitze zu verdrängen und zum gambischen Rekordmeister aufzusteigen.

■ **UNTERDESSEN FASSTEN** gambische Spieler verstärkt Fuß in europäischen Profiligen. In den 1990er Jahren etablierten sich Auswahlspieler wie Loum Momodou und Jattou Ceesay im schwedischen Helsingborg bzw. dem niederländischen Tilburg. 2008 kickten bereits 21 gambische Auswahlspieler auf dem Alten Kontinent – darunter Abdou Jammeh, der für Torpedo Moskau auflief, Pa Saikou Kujabi (SV Ried), Tijan Jaiteh und Njogu Demba-Nyrén (beide Brann Bergen), Mustapha Jarju (KSK Lierse), Pa Modou Jagne (FC Wil) sowie Mohammed Camara (beim deutschen Viertligisten FSV Oggersheim). Die Basis war in einer verstärkten Nachwuchsarbeit gelegt worden. Gambias »Baby Scorpions« genannte U17 wurde 2005 sogar Afrikameister und feierte bei der anschließenden U17-WM in Peru einen sensationellen Sieg über die brasilianische »Seleção«. Zwei Jahre später erreichte das Team die U20-WM in Kanada, wo es über Portugal bis ins Achtelfinale vordrang, ehe gegen Österreich das Aus kam. Omar Koroma erhielt anschließend einen Vertrag beim englischen Profiklub Portsmouth FC.

Dank der in Europa geschulten Talente konnten sich auch die »Scorpions« zunehmend besser behaupten, und 2001 drang die Landesauswahl unter Trainer Sang Ndong zum dritten Mal in das Finale um den Amílcar Cabral-Cup vor (1:3 gegen Senegals U23). Renommierte Ausländer wie der Deutsche Antoine »Tony« Hey, der Spanier José Martínez oder der in seiner Heimat aufgrund von Spielabsprachen gesperrten Belgier Paul Puit sorgten in der Folgezeit für eine weitere Qualitätssteigerung. Mit zwei Siegen über Algerien sowie einem Unentschieden gegen Senegal bestätigten die »Skorpione« 2008 ihren Aufwärtstrend und durften sich kurzzeitig sogar Hoffnungen auf die WM 2010 machen.

Auch auf nationaler Ebene konnten Fortschritte erzielt werden, indem die Zahl der Teilnehmer an der Nationalliga auf zwölf erhöht wurde. Dominierendes Team ist Hauptstadtklub Wallidan, der seit der Millenniumswende fünf von acht Meistertiteln errang.

Jahr	Meister	Pokalsieger
1940-51	unbekannt	
1952	unbekannt	Gambia United Bathurst
1953-64	unbekannt	unbekannt
1964/65	Arrance Bathurst	unbekannt
1965/66	Augustians Bathurst	unbekannt
1966/67	Augustians Bathurst	unbekannt
1967-69	unbekannt	unbekannt
1969/70	Wallidan Bathurst	Real Bathurst
1970/71	Wallidan Bathurst	unbekannt
1971/72	unbekannt	unbekannt
1972/73	Ports Authority Banjul	unbekannt
1973/74	Wallidan Banjul	unbekannt
1974/75	Real Banjul	Ports Authority Banjul
1975/76	Wallidan Banjul	Wallidan Banjul
1976/77	Wallidan Banjul	nicht ausgespielt
1977/78	Real Banjul	Wallidan Banjul
1978/79	Wallidan Banjul	Dingareh
1979/80	Starlight Banjul	nicht ausgespielt
1980/81	unbekannt	Wallidan Banjul
1981/82	Ports Authority Banjul	Starlight Banjul
1982/83	Real Banjul	Hawks Banjul
1983/84	Ports Authority Banjul	Wallidan Banjul
1984/85	Wallidan Banjul	Starlight Banjul
1985/86	unbekannt	Wallidan Banjul
1986/87	unbekannt	Wallidan Banjul
1987/88	Wallidan Banjul	nicht ausgespielt
1988/89	abgebrochen	nicht ausgespielt
1989/90	unbekannt	nicht ausgespielt
1990/91	nicht ausgespielt	Wallidan Banjul
1991/92	Wallidan Banjul	nicht ausgespielt
1992/93	Hawks Banjul	Wallidan Banjul
1993/94	Real Banjul	nicht ausgespielt
1994/95	Wallidan Banjul	Mass Sosseh
1995/96	Hawks Banjul	Wallidan Banjul
1996/97	Real Banjul	Real Banjul
1997/98	Real Banjul	Wallidan Banjul
1998/99	Ports Authority Banjul	Wallidan Banjul
1999/00	Real Banjul	Steve Biko Bakau
2000/01	Wallidan Banjul	Wallidan Banjul
2001/02	Wallidan Banjul	Wallidan Banjul
2002/03	Armed Forces Banjul	Wallidan Banjul
2003/04	Wallidan Banjul	Wallidan Banjul
2005		Bakau United
2006	Ports Authority Banjul	Hawks Banjuk
2007	Real Banjul	Ports Authority Banjul
2008	Wallidan Banjul	Wallidan Banjul

GHANA

Ghana
Football Association

Ghana Fußball-Verband | gegründet: 1957 | Beitritt FIFA: 1958 | Beitritt CAF: 1958 | Spielkleidung: gelbes Trikot, gelbe Hose, gelbe Stutzen | Saison: Januar - November | Spieler/Profis: 987.500/0 | Vereine/Mannschaften: 280/1.650 | Anschrift: General Secretary, South East Ridge, PO Box AN 19338, Accra | Telefon: +233-910170 | Fax: +233-668590 | Internet: www.ghanafa.org | E-Mail: info@ghanafa.org

Die Legende von den »Black Stars«

Ghana gehört zu Afrikas Fußballpionieren und den erfolgreichsten Nationen des Kontinents

Republic of Ghana

Republik Ghana | Fläche: 238.537 km² | Einwohner: 21.664 (91 je km²) | Amtssprache: Englisch | Hauptstadt: Accra (1,7 Mio.) | Weitere Städte: Kumasi (1,2 Mio.), Tamale (202.317), Takoradi (175.438) | Währung: 1 Cedi = 100 Pesewas | Zeitzone: MEZ -1h | Länderkürzel: GH | FIFA-Kürzel: GHA | Telefon-Vorwahl: +233

Ghana ist Westafrikas historischer Schrittmacher in Sachen Fußball. Das Spiel kam bereits im 19. Jahrhundert an die damalige Goldküste, womit Ghana nach Südafrika und Ägypten Afrikas drittälteste Fußballnation ist. Rasch von den Einheimischen aufgegriffen, entwickelte sich eine landesweite Fußballkultur, die heute zu den reichhaltigsten und lebendigsten auf dem Kontinent zählt. Ghanas Ruf in der afrikanischen Fußballwelt ist legendär, und auch wenn die großen Erfolge der Nationalmannschaft »Black Stars« schon etwas zurückliegen (die letzte von insgesamt vier Afrikameisterschaften feierte man 1982), fällt ihr Name fast automatisch, wenn es um die Favoriten in der Afrikameisterschaft oder der WM-Qualifikation geht.

■ **GHANAS REICHHALTIGE** Fußballhistorie geht auf britische Ursprünge zurück. Ab 1806 breiteten sich Briten in der Region aus und legten den Grundstein zur 1874 gebildeten Kronkolonie Goldküste. Nach dem Verbot des Sklavenhandels drangen die Europäer auf der Suche nach Rohstoffen allmählich nach Norden vor, wobei sie auf heftigen Widerstand der dort herrschenden Ashanti trafen. Zwischen 1806 und 1901 kam es zu mehreren Kriegen, in denen das Königreich der Ashanti sowie die nördlichen Regionen von den Europäern annektiert wurden. Als 1922 der Westteil der früheren deutschen Kolonie Togoland hinzukam, waren Ghanas heutige Grenzen erreicht. Da sich die die britische Krone auf eine indirekte Einflussnahme beschränkte und die bestehenden Machtstrukturen unangetastet ließ, behielten die Ashanti ihre dominierende Stellung und es kam wiederholt zu ethnischen Spannungen.

In den 1920er Jahren formierte sich eine von westlich erzogenen Juristen, Geistlichen sowie ethnischen Führern gebildete Nationalbewegung, die nach dem Zweiten Weltkrieg Unabhängigkeitsforderungen erhob. Angeführt vom charismatischen Kwame Nkrumah, der in den USA studiert hatte, wurde die Goldküste 1957 als erstes Land südlich der Sahara in die Unabhängigkeit entlassen und nahm den Namen Ghana an (nach dem mittelalterlichen Reich »Ghana«).

Der populäre Staatsgründer Nkrumah schwang sich anschließend zum Führer der panafrikanischen Bewegung auf und förderte die überall in Schwarzafrika entstehenden Unabhängigkeitsbewegungen. Seine sozialistisch gefärbten Vorstellungen kulminierten 1963 in der Bildung der späteren Organisation für Afrikanische Einheit (OAU).

In der Heimat installierte der überaus populäre »Osagyefo« (»Erlöser«) derweil einen Einparteienstaat und stieß mit seiner sozialistischen Industrialisierungspolitik auf wachsende Kritik. Unterstützt von westlichen Machthabern bildete sich daraufhin eine Widerstandsbewegung, die 1966 einen Auslandsaufenthalt Nkrumahs zum Putsch nutzte. Es folgten zwei turbulente Jahrzehnte mit wechselnden zivilen bzw. militärischen Regierungen, die von einem rasanten Niedergang der einstigen Vorbildrepublik begleitet waren. Erst als 1982 der Fliegerleutnant Jerry John Rawlings die Macht übernahm, beruhigte sich die Lage, und im Verlauf der 1980er Jahre konnte sich das wirtschaftlich marode und politisch zutiefst zerstrittene Land allmählich sowohl seinen Nachbarstaaten als auch dem Westen öffnen.

Heute zählt Ghana zu den stabilsten Ländern in Schwarzafrika, verzeichnet als einer der wenigen Staaten südlich der Sahara ein stetiges Wirtschaftswachstum und verfügt über eine gut ausgebaute Infrastruktur bzw. medizinische Versorgung.

TEAMS | MYTHEN

■ **HEARTS OF OAK ACCRA** Der 1911 gegründete Hearts of Oak Sporting Club (»Eichenherz Sportklub«) ist der älteste schwarzafrikanische Verein außerhalb von Südafrika und beherrscht gemeinsam mit Asante Kotoko den ghanaischen Fußball. Die »Phobians« wurden 1911 im Stadtviertel Ussher Town von einer Gruppe junger Männer um den aus Saltpond stammenden Ackom Duncan gegründet und tragen das Motto »Never say die until the bones are rotten« (»Niemals aufgeben, bis die Knochen verrottet sind«). 1923 wurde die aufgrund ihrer rot-gelb-blauen Jerseys auch »Rainbows« genannte Mannschaft erster Stadtmeister von Accra (»Guggisberg Shield«) und errang diesen Titel bis 1954 fünf weitere Male. Mit dem Beginn des nationalen Spielbetriebs entwickelten die »Hearts« in den 1950er Jahren eine innige Rivalität zu Asante Kotoko, wobei es wiederholt zu Ausschreitungen kam. Bei den bislang folgenschwersten Vorfällen kamen im Mai 2001 in Accra 126 Menschen ums Leben. Hearts of Oak versteht sich in dem Duell mit dem Ashanti-Klub als multiethnischer Gegenpol. Nach ihrer dritten Landesmeisterschaft 1962 mussten die Hearts zahlreiche Leistungsträger an die Regierungself »Real Republicans« abgeben und konnten erst neun Jahre später unter Trainer George Osekre ihre vierte Landesmeisterschaft feiern. Anschließend gelang in der Kontinentalmeisterschaft der Einzug ins Halbfinale, wo die Hauptstädter an der ugandischen Armeemannschaft Simba scheiterten. 1975 übernahm der Geschäftsmann Tommy Thompson den Klub und verwandelte ihn in den modernsten des Landes. Ex-Nationalspieler Addo Odameley führte unterdessen die Mannschaft um Regisseur Adolf Armah und die Dribbelkünstler Muhamad »Polo« Ahmed bzw. Torjäger Abdal Razak von 1976-79 viermal in Folge zur Meisterschaft. 1977 und 1979 erreichten die »Phobians« zudem das Finale um die afrikanische Landesmeisterschaft, in dem sie jedoch an Hafia Conakry bzw. Union Douala scheiterten. Nachdem sich 1980 Erzrivale Asante Kotoko im nationalen Titelrennen erstmals seit fünf Jahren wieder durchgesetzt hatte, verließ Thompson den Klub, der daraufhin in schwere wirtschaftliche und sportliche Turbulenzen geriet. Erst 1996 beruhigte sich die Lage. Neben sieben Meisterschaften in Folge (1997-2002) setzten sich die von Ex-Nationalspieler Cecil Jones Attuquayefio trainierten »Rainbows« um Torjäger Charles Taylor 2000 auch im kontinentalen Finale gegen Espérance Tunis durch und wurden als zweiter ghanaischer Klub nach Asante Kotoko (1983) Afrikameister.
[11.10.1911 | Ohene Djan (40.000) | 19 | 9]

■ **GREAT OLYMPICS ACCRA** Die langjährige Nummer zwei von Accra ist der Stammverein von Frank Odoi, der 1965 mit den »Black Stars« Afrikameister wurde. 1954 gegründet, trägt der Great Olympics Football Club seit einem 2:0-Sieg im Jahre 1962 über die als unbezwingbar geltende »Real Republicans«-Elf den Beinamen »Wonder Club«. 1970 und 1974 gewannen die Great Olympics jeweils die Landesmeisterschaft und 1971 im afrikanischen Pokalsiegerwettbewerb das Halbfinale, in dem sie am Landesrivalen Asante Kotoko Kumasi scheiterte. Nach vereinsinternen Turbulenzen, einer umstrittenen Verlegung in die östlich von Accra gelegene Stadt Tema sowie der Abspaltung von Accra Standfast und Accra Olympiakos musste Great Olympics ausgerechnet im Jubiläumsjahr 2004 erstmals aus dem Oberhaus absteigen. 2005 gelang umgehend die Rückkehr. Das Motto des Klubs lautet „Unity, Friendship and Love".
[21.4.1954 | Ohene Djan (40.000) | 2 | 2]

■ **LIBERTY PSC ACCRA** Der 1996 gegründete und im östlichen Accraer Vorort Dansoman angesiedelte Liberty Professionals Sporting Club ist ein ungewöhnlicher Verein. Aus der Taufe gehoben von Sly Tetteh und Selleas Tetteh, ist er quasi der Fußball spielende Arm einer der erfolgreichsten Fußballschulen

Ghanas erster Fußballklub Excelsior Cape Coast im Jahr 1903.

■ **ANALOG DEN IN DER** Kolonialepoche geschaffenen Strukturen weist Ghana zwei Fußballzentren auf: die Ashanti Region mit ihrer Hauptstadt Kumasi sowie die Südküste von der ehemaligen britischen Verwaltungsstadt Cape Coast bis zur heutigen Hauptstadt Accra. In beiden Regionen übt der Fußball einen hohen Einfluss auf das Alltagsleben aus. Fußball ist in Ghana Volkssport, und neben der Nationalauswahl »Black Stars« ist es vor allem das Derby zwischen Asante Kotoko Kumasi und Hearts of Oaks Accra, das die Fans zu fesseln vermag. Es ist nicht nur ein sportliches Duell, sondern auch das Aufeinandertreffen zwischen der Ashanti-Tradition Kumasis und der ethnischen Vielfalt der Millionenstadt Accra.

Die hohe Bedeutung des Fußballs verdankt Ghana nicht zuletzt den britischen Kolonialherren, die die Ausbreitung des Spiels unter der einheimischen Bevölkerung von Beginn an gefördert hatten. Die ersten Fußballspiele auf ghanaischem Boden fanden bereits vor der Jahrhundertwende in Cape Coast statt, als sich britische Soldaten und europäische Matrosen begegneten. Zuschauende einheimische Studenten griffen das Spiel auf und verwandelten Cape Coast – ermuntert von britischen Verwaltungskräften – in die Wiege des ghanaischen Fußballs.

1903 rief ein aus Jamaika stammender Lehrer namens Briton an der elitären Cape Coaster Government Boys School eine Fußballmannschaft ins Leben, aus der sich der erste Fußballklub Ghanas »Excelsior« entwickelte. Unterstützt vom britischen Gouverneur Sir Frederic Hodgson kam es im örtlichen Victory Park zu ersten Begegnungen mit britischen Teams, die das Interesse an dem Spiel weiter vertieften.

Nachdem Einheimische bereits 1905 die Führung über den Fußball in Cape Coast übernommen hatten, breitete sich das Spiel weiter entlang der Küste aus. Excelsior-Gastspiele in Elmina, Saltpond und Winneba führten dort ebenfalls zur Gründung von Fußballteams, und 1910 erreichte der Fußball schließlich die Hauptstadt Accra, in der mit Invincible ein erster Klub entstand. Ein Jahr später wurde im innerstädtischen Quartier Ussher Town der Hearts of Oak FC ins Leben gerufen, der heute der älteste schwarzafrikanische Fußballverein außerhalb von Südafrika ist.

Im Verlauf der 1910er Jahre entstanden entlang der Südküste weitere Vereine – darunter die späteren Cape Coast Spitzenklubs Venomous Vipers (»Giftige Vipern«) und Mysterious Dwarfs (»Mysteriöse Zwerge«). Unterdessen entwickelte sich die weiter westlich gelegene Eisenbahnstadt Sekondi zur dritten Fußballhochburg. Neben den beiden Klubs Eleven Wise und Fanti United (heute Sekondi Hasaccas) entstand dort auch ein regionaler Fußballverband.

1924 erreichte der Fußball schließlich die Ashanti-Hauptstadt Kumasi. Auf Initiative des ehemaligen Chauffeurs eines britischen Kolonialbeamten kam es dort zur Gründung von Ashanti United. 1935 wurde daraus der Klub Asante Kotoko, der sich als Repräsentant der Ashanti-Kultur etablierte und landesweit von den Ashanti unterstützt wird.

■ **IN DEN 1920ER JAHREN** verlagerte sich der Schwerpunkt des Fußballs in Ghana allmählich von der Region Cape Coast/Sekondi in das zur Metropole wachsende Accra. 1922 hatte die Accra Football Association eine Stadtliga ins Leben gerufen, deren vom britischen Gouverneur Sir Gordon Guggisberg ausgelobter Pokal in sechs von zwölf Fällen von Hearts of Oak errungen wurde.

Unterstützt von der britischen Kolonialverwaltung waren im Verlauf der 1940er Jahre bereits mehrere Regionalverbände entstanden, als der Funktionär Richard Akwei 1947 den ersten Versuch zur Bildung einer landesweiten Dachorganisation unternahm. Darüber kam es jedoch zum Streit zwischen Accra und Kumasi, woraufhin gleich zwei Verbände entstanden – die von Akwei angeführte Gold Coast Football Union mit Sitz in Accra sowie die Gold Coast and Ashanti Union, die von Kumasi aus gelenkt wurde.

Erst im Oktober 1950 gelang die Einigung, woraufhin die unter britischer Oberaufsicht stehende United Gold Coast Amateur Football Association (UGCAFA) entstand, die 1951 eine Auswahlmannschaft zu Gastspielen nach Großbritannien entsandte. Dies erfolgte nicht zuletzt auf Betreiben der Briten, die der

GHANA | 77

● **Erfolge**
Afrikameister 1963, 1965, 1978, 1982

● **FIFA World Ranking**

1993	1994	1995	1996	1997	1998	1999	2000
37	26	29	25	57	48	48	57
2001	2002	2003	2004	2005	2006	2007	2008
59	61	78	77	50	28	43	25

● **Weltmeisterschaft**
1930-58 nicht teilgenommen **1962** Qualifikation **1966** nicht teilgenommen **1970-2002** Qualifikation **2006** Endturnier (Achtelfinale) **2010** Qualifikation

● **Afrikameisterschaft**
1957-62 nicht teilgenommen **1963** Endturnier (Gastgeber, Sieger) **1965** Endturnier (Sieger) **1968** Endturnier (Zweiter) **1970** Endturnier (Zweiter) **1972-76** Qualifikation **1978** Endturnier (Gastgeber, Sieger) **1980** Endturnier (Vorrunde) **1982** Endturnier (Sieger) **1984** Endturnier (Vorrunde) **1986-90** Qualifikation **1992** Endturnier (Zweiter) **1994** Endturnier (Viertelfinale) **1996** Endturnier (Vierter) **1998** Endturnier (Vorrunde) **2000** Endturnier (Gastgeber, Viertelfinale) **2002** Endturnier (Mitgastgeber, Viertelfinale) **2004** Qualifikation **2006** Endturnier (Vorrunde) **2008** Endturnier (Gastgeber, Dritter) **2010** Qualifikation

● **Vereinserfolge**
Landesmeister Asante Kotoko Kumasi (1970, 1983), Hearts of Oak Accra (2000) **CAF-Confederation-Cup** Hearts of Oak Accra (2004)

C. K. Gyamfi und Stanley Matthews.

Heimat ihre Erfolge bei der »Entwicklung« der Kolonien vorführen wollten.

Die Bildung einer landesweiten Spielklasse stieß unterdessen auf Probleme. 1956 kam es auf Anregung von Ken Harrison, dem Manager der englischen Handelsfirma »R.E. Harding & Co.«, zu einer 14 Mannschaften umfassenden Spielklasse, die jedoch von den Klubs der Ashanti-Region boykottiert wurde. Schließlich blieben mit Accra Hearts of Oak und Sekondi Eleven Wise lediglich zwei Teilnehmer übrig, und der Hearts of Oak FC konnte sich in nur 90 Minuten seine erste Landesmeisterschaft sichern.

■ **MIT DER ENTLASSUNG AUS DER** Kolonialherrschaft wurde aus der UGCAFA die Ghana Amateur Football Association (GAFA, heute GFA), deren Führung mit Ohene Djan ein Vertrauter des Staatsgründers Kwame Nkrumah übernahm. Unter seiner Obhut gelang es, 1958 eine acht Mannschaften umfassende Nationalliga zu schaffen, deren Gründungsmitglieder die Accraer Klubs Hearts of Oak und Great Olympics, Asante Kotoko und Cornerstone aus Kumasi, Hasaacas und Eleven Wise aus Sekondi sowie Mysterious Dwarfs und Venomous Vipers aus Cape Coast waren.

Großbritannien versuchte derweil, den Unabhängigkeitsprozess mit diversen Goodwill-Aktionen zu unterstützen und seine Bindungen zur ehemalige Kolonie zu festigen. Zu den Maßnahmen zählte ein Besuch der englischen Fußball-Legende Stanley Matthews in Accra, der 1957 ein enormes Interesse auslöste und die große Popularität des Fußballs in Ghana deutlich machte. Staatsgründer Nkrumah nahm dies zum Anlass, den Fußball zu einem Werkzeug bei seinen Bemühungen um die Emanzipation der ghanaischen Jugend sowie der Nationbildung zu erklären. Wie alle ehemaligen Kolonien in Afrika litt auch Ghana unter willkürlich gezogenen Grenzen, die historische Siedlungsräume zerschnitten und ethnisch nicht homogene Staatsgebiete hatten entstehen lassen. Fußball sollte helfen, ein Nationalgefühl zu entwickeln, dem sich sowohl die mächtigen Ashanti als auch die Volksgruppen des Südens bzw. des Nordens unterordnen würden.

Zum entscheidenden Werkzeug wurde die Landesauswahl, die den Namen »Black Stars« erhielt. Das symbolisierte nicht nur das »schwarze« Selbstbewusstsein und die Tatsache, dass Ghana erste schwarzafrikanische Republik war, sondern war zudem ein Verweis auf die gleichnamige Schifffahrtslinie des Publizisten Marcus Garvey, der als Führer der Back-to-Africa-Bewegung die Rückführung ehemaliger afrikanischer Sklaven von den USA auf den Heimatkontinent eingeleitet hatte.

Als glühender Verfechter des Panafrikanismus wollte Nkrumah den schwarzen Kontinent auf möglichst vielen Ebenen verankern – so auch im Fußball. Unter Führung von Verbandspräsident Djan wurden daher landesweit Fußballtalente gesichtet und zu einem Team zusammengefasst, das keinesfalls nur sporadisch zu Länderspielen auflief, sondern ständig spielen sollte. So entstanden die »Real Republicans« – eine als feste Mannschaft konzipierte Landesauswahl, die sich breiter politischer und wirtschaftlicher Unterstützung erfreute. Ihr erster Trainer wurde der Engländer Georges Ainsley, dem schon bald der Schwede Andreas Sjöberg folgte. Nachdem er sich um die körperlichen Grundlagen der Akteure gekümmert hatte, übernahm der Ungar Josef Ember die Regie und machte das Team mit osteuropäischer Technik und Taktik vertraut. In zahlreichen Freundschaftsspielen erhielten die »Real Republicans« alsdann Spielpraxis (1962 gelang u.a. ein 3:3 gegen Real Madrid).

Nebenbei warben sie für afrikanische bzw. ghanaische Werte. So reiste die Elf 1962 zu des Landes. Akteure wie Michael Essien, Sulley Muntari, Asamoah Gyan, Anthony Obodai und John Paintsil durchliefen beim Liberty PSC ihre frühe fußballerische Sozialisation und erhielten dadurch frühzeitig Spielpraxis in der höchsten Profiliga, in der die Blau-Weiß-Roten seit 1998 kicken. Das erfolgreiche Konzept soll in den nächsten Jahren ausgebaut werden. So plant die Vereinsführung den Bau eines modernen Fußballstadions mitsamt einer Fußballakademie in der 30 Kilometer nordöstlich von Accra gelegenen Stadt Dodowa und strebt für die Zukunft sogar eine Führungsrolle im afrikanischen Fußball an. Die Fanschar des Vereins ist freilich (noch) überschaubar. [1977 | Dansoman (2.000)]

■ **ASANTE KOTOKO KUMASI**  Ghanas Rekordmeister ist der fußballerische Repräsentant der Volksgruppe der Ashanti, deren Zentrum die Stadt Kumasi ist, deren Angehörige aber landesweit anzutreffen sind. Kumasi gilt als Ghanas Fußballhauptstadt, während Ashanti traditionell Führungspositionen in sämtlichen wichtigen Bereichen des öffentlichen Lebens einnehmen. Die Wurzeln des Klubs wurden 1924 gelegt, als mit Kwasi Kuma ein ehemaliger Chauffeur des britischen Colonel Ross von Accra nach Kumasi zurückkehrte und den Klub Kumasi United gründete. Später Kumasi Titanics genannt, erteilte der König der Ashanti (»Asantehene«) 1935 dem Lehrer und Vereinsvorsitzenden J. S. K. Frimpong die Erlaubnis, den Namen und Symbole des alten Ashanti-Reiches zu übernehmen. Seitdem trägt man den Namen Asante Kotoko, wobei »Asante« für die Ashanti-Nation steht, während das Twi-Wort »Kotoko« (»Stachelschwein«) das Kriegssymbol des Ashanti-Reiches symbolisiert. Das Klubmotto lautet »Asante Kotoko, Wokum Apem a Apem Beba« (»Asante, der Stachelschwein-Krieger, wenn Tausend sterben, werden Tausend geboren«). Auch die Klubfarben Schwarz-Grün-Gold-Rot-Weiß stammen aus der Ashanti-Mythologie, wohingegen der rot-weißen Spielkleidung ein spiritueller Charakter zugesprochen wird. Nachdem zunächst ausschließlich ethnische Ashanti für den Klub spielen durften, wurde 1951 mit Nationalspieler C. J. Gyamfi erstmals ein Angehöriger einer anderen Volksgruppe verpflichtet. Der spätere Nationaltrainer fiel allerdings in Ungnade, als er 1954 die Abspaltung des Klubs Great Asanti vorantrieb und daraufhin zu Hearts of Oak nach Accra wechseln musste. 1955/56 ging Asante Kotoko auf eine legendäre England-Tournee, ehe man gemeinsam mit dem hauptstädtischen Erzrivalen Hearts of Oak über weite Strecken den nationalen Leistungsfußball dominierte. Der ersten Landesmeisterschaft 1959 folgten bis 2008 weitere 20 Titel. Auch international ist »Kotoko« Ghanas erfolgreichster Klub. Zwischen 1967 und 1983 erreichte die Elf mit dem Stachelschwein im Wappen sechsmal das Finale um die Kontinentalmeisterschaft, das sie 1970 gegen TP Englebert Lubumbashi und 1983 gegen Al-Ahly Kairo für sich entscheiden konnte. Zu den legendären Akteuren der 1960er bis 1970er Jahre zählten der langjährige Nationaltorhüter Robert Mensah, das Sturmduo Osei Kofi und Wilberforce Mfum sowie der spätere Bundesligaprofi Ibrahim Sunday. Aus der Erfolgself der 1980er Jahre ragten Torhüter Joseph Carr, Veteran Poku Afriyie, Poukou Nti und John Bannerman heraus. Seit seinem Meistertriple von 1990-93 hat der Klub drei weitere Titel erringen können. [1935 | Baba Yara (40.000) | 21 | 8]

■ **ASHANTI GOLD SC OBUASI**  Klub aus der Goldminenstadt Obuasi, die 85 Kilometer südwestlich der Ashanti-Hochburg Kumasi liegt und Heimat von Europalegionär John Mensah ist. Der Verein wurde 1978 von Mitarbeitern der »Ashanti Goldfields Corporation« als Obuasi Goldfields Sporting Club gegründet und erreichte 1984 sowohl das Pokalfinale als auch die Nationalliga. Ab 1993 verstärkt von der lokalen Minengesellschaft unterstützt, wurden die Schwarz-Gelben von 1994-96 unter dem brasilianischen Trainer Oswaldo Sampaio dreimal in Folge Landesmeister. 1997 erreichte die Elf zudem das Finale um die afrikanische Landesmeisterschaft, unterlag jedoch im Elfmeterschießen Raja Casablanca. Nach einem Wechsel in der Fördergesellschaft der Goldmine erhielt der Klub 2004 seinen gegenwärtigen Namen Ashanti Gold Sporting Club. [1978 | Len Clay (30.000) | 3 | 1]

■ **SEKONDI HASAACAS** Die Doppelstadt Sekondi-Takoradi gilt als traditionsreiche Fußballhochburg. Neben den einst mit der lokalen Eisenindustrie verbundenen Sekondi Eleven Wise etablierte sich mit dem Sekondi Hasaacas FC ein Verein, der ursprünglich in der Volksgruppe der Fante verankert war und dessen Urzelle 1925 mit der Gründung von Fanti United gelegt worden war. Die für ihren technisch hochgradigen Fußball bekannten Rot-Grün-Weißen verlebten ihre erfolgreichste Phase in den 1980er Jahren, als Nationalspieler Emmanuel Quarshie das Zepter schwang und mit John Essien, Ollabode Williams sowie Henry Acquah drei weitere Nationalspieler aufliefen. Größter Erfolg war das Erreichen des Halbfinals um den kontinentalen Pokalsiegerwettbewerb 1981, in dem die »Hasmal« genannte Elf aufgrund der Auswärtstoreregel an Union Douala aus Kamerun scheiterte. 1982 errangen die Grün-Weißen den WAFU-Pokal und wurden 1985 ghanaischer Pokalsieger. [1925 | Gyandu Park (20.000) | 1 | 1]

HELDEN | LEGENDEN

■ **STEPHEN APPIAH** Prägende Kraft im Mittelfeld der »Black Stars« bei der WM 2006. Wurde 1995 mit der U17 Weltmeister und wechselte 1997 von Hearts of Oak zu Udinese Calcio in die italienische Serie A. Später lief »Tornado« noch für Parma und Brescia auf, ehe er ab 2003 das Trikot von Juventus Turin überstreifte. 2005 zu Fenerbahçe Istanbul gewechselt, ist Appiahs Karriere von einer hartnäckigen Verletzung überschattet, die ihn auch die Teilnahme an der Afrikameisterschaft 2008 kostete. [*24.12.1980 | 53 LS/13 Tore]

■ **MICHAEL ESSIEN** Gegenwärtige Galionsfigur der »Black Stars« und der mit Abstand beliebteste Spieler im Land. Der »Bison« genannte offensive Mittelfeldspieler wurde im August 2005 mit seinem 24-Mio-Pfund-Transfer von Olympique Lyon zum Chelsea FC zum teuersten Spieler Afrikas. Essien hatte seine fußballerische Ausbildung beim Fußballschul-Klub Liberty erhalten und 1999 bei der U17 in Neuseeland seinen Durchbruch gefeiert. 2000 hatte ihn der korsische Erstligist SC Bastia nach Europa geholt. 2003 zu Olympique Lyon gewechselt, wurde er 2005 Spieler des Jahres in Frankreich und unterschrieb bei Chelsea London, wo er zum elementaren Bestandteil des Mourinho-Ensembles avancierte. 2006 erreichte er mit den »Black Stars« die Weltmeisterschaft in Deutschland, bei der Essien ausgerechnet beim 0:3 im Achtelfinale gegen Brasilien aufgrund einer Gelbsperre fehlte. Zwei Jahre später führte er die »Black Stars« bei der Afrikameisterschaft im eigenen Land zu Platz drei. [*3.12.1982 | 38 LS/8 Tore]

■ **KOFI OSEI** Der Stürmer von Asante Kotoko schrieb sich im November 1965 in die nationalen Fußball-Annalen, als er im Endspiel der Afrikameisterschaft gegen Tunesien den wichtigen 2:2-Ausgleich markierte, der den 3:2-Verlängerungssieg der »Black Stars« einleitete. Nur 1,66 m groß, war Kofi ein wieselflinker Stürmer, der kaum zu kontrollieren war. 1971 auch mit Asante Kotoko Afrikameister geworden, reiste er 1972 mit Ghana zum olympischen Fußballturnier nach München und beendete anschließend seine Karriere.

■ **SAMUEL KUFFOUR** Der 59-malige Nationalspieler kam zwar bereits 1991 nach Europa (Torino

mehreren Gastspielen nach Europa, um die dortigen »rassistischen Vorurteile« zu brechen. Ob ihr das gelang, ist nicht überliefert – fußballerisch jedenfalls hinterließ sie mit acht Siegen in zwölf Spielen einen vorzüglichen Eindruck.

Die »Real Republicans« bzw. »Black Stars« feierten aber auch handfeste Erfolge. 1960 errangen sie bei der Westafrikameisterschaft ihre erste Trophäe, der 1963 bei der in Accra ausgetragenen vierten Afrikameisterschaft ein weiterer Triumph folgte, als die Elf um Kapitän E. J. Aggrey-Fynn und Wilforce Nfum mit einem 3:0-Finalsieg über Sudan erstmals Afrikameister wurde.

Anschließend übernahm der in Deutschland ausgebildete Charles Kuami (»C. K.«) Gyamfi das Training und führte eine radikal verjüngte Elf 1964 bei den Olympischen Spielen in Tokio bis ins Viertelfinale. Als Ghana im Folgejahr mit einem 3:2-Finalsieg über Gastgeber Tunesien erneut Afrikameister wurde und dabei geradezu perfekten Fußball bot, hatten die »Real Republicans«/»Black Stars« ihren Höhepunkt erreicht. Die Elf war seinerzeit gespickt mit Ausnahmefußballern wie den Außenstürmern Osei Kofi und Frank Odoi, Regisseur Oman Mensah, Kapitän Addo Odametey sowie den Verteidigern Willie Evans und Sam Acquah.

Auch der nationale Vereinsspielbetrieb hatte sich nach der Unabhängigkeit positiv entwickeln können. Ghanas Nationalliga boomte, und vor allem das nicht nur sportlich brisante Derby zwischen Asante Kotoko und Hearts of Oak elektrisierte die Fans. Auch Teams wie Great Olympics Accra, Sekondi Eleven Wise, Sekondi Hasaacas oder die Cape Coast Mysterious Dwarfs vermochten Spitzenfußball anzubieten, während die Nationalelf 1963 als »Real Republicans« Landesmeister wurde und den Pokalwettbewerb beherrschte.

■ **GHANA WAR UNUMSTRITTENER** Fußballkönig Afrikas, als der Militärputsch vom 24. Februar 1966 abrupt für einen Einschnitt sorgte. Vier Monate, nachdem Staatspräsident Nkrumah ins Exil nach Guinea geflohen war, wurden Verbandschef Djan geschasst und die »Real Republicans« aufgelöst. Unter den bis 1982 regelmäßig wechselnden Regierungen setzte sich die Förderung des Fußballs allerdings fort und Ghana konnte weiterhin Erfolge feiern. 1968 und 1970 erreichten die »Black Stars« mit einer neuen Spielergeneration um Torhüter Joseph Carr, Kapitän Awuley Quaye und Torjäger Opoku Afriyie jeweils das Finale der Kontinentalmeisterschaft und qualifizierten sich 1968, 1972 und 1976 für das olympische Fußballturnier.

Unterdessen stieg der heutige Rekordmeister Asante Kotoko Kumasi zu einem der erfolgreichsten Vereine in Afrika auf. 1967 erreichten die »Porcupine Warriors« (»Stachelschweinkrieger«) erstmals das kontinentale Klubfinale, in das sie bis 1983 fünf weitere Male einzogen und das sie 1970 und 1983 jeweils für sich entschieden. Erzrivale Hearts of Oak Accra erreichte ebenfalls zweimal das Finale, musste sich aber sowohl 1977 (Hafia Coankry) als auch 1979 (Union Douala) geschlagen geben. Die Sekondi Hasaacas drangen unterdessen 1981 bis ins Halbfinale der Pokalsiegerwettbewerbs vor.

1978 kehrten die »Black Stars« nach 13 Jahren auf Afrikas Fußballthron zurück. Angeführt von Kapitän Awuley Quaye setzte sich das Team um Abdul Razak (Afrikas Fußballer des Jahres 1978), Muhamad »Polo« Ahmed und Torjäger Opoku Afriyie im Finale mit 2:0 gegen Uganda durch und durfte die Abdelaziz Abdallah Salem-Trophäe als dreifacher Sieger damit behalten.

Ein Jahr später ergriff der linksgerichtete Fliegerleutnant Jerry John Rawlings die Macht, und Fußball rutschte in Ghana erstmals von der politischen Agenda. Rawlings, der Ghana 1979 zunächst für knapp vier Monate und ab Dezember 1981 dann für 20 Jahre regierte, entzog der nationalen Fußballauswahl angesichts einer katastrophalen Wirtschaftslage die materielle Unterstützung und verwies stattdessen auf höhere Werte. Daraufhin geriet sogar die Teilnahme an der Afrikameisterschaft 1982 in Gefahr, zu der das Team erst im letzten Moment reisen konnte. Unter dem zurückgekehrten Erfolgstrainer

Abédi Pelé wurde in den 1990er Jahren dreimal in Folge Afrikas Fußballer des Jahres.

C. K. Gyamfi triumphierten die »Black Stars« in Libyen dennoch mit technisch und taktisch hochklassigem Fußball und sicherten sich mit einem Sieg im Elfmeterschießen über den Gastgeber zum vierten Mal die kontinentale Trophäe. Herausragender Akteur war der erst 17-jährige Abédi Pelé, der anschließend zum Spieler des Turniers gewählt wurde. Staatschef Rawlings indes verbuchte den Triumph zwar als Erfolg »für die Revolution«, weigerte sich aber, Prämien zu zahlen.

Anschließend glitt Ghanas Fußball in die Krise. Sichtbarstes Zeichen war der Verfall der Infrastruktur. »Sowohl durchschnittliche Zuschauer als auch wichtige Würdenträger erfahren in den baufälligen Stadien gleichermaßen ernsthafte Verletzungen durch einstürzende Tribünen und herabfallende Mauerstücke«, berichtete der britische Journalist Stephen Wagg Anfang der 1990er Jahre. »1989 wurden im Kumasi Sports Stadium vier Menschen getötet, als das Geländer einer Tribüne zusammenkrachte. Und so wie das Stadion in Kumasi sind auch die Spitzensportanlagen in Accra weit hinter den Standard vom Rest der Welt zurückgefallen.«

■ **DAMIT EINHER GING DER** Rückgang der sportlichen Leistungsfähigkeit. 1984 schieden die »Black Stars« in der »Schande von Bouaké« bereits in der Vorrunde der Afrikameisterschaft aus und scheiterten von 1986-90 sogar dreimal in Folge in der Qualifikation. Während Nigeria (U17-Weltmeister 1985) und Kamerun (WM-Überraschungsteam 1990) Furore machten, rutschte ausgerechnet Schwarzafrikas Fußballpionier Ghana immer tiefer ab.

Erst Kameruns Überraschungserfolg von 1990 sorgte für ein Umdenken auf der politischen Ebene. In einem »Soccer Recovery Programme« stellte die Regierung Rawlings Finanzmittel zur Reaktivierung der brachliegenden Fußballstrukturen zur Verfügung. Auf Vermittlung der Bundesrepublik Deutschland kamen mit Burkhard Ziese bzw. Otto Pfister afrikaerfahrene Fachkräfte, deren Arbeit vor allem im Nachwuchsbereich rasch Wirkung zeigte. 1991 wurde die von Pfister betreute U17-Auswahl (»Black Starlets«) in Italien sogar Weltmeister, und ein Jahr später gelang den »Black Stars« erstmals nach acht Jahren Pause wieder die Qualifikation zur Afrikameisterschaft. In Senegal erreichte die ghanaische Auswahl prompt zum sechsten Mal seit 1963 das Finale, das sie ohne ihren gelbgesperrten Superstar Abédi Pelé in einem dramatischen Elfmeterschießen mit 10:11 gegen die Elfenbeinküste verlor. Bei der Rückkehr wurde die Mannschaft in Accra dennoch von einer jubelnden Menschenmenge empfangen, während Präsident Rawlings, der sich zwischenzeitlich vom Sozialismus ab- und dem Kapitalismus zugewandt hatte, eine verstärkte Unterstützung ankündigte.

Alsdann stellten sich vor allem im Nachwuchsbereich zahlreiche Erfolge ein. 1992 kehrte Ghanas Olympiaauswahl »Black Meteors« mit der Bronzemedaille aus Barcelona zurück, 1993 gelang der U20-Auswahl (»Black Satellites«) bei der WM in Australien ein symbolträchtiger Sieg gegen den Ex-Kolonialherrn England, und 1995 vermochten die »Black Starlets« (U17) bei der WM in Ekuador zum zweiten Mal Weltmeister zu werden.

Die Erfolge der Nachwuchsarbeit kamen im Seniorenbereich allerdings nur bedingt an, denn die »Verlockung Europa« hatte inzwischen für einen gewaltigen Exodus gesorgt. Der betraf keinesfalls nur Leistungsträger wie Anthony Yeboah, Abédi Pelé oder Charles Akonnor, sondern auch weniger begabte Akteure, was

Asante Kotoko (links) und Hearts of Oak (recht, Jacob Nettey mit der Champions-League-Trophäe) sind Ghanas erfolgreichste und beliebteste Vereine.

Calcio), setzte sich aber erst nach seinem Wechsel zum FC Bayern München (1994) auch durch. Mit den Bayern errang der dreifache Fußballer des Jahres Ghanas (1998, 1999 und 2001) u.a. sechs Meisterschaften sowie 2001 die Champions League. Der strenggläubige Christ galt trotz gelegentlicher Faux-pas als beliebter und verlässlicher Verteidiger. Dem Wechsel in die italienische Serie A zum AS Rom (2005) folgten weniger erfreuliche Ausflüge nach Livorno und zu Ajax Amsterdam, ehe »Sammy« seine Laufbahn 2008 beendete. [*3.9.1976 | 50 LS/2 Tore]

■ **ROBERT MENSAH** Legendärer Torsteher der 1960er Jahre. Spielte zunächst beim Cape Coast Verein Mysterious Dwarfs (»Mysteriöse Zwerge«), ehe er sich Asante Kotoko anschloss und 1970 mit den Rot-Weißen Kontinentalmeister wurde. Zwei Jahre zuvor war er bei der Afrikameisterschaft in Äthiopien zum besten Torhüter des Turniers gewählt worden und hatte sich mit den »Black Stars« erstmals die afrikanische Vizemeisterschaft gesichert (1970 zum zweiten Mal). Als »großer Mann mit großen Händen und großem Herzen« gefeiert, bezeichneten Ghanas Medien ihn aufgrund seines mitdenkenden Torhüterspiels als »Lew Jaschin von Ghana«. Der Torhüter fand im Alter von 37 Jahren auf tragische Weise den Tod, als er in einer Bar in Tema in einen Streit geriet und erstochen wurde. Heute ist das Stadion in Cape Coast nach ihm benannt. [†2.11.1971]

■ **ABÉDI PELÉ**  Sein Name war Verpflichtung, und seine Karriere verlief atemberaubend. 1982 wurde der blutjunge Abédi Ayew Pelé bei der Afrikameisterschaft in Libyen zur Entdeckung des Turniers und gewann mit Ghana die Kontinentalmeisterschaft. Für den erst 17-jährigen ballgewandten Techniker war es der Beginn einer großen Laufbahn, während der er es als erster Spieler dreimal zu Afrikas Fußballer des Jahres schaffte (1991-93) und die 1999 mit dem Gewinn der europäischen Champions League mit Olympique Marseille ihren spektakulären Höhepunkt erfuhr. 1992 führte der Wandervogel (14 Stationen von 1978-2000) Ghanas »Black Stars« erstmals als Kapitän in die Afrikameisterschaft und bot in Senegal eine unvergessene Glanzleistung, die nur durch die unglückliche Endspielniederlage im Elfmeterschießen gegen die Elfenbeinküste getrübt wurde. 1994 verließ er Marseille und kickte anschließend mit abnehmendem Glamour bei Olympique Lyon, Torino Calcio, München 1860 und Al-Ain. Inzwischen nach Ghana zurückgekehrt, wurde die nationale Fußball-Legende 2006 der Bestechung verdächtigt, weil sein Klub FC Nania ein entscheidendes Spiel mit 31:0 gewonnen hatte. Sohn Andre Ayew debütierte 2007 bei Olympique Marseille. [*5.11.1964 | 73 LS/33 Tore]

■ **ABDUL RAZAK** »Golden Boy« genannter Außenstürmer der ghanaischen Erfolgself von 1978-82. Der dribbelstarke Angreifer wurde 1978 zu Afrikas Fußballer des Jahres gewählt. In Kumasi geboren, trug er über weite Strecken das Trikot von Asante Kotoko und wechselte 1978 mit seinem kongenialen Sturmpartner Muhamas »Polo« Ahmed zu Cosmos New York, wo er sich jedoch nicht durchsetzen konnte. Später noch beim ägyptischen Klub Arab Contractors tätig, wurde Razak nach seinem Karriereende erfolgreicher Trainer. [*5.9.1961 | 70 LS/25 Tore]

■ **IBRAHIM SUNDAY**  Erster Ghanaer in der Bundesliga. Sundays Abenteuer bei Werder Bremen war allerdings kurz, denn nach nur einem Spiel (gegen Rot-Weiß Essen 1976) wurde Afrikas Fußballer des Jahres 1971 schon wieder ausgemustert. Sunday blieb in Deutschland, durchlief die dortige Trainerausbildung und führte Asante Kotoko (1983) bzw. Africa Sports Abidjan (1992) anschließend zu kontinentalen Titeln. Vor seinem Wechsel nach Bremen war der offensive Mittelfeldspieler Leistungsträger bei Asante Kotoko gewesen und hatte 1970 mit den Rot-Weißen die Afrikameisterschaft gewonnen.

Mit der Nationalelf »Black Stars« erreichte er 1968 und 1970 jeweils das Finale um die Afrikameisterschaft und reiste 1972 zum olympischen Fußballturnier nach München. [*1.8.1950]

■ **ANTHONY YEBOAH** Ghanas erster Fußballer, der in Europa den Durchbruch schaffte und zum Weltstar wurde. Der in Kumasi geborene Torjäger kam 1988 zum 1. FC Saarbrücken und etablierte sich nach seinem Wechsel zur Frankfurter Eintracht (1990) als erster Afrikaner in der Bundesliga. An der Seite von Maurizio Gaudino und Uwe Bein hatte Yeboah mit den Hessen 1992 nur knapp die Meisterschaft verpasst, als er 1995 zu Leeds United wechselte und an der Elland Road zum Publikumsliebling wurde. Von 1997 bis 2001 trug Yeboah noch das Trikot des Hamburger SV, ehe er seine Karriere beendete und 2002 nach Ghana zurückkehrte. Nach Eröffnung zweier Hotels in Accra bzw. Kumasi gründete Yeboah 2008 den Fußballverein Berekum Chelsea, dem auf Anhieb der Aufstieg in die höchste Spielklasse gelang. [*6.6.1966 | 59 LS/26 Tore]

■ **ARTHUR WHARTON** Der 1865 im Accraer Stadtteil Jamestown geborene Sohn eines grenadisch-schottischen Vaters und einer schottischen Mutter zählt zu Ghanas berühmtesten Fußballern, obwohl er weder für noch überhaupt im Land gespielt hatte. 1882 zum Studium nach England gegangen, stand der vielseitige Athlet von 1886-88 für die legendäre »invincible«-Elf von Preston North End zwischen den Pfosten und erreichte mit ihr 1887 das Halbfinale im FA-Cup. Lange vergessen, machte erst die Gruppe »Football Unites – Racism Divides« 1997 auf den ersten schwarzen Spieler im englischen Profifußball aufmerksam. [*28.10.1865 †13.12.1930]

Jahr	Meister	Pokal
1956	Accra Hearts of Oak	
1957	nicht ausgespielt	
1958	Accra Hearts of Oak	Kumasi Asante Kotoko
1959	Kumasi Asante Kotoko	Cornerstones Kumasi
1960	Sekondi Eleven Wise	Kumasi Asante Kotoko
1961/62	Accra Hearts of Oak	Real Republicans
1962/63	Real Republicans	Real Republicans
1963/64	Kumasi Asante Kotoko	Real Republicans
1964/65	Kumasi Asante Kotoko	Real Republicans
1966	Cape C. Mysterious Dwarfs	
1967	Kumasi Asante Kotoko	
1968	Kumasi Asante Kotoko	
1969	Kumasi Asante Kotoko	Cape C. Myster. Dwarfs
1970	Accra Great Olympics	
1971	Accra Hearts of Oak	
1972	Kumasi Asante Kotoko	
1973	Accra Hearts of Oak	Accra Hearts of Oak
1974	Accra Great Olympics	Accra Hearts of Oak
1975	Kumasi Asante Kotoko	Accra Great Olympics
1976	Accra Hearts of Oak	Kumasi Asante Kotoko
1977	Sekondi Hasaacas	
1978	Accra Hearts of Oak	Kumasi Asante Kotoko
1979	Accra Hearts of Oak	Accra Hearts of Oak
1980	Kumasi Asante Kotoko	
1981	Kumasi Asante Kotoko	Accra Hearts of Oak
1982	Kumasi Asante Kotoko	Sekondi Eleven Wise
1983	Kumasi Asante Kotoko	Accra Great Olympics
1984	Accra Hearts of Oak	Kumasi Asante Kotoko
1985	Accra Hearts of Oak	Sekondi Hasaacs
1986	Kumasi Asante Kotoko	Okwahu United
1987	Kumasi Asante Kotoko	Accra Hearts of Oak
1988/89	Kumasi Asante Kotoko	Accra Hearts of Oak
1989/90	Accra Hearts of Oak	Accra Hearts of Oak
1990/91	Kumasi Asante Kotoko	
1991/92	Kumasi Asante Kotoko	
1992/93	Kumasi Asante Kotoko	
1993/94	Obuasi Goldfields	
1994/95	Obuasi Goldfields	Accra Great Olympics
1995/96	Obuasi Goldfields	Accra Hearts of Oak
1996/97	Accra Hearts of Oak	Ghapoha Tema
1997/98	Accra Hearts of Oak	Kumasi Asante Kotoko
1999	Accra Hearts of Oak	Accra Hearts of Oak
2000	Accra Hearts of Oak	Accra Hearts of Oak
2001	Accra Hearts of Oak	Kumasi Asante Kotoko
2002	Accra Hearts of Oak	
2003	Kumasi Asante Kotoko	
2004/05	Accra Hearts of Oak	
2005	Kumasi Asante Kotoko	
2006/07	Accra Hearts of Oak	
2007/08	Kumasi Asante Kotoko	

Ghanas bunte und fröhliche Fans.

Ghanas Vereine förmlich ausbluten ließ. Zwischen 1991 und 1999 wechselten mehr als 150 Erstligaspieler allein nach Europa. Dazu gesellten sich Kompetenzgerangel und Korruption auf der Funktionärsebene. Wiederholt kam es zu Skandalen, weil Funktionäre illegal an Transfers mitverdienten, derweil sich in der heimischen Liga Unregelmäßigkeiten häuften. Die Folgen traten 1994 offen zutage, als sich die »Black Stars« bei der Afrikameisterschaft in Tunesien in interne Querelen verstrickten und bereits im Viertelfinale die Segel streichen mussten.

Als sich Ghana in der WM-Qualifikation 1998 selbst gegen den Underdog Sierra Leone nicht durchsetzen konnte, erhob sich ein Chor der Entrüstung über die strukturellen Defizite. Korrupte Funktionäre und dubiose Spielervermittler entzögen dem Fußball die dringend benötigten Devisen und zerstörten das Vertrauen von Spielern und Fans, lautete die Anklage. Die Talfahrt ging derweil weiter. Nachdem die »Black Stars« bei den Afrikameisterschaften 2000 und 2004 noch jeweils ins Viertelfinale vorgedrungen waren, scheiterten sie 2004 erneut in der Qualifikation am krassen Außenseiter Ruanda.

Erst als im Dezember 2004 Ratomir Dujković die Trainingsleitung übernahm, gelang die Wende. Der serbische Disziplinfanatiker und gewiefte Taktiker formte eine homogene Einheit aus einheimischen Talenten und den Europalegionären Michael Essien, Samuel Kuffour, Isaac Boakye, Stephen Appiah und Muntary Sulley, die am 8. Oktober 2005 mit einem 4:0-Sieg in Kap Verde erstmals in der Geschichte Ghanas die Pforte zum WM-Endturnier öffnete. In Deutschland avancierten die »Black Stars« zum fröhlichen Überraschungsteam, das im Achtelfinale trotz hochkarätiger Chancen an Titelverteidiger Brasilien scheiterte.

Nächster Höhepunkt war die 2008 in Ghana durchgeführte 26. Afrikameisterschaft, die dem Land ihren langersehnten fünften Kontinentaltitel bescheren sollte. Doch daraus wurde nichts. Von verletzungsbedingten Ausfällen geplagt, schieden die »Black Stars« unter Dujković-Nachfolger Claude le Roy im Halbfinale gegen Kamerun aus und mussten sich mit Platz drei begnügen.

■ **AUCH AUF KLUBEBENE ZÄHLT** Ghana unverändert zur kontinentalen Spitze. Dreimal erreichten ghanaische Teams zwischen 1993 und 2000 das Finale um die Kontinentalmeisterschaft – doch nur Accras Hearts of Oak konnte sich die Trophäe 2000 gegen Espérance Tunis auch sichern. 2004 behielten die »Phobians« zudem im Finale des CAF Confederation Cup im prestigeträchtigen Duell gegen den Landesrivalen Asante Kotoko die Oberhand. Der ghanaische Fußballklassiker erreichte im Mai 2001 im Übrigen einen tragischen Tiefpunkt, als bei Ausschreitungen in Accra 126 Fans ums Leben kamen.

In der Nationalliga wurde die Hegemonie von Asante Kotoko und Hearts of Oak (insgesamt errangen die beiden Klubs 40 Meisterschaften seit 1956) in den 1990er Jahren kurzzeitig vom aufstrebenden Obuasi Goldfields Sporting Club durchbrochen. Obuasi liegt südlich von Kumasi im Zentrum zahlreicher Goldminen. Der Klub wird von der örtlichen Minengesellschaft unterstützt, die erstes börsennotiertes schwarzafrikanisches Unternehmen ist. Nach drei Landesmeisterschaften von 1994-96 sowie dem Erreichen des Finales um die Kontinentalmeisterschaft 1997 stehen die Schwarz-Gelben aber inzwischen schon wieder im Schatten der beiden Großen.

Ghanas seit 1994 unter Profibedingungen arbeitende Premier League leidet unter erheblichen strukturellen Defiziten. Abgesehen von Asante Kotoko, Hearts of Oak und Ashanti Gold Obuasi (Ex-Goldfields) weist kein Klub auch nur den Ansatz eines professionellen Umfelds auf – und selbst bei »Kotoko« und »Hearts« liegt vieles im Argen. Misswirtschaft und Korruption stören den Spielbetrieb, während die Zuschauerzahlen durch die regelmäßigen TV-Übertragungen von Begegnungen der in Ghana sehr populären englischen Premier League deutlich zurückgegangen sind.

Eine wichtige Rolle nehmen inzwischen die landesweit eingerichteten Fußballschulen ein, in denen Talente für den Export ausgebildet werden. Fußball ist für viele ghanaische Jugendliche längst eine attraktive Berufsperspektive geworden. Mit dem Liberty Professionals SC nimmt seit 1998 sogar eine der Fußballschulen am nationalen Spielbetrieb teil.

GUINEA

Fédération Guinéenne de Football

Guineischer Fußball-Bund | gegründet: 1960 | Beitritt FIFA: 1962 | Beitritt CAF: 1962 | Spielkleidung: rotes Trikot, gelbe Hose, grüne Stutzen | Saison: November - Juli | Spieler/Profis: 410.000/0 | Vereine/Mannschaften: 150/700 | Anschrift: PO Box 3645, Conakry | Telefon: +224-20/455878 | Fax: +224-455879 | Internet: www.feguifoot.net | E-Mail: guineefoot59@yahoo.fr

Erfolg im Sinne der Partei

Guinea zählte in den 1970er Jahren zu Afrikas Fußballelite und stellte dreimal den Kontinentalmeister

République de Guinée

Republik Guinea | Fläche: 245.857 km² | Einwohner: 9.202.000 (37 je km²) | Amtssprache: Französisch | Hauptstadt: Conakry (1,4 Mio.) | Weitere Städte: Kindia (287.607), N'Zérékoré (282.772), Kankan (261.341), Labé (249.515) | Währung: Guinea-Franc | Zeitzone: MEZ -1h | Länderkürzel: GN | FIFA-Kürzel: GUI | Telefon-Vorwahl: +224

Einst schlug das Herz des westafrikanischen Spitzenfußballs in der guineischen Hauptstadt Conakry. Drei kontinentale Klubmeisterschaften gingen von 1972-76 nach Guinea, dessen Nationalelf 1976 nur um Haaresbreite den Gewinn der Afrikameisterschaft verpasste. Die goldene Spielergeneration um Afrikas Fußballer des Jahres 1972, Chérif Souleymane, bestach seinerzeit mit hochklassigem Kombinationsfußball und wurde auf dem ganzen Kontinent bewundert.

Doch 1980 begann eine 14-jährige Durststrecke, während der die stolze Fußballnation zum kontinentalen Sorgenkind mutierte. Erst Mitte der 1990er gelang die Rückkehr an die kontinentale Spitze, und mit Ausnahmekönnern wie Titi Camara und Pascal Feindouno konnte sich Guinea zurück in die Herzen der Fans spielen.

■ **DAS LANGE ZEIT UNTER** dem Einfluss muslimischer Dynastien stehende Land an der Westküste Afrikas war ab 1842 gegen den heftigen Widerstand seiner Einwohner von Frankreich kolonialisiert worden. Die »Grande Nation« beschränkte sich anschließend darauf, Guinea wirtschaftlich auszubeuten und vor allem Bauxit abzubauen, das als Rohstoff in der Aluminiumproduktion gefragt ist. 1904 wurde Guinée Française der Konföderation Französisch-Westafrika angeschlossen und 1946 in ein französisches Überseedepartement umgewandelt. Angesichts der muslimischen Dominanz war der Einfluss christlicher Missionare recht gering, und da Frankreich kein Bildungssystem installierte, konnte sich auch keine intellektuelle Elite bilden. Die Folge war, dass Guinea nach seiner Entlassung in die Unabhängigkeit im Oktober 1958 auf exakt sechs Staatsbürger mit einem Hochschulabschluss kam.

Einer von ihnen war Staatsgründer Ahmadou Sékou Touré, der Guinea unter dem Slogan »lieber arm und frei als reich und versklavt« von der Ex-Kolonialmacht Frankreich abwandte und eine an die Sowjetunion angelehnte Einparteien-Diktatur installierte. Blutige Säuberungskampagnen, Folterungen von Oppositionellen und eine an die chinesische Kulturrevolution erinnernde Hatz gegen Intellektuelle rückten Guinea anschließend in den Fokus von Menschenrechtsgruppen. Nachdem es 1978 zum so genannten »Aufstand der Marktfrauen« gekommen war, ließ Touré eine leichte Liberalisierung zu, woraufhin sich die Menschenrechtssituation leicht entspannte. Als der Staatsgründer 1984 starb, übernahm Oberst Lansana Conté die Macht, der Guinea von der Sowjetunion löste und das Land über mehr als zwei Dekaden mit eiserner Faust führte. Das an Bodenschätzen reiche Guinea konnte sich unter seiner Politik jedoch nur schleppend weiterentwickeln. Korruption und Misswirtschaft behinderten die Wirtschaft, im Kampf gegen die Armut gab es kaum Erfolge zu verzeichnen und die Konflikte in den Nachbarländern Sierra Leone und Liberia schwappten bisweilen nach Guinea über. Als Conté im Dezember 2008 einem Krebsleiden erlag, drohte sogar kurzzeitig ein Bürgerkrieg, als Offiziere die Macht ergriffen.

■ **FUSSBALL WIRD IN GUINEA** seit 1928 gespielt. Französische Missionare führten das Spiel ein. Es konnte sich zunächst jedoch nur unter den europäischen Kolonialisten sowie der schmalen Gruppe der einheimischen Elite verbreiten. Dabei kam es anfänglich zu einer Rassentrennung, die sich aber rasch auflöste.

Zu den ersten Vereinen zählten die von Franzosen gegründeten Klubs Dupy und

TEAMS | MYTHEN

■ **HAFIA FC CONAKRY** Die große Legende des guineischen Fußballs zählte in den 1970er Jahren zu den erfolgreichsten Fußballmannschaften in Afrika. Der Klub entstand 1965 aus der kommunalen Mannschaft Conakry II und ist nach dem hauptstädtischen Viertel Hafia, in dem er seinen Sitz hat, benannt. Der Klub stand seinerzeit unter dem besonderen Schutz von Staatspräsident Touré. 1966 wurde Hafia erstmals Landesmeister und konnte seinen Titel in den beiden Folgejahren jeweils verteidigen. Als 1968 das erfolgreiche Studententeam des Université-Clubs zum Hafia FC delegiert wurde, verhalf das den Grün-Weißen auch international zum Durchbruch. Mit Spielern wie Papa Camara, Bengally Sylla, Abdoulaye Keita, Chérif Souleymane, Petit Sory und N'Jo Léa dominierte der Klub von 1971-79 die guineische Nationalliga im Alleingang und erreichte zudem fünfmal das Finale um die Afrikameisterschaft. 1972, 1975 und 1977 setzte sich die Elf um Afrikas Fußballer des Jahres 1972 Chérif Souleymane dabei gegen Simba FC Kampala (Uganda), Enugu Rangers (Nigeria) und Hearts of Oak Accra (Ghana) durch, während sie 1976 gegen MC Algiers und 1978 gegen Canon Yaoundé verlor. Mit dem Sturz des Touré-Regimes und dem zeitgleichen Rückzug der »goldenen Generation« endete die Ära der Hauptstädter schließlich 1985 ziemlich abrupt. National zählte der Hafia FC zwar weiterhin zu den führenden Teams Guineas, international aber vermochte man keine Erfolge mehr zu feiern. [1965 | 28 Septembre (25.000) | 12]

■ **AS KALOUM STARS CONAKRY** Gemeinsam mit Rekordmeister Hafia FC dominierte die Association Sportive Kaloum Stars den nationalen Fußball zwischen 1965 und 1985 nahezu im Alleingang und errang in diesem Zeitraum sechs Landesmeisterschaften. Der Klub war 1965 aus der kommunalen Fußballmannschaft Conakry I hervorgegangen und gehörte ebenso wie sein Stadtrivale Hafia FC zu den von Staatschef Touré und dessen Partei PDG protegierten Fußballteams. Die nach der Conakry vorgelagerten Halbinsel Kaloum benannte Elf war bereits dreimal Landesmeister geworden, als sie in den 1970er Jahren etwas in den Schatten des Lokalrivalen Hafia FC geriet und erst 1980 zum vierten Meistertitel kam. 1970 und 1981 drangen die Kaloum Stars im afrikanischen Pokalsiegerwettbewerb jeweils bis ins Halbfinale vor. Nach dem Sturz der Touré-Diktatur büßten sowohl Hafia als auch die Kaloum Stars ab 1985 ihre Dominanz ein. Für die Schwarz-Weißen »Stars« reichte es anschließend noch zu sechs weiteren Landesmeisterschaften. Größter internationaler Erfolg war der Einzug in das Finale um den CAF-Cup 1995, das gegen Étoile Sportive du Sahel aus Tunesien verloren ging. Der Verein wird gegenwärtig von der guineischen Fußball-Legende Titi Camara angeführt. Eine seit 1969 bestehende populäre Folkband trägt ebenfalls den Namen Kaloum Star. [1965 | 28 Septembre (25.000) | 12]

■ **HOROYA AC CONAKRY** Mit neun Landesmeisterschaften nationale Nummer drei, gilt der Horoya Athlétique Club bezüglich seiner Sympathien als Nummer eins und wird als »Volksklub« bezeichnet. Der Verein ging 1965 aus der kommunalen Mannschaft Conakry III hervor und stand zu Zeiten der Touré-Diktatur im Schatten der von der Touré-Partei PDG protegierten Rivalen Hafia FC und Kaloum Stars. International indes konnte sich Horoya seinerzeit einige Meriten erwerben. 1978 gewann der Klub sogar den afrikanischen Pokalsiegerwettbewerb, als er sich im Finale gegen NA Hussein-Dey aus Algerien durchsetzte (3:1 und 2:1). Auch 1979 sowie 1983 erreichte Horoya im Pokalsiegerwettbewerb jeweils das Halbfinale. Mit dem politischen Wandel von 1984 konnte sich das Team national besser durchsetzen und wurde 1986 erstmals Landesmeister. Anschließend dominierte Horoya mit sechs Titelgewinnen zwischen 1988 und 1994 die Nationalliga. [28 Septembre (25.000) | 9]

Hafias Erfolgsteam. Hinten v.l.: Morcivé Sylla, Djibril Diarra, Papa Camara, Chérif Souleymane, Bernard Sylla, Thiam O. Tolo. Vorn: Jacob Bangoura, N'Jo Léa, Petit Sory, Y. Janbsky, Bangaly Sylla.

Aigles Noirs, denen in den 1930er Jahren mit dem Racing Club sowie der Société Sportive de Guinée (SSG) zwei lange dominierende Gemeinschaften folgten. Sie waren allesamt in der Hauptstadt Conakry ansässig, die mit Abstand größte Stadt des Landes ist und in jeglicher Hinsicht als Guineas Zentrum fungiert.

Das populärste Team stellte der Racing Club de Conakry, der 1949 erstmals das Finale um den Pokal der westafrikanischen Konföderation erreichte (0:3 gegen Racing Dakar) und den Wettbewerb ein Jahr später mit einem 4:2 über Espoir Saint-Louis gewann. 1953 erreichte Racing zum dritten Mal das Endspiel des von den französischen Kolonien in Westafrika ausgespielten Wettbewerbs, unterlag diesmal jedoch Jeanne d'Arc Bamako mit 1:3. Gemeinsam mit der SSG dominierte der Klub auch die Stadtliga von Conakry. Zu den berühmtesten Spielern jener Tage zählten N'Famara Camara, Fodé Gnatacoly und Sékou Soumah.

■ **MIT DER UNABHÄNGIGKEIT** übernahmen einheimische Kräfte die Führung über den Fußball, der wie alles im Land unter die Kontrolle der Einheitspartei PDG geriet. Sämtliche Klubs aus Kolonialzeiten mussten aufgelöst werden und wurden durch kommunale Mannschaften ersetzt, die Namen wie Conakry I und Conakry II trugen.

1959 entstand mit dem Coupe de PDG ein Wettbewerb, an dem Regionalauswahlen aus dem gesamten Staatsgebiet teilnahmen. Ziel war die landesweite Sichtung von Fußballtalenten, die für die »Syli Nationale« genannte guineische Nationalmannschaft geeignet waren. Nachdem 1960 die Fédération Guinéenne de Football (FGF) ins Leben gerufen worden war, konnte im Oktober desselben Jahres erstmals eine Landesauswahl auflaufen und unterlag Nigeria mit 1:4.

1962 der FIFA und der CAF beigetreten, engagierte die FGF mit Zakarias und Budai zwei ungarische Fußballtrainer, die der Auswahlmannschaft osteuropäisches Kombinationsspiel beibrachten. Nach einem hoffnungsvollen Debüt in der Afrikameisterschaft 1965 gelang der »Syli Nationale« schließlich 1968 mit der Qualifikation zum olympischen Fußballturnier der Durchbruch. Mit einem 3:2 über Kolumbien sorgte die Elf um Chérif Souleymane und Torjäger Maxime Camara in Mexiko zudem für eine faustdicke Überraschung und erreichte zwei Jahre später erstmals das Endturnier um die Afrikameisterschaft.

Mitte der 1970er Jahre erklomm das westafrikanische Land seinen Zenit. 1973 gelang bei den zweiten Afrikaspielen in Nigeria der Gewinn der Silbermedaille. Im Folgejahr schied das Team trotz ansprechender Leistungen bereits in der Vorrunde der Afrikameisterschaft aus, ehe die Elf um Torjäger N'Jo Léa 1976 nicht mehr zu bremsen war. Doch im entscheidenden Moment wurde Guinea von der Glücksgöttin Fortuna im Stich gelassen. Im Gipfeltreffen gegen Marokko kassierte die »Syli Nationale« vier Minuten vor Schluss den 1:1-Ausgleichstreffer, der den Nordafrikanern die Afrikameisterschaft bescherte.

■ **DIE GRUNDLAGE ZUM ERFOLG** war auf Vereinsebene gelegt worden. 1965 war der nationale Klubfußball abermals umgekrempelt worden. Aus den Kommunalauswahlen hatten sich reguläre Vereine entwickelt, die nach sowjetischem Vorbild unter staatlicher bzw. kommunaler Aufsicht standen. Als na-

● **FIFA World Ranking**
1993	1994	1995	1996	1997	1998	1999	2000
63	66	63	73	65	79	91	80
2001	2002	2003	2004	2005	2006	2007	2008
108	120	101	86	79	23	33	39

● **Weltmeisterschaft**
1930-70 nicht teilgenommen 1974-98 Qualifikation 2002 ausgeschlossen 2006-10 Qualifikation

● **Afrikameisterschaft**
1957-63 nicht teilgenommen 1965-68 Qualifikation 1970 Endturnier 1972 Qualifikation 1974 Endturnier 1976 Endturnier (Platz 2) 1978 Qualifikation 1980 Endturnier 1982-92 Qualifikation 1994 Endturnier 1996 Qualifikation 1998 Endturnier 2000 Qualifikation 2002 ausgeschlossen 2004-08 Endturnier (jeweils Viertelfinale)

tionale Vorzeigeklubs galten fortan die AS Kaloum Stars (Ex-Conakry I) sowie der Hafia FC (Conakry II), die Guinea auch international zu Erfolgen verhelfen sollten. Dementsprechend gefördert, dominierten die beiden Klubs die 1965 eingerichtete Nationalliga, deren Titel bis 1985 ausschließlich an die Kaloum Stars bzw. den Hafia FC ging.

Die beiden Vereine erfreuten sich einer hohen politischen Protektion. Als sich 1968 mit dem Université-Club Conakry überraschend eine talentierte Studentenmannschaft in den Vordergrund spielte, wurden ihre Akteure kurzerhand zum Hafia FC transferiert und verhalfen jenem zum Durchbruch. 1971 läuteten die derart gestärkten Grün-Weißen eine neunjährige Titeldominanz ein, die gespickt war mit herausragenden internationalen Erfolgen. 1972 erreichte die von Maxime Camara, Chérif Souleymane (1972 zu Afrikas Fußballer des Jahres gewählt), Petit Sory, »Papa« Camara, N'Jo Léa und Bernard Sylla Edenté geprägte Mannschaft erstmals das Finale um die kontinentale Landesmeisterschaft, indem sie sich gegen den ugandischen Meister Simba FC Kampala durchsetzte. Bis 1978 erreichte Hafia vier weitere Male das kontinentale Finale und konnte sich 1975 sowie 1977 jeweils durchsetzen. Neben dem dreifachen Afrikameister steuerte mit dem aus Conakry III hervorgegangenen Horoya AC 1978 ein weiterer Verein den afrikanischen Pokal der Pokalsieger zur guineischen Erfolgsbilanz bei.

■ **GUINEAS ERFOLGSÄRA** endete, als 1984 der mit dem Tod von Staatsgründer Touré eingeleitete politische Umbruch mit dem Rückzug der »goldenen Generation« auf das Fußball-Altenteil zusammenfiel. Ohne die schützende politische Hand und mit einem deutlich geringer talentierten Spielerpool verpasste Guinea von 1980-94 regelmäßig die Afrikameisterschaft und lief auch auf Klubebene dem Erfolg hinterher. Lediglich im Amílcar Cabral-Cup gab es Erfolge zu bejubeln. 1981, 1982, 1987 und 1988 konnte Guinea den populären Regionalwettbewerb jeweils für sich entscheiden.

Die Umwälzungen im nationalen Fußball nach dem politischen Führungswechsel waren enorm. Während die Dominanz von Haifa und Kaloum 1986 mit dem Titelgewinn des populären Volksklubs Horoya AC abrupt endete, entstanden landesweit privat geführte Gemeinschaften, von denen sich vor allem Makouna Guékédou in den Vordergrund spielen konnte. Insgesamt litten Guineas Vereine jedoch zunehmend unter finanziellen Sorgen, einer ausufernden Gewalt in den Stadien sowie einem unablässigen Exodus ihrer Talente nach Europa bzw. in die Nachbarländer Gabun, Liberia und Elfenbeinküste.

Hoffnung lieferte lediglich der Nachwuchs. 1985 und 1989 erreichte Guineas U17-Auswahl jeweils die Weltmeisterschaft und brachte Ausnahmetalente wie Mohamed Sylla und Fode Camara hervor. 1985 verpasste das Team bei der Weltmeisterschaft in China im Halbfinale erst im Elfmeterschießen gegen Nigeria den Finaleinzug.

Angeführt von Frankreich-Legionär »Titi« Camara erreichte Guineas »Syli Nationale« schließlich 1994 erstmals nach 14 Jahren Pause wieder das Endturnier um die Afrikameisterschaft. Seitdem hat sich das Land seinen Platz in der Spitze des westafrikanischen Fußballs allmählich zurückerobert.

1998 verpasste Guinea durch eine unerwartete 0:1-Niederlage gegen Kenia den erstmals möglichen Sprung zur WM, erreichte von 2004-08 dreimal in Folge das Viertelfinale der Afrikameisterschaft und sicherte sich 2005 zum fünften Mal den prestigeträchtigen Amílcar Cabral-Cup. Zugleich wirkten sich die politischen Turbulenzen im Land auf den Fußball aus. So wurde Guinea 2002 aus der WM-Qualifikation und der Afrikameisterschaft ausgeschlossen, weil die politische Führung in die Verbandsgeschäfte eingegriffen hatte.

Das Potenzial ist in Guinea zweifelsohne vorhanden. Die »Syli Nationale« ist für ihren technisch hochklassigen und ästhetisch ansprechenden Fußball berühmt, während die Jugend landesweit mit großer Begeisterung kickt und im Fußball eine attraktive Möglichkeit sieht, der Armut der Heimat zu entfliehen. In Europa stehen guineische Akteure hoch im Kurs und haben sich vor allem in Frankreich einen guten Namen gemacht. Titi Camara wurde in St. Etienne, Lens und Marseille zum Volkshelden, Pascal Feindouno zählte in Bordeaux und St. Etienne zu den Leistungsträgern und Mohammed Sylla wurde mit Celtic Glasgow schottischer Meister. Mit Pablo Thiam etablierte sich zudem ein in Bonn geborener Diplomatensohn in der Bundesliga, in der er für den 1. FC Köln, den VfB Stuttgart, Bayern München und den VfL Wolfsburg auflief.

■ **FELLO STAR LABÉ** Erster Landesmeister, der nicht aus der Hauptstadt Conakry stammt. 2006 setzte sich das Team aus der 44.000-Einwohner-Stadt in der Landesmitte im nationalen Titelrennen gegen die Konkurrenz aus Conakry durch. 2005 und 2007 jeweils als Vizemeister einlaufend, ging die Elf 2008 zum zweiten Mal als Meister durchs Ziel. [Saifoulaye Diallo | 2]

HELDEN | LEGENDEN

■ **TITI CAMARA** Mit ihm begann in den 1990er Jahren die Renaissance des guineischen Fußballs. Aboubacar Sidiki »Titi« Camara begann seine Profikarriere 1990 beim französischen AS St. Etienne, für den er in 94 Spielen 16 Tore markierte. 1995 zu Racing Lens gewechselt, avancierte er auch dort zum Leistungsträger und wurde 1997 von Olympique Marseille verpflichtet. Im Stade Velodrome zum Publikumsliebling aufgestiegen, wechselte Camara 1999 zum Liverpool FC und erlangte an der Anfield Road Kultstatus. 2004 erreichte er mit der »Syli Nationale« erstmals das Endturnier um die Afrikameisterschaft. Zwischenzeitlich auch in West Ham am Ball, ließ Camara seine Karriere 2006 beim französischen Zweitligisten Amiens SC ausklingen. [*17.11.1972 | 38 LS/23 Tore]

■ **CHÉRIF SOULEYMANE** Afrikas Fußballer des Jahres 1972 war die Inkarnation der Erfolgsepoche der 1970er Jahre. Dreimal Kontinentalmeister mit dem Hafia FC und dreimal Teilnehmer an der Afrikameisterschaft galt der athletische Spielorganisator als unverzichtbare Schaltstelle. Chérif war ein ungewöhnlich intellektueller Fußballer, der heute als Technischer Direktor für den nationalen Fußballverband tätig ist. [*1944]

■ **N'JO LÉA** Gefürchteter Torjäger der 1970er Jahre, dessen eigentlicher Name Keita Aliou Mamadou war. Der Stürmer des Hafia FC trug seinen Kosenamen in Erinnerung an den kamerunischen Ex-Profi Eugène N'Jo Léa, der einst in St. Etienne spielte. Guineas N'Jo feierte seinen Durchbruch bei der Afrikameisterschaft 1972 und wurde 1974 Torschützenkönig beim Kontinentalturnier in Äthiopien. Sowohl mit der »Syli Nationale« als auch mit dem Hafia FC feierte er viele Erfolge.

Jahr	Meister	Pokalsieger
1965	AS Kaloum Stars Conakry	
1966	Hafia FC Conakry	
1967	Hafia FC Conakry	
1968	Hafia FC Conakry	
1969	AS Kaloum Stars Conakry	
1970	AS Kaloum Stars Conakry	
1971	Hafia FC Conakry	
1972	Hafia FC Conakry	
1973	Hafia FC Conakry	
1974	Hafia FC Conakry	
1975	Hafia FC Conakry	
1976	Hafia FC Conakry	
1977	Hafia FC Conakry	
1978	Hafia FC Conakry	
1979	Hafia FC Conakry	
1980	AS Kaloum Stars Conakry	
1981	AS Kaloum Stars Conakry	
1982	Hafia FC Conakry	
1983	Hafia FC Conakry	
1984	AS Kaloum Stars Conakry	
1985	Hafia FC Conakry	AS Kaloum Stars Con.
1986	Horoya AC Conakry	Olympique Kakandé
1987	AS Kaloum Stars Conakry	ASFAG Conakry
1988	Horoya AC Conakry	Olympique Kakandé
1989	Horoya AC Conakry	Horoya AC Conakry
1990	Horoya AC Conakry	Mankona Guéckédou
1991	Horoya AC Conakry	ASFAG Conakry
1992	Horoya AC Conakry	Hafia FC Conakry
1993	AS Kaloum Stars Conakry	Hafia FC Conakry
1994	Horoya AC Conakry	Horoya AC Conakry
1995	AS Kaloum Stars Conakry	Horoya AC Conakry
1996	AS Kaloum Stars Conakry	ASFAG Conakry
1997	abgebrochen	AS Kaloum Stars Con.
1998	AS Kaloum Stars Conakry	AS Kaloum Stars Con.
1999	nicht ausgespielt	Horoya AC Conakry
2000	Horoya AC Conakry	Fello Star Labé
2001	Horoya AC Conakry	AS Kaloum Stars Con.
2002	Satellite FC Conakry	Hafia FC Conakry
2003	ASFAG Conakry	Étoile de Guinée Con.
2004	nicht ausgespielt	Fello Star Labé
2005	Satellite FC Conakry	AS Kaloum Stars Con.
2006	Fello Star Labé	Satellite FC Conakry
2007	AS Kaloum Stars Conakry	AS Kaloum Stars Con.
2008	Fello Star Labé	Satellite FC Conakry

GUINEA-BISSAU

Bescheidenheit ist Trumpf

Fußball hat sich in Guinea-Bissau nur langsam entwickeln können

Federação de Futebol da Guiné-Bissau

Fußball-Bund Guinea-Bissau | gegründet: 1974 | Beitritt FIFA: 1986 | Beitritt CAF: 1986 | Spielkleidung: rotes Trikot, grüne Hose, rote Stutzen | Saison: Oktober - Juli | Spieler/Profis: 71.900/0 | Vereine/Mannschaften: 40/110 | Anschrift: Alto Bandim (Nova Sede), Case Postale 375, Bissau 1035 | Tel: +245-201918 | Fax: +245-211414 | keine Homepage | E-Mail: federacaofutebol@hotmail.com

Auch für Südafrika 2010 war es wie immer: Ende 2007 lief die Fußball-Landesauswahl von Guinea-Bissau zu ihren ersten Qualifikationsspielen für das WM-Turnier im Sommer 2010 auf – und musste sich schon nach der ersten Runde verabschieden. Sierra Leone hieß die Hürde, die zu hoch war für ein Land, das in der FIFA-Weltrangliste traditionell auf den hintersten Rängen geführt wird. Für Guinea-Bissau bedeutete das frühzeitige Aus eine erneute lange Länderspielpause, denn das Verpassen der Gruppenspiele führte – wie schon 2002, 2004 und 2006 – zu einem länderspiellosen Jahr 2008.

■ **ÜBER DIE FUSSBALLGESCHICHTE** in der früheren portugiesischen Kolonie an der westafrikanischen Atlantikküste ist wenig bekannt. Unter portugiesischer Flagge wurde das Spiel in den 1930er Jahren eingeführt, kam nach derzeitigem Stand der Forschung jedoch lange Zeit nicht über die Kreise einer Handvoll europäischer Siedler bzw. Soldaten hinaus. Aus dem Jahre 1936 datiert die Gründung des heutigen Spitzenklubs Sporting Clube de Bissau, der ebenso wie Erzrivale Sport Bissau e Benfica von Portugiesen gegründet wurde und ursprünglich mit dem gleichnamigen Lissaboner Spitzenklub verbunden war. 1952 lief erstmals eine vorwiegend aus Europäern gebildete Landesauswahl auf, die Britisch-Gambia (heute Gambia) mit 3:1 bezwang.

Unter Portugals Diktator Salazar lediglich als Rohstofflieferant betrachtet, fristete das zwischen Senegal und Guinea gelegene Portugiesisch-Guinea jahrzehntelang ein beschauliches Dasein. Das änderte sich nach dem Zweiten Weltkrieg, als es gemeinsam mit den Kapverden zum Ausgangspunkt einer marxistischen Befreiungsbewegung wurde, die in der Folge auf die portugiesischen Kolonien Angola und Mosambik überschwappte. Gründer war der aus dem Örtchen Bafatá stammende Kapverder Amílcar Lopes Cabral, dessen 1955 gebildete Partido Africano para a Independência da Guiné e Cabo Verde (PAIGC) 1963 den bewaffneten Kampf gegen die Kolonialmacht Portugal eröffnete. Als Cabral im Januar 1973 durch portugiesische Agenten ermordet wurde, übernahm sein Halbbruder Luís die Führung und verkündete im September desselben Jahres einseitig die Unabhängigkeit Guinea-Bissaus. Nach dem Sturz des portugiesischen Diktators Salazars in der »Nelkenrevolution« wurde diese schließlich 1974 auch von Portugal anerkannt.

Das sozialistisch ausgerichtete Guinea-Bissau geriet jedoch übergangslos in interne Konflikte zwischen kapverdischen Politikern um Regierungschef Luís de Almeida Cabral und bissauischen Politikern. Dem Konflikt fiel auch die angestrebte Vereinigung mit den Kapverden zum Oper. Stattdessen putschte sich 1980 der einheimische Brigadegeneral João Bernardo »Nino« Vieira an die Macht und lenkte Guinea-Bissau anschließend 18 Jahre lang als Alleinherrscher. Als das Militär 1998 gegen ihn putschte, destabilisierte sich die Lage, ehe Vieira sein Amt schließlich 1999 niederlegte und ins Exil nach Portugal ging. Guinea-Bissau ist seitdem jedoch nicht zur Ruhe gekommen und gilt inzwischen als wichtigstes westafrikanisches Transitland für den Kokainhandel mit Europa.

■ **ANGESICHTS DER TURBULENTEN** jüngeren Geschichte überrascht es nicht, dass Guinea-Bissau im Fußball selbst in Westafrika

Republica da Guiné-Bissau

Republik Guinea-Bissau | Fläche: 36.125 km² | Einwohner: 1.540.000 (43 je km²) | Amtssprache: Portugiesisch | Hauptstadt: Bissau (335.876) | Weitere Städte: Bafatá (18.000), Gabú (9.500), Carió (6.000) | Währung: CFA-Francs | Bruttosozialprodukt: 160 $/Kopf | Zeitzone: MEZ -1h | Länderkürzel: GW | FIFA-Kürzel: GNB | Telefon-Vorwahl: +245

● **FIFA World Ranking**

1993	1994	1995	1996	1997	1998	1999	2000
131	122	118	133	148	165	173	177

2001	2002	2003	2004	2005	2006	2007	2008
174	183	186	190	186	191	171	186

● **Weltmeisterschaft**
1930-94 nicht teilgenommen **1998-2010** Qualifikation

● **Afrikameisterschaft**
1957-92 nicht teilgenommen **1994** Qualifikation **1996-2004** nicht teilgenommen **2006** Qualifikation **2008** nicht teilgenommen **2010** Qualifikation

ein recht unbeschriebenes Blatt ist. Seinen größten Erfolg bejubelte man 1983 mit Platz zwei beim Westafrikacup. Im nach dem Ex-Revolutionsführer benannten Amílcar Cabral-Cup belegte die Landesauswahl unterdessen 1979, 1995, 2001, 2005 und 2007 jeweils Platz vier.

Die offizielle Historie des guineisch-bissauischen Fußballs beginnt mit der Unabhängigkeitserklärung von 1974, als Einheimische die von Portugiesen geprägten Strukturen übernahmen. Im selben Jahr wurde die Federação de Futebol da Guiné-Bissau ins Leben gerufen, die 1975 eine Landesmeisterschaft und 1976 einen Landespokal installierte. Nachdem sich 1975 mit »Os Balantas« Mansôa noch ein Provinzteam die erste Landesmeisterschaft der Geschichte gesichert hatte, übernahmen die Teams aus der Hauptstadt Bissau die Führung. Mit 13 Titelgewinnen seit 1983 ist Sporting Bissau Rekordmeister des Landes. Die Grün-Weißen werden gefolgt von Sport Bissau e Benfica, das 1977 seinen ersten von inzwischen acht Titeln errang. Abgesehen von vier Spielzeiten, als Sporting Bafatá (1987, 2008), AD Recreativa Mansabá (1996) sowie »Os Balantas« Mansôa (2006) die Landesmeisterschaft errangen, stellte die Hauptstadt stets den Meister.

■ **INTERNATIONAL GAB ES BISLANG** nur wenig zu feiern für die Fußballer aus Guinea-Bissau. Die andauernden politischen Unruhen zerstörten viele hoffnungsvolle Ansätze, zumal der Nationalverband über chronischen Geldmangel klagt. Am 7. Januar 1979 hatte die »Djurtus« genannte Nationalelf (ein Kreol-Wort für eine Fuchsrasse) bei ihrem Debüt immerhin ein 3:0 über die Kapverden gefeiert und beim in Bissau ausgetragenen Turnier um den Amílcar Cabral-Cup Platz vier belegt.

1986 trat der Nationalverband sowohl der CAF als auch der FIFA bei, woraufhin 1994 das Debüt in der Afrikameisterschaft folgte. Vier Jahre später hob sich auch der WM-Vorhang für die »Djurtus«, die bei dieser Gelegenheit ein 3:2 über den Nachbarn Guinea errangen, das nach einer 1:3-Hinspielniederlage jedoch nicht zum Weiterkommen reichte. Auch 1998, 2006 und 2010 setzte es jeweils in der ersten Runde das WM-Aus, wobei 2006 immerhin ein Sieg über Mali gelang.

Auch auf Klubebene sind die Erfolgsannalen ziemlich unbeschrieben. 1977 debütierte UD Internacional Bissau mit einem 0:1 bzw. 0:5 gegen Djoliba AC Bamako auf der internationalen Bühne. Einsamer Erfolg ist der Einzug des Sporting Clube de Bissau in das Achtelfinale des Landesmeisterwettbewerbs 1984, als man in der Vorqualifikation Real Banjul aus Gambia ausschaltete und das Viertelfinale aufgrund des Rückzuges von Gegner Hafia FC Conakry kampflos überstand. Im Achtelfinale traten die Grün-Weißen dann gegen den algerischen Klub JE Tizi-Ouzou selber nicht an.

Hauptgrund für die mangelnde Wettbewerbsfähigkeit ist die schwache Unterstützung des nationalen Fußballs durch die Politik bzw. Wirtschaft sowie die rudimentäre Fußballinfrastruktur. Lediglich das Bissauer Estádio Nacional 24 de Setembro genügt internationalen Ansprüchen, und wirtschaftlich sind den Klubs ziemlich die Hände gebunden. Profis kennt Guinea-Bissau nicht, weshalb jedes halbwegs begabte Talent sein Glück im Ausland sucht. Vor allem in Portugal – aber auch in Frankreich und Belgien – sind guineisch-bissauische Fußballer seit längerem im Profi- bzw. Halbprofibereich aktiv, wobei sie nur selten über die zweithöchste Spielklasse hinausgekommen sind. Bekannteste Namen sind die von Arnaldo, der in den 1960er Jahren beim portugiesischen Klub CUF Barreiro kickte, Reinaldo, der Ende der 1980er Jahre für Benfica Lissabon am Ball war, sowie Toni (FC Porto) und Torjäger Bambo (Boavista Porto), die in den 1990er Jahren für etwas Furore sorgten. 2008 gehörte mit Nationalverteidiger Bruno Fernandes immerhin ein »Djurtus« zum Kader des rumänischen UEFA-Cup-Teilnehmers Unirea Urziceni.

Jahr	Meister	
1975	CF Balantas Mansôa	
1976	UD Internacional Bissau	
1977	Sport Bissau e Benfica	UD Internacional Bissau
1978	Sport Bissau e Benfica	Bula FC
1979	nicht beendet	Estrela Negra Bolama
1980	Sport Bissau e Benfica	Sport Bissau e Benfica
1981	Sport Bissau e Benfica	Ajuda Sport de Bissau
1982	Sport Bissau e Benfica	Sporting Clube Bissau
1983	Sporting Clube de Bissau	UD Internacional Bissau
1984	Sporting Clube de Bissau	UD Internacional Bissau
1985	UD Internacional Bissau	UD Internacional Bissau
1986	Sporting Clube de Bissau	Sporting Clube Bissau
1987	Sporting Clube de Bafatá	Sporting Clube Bissau
1988	Sport Bissau e Benfica	UD Internacional Bissau
1989	Sport Bissau e Benfica	Sport Bissau e Benfica
1990	Sport Bissau e Benfica	DRC Farim
1991	Sporting Clube de Bissau	Sporting Clube Bissau
1992	Sporting Clube de Bissau	Sport Bissau e Benfica
1993	Sport Portos de Bissau	Sport Portos Bissau
1994	Sporting Clube de Bissau	Ténis Clube Bissau
1995	nicht ausgespielt	nicht ausgespielt
1996	AD Recreativa Mansabá	UD Internacional Bissau
1997	Sporting Clube de Bissau	nicht ausgespielt
1998	Sporting Clube de Bissau	Sport Portos Bissau
1999	nicht ausgespielt	nicht ausgespielt
2000	Sporting Clube de Bissau	nicht ausgespielt
2001	nicht ausgespielt	ADR Desp. Mansabá
2002	Sporting Clube de Bissau	Mavegro FC Bissau
2003	UD Internacional de Bissau	annulliert
2004	Sporting Clube de Bissau	Mavegro FC Bissau
2005	Sporting Clube de Bissau	Sporting Clube Bissau
2006	CF Balantas Mansôa	Sport Portos Bissau
2007	Sporting Clube de Bissau	Sporting Clube Bissau
2008	Sporting Clube de Bafatá	Sport Bissau e Benfica

Karge Infrastruktur: das Campo de Futebol des Landesmeisters von 2006, CF Balantas Mansôa.

TEAMS | MYTHEN

■ **SPORTING CLUBE DE BISSAU** Mit 13 Titeln Rekordmeister und zugleich einer der ältesten Klubs des Landes. Seine Wurzeln wurden 1936 durch portugiesische Kolonialisten gelegt, die im Auftrag des gleichnamigen Lissaboner Spitzenvereins eine Filiale in Bissau errichteten. Sporting feierte seinen größten Erfolg in der Kontinentalmeisterschaft 1984, als man sich in der Vorqualifikation gegen den gambischen Vertreter Real Banjul durchsetzte (0:0, 2:0), das Viertelfinale durch den Rückzug von Gegner Hafia FC Coankry kampflos überstand und im Achtelfinale auf den algerischen Spitzenklub JE Tizi-Ouzou traf. Aus finanziellen Gründen konnten die Grün-Weißen jedoch nicht antreten und schieden kampflos aus. [1936 | Nacional 24 de Setembro (20.000) | 13]

■ **SPORT BISSAU E BENFICA** Der achtfache Landesmeister entstand vor dem Zweiten Weltkrieg als Bissauer Filiale des berühmten Lissaboner Vorbilds. Er ist der nach dem Lokalrivalen Sporting Clube beliebteste Verein des Landes. Seine letzte Meisterschaft datiert allerdings aus dem Jahr 1990. [Nacional 24 de Setembro (20.000) | 8]

■ **UD INTERNACIONAL BISSAU** 1976 erster hauptstädtischer Landesmeister geworden, fungierte »UDIB« 1977 als guineisch-bissauischer Debütant in der Kontinentalmeisterschaft. Mit einem 0:1 bzw. 0:5 gegen den Djoliba AC Bamako kam seinerzeit bereits in der Vorqualifikation das Aus. Der Klub errang 1985 und 2003 zwei weitere Landesmeisterschaften. [Cicero (10.000) | 3]

■ **CF »OS BALANTAS« MANSÔA** Erster Landesmeister und mit zwei Titelgewinnen einer der erfolgreichsten Provinzklubs des Landes. Mansôa liegt in der Oio Region im Landeszentrum und kommt auf etwa 7.000 Einwohner. Der Klub errang 2007 seine zweite Landesmeisterschaft und nahm anschließend an der afrikanischen Champions League teil. [Mansôa (3.000) | 2]

HELDEN | LEGENDEN

■ **REINALDO** 1954 in Bissau geborener Stürmer, der in 116 Spielen für Benfica Lissabon 59 Tore markierte. Er ist damit der erfolgreichste Fußballer Guinea-Bissaus – wenngleich er für die portuiesische Nationalelf auflief und international sechsmal zum Einsatz kam. Maurício Zacarias Reinaldo Rodrigues Gomes (»Reinaldo«) spielte während seiner Laufbahn außerdem für Vilareal, den FC Famalicão, Sporting Braga, den CD Estoril und den Varzim SC, bei dem er seine Karriere 1987 beendete. [*2.11.1954 | 6 LS für Portugal/1 Tor]

KAMERUN

Unvergessener Sommer 1990

Kameruns WM-Erfolge inspirierten den gesamten schwarzafrikanischen Kontinent

Fédération Camerounaise de Football

Fußball-Bund Kamerun | gegründet: 1959 | Beitritt FIFA: 1962 | Beitritt CAF: 1963 | Spielkleidung: grünes Trikot, rote Hose, gelbe Stutzen | Saison: November - Juli | Spieler/Profis: 785.515/540 | Vereine/Mannschaften: 220/1.100 | Anschrift: Avenue du 27 aout 1940, Tsinga-Yaoundé, Case Postale 1116, Yaoundé | Tel: +237-22210012 | Fax: +237-22216662 | www.fecafootonline.com | E-Mail: fecafoot@fecafootonline.com

Es war der Moment, in dem Afrikas Fußball schlagartig ins Blickfeld der Welt rückte: der Auftritt der kamerunischen Nationalmannschaft bei der WM 1990. Angefangen beim sensationellen 1:0 im Eröffnungsspiel über den amtierenden Weltmeister Argentinien bis hin zum heroischen Viertelfinal-Aus gegen England verzauberten die Westafrikaner mit elanvollem Fußball, exotischen Tanzeinlagen und fröhlichem Lächeln die Fans auf der ganzen Welt. Das Gesicht des Turniers war das von Torjäger-Oldie Roger Milla, dessen berühmter Eckfahnentanz bis heute symbolisch für einen der größten Erfolge in der afrikanischen Fußballgeschichte steht.

Mit ihrem couragierten WM-Auftritt wurden »les Lions Indomptables« (»die unbezwingbaren Löwen«) schlagartig zum Aushängeschild des schwarzafrikanischen Fußballs und Symbol für dessen Leistungspotenzial. Mit vier Afrikameisterschaften (1984, 1988, 2000 und 2002), fünf WM-Teilnahmen (1982, 1990-2002) sowie dem Olympiasieg von 2000 wird Kamerun dieser Rolle auch gerecht und ist die erfolgreichste Fußballkraft in Schwarzafrika.

■ **»GANZ AFRIKA IN EINEM DREIECK«** heißt es in einer Tourismus-Werbebroschüre des Landes, das am Übergang von West- zu Zentralafrika liegt und sich vom Tschadsee im trockenheißen Norden bis zum Golf von Guinea im tropischen Süden erstreckt. Über 200 Volksgruppen, mehr als 120 Sprachen und eine Fülle von Klima- und Vegetationsformen spiegeln die ganze Vielfalt des afrikanischen Kontinents in nur einem Land wider.

1472 war der portugiesische Seefahrer Fernando Póo in die Bucht von Douala gekommen und hatte dem dortigen Fluss Wuri den Namen »Río dos Camãroes« (»Fluss der Krabben«) verpasst, aus dem sich später »Kamerun« entwickelte. Das feucht-heiße Klima schreckte die Europäer allerdings lange Zeit ab, so dass Kamerun erst 1884 ins Kolonialzeitalter eintrat, als der deutsche Generalkonsul in Tunis, Gustav Nachtigal, »Schutzverträge« mit den herrschenden Fürsten der Küstenregion schloss.

Im Ersten Weltkrieg verlor Deutschland die Kontrolle über seine Kolonialterritorien, woraufhin Kamerun 1922 vom Völkerbund übernommen und zwischen Frankreich (erhielt 4/5) und Großbritannien aufgeteilt wurde. Großbritannien schloss sein im Westen gelegenes Fünftel der Kolonie Nigeria an, während der französische Teil als selbständige Einheit zur Kolonialföderation Französisch-Äquatorialguinea gelangte. Unter der Tricolore kam es anschließend zu einer strikten Rassentrennung und der Intensivierung der Kaffee- bzw. Kakao-Plantagenwirtschaft.

Nach dem Zweiten Weltkrieg erhoben sich Forderungen nach der Wiedervereinigung sowie der Unabhängigkeit Kameruns. Zum 1. Januar 1960 wurde das französische Mandatsgebiet schließlich als Ost-Kamerun in die Unabhängigkeit entlassen, während der muslimisch geprägte Norden des britischen Mandatsgebiets 1961 bei einer Volksabstimmung für seinen Verbleib bei Nigeria votierte. Der christlich dominierte britische Südwesten wurde daraufhin mit Ost-Kamerun zu Kamerun vereint. Daraus resultiert die heutige Zweisprachigkeit des Landes. Allerdings wird überwiegend Französisch gesprochen, während Englisch nur im Westen zu hören ist.

Unter dem aus dem muslimischen Norden stammenden ersten Präsidenten Ahmadou Ahidjo entwickelte sich Kamerun anschließend zu einem autoritären Überwachungsstaat, der sich trotz ethnischer Spannungen zu einem Land mit hoher politischer Stabilität

République du Cameroun Republik of Cameroon

Republik Kamerun | Fläche: 475.442 km² | Einwohner: 16.038.000 (34 je km²) | Amtssprachen: Französisch, Englisch | Hauptstadt: Yaoundé (Jaunde, 1,2 Mio.) | Weitere Städte: Douala (1,5 Mio.), Garoua (356.900), Bamenda (316.000), Maroua (271.700), Bafoussam (242.000) | Währung: CFA-Franc | Bruttosozialprodukt: 810 $/Kopf | Zeitzone: MEZ | Länderkürzel: CM | FIFA-Kürzel: CMR | Telefon-Vorwahl: +237

- **Erfolge**
Afrikameister 1984, 1988, 2000, 2002 **Olympiasieger** 2000

- **FIFA World Ranking**

1993	1994	1995	1996	1997	1998	1999	2000
23	31	37	56	53	41	58	39
2001	2002	2003	2004	2005	2006	2007	2008
38	16	14	23	23	11	24	14

- **Weltmeisterschaft**
1930-66 nicht teilgenommen **1970-78** Qualifikation **1982** Endturnier (Vorrunde) **1986** Qualifikation **1990** Endturnier (Viertelfinale) **1994** Endturnier (Vorrunde) **1998** Endturnier (Vorrunde) **2002** Endturnier (Vorrunde) **2006-10** Qualifikation

- **Afrikameisterschaft**
1957-65 nicht teilgenommen **1968** Qualifikation **1970** Endturnier (Veranstalter, Vorrunde) **1972** Endturnier (Dritter) **1974-80** Qualifikation **1982** Endturnier (Vorrunde) **1984** Endturnier (Sieger) **1986** Endturnier (Zweiter) **1988** Endturnier (Sieger) **1990** Endturnier (Vorrunde) **1992** Endturnier (Vierter) **1996** Qualifikation (Vorrunde) **1998** Endturnier (Viertelfinale) **2000** Endturnier (Sieger) **2002** Endturnier (Vorrunde) **2004** Endturnier (Viertelfinale) **2006** Endturnier (Viertelfinale) **2008** Endturnier (Zweiter)

- **Vereinserfolge**
Landesmeister Oryx Douala (1965), Canon Yaoundé (1971, 1978, 1980), Union Douala (1979), Cotonsport Garoua (2008) **Pokalsieger** Tonnerre Yaoundé (1975), Canon Yaoundé (1979), Union Douala (1980)

und wirtschaftlichem Wachstum entwickelte. Nachdem Ahidjo 1982 zurückgetreten war, übernahm der aus dem Süden stammende Christ Paul Biya die Macht und installierte ein diktatorisches Einparteienregime, unter dem Kamerun in einen ethnisch-religiösen Konflikt zwischen den christlich geprägten Bantu-Völkern des Südens und den muslimisch orientierten Gruppen des Nordens geriet. Obwohl Biya in den 1990er Jahren einige demokratische Reformen vornahm, ist seine Alleinherrschaft bis heute unangefochten. Zugleich gehört Kamerun zu den korruptesten Staaten der Welt und ist ein Land, in dem es der politischen Elite an nichts mangelt, während die Lebensverhältnisse im Volk katastrophal sind.

■ **KAMERUNS FUSSBALLGESCHICHTE** beginnt in den ersten Jahren des 20. Jahrhunderts. Importeure waren deutsche und französische Missionare bzw. Geschäftsleute. Die ersten Spiele sollen von deutschen Siedlern in der Hafenstadt Buéa durchgeführt worden sein. Aus den zarten Anfängen erwuchs nur zögerlich eine stabile Basis. Die französische Politik der Rassentrennung verhinderte Begegnungen zwischen Weißen und Schwarzen, so dass Einheimische kaum mit dem Spiel in Berührung kamen.

Erst in den späten 1920er Jahren konnten sich erste von Afrikanern geführte Klubs bzw. Spielklassen entwickeln. Zu den frühen Hochburgen des Spiels avancierten die Hafenstadt Douala, wo 1927 der Klub Caïman entstand, sowie die Hauptstadt Yaoundé, in der sich mit Canon (1930 gegründet) und Tonnerre (1934) zwei Vereine bildeten, die Kameruns Fußball lange Zeit prägten.

Nachdem mehrere regionale Ligen eingerichtet worden waren, formierte sich 1932 mit der Ligue de football du Cameroun eine Dachorganisation, die 1933 im Championnat Territorial erstmals einen Landesmeister ermitteln ließ. Als Anfang der 1940er Jahre Geschäftsmänner bzw. Unternehmen wie John Holt, Elders und Fyfes, SOCOPOAC und R. W. King firmeneigene Fußballteams ins Leben riefen, konnte sich der Spielbetrieb vor allem in den Metropolen Douala und Yaoundé deutlich ausweiten.

Nach dem Zweiten Weltkrieg schaffte der Fußball in Kamerun endgültig seinen Durchbruch. Während die Unabhängigkeitsbewegung um die politische Einheit sowie die staatliche Souveränität Kameruns rang, formierten sich weitere Fußballklubs wie Union Douala (1957) und Oryx Douala. Letzterer errang 1956 mit einem 6:0-Finalsieg über den Lokalrivalen Léopards den erstmals ausgeschriebenen Landespokal und sicherte sich fünf Jahre später auch die erste Meisterschaft der zwölf Mannschaften umfassenden Nationalliga. Unterdessen löste die Fédération Camerounaise de Football (FECAFOOT) am 11. Januar 1959 die Ligue de football du Cameroun ab. Kameruns Nationalauswahl, die erstmals 1950 bei einer Gastspielreise in Frankreich aufgelaufen war, betrat im April 1960 mit einem 9:2 über Somalia auch offiziell die internationale Bühne.

Derweil etablierten sich erste kamerunische Spieler im französischen Profifußball. Eugène N'Jo Léa wurde 1957 in St. Etienne an der Seite des Algeriers Rachid Mekloufi sogar französischer Meister, während sich Gabriel Abossolo in Bordeaux, Samuel Edimo in Sochaux und Frédéric N'Doumbé in Le Havre durchsetzten.

■ **IN DER ETHNISCH VIELFÄLTIGEN** jungen Republik Kamerun wurde Fußball als wichtiges Werkzeug bei der Bildung einer nationalen Einheit betrachtet. Vor allem die Nationalmannschaft sollte dazu beitragen. Nachdem die FECAFOOT 1962 der FIFA und 1963 der CAF beigetreten war, wurden verstärkt Anstrengungen unternommen, sie international möglichst exponiert zu etablieren.

Unter Premierminister Charles Assale und Sportminister Vroumsia Tchinay entstand ein professionelles Umfeld, das Kameruns Nationalspieler neben moderner medizinischer Versorgung und üppigen Prämien auch die Möglichkeit zu einer Berufsausbildung bescherte. Wie erhofft, konnte die Landesauswahl dadurch zum internationalen Flaggschiff des Landes aufsteigen und errang 1964 mit dem Central African Tropical Cup ihre erste Trophäe. 1968 debütierte sie in der Afrikameisterschaft bzw. der Olympiaqualifikation, ehe sie 1970 erstmals das Rennen um einen Platz bei der WM aufnahm.

Die größten Erfolge gab es jedoch auf Klubebene zu verzeichnen. Im Februar 1964 wurde Oryx Douala mit einem 2:1 über Stade Malien Bamako sogar erster afrikanischer Kontinentalmeister.

TEAMS | MYTHEN

■ **RACING BAFOUSSAM** Die Anfang der 1950er Jahre gegründeten Blau-Weißen stammen aus der 240.000-Einwohnerstadt Bafoussam, die im traditionellen Siedlungsgebiet der Bamiléké-Volksgruppe im Westen des Landes liegt. Der Klub zählte zu den erfolgreichsten Teams der frühen 1990er Jahre. Dem Gewinn der ersten Landesmeisterschaft 1989 folgte 1990 der Einzug ins Viertelfinale des kontinentalen Pokalsiegerwettbewerbs, ehe der häufig »TPO« (»Tout Puissant de l'Ouest«, etwa »die Kraftvollen aus dem Westen«) genannte Klub zwischen 1992 und 1995 mit drei Meistertiteln binnen vier Jahren die Nationalliga sogar dominierte. Als Vater des Erfolges galt Generaldirektor Serge Tsemo, der in den 1970er Jahren selbst das Racing-Jersey getragen hatte und den Klub mit umsichtiger Hand führte. Herausragender Akteur war Nationalspieler David Embé. Mit dem Pokalsieg 1996 endete die Ära der Westkameruner, aus denen der spätere Bundesligaprofi Mohamadou Idrissou hervorging. 2006 stieg Racing sogar aus der Nationalliga ab. [Bamendzi (5.000) | 4 | 1]

■ **CAÏMAN DOUALA** Einer der traditionsreichsten und legendärsten Vereine aus der Kolonialepoche.  Bis in die späten 1950er Jahre dominierte der 1927 gegründete Verein den nationalen Fußball und feierte nach der kamerunischen Unabhängigkeit noch drei Landesmeisterschaften (1962, 1968 und 1975), ehe er von den Yaoundér Klubs Canon und Tonnerre verdrängt wurde. Größter internationaler Erfolg der »Kaimane« (eine Krokodilart) war der Einzug ins Viertelfinale des afrikanischen Pokalsiegerwettbewerbes 1978. Nach vielen Jahren in unterklassigen Ligen kehrten die Rot-Weißen 2007 mit einem 3:1-Sieg im Play-Off über Dynamo Ngaoundéré ins Oberhaus zurück, mussten aber nach Saisonende gleich wieder absteigen. [1927 | Réunification (30.000) | 3 | 1]

■ **ORYX DOUALA** Überragendes Team der 1960er Jahre, das neben fünf Landesmeisterschaften (1961, 1963-65 und 1967) auch den  1964 erstmals ausgeschriebenen Landesmeisterwettbewerb Afrikas gewann. Der Name stammt von der Oryx-Antilope, die sich auch im Vereinslogo wiederfindet. Nachdem die Schwarz-Gelben in der Kontinentalmeisterschaft 1964 mit den Real Republicans aus Ghana bereits den Topfavoriten aus dem Wettbewerb geworfen hatten, bezwangen sie im Finale auch die Elf von Stade Malien Bamako (2:1). 1966 scheiterten sie in einem dramatischen Halbfinale am von der malischen Fußball-Legende Salif Keïta angeführten AS Real Bamako. Beim letzten internationalen Oryx-Auftritt kam 1968 bereits im Viertelfinale gegen TP Englebert Lubumbashi aus der DR Kongo das Aus. Die Basis des Erfolgsteams aus Douala stellten Nationalelfkapitän »Maréchal« M'Bappé Léppé, der spätere Frankreichprofi Jean-Pierre Tokoto sowie Jean Moukoko. In den 1970er Jahren geriet der Klub zunehmend in den Schatten des erfolgreicheren Lokalrivalens Union Douala und stieg schließlich sogar aus dem Oberhaus ab. [Akwa (12.000) | 5 | 4]

■ **UNION DOUALA** 1957 gebildeter Klub, der für viele Jahre die Führungsposition im Fußball der kamerunischen Wirtschaftsmetropole Douala bekleidete. Die  Grün-Weißen gelten als Vorzeigeklub der Bamiléké-Volksgruppe, die ursprünglich aus dem Westen des Landes stammt und die ungefähr die Hälfte der Einwohner Doualas stellen. Bamiléké sind als geschickte Geschäftsleute bekannt, die politisch zumeist in der Opposition zu finden sind. Größter Moment der Vereinsgeschichte war der Gewinn der Afrikameisterschaft 1979, als der Union-Sturm um Ndjéya Brice zu den gefürchtetsten Angriffsreihen auf dem Kontinent zählte. Zur damaligen Erfolgsequipe zählten außerdem François N'Doumbé Léa, Jacques Enamé, Joseph-Antoine Bell, Téni Yérima, »Solo« Bep Pierre und Eugène Ekoulé. Ein Jahr später scheiterten die Grün-Weißen im Halbfinale am zaïrischen Meister AS Bilima Kinshasa, während sie 1981 auch im Pokal der Pokalsieger das Finale erreichten, in dem sie sich gegen die nigerianische Elf der Stationary Stores durchsetzten. Nach einer längeren Durststrecke konnte der Klub 1990 seine vierte und bislang letzte Landesmeisterschaft erringen, ehe 1991 im kontinentalen Landesmeisterwettbewerb das Aus im Viertelfinale gegen den sambischen Vertreter Nkana Red Devils folgte. Nachdem Leistungsträger wie Sturmführer Tchapnda Collins, Torhüter William Andem, Mbang Penda und Ewane Dipoko den finanziell angeschlagenen Verein verlassen hatten, verlor Union den Anschluss an die nationale Spitze. [1957 | Réunification (30.000) | 4 | 7]

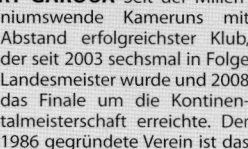

■ **COTONSPORT GAROUA** Seit der Millenniumswende Kameruns mit Abstand erfolgreichster Klub, der seit 2003 sechsmal in Folge Landesmeister wurde und 2008 das Finale um die Kontinentalmeisterschaft erreichte. Der 1986 gegründete Verein ist das fußballerische Aushängeschild des islamischen Nordens und hat seinen Sitz in der Stadt Garoua, die inmitten eines gewaltigen Baumwollanbaugebietes liegt. Mit mehr als einer Mio. Einwohnern gilt der fußballbegeisterte Großraum als die neue Hochburg des kamerunischen Fußballs. Der Cotonsport FC ist direkt mit der Baumwollgenossenschaft Société de Développement du Coton (SODECOTON) verbunden und kann auf ein vergleichsweise hohes jährliches Budget zurückgreifen. Rückgrat des seriös geführten Vereins war für mehr als eine Dekade Zentralverteidiger Jean-Claude Wadalé, während Trainer wie der Senegalese Denis Lavagne oder Ex-Nationalspieler Djonkep Bonaventure für den Erfolg sorgten. 1993 ins kamerunische Oberhaus aufgestiegen, wurden die Grün-Weißen auf Anhieb Vizemeister, ehe sie 2003 erstmals den Titel in den Norden holten und im CAF-Cup das Finale erreichten. 2008 führte der Ivorer Alain Ouombléon-Guedou das Team ins Finale um die Champions League. Gegen Al Ahly Kairo folgte einer 0:2-Niederlage in Ägypten ein 2:2 auf eigenem Platz. [1986 | Omnisport Roumdé-Adjia (22.000) | 9 | 3]

■ **CANON YAOUNDÉ** Berühmtester, erfolgreichster und auch beliebtester Klub des Landes. Die Grün-Roten sind im Yaoundér Stadtviertel Nkoldongo ansässig und tragen den Beinamen »Kpa Kum« bzw. »Mekok Me Ngonda«. Canon ist der Vorzeigeverein der Beti-Volksgruppe, die traditionell wichtige und einflussreiche Mitglieder der Regierung und der Verwaltung stellt. Mit zehn Landesmeisterschaften ist der dreifache Afrikameister Kameruns Rekordmeister und stellte mit Thomas N'Kono (1979 und 1982), Jean Manga Onguéné (1980) und Théophile Abéga (1984) viermal den Fußballer des Jahres Afrikas. Die große Ära des Klubs begann mit dem ersten Titelgewinn im Spieljahr 1969/70. Im Folgejahr führte der deutsche Trainer Peter Schnittger das Team um Jean Manga Onguéné, Jean-Paul Akono, Emmanuel Mvé und »Django« Akoa auf Anhieb ins kontinentale Endspiel, in dem sich Canon gegen Asante Kotoko Kumasi aus Ghana durchsetzte. Von 1977-80 erreichte man viermal in Folge ein kontinentales Endspiel, wobei die Grün-Roten 1978 und 1980 im Landesmeisterwettbewerb und 1979 im Pokalsiegerwettbewerb jeweils als Sieger das Spielfeld verließen. 1978 avancierte Torsteher Thomas N'Kono zum Helden, als er im Finale gegen Hafia Conakry die gegnerischen Stürmer schier zur Verzweiflung trieb. Neben N'Kono ragten Théophile Abéga, Gregoire M'Bida, »Marco« Émana, Ibrahim Aoudou, Jean-Paul Akono, Enongue Nguéa und Jean Manga Onguéné aus der Mannschaft heraus, die zudem fünfmal Landesmeister wurde. Ausgerechnet Kameruns erster WM-Auftritt sorgte 1982 für einen tiefen Einschnitt in die Klubgeschichte, als Canon

Kamerun stand förmlich kopf nach dem 1:0-Sensationssieg über Argentinien im WM-Auftaktspiel 1990.

Im Verlauf der 1970er Jahre übernahm Kamerun eine führende Rolle auf dem Kontinent. 1970 qualifizierte sich die Landesauswahl erstmals für das Endturnier der Afrikameisterschaft, wo sie sowohl die Elfenbeinküste als auch Äthiopien bezwang. Zwei Jahre später fungierten Yaoundé und Douala als Ausrichter des achten Endturniers, bei dem die vom Deutschen Peter Schnittger trainierten »Lions Indomptables« um Jean-Pierre Tokoto und »Grand« Manu Dibango allerdings bereits im Halbfinale am Kongo scheiterten.

Auf Klubebene beherrschte Kamerun seinerzeit die kontinentale Konkurrenz. Zwischen 1971 und 1984 erreichten kamerunische Teams zehnmal ein kontinentales Endspiel und gingen dabei siebenmal als Sieger vom Feld. Erfolgreichste Elf war die des dreifachen Kontinentalmeisters Canon Yaoundé, der sich 1971, 1978 und 1980 durchsetzte. Union Douala wurde 1979 Kontinentalmeister und gewann 1981 den Pokalsiegerwettbewerb, den 1975 auch Tonnerre Yaoundé und 1979 Canon Yaoundé errangen.

Kamerun gehörte seinerzeit zu den unumstrittenen Fußballhochburgen in Schwarzafrika, während die Nationalliga vor allem dank des Prestigeduells zwischen Canon Yaoundé und Union Douala die wohl attraktivste Spielklasse südlich der Sahara darstellte. Deren Rivalität war von einer ethnischen Note geprägt. Union war der Klub der aus dem Westen stammenden Bamiléké-Ethnie, während Canon der Volksgruppe der Beti-Pahuin nahestand. Letztere besetzten häufig wichtige Ämter in Politik und Verwaltung, wohingegen Bamiléké eher in der Opposition zu finden waren und als erfolgreiche Geschäftsleute galten. Präsident Abidja versuchte zwar, die ethnische Ausrichtung 1967 mit Verweis auf die nationale Einheit per Dekret zu untersagen, hatte damit in der Praxis aber keinen Erfolg.

■ **MIT DEM BEGINN DER** Regentschaft von Staatspräsident Paul Biya brach 1982 die Glanzzeit der »Lions Indomptables« an, die von 1984-88 dreimal in Folge das kontinentale Finale erreichten und es 1984 sowie 1988 auch gewannen. Der erste Höhepunkt der Ära war bereits 1982 erfolgt, als Kamerun als erstes schwarzafrikanisches Land nach Zaïre (1974) an einem WM-Endturnier teilgenommen hatte. Als krasser Außenseiter nach Spanien gereist, ließen die Westafrikaner den kühnen Aussagen ihres Torjägers Roger Milla (»Wir sind nicht gekommen, um zu verlieren«) Taten folgen und unterlagen weder Peru (0:0), Polen (0:0) noch Italien (1:1). Obwohl das Team ungeschlagen in der Vorrunde ausschied, nahm der neue Staatschef Biya den prestigeträchtigen Erfolg zum Anlass, dem Fußball eine erhöhte Aufmerksamkeit zukommen zu lassen.

Kamerun verfügte seinerzeit über die wohl schillerndste Auswahlmannschaft Afrikas. Gleich vier Akteure wurden zwischen 1976 und 1984 zu Afrikas Fußballer des Jahres gewählt – Roger Milla 1976, Thomas N'Kono 1979 sowie 1982, Jean Manga Onguéné 1980 und Théophile »Docteur« Abéga 1984. Zwischen den Pfosten konkurrierten mit Thomas N'Kono und Antoine Bell die beiden besten Torhüter Afrikas. Darüber hinaus zählten Kräfte wie François N'Doumbé, Emmanuel Kundé, Paul M'Fédé, Cyril Makanaky und Emile M'Bouh zur Stammformation. Als Vater der Erfolgself galt der zwischen 1985 und 1988 in Kamerun arbeitende französische Trainer Claude Le Roy, der die von seinen

Jahr	Meister	Pokalsieger
1936/37	Caïman Douala	
1940/41	Caïman Douala	
1942/43	Caïman Douala	
1947/48	Caïman Douala	
1948/49	Caïman Douala	
1950	Caïman Douala	
1951	Caïman Douala	
1954/55	Caïman Douala	
1960		Lions Yaoundé
1960/61	Oryx Douala	Union Douala
1961/62	Caïman Douala	Lions Yaoundé
1962/63	Oryx Douala	Oryx Douala
1963/64	Oryx Douala	Diamant Yaoundé
1964/65	Oryx Douala	Lions Yaoundé
1965/66	Diamant Yaoundé	Lions Yaoundé
1966/67	Oryx Douala	Canon Yaoundé
1967/68	Caïman Douala	Oryx Douala
1968/69	Union Douala	Union Douala
1969/70	Canon Yaoundé	-
1970/71	Aigle R. Nkongsamba	Diamant Yaoundé
1971/72	Léopard Douala	Diamant Yaoundé
1972/73	Léopard Douala	Canon Yaoundé
1973/74	Canon Yaoundé	Tonnerre Yaoundé
1974/75	Caïman Douala	Canon Yaoundé
1975/76	Union Douala	Canon Yaoundé
1976/77	Canon Yaoundé	Canon Yaoundé
1977/78	Union Douala	Canon Yaoundé
1978/79	Canon Yaoundé	Dynamo Douala
1979/80	Canon Yaoundé	Union Douala
1981	Tonnerre Yaoundé	Dynamo Douala
1981/82	Canon Yaoundé	Dragons Yaoundé
1982/83	Tonnerre Yaoundé	Canon Yaoundé
1983/84	Tonnerre Yaoundé	Dihep de Nkam
1984/85	Canon Yaoundé	Union Douala
1985/86	Canon Yaoundé	Canon Yaoundé
1986/87	Tonnerre Yaoundé	Tonnerre Yaoundé
1988		Panthère Bangangte
1989	Racing Club Bafoussam	Tonnerre Yaoundé
1990	Union Douala	Prévoyance Yaoundé
1991		Tonnerre Yaoundé
1992	Racing Club Bafoussam	Olympic Mvolyé
1993	Racing Club Bafoussam	Canon Yaoundé
1994	Aigle Royal Nkongsamba	Olympic Mvolyé
1995	Racing Club Bafoussam	Canon Yaoundé
1996	Unisport Bafang	Racing Club Bafoussam
1997	Cotonsport Garoua	Unione Douala
1998	Cotonsport Garoua	Dynamo Douala
1999	Sable Batié	Canon Yaoundé
2000	Fovu Baham	Kumbo Strikers
2001	Cotonsport Garoua	Fovu Baham
2002	Canon Yaoundé	Mount Cameroun Buéa
2003	Cotonsport Garoua	Cotonsport Garoua
2004	Cotonsport Garoua	Cotonsport Garoua
2005	Cotonsport Garoua	Impôts Yaoundé
2006	Cotonsport Garoua	Unione Douala
2007	Cotonsport Garoua	Cotonsport Garoua
2007/08	Cotonsport Garoua	

jugoslawischen Vorgängern Branko Zutić und Rade Ognjanović geschaffenen spieltaktischen Grundlagen durch die Integration von Frankreichlegionären wie Bell und Oman-Biyick erfolgreich gestärkt hatte.

■ **AUSGERECHNET IM** WM-Jahr 1990 kam es zum Rückschlag. Unter Le-Roy-Nachfolger Valeri Nepomnichi enttäuschten die »unbezwingbaren Löwen« bei der Afrikameisterschaft in Algerien und schieden nach Niederlagen gegen Sambia und Senegal bereits in der Vorrunde aus. Daraufhin kam es zu hitzigen Diskussionen über die Zukunft des Teams, in die sich auch der inzwischen allmächtige Staatspräsident Paul Biya einschaltete. Unmittelbar vor der WM in Italien ordnete er die Nominierung des als Fußball-Rentner auf Réunion kickenden Ex-Torjägers Roger Milla an. Ausgerechnet Milla schwang sich dann in Italien zum Matchwinner auf, als er die »Löwen« mit seinen beiden Treffern beim 2:1 über Kolumbien ins Viertelfinale schoss und Kamerun damit zur bis dahin erfolgreichsten afrikanischen WM-Elf machte. Im Viertelfinale verwandelten die Westafrikaner gegen England einen 0:1-Rückstand in eine zwischenzeitliche 2:1-Führung, ehe sie sich der britischen Cleverness geschlagen geben mussten und durch zwei Elfmetertore mit 2:3 unterlagen.

Der couragierte WM-Auftritt löste eine enorme Begeisterungswelle um die »Lions Indomptables« aus. Weltweit zollte man der Leistung Respekt und registrierte die Fortschritte, die der schwarzafrikanische Fußball seit seinem letzten WM-Auftritt anno 1974 (Zaïre) gemacht hatte. Kamerun stand völlig kopf, und das ohnehin populäre Spiel drang nun bis in den letzten Winkel des Landes vor. Dadurch erhielt Kamerun eine breite Basis talentierter Fußballspieler, die dem Land eine dauerhafte Spitzenposition in der afrikanischen Fußballhierarchie sicherte. Zugleich markiert der WM-Triumph aber auch den Beginn des Exodus afrikanischer Talente nach Europa. Dort hatten sie bis dahin nur vereinzelt Fuß gefasst, was sich nach 1990 dramatisch ändern sollte.

Für Kameruns WM-Helden ging es zunächst turbulent weiter. In der Qualifikation zur Afrikameisterschaft 1992 legten sie einen kapitalen Fehlstart hin und kamen beim Endturnier in Senegal nicht über Rang vier hinaus. Abseits des Spielfeldes überschlugen sich derweil die Dinge. Vor allem der Verbleib der WM-Einnahmen sorgte für Aufregung. Während die Spieler vergeblich auf ihre Prämien warteten, deckte Kameruns Presse ein dichtgeknüpftes Korruptionsnetz im heimischen Fußball auf. Zudem machte sich allmählich eine durch die Erfolge lange übertünchte Strukturkrise bemerkbar. Insbesondere die marode Infrastruktur bereitete Sorgen. Es gab kaum moderne Trainingsstätten, und die meisten Stadien waren hoffnungslos veraltet. Der Yaoundér Spitzenklub Tonnerre beispielsweise kickte in dem völlig heruntergekommenen Stade Militaire, auf dessen Spielfläche kaum ein Grashalm wuchs und das weder funktionierende Duschen noch akzeptable Umkleidekabinen bot. Durch die anhaltende Wirtschaftskrise fehlte es den Vereinen an Geld, die Regierung war nicht in der Lage zu helfen und die Zuschauerzahlen gingen kontinuierlich zurück.

Derweil herrschte Präsident Biya nach eigenem Gusto über den heimischen Fußball. 1990 musste sogar das Pokalfinale zwischen Tonnerre und Prévoyance verlegt werden, weil sich der Staatschef im Urlaub befand und die Partie nicht verpassen wollte. Zudem litt Kameruns Fußball unter ständigen Macht-

mit N'Kono, M'Bida, Jean-Vincent und Aoudou gleich vier Leistungsträger an europäische Vereine verlor. 1988 entging der dreifache Afrikameister daraufhin nur aufgrund des Torverhältnisses dem Abstieg in die 2. Liga und hat seitdem lediglich zwei weitere Landesmeisterschaften feiern können (1991 und 2002). Auch international musste sich die Canon-Elf bescheiden und erreichte nur 1984 noch einmal ein Finale (Pokalsieger, 2:4 im Elfmeterschießen gegen Al Ahly Kairo). Darüber hinaus drangen die Hauptstädter fünfmal in ein kontinentales Halbfinale vor (1986 und 1987 im Landesmeisterwettbewerb, 1996 und 2000 bei den Pokalsiegern und 1999 im CAF-Cup). Wie alle Traditionsvereine in Kamerun leidet Canon seit langem unter schwierigen finanziellen Verhältnissen und steht inzwischen im Schatten des neuen Serienmeisters Cotonsport Garoua. In der Publikumsgunst indes führt Canon Yaoundé noch immer die nationale Rangliste an. [1930 | Ahmadou Ahidjo (52.000) | 10 | 12]

■ **OLYMPIC MVOLYÉ YAOUNDÉ** 1990 als ehrgeiziges Fußballprojekt gegründeter Klub, der die nationale Fußballgemeinde in den 1990er Jahren ziemlich aufmischte. Gründer waren Anhänger von Tonnerre Yaoundé, die mit der Entwicklung im nationalen Fußball nach der erfolgreichen WM 1982 unzufrieden waren. Unterstützt von namhaften und wohlhabenden Persönlichkeiten (darunter dem Schatzmeister des nationalen Fußballverbandes) wurde der in Anlehnung an Olympique Marseille »OM« genannte und auch in den Marseiller Farben Hellblau-Weiß spielende Verein Anfang 1990 im Yaoundér Stadtviertel Mvolyé ins Leben gerufen. Weil der Meldetermin für die dritte Liga in der Hauptstadt bereits verstrichen war, meldete sich der Klub in der 50 Kilometer südlich von Yaoundé gelegenen Provinzstadt Mbalmayo zum Spielbetrieb an und erreichte im ersten Anlauf die 2. Liga. Verstärkt mit Ausnahmekönnern wie Roger Milla, Stephen Tataw, Victor Ndip und Emmanuel Kundé spaltete der erste unter Profibedingungen arbeitende und ungewöhnlich wohlhabende Fußballverein die nationale Fangemeinde anschließend in Befürworter und Gegner. 1992 und 1994 errang »OM« jeweils den Landespokal, wobei es Gerüchten zufolge zu Bestechungen gekommen sein soll. Der angestrebte Aufstieg in die Nationalliga indes glückte erst im fünften Anlauf, als die Aura des vermeintlichen Überfliegers längst verflogen war. Nach Platz 5 im Aufstiegsjahr 1997 fiel »OM« ins Mittelfeld zurück und stieg 2001 wieder aus dem Oberhaus ab. [1990 | - | 2]

■ **TONNERRE YAOUNDÉ** Das überragende Team der 1980er Jahre gewann von 1981-88 fünf Landesmeisterschaften und konnte auf Spielerlegenden wie Roger Milla, Rigobert Song und George Weah zurückgreifen. Größter Erfolg war der Gewinn des kontinentalen Pokalsiegerwettbewerbs durch einen Finalsieg über den ivorischen Klub Stella Club d'Adjamé Abidjan. Ein Jahr später unterlag Tonnerre (»Donner«) an derselben Stelle dem nigerianischen Vertreter Shooting Stars Ibadan und musste sich 2002 im Endspiel um den CAF-Cup auch dem algerischen Vertreter JS Kabylie geschlagen geben. 1989 waren die Schwarz-Weißen im Landesmeisterwettbewerb bis ins Halbfinale vorgedrungen, wo sie eine 0:2-Hinspielniederlage gegen Raja Casablanca mit einem 2:2 im Rückspiel nicht hatten egalisieren können. 2008 musste der Traditionsverein erstmals aus dem Oberhaus absteigen. [1934 | Ahmadou Ahidjo (52.000) | 5 | 5]

HELDEN | LEGENDEN

■ **THÉOPHILE ABÉGA** Kameruns erster Weltstar war eine prägende Figur der 1970er Jahre, als er mit seinem Klub Canon Yaoundé von Erfolg zu Erfolg eilte und als Regisseur die »Lions Indomptables« anführte. Seinen größten Erfolg feierte der »Docteur« 1984, als er mit Kamerun Afrikameister und anschließend zum Spieler des Jahres in Afrika gewählt wurde. Der spielstarke Mittelfeldakteur galt als disziplinierter und professionell denkender Akteur, was ihn zur Idealbesetzung der Position des Nationalmannschaftskapitäns machte. 1982 führte Abéga Kamerun auf dieser Position ins erste WM-Turnier. Zwei Jahre später verließ er im Alter von 30 Jahren erstmals seine Heimat und unterschrieb im französischen Toulouse einen Profivertrag, wo er glücklos blieb. Nach einem Intermezzo beim Schweizer Klub Vevey Sports kehrte Abéga 1987 nach Yaoundé zurück und engagierte sich in der Vereinsführung seines Heimatvereins Canon. [*9.7.1954 | Ahmadou Ahidjo (52.000) | 5 | 5]

■ **SAMUEL ETO'O** Kameruns Superstar der 2000er Jahre ging aus Doualas Fußballschule »Kadji Sports Academy« hervor und wurde bereits mit 16 Jahren von Real Madrid verpflichtet. Erst mit seinem 1999 erfolgten Wechsel zum RCD Mallorca gelang dem Filigrantechniker jedoch der Durchbruch, und Eto'o wurde auch in der kamerunischen Nationalmannschaft zu einer festen Größe. 1998 war Eto'o bei der WM in Frankreich mit 17 Jahren und drei Monaten noch der jüngste Spieler des Turniers gewesen, als er 2000 mit der Olympiaauswahl in Sydney Gold gewann. 2000 und 2002 wurde er mit Kamerun jeweils Afrikameister. 2004 wechselte der Angreifer für 27 Mio. Euro zum FC Barcelona, bei dem er 2005/06 mit 26 Saisontoren Torschützenkönig in Spanien wurde. Der dreifache Fußballer des Jahres Afrikas (2003-05) wird zu den weltbesten Spielern des ersten Jahrzehnts des 21. Jahrhunderts gezählt. Er ist ein ungewöhnlich bodenständiger und »ruhiger« Akteur, der 2008 mit fünf Treffern bei der Afrikameisterschaft in Ghana zum Allzeitrekordtorschützen des Wettbewerbes wurde (16 Treffer seit 2000). [*10.3.1981 | 73 LS/36 Tore]

■ **JEAN MANGA ONGUÉNÉ** Afrikas Fußballer des Jahres 1980 war einer der erfolgreichsten Angriffsspieler der 1970er Jahre und führte Canon Yaoundé 1971, 1978 und 1980 dreimal zur Kontinentalmeisterschaft. Experten stellten ihn seinerzeit auf eine Stufe mit der malischen Fußball-Legende Salif Keïta. Manga Onguéné war ein eleganter Spieler, dessen Pässe eine hohe Präzision erreichten. 1970 schoss er Kameruns »Lions Indomptables« in der Qualifikation zur Afrikameisterschaft fast im Alleingang zum Endturnier in Sudan, wohingegen er zwei Jahre später beim Turnier im eigenen Land von Nationaltrainer Peter Schnittger übergangen wurde. 1981 beendete die Canon-Legende aufgrund einer Verletzung seine Laufbahn und wechselte auf die Trainerbank. Nach der WM 1994 leitete er den überfälligen Neuaufbau der Nationalauswahl ein, der Kamerun 1998 ins Viertelfinale um die Afrikameisterschaft führte. [*12.6.1946]

■ **PATRICK M'BOMA** Das 1,85 m große Kraftpaket war Nachfolger von Stürmerlegende Roger Milla und entscheidend am Erfolgsjahr 2000 beteiligt, in dem er mit Kamerun sowohl Olympiasieger als auch Afrikameister wurde. Der in Douala geborene Rechtsaußen war bereits mit zwei Jahren nach Paris gekommen und unterschrieb 1990 bei Paris-SG seinen ersten Vertrag. Seinen Durchbruch feierte der mit einer körperbetonten Spielweise und einem starken linken Fuß ausgestattete M'Boma jedoch erst beim Drittligisten Châteauroux, den er 1994 mit 17 Toren in die 2. Liga schoss. 1996 gewann der inzwischen auch in die Nationalelf berufene M'Boma mit dem FC Metz den Ligapokal und wechselte nach seinem dritten vergeblichen Anlauf bei seinem Stammverein PSG 1997 in die japanische J.-League zu Gamba Osaka. In Fernost avancierte M'Boma zum Leistungsträger und zu einer Schlüsselfigur bei der neuformierten kamerunischen Nationalelf. 1998 zu Cagliari in die Serie A gewechselt, wurde er 2000 und 2002 mit Kamerun jeweils Afrikameis-

kämpfen zwischen der politischen Führung und dem nationalen Fußballverband sowie einer frappierenden Ungeduld. Zwischen 1992 und 2000 versuchten sich gleich acht Nationaltrainer, von denen keiner seine vertraglich zugesicherte Amtszeit überstand. Die Nachwuchsarbeit gab ebenfalls Anlass zur Klage. Während Nigeria und Ghana mit ihren Nachwuchsmannschaften zur Weltelite aufschlossen, musste sich Kamerun mit dem Gewinn der kontinentalen Jugendmeisterschaft 1995 begnügen. Die meisten Talente verließen noch als Jugendspieler ihre Heimat in Richtung Europa.

Durch die anhaltende Wirtschaftskrise hatte Kamerun außerdem seinen guten Ruf als Zwischenstation auf dem Weg nach Europa eingebüßt. Jahrzehntelang waren Talente vom gesamten Kontinent nach Kamerun gekommen, um sich in der dortigen Nationalliga zu bewähren und in den Fokus europäischer Vereine zu gelangen. Nun zog es den Nachwuchs aus den Nachbarländern direkt nach Europa.

■ **ALS KAMERUN 1994** erstmals seit 14 Jahren wieder ein Endturnier um die Afrikameisterschaft verpasste und im selben Jahr bei der WM in den USA eine desolate Vorstellung ablieferte (Tiefpunkt war ein 1:6 gegen Russland), traten die Defizite mit brutaler Deutlichkeit zutage. Prompt kam es zum überfälligen Generationswechsel, und vier Jahre später erreichte eine von Jean Manga Onguéné trainierte Auswahl um Rigobert Song, Marc-Vivien Foé, Pierre Womé, Patrick M'Boma und Alphonse Tchami bei der Afrikameisterschaft in Burkina Faso zumindest das Viertelfinale. Doch schon bei der WM in Frankreich bot das Team wieder nur eine mäßige Leistung und reiste sieglos nach der Vorrunde heim. Kameruns Fußball geriet dadurch zum wiederholten Male in die politischen Spannungen des Landes. Da die Nationalmannschaft längst Symbol für den ethnischen Zusammenhalt war, nutzten Biya-Gegner ihr Scheitern zur Kritik an dem autoritären Staatschef.

Unterdessen schieden Kameruns Topklubs aufgrund der infrastrukturellen und wirtschaftlichen Probleme im Land aus der kontinentalen Spitze aus. Zwischen 1980 und 2008 erreichte kein kamerunisches Team mehr ein afrikanisches Landesmeisterfinale, und auch im Pokalsiegerwettbewerb reichte es lediglich 1981 (Union Douala), 1984 (Canon Yaoundé) sowie 2000 (abermals Canon) zum Endspiel. Auf nationaler Ebene büßte derweil das unter enormen wirtschaftlichen Schwierigkeiten leidende Erfolgstrio aus Union Douala und Canon bzw. Tonnerre Yaoundé seine Dominanz ein. 1989 verpassten die großen Drei erstmals seit 1975 wieder die Landesmeisterschaft, die an Racing Bafoussam ging.

Es war der Auftakt zu umwälzenden Veränderungen im kamerunischen Vereinsfußball. Lediglich Canon Yaoundé vermochte sich 1991 und 2002 jeweils die Landesmeisterschaft zu sichern, während sich mit Cotonsport Garoua eine neue Führungskraft herauskristallisierte. Der mit der Baumwollindustrie verbundene Klub aus Nordkamerun konnte seit 1997 neun Landesmeisterschaften erringen. 2008 erreichte der mit Abstand wohlhabendste Verein des Landes zudem als erster kamerunischer Klub seit 1980 wieder das Finale um die Kontinentalmeister, das aber gegen Al Ahly Kairo verloren ging.

Jubel nach dem Gewinn der Afrikameisterschaft 2002.

Die Fußballgemeinde der Hauptstadt Yaoundé wurde unterdessen durch die 1990 erfolgte Gründung des Klubs Olympic Mvolyé aufgemischt. Unterstützt vom ehemaligen Tonnerre-Sponsor OImga Damase mischte »OM« den hauptstädtischen Fußball vor allem finanziell auf. Als erster Verein des Landes arbeitete man unter Vollprofibedingungen und konnte einen dementsprechend spielstarken Kader zusammenstellen, dem der sportliche Erfolg allerdings versagt blieb.

■ **NACH DER MILLENNIUMSWENDE** vermochten die »Lions Indomptables« allmählich wieder zur kontinentalen Spitze aufzuschließen. Im Januar 1999 hatte der ebenso unbekannte wie unerfahrene Franzose Pierre Lechantre die Landesauswahl übernommen und sie wiederbelebt. Mit der Schaffung professioneller Rahmenbedingungen und der Konzentration auf Europalegionäre wurde Kamerun 2000 zum dritten Mal nach 1984 und 1988 Afrikameister, während die U23 in Sydney olympisches Gold holte.

2001 übernahm der Deutsche Winfried Schäfer das Amt des Nationaltrainers, das er erst 2004 wieder abgeben sollte – seit den 1980er Jahren hatte kein kamerunischer Nationaltrainer mehr eine derart lange Amtszeit erreicht. Schäfer verteidigte 2002 mit seinem Team um Patrick M'Boma, Rigobert Song und Jungstar Samuel Eto'o die Afrikameisterschaft, während er bei der WM in Südkorea/Japan den erhofften Einzug ins Viertelfinale durch eine 0:2-Niederlage gegen Deutschland verpasste. Kurz zuvor war Kamerun zu Afrikas »Team des Jahrhunderts« gewählt worden.

Trotz der Erfolge hielten die Turbulenzen auf administrativer Ebene an. Nationalcoach Schäfer hatte nahezu pausenlos mit der Verbandsführung im Zwist gelegen, als er im November 2004 schließlich vom Portugiesen Artur Jorge abgelöst wurde. Darüber hinaus gab es Streit mit der FIFA, weil Kamerun bei der Afrikameisterschaft 2004 in einem körperbetonenden Einteilertrikot aufgelaufen war. Der Weltverband sah darin einen Verstoß gegen seine Kleiderordnung und verhängte neben einer Geldstrafe auch einen Punktabzug von sechs Zählern für die WM-Qualifikation 2006, der erst nach langen Verhandlungen zurückgenommen wurde.

Nachdem Kameruns »Lions Indomptables« mit ihrem neuen Weltstar Samuel Eto'o schon bei den Afrikameisterschaften 2004 und 2006 nicht mehr über das Viertelfinale hinausgekommen waren, setzte es in der Qualifikation zur WM 2006 einen regelrechten Schock, als sie am letzten Spieltag einen komfortablen Vorsprung auf Verfolger Elfenbeinküste mit einem Unentschieden gegen Ägypten verspielten und erstmals seit 1986 wieder bei einem WM-Turnier fehlten. Patrick Womé, der in der Nachspielzeit einen Elfmeter verschossen hatte, zog sich anschließend aufgrund brutaler Angriffe auf seine Familie aus der Nationalelf zurück.

2007 übernahm der afrikaerfahrene Rheinländer Otto Pfister das Training und führte Kamerun im Folgejahr bei der Afrikameisterschaft in Ghana zum sechsten Mal ins kontinentale Finale. Ausgerechnet Routinier Rigobert Song unterlief dort gegen Ägypten ein spielentscheidender Fehler, der Kameruns Niederlage einleitete.

Kameruns größtes Problem ist seine desolate infrastrukturelle und administrative Situation. Die Nachwuchsarbeit ist schlecht organisiert, Korruption lähmt die Nationalliga, und während Länder wie Ghana und Nigeria regelmäßig große Turniere ausrichten, hat Kamerun nur einmal als Gastgeber der Afrikameisterschaft fungiert – anno 1972. Inzwischen gibt es zwar erste Bemühungen, die Stadien zu modernisieren, doch für Kamerun wird es noch ein weiter Weg sein, auch abseits des Spielfeldes internationales Niveau zu erreichen.

ter und errang 2000 olympisches Gold. Im selben Jahr errang der zwischenzeitlich nach Parma gewechselte Angreifer zudem den Titel des Fußballers des Jahres Afrikas. Gastspiele in Sunderland, beim libyschen Klub Al Ittihad Tripolis, Tokyo Verdy und Vissel Köbe folgten, ehe er seine Laufbahn im Mai 2005 aufgrund anhaltender Verletzungsprobleme beendete. [*15.11.1970 | 56 LS/33 Tore]

■ **ROGER MILLA** Weltweit wird sein Name mit dem Erfolg Kameruns bei der WM 1990 verbunden. Millas vier WM-Tore bugsierten »les Lions Indomptables« ins Viertelfinale, sein Lambada-Eckfahnentanz wurde zum Symbol des Turniers und seine Geschichte, als 38-jähriger »Opa« zum WM-Helden zu werden, gehört zu den meisterzählten der Fußball-Welthistorie. Milla hatte bei Eclair Douala mit dem Fußball begonnen und war 18-jährig mit Léopard Douala erstmals Landesmeister geworden. 1977 über Tonnerre Yaoundé zum französischen Profiklub US Valenciennes gekommen, trug er bis 1990 auch noch die Trikots des AS Monaco, SÉC Bastia (zweimal Pokalsieger), AS St. Etienne und des Montpellier HSC. 1976 erstmals zu Afrikas Fußballer des Jahres gewählt, debütierte er 1978 für die »Lions Indomptables«, reiste 1982 mit zur WM nach Spanien und wurde 1984 bzw. 1988 Afrikameister. 1990 kickte Milla, dessen eigentlicher Name Miller durch einen Formfehler eines Standesbeamten verfälscht worden war, auf der Ferieninsel Réunion, als Kameruns Staatspräsident Biya seine Nominierung in den WM-Kader anordnete. Milla war der ideale Joker, der mit seinem schnellen Antritt und mitreißenden Dribblings für viel Unruhe im gegnerischen Strafraum sorgte. Auch 1994 war er – inzwischen 42-jährig – bei der WM wieder dabei, konnte jedoch nicht an seine Leistung anknüpfen. Nunmehr seine Karriere endgültig beendend, wurde Milla zu einem beliebten Botschafter des Fußballs in Afrika bzw. Kamerun. [*25.5.1952 | 102 LS/28 Tore]

■ **THOMAS N'KONO** Weltklassetorhüter, der 1979 und 1982 zu Afrikas Fußballer des Jahres gewählt wurde und in Konkurrenz zum gleichfalls der Weltklasse zugeordneten Joseph-Antoine Bell stand. N'Kono nahm 1982, 1990 und 1994 mit Kamerun an der WM teil und wurde 1978 sowie 1980 mit Canon Yaoundé Kontinentalmeister. Von 1982 bis 1991 stand er in 241 Spielen für Español Barcelona zwischen den Pfosten. [*20.7.1955 | 66 LS]

■ **RIGOBERT SONG** Kompromissloser Verteidiger, der eine der Schlüsselfiguren beim Neuaufbau der »Lions Indomptables« nach der WM 1994 darstellte. Führte Kamerun 1998 und 2002 als Kapitän zur WM und wurde mit der Landesauswahl 2000 und 2002 jeweils Afrikameister. Der aus dem Klub Tonnerre Yaoundé hervorgehende Verteidiger spielte u. a. in Metz, Liverpool, West Ham, Köln und Lens, ehe er ab 2004 bei Galatasaray Istanbul eine Dauerheimat fand. Der kamerunische Rekordnationalspieler bestritt 2008 seine siebte Afrikameisterschaft. [*1.7.1976 | 124 LS/5 Tore]

Außenseiter
Südliches Kamerun

Die Bezeichnung ist etwas verwirrend, denn die Region »Südliches Kamerun« liegt geographisch eigentlich im Westen Kameruns. Der Begriff ist ein Relikt aus Kolonialtagen, als Kameruns heutiger Südwesten unter britischer Verwaltung stand und in einen christlichen Süden und einen muslimischen Norden gespalten war. 1961 votierte der Norden bei einer Volksabstimmung für den Anschluss an Nigeria, während der Süden die Vereinigung mit Französisch-Kamerun zur unabhängigen Republik Kamerun befürwortete.

Die Beziehungen zwischen dem englischsprachigen »Südlichen Kamerun« und dem französischsprachigen Rest waren von Beginn an von Problemen überschattet. Nachdem der auch Ambazonia genannten Region die ursprünglich zugestandene Autonomie 1972 mit der Auflösung der Bundesrepublik Kamerun entzogen worden war, formierte sich wachsender Widerstand gegen die Yaoundéer Zentralregierung. Seit 1994 engagieren sich mehrere Gruppen für die Loslösung vom französischsprachigen Hauptland, was bereits wiederholt zu Menschenrechtsverletzungen durch das Biya-Regime geführt hat. Im August 2006 riefen Separatisten die international nicht anerkannte Republik Ambazonia aus.

Auch im Fußball bildeten sich separate Strukturen heraus. In der kamerunischen Nationalliga war das Südliche Kamerun zwar bereits durch Orte wie Buéa, Dschang und Bamenda vertreten, große Erfolge feierte man jedoch nicht. 2005 gründeten Exilanten in Europa die Southern Cameroon Football Association, die ihren Sitz in den Niederlanden hat und dem Non-FIFA-Board beitrat. Die Auswahlmannschaft des Südlichen Kamerun bestritt am 23. Juni 2005 im Rahmen des UNPO-Cups gegen Tschetschenien ihr erstes Länderspiel. Die angestrebte Teilnahme am VIVA World Cup in Toulon fiel unterdessen Visaproblemen zum Opfer.

KAP VERDE

Mit den Profis gelang der Durchbruch

Portugals Spitzenvereine übten lange Zeit einen hohen Einfluss auf den Fußball in Kap Verde aus

Federação Caboverdiana de Futebol

Kapverdischer Fußball-Bund | gegründet: 1982 | Beitritt FIFA: 2001 | Beitritt CAF: 1986 | Spielkleidung: blaues Trikot, blaue Hose, blaue Stutzen | Saison: Oktober - Juli | Spieler/Profis: 35.100/0 | Vereine/Mannschaften: 82/180 | Anschrift: Praia Cabo Verde, FCF CX, Case postale 234, Praia | Tel: +238-2/611362 | Fax: +238-2/611362 | www.fcf.cv | E-Mail: fcf@cvtelecom.cv

»Bauen wir dieses Land auf, wir haben kein anderes«, heißt es auf Kap Verde – nicht gerade ein optimistischer Slogan für die Inselgruppe rund 500 Kilometer vor der westafrikanischen Küste. Auf den überwiegend vulkanisch geprägten, sehr gebirgigen Kapverden (»Grünes Kap«) herrschen tatsächlich eher schwierige Bedingungen. Die 15 Inseln, von denen nur neun dauerhaft bewohnt sind, sind hoffnungslos verkarstet, es gibt lediglich eine Handvoll Täler mit üppiger Vegetation, und nur vereinzelt locken Sandstrände Touristen an.

■ **MIT SEINER STRATEGISCH** interessanten Lage rückte Kap Verde dennoch bereits im Verlauf des 15. Jahrhunderts ins Blickfeld europäischer Kolonialmächte. Portugiesen verwandelten die seinerzeit unbewohnte Inselgruppe in einen Sklavenumschlagplatz, wobei die harschen Lebensumstände sowie das rüde Vorgehen durch die Kolonialherren den Kapverden eine blutige und traurige Frühgeschichte bescherten. Hungersnöte diktierten den Alltag, eine gedankenlose Abholzung der Wälder führte zur Versteppung, und das portugiesische Zwangsarbeitssystem trieb zehntausende Menschen in den Tod. Nach dem Zweiten Weltkrieg bildeten vom Freiheitskämpfer Amílcar Cabral angeführte kapverdische Intellektuelle gemeinsam mit Aktivisten aus Portugiesisch-Guinea (heute Guinea-Bissau) eine Unabhängigkeitsbewegung, die sich rasch bis nach Angola und Mosambik ausdehnte. Ausgerechnet auf den isoliert liegenden Kapverden konnte sie sich hingegen nicht durchsetzen. Erst nach der »Nelkenrevolution« und dem Sturz von Portugals Diktator Salazar im Jahr 1974 vermochte Kap Verde 1975 seine Unabhängigkeit zu erreichen.

Nachdem der zunächst geplante Zusammenschluss mit Guinea-Bissau 1980 dem dortigen Putsch zum Opfer gefallen war, begab sich die Inselgruppe im Alleingang auf den Weg in eine beschwerliche Zukunft. Nach Jahren einer rigiden Einparteienherrschaft kam es erst 1991 zu demokratischen Wahlen, während sich Kap Verdes Wirtschaft äußerst zögerlich entwickelte und auch die hohe Analphabetenquote nur langsam sank. Eine Massenflucht nach Portugal schwächte die nationale Wirtschaft zusätzlich und ließ Kap Verde zu einem der ärmsten Staaten Afrikas absinken. Inzwischen hat sich das Land allerdings zum demokratischen Musterstaat gewandelt und einen nicht zuletzt den finanziellen Zuwendungen der etwa 700.000 im Ausland lebenden Kapverdier zu verdankenden Aufschwung angetreten.

■ **FUSSBALL WURDE ANFANG** des 20. Jahrhunderts von Briten eingeführt, die im Auftrag der »Western Telegraph Company« moderne Kommunikationstechniken auf Kap Verde installierten. Das Spiel blieb über Jahrzehnte auf eine europäisch dominierte schmale Anhängerschar begrenzt. Im Laufe der 1920er Jahre entstanden auf Initiative der Großklubs des Mutterlandes Portugal, die auf der Suche nach frischen Fußballtalenten waren, erste Vereine. So wurde 1929 in der kapverdischen Hauptstadt Cidade de Praia ein Ableger des Sporting Clube Portugal gebildet, der bis heute dasselbe Logo und dieselbe Spielkluft wie die Lissaboner »Leões« trägt. Klubs wie FC Boavista Praia, Académica Mindelo und Botafogo São Filipe erinnern ebenfalls an große portugiesische bzw. brasilianische Vorbilder.

Die hügelige Physiogeographie und der komplizierte Transfer zwischen den Inseln er-

República de Cabo Verde

Republik Kap Verde | Fläche: 4.036 km² | Einwohner: 495.000 (123 je km²) | Amtssprache: Portugiesisch | Hauptstadt: Cidade de Praia (94.757) | Weitere Städte: Mindelo (62.970), Santa Maria (16.000) | Währung: 1 Kap-Verde-Escudo = 100 Centavos | Bruttosozialprodukt: 1.720 $/Kopf | Zeitzone: MEZ -2h | Länderkürzel: CV | FIFA-Kürzel: CPV | Telefon-Vorwahl: +238

- FIFA World Ranking

1993	1994	1995	1996	1997	1998	1999	2000
147	161	144	155	171	167	177	158
2001	2002	2003	2004	2005	2006	2007	2008
159	154	143	129	118	78	111	107

- Weltmeisterschaft
1930-98 nicht teilgenommen **2002-10** Qualifikation

- Afrikameisterschaft
1957-92 nicht teilgenommen **1994** Qualifikation **1996-98** nicht teilgenommen **2000-2010** Qualifikation

schwerten den Aufbau eines landesweiten Spielbetriebs und beschränkten ihn auf die jeweiligen Inseln. Erst 1953 konnte erstmals ein Turnier der Inselmeister durchgeführt werden, das der CS Mindelense gewann. Die Rot-Weißen stammen von der nördlichen Insel São Vicente, die gemeinsam mit der im Süden gelegenen Hauptstadtinsel São Tiago sowohl den nationalen Wirtschafts- als auch Fußballmotor bildet.

■ **MIT ERLANGUNG DER** Unabhängigkeit gingen die von Portugiesen geschaffenen Fußballstrukturen 1975 in die Hände einheimischer Kreolen (afrikanisch-europäische Mischlinge) über. Im Januar 1979 lief erstmals die »Tubarões Azuis« (»Blaue Haie«) genannte Landesauswahl auf und unterlag dem seinerzeit noch designierten Bündnispartner Guinea-Bissau mit 0:3. 1982 entstand die Federação Caboverdiana de Futebol, die 1986 der CAF beitrat, wohingegen der Anschluss zum Weltfußballverband FIFA noch bis 2001 auf sich warten ließ. 1994 debütierten die »Tubarões Azuis« in der Afrikameisterschaft, ehe ihnen 2002 mit einem torlosen Unentschieden gegen Algerien ein Traumstart in der WM-Qualifikation gelang.

Eine der desolaten Wirtschaftslage zugrunde liegende Massenemigration hatte nach dem Zweiten Weltkrieg diverse kapverdische Fußballer nach Portugal geführt, wo die kleine Inselgruppe seit den 1970er Jahren auch im Profifußball prominent vertreten ist. Berühmteste Namen sind die von Kiki, der für den FC Porto spielte, sowie Neno, der für Benfica Lissabon das Tor hütete. Letzterer lief sogar für die portugiesische Nationalmannschaft auf.

Auf den Kapverden kam es unterdessen zu weiteren Vereinsgründungen, wodurch sich die Basis des nationalen Fußballs erheblich verbreiterte. Heute wird auf allen neun ganzjährig bewohnten Inseln wettbewerbsmäßig um Punkte gestritten (São Tiago und Santo Antão haben jeweils zwei Staffeln, Boa Vista, Brava, Fogo, Maio, Sal, São Nicolau und São Vicente jeweils eine). Das Campeonato Caboverdiano de Futebol dient der Ermittlung des Landesmeisters, wobei im ersten Schritt bis zu zwölf Mannschaften in zwei Staffeln um Punkte ringen, ehe es zum Finale der Gruppensieger kommt.

Der erfolgreichste Fußball wird auf den Inseln São Tiago und São Vicente gespielt, die seit 1975 insgesamt 23 von 28 Landesmeistern gestellt haben. Mit jeweils sieben Titeln seit der Unabhängigkeit führen CS Mindelense (São Vicente) und Sporting Praia (São Tiago) die nationale Rangliste an. Die Rivalität zwischen den beiden Inseln ist enorm, und bei den Derbys kommt es regelmäßig zu Spannungen oder gar Ausschreitungen.

■ **INTERNATIONAL VERMOCHTE** Kap Verde im Verlauf der 1990er Jahre zunehmend aufzuholen. 1991 erreichte die Landesauswahl das Finale um die nach dem kapverdischen Freiheitskämpfer benannten Copa Amílcar Cabral (0:1 gegen Senegal), während Sporting Praia 1992 bei seiner ersten Teilnahme an der afrikanischen Klubmeisterschaft sogleich für eine Überraschung sorgte und den senegalesischen Spitzenklub Port Autonome Dakar ausschaltete. Die Kapverder wurden seinerzeit aufgrund ihrer technischen Begabung als die »Brasilianer Afrikas« gefeiert. Die ökonomischen Probleme des Landes warfen jedoch auch seinen Fußball regelmäßig zurück. 1994 konnte die Nationalauswahl aus Geldmangel nicht an der Copa Amílcar Cabral teilnehmen, und die meisten Spielfelder der Inselgruppe bestehen bis heute aus Sandoberflächen. Erst als Kap Verde im Mai 2000 erstmals die Copa Amílcar Cabral ausrichtete, kam es in der Hauptstadt Cidade de Praia zur Einrichtung eines Rasenplatzes. Prompt sorgten die »Tubarões Azuis« unter Trainer Oscar Duarte für eine Überraschung, als sie Senegals U23-Auswahl vor 7.000 Zuschauern im Finale mit 1:0 bezwangen. Toni sorgte in der 33. Minute für den Treffer, der Kap Verde seinen ersten internationalen Titel bescherte.

Anschließend gelang der Elf in der WM-2006-Qualifikation erstmals der Einzug in die Gruppenphase, in der sie Burkina Faso zweimal bezwang und der DR Kongo immerhin ein Unentschieden abrang. Dass die winzige Inselgruppe in der FIFA-Weltrangliste dadurch bis auf Platz 78 vorrücken konnte, verdankte sie vor allem der Rekrutierung von in Europa geborenen Profis mit kapverdischen Wurzeln. Bei europäischen Profiklubs ausgebildete Akteure wie Dady, Cafú, Pedro Pelé, Gilson oder Gabei haben den bis dahin von einheimischen Amateuren gebildeten »Tubarões Azuis« zu einem spürbaren Qualitätssprung verholfen.

Diesbezüglich gibt es allerdings auch Rückschläge. So entschied sich das bei Manchester United unter Vertrag stehende und in Praia geborene Ausnahmetalent Nani 2006 für eine Karriere in der portugiesischen Auswahl, die ihm vielversprechender als Kapverdes »Tubarões Azuis« erschien. Mit ihren rund 420.000 Einwohnern sind den Kapverden eben doch Grenzen auf dem Weg nach oben gesetzt.

TEAMS | MYTHEN

■ **FC DERBY MINDELO** Aufstrebender Klub aus der Stadt Mindelo (São Vicente), die lange Zeit von Rekordmeister CS Mindelense dominiert wurde. Der Futebol Clube de Derby wurde 1983 erstmals Inselmeister von São Vicente und sicherte sich 1984, 2000 sowie 2005 jeweils die kapverdische Landesmeisterschaft. [Municipal Aderito Sena (5.000) | 3]

■ **CS MINDELENSE MINDELO** Führendes Team der Insel São Vicente und mit 14 Titeln auch kapverdischer Rekordmeister. Die Rot-Weißen aus der zweitgrößten Stadt des Landes hatten bis zur Unabhängigkeit bereits sieben Meistertitel errungen, als sie 1976 auch den ersten Titel der nunmehrigen Republik Kap Verde gewannen. Seit Gewinn des 14. Titels 1998 hat der Klub jedoch erheblich an Souveränität eingebüßt und konnte selbst die Inselmeisterschaft von São Vicente lediglich einmal (2006) erringen. Mindelense steht in einer traditionsreichen Konkurrenz mit dem Sporting Clube da Praia von der südlich gelegenen Hauptstadtinsel São Tiago. [1957 | Municipal Aderito Sena (5.000) | 14]

■ **SPORTING CLUBE DA PRAIA** Fußball-Aushängeschild der Hauptstadt Cidade de Praia, die sich auf der größten Insel São Tiago befindet. Der Klub wurde 1929 von Carlos Vasconcelos als Filiale des Lissaboner Sporting Clube de Portugal gegründet und avancierte rasch zum nationalen Trendsetter. 1962 sicherten sich die »Leões« (»Löwen«) erstmals die Landesmeisterschaft. Seit der Unabhängigkeit haben sie sieben weitere Titel errungen und sind damit nach ihrem Erzrivalen CS Mindelense die Nummer zwei auf der Inselgruppe. Der Sporting Clube sorgte 1992 bei seinem Debüt in der Kontinentalmeisterschaft für eine Sensation, als er den senegalesischen Spitzenklub Port Autonome Dakar ausschaltete. Aus der Überraschungself von Trainer Mario Semedo ragten seinerzeit Mamadou Marième Diallo, Ousmane Thiongame sowie Torjäger Mamadou Diane heraus. 2008 sorgten die »Verde-e-Amarelos« (»Grün-Gelbe«) in der Champions League für eine noch größere Sensation, als sie eine 0:3-Hinspielniederlage gegen FAR Rabat (Marokko) im Rückspiel auf spektakuläre Art und Weise egalisierten und sich im daraufhin notwendigen Elfmeterschießen sogar durchsetzten. Der Klub erfreut sich breiter wirtschaftlicher Rückendeckung durch den hauptstädtischen Handel und gilt als der aussichtsreichste Vertreter des Landes. [1929 | da Varzea (8.000) | 7]

Jahr	Meister	Jahr	Meister
1953	Académica Mindelo	1983	Académica Sal-Rei
1954-55	nicht ausgespielt	1984	Derby FC Mindelo
1956	CS Mindelense	1985	Sporting Clube Praia
1957-59	nicht ausgespielt	1986	nicht ausgespielt
1960	CS Mindelense	1987	FC Boavista Praia
1961	Sporting Clube Praia	1988	CS Mindelense
1962	CS Mindelense	1989	Académica Mindelo
1963	FC Boavista Praia	1990	CS Mindelense
1964	nicht ausgespielt	1991	Sporting Clube Praia
1965	Académica da Praia	1992	CS Mindelense
1966	Académica Espargos	1993	Académica Espargos
1967	Académica Mindelo	1994	CD Travadores Praia
1968	CS Mindelense	1995	FC Boavista Praia
1969	Sporting Clube Praia	1996	CD Travadores Praia
1970	nicht ausgespielt	1997	Sporting Clube Praia
1971	CS Mindelense	1998	CS Mindelense
1972	CD Travadores Praia	1999	Amarante Mindelo
1973	GS Castilho Mindelo	2000	Derby FC Mindelo
1974	Sporting Clube Praia	2001	Onze Unidos Vila/Maio
1975	nicht ausgespielt	2002	Sporting Clube Praia
1976	CS Mindelense	2003	Académico do Sal
1977	CS Mindelense	2004	Sal-Rei FC
1978-79	nicht ausgespielt	2005	Derby FC Mindelo
1980	Botafogo São Filipe	2006	Sporting Clube Praia
1981	CS Mindelense	2007	Sporting Clube Praia
1982	nicht ausgespielt	2008	Sporting Clube Praia

KENIA

Misswirtschaft und Chaos

Kenias einst blühender Fußball liegt nach unzähligen Skandalen völlig am Boden

Kenya Football Federation

Kenianischer Fußball-Bund | gegründet: 1960 | Beitritt FIFA: 1960 | Beitritt CAF: 1968 | Spielkleidung: rotes Trikot, rote Hose, rote Stutzen | Saison: Februar – November | Spieler/Profis: 2.041.102/55 | Vereine/Mannschaften: 690/3.450 | Anschrift: KFF Complex Centre, next to Moi Sports Complex, Kasarani 26434, Nairobi 00504 | Tel: +254/20-2012194 | Fax: +254/20-2010798 | www.kff.co.ke | E-Mail: kffkenya@kff.co.ke

»Das Potenzial ist sicherlich da«, versicherte die französische Torhüterlegende Bernard Lama im August 2006, als er die Trainingsleitung der kenianischen Nationalmannschaft übernahm. Obwohl Kenia zu den erfolgreichsten Sportnationen Schwarzafrikas zählt und in der Leichtathletik zahlreiche olympische Goldmedaillen gewonnen hat, sind die Fußball-Annalen des Landes nur dünn beschrieben. Vier Teilnahmen an der Afrikameisterschaft, bei denen man nie über die Vorrunde hinauskam, fünf Erfolge im regionalen CECAFA-Cup sowie ein einsamer kontinentaler Vereinserfolg durch Gor Mahia Nairobi (1987) füllen die karge Erfolgstafel. Lama wollte dies ändern – doch wie viele vor ihm scheiterte auch er und verabschiedete sich nach nur zwei Monaten wieder aus Nairobi. Für Kenias fußballerische Rückständigkeit gibt es ein ganzes Bündel von Ursachen, aus dem eine herausragt: administrative Missstände. 2007 erreichten fast drei Jahrzehnte des Chaos und der Korruption auf Verbandsebene ihren tristen Höhepunkt, als Kenia zum zweiten Mal binnen drei Jahren von der FIFA suspendiert wurde, weil sich die Regierung und der Nationalverband KFF heillos zerstritten hatten.

■ **BIS ZUM AUSBRUCH GEWALTSAMER** Unruhen im Zusammenhang mit den Präsidentschaftswahlen im Dezember 2007 galt Kenia als verlässliches und friedliches Land, das sowohl gemütlichen Strandurlaub als auch aufregende Safaris ermöglichte. Kenia besticht durch eine enorme naturräumliche und kulturelle Vielfalt. Es gibt mehr als 40 ethnische Gruppen, wobei die Kikuyu mit 22 Prozent, die Luhya mit 14, die Luo mit 13 und die Kalenjin mit zwölf Prozent das Gros stellen. Wie überall in Afrika sind Kenias Grenzen von den Kolonialmächten gezogen worden und durchschneiden vielfach die Lebensräume der Völker. Kenia war 1895 unter britische Herrschaft geraten und anschließend durch den Bau der 840 Kilometer langen Ugandabahn von Mombasa nach Kisumu erschlossen worden. Von den Briten ins Land geholte indische Arbeitskräfte übernahmen den mittelständischen Handel, während nur jenen Afrikanern, die sich der britischen Kultur unterwarfen, Aufstiegschancen eingeräumt wurden.

Nach dem Zweiten Weltkrieg manifestierte sich die wachsende Unzufriedenheit im »Mau-Mau«-Aufstand (1952-56), der vom Kikuyu-Häuptling Jomo Kenyatta angeführt und von den britischen Kolonialherren niedergeschlagen wurde. Anschließend nahmen beide Seiten jedoch Verhandlungen auf, woraufhin Kenia am 12. Dezember 1963 in die Unabhängigkeit entlassen wurde. Erster Staatschef wurde Jomo Kenyatta, der eine 15 Jahre währende und zentralistisch organisierte Einparteienherrschaft errichtete, die auf enger Zusammenarbeit mit dem Ex-Kolonialherren Großbritannien basierte und auf einen Interessenausgleich zwischen den Ethnien abzielte.

Nach Kenyattas Tod übernahm 1978 mit Daniel arap Moi ein Angehöriger des Kalenjin-Volkes die Führung, unter dem Kenia zum repressiven Polizeistaat wurde. Während Korruption und Ämterpatronage zunahmen, vergrößerte sich die Kluft zwischen Arm und Reich, zumal das Land zu den am schnellsten wachsenden Staaten der Erde zählte. Zwischen 1948 und 1979 stieg die Zahl der Einwohner Kenias von 5,25 Mio. auf mehr als 15 Mio. an.

Im Zuge eines Demokratisierungsprozesses kam es in den 1990er Jahren zu wachsenden

Jamhuri ya Kenya

Republik Kenia | Fläche: 580.367 km² | Einwohner: 33.467.000 (58 je km²) | Amtssprache: Swahili | Hauptstadt: Nairobi (2,1 Mio.) | Weitere Städte: Mombasa (660.800), Nakuru (219.366), Kisumu (194.390), Eldoret (167.016) | Währung: 1 Kenia-Schilling = 100 Cents | Bruttosozialprodukt: 480 $/Kopf | Zeitzone: MEZ +2h | Länderkürzel: KE | FIFA-Kürzel: KEN | Telefon-Vorwahl: +254

- **FIFA World Ranking**

1993	1994	1995	1996	1997	1998	1999	2000
74	83	107	112	89	93	103	108
2001	2002	2003	2004	2005	2006	2007	2008
104	81	72	74	89	127	110	84

- **Weltmeisterschaft**
1930-50 nicht teilgenommen **1974-2010** Qualifikation

- **Afrikameisterschaft**
1957-59 nicht teilgenommen **1962** Qualifikation **1963** Rückzug **1965-70** Qualifikation **1972** Endturnier (Vorrunde) **1974-82** Qualifikation **1984** nicht teilgenommen **1986** Qualifikation **1988** Endturnier (Vorrunde) **1990** Endturnier (Vorrunde) **1992** Endturnier (Vorrunde) **1994** Qualifikation **1996** nicht teilgenommen **1998-2002** Qualifikation **2004** Endturnier (Vorrunde) **2006-10** Qualifikation

- **Vereinserfolge**
Pokalsieger Gor Mahia Nairobi (1987)

Spannungen vor allem zwischen den Kikuyu und den Luo. Unter dem ab Dezember 2002 regierenden Mwai Kibaki verschlechterte sich die Lage im einstigen Musterland weiter. Als dem Kikuyu Kibaki bei der ethnisch polarisierten Präsidentschaftswahl im Dezember 2007 Manipulationen zum Nachteil des Luo-Kandidaten Odinga vorgeworfen wurden, kam es zu gewaltsamen Unruhen, die Kenia an den Rand des Bürgerkrieges brachten.

■ **DIE ETHNISCHEN KONSTELLATIONEN** sind auch mitverantwortlich für die ausbleibenden Erfolge Kenias im Fußball. Die beiden beliebtesten Klubs des Landes AFC Leopards und Gor Mahia werden den Volksgruppen der Luhya bzw. der Luo zugeordnet, und weil ihr Duell jahrzehntelang eine überragende Stellung einnahm, manifestierte sich unter den anderen Ethnien der Glaube, im Fußball nicht talentiert genug zu sein. Dadurch wurde Fußball in Kenia zu einer von Luhyas und Luos beherrschten Disziplin, während andere Ethnien für Erfolge in der Leichtathletik und dem Boxen sorgen.

Britische Missionare hatten das Spiel nach der Jahrhundertwende in den Osten Afrikas gebracht und es über die Missionarsschulen verbreitet. Als ältester Klub gilt der 1906 gebildete Mombasa FC. Ein Jahr später wurde das Nairobi District League Committee gebildet, aus dem sich später die Football Association Kenya (FAK) entwickelte, die der englischen FA beitrat. 1907 wurde ein allerdings auf britische Mannschaften beschränkter Pokalwettbewerb geschaffen, und 1926 rief die FAK gemeinsam mit Uganda den von einem Seifenhersteller gesponsorten Gossage Cup ins Leben, bei dem die Auswahlteams von Kenia und Uganda aufeinandertrafen. Nach dem Zweiten Weltkrieg beteiligten sich auch Tanganjika und Sansibar an dem heutigen CECAFA-Cup.

Vor allem in den Ballungsräumen breitete sich der Fußball rasant aus, so dass Kenia nach dem Zweiten Weltkrieg über eine der lebhaftesten Fußballgemeinden Afrikas verfügte. Neben der Hauptstadt Nairobi, wo Teams wie Luo Union, Maragoli United, Marama, Nairobi Heroes, Bunyore, Kamamega und Simba Union um die Gunst der Fans buhlten, war das Spiel vor allem in der Hafenstadt Mombasa (Liverpool/Mwenge und Feisal) sowie dem Rift Valley (Nakuru All Stars) populär.

■ **NACH ERLANGUNG DER** Unabhängigkeit löste 1960 die von Afrikanern geführte Kenyan Football Federation (KFF) die FAK ab. Drei Jahre später rief sie eine zehn Mannschaften umfassende Nationalliga ins Leben, deren erster Sieger die Nakuru All Stars wurden. Mit dem Abaluhya FC (Fusion mehrerer Klubs, heißt seit 1980 AFC Leopards) sowie Gor Mahia (Fusion Luo Sports und Luo Union) entstanden seinerzeit auch zwei ethnisch ausgerichtete Vereine, die den Fußball in Kenia rasch dominieren sollten.

International vermochte sich Kenia ad hoc in der kontinentalen Spitze zu etablieren. 1968 erreichte der vom Nationalspieler Joe Kadenge angeführte Abaluhya FC das Halbfinale des kontinentalen Landesmeisterwettbewerbs, während die »Harambee Stars« genannte Nationalmannschaft (sinngemäß »Lasst uns zusammenarbeiten«) 1972 unter Spielertrainer Jonathan Niva erstmals die Afrikameisterschaft erreichte und 1975 den prestigeträchtigen CECAFA-Cup gewann. Deutsche Trainer wie Bernhard Zgoll, Reinhard Fabisch und Eckhard Krautzun zeichneten seinerzeit für das Training der »Harambee Stars« verantwortlich, aus denen Spieler wie Sammy Owino, Wilberforce Mulamba und Mickey Weche herausragten. 1987 erreichte Kenias Fußball seinen schillernden Höhepunkt, als Kenya Breweries den CECAFA Cup gewann, Gor Mahia unter Trainer Dane Jack Johnson den Pokal der Pokalsieger errang und die Nationalelf um Peter Dawo und Ambrose Ayoyi bei den Afrikaspielen in Ägypten das Finale erreichte (0:1 gegen den Gastgeber). Weil es wiederholt zu Ausschreitungen gekommen war, waren 1980 ethnisch markante Klubnamen verboten worden. Während sich Abaluhya daraufhin den neutralen Namen AFC Leopards gegeben hatte, umging Gor Mahia die Anordnung, indem man aus Gor (ein legendärer Medizinmann aus der Luo-Mythologie) GOR (Gulf Olympic Rangers) machte.

■ **NACHDEM ES VON 1988-92** dreimal in Folge zur Teilnahme an der Endrunde um die Afrikameisterschaft gereicht hatte, forderten anhaltende administrative Defizite und politische Konflikte allmählich ihren Tribut. Erster Rückschlag war der Verzicht auf die Ausrichtung der Afrikameisterschaft 1996, die Kenia 1994 von der CAF übertragen worden war. Offiziell mit »Finanzierungsproblemen« begründet, lag der Entscheidung tatsächlich ein politischer Konflikt zugrunde: Kenias Nationalverband wurde von dem aus Mombasa stammenden Oppositionspolitiker Job Omino angeführt, der sich im Streit mit seinem politischen Gegenspieler und Regierungschef Daniel arap Moi befand.

TEAMS | MYTHEN

■ **GOR MAHIA NAIROBI** National wie international Kenias erfolgreichster Verein. Zwölf Landesmeisterschaften werden überragt vom Gewinn des kontinentalen Pokalsiegerwettbewerbes 1987, als sich die Grün-Weißen im Finale gegen Espérance Tunis durchsetzten. Es war der bislang einzige kontinentale Erfolg eines ostafrikanischen Klubs. Gor Mahia entstand 1968 durch den Zusammenschluss von Luo United (Meister 1964) und Luo Sports Club (ehemals Luo Stars). Unter den Gründern war der populäre Unabhängigkeitskämpfer Tom Mboya. Gor Mahia gilt als Klub der Luo-Volksgruppe. »Gor« stand ursprünglich für einen berühmten Medizinmann aus der Luo-Mythologie, während »Mahia« in der Luo-Sprache für »Wunder« steht. Seit dem Verbot ethnischer Namen (1980) steht »GOR« offiziell für »Gulf Olympia Rangers«. Schon im ersten Jahr ihres Bestehens sicherte sich »Mighty Gor« erstmals die Landesmeisterschaft und drang 1979 im afrikanischen Pokalsiegerwettbewerb bis ins Finale vor (0:2 und 0:6 gegen Canon Yaoundé). In den 1980er Jahren zählten die von Kapitän Peter Bassanga angeführten Grün-Weißen zu den stärksten Teams des Kontinents. Nachdem unter Leu Julians die Nachwuchsarbeit intensiviert worden war, gelang Gor Mahia 1987 mit dem Gewinn des Pokals der afrikanischen Pokalsieger der größte Erfolg. Nach der Meisterschaft 1995 geriet der Klub in eine Krise und vermied 2002 den Abstieg unter umstrittenen Umständen am grünen Tisch. 2008 kehrte Gor Mahia mit dem Gewinn des Landespokals nach zehn Jahren auf Afrikas Fußballbühnen zurück. [1968 | Nairobi City (15.000) | 12 | 8]

■ **MATHARE UNITED NAIROBI** 1994 im berüchtigten Mathare-Slum von Nairobi gegründeter Verein, der Teil eines seit 1987 bestehenden Sozialprojektes ist. Der von Bob Munro geführte Verein ist für sämtliche Ethnien offen und kümmert sich vor allem um Straßenkinder. 1998 wurden die Grün-Gelben unter Trainer Jonathan Niva Pokalsieger und erreichten 1999 die KPL, deren Meister sie 2008 erstmals wurden. Aus dem Verein gingen Nationalspieler wie Dennis Oliech und Francis Ouma hervor. [1994 | Moi International Sports Centre (60.000) | 1 | 2]

■ **AFC LEOPARDS NAIROBI** Gemeinsam mit dem Lokalrivalen Gor Mahia die lange Zeit prägende Kraft des kenianischen Klubfußballs. Angaben des Vereins zufolge beläuft sich die Zahl der Anhänger auf etwa sechs Millionen Die Blau-Weißen wurden 1964 durch den Zusammenschluss der Erstligisten Marama, Samia United und Bunyore sowie mehrerer Kleinvereine als Abaluhya FC gegründet und sind der Verein der Luhya-Volksgruppe. Nach dem Verbot ethnischer Namen nahm man am 16. November 1980 den Namen All Footballers Club (AFC) Leopards an. Die »Ingwe« (Luhya-Begriff für »Leopard«) errangen neben zwölf Landesmeisterschaften auch fünfmal den CECAFA-Cup. 1968 scheiterte die von Nationalverteidiger Jonathan Niva angeführte Elf im Landesmeisterwettbewerb erst im Halbfinale an Etoile Filante aus Togo. 1974 und 1990 erreichten die Blau-Weißen, deren Galionsfigur über viele Jahre Joe Masiga war, jeweils das Viertelfinale des Wettbewerbs. Nach der Millenniumswende gerieten die Leoparden in die Turbulenzen des nationalen Fußballs. Nachdem sie 2007 aufgrund eines internen Konflikts gar nicht um Punkte gekickt hatten, verbrachten sie die Saison 2008 in der Zweitklassigkeit. [1964 | Nyayo (30.000) | 12 | 5]

■ **TUSKER FC NAIROBI** Mit der »East African Breweries« verbundener Verein, der bis 1999 als Kenya Breweries auflief. Tusker ist eine beliebte Biermarke. Mit acht Meisterschaften sind die Schwarz-Gelben der dritterfolgreichste

Verein des Landes. Fünf Erfolge im CECAFA-Cup (1988, 1989, 2000, 2001 und 2008) sowie das Erreichen des Finales im Pokalsiegerwettbewerb 1994 haben Tusker auch international bekannt gemacht. [1970 | Nyayo (30.000) | 8 | 3]

■ **NAKURU ULLINZI STARS** Kenias Armeeklub, der von 2003-05 dreimal in Folge den Landesmeister stellte. Zunächst in Thika ansässig, ist er seit 2004 in der Stadt Nakuru im Rift Valley beheimatet. [Afraha (8.200) | 3 | -]

HELDEN | LEGENDEN

■ **MIKE OKOTH** Galionsfigur der 1990er Jahre und erster Kenianer, der sich in Europa etablierte. Okoth war 12 Jahre in Belgien erfolgreich und wurde 1999 und 2001 jeweils Landesmeister mit Racing Gent. Mit Kenia reiste er 1992, 1994 sowie 2004 dreimal zur Afrikameisterschaft. [*16.11.1967]

■ **DENNIS OLIECH** Stammt aus der Nachwuchsschule von Mathare United und kam 2006 über den katarischen Klub Al-Arabi zum FC Nantes. Die englische Tageszeitung »The Guardian« zählte den antrittsschnellen Torjäger seinerzeit zu den »zehn vielversprechendsten Talenten«. Nach dem Abstieg der Nantais wechselte Oliech im September 2007 zu AJ Auxerre. [*2.2.1985 | 13 LS/10 Tore]

■ **JOE KADENGE** Legende aus den ersten Jahren nach der Unabhängigkeit, an dessen Seite mit Verteidiger Jonathan Niva eine weitere kenianische Fußballgröße stand. Kadenge wurde in den 1960er und 1970er Jahren mit seinem Verein Abaluya FC (bzw. AFC Leopards) mehrfach Landesmeister und war eine feste Größe in der Nationalelf »Harambee Stars«.

■ **PETER DAWO** Galionsfigur der »Harambee Stars« der späten 1980er Jahre. Schoss Gor Mahia 1987 mit zehn Treffern fast im Alleingang zum Gewinn der afrikanischen Pokalsiegertrophäe und trug bei den Afrikameisterschaften 1988 und 1990 das Nationaltrikot. [*1.7.1964]

Jahr	Meister	Pokalsieger
1963	Nakuru All Stars	
1964	Luo Union Nairobi	Luo Union Nairobi
1965	Feisal Mombasa	Luo Union Nairobi
1966	Abaluhya FC Nairobi	Luo Union Nairobi
1967	Abaluhya FC Nairobi	Abaluhya FC Nairobi
1968	Gor Mahia Nairobi	Abaluhya FC Nairobi
1969	Nakuru All Stars	unbekannt
1970	Abaluhya FC Nairobi	unbekannt
1971	abgebrochen	unbekannt
1972	Kenya Breweries Nairobi	unbekannt
1973	Abaluhya FC Nairobi	unbekannt
1974	Gor Mahia Nairobi	unbekannt
1975	Luo Union Nairobi	Kenya Breweries Nairobi
1976	Gor Mahia Nairobi	Gor Mahia Nairobi
1977	Kenya Breweries Nairobi	unbekannt
1978	Kenya Breweries Nairobi	unbekannt
1979	Gor Mahia Nairobi	unbekannt
1980	AFC Leopards Nairobi	unbekannt
1981	AFC Leopards Nairobi	GOR Mahia Nairobi
1982	AFC Leopards Nairobi	unbekannt
1983	GOR Mahia Nairobi	GOR Mahia Nairobi
1984	GOR Mahia Nairobi	unbekannt
1985	GOR Mahia Nairobi	AFC Leopards Nairobi
1986	AFC Leopards Nairobi	GOR Mahia Nairobi
1987	GOR Mahia Nairobi	GOR Mahia Nairobi
1988	AFC Leopards Nairobi	GOR Mahia Nairobi
1989	AFC Leopards Nairobi	Kenya Breweries Nairobi
1990	GOR Mahia Nairobi	Rivatex Eldoret
1991	GOR Mahia Nairobi	AFC Leopards Nairobi
1992	AFC Leopards Nairobi	GOR Mahia Nairobi
1993	GOR Mahia Nairobi	Kenya Breweries Nairobi
1994	Kenya Breweries Nairobi	AFC Leopards Nairobi
1995	Kenya Breweries Nairobi	Rivatex Eldoret
1996	Kenya Breweries Nairobi	Mumias Sugar
1997	Utalii FC Ruaraka	Eldoret KCC
1998	AFC Leopards Nairobi	Mathare United Nairobi
1999	Tusker FC Nairobi	Mumias Sugar
2000	Tusker FC Nairobi	Mathare United Nairobi
2001	Oserian Fastac Naivasha	AFC Leopards Nairobi
2002	Oserian Fastac Naivasha	Kenya Pipeline Nairobi
2003	Ulinzi Stars Thika	Utalii	Chemeli Sugar
2004	Ulinzi Stars Thika	KCB Nairobi	-
2005	Ulinzi Stars Thika	World Hope Nairobi
2006	SoNy Sugar Awendo	-
2007	Tusker FC Nairobi	Sofapaka
2008	Mathare United Nairobi	Gor Mahia Nairobi

Kenias langjähriger Kapitän Jonathan Niva 1975 mit dem CECAFA-Cup.

Anschließend ging es kontinuierlich bergab mit Kenias Fußball. Unter Reinhard Fabisch genoss die Nationalmannschaft zur Millenniumswende noch ein letztes kurzes Hoch, ehe die Differenzen für Stagnation sorgten. Die Situation eskalierte, als der Verbandsführung um Maina Kariuki 2003 der Missbrauch von FIFA-Geldern vorgeworfen wurde. Die Mehrheit der Klubs der 1994 gegründeten verbandseigenen Kenya Premier League (KPL) trat daraufhin aus dem Nationalverband aus und rief die Konkurrenzliga »Kenyan Champions League« (KCL) bzw. den »Transparency Cup« ins Leben. Da die Rebellen von der Regierung, die unverändert im Streit mit dem KFF lag, unterstützt wurde, griff die FIFA ein und schloss Kenia 2004 für drei Monate vom internationalen Spielbetrieb aus.

Die Fronten verhärteten sich jedoch weiter. Mannschaften der KPL durften keine kommunalen Stadien benutzen, und der Zuschauerzuspruch sowohl der KPL als auch der KCL brach völlig ein. Während der verbandsgeführten KPL überwiegend privat bzw. von Unternehmen finanzierte Klubs wie Tusker FC angehörten, bildeten kommunale Teams wie Gor Mahia und Utalii FC die »Rebellenliga«.

Eine im Januar 2006 nach mühsamen Verhandlungen erzielte Einigung war schon wenige Monate später wieder Makulatur, als Sportminister Ochillo Ayacko KFF-Präsident Alfred Sambu entließ, was kenianische Gerichte als »illegal« bewerteten. Die FIFA sperrte Kenia daraufhin zum zweiten Mal binnen drei Jahren für den internationalen Spielbetrieb.

Kenias Leistungsfußball hat erheblich unter der Funktionärsfehde gelitten. 2004 hatten sich die »Harambee Stars« unter Trainer Jacob »Ghost« Mulee zum ersten Mal seit zwölf Jahren wieder für die Afrikameisterschaft qualifiziert, als sie durch die beiden FIFA-Sperren zur Untätigkeit verdammt wurden. In Verbindung mit einer seit langem brachliegenden Nachwuchsarbeit hat dies zu einem schweren Entwicklungsdefizit geführt.

Zugleich fanden Kenianer allerdings zunehmend Anerkennung im globalen Fußball. Neben dem bereits seit Mitte der 1990er Jahre in Belgien erfolgreichen Mike Okoth (Racing Genk) traf dies vor allem auf Torjäger Dennis Oliech (FC Nantes, AJ Auxerre) sowie McDonald Mariga (Helsingborg, Parma) zu.

■ **NATIONAL GELANG ES ZWAR 2005,** die konkurrierenden Nationalligen unter der Schirmherrschaft der »Rebellen« zusammenzufassen, der Zustand des kenianischen Klubfußballs ist jedoch bedenklich. Die Spannungen zwischen Regierung und Fußballverband sind noch längst nicht ausgeräumt. Zuletzt gab es Ärger, weil die Coast Stars Mombasa 2007 ihren sportlichen Abstieg am grünen Tisch umgehen wollten, was erst nach einem FIFA-Verdikt untersagt wurde. Initiator war Vereinssponsor Mohammed Hatimy – und der ist zugleich KFF-Präsident…

Die Fans haben den Vereinen längst den Rücken gekehrt, und die einst gefüllten Stadien sind heute gähnend leer. Vom Profitum ist Kenia dementsprechend weit entfernt, weshalb vermutlich auch weiterhin jeder halbwegs talentierte Spieler das Land bei der erstbesten Gelegenheit verlassen wird – selbst in den ärmeren Nachbarländern Tansania oder Ruanda treffen kenianische Fußballer inzwischen auf bessere Arbeitsbedingungen.

Zudem haben die Turbulenzen die nationale Vereinshierarchie völlig durcheinandergewirbelt. Während die populären Volksklubs AFC Leopards und Gor Mahia ums Überleben kämpfen und den Abstieg nur am grünen Tisch verhinderten (Gor Mahia, 2002) bzw. in die Zweitklassigkeit mussten (AFC Leopards, 2008), dominieren von Unternehmen unterstützte Klubs wie Tusker FC (bis 1999 Kenya Breweries), SoNy Sugar, Agro Chemical sowie der Armeeklub Nakuru Ulinzi Stars die KPL.

Dass es im kenianischen Fußball dennoch Grund zur Freude gibt, dafür sorgt der 1994 gegründete Klub Mathare United. Der Verein ist in Nairobis größtem und berüchtigsten Slumviertel Mathare beheimatet und hat sich zu einem erfolgreichen Fußball-Sozialprojekt entwickelt. 2008 konnten die vor allem auf ehemalige Straßenkinder zurückgreifenden Grün-Gelben nach drei Vizemeisterschaften sogar erstmals Landesmeister werden!

KOMOREN

Fédération Comorienne de Football

Fußball-Bund Komoren | gegründet: 1979 | Beitritt FIFA: 2005 | Beitritt CAF: 2003 | Spielkleidung: grünes Trikot, grüne Hose, grüne Stutzen | Saison: Februar - November | Spieler/Profis: 27.100/0 | Vereine/Mannschaften: 10/30 | Anschrift: Case Postale 798, Moroni | Telefon: +269-733179 | Fax: +269-733236 | Internet: keine Homepage | E-Mail: dhl@snpt.km

Hoffnung auf eine goldene Zukunft

Der Fußball auf den Komoren steht erst am Anfang seiner Entwicklung

**Udzima wa komori
Union des Comores**

Union der Komoren | Fläche: 1.862 km² | Einwohner: 588.000 (316 je km²) | Amtssprache: Komorisch, Französisch | Hauptstadt: Moroni (Njazidja, 60.200) | Weitere Städte: Mutsamudu (Nzwani, 30.900), Mitsamiouli (Njazidja, 21.400), Domoni (Nzwani, 19.100) | Währung: 1 Komoren-Franc | Zeitzone: MEZ +2h | Länderkürzel: KM | FIFA-Kürzel: COM | Telefon-Vorwahl: +269

Auch wenn Afrika ein einziger Fußballtempel zu sein scheint, gibt es Regionen auf dem Kontinent, in denen König Fußball einen schweren Stand hat. Auf den Komoren beispielsweise, einer zwischen der Küste Mosambiks und Madagaskars gelegenen Inselgruppe mit französischer Kolonialgeschichte, hat das Spiel erst in den 1980er Jahren die reine Hobbyebene verlassen können. 27.100 aktive Spieler hat die FIFA in ihrem »Big Count« 2006 ermittelt – von denen allerdings lediglich 1.100 auch dem Nationalverband FCF angehörten. Berühmtester Name ist der von Hamada Jambay, der viele Jahre erfolgreich für Olympique Marseille, Toulouse und Sedan verteidigte – während er das Nationaltrikot von Madagaskar trug…

■ **DIE UNION DER KOMOREN BESTEHT** aus den drei Hauptinseln Grande Comore (komorisch: Njadzidja), Anjouan (Nzwani) und Mohéli (Mwali) und weist eine multikulturelle Bevölkerungsschicht auf. Eigentlich gehört auch noch Mayotte zur Gruppe der Komoren-Inseln, das aber bei Frankreich verblieb, als sich die Komoren 1974 für unabhängig erklärten.

Die Ureinwohner der Inselgruppe sind vermutlich malaiisch-polynesischen Ursprungs. Später kamen persische und arabische Einwanderer hinzu, die wiederum Schwarzafrikaner als Sklaven auf die Inseln verschleppten und sich im 19. Jahrhundert Frankreich unterwarfen, um der drohenden Übernahme zu entgehen. 1886 wurden die Komoren zum Protektorat, aus dem 1912 eine Kolonie wurde. 1974 votierte bei einer Volksabstimmung die Mehrheit der Einwohner von Grand Comore, Anjouan und Mohéli für die Eigenständigkeit, woraufhin die Islamische Bundesrepublik Komoren entstand.

Deren Werdegang war turbulent und blutig. Mehr als 20 Regierungsumstürze und Putschversuche sind bislang in den Landesannalen verzeichnet, wobei vor allem in den 1980er Jahren der vom südafrikanischen Apartheidsregime unterstützte französische Söldner Bob Denard für Unruhe sorgte. Die meisten der knapp 600.000 Einwohner leben in bitterer Armut. Die Infrastruktur ist rudimentär, der devisenbringende Tourismus steckt in den Kinderschuhen und die Erzeugnisse der Landwirtschaft reichen nicht einmal für den Eigenbedarf. Hinzu kommen hartnäckige Separationsbestrebungen der Insel Anjouan, auf der sich 2001 mit Oberst Mohammed Bacar ein Mann an die Macht putschte, der sich 2007 illegal zum Präsidenten wählen ließ. Im März 2008 kam es daraufhin zu einer Invasion durch bundeseigene Regierungstruppen, die das kleine Inselreich erneut in die Schlagzeilen der Weltpresse brachte.

■ **IM FUSSBALL HABEN DIE** Komoren bislang noch keine globalen Schlagzeilen geschrieben – und es ist zweifelhaft, ob es ihnen jemals gelingen wird. Die Basis des Spiels ist schwach ausgebildet, und erst seit der Millenniumswende bilden sich allmählich tragfähige Strukturen auf der Vereinsebene heraus, macht auch die Sportinfrastruktur auf den drei Inseln erste Fortschritte.

Das Spiel war in den 1930er Jahren von madegassischen Einwanderern eingeführt worden und etablierte sich vor allem auf der Insel Mayotte (siehe Seite 134). Nachdem es zunächst lediglich als lockeres Freizeitvergnügen betrieben worden war, erfuhr es während des Zweiten Weltkriegs durch auf den Komoren stationierte britische Soldaten einen spürbaren Aufschwung. Zahlreiche Jugendliche griffen den Fußball seinerzeit auf,

TEAMS | MYTHEN

■ **COIN NORD MITSAMIOULI** Mit sechs (nachgewiesenen) Landesmeisterschaften der Rekordmeister der Komoren. Der 1960 gegründete Klub aus der 6.100-Seelen-Gemeinde im Norden von Grande Comore feierte 2007 seinen bislang letzten Titelgewinn. 2006 partizipierte die von Jean Alain Ahamada Adamou trainierte Coin Nord-Elf (»Nordspitze«) als erster komorischer Klub an der afrikanischen Champions League und scheiterte in der Verlängerung unglücklich an der AS Port-Louis 2000 aus Mauritius. 2008 feierte man indes mit einem 1:0 über den Curepipe Starlight SC aus Mauritius den ersten Pflichtspielsieg einer komorischen Mannschaft auf kontinentaler Ebene. Klubvorsitzender ist Mchangama Abbas, der 1985 mit der komorischen Landesauswahl die Bronzemedaille bei den Indian Ocean Games errungen hatte. Coin Nord spielt im mit einem modernen Kunstrasen ausgestatteten Nationalstadion. [Mitsamiouli Coin Nord | 6 | 4]

■ **ETOILE DU SUD FOUMBONI** Zweifacher Landesmeister aus der Gemeinde Foumboni, die an der Südostküste von Grande Comore liegt. Der Klub zählte in den 1990er Jahren zu den spielstärksten auf der Inselgruppe. [2 | -]

HELDEN | LEGENDEN

■ **HAMADA JAMBAY** In Iconi auf Grand Comore geborener Verteidiger, der seine fußballerische Ausbildung bei Olympique Marseille erhielt. Als »OM« in den frühen 1900er Jahren in der Zweitklassigkeit kickte, zählte er im Stade Vélodrome zum Stammpersonal. Nach Rückkehr der Marseillaises ins Oberhaus wurde er zum Ergänzungsspieler, der 1999 nach dem UEFA-Cup-Finale zum Toulouse FC wechselte. 2001 heuerte Jambay beim CS Sedan an und wurde 2005 mit den Rot-Grünen französischer Pokalsieger. Jambay lief sowohl für Madagaskar als auch für die Komoren auf. Letztere führte er im Dezember 2006 beim 4:2 über Djibouti zum ersten Pflichtspielsieg der Länderspielgeschichte. [*25.4.1975]

● FIFA World Ranking

1993	1994	1995	1996	1997	1998	1999	2000
-	-	-	-	-	-	-	-

2001	2002	2003	2004	2005	2006	2007	2008
-	-	-	-	-	207	187	198

● Weltmeisterschaft
1930-2006 nicht teilgenommen **2010** Qualifikation

● Afrikameisterschaft
1957-2008 nicht teilgenommen **2010** Qualifikation

Jahr	Meister	Pokalsieger
1979/80	Coin Nord Mitsamiouli	
1980-85		
1982/83		Coin Nord Mitsamiouli
1985/86	Coin Nord Mitsamiouli	USS Seléa
1986/87		Coin Nord Mitsamiouli
1987/88		Coin Nord Mitsamiouli
1988/89		
1989/90	Coin Nord Mitsamiouli	
1990/91	Etoile Sud Foumboni	Gombessa Sport
1991/92	Etoile Sud Foumboni	Papillon Bleu
1992-94		
1994/95		US Zilimadjou
1995-97		
1997/98	US Zilimadjou	
1998-00		
2000/01	Coin Nord Mitsamiouli	
2001-02		
2003		Coin Nord Mitsamiouli
2004		Papillon Bleu
2005	Coin Nord Mitsamiouli	Elan Club Mitsoudjé
2006	AJSM Mutsamudu	Volcan Club Moroni
2007	Coin Nord Mitsamiouli	Chirazienne Domoni
2008	Etoile d'Or Mirontsy	Jassem Mitsoudjé

2008 feierte Coin Nord Mitsamiouli gegen Curepipe Starlight den ersten komorischen Vereinserfolg auf kontinentaler Ebene. Eine Szene aus dem Rückspiel in Mitsamiouli.

während die französische Verwaltung 1950 ein Turnier ins Leben rief, an dem Teams aus Grande Comore, Anjouan und Mayotte teilnahmen. Der Wettbewerb litt jedoch unter ethnischen Spannungen und wurde 1962 eingestellt. 1970 griff man die Idee angesichts der sich abzeichnenden Unabhängigkeit der Komoren wieder auf, doch Ressentiments zwischen den Inseln führten nach nur drei Jahren erneut zur Aufgabe des nicht dokumentierten Wettbewerbs.

Nach der Unabhängigkeit der Komoren im Jahre 1975 bemühte man sich verstärkt um die Schaffung überregionaler Strukturen. 1979 entstand die Fédération Comorienne de Football (FCF), die noch im selben Jahr eine inselübergreifende Meisterschaft ins Leben rief und eine Landesauswahl zusammenstellte. Deren Debüt endete im August 1979 mit einem 0:3 gegen Mauritius. 1986 trat die FCF der CAF als »associated member« bei, ehe sie 2003 vollwertiges Mitglied wurde. Seit 2005 gehören die Komoren auch dem Weltfußballverband FIFA an.

■ **DIE LANDESMEISTERSCHAFT** konnte bis 2005 nur unregelmäßig ausgespielt werden. Basis des Spielbetriebes sind die drei Inselligen. Gegenwärtig kicken auf Grand-Comore zwölf Teams, auf Anjouan acht und auf Mohèli sechs. Es gibt jeweils eine zweite und eine dritte Liga, während seit 1983 auch um den Coupe de l'Unité gespielt wird. Erfolgreichstes Team ist die Elf von Coin Nord Mitsamiouli, die 2007 ihre sechste Meisterschaft errang. Mitsamiouli ist eine 6.000-Einwohnergemeinde im Norden von Grand Comore.

International nahmen die Komoren 1979 erstmals an den Indian Ocean Games teil, ohne dabei allerdings Eindruck zu hinterlassen. 1985 gewann man kampflos die Bronzemedaille, derweil 1990 und 2003 immerhin der Einzug ins Halbfinale gelang. Angesichts der instabilen politischen Lage und der wirtschaftlichen Probleme der Inselgruppe fiel die Zahl der internationalen Auftritte insgesamt jedoch gering aus. Erst mit der Stabilisierung der politischen Lage nach der Millenniumswende konnte sich der komorische Fußball etwas zügiger entwickeln, ehe mit dem Beitritt zur CAF und der FIFA eine neue Seite in den Annalen des nationalen Fußballs aufgeschlagen wurde. Im Dezember 2006 feierte die »les Coelacanth« (»Quastenflosser«) genannte Landesauswahl mit einem 4:2 über Djibouti im Rahmen des Arab Cup in Jemen sogar ihren ersten Pflichtspielsieg. Angeführt wurde das Team vom französischen Ex-Profi Hamada Jambay, der zuvor bereits für Madagaskar aufgelaufen war. Mit dem in Nantes spielenden Hassan Ahamada trug seinerzeit zudem ein in Frankreich geborener Komore das Jersey der Inselgruppe.

■ **DER FUSSBALL WIRD AUF DEN** drei Inseln unverändert als reiner Amateursport betrieben. Angesichts der schleppenden wirtschaftlichen Entwicklung der Komoren wird sich daran in Zukunft wohl nur wenig ändern. Komorische Fußballtalente zieht es demzufolge ins Ausland, und für die heimischen Klubs bleiben nur die minderbegabten Akteure. Umso größer war die Freude, als Landesmeister Coin Nord Mitsamiouli im März 2008 beim 1:0 über den Curepipe Starlight SC aus Mauritius der erste Erfolg einer komorischen Mannschaft auf internationaler Ebene gelang. Aufgrund einer 0:2-Hinspielniederlage schied das Team allerdings dennoch aus.

Es war zugleich das erste internationale »Heimspiel« einer komorischen Mannschaft gewesen. Im Rahmen des FIFA-Projekts »Win in Africa with Africa« war im Nationalstadion von Moroni ein Kunstrasenfeld installiert worden, auf dem die komorische Landesauswahl im November 2007 bereits ihr erstes Pflichtheimspiel bestritten hatte. Vor immerhin 7.754 Neugierigen hatte es seinerzeit eine 2:6-Niederlage gegen den Nachbarn Madagaskar gegeben.

DR KONGO

Fédération Congolaise de Football Association

Bund Kongolesischer Fußball-Verbände | gegründet: 1919 | Beitritt FIFA: 1962 | Beitritt CAF: 1963 | Spielkleidung: blaues Trikot, blaue Hose, blaue Stutzen | Saison: August - Mai | Spieler/Profis: 2.515.600/0 | Vereine/Mannschaften: 770/3.300 | Anschrift: 31 Avenue de la Justice, c/Gombe, Case postale 1284, Kinshasa 1 | Telefon: +243-81/9049788 | Fax: +243-81/3013527 | Internet: keine Homepage | E-Mail: fecofa_sg@yahoo.fr

Mobutus »Leoparden«

DR Kongo – Zaïre – war 1974 erster schwarzafrikanischer WM-Teilnehmer

République démocratique du Congo

Demokratische Republik Kongo | Fläche: 2.344.885 km² | Einwohner: 55.853.000 (24 je km²) | Amtssprache: Französisch | Hauptstadt: Kinshasa (4,6 Mio.) | Weitere Städte: Lubumbashi (851.381), Mbuji-Mayi (806.475), Kolwezi (417.810), Kisangani (417.517) | Bruttosozialprodukt: 110 $/Kopf | Währung: 1 Kongo-Franc | Zeitzone: MEZ +1h | Länderkürzel: CD | FIFA-Kürzel: COD | Telefon-Vorwahl: +243

Die Demokratische Republik Kongo – oder Zaïre, wie das Land von 1971 bis 1997 hieß – ist ein Musterbeispiel für nahezu alles, was in Afrikas Geschichte seit Beginn des Kolonialzeitalters schiefgelaufen ist. Nach dem Ende der brutalen Ausbeutung durch die Kolonialmacht Belgien drängte sich der vom Westen unterstützte Diktator Mobutu an die Macht und richtete das rohstoffreiche Land im Herzen Afrikas systematisch zugrunde. Ethnisch völlig zerrüttet, innenpolitisch fragil, von Korruption fast zerfressen und noch dazu von einem aus dem Nachbarland Ruanda importierten ethnisch motivierten Konflikt um Rohstoffe heimgesucht, ist das Land auch mehr als eine Dekade nach Mobutus Sturz im Jahr 1996 noch immer nicht zur Ruhe gekommen.

■ **IMMERHIN KANN DAS** drittgrößte Land Afrikas, in dem Henry Stanley einst den als verschollen geltenden Afrikaforscher David Livingstone aufspürte (»Mr. Livingstone, I presume«), für sich beanspruchen, eine fußballerische Pioniertat vollbracht zu haben: 1974 war das damalige Zaïre erster schwarzafrikanischer Vertreter bei einer Fußball-Weltmeisterschaft. Doch das stolze Debüt endete in Tränen und unter Gelächter. Vor allem das 0:9 gegen Jugoslawien sollte das Bild des schwarzafrikanischen Fußballs in Europa lange Zeit prägen.

Der Fußball war Anfang des 20. Jahrhunderts durch belgische Missionare in den Kongo gekommen. Im Auftrag des belgischen Königs Léopold II. hatte der Afrikaforscher Henry Stanley ab 1879 mit verschiedenen Bantu-Häuptlingen Verträge geschlossen und sich weite Teile der heutigen Demokratischen Republik Kongo gesichert. Hintergrund waren dort vermutete wertvolle Rohstoffe. Hauptstadt von Belgisch-Kongo war ab 1923 Léopoldville, das heute den Namen Kinshasa trägt und am Südufer des Kongo liegt. Die am Nordufer gelegene Stadt Brazzaville indes gehörte zum französischen Einflussgebiet und ist heute die Hauptstadt der Republik Kongo. Republik und DR Kongo haben zu keiner Phase der jüngeren Geschichte zusammengehört und weisen dementsprechend unterschiedliche historische Entwicklungsstränge auf.

■ **DIE HEUTIGE DR KONGO WURDE** unter Léopold II. christlich missioniert und durch private Konzessionsfirmen erschlossen. Letztere gingen mit einer beispiellosen Rücksichtslosigkeit vor, die selbst bei den auch nicht gerade zimperlichen anderen europäischen Kolonialmächten auf Kritik stieß und den belgischen Staat 1908 veranlassten, das königliche Besitztum unter Staatsgewalt zu nehmen. Nach dem Ersten Weltkrieg wurden zudem die bis dahin unter deutscher Verwaltung befindlichen Ruanda und Burundi unter belgische Administration gestellt. Die rüden Ausbeutungspraktiken gingen allerdings nur unwesentlich zurück. Zwischen 1880 und 1920 halbierte sich die Bevölkerung Belgisch-Kongos, verloren mehr als zehn Millionen Menschen ihr Leben.

Ende der 1950er Jahre verstärkte sich der Widerstand gegen die Kolonialmacht. Unter dem Druck der Weltöffentlichkeit gab Belgien schließlich abrupt nach und entließ die Kolonie am 30. Juni 1960 Hals über Kopf in die Unabhängigkeit. Im selben Jahr erhielt auch das benachbarte Französisch-Kongo seine Souveränität. Die Länder wurden anschließend analog ihrer jeweiligen Hauptstädte als Kongo-Brazzaville (Republik Kongo) bzw. Kongo-Kinshasa (DR Kongo) klassifiziert. Die weitere Entwicklung verlief auf beiden Seiten des Flusses blutig und turbulent. In

TEAMS | MYTHEN

■ **AS DRAGONS KINSHASA (AS BILIMA)** Vierfacher Landesmeister, der 1938 als Dragons gegründet wurde und später den Namen AS Bilima annahm. Ihre erfolgreichsten Jahre verlebten die Rot-Gelben von 1979-84, als sie dreimal Landesmeister wurden und zweimal das Endspiel um die Kontinentalmeisterschaft erreichten. Dort gab es jedoch sowohl 1980 (gegen Canon Yaoundé) als auch 1985 (gegen FAR Rabat) Niederlagen. Nach dem Fall des Mobutu-Regimes kehrte der Klub zu seinem ursprünglichen Namen Dragons zurück. [1938 | 24. Septembre (24.000) | 3 | 1]

■ **DC MOTEMA PEMBE KINSHASA (CS IMANA)** Mit zwölf Titeln Rekordmeister der DR Kongo und vor allem in den politisch turbulenten 1990er Jahren erfolgreich. Der Daring Club Motema Pembe wurde 1936 als Daring Club gegründet und trug ab 1949 den Namen CS Imana. Nach Ausschreitungen beim Afrikapokalspiel gegen die Dragons de l'Ouémé aus Benin ordnete der Kontinentalverband CAF 1985 eine Umbenennung des Klubs an, der seitdem DC Motema Pembe heißt. »Les Immaculés« (»die Unbefleckten«) hatten 1963 ihre erste Landesmeisterschaft errungen. Seinerzeit führte der anschließend nach Belgien wechselnde Halbstürmer Paul Bonga-Bonga das Team an. 1974 stellten die Grün-Weißen vier Akteure des zairischen WM-Kaders (darunter den späteren Deutschlandlegionär Etepe Kakoko) und schalteten 1979 im afrikanischen Landesmeisterwettbewerb sowohl Africa Sports Abidjan als auch Zamalek Kairo aus, ehe sie im Halbfinale an Union Douala scheiterten. Die erfolgreichen 1990er Jahre brachten neben vier Landesmeisterschaften mit dem Gewinn des afrikanischen Pokalsiegerwettbewerbs 1994 den größten Erfolg der Vereinsgeschichte. Vom Malier Mohammed Magassouba trainiert, setzte sich Motema Pembe seinerzeit im Finale gegen die Kenya Breweries durch (2:2 in Kinshasa, 3:0 in Nairobi). Nach der Millenniumswende bestätigte der Klub mit drei weiteren Landesmeisterschaften seine Führungsrolle. [22.2.1936 | des Martyrs (80.000) | 12 | 11]

■ **AS VITA CLUB KINSHASA** Dominierendes Team der 1970er Jahre, das 1973 mit dem Gewinn des afrikanischen Landesmeisterwettbewerbs seinen Zenit erreichte. Erfolgsgarant war neben Trainerlegende Kalambaye Ngoie vor allem »Wunderstürmer« Mulamba N'Daye, der die Schwarz-Gelben mit fünf Treffern fast im Alleingang ins Finale schoss. Dort behielten sie auch gegen Asante Kotoko Kumasi die Oberhand (2:4, 3:0). 1981 erreichte der »V-Club« abermals das kontinentale Endspiel, konnte sich diesmal gegen den algerischen Meister JE Jizi-Ouzou aber nicht durchsetzen. Die Association Sportive Vita Club wurde 1935 gegründet und ist damit einer der ältesten Vereine des Landes. In den späten 1960er Jahren spielte er sich mit seiner Sturmreihe Kibonge, Kembo, Mayaula und Mayanga erstmals in den Vordergrund und sicherte sich 1970 seinen ersten Titelgewinn. Bis 1980 folgten sechs weitere, ehe die Erfolgsära allmählich zu Ende ging. 1988 gelang der siebte Titelgewinn, dem 1997 und 2003 zwei weitere folgten. [1935 | des Martyrs (80.000) | 10 | 9]

■ **TP MAZEMBE LUBUMBASHI (TP ENGLEBERT)** Renommiertester und international erfolgreichster Klub der DR Kongo. Der aus der rohstoffreichen Katanga-Region im Südosten des Landes stammende Verein dominierte vor allem in den 1960er und 1970er Jahren den nationalen Fußball. Die Schwarz-Weißen wurden 1939 von Benediktinermönchen des Saint-Benoît-Ordens als Tout Puissant Mazembe (»sehr kraftvoll«) im damaligen Élisabethville ins Leben gerufen. 1944 nahm die Missionsmannschaft den Namen FC St. Georges an, aus dem wenig später der Holy Paul FC wurde. In den späten 1940er Jahren trennten sich die Mönche von dem Verein,

Spieler aus Lépoldville im Jahr 1948.

Kongo-Kinshasa begann noch 1960 ein Sezessionskrieg um die rohstoffreiche Provinz Katanga, der die von Patrice Lumumba angeführte junge Republik destabilisierte. Zudem verfügte das Land nach der chaotischen und überhasteten Unabhängigkeit weder über eine ausgebildete Elite noch über funktionierende Führungsstrukturen.

1965 putschte sich Armeestabschef Joseph-Désiré Mobutu mit Hilfe des US-amerikanischen Geheimdienstes CIA an die Macht und errichtete eine zentralistische Diktatur, die mit Unterstützung der westlichen Industriestaaten zu einem Bollwerk gegen den Kommunismus ausgebaut wurde. Mobutus Führungsstil unterschied sich dabei kaum von dem der belgischen Kolonialisten. Er bereicherte sich schamlos am Volk, ermunterte seine Soldaten, die Landbevölkerung zu bestehlen, und war Oppositionellen gegenüber gnadenlos.

Zugleich leitete der Despot einen nationalistischen Kult unter der Parole »authenticité« ein, nach dem europäische Namen und Gepflogenheiten durch afrikanische ersetzt wurden. So wurde 1971 aus der DR Kongo die République du Zaïre (der Fluss Kongo hieß in vorkolonialen Zeiten »Nzadi«), mussten christliche Vornamen ebenso abgelegt werden wie westliche Kleidungsstücke. Jeder Mann hatte fortan einen »Abacost« zu tragen (eine Wortkreation aus »à bas le costume«: »nieder mit dem Anzug«), während Frauen traditionelle Wickelkleider verordnet wurden.

31 Jahre lang knechtete der sich nunmehr Sesé Seko Mobutu nennende Diktator sein Volk und beutete es gnadenlos aus. Nachdem 1991 in Kinshasa bewaffnete Unruhen ausgebrochen waren und drei Jahre später verfeindete Flüchtlingsströme aus Ruanda und Burundi nach Zaïre strömten, geriet seine Allmacht allmählich ins Wanken. 1996 begann ein Bürgerkrieg, in dessen Verlauf eine vom aus Katanga stammenden Laurent-Désiré Kabila angeführte Rebellengruppe den Despoten 1997 stürzte und die Rückbenennung in DR Kongo vornahm. Auch Kabila gelang es mit einer von Improvisation und Dilettantismus geprägten Politik jedoch nicht, die Verhältnisse zu stabilisieren, und so wurde die DR Kongo ab 1998 allmählich zum Schauplatz des ersten »afrikanischen Weltkriegs«.

Als Kabila im Januar 2001 einem Attentat zum Opfer fiel, übernahm sein Sohn Joseph Kabila die Macht, der sich deutlich erfolgreicher um eine Befriedung und Stabilisierung der zerrütteten Nation bemühte. Angesichts der zerstörten Infrastruktur, einer maroden Verwaltung und Wirtschaft sowie der Ausplünderung der Rohstoffressourcen in den Ostprovinzen durch rivalisierende Rebellengruppen ist dieser Prozess jedoch wiederholt ins Stocken geraten. Im Juli 2002 gelang zwar ein Friedensabkommen, die Kämpfe im Osten hielten jedoch an. Auf den ersten Blick handelt es sich dabei um einen ethnischen Konflikt zwischen rivalisierenden Hutu und Tutsi aus dem Nachbarland Ruanda – tatsächlich aber geht es um wertvolle Rohstoffe, die beispielsweise für die Herstellung von Mobilfunkchips wichtig sind.

■ **WIE ALLES LEIDET AUCH** der Fußball unter den anhaltenden Auseinandersetzungen und der maroden Infrastruktur. 15-Mal nahm die DR Kongo/Zaïre seit 1965 an Afrikameisterschaften teil, wobei man seine Hochphase in den 1960er und 1970er Jahren erreichte, als die Landesauswahl zweimal Afrikameister wurde, einmal zur WM reiste und Zaïre dreimal den Sieger in der Kontinentalmeisterschaft stellte.

Die Wiege des kongolesischen Fußballs steht in der Hafenstadt Boma, dem ehemals belgischen Verwaltungssitz im äußersten Westen des Landes. Kurz nach der Jahrhundertwende von belgischen Lehrern eingeführt, wurde das Spiel über die Missionsschulen rasch weiterverbreitet. 1918 erreichte es Léopoldville (heute Kinshasa), wo der belgische Reverend Raphaël de la Kethule 1919 mit dem FC Union den ersten einheimischen Fußballverein des Landes gründete.

Schwarze und weiße Fußballer blieben bei ihren Aktivitäten jeweils unter sich, wobei es organisierten Sport zunächst nur unter weißer Obhut gab. Absolventen höherer Schulen gründeten 1919 mit der Association Sportive Congolaise (ASC) sogar den Vorläufer des heutigen Nationalverbandes FECOFA und etablierten eine Léopoldviller Stadtmeisterschaft. 1923 rief die im benachbarten Französisch-Kongo ansässige Football Association du Pool (der namensspendende Pool

- **Erfolge**
Afrikameister 1968, 1974

- **FIFA World Ranking**

1993	1994	1995	1996	1997	1998	1999	2000
71	68	68	66	74	62	59	70
2001	2002	2003	2004	2005	2006	2007	2008
77	65	56	78	77	66	74	86

- **Weltmeisterschaft**
1930-70 nicht teilgenommen **1974** Endturnier (Vorrunde) **1978** nicht teilgenommen **1982** Qualifikation **1986** nicht teilgenommen **1990-2010** Qualifikation

- **Afrikameisterschaft**
1957-63 nicht teilgenommen **1965** Endturnier (Vorrunde) **1968** Endturnier (Sieger) **1970** Endturnier (Vorrunde) **1972** Endturnier (Vierter) **1974** Endturnier (Sieger) **1976** Endturnier (Vorrunde) **1978-86** nicht teilgenommen **1988** Endturnier (Vorrunde) **1990** Rückzug **1992** Endturnier (Viertelfinale) **1994** Endturnier (Viertelfinale) **1996** Endturnier (Viertelfinale) **1998** Endturnier (Platz 3) **2000** Endturnier (Vorrunde) **2002** Endturnier (Viertelfinale) **2004** Endturnier (Vorrunde) **2006** Endturnier (Viertelfinale) **2008** Qualifikation

- **Vereinserfolge**
Landesmeister TP Englebert Lubumbashi (1967, 1968), AS Vita Club Kinshasa (1973)
Pokalsieger TP Mazembe Lubumbashi (1980), DC Motema Pembe Kinshasa (1994)

Malebo ist ein zwischen den beiden Städten liegender See) mit dem Coupe Stanley Pool einen fluss-übergreifenden Wettbewerb für von Weißen gebildete Mannschaften ins Leben. Léopoldvilles Teams dominierten den Wettbewerb zunächst, ehe Brazzaville 1931 erstmals den Sieger stellte.

Parallel dazu entwickelten sich in der rund 1.000 Kilometer weiter südöstlich gelegenen rohstoffreichen Provinz Katanga eigenständige Fußballstrukturen. Mit der Fédération des Associations Sportives Indigènes du Katanga (FASI) entstand dort sogar ein »schwarzer« Regionalverband, während in der Provinzhauptstadt Elisabethville (heute Lubumbashi) 1936 eine Stadtliga ihren Spielbetrieb aufnahm. Initiatoren waren neben den Missionsschulen auch belgische Militärs, die den Fußball über afrikanische Soldaten unterer Dienstränge weiterverbreiten.

Im Verlauf der 1930er Jahre entstanden mit der AS Vita (1935), dem Daring Club (1936) und den Dragons (1938, alle Léopoldville) sowie TP Mazembe und FC Lupopo (1939, beide Élisabethville) sämtliche später prägenden Vereine des Landes. Nachdem der weiße Pionierverband ASC 1939 das königliche Siegel »Royale« erhalten hatte, wurde er acht Jahre später vom belgischen Nationalverband URBSFA mit der Erschließung der gesamten Kolonie Belgisch-Kongo einschließlich Ruanda und Urundi für den Fußball beauftragt.

1948 vereinten der in Léopoldville ansässige weiße ARSC und die in Élisabethville residierende schwarze FASI in der Union Congolaise de Fédération et Associations Sportive Indigènes (UCFASI) ihre Kräfte und traten der FIFA bei. Daraufhin kam es gegen die Auswahl Nordrhodesiens (heute Sambia) zum ersten Länderspiel, das Belgisch-Kongo mit 3:2 gewann. 1956 reiste die Landesauswahl um Paul Bonga-Bonga und Max Mayunga zu mehreren Gastspielen nach Belgien, ehe 1959 erstmals um eine Landesmeisterschaft gespielt wurde, an der mit Wairless d'Usumbura auch ein Vertreter des heutigen Burundi teilnahm. Aufgrund der enormen Größe des Landes musste bis in die 1990er Jahre allerdings in Regionalmeisterschaften gespielt werden, deren Sieger zu einem Endturnier aufeinandertrafen.

■ **IN DEN 1960ER JAHREN GERIET DER** Fußball in die politischen Turbulenzen nach der überhasteten Unabhängigkeit. 1960 schieden Burundi und Ruanda als eigenständige Staaten aus dem Verbandsgebiet aus, während der gescheiterte Sezessionsversuch Katangas für Unruhe sorgte. Erst im März 1964 gelang es, mit der Fédération des Associations Sportives du Congo (FASCO) einen landesweiten Sportverband einzurichten, dessen Fußballsektion 1968 als FECOFA eigenständig wurde.

Nach dem Putsch von Joseph-Désiré Mobutu erfuhr der Fußball in der DR Kongo ab 1965 eine enorme Aufwertung. Dem Beispiel Ghanas nacheifernd, betrachtete Mobutu Fußball – und dabei insbesondere die Nationalmannschaft – als elementares Bindeglied für sein ethnisch zersplittertes Land. Fußball boomte vor allem in den aufstrebenden Zentren Kinshasa und Lubumbashi, während Kongolesen wie Paul Kabeya und Paul Bonga-Bonga in der belgischen Nationalliga für Furore sorgten. Kongos internationales Pflichtspieldebüt schlug jedoch fehl. 1965 reiste die seinerzeit »Lions« (Löwen«) genannte Landesauswahl zur Afrikameisterschaft nach Tunesien, von der sie nach einem 2:5 gegen »Vorbild« Ghana als Schlusslicht heimkehrte. Als es im Juni 1966 auch auf eigenem Platz ein Debakel gegen Ghanas »Black Stars« gab (0:3), ordnete Diktator Mobutu einen radikalen Umbau von Mannschaft und Strukturen an. So wurden aus den »Lions« die »Léopards« (Mobutu war berühmt für seine omnipräsente Leopardenfellmütze), kam mit dem Ungar Ferenc Csanádi ein europäischer Trainer, wurden die in Belgien tätigen Legionäre Mwana Kasongo, Julien Kialunda, Lucien Ndala, Max Mayunga, Braine Mayama und Freddy Mulongo aus ihren Profiverträgen freigekauft und zurückgeholt. Gemeinsam mit Talenten wie Saïo Mokili, Luc Mawa, Pierre Kalala und Pierre Katumba reisten die neuformierten »Léopards« schließlich im Juli 1966 zu mehreren Freundschaftsspielen nach Brasilien und erklommen im Juni 1967 mit einem legendären Freundschaftsspiel gegen den Pelé-Klub Santos (1:2) ihren ersten Höhepunkt. Unterdessen wurde den bereits heftig umworbenen Spielern ein Wechsel nach Europa untersagt. »Kongo darf nicht die Wiege für europäische Aufkäufer werden«, befand Mobutu und bezeichnete die Fußballer als »nationale Schätze«. Dank voller Staatskassen erlitten die Spieler finanziell freilich keine Einbußen.

Zu einem weiteren Aushängeschild avancierte zeitgleich die aus einem von Benediktinermönchen gegründeten Klub hervor- daraufhin vom renommierten belgischen Reifenfabrikanten »Englebert« übernommen und in FC Englebert umbenannt wurde. Zur Erinnerung an die christlichen Gründer wurde daraus schließlich der TP Englebert. Während die Stadt Élisabethville 1966 in Lubumbashi umbenannt wurde, errangen die Schwarz-Weißen ihre erste Landesmeisterschaft, der auf Anhieb der Einzug ins Endspiel um die Kontinentalmeisterschaft 1967 folgte. Bis 1970 erreichten die Kongolesen viermal in Folge das kontinentale Finale, das sie 1967 und 1968 gegen Étoile Filante Lomé bzw. Asante Kotoko Kumasi aus gewannen. Leistungsträger waren mit André Kalonzo, Lénard Laidi, Tshinabu »Brinch«, Kapitän Pierre Kalala sowie Torhüterlegende Mwamba Kazadi fünf Akteure, die 1968 mit der kongolesischen Nationalelf zudem Afrikameister wurden. Ab 1971 als TP Mazembe auflaufend, vermochten die Schwarz-Weißen 1972 erneut das Halbfinale in der Kontinentalmeisterschaft zu erreichen. Dort musste sich das Team um Afrikas Fußballer des Jahres 1973, Verteidiger Tshimenu Bwanga, allerdings nach einer 2:3-Hinspielniederlage gegen Hafia Conakry aus dem Wettbewerb zurückziehen. Anschließend wurde es etwas stiller um den Klub, der 1980 mit dem Gewinn des afrikanischen Pokalsiegerwettbewerbes (im Finale gegen Africa Sports Abidjan) nur kurzzeitig ins Rampenlicht zurückkehrte. Lokal im Schatten des Stadtrivalen FC St-Éloi Lupopo stehend, kehrte Mazembe erst Ende der 1990er Jahre dauerhaft auf die internationale Bühne zurück. 2002 gelang der Einzug ins Halbfinale der Champions League (Aus gegen Zamalek Kairo), ehe sich der Klub ab 2007 unter dem ambitionierten Gouverneur der rohstoffreichen Katanga-Provinz Moïse Katumbi Chapwe erneut zum nationalen Aushängeschild aufschwingen konnte. 2008 stand TP Mazembe dank der Unterstützung mehrerer Minenbetreiber in der Kupferregion Katanga der beeindruckende Etat von fünf Mio.-US-Dollar in der Champions League zur Verfügung. [1939 | Municipal (35.000) | 9 | 5]

Jahr	Meister	Pokalsieger
1958	FC St-Éloi Lubumbashi	
1959-60	unbekannt	
1961	unbekannt	FC St-Éloi Lubumbashi
1962	unbekannt	nicht ausgespielt
1963	CS Imana Kinshasa	
1964	CS Imana Kinshasa	CS Imana Kinshasa
1965	Dragons Kinshasa	AS Bilima Kinshasa
1966	TP Englebert Lubumbashi	TP Englebert Lubumb.
1967	TP Englebert Lubumbashi	TP Englebert Lubumb.
1968	FC St-Éloi Lubumbashi	FC Lupopo Lubumbashi
1969	TP Englebert Lubumbashi	nicht ausgespielt
1970	AS Vita Club Kinshasa	nicht ausgespielt
1971	AS Vita Club Kinshasa	AS Vita Club Kinshasa
1972	AS Vita Club Kinshasa	AS Vita Club Kinshasa
1973	AS Vita Club Kinshasa	AS Vita Club Kinshasa
1974	CS Imana Kinshasa	CS Imana Kinshasa
1975	AS Vita Club Kinshasa	AS Vita Club Kinshasa
1976	TP Mazembe Lubumbashi	TP Mazembe Lubumb.
1977	AS Vita Club Kinshasa	AS Vita Club Kinshasa
1978	CS Imana Kinshasa	CS Imana Kinshasa
1979	AS Bilima Kinshasa	TP Mazembe Lubumb.
1980	AS Vita Club Kinshasa	Lubumbashi Sport
1981	FC Lupopo Lubumbashi	AS Vita Club Kinshasa
1982	AS Bilima Kinshasa	AS Vita Club Kinshasa
1983	Sanga Balende Mbuji-M.	AS Vita Club Kinshasa
1984	AS Bilima Kinshasa	CS Imana Kinshasa
1985	US Tshinkunku Kananga	DC Motema Pembe K.
1986	FC Lupopo Lubumbashi	AS Kalamu Kinshasa
1987	TP Mazembe Lubumbashi	AS Vita Club Kinshasa
1988	AS Vita Club Kinshasa	AS Kalamu Kinshasa
1989	DC Motema Pembe K.	AS Kalamu Kinshasa
1990	FC Lupopo Lubumbashi	DC Motema Pembe K.
1991	SCOM Mikishi Lubumbashi	DC Motema Pembe K.
1992	US Bilombe	US Bilombe
1993	AS Vita Club Kinshasa	DC Motema Pembe K.
1994	DC Motema Pembe K.	DC Motema Pembe K.
1995	AS Bantous Mbuji Mayi	AC Sodigraf Kinshasa
1996	DC Motema Pembe K.	AS Dragons Kinshasa
1997	DC Motema Pembe K.	AS Dragons Kinshasa
1998	DC Motema Pembe K.	AS Dragons Kinshasa
1999	DC Motema Pembe K.	AS Dragons Kinshasa
2000	TP Mazembe Lubumbashi	TP Mazembe Lubumb.
2001	TP Mazembe Lubumbashi	AS Vita Club Kinshasa
2002	St-É. Lupopo Lubumbashi	US Kenya Lubumbashi
2003	DC Motema Pembe K.	DC Motema Pembe K.
2004	DC Motema Pembe K.	CS Cilu Lukala
2005	DC Motema Pembe K.	AS Vita Kabasha Goma
2006	TP Mazembe Lubumbashi	DC Motema Pembe K.
2007	TP Mazembe Lubumbashi	Maniema Union Kindu
2008	DC Motema Pembe K.	OC Bukavu Dawa

■ **FC SAINT-ÉLOI LUPOPO LUBUMBASHI** Der sechsfache Landesmeister und Erzrivale von TP Mazembe Lubumbashi wurde 1940 als FC Lupopo gegründet und ist der nationalen Eisenbahnergesellschaft angeschlossen. Zwischenzeitlich als Étoile du Congo auflaufend, nahm der Verein 1946 den Namen FC Saint-Éloi an (St. Éloi, der Heilige Eligius, ist der weltweite Schutzpatron der Eisenbahner). Unter dem Mobutu-Regime kehrte man 1974 zum Ursprungsnamen FC Lupopo zurück. Die Blau-Gelben dominierten nach dem Zweiten Weltkrieg den Fußball in der Provinz Katanga und brachten Fußballgrößen wie den späteren Belgienprofi Paul Kabeya sowie Mwanga Kasongo Kasongo (»le Bombardier«) hervor. 1958 sicherten sie sich die erstmals ausgespielte Landesmeisterschaft, die bis 2002 fünf weitere Male an die Eisenbahner ging. 1990 wurden »les Lumpas« um Nationaltorhüter Ngoy Taifan Meister der erstmals landesweit ausgespielten Nationalliga Zaïres. Nachdem ihnen 1969 bereits der Einzug ins Viertelfinale des afrikanischen Landesmeisterwettbewerbs gelungen war, erreichten die Blau-Gelben 1982 sogar das Halbfinale des Wettbewerbs, in dem sie an Asante Kotoko Kumasi scheiterten. Nach einer längeren Durststrecke kehrte der inzwischen FC St-Éloi Lupopo genannte Klub erst 2002 unter dem malischen Trainer Lupopo Mohammed Magassouba bzw. den Leistungsträgern Katalay Mujanya und Kapamba Musasa auf den kongolesischen Meisterthron zurück. 2007 qualifizierte sich St-Éloi Lupopo zum dritten Mal binnen vier Jahren für die Champions League. [1939 | de la Victoire | 6 | 1]

Präsident Mobutu gratuliert Torhüter Kazadi zum Gewinn der Afrikameisterschaft 1968.

HELDEN | LEGENDEN

■ **PAUL BONGA-BONGA** Erster Weltstar des Landes, der 1962 in die Weltauswahl berufen wurde und seinerzeit an der Seite von Pelé und Puskás spielte. Bonga-Bonga begann seine Laufbahn 1948 beim Sporting Club des Ste-Anne-College und kam 1954 zu CS Imana (heute DC Motemba Pembe), ehe er 1956 sein Debüt in der Landesauswahl gab. Auf einer Gastspielreise nach Belgien von Standard Lüttich entdeckt, debütierte »Bopaul« im September 1957 für den belgischen Spitzenklub und wurde 1962 zum zweitbesten Ausländer in Belgien gewählt. Von 1963-67 in Charleroi tätig, kehrte er 1972 nach Zaïre zurück und übernahm das Training des DC Motema Pembe. 1991 wurde Bonga-Bonga technischer Direktor der Nationalmannschaft und reiste mit den »Léopards« zur Afrikameisterschaft nach Senegal. [*25.4.1933]

■ **TSHIMEN BWANGA** Verteidiger sind nicht wirklich prädestiniert für den Titel »Fußballer des Jahres« – schon gar nicht im offensivverrückten Afrika. Der langjährige TP Mazembe-Kapitän Tshimenu Bwanga wurde 1973 dennoch sogar zu Afrikas Fußballer des Jahres gewählt. Grund: Er hatte elementaren Anteil an den großen Erfolgen seiner Vereinsmannschaft (1967-70 viermal in Folge Finalist der Afrikameisterschaft) sowie der Nationalelf »Léopards« (1968 und 1974 Afrikameister). [*4.1.1949]

■ **PIERRE KALALA** Fußball-Legende aus den Anfangsjahren der unabhängigen DR Kongo. Fungierte als elementare Stütze beim Aufbau der Nationalmannschaft und erzielte 1968 im Finale um die Afrikameisterschaft gegen Ghana das Tor des Tages. Mit seinem Verein TP Englebert bzw. Mazembe Lubumbashi erreichte »le Bombardier« von 1967-70 viermal in Folge das kontinentale Finale. Nach dem Ende seiner aktiven Laufbahn wechselte Kalala auf die Trainerbank und führte Zaïres »Léopards« 1992, 1994 und 1998 jeweils zum Endturnier um die Afrikameisterschaft. [*1940]

gegangene Mannschaft der TP Englebert Lubumbashi (heute TP Mazembe), die von 1967-70 viermal in Folge das Endspiel um die Kontinentalmeisterschaft erreichte und jenes 1967 und 1968 auch gewann. Mit Akteuren wie Torhüter Kazadi, Mittelstürmer Kalala und Verteidiger Katumba stellten die Schwarz-Weißen auch den Stamm der kongolesischen Nationalmannschaft, die 1968 bei der Afrikameisterschaft in Äthiopien ihren Durchbruch schaffte und mit einem 1:0 über das einstige Vorbild Ghana erstmals Afrikameister wurde.

■ **MIT DER VON DIKTATOR MOBUTU** verordneten Afrikanisierungspolitik (»authenticité«) nahm die DR Kongo 1971 den Namen Zaïre an, unter dem sie weltweit unter Fußballanhängern bekannt wurde. Das verdankte sie vor allem der Qualifikation zur WM 1974, die am 9. Dezember 1973 mit einem fulminanten 3:0 über WM-1970-Teilnehmer Marokko erreicht wurde. Unter dem jugoslawischen Trainer Blagoje Vidinić war eine neue Erfolgsgeneration herangereift. Angeführt von Afrikas Fußballer des Jahres 1973, Verteidiger Tshimenu Bwanga sowie Torjäger Mulumba N'Daye und Kapitän Raoul Kidumu sicherten die die »Léopards« im Frühjahr des WM-Jahres mit einem 2:0 über Sambia zunächst zum zweiten Mal die Afrikameisterschaft, ehe sie voller Selbstvertrauen zur WM in die Bundesrepublik reisten. Dort kam es zum folgenschweren Debakel. Organisatorische Defizite in der Abwehr, ein unterbesetztes Mittelfeld sowie eine erhebliche kulturelle Überforderung – fast alle Spieler waren das erste Mal in Europa – wirkten sich fatal aus. Einer 0:2-Auftaktniederlage gegen Schottland folgte ein 0:9-Debakel gegen Jugoslawien, bei dem die taktischen Defizite brutal aufgedeckt wurden (später wurde allerdings bekannt, dass die Spieler vor dem Anpfiff erfahren hatten, dass das Mobutu-Regime ihre Prämien selbst einkassiert hatte). Im dritten und letzten Spiel unterlag man Brasilien mit 0:3 und reiste ebenso punkt- wie torlos nach Hause.

■ **DAMIT BEGANN DER NIEDERGANG** des zaïrischen/kongolesischen Fußballs. Dafür gab es zwei Gründe. Erstens: Als der Weltmarktpreis für Kupfer abstürzte, geriet das ohnehin unter Mobutus Ausbeutungspolitik leidende Land in eine lähmende Wirtschaftskrise. Zweitens: Nach dem Debakel von 1974 kam es zu radikalen Umwälzungen im nationalen Fußball. Während die WM-Elf von 1974 zur »vergessenen Generation« wurde (als einziger Akteur kam Etepe Kakoko zu einem Auslandsengagement), schieden die neuformierten »Léopards« 1976 bei der Afrikameisterschaft in Äthiopien bereits in der Vorrunde aus. Es kam jedoch noch schlimmer, denn nachdem das Mobutu-Regime vollends sein Interesse am Fußball verloren hatte, konnte Zaïre an der WM-1978-Qualifikation sowie der Afrikameisterschaft 1978 überhaupt nicht teilnehmen.

Letzter großer Erfolg war der Gewinn des kontinentalen Pokals der Pokalsieger durch TP Mazembe Lubumbashi 1980. AS Bilima Kinshasa und AS Vita Kinshasa erreichten anschließend bis 1985 immerhin noch dreimal das kontinentale Meisterschaftsfinale.

Erst 1988 kam wieder Hoffnung auf. Trainiert von Otto Pfister erreichte eine Elf um die Europalegionäre Eugène Kabongo (Lyon) und Ndinga Mbote (Guimarães) erstmals nach zwölf Jahren wieder die Afrikameisterschaft, kam dort jedoch nicht über die Vorrunde hinaus. Während Zaïre politisch und wirtschaftlich immer tiefer in die Krise geriet, blühte sein Fußball im Verlauf der 1990er Jahre allmählich wieder auf. Von 1992-96 erreichten die »Léopards« dreimal in Folge das Viertelfinale der Afrikameisterschaft und etablierten sich erneut unter den führenden Fußballnationen Zentralafrikas. Unterdessen machten Zaïrer zunehmend im Ausland Furore. Der bereits mit vier Jahren nach Frankreich gekommene Claude Makelele wurde 1998 mit der »Équipe Tricolore« sogar Weltmeister.

Die politische und wirtschaftliche Negativentwicklung des Landes beeinflusste jedoch auch den Fußball. 1993 entzog der afrikanische Kontinentalverband Zaïre sogar die Ausrichtung der Afrikameisterschaft 1994, weil das Land mit dem Turnier völlig überfordert war. Wie verroht die Sitten waren, zeigte der Fall des nachträglich für seinen Neuntorerekord bei der Afrikameisterschaft 1974 geehrten Mubumba N'Daye, der in der Annahme, er habe einen großen Geldpreis erhalten, von Soldaten überfallen wurde und einen Beinschuss erlitt.

Nach dem Ende des Mobutu-Regimes wurde 1997 aus Zaïre wieder die DR Kongo, während die »Léopards« zu »Simbas« (das Swahili-Wort für »Löwe«) wurden. Jenen gelang bei der Afrikameisterschaft 1998 in Burkina Faso eine große Überraschung, als das hastig aus einheimischen Amateuren und einer Handvoll Europalegionären (darunter Bundesligaprofi Michel Dinzey) zusammengestellte Team unter Trainer Pierre Kalala praktisch ohne Vorbereitung ins Turnier ging und dennoch Dritter wurde.

Zwei Viertelfinalteilnahmen bei den Turnieren 2002 und 2006 sowie eine vorzügliche Darbietung in der WM-2006-Qualifikation, in der die von Claude Le Roy trainierte Elf um Shootingstar Shabani Nonda nur knapp an Ghana scheiterte, schlossen sich an. 2007 wurde der kongolesische Fußball jedoch erneut von der katastrophalen Lage im Land eingeholt und fehlte 2008 erstmals nach 18 Jahren wieder bei einer Afrikameisterschaft.

■ **AUF NATIONALER KLUBEBENE** war 1990 eine umfassende Ligareform vorgenommen worden. Unter der neugegründeten Ligue Nationale de Football (LINAFOOT) war es zu einer landesweiten Nationalliga mit 16 Teilnehmern gekommen, deren erster Meister der Eisenbahnverein FC Lupopo aus

Kabongo Mutamba führt die kongolesische Jubelgruppe bei der Afrikameisterschaft 1998 an.

der Kupferhochburg Lubumbashi geworden war. Nur zwei Jahre später stand die Liga jedoch schon wieder vor dem Aus. Angesichts Entfernungen von bis zu 2.400 Kilometern (Lubumbashi-Matadi) stöhnten sämtliche Teilnehmer über finanzielle Sorgen, und von den 240 Ligaspielen der Saison 1992 mussten 35 wegen Anreise- oder Geldproblemen abgesagt werden. Die allgegenwärtige Korruption erschwerte den geregelten Spielbetrieb zusätzlich, und 2003 verkündeten mit Champions-League-Halbfinalist TP Mazembe, St-Éloi Lupopo sowie New Soger gleich drei Teams aus der Fußballhochburg Lubumbashi ihren Rückzug. Mazembe-Sprecher Kitenge Kikumba begründete den Schritt mit den hohen Reisekosten und bezeichnete die Organisation von Auswärtsspielen als »Alptraum«.

Unter einem modifizierten System, bei dem wie vor 1990 zunächst auf Regionalebene gespielt wird und lediglich sechs Teams die Endrunde erreichen, normalisierte sich die Lage rasch wieder. TP Mazembe hat unter dem 2007 zum Gouverneur der Provinz Katanga gewählten Geschäftsmann Moise Katumbi Chapwe inzwischen sogar wieder eine Führungsrolle im kongolesischen Fußball eingenommen und konnte 2008 mit einem Fünfmillionen-Dollar-Etat in die Champions League gehen.

■ **ETEPE KAKOKO** Einziger Akteur des zaïrischen WM-Kaders von 1974, der später in Europa spielte. Kakoko kam 1981 zum VfB Stuttgart, wo er als dritter Nicht-EU-Ausländer jedoch nicht zum Zuge kam. 1982 wechselte der »Dieu de Ballon« genannte kopfballstarke Stürmer und vierfache Afrikameisterschaftsteilnehmer (1970-76) zum 1. FC Saarbrücken, für den er bis 1984 im Profilager aktiv war. Anschließend ließ Kakoko seine Karriere beim saarländischen Amateurklub Borussia Neunkirchen ausklingen. [*22.11.1950]

■ **MWAMBA KAZADI** Zaïres Torhüterlegende war zwischen 1966 und 1976 kaum aus der Nationalmannschaft »Léopards« wegzudenken. Mit seinen Paraden war er Garant für die beiden Afrikameisterschaften 1968 und 1974 sowie die Erfolge des TP Englebert bzw. Mazembe, mit dem er von 1967-70 viermal in Folge das kontinentale Vereinsfinale erreichte. Ausgerechnet sein vermeintlicher Karrierehöhepunkt geriet allerdings zum Desaster, als er bei der WM 1974 beim Vorrundenspiel gegen Jugoslawien nach drei Gegentreffern binnen 18 Minuten durch Dimbi Tubilandu ersetzt wurde. Kazadi geriet nach seinem Karriereende 1980 in Vergessenheit und starb 1996 völlig verarmt. [*6.3.1947]

■ **MULAMBA N'DAYE** Legendärer Torjäger der 1970er Jahre. Stellte 1974 bei der Afrikameisterschaft in Äthiopien mit neun Treffern einen Rekord auf und schoss im Finale gegen Sambia alle vier zaïrischen Treffer beim 2:2 bzw. 2:0. 1973 hatte er mit seinem Stammverein AS Vita Kinshasa bereits den Wettbewerb der afrikanischen Landesmeister gewonnen. Der nur 1,68 m große Stürmer, der in der Abwehr begonnen hatte, verfügte über ein hohes Laufvermögen. Bei der WM 1974 in Deutschland wurde er im Vorrundenspiel gegen Jugoslawien fälschlicherweise nach 22 Minuten anstelle von Ilunga Mwepu vom Platz gestellt. Sein Leben nach der Fußballkarriere verlief bitter. Als er 1994 nachträglich für seinen Torrekord bei der Afrikameisterschaft 1974 geehrt wurde, überfielen ihn zaïrische Soldaten, die glaubten, er habe einen Geldpreis erhalten, und verletzten ihn schwer. N'Daye, der in den politischen Turbulenzen der 1990er Jahre zudem seinen Sohn verlor, floh daraufhin nach Südafrika, wo er alkoholabhängig wurde. 1998 fälschlicherweise sogar für tot erklärt, arbeitete er später als Fußballtrainer in Kapstadt. [*11.4.1948]

■ **SHABANI NONDA** Wurde nach der Millenniumswende als »neuer George Weah« gefeiert und ist gegenwärtig fußballerisches Aushängeschild der DR Kongo. Geboren in der burundischen Hauptstadt Bujumbura, hatte sich Nonda erst nach langem Zögern gegen Burundi und für die Auswahl der DR Kongo entschieden, da seine Eltern Kongolesen waren. Über Tansania (Yanga), Südafrika (Vaal) und die Schweiz (FC Zürich, Schweizer Torschützenkönig) landete der Angriffsspieler 1998 bei Stade Rennes, wo ihm endgültig der Durchbruch gelang. 2000 zum AS Monaco transferiert, erreichte er mit den Monegassen 2004 das Champions-League-Finale und wurde 2005 vom AS Roma unter Vertrag genommen. Zahlreiche Verletzungen warfen den später in Blackburn bzw. bei Galatasaray spielenden Kongolesen jedoch immer wieder zurück, so dass ihm der große Durchbruch bislang verwehrt blieb. [*3.6.1977 | 36 LS/20 Tore]

Einst war man führend in Afrika

Der Fußball im Kongo erlebte seine Goldene Ära in den 1970er Jahren

Fédération Congolaise de Football

Fußball-Bund Kongo | gegründet: 1962 | Beitritt FIFA: 1962 | Beitritt CAF: 11.11.1965 | Spielkleidung: grünes Trikot, gelbe Hose, rote Stutzen | Saison: November - April | Spieler/Profis: 200.120/0 | Vereine/Mannschaften: 90/320 | Anschrift: 80 rue Eugene Etienne, Centre Ville Brazzaville, Case postale 11, Brazzaville | Tel: +242-811563 | Fax: +242-812524 | keine Homepage | E-Mail: fecofoot@yahoo.fr

30 Jahre nach seinem größten Erfolg, dem Gewinn der Afrikameisterschaft 1972, ging es dem Fußball im Kongo so schlecht wie nie zuvor. Die Nationalelf war auf Position 97 in der FIFA-Weltrangliste abgerutscht, die Nationalliga heillos zerstritten, die Stadien gähnend leer, und vielen Klubs drohte der Bankrott. Von einer »Goldenen Generation« wie in den 1970er Jahren, als der Kongo nicht nur Afrikameister geworden war, sondern mit CARA Brazzaville auch den Kontinentalmeister und mit Paul »Sayal« Noukila Afrikas Fußballer des Jahres gestellt hatte, war nichts mehr zu sehen.

Erst 2007 kam wieder Hoffnung auf, als Kongos U20-Auswahl Afrikameister wurde und bei der Weltmeisterschaft in Kanada mit einem couragierten Auftritt Zuversicht versprühte. Mit dieser talentierten Generation im Rücken hofft man in Brazzaville nun auch im Seniorenbereich wieder auf Erfolge.

■ **DIE REPUBLIK KONGO** liegt am Norduferufer des Kongos gegenüber der ungleich größeren Demokratischen Republik Kongo, die bis 1997 Zaïre hieß. Während diese einst unter belgischer Kolonialherrschaft stand, war das Gebiet der Republik Kongo ab 1880 von Frankreich kolonialisiert und unter Missachtung ethnischer Territorien mit dem heutigen Gabun zur Kolonie Französisch-Kongo vereint worden. Ab 1910 bildete diese gemeinsam mit Ubangi-Shari (heute Zentralafrikanische Republik) und Tschad die Kolonialföderation Französisch-Zentralafrika, deren Hauptstadt Brazzaville zu einem regionalen Wirtschaftszentrum anwuchs.

Mehrere Aufstände gegen die Fremdherrschaft waren blutig niedergeschlagen worden, als die Föderation 1958 in vier autonome Einzelgebiete aufgeteilt wurde. Die Entwicklung der am 15. August 1960 in die Unabhängigkeit entlassenen Republik Kongo (allgemein »Kongo-Brazzaville« genannt, in Abgrenzung zur DR Kongo, das als »Kongo-Kinshasa« bekannt war) war zunächst von ethnisch motivierten Auseinandersetzungen zwischen rivalisierenden Kräften aus dem Norden und dem Süden geprägt. Nachdem der erste Präsident Fulbert Youlou 1963 gestürzt worden war, richtete sich das Land nach China aus, ehe es 1968 in schwere innenpolitische Zerwürfnisse geriet und vom marxistischen Major Marien Ngouabi in eine Volksrepublik verwandelt wurde, um anschließend an die Seite der Sowjetunion zu treten.

Das einseitig von seiner Erdölförderung abhängige Land kam auch danach nur selten zur Ruhe. Nachdem Ngouabi 1977 ermordet worden war, durchlitt Kongo eine Reihe von Putschen und Putschversuchen, ehe mit dem Zusammenbruch der UdSSR eine Demokratisierung einsetzte und aus der Volksrepublik die Republik Kongo wurde. 1993 lösten Gefechte zwischen Regierungskräften und Milizen der Opposition einen Bürgerkrieg aus, bei dem westliche Ölkonzerne Zünglein an der Waage spielten: Präsident Lissouba hatte im Falle seines Sieges US-Unternehmen Ölkonzessionen versprochen, während sein Rivale Sassou-Nguesso über ein Agreement mit dem französischen Konzern »Elf Aquitaine« verfügte. Sassou-Nguesso setzte sich durch und bildete im Oktober 1997 eine Regierung der nationalen Einheit, der schließlich eine Befriedung des Landes gelang.

■ **ZUM FUSSBALL WAR KONGO** unmittelbar nach dem Ersten Weltkrieg gekommen. Die Aktivitäten gingen überwiegend von Mis-

République du Congo

Republik Kongo | Fläche: 342.000 km² | Einwohner: 3.883.000 (11,4 je km²) | Amtssprache: Französisch | Hauptstadt: Brazzaville (1,2 Mio.) | Weitere Städte: Pointe-Noire (663.359), Loubomo (Dolisie, 106.262), Nkaya (56.686), Ouesso (56.686) | Währung: CFA-Franc | Bruttosozialprodukt: 760 $/Kopf | Zeitzone: MEZ | Länderkürzel: CG | FIFA-Kürzel: CGO | Telefon-Vorwahl: +242

- **Erfolge**
Afrikameister 1972

- **FIFA World Ranking**

1993	1994	1995	1996	1997	1998	1999	2000
103	114	119	100	101	112	94	86
2001	2002	2003	2004	2005	2006	2007	2008
94	97	108	117	110	89	91	68

- **Weltmeisterschaft**
1930-70 nicht teilgenommen **1974-78** Qualifikation **1982-90** nicht teilgenommen **1994-2010** Qualifikation

- **Afrikameisterschaft**
1957-65 nicht teilgenommen **1968** Qualifikation **1970** nicht teilgenommen **1972** Endturnier (Sieger) **1974** Endturnier (Halbfinale) **1976** Qualifikation **1978** Endturnier (Vorrunde) **1980-88** Qualifikation **1990** nicht teilgenommen **1992** Endturnier (Viertelfinale) **1994-98** Qualifikation **2000** Endturnier (Vorrunde) **2002-2010** Qualifikation

- **Vereinserfolge**
Afrikameister CARA Brazzaville (1974)

sionaren bzw. Missionsschulen aus. Ab 1919 entstanden in Brazzaville Mannschaften wie Eléphants, Gobi, Napoléon I, Racing, Coqs d'AEF, Nomades, Union und Independent, die von Europäern betrieben wurden und die einen geregelten Spielbetrieb mit den Teams aus der Nachbarstadt Léopoldville, der heutigen Hauptstadt der DR Kongo Kinshasa, aufnahmen.

1923 entstand die flussübergreifende Dachorganisation Fédération de Football Association du Pool, die mit dem Coupe Stanley Pool einen Wettbewerb ins Leben rief, an dem Teams aus beiden Städten teilnahmen. Der Begriff »Pool« ging auf den »Stanley-Pool« (heute »Pool Malebo«) genannten See zwischen den beiden Städten zurück. Nach anfänglicher Dominanz Léopoldvilles errang 1931 mit CA Brazzaville erstmals ein Team aus dem Norden den Pokal.

Zwischenzeitlich hatte sich der Fußball dank der Arbeit der Missionare auch unter der einheimischen Bevölkerung etabliert, wobei es zu einer gewissen Verzahnung zwischen Fußballern und der sich formierenden Nationalbewegung kam. Deren Führer waren häufig in französischen Missionarsschulen ausgebildet worden, aus deren Reihen wiederum 1926 der erste »schwarze« Verein Club Scolaire Brazzavillois hervorging, der später zum nationalen Aushängeschild Étoile du Congo wurde. Die französische Kolonialverwaltung reagierte auf die unerwünschte Entwicklung mit der Einrichtung von elf Stadtteilteams, die 1931 erstmals um eine von Weißen kontrollierte »schwarze« Stadtmeisterschaft rangen. Der war jedoch keine glorreiche Zukunft vergönnt. Nachdem sich 1936 ein Spieler einen Beinbruch zugezogen hatte, wurde die Benutzung von Fußballschuhen verboten, woraufhin der Spielbetrieb 1938 einschlief. Kontakte zwischen weißen und schwarzen Mannschaften gab es seinerzeit keine.

■ **NACH DEM ZWEITEN WELTKRIEG** übernahmen allmählich Einheimische die Kontrolle. 1953 gab es ein erstes Duell zwischen »Weißen« und »Schwarzen«, ehe sich Étoile du Congo 1954 in einem prominent besetzten Turnier gegen mehrere weiße Teams durchsetzte. Unterdessen kam es zur Gründung von zumeist aus ehemaligen Missionsteams gebildeten Vereinen wie dem späteren Afrikameister CARA Brazzaville, den Diables Noirs oder der AS Cheminots Pointe-Noire. Zugleich wurden einheimische Spieler beider Kongo-Kolonien von belgischen bzw. französischen Scouts nach Europa gelockt und setzten ihre Fußballkarrieren dort fort. Im April 1960 schließlich reiste eine Auswahlmannschaft aus Brazzaville bzw. Pointe-Noire als »Mittelkongo« zu den Indian Ocean Games nach Madagaskar und debütierte mit einem 4:1 über Réunion auf der internationalen Bühne.

Mit der Unabhängigkeit entstand 1962 die Fédération Congolaise de Football (FECOFOOT), die vom engagierten Führungsduo Jacques Ndinghat und Michel Ehouango noch im selben Jahr bei der FIFA und 1965 auch bei der CAF angemeldet wurde. Nachdem der Armeeführer Ngouabi Kongo 1968 in den ersten kommunistischen Staat auf afrikanischem Boden verwandelt hatte, erhielt auch der Fußball sozialistische Strukturen. Vereine wie Verbände wurden staatlichen Stellen unterworfen und nach den Regularien des Volkssports ausgerichtet.

Fußball wurde von dem Ngouabi-Regime als geeignetes Mittel zur Einigung des ethnisch vielfältigen Landes sowie einer positiven Außendarstellung betrachtet. Das hatte Tradition in Kongo, denn schon 1965 war aus Anlass der ersten panafrikanischen Spiele in Brazzaville das seinerzeit größte Stadion Afrikas eröffnet worden, in dem Kongos Auswahl um Torjäger »Jadot« Dzabama prompt ihre erste Trophäe errungen hatte. Als das von Paul Ebondzibato trainierte Team drei Jahre später bei seinem Debüt in der Afrikameisterschaft allerdings in der Vorrunde kläglich scheiterte, wurde der neue marxistische Sportminister André Hombessa mit grundlegenden Reformen und dem Neuaufbau einer Mannschaft beauftragt. 1972 erreichte das daraufhin gebildete und »Diables Rouges« (»Rote Teufel«) genannte neue kongolesische Fußballkollektiv seinen Zenit, als es bei der Afrikameisterschaft in Kamerun nacheinander Nigeria, die Elfenbeinküste, Marokko, Sudan und den Gastgeber Kamerun ausschaltete, ehe es im Finale auch die favorisierte Keïta-Elf aus Mali bezwang und Kontinentalmeister wurde.

Basis der mit einem von Leidenschaft und Hingabe geprägten Offensivfußball auftretenden Erfolgself waren die Frankreich-Legionäre Jean-Michel M'Bono (»Le Sorcier«, »der Zauberer«, Olympique Lyon), François M'Pélé (AJ Ajaccio) sowie Jean »Eusebio« Balékita, der im französischen Toulon spielte. Kapitän Jacques Ndolou, Vorstopper Lénine

TEAMS | MYTHEN

■ **CARA BRAZZAVILLE** Die Rot-Schwarzen sorgten 1974 mit dem Gewinn des afrikanischen Landesmeisterwettbewerbs für den größten Erfolg des kongolesischen Klubfußballs. Seinerzeit schalteten »les Aiglons« (»die Adler«) mit AS Vita Kinshasa, Djoliba AC Bamako und ASC Jeanne d'Arc Dakar drei kontinentale Größen aus und setzten sich im Finale auch gegen den ägyptischen Klub Mehalla Al-Kubra durch. Das Erfolgsteam wurde angeführt von Paul »Sayal« Moukila, der am Ende des Jahres zu Afrikas Fußballer des Jahres gewählt wurde. An seiner Seite standen mit Torhüter Paul Tandou, Kapitän Ngassaki, Ndegaki sowie Mbouta weitere Ausnahmefußballer. Der Club Athlétique Renaissance Aiglon (CARA) war 1951 aus der Missionsschulmannschaft Ecole St-Vincent gebildet worden. Er ist im hauptstädtischen Stadtviertel Poto-Poto ansässig. 1970 hatte der Klub erstmals die Landesmeisterschaft errungen, die er anschließend bis 1975 weitestgehend dominierte. Zwei weitere Titel in den 1980er Jahren folgten, ehe eine 24 Jahre lange Durststrecke einsetzte. Erst im Oktober 2008 kehrten »les Aiglons« unter Trainer Alain Nestor Ngouinda schließlich mit einem 2:1-Sieg im entscheidenden Duell gegen den FC Bilombé de Pointe-Noire endlich auf den kongolesischen Meisterthron zurück und errangen ihren neunten Titel. [1951 | Alphonse Massemba-Débat (50.000) | 9 | 3]

■ **ETOILE DU CONGO BRAZZAVILLE** Ältester und traditionsreichster Klub des Landes. Die Vereinswurzeln reichen zurück bis in das Jahr 1926, als eine Gruppe einheimischer Schüler und Studenten den Club Scolaire Brazzavillois ins Leben rief. Später  nahm das im Brazzaviller Stadtviertel Poto-Poto ansässige Team den Namen Étoile de Poto-Poto an, das schließlich Étoile du Congo wurde. Der Klub gilt als der populärste im Land und errang 1968 seine erste von inzwischen zwölf Landesmeisterschaften. Von 1978-80 gelang es ihm als einzigem Verein in der Geschichte der Nationalliga, dreimal in Folge Meister zu werden. International erreichten die Grün-Gelben 1980 ihren Zenit, als sie im Landesmeisterwettbewerb das Viertelfinale erreichten, wo sie nur aufgrund des Torverhältnisses an Bendel Insurance aus Nigeria scheiterten. [1926 | Alphonse Massemba-Débat (50.000) | 12 | 4]

■ **DIABLES NOIRS BRAZZAVILLE** 1950 gebildete Elf, deren Leistungsträger lange Zeit Bahamboula Mbemba Jonas »Tostao« war. Der sechsfache Landesmeister, dessen Gründungsname Association Sportive de la Mission war, feierte international seinen größten Triumph, als er 1966 im kontinentalen Klubwettbewerb die Dragons aus dem benachbarten Kinshasa ausschaltete, ehe er am sudanesischen Vertreter Al-Hilal scheiterte. National gingen die »Schwarzen Teufel« 1961 als erster kongolesischer Landesmeister durchs Ziel und vermochten sich anschließend dauerhaft in der nationalen Spitze zu etablieren. [1950 | Marchand (5.000) | 6 | 4]

■ **INTER CLUB BRAZZAVILLE** Der kongolesischen Armee unterstellter Verein, der 1988 und 1990 jeweils Landesmeister wurde. Auch in der Hafenstadt Pointe-Noire gab es seinerzeit einen Armeeverein namens Inter Club. [du Révolution | 2 | 3]

■ **VITA MOKANDA POINTE-NOIRE** Erfolgreichstes Team der nach Brazzaville zweiten kongolesischen Fußballhochburg, der Hafenstadt Pointe-Noire. Gegründet als Victoria Mokanda, ging der Klub 1971 erstmals als Landesmeister durchs Ziel und wurde drei Jahre später erster Pokalsieger Kongos. Zwischenzeitlich in Vita Mokanda umbenannt, konnten die Grün-Schwarzen von 1996-00 je zweimal den Pokal bzw. die Landesmeisterschaft erringen. [1952 | Pointe-Noire (13.500) | 3 | 3]

Jahr	Meister	Pokalsieger
1961	Diables Noirs Brazzaville	
1962-65	nicht ausgespielt	
1966	Diables Noirs Brazzaville	
1967	Abeilles FC Pointe-Noire	
1968	Etoile Congo Brazzaville	
1969	Patronage Ste-Anne Braz.	
1970	CARA Brazzaville	
1971	Victoria Mokanda Pointe-N.	
1972	CARA Brazzaville	
1973	CARA Brazzaville	
1974	CARA Brazzaville	Vita Mokanda Pointe-N.
1975	CARA Brazzaville	unbekannt
1976	Diables Noirs Brazzaville	unbekannt
1977	nicht ausgespielt	Vita Mokanda Pointe-N.
1978	Etoile Congo Brazzaville	Inter Club Brazzaville
1979	Etoile Congo Brazzaville	unbekannt
1980	Etoile Congo Brazzaville	unbekannt
1981	CARA Brazzaville	CARA Brazzaville
1982	Kotoko MFOA Brazzaville	AS Cheminots Pointe-N.
1983	Etoile Congo Brazzaville	Etoile Congo Brazzaville
1984	CARA Brazzaville	AS Cheminots Pointe-N.
1985	Etoile Congo Brazzaville	Inter Club Brazzaville
1986	Patronage Ste-Anne Braz.	CARA Brazzaville
1987	Etoile Congo Brazzaville	Inter Club Brazzaville
1988	Inter Club Brazzaville	Patronage Ste-Anne
1989	Etoile Congo Brazzaville	Diables Noirs Brazzaville
1990	Inter Club Brazzaville	Diables Noirs Brazzaville
1991	nicht ausgespielt	Elecsport Bouansa
1992	Diables Noirs Brazzaville	CARA Brazzaville
1993	Etoile Congo Brazzaville	nicht ausgespielt
1994	Etoile Congo Brazzaville	EFB Pointe-Noire
1995	AS Cheminots Pointe-N.	Etoile Congo Brazzaville
1996	Munisport Pointe-Noire	Vita Mokanda Pointe-N.
1997	Munisport Pointe-Noire	Vita Mokanda Pointe-N.
1998	Vita Mokanda Pointe-N.	Etoile Congo Brazzaville
1999	Vita Mokanda Pointe-N.	Etoile Congo Brazzaville
2000	Etoile Congo Brazzaville	Etoile Congo Brazzaville
2001	Etoile Congo Brazzaville	AS Police Brazzaville
2002	AS Police Brazzaville	Etoile Congo Brazzaville
2003	Saint Michel de Ouenzé B.	Diables Noirs Brazzaville
2004	Diables Noirs Brazzaville	Munisport Pointe-Noire
2005	abgebrochen	Diables Noirs Brazzaville
2006	Etoile Congo Brazzaville	Etoile Congo Brazzaville
2007	Diables Noirs Brazzaville	Jeunesse de Talangaï
2008	CARA Brazzaville	Club 57 Brazzaville

Ein glücklicher François M'Pelé nach dem Gewinn der Afrikameisterschaft 1972.

TEAMS | MYTHEN

■ **JONAS BAHAMBOULA** »Tostao« war sein Spitzname, und an dem brasilianischen Weltmeister von 1970 orientierte sich der offensive Mittelfeldspieler bzw. Außenstürmer der Diables Noirs auch in seinem eigenem Spiel. Bahamboula zählte zu den Leistungsträgern der kongolesischen Erfolgself von 1972, die in Kamerun Afrikameister wurde. [*2.2.1949]

■ **JEAN-MICHEL M'BONO** Man nannte ihn »le Sorcier« (»der Zauberer«), und er bildete ein perfektes Duo mit François M'Pelé. Gemeinsam schossen die beiden die »Diables Rouges« 1972 bei der Afrikameisterschaft in Kamerun ins Finale und dort auch zum Sieg über Mali. M'Bono war über viele Jahre eine feste Größe in der kongolesischen Nationalmannschaft.

■ **PAUL MOUKILA** Afrikas Fußballer des Jahres 1974 wurde von seinen Fans wahlweise »le Dieu« (»der Gott«) oder »Piantoni« genannt. Aus Loubomo in der Provinz Bouenza stammend, begann Moukila seine Laufbahn 1967 beim Erstligisten AS Bantou und wurde noch im selben Jahr in die U20-Nationalauswahl berufen. Im Juni 1976 kam der damals 19-jährige Angreifer im Qualifikationsspiel zur Afrikameisterschaft gegen die Elfenbeinküste für den verletzten Emmanuel Mayanda aufs Feld und erzielte prompt einen Treffer beim 2:0-Sieg, der Kongo das Tor zur Afrikameisterschaft öffnete. Seinen endgültigen Durchbruch feierte »Sayal« allerdings erst nach

N'Gassaki, Außenstürmer Jonas »Tostao« Bahamboula, Torsteher Matsima Maxime, Noël Pepé Minga sowie das erst 19-jährige Talent Paul »Sayal« Moukila vervollständigten das Erfolgsteam.

■ **ZWEI JAHRE SPÄTER** erreichten die »Diables Rouge« in Ägypten abermals das Halbfinale, wurden diesmal aber von Sambia am Finaleinzug gehindert. Unterdessen errang Landesmeister CARA Brazzaville gegen den ägyptischen Vertreter Mehalla Al-Kubra die Kontinentalmeisterschaft, während CARA- bzw. Nationalelf-Stürmer Paul »Sayal« Moukila 1974 zu Afrikas Fußballer des Jahres gewählt wurde. Zählt man die Erfolge der benachbarten DR Kongo (Zaïre) hinzu (1974 wurde Tshimen Bwanga Afrikas Fußballer des Jahres, während Zaïre Afrikameister wurde und als erstes schwarzafrikanisches Land zur WM reiste), so konzentrierte sich seinerzeit der mit Abstand erfolgreichste Fußball des Kontinents an den Ufern des Kongos.

Während die Volksrepublik Kongo im internationalen Fußball florierte, darbte das Spiel auf nationaler Ebene. 1961 waren die Sieger der Regionalligen von Brazzaville, Pointe-Noire und Niari erstmals in einem Turnier aufeinandergetroffen, um einen Landesmeister zu ermitteln. 1974 kam ein Landespokal hinzu, wohingegen eine landesweite Nationalliga aus infrastrukturellen Gründen nicht realisiert werden konnte. Die erfolgreichsten Teams stellten die hauptstädtischen Vereine CARA und Étoile du Congo (zehn Meisterschaften von 1966-80) sowie die Klubs aus der Hafen- und Ölstadt Pointe-Noire, in der man 1967 und 1971 die Landesmeisterschaft feierte.

Ab 1974 ging es kontinuierlich bergab mit dem kongolesischen Fußball. Lediglich im regionalen UDEAC-Cup erreichten die »Diables Rouges« 1984, 1985 und 1990 noch das Finale, das sie 1990 sogar gewannen.

Der Niedergang spielte sich auf mehreren Ebenen ab und hatte diverse Ursachen. Zunächst führten die politischen Turbulenzen, in die das Land in der zweiten Hälfte der 1970er Jahre geriet, für eine Abwendung der Politik von der Nationalmannschaft. Gleichzeitig standen die »Diables Rouges« nach der Afrikameisterschaft 1974 vor einem personellen Umbruch, da Leistungsträger wie M'Bono, M'Pelé und Moukila aufhörten bzw. nach Europa wechselten.

Erschwert wurde die Situation durch eine vom rasanten industriellen Wachstum Brazzavilles ausgelöste Landflucht. Zigtausende strömten in den späten 1970er Jahren in die Hauptstadt, die aus allen Nähten platzte. Der verringerte Platzbedarf schränkte die Möglichkeiten für die Fußballvereine erheblich ein, zumal sich die humanitäre Situation mit dem Beginn wirtschaftlicher Schwierigkeiten in den 1980er Jahren drastisch verschärfte.

■ **DER NATIONALVERBAND** versuchte 1978 mit der Einrichtung einer landesweiten Nationalliga entgegenzusteuern und das fußballerische Ausbluten der Provinz zu verhindern. 1981 wurde zudem eine Demokratisierung des nationalen Fußballs vorgenommen, durch die zwar erstmals privat organisierte Vereine entstehen konnten, die aber insgesamt ohne größere Wirkung blieb. 1994 kehrte man schließlich zum ursprünglichen Meisterschaftsformat mit drei regionalen Ligen und einem Endturnier der besten Teams zurück.

Sporadisch gab es Hoffnungsschimmer. So drang die Armeemannschaft Inter Brazzaville 1988 bis ins Halbfinale des kontinentalen Pokalsiegerwettbewerbs vor, während die Landesauswahl 1990 im UDEAC-Finale über Kameruns WM-Helden triumphierte. Zwei Jahre später gelang den »Diables Rouges« sogar erstmals nach 14 Jahren wieder der Sprung zur Afrikameisterschaft. Im Senegal erreichte die Elf um Libero Mouyabi, Vorstopper Barthélémy Batsono, Torhüter Brice Samba, Dribbelkünstler Jacques N'doma sowie Regisseur Roger Nzaba immerhin das Viertelfinale, in dem sie an Ghana scheiterte.

Es war nur ein kurzer Höhenflug, und wie das Land, so geriet auch der kongolesische Fußball im Verlauf der 1990er Jahre immer tiefer in die Krise. Der Bürgerkrieg von 1993-97 forderte seinen Tribut, während Talente wie Eder Lebally, Amara Mokoli, Destin Makita, Macchambes Younga-Mouhani und Rolf-Christel Guié-Mien das zerrüttete Land bei der erstbesten Gelegenheit verließen – bevorzugt in Richtung Europa.

2002 berichtete das Fachblatt »Afrique football« über die »Agonie des kongolesischen Fußballs« und stellte eine düstere Bilanz auf: »Der Staat, der Einzige, der den Fußball wieder auf die Beine bringen könnte, ist zu beschäftigt mit der politisch-ökonomischen Situation. Der Verband ist abhängig und naiv. Die verantwortlichen Männer verhindern eine positive Entwicklung. Das erschreckendste Beispiel liefert der Präsident, der wiedergewählt wurde, obwohl sein Finanzrapport nicht genehmigt wurde. Die Kassen der Vereine sind leer, und die verantwortlichen Präsidenten haben nichts mehr, um die Löcher zu stopfen. Die Moral der Spieler liegt am Boden, es fehlt jegliche sportliche Infrastruktur, und die Stadien sind mit Ausnahme des Stade Alhonse Massamba Débat marode.« Auch im Nachwuchsbereich fand »Afrique-football«-Reporter Joseph Blezziri Matombi keine Hoffnung, denn dort herrsche »nichts außer Improvisation«.

Mit Libero Mouyabi schafften die »Diables Rouges« 1992 erstmals wieder die Qualifikation zur Afrikameisterschaft.

■ **MIT DER BERUHIGUNG DER** politischen Lage entspannte sich ab 1997 auch die des kongolesischen Fußballs. 2000 konnten sich die »Diables Rouges« um Rock Embingou und Luc-Arsène Diamesso erstmals nach acht Jahren wieder für die Afrikameisterschaft qualifizieren, und vor allem im Nachwuchsbereich gab es beachtliche Fortschritte. 2007 wurde Kongos U20-Auswahl sogar Afrikameister und erreichte bei der Weltmeisterschaft in Kanada immerhin das Achtelfinale, während die Seniorenelf den regionalen CEMAC-Cup gewann.

Möglich war die nicht zuletzt durch eine Stabilisierung der wirtschaftlichen Verhältnisse. Kongos serbischer Nationaltrainer Ivica Todorov konnte 2007 mit seinem Team sogar zwei Trainingscamps in Frankreich absolvieren, wo die »Diables Rouges« unter anderem auf eine Auswahl bretonischer Profis trafen. Dennoch missglückte der Start in die WM-2010-Qualifikation, als das Team um Kapitän Oscar Ewolo Auswärtsniederlagen in Mali sowie dem Tschad kassierte und frühzeitig zurückfiel. Zudem gab es interne Turbulenzen, weil Blackburn-Rovers-Verteidiger Christophe Samba die Nationalmannschaft boykottierte, da er mit den Vorbereitungen nicht einverstanden war.

Sie scheint noch nicht vorbei zu sein, die »Agonie des kongolesischen Fußballs«.

der Afrikameisterschaft 1972. 1974 führte der 1,68 m große Stürmer Kongos »Diables Rouges« zunächst ins Halbfinale der Afrikameisterschaft, ehe er mit seinem Klub CARA Brazzaville überraschend Kontinentalmeister wurde. Mit sechs Treffern in ebenso vielen Spielen trug Moukila seinerzeit erheblich zum größten Kluberfolg Kongos bei und wurde am Ende des Jahres zu Afrikas Fußballer des Jahres gewählt. 1975 wagte der in Diensten der kongolesischen Armee stehende Stürmer den Sprung in die französische Profiliga, konnte sich bei Racing Strasbourg aber nicht durchsetzen und kehrte 1976 zu CARA Brazzaville zurück. Später verlor sich die Spur des Ausnahmefußballers, der kurz vor seinem 42. Geburtstag auf einer Reise nach Paris spurlos verschwand. Sein Sohn Noël Moukila spielte nach der Millenniumswende für diverse französische Amateurklubs. [*6.6.1950]

■ **FRANÇOIS M'PELÉ** Leistungsträger der erfolgreichen »Diables Rouges« der 1970er Jahre und der erfolgreichste Fußball-Export des Landes. Der in Brazzaville geborene und 1,78 m große Offensivspieler wurde 1970 vom korsischen Klub Ajaccio AC unter Vertrag genommen und trug 1972 bei der Afrikameisterschaft in Kamerun erheblich  zum Triumph der damaligen Volksrepublik Kongo bei. 1974 wurde der inzwischen mit einer Korsin verheiratete M'Pelé von Just Fontaine zum neugegründeten Pariser Profiklub PSG gelockt und nahm 1974 bzw. 1978 zwei weitere Male mit den »Diables Rouges« an der Afrikameisterschaft teil. Ab 1979 bei Racing Lens spielend, kehrte M'Pelé 1981 in seine Heimat zurück und eröffnete in Pointe-Noire eine Schlachterei. [*13.7.1947]

■ **CHRISTOPHER SAMBA** Galionsfigur der vielköpfigen kongolesischen Fußballergeneration, die in Frankreich geboren und auch aufgewachsen ist. Samba kam in der Pariser Vorstadt Créteil zur Welt und begann seine Fußball-Laufbahn 2001 beim FC Rouen. Über den Zweitligisten  CS Sedan kam der 1,94 m große Abwehrspieler Anfang 2005 zu Hertha BSC Berlin und debütierte am 27. August 2005 in der Bundesliga. Nach 20 Spielen für die Berliner wechselte er Anfang 2007 zum englischen Premier-League-Klub Blackburn Rovers, wo er sich auf Anhieb einen Stammplatz erkämpfte. 2004 hatte Samba zudem sein Debüt für Kongos »Diables Rouges« gegeben. [*28.3.1984 | 20 LS]

LESOTHO

Das Königreich im Himmel

Lesothos Fußball stößt auf »natürliche« Expansionsprobleme

Lesotho Football Association

Fußball-Verband von Lesotho | gegründet: 1932 | Beitritt FIFA: 1964 | Beitritt CAF: 1964 | Spielkleidung: blaues Trikot, grüne Hose, weiße Stutzen | Saison: September - Juni | Spieler/Profis: 110.000/0 | Vereine/Mannschaften: 110/1.000 | Anschrift: Old Polo Ground, PO Box 1879, Maseru-100n | Tel: +266-22311879 | Fax: +266-22310586 | www.lefa.org.ls | E-Mail: fal@leo.co.ls

Er ist unvergessen, dieser 13. November 1994. Seinerzeit reiste die als »unbezwingbare Löwen« bezeichnete Nationalauswahl Kameruns zum Qualifikationsspiel für die Afrikameisterschaft 1996 in die lesothische Hauptstadt Maseru und bezog dort eine sensationelle 0:2-Niederlage. 15.000 begeisterte Fans feierten die lesothischen Torschützen Lekwane Lekwane und Lefika Lekhotia, die den Fußballzwerg nach dem Seitenwechsel zum Sieg geschossen hatten. Für Lesotho war es ein seltener Feiertag, dem rasch Ernüchterung folgte. Als die Auswahl des kleinen Königreichs sieben Monate später beim Rückspiel in der kamerunischen Hauptstadt Yaoundé beim 1:4 ihre vierte Niederlage in Folge einstecken musste, entschloss sich der Nationalverband zum Rückzug aus dem Wettbewerb, woraufhin der legendäre Triumph annulliert wurde und aus den Statistiken verschwand. Für die 15.000 Lesother, die an jenem denkwürdigen Tag live im Setsoto Stadium dabei gewesen waren, wird er aber stets der größte Tag des lesothischen Fußballs bleiben.

■ **LESOTHOS FUSSBALLERISCHE** Entwicklungsmöglichkeiten sind im wahrsten Sinne des Wortes natürlich begrenzt. Das bergige Königreich wird völlig von Südafrika umschlossen und zählt mit rund 30.000 km² (etwa so groß wie Belgien) zu den kleinsten Ländern Afrikas. Vor allem aber verfügt es über eine kaum zu bändigende Physiogeographie. Es ist das einzige Land Afrikas, das komplett auf einer Höhe von über 1.000 m liegt. Der niedrigste Punkt erreicht 1.400 m, und rund 80 Prozent der Landfläche liegen 1.800 m oder höher. Die gebirgige Topographie hat die Ausbildung einer landesweiten Infrastruktur erheblich behindert. Lediglich im Westen und Südwesten des »Kingdom in the Sky« (»Königreich im Himmel«) verläuft eine ganzjährig befahrbare Überlandstraße, an der sich auch Lesothos gemütliche Hauptstadt Maseru findet.

Alle Wege von und nach Lesotho führen durch Südafrika, wo weit mehr als 100.000 Lesother ihren Lebensunterhalt als Wanderarbeiter oder in den Bergwerken verdienen. Lesothos einziger »Bodenschatz« sind die der gebirgigen Höhenlage zu verdankenden ergiebigen Regenfälle, die in Zeiten der zunehmenden Wasserverknappung zum lukrativen Exportprodukt geworden sind.

Lesotho ist das Siedlungsgebiet der Sotho, die ursprünglich im Kernland des heutigen Oranjefreistaates lebten. Aufgrund andauernder kriegerischer Auseinandersetzungen zogen sie sich in den 1820er Jahren in die unzugängliche Bergregion weiter östlich zurück und begaben sich 1867 unter britischen Schutz. Das daraufhin erschaffene Protekorat Basutoland wurde 1966 als Lesotho in die Unabhängigkeit entlassen und anschließend von Premierminister Leabua Jonathan mit recht rüder Hand gelenkt. 1986 putschten Lesothos Militärs und übertrugen König Moshoeshoe II die Führung über das nunmehrige Königreich Lesotho.

■ **LESOTHOS FUSSBALL-NATIONALVERBAND** blickt auf Wurzeln aus dem Jahr 1932 zurück und ist damit einer der ältesten Afrikas. Nennenswerte fußballerische Aktivitäten waren allerdings lange Zeit Mangelware und gingen vornehmlich von britischen Kolonialisten aus. Zudem ist die Quellenlage über die Entwicklung des Spiels in Lesotho schwach. 1963 wurde der nationale Pokalwettbewerb um den »Sturrock Cup« ins Leben gerufen, 1964 trat der Nationalverband sowohl der CAF als auch der FIFA bei, und 1970 nahm eine Nationalliga ihren Spielbetrieb auf. Im März 1971 schließlich debütierte die »Likuena« (»Krokodile«)

Mmuso wa Lesotho
Kingdom of Lesotho

Königreich Lesotho | Fläche: 30.355 km² | Einwohner: 1.798.000 (59 je km²) | Amtssprache: Sesotho, Englisch | Hauptstadt: Maseru (169.554) | Weitere Städte: Teyateyaneng (48.869), Maputsoe (27.951), Hlotse (23.122), Mafeteng (20.804) | Währung: 1 Loti = 100 Lisente | Bruttosozialprodukt: 730 $/Kopf | Zeitzone: MEZ +1h | Länderkürzel: LS | FIFA-Kürzel: LES | Telefon-Vorwahl: +266

● **FIFA World Ranking**

1993	1994	1995	1996	1997	1998	1999	2000
138	135	149	162	149	140	154	136
2001	2002	2003	2004	2005	2006	2007	2008
126	132	120	144	145	160	154	161

● **Weltmeisterschaft**
1930-70 nicht teilgenommen **1974** Qualifikation **1978** nicht teilgenommen **1972** Qualifikation **1986-98** Rückzug bzw. nicht gemeldet **2002-2010** Qualifikation

● **Afrikameisterschaft**
1957-72 nicht teilgenommen **1974** Qualifikation **1976-80** Rückzug/nicht teilgenommen **1980-82** Qualifikation **1984-92** Rückzug/nicht teilgenommen **1994** Qualifikation **1996-98** Rückzug/gesperrt **2000-2010** Qualifikation

genannte Landesauswahl mit einem 1:2 gegen Madagaskar auf der internationalen Bühne. Das kleine Land war zwar emsig bemüht, sich auf internationalem Terrain zu bewähren, konnte dabei aber nur wenige Erfolge feiern. 1974 debütierte Lesotho mit einem beachtlichen 0:0 gegen Sambia in der WM-Qualifikation, musste dabei aber ebenso wie bei seinem Debüt in der Afrikameisterschaft 1974 (0:0 bzw. 1:5 gegen Mauritius) bereits in der ersten Runde das Aus hinnehmen.

Auf Klubebene sorgte Landesmeister Majanja Mohales Hoek derweil 1972 bei seinem (und Lesothos) Debüt mit einem 2:2 gegen die sambische Spitzenelf der Kabwe Warriors sogleich für eine Überraschung. Hauptstadtklub Matlama FC vermochte 1979 im Landesmeisterwettbewerb sogar die mosambikanische Elf von Desportivo Maputo auszuschalten, ehe sie im Viertelfinale an Union Douala scheiterte.

■ **DIE 1980ER UND 1990ER** Jahre fielen vergleichsweise bescheiden aus für den lesothischen Fußball. In der WM-Qualifikation 1982 zerstörten die »Krokodile« zwar mit einem 1:1 in Maseru Guineas WM-Träume, doch aufgrund finanzieller Schwierigkeiten konnte Lesotho weder 1986 noch 1990 zu seinen anberaumten Qualifikationsbegegnungen gegen Madagaskar bzw. Simbabwe auflaufen. 1994 fiel dann der eingangs erwähnte historische Sieg über Kamerun den finanziellen Schwierigkeiten des Nationalverbandes zum Opfer. Eine Besserung trat erst zur Millenniumswende ein. Im Februar 1999 feierten die »Likiena« um Torhütertalent Thabo Khoboli im COSAFA-Cup einen 1:0-Erfolg über Namibia, und im Folgejahr erreichte die Landesauswahl um Regisseur Loholonolo Seema mit Siegen über Sambia und Angola sogar das Finale des renommierten Regionalwettbewerbes, in dem man gegen Simbabwe allerdings chancenlos war. Als Vater des Erfolges wurden die Trainer Styles Phumo und Monyane Monaheng gefeiert, die nach einer Reihe von ausländischen Übungsleitern erste einheimische Auswahltrainer geworden waren.

Im selben Jahr beendete Lesotho erstmals seit sechs Jahren wieder die Qualifikationsrunde um die Afrikameisterschaft und kehrte 2002 nach langer Pause auch in die WM-Qualifikation zurück.

■ **2004 ERFUHR DIE NATIONALE** Fußballgemeinde einen schweren Rückschlag, als der engagierte Verbandspräsident Thabo Makakole bei einem Autounfall ums Leben kam. Wenige Tage zuvor hatte Lesothos U20-Auswahl mit ihrer Qualifikation für die Afrikameisterschaft 2005 noch für einen der größten Erfolge der Landesgeschichte gesorgt.

Erfolgstrainer Styles Phumo.

Insgesamt sind die Voraussetzungen für das »Kingdom in the Sky« begrenzt. Landesweit gibt es kaum geeignete Spielfelder, die Strukturen sind rudimentär und seine WM-Qualifikationsspiele 2010 musste Lesotho im südafrikanischen Bloemfontein austragen, da das Nationalstadion in Maseru nicht den internationalen Ansprüchen genügte. Unter dem serbischen Trainer Zavisa Milosavljvić schlugen sich die »Exilanten« insbesondere beim 2:3 gegen Ghana zwar durchaus beachtlich, schieden aber dennoch vorzeitig aus. Im Rahmen des FIFA GOAL-Programms bzw. des »Win in Africa with Africa«-Projekts konnte unterdessen das Setsoto-Nationalstadion modernisiert und mit einem modernen Kunstrasen ausgestattet werden.

Lesothos Nationalliga wird von den Teams aus der Hauptstadt und Wirtschaftsmetropole Maseru dominiert. Mit acht Meisterschaften führt der Matlama FC die nationale Rangliste an. Die Armeeelf der Royal Lesotho Defense Force (acht Titel), das Team des Lesotho Correctional Services (zuvor Lesotho Prisons Service, vier Titel) sowie der die frühen 1990er Jahre prägende Arsenal FC Maseru (drei) folgen. Mit dem Linare FC Leribe, Majanja Mohales Hoek und Lioli FC Teyateyaneng gelang es bislang lediglich drei nicht aus der Hauptstadt stammenden Klubs, den Titel zu erringen.

Seit der Millenniumswende dominieren mit dem Lesotho Correctional Services (LCS), dem Lesotho Post Service Royal Lesotho (LPS) und der Armeeelf RLDF drei von nationalen Einrichtungen unterstützte Teams, die in dem von einer hohen Arbeitslosenquote geplagten Land mit Arbeitsplätzen locken können und die privat geführten Vereine damit zu verdrängen vermochten.

TEAMS | MYTHEN

■ **MATLAMA FC MASERU** Mit acht Meisterschaften und sechs Pokalsiegen das erfolgreichste Vereinsteam der nationalen Fußballgeschichte. Lesothos Torhüterlegende Donald Masimong stand lange Zeit zwischen den Pfosten der Hauptstädter, die 1979 in der Kontinentalmeisterschaft Desportivo Maputo aus Mosambik ausschaltete, ehe sie im Viertelfinale an Union Douala scheiterten. [Setsoto (20.000) | 8 | 6]

■ **RLDF MASERU** Mannschaft der nationalen Streitkräfte Royal Lesotho Defense Force (»RLDF«), die seit 1987 acht Landesmeisterschaften errang und damit das erfolgreichste Team der letzten drei Dekaden stellte. [Setsoto (20.000) | 8 | 4]

■ **LCS MASERU** Dominierende Mannschaft seit der Millenniumswende, die 2000 und 2002 als LPS (Lesotho Prisons Service) bzw. 2007 und 2008 als LCS (Lesotho Correctional Services) insgesamt viermal Landesmeister wurde. Als Garant der letzten beiden Titelgewinne gilt Trainer Katiso Mojakhomo. [Setsoto (20.000) | 4 | -]

■ **ARSENAL MASERU** Sorgte 1990 in der kontinentalen Landesmeisterschaft für eine faustdicke Überraschung, als man nach dem swasiländischen Klub Denver Sundowns auch die mosambikanische Eisenbahnerelf von Ferroviário Maputo ausschaltete. Erst im Achtelfinale stoppten die sambischen Nkana Red Devils den Siegeszug der Lesother. Aus der vom späteren Nationaltrainer Styles Phumo betreuten Mannschaft ragten Dribbelkünstler Chippa Moerane und Torhüter Thabane Sutu heraus. Mit drei Landesmeisterschaften (1989, 1991, 1993) gehören die nach den Londoner »Gunners« benannten Rot-Weißen zu den erfolgreichsten Teams des Landes. [Setsoto (20.000) | 3 | 3]

TEAMS | MYTHEN

■ **THABANE SUTU** Ex-National- und Arsenal-Torhüter, der von 1993-96 beim ägyptischen Klub Al Ahly unter Vertrag stand und in Kairo die Nummer zwei nach Ahmed Shobeir war. Ließ sich später in den USA nieder und holte diverse lesothische Fußballtalente in die Staaten.

Jahr	Meister	Pokalsieger
1970	Maseru United	
1971	Majanja Mohales Hoek	
1972	Police Maseru	
1973	Linare FC Leribe	
1974	Matlama FC Maseru	
1975	Maseru FC	
1976	Maseru United	Matlama Maseru
1977	Matlama FC Maseru	
1978	Matlama FC Maseru	Maseru United
1979	Linare FC Leribe	Matlama Maseru
1980	Linare FC Leribe	Matlama Maseru
1981	Maseru Brothers	Maseru Rovers
1982	Matlama FC Maseru	Maseru Rovers
1983	LPF Maseru	Linare Leribe
1984	LPF Maseru	Lioli FC Teyateyaneng
1985	Lioli FC Teyateyaneng	LPF Maseru
1986	Matlama FC Maseru	RLDF Maseru
1987	RLDF Maseru	Matlama Maseru
1988	Matlama FC Maseru	RLDF Maseru
1989	Arsenal Maseru	Arsenal Maseru
1990	RLDF Maseru	RLDF Maseru
1991	Arsenal Maseru	Arsenal Maseru
1992	Matlama FC Maseru	Matlama Maseru
1993	Arsenal Maseru	Bantu Mafeteng
1994	RLDF Maseru	Matlama Maseru
1995	Majanja Mohales Hoek	Maseru Rovers
1996	Roma Rovers	Lerotholi Polytechnic
1997	RLDF Maseru	Bantu Mafeteng
1998	RLDF Maseru	Arsenal Maseru
1999	RLDF Maseru	Linare Leribe
2000	LPS Maseru	RLDF Maseru
2001	RLDF Maseru	
2002	LPS Maseru	
2003	Matlama FC Maseru	
2004	RLDF Maseru	
2005	Likhopo Maseru	
2006	Likhopo Maseru	
2007	LCS Maseru	
2008	LCS Maseru	

# LIBERIA

Die »Lone Stars« und ihr Weltstar

Trotz Bürgerkriegs klopfte Liberia bereits zweimal an das Tor zur Weltmeisterschaft

Liberia Football Association

Fußball-Verband Liberia | gegründet: 1936 | Beitritt FIFA: 1962 | Beitritt CAF: 1962 | Spielkleidung: blaues Trikot, weiße Hose, rote Stutzen | Saison: Januar - Oktober | Spieler/Profis: 27/163.267 | Vereine/Mannschaften: 45/125 | Anschrift: Antoinette Tubman Stadium, PO Box 10-1066, Monrovia 1000 | Tel: +231-6513037 | Fax: +231-227223 | www.liberiafa.com| E-Mail: gwilliams@liberiafa.com

Das geht wohl nur in Afrika: Obwohl Liberia nach der Millenniumswende in einem blutigen Bürgerkrieg versank, eilte die Fußballauswahl des Landes von Sieg zu Sieg und verpasste nur knapp die Qualifikation zur Weltmeisterschaft 2002. Angeführt von Weltstar George Weah, fehlte den liberianischen »Lone Stars« am Ende nur ein einziger Punkt für die Reise nach Japan/Südkorea.

■ **LIBERIA IST SO ETWAS WIE** der »amerikanische Traum auf afrikanischem Boden«. 1821 wurden rund 20.000 ehemalige US-Sklaven auf einem von Großbritannien erworbenen Landstück an der westafrikanischen Atlantikküste angesiedelt, um den Grundstock für die geplante Rückführung amerikanischer Sklaven nach Afrika zu bilden. Sie gründeten die nach dem damaligen US-amerikanischen Präsidenten Monroe benannte Stadt Monrovia, proklamierten 1847 die Republik Liberia und gaben sich eine Verfassung nach US-amerikanischem Vorbild. Frei war in dem »Land der Freiheit« (»Liberia«) jedoch nur die schmale Gruppe der eingewanderten Amerikano-Liberianer, die die alteingesessenen Ethnien unterwarf und sie zur Fronarbeit auf Kautschukplantagen zwang bzw. sie als Zwangsarbeiter verkaufte.

Nach dem Zweiten Weltkrieg sorgten ausländische Investoren für einen Wirtschaftsaufschwung, von dem freilich nur die erwähnte Elite profitierte. Spannungen zwischen Bewohnern der »zivilisierten« Küste und dem »wilden« Hinterland hatten stetig zugenommen, als sich Samuel Doe 1980 an die Macht putschte und die 133-jährige Herrschaft der Amerikano-Liberianer damit beendete. Doch der für seine Brutalität gefürchtete Angehörige der Krahn-Ethnie verwandelte Liberia anschließend in eine rigide Militärrepublik, die mit Unterstützung der USA zum Vorreiter im Kampf gegen den Kommunismus wurde. Nach zehn Amtsjahren wurde Doe im August 1990 von dem Baptistenprediger Charles Taylor gestürzt und getötet. Taylors siegreiche Rebellengruppe zerbrach jedoch in mehrere rivalisierende Gruppen, die sich blutige Machtkämpfe lieferten. Erst 1997 konnte Taylor daher zum Präsidenten gewählt werden und ein auf Korruption, Sklaverei und Brutalität basierendes Regime errichten, zu dessen Schutz u.a. Kindersoldaten herangezogen wurden und das sich mit Blutdiamanten finanzierte. Nach anhaltendem internationalem Druck musste Taylor 2003 von seinem Amt zurücktreten und ins Exil nach Nigeria gehen. Zwei Jahre später wurde mit Ellen Johnson-Sirleaf erstmals in der Geschichte Afrikas eine Frau zur Präsidentin gewählt. Johnson-Sirleaf hatte sich in einer Stichwahl gegen den ehemaligen Fußballstar George Weah durchgesetzt.

■ **WENNGLEICH LIBERIA ZU** Afrikas Fußballhochburgen zählt, hatte es das Spiel in dem Land zunächst schwer. Die wirtschaftliche und gesellschaftliche Orientierung an den USA förderte anfänglich Disziplinen wie Baseball und Basketball, und erst in den späten 1920er Jahren etablierte sich auch der Fußball in Monrovia. Protagonisten waren Angehörige der Kru-Ethnie, die ebenso wie die Bassa und die Grebo einen intensiven Seehandel mit Großbritannien betrieben. Im August 1927 stand ein »Young Lions« genanntes Team Einheimischer einer Auswahl von Europäern gegenüber, und 1934 wurde ein erster Klub geformt, dessen Name »Bama« für »Wir sterben, bevor du uns besiegen kannst« stand. Einheimische, die das Spiel bei Seereisen in die nordenglische Industrie-

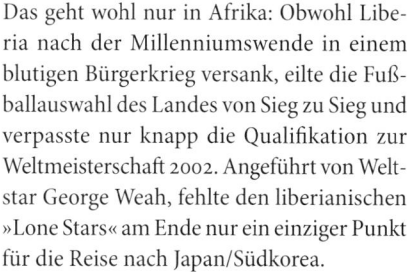

Republic of Liberia

Republik Liberia | Fläche: 97.754 km² | Einwohner: 3.241.000 (33 je km²) | Amtssprache: Englisch | Hauptstadt: Monrovia (550.200) | Weitere Städte: Zwedru (35.300), Buchanan (27.300) | Währung: 1 Liberianischer Dollar = 100 Cents | Bruttosozialprodukt: 120 $/Kopf | Zeitzone: MEZ -1h | Länderkürzel: LR | FIFA-Kürzel: LBR | Telefon-Vorwahl: +231

● **FIFA World Ranking**

1993	1994	1995	1996	1997	1998	1999	2000
123	127	87	94	94	108	105	95

2001	2002	2003	2004	2005	2006	2007	2008
73	88	110	123	135	115	145	139

● **Weltmeisterschaft**
1930-78 nicht teilgenommen **1982-2010** Qualifikation

● **Afrikameisterschaft**
1957-65 nicht teilgenommen **1968** Qualifikation 1970-74 nicht teilgenommen **1976** Qualifikation **1978-80** nicht teilgenommen **1982** Qualifikation **1984** Rückzug **1986-90** Qualifikation **1992** Rückzug **1994** Qualifikation **1996** Endturnier (Vorrunde) **1998-2000** Qualifikation **2002** Endturnier (Vorrunde) **2004-10** Qualifikation

region kennengelernt hatten, verbreiteten es unterdessen landesweit weiter. Neben der Hauptstadt Monrovia avancierten dadurch auch die benachbarten Städte Kakata und Harbel sowie das an der Südostküste gelegene Harper zu Fußballhochburgen.

■ **1936 ENTSTAND DIE** Liberia Football Association, die allerdings erst 1962 der CAF bzw. der FIFA beitrat. Schon 20 Jahre zuvor wurde ein nationaler Spielbetrieb eingerichtet, der lange Zeit auf den Großraum Monrovia beschränkt war. Erste dominierende Kraft wurde der 1943 von wohlhabenden Studenten mit amerikano-liberianischem Background gegründete Klub Invincible Eleven, der heute Liberias Rekordmeister ist. 1954 erhielten die »Unbesiegbaren 11« mit den Mighty Barrolle ihren heutigen Erzrivalen, dessen Sitz die knapp 100 Kilometer östlich von Monrovia gelegene Hafenstadt Buchanan ist. Der Klubname erinnert an Jimmy Barrolle, den Butler des damaligen liberianischen Präsidenten William Tubman. Die Rot-Weißen waren Liberias erster Klub mit einer ethnischen Ausprägung und rekrutierten ihre Anhänger vornehmlich aus der Basa-Ethnie.

In den 1960er Jahren entdeckte Präsident Tubman den Fußball als Werkzeug im Ringen um die nationale Einheit. Nach dem Beitritt des LFA zur FIFA bzw. CAF debütierte die Nationalmannschaft »Lone Stars« (»Einsamer Stern«, der auch in der Landesflagge zu finden ist) 1964 mit einem spektakulären 4:5 gegen Ghana in der Olympiaqualifikation und nahm 1968 erstmals an der Afrikameisterschaft teil.

Auf nationaler Ebene wurde 1964 ein Fußballturnier durchgeführt, an dem die Auswahlmannschaften aller 14 Distrikte des Landes teilnahmen. Während dieses »County Meet« rasch zu einem wichtigen Termin im liberianischen Sportkalender wurde, beherrschten die Invincible Eleven (»IE«) und die Mighty Barrolle (»MB«) Liberias Fußball fast im Alleingang. Nachdem »MB« bis Mitte der 1970er Jahre dominiert hatte, setzten sich kurzzeitig die St. Joseph Warriors an die Spitze, ehe »IE« mit sechs Meisterschaften von 1980-87 die Führung übernahm.

■ **DIE ERFOLGE DES »YELLOW TEAM«** gingen einher mit erheblichen politischen Umwälzungen im Land. 1980 hatte der passionierte Fußballanhänger Samuel Doe die Macht ergriffen und Liberias Fußball zu erhöhter Prominenz verholfen. Während daraufhin mit taiwanesischer Hilfe das »Samuel K. Doe« (»SKD«) genannte Nationalstadion entstanden war, erreichte der nationale Fußballaufschwung 1989 seinen Höhepunkt, als Liberias Landesauswahl in der Qualifikation zur WM 1990 nur knapp scheiterte, die Klubelf der LPRC Oilers im afrikanischen Pokalsiegerwettbewerb bis ins Viertelfinale vordrang und die Invincible Eleven das Halbfinale des UFOA-Cups erreichten.

Als Liberia 1990 in einen Bürgerkrieg geriet, erwies sich der Fußball als geeigneter Mittler zwischen den verfeindeten Parteien. Mehrfach wurden Fußballturniere organisiert, um zwischen den rivalisierenden Gruppen der urbanisierten Küste bzw. des ländlichen Hinterlandes zu vermitteln. Bei Länderspielen wurden die Waffen auf beiden Seiten sogar für jeweils 90 Minuten beiseite gelegt. Zugleich wurde der nationale Spielbetrieb allerdings auch von den Auseinandersetzungen behindert. So weigerte sich Serienmeister Invincible Eleven, in die Taylor-Hochburg Banga zu reisen, während der von dem Rebellenführer protektorierte Klub Mighty Barrolles in der ersten Hälfte der 1990er Jahre zur nationalen Ausnahmeelf aufstieg.

■ **UNTERDESSEN GING DER STERN** eines Mannes auf, der 1986 bei einem in Monrovia durchgeführten internationalen Fußballturnier den Durchbruch geschafft hatte und der rasch zum liberianischen Fußball-Hoffnungsträger aufgestiegen war: George Weah. 17-jährig war der Invincible-Eleven-Stürmer 1986 zum kamerunischen Spitzenklub Tonnerre Yaoundé gewechselt, wo er vom damaligen AS Monaco-Trainer Arsène Wenger entdeckt und 1987 in das Fürstentum geholt worden war. Das herausragende Talent und

George Weah ist für Liberia weit mehr als nur ein Weltklassefußballer.

TEAMS | MYTHEN

■ **MIGHTY BARROLLE BUCHANAN** Neben den Invincible Eleven aus Monrovia Liberias renommiertester Verein und mit zwölf Meisterschaften auch der zweiterfolgreichste Klub des Landes. »The Red Boys« sind nach Jimmy Barolle, dem ehemaligen Butler des früheren liberianischen Präsidenten William Tubman benannt. Der Klub ist im Umfeld der Basa-Volksgruppe ansässig und entstand im Januar 1954, als die Provinzauswahl von Grand Bassa nach dem ersten Turnier um die Landesmeisterschaft »County Meet« in den Fußballklub Gbehzon Impregnable Eleven (GIE) umgewandelt wurde. Gbehzon ist der Basa-Name für Buchanan, der Provinzhauptstadt von Grand Bassa. Daraus wurden Ende der 1950er Jahre zunächst die Barrolle Impregnable Eleven, ehe die Rot-Weißen 1964 ihre heutige Bezeichnung erhielten. 1956 zu den Gründungsmitgliedern der Nationalliga zählend, standen »the Red Boys« zunächst etwas im Schatten der Hauptstadtklubs Invincible Eleven und St. Joseph Warriors. Erst Mitte der 1980er Jahre konnten sie zum Führungsduo aufschließen und 1987 mit dem Erreichen der zweiten Runde in der Afrikameisterschaft ihren größten internationalen Erfolg feiern. In den 1990er Jahren wurden die Rot-Weißen von Ex-Rebellenchef Charles Taylor unterstützt und dominierten die Nationalliga.
[1954 | Antonette Tubman (10.000) | 12 | 8]

■ **INVINCIBLE ELEVEN MONROVIA** Einer der ältesten und gemeinsam mit Erzrivale Mighty Barrolles beliebtesten Klubs des Landes. »IE« errang 2007 seine 13. Landesmeisterschaft und führt damit souverän die nationale Rangliste an. Der Klub heißt vollständig Invincible Eleven Majestics Football Association. Er wurde im Mai 1943 durch den Zusammenschluss der Vereine Iron United Clay Ashland und Bombers Monrovia gebildet. Gründerväter der beiden 1940 bzw. 1942 entstandenen Ursprungsvereine waren Studenten des elitären College of West Africa (CWA), der St. Patrick's High School sowie des Liberia College. »IE« gilt

Jahr	Meister	Pokalsieger
1956-62	unbekannt	
1965	Invincible Eleven Monr.	
1966	Invincible Eleven Monr.	
1967	Mighty Barrolle Buchanan	
1978-71	nicht ausgespielt	
1972	Mighty Barrolle Buchanan	
1973	Mighty Barrolle Buchanan	
1974	Mighty Barrolle Buchanan	Mighty Barrolle Buchan.
1975	nicht ausgespielt	nicht ausgespielt
1976	St. Joseph Warriors	Cedar United
1977	nicht ausgespielt	Cedar United
1978	St. Joseph Warriors	Mighty Barrolle Buchan.
1979	St. Joseph Warriors	nicht ausgespielt
1980	Invincible Eleven Monr.	nicht ausgespielt
1981	Invincible Eleven Monr.	Mighty Barrolle Buchan.
1982	nicht ausgespielt	St. Joseph Warriors
1983	Invincible Eleven Monr.	Mighty Barrolle Buchan.
1984	Invincible Eleven Monr.	Mighty Barrolle Buchan.
1985	Invincible Eleven Monr.	Mighty Barrolle Buchan.
1986	Mighty Barrolle Buchanan	Mighty Barrolle Buchan.
1987	Invincible Eleven Monr.	
1988	Mighty Barrolle Buchanan	LPRC Oilers Monrovia
1989	Mighty Barrolle Buchanan	LPRC Oilers Monrovia
1990	nicht ausgespielt	
1991	LPRC Oilers Monrovia	Invincible Eleven Monr.
1992	LPRC Oilers Monrovia	NPA Anchors Monrovia
1993	LPRC Oilers Monrovia	LPRC Oilers Monrovia
1994	NPA Anchors Monrovia	nicht ausgespielt
1995	Mighty Barrolle Buchanan	nicht ausgespielt
1996	Junior Professional	nicht ausgespielt
1997	Invincible Eleven Monr.	nicht ausgespielt
1998	Invincible Eleven Monr.	Invincible Eleven Monr.
1999	LPRC Oilers Monrovia	LPRC Oilers Monrovia
2000	Mighty Barrolle Buchanan	LPRC Oilers Monrovia
2001	Mighty Barrolle Buchanan	nicht ausgespielt
2002	LPRC Oilers Monrovia	Mighty Blue Angels
2003	abgebrochen	
2004	Mighty Barrolle Buchanan	LISCR FC Monrovia
2005	LPRC Oilers Monrovia	LPRC Oilers Monrovia
2006	Mighty Barrolle Buchanan	NPA Anchors Monrovia
2007	Incincible Eleven Monr.	St. Joseph Warriors
2008	Black Stars Monrovia	Black Stars Monrovia

als Klub der amerikano-liberianischen Minderheit, die überwiegend aus wohlhabendem bzw. einflussreichem Haus stammt. Der wegen seiner traditionsreichen gelben Spielkleidung »the Yellow Team« genannte Klub nahm zwischen 1965 und 1985 eine nationale Führungsrolle ein, ehe der heutige Erzrivale Mighty Barrolles aus Buchanan aufschließen konnte. Größter internationaler Erfolg des 13-fachen Landesmeisters, für den bis 1986 auch George Weah spielte, war der Einzug in das Halbfinale um den UFOA-Cup 1989. 1982 war »IE« erstmals in die zweite Runde der Afrikameisterschaft vorgedrungen. [1943 | Antonette Tubman (10.000) | 13 | 4]

■ **ST JOSEPH WARRIORS MONRAVIA** 1967 vom katholischen Reverend Bruder Joseph Merino gegründeter und im hauptstädtischen New Kru Town-Viertel ansässiger Klub. Gehörte in den 1970er Jahren zu den stärksten Teams im Lande und wurde dreimal Meister. [1967 | 3 | 9]

■ **LPRC OILERS** Team der nationalen Ölgesellschaft »Liberian Petroleum Refining Company« (LPRC), das in den 1980er Jahren die nationale Hegemonie von Invincible Eleven und Mighty Barrolles durchbrach. Der Klub gilt als solide geführt und erreichte 1989 mit dem Einzug ins Viertelfinale des afrikanischen Pokalsiegerwettbewerbs seinen größten Erfolg. [Antonette Tubman (10.000) | 5 | 6]

HELDEN | LEGENDEN

■ **GEORGE WEAH** Die herausragende Persönlichkeit der liberianischen Fußballgeschichte ist weit mehr als nur ein exzellenter Fußballer.  Weah war zu aktiven Zeiten Galionsfigur und Hoffnungsträger für die bürgerkriegszerrüttete Nation, er sorgte mit seiner Ausnahmeklasse entscheidend dafür, dass die »Lone Stars« zweimal von der Qualifikation zur Weltmeisterschaft träumen konnten, und er half mit seiner Persönlichkeit bei der Befriedung des zerstrittenen Landes. Weah wuchs im Monroviaer Armenviertel Clara Town auf und ist Angehöriger der Kru-Ethnie. 1981 bei den Young Survivors mit dem Fußball beginnend, trug er später noch die Jerseys der Mighty Barrolles und der Invincible Eleven, ehe er 1986 vom kamerunischen Spitzenklub Tonnerre Yaoundé unter Vertrag genommen wurde. Ein Jahr später von Arséne Wenger zum AS Monaco geholt, begann die Europakarriere des Torjägers, der seine größten Erfolge zwischen 1995 und 2000 beim AC Mailand feierte (Meister 1996 und 1999). 1995 wurde Weah zudem als erster Afrikaner zum Weltfußballer des Jahres gewählt und belegte drei Jahre später Platz 1 bei der Wahl zum einem der besten afrikanischen Fußballer des Jahrhunderts. 1989, 1994 und 1995 wurde Weah jeweils Afrikas Fußballer des Jahres, 1995 zudem Europas Fußballer des Jahres. Der populäre Torjäger engagierte sich ab Mitte der 1990er Jahre für diverse humanitäre Projekte und gründete 1994 den Fußballklub Junior Professionals, dem ausschließlich Jugendliche angehören dürfen, die regelmäßig die Schule besuchen. Weah war zudem UNICEF-Botschafter und erhielt 2004 den Arthur Ashe Courage Award für seinen humanitären Einsatz. Zwischen 2000 und 2003 für Chelsea, Manchester City, Olympique Marseille bzw. Al-Jazira (VAE) am Ball, wechselte er nach seinem Karriereende in die Politik und kandidierte am 11. Oktober 2005 bei den liberianischen Präsidentschaftswahlen. Obwohl politisch völlig unerfahren, erwarb sich der populäre Sportler rasch Sympathien bei den Wählern und ging als Favorit in die Wahl. Dennoch unterlag er in einer Stichwahl der ehemaligen Mitarbeiterin der Weltbank, Ellen Johnson-Sirleaf. Nachdem Weah das Ergebnis aufgrund von »Unregelmäßigkeiten bei der Stimmauszählung« zunächst nicht akzeptiert hatte, lenkte er schließlich ein und begab sich auf die Oppositionsbank. [*1.10.1966 | 60 LS/22 Tore]

Nach dem Bürgerkrieg musste in Liberia eine Fußballliga für Beinamputierte eingerichtet werden – es gibt sogar eine »Lone Stars«-Auswahl der Amputierten.

die überragende Persönlichkeit des 1995 zum ersten afrikanischen Weltfußballer des Jahres gewählten Weah verwandelte Liberia schlagartig in eine der ambitioniertesten Fußballnationen Westafrikas. 1988 setzten sich die »Lone Stars« erstmals gegen Ghana durch, 1989 scheiterten sie in der WM-Qualifikation nur knapp an Ägypten und 1996 erreichten sie – mitten im Bürgerkrieg! – erstmals das Endturnier um die Afrikameisterschaft. Der liberianische Journalist Kenneth Jackson schwärmte seinerzeit: »Weah ist für uns wie eine Flamme. Solange sie brennt, vergessen wir die Leiden, den Schmerz, und wir träumen unsere Freiheitsträume.« Neben George Weah standen mit James »Salinsa« Debbah, Joe »Thunder« Nagbe und Christopher Wreh noch drei weitere Europalegionäre im Kader der »Lone Stars«, die bei der Afrikameisterschaft in Südafrika nur aufgrund des Torverhältnisses das Viertelfinale verpassten.

Während der Bürgerkrieg im Land immer heftigere Formen annahm, strebte die liberianische Fußballauswahl ihrem Zenit entgegen. Jener wurde in der WM-Qualifikation 2002 erreicht, als die »Lone Stars« in einer starken Gruppe mit Nigeria und Ghana mitreißend auftrumpften und das zerrüttete Land abermals vom Sprung zum Endturnier träumte. »Die ›Lone Stars‹ sind die einzige nichtpartisanische Gruppe in unserem Land«, verkündete Verbandspräsident Willard Russell derweil stolz, denn »sie überbrücken ethnische, religiöse, politische und alle anderen Grenzen. Sie sind ein Motor der Einheit«.

Das erkannte auch Ex-Rebellenführer bzw. Präsident Taylor, der mit Hilfe von FIFA-Geldern die infrastrukturellen Bedingungen verbessern ließ und der Landesauswahl in jeglicher Hinsicht unterstützend beistand.

■ **DOCH DER LIBERIANISCHE** Traum zerplatzte. Während der anhaltende Bürgerkrieg die Hoffnung auf Frieden zerstörte, schmolz Liberias komfortabler Vorsprung mit einer 1:2-Heimniederlage gegen Ghana dahin, und statt Liberia reiste Nigeria zur WM. In Monrovia brach nun eine Welt zusammen. Die anschließende Suche nach dem Schuldigen eskalierte in Vorwürfen an Nationalheld George Weah, er habe das Spiel gegen Ghana »verkauft«.

Als Liberia 2002 zum zweiten Mal die Afrikameisterschaft erreichte, in Mali aber bereits in der Vorrunde ausschied, verkündete der Weltstar schließlich seinen Rücktritt und wechselte in die Politik. Dort wartete die nächste Niederlage auf Weah, der im November 2005 bei der Wahl zum liberianischen Präsidenten der Wirtschaftsexpertin und Weltbankmitarbeiterin Ellen Johnson-Sirleaf unterlag. Liberias Fußball geriet unterdessen in eine Zerreißprobe. 2008 drohte die Nationalliga zu zerbrechen, weil die LFA gegen den Willen der Vereine die Saison in die Regenzeit verlegt hatte und von 16 Erstligisten daraufhin nur sechs Teams teilnahmen. Die neuformierten »Lone Stars« mussten sich unterdessen frühzeitig von ihren WM-Ambitionen 2010 verabschieden.

Wie es mit dem Fußball in Liberia weitergeht, ist schwer vorherzusagen. Auch nach dem Ende des Bürgerkriegs befindet sich das traumatisierte Land unverändert im Würgegriff von Geld, Korruption und Gewalt. Liberia zählt zu den ärmsten Ländern der Welt, die Resozialisierung der ehemaligen Regierungssoldaten und Rebellenkämpfer erweist sich als schwierig und die Sitten im Land sind völlig verroht.

LIBYEN

Fußball als Spielball der Politik

In Libyen ist der Fußball wiederholt in die politischen Turbulenzen um Revolutionsführer Muammar al-Gaddhafi geraten

Libyan Football Federation

Libyscher Fußball-Bund | gegründet: 1962 | Beitritt FIFA: 1963 | Beitritt CAF: 1965 | Spielkleidung: grünes Trikot, grüne Hose, grüne Stutzen | Spieler/Profis: 263.800/0 | Vereine/Mannschaften: 110/550 | Anschrift: General Sports Federations Building, Sports City, Gorji, PO Box 5137, Tripoli 02 | Telefon: +218-21/4782009 | Fax: +218-21/4782006 | Internet: www.lff.ly.com | E-Mail: libyaff@hotmail.com

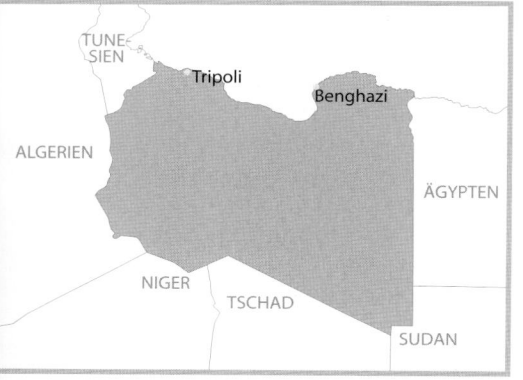

al-Ǧamāhiriyya al-'Arabiyya al-Lībiyya aš-Ša'biyya al-Ištirākiyya

Sozialistische Libysch-Arabische Volks-Dschamahriija | Fläche: 1.775.000 km² | Einwohner: 5.740.000 (3,2 je km²) | Amtssprache: Arabisch | Hauptstadt: Tarābulus (Tripolis, 1,15 Mio.) | Weitere Städte: Banghāzī (Bengasi, 636.992), Misrātah (Misurata, 360.521), Almirqeb (328.292) | Währung: 1 Libyscher Dinar = 1.000 Dirham | Zeitzone: MEZ +1h | Länderkürzel: LY | FIFA-Kürzel: LBY | Telefon-Vorwahl: +218

Der Besuch eines Fußballspiels in Libyen ist eine ganz besondere Erfahrung. Da trifft italienische Ultrakultur auf nordafrikanischen Habitus, erschüttern auch schon mal Feuerwerkskörper die Luft, gibt sich das Publikum mit an Fanatismus grenzender Leidenschaft dem Spiel hin. »So muss es im Zirkus von Rom gewesen sein«, fasste »African Soccer«-Korrespondent Benedict Smith 2000 seine Eindrücke vom WM-Qualifikationsspiel zwischen Libyen und Kamerun in Tripolis zusammen. »Die 60.000-Köpfe starke Kulisse, allesamt Libyer, bildete ein Meer in Grün. Sie pfiff, klatschte, sang mit harten arabischen Stimmen und schuf eine Atmosphäre, wie ich sie noch nie erlebt hatte, nicht einmal bei wichtigen Entscheidungsspielen in England.«

■ **AUCH IN ANDEREN BEREICHEN** wird Libyen »Fanatismus« nachgesagt. Ex-US-Präsident George W. Bush reihte das nordafrikanische Land in seine berüchtigte »Achse des Bösen« ein, und Staatschef Muammar al-Gaddhafi wird gerne mit Iraks Ex-Präsident Saddam Hussein verglichen. In der Tat ist die Liste der libyschen Verwicklungen in internationale Terrorakte lang – so gingen beispielsweise der Flugzeugabsturz von Lockerbie und der Anschlag auf die Berliner Diskothek »La Belle« auf das Konto Libyens.

Drahtzieher war Staatschef al-Gaddhafi, ein Armeeoffizier, der in seinem berühmten »Grünen Buch« einen dritten Weg zwischen Kapitalismus und Kommunismus aufzeigt. Gaddhafis panarabische Ambitionen führten bereits mehrfach zu fehlgeschlagenen Versuchen, Staatenföderationen mit Ländern wie Ägypten, Syrien, Marokko, Tunesien oder Tschad zu formen.

Gaddhafi gilt als leidenschaftlicher Fußballanhänger, der sich Insidern zufolge regelmäßig über die Ergebnisse der englischen Premier League informiert. Sein Sohn Saad war bisweilen Präsident des libyschen Fußballverbands und blickt auf eine mit mäßigem Erfolg ausgestattete Karriere als Fußballprofi in Italien zurück, die eher als PR-Maßnahme einzuschätzen war. 2002 schockte er die Fußballwelt, als er einen fünfprozentigen Anteil an Juventus Turin erwarb und Italien damit in Angst und Schrecken wegen einer drohenden »libyschen Übernahme« des Traditionsvereins versetzte. Juves Hauptsponsor war die staatliche libysche Ölgesellschaft »Tamoil«.

Vater Muammar al-Gaddhafi hatte unterdessen 1989 für einen Skandal gesorgt, als er wenige Minuten vor dem Anpfiff der WM-Qualifikationspartie zwischen Libyen und Algerien eine Spielabsage anordnete, um sich für die algerische Unterstützung nach den Bombenangriffen auf Tripolis und Benghazi durch die USA zu bedanken. »Die Mannschaften von Libyen und Algerien sind ein Team, zwischen denen es keinen Wettbewerb geben kann«, ließ der Revolutionsführer verlautbaren. Die FIFA war »not amused« und schloss Libyen von den weiteren Qualifikationsspielen aus.

■ **FUSSBALL HAT EINE LANGE** Tradition in dem Wüstenstaat zwischen Algerien und Ägypten, der eine der wichtigsten Verbindungsbrücken zwischen Sahel und Europa ist. Nach rund 500 Jahren unter osmanischer Herrschaft war die aus den drei Provinzen Cyrenaika, Tripolitanien und Fezzan bestehende Region 1912 nach der türkischen Niederlage im Krieg gegen Italien an den Siegerstaat gefallen. Gegen den hartnäckigen Widerstand der islamischen Sanussi leiteten Mussolinis Faschisten später eine systematische Kolonialisierung und Verwestlichung ein und fassten die drei Provinzen 1934 als »Libia« zusammen. Nach

TEAMS | MYTHEN

■ **AL-AHLY BENGHAZI** Landesweit beliebter Klub aus der Stadt Benghazi, der 1950 ins Leben gerufen wurde und der »Omar al Mukhtar«-Partei nahesteht. Jene ist nach dem 1931 in Benghazi hingerichteten Freiheitskämpfer und libyschen Nationalhelden Omar Mukhtar benannt. Die Rot-Weißen wurden 1964 erstmals libyscher Vizemeister und errangen von 1970-92 vier Landesmeisterschaften. Der Klub, dessen Name für »Volk« steht, befindet sich in intensiver Konkurrenz mit seinem Lokalrivalen Al-Nasr. Zwischen den Fangruppen beider Vereine kommt es regelmäßig zu Ausschreitungen. Al-Ahly-Anhänger sind für ihre Treue und Reisefreudigkeit berühmt. Aus diesem Grunde wird der Klub auch »Long Distance« genannt. [1950 | 28th März (55.000) | 4 | 5]

■ **AL-NASR BENGHAZI** Die Grün-Weißen aus Benghazi sorgten 1985 mit ihrem Einzug in das Halbfinale des afrikanischen Pokalsiegerwettbewerbes für einen der größten Erfolge des libyschen Klubfußballs. Aus politischen Gründen durfte Al-Nasr (»Sieg«) seinerzeit gegen den ägyptischen Vertreter Al-Ahly Kairo allerdings nicht antreten und schied somit kampflos aus dem Wettbewerb aus. Der libysche Landesmeister von 1987 steht in intensiver Rivalität mit seinem Stadtrivalen Al-Ahly Benghazi. [1954 | 28th März (55.000) | 3 | -]

■ **AL-TAHADDY BENGHAZI** Dreifacher Landesmeister aus Benghazi, dessen große Zeiten allerdings vorbei sind. 2008 mussten die Schwarz-Weißen nach einer Niederlage in einem Relegationsspiel sogar aus der libyschen Nationalliga absteigen. Seinen letzten Titelgewinn hatte man 1997 gefeiert. [1954 | 28th März (55.000) | 3 | -]

■ **AL-AHLY TRIPOLI** Gemeinsam mit Lokalrivale Al-Ittihad die dominierende Kraft im libyschen Fußball. Der Klub entstand 1950 und sollte ursprünglich den Namen »Al-Istiklal« (»Unabhängigkeit«) erhalten, der aber von der damaligen britischen Verwaltung nicht erlaubt wurde. Daraufhin votierte man für Al-Ahly (»Volk«). Die Grün-Weißen wurden 1964 erster libyscher Landesmeister und errangen 2000 bereits ihren zehnten Titel. International erklommen die »Ahlaoui« 1984 ihren Höhepunkt, als sie auf dem Weg ins Finale des Pokalsiegerwettbewerbs nacheinander CLAS Casablanca, MP Algiers, Nakivubo Villa Kampala und Canon Yaoundé ausschalteten, bevor sie sich auf Anordnung von Revolutionsführer Gaddafi zurückziehen mussten, weil ihr Endspielgegner aus Ägypten kam. 1972 hatte Al-Ahly im Landesmeisterwettbewerb bereits das Viertelfinale erreicht. [19.9.1950 | 11th June (80.000) | 10 | 9]

■ **AL-ITTIHAD TRIPOLI** Populärster Klub Libyens, der zu den ältesten des Landes zählt. 1944 durch den Zusammenschluss von Al-Nahda und Al-Shabab entstanden, ist Al-Ittihad (»Eintracht«) im hauptstädtischen Viertel Bab Ben Geshier ansässig und wird mit 14 Meistertiteln als Rekordmeister geführt. Unter den Vereinsgründern war mit Mohammed Shegewi eine Führungsperson beim Aufbau des libyschen Schulwesens nach Erlangung der Unabhängigkeit im Jahr 1951. Al-Ittihad ist auch Libyens international erfolgreichster Verein. 1967 erreichten die »Tehaa« als erste libysche Mannschaft ein kontinentales Viertelfinale (Landesmeister). 2000 scheiterten die von Revolutionsführersohn Saad Gaddafi angeführten Rot-Weißen im Halbfinale des Pokalsiegerwettbewerbs an Canon Yaoundé und erreichten 2007 als erster libyscher Verein das Halbfinale der Champions

Italiens Niederlage im Zweiten Weltkrieg kam Libyen unter UN-Verwaltung und wurde im Dezember als unabhängiges Königreich unter Führung des prowestlichen Sanussi Sidi Mohammad Idris al-Mahdi (König Idris I.) erster unabhängiger Staat der Sahel-Zone.

Trotz gewaltiger Erdölvorräte litt Libyens Bevölkerung unter einer schlechten wirtschaftlichen Entwicklung, woraufhin Idris I. im September 1969 von einer Gruppe junger Offiziere um Muammar al-Gaddafi gestürzt wurde. Gaddafi verwandelte Libyen anschließend in einen nationalistisch-islamischen Staat mit sozialistischer Ausrichtung und strikt antiisraelischer Position. Italiener und Juden wurden des Landes verwiesen, die Wirtschaft verstaatlicht und 1977 eine Sozialistische Volksrepublik (»Dschamahiriyya«) ausgerufen, in der jegliche Opposition im Keim erstickt wurde.

Föderationsbestrebungen mit Ägypten, Syrien, dem Sudan und Tunesien waren bereits gescheitert, als Gaddafi in den 1980er Jahren in einen Konflikt mit den USA geriet, die ihm eine führende Rolle im internationalen Terrorismus vorwarfen. Die nachgewiesene Beteiligung an mehreren Terroranschlägen führte schließlich 1986 zum erwähnten Luftangriff auf Tripolis und Benghazi und einem internationalen Wirtschaftsembargo. Erst nach der Millenniumswende kehrte das Land an den Verhandlungstisch zurück und versucht seitdem, sein Image als böser Bube abzustreifen.

■ **ANALOG ZU DEN ENTLANG DER KÜSTE** konzentrierten Städten sind Libyens Fußballhochburgen ausnahmslos an der Mittelmeerküste zu finden. In der Stein- und Sandwüste im Landesinneren wird das Spiel lediglich in vereinzelten Oasen betrieben. Das Herz des libyschen Fußballs schlägt in der Hauptstadt Tripolis, in deren Großraum auch das Gros der 5,7 Mio. Libyer lebt. Tripolis ist eine aufregende Mischung aus arabischen und westlichen Einflüssen. Über Jahrhunderte war die Stadt als das »Tor der Sahara« Ausgangs- und Endpunkt des Saharahandels und diente Händlern aus allen Teilen Nordafrikas und Europas als Stützpunkt.

Italiener waren es, die den Fußball nach der Jahrhundertwende einführten. Sie blieben dabei zunächst unter sich. Erst nach dem Ersten Weltkrieg entwickelte sich ein Vereinsnetz, und 1918 wurde eine Art Landesmeisterschaft ins Leben gerufen. Nachdem zunächst Militärmannschaften dominiert hatten, spielten sich im Verlauf der 1920er Jahre zivile Vereine wie Libia FC, Union Tripolis und Fulgor SC in den Vordergrund.

Mit der sich abzeichnenden militärischen Niederlage Italiens im Zweiten Weltkrieg ging der Fußball in libysche Hände über. 1944 entstand der heutige Rekordmeister Al-Ittihad (»Eintracht«), und auch in Benghazi und Az-Zawiyah kam das Spiel ins Rollen.

Nach der Ausrufung des Königreichs Libyen öffneten sich 1951 die internationalen Pforten. Im Juli 1953 debütierte Libyens Nationalmannschaft mit einem 7:4 gegen Ägypten bei den panarabischen Spielen in Kairo. 1962 wurde die Libyan Football Federation ins Leben gerufen, die 1963 der FIFA und 1965 der CAF beitrat. Zwei Jahre später nahm eine auf den Küstenraum konzentrierte Nationalliga ihren Spielbetrieb auf, deren erster Meister Al-Ahly Tripolis wurde. Der 1950 gegründete Klub dominiert seitdem gemeinsam mit seinem Lokalrivalen Al-Ittihad den nationalen Spielbetrieb. Gemeinsam errangen die beiden Vereine seit 1964 24 Landesmeisterschaften. Abgesehen von Tripolis wurde der Meistertitel bislang nur noch in Libyens zweiter Fußballhochburg Benghazi bzw. 2004 zum bislang einzigen Mal in Az-Zawiyah gefeiert.

Im prowestlichen Königreich Libyen von Idris I. florierte der Fußball. Mit Ben Soued und Ahmed Al-Ahwal verfügte Libyen über zwei renommierte Angreifer, die 1968 mit der Landesauswahl in der Olympiaqualifikation sowie der Afrikameisterschaft debütierten. Die für 1966 vorgesehene Teilnahme an der WM-Qualifikation indes fiel dem afrikanischen Boykott gegen die europalastige FIFA-Politik zum Opfer. Für den größten Erfolg sorgte Serienmeister Al-Ittihad Tripolis, der 1967 in der afrikanischen Landesmeisterschaft bis ins Viertelfinale vordrang.

■ **MIT GADDHAFIS REVOLUTION** von 1969 brach auch für Libyens Fußball eine neue Ära an. Mit der nunmehrigen sozialistischen Ausrichtung des Landes wurde Sport zur Staatsangelegenheit. Im Verbund mit dem vielfältigen Engagement des Landes im Nahostkonflikt sowie den Bemühungen Gaddafis um ein panarabisches Bündnis führte dies zu einem dramatischen Leistungsrückgang. Einsamer Erfolg der 1970er Jahre war das Vordringen von Al-Ahly Tripolis in das Viertelfinale der Kontinentalmeisterschaft. Libyens Nationalelf scheiterte unterdessen bei ihren ohnehin nur noch sporadischen Teilnahmen an internationalen Wettbewerben stets frühzeitig.

Nachdem Libyen 1977 in eine Volksrepublik umgewandelt worden war, rückte der Fußball wieder auf die Agenda. 1982 wurde der Wüstenstaat ungeachtet wütender Proteste von Gaddafi-Gegnern wie dem damaligen CAF-Präsidenten Tessema sogar die Ausrichtung der Afrikameisterschaft übertragen. Libyens Fußball-Nationalverband heuerte daraufhin einen ungarischen Fachlehrer an, um seine seit Jahren erfolglose Landesauswahl auf das

● **FIFA World Ranking**

1993	1994	1995	1996	1997	1998	1999	2000
152	167	175	184	147	147	131	116
2001	2002	2003	2004	2005	2006	2007	2008
116	104	83	61	80	99	95	82

● **Weltmeisterschaft**
1930-66 nicht teilgenommen **1970** Qualifikation **1974** nicht teilgenommen **1978-90** Qualifikation **1994-98** nicht teilgenommen **2002-10** Qualifikation

● **Afrikameisterschaft**
1957-65 nicht teilgenommen **1968** Qualifikation **1970** nicht teilgenommen **1972** Qualifikation **1974** Rückzug **1976-80** nicht teilgenommen **1982** Endturnier (Ausrichter, Zweiter) **1984-86** Qualifikation **1988-98** Rückzug/nicht teilgenommen **2000-04** Qualifikation **2006** Endturnier (Vorrunde) **2008-10** Qualifikation

prestigeträchtige Turnier vorzubereiten. Mit Erfolg. Nachdem Libyen die Vorrunde ungeschlagen überstanden hatte, warf die Elf um Torhüter Kouafi im Halbfinale den Favoriten Sambia aus dem Rennen und traf im Finale auf die ghanaischen »Black Stars«, in deren Reihen das 19-jährige Ausnahmetalent Abédi Pelé stand. Vor 80.000 leidenschaftlich mitgehenden Zuschauern zwang der Außenseiter die Ghanaer in ein Elfmeterschießen, in dem sich die »Black Stars« durchsetzten. Anschließend drangen Libyens »Jamahiriya« (»Grüne«) in der WM-Qualifikation 1986 mit einer nahezu undurchdringbaren Betonabwehr bis in die letzte Qualifikationsrunde vor, wo sie an Marokko scheiterten.

■ **ZUR SELBEN ZEIT GERIET LIBYEN** immer tiefer in seine politischen Konflikte. Nachdem sich Revolutionsführer Gaddhafi in den Tschad-Konflikt eingemischt hatte und seine Verwicklung in den Anschlag auf die West-Berliner Diskothek »La Belle« und den Flugzeugabsturz über dem schottischen Lockerbie bestätigt worden war, verhängten die USA 1986 ein Wirtschaftsembargo und verübten die Luftangriffe auf Tripolis und Benghasi.

Der Fußball war seinerzeit längst zum Werkzeug Gaddhafis geworden. Als Al-Ahly Tripolis 1984 im kontinentalen Pokalsiegerwettbewerb das Finale erreichte und dort auf den ägyptischen Namensgeber Al-Ahly Kairo treffen sollte, ordnete der wegen des ägyptisch-israelischen Friedensabkommens verärgerte Revolutionsführer den Rückzug an. Ein Jahr später traf Al-Nasr Benghazi dasselbe Schicksal, als man im Halbfinale ebenfalls auf Al-Ahly Kairo traf.

In den 1990er Jahren verschärfte sich die Situation. Nachdem Gaddhafi 1989 für die bereits erwähnte Absage des WM-Qualifikationsspiels gegen Algerien gesorgt hatte, wurde Libyen von den weiteren Spielen in der Qualifikation zur WM 1990 ausgeschlossen. 1994 suspendierte die FIFA das Land, weil es seine Heimspiele nicht wie gefordert im Ausland durchführen wollte. Hintergrund war das 1992 auf Druck der USA verhängte UN-Wirtschaftsembargo. 1998 wiederum verzichtete die LFF auf ihre Meldung zur WM-Qualifikation, und auch an der Afrikameisterschaft nahm Libyen zwischen 1988-98 nicht teil.

Erst als sich die politische Lage nach der Millenniumswende entspannte und Gaddhafi versuchte, sein Image zu verbessern, konnte Libyen auf die internationale Fußballbühne zurückkehren. Der von Präsidentensohn Saad Gaddhafi angeführte Rekordmeister Al-Ittihad Tripolis erreichte daraufhin 2000 das Halbfinale des kontinentalen Pokalsiegerwettbewerbs, während die Landesauswahl in der WM-Qualifikation 2002 immerhin in die zweite Runde vordrang.

Wenig später versuchte sich Kapitän und Revolutionsführersohn Saad Gaddhafi in einem bizarren Gebilde aus wirtschaftlichem Interesse, politischem Kalkül und sportlichem Ehrgeiz in der italienischen Serie A zu etablieren. Nachdem er durch die staatliche »Libyan Arab Foreign Investment Company« (»Lafico«) bereits 7,5 Prozent der Anteile von Juventus Turin erworben hatte und damit in die Vereinsführung aufgerückt war, unterschrieb er 2003 beim AC Perugia einen Profivertrag und bestritt ein Erstligaspiel für den Klub. 2005 lief Gaddhafi in Diensten von Udinese Calcio noch ein zweites Mal in der Serie A auf. Zudem wurde 2002 das Finale um den italienischen Supercup in der libyschen Hauptstadt durchgeführt.

Von diesen fußballerischen PR-Feldzügen abgesehen, hat sich Libyens Fußball nach der Millenniumswende durchaus positiv entwickeln können. 2006 führte der serbische Trainer Ilija Lončarević die »Jamahiriya« sogar zum zweiten Mal nach 1982 zum Endturnier um die Afrikameisterschaft. In Ägypten blieb das Team um Regisseur Tarek El-Taib gegen den Gastgeber Ägypten, die Elfenbeinküste und Marokko allerdings ohne Punktgewinn. Libyens Nationalliga hat sich derweil dank der unablässig sprudelnden Petrodollar in eine moderne Profiliga verwandelt, die nicht nur zahlreiche Legionäre anlockt, sondern zudem Libyens Nationalspieler den Verbleib in der Heimat möglich macht. Abgesehen von Nationalmannschaftskapitän El-Taib, der seinerzeit im türkischen Gaziantep spielte, standen 2006 ausnahmslos in der Heimat aktive Auswahlspieler im Kader bei der Afrikameisterschaft. Immerhin führte dies zu einem gewissen Aufschwung auf kontinentaler Ebene. 2007 erreichte Al-Ittihad Tripolis sogar das Halbfinale der Champions League, wo die Rot-Weißen an Al-Ahly Kairo scheiterten.

2014 wird Libyen zum zweiten Mal nach 1982 Gastgeber der Afrikameisterschaft sein.

League, wo sie gegen Al-Ahly Kairo den Kürzeren zogen. [29.7.1944 | 11th June (80.000) | 14 | 6]

■ **AL-MADINA TRIPOLI** »The Black Castle« genannter Klub aus der Hauptstadt Tripolis, der noch nie aus der Nationalliga abstieg. Dennoch stehen die 1953 gegründeten Schwarz-Weißen im Schatten der populäreren Lokalrivalen Al-Ittihad und Al-Ahly. 1976, 1983 und 2001 wurden die »Fishermen« jeweils Landesmeister. [29.10.1953 | Ali Azsgozy | 3 | 2]

HELDEN | LEGENDEN

■ **SAEED GADDHAFI** Schillernde Figur des liybschen Fußballs, der es zu zwei Serie-A-Einsätzen für die italienischen Profiklubs Perugia und Udinese Calcio brachte. Der Sohn von Revolutionsführer Muammar al-Gaddhafi verdankte dies vornehmlich seiner wirtschaftlichen Macht, die er über libysche Staatsunternehmen ausübte. Sein Transfer nach Italien war Bestandteil einer großangelegten PR-Kampagne, mit der Saeeds Vater Muammar al-Gaddhafi Libyens ramponiertes Image in der Welt verbessern wollte. Der viele Jahre für Al-Ittihad Tripolis auflaufende Mittelfeldakteur wurde trotz begrenztem Talent mehrfach in die libysche Nationalelf berufen und sogar einige Male zum Fußballer des Jahres in Libyen gewählt. Seit seinem Karriereende ist er als Fußballfunktionär und Filmproduzent tätig. [*28.3.1973 | -]

■ **TARIK EL TAIB** Libyens renommiertester Fußballer lief zwischen 1992 und 2008 für Al-Ahly Tripolis, Etoile Sahel Sousse, CS Sfaxien, Gaziantepsor und Al-Hilal Riad auf. Ein politisch motiviertes Engagement bei Juventus Turin führte indes zu keinem Einsatz. Der fünffache Fußballer des Jahres Libyens (1999, 2000, 2002, 2003 und 2005) war lange Zeit Galionsfigur der Landesauswahl, die er 2006 als Kapitän zum Endturnier um die Afrikameisterschaft in Ägypten führte. [*28.2.1977 | 48 LS/11 Tore]

Jahr	Meister	Pokalsieger
1963/64	Al-Ahly Tripolis	
1964/65	Al-Ittihad Tripolis	
1965/66	Al-Ittihad Tripolis	
1966/67	Al-Ittihad Tripolis	
1967/68	nicht ausgespielt	
1968/69	Al-Ittihad Tripolis	
1969/70	Al-Ahly Benghazi	
1970/71	Al-Ahly Tripolis	
1971/72	Al-Ahly Benghazi	
1972/73	Al-Ahly Tripolis	
1973/74	Al-Ahly Tripolis	
1974/75	Al-Ahly Benghazi	Al-Ahly Tripolis
1975/76	Al-Medina Tripolis	Al-Ahly Tripolis
1976/77	Al-Tahaddy Benghazi	Al-Medina Tripolis
1977/78	Al-Ahly Tripolis	Al-Nasr Benghazi
1978/79	nicht ausgespielt	nicht ausgespielt
1979/80	nicht ausgespielt	Al-Ahly Benghazi
1980/81	nicht ausgespielt	Al-Ahly Benghazi
1981/82	nicht ausgespielt	Al-Nsr Benghazi
1982/83	Al-Medina Tripolis	Al-Ahly Tripolis
1983/84	Al-Ahly Tripolis	Al-Nasr Benghazi
1984/85	Al-Dahra Tripolis	Al-Ahly Tripolis
1985/86	Al-Ittihad Tripolis	Al-Ittihad Tripolis
1986/87	Al-Nasr Benghazi	Libya FC Tripolis
1987/88	Al-Ittihad Tripolis	Al-Ahly Benghazi
1988/89	Al-Ittihad Tripolis	Al-Soukour Tobruk
1989/90	Al-Ittihad Tripolis	Al-Medina Tripolis
1990/91	Al-Ittihad Tripolis	Al-Ahly Benghazi
1991/92	Al-Ahly Benghazi	Al-Ittihad Tripolis
1992/93	Al-Ahly Tripolis	Al-Wahda Tripolis
1993/94	Al-Ahly Tripolis	Al-Ahly Tripolis
1994/95	Al-Ahly Tripolis	Al-Ahly Tripolis
1995/96	Al-Tahaddy Benghazi	Al-Ahly Benghazi
1996/97	nicht ausgespielt	Al-Nasr Benghazi
1997/98	Al-Mahalah Tripolis	Al-Shaat Tripolis
1998/99	Al-Mahalah Tripolis	Al-Ittihad Tripolis
2000	Al-Ahly Tripolis	Al-Ahly Tripolis
2000/01	Al-Medina Tripolis	nicht ausgespielt
2001/02	Al-Ittihad Tripolis	nicht ausgespielt
2002/03	Al-Ittihad Tripolis	Al-Ittihad Tripolis
2003/04	Olympique Az-Zweiyah	Al-Ittihad Tripolis
2004/05	Al-Ittihad Tripolis	Al-Ittihad Tripolis
2005/06	Al-Ittihad Tripolis	Al-Ahly Tripolis
2006/07	Al-Ittihad Tripolis	Al-Ittihad Tripolis
2007/08	Al-Ittihad Tripolis	Khaleej Sirt

MADAGASKAR

Die ausgeglichenste Liga der Welt

Auf Madagaskar wurden seit 1962 25 verschiedene Landesmeister gekürt

Fédération Malagasy de Foot-Ball

Fußball-Bund Madagaskar | gegründet: 1961 | Beitritt FIFA: 1962 | Beitritt CAF: 1963 | Spielkleidung: rotes Trikot, weiße Hose, grüne Stutzen | Saison: Februar - November | Spieler/Profis: 826.420/0 | Vereine/Mannschaften: 220/880 | Anschrift: 26 rue de Russie, Isoraka, PO Box 4409, Tananarive 101 | Tel: +261-20/2268374 | Fax: +261-20/2268373 | keine Homepage | E-Mail: fmf@blueline.mg

Madagaskar ist ein ungewöhnliches Fleckchen Erde: Die vor der Ostküste Afrikas liegende fünftgrößte Insel der Welt war einst das Verbindungsstück zwischen Afrika und Asien. Als sich die Kontinente vor etwa 160 Mio. Jahren trennten, entstand Madagaskar, das auch ethnisch und kulturell einen Sonderweg einschlug. 70 Prozent der auf Madagaskar anzutreffenden Tier- und Pflanzenarten gibt es nur dort, und den mehrheitlich asiatischen Inselbewohnern wird ein gewisser Fortschrittsunwille unterstellt, dessen Ursache Wissenschaftler in der Isolation sehen. Das ist nicht unproblematisch, denn während sich der Ertrag der Reisernte aufgrund jahrtausendealter Methoden in den letzten 40 Jahren kaum erhöht hat, wuchs die Einwohnerzahl im selben Zeitraum von etwa sechs Mio. auf über 18 Mio. Einwohner an. Folge ist, dass Madagaskar Lebensmittel importieren muss und nur etwa die Hälfte der Einwohner Selbstversorger ist, während die andere Hälfte mit durchschnittlich einem Dollar pro Tag auskommen muss.

■ **VOM »PARADIES« IST** auf Madagaskar folglich wenig zu sehen. Das gilt auch für die jüngere Vergangenheit. 1885 geriet die von der Volksgruppe der Merina dominierte Insel unter französische Kontrolle und wurde 1896 zur Kolonie. Frankreich setzte seine Politik anschließend brutal durch und löschte große Teile der madegassischen Kultur aus. Nach dem Zweiten Weltkrieg entlud sich der Ärger über die Kolonialherren in einem Aufstand, der mehr als 100.000 Todesopfer forderte. 1958 erhielt Madagaskar den Status einer autonomen Republik, ehe es am 26. Juni 1960 in die Unabhängigkeit entlassen wurde.

Zunächst an der Seite Frankreichs verbleibend, wandte sich Madagaskar ab 1972 verstärkt dem Ostblock zu. 1975 übernahm der Marxist Didier Ratsiraka die politische Führung und leitete die Verstaatlichung des Bergbaus, der Industrie sowie der Großplantagen ein. Eklatante Versorgungsengpässe und ein drohender Staatsbankrott zwangen Ratsiraka Mitte der 1980er Jahre zur Öffnung gegenüber dem Westen, was den ökonomischen Niedergang der Insel aber nicht mehr verhindern konnte. 1992 geriet Madagaskar in die schlimmste Hungersnot seiner Geschichte.

Nach der Millenniumswende verstrickte sich das inzwischen auf demokratischen Pfaden wandelnde Land zunehmend in innenpolitische Turbulenzen. Während sich ausländische Investoren daraufhin abwandten, überschwemmten chinesische Massenprodukte den Markt und zerstörten die heimische Industrie. Madagaskars große Hoffnung ruht nun auf Erdölvorräten, die vor der Küste ausgemacht wurden.

■ **MADAGASKARS FUSSBALLERISCHE** Erfolge sind rasch aufgezählt und beschränken sich auf die regionale Bühne. 1990 und 1993 gewann man das Fußballturnier der Indian Ocean Games, ging 2005 als Sieger aus dem COSAFA-Jugendcup hervor und feierte 1985 im Rahmen der WM-Qualifikation einen legendären Sieg über Ägypten, der jedoch nicht zum Weiterkommen reichte.

Das von Franzosen eingeführte Spiel konnte sich nur langsam entwickeln. Erst nach dem Zweiten Weltkrieg formte sich eine nennenswerte nationale Fußballgemeinde, die 1947 mit einem 1:2 gegen Mauritius bei dem auf Madagaskar durchgeführten »Triangulaire«-Turnier (an dem auch Mauritius und Réunion teilnahmen) international debütierte. Ein Jahr nach der Entlassung in die Unabhängigkeit wurde die Fédération Malagasy de Foot-Ball

**Repoblikan'i Madagasikara
République de Madagascar**

Republik Madagaskar | Fläche: 587.041 km² | Einwohner: 18.113.000 (31 je km²) | Amtssprache: Madagassisch, Französisch | Hauptstadt: Antananarivo (1,4 Mio.) | Weitere Städte: Toamasina (Tamatave, 179.045), Antsirabe (160.356), Fianarantsoa (144.225), Mahajanga (135.660), Toliara (101.661) | Währung: 1 Ariary = 5 Iraimbilanja | Bruttosozialprodukt: 290 $/Kopf | Zeitzone: MEZ +2h | Länderkürzel: MG | FIFA-Kürzel: MAD | Telefon-Vorwahl: +261

● **FIFA World Ranking**
1993	1994	1995	1996	1997	1998	1999	2000
89	111	132	140	163	150	130	114
2001	2002	2003	2004	2005	2006	2007	2008
122	101	118	147	149	184	149	135

● **Weltmeisterschaft**
1930-78 nicht teilgenommen **1982-86** Qualifikation **1990** nicht teilgenommen **1994-2010** Qualifikation

● **Afrikameisterschaft**
1957-70 nicht teilgenommen **1972-74** Qualifikation **1976-78** nicht teilgenommen **1980-88** Qualifikation **1990-98** nicht teilgenommen **2000-10** Qualifikation

gegründet, die 1962 der FIFA und 1963 der CAF beitrat. 1958 und 1963 vermochte sich Madagaskars nach einer lokalen Rinderart »Barea« benannte Landesauswahl jeweils die Trophäe des »Triangulaire«-Turniers zu sichern. 1968 beteiligte sie sich erstmals an der Qualifikation zum olympischen Fußballturnier und debütierte 1972 in der Afrikameisterschaft, während sie sich 1974 zwar zur WM-Qualifikation anmeldete, dort aber gegen Mauretanien nicht auflief.

■ **DER NATIONALE SPIELBETRIEB** ist rudimentär. Zwar wird seit 1962 alljährlich ein Landesmeister ermittelt, die Strukturen sind aber bislang nicht über regionale Vorrunden mit einem abschließenden Endturnier hinausgekommen. Das ist nicht nur der reinen Amateur- bzw. Hobbyebene, auf der Fußball auf Madagaskar betrieben wird, zuzuschreiben, sondern vor allem der lückenhaften Infrastruktur der bergigen Insel. Die spielstärkste unter den insgesamt 22 Regionalligen ist die von Anamalanga, in der auch die Vereine der Hauptstadt Antananarivo spielen. Rekordmeister sind mit jeweils vier Titeln Fortior Toamasina und Sotema Mahajanga. Mit 25 verschiedenen Titelträgern seit 1962 ist die madegassische Meisterschaft die vermutlich ausgeglichenste weltweit.

Als 1978 mit Peter Schnittger ein bundesdeutscher Fußball-Entwicklungshelfer auf die Insel kam, geriet der seinerzeit sozialistisch strukturierte madegassische Fußball erstmals in Bewegung. Der erfahrene Afrikaexperte stellte ein Förderprogramm auf, das sich vor allem auf eine bessere Sichtung und Förderung des Nachwuchses sowie die Ausbildung von Trainern konzentrierte. Die Erfolge stellten sich rasch ein. 1982 konnte Madagaskar in der WM-Qualifikation debütieren, und 1983 setzte sich die »Barea« beim »Tournoi de l'Océan Indien« auf Réunion gegen eine französische Amateurauswahl, Mauritius sowie Réunion durch. In der WM-Qualifikation 2006 sorgte das Team zwei Jahre später gegen den haushohen Favoriten Ägypten für eine Sensation, als es eine 0:1-Hinspielniederlage in Kairo auf eigenem Platz egalisierte und erst im Elfmeterschießen ausschied.

Auch auf Klubebene vermochte Madagaskar seinerzeit aufzuholen. 1989 sorgte Pokalsieger Bankin Dampandrosuo NY Vareta (BFV) Mahajanga für Schlagzeilen, als die von einer Großbank gesponsorten Blau-Weißen im kontinentalen Pokalsiegerwettbewerb bis ins Halbfinale vordrangen. »Dank des BFV entdeckt Afrika endlich den Fußball im Indischen Ozean mit seinen Problemen, seinen Lücken, aber auch seinen Möglichkeiten«, urteilte das Fachblatt »Afrique Football« seinerzeit.

Doch es blieb ein einsamer Erfolg. Lediglich 1994 erreichte BTM Antananarivo im kontinentalen Landesmeisterwettbewerb die zweite Runde, während madegassische Teams ansonsten auf kontinentaler Ebene stets bereits in der ersten Runde die Segel strichen.

■ **DIE STAGNATION FÜHRTE** in den 1990er Jahren zu einem Exodus talentierter Fußballspieler ins Ausland. Es begann mit Torhüter Barthéley Malabary, der eine Zeitlang in Frankreichs Zweiter Liga kickte. Ihm folgten Spieler wie Stéphane Collet (Strasbourg), Hervé Arsène (Lens) und Alain Horace (Mulhouse). Neben Frankreich waren die wirtschaftlich besser gestellten Nachbarinseln Réunion sowie Mauritius beliebtes Ziel für madegassische Fußballer. Der in Frankreich geborene Franck Rabarivony wurde unterdessen 1996 mit Auxerre Landesmeister.

Für die einheimische Fußballgemeinde gab es erst nach der Millenniumswende wieder etwas zu feiern. Zu verdanken war dies vor allem der verstärkten Nachwuchspflege. 2005 gewann Madagaskars U20 den COSAFA-Jugendpokal, und drei Jahre später erreichte die Seniorenelf immerhin das Halbfinale im COSAFA-Cup. Unterdessen führte der Deutsche Franz Gerber die »Barea« in der WM-2010-Qualifikation zu einem 6:2 bzw. 4:0 über die Komoren und damit in die Gruppenphase.

Die intensivierte Jugendarbeit ging nicht zuletzt auf den französischen Ex-Profi Jean-Marc Guillou zurück, der analog seiner berühmten Fußballschule im ivorischen Abidjan auch in Antsirabe eine Sportschule eröffnete. Ziel der »Akadémie Ny Antsika« ist die Ausbildung potenzieller Nationalspieler, die Madagaskar zu einem besseren Standing auf kontinentaler Ebene verhelfen sollen. Die Akademie nimmt mit einer Mannschaft an der Nationalliga teil und wurde 2008 erstmals Landesmeister.

Der nationale Spielbetrieb leidet derweil unter administrativen Problemen. Im Oktober 2002 geriet Madagaskar weltweit in die Schlagzeilen, als die Begegnung zwischen AS Adema und Stade Olympique Emyrne Antananarivo mit 149:0 endete – weil sie mit einer Schiedsrichterentscheidung nicht einverstanden gewesen waren, hatten die Gäste 149 Eigentore geschossen. Im März 2008 verwüsteten derweil mehrere hundert Fans das hauptstädtische Mahamasina-Stadion. Als Sportminister Patrick Ramiaramanana daraufhin eigenmächtig den Nationalverband auflöste, zog dies prompt eine Sperre durch die FIFA nach sich...

TEAMS | MYTHEN

■ **AS FORTIOR TOAMASINA** Viermal durfte das Team aus der auch »Tamatave« genannten Hafenstadt an der Ostküste bereits die Landesmeisterschaft bejubeln – zuletzt 2000. Die Blau-Weißen sind damit gemeinsam mit der AS Sotema Madagaskars Rekordmeister. [Barikadimy (20.000) | 4 | 1]

■ **AS SOTEMA MAHAJANGA** In der an der Nordwestküste gelegenen Hafenstadt Mahajanga feierte man 1979 einen der größten internationalen Kluberfolge Madagaskars, als Lokalmatador AS Sotema im Pokalsiegerwettbewerb das Viertelfinale erreichte. National sind die Rot-Gelben mit vier Landesmeisterschaften gemeinsam mit der AS Fortior Madagaskars Rekordmeister. [4 | 3]

■ **AS ADEMA ANALAMANGA** Seit der Millenniumswende erfolgreichster Klub der Insel. Der in Ivato ansässige Verein wurde 2002 und 2006 Landesmeister, während er 2002 das Viertelfinale im CAF-Cup erreichte, wo er dem ägyptischen Vertreter Al Masry unterlag. Im selben Jahr geriet der Klub in die weltweiten Schlagzeilen, als er ein Spiel gegen SOE Antananarivo mit 149:0 gewann, wobei die gegnerischen Spieler aus Wut über eine Schiedsrichterentscheidung 149 Eigentore schossen. [Mahamasina (22.000) | 2 | 2]

HELDEN | LEGENDEN

■ **STÉPHAN COLLET** Von 1991-2004 in Frankreich und Spanien erfolgreicher Mittelfeldspieler, der in Diego Suárez geboren und beim OGC Nizza ausgebildet wurde. [*13.6.1972]

■ **FRANCK RABARIVONY** Im französischen Tours geborener Verteidiger mit madegassischen Wurzeln. Wurde 1996 mit AJ Auxerre französischer Meister. [*15.11.1970]

Jahr	Meister	Pokalsieger
1962	AS Fortior Toamasina	
1963	AS Fortior Toamasina	
1964-67	unbekannt	
1968	Fitarikandro Fianarantsoa	
1969	US Fonctionnaires Antan.	
1970	MMM Toamasina	
1971	AS St. Michel	
1972	Fortior Club Mahajanga	
1973	JS Antalaha	
1974	AS Corps Toliara	Fortior Club Mahajanga
1975	AS Corps Toliara	Fortior Club Mahajanga
1976	nicht ausgespielt	Fortior Club Mahajanga
1977	AS Corps Toliara	Fortior Club Mahajanga
1978	AS St. Michel	AS Sotema Mahajanga
1979	Fortior Club Mahajanga	AS Sotema Mahajanga
1980	MMM Toamasina	AS St. Michel
1981	AS Somasud Toliara	Dinamo Fina Antanana.
1982	Dinamo Fima Antanan.	AS Sotema Mahajanga
1983	Dinamo Fima Antanan.	Dinamo Fina Antanana.
1984	nicht ausgespielt	unbekannt
1985	AS Sotema Mahajanga	Fortior Club Mahajanga
1986	BTM Antananarivo	HTMF Mahajanga
1987	Jos Nosy-Bé Hell-Ville	BTM Antananarivo
1988	COSFAP Antananarivo	BFV Mahajanga
1989	AS Sotema Mahajanga	BTM Antananarivo
1990	ASF Fianarantsoa	BFV Mahajanga
1991	AS Sotema Mahajanga	BTM Antananarivo
1992	AS Sotema Mahajanga	COSFAP Antananarivo
1993	BTM Antananarivo	AS Cimelta Antananar.
1994	FC Rainizafy	unbekannt
1995	FC Fobar Toliara	unbekannt
1996	FC BFV Antananarivo	Club S Namakia
1997	DSA Antananarivo	unbekannt
1998	DSA Antananarivo	FC Djivan Farafangana
1999	AS Fortior Toamasina	FC Djivan Farafangana
2000	AS Fortior Toamasina	FC Djivan Farafangana
2001	SOE Antananarivo	US Transfoot Toamasina
2002	AS ADEMA Antananarivo	AS Fortior Toamasina
2003	Ecoredipharm Tamatave	Léopards de Transfoot
2004	USJF/Ravinala Antanan.	USJF/Ravinala Antanan.
2005	USCA Foot Antananarivo	USCA Foot Antananar.
2006	AS ADEMA Antananarivo	Ajesaia Antananarivo
2007	Ajesaia Antananarivo	AS ADEMA Antananarivo
2008	Académie Ny Antsika	AS ADEMA Antananar.

MALAWI

Als die »Flames« erloschen

Malawis Fußball hat schwere Jahre durchgemacht

Football Association of Malawi

Fußball-Verband von Malawi | gegründet: 1966 | Beitritt FIFA: 1967 | Beitritt CAF: 1968 | Spielkleidung: rotes Trikot, weiße Hose, rote Stutzen | Saison: März - Dezember | Spieler/Profis: 515.800/0 | Vereine/Mannschaften: 70/120 | Anschrift: Chiwembe Technical Centre, PO Box 865, Blantyre | Tel: +265-1/842204 | Fax: +275-1/842204 | www.fam.mw | E-Mail: gensec@fam.mw

Wie eine schlechte Börsenkurve wies Malawis Notierung auf der FIFA-Weltrangliste für mehr als eine Dekade in nur eine Richtung: abwärts. 1993 war das westafrikanische Binnenland noch auf Position 67 in der Fußballwelt gehandelt worden. 2007 hatte es mit Rang 138 sein Rekordtief erreicht. Blickt man über das Jahr 1993 hinaus zurück, fiel der Niedergang sogar noch frappierender aus, denn zwischen 1978 und 1988 war Malawi immerhin dreimal COSAFA-Cup-Sieger geworden, hatte sich 1984 für die Afrikameisterschaft qualifiziert und war 1987 bei den Afrikaspielen als Dritter eingelaufen.

■ **DIE GRÜNDE FÜR DEN** dramatischen Leistungsabfall sind auf der politisch-ökonomischen Ebene zu finden. Nach einer Reihe von Dürreperioden wurde Malawi zunehmend von internationaler Hilfe abhängig und geriet in innenpolitische Turbulenzen.

Malawi ist ein eigentümlich geformtes Land, dessen Grenzen aus der Kolonialepoche stammen. Maximal 350 Kilometer breit, erstreckt es sich über 850 Kilometer von Nord nach Süd und weist ein entsprechend vielfältiges Klima auf. Der Großteil der Bevölkerung lebt im urbanisierten Süden, wo die Wirtschaftsmetropole Blantyre wie ein Magnet wirkt. Zweitgrößte Stadt ist das im Landeszentrum gelegene politische Zentrum Lilongwe.

Nachdem die ursprünglich von Bantu-Völkern bewohnte Region von arabischen und portugiesischen Sklavenhändlern nahezu entvölkert worden war, drang 1859 der britische Afrikaforscher David Livingstone bis zum Malawisee vor und gab ihm den Namen Njassasee. In seinem Gefolge ließen sich ab 1874 schottische Missionare in der Region nieder, die 1891 britisches Protektorat und 1907 als Njassaland britische Kolonie wurde. 1953 wurden Njassaland, Südrhodesien (heute Simbabwe) und Nordrhodesien (heute Sambia) zur von Weißen kontrollierten Zentralafrikanischen Föderation zusammengeschlossen. Nach vehementen Protesten schwarzer Nationalisten zerbrach jene 1963, woraufhin Njassaland am 6. Juli 1964 als Malawi (nach einem alten Königreich) in die Unabhängigkeit entlassen wurde.

Unter dem Führer der Unabhängigkeitsbewegung Hastings Kamuzu Banda entstand ein prowestlicher Einparteienstaat, der in den späten 1960er Jahren aufgrund seiner Öffnung gegenüber dem südafrikanischen Apartheidsregime in die politische Isolation geriet. Diktator Banda ließ sich derweil 1971 zum Präsidenten auf Lebenszeit ernennen und führte sein Land mit Terror und schweren Menschenrechtsverletzungen auf einen strikt antikommunistischen Kurs.

Nach dem Zusammenbruch des Sowjetkommunismus geriet Bandas Regime zunehmend unter Druck, und 1994 setzte sich bei den ersten demokratischen Präsidentschaftswahlen der Oppositionelle Bakili Muluzi durch. Seitdem befindet sich Malawi in einem tristen Kreislauf aus Korruption, Missmanagement, politischen Spannungen und wirtschaftlicher Talfahrt. Die durchschnittliche Lebenserwartung liegt bei 33 Jahren, die AIDS-Rate ist exorbitant hoch und die Grundversorgung der Einwohner wäre ohne ausländische Hilfe nicht möglich.

■ **ALS LAND MIT BRITISCHEM** Hintergrund gehört Malawi zu den ältesten Fußballnationen im südlichen Afrika. Britische Kolonialisten und Missionare riefen zwischen den Weltkriegen die Nyasaland Football Association (NFA) ins Leben, die Mitglied der englischen FA war und die den dichtbesiedelten Süden ab-

**Mfuko la Malawŵi
Republic of Malawi**

Republik Malawi | Fläche: 118.494 km² | Einwohner: 12.608.000 (106 je km²) | Amtssprache: Chichewa, Englisch | Hauptstadt: Lilongwe (632.867) | Weitere Städte: Blantyre (678.381), Mzuzu (126.885), Zomba (95.797) | Währung: 1 Malawi-Kwacha = 100 Tambala | Bruttosozialprodukt: 160 $/Kopf | Zeitzone: MEZ +1h | Länderkürzel: MW | FIFA-Kürzel: MWI | Telefon-Vorwahl: +265

● FIFA World Ranking

1993	1994	1995	1996	1997	1998	1999	2000
67	82	89	88	97	89	114	113
2001	2002	2003	2004	2005	2006	2007	2008
120	95	105	109	106	104	138	103

● Weltmeisterschaft
1930-74 nicht teilgenommen **1978-90** Qualifikation **1994** nicht teilgenommen **1998-2010** Qualifikation

● Afrikameisterschaft
1957-74 nicht teilgenommen **1976-78** Qualifikation **1980** nicht teilgenommen **1982** Qualifikation **1984** Endturnier (Vorrunde) **1986** Qualifikation **1988** nicht teilgenommen **1990-2010** Qualifikation

deckende Shire Highlands League betrieb. 1961 zählte sie zu den Gründungsmitgliedern der kurzlebigen Professional Rhodesia and Nyasaland Football League, an der mit Nyasa United Blantyre auch ein von Weißen gebildetes malawisches Team teilnahm.

Nachdem mit der Nyasaland African Football Association (NAFA) bereits eine von schwarzen Fußballern dominierte Konkurrenzorganisation entstanden war, übernahmen im Verlauf des Unabhängigkeitsprozesses zunehmend Einheimische die Führung über den nationalen Fußball. 1962 kamen bei einem Länderspiel gegen Ghana erstmals ausnahmslos schwarze Akteure zum Einsatz. Zwei Jahre nach der Unabhängigkeitserklärung vom Juli 1964 entstand die Football Association of Malawi (FAM), die 1967 der FIFA und 1968 der CAF beitrat.

■ **NACHDEM DIE »FLAMES«** genannte Nationalauswahl 1971 unter ihrem britischen Trainer Ray Bachelor ihren ersten Länderspielsieg gefeiert hatte (3:1 gegen Sambia), gelang ihr unter dem ab 1972 das Training leitenden Brasilianer Wonder Moreira der Durchbruch. 1975 erreichte sie bei ihrem Debüt im CECAFA-Cup auf Anhieb das Finale (Niederlage im Elfmeterschießen gegen Kenia), ehe sie die Ostafrikameisterschaft 1978 und 1979 sogar jeweils gewinnen konnte.

Die Erfolgsgrundlagen waren auf nationaler Ebene gelegt worden. Mit der Blantyre and District Football League (BDFL) hatte sich 1969 eine auf den Landessüden konzentrierte Spielklasse gebildet, die in Zusammenarbeit mit den Schulen eine bessere Sichtung und Förderung der nationalen Talente ermöglichte. 1978 erreichte die Entwicklung ihren ersten Höhepunkt, als Malawi bei den dritten Afrikaspielen in Algerien sowohl den Gastgeber als auch Ägypten bezwang. Drei Jahre später entstand in der im Landeszentrum gelegenen Hauptstadt Lilongwe ebenfalls eine Stadtliga, und 1986 konnte die acht Mannschaften umfassende landesweite Super League ihren Spielbetrieb aufnehmen. Erster malawischer Landesmeister wurde die populäre Bullets-Elf aus Blantyre.

1984 erreichten die »Flames« um Dribbelkünstler Clifton Msiya zum bislang einzigen Mal das Endturnier der Afrikameisterschaft. Mit einem sowohl robusten als auch technisch hochklassigen Kombinationsspiel rang man Nigeria in Ägypten zwar ein 2:2 ab, musste aber seiner eklatanten Abschlussschwäche Tribut zollen und bereits nach der Vorrunde wieder die Heimreise antreten.

1987 errang die inzwischen vom Briten Ted Powell trainierte Elf um Spielmacher Kennedy Malunga bei den Afrikaspielen in Nairobi die Bronzemedaille, ehe sie 1988 zum dritten Mal CECAFA-Cup-Sieger wurde. Die »Flames« wurden seinerzeit als enorm homogenes und technisch begabtes Team gefeiert. Leistungsträger waren Torhüter Ganuzani, Spielmacher Clifton Msiya, Außenstürmer Moulindi, Abwehrchef Chiruwa und Torjäger Phiri.

■ **DOCH DER GRUNDSTEIN ZUM ABSTURZ** war bereits gelegt. Malawis Diktator Banda hatte seinen erfolgreichen Fußballern einen Wechsel ins Ausland verweigert, und in Verbindung mit der desolaten politischen und wirtschaftlichen Situation im Land sowie der brachliegenden Nachwuchsförderung führte dies rasch zum Stillstand. Persönliche Konflikte auf der Verbandsebene verschärften die Situation noch und führten zum Verzicht auf die Teilnahme an der Afrikameisterschaft 1988. Während viele malawische Spitzenfußballer daraufhin nach Südafrika emigrierten, ging es für die »Flames« kontinuierlich bergab. 1992 verpassten sie die Afrikameisterschaft noch unglücklich, ehe sowohl sie als auch Malawis Klubmannschaften aus der Spitze des afrikanischen Fußballs ausschieden. Erst in der WM-Qualifikation 2010 gab es einen ersten Hoffnungsschimmer, als Malawis Landesauswahl überraschend bis in die dritte Qualifikationsrunde vordrang.

Malawis Klubfußball ist geprägt vom Duell zwischen den Blantyrer Rivalen Wanderers und Bullets. Letztere hatten sich 1968 von den Wanderers abgespalten und sind inzwischen Rekordmeister des Landes. Die Derbys zwischen den beiden verfeindeten Klubs sind regelmäßig von Ausschreitungen überschattet – zuletzt musste das Pokalfinale 2003 sogar abgebrochen werden. Im selben Jahr erreichten die als »People's Team« (»Volksklub«) bezeichneten Bullets ihren sportlichen Höhepunkt, als sie – unter der Schirmherrschaft des damaligen Staatspräsidenten Bakili Muluzi stehend – die Gruppenspiele der Champions League erreichten.

Malawis Klubs sind hochgradig abhängig von Sponsoren, was zu regelmäßigen Namensänderungen führt. Neben den (Limbe Leaf, Telecom bzw. MTL) Wanderers und den (Bata, Total Big, Biliki bzw. Big) Bullets konnte sich nach der Millenniumswende mit dem von einem Elektrounternehmen unterstützten Klub Escom United ein drittes Team an der nationalen Spitze etablieren.

TEAMS | MYTHEN

■ **BULLETS BLANTYRE** Der Ende der 1960er Jahre als Abspaltung der Blantyre Wanderers entstandene Verein gilt als »Volksklub«. Unter wechselnden Namen bzw. Sponsorenschaft (bis 2000 Schuhfabrikant Bata, »Bata Bullets«, 2000-03 Ölfirma Total, »Total Big Bullets«, 2003-04 Staatspräsident Bakili Muluzi, »Bakili Bullets, seit 2006 CIFU Group, »Big Bullets«) stieg der Klub mit elf Meisterschaften binnen 19 Jahren zum malawischen Rekordmeister auf. 2004 gelang ihm als erstem malawischen Klub der Einzug in die Gruppenspiele der Champions League. Nach der Entmachtung von Staatspräsident Muluzi gerieten die Bullets 2004 etwas ins Taumeln und konnten sich erst mit der Übernahme durch die südafrikanisch-malawische »CICU Group« stabilisieren. Der Klub steht in intensiver Rivalität mit seinem Stammverein Wanderers, den er in Sachen Erfolge jedoch längst verdrängt hat. [Kamazu (50.000) | 11 | -]

■ **WANDERERS BLANTYRE** Einer der ältesten Vereine und der nach den Bullets zweiterfolgreichste Klub des Landes. Lief in der Vergangenheit unter der Sponsorenschaft von Yamaha, Limbe Leaf und Telecom auf, ehe das Telekommunikationsunternehmen MTL die Führung übernahm. Der Klub brachte Nationalspieler wie Yasin Osman, Jack Chamangwana sowie Horman und Kennedy Malunga hervor. [Kamazu (50.000) | 4 | 1]

■ **SILVER STRIKERS LILONGWE** Topteam der Hauptstadt Lilongwe, das sich 1996 und 2008 gegen die dominierende Konkurrenz aus Blantyre durchsetzen konnte. [2 | 1]

HELDEN | LEGENDEN

■ **KENNEDY MALUNGA** Zählte in den späten 1980er Jahren beim belgischen Profiklub Cercle Brügge zur Stammformation und belegte 1987 bei der Wahl zu Afrikas Fußballer des Jahres Platz 5.

■ **CLIFFORD MSIYA** Renommiertester Spieler der nationalen Fußballhistorie und 1987 Malawis Fußballer des Jahres. Der Dribbelkünstler war Garant der Afrikameisterschaftsqualifikation 1984. Er erlag im Januar 2000 im Alter von nur 37 Jahren einer schweren Krankheit. [*15.5.1964 †7.1.2000 | 1]

Jahr	Meister Blantyre	Meister Lilongwe
1969	Limbe Leaf Wanderers	
1970	Bata Bullets Blantyre	
1971	Bata Bullets Blantyre	
1972	Limbe Leaf Wanderers	
1973	Limbe Leaf Wanderers	
1974	Bata Bullets Blantyre	
1975	Bata Bullets Blantyre	
1976	Yamaha Wanderers	
1977	Hardware Stars	
1978	Bata Bullets Blantyre	
1979	Bata Bullets Blantyre	
1980	Limbe Leaf Wanderers	
1981	Bata Bullets Blantyre	CIVO United
1982	ADMARC Tigers	
1983	-	Berec Power
1984	Bata Bullets Blantyre	-
1985	-	Silver Strikers

Jahr	Meister	Pokalsieger
1986	Bata Bullets Blantyre	
1987	CIVO United Lilongwe	
1988	MDC United Lilongwe	
1989	Admarc Tigers Blantyre	
1990	Limbe Leaf Wanderers Bl.	
1991	Bata Bullets Blantyre	
1992	Bata Bullets Blantyre	
1993	Bata Bullets Blantyre	
1994-05	nicht ausgespielt	
1996	Silver Strikers Lilongwe	
1997	Telecom Wanderers Blant.	
1998	Telecom Wanderers Blant.	
1999	Bata Bullets Blantyre	
2000	Bata Bullets Blantyre	
2001	Total Big Bullets Blantyre	
2002	Total Big Bullets Blantyre	
2003	Bakili Bullets Blantyre	abgebrochen
2004	Bakili Bullets Blantyre	
2005	Bullets Blantyre	MTL Wanderers Blantyre
2006	MTL Wanderers Blantyre	nicht ausgespielt
2007	Escom United Blantyre	Silver Strikers Lilongwe
2008	Silver Strikers Lilongwe	Moyale Barracks

MALI

Schwarze Endspielserie

Trotz Superstars wie Salif Keïta und Frédéric Kanouté sind Malis Erfolgsannalen nur dünn beschrieben

Fédération Malienne de Football

Malischer Fußball-Bund | gegründet: 1960 | Beitritt FIFA: 1962 | Beitritt CAF: 1963 | Spielkleidung: grünes Trikot, gelbe Hose, rote Stutzen | Saison: Oktober - Juni | Spieler/Profis: 1.391.625/0 | Vereine/Mannschaften: 140/700 | Anschrift: Avenue du Mali, Hamdallaye ACI 2000, PO Box 1020, Bamako 12582 | Tel: +223-2238844 | Fax: +223-2224254 | keine Homepage | E-Mail: malifoot@afribone.net.ml

Mali zählt zu den großen Mythen im afrikanischen Fußball. In den späten 1960er Jahren bot das westafrikanische Land Größen wie Salif Keïta und Bako Touré auf, die zu Schwarzafrikas Fußball-Pionieren in Europa zählten. 1964 und 1966 stellte Mali jeweils einen Finalisten in der afrikanischen Klubmeisterschaft, und 1972 erreichte die Landesauswahl das Endspiel um die Afrikameisterschaft in Kamerun. Mit der dortigen Niederlage gegen den Kongo begann jedoch der dramatische Niedergang eines Landes, dessen Fußballkrise mehr als zwei Jahrzehnten währte. Nach der Millenniumswende schloss Mali wieder zu den Großen auf dem Kontinent auf und beschenkte die Fußballwelt mit Ausnahmetalenten wie Frédéric Kanouté, Seydou Keita und Mahamadou Diarra. Nun hofft man in dem 13-Mio.-Einwohnerland am Südrand der Sahara, dass endlich auch die schwarze Endspielserie endet, denn bei zehn Finalteilnahmen seit 1963 gingen malische Teams zehnmal als Verlierer vom Platz…

■ **MALI IST EINE DER WIEGEN** islamischer Kultur und war einst Zentrum des Trans-Saharahandels. Die sagenumwobene Wüstenstadt Timbuktu steht synonym für die Exotik und Faszination der afrikanischen Frühgeschichte. Wie vieles im Land ist Timbuktu heute eine ziemlich heruntergekommene Wüstenstadt, in der man vergeblich nach jenem »Land des Goldes« sucht, das Mali einst war.

Ab 1591 vom Sultan von Marokko beherrscht, eroberte Frankreich in den 1890er Jahren die Region und verleibte sie 1904 als Französisch-Soudan seiner Westafrikanischen Föderation ein. Nach dem Zweiten Weltkrieg aufkommende Unabhängigkeitsforderungen führten 1959 im Verbund mit dem gleichfalls französisch kolonisierten Nachbarn Senegal zur Bildung der Föderation Mali, deren Name an das mittelalterliche Mali-Reich erinnern sollte. Schon nach wenigen Monaten zerbrach die Föderation jedoch in die eigenständigen Republiken Mali und Senegal.

Mali ist ein zu zwei Dritteln von Wüste geprägtes Land, das zu den ärmsten der Welt gehört. Unter den etwa 30 Ethnien dominieren die Bambara, die rund ein Drittel der Bevölkerung stellen. Über 90 Prozent der Einwohner leben im fruchtbaren Süden, wo auch die Hauptstadt Bamako zu finden ist. Im Norden überwiegen Nomadenvölker. Dominierende Religion ist der Islam.

Unter dem sozialistischen Staatspräsidenten Modibo Keïta geriet Mali in den 1960er Jahren in wirtschaftliche Nöte. 1968 brachte ein Militärputsch Offizier Moussa Traoré an die Macht, der das Land dem Ex-Kolonialherrn Frankreich zuwandte. Verheerende Dürren sowie Grenzstreitigkeiten mit Burkina Faso ließen die wirtschaftliche Entwicklung in den folgenden Jahrzehnten jedoch nicht zur Entfaltung kommen, während sich die Militärjunta hartnäckig einer Demokratisierung widersetzte. Erst als Traoré im März 1991 nach Massenprotesten gestürzt wurde, konnte Mali demokratische Wege beschreiten. Unterdessen weitete sich ein interner Konflikt mit dem Nomadenvolk der Tuareg zum Bürgerkrieg aus, der erst 1998 beendet werden konnte.

■ **FUSSBALL GESPIELT WIRD IN** Mali seit den 1920er Jahren. Aus der senegalesischen Hauptstadt Dakar kommende Franzosen, Libanesen sowie Sudanesen gelten als die Importeure. Es dauerte nicht lange, bis auch einige mit der Kolonialmacht verbundene

République du Mali

Republik Mali | Fläche: 1.240.192 km² | Einwohner: 13.124.000 (10,6 je km²) | Amtssprache: Französisch | Hauptstadt: Bamako (1,2 Mio.) | Weitere Städte: Sikasso (156.736), Ségou (87.560), Kayes (83.122), Mopti (82.202) | Währung: CFA-Franc | Bruttosozialprodukt: 330 $/Kopf | Zeitzone: MEZ -1h | Länderkürzel: ML | FIFA-Kürzel: MLI | Telefon-Vorwahl: +223

● FIFA World Ranking
1993	1994	1995	1996	1997	1998	1999	2000
70	52	52	67	80	70	72	98
2001	2002	2003	2004	2005	2006	2007	2008
112	73	54	51	63	36	46	50

● Weltmeisterschaft
1930-98 nicht teilgenommen **2002-10** Qualifikation

● Afrikameisterschaft
1957-63 nicht teilgenommen **1965-70** Qualifikation **1972** Endturnier (Zweiter) **1974-76** Qualifikation **1978-80** nicht teilgenommen **1982-86** Qualifikation **1988** nicht teilgenommen **1990-92** Qualifikation **1994** Endturnier (Ausrichter, Vierter) **1996-2000** Qualifikation **2002** Endturnier (Vierter) **2004** Endturnier (Vierter) **2006** Qualifikation **2008** Endturnier (Vorrunde)

Einheimische das Spiel aufgriffen. Schon in den 1930er Jahren gab es in der Verwaltungsstadt Bamako einen geregelten Spielbetrieb. 1938 rief der französische Missionar Révérend Père Bouvier mit Jeanne d'Arc Bamako den ersten Klub ins Leben.

Nach dem Zweiten Weltkrieg avancierte Fußball zu einer der Säulen der Unabhängigkeitsbewegung. So galt Malis erster Staatspräsident Modibo Keïta als begeisterter Fußballspieler. Unterdessen entstand im Verbund mit dem Senegal ein großräumiges Spielsystem. Im März 1946 wurde in Dakar die Westafrikanische Liga aus der Taufe gehoben, die dem französischen Fußballverband FFF beitrat und an der Teams aus Mali, Benin, Obervolta (Burkina Faso), Guinea, der Elfenbeinküste, Niger und Togo teilnahmen (siehe auch Seite 206). 1953 und 1956 sicherte sich mit Jeanne d'Arc de Bamako jeweils ein malischer Klub die Meisterschaft, wohingegen es 1951, 1954 und 1960 Endspielniederlagen für Jeanne d'Arc bzw. Foyer du Soudan setzte.

Jene beiden Klubs dominierten auch den auf die Hauptstadt Bamako beschränkten nationalen Spielbetrieb. In der dünn besiedelten Provinz war der Fußball seinerzeit nur äußerst rudimentär verbreitet.

■ **MIT DER UNABHÄNGIGKEIT** entstand 1960 die Fédération Malienne de Football, während es auf Vereinsebene zu einer staatlich gelenkten Kräftebündelung kam, als Jeanne d'Arc und Espérance zu Stade Malien fusionierten, Racing und Avenir die AS Real Bamako bildeten und sich Foyer du Soudan sowie Africa Sports zum Djoliba Athlétic Club vereinten.

Die drei Fusionsklubs haben den malischen Fußball seitdem völlig dominiert. Kein anderer Verein wurde seit Einführung der Nationalliga 1966 Meister, und auch der Landespokal ging lediglich fünfmal an andere Teams. Mit 19 bzw. 15 Meisterschaften haben Djoliba und Stade Malien das Gros der Titel errungen, während sich Real Bamako mit sechs Landesmeisterschaften zufrieden geben musste. Malis Spitzenfußball ist bis heute einseitig auf die Hauptstadt Bamako konzentriert. Die Meistertrophäe hat die Hauptstadt noch nie verlassen, und auch der Pokal wurde lediglich einmal außerhalb Bamakos gefeiert – 1987 in der westmalischen Stadt Kayes.

Die Fusionsklubs bildeten zudem die Grundlage für die »goldene Ära« des malischen Fußballs. Die wiederum war flankiert von der Entstehung einer »École malienne de football« (»Malische Fußballschule«), die auf spektakulären Offensivfußball und hohes individuelles Können setzte. Ihr renommiertester Vertreter war Salif Keïta, der Malis Landesauswahl »les Aiglons« (»die Adler«) 1965 ins Finale der Afrikaspiele im Kongo führte, das unglücklich gegen den Gastgeber verloren ging. Ein Jahr zuvor hatte der »Domingo« genannte Ausnahmefußballer mit Stade Malien bereits am Endspiel um die Kontinentalmeisterschaft teilgenommen und auch jenes verloren. 1966 erreichte Keïta mit seinem Stammverein Real Bamako abermals das kontinentale Finale – und ging zum dritten Mal in Folge als Verlierer vom Platz. 1967 wechselte er nach Frankreich und wurde 1970 zum ersten Fußballer des Jahres Afrikas gewählt.

TEAMS | MYTHEN

■ **DJOLIBA AC BAMAKO** Mit 19 Meisterschaften und 17 Pokalsiegen der erfolgreichste Klub Malis. Djoliba ist der bambaraische Name für den Fluss Niger. Der Klub entstand 1960 durch den Zusammenschluss von Africa Sport und Foyer du Soudan. Letzterer hatte zu Kolonialzeiten zu den dominierenden Vereinen der Kolonie gezählt und 1954 das Endspiel um den Westafrikapokal erreicht. In den ersten zehn Jahren der Militärherrschaft (1968-91) stand Djoliba unter dem Schutz von Regierungsmitglied Tiécoro Bagayoko und konnte sich von der nationalen Konkurrenz absetzen. Bis zu Bagayokos Ausscheiden im Jahr 1978 sicherte man sich achtmal die Meisterschaft. International zählen die Rot-Weißen zu den erfolgreichsten Teams Malis. 1967 erreichten das Halbfinale in der Kontinentalmeisterschaft, und 1981 sowie 1982 drangen sie im Pokalsiegerwettbewerb jeweils bis ins Halbfinale vor. Nach dem Ende der Militärherrschaft musste sich Djoliba wachsender Konkurrenz durch Stade Malien erwehren und konnte lediglich 2004 bzw. 2008 in der Landesmeisterschaft triumphieren. [1960 | Complex Sportif Hérémakono (5.000) | 19 | 17]

■ **STADE MALIEN BAMAKO** Legendärster und auch ältester Klub Malis. Seine Wurzeln reichen zurück bis in das Jahr 1938, als der französische Missionar Révérend Père Bouvier den Verein Jeanne d'Arc du Soudan ins Leben rief, der zur dominierenden Fußballkraft der Kolonie wurde. Bei vier Finalteilnahmen an der Westafrikameisterschaft ging »JA« zweimal als Sieger vom Platz (1953, 3:1 gegen Racing Conakry und 1956, 3:0 gegen ASEC Abidjan) und errang fünfmal den Coupe du Soudan. 1960 kam es zur Fusion mit dem Studentenklub Espérance zu Stade Malien. Der im Bamakoer Industriequartier Sotuba ansässige Klub ist der mit 15 Meisterschaften und 16 Pokalsiegen nach Djoliba erfolgreichste des Landes. International erklommen »les Blancs« im Februar 1965 ihren Zenit, als eine von Souleymane »Solo« Coulibaly, Yacouba Samabaly, Bakary Samaké und Sama Bass geprägte Elf das Finale um die Afrikameisterschaft erreichte. Obwohl seinerzeit sogar Real-Bamako-Stürmer Salif Keïta als Gastspieler für »les Stadistes« auflief, unterlagen sie Oryx Douala mit 1:2. Unter der Militärregierung Traorés geriet der Klub in den Schatten des von den Machthabern protegierten Stadtrivalen Djoliba AC und musste sich bis zum Sturz Traorés mit acht Titeln begnügen. Mit Nationalspielern wie Lassine Diarra, Dramane Traoré, Adama Diakite, Harouna Diarra, Boucader Diallo und Soumbeyla Diakité konnte Stade Malien in den 1990er Jahren wieder aufschließen und wurde nach der Millenniumswende unter dem wohlhabenden Geschäftsmann Mahamadou Samaké erneut zur dominierenden Kraft im Land. Trotz sieben Meisterschaften binnen acht Jahren kamen »les Blancs« international allerdings nicht über die Vorrunde in der Champions League hinaus. [1960 | 26 mars (55.000) | 15 | 16]

■ **AS REAL BAMAKO** Stammverein der malischen Fußball-Legende Salif Keïta und mit sechs Meisterschaften zwischen 1970 und 1995 die Nummer drei des Landes. Der Klub entstand 1960 durch den Zusammenschluss von Racing und Avenir Bamako. Sechs Jahre später erreichten die »Noir et Blanc« (»Schwarz-Weißen«) ihren Zenit, als sie sich im Halbfinale der Kontinentalmeisterschaft gegen Titelverteidiger Oryx Douala durchsetzten und als zweites malisches Team nach Stade Malien das Finale erreichten. Dort zogen »les Scorpions« (»die Skorpione«) um Salif Keïta und Kapitän Ousmane Traoré gegen Stade Abidjan jedoch den Kürzeren. Nach dem Double 1991 geriet der Klub in eine schwere Krise und stieg 2001/02 sogar in die 2. Liga ab. Anschließend übernahm eine von Ibrahima Bodji und Soumaïla »Pelé« Diakité angeführte Gruppe langjähriger Mitglieder die Regie und führte Real ins Oberhaus zurück. [19.9.1960 | Modibo Keïta (35.000) | 6 | 9]

Malis glorreiche Elf von 1972. Stehend v.l.: Mamadou Keïta, Cheick Sangaré, Idrissa Coulibaly, Moké Diané, Idrissa Maïga, Ousmane Traoré. Vorn: Kidian Diallo, Fantamady Diallo, Bakoroba Touré, Salif Keïta, Karounga Keïta.

HELDEN | LEGENDEN

■ **FRÉDÉRIC KANOUTÉ** 2007 als zweiter Malier nach Salif Keïta zum Fußballer des Jahres in Afrika gewählter Angreifer. Der in Frankreich geborene Offensivspieler begann seine Laufbahn bei Olympique Lyon, schaffte seinen Durchbruch aber erst nach seinem Wechsel in die englische Premier League bei West Ham bzw. Tottenham. 2005 unterschrieb der technisch brillante Kanouté für 6,5 Mio. € beim FC Sevilla, mit dem er zweimal den UEFA-Cup gewann. Kanouté, der sowohl die französische als auch die malische Staatsbürgerschaft besitzt, entschied sich 2004 für die Auswahl Malis, mit der er im selben Jahr an der Afrikameisterschaft teilnahm. Mit seinen technischen Fähigkeiten und individuellem Geschick steht er für die legendäre malische Fußballschule. [*2.9.1977 | 18 LS/8 Tore]

■ **SALIF KEÏTA** Malis Fußball-Legende wurde 1970 zum ersten Fußballer des Jahres in Afrika gewählt und gehört zu den größten Fußballern, die Afrika je hervorgebracht hat. Der »Domingo« genannte Angreifer begann seine Laufbahn bei Real Bamako, den er 1966 mit acht Toren in 14 Spielen quasi im Alleingang ins Finale um die Kontinentalmeisterschaft schoss. Ein Jahr zuvor war er bereits als Gastspieler für den Lokalrivalen Stade Malien im Finale aufgelaufen. Keïta war zudem die Galionsfigur der spielstarken Nationalelf Malis, der von 1965-72 zu den besten, aber auch glücklosesten Teams Afrikas zählte. Bei fünf Finalteilnahmen konnte er nicht einmal als Sieger vom Feld gehen. 1967 nach Frankreich gewechselt, avancierte er in St. Etienne und Marseille zu einem der ersten afrikanischen Fußballstars in Europa. Später noch in Valencia und bei Sporting Lissabon tätig, kehrte er 1987 nach Mali zurück und engagierte sich in der Nachwuchsförderung. 2005 wurde Keïta zum Präsidenten des Nationalverbandes gewählt. Seine Neffen Seydou Keïta und Mohamed Sissoko sind ebenfalls erfolgreiche Fußballer geworden. [*8.12.1946]

Jahr	Meister	Pokalsieger
1961		Stade Malien Bamako
1962		AS Real Bamako
1963		Stade Malien Bamako
1964		AS Real Bamako
1965		Djoliba AC Bamako
1966	Djoliba AC Bamako	AS Real Bamako
1967	Djoliba AC Bamako	AS Real Bamako
1968	Djoliba AC Bamako	AS Real Bamako
1969	AS Real Bamako	AS Real Bamako
1970	Stade Malien Bamako	Stade Malien Bamako
1971	Djoliba AC Bamako	Djoliba AC Bamako
1972	Stade Malien Bamako	Stade Malien Bamako
1973	Djoliba AC Bamako	Djoliba AC Bamako
1974	Djoliba AC Bamako	Djoliba AC Bamako
1975	Djoliba AC Bamako	Djoliba AC Bamako
1976	Djoliba AC Bamako	Djoliba AC Bamako
1977	nicht ausgetragen	Djoliba AC Bamako
1978	nicht ausgetragen	Djoliba AC Bamako
1979	Djoliba AC Bamako	Djoliba AC Bamako
1980	AS Real Bamako	AS Real Bamako
1981	AS Real Bamako	Djoliba AC Bamako
1982	Djoliba AC Bamako	Stade Malien Bamako
1983	AS Real Bamako	Djoliba AC Bamako
1984	Stade Malien Bamako	Stade Malien Bamako
1985	Djoliba AC Bamako	Stade Malien Bamako
1986	AS Real Bamako	Stade Malien Bamako
1987	Stade Malien Bamako	AS Sigui Kayes
1988	Djoliba AC Bamako	AS Real Bamako
1989	Stade Malien Bamako	AS Real Bamako
1990	Djoliba AC Bamako	Stade Malien Bamako
1991	AS Real Bamako	AS Real Bamako
1992	Djoliba AC Bamako	Stade Malien Bamako
1993	Stade Malien Bamako	Djoliba AC Bamako
1994	nicht ausgetragen	Stade Malien Bamako
1995	Stade Malien Bamako	USFAS Bamako
1996	Djoliba AC Bamako	Djoliba AC Bamako
1997	Djoliba AC Bamako	Stade Malien Bamako
1998	Djoliba AC Bamako	Stade Malien Bamako
1999	Djoliba AC Bamako	Stade Malien Bamako
2000	Stade Malien Bamako	Olympique Bamako
2001	Stade Malien Bamako	Stade Malien Bamako
2002	Stade Malien Bamako	Olympique Bamako
2003	Stade Malien Bamako	Djoliba AC Bamako
2004	Djoliba AC Bamako	Djoliba AC Bamako
2005	Stade Malien Bamako	AS Bamako
2006	Stade Malien Bamako	Stade Malien Bamako
2007	Stade Malien Bamako	Djoliba AC Bamako
2008	Djoliba AC Bamako	Djoliba AC Bamako

Frédéric Kanouté.

■ **DIE POLITIK HAT IN MALI** einen hohen Einfluss auf die Entwicklung des Fußballs genommen. Als Staatspräsident Keïta 1968 gestürzt wurde, übernahm mit Moussa Traoré ein Mann die Führung, an dessen Seite mit Tiécoro Bagayoko ein glühender Anhänger des Djoliba AC stand. So ist nicht verwunderlich, dass »les Rouges« anschließend zur dominierenden Kraft aufstiegen und 1981 bzw. 1982 jeweils ins Halbfinale im kontinentalen Pokalsiegerwettbewerb einzogen.

Unterdessen erreichte der malische Fußball seinen eingangs erwähnten tragischen Wendepunkt. Die 1972 als Topfavorit bei der achten Afrikameisterschaft gehandelte Elf um Salif Keïta, Ousmane Traoré, Kidian Diallo, Fantamady Keïta und Bako Touré erreichte zwar in Kamerun erwartungsgemäß das Endspiel, in dem sich jedoch Außenseiter Kongo mit 3:2 durchsetzte. Es war bereits die fünfte Endspielniederlage eines malischen Teams seit 1963 – und sie wirkte wie ein Schock, von dem sich das Land lange nicht erholte.

Verantwortlich dafür war eine fatale Verquickung von politischer Einflussnahme durch Malis Militärjunta, ein zunehmender Exodus heimischer Talente nach Europa sowie eklatante ökonomische Probleme. In den folgenden 22 Jahren sollte die einstige Fußballmacht Westafrikas weitestgehend im Abseits stehen. Zwar brachte Mali weiterhin Ausnahmefußballer hervor, doch sie feierten ihre Erfolge ausschließlich abseits der darbenden Heimat. Der 1955 in Bamako geborene und im Alter von drei Jahren nach Frankreich gekommene Jean Tigana wurde 1984 mit Frankreich sogar Europameister.

Malis Durststrecke endete erst 1994, als sich »les Aiglons« unter Ex-Nationaltorhüter Mamadou Keïta erstmals wieder für die Afrikameisterschaft qualifizieren konnten. Die Basis war abermals auf politischer Ebene gelegt worden. Nach dem Ende der Militärherrschaft hatte die neue demokratische Führung des Landes die Wiedererweckung des nationalen Fußballs auf ihre Agenda geschrieben. Präsident Alpha Oumar Konaré hoffte, mit fußballerischen Erfolgen die Stimmung im von jahrzehntelanger Misswirtschaft und Korruption entnervten Volk verbessern zu können. Systematisch wurde der nationale Fußball reformiert: Die darbende Stadtliga von Bamako verwandelte sich in eine landesweite Profiliga, die brachliegende Nachwuchsförderung wurde wiederbelebt und die Landesauswahl erfuhr eine umfassende Förderung.

Es war der Auftakt zur zweiten »goldenen Ära« des malischen Fußballs. Bei ihrer Rückkehr zur Afrikameisterschaft 1994 schalteten »les Aiglons« um Torhüter Osumane Farota und Regisseur Pathé Diallo überraschend Ägypten aus und wurden Vierter. Die größten Erfolge gelangen jedoch im Nachwuchsbereich. 1995 wurde Malis U20-Auswahl Vizemeister von Afrika, 1997 gelang der U17 derselbe Erfolg, und 1999 belegte die U20 bei der WM in Nigeria Platz drei. In den erfolgreichen Nachwuchsmannschaften standen Ausnahmekicker wie Soumaila Coulibaly, Mamadou Bagayoko, Bassala Touré, Mahamadou Diarra und Seydou Keita, die Mali in die afrikanische Fußballelite zurückführten.

Doch Pech blieb Malis treuester Begleiter. 2002 veranstaltete das bettelarme Land als Gastgeber die 23. Afrikameisterschaft ein hochgelobtes und rundherum gelungenes Turnier, während seine Titelträume bereits im Halbfinale mit einem 0:3 gegen Kamerun zerplatzten. Im April 2000 hatte Malis verspätetes WM-Debüt vorzeitig gegen Libyen geendet, und vier Jahre später mussten sich »les Aiglons« nach einer von Ausschreitungen überschatteten 1:2-Heimniederlage gegen Togo auch von ihren Deutschland-Plänen frühzeitig verabschieden.

Zwischenzeitlich waren mit Frédéric Kanouté und Mohamed Sissoko zwei in Frankreich geborene Malier zum Kader gestoßen, mit denen »les Aiglons« 2008 als Geheimfavorit zur Afrikameisterschaft nach Ghana reisten – dort jedoch trotz ansprechender Darbietungen bereits in der Vorrunde ausschieden.

Ungeachtet der außerordentlichen Erfolge in der Spielerausbildung sind die Erfolgsannalen Malis also noch immer gähnend leer. Lediglich drei Siege im regionalen Amilcar Cabral Cup (1989, 1997 und 2007) sind verzeichnet – eine karge Bilanz für eines der fußballbegeistertsten Länder in Westafrika.

MAROKKO

Fédération Royale Marocaine de Football

Königlicher Marokkanischer Fußball-Bund | gegründet: 1955 | Beitritt FIFA: 1960 | Beitritt CAF: 1966 | Spielkleidung: grünes Trikot, grüne Hose, rote Stutzen | Saison: September - Juni | Spieler/Profis: 1.628.016/601 | Vereine/Mannschaften: 563/2.815 | Anschrift: 51 bis Avenue Ibn Sina, Agdal, Case Postale 51, Rabat 10.000 | Telefon: +212-37/672706 | Fax: +212-37/671070 | Internet: www.frmf.ma | E-Mail: contact@frmf.ma

Ein königlicher WM-Traum

Marokko verfügt über eine der ausgeglichensten Nationalligen in Afrika

Al-Mamlaka al-Maġribiyya

Maghrebinisches Königreich | Fläche: 458.730 km² | Einwohner: 29.824.000 (65 je km²) | Amtssprache: Arabisch | Hauptstadt: Ar-Rabāt (Rabat, 1.6 Mio.) | Weitere Städte: Ad-Dar-el-Beida (Casablanca, 3 Mio.), Fès (1 Mio.), Marrākiš (Marrakech (823.154) | Währung: 1 Dirham = 100 Centimes | Zeitzone: MEZ -1h | Länderkürzel: MA | FIFA-Kürzel: MAR | Telefon-Vorwahl: +212

König Fußball steht in Marokko unter königlichem Verdikt. Sowohl der gegenwärtige Regent Mohammed VI. als auch sein 1999 verstorbener Vater Hassan II. haben das Spiel nach Kräften gefördert. Insbesondere die WM war (und ist) dem marokkanischen Königshaus eine Herzensangelegenheit. Insgesamt viermal bewarb sich Marokko seit 1994 um die Ausrichtung des Weltturniers (zuletzt 2010), ohne jemals den Zuspruch erhalten zu haben.

Dabei stehen die Bedingungen im Land günstig. Keine andere nordafrikanische Fußballnation weist eine derart flächendeckende Ausbreitung des Leistungsfußballs auf wie Marokko. Abgesehen von der Hauptstadt Rabat konnten auch Marrakech, Casablanca, Kénitra, Oujfa, Fès und Mohammedia bereits Landesmeister stellen. Marokko verfügt über eine vorzügliche Fußball-Infrastruktur, und unter den zahlreichen großen Fußballern, die das Land hervorgebracht hat, sind mit Just Fontaine und Larbi Benbarek zwei der wichtigsten und einflussreichsten Pioniere des afrikanischen Fußballs in Europa.

■ **SOWOHL FONTAINE ALS AUCH** Benbarek spielten allerdings in und auch für Frankreich. Fontaine schoss die »Equipe Tricolore« 1958 bei der WM in Schweden sogar auf Platz drei und sicherte sich mit 13 Treffern den Titel des ewigen WM-Torschützenkönigs. 1844 hatte die seit Jahrhunderten über das westliche der drei Maghrebländer herrschende Dynastie der Alawiten ihre Macht an die von Algerien aus eindringenden Franzosen abgeben müssen. Anschließend war Marokko zum Zankapfel der europäischen Kolonialmächte geworden. 1912 wurde das Territorium in das Protektorat Französisch-Marokko, das das Kernland des heutigen Königreich Marokkos umfasste, sowie Spanisch-Marokko, das zwei kleine Gebiete im äußersten Norden und äußersten Süden, die Westsahara sowie die Kanareninseln beinhaltete, aufgeteilt. Außerdem erhielt die im Norden liegende Hafenstadt Tanger 1923 einen internationalen Status.

Nach dem Ersten Weltkrieg erhoben sich mehrere Aufstände der einheimischen Berber, die rund 80 Prozent der Bevölkerung Marokkos stellen, die jedoch allesamt niedergeschlagen wurden. Mit dem Ende des Zweiten Weltkriegs verstärkten sich die Unabhängigkeitsforderungen, und als Frankreich den Alawitenführer Sultan Mohammad V. 1953 daraufhin nach Madagaskar verbannte, zog eine Welle der nationalen Empörung durch die beiden Protektorate. 1956 gaben Frankreich und Spanien ihre Machtansprüche schließlich auf.

Ein Jahr später nahm der zurückgekehrte Mohammad V. den Königstitel an, der nach seinem Tod 1961 an seinen Sohn Hassan weitergereicht wurde. Hassan II. führte Marokko anschließend nahezu vier Jahrzehnte lang mit autoritärer Hand auf prowestlichem Kurs. 1976 erhob er Ansprüche auf die von Spanien aufgegebene Westsahara und besetzte die Region gemeinsam mit Mauretanien. Nachdem sich Mauretanien 1979 zurückgezogen hatte, okkupierte Marokko das gesamte Territorium und führt seitdem einen bewaffneten Machtkampf mit der sahaurischen Befreiungsbewegung Polisario (siehe auch Seite 153). Die im marokkanischen Norden gelegenen Exklaven Ceuta und Melilla stehen bis heute unter spanischer Verwaltung.

Nach dem Tod von Hassan II. übernahm 1999 sein gemäßigter Sohn Mohammed VI. die Krone. »König Wagemut«, wie er vom

TEAMS | MYTHEN

■ **RAJA CASABLANCA** Marokkos international erfolgreichster und landesweit beliebtester Klub. Der dreifache Afrikameister wurde 1949 von einer Gruppe junger Intellektueller ins Leben gerufen, die vom sozialistischen Politiker Abderrahman Youssoufi angeführt wurde. Sie hatte sich aus dem elitären Wydad AC Casablanca herausgelöst, um einen Sportverein für die unteren und mittleren Schichten zu bilden. Raja (Arabisch für »Hoffnung«) ist bis heute in der Arbeiterschaft bzw. der Gewerkschaftsbewegung angesiedelt und steht insofern in einer gesellschaftlichen Rivalität mit dem von der wohlhabenden Elite unterstützten Stadtrivalen Wydad. Dem Raja Club Athlétic de Casablanca eilte lange Zeit der Ruf voraus, zwar schönen, aber häufig auch erfolglosen Fußball zu spielen. Nur zwei Jahre nach ihrer Gründung erreichten die Grün-Weißen 1951 das Fußball-Oberhaus von Marokko, dem sie seitdem ohne Unterbrechung angehört haben. In den 1950er Jahren entwickelte man einen vom langjährigen Wydad-Trainer Lahcen Tounsi (»Père Jégo«) eingeführten technisch hochklassigen Spielstil, derweil Boujemaa Kadri die Basis für die gleichermaßen berühmte Nachwuchsarbeit des Klubs legte. Dennoch dauerte es bis 1974, ehe sich »les Diables Verts« (»die Grünen Teufel«) erstmals den nationalen Pokal sichern konnten, und sogar noch bis 1988, ehe sie erstmals Landesmeister wurden. Mit der lang ersehnten ersten Meisterschaft gelang auch international der Durchbruch, als sich die Elf um Regisseur Abdelmajid Dolmy 1989 im Finale gegen den MC Oran aus Algerien durchsetzten konnte. Von 1996 bis 2001 dominierten die »Rajaouis« dann Marokkos Nationalliga mit sechs Meisterschaften in Folge, die von zwei weiteren Kontinentalmeisterschaft begleitet wurden (1997 gegen Obuasi Goldfields und 1999 gegen Espérance Tunis). Die Erfolgself war entstanden, nachdem Raja 1995 die Mannschaft des aufgelösten zweifachen Pokalsieger Olympique Casablanca übernommen hatte und damit 1996 zum ersten Mal Double-Sieger geworden war. Ihr Herzstück bildete das Mittelfeld um die Nationalspieler Mustapha Khalif, Jamal Sellami und Abdellatif Jrindou sowie Torhüter Mustapha Chadli. Während es 2000 bei der FIFA-Klub-WM in Brasilien trotz ansprechender Leistungen drei Niederlagen setzte, konnte der Belgier Walter Maeus Raja 2003 im Finale um den CAF-Cup gegen Cotonsport Garoua aus Kamerun erneut zu einem kontinentalen Triumph führen. [1949 | Mohamed V (67.000) | 8 | 6]

■ **WYDAD AC CASABLANCA** Der älteste arabische Klub des Landes wurde 1937 gegründet und steht traditionell dem marokkanischen Königshaus nahe. Er gilt als marokkanischer Nationalverein und hatte in seinen Statuten lange Zeit festgeschrieben, stets mit mindestens zehn arabischen Spielern auflaufen zu müssen. Klubgründer war eine vom ersten Klubpräsidenten Mohamed Benjelloun Touimi angeführte Gruppe wohlhabender Araber, die sich mit der Gründung Zugang zu einem der beliebten Schwimmbäder Casablancas verschaffen wollte. In jene erhielt zu französischen Protektoratszeiten nur Einlass, wer in einem Sportverein Mitglied war. Da sich die europäischen Klubs Arabern und Juden gegenüber verschlossen, rief man mit Wydad einen ausschließlich muslimischen Verein ins Leben, der erst nach langen Verhandlungen von der französischen Verwaltung genehmigt wurde. Während die Bedeutung des Vereinsnamens unumstritten ist – »Wydad« steht im Arabischen für »Liebe« – kursieren über seine Herkunft mehrere Versionen. Als die plausibelste wird die von Vereinshistoriker Ahmed Lahrizi betrachtet, wonach einer der Klubgründer zur Gründungsversammlung zu spät erschien, weil er im Kino den Film »Wydad« mit der ägyptischen Starsängerin Umm Kulthum gesehen hatte. Nachdem man neben dem Wassersport bereits das Basketballspiel aufgegriffen hatte, wurde 1939 auch

Larbi Benbarek, die erste »Schwarze Perle«.

Magazin »Die Zeit« bezeichnet wurde, ging offensiv gegen die weitverbreitete Armut und Korruption vor und stellte sich erfolgreich den aufstrebenden islamisch-konservativen Kräften im Land.

Marokkos Bevölkerung lebt zum Großteil entlang der Atlantikküste. Zwei Drittel der etwa 30 Mio. Einwohner besiedeln lediglich ein Zehntel der Landesfläche. Mit rund fünf Mio. Einwohnern bildet der Großraum Rabat/Casablanca das wirtschaftliche und politische Zentrum, in dem ein von französischem Ambiente und islamischer Kultur geprägter Alltag herrscht. Marokkos nomadische Minderheit lebt überwiegend in der Sahara, die sich ebenso wie die Bergketten des Hohen und Mittleren Atlas im Süden des Landes erstreckt. Die Bezeichnung Marokko, die sich von der ehemaligen Hauptstadt Marrakech ableitet, ist im Übrigen eine westliche – offizieller Landesname ist Al-Mamlaka al-Maghribīya (Maghrebinisches Königreich).

■ **FUSSBALL KAM BEREITS VOR** der Jahrhundertwende nach Marokko und etablierte sich zunächst in den spanischen Exklaven Ceuta und Ifni, von wo aus französische Soldaten ihn nach Tanger und Casablanca weitertrugen. Die Verwaltungen beider Protektoratsmächte hatten die Bevölkerungsstruktur Marokkos seinerzeit durch die massive Ansiedlung von Immigranten aus den Mittelmeerländern Italien, Griechenland und Malta sowie Juden nachhaltig verändert. Aus den Reihen der Neusiedler formten sich noch vor der Jahrhundertwende erste Vereine, die rasch einen auf lokale Grenzen beschränkten Spielbetrieb installierten. Hochburgen waren Tanger und Casablanca, doch auch in Fès, Rabat und Marrakech konnte sich der Fußball bald etablieren.

Wenngleich das Spiel auch von Einheimischen aufgriffen wurde, dominierten zunächst die europäischen Siedler, die sich gegenüber den Einheimischen abschotteten. Im Vergleich zu den gleichfalls französischen Nachbarregionen Algerien und Tunesien verlief die Entwicklung in Marokko zudem vergleichsweise beschaulich. Während in Algerien bereits 1904 bzw. in Tunesien 1907 Meisterschaftsrunden ausgeschrieben wurden, dauerte es im Protektorat Französisch-Marokko noch bis 1916, ehe mit der CA Casablanca erstmals ein Landesmeister ermittelt wurde.

■ **NACH DEM ERSTEN WELTKRIEG** verfestigten sich die von Europäern dominierten Organisationsstrukturen. Französische und spanische Siedler riefen schließlich die Ligue du Maroc ins Leben, die sich dem französischen Fußballverband FFF anschloss. Vor allem Spanier bemühten sich seinerzeit um die Entwicklung des Fußballs in Marokko. Zu den erfolgreichsten Teams zählten CA Casablanca, Stade Marocain Rabat und US Fès. 1926 meldete die Region erstmals einen Teilnehmer zum bereits seit 1920 von Algier, Oran, Constantine und Tunis ausgespielten Championnat d'Association de Football Nord-Africain an, aus dem später die Union des Ligues Nord-Africaines (ULNA) hervorging. Nachdem Olympique Marocaine Casablanca 1930 als erstes marokkanisches Team das Finale erreichet hatte, wurde 1932 mit der US Marocaine Casablanca erstmals eine marokkanische Elf Nordafrikameister.

Unterdessen hatte sich das Spiel auch unter der muslimischen Bevölkerung in Casablanca, Fès und Rabat etabliert. 1937 entstand mit dem Wydad Athletic Club (WAC) Casablanca ein erster arabischer Sportverein. Die Gründung erfolgte, weil die Benutzung eines beliebten Strandbades in Casablanca nur Vereinsmitgliedern erlaubt war und sich die europäischen Vereine arabischen und jüdischen Sportlern gegenüber verschlossen hatten. Wohlhabende arabische Intellektuelle und Kaufleute aus besserem Hause riefen daraufhin mit Wydad (»Liebe«) einen Klub ins Leben, der erst nach langen Verhandlungen von der französischen Protektoratsverwaltung genehmigt wurde. Im Gegensatz zu Algerien und Tunesien, wo der Fußball zwischen den Weltkriegen von den jeweiligen Nationalbewegungen aufgegriffen und dadurch zu einem wichtigen Bestandteil im Kampf um die Unabhängigkeit wurde, nahm das Spiel in Marokko im Übrigen keine nennenswerte politische Rolle ein.

▶ Stade Mohamed V., Casablanca

Marokkos größte Fußballarena wurde am 6. März 1955 als Stade Marcel-Cerdan eröffnet und nahm 1956 den Namen Stade d'Honneur an. 1981 wurde die Heimstatt von Wydad und Raja auf ein Fassungsvermögen von 80.000 Plätze ausgebaut und erhielt ihren heutigen Namen. 19 Jahre später reduzierte ein Komplettumbau das Fassungsvermögen auf 67.000 Sitzplätze. Die innerstädtische Multifunktionsarena war 1988 Schauplatz des Endspiels um die Afrikameisterschaft.

Noch vor dem Zweiten Weltkrieg schafften erste muslimische Fußballer aus Marokko in Frankreich ihren Durchbruch als Profis. Darunter war die heutige marokkanische Fußball-Legende Larbi Benbarek, der 1937 mit der US Marocaine Casablanca Nordafrikameister wurde und 1938 zu Olympique Marseille wechselte. Noch im selben Jahr debütierte der erste afrikanische Weltklassefußballer auch in der französischen Nationalelf.

Während des Zweiten Weltkriegs verstärkten sich die marokkanischen Unabhängigkeitsforderungen. Angeführt vom alewitischen Sultan Mohammed V., der sich im Krieg an die Seite Frankreichs gestellt hatte, konnte die arabisch-nationalistische Unabhängigkeitsbewegung zunehmend an Einfluss gewinnen. Während der politische Kampf in den Mittelpunkt rückte, formierten sich landesweit weitere muslimische Fußballklubs. Darunter war der 1949 gegründete Raja Athletic Club Casablanca, der sich zum Gegenspieler des königlichen Wydad AC aufschwingen sollte. Gründervater Youssoufi war als Führer der marokkanischen Sozialisten politischer Gegenspieler von Sultan Mohammed V. und wollte mit Raja (»Hoffnung«) einen Verein für die unteren Schichten und Arbeiter der Stadt schaffen. Raja und Wydad sollten sich in der Folgezeit zu den einflussreichsten und erfolgreichsten Fußballklubs Marokkos aufschwingen, deren Derby bisweilen das ganze Land lahmlegen kann.

■ **DIE WACHSENDEN FORDERUNGEN** nach Unabhängigkeit führten zu Spannungen zwischen dem Sultan und der französischen Protektoratsverwaltung, die 1953 zur Verbannung des Sultan nach Madagaskar führten. Im daraufhin aufbrandenden Sturm der Entrüstung musste Frankreich nachgeben und Mohammed V. im November 1955 die Rückkehr erlauben. Damit endete sowohl das französische als auch das spanische Protektorat, und am 2. März 1956 wurde Marokko in die Unabhängigkeit entlassen.

Der nunmehr von Muslimen geführte marokkanische Fußball konnte sich anschließend rasant weiterentwickeln. Bereits 1955 war die Fédération Royale Marocaine de Football entstanden, die am 19. Oktober 1957 bei den panarabischen Spielen im Libanon gegen Irak ihr internationales Debüt ablieferte. 1958 trat Marokko als »associated member« der FIFA bei, ehe man 1960 vollständiges Mitglied des Weltverbandes wurde. 1962 konnte die Landesauswahl bei ihrer ersten Teilnahme an der WM-Qualifikation immerhin Tunesien und Ghana ausschalteten, ehe sie an Spanien scheiterte. 1960 aufgrund einer FIFA-Sperre wegen eines Freundschaftsspiels gegen die illegale algerische FLN-Auswahl für die olympischen Spiele in Rom noch gesperrt, debütierte Marokko 1964 auch beim olympischen Fußballturnier in Tokio.

Mit Just Fontaine sorgte unterdessen ein weiterer marokkanischer Fußballer in Frankreich für Furore. 1933 in Marrakech geboren, hatte »Justo« seine Laufbahn 1950 beim damaligen Serienmeister US Marocaine Casablanca begonnen und war 1953 nach Nizza gewechselt. Ab 1956 bildete er bei Stade Reims ein unwiderstehliches Angriffsduo mit Raymond Kopa und wurde 1958 im Dress der französischen »Equipe Tricolore« Torschützenkönig bei der WM in Schweden. Mit Azhar (ebenfalls Stade Reims), Hassan Akesbi (Nîmes, Reims) und Tibari (Racing Paris) standen Anfang der 1960er Jahre noch drei weitere Marokkaner in Frankreich im Rampenlicht.

Dank der Unterstützung des fußballbegeisterten Königshauses konnte Marokko derweil zum Aushängeschild des Fußballs im Maghreb aufsteigen. Marokkos Nationalliga, in der schon seit dem Ende des Zweiten Weltkriegs zunehmend die muslimischen Teams dominiert hatten, avancierte zu einer der spielstärksten in Nordafrika. Neben Serienmeister Wydad Casablanca prägte mit FAR Rabat vor allem die 1958 von Kronprinz Moulay Hassan ins Leben gerufene Mannschaft der königlichen Streitkräfte den Spielbetrieb. Darüber hinaus vermochte man im Verlauf der 1960er Jahre auch in Kénitra und Fès Landesmeisterschaften zu feiern.

■ **DIE 1970ER JAHRE SOLLTEN** Marokko auch international den Durchbruch bringen. Dafür sorgte vor allem die Nationalmannschaft »les Lions de l'Atlas« (»die Atlas-Löwen«, nach dem Atlas-Gebirgszug im Süden Marokkos). In einer exquisiten Melange aus südamerikanischem Zauberfußball und europäischer Defensivstärke sowie einer eine Fußballsektion gegründet. Unter Führung von Lahcen Tounsi (»Père Jégo«) etablierte diese sich rasch im von französischen, italienischen und spanischen Mannschaften dominierten Casablancaer Fußball und wurde aufgrund ihrer symbolträchtigen Siege über europäische Teams vom marokkanischen Königshaus adoptiert. Mit zunehmenden Erfolgen sah sich Wydad aber auch Behinderungen durch die französische Verwaltung ausgesetzt. So wurde 1940 ein Statut erlassen, nach dem jede Mannschaft mindestens fünf Europäer, darunter mindestens einen Franzosen, aufweisen musste. Dennoch etablierte sich der Klub unter den führenden Mannschaften in Französisch-Marokko und lockte enorme Zuschauermassen zu seinen Spielen. Nach dem Zweiten Weltkrieg übernahm Wydad allmählich auch eine sportliche Führungsrolle. Zwischen 1948 und 1951 errang die Elf um Chtouki, Abdeslam und Driss vier Landesmeisterschaften und wurde von 1948-50 dreimal in Folge Nordafrikameister. Als erste arabische Elf vermochte man damit die Hegemonie der europäischen Teams in Nordafrika zu durchbrechen. 1949 hatte sich allerdings eine Gruppe sozialistisch orientierter Mitglieder um Abderrahman Youssoufi abgespalten und mit dem Raja AC Casablanca Wydads heutigen sportlichen und sozialen Rivalen ins Leben gerufen. Während Wydad in aristokratischen und königstreuen Kreisen ansässig ist, wird Raja vom Mittelstand und der Arbeiterschaft unterstützt. Mit der Unabhängigkeit Marokkos erhielten »les Rouges« (»die Roten«) 1956 aufgrund ihrer Verdienste im Unabhängigkeitskampf den Beinamen »Wydad Al-Oumma« – »die Liebe der Nation«. 1957 erster Landesmeister des unabhängigen Marokko geworden, gerieten die Roten anschließend etwas in den Schatten der Armeemannschaft von FAR Rabat. Der nächste Titelgewinn gelang ihnen erst 1966 mit dem Ex-Frankreichprofi Abderahmane Belmahjoub. Seine erfolgreichste Epoche verlebte der Klub von 1976-78, als eine von Torjäger Chrif, Regisseur Petchou und Torhüter Badou Ezzaki geprägte Mannschaft dreimal in Folge Meister wurde und sich 1978 als erstes Team des Landes das Double sicherte. International erklommen »les Rouges« um Marokkos Rekordnationalspieler Noureddine Naybet 1992 mit dem Triumph im Endspiel des afrikanischen Landesmeisterwettbewerbs über Al-Hilal Khartum ihren Zenit. 2002 vermochte sich Wydad gegen Asante Kotoko aus Ghana auch den Pokal der Pokalsieger zu sichern.
[8.5.1937 | Mohamed V (67.000) | 11 | 9]

■ **MAS FÈS** 1946 gegründet, konnte die Maghreb Association Sportive (MAS) de Fès zwischen 1965 und 1985 vier Landesmeisterschaften erringen und ist damit die führende Elf als Marokkos geistiges Zentrum geltenden Millionenstadt Fès. Größter internationaler Erfolg der Schwarz-Gelben war der Einzug in das Viertelfinale um die afrikanische Landesmeisterschaft 1984, in dem man an den Shooting Stars aus Nigeria scheiterte. Der 1946 von einer Gruppe Nationalisten um Driss Benzakour gegründete Klub hatte 1954 als erster nordafrikanischer Verein die Runde der letzten 32 im französischen Pokalwettbewerb erreicht und war dort gegen Red Star Paris ausgeschieden. [1946 | Complexe Sportif de Fès (45.000) | 4 | 2]

■ **KAC KÉNITRA** Der nach Wydad Casablanca zweitälteste arabische Klub in Marokko (1938 gegründet) verlebte seine erfolgreichste Epoche in den 1970er und frühen 1980er Jahren. Seinerzeit errangen die Grün-Weißen aus der Hafenstadt Kénitra drei Meisterschaften (1973, 1981 und 1982), während sie 1979 und 1985 jeweils Vizemeister wurden. Nationalspieler wie Mohamed Boussati, Khalifa Laâbd, Jamal Jebrane, Nkilla, Noureddine Bouyahyaoui und Aziz Bouâbid führten »les Chevaliers du Sebou« (»die Reiter von Sebou«) zudem 1983 in das Viertelfinale des kontinentalen Landesmeisterwettbewerbs und errangen 1984 die arabische Meisterschaft. 1960 hatte der Kénitra Athlétic Club (KAC) unter seinem langjährigen Trainer

Ahmed Souiri erstmals die Landesmeisterschaft errungen. Der auch Annadi Al-Qonaitiri genannte Verein ist seit seinem Abstieg aus dem Oberhaus 1995 zur Fahrstuhlmannschaft geworden. [1938 | Municipal (15.000) | 4 | 1]

■ **KAC MARAKKECH** Zweifacher Meister aus der alten Königsstadt Marakkech, die als »Perle des Südens« bezeichnet wird. 1947 gegründet, gewann der Kawkab Athletic Club (KAC) 1958 seinen ersten Titel und dominierte von 1963-65 mit drei aufeinanderfolgenden Siegen den nationalen Pokalwettbewerb. 1996 bejubelte »Al-Kawkab al-Mourakouchi« seinen größten internationalen Erfolg, als man im Finale um den CAF-Cup gegen Étoile Sportive du Sahel aus Tunesien eine 1:3-Hinspielniederlage egalisierte und sich mit einem 2:0-Rückspielerfolg die Trophäe sicherte. Die Rot-Weißen beziehen Ende 209 das hochmoderne Stade de Marrakech. [20.9.1947 | El Harti (25.000) | 2 | 6]

■ **CHABAB MOHAMMEDIA** Fußballerisches Aushängeschild der geschäftigen Hafen- und Industriestadt Mohammedia, die etwa 30 Kilometer nordöstlich von Casablanca liegt und bis 1959 Fedala hieß. 1948 gegründet, wurde der SC Chabab 1972 und 1975 jeweils Pokalsieger, ehe die Rot-Schwarzen 1980 mit dem Gewinn des Landesmeisterschaft ihren Zenit erreichten. Galionsfigur des Klubs war von 1965-82 Nationalmannschaftskapitän Ahmed Faras, der seine gesamte Karriere in Mohammedia verbrachte. [1948 | El Bachir (10.000) | 1 | 2]

■ **FAR RABAT** Mit zwölf Meistertiteln und zehn Pokalsiegen das erfolgreichste Team Marokkos. Der Klub der königlichen Armee (Forces Armées Royales, FAR) dominierte vor allem in den 1960er und 1970er Jahren den nationalen Fußball und holte 1985 als erster marokkanischer Klub die Kontinentalmeisterschaft ins Land. 1958 auf Anregung von Kronprinz Moulay Hassan gegründet, war die Association Sportive des Forces Armées Royales vom in Algier geborenen französischen Sportlehrer und späteren Nationaltrainer Guy Cluseau rasch auf den Erfolgsweg gebracht worden. Begünstigt von der Unterstützung durch die Armeeführung avancierten die Grün-Schwarz-Roten binnen kurzem zu einem nationalen Spitzenteam und verdrängten etablierte Klubs wie Wydad Casablanca. 1961 gewannen »les Militaires« um Torhüter Ben Slimane ihre erste Landesmeisterschaft, 1967 das erste Double folgte. Ein Jahr später erreichte die Soldatenelf als erstes marokkanisches Team ein kontinentales Viertelfinale (Landesmeister, gegen TP Englebert Lubumbashi verloren), ehe sie 1985 das Finale gegen die AS Dragons Kinshasa aus Zaïre zu ihren Gunsten entschied und damit erstmals eine kontinentale Trophäe nach Marokko holte. Galionsfigur der Erfolgself war Mohammed Timoumi, der 1985 zu Afrikas Fußballer des Jahres gewählt wurde. 1988 scheiterten die Hauptstädter im Halbfinale des Landesmeisterwettbewerbs an Nigerias Iwuanyanwu Nationale, während sie sich 2005 im Endspiel um den CAF Confederation-Cup gegen die Dolphins FC Port Harcourt aus Nigeria durchsetzte. Der Armeeverein ist ein Multispartenklub, der auch in anderen Disziplinen zu den Spitzenklubs in Marokko zählt. [1958 | Complexe Moulay Abdallah (60.000) | 12 | 10]

■ **FUS RABAT** 1946 gebildeter Verein, der zwar zwischen 1973 und 2001 fünfmal Vizemeister wurde, den endgültigen Durchbruch aber regelmäßig verpasste. Die Fath Union Sport (FUS) errang viermal die Coupe du Trône und verdankte ihre Erfolge vor allem dem engagierten Klubchef Abdelaziz Slimani. FUS zählt zu den führenden Teams im marokkanischen Handball. [10.4.1946 | Al-Fath (15.000) | - | 4]

Wimpeltausch vor dem entscheidenden Finalspiel bei der Afrikameisterschaft 1976 zwischen Guinea (Kapitän Petit Sory, links) und Marokko (Kapitän Ahmed Faras, rechts).

illustren Generation technisch beschlagener Individualisten konnte Marokko eines der erfolgreichsten Teams in der Geschichte des afrikanischen Fußballs aufbieten. Am 26. Oktober 1969 erreichte die vom in Algerien geborenen Franzosen Guy Cluseau trainierte Elf um Kapitän Driss Bamous, Offensivspieler Ahmed Faras und Torjäger Mouhoub Ghazouani ihren Höhepunkt, als sie mit einem 3:0-Heimerfolg über Sudan das Tor zum WM-Endturnier aufstieß – 66 Jahre, nachdem Afrika 1934 durch Ägypten zuletzt bei einem WM-Turnier vertreten gewesen war.

Hinter dem Erfolg stand nicht zuletzt Landesvater Hasssan II., der seine Fußballvirtuosen nach Kräften unterstützte. So waren die meisten Nationalspieler seinerzeit im Staatsdienst oder bei der Armee angestellt und konnten quasi unter Profibedingungen arbeiten.

Beim WM-Turnier in Mexiko vermochte die nach einem Herzinfarkt von Erfolgstrainer Cluseau vom Jugoslawen Blagoje Vidinić betreute Auswahl mit ihrer stabilen Abwehr und ihrem effektiven Konterspiel durchaus zu überzeugen. Einer unglücklichen 1:2-Auftaktniederlage gegen Deutschland folgte eine etwas zu hoch ausgefallene 0:3-Niederlage gegen die WM-Überraschungself Peru, ehe Marokko im Abschlussspiel gegen Bulgarien ein 1:1 und damit seinen – und Afrikas! – ersten WM-Zähler errang.

■ **DAS ERFOLGSTEAM STAND** nebenbei für eine ungewöhnlich breite Streuung des Spitzenfußballs in Marokko. Mit FAR Rabat, KAC Kénitra, MAS Fès, Raja Casablanca, Wydad Casablanca, US Sidi Kacem, MC Oujda, Chabab Mohammedia, DHJ El Jadida und RS Settat hatten gleich zehn Vereine Spieler zum WM-Kader beigesteuert. Die große Ausgeglichenheit ließ Marokkos Division d'Honneur zu einer der aufregendsten Spielklassen im afrikanischen Fußball der 1970er Jahre werden. Zwischen 1969 und 1976 gelang es keinem Meister, seinen Titel zu verteidigen, ehe Königsklub Wydad Casablanca den Bann brach und von 1976-78 dreimal in Folge Landesmeister wurde.

Nachdem Erfolgstrainer Blagoje Vidinić sein Amt im Anschluss an die WM an Sabino Barringaga übergeben hatte, führte der Spanier Marokko 1972 erstmals zum Endturnier um die Afrikameisterschaft und reiste mit den »Lions de l'Atlas« zum olympischen Fußballturnier nach München. Während es dort immerhin zur Zwischenrunde reichte, hinterließ Marokko bei der Afrikameisterschaft in Kamerun mit drei Unentschieden einen eher mäßigen Eindruck. Herausragender Akteur war Ahmed Faras, der alle drei marokkanischen Turniertore erzielte und 1975 als erster Marokkaner zum Fußballer des Jahres in Afrika gewählt wurde.

Vier Jahre später machten es »les Lions de l'Atlas« unter ihrem rumänischen Coach Gheorghe Mărdărescu bei der Afrikameisterschaft in Äthiopien besser. Nach Siegen über Ägypten und Nigeria benötigten die Nordafrikaner im abschließenden Gruppenspiel gegen Guinea nur noch einen Zähler für den

- **Erfolge**
Afrikameister 1976

- **FIFA World Ranking**

1993	1994	1995	1996	1997	1998	1999	2000
30	33	38	27	15	13	24	28
2001	2002	2003	2004	2005	2006	2007	2008
36	35	38	33	36	39	39	41

- **Weltmeisterschaft**
1930-58 nicht teilgenommen **1962** Qualifikation **1966** nicht teilgenommen **1970** Endturnier (Vorrunde) **1974-82** Qualifikation **1986** Endturnier (Achtelfinale) **1990** Qualifikation **1994** Endturnier (Vorrunde) **1998** Endturnier (Vorrunde) **2002-2010** Qualifikation

- **Afrikameisterschaft**
1957-62 nicht teilgenommen **1963** Qualifikation **1965** nicht teilgenommen **1968-70** Qualifikation **1972** Endturnier (Vorrunde) **1974** Qualifikation **1976** Endturnier (Sieger) **1978** Endturnier (Vorrunde) **1980** Endturnier (Dritter) **1982-84** Qualifikation **1986** Endturnier (Vierter) **1988** Endturnier (Ausrichter, Vierter) **1990** Qualifikation **1992** Endturnier (Vorrunde) **1994-96** Qualifikation **1998** Endturnier (Viertelfinale) **2000-02** Endturnier (Vorrunde) **2004** Endturnier (Zweiter) **2006-08** Endturnier (Vorrunde) **2010** Qualifikation

- **Vereinserfolge**
Landesmeister FAR Rabat (1985), Raja Casablanca (1989, 1997, 1999), Wydad Casablanca (1992) **Pokalsieger** Wydad Casablanca (2002) **CAF Confederation Cup** FAR Rabat (2005) **CAF-Cup** KAC Marrakech (1996), Raja Casablanca (2003)

Gewinn der Kontinentalmeisterschaft. In der ersten Halbzeit in Rückstand geraten, vermochte Ahmed Majrouh Baba fünf Minuten vor dem Spielende tatsächlich den Ausgleich zu erzielen und Marokko damit zur bislang einzigen Afrikameisterschaft zu verhelfen. Viele Freunde machte sich die Auswahl um Kapitän Ahmed Faras mit ihrer sturen Defensivtaktik allerdings nicht, und angesichts eines von Ruppigkeiten und Fouls geprägten Turniers sprachen Experten sogar von der »hässlichsten Afrikameisterschaft aller Zeiten«. Erfolgstrainer Mărdărescu war es egal: »Wir spielen nicht für die Galerie«, wischte er die Kritik kurzerhand vom Tisch.

■ **ABGESEHEN VON EINEM DRITTEN** Platz bei der Afrikameisterschaft 1980 und einem Sieg bei den in Casablanca ausgerichteten Mittelmeerspielen 1983 brach anschließend eine Phase der Beschaulichkeit für die marokkanische Landesauswahl an. Auf der Vereinsebene gab es stattdessen zunehmend Erfolge zu feiern. Dafür verantwortlich waren vor allem der Rekordmeister FAR Rabat sowie Raja Casablanca, die 1985 bzw. 1989 die afrikanische Landesmeisterschaft nach Marokko holten. Während sich die Armee-Elf aus Rabat 1985 gegen die zaïrische AS Bilima Kinshasa durchsetzte, triumphierte Raja Casablanca vier Jahre später gegen den algerischen Spitzenklub MC Oran.

FAR und Raja stellten 1986 auch das Gros der Auswahlspieler, als sich die vom brasilianischen FAR-Erfolgstrainer José Faria betreute Nationalmannschaft zum zweiten Mal nach 1970 für eine WM qualifizierte. Mit Aziz Bouderbale (FC Sion), Moncef Haddaoui (Lausanne), Hassan Hanini (Bordeaux) und Abdelkarim Krimau Merry (Le Havre) bekleideten allerdings vier Europalegionäre Schlüsselpositionen einer Mannschaft, die im Frühjahr 1986 mit einem dritten Platz bei der Afrikameisterschaft in Ägypten eine perfekte WM-Generalprobe feierte. Weitere Leistungsträger waren FAR-Regisseur und Fußballer des Jahres Afrikas 1985, Mohamed Timoumi, sowie Wydad-Keeper Badou Zaki, der 1986 zum Fußballer des Jahres in Afrika gewählt wurde.

Beim wie 1970 erneut in Mexiko ausgetragenen WM-Turnier konnte das Faria-Team in die Rolle einer Überraschungsmannschaft schlüpfen. Mit einer gewohnt stabilen Abwehr sowie einem auf hohem Tempo basierenden Konterspiel rangen »les Lions de l'Atlas« in der Vorrunde zunächst Polen und England jeweils ein 0:0 ab (»Das ist ein historischer Tag für Marokko«, jubelte Regisseur Timoumi nach dem Unentschieden gegen England), ehe ein 3:1 über Portugal den ersten Einzug einer afrikanischen Mannschaft in die zweite Runde bei einer WM besiegelte. »Wir haben unsere Mission erfüllt. Für mich ist Marokko Weltmeister«, kommentierte Trainer Faria etwas eigenwillig, aber durchaus verständlich den bis zu Kameruns WM-Auftritt 1990 größten Erfolg des afrikanischen Fußballs. Im Achtelfinale beschränkten sich die Nordafrikaner gegen Deutschland dann weitestgehend auf die Verteidigung des eigenen Tores und schieden durch einen drei Minuten vor dem Ende verwandelten Freistoß von Lothar Matthäus aus.

■ **ERMUTIGT VON DEN ERFOLGEN** erklärte Marokkos königliche Führung anschließend, erstmals die Weltmeisterschaft nach

Mustapha Hadji führte Marokko 1998 zum WM-Turnier nach Frankreich.

HELDEN | LEGENDEN

■ **LARBI BENBAREK** Eine der größten afrikanischen Fußball-Legenden und der erste Fußball-Weltstar, den der Kontinent hervorbrachte. Afrika und Europa trauerten gemeinsam, als der populäre Stürmer im September 1992 im Alter von 75 Jahren verarmt und vereinsamt in Casablanca starb. Benbarek war die erste von vielen »Schwarzen Perlen« des afrikanischen Fußballs. 1917 in Casablanca geboren, lernte er das Fußballspiel in den Straßen der Stadt kennen und wurde 17-jährig von der US Marocaine Casablanca unter Vertrag genommen. Nachdem er im April 1937 bei einem Freundschaftsspiel zwischen einer marokkanischen Auswahl und einer B-Elf Frankreichs die Gegenspieler reihenweise schwindelig gespielt hatte, wurde er im Juni 1938 von Olympique Marseille unter Vertrag genommen. Trotz großer Vorbehalte gegen den arabischen Spieler eroberte der elegante Techniker die Herzen der Marseillaises und wurde

Jahr	Meister	Jahr	Meister
1916/17	CA Casablanca	1934/35	US Marocaine C'bl.
1917/18	US Marocaine C'bl.	1935/36	Olympique Mar. C.
1918/19	US Marocaine C'bl.	1936/37	Olympique Mar. C.
1919/20	US Marocaine C'bl.	1937/38	US Marocaine C'bl.
1920/21	Olympique Mar. Cl.	1938/39	US Marocaine C'bl.
1921/22	Olympique Mar. C.	1939-44	nicht ausgespielt
1922/23	Olympique Mar. C.	1944/45	Stade Maroc. Rabat
1923/24	US Fès	1945/46	Rac. Acant-Garde C.
1924/25	Olympique Mar. C.	1946/47	US Marocaine C'bl.
1925/26	US Fès	1947/48	US Athlétique Cas.
1926/27	US Athlétique Cas.	1948/49	Wydad Casablanca
1927/28	Stade Maroc. Rabat	1949/50	Wydad Casablanca
1928/29	US Athlétique Cas.	1950/51	Wydad Casablanca
1929/30	Olympique Mar. C.	1951/52	US Marocaine C'bl.
1930/31	Stade Maroc. Rabat	1952/53	SA Marrakech
1931/32	US Marocaine C'bl.	1953/54	RA Casablanca
1932/33	US Marocaine C'bl.	1954/55	Wydad Casablanca
1933/34	US Marocaine C'bl.	1955/56	nicht ausgespielt

Jahr	Meister	Pokalsieger
1956/57	Wydad Casablanca	MC Oujda
1957/58	KAC Marrakesh	MC Oujda
1958/59	EJS Casablanca	FAR Rabat
1959/60	KAC Kénitra	MC Oujda
1960/61	FAR Rabat	KAC Kéintra
1961/62	FAR Rabat	MC Oujda
1962/63	FAR Rabat	KAC Marrakech
1963/64	FAR Rabat	KAC Marrakech
1964/65	MAS Fès	KAC Marrakech
1965/66	Wydad Casablanca	COD Meknes
1966/67	FAR Rabat	FUS Rabat
1967/68	FAR Rabat	Raja Casablanca
1968/69	Wydad Casablanca	RS Settat
1969/70	FAR Rabat	Wydad Casablanca
1970/71	RS Settat	FAR Rabat
1971/72	ADM Douane Casabl.	Chabab Mohammedia
1972/73	AC Kénitra	FUS Rabat
1973/74	Raja Béni Mellal	Raja Casablanca
1974/75	MC Oujda	Chabab Mohammedia
1975/76	Wydad Casablanca	FUS Rabat
1976/77	Wydad Casablanca	Raja Casablanca
1977/78	Wydad Casablanca	Wydad Casablanca
1978/79	MAS Fès	Wydad Casablanca
1979/80	SC Chabab Mohamm.	MAS Fès
1980/81	KAC Kénitra	Wydad Casablanca
1981/82	KAC Kénitra	Raja Casablanca
1982/83	MAS Fès	CLAS Casablanca
1983/84	FAR Rabat	FAR Rabat
1984/85	MAS Fès	FAR Rabat
1985/86	Wydad Casablanca	FAR Rabat
1986/87	FAR Rabat	KAC Marrakech
1987/88	Raja Casablanca	MAS Fès
1988/89	FAR Rabat	Wydad Casablanca
1989/90	Wydad Casablanca	Olympique Casablanca
1990/91	Wydad Casablanca	KAC Marrakech
1991/92	KAC Marrakesh	Olympique Casablanca
1992/93	Wydad Casablanca	KAC Marrakech
1993/94	Olympic Casablanca	FAR Rabat
1994/95	COD Meknès	FUS Rabat
1995/96	Raja Casablanca	Raja Casablanca
1996/97	Raja Casablanca	Wydad Casablanca
1997/98	Raja Casablanca	Wydad Casablanca
1998/99	Raja Casablanca	FAR Rabat
1999/00	Raja Casablanca	Majd Casablanca
2000/01	Raja Casablanca	Wydad Casablanca
2001/02	Hassania US Agadir	Raja Casablanca
2002/03	Hassania US Agadir	FAR Rabat
2003/04	Raja Casablanca	FAR Rabat
2004/05	FAR Rabat	Raja Casablanca
2005/06	Wydad Casablanca	Olympic Khouribga
2006/07	OC Khouribga	FAR Rabat
2007/08	FAR Rabat	FAR Rabat

noch 1938 in die französische Nationalelf berufen. Während des Zweiten Weltkriegs kehrte Benberak zur US Marocaine Casablance zurück, ehe er sich nach Kriegsende dem Pariser Klub Stade Français anschloss und dort auf Helenio Herrera traf. 1949 wurde der Mittelfeldspieler für die damalige Rekordsumme von 17 Mio. Francs an Atlético Madrid abgegeben und errang 1950 und 1951 mit den Madrilenen zweimal die spanische Meisterschaft. 1953 kehrte er nach Marseille zurück, ehe er 1954 nach dem verlorenen Pokalfinale mit OM gegen Nizza Frankreich verließ und sich in seiner Heimat Marokko als Trainer bei diversen Vereinen bzw. der Nationalelf engagierte. Nach dem Tod seiner Frau zog er sich weitestgehend aus der Öffentlichkeit zurück. [*16.6.1917 †16.9.1992 | 19 LS/3 Tore für Frankreich]

■ **DRISS BAMOUS** Kapitän der marokkanischen WM-Elf von 1970, der mehr als zehn Jahre lang eine Führungsposition bei dem Armeeklub FAR Rabat bekleidete und den Klub siebenmal zur Landesmeisterschaft führte. Geboren in Berrechid kam Bamouss 1963 zu dem Armeeverein und traf dort auf seinen Förderer Guy Cluseau, für den er auch in der Nationalelf als verlängerter Arm auf dem Spielfeld fungierte. Nach Ende seiner Laufbahn schlug Bamous eine Funktionärskarriere ein und wirkte von 1986-92 als Präsident des marokkanischen Fußballverbandes. [*15.12.1942]

■ **AHMED FARAS** Leitfigur und Kapitän der Erfolgself der 1970er Jahre, die ihren Höhepunkt mit der Qualifikation für die Weltmeisterschaft 1970 in Mexiko und dem Gewinn der Afrikameisterschaft 1976 erreichte. 1975 wurde der zu den besten Mittelstürmern seiner Generation zählende Faras als erster Marokkaner zu Afrikas Fußballer des Jahres gewählt. Mit seinem eleganten Stil war der Linksfuß elementares Bindeglied in der abwehrorientierten Spielweise der Marokkaner, die mit schnellem Konterspiel zum Erfolg kamen. Geboren in der Ölhafenstadt Mohammedia begann Faras seine Laufbahn 1965 bei Lokalmatador Chabab, für den er bis 1982 ohne Unterbrechung am Ball war und dem er zu zahlreichen Erfolgen verhalf (u.a. Meisterschaft 1981). 1967 debütierte er bei den Mittelmeerspielen in der Nationalelf. Mehr als 14 Jahre, in denen er über 150 Länderspiele absolvierte, war »Marokkos Pele« (»African Soccer«) anschließend nicht aus den »Lions de l'Atlas« wegzudenken. [*1946]

■ **JUST FONATINE** siehe Kapitel Frankreich, Band 1

■ **MUSTAPHA HADJI** Herausragende Persönlichkeit der marokkanischen WM-Elf, die 1998 in Frankreich mit herrlichem Kombinationsspiel aufwarten konnte. Hadji wurde im selben Jahr als dritter Marokkaner nach Ahmed Faras und Badou Zaki zu Afrikas Fußballer des Jahres gewählt. Der als Jugendlicher mit seiner Familie nach Frankreich emigrierte Regisseur hätte auch für die »Equipe Tricolore« auflaufen können, entschied sich jedoch für sein Geburtsland. Seine turbulente Vereinskarriere begann 1991 in Nancy und führte ihn über acht Stationen, wobei Hadji nur selten an seine Leistung vom WM-Turnier 98 anknüpfen konnte. [*16.11.1971 | 54 LS/13 Tore]

■ **NOUREDDINE NAYBET** Marokkos Rekordnationalspieler und einer der besten Zentralverteidiger, den das Land je hervorbrachte. Begann seine Laufbahn 1989 bei Wydad Casablanca und kam über den FC Nantes (1993-94) und Sport Lissabon (1994-96) zu Deportivo La Coruña, wo er eine Landesmeisterschaft und einen Pokalsieg feierte. 2004 wechselte Naybet zu Tottenham Hotspurs, ehe er seine Laufbahn 2006 nach der sechsten Afrikameisterschaftsteilnahme beendete. Mit der Nationalelf reiste der Rekordspieler 1994 und 1998 jeweils zur WM und wurde 2004 afrikanischer Vizemeister. [*10.2.1970 | 115 LS/2 Tore]

■ **BADOU ZAKI** Der langjährige Nationaltorhüter wurde 1986 zum Fußballer des Jahres in Afrika gewählt und nahm mit Marokko an vier Kontinentalturnieren teil. Nach Ende seiner Laufbahn, während der er für Wydad Casablanca, Real Mallorca und FUS Rabat auflief, begann er eine erfolgreiche Trainerkarriere. [*2.4.1959 | 18 LS/8 Tore]

Marokkos »Liebe der Nation« Wydad Casablanca bejubelt den Titelgewinn 2006.

Afrika holen zu wollen. Unterstützt von König Hassan II. reichte das Land daher im September 1987 seine Bewerbungsmappe für das Turnier 1994 bei der FIFA ein, zog im Bewerbungsrennen jedoch gegen die USA den Kürzeren. Auch 1998, 2006 und 2010 sollte Marokkos durchaus aussichtsreiche Bewerbung jeweils an der Konkurrenz aus Frankreich, Deutschland und Südafrika scheitern.

Nachdem die Landesauswahl 1988 bei der erstmals in Marokko ausgerichteten Afrikameisterschaft bereits im Halbfinale an Kamerun gescheitert war, nahm Trainer Faria seinen Hut und es setzte eine erneute sportliche Durststrecke ein. Sowohl die WM 1990 als auch die Afrikameisterschaften 1994 und 1996 wurden verpasst, während »les Lions de l'Atlas« bei der WM 1994 in den USA drei Niederlagen in ebenso vielen Spielen bezogen.

Vier Jahre später führte der französische Afrikaexperte Henri Michel die Landesauswahl in Frankreich zurück auf die Erfolgsspur. Angeführt vom überragenden Spielmacher Mustapha Hadji sowie dem Sturmduo Salaheddine Bassir und Abdeljalil Hadda begeisterte Marokko in der Vorrunde mit herrlichem Kombinations- und Angriffsfußball. Einem 2:2 gegen Norwegen, bei dem Torsteher Benzekri mit einigen Patzern den möglichen Sieg verhinderte, folgte zwar gegen Brasilien eine 0:3-Lehrstunde, die jedoch mit einem beeindruckenden 3:0 über Schottland egalisiert wurde. Dennoch herrschte Trauer im marokkanischen Lager, denn zeitgleich schlug Norwegen die bereits für das Achtelfinale qualifizierten Brasilianer und verbaute den Nordafrikanern damit den Einzug ins Achtelfinale. Der in Frankreich aufgewachsene Regisseur Mustapha Hadji wurde am Ende des Jahres zu Afrikas Fußballer des Jahres gewählt.

Der beeindruckende WM-Auftritt fand keine Wiederholung. Stattdessen dominierten sportliche Pleiten und Trainerwechsel. Nachdem sich Erfolgscoach Henri Michel 2000 verabschiedet hatte, versuchten sich gleich neun Übungsleiter (darunter Henryk Kasperczak, Philippe Troussier und Roger Lemerre) an einer Wende. Erfolg hatte lediglich Ex-Nationaltorhüter Badou Zaki, unter dem »les Lions de l'Atlas« 2004 das Finale um die Afrikameisterschaft erreichten, das sie mit 1:2 gegen Gastgeber Tunesien verloren.

■ **AUF KONTINENTALER** Vereinsebene rangiert Marokko in punkto Erfolge auf Position zwei hinter Ägypten und vor Kamerun. Fünfmal ging die kontinentale Landesmeisterschaft bislang nach Marokko, wobei Raja Casablanca mit drei Erfolgen das Gros einheimste. Raja gilt als Volksklub und ist der Liebling des Mittelstandes bzw. der Arbeiterschaft. Stadtrivale Wydad hingegen, mit elf Landesmeisterschaften national erfolgreicher als Raja (acht Titel), wird ebenso wie KAC Marrakech der wirtschaftlichen und politischen Elite zugerechnet. Rekordmeister FAR Rabat errang derweil 2008 seinen zwölften nationalen Titel und ist unverändert der Armee unterstellt. Mit Khouribga, Agadir und Meknès konnten seit 1995 aber auch drei kleinere Gemeinden einen Landesmeister stellen – Marokkos Fußball ist eben noch immer eine höchst ausgeglichene Angelegenheit.

MAURETANIEN

Die »kleinen Prinzen« aus der Wüste

Mauretanien zählt zu den Fußballdiasporen in Afrika

Fédération de Foot-Ball de la Républic Islamique de Mauritanie

Fußball-Bund der Islamischen Republik Mauretanien | gegründet: 1961 | Beitritt FIFA: 1964 | Beitritt CAF: 1968 | Spielkleidung: grünes Trikot, gelbe Hose, grüne Stutzen | Spieler/Profis: 137.920/0 | Vereine/Mannschaften: 68/250 | Anschrift: Case postale 566, Nouakchott | Telefon: +222-5/241860 | Fax: +222-5/241861 | Internet: www.mauritaniefootball.com | E-Mail: ffrim@mauritel.mr

al-Ǧumhūriyya al-Islāmiyya al-Mawrītaniyya

Islamische Republik Mauretanien | Fläche: 1.030.700 km² | Einwohner: 2.980.000 (2,9 je km²) | Amtssprache: Arabisch | Hauptstadt: Nuwahšūt (Nouakchott, 760.500) | Weitere Städte: Nouâdhibou (113.400), Rosso (48.922) | Währung: 1 Ouguiya = 5 Khoums | Zeitzone: MEZ -1h | Länderkürzel: MR | FIFA-Kürzel: MTN | Telefon-Vorwahl: +222

Mauretanien, das sind rund eine Million Quadratkilometer Wüste, eine Handvoll Oasen und ein schmaler Küstenstreifen am Atlantik. Die Hauptstadt Nouakchott beherbergt mehr als die Hälfte der knapp drei Mio. Einwohner und ist umgeben von Zeltslums, in denen unfreiwillig sesshaft gewordene Nomaden einen tristen Alltag fristen. Zugleich scheint das zu 80 Prozent von Mauren und zu 20 Prozent von Schwarzafrikanern bewohnte Land an der Westküste Nordafrikas aber die Phantasie anzuregen, denn Antoine de Saint-Exupéry, der in den späten 1920er Jahren eine Zeitlang auf einem einsamen Zwischenlandeflugplatz in der Westsahara stationiert war, erhielt dort die Inspiration für seine berühmte Erzählung »Der kleine Prinz«.

■ **ST. EXUPERY WAR ALS FLIEGERPILOT** nach Mauretanien gekommen. Seit Jahrtausenden arabischen Einflüssen unterworfen, war Mauretanien Ende des 19. Jahrhunderts von der Kolonialmacht Frankreich erobert und der Kolonialföderation Französisch-Westafrika einverleibt worden. Die einheimischen Mauren, ein streng hierarchisch strukturiertes Händler- und Nomadenvolk, das von Berbern und Arabern abstammt, leisteten zwar energischen Widerstand, mussten sich aber schließlich geschlagen geben.

Nach dem Zweiten Weltkrieg lockerte Frankreich seine Kolonialzügel, und im November 1960 wurde die Islamische Republik Mauretanien ausgerufen. Hauptstadt wurde die neugegründete Küstenstadt Nouakchott, die sich im Verlauf mehrerer Dürreperioden in den 1970er Jahren schlagartig in eine der größten Städte der Sahara verwandelte, deren tatsächliche Einwohnerzahl nur geschätzt werden kann. Zugleich sank der Nomadenanteil an der mauretanischen Gesamtbevölkerung zwischen 1967 und 1985 durch Landflucht von 85 auf 17 Prozent.

Ethnische Konflikte – die weißen Mauren betrachten sich ihrer hierarchischen Gesellschaftsform zufolge gegenüber den schwarzen Mauren als übergeordnet – eskalierten 1966 in bewaffneten Auseinandersetzungen und sind bis heute nicht abgeklungen. Die so genannte »mauretanische Apartheid« verschlechterte vor allem das Verhältnis zum südlichen Nachbarn Senegal. Im Norden entwickelte sich derweil ein Konflikt um die gemeinsam mit Marokko verwaltete Westsahara. 1975 besetzte Mauretanien den Süden der rohstoffreichen Region, derweil Marokko den Norden okkupierte. Daraufhin begann ein Krieg mit der westsaharischen Befreiungsbewegung POLISARIO, der in Mauretanien den ertragreichen Erzbau lahmlegte und das Land in eine schwere Wirtschaftskrise stürzte. 1978 wurde Präsident Moktar Ould Daddah in einem Militärputsch gestürzt, und erst 1991 konnte ein Demokratisierungsprozess eingeleitet werden. Zur Ruhe gekommen ist Mauretanien bislang jedoch nicht. 2005 und 2008 wurde das zu den ärmsten Staaten der Welt zählende Land von Militärputschen erschüttert, während radikale Islamisten auf dem Vormarsch sind.

■ **FUSSBALL SPIELT NUR EINE** Nebenrolle im Alltag des Landes. Mit einem Anteil von kaum 4,4 Prozent aktiver Fußballer an der Gesamtbevölkerung zählt Mauretanien zu den Fußballdiasporen der Welt.

Wie überall im ehemaligen französischen Kolonialreich sind zwei historische Fußballstränge zu unterscheiden: der des französischen Fußballs auf mauretanischem Boden, der seine Anfänge in den 1920er Jahren hat und an dem überwiegend französische Frem-

TEAMS | MYTHEN

ASC GARDE NATIONALE NOUAKCHOTT

Team der Nationalgarde, das mit sieben Titeln Rekordmeister ist. Der letzte Triumph liegt allerdings bereits eine Dekade zurück und wurde 1998 gefeiert. Die Armee-Elf vermochte auch international für Furore zu sorgen. 1977 fungierte sie als mauretanischer Debütant (0:3 und 0:2 gegen ASC Diaraf, Senegal), erreichte 1978 über die gambische Elf Wallidan erstmals die zweite Runde und schaffte dies 1985 zum zweiten Mal. Seinerzeit unterlag man dem tunesischen Profiklub CA Bizerte knapp mit 0:1 bzw. 1:1. [7|4]

ASC KSAR NOUAKCHOTT

Fünffacher Landesmeister, der eine Zeitlang als ASC Ksar Sonader auflief und 1994 im Landesmeisterwettbewerb mit einem 2:0 gegen Algeriens Meister MC Oran für eine Sensation sorgte (Hinspiel 0:4). Der Klub errang 2004 seine bislang letzte Meisterschaft. [5|3]

ASC NASR SEBKHA NOUAKCHOTT

Mit drei Titeln seit 2003 sind die Blau-Gelben einer der erfolgreichsten Klubs seit der Millenniumswende. [1997|3|1]

AS POLICE NOUAKCHOTT

Die Polizeimannschaft aus der Hauptstadt errang 1991 ihre letzte von insgesamt fünf Meisterschaften. 1988 hatte man im Landesmeisterwettbewerb einen spektakulären 2:1-Sieg über FAR Rabat aus Marokko gefeiert (Hinspiel 0:5). [5|2]

FC NOUADHIBOU

2002 vom Fachblatt »Afrique Football« als »La locomotive du football mauritanien« bezeichneter Verein aus der Wirtschaftsmetropole Nouadhibou. Unter dem Unternehmer Aziz Boughourbal hatte sich der 1999 gegründete FC Nouadhibou Association Sportive de la Jeunesse de Nouadhibou (FCN-ASJN) binnen kurzem zur »Lokomotive« im nationalen Fußball aufschwingen können. Boughourbal installierte eine Fußballschule, gewann die Bank »BMCI« als Sponsor, schuf ein modernes Vereinszentrum mitsamt Café und Fitnessraum und etablierte ein in Mauretanien bis dahin unbekanntes Vereinsleben. 2001 und 2002 ging die Elf um die Nationalspieler Douahi Ouessou und Bocar Coulibaly jeweils als Meister durchs Ziel. [1999|2|1]

Jahr	Meister	Pokalsieger
1976	AS Garde Nationale N.	Equipe Espoir
1977	AS Garde Nationale N.	Espoirs Nouakchott
1978	AS Garde Nationale N.	Espoirs Nouakchott
1979	AS Garde Nationale N.	ASC Ksar Sonader N.
1980	nicht ausgespielt	nicht ausgespielt
1981	AS Police Nouakchott	AS Garde Nationale N.
1982	AS Garde Nationale N.	ASC Trarza Rosso
1983	ASC Ksar Sonader Nouak.	Espoirs Nouakchott
1984	AS Garde Nationale N.	ASC Trarza Rosso
1985	ASC Ksar Sonader Nouak.	AS Police Nouakchott
1986	AS Police Nouakchott	AS Garde Nationale N.
1987	AS Police Nouakchott	AS Amical Douane N.
1988	AS Police Nouakchott	ASC Air Mauritanie N.
1989	nicht ausgespielt	AS Garde Nationale N.
1990	AS Police Nouakchott	ASC Air Mauritanie N.
1991	AS Police Nouakchott	AS Amical Douane N.
1992	ASC Ksar Sonader Nouak.	ASC SBIM Nouadhibou
1993	ASC Ksar Sonader Nouak.	ASC Ksar Sonader N.
1994	ASC Ksar Sonader N.	
1995	ASC Sonalec Nouakchott	ASC Air Mauritanie N.
1996	nicht ausgespielt	ASC Imarguens NDB
1997	nicht ausgespielt	ASC Sonelec Nouakch.
1998	ASC Garde Nationale N.	ASC Sonelec Nouakch.
1999	SDPA Trarza Rosso	AS Police Nouakchott
2000	ASC Mauritel Nouakchott	ASC Air Mauritanie N.
2001	FC Nouadhibou	ASC Garde Nationale N.
2002	FC Nouadhibou	nicht ausgespielt
2003	ASC Nasr Sebkha Nouakch.	ASC Entente Sebkha
2004	ASC Ksar Sonader N.	FC Nouadhibou
2005	ASC Nasr Sebkha Nouakch.	ASC Entente Sebkha
2006	ASC Nasr Sebkha Nouakch.	ASC Nasr Sebkha N.
2007	ASC Nasr Sebkha Nouakch.	ASC Mauritel Nouakch.
2008	Concorde Nouakchott	

denlegionäre beteiligt waren, sowie der des einheimischen Fußballs, der sich erst nach dem Zweiten Weltkrieg entwickelte.

Die kulturellen und religiösen Strukturen im Land behinderten die Ausbreitung des Spiels, und so fristete Fußball viele Jahre ein Dasein als ein unbeachteter Hobbysport von westlich beeinflussten Zeitgenossen. Schon das Tragen von kurzen Hosen war in der islamischen Gesellschaft nicht gerne gesehen, und die Fußball-Infrastruktur blieb dementsprechend rudimentär. Zwar bildete sich 1961 der Nationalverband Fédération de Foot-Ball de la République Islamique de Mauritanie (FFRIM), der 1964 der FIFA und 1968 der CAF beitrat, anschließend jedoch nur wenige Aktivitäten zeigte. Mauretaniens Nationalelf »Mourabitounes« (nach den muslimischen Amoraviden, die im 10. Jahrhundert herrschten) debütierte 1963 mit einem 0:6 gegen die DR Kongo. 1967 entstanden in der Hauptstadt Nouakchott eine Stadtliga bzw. ein Pokalwettbewerb, die lange vom Armeeteam ASC Garde Nationale sowie der AS Police dominiert wurden.

Nur sporadisch beteiligte sich Mauretanien an den kontinentalen Wettbewerben, zumal auch die bewaffneten Auseinandersetzungen sowie die politischen und wirtschaftlichen Probleme des Landes regelmäßig für Rückschläge sorgten. Erst 1976 konnten die »Mourabitounes« in der Afrikameisterschaft debütieren. 1978 erfolgte dann das Debüt in der WM-Qualifikation und 1980 das in der Olympiaqualifikation – allerdings jeweils ohne nennenswerte Erfolge. Auf kontinentaler Vereinsebene mussten die Fans bis 1977 warten, ehe mit Landesmeister ASC Garde National erstmals ein Team des Landes an den Start ging. Erfolge waren rar. 1988 drang die AS Police im Landesmeisterwettbewerb immerhin bis ins Achtelfinale vor, wo sie FAR Rabat mit 2:1 bezwang. 1995 wurden die »Mourabitounes« beim prestigeträchtigen Amílcar Cabral Cup im eigenen Land nach einer Endspielniederlage im Elfmeterschießen gegen Sierra Leone Zweiter.

■ ERST MIT DEM BEGINN DES

Demokratisierungsprozesses in den späten 1990er Jahren brachen für Mauretaniens Fußball bessere Zeiten an. Die auf Nouakchott beschränkte Nationalliga konnte Zug um Zug ausgeweitet werden, und neben den hauptstädtischen Teams stritten nun auch Mannschaften aus Nouadhibou und Rosso um die Trophäe. 1999 ging die Landesmeisterschaft erstmals in die Stadt Rosso, die im Süden des Landes unweit der Grenze zum Senegal liegt. Mit Unterstützung des FIFA-»Goal«-Programms entstanden unterdessen 2002 in Nouakchott ein modernes Verbandsgebäude sowie ein Kunstrasenfeld.

Doch die Verhältnisse blieben schwierig. »Der mauretanische Fußball will vom Schatten in das Licht«, konstatierte das Fachblatt »Afrique Football« im März 2003 und berichtete exemplarisch von den Problemen beim Erstligaklub ASC Concorde, dem ganze acht Bälle zur Verfügung standen. »Man ist ständig auf der Suche nach den Bällen und muss aufpassen, dass sie nicht von vorbeifahrenden Autos überrollt werden«, zitierte das Blatt Trainer Moustapha Sall. Im ganzen Land gab es lediglich zwei Fußballstadien, und die Erstligaspiele wurden auf Sandplätzen durchgeführt, deren Außenlinien mit Altöl markiert wurden.

Hoffnung kam vor allem aus der im Norden gelegenen Stadt Nouadhibou, die dabei war, sich von einem einsamen Militärstützpunkt (auf dem einst auch Saint Exupéry gedient hatte) in Mauretaniens Wirtschaftsmetropole zu verwandeln. 2000 hatte der junge Geschäftsmann Aziz Boughourbal die Führung über den lokalen FC Nouadhibou übernommen und ihn völlig umgekrempelt. Neben einem modernen Klubhaus hatte er Mauretaniens erste Fußballschule aufgebaut und die einflussreiche Bank »BMCI« als Sponsor gewonnen. Der Erfolg war umgehend eingetreten. 2001 und 2002 errang der Klub die Landesmeisterschaft und lieferte plötzlich das Gros der über Jahrzehnte von Nouakchott geprägten Nationalmannschaft. Im Februar 2003 sorgte der Klub mit einem 2:1 über den nigrischen Klub AS FNIS Niamey in der Champions League zudem für den ersten mauretanischen Vereinserfolg seit acht Jahren. Mit FCN-Torsteher Cheikh Sarr wechselte derweil erstmals ein mauretanischer Fußballer ins Ausland und heuerte beim algerischen Erstligisten Tlemcen an.

Der von Nouadhibou angestoßene Fortschritt ist inzwischen auch in anderen Landesteilen bzw. auf anderen Ebenen zu spüren. Mit Siegen über Burundi und Botswana sowie einem 1:1 gegen Ägypten preschten die »Mourabitounes« 2007 in der FIFA-Weltrangliste immerhin bis auf Rang 130 vor und gingen voller Hoffnung in die Qualifikation zur WM 2010. Das war nicht zuletzt eingebürgerten Franzosen mauretanischer Herkunft wie Yohan Langlet, Pascal Gourville und Dominique da Silva zu verdanken, die der damalige Nationaltrainer Noël Tosi 2003 zu einem Nationalitätenwechsel überredet hatte.

● FIFA World Ranking
1993	1994	1995	1996	1997	1998	1999	2000
144	137	85	113	135	142	160	161
2001	2002	2003	2004	2005	2006	2007	2008
177	180	165	175	178	133	130	158

● Weltmeisterschaft
1930-74 nicht teilgenommen **1978** Qualifikation **1982-94** nicht teilgenommen **1998-2010** Qualifikation

● Afrikameisterschaft
1957-78 nicht teilgenommen **1980-82** Qualifikation **1984** nicht teilgenommen **1986** Qualifikation **1988-90** nicht teilgenommen **1992** Qualifikation **1994** nicht teilgenommen **1996-98** Qualifikation **2000** nicht teilgenommen **2002-10** Qualifikation

MAURITIS

Mauritius Football Association

Fußball-Verband Mauritius | gegründet: 1952 | Beitritt FIFA: 1962 | Beitritt CAF: 1962 | Spielkleidung: rotes Trikot, rote Hose, rote Stutzen | Saison: September - Juni | Spieler/Profis: 76.800/0 | Vereine/Mannschaften: 70/700 | Anschrift: Football House, Trianon | Telefon: +230-4652200 | Fax: +230-4547909 | Internet: www.mauritiusfootball.com | E-Mail: mfaho@intnet.mu

Ärger im Paradies

Der Fußball auf Mauritius leidet unter anhaltenden ethnischen Auseinandersetzungen

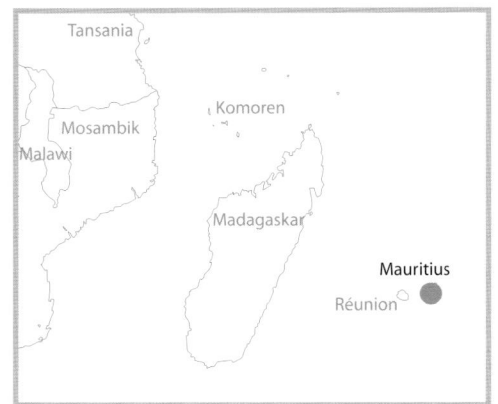

Republic of Mauritius

Republik Mauritius | Fläche: 2.040 km² | Einwohner: 1.234.000 (605 je km²) | Amtssprache: Englisch | Hauptstadt: Port Louis (144.303) | Weitere Städte: Beau Bassin-Rose Hill (103.872), Vacoas-Phoenix (100.066), Curepipe (78.920), Quatre Bornes (75.884) | Währung: 1 Mauritius-Rupie = 100 Cents | Zeitzone: MEZ +3h | Länderkürzel: MU | FIFA-Kürzel: MRI | Telefon-Vorwahl: +230

Der deutsche Fußball-Entwicklungshelfer Helmut Kosmehl zeigte sich hellauf begeistert, als ihn sein Fußball-Nomadenleben 1985 auf die Ferieninsel Mauritius verschlug. »Auf dieser Trauminsel kann man das ganze Jahr über bei 25 bis 30 Grad Celsius auf sattem grünen Boden trainieren und spielen. Da ist es kein Wunder, wenn die Naturtalente nur so aus dem Boden sprießen«.

Doch ganz so idyllisch ist das Leben auf der Vulkaninsel, die etwa so groß wie das Saarland ist, dann doch nicht. Schon gar nicht im Fußball, denn dort ist es seit den 1950er Jahren wiederholt zu ethnischen Auseinandersetzungen gekommen, die den mauritischen Fußball in seiner Entwicklung schwer geschädigt haben.

■ **MAURITIUS HATTE BEREITS** unter portugiesischer und niederländischer Herrschaft gestanden, als es sich ab 1710 unter der französischen Tricolore und mit Hilfe von Sklavenarbeitern zum florierenden Wirtschaftsraum entwickelte. 1810 besetzte Großbritannien die Insel und verlieh ihr 1814 den Status einer Kronkolonie. Seinen Ruhm verdankte man lange der berühmten »Blauen Mauritius« – einer Briefmarke, die zu den seltensten weltweit zählt.

Wenngleich Großbritannien bis 1968 die Verwaltung innehatte, ist das Leben französisch geprägt und die Bevölkerungsstruktur multiethnisch. 2000 zählte man 53 Prozent Hindus, 43 Prozent Kreolen (Nachfahren von aus Tansania und Mosambik verschleppten Sklaven) bzw. Farbige (Nachfahren von Kreolen und Weißen) sowie muslimische, chinesische und weiße Minderheiten.

Die Zugehörigkeit zur jeweiligen ethnischen Gruppe nimmt eine überragende Bedeutung im Alltag ein, und alle Versuche, eine »mauritische« Identität herzustellen, sind bislang gescheitert.

Zu den Bereichen, in denen sich die ethnischen Spannungen in Gewalt entladen, gehört auch der Fußball. Über europäische Kolonialisten auf die Insel gebracht, entwickelte sich das Spiel nach dem Zweiten Weltkrieg zum Nationalsport und wurde von sämtlichen Volksgruppen aufgegriffen. Dabei konstituierten sich jedoch ausnahmslos ethnisch ausgerichtete Gemeinschaften. Zu den ersten zählte der 1928 gegründete Dodo Club Curepipe, den eine von Franco-Mauritaniern geprägte elitäre Aura umgab. Der Fire Brigade SC indes war ein christlicher bzw. kreolischer Klub, während die Dragons im chinesischen und der Racing Club im farbigen Umfeld ansässig waren. Die Hindu Cadets, die Muslim Scouts und die Tamil Cadets vertraten die jeweiligen Gruppen asiatischer Herkunft.

■ **DIE WECHSELSEITIGEN ETHNISCHEN** Animositäten führten 1956 erstmals zum Abbruch des nationalen Spielbetriebs. Vor allem bei Spielen des »weißen« Dodo Clubs und der verfeindeten Klubs Hindu Cadets und Muslim Scouts war es wiederholt zu gewaltsamen Vorfällen gekommen. 1964, 1969 und 1975 führte dies noch drei weitere Male zum Abbruch der Landesmeisterschaft, während die 1958 in die Unabhängigkeit entlassene Insel eine Phase der politischen Instabilität durchlitt, die erst Mitte der 1970er Jahre endete. Mit dem Aufbau des Tourismusgewerbes und der Textilindustrie hat sich Mauritius seitdem zum Musterstaat mit dem höchsten Pro-Kopf-Einkommen in Afrika verwandelt.

Die Spannungen im nationalen Fußball hielten unterdessen an. 1978 trat der Dodo Club sogar aus dem Nationalverband aus und zog seine Mannschaft aus dem Spielbetrieb

TEAMS | MYTHEN

■ **DODO CLUB CUREPIPE** Klub der elitären franco-mauritanischen Minderheit, der bis in die späten 1960er Jahre den nationalen Fußball dominierte. Der 1928 gegründete Verein verweigerte beharrlich die Aufnahme von Nicht-Franco-Mauritaniern und stand mit seiner elitären bis rassistischen Politik im Zentrum der ethnischen Auseinandersetzungen. 1978 zog sich der älteste Fußballverein des Landes nach dem Gewinn seiner 13. Meisterschaft freiwillig aus dem Spielbetrieb zurück. [1928 | 13]

■ **CUREPIPE STARLIGHT SC** Gegenwärtiges Aushängeschild der Stadt Curepipe, die im Zentrum von Mauritius liegt. Die Schwarz-Gelben gingen 2007 und 2008 jeweils als Landesmeister durchs Ziel. [Stade George V | 2]

■ **OLYMPIQUE MOKA** [Sunrise Flacq United, Tamil Cadets] Klub mit tamilischem Hintergrund, der seine größten Erfolge unter dem Namen Sunrise Flacq United feierte. Nach acht Landesmeisterschaften (zuletzt 1997) wurde er mit den Strukturänderungen von 1999 aufgelöst. Der anschließend gegründete Verein Olympique de Moka wird als inoffizieller Nachfolger betrachtet und errang 2001 erstmals die Landesmeisterschaft. [1 (8)]

■ **PAMPLEMOUSSES SC** [Fire Brigade SC] Hinter dem Klub aus der nordwestlichen Provinz Pamplemousse verbirgt sich der traditionsreiche Fire Brigade SC, der 1948 gegründet wurde und Klub der kreolischen Fußballer von Mauritius war. Mit dem Strukturwandel von 1999 vereinte sich der Verein mit Le Real zum Pamplemousses SC, der seine Spiele in der Provinzhauptstadt Triolet austrägt. 2006 vermochte man seinen ersten Meistertitel zu erringen. Vorgängerverein Fire Brigade ist mit 13 Titeln Rekordmeister Mauritius. [Stade Anjalay | 1 (13)]

■ **AS 2000 PORT LOUIS** 2000 gegründeter Hauptstadtverein, der mit vier Titeln die erfolgreichste Mannschaft seit der Millenniumswende stellt. 2003 und 2004 erreichten die Schwarz-Weißen in der afrikanischen Champions League jeweils die zweite Runde. [Stade St. François Xavier | 4]

Jahr	Meister	Jahr	Meister
1935	Curepipe SC	1973	Fire Brigade SC
1936	Garrison	1974	Fire Brigade SC
1937	Garrison	1975	Hindu Cadets
1938	FC Dodo Curepipe	1976	Muslim Scouts Club
1939	FC Dodo Curepipe	1976/77	Hindu Cadets
1940-41	nicht ausgespielt	1977/78	Racing Club
1942	Fire Brigade SC	1978/79	Hindu Cadets
1943	nicht ausgespielt	1979/80	Fire Brigade SC
1944	FC Dodo Curepipe	1980/81	Police Club Port L.
1945	FC Dodo Curepipe	1981/82	Police Club Port L.
1946	FC Dodo Curepipe	1982/83	Fire Brigade SC
1947	Collège St. Esprit	1983/84	Fire Brigade SC
1948	FC Dodo Curepipe	1984/85	Fire Brigade SC
1949	Faucons	1985/86	Cadets Club
1950	Fire Brigade SC	1986/87	Sunrise Flacq Utd
1951	FC Dodo Curepipe	1987/88	Fire Brigade SC
1952	nicht ausgespielt	1988/89	Sunrise Flacq Utd
1953	FC Dodo Curepipe	1989/90	Sunrise Flacq Utd
1954	Faucons	1990/91	Sunrise Flacq Utd
1955	Faucons	1991/92	Sunrise Flacq Utd
1956	nicht ausgespielt	1992/93	Fire Brigade SC
1957	FC Dodo/Faucons	1993/94	Fire Brigade SC
1958	Faucons	1994/95	Sunrise Flacq Utd
1959	FC Dodo Curepipe	1995/96	Sunrise Flacq Utd
1960	nicht ausgespielt	1996/97	Sunrise Flacq Utd
1961	Fire Brigade SC	1997/98	Scouts Club
1962	Police Club Port Louis	1998/99	Fire Brigade SC
1963	Racing Club Quatre B.	2000	nicht ausgespielt
1964	FC Dodo Curepipe	2001	Olympique de Moka
1965	Police Club Port Louis	2002	AS Port-Louis 2000
1966	FC Dodo Curepipe	2003	AS Port-Louis 2000
1967	Police Club Port Louis	2003/04	AS Port-Louis 2000
1968	FC Dodo Curepipe	2004/05	AS Port-Louis 2000
1969-70	nicht ausgespielt	2005/06	Pamplemousses SC
1971	Police Club Port Louis	2006/07	Curepipe Starlight
1972	Police Club Port Louis	2007/08	Curepipe Starlight

Curepipe Starlight wurde 2007 und 2008 Landesmeister.

● **FIFA World Ranking**
1993	1994	1995	1996	1997	1998	1999	2000
133	146	154	150	151	148	118	124
2001	2002	2003	2004	2005	2006	2007	2008
124	126	123	140	143	138	158	170

● **Weltmeisterschaft**
1930-70 nicht teilgenommen 1974 Qualifikation 1978-82 nicht teilgenommen 1986 Qualifikation 1990 nicht teilgenommen 1994-2010 Qualifikation

● **Afrikameisterschaft**
1957-65 nicht teilgenommen 1968-72 Qualifikation 1974 Endturnier (Vorrunde) 1976-86 Qualifikation 1988 nicht teilgenommen 1990 Qualifikation 1992 nicht teilgenommen 1994-2010 Qualifikation

zurück. Trotz enormer Anstrengungen der Regierung und des nationalen Fußballverbandes MFA gelang es nicht, die Situation zu beruhigen. Nachdem es 1982 abermals zu Ausschreitungen gekommen war, ordnete die Regierung schließlich eine Politik der »Mauritisierung« an, bei der sich die Vereine von ihren ethnischen Namen trennen mussten. Daraufhin wurden aus den Hindu Cadets die Cadets, aus den Muslim Scouts die Scouts und aus den Tamil Cadets der Klub Sunrise Flacq United. Weil die ethnischen Strukturen der Vereine unangetastet blieben, setzten sich die Gewalttätigkeiten allerdings fort.

■ **DIE SITUATION ESKALIERTE, ALS** es am 23. Mai 1999 beim meisterschaftsentscheidenden Duell zwischen dem kreolischen Fire Brigade-Team und den muslimischen Scouts zu Ausschreitungen kam, die sieben Todesopfer forderten. Anschließend ruhte der Spielbetrieb für 18 Monate, in denen man versuchte, die Verbindung zwischen Fußball, Ethnien und Religion dauerhaft zu durchbrechen. Als der Spielbetrieb wieder aufgenommen wurde, waren neugegründete Klubs an die Stelle der verbotenen ethnischen Vereine getreten, deren Ausrichtung sich über ein bestimmtes Wohnviertel definierte. Sie mussten sich verpflichten, für alle Ethnien offen zu sein, und durften nicht mehr als 25 Prozent ihrer Spieler aus Regionen außerhalb der eigenen einsetzen.

In der Praxis zeigte das Modell erhebliche Schwächen. So übernahm Olympique de Moka klammheimlich die Rolle des einstigen tamilischen Klubs Sunrise Flacq United, während der Pamplemousses SC inoffizieller »Nachfolger« der kreolischen Fire Brigade wurde und der Port Louis Sporting Club in die Scouts-Fußstapfen trat. Zudem brachen die Besucherzahlen bei den Spielen der Nationalliga regelrecht ein. Wo zuvor bis zu 10.000 Zahlende gezählt worden waren, fanden sich plötzlich nur noch wenige Hundert ein, was die Klubs in wirtschaftliche Probleme stürzte.

■ **AUF LANGE SICHT SORGTE** die ethnische Öffnung zudem für eine wachsende Dominanz kreolischer Fußballer in der Nationalliga. Diese Entwicklung hatte bereits 1984 eingesetzt, als der tamilische Klub Sunrise Flacq United seine Spieler bei einem mit dem Klub verbundenen Hotel beschäftigt und damit das Halbprofitum eingeführt hatte. Inzwischen stellen Kreolen über 90 Prozent der Spieler in der Nationalliga, in der Hindus und Muslime rar sind.

Die ethnischen Spannungen im mauritischen Fußball sind dennoch noch immer nicht überwunden. Als Mauritius 2003 die U23-Weltmeisterschaft ausrichtete und die Landesauswahl auf Ägypten traf, unterstützten Teile der muslimischen Bevölkerung offen die Nordafrikaner, was die Diskussion erneut anheizte.

Internationale Meriten hat Mauritius bislang nur bei den Indian Ocean Games erworben, deren Fußballturnier die »Club M« genannte Landesauswahl 1982, 1985 und 2003 jeweils gewann. Trainer bei den Erfolgen der 1980er Jahre war der eingangs erwähnte ehemalige deutsche Handballnationalspieler Helmut Kosmehl, unter dem sich 1986 mit Jay Gopeenath ein Abwehrspieler vergeblich in Deutschland um seine Etablierung bemühte. Seinen größten Erfolg hatte Mauritius bereits 1974 errungen, als der »Club M« in der Qualifikation zur Afrikameisterschaft Lesotho und Tansania ausgeschaltet und sich für das Endturnier in Ägypten qualifiziert hatte. Dort kassierte die Elf in drei Spielen ebenso viele Niederlagen. Mauritius' U20-Auswahl setzte sich derweil 1995 gegen Südafrika durch und erreichte das kontinentale Endturnier. Auf Klubebene sind mauritische Teams bislang nicht über die zweite Runde in den kontinentalen Wettbewerben hinausgekommen.

Der nationale Fußballverband sieht sich einem fast unlösbaren Konflikt ausgesetzt. Nach Ansicht von Experten kann die seit der Millenniumswende stagnierende Nationalliga (2001 betrug der Durchschnittsbesuch exakt 137 Zahlende) nur durch die Rückkehr zur ethnischen Gliederung wiederbelebt werden – doch das würde das Wiederaufflammen ethnisch motivierter Gewalt nach sich ziehen. So bleibt der MFF wohl nur die Wahl zwischen leeren Rängen und wirtschaftlichen Problemen oder vollen Tribünen und Gewalt…

Außenseiter
Massai

Sie sind weltberühmt für ihren Stolz und ihre Würde, mit der sie sich gegen sämtliche politischen und kulturellen Inanspruchnahmen gewehrt und ihre Kultur verteidigt haben: die Massai, die wohl bekannteste Volksgruppe Ostafrikas. Schätzungsweise eine Mio. Massai leben im Süden Kenias und Norden Tansanias, wo sie vor allem in den Ebenen um den Kilimandscharo anzutreffen sind.

Die Massai sind ein Hirtenvolk, das an uralten Lebensweisen festhält und bis heute als Nomaden lebt. Selbst in Julius Nyereres sozialistischer Republik Tansania vermochten sie sich dem ehrgeizigen Siedlungsprojekt »Ujamaa« zu widersetzen und konnten an ihren Traditionen festhalten. Heute sind sie mit ihren roten Umhängen vielfach beliebtes Fotoobjekt von Afrikaurlaubern und verstehen es durchaus geschickt, ihre Kultur gewinnbringend über Souvenirs zu vermarkten.

Fußball spielt in der tradionellen nomadischen Lebensgemeinschaft der Massai praktisch keine Rolle. Unter den sesshaften Mitgliedern der Ethnie indes gibt es zahlreiche Fußballer, die sich 2006 in der Maasai Football Federation zusammengeschlossen haben. Die im kenianischen Kiserian ansässige Organisation ist Mitglied des NF-Boards und wollte 2008 ursprünglich eine Auswahl zum Viva World Cup im schwedischen Gällivare entsenden. Aus finanziellen und organisatorischen Gründen musste davon jedoch Abstand genommen werden. Ohnehin steckt die MFF organisatorisch noch in den Kinderschuhen und es bleibt abzuwarten, ob sie sich in eine ernstzunehmende Organisation entwickeln kann.

Außenseiter
Mayotte

Die im Indischen Ozean zwischen der Küste Mosambiks und Madagaskar gelegene Inselgruppe Mayotte ist geographisch Teil des Komoren-Archipels, gehört aber im Gegensatz zur seit 1975 unabhängigen Republik Komoren als »collectivité territoriale« zu Frankreich. Aus vulkanischem Gestein bestehend, umfasst Mayotte rund 20 Inseln mit insgesamt 374 km² Landfläche, von denen aber nur eine Handvoll bewohnt sind. Größte Insel ist Grande-Terre, wo auch die meisten der etwa 200.000 Einwohner leben und auf der sich der Hauptort Dzaoudzi befindet. 1841 gemeinsam mit den Nachbarinseln Grande Comore, Anjouan und Mohéli unter französische Kontrolle geraten, votierten 1974 bei einer Volksabstimmung 64 Prozent der Mayotter gegen den Beitritt zur geplanten Republik Komoren und für den Verbleib bei Frankreich. Hintergrund waren ethnische Konflikte unter den Inseln des Komoren-Archipels.

■ **WÄHREND DER KOMORISCHE** Fußballverband nach der Millenniumswende der FIFA bzw. der CAF beitrat, ist Mayottes Fußball dem französischen Nationalverband unterstellt und darf international nur an untergeordneten Wettbewerben teilnehmen. Als Mitglied des französischen Nationalverbandes FFF stellt die 1978 gebildete Ligue de Football de Mayotte zwar einen Teilnehmer am Coupe de France, kann international jedoch nur an den Indian Ocean Games teilnehmen.

Die Anfänge des Fußballs auf Mayotte reichen zurück bis in das Jahr 1938, als vom benachbarten Madagaskar stammende Siedler das Spiel in Foungoujou auf Petite Terre einführten. Zunächst war es ausschließlich ein sporadisch betriebener Hobbysport. Erst als während des Zweiten Weltkriegs britische Truppen auf Mayotte stationiert wurden, konnte sich das Spiel stärker verankern. 1946 entstand mit Stella Sport Pamandzi der erste Verein, dem wenig später mit Combani und Chouma (heute M'tsaperé) weitere Klubs folgten.

1950 rief die französische Verwaltung des Komoren-Archipels ein Fußballturnier ins Leben, an dem die Auswahlmannschaften von Mayotte, Grande Comore und Anjouan teilnahmen (auf Mohéli wurde seinerzeit noch nicht gespielt). Das Turnier sollte helfen, den Zusammenhalt zwischen den unter ethnischen Spannungen leidenden Komoren-Inseln zu stärken. Beim zweiten Turnier 1951 sicherte sich die mayottische Auswahl erstmals den Gesamtsieg und konnte ihren Titel 1952 sowie 1953 verteidigen. Das Turnier 1952 wurde auf Mayotte ausgetragen. Die ethnischen Animositäten belasteten den Wettbewerb jedoch so sehr, dass er 1962 eingestellt werden musste.

■ **IM GEGENSATZ ZU DEN** drei anderen Komoren-Inseln, auf denen sich der Fußball nur langsam entwickelte, avancierte er auf Mayotte rasch zum beliebten Volkssport. Inselweit wurden zahlreiche Klubs gegründet und Spielfelder geschaffen. 1964 formte sich mit dem Comité de football de Mayotte ein von dem Universitätsprofessor Charles Novou angeführter Inselverband, unter dessen Ägide Mayottes Sportinfrastruktur stetig verbessert wurde. Einheimische Fußballer feierten seinerzeit erste Erfolge, und Martial Henry schaffte es sogar in die Nationalmannschaft von Madagaskar.

Angesichts der sich abzeichnenden Unabhängigkeit des Komoren-Archipels organisierte das Sportministerium 1970 eine inselübergreifende Landesmeisterschaft, an der mit Rafale und Soleil de Labattoir auch zwei mayottische Teams teilnahmen. Auch dieser der Verbesserung des innerkomorischen Verhältnisses dienende Wettbewerb fiel jedoch den ethnischen Spannungen zum Opfer. Nachdem er bereits 1973 wieder eingestellt worden war, gingen Grande Comore, Anjouan und Mohéli schließlich eigene Wege und wurden als Republik Komoren unabhängig.

Mayotte indes votierte für den Verbleib bei Frankreich, wodurch die Insel fußballerisch isoliert wurde. 1978 trat die Ligue de Football de Mayotte die Nachfolge des Comité du football de Mayotte an und bemühte sich mit Unterstützung des französischen FFF zunächst um die Ausweitung des nationalen Spielbetriebs. Dank massiver Investitionen – jede Gemeinde erhielt seinerzeit einen Fußballplatz, während in Cavani Mamoudzou ein modernes Stadion mit 600 Sitzplätzen entstand – erhielt die Insel seinerzeit eine hochmoderne Infrastruktur.

■ **1992 NAHM OFFIZIELL EINE** Inselliga ihren Spielbetrieb auf, deren erster Meister die AS Sada wurde. Rekordmeister ist mit sieben Titeln die 1976 gegründete AS Rosador Passamainty. Neben der zwölf Mannschaften umfassenden »Division une« existieren auf Mayotte eine zweithöchste Spielklasse mit zehn Teilnehmern sowie ein Pokalwettbewerb.

Die Verbindungen zum Mutterland Frankreich, für das Mayotte ein attraktives Urlaubsziel ist, sind intensiv. Seit 1986 nehmen mayottische Mannschaften am Coupe de France teil, wobei sie bis 2002 zunächst in einer Regionalausscheidung mit dem Pokalsieger von Réunion um den Einzug in die Hauptrunde kämpfen mussten. Die größten Erfolge gelangen dabei dem FC M'tsaperé, der 1995 Stade de Cavani bezwang, sowie dem FC Kani-Bé, der sich 1998 gegen Sainte-Marie durchsetzte. Seit 2002 ist der mayottische Pokalsieger direkt für die siebte Runde des Coupe de France zugelassen. Darüber hinaus beteiligen sich mayottische Teams am 2002 ins Leben gerufenen Coupe des Clubs Champions d'Outre-Mer, der den französische Überseegebieten vorbehalten ist.

Mit Toifilou Maoulida machte zur Millenniumswende zudem erstmals ein auf Mayotte geborener Profi in Frankreich auf sich aufmerksam. Seine Karriere 1997 in Montpellier beginnend, trug Maoulida später auch die Jerseys von Stade Rennes, AS Monaco, Olympique Marseille, AJ Auxerre und Racing Lens, während er 2006 und 2007 mit »OM« jeweils das französische Pokalfinale erreichte.

Fußball ist auf Mayotte unumstrittener Nationalsport. 2008 zählte man erstaunliche 120 Fußballklubs auf der kleinen Inselgruppe. Größtes Problem ist der mangelhafte internationale Spielbetrieb. Während CAF-Mitglied Réunion an den kontinentalen Wettbewerben teilnehmen darf, sind diese für mayottische Teams tabu – und werden es bleiben, solange Mayotte bei Frankreich verbleibt.

Jahr	Meister
1992	AS Sada
1993	AS Rosador Passamainty
1994	AS Rosador Passamainty
1995	AS Rosador Passamainty
1996	unbekannt
1997	AS Rosador Passamainty
1998	AS Sada
1999	AS Rosador Passamainty
2000	AS Rosador Passamainty
2001	AS Rosador Passamainty
2002	FC Kani-Bé
2003	FC Kani-Bé
2004	AS Sada
2005	FC M'tsaperé
2006	FC M'tsaperé
2007	FC M'tsaperé
2008	FC M'tsaperé

MOSAMBIK

Eusébios Erben

Mosambikanische Fußballer wie Eusébio und Mário Coluna verhalfen Portugal zu großen Erfolgen

Federação Moçambicana de Futebol

Mosambikanischer Fußball-Bund | gegründet: 1976 | Beitritt FIFA: 1980 | Beitritt CAF: 1978 | Spielkleidung: rotes Trikot, schwarze Hose, rote Stutzen | Saison: Februar - November | Spieler/Profis: 885.700/400 | Vereine/Mannschaften: 170/850 | Anschrift: Av. Samora Machel, Número 11, 2 Andar, PO Box 1467, Maputo 1467 | Tel: +258-21/300366 | Fax: +258-21/300367 | www.fmf.org.mz | E-Mail: fmfbol@tvcabo.co.mz

Sie war eine der schillerndsten Mannschaften der Fußballgeschichte – und wäre ohne Mosambik niemals zustande gekommen: das Benfica-Lissabon-Team der frühen 1960er Jahre. Doch während die Lusitaner mit den gebürtigen Mosambikanern Eusébio, Alberto da Costa Pereira und Mário Coluna die Fußballwelt verzückten, litt Mosambik unter der Knute eines brutalen portugiesischen Kolonialregimes. Portugal beutete das südostafrikanische Land nicht nur in Sachen Rohstoffe aus, sondern bediente sich auch ungehemmt der Fußballtalente des Landes. Noch heute zieht es mosambikanische Fußballtalente zu Hunderten nach Portugal, wo die Lebensverhältnisse deutlich angenehmer und die Verdienstmöglichkeiten viel besser als in der Heimat sind.

■ **400 JAHRE KOLONIALHERRSCHAFT** Portugals endeten am 25. Juni 1975, als die Volksrepublik Mosambik ausgerufen wurde. Nahezu übergangslos geriet das Land in einen blutigen innenpolitischen Konflikt zwischen Sozialisten und Konservativen. Dessen Ursprung war im Jahr 1960 zu finden. Nachdem portugiesische Kolonialtruppen in Muenda ein Massaker an demonstrierenden Hafen- und Landarbeitern verübt hatten, bildete sich die linksgerichtete Befreiungsbewegung »Frente Libertação de Moçambique« (FRELIMO), die den bewaffneten Kampf gegen den Kolonialherren aufnahm. Nach der Lissaboner »Nelkenrevolution« und dem Sturz von Portugals Diktator Salazar führte der FRELIMO-Vorsitzende Samora Machel das Land 1975 als Mosambik in die Unabhängigkeit und orientierte seine Politik an der der Sowjetunion.

Daraufhin bildete sich mit der »Resistência Nacional Moçambicana« (RENAMO) eine von Rhodesien (heute Simbabwe) aus operierende antikommunistische Rebellenbewegung, die Mosambik mit Guerilla-Attacken überzog. Daraus entwickelte sich ein 16-jähriger Bürgerkrieg, der mehr als eine Million Opfer forderte, über sechs Mio. Menschen in die Flucht trieb und Mosambik zu weiten Teilen verwüstete.

Erst als nach dem Zusammenbruch des Sozialismus die Hilfeleistungen aus dem Sowjetlager ausblieben und zudem mehr als 16.000 Gastarbeiter bzw. Studenten aus der DDR nach Mosambik zurückkehrten, wurde der Weg zu einem Friedensvertrag frei. 1992 unterzeichneten die FRELIMO, die sich längst dem Westen angenähert und ihre marxistische Doktrin aufgegeben hatte, und die RENAMO ein Friedensabkommen, nach dem rund 1,5 Mio. Bürgerkriegsflüchtlinge nach Mosambik zurückkehren konnten. 1994 setzte sich die FRELIMO bei den ersten freien Wahlen durch, und Mosambik verwandelte sich mit Hilfe von IWF und Weltbank zum Musterstaat.

Während die Hafenstadt Maputo zu einem der wichtigsten Handelszentren im südlichen Afrika aufstieg, geriet der Entwicklungsprozess Ende der 1990er Jahre durch mehrere Naturkatastrophen ins Stocken. 1997/98 brach eine Cholera-Epidemie aus, und 2000 wurde Mosambik von einer gewaltigen Überschwemmungskatastrophe heimgesucht. Weil dadurch viele der rund zwei Mio. Landminen verschoben wurden, ist die landwirtschaftliche Nutzung des Bodens bis heute erheblich eingeschränkt.

■ **MOSAMBIKS FUSSBALL** hatte sich erst in den 1980er Jahren nennenswert entwickeln können. Der 1976 gegründete Nationalverband Federação Moçambicana de Futebol

República de Moçambique

Republik Mosambik | Fläche: 799.380 km² | Einwohner: 19.424.000 (24 je km²) | Amtssprache: Portugiesisch | Hauptstadt: Maputo (1,2 Mio.) | Weitere Städte: Matola (440.927), Beira (412.588), Nampula (314.965), Chimoio (177.608), Nacala (164.309) | Währung: 1 Neuer Metical = 100 Centavos | Bruttosozialprodukt: 270 $/Kopf | Zeitzone: MEZ +1h | Länderkürzel: MZ | FIFA-Kürzel: MOZ | Telefon-Vorwahl: +258

● FIFA World Ranking
1993	1994	1995	1996	1997	1998	1999	2000
104	94	76	85	67	80	101	112
2001	2002	2003	2004	2005	2006	2007	2008
128	125	127	126	130	128	75	95

● Weltmeisterschaft
1930-78 nicht teilgenommen **1982** Qualifikation **1986-90** nicht teilgenommen **1994-2010** Qualifikation

● Afrikameisterschaft
1957-80 nicht teilgenommen **1982-84** Qualifikation **1986** Endturnier (Vorrunde) **1988-94** Qualifikation **1996** Endturnier (Vorrunde) **1998** Endturnier (Vorrunde) **2000-2010** Qualifikation

war 1978 in die CAF und 1980 in die FIFA eingetreten. Bereits am 12. Dezember 1977 hatte die mosambikanische Nationalmannschaft »Mambas« mit einem 1:2 gegen Tansania ihr Debüt abgeliefert.

Die Anfänge des Fußballs in Mosambik reichen zurück bis in das Jahr 1920. Seinerzeit wurde in der damals Lourenço Marques genannten heutigen Hauptstadt mit dem Sporting Clube der erste Fußballverein in Portugiesisch-Ostafrika ins Leben gerufen. Protagonisten waren europäische Kolonialisten, die im Auftrag des Lissaboner Sporting Clube de Portugal handelten. Der Pionierverein, aus dem später Portugals Fußball-Ikone Eusébio hervorging, trägt heute den Namen CD Maxaquene. Als 1922 in Lourenço Marques eine Stadtliga ihren Spielbetrieb aufnahm, sicherten sich die Grün-Weißen ihren ersten Titel, während mit Desportivo (1921) und Ferroviário (1924) zwei weitere heute führende Klubs entstanden.

Auch außerhalb der Hauptstadt fasste das Spiel seinerzeit Fuß. 1936 erhielt die nordöstliche Provinz Nampula einen Regionalverband, und nach dem Zweiten Weltkrieg bildeten sich in der Hafenstadt Quelimane sowie der multiethnischen Metropole Beira ebenfalls Organisationen. In Lourenço Marques formierte sich derweil 1955 mit Sport e Benfica der Vorläufer des heutigen Rekordmeisters Costa do Sol. 1956 konnte erstmals eine Landesmeisterschaft durchgeführt werden, die bis in die 1970er Jahre von der Eisenbahnerelf Ferroviário dominiert wurde.

Weil es in Portugiesisch-Ostafrika keine Rassentrennung gab, waren die Mannschaften multiethnisch geprägt. Über das Normalmaß talentierte Spieler wurden allerdings häufig nach Portugal verschifft. Erster Akteur war Torjäger Matateu, der 1951 von Belenenses Lissabon verpflichtet wurde und später auch für Portugal auflief. Denselben Weg gingen u. a. Mário Coluna sowie der (weiße) Torsteher Alberto da Costa Pereira, die 1954 von Desportivo bzw. Ferroviário zu Benfica Lissabon wechselten, und Hilário, der 1959 bei Sporting unterschrieb. Ihnen folgte 1960 Dribbelkünstler Eusébio, der seine Karriere 1957 bei Sporting Lourenço Marques begann und 1960 von Benfica Lissabon unter Vertrag genommen wurde.

■ **WÄHREND DAS MOSAMBIKANISCHE** Trio Benfica in eine europäische Spitzenelf verwandelte, kämpfte die Befreiungsbewegung FRELIMO in Portugiesisch-Ostafrika gegen die anhaltende Kolonialherrschaft. Als das Land schließlich 1975 in die Unabhängigkeit entlassen wurde, übernahmen einheimische Funktionäre die Führung. Darunter war Ex-Profi Mário Coluna, der zunächst als Nationaltrainer sowie Verbandsvorsitzender arbeitete, ehe er von 1994-99 als mosambikanischer Sportminister fungierte.

Unter dem sozialistischen FRELIMO-Regime kam es zu umwälzenden Veränderungen der Lebensverhältnisse. Zunächst wurden die Spuren der portugiesischen Kolonialherrschaft beseitigt. So hieß die Hauptstadt Lourenço Marques nunmehr Maputo, während aus den Fußballklubs Benfica und Sporting Costa do Sol bzw. Maxaquene wurde. Nach sowjetischem Vorbild wurde Mosambiks Sport dem Staat unterstellt und in mit der Industrie bzw. den Behörden verbundenen Gemeinschaften organisiert.

Zugleich wirkte die vom Bürgerkrieg weitgehend verschonte Hauptstadt Maputo wie ein Magnet auf die Landbevölkerung und dominierte folglich auch in der Fußball-Nationalliga. Seit der Unabhängigkeit Mosambiks ging die Landesmeisterschaft lediglich dreimal nicht in die Hauptstadt: 1976 gewann Textáfrica Chimoio, 1981 Téxtil Pungué Beira und 2004 Ferroviário Nampula.

■ **INTERNATIONAL TAT SICH** Mosambiks Fußball aufgrund des Bürgerkriegs zunächst schwer. Erst 1982 vermochte die Landesauswahl »Mambas« in der Afrikameisterschaft bzw. der WM-Qualifikation zu debütieren und erlitt dabei prompt Schiffbruch. Das änderte sich 1986, als die von Kapitän Chiquinho Conde und Torjäger Nica angeführte Auswahl überraschend den Sprung zur Afrikameisterschaft in Ägypten schaffte, dort aber tor- und punktlos bereits nach der Vorrunde ausschied. Zwei Jahre später drang die vom früheren portugiesischen Nationalspieler Hilario trainierte Militärelf Matchedje Maputo im kontinentalen Landesmeisterwettbewerb immerhin bis ins Viertelfinale vor.

Als sich die wirtschaftlichen Verhältnisse im Bürgerkriegsland Mosambik in den späten 1980er Jahren dramatisch verschlechterten, tauchte auch sein Fußball völlig ab. Erst nach dem Ende des Bürgerkriegs gelang ab 1992 die Wende. Während sich Mosambiks Wirtschaft mit Hilfe von IWF und Weltbank erholte, erreichten die »Mambas« unter Angriffsführer Tico-Tico 1996 und 1998 zweimal in Folge die Afrikameisterschaft und verbuchten 1996 im Auftaktspiel gegen Tunesien ihren ersten Punktgewinn (1:1), der allerdings auch der bislang einzige ist. Zwischenzeitlich erreichte Mosambiks

TEAMS | MYTHEN

■ **COSTA DO SOL MAPUTO** Entstand 1955 als mosambikanische Filiale von Benfica Lissabon und wurde zunächst Sport Lourenço Marques e Benfica genannt. Nach der Unabhängigkeit nahmen die Gelb-Grünen 1978 den Namen Clube de Desportos da Costa do Sol (»Sonnenküste«) an und begannen einen mitreißenden Aufschwung, der die »Canarinhos« (»kleine Kanarienvögel«, abgeleitet von der gelb-grün-weißen Spieltracht) in den erfolgreichsten Klub des Landes verwandelten. Neben neun Landesmeisterschaften und zehn Pokaltriumphen ragen zwei Viertelfinalteilnahmen im Pokalsiegerwettbewerb 1996 und 1998 sowie der Einzug in die Gruppenphase der Champions League 2002 aus den Vereinsannalen hervor. [1955 | Costa do Sol (10.000) | 9 | 10]

■ **DESPORTIVO MAPUTO** Einer der ältesten Vereine des Landes und zu Zeiten der Stadtliga von Lourenço Marque mit zwölf Titelgewinnen die prägende Kraft in Portugiesisch-Ostafrika. Der Klub wurde 1921 von portugiesischen Sportlern aus intellektuellem Umfeld ins Leben gerufen und entwickelte sich rasch zum mehrspartigen Großverein. Mit Mário Coluna brachte er in den 1950er Jahren einen späteren Fußball-Weltstar hervor, der 1954 zu Benfica Lissabon wechselte. 1957 erstmals Landesmeister von Portugiesisch-Ostafrika geworden, gerieten die Schwarz-Weißen anschließend etwas in den Schatten des Eisenbahnervereins Ferroviário und konnten sich lediglich 1964 noch einmal in der Landesmeisterschaft durchsetzen.

Jahr	Meister	Pokalsieger
1956	Ferroviário Lourenço M.	
1957	GD Lourenço Marques	
1958	Ferroviário Beira	
1959	Sporting Clube Nampula	
1960	Sporting Lourenço M.	
1961	Ferroviário Lourenço M.	
1962	Sporting Lourenço M.	
1963	Ferroviário Lourenço M.	
1964	GD Lourenço Marques	
1965	abgebrochen	
1966	Ferroviário Lourenço M.	
1967	Ferroviário Lourenço M.	
1968	Ferroviário Lourenço M.	
1969	Textáfrica Vila Pery	
1970	Ferroviário Lourenço M.	
1971	Textáfrica Vila Pery	
1972	Ferroviário Lourenço M.	
1973	Textáfrica Vila Pery	
1974	Ferroviário Beira	
1975	nicht ausgespielt	
1976	Textáfrica Chimoio	
1977	Desportivo Maputo	
1978	Desportivo Maputo	Maxaquene Maputo
1979	Costa do Sol Maputo	Palmeiras Beira
1980	Costa do Sol Maputo	Costa do Sol Maputo
1981	Têxtil Pungùe Beira	Desportivo Maputo
1982	Ferroviário Maputo	Maxaquene Maputo
1983	Costa do Sol Maputo	Costa do Sol Maputo
1984	Maxaquene Maputo	Ferroviário Maputo
1985	Maxaquene Maputo	nicht ausgespielt
1986	Maxaquene Maputo	Maxaquene Maputo
1987	Matchedje Maputo	Maxaquene Maputo
1988	Desportivo Maputo	Costa do Sol Maputo
1989	Ferroviário Maputo	Ferroviário Maputo
1990	Matchedje Maputo	Matchedje Maputo
1991	Costa do Sol Maputo	Clube de Gaza Xai-Xai
1992	Costa do Sol Maputo	Costa do Sol Maputo
1993	Costa do Sol Maputo	Costa do Sol Maputo
1994	Costa do Sol Maputo	Maxaquene Maputo
1995	Desportivo Maputo	Costa do Sol Maputo
1996	Ferroviário Maputo	Maxaquene Maputo
1997	Ferroviário Maputo	Costa do Sol Maputo
1998	nicht ausgespielt	Maxaquene Maputo
1998/99	Ferroviário Maputo	Costa do Sol Maputo
1999/00	Costa do Sol Maputo	Costa do Sol Maputo
2000/01	Costa do Sol Maputo	Maxaquene Maputo
2002	Costa do Sol Maputo	Costa do Sol Maputo
2003	Maxaquene Maputo	Ferroviário Nampula
2004	Ferroviário Nampula	Ferroviário Maputo
2005	Ferroviário Maputo	Ferroviário Beira
2006	Desportivo Maputo	Desportivo Maputo
2007	Costa do Sol Maputo	Costa do Sol Maputo
2008	Ferroviário Maputo	Atl. Muçulmano Matola

Nach der Unabhängigkeit gingen sechs Titel an Desportivo (erstmals 1977). Größter internationaler Erfolg war der Einzug in das Halbfinale um den CAF-Cup 1990, in dem die Schwarz-Weißen am nigerianischen Vertreter BCC Lions Gboko scheiterten. [31.3.1921 | Desportivo (4.000) | 6 | 2]

■ **FERROVIÁRIO MAPUTO**  Der Eisenbahnerklub zählt zu den ältesten Vereinen des Landes. Im September 1924 als Clube Ferroviário de Moçambique in der Hauptstadt Lourenço Marques (heute Maputo) gegründet, sind die Grün-Weißen inzwischen ein quirliger Großverein mit zahlreichen Abteilungen. Zwischen 1931 und 1961 wurden sie insgesamt 14-Mal Stadtmeister von Lourenço Marques, derweil 1944 das mit Unterstützung der Bahngesellschaft errichtete Estádio da Machava eingeweiht werden konnte. Mit Alberto da Costa Pereira brachte Ferroviário (»Eisenbahner«) in den 1950er Jahren einen späteren Benfica-Torhüter hervor, der 1954 nach Lissabon wechselte. Zwei Jahre später sicherte man sich die erstmals ausgeschriebene Landesmeisterschaft von Portugiesisch-Ostafrika, die man bis 1974 sieben weitere Male feiern durfte. Nach Erlangung der Unabhängigkeit Mosambiks bejubelten die Grün-Weißen sechs Landesmeisterschaften (zuletzt 2008) und drei Pokalsiege (1984, 1989 und 2004). International erreichte der nunmehrige Clube Ferroviário de Maputo 1992 seinen größten Erfolg, als das von der portugiesisch-mosambikanischen Fußball-Legende Mário Coluna trainierte Team im Halbfinale um den CAF Cup erst im Elfmeterschießen am ugandischen Klub Nakivubo Villa SC Kampala scheiterte. 1995 und 2001 erreichten die Eisenbahner im selben Wettbewerb jeweils das Viertelfinale. 1997 zogen sie als erster mosambikanischer Verein in die Gruppenspiele der Champions League ein, wo Ferroviário trotz zweier Siege über Zamalek Kairo und Goldfields Obasi ausschied. [1924 | Machava (45.000) | 6 | 4]

■ **MAXAQUENE MAPUTO**  Der Stammverein der Fußball-Legende Eusébio wurde 1920 als Sporting Clube de Lourenço Marques gegründet und war ursprünglich mit dem gleichnamigen Lissaboner Spitzenklub verbunden. Die Grün-Weißen wurden 1922 erster Stadtmeister von Lourenço Marques und sicherten sich diesen Titel bis 1960 acht weitere Male. Von 1957–60 lief der in Lourenço Marques geborene Eusébio für den Klub auf. Nachdem Sporting 1960 und 1962 jeweils Meister von Portugiesisch-Ostafrika geworden war, fiel man ein wenig hinter die Konkurrenz zurück. 1978 nach der Unabhängigkeit in Clube de Desportos do Maxaquene umbenannt (Kurzform »Maxaca«, Maxaquene ist ein Wohngebiet in Maputo), errang der nunmehr in Blau-Weiß-Rot spielende Traditionsverein von 1984-86 drei mosambikanische Meistertitel in Folge. 1995 erreichte er das Halbfinale im afrikanischen Pokalsiegerwettbewerb, wo man am nigerianischen Vertreter Julius Berger scheiterte. 2003 errang Maxaquene seine bislang letzte Meisterschaft. [1920 | Maxaquene (15.000) | 4 | 6]

HELDEN | LEGENDEN

■ **EUSÉBIO UND MÁRIO COLUNA** siehe Kapitel Portugal (Band 1)

 ■ **TICO-TICO** Mosambiks Rekordnationalspieler heißt mit vollständigem Namen Manuel José Luis Bucuane und begann seine Laufbahn 1992 bei Desportivo Maputo. 1994 zum portugiesischen Profiklub Estrêla Amadora gewechselt, feierte er seine größten Erfolge in Südafrika, wo Tico-Tico ab 2000 für Jomo Cosmos, Supersport United, Orlando Pirates und Maritzburg United tätig war. Der Angriffsspieler war Garant bei Mosambiks Qualifikationen zu den Afrikameisterschaften 1996 und 1998. [*16.8.1973 | 123 LS/24 Tore]

Drei mosambikanische Fußball-Legenden – in Diensten von Benfica Lissabon: Eusébio, Alberto da Costa Perreira und Mário Coluna.

U17-Auswahl 1995 das Endturnier um die Kontinentalmeisterschaft.

Auch auf Klubebene stellten sich erste Erfolge ein. Nachdem Desportivo Maputo schon 1990 mit dem Einzug ins Halbfinale des Pokalsiegerwettbewerbes auf sich aufmerksam gemacht hatte, gelangen 1995 mit Maxaquene (Halbfinale im Pokalsiegerwettbewerb) und Ferroviário Maputo (Viertelfinale im CAF) gleich zwei mosambikanischen Mannschaften kontinentale Erfolge. 1997 erreichte Ferroviário Maputo schließlich als erster Klub des Landes die Gruppenspiele der afrikanischen Champions League.

Insgesamt leidet Mosambiks Fußball jedoch unter den wirtschaftlichen Schwächen seiner Vereine, einer rückständigen Sportinfrastruktur sowie dem Exodus seiner Talente. So kickte der langjährige Nationalmannschaftskapitän Chiquino beispielsweise bei Belenenses Lissabon bzw. dem US-amerikanischen Profiklub Tampa Bay Mutiny, während Rekordnationalspieler Tico-Tico vor allem in Südafrika erfolgreich war. Zahlreiche Mosambikaner stehen zudem bei portugiesischen Erst- und Zweitligisten unter Vertrag.

■ **AUF NATIONALER EBENE** dominierten lange Zeit regionale Strukturen. Zunächst wurden in elf Provinzligen Meister ermittelt, die abschließend mit den besten Teams der Hauptstadt Maputo um den Landesmeister rangen. Mit der 2005 eingerichteten »Moçambola« (»Campeonato Moçambicano de Futebol«) erhielt Mosambik erstmals eine richtige Nationalliga, der 14 Mannschaften angehören. Rekordmeister Costa do Sol schrieb derweil Schlagzeilen, als er das erste Kunstrasenfeld Mosambiks einweihte und unter dem agilen Vorstandschef Rui Tadeu professionelle Strukturen erhielt.

Die Zeichen für Mosambiks Fußball stehen gut. 2007 rückte das Land in der FIFA-Weltrangliste von Position 128 auf Platz 75 vor und heimste damit den Titel des »Best Mover« des Jahres ein. Vater des Erfolges war der niederländische Nationalcoach Mart Nooij, unter dem ein professionelles Umfeld entstanden war. Nooij verpasste mit den »Mambas« zudem nur knapp die Afrikameisterschaft 2008 und erreichte im Juli 2008 das Finale um den COSAFA-Cup, in dem man Südafrika mit 1:2 unterlag. In der WM-Qualifikation 2010 zogen die »Mambas« in die dritte und letzte Qualifikationsrunde ein.

Man darf gespannt sein auf den weiteren Weg des mosambikanischen Fußballs.

NAMIBIA

Namibia Football Association

Namibischer Fußball-Verband | gegründet: 1990 | Beitritt FIFA: 1992 | Beitritt CAF: 1990 | Spielkleidung: rotes Trikot, rote Hose, rote Stutzen | Spieler/Profis: 136.960/0 | Vereine/Mannschaften: 100/250 | Anschrift: Richard Kamumuka Street, Soccer House, Katutura, PO Box 1345, Windhoek 9000 | Telefon: +264-61/265691 | Fax: +264-61/265693 | Internet: www.nfa.org.na | E-Mail: info@nfa.org.na

Vereint am Ball

Fußball und Rugby halfen Namibia bei der Überwindung der Folgen der langjährigen Apartheid

Republic of Namibia

Republik Namibia | Fläche: 824.292 km² | Einwohner: 2.009.000 (2,4 je km²) | Amtssprache: Englisch | Hauptstadt: Windhoek (223.529) | Weitere Städte: Rundo (44.413), Walvis Bay (42.015), Oshakati (28.255), Katima Mulilo (22.694), Rehoboth (21.300) | Währung: 1 Namibia-Dollar = 100 Cents | Zeitzone: MEZ | Länderkürzel: NA | FIFA-Kürzel: NAM | Telefon-Vorwahl: +264

Es ist eine der bemerkenswertesten Entwicklungen in der jüngeren afrikanischen Fußballhistorie: der Aufstieg Namibias vom Fußball-Nobody zur geachteten Größe. 2008 reiste das dünn besiedelte Land im Südwesten des Kontinents bereits zum zweiten Mal nach 1998 zum Endturnier der Afrikameisterschaft und hatte mit HSV-Profi Colin Benjamin einen renommierten Europalegionär in seinen Reihen.

Namibias Erfolge sind auch insofern bemerkenswert, als das Land mit rund zwei Mio. Einwohnern zu den »Zwergen« in Afrika zählt und zudem auf eine Fußballgeschichte zurückblickt, die von Fremdbestimmung und internationaler Isolation geprägt ist.

Genau darin liegt allerdings auch der Schlüssel zum Erfolg. Als Namibia 1990 in die Unabhängigkeit entlassen wurde, stand das jahrzehntelang von Südafrika kontrollierte Land vor einer umfassenden Neuorientierung. Apartheid, Bürgerkrieg, ungleiche wirtschaftliche Entwicklung sowie eine schwierige Landreform stellten die politische Führung vor gewaltige Aufgaben. Eines der Werkzeuge, mit denen sie das Land einen wollte, war der Fußball. Binnen kurzem gelang es den Verantwortlichen, landesweit moderne Strukturen aufzubauen, die Apartheid auf den Rängen und den Spielfeldern zu überwinden und alle namibischen Volksgruppen durch die Akzentuierung auf die Nationalmannschaft für den Fußball zu begeistern

■ **DAS GEBIET DES HEUTIGEN** Namibia sah sich seit dem 19. Jahrhundert wechselnden Einflüssen ausgesetzt. 1884 war es als Deutsch-Südwestafrika deutsche Kolonie geworden, in der 1914 knapp 15.000 Weiße über 200.000 Schwarzen gegenüberstanden. Während im Süden die Khoikhoi dominierten, lebten im Norden vorwiegend Bantuvölker. In zwei brutal geführten Kriegen stabilisierte das Deutsche Reich seine Machtposition, musste sich aber auch den Vorwurf des Völkermordes gefallen lassen. So überlebten im Hereroaufstand von 1904/05 lediglich 13.000 von ursprünglich 90.000 Herero, während die Volksgruppe der Khoikhoi 1905 im so genannten »Hottentottenkrieg« rund die Hälfte ihrer Angehörigen verlor. Unterdessen begannen deutsche Handelsgesellschaften mit der systematischen Ausbeutung der Diamantminen und schufen in den Städten eine Architektur wilhelminischer Prägung.

Nach dem Ersten Weltkrieg übertrug der Völkerbund Südafrika die Verwaltung über die ehemalige deutsche Kolonie. Südafrikas weiße Apartheidsregierung ließ sämtliche Unabhängigkeitsbestrebungen der Einheimischen brutal niederschlagen und weitete seine Politik der Rassentrennung auch auf das nunmehrige Südwestafrika aus.

Als Pretoria nach dem Zweiten Weltkrieg seinen Griff verstärkte, bildete sich 1959 die Unabhängigkeitsbewegung South West African People's Organisation (SWAPO), die mit Unterstützung der Vereinten Nationen auf ein Ende der südafrikanischen Herrschaft drängte. 1966 entzogen die UN Südafrika das Mandat über die Region, die zwei Jahre später den Namen Namibia bekam. Südafrika hielt jedoch an seiner Macht fest und deportierte die schwarze Bevölkerung in so genannte Homelands, in denen katastrophale Lebensbedingungen herrschten.

Mit der Unabhängigkeit des benachbarten Angola stärkte sich die Position der Widerstandsbewegung SWAPO ab 1975, und Südafrika wurde an den Verhandlungstisch gezwungen. 1988 gelang es, einen Friedens-

TEAMS | MYTHEN

■ **BLUE WATERS WALVIS BAY** Mit vier Landesmeisterschaften der nach Black Africa erfolgreichste Klub Namibias. »The Beautiful Birds« residieren in der bis 1994 Südafrika beanspruchten Enklave Walvis Bay (Walfischbucht). [Kuisebmund (4.000) | 4 | 1]

■ **BLACK AFRICA WINDHOEK**  Aus dem ehemaligen Windhoeker Township Katutura stammendes Team, das mit fünf Titelgewinnen Namibias Rekordmeister ist. Der 1986 gegründete Verein errang 1994 seinen ersten Titel und überstand 1996 als erster namibischer Klub die Vorqualifikation in der afrikanischen Champions League, als man sich gegen Botswanas Spitzenklub Township Rollers durchsetzte. Anschließend gelang zwar ein 1:1 gegen Petro Atlético aus Angola, das aufgrund der 0:2-Hinspielniederlage jedoch nicht zum Weiterkommen reichte. 2000 drangen die »Lively Lions« abermals in die zweite Runde vor. Die Rot-Schwarzen zählen zu den beliebtesten Mannschaften im Land. Ihr Heimatquartier Katutura liegt vor den Toren Windhoeks und kommt auf etwa 120.000 Einwohner. Ab 1959 waren im Stadtgebiet von Windhoek wohnende Schwarze dort zwangsangesiedelt worden (Katutura steht in der Ovambo-Sprache für »der Ort, an dem wir nicht leben möchten«). Seit der Unabhängigkeits Namibias hat sich das Viertel in einen der lebhaftesten Stadtteile von Windhoek verwandelt. 2005 wurde dort das Sam-Nujoma-Stadion eröffnet. [1986 | Sam Nujoma (25.000) | 5 | 3]

■ **CIVICS WINDHOEK**  Im nördlichen Wohnquartier Khomasdal der Hauptstadt Windhoek ansässiger Klub, der 1983 als Schülerverein begann und zunächst den Namen Bethlehem Boys trug. Das vor allem von Straßenfußballern des townshipähnlichen Stadtteils gebildete Team überzeugte mit einem klassischen Kurzpassfußball und brachte u. a. den späteren Nationalspieler Colin Benjamin hervor. Im Laufe der Jahre wurden aus dem Klub zunächst die Mighty Civilians, ehe er seinen heutigen Namen Civics FC annahm, der für »Starke Bürger« bzw. sinngemäß »Orginale aus unserem Township« steht. Der für seine Jugendarbeit berühmte Kiezklub wurde 2000 von der Buschschule Namibia übernommen und in einen Vorzeigeklub verwandelt, der auch auf Seniorenebene Erfolge feierte. Unter dem deutschen Trainer Helmut Scharnowski errang er von 2005-07 dreimal in Folge die Landesmeisterschaft und erreichte 2006 als dritte namibische Mannschaft die zweite Runde in der Champions League. Der Klub gilt als Aushängeschild und verfolgt unverändert die Förderung des Fußballs in den unterpriviligierten Klassen. [1983 | Sam Nujoma (25.000) | 3 | 2]

Jahr	Meister	Pokalsieger
1985	United African Tigers	
1986	nicht ausgespielt	Orlando Pirates Windh.
1987	Benfica Tsumeb	nicht ausgespielt
1988	Blue Waters Walvis Bay	Young Ones
1989	Nashua Black Africans	nicht ausgespielt
1990	Orlando Pirates Windh.	Orlando Pirates Windh.
1991	Eleven Arrows Walvis Bay	Chief Santos Tsumeb
1992	Ramblers Windhoek	Liverpool Okahandja
1993	Chief Santos Tsumeb	Nashua Black Africans
1994	Nashua Black Africans	Blue Waters Walvis Bay
1995	Nashua Black Africans	Tigers Windhoek
1996	Blue Waters Walvis Bay	Tigers Windhoek
1997	nicht ausgespielt	Nashua Black Africans
1998	Nashua Black Africans	Chief Santos Tsumeb
1999	Nashua Black Africans	Chief Santos Tsumeb
2000	Blue Waters Walvis Bay	Chief Santos Tsumeb
2001/02	Liverpool Okahandja	Orlando Pirates Windh.
2002/03	Chief Santos Tsumeb	FC Civics Windhoek
2003/04	Blue Waters Walvis B.	Black Africa Windhoek
2004/05	FC Civics Windhoek	Ramblers Windhoek
2005/06	FC Civics Windhoek	Orlando Pirates Windh.
2006/07	FC Civics Windhoek	African Stars Windhoek
2007/08	Orlando Pirates Windh.	FC Civics Windhoek

Namibias »Brave Warriors« bei der Afrikameisterschaft 2008 in Ghana.

vertrag zu erreichen, woraufhin am 21. März 1990 die unabhängige Republik Namibia unter Führung von SWAPO-Mitgründer Sam Nujoma ausgerufen wurde.

■ **ENTGEGEN VIELEN ANDEREN** Ländern vermied Namibia ein Abrutschen in interne Streitigkeiten, und es kam zu einem friedlichen Übergang. Eine sensible Landreform nahm die notwendige Korrektur der ungerechten Besitzverteilung aus der Kolonialzeit vor, ohne die weißen Grundbesitzer aus dem Land zu vertreiben. Die wirtschaftliche Abhängigkeit von Südafrika wurde erfolgreich durchbrochen, und das Verhältnis zwischen Schwarzen und Weißen entspannte sich. Namibias größte Sorgen gelten heute der hohen Arbeitslosigkeit sowie einer drohenden Wasserverknappung, denn große Teile des nur punktuell entwickelten Landes bestehen aus vegetationsloser Wüste.

Zu den Garanten bei der Entwicklung eines namischen Nationalgefühls zählte der Fußball. Fußball wird bereits seit der Jahrhundertwende in Namibia gespielt. Briten führten das Spiel seinerzeit ein. Rasch von deutschen Kolonialisten aufgegriffen, entstand noch vor dem Ersten Weltkrieg eine auf die Städte konzentrierte nationale Fußballgemeinde. So ist aus dem Jahr 1913 die Gründung des Deutschen Fußball-Klubs Windhuk überliefert, deren Gründer Albert Kümmel und Heinrich Dählmann waren.

Nach dem Ersten Weltkrieg übernahmen Briten und Südafrikaner die Führung und riefen die South West Africa Football Association (SWAFA) ins Leben. Die SWAFA organisierte anschließend mehrere Regionalmeisterschaften, deren Sieger um einen Landesmeister stritten. Neben der Verwaltungsstadt Windhoek avancierten Usakos, Okahandja und Walvis Bay zu Fußballhochburgen. Wichtigste Trophäe war der vom südafrikanischen Verwaltungschef Sir Howard Gorges ausgelobte »Gorges Cup«, der für sämtliche Fußballvereine des Landes offen stand. Nachdem zunächst die Eisenbahnermannschaft »Railways« dominiert hatte, prägten ab Ende der 1920er Jahre vor allem die Old Boys sowie der DFK Windhuk den Spielbetrieb.

Südwestafrikas organisierter Fußball war jedoch ausnahmslos »weiß«. Es gab zwar vereinzelt afrikanische Vereine wie die um 1942 gebildeten Mukorob Pelafic Tigers, ein rassenübergreifender Spielbetrieb war in dem Apartheidsland allerdings unbekannt.

Mit dem Aufkommen der schwarzen Unabhängigkeitsbewegung nach dem Zweiten Weltkrieg wurde der schwarze Fußball gestärkt und es entstanden weitere Klubs. Darunter waren die 1952 gebildeten African Stars aus Windhoek und der 1961 in Walvis Bay gegründete Eleven Arrows FC. Die Apartheidspolitik verhinderte jedoch übergreifende Spielklassen, und während die 1966 gebildete »weiße« National Football League (NFL) in das südafrikanische Ligasystem eingebunden wurde, mussten die schwarzen Klubs in rudimentären »Townshipligen« kicken.

Wie in Südafrika war Fußball in Namibia ein überwiegend »schwarzer« Sport, während sich das 1916 von südafrikanischen Migranten eingeführte Rugby (in seiner »Union«-Variante) zur »weißen« Domäne entwickelte. In beiden Disziplinen verhinderte die Apartheidspolitik internationale Auftritte Südwestafrikas. So konnte die weiße Fußball-Nationalmannschaft »Desert Rats« aufgrund der internationalen Ächtung Südafrikas lediglich gegen südafrikanische Mannschaften auflaufen. Nachdem das Apartheidsverdikt 1976 etwas gelockert worden war, standen sich 1977 immerhin erstmals die Meister der schwarzen und der weißen Liga im Kampf um die Gesamtmeisterschaft gegenüber. Die »schwarzen« African Stars

● **FIFA World Ranking**
1993	1994	1995	1996	1997	1998	1999	2000
156	123	116	103	86	69	80	87
2001	2002	2003	2004	2005	2006	2007	2008
101	123	144	158	161	116	114	115

● **Weltmeisterschaft**
1930–90 nicht teilgenommen **1994–10** Qualifikation

● **Afrikameisterschaft**
1957–94 nicht teilgenommen **1996** Qualifikation **1998** Endturnier (Vorrunde) **2000–06** Qualifikation **2008** Endturnier (Vorrunde) **2010** Qualifikation

triumphierten mit einem 2:0 über den »weißen« Ramblers FC Windhoek.

■ **ALS NAMIBIA 1990 UNABHÄNGIG** wurde, konkurrierten gleich fünf Organisationen um Macht und Einfluss: die aus der SWAFA entwickelte Namibia Football Association (NFA), die ihr nahestehende Namibian National Soccer League (NNSL), die Amateur Soccer Association (ASA), die Central Namibia Football Association (CNFA), die Namibia Soccer Federation (NSF) sowie die Northern Namibia Soccer Association (NNSA).

Von der namibischen Regierung wurden lediglich die NFA bzw. die NNSL anerkannt. Während die NFA 1990 der CAF und 1992 der FIFA beitrat, führte die NNSL die 1986 eingeführte landesweite »Super League« (heute »Namibia Premier League«, NPL) sowie deren vier regionale Unterhäuser fort. Analog der auf Ballungsräume konzentrierten Siedlungsstruktur Namibias beschränkte sich der Spielbetrieb allerdings auf die Städte des Landes, wobei neben Windhoek vor allem die bis 1994 von Südafrika beanspruchte Enklave Walvis Bay im Fußball aktiv war. Erster Meister wurde mit Benfica Tsumeb allerdings ein »Provinzklub« aus dem Norden Namibias. Anschließend übernahmen die Black Stars aus Windhoek mit renommierten Spielern wie Torhüter Metra Toromba und Lucky »Thindwa« Bostander die Führung.

■ **NAMIBIAS MULTIETHNISCHE** Nationalelf »Brave Warriors« (»Mutige Krieger«) lieferte im Mai 1989 mit einem 0:1 gegen Angola ihr Debüt ab und begab sich in den 1990er Jahren auf einen mitreißenden Höhenflug. In dem Bewusstsein, dass der Fußball helfen kann, dem nach Jahrzehnten der Apartheidspolitik zerrissenen Land das Gefühl einer nationalen Einheit zu verleihen, bündelten Wirtschaft, Politik und Sport die Kräfte. Zugleich wurde mit dem Deutschen Heinz-Peter Ueberjahn eine anerkannte Fachkraft engagiert, die im Verbund mit den einheimischen Fachleuten Redon Hogane und Rustan Morgane wertvolle Basisarbeit leistete. Es dauerte nicht lange, da stellten sich erste Erfolge ein. Namibias U20 und U23 machte sich im südlichen Afrika einen guten Namen, und 1994 stritten die »Brave Warriors« erstmals um WM-Punkte. Zwei Jahre später nahm Namibia auch das Rennen um einen Platz bei der Afrikameisterschaft auf.

Nachdem im Juli 1994 beim 1:0 über Botswana der erste Sieg gelungen war, feierten die »Brave Warriors« im Dezember desselben Jahres ihren Durchbruch, als sie mit der Elfenbeinküste erstmals einen »Großen« bezwangen und daraus ein gewachsenes Selbstbewusstsein generierten. 1997 erreichte Namibia das Finale im prestigeträchtigen COSAFA-Cup, ehe am 27. Juli desselben Jahres mit einem 1:1 in Gabun völlig unerwartet die Qualifikation zur Afrikameisterschaft 1998 gelang. In Burkina Faso lieferte das Team drei spektakuläre Begegnungen ab, unterlag der Elfenbeinküste unglücklich mit 3:4, rang Angola ein 3:3 ab und schied nach einem 1:4 gegen Südafrika erhobenen Hauptes aus.

Nachdem die Basis gelegt war, konnte sich Namibia dauerhaft unter den respektierten Fußballnationen des südlichen Afrikas etablieren. 2000 verpasste die U23 des Landes mit Akteuren wie wie den Bundesligaprofis Razundara Tjikuzu (Werder Bremen) und Colin Benjamin (Hamburger SV) sowie Quinton Jacobs, Gerson Kooper, Floris Diergaardt, Oscar Tjikurunda und Rodney Doeseb sogar nur unglücklich die Qualifikation zu den Olympischen Spielen in Sydney.

Unterdessen errang auch Namibias Rugby-Auswahl große Erfolge und qualifizierte sich 1999, 2003 und 2007 jeweils für die Weltmeisterschaft. Auch sie lieferte damit einen Beitrag zur gelungenen Überwindung der Apartheid. Sowohl bei den Fußball- als auch bei den Rugbyspielen saßen Weiße und Schwarze gemeinsam vor den TV-Bildschirmen und drückten den Spielern aus allen Bevölkerungsgruppen die Daumen. Sport erwies sich damit als erfolgreicher Überwinder von Grenzen.

Daran hatten natürlich auch anhaltende Erfolge ihren Anteil. Namibias Fußball-Nationalauswahl erreichte 2008 zum zweiten Mal die Afrikameisterschaft, geriet dort allerdings im Auftaktspiel gegen Marokko mit 1:5 unter die Räder. Anschließend vermochte sich das Team von Trainer Arie Schans beim 0:1 gegen Gastgeber Ghana und dem 1:1 gegen Guinea deutlich erfolgreicher zu präsentieren.

Auf Klubebene sind große Erfolge bislang ausgeblieben. 1992 schieden die Eleven Arrows Walvis Bay bei ihrem (und Namibias) Debüt in der kontinentalen Landesmeisterschaft gegen Arsenal Maseru aus Lesotho aus, und lediglich Black Africa (1996 und 2000) sowie der Civics FC (2006) konnten bislang die erste Qualifikationshürde überspringen. Namibias Klubfußball ist zwar gut organisiert, hat aber große Probleme, sich gegenüber dem übermächtigen Profifußball des Nachbarlandes Südafrika zu behaupten. Kein Wunder, denn deren Spitzenklubs Orlando Pirates und Kaizer Chiefs dürften in Namibia mehr Fans hinter sich wissen als jeder einheimische Verein.

■ **RAMBLERS FC WINDHOEK** Der 1945 gegründete Landesmeister von 1992 gehört zu den ältesten Vereinen des Landes und ist Namibias »weißer« Klub. Gegründet und lange Zeit getragen von weißen Siedlern, büßten die Blau-Weißen ihre ethnische Basis nach der Unabhängigkeit ein wenig ein und durchlebten seit dem Gewinn der Landesmeisterschaft 1992 eine recht turbulente Phase. Zwischenzeitlich sogar in die Zweitklassigkeit zurückgefallen, etablierten sie sich erst nach der Millenniumswende wieder im Oberhaus und errangen 2005 den Landespokal. Legendär ist der Klubschlachtruf »Rammie, Rammie, Ramblers«. Der Klub zählt zu Namibias Hockeygrößen. [1945 | Ramblers (10.000) | 1 | 1]

■ **ORLANDO PIRATES WINDHOEK** Zweifacher Landesmeister aus dem ehemaligen Windhoeker Township Katutura, in dem auch Rekordmeister Black Africa ansässig ist. Die »Buccaneers« wurden 1963 gegründet und stehen dem gleichnamigen südafrikanischen Profiklub nahe. [1963 | Khomasdal (25.000) | 2 | 2]

HELDEN | LEGENDEN

■ **COLIN BENJAMIN** Der berühmteste Fußballer des Landes etablierte sich 2001 als zweiter Namibier in der deutschen Bundesliga. 1999 war der beim Civics FC ausgebildete Allrounder nach Hamburg gekommen, wo er über die Stationen Germania Schnelsen und Raspo Elmshorn zum HSV kam. 2006 bereitete der zunächst bei den HSV-Amateuren spielende Benjamin im Champions-League-Qualifikationsspiel gegen CA Osasuna das entscheidende 1:1 durch Nigel de Jong vor. 1999 in der namibischen Nationalauswahl debütierend, zählte er zu den Leistungsträgern und führte die »Brave Warriors« 2008 zum zweiten Mal zum Endturnier um die Afrikameisterschaft. [*3.8.1978 | 28 LS]

■ **MOHAMMED OUSEB** Der Verteidiger war einer der Garanten bei Namibias erster Qualifikation zur Afrikameisterschaft 1998. Ouseb spielte für die südafrikanischen Klubs Chief Santos und Kaizer Chiefs, ehe er 2001 zum norwegischen Profiklub Lyn Oslo wechselte, für den er in 42 Spielen verteidigte. 2004 kehrte er nach Südafrika zurück und kickte bis zu seinem Karriereende 2007 für die Moroka Swallows. [*17.7.1974 | 76 LS]

■ **RAZUNDARA TJIKUZU** Namibias »enfant terrible« weist eine recht aufregende Biografie auf. Als Halbwaise in Namibia aufgewachsen, kam Tjikuzu 1995 zu Werder Bremen und schaffte 1998 den Sprung in Werders Regionalligamannschaft. Am ersten Spieltag der Saison 1999/2000 debütierte er in der Bundesligaelf der Grün-Weißen und avancierte überraschend zum Stammspieler. Disziplinarische Probleme sorgten jedoch 2002 für die Rückversetzung in die Regionalligaelf, ehe Tjikuzu 2003 zu Hansa Rostock wechselte. Erneute disziplinarische Probleme sorgten 2005 zu seinem Wechsel zum MSV Duisburg, den er 2006 nach nur einer Spielzeit in Richtung des türkischen Klubs Çaykur Rizespor verließ. 2007/08 heuerte der technisch begabte Abwehrspieler beim Istanbuler Erstliga-Aufsteiger Istanbul Büyükşehir Belediyespor an. Tjikuzu lief zwar 47-Mal für Namibias Natiponalelf auf, wurde aber 2008 dennoch nicht zur Afrikameisterschaft berufen. [*12.12.1979 | 47 LS]

NIGER

Kein Geld fürs Flutlicht

Der Fußball in Niger konzentriert sich weitestgehend auf die Hauptstadt Niamey

Fédération Nigerienne de Football

Nigrischer Fußball-Bund | gegründet: 1963 | Beitritt FIFA: 1967 | Beitritt CAF: 1967 | Spielkleidung: oranges Trikot, weiße Hose, grüne Stutzen | Saison: Oktober - Juli | Spieler/Profis: 542.711/20 | Vereine/Mannschaften: 120/1.010 | Anschrift: Avenue François Mitterand, Case postale 10299, Niamey | Tel: +227-20724575 | Fax: +1227-20725127 | keine Homepage | E-Mail: fenifoot@gmail.com

In Niger ist nichts wirklich einfach. Ein Großteil des Landes besteht aus Wüste, die Entfernungen sind enorm und die Reisen beschwerlich. Geld fehlt dem rohstoffarmen Land an allen Ecken und Enden, zumal es touristisch außer sengender Sonne nicht viel zu bieten hat.

Auch Nigers Fußball ist nicht gerade ein Erfolgsgarant. Die Landesauswahl hat bislang sämtliche Afrikameisterschaften verpasst und in der WM-Qualifikation nur selten auf sich aufmerksam machen können. Erst 13 Jahre nach ihrem Debüt im Jahre 1963 vermochte sie einen Sieg zu erringen. Zwischen 2004 und 2008 gelang lediglich gegen Winzling Lesotho ein Erfolg.

■ **NIGER ERHIELT SEINEN** Namen von dem gleichnamigen Strom, an dessen Ufern ein Großteil der etwa 12 Mio. Einwohner lebt und an dem sich auch die Hauptstadt Niamey befindet. Das Niger-Becken ist die einzige fruchtbare Region eines Landes, das zu den am wenigsten entwickelten der Welt gehört und in dem die durchschnittliche Lebenserwartung lediglich 42 Jahre beträgt.

Die Geschichte Nigers ist geprägt von den Gegensätzen zwischen den Nomadenvölkern der Tuareg des Nordens und den sesshaften Ackerbauern der Songhaï-Zerma, Hausa und Kanuri des Südens. Auf der Berliner Afrikakonferenz 1885 hatte Frankreich große Teile der Region einkassiert und eine rüde Kolonialverwaltung installiert, die den Widerstand der Tuareg brutal unterband. 1922 wurde die Region der Föderation Französisch-Westafrika angeschlossen. Nach dem Zweiten Weltkrieg kamen zunehmend Autonomieforderungen auf, ehe Niger 1960 in die Unabhängigkeit entlassen wurde.

Erster Staatspräsident wurde mit Hamani Diori ein Angehöriger der Songhaï-Zerma, der ein autoritäres und korruptes Regime errichtete, das Nigers wirtschaftliche Entwicklung erheblich behinderte. Nachdem bei Hungersnöten Anfang der 1970er Jahre mehr als 100.000 Menschen ums Leben gekommen waren, putschte sich 1974 Oberstleutnant Seyni Kountché an die Macht und errichtete eine Militärdiktatur, die das Land zunächst stabilisierte. Die desaströse Wirtschaftslage sowie Scharmützel mit rebellischen Tuaregs ließen das 1989 zu einer zivilen Regierung zurückkehrende Land jedoch nicht zur Ruhe kommen. 1996 kam es erneut zum Militärputsch, in dessen Folge Niger vollends von ausländischer Hilfe abhängig wurde. Schätzungen zufolge waren 2005 allein im Süden des Landes mehr als 1,2 Mio. Menschen auf Nahrungsmittellieferungen angewiesen.

■ **DER FUSSBALL WAR ZWISCHEN** den beiden Weltkriegen von französischen Kolonialisten ins Land gebracht worden, hatte aber außerhalb der europäischen Gemeinschaft zunächst kaum Halt gefunden. Die Tuareg zeigten keinerlei Interesse, und im Süden waren es lediglich kleinere Gruppen französisch ausgebildeter Einheimischer, die gegen den Ball traten. Sein Zentrum hat Nigers Fußball bis heute in der Hauptstadt Niamey, wo auch die 1963 gebildete Fédération Nigerienne de Football residiert.

Mit dem Ende der französischen Kolonialherrschaft begann 1960 die Historie des eigenständigen nigrischen Fußballs. Drei Jahre später debütierte die »Mena« genannte Landesauswahl mit einem 0:1 in Nigeria, und 1966 nahm eine auf Niamey beschränkte Fußball-Liga ihren Spielbetrieb auf. Teilnehmer waren Stadtbezirksmannschaften, unter denen sich die Auswahl des »Secteur 6« als spielstärkste erwies.

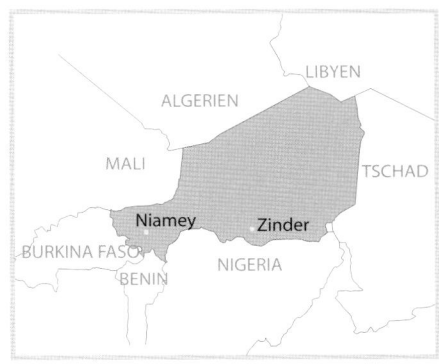

République du Niger

Republik Niger | Fläche: 1.267.000 km² | Einwohner: 13.499.000 (10,7 je km²) | Amtssprache: Französisch | Hauptstadt: Niamey (674.950) | Weitere Städte: Zinder (170.574), Maradi (147.038), Agadez (76.957), Tahoua (72.446) | Währung: CFA-Franc | Bruttosozialprodukt: 210 $/Kopf | Zeitzone: MEZ | Länderkürzel: NE | FIFA-Kürzel: NIG | Telefon-Vorwahl: +227

● **FIFA World Ranking**
1993	1994	1995	1996	1997	1998	1999	2000
81	70	93	129	150	154	164	182
2001	2002	2003	2004	2005	2006	2007	2008
191	184	164	173	177	147	155	143

● **Weltmeisterschaft**
1930-74 nicht teilgenommen **1978-82** Qualifikation **1986-90** nicht teilgenommen 1994 Qualifikation **1998-2002** nicht gemeldet **2006-2010** Qualifikation

● **Afrikameisterschaft**
1957-68 nicht teilgenommen **1970-72** Qualifikation **1974** Rückzug **1976** Qualifikation **1978-82** nicht teilgenommen **1984** Qualifikation **1986-90** nicht teilgenommen **1992-94** Qualifikation **1996** Rückzug **1998** nicht teilgenommen **2000-10** Qualifikation

Nach dem Putsch durch General Kountché wurden die Bezirksmannschaften 1974 in reguläre Vereine umgewandelt. Darunter waren der heutige Rekordmeister Sahel SC (ex-Secteur 7, 12-facher Meister) sowie der Olympique FC, der aus Serienmeister Sector 6 hervorging und mit elf Titelgewinnen der zweiterfolgreichste des Landes ist. Seit 1974 wird zudem um einen Landespokal gespielt. Die Mannschaften aus der Hauptstadt Niamey dominieren den Spielbetrieb. Lediglich dem Jangoro FC Maradi (1983) sowie Espoir Zinder (1984) gelang es, die Meisterschaft aus Niamey zu entführen. Die meisten Klubs sind Behörden oder staatlichen Institutionen unterstellt.

■ **1967 SOWOHL DER CAF** als auch der FIFA beitretend, beteiligte sich Niger an der Olympiaqualifikation 1968 und nahm 1970 erstmals an der Afrikameisterschaft teil. 1978 folgte das Debüt in der WM-Qualifikation, in der man vier Jahre später seinen größten Erfolg feierte, als die von Labo Chipkao trainierte »Mena« um Jacques Komlan, Hassane Adamou und Moussa Kanfideni über Somalia und Togo ins Achtelfinale vordrang, wo sie auf Algerien traf. Mehr als 15.000 Zuschauer verfolgten im Mai 1981 einen 1:0-Heimerfolg über die spätere WM-Überraschungself, die das Hinspiel allerdings deutlich mit 4:0 für sich entschieden hatte. Nicht unwesentlich beteiligt an der Leistungssteigerung war im Übrigen der deutsche Botschafter in Niamey, Harald Ganns, der sich erfolgreich um eine Verbesserung der Infrastruktur bemüht hatte.

1983 hatte Niger in der Afrikameisterschaft gegen Senegal gerade den Kürzeren gezogen, als die politischen Turbulenzen dafür sorgten, dass das Land erst 1992 wieder an der Kontinentalmeisterschaft teilnehmen konnte. Neben den Kampfhandlungen und Hungersnöten sorgten direkte Eingriffe durch die Politik mehrfach für Rückschläge. So ließ Staatspräsident Kountché den Nationalverband FNF nach der 1:3-Heimniederlage gegen die Elfenbeinküste im September 1984 kurzerhand auflösen, was zu einer Suspendierung durch die FIFA führte, die erst 1987 wieder aufgehoben wurde.

Die Isolation warf den nigrischen Fußball weit zurück. »Die Spieler sind in keiner guten Verfassung. Ihnen fehlt es an der einfachsten technischen und taktischen Ausbildung. Es ist die Politik, die uns überleben lässt«, konstatierte der Berliner Klaus Kluth, der 1988 nach Niger gekommen war, um den Fußball dort wieder zum Leben zu erwecken. Dank Kluths Basisarbeit gelang Niger 1990 die Rückkehr auf die internationale Bühne. Zwei Jahre später erreichte die von Soumaila Tiémogo, Jacques Komlan, Hassane Adamou und Moussa Kanfideni geprägte Landesauswahl mit einem 1:0 über Marokko im Rahmen der Afrikameisterschaft 1992 einen neuerlichen Höhepunkt, während der Zumunta AC 1993 bis ins Viertelfinale des kontinentalen Pokalsiegerwettbewerbes vordrang. Der sportliche Höhenflug endete jedoch rasch, und in den 1990er Jahren wurden Erfolge wieder rarer.

■ **DAS GRÖSSTE PROBLEM** ist das fehlende Geld. Fußball in Niger ist purer Amateursport und findet unter minimalistischen Umständen statt. Sämtliche Spiele müssen trotz sengender Hitze um 16 Uhr angepfiffen werden, weil kein Geld für den Betrieb einer Flutlichtanlage vorhanden ist. Die Einrichtung einer Nationalliga scheint bei Entfernungen von 1.000 Kilometern, die allein zwischen Niamey und der im Landeszentrum gelegenen Stadt Agadez liegen, sowie angesichts exakt 798 km befestigter Straßen (landesweit!) kaum vorstellbar zu sein.

Seit den 1990er Jahren wird immerhin in mehreren Regionalligen gespielt, deren Sieger in der zweiten Saisonhälfte in der Super League mit den stärksten Hauptstadtteams um den Titel des Landesmeisters kämpfen. 2002 kam es allerdings zu einem Streit, als fünf Hauptstadtvereine die Konkurrenzliga Coupe des Sponsors ins Leben riefen, weil der Nationalverband die reguläre Liga aufgrund finanzieller Nöte eigenmächtig abgebrochen hatte.

Seit der Milleniumswende ist Nigers Fußball insgesamt etwas in Bewegung geraten. Mit Hilfe des FIFA-Goal-Programms konnte in Niamey ein modernes Trainingszentrum entstehen, und auch die intensivierte Nachwuchsarbeit trägt allmählich Früchte. Spieler wie Moussa Yahaya (Legia Warszawa, Polen), Ibrahim Tankary, Ouwo Moussa Maazou (beide Belgien) und Kassaly Daouda, Lassina Abdoul Karim (beide Cotonsport, Kamerun) haben sich im Ausland durchgesetzt. Der Sahel SC sowie der Polizeiklub AS-FNIS haben derweil in der Champions League jeweils die zweite Runde erreicht, wobei AS-FNIS 2007 sogar den algerischen Vertreter USM Alger ausschaltete.

TEAMS | MYTHEN

■ **ASFAN NIAMEY** Team der Nationalarmee (ASFAN: Association Sportive des Forces Armées Nationale), das im Dezember 1996 mit dem Gewinn des UFOA-Cups für den einzigen internationalen Kluberfolg Nigers sorgte. Die Armeekicker setzten sich seinerzeit im Endspiel auf eigenem Platz gegen East of Lions aus Sierra Leone durch. [Général Seyni Kountché (35.000) | 2 | 1]

■ **SAHEL SC NIAMEY** Aus der Mannschaft des »Secteur 7« hervorgegangener Klub, der zu den bekanntesten des Landes zählt. Die Grün-Gelben verlebten ihre erfolgreichste Zeit von 1986-94, als die von Kapitän Cheik Diabaté angeführte Elf siebenmal Landesmeister wurde. Nach einer längeren Durststrecke konnte der Sahel SC erst 2003 auf den Meisterthron zurückkehren und erreichte 2004 die zweite Runde in der Champions League. [1974 | Général Seyni Kountché (35.000) | 11 | 9]

■ **OLYMPIQUE FC NIAMEY** Der 1974 gegründete Klub ging aus der Elf des fünffachen Landesmeisters »Secteur 6« (1966-70) hervor. Er wird analog seines Sitzes im hauptstädtischen Stadtviertel Lakouroussou auch als »les Lions de Lakouroussou« bezeichnet. Die Rot-Weißen stehen in intensiver Rivalität mit dem Rekordmeister Sahel SC Niamey und errangen 1999 ihre elfte Meisterschaft. International ragen die Zweitrundenteilnahmen im Landesmeisterwettbewerb 1978 bzw. dem Pokalsiegerwettbewerb 1991 heraus. [1974 | Général Seyni Kountché (35.000) | 11 | 5]

■ **ZUMUNTA AC NIAMEY** Dreifacher Landesmeister, dessen größter Erfolg der Einzug in das Viertelfinale des afrikanischen Pokalsiegerwettbewerbs 1993 war. [Général Seyni Kountché (35.000) | 3 | 1]

HELDEN | LEGENDEN

■ **SOUMAILA TIÉMOGO** Galionsfigur der nigrischen Landesauswahl der späten 1980er Jahre, die 1991 mit einem 1:0 über Marokko ihren Höhepunkt erreichte.

Jahr	Meister	Pokalsieger
1966	Secteur 6 Niamey	
1967	Secteur 6 Niamey	
1968	Secteur 6 Niamey	
1969	Secteur 6 Niamey	
1970	Secteur 6 Niamey	
1971	ASFAN Niamey	
1972	nicht ausgetragen	
1973	Secteur 7 Niamey	
1974	Sahel SC Niamey	Sahel SC Niamey
1975	ASFAN Niamey	Olympique FC Niamey
1976	Olympique FC Niamey	Liberté FC Niamey
1977	Olympique FC Niamey	Olympique FC Niamey
1978	Olympique FC Niamey	Sahel SC Niamey
1979	nicht ausgetragen	Ader Club Tahoua
1980	AS Niamey	AS Niamey
1981	AS Niamey	AS Niamey
1982	AS Niamey	Zoundourma Zinder
1983	Jangorzo FC Maradi	Jangorzo FC Maradi
1984	Espoir Zinder	Espoir Zinder
1985	Zumunta AC Niamey	Espor Zinder
1986	Sahel SC Niamey	Sahel SC Niamey
1987	Sahel SC Niamey	Sahel SC Niamey
1988	Zumunta AC Niamey	Liberté FC Niamey
1989	Olympique FC Niamey	Liberté FC Niamey
1990	Sahel SC Niamey	Olympique FC Niamey
1991	Sahel SC Niamey	Olympique FC Niamey
1992	Sahel SC Niamey	Sahel SC Niamey
1993	Zumunta AC Niamey	Sahel SC Niamey
1994	Sahel SC Niamey	Zumunta AC Niamey
1995	nicht ausgetragen	ASFAN Niamey
1996	Sahel SC Niamey	Sahel SC Niamey
1997	-	JS Ténéré Niamey
1997/98	Olympique FC Niamey	JS Ténéré Niamey
1999	Olympique FC Niamey	JS Ténéré Niamey
2000	JS Ténéré Niamey	JS Ténéré Niamey
2001	JS Ténéré Niamey	Akokana AC Agadez
2002	abgebrochen	nicht ausgespielt
2003	Sahel SC Niamey	Olympique FC Niamey
2004	Sahel SC Niamey	Sahel SC Niamey
2004/05	AS-FNIS Niamey	
2005/06	AS-FNIS Niamey	Sahel SC Niamey
2006/07	Sahel SC Niamey	AS-FNIS Niamey
2008	AS Police Niamey	AS Police Niamey

NIGERIA

Der strauchelnde Riese

Das bevölkerungsreichste Land Afrikas verfügt über großartige Ressourcen, erstickt aber an internen Problemen

Nigeria Football Association

Fußball-Verband Nigeria | gegründet: 1945 | Beitritt FIFA: 1959 | Beitritt CAF: 1959 | Spielkleidung: grünes Trikot, grüne Hose, grüne Stutzen | Saison: Februar - November | Spieler/Profis: 6.653.710/2.440 | Vereine/Mannschaften: 522/52 (offizielle FIFA-Zahlen) | Anschrift: Plot 2033, Olusegun Obasanjo Way, Zone 7, Wuse Abuja, PO Box 5101, Garki, Abuja | Tel: +234-9/5237326 | Fax: +234-9/5237327 | www.nigeriafaonline.com | E-Mail: info@nigeriafa.com

Nigeria könnte im Fußball das Brasilien Afrikas sein. Das Land ist ungeheuer groß (923.768 km²), es ist Afrikas mit Abstand bevölkerungsreichstes (128 Mio.), es weist eine enorme kulturelle Vielfalt auf und es gehört zu den weltweiten Fußballhochburgen.

Doch Nigeria ist weit entfernt von den Erfolgen des fünffachen Weltmeisters. Lediglich ein Olympiasieg und zwei Kontinentalmeisterschaften stehen für den dreifachen WM-Teilnehmer zu Buche. Das muss angesichts des enormen Potenzials als »mager« bezeichnet werden. Die Gründe dafür sind zahlreich und vielschichtig. Neben eklatanten wirtschaftlichen Problemen, die jedes nigerianische Fußballtalent von einem Wechsel ins Ausland träumen lassen und den heimischen Klubs enorme Probleme bereiten, stehen Korruption, Vetternwirtschaft, Amtsmissbrauch sowie eine marode Organisationsstruktur ganz oben in der Ursachenanalyse.

Hinzu kommt ein seit langem brodelnder ethnischer Hexenkessel. »Nationale Einheit gegen Zentrifugalkräfte«, titelte das Fachblatt »Jeune Afrique« 2006 in seinem Jahresbericht über den Giganten am Golf von Guinea. Die von den Kolonialmächten ohne Rücksicht auf die ethnischen Lebensräume gezogenen Grenzen haben Nigeria vor allem einen Machtkampf zwischen dem muslimischen Norden und dem christlich-animistischen Süden beschert, der ständig zu explodieren droht.

Fußball ist sowohl Mittler als auch Spalter im Streit der Volksgruppen und Religionen. Die Nationalmannschaft »Green Eagles« ist der unbestrittene Liebling aller nigerianischen Fußballfans gleich welcher ethnischer Herkunft oder Glauben. Doch schon auf Vereinsebene beginnen die Probleme, ringen Mannschaften um Punkte, hinter denen ethnisch ausgerichtete Regionalregierungen stehen. So ist das Derby zwischen den Enugu Rangers und den Shooting Stars aus Ibadan auch ein Duell der Volksgruppen Igbo und Yoruba, während der zweifache Afrikameister Enyimba Aba seinen Aufstieg vor allem dem Engagement der Regionalregierung des Bundesstaates Abia verdankt.

■ **SCHÄTZUNGSWEISE 250 VÖLKER** und Ethnien leben in Nigeria. Die größte Gruppe bilden die überwiegend im Norden anzutreffenden Hausa, die islamischen Glaubens sind. Im Nordosten dominieren Kanuri und im Südwesten Yoruba bzw. östlich des Niger Igbo. Die enorme ethnische Vielfältigkeit spiegelt sich in den insgesamt 36 Teilstaaten wider, die die Bundesrepublik Nigeria heute bilden.

Neben dem ethnischen Konflikt sorgt vor allem die religiöse Zerrissenheit zwischen dem islamischen Norden, in dem man der Scharia folgt, und dem christlichen Süden, in dem die brodelnden Millionenstädte Lagos und Ibadan liegen, für Spannungen.

Zur Geschichte: Die Entdeckung der Nigermündung leitete ab 1830 die Kolonialisierung der Region durch Großbritannien ein. 1914 entstand die Kolonie Nigeria, zu der 1922 der Westen des ehemaligen deutschen Schutzgebietes Kamerun kam. Schon als sich in den 1940er Jahren erste Parteien bildeten, wirkten sich die regionalen Befindlichkeiten aus und verhinderten die Entstehung landesweiter bzw. ethnienübergreifender Großparteien. Als Nigeria am 1. Oktober 1960 in die Unabhängigkeit entlassen wurde, geriet das Land demzufolge übergangslos in interne Turbulenzen.

1966 kam es zu zwei aufeinanderfolgenden Militärputschen, in denen zunächst Offiziere der Ostregion die Macht übernahmen, ehe

Federal Republic of Nigeria

Bundesrepublik Nigeria | Fläche: 923.768 km² | Einwohner: 128.709.000 (139 je km²) | Amtssprache: Englisch | Hauptstadt: Abuja (403.000) | Weitere Städte: Lagos (13,4 Mio.), Ibadan (1,7 Mio.), Ogbomosho (694.400), Kano (641.200), Oshogbo (453.600), Ilorin (452.700), Abeokuta (406.500) | Währung: 1 Naira = 100 Kobo | Bruttosozialprodukt: 430 $/Kopf | Zeitzone: MEZ | Länderkürzel: NG | FIFA-Kürzel: NGA | Telefon-Vorwahl: +234

sie von dem aus dem Norden stammenden Oberstleutnant Yakubu Gowon abgelöst wurden. Als Gowon anschließend eine Neugliederung der Landesstruktur vornahm, verweigerte sich die rohstoffreiche Ostregion und proklamierte 1967 die unabhängige Republik Biafra. Mit Unterstützung Großbritanniens und der Sowjetunion stellte die nigerianische Zentralmacht daraufhin in einem mit äußerster Brutalität geführten Bürgerkrieg bis 1970 die Einheit wieder her.

Nigeria ist in seiner jüngeren Geschichte nur selten zur Ruhe gekommen. Das Land verfügt über zahlreiche Konfliktfelder. Beispiel Erdölindustrie: Der Erlös aus dem wichtigsten volkswirtschaftlichen Faktor kommt lediglich einer kleinen Oberschicht zugute, während er in den Förderregionen mit zerstörter Umwelt und brutalen Repressionen bezahlt wird. Beispiel Wirtschaft: Dass Nigeria zu den korruptesten Staaten der Welt zählt, bezeichnen Experten als Hauptursache für den vergeblichen Kampf gegen die Armut im Land. Beispiel Politik: Zwischen 1967 und 1999 wurde Nigeria von diversen Militärdiktaturen unterschiedlicher Couleur geführt, wobei vor allem Armeestabschef Sani Abacha in den frühen 1990er Jahren eine Brutalität an dem Tag legte, die sogar zum Ausschluss aus dem Commonwealth of Nations führte.

Erst als 1999 die Herrschaft der Militärs endete, kehrten in der 1982 von Lagos nach Abuja verlegten Hauptstadt wieder demokratische Verhältnisse ein. Nichtsdestotrotz befindet sich Nigeria seit langem in einer Krise. Die einseitige Industrialisierung hat das Land vom Ausland abhängig werden lassen, die enorme Auslandsverschuldung hemmt die Entwicklung und die allgegenwärtige Korruption schreckt Investoren ab.

■ **NIGERIAS TURBULENTE** Landesgeschichte hat sich auch im Fußball eingebrannt. Wie erwähnt ist die Zahl der Erfolge im Verhältnis zum Potenzial gering. So dauerte es bis 2003, ehe mit Enyimba Aba erstmals ein nigerianisches Team Kontinentalmeister wurde, während die Geschicke der Nationalmannschaft von Ungeduld geprägt sind. Kaum ein Land in Afrika weist einen vergleichbaren Verbrauch an Nationaltrainern auf, vor nahezu jedem großen Turnier kommt es zu Machtkämpfen, und Nigerias Nationalliga zählt zu den instabilsten auf dem Kontinent.

Über die Anfänge des Fußballs in Nigeria gibt es widersprüchliche Meldungen. Angeblich soll bereits 1841 erstmals gekickt worden sein, was angesichts des damaligen Entwicklungsstandes des Fußballs selbst im Mutterland Großbritannien wohl ins Reich der Fabel verwiesen werden muss. Richtig ist vielmehr, dass die ab 1830 ins Land strömenden europäischen Händler, Ingenieure und Verwaltungsexperten zahlreiche britische Freizeitaktivitäten mitbrachten – darunter das Golfspiel, das heute mit Begeisterung von der nigerianischen Oberschicht gespielt wird. Nachweisbare fußballerische Aktivitäten gibt es erst nach der Jahrhundertwende. Missionare und Missionsschulen integrierten das Spiel seinerzeit in ihre »Erziehungspolitik« und verbreiteten es unter der einheimischen Bevölkerung. Zum Vorreiter wurde das »King's College« in Lagos, das sich unter seinem britischen »Games Master« Baron Mulford massiv für den Fußball einsetzte. 1914 organisierte Mulford sogar ein erstes Wettspiel zwischen dem »schwarzen« Collegeteam und einer »weißen« Elf britischer Kolonialisten. Die »schwarze« Elf bestand ausnahmslos aus von Briten handverlesenen einheimischen Eliteschülern, die sich dem europäischen Lebensstil unterworfen hatten. Nach Angaben des nigerianischen Sporthistorikers Sam Skpabot war darunter mit Nnamdi »Zik« Azikiwe auch der spätere erste Staatspräsident Nigerias.

■ **IN DEN 1920ER JAHREN** breitete sich das Spiel zunehmend aus. 1923 entstanden in Lagos ein Stadtverband und eine Stadtliga, an der 1931 acht Teams teilnahmen. 1938 wurde ein Pokalwettbewerb ausgeschrieben, ehe es zu einem ersten »interkolonialen Spiel« zwischen Nigeria und der Goldküste (heute Ghana) kam. Auch in anderen Teilen des Landes wurden Regionalverbände und Wettbewerbe ins Leben gerufen. So wurde im Norden um den »Comet Cup« gespielt, während im Osten der »Unafrico« und im Westen der »Thermoegene Cup« zur Disposition standen. Teilnehmer waren sowohl Vereine als auch Stadt- bzw. Provinzauswahlen.

Neben Baron Mulford engagierte sich vor allem der katholische Priester Dennis Slattery für den Fußball. Segun Odegbami, Kapitän der nigerianischen Nationalmannschaft »Green Eagles«, die 1980 erstmals Afrikameister wurde, bezeichnete Slattery später sogar als »Vater des nigerianischen Fußballs der ersten Stunde«. Gemeinsam mit Baron Mulford gründete Slattery 1945 auch die Nigerian Football Association (NFA), dessen Vorsitz er 1957 selbst übernahm.

■ **SLATTERYS UND MULFORDS** Aktivitäten waren jedoch vom britischen Denken geprägt und erfassten ausnahmslos Einheimische, die eine britische Ausbildung durchlaufen hatten und dem Kolonialherren nahe standen. Einen Gegenentwurf dazu startete Mitte der 1930er Jahre der erwähnte spätere erste Staatspräsident »Zik« Azikiwe, der sich 1934 nach seiner Rückkehr vom Studium in den USA zu einer der führenden Köpfe der Unabhängigkeitsbewegung aufschwang.

TEAMS | MYTHEN

■ **ENYIMBA ABA**  Nigerias gegenwärtiges internationales Aushängeschild gewann 2003 und 2004 als erster Klub des Landes die Champions League und zählt damit zu den gegenwärtig erfolgreichsten Teams auf dem Kontinent. Der Enyimba International Football Club wurde im November 1976 vom damaligen Sportminister des im Süden gelegenen Bundesstaates Imo, Jerry Amadin Enyeazu, gegründet. Seit 1991 gehört der Klub zum in jenem Jahr gebildeten Bundesstaat Abia, dessen Hauptstadt die Millionenstadt Aba ist und in dem überwiegend Angehörige der Igbo-Volksgruppe leben. Der Begriff Enyimba steht in der Igbo-Sprache für »Elefant«, weshalb die Blau-Weißen auch »The People's Elephant« genannt werden. Wenngleich der Verein zunächst im Schatten von Teams wie Iwuanyanwu Nationale (heute Heartland FC Owerri), Enugu Rangers und Shooting Stars stand, zählte er 1990 zu den Gründungsmitgliedern der nigerianischen Profiliga. Als 1999 nach dem Ende der Militärherrschaft der Geschäftsmann Dr. Orji Uzor Kalu Gouverneur des Bundesstaates Abia wurde, erhielt Enyimba die Rolle des regionalen Aushängeschildes. 2001 konnte unter Trainer Godwin Koko die erste Landesmeisterschaft errungen werden, die »The People's Elephant« seitdem vier weitere Male gewann. Während das marode International Stadium modernisiert wurde, konnte der Klub auch international auftrumpfen. 2003 führte Trainer Kadiri Ikhana die »Elefanten« erstmals ins Finale um die afrikanische Champions League, in der sich die Blau-Weißen gegen den ägyptischen Vertreter Ismaily Kairo durchsetzen. 2004 gelang unter Trainer Okey Emordi im Finale gegen ES Sahel Sousse aus Tunesien die Titelverteidigung. Enyimba zählt zu den ambitioniertesten Vereinen des Landes und ist auch wirtschaftlich vorzüglich ausgestattet. [1976 | Enyimba International (25.000) | 5 | 1]

■ **BENDEL INSURANCE BENIN-CITY**  1970 als Vipers FC Benin gegründeter Verein, der 1976 den Namen Bendel Insurance FC erhielt. Bendel ist eine ehemalige Provinz im südlichen Nigeria, die 1991 in die Bundesstaaten Delta und Edo aufgespalten wurde. Die Provinzhauptstadt Benin-City ist Sitz der nigerianischen Gummi-Industrie und wurde 2006 vom Magazin »Der Spiegel« als »Afrikas Hauptstadt der Kinderprostitution« bezeichnet. Der Klub zählte 1972 zu den Gründungsmitgliedern der nigerianischen Nationalliga, deren Meister er 1973 erstmals wurde. 1979 gelang der zweite nationale Erfolg, während die Blau-Weißen im selben Jahr ins Halbfinale im afrikanischen Pokalsiegerwettbewerb einzogen. 1980 erreichte Bendel Insurance auch in der Landesmeisterschaft die Vorschlussrunde, wo man an Canon Yaoundé scheiterte. 1989 unterlag der Klub im Endspiel des kontinentalen Pokalsiegerwettbewerbes Al Merreikh aus dem sudanesischen Omdurman, ehe er 1994 mit einem Finalsieg über Angolas Primeiro de Maio Benguela seine einzige internationale Trophäe gewann (CAF-Cup). Das Erfolgsteam wurde seinerzeit vom späteren Frankreichprofi Wilson Oruma angeführt. Als 1995 Igbinomwanhia Ekhoshuehi den Klub übernahm, geriet Bendel Insurance in anhaltende Führungsprobleme und Machtkämpfe, die 2008 zum Abstieg aus der Nationalliga führten. Anschließend vom Bundesstaat Edo übernommen, entging der Klub nur knapp seiner Auflösung. Zu den renommiertesten Spielern der Vereinsgeschichte gehören die Nationalspieler Victor Oduah, Cyril und Ndubuisi Okosieme, Sebastine Brodericks und Nosa Odemwegie. [1970 | Samuel Ogbemudia (20.000) | 2 | 3]

■ **ENUGU RANGERS**  Enugu ist die Hauptstadt des gleichnamigen Bundesstaates, der im Südwesten Nigerias liegt. Die Stadt ist Geburtsort von Jay-Jay Okocha. Von 1967-70 war Enugu Hauptstadt des bürgerkriegsumkämpften abtrünnigen Bundesstaates Biafra. Die Stadt ist ein bedeutendes Kohlebergbau- und Handelszentrum. Der Klub Enugu International Rangers wurde 1970 unmittelbar nach dem Ende des Biafra-Bürgerkrieges gegründet. Er ist in der Volksgruppe der Igbo ansässig, die seinerzeit zu den Verlierern des Bürgerkriegs gehörte. Die »Coal City Boys« (»Kohlestadtjungs«) stehen in einer intensiven Rivalität mit dem im Ibadan ansässigen Yoruba-Klub Shooting Stars, mit dem sie viele Jahre den nigerianischen Fußball dominierten. 1972 zu den Gründungsmitgliedern der Nationalliga zählend, errangen die von Nationalmannschaftskapitän Christian Chukwu angeführten Enugu Rangers 1974 und 1975 jeweils das nationale Double aus Meisterschaft und Pokal, ehe sie 1975 erstmals das Endspiel um die kontinentale Landesmeisterschaft erreichten, in dem Hafia FC Conakry unterlagen. Zwei Jahre später setzten sich die »Flying Antelopes« (»Fliegende Antilopen«) im Endspiel um den Pokal der Pokalsieger gegen Canon Yaoundé durch und errangen ihre einzige internationale Trophäe. 1976, 1978 und 1982 erreichten sie im Landesmeisterwettbewerb jeweils das Halbfinale. Ebenso wie der Heartland FC (früher Iwuanyanwu Nationale) ist der Klub noch nie aus dem nigerianischen Oberhaus abgestiegen. Seine letzte Landesmeisterschaft datiert allerdings aus dem Jahr 1984. 1990 begann der spätere Bundesligaprofi Jay-Jay Okocha seine Karriere bei dem Verein. [1970 | Nnamdi Azikiwe (25.000) | 5 | 5]

■ **SHOOTING STARS IBADAN** Der fünffache Landesmeister aus der im Westen gelegenen 1,7 Mio.-Einwohner-Stadt Ibadan galt lange Zeit gemeinsam mit dem Erzrivalen Enugu Rangers als Aushängeschild des nigerianischen Fußballs. Der Rivalität zwischen den beiden Klubs liegt eine ethnische Komponente zugrunde: Während die Enugu Rangers der Klub der Igbo-Volksgruppe ist, stehen die Shooting Stars der Yoruba-Ethnie nahe. Die Wurzeln des Vereins reichen zurück bis in das Jahr 1968, als Lekan Salami, der Vorsitzende der Western Nigeria Development Corporation (WNDC), die WNDC Shooting Stars ins Leben rief. Die erste Spielerbasis wurde seinerzeit von der bereits seit 1950 bestehenden Fußballelf des Ibadaner Pepsi-Cola-Werkes gestellt. 1972 zu den Gründungsmitgliedern der Nationalliga zählend, nahm der Klub 1975 den Namen Industrial Investment and Credit Corporation (IICC) Shooting Stars an und feierte 1976 seine erste Landesmeisterschaft. Im selben Jahr errang die Elf um Segun Odegbami, Muda Lawal, Samuel Ogebode und Rashid Yekini mit einem Finalsieg über Roger Millas Tonnerre Yaoundé zudem den Pokal der Pokalsieger Afrikas. 1977 erst im Halbfinale des Pokalsiegerwettbewerbes gescheitert, erreichten die »Oluyole Warriors« 1984 erstmals das Endspiel um die kontinentale Landesmeisterschaft, in dem sie der ägyptischen Elf von Zamalek Kairo unterlagen. 1992 bezwangen die seit 1986 3SC Shooting Stars genannten Blau-Weißen um Regisseur Felix Owolabi im Endspiel um den CAF-Cup Ugandas Meister Villa SC Kampala. 1996 setzte es im Landesmeisterwettbewerb erneut eine Finalniederlage gegen Zamalek Kairo. Nachdem der als sehr heimstark geltende Klub 1998 zum fünften Mal nigerianischer Meister geworden war, musste er – finanziell schwer angeschlagen – 2006 überraschend aus dem Oberhaus absteigen. [1950 | Lekan Salami (18.500) | 5 | 3]

■ **BCC LIONS GBOKO**  Nur vier Jahre nach ihrem Double im Jahr 1994 mussten die BCC Lions aus dem nigerianischen Oberhaus absteigen und fielen 2002 dem wirtschaftlichen Exitus zum Opfer. Der Klub hatte 1990 seinen größten Erfolg gefeiert, als er sich im Finale um den Pokal der Pokalsieger Afrikas gegen den tunesischen Vertreter Club African Tunis durchsetzte. 1982 gegründet, waren die vom Zementunternehmen »Benue Cement Company« (BCC) unterstützten Blau-Weißen seinerzeit das fußballerische Aushängeschild des Bundesstaates Benue, der im Südosten Nigerias liegt. Der Verein hatte seinen Sitz in der 500.000-Einwohnerstadt Gboko, die Hochburg der Tiv-Ethnie ist. [1982 | J. S. Tarka (15.000) | 1 | 4]

Peter Rufai und Kapitän Stephen Keshi feiern die Afrikameisterschaft 1994.

Azikiwe sah im Fußball ein ideales Propagandamittel und betrachtete das Spiel als politische Agitationsbühne, auf der sich größere Gruppen von Einheimischen treffen konnten, ohne gleich die Aufmerksamkeit der kolonialen Ordnungsmacht zu erregen. 1938 rief er mit dem Zik's Athletic Club (ZAC) sogar einen Verein ins Leben, um die von der Kolonialregierung unterstützten Mannschaften des Lagos Council Club (LCC) bzw. Marine von der nationalen Spitze zu verdrängen. Nachdem die ZAC-Elf 1938 bereits den Pokal für Juniorenmannschaften gewonnen hatte, wurde sie 1942 erstmals Pokalsieger von Lagos. Als ZAC im selben Jahr zu einer Freundschaftsspieltour durch Nigeria aufbrach, zählte man bis zu 20.000 Zuschauer bei den Partien, die häufig politischen Veranstaltungen glichen.

1944 kehrte der Igbo Azikiwe in seine Heimatregion im Osten Nigerias zurück und gründete dort eine Partei, die sich im Unabhängigkeitskampf engagierte. Unterdessen bediente sich auch die britische Kolonialmacht des Fußballs, um ihre schwindende Kontrolle über das Land festzuhalten. So lobte Gouverneur Arthur Richards 1945 einen Pokal aus, der zum ersten landesweiten Fußballwettbewerb Nigerias führte. In ihm dominierten erwartungsgemäß die britisch protegierten Teams. So standen sich im ersten Endspiel die Marines und die Corinthians gegenüber (1:0), ehe sich die Elf der Lagos Railways »GR Union« in den Vordergrund spielte und bis in die frühen 1950er Jahre die Führung übernahm.

■ **NEBEN LAGOS WAREN** zwischenzeitlich auch die südöstliche Hafenstadt Port Harcourt sowie das nördlich von Lagos gelegene Abeokuta zu Fußballhochburgen aufgestiegen. Darüber hinaus hatten sich in Calabar und Warri nennenswerte Fußballgemeinden entwickelt. Es waren vor allem die Angehörigen der Yoruba und Igbo, die den Fußball aufgriffen, während das Spiel von den im Norden lebenden muslimischen Hausa erst im Verlauf der 1960er Jahre aufgegriffen wurde.

Nach Erlangung der politischen Unabhängigkeit wurde Nigerias Fußball 1960 von Einheimischen übernommen. Er geriet dadurch sowohl zwischen die ethnischen Mahlsteine des Landes als auch unter den Einfluss von Korruption und Vetternwirtschaft. Nachdem der erste NFA-Präsident Godfrey Amachree zu den Vereinten Nationen gewechselt war, übernahm mit F.A.S. Ogunmuyiwa ein Mann die Führung, der nach Aussage des Journalisten Segun Odegbami mit »Bestechung, Rowdytum und sogar Erpressung« ins Amt gekommen war (»Football in Nigeria 1960-1990«). Nach kurzer Zeit musste Ogunmuyiwa seinen Posten an den Generalinspekteur der nigerianischen Polizei weitergeben.

Die enge Verknüpfung mit der Politik zeichnet Nigerias Fußball bis heute aus. Eingriffe seitens der Politik stehen auf der Tagesordnung, und der Streit zwischen dem Fußball-Nationalverband NFA und der regierungsabhängigen National Sports Commission (NSC) lähmt die Entwicklung schon seit Jahrzehnten. Zugleich hat die Politik allerdings auch den Bau diverser Großstadien ermöglicht und durch ihr Engagement vor allem auf der regionalen Ebene wichtige Impulse gegeben.

■ **ZU DEN WICHTIGSTEN AUFGABEN** in den ersten Jahren nach der Unabhängigkeit zählte die Bildung einer spielstarken Nationalmannschaft. Dabei verlor man keine Zeit. Schon 1960 debütierte Nigeria im Rahmen der Olympiaqualifikation auf internationaler Ebene und nahm 1962 bzw. 1963 erstmals an der WM-Qualifikation bzw. der Afrikameisterschaft teil.

● **Erfolge**
Olympiasieger 1996 **Afrikameister** 1980, 1994

● **FIFA World Ranking**
1993	1994	1995	1996	1997	1998	1999	2000
18	12	27	63	71	65	76	52
2001	2002	2003	2004	2005	2006	2007	2008
40	29	35	21	24	9	20	19

● **Weltmeisterschaft**
1930-58 nicht teilgenommen **1962** Qualifikation **1966** nicht teilgenommen **1970-90** Qualifikation **1994** Endturnier (Achtelfinale) **1998** Endturnier (Achtelfinale) **2002** Endturnier (Vorrunde) **2006-10** Qualifikation

● **Afrikameisterschaft**
1957-59 nicht teilgenommen **1962-63** Qualifikation **1965** nicht teilgenommen **1968** Qualifikation **1970** Endturnier **1972-74** Qualifikation **1976** Endturnier (Dritter) **1978** Endturnier (Dritter) **1980** Endturnier (Gastgeber, Sieger) **1982** Endturnier (Vorrunde) **1984** Endturnier (Vorrunde) **1986** Qualifikation **1988** Endturnier (Zweiter) **1990** Endturnier (Zweiter) **1992** Endturnier (Dritter) **1994** Endturnier (Sieger) **1996** Rückzug **1998** Gesperrt **2000** Endturnier (Mitausrichter, Zweiter) **2002-06** Endturnier (Dritter) **2008** Endturnier (Viertelfinale)

● **Vereinserfolge**
Landesmeister Enyimba Aba (2003, 2004) **Pokalsieger** Shooting Stars Ibadan (1976), Enugu Rangers (1977), BCC Lions Gboko (1996) **CAF-Cup** Shooting Stars Ibadan (1992), Bendel Insurance (1994)

Kontinuität war dabei allerdings ein Fremdwort, denn wie auf dem Posten des NFA-Präsidenten kam es auch auf dem des Nationaltrainers zu einem von spontanen Entscheidungen geprägten Wechselspiel. Als die zunächst »Red Devils« genannte Nationalmannschaft 1963 in einem Freundschaftsspiel gegen Vasco da Gama Rio de Janeiro mit 0:6 unterging, wurde mit Jorge Peña prompt ein Brasilianer verpflichtet, der das moderne 4-2-4-System einführte und sich zudem um die Ausbildung einheimischer Trainer kümmerte. Auch er fiel jedoch der Ungeduld zum Opfer und verließ Nigeria nach nur einem Jahr wieder.

Nigerias Machtkämpfe auf der politischen Ebene wirkten sich auch auf den Fußball aus. Zwischen 1967 und 1970 forderte der Biafra-Bürgerkrieg im rohstoffreichen Osten des Landes mehr als zwei Mio. Opfer und lähmte den dortigen Fußball. Nachdem sich die von Vertretern der Hausa bzw. Yoruba dominierten Militärs durchgesetzt und damit den Zugang zu den Erölvorräten der umkämpften Region erhalten hatten, konnte Nigeria dank der weltweiten Ölkrise Anfang der 1970er Jahre zum sechstgrößten Ölproduzenten der Erde aufsteigen und einen anhaltenden Wirtschaftsaufschwung genießen.

Die erzielten Gewinne wurden auch im Fußball investiert. Während die Nationalmannschaft von einer modernen Infrastruktur und üppigen Prämien profitierte, breitete sich auf Landesebene ein mit der Industrie bzw. dem Handel verbundenes Vereinsnetz aus. Bereits 1958 war in Lagos die Mannschaft der »Stationary Stores« entstanden, deren Gründer Israel Adebajo Nigerias Schulen und Verwaltung mit Büromaterial versorgte. Mit der 1972 gegründeten Nationalliga häufte sich die Zahl der Firmenvereine, zu denen auch der von einem deutschstämmigen Bauunternehmer gelenkte Julius Berger FC gehörte. Erster Landesmeister wurden die Mighty Jets aus Jos.

Neben firmeneigenen Teams, denen zwangsläufig die von gewöhnlichen Vereinen bekannte Kontinuität abging, bildeten von den Bundesstaaten bzw. den dort führenden Ethnien unterstützte Mannschaften die Nationalliga. Dazu zählten die 1970 gegründeten Enugu Rangers, die der im Biafra-Bürgerkrieg unterlegenen Igbo-Ethnie nahestanden, das der Yoruba-Regierung Westnigerias angelehnte Team der Shooting Stars aus Ibadan, die Abiola Babes aus Abeokuta sowie Iwuanyanwu Nationale aus dem Bundesstaat Imo. Auch Enyimba Aba, der seit der Millenniumswende erfolgreichste Klub Nigerias, wird von einem Bundesstaat (Abia) unterstützt.

■ **DIE BILDUNG EINER** landesweiten Nationalliga war ein Meilenstein in der Entwicklung des Fußballs im Flächenstaat Nigeria. Sie war möglich geworden, weil die Erlöse aus dem Ölexport die Landeskassen gefüllt und sich zugleich zahlreiche internationale Großkonzerne im Land engagiert hatten. »In Nigeria hätte man Anfang der 1970er Jahre fußballerisch alles umsetzen können«, schwärmte der Deutsche Otmar Calder, der 1973 als Sportlehrer nach Nigeria kam. »Die Nigerianer konnten sich auf dem Fußballfeld phantastisch bewegen, in die Stadien drängten Tausende von Zuschauern und Geld gab es im Land auch mehr als genug.«

Nigerias Nationalauswahl gelang seinerzeit der Anschluss an die kontinentale Spitze. 1968 erreichte die nach einem Trikotwechsel von Rot nach Grün nunmehr »Green Eagles« genannte Auswahl die Olympischen Spiele in Mexiko, ehe sie 1973 bei den zweiten Afrikaspielen in Lagos Gold errang. Der damalige Auswahlkapitän Segun Odegbami sah darin nicht nur finanzielle Gründe: »1963 bis 1970 kann man als die Ära des ›Schul-Fußballs‹ beschreiben, denn das in dieser Zeit zunehmend intensivere – wenn auch noch nicht so technische – Training half in nicht geringem Maße, dass der allgemeine Fußball-Standard in die Höhe ging.«

1974 heuerte die NFA vier jugoslawische Fußballtrainer an, die als Regionaltrainer in verschiedenen Bundesrepubliken eingesetzt wurden und die dortigen Grundlagen verbessern sollten. Unter ihnen war mit Jelisavčić Tihomir (»Tiki«) ein Mann, der außerdem die Nationalmannschaft übernahm und ihr zu einer enormen Leistungssteigerung verhalf. Tihomir sollte für nigerianische Verhältnisse beachtliche vier Jahre im Amt bleiben und sorgte nach Ansicht von Segun Odegbami für »den Beginn eines fußballerischen Qualitätssprungs nach oben«.

Unter ihm erreichten die »Green Eagles« 1976 die Olympischen Spiele in Kanada, wurden 1976 und 1978 jeweils Dritter bei der Afrikameisterschaft und errangen 1978 Bronze bei den Afrikaspielen in Ghana. Unterdessen

■ **JULIUS BERGER LAGOS** 1972 vom deutschstämmigen Bauunternehmer Julius Berger gegründeter Klub, der zweimal Landesmeister wurde und zweimal das kontinentale Finale im Pokalsiegerwettbewerb erreichte. Weil die »Julius Berger Nigeria Ltd.« vor allem im Brückenbau aktiv ist, trägt der Klub den Beinamen »The Bridge Boys« (»Die Brückenjungs«). Mit Spielern wie Yakubu, Taribo West, Sunday Oliseh, Samson Siasia, Emmanuel Amuneke, Rashidi Yekini, Garba Lawal und Mutiu Adepoju etablierten sich die bisweilen vom Deutschen Gottlieb Göller trainierten Blau-Weißen ab 1986 erfolgreich im nigerianischen Fußballoberhaus. Von Klubchef Idama umsichtig geführt, gewann der Klub 1991 seine erste Landesmeisterschaft und erreichte 1995 zum ersten Mal das kontinentale Pokalsiegerfinale, in dem er dem algerischen Team JS Kabylie unterlag. 2000 seinen zweiten nationalen Meistertitel erringend, erreichte der Julius Berger FC 2003 abermals das kontinentale Pokalsiegerfinale, in dem er sich diesmal dem tunesischen Vertreter Etoile du Sahel beugen musste. Mit der im selben Jahr später erfolgten Entlassung des engagierten Klubchefs Idama brach eine turbulente Phase für die zeitweilig in Abeokuta residierenden Hauptstädter an. 2006 mussten die »Bridge Boys« schließlich aus dem Oberhaus absteigen und entgingen 2008 nur knapp ihrer Auflösung. [1972 | Onikan (5.000) | 2 | 2]

■ **STATIONARY STORES LAGOS** Legendäres Team aus den Frühtagen der nigerianischen Nationalliga. Initiator des 1958 gegründeten Klubs war der Geschäftsmann Israel Adebajo, der mit seiner »Stationary Stores Supply Company« die nigerianische Verwaltung mit Büromaterial ver-

Jahr	Pokalsieger	Jahr	Pokalsieger
1942	ZAC Bombers	1958	Port Harcourt FC
1943-44	unbekannt	1959	Ibadan Lions
1945	Marine	1960	Lagos ECN
1946	Lagos Railways	1961	Ibadan Lions
1947	Marine	1962	Police Abuja
1948	Lagos Railways	1963	Port Harcourt FC
1949	Lagos Railways	1964	Lagos Railways
1950	Lagos UAC	1965	Lagos ECN
1951	Lagos Railways	1966	Ibadan Lions
1952	Lagos PAN Bank	1967	Stationary Stores Lag.
1953	Kano Pillars	1968	Stationary Stores Lag.
1954	Calabar	1969	Ibadan Lions
1955	Port Harcourt FC	1970	Lagos ECN
1956	Lagos Railways	1971	Shooting Stars Ibadan
1957	Lagos Railways		

Jahr	Meister	Pokalsieger
1972	Mighty Jets Jos	Vipers FC Benin-City
1973	Vipers FC Benin-City	nicht ausgespielt
1974	Enugu Rangers	Enugu Rangers
1975	Enugu Rangers	Enugu Rangers
1976	Shooting Stars Ibadan	Enugu Rangers
1977	nicht ausgespielt	Shooting Stars Ibadan
1978	Racca Rovers Kano	Bendel Insurance Benin
1979	Bendel Insurance Benin	Shooting Stars Ibadan
1980	Shooting Stars Ibadan	Bendel Insurance Benin
1981	Enugu Rangers	Enugu Rangers
1982	Enugu Rangers	Stationary Stores Lagos
1983	Shooting Stars Ibadan	Enugu Rangers
1984	Enugu Rangers	Leventis United Ibadan
1985	New Nigeria Bank Benin	Abiola Babes Abeokuta
1986	Leventis United Ibadan	Leventis United Ibadan
1987	Iwuanyanwu Nat. Owerri	Abiola Babes Abeokuta
1988	Iwuanyanwu Nat. Owerri	Iwuanyanwu N. Owerri
1989	Iwuanyanwu Nat. Owerri	BCC Lions Gboko
1990	Iwuanyanwu Nat. Owerri	Stationary Stores Lagos
1991	Julius Berger Lagos	El-Kanemi Warriors
1992	Stationary Stores Lagos	El-Kanemi Warriors
1993	Iwuanyanwu Nat. Owerri	BCC Lions Gboko
1994	BCC Lions Gboko	BCC Lions Gboko
1995	Shooting Stars Ibadan	Shooting Stars Ibadan
1996	Udoji United FC Awka	Julius Berger Lagos
1997	Eagle Cement P. Harcourt	BCC Lions Gboko
1998	Shooting Stars Ibadan	Wikki Tourists Bauchi
1999	Lobi Stars FC Makurdi	Plateau United Jos
2000	Julius Berger Lagos	Niger Tornados Minna
2001	Enyimba Aba	Dolphin Port Harcourt
2002	Enyimba Aba	Julius Berger Lagos
2003	Enyimba Aba	Lobi Stars FC Makurdi
2004	Dolphin Port Harcourt	Dolphin Port Harcourt
2005	Enyimba Aba	Enyimba Aba
2006	Ocean Boys FC Brass	Dolphin Port Harcourt
2007	Enyimba Aba	Dolphin Port Harcourt
2008	Kano Pillars	Ocean Boys FC Brass

sorgte und damit zu Reichtum gekommen war. Die Mannschaft galt als Team des Bundesstaates Lagos und stand in bitterer Rivalität zu den Enugu Rangers. 1967 und 1968 errangen die »Adebajo Babes« jeweils den Landespokal, während Nigerias Olympiaelf 1968 vorwiegend aus Akteuren der Stationary Stores bestand (darunter Sam Opone und Peter Fregene). 1981 drangen die »Flash Flamingos« im kontinentalen Pokalsiegerwettbewerb bis ins Finale vor, in dem sie sich Union Douala nach einem 0:0 in Kamerun mit einem 1:2 auf eigenem Platz beugen mussten. Nach der Landesmeisterschaft 1992 erreichte der Klub 1993 im Landesmeisterwettbewerb das Halbfinale (Aus gegen Zamalek Kairo), ehe er in wirtschaftliche Turbulenzen geriet und noch im selben Jahr aus dem Oberhaus abstieg. Anschließend gerieten die Gelb-Roten in einen internen Disput der Adebajo-Familie, der 1998 in dem Entzug der Profilizenz und der Versetzung in die 3. Liga eskalierte. 2004 kehrte »Stores« für eine Saison ins Profilager zurück, ehe der Klub endgültig aufgelöst wurde. [1958 | 1 | 4]

■ **HEARTLAND FC OWERRI** [Iwuanyanwu Nationale] 1976 gegründet als Spartans FC, wurde der in Owerri im Bundesstaat Imo ansässige Klub im November 1985 von dem Politiker und Multimillionär Emmanuel Iwuanyanwu übernommen und in Iwuanyanwu Nationale umbenannt. Nach zwei Vizemeisterschaften in Folgen ging die aufgrund enormer Investitionen »Naze Millionaires« genannte Elf mit Nationalspielern wie Finidi George und Uche Okechukwu von 1987-90 viermal nacheinander als nigerianischer Landesmeister durchs Ziel. Zudem erreichte man unter Erfolgstrainer Alhonsus Dike 1988 das Endspiel des kontinentalen Landesmeisterwettbewerbes (gegen ES Sétif aus Algerien verloren) und drang 1990 sowie 1992 jeweils ins Halbfinale um die kontinentale Klubmeisterschaft vor. Nachdem der Verein im Februar 2006 vom Bundesstaat Imo übernommen worden war, erhielt er seinen heutigen Namen Heartland FC. [1976 | Dan Anyiam (10.000) | 5 | 1]

HELDEN | LEGENDEN

■ **VICTOR IKPEBA** Die Karriere des Fußballers des Jahres Afrikas 1997 erfuhr 2000 durch den Krebstod seiner Frau Atinuke einen tiefen Einschnitt. Der in Benin-City geborene Stürmer hatte seine Karriere beim ACB Lagos begonnen und war 1989 nach einem bemerkenswerten Auftritt bei der U17-WM zum belgischen Profiklub RFC Lüttich gekommen. 1993 vom AS Monaco verpflichtet, verlebte Ikpeba im Fürstentum unter Trainer Arsène Wenger die erfolgreichsten Jahre seiner Karriere, die von den WM-Teilnahmen 1994 und 1998 sowie dem Olympiasieg 1996 gekrönt wurden. 1999 für 12 Mio. DM von Borussia Dortmund verpflichtet, fand Ikpeba im Westfalenstadion nie seine Form und zerstritt sich zudem mit Trainer Sammer. Der tragische Tod seiner Frau im Mai 2000 verschlechterte seine Situation, und 2002 wechselte der Stürmer zu Real Betis Sevilla, wo er nur kurz spielte. Anschließend für Al Ittihad Tripolis, RSC Charleroi und Al Saad Doha auflaufend, beendete Ikpeba 2005 seine Karriere. [*12.6.1973 | 30 LS/3 Tore]

■ **NWANKWO KANU** Seine Geschichte gehört zu den modernen Märchen des globalen Fußballs. Nur wenige Wochen, nachdem der 1,97 m große »Wunderstürmer« Nigerias Olympiaauswahl 1996 zum ersten afrikanischen Olympiasieg im Fußball geschossen hatte, diagnostizierten die Ärzte einen schweren Herzklappenfehler, der die Karriere von Afrikas Fußballer des Jahres 1996 schlagartig zu beenden drohte. Doch der gerade erst von Ajax Amsterdam zu Inter Mailand gewechselte schlaksige Stürmer kämpfte um seine Genesung und kehrte im Herbst 1997 bei einem Freundschaftsspiel gegen Manchester United tatsächlich auf den Platz zurück. Im Februar 1999 zu Arsenal London gewechselt, fand Kanu unter Trainer Arsène

Nigerias größter Erfolg war der Olympiasieg 1996.

konnten sich Auswahlspieler wie John Chiedozie, Tunji Banjo und Christian Chukwu im europäischen Profifußball etablieren und wertvolle Erfahrungen sammeln. Unter Tihomirs brasilianischem Nachfolger Otto Gloria gelang Nigeria schließlich 1980 mit dem Gewinn der Afrikameisterschaft im eigenen Land der endgültige Durchbruch.

■ **DER GLÜCKTE AUCH AUF** Vereinsebene. 1975 hatte mit den Enugu Rangers erstmals ein nigerianisches Team das Endspiel um die Kontinentalmeisterschaft erreicht, war dort aber von Hafia Conakry bezwungen worden. Von 1976-82 erreichten die Rangers drei weitere Male das Halbfinale im Landesmeisterwettbewerb, während sie 1977 den Pokal der Pokalsieger ins Land holten. Der war im Vorjahr bereits vom Ibadaner Erzrivalen Shooting Stars errungen worden. Die beiden Klubs standen sich seinerzeit in erbitterter Feindschaft gegenüber, deren Ursache ethnischer Natur war: Während die Enugu Rangers den im Biafra-Bürgerkrieg unterlegenen Igbo nahestanden, waren die Shooting Stars das Team der siegreichen Yoruba.

Im Verlauf der 1980er Jahre verschlechterten sich die wirtschaftlichen und politischen Bedingungen im Land. Der abstürzende Ölpreis zerstörte schließlich vollends den nigerianischen Traum vom ewigen Aufstieg. Opfer waren in erster Linie die inzwischen zu Zehntausenden in die überfüllten Großstädte emigrierten Landarbeiter, deren Träume von einem besseren Leben in den Slums vor den Toren von Lagos oder Ibajan zerbrachen. Zudem breiteten sich Korruption, Vetternwirtschaft und Gewalt unter den wechselnden militärischen Führungen aus.

Auch die »Green Eagles« gerieten seinerzeit in eine turbulente Phase. Mit dem Ausscheiden Otto Glorias hatte 1982 eine erneute Phase ständiger Trainerwechsel eingesetzt, während der Machtkampf zwischen dem Nationalverband NFA und der staatlichen NSC die Entwicklung zusehends lähmte. Dass es dennoch sportliche Erfolge zu feiern gab, war der in den 1960er Jahren intensivierten Talentsuche und -förderung zu verdanken. Von 1983-89 wurde Nigerias U17 viermal Afrikameister, während sie 1985 in China sogar die Weltmeisterschaft gewann und die U21 im selben Jahr bei der WM in der Sowjetunion Platz drei belegte. 1993 wurde die U17 (»Eaglets«) in Japan abermals Weltmeister. Spieler wie Jonathan Akpoborie, Nwankwo Kanu, Taribo West, die Brüder Celestine und Emmanuel Babayaro sowie Sunday Oliseh schafften seinerzeit den Durchbruch. Die von Stephen Keshi angeführten »Green Eagles« drangen unterdessen bei den Afrikameisterschaften 1984 und 1988 jeweils ins Finale vor, wo sie jeweils am Erzrivalen Kamerun scheiterten.

■ **MIT DEM WECHSEL VON** Nationalelfkapitän Keshi zum belgischen Profiklub KSC Lokeren verstärkte sich ab 1986 der Exodus nigerianischer Spitzenfußballer ins Ausland. Binnen zwei Jahren wechselten mehr als 30 Nationalspieler nach Europa, wo sie vor allem in Belgien unterkamen. Mit der Einführung der ersten schwarzafrikanischen Profiliga (1990) versuchte die NFA vergeblich, den Exodus zu stoppen.

Als 1989 der Niederländer Clemens Westerhof die »Green Eagles« übernahm, spielten deren Akteure bereits ausnahmslos in Europa. Das hatte Vor- wie Nachteile. Einerseits konnten sich die Spieler in einem professionellen Umfeld besser entwickeln und entgingen den häufig schädlichen Einflüssen der nigerianischen Regionalfürsten bzw. den Organisationsschwächen im Land, andererseits kam es zu einer gewissen Entfremdung und einer Diskussion über ihre kostspielige Anreise zu Länderspielen nach Afrika. Erst als Nigerias Legionärself 1994 zum zweiten Mal Afrikameister wurde und erstmals eine WM erreichte, verstummte die Diskussion.

Der Auftritt Nigerias bei der Weltmeisterschaft 1994 in den USA ist unvergessen. Angeführt von Ammanuel Ammunike, der am Jahresende zu Afrikas Fußballer des Jahres gewählt wurde, und Jungstar Sunday Oliseh bezwang die ungemein diszipliniert auftretende Westerhof-Elf in der Vorrunde sowohl Bulgarien als auch Griechenland, ehe sie in der Verlängerung des Achtelfinales unglücklich an Italien scheiterte. Aus den »Green Eagles« wurden prompt die »Super Eagles«.

■ **DER GALAAUFTRITT WAR JEDOCH** überschattet von andauernden internen Querelen. Der trotz der Erfolge umstrittene Trainer Westerhof hatte bereits drei Monate vor der WM seinen Rücktritt angekündigt, weil er die ständigen Eingriffe durch Funktionäre leid war. Zugleich überschlugen sich innenpolitisch einmal mehr die Dinge. 1993 hatte Armeestabschef Sani Abacha die Macht ergriffen und ein Regime installiert, das Nigeria durch massive Menschenrechtsverletzungen in die internationale Isolation bugsierte. 1995 wurde die in Nigeria geplante U20-WM abgesagt, und als Südafrika nach der Hinrichtung des Umweltaktivisten Ken Saro-Wiwa in den Chor der Nigeria-Kritiker einstimmte, ordnete Staatschef Abacha 1996 sogar den Verzicht der »Green Eagles« auf die Teilnahme an der Afrikameisterschaft in Südafrika an. Erstmals fehlte damit ein Titelverteidiger bei einem Kontinentalturnier.

Dennoch ragt das Jahr 1996 aus den nigerianischen Fußball-Annalen heraus, denn unter dem niederländischen Westerhof-Nachfolger Jo Bonfrere gewann Nigerias U23 bei den Olympischen Spielen in Atlanta die Goldmedaille. »Nigeria regiert die Welt«, jubelte der nigerianische »Guardian« nach dem 3:2-Endspielsieg über Argentinien enthusiastisch. Erfolgstrainer Bonfrere indes trat unmittelbar nach dem Triumph mit der Begründung »Ich bin müde« von seinem Amt zurück. Immer wieder hatten sich Funktionäre in seine Arbeit eingemischt, war ihm sein Gehalt nicht ausgezahlt worden, hatte man ihn sogar des Diebstahls bezichtigt…

■ **WÄHREND MIT NWANKO KANU** (1996 und 1999) bzw. Victor Ikpeba (1997) zwei Nigerianer zu Afrikas Fußballer des Jahres gewählt wurden, mutierte der Posten des Nationaltrainers erneut zum Schleudersitz. Zwischen dem olympischen Fußballturnier 1996 und der Afrikameisterschaft 2008 verbrauchte Nigeria 13 Nationaltrainer – darunter so ausgewiesene Experten wie Bora Milutinović und Berti Vogts. Trotz des Wechselspiels gab es nur wenige Erfolge zu feiern. Milutinović führte die »Green Eagles« 1998 bei der WM in Frankreich (zu der sie sein nach der Qualifikation gefeuerter Kollege Philippe Troussier geführt hatte) immerhin ins Achtelfinale. Vier Jahre später musste das Team um Kapitän Jay-Jay Okocha unter Coach Adegboyeag Onigbinde bereits nach der Vorrunde aus Südkorea/Japan abreisen. 2006 verpasste Nigeria das Weltturnier unter Trainer Christian Chukwu sogar erstmals wieder seit 1990.

Auch in der Afrikameisterschaft wurde Nigeria seiner Bedeutung und Größe nicht mehr gerecht. 2000 unterlagen die »Green Eagles« als Mitgastgeber im Endspiel einmal mehr Kamerun, 2002, 2004 und 2006 reichte es jeweils nur zu Rang drei, und 2008 kam unter Ex-Bundestrainer Berti Vogts bereits im Viertelfinale das Aus. Das Potenzial ist zweifelsohne vorhanden – schließlich wurde Nigerias U17 2007 zum dritten Mal Weltmeister, während Akteure wie Obafemi Martins, John Obi Mikel, John Utaka oder Taye Taiwo Schlüsselpositionen bei europäischen Profiklubs einnehmen.

Nigerias Fußball krankt vor allem an seiner maroden Organisation und der hohen Abhängigkeit von der Politik, deren Turbulenzen er hilflos ausgeliefert ist. Die Strukturen auf nationaler Ebene sind erschreckend. Während jedes Talent Nigeria bei der erstbesten Gelegenheit verlässt, verharrt die Nationalliga auf geringem Niveau.

Erst die Erfolge von Enyimba Aba haben den nigerianischen Fans nach der Millenniumswende wieder Hoffnung eingeflößt. Das »the People's Elephant« genannte Team konnte dank der finanziellen Unterstützung durch die Bundesregierung von Ahia zweimal Kontinentalmeister werden (2003 und 2004) und verfügt sogar über ein modernes Stadion.

Viele Jahre dominierende Traditionsklubs wie Enugu Rangers oder die Shootings Stars leiden unterdessen unter wirtschaftlichen Problemen und kicken bisweilen nur noch zweitklassig (Shooting Stars). Die meisten Vereine gehen finanziell am Stock und sind schlecht organisiert. Viele werden von bisweilen egozentrischen Einzelpersonen angeführt. Das System, mit dem der Landesmeister ermittelt wird, ist chaotisch und wird ständig verändert – nicht selten, um einzelne Vereine am grünen Tisch zu bevorteilen bzw. zu benachteiligen.

Keine Frage: Nigeria wird erst buchstäblich seine »Hausaufgaben« machen müssen, ehe das Land möglicherweise eines Tages zum »Brasilien Afrikas« wird aufsteigen können.

Wenger zu seiner Form zurück und wurde 1999 zum zweiten Mal zu Afrikas Fußballer des Jahres gewählt. Zwei WM-Teilnahmen (1998 und 2002) und der Champions-League-Sieg 1995 mit Ajax Amsterdam ragen aus den Annalen des Stürmers hervor. [*1.8.1976 | 74 LS/13 Tore]

■ **JAY-JAY OKOCHA** Dreifacher WM-Teilnehmer und eine der herausragenden Galionsfiguren des nigerianischen Fußballs der 1990er Jahre. Obwohl als lauffaules und ballverliebtes Genie verschrien, vermochte Okocha mit seinen herausragenden Regisseurqualitäten und seinen kunstvollen Freistößen für viele Erfolge zu sorgen. Unvergessen sein Treffer aus dem Jahr 1993, als er in Diensten der Frankfurter Eintracht die gesamte Abwehr des Karlsruher SC ausspielte und wunderschön vollendete. Der Olympiasieger von 1996 begann seine Laufbahn bei den Enugu Rangers und kam 1990 zum saarländischen Amateurklub Borussia Neunkirchen. Nach seinem Wechsel zu Eintracht Frankfurt bildete er ab 1992 ein erfolgreiches Sturmduo mit dem Ghanaer Anthony Yeboah und reiste 1994 mit Nigeria erstmals zu einer Weltmeisterschaft. Im selben Jahr wurde er mit den »Green Eagles« Afrikameister. 1996 zu Fenerbahçe Istanbul gewechselt, wurde Afrikas Fußballer des Jahres 1998 im selben Jahr von Paris SG verpflichtet, für die er bis 2002 auflief. Nach der WM 2002 wechselte Okocha nach England, wo er für Bolton Wanderers und Hull City auflief – unterbrochen von einer Spielzeit in Katar. [*14.8.1973 | 75 LS/14 Tore]

■ **SEGUN ODEGBAMI** Kapitän der »Super Eagles«, die 1980 zum ersten Mal Afrikameister wurden. Odegbami stammt aus der nordnigerianischen Stadt Jos und trug den Beinamen »Mathematical«. Der schnelle und technisch starke Rechtsaußen spielte während seiner gesamten Karriere (1970-84) für die Shooting Stars aus Ibadan, mit denen er 1984 das Finale um die Kontinentalmeisterschaft gegen Zamalek Kairo verlor. [*27.8.1952 | 46 LS/23 Tore]

■ **SUNDAY OLISEH** Der bullige Mittelfeldspieler war der erste Nigerianer, der sich in der italienischen Serie A durchsetzte und sowohl für Reggiana als auch für Juventus Turin auflief. Oliseh begann seine Laufbahn beim Julius Berger FC, ehe er 1990 15-jährig gemeinsam mit Nwankwo Kanu zum RFC Lüttich wechselte. 1994 mit Nigeria Afrikameister geworden, reiste er 1994 und 1998 mit den »Super Eagles« jeweils zur WM und errang 1996 olympisches Gold. 1995 hatte ihn Morten Olsen zum Bundesligisten 1. FC Köln geholt, bei dem sich Oliseh rasch zum Führungsspieler aufschwang. 1998 folgte er Olsen nach Amsterdam, wo er seine erfolgreichsten Jahre verbrachte. Gastspiele bei Juventus Turin, Borussia Dortmund, dem VfL Bochum und KRC Genk folgten, ehe Oliseh seine Karriere im Januar 2006 beendete. [*14.9.1974 | 63 LS/4 Tore]

■ **RASHIDI YEKINI** Afrikas Fußballer des Jahres 1993 erzielte 1994 beim 3:0 gegen Bulgarien Nigerias erstes WM-Tor. Im Folgejahr gewann der Mittelstürmer mit Nigeria die Afrikameisterschaft. Der Olympiateilnehmer 1988 feierte seine größten Vereinserfolge bei Africa Sports Abidjan (Finalist Champions League 1986), Vitória Setúbal und Sporting Gijón. [*23.10.1963 | 71 LS/41 Tore]

■ **TARIBO WEST** Der Innenverteidiger mit der eigenwilligen Frisur wurde 1993 in Auxerre entdeckt und entwickelte sich unter Trainer Guy Roux zum Schlüsselspieler. Er wurde auch bei den »Green Eagles« zur festen Größe und gewann 1996 olympisches Gold. Nach seinem Wechsel zu Inter Mailand wurde der Verteidiger 1998 UEFA-Pokal-Sieger und reiste im selben Jahr mit Nigeria zur WM nach Frankreich. Mit seinem Wechsel zum AC Mailand avancierte West zum Wandervogel, der u.a. in Kaiserslautern kickte und 2002 erneut zur WM reiste. Später war er noch in Serbien, Katar, England und Iran tätig. [*26.3.1974 | 41 LS]

Außenseiter
Réunion

Als der algerische Nationalspieler Fathi Chebel 1990 nach 17 Profijahren in Frankreich (Nancy, Metz, Créteil, Lens) nach Réunion kam, träumte der 35-jährige von einem »Karriereende im Urlaub«. Er hatte sich dafür ein ideales Ziel ausgesucht, denn Réunion ist eine wunderschöne Vulkaninsel, die östlich von Madagaskar im Indischen Ozean liegt und sich durch einen französisch geprägten Lebensstil auszeichnet. Als eine der wenigen Regionen Afrikas hat man keine blutige Geschichte hinter sich, und weil der Fußball auf der Insel eine Hauptrolle einnimmt, ging Chebels Traum rasch in Erfüllung. Schon 1991 durfte der Algerier mit seinem Klub US Stade Tamponnaise das Double aus Meisterschaft und Pokal feiern – erhielt also auch noch ein erfolgreiches »Karriereende im Urlaub«.

■ **DAS TROPISCHE INSELPARADIES RÉUNION** umfasst rund 2.150 km² und wird von einem etwa 800.000 Köpfe starken Völkergemisch aus Kreolen, Afrikanern, indisch-arabischen Orientalen und Franzosen (häufig bretonischer und normannischer Herkunft) bewohnt. Die sechs Volksgruppen sind durch die gemeinsame Sprache Kreolisch – eine Art afroindisches Französisch – verbunden.

Französisches »savoir-vivre« bestimmt den Alltag, der Tourismus versorgt die rohstoffarme Insel mit Devisen, und auch wenn Armut und Krankheit existieren, ist der Lebensstandard für afrikanische Verhältnisse hoch. Die grüne Insel ist mit einer atemberaubenden vulkanischen Gebirgswelt ausgerüstet und verfügt über das bestausgebaute Straßennetz in Afrika. Politisch gehört sie zu Frankreich, das La Réunion als »Departement d'Outre-Mer« (Überseedépartement) verwaltet. Zahlungsmittel ist demzufolge der Euro.

Fußball ist auf Réunion Nationalsport. Seit 1950 wird um eine Inselmeisterschaft gespielt, und der Dachverband Ligue Regional de Football de La Réunion erblickte 1956 das Licht der Welt. Eingeführt worden war das Spiel im Verlauf der frühen 1920er Jahre. 1922 riefen französische Siedler mit dem SS Tamponnaise in Le Tampon den ersten Verein ins Leben, dem 1927 in Le Port die AS Jeanne d'Arc folgte. Durch weitere Vereinsgründungen im Verlauf der 1930er Jahre breitete sich das Spiel allmählich über die gesamte Insel aus. 1950 stellte die Verwaltungshauptstadt St-Denis mit der SS Patriote den ersten Landesmeister, und auch in St-Pierre, St-Louis, St-Paul, Le Tampon, St-Leu sowie St-Joseph verstand man es seinerzeit, erfolgreich gegen den Ball zu treten.

■ **RÉUNIONS LANDESAUSWAHL** hatte bereits 1947 mit einem 2:4 in Madagaskar auf der internationalen Bühne debütiert und nahm anschließend regelmäßig an den Indian Ocean Games teil. Die gemütliche Fußballgemeinde wachte im Verlauf der 1980er Jahre zunehmend auf, als sich erste Réunionnaises im höherklassigen französischen Amateurfußball etablierten und dadurch das Interesse an dem Spiel auf der Insel anstieg.

Nachdem Réunions sportbegeisterte Verwaltung für eine moderne Infrastruktur gesorgt hatte und erste Sponsoren bei lokalen Vereinen engagierten, wurde die Insel sogar zum Paradies für angehende Fußball-Rentner. Bekanntester Name, der für ein gemütliches Karriereende nach Réunion kam, war Roger Milla, der von 1989-90 für die JS St-Pierroise auflief, ehe er bei der WM in Italien mit Kamerun für Furore sorgte.

Zur selben Zeit übernahm der algerische Ex-Profi Farès Bousdira die Führung über die US Stade Tamponnaise und verkündete, den Klub in eine führende Kraft auf Réunion verwandeln zu wollen. Das gelang ihm eindrucksvoll: 1991 errangen die Blau-Weißen erstmals das Double, und nach der fünften Meisterschaft in Folge fragte sich das inseleigene Sportblatt »Foot« 2007 nicht ohne Sorge: »Wird die US Stade Tamponnaise das Olympique Lyon unserer Landesmeisterschaft?.«

Zu den alljährigen Höhepunkten im nationalen Fußballkalender zählen die Spiele um den Coupe de France bzw. den Coupe d'Outre-Mer. Als französisches Überseedepartement darf Réunion einen Teilnehmer am französischen Landespokal melden. Dabei sorgten réunionische Teams bereits mehrfach für Überraschungen. 1989 rang die JS St-Pierroise dem UC Le Mans ein Unentschieden ab, 1994 warf die SS St-Louisienne Profiklub Chamois Niort aus dem Rennen, und 2006 fegte US Stade Tamponnaise den SC Schiltigheim gleich mit 7:0 vom Feld.

Nachdem Réunions Fußball-Generalsekretär Ismael Locate im Dezember 1992 die Weichen für den 1993 erfolgten Anschluss Réunions als »associated member« zur CAF gestellt hatte, ergaben sich völlig neue Möglichkeiten für die Inselkicker, die sogar an den CAF-Wettbewerben teilnehmen konnten. Die CS Saint-Denis sorgte beim Debüt 1994 prompt für eine Sensation, als sie bis ins Halbfinale des CAF-Cups vordrang. Die US Stade Tamponnaise erreichte seinerzeit im Pokalsiegerwettbewerb ebenfalls das Viertelfinale. Réunions Vereine haben sich inzwischen einen Ruf als Favoritenschreck erarbeitet. 1996 bezwang die CS St-Denis sogar Südafrikas Spitzenklub Orlando Pirates. Réunions Nationalelf wurde unterdessen dreimal Sieger der Indian Ocean Games (1997, 1998, 2007) und sicherte sich 2008 den erstmals ausgespielten Coupe de l'Outre-Mer. An den Spielen um die Afrikameisterschaft sowie in der WM-Qualifikation darf die Auswahl nicht teilnehmen.

Jahr	Meister	Pokalsieger
1950	SS Patriote St-Denis	
1951	SS Patriote St-Denis	
1952	SS Jeanne d'Arc St-Pierre	
1953	SS Patriote St-Denis	
1954	SS Patriote St-Denis	
1955	SS Patriote St-Denis	
1956	JS St-Pierroise	
1957	JS St-Pierroise	Bourbon
1958	SS St-Louisienne	Jeanne d'Arc St-Pierre
1959	JS St-Pierroise	JS St-Pierroise
1960	JS St-Pierroise	Jeanne d'Arc St-Pierre
1961	JS St-Pierroise	SS Patriote St-Denis
1962	SS Patriote St-Denis	JS St-Pierroise
1963	SS St-Louisienne	US Bénédictine St-Benoît
1964	SS St-Louisienne	SS St-Louisienne
1965	SS St-Louisienne	nicht ausgespielt
1966	SS St-Louisienne	SS Patriote St-Denis
1967	SS St-Louisienne	Jeanne d'Arc St-Pierre
1968	SS St-Louisienne	SS St-Louisienne
1969	SS St-Louisienne	SS St-Louisienne
1970	SS St-Louisienne	SS St-Louisienne
1971	JS St-Pierroise	JS St-Pierroise
1972	JS St-Pierroise	US Bénédictine St-Benoît
1973	JS St-Pierroise	SS Patriote St-Denis
1974	SS Excelsior St-Joseph	CS St-Denis
1975	JS St-Pierroise	CS St-Denis
1976	JS St-Pierroise	SS Patriote St-Denis
1977	FC Ouest St-Paul	CS St-Denis
1978	JS St-Pierroise	CS St-Denis
1979	SS St-Pauloise	CS St-Denis
1980	CS St-Denis	JS St-Pierroise
1981	SS St-Pauloise	SS St-Louisienne
1982	SS St-Louisienne	St-André Léoprads
1983	SS St-Pauloise	FC Ouest St-Paul
1984	CS St-Denis	JS St-Pierroise
1985	SS St-Pauloise	CS St-Denis
1986	SS St-Pauloise	CS St-Denis
1987	CS St-Denis	SS St-Louisienne
1988	SS St-Louisienne	CS St-Denis
1989	JS St-Pierroise	JS St-Pierroise
1990	JS St-Pierroise	SS Patriote St-Denis
1991	USS Tamponnaise	USS Tamponnaise
1992	USS Tamponnaise	JS St-Pierroise
1993	JS St-Pierroise	USS Tamponnaise
1994	JS St-Pierroise	JS St-Pierroise
1995	CS St-Denis	SS St-Louisienne
1996	CS St-Denis	SS St-Louisienne
1997	SS St-Louisienne	AS Les Marsouins St-Leu
1998	SS St-Louisienne	
1999	USS Tamponnaise	SS St-Louisienne
2000	AS Marsouins St-Leu	USS Tamponnaise
2001	SS St-Louisienne	Jeanne d'Arc St-Pierre
2002	SS St-Louisienne	SS St-Louisienne
2003	USS Tamponnaise	USS Tamponnaise
2004	USS Tamponnaise	SS Excelsior St-Joseph
2005	USS Tamponnaise	SS Excelsior St-Joseph
2006	USS Tamponnaise	St-Pauloise FC
2007	USS Tamponnaise	AS Les Marsouins St-Leu
2008	JS St-Pierroise	USS Tamponnaise

Réunions Rekordmeister US Stade Tamponnaise im Jahr 2008. Stehend v. l.: Giovanni Songoro, Thierry Kaïmandio, Eric Farro, Gaël Payet, Michel Fontaine, Jean-Marc Audemar. Vorn: Moussa Traoré, Patrick Vaz, Emmanuel Ledoyen, Franck Rabarivony, Jimmy Cundassamy.

HINWEISE
Obervolta = siehe Burkina Faso
Rhodesien = siehe Simbabwe

RUANDA

Fédération Rwandaise de Football

Ruandischer Fußball-Bund | gegründet: 1972 | Beitritt FIFA: 1978 | Beitritt CAF: 1976 | Spielkleidung: grünes Trikot, grüne Hose, rote Stutzen | Saison: August - März | Spieler/Profis: 386.400/0 | Vereine/Mannschaften: 110/550 | Anschrift: Case postale 2000, Kigali | Telefon: +250- 518525 | Fax: +250-518523 | Internet: www.ferwafa.rw | E-Mail: ferwafa@yahoo.fr

Fußball als Brücke zum Miteinander

Ruandas Fußballauswahl half dem Land nach dem grausamen Völkermord bei der Rückkehr zur Normalität

**Republika y'u Rwanda
République du Rwanda
Republic of Rwanda**

Republik Ruanda | Fläche: 26.338 km² | Einwohner: 8.882.2000 (337 je km²) | Amtssprachen: Kinyarwanda, Französisch, Englisch | Hauptstadt: Kigali (608.141) | Weitere Städte: Gitarama (84.669), Butare (77.449), Ruhengeri (70.525), Gisenyi (67.192) | Währung: 1 Ruanda-Franc = 100 Centimes | Zeitzone: MEZ +1h | Länderkürzel: RW | FIFA-Kürzel: RWA | Telefon-Vorwahl: +250

Der Begriff »Fußballwunder« wird gerne benutzt, wenn einem krassen Außenseiter eine große Überraschung gelungen ist – so wie anno 1954 der bundesdeutschen Mannschaft im WM-Finale gegen Ungarn. Ein ganz anderes »Fußballwunder« ereignete sich 2003 im ostafrikanischen Ruanda. Neun Jahre nach dem mit äußerster Brutalität durchgeführten Völkermord der Hutu-Mehrheit an Angehörigen der Tutsi-Minderheit qualifizierte sich die mit Angehörigen beider Volksgruppen bestückte Fußball-Nationalmannschaft zum ersten Mal in der Geschichte des Landes für ein Endturnier um die Afrikameisterschaft. Wie Deutschland anno 1954 war es also der Fußball, der in Ruanda zum Hoffnungsträger einer traumatisierten Nation wurde. »Das Jahr 2003 wird für immer im kollektiven Gedächtnis der Ruander eingraviert sein«, bilanzierte das Fachblatt »Afrique Football« und bezeichnete den Fußball als »wichtigen Faktor im Kampf gegen die Gegensätze«.

■ **RUANDA IST EIN KLEINES** und verhältnismäßig dicht besiedeltes Land am ostafrikanischen Viktoriasee, das aufgrund seiner welligen Landschaft auch »Land der tausend Hügel« genannt wird. 1890 wurde das überwiegend von Angehörigen der Twa, der Hutu und der Tutsi besiedelte Königreich gemeinsam mit dem Nachbarn Urundi (heute Burundi) der Kolonie Deutsch-Ostafrika angeschlossen und anschließend christlich missioniert. Nachdem belgische Truppen das Gebiet während des Ersten Weltkriegs besetzt hatten, ging es nach Kriegsende als Völkerbundmandat an Belgien und wurde von Belgisch-Kongo (heute DR Kongo) verwaltet.

Dabei verschlechterten sich die Beziehungen zwischen den von Belgien protegierten Tutsi und den in die Armut gedrängten Hutus zusehends. Nachdem sich die Tutsi wiederholt Reformen verweigert hatten, kam es 1959 zu einem blutigen Hutu-Aufstand, der zu einer Tutsi-Fluchtwelle in die Nachbarstaaten Uganda und DR Kongo führte und den Beginn einer jahrzehntelangen Ära der Gewalt darstellte. 1961 ging der Hutu-Unabhängigkeitskämpfer Grégoire Kayibana als Sieger aus den ersten Parlamentswahlen hervor. Er leitete übergangslos die Umwandlung der Tutsi-geprägten Monarchie in eine Republik ein und führte das nunmehr von Hutus dominierte Ruanda 1962 in die staatliche Unabhängigkeit.

In der Folge kam es wiederholt zu Auseinandersetzungen zwischen den beiden Volksgruppen. 1973 putschte sich dabei der Hutu Juvénal Habyarimana an die Macht und verwandelte Ruanda in einen repressiven Militärstaat. Nachdem 1990 eine von in den Nachbarstaaten lebenden Tutsi-Flüchtlingen zusammengestellte Rebellengruppe von Uganda aus nach Ruanda eingedrungen war, kam es zum Bürgerkrieg. Dieser endete im August 1993 mit einem Friedensabkommen, das u. a. die Wiederansiedlung von rund 50.000 zuvor vertriebener Tutsi vorsah. Als Staatspräsident Habyarimana im April 1994 einem nie aufgeklärten Flugzeugattentat zum Opfer fiel, nahmen radikale Hutus dies zum Anlass, zur offenen Gewalt gegen die hinter dem Anschlag vermuteten Tutsi aufzurufen. In der Folge kam es zu einem der schnellsten Völkermorde der Geschichte, dem binnen nur 100 Tagen über 800.000 Tutsi und moderate Hutu zum Opfer fielen und der unter den Augen der hilflosen UNO-Truppen mit äußerster Brutalität durchgeführt wurde.

Zeitgleich flammte auch der Bürgerkrieg wieder auf, in dem sich die Tutsi-Rebellenorganisation FPR allerdings rasch durchsetzte. Als

Ruandas »Wespen« bei der Afrikameisterschaft 2004.

TEAMS | MYTHEN

■ **APR FC KIGALI** Der seit 1999 den nationalen Fußball dominierende Verein entstand aus den Reihen der vom heutigen Staatspräsidenten Kagame angeführten Rebellengruppe Front Patriotique Rwandais (PRP). Während der Friedensverhandlungen im tansanischen Arusha hatte sich im Juni 1993 im PRP-Hauptquartier in Murindi Byumba eine Soldatenmannschaft gebildet, aus der nach Ende des Bürgerkriegs der APR (Armée Patriotique Rwandaise) FC geworden war. 1995 errangen die Schwarz-Weißen den Amahoro Cup (»Friedenspokal«) und gingen erstmals als Landesmeister durchs Ziel. Inzwischen sind neun nationale Meistertitel in den Annalen der Armeeelf verzeichnet, die auch international für Furore sorgen konnte. 2003 verpassten die Schwarz-Weißen um das Torjägerduo Jimmy Gatete und Olivier Karekezi im afrikanischen Pokalsiegerwettbewerb gegen Julius Berger aus Nigeria sogar nur knapp das Finale, und 2004 bzw. 2007 sicherte man sich den vom Vereinspatron Paul Kagame gesponserten CECAFA-Cup. [1993 | Amahoro (10.000) | 9 | 4]

■ **KIYOVU SPORTS KIGALI** Dreifacher Landesmeister und zugleich einer der traditionsreichsten Vereine des Landes. Der Klub stammt aus dem hauptstädtischen Stadtviertel Kiyovu, in dem auch das Hotel »Mille Collines« liegt, in dem während des Völkermordes viele Tutsi Unterschlupf fanden und dessen Schicksal später in »Hotel Rwanda« verfilmt wurde. Seit ihrer letzten Landesmeisterschaft 1993 sind die Grün-Weißen auf nationaler Ebene leer ausgegangen. 2003 erreichten sie im afrikanischen Pokalsiegerwettbewerb die zweite Runde. [Amahoro (10.000) | 3 | 2]

■ **PANTHÈRES NOIRS KIGALI** Zu Zeiten der Hutu-dominierten Regierung die Fußballmannschaft der damaligen Nationalarmee »Forces Armées Rwandaises«. Die »Schwarzen Panther« errangen 1980 ihre erste Landesmeisterschaft und

der in den USA ausgebildete Rebellenführer Paul Kagame den Bürgerkrieg im Juli 1994 schließlich für beendet erklärte, kam es zu einer Fluchtwelle der Racheakte fürchtenden Hutu in die Nachbarländer Tansania und Zaïre (heute DR Kongo). 1998 beorderte Kagame, dessen Rolle im Völkermord umstritten ist, seine Truppen zum Einmarsch in das Nachbarland DR Kongo, für dessen andauernden Bürgerkrieg er heute als mitverantwortlich gilt. Offiziell geht Ruandas Armee dabei gegen Hutu-Beteiligte am Völkermord vor, inoffiziell aber ist es ein Kampf um wertvolle Bodenschätze.

Für die Agrarnation Ruanda war die Explosion der Gewalt fatal. Das Land verfügt über keine nennenswerten Rohstoffe, die Binnenlage erschwert den Export und die ländliche Siedlungsstruktur hemmt die wirtschaftliche Entwicklung. Zudem ist Ruanda ein Land ohne Lächeln und voller Misstrauen zwischen den Hutu, die etwa 85 Prozent der Bevölkerung stellen, und den etwa zehn Prozent Tutsi.

■ **VOM RUANDISCHEN FUSSBALL** war lange Zeit nur wenig zu hören. Die politischen und ethnischen Probleme des Landes ließen das Spiel über weite Strecken in den Hintergrund treten und behinderten seine Entwicklung. Die Grundlagen wurden in den 1920er Jahren gelegt, als ein deutscher Missionar, dessen

Name mit »Vater Schumacher« überliefert ist, das Spiel in der damaligen Königstadt Nyanza einführte. Über die katholischen Missionskirchen wurde der Fußball anschließend in der gesamten Region verbreitet, wobei unter den ersten Fußballspielern auch Königssohn Nshozamihigo zu finden war, der 1931 als Mutara III. den ruandischen Thron bestieg. Unter seinem Zepter entwickelte sich an mehreren Orten des ländlich geprägten Königreichs ein rudimentärer Spielbetrieb, an dem örtlichen Clan-Chefs unterstellte Mannschaften wie Nziza Kabgayi, Amagaju und Amsata beteiligt waren. Ein von Belgiern gegründeter Landesverband gehörte derweil dem belgischen Nationalverband an.

Nach dem Zweiten Weltkrieg etablierte sich das Spiel vor allem in der designierten Hauptstadt Kigali, aber auch in Orten wie Butare, Nyanza, Kibuye, Gihongoto, Gitarama und Kibungo. Nach der Unabhängigkeit und dem Sturz der Monarchie kam es 1962 zu umwälzenden Veränderungen, als die mit dem Königshaus verbundenen Klubs aufgelöst und durch kommunale Mannschaften ersetzt wurden. Darunter waren Rayon Sports Nyanza und die Hauptstadtelf Kiyovu Sports Kigale, die sich 1968 im ersten Endspiel um die ruandische Landesmeisterschaft gegenüberstanden. Kiyovu setzte sich seinerzeit mit 4:2 durch.

● **FIFA World Ranking**

1993	1994	1995	1996	1997	1998	1999	2000
-	-	168	159	172	107	146	128
2001	2002	2003	2004	2005	2006	2007	2008
144	130	109	99	89	121	99	91

● **Weltmeisterschaft**
1930-94 nicht teilgenommen **1998-2010** Qualifikation

● **Afrikameisterschaft**
1957-80 nicht teilgenommen **1982-84** Qualifikation **1986-98** nicht teilgenommen **2000-02** Qualifikation **2004** Endturnier (Vorrunde) **2006-10** Qualifikation

Der Aufbau landesweiter Fußballstrukturen blieb lückenhaft. Die ausgesprochen ländliche Prägung Ruandas und die immer wieder aufflammenden ethnischen Konflikte ließen viele Maßnahmen im Keim ersticken. Erst 1971 konnte ein Nationalverband gegründet werden (Fédération Rwandaise de Football Amateur), der 1976 sowohl der FIFA als auch der CAF beitrat. Die ab 1972 vom Deutschen Otto Pfister aufgebaute Landesauswahl »Amavubis« (»Wespen« in der Landessprache Kinyarwanda) lieferte derweil im Juni 1976 beim 2:6 gegen Burundi ihr Pflichtspieldebüt ab.

Erst in den 1980er Jahren erhöhten sich unter Habyarimanas Militärs und beflügelt von einem Wirtschaftsaufschwung die fußballerischen Aktivitäten des Landes. Mit den Panthères Noirs aus Kigali dominierte seinerzeit Ruandas Militärklub die Landesmeisterschaft, während die Nationalmannschaft 1982 in der Qualifikation zur Afrikameisterschaft debütieren konnte. Im selben Jahr beteiligte sich mit Rayon Sports erstmals ein ruandischer Klub am kontinentalen Vereinswettbewerb. 1988 debütierte Ruanda auch in der Olympiaausscheidung, während sich mit Valence Muvala erstmals ein Ruander im europäischen Profifußball durchsetzen konnte. Der zunächst in Kortrijk spielende Nationalspieler nahm später mit dem belgischen Spitzenklub RSC Anderlecht sogar an der Champions League teil.

■ **DIE POLITISCHE ENTWICKLUNG** zwang Ruanda ab 1987 jedoch wieder zur Passivität. Bis 1995 konnten keine Länderspiele bestritten werden, während der Nationalverband seine Arbeit einstellen musste und die Nachwuchsarbeit zum Erliegen kam. Lediglich auf Vereinsebene wurde weitergespielt, wobei den durch zaïrische Legionäre verstärkten Teams sogar bemerkenswerte internationale Erfolge gelangen. So rang die Armeeelf der Panthères Noir 1986 bzw. 1987 den ägyptischen Spitzenklubs Zamalek und Al-Ahly jeweils ein 1:1 ab. Mit Beginn des Bürgerkriegs mussten sich aber 1991 schließlich auch die Klubmannschaften aus dem internationalen Spielbetrieb zurückziehen.

Nach dem verheerenden Völkermord und dem Ende des Bürgerkriegs übernahm der Jugoslawe Dragan Popadić die schwierigeAufgabe, die Nationalmannschaft des völlig zerrütteten Landes wieder aufzubauen. Das gelang ihm mit bemerkenswertem Erfolg. 1996 konnte Ruanda erstmals in der WM-Qualifikation auflaufen, und 1999 vermochten die »Amavubi« mit einem 3:1 im Finale um den CECAFA-Cup über Kenia sogar die erste Trophäe der Verbandsgeschichte zu erringen.

Möglich geworden waren die Erfolge durch eine umfassende Unterstützung der Politik. Der seit April 2000 regierende Staatspräsident und Ex-Rebellenführer Paul Kagame gilt als leidenschaftlicher Fußballfan und betrachtete die Nationalmannschaft als wirkungsvolles Hilfsmittel bei der Überwindung des Völkermord-Traumas. Er stellte sogar Mittel und Möglichkeiten zur Verfügung, damit die Landesauswahl ein Trainingslager dominierten über weite Strecken der 1980er Jahre den nationalen Spielbetrieb. International vermochte die Soldatenauswahl mit 1:1-Unentschieden gegen Zamalek Kairo (1986) sowie Al-Ahly Kairo (1987) für Furore zu sorgen. Die Mannschaft wurde 1994 nach dem Sturz der Hutu-Regierung aufgelöst. Heutige Armeeelf ist das Team des von Tutsis geführten APR FC. [5|1]

■ **RAYON SPORT FC KIGALI** Im ehemaligen Königssitz Nyanza (Südruanda) gegründeter Verein, der inzwischen in der Hauptstadt Kigali ansässig ist. Die Gründung erfolgte 1965 durch Angestellte des Nyanzaer Regionalgerichts. 1968 erreichten die Blau-Gelben das erstmals ausgespielte Finale um die ruandische Landesmeisterschaft, in dem sie Kiyovu Sports mit 2:4 unterlagen. 1975 feierte man die erste Landesmeisterschaft, der seitdem fünf weitere gefolgt sind. 1982 fungierte Rayon (»Strahl«, im Sinne von »Sonnenstrahl«) als ruandischer Debütant auf Kontinentalebene und feierte im Landesmeisterwettbewerb ein 1:0 gegen Vital'ô Bujumbura aus Burundi, das aufgrund der 1:3-Hinspielniederlage jedoch nicht zum Weiterkommen reichte. Der zwischenzeitlich in die Hauptstadt Kigali gewechselte Verein verfügte seinerzeit über enge Kontakte zu nationalen Bildungseinrichtungen der renommierten Schule von Butare sowie der Nationaluniversität. Die renommiertesten Akteure aus den Jahren vor dem Bürgerkrieg waren Dribbelkünstler Ndiki, Torjäger Dusange Jean-Pierre Poku, Regisseur Semukanya sowie das Verteidigerduo Djuma Para und Suedi. [März 1968 | Amahoro (10.000) | 6 | 8]

HELDEN | LEGENDEN

■ **JIMMY GATETE** Renommiertester und bekanntester Spieler der jüngeren ruandischen Fußballhistorie. Der als Sohn von Tutsi-Flüchtlingen in der burundischen Hauptstadt Bujumbura geborene Stürmer wird seit der erfolgreichen Qualifikation zur Afrikameisterschaft 2004 als »God of Goals« bezeichnet, weil seine Treffer Ruanda zum Endturnier nach Tunesien befördert hatten. Gatete sorgte auch für das entscheidende 1:0 gegen Ghana, mit dem die »Amavubi« im März 2003 die Sensation perfekt machten. Aus der Nachwuchsschule von Mukura Victory Sport hervorgehend, war er 1997 zu Rayon Sports gekommen, mit dem er zweimal nationaler Pokalsieger und 1997 auch CECAFA-Cup-Sieger geworden war. Von 1999-2001 in Frankreich aktiv, ehe Gatete anschließend bis 2007 für den APR FC auf Torejagd ging. Ein zwischenzeitlicher Abstecher zum südafrikanischen Moritzburg United war nicht von Erfolg gekrönt. 2007 kehrte der

Jahr	Meister	Pokal
1975	Rayon Sports Nyanza	
1976-79	unbekannt	
1980	Panthères Noirs Kigali	Mukura Victory Sports
1981	Rayon Sports Nyanza	nicht ausgespielt
1982	nicht ausgespielt	nicht ausgespielt
1983	Kiyovu Sports Kigali	Panthères Noirs Kigali
1984	Panthères Noirs Kigali	nicht ausgespielt
1985	Panthères Noirs Kigali	Kiyovu Sports Kigali
1986	Panthères Noirs Kigali	Mukura Victory Sports
1987	Panthères Noirs Kigali	nicht ausgespielt
1988	Muhungwa Ruhengeri	Etincelles
1989	Muhungwa Ruhengeri	Rayon Sports Nyanza
1990-91	nicht ausgespielt	nicht ausgespielt
1992	Kiyovu Sports Kigali	Mukura Victory Sports
1993	Kiyovu Sports Kigali	Rayon Sports Nyanza
1994	nicht ausgespielt	nicht ausgespielt
1994/95	APR FC Kigali	Rayon Sports Nyanza
1996	APR FC Kigali	APR FC Kigali
1997	Rayon Sports Nyanza	Rwanda FC
1998	Rayon Sports Nyanza	Rayon Sports Nyanza
1999	APR FC Kigali	APR FC Kigali
2000	APR FC Kigali	APR FC Kigali
2001	APR FC Kigali	Kigali FC
2002	Rayon Sports Nyanza	APR FC Kigali
2003	APR FC Kigali	nicht ausgespielt
2004	Rayon Sports Nyanza	nicht ausgespielt
2005	APR FC Kigali	Rayon Sports Nyanza
2006	APR FC Kigali	APR FC Kigali
2006/07	APR FC Kigali	APR FC Kigali
2007/08	ATRACO FC Kigali	APR FC Kigali

Ex-Rebellenführer Paul Kagame (Mitte) fiebert mit den »Amavubi«.

langjährige Nationalspieler zu Rayon Sports zurück. [*11.12.1982]

■ **OLIVIER KAREKEZI** Aus dem Armeeklub APR FC Kigali hervorgehender Stürmer, der 2004 zur ruandischen Startformation bei der Afrikameisterschaft zählte. 2005 wechselte der auch im offensiven Mittelfeld einsetzbare Karekezi zum schwedischen Profiklub Helsingborgs IF, wo er an der Seite von Henrik Larsson spielte und in 60 Spielen 18 Tore markierte. Im Januar 2008 wurde er zum norwegischen Klub Hamarkameratene transferiert. [*25.5.1983 | 44 LS/6 Tore]

■ **DÉSIRÉ MBONABUCYA** Führte Ruanda 2004 als Kapitän zur Afrikameisterschaft nach Tunesien und war als Europalegionär einer der erfahrensten Spieler im Team der »Amavubi«. Der in Kigali geborene und 1984 bei Kiyovu Sports mit dem Fußball beginnende Mbonabucya war 1995 zum KV Mechelen in die belgische Profiliga gewechselt. Zwischenzeitlich mit Erfolg für den türkischen Erstligisten Gaziantep am Ball, kehrte er 2000 nach Belgien zurück und wurde bei der VV Sant-Truiden zum Leistungsträger und gefürchteten Torschützen (140 Spiele, 59 Tore). [*25.2.1977]

■ **VALENCE MUVALA** Erster Spieler des Landes, der sich in Europa etablierte. Im burundischen Bujumbura als Sohn eines Tutsi-Vaters und einer Hutu-Mutter geboren, begann Muvala seine Karriere in den 1970er Jahren bei Vital'ô Bujumbura und verbrachte die Saison 1981 bei Al-Sharjah Abu Dhabi. 1982 zu Kiyovu Sports nach Kigale gewechselt, stand er 1986 und 1987 jeweils auf der Auswahlliste zum Fußballer des Jahres Afrikas, ehe er 1987 vom belgischen Drittligisten RAEC Mons nach Europa geholt wurde. Später lief er auch für KV Kortrijk und den RSC Anderlecht auf. [*27.3.1960 | 44 LS/6 Tore]

in Frankreich absolvieren konnte, während er das Turnier um den CECAFA-Cup 1999 in Kigali ausgerichten ließ.

Ihren Höhepunkt erreichte die Entwicklung in der Qualifikation zur Afrikameisterschaft 2004. Mit einem 1:0 über Topfavorit Ghana qualifizierte sich die ruandische Elf um Torjäger Jimmy Gatete am 6. Juli 2003 sensationell für das Endturnier in Tunesien, und Präsident Kagame schwärmte: »Fußball hat sich erneut als Katalysator für Wachstum und Einheit bewiesen. Niemand denkt im Moment an ethnische oder politische Probleme. Wir sind alle Ruander, vereint in Freude.« In Tunesien unterlag das Überraschungsteam, aus dem Kapitän Désiré M'Bonabucya, Regisseur Oliver Karekezi und Torhüter Ramadhani Nkunzingoma herausragten, zum Auftakt dem Gastgeber mit 1:2, rang Guinea ein 1:1 ab und verlor das brisante Duell gegen Kriegsgegner DR Kongo mit 0:1.

Auch auf Klubebene konnten sich ruandische Teams ins Rampenlicht spielen. Eine herausragende Rolle nimmt dabei die aus Kagames Rebellenorganisation PRP hervorgegangene Mannschaft der Armée Patriotique Rwandaise (APR) ein, die seit 1995 die Nationalmeisterschaft dominiert und 2003 nur knapp das Finale des afrikanischen Pokalsiegerwettbewerbs verpasste. 2004 und 2007 konnten die ehemaligen Milizionäre den von Staatspräsident Kagame gesponsorten und nach ihm benannten CECAFA-Vereinswettbewerb gewinnen. Das war 1997 bereits dem Lokalrivalen Rayon Sports gelungen.

Um den nationalen Fußball zu stärken, soll nun die Zahl der Ausländer in der Nationalliga beschränkt werden. 2006 stammten von 395 Erstligaspielern 185 aus dem Ausland (vorwiegend Uganda). Akteure wie die Ugander Manfred Kizito und Joseph Mukasa oder der Angolaner João Rafael Elias haben sich sogar nationalisieren lassen und laufen inzwischen für Ruandas »Amavubi« auf. Nicht zuletzt dank ihrer Hilfe hat sich das Land erstmals unter den stärksten Fußballteams in Ostafrika etabliert. 2003, 2005 und 2007 erreichte die Landesauswahl jeweils das Finale um den CECAFA Cup, und in der WM-2010-Qualifikation gelang den »Wespen« beim 3:1 über Marokko erneut eine Sensation.

Außenseiter Sahara

Unbeachtet von weiten Teilen der Öffentlichkeit tobt im Westen Nordafrikas einer der letzten Kolonialkriege der Welt. Es stehen sich gegenüber: Die am 27. Februar 1976 proklamierte Demokratische Arabische Republik Sahara (auch Westsahara genannt) und das Königreich Marokko, das erhebliches Interesse an dem trockenheißen Wüstenterritorium hat, weil es dort wertvolle Bodenschätze (Phosphor) gibt und die Küstenlinie eine Erweiterung der eigenen Fischgründe ermöglicht.

Die Anfänge des Konflikts reichen zurück bis in das Jahr 1884, als die vornehmlich von Berbern und arabischen Nomaden bewohnte Region auf der Berliner Konferenz der Kolonialmächte unter spanisches Protektorat gestellt wurde. Rund 80 Jahre später mahnte die UNO 1965 erstmals vergeblich die Dekolonialisierung des Territoriums an, ehe die im Mai 1973 gebildete saharauische Befreiungsfront Frente Polisario acht Jahre später den bewaffneten Kampf gegen Spanien aufnahm. Marokkos König Hassan II. forderte schon damals den Anschluss der Westsahara an sein Land.

Als Spanien 1975 nach dem Tod von Diktator seine Ansprüche schließlich aufgab, unterstrich die marokkanische Armee mit mehreren bewaffneten Übergriffen die königlichen Ansprüche. 1976 annektierte Marokko schließlich zwei Drittel des nördlichen Westsahara-Gebietes, während der Süden von Mauretanien besetzt wurde. Nachdem sich Mauretanien 1979 zurückgezogen hatte, besetzte Marokko auch den Süden.

Zwischenzeitlich hatte die Befreiungsfront Polisario am 27. Februar 1976 die Demokratische Arabische Republik Sahara ausgerufen und im Einklang mit der UNO sämtliche Ansprüche Marokkos zurückgewiesen. Unterstützt von den USA und Frankreich, die eine sozialistische Regierung an der strategisch wichtigen nördlichen Atlantikküste fürchteten, begann Marokko daraufhin einen Krieg mit der Polisario und untermauerte seine Ansprüche durch die Umsiedlung von 350.000 bewaffneten marokkanischen Zivilisten in den Norden der Westsahara. Beide Seiten gingen mit äußerster Brutalität vor. So bombardierte Marokko 1976 ein saharauisches Flüchtlingslager mit Phospor und Napalm, was mehr als 25.000 Menschenleben kostete. Die Saharauis halten derweil seit über 20 Jahren rund 400 marokkanische Soldaten gefangen. Die Opfer sind in erster Linie Zivilisten. Mehr als 150.000 Saharauis leben alleine in Flüchtlingslagern nahe der algerischen Stadt Tindouf. Insgesamt kommt die Region auf etwa 380.000 Einwohner. Die größte Siedlung des Landes ist El Aiún, das auf etwa 184.000 Einwohner – überwiegend marokkanischer Herkunft – kommt.

Die Demokratische Arabische Republik Sahara ist inzwischen von 53 Staaten anerkannt worden. Seit 1991 existiert ein Friedensabkommen, das anvisierte Referendum über das weitere Schicksal ist bislang jedoch nicht zustande gekommen.

Fußballerisch konnte die Sahara angesichts von Krieg und Elend bislang nur sporadisch auftreten. Seit 1979 existiert die Fédération Sahraoui du Football, die weder der CAF noch der FIFA angehört. Aus dem Jahre 1984 sind einige Freundschaftsspiele gegen algerische Vereinsmannschaften überliefert, und 1988 reiste man zu einem Solidaritätsspiel ins französische Le Mans. Auch in Italien lief die Sahara-Auswahl bereits auf.

Darüber hinaus existieren mehrere Fußballklubs, von denen es mit Jeunesse d'El Massira und Mouloudia Chaouia bereits zwei bis ins marokkanische Fußballoberhaus geschafft haben. Die Mannschaften werden allerdings ausschließlich von marokkanischen Einwanderern gebildet und finanziell massiv vom marokkanischen Königshaus unterstützt.

SAMBIA

Football Association of Zambia

Fußball-Verband von Sambia | gegründet: 1929 | Beitritt FIFA: 1964 | Beitritt CAF: 1964 | Spielkleidung: grünes Trikot, grüne Hose, grüne Stutzen | Saison: März - November | Spieler/Profis: 1.024.817/101 | Vereine/Mannschaften: 470/2.350 | Anschrift: Football House, Alick Nkhata Road, Long Acres, PO Box 34751, 34751 Lusaka | Telefon: +260- 211/250940 | Fax: +260-211/250946 | Internet: www.faz.co.zm | E-Mail: faz@zamnet.zm

Am Tag, als das Team starb

Sambia erreichte bereits zweimal das Finale um die Afrikameisterschaft

Republic of Zambia

Republik Sambia | Fläche: 752.614 km² | Einwohner: 11.479.000 (15,3 je km²) | Amtssprache: Englisch | Hauptstadt: Lusaka (1,1 Mio.) | Weitere Städte: Ndola (374.757), Kitwe (363.734), Kabwe (176.758), Chingola (147.448), Mufulira (122.336), Luanshya (115.579) | Währung: 1 Kwacha = 100 Ngwee | Zeitzone: MEZ +1h | Länderkürzel: ZM | FIFA-Kürzel: ZAM | Telefon-Vorwahl: +211

Die Nacht vom 27. auf den 28. April 1993 ist wie ein Fanal in die Geschichte des sambischen Fußballs gebrannt. Seinerzeit verunglückte das Flugzeug mit der sambischen Nationalmannschaft auf dem Weg zu einem WM-Qualifikationsspiel im Senegal und riss eine Mannschaft in den Tod, die sich große Hoffnungen auf das WM-Turnier in den USA gemacht hatte. Sambia hatte in jener schicksalsreichen Nacht sogar noch »Glück«, denn seine in Europa spielenden Legionäre waren gar nicht an Bord der Unglücksmaschine. Dennoch saß der Schock natürlich tief, zumal Sambias hastig zusammengestellte Notauswahl anschließend mit einem 0:1 in Marokko aus dem Rennen um einen WM-Platz ausschied.

■ **SAMBIA, DAS FRÜHERE** Nordrhodesien, liegt im zentralen südlichen Afrika und ist ein von Gebirgen dominiertes Binnenland, das überwiegend von den Ethnien der Bemba, Nyanja, Tonga und der Nordwest-Gruppe bewohnt ist. Die Forschungsreisen des legendären britischen Arztes und Missionars David Livingstone rückten die Region Mitte des 19. Jahrhunderts ins Blickfeld der europäischen Kolonialmächte. Nach der Entdeckung größerer Kupfervorräte durch den britisch-südafrikanischen Kolonialisten Cecil Rhodes wurde die Region ab 1889 allmählich von der britischen Krone einverleibt, ehe 1923 die Kolonie Nordrhodesien entstand. Während der lukrative Kupferabbau den weißen Kolonialherren volle Taschen bescherte, brachten die am Aufschwung nicht beteiligten afrikanischen Bergwerksarbeiter ihren Unmut 1935 und 1940 in zwei Streikwellen zum Ausdruck.

Nach dem Zweiten Weltkrieg bildete sich eine schwarzafrikanische Widerstandsbewegung, woraufhin Nordrhodesien 1953 gegen den vehementen Widerstand der einheimischen Bevölkerung mit Südrhodesien (heute Simbabwe) und Njassaland (heute Malawi) in der von Weißen dominierten Zentralafrikanischen Föderation zusammengefasst wurde. Ab 1958 verstärkte der charismatische Unabhängigkeitskämpfer Kenneth Kaunda seine Bemühungen, woraufhin es 1962 zur ersten afrikanischen Regierungsbildung kam. Am 24. Oktober 1964 wurde das Land dann als Sambia in die Unabhängigkeit entlassen.

■ **REGIERUNGSCHEF KAUNDA** lenkte es anschließend mit einem »Sambischen Humanismus« auf sozialistischen Kurs und verstaatlichte die Schlüsselindustrien bzw. enteignete die britischen Großgrundbesitzer. Zugleich etablierte er einen Einparteienstaat, der bis in die 1970er Jahre dank der hohen Einnahmen aus dem Kupferabbau florierte. Die Entwicklung im benachbarten Südrhodesien (heute Simbabwe), das sich 1965 unter einer weißen Apartheidsregierung einseitig für unabhängig erklärt hatte und von den schwarzafrikanischen Regierungen der Region boykottiert wurde, hatte Sambias Wirtschaft bereits empfindlich geschwächt, als der Absturz des Kupferpreises das Land 1975 in eine wirtschaftliche Dauerkrise stürzte. Missmanagement, Korruption und die einseitig ausgerichtete Schwerindustrie ließen den einstigen Musterknaben zu einem Bittsteller um Weltwirtschaftshilfe werden. Die damit verbundenen sozialen Einschnitte führten zu Protesten gegen Alleinherrscher Kaunda, der schließlich 1991 bei den ersten freien Wahlen vom Gewerkschaftsführer Frederick Chiluba abgelöst wurde. Dessen liberale Wirtschaftspolitik zeigte jedoch nur wenig Wirkung, und Mitte der 1990er Jahre kam es im gesamten Staatsgebiet zu Unruhen. Während Staatschef Chiluba die Veruntreu-

TEAMS | MYTHEN

■ **KABWE WARRIORS** Die »Krieger« aus der viertgrößten sambischen Stadt Kabwe zählten in den späten 1960er und frühen 1970er Jahren zu den stärksten Teams des Landes. Zwischen 1968 und 1972 gingen sie viermal als Landesmeister hervor, wobei sie sich 1972 sogar das Double aus Meisterschaft und Pokal sicherten. Die lange Zeit vom Kupferminenbetreiber »ZCCM« unterstützten Rot-Weißen errangen 1987 ihre fünfte und seitdem auch letzte Landesmeisterschaft. 1993 zählte mit Richard Mwanza ein Leistungsträger des Klubs zu den Opfern des Flugzeugabsturzes von Gabun. Die Stadt Kabwe hieß einst Broken Hill und war Sitz der größten Kupfermine Sambias. Die 176.000-Einwohner-Gemeinde fungiert als wichtiger Eisenbahnknotenpunkt und ist zudem Sambias Fußballwiege. 1922 entstand dort der erste (weiße) Fußball-Stadtverband des damaligen Nordrhodesien. Untersuchungen zufolge zählt Kabwe heute zu den zehn am stärksten von der Umweltzerstörung durch Schwerindustrie betroffenen Städten der Welt. [Railways Stadium (10.000) | 5 | 5]

■ **NKANA FC KITWE** Sambias Rekordmeister (11 Titel) ist die wohl größte Fußball-Legende des Landes. 1955 als Rhokana United FC gegründet, nahm der Klub später den Namen Nkana Red Devils an, unter dem er auch international bekannt wurde. Finanziell unterstützt von der staatlichen Kupferminengesellschaft »ZCCM«, dominierte der in der Kupferstadt Kitwe ansässige Verein (Nkana ist sowohl der Name einer Kupfermine als auch eines townshipähnlichen Stadtteils von Kitwe) vor allem in den 1980er und 1990er Jahren den sambischen Fußball und pflegte eine intensive Rivalität mit dem Ortsrivalen Power Dynamos. Das Team um Torjäger Beston Chambeshi zählte seinerzeit zu den Topteams im südlichen Afrika. 1983, 1986, 1989 und 1991 erreichten die »Kalampa« (»Roten«) in der Kontinentalmeisterschaft jeweils das Halbfinale, während sie 1991 sogar bis ins Endspiel vordrangen und dort dem algerischen Meister JS Kabylie erst im Elfmeterschießen unterlagen. Nach dem Flugzeugabsturz von 1993 mussten die Red Devils mit John Soko, Eston Mulenga, Numba Mwila, Kenan Simambe und Timothy Mwitwa gleich fünf Stammspieler betrauern und konnten nicht mehr an die alten Erfolge anknüpfen. Unterdessen wurde der lange Zeit von Fighton Simukonda geprägte Verein nach der Zerschlagung der Kupferminengesellschaft »ZCCM« 1992 privatisiert und in Nkana FC umbenannt. Nachdem sie 1999 sowie 2001 jeweils noch die Meisterschaft gefeiert hatten, gerieten die finanziell angeschlagenen »Roten« nach der Millenniumswende in eine schwere Führungskrise und mussten 2004 sogar aus dem sambischen Oberhaus absteigen. [1955 | Scriveners (12.000) | 11 | 6]

■ **POWER DYNAMOS KITWE** Aus der Kupferminenstadt Kitwe stammender Verein, der schon wenige Jahre nach seiner Gründung im Jahr 1977 zu den erfolgreichsten und ambitioniertesten des Landes aufgestiegen war. 1979 und 1980 errang der Newcomer jeweils den Landespokal, ehe ihm 1982 der Aufstieg in die höchste Spielklasse gelang, deren Meister die Rot-Schwarzen 1984 erstmals wurden. Seinerzeit setzten sie sich im Titelrennen gegen den sambischen Rekordmeister und Stadtrivalen Nkana Red Devils durch, mit dem man seitdem eine intensive Rivalität pflegt. Zwei Jahre später hatten die Power Dynamos international erstmals für Furore gesorgt, als sie im afrikanischen Pokalsiegerwettbewerb das Finale erreicht und jenes gegen Al-Mokaoulun aus Ägypten verloren hatten (0:2, 0:2). 1987 geriet der Klub in eine existenzbedrohende Krise, als der englische Vereinsgründer Arthur Davies austrat und mit den »Chiefs« einen neuen Verein ins Leben rief, zu dem daraufhin sowohl Erfolgstrainer Freddie Milla als auch diverse Spieler wechselten. Erst als die Minengesellschaft »ZCCM« die Führung übernahm, gelang den Dynamos die Wende, und der Verein konnte sogar zum Profitum wechseln. 1991 drangen die von Torjäger Wisdom Chansa

Afrikas Fußballer des Jahres 1988 und langjähriger Nationalelfkapitän Kalushya Bwalya.

ung von Staatsgeldern vorgeworfen wurde, geriet Sambia an den Rand eines Bürgerkriegs und durchlitt eine Hungerkatastrophe. Wenngleich sich die Situation inzwischen beruhigt hat, leben gegenwärtig mehr als 70 Prozent der etwa 11,5 Mio. Einwohner unterhalb der Armutsgrenze.

■ **DIE GESCHICHTE DES** Fußballs in Nordrhodesien bzw. Sambia reicht zurück bis in das Jahr 1922, als in Broken Hill (heute Kabwe) ein Stadtverband entstand. Federführend waren britische Eisenbahn- und Bergwerkstechniker sowie Siedler aus Südafrika. Sieben Jahre später formierte sich die Northern Rhodesia Football Association (NRFA), der ausnahmslos weiße Kolonialisten angehörten und die sich dementsprechend der englischen FA anschloss. Während die NRFA vor allem in der Landesmitte bzw. dem Süden aktiv war (neben Broken Hill zählten Livingstone und Lusaka zu ihren Hochburgen), formierte sich 1932 in der nahe der Grenze zu Belgisch-Kongo (heute DR Kongo) gelegenen Kupferminenregion mit der Copperbelt African Football Association (CAFA) ein weiterer Dachverband.

1946 schickte Nordrhodesien erstmals eine (weiße) Landesauswahl aufs Feld, die Südrhodesien mit 0:4 unterlag. Nach Bildung der Zentralafrikanischen Föderation kam es 1961 zur Einrichtung der kurzlebigen »Professional Rhodesia and Nyasaland Football League«, an der sich auch eine Mannschaft aus Lusaka beteiligte.

Mit Beginn des Freiheitskampfes nach dem Zweiten Weltkrieg drängten zunehmend Einheimische in die Fußballstrukturen. Die bereits vor dem Krieg gegründete (schwarze) Northern Rhodesia African Football Association (NRAFA) installierte zunächst zwei regionale Spielklassen für afrikanische Fußballer, ehe sie 1960 in der »weißen« NRFA aufging, die daraufhin zu einer für alle Hautfarben offenen Organisation wurde. Damit einher ging ein völliger Umbruch der nationalen Fußballgemeinde. Während viele der britischen Traditionsvereine aufgelöst wurden, entstanden landesweit afrikanische Klubs. Darunter war der 1955 als Rhokana United gebildete heutige Rekordmeister Nkana FC, der in der Kupfermetropole Kitwe ansässig ist. Auch der erste Meister der 1962 eingerichteten Nationalliga, Roan United Luanshya sowie der die 1960er Jahre beherrschende Klub Mufulira Wanderers stammten aus der im Nordosten gelegenen Industrieregion, in der seinerzeit das Fußballherz des Landes schlug.

Nachdem Sambia 1964 in die Unabhängigkeit entlassen worden war, übernahm die Football Association of Zambia (FAZ) die Führung. Sie trat noch im selben Jahr der CAF und der FIFA bei, ehe sie am 4. Juli 1964 mit einem 1:0 gegen Tansania die internationale Bühne betrat. Sambias Auswahlteam um Mufulira-Wanderers-Kapitän Samuel Ndhlovu erhielt seinerzeit den Namen des fußballbegeisterten Staatspräsidenten Kenneth Kaunde und wurde »KK XI« genannt – »Kenneth Kaunda-Elf«.

Dank des wirtschaftlichen Höhenfluges Sambias vermochte sich der Fußball prächtig zu entwickeln. Vor allem im Kupfergürtel des Nordens erreichte das Spiel eine enorme Bedeutung, zumal die staatseigene »Zambia Consolidated Copper Mines Ltd« (ZCCM) die dortigen Klubs massiv unterstützte und ihnen quasi einen Profibetrieb ermöglichte. Städte wie N'Dola, Kitwe, Mafulira und Luanshya galten seinerzeit als Fußball-Hochburgen, die auch die von den Regionalmeistern ausgespielte Nationalmeisterschaft dominierten. Einziges Team, das mit den Mannschaften aus der Kupfergürtelregion mithalten konnte, war die in Lusaka ansässige Armeeauswahl Zambia Army.

■ **INTERNATIONAL VERMOCHTE** Sambia rasch auf sich aufmerksam zu machen. 1970 nahm die »KK XI« erstmals an der Afrikameisterschaft sowie der WM-Qualifikation teil, während der 1971 nach Lusaka gekommene Jugoslawe Ante Buselić eine solide Grundlage für zukünftige Erfolge legte. 1974 qualifizierte sich die Auswahl um das gefürchtete Angriffsduo Bernard »Bomber« Chanda und Simon »Kaodi« Kaushi erstmals für die Afrikameisterschaft und drang in Ägypten bis ins Finale vor, das sie erst im Wiederholungsspiel gegen den späteren WM-Teilnehmer Zaïre verlor. Nachdem Erfolgstrainer Buselić 1976 aus dem

- **FIFA World Ranking**

1993	1994	1995	1996	1997	1998	1999	2000
27	21	25	20	21	29	36	49
2001	2002	2003	2004	2005	2006	2007	2008
64	68	68	70	58	62	65	72

- **Weltmeisterschaft**

1930-66 nicht teilgenommen **1970-2010** Qualifikation

- **Afrikameisterschaft**

1957-68 nicht teilgenommen **1970-72** Qualifikation **1974** Endturnier (Zweiter) **1976** Qualifikation **1978** Endturnier (Vorrunde) **1980** Qualifikation **1982** Endturnier (Dritter) **1984** Qualifikation **1986** Endturnier (Vorrunde) **1988** Rückzug **1990** Endturnier (Dritter) **1992** Endturnier (Viertelfinale) **1994** Endturnier (Zweiter) **1996** Endturnier (Dritter) **1998-2002** Endturnier (Vorrunde) **2004** Qualifikation **2006-08** Endturnier (Vorrunde)

- **Vereinserfolge**

Pokalsieger Power Dynamos Kitwe (1991)

Amt geschieden war, kam es zu einem kurzzeitigen Leistungsrückgang, ehe Sambia 1982 erneut das Halbfinale um die Kontinentalmeisterschaft erreichte und dort an Gastgeber Libyen scheiterte. Mit Alex Chola und Peter Kaumba standen seinerzeit abermals zwei Ausnahmestürmer zur Verfügung, während Phiri und Njovu ein gefürchtetes offensives Mittelfeldduo bildeten. Obwohl Chola und Kaumba anschließend als Profis in die Elfenbeinküste wechselten, bestätigte die von Brightwell Banda betreute Landesauswahl mit Siegen über Kamerun (WM-Qualifikation 1986) und Nigeria (Afrikameisterschaft 1986) ihre sportliche Wettbewerbsfähigkeit.

Auch auf Klubebene zählte Sambia seinerzeit zu den erfolgreichsten Nationen auf dem Kontinent. 1982 erreichten die von Bill McGarry trainierten Power Dynamos aus der Industriestadt Kitwe sogar das Finale des afrikanischen Pokalsiegerwettbewerbs, in dem sie 1981 sowie 1986 bereits bis ins Viertelfinale vorgedrungen waren. Die Nkana Red Devils unterlagen unterdessen 1990 im Finale um die Kontinentalmeisterschaft dem algerischen Meister JS Kabylie erst im Elfmeterschießen. Zwischen 1983 und 1989 erreichten die bisweilen vom Briten Jeff Butler trainierten »Kalampa« (»Roten«) insgesamt fünfmal das Halbfinale der Kontinentalmeisterschaft.

Sambias »KK XI« erklomm 1988 beim olympischen Fußballturnier in Seoul ihren legendären Höhepunkt, als ihr unter Trainer Samuel »Zoom« Ndhlovu ein sagenumwobener 4:0-Sieg über Italien gelang. Es war der erste große Erfolg einer afrikanischen Mannschaft über ein europäisches Spitzenteam. Erst im Viertelfinale konnte die deutsche Olympiaauswahl um Jürgen Klinsmann den Höhenflug der Afrikaner stoppen. Kopf der Erfolgself war Kalusha Bwalya, dem gegen Italien ein Hattrick gelungen war und der 1988 zu Afrikas Fußballer des Jahres gewählt wurde.

■ **BWALYA WAR FEST** eingeplant für das am 28. April 1993 terminierte WM-Qualifikationsspiel im Senegal, das den sambischen Fußball so tief erschüttern sollte. Weil der seinerzeit in Eindhoven spielende Nationalelfkapitän beim vorhergehenden Qualifikationsspiel in Mauritius nicht benötigt wurde, reiste er ebenso wie die in Belgien bzw. der Schweiz spielenden Charles Musonda und Johnstone

Der 27. April 1993 – ein schwarzer Tag für Sambias Fußball.

Bwalya direkt aus Europa an. Die drei entgingen dadurch dem Schicksal jener 18 sambischen Nationalspieler, die am Morgen des 28. April vor der Küste Gabuns den Tod fanden, als ihr Flugzeug nach einem Zwischenstopp in Libreville ins Meer stürzte.

Nachdem der erste Schock über die Tragödie, deren Umstände übrigens nie aufgeklärt wurden, überwunden war, breitete sich in Sambia eine »Jetzt-erst-recht«-Stimmung aus. Um die drei Europalegionäre wurde eine neue Auswahl geformt, die zwar durch ein 0:1 in Marokko die Qualifikation zur Weltmeisterschaft 1994 verpasste, dafür aber im Frühjahr 1994 das Finale um die Afrikameisterschaft in Tunesien erreichte (1:2 gegen Nigeria). Zwei Jahre später wurde die seit der Ablösung von Staatspräsident Kaunda »Chipolopolo« (»Gewehrkugel«) genannte Auswahl bei der Kontinentalmeisterschaft in Südafrika Dritter. Die Fußballwelt war beeindruckt, mit welcher Leichtigkeit das kleine Sambia den Verlust seiner 18 Auswahlspieler kompensierte.

■ **1998 HOLTE DAS EREIGNIS** das Land ein. Zunächst scheiterte die Auswahl um Veteran Bwalya in der WM-Qualifikation, ehe sie bei der Afrikameisterschaft in Burkina Faso Schiffbruch erlitt und überraschend bereits in der Vorrunde ausschied. Nach dem 0:4 gegen Ägypten wurde Trainer Burkhard Ziese noch während des Turniers gefeuert. Anschließend stürzte Sambia in eine nicht enden wollende Fußballkrise. Plötzlich entführten selbst Fußball-Zwerge wie Lesotho, Malawi, Ruanda, Madagaskar und Swaziland Punkte aus dem sambischen Nationalstadion, in dem die »Chipolopolo« 14 Jahre lang nicht verloren hatten, rutschte Sambia in der FIFA-Weltrangliste bis auf Rang 80 (Mai 2004) ab.

Die Gründe waren zwar zum Großteil in dem Flugzeugabsturz zu finden, der einer ganzen

und Regisseur Linos Makwaza angeführten Rot-Weißen unter Trainer Fred Mwila im kontinentalen Pokalsiegerwettbewerb abermals ins Finale vor, wo sie sich diesmal gegen den nigerianischen Vertreter BCC Lions durchsetzten. Es ist der bislang einzige kontinentale Kluberfolg Sambias. Mit der Zerschlagung von Hauptsponsor »ZCCM« gerieten die Power Dynamos anschließend abermals in wirtschaftliche Turbulenzen und fielen sportlich zusehends hinter die Konkurrenz aus Lusaka zurück. [1977 | Arthur Davies (10.000) | 5 | 7]

■ **MUFULIRA WANDERERS** Das Team aus der Kupferhochburg Mufulira dominierte vor allem in den 1960er und 1970er Jahren den nationalen Klubfußball. Angeführt vom langjährigen Nationalmannschaftskapitän Samuel Ndhlovu wurden die Wanderers zwischen 1963 und 1974 fünfmal Meister und sechsmal Pokalsieger. 1977 erreichten die Grün-Weißen das Halbfinale im afrikanischen Landesmeisterwettbewerb. Aus dem »Mighty« genannten Klub sind nationale Fußball-Legenden wie Kalusha Bwalya und Charles Musonda hervorgegangen. Nach dem Double von 1995 und der Meisterschaft von 1996 geriet die lange Zeit von der 1992 zerschlagenen nationalen Kupferminengesellschaft »ZCCM« unterstützte Verein in eine schwere Existenzkrise, die 2003 zum Abstieg aus dem Oberhaus führte. [Shinde (12.000) | 9 | 9]

■ **GREEN BUFFALOES LUSAKA**  Erfolgreicher Hauptstadtklub, der den nationalen Fußball seit der Millenniumswende gemeinsam mit dem Lokalrivalen Zanaco beherrscht. Errang 1994 seine erste von inzwischen sechs Landesmeisterschaften. [Independence (50.000) | 6 | 1]

■ **ZANACO LUSAKA**  Seit der Millenniumswende erfolgreichster Verein des Landes und zudem der erste Klub, der dauerhaft Erfolg in die Hauptstadt Lusaka brachte. 2006 feierten die Rot-Weißen bereits

Jahr	Meister	Pokal
1961	-	City of Lusaka FC
1962	City of Lusaka FC	Roan United Luanshya
1963	Mufulira Wanderers	Mufulira Blackpool
1964	Roan United Luanshya	City of Lusaka FC
1965	Mufulira Wanderers	Mufulira Wanderers
1966	Mufulira Wanderers	Mufulira Wanderers
1967	Mufulira Wanderers	Kabwe Warriors
1968	Kabwe Warriors	Mufulira Wanderers
1969	Mufulira Wanderers	Kabwe Warriors
1970	Kabwe Warriors	Ndola United
1971	Kabwe Warriors	Mufulira Wanderers
1972	Kabwe Warriors	Kabwe Warriors
1973	Zambia Army Lusaka	Mufulira Wanderers
1974	Zambia Army Lusaka	Mufulira Wanderers
1975	Green Buffaloes Lusaka	Rokana United
1976	Mufulira Wanderers	Ndola United
1977	Green Buffaloes Lusaka	Mufulira Wanderers
1978	Mufulira Wanderers	nicht ausgespielt
1979	Green Buffaloes Lusaka	Power Dynamos Kitwe
1980	Nchanga Rangers	Power Dynamos Kitwe
1981	Green Buffaloes Lusaka	Konkola Blades
1982	Nkana Red Devils Kitwe	Green Buffaloes Lusaka
1983	Nkana Red Devils Kitwe	Red Arrows Lusaka
1984	Power Dynamos Kitwe	Kabwe Warriors
1985	Mufulira Wanderers	Power Dynamos Kitwe
1986	Nkana Red Devils Kitwe	Nchanga Rangers
1987	Kabwe Warriors	Kabwe Warriors
1988	Nkana Red Devils Kitwe	Power Dynamos Kitwe
1989	Nkana Red Devils Kitwe	Red Arrows Lusaka
1990	Nkana Red Devils Kitwe	Power Dynamo Kitwe
1991	Power Dynamos Kitwe	Mufulira Wanderers
1992	Power Dynamos Kitwe	Kabwe Warriors
1993	Nkana Red Devils Kitwe	nicht ausgespielt
1994	Power Dynamos Kitwe	Mufulira Wanderers
1995	Mufulira Wanderers	Mufulira Wanderers
1996	Mufulira Wanderers	Roan United Luanshya
1997	Power Dynamo Kitwe	Power Dynamos Kitwe
1998	Nchanga Rangers	Konkola Blades
1999	Nkana Red Devils Kitwe	Zamsure
2000	Power Dynamos Kitwe	Nkana FC Kitwe
2001	Nkana Red Devils Kitwe	Power Dynamos Kitwe
2002	Zanaco Lusaka	Zanaco Lusaka
2003	Zanaco Lusaka	Power Dynamos Kitwe
2004	Red Arrows Lusaka	Lusaka Celtics
2005	Zanaco Lusaka	Green Buffaloes Lusaka
2006	Zanaco Lusaka	ZESCO United Ndola
2007	ZESCO United Ndola	Red Arrows Lusaka
2008	ZESCO United Ndola	

ihre vierte Landesmeisterschaft. Der Klub gehört der »Zambia National Commercial Bank« (ZANACO) und verfügt im Vergleich zu den abgestürzten Traditionsvereinen aus der Kupfergürtelregion über solide Finanzen, die ihm regelmäßige Toptransfers erlauben. [Sunset (20.000) | 4 | 1]

HELDEN | LEGENDEN

■ **KALUSHA BWALYA** Galionsfigur der erfolgreichen sambischen Auswahl der 1980er und 1990er Jahre. Der sambische Rekordnationalspieler (147 Einsätze zwischen 1983 und 2004) stammt aus einer fußballverrückten Familie und wuchs in der Kupferminengemeinde Mufulira auf. 1979 bei Mufulira Blackpool mit dem Fußball beginnend, schaffte Bwalya 1980 beim Lokalrivalen Mufulira Wanderers den Durchbruch. 1985 vom belgischen Profiklub Cercle Brügge nach Europa geholt, wechselte er 1988 zur PSV Eindhoven, für die er bis 1994 in 179 Spielen 61 Tore markierte und mit der er 1991 und 1992 niederländischer Meister wurde. Zwischen 1986 und 1998 nahm der Ausnahmefußballer mit Sambia an sechs Afrikameisterschaften teil und erreichte 1994 das kontinentale Finale. Sein erfolgreichstes Jahr war allerdings 1988, als er mit Sambia bei den Olympischen Spielen einen legendären 4:0-Erfolg feierte (Bwalya war daran mit einem Hattrick beteiligt), ehe er am Jahresende zu Afrikas Fußballer des Jahres gewählt wurde. Nach dem tragischen Flugzeugabsturz von 1993 fungierte Bwalya als Leitfigur beim Neuaufbau der Nationalmannschaft. Im Folgejahr zum mexikanischen Spitzenklub CF América gewechselt, ließ er seine Karriere nach der Millenniumswende allmählich ausklingen und streifte sich im September 2004 beim 1:0 gegen Liberia zum letzten Mal das sambische Nationaljersey über. Bwalya wechselte anschließend in den Trainer- bzw. Funktionärsbereich und wurde 2008 zum Präsidenten des Fußball-Nationalverbandes FAZ gewählt. [*16.8.1963 | 147 LS/100 Tore]

■ **GODFREY CHITALU** Nach offiziellen Angaben Sambias Rekordtorschütze, wobei die genaue Zahl der Treffer des »Incredible Goal King« (»Unglaublichen Torkönigs«) nicht bekannt ist. »Ucar« stammt aus der Kupferminenstadt Luanshya und begann seine Karriere 1967 bei Kitwe United. Der als »Enfant terrible« gefürchtete temperamentvolle Stürmer wurde 1968 zu Sambias Fußballer des Jahres gewählt, ehe er 1970 zu den Kabwe Warriors wechselte und 1971 zum zweiten Mal zum Fußballer des Jahres gewählt wurde. 1972 erzielte er den Aufzeichnungen zufolge 107 Saisontreffer. Mit Sambias »KK XI« nahm er 1974 und 1978 an den Afrikameisterschaften sowie 1980 an den Olympischen Spielen teil. 1978 und 1979 zwei weitere Male zum Fußballer des Jahres gewählt, beendete er 1982 seine Karriere und wechselte auf die Trainerbank. Im Dezember 1992 übernahm er die sambische Nationalelf und war an Bord der Unglücksmaschine, die am 27. April 1993 vor Gabun abstürzte. [*22.10.1947 †27.4.1993]

■ **SAMUEL NDHLOVU** Herausragender Akteur der 1960er und 1970er Jahre, der viele Jahre für die Mufulira Wanderers spielte und lange Zeit Kapitän der Nationalmannschaft war. »Zoom« war ein Mittelfeldspieler im klassischen Sinne, der mit seinem Stammverein vor allem in den diversen Pokalwettbewerben große Erfolge feierte. Nach seinem Karriereende 1973 begann er eine Trainerlaufbahn, während der Ndhlovu 1987 erstmals die sambische Nationalmannschaft übernahm und sie 1988 zum sensationellen 4:0-Sieg über Italien bei den Olympischen Spielen in Seoul führte. 1993 war er federführend am Neuaufbau der Auswahl nach dem tragischen Flugzeugunglück beteiligt. [*1937 †10.10.2001]

Jubel nach der Qualifikation zur Afrikameisterschaft 1994.

Generation sambischer Ausnahmefußballer das Leben geraubt hatte, lagen andererseits aber auch in den ökonomischen und strukturellen Problemen des Landes. Hinzu kam der übliche afrikanische Fußballmix aus Inkompetenz, Missmanagement, Korruption und Selbstsucht, der den Nationalverband schon seit den 1970er Jahren zunehmend destabilisiert hatte. Seit 1975 hatte kein Verbandsvorstand mehr seine volle Amtszeit überstanden, und die wiederholten Eingriffe sambischer Politiker in die Verbandsgeschäfte waren von der FIFA 1998 erstmals mit einer Suspendierungsdrohung belegt worden. Ständige Trainerwechsel, der zunehmende Exodus von jungen Talenten nach Europa sowie der unaufhaltsame Verfall der nationalen Fußball-Infrastruktur beschleunigten den Niedergang in den 1990er Jahren noch. Als 1992 zudem die staatseigene »Zambia Consolidated Copper Mines Ltd« (ZCCM), die Sambias Fußball über Jahrzehnte finanziert hatte, privatisiert wurde, fehlten dem nationalen Fußball weitere Finanzmittel.

■ **DER ALLGEMEINE NIEDERGANG** nahm rasch eine bedrohliche Eigendynamik an. Klubs wie Nkana Red Revils, Mufulira Wanderers und Kabwe Warriors, die einst zu den stärksten in Afrika gehört hatten, verschwanden aus der kontinentalen Elite. Nach dem Ende des Apartheidregimes in Südafrika kam es zu einer Massenflucht sambischer Fußballer in das aufstrebende Nachbarland. Selbst in den armen Nachbarländern Tansania, Simbabwe und Botswana fanden sambische Fußballer plötzlich bessere Arbeitsmöglichkeiten als in der Heimat. Der Tiefpunkt wurde 1999 erreicht, als der Nationalverband FAZ zum zweiten Mal nach 1988 die Ausrichtung einer Afrikameisterschaft (2002) zurückgeben musste, weil man wirtschaftlich nicht zur Ausrichtung in der Lage war. 2004 verpasste das Land erstmals nach 14 Jahren die Afrikameisterschaft.

Die gegenwärtigen Perspektiven sind bescheiden. 2008 erreichten die »Chipolopolo« zwar zum 13. Mal seit 1974 die Endrunde um die Afrikameisterschaft, doch wie schon 2006 musste sich das Team um die Deutschlandprofis Moses Sichone und Andrew Sinkala auch in Ghana bereits in der Vorrunde geschlagen geben. Die leeren Kassen des Nationalverbandes und die maroden Infrastrukturen lassen wenig Hoffnung auf eine Genesung aufkommen. 2008 musste mit dem Mosic-Cup sogar der älteste Fußballwettbewerb Sambias eingestellt werden, nachdem sich Sponsor »Zambia Breweries« zurückgezogen hatte.

Es sind keine guten Tage für Sambias Fußball.

Außenseiter
St. Helena

St. Helena wird zumeist mit dem Namen von Napoléon Bonaparte verbunden, der auf der einsamen Atlantikinsel zunächst sein Exil und 1821 schließlich auch den Tod fand. Die nur 122 km² große Insel liegt 1.950 km westlich von Südwestafrika und hat weder einen Flugplatz noch wird sie fahrplanmäßig von Schiffen angefahren. Dafür wird in den vier Ortschaften Jamestown, Longwood, Half Tree Hollow und St. Paul's aber fleißig gekickt – ein Vermächtnis der britischen Kolonialisten, die St. Helena 1658 der Krone anschlossen. Der Inselverband St. Helena Football Association ist über 80 Jahre alt, und in Spitzenzeiten rangen 16 Mannschaften auf dem einzigen fußballtauglichen Feld »Francis Plain«. Seitdem die Einwohnerzahl in Folge des Falklandkrieges (1982) und ökonomischen Schwierigkeiten von einst 5.500 auf unter 3.000 gesunken ist, stehen nur noch sieben Teams im Spielbetrieb.

Dazu kommt eine Inselauswahl, die aber nur sporadisch gegen auf St. Helena festmachende Schiffsbesatzungen auflaufen kann. Mit Tony Mercury schaffte es in den 1970er Jahren ein »Saints« beim Ostlondoner Non-League-Klub Dagenham immerhin zum Halbprofi. Auch auf der zu St. Helena gehörenden »Nachbarinsel« Ascension, die 1.100 km weiter nordwestlich liegt, wird gekickt, während von der zwischen Südamerika und Südafrika gelegenen und gleichfalls von St. Helena verwalteten Mini-Insel Tristan da Cunha (98 km²) keine derartigen Aktivitäten bekannt sind.

Jahr	Meister
1998	Rovers
1999	Bellboys
2000	Raiders
2001	Rovers
2002	Harts
2003	Bellboys
04-08	unbekannt

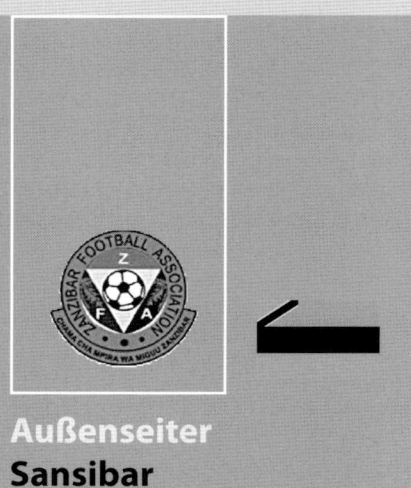

Außenseiter
Sansibar

Das Schicksal der sansibarischen Fußball-Nationalmannschaft beschäftigte 2006 nahezu die gesamte Weltpresse. Sechs Jahre zuvor war der Fußballverband der zu Tansania gehörenden Insel »associated member« des Kontinentalverbandes CAF geworden und hatte sich anschließend auch um die Aufnahme in die FIFA bemüht. Dem Gesuch wurde jedoch nicht stattgegeben, da Sansibar kein eigenständiges Land war und nach den FIFA-Regularien damit nicht beitrittsberechtigt ist. Pech für die Sansibaren, dass die CAF aufgrund des negativen FIFA-Verdikts ihre Entscheidung noch einmal überdachte und Sansibars Mitgliedschaft im Kontinentalverband ausgesetzt wurde. Statt wie erhofft im Weltfußball mitmischen zu können, fand sich die Insel plötzlich zwischen sämtlichen Stühlen wieder und musste sich eilig darum bemühen, das während des Abspaltungsprozesses abgekühlte Binnenverhältnis zum tansanischen Nationalverband FTT wieder mit Leben zu erfüllen.

■ **HINTERGRUND DES DILEMMAS** ist der ungewöhnliche Status, den die vor der Ostküste Tansanias gelegenen Inseln Unguja und Pemba, die zusammen Sansibar bilden, genießen. Unter arabischer Führung zum wichtigsten Handelszentrum in Ostafrika ausgebaut, war Sansibar 1884 unter deutschen Einfluss geraten und 1890 im Tausch gegen Helgoland an Großbritannien gegangen. Während das gleichfalls britisch verwaltete Tanganjika 1961 von Julius Nyerere friedlich in die Unabhängigkeit geführt wurde (siehe Tansania), kam es auf Sansibar zu blutigen Konflikten zwischen der arabischen Oberschicht und Schwarzafrikanern, die im Januar 1964 mit dem Sieg Letzterer und der Ausrufung einer Volksrepublik endeten. Am 17. April 1964 kam es zum Zusammenschluss mit Tanganjika zur Vereinigten Republik Tansania, in der Sansibar weitreichende Autonomie genoss. Wenngleich es bisweilen Spannungen gab, war das Verhältnis zwischen dem Festland und den Inseln von Respekt und Kooperation geprägt.

Das änderte sich zu Beginn der 1990er Jahre, als der Zusammenbruch des Sozialismus auf Sansibar weiterreichende Autonomiebedürfnisse weckte. Als die mehrheitlich von Muslimen bewohnte Inselgruppe 1993 der Organisation Islamischer Staaten beitrat, kam es zu schweren Zerwürfnissen, die Tansania an den Rand des Bürgerkriegs führten. Wenngleich sich die Lage nach dem Wahlsieg der einst mächtigen tansanischen Staatspartei CCM inzwischen etwas entspannt hat, streben viele der etwa eine Million Sansibari noch immer nach mehr Souveränität, ohne jedoch die Trennung von Tansania zu fordern.

■ **IM FUSSBALL HATTEN** sich Sansibar und Tanganjika bis zur Gründung Tansanias unterschiedlich entwickelt. Auf Sansibar (Tanganjika siehe das Kapitel Tansania) wird der Fußball bereits seit den 1890er Jahren gepflegt, als Arbeiter der Eastern Telegraph Company das Spiel auf der Hauptinsel Unguja einführten. Nachdem es von der Missionarsschule St. Andrew's College aufgegriffen worden war, verbreitete es sich in Windeseile über die gesamte Inselgruppe – und von dort aus nach ganz Ostafrika, denn zahlreiche der am St. Andrew's College ausgebildeten Missionare legten an ihren späteren Einsatzorten in Tanganjika, Kenia, Ruanda, Burundi, Malawi etc. weitere Fußballwurzeln.

Auf Sansibar stieg das Spiel nach dem Ersten Weltkrieg zum Volkssport auf. In den 1920er Jahren wurden bis zu 10.000 Zuschauer begrüßt, wenn die populären Teams von New Kings, New Generations und Caddies aufeinandertrafen.

1926 entstand die Zanzibar Football Association (ZFA), die somit vier Jahre älter ist als Tanganjikas Fußballverband. Seit 1925 existiert ein Pokalwettbewerb, 1926 kam es zu ersten Begegnungen zwischen Teams aus Sansibar und dem tanganjikischen Dar-es-Salaam, und 1929 nahm eine Inselliga ihren Spielbetrieb auf. Drei Jahre später vereinten die Klubs Caddies, New Generation und New Kings die Kräfte zu African Sport, das anschließend einen wichtigen Beitrag bei der Ausbildung eines afrikanischen Bewusstseins bzw. der Loslösung vom Kolonialismus darstellte.

■ **1949 RICHTETE DIE ZAF** das Turnier um den prestigeträchtigen Gossage Cup (heute CECAFA-Cup) aus und schickte bei dieser Gelegenheit selbst eine Auswahl ins Rennen, die nach einem 2:3 gegen Kenia ausschied. Auch nach dem Zusammenschluss mit Tanganjika blieb Sansibar Mitglied der CECAFA und beteiligte sich weiterhin mit einer eigenen Auswahl an dem Wettbewerb, den man 1995 mit einem 1:0 über Uganda sogar gewinnen konnte.

Auf nationaler Ebene maßen 1981 erstmals die jeweils vier stärksten Teams der sansibarischen und der Festlandmeisterschaft in der »Union League« die Kräfte und ermittelten einen tansanischen Gesamtmeister. 1984, 1989 und 1992 ging der Titel an die sansibarischen Teams der Marineelf KMKM (Kikosi Maalum cha Kuzuia Magendo, 1984) bzw. Malindi (1989 und 1990).

■ **1996 STELLTE** ZFA-Generalsekretär Moustapha Fahmy einen Antrag auf den Beitritt Sansibars zur CAF. Hintergrund waren die mit einer Mitgliedschaft verbundenen finanziellen Förderungen durch den Kontinentalverband. Aus Sansibar waren verstärkt Vorwürfe laut geworden, der tansanische Nationalverband würde die Gelder einseitig auf dem Festland verteilen. Nachdem dem Antrag 2000 stattgegeben worden war, endete der gesamttansanische Spielbetrieb und die sansibarische Fußballtragik nahm ihren Lauf. Nach dem negativen FIFA-Votum wurde die Mitgliedschaft in der CAF 2005 plötzlich ausgesetzt, und Sansibars Kampf um die Anerkennung im internationalen Fußball begann. Die ZFA-Führung um Faroug Karim verwies dabei wiederholt auf Sansibars Autonomiestatut und die regelmäßige Teilnahme der Inselgruppe an der Ostafrikameisterschaft der CECAFA.

Unterdessen nahm die ZFA Kontakt zum Non-FIFA-Board auf und reiste 2006 zum »Wild Cup« nach Deutschland. Trainiert vom deutschen Komiker Oliver Pocher, der sich zwischenzeitlich auf Initiative des Filmemachers Alisan Saltik (»The Dream of Zanzibar«) der sansibarischen Fußballsache angenommen hatte, drangen die Ostafrikaner in Hamburg-St. Pauli bis ins Finale vor, wo sie Nordzypern im Elfmeterschießen mit 1:4 unterlagen.

Wie es weitergeht mit Sansibar, steht gegenwärtig in den Sternen. Der Weg auf die internationale Bühne scheint jedenfalls versperrt zu sein, und die tansanische Gesamtmeisterschaft ruht ebenfalls.

Jahr	Meister
1929-80	unbekannt
1981	Ujamaa
1982	Ujamaa
1983	Small Simba
1984	KMKM
1985	Small Simba
1986	KMKM
1987	Miembeni
1988	Small Simba
1989	Malindi
1990	Malindi
1991	Small Simba
1992	Malindi
1993	Shengeni
1994	Shengeni
1995	Small Simba
1996	Mlandege
1997	Mlandege
1998	Mlandege
1999	Mlandege
2000	Kipanga
2001	Mlandege
2002	Mlandege
2003	Jamhuri (Pemba)
2004	KMKM
2005	Polisi
2006	Polisi
2007	Miembeni
2008	Miembeni

SÃO TOMÉ E PRÍNCIPE

Das lange Warten auf die Rückkehr

Auf São Tomé e Príncipe verharrt der Fußball seit langem auf beschaulicher Hobbyebene

Federação Santomense de Futebol

Säntomesischer Fußball-Bund | gegründet: 11.7.1975 | Beitritt FIFA: 1986 | Beitritt CAF: 1986 | Spielkleidung: grünes Trikot, gelbe Hose, grüne Stutzen | Saison: April–März | Spieler/Profis: 0/8.400 | Vereine/Mannschaften: 10/20 | Anschrift: Rua Ex-João de Deus No. QXXIII - 426/26, Casa postale 440, São Tomé | Tel: +239-22/6559 | Fax: +239-22/4231 | www.fsf.st | E-Mail: fsf96stp@gmail.com

Über Überbeschäftigung können die Fußballer des atlantischen Inselduos São Tomé und Príncipe wahrlich nicht klagen. Zwischen 1986, als der nationale Fußballverband der FIFA beitrat, und dem Jahresende 2008 bestritt die Landesauswahl ganze 14 Spiele, von denen sie immerhin zwei gewann. Die Verbandsführung begründete die geringen Aktivitäten mit der mangelhaften Infrastruktur sowie den ökonomischen Defiziten der Inselrepublik, die isoliert vor der Küste Westafrikas liegt.

Schon auf nationaler Ebene ist es kompliziert, den Spielbetrieb aufrechtzuerhalten. Zwar verkehren zwischen den 130 Kilometer auseinander liegenden Inseln São Tomé (mit 836 km² der größere Landesteil) und Príncipe (130 km²) regelmäßige Schiffe und Flugzeuge, doch die Fußballklubs haben nicht das Geld, um sich die Reisen auch leisten zu können. So konzentriert sich der Spielbetrieb auf die beiden Inseligen, deren Sieger unregelmäßig einen Landesmeister ausspielen.

Doch es gibt Hoffnung für die Fußballfans unter den 153.000 Einwohnern von São Tomé e Príncipe. Mit FIFA-Geldern konnte 2008 im Estádio Nacional 12 de Julho der Hauptstadt São Tomé ein modernes Kunstrasenfeld errichtet werden, das der Doppelinsel zumindest international wieder auf die Sprünge helfen soll. Das wäre dringend nötig, denn 2007 hat die FIFA São Tomé e Príncipe nach vier Jahren der Inaktivität auf den internationalen Spielfeldern sogar aus der Wertung für ihre Weltrangliste genommen.

■ **ALS DIE BEIDEN INSELN** um 1470 von portugiesischen Seefahrern entdeckt wurden, waren sie unbewohnt. Noch im selben Jahrhundert begannen die Portugiesen mit der Ansiedlung von Strafgefangenen und Festlandafrikanern, die als Sklaven im Zuckerrohranbau schuften mussten. Vor allem São Tomé avancierte rasch zum Stützpunkt für die Seefahrt und wurde zu einem Umschlagsplatz für den Sklavenhandel. Nach dem Verbot der Sklaverei setzte man ab 1869 auf den Anbau von Kakao, für den Kontraktarbeiter aus anderen portugiesischen Überseegebieten (v. a. Angola, Mosambik, Kapverden) angeheuert wurden.

1955 wurde das Inselduo in ein portugiesisches Überseeterritorium umgewandelt, das aber bis zur Lissaboner »Nelkenrevolution« und dem Sturz von Portugals Diktator Salazar im Besitz der Europäer blieb. Die 1960 gebildete Unabhängigkeitsbewegung »Movimento de Libertadão de São Tomé e Príncipe« (MLSTP) bemühte sich unterdessen um einen Ausgleich zwischen der einheimischen Bevölkerungsgruppe der Feros (Nachfahren der ursprünglich nach São Tomé verschleppten Sklaven) und den später angeheuerten Kontraktarbeitern, die seinerzeit unter menschenunwürdigen Verhältnissen lebten und weitestgehend rechtlos waren.

■ **DAS 1975 IN DIE UNABHÄNGIGKEIT** entlassene Land wurde bis 1990 von einer sozialistischen Einparteienregierung geführt. Als diese die Plantagen verstaatlichte, kam es zu einer Massenemigration der auf dem Inselduo lebenden Portugiesen, die zu einem eklatanten Fachkräftemangel führte. In den 1980er Jahren war São Tomé e Príncipe dadurch nahezu völlig von internationaler Entwicklungshilfe abhängig. Mit einer vorsichtigen Demokratisierung nach dem Fall des osteuropäischen Sozialismus setzte in den 1990er Jahren ein Wirtschaftsaufschwung ein, der jedoch an weiten Teilen der Bevölkerung vorbeiging. Im August 1995 kam es daraufhin zu einem Armeeputsch, der rasch niedergeschlagen wurde. Anschließend trat für Príncipe ein Autonomiestatus in

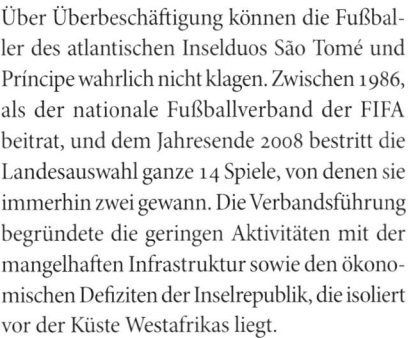

República Democrática de São Tomé e Príncipe

Demokratische Republik São Tomé und Príncipe | Fläche: 1.001 km² | Einwohner: 153.000 (153 je km²) | Amtssprache: Portugiesisch | Hauptstadt: São Tomé (49.957) | Weitere Städte: Neves (6.635), Santana (6.228), Trindade (6.049), Santo António (1.010) | Währung: 1 Dobra = 100 Cêntimos | Bruttosozialprodukt: 390 $/Kopf | Zeitzone: MEZ -1h | Länderkürzel: ST | FIFA-Kürzel: STP | Telefon-Vorwahl: +239

● **FIFA World Ranking**

1993	1994	1995	1996	1997	1998	1999	2000
					194	187	181
2001	2002	2003	2004	2005	2006	2007	2008
186	191	192	195	197	198	–	–

● **Weltmeisterschaft**
1930-98 nicht teilgenommen **2002** Qualifikation **2006-10** nicht teilgenommen

● **Afrikameisterschaft**
1957-98 nicht teilgenommen **2000-02** Qualifikation **2004** nicht teilgenommen **2006** Qualifikation **2008-10** nicht teilgenommen

Erstligaalltag auf São Tomé e Príncipe.

Kraft, während der anhaltende Wirtschaftsaufschwung größeren Bevölkerungskreisen zugute kam.

■ **DEN FUSSBALL HATTEN** portugiesische Kolonialisten nach São Tomé gebracht, von wo aus er nach Príncipe gelangt war. Jahrzehntelang spielte er praktisch keine Rolle im öffentlichen Leben, wobei Überlieferungen aus den ersten Jahrzehnten rar sind. Mit der Loslösung von Portugal übernahmen 1975 einheimische Kräfte die Führung und riefen am 11. Juli 1975 den Nationalverband Federação Santomense de Futebol ins Leben. Ein Jahr später debütierte die Landesauswahl mit einem 0:5 gegen den Tschad, ehe 1977 erstmals um Insel- bzw. eine Landesmeisterschaft gerungen wurde. Erster Gesamtmeister wurde Vitória Riboque. Zunächst werden auf São Tomé bzw. Príncipe Inselmeister ermittelt, die anschließend in der Hauptstadt São Tomé um den Landesmeister ringen. In der Vergangenheit ist das Endspiel aus unterschiedlichen Gründen aber wiederholt ausgefallen.

Nachdem die Mannschaften der Hauptinsel São Tomé mehr als zwei Dekaden lang den Spielbetrieb dominiert hatten, ging der Landestitel 1999 erstmals auf die 2.000-Einwohner-Insel Príncipe und wurde von der GD Operários Santo António gefeiert.

Fußball ist auf São Tomé e Príncipe durchaus populär – allerdings verfolgen die meisten Anhänger lieber die Begegnungen der portugisischen Nationalliga. Einige santomesische Vereine sind im Übrigen eng mit portugiesischen Kontinentalmannschaften verbunden. So wurde der Sporting Club da Praia Cruz einst vom gleichnamigen Lissaboner Spitzenverein ins Leben gerufen, um auf São Tomé Ausschau nach Fußballtalenten zu halten.

Der Spielbetrieb kam bis zur Millenniumswende nicht über eine reine Hobbyebene hinaus. Eintrittsgelder waren unbekannt, Trainingseinheiten selten und bezahlt wurden die Fußballer schon gar nicht. Dementsprechend gab es auch nur wenige Erfolge zu feiern. 1977 bejubelte die Landesauswahl mit einem 1:0 über Rwanda ihren ersten Sieg, ehe sie 2000 in der Afrikameisterschaft und 2002 in der WM-Qualifikation debütieren konnte. An den afrikanischen Klubwettbewerben hat bislang nur Inter Bom-Bom São Tomé teilgenommen, das 2001 im Landesmeisterwettbewerb an Ela Nguema aus Äquatorial-Guinea scheiterte.

Ungleich der benachbarten Kapverden hat der Nationalverband bislang darauf verzichtet, in Portugal lebende Fußballer mit santomesischen Wurzeln für die Landesauswahl zu rekrutieren.

Zu den bekanntesten Spielern des Landes gehören To'Adao und Armindo, die in den 1990er Jahren in Kamerun bzw. Angola aktiv waren. Mit dem aus FIFA-Mitteln finanzierten Kunstrasenfeld im Nationalstadion soll nun nach über vier Jahren Pause zumindest der internationale Spielbetrieb wieder angekurbelt werden. Doch selbst wenn das gelingt, wird Afrikas Fußball vor São Tomé e Príncipe nicht unbedingt Angst haben müssen. Aller Wahrscheinlichkeit nach wird sich die Entwicklung in einem ähnlichen Tempo bewegen wie das der zwischen den beiden Inseln verkehrenden Schiffe – langsam nämlich.

Jahr	Meister	Pokalsieger
1977	Vitória Riboque	
1978	Vitória Riboque	
1979	Vitória Riboque	
1980	Desportivo Guadalupe	
1981	Desportivo Guadalupe	Desportivo Guadalupe
1982	Sporting Praia Cruz	Sporting Praia Curz
1983	nicht ausgespielt	
1984	Andorinha SC	Vitória Riboque
1985	Sporting Praia Cruz	Vitória Riboque
1986	Vitória Riboque	Vitória Riboque
1987	nicht ausgespielt	nicht ausgespielt
1988	6 de Setembro Santana	6 de Septembro Sant.
1989	Vitória Riboque	Vitória Riboque
1990	GD Operários S. António	6 de Septembro Sant.
1991	Santana FC	Santana FC
1992	nicht ausgespielt	GD Operários S. António
1993	GD Operários S. António	Sporting Praia Cruz
1994	Sporting Praia Cruz	Caixão Grande
1995	Inter Bom-Bom São Tomé	Aliança Nacional
1996	Caixão Grande	nicht ausgespielt
1997	nicht ausgespielt	Sporting Praia Cruz
1998	GD Operários S. António	Vitória Riboque
1999	Sporting Praia Cruz	Sporting Praia Cruz
2000	Inter Bom-Bom São Tomé	GD Sundy
2001	Bairros Unidos Caixão G.	nicht ausgespielt
2002	nicht ausgespielt	nicht ausgespielt
2003	Inter Bom-Bom São Tomé	GD Operários S. António
2004	GD Operários S. António	nicht ausgespielt
2005	nicht ausgespielt	nicht ausgespielt
2006	nicht ausgespielt	nicht ausgespielt
2007	Sporting Praia Cruz	Vioria Riboque
2008	nicht ausgespielt	nicht ausgespielt

TEAMS | MYTHEN

■ **VITÓRIA FC RIBOQUE** Mit fünf Titeln gemeinsam mit dem Sporting Club da Praia Cruz der Rekordmeister des Landes. Der auf São Tomé ansässige Klub errang von 1977-79 die ersten drei jemals vergebenen Landesmeisterschaften und feierte 1989 seinen bislang letzten Titel. [5]

■ **GD OS OPERÁRIOS SANTO ANTÓNIO** Vierfacher Landesmeister und damit erfolgreichster Klub der kleinen Insel Príncipe. [4]

■ **INTER BOM-BOM SÃO TOMÉ** In der Hauptstadt São Tomé ansässiger Verein, dessen Name an die Insel Ilhéu de Bom-Bom erinnert. Die Schwarz-Weißen errangen bereits drei Meisterschaften (1995, 2000 und 2003) und waren 2001 São Tomés bislang einziger Teilnehmer an der Kontinentalmeisterschaft. Seinerzeit kam gegen Ela Nguema aus Äquatorial-Guinea das frühe Aus. [3]

■ **SPORTING CRUZ SÃO TOMÉ** Populärster und erfolgreichster Verein des Inselduos. Errang 1985 seine erste von fünf Meisterschaften. Der Sporting Clube da Praia Cruz wurde als Außenstelle des gleichnamigen Lissaboner Stammvereins gegründet und läuft ebenso wie Sporting Lissabon in grün-weiß gestreiften Jerseys auf. [5]

SENEGAL

Aufstieg und Fall eines Fußballsterns

Der Fußball im Senegal leidet unter einer maroden Infrastruktur und Disziplinlosigkeiten

Fédération Sénégalaise de Football

Senegalesischer Fußball-Bund | gegründet: 1960 | Beitritt FIFA: 1962 | Beitritt CAF: 1963 | Spielkleidung: weißes Trikot, weiße Hose, weiße Stutzen | Saison: Oktober - Juli | Spieler/Profis: 193.282/0 | Vereine/Mannschaften: 82/12.200 | Anschrift: VDN-Ouest-Foire, CICES, Case Postale 130212, Dakar | Tel: +221-33/8692828 | Fax: +221-33/8200592 | www.senegalfoot.sn | E-Mail: fsf@senegalfoot.sn

Fußballerische Höhenflüge, denen brutale Abstürze folgen, sind in Afrika leider nichts Ungewöhnliches. Auch Senegal kann da als ein trauriges Beispiel dienen. 2002 preschte die Landesauswahl um den zweifachen Fußballer des Jahres Afrikas El Hadji Diouf bei der WM in Südkorea/Japan als zweites afrikanisches Land nach Kamerun 1990 bis ins Viertelfinale vor. Sämtliche Experten schwärmten von einer Mannschaft, der die Zukunft offen stehen würde. Doch schon die Afrikameisterschaft 2004 sorgte für Ernüchterung, als Senegal bereits im Viertelfinale an Tunesien scheiterte. In sich zerstritten, sportlich ein Schatten seiner selbst und mit maroden Strukturen kämpfend, fielen »les Lions« (»die Löwen«) prompt wieder in jene regionale Bedeutungslosigkeit zurück, über die sie seit der Unabhängigkeit des Senegals 1965 selten hinausgekommen waren.

■ **HISTORISCH NIMMT SENEGAL** in vielerlei Hinsicht eine Führungsrolle im französischsprachigen Westafrika ein. Die Hauptstadt Dakar war einst Verwaltungssitz der Kolonialföderation Französisch-Westafrika, zu der neben Senegal auch Französisch-Sudan (heute Mali), Obervolta (Burkina Faso), Mauretanien, Niger, Guinea, die Elfenbeinküste und Dahomey (Benin) gehörten.

1854 hatte Frankreich Senegal zur Kolonie erklärt und die heutigen Grenzen festgelegt. Seinerzeit entstand auch das wie ein Stachel in das Land hineinragende britische Gambia. An der Schnittstelle zwischen dem islamischen Norden und Schwarzafrika gelegen, war Senegal zunächst Sklavenumschlagsplatz, ehe das Land nach dem Verbot der Sklaverei zur Erdnusshochburg Westafrikas aufstieg. Zugleich wurde es zum Versuchsfeld für Frankreichs Kolonialpolitik. Während Einheimische die Innenpolitik prägten, wurden der Bevölkerung mehrerer Städte 1833 Bürgerrechte gewährt, ehe 1848 sogar erstmals afrikanische Delegierte in das Pariser Parlament einzogen. Senegals Hauptstadt Dakar verwandelte sich derweil in das »Paris von Afrika«.

Zwischen den beiden Weltkriegen formierte sich eine vom Philosophen Léopold Sédar Senghor angeführte Unabhängigkeitsbewegung, die mit der Betonung schwarzer Identität (»Négritude«) einen Gegenpol zur europäisch geprägten Kulturpolitik Frankreichs setzte. Der Senegal wurde dadurch zum Vorreiter einer schwarzen Identitätsbewegung, die sich über ganz Westafrika ausbreitete. Nachdem Paris seiner Kolonie 1958 Autonomie gewährt hatte, vereinte sie sich im Folgejahr mit den heutigen Ländern Mali, Burkina Faso und Benin zur Föderation Mali. Als diese 1960 zerbrach, gingen ihre Mitglieder unabhängige Wege.

Unter ihrem ersten Präsidenten Léopold Sédar Senghor wurde die Republik Senegal zum Vorzeigestaat in Westafrika. Senghor propagierte einen »afrikanischen Sozialismus«, der auf engen Beziehungen zum Westen beruhte und sich innenpolitisch durch die Zusammenarbeit von im Westen ausgebildeten Politikern sowie einflussreichen islamischen Führern auszeichnete. In den 1970er Jahren kam es zu einem leichten Demokratisierungsprozess, der mit der Industrialisierung des bis dahin von Monokultur geprägten Landes einherging.

Nachdem Senghor 1980 seinem langjährigen Weggefährten Abdou Diouf die Macht übergeben hatte, geriet Senegal in wirtschaftliche Probleme, die von Grenzstreitigkeiten mit Mauretanien sowie internen Konflikten

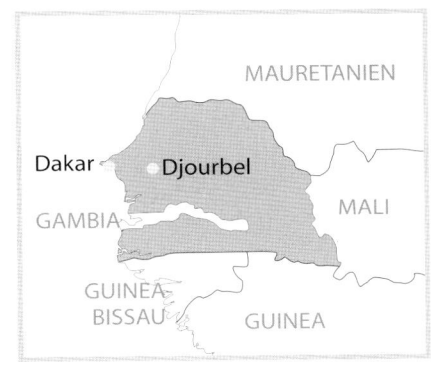

Sounougal
République du Sénégal

Republik Senegal | Fläche: 176.722 km² | Einwohner: 11.386.000 (58 je km²) | Amtssprache: Wolof, Französisch | Hauptstadt: Dakar (2 Mio.) | Weitere Städte: Thiès (237.849), Rufisque (179.797), Kaolack (172.305) | Währung: CFA-Franc | Bruttosozialprodukt: 630 $/Kopf | Zeitzone: MEZ -1h | Länderkürzel: SN | FIFA-Kürzel: SEN | Telefon-Vorwahl: +221

● **FIFA World Ranking**

1993	1994	1995	1996	1997	1998	1999	2000
56	50	47	58	85	95	79	88
2001	2002	2003	2004	2005	2006	2007	2008
65	27	33	31	30	41	38	50

● **Weltmeisterschaft**
1930-66 nicht teilgenommen **1970-86** Qualifikation **1990** nicht teilgenommen **1994-98** Qualifikation **2002** Endturnier (Viertelfinale) **2006-10** Qualifikation

● **Afrikameisterschaft**
1957-63 nicht teilgenommen **1965** Endturnier (Vierter) **1968** Endturnier (Vorrunde) **1970-78** Qualifikation **1980** nicht teilgenommen **1982-84** Qualifikation **1986** Endturnier (Vorrunde) **1988** Qualifikation **1990** Endturnier (Vierter) **1992** Endturnier (Ausrichter, Viertelfinale) **1994** Endturnier (Viertelfinale) **1996-98** Qualifikation **2000** Endturnier (Viertelfinale) **2002** Endturnier (Zweiter) **2004** Endturnier (Viertelfinale) **2006** Endturnier (Vierter) **2008** Endturnier (Vorrunde) **2010** Qualifikation

zwischen der islamischen Bevölkerungsmehrheit und der christlichen Minderheit verschärft wurden. Senegal entging jedoch dem blutigen Schicksal vieler Nachbarländer, als es im Februar 2000 zu einem friedlichen Regierungswechsel und dem Ende der 40-jährigen Vorherrschaft der Sozialistischen Partei kam.

■ **NEUER PRÄSIDENT WURDE** mit Abdou Wade ein engagierter Unterstützer des senegalesischen Fußballs. Das Mitglied der einflussreichen islamischen Bruderschaft »Mourides« kümmerte sich um die maroden Strukturen und ließ sich 2002 ausgiebig feiern, als die Nationalelf zum ersten Mal die Weltmeisterschaft erreichte. Während Befürworter den sportlichen Erfolg als Resultat von Wades Politik werteten, warfen Kritiker dem 76-jährigen Politiker allerdings Populismus vor.

Dass Senegal zu den Wiegen des Fußballs in Westafrika zählt, war vor allem dem hohen europäischen Einfluss zuzuschreiben. Dakar hatte sich zur Jahrhundertwende in eine quirlige Metropole verwandelt, in der sich europäisches und afrikanisches bzw. islamisches Leben vermengten. Durch die verhältnismäßig liberale französische Kolonialpolitik entstand eine westlich geprägte schwarze Bildungs- und Wirtschaftselite, die europäische Kulturgüter begierig aufgriff. Dazu zählte auch der Fußball, der während des Ersten Weltkriegs von französischen Streitkräften eingeführt worden war. Am 20. September 1921 entstand mit der Association Sportive et Culturelle (ASC) Jeanne d'Arc der heute erfolgreichste und beliebteste Fußballklub des Landes.

In der Folge bildeten sich in Dakar weitere Klubs. Darunter war das Team von Foyer France Sénégal, das zum Erzrivalen von Jeanne d'Arc aufstieg. Während Letzterer als Volksklub gilt, ist der 1969 in der ASC Diaraf aufgegangene Rivale im städtischen Bürgertum ansässig. Zweite senegalesische Fußballhochburg wurde die ehemalige Hauptstadt Saint-Louis, in der sich ebenfalls Klubs formierten. Mit dem Comité Fédéral des Sports (CFS) entstand seinerzeit zudem ein von Europäern dominierter Sportverband.

■ **NACHDEM SICH SENEGALS FUSSBALL** kontinuierlich hatte weiterentwickeln können, schlug er nach dem Zweiten Weltkrieg eigene Wege ein. Im März 1946 wurde in Dakar die »Ligue d'Afrique Occidentale Française de Foot-Ball« ins Leben gerufen, die das gesamte Gebiet der Kolonialföderation Französisch-Westafrika abdeckte und die 1951 dem französischen Nationalverband FFF beitrat (siehe auch Seite 206). Vier Jahre zuvor war von der FFF ein Pokal zur Verfügung gestellt worden, der zum Wettbewerb um den »Coupe d'Afrique Occidentale Française« (»Coupe d'AOF«, »Westafrikapokal«) geführt hatte. Daran nahmen 16 Teams aus den vier senegalesischen Kommunen Dakar, Gorée, Rufisque und Saint-Louis teil, von denen sich die US Gorée im Finale mit 2:1 gegen Jeanne d'Arc Dakar durchsetzte.

Das im selben Jahr in Dakar gegründete Sportfachblatt »Afriqu'Sports« schlug anschließend vor, den Wettbewerb auf das gesamte Gebiet von Französisch-Westafrika auszuweiten. Trotz enormer Reiseschwierigkeiten stritten daraufhin 1948 50 Mannschaften um den Pokal, der an die Elf des Foyer France Sénégal ging. Der Wettbewerb, dessen Endspiel in der Regel in Dakar ausgetragen wurde, erwies sich als wichtiger Katalysator für die Entwicklung und Verbreitung des Fußballs in Westafrika. Auf seinem Höhepunkt nahmen 1959 320 Mannschaften an ihm teil, ehe das politische Auseinanderbrechen der Westafrikanischen Föderation 1960 für das Aus sorgte. Senegal stellte zwischen 1947 und 1959 neunmal den Sieger. US Gorée gewann 1947, 1954 und 1955, Foyer France setzte sich 1948 durch, der Racing Club Dakar triumphierte 1949 und Jeanne d'Arc Dakar 1951 bzw. 1952. Saint-Louis stellte 1957 und 1959 den Sieger.

■ **MIT DER UNABHÄNGIGKEIT** Senegals wurde 1960 eine Nationalliga aus der Taufe gehoben, die in die Fußstapfen der bereits Mitte der 1940er Jahre gebildeten Stadtligen von Dakar und Saint-Louis trat. Deren Sieger hatten sich 1956 erstmals im Endspiel um die Landesmeisterschaft gegenübergestanden. Seinerzeit hatte sich Réveil Saint-Louis gegen den Lokalrivalen Saint-Louisienne Association Artistique et Sportive (AAS) durchgesetzt.

Senegals Nationalliga zeichnet sich durch ein hohes Maß an Ausgeglichenheit aus. So errangen in den 1960er Jahren mit Olympique Thiès, Espoir Saint-Louis, Foyer France Sénégal und Jeanne d'Arc vier verschiedene Teams aus drei Städten den Titel. Später schälten sich dann mit Jeanne d'Arc und dem nunmehrigen ASC Diaraf (ex-Foyer Fance) zwei Mannschaften heraus, die etwas kontinuierlicher Akzente setzten, ohne dabei jedoch zu dominieren. Diaraf war 1969 im Rahmen

TEAMS | MYTHEN

■ **ASC DIARAF DAKAR** In den 1920er Jahren als Foyer France Sénégal gegründet, avancierte der im bürgerlichen Umfeld verankerte Klub rasch zum Erzrivalen von »Volksverein« ASC Jeanne d'Arc Dakar. Nach dem Zweiten Weltkrieg gehörte der Klub zu den Triebfedern des senegalesischen Fußballs und sicherte sich 1948 mit einem 4:0-Finalsieg über Jeunesse d'Abidjan den Pokal der Westafrikanischen Konföderation. 1960 zu den Gründungsmitgliedern der Nationalliga zählend, wurde Foyer France 1968 erstmals Landesmeister. Ein Jahr später kam es durch Fusion mit Espoir Dakar zur Association Sportive et Culturelle Diaraf. Der Begriff Diaraf geht auf eine traditionsreiche Rechtsprechung der Serer-Ethnie zurück. Mit insgesamt sieben Landesmeisterschaften sind die Grün-Weißen der zweiterfolgreichste Verein des Landes, wobei sie ihre größte Zeit in den 1970er Jahren hatten. 1970, 1985 und 1982 gelang ihnen jeweils der Gewinn des Doubles aus Meisterschaft und Pokal. International erreichte die ASC Diaraf 1983 ihren Höhepunkt, als sie bis ins Halbfinale um die Kontinentalmeisterschaft vordrang und dort an Asante Kotoko Kumasi aus Ghana scheiterte. [1969 | Diaraf (10.000) | 10 | 13]

■ **AS DOUANES DAKAR** Die den nationalen Zollbehörden unterstellte Association Sportive Douanes dominiert mit fünf Landesmeisterschaften und sechs Pokalsiegen seit 2002 den nationalen Fußball. International sind die vom Deutschfranzosen Georges Tripp trainierten Rot-Weißen bislang nicht über die zweite Runde in den kontinentalen Vereinswettbewerben hinausgekommen. [Léopold Sédar Senghor (60.000) | 5 | 6]

■ **US GORÉE DAKAR** Mystische Größe der senegalesischen Fußballhistorie, die 1947 erster Pokalsieger von Westafrika wurde. Seinerzeit setzten sich die Blau-Weißen im Finale mit 2:1 gegen den Lokalrivalen Jeanne d'Arc durch. 1954 und 1955 konnte sich die US Gorée zwei weitere Male in den Siegerannalen eintragen. Abgesehen von drei Landesmeisterschaften 1978, 1981 und 1984 bzw. vier Pokalsiegen zwischen 1965 und 1996 sind die nationalen Annalen der Union Sportive Gorée seitdem allerdings nur noch dünn beschrieben. Dafür erreichte der Klub bei zwei Gelegenheiten das Halbfinale um die kontinentale Landesmeisterschaft. 1979 scheiterte er dort am ghanaischen Klub Hearts of Oak Accra, während 1985 das zaïrische Spitzenteam AS Bilima Kinshasa für das Aus sorgte. Der Klub hat seinen Namen von der Île de Gorée, die drei Kilometer vor der senegalesischen Hauptstadt Dakar liegt und seit 1978 als Museumsinsel zum UNESCO-Weltkulturerbe gehört. Die auch »les Insulaires« (»die Insulaner«) genannte US Gorée trägt ihre Spiele allerdings in der Hauptstadt Dakar aus. [Demba Diop (15.000) | 3 | 4]

■ **ASC JEANNE D'ARC DAKAR** Ältester und auch beliebtester Klub des Landes. 1921 gegründet, etablierte sich »JA« rasch als schichtenübergreifender Volksverein. Die Blau-Weißen gewannen 1951 und 1952 jeweils den Westafrikapokal und sind mit zehn Landesmeisterschaften sowie sechs Pokalsiegen der erfolgreichste Verein Senegals. Die erste »JA«-Erfolgself der frühen 1950er Jahre umfasste Akteure wie Mbaye Parka Sarr, Adrien Fall, Mamadou Ibrahima Sidibé und Henri Gomis. 1951 setzte sich das Team im Westafrikafinale mit 3:1 gegen Jeanne d'Arc aus dem malischen Bamako durch, derweil es im Folgejahr ein 2:0 über Étoile Sportive aus Porto Novo (Benin) gab. In den 1960er Jahren streifte sich u.a. der spätere senegalesische Tourismusminister Elhadj Malick Sy das blau-

weiß gestreifte »JA«-Jersey über. 1960 erster Landesmeister des Senegals geworden, feierte die Elf um Dribbelkünstler Koty Koné »Camou«, Torjäger Alpha Touré und Antreiber Alioune Ndiaye 1969 das bislang einzige Double aus Meisterschaft und Pokal. 1974 erklommen die Blau-Weißen ihren ersten internationalen Zenit, als sie im Landesmeisterwettbewerb bis ins Halbfinale vordrangen, wo sie an CARA Brazzaville scheiterten. Im Folgejahr erreichte Jeanne d'Arc die Vorschlussrunde im afrikanischen Pokalsiegerwettbewerb, wo man an Stade Abidjan scheiterte. Nachdem »JA« mit Christophe Sagna einen Leistungsträger an den französischen Klub Stade Quimper verloren hatte, brachen im Stade Léopold Sédar Senghor bescheidenere Tage an. Erst 1985 kehrte der Klub auf den nationalen Meisterthron zurück und sicherte sich auch 1986 und 1988 den Meistertitel bzw. 1980, 1984 und 1987 den Landespokal. Dem Erfolg zugrunde lag eine verstärkte Nachwuchsarbeit, aus der die späteren Frankreich-Profis Roger Mendy, Pape Fall, Loulou Sow, Baba Touré und Moussa Ndaw hervorgingen. 1998 im CAF-Cup bis ins Finale vorgedrungen (0:1 und 0:3 gegen den tunesischen CS Sfaxien), dominierten die Blau-Weißen zur Millenniumswende eine Zeitlang die Landesmeisterschaft und drangen 2004 in der Champions League bis ins Halbfinale vor, wo sie nach einem 2:1-Hinspielsieg über Etoile du Sahel Sousse durch eine 0:3-Niederlage in Tunesien ausschieden. [20.9.1921 | Léopold Sédar Senghor (60.000) | 10 | 6]

■ **ASC SUNEOR DJOURBEL** Der vierfache Landesmeister (1980, 1983, 1987 und 1996) hieß bis 1991 SEIB Djourbel und anschließend bis 2006 Sonacos. Sonacos bzw. Suneor ist der größte Speiseölproduzent Senegals. Der Klub ist in der 100.000-Einwohner-Stadt Djourbel ansässig, die im Westen des Landes liegt. [Municipal | 4 | 1]

HELDEN | LEGENDEN

■ **JULES BOCANDÉ** Galionsfigur des senegalesischen Fußballs der 1980er Jahre. Der torgefährliche Angriffsspieler nahm 1986, 1990 und 1992 mit Senegal an der Afrikameisterschaft teil, während er in Europa zu einem gefeierten Torjäger aufstieg. 1985/86 wurde er im Dress des französischen Profiklubs FC Metz sogar Torschützenkönig der Ligue 1. Aus der im Süden gelegenen Stadt Ziguinchor stammend, begann Bocandé seine Laufbahn beim dortigen Klub Casa Sport und wechselte 1980 nach Europa, nachdem er beim Pokalfinale gegen Jeanne d'Arc in eine Massenschlägerei geraten und daraufhin gesperrt worden war. Zunächst in Belgien aktiv, kam er 1984 zum FC Metz und spielte später auch noch für Paris-SG, OGC Niza sowie Racing Lens. 1986 war Bocandé Schlüsselspieler bei Senegals erster Qualifikation zur Afrikameisterschaft nach 18 Jahren Pause. 1990 und 1992 erreichte er mit »les Lions« jeweils das Viertelfinale, ehe er seine Stiefel 1994 an den Nagel hängte. [*25.11.1958]

■ **HENRI CAMARA** Aus dem Nachwuchs des ASC Diaraf Dakar stammender pfeilschneller Stürmer, der 2002 zu Senegals Erfolgsgaranten bei der ersten WM-Teilnahme zählte. Nahm 2004, 2006 und 2008 mit »les Lions« jeweils an der Afrikameisterschaft teil. Der zur Volksgruppe der Susu gehörende Camara begann seine Laufbahn 1998 bei Racing Strasbourg, schaffte aber erst 1999 mit dem Schweizer Verein Neuchâtel Xamax den Durchbruch. Über Grasshoppers Zürich kehrte er 2001 nach Frankreich zurück und lief anschließend in 60 Spielen für CS Sedan auf, während er mit Senegal

Senegal war 2002 in Südkorea/Japan WM-Überraschungself.

einer von Jugend- und Sportminister Lamine Diack angeordneten Reform entstanden. In Saint-Louis (Linguère), Rufisque (Saltigué) und Kaolack (Mbossé) hatte man seinerzeit die lokalen Fußballkräfte durch Fusionen ebenfalls gebündelt.

Auch international vermochten die beiden Teams auf sich aufmerksam zu machen. Jeanne d'Arc drang 1974 und 1975 im kontinentalen Landesmeisterwettbewerb jeweils bis ins Halbfinale vor, während Erzrivale Diaraf 1983 seinen größten Erfolg feierte, als er das Halbfinale um den Pokal der afrikanischen Pokalsieger erreichte.

Die 1960 gebildete Fédération Sénégalaise de Football (FSF) hatte am Silvestertag 1961 erstmals eine Landesauswahl ins Rennen geschickt, die dem damaligen Dahomey (heute Benin) mit 2:3 unterlag. Vier Jahre später erreichte das Team um Frankreichprofi Camara (Stade Laval) seinen ersten Zenit, als es bei der Afrikameisterschaft in Tunesien per Losentscheid im Halbfinale ausschied und Vierter wurde.

Dass der Erfolg nicht wiederholt werden konnte, war der schwach ausgeprägten Sportinfrastruktur zuzuschreiben. Fußball galt in Senegal zwar als Volkssport, wurde aber vom langjährigen Präsidenten Senghor kaum unterstützt. Im Gegensatz zu Ghanas Präsident Nkrumah konnte der Intellektuelle Senghor das enorme Potenzial des Fußballs bei der Bildung einer nationalen Einheit nicht erkennen.

Dementsprechend rudimentär waren die Verhältnisse. Die meisten Spielfelder bestanden aus einer Sandoberfläche, es gab nur eine Handvoll Spielstätten und keinerlei repräsentative Stadien. Das Spiel verharrte auf Amateurebene und zwang viele Talente, ihr Glück in Europa zu suchen. Vor allem Ex-Kolonialherr Frankreich galt als bevorzugtes Ziel. So wurde Jules Bocandé 1986 beim FC Metz französischer Torschützenkönig, während mit Patrick Vieira ein in Dakar geborener Senegalese 1998 mit Frankreich sogar Weltmeister wurde.

■ **ERST ENDE DER 1970ER JAHRE** erwachte auch Senegals Fußball. Mit Otto Pfister kam ein afrikaerfahrener Trainer, unter dem »les Lions« 1979 erstmals den populären Amílcar Cabral-Cup errangen, den sie 1980 verteidigten. 1986 gelang dann erstmals nach 18 Jahren wieder die Qualifikation zur Afrikameisterschaft. Vorausgegangen war ein politischer Führungswechsel, bei dem Abdou Diouf den langjährigen Staatspräsidenten Senghor abgelöst hatte. Unter Diouf erfuhr der Fußball in Senegal eine deutlich höhere Wertschätzung. Erstmals wurden gezielt in Frankreich und Belgien spielende Profis senegalesischer Herkunft rekrutiert, die »les Lions« zum Durchbruch verhalfen. Dennoch setzte es für die Elf um die Europalegionäre Jules Bocandé, Boubacar Sarr und Roger Mendy bei der Afrikameisterschaft in Ägypten eine Enttäuschung. Nach einem hoffnungsvollen 1:0-Auftaktsieg über Gastgeber Ägypten zerstörte eine 0:1-Niederlage gegen die Elfenbeinküste die Endspielträume der zu den Geheimfavoriten zählenden Senegalesen schon in der Vorrunde.

Interne Streitigkeiten zwischen den Europalegionären und den einheimischen Akteuren sowie hemmende Machtkämpfe in der Verbandsführung stürzten Senegals Fußball anschließend in die größte Krise seiner Geschichte. Die Nationalelf scheiterte bereits in der Qualifikation zur Afrikameisterschaft 1988, die Vereinsmannschaften blamierten sich in den kontinentalen Wettbewerben, die Nationalliga musste abgebrochen werden und der Nationalverband verschlief den Meldeschluss für die Qualifikation zur WM 1990.

Mit Claude le Roy übernahm daraufhin ein Mann die Nationalmannschaft, der 1988 mit Kamerun Afrikameister geworden war. Seine Aufbauarbeit führte Senegal schon 1990 ins Halbfinale um die Afrikameisterschaft, wo man Gastgeber Algerien unterlag. Zwei Jahre später kam es zum erneuten Rückschlag, als »les Lions« um Bundesligaprofi Souleymane Sané bei der im eigenen Land ausgetragenen 18. Afrikameisterschaft nicht über das Viertelfinale hinauskamen.

■ **PRÄSIDENT DIOUF MISCHTE** sich anschließend persönlich in die Ursachenforschung ein und machte vor allem die Europalegionäre für das Scheitern verantwortlich. Unter dem ehemaligen französischen Leichtathleten Habib Thiam wurde ein Förderkonzept entwickelt, das die Förderung des nationalen Nachwuchses, die Stärkung der heimischen Vereine, die Schaffung einer zeitgemäßen Sportinfrastruktur sowie die allgemeine Stärkung des Körperkulturgedankens umfasste.

2001 konnten die ersten Erfolge geerntet werden. Während der liberale Rechtswissenschaftler Abdoulaye Wade Diouf ablöste und die 40-jährige sozialistische Regentschaft im Land beendete, ritt die Nationalmannschaft auf einer Erfolgswelle. Nach einem bahnbrechenden 1:0 über Marokko vor 60.000 begeisterten Zuschauern in Dakar qualifizierten sich »les Lions« mit einem 5:0 in Namibia zum ersten Mal für eine Weltmeisterschaft und stürzten ihre Heimat in einen nie erlebten Fußball-Rausch. Als Vater des Erfolges galt der französische Trainer Bruno Metsu, der nach einem Fehlstart in der WM-Qualifikation den Deutschen Peter Schnittger abgelöst hatte.

Unter Metsu war ein Team entstanden, das von Superstar Mustapha El Hadji Diouf angeführt wurde, der 2001 und 2002 zu Afrikas Fußballer des Jahres gewählt wurde und ebenso wie Staatspräsident Wade der einflussreichen islamischen Bruderschaft Mourides angehört. Neben Diouf ragten Verteidiger Ferdinand Coly, die Mittelfeldspieler Pape Sarr und Khalilou Fadiga, die Angreifer Henri Camara und Papa Bouba Diop sowie Torsteher Tony Sylva heraus. Mit zwei Ausnahmen kickten sämtliche Mitglieder des WM-Kaders in Frankreich, wo die meisten von ihnen auch ausgebildet worden waren. Coly und Fadiga beispielsweise hatten ihre fußballerische Ausbildung in einer französischen Fußballakademie erhalten.

Nachdem Senegal im Februar 2002 beim Afrika-Cup in Mali erstmals das Endspiel erreicht und jenes unglücklich im Elfmeterschießen gegen Kamerun verloren hatte, erreichte der Höhenflug bei der WM in Südkorea/Japan seinen Höhepunkt. Im Auftaktspiel stand der Debütant ausgerechnet Titelverteidiger und Ex-Kolonialherr Frankreich gegenüber – und damit jenem Land, in dem das Gros seiner Spieler sein Geld verdiente. Mit einem überraschenden 1:0 leiteten »les Lions« das vorzeitige Aus des amtierenden Weltmeisters ein, während sie selbst als zweites afrikanisches Team nach Kamerun 1990 das Achtelfinale überstanden (gegen Schweden) und erst im Viertelfinale von der Türkei gestoppt wurden.

■ **DOCH DER ERFOLG KONNTE** nicht konserviert werden. Die Erfolgself zerstritt sich und kämpfte mit eklatanten Disziplinproblemen, Superstar El Hadji Diouf verkalkulierte sich mit seinem Wechsel nach Liverpool, und der nachrückenden Generation fehlte schlicht das Talent ihrer Vorgänger. 2006 verpasste Senegal mit einer überraschenden 1:3-Niederlage gegen Togo die erneute WM-Qualifikation, ehe bei der Afrikameisterschaft 2008 der Tiefpunkt erreicht wurde, als Trainer Henryk Kasperczak nach dem 1:3 gegen Angola vorzeitig das Handtuch warf, Senegal nach der Vorrunde die Koffer packen musste und Superstar Diouf sowie Torsteher Tony Silva nach einem Barbesuch suspendiert wurden. Wenig später kam auch in der WM-Qualifikation 2010 das vorzeitige Aus.

Der Rückschlag richtete den Blick abermals auf die unverändert mangelhaften Strukturen im nationalen Fußball. Senegals Nationalliga fristet seit langem ein Schattendasein. Lediglich das Derby zwischen Jeanne d'Arc und Diaraf lockt mehr als hundert Zuschauer an, die meisten Spielfelder bestehen aus knochenharten und graslosen Sandflächen und die Infrastruktur ist miserabel. Profifußball kennt man auch im Senegal des Jahres 2009 nicht, während die Handvoll existierender Fußball-Akademien unter der Kontrolle von europäischen Vereinen bzw. Agenturen stehen und einzig und allein dem Zweck dienen, Talente herauszufiltern, um sie nach Europa zu transferieren. »Es gibt keine Strukturen in diesem Land. Um Erfolg zu haben, muss man ins Ausland«, klagte ein Spieler gegenüber dem englischen Fachblatt »When Saturday Comes«. Das klingt nicht wirklich hoffnungsvoll.

die Weltmeisterschaft erreichte. 2003 wechselte Camara zu Premier-League-Aufsteiger Wolverhampton Wanderers, wo er am Saisonende zwar zum »Spieler des Jahres« gewählt wurde, nach dem Abstieg aus dem Oberhaus aber dennoch zu Celtic Glasgow ausgeliehen wurde. Später noch an Southampton ausgeliehen, kam der bisweilen aneckende Camara 2005 zu Wigan Athletic und erzielte in 66 Ligaspielen 20 Tore für die »Latics«, ehe er 2007 zum Ligarivalen West Ham United weiterzog. [*10.5.1977 | 99 LS/29 Tore]

■ **MOHAMED EL HADJI DIOUF** Senegals Fußball-Galionsfigur des 21. Jahrhunderts und zugleich das unberechenbare fußballerische »Enfant terrible« des Landes. Diouf wurde 2001 und 2002 zu Afrikas Fußballer des Jahres gewählt und schoss Senegal mit neun Treffern in der WM-Qualifikation 2002 fast im Alleingang zum Endturnier in Japan/Südkorea. 1998 war der Stürmer der ASC Kaani Gui Linguère im Alter von 17 Jahren von einem Talentspäher entdeckt und zum FC Sochaux nach Frankreich vermittelt worden. Über Stade Rennes kam er 2000 zum Racing Club Lens, mit dem er 2002 französischer Vizemeister wurde. Nach Platz zwei bei der Afrikameisterschaft 2002 und einem famosen Auftritt bei der WM im selben Jahr wurde der exzentrische Angriffsspieler für rund zehn Mio. Pfund von Liverpool FC verpflichtet. Bei den »Reds« versauerte Diouf aber auf der Bank und wurde 2004/05 an die Bolton Wanderers abgegeben. 2008 schloss er sich dem Ligarivalen Sunderland AFC an. Der praktizierende Muslim stand in der Vergangenheit mehrfach im Zentrum von Skandalen. So wurde er 2004 verdächtigt, zweimal in die Gesichter von Premier-League-Gegenspielern gespuckt zu haben. Im selben Jahr erhielt Diouf nach einem Angriff auf einen Unparteiischen zudem eine Länderspielsperre. [*15.1.1981 | 40 LS/16 Tore]

Jahr	Meister	Pokalsieger
1960	Jeanne d'Arc Dakar	
1961	unbekannt	Espoir Saint-Louis
1962	unbekannt	Jeanne d'Arc Dakar
1963	unbekannt	US Rail Thiès
1964	Olympique Thiès	US Ouakam Dakar
1965	unbekannt	US Gorée Dakar
1966	Olympique Thiès	AS Saint-Louisenne
1967	Espoir Saint-Louis	Foyer France Dakar
1968	Foyer France Dakar	Foyer France Dakar
1969	Jeanne d'Arc Dakar	Jeanne d'Arc Dakar
1970	ASC Diaraf Dakar	ASC Diaraf Dakar
1971	ASFA Dakar	ASC Linguère St-Louis
1972	ASFA Dakar	US Gorée Dakar
1973	Jeanne d'Arc Dakar	ASC Diaraf Dakar
1974	ASFA Dakar	Jeanne d'Arc Dakar
1975	ASC Diaraf Dakar	ASC Diaraf Dakar
1976	ASC Diaraf Dakar	ASF Police Dakar
1977	ASC Diaraf Dakar	Saltigué Rufisque
1978	US Gorée Dakar	ASF Police Dakar
1979	ASF Police Dakar	Casa Sport Ziguinchor
1980	SEIB Djourbel	Jeanne d'Arc Dakar
1981	US Gorée Dakar	ASF Police Dakar
1982	ASC Diaraf Dakar	ASC Diaraf Dakar
1983	SEIB Djourbel	ASC Diaraf Dakar
1984	US Gorée Dakar	Jeanne d'Arc Dakar
1985	Jeanne d'Arc Dakar	ASC Diaraf Dakar
1986	Jeanne d'Arc Dakar	AS Douanes Dakar
1987	SEIB Diourbel	Jeanne d'Arc Dakar
1988	Jeanne d'Arc Dakar	ASC Linguère St-Louis
1989	ASC Diaraf Dakar	US Ouakam Dakar
1990	Port Autonome Dakar	ASC Linguère St-Louis
1991	Port Autonome Dakar	
1992	Ndiambour Louga	US Gorée Dakar
1993	AS Douanes Dakar	ASC Diaraf Dakar
1994	Ndiambour Louga	ASC Diaraf Dakar
1995	ASC Diaraf Dakar	ASC Diaraf Dakar
1996	Sonacos Djourbel	US Gorée Dakar
1997	AS Douanes Dakar	AS Douanes Dakar
1998	Ndiambour Louga	ASC Yeggo Dakar
1999	Jeanne d'Arc Dakar	Ndiambour Louga
2000	ASC Diaraf Dakar	Port Autonome Dakar
2001	Jeanne d'Arc Dakar	Sonacos Djourbel
2002	Jeanne d'Arc Dakar	AS Douanes Dakar
2003	Jeanne d'Arc Dakar	AS Douanes Dakar
2004	ASC Diaraf Dakar	AS Douanes Dakar
2005	Port Autonome Dakar	AS Douanes Dakar
2006	AS Douanes Dakar	US Ouakam Dakar
2007	AS Douanes Dakar	ASC Linguère St-Louis
2008	AS Douanes Dakar	ASC Diaraf Dakar

SEYCHELLEN

Fußball im Paradies

Auf den Seychellen hat sich der Fußball stetig weiterentwickeln können

Seychelles Football Federation

Seychellischer Fußball-Bund | gegründet: 1941 (1980) | Beitritt FIFA: 1986 | Beitritt CAF: 1986 | Spielkleidung: rotes Trikot, rote Hose, rote Stutzen | Saison: Juli - Mai | Spieler/Profis: 5.860/0 | Vereine/Mannschaften: 20/60 | Anschrift: Maison Football, Roche Caiman, PO Box 843, Mahé | Tel: +248-601170 | Fax: +248-601163 | www.sff.sc | E-Mail: sff@seychelles.net

Sanfte Atlantikwellen, die an schneeweiße Strände schlagen. Ein strahlend blauer Himmel. Dazu leichter Wind, der angenehme Abkühlung verschafft. Überall Palmen und aufregende Korallenriffe, begleitet von einer luxuriösen Infrastruktur, die das Urlauberleben angenehm macht. Keine Frage: Auf den Seychellen finden sich viele Klischees vom Traumurlaub bestätigt. Die Inselgruppe im Indischen Ozean hat sich voll auf den Tourismus konzentriert, der in vielerlei Facetten daherkommt: vom exquisiten Nobelhotel, das das einzige Gebäude auf einer der 115 Korallen- und Granitinseln ist, bis hin zum sanften Öko-Tourismus, bei dem der Reisende in ein Naturspektakel eintaucht.

Nur Fußballfans finden eher selten den Weg auf die Seychellen. Kein Wunder, denn die FIFA-Weltrangliste führte das kleine Inselparadies 2007 nur auf Position 163. Im Jahresverlauf hatte es sechs Niederlagen und lediglich ein 1:1 gegen Mauritius gegeben, bei dem Godfry Denis der einzige seychellische Treffer des Jahres gelungen war. Größter und zugleich auch einziger Erfolg in der nationalen Fußballhistorie ist ein zweiter Platz, den die Landesauswahl »Pirates« 1979 bei den Indian Ocean Games auf Réunion belegte.

■ **OBWOHL DIE SEYCHELLEN EINST** britische Kolonie waren, herrscht auf ihnen ein französisch geprägtes Leben und es dominiert ein Gemisch aus Französisch und afrikanischen Sprachen. Französische Siedler aus Mauritius bzw. Réunion hatten sich ab 1756 auf der Inselgruppe (115 Inseln, davon 46 dauerhaft bewohnt) niedergelassen und unter Ausbeutung afrikanischer Sklaven Gewürzplantagen (v. a. Vanille) errichtet. Zum Siedlungsschwerpunkt wurde die Insel Mahé, auf der heute 90 Prozent der Seychellois leben und die auch die einzige Stadt des Landes, Victoria, beherbergt.

Ab 1810 von Großbritannien besetzt, wurden die Seychellen 1903 eigenständige Kronkolonie und gerieten in eine schwere Krise, als mit der Entdeckung von Vanille-Ersatzstoffen die Weltmarktpreise für das Originalprodukt einbrachen. Proteste gegen das anhaltende britische Missmanagement führten nach dem Zweiten Weltkrieg zur Bildung politischer Parteien, unter denen sich die SPUP unter France-Albert René als Befürworter einer Nähe zu Großbritannien und die SDP unter James Mancham als Verfechter einer Autonomie hervortaten. 1976 führte Letzterer die Inselgruppe schließlich als unabhängige Republik innerhalb des Commonwealth in die staatliche Eigenständigkeit.

Nur ein Jahr später putschte Renés SPUP und verwandelten die Seychellen in einen sozialistischen Einparteienstaat, der bis 1991 Bestand hatte. Mit dem Zusammenbruch des Ostblocks erhöhte sich der Druck im Exil lebender SDP-Anhänger, woraufhin es zu einem demokratischen Wandel sowie einer Liberalisierung der Planwirtschaft kam. Unter staatlicher Obhut wurde der Tourismus sukzessive ausgebaut und die Grundlage für ein moderne Volkswirtschaft gelegt. Heute verfügen die Seychellen über ein vorbildliches Schulsystem, eine funktionierende Verkehrsinfrastruktur sowie eine gesundheitliche bzw. soziale Grundversorgung für sämtliche Einwohner.

■ **DIE BEDINGUNGEN IM** nationalen Fußball haben sich in den letzten Jahrzehnten ebenfalls stetig verbessert. Das Spiel war in den 1930er Jahren von Europäern eingeführt worden und hatte lange Zeit auf einer reinen Hobbyebene verharrt. 1936 wurde der Chal-

**Repiblic Sesel
Republic of Seychelles
République des Seychelles**

Republik Seychellen | Fläche: 454 km² | Einwohner: 84.000 (185 je km²) | Amtssprachen: Kreolisch (Seselwa), Englisch, Französisch | Hauptstadt: Victoria (Mahé, 24.970) | Weitere Städte: keine | Währung: 1 Seychellen-Rupie = 100 Cents | Bruttosozialprodukt: 8.190 $/Kopf | Zeitzone: MEZ +3h | Länderkürzel: SC | FIFA-Kürzel: SEY | Telefon-Vorwahl: +248

● FIFA World Ranking
1993	1994	1995	1996	1997	1998	1999	2000
157	175	176	175	181	181	192	198
2001	2002	2003	2004	2005	2006	2007	2008
192	185	163	173	176	130	163	166

● Weltmeisterschaft
1930-98 nicht teilgenommen **2002-10** Qualifikation

● Afrikameisterschaft
1957-88 nicht teilgenommen **1990** Qualifikation **1992-96** nicht teilgenommen **1998** Qualifikation **2000-02** nicht teilgenommen **2004-10** Qualifikation

lenge Cup ins Leben gerufen, ehe es dem 1941 gegründeten Nationalverband Seychelles Football Association (SFA) gelang, eine Meisterschaft auszuschreiben, an der 1955 immerhin neun Teams teilnahmen. Doch statt Vereinen gab es auf den Seychellen nur lockere Mannschaften (am erfolgreichsten war ein Team namens »Ascot«), aus Mangel an Schuhen spielte man barfuß und die Spieldauer beschränkte sich auf zweimal 30 Minuten.

Als 1969 der Engländer Adrian Fisher auf die Insel kam, ging ein Ruck durch die schlummernde Fußballgemeinde der Seychellen. Fisher führte die reguläre Spielzeit von zweimal 45 Minuten ein und formte eine Landesauswahl, die am 12. April 1970 bei einem Turnier in Kenia ihr Debüt ablieferte. Neun Jahre später errangen die »Pirates« bei den ersten Indian Ocean Islands Games (IOIG) in Réunion die Silbermedaille, ehe 1980 nach der Unabhängigkeitserklärung aus dem SFA die heutige Seychelles Football Federation (SFF) wurde.

1986 trat man sowohl der FIFA als auch der CAF bei, wodurch 1990 das Debüt in der Afrikameisterschaft und 2002 das in der WM-Qualifikation möglich waren. 1985, 1998 und 2003 errangen die »Pirates« jeweils die Bronzemedaille bei den Indian Ocean Games, während die U17 der Inselgruppe 1995 sogar Gold bei den Indian Ocean Games in Madagaskar holte. 1989 hatte mit dem damaligen Serienmeister St. Louis Victoria zudem ein seychellisches Team in der afrikanischen Champions League debütiert.

Im Zuge einer umfassenden Reform des nationalen Fußballs waren 1982 regionale Auswahlmannschaften gebildet worden, aus denen 1995 bei einer weiteren Reform reguläre Vereine wurden. Zudem entstand seinerzeit eine Ligapyramide mit einer First Division mit bis zu zwölf Mannschaften sowie jeweils einer Second und einer Third Division. Die meisten Vereine sind auf Mahé ansässig, wo auch das Gros der Spiele ausgetragen wird. Dort befindet sich zudem das Nationalstadion Linité, das immerhin 12.000 Menschen fasst – und damit fast die Hälfte der Einwohner von Victoria! Dank des FIFA-Goal-Projekts ist es mit einem Kunstrasenplatz moderner Prägung ausgestattet und damit ganzjährig nutzbar.

■ **NACH DER MILLENNIUMSWENDE** zeigte der Nationalverband unter seinem ehrgeizigen Präsidenten Suketu Patel verstärkte Anstrengungen, die Inselgruppe nach vorne zu bringen. 2001 richteten die Seychellen die U17-Meisterschaft Afrikas aus, während die Nationalauswahl unter ihrem montenegrinischen Trainer Vojo Gardesević bei ihrem Debüt in der WM-Qualifikation 2002 immerhin ein 1:1 gegen Namibia verbuchte. Philip Zialor sorgte seinerzeit für den historischen Ausgleichstreffer zum Endstand. 2003 gelang den »Pirates« unter dem deutschen Trainer Michael Nees sogar ein 2:1-Sieg über Simbabwe sowie ein 1:1 in Sambia.

Die Auswahlspieler der Seychellen sind ausnahmslos Amateure. Die meisten von ihnen sind bei staatlichen Stellen im Tourismusgewerbe angestellt und können lediglich zwei- bis dreimal in der Woche trainieren. Leistungsträger waren über viele Jahre Regisseur Paul Khan, Torsteher Nelson Sopha sowie Torjäger Philip Zialor.

Am 7. Oktober 2006 feierten die »Pirates« einen 2:1-Erfolg über Mauritius in der Afrikameisterschaft, dem zwei Jahre später ein historischer 7:0-Triumph über denselben Gegner im COSAFA-Castle-Cup folgte. Die Landesauswahl bewies zudem bei diversen Gelegenheiten, dass sie durchaus auch mit spielstärkeren Teams des Kontinents mithalten kann. So mühten sich Burkina Fasos »Stallions« in der WM-Qualifikation 2010 zu einem 3:2-Zittersieg in Victoria, während Tunesien an derselben Stelle in der Afrikameisterschaft 2008 nur zu einem mageren 2:0 kam.

Vor allem administrativ wird alles getan, damit sich der Fußball in dem Ferienparadies weiter entwickeln kann. Für 2011 sind die Indian Ocean Games in Victoria geplant, und in der FIFA-Weltrangliste haben sich die Seychellen inzwischen auf den 160er Positionen einrichten können – nachdem sie jahrelang nicht über Rang 181 hinausgekommen waren. Und wer weiß – vielleicht kommen ja eines Tages auch die Fußball-Touristen auf die Seychellen.

TEAMS | MYTHEN

■ **ST. LOUIS SUND UNITED VICTORIA** 2007 durch Fusion von St. Louis Victoria und St. Louis Sunshine gebildeter Verein, der als einer der ambitioniertesten auf der Inselgruppe betrachtet wird. Vorgänger St. Louis Victoria war mit 13 Titelgewinnen zwischen 1979 und 1994 nationaler Rekordmeister, derweil St. Louis Sunshine 1995 nur zwei Jahre nach seiner Gründung zum einzigen Mal als Landesmeister durchs Ziel gegangen war. St. Louis Victoria war 1989 zudem seychellischer Debütant in der afrikanischen Landesmeisterschaft. Nachdem die blau-weißen »Saints« in der Vorqualifikation das COSFAP-Team aus Madagaskar ausgeschaltet hatten, kam seinerzeit gegen die Fire Brigade aus Mauritius das Aus. Zu den damaligen Leistungsträgern zählten Bernard Dorasamy, Paul Khan, Ange Dubignon und Vincent Dorasamy. Nach 13 Meisterschaften binnen 16 Jahren wurde die Regionalauswahl 1995 in einen regulären Verein umgewandelt und verpasste den Anschluss. [2007 | Linté (12.000) | 13/1 | 2]

■ **ST. MICHEL UNITED ANSE-AUX-PINS** International erfolgreichstes Team der Inselgruppe. 2001 setzte sich die Mannschaft in der Champions League gegen AS Fortior Tamatave (Madagaskar) und AS Marsouins (Réunion). durch, ehe im Achtelfinale gegen Al Ahly Kairo das Aus kam. National dominierte der Klub nach der Reform von 1995 bisweilen den Spielbetrieb und sicherte sich 2008 bereits seine achte Landesmeisterschaft. [8 | 5]

HELDEN | LEGENDEN

■ **SIMON FRANÇOISE** Der langjährige Kapitän und Regisseur von Red Star Anse-aux-Pins konnte sich in den 1990er Jahren beim Halbprofiklub Fire Brigade auf der Nachbarinsel Mauritius durchsetzen.

■ **JIM LOUIS** Erster Seychellois, der in den 1990er Jahren im Ausland spielte. Louis trug seinerzeit das Trikot des Halbprofiklubs Sainte-Suzanne auf der benachbarten Insel Réunion.

Jahr	Meister	Pokalsieger
1979	St. Louis Victoria	
1980	St. Louis Victoria	
1981	St. Louis Victoria	
1982	Mont Fleuri Victoria	
1983	St. Louis Victoria	
1984	Mont Fleuri Victoria	
1985	St. Louis Victoria	
1986	St. Louis Victoria	
1987	St. Louis Victoria	Beau Vallon
1988	St. Louis Victoria	St. Louis Victoria
1989	St. Louis Victoria	Anse Boileau
1990	St. Louis Victoria	Plaisance
1991	St. Louis Victoria	Anse-aux-Pins
1992	St. Louis Victoria	nicht ausgespielt
1993	nicht ausgespielt	Anse-aux-Pins
1994	St. Louis Victoria	nicht ausgespielt
1995	Sunshine Victoria	Red Star Anse-aux-Pins
1996	St. Michel United Anse	St. Louis Victoria
1997	St. Michel United Anse	St. Michel United Anse
1998	Red Star Anse-aux-Pins	St. Michel United Anse
1999	St. Michel United Anse	Red Star Anse-aux-Pins
2000	St. Michel United Anse	Sunshine
2001	Red Star Anse-aux-Pins	St. Michel United Anse
2002	La Passe FC/St. Michel U.	Anse Réunion
2003	St. Michel United Anse	St. Louis Victoria
2004	La Passe FC	Red Star Anse-aux-Pins
2005	La Passe FC	Seychelles MB
2006	Anse Réunion	
2007	St. Michel United Anse	St. Michel United Anse
2008	St. Michel United Anse	St. Michel United Anse

SIERRA LEONE

Ein Putsch im Fußballrausch

Sierra Leones Fußball wurde in seiner Entwicklung schwer von der Politik beeinträchtigt

Sierra Leone Soccer Association

Sierra Leone Fußball-Verband | gegründet: 1923 | Beitritt FIFA: 1967 | Beitritt CAF: 1967 | Spielkleidung: grünes Trikot, grüne Hose, grüne Stutzen | Saison: Februar - Dezember | Spieler/Profis: 259.630/0 | Vereine/Mannschaften: 24/196 | Anschrift: 21 Battery Street, Kingtom, PO Box 672, Freetown | Tel: +232/22-240071 | Fax: +232/22-241339 | www.slfa.tk | E-Mail: starssierra@yahoo.com

Sierra Leones Fußball befand sich auf einem unwiderstehlichen Höhenflug, als er mit Waffengewalt gestoppt wurde. 1998 fehlte der Auswahlmannschaft des Vier-Millionen-Landes zwischen Guinea und Liberia lediglich ein Punkt, um sich zum dritten Mal in Folge für die Afrikameisterschaft zu qualifizieren. Doch unmittelbar vor dem entscheidenden Treffen gegen Guinea kam es in der sierraleonischen Hauptstadt Freetown zu einem Putsch, der die Fußballträume der Westafrikaner schlagartig und nachhaltig zerstörte. Statt zum Endturnier nach Burkina Faso zu reisen, flohen die Spieler der Erfolgself um Italienprofi Mohamed Kallon in sichere Nachbarländer, woraufhin Sierra Leone in der FIFA-Weltrangliste von Position 51 (Januar 1996) auf Rang 172 (September 2007) abstürzte.

■ **HISTORISCH IST SIERRA LEONE** ein trauriger Beleg dafür, dass Kolonialismus keine weiße Domäne ist. Um 1460 von portugiesischen Seefahrern entdeckt und Sierra Leone (»Löwenberge«) genannt, diente das an der Westküste Afrikas gelegene Land zunächst als Sklaven- und Elfenbeinumschlagplatz. 1797 wurde auf Betreiben der britischen Antisklavereibewegung ein 250 km² großes Gebiet um die spätere Hauptstadt Freetown (»die Stadt der Freien«) als Kolonie Freetown ausgeschrieben, um dort ehemalige Sklavenarbeiter anzusiedeln. Um der Annexion durch Frankreich vorzubeugen, wurde 1896 auch das umliegende Hinterland unter britisches Protektorat gestellt, womit die Grenzen des heutigen Sierra Leone sichtbar wurden. Weil sich die befreiten britischen Sklaven bzw. deren Nachfahren (»Kreolen«) im Vergleich zu den alteingesessenen Ethnien der Region als »zivilisierter« bzw. »überlegener« betrachteten, dominierten sie sämtliche Lebensbereiche und etablierten so etwas wie einen »schwarzen Rassismus«. So sorgte beispielsweise die 1827 in Freetown eröffnete älteste Universität Westafrikas (Fourah Bay College) für einen stetigen Zufluss ausschließlich kreolischer Entscheidungsträger. Nachdem die Kolonie Freetown und das Protektorat Sierra Leone nach dem Zweiten Weltkrieg zusammengefasst worden waren, breiteten sich Unabhängigkeitsforderungen aus. Bei den ersten Parlamentswahlen setzte sich die antikreolische »Sierra Leone People's Party« (SLPP) durch, deren Führer Milton Margai 1961 erster Premierminister der unabhängigen Republik Sierra Leone wurde. Damit verbunden war ein Machtverlust der kreolischen Minderheit. Während nunmehr Angehörige der beiden größten Bevölkerungsgruppen Temne bzw. Mende die Führung übernahmen, destabilisierte sich die politische Lage in Sierra Leone. Als sich 1967 eine oppositionelle Sammlungsbewegung bei den Parlamentswahlen durchsetzte, wurde der fällige Regierungswechsel durch einen Militärputsch verhindert und Sierra Leone geriet in eine schwere innere Krise. Die Lage verschärfte sich, als 1991 der Bürgerkrieg im benachbarten Liberia auf das Land übergriff und es zu einer Reihe blutiger Militärputsche kam. 1995 befand sich fast ein Viertel aller Einwohner auf der Flucht, während Rebellen plündernd durch die Städte zogen. Als der Bürgerkrieg 2002 nach massiver internationaler Intervention schließlich endete, wies das Land nach Angaben der UNO »die geringste Lebensqualität von allen Ländern der Welt« auf.

■ **WIE EINGANGS ERWÄHNT** stoppte der Krieg auch die bislang hoffnungsvollste Fußballaus-

Republic of Sierra Leone

Republik Sierra Leone | Fläche: 71.740 km² | Einwohner: 5.336.000 (74 je km²) | Amtssprache: Englisch | Hauptstadt: Freetown (786.900) | Weitere Städte: Bo (167.144), Kenema (137.696), Koidu (87.789), Makeni (85.017) | Währung: 1 Leone = 100 Cents | Bruttosozialprodukt: 210 $/Kopf | Zeitzone: MEZ -1h | Länderkürzel: SL | FIFA-Kürzel: SLE | Telefon-Vorwahl: +232

● **FIFA World Ranking**

1993	1994	1995	1996	1997	1998	1999	2000
76	76	58	84	84	111	120	129
2001	2002	2003	2004	2005	2006	2007	2008
138	133	146	160	163	148	156	116

● **Weltmeisterschaft**
1930-70 nicht teilgenommen **1974-86** Qualifikation **1990-94** nicht teilgenommen **1998-2010** Qualifikation

● **Afrikameisterschaft**
1957-72 nicht teilgenommen **1974** Qualifikation **1976** nicht teilgenommen **1978** Qualifikation **1980** nicht teilgenommen **1982-84** Qualifikation **1986-92** nicht teilgenommen **1994** Endturnier (Vorrunde) **1996** Endturnier (Vorrunde) **1998** Rückzug **2000** nicht teilgenommen **2002-10** Qualifikation

wahl in der Geschichte von Sierra Leone. Fußball war in den frühen 1920er Jahren von Briten eingeführt und rasch aufgegriffen worden. Nach dem britischen Vorbild entstanden Vereine und Spielklassen, wobei sich der Spielbetrieb weitestgehend auf das Gebiet der Kolonie Freetown konzentrierte. Im März 1923 wurde die Sierra Leone Football Association (SLFA) ins Leben gerufen, die heute zu den ältesten Fußballverbänden in Afrika zählt, seinerzeit allerdings nicht der FIFA, sondern der englischen FA beitrat. Im selben Jahr sicherte sich der East End Club die Meisterschaft der aus 14 Teams bestehenden neugeschaffenen Stadtliga von Freetown. Zwei Jahre später errangen die Old Edwardians den zwischenzeitlich ausgeschriebenen Landespokal. Ungleich populärer war allerdings das Cricket, in dem Sierra Leone noch heute zu den ambitioniertesten und erfolgreichsten Nationen in Afrika zählt.

■ **NACH DEM ZWEITEN** Weltkrieg löste sich Sierra Leone allmählich aus der britischen Dominanz und entwickelte internationale Aktivitäten. Im April 1954 debütierte die »Leone Stars« genannte Nationalmannschaft mit einem 0:2 in Ghana, während es landesweit zu Vereinsgründungen kam. Darunter war der heutige Rekordmeister Mighty Blackpool, der als Sokro Eleven entstand und 1957 nach einem Besuch der berühmten Blackpool-Elf um Stanley Matthews seinen heutigen Namen erhielt. Im Sinne der Errichtung eines landesweiten Ligasystems wurde Sierra Leone zudem in vier Fußballbezirke unterteilt, deren erfolgreichste Mannschaften 1967 erstmals um die Landesmeisterschaft rangen. Im selben Jahr trat der Nationalverband SLFA sowohl der CAF als auch der FIFA bei.

1974 debütierten die »Leone Stars« sowohl in der WM-Qualifikation als auch in der Afrikameisterschaft. Sportlich zeigte das kleine Land seinerzeit erstaunliche Qualitäten. So besiegte man 1967 Guineas »Syli Nationale« und vermochte vier Jahre später selbst Ghanas »Black Stars« niederzuringen. Größter Erfolg waren zwei zweite Plätze bei der Copa Amílcar Cabral 1984 (auf heimischem Boden in Freetown) bzw. 1986 sowie der Einzug der Mighty Blackpool-Elf in das Viertelfinale um die afrikanische Kontinentalmeisterschaft 1989.

■ **DASS DER BEGINN DES** Bürgerkriegs 1991 eine Blütezeit des nationalen Fußballs ein-

läutete, war kein Zufall, denn 1992 putschte sich mit dem erst 26-jährigen Hauptmann Valentine Strasser ein leidenschaftlicher Fußballanhänger an die Macht. An seiner Seite stand mit Sport- und Jugendminister Charles M'Bayo zudem ein Mann, zu dessen Lebensträumen einst gehört hatte, eine Profikarriere beim Liverpool FC zu starten. Mit Unterstützung des einflussreichen und wohlhabenden Spielervermittlers Joseph C. Blell krempelte das Duo Sierra Leones Fußball komplett um. Mit Mustapha Ghaly wurde ein renommierter ägyptischer Trainer verpflichtet (zuvor Al Ahly Kairo), die Gehälter für die Nationalspieler wurden erheblich aufgestockt und die Infrastruktur bzw. Rahmenbedingungen im Land deutlich verbessert.

Rasch stellten sich erste Erfolge ein. 1993 gewannen die »Leone Stars« die im eigenen Land ausgespielte Copa Amílcar Cabral und setzten sich im Folgejahr in der Qualifikation zur Afrikameisterschaft sensationell gegen Algerien durch. Damit erstmals beim Endturnier der zwölf Besten des Kontinents dabei, vermochte das von den Belgienlegionären Osaid Marah, Ibrahim »Junior Parade« Koroma, Mohamed Kanu und Lamin Conteh geprägte Team in Tunesien immerhin einen Punkt gegen Sambia zu sichern und konnte vor allem wertvolle Erfahrungen sammeln. Unterdessen kümmerte sich Joseph C. Blell darum, die Nationalspieler des Bürgerkriegslandes im Ausland unterzubringen. Mit Lamin Conteh kickte seinerzeit auch ein Sierraleoner beim deutschen Zweitligisten SV Meppen.

1995 verteidigten die »Leone Stars« in Mauretanien die Copa Amílcar Cabral und qualifizierten sich unter ihrem schwedischen Trainer Roger Palmgren zum zweiten Mal in Folge für die Kontinentalmeisterschaft. In Südafrika legte die Elf um den aufstrebenden Jungstar Mohamed Kallon (»Football Afrique«: »der George Weah Sierra Leones«) am 16. Januar 1996 mit einem 2:1 über Burkina Faso einen Traumstart hin, als sich die politischen Ereignisse in Freetown erneut überschlugen. Während das ganze Land ausgiebig den Fußballerfolg feierte, nutzte Vizepräsident Julius Maada Bio die Gelegenheit und putschte erfolgreich gegen Staatschef Strasser. Eine sich anschließende kurze demokratische Episode endete im Mai des Folgejahres, als der Bürgerkrieg wieder mit voller Härte ausbrach.

■ **ZU DEN OPFERN ZÄHLTE** auch Sierra Leones Spitzenfußball. In der Qualifikation zur Afrikameisterschaft 1998 fehlte den »Leone Stars« im letzten Gruppenspiel gegen Guinea nur noch ein Punkt zur dritten Teilnahme in

TEAMS | MYTHEN

■ **EAST END LIONS FREETOWN** Der zu den ältesten Klubs des Landes zählende Verein ist im East End der Hauptstadt Freetown ansässig und blickt auf Wurzeln bis in das Jahr 1926 zurück. Gemeinsam mit Rekordmeister Mighty Blackpool haben die Rot-Schwarzen den nationalen Fußball über weite Strecken dominiert. 1980 errangen sie ihren ersten von inzwischen neun Landesmeistertiteln. Ihre erfolgreichste Epoche verlebten die »Red Roaring Lions« zwischen 1992 und 1994, als sie dreimal in Folge Meister wurden. [1926 | National (45.000) | 9 | 3]

■ **KALLON FC FREETOWN** Als Sierra Fisheries gegründeter Klub, der zwischen 1982 und 1987 dreimal Landesmeister wurde und seinerzeit mit der nationalen Fischindustrie verbunden war. 1982 schaltete das Team in der Kontinentalmeisterschaft zudem überraschend den nigerianischen Spitzenklub Enugu Rangers aus und scheiterte knapp am zaïrischen Vertreter AS Bilima Kinshasa. 2002 erwarb Sierra Leones Superstar Mohamed Kallon den Verein für 30.000 US-Dollar und gab ihm den Namen Kallon FC. Vier Jahre später errangen die Blau-Weißen zum vierten Mal die Landesmeisterschaft und bejubelten 2005 auch den Gewinn des Landespokals. Der Klub gilt als verhältnismäßig wohlhabend und ist für eine recht intensive Transfertätigkeit bekannt. [National (45.000) | 4 | 1]

■ **MIGHTY BLACKPOOL FREETOWN** Berühmtester Verein Sierra Leones und mit elf Titelgewinnen auch Rekordmeister des Landes. 1989 sorgten »the Tis-Tas Boys« zudem für den größten internationalen Kluberfolg Sierra Leones, als sie im kontinentalen Landesmeisterwettbewerb sowohl den Titelverteidiger Entende Sétif (Algerien) als auch Djoliba AC Bamako aus Mali ausschalteten, ehe sie im Viertelfinale am kamerunischen Meister Tonnerre Yaoundé scheiterten. Der Klub wurde in den frühen 1950er Jahren als Sokro Eleven gegründet und nahm seinen heutigen Namen 1957 nach einem Gastspiel der legendären Blackpool-Elf um Stanley Matthews in Freetown an. 1967 wurde Mighty Blackpool erster Landesmeister von Sierra Leone und dominierte anschließend gemeinsam mit dem Nachbarklub und Erzrivalen East End Lions den nationalen Spielbetrieb. [1923 | National (45.000) | 11 | 4]

■ **PORTS AUTHORITY FREETOWN** Mit der Hafenbehörde von Freetown verbundenes Team, das 2008 vom ehemaligen East-End-Lions-Erfolgstrainer Daniel Koroma (»Diamond Toes«) zum zweiten Mal nach 1973 zur Landesmeisterschaft

Jahr	Meister	Pokalsieger
1967	Mighty Blackpool F'town	
1968-72	nicht ausgespielt	
1973	Ports Authority	East End Lions F'town
1974	Mighty Blackpool F'town	nicht ausgespielt
1975-77	nicht ausgespielt	nicht ausgespielt
1978	Mighty Blackpool F'town	Bai Bureh Warriors
1979	Mighty Blackpool F'town	Wusum Stars Bombali
1980	East End Lions Freetown	East End Lions F'town
1981	Real Republicans F'town	Kamboi Eagles Kanema
1982	Sierra Fisheries Freetown	Bai Bureh Warriors
1983	Real Republicans F'town	Mighty Blackpool F'n
1984	Real Republicans F'town	Old Edwardians F'town
1985	East End Lions Freetown	Kamboi Eagles Kanema
1986	Sierra Fisheries Freetown	Real Republicans F'n
1987	Sierra Fisheries Freetown	nicht ausgespielt
1988	Mighty Blackpool F'town	Mighty Blackpool F'n
1989	Freetown United	East End Lions F'town
1990	Old Edwardians F'town	Ports Authority F'town
1991	Mighty Blackpool F'town	Ports Authority F'town
1992	East End Lions Freetown	Diamond Stars Kono
1993	East End Lions Freetown	nicht ausgespielt
1994	East End Lions Freetown	nicht ausgespielt
1995	Mighty Blackpool F'town	nicht ausgespielt
1996	Mighty Blackpool F'town	nicht ausgespielt
1997-98	nicht ausgespielt	nicht ausgespielt
1999	East End Lions Freetown	nicht ausgespielt
2000	Mighty Blackpool F'town	Mighty Blackpool F'n
2001	Mighty Blackpool F'town	Old Edwardians F'town
2002-04	nicht ausgespielt	unbekannt
2005	East End Lions Fretown	unbekannt
2006	Kallon FC Freetown	unbekannt
2007	nicht ausgespielt	Kallon FC Freetown
2008	Ports Authority Freetown	nicht ausgespielt

SIERRA LEONE

geführt wurde. Zur Erfolgself der »Water Front Boys« gehörte der frühere Kallon FC-Stürmer Morlai Sesay. Die Schwarz-Gelben feierten ihre größte internationale Stunde 1996, als sie im CAF-Cup ins Viertelfinale vordrangen. [National (45.000) | 2 | 2]

■ **REAL REPUBLICANS FREETOWN** Mit drei Titelgewinnnen (1981, 1983 und 1984) erfolgreichstes Team der 1980er Jahre. Der Klub folgte den berühmten ghanaischen »Real Republicans«, war im Gegensatz zu jenen aber keine von der politischen Führung auserkorene »Vereins-Nationalmannschaft«. [3 | 1]

HELDEN | LEGENDEN

■ **ABU KANU** Torjäger der Erfolgself von 1994, der in jenem Jahr auch zum Fußballer des Jahres in Sierra Leone gewählt wurde. Der als »Gbanaloko« bekannte Stürmer spielte für die East End Lions. [*31.3.1972]

■ **MOHAMED KANU** Libero bzw. defensiver Mittelfeldspieler, dessen Karriere bei Freetown United begann und der 2000 bzw. 2003 beim belgischen Profiklub Cercle Brugge zum Spieler des Jahres gewählt wurde. Wechselte nach dem Ende seiner Laufbahn auf die Trainerbank und übernahm die Nationalmannschaft von Sierra Leone. [*5.7.1968]

■ **MOHAMED KALLON** Sierra Leones unumstrittener Superstar, der im Land eine ähnlich Rolle einnimmt wie George Weah im benachbarten Liberia. Ungleich Weah war Kallon allerdings nie eine unumstrittene Führungsperson, sondern gilt als launischer Wandervogel und »Entfant terrible«. Der 1979 in Kenema geborene Kallon, dessen Brüder Musa und Kemokai ebenfalls erfolgreiche Fußballer wurden, begann seine Laufbahn bei den Old Edwardians in der Hauptstadt Freetown und wechselte noch als Jugendlicher zum libanesischen Klub Al-Tadamon Tyrus. Über Spånga (Schweden) und Lugano (Schweiz) kam er 1995 als 16-Jähriger zu Inter Mailand, das ihn aber wiederholt an andere Vereine auslieh. 1997 gab er beim FC Bologna sein Debüt in der italienischen Serie A. 1995 beim Afrikacup-Qualifikationsspiel gegen Kongo mit 15 Jahren als jüngster Debütant für Sierra Leone auflaufend, stieg Kallon rasch zur Galionsfigur der »Leone Stars« auf und war Garant für die Erfolge der Mannschaft in den Afrikameisterschaftsqualifikationen 1996 und 1998. Zwischenzeitlich auch für Genua 1893, Cagliari Calcio, Reggina Calcio und Vicenza Calcio auflaufend, kam der Torjäger 2001 erstmals auch bei seinem Stammverein Inter Mailand zum Einsatz, als er den verletzten Ronaldo vertrat. Nach einer guten Auftaktsaison fiel Kallon im San Siro-Stadion jedoch in Ungnade und wurde am 27. September 2003 zudem positiv auf das Dopingmittel Nandrolon getestet und für sechs Monate gesperrt. 2004 schloss sich Kallon dem AS Monaco an, wo er sich jedoch nicht durchsetzen konnte. Gastspiele bei Al-Ittihad Jiddah (2005 Gewinn der asiatischen Champions League), Al-Hilal Riad sowie AEK Athen folgten, ehe Kallon 2008 zu Al-Shabab Dubai in die Vereinigten Arabischen Emirate wechselte. Sechs Jahre zuvor hatte er für 30.000 US-Dollar das Fußballteam der Sierra Fisheries erworben und ihm den Namen Kallon FC gegeben. Dank einer üppigen finanziellen Ausstattung konnte sich Kallons Team 2006 die Landesmeisterschaft von Sierra Leone sichern. [*6.11.1979]

■ **OSAID MARAH** Herausragender Torsteher der Erfolgsjahre von 1994 bis 1998. Der »Flying Keeper« blieb 1994 in der Qualifikation zur Afrikameisterschaft in 450 Spielminuten ohne Gegentor und musste insgesamt nur einmal hinter sich greifen. Osaid stand zeitweise für den belgischen Profiklub Beerschot AC zwischen den Pfosten.

Unter dem jungen Putschisten Valentine Strasser (links, mit Sonnenbrille) und Trainer Mustapha Ghaly (rechts) begann 1992 Sierra Leones Fußballaufschwung.

Folge, als die Begegnung wegen der Kämpfe in Freetown abgesagt werden musste. Zunächst in die malische Hauptstadt Bamako verlegt, fiel die Partie schließlich endgültig aus, und Sierra Leones Nationalspieler flohen in sichere Nachbarländer, während die CAF das Land aus dem Wettbewerb ausschloss. Sierra Leones Fußballhoch kam damit abrupt zum Stillstand. Zunächst bildete sich ein in der guineischen Hauptstadt Conakry residierendes Exilantenteam, das 1997 sogar an der Copa Amílcar Cabral teilnahm, ehe es ebenfalls den Spielbetrieb einstellen musste. 2000 und 2002 fehlte Sierra Leone in den Qualifikationsrunden zur Afrikameisterschaft bzw. der WM und wurde in der FIFA-Weltrangliste regelrecht durchgereicht.

■ **NACH DEM FRIEDENSABKOMMEN** von 2002 stabilisierte sich die Lage allmählich wieder. Von den Erfolgen vergangener Tage ist jedoch nicht mehr viel zu sehen. Stattdessen wird heute u.a. um einen »Amputiertenpokal« gespielt, während sich der Nationalverband SLFA bemüht, die nach über zehn Bürgerkriegsjahren zerstörte Fußball-Infrastruktur mit Hilfe von FIFA-Geldern wieder herzurichten. Nachdem mit dem Siaka Stevens Stadium jahrzehntelang lediglich eine internationale Spielstätte zur Verfügung gestanden hatte (deren Spielfläche nur selten Grashalme aufwies), konnten inzwischen im hauptstädtischen Viertel Kingtom sowie in der im Landeszentrum gelegenen Stadt Makeni zwei weitere Spielstätten eröffnet werden.

Das Unterfangen, den einseitig auf Freetown konzentrierten Spielbetrieb zu dezentralisieren, führte derweil 2005 zur Ausweitung der Nationalliga auf 14 Teams, die aus sieben Städten stammten. Zuvor hatte der landesweite Spielbetrieb wegen verbandsinterner Streitigkeiten für mehr als drei Spielzeiten geruht, während der Pokalwettbewerb 2007 zum wiederholten Male aus finanziellen Gründen ausfiel, weil der Nationalverband SLFA keine finanziellen Reserven mehr besaß. Ohnehin leidet der Spielbetrieb unter schwachen Besucherzahlen, da ein Großteil der sierraleonischen Fußballfans lieber via TV die Spiele der englischen Premier League verfolgt.

Die einst so stolze Nationalelf musste unterdessen in der WM-Qualifikation 2010 erstmals in eine Vorausscheidung, in der sie sich knapp gegen Außenseiter Guinea-Bissau durchsetzte. Dass Sierra Leone noch immer ein hohes Potenzial aufweist, bewiesen die von Ex-Nationalspieler Mohamed Kanu trainierten »Leone Stars« im Juni 2008, als sie Südafrikas »Bafana Bafana« daheim mit 1:0 bezwangen und in Südafrika ein 0:0 erreichten.

Größtes Faustpfand ist der Nachwuchs. Die Bildung einer Fußballakademie ist inzwischen gelungen, und 2003 erreichte Sierra Leones U17-Auswahl sogar die Weltmeisterschaft in Finnland, wo die »Sierra Stars« ein 3:3 gegen Spanien bejubeln durften.

Die weitere Entwicklung hängt jedoch wesentlich davon ab, ob es gelingt, den brüchigen Frieden zu stabilisieren. Die anhaltenden Spannungen wirkten 2007 auch in den Fußball ein, als sich diverse Gruppen gegenseitig Korruption und Missmanagement vorwarfen und die Landesmeisterschaft abgesagt werden musste.

SIMBABWE

Zimbabwe Football Association

Simbabwischer Fußball-Verband | gegründet: 1965 | Beitritt FIFA: 1965 | Beitritt CAF: 1965 | Spielkleidung: grünes Trikot, gelbe Hose, grüne Stutzen | Saison: Januar - November | Spieler/Profis: 651.400/100 | Vereine/Mannschaften: 350/1.250 | Anschrift: 53 Livingstone Avenue, Causeway, PO Box CY 114, Harare | Telefon: +263-4/798631 | Fax: +263-4/798626 | Internet: www.zimbabwesoccer.com | E-Mail: zifa@africaonline.co.zw

Im Würgegriff von Politik und Korruption

Simbabwes Fußball muss der desolaten Wirtschaftslage des Landes Tribut zollen

Republic of Zimbabwe

Republik Simbabwe | Fläche: 390.757 km² | Einwohner: 12.936.000 (33 je km²) | Amtssprache: Englisch | Hauptstadt: Harare (1,4 Mio) | Weitere Städte: Bulawayo (676.787), Chitungwiza (321.782), Mutare (153.000), Gweru (137.000), Epworth (113.884) | Währung: 1 Simbabwe-Dollar = 100 Cents | Zeitzone: MEZ +1h | Länderkürzel: ZW | FIFA-Kürzel: ZIM | Telefon-Vorwahl: +263

Simbabwe zählt sowohl zu den ältesten als auch zu den erfolglosesten Fußballnationen Afrikas. Dieser scheinbare Widerspruch findet seine Erklärung in einer von Rassentrennung, wirtschaftlichen Schwierigkeiten und blutigen Konflikten geprägten Geschichte, die das Land nur selten zur Ruhe kommen ließen. Nach Jahrzehnten unter einer weißen Apartheidsregierung bahnte sich zwar 1980 mit der Umwandlung des damaligen Südrhodesiens in Simbabwe ein hoffnungsvoller Wandel an, der aber längst am Starrsinn von Präsident Robert Mugabe gescheitert ist. »Simbabwe ist ein Land in Angst und Verzweiflung«, resümierte die »Frankfurter Rundschau« im März 2008, als eine galoppierende Inflation die Wirtschaft lähmte, während der zum Diktator gewandelte frühere Hoffnungsträger Mugabe jegliche Opposition brutal im Keim erstickte.

■ **DIE URSPRÜNGE DES SIMBABWISCHEN** Desasters sind in der Kolonialgeschichte zu finden. 1889 entstand die British South African Company (BSAC), die mit Billigung der britischen Regierung in dem Gebiet nördlich von Transvaal Gold schürfen wollte. Ab 1890 siedelten erste weiße Siedler in der Region zwischen Sambesi und Limpopo, die ein Jahr später zum britischen Protektorat Südrhodesien erklärt wurde. 1922 in eine Kronkolonie verwandelt, stand Südrhodesien wie das benachbarte Südafrika unter einer strikten Apartheidspolitik, bei der die Belange der einheimischen Bevölkerung massiv übergangen wurden. Während die 52.000 Weißen mehr als die Hälfte der Landfläche in Besitz nahmen, mussten sich die rund 1,2 Mio. Afrikaner den Rest teilen und ein Dasein als Zwangsarbeiter fristen.

Nach dem Zweiten Weltkrieg wuchs der Widerstand der schwarzen Bevölkerung gegen das weiße Apartheidsregime an. Daraufhin bildeten die weißen Regierungen von Südrhodesien, Nordrhodesien (heute Sambia) und Njassaland (heute Malawi) 1958 die Zentralafrikanische Föderation, die jedoch 1964 zerbrach, als Sambia und Malawi unter schwarzer Führung in die Unabhängigkeit entlassen wurden. Südrhodesiens weiße Minderheitsregierung indes verweigerte der schwarzen Mehrheit das Recht auf Selbstbestimmung und blieb als Rhodesien zunächst britische Kolonie. Im November 1965 verkündete der radikale Ministerpräsident Ian Smith schließlich einseitig die Unabhängigkeit Rhodesiens von Großbritannien.

Das international nicht anerkannte Land wurde daraufhin mit harschen politischen und wirtschaftlichen Sanktionen belegt, die Smith nicht daran hinderten, es 1970 in eine souveräne Republik zu verwandeln. Während die Apartheidspolitik der Smith-Regierung die Rassentrennung noch verschärfte, formierten sich im Untergrund zwei schwarze Befreiungsbewegungen – die sozialistisch ausgerichtete Zimbabwe African National Union (ZANU) unter Robert Mugabe sowie die konservative Zimbabwe African People's Union (ZAPU) unter Joshua Nkomo.

Nach einem blutigen Bürgerkrieg und langwierigen internationalen Vermittlungen musste sich das Smith-Regime schließlich der schwarzen Bevölkerungsmehrheit beugen und trat 1979 zurück. Bei den ersten freien Wahlen setzte sich daraufhin die ZANU unter Robert Mugabe durch, der im April 1980 unter dem Jubel der Welt die Republik Simbabwe ausrief, die nach der ehemaligen Hauptstadt des Monomotapa-Reiches »Great Zimbabwe« benannt ist.

TEAMS | MYTHEN

■ **AMAZULU BULAWAYO** Der Landesmeister von 2003 wurde 1997 vom wohlhabenden Kommunikationsgeschäftsmann Delma Lupepe ins Leben gerufen. Der ehemalige Highlander-Anhänger Lupepe ist Mitglied der Seventh-Day Adventisten, wodurch AmaZulu zur fußballerischen Vertretung der Glaubensgemeinschaft wurde. Da den Schwarz-Gelben die Austragung von Spielen am Samstag aus religiösen Gründen unmöglich ist, wurden sie 2005 nach einer heftigen Kontroverse aus der Profiliga ausgeschlossen. [1997 | 1]

■ **BULAWAYO HIGHLANDERS** 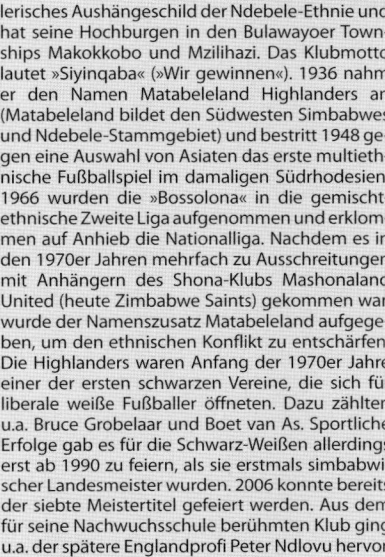 Der älteste schwarze Klub des Landes entstand 1926 als Lions Club und ist in der Industriestadt Bulawayo ansässig. Gründer waren die Großsöhne des letzten Ndebele-Königs Lobengula, die beim Studium in Südafrika mit dem Fußball in Kontakt gekommen waren. Der Verein ist bis heute fußballerisches Aushängeschild der Ndebele-Ethnie und hat seine Hochburgen in den Bulawayoer Townships Makokkobo und Mzilihazi. Das Klubmotto lautet »Siyinqaba« (»Wir gewinnen«). 1936 nahm er den Namen Matabeleland Highlanders an (Matabeleland bildet den Südwesten Simbabwes und Ndebele-Stammgebiet) und bestritt 1948 gegen eine Auswahl von Asiaten das erste multiethnische Fußballspiel im damaligen Südrhodesien. 1966 wurden die »Bossolona« in die gemischtethnische Zweite Liga aufgenommen und erklommen auf Anhieb die Nationalliga. Nachdem es in den 1970er Jahren mehrfach zu Ausschreitungen mit Anhängern des Shona-Klubs Mashonaland United (heute Zimbabwe Saints) gekommen war, wurde der Namenszusatz Matabeleland aufgegeben, um den ethnischen Konflikt zu entschärfen. Die Highlanders waren Anfang der 1970er Jahre einer der ersten schwarzen Vereine, die sich für liberale weiße Fußballer öffneten. Dazu zählten u.a. Bruce Grobelaar und Boet van As. Sportliche Erfolge gab es für die Schwarz-Weißen allerdings erst ab 1990 zu feiern, als sie erstmals simbabwischer Landesmeister wurden. 2006 konnte bereits der siebte Meistertitel gefeiert werden. Aus dem für seine Nachwuchsschule berühmten Klub ging u.a. der spätere Englandprofi Peter Ndlovu hervor. [1926 | Barbourfields (35.000) | 7]

■ **CAPS UNITED HARARE**  Die »Makepekepe« (»Grüne Maschine«) dominierte in den späten 1970er und frühen 1980er Jahren mit Spielern wie Shacky »Mr. Goals« Tauro und Stanley »Sinyo« Ndunduna den simbabwischen Klubfußball. Zahlreiche Erfolge in den diversen Pokalwettbewerben des Landes ließen den Klub zu den »Cup Kings« werden. 1982 und 1983 erreichte CAPS United im kontinentalen Pokalsiegerwettbewerb jeweils das Viertelfinale. Der 1973 gegründete Klub war der »Central African Pharmaceutical Society (CAPS) Holdings Limited« unterstellt. 1984 verlor er nach der Gründung der Black Rhinos nahezu seine gesamte Mannschaft an den Armeeverein und konnte sich erst 1996 erholen, als ein von Regisseur Blessing Makunike angeführtes und von Steven Kwashi trainiertes Team zum zweiten Mal nach 1979 Landesmeister wurde. Ende der 1990er Jahre verkaufte die »CAPS Holdings« den Verein an den Geschäftsmann Twine Phiri, der ihn in einen erfolgreichen Profiklub verwandelte. 2004 und 2005 führte Charles Mhlauri die Grün-Weißen um Cephas Chimedza und Lloyd »Lodza« Chitembwe zu zwei weiteren Meisterschaften und sie damit als dritte Kraft hinter Dynamos und Highlanders. [1973 | National Sports (60.000) | 4]

■ **BULAWAYO ZIMBABWE SAINTS (MASHONALAND UNITED)**  Der Klub der Shona-Ethnie wurde 1931 als Mashonaland United gegründet und nahm 1975 seinen heutigen Namen an, um den ethnischen Konflikt mit dem Ndebele-Rivalen Highlanders zu entschärfen. Die »Chauya Chikwata« (»Mannschaft«) zählte in den 1980er und frühen

Die legendären Bulawayo Highlanders sind der Klub der Ndebele-Ethnie.

Im Verlauf der 1980er Jahre geriet das Land durch Dürreperioden und die Massenemigration weißer Großfarmer zunehmend in eine Krise. Mugabes sozialistische Politik schreckte Investoren ab, während eine überfällige Landreform immer wieder verschoben wurde. Mit dem Zusammenbruch des »Ostblocks« büßte Mugabe schließlich 1989 seine politische und ökonomische Unterstützung ein. In der Folgezeit verwandelte er sich in einen starrsinnigen Diktator, der sein Land an den Abgrund führte. Mit einer 1998 vollzogenen Landreform gab Mugabe grünes Licht für illegale Farmbesetzungen, mit denen weiße Großgrundbesitzer vertrieben oder gar getötet wurden. Ende 2008 erreichte der Niedergang einen weiteren Tiefpunkt, als das öffentliche Leben angesichts einer Inflation von offiziell 100.000 Prozent, frappierenden Versorgungsengpässen sowie einer sich ausbreitenden Cholera-Epidemie förmlich zusammenbrach.

■ **DIE POLITISCHEN TURBULENZEN** spiegeln sich auch in der Fußballhistorie des Landes wider. Das damalige Südrhodesien gehörte vor der Jahrhundertwende zu den wenigen Ländern Afrikas, in denen sich fußballerische Organisationsstrukturen entwickelten. Mit der die Goldminen betreibenden BSAC waren in den 1890er Jahren zahlreiche Absolventen britischer Public Schools ins Land gekommen, die aus der Heimat bekannte Disziplinen wie Rugby, Cricket und Association Football im Gepäck hatten. Dabei bevorzugte die britische Oberschicht Cricket und Rugby, während die Mittel- und Unterschicht Fußball präferierte. Noch vor der Jahrhundertwende entstanden in den boomenden Städten erste Klubs, während die britischen Schulen für eine weitere Ausbreitung des Spiels sorgten. Erste Fußballhochburg wurde die südrhodesische Hauptstadt Salisbury, die heute Harare heißt. Mit dem Bau einer Eisenbahnstrecke konnte das Spiel weiter im Landesinneren verbreitet werden und verankerte sich vor allem in Umtali, einer Grenzstadt zu Mosambik, die heute Mutare heißt, sowie der Industriestadt Bulawayo. 1896 nahmen in Bulawayo und Salisbury lokale Pokalwettbewerbe ihren Spielbetrieb auf, während der Burenkrieg im benachbarten Südafrika zahlreiche britische Ex-Profis in die Region lockte, die sich den dortigen Vereinen anschlossen.

■ **DIE SCHWARZE BEVÖLKERUNG** blieb von der Entwicklung weitestgehend ausgeschlossen. Die weiße Apartheidspolitik verbannte sie in Wohnghettos (»Townships«) und verdammte sie zu einer Rolle als Zwangsarbeiter. Allerdings unterschieden die Briten zwischen den Volksgruppen der Shona, die im Norden (Mashonaland) bzw. den Midlands leben und etwa 70 Prozent der Einwohner des Landes stellen, sowie der Ndebele, die auf rund 16 Prozent kommen und deren Mitglieder vor allem im Süden (Matabeleland) leben. Während die Ndebele sogar in politische Entscheidungsprozesse eingebunden wurden, galten die Shona als »feige Bande« und waren jeglicher Mitbestimmung beraubt.

Im 20. Jahrhundert wurde der Fußball allmählich auch von den Einheimischen aufgegriffen. Als im Verlauf der frühen 1920er Jahre verstärkt Wanderarbeiter aus Transvaal in die Minenregion um Bulawayo und die Midlands strömten, entstanden in den dortigen Townships erste schwarze Vereine – darunter der heutige Spitzenklub Highlanders, der 1926 von einem Nachfahren des letzten Ndebele-Königs Lobengula ins Leben gerufen wurde. Auch in der Hauptstadt Salisbury formierten sich seinerzeit erste schwarze Klubs, während 1931 in Bulawayo mit Mashonaland United der erste in der Shona-Ethnie verankerte Verein entstand. Ein Spielbetrieb zwischen weißen und schwarzen Verei-

SIMBABWE | 171

● **FIFA World Ranking**

1993	1994	1995	1996	1997	1998	1999	2000
46	51	59	71	74	74	67	68
2001	2002	2003	2004	2005	2006	2007	2008
68	57	57	60	53	76	87	97

● **Weltmeisterschaft**
1930-66 nicht teilgenommen **1970** Qualifikation **1974-78** nicht teilgenommen **1982-2010** Qualifikation

● **Afrikameisterschaft**
1957-80 nicht teilgenommen **1982-2002** Qualifikation **2004** Endturnier (Vorrunde) **2006** Endturnier (Vorrunde) **2008-10** Qualifikation

nen fand nicht statt, und auch der Beitritt zur weißen Southern Rhodesia Football Association (SRFA) war den schwarzen Fußballern verwehrt.

Stattdessen entstanden Mitte der 1930er Jahre separate schwarze Organisationen, die allerdings unter der Aufsicht der weißen Regierung standen.

■ **MIT DEM BEGINN DES** Widerstands gegen die weiße Apartheidsregierung schlüpfte der Fußball in eine politische Rolle. Als ethnienübergreifendes kulturelles Bindeglied fungierte er als Katalysator für eine gemeinsame »afrikanische Sache«. 1948 kam es zu einem ersten multiethnischen Duell zwischen dem Ndebele-Klub Highlanders und einer Auswahl der im südlichen Afrika stark vertretenen Asiaten. 1953 wurde mit der Southern Rhodesia African Football Association (SRAFA) ein schwarzer Landesverband ins Leben gerufen, der regionale Spielklassen einrichtete und auch eine Landesauswahl stellte. Das »weiße« Südrhodesien hatte im Übrigen 1950 mit einem 0:5 gegen Australien auf der internationalen Bühne debütiert.

Die schwarzen Fußballer stammten überwiegend aus der zwischenzeitlich entstandenen bürgerlichen Mittelschicht, die ausnahmslos in den Städten lebte und weitestgehend aus Angehörigen der Ndebele-Ethnie bestand.

Im Verlauf der späten 1950er Jahre zerflossen die Apartheidsgrenzen im Fußball allmählich. Liberale Weiße forderten die Aufnahme von schwarzen Spielern in die SRFA-Nationalelf, während 1962 mit der National Football Association of Southern Rhodesia (NFASR) ein Dachverband ins Leben gerufen wurde, der für alle Ethnien und Hautfarben offen war.

Nach der Vereinigung Südrhodesiens mit Njassaland und Nordrhodesien zur Zentralafrikanischen Föderation war es 1961 zudem zur Gründung der »Professional Rhodesia and Nyasaland Football League« gekommen, an der Mannschaften aus den heutigen Staaten Malawi, Sambia und Simbabwe teilnahmen. Nach Verkündung der international nicht anerkannten Unabhängigkeit trat die nunmehrige Football Association of Rhodesia (FAR) 1965 der FIFA sowie der CAF bei, während »Soccerboss« John Madzima die ethnienübergreifende Rhodesia National Football League (RNFL) ins Leben rief.

Mit der einseitigen Unabhängigkeitserklärung geriet Rhodesiens Apartheidsregime jedoch in die Isolation, und die FAR fand – abgesehen von Südafrika – keine Freundschaftsspielgegner mehr. Im Rahmen der WM-Qualifikation 1970 traf die vom schottischen Ex-Profi Danny McLennan trainierte Auswahl im November 1969 allerdings auf Australien, dem man im Entscheidungsspiel unterlag. Anschließend wurde Rhodesien aufgrund der anhaltenden Rassentrennung sowohl aus der FIFA als auch aus der CAF ausgeschlossen.

Galionsfigur des schwarzen Fußballs war George Shaya, der von 1969-77 fünfmal zu Rhodesiens Fußballer des Jahres gewählt wurde und noch heute als der größte Fußballer des Landes gilt. Shaya spielte für den 1963 gebildeten Dynamos FC, der im Mbare Township der Hauptstadt Salisbury ansässig war und binnen kurzem zum populärsten schwarzen Klub des Landes aufstieg. Politisch war die Zeit geprägt von Differenzen zwischen den Shona, die Robert Mugabes Befreiungsbewegung ZANU nahestanden, sowie den Ndebele, die in der ZAPU aktiv waren. Ihr Streit spiegelte sich auch im Fußball wider. Vor allem in Bulawayo kam es mehrfach zu gewaltsamen Ausschreitungen, als Anhänger des Ndebele-Klubs Matebeleland Highlanders und des Shona-Vereins Mashonaland United aneinandergerieten. Die von Politikern vorgeschlagenen ethnisch neutralen Namen Highlanders bzw. Zimbabwe Saints konnten den Konflikt nicht lösen. Simbabwes schwarze Topteams stammten seinerzeit unisono aus den dichtbevölkerten Townships. Der multiethnische Dynamo FC hatte seine Basis im hauptstädtischen Township Mbara und wurde »Seven Million« genannt, weil ihm die überwiegende Zahl der Einwohner des Landes zugeneigt war. Der Ndebele-Klub Highlanders hatte seine Basis derweil in den Bulawayo-Townships Makokobo und Mzilikazi.

Unterdessen rückte der Fußball in den Fokus des Befreiungskampfes, da er nicht nur landesweit populär war, sondern zudem eine willkommene Möglichkeit bot, das Versammlungsverbot für Schwarze zu umgehen. Zugleich öffneten sich schwarze Vereine vorsichtig liberal eingestellten weißen Fußballern. So stand Mitte der 1970er Jahre der spätere Nationaltorhüter Bruce Grobbelaar zwischen den Pfosten der Bulawayo Highlanders.

■ **MIT DER AUSRUFUNG** der Republik Simbabwe kam es 1980 zu erheblichen Umstrukturierungen im nationalen Fußball. Britische Klubs wie die englischen Bulawayo Rovers oder die schottischen Salisbury Callies wurden aufgelöst, die Zimbabwe Football Association (ZIFA) rückte an die Stelle der

1990er Jahren zu den erfolgreichsten Teams in Simbabwe. Dem Klub eilt der Ruf eines erfolgreichen Ausbildungsvereins voraus. Als solcher brachte er Nationalspieler wie Joseph Machingura, Agent Sawu, Muzondiwa Mugadza, Ronald Sibanda, Henry McKop, Ephraim Chawanda, Gibson Homela, John Sibanda und Ebson »Sugar« Muguyo hervor. 1988 führte Trainer Roy Baretto die in 23 Ligaspielen ungeschlagenen Blau-Weißen zum zweiten Mal nach 1977 zur Landesmeisterschaft sowie ins Halbfinale des CECAFA-Cups. 1989 erreichten die »Saints« zudem das Viertelfinale in der Kontinentalmeisterschaft. Interne Dispute haben den Verein seitdem etwas geschwächt, und 2004 sowie 2006 musste er jeweils in der Zweiten Liga auflaufen. [1931 | Barbourfields (36.000) | 2]

■ **BLACK RHINOS HARARE** 1984 gegründete Armeemannschaft, die mit aggressiver Personalpolitik noch im Gründungsjahr erstmals Landesmeister werden konnte. Anschließend gerieten die in der Hauptstadt Harare ansässigen »Chipembere« jedoch zur Fahrstuhlmannschaft zwischen erster und zweiter Liga. Ihr größter kontinentaler Erfolg war das Erreichen des Viertelfinals im Landesmeisterwettbewerb 1985 bzw. im CAF-Cup 2003. [1984 | Rufuro (30.000) | 1]

■ **DYNAMOS FC HARARE** Der simbabwische Rekordmeister ist der mit Abstand beliebteste Verein des Landes und wird auch »Seven Million« genannt – davon ausgehend, dass mehr als die Hälfte der Simbabwer Anhänger der Blau-Weißen sind. Die enorme Popularität des Vereins ist das Resultat seiner ungewöhnlichen Entstehungsgeschichte. Nachdem die 1961 gegründete gemischte Profinationalliga in finanzielle Schwierigkeiten geraten war, mussten die beiden in der damals Salisbury genannten heutigen Hauptstadt Harare ansässigen Vereine Salisbury City und Salisbury United Konkurs anmelden. Unter Führung von Sam Dauya entstand daraufhin 1963 der Dynamos FC, dessen Basis das dichtbesiedelte Township Mbare war. Die nach dem sowjetischen Vorbild Dinamo Kiew benannten »DeMbare« wurden ad hoc von den häufig beim lokalen Tabakproduzenten »Tobacco Sale« beschäftigen schwarzen Fußballern angenommen und stiegen zum schwarzen Aushängeschild in dem von der weißen Minderheit dominierten rhodesischen Fußball auf. Im Gegensatz zu den ethnisch geprägten Bulawayo-Klubs Highlanders (Ndebele) bzw. Mashonaland United (Shona, heute Zimbabwe Saints) erfuhren die Dynamos Zuspruch aus allen Teilen der Bevölkerung. Spieler wie George Shaya, der zu Kolonialzeiten viermal zum Spieler des Jahres in Rhodesien gewählt wurde, der spätere Erfolgstrainer Sunday Marimo sowie David George sorgten derweil für sportliche Erfolge. Nach Ausrufung der Republik Simbabwe stieg Dynamos zur Nummer eins im Land auf und wurde von 1980-83 viermal in Folge Landesmeister. 1981 fungierte der Rekordmeister zudem als Simbabwes erster Teilnehmer an der Champions League, deren Finale die »Glamour Boys« 1998 sensationell erreichten. Nachdem sie mit Etoile Sousse und Hearts of Oak Accra bereits zwei kontinentale Größen ausgeschaltet hatten, unterlagen sie im Finale ASEC Abidjan. In den späten 1990er Jahren ebbte die Erfolgsserie allmählich ab. Nachdem der inzwischen zum Erfolgscoach aufgestiegene Sunday Marimo die Dynamos 1999 verlassen hatte, trat im Rufaro Stadium sogar eine achtjährige Durststrecke ein. 2007 zum 18. Mal Landesmeister geworden, sorgten die »Glamour Boys« 2008 inmitten des dramatischen simbabwischen Niedergangs für einen Lichtblick, als sie in der Champions League überraschend das Halbfinale erreichten, in dem sie an Cotonsport Garoua aus Kamerun scheiterten. Durch seine hohe Zahl von Anhängern aus allen Schichten und Ethnien wird der Dynamos FC allerdings auch regelmäßig von internen Auseinandersetzungen erschüttert, da die politischen und ethnischen Gruppen des Landes um Macht und Einfluss ringen. [1963 | Rufaro (45.000) | 18]

HELDEN | LEGENDEN

■ **BRUCE GROBBELAAR** Im südafrikanischen Durban geboren, war der Torhüter einer der ersten weißen Spieler beim schwarzen Klub Bulawayo Highlanders. Von 1977-79 als Nationalgardist im rhodesischen Bürgerkrieg im Einsatz, wurde Grobbelaar 1979 vom kanadischen Profiklub Vancouver Whitecaps verpflichtet und 1980 an den englischen Profiklub Crewe Alexandre ausgeliehen. Dort entdeckten Späher des Liverpool FC den bisweilen etwas exzentrischen Keeper, der von 1980-2004 in 440 Spielen für die »Reds« zwischen den Pfosten stand. Grobbelaar war zudem unverzichtbares Mitglied des simbabwischen »Dream Teams«, das 1994 nur knapp die WM verpasste. 1994 nach Southampton gewechselt, wurde er der Manipulation verdächtigt, was sich vor Gericht allerdings nicht bestätigte. [*6.10.1957 | 32 LS]

■ **SUNDAY MARIMO** Simbabwes erster Nationalelfkapitän nach der Unabhängigkeit wurde zwischen 1977 und 1983 mit den Dynamos aus Harare fünfmal Landesmeister. 2004 führte er die »Warriors« als Nationaltrainer erstmals zur Afrikameisterschaft. Seitdem gilt »Mhofu« als nationale Fußball-Legende. [*April 1952]

■ **PETER NDLOVU** Aus dem Highlanders FC hervorgehender Stürmer, der in den 1990er Jahren viele Erfolge in England feierte. Im Dress von Coventry City gelang ihm 1991 als erstem Spieler seit 30 Jahren wieder ein Hattrick gegen den Liverpool FC an der Anfield Road. Später noch in Birmingham, Huddersfield und bei Sheffield United aktiv, trug Ndlovu zwischen 1991 und 2006 in 100 Länderspielen das simbabwische Nationaltrikot und ist mit 38 Treffern Rekordtorschütze des Landes. [*25.2.1973 | 100 LS/38 Tore]

■ **GEORGE SHAYA** Fünffacher Spieler des Jahres in Rhodesien (1969-77), der als bester Fußballer aller Zeiten in Simbabwe und nationale Fußball-Legende angesehen wird. Shaya war elementar am Aufstieg des Dynamos FC beteiligt und wurde später Vorsitzender des Klubs.

Jahr	Meister	Pokalsieger
1962	Bulawayo Rovers	Bulawayo Rovers
1963	Dynamos Salisbury	Salisbury Callies
1964	Bulawayo Rovers	nicht ausgespielt
1965	Dynamos Salisbury	Salisb. City Wanderers
1966	St. Paul's	Mangula
1967	State House Tornados S'b	Salisbury Callies
1968	Bulawayo Sables	Arcadia United Salisb.
1969	Bulawayo Sables	Arcadia United Salisb.
1970	Dynamos Salisbury	Wankie FC
1971	Arcadia United Salisbury	Chibuku Salisbury
1972	Salisbury Sables	Mangula
1973	Metal Box	Wankie FC
1974	Salisbury Sables	Chibuku Salisbury
1975	Chibuku Salisbury	Salisbury Callies
1976	Dynamos Salisbury	Dynamos Salisbury
1977	Zimbab. Saints Bulawayo	Zimb. Saints Bulawayo
1978	Dynamos Salisbury	Zisco Steel Redcliffe
1979	CAPS United Salisbury	Zimb. Saints Bulawayo
1980	Dynamos Salisbury	CAPS United Salisbury
1981	Dynamos Salisbury	CAPS United Salisbury
1982	Dynamos Salisbury	CAPS United Salisbury
1983	Dynamos Harare	CAPS United Harare
1984	Black Rhinos Mutare	Black Rhinos Mutare
1985	Dynamos Harare	Dynamos Salisbury
1986	Dynamos Harare	Dynamos Salisbury
1987	Black Rhinos Mutare	Zimb. Saints Bulawayo
1988	Zimbab. Saints Bulawayo	Dynamos Salisbury
1989	Dynamos Harare	Dynamos Salisbury
1990	Highlanders Bulawayo	Highlanders Bulawayo
1991	Dynamos Harare	Wankie FC
1992	Black Aces Harare	CAPS United Harare
1993	Highlanders Bulawayo	Tanganda Mutare
1994	Dynamos Harare	Blackpool Harare
1995	Dynamos Harare	Chapungu Utd Gweru
1996	CAPS United Harare	Dynamos Salisbury
1997	Dynamos Harare	CAPS United Harare
1998	-	CAPS United Harare
1998/99	Highlanders Bulawayo	-
2000	Highlanders Bulawayo	-
2001	Highlanders Bulawayo	Highlanders Bulawayo
2002	Highlanders Bulawayo	Masvingo United
2003	AmaZulu Bulawayo	Dynamos Salisbury
2004	CAPS United Harare	CAPS United Harare
2005	CAPS United Harare	Masvingo United
2006	Highlanders Bulawayo	Mwana Africa Bindura
2007	Dynamos Harare	Dynamos Salisbury
2008	Monomotapa United	CAPS United Harare

Simbabwischer Jubel nach der Qualifikation zur Afrikameisterschaft 2004

RFA, und die FIFA sowie die CAF öffneten wieder ihre Pforten. 1982 beteiligte sich die »Warriors« genannte Nationalmannschaft, die 1979 mit einem 6:0 über Mosambik ihr Debüt abgeliefert hatte, erstmals an der WM-Qualifikation sowie der Afrikameisterschaft.

Sie schloss rasch zu den führenden Kräften im südlichen Afrika auf. 1985 errang sie mit einem 2:0 über Kenia sogar den CECAFA-Cup, während simbabwische Klubs im Verlauf der 1980er Jahre immerhin siebenmal ein Viertelfinale in einem der kontinentalen Wettbewerbe erreichten (neben Dynamos gelang dies dem Armeeklub Black Rhinos, den Zimbabwe Saints sowie CAPS United). 1992 entstand mit der National Professional Soccer League (NPSL) eine verbandsunabhängige nationale Spielklasse.

Doch Simbabwe wurde nun zum ewigen Pechvogel. 1991 kassierten die »Warriors« gegen Kongo in letzter Sekunde den Ausgleich und verpassten damit die Afrikameisterschaft in Senegal. 1993 wiederholte sich das Szenario gegen Sambia, und trotz renommierter Trainer wie Rudi Gutendorf und Ian Porterfield verfehlte man immer wieder den Durchbruch. Hinzu kamen die ethnischen Spannungen zwischen den von Mugabe bevorzugten Shona und der Ndebele-Minderheit, die sich vor allem im Binnenverhältnis zwischen den von politischen Rivalen gelenkten Spitzenklubs Dynamos und Highlanders widerspiegelten.

■ **WÄHREND SIMBABWE IN DEN** 1990er Jahren politisch und wirtschaftlich allmählich in Richtung Abgrund marschierte, begab sich sein Fußball auf einen unwiderstehlichen Höhenflug. Unter Trainer Reinhard Fabisch war ein »Dream Team« um den in den USA aktiven Torjäger Vitalis Takawira, Liverpool-Keeper Bruce Grobbelaar sowie Englandprofi Peter Ndlovu entstanden, das 1994 nur knapp die Qualifikation zur WM in den USA verpasste. Ihm folgte ein vom Niederländer Clemens Westerhof aufgebauter hoffnungsvoller Nachwuchs, und auch auf Klubebene gab es für Simbabwe zahlreiche Erfolge zu feiern. 1998 erreichte der Hauptstadtklub Dynamos FC sogar das kontinentale Finale, unterlag dort jedoch ASEC Abidjan.

Im Mai 2002 übernahm Dynamos-Trainer Sunday Marimo das Training der Nationalmannschaft »Warriors« und führte sie 2004 erstmals zur Endrunde um die Afrikameisterschaft, die sie auch 2006 erreichte.

Die politischen und ökonomischen Probleme des Landes beeinträchtigten jedoch auch die Entwicklung des Fußballs. Die für 2000 geplante Ausrichtung der Afrikameisterschaft war Simbabwe bereits im März 1999 wieder vom Kontinentalverband CAF entzogen worden, weil die Vorbereitungen völlig außer Kontrolle geraten waren. Vor allem der seit 1993 vom Mugabe-Neffen Leo Mugabe geführte Nationalverband steuerte zusehends ins Chaos. Mit der Nationalliga NPSL war man in einen hässlichen Machtkampf verstrickt, die erfolgreiche Nachwuchsarbeit Westerhofs war längst zum Erliegen gekommen, die Kassen der ZIFA waren von korrupten Funktionären geplündert worden, und die Erfolgstrainer Reinhard Fabisch bzw. Clemens Westerhof hatten sich nach Zerwürfnissen mit der ZIFA-Führung jeweils zurückgezogen. Dass Leo Mugabe 1997 und 2000 dennoch mit überwältigender Mehrheit im Amt bestätigt wurde, hatte er vornehmlich Drohungen zu verdanken, mit denen seine Herausforderer zum Rückzug gezwungen worden waren. Im Dezember 2002 musste der Staatschefneffe dennoch gehen, als von der FIFA angewiesene 61.500 US-Dollar plötzlich nicht mehr aufzufinden waren.

In erster Linie ist die Zukunft des Fußballs in Simbabwe mit der allgemeinen Entwicklung des Landes verbunden. Die Hyperinflation und Robert Mugabes starres Festhalten an der Macht haben Simbabwes Ökonomie völlig ruiniert. Mit dem Ausbruch einer Cholera-Epidemie im Winter 2008 verschärfte sich die Situation noch, und angesichts der vielfältigen Probleme, mit denen die unter erbärmlichen Bedingungen lebenden Menschen zu kämpfen haben, ist der bedauerliche Zustand des nationalen Fußballs gegenwärtig sicherlich nur nebensächlich.

Dennoch: Wer immer nach Robert Mugabes längst überfälligem Rückzug die Führung über den nationalen Fußball übernimmt, wird sich mit einem gewaltigen Paket schwerer Herausforderungen konfrontiert sehen.

SOMALIA

Federazione Somalia Gioco Calcio

Somalischer Fußball-Bund | gegründet: 1951 | Beitritt FIFA: 1960 | Beitritt CAF: 1968 | Spielkleidung: blaues Trikot, blaue Hose, weiße Stutzen | Saison: November - Juli | Spieler/Profis: 546.268/3 | Vereine/Mannschaften: 48/205 | Anschrift: DHL Mogadishu, Mogadishu BN 03040 | Telefon: +252-1/216199 | Fax: +252-1/600000 | Internet: www.somalifootballfederation.com | E-Mail: sofofed@hotmail.com

Das lange Warten auf den Frieden

Auch der Fußball leidet in Somalia unter dem unendlichen Bürgerkrieg und der Führungslosigkeit

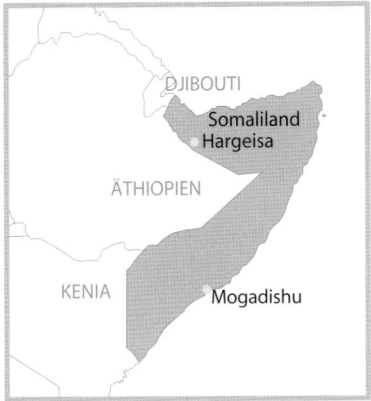

Jamhuuriyadda Dimoqraadiya Soomaaliya Jumhūriyyat as-Sūmāl

Demokratische Republik Somalia | Fläche: 637.657 km² | Einwohner: 7.964.000 (12,5 je km²) | Amtssprachen: Somali, Arabisch | Hauptstadt: Muqdisho (Mogadishu, 1.174.881) | Weitere Städte: Hargeysa (450.000), Kismaayo (70.000), Berbera (65.000), Marka (60.000) | Währung: 1 Somali-Shilling = 100 Centesimi | Zeitzone: MEZ +2h | Länderkürzel: SP | FIFA-Kürzel: SOM | Telefon-Vorwahl: +252

Es erscheint nahezu unfassbar, dass in Somalia überhaupt noch Fußball gespielt wird. Seit 1991 ist das Land am Horn von Afrika nun schon ohne eine handlungsfähige Regierung und befindet sich in einem Krieg mit sich selbst, bei dem selbst Experten Mühe haben, den Überblick zu wahren. Im Kern geht es um knappe Wasserresourcen, Differenzen zwischen der Minderheit sesshafter Ackerbauern und der nomadisch lebenden Mehrheit, Konflikte innerhalb des weit verzweigten Clansystems sowie persönlichen Machthunger von Clanführern, Warlords und Geschäftsleuten bzw. deren Privatmilizen. Insgesamt kämpft rund ein Dutzend unterschiedlich ausgerichteter Kriegsparteien, deren Interessen sich häufig überschneiden.

Die Zahl der bisherigen Opfer kann man nur schätzen. Der Zustand von Somalias Infrastruktur und Industrie ist katastrophal, und das Land zählt zu den gefährlichsten der Welt. Entführungen stehen an der Tagesordnung, derweil Piraten die Küste unsicher machen. Regelmäßige Dürrekatastrophen vervollständigen ein nahezu hoffnungsloses Bild, das Somalia nach über zwei Jahrzehnten des Bürgerkriegs darstellt.

■ **MIT DEM BAU DES SUEZKANALS** (1859-69) war Somalia in der zweiten Hälfte des 19. Jahrhunderts in den Fokus der Kolonialmächte gerückt. Um die Jahrhundertwende teilten Großbritannien, Frankreich und Italien die Region unter sich auf und bildeten drei Kolonien: das im Westen gelegene Französisch-Somaliland, das den Norden abdeckende Britisch-Somaliland sowie das den Süden umfassende Italienisch-Somaliland. 1960 schlossen sich Britisch- und Italienisch-Somaliland zur Republik Somalia zusammen, während Französisch-Somaliland als Djibouti eigene Wege ging. Die Republik Somalia geriet nahezu übergangslos in innere wie äußere Konflikte. Durch Streitigkeiten mit dem Nachbarn Äthiopien um die Region Ogaden wurde das Land zudem in den »Kalten Krieg« zwischen den USA (unterstützte Äthiopien) und der Sowjetunion (belieferte Somalia mit Waffen) gezogen.

1969 putschte General Siad Barre und installierte eine brutale Einparteiendiktatur, die 22 Jahre an der Macht blieb. Zunächst an der Seite der UdSSR stehend, verbündete er sich nach der linksgerichteten Revolution in Äthiopien 1977 mit den USA. Nachdem Somalia den Krieg mit Äthiopien im Folgejahr verloren hatte, destabilisierte sich die Lage zusehends. Repression, Korruption und wirtschaftliche Probleme ließen Barres anfängliche Popularität im Volk sinken, und 1978 kam es zum ersten von zahlreichen noch folgenden Putschversuchen. Nachdem sich die Kämpfe zwischen der Staatsarmee und den für die Unabhängigkeit kämpfenden Rebellen im Norden zusehends ausweiteten, geriet Somalia 1998 vollends in einen Bürgerkrieg.

Nach dem Ende des »Kalten Krieges« entzogen die USA Barre ihre Unterstützung, worauf der Diktator im Januar 1991 gestürzt werden konnte. Streitigkeiten innerhalb der siegreichen Opposition ließen das Land jedoch zerbrechen. Der Norden erklärte sich als Somaliland für unabhängig (wird aber international nicht anerkannt), während der Rest des Landes in umkämpfte Machtbereiche von Clans und Kriegsherren und deren Milizen zerfiel. Seit 1991 ist Somalia nun schon ohne ordnende Zentralregierung und befindet sich im Krieg mit sich selbst. Es herrscht weitestgehend Gesetzlosigkeit, und alle internationalen Bemühungen, die

TEAMS | MYTHEN

■ **ELMAN FC MOGADISHU** Sportlich seit der Millenniumswende dominierendes Team, liegt der eigentliche Erfolg des Elman FC auf der sozialen Ebene. Der 1993 vom Friedensaktivisten Mohamed Ali Ahmed »Elman« gegründete Verein kümmert sich getreu seinem Motto »Peace through Soccer« (»Frieden durch Fußball«) um ehemalige Kindersoldaten bzw. Straßenkinder, denen man ein emotionales Zuhause bietet. Gründervater »Elman« hatte die ersten Jugendlichen mit dem Slogan »Wenn du dich den Warlords anschließt, wirst du wahrscheinlich erschossen. Wenn du mit mir kommst, werde ich dir helfen. Du kannst heiraten, Kinder haben und einen guten Job bekommen. Heute magst du deinen Namen noch nicht schreiben können. Morgen bist du vielleicht Präsident« angelockt. Nachdem der Klubgründer am 9. März 1996 in Mogadischu von Rebellen ermordet worden war, nahm der Klub seinen heutigen Namen an. Die intensive sportliche Arbeit mit den traumatisierten Jugendlichen brachte rasch auch sportliche Erfolge. Nachdem sie 1994 bereits Pokalsieger geworden waren, errangen die Blau-Gelben 2000 erstmals die Landesmeisterschaft, die sie seitdem bei fünf weiteren Gelegenheiten feierten. Zudem reiste der Elman FC sechsmal zu den CECAFA-Meisterschaften. Der Klub wird vom »World Concern« gesponsort und ist der einzige Verein Somalias, bei dem die Spieler eine Entlohnung erhalten. Zahlreiche Gastspiele im gesamten Landesgebiet haben den Elman FC zudem zu einem Fußball spielenden Friedensbotschafter werden lassen. [1993 | Cons (40.000) | 6 | 2]

■ **HORSEED FC MOGADISHU** Bis zum Beginn des Bürgerkriegs die erfolgreichste Mannschaft des Landes. 1980 gewann die dem somalischen Militär unterstellte Elf ihre sechste (und zugleich letzte) Meisterschaft. Der Klub zählte seinerzeit international zu den aktivsten und renommiertesten des Landes. 1973 feierte man im kontinentalen Landesmeisterwettbewerb ein 3:1 über Ismail Kairo (Rückspiel 0:5) und erreichte 1981 das Achtelfinale des Wettbewerbs. Sieben Jahre später scheiterte Horseed in der zweiten Runde des Pokalsiegerwettbewerbs am tunesischen Vertreter CA Bizerte. Seinen größten Erfolg feierte das Team um Hassan Sini 1977 mit Platz 2 in der CECAFA-Meisterschaft. Im Finale mussten sich die Somalier seinerzeit Luo Union aus Kenia mit 1:2 geschlagen geben. [Cons (40.000) | 6 | 3]

■ **LAVORI PUBLICI MOGADISHU** Dem Arbeitsministerium unterstelltes Team, das mehrfach mit Erfolg auf Kontinentalebene mitmischte. Zu den herausragenden Momenten der Klubgeschichte zählt ein 0:0 gegen Al-Ahly Kairo im Landesmeisterwettbewerb 1982. Das Rückspiel in Ägypten verloren die Somalier seinerzeit unglücklich mit 0:1. Die Mannschaft spielte eine Zeitlang unter der Bezeichnung JeenyoLLPP. [4 | 2]

Brennende Autos, Kindersoldaten und Kriegsversehrte: Fußball-Alltag in Somalia.

Lage zu befrieden und die nationale Einheit wiederherzustellen, sind bislang gescheitert. Experten umschreiben Somalias Zukunft mit düsteren Worten. Die Lage der Menschen ist katastrophal. Schätzungen zufolge sind seit 1991 bis zu eine Million Menschen umgekommen, während Millionen ihre Heimat aufgeben mussten und zu Flüchtlingen wurden. Ein Großteil der Bevölkerung lebt von Geldüberweisungen bereits ins Ausland geflüchteter Verwandter. Nach UN-Schätzungen sind rund 3,5 Mio. Menschen auf humanitäre Hilfe angewiesen.

■ **WIE IN ALLEN KRISENGEBIETEN** der Welt kommt dem Fußball in Somalia vor allem die Rolle eines Friedensbotschafters zu. Herausragendes Beispiel ist der Elman FC, der 1993 vom später ermordeten Friedensaktivisten Mohamed Ali Ahmed »Elman« gegründet wurde und der sich gezielt um Kindersoldaten und Straßenkinder kümmert. Und das mit außerordentlich großem sportlichen Erfolg, denn seit 2000 ist der Klub sechsmal somalischer Landesmeister geworden!

Somalias Fußballhistorie beginnt in den 1940er Jahren. Italiener bzw. Briten hatten das Spiel zwar schon wesentlich früher in die Region transportiert, waren bei ihren Aktivitäten aber weitestgehend unter sich geblieben. Insgesamt vermochte sich der Fußball im italienischen Süden deutlich besser zu etablieren als im britischen Norden. Im heutigen Somaliland wurde lediglich in der Verwaltungsstadt Hargeisa gekickt, während die italienischen Kolonialisten den Fußball sowohl in den fruchtbaren Becken der Flüsse Jubba und Shebelle als auch in der Hauptstadt Mogadischu erfolgreich etablierten. In Mogadischu, Kismayo, Jamame und Merca entstanden seinerzeit erste Vereine, deren Basis aber Italiener bildeten.

Die ersten somalischen Klubs wurden in den 1940er Jahren aus Reihen der Unabhängigkeitsbewegung geformt. Darunter war die Elf der Somali Youth League (SYL), aus der sich später der Klub Boondheere entwickelte. 1950 entstand ein Fußballverband, dessen Erbe 1958 die Federazione Somalia Gioco Calcio (FSGC, Somali: Xiriirka Soomaaliyeed ee Kubadda Cagta) übernahm. Im selben Jahr endete das Länderspieldebüt der somalischen Landesauswahl »Ocean Stars« mit einem 0:5 in Kenia. Zwei Jahre später trat die FSGC der FIFA und 1968 der CAF bei.

1967 wurde eine auf den Großraum Mogadischu beschränkte Nationalliga ins Leben gerufen, deren erster Sieger das Team der Somali Police (»Booliska«) wurde. Teilnehmer waren Behörden, dem Militär und der Polizei unterstellte Mannschaften. Als erfolgreichste Teams galten Jeenyo, Wagad, Waxool, Batroolka, Badda, Madbaca sowie die Armee-Elf Horseed. Über die Stadtgrenzen von Mogadischu wurde Fußball nur vereinzelt betrieben.

Nach dem Militärputsch von 1969 und der Machtübernahme durch General Barre zeigte Somalia verstärkt internationale Aktivitäten. 1973 reiste die Landesauswahl erstmals zur CECAFA-Meisterschaft, 1974 folgte das Debüt in der Afrikameisterschaft und 1982 das in der WM-Qualifikation. Siege über Uganda (1973), Burundi (1975) und Kenia (1984) ragen aus der sportlichen Bilanz jener friedlichen Tage heraus. Größter Kluberfolg war der Einzug von Rekordmeister Horseed Mogadishu ins Finale um die CECAFA-Meisterschaft 1977, das die Somalier mit 1:2 gegen die Luo Union Mombasa verloren. Auch in den kontinentalen Klubmeisterschaften konnten somalische Teams regelmäßig für Überraschungen sorgen.

■ **MIT DEM STURZ VON** Diktator Barre und dem Beginn des Bürgerkriegs kam der Spielbetrieb

Somalia beim CECAFA-Cup 2002 in Tansania.

SOMALIA | 175

- **FIFA World Ranking**

1993	1994	1995	1996	1997	1998	1999	2000
-	159	165	178	187	190	197	194
2001	2002	2003	2004	2005	2006	2007	2008
197	190	191	193	184	193	195	178

- **Weltmeisterschaft**
1930-78 nicht teilgenommen 1982 Qualifikation 1986-98 nicht teilgenommen 2002-2010 Qualifikation

- **Afrikameisterschaft**
1957-72 nicht teilgenommen 1974 Qualifikation 1976 nicht teilgenommen 1978 Qualifikation 1980-82 nicht teilgenommen 1984-88 Qualifikation 1990-2002 nicht teilgenommen 2004-06 Qualifikation 2008 nicht teilgenommen

1991 sowohl national als auch international zunächst völlig zum Erliegen. Die nationalen Wettbewerbe ruhten bis 1993, und auf die internationale Bühne konnte Somalia erst 1994 bei der CECAFA-Meisterschaft in Kenia zurückkehren – dank finanzieller Hilfe der UN. An der WM-Qualifikation bzw. der Afrikameisterschaft nahm das Land erst 2002 bzw. 2004 wieder teil. Mit der Abtrennung des international nicht anerkannten Somaliland kam es 1991 zudem zur Spaltung des Nationalverbandes.

Während Somalia immer tiefer in seinen internen Konflikt geriet, kämpfte die nationale Fußballgemeinde verzweifelt um ihren Fortbestand. Das gelang mit bemerkenswerten Erfolgen. Trotz der Kampfhandlungen konnte seit 1994 nahezu jährlich ein Landesmeister ermittelt werden, und inmitten der allgegenwärtigen Hoffnungs- und Gesetzlosigkeit hat der Fußball wiederholt ein Zeichen der Stabilität und Zuversicht gesetzt. Dafür steht insbesondere der erwähnte sechsfache Meister Elman FC, der von der weltweiten Hilfsorganisation »World Concern« unterstützt wird und Kindersoldaten hilft, ins Leben zurückzufinden.

International konnte Somalias Auswahl um die bisweilen in Deutschland bzw. England aktiven Mahaol Abdiwahid (Nürnberg) und Harun Mohamed Mohamed (London)

mit überraschender Regelmäßigkeit in der WM- bzw. Afrikameisterschaftsqualifikation auflaufen, derweil an der kontinentalen Landesmeisterschaft seit 1988 kein somalisches Team mehr teilnehmen konnte.

Aus offensichlichen Gründen hat Somalia seit Oktober 1986 allerdings kein Heimspiel mehr bestreiten können. Die meisten Fußballarenen sind entweder zerstört oder befinden sich in den Händen von Rebellen. Es gibt kein funktionierendes Vereinsnetz mehr, und Erpressungen durch militante Gruppen sowie das Fußballverbot durch islamistische Fundamentalisten erschweren den Spielbetrieb zusätzlich. Immerhin hat der Weltfußballverband FIFA das Land inzwischen in die Liste der Länder aufgenommen, die im Rahmen des »Win in Africa with Africa«-Programms für einen modernen Kunstrasen vorgesehen sind.

Nachdem Somalias U20-Auswahl Anfang 2008 Kenia schlug, zeigte sich der neugewählte Fußballpräsident Said Mahmoud Nor optimistisch, dass sich der Fußball in seinem Land bald erholen könne. Größtes Problem, so Nor, sei die Sicherheitslage, weshalb sowohl Trainingslager als auch Spiele der Nationalelf im benachbarten Djibouti ausgetragen werden müssen.

Unterdessen traf sich im Dezember 2007 eine Gruppe von 30 ehemaligen Nationalspielern, um die Lage zu beraten. Angeführt vom ehemaligen Regisseur der Nationalelf bzw. Madbacadda Mogadishu, Abdulahi Siyad, wurde die Bildung einer wettbewerbsfähigen Landesauswahl zum wichtigsten Ziel erklärt. »Statt mit Waffen zu kämpfen, wollen wir

Jahr	Meister	Pokalsieger
19-67	Somali Police Mogadishu	
1968	Hoga Mogadishu	
1969	Lavori Publici Mogadishu	
1970	Lavori Publici Mogadishu	
1971	Lavori Publici Mogadishu	
1972	Horseed FC Mogadishu	
1973	Horseed FC Mogadishu	
1974	Horseed FC Mogadishu	
1975	Mogadishu Municipality	
1976	Horseed FC Mogadishu	
1977	Horseed FC Mogadishu	Lavori Publici Mogad.
1978	Horseed FC Mogadishu	nicht ausgespielt
1979	Horseed FC Mogadishu	Marine Club Mogad.
1980	Horseed FC Mogadishu	Lavori Publici Mogad.
1981	Lavori Publici Mogadishu	National Printing Ag.
1982	Wagad Mogadishu	Horseed FC Mogadishu
1983	National Printing Agency	Horseed FC Mogadishu
1984	Marine Club Mogadishu	Waxcol Mogadishu
1985	Wagad Mogadishu	FC Petroleum Mogad.
1986	Mogadishu Municipality	Marine Club Mogad.
1987	Wagad Mogadishu	Horseed FC Mogadishu
1988	Wagad Mogadishu	
1989	Mogadishu Municipality	
1990	Jadikka	
1991-93	nicht ausgespielt	
1994	Morris Supplies Mogad.	Elman FC Mogadishu
1995	Alba CF	
1996-97	nicht ausgespielt	
1998	Ports Authority	
2000	Elman FC Mogadishu	
2001	Elman FC Mogadishu	
2002	Elman FC Mogadishu	Dekedaha
2003	Elman FC Mogadishu	Banaadir Telecom
2004	nicht ausgespielt	Dekedaha
2005	nicht ausgespielt	Elman FC Mogadishu
2006	Banaadir Telecom	Bayra FC Mudug
2007	Elman FC Mogadishu	SITT Saallo
2008	Elman FC Mogadishu	

der Jugend im Land helfen, ihre Energie auf dem Spielfeld auszuleben«, formulierte Siyad voller Hoffnung. Als die Landesauswahl im Januar 2009 bei der Ostafrikameisterschaft einen 1:0-Erfolg über Tansania errang, manifestierte sich diese Hoffnung erstmals auch auf dem Spielfeld. Doch ohne einen stabilen Frieden wird Somalia nicht dauerhaft auf die internationale Bühne zurückkehren können – und diesbezüglich stehen die Hoffnungen leider nicht allzu günstig.

Außenseiter
Somaliland

1991 erklärte sich die Westhälfte der nördlichen Provinz Somalias einseitig für unabhängig und rief die Republik Somaliland aus. Bereits seit den 1960er Jahren waren Unabhängigkeitsforderungen der ehemaligen Kolonie Britisch-Somaliland erhoben worden.

1981 hatte sich die Rebellenbewegung Somali National Movement (SNM) geformt und den bewaffneten Kampf gegen die autoritäre Regierung Siad Barres aufgenommen. Nach dem Sturz Barres war der Weg zur Abspaltung Somalilandes 1991 frei gewesen.

Obwohl international nicht anerkannt, hat sich Somaliland im Vergleich zu Somalia verhältnismäßig günstig entwickelt und verfügt über tragfähige politische und wirtschaftliche Strukturen. Auch gelang es, die Kampfhandlungen aus dem Süden fernzuhalten. Allerdings streiten sich auch in Somaliland verfeindete Clans, während Grenzstreitigkeiten für Unruhe sorgen.

In dem 137.600 km² großen Territorium leben etwa 3,5 Mio. Einwohner, die vornehmlich islamischen Glaubens sind. Hauptstadt ist das etwa 450.000 Köpfe zählende Hargeisa, das zu Kolonialzeiten britische Verwaltungsmetropole war. Hargeisa ist die einzige Fußballstadt mit Tradition in Somaliland. Britische Soldaten hatten das Spiel dort in der ersten Hälfte des 20. Jahrhunderts eingeführt, waren bei ihren Aktivitäten aber unter sich geblieben. Selbst zu gemeinsamen somalischen Zeiten hatte sich die Stadt keinen Ruf als Fußballhochburg erwerben können.

Seit der Unabhängigkeitserklärung ist allerdings eine wachsende Fußballgemeinde entstanden. Die 1991 gegründete Somaliland Football Association vermochte ein landesweites Fußballspielsystem einzurichten, das aus drei Klassen besteht und an der Mannschaften aus allen Provinzen teilnehmen. Informationen über den Spielbetrieb sind allerdings rar. Landesmeister 2003 wurde das Team von Togdheer, das sich vor 25.000 Zuschauern mit 2:1 im Endspiel gegen Sanag durchsetzte.

Das Nationalstadion von Hargeisa war im November 2003 Schauplatz des Debüts der Landesauswahl von Somaliland, die Eritrea mit 1:2 unterlag.

Das Schicksal der Region ist ungewiss. Angesichts der Entwicklung in Somalia mehren sich die Stimmen, Somaliland international anzuerkennen. Inzwischen hat sich auch der Nordosten des ehemaligen Britisch-Somalilandes mit Wirkung vom 1. Juli 2007 als Maakhir für unabhängig erklärt.

SÜDAFRIKA

Der Fußball brach die Apartheid

Fußball ist in Südafrika traditionell ein schwarzer Sport

South African Football Association

Südafrikanischer Fußball-Verband | gegründet: 8.12.1991 (1892) | Beitritt FIFA: 1992 (vorherige Mitgliedschaft: 1910-26, 1952-64) | Beitritt CAF: 1992 (1957-61) | Spielkleidung: weißes Trikot, weiße Hose, weiße Stutzen | Saison: Februar - Oktober | Spieler/Profis: 4.540.410/1.000 | Vereine/Mannschaften: 450/3.200 | Anschrift: 125 Samuel Evans Road, Aeroton, Johannesburg | Tel: +27-11/4943522 | Fax: +27-11/4943013 | www.safa.net | E-Mail: raymond.hack@safa.net

Der Start, den die »Regenbogennation« Südafrika nach der offiziellen Aufhebung der Rassentrennung 1994 im internationalen Sport hinlegte, war äußerst vielversprechend. Im Rugby sicherten sich die »Springboks« 1995 im eigenen Land den Worldcup. Ein Jahr später bezwang Südafrikas Cricket-Team im World Cup die Auswahl Englands, während die Fußball-Nationalmannschaft »Bafana Bafana« vor heimischer Kulisse Kontinentalmeister wurde und sich 1998 erstmals für eine Fußball-WM qualifizierte.

Die sportlichen Erfolge trugen enorm dazu bei, dass die südafrikanische Gesellschaft die Wunden der jahrzehntelangen Rassentrennung überwinden konnte. Als die von Weißen dominierte Rugby-XV 1995 Weltmeister wurde, feierte das ganze Land. Als die von Schwarzen geprägte Fußballauswahl 1996 die Afrikameisterschaft errang, tauchte Präsident Nelson Mandela symbolträchtig im Trikot mit der Nummer 9 auf – das auf dem Feld vom weißen Mannschaftskapitän Neil Tovey getragen wurde. Und selbst dem weißen Nobelsport Cricket gelang es, mit seinem prestigeträchtigen Erfolg über England Anhänger aus allen Schichten, Ethnien und Hautfarben zu begeistern und so seinen Beitrag zur Wundenheilung und Nationenbildung zu leisten.

■ **SÜDAFRIKA IST AFRIKAS** Fußballwiege. Britische Soldaten führten das Ballspiel bereits in den 1860er Jahren ein. Zunächst etablierte es sich in seiner Rugbyvariante, ehe in den 1880er Jahren auch die Version mit dem runden Ball zunehmend Anhänger fand. Südafrika war seinerzeit ein gespaltenes Land, das sich in Aufruhr und Krieg befand. Der Süden war britische Kronkolonie und umfasste Natal sowie die Cape Province. Im Norden herrschten die Buren (Afrikaaner), die niederländischer Abstammung waren und nach der Abschaffung der Sklaverei (1833) mit Transvaal und dem Oranje-Freistaat zwei unabhängige Republiken gegründet hatten. Nachdem sich die Briten in den beiden Burenkriegen (1880-81 sowie 1899-1902) durchgesetzt hatten, wurden Natal, die Cape Province, Transvaal und der Oranje-Freistaat 1910 zur dem britischen Commonwealth angeschlossenen Südafrikanischen Union vereint.

■ **ÜBER DIE ERSTEN JAHRE** des Fußballs in Südafrika gibt es widersprüchliche Meldungen. Einigen Aufzeichnungen zufolge soll bereits am 23. Mai 1862 in der Ostküstenstadt Port Elizabeth gekickt worden sein. Andere Quellen nennen den 26. September 1866 als historisches Datum, an dem in Pietermaritzburg erstmals gegen den Ball getreten wurde. Dort entstand 1879 mit Pietermaritzburg County auch jener Klub, den die Quellen heute als den ersten südafrikanischen Fußballverein bezeichnen. 1882 rief er gemeinsam mit den Natal Wasps, Durban Alphas und Umegni Stars die Natal Football Association (NFA) ins Leben, die gemeinsam mit dem australischen Regionalverband von New South Wales der erste Fußballverband außerhalb der britischen Inseln war. Noch im selben Jahr schuf die NFA mit dem Natal Challenge Cup den ersten afrikanischen Fußballwettbewerb.

Zweite britisch-südafrikanische Fußballwiege nach Natal war die Cape Province mit ihrer Metropole Cape Town (Kapstadt). Dort gründete 1890 Ex-Notts-County-Profi Warburton einen Verein, der im Folgejahr gemeinsam mit vier britischen Militärmannschaften die Cape Town FA installierte. Wenig später nahm in Kapstadt eine Stadtliga ihren Spielbetrieb auf, die bis zur Jahrhundertwende von britischen Soldatenmannschaften dominiert wurde.

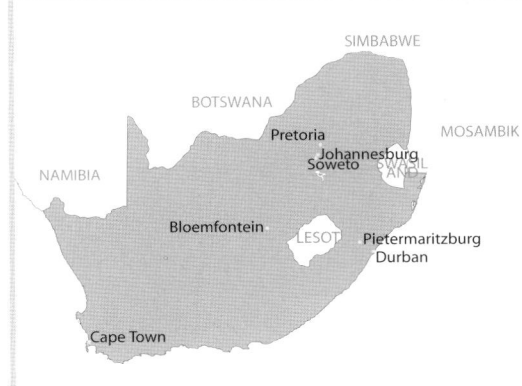

Republic of South Africa (Englisch); **Republiek van Suid-Afrika** (Afrikaans); **IRiphabliki yaseMzantsi Afrika** (Xhosa); **IRiphabliki yaseNingizimu Afrika** (Zuli)

Republik Südafrika | Fläche: 1.219.000 km² | Einwohner: 45.509.000 (37 je km²) | Amtssprachen: Englisch, Afrikaans, isiNdebele, isiXhosa, isiZulu, Nord-Sotho, Süd-Sotho, Setswana, Siswati, Tshivenda, Xitsonga | Hauptstadt: Tshwane (Pretoria, 2 Mio.) | Weitere Städte: Johannesburg (3,2 Mio.), Durban (3 Mio.), Cape Town (Kapstadt, 2,9 Mio.), Port Elizabeth (1 Mio.), Soweto (858.649) | Währung: 1 Rand = 100 Cents | Bruttosozialprodukt: 3.630 $/Kopf | Zeitzone: MEZ +1h | Länderkürzel: ZA | FIFA-Kürzel: RSA | Telefon-Vorwahl: +27

● **Erfolge**
Afrikameister 1996

● **FIFA World Ranking**
1993	1994	1995	1996	1997	1998	1999	2000
95	56	40	19	31	26	30	20
2001	2002	2003	2004	2005	2006	2007	2008
35	30	36	38	49	67	77	76

● **Weltmeisterschaft**
1930-90 nicht teilgenommen **1994** Qualifikation **1998** Endturnier (Vorrunde) **2002** Endturnier (Vorrunde) **2006** Qualifikation **2010** Gastgeber

● **Afrikameisterschaft**
1957 Endrunde (disqualifiziert) **1959-92** nicht teilgenommen **1994** Qualifikation **1996** Endturnier (Gastgeber, Sieger) **1998** Endturnier (Zweiter) **2000** Endturnier (Dritter) **2002** Endturnier (Viertelfinale) **2004-08** Endturnier (Vorrunde) **2010** Quualifikation

● **Vereinserfolge**
Landesmeister Orlandi Pirates (1995)
Pokalsieger Kaizer Chiefs (2001)

Auch in den beiden Burenrepubliken Transvaal und Oranje Freistaat etablierte sich der Fußball lange vor der Jahrhundertwende. 1889 wurde die Transvaal Football Association gebildet, die im selben Jahr den Transvaal Challenge Cup ins Leben rief. Vor allem die Industrie- und Goldminenregion Witwatersrand mit ihren Metropolen Johannesburg und Pretoria avancierte seinerzeit zur Fußballhochburg und ist dies bis heute. Im Oranje Freistaat formierte sich unterdessen 1895 ein Regionalverband.

■ **AUSGEHEND VON BRITISCHEN** Fußballpionieren aus Natal und Kapstadt kam es 1892 zur Gründung der Football Association South Africa (FASA), unter deren Ägide im selben Jahr erstmals um den Currie Cup gerungen wurde, an dem sich die Auswahlmannschaften aller Provinzen beteiligten. Erster Sieger wurde 1892 das Team der Western Province. Während der Currie Cup in der Folgezeit half, das durch die Burenkriege vergiftete Binnenverhältnis zu entspannen, sorgten Gastspiele prominenter britischer Mannschaften für eine Steigerung der Spielkultur. Namentlich die Freundschaftsspieltournee der berühmten Londoner Corinthians im Jahr 1897 hinterließ einen bleibenden Eindruck. In 23 Spielen, von denen die Corinthians 21 gewannen, konfrontierten die Kicker aus dem Mutterland ihre südafrikanischen Kollegen mit modernem Fußball.

Bis zur Jahrhundertwende war Fußball in Südafrika eine weitestgehend weiße Domäne. Wenngleich es offiziell noch keine Rassentrennung gab, herrschte offener Rassismus, der Weiße europäischer Abstammung, Schwarzafrikaner, die im 19. Jahrhundert zu Zehntausenden als Kontraktarbeiter angelockten Asiaten sowie die so genannten »Farbigen« (Nachfahren ehemaliger Sklaven aus Niederländisch-Ostindien bzw. Menschen mit gemischten Elternpaaren) trennte.

Unter den Weißen galt der Fußball als Sport der »einfachen Leute«, während die wirtschaftliche bzw. politische Elite Rugby und Cricket bevorzugte. Tendenziell präferierten Buren das Rugby, während Sportler britischer Herkunft den Fußball vorzogen. Die größte Gruppe unter den südafrikanischen Fußballern stellte das Militär, durch dessen Aktivitäten das Spiel sowohl gesellschaftlich als auch räumlich rasch weiterverbreitet wurde.

Fußball fand aber auch in anderen Bevölkerungsgruppen Anklang. Namentlich die vielköpfige Gruppe der Asiaten erfreute sich an dem Spiel. 1903 rief sie mit der South African Indian Football Association (SAIFA) sogar einen separaten Nationalverband ins Leben, der vor allem in den Provinzen Natal und Transvaal Fuß fasste. Und auch die schwarze Bevölkerung griff das Spiel schon vor der Jahrhundertwende auf. 1898 entstand mit dem Orange Free State Bantu FC der erste schwarze Fußballverein Südafrikas. Bantu ist ein Sammelbegriff, der mehr als 400 Ethnien umfasst. Die dominierenden Ethnien in Südafrika sind die Zulu, Xhosa, Basotho, Venda, Tswana, Tsonga, Swazi und Ndebele.

■ **INTERNATIONAL ABER WURDE** Südafrika ausschließlich durch weiße Fußballer vertreten. 1903 der englischen FA beigetreten, schickte die SAFA 1906 eine Auswahl nach Südamerika, wo sie in Buenos Aires ihr internationales Debüt ablieferte. Nach dem Zusammenschluss zur Südafrikanischen Union wurde die SAFA 1910 erstes afrikanisches FIFA-Mitglied, ehe die »Springboks« genannte Nationalauswahl 1924 beim 1:2 gegen die Niederlande auch ihr erstes offizielles Länderspiel bestritt. Zwei Jahre später schloss sich die SAFA dem Protest der britischen Verbände gegen die FIFA-Politik an und trat aus dem Weltverband aus.

Unterdessen etablierten sich mehrere Südafrikaner als Fußballprofis in Großbritannien. Tommy Whilson war 1905 Vorreiter gewesen und hatte mit Newcastle United dreimal die englische Meisterschaft gewonnen. In den 1930er Jahren gehörten mit Torhüter Arthur Riley und Mittelstürmer Gordon Hodgson sogar zwei Südafrikaner zur Stammformation des Liverpool FC.

Mit der Entlassung Südafrikas in die Unabhängigkeit verschärfte sich 1931 die Rassentrennung. Schon seit 1913 regelte ein Gesetz die Verteilung des Landes. Schwarze, die etwa 70 Prozent der Bevölkerung stellten, konnten demnach nur in den als Reservate festgelegten Gebieten, die lediglich sieben Prozent der Gesamtfläche ausmachten, Land erwerben. 1923 war dann ein Gesetz verabschiedet worden, das die Städte als Wohnort der Weißen definierte, während Schwarze dort lediglich eingeschränktes Aufenthaltsrecht hatten. 1933 wurde Schwarzen zudem das Wahlrecht entzogen.

Während des Zweiten Weltkriegs sorgten Rüstungsaufträge aus Europa für einen Aufschwung der südafrikanischen Wirtschaft und Bewegung in der Rassenfrage. Da viele Weiße an der Seite Großbritanniens im Krieg kämpften, strömten verstärkt schwarze Arbeiter in die Fabriken, was wiederum die 1912 in Bloemfontein gegründete schwarze

TEAMS | MYTHEN

■ **BLOEMFONTEIN CELTIC** 1969 von einem Schotten aus Glasgow gegründeter Klub, dessen Geschicke zwischen 1975 und 2001 vom wohlhabenden Präsidenten Petros Molemela gelenkt wurden. Wie der Glasgower Namensgeber spielt die »Phunya Sele Sele« in grün-weiß gestreiften Jerseys und weist eine große und treue Anhängerschaft auf, die sich »Silelewe« nennt. Celtic gilt als die dominierende Fußballkraft im Oranje Freistaat. Der Vodacom Park des Pokalsiegers von 1985 wird 2010 WM-Spielstätte sein. [1969 | Vodacom Park (36.000)]

■ **AMAZULU FC DURBAN** 1972 zweiter Meister der im Vorjahr gebildeten schwarzen Profiliga NPSL. Der von Arbeitsmigranten in Durban als Zulu Royal Conquerors gegründete Klub kam noch im Gründungsjahr unter die Obhut des Zulu-Königs und erhielt den Namen Zulu Roylas, ehe er 1974 die Bezeichnung AmaZulu annahm. Die Grün-Weißen blicken auf eine turbulente Vergangenheit mit mehreren Brüchen, Neugründungen und Spaltungen zurück. In den 1970er Jahren schrieben sie Geschichte, als sie als erster schwarzer Klub mit Bruce Grobbelaar und Errol Mann zwei Weiße verpflichteten. Ihre größten Erfolge feierten die »Usuthu« (ein traditioneller Zulu-Kriegsruf) in den späten 1980er und frühen 1990er Jahren unter Ex-Nationaltrainer Clive Barker. Nach dem Millenniumswende wechselte der Klub mehrfach den Besitzer und damit auch seinen Namen. [1932 | Princess Magogo, Kwa-Mashu (12.000) | 1 (NPFL)]

■ **DURBAN CITY** Erster Meister der 1959 gegründeten weißen NFL. Der Klub war erst im Mai desselben Jahres von dem Geschäftsmann Norman »The Silver Fox« Elliott gegründet worden und gehörte zu den glamourösesten Teams im aufstrebenden weißen Profifußball Südafrikas. 1978 waren die Blau-Weißen einer der fünf weißen Klubs, die der schwarzen NPSL beitraten. Rund die Hälfte der Anhänger des in einer intensiven Lokalrivalität mit Durban United stehenden Vereins war seinerzeit »non-white«. Nach Gewinn der NPFL-Meisterschaften 1982 und 1983 neigte sich die Ära des Klubs dem Ende zu, und als sich Klubchef Elliott 1988 zurückzog, wurde der Stammverein des späteren Nationalmannschaftsliberos Neil Taves aufgelöst. [1959 | New Kingsmead | 4 (NFL), 2 (NPFL)]

■ **AJAX CAPE TOWN** Die südafrikanische Filiale des niederländischen Rekordmeisters wurde 1999 durch den Zusammenschluss von Seven Stars und des mehrfachen FPL- bzw. NFL-Meisters Cape Town Spurs gebildet. Mit Steven Pienaar brachte »Ajax CT« zwar einen vielversprechenden Akteur hervor, blieb aber abgesehen vom Rothmans Cup 2000 und dem ABSA Cup 2007 ziemlich erfolglos. 2004 wurden die Rot-Weißen Vizemeister der PSL. Die »Urban Warriors« sind im Kapstadter Vorort Parow ansässig. [1999 | Athlone (30.000)]

■ **HIGHLANDS PARK FC JOHANNISBURG** Legendärer Klub der weißen NFL, der im elitären Johannesburger Stadtteil Highlands Park ansässig war. 1935 als Fußballsektion im Balfour Park Club gegründet, nahmen die Rot-Weißen 1960 den Namen Highlands Park FC an und sicherten sich im selben Jahr ihre erste NFL-Meisterschaft. Bis zum Zusammenbruch der NFL dominierten die Johannesburger anschließend mit sieben Meisterschaften den Spielbetrieb, ehe sie 1977 der schwarzen NPFL beitraten und 1980 zum einzigen Mal auch deren Meister wurden. Seinerzeit stand mit Gordon Igesund ein

späterer Erfolgstrainer in ihren Reihen. Finanzielle Schwierigkeiten und der Abriss der Heimstatt Balfour Park führten 1983 zum Verkauf des Klubs an die südafrikanische Fußball-Legende Jomo Sono, der daraus den Klub Jomo Cosmos formte. [1935 | Balfour Park | 8 (NFL), 1 (NPFL)]

■ **JOMO COSMOS SOWETO** Klub des Ex-Profis und der südafrikanischen Fußball-Legende Jomo Sono, dessen Vater »Scara« einst zu den Größen der Orlando Pirates gehörte. Als Jomo »Black Prince« Sono 1982 nach mehreren Auslandsengagements seine Karriere beendete und nach Südafrika zurückkehrte, erwarb er die Lizenz des finanziell angeschlagenen weißen Traditionklubs Highlands Park und gründete mit dem Jomo Cosmos FC einen neuen Verein. Wie im Falle der Kaizer Chiefs diente der Vorname des Klubgründers sowie dessen letzter Arbeitgeber – Sono hatte gemeinsam mit Franz Beckenbauer bei Cosmos New York gespielt – als Namensgeber. Jomo Cosmos ist ein ungewöhnlicher Verein, dessen Arbeit sich vor allem auf die Armen und Benachteiligten in Soweto richtet. Mit seiner erfolgreichen Nachwuchsarbeit (u. a. Mark Fish, Phil Masinga und Aaron Mokoena) erwarb er sich landesweit hohen Respekt und wird auch als »University of Soccer« bezeichnet. Zugleich etablierten sich die Rot-Weißen aber auch unter den stärksten Teams im nationalen Profifußball. Neben der Landesmeisterschaft von 1987 ragt der Einzug in das Halbfinale des afrikanischen Pokalsiegerwettbewerbs heraus (Aus gegen Africa Sport Abidjan). 2008 mussten die »Ezenkosi« ihrem aus finanziellen Schwierigkeiten resultierenden Dauerausverkauf Tribut zollen und erstmals seit 1993 aus dem Oberhaus absteigen. [29.1.1983 | Vanderbjilpark (15.000) | 1 (NSL)]

■ **KAIZER CHIEFS SOWETO** Gemeinsam mit dem Erzrivalen Orlando Pirates weltweites Aushängeschild des südafrikanischen Klubfußballs. Die Schwarz-Gelben gelten als der bestunterstützte Klub im gesamten südlichen Afrika. Schätzungsweise 16 Mio. Menschen bekennen sich zu den »Chiefs«, die am 7. Januar 1970 vom ehemaligen Orlando-Pirates-Spieler Kaizer »Chincha Guluva« Motaung gegründet worden waren. Nach seiner Rückkehr nach Südafrika hatte Motaung zunächst eine mit mehreren Pirates-Akteuren bestückte »Kaizer XI« zusammengestellt, aus der sich schließlich der Kaizer Chiefs Football Club entwickelte. Der ungewöhnliche Vereinsname setzt sich aus dem Vornamen des Klubgründers und dem Namen des US-amerikanischen Profiklub Atlanta Chiefs zusammen, für den Motaung zuletzt gespielt hatte. Die »AmaKhosi« (Zulu für »Chef«) gelten als Verein der Zulu-Ethnie, wohingegen Erzrivale Orlando Pirates den Xhosa zugerechnet wird. Beide Vereine stammen aus dem Johannesburger Township Soweto. Während die Orlando Pirates ein Image als »Arbeiterklub« pflegen, geben sich die Kaizer Chiefs »bürgerlich«, wobei diese Einschätzungen eher PR-Zwecken dienten und sie keinen historischen Hintergrund haben. Die Kaizer Chiefs residieren inzwischen im sechs Kilometer südlich von Johannesburg gelegenen Naturena. Nach Angaben des Vereins errangen sie in 36 Jahren mehr als 80 Titel – darunter elf Landesmeisterschaften sowie den Pokal der Pokalsieger Afrikas 2001. Letzterer ist der unter dem rumänischen Trainer Muhsin Ertuğral errungene und bislang größte internationale Erfolg der Klubgeschichte. 1971 waren die »AmaKhosi« ohne sportliche Qualifikation in die neugegründete NPSL aufgenommen worden und hatten auf Anhieb die Vizemeisterschaft gewonnen, der 1974 der erste Meistertitel gefolgt war. Seit der Gründung der PSL im Jahr 1996 vermochten die viele Jahre von Regisseur Theophilus »Doctor« Khumalo angeführten Schwarz-Gelben zwei Titel zu erringen (2004 und 2005). Die aus dem englischen Leeds stammende Popband »Kaiser Chiefs« berief sich bei ihrer Namensgebung auf den langjährigen Leeds-United-Kapitän und südafrikanischen Nationalspieler Lucas Radebe, der seine Karriere bei den Kaizer Chiefs be-

Südafrikas erste »gemischte« Auswahlmannschaft, die 1976 mit 5:0 gegen eine argentinische »All-Star«-Elf gewann.

Widerstandsbewegung ANC (African National Congress) stärkte.

Als 1948 die radikale Burenpartei National Party (NP) die ersten Nachkriegswahlen gewann, ordnete sie eine strikte Rassentrennung an und klassifizierte die südafrikanische Gesellschaft in vier Gruppen: Weiße, Schwarze, Farbige und Asiaten. Ziel war ein weißes Südafrika, in dem alle nichtweißen Gruppen in »unabhängige« »Homelands« abgedrängt werden sollten. Die Apartheid (von dem Afrikaans-Wort »apart«, das für »getrennt, einzeln, besonders« steht) betraf sämtliche Lebensbereiche. So gab es ebenso separate Postämter, Bahnhöfe und Schulen wie getrennte Strände, sanitäre Anlagen und Parkbänke. Sexuelle Beziehungen zwischen Weißen und Angehörigen anderer »Rassen« standen unter Strafe.

Nachdem 1950 jeder Gruppe feste Wohngebiete zugewiesen worden waren, kam es zu massenhaften Zwangsumsiedlungen. So wurde u. a. der von Schwarzen bewohnte Johannesburger Stadtteil Sophiatown von Weißen übernommen und seine Bewohner in das South Western Bantu Township (»Soweto«) vor den Toren Johannisburgs verschleppt.

■ **AUCH IM FUSSBALL WAR** die Rassenfrage verstärkt in den Vordergrund getreten. 1930 hatte sich in der ANC-Hochburg Bloemfontein die von Schwarzen geführte Orange Free State Football Association formiert, der 1931 die Natal Bantu FA und 1932 der schwarze Nationalverband South African African Football Association (SAAFA) gefolgt waren. In allen Fällen waren führende schwarze Aktivisten involviert – darunter der spätere ANC-Präsident Albert Luthuli. Darüber hinaus bildeten sich landesweit schwarze Fußballvereine. Südafrikas schwarze Fußballhochburg war Johannesburg, wo Minenarbeiter 1937 mit den Orlando Pirates einen der heute berühmtesten Fußballvereine Afrikas ins Leben riefen.

Mit Beginn der Apartheidpolitik wurde jeglicher Kontakt zwischen weißen und nichtweißen Fußballer verboten. Die afrikanischen, asiatischen und farbigen Verbände überwanden daraufhin ihre Differenzen und formten 1951 mit der South African Soccer Federation (SASF) einen multiethnischen Nationalverband. Die weiße FASA, die sich als einzige legitime Fußballorganisation in Südafrika betrachtete, kehrte derweil 1952 in die FIFA zurück, was im Weltverband für einige Unruhe sorgte. Vier Jahre später rief sie gemeinsam mit Sudan, Äthiopien und Ägypten den afrikanischen Kontinentalverband CAF ins Leben, bei dessen erstem Kontinentalturnier 1957 Südafrika allerdings fehlte. Analog der Apartheidstrukturen hatte die FASA angeboten, entweder eine weiße oder eine schwarze Mannschaft zu entsenden – keinesfalls jedoch eine gemischte. Südafrika wurde daraufhin von der Teilnahme ausgeschlossen und musste 1961 aus der CAF ausscheiden. 1964 wurde zudem die FIFA-Mitgliedschaft ausgesetzt, ehe Südafrika 1976 auf Druck der afrikanischen Verbände vom neuen FIFA-Boss João Havelange auch aus dem Weltverband ausgeschlossen wurde. Im Gegensatz zum politisch protegierten Rugby konnte Südafrikas Fußball damit bis 1992 weder an der Afrikameisterschaft noch an der WM-Qualifikation teilnehmen.

■ **NACH DEM ZWEITEN WELTKRIEG** kam es zu einer Massenemigration südafrikanischer Fußballer nach Großbritannien. Schätzungen zufolge wechselten bis Mitte der 1960er Jahre mehr als 150 Südafrikaner zu britischen Profiklubs. Darunter war mit Stephen »Kalamazoo« Mokone erstmals auch ein Schwarzer, der ab 1956 für Cardiff City auflief. Vor allem Charlton Athletic, wo der mit guten Südafrikakontakten ausgestattete Jimmy Seed 23 Jahre lang Trainer war, und der Liverpool FC schworen auf Südafrikaner. Zu Spitzenzeiten liefen Mitte der 1950er Jahre gleich fünf Südafrikaner für Charlton Athletic auf, das mit seinem Valley-Stadion zu »the Valley of the South Africans« wurde. Akteure wie Mark Fish und Shaun Bartlett sollten viele Jahre später ebenfalls das Charlton-Jersey tragen.

Auf nationaler Ebene kam es unterdessen 1959 zur Gründung der National Football League (NFL). Initiator war der Journalist Vivian Granger, der mit seinem Vorpreschen die am Amateurgedanken festhaltende SAFA ausgetrickst hatte. Die mit zwölf Teilnehmern aus Natal und Transvaal gestartete Liga weitete sich rasch landesweit aus und avancierte zu einem Publikumsmagneten. Allerdings waren mehr als 75 Prozent der eingesetzten Spieler Ausländer (darunter renommierte Akteure wie Billy Wright, Stanley Matthews und Tom Finney, die bisweilen als Gastspieler zum Einsatz kamen). Erster Meister wurde Durban City, ehe der Johannesburger Klub Highlands Parks die Führung übernahm und bis 1966 fünfmal den Titel errang.

■ **WÄHREND DIE DER FASA UNTERSTELLTE** NFL eine ausschließlich weiße Spielklasse war, entstand 1961 mit der South African Soccer League (SASL) eine gemischte Liga für asiatische, schwarze und farbige Fußballer, die ihr Zentrum in Johannesburg und Durban hatte. Die Spielklasse sollte einen enormen Einfluss auf die Entwicklung des Vereinsfußballs in Südafrika haben und das Spiel binnen kurzem vor allem unter der schwarzen Bevölkerung in eine Massenbewegung verwandeln. Die SASL wird heute als Vorläufer des Profifußballs in Südafrika betrachtet und verhalf vor allem den Soweto-Teams Orlando Pirates und Moroka Swallows zum nationalen Durchbruch. Erster Meister wurde allerdings der in asiatischen Kreisen angesiedelte Klub Transvaal United, der aus dem Soweto-Township Noordgerig stammte.

Südafrikas Apartheidsregierung betrachtete das enorme Interesse an der SASL mit wachsender Sorge und entzog der Liga 1964 mit der Sperrung der Hauptspielstätte Natalspruit die Existenzgrundlage. Zwei Jahre später musste die SASL ihren Spielbetrieb einstellen. Darüber hinaus riefen weiße Funktionäre 1963 mit der NPSL eine von Weißen kontrollierte schwarze Konkurrenzliga ins Leben, die aber angesichts ihres Hintergrundes keinen großen Anklang fand.

Unabhängig davon kam es 1962 zu ersten Überlegungen über die Bildung eines rassenübergreifenden Nationalverbandes. Wenngleich diese im Sande verliefen, vertieften sich die Kontakte zwischen schwarzen und liberalen weißen Fußballern in der Folgezeit. 1968 vereinbarten die Johannesburger Spitzenteams Highlands Park (weiß) und Orlando Pirates (schwarz) sogar ein gemeinsames Spiel im neutralen Swasiland, das aufgrund der Visaverweigerung durch Südafrikas Regierung allerdings nicht zustande kam. Fünf Jahre später bewilligte die Apartheidsregierung dann ein gemischtes Turnier mit Mannschaften aus allen Lagern, ehe 1976 erstmals eine gemischte Landesauswahl auflief und eine argentinische »All-Stars«-Auswahl mit 5:0 bezwang. Unterdessen etablierten sich schwarze Fußballer wie Kaizer Motaung und Jomo Sono im internationalen Profifußball und stiegen in den USA zu Stars auf.

Dass der Fußball als erster Massensport die Fesseln der Apartheid sprengte, war nicht zuletzt dem liberalen Umfeld zuzuschreiben, in dem sich der weiße Fußball im Gegensatz zum von nationalistischen Buren dominierten Rugby bewegte. Hinzu kam die lähmende internationale Ächtung. »Wenn wir irgendwann aus der Wildnis herauswollen, muss unser Fußball gemischt sein«, wusste FASA-Präsident Dave Marais.

Nächster Schritt war die Bildung einer gemeinsamen Nationalliga. Der lagen allerdings auch ökonomische Zwänge zugrunde. Nachdem 1971 mit der NPSL eine schwarze Profiliga ihren Spielbetrieb aufgenommen hatte, war die weiße NFL trotz renommierter Gastspieler wie Bobby Moore, Alan Ball, Geoff Hurst oder George Best in eine schwere Existenzkrise geraten. Als sich wichtige Sponsoren wie der Ölmulti BP zur boomenden NPSL verabschiedeten, musste die NFL schließlich 1977 ihren Spielbetrieb einstellen. Während einige der weißen Klubs daraufhin der 1966 ins Leben gerufenen asiatisch-farbigen FPL beitraten, votierten fünf Klubs – darunter Serienmeister Highlands Park – für die schwarze NPSL, die damit 1978 zur ersten multiethnischen Fußball-Liga Südafrikas wurde.

■ **DER ERFOLG DER NPSL** war vor allem dem Soweto-Derby zwischen den Orlando Pirates und den Kaizer Chiefs zu verdanken. Das wiederum war zugleich das Duell der beiden dominierenden schwarzen Ethnien in Südafrika: der Zulu, die den Orlando Pirates nahestehen, und der Xhosa, die überwiegend den 1970 von Ex-Profi Kaizer Motaung gegründeten Kaizer Chiefs die Daumen drücken. Beide Mannschaften stammen aus dem Johannesburger Township Soweto, wo mit den Moroka Swallows auch Südafrikas Nummer drei beheimatet war. Eine wichtige Rolle spielte zudem der in Durban ansässige Klub AmaZulu, der 1972 Meister wurde, allerdings unter internen Querelen litt. Weiße Klubs gerieten in der gemischten NPSL rasch ins Hintertreffen. Erst 1978 setzte sich mit dem Lusitano Club ein weißes Team durch.

gonnen hatte. Mit dem 55.000 Plätze bietenden Amakhosi Stadion in Krugersdorp wird der lange Zeit zwischen dem FNB Stadium, dem Ellis Park und dem Loftus Versfeld pendelnde Kultklub voraussichtlich im April 2010 eine eigene Heimstatt beziehen. [7.1.1970 | Loftus Versfeld (94.700) | 4 (NPSL), 3 (NSL), 2 (PSL)]

■ **MOROKA SWALLOWS** Sowetos traditionelle Nummer drei nach den Kaizer Chiefs und den Orlando Pirates ist seit Gründung der PSL nicht über einen dritten Platz hinausgekommen (2007) und geriet mit dem Ende des Apartheidsregim zunehmend in den Schatten der beiden großen Nachbarn. Der Klub ging 1947 aus dem einige Jahre zuvor gegründeten Verein Congregated Rovers hervor. Die Bordeauxrot-Weißen tragen den volkstümlichen Namen des ehemaligen Townships Moroka, das offiziell Masakeng heißt. Der Legende zufolge verdankten die Swallows (»Schwalben«) ihre ersten Erfolge in der 1950er Jahren einer gefürchteten Jugendgang aus Bosotho, die sich selbst »Russen« nannte. Zugleich existierte seinerzeit allerdings auch eine fruchtbare Verbindung mit dem Tabakhersteller »UTC«, für den viele Swallows-Akteure arbeiteten. »The Beautiful Birds« wurden 1965 erster schwarzer Soweto-Meister der SASL. Seinerzeit ragten die späteren Klublegenden Difference »City Council« Mbanya und Torhüter Edward »Fish« Neku aus dem Team heraus. [10.10.1947 | Germiston (18.000)]

■ **ORLANDO PIRATES** Erzrivale der Kaizer Chiefs, mit denen man Südafrikas Klubfußball seit Jahrzehnten dominiert. Während die Kaizer Chiefs als Klub der Zulu gelten, stehen die Orlando Pirates vor allem unter Angehörigen der Xhosa hoch im Kurs. Die Wurzeln des Klubs, der ältester schwarzer Verein in Südafrika ist, wurden 1937 während des Goldrausches von Minenarbeitern in Johannesburg gelegt Der Klub bezeichnet sich deshalb als Arbeiterverein, wohingegen sich der Erzrivale Kaizer Chiefs als »bürgerlich« gibt. Als Orlando Boys Club gegründet, erhielten die Schwarz-Weißen in den 1940er Jahren ihren heutigen Namen, nachdem einige Spieler Errol Flynn in dem Film »Unter Piratenflagge« (»Captain Blood«) als Piraten gesehen hatten. Orlando ist ein zu Soweto gehörendes Township. In den 1960er Jahren gehörten die »Buccaneers« (»Piraten«) bzw. »Happy People« (»Glückliche Leute«) zu den Spitzenteams der gemischten SASL-Liga. Die Mannschaft wurde seinerzeit von Kapitän Eric »Scara« Sono angeführt und spielte im legendären Natalspruit Stadium, das den Beinamen »The Mecca of Soccer« trug. Nach Gründung der schwarzen Profiliga NPSL errangen die Schwarz-Weißen 1971 die erste von inzwischen sieben Landesmeisterschaften und erhielten mit den Kaizer Chiefs ihren Erzrivalen. Deren Gründer Kaizer Motaung gehörte ebenso wie Jomo Sono, Sohn von Pirates-Legende »Scara« Sono und 1983 Gründer von Jomo Cosmos, einst zu den Stammkräften der »Bucs«. Größter internationaler Erfolg der Orlando Pirates war der Gewinn der afrikanischen Champions League 1995, als sich das von Mark Fish angeführte »Bucs«-Team im Finale gegen ASEC Abidjan durchsetzte. Erst im Vorjahr waren 19 titellose Jahre mit dem Gewinn der NSL-Meisterschaft zu Ende gegangen. Obwohl die »Ezimnyana Ngenkani« (i. e. »die Schwarzen«) seit Gründung der PSL lediglich einmal Landesmeister wurden (2001), gehören sie zu den Publikumsmagneten im Land und weisen ein enormes wirtschaftliches Potenzial auf. Letzteres ist vor allem Irvin Khoza zu verdanken. Der schwerreiche Geschäftsmann engagiert sich seit 1977 für die Pirates und verwandelte sie in den 1990er in ein modernes Fußballunternehmen. Khoza ist allerdings nicht unumstritten. In der Vergangenheit wurde er wiederholt mit Drogenhandel und Machtmissbrauch in Zusammenhang gebracht, während er 2004 aufgrund undurchsichtiger Spielertransfers sogar in Haft genommen wurde. »The Iron Duke« (»der eiserne Lord«) war elementar an der WM-2010-

Bewerbung Südafrikas beteiligt und ist Vorsitzender des Organisationskomitees. Die im gesamten südlichen Afrika anzutreffenden Klubanhänger nennen sich selbst »The Ghost«. [1937 | Ellis Park (59.611) | 4 (NPSL), 1 (NSL), 1 (PSL)]

■ MAMELODI SUNDOWNS PRETORIA

Die Grün-Gelben aus Pretoria sind das erfolgreichste Team seit Gründung der PSL. 2007 errangen sie zum fünften Mal deren Meistertitel und füllen ihr Motto »the sky is the limit« damit mit Leben. Zu verdanken war das nicht zuletzt Klubbesitzer Patrice Motsepe, der es mit der Minengesellschaft »African Rainbow Minerals« zu einem der reichsten Männer der Welt gebracht hat. Die »Downs« werden daher auch als »Chelsea von Südafrika« bezeichnet. Der Klub entstand 1970 aus einer seit den 1960er Jahren bestehenden Fußballmannschaft. Er war ursprünglich in Marabastad, einem Vorort im Nordwesten von Pretoria, ansässig. 1973 wurden die in Gelb-Grün auflaufenden »Brazilians« in die höchste Liga aufgenommen und erreichten noch im selben Jahr das Pokalfinale, das mit 3:5 gegen Berea United verloren ging. 1978 durch eine Ligareform in die Zweitklassigkeit verbannt, wurde der Klub 1984 in das Township Mamelodi im Nordosten von Pretoria verlegt und erhielt seinen heutigen Namen. 1988, 1990 und 1993 vermochten die von mehreren Besitzerwechseln gebeutelten Gelb-Grünen jeweils die Landesmeisterschaft zu erringen. Mit dem ersten Titelgewinn in der PSL begann 1998 die große Epoche des Vereins, der neben fünf nationalen Titeln auch den Einzug in das Finale um die Champions League 2001 feierte, das gegen Al-Ahly Kairo verloren ging. Seit 2003 Minenmagnat Patrice Motsepe den Klub übernommen hat, gab es 2006 unter Miguel Gamondi und Neil Tovey sowie 2007 Gordon Igesund zwei weitere Meisterschaften zu feiern. [1970 |Super Stadium, Atteridgeville (28.900) | 3 (NSL), 5 (PSL)]

HELDEN | LEGENDEN

■ SHAUN BARTLETT
Der Stürmer aus Kapstadt begann 1995 bei den Cape Town Spurs und verbrachte die erfolgreichsten Jahre seiner Karriere bei Charlton Athletic, für die er von 2001 bis 2006 auflief. 2000/01 wurde sein Treffer gegen Leicester City zum schönsten Tor der Saison gewählt. Der 73-fache Nationalspieler hatte in den 1990er Jahren für Colorado Rapids und die New York MetroStars in der US-amerikanischen MLS gespielt und stand 1998 bis 2001 beim FC Zürich unter Vertrag. 2006 ließ der WM-98-Teilnehmer seine Karriere bei den Kaizer Chiefs ausklingen. [*31.10.1972 | 78 LS/28 Tore]

■ MARK FISH

Einer der Garanten bei Südafrikas Triumph in der Afrikameisterschaft 1996. Ein Jahr zuvor hatte der Innenverteidiger mit den Orlando Pirates bereits die afrikanische Champions League gewonnen. Der in Kapstadt geborene Publikumsliebling wechselte 1996 zu Lazio Rom, wo ihm der Durchbruch jedoch verwehrt blieb. Nach nur einem Jahr zog Fish zu den Bolton Wanderers nach England weiter, für die er 103 Spiele bestritt. 2000 unterschrieb »The Big Fish« bei Charlton Athletic und kam zu weiteren 102 Einsätzen in der Premier League. Aufgrund einer Verletzung musste der 2005 zu Ipswich Town gewechselte WM-98-Teilnehmer im selben Jahr seine Karriere beenden, konnte aber Anfang 2007 bei Jomo Cosmos ein Comeback feiern. [*14.3.1974 | 62 LS/2 Tore]

■ BENNI MCCARTHY

Südafrikas Rekordtorschütze (31 Treffer in 74 Länderspielen) erzielte 1998 beim WM-Vorrundenspiel gegen Dänemark auch Südafrikas erstes WM-Tor. Zuvor war dem seinerzeit für Ajax Amsterdam auflaufenden Rechtsaußen im 4:1 im Qualifikationsspiel über Namibia mit vier Treffern binnen 13 Minuten be-

Kaizer Chiefs (links, Gründer Kaizer Motaung) und Orlando Pirates (rechts, Thomas Inguana mit der Meistertrophäe 2001) sind Südafrikas Fußball-Zugpferde.

1980 errang Highlands Park den Titel, ehe Durban City, dessen Anhängerschaft allerdings zur Hälfte aus Schwarzen bestand, 1982 und 1983 zweimal in Folge als Meister durchs Ziel ging. Ohnehin verschwammen die einst klaren Strukturen der Vereine. 1977 verpflichteten die Arcadia Shepherds aus Pretoria als erster weißer Klub einen Schwarzen (Klubchef Saul Sacks: »Die schwarzen Spieler zogen halt das Publikum in die Stadien«), während AmaZulu mit der Verpflichtung der weißen Spieler Bruce Grobbelaar und Erroll Mann Schlagzeilen machte.

In den 1980er Jahren etablierte sich die NPSL vollends als dominierende Nationalliga im Land. 1984 gab sie sich nach einem internen Streit, der zur Abspaltung einer ebenfalls NPSL genannten Rivalenliga führte, den Namen NSL, ehe sie 1991 die finanziell angeschlagene asiatisch-farbige FPL schluckte. Fünf Jahre später ging sie in der heutigen PSL auf.

Als das System der Apartheid Anfang der 1990er Jahre zusammenbrach, war es der Fußball, der eine führende Rolle im Einigungsprozess übernahm. Seine erste Rede nach der Entlassung aus der Haft führte Nelson Mandela am 11. Februar 1990 ins Johannesburger FNB Soccer Stadium, in dem seinerzeit alle wichtigen Fußballspiele ausgetragen wurden. Während auf der politischen Bühne die Weichen für eine demokratische Entwicklung gestellt wurden, konnten Südafrikas Fußballer im Juli 1992 in die FIFA bzw. die CAF zurückkehren und am 7. Juli 1992 mit einem 1:0 gegen Kamerun ihr Debüt feiern. Zuvor hatten sich im Dezember 1991 die vier konkurrierenden Fußballverbände FASA, SASA, SAFS und SANFA die Kräfte zur South African Football Association (SAFA) vereint.

■ SPORT WURDE ZU EINEM
wesentlichen Mittler im Demokratisierungsprozess. Das betraf sowohl die »weißen« Disziplinen Cricket und Rugby, in denen Südafrika die eingangs erwähnten Erfolge feierte, als auch den »schwarzen« Fußball. Durch den Rückzug von São Tomé e Príncipe konnte Südafrikas »Bafana Bafana« getaufte multiethnische Nationalelf (sinngemäß »grüne Jungs«) 1993 in die WM-Qualifikation nachrücken (am 31. Januar 1993 gelang mit einem 1:0 über Kongo der erste Pflichtspielsieg), die Orlando Pirates holten 1995 die afrikanische Champions League ans Kap, und als Kenia die Austragung der Afrikameisterschaft 1996 zurückgab, sprang Südafrika dankbar ein. Durch die Austragung der Rugby-WM 1995 verfügte das Land über moderne Spielstätten, in denen die »Bafana Bafana« ihren Aufschwung mit einem 2:0-Finalsieg über Tunesien krönten. Als der nunmehrige Staatspräsident Nelson Mandela am 3. Februar 1996 sechs Jahre nach seiner Haftentlassung gemeinsam mit dem weißen Nationalmannschaftskapitän Neil Tovey, Ex-Apartheidspräsident Frederik Willem de Klerk und Zulu-König Goodwill Zwelithini die Siegertrophäe der Afrikameisterschaft in den Himmel reckte, ertrank Südafrika förmlich im kollektiven Fußballrausch.

Der Aufschwung hielt zunächst an. 1998 erreichte die »Bafana Bafana« um Mark Fish, »Doctor« Khumalo und Lucas Radebe erstmals die Weltmeisterschaft und knöpfte in Frankreich Dänemark und Saudi-Arabien jeweils einen Punkt ab. Doch als das Team 2002 zum zweiten Mal in Folge zum WM-Endturnier reiste, hatte sich längst Ernüchterung breitgemacht. Sportlich war Südafrika ins Mittelmaß zurückgefallen, und abseits des Spielfeldes hatten sich die Dinge überschlagen. Im April 2001 waren bei Ausschreitungen beim Derby zwischen den Kaizer Chiefs und den Orlando Pirates 43 Menschen ums Leben gekommen.

Historische Stunde: F.W. de Klerk und Nelson Mandela mit Südafrikas Siegerelf von 1996.

2002 wurde Irvin Khoza, Präsident der Orlando Pirates und Vizepräsident der SAFA, wegen diverser Vergehen im Zusammenhang mit Spielertransfers verhaftet, und 2004 deckte die Polizei im Zuge der »Operation Dribble« ein umfassendes Manipulations- und Wettkartell auf, das zur Verhaftung von mehr als 40 Offiziellen und Schiedsrichtern führte. Unterdessen geriet der Trainerposten der Nationalmannschaft zum Schleudersitz, auf dem es seit 1998 zu zwölf Übungsleiterwechseln kam und auf dem selbst renommierte Kräfte wie Carlos Alberto Parreira scheiterten.

■ **IM JULI 2000 HATTE** es einen weiteren Rückschlag gegeben, als das siegesgewisse Südafrika im Rennen um die Ausrichtung der WM 2006 überraschend an Deutschland gescheitert war. »Robbed« (»bestohlen«) hatte das Fachblatt »African Soccer« daraufhin getobt – Südafrika war einem internen Machtkampf auf der FIFA-Ebene zum Opfer gefallen. Vier Jahre später setzte man sich im Vergabeprozess für das Turnier 2010 dann aber gegen Marokko und Ägypten durch. Doch während OK-Chef und Ex-ANC-Kämpfer Danny Jordaan jubelte, erhob sich weltweit ein Chor der Entrüsteten, der Südafrika nicht zutraute, für eine adäquate Infrastruktur zu sorgen, und außerdem die hohe Kriminalitätsrate thematisierte.

Insgesamt befindet sich Südafrikas Fußball nach den mitreißenden Erfolgen in der ersten Hälfte der 1990er Jahre in einer schwierigen Phase. Das gilt auch für die Nationalliga. »Vielleicht 20 Spieler können von ihrem mit Fußball verdienten Geld ein gutes Mittelklasse-Dasein finanzieren«, hatte der südafrikanische Fußballexperte Mark Gleeson 1996 geschätzt, als die von Kaizer-Chiefs-Boss Kaizer Motaung und Orlando Pirates-Macher Irvon Khoza initiierte Premier Soccer League (PSL) die NSL abgelöst hatte. In der Tat locken lediglich die Orlando Pirates und die Kaizer Chiefs kontinuierlich hohe Zuschauerzahlen an, während die anderen Teams häufig vor weniger als 1.000 Unentwegten auflaufen müssen.

International haben Südafrikas Mannschaften mit Ausnahme der Orlando Pirates (1995 Kontinentalmeister) und der Kaizer Chiefs (2001 Pokalsieger Afrikas) nur selten Furore machen können. Hinzu kommen die üblichen Turbulenzen einer im US-amerikanischen Stil organisierten Franchise-Liga, in der die Teams den Namen oder den Ort wechseln und sportliche Absteiger ihrem Schicksal durch den Erwerb einer neuen Lizenz entgehen können.

Obwohl den Orlando Pirates und den Kaizer Chiefs die Herzen der meisten Fans zufliegen und sie attraktive Wirtschaftsunternehmen darstellen, dominieren sportlich andere Teams. Dazu zählt vor allem der vom Goldminenmillionär Patrice Motsepe angeführte Mamelodi Sundowns FC, der als »Chelsea Südafrikas« gilt und seit 1998 fünfmal Meister wurde. Immerhin drei Titelgewinne gelangen unterdessen Gordon Igesund, der 1997 die Manning Rangers aus Durban zum Titel führte, 2001 mit den Orlando Pirates Meister wurde und 2002 auch Santos Cape Town zum Titel führte.

Auf das südliche Afrika hat die PSL eine enorme Strahlkraft. Fußballtalente aus armen Nachbarländern wie Botswana, Malawi, Swasiland, Simbabwe zieht es zu Hunderten nach Südafrika, während im Gegenzug vor allem die Orlando Pirates und die Kaizer Chiefs auch in Gaborone, Bujumbura, Mbabane und Harare für reichlich Gesprächsstoff sorgen.

reits ein Rekord gelungen. Der als bester Spieler der jüngeren südafrikanischen Fußballgeschichte bezeichnete McCarthy war mit Ajax Amsterdam bereits einmal Meister und zweimal Pokalsieger geworden, als er 2004 mit dem FC Porto auch die europäische Champions League gewann und Torschützenkönig in Portugal wurde. 2006 wechselte der WM-Teilnehmer 1998 und 2002 zu den Blackburn Rovers. [*12.11.1977 | 74 LS/31 Tore]

■ **AARON MOKOENA** Südafrikas Rekordnationalspieler ist die Galionsfigur der Generation nach der erfolgreichen Afrikameisterschaft 1996. »Mbazo« (oder »The Axe«) löste Lucas Radebe als Kapitän der »Bafana Bafana« ab und etablierte sich ab 2005 beim englischen Erstligisten Blackburn Rovers, nachdem er zuvor bereits die Jerseys von Bayer Leverkusen, Ajax Amsterdam, Germinal Beerschot und KRC Genk getragen hatte. Im Juni 2008 löste der Verteidiger Shaun Bartlett als Südafrikas Rekordnationalspieler ab. [*25.11.1980 | 81 LS/1 Tor]

■ **LUCAS RADEBE** Langjähriger Kapitän der  »Bafana Bafana«, der seine Profikarriere 1991 bei den Kaizer Chiefs begann. 1994 wechselte »The Chief« zu Leeds United und stieg an der Elland Road zum Publikumsliebling auf. Die von Leeds-Anhängern gegründete Pop-Band »Kaiser Chiefs« erhielt Radebes Ex-Klub zu Ehren ihren Namen. 1996 gewann Radebe mit Südafrika die Afrikameisterschaft, ehe er die »Bafana Bafana« 1998 und 2002 als Kapitän zu den WM-Turnieren führte. 2000 hatte er Leeds United zudem als Kapitän in das Halbfinale der Champions League geführt. 2005 beendete »The Chief« seine Laufbahn und kehrte nach Südafrika zurück. [*4.12.1969 | 70 LS/2 Tore]

Jahr	NFL	SASL
	(weiß)	(gemischt)
1959	Durban City	
1960	Highlands Park	
1961	Durban City	Transvaal Utd.
1962	Highlands Park	Avalon Athletic
1963	Addington	Avalon Athletic
1964	Highlands Park	Black Swallows
1965	Highlands Park	Moroka Swall.
Jahr	**NPSL (schwarz)**	**NFL (weiß)**	**FPL (farbig)**

Jahr	NPSL (schwarz)	NFL (weiß)	FPL (farbig)
1966		Highlands Park	Maritzburg City
1967		P. Elizabeth City	Verulam Sub.
1968		Highlands Park	-
1969		Durban Spurs	Verulam Sub.
1970		Durban City	Cape T. Spurs
1971	Orlando Pirates	Hellenic	Cape T. Spurs
1972	Zulu Royals D.	Durban City	Glenville
1973	Orlando Pirates	Cape Town City	Cape T. Spurs
1974	Kaizer Chiefs	Arcadia Sheph.	Cape T. Spurs
1975	Orlando Pirates	Highlands Park	Berea
1976	Orlando Pirates	Cape Town City	Cape T. Spurs
1977	Kaizer Chiefs	Highlands Park	Swaraj United

Jahr	NPFL (gemischt)		FPL (gem.)
1978	Lusitano		Durban City
1979	Kaizer Chiefs		Cape T. Spurs
1980	Highlands Parks		Glenville
1981	Kaizer Chiefs		Cape T. Spurs
1982	Durban City		Glendene
1983	Durban City		Lightbody's S.
1984	Kaizer Chiefs		Lightbody's S.

Jahr	NSL	FPL	NPSL (neu)
1985	Bush Bucks Durb.	Swaraj United	
1986	Rangers J'burg	Lightbody's Santos	Vaal Profession.
1987	Jomo Cosmos	Lightbody's Santos	Vaal Profession.
1988	Mamelodi Sund.	Lightbody's Santos	Vaal Profession.
1989	Kaizer Chiefs	Battswood	Real Sweepers
1990	Mamelodi Sund.	Lightbody's Santos	De Bear
1991	Kaizer Chiefs		Oriental Spurs
1992	Kaizer Chiefs		Arcadia Sheph.
1993	Mamelodi Sund.		
1994	Orlando Pirates		
1995	Cape Town Spurs		Witbank All St.

Jahr	Meister PSL	Pokalsieger
1996/97	Manning Rangers	-
1997/98	Mamelodi Sundowns	Mamelodi Sundowns
1998/99	Mamelodi Sundowns	SuperSport United
1999/00	Mamelodi Sundowns	Kaizer Chiefs
2000/01	Orlando Pirates	Santos Cape Town
2001/02	Santos Cape Town	-
2002/03	Orlando Pirates	Santos Cape Town
2003/04	Kaizer Chiefs	Moroka Swallos
2004/05	Kaizer Chiefs	SuperSport United
2005/06	Mamelodi Sundowns	Kaizer Chiefs
2006/07	Mamelodi Sundowns	Ajax Cape Town
2007/08	SuperSport United	Mamelodi Sundowns

SUDAN

Die Wiedergeburt eines Pioniers

Sudans Nationalmannschaft kehrte 2008 nach 32 Jahren Abwesenheit zur Afrikameisterschaft zurück

Sudan Football Association

Sudanesischer Fußball-Verband | gegründet: 1936 | Beitritt FIFA: 1948 | Beitritt CAF: 1957 | Spielkleidung: rotes Trikot, weiße Hose, schwarze Stutzen | Saison: Februar - November | Spieler/Profis: 1.567.300/0 | Vereine/Mannschaften: 440/2.750 | Anschrift: Bladia Street, Khartoum | Tel: +249-183/773495 | Fax: +249-183/776633 | www.sudanfootball.com

Die Begrüßung auf dem Kontinent fiel geradezu überschwänglich aus, als Sudan im Januar 2008 erstmals seit 32 Jahren wieder bei einem Endturnier der Afrikameisterschaft auflief. Diese Euphorie durfte nicht überraschen, denn der fast fünf Jahrzehnte in einem erbitterten Bürgerkrieg verstrickte Sudan war nicht irgendein Land – sondern einer der entscheidenden Geburtshelfer des Fußballs im sich entkolonialisierenden Afrika.

Sudans Verbandsführung hatte 1956 gemeinsam mit der Äthiopiens, Ägyptens und Südafrikas die Weichen für die Gründung des Kontinentalverbandes CAF gestellt und 1957 die erste Afrikameisterschaft ausgerichtet. Sportlich zählte die sudanesische Auswahl lange zum Besten, was Afrika zu bieten hatte. Ihren Höhepunkt erreichte sie 1970 mit dem Gewinn der Afrikameisterschaft sowie der Teilnahme am olympischen Fußballturnier 1972. Vier Jahre später reiste die Landesauswahl zum vorerst letzten Mal zu einer Afrikameisterschaft, ehe Sudans Fußball von den Folgen eines bereits seit 1955 mit Unterbrechungen tobenden Bürgerkriegs auf eine rasante Talfahrt gezogen wurde.

■ **MIT ETWA 600 ETHNISCHEN** Gruppen und über 100 Sprachen ist Sudan ein kulturell ungeheuer vielfältiges Land. »Bilad al-Sudan«, »Land der Schwarzen«, nannten die Araber den flächenmäßig größten Staat Afrikas, in dem das muslimische Nordafrika und das animistische bzw. von Missionaren christianisierte Schwarzafrika verschmelzen.

Dominierende Kraft war über Jahrhunderte der große Nachbar Ägypten, dessen Einfluss vor allem im Norden (dem historischen Nubien) hoch war. Der Süden geriet 1839 ebenfalls unter muslimische Kontrolle, die sich in Gewalt, Ausplünderung und Sklaverei ausdrückte und zu einer tief verwurzelten Abneigung gegenüber dem Norden führte. Das im Westen an der Grenze zum Tschad gelegene islamische Sultanat von Darfur indes widersetzte sich der Arabisierung und büßte seine Unabhängigkeit erst 1916 ein.

Mit dem Vordringen europäischer Kolonialmächte geriet die Region in der zweiten Hälfte des 19. Jahrhunderts unter die britische Krone und wurde 1899 zu einem anglo-ägyptischen Kondominium, das de facto eine britische Kolonie war. Durch die wirtschaftliche und politische Bevorteilung des Nordens gegenüber dem Süden verschlechterte sich das ohnehin angespannte Binnenverhältnis weiter. Nach dem Ersten Weltkrieg wurde Sudan geteilt, woraufhin beide Hälften eine Phase der friedlichen Koexistenz verlebten.

Als Sudan am 1. Januar 1956 in die Unabhängigkeit entlassen wurde, kamen beide Seiten in einem zentralistischen Nationalstaat wieder zusammen. Da die entsprechenden Bestrebungen jedoch vom Norden ausgegangen waren (dort liegt auch die Hauptstadt Khartoum), traf dies im Süden auf Widerstand und hatte bereits im August 1955 zu einem bewaffneten Aufstand geführt, der sich zum Bürgerkrieg ausweitete. Nachdem es im Februar 1972 endlich gelungen war, einen Waffenstillstand zu schließen, explodierten die Spannungen 1983 erneut in Gewalt. Auslöser waren im Südsudan entdeckte Erdölvorräte, die unter Missachtung der südsudanesischen Autonomie vom Norden ausgebeutet wurden, sowie die Ausweitung der islamischen Scharia-Gesetzgebung auf den christlich-animistischen Süden durch die Khartoumer Regierung.

Nach weiteren 22 Bürgerkriegsjahren konnte im Januar 2005 schließlich erneut ein Friedensabkommen erzielt werden. Nicht betroffen ist

Ǧumhūriyya as-Sūdān

Republik Sudan | Fläche: 2.505.813 km² | Einwohner: 35.523.000 (14,2 je km²) | Amtssprache: Arabisch | Hauptstadt: Al-Khartūm (Khartoum, 4,3 Mio.) | Weitere Städte: Umm Durmān (Omdurman, 1,3 Mio.), Al-Khartūm Bahrī (700.887), Būr Sūdān (Port Sudan, 308.195), Kassalā (234.622), Al-Ubayyid (El-Obeid, 229.425), Nyala (227.183), Al-Jazīrah (Al-Gezira, 211.362) | Währung: 1 Sudanesischer Dinar = 100 Piaster | Bruttosozialprodukt: 530 $/Kopf | Zeitzone: MEZ +1h | Länderkürzel: SD | FIFA-Kürzel: SUD | Telefon-Vorwahl: +249

- **Erfolge**
Afrikameister 1970

- **FIFA World Ranking**
1993	1994	1995	1996	1997	1998	1999	2000
119	116	86	74	108	114	132	132
2001	2002	2003	2004	2005	2006	2007	2008
118	106	103	114	92	120	92	93

- **Weltmeisterschaft**
1930-54 nicht teilgenommen 1958 Qualifikation 1962-66 nicht teilgenommen 1970-74 Qualifikation 1978 nicht teilgenommen 1982-90 Qualifikation 1994 nicht teilgenommen 1998-2010 Qualifikation

- **Afrikameisterschaft**
1957 Endrunde (Dritter) 1959 Endrunde (Zweiter) 1962 nicht teilgenommen 1963 Endrunde (Zweiter) 1965 nicht teilgenommen 1968 Qualifikation 1970 Endrunde (Ausrichter, Sieger) 1972 Endrunde (Vorrunde) 1974 Qualifikation 1976 Endrunde (Vorrunde) 1978 nicht teilgenommen 1980 Qualifikation 1982 nicht teilgenommen 1984 Qualifikation 1986 nicht teilgenommen 1988-96 Qualifikation 1998-2000 nicht teilgenommen 2002-06 Qualifikation 2008 Endrunde (Vorrunde)

- **Vereinserfolge**
Pokalsieger Al-Merreikh Omdurman 1989

davon allerdings die westliche Provinz Darfur, in der seit 2003 ebenfalls ein Bürgerkrieg tobt.

■ WIE IN FAST ALLEN LEBENSBEREICHEN

dominiert der Nordsudan auch im Fußball. Die Hauptstadt Khartoum sowie das auf der gegenüberliegenden Nil-Seite gelegene religiöse Zentrum Omdurman haben die Geschicke des nationalen Fußballs über weite Strecken beherrscht. Seit 1962 ging die Landesmeisterschaft nur ein einziges Mal nicht in das 5,6 Mio.-Einwohner starke wirtschaftliche, kulturelle und politische Herz Sudans – 1992 durfte man in der Hafenstadt Port Sudan jubeln.

Über die Anfänge des Spiels im Sudan gibt es widersprüchliche Angaben. Türken und Araber hätten das Spiel Anfang der 1920er Jahre nach Khartoum gebracht, berichten einige Quellen. Andere – glaubhaftere – wiederum behaupten, Briten seien die Importeure gewesen und hätten die Einheimischen ermuntert, das Spiel aufzugreifen. Demzufolge seien bereits 1898 britische Soldaten am Ball gewesen, ehe das Spiel nach der Jahrhundertwende über britische Bildungseinrichtungen wie das Gordon Memorial College unter jungen Sudanesen verbreitet wurde.

1918 wurde der Gouverneurspokal aus der Taufe gehoben, an dem neben Teams aus Khartoum und Omdurman auch Mannschaften aus dem Eisenbahnknotenpunkt Atbara sowie der Baumwollhochburg Wad Medani teilnahmen. Mehrere Duelle zwischen einheimischen Teams und Mannschaften der britischen Kolonialverwaltung stärkten unterdessen die Popularität des Fußballs unter den Einheimischen, wenngleich die Briten an ihrer Führungsrolle festhielten. 1936 riefen sie sogar einen Khartoumer Stadtverband ins Leben, auf dessen Wurzeln sich der heutige Nationalverband beruft.

Im Verlauf der 1920er Jahre formierte sich eine einheimische Vereinsstruktur. Nach informellen Teams wie Burri (ein Stadtviertel von Khartoum), Abbas (eine namhafte Persönlichkeit) und Hay Alisbtaliya (ein Stadtviertel in Omdurman) entstand 1927 im Omdurmaner Stadtviertel Al-Masalma der heutige Spitzenklub Al-Merreikh, dem noch im selben Jahr mit Al-Mourada eine weitere spätere Größe folgte. Im Februar 1930 riefen Studenten mit Al-Hilal Omdurman schließlich den heutigen Rekordmeister ins Leben. Das Duell zwischen Al-Hilal und Al-Merreikh avancierte binnen kurzem zum Klassiker, der Sudans Fußball bis heute beherrscht.

1928 war zudem in Wad Medani mit Al-Ahli ein Verein gegründet worden. Federführend waren nahezu ausnahmslos Mitglieder der den Briten nahestehenden gebildeten Oberschicht aus dem Norden. Mitte der 1930er Jahre schließlich entstand im ehemaligen Waffenlager »Khalifa« ein Sportfeld, das den Namen »Arsenal Stadium« erhielt. Aufgrund der klimatischen Bedingungen dauerte ein Spiel im Wüstenland Sudan seinerzeit im Übrigen nur 60 Minuten.

■ MIT DER UNABHÄNGIGKEITSERKLÄRUNG

vom 1. Januar 1956 avancierte Sudan zu einer der progressivsten Fußballkräfte im postkolonialen Afrika. Bereits 1948 hatte sich der Nationalverband Sudan Football Association (SFA) der FIFA angeschlossen, woraufhin die Führung des Nationalverbandes 1951 von britische in sudanesische Hände gewechselt war. Gemeinsam mit seinem ägyptischen Kollegen war Sudans Verbandschef Halim Mohamed Halim, ein renommierter Doktor und führendes Mitglied der Regierungspartei, 1954 als Vertreter Afrikas zur WM in die Schweiz gereist. Zwei Jahre später war er federführend daran beteiligt, dass der afrikanische Kontinentalverband CAF aus der Taufe gehoben werden konnte.

Nachdem die 1957 in Kairo geplante erste Afrikameisterschaft den politischen Spannungen zwischen Ägypten und Israel zum Opfer gefallen waren, fungierte die sudanesische Hauptstadt Khartoum als Ersatzgastgeber. Sudans Landesauswahl »Sokoor Al-Jediane« (»Wüstenadler«), die im November 1956 mit einem 1:2 in Äthiopien debütierte, musste sich nach einer 1:2-Halbfinalniederlage gegen Ägypten allerdings vorzeitig verabschieden.

Unterdessen entstanden landesweit sieben regionale Fußball-Ligen (Khartoum, Gezira, Nord, Ost, Kordofan, Süd und Darfur), deren Sieger 1962 erstmals einen Landesmeister ermittelten. Die Fußballbegeisterung war vor allem in Khartoum und Omdurman enorm. Kulissen von bis zu 10.000 Zuschauern waren dort keine Seltenheit, weshalb im Verlauf der 1960er Jahre sowohl Al-Mourada (1962) als auch Al-Merreikh (1964) sowie Al-Hilal (1969) eigene Großstadien errichteten. Die mit Abstand erfolgreichsten Mannschaften sind die Omdurmaner Rivalen Al-Hilal (24 Titel) und Al-Merreikh (17), deren lokale Hegemonie lediglich 1968 von Al-Mourada Omdurman und 1969 von Burri Khartoum gestört wurde. Gastspiele renommierter Mannschaften wie

TEAMS | MYTHEN

■ **AL-HILAL OMDURMAN** Sudans Rekordmeister errang 2007 seinen 24. nationalen Titel und ist damit deutlich erfolgreicher als der Lokalrivale Al-Merreikh, der auf 17 Landesmeisterschaften kommt. Schätzungen zufolge sind bis zu 60 Prozent der sudanesischen Fußballfans Anhänger von Al-Hilal. Der Klub wurde 1930 von vier Absolventen des damaligen Gordon Memorial College (heute Universität von Khartum) gegründet. Die Gründer Hamadnallah Ahmed, Yussuf Mustafa Al-Tini, Yusuf Al-Mamoon und Babikir Mukhtar gaben ihm den Namen Al-Hilal (»Mondsichel«), der in der islamischen Fußballwelt sehr beliebt ist. Rasch zu einem dominierenden Team im Großraum Khartoum/Omdurman aufgestiegen, ging der Klub 1962 auch als erster Landesmeister des Sudan hervor. Seitdem hat man gemeinsam mit dem Ortsrivalen Al-Merreikh den nationalen Fußball dominiert und feierte zudem diverse internationale Erfolge. 1966 erreichte die »Al-Mowj Al-Azraq« (»Blaue Welle«) das Halbfinale des afrikanischen Landesmeisterwettbewerbs. 1987 sowie 1992 zog man jeweils in das Endspiel ein, unterlag dort jedoch Al-Ahli Kairo (1989) bzw. WAC Casablanca (1992). Aus dem vom Jugoslawen Kostić trainierten Team ragte seinerzeit Torhüter Yorr heraus. 2007 erreichten die Blau-Weißen mit einer international besetzten Elf um die Nigerianer Kelechi Osunwa, Yusuf Mohamed und Ndubisi Eze sowie dem Mosambikaner Dario Khan erstmals die Gruppenspiele der Champions League. Auf dem Weg ins Halbfinale bezwangen sie mit Al-Ahly Kairo und Espérance Tunis schließlich zwei kontinentale Größen. [13.2.1930 | Al-Hilal (40.000) | 24 | 5]

■ **AL-MERREIKH OMDURMAN** Einer der ältesten Fußballvereine des Landes, dessen Wurzeln bis in das Jahr 1908 zurückreichen. Der heutige Klub wurde allerdings erst 1927 gegründet. Gemeinsam mit dem Lokalrivalen Al-Hilal dominieren die »Al-Zaeem« (»Roten Teufel«) seit Jahrzehnten den nationalen Fußball und feierten 2008 ihre 17. Landesmeisterschaft. Mit 19 Pokalsiegen ist Al-Merreikh (»Stern«) zudem Sudans Rekordpokalsieger. 1989 errang der Klub als erster sudanesischer Vertreter eine kontinentale Trophäe, als er sich im Finale des afrikanischen Pokalsiegerwettbewerbs unerwartet gegen Bendel United aus Nigeria durchsetzte (1:0 in Omdurman durch einen verwandelten Elfmeter von Abdulghani, 0:0 im Rückspiel in Benin-City). Ein Jahr später verpasste die vom DDR-Übungsleiter Ernst Rödder betreute Elf den erneuten Finaleinzug erst im Elfmeterschießen gegen den Club African aus Tunis. Kopf der damaligen Erfolgself war Torhüter und Kapitän Hamid Birema, während die Dribbelkünstler Santo und Dahdouh im Angriff brillierten. 2007 drangen die Rot-Gelben unter dem deutschen Trainer Otto Pfister ins Finale des CAF Confederations Cup vor, unterlagen dort jedoch der tunesischen Elf von CS Sfaxien. 2008 führte Pfister-Nachfolger Michael Krüger Al-Merreikh ausgerechnet mit einem 1:1 beim Erzrivalen Al-Hilal zum 17. Mal zur Landesmeisterschaft und anschließend mit einem 2:0-Pokalfinalsieg über denselben Gegner auch zum Double. Al-Merreikh gilt als nach Al-Hilal beliebteste Klub des Landes. Schätzungsweise 30 Prozent der heimischen Fußballfans unterstützen die Mannschaft, die im 1962 eröffneten vereinseigenen Stadion spielt, das Al-Merreikh-Fans liebevoll »Red Castle« nennen. [14.11.1927 | Al-Merreikh (27.000) | 17 | 19]

■ **AL-MOURADA OMDURMAN** Nummer drei in Omdurman und auch Nummer drei im Sudan. Errang 1968 seine einzige Landesmeisterschaft, kann aber weder in Sachen Erfolge noch Popularität mit den beiden Großen mithalten. Die Rot-Blauen wurden 1987, 1989, 1995 jeweils 1997 nationaler Pokalsieger und erreichten 1994 das Halbfinale im CAF Cup. [1927 | 1 | 4]

■ **AL-HILAL PORT SUDAN** Einziger Klub, der die Meisterschaftstrophäe bislang aus dem Großraum Khartoum/Omdurman entführen konnte. 1969 gingen die Blau-Weißen aus der Hafenstadt Būr Sūdān (Port Sudan) als Sieger aus dem Titelrennen hervor.
[Port Sudan (10.000) | 1]

■ **AL-AHLI WAD MEDANI** Dominierende Fußballkraft der Stadt Wad Medani, dessen Regionalmeisterschaft die »Sayed Al-atiyam« (»Helden«) über weite Strecken dominiert haben. Wad Medani liegt 85 Kilometer südöstlich von Khartoum und ist die Hochburg der sudanesischen Baumwollwirtschaft.
[1928 | Algazira (25.000) | 1]

■ **AL-ITTIHAD WAD MEDANI** Nummer zwei von Wad Medani und sudanesischer Pokalsieger 1990. Erreichte anschließend im Pokalsiegerwettbewerb die zweite Runde, wo die Schwarz-Gelben an den Power Dynamos aus Sambia scheiterten.
[1934 | Wad Madani (5.000) | 1]

HELDEN | LEGENDEN

■ **FAISAL AL-AGAB** Kapitän der Nationalelf, die 2008 erstmals nach 32 Jahren wieder zur Afrikameisterschaft reiste. Mit sechs Treffern hatte Al-Agab großen Anteil an der Qualifikation. Zuvor war der Stürmer mit seinem Stammverein Al-Merreikh Omdurman bereits in das Finale um den CAF Confederation Cup eingezogen. Al-Agab ist Sudans erfolgreichster Torjäger in afrikanischen Klubwettbewerben. [*24.8.1978]

■ **HAMID BERIME** Herausragender Akteur der Al-Merreikh-Elf, die 1989 den Pokal der afrikanischen Pokalsieger errang. War während der gesamten 1980er Jahre eine feste Bank zwischen den Pfosten der »Al-Zaeem« wie auch der sudanesischen Landesauswahl.

■ **SABBIT DUDU** Galt in den 1960er Jahren als bester Torhüter in Schwarzafrika. Mit seinem gewaltigen Abstoß, der häufig im gegnerischen Strafraum landete, sorgte er des Öfteren auch auf der gegenüberliegenden Feldseite für Aufregung.

■ **ALI GAGARINE** Galionsfigur der sudanesischen Nationalelf, die 1970 Afrikameister wurde und 1972 zu den Olympischen Spielen nach Deutschland reiste. Heider Hassan El-Sadig – genannt »Ali Gagarine« – war bei einer Größe von 1,80 m ein kopfballstarker Mittelstürmer, der dank seiner Schnelligkeit zu vielen Toren kam. Ausgebildet von tschechischen Trainern, die für seinen Heimatverein Al-Hilal Omdurman tätig waren, debütierte er 1968 in der Nationalauswahl, in der er ein gefürchtetes Trio mit Djaksa Nasreldeen und Izeldeen Dahish bildete. 1976 trug er sich beim für lange Zeit letzten sudanesischen Endturnierauftritt in Äthiopien dreimal in die Torschützenliste ein. Gagarine wurde später Sudans Botschafter in der Elfenbeinküste.

■ **DJAKSA NASRELDEEN** Herausragender Akteur der 1960er Jahre, der 1963 bei der Afrikameisterschaft in Ghana sein Debüt gab und mit Sudan prompt das Finale erreichte. Wurde wegen seiner vorzüglichen Ballkontrolle auch als »Afrikas Pelé« bezeichnet und gab beim legendären 2:1-Freundschaftsspielsieg von Al-Hilal über den brasilianischen Klub Vasco da Gama Rio de Janei-

16. Februar 1970: Der größte Tag in Sudans Fußball-Historie. Kapitän Zaki (rechts) vor dem Finale um die Afrikameisterschaft beim Wimpeltausch mit dem Ghanaer Eshun.

der Nationalelf von Ungarn, Vienna Wien und einer jugoslawischen Auswahl fachten das Fußballfieber zusätzlich an. Der Süden hinkte der Entwicklung aufgrund der deutlich schwächeren Verankerung des Spiels sowie des Bürgerkrieges allerdings weit hinterher. Dort wurde lediglich in der Provinzhauptstadt Juba seinerzeit gekickt.

Sportlich zählte Sudan seinerzeit zum Besten, was Afrika zu bieten hatte. Daran hatten europäische Trainer wie die Tschechen Jiří Starosta, Vladimir Čermak, Jan Fábera und Jaroslav Simonek sowie der Bulgare Kocev großen Anteil, die den technisch hochbegabten Sudanesen osteuropäische Spielsysteme wie das tschechische »ulička« (»Gässchen«) beibrachten. Al-Hilal-Coach Jiří Starosta, der 1959 auch die Nationalmannschaft übernommen hatte, führte sie bei der zweiten Afrikameisterschaft in Ägypten prompt bis ins Finale, das allerdings mit 1:2 gegen den Gastgeber verloren ging. Leistungsträger wie Torjäger Djaksa Nasreldeen, Mittelläufer Amin Zaki oder Torsteher Sabbit Dudu erfreuten sich dennoch weit über die Landesgrenzen hinausgehenden Ruhms und erreichten 1963 bei der dritten Afrikameisterschaft abermals das Finale (0:3 gegen Gastgeber Ghana).

■ **SEINEN HÖHEPUNKT ERREICHTE** der sudanesische Fußball in den 1970er Jahren. Vorausgegangen war ein politischer Wechsel. 1969 hatte eine sozialistisch ausgerichtete Militärjunta die Führung übernommen und wollte Sudan sowohl internationales Renommee verschaffen als auch die Idee des Panarabismus fördern. Fußballverbandspräsident Abdel Halim Mohamed, der im Januar 1968 auch zum Präsidenten des Kontinentalverbands CAF gewählt worden war, schlug daraufhin die Bewerbung für die Afrikameisterschaft 1970 vor.

Nach dem Rückzug des eigentlichen Gastgebers Ägypten vergab die CAF das siebte Kontinentalturnier tatsächlich an die Sudanesen, die daraufhin in Khartoum und Wad Medani geeignete Spielstätten schufen. Die Militärs trugen freilich nicht nur Sorge, dass in organisatorischer Hinsicht alles klappte, sondern griffen auch in den sportlichen Verlauf ein. Vor allem das Halbfinale gegen Ägypten geriet zum Skandalspiel, weil der algerische Unparteiische Ahmed Khalifi zahlreiche Regelverstöße der Sudanesen durchgehen ließ und damit ihren 2:1-Verlängerungssieg begünstigte. Im Finale gegen Ghana benachteiligte dann der äthiopische Schiedsrichter Tesfaye Gebreyesus Ghanas »Black Stars« nach allen Regeln der Kunst, und die von Kapitän Amin Zaki angeführte Gastgeberelf konnte mit einem 1:0-Sieg (El-Issed, 12. Minute) Afrikameister werden.

Zwei Jahre später bestätigten die »Sokoor Al-Jediane« mit ihrer Qualifikation zu den Olympischen Spielen, dass sie durchaus auch mit sportlichen Mitteln zum Erfolg kommen konnten. In München blieb die Elf gegen die Sowjetunion (1:2), Mexiko (0:1) und Burma (0:2) allerdings ohne Punktgewinn.

■ IM SELBEN JAHR GELANG ES, den Bürgerkrieg im Südsudan zu beenden und das Land zu befrieden. Doch es war nur eine Atempause, denn 1983 brachen die Kämpfe erneut auf, und mehr als 3,5 Mio. Menschen wurden zu Flüchtlingen. Zu den Kampfhandlungen gesellte sich eine humanitäre Katastrophe, da die Lebensmittelversorgung im Südsudan völlig zusammenbrach. Erst 2005 konnte ein Friedensabkommen geschlossen werden, das dem Südsudan Autonomie gewährt und ein Referendum über seine Unabhängigkeit für 2011 vorsieht.

Der ohnehin auf den Norden konzentrierte nationale Spitzenfußball blieb von dem Konflikt weitestgehend unbehelligt. 1987 erreichte mit Al-Hilal Omdurman sogar erstmals ein sudanesischer Klub das Finale um die Kontinentalmeisterschaft, in dem die Blau-Weißen an Al-Ahly Kairo scheiterten. Zwei Jahre später machte es Lokalrivale Al-Merreikh im Pokalsiegerwettbewerb besser und setzte sich im Endspiel gegen Bendel United aus Nigeria durch. 1992 erreichte Al-Hilal abermals das Finale um die Kontinentalmeisterschaft, musste sich aber auch diesmal seinem Gegner (WAC Casablanca) beugen.

Sudans »Sokoor Al-Jediane« büßten ihre kontinentale Führungsrolle unterdessen ein. Das hatte nur teilweise sportliche Ursachen, denn zwischen 1978 und 2000 mussten sie gleich fünfmal aus finanziellen oder organisatorischen Gründen auf die Teilnahme an der Afrikameisterschaft verzichten bzw. sich aus der laufenden Qualifikation zurückziehen. Größter Moment war die Qualifikation der von Ahmed Babiker trainierten U17-Auswahl zur WM 1991 in Italien. Die von Saad Dabibah betreuten Senioren scheiterten derweil in der Qualifikation zur Afrikameisterschaft 1992 denkbar knapp am Torverhältnis an Kenia.

■ ERST NACH DEM ENDE des Bürgerkriegs im Süden konnte die Landesauswahl auf die internationale Bühne zurückkehren. 2007 sicherte sie sich den prestigeträchtigen CECAFA-Cup, ehe sie 2008 unter Trainer Mohammed Abddallah zum ersten Mal seit 32 Jahren wieder die Endrunde um die Afrikameisterschaft erreichte. Nach dem entscheidenden 2:0 auf den Seychellen wurde das Team um Torjäger Faisal Al-Agab und die Verteidiger Khalid Hassan Ali sowie Richard Gastin Lado von begeisterten Fans auf dem Flughafen von Khartoum empfangen. »Dies ist nicht nur ein Erfolg für die Mannschaft, sondern für alle Sudanesen«, jubelte Verteidiger Ali ergriffen. Beim Endturnier in Ghana vermochten die als einzige Mannschaft des Turniers ohne Legionäre auflaufenden Sudanesen das Vorrundenaus allerdings trotz ansprechender Leistungen nicht zu verhindern.

Die Renaissance der Auswahl war flankiert von außergewöhnlichen Erfolgen auf Vereinsebene. 2007 scheiterte Al-Merreikh unter dem deutschen Trainer Otto Pfister im Finale um den CAF Confederations Cup (Afrikas UEFA-Cup) unglücklich an Tunesiens Spitzenklub CS Sfaxien, während Lokalrivale Al-Hilal in der Champions League bis unter die letzten vier vordrang. Beide Klubs stellten das Gros der erfolgreichen Nationalelf und sind auch die wirtschaftlichen Zugpferde des vom Ölreichtum profitierenden sudanesischen Fußballs. Pfister äußerte im Januar 2008 gegenüber dem »Hamburger Abendblatt«: Ich habe vor meinem Engagement in Kamerun im Sudan den Spitzenklub Al-Merreikh Omdurman trainiert. Dort verdient der Topstar im Jahr bis zu 600.000 Dollar netto. Das wären in Deutschland fast eine Million Euro brutto. Ein durchschnittlicher Spieler erhält bis zu 200.000 Dollar.« Keine Frage: Afrikas Fußballpionier ist zurück!

2008 kehrte Sudan auf Afrikas Fußballbühne zurück – Haytham Tambal im Duell mit dem Ägypter Wael Gomaa.

ro eine unvergessene Kostprobe seines Könnens ab. Djaksa feierte 1970 seinen größten Triumph, als er die sudanesischen »Sokoor Al-Jediane« bei der Afrikameisterschaft im eigenen Land anführte und zwei Treffer zum Gesamtsieg beisteuerte. Der athletische Spieler war der Großsohn eines englischen Vaters und verbrachte den Großteil seiner Karriere bei Al-Hilal Omdurman.

■ **HAYTHAM TAMBAL** Erfolgreichster Torjäger in der Geschichte der sudanesischen Landesauswahl. Der langjährige Stürmer von Al-Hilal Omdurman versuchte sich 2006/07 ohne Erfolg als Legionär beim südafrikanischen Profiklub Orlando Pirates und trägt seit 2007 das Jersey von Al-Merreikh. [*28.11.1978]

Jahr	Meister	Pokalsieger
1962	Al-Hilal Omdurman	
1963	unbekannt	Al-Merreikh Omdurman
1964	Al-Hilal Omdurman	unbekannt
1965	Al-Hilal Omdurman	unbekannt
1966	Al-Hilal Omdurman	unbekannt
1967	Al-Hilal Omdurman	unbekannt
1968	Al-Mourada Omdurman	unbekannt
1969	Burri Khartoum	unbekannt
1970	Al-Hilal Omdurman	Al-Merreikh Omdurman
1971	Al-Merreikh Omdurman	Al-Merreikh Omdurman
1972	Al-Hilal Omdurman	unbekannt
1973	Al-Hilal Omdurman	unbekannt
1974a	Al-Hilal Omdurman	Al-Merreikh Omdurman
1974b	Al-Hilal Omdurman	-
1975	Al-Merreikh Omdurman	unbekannt
1976	nicht ausgetragen	nicht ausgespielt
1977	Al-Merreikh Omdurman	Al-Hilal Omdurman
1978	Al-Merreikh Omdurman	Al-Nil Khartum
1979-80	nicht ausgetragen	nicht ausgetragen
1981	Al-Hilal Omdurman	Hay al-Arab Port Sudan
1982	Al-Merreikh Omdurman	Al Ahly Wad Medani
1983	Al-Hilal Omdurman	Al-Merreikh Omdurman
1984	Al-Merreikh Omdurman	Al-Merreikh Omdurman
1985	Al-Merreikh Omdurman	Al-Merreikh Omdurman
1986	Al-Hilal Omdurman	Al-Merreikh Omdurman
1987	Al-Hilal Omdurman	Al-Mourada Omdurman
1988	Al-Hilal Omdurman	Al-Mourada Omdurman
1989	Al-Hilal Omdurman	Al-Mourada Omdurman
1990	Al-Hilal Omdurman	Al-Ittihad Wad Medani
1991	Al-Hilal Omdurman	Al-Merreikh Omdurman
1992	Al-Hilal Port Sudan	Al-Merreikh Omdurman
1993	Al-Merreikh Omdurman	Al-Hilal Omdurman
1994	Al-Hilal Omdurman	Al-Merreikh Omdurman
1995	Al-Hilal Omdurman	Al-Mourada Omdurman
1996	Al-Hilal Omdurman	Al-Merreikh Omdurman
1997	Al-Merreikh Omdurman	Al-Mourada Omdurman
1998	Al-Hilal Omdurman	Al-Merreikh Omdurman
1999	Al-Hilal Omdurman	Al-Mourada Omdurman
2000	Al-Hilal Omdurman	Al-Hilal Omdurman
2001	Al-Merreikh Omdurman	Al-Merreikh Omdurman
2002	Al-Merreikh Omdurman	Al-Hilal Omdurman
2003	Al-Hilal Omdurman	nicht ausgespielt
2004	Al-Hilal Omdurman	Al-Hilal Omdurman
2005	Al-Merreikh Omdurman	Al-Merreikh Omdurman
2006	Al-Hilal Omdurman	Al-Merreikh Omdurman
2007	Al-Hilal Omdurman	Al-Merreikh Omdurman
2008	Al-Merreikh Omdurman	Al-Merreikh Omdurman

SWASILAND

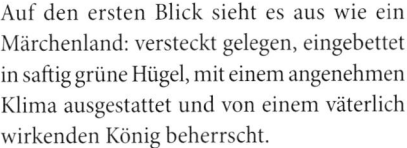

Das kleine Königreich hegt große Träume

Swasilands Nationalelf zählt zu den meistbeschäftigten der Welt

National Football Association of Swaziland

Nationaler Fußball-Verband von Swasiland | gegründet: 1968 | Beitritt FIFA: 1978 | Beitritt CAF: 1976 | Spielkleidung: blaues Trikot, goldene Hose, rote Stutzen | Saison: März - Oktober | Spieler/Profis: 54.900/0 | Vereine/Mannschaften: 60/220 | Anschrift: Sigwaca House, Plot 582, Sheffield Road, PO Box 641, Mbabane H100 | Tel: +268-4046852 | Fax: +268-4046206 | www.nfas.org.sz | E-Mail: info@nfas.org.sz

Auf den ersten Blick sieht es aus wie ein Märchenland: versteckt gelegen, eingebettet in saftig grüne Hügel, mit einem angenehmen Klima ausgestattet und von einem väterlich wirkenden König beherrscht.

Doch das von Südafrika und Mosambik eingerahmte Swasiland ist kein Märchenland: Südafrikas Großkonzerne drohen die Wirtschaft des nach Gambia zweitkleinsten Staates Afrikas förmlich zu zerquetschen. Südafrikas Touristen fallen zu Tausenden in das kleine Land herein und drohen, die traditionellen Lebensformen zu zerstören. Und König Mswati III. ist auch kein väterlicher Regent, sondern ein selbstsüchtiger Despot, der sein Volk am langen Arm hungern lässt und sich lieber um seinen umfangreichen Fuhrpark an Luxusautos kümmert. »Swasiland ist eine Diktatur«, konstatierte 2001 ein führender Gewerkschafter des Landes, das die letzte absolute Monarchie Afrikas darstellt.

■ **SWASILAND WIRD ZU FAST** 97 Prozent von den Swasi bewohnt, die eine gemeinsame Sprache, Kultur und Geschichte verbinden. Im ethnisch zersplitterten Afrika stellt eine derartige Homogenität eine absolute Ausnahme dar. Im Zuge mehrerer Zulu-Raubzüge hatten sich die Swasi im Verlauf des 19. Jahrhunderts in die hügelige Region im Osten Südafrikas zurückgezogen und waren dort sesshaft geworden. Swasiland, das etwa so groß wie Slowenien ist, ist ein bis heute zutiefst ländlich geprägtes Land. Abgesehen von Mbabane (80.000 Einwohner) und Manzini (78.000 Einwohner, dort befindet sich auch der einzige Flugplatz des Landes) gibt es ausschließlich kleine Wohnsiedlungen mit 5.000-8.000 Seelen.

Nach dem Burenkrieg war Swasiland 1906 unter britisches Protektorat gestellt worden und hatte 1968 seine staatliche Souveränität erhalten. Fünf Jahre später setzte König Sobhuza II. die Verfassung außer Kraft und installierte eine autoritäre Monarchie. Seit 1986 sitzt nun der als verschwendungssüchtig geltende Mswati III. auf dem Thron. Unter seinem Zepter rutschte Swasiland zu einem der ärmsten Staaten der Welt ab, der mit 38,8 Prozent AIDS-Infizierter zudem einen traurigen Rekord hält (der weltweite Wert liegt bei 1,1 Prozent). Die durchschnittliche Lebenserwartung eines Swasi liegt gegenwärtig bei etwas mehr als 30 Jahren.

■ **ANGESICHTS DER BRITISCHEN** Vergangenheit blickt Fußball in Swasiland auf eine durchaus lange Tradition zurück. Allerdings existieren kaum schriftliche Aufzeichnungen über die Entwicklung des Spiels im Lande. Die Wurzeln der National Football Association of Swaziland (NFAS) wurden im Jahr 1964 gelegt, und die »Sihlangu Semnikati« (»Königliches Schild«) genannte Landesauswahl debütierte am 1. Mai 1969 mit einem 2:0 über Malawi auf der internationalen Bühne. Seit 1976 wird um eine Landesmeisterschaft und seit 1980 um einen Pokal gerungen. Das Spiel ist im gesamten Königreich verbreitet, wobei die erfolgreichsten Vereine Mbabane Highlanders (zwölffacher Landesmeister) und Manzini Wanderers (sechs Titel) aus den beiden »Metropolen« Swasilands stammen. Die gegenwärtig spielstärkste Elf ist das Polizeiteam Royal Leopards aus dem 5.600-Einwohner-Örtchen Simunye im Osten von Swasiland.

Internationale Erfolge hat das kleine Königreich nicht vorzuweisen. Das gilt – zumindest statistisch – auch für die Nationalmannschaft, die 1986 in der Afrikameisterschaft, 1988 in der Olympiaqualifikation und 1994

Umbuso wakaNgwane

Königreich Swasiland | Fläche: 17.363 km² | Einwohner: 1.120.000 (65 je km²) | Amtssprache: Siswati (IsiZulu) | Hauptstadt: Lobamba (5.800) | Weitere Städte: Mbabane (80.000), Manzini (78.000), Nhlangano (7.000), Siteki (4.000) | Währung: 1 Lilangeri = 100 Cents | Bruttosozialprodukt: 1.660 $/Kopf | Zeitzone: MEZ +1h | Länderkürzel: SZ | FIFA-Kürzel: SWZ | Telefon-Vorwahl: +268

Swasiländischer Jubel nach dem 2:1-Sieg über Madagaskar im COSAFA-Cup -Spiel 2006.

Wonder Nhleko, Bongani Masangane und John Mdluli standen seinerzeit gleich fünf Südafrikaprofis in den Reihen der »Sihlangu Semnikati«, die ihr entscheidendes Match um Platz 2 jedoch mit 2:6 in Libyen verlor. Im Juni 2008 vermochte die Swasi-Auswahl mit einem 2:1 über WM-2006-Teilnehmer Togo abermals für Schlagzeilen zu sorgen. Vor 5.819 Zuschauern im Somholo National Stadium sorgten Siza Diamini und Collen Salelwako nach dem Seitenwechsel für die Entscheidung zugunsten der vom Südafrikaner Ephraim Mashaba trainierten Elf.

Auch auf Klubebene gelangen einige Erfolge. 1982 setzten sich die Mhlume Peacemaker gegen die lesothischen Maseru Brothers durch und erreichten als erste Mannschaft des Landes die zweite Runde. Ein Jahr später knüpften die Mbabane Highlanders dem sambischen Vertreter Nkana Red Devils immerhin ein 2:2 ab, während sie 1989 die ugandische Armeeelf von Express Kampala sogar mit 2:1 schlugen. 2006 gelang Lokalrivale Mbabane Swallows ein 2:2 gegen den südafrikanischen Spitzenklub Orlando Pirates.

■ **DASS SWASILAND EINE FÜR** seine Größe bemerkenswerte Spielstärke aufweist, verdankt man nicht zuletzt einer ungewöhnlich hohen Zahl von Länderspielen. Während viele afrikanische Länder bisweilen über mehrere Jahre gar nicht auflaufen, sind Swasilands »Sihlangu Semnikati« jährlich mindestens zehnmal am Ball. Zudem sind swasiländische Akteure seit langem im Profifußball des großen Nachbarns Südafrika tätig. So kickte Ronnie Dube für die Kaizer Chiefs, verdingten sich die Brüder William und Abel Shongwe bei diversen Profiklubs, stürmte Absolum Thindwa für die Kaizer Chiefs. Für seine bescheidene Größe weist Swasiland zweifelsohne ein beachtliches Potenzial auf!

● FIFA World Ranking
1993	1994	1995	1996	1997	1998	1999	2000
99	125	148	160	165	149	127	137
2001	2002	2003	2004	2005	2006	2007	2008
132	116	114	126	134	148	148	138

● Weltmeisterschaft
1930-90 nicht teilgenommen 1994-2010 Qualifikation

● Afrikameisterschaft
1957-84 nicht teilgenommen 1986 Qualifikation 1988 nicht teilgenommen 1990-92 Qualifikation 1994 nicht teilgenommen 1996 Rückzug 1998 nicht teilgenommen 2000-2010 Qualifikation

in der WM-Qualifikation debütierte. Doch wenngleich die »Sihlangu Semnikati« bislang nie über die erste Runde hinauskamen, verbuchten sie dennoch eine Reihe von Achtungserfolgen, die den hohen Standard des Fußballs in Swasiland widerspiegeln. So bezwang man in der Qualifikation zur Afrikameisterschaft 1992 Sambia mit 2:1 und rang im Januar 1993 bei seinem WM-Debüt sogar Kamerun ein torloses Unentschieden ab. Der größte Erfolg gelang 1999, als Swasiland im COSAFA-Cup Mosambik und Simbabwe aus dem Rennen warf, ehe man im Elfmeterschießen des Halbfinales an Namibia scheiterte. Umjubelter Held war Torhüter Sipho Dube, der vor allem im Viertelfinale gegen Simbabwe über sich hinausgewachsen war.

In der Qualifikation zur Afrikameisterschaft 2004 kursierten in dem kleinen Königreich sogar Endturnierträume. Siege über Libyen und Botswana sowie Unentschieden in Botswana und gegen die DR Kongo hatten die Elf von Nationaltrainer Mandla Dlamini in eine hervorragende Ausgangsposition gebracht. Mit Dennis Masina, Sibusiso Dlamini,

TEAMS | MYTHEN

■ **ROYAL LEOPARDS FC SIMUNYE** Mannschaft der swasiländischen Polizei, die in der 6.500-Einwohnergemeinde Simunye im Osten des Landes ansässig ist. Die auch »Ingwe« genannten Blau-Weißen dominieren seit 2005 den nationalen Spielbetrieb und wurden 2008 zum dritten Mal in Folge Landesmeister. [1984 | Simunye Park (30.000) | 3 | 1]

■ **MANZINI WANDERERS** 1957 gegründeter Klub aus der Stadt Manzini, die im Landeszentrum liegt und zu Kolonialzeiten als Verwaltungsort diente. Die »Liweseli« errangen seit 1983 sechs Landesmeisterschaften. 1988 drangen die Braun-Weißen im Landesmeisterwettbewerb über die Township Rollers aus Botswana in die zweite Runde vor, wo sie trotz eines beachtlichen 1:1 gegen den ugandischen Spitzenklub Villa SC ausschieden. [1957 | Manzini Trade Fair Sports | 6 | 1]

■ **MBABANE HIGHLANDERS** Swasilands Rekordmeister (12 Titel) eilt seit der Millenniumswende dem Erfolg etwas hinterher. Ihren letzten Meistertitel feierten die »Ezimnyama Ngenkani« 2001. Der 1952 gegründete Klub erreichte 1983 gegen die Township Rollers und 1989 gegen Pan African Dar-es-Salaam jeweils die zweite Runde im kontinentalen Landesmeisterwettbewerb. [1952 | Prince of Wales | 12 | 4]

■ **ELEVEN MEN IN FLIGHT SITEKI** In dem im Landesosten gelegenen Örtchen Siteki ansässiger Klub, der zwei Landesmeisterschaften und zwei Pokalsiege aufweist. Die Schwarz-Gelben mit dem ungewöhnlichen Namen werden auch »Easy By Night« genannt. [Mhlume (10.000) | 2 | 2]

HELDEN | LEGENDEN

■ **WILLIAM SHONGWE** Swasilands Fußballer des Jahres 1984 und 1985 stand in den 1990er Jahren für die südafrikanischen Kultklubs Kaizer Chiefs bzw. Orlando Pirates zwischen den Pfosten. Sein jüngerer Bruder Abel stürmte zur selben Zeit als Außenläufer für diverse südafrikanische Klubs.

■ **ABSOLUM THINDWA** Stürmte eine Zeitlang für die südafrikanischen Kaizer Chiefs und absolvierte als erster Swasi ein Probetraining in Europa (Belgien). Übernahm nach Beendigung seiner Laufbahn das Training der Nationalelf. [*6.1.1960]

Jahr	Meister	Pokalsieger
1976	Mbabane Highlanders	
1977-79	-	
1980	Mbabane Highlanders	Bulembu Young Aces
1981	Peacemakers Mhlume	
1982	Mbabane Highlanders	Bulembu Young Aces
1983	Manzini Wanderers	Mbabane Highlanders
1984	Mbabane Highlanders	Manzini Wanderers
1985	Manzini Wanderers	Mbabane Highlanders
1986	Mbabane Highlanders	Mbabane Swallows
1987	Manzini Wanderers	
1988	Mbabane Highlanders	Denver Sundowns M
1989	Denver Sundowns Manzini	Moneni Pirates Manzini
1990	Denver Sundowns Manzini	Mbabane Highlanders
1991	Mbabane Highlanders	Denver Sundowns M
1992	Mbabane Highlanders	Denver Sundowns M
1993	Mbabane Swallows	XI Men in Flight Siteki
1994	Eleven Men in Flight Siteki	
1995	Manzini Wanderers	Mhlambanyatsi Rovers
1996	Eleven Men in Flight Siteki	
1997	Mbabane Highlanders	Mbabane Highlanders
1998/99	Manzini Wanderers	Mbabane Highlanders
1999/00	Mbabane Highlanders	Mhlume United
2000/01	Mbabane Highlanders	XI Men in Flight Siteki
2001/02	Manzini Wanderers	
2002/03	Manzini Wanderers	
2003/04	Mhlambanyatsi Rovers	Green Mamba Mats-
2004/05	Mbabane Swallows	Hub Sundowns
2005/06	Royal Leopards Simunye	Mbabane Swallows
2006/07	Royal Leopards Simunye	Royal Leopards Sim.
2007/08	Royal Leopards Simunye	Malanti Chiefs

TANSANIA

Das Volk kam vor dem Erfolg

Fußball hat sich unter dem tansanischen Sozialismus nur schwach entwickeln können und erholt sich nur langsam

Tanzania Football Federation

Tansanischer Fußball-Bund | gegründet: 1930 | Beitritt FIFA: 1964 | Beitritt CAF: 1960 | Spielkleidung: grünes Trikot, schwarze Hose, grüne Stutzen | Saison: September - August | Spieler/Profis: 226.518/18 | Vereine/Mannschaften: 200/5.000 | Anschrift: Karume Memorial Stadium, Uhuru/Shaurimoyo Moyo Road, PO Box 1574, Dar-es-Salaam | Tel: +255-745264181 | Fax: +255-222861815 | www.tfftanzania.com | E-Mail: tfftz@yahoo.com

Für ein Land seiner Größe ist Tansania im Fußball geradezu schmerzhaft erfolglos. Abgesehen von zwei Triumphen im regionalen CECAFA-Cup ist die Trophäenkammer der Ostafrikaner gähnend leer. Nur einmal gelang Tansania die Qualifikation zur Afrikameisterschaft (1980), und der größte Kluberfolg ist das Erreichen des Finals im CAF Confederations Cup 1993 durch den Simba SC Dar-es-Salaam.

Die Gründe sind vielfältig, doch einer ragt heraus: eine frappierend dünne Breitenstreuung. Mit 226.518 aktiven Fußballern – davon lediglich 26.000 auch offiziell beim Verband registrierten – kommt das 37 Mio. Einwohnerland auf einen Anteil von nicht einmal 0,6 Prozent Fußballern und ist damit weltweites Schlusslicht. Allerdings darf daraus nicht der Schluss gezogen werden, Tansania sei keine Fußballnation, denn auch auf den Märkten von Dar-es-Salaam und Arusha wird leidenschaftlich über den Fußball diskutiert – allerdings bevorzugt über den im Land der ehemaligen Verwaltungsmacht England.

■ **STRUKTURELLE DEFIZITE SIND** nichts Ungewöhnliches für Tansania, das aus dem Festland Tanganjika sowie der vorgelagerten Inselgruppe Sansibar besteht und einst als Prototyp für einen afrikaspezifischen Sozialismus galt. Unter Julius Nyerere war in den 1960er Jahren ein politischer Sonderweg namens »Ujamaa« (»Familie«) eingeschlagen worden, der auf ein Ende der Ausbeutung durch die Industrienationen und die Bildung von Großfamilien setzte. Nyereres ehrgeiziges Programm schlug jedoch fehl. Mehr als 13 Mio. Menschen waren bereits (häufig gegen ihren Willen) in selbstverwalteten Kollektiven zusammengefasst worden, als eine Melange aus Korruption, Planungsfehlern, Misswirtschaft, hohem Bevölkerungswachstum und verheerenden Dürren das Ujamaa-Projekt zum Scheitern brachte. Als Tansania 1979 auch noch in einen Krieg mit Ugandas Diktators Idi Amin geriet und vollends zu einem der ärmsten Länder der Welt abrutschte, trat »Mwalimu« (»Lehrer«) Nyerere 1985 zurück, und Tansania konnte sich der Marktwirtschaft bzw. demokratischen Verhältnissen öffnen.

Knochenfunden zufolge nahm die Menschheitsgeschichte im Westen Tansanias ihren Ursprung. Später drangen Bantu-Völker vor, ehe arabische Handelsimperien die Region eroberten und Sansibar in das wichtigste Handelszentrum Ostafrikas verwandelten. Neben Gewürzen standen dabei vor allem Sklaven hoch im Kurs. 1884 erwarb der deutsche Kolonialkaufmann Carl Peters große Teile des Festlandes (Tanganjika), das zum Schutzgebiet Deutsch-Ostafrika wurde. Sansibar ging derweil im Tausch gegen Helgoland an Großbritannien.

Nach dem Ersten Weltkrieg wurde die Region dem Völkerbund übertragen und unter britische Verwaltung gestellt. 1961 erhielt Tanganjika seine Unabhängigkeit, während sich auf Sansibar die arabische Oberschicht und die schwarze Bevölkerung zunächst blutige Unruhen lieferten, ehe die Inselgruppe 1963 ebenfalls in die Unabhängigkeit entlassen wurde. 1964 wurden Tanganjika und Sansibar zu Tansania vereint.

■ **DEN FUSSBALL HATTEN** deutsche Missionare und britische Kaufleute zu Beginn des 20. Jahrhunderts eingeführt. Hochburgen waren die Handelsmetropolen sowie die Missionsstationen. Unter deutscher Flagge entwickelte sich das Spiel jedoch nur rudimentär. Es gab kaum Kontakte zur einheimischen Bevölkerung, und da Fußball in Deutschland noch ein Spiel der

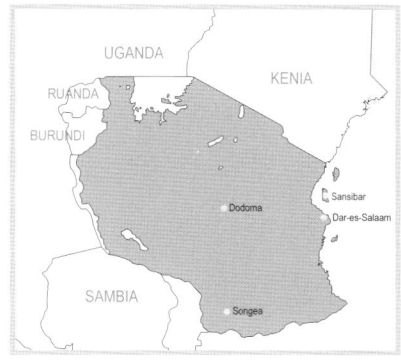

Jamhuri ya Muungano wa Tanzania
United Republic of Tanzania

Vereinigte Republik Tansania | Fläche: 945.087 km² | Einwohner: 37.627.000 (40 je km²) | Amtssprache: Swahili, Englisch | Hauptstadt: Dodoma (149.180) | Weitere Städte: Dar-es-Salaam (2,3 Mio.), Arusha (270.485), Mbeya (230.318), Mwanza (209.806), Mororgoro (206.868), Sansibar (205.870) | Währung: 1 Tansanischer Shilling = 100 Cents | Bruttosozialprodukt: 320 $/Kopf | Zeitzone: MEZ +2h | Länderkürzel: TZ | FIFA-Kürzel: TAN | Telefon-Vorwahl: +255

- FIFA World Ranking

1993	1994	1995	1996	1997	1998	1999	2000
98	74	70	89	96	118	128	140
2001	2002	2003	2004	2005	2006	2007	2008
149	153	159	172	165	110	89	101

- Weltmeisterschaft

1930-70 nicht teilgenommen **1974** Qualifikation **1978** nicht teilgenommen **1982-86** Qualifikation **1990** nicht teilgenommen **1994-2010** Qualifikation

- Afrikameisterschaft

1957-65 nicht teilgenommen **1968** Rückzug **1970-78** Qualifikation **1980** Endturnier (Vorrunde) **1982** nicht teilgenommen **1984** Qualifikation **1986** Rückzug **1988-92** Qualifikation **1994** Rückzug **1996-2002** Qualifikation **2004** Rückzug **2006-10** Qualifikation

Oberschicht war, spielte es im fernen Afrika erst recht keine Rolle. Das änderte sich nach dem Ersten Weltkrieg, als Briten die Verwaltung übernahmen. Zur britischen Politik gehörte eine intensive Sportförderung, die rasch Früchte trug. Von 1926 an kam es regelmäßig zu Spielen zwischen Teams aus Sansibar (zur dortigen Fußballentwicklung siehe Seite 158) und Dar-es-Salaam, 1929 wurde in Dar-es-Salaam eine Stadtliga ins Leben gerufen und 1930 entstand der Vorläufer des heutigen Nationalverbandes. 1936 riefen Absolventen der Qora School mit dem Queens FC die Urzelle des heutigen Simba SC ins Leben, dessen Erzrivale Young Africans (Yanga) ebenfalls in den 1930er Jahren gebildet wurde.

Im Vergleich zu den Nachbarkolonien Kenia und Uganda war die fußballerische Entwicklung in Tanganjika allerdings rückständig. Erst 1945 debütierte die Landesauswahl bei dem bereits seit 1926 von Kenia und Uganda ausgespielten Gossage Cup (heute CECAFA-Cup) und bezog ein ernüchterndes 0:7 gegen Uganda. 1947 debütierte auch Sansibar in dem Wettbewerb, den Tanganjika 1949 schließlich erstmals gewann. Anschließend wurde Fußball zur politischen Plattform der Unabhängigkeitsbewegung. Zeitzeugen zufolge dienten insbesondere die Spiele bzw. Meetings der Young Africans als konspirative Treffen der um die Unabhängigkeit kämpfende Tanganyikan African National Union (TANU) von Julius Nyerere.

■ NACH ERLANGUNG DER UNABHÄNGIGKEIT

Tanganjikas bzw. Sansibars und der Vereinigung zu Tansania legte das Land einen sportlichen Traumstart hin. Bereits 1958 war Tanganjika der CAF beigetreten und schloss sich, nunmehr als Tansania, 1964 auch der FIFA an. Nachdem das Debüt der Nationalmannschaft »Taifa Stars« (»Volkssterne«) 1963 noch mit einer 0:4-Niederlage gegen Äthiopien geendet hatte, gelang ihr 1964 und 1965 jeweils der Gewinn des CECAFA-Cups (Ex-Gossage Cup). 1968 debütierten die Ostafrikaner sowohl in der Afrikameisterschaft als auch der Olympiaqualifikation, ehe sie 1974 erstmals an der WM-Ausscheidung teilnahmen. Die bisweilen vom Jugoslawen Milan Celebić trainierte Auswahl zählte seinerzeit zu den stärksten Teams in Ostafrika und erinnerte mit ihrer technisch hochentwickelten Spielweise an die legendäre malische Elf um Salif Keïta.

Auf Klubebene wurde unterdessen 1965 eine auf das Festland (ehemals Tanganjika) beschränkte Nationalliga eingeführt, der Mannschaften aus Dar-es-Salaam, Mwanza, Arusha, Tanga, Kigoma und Dodoma angehörten. Zu den spielstärksten Teams zählte der von einer dänischen Firma unterstützte Klub der Tanganyika Planting Company (TPC), dessen Team auch die Basis der erfolgreichen Landesauswahl geliefert hatte.

Mit der Hinwendung zum panafrikanischen Ujamaa-Sozialismus brachen ab 1967 schwere Zeiten für den Fußball an. Tansania wurde zum strikten Einparteienstaat, in dem der Sport unter die Kontrolle der Politik geriet. Im Gegensatz zu anderen Einparteienländern wie Ghana oder Mali setzte Staatschef Nyerere allerdings nicht auf werbewirksame Erfolge seiner Fußballauswahl, sondern auf Kollektivgeist und eine patriotische Fußballkultur. Die privaten Vereine wurden zerschlagen und durch staatlich kontrollierte Gemeinschaften nach sowjetischem Vorbild ersetzt.

Zunächst gab es weitere Erfolge. 1969 und 1970 erreichten die Young Africans jeweils das Viertelfinale in der Afrikameisterschaft, und 1974 drang die Simba-Elf um Torhüterlegende Athumani Mambosasa sogar bis ins Halbfinale des Wettbewerbs vor, wobei sie immerhin Ghanas Spitzenklub Hearts of Oak ausschaltete. Im selben Jahr gewannen die Simbas zudem den CECAFA-Cup, der 1975 auch an ihren Erzrivalen Yanga ging.

Just im selben Jahr verschärfte sich jedoch der innenpolitische Ton, als die ausländischen Trainer der beiden erfolgreichen Spitzenklubs aus dem Land geworfen wurden und es zu einem grundsätzlichen Verbot ausländischer Übungsleiter kam. Serienmeister Young Africans wurde zusätzlich von internen Querelen erschüttert, die zur Spaltung führten. Mit dem Panafrican FC entstand daraufhin ein weiterer Spitzenklub in Dar-es-Salaam.

■ DIE GÄNGELEI DURCH die Partei und die

Akzentuierung auf Kollektivgeist bzw. bedingungslose politische Gefolgschaft hatten fatale Folgen für den tansanischen Leistungsfußball. Das letzte Aufbäumen der »Taifa Stars« gab es

Tansania ist fußballbegeistert.

TEAMS | MYTHEN

■ **PANAFRICAN FC DAR-ES-SALAAM** Entstand 1975 als Abspaltung des Young Africans SC. Vorausgegangen waren interne Streitigkeiten zwischen dem Vorstand und der Ligaelf. Während sich der Großteil der Spieler zunächst dem Klub Nyota Africa Morogoro anschloss, riefen Yangas Ex-Vorsitzender Tabu Mangara bzw. Trainer Shiraz Sharrif mit Zamalik einen neuen Verein ins Leben. Als wenig später die ehemaligen Spieler hinzukamen, wurde daraus der Panafrican FC, der zwei Jahre später die höchste Spielklasse erreichte und dort nur knapp die Meisterschaft verpasste. 1978 gelang den Blau-Weißen im Landespokal der erste Erfolg, der allerdings von wüsten Ausschreitungen beim 2:0 im Halbfinale über Ex-Klub Yanga überschattet war. Dem Debüt im afrikanischen Pokalsiegerwettbewerb 1979 folgte 1982 der Durchbruch in der Landesmeisterschaft. Leistungsträger der von Leodegar Tenga trainierten Erfolgself waren die Nationalverteidiger Mohammed Mkweche und John Faya sowie Jella Mtagwa. Im weiteren Verlauf erfüllten sich die Träume der Blau-Weißen jedoch nicht. 1988 errang »Pana« zwar seinen zweiten Meistertitel, musste aber nach der Millenniumswende auch für ein Jahr in der Zweitklassigkeit antreten. [1975 | National (25.000) | 2 | -]

■ **SIMBA SC DAR-ES-SALAAM** Tansanias ältester Klub entstand 1936 durch Absolventen der Qora School und trug zunächst den Namen Queens. Später als Eagles und Dar Sunderland auflaufend, nennt man sich seit 1971 Simba SC (Swahili für »Löwe«). Vorausgegangen war ein Verbot englischer Klubnamen. Die Rot-Weißen sind neben dem Stadtrivalen Young Africans (Yanga) der beliebteste Verein in Tansania. Das Derby zwischen Simba und Yanga, die beide jeweils 16 Meisterschaften errungen haben, ist der alljährliche Höhepunkt im nationalen Fußballkalender. Ihren ersten internationalen

Jahr	Meister Tansania	Meister Tanganjika
1964	Cosmopolitans Dar-es-S.	*Meister Sansibar
1965	Dar Sunderland Dar-es-S.	siehe Seite 158
1966	Dar Sunderland Dar-es-S.	
1967	Cosmopolitans Dar-es-S.	
1968	Young Africans Dar-es-S.	
1969	Young Africans Dar-es-S.	
1970	Young Africans Dar-es-S.	
1971	Young Africans Dar-es-S.	
1972	Simba SC Dar-es-Salaam	
1973	Simba SC Dar-es-Salaam	
1974	Young Africans Dar-es-S.	
1975	Mseto Sports Morogoro	
1976	Simba SC Dar-es-Salaam	
1977	Simba SC Dar-es-Salaam	
1978	Simba SC Dar-es-Salaam	
1979	Simba SC Dar-es-Salaam	
1980	Simba SC Dar-es-Salaam	
1981	Simba SC Dar-es-Salaam	
1982	Panafrican SC Dar-es-S.	Panafrican SC Dar-es-S.
1983	Young Africans Dar-es-S.	Young Africans Dar-e.-S.
1984	KMKM Zanzibar	Simba SC Dar-es-Salaam
1985	Maji Maji Songea	Young Africans Dar-e.-S.
1986	Maji Maji Songea	Tukuyu Stars
1987	Young Africans Dar-es-S.	Young Africans Dar-e.-S.
1988	Panafrican SC Dar-es-S.	Coastal Union Tanga
1989	Malindi SC Zanzibar	Young Africans Dar-e.-S.
1990	Pamba SC Shinyanga	Simba SC Dar-es-Salaam
1991	Simba SC Dar-es-Salaam	Young AfricansDar-e.-S.
1992	Malindi SC Zanzibar	Young Africans Dar-e.-S.
1993	Simba SC Dar-es-Salaam	Simba SC Dar-es-Salaam
1994	Simba SC Dar-es-Salaam	Simba SC Dar-es-Salaam
1995	Simba SC Dar-es-Salaam	Simba SC Dar-es-Salaam
1996	Young Africans Dar-es-S.	Young Africans Dar-e.-S.
1997	Young Africans Dar-es-S.	Young Africans Dar-e.-S.
1998	Maji Maji Songea	Young Africans Dar-e.-S.
1999	Prisons Mbeya	Mtibwa Sugar Turiani
2000	Young Africans Dar-es-S.	Mtibwa Sugar Turiani
2001	Simba SC Dar-es-Salaam	Simba SC Dar-es-Salaam
2002	Simba SC Dar-es-Salaam	Simba SC Dar-es-S.
2003	abgebrochen	Simba SC Dar-es-Salaam
2004	Simba SC Dar-es-Salaam	
2005	Young Africans Dar-es-S.	
2006	Young Africans Dar-es-S.	
2007	Simba SC Dar-es-Salaam	
2008	Young Africans Dar-es-S.	

Erfolg feierten die »Taifa Kubwa« (»großes Volk«) bzw. »Msimbazi Street Boys« 1974 im afrikanischen Pokalsiegerwettbewerb. Über den Linare FC aus Lesotho, den sambischen Armeeverein Green Buffaloes sowie den ghanaischen Spitzenklub Hearts of Oak erreichte das Team um Nationaltorhüter Athumani Mambosasa und Kapitän Abeid seinerzeit das Halbfinale, in dem es im Elfmeterschießen am ägyptischen Klub Mehall el-Kubra scheiterte. 1993 unterlag Simbas im Finale um den CAF Cup dem ivorischen Klub Stella Abidjan. 2003 schalteten die vom ehemaligen kenianischen Nationaltorhüter James Siangsa trainierten Rot-Weißen in der Champions League sensationell den ägyptischen Spitzenklub Zamalek Kairo aus und erreichten erstmals die Gruppenspiele.
[1936 | National (25.000) | 16 | 3]

■ **YOUNG AFRICANS DAR-ES-SALAAM**  Ebenso wie der Erzrivale Simba SC feierte auch der Young Africans SC (Yanga) bislang 16 Meistertitel. Die Wurzeln der landesweit populären »Jungen Afrikaner« reichen zurück in die 1930er Jahre und sind in der damals entstehenden Unabhängigkeitsbewegung des späteren Staatsgründers Julius Nyerere zu finden. Nach dem Zweiten Weltkrieg gab es eine entsprechend innige Verbindung zwischen Yanga und der für die Unabhängigkeit kämpfenden Nyerere-Partei TANU. 1968 sicherte sich Yanga ausgerechnet mit einem 5:0 im prestigeträchtigen Duell gegen den Erzrivalen Simba SC seinen ersten Meistertitel. Nachdem die Grün-Gelben 1969 und 1970 jeweils das Viertelfinale im afrikanischen Landesmeisterwettbewerb erreicht hatten, gewannen sie 1975 mit einem 2:0 im Finale gegen den Simba SC erstmals den CECAFA-Cup. Im selben Jahr kam es allerdings zur Spaltung, als sich die Ligamannschaft als Panafrican FC verselbständigte. Erst 1981 konnte Yanga anschließend auf den Meisterthron zurückkehren. In den 1990er Jahren gewann die Elf um den Kongolesen Shabani »Papii« Nonda zweimal den CECAFA-Cup (1993 und 1999), während sie 1998 als erster tansanischer Klub die Gruppenspiele der Champions League erreichte. Der Klub wird vom tansanischen Millionär Yusuf Manji unterstützt. [1930er | National (25.000) | 15 | 3]

■ **MAJI MAJI SONGEA** Dreifacher Landesmeister aus der Stadt Songea, die im Südosten des Landes liegt. Songea war zur Jahrhundertwende Hochburg der Widerstandsbewegung und 1905-07 Schauplatz des Maji-Maji-Aufstandes gegen die deutschen Kolonialherren. In Erinnerung an die gefallenen Kämpfer trägt der Klub seinen Namen. Maji steht in der Swahili-Sprache für »Wasser«. [3]

HELDEN | LEGENDEN

■ **ATHUMANI MAMBOSASA** Der langjährige Torhüter des Simba SC gilt als einer der besten Schlussmänner, die Ostafrika je hervorgebracht hat. In den 1970er Jahren eilte er sowohl mit seinem Verein als auch mit der Nationalmannschaft »Taifa Stars« von Erfolg zu Erfolg. 1974 trug er beim überraschenden Viertelfinaltriumph der Simbas im Afrikameisterschaftsspiel gegen Hearts of Oak Accra mit einem parierten Elfmeter sowie zahlreichen Glanztaten erheblich zu einem der größten Fußballerfolge Tansanias bei.

■ **SUNDAY MANARA** Erster tansanischer Fußballprofi, der ab 1978 in den Niederlanden bzw. den USA aktiv war. Der dribbelstarke Mittelstürmer stammt aus dem Nachwuchspool des Young African SC und war in den späten 1960er Jahren unter dem damaligen rumänischen Nationaltrainer Tansanias Victor Staneslescu Leistungsträger der »Taifa Stars«.

Nationaltrainer Marcio Maximo.

1980, als der Landesauswahl unter Trainer Joel Bendera zum einzigen Mal die Qualifikation zur Afrikameisterschaft gelang. In Nigeria konnte das Team jedoch nur der Elfenbeinküste einen Punkt abknöpfen und schied bereits in der Vorrunde aus. Als Sportminister Dandi Mwakawago die Landesauswahl drei Jahre später aufgrund ungenügender Leistungen kurzerhand aus dem internationalen Spielbetrieb zurückzog, setzten sich mit Charles Boniface, Zamoyoni Mogella, Lilla Shomari und Musa Kiwelo vier Leistungsträger ab, und Tansania blieb in 28 aufeinanderfolgenden Länderspielen ohne Sieg

Auch auf Vereinsebene geriet die Entwicklung ins Stocken. 1981 hatten die vier jeweils besten Teams der Ligen von Tanganjika und Sansibar in der Union League erstmals um die tansanische Landesmeisterschaft gestritten, als die administrativen Defizite und die zunehmende Wirtschaftskrise für einen schweren Rückschlag sorgten. Finanziell ausgeblutet und unter Korruption bzw. Misswirtschaft leidend, verharrte Tansanias Fußball anschließend auf geringem Niveau.

In den 1990er Jahren tauchten erste Hoffnungsschimmer auf. Die Öffnung des Landes für Marktwirtschaft und Demokratie ermöglichte es den Vereinen, erstmals aus ihrer politischen Funktion herauszutreten und sportliche Ziele in den Vordergrund zu rücken. 1993 erreichte der Simba SC das Finale um den CAF Confederations Cup (und verlor dort gegen Stella Abidjan), während Erzrivale Young Africans 1998 sogar die Gruppenspiele der Champions League erreichte. Im CECAFA-Cup dominierten Simba und Yanga unterdessen mit fünf Erfolgen zwischen 1991 und 1999 die Konkurrenz aus den anderen ostafrikanischen Ländern.

Doch die jahrzehntelange Misswirtschaft hatte tiefe Spuren hinterlassen. Die Reisen zu Auswärtsspielen auf maroden Überlandstraßen waren zeitraubend und die Stadien befanden sich in einem erbärmlichen Zustand. Kabinen bzw. Duschen gab es häufig nicht bzw. sie funktionierten nicht, und statt einer Grasnabe dienten staubige Sandfelder als Spielflächen. Zudem hatten die über Jahrzehnte gegängelten Vereine Probleme mit der Privatisierung, und tansanische Fußballer im europäischen Profilager gab es nicht. Hinzu kam die weiterhin sämtliche Lebensbereiche beherrschende Korruption. Der damalige Fußball-Generalsekretär Ismail Rage wurde 2004 wegen Bestechung und Diebstahl in sechs Fällen sogar für sechs Monate ins Gefängnis gesteckt.

Zwei Jahre zuvor hatte Sansibar für Aufregung gesorgt, als der dortige Verband ZFA als »associated member« der CAF beigetreten war und anschließend auch die Mitgliedschaft in der FIFA beantragt hatte. Das erfolgte vor dem Hintergrund zunehmender Autonomieforderungen Sansibars sowie der Hoffnung auf CAF- bzw. FIFA-Fördergelder und hatte erhebliche Auswirkungen auf das Binnenverhältnis des tansanischen Fußballs. Seit 2004 ruht die gemeinsame Landesmeisterschaft, und obwohl Sansibars Aufnahmegesuch von der FIFA abgelehnt wurde, ist das Verhältnis zwischen Festlandfußballern und denen der Insel zutiefst zerrüttet.

■ **TROTZ ALLER DEFIZITE** ist Tansania eine Fußballhochburg – allerdings eine ungewöhnliche. »Ein echter Tansanier ist Anhänger von Arsenal, Liverpool, Manchester United oder Chelsea«, staunte der britische Journalist Owen Walker 2005 nach einer Reise in den Osten Afrikas. Seitdem ist aber vieles in Bewegung geraten. Inzwischen haben sich erste private Fußballakademien etabliert, das Nationalstadion konnte mit chinesischer Hilfe modernisiert werden, und auch der Ligaspielbetrieb befindet sich auf dem Weg der Besserung. Mehrere Vereine haben Sponsoren gefunden, Legionäre aus den Nachbarländern erhöhten die Spielstärke vieler Teams, und die Zuschauerzahlen haben sich positiv entwickelt. Als das Traditionsduell zwischen Simba und Young Africans im Oktober 2008 über 70.000 Fans anlockte, obwohl es zeitgleich mit dem via TV zu verfolgenden Treffen zwischen Liverpool und Chelsea durchgeführt wurde, lobte Yangas kenianischer Torjäger Bernard Mwalala: »In Kenia ist der lokale Fußball tot und die Mannschaften spielen vor leeren Tribünen. Hier ist es anders. Es ist aufregend, und deshalb kommen wir hierher, wenn wir nicht nach Europa gehen können.«

Die vom Brasilianer Marcio Maximo trainierten »Taifa Stars« konnten derweil im September 2006 mit einem 2:1 über Burkina Faso erstmals seit neun Jahren wieder ein Pflichtspiel für sich entscheiden und rückten in der FIFA-Weltrangliste 2007 erstmals seit 1997 auf einen zweistelligen Platz vor.

TOGO

Fédération Togolaise de Football

Fußball-Bund Togo | gegründet: 24.1.1960 | Beitritt FIFA: 1962 | Beitritt CAF: 1963 | Spielkleidung: gelbes Trikot, grüne Hose, weiße Stutzen | Saison: Oktober - Juli | Spieler/Profis: 242.400/100 | Vereine/Mannschaften: 100/620 | Anschrift: Route Vegue, Case postale 5, Lomé | Telefon: +228-2618657 | Fax: +228-2615646 | Internet: www.ftf.tg | E-Mail: ftf@ftf.tg

Eine deutsch-togolesische Beziehung

Togo erreichte 2006 überraschend die WM in Deutschland

République Togolaise

Republik Togo | Fläche: 56.785 km² | Einwohner: 5.988.000 (106 je km²) | Amtssprache: Französisch, Kabyé, Ewe | Hauptstadt: Lomé (839.000) | Weitere Städte: Sokodé (101.000), Kara (95.000), Kpalimé (68.000), Atakpamé (68.000) | Währung: CFA-Franc | Zeitzone: MEZ -1h | Länderkürzel: TG | FIFA-Kürzel: TOG | Telefon-Vorwahl: +228

Deutschland bzw. Deutsche nehmen eine bemerkenswert zentrale Position in der Geschichte des Fußballs in Togo ein. Das westafrikanische Land, das vor dem Ersten Weltkrieg deutsche Kolonie war, feierte seine großen Fußballerfolge nämlich überwiegend unter deutschen Trainern: Dreimal führte der in seiner Heimat recht unbekannte Gottlieb Göller die »Éperviers« (»Sperber«) zum Endturnier der Afrikameisterschaft, einmal gelang dies dem Thüringer Eberhard Vogel, und als Togo 2006 zum ersten Mal zu einer WM reiste, fand das Turnier in Deutschland statt, während an der Seitenlinie der Rheinländer Otto Pfister das Zepter schwang.

■ **DEUTSCHLAND - UND DEUTSCHE -** genießen hohen Respekt in dem schmalen Land, das von Ghana, Burkina Faso und Benin eingerahmt ist und einst Teil der berüchtigten »Sklavenküste« war. 1884 unter deutsche »Schutzherrschaft« gestellt, betrachtete Berlin die Region als »Musterkolonie« und sorgte für eine Bahnlinie entlang der Küste, diverse Schulen sowie Plantagen für Kaffee und Kakao.

Im Ersten Weltkrieg übernahmen britische und französische Truppen die Kontrolle über Deutsch-Togoland, das 1922 in den der britischen Kolonie Goldküste (heute Ghana) zugeschlagenen Westen sowie den französischen Osten geteilt wurde. Letzterer bildet heute die maximal 120 km breite und 600 km lange Republik Togo, die mit knapp sechs Mio. Einwohnern zu den afrikanischen Kleinstaaten zählt.

Zwischen den Weltkriegen entwickelte sich eine Unabhängigkeitsbewegung, die von dem Ewe Sylvanus Olympio angeführt wurde. Nach dem Zweiten Weltkrieg verstärkten sich die Forderungen nach der Entlassung aus der Kolonialherrschaft und der Wiedervereinigung beider Landesteile. Letzerem widersprachen 1956 bei einem Referendum die Westtogolesen, die mit überwältigender Mehrheit für einen Verbleib bei Ghana votierten.

■ **VIER JAHRE SPÄTER** wurde der französische Osten als Republik Togo (eine Wortkreation aus den Ewe-Wörtern »to« – Gewässer – und »go« – Ufer) in die Unabhängigkeit entlassen und geriet nahezu übergangslos in innen- wie außenpolitische Turbulenzen. Den ersten Staatspräsidenten Olympio interessierte seinerzeit vor allem die Wiedervereinigung der Siedlungsgebiete seiner Ewe-Volksgruppe, was bei anderen Volksgruppen des multiethnischen Landes auf Widerstand stieß.

Im Januar 1963 wurde Olympio bei einem Militärputsch erschossen und sein Gegenspieler Nicolas Grunitzky übernahm die Führung. 1967 ergriff dann der erst 31-jährige Oberstleutnant Etienne Eyadéma die Macht. Eyadéma, von dem Gerüchte besagen, er habe Ex-Staatspräsident Olympio persönlich erschossen, zurrte seine Führung in der Folgezeit mit eiserner Faust, aber auch taktischem Geschick zunehmend fester.

1974 erließ er ein Programm zur »Erweckung des nationalen Bewusstseins«, schaffte sämtliche französischen Namen ab, erhob Kabyé und Ewe zu Amtssprachen und gab sich selbst den afrikanischen Vornamen Gnassingbe. Sein ehrgeiziges Industrialisierungsprogamm blieb indes erfolglos, und als fallende Weltmarktpreise Togos Wirtschaftslage verschlechterten, kam es Mitte der 1980er Jahre zu einer Reihe von fehlgeschlagenen (bzw. inszenierten) Putschen. Eyadéma reagierte darauf mit brutalen Repressionen, die sein Land in die internationale Isolation trieben.

TEAMS | MYTHEN

■ **MARANATHA FC FIOKPO** Der Landesmeister von 2006 ist ein ungewöhnlicher Verein. Im Herzen der von den Ewe dominierten Provinz Fiokpo ansässig, sind die in Womé spielenden Rot-Weißen fest im jüdischen Umfeld verankert. Der Vereinsname ist Hebräisch und steht für »Jesus' Rückkehr«. [1997 | 1 | 1]

■ **ASKO KARA** Vierfacher Landesmeister aus der Stadt Kara, die im heißen Norden des Landes liegt. Die Schwarz-Gelben wurden 1978 gegründet und errangen 1988 ihren ersten Titel. Die Association Sportive de la Kozah ist der Präfektur von Kozah unterstellt und wird vom ehrgeizigen Präsidenten Bernard Walla angeführt. [1978 | 4 | 4]

■ **ÉTOILE FILANTE DE LOMÉ** Die Erfolge von Lomés »Altmeister« liegen lange zurück. Seinen letzten von insgesamt 18 Meistertiteln errang Étoile Filante (»Sternschnuppen«) im Jahr 1992, und der größte Erfolg der Vereinsgeschichte wurde sogar schon 1960 gefeiert, als man sich im Finale um den Pokal der westafrikanischen Föderation gegen Jeanne d'Arc Bamako (heute Stade Malien) durchsetzte. Der am 15. Februar 1933 gegründete Klub zählt zu den ältesten Vereinen des Landes. 1934 war das von französischen Kolonialisten gegründete Team erstmals Stadtmeister von Lomé geworden und hatte den nationalen Spielbetrieb bis zur Unabhängigkeit 1960 nahezu im Alleingang beherrscht. Herausragende Kraft war seinerzeit der spätere Nationalmannschaftskapitän Fovi Osca, der zwischen 1950 und 1963 für Étoile Filante die Stiefel schnürte. Nach der Unabhängigkeit Togos verteidigte der Klub zunächst seine führende Position und wurde bis 1968 – inzwischen von Fovi Osca trainiert – sechsmal Landesmeister. 1968 erreichten die Blau-Weißen in der kontinentalen Landesmeisterschaft zudem das Halbfinale, in dem sie am kenianischen Klub Abaluhya United (heute AFC Léopards) scheiterten. Ein Jahr später kam im Viertelfinale gegen denselben Gegner das Aus. Mit der Afrikanisierungspolitik von Diktator Eyadéma wurde Étoile Filante 1974 gemeinsam mit dem langjährigen Erzrivalen Modèle sowie Armeeklub Dynamic Togolais zu Lomé 1 vereint. Nachdem das als nationales Aushängeschild konzipierte Team sowohl 1975 als auch 1977 jeweils im Halbfinale der Kontinentalmeisterschaft am guineischen Spitzenklub Hafia FC Conakry gescheitert war, wurde es 1978 aufgelöst und ging in den wiedergegründeten Stammvereinen auf. Étoile Filante büßte seine sportliche Stärke jedoch dauerhaft ein und vermochte lediglich 1992 noch einmal die Landesmeisterschaft zu erringen. Zwei Jahre später folgte ein letzter Triumph im Landespokal. [15.2.1933 | Oscar Anthony (10.000) | 7 | 4]

■ **MODÈLE LOMÉ** Stellte in der ersten Dekade nach der Unabhängigkeit gemeinsam mit Étoile Filante die dominierenden Teams der Stadtliga von Lomé. Neben vier Landesmeisterschaften ragt der Einzug in das Finale um den Pokal der westafrikanischen Konföderation 1959 aus den Annalen heraus. Seinerzeit unterlag man Saint-Louisienne aus Senegal. Der Klub floss 1974 mit Étoile Filante und Dynamo Togolais zu Lome 1 zusammen, ehe er vier Jahre später neugegründet wurde. Seinerzeit entstand mit Entende Lomé noch ein weiterer Klub, der sich auf die Modèle-Historie beruft. Keiner der beiden Klubs konnte jedoch an die Erfolge des »alten« Modèle-Vereins anknüpfen.

■ **DYNAMO TOGOLAIS LOMÉ** Der togolesischen Armee unterstellter Klub, der mit fünf Meistertiteln seit 1960 die nationale Nummer drei ist. Größter internationaler Erfolg von »Dyto« war das Erreichen des Viertelfinals im afrikanischen Landesmeisterwettbewerb 1971, als man an Canon Yaoundé scheiterte. Der Klub wurde

Als der Diktator 2005 nach 38 Jahren der Alleinherrschaft verstarb, übernahm sein Sohn Faure Gnassingbé in einer offenkundig manipulierten Wahl die Macht, woraufhin es zu gewaltsamen Unruhen kam. Inzwischen hat sich die Lage zwar beruhigt, Togo steht aber noch immer im Visier von Menschenrechtsgruppen.

■ **DIE JÜNGEREN POLITISCHEN** Turbulenzen hinterließen auch im Fußball ihre Spuren. So wollte Nationaltrainer Otto Pfister 2006 mit seinem schlagzeilenträchtigen Rücktritt unmittelbar vor dem WM-Auftaktspiel gegen Südkorea auf die ausbleibenden Prämienzahlungen durch den Nationalverband aufmerksam machen, dessen Geschäfte seinerzeit der als korrupt geltende Präsidentenbruder Rock Balakiyem Gnassingbé leitete.

Die Geschichte des Fußballs in Togo reicht zurück bis in die frühen 1930er Jahre. In der benachbarten Goldküste (heute Ghana) stand das Spiel seinerzeit längst in voller Blüte, als französische Kolonialisten auch in Französisch-Togo den Grundstein für eine Fußballgemeinde legten. Ihr Zentrum war die heutige Hauptstadt Lomé, die mit ihrer kolonialen Architektur eine Hochburg europäischen Lebens in Westafrika darstellte und in der am 28. Mai 1932 mit der Union Sportive du Togo der erste Fußballklub des Landes entstand.

Ihm folgten weitere Vereine wie Étoile Filante, Modèle und Naval, wobei sich neben dem Fußball auch der Radsport sowie das bis heute populäre Rugby etablierten. 1934 wurde eine auf Lomé beschränkte Stadtliga ins Leben gerufen, deren beherrschendes Team Pionierklub Étoile Filante wurde. Bis zur Unabhängigkeit Togos im Jahre 1960 sicherten sich die Blau-Weißen elf der 15 Meisterschaften.

Mit dem Ende der Kolonialära nach dem Zweiten Weltkrieg wurde aus dem von Weißen geprägten Fußball in Togo allmählich ein von Einheimischen dominierter Sport. 1954 entstand der Vorläufer der 1960 ausgerufenen Fédération Togolaise de Football, die 1962 der FIFA und 1963 der CAF beitrat. Schon im Oktober 1956 war erstmals eine von Fovi Osca angeführte Auswahlmannschaft aufgelaufen und hatte ein 1:1 gegen die Goldküste (Ghana) erzielt. 1968 debütierte Togos zunächst »Akoto« (»Muschelschale«) genannte Nationalelf in der Afrikameisterschaft und nahm 1974 erstmals an der WM-Qualifikation teil.

Der nationale Spielbetrieb konzentrierte sich zunächst auf die Hauptstadt Lomé, wo neben Étoile Filante auch Modèle sowie die Militärelf von Dynamo Togolias (»Dyto«) herausragte. Nahezu alle Spiele wurden im zu Kolonialzeiten errichteten Nationalstadion ausgetragen, wobei die karge Infrastruktur sowie die finanzielle Ausstattung den Klubs nur wenig Gestaltungsraum ließen. Größter internationaler Erfolg war der Gewinn des Pokals der Westafrikanischen Föderation 1965 durch Étoile Filante Lomé. Vier Jahre später erreichten die Blau-Weißen in der Kontinentalmeisterschaft immerhin das Halbfinale, in dem sie an der kongolesischen Elf TP Englebert Lubumbasha scheiterten.

■ **IM RAHMEN EINES** Abkommens mit der Bundesrepublik Deutschland kam 1966 mit Otto Westphal erstmals ein deutscher Fußballtrainer in die kleine westafrikanische Republik. Seine Nachfolge trat im März 1970 der ehemalige Regionalligaspieler bzw. -trainer Gottlieb Göller (u.a. 1. FC Nürnberg, SV Alsenborn) an, der in Lomé eine Trendwende einleitete. Göller übernahm das Training des Spitzenklubs Modèle Lomé und entwarf gemeinsam mit Verbandschef Séyi Mèmène ein umfassendes Entwicklungskonzept. Dazu zählte die Förderung der nationalen Spitzenvereine, die Ausbildung einheimischer Trainer, die verstärkte Präsenz des Fußballs an den Schulen des Landes sowie die Unterstützung der Vereine bei internationalen Spielen. Zudem lenkte Göller den Blick über die Hauptstadt Lomé hinaus und kümmerte sich erstmals auch in der Provinz um die Talentsichtung.

Seine Arbeit zeigte Wirkung, als sich die »Akoto« 1972 erstmals für das Endturnier der Afrikameisterschaft qualifizierten. In Kamerun vermochte die Elf um Edmond Apeti (»Docteur Kaolo«) und Torhüter Tommy Sylvestre mit zwei Unentschieden und einer Niederlage gegen den Gastgeber zwar einen positiven Eindruck zu hinterlassen, schied aber dennoch bereits in der Vorrunde aus.

■ **ANSCHLIESSEND VERDRÄNGTEN** die politischen Turbulenzen im Land den Fußball aus den Schlagzeilen. Das Programm von Staatschef Eyadéma zur Stärkung der afrikanischen Identität sowie die Ächtung französischer Begriffe bzw. Kultur führten 1974 zu umfassenden Reformen, die auch die Auflösung der bestehenden Fußballvereine beinhalteten. Stattdessen entstanden u. a. vier Loméer Großsportgemeinschaften, die von der öffentlichen Hand gelenkt wurden. Dabei wurden die Spitzenvereine Étoile Filante, Modèle und Dynamic Togolais zu Lome 1 zusammengefasst, vereinten Unisport und Essor als Lome 2 die Kräfte, wurden Alliance, Freedom Star, Venus und Dragons zu Lome 3 und der Racing Club, Real, Hearts of Oak sowie die US du Bénin zu Lome 4.

Lome 1 erreichte anschließend zweimal das Halbfinale in der Kontinentalmeisterschaft,

● **FIFA World Ranking**

1993	1994	1995	1996	1997	1998	1999	2000
113	86	92	87	78	68	87	81
2001	2002	2003	2004	2005	2006	2007	2008
71	86	94	89	56	90	72	86

● **Weltmeisterschaft**
1930-70 nicht teilgenommen **1974-2002** Qualifikation **2006** Endturnier (Vorrunde) **2010** Qualifikation

● **Afrikameisterschaft**
1957-65 nicht teilgenommen **1968-70** Qualifikation **1972** Endturnier (Vorrunde) **1974** nicht teilgenommen **1976-82** Qualifikation **1984** Endturnier (Vorrunde) **1986-88** Qualifikation **1990** nicht teilgenommen **1992** Qualifikation **1994** nicht teilgenommen **1996** Qualifikation **1998** Endturnier (Vorrunde) **2000** Endturnier (Vorrunde) **2002** Endturnier (Vorrunde) **2004** Qualifikation **2006** Endturnier (Vorrunde) **2008-10** Qualifikation

scheiterte aber sowohl 1975 als auch 1977 am Hafia FC Conakry aus Guinea. Nach nur vier Jahren kam es zu einer »Reform der Reform«, mit der die Großsportgemeinschaften schon wieder aufgelöst wurden und die Traditionsklubs neu entstanden. Das damit einhergehende Tohuwabohu wirkte sich insgesamt schädlich auf den Fußball in Togo aus, zumal es viele Bereiche berührte. Erfolgstrainer Göller hatte das Land zwischenzeitlich verlassen, und Erfolge auf der internationalen Ebene wurden rar. Zudem trat im nationalen Spielbetrieb eine dramatische Zentrenverschiebung ein, als mit dem AC Semassi Sokodé ein Klub die Führungsrolle übernahm, der aus dem muslimisch geprägten Landeszentrum stammt.

■ **ERST IN DEN SPÄTEN** 1970er Jahren konnte sich der togolesische Fußball etwas erholen. 1982 kam Gottlieb Göller zurück und erwies sich abermals als Glücksbringer. Die von ihm zusammengestellte Landesauswahl wurde 1982 westafrikanischer Vizemeister, ehe sich Togo 1984 zum zweiten Mal für die Afrikameisterschaft qualifizierte. Beim Endturnier in der Elfenbeinküste vermochte das Team um Rafiou Moutairou, Sounou, Sanounou und Wazo allerdings abermals nicht über die Vorrunde hinauszukommen.

Togos Fußballhistorie blieb turbulent. Nach der Afrikameisterschaft wurde Verbandschef Séyi Mèmène geschasst, woraufhin auch Göller sein Amt niederlegte. Unter ständig wechselnden Verbandsführungen bzw. Nationaltrainern fiel das Land im internationalen Vergleich weit zurück. Herausragender Erfolg war die Qualifikation der U20-Auswahl um Libero Affo Atti für die Weltmeisterschaft 1987 in Chile sowie der Einzug von Agaze Lomé in das Endspiel um den afrikanischen Pokalsiegerwettbewerb 1983 (0:1 bzw. 0:0 gegen Al-Mokaoulun, Ägypten). Ein Jahr später erreichte AC Semassi Sokodé das Halbfinale im Landesmeisterwettbewerb.

Die 1990er Jahre waren überschattet von den wirtschaftlichen und politischen Schwierigkeiten unter Diktator Eyadéma. Während zahlreiche Spitzenfußballer ins Ausland wechselten (dort jedoch bis auf wenige Ausnahmen nicht über zweit- oder drittklassige Vereine in Frankreich und Belgien hinauskamen), fand sich Togo 1993 in der ersten FIFA-Weltrangliste weit abgeschlagen auf Position 113 wieder.

Im selben Jahr kehrte Séyi Mèmène auf den Posten des nationalen Verbandschefs zurück und leitete eine Wende ein. 1996 holte er Gottlieb Göller nach Lomé zurück, der sich umgehend um eine Modernisierung des nationalen Spielbetriebs kümmerte, um den Exodus der nationalen Fußballtalente einzudämmen. Alsdann formte er eine Landesauswahl aus Europalegionären wie Jean-Paul Abalo (Amiens), Affo Atti (Charleroi), Bachirou Salou (Duisburg) und Jacques Goumai (St. Pauli) sowie einheimischen Kräften wie Torhüter Napo Nibombé Waké, mit der Togo 1998 zum dritten Mal die Afrikameisterschaft erreichte. Beim Endturnier in Burkina Faso hatten die inzwischen von Eberhard Vogel trainierten Westafrikaner jedoch Pech, als einer Auftaktniederlage gegen die DR Kongo ein 2:1 über den hocheingeschätzten Nachbarn Ghana folgte, sie Tunesien im abschließenden Gruppenspiel jedoch mit 1:3 unterlagen und damit die Koffer packen mussten.

Anschließend konnte sich das 3,7 Mio.-Einwohner-Land allerdings zunehmend in der westafrikanischen Fußballelite etablieren. Auch 2000, 2002 und 2006 qualifizierten sich die Gelb-Grünen für die Afrikameisterschaft, während sie 2000 einen neuen Spitznamen erhielten, als ein Reporter des nationalen TV-Senders »TV7« den Begriff »les Épervier« (»die Sperber«) aufbrachte, der das bis dahin übliche »Akoto« ablöste.

■ **UNTERDESSEN ETABLIERTEN** sich mehrere Togolesen im europäischen Profifußball. Neben Bundesligaprofi Bachirou Salou betraf das vor allem »Épervier«-Kapitän Jean-Paul Yaovi Abalo, der zu einer verlässlichen Größe beim französischen Zweitligisten Amiens wurde, Mittelfeldspieler Yao Aziawonou (Schweiz), Torhüter Kossi Agassa (FC Metz) sowie Mamam Cherif Touré (1. FC Nürnberg, Hannover 96).

2001 stieg dann der Stern von Emmanuel Adebayor auf, der Togos erster Fußball-Weltstar werden sollte. Der ebenso brillante wie eigenwillige Mittelstürmer begann seine Karriere beim FC Metz und wurde im Januar 2006 von Arsène Wenger zu Arsenal London geholt, wo er sich rasch einen Stammplatz erkämpfte. Auch in der togolesischen Nationalelf avancierte das togolesische »Enfant terrible« zum Leistungsträger – allerdings auch zum ständigen Unruheherd…

Ohnehin ging es im ab 1998 vom Diktatorensohn Rock Balakiyem Gnassingbé geführten Landesverband erneut turbulent zu. »Er tut nichts und hat keine Ahnung, was seine Spieler brauchen«, fällte Ex-Nationaltrainer Göller 2000 ein vernichtendes Urteil über den mächtigen Fußballchef, der auch 2006 für

1974 gemeinsam mit Étoile Filante und Modèle Lomé zu Lome 1 zusammengefasst und konnte erst nach 1978 wiedergegründet werden. 1997, 2001 und 2004 errangen die Armeekicker drei weitere Landesmeisterschaften. [Agoè-Nyivé (10.000) | 5 | 3]

■ **AC SEMASSI SOKODÉ** Mit neun Titeln gegenwärtig Rekordmeister Togos. Der Klub stammt aus Sokodé, der nach Lomé zweitgrößten Stadt des Landes, die im Zentrum Togos liegt. Sokodé ist berühmt für seine Moschee und wird überwiegend von Muslimen bewohnt. Der Klub errang unmittelbar nach der zweiten Sportreform 1978 seine erste Landesmeisterschaft und wurde 1984 von Trainerlegende Fovi Osca bis ins Halbfinale um die kontinentale Landesmeisterschaft geführt. Seinerzeit scheiterte man am nigerianischen Klub Shooting Stars. Die großen Namen jener Epoche waren Yérima Atcha, Ouro-Abasse, Alassani Nassirou und Amékelou Sokpe. Nach drei Titelgewinnen in Folge (1981-83) dauerte es bis 1993, ehe die Landesmeisterschaft abermals nach Sokodé ging. Wenngleich Semassi Sokodé seit 1999 ohne zählbare Erfolge ist, gehört der Klub unverändert zu den stärksten im togolesischen Fußball. [9 | 3]

HELDEN | LEGENDEN

■ **EMMANUEL ADEBAYOR** Exzentrischer Superstar und Togos erster und bislang auch einziger Fußball-Weltstar. Der Torjäger mit nigerianischem Hintergrund wechselte 1998 vom unterklassigen Sporting Club de Lomé zum FC Metz, für den er bis 2003 am Ball war.

Anschließend beim AS Monaco aktiv (Champions-League-Finalist 2004), wurde Adebayor 2006 von Arsène Wenger zu Arsenal London geholt und etablierte sich als erster Togolese in der englischen Premier League. Obwohl auch für Nigeria spielberechtigt, entschied sich der kopfballstarke 1,91-m-Angreifer für Togos »Épervier«, mit denen er 2006 und 2008 an der Afrikameisterschaft teilnahm. Sportlich unverzichtbar, hat der bisweilen exzentrische bzw. eigensinnige Adebayor abseits des Spielfeldes bereits mehrfach für Aufregung gesorgt. Im Januar 2006 wurde Togos erfolgreicher Nationaltrainer Stephen Keshi (WM-Qualifikation 2006) nicht zuletzt auf Adebayors Betreiben hin entlasssen, weil er den Superstar im Auftaktspiel der Afrikameisterschaft in Ägypten übergangen hatte. Einer unspektakulären Vorstellung bei der WM 2006 in Deutschland folgte 2008 erstmals die Wahl zu Afrikas Fußballer des Jahres. Von 2005 bis 2008 wurde Adebayor zudem alljährlich zu Togos Fußballer des Jahres gewählt. [*26.2.1984 | 38 LS/34 Tore]

■ **EDMOND APITHY** »Kaolo« genannter Stürmer, der 1972 gemeinsam mit Torhüter Tommy Sylvestre und Verteidiger Hermann Hounkpatin entscheidend an der erstmaligen Qualifikation Togos für eine Afrikameisterschaft beteiligt war. Wenige Monate nach dem Turnier in der Elfenbeinküste, bei dem Apithy vier Treffer gelungen waren, kam der in Diensten von Etoile Filante Lomé stehende Angreifer am 2. Juli 1972 bei einem Motorradunfall ums Leben.

■ **KARIMOU DJIBRILL** Erster togolesischer Fußballprofi, der Ende der 1950er Jahre in Frankreich aktiv war. Der Stürmer von Etoile Filante trug von 1958-65 das Jersey des AS Monaco und feierte mit den Monegassen zweimal die Landesmeisterschaft. 1964 nach Toulon gewechselt, beendete er 1967 seine Laufbahn. [*6.6.1933]

■ **FOVI OSCA** Herausragender Akteur der 1950er Jahre, der nach Beendigung seiner aktiven Laufbahn erfolgreicher Trainer wurde. Osca begann 1944 bei Forêt Lomé mit dem Fußballspielen und wechselte 1950 zu Étoile Filante, für die er bis 1962 am Ball sein sollte. Zu seinen größten Erfolgen zählen der Gewinn der Meisterschaft der Westafrikanischen Konföderation 1960, der Einzug ins Finale bzw. Halbfinale der afrikanischen Kontinentalmeisterschaft mit Étoile Filante 1968 und 1969 sowie das Erreichen des kontinentalen Halbfinals 1984 mit Semassi Sokodé. [*1928 †24.3.1988]

■ **BAHIROU SALOU**  Etablierte sich als einer der ersten togolesischen Fußballer in einer europäischen Spitzenliga und bestritt insgesamt 253 Spiele in der 1. Bundesliga. Hervorgegangen aus dem Agaza OC Lomé wurde Salou 19-jährig vom kamerunischen Provinzklub Panthere de Bangangte unter Vertrag genommen und wechselte 1990 zu Borussia Mönchengladbach. Trotz 86 Spielen (13 Tore) für die »Fohlen« schaffte Salou aber erst nach seinem Wechsel zu den Duisburger »Zebras« (1995) den Durchbruch und wurde mit seiner sympathischen Art und seiner Antrittsschnelligkeit zum »König von Meiderich«. Spätere Engagements bei Borussia Dortmund, Eintracht Frankfurt und Hansa Rostock verliefen weniger erfolgreich für den Torjäger, der zuletzt 2006 für den Verbandsligisten SC Kapellen-Erft die Schuhe schnürte. [*15.9.1970 | 39 LS]

Bei der WM 2006 traf Togo (hier Yao Senaya) auf Ex-Kolonialherr Frankreich.

Jahr	Meister	Pokalsieger
1934	Etoile Filante Lomé	
1936/37	Etoile Filante Lomé	
1937/38	Etoile Filante Lomé	
1940	Etoile Filante Lomé	
1945	Etoile Filante Lomé	
1946/47	Etoile Filante Lomé	
1947/48	Etoile Filante Lomé	
1949	Etoile Filante Lomé	
1952/53	Etoile Filante Lomé	
1954	Essor Lomé	
1955	Essor Lomé	Essor Lomé
1956	Essor Lomé	Etoile Filante Lomé
1957	Essor Lomé	
1958	-	Etoile Filante Lomé
1958/59	Etoile Filante Lomé	
1960	Etoile Filante Lomé	
1961	Etoile Filante Lomé	Etoile Filante Lomé
1962	Etoile Filante Lomé	
1963	unbekannt	
1964	Etoile Filante Lomé	
1965	Etoile Filante Lomé	
1966	Modèle Lomé	
1967	Etoile Filante Lomé	
1968	Etoile Filante Lomé	
1969	Modèle Lomé	
1970	Dynamic Togolais Lomé	
1971	Dynamic Togolais Lomé	
1972	Modèle Lomé	
1973	Modèle Lomé	
1974	Lomé 1	Omnisports
1975	Lomé 1	ASKO Kara
1976	Lomé 1	
1977	nicht ausgespielt	Edan Lomé
1978	Semassi Sokodé	nicht ausgespielt
1979	Semassi Sokodé	Agaza Lomé
1980	Agaza Lomé	Semassi Sokodé
1981	Semassi Sokodé	Agaza Lomé
1982	Semassi Sokodé	Semassi Sokodé
1983	Semassi Sokodé	nichtg ausgespielt
1984	Agaza Lomé	Agaza Lomé
1985	ASFOSA Lomé	Foadam Dapaong
1986	ASFOSA Lomé	Entente 2 Lomé
1987	Doumbé Sansanné-Mango	ASKO Kara
1988	ASKO Kara	Agaza Lomé
1989	ASKO Kara	Entente 2 Lomé
1990	Ifodjè Atakpamé	Semassi Sokodé
1991	nicht ausgespielt	nicht ausgespielt
1992	Etoile Filante Lomé	nicht ausgespielt
1993	Semassi Sokodé	nicht ausgespielt
1994	Semassi Sokodé	Etoile Filante Lomé
1995	Semassi Sokodé	ASKO Kara
1996	ASKO Kara	Doumbé FC S.-Mango
1997	Dynamic Togolais Lomé	nicht ausgespielt
1998	nicht ausgespielt	nicht ausgespielt
1999	Semassi Sokodé	Agaza Lomé
2000	nicht beendet	
2001	Dynamic Togolais Lomé	Dynamic Togolais Lomé
2002	AS Douane Lomé	Dynamic Togolais Lomé
2003		Maranatha FC Fiokpo
2003/04	Dyn. Togolais Lomé	AS Douane Lomé
2004/05	AS Douane Lomé	Dynamic Togolais Lomé
2005/06	Maranatha FC Fiokpo	AS Togo-Port Lomé
2006/07	ASKO Kara	nicht ausgespielt
2007/08	nicht ausgespielt	nicht ausgespielt

Aufregung sorgte. Unter dem nigerianischen Trainer Stephen Keshi war »les Épervier« seinerzeit erstmals die Qualifikation zu einer Weltmeisterschaft gelungen. Der größte sportliche Erfolg in der Geschichte des kleinen Landes war allerdings überschattet von politischen Unruhen nach dem Tod von Diktator Eyadéma sowie der umstrittenen Inthronisierung seines Sohnes Faure Gnassingbé als Nachfolger im Präsidentenamt, die Togo an den Rand eines Bürgerkriegs brachten. Nachdem sich die politische Situation allmählich beruhigt hatte, sorgte Gnassingbé im Frühjahr des WM-Jahres 2006 für Schlagzeilen, als er den just zum afrikanischen »Trainer des Jahres« gewählten Stephan Keshi völlig überraschend entließ. Grund: Keshi hatte sich während der Afrikameisterschaft in Ägypten mit Superstar Emmanuel Adebayor angelegt und war mit seinem Team zudem bereits in der Vorrunde ausgeschieden.

Seine Entlassung war der Auftakt zum wohl turbulentesten Jahr der togolesischen Fußballgeschichte. Wenige Wochen vor dem WM-Start übernahm der afrikaerfahrene Otto Pfister das Traineramt – um es noch vor dem ersten WM-Spiel wieder niederzulegen. Pfister wollte damit ein Zeichen setzen, weil seine Spieler die zugesicherten Prämien für die WM-Qualifikation nicht erhalten hatten. Nachdem zunächst Winnie Schäfer einspringen sollte, kehrte der Rheinländer schließlich wenige Stunden vor dem WM-Auftaktspiel gegen Südkorea auf die Bank zurück.

Sportlich gab es kein Happy-End. Der im französischen Guingamp spielende Mohamed Kader Touré brachte die »Épervier« zwar nach einer Stunde in Führung, doch sein Treffer blieb der einzige togolesische im gesamten Turnierverlauf. Nach drei Niederlagen (1:2 gegen Südkorea, 0:2 gegen die Schweiz und 0:2 gegen Ex-Kolonialherr Frankreich) musste die Adebayor-Elf bereits nach der Vorrunde abreisen.

Die Turbulenzen setzten sich anschließend fort und erreichten im September 2007 ihren tristen Höhepunkt, als togolesische Fans beim Qualifikationsspiel zur Afrikameisterschaft gegen Mali ausrasteten und gegnerische Spieler angriffen. Während die 0:2-Heimniederlage Togo sämtliche sportlichen Chancen auf das Endturnier in Ghana kostete, verhängte die FIFA eine Spielsperre für das Nationalstadion in Lomé. Gemeinsam mit ständigen Trainerwechseln, einer fatalen Vetternwirtschaft auf der Verbandsebene sowie einer grassierenden Korruption sorgte der Vorfall für ein trauriges Ende des togolesischen Fußball-Höhenfluges.

Auf internationaler Klubebene hat das Land in jüngerer Vergangenheit zumeist nur eine Nebenrolle gespielt. Mit Semassi Sokodé, ASKO Kara, Dynamic Togolais Lomé sowie AS Douane Lomé konkurrieren inzwischen vier Mannschaften um die nationale Führungsrolle, von denen keine international wettbewerbsfähig ist. Angesichts des anhaltenden Spielerexodus sind den finanziell maroden Klubs in ihrer sportlichen Entwicklung enge Grenzen gesetzt, zumal keiner von ihnen Profiverhältnisse anbieten kann.

Die fußballerische Infrastruktur im Land ist marode, die Nachwuchsarbeit der meisten Vereine ist schlecht aufgestellt und eine Konzentration der besten Spieler findet nicht statt. Vieles basiert auf Zufall oder ist dem persönlichen Engagement Einzelner zu verdanken, während die Saison 2007/08 ausfiel. Nein, es steht nicht gut um Togos Fußball.

TSCHAD

Fédération Tchadienne de Football

Tschadischer Fußball-Bund | gegründet: 1962 | Beitritt FIFA: 1964 | Beitritt CAF: 1964 | Spielkleidung: blaues Trikot, gelbe Hose, rote Stutzen | Spieler/Profis: 429.750/0 | Vereine/Mannschaften: 50/148 | Anschrift: Case postale 886, N'Djamena | Telefon: +235-518740 | Fax: +235-523806 | Internet: keine Homepage | E-Mail: ftfa@intnet.td

Ein Land liegt brach

Tschads fußballerische Entwicklung ist erheblich vom Bürgerkrieg beeinflusst worden

**République du Tchad
Jumhūriyyat Tshād**

Republik Tschad | Fläche: 1.284.000 km² | Einwohner: 9.448.000 (7,4 je km²) | Amtssprache: Französisch, Arabisch | Hauptstadt: N'Djamena (796.853) | Weitere Städte: Moundou (281.477), Sarh (198.113), Bongor (194.992), Abéché (187.757) | Währung: CFA-Francs | Zeitzone: MEZ | Länderkürzel: TD | FIFA-Kürzel: CHA | Telefon-Vorwahl: +235

Der Tschad, exakt an der Schnittstelle zwischen Nord- und Zentralafrika gelegen, spiegelt sämtliche ethnischen, politischen, wirtschaftlichen und konfessionellen Probleme der Sahelzone wider. Das lange von den islamischen Kräften im Norden beeinflusste Land ist das korrupteste der Welt und befindet sich seit nunmehr 40 Jahren im bewaffneten Konflikt mit sich selbst. Rebellengruppen, Militärs und zweifelhafte Präsidenten wechselten einander an der Führung ab, während sich die Lebensbedingungen im Land dramatisch verschlechterten. Ein rapider Preisverfall für Baumwolle sowie katastrophale Dürren ließen das Land in den 1970er Jahren zum traurigen Symbol für jenen aussichtslosen Zustand werden, in dem sich der afrikanische Kontinent aus Sicht der westlichen Mächte insgesamt befindet.

■ **DABEI IST NICHT ZULETZT** die vom Westen geprägte Kolonialepoche verantwortlich für das Dilemma des Tschads. Zuvor war der Tschad eine wichtige Brücke für den Sklaven- bzw. Transsahara-Handel zwischen Mittelmeer und Schwarzafrika. 1890 drangen französische Truppen vor und unterwarfen das Land gegen den Widerstand vor allem der Wüstenvölker des Nordens. 1910 wurde es mit Gabun, der heutigen Republik Kongo sowie der Zentralafrikanischen Republik in der Kolonie »Französisch-Äquatorialafrika« zusammengefasst und erhielt zwischen den beiden Weltkriegen seine heutigen Grenzen, die die ethnischen Lebensräume unberücksichtigt ließen.

Die Bevölkerung Tschads setzt sich aus fast 200 Ethnien zusammen. Der Norden ist vorwiegend arabisch-islamisch, der Süden hingegen animistisch bzw. christlich geprägt. Nur im südlichen Tschadbecken ist Ackerbau möglich, weshalb dort rund die Hälfte der Bevölkerung zu finden ist. Im dünn besiedelten Norden hingegen leben überwiegend halbnomadisierende Viehhirten.

Prägende kulturelle, wirtschaftliche und religiöse Kraft war jahrhundertelang der arabische Norden (insbesondere Libyen), unter dem die Völker des Südens versklavt wurden. 1960 in die Unabhängigkeit entlassen, entwickelte sich die brisante Konstellation unter dem ersten (und aus dem Süden stammenden) Staatschef François Tombalbaye zu einem Riss, da sich die Muslime des Nordens von Tombalbayes Politik benachteiligt sahen. Als daraufhin 1966 die islamistische Befreiungsbewegung FROLINAT (Front de Libération Nationale Tchadien) entstand, wurde der Tschad zum Bürgerkriegsschauplatz.

■ **ANGESICHTS SEINER BLUTIGEN** jüngeren Geschichte hat der Tschad im Fußball noch nicht allzu viel Ruhm anhäufen können. Größte Erfolge waren drei zweite Plätze im von den ehemaligen französischen Kolonien ausgespielten CEMAC- bzw. UDEAC-Cup 1986, 1987 und 2005. Bekanntester Name ist der von Japhet N'Doram, der viele Jahre beim französischen Profiklub FC Nantes spielte und 1995 sowie 1997 jeweils Zweiter bei der Wahl zu Afrikas Fußballer des Jahres wurde.

Über die Frühzeit des Fußballs im Tschad ist wenig bekannt. Französische Kolonialisten führten das Spiel ein und verankerten es vor allem in der heutigen Hauptstadt N'Djamena, die nahe des lebensspendenden Tschadsees im Südwesten des Landes liegt und zu Kolonialzeiten Fort Lamy hieß. Auch in Sarh und Abéché etablierten sich noch vor dem Zweiten Weltkrieg lokale Fußballgemeinschaften. Mit der Unabhängigkeit entstand 1962 der Nationalverband Fédération Tchadienne de

TEAMS | MYTHEN

■ **AS COTON CHAD N'DJAMENA** Mit der Baumwollindustrie verbundener Klub, der dreimal Landesmeister wurde. Seine größten Erfolge feierte er freilich auf internationalem Terrain. 2007 setzte man sich im CAF-Cup überraschend gegen Al-Ahly Tripoli durch (1:0, 1:2), und auch die vom Deutschen Otto Pfister trainierte sudanesische Elf von Al-Merreikh Omdurman musste sich auf dem gefürchteten Sandplatz von N'Djamena geschlagen geben. [Moursel (2.000) | 2 | 2]

■ **RENAISSANCE FC N'DJAMENA** Tschads Rekordmeister errang seinen ersten Titel anno 1989 und wurde 2007 zum sechsten Mal als Sieger gekrönt. 1954 gegründet, zählt der Renaissance FC zu den ältesten Vereinen des Landes. [1954 | Concorde (25.000) | 6 | 3]

■ **TP ELECT SPORT N'DJAMENA** Wurde 1988 erster Meister nach der Wiederaufnahme des Spielbetriebes. 1990 und 1992 sicherte sich der Tout-Puissant (»sehr kraftvoll«) zwei weitere Landestitel. Der Klub wird von der nationalen Energiegesellschaft »STEE« (»Société tchadienne de l'Energie Electrique«) unterstützt und gilt als wohlhabend. [1965 | Concorde (25.000) | 3 | 4]

■ **FC TOURBILLON N'DJAMENA** Vierfacher Meister und Heimatklub des Frankreichprofis Japet N'Doram. Der Klub ist der Zuckergesellschaft »Sonasut« unterstellt. [1970 | Concorde (25.000) | 4]

HELDEN | LEGENDEN

■ **JAPHET N'DORAM** Der berühmteste Fußballer des Landes begann seine Karriere 1985 beim Tourbillon FC und wechselte 1989 zum kamerunischen Klub Tonnerre Yaoundé. Ab 1990 wurde er beim FC Nantes zum »Sorcier de la Beaujoire« (»Zauberer des Beaujoire«). 1995 mit »les Canaries« französischer Meister geworden, erreichte N'Doram 1996 das Halbfinale um die Champions League und wurde sowohl 1995 als auch 1997 Zweiter bei der Wahl zu Afrikas Fußballer des Jahres. Zwischenzeitlich nach Monaco gewechselt, musste er seine Laufbahn aufgrund einer hartnäckigen Verletzung 1999 vorzeitig beenden. [*27.2.1966 | 12 LS/2 Tore]

■ **NAMBATINGUE TOKO** Machte in den 1970er Jahren als erster Tschader in Frankreich Furore. Nambatingue Tokomon Dieudonné (»Toko«) erreichte 1978 mit dem OGC Nizza das Pokalfinale, wurde 1979 mit Racing Straßburg französischer Meister und avancierte bei Paris-SG zur Legende, als er 1982 im Europapokal gegen Lok Sofia einen herrlichen Treffer erzielte. »Toko« spielte weder für tschadische Vereine noch für die Landesauswahl. [*21.8.1952 | 12 LS/2 Tore]

Jahr	Meister N'Djamena	Pokalsieger
1973	-	Gazelle N'Djamena
1974	-	Gazelle N'Djamena
1974-87	-	nicht ausgespielt
1988	TP Elect Sports N'Djamena	Tourbillon N'Djamena
1989	Renaissance N'Djamena	Tourbillon N'Djamena
1990	TP Elect Sports N'Djamena	Renaissance N'Djamena
1991	FC Tourbillon N'Djamena	Postel 2000 N'Djamena
1992	TP Elect Sports N'Djamena	Massinya Masséyna
1993	Postel 2000 N'Djamena	Renaissance N'Djamena
1994	Renaissance Abéché	nicht ausgespielt
1995	Postel 2000 N'Djamena	AS Coton Tschad N'Dj.
1996	AS Coton Chad N'Djamena	Renaissance N'Djamena
1997	FC Tourbillon N'Djamena	Gazelle N'Djamena
1998	AS Coton Chad N'Djamena	nicht ausgespielt
1999	Renaissance N'Djamena	AS Coton Tchad N'Dj.
2000	FC Tourbillon N'Djamena	Gazelle N'Djamena
2001	FC Tourbillon N'Djamena	Gazelle N'Djamena
2002-03	nicht ausgespielt	nicht ausgespielt
2004	Renaissance N'Djamena	nicht ausgespielt
2005	Renaissance N'Djamena	nicht ausgespielt
2006	Renaissance N'Djamena	nicht ausgespielt
2007	Renaissance N'Djamena	nicht ausgespielt
2008	TP Elect Sports N'Djamena	Tourbillon N'Djamena

Football (FTF), der im April des darauffolgenden Jahres erstmals eine Landesauswahl ins Rennen schickte, die Libyen mit 1:2 unterlag. 1964 trat die FTF sowohl der FIFA als auch der CAF bei.

Auf nationaler Ebene konnte lange Zeit nur in regionalen Ligen gespielt werden, deren Sieger sporadisch in einem Endturnier aufeinandertrafen. 1973 wurde ein Pokalwettbewerb aus der Taufe gehoben, aus dem Gazelle N'Djamena zweimal in Folge als Sieger hervorging. Der internationale Spielbetrieb kam nach Beginn des Bürgerkriegs weitestgehend zum Erliegen, zumal die FIFA-Mitgliedschaft des Landes 1974 eingefroren wurde, da der Verband seine Beiträge nicht bezahlt hatte. Unterdessen etablierte sich mit Nambatingue »Toko« Tokomon erstmals ein Tschader im europäischen Profilager und wurde 1979 mit Racing Strasbourg französischer Meister bzw. 1982 und 1983 mit Paris Saint-Germain Pokalsieger.

■ **ERST MITTE DER 1980ER** Jahre entspannte sich die Lage. 1986 und 1987 erreichte die nach einer eisenzeitlichen Kulturepoche benannte Landesauswahl »Sao« im UDEAC-Cup jeweils das Finale, 1988 wurde die FIFA-Sperre aufgehoben, und 1992 konnte Tschad bei seinem Debüt in der Qualifikation zur Afrikameisterschaft Tunesien immerhin ein 0:0 abringen. Zur selben Zeit avancierte Japhet N'Doram beim französischen Spitzenklub FC Nantes zum Erfolgsgaranten und wurde 1994 zum besten Ausländer in Frankreich gewählt.

Nachdem die Ligue du Chari-Baguirmi genannte Stadtliga von N'Djamena bereits 1988 ihren Spielbetrieb wieder hatte aufnehmen können (TP Elect Sport setzte sich im Endspiel mit 1:0 gegen den Renaissance FC durch), vermochten 1993 insgesamt vier Regionalmeister erstmals auch wieder um einen Landesmeister zu streiten.

Der erneute Ausbruch der Kampfhandlungen sorgte im Verlauf der 1990er Jahre jedoch wiederholt für Stillstand. Zwar konnte national weiterhin um Punkte gerungen werden, international aber musste sich der Tschad erneut zurückziehen. Erst nach der Millenniumswende gelang die Rückkehr in die Afrikameisterschaft (2000) bzw. das Debüt in der WM-Qualifikation (2002). Parallel dazu zeichnete sich auf politischer Ebene ein Hoffnungsschimmer ab, als im Dezember 2001 ein Friedensabkommen unterzeichnet und zwei Jahre später mit der Förderung der im Süden entdeckten Erdölvorräte begonnen wurde. Als 2005 der Darfur-Bürgerkrieg des benachbarten Sudans auf den Tschad übergriff, versank das Land jedoch erneut im Chaos.

■ **NACH ÜBER 30 JAHREN** Bürgerkrieg ist der Zustand des Tschads verheerend. Die medizinische Versorgung liegt brach (auf jeweils etwa 50.000 Menschen kommt ein Arzt), die Kindersterblichkeit liegt bei 20 Prozent und nach Angaben der UNO leben gegenwärtig 80 Prozent der Tschader unterhalb der Armutsgrenze. Die Infrastruktur ist völlig unzulänglich – in dem Land, das etwa dreieinhalbmal so groß ist wie Deutschland, gibt es exakt 267 Kilometer befestigte Straßen…

Dessen ungeachtet vermochte die Nationalauswahl »Sao« zuletzt einige bemerkenswerte Ergebnisse zu erzielen. So schlug sie in der WM-Qualifikation 2006 den späteren Endturnierteilnehmer Angola mit 3:1, feierte in der Qualifikation zur Afrikameisterschaft 2008 ein 1:1 in Sambia und erreichte 2005 das Finale um den CEMAC-Cup (ehemals UDEAC-Cup). Im März 2007 konnte das Turnier um den CEMAC-Cup sogar in der Hauptstadt N'Djamena ausgetragen werden, wobei die Gastgeberelf um Algerien-Legionär Ezechiel Ndouassel mit einem 1:0 über Zentralafrika immerhin Dritter wurde. Ein Jahr später feierten 8.000 Fans im Stade National von N'Djemena einen 2:1-Sieg im Rahmen der WM-2010-Qualifikation über den Kongo, derweil die AS Coton Chad einen raren Erfolg auf Klubebene bejubelte, als sie sich 2007 im CAF-Cup gegen den libyschen Vertreter Al-Ahly Tripoli durchsetzte.

2008 kam ein erneuter Rückschlag, als sich der Konflikt mit dem Nachbarn Sudan aufgrund der Provinz Darfur auf den Fußball ausweitete und die anberaumten WM-Qualifikationsspiele zwischen den beiden Ländern abgesagt werden mussten. Zugleich sperrte die FIFA den Tschad wegen wiederholter Eingriffe der Regierung in die Verbandspolitik für sechs Wochen vom Spielbetrieb, weshalb Landesmeister Renaissance auf die Teilnahme an der Champions League-Qualifikation 2008 verzichten musste. Ohnehin sind die Perspektiven für den Fußball im Tschad weitestgehend abhängig von der zukünftigen politischen Entwicklung – und diesbezüglich darf man nicht allzu viel Hoffnung hegen.

● **FIFA World Ranking**

1993	1994	1995	1996	1997	1998	1999	2000
166	175	180	188	184	178	166	163
2001	2002	2003	2004	2005	2006	2007	2008
176	173	152	168	159	142	141	118

● **Weltmeisterschaft**
1930-98 nicht teilgenommen **2002-2006** Qualifikation **2010** disqualifiziert

● **Afrikameisterschaft**
1956-90 nicht teilgenommen **1992** Qualifikation **1994-98** nicht teilgenommen **2000** Qualifikation **2002** nicht teilgenommen **2004-08** Qualifikation **2010** disqualifiziert

TUNESIEN

Fédération Tunisienne de Football

Tunesischer Fußball-Bund | gegründet: 1957 | Beitritt FIFA: 1960 | Beitritt CAF: 1960 | Spielkleidung: rotes Trikot, weiße Hose, weiße Stutzen | Saison: September - Juni | Spieler/Profis: 525.264/1.075 | Vereine/Mannschaften: 250/1.512 | Anschrift: Stade annexe d'El Menzah, Cité Olympique, Tunis 1003 | Telefon: +216-71/793760 | Fax: +216-71/783843 | Internet: www.ftf.org.tn | E-Mail: directeur@ftf.org.tn

Kleines Land ganz groß

Tunesien feierte 1978 Afrikas ersten Sieg bei einer Fußball-Weltmeisterschaft

Al-Ǧumhūriyya at-Tūnisiyya

Tunesische Republik | Fläche: 163.610 km² | Einwohner: 10.327.800 (62 je km²) | Amtssprache: Arabisch | Hauptstadt: Tūnis (Tunis, 728.453) | Weitere Städte: Ṣafāqs (Sfax, 265.131), Al-Ariānah (Ariana, 240.749), Sūsa (Sousse, 173.047) | Währung: 1 Tunesischer Dinar = 1.000 Millimes | Zeitzone: MEZ | Länderkürzel: TN | FIFA-Kürzel: TUN | Telefon-Vorwahl: +216

Mit einer Größe von 163.000 km² und etwas mehr als zehn Millionen Einwohner zählt Tunesien zu den »Kleinen« in Afrika. Fußballerisch indes ist das nordafrikanische Land unter den Zugpferden auf dem Kontinent anzusiedeln. 1978 bejubelte Tunesiens Auswahl in Argentinien den ersten Sieg einer afrikanischen Mannschaft bei einer WM (3:1 gegen Mexiko), während Klubmannschaften wie Espérance Tunis, Etoile du Sahel Sousse, CS Sfaxien und Club Africain Tunis seit langem zu den spielstärksten und erfolgreichsten auf dem Kontinent gehören.

Die Bedeutung des Fußballs im Land ist enorm, wobei eine einzigartige Kombination aus arabischen, französischen und italienischen Fußballeinflüssen Tunesien eine Sonderstellung im fußballverrückten Nordafrika verleiht. Auch historisch fällt dem Fußball in Tunesien eine Sonderrolle zu. Als sich nach dem Ersten Weltkrieg die arabische Unabhängigkeitsbewegung zunehmend Gehör verschaffte und die Kolonialmacht Frankreich herausforderte, zählte mit Espérance Tunis der erste arabische Fußballverein im gesamten Maghreb zu den Mitstreitern, dem u. a. Tunesiens langjähriger Premierminister Habib Bourguiba angehörte.

■ **TUNESIEN WAR 1881 UNTER** französisches Protektorat geraten. Nach der Jahrhundertwende hatte sich eine »Jeunes Tunisiens« genannte Nationalbewegung gebildet, die von Frankreich vehement unterdrückt wurde. Dennoch erhielt sie großen Zulauf, was Ende des Ersten Weltkriegs zur Gründung der arabischen Destour-Partei führte. Zu ihren engagiertesten Streitern zählte seinerzeit das erwähnte Espérance-Mitglied Habib Bourguiba, der als Anwalt tätig war und in mehreren Zeitungsartikeln das französische Protektoratsregime angriff. Als er 1932 die Zeitschrift »L'Action Tunisienne« ins Leben rief und sich darin zum Laizismus bekannte (der Trennung zwischen Religion und Politik), führte dies zur Spaltung der Destour-Partei in einen islamistischen und einen modernistischen Flügel.

Nachdem Verhandlungen mit der französischen Regierung Léon Blum gescheitert waren, kam es ab 1937 zu Unruhen, die von Frankreich niedergeschlagen wurden. Nach dem Zweiten Weltkrieg verschärfte sich der arabische Widerstand, ehe die Verhaftung von 150 Unabhängigkeitskämpfern im Januar 1952 eine bewaffnete Revolte auslöste, die Tunesien an den Rand eines Krieges brachte. Erst die Zusicherung innerer Autonomie durch Frankreich entschärfte die Lage, und am 20. März 1956 wurde Tunesien endgültig in die Unabhängigkeit entlassen. Ein Jahr später wurde aus der Monarchie Tunesien eine Republik, deren Führung 1959 Habib Bourguiba übernahm.

Nach vielen politischen Turbulenzen, einem fehlgeschlagenen sozialistischen Experiment (1969) sowie einer gescheiterten Liaison mit Libyen (1974) steuerte Tunesien Mitte der 1970er Jahre allmählich in etwas ruhigerem Fahrwasser. Präsident Bourguiba indes geriet aufgrund seiner autoritären Politik zunehmend in die Kritik. Während Tunesien in den 1980er Jahren in eine politische und wirtschaftliche Krise rutschte, verstärkte sich die Kritik an dem starrköpfigen Staatsmann, der schließlich im November 1987 in einen gewaltfreien Putsch durch Ministerpräsident Zine el-Abidine Ben Ali abgelöst wurde.

Ben Ali kurbelte anschließend Tunesiens Wirtschaft erfolgreich an, nahm den Kampf gegen die radikalen Islamisten auf und

TEAMS | MYTHEN

■ **CA BIZERTE** Vierfacher Landesmeister aus der Hafenstadt Bizerte, der nach dem Zweiten Weltkrieg unter seinem ehrgeizigen Präsidenten Youssef Sfaxi zu einem der sportlich erfolgreichsten Bannerträger der Unabhängigkeitsbewegung wurde. Nach drei Meisterschaften bis 1948 tauchten »les Requins du Nord« (»die Haie aus dem Norden«) allerdings ab und verbrachten einige Jahre in der Zweitklassigkeit. Dank einer erfolgreichen Nachwuchsarbeit begannen die Schwarz-Gelben 1982 mit dem Gewinn des Landespokals eine erneute Erfolgsära, deren Höhepunkte der Gewinn der Landesmeisterschaft 1984 sowie der Endspieltriumph im afrikanischen Pokalsiegerwettbewerb 1988 gegen die Rangers Bees aus Nigeria war. Es war der zugleich erste kontinentale Kluberfolg einer tunesischen Mannschaft. [20.6.1928 | 15 Octobre (8.000) | 4 | 2]

■ **CS HAMMAM-LIF** Nationale Fußball-Legende, die ihren Ruhm während des Unabhängigkeitskampfes mit Frankreich erwarb. Die Grün-Weißen aus dem berühmten Badeort Hamman-Lif wurden 1944 von arabischen Unabhängigkeitskämpfern ins Leben gerufen und fanden in Prinz Salah Eddine Bey einen einflussreichen Anhänger. Der Klub konnte dadurch Spieler aus dem gesamten nordafrikanischen Raum anlocken und mit einer vom Algerier Abdelaziz Ben Tifour geprägten Mannschaft 1947 erstmals Pokalsieger werden. Insgesamt errang »El Hamhama« zwischen 1947 und 1956 vier Landesmeisterschaften und sieben Pokale, womit man das erfolgreichste Team der Epoche stellte. Neben Ben Tifour bildeten Hacène Chabri, Abdelhafidh Bazyne, Ali Zgouzi, Moncef Klibi, Abdesselem Kraïem, Dameron, Fanfan Cassar, Salvo Lucia und Abdelkrim Ben Rebih (»Krimou«) den Kern des Erfolgsteams. Nach der Unabhängigkeit wurde der Verein zwar zur erfolgreichen Nachwuchsschmiede (u. a. erlernten Temime Lahzami, Noureddine Bousnina und Sirajeddine Chihi in Hamman-Lif das Fußballspielen), doch bis zum nächsten Erfolg musste man noch bis 1985 warten (Pokalsieg). 2001 wurde »El Hamhama« zum neunten Mal Pokalsieger, ehe sich die Grün-Weißen 2007 mit der Vizemeisterschaft auch in der Nationalliga zurückmeldeten. [1944 | Maâouia Kaâbi (5.000) | 4 | 9]

■ **CS SFAXIEN** Aus der im Westen gelegenen Hafen- und Industriestadt Sfax stammender Klub, der 2006 das Finale um die afrikanische Champions League erreichte und anschließend zweimal den CAF Confederations-Cup gewann. Die aufgrund ihrer schwarz-weiß gestreiften Trikots »Juventus Al-Arab« genannte Elf gehört zu den »großen vier« im tunesischen Fußball. 1928 vom Journalisten Zouheir El Ayadi als Club Tunisien gegründet, erreichte im Jahr 1947 die Division d'Honneur, ehe 1962 der heutige Name Club Sportif Sfaxien angenommen wurde. 1969 holten die Schwarz-Weißen erstmals eine Landesmeisterschaft in die Wirtschaftsmetropole Sfax, wo man 1971 sogar das Double feiern konnte. 1978 sicherte sich ein von den Nationalspielern Hamadi Agrebi, Mohammed Ali Akid und Mokhtar Dhouib geprägtes Team zum dritten Mal den Titel, während die vom Jugoslawen Milan Kristić aufgebaute Nachwuchsakademie Spieler wie Moncef El Gaied, Alaya Sassi, Mongi Dalhoum und Hammadi Agrebi hervorbrachte. Sein erster internationaler Triumph gelang »CSS« 1998, als man sich im Finale um den CAF-Cup gegen Jeanne d'Arc Dakar durchsetzte. Drei Jahre zuvor hatte die von Kapitän Chokri Trabelsi angeführte Elf mit Sami Trabelsi, Skander Souayah und Naceur Bedoui bereits zum zweiten Mal das Double nach Sfax geholt. 2006 unterlag »Juventus Al-Arab« im Finale der Champions League Ägyptens Meister Al-Ahly Kairo, während man sich 2007 und 2008 zweimal in Folge im CAF Confederations-Cup durchsetzte. [28.5.1928 | Taieb-Mhiri (20.000) | 7 | 3]

verwandelte Tunesien in ein straff geführtes Urlaubsparadies, in dem weder Presse- noch Meinungsfreiheit herrscht und das von Menschenrechtsgruppen als Polizeistaat bezeichnet wird. 2002 erschütterten islamistische Fundamentalisten mit ihrem Terroranschlag auf die Al-Ghriba-Synagoge das Land, das inzwischen hochgradig von der Tourismusindustrie abhängig ist.

■ **TUNESIENS SPORTSTRUKTUREN** sind eine Hinterlassenschaft der französischen Kolonialherrschaft. Neben dem Fußball steht vor allem der Handball hoch im Kurs. 14 Teilnahmen an der Fußball-Afrikameisterschaft sowie deren vier an Weltmeisterschaften stehen sieben Goldmedaillen bei den Afrikameisterschaften im Handball sowie der vierte Platz bei der Handball-WM 2005 gegenüber, bei der Tunesien zudem Gastgeber war. Fußball wie Handball sind in Tunesien Staatssport und werden entsprechend gefördert.

Die Wurzeln für beide Ballspiele hatten französische Siedler in Tunis gelegt. Fußball war noch vor der Jahrhundertwende von den französischen Gymnasien (Lycées) aufgegriffen und verbreitet worden. Am 19. Januar 1906 erblickte mit dem Football Club de Tunis der erste Fußballverein auf tunesischem Boden das Licht der Welt, der 1907 den Namen Racing Club annahm und im selben Jahr als Gründungsmitglied der Stadtliga von Tunis fungierte.

Bis zum Ersten Weltkrieg breitete sich das Spiel auch auf andere Städte des Landes aus und festigte sich vor allem in den europäischen Siedlerkreisen. Dazu zählten neben Franzosen auch von der französischen Protektoratsregierung angelockte Italiener und Malteser sowie europäische Juden. Einheimische Araber spielten zwar ebenfalls Fußball, standen im organisierten Spielbetrieb jedoch außen vor.

■ **1921 RIEFEN 43 VEREINE** die Ligue de Tunisie de Football ins Leben, die dem französischen Fußballverband FFF beitrat und mit der Division d'Honneur Nord (Großraum Tunis) sowie der Division d'Honneur Centre-Sud (Sousse, Sfax etc.) zwei regionale Spielklassen gründete, deren Sieger um den Titel des tunesischen Meisters stritten.

Noch im selben Jahr hob man gemeinsam mit den Stadtverbänden der algerischen Fußballhochburgen Algier, Oran und Constantine das Championnat d'Afrique du Nord aus der Taufe, aus dem sich später die Union des Ligues Nord-Africaines (Nordafrikanische Ligaunion) entwickelte. Zu den stärksten tunesischen Teams der ersten Jahrzehnte zählten US, Racing, Italia und Sporting Tunis. Deren Spielstärke reichte jedoch nicht an die der marokkanischen und algerischen Konkurrenz heran. 1925 erreichte mit Stade Gaulois Tunis erstmals ein tunesisches Team das Finale um die Nordafrikameisterschaft, das gegen die algerische Elf des SC Bel-Abbès mit 0:2 verloren ging. Von 1927-33 konnten tunesische Mannschaften aufgrund der politischen Unruhen nicht an der Nordafrikameisterschaft teilnehmen.

Auch unter der arabischen Bevölkerung Tunesiens hatte sich das Spiel nach dem Ersten Weltkrieg rasant ausbreiten können. Mit der aufstrebenden Unabhängigkeits- bzw. Nationalbewegung formten sich schließlich erste arabische Fußballklubs. Pionier war das 1915 gegründete Stade Africain, das allerdings nach nur drei Jahren wieder aufgelöst werden musste. Am 15. Januar 1919 entstand dann mit Espérance Sportive de Tunis (EST) der heute älteste Klub Tunesiens – zugleich der älteste arabische Verein in der Maghrebzone –, dem am 4. Oktober 1920 mit dem Club Africain (CA) Tunis ein weiterer arabischer Verein folgte. Die französische Protektoratsverwaltung reagierte pikiert und erteilte die Zulassung erst, als Franzosen die Klubführungen übernahmen.

Espérance und Club Africain verbindet heute eine intensive Rivalität, die einen spannenden Wechsel beinhaltet: Während CA ursprünglich Klub der Intellektuellen und Wohlhabenden war und EST als Vertreter der Mittel- und Unterschicht galt, ist es heute fast umgekehrt: Espérance, das seit langem von einflussreichen Politikern und mächtigen Wirtschaftsbossen geführt wird, gilt als »schick«, während CA »Volksverein« ist. Beide Klubs sind in der Médina-Altstadt von Tunis ansässig. Der Club Africain residiert in Bab Djedid, Espérance in Bab Souika.

Auch außerhalb von Tunis formten sich im Verlauf der 1920er Jahre erste muslimische Klubs. Darunter waren die 1925 gebildete Etoile Sportive du Sahel aus der osttunesischen Industriestadt Sousse, die CA Bizerte sowie der CS Sfaxien, die beide 1928 das Licht der Welt erblickten.

■ **MIT DER STÄRKER WERDENDEN** Unabhängigkeitsbewegung rückte vor allem Espérance in eine Rolle als »Fußball spielender Arm« der Nationalbewegung. Wo immer die »Sang et Or« (»Blutrot-Goldenen«) aufliefen, lockten sie enorme Kulissen an, wodurch ihre Spiele häufig zu politischen Demonstrationen gerieten. Der Klub wurde dementsprechend von der französischen Verwaltung behindert und konnte erst 1936 in die Division d'Honneur aufsteigen. Im selben Jahr erreichte Espérance erstmals das Pokalfinale, das gegen die französische Elf von Stade Gaulois Tunis verloren ging. Drei Jahre später setzten sich die »Sang et Or« im rein arabischen Pokalfi-

● **Erfolge**
Afrikameister 2004

● **FIFA World Ranking**
1993	1994	1995	1996	1997	1998	1999	2000
32	30	22	23	23	21	31	26
2001	2002	2003	2004	2005	2006	2007	2008
28	41	45	35	28	32	47	46

● **Weltmeisterschaft**
1930-58 nicht teilgenommen **1962** Qualifikation **1966** nicht teilgenommen **1970-74** Qualifikation **1978** Endturnier (Vorrunde) **1982-94** Qualifikation **1998-2006** Endturnier (Vorrunde) **2010** Qualifikation

● **Afrikameisterschaft**
1957-59 nicht teilgenommen **1962** Endturnier (Dritter) **1963** Endturnier (Vorrunde) **1965** Endturnier (Gastgeber, Zweiter) **1968** Qualifikation **1970-74** nicht teilgenommen **1974** Endturnier (Gastgeber, Vorrunde) **1976** Qualifikation **1978** Endturnier (Vierter) **1980** nicht teilgenommen **1982** Endturnier (Vorrunde) **1984-92** Qualifikation **1994** Endturnier (Vorrunde) **1996** Endturnier (Zweiter) **2000** Endturnier (Vierter) **2002** Endturnier (Vorrunde) **2004** Endturnier (Gastgeber, Sieger) **2006** Endturnier (Viertelfinale) **2008** Endturnier (Vorrunde) **2010** Qualifikation

● **Vereinserfolge**
Landesmeister Club Africain Tunis (1991), Espérance Tunis (1994), ES Sahel Sousse (2007) **Pokalsieger** CA Bizerte (1988), ES Sahel Sousse (1997, 2003), Espérance Tunis (1998) **CAF-Confederation-Cup** ES Sahel Sousse (2006) CS Sfaxien (2007, 2008) **CAF-Cup** ES Sahel Sousse (1995, 1999), Espérance Tunis (1997), CS Sfaxien (1998)

nale gegen ES Sahel Sousse dann durch und wurden 1942 auch erstmals Landesmeister. Während des Zweiten Weltkriegs erhielt die tunesische Nationalbewegung enormen Zulauf. Dadurch nahmen die Spannungen zwischen den arabischen Nationalisten und den an der Macht festhaltenden Franzosen nach Kriegsende bedrohlich zu. Die nationalistische Stimmung stärkte auch den arabischen Fußball. 1946 entstand die Union des sociétés musulmanes, die von den französischen Behörden allerdings keine Zulassung erhielt. Immerhin durften arabische Funktionäre anschließend in die französischen Sportstrukturen aufrücken, während 1950 der französische Pokalwettbewerb für tunesische Teams geöffnet wurde. Mit CS Hammam-Lif und Espérance Tunis drangen daraufhin zwei arabische Klubs der Region unter die letzten 32 vor, wo sie am Le Havre AC bzw. Red Star Paris scheiterten.

■ **ARABISCHE KLUBS RÜCKTEN** auch national zunehmend in den Vordergrund. So konnte sich der CS Hammam-Lif zwischen 1946 und 1950 fünfmal in Folge den Landespokal sichern und 1950 das Double gewinnen. Die Landesmeisterschaft dominierten derweil mit CA Bizerte und dem Club Africain Tunis zwei weitere muslimische Mannschaften. Tunesiens europäische Mannschaften waren bereits weitestgehend aus der Spitze verdrängt, als das Land im März 1956 in die Unabhängigkeit entlassen wurde und Einheimische endgültig die Kontrolle über den Fußball übernahmen.

Nachdem die Ligue de Tunesie 1955 bereits aus dem französischen Nationalverband FFF ausgeschieden war, ging sie am 29. März 1957 im heutigen Nationalverband Fédération Tunisienne de Football auf. 1957 debütierte die Nationalmannschaft »Aigles de Carthage« (»Adler von Karthago«) mit einer 1:2-Niederlage gegen die algerische FLN-Elf und nahm nach dem 1960 erfolgten Beitritt zur FIFA bzw. zur CAF noch im selben Jahr am olympischen Fußballturnier in Rom teil. 1962 folgten die Debüts in der WM-Qualifikation sowie der Afrikameisterschaft, wobei die vom Kroaten Frane Matošić trainierte Elf um Torjäger Moncef Chérif bei der Afrikameisterschaft in Äthiopien mit einem 3:0 über Uganda auf Anhieb Dritter wurde.

1963 durfte Tunesien beim Arab Nations Cup im Libanon seinen ersten Titelgewinn bejubeln, ehe die Entwicklung 1965 ihren Höhepunkt erreichte. Während Tunesien erstmals als Gastgeber der Afrikameisterschaft fungierte, drangen die »Aigles de Carthage« unter Trainer Ben Nacef bis ins Finale vor, in dem sie sich erst in der Verlängerung Ghanas »Black Stars« geschlagen geben mussten.

■ **DAMIT ENDETE DIE ERSTE** Erfolgsära jedoch. 1968 scheiterte Tunesien bereits in der Vorrunde der Afrikameisterschaft, während das Land von 1970-74 auf seine Teilnahme verzichtete und 1976 bereits in der Qualifikation ausschied.

Unterdessen entwickelte sich eine neue Erfolgsgeneration, deren Galionsfigur Espérance-Regisseur Tarak Dhiab war. Zeitgleich stellte die Verbandsführung um Präsident Beji El Mestiri Weichen, indem sie diverse ehemalige Nationalspieler zum Studium nach Europa schickte. Darunter war Abdelhamid Chetali, der 1969 unter Hennes Weisweiler seinen Trainerschein erwarb und im März 1975 die tunesische Landesauswahl übernahm. Mit modernen Trainingsmethoden führte er das Team um den 1977 zu Afrikas Fußballer des Jahres gewählten Tarak Dhiab auf die Erfolgsspur zurück und schaffte 1978 mit ihr den Sprung zum WM-Endturnier.

Das Jahr 1978 sollte zu einem der turbulentesten und erfolgreichsten in der tunesischen Fußballhistorie werden. Es begann tragisch. Am 26. Januar ließ Hedi Nouira, Statthalter des inzwischen ziemlich entrückten Staatschef Bourguiba, den ersten Generalstreik in der Geschichte des Landes brutal zusammenschießen. 41 Tote und ein Land in Aufruhr waren die Folge. Es war der Fußball, der die Menschen anschließend ablenkte. Im März drang Tunesiens Landesauswahl bei der Afrikameisterschaft in Ghana bis ins Halbfinale vor, wo es zum Skandal kam. Unzufrieden mit einer Schiedsrichterentscheidung, verließ Tunesien beim Stande von 1:1 geschlossen das Feld und wurde daraufhin von der FIFA gesperrt. Erst kurz vor der WM hob der Weltverband die Sperre wieder auf, woraufhin die »Aigles de Carthage« am 2. Juni 1978 mit einem 3:1 über Mexiko prompt den ersten Sieg einer afrikanischen

■ **ETOILE SPORTIVE DU SAHEL SOUSSE**

Die Rot-Weißen aus der Mittelmeerstadt Sousse sorgten 2007 für eine Sensation, als sie sich im Champions-League-Finale gegen Titelverteidiger Al-Ahly Kairo durchsetzten und damit den Dreifachtriumph der Ägypter verhinderten. Der »Sportliche Stern des Sahels« (»Étoile Sportive du Sahel«, Sahel steht im Arabischen für »Küste« und ist eine Region an der öst-

Jahr	Meister	Pokalsieger
1921/22	Racing Club Tunis	Avant Garde Tunis
1922/23	Stade Gaulois Tunis	Racing Club Tunis
1923/24	Stade Gaulois Tunis	Stade Gauloise Tunis
1924/25	Racing Club Tunis	Sporting Club Tunis
1925/26	Sporting Club Tunis	Stade Gauloise Tunis
1926/27	Stade Gaulois Tunis	nicht ausgespielt
1927/28	Sporting Club Tunis	nicht ausgespielt
1928/29	Avant Garde Tunis	US Tunisienne Tunis
1929/30	US Tunisienne Tunis	US Tunisienne Tunis
1930/31	US Tunisienne Tunis	Racing Club Tunis
1931/32	Italia Tunis	US Tunisienne Tunis
1932/33	US Tunisienne Tunis	US Tunisienne Tunis
1933/34	Railway Sports Sfax	US Tunisienne Tunis
1934/35	Italia Tunis	Italia Tunis
1935/36	Italia Tunis	Stade Gaulois Tunis
1936/37	Italia Tunis	Sporting Club Tunis
1937/38	Savoia Goulette Tunis	Espérance Tunis
1938/39	CS Gabésien	nicht ausgespielt
1939-41	nicht ausgespielt	nicht ausgespielt
1941/42	Espérance Tunis	US Ferryville
1942/43	nicht ausgespielt	nicht ausgespielt
1944	nicht ausgespielt	Olympique Tunis
1944/45	CA Bizerte	Patrie FC Bizerte
1945/46	CA Bizerte	CS Hammam-Lif
1946/47	Club Africain Tunis	CS Hammam-Lif
1947/48	Club Africain Tunis	CS Hammam-Lif
1948/49	CA Bizertin	CS Hammam-Lif
1949/50	ES Sahel Sousse	CS Hammam-Lif
1950/51	CS Hammam-Lif	nicht ausgespielt
1951/52	nicht ausgespielt	nicht ausgespielt
1952/53	Railway Sports Sfax	nicht ausgespielt
1953/54	CS Hammam-Lif	nicht ausgespielt
1954/55	CS Hammam-Lif	nicht ausgespielt
1955/56	CS Hammam-Lif	Stade Tunisien Tunis
1956/57	Stade Tunisien Tunis	Espérance Tunis
1957/58	ES Sahel Sousse	Stade Tunisien Tunis
1958/59	Espérance Tunis	ES Sahel Sousse
1959/60	Espérance Tunis	Stade Tunisien Tunis
1960/61	Stade Tunisien Tunis	AS Marsa
1961/62	Stade Tunisien Tunis	Stade Tunisien Tunis
1962/63	ES Sahel Sousse	ES Sahel Sousse
1963/64	Club Africain Tunis	Espérance Tunis
1964/65	Stade Tunisien Tunis	Club Africain Tunis
1965/66	ES Sahel Sousse	Stade Tunisien Tunis
1966/67	Club Africain Tunis	Club Africain Tunis
1967/68	Railway Sports Sfax	Club Africain Tunis
1968/69	CS Sfaxien	Club Africain Tunis
1969/70	Espérance Tunis	Club Africain Tunis
1970/71	CS Sfaxien	CS Sfaxien
1971/72	ES Sahel Sousse	Club Africain Tunis
1972/73	Club Africain Tunis	Club Africain Tunis
1973/74	Club Africain Tunis	ES Sahel Sousse
1974/75	Espérance Tunis	ES Sahel Sousse
1975/76	Espérance Tunis	Club Africain Tunis
1976/77	JS Kairouan	AS Marsa
1977/78	CS Sfaxien	nicht ausgespielt
1978/79	Club Africain Tunis	Espérance Tunis
1979/80	Club Africain Tunis	Espérance Tunis
1980/81	CS Sfaxien	ES Sahel Sousse
1981/82	Espérance Tunis	CA Bizerte
1982/83	CS Sfaxien	ES Sahel Sousse
1983/84	CA Bizerte	AS La Marsa
1984/85	Espérance Tunis	CS Hammam-Lif
1985/86	ES Sahel Sousse	Espérance Tunis
1986/87	ES Sahel Sousse	CA Bizerte
1987/88	Espérance Tunis	CO Transport Tunis
1988/89	Espérance Tunis	Club Africain Tunis
1989/90	Club Africain Tunis	AS Marsa
1990/91	Espérance Tunis	ES Sahel Sousse
1991/92	Club Africain Tunis	Club Africain Tunis
1992/93	Espérance Tunis	Olympique Beja
1993/94	Espérance Tunis	AS Marsa
1994/95	CS Sfaxien	CS Sfaxien
1995/96	Club Africain Tunis	ES Sahel Sousse
1996/97	ES Sahel Sousse	Espérance Tunis
1997/98	Espérance Tunis	Club Africain Tunis
1998/99	Espérance Tunis	Espérance Tunis
1999/00	Espérance Tunis	Club Africain Tunis
2000/01	Espérance Tunis	CS Hammam-Lif
2001/02	Espérance Tunis	abgebrochen
2002/03	Espérance Tunis	Stade Tunisien Tunis
2003/04	Espérance Tunis	CS Sfaxien
2004/05	CS Sfaxien	ES Zarzis
2005/06	Espérance Tunis	Espérance Tunis
2006/07	ES Sahel Sousse	Espérance Tunis
2007/08	Club Africain Tunis	Espérance Tunis

lichen Mittelmeerküste, deren Hauptstadt Sousse ist) wurde am 11. Mai 1925 als erster arabischer Klub in Sousse gegründet. Initiatoren waren von Chédly Boujemla angeführte Studenten und Intellektuelle aus gehobenem arabischem Hause. Sechs Jahre später erreichten die Rot-Weißen als erster arabischer Verein das Finale um die Landesmeisterschaft, in dem sie Italia Tunis unterlagen. 1950 sicherte sich die »ESS«-Elf um Torjägerlegende Habib Mougou ihre erste von inzwischen neun Landesmeisterschaften, während man im Pokalwettbewerb insgesamt sieben Anläufe benötigte, ehe 1959 gegen Espérance Tunis endlich ein Endspielsieg glückte. In den 1990er Jahren etablierten sich die Rot-Weißen dank ihres umtriebigen Klubchefs Othman Jenayah auch auf der kontinentalen Ebene. Von 1995 bis 1999 erreichten sie alljährlich ein kontinentales Endspiel und konnten 1995 und 1999 den CAF-Cup sowie 1997 den Pokalsiegerwettbewerb gewinnen. 2003 wurde Etoile du Sahel letzter Sieger des eingestellten Pokalsiegerwettbewerbs. Anschließend nahm man Kurs auf den Landesmeisterwettbewerb auf. 2004 und 2005 unterlag die von Mrad Mahjoub trainierte Elf um Kapitän Anis Boujelbène jeweils im Finale Enyimba Aba (Nigeria) bzw. Al-Ahly Kairo, ehe 2007 gegen Al-Ahly der Durchbruch gelang. Mit insgesamt acht kontinentalen Titeln ist Etoile Sportive du Sahel inzwischen der nach Al-Ahly Kairo erfolgreichste Verein Afrikas. [11.5.1925 | Olympique (35.000) | 8 | 7]

■ **CLUB AFRICAIN TUNIS** Erzrivale von Rekordmeister Espérance und die erste tunesische Mannschaft, die Afrikameister werden konnte (1991). 1920 von arabischen Gymnasiasten des Lycée Alaoui, des Sadiki College sowie der Ezzitouna Moschee gegründet, berufen sich die Rot-Weißen auf den bereits 1915 gebildeten Klub Stade Africain, der 1918 aufgelöst werden musste. Mit Mohamed Soudani zählte ein ehemaliges Stade-Mitglied zu den Gründungsmitgliedern des Club Africain. Der im Altstadtviertel Bab Djedid ansässige Klub galt zunächst als Verein der Intellektuellen und Wohlhabenden, ehe er nach der Unabhängigkeit allmählich zum Klub der Mittel- und Unterschicht wurde. Stadtrivale Espérance hingegen begann als »Volksverein« und ist heute überwiegend in der Mittel- und Oberschicht ansässig. Ihre ersten Meisterschaften feierten die Rot-Weißen zwar schon 1947 bzw. 1948, der Durchbruch gelang ihnen jedoch erst in den 1960er Jahren. Seinerzeit trugen Spieler wie die Stürmer Mohammed Salah Djedidi und Tahar Chaibi, der offensive Mittelfeldakteur Hedi Hammoudia sowie der exzentrische Torhüter Sadok Attouga das rot-weiß quergestreiften Africain-Jersey. Sie führten den Klub 1964 zur Meisterschaft, 1965 zum Pokal und 1967 zum Double. International konnten sich die Rot-Weißen 1990 mit dem Einzug ins Finale des Pokalsiegerwettbewerbes erstmals in Szene setzen. Ein Jahr später holte das von Faouzi Roussi geprägte CA-Team mit dem Landesmeisterpokal die erste kontinentale Trophäe nach Tunesien, ehe der Club Africain 1999 erneut das Finale des Pokalsiegerwettbewerbes erreichte. Auf nationaler Ebene rangiert der auch »Nadi El Lefriki« genannte Verein mit zehn Meisterschaften und elf Pokalerfolgen hinter Rekordmeister Espérance (20 Titel, 13 Pokale) an zweiter Stelle. [4.10.1920 | El Menzah (40.000) | 10 | 11]

■ **ESPÉRANCE SPORTIVE TUNIS** Tunesiens Vorzeigeklub und zu Kolonialzeiten einer der Bannerträger der arabischen Nationalbewegung. Gegründet am 15. Januar 1919, war Espérance (»Hoffnung«, der Name erinnert an das Gründungslokal »Café de l'Espérance«) der erste arabische Klub in Tunesien und dem gesamten Maghreb. Die »Sang et Or« (»Blutroten und Goldenen«) sind im Altstadtviertel Bab Souika ansässig und galten in den 1920er Jahren durch viele zugleich in der Unabhängigkeitsbewegung aktive Mitglieder als Fußball spielender Arm der tunesischen Nationalbewegung. Aufgrund französischer Ressentiments wurde der Klub erst 1936 in die Division d'Honneur aufge-

Tarak Dhiab, der Kopf der Erfolgself von 1978.

Mannschaft bei einer WM besiegelten. Mit frechem Angriffsspiel, angekurbelt vom überragenden Tarak Dhiab und geprägt von den schnellen Außenstürmern Témime und Akid, verblüffte Tunesien selbst Polens Nationaltrainer Jacek Gmoch, der nach dem Überraschungssieg konstatierte: »Das war Fußball erster Klasse.« Vier Tage später boten die Tunesier auch gegen Gmochs Polen eine Klasseleistung, verpassten es jedoch, ihre Chancen zu nutzen, und unterlagen mit 0:1. Im Abschlussspiel rangen die Nordafrikaner dann dem amtierenden Weltmeister Deutschland zwar ein 0:0 ab, das aber nicht für die Finalrunde reichte.

Nach dem tollen Auftritt wurde Tunesien als neue afrikanische Fußballmacht gehandelt. Daraus wurde jedoch nichts, denn stattdessen geriet das Land in eine tiefe Fußballkrise. Grund war ein der schlechten Wirtschaftslage geschuldeter personeller Ausverkauf. Nach Außenstürmer Témime, der bereits 1977 nach Saudi-Arabien gewechselt war, zog es 1978 sieben weitere WM-Akteure auf die arabische Halbinsel – darunter mit Tarak Dhiab und Nejib Ghommidh zwei Leistungsträger. Bis Tunesiens Nationalelf auf die höchste Fußballbühne zurückkehrte, vergingen beinahe 20 Jahre. Lediglich 1982 qualifizierten sich die »Aigles de Carthage« noch einmal für das Endturnier um die Afrikameisterschaft, bei dem sie ebenso wie 1994, als man als Gastgeber automatisch qualifiziert war, bereits in der Vorrunde ausschieden.

Erst 1996 gelang die Wende. Unter dem Polen Henryk Kasperczak drang Tunesien zum zweiten Mal nach 1965 ins kontinentale Finale vor, in dem die »Aigles de Carthage« Gastgeber Südafrika mit 0:2 unterlagen. Zwei Jahre später führte Kasperczak die Auswahl um Zoubier Beya, Adel Sellimi und Medhi Ben Slimane erstmals nach 20 Jahren wieder zu einem WM-Turnier, wobei Tunesien mit europäischer Disziplin und strikter taktischer Ordnung fast wie eine europäische Mannschaft wirkte. »Eigentlich sind meine Spieler mehr Europäer als Afrikaner. Die denken ganz anders als die Schwarzafrikaner«, sah der Erfolgstrainer ohnehin Ähnlichkeiten im erheblich vom italienischen und französischen Fußball beeinflussten Tunesien. Einher mit den sportlichen Erfolgen ging die staatlich subventionierte Schaffung einer modernen Infrastruktur sowie der Aufbau einer professionellen Nachwuchsförderung. Die WM 1998 allerdings sollte zum Debakel geraten. Nach einem 0:2 gegen England und einem 0:1 gegen Kolumbien wurde Kasperczak noch während des laufenden Turniers entlassen, ehe die »Adler von Karthago« unter Interimstrainer Ali Selmi gegen Rumänien zumindest einen Zähler verbuchten.

■ **SEIT DER MILLENNIUMSWENDE** zählt Tunesien wieder zu den aussichtsreichsten Fußballnationen Afrikas. 2002 führte Henri Michel die Landesauswahl mit brillantem Angriffsfußball zum zweiten Mal in Folge zu einem WM-Turnier, bei dem sie jedoch nicht über ein 1:1 gegen Belgien hinauskam. Zwei Jahre später fungierte Tunesien zum dritten Mal

Espérance Sportive de Tunis ist Rekordmeister Tunesiens.

als Gastgeber einer Afrikameisterschaft. Das Turnier verhalf dem Land nicht nur zu einer modernen Sportinfrastruktur – darunter das der Amsterdamer ArenA nachempfundene Stade de Radès – sondern verschaffte ihm zudem den größten Fußballerfolg seiner Geschichte. Angeführt von Roger Lemerre, der Frankreich 2000 zur Europameisterschaft geführt hatte, setzte sich Tunesien vor 60.000 Zuschauern im Finale mit 2:1 gegen Marokko durch und wurde zum ersten Mal Afrikameister. Matchwinner war mit Francileudo Silva dos Santos ein Brasilianer, der kurz zuvor eingebürgert worden war.

Der Erfolg konnte jedoch nicht konserviert werden. Zwar erreichte die Lemerre-Elf um Hatem Trabelsi und die Bundesligaprofis Adel Chedli und Jawhar Mnari 2006 zum dritten Mal in Folge die Weltmeisterschaft, wo ihr jedoch lediglich ein 2:2 gegen Saudi-Arabien gelang, das Verbandschef Ben Ammar als »eine der schlechtesten Leistungen seit Jahren« bezeichnete. Als das Team 2008 bei der Afrikameisterschaft in Ghana nicht über das Viertelfinale hinauskam, musste Lemerre gehen.

■ **TUNESIEN STEHT SYMBOLISCH** für ein Dilemma, das den gesamten nordafrikanischen Fußball betrifft. Während man kontinental mit seinem europäisch geprägten Stil und der wirtschaftlichen bzw. infrastrukturellen Stärke der Konkurrenz aus Schwarzafrika häufig weit voraus ist, zeigt man sich jenseits der Grenzen Afrikas regelmäßig überfordert. Das gilt auch für Tunesiens Spitzenklubs, die zu den erfolgreichsten und professionellsten in Afrika zählen, auf globaler Ebene aber Probleme haben.

Vor allem Tunesiens »große vier« – Espérance mit 20 Landesmeisterschaften, Club African mit deren 10, ESS Sousse (8) und CS Sfaxien (4) – beherrschen nicht nur die nationale Konkurrenz, sondern auch die internationale. Dreimal ging die afrikanische Landesmeisterschaft bereits nach Tunesien – 1991 war der Club Africain gegen Nakivubo Villa aus Uganda erfolgreich, 1994 schlug Espérance Sportive Tunis im Finale Asante Kotoko aus Ghana, und 2007 setzte sich Etoile du Sahel Sousse gegen Al-Ahly Kairo durch.

Seit der Millenniumswende haben sich die Erfolge gehäuft. Zwischen 2004 und 2007 erreichte alljährlich ein tunesisches Team das Finale um die Champions League, und 2007 stellte man mit Etoile Sportive du Sahel (Champions League) und CS Sfaxien (Confederation Cup) gleich zwei kontinentale Sieger. Im inzwischen eingestellten Pokalsiegerwettbewerb konnte Tunesien zwischen 1988 und 2003 sogar achtmal den Sieger stellen, darunter von 1997-99 dreimal in Folge.

Auf nationaler Ebene weist Tunesien neben der Hauptstadt Tunis mit Sfax und Sousse zwei weitere Fußballhochburgen auf, deren Erfolge durch das Engagement der örtlichen Wirtschaft bzw. Politik sowie ambitionierten Präsidenten möglich wurden. Das Herz des tunesischen Fußballs schlägt aber unverändert in Tunis. Die 1,6-Mio.-Metropole brodelt und zischt vor allem beim Lokalderby zwischen Espérance und Club Africain, das nicht nur ein Kassenfüller ist, sondern mit seiner spannenden Melange aus arabischer, französischer und italienischer Fankultur auch Tunesiens Sonderstellung im nordafrikanischen Fußball unterstreicht.

nommen und erreichte im selben Jahr erstmals das Pokalfinale, das er gegen Stade Gaulois verlor. 1939 errang »EST« an selber Stelle mit einem 3:1 über ESS Sousse seine erste Trophäe. Im Zweiten Weltkrieg etablierten sich die Rot-Gelben vollends im europäisch geprägten Fußball Tunesiens und gewannen von 1959-60 mit einem von Torjäger Abdelmajid Tlemçani geprägten spektakulären Angriffsfußball zwei weitere Meistertitel. Nach einer längeren Durststrecke konnte der landesweit beliebte Klub erst 1970 an die Spitze zurückkehren und mit einer von den Ausnahmetalenten Tarak Dhiab und Témime Lahzami bestückten Elf drei weitere Meisterschaften bejubeln. 1989 übernahm mit Slim Chiboub der Schwiegersohn von Staatspräsident Ben Ali die Vereinsführung und führte Espérance in ein neues Zeitalter. Mit einer modernisierten Infrastruktur und finanzkräftigen Partnern im Rücken sicherten sich die Rot-Gelben 1994 die afrikanische Landesmeisterschaft, 1997 den CAF-Cup und 1998 den Pokal der Pokalsieger. 1999 und 2000 unterlagen sie im Landesmeisterwettbewerb jeweils im Finale. National dominierte »EST« zwischen 1998 und 2004 mit sieben Meisterschaften in Folge den Spielbetrieb und ist mit 20 Titeln und 13 Pokalerfolgen Tunesiens Rekordhalter. »Les Espérantistes« verfügen über eine moderne Infrastruktur mitsamt Hotel und Fußballschule, sie sind fest in der Wirtschaft und der Politik des Landes verankert und sie können sich auf eine treue Anhängerschaft verlassen. [1919 | El Menzah (40.000) | 20 | 13]

■ **STADE TUNESIEN TUNIS**  Im Bardo-Distrikt ansässige einstige Fußballgröße, die seit ihrer letzten Landesmeisterschaft 1965 lokal im Schatten von Espérance und Club Africain steht. Die Grün-Roten unterstanden bis zur Unabhängigkeit dem Statthalter von Tunis (Bey de Tunis).
[1948 | Chadly Zouiten (20.000) | 4 | 6]

HELDEN | LEGENDEN

■ **ATTOUGA (SADOK SASSI)** Tunesiens bisweilen etwas exzentrische Torhüterlegende absolvierte nach eigenen Angaben zwischen 1963 und 1978 mehr als 185 Länderspiele (offizielle Angaben schwanken zwischen 90 und 110) und stand auch bei der WM 1978 zwischen den Pfosten. Der Stammkeeper des Club Africain wurde stets »Attouga« (»Hühnchen«) genannt, weil er wie ein Huhn auf Torlinie kauerte. Seit 1979 ist Sadok Sassi im Management seines Stammvereins Club Africain tätig. [*15.11.1945]

■ **ABDELHAMID CHETALI** Kopf der ersten tunesischen Erfolgself der 1960er Jahre und 1978 Trainer bei Tunesiens erstem Sieg bei einer WM. Chetali war zwischen 1960 und 1970 für Etoile du Sahel Sousse am Ball und erwarb 1969 bei Hennes Weisweiler seine Trainerlizenz. Im März 1975 übernahm der mit einer Düsseldorferin verheiratete Sportlehrer die Nationalmannschaft und führte sie mit modernen Trainingsmethoden zur WM nach Argentinien. [*4.7.1939 | 70 LS/4 Tore]

■ **FRANCILEUDO DOS SANTOS** Tunesiens Rekordtorjäger ist gebürtiger Brasilianer, der 2004 unmittelbar vor der Afrikameisterschaft in Tunesien eingebürgert wurde. Der von 1998-2000 für ES Sahel Sousse spielende Stürmer erzielte im Finale gegen Marokko prompt den tunesischen Führungstreffer und stand 2006 auch im WM-Kader. [*20.3.1979 | 36 LS/29 Tore]

■ **TARAK DHIAB** Das Fachblatt »France Football« schrieb über das Gehirn der tunesischen Erfolgself von 1978 »Dhiab Tarak ist aus dem Stoff der Champions gemacht« und attestierte ihm »Improvisationstalent, Ballgefühl, Spielübersicht«. In der Tat war Tarak, der seinen Namen einem arabischen Feldherren aus dem 6. Jahrhundert verdankt, für mehr als ein Jahrzehnt die Schaltstelle des tunesischen Spiels. 1977 wurde der Espérance-Regisseur als erster Tunesier zu Afrikas Fußballer des Jahres gewählt, ehe er nach der WM 1978 zu Al-Ahly Jiddah nach Saudi-Arabien wechselte. [*15.7.1954 | 107 LS]

UGANDA

Höhepunkt ausgerechnet unter Idi Amin

Uganda stürzte nach dem Erreichen der afrikanischen Vizemeisterschaft 1978 völlig ab

Federation of Uganda Football Associations

Bund der ugandischen Fußball-Verbände | gegründet: 1924 | Beitritt FIFA: 1959 | Beitritt CAF: 1959 | Spielkleidung: gelbes Trikot, gelbe Hose, gelbe Stutzen | Saison: Januar - November | Spieler/Profis: 1.191.514/14 | Vereine/Mannschaften: 400/2.000 | Anschrift: FUFA House, Plot No 879, Kyadondo Block 8, Mengo Wakaliga Road, PO Box 22518, Kampala | Tel: +256-41/272702 | Fax: +256-41/2727702 | www.fufa.co.ug | E-Mail: fufaf@yahoo.com

Unter all den Diktatoren und Despoten, die Afrika seit dem Ende des Kolonialzeitalters erlebt hat, dürfte Idi Amin der bekannteste sein. Auch wenn der ugandische Staatschef der Jahre 1971-79 in den Ausmaßen seiner Brutalität leider keine Ausnahme bildete, hat sich seine Gewaltherrschaft tief in das Gedächtnis Afrikas eingebrannt und den Ruf Ugandas in der Welt geprägt.

■ **ES IST EIN SCHRECKENSBILD**, dem das Land nicht gerecht wird. Im Gegenteil. Winston Churchill bezeichnete Uganda anno 1904 sogar als »die Perle Afrikas«. Ugandas Hauptstadt Kampala zählte seinerzeit zu den schönsten Städten im Inneren Afrikas. Die Fruchtbarkeit des Bodens, aber auch ein schwunghafter Sklavenhandel hatten ab dem 18. Jahrhundert das blühende Königreich Buganda entstehen lassen, das ab 1877 unter den Einfluss europäischer Missionare geraten war. 1894 zum britischen Protektorat geworden, hatte der König von Buganda die innere Führung behalten. Die daraus resultierenden Spannungen mit benachbarten von den Briten einverleibten Königreichen verstärkten sich nach dem Zweiten Weltkrieg, als zunehmend Forderungen nach politischer Souveränität aufkamen. Heute leben in Uganda etwa 40 Volksgruppen, die sich in Bantu- (70 %), nilotische (25 %) und Sudanvölker (5 %) untergliedern.

Im Verlauf des Unabhängigkeitsprozesses setzte sich eine von den nilotisch sprechenden Völkern des Nordens und Nordostens sowie den Bantu-Völkern im Osten und Westen gebildete Gruppe durch, deren sozialistisch ausgerichteter Führer Milton Obote am 9. Oktober 1962 erster Premierminister der unabhängigen Republik Uganda wurde. Das Amt des Staatspräsidenten übernahm derweil Buganda-König Mutesa II. Das Land verfügte in jenen Tagen über einen für afrikanische Verhältnisse hohen Entwicklungsstand. Insbesondere entlang des Victoriasees dichtbesiedelt, wies Uganda einen hohen Prozentsatz an ausgebildeten Menschen auf und verfügte sowohl über eine moderne Infrastruktur als auch zahlreiche Krankenhäuser und Bildungseinrichtungen.

1966 eskalierten Spannungen zwischen König Mutesa II. und Premierminister Obote in einem Militäreinsatz. Obote brach die Macht des Königs und versuchte sein Land anschließend mit striktem Kadersozialismus und Planwirtschaft zu einigen. 1971 putschte sich daraufhin sein Armeechef Idi Amin an die Macht, der Obotes zivile Diktatur durch eine militärische ersetzte und ein faschistisches Gewaltregime errichtete. Während Uganda in den Zustand völliger Gesetzlosigkeit stürzte, fielen Amins Schreckensherrschaft rund 300.000 Menschen – darunter viele Kinder – zum Opfer. Die Situation dramatisierte sich, als Amin 1972 sämtliche asiatischen Händler aus dem Land werfen ließ und daraufhin das öffentliche Leben sowie der Binnenhandel zusammenbrachen. Ein zum Krieg eskalierender Konflikt mit dem Nachbarn Tansania führte schließlich 1979 zur Vertreibung des Despoten.

Das völlig heruntergewirtschaftete Uganda konnte sich anschließend nur langsam erholen. Krankheiten wie Aids und Ebola breiteten sich in rasantem Tempo aus, während im Nordwesten Bürgerkrieg herrschte und Uganda zudem über Hutu- bzw. Tutsi-Flüchtlinge in die Konflikte der DR Kongo sowie Ruandas und Burundis verstrickt wurde.

■ **UGANDAS FUSSBALL** erklomm seinen Zenit ausgerechnet während der düstersten Amin-Jahre. Von 1974-78 erreichte die Landesaus-

Jamhuri ya Uganda
Republic of Uganda

Republik Uganda | Fläche: 241.548 km² | Einwohner: 27.821.000 (115 je km²) | Amtssprache: Swahili, Englisch | Hauptstadt: Kampala (1,2 Mio.) | Weitere Städte: Gulu (113.144), Lira (89.871), Jinja (86.520), Mbale (70.437) | Währung: 1 Ugandischer Shilling | Bruttosozialprodukt: 250 $/Kopf | Zeitzone: MEZ +2h | Länderkürzel: UG | FIFA-Kürzel: UGA | Telefon-Vorwahl: +256

● FIFA World Ranking
1993	1994	1995	1996	1997	1998	1999	2000
94	93	74	81	109	105	108	103
2001	2002	2003	2004	2005	2006	2007	2008
119	102	103	109	101	103	76	68

● Weltmeisterschaft
1930-74 nicht teilgenommen **1978** Qualifikation **1982** nicht teilgenommen **1986-90** Qualifikation **1994** nicht teilgenommen **1998-2010** Qualifikation

● Afrikameisterschaft
1957-59 nicht teilgenommen **1962** Endturnier (Vierter) **1963** nicht teilgenommen **1965** Qualifikation **1968** Endturnier (Vorrunde) **1970-72** Qualifikation **1974** Endturnier (Vorrunde) **1976** Endturnier (Vorrunde) **1978** Endturnier (Zweiter) **1980-82** nicht teilgenommen **1984-88** Qualifikation **1990** nicht teilgenommen **1992-2010** Qualifikation

wahl »Cranes« (»Kraniche«) dreimal in Folge das Endturnier um die Afrikameisterschaft und drang dabei 1978 bis ins Finale vor.

Die Wurzeln des Spiels reichen zurück in die 1890er Jahre, als der britische Missionar Robert Walker nach Uganda kam. Über die Missionsschulen wurde das Spiel anschließend weiterverbreitet. 1924 entstand ein britisch dominierter Nationalverband, während in Kampala eine Stadtliga ihren Spielbetrieb aufnahm. Gemeinsam mit dem gleichfalls britisch beherrschten Nachbarn Kenia avancierte Uganda zur Triebfeder des Fußballs in Ostafrika. 1926 spielten die Auswahlmannschaften der beiden Kolonien erstmals um den von einem Seifenhersteller ins Leben gerufenen Gossage Cup (heute CECAFA-Cup), den sich Uganda von 1928-30 dreimal in Folge sicherte. 1931 fand das Endspiel erstmals in Kampala statt.

■ **IM ZUGE DER** Unabhängigkeitsbestrebungen erhöhte sich nach dem Zweiten Weltkrieg die Bedeutung des Fußballs. 1950 wurde mit dem »Bika by'Abaganda Tournament« ein Fußballturnier durchgeführt, an dem Teams mehrerer ethnischer Gruppen teilnahmen. Unterdessen entstanden erste Klubs wie der spätere Landesmeister Express FC, der 1957 vom Herausgeber der Tageszeitung »Uganda Express« gegründet wurde. Bereits drei Jahre vor der Unabhängigkeit wurde der Nationalverband FUFA 1959 in die CAF sowie die FIFA aufgenommen. Im November desselben Jahres debütierte Ugandas Nationalmannschaft mit einem 1:2 gegen Äthiopien auch offiziell auf der internationalen Bühne.

1962 qualifizierte sich das Land erstmals für die Afrikameisterschaft und lieferte 1964 sein Debüt in der Olympiaqualifikation ab. Zwei Jahre später wurde mit der Kampala and District Football League (KDFL) der Vorläufer der heutigen Nationalliga ins Leben gerufen, deren erster Meister der Express FC wurde. 1968 übernahm der Nationalverband FUFA die Schirmherrschaft über die Liga, die 1974 zur landesweiten Premier League wurde. Seit 1971 vervollständigt ein Pokalwettbewerb die nationalen Wettbewerbsstrukturen.

Ugandas Vereine sind überwiegend von Unternehmen bzw. kommunalen Einrichtungen unterstützte Gemeinschaften. So sicherten sich im Verlauf der 1970er Jahre Teams wie der Prisons FC Kampala, Coffee United Kakira oder Kampala City Council (KCC) die Meisterschaft.

■ **NACH DEM PUTSCH VON** Idi Amin geriet der nationale Fußball unter den Einfluss des brutalen Despoten. 1976 wurde mit dem Express FC einer der beliebtesten und erfolgreichsten Vereine des Landes aufgelöst, weil sich das Team im entscheidenden Match um die Meisterschaft mit 2:0 gegen die von Gouverneur Abdallah Nasiru protektierte Armee-Elf des Simba FC durchgesetzt hatte und daraufhin »regierungsfeindlicher Aktivitäten« bezichtigt worden war. 1978 griff mit dem Mount of the Moon FC eine weitere Armeemannschaft sogar zu den Waffen, als sie ein Aufstiegsspiel verlor.

Während Amin sein Land mit Gewalt überzog, ritt die Auswahlelf »Cranes« auf einer Welle des Erfolges. Die Grundlage dafür war vom deutschen Trainer Burkhard Pape gelegt worden, der von 1968-73 in Kampala gearbeitet hatte. Unter seiner Führung war es erstmals zu einer landesweiten Talentsichtung und

TEAMS | MYTHEN

■ **SC VILLA KAMPALA** Erfolgreichster Klub des Landes, der die Nationalliga seit Mitte der 1980er Jahre dominiert. Entstand 1975 als Nakivubo Boys aus der Nachwuchsabteilung des seinerzeit verbotenen Express FC und erreichte 1978 das nationale Oberhaus. Ein Jahr später stieß der ehemalige Express-FC-Schatzmeister Patrick Kawooya hinzu und verwandelte den Verein in einen der ambitioniertesten des Landes. Kawooya nahm eine Namensänderung in Nakivubo Villa SC vor und etablierte »the Blues« durch die Verpflichtung nationaler Ausnahmefußballer wie Roger Nsubuga, Sam Tamale und Jimmy Kirunda in der Spitzengruppe des ugandischen Oberhauses. 1981 kam es zur erneuten Namensänderung in SC Villa, dessen Training der vom Stadtrivalen Kampala City Council abgeworbene George Mukasa übernahm. Unter seiner Führung sicherten sich die »Jogoos« (»Große Gockel«) 1982 ihre erste Landesmeisterschaft, der bis 2004 zwölf weitere folgten. 1987 gewann der Klub mit einem 1:0-Finalsieg über Al-Merreikh Omdurman (Sudan) zudem erstmals den CECAFA-Cup, den er 2003 und 2005 zwei weitere Male errang. Ihren Höhepunkt erreichten »the Blues« 1991, als sie unter dem britischen Trainer Geoff Hudson in der Kontinentalmeisterschaft nacheinander Al-Merreikh Omdurman, Pamba Mwanza, Al-Ahly Kairo und Iwuanyanwu Owerri ausschalteten, ehe sie im Finale am Club Africain Tunis scheiterten. Ein Jahr später erreichte der SC Villa das Finale um den CAF-Cup, in dem man den Shooting Stars aus dem nigerianischen Ibadan unterlag. Im Dezember 1993 kam es zur Krise, als der langjährige Klubpatron Kawooya von Francisco Mugabe abgelöst wurde und der ausgebootete Geschäftsmann daraufhin mit Villa International einen Konkurrenzklub ins Leben rief. Nach Kawooyas Tod im Jahr 1996 schloss sich International dem SC Villa an. Sportlich gelang es Ex-Außenstürmer Paul Hasule, die »Jogoos« 1998 auf die Erfolgsspur zurückzuführen. Nach sieben Titelgewinnen in Folge musste der SC Villa erst 2005 wieder den Meisterplatz räumen. [1975 | Villa Park (20.000) | 16 | 7]

Jahr	Meister	Pokalsieger
1966	Express FC Kampala	
1967	Bitumastic Kampala	
1968	Prisons FC Kampala	
1969	Prisons FC Kampala	
1970	Coffee United SC Kakira	
1971	Simba SC Lugazi	Coffee United SC Kakira
1972	abgebrochen	nicht ausgespielt
1973	abgebrochen	nicht ausgespielt
1974	Express FC Kampala	nicht ausgespielt
1975	Express FC Kampala	nicht ausgespielt
1976	Kampala City Council SC	Gangama United
1977	Kampala City Council SC	Simba SC Lugazi
1978	Simba SC Lugazi	Nsambaya
1979	Uganda Commercial Bank	Kampala City Council
1980	Nile Breweries FC Jinja	Kampala City Council
1981	Kampala City Council SC	Coffee United SC Kakira
1982	Nakivubo Villa Kampala	Kampala City Council
1983	Kampala City Council SC	Nakivubo Villa Kampala
1984	Nakivubo Villa Kampala	Kampala City Council
1985	Kampala City Council SC	Express FC Kampala
1986	Nakivubo Villa Kampala	Nakivubo Villa Kampala
1987	Nakivubo Villa Kampala	Kampala City Council
1988	Nakivubo Villa Kampala	Kampala City Council
1989	Nakivubo Villa Kampala	Nakivubo Villa Kampala
1990	Nakivubo Villa Kampala	Kampala City Council
1991	Kampala City Council SC	Express FC Kampala
1992	Nakivubo Villa Kampala	Express FC Kampala
1993	Express FC Kampala	Kampala City Council
1994	Nakivubo Villa Kampala	Express FC Kampala
1995	Express FC Kampala	Express FC Kampala
1996	Express FC Kampala	Uganda Electricity B.
1997	Kampala City Council SC	Express FC Kampala
1998	Villa SC Kampala	Villa SC Kampala
1999	Villa SC Kampala	Dairy Hereos
2000	Villa SC Kampala	Villa SC Kampala
2001	Villa SC Kampala	Express FC Kampala
2002	Villa SC Kampala	Villa SC Kampala
2003	Villa SC Kampala	Express FC Kampala
2004	Villa SC Kampala	Kampala City Council
2005	Police Jinja	URA Kampala
2006	URA Kampala	Express FC Kampala
2007	URA Kampala	Express FC Kampala
2008	Kampala City Council SC	Victor FC

Anfassen ja, mitnehmen leider nein – Ugandas »Cranes« um Philip Omondi (rechts) bestaunen vor dem Finale der Afrikameisterschaft 1978 gegen Ghana die Siegertrophäe.

■ **EXPRESS FC KAMPALA** Ältester und populärster Klub des Landes, dessen große Zeiten jedoch Vergangenheit sind. Gründervater war im Oktober 1957 mit Jolly Joe Kiwanuka der Herausgeber der englischsprachigen Tageszeitung »Uganda Express«. Die aufgrund ihrer Spielkleidung »Red Devils« genannte Mannschaft war seinerzeit die erste in Uganda, die mit Fußballschuhen auflief. 1966 sicherte sie sich die erstmals ausgespielte Landesmeisterschaft und ging 1974 auch als erster Sieger der neugeschaffenen Premier League hervor. 1976 wurde der Klub wegen »regierungsfeindlicher Aktivitäten« verboten, nachdem er sich im Titelkampf gegen die Soldatenmannschaft des Simba FC durchgesetzt hatte. Aus der Jugendabteilung formierte sich daraufhin der heutige Erzrivale SC Villa. 1979 nach dem Ende der Amin-Diktatur wiedergegründet, erreichten die »Red Devils« 1994 und 1995 unter der Sponsorenschaft von »Esso Standard« jeweils das Finale um den CECAFA-Cup. Seine größten Erfolge feierte der halbprofessionell arbeitende Klub im nationalen Pokalwettbewerb, den er 2007 bereits zum zehnten Mal gewann. [1957 | Muteesa II (40.202) | 6 | 10]

■ **KAMPALA CITY COUNCIL FC** 1963 vom Politiker Bidandi Ssali als Sportgruppe für die Mitarbeiter der Stadtverwaltung von Kampala gegründeter Klub. 1974 erreichten die »Kasasiro Boys« (»Straßenreiniger«) die Nationalliga, deren Meister sie 1976 erstmals wurden. Seitdem hat sich KCC in der nationalen Spitze etabliert. 1978 gewannen die Rot-Gelben um Torjägerlegende Philip Omondi sowie Jimmy Kirunda als erster ugandischer Klub den CECAFA-Cup und erreichten das Viertelfinale in der Kontinentalmeisterschaft, in dem sie an den Enugu Rangers aus Nigeria scheiterten. Vier Jahre später sorgte der ghanaische Spitzenklub Asante Kotoko an derselben Stelle für das Aus. 1997 drang die im Stadtviertel Lugugo ansässige Elf im CAF Cup bis ins Halbfinale vor. [1963 | National (30.000) | 8 | 8]

■ **SIMBA FC LUGAZI** Ugandas Armeeklub ist in der Stadt Lugazi stationiert und erreichte 1972 als erster Klub des Landes das Endspiel um die Kontinentalmeisterschaft. Gegen den guineischen Hafia FC Conakry unterlagen die staatlich protektorierten »Simbas« (»Löwen«) um Außenstürmer Kizitu seinerzeit im Hinspiel mit 2:4 und auf eigenem Platz mit 2:3. Nach dem Ende des Amin-Regimes schied der zweifache Landesmeister aus der nationalen Spitze aus. [Lugazi (15.000) | 2 | 1]

HELDEN | LEGENDEN

■ **PAUL HASULE** Von 1982 bis 1993 eine unverzichtbare Größe im Team vom Rekordmeister SC Villa bzw. der ugandischen Nationalelf. Der Außenstürmer erreichte 1991 und 1992 mit den »Jogoos« jeweils ein kontinentales Endspiel. 1993 wechselte er auf die Trainerbank und führte den SC Villa 1998 zu seinem vierten Double. 2001 zum Police FC gewechselt, erlag Hasule 2004 einer schweren Krankheit. [*22.11.1959 †26.4.2004]

■ **PHILIP OMONDI** Gilt als der beste Fußballer, den Ostafrika je hervorgebracht hat. Der langjährige Torjäger des Kampala City Council FC führte die »Cranes« 1978 bei der Afrikameisterschaft in Tunesien mit vier Treffern fast im Alleingang ins Finale. Als agiler und sehr aufmerksamer Angreifer verfügte »Omo« zudem über ein herausragendes Ballgefühl und war ein kreativer Flankengeber. Nachdem er 1983 mit KCC im Achtelfinale des afrikanischen Pokalsiegerwettbewerbs unglücklich am ägyptischen Klub Al-Muqawilun gescheitert war, beendete er seine Karriere. Im April 1999 erlag Omondi einer schweren Krankheit. [†21.4.1999]

- förderung gekommen. Zudem hatten sich die infrastrukturellen Verhältnisse sukzessive verbessert.

Von 1974-78 erreichte Uganda dreimal in Folge die Afrikameisterschaft und war vor allem 1978 nicht zu bremsen. Angeführt vom später zum Spieler des Turniers gewählten Torjäger Philip Omondi schaltete die Elf um die Verteidiger James Kirunda und Tommy Lwanga sowie Stanley »Tank« Maribu in den Gruppenspielen Marokko und Kongo aus, setzte sich im Halbfinale auch gegen Nigeria durch und musste erst im Finale seinen nachlassenden Kräften Tribut zollen und sich Gastgeber Ghana mit 0:3 geschlagen geben.

Auf Klubebene war Uganda seinerzeit ebenfalls unter den stärksten Vertretern des Kontinents zu finden. 1972 erreichte der Armeeklub Simba FC sogar das Finale um die Kontinentalmeisterschaft, unterlag dort jedoch Hafia Conakry aus Guinea.

■ **NACH DER VIZEMEISTERSCHAFT** 1978 riss die Siegesserie ab. Die Erfolgsgeneration um Philip Omondi war in die Jahre gekommen, und weil die Nachwuchsarbeit seit Papes Ausscheiden brach lag, stand kein Ersatz bereit. Hinzu kamen die Folgen von Amins Schreckensherrschaft sowie Ugandas desolate Wirtschaftslage, die das Land im internationalen Fußball förmlich abstürzen ließen. 1980 und 1982 konnten die »Cranes« aus wirtschaftlichen Gründen nicht einmal an der Qualifikation zur Afrikameisterschaft teilnehmen.

Erst 1989 gelang es der vom ehemaligen Nationalspieler John Baptist Semanobe angeführten Verbandsführung, die nationale Fußballgemeinde wieder in ruhigeres Fahrwasser zu steuern. Im selben Jahr errang Uganda erstmals nach zwölf Jahren wieder den CECAFA-Cup, während die U17- bzw. die U19-Auswahlmannschaften des Landes wiederbelebt wurden. Höhepunkt war das Jahr 1993, als die »Cranes« nach einem 0:0 gegen Nigeria nur knapp die Qualifikation zur Afrikameisterschaft in Tunesien verpassten. Diverse Leistungsträger hatten sich seinerzeit erfolgreich im Ausland etabliert. So trug Stürmer Magid Musisi das Jersey von Frankreichs Zweitligist Stade Rennes, während Jackson Mayanja in Ägypten und Ibrahim Bwembo am Persischen Golf spielten.

Auch auf Vereinsebene erholte sich Ugandas Fußball allmählich. 1991 erreichte mit dem vom Geschäftsmann Patrick Kawooya

Ugandas Domäne ist der CECAFA-Cup – hier nimmt Kapitän George Ssemwogere die Trophäe 2000 in Empfang.

geführten SC Villa erstmals seit 19 Jahren wieder ein ugandisches Team das Endspiel um die Kontinentalmeisterschaft, in dem man sich allerdings dem tunesischen Club Africain geschlagen geben mussten. Ein Jahr später erreichte der Klub das Finale um den CAF-Cup, in dem er den Shooting Stars aus Nigeria unterlag. Der professionell geführte SC Villa dominiert seit Jahren den nationalen Spielbetrieb und ist mit 16 Meisterschaften erfolgreichste Kraft des Landes. Ärgste Konkurrenten sind der wiedergegründete Express FC sowie die Elf des Kampala City Council.

■ **UGANDAS 18 MANNSCHAFTEN** starke Super League umfasst das gesamte Staatsgebiet und zählt zu den stabilsten des Kontinents. Dennoch sind seit der Millenniumswende zahlreiche Spieler in die Nachbarländer (v. a. Ruanda) gewechselt, wo es deutlich bessere Verdienstmöglichkeiten gibt. In Kampala konnte derweil 1997 mit chinesischer Hilfe ein modernes Stadion eröffnet werden, das Platz für 45.000 Zuschauer bietet.

Wenngleich Uganda von alten Erfolgszeiten noch weit entfernt entfernt ist, hat sich sein Fußball sichtlich stabilisiert. Vor allem im regionalen CECAFA-Cup ist man eine feste Größe. 2003 ging der Titel bereits zum neunten Mal an die »Cranes«. 2008 bezwang die Auswahl unter ihrem ungarischen Trainer Laszlo Csaba in der Qualifikation zur Afrikameisterschaft Nigeria und verpasste nur aufgrund des Torverhältnisses das Endturnier. Dass mit Uganda wieder zu rechnen ist, zeigte sich auch in der WM-Qualifikation 2010, als sich die »Cranes« überraschend gegen Angola durchsetzten. Größtes Problem ist die Wirtschaftslage. Als Uganda 2000 den CECAFA-Cup organisierte, wurden die teilnehmenden Mannschaften sogar aus den Hotels geworfen, weil der Nationalverband FUFA die Rechnungen nicht bezahlt hatte.

Außenseiter
Vereinigte Arabische Republik

Die Gründung Israels und das Ende des Kolonialzeitalters nach dem Zweiten Weltkrieg destabilisierte Nordafrika und den Nahen Osten an vielen Stellen. Eine der Folgen war ein wachsendes Bedürfnis der arabischen Länder nach einer gemeinsamen Politik. Schon 1948 zogen Ägypten, Syrien, Jordanien, der Libanon und Irak vereint in einen Krieg gegen Israel, in dem sie allerdings eine schwere Niederlage erlitten.

Einer der panarabischen Wortführer wurde wenig später der ägyptische General Gamal Abdel Nasser, der 1952 Ägyptens König stürzte und sich zwei Jahre später selbst an die Spitze des Landes stellte. Nasser griff alsdann eine aus den 1910er Jahren stammende Idee des Zusammenschlusses aller arabischen Länder vom Atlantik bis zum Persischen Golf auf, um den amerikanischen, britischen und französischen Einfluss im Nahen Osten und Nordafrika einzudämmen bzw. in der Palästina-Frage eine starke Stimme zu erreichen.

Doch Nassers Pläne stießen nur auf wenig Gegenliebe. Die konservativen Monarchien Saudi-Arabien, Irak und Jordanien wollten von dem Vorhaben des mit der Sowjetunion verbündeten Ägypters nichts wissen, und die nordafrikanischen Länder Algerien, Marokko und Tunesien standen noch unter französischer Herrschaft. Am Ende blieb Nasser lediglich Syrien als Bündnispartner, und als die beiden Länder am 1. Februar 1958 einen Unionsvertrag unterzeichneten und die Vereinigte Arabische Republik (VAR) ausriefen, war es alles andere als eine Liebesheirat. Stattdessen war Syrien 1957 in Scharmützel mit der Türkei geraten und fühlte sich in seiner Souveränität bedroht, während Ägypten durch die mit der Nationalisierung des Sueskanals ausgelöste Sueskrise international isoliert worden war.

Die VAR sorgte für eine weitere Destabilisierung der Region. Irak und Jordanien bildeten ebenfalls eine nach nur sechs Monaten zusammenbrechende Föderation, während im Libanon Konflikte zwischen prowestlichen Christen und panarabischen Muslimen ausbrachen.

Der VAR, der sich am 8. März 1958 das Königreich Jemen (Nordjemen) in loser Konföderation anschloss, war demzufolge keine lange Lebenszeit vergönnt, zumal Ägypten frappierende Hegemonialansprüche hegte. So bestand die VAR-Regierung nahezu geschlossen aus Ägyptern. Als Syriens Armee am 27. September 1961 gegen die eigene Regierung putschte, trat das Land aus der Union aus, und nachdem drei Monate später auch Nordjemen ausgeschieden war, blieb nur noch Ägypten übrig. Bis 1972 hielt dessen Regierung an der Bezeichnung Vereinigte Arabische Republik fest, ehe Nasser-Nachfolger Sadat die gescheiterte Union endgültig zu Grabe trug

Fußballerisch kam das Bündnis niemals zum Tragen. Ägypten, Syrien und Nordjemen hielten während der knapp drei gemeinsamen Jahre an ihren jeweiligen Nationalverbänden fest und blieben autonom (siehe entsprechende Kapitel). Weder gab es eine gemeinsame Nationalauswahl, noch wurden Versuche unternommen, eine übergreifende Landesmeisterschaft von Ägypten, Syrien und Nordjemen zu bilden.

Formell allerdings wurde die Vereinigte Arabische Republik 1957 und 1959 jeweils Afrikameister, spielte 1964 in Tokio um die olympische Bronzemedaille und gewann 1965 bei den panarabischen Spielen Gold. Faktisch indes war es ausschließlich die ägyptische Auswahl, die diese Erfolge errang. Ebenso fungierte die VAR 1959 zwar offiziell als Gastgeber der Afrikameisterschaft, die aber ausschließlich in Ägypten stattfand.

Außenseiter
Französisch Westafrika

1895 wurden Frankreichs westafrikanische Kolonien Senegal, Französisch-Soudan (heute Mali), Französisch-Guinea (heute Guinea) und Elfenbeinküste in der Föderation Afrique Occidentale Française (AOF, Französisch-Westafrika) zusammengefasst. In den Folgejahren konnte die AOF Zug um Zug erweitert werden und umfasste 1921 außerdem Dahomey (heute Benin), Mauretanien sowie Obervolta (Burkina Faso). 1934 kam Französisch-Togoland (Togo) hinzu. Die in der senegalesischen Hauptstadt Dakar ansässige Föderation wurde 1958 mit dem Ende der Kolonialära aufgelöst. Zu ihrem Erbe zählt die westafrikanische Gemeinschaftswährung CFA-Franc.

Afrikas Fußball verdankt der AOF seinen ersten großräumigen Wettbewerb südlich der Sahara. Dabei handelte es sich um den Coupe d'AOF, der zwischen 1947 und 1959 ausgespielt wurde. Vorausgegangen war die im März 1946 in Dakar erfolgte Gründung der Ligue d'Afrique Occidentale Française (Ligue d'AOF), die bereits 1947 eine auf das Gebiet des heutigen Senegals beschränkte Vereinsmeisterschaft organisiert hatte, deren Sieger die US Gorée Dakar geworden war.

Im April 1947 schlug die kurz zuvor in Dakar gegründete Sportzeitung »Afriqu'Sports« vor, den Wettbewerb auf das gesamte Gebiet der Föderation Westafrika auszudehnen. Nachdem daraufhin mit Ausnahme von Mauretanien alle französischen Kolonien der Region begeistert zugestimmt hatten und sie der Ligue d'AOC beigetreten waren, konnten 1948 bereits 50 Mannschaften aus den Kolonialbezirken Dakar, Thiès, Saint-Louis, Casamance, Abidjan, Conakry und Bamako um den Coupe d'AOC streiten. Erster Sieger wurde die Elf des Foyer Française aus dem senegalesischen Dakar.

Der Wettbewerb erfreute sich großer Beliebtheit und lockte enorme Kulissen an. Vor allem die im Dakarer Parc Municipal des Sports bestrittenen Endspiele waren stets gut besucht. Darüber hinaus trug die Ligue d'AOC enorm dazu bei, den Fußball in Westafrika insgesamt zu fördern und zu verbreiten. Sie ermöglichte erstmals einen geregelten Spielbetrieb über große Distanzen und lieferte damit die Grundlage für ein weiträumiges Fußball-Kommunikationsnetz. 1949 beteiligten sich bereits 158 Mannschaften an dem Wettbewerb, der 1959 mit 302 Teilnehmern einen Rekord erreichte. Wenngleich die Vorrunden des Wettbewerbes unter regionalen Gesichtspunkten ausgespielt wurden, war die hohe Beteiligung angesichts der Reiseschwierigkeiten in dem mehr als 4,7 Mio. km² umfassenden Territorium, das von der Küste Westafrikas bis nach Algerien bzw. Nigeria reichte, beeindruckend.

Die teilnehmenden Teams wurden überwiegend von Einheimischen gebildet, die häufig in Frankreich ausgebildet worden waren und dem Kolonialherren entsprechend nahestanden. 1951 trat die Liga demzufolge als Regionalverband auch dem französischen Nationalverband FFF bei, während sie 1955 um das heutige Togo erweitert werden konnte.

Sportlich dominierten zunächst die Teams aus dem Senegal und Mali, die sich die Meisterschaft bis 1957 teilten. Erfolgreichste Mannschaften waren die Dakarer Klubs US Gorée und Jeanne d'Arc, die den Coupe jeweils dreimal gewannen. Malis Hauptstadt Bamako stellte 1953 und 1957 jeweils den Sieger. Zur dritten Kraft avancierte im Laufe der 1950er Jahre die ivorische Hauptstadt Abidjan, die schon 1948 mit dem Jeunesse-Klub erstmals einen Finalisten gestellt hatte. 1958 standen sich die beiden Abidjaner Großklubs Africa Sports und ASEC sogar in einem rein ivorischen Finale gegenüber.

Nach dem Ende der Föderation AOF im Zuge der Auflösung des französischen Kolonialreiches wurde 1958 auch die Ligue d'AOF aufgelöst. 1960 entstand mit dem Coupe Interfédérale ein Nachfolger, an dem sich Guinea und die Elfenbeinküste schon nicht mehr beteiligten und dem keine Zukunft vergönnt war.

Jahr	Finale Coupe d'AOC	
1947	US Gorée - Jeanne d'Arc Dakar	2:1
1948	Foyer France Sénégal - Jeunesse d'Abidjan	4:0
1949	Racing Club Dakar - Racing Club Conakry	3:0
1949/50	Racing Club Conakry - Espoir Saint-Louis	4:2
1950/51	Jeanne d'Arc Dakar - Jeanne d'Arc Bamako	3:1 n.V.
1951/52	Jeanne d'Arc Dakar - Etoile Porto-Novo	2:0
1952/53	Jeanne d'Arc Bamako - Racing Club Conakry	3:1
1953/54	US Gorée - Foyer du Soudan Bamako	1:0
1954/55	US Gorée - ASEC Abidjan	7:0
1955/56	Jeanne d'Arc Bamako - ASEC Abidjan	3:0
1956/57	Réveil Saint-Louis - Africa Sports Abidjan	4:1
1957/58	Africa Sports Abidjan - ASEC Abidjan	5:0
1958/59	Saint-Louisienne AAS - Modèle Lomé	2:1 n.V.
Jahr	**Finale Coupe Interfédérale**	
1960	Etoile Filante Lomé - Jeanne d'Arc Bamako	2:1

HINWEIS
Zaïre = siehe DR Kongo

ZENTRALAFRIKA

Afrikas Fußball-Diaspora

In der Zentralafrikanischen Republik steht der Fußball im Schatten des Basketballs

Fédération Centrafricaine de Football

Zentralafrikanischer Fußball-Bund | gegründet: 1961 | Beitritt FIFA: 1963 | Beitritt CAF: 1965 | Spielkleidung: blaues Trikot, weiße Hose, blaue Stutzen | Saison: Oktober - Juli | Spieler/Profis: 192.404/4 | Vereine/Mannschaften: 80/400| Anschrift: Avenue de Martyrs, Case Postale 344, Bangui | Tel: +236-75503118 | Fax: +236-21615660 | keine Homepage | E-Mail: fedefoot60@yahoo.fr

Ganz Afrika ist Fußball! Ganz? Nein, inmitten des Kontinents gibt es ein Land, in dem der Fußball tatsächlich nur die zweite Geige spielt: die Zentralafrikanische Republik. In der früheren französischen Kolonie ist Basketball die Nummer eins. Während die nationalen Korbjäger 1974 und 1987 sogar Afrikameister wurden, kommt die Fußballauswahl in der FIFA-Weltrangliste nur selten über eine Platzierung im 190er Bereich hinaus. Neben einem begrenzten Interesse und den daraus resultierenden sportlichen Defiziten leidet der Fußball in Zentralafrika allerdings auch unter einer seit Jahrzehnten verworrenen politischen Situation, einer mangelhaften Infrastruktur sowie regelmäßigen Eingriffen der Politik in die Verbandsgeschäfte.

■ **DIE GESCHICHTE DER** Zentralafrikanischen Republik liest sich blutig. 1885 auf der Berliner Konferenz Frankreich zugesprochen, wurde das damalige Ubangi-Schari 1910 Französisch-Äquatorialafrika angeschlossen, das zudem Gabun, die heutige Republik Kongo sowie Tschad umfasste. Anschließend von Konzessionsgesellschaften brutal ausgebeutet, kam es zu mehreren erfolglosen Aufständen gegen den Kolonialherren.

1958 erhielt Ubangi-Schari innere Autonomie und wurde ein Jahr später als Zentralafrikanische Republik in die Unabhängigkeit entlassen. Der erste Staatspräsident David Dacko hielt jedoch an der Nähe zu Frankreich fest, was zum Jahreswechsel 1965/66 zum Putsch durch den Dacko-Vetter Jean-Bédel Bokassa führte. Bokassa installierte eine gleichfalls von Frankreich protektierte despotische Willkürherrschaft, die von brutalen Terror- und Foltermethoden geprägt war und sich durch eine exzessive Verschwendungssucht auszeichnete. 1972 ernannte sich der Politiker selbst zum Präsidenten auf Lebenszeit, ehe er Zentralafrika vier Jahre später in eine Monarchie umwandelte und zu Kaiser Bokassa I. wurde. Allein die Krönungsfeierlichkeiten verschlangen rund ein Viertel der jährlichen Deviseneinnahmen des strukturschwachen Agrarlandes, das durch Bokassas selbstherrliche Regentschaft sowie damit einhergehende Korruption und Vetternwirtschaft an den Rand des wirtschaftlichen Ruins geriet.

Als Bokassa 1979 demonstrierende Schulkinder in aller Öffentlichkeit eigenhändig erschlug, rückte selbst Frankreich von ihm ab, und David Dacko konnte in einem unblutigen Staatsstreich zurückkehren. Zentralafrika ist seitdem jedoch nur selten zur Ruhe gekommen. Putsche und Gegenputsche bestimmen den Alltag, während die wirtschaftliche Lage katastrophal ist. Obwohl das Land über Bodenschätze wie Diamanten und Gold verfügt, zählt es zu den ärmsten Staaten der Welt. Im Index der menschlichen Entwicklung in den Ländern der Welt nahm man 2007 den 171. Platz unter 177 Staaten ein.

Zentralafrikas Bevölkerung siedelt überwiegend entlang der großen Wasserstraßen, während die Regenwaldgebiete und die Trockensavanne größtenteils menschenleer sind. Im Süden dominieren Bantu-Ethnien, derweil im Norden sahelo-sudanische Stämme die Mehrheit bilden. Wirtschaftliches und kulturelles Herz ist die Hauptstadt Bangui.

■ **BANGUI BILDET AUCH DAS** Zentrum des zentralafrikanischen Fußballs. Das Spiel war in den 1930er Jahren von französischen Kolonialisten eingeführt worden und wird bis heute nur in der Hauptstadt wettbewerbsmäßig betrieben. Hauptgrund für die schwache

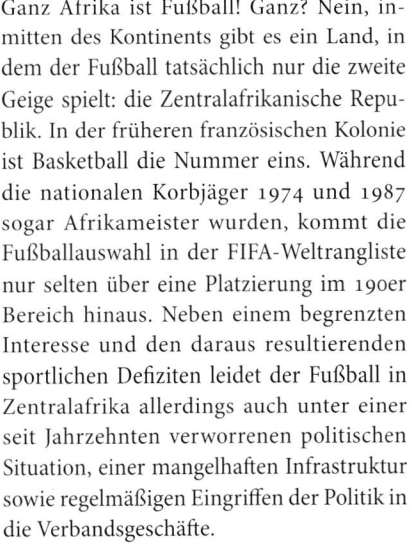

**République centrafricaine
Ködrö tî-Afrîka**

Zentralafrikanische Republik | Fläche: 622.436 km² | Einwohner: 3.986.000 (6,4 je km²) | Amtssprache: Sango, Französisch | Hauptstadt: Bangui (622.771) | Weitere Städte: Bimbo (124.176), Berbérati (76.918), Carnot (45.421) | Währung: CFA-Franc | Bruttosozialprodukt: 310 $/Kopf | Zeitzone: MEZ | Länderkürzel: CF | FIFA-Kürzel: CFA | Telefon-Vorwahl: +236

● **FIFA World Ranking**

1993	1994	1995	1996	1997	1998	1999	2000
157	174	180	183	188	192	175	176
2001	2002	2003	2004	2005	2006	2007	2008
182	179	177	180	183	179	182	200

● **Weltmeisterschaft**
1930-98 nicht teilgenommen **2002-06** Qualifikation **2010** nicht teilgenommen

● **Afrikameisterschaft**
1957-72 nicht teilgenommen **1974** disqualifiziert **1976-86** nicht teilgenommen **1988** Qualifikation **1990-96** nicht teilgenommen **1998** Rückzug **2000** nicht teilgenommen **2002-04** Qualifikation **2006-10** nicht teilgenommen

Verbreitung ist die mangelhafte Infrastruktur. Der Binnenverkehr Zentralafrikas spielt sich in hohem Maße auf den Wasserstraßen ab und ist entsprechend zeitintensiv. Eine Eisenbahn existiert nicht, während von den etwa 24.000 Straßenkilometern nur ein Bruchteil ganzjährig befahrbar ist.

Bis zur Unabhängigkeit im Jahre 1960 bestand die Fußballgemeinde im Land zudem weitestgehend aus Europäern. 1937 hatten Franzosen einen Fußballverband gegründet, dessen Nachfolge 1961 die Fédération Centrafricaine de Football antrat, die 1963 der FIFA und 1965 der CAF beitrat. Ihr erstes Länderspiel verloren Zentralafrikas »Fauves de Bas-Oubangui« 1960 mit 3:4 gegen Mali. Aufgrund der politischen Turbulenzen waren anschließend nur sporadisch weitere Begegnungen möglich. Aus dem Zeitraum 1960-84 sind lediglich sieben Länderspiele bekannt.

■ **1968 NAHM IN DER HAUPTSTADT** Bangui eine Stadtliga ihren Spielbetrieb auf, und seit 1974 wird auch um einen Landespokal gerungen. Die einer Brauerei angeschlossene Mannschaft der 1940 gegründeten AS Tempête Mocaf stellt mit neun Titeln die erfolgreichste Elf. Olympic Real de Bangui (bzw. Real Olympique Castel) folgt mit acht Meisterschaften.

Internationale Erfolge sind rar. Im September 1973 setzte sich die Landesauswahl in der Qualifikation zur Afrikameisterschaft überraschend gegen die Elfenbeinküste durch (4:2 in Bangui, 1:2 in Abidjan), wurde anschließend jedoch disqualifiziert. 1976 erreichten die »Fauves de Bas-Oubangui« im von den ehemaligen französischen Kolonien ausgespielten UDEAC-Cup das Halbfinale, in dem sie Kamerun mit 0:3 unterlagen. Das für 1978 geplante WM-Debüt fiel unterdessen den politischen Turbulenzen zum Opfer.

Erst 2002 konnte Zentralafrika erstmals um WM-Punkte streiten, wobei gegen Simbabwe erwartungsgemäß bereits in der ersten Runde das Aus kam. Auf kontinentaler Klubebene ragen die Viertelfinalteilnahmen von AS Tempête Mocaf (1975) und ASDR Fatima (1992) im Pokalsiegerwettbewerb heraus. 1972 schaltete Olympique Real Bangui im Landesmeisterwettbewerb den ugandischen Armeeklub Simba FC aus und rang anschließend Hearts of Oak Accra ein achtbares 3:3 ab.

Die Probleme im zentralafrikanischen Fußball sind vielfältig. Eine Nationalliga ist in weiter Ferne, und zu den gewaltigen infrastrukturellen Missständen und ökonomischen Sorgen gesellen sich regelmäßige Eingriffe der Regierung in die Geschicke des nationalen Fußballverbandes, dessen Führung ebenfalls selbstherrlich auftreten kann. So zog Verbandschef Thierry Kamach Zentralafrika 2003 nach einem 0:3 gegen Burkina Faso eigenmächtig und »für alle zukünftigen Wettbewerbe« aus dem internationalen Spielbetrieb zurück, was jedoch umgehend von der restlichen Verbandsführung rückgängig gemacht wurde. Die FIFA hat bereits mehrfach Sperren gegen das Land ausgesprochen. Zentralafrika konnte weder an den Afrikameisterschaften 2006 bzw. 2008 noch an der WM-Qualifikation 2010 teilnehmen, weil dem Verband die notwendigen Gelder für die Anreise fehlten.

Hoffnungsschimmer sind rar. Im Juni 2006 wurde in Bangui ein mit chinesischer Hilfe errichtetes Nationalstadion eröffnet, das Zentralafrika zumindest eine wettbewerbstaugliche Heimstatt verschaffte. Dennoch wird der zentralafrikanische Fußball wohl auch in Zukunft nur eine Nebenrolle im fußballverrückten Afrika spielen und national im Schatten des Basketballs stehen.

TEAMS | MYTHEN

■ **AS TEMPÊTE MOCAF BANGUI** Mannschaft der Nationalbrauerei (»Tempête Mocaf« ist der Name einer Biersorte) und mit neun Titeln Rekordmeister der Zentralafrikanischen Republik. Der Klub wurde 1940 gegründet und ist damit einer der ältesten im Land. Die Rot-Schwarzen sicherten sich 1976 ihre erste Landesmeisterschaft. Ein Jahr zuvor hatten sie im afrikanischen Pokalsiegerwettbewerb den beninischen Vertreter Postel Sport ausgeschaltet und dem senegalesischen Klub ASC Jeanne d'Arc im Viertelfinale immerhin ein 1:1 abgerungen. 1994 erreichte der Klub das Achtelfinale im Landesmeisterwettbewerb. [1940 | Barthelmy Boganda (35.000) | 9 | 9]

■ **OLYMPIQUE REAL BANGUI** Als Real Olympique Castel gegründeter Klub, der mit acht Meisterschaften zweiterfolgreichster der Zentralafrikanischen Republik ist. 1972 fungierten die Grün-Schwarzen als zentralafrikanischer Debütant im kontinentalen Landesmeisterwettbewerb und bezwangen bei dieser Gelegenheit den kamerunischen Klub Aigle Nkongssamba mit 1:0 (Hinspiel 1:3). Zwei Jahre später schaltete die Hauptstadtelf den hocheingeschätzten ugandischen Armeeklub Simba FC aus und vermochte dem ghanaischen Meister Hearts of Oak nach einer 1:6-Hinspielniederlage in Accra auf eigenem Platz ein 3:3 abzuringen. [Municipal (15.000) | | 8 | 2]

■ **ASDR FATIMA BANGUI** Machte 1994 auf sich aufmerksam, als er sich im afrikanischen Pokalsiegerwettbewerb gegen DC Motema Pembe aus Zaire durchsetzte. In der zweiten Runde konnte die auch als »Auges de Fatima« bekannte Elf jedoch nicht antreten, weil der zentralafrikanische Nationalverband wegen ausbleibender Beiträge zwischenzeitlich von der CAF gesperrt worden war. National stellt die Association Sportive Diables Rouges de Fatima mit vier Meistertiteln die dritterfolgreichste Mannschaft des Landes. [Fatima (1.500) | 3 | 7]

Jahr	Meister (Bangui)	Pokalsieger
1968	US Cattin	
1969-70	nicht bekannt	
1971	Real Olympique Castel	
1972	nicht bekannt	
1973	Real Olympique Castel	
1974	ASDR Fatima Bangui	AS Tempête Mocaf B.
1975	Real Olympique Castel	
1976	AS Tempête Mocaf Bangui	Red Star Bangui
1977	Stade CA Tocages Bangui	Sodiam Sports
1978	ASDR Fatima Bangui	Union Sport CA Bangui
1979	Real Olympique Castel	Sodiam Sports Bangui
1980	Union Sport CA Bangui	ASDR Fatima Bangui
1981	Publique Sportive Mouara	ASDR Fatima Bangui
1982	Real Olympique Castel	AS Tempête Mocaf B.
1983	ASDR Fatima Bangui	Avia Sports Bangui
1984	AS Tempête Mocaf Bangui	Stade CA Tocages B.
1985	Stade CA Tocages Bangui	AS Tempête Mocaf B.
1986	Publique Sportive Mouara	
1987	nicht bekannt	
1988	ASDR Fatima Bangui	Union Sport CA Bangui
1989	Stade CA Tocages Bangui	Real Olympique Castel
1990	AS Tempête Mocaf Bangui	FACA Bangui
1991	FACA Bangui	ASDR Fatima Bangui
1992	Union Sport CA Bangui	AS Tempête Mocaf B.
1993	AS Tempête Mocaf Bangui	ASDR Fatima Bangui
1994	AS Tempête Mocaf Bangui	FACA Bangui
1995	FACA Bangui	
1996	AS Tempête Mocaf Bangui	
1997	AS Tempête Mocaf Bangui	Union Sport CA Bangui
1998	abgebrochen	ASDR Fatima Bangui
1999	AS Tempête Mocaf Bangui	Olympique Réal Bangui
2000	Olympic Real Bangui	ASDR Fatima Bangui
2001	Olympic Real Bangui	Stade CA Tocages B.
2002	annulliert	
2003	AS Tempête Mocaf Bangui	AS Tempête Mocaf B.
2004	Olympic Réal Bangui	AS Tempête Mocaf B.
2005	ASDR Fatima Bangui	Union Sport CA Bangui
2006	unbekannt	
2007	unbekannt	
2008	Stade Centrafricain	ASDR Fatima Bangui

SÜDAMERIKA

Confederación Sudamericana de Fútbol
Confederação Sul-Americana de Futebol
(CONMEBOL)
Südamerikanischer Fußball-Bund
gegründet 1916
Anschrift Autopista Aeropuerto Internacional y Leonismo Luqueño, Luque, Gran Asunción, Paraguay
Telefon +595 - 21/645781
Fax +595 - 21/645791
Internet www.conmebol.com
E-Mail conmebol@conmebol.com.py
Mitglieder
10 Verbände
47.000 Vereine und 162.000 Mannschaften.
27.946.000 Spieler (davon 25.000 Profis)

Der weltweit älteste Kontinentalverband geht auf eine gemeinsame Initiative von Argentinien, Uruguay und Chile zurück, die 1916 als Verbandsgründer auftraten. Federführend war der Uruguayer Héctor Rivadavia Gómez. Ziel war nicht nur ein konzertiertes Vorgehen, sondern vor allem die Einrichtung einer Kontinentalmeisterschaft. Bereits 1910 hatten die drei Ländermannschaften um eine Copa Sudamerica gestritten. 1916 fungierte Argentinien als Gastgeber der ersten offiziellen Copa América.

LÄNDERKÜRZEL SÜDAMERIKA		
ARG	→	Argentinien
BOL	→	Bolivien
BRA	→	Brasilien
CHI	→	Chile
ECU	→	Ecuador
COL	→	Kolumbien
PAR	→	Paraguay
PER	→	Peru
URU	→	Uruguay
VEN	→	Venezuela

■ **ANDEN** Die Anden sind eines der mächtigsten Gebirge der Welt, das sich über 8.000 Kilometer entlang der Westseite Südamerikas erstreckt und im Norden des Kontinents seine höchsten Punkte erreicht. Ecuador, Peru und Bolivien liegen zu großen Teilen in dem Kettengebirge, das zudem nach Kolumbien, Argentinien und Chile hineinreicht. Die zerklüftete Gebirgslandschaft hat sich bei der Ausbreitung des Fußballs ähnlich widerspenstig erwiesen wie beim Aufbau einer Verkehrsinfrastruktur. Briten brachten das Spiel in Hafenstädte wie Guayaquil (Ecuador) und Lima, von wo aus es nach dem Bau von Eisenbahnstrecken mühsam ins Landesinnere gelangte. Boliviens Hauptstadt La Paz wurde von chilenischen Eisenbahnbauern mit dem Fußball versorgt. Namentlich Peru avancierte rasch zu einer Fußballhochburg, in der im Gegensatz zu Ecuador und Bolivien von Beginn an auch die indianischen Ureinwohner kickten. 1939 wurde das Land als erstes der Region Südamerikameister. Bolivien (1963) und abermals Peru (1975) holten die Copa zwei weitere Male in die Anden. Einziger Sieger in der Copa Libertadores war bislang Ecuadors LDU Quito, das 2008 triumphierte. Die Höhenlage der Nationalstadien von La Paz (Bolivien, 3.636m) und Quito (Ecuador, 2.811 m) gibt regelmäßig Anlass zum Streit.

■ **SÜDLICHES SÜDAMERIKA** Mit Argentinien, Chile und Uruguay sind die drei Fußballwiegen Südamerikas allesamt in der Südhälfte zu finden. Das britische Spiel erreichte den Kontinent zunächst über das Nadelöhr Río de la Plata, an dessen Ufern sich Montevideo (Uruguay) und Buenos Aires (Argentinien) zu den ersten Fußballzentren außerhalb der Britischen Inseln entwickelten. Chile folgte mit knappem zeitlichen Verzug, wohingegen das Binnenland Paraguay erst nach der Jahrhundertwende durch einen niederländischen Lehrer zum Fußball kam. Nahezu alle wichtigen Fußballimpulse der ersten Jahrzehnte gingen von Buenos Aires, Santiago de Chile oder Montevideo aus. 1910 stritten die drei Länder um die inoffizielle Südamerikameisterschaft, 1916 riefen sie den Kontinentalverband CONMEBOL ins Leben und organisierten in Buenos Aires das erste Turnier um die Copa América. Mit insgesamt 28 Erfolgen verbuchten Argentinien und Uruguay (jeweils 14) das Gros der Kontinentalmeisterschaften für sich. Paraguay gewann 1953 und 1979, Chile ging bislang leer aus. Im Vereinswettbewerb Copa Libertadores führt Argentinien mit 21 Titeln die kontintentale Rangliste an. Selbst das kleine Paraguay kann aber große Erfolge vorweisen und stellt mit dem dreifachen Copa-Libertadores-Sieger Olimpia Asunción den fünfterfolgreichsten Verein des Kontinents. Argentinien und Uruguay gewannen jeweils zweimal die Weltmeisterschaft und brachten Fußballlegenden wie Diego Armando Maradona oder José Nasazzi hervor. In den 1930er Jahren avancierten sie außerdem zu den Vorreitern bei der Professionalisierung des Fußballs in Südamerika. Allen vier Ländern ist gemein, dass ihre Nationalligen jahrzehntelang im Grunde genommen nur auf die jeweiligen Hauptstädte beschränkte Stadtligen waren.

■ **DER NORDEN SÜDAMERIKAS** Wo Südamerika in die Karibik übergeht, liegen mit Kolumbien und Venezuela zwei CONMEBOL-Mitglieder, zu denen sich mit Guyana, Suriname und Französisch-Guyana drei weitere Länder gesellen, die der nordamerikanischen Föderation CONCACAF angehören. Auch das vor der Küste Venezuelas gelegene Trinidad-Tobago wird gelegentlich Südamerika zugezählt, gehört aber ebenfalls der CONCACAF an. Hintergrund ist eine historische Verbindung zu den ehemaligen britischen, französischen und niederländischen Kolonien in der Karibik. Französisch-Guyana ist noch immer Teil der Republik Frankreich. Während Venezuela aufgrund des hohen Einflusses durch die USA als Baseballhochburg gilt und im Fußball erst seit der Millenniumswende aufholen konnte, zählt Kolumbien zu den Fußballhochburgen des Kontinents. Briten brachten das Spiel in die Hafenstadt Barranquilla, von wo aus es weiterverbreitet wurde. 1948-53 machte Kolumbien als schillerndes »El Dorado« auf sich aufmerksam und lockte Weltstars wie Alfredo Di Stéfano an. In den 1980er Jahren wiederum diktierten Drogenkartelle die Geschicke im kolumbianischen Fußball. Erst 2001 stellte die Region mit Kolumbien erstmals den Copa-América-Sieger. Die Copa Libertadores ging derweil zweimal in den Norden – jeweils nach Kolumbien (1989 Atlético Nacional Medellín und 2004 Once Caldas Manizales).

■ **BRASILIEN** Nicht nur mit seiner gewaltigen Größe spielt Brasilien eine Sonderrolle auf dem südamerikanischen Kontinent. Brasiliens Fußball ist weltberühmt, und Brasilianer spielen inzwischen in nahezu allen Winkeln der Welt. Eine weltweit einzigartige Verbindung aus Samba, Karneval, sozialer Aufstiegsmöglichkeit und ethnischer Verquickung lässt das Spiel zum unumstrittenen Nationalsport werden, dessen Zentren sich an der Ostküste konzentrieren. São Paulo war 1894 Geburtsstätte des Fußballs in Brasilien, und auch in Rio de Janeiro wurde bereits zur Jahrhundertwende gekickt. Porto Alegre, Belo Horizonte, Salvador, Curitiba und Belém folgen wenig später. Zunächst auf die weiße Oberschicht beschränkt, avancierte der Fußball in den 1920er Jahren mit der Integration der Mittelschicht und vor allem der Schwarzen zum Volkssport. Darüber hinaus verhalf das Spiel der Vielvölkergesellschaft Brasilien zur Identitätsbildung, was von Politikern unterschiedlicher Couleur wiederholt gefördert wurde. 1938 bei der WM erstmals auftrumpfend, verpasste Brasilien 1950 beim Turnier im eigenen Land noch den Titel, ehe die »Seleção« um Jungstar Pelé 1958 ihren ersten der inzwischen fünf WM-Titeln errang. Brasiliens Fußball leidet seit langem unter finanziellen Zwängen, eklatanter Misswirtschaft und einem enormen Ausverkauf seiner Spieler.

FUSSBALL IN SÜDAMERIKA

Opium fürs Volk

Brasiliens Sambafußball! Argentiniens schillernde Ikone Diego Armando Maradona! Die legendären Uruguayer, die 1924 und 1928 olympisches Gold gewannen und 1930 erster Weltmeister wurden! Kolumbiens »El Dorado«-Epoche, während der Alfredo Di Stéfano seinen Durchbruch schaffte! Paraguays Talentequelle, die Topstars wie José Chilavert und Roque Santa Cruz hervorbrachte! Peru, das 1970 bei der WM in Mexiko die ganze Fußballwelt auf den Kopf stellte…

Es gibt Hunderte von Gelegenheiten, über den Fußball in Südamerika zu schwärmen. Der Kontinent ist die nach Europa älteste Fußballregion der Welt, und mit neun WM-Titeln ist er der global erfolgreichste. Südamerikanische Kicker spielen überall auf der Welt. Ob Ronaldinho in Mailand, Lionel Messi in Barcelona, Altstar Rivaldo in Usbekistan oder die Tausende von unbekannten Kickern, die auf den windigen Färöer-Inseln, im fernen Vietnam oder bei irgendeinem unterklassigen Halbprofiverein in Deutschland spielen – südamerikanische Fußballer werden gerne verpflichtet, denn sie stehen für gutes Fußball-Entertainment und verbreiten Flair.

Kein anderer Kontinent erreicht eine derartige Fußballintensität wie Südamerika. Von den zehn CONMEBOL-Mitgliedern fällt allenfalls Venezuela aus dem Rahmen, das aufgrund seiner Verbindungen zu den USA baseballfixiert ist. Doch seit die venezolanische Nationalelf vermehrt Erfolge feiert, wankt auch dort die Übermacht des Baseballs, saugen die Menschen begierig den Virus des Fußballs auf. Südamerika lebt seinen Fußball voller Leidenschaft, totaler Hingabe – aber bisweilen auch blinder Grenzenlosigkeit. Nirgendwo sonst auf der Erde sind die Grenzen zwischen Sport und Politik durchlässiger als in Südamerika. Das gilt für die Rechten ebenso wie für die Linken. Diktatoren wie der Brasilianer Getúlio Vargas, Argentiniens Militärjunta, Paraguays Alfredo Stroesser oder Chiles General Pinochet haben den Fußball ebenso benutzt, wie es die linksgerichteten Regierungen von Venezuela und Bolivien seit der Millenniumswende tun. Fußball öffnet in Südamerika eben Tore, die sich nur schwer öffnen lassen: die zu den Herzen der Völker. Das hat bisweilen zweifelhafte Folgen. So erhielt in Peróns Argentinien jeder Spitzenverein einen politischen »padre«, der sich auf Regierungsebene für sein Wohlergehen einsetzte. In Kolumbien fütterte man das Volk derweil mit Fußballstars, um es vom Bürgerkrieg abzulenken. Später kamen dort die Drogenbosse und wuschen über die Fußballklubs ihr dreckiges Geld. Was wiederum *auch* dazu benutzt wurde, in den Armenvierteln von Calí und Medellín Fußballplätze für die Ärmsten der Armen zu bauen.

Fußball ist eben in Südamerika so vielschichtig wie nirgendwo sonst.

Ein Blick zurück verdeutlicht, warum das so ist. Als der Fußball in den 1870er Jahren über britische Seeleute den Kontinent erreichte, befanden sich die gerade erst aus der spanischen bzw. portugiesischen Kolonialherrschaft entlassenen Nationalstaaten auf der Suche nach einer eigenen Identität. Es handelte sich um multikulturelle und komplexe Gesellschaften – die einen mit einer starken indianischen Note (Bolivien, Ecuador, Peru), die anderen von Mestizen (indianisch-europäische Mischlinge) oder Kreolen (im Land geborene Nachfahren von Europäern) dominiert. Und es waren unablässig wachsende und sich verändernde Gesellschaften. Vor allem Argentinien, Uruguay, Brasilien und Chile waren seinerzeit Ziel für Tausende von Einwanderern aus Spanien, Italien, dem Balkan usw. Voller Zuversicht und Träume von einem besseren Leben tasteten sie sich dort ihrer neuen Heimat an. Fußball war der ideale Mittler. Er bot die Gelegenheit, die eigene Herkunft und Kultur zu pflegen und sich zugleich der neuen Heimat zu öffnen. Bis heute werden die Boca Juniors »Xeneise« genannt – ein in einem norditalienischen Dialekt für »Genua« stehendes Wort, wo die Klubgründer herkamen. Ecuadors populärster Verein heißt Barcelona, weil sein Gründer Katalane war, und in Chile trugen die Landesmeister bisweilen Namen wie Palestino, Audax Italiano oder Unión Española.

Die Wurzeln zum Spiel hatten Briten gelegt. Wohlhabende Gentlemen, die zum Handeln, als Banker oder als Eisenbahningenieure nach Südamerika gekommen waren. Mutige, aber auch versnobte Abenteurer. Mit den Einheimischen wollten sie nicht allzu viel zu tun haben. Das eine oder andere Rugby- bzw. Fußballmatch war genehm, doch als man in Buenos Aires, Montevideo usw. anfing, eigene Vereine zu gründen, zogen sich die britischen Gentlemen pikiert zurück. Nach der Jahrhundertwende übernahmen überall Einheimische (bzw. Immigranten) die britischen »Fußballkolonien«, die sich anschließend in einem dramatischen Tempo in nationale Kulturgüter verwandelten.

Das Herz des südamerikanischen Fußballs schlug zunächst am Río de la Plata. Auf der einen Seite des Flusses liegt Buenos Aires, auf der anderen Montevideo. Briten hatten die Region in den 1890er Jahren in die erste Fußballhochburg außerhalb der britischen Inseln verwandelt, und das Duell zwischen Uruguay und Argentinien ist das älteste nach dem zwischen England und Schottland. In den 1920er Jahren beherrschte die Drei-Mio.-Nation Uruguay mit zwei Goldmedaillen und dem WM-Titel 1930 die gesamte Fußballwelt – gefolgt von Argentinien, das 1928 Silber gewann und 1930 Vizeweltmeister wurde. In Europa rieb man sich seinerzeit ungläubig die Augen, was diese abfällig als »Neger« bezeichneten Akteure mit dem Ball anstellen konnten. Mit raschen Kurzpässen düpierten sie die überheblichen »Herrenmenschen« und gaben sie der Lächerlichkeit preis.

Von Brasilien sprach man damals übrigens noch nicht. Das Land durchlitt einen für alle Länder Südamerikas typischen Prozess, bei dem die wohlhabenden Weißen versuchten, die aus der Unterschicht nachdrängenden Farbigen vom Fußball auszuschließen. Das Vorhaben scheiterte in sämtlichen Ländern und brachte stattdessen die

Einführung des Profitums. 1938 machte Brasiliens »Seleção« bei der WM in Frankreich dank Schwarzen wie Leônidas und Domingos erstmals Furore und schaffte 20 Jahre später in Schweden ihren endgültigen Durchbruch. Synonym dafür steht der damals 17-jährige Pelé, *das* weltweite Fußball-Idol.

Südamerikas Schicksal war und ist der ständige Ausverkauf. Argentinien wurde nach seinen Erfolgen 1928 und 1930 förmlich leergekauft. Vor allem Italien machte es sich zunutze, dass das klassische Auswandererland über Akteure mit europäischen Wurzeln verfügte, die man problemlos naturalisieren konnte. Uruguay ging es nach dem WM-Sieg 1950 ähnlich, und Brasiliens Nationalliga blutet schon seit vielen Jahren förmlich aus. Aber auch das ist wohl eine Besonderheit Südamerikas, denn nirgendwo sonst auf dem Globus geht die Schere zwischen Arm und Reich derart auseinander wie in Lateinamerika. Und um den heimischen Elendsvierteln zu entkommen, wechseln begabte Fußballer bereitwillig auch schon mal auf die eisigen Färöer-Inseln oder in die trostlose Ost-Ukraine.

Fußball ist eben auch 2009 noch immer mehr als nur ein Spiel in Südamerika.

Zugleich steht der Kontinent vor einem Haufen Probleme. Die wirtschaftliche Lage ist überall mehr oder weniger desolat, die politischen Turbulenzen mit rechten Militärs, linken Juntas, korrupten Diktatoren und brutalen Rebellengruppen, die sämtliche südamerikanischen Länder seit ihrer Unabhängigkeit durchlitten, haben tiefe Spuren hinterlassen, und das krasse Ungleichgewicht zwischen wenigen Reichen und vielen Armen brodelt inzwischen an vielen Stellen. Der Fußball kann sich davon nicht befreien. Die WM 2014, von der FIFA bereits nach Brasilien vergeben, sieht kaum ein Insider wirklich in dem von Gewalt, Korruption und Misswirtschaft geprägten Land stattfinden. Marodierende Hooliganbanden mit kriminellem Anstrich terrorisieren derweil in Argentinien, Brasilien und Peru das gewöhnliche Fußballvolk, und auch Kolumbiens Drogenmafia hat noch immer nicht die Finger vom Fußball gelassen. In den einstigen Hochburgen Buenos Aires und Montevideo fristen die Vereine derweil ein trauriges Schicksal unter gewaltigen Schuldenlasten, während Brasilien an seinen unzureichenden Strukturen fast zerbricht.

SIEGERTAFEL SÜDAMERIKA

COPA AMÉRICA

1910	Argentinien	1923	Uruguay	1937	Argentinien	1949	Brasilien
1916	Uruguay	1924	Uruguay	1939	Peru	1953	Paraguay
1917	Uruguay	1925	Argentinien	1941	Argentinien	1955	Argentinien
1919	Brasilien	1926	Uruguay	1942	Uruguay	1956	Uruguay
1920	Uruguay	1927	Argentinien	1945	Argentinien	1957	Argentinien
1921	Argentinien	1929	Argentinien	1946	Argentinien	1959a	Argentinien
1922	Brasilien	1935	Uruguay	1947	Argentinien	1959b	Uruguay

	COPA AMÉRICA	COPA LIBERTADORES	COPA CONMEBOL (-1999) COPA SUDAMERICANA	FUSSBALLER DES JAHRES (EL MUNDO)	FUSSBALLER DES JAHRES (EL PAIS)
1960		Peñarol Montevideo (URU)			
1961		Peñarol Montevideo (URU)			
1962		Santos FC (BRA)			
1963	Bolivien	Santos FC (BRA)			
1964		Independiente Avellaneda (ARG)			
1965		Independiente Avellaneda (ARG)			
1966		Peñarol Montevideo (URU)			
1967	Uruguay	Racing Club Avellaneda (ARG)			
1968		Estudiantes La Plata (ARG)			
1969		Estudiantes La Plata (ARG)			
1970		Estudiantes La Plata (ARG)			
1971		Nacional Montevideo (URU)		Tostao (BRA)	
1972		Independiente Avellaneda (ARG)		Téofilo Cubillas (PER)	
1973		Independiente Avellaneda (ARG)		Pelé (BRA)	
1974		Independiente Avellaneda (ARG)		Elias Figueroa (CHI)	
1975	Peru	Independiente Avellaneda (ARG)		Elias Figueroa (CHI)	
1976		Cruzeiro Belo Horizonte (BRA)		Elias Figueroa (CHI)	
1977		Boca Juniors Buenos Aires (ARG)		Zico (BRA)	
1978		Boca Juniors Buenos Aires (ARG)		Mario Kempes (ARG)	
1979	Paraguay	Olimpia Asunción (PAR)		Diego A. Maradona (ARG)	
1980		Nacional Montevideo (URU)		Diego A. Maradona (ARG)	
1981		Flamengo Rio de Janeiro (BRA)		Zico (BRA)	
1982		Peñarol Montevideo (URU)		Zico (BRA)	
1983	Uruguay	Grêmio Porto Alegre (BRA)		Socrates (BRA)	
1984		Independiente Avellaneda (ARG)		Enzo Francescoli (URU)	
1985		Argentinos Juniors Buenos A. (ARG)		Julio Cesar Romero (PAR)	
1986		River Plate Buenos Aires (ARG)		Diego A. Maradona (ARG)	Antonio Alzamendi (URU)
1987	Uruguay	Peñarol Montevideo (URU)		Carlos Valderrama (COL)	Carlos Valderrama (COL)
1988		Nacional Montevideo (URU)		Ruben Paz (URU)	Ruben Paz (URU)
1989	Brasilien	Atlético Nacional Medellín (COL)		Diego A. Maradona (ARG)	Bebeto (BRA)
1990		Olimpia Asunción (PAR)		Diego A. Maradona (ARG)	Raúl Amarilla (PAR)
1991	Argentinien	Colo Colo Santiago (CHI)		Gabriel Batistuta (ARG)	Oscar Ruggeri (ARG)
1992		São Paulo FC (BRA)	Atlético Mineiro B.H. (BRA)	Diego A. Maradona (ARG)	Rai (BRA)
1993	Argentinien	São Paulo FC (BRA)	Botafogo Rio de J. (BRA)		Carlos Valderrama (COL)
1994		Vélez Sarsfield Buenos Aires (ARG)	São Paulo FC (BRA)		Cafu (BRA)
1995	Uruguay	Grêmio Porto Alegre (BRA)	Rosario Central (ARG)		Enzo Francescoli (URU)
1996		River Plate Buenos Aires (ARG)	CA Lanús Buenos A. (ARG)		José Luis Chilavert (PAR)
1997	Brasilien	Cruzeiro Belo Horizonte (BRA)	Atlético Mineiro B.H. (BRA)		Marcelo Salas (CHI)
1998		Vasco da Gama Rio de J. (BRA)	Santos FC (BRA)		Martin Palermo (ARG)
1999	Brasilien	Palmeiras São Paulo (BRA)	Talleres Córdoba (ARG)		Javier Saviola (ARG)
2000		Boca Juniors Buenos Aires (ARG)			Romario (BRA)
2001	Kolumbien	Boca Juniors Buenos Aires (ARG)			Juan Riquelme (ARG)
2002		Olimpia Asunción (PAR)	San Lorenzo Almagro (ARG)		José Cardozo (PAR)
2003		Boca Juniors Buenos Aires (ARG)	Cienciano Cusco (PER)		Carlos Tevez (ARG)
2004	Brasilien	Once Caldas Manizales (COL)	Boca Juniors (ARG)		Carlos Tevez (ARG)
2005		São Paulo FC (BRA)	Boca Juniors (ARG)		Carlos Tevez (ARG)
2006		Internacional Porto Alegre (BRA)	CF Pachuca (MEX)		Matias Fernandez (CHI)
2007	Brasilien	Boca Juniors Buenos Aires (ARG)	Arsenal Buenos Aires (ARG)		Salvadores Cabañas (PAR)
2008		LDU Quito (ECU)			

STATISTIK SÜDAMERIKA

COPA AMÉRICA Der älteste Kontinentalwettbewerb wird seit 1916 regelmäßig ausgetragen. Bereits sechs Jahre zuvor hatten Argentinien, Chile und Uruguay erstmals um einen Südamerikameister gerungen. Der bis 1975 »Campeonato Sudamericano/South American Championship« genannte Wettbewerb avancierte zu einem sofortigen Erfolg und lockte vor allem in den Río-de-la-Plata-Staaten enorme Zuschauerkulissen an. Argentinien und Uruguay dominierten den in wechselnden Rhythmen ausgespielten Wettbewerb und errangen die Trophäe jeweils 14-mal. Brasilien sicherte sich 1919 seine erste von inzwischen acht Copas, zeigte aber nie einen vergleichbaren Enthusiasmus für den Wettbewerb, wie er in Argentinien und Uruguay festzustellen ist. Peru und Paraguay mit jeweils zwei, sowie Kolumbien und Bolivien mit jeweils einem Sieg folgen in der Rangliste. Lediglich Chile, Ecuador und Venezuela konnten die Copa bislang noch nicht gewinnen – Chile stand aber immerhin viermal im Finale. Das mehrfach geänderte Reglement erfuhr 1993 einen Einschnitt, als mit Mexiko erstmals ein Teilnehmer aus dem CONCACAF-Raum zugelassen wurde. Inzwischen haben auch Costa Rica, Honduras und die USA an dem Wettbewerb teilgenommen. Nachdem die Copa bis 1967 einigermaßen regelmäßig ausgespielt worden war, kam es zu einem Bruch und einer Pause bis 1975. Der Wettbewerb verfügt noch immer über ein sehr hohes Prestige, hat aber unter den wachsenden zeitlichen Belastungen für die zahlreichen Fußball-Legionäre Südamerikas gelitten. 1916, 1935, 1941, 1945, 1946, 1956 und 1959 organisierte der Kontinentalverband so genannte »extraordinary«-Turniere, deren Sieger zwar nicht die Trophäe erhielten, aber dennoch als Sieger der Copa América betrachtet werden.

South American Championship 1916

2.-12.7.1916 in Buenos Aires, Argentinien

Uruguay - Chile	4:0
Argentinien - Chile	6:1
Chile - Brasilien	1:1
Argentinien - Brasilien	1:1
Uruguay - Brasilien	2:1
Uruguay - Argentinien	0:0

1. URUGUAY	3	2	1	0	6:1	5-1
2. Argentinien	3	1	2	0	7:2	4-2
3. Brasilien	3	0	2	1	3:4	2-4
4. Chile	3	0	1	2	2:11	1-5

Uruguay: Pascual Somma, Miguel Benincasa, José Piendibene, Cayetano Saporiti, Alfredo Foglino, Manuel Varela, Juan Delgado, Alfredo Zibechi, Rodolfo Marán, Isabelino Gradín, José Tognola

South American Championship 1917

30.9. - 14.10.1917 in Montevideo, Uruguay

Uruguay - Chile	4:0
Argentinien - Brasilien	4:2
Argentinien - Chile	1:0
Uruguay - Brasilien	4:0
Brasilien - Chile	5:0
Uruguay - Argentinien	1:0

1. URUGUAY	3	3	0	0	9:0	6-0
2. Argentinien	3	2	0	1	5:3	4-2
3. Brasilien	3	1	0	2	7:8	2-4
4. Chile	3	0	0	3	0:10	0-6

Uruguay: Jorge Pacheco, José Vanzzino, Cayetano Saporiti, Gregorio Rodriguez, Manuel Varela, Alfredo Foglino, José Pérez, Héctor Scarone, Angel Romano, Carlos Scarone, Pascual Somma

South American Championship 1919

11.-29.5.1919 in Rio de Janeiro, Brasilien

Brasilien - Chile	6:0
Uruguay -Argentinien	3:2
Uruguay - Chile	2:0
Brasilien - Argentinien	3:1
Argentinien - Chile	4:1
Brasilien - Uruguay	2:2

1. Brasilien	3	2	1	0	11:3	5-1
2. Uruguay	3	2	1	0	7:4	5-1
3. Argentinien	3	1	0	2	7:7	2-4
4. Chile	3	0	0	3	1:12	0-6

Entscheidungsspiel

BRASILIEN - Uruguay	1:0 n.V.*

Brasilien: Marcos - Píndaro, Bianco - Sergio I, Amílcar, Fortes - Millon, Neco, Friedenreich, Héitor Domingues, Arnaldo - *Uruguay*: Saporiti - Varela, Foglino - Naguil, Zibechi, Vanzzino - Pérez, H. Scarone, C. Scarone, Gradín, Marán - *Tor*: 1:0 Friedenreich (122.) - *SR*: Juan Pedro Barbera (Argentinien)

**Das Spiel wurde insgesamt viermal um jeweils 15 Minuten verlängert*

South American Championship 1920

11.9. - 3.10.1920 in Valparaíso, Chile

Brasilien - Chile	1:0
Uruguay - Argentinien	1:1
Uruguay - Brasilien	6:0
Argentinien - Chile	1:1
Argentinien - Brasilien	2:0
Uruguay - Chile	2:1

1. URUGUAY	3	2	1	0	9:2	5-1
2. Argentinien	3	1	2	0	4:2	4-2
3. Brasilien	3	1	0	2	1:8	2-4
4. Chile	3	0	1	2	2:4	1-5

Uruguay: Antonio Urdinarán, José Pérez, Angel Romano, José Piendibene, Alfredo Foglino, Andrés Ravera, Pascual Somma, Alfredo Zibechi, Pascual Ruotta, Juan Legnazzi, Antonio Campolo

South American Championship 1921

2.-30.10.1921 in Buenos Aires, Argentinien

Chile trat nicht an

Argentinien - Brasilien	1:0
Paraguay - Uruguay	2:1
Brasilien - Paraguay	3:0
Argentinien - Paraguay	3:0
Uruguay - Brasilien	2:1
Argentinien - Uruguay	1:0

1. ARGENTINIEN	3	3	0	0	5:0	6-0
2. Brasilien	3	1	0	2	4:3	2-4
3. Uruguay	3	1	0	2	3:4	2-4
4. Paraguay	3	1	0	2	2:7	2-4

Argentinien: Tesoriere, Dellavalle, Solari, José López, Bearzotti, Celli, Abajo, Pedro Calomino, Julio Libonatti, Gabino Sosa, Raúl Echeverria, Jaime Chavon

South American Championship 1922

7.-22.10.1922 in Rio de Janeiro, Brasilien

Brasilien - Chile	1:1
Uruguay - Chile	2:0
Brasilien - Paraguay	1:1
Argentinien - Chile	4:0
Brasilien - Uruguay	0:0
Paraguay - Chile	3:0
Uruguay - Argentinien	1:0
Paraguay - Uruguay	1:0
Brasilien - Argentinien	2:0
Argentinien - Paraguay	2:0

1. Uruguay	4	2	1	1	3:1	5-3
2. Brasilien	4	1	3	0	4:2	5-3
3. Paraguay	4	2	1	1	5:3	5-3
4. Argentinien	4	2	0	2	6:3	4-4
5. Chile	4	0	1	3	1:10	1-7

Entscheidungsspiel

Uruguay verzichtete

BRASILIEN - Paraguay	3:0

Brasilien: Kuntz - Palamone, Bartô - Laís, Amílcar, Fortes - Formiga, Neco, Héitor Domingues, Tatú, Rodrigues I - *Paraguay:* Denis - González, Paredes - Centurión Miranda, Fleitas Solich Benítez Casco - Schaerer, Capdevila, López, Rivas, Fretes - *Tore*: 1:0 Neco (11.), 2:0 Formiga (48.), 3:0 Formiga (89.) - *SR*: Servando Pérez (Argentinien)

South American Championship 1923

29.10. - 2.12.1923 in Montevideo, Uruguay

Chile verzichtete

Argentinien - Paraguay	4:3
Uruguay - Paraguay	2:0
Paraguay - Brasilien	1:0
Argentinien - Brasilien	2:1
Uruguay - Brasilien	2:1
Uruguay - Argentinien	2:0

1. URUGUAY	3	3	0	0	6:1	6-0
2. Argentinien	3	2	0	1	6:6	4-2
3. Paraguay	3	1	0	2	4:6	2-4
4. Brasilien	3	0	0	3	2:5	0-6

Uruguay: José Vidal, José Nasazzi, Pedro Casella, José Leandro Andrade, Fermín Uriarte, Alfredo Ghierra, Ladislao Pérez, Pedro Petrone, Héctor Scarone, Pedro Cea, Pascual Somma

South American Championship 1924

2.10. - 2.11.1924 in Montevideo, Uruguay

Brasilien verzichtete

Argentinien - Paraguay	0:0
Uruguay - Chile	5:0
Argentinien - Chile	2:0
Uruguay - Paraguay	3:1
Paraguay - Chile	3:1
Uruguay - Argentinien	0:0

1. URUGUAY	3	2	1	0	8:1	5-1
2. Argentinien	3	1	2	0	2:0	4-2
3. Paraguay	3	1	1	1	4:4	3-3
4. Chile	3	0	0	3	1:10	0-6

Uruguay: José Nasazzi, Pedro Arispe, Juan Alzugaray, Andrés Mazali, Alfredo Zibechi, Alfredo Ghierra, Santos Urdinarán, Atilio Barlocco, Pedro Petrone, Pedro Cea, Angel Romano

South American Championship 1925

29.11. - 25.12. 1925 in Buenos A., Argentinien

Chile und Uruguay verzichteten

Argentinien - Paraguay	2:0
Brasilien - Paraguay	5:2
Argentinien - Brasilien	4:1
Brasilien - Paraguay	3:1
Argentinien - Paraguay	3:1
Argentinien - Brasilien	2:2

1. ARGENTINIEN	4	3	1	0	11:4	7-1
2. Brasilien	4	2	1	1	11:9	5-3
3. Paraguay	4	0	0	4	4:13	0-8

Argentinien: Médici, Bidoglio, Vaccaro, Tesoriere, Fortunato, Muttis, Tarascone, Cerrotti, Seoane, De los Santos, Bianchi

South American Championship 1926

12.10. - 3.11.1926 in Santiago, Chile

Brasilien verzichtete

Chile - Bolivien	7:1
Argentinien - Bolivien	5:0
Uruguay - Chile	3:1
Argentinien - Paraguay	8:0
Paraguay - Bolivien	6:1
Uruguay - Argentinien	2:0
Uruguay - Bolivien	6:0
Chile - Argentinien	1:1
Uruguay - Paraguay	6:1
Chile - Paraguay	5:1

1. URUGUAY	4	4	0	0	17:2	8-0
2. Argentinien	4	2	1	1	14:3	5-3
3. Chile	4	2	1	1	14:6	5-3
4. Paraguay	4	1	0	3	8:20	2-6
5. Bolivien	4	0	0	4	2:24	0-8

Uruguay: Andrés Mazali, Emilio Recoba, Lorenzo Fernández, Fausto Batignani, José Vanzzino, José Nasazzi, Santos Urdinarán, Héctor Scarone, René Borjas, Héctor Castro, Zoilo Saldombide, José Leandro Andrade

South American Championship 1927

30.10. - 27.11.1927 in Lima, Peru

Brasilien, Paraguay und Chile verzichteten

Argentinien - Bolivien	7:1
Uruguay - Peru	4:0
Uruguay - Bolivien	9:0
Peru - Bolivien	3:2
Argentinien - Uruguay	3:2
Argentinien - Peru	5:1

1 ARGENTINIEN	3	3	0	0	15:4	6-0
2. Uruguay	3	2	0	1	15:3	4-2
3. Peru	3	1	0	2	4:11	2-4
4. Bolivien	3	0	0	3	3:19	0-6

Argentinien: Juan Evaristo, Ludovico Bidoglio, Octavio Diaz, Humberto Recanatini, José Fossa, Luis Monti, Alfredo Carricaberry, Pedro Ochoa, Manuel Ferreira, Manuel Seoane, Segundo Luna

South American Championship 1928

Wegen der Olympischen Spiele 1928 ausgefallen

South American Championship 1929

1.-17.11.1929 in Buenos Aires, Argentinien

Brasilien, Bolivien und Chile verzichteten

Paraguay - Uruguay	3:0
Argentinien - Peru	3:0
Argentinien - Paraguay	4:1
Uruguay - Peru	4:1
Paraguay - Peru	5:0
Argentinien - Uruguay	2:0

1. ARGENTINIEN	3	3	0	0	9:1	6-0
2. Paraguay	3	2	0	1	9:4	4-2
3. Uruguay	3	1	0	2	4:6	2-4
4. Peru	3	0	0	3	1:12	0-6

Argentinien: Juan Evaristo, Angel Bossio, Oscar Tarrio, Adolfo Zumelzú, Fernando Paternoster, Rodolfo Orlandini, Carlos Peucelle, Antonio Rivarola, Manuel Ferreira, Manuel Seoane, Mario Evaristo

South American Championship 1935

6.- 27.1.1935 in Lima, Peru

Brasilien, Bolivien und Paraguay verzichteten

Argentinien - Chile	4:1
Uruguay - Peru	1:0
Uruguay - Chile	2:1
Argentinien - Peru	4:1
Peru - Chile	1:0
Uruguay - Argentinien	3:0

1. URUGUAY	3	3	0	0	6:1	6-0
2. Argentinien	3	2	0	1	8:5	4-2
3. Peru	3	1	0	2	2:5	2-4
4. Chile	3	0	0	3	2:7	0-6

Uruguay: Luis Denis, Héctor Macchiavello, Héctor Castro, Miguel Olivera, Erebo Zunino, Enrique Ballestrero, José Nasazzi, Lorenzo Fernández, Agenor Muñi, Juan P. Anselmo, Conrado Haeberli, Alberto Taboada, Aníbal Ciocca, Braulio Castro, Enrique Fernández, Juan Piriz, Miguel Andreolo

South American Championship 1936

Wegen der Olympischen Spiele 1936 ausgefallen

South American Championship 1937

27.12.1936 - 1.2.1937 in Buenos A., Argentinien

Bolivien verzichtete

Brasilien - Peru	3:2
Argentinien - Chile	2:1
Paraguay - Uruguay	4:2
Brasilien - Chile	6:4
Uruguay - Peru	4:2
Argentinien - Paraguay	6:1
Chile - Uruguay	3:0
Brasilien - Paraguay	5:0
Argentinien - Peru	1:0
Paraguay - Chile	3:2
Brasilien - Uruguay	3:2
Peru - Chile	2:2
Uruguay - Argentinien	3:2
Peru - Paraguay	1:0
Argentinien - Brasilien	1:0

1. Brasilien	5	4	0	1	17:9	8-2
2. Argentinien	5	4	0	1	12:5	8-2
3. Uruguay	5	2	0	3	11:14	4-6
4. Paraguay	5	2	0	3	8:16	4-6
5. Chile	5	1	1	3	12:13	3-7
6. Peru	5	1	1	3	7:10	3-7

Entscheidungsspiel

ARGENTINIEN - Brasilien	2:0 n.V.

Argentinien: Bello - Tarrío, Fazio - Sastre, Lazzatti, Martínez - Guaita, Varallo (84. De la Mata), Zozaya (65. Ferreyra), Cherro (46. Peucelle), García - *Brasilien*: Jurandir - Carnera, Jaú - Britto, Brandão, Afonsinho - Roberto (Carreiro), Luizinho (Bahía), Cardeal (Carvalho Leite), Tim, Patesko - *Tore*: 1:0 De la Mata (109.), 2:0 De la Mata (112.) - *SR*: Luis Alberto Mirabal (Uruguay)

South American Championship 1939

15.1. - 12.2.1939 in Lima, Peru

Argentinien, Bolivien und Brasilien verzichteten

Paraguay - Chile	5:1
Peru - Ecuador	5:2
Uruguay - Ecuador	6:0
Peru - Chile	3:1
Uruguay - Chile	3:2
Peru - Paraguay	3:0
Chile - Ecuador	4:1
Uruguay - Paraguay	3:1
Paraguay - Ecuador	3:1
Peru - Uruguay	2:1

1. PERU	4	4	0	0	13:4	8-0
2. Uruguay	4	3	0	1	13:5	6-2
3. Paraguay	4	2	0	2	9:8	4-4
4. Chile	4	1	0	3	8:12	2-6
5. Ecuador	4	0	0	4	4:18	0-8

Peru: Raúl Chapell, Arturo Fernández, Carlos Tovar, Juan Honores, Pablo Pasache, Segundo Castillo, Teodoro Alcalde, Teodoro Fernández, Jorge Alcalde, Víctor Bielich, Arturo Paredes

South American Championship 1941

2.2. - 4.3.1941 in Santiago, Chile

Bolivien, Brasilien und Paraguay verzichteten

Chile - Ecuador	5:0
Uruguay - Ecuador	6:0
Chile - Peru	1:0
Argentinien - Peru	2:1
Argentinien - Ecuador	6:1
Uruguay - Chile	2:0
Peru - Ecuador	4:0
Argentinien - Uruguay	1:0
Uruguay - Peru	2:0

Argentinien - Chile	1:0

1. ARGENTINIEN	4	4	0	0	10:2	8-0
2. Uruguay	4	3	0	1	10:1	6-2
3. Chile	4	2	0	2	6:3	4-4
4. Peru	4	1	0	3	5:5	2-6
5. Ecuador	4	0	0	4	1:21	0-8

Argentinien: José Salomón, Sebastián Gualco, José Maria Minella, Bartolomé Colombo, Jorge Alberti, Roberto Sbarra, Adolfo Pedernera, Antonio Saste, Juan Marvezzi, José Manuel Moreno, Enrique García

■ South American Championship 1942

10.1. - 7.2.1942 in Montevideo, Uruguay
Bolivien verzichtete

Uruguay - Chile	6:1
Argentinien - Paraguay	4:3
Brasilien - Chile	6:1
Argentinien - Brasilien	2:1
Uruguay - Ecuador	7:0
Paraguay - Peru	1:1
Brasilien - Peru	2:1
Paraguay - Chile	2:0
Argentinien - Ecuador	12:0
Uruguay - Brasilien	1:0
Paraguay - Ecuador	3:1
Argentinien - Peru	3:1
Peru - Ecuador	2:1
Uruguay - Paraguay	3:1
Argentinien - Chile	0:0
Brasilien - Ecuador	5:1
Uruguay - Peru	3:0
Chile - Ecuador	2:1
Brasilien - Paraguay	1:1
Peru - Chile	0:0
Uruguay - Argentinien	1:0

1. URUGUAY	6	6	0	0	21:2	12-0
2. Argentinien	6	5	0	1	21:6	10-2
3. Brasilien	6	3	1	2	15:7	7-5
4. Paraguay	6	2	2	2	11:10	6-6
5. Peru	6	1	1	3	5:10	3-7
6. Chile	6	1	1	4	4:15	3-7
7. Ecuador	6	0	0	6	4:31	0-10

■ South American Championship 1945

14.1.- 28.2.1945 in Santiago, Chile
Paraguay und Peru verzichteten

Chile - Ecuador	6:3
Argentinien - Bolivien	4:0
Brasilien - Kolumbien	3:0
Chile - Bolivien	5:0
Uruguay - Ecuador	5:1
Uruguay - Kolumbien	7:0
Brasilien - Bolivien	2:0
Chile - Kolumbien	2:0
Argentinien - Ecuador	4:2
Argentinien - Kolumbien	9:1
Brasilien - Uruguay	3:0
Bolivien - Ecuador	0:0
Chile - Argentinien	1:1
Uruguay - Bolivien	2:0
Argentinien - Brasilien	3:1
Kolumbien - Ecuador	3:1
Chile - Uruguay	1:0
Bolivien - Kolumbien	3:3
Brasilien - Ecuador	9:2
Argentinien - Uruguay	1:0
Brasilien - Chile	1:0

1. ARGENTINIEN	6	5	1	0	22:5	11-1
2. Brasilien	6	5	0	1	19:5	10-2
3. Chile	6	4	1	1	15:5	9-3
4. Uruguay	6	3	0	3	14:6	6-6
5. Kolumbien	6	1	1	4	7:25	3-9
6. Bolivien	6	0	2	4	3:16	2-10
7. Ecuador	6	0	1	5	9:27	1-11

Argentinien: Héctor Ricardo, José Salomón, Nicolás Palma, Carlos Sosa, Angel Perucca, Bartolomé Colombo, Juan C. Muñoz, Mario Boyé, Norberto Méndez, Juan José Ferraro, Rinaldo Martino, Félix Loustau

■ South American Championship 1946

12.1. - 10.2. 1946 in Buenos Aires, Argentinien
Kolumbien, Ecuador und Peru verzichteten

Argentinien - Paraguay	2:0
Brasilien - Bolivien	3:0
Uruguay - Chile	1:0
Chile - Paraguay	2:1
Argentinien - Bolivien	7:1
Brasilien - Uruguay	4:3
Paraguay - Bolivien	4:2
Argentinien - Chile	3:1
Uruguay - Bolivien	5:0
Brasilien - Paraguay	1:1
Argentinien - Uruguay	3:1
Brasilien - Chile	5:1
Chile - Bolivien	4:1
Paraguay - Uruguay	2:1
Argentinien - Brasilien	2:0

1. ARGENTINIEN	5	5	0	0	17:3	10-0
2. Brasilien	5	3	1	1	13:7	7-3
3. Paraguay	5	2	1	2	8:8	5-5
4. Uruguay	5	2	0	3	11:9	4-6
5. Chile	5	2	0	3	8:11	4-6
6. Bolivien	5	0	0	5	4:23	0-10

Argentinien: Vicente De la Mata, Norberto Méndez, Adolfo Pedernera, Angel Labruna, Félix Loustau, José Salomón, Juan Carlos Sobrero, Juan Carlos Fonda, León Strembel, Claudio Vacca, Natalio Pescia

■ South American Championship 1947

30.11. - 31.12.1947 in Guayaquil, Ecuador
Brasilien verzichtete

Ecuador - Bolivien	2:2
Uruguay - Kolumbien	2:0
Argentinien - Paraguay	6:0
Argentinien - Bolivien	7:0
Ecuador - Kolumbien	0:0
Peru - Paraguay	2:2
Uruguay - Chile	6:0
Chile - Peru	2:1
Uruguay - Bolivien	3:0
Chile - Ecuador	3:0
Argentinien - Peru	3:2
Kolumbien - Bolivien	0:0
Paraguay - Uruguay	4:2
Uruguay - Ecuador	6:1
Argentinien - Chile	1:1
Paraguay - Bolivien	3:1
Argentinien - Kolumbien	6:0
Ecuador - Peru	0:0
Paraguay - Kolumbien	2:0
Peru - Kolumbien	5:1
Paraguay - Chile	1:0
Argentinien - Ecuador	2:0
Uruguay - Peru	1:0
Peru - Bolivien	2:0
Argentinien - Uruguay	3:1
Paraguay - Ecuador	4:0
Chile - Kolumbien	4:1
Chile - Bolivien	4:3

1. ARGENTINIEN	7	6	1	0	28:4	13-1
2. Paraguay	7	5	1	1	16:11	11-3
3. Uruguay	7	5	0	2	21:8	10-4
4. Chile	7	4	1	2	14:13	9-5
5. Peru	7	2	2	3	12:9	6-8
6. Ecuador	7	0	3	4	3:17	3-11
7. Bolivien	7	0	2	5	6:21	2-12
8. Kolumbien	7	0	2	5	2:19	2-12

Argentinien: José Marante, Mario Boyé, Julio Cozzi, Norberto Méndez, Alfredo Di Stefano, Mario Fernández, Ezra Sued, Obdulio Diano, René Pontoni, Juan Carlos Sobrero, Félix Loustau, Norberto Yácono, Ernesto Gutiérrez, Camilo Cervino, Oscar Saste, Natalio Pescia, Juan Carlos Colman, Francisco Campana, José Manuel Moreno, Angel Perucca

■ South American Championship 1949

4.4. - 11.5.1949 in Brasilien
Argentinen verzichete. Uruguay trat wegen Spielerstreik mit Jugendelf an

Brasilien - Ecuador	9:1
Bolivien - Chile	3:2
Paraguay - Kolumbien	3:0
Peru - Kolumbien	4:0
Paraguay - Ecuador	1:0
Brasilien - Bolivien	10:1
Brasilien - Chile	2:1
Uruguay - Ecuador	3:2
Paraguay - Peru	3:1
Brasilien - Kolumbien	5:0
Chile - Ecuador	1:0
Bolivien - Uruguay	3:2
Peru - Ecuador	4:0
Chile - Kolumbien	1:1
Uruguay - Paraguay	2:1
Brasilien - Peru	7:1
Bolivien - Ecuador	2:0
Uruguay - Kolumbien	2:2
Peru - Bolivien	3:0
Paraguay - Chile	4:2
Paraguay - Bolivien	7:0
Brasilien - Uruguay	5:1
Peru - Chile	3:0
Ecuador - Kolumbien	4:1
Peru - Uruguay	4:3
Bolivien - Kolumbien	4:0
Chile - Uruguay	3:1
Paraguay - Brasilien	2:1

1. Brasilien	7	6	0	1	39:7	12-2
2. Paraguay	7	6	0	1	21:6	12-2
3. Peru	7	5	0	2	20:13	10-4
4. Bolivien	7	4	0	3	13:24	4-6
5. Chile	7	2	1	4	10:14	5-9
6. Uruguay	7	2	1	4	14:20	5-9
7. Ecuador	7	1	0	6	7:21	2-12
8. Kolumbien	7	0	2	5	4:23	2-12

Entscheidungsspiel

BRASILIEN - Paraguay	7:0

Brasilien: Barbosa - Augusto, Mauro - Ely, Danilo Alvim, Noronha - Tesourinha, Zizinho, Ademir, Jair, Simão - *Paraguay*: García - Alberto González, Céspedes - Gavilán, Nardelli, Cantero - Fernández (Barrios), López Fretes (Romero), Arce, Benítez, Vázquez - *Tore*: 1:0 Ademir (17.), 2:0 Ademir (27.), 3:0 Tesourinha (43.), 4:0 Ademir (48.), 5:0 Tesourinho (70.), 6:0 Jair (72.), 7:0 Jair (89.) - *SR*: Cyril Jack Barrick (England)

■ South American Championship 1953

22.2.- 1.4.1953 in Lima, Peru
Argentinien verzichete

Bolivien - Peru	1:0
Paraguay - Chile	3:0
Uruguay - Bolivien	2:0
Peru - Ecuador	1:0
Brasilien - Bolivien	8:1
Chile - Uruguay	3:2
Paraguay - Ecuador	0:0
Chile - Peru	0:0
Bolivien - Ecuador	1:1
Peru - Paraguay	2:2
Paraguay - Uruguay	2:2
Brasilien - Ecuador	2:0
Brasilien - Uruguay	1:0
Paraguay - Bolivien	2:1
Chile - Ecuador	3:0
Peru - Brasilien	1:0
Brasilien - Chile	3:2
Uruguay - Ecuador	6:0
Paraguay - Brasilien	2:1
Chile - Bolivien	2:2
Uruguay - Peru	3:0

1. Brasilien	6	4	0	2	15:6	8-4
2. Paraguay	6	3	2	1	11:6	8-4
3. Uruguay	6	3	1	2	15:6	7-5
4. Chile	6	3	1	2	10:10	7-5
5. Peru	6	3	1	2	4:6	7-5
6. Bolivien	6	1	1	4	6:15	3-9
7. Ecuador	6	0	2	4	1:13	2-10

Entscheidungsspiel

PARAGUAY - Brasilien	3:2

Paraguay: Riquelme - Olmedo, Herrera - Gavilán, Leguizamón, Hermosilla - Berni, A. López (Parodi), Fernández, Romero (Lacasa), Gómez (González) - *Brasilien*: Castilho - Djalma Santos, Haroldo - Nilton Santos (Alfredo Ramos), Bauer, Brandãozinho - Julinho, Pinga (46. Ipojucan), Baltazar, Didí, Cláudio - *Tore*: 1:0 López (14.), 2:0 Gavilán (17.), 3:0 Fernández (41.), 3:1 Baltazar (56.), 3:2 Baltazar (65.) - *SR*: Charles Dean (England)

■ South American Championship 1955

27.2. - 30.3.1955 in Santiago, Chile
Bolivien und Kolombien verzichteten

Chile - Ecuador	7:1
Argentinien - Paraguay	5:3
Chile - Peru	5:4
Uruguay - Paraguay	3:1
Argentinien - Ecuador	4:0
Peru - Ecuador	4:2
Chile - Uruguay	2:2
Paraguay - Ecuador	2:0
Argentinien - Peru	2:2
Chile - Paraguay	5:0
Peru - Paraguay	1:1
Uruguay - Ecuador	5:1
Argentinien - Uruguay	6:1
Peru - Uruguay	2:1
Argentinien - Chile	1:0

1. ARGENTINIEN	5	4	1	0	18:6	9-1
2. Chile	5	3	1	1	19:8	7-3
3. Peru	5	2	2	1	13:11	6-4
4. Uruguay	5	2	1	2	12:12	5-5
5. Paraguay	5	1	1	3	7:14	3-7
6. Ecuador	5	0	0	5	4:22	0-10

Argentinien: Zambrano, Alume, Bonnard, Izaguirre, Sánchez, Gando, Balseca, Cantos, Matute, Colón Merizalde, Climaco Cañarte

■ South American Championship 1956

21.1. - 15.2. 1956 in Montevideo, Uruguay
Bolivien, Kolumbien und Ecuador verzichteten

Uruguay - Paraguay	4:2
Argentinien - Peru	2:1
Chile - Brasilien	4:1
Uruguay - Peru	2:0
Brasilien - Paraguay	0:0
Argentinien - Chile	2:0
Brasilien - Peru	2:1
Argentinien - Paraguay	1:0
Paraguay - Peru	1:1
Brasilien - Argentinien	1:0
Uruguay - Chile	2:1
Chile - Peru	4:3
Uruguay - Brasilien	0:0
Chile - Paraguay	2:0
Uruguay - Argentinien	1:0

1. URUGUAY	5	4	1	0	9:3	9-1
2. Argentinien	5	3	0	2	5:3	6-4
3. Chile	5	3	0	2	11:8	6-4
4. Brasilien	5	2	2	1	4:5	6-4
5. Paraguay	5	0	2	3	3:8	2-8
6. Peru	5	0	1	4	6:11	1-9

Uruguay: Luis Miramontes, Roberto Leopardi, Carlos Carranza, Victor Rodriguez Andrade, Julio Maceiras, William Martinez, Carlos Borges, Javier Ambrois, Omar Miguez, Guillermo Escalada, Walter Roque

■ South American Championship 1957

7.3. - 6.4.1957 in Lima, Peru
Bolivien und Paraguay verzichteten

Uruguay - Ecuador	5:2
Peru - Ecuador	2:1
Argentinien - Kolumbien	8:2
Brasilien - Chile	4:2
Peru - Chile	1:0
Kolumbien - Uruguay	1:0
Argentinien - Ecuador	3:0
Argentinien - Uruguay	4:0
Brasilien - Ecuador	7:1
Chile - Kolumbien	3:2
Uruguay - Peru	5:3
Chile - Ecuador	2:2
Brasilien - Kolumbien	9:0
Peru - Kolumbien	4:1
Argentinien - Chile	6:2
Uruguay - Brasilien	3:2
Brasilien - Peru	1:0
Kolumbien - Ecuador	4:1
Uruguay - Chile	2:0
Argentinien - Brasilien	3:0
Peru - Argentinien	2:1

1. ARGENTINIEN	6	5	0	1	25:6	10-2
2. Brasilien	6	4	0	2	23:9	8-4
3. Peru	6	4	0	2	12:9	8-4
4. Uruguay	6	4	0	2	15:12	8-4
5. Kolumbien	6	2	0	4	10:25	4-8
6. Chile	6	1	1	4	9:17	3-9
7. Ecuador	6	0	1	5	7:23	1-11

Argentinien: Juan Carlos Giménez, Rogelio Domínguez, Pedro Dellacha, Néstor Rossi, Angel Schadlein, Federico Vairo, Oreste Corbatta, Humberto Maschio, Antonio Angelillo, Omar Sívori, Osvaldo Cruz

■ South American Championship 1959 (a)

7.3. - 4.4.1959 in Buenos Aires, Argentinien
Kolumbien und Ecuador verzichteten

Argentinien - Chile	6:1
Uruguay - Bolivien	7:0
Brasilien - Peru	2:2
Paraguay - Chile	2:1
Argentinien - Bolivien	2:0
Peru - Uruguay	5:3
Paraguay - Bolivien	5:0
Brasilien - Chile	3:0
Uruguay - Paraguay	3:1
Argentinien - Peru	3:1
Brasilien - Bolivien	4:2
Chile - Peru	1:1
Argentinien - Paraguay	3:1
Chile - Bolivien	5:2
Brasilien - Uruguay	3:1
Peru - Bolivien	0:0
Brasilien - Paraguay	4:1
Argentinien - Uruguay	4:1
Paraguay - Peru	2:1
Chile - Uruguay	1:0
Argentinien - Brasilien	1:1

1. ARGENTINIEN	6	5	1	0	19:5	11-1
2. Brasilien	6	4	2	0	17:7	10-2
3. Paraguay	6	3	0	3	12:12	6-6
4. Peru	6	1	3	2	10:11	5-7
5. Chile	6	2	1	3	9:14	5-7
6. Uruguay	6	2	0	4	15:14	4-8
7. Bolivien	6	0	1	5	4:23	1-11

Argentinien: Osvaldo Güenzatti, Juan José Rodríguez, Oreste Omar Corbatta, Angel Nardiello, Eugenio Callá, Roberto Brookes, Raúl Belén, Francisco Lombardo, Juan José Pizzutti, Carmelo Simeone, Juan Carlos Murúa, José Varacka, Carlos Timoteo Griguol, Luis Cardoso, Eliseo Mouriño, Jorge Bernardo Griffa, Rubén Héctor Sosa, Jorge Negri, Juan Carlos Bertoldi, Pedro Manfredini, Julio Nuin, Vladislao Cap

■ South American Championship 1959 (b)

5. - 25.12.1959 in Guayaquil, Ecuador
Bolivien, Chile, Kolumbien und Peru verzichteten. Brasilien trat mit Regionalauswahl an

Brasilien - Paraguay	3:2
Uruguay - Ecuador	4:0
Argentinien - Paraguay	4:2
Uruguay - Brasilien	3:0
Ecuador - Argentinien	1:1
Uruguay - Argentinien	5:0
Brasilien - Ecuador	3:1
Argentinien - Brasilien	4:1
Uruguay - Paraguay	1:1
Ecuador - Paraguay	3:1

1. URUGUAY	4	3	1	0	13:1	7-1
2. Argentinien	4	2	1	1	9:9	5-3
3. Brasilien	4	2	0	2	7:10	4-4
4. Ecuador	4	1	1	2	5:9	3-5
5. Paraguay	4	0	1	3	6:11	1-7

Uruguay: Rubén González, Mario Méndez, Horacio Troche, Alcides Silveira, Juan Carlos Mesías, Roberto Sosa, Domingo Pérez, Mario Bergara, José Sacía, Vladas Douksas, Guillermo Escalada

South American Championship 1963

10. - 31.3.1963 in La Paz, Bolivien
Chile und Uruguay verzichteten

Bolivien - Ecuador	4:4
Argentinien - Kolumbien	4:2
Brasilien - Peru	1:0
Peru - Argentinien	2:1
Paraguay - Ecuador	3:1
Brasilien - Kolumbien	5:1
Bolivien - Kolumbien	2:1
Peru - Ecuador	2:1
Paraguay - Brasilien	2:0
Paraguay - Kolumbien	3:2
Argentinien - Ecuador	4:2
Bolivien - Peru	3:2
Peru - Kolumbien	1:1
Argentinien - Brasilien	3:0
Bolivien - Paraguay	2:0
Brasilien - Ecuador	2:2
Paraguay - Peru	4:1
Bolivien - Argentinien	3:2
Ecuador - Kolumbien	4:3
Argentinien - Paraguay	1:1
Bolivien - Brasilien	5:4

1. BOLIVIEN	6	5	1	0	19:13	11-1
2. Paraguay	6	4	1	1	13:7	9-3
3. Argentinien	6	3	1	2	15:10	7-5
4. Brasilien	6	3	1	2	12:13	7-5
5. Peru	6	2	1	3	8:11	5-7
6. Ecuador	6	1	2	3	14:18	4-8
7. Kolumbien	6	0	1	5	10:19	1-11

Bolivien: Arturo López, Wilfredo Camacho, Roberto Caínzo, Eulogio Vargas, Max Ramírez, Jaime Herbas, Ramiro Blacutt, Máximo Alcócer, Ausberto García, Víctor Augustín Ugarte, Fortunato Castillo

South American Championship 1967

Qualifikation

CHILE - Kolumbien	5:2, 0:0
Ecuador - PARAGUAY	2:2, 1:3

Endrunde

17.1.-2.21967 in Montevideo, Uruguay
Brasilien und Peru verzichteten

Uruguay - Bolivien	4:0
Chile - Venezuela	2:0
Argentinien - Paraguay	4:1
Uruguay - Venezuela	4:0
Argentinien - Bolivien	1:0
Chile - Paraguay	4:2
Paraguay - Boliviem	1:0
Argentinien - Venezuela	5:1
Uruguay - Chile	2:2
Venezuela - Bolivien	3:0
Argentinien - Chile	2:0
Uruguay - Paraguay	2:0
Chile - Bolivien	0:0
Paraguay - Venezuela	5:3
Uruguay - Argentinien	1:0

1. URUGUAY	5	4	1	0	13:2	9-1
2. Argentinien	5	4	0	1	12:3	8-2
3. Chile	5	2	2	1	8:6	6-4
4. Paraguay	5	2	0	3	9:13	4-6
5. Venezuela	5	1	0	4	7:16	2-8
6. Bolivien	5	0	1	4	0:9	1-9

Uruguay: Mazurkiewicz, Baeza, Varelam Cincunegui, Forlán, Paz, Mujica, Pérez, Rocha, Oyarbide, Vera, Salvá, Techera, Urruzmendi

Copa América 1975

17.7.-28.10.1975 in den jeweiligen Ländern
Uruguay als Titelverteidiger Freilos bis ins Halbfinale

Vorrunde

Gruppe 1

Venezuela - Brasilien	0:4
Venezuela - Argentinien	1:5
Brasilien - Argentinien	2:1
Argentinien - Venezuela	11:0
Brasilien - Venezuela	6:0
Argentinien - Brasilien	0:1

1. BRASILIEN	4	4	0	0	13:1	8-0
2. Argentinien	4	2	0	2	17:4	4-4
3. Venezuela	4	0	0	4	1:26	0-8

Gruppe 2

Chile - Peru	1:1
Bolivien - Chile	2:1
Bolivien - Peru	0:1
Peru - Bolivien	3:1
Chile - Bolivien	4:0
Peru - Chile	3:1

1. PERU	4	3	1	0	8:3	7-1
2. Chile	4	1	1	2	7:6	3-5
3. Bolivien	4	1	0	3	3:9	2-6

Gruppe 3

Kolumbien - Paraguay	1:0
Ecuador - Paraguay	2:2
Ecuador - Kolumbien	1:3
Paraguay - Kolumbien	0:1
Kolumbien - Ecuador	2:0
Paraguay - Ecuador	3:1

1. KOLUMBIEN	4	4	0	0	7:1	8-0
2. Paraguay	4	1	1	2	5:5	3-5
3. Ecuador	4	0	1	3	4:10	1-7

Halbfinale

KOLUMBIEN - Uruguay	3:0, 0:1
Brasilien - PERU	1:3, 2:0*

*Peru Sieger nach Losentscheid

Finale

Kolumbien - PERU	1:0, 0:2, 0:1

Copa América 1979

18.7.-11.12.1979 in den jeweiligen Ländern
Titelverteidiger Peru Freilos bis ins Halbfinale

Vorrunde

Gruppe 1

Venezuela - Kolumbien	0:0
Venezuela - Chile	1:1
Kolumbien - Chile	1:0
Kolumbien - Venezuela	4:0
Chile - Venezuela	7:0
Chile - Kolumbien	2:0

1. CHILE	4	2	1	1	10:2	5-1
2. Kolumbien	4	2	1	1	5:2	5-1
3. Venezuela	4	0	2	2	1:12	2-6

Gruppe 2

Bolivien - Argentinien	2:1
Bolivien - Brasilien	2:1
Brasilien - Argentinien	2:1
Argentinien - Bolivien	3:0
Brasilien - Bolivien	2:0
Argentinien - Brasilien	2:2

1. BRASILIEN	4	2	1	1	7:5	5-3
2. Bolivien	4	2	0	2	4:7	4-4
3. Argentinien	4	1	1	2	7:6	3-5

Gruppe 3

Ecuador - Paraguay	1:2
Ecuador - Uruguay	2:1
Paraguay - Ecuador	2:0
Uruguay - Ecuador	2:1
Paraguay - Uruguay	0:0
Uruguay - Paraguay	2:2

1. PARAGUAY	4	2	2	0	6:3	6-2
2. Uruguay	4	1	2	1	5:5	4-4
3. Ecuador	4	1	0	3	4:7	2-6

Halbfinale

Peru - CHILE	1:2, 0:0
Paraguay - Brasilien	2:1, 2:2

Finale

PARAGUAY - Chile	3:0, 0:1, 0:0 n.V.

Paraguay Sieger durch Torverhältnis

1. SPIEL *Paraguay*: Fernández - Espínola, Paredes (79. Cibils), Sosa, Torales - Torres (62. Florentín), Kiese, Romero - Isasi, M. Morel, E. Morel - *Chile:* Osbén - Galindo, Valenzuela, Quintano, Escobar - Rivas, Soto, Bonvallet (46. Estay) - Rojas, Caszely, Fabbiani - *Tore*: 1:0 Romero (12.), 2:0 M. Morel (36.), 3:0 Romero (85.) - *SR*: Luis Gregorio Da Rosa (Uruguay)

2. SPIEL *Chile*: Osbén - Galindo, Valenzuela, Figueroa, Escobar - Rivas, Bonvallet, Rojas (85. Neira) - Caszely, Fabbiani (56. Estay), Véliz - *Paraguay*: Fernández - Solalinde, Paredes, Sosa, Torales - Romero, Kiese (46. Florentín), Talavera (80. Cabañas) - Isasi, M. Morel, E. Morel - *Tor*: 1:0 Rivas (10.) - SR: Ramón Barreto Uruguay)

3. SPIEL *Paraguay:* Fernández - Espínola, Paredes, Sosa, Torales - Florentín, Kiese, Romero - Pérez (85. Cibils), M. Morel, Aquino (61. Torres) - *Chile*: Osbén - Galindo, Figueroa, Valenzuela, Escobar - Rivas, Dubó (90. Estay), Rojas - Caszely, Fabbiani (61. Yáñez), Véliz - *SR*: Arnaldo César Coelho (Brasilien)

Copa América 1983

10.8.-4.11.1983 in den jeweiligen Ländern
Titelverteidiger Paraguay Freilos bis ins Viertelfinale

Vorrunde

Gruppe 1

Uruguay - Chile	2:1
Uruguay - Venezuela	3:0
Chile - Venezuela	5:0
Chile - Uruguay	2:0
Venezuela - Uruguay	1:2
Venezuela - Chile	0:0

1. URUGUAY	4	3	0	1	7:4	6-2
2. Chile	4	2	1	1	8:2	5-3
3. Venezuela	4	0	1	3	1:10	1-7

Gruppe 2

Ecuador - Argentinien	2:2
Ecuador - Brasilien	0:1
Argentinien - Brasilien	1:0
Brasilien - Ecuador	5:0
Argentinien - Ecuador	2:2
Brasilien - Argentinien	0:0

1. BRASILIEN	4	3	0	1	6:1	6-2
2. Argentinien	4	2	2	0	5:4	6-2
3. Ecuador	4	0	2	2	4:10	2-6

Gruppe 3

Bolivien - Kolumbien	0:1
Peru - Kolumbien	1:0
Bolivien - Peru	1:1
Kolumbien - Peru	2:2
Kolumbien - Bolivien	2:2
Peru - Bolivien	2:1

1. PERU	4	2	2	0	6:4	6-2
2. Kolumbien	4	1	2	1	5:5	4-4
3. Bolivien	4	0	2	2	4:6	2-6

Halbfinale

Peru - URUGUAY	0:1, 1:1
Paraguay - BRASILIEN	1:1, 0:0*

Brasilien Sieger nach Losentscheid

Finale

URUGUAY - Brasilien	2:0, 1:1

1. Spiel *Uruguay:* Rodríguez - Diogo, Gutiérrez, Acevedo, Agresta - González, Barrios, Cabrera - Aguilera (85. Bossio), Francéscoli, Acosta (75. Ramos) - *Brasilien*: Leão - Leandro, Márcio, Mozer, Junior - China (60. Tita), Jorginho, Renato - Renato Gaúcho, Roberto Dinamita, Éder - *Tore*: 1:0 Francéscoli (41.), 2:0 Diogo (80.) - *SR*: Héctor Ortiz (Paraguay)

2. SPIEL *Brasilien*: Leão - Paulo Roberto, Márcio, Mozer, Junior - China, Jorginho, Sócrates - Tita (77. Renato Gaúcho), Roberto Dinamita (43. Careca), Éder - *Uruguay*: Rodríguez - Diogo, Gutiérrez, Acevedo, Agresta - González, Barrios, Cabrera - Aguilera (82. Bossio), Francéscoli, Acosta (46. Ramos) - *Tore*: 1:0 Jorginho (23.), 1:1 Aguilera (77.) - *SR*: Edison Pérez (Peru)

Copa América 1987

27.6.-12.7.1987 in Argentinien
Titelverteidiger Uruguay Freilos bis ins Halbfinale

Vorrunde

Gruppe A

Argentinien - Peru	1:1
Argentinien - Ecuador	3:0
Peru - Ecuador	1:1

1. ARGENTINIEN	2	1	1	0	4:1	3-1
2. Peru	2	0	2	0	2:2	2-2
3. Ecuador	2	0	1	1	1:4	1-3

Gruppe B

Brasilien - Venezuela	5:0
Chile - Venezuela	3:1
Chile - Brasilien	4:0

1. CHILE	2	2	0	0	7:1	4-0
2. Brasilien	2	1	0	1	5:4	2-2
3. Venezuela	2	0	0	2	1:8	0-4

Gruppe C

Paraguay - Bolivien	0:0
Kolumbien - Bolivien	2:0
Kolumbien - Paraguay	3:0

1. KOLUMBIEN	2	2	0	0	5:0	4-0
2. Bolivien	2	0	1	1	0:2	1-3
3. Paraguay	2	0	1	1	0:3	1-3

Halbfinale

CHILE - Kolumbien	2:1 n.V.
URUGUAY - Argentinien	1:0

Spiel um Platz 3

KOLUMBIEN - Argentinien	2:1

Finale

URUGUAY - Chile	1:0

Uruguay: Pereira - Domínguez, Gutiérrez, Trasante, Pintos Saldaña - Matosas, Perdomo, Bengoechea - Alzamendi (86. Peña), Francéscoli, Sosa - *Chile*: Rojas - Reyes, Gómez, Astengo, Hormazábal - Mardones, Contreras, Puebla (19. Toro, 63. Rubio), Pizarro - Letelier, Basay - Tor: 1:0 Bengoechea (56.) - *SR*: Romualdo Arppi Filho (Brasilien)

Copa América 1989

1.-16.7.1989 in Brasilien

Vorrunde

Gruppe A

Paraguay - Peru	5:2
Brasilien - Venezuela	3:1
Kolumbien - Venezuela	4:2
Brasilien - Peru	0:0
Peru - Venezuela	1:1
Paraguay - Kolumbien	1:0
Paraguay - Venezuela	3:0
Brasilien - Kolumbien	0:0
Kolumbien - Peru	1:1
Brasilien - Paraguay	2:0

1. PARAGUAY	4	3	0	1	9:4	6-2
2. BRASILIEN	4	2	2	0	5:1	6-2
3. Kolumbien	4	1	2	1	5:4	4-4
4. Peru	4	0	3	1	4:7	3-5
5. Venezuela	4	0	1	3	4:11	1-7

Gruppe B

Ecuador - Uruguay	1:0
Argentinien - Chile	1:0
Uruguay - Bolivien	3:0
Argentinien - Ecuador	0:0
Ecuador - Bolivien	0:0
Uruguay - Chile	3:0
Chile - Bolivien	5:0
Argentinien - Uruguay	1:0
Chile - Ecuador	2:1
Argentinien - Bolivien	0:0

1. ARGENTINIEN	4	2	2	0	2:0	6-2
2. URUGUAY	4	2	0	2	6:2	4-4
3. Chile	4	2	0	2	7:5	4-4
4. Ecuador	4	1	2	1	2:2	4-4
5. Bolivien	4	0	2	2	0:8	2-6

Endrunde

Uruguay - Paraguay	3:0
Brasilien - Argentinien	2:0
Uruguay - Argentinien	2:0
Brasilien - Paraguay	3:0
Argentinien - Paraguay	0:0
Brasilien - Uruguay	1:0

1. BRASILIEN	3	3	0	0	6:0	6-0
2. Uruguay	3	2	0	1	5:1	4-2
3. Argentinien	3	0	1	2	0:5	2-4
4. Paraguay	3	0	1	2	0:5	2-4

Brasilien: Mazinho, Taffarel, Mauro Galvão, Ricardo Gomes, Aldair, Branco, Bebeto, Romário, Silas, Dunga, Valdo

Copa América 1991

6.-21.7.1991 in Chile

Vorrunde

Gruppe A

Chile - Venezuela	2:0
Paraguay - Peru	1:0
Chile - Peru	4:2
Argentinien - Venezuela	3:0
Paraguay - Venezuela	5:0
Argentinien - Chile	1:0
Peru - Venezuela	5:1
Argentinien - Paraguay	4:1
Argentinien - Peru	3:2
Chile - Paraguay	4:0

1. ARGENTINIEN	4	4	0	0	11:3	8-0
2. CHILE	4	3	0	1	10:3	6-2
3. Paraguay	4	2	0	2	7:8	4-4
4. Peru	4	1	0	3	9:9	2-6
5. Venezuela	4	0	0	4	1:15	0-8

Gruppe B

Kolumbien - Ecuador	1:0
Uruguay - Bolivien	1:1
Uruguay - Ecuador	1:1
Brasilien - Bolivien	2:1
Kolumbien - Bolivien	0:0
Brasilien - Uruguay	1:1
Ecuador - Bolivien	4:0
Kolumbien - Brasilien	2:0
Uruguay - Kolumbien	1:0
Brasilien - Ecuador	3:1

1. KOLUMBIEN	4	2	1	1	3:1	5-3
2. BRASILIEN	4	2	1	1	6:5	5-3
3. Uruguay	4	1	3	0	4:3	5-3
4. Ecuador	4	1	1	2	6:5	3-5
5. Bolivien	4	0	2	2	2:7	2-6

Endrunde

Argentinien - Brasilien	3:2
Chile - Kolumbien	1:1
Argentinien - Chile	0:0
Brasilien - Kolumbien	2:0
Brasilien - Chile	2:0
Argentinien - Kolumbien	2:1

1. ARGENTINIEN	3	2	1	0	5:3	5-1
2. Brasilien	3	2	0	1	6:3	4-2
3. Chile	3	0	2	1	1:3	2-4
4. Kolumbien	3	0	1	2	2:5	1-5

Argentinien: Fabián Basualdo, Gustavo Zapata, Sergio Vázquez, Sergio Goycochea, Carlos Enrique, Oscar Ruggeri, Claudio Caniggia, Diego Simeone, Gabriel Batistuta, Leonardo Rodríguez, Leonardo Astrada

Copa América 1993

15. Juni - 4. Juli 1993 in Ecuador

Vorrunde

Gruppe A

Ecuador - Venezuela	6:1
Uruguay - USA	1:0
Uruguay - Venezuela	2:2
Ecuador - USA	2:0
Venezuela - USA	3:3
Ecuador - Uruguay	2:1

1. ECUADOR	3	3	0	0	10:2	6-0
2. URUGUAY	3	1	1	1	4:4	3-3
3. Venezuela	3	0	2	1	6:11	2-4
4. USA	3	0	1	2	3:6	1-5

Gruppe B

Paraguay - Chile	1:0
Brasilien - Peru	0:0
Paraguay - Peru	1:1
Chile - Brasilien	3:2
Peru - Chile	1:0
Brasilien - Paraguay	3:0

1. PERU	3	1	2	0	2:1	4-2
2. BRASILIEN	3	1	1	1	5:3	3-3
3. PARAGUAY	3	1	1	1	2:4	3-3
4. Chile	3	1	0	2	3:4	2-4

Gruppe C

Kolumbien - Mexiko	2:1
Argentinien - Bolivien	1:0
Argentinien - Mexiko	1:1
Kolumbien - Bolivien	1:1
Mexiko - Bolivien	0:0
Argentinien - Kolumbien	1:1

1. KOLUMBIEN	3	1	2	0	4:3	4-2
2. ARGENTINIEN	3	1	2	0	3:2	4-2
3. MEXIKO	3	0	2	1	2:3	2-4
4. Bolivien	3	0	2	1	1:2	2-4

Viertelfinale

ECUADOR - Paraguay	3:0
KOLUMBIEN - Uruguay	1:1 n.V., 5:3 n.E.
ARGENTINIEN - Brasilien	1:1 n. V., 6:5 n.E.

MEXIKO - Peru 4:2
► **Halbfinale**
MEXIKO - Ecuador 2:0
ARGENTINIEN - Kolumbien 0:0 n.V., 6:5 n.E.
► **Spiel um Platz 3**
KOLUMBIEN - Ecuador 1:0
► **Finale** (4.7.1993, Guayaquil, 40.000)
ARGENTINIEN - Mexiko 2:1
Argentinien: Goycochea - F. Basualdo, Ruggeri (40. Cáceres), Borrelli, Altamirano - Zapata, Simeone, Redondo, Gorosito (64. Rodríguez) - Batistuta, Acosta - *Mexiko*: Campos - R. Ramírez, Suárez, J. Ramírez, Gutiérrez (79. Flores) - Patiño (45. L. García), Ambriz, García Aspe, Galindo - Sánchez, Alves - *Tore*: 1:0 Batistuta (63.), 1:1 Galindo (67./E), 2:1 Batistuta (74.) - *SR*: Márcio Rezende (Brasilien)

■ **Copa América 1995**
5.-23.7.1995 in Uruguay
► **Vorrunde**
Gruppe A
Uruguay - Venezuela 4:1
Paraguay - Mexiko 2:1
Uruguay - Paraguay 1:0
Mexiko - Venezuela 3:1
Paraguay - Venezuela 3:2
Uruguay - Mexiko 1:1
1. URUGUAY 3 2 1 0 6:2 7
2. PARAGUAY 3 2 0 1 5:4 5
3. MEXIKO 3 1 1 1 5:4 4
4. Venezuela 3 0 0 3 4:10 0
Gruppe B
Kolumbien - Peru 1:1
Brasilien - Ecuador 1:0
Kolumbien - Ecuador 1:0
Brasilien - Peru 2:0
Ecuador - Peru 2:1
Brasilien - Kolumbien 3:0
1. BRASILIEN 3 3 0 0 6:0 9
2. KOLUMBIEN 3 1 1 1 2:4 4
3. Ecuador 3 1 0 2 2:3 3
4. Peru 3 0 0 3 2:5 0
Gruppe C
USA - Chile 2:1
Argentinien - Bolivien 2:1
Bolivien - USA 1:0
Argentinien - Chile 4:0
Bolivien - Chile 2:2
USA - Argentinien 3:0
1. USA 3 2 0 1 5:2 6
2. ARGENTINIEN 3 2 0 1 6:4 6
3. BOLIVIEN 3 1 1 1 4:4 4
4. Chile 3 0 1 2 3:8 1
► **Viertelfinale**
KOLUMBIEN - Paraguay 1:1 n.V., 5:4 n.E.
URUGUAY - Bolivien 2:1
USA - Mexiko 0:0 n.V., 4:1 n.E.
BRASILIEN - Argentinien 2:2 n.V., 4:2 n.E.
► **Halbfinale**
URUGUAY - Kolumbien 2:0
BRASILIEN - USA 1:0
► **Spiel um Platz 3**
KOLUMBIEN - USA 4:1
► **Finale** (23.7.1995, Montevideo, 60.000)
URUGUAY - Brasilien 1:1 n.V., 5:3 n.E.
Uruguay: Alvez - Méndez, Herrera, Moas, Silva (35. Adinolfi) - Dorta (45. Bengoechea), Gutiérrez, Poyet, Francéscoli - Fonseca (45. Martínez), Otero - *Brasilien*: Taffarel - Jorginho, Aldair, André Cruz, Roberto Carlos - Dunga, César Sampaio, Juninho (69. Beto), Zinho - Edmundo, Tulio - *Tore*: 0:1 Tulio (30.), 1:1 Bengoechea (51.) - *SR*: Arturo Brizio Carter (Mexiko)

■ **Copa América 1997**
11.-29.6.1997 in Bolivien
► **Vorrunde**
Gruppe A
Paraguay - Chile 1:0
Argentinien - Ecuador 0:0
Ecuador - Paraguay 2:0
Argentinien - Chile 2:0
Ecuador - Chile 2:1
Argentinien - Paraguay 1:1
1. ECUADOR 3 2 1 0 4:1 7
2. ARGENTINIEN 3 1 2 0 3:1 5
3. PARAGUAY 3 1 1 1 2:3 4
4. Chile 3 0 0 3 1:5 0
Gruppe B
Peru - Uruguay 1:0
Bolivien - Venezuela 1:0
Uruguay - Venezuela 2:0
Bolivien - Peru 2:0
Peru - Venezuela 2:0
Bolivien - Uruguay 1:0
1. BOLIVIEN 3 3 0 0 4:0 9
2. PERU 3 2 0 1 3:2 6
3. Uruguay 3 1 0 2 2:3 3
4. Venezuela 3 0 0 3 0:5 0
Gruppe C
Mexiko - Kolumbien 2:1
Brasilien - Costa Rica 5:0
Kolumbien - Costa Rica 4:1

Brasilien - Mexiko 3:2
Mexiko - Costa Rica 1:1
Brasilien - Kolumbien 2:0
1. BRASILIEN 3 3 0 0 10:2 9
2. MEXIKO 3 1 1 1 5:5 4
3. KOLUMBIEN 3 1 0 2 5:5 3
4. Costa Rica 3 0 1 2 2:10 1
► **Viertelfinale**
PERU - Argentinien 2:1
BOLIVIEN - Kolumbien 2:1
MEXIKO - Ecuador 1:1 n.V., 4:3 n.E.
BRASILIEN - Paraguay 2:0
► **Halbfinale**
BOLIVIEN - Mexiko 3:1
BRASILIEN - Peru 7:0
► **Spiel um Platz 3**
MEXIKO - Peru 1:0
► **Finale** (29.6.1998, La Paz, 46.000)
BRASILIEN - Bolivien 3:1
Brasilien: Taffarel, Cafu, Gonçalves, Aldair, Roberto Carlos - Dunga, Flavio Conceição (62. Zé Roberto), Denilson, Leonardo (79. Mauro Silva) - Ronaldo, Edmundo (67. Paulo Nunes) - *Bolivien*: Trucco - J. Peña, S. Castillo, O. Sánchez, Sandy - Cristaldo, Baldivieso, V. Soria, E. Sánchez - Etcheverry, Moreno (74. Coimbra) - *Tore*: 1:0 Edmundo (40.), 1:1 E. Sánchez (45.), 2:1 Ronaldo (79.), 3:1 Zé Roberto (90.) - *SR*: Nieves (Uruguay)

■ **Copa América 1999**
29.6.-18.7.1999 in Paraguay
► **Vorrunde**
Gruppe A
Peru - Japan 3:2
Paraguay - Bolivien 0:0
Peru - Bolivien 1:0
Paraguay - Japan 4:0
Bolivien - Japan 1:1
Paraguay - Peru 1:0
1. PARAGUAY 3 2 1 0 5:0 7
2. PERU 3 2 0 1 4:3 6
3. Bolivien 3 0 2 1 1:2 2
4. Japan 3 0 1 2 3:8 1
Gruppe B
Mexiko - Chile 1:0
Brasilien - Venezuela 7:0
Chile - Venezuela 3:0
Brasilien - Mexiko 2:1
Mexiko - Venezuela 3:1
Brasilien - Chile 1:0
1. BRASILIEN 3 3 0 0 10:1 9
2. MEXIKO 3 2 0 1 5:3 6
3. CHILE 3 1 0 2 3:2 3
4. Venezuela 3 0 0 3 1:13 0
Gruppe C
Kolumbien - Uruguay 1:0
Argentinien - Ecuador 3:1
Uruguay - Ecuador 2:1
Argentinien - Kolumbien 3:0
Kolumbien - Ecuador 2:1
Argentinien - Uruguay 2:0
1. KOLUMBIEN 3 3 0 0 6:1 9
2. ARGENTINIEN 3 2 0 0 5:4 6
3. URUGUAY 3 1 0 2 2:4 3
4. Ecuador 3 0 0 3 3:7 0
► **Viertelfinale**
MEXIKO - Peru 3:3 n.V., 4:2 n.E.
URUGUAY - Paraguay 1:1 n.V., 5:3 n.E.
CHILE - Kolumbien 3:2
BRASILIEN - Argentinien 2:1
► **Halbfinale**
URUGUAY - Chile 1:1 n.V., 5:3 n.E.
BRASILIEN - Mexiko 2:0
► **Spiel um Platz 3**
MEXIKO - Chile 2:1
► **Finale** (18.7.1999, Asunción, 30.000)
BRASILIEN - Uruguay 3:0
Brasilien: Dida - Cafu, João Carlos, Antônio Carlos, Roberto Carlos - Flavio Conceição, Emerson, Rivaldo, Zé Roberto - Amoroso, Ronaldo - *Uruguay*: Carini - Del Campo, Picún, Lembo, Bergara (74. Guigou) - Coelho (56. Alvez), Fleurquin, Vespa (45. Pacheco), Callejas - Magallanes, Zalayeta - *Tore*: 1:0 Rivaldo (20.), 2:0 Rivaldo (27.), 3:0 Ronaldo (46.) - *SR*: Oscar Julián Ruiz (Kolumbien)

■ **Copa América 2001**
11.-29.7.2001 in Kolumbien
► **Vorrunde**
Gruppe A
Chile - Ecuador 4:1
Kolumbien - Venezuela 2:0
Chile - Venezuela 1:0
Kolumbien - Ecuador 1:0
Ecuador - Venezuela 4:0
Kolumbien - Chile 2:0
1. KOLUMBIEN 3 3 0 0 5:0 9
2. CHILE 3 2 0 1 5:3 6
3. Ecuador 3 1 0 2 5:5 3
4. Venezuela 3 0 0 3 0:7 0
Gruppe B
Paraguay - Peru 3:3
Mexiko - Brasilien 1:0

Brasilien - Peru 2:0
Paraguay - Mexiko 0:0
Peru - Mexiko 1:0
Brasilien - Paraguay 3:1
1. BRASILIEN 3 2 0 1 5:2 6
2. MEXIKO 3 1 1 1 1:1 4
3. PERU 3 1 1 1 4:5 4
4. Paraguay 3 0 2 1 4:6 2
Gruppe C
Uruguay - Bolivien 1:0
Costa Rica - Honduras 1:0
Uruguay - Costa Rica 1:1
Honduras - Bolivien 2:0
Costa Rica - Bolivien 4:0
Honduras - Uruguay 1:0
1. COSTA RICA 3 2 1 0 6:1 7
2. HONDURAS 3 2 0 1 3:1 6
3. URUGUAY 3 1 1 1 2:2 4
4. Bolivien 3 0 0 3 0:7 0
► **Viertelfinale**
MEXIKO - Chile 2:0
URUGUAY - Costa Rica 2:1
KOLUMBIEN - Peru 3:0
HONDURAS - Brasilien 2:0
► **Halbfinale**
MEXIKO - Uruguay 2:1
KOLUMBIEN - Honduras 2:0
► **Spiel um Platz 3**
HONDURAS - Uruguay 2:2 n.V., 5:4 n.E.
► **Finale** (29.7.2001, Bogotá, 47.000)
KOLUMBIEN - Mexiko 1:0
Kolumbien: O. Córdoba - López, I. Córdoba, Yepes, Bedoya - Ramírez, Grisales, Vargas, Hernández (88. Molina) - Aristizábal (32. Castillo), Murillo - *Mexiko*: Pérez - A. Rodríguez (74. Zepeda), Valdez, Mercado, R. H. Morales - J. Rodríguez (67. Osorno), Torrado, R. C. Morales, J. P. Rodríguez - Arellano (59. Victorino), Borgetti - *Tor*: 1:0 I. Córdoba (65.) - *SR*: Aquino (Paraguay)

■ **Copa América 2004**
6. - 25.7.2004 in Peru
► **Vorrunde**
Gruppe A
Kolumbien - Venezuela 1:0
Peru - Bolivien 2:2
Kolumbien - Bolivien 1:0
Peru - Venezuela 3:1
Venezuela - Bolivien 1:1
Peru - Kolumbien 2:2
1. KOLUMBIEN 3 2 1 0 4:2 7
2. PERU 3 1 2 0 7:5 5
3. Bolivien 3 0 2 1 3:4 2
4. Venezuela 3 0 1 2 2:5 1
Gruppe B
Uruguay - Mexiko 2:2
Argentinien - Ecuador 6:1
Uruguay - Ecuador 2:1
Argentinien - Mexiko 0:1
Mexiko - Ecuador 2:1
Argentinien - Uruguay 4:2
1. MEXIKO 3 2 1 0 5:3 7
2. ARGENTINIEN 3 2 0 1 10:4 6
3. URUGUAY 3 1 1 1 6:7 4
4. Ecuador 3 0 0 3 3:10 0
Gruppe C
Paraguay - Costa Rica 1:0
Brasilien - Chile 1:0
Brasilien - Costa Rica 4:1
Paraguay - Chile 1:1
Costa Rica - Chile 2:1
Brasilien - Paraguay 1:2
1. PARAGUAY 3 2 1 0 4:2 7
2. BRASILIEN 3 2 0 1 6:3 6
3. COSTA RICA 3 1 0 2 3:6 3
4. Chile 3 0 1 2 2:4 1
► **Viertelfinale**
Peru - ARGENTINIEN 0:1
KOLUMBIEN - Costa Rica 2:0
Paraguay - URUGUAY 1:3
Mexiko - BRASILIEN 0:4
► **Halbfinale**
ARGENTINIEN - Kolumbien 3:0
Uruguay - BRASILIEN 1:1 n.V., 3:5 n.E.
► **Spiel um Platz 3**
Kolumbien - URUGUAY 1:2
► **Finale** (25.7.2004, Lima, 43.000)
Argentinien - BRASILIEN 2:2 n.V., 2:4 n.E.
Brasilien: Júlio César - Maicon, Luisão (81. Cris), Juan, Gustavo Nery - Kléberson (54. Diego), Renato, Edú, Alex (63. Felipe) - Adriano, Luís Fabiano - *Argentinien*: Abbondanzieri - Coloccini, Ayala, Heinze - Zanetti, L. González (75. D'Alessandro), Mascherano, C. González, Sorín - Rosales (64. Delgado), Tévez (90. Quiroga) - *Tore*: 1:0 C. González (21./E), 1:1 Luisão (45.), 2:1 Delgado (87.), 2:2 Adriano (90.) - *SR*: Carlos Amarilla (Paraguay)

■ **Copa América 2007**
26.6.-15.7.2007 in Venezuela
► **Vorrunde**
Grupe A
Peru - Uruguay 3:0

Venezuela - Bolivien 2:2
Uruguay - Bolivien 1:0
Venezuela - Peru 2:0
Bolivien - Peru 2:2
Venezuela - Uruguay 0:0
1. VENEZUELA 3 1 2 0 4:2 5
2. PERU 3 1 1 1 5:4 4
3. URUGUAY 3 1 1 1 1:3 4
4. Bolivien 3 0 2 1 4:5 2
Gruppe B
Chile - Ecuador 3:2
Mexiko - Brasilien 2:0
Brasilien - Chile 3:0
Mexiko - Ecuador 2:1
Mexiko - Chile 0:0
Brasilien - Ecuador 1:0
1. MEXIKO 3 2 1 0 4:1 7
2. BRASILIEN 3 2 0 1 4:2 6
3. CHILE 3 1 1 1 3:5 4
4. Ecuador 3 0 0 3 3:6 0
Gruppe C
Paraguay - Kolumbien 5:0
Argentinien - USA 4:1
Paraguay - USA 3:1
Argentinien - Kolumbien 4:2
Kolumbien - USA 1:0
Argentinien - Argentinien 1:0
1. Argentinien 3 3 0 0 9:3 9
2. Paraguay 3 2 0 1 8:2 6
3. Kolumbien 3 1 0 2 3:9 3
4. USA 3 0 0 3 2:8 0
► **Viertelfinale**
Venezuela - URUGUAY 1:4
BRASILIEN - Chile 6:1
MEXIKO - Paraguay 6:0
ARGENTINIEN - PERU 4:0
► **Halbfinale**
BRASILIEN - Uruguay 2:2
ARGENTINIEN - Mexiko 3:0
► **Spiel um Platz 3**
Uruguay - Mexiko 1:3
► **Finale** (15.7.2007, Maracaibo, 42.000)
BRASILIEN - Argentinien 3:0
Brasilien: Doni; Maicon Sisenando, Alex Rodrigo da Costa, Juan dos Santos, Gilberto Melo; Elano Blumer (34. Daniel Alves da Silva), Mineiro, Josué de Oliveira; Júlio Baptista, Robinho (90. Diego da Cunha), Love (90. Fernando Menegazzo) - *Argentinien*: Roberto Abbondanzieri; Javier Zanetti, Roberto Ayala, Gabriel Milito, Gabriel Heinze; Javier Mascherano, Juan Sebastián Verón (67. Luis González), Juan Riquelme, Esteban Cambiasso (59. Pablo Aimar); Lionel Messi, Carlos Tévez - *Tore*: 1:0 Júlio Baptista (4.), 2:0 Roberto Ayala (40./ET), 3:0 Daniel Alves da Silva (69.) - *SR*: Carlos Amarilla (Paraguay)

U16 - U23-MEISTERSCHAFT Kontinentale Wettbewerbe bzw. Olympiaqualifikation der Jugendnationalmannschaften der südamerikanischen Länder.

■ **U23-Meisterschaft (pre-Olimpico)**
1960 Argentinien **1964** Argentinien **1968** Brasilien **1971** Brasilien **1976** Brasilien **1980** Argentinien **1984** Brasilien **1987** Brasilien **1992** Paraguay **1996** Brasilien **2000** Brasilien **2004** Argentinien

■ **U20-Meisterschaft**
1954 Uruguay **1958** Uruguay **1964** Uruguay **1967** Argentinien **1971** Paraguay **1974** Brasilien **1975** Uruguay **1977** Uruguay **1979** Uruguay **1981** Uruguay **1983** Brasilien **1985** Brasilien **1987** Kolumbien **1988** Brasilien **1991** Brasilien **1992** Brasilien **1995** Brasilien **1997** Argentinien **1999** Argentinien **2001** Brasilien **2003** Argentinien **2005** Kolumbien **2007** Brasilien

■ **U16/U17-Meisterschaft**
1985 Argentinien **1986** Bolivien **1988** Brasilien **1991** Brasilien **1993** Kolumbien **1995** Brasilien **1997** Brasilien **1999** Brasilien **2002** Brasilien **2003** Argentinien **2005** Brasilien **2007** Brasilien

REGIONALE WETTBEWERBE 1938 wurde ein nach dem südamerikanischen Freiheitskämpfer Simon Bolívar benanntes Turnier eingeführt, an dem Bolivien, Kolumbien, Ecuador, Panama, Peru und Venezuela teilnehmen. Seit 1993 wird das Turnier als U17 bzw. U18-Wettbewerb durchgeführt.

■ **Copa Bolivariana**
1938 Peru **1948** Peru **1951** Kolumbien **1961** Peru **1965** Ecuador **1970** Bolivien **1973** Peru **1977** Bolivien **1981** Peru **1985** Ecuador **1993** Bolivien **1997** Kolumbien **2001** Peru

COPA TOYOTA LIBERTADORES

Copa Libertadores Der südamerikanische Klubwettbewerb wird seit 1960 alljährlich ausgetragen und zählt zu den größten Mythen des globalen Fußballs. Seiner Gründung vorausgegangen war ein 1948 in Santiago de Chile durchgeführtes Turnier der Landesmeister aus sieben Ländern. Animiert von dem Erfolg des Europapokals der Landesmeister entschloss sich der Kontinentalverband CONMEBOL 1960, einen vergleichbaren Wettbewerb für Südamerika zu initiieren. Ursprünglich nahmen an der Copa Libertadores (»Pokal der Befreier«) lediglich die Landesmeister teil (Brasilien, das keine Nationalliga hatte, ermittelte in einem Pokalwettbewerb einen Teilnehmer). Ab 1966 durfte jedes Land zwei Teilnehmer stellen, ehe 1998 auch Mexiko zur Teilnahme eingeladen wurde. Seit 2000 nehmen an den Gruppenspielen der Copa Libertadores 32 Mannschaften aus elf Ländern teil. Die erfolgreichsten Länder sind Argentinien mit 21 Copa-Siegen, Brasilien mit deren 13 und Uruguay mit acht. Argentinien und Uruguay dominierten vor allem in den ersten Jahrzehnten den Wettbewerb, der seinerzeit in Brasilien nur wenig Attraktivität erreichte. Rekordsieger ist der argentinische Klub Independiente Avellaneda, der siebenmal Copa-Sieger wurde. Boca Juniors errangen die Trophäe sechsmal, Peñarol Montevideo fünfmal. Mit jeweils drei Titeln folgen Nacional Montevideo, Olimpia Asunción, der São Paulo FC und Estudiantes La Plata. Der Sieger der Copa Libertadores traf ab 1963 im Weltpokalfinale auf den Sieger des Europapokals der Landesmeister.. Aus diesem Wettbewerb ging 2000 der FIFA Club World Cup hervor.

Copa Libertadores de América 1948

Colo Colo Santiago - Emelec Guayaquil 2:2
Vasco da Gama Rio de Janeiro - Lítoral La Paz 2:1
Nacional Montevideo - Municipal Lima 3:2
River Plate Buenos Aires - Emelec Guayaquil 4:0
Vasco da Gama Rio de Janeiro - Nacional Montevideo 4:1
River Plate Buenos Aires - Municipal Lima 2:0
Colo Colo Santiago - Lítoral La Paz 4:2
Nacional Montevideo - Lítoral La Paz 3:1
Vasco da Gama Rio de Janeiro - Municipal Lima 4:0
Vasco da Gama Rio de Janeiro - Emelec Guayaquil 1:0
Municipal Lima - Colo Colo Santiago 3:1
Lítoral La Paz - Emelec Guayaquil 3:1
Nacional Montevideo - River Plate Buenos Aires 3:0
Municipal Lima - Emelec Guayaquil 4:0
Colo Colo Santiago - Vasco da Gama Rio de Janeiro 1:1
River Plate Buenos Aires - Lítoral La Paz 5:1
Colo Colo Santiago - Nacional Montevideo 3:2
Nacional Montevideo - Emelec Guayaquil 4:1
Vasco da Gama Rio de Janeiro - River Plate Buenos Aires 0:0
Municipal Lima - Lítoral La Paz 3:1
River Plate Buenos Aires - Colo Colo Santiago 1:0

1. VASCO DA GAMA RIO (BRA)	6	4	2	0	12:3	10-2
2. River Plate Buenos Aires (ARG)	6	4	1	1	12:4	9-3
3. Nacional Montevideo (URU)	6	4	0	2	16:11	8-4
4. Municipal Lima (PER)	6	3	0	3	12:11	6-6
5. Colo Colo Santiago (CHI)	6	2	2	2	11:11	6-6
6. Lítoral La Paz (BOL)	6	1	0	5	9:18	2-10
7. Emelec Guayaquil (ECU)	6	0	1	5	4:18	1-11

VASCO DA GAMA: Barbosa, Augusto, Wilson (Raffaneli), Eli, Danilo, Jorge, Djalma, Maneca (Lele), Friaca (Dimas), Ismael (Ademir), Chico – Trainer: Flavio Costa

Copa Libertadores de América 1960

1. Runde

PEÑAROL M'VIDEO (URU) - Jorge Wilstermann (BOL) 7:1, 1:1
SAN LORENZO ALMAGRO (ARG) - EC Bahia (BRA) 3:0, 2:3
Universidad de Chile (CHI) - MILLONARIOS B. (COL) 0:6, 0:1
Freilos: OLIMPIA ASUNCIÓN (PAR)

Halbfinale

PEÑAROL M'VIDEO (URU) - San Lorenzo A. (ARG) 1:1, 0:0, 2:1
Millonarios Bogotá (COL) - OLIMPIA ASUNC. (PAR) 0:0, 1:5

Finale (12. und 19. Juni 1960, n. b./35.000)

Peñarol Montevideo (URU) - Olimpia Asunción (PAR) 1:0
Peñarol: Maidana, W. Martínez (Majewski), Pino, Salvador, Gonçálvez, Aguerre, Cubilla, Linazza, Spencer, Crescio, Borges – *Olimpia*: Arias, S. Rojas, V. Lezcano, A. Rojas, C. Lezcano, Osorio, V. Rodríguez, Recalde, Roldán, Cabral, Melgarejo – *Tor*: 1:0 Spencer (79.) – *SR*: Robles (Chile)

Olimpia Asunción (PAR) - PEÑAROL MONTEVIDEO (URU) 1:1
Olimpia: Arias, Arévalo, Peralta, Echagüe, C. Lezcano, S. Rojas, V. Rodríguez, Recalde, Roldán, Cabral, Melgarejo – *Peñarol*: Maidana, W. Martínez, Salvador, Pino, Gonçálvez, Aguerre, Cubilla, Linazza, Spencer (Hohberg), Griecco, Borges – *Tore*: 1:0 Recalde (28.), 1:1 Cubilla (83.) – *SR*: Praddaude (Argentinien)

Copa Libertadores de América 1961

Vorrunde

INDEPENDIENTE SANTA FÉ (COL) - Barcelona G. (ECU) 3:0, 2:2

Viertelfinale

PEÑAROL MONT. (URU) - Universitario Lima (PER) 5:0, 0:2
Colo Colo Santiago (CHI) - OLIMPIA ASUNCIÓN (PAR) 2:5, 2:1
Jorge Wilstermann (BOL) - INDEPENDIENTE SANTA FÉ (COL) 3:2, 0:1, 0:x*
Independiente Santa Fé Bogotá Sieger nach Losentscheid
Independiente Buenos A. (ARG) - PALMEIRAS (BRA) 0:2, 0:1

Halbfinale

PEÑAROL MONTEV. (URU) - Olimpia Asunción (PAR) 3:1, 2:1
Independiente Santa Fé B. (COL) - PALMEIRAS (BRA) 2:2, 1:4

Finale (4. und 11. Juni 1961, 70.000/50.000)

Peñarol Montevideo (URU) - Palmeiras São Paulo (BRA) 1:0
Peñarol: Maidana, W. Martinez, Cano, E. González, Matosas, Aguerre, Cubilla, Ledesma, Spencer, Sasía, Joya – *Palmeiras*: Waldir, Djalma Santos, Waldemar, Aldemar, Geraldo da Silva, Zequinha, Julinho Botelho (Nilton Santos), Humberto Tozzi, Geraldo Scotto, Chinezinho, Romeiro – *Tor*: 1:0 Spencer (89.) – *SR*: Praddaude (Argentinen)

Palmeiras São P. (BRA) - PEÑAROL MONTEVIDEO (URU) 1:1
Palmeiras: Waldir, Djalma Santos, Waldemar, Geraldo da Silva, Zequinha, Aldemar, Julinho Botelho, Romeiro (Nardo), Geraldo Scotto, Chinezinho, Gildo – *Peñarol*: Maidana, W. Martínez, Cano, E. González, Matosas, Aguerre, Cubilla, Ledesma, Sasía, Spencer, Joya – Tore: 0:1 Sasía (2.), 1:1 Nardo (77.) – *SR*: Praddaude (Argentinen)

Copa Libertadores de América 1962

Vorrunde

Titelverteidiger Peñarol Montevideo Freilos bis ins Halbfinale

Gruppe 1

Dep. Municipal La Paz - Cerro Porteño Asunción 2:1, 2:3
Deportivo Municipal La Paz - Santos FC 3:4, 1:6
Cerro Porteño Asunción - Santos FC 1:1, 1:9

1. SANTOS FC (BRA)	4	3	1	0	20:6	7-1
2. Cerro Porteño Asunción (PAR)	4	1	1	2	6:14	3-5
3. Dep. Municipal La Paz (BOL)	4	1	0	3	8:14	2-6

Gruppe 2

Nacional Montevideo - Sporting Cristal Lima 3:2, 1:0
Racing Club Avellaneda - Sporting Cristal Lima 2:1, 1:2
Nacional Montevideo - Racing Club Avellaneda 3:2, 2:2

1. NACIONAL MONTEVIDEO (URU)	4	3	1	0	9:6	7-1
2. Racing Club Avellaneda (ARG)	4	1	1	2	7:8	3-5
3. Sporting Cristal Lima (PER)	4	1	0	3	5:7	2-6

Gruppe 3

Emelec Guayaquil - Millonarios Bogotá 4:2, 1:3
Universidad Católica Santiago - Emelec Guayaquil 3:0, 2:7
Universidad Católica Santiago - Millonarios Bogotá 4:1, 1:1

1. UNIV. CATÓLICA SANT. (CHI)	4	2	1	1	10:9	5-3
2. Emelec Guayaquil (ECU)	4	2	0	2	12:10	4-4
3. Millonarios Bogotá (COL)	4	1	1	2	7:10	3-5

Halbfinale

Univ. Católica Santiago (CHI) - SANTOS FC (BRA) 1:1, 0:1
Nacional Montev. (URU) - PEÑAROL MONTEV. (URU) 2:1, 1:3

Finale (28.6, 2. u. 30.8.1962, 55.000/30.000/60.000, B. A.)

Peñarol Montevideo (URU) - Santos FC (BRA) 1:2
Peñarol: Maidana, Lezcano, Cano, E. González, Matosas, Caetano, Cabrera (Moacir), Rocha, Sasía, Spencer, Joya – *Santos*: Gilmar, Lima, Mauro, Dalmão, Zito, Calvet, Dorval, Mengalvio, Pagão, Coutinho, Pepe (Osvaldo) – *Tore*: 1:0 Spencer (18.), 1:1 Coutinho (29.), 1:2 Coutinho (70.) – *SR*: Robles (Chile)

Santos FC - Peñarol Montevideo (URU) 3:2*
Santos: Gilmar, Lima, Mauro, Dalmão, Zito, Calvet, Dorval, Mengalvio, Pagão, Coutinho, Pepe – *Peñarol*: Maidana, Lezcano, Cano, E. González, Matosas (Gonçálvez), Caetano, Fernández Carranza, Rocha, Sasía, Spencer, Joya – *Tore*: 0:1 Sasía (18.), 1:1 Dorval (27.), 1:2 Spencer (49.), 2:2 Mengalvio (50.), 2:3 Spencer (73.) – *SR*: Robles (Chile) – **das Spiel wurde nach 51 Minuten wegen Ausschreitungen unterbrochen. Die verbliebenen 39 Minuten wurden auf inoffizieller Basis fortgesetzt.*

Peñarol Montevideo (URU) - SANTOS FC (BRA) 0:3
Santos: Gilmar, Lima, Mauro, Dalmão, Zito, Calvet, Dorval, Mengalvio, Coutinho, Pelé, Pepe – *Peñarol*: Maidana, Lezcano, Cano, E. González, Gonçálvez, Caetano, Rocha, Matosas, Spencer, Sasía, Joya – *Tore*: 0:1 Caetano (11./ET), 0:2 Pelé (48.), 0:3 Pelé (89.) – *SR*: Horn (Niederlande)

Copa Libertadores de América 1963

Titelverteidiger Santos FC Freilos bis ins Halbfinale

Vorrunde

Gruppe 1

Alianza Lima - Millonarios Bogotá 0:0, 1:0
Alianza Lima - Botafogo Rio de Janeiro 0:1, 1:2
Millonarios Bogotá - Botafogo Rio de Janeiro 0:2, 0:x*
Millonarios trat nicht an

1. BOTAFOGO RIO DE JAN. (BRA)	4	4	0	0	5:1	8-0
2. Alianza Lima (PER)	4	1	1	2	2:3	3-5
3. Millonarios Bogotá (COL)	4	0	1	3	0:3	1-7

Gruppe 2

Everest Guayaquil - PEÑAROL MONTEVIDEO 0:5, 1:9

Gruppe 3

Olimpia Asunción - Boca Juniors Buenos Aires 1:0, 3:5
Boca Juniors B. A. - Universidad de Chile Santiago 1:0, 3:2
Universidad de Chile Santiago - Olimpia Asunción 4:1, 1:2

1. BOCA JUNIORS B. A. (ARG)	4	3	0	1	9:6	6-2
2. Olimpia Asunción (PAR)	4	2	0	2	7:10	4-4
3. Universidad de Chile S. (CHI)	4	1	0	3	7:7	2-6

Halbfinale

Peñarol Montevideo (URU) - BOCA JUNIORS (ARG) 1:2, 0:1
SANTOS FC (BRA) - Botafogo Rio de Janeiro (BRA) 1:1, 4:0

Finale (3. und 11. September 1963, 55.000/50.000)

Santos FC (BRA) - Boca Juniors Buenos Aires (ARG) 3:2
Santos: Gilmar, Mauro, Geraldino, Dalmão, Zito, Calvet, Dorval, Lima, Coutinho, Pelé, Pepe – *Boca Juniors*: Errea, Magdalena, Marzolini (Orlando), Simeone, Rattin, Silveyra, Grillo, Rojas, Menéndez, Sanfilippo, A. González – *Tore*: 1:0 Coutinho (2.), 2:0 Coutinho (21.), 3:0 Lima (28.), 3:1 Sanfilippo (43.), 3:2 Sanfilippo (89.) – *SR*: Bois (Frankreich)

Boca Juniors Buenos Aires (ARG) - SANTOS FC (BRA) 1:2
BOCA JUNIORS: Errea, Magdalena, Orlando, Simeone, Rattín, Silveyra, Grillo, Rojas, Menéndez, Sanfilippo, A. González – *Santos*: Gilmar, Mauro, Geraldino, Dalmão, Zito, Calvet, Dorval, Lima, Coutinho, Pelé, Pepe – *Tore*: 1:0 Sanfilippo (46.), 1:1 Coutinho (50.), 1:2 Pelé (82.) – *SR*: Bois (Frankreich)

Copa Libertadores de América 1964

Titelverteidiger Santos FC Freilos bis ins Halbfinale

Vorrunde

DEPORTIVO ITALIA CARACAS (VEN) - EC Bahia (BRA) 0:0, 2:1

Erste Runde

Gruppe 1

Aurora Cochabamba - Cerro Porteño Asunción 2:2, 0:7
Nacional Montevideo - Aurora Cochabamba 2:0, 3:0
Cerro Porteño Asunción - Nacional Montevideo 2:2, 0:2

1. NACIONAL MONTEV. (URU)	4	3	1	0	9:2	7-1
2. Cerro Porteño Asunción (PAR)	4	1	2	1	11:6	4-4
3. Aurora Cochabamba (BOL)	4	0	1	3	2:14	1-7

Gruppe 2

Millonarios Bogotá - Alianza Lima 3:2, 2:1
Independiente Avellaneda - Alianza Lima 4:0, 2:2
Independiente Avellaneda - Millonarios Bogotá 5:1, x:0

1. INDEPENDIENTE AVELL. (ARG)	4	3	1	0	11:3	7-1
2. Millonarios Bogotá (COL)	4	2	0	2	6:8	4-4
3. Alianza Lima (PER)	4	0	1	3	5:11	1-7

Gruppe 3

Barcelona Guayaquil - Deportivo Italia Caracas 0:1, 3:0
Colo Colo Santiago - Deportivo Italia Caracas 4:0, 2:1
Barcelona Guayaquil - Colo Colo Santiago 2:3, 4:0

1. COLO COLO SANTIAGO (CHI)	4	3	0	1	9:7	6-2
2. Barcelona Guayaquil (ECU)	4	2	0	2	9:4	4-4
3. Deportivo Italia Caracas (VEN)	4	1	0	3	2:9	2-6

Halbfinale

Santos FC (BRA) - INDEPENDIENTE AVELL. (ARG) 2:3, 1:2
Colo Colo Santiago - NACIONAL MONTEV. (URU) 2:4, 2:4

Finale (6. und 12. August 1964, 60.000/80.000)

Nacional Montevideo (URU) - Independiente (ARG) 0:0
Nacional: Sosa, Baeza, Emilio Alvarez, Ramos, Elisio Alvarez, Méndez, Pérez, Douksas, Jaburú, Arias (Bergará), Urruzmendi – *Independiente*: Santoro, Zerrillo, Rolan, Ferreiro, Acevedo (Mori), Maldonado, Bernao, Mura, Suárez, M. Rodríguez, Savoy – *SR*: Horn (Niederlande)

INDEPENDIENTE (ARG) - Nacional Montevideo (URU) 1:0
Independiente: Santoro, Guzmán, Rolan, Ferreiro, Acevedo, Maldonado, Bernao, Prospitti, Suárez, M. Rodríguez, Savoy – *Nacional*: Sosa, Baeza, Emilio Alvarez, Ramos, Elisio Alvarez, Méndez, Oyarbide, Douksas, Jaburú, D. Pérez, Urruzmendi (Bergará) – *Tor*: 1:0 M. Rodríguez (35.) – *SR*: Dimas Larrosa (Paraguay)

Copa Libertadores de América 1965

Titelverteidiger Independiente Avellaneda Freilos bis ins Halbfinale

Vorrunde

Gruppe 1

Deportivo Quito - The Strongest La Paz 0:1, 2:2
Deportivo Quito - Boca Juniors Buenos Aires 1:2, 0:4
The Strongest La Paz - Boca Juniors Buenos Aires 2:3, 0:2

1. BOCA JUNIORS B. A. (ARG)	4	4	0	0	11:3	8-0
2. The Strongest La Paz (BOL)	4	1	1	2	5:7	3-5
3. Deportivo Quito (ECU)	4	0	1	3	3:9	1-7

Gruppe 2

Universidad de Chile Santiago - Santos FC 1:5, 0:1
Universitario Lima - Santos FC 1:2, 1:2
Universitario Lima - Universidad de Chile Santiago 1:0, 2:5

1. SANTOS FC (BRA)	4	4	0	0	10:3	8-0
2. Universidad de Chile S. (CHI)	4	1	0	3	6:9	2-6
3. Universitario Lima (PER)	4	1	0	3	5:9	2-6

Gruppe 3

Deportivo Galicia Caracas - Guaraní Asunción 1:2, 1:2
Deportivo Galicia Caracas - Peñarol Montevideo 0:0, 0:2*
Guaraní Asunción - Peñarol Montevideo 2:1, 0:2
*Wertung wegen Einsatz nicht einsatzberechigten Spielers

1. PEÑAROL MONTEVIDEO (URU)	4	3	0	1	5:2	6-2
2. Guaraní Asunción (PAR)	4	3	0	1	6:5	6-2
3. Deportivo Galicia Caracas (VEN)	4	0	0	4	2:6	0-8

Halbfinale

INDEPENDIENTE (ARG) - Boca Juniors (ARG) 2:0, 0:1, 0:0 n.V.*
Independiente Sieger aufgrund des Torverhältnisses
Santos FC (BRA) - PEÑAROL MONTEV. (URU) 5:4, 2:3, 1:2 n.V.

Finale (9., 12. u. 15.4.1965, 45.000/45.000/40.000, Santiago)

Independiente Avellaneda (ARG) - Peñarol Montev. (URU) 1:0
Independiente: Santoro, Navarro, Decaria, Ferreiro, Acevedo, Guzmán, Bernao, Mura, Suárez (De la Mata), Avallay, Savoy – Peñarol: Mazurkiewicz, C. Pérez, Varela, Forlán, Gonçálvez, Caetano, Ledesma, Rocha, Silva, Sasía, Joya – *Tor*: 1:0 Bernao (83.) – *SR*: Yamasaki (Peru)

Peñarol Montevideo (URU) - Independiente Avell. (ARG) 3:1
Peñarol: Mazurkiewicz, C. Pérez, Varela, Forlán (Reznik), Gonçálvez, Caetano, Ledesma, Rocha, Sasía, Silva, Joya – *Independiente*: Santoro, Navarro, Paflik, Ferreiro, Acevedo, Guzmán, Bernao, Mura, Suárez, Avallay (De la Mata), Savoy – *Tore*: 1:0 Gonçálvez (14.), 2:0 Reznik (43.), 3:0 Rocha (46.), 3:1 De la Mata (88.) – *SR*: Yamasaki (Peru)

INDEPENDIENTE AVELL. (ARG) - Peñarol Montev. (URU) 4:1
Independiente: Santoro, Navarro, Decaria, Ferreiro, Acevedo, Guzmán, Bernao, Mura, De la Mata (Mori), Avallay, Savoy – *Peñarol*: Mazurkiewicz, C. Pérez, Varela, Forlán, Gonçálvez, Caetano, Ledesma, Rocha, Reznik (Sasía), Silva, Joya – Tore: 1:0 Pérez (10./ET), 2:0 Bernao (27.), 3:0 Avallay (33.), 3:1 Joya (44.), 4:1 Mura (82.) – *SR*: Yamasaki (Peru)

Copa Libertadores de América 1966

Titelverteidiger Independiente Avellaneda Freilos bis zur Zwischenrunde

Vorrunde

Gruppe 1

Universitario Lima - Alianza Lima 2:0, 1:1*
*Wertung 0:1 wegen Einsatz nicht berechtigten Akteurs
Dep. Lara Barquisimeto - Deportivo Italia Caracas 1:1, 0:1
Deportivo Lara Barquisimeto - Alianza Lima 2:1, 0:3
Deportivo Italia Caracas - Universitario Lima 2:2, 2:1
River Plate Buenos Aires - Boca Juniors Buenos A. 2:1, 0:2
Deportivo Italia Caracas - Alianza Lima 3:1, 2:1
Deportivo Lara Barquisimeto - Universitario Lima 0:0, 0:1
Deportivo Lara Barquisimeto - River Plate Buenos A. 1:2, 0:3
Universitario Lima - Boca Juniors Buenos Aires 2:1, 0:2
Deportivo Italia Caracas - River Plate Buenos Aires 0:3, 1:2
Alianza Lima - Boca Juniors Buenos Aires 0:1, 1:0
Deportivo Italia Caracas - Boca Juniors Buenos A. 1:2, 2:5
Universitario Lima - River Plate Buenos Aires 1:1, 0:5
Deportivo Lara Barquisimeto - Boca Juniors B. A. 0:3, 1:2
Alianza Lima - River Plate Buenos Aires 0:2, 2:3

1. RIVER PLATE BUENOS A. (ARG)	10	8	1	1	23:8	17-3
2. BOCA JUNIORS B. A. (ARG)	10	7	0	3	19:9	14-6
3. Universitario Lima (PER)	10	4	3	3	10:13	11-9
4. Deportivo Italia Caracas (VEN)	10	4	2	4	15:18	10-10
5. Alianza Lima (PER)	10	2	0	8	9:16	4-16
6. Dep. Lara Barquisimeto (VEN)	10	1	2	7	5:17	4-16

Gruppe 2

Olimpia Asunción - Guaraní Asunción 3:3, 0:2
Universidad de Chile Santago - Univ. Católica Sant. 0:0, 2:2
Universidad Católica Santiago - Guaraní Asunción 2:0, 1:3
Universidad de Chile Santago - Olimpia Asunción 1:2, 0:2
Universidad de Chile Santiago - Guaraní Asunción 2:0, 1:1
Universidad Católica Santiago - Olimpia Asuncion 0:0, 4:0

1. UNIVERSIDAD CATÓLICA S. CHI)	6	2	3	1	9:5	7-5
2. GUARANÍ ASUNCIÓN (PAR)	6	2	2	2	9:9	6-6
3. Olimpia Asunción (PAR)	6	2	2	2	7:10	6-6
4. Universidad de Chile S. (CHI)	6	1	3	2	6:7	5-7

Entscheidungsspiel um Platz 2
Guaraní Asunción - Olimpia Asunción 2:1

Gruppe 3

Emelec Guayaquil - Nueve de Octubre Milagro 2:1, 4:0
Dep. Municipal - Jorge Wilstermann Cochabamba 1:1, 0:3
Nacional Montevideo - Peñarol Montevideo 4:0, 0:3
Deportivo Municipal La Paz - Nacional Montevideo 3:2, 1:4
Jorge Wilstermann Cochab. - Peñarol Montevideo 1:0, 0:3
Nueve de Octubre Milagro - Peñarol Montevideo 1:2, 0:2
Emelec Guayaquil - Nacional Montevideo 0:2, 0:1
Nueve de Octubre Milagro - Nacional Montevideo 2:3, 1:3
Emelec Guayaquil - Peñarol Montevideo 1:2, 1:4
Deportivo Municipal La Paz - Peñarol Montevideo 1:2, 1:4
Jorge Wilstermann Cochab. - Nacional Montevideo 0:0, 0:3
Emelec Guayaquil - Jorge Wilstermann Cochabamba 3:1, 1:2
Nueve de Octubre Milagro - Dep. Municipal La Paz 3:4, 1:5
Nueve de Octubre Milagro - Jorge Wilstermann C'b 3:2, 1:4
Emelec Guayaquil - Deportivo Municipal La Paz 2:1, 1:4

1. PEÑAROL MONTEVIDEO (URU)	10	8	0	2	20:10	16-4
2. NACIONAL MONTEVIDEO (URU)	10	7	1	2	22:10	15-5
3. Jorge Wilstermann C'ba (BOL)	10	4	2	4	14:14	10-10
4. Dep. Municipal La Paz (BOL)	10	4	1	5	21:22	9-11
5. Emelec Guayaquil (ECU)	10	4	0	6	15:18	8-12
6. Nueve Octubre Milagro (ECU)	10	1	0	9	13:31	2-18

Zwischenrunde

Gruppe 1

Guaraní Asunción - Boca Juniors Buenos Aires 1:3, 1:1
Guaraní Asunción - River Plate Buenos Aires 1:3, 1:3
Boca Juniors Buenos Aires - Independiente Avell. 0:2, 0:0
Independiente Avellanida - River Plate Buenos A. 1:1, 2:4
River Plate Buenos Aires - Boca Juniors Buenos Aires 2:2, 0:1
Guaraní Asunción - Independiente Avellaneda 0:2, 1:2

1. River Plate Buenos Aires (ARG)	6	3	2	1	13:8	8-4
2. Independiente Avellan. (ARG)	6	3	2	1	9:6	8-4
3. Boca Juniors Buenos A. (ARG)	6	2	3	1	7:6	7-5
4. Guaraní Asunción (PAR)	6	0	1	5	5:14	1-11

Entscheidungsspiel um Platz 1
RIVER PLATE BUENOS AIRES - Independiente Avellaneda 2:1

Gruppe 2

Universidad Católica Santiago - Peñarol Montevideo 1:0, 0:2
Universidad Católica Santiago - Nacional Montevideo 1:0, 2:3
Peñarol Montevideo - Nacional Montevideo 3:0, 1:0

1. PEÑAROL MONTEVIDEO (URU)	4	3	0	1	6:1	6-2
2. Universidad Católica Sant. (CHI)	4	2	0	2	4:5	4-4
3. Nacional Montevideo (URU)	4	1	0	3	3:7	2-4

Finale (12., 18. u. 20.5.1966, 49.000/60.000/30.000, Santiago)

Peñarol Montevideo (URU) - River Plate Buenos A. (ARG) 2:0
Peñarol: Mazurkiewicz, Lezcano, Díaz, Forlán, Gonçálvez, Caetano, Abbadie, Rocha, Silva, Cortés, Joya – *River Plate*: Carrizo, Guzmán, Vieytes, Sainz, Matosas, Bayo, Cubilla, Loayza (E. Onega), D. Onega, Sarnari, Solari – *Tore*: 1:0 Abbadie (75.), 2:0 Joya (85.) – *SR*: Goicoechea (Argentinien)

River Plate Buenos A. (ARG) - Peñarol Montevideo (URU) 3:2
River Plate: Carrizo, Guzmán, Vieytes, Sainz, Sarnari, Matosas, Cubilla, Solari, D.Onega (Lallana), E. Onega, Mas – *Peñarol*: Mazurkiewicz, Lezcano, Díaz, Forlán, Gonçálvez, Caetano, Abbadie, Rocha, Spencer, Cortés, Joya – *Tore*: 0:1 Rocha (32.), 1:1 D. Onega (38.), 1:2 Spencer (50.), 2:2 Sarnari (52.), 3:2 E. Onega (73.) – *SR*: Codesal (Uruguay)

PEÑAROL MONTEVIDEO (URU) - River Plate (ARG) 4:2 n.V.
Peñarol: Mazurkiewicz, Lezcano, Díaz (T.González), Forlán, Gonçálvez, Caetano, Abbadie, Cortés, Spencer, Rocha, Joya – *River Plate*: Carrizo, Grispo, Vieytes, Sainz (Solari), Matosas, Sarnari, Cubilla, E. Onega, Lallana, D. Onega, Mas – *Tore*: 0:1 D. Onega (37.), 0:2 Solari (42.), 1:2 Spencer (57.), 2:2 Abbadie (72.), 3:2 Spencer (101.), 4:2 Rocha (109.) – *SR*: Vicuña (Chile)

Copa Libertadores de América 1967

Titelverteidiger Peñarol Montevideo Freilos bis zur Zwischenrunde

Vorrunde

Gruppe 1

Deportivo Italia Caracas - Deportivo Galicia Caracas 1:0, 0:0
Deportivo Galicia Caracas - Cruzeiro Belo Horizonte 0:1, 1:3
Deportivo Italia Caracas - Cruzeiro Belo Horizonte 0:3, 0:4
Universitario Lima - Sport Boys Callao 1:0, 1:0
Deportivo Galicia Caracas - Sport Boys Callao 2:1, 0:2
Deportivo Italia Caracas - Universitario Lima 0:3, 0:1
Deportivo Italia Caracas - Sport Boys Callao 2:5, 0:0
Deportivo Galicia Caracas - Universitario Lima 2:0, 0:2

1. CRUZEIRO B. HORIZONTE (BRA)	8	7	1	0	22:6	15-1
2. UNIVERSITARIO LIMA (PER)	8	5	1	2	11:8	11-5
3. Sport Boys Callao (PER)	8	2	1	5	10:11	5-11
4. Deportivo Galicia Caracas (VEN)	8	2	1	5	5:10	5-11
5. Deportivo Italia Caracas (VEN)	8	1	2	5	3:16	4-12

Gruppe 2

Independiente Santa Fe - Independiente Medellín 2:0, 4:0
Racing Club Avellaneda - River Plate Buenos Aires 2:0, 0:0
Bolívar La Paz - 31 de Octubre La Paz 1:0, 2:2
31 de Octubre La Paz - Racing Club Avellaneda 3:0, 0:6
Bolívar La Paz - River Plate Buenos Aires 3:3, 0:2
31 de Octubre La Paz - River Plate Buenos Aires 0:4, 0:7
Independiente Medellín - Racing Club Avellaneda 0:2, 2:5
Independiente Santa Fe - Racing Club Avellaneda 1:2, 1:4
Independiente Santa Fe - River Plate Buenos Aires 2:2, 0:4
Bolívar La Paz - Racing Club Avellaneda 0:2, 0:6
Independiente Medellín - River Plate Buenos Aires 0:1, 2:6

1. RACING AVELLANEDA (ARG)	10	8	1	1	29:7	17-3
2. RIVER PLATE BUENOS A. (ARG)	10	6	3	1	29:9	15-5
3. Independiente S. Fe (COL)	10	3	2	5	17:22	8-12
4. Bolívar La Paz (BOL)	10	2	4	4	11:21	8-12
5. Independiente Medellín (COL)	10	3	1	6	12:22	7-13
6. 31 de Octubre La Paz (BOL)	10	2	1	7	12:29	5-15

Gruppe 3

Emelec Guayaquil - Barcelona SC Guayaquil 3:0, 1:2
Emelec Guayaquil - Nacional Montevideo 1:4, 0:3
Barcelona SC Guayaquil - Nacional Montevideo 2:1, 0:2
Cerro Porteño Asunción - Guaraní Asunción 1:0, 2:1
Univ. Católica Santiago - Colo Colo Santiago 5:2, 2:4
Emelec Guayaquil - Cerro Porteño Asunción 2:1, 1:1
Barcelona SC Guayaquil - Guaraní Asunción 2:1, 1:4
Emelec Guayaquil - Guaraní Asunción 0:2, 0:3
Barcelona SC Guayaquil - Cerro Porteño 1:2, 2:1
Colo Colo Santiago - Cerro Porteño Asunción 5:1, 1:0
Universitea Católica Santiago - Guaraní Asunción 1:1, 1:1
Colo Colo Santiago - Guaraní Asunción 1:0, 2:4
Univ. Católica Santiago - Cerro Porteño Asunción 3:1, 0:1
Universitea Católica Santiago - Emelec Guayaquil 1:2, 1:0
Colo Colo Santiago - Barcelona SC Guayaquil 3:2, 1:1
Colo Colo Santiago - Emelec Guayaquil 3:2, 3:4
Universitea Católica Santiago - Barcelona Guayaquil 3:1, 2:0
Colo Colo Santiago - Nacional Montevideo 3:2, 2:5
Nacional Montevideo - Universitea Católica Santiago 0:0, 3:0
Nacional Montevideo - Guaraní Asunción 3:1, 1:0
Cerro Porteño Asunción - Nacional Montevideo 2:6, 1:4

1. NACIONAL MONTEV. (URU)	12	9	1	2	34:12	19-5
2. COLO COLO SANTIAGO (CHI)	12	7	1	4	30:28	15-9
3. Univ. Católica Santiago (CHI)	12	5	3	4	19:16	13-11
4. Guaraní Asunción (PAR)	12	4	2	6	18:15	10-14
5. Emelec Guayaquil (ECU)	12	4	1	7	16:24	9-15
6. Barcelona SC Guayaquil (ECU)	12	4	1	7	14:24	9-15
7. Cerro Porteño Asunción (PAR)	12	4	1	7	14:26	9-15

Zwischenrunde

Gruppe 1

Universitario Lima - Colo Colo Santiago 3:0, 1:0
River Plate - Racing Club Avellaneda 0:0, 1:3
Colo Colo Santiago - River Plate Buenos Aires 1:0, 1:1
Universitario Lima - Racing Club Avellaneda 1:2, 2:1
River Plate Buenos Aires - Universitario Lima 0:1, 2:2

1. RACING AVELLANEDA (ARG)	6	4	1	1	11:5	9-3
2. Universitario Lima (PER)	6	4	1	1	10:5	9-3
3. River Plate Buenos Aires (ARG)	6	0	3	3	4:8	3-9
4. Colo Colo Santiago (CHI)	6	1	1	4	3:10	3-9

Entscheidungsspiel
RACING CLUB AVELLANEDA - Universitario Lima 2:1

Gruppe 2

Peñarol Montevideo - Nacional Montevideo 0:1, 2:2
Cruzeiro Belo Horizonte - Nacional Montevideo 2:1, 0:2
Cruzeiro Belo Horizonte - Peñarol Montevideo 1:0, 2:3

1. NACIONAL MONTEVIDEO (URU)	4	2	1	1	6:4	5-3
2. Cruzeiro Belo Horizonte (BRA)	4	2	0	2	5:6	4-3
3. Peñarol Montevideo (URU)	4	1	1	2	5:6	3-5

Finale (15., 25. u. 29.8.1967, 55.000/60.000/50.000, Santiago)

Racing Avellaneda (ARG) - Nacional Montevideo (URU) 0:0
Racing: Cejas, Perfumo, Díaz, Martín, Mori, Basile, Martinoli, Rulli, Raffo, Rodríguez, Maschio – *Nacional*: Domínguez, Manicera, Em. Alvarez, Ubiña, Montero Castillo, Mujica, Espárrago, Viera, Celio, Sosa, Urruzmendi – *SR*: Orozco (Peru)

Nacional Montevideo (URU) - Racing Avellaneda (ARG) 0:0
Nacional: Domínguez, Manicera, Em. Alvarez, Ubiña, Montero Castillo, Mujica, Espárrago, Viera, Celio, Sosa, Urruzmendi – *Racing*: Cejas, Perfumo, Díaz, Martín, Mori, Basile, Cardozo, Rulli, Cárdenas, Raffo, Maschio – *SR*: Orozco (Peru)

RACING AVELLANEDA (ARG) - Nacional Montev. (URU) 2:1
Racing: Cejas, Perfumo, Díaz, Martín, Mori, Basile, Cardozo (Parenti), Rulli, Cárdenas, Raffo, Maschio – *Nacional*: Domínguez, Manicera, Em. Alvarez, Ubiña, Montero Castillo, Mujica, Urruzmendi, Viera, Celio, Espárrago, Morales (Oyarbide) – *Tore*: 1:0 Cardozo (14.), 2:0 Raffo (43.), 2:1 Viero (79.) – *SR*: Pérez Osorio (Paraguay)

Copa Libertadores de América 1968

Titelverteidiger Racing Avellaneda Freilos bis zur Zwischenrunde

Vorrunde

Gruppe 1

Independiente Avellaneda - Estudiantes La Plata 2:4, 0:2
Millonarios Bogotá - Independiente Avellaneda 1:2, 1:3
Millonarios Bogotá - Estudiantes La Plata 0:1, 0:0
Deportivo Calí - Independiente Avellaneda 1:0, 1:1
Deportivo Calí - Estudiantes La Plata 1:2, 0:3
Millonarios Bogotá - Deportivo Calí 4:2, 0:1

1. ESTUDIANTES LA PLATA (ARG)	6	5	1	0	12:3	11-1
2. Independiente Avellaneda (ARG)	6	2	1	3	8:10	5-7
3. Deportivo Calí (COL)	6	2	1	3	6:10	5-7
4. Millonarios Bogotá (COL)	6	1	1	4	6:9	3-7

Entscheidungsspiel um Platz 2
INDEPENDIENTE AVELLANEDA - Deportivo Calí 3:2

Gruppe 2

Always Ready La Paz - Universitario Lima 0:3, 0:6
Jorge Wilstermann Cochab. - Sporting Cristal Lima 0:1, 0:2
Always Ready La Paz - Sporting Cristal Lima 1:4, 1:1
Jorge Wilstermann Cochab. - Universitario Lima 0:0, 1:5
Jorge Wilstermann Cochab. - Always Ready La Paz 3:0, 1:1*
Universitario Lima - Sporting Cristal Lima 1:1, 2:2
* Wertung 1:0

1. UNIVERSITARIO LIMA (PER)	6	3	3	0	17:4	9-3
2. SPORTING CRISTAL LIMA (PER)	6	3	3	0	11:5	9-3
3. Jorge Wilstermann Coch. (BOL)	6	2	1	3	5:8	5-7
4. Always Ready La Paz (BOL)	6	0	1	5	2:18	1-9

Gruppe 3

Emelec Guayaquil - El Nacional Guayaquil 0:0, 1:0
El Nacional Guayaquil - Universidad Católica Sant. 2:1, 0:2
Emelec Guayaquil - Universidad de Chile Santiago 2:1, 0:0
Emelec Guayaquil - Universidad Católica Santiago 1:2, 1:1
El Nacional Guayaquil - Universidad de Chile Sant. 3:1, 0:1
Universidad Católica Sant. - Universidad de Chile S. 3:2, 2:1

1. UNI. CATÓLICA SANTIAGO (CHI)	6	4	1	1	11:7	9-3
2. EMELEC GUAYAQUIL (ECU)	6	2	3	1	5:4	7-5
3. El Nacional Quito (ECU)	6	2	1	3	5:6	5-7
4. Universidad Chile Santiago (CHI)	6	1	1	4	6:10	3-9

Gruppe 4

Peñarol Montevideo - Nacional Montevideo 1:0, 0:0
Guaraní Asunción - Libertad Asunción 2:0, 1:1
Nacional Montevideo - Guaraní Asunción 2:2, 1:2
Peñarol Montevideo - Libertad Asunción 4:0, 1:0
Nacional Montevideo - Libertad Asunción 4:0, 2:0
Peñarol Montevideo - Guaraní Asunción 2:0, 1:1

1. PEÑAROL MONTEVIDEO (URU)	6	3	2	1	8:2	8-4
2. GUARANÍ ASUNCIÓN (PAR)	6	2	3	1	8:7	7-5
3. Nacional Montevideo (URU)	6	2	2	2	9:5	6-6
4. Libertad Asunción (PA)	6	1	1	4	2:13	3-9

Gruppe 5

Deportivo Galicia Caracas - Deportivo Portugués C. 2:0, 0:1
Náutico Recife - Palmeiras São Paulo 1:3, 0:0
Deportivo Portugués Caracas - Náutico Recife 1:1, 2:3*
Deportivo Galicia Caracas - Náutico Recife 2:1, 0:1
Deportivo Galicia Caracas - Palmeiras São Paulo 1:2, 0:2
Deportivo Portugués Caracas - Palmeiras São Paulo 1:2, 0:3
*für Deportivo Portugués gewertet, weil Náutico zweimal ausgewechselt hatte

1. PALMEIRAS SÃO PAULO (BRA)	6	5	1	0	12:3	11-1
2. D. PORTUGUÉS CARACAS (VEN)	6	2	1	3	5:11	5-7
3. Náutico Recife (BRA)	6	1	2	3	7:8	4-8
4. Dep. Galicia Acarigua (VEN)	6	2	0	4	5:7	4-8

Zwischenrunde

Gruppe 1

Universitario Lima - Estudiantes La Plata 1:0, 0:1
Universitario Lima - Independiente Avellaneda 0:3, 0:3
Independiente Avellaneda - Estudiantes La Plata 1:2, 0:1

1. ESTUDIANTES LA PLATA (ARG)	4	3	0	1	4:2	6-2
2. Independiente Avellaneda (ARG)	4	2	0	2	7:3	4-4
3. Universitario Lima (PER)	4	1	0	3	1:7	2-6

Gruppe 2

Deportivo Portugués Caracas - Peñarol Montevideo 0:3, 0:4
Emelec Guayaquil - Sporting Cristal Lima 0:2, 1:1
Emelec Guayaquil - Peñarol Montevideo 0:1, 0:1
Deportivo Portugués Caracas - Sporting Cristal 1:1, 0:2
Emelec Guayaquil - Deportivo Portugués Caracas 2:0, 0:2
Sporting Cristal Lima - Peñarol Montevideo 0:0, 1:1

1. PEÑAROL MONTEVIDEO (URU)	6	4	2	0	10:1	10-2
2. Sporting Cristal Lima (PER)	6	2	4	0	7:3	8-4
3. Emelec Guayaquil (ECU)	6	1	1	4	3:7	3-9
4. Portugues Caracas (VEN)	6	1	1	4	3:12	3-9

Gruppe 3

Universidad Católica Santiago - Guaraní Asunción 4:1, 1:3
Palmeiras São Paulo - Universidad Católica Santiago 4:1, 1:0
Guaraní Asunción - Palmeiras São Paulo 2:0, 1:2

1. PALMEIRAS SÃO PAULO (BRA)	4	3	0	1	7:4	6-2
2. Guaraní Asunción (PAR)	4	2	0	2	7:7	4-4
3. Univ. Católica Santiago (CHI)	4	1	0	3	6:9	2-6

Halbfinale

ESTUDIANTES (ARG) - Racing Avell. (Arg) 3:0, 0:2, 1:1 n.V.*
* Estudiantes aufgrund der mehr geschossenen Tore weiter

PALMEIRAS SÃO PAULO (BRA) - Peñarol M. (URU)	1:0, 2:1

▶ **Finale** (2., 7. und 16. Mai 1968, 3. Spiel in Montevideo)

Estudiantes La Plata (ARG) - Palmeiras São Paulo (BRA) 2:1

Estudiantes: Poletti, Fucceneco, Spadaro, Madero, Malbernat, Pachamé, Bilardo, Flores, Ribaudo (Lavezzi), Conigliaro, Verón – *Palmeiras*: Valdir de Moraes, Geraldo da Silva, Baldochi, Osmar, Gilberto, Ademir da Guía, Dudú, Suingue, Tupazinho, Servilio, Rinaldo – *Tore*: 0:1 Servilio, 1:1 Verón (83.), 2:1 Flores (87.) – *SR*: Marino (Uruguay)

Palmeiras São Paulo (BRA) - Estudiantes La Plata (ARG) 3:1

Palmeiras: Valdir de Moraes, Escalera, Baldochi, Osmar, Ferrari, Ademir da Guía, Dudú, Servilio (China), Tupazinho, Rinaldo, Suingue – *Estudiantes*: Poletti, Spadaro, Madero, Fucceneco, Pachamé, Malbernat, Bilardo, Ribaudo, Flores (Togneri), Conigliaro, Verón – *Tore*: 1:0 Tupazinho (10.), 2:0 Reinaldo (54.), 3:0 Tupazinho (68.), 3:1 Verón (72.) – *SR*: Massaro (Chile)

ESTUDIANTES LA PL. (ARG) - Palmeiras São Paulo (BRA) 2:0

Estudiantes: Poletti, Aguirre Suárez, Madero, Malbernat, Pachamé, Medina, Bilardo, Flores, Ribaudo, Conigliaro, Verón – *Palmeiras*: Valdir de Moraes, Escalera, Baldochi, Osmar, Ademir da Guía, Ferrari, Suingue, Dudú, Tupazinho, Servilio (China), Rinaldo – Tore: 1:0 Ribaudo (13.), 2:0 Verón (82.) – *SR*: Orozco (Peru)

Copa Libertadores de América 1969

Titelverteidiger Estudiantes La Plata Freilos bis zur Zwischenrunde

▶ **Vorrunde**

Gruppe 1

Unión Magdalena Santa Marta - Deportivo Calí	2:2, 1:3
Deportivo Italia Caracas - Deportivo Canarias Caracas	2:0, 1:1
Deportivo Canarias Caracas - Deportivo Calí	1:1, 0:2
Deportivo Italia Caracas - Deportivo Calí	2:1, 0:3
Deportivo Canarias Caracas - Unión Magdalena S.M.	1:0, 0:1
Deportivo Italia Caracas - Unión Magdalena S.M.	2:0, 0:3

1. DEPORTIVO CALÍ (COL)	6	3	2	1	12:6	8-4
2. DEP. ITALIA CARACAS (VEN)	6	3	1	2	7:8	7-5
3. Unión Magdalena S. Marta (COL)	6	2	1	3	7:8	5-7
4. Dep. Canarias Caracas (VEN)	6	1	2	3	3:7	4-8

Gruppe 2

Sporting Cristal Lima - Juan Aurich Chiclayo	3:3, 2:2
Univ. Católica Santigao - Santiago Wanderers Valp.	1:3, 3:2
Juan Aurich Chiclayo - Univ. Católica Santiago	2:4, 2:1
Sporting Cristal Lima - Santiago Wanderers Valp.	2:1, 0:2
Sporting Cristal Lima - Universidad Católica Santiago	2:0, 2:3
Juan Aurich Chiclayo - Santiago Wanderers Valp.	3:1, 1:4

1. San. Wanderers Valparaíso (CHI)	6	3	0	3	13:10	6-6
2. Sporting Crisal Lima (PER)	6	2	2	2	11:11	6-6
3. Univ. Católica Santiago (CHI)	6	3	0	3	12:13	6-6
4. Juan Aurich Chiclayo (PER)	6	2	2	2	13:15	6-6

Entscheidungsturnier

Santiago Wanderers Valparaíso - Sporting Cristal Lima	1:1
Universidad Católica Santiago - Juan Aurich Chiclayo	4:1
Sporting Cristal Lima - Universidad Católica Santiago	1:2
Juan Aurich Chiclayo - Santiago Wanderers Valparaíso	0:1

1. UNIV. CATÓLICA SANT. (CHI)	2	2	0	0	6:2	4-0
2. WANDERERS VALPARAÍSO (CHI)	2	1	1	0	2:1	3-1
3. Sporting Crisal Lima (PER)	2	0	1	1	2:3	1-3
4. Juan Aurich Chiclayo (PER)	2	0	0	2	1:5	0-4

Gruppe 3

Cerro Porteño Asunción - Olimpia Asunción	4:1, 2:1
Bolívar La Paz - Litoral Cochabamba	1:0, 1:1
Litoral Cochabamba - Olimpia Asunción	0:3, 0:2
Bolívar La Paz - Cerro Porteño Asunción	2:1, 1:1
Litoral Cochabamba - Cerro Porteño Asunción	0:1, 0:6
Bolívar La Paz - Olimpia Asunción	1:1, 0:4

1. CERRO PORTEÑO ASUNC. (PAR)	6	4	1	1	15:5	9-3
2. OLIMPIA ASUNCIÓN (PAR)	6	3	1	2	12:7	7-5
3. Bolívar La Paz (BOL)	6	2	3	1	6:8	7-5
4. Litoral Cochabamba (BOL)	6	0	1	5	1:14	1-11

Entscheidungsspiel um Platz 2

Olimpia Asuncion (PAR) - Bolívar La Paz (BOL)	2:1 n.V.

Gruppe 4

Peñarol Montevideo - Nacional Montevideo	1:1, 2:2
Deportivo Quito - Barcelona Guayaquil	1:0, 0:0
Deportivo Quito - Nacional Montevideo	0:0, 0:4
Barcelona Guayaquil - Peñarol Montevideo	0:2, 2:5
Deportivo Quito - Peñarol Montevideo	1:1, 2:5
Barcelona Guayaquil - Nacional Montevideo	1:1, 0:2

1. PEÑAROL MONTEVIDEO (URU)	6	3	3	016-8	9
2. NACIONAL MONTEVIDEO (URU)	6	2	4	010-4	8
3. Deportivo Quito (ECU)	6	1	3	24-10	5
4. Barcelona Guayaquil (ECU)	6	0	2	43-11	2

▶ **Zwischenrunde**

Gruppe 1

Deportivo Italia Caracas - Cerro Porteño Asunción	0:0, 0:1
Universidad Católica Santago - Deportivo Italia Car.	4:0, 2:3
Universidad Católica Santiago - Cerro Porteño Asu.	1:0, 0:0

1. UNIV. CATÓLICA SANT. (CHI)	4	2	1	1	7:3	5-3
2. Cerro Porteño Asunción (PAR)	4	1	2	1	1:1	4-4
3. Deportivo Italia Caracas (VEN)	4	1	1	2	3:7	3-5

Gruppe 2

Santiago Wanderers Valparaíso - Nacional Montev.	1:1, 0:2
Deportivo Calí - Nacional Montevideo	1:5, 0:2
Deportivo Calí - Santiago Wanderers Valparaíso	5:1, 3:3

1. NACIONAL MONTEVIDEO (URU)	4	3	1	0	10:2	7-1
2. Deportivo Calí (COL)	4	1	1	2	9:11	3-5
3. Sant. Wanderers Valparaíso (CHI)	4	0	2	2	5:11	2-4

Gruppe 3

PEÑAROL MONTEVIDEO - Olimpia Asunción	1:1, 1:0

▶ **Halbfinale**

Universidad Católica (CHI) - ESTUDIANTES (ARG)	1:3, 1:3
NACIONAL MONT. (URU) - Peñarol Mont. (URU)	2:0, 0:1, 0:0*

Nacional wegen besserer Tordifferenz weiter

▶ **Finale** (15. und 22.5.1969, 65.000/55.000)

Nacional Montevideo (URU) - Estudiantes La Plata (ARG) 0:1

Nacional: Manga, Ancheta, Em.Alvarez, Ubiña, Montero Castillo, Mujica, Prieto, Maneiro (Espárrago), Cubilla, Celio, Morales – *Estudiantes*: Poletti, Togneri, Aguirre Suárez, Madero, Malbernat, Bilardo, Pachamé, Flores, Rudzky (Ribaudo), Conigliaro, Verón – *Tor*: 0:1 Flores (66.) – *SR*: Massaro (Chile)

ESTUDIANTES LA P. (ARG) - Nacional Montevideo (URU) 2:0

Estudiantes: Poletti, Togneri, Aguirre Suárez, Madero, Malbernat, Bilardo, Pachamé, Flores, Rudzky, Conigliaro, Verón – *Nacional*: Manga, Ubiña, Ancheta, Em. Alvarez, Mujica, Montero Castillo, Prieto, Espárrago, Cubilla, Garcia (Silveira), Morales – *Tore*: 1:0 Flores (22.), 2:0 Conigliaro (37.) – *SR*: Delgado (Kolumbien)

Copa Libertadores de América 1970

Titelverteidiger Estudiantes La Plata Freilos bis zur Zwischenrunde

▶ **Vorrunde**

Gruppe 1

Universitario La Paz - Bolívar La Paz	2:2, 0:2
River Plate Buenos Aires - Boca Juniors Buenos Aires	1:3, 1:2
Bolívar La Paz - Boca Juniors Buenos Aires	2:3, 0:2
Universitario La Paz - Boca Juniors Buenos Aires	0:0, 0:4
Universitario La Paz - River Plate Buenos Aires	0:2, 0:9
Bolívar La Paz - River Plate Buenos Aires	1:1, 0:1

1. BOCA JUNIORS B. A. (ARG)	6	5	1	0	14:4	11-1
2. RIVER PLATE BUENOS A. (ARG)	6	3	1	2	15:6	7-5
3. Bolívar La Paz (BOL)	6	1	2	3	7:9	4-8
4. Universitario La Paz (BOL)	6	0	2	4	2:19	2-10

Gruppe 2

Deportivo Galicia Caracas - Valencia FC Acarigua	0:2, 1:3
Nacional Montevideo - Peñarol Montevideo	1:1, 0:0
Deportivo Galicia Caracas - Nacional Montevideo	0:4, 0:2
Valencia FC Acarigua - Peñarol Montevideo	0:0, 2:11
Valencia FC Acarigua - Nacional Montevideo	2:5, 0:1
Deportivo Galicia Caracas - Peñarol Montevideo	0:1, 1:4

1. NACIONAL MONTEVIDEO (URU)	6	4	2	0	13:3	10-2
2. PEÑAROL MONTEVIDEO (URU)	6	3	3	0	17:4	9-3
3. Valencia FC Acarigua (VEN)	6	2	1	3	9:18	5-7
4. Deportivo Galicia Caracas (VEN)	6	0	0	6	2:16	0-12

Gruppe 3

Guaraní Asunción - Olimpia Asunción	1:0, 0:0
Guaraní Asunción - Rangers Talca	2:0, 1:0
Deportivo Calí - Universidad de Chile Santiago	2:0, 1:3
Olimpia Asunción - Rangers Talca	5:1, 4:4
América Calí - Universidad de Chile Santiago	2:2, 1:2
Olimpia Asunción - Universidad de Chile Santiago	1:1, 1:2
América Calí - Rangers Talca	1:0, 0:2
Guaraní Asunción - Universidad de Chile Santiago	1:0, 0:0
Deportivo Calí - Rangers Talca	3:2, 2:0
Universidad de Chile Santiago - Rangers Talca	2:1, 7:1
Deportivo Calí - América Calí	4:2, 4:2
América Calí - Guaraní Asunción	2:2, 1:4
Deportivo Calí - Olimpia Asunción	0:1, 1:5
Deportivo Calí - Guaraní Asunción	0:0, 1:1
América Calí - Olimpia Asunción	1:1, 0:1

1. GUARANÍ ASUNCIÓN (PAR)	10	5	5	0	12:4	15-5
2. UNIV. CHILE SANTIAGO (CHI)	10	5	3	2	19:11	13-7
3. Olimpia Asunción (PAR)	10	4	4	2	19:11	12-8
4. Deportivo Calí (COL	10	5	2	3	18:16	12-8
5. América Calí (COL)	10	1	3	6	12:22	5-15
6. Rangers Talca (CHI)	10	1	1	8	11:27	3-17

Gruppe 4

América Quito - Defensor Arica	1:1, 1:0
LDU Quito - Universitario Lima	2:0, 0:2
LDU Quito - Defensor Arica	1:2, 0:0
América Quito - Universitario Lima	0:3, 0:3
Universitario Lima - Defensor Arica	2:1, 1:1
LDU Quito - América Quito	4:1, 3:1

1. UNIVERSITARIO LIMA (PER)	6	4	1	1	11:4	9-3
2. LDU QUITO (ECU)	6	3	1	2	10:6	7-5
3. Defensor Arica (CHI)	6	1	3	2	5:6	5-7
4. América Quito (ECU)	6	1	1	4	4:14	3-9

▶ **Zwischenrunde**

Gruppe 1

Universitario Lima - Boca Juniors Buenos Aires	1:3, 0:1
Universitario Lima - River Plate Buenos Aires	1:2, 3:5
River Plate Buenos Aires - Boca Juniors Buenos Aires	1:0, 1:1

1. RIVER PLATE BUENOS A. (ARG)	4	3	1	0	9:5	7-1
2. Boca Juniors Buenos Aires (ARG)	4	2	1	1	5:3	5-3
3. Universitario Lima (PER)	4	0	0	4	5:11	0-8

Gruppe 2

LDU Quito - Peñarol Montevideo	1:3, 1:2
Guaraní Asunción - Peñarol Montevideo	2:0, 0:1
LDU Quito - Guaraní Asunción	1:0, 1:1

1. PEÑAROL MONTEVIDEO (URU)	4	3	0	1	6-4	6-2
2. Guaraní Asunción (PAR)	4	1	1	2	3-3	3-5
3. LDU Quito (ECU)	4	1	1	2	4-6	3-5

Gruppe 3

UNIVERSIDAD DE CHILE (CHI) - Nacional (URU)	3:0, 0:2, 2:1

▶ **Halbfinale**

River Plate B. A. (ARG) - ESTUDIANTES LA PL. (ARG)	0:1, 1:3
Universidad de Chile (CHI) - PEÑAROL (URU)	1:0, 0:2, 2:2*

* Peñarol Montevideo Sieger aufgrund des Torverhältnisses

▶ **Finale** (21. und 27. Mai 1970, 40.000/60.000)

Estudiantes La Plata (ARG) - Peñarol Montevideo (URU) 1:0

Estudiantes: Errea, Pagnanini, Spadaro, Togneri, Pachamé, Solari, Bilardo, Echecopar, Conigliaro, Flores (Rudzki), Verón – *Peñarol*: Pintos, Soria (González), Figueroa, Peralta, Martínez, Gonçalvez, Viera, Lamas (Cáceres), Acuña, E. Onega, Lamberck – *Tor*: 1:0 Togneri (87.) – *SR*: Robles (Chile)

Peñarol Montevideo (URU) - ESTUDIANTES LA PL. (ARG) 0:0

Peñarol: Pintos, Soria (Speranza), Figueroa, Peralta, Martínez, Viera, Gonçalvez, Lamas, E. Onega, Lamberck, Acuña – *Estudiantes*: Errea, Pagnanini, Spadaro, Togneri, Medina, Bilardo, Pachamé, Solari, Conigliaro (Aguilar), Echecopar (Rudzki), Verón – *SR*: Larrosa (Paraguay)

Copa Libertadores de América 1971

Titelverteidiger Estudiantes La Plata Freilos bis zur Zwischenrunde

▶ **Vorrunde**

Gruppe 1

Sporting Cristal Lima - Universitario Lima	0:0, 0:3
Boca Juniors Bueons Aires - Rosario Central	2:1, 0:x
Sporting Cristal - Rosario Central	1:2, 0:4
Universitario Lima - Rosario Central	3:2, 2:2
Sporting Cristal Lima - Boca Juniors Buenos Aires	2:0, *
Universitario Lima - Boca Juniors Buenos Aires	0:0, x:0

*Vier Minuten vor dem Schlusspfiff brach der Schiedsrichter das Spiel beim Stande von 2:2 wegen einer Massenschlägerei ab. Anschließend wurde Boca Juniors gesperrt und die noch ausstehenden Begegnungen mit 0:0-Toren als Sieg für den Gegner gewertet

1. UNIVERSITARIO LIMA (PER)	6	3	3	0	8:4	9-3
2. ROSARIO CENTRAL (ARG)	6	3	1	2	11:8	7-5
3. Boca Juniors Buenos Aires (ARG)	6	1	2	3	4:5	4-8
4. Sporting Cristal Lima (PER)	6	1	2	3	5:11	4-8

Gruppe 2

Chaco Petrolero La Paz - The Strongest La Paz	1:2, 3:1
Nacional Montevideo - Peñarol Montevideo	2:1, 2:0
Chaco Petrolero La Paz - Nacional Montevideo	0:1, 0:3
The Strongest La Paz - Peñarol Montevideo	1:2, 0:9
Chaco Petrolero La Paz - Peñarol Montevideo	1:1, 0:1
The Strongest La Paz - Nacional Montevideo	1:1, 0:5

1. NACIONAL MONTEVIDEO (URU)	6	5	1	0	14:2	11-1
2. PEÑAROL MONTEVIDEO (URU)	6	3	1	2	14:6	7-5
3. Chaco Petrolero La Paz (BOL)	6	1	1	4	5:9	3-0
4. The Strongest La Paz (BOL)	6	1	1	4	5:21	3-9

Gruppe 3

Palmeiras São Paulo - Fluminense Rio de Janeiro	0:2, 3:1
Deportivo Galicia Caracas - Deportivo Italia Caracas	3:3, 2:3
Deportivo Galicia Caracas - Palmeiras São Paulo	2:3, 0:3
Deportivo Italia Caracas - Palmeiras São Paulo	0:3, 0:1
Deportivo Galicia Caracas - Fluminense Rio de Jan.	1:3, 1:4
Deportivo Italia Caracas - Fluminense Rio de Janeiro	0:6, 1:0

1. PALMEIRAS SÃO PAULO (BRA)	6	5	0	113-5	10
2. FLUMINENSE RIO DE J. (BRA)	6	4	0	216-6	8
3. Deportivo Italia Caracas (VEN)	6	2	1	37-15	5
4. Deportivo Galicia Caracas (VEN)	6	0	1	59-19	1

Gruppe 4

Cerro Porteño Asunción - Guaraní Asunción	1:1, 2:2
Cerro Porteño Asunción - Unión Española Santiago	2:1, 0:0
Guaraní Asunción - Unión Española Santiago	1:1, 1:2
Cerro Porteño Santiago - Colo Colo Santiago	0:0, 0:1
Guaraní Asunción - Colo Colo Santiago	2:0, 2:3

1. UNIÓN ESPAÑOLA SANT. (CHI)	6	2	3	1	7:6	7-5
2. CERRO PORTEÑO ASUNC. (PAR)	6	1	4	1	5:5	6-6
3. Colo Colo Santiago (CHI)	6	2	2	2	6:7	6-6
4. Guaraní Asunción (PAR)	6	1	3	2	9:9	5-7

Gruppe 5

Atlético Junior Barranquilla - Deportivo Calí	2:1, 0:2
Barcelona Guayaquil - Emelec Guayaquil	0:1, 1:1
Barcelona Guayaquil - Deportivo Calí	1:0, 1:3
Emelec Guayaquil - Deportivo Calí	3:1, 0:1
Barcelona Guayaquil - Atlético Junior Barranquilla	3:1, 2:0
Emelec Guayaquil - Atlético Junior Barranquilla	1:1, 0:0

1. BARCELONA GUAYAQUIL (ECU)	6	3	1	2	8:6	7-5
2. EMELEC GUAYAQUIL (ECU)	6	2	3	1	6:4	7-5
3. Deportivo Calí (COL)	6	3	0	3	8:7	6-6
4. Atl. Junior Barranquilla (COL)	6	1	2	3	4:9	4-8

Entscheidungsspiel um Platz 1

Barcelona Guayaquil - Emelec Guayaquil	3:0

▶ **Zwischenrunde**

Gruppe 1

Universitario Lima - Palmeiras São Paulo	1:2, 0:3
Universitario Lima - Nacional Montevideo	0:0, 0:3
Palmeiras São Paulo - Nacional Montevideo	0:3, 1:3

1. NACIONAL MONTEVIDEO (URU)	4	3	1	0	9:1	7-1
2. Palmeiras São Paulo (BRA)	4	2	0	2	6:7	4-4
3. Universitario Lima (PER)	4	0	1	3	1:8	1-7

Gruppe 2

Barcelona Guayaquil - Estudiantes La Plata	0:1, 1:0
Barcelona Guayaquil - Unión Española Santiago	1:0, 1:3
Unión Española Santiago - Estudiantes La Plata	0:1, 1:2

1. ESTUDIANTES LA PLATA (ARG)	4	3	0	1	4:2	6-2
2. Barcelona Guayaquil (ECU)	4	2	0	2	3:4	4-4
3. Unión Española Santiago (CHI)	4	1	0	3	4:5	2-6

▶ **Endspiel** (26.5., 2. u. 9.6.1971, 30.000/70.000/41.000/Lima)

Estudiantes La Plata (ARG) - Nacional Montevideo (URU) 1:0

Estudiantes: Leone, Aguirre Suárez, Togneri, Malbernat, Pachamé, Medina, Romeo, Echecopar, Rudzki (Bedogni), Verde, Verón – *Nacional*: Manga, Blanco, Ancheta, Masnik, Mujica, Montero Castillo, Espárrago (Mamelli), Maneiro, Prieto (Bareno), Artime, Morales – *Tor*: 1:0 Romeo (60.) – *SR*: Canessa (Chile)

Nacional Montevideo - Estudiantes La Plata 1:0

Nacional: Manga, Ubiña, Ancheta, Masnik, Blanco, Montero

Castillo, Espárrago, Maneiro, Cubilla (Prieto), Artime, Morales – *Estudiantes*: Leone, Malbernat, Aguirre Suárez, Togneri, Medina, Pachamé, Echecopar, Romeo, Verde, Rudzki (Bedogni), Verón – *Tor*: 1:0 Masnik (28.) – *SR*: Favilli Neto (Brasilien)

NACIONAL MONTEVIDEO - Estudiantes La Plata 2:0

Nacional: Manga, Ubiña, Ancheta, Masnik, Blanco, Montero Castillo, Espárrago, Maneiro (Mujica), Cubilla, Artime, Morales (Mamelli) – *Estudiantes*: Pezzano, Malbernat, Aguirre Suárez, Togneri, Medina, Pachamé, Romeo, Echecopar, Rudzki, Verde, Verón (Bedogni) – *Tore*: 1:0 Espárrago (22.), 2:0 Artime (65.) – *SR*: Hormazabal (Chile)

Copa Libertadores de América 1972

Titelverteidiger Nacional Montevideo Freilos bis zur Zwischenrunde

Vorrunde

Gruppe 1

Rosario Central - Independiente Avellaneda 2:2, 0:2
Independiente Santa Fe Bogotá - Atl. Nacional M. 1:1, 1:0
Independiente Santa Fe Bogotá - Rosario Central 0:0, 0:2
Atlético Nacional Medellín - Independiente Avell. 1:1, 0:2
Independiente Santa Fe Bogotá - Independiente Av. 2:4, 0:2
Atlético Nacional Medellín - Rosario Central 0:1, 1:3

1. INDEPENDIENTE AVELL. (ARG) 6 4 2 0 13:5 10-2
2. Rosario Central (ARG) 6 3 2 1 8:5 8-4
3. Independiente Santa Fe B. (COL) 6 1 2 3 4:9 4-8
4. Atlético Nacional Medellín (COL) 6 0 2 4 3:9 2-10

Gruppe 2

Barcelona Guayaquil - América Quito 2:1, 0:0
Oriente Petrolero Santa Cruz - Chaco Petrolero La Paz 5:0, 0:1
Chaco Petrolero La Paz - Barcelona Guayaquil 1:2, 0:3
Oriente Petrolero Santa Cruz - América Quito 4:2, 0:3
Oriente Petrolero Santa Cruz - Barcelona Guayaquil 0:0, 1:1
Chaco Petrolero La Paz - América Quito 1:2, 0:1

1. Barcelona Guayaquil (ECU) 6 3 3 0 8:3 9-3
2. América Quito (ECU) 6 3 1 2 9:7 7-5
3. Oriente Petrolero S. Cruz (BOL) 6 2 2 2 10:7 6-6
4. Chaco Petrolero La Paz (BOL) 6 1 0 5 3:13 2-10

Gruppe 3

Atlético Mineiro Belo Horizonte - São Paulo FC 2:2, 0:0
Olimpia Asunción - Cerro Porteño Asunción 1:1, 3:1
São Paulo FC - Olimpia Asunción 3:1, 1:0
Atlético Mineiro Belo Horizonte - Cerro Porteño As. 1:1, 0:1
São Paulo FC - Cerro Porteño Asunción 4:0, 2:3
Atlético Mineiro Belo Horizonte - Olimpia Asunción 0:0, *
*beim Stande von 2:2 abgebrochen, weil Atlético Mineiro nur noch sechs Spieler hatte. Für Olimpia Asunción gewertet

1. SÃO PAULO FC (BRA) 6 3 2 1 12:6 8-4
2. Olimpia Asunción (PAR) 6 2 2 2 7:8 6-6
3. Cerro Porteño Asunción (PAR) 6 2 2 2 7:11 6-6
4. Atlético Mineiro B. Horiz. (BRA) 6 0 4 2 5:6 4-8

Gruppe 4

Universitario Lima - Alianza Lima 2:1, 2:2
Unión San Felipe - Universidad de Chile Santiago 3:2, 1:2
Universidad de Chile Santiago - Alianza Lima 2:3, 4:3
Unión San Felipe - Alianza Lima 0:0, 0:1
Universidad de Chile Santiago - Universitario Lima 1:0, 1:2
Unión San Felipe - Universitario Lima 0:0, 1:3

1. UNIVERSITARIO LIMA (PER) 6 3 2 1 9:6 8-4
2. Universidad de Chile S. (CHI) 6 3 0 3 12:12 6-6
3. Alianza Lima (PER) 6 2 2 2 10:10 6-6
4. Unión San Felipe (CHI) 6 1 2 3 5:8 4-8

Gruppe 5

Valencia FC Acarigua- Deportivo Italia Caracas 1:1, 0:2
Deportivo Italia Caracas - Peñarol Montevideo 0:1, 1:5
Valencia FC Acarigua- Peñarol Montevideo 1:2, 1:4

1. PEÑAROL MONTEVIDEO (URU) 4 4 0 0 12-3 8
2. Deportivo Italia Caracas (VEN) 4 1 1 2 4-7 3
3. Valencia FC Acarigua (VEN) 4 0 1 3 3-9 1

Zwischenrunde

Gruppe 1

Universitario Lima - Peñarol Montevideo 2:3, 1:1
Universitario Lima - Nacional Montevideo 3:0, 3:3
Nacional Montevideo - Peñarol Montevideo 1:1, 3:0

1. UNIVERSITARIO LIMA (PER) 4 1 2 1 9:7 4-4
2. Nacional Montevideo (URU) 4 1 2 1 7:7 4-4
3. Peñarol Montevideo (URU) 4 1 2 1 5:7 4-4

Gruppe 2

Barcelona Guayaquil - Independiente Avellaneda 1:1, *
*beim Stande von 1:0 abgebrochen und mit 1:0 gewertet
Barcelona Guayaquil - São Paulo FC 0:0, 1:1
São Paulo FC - Independiente Avellaneda 1:0, 0:2

1. INDEPENDIENTE AVELL. (ARG) 4 2 1 1 4:2 5-3
2. São Paulo FC (BRA) 4 1 2 1 2:3 4-4
3. Barcelona Guayaquil (ECU) 4 0 3 1 2:3 3-5

Finale (17. und 24. 5.1972, 45.00/55.000)

Universitario Lima (PER) - Independiente Avell. (ARG) 0:0

Universitario: Ballesteros, Soría, Cuellar, Chumpítaz, Luna, Techera, Carbonell (Uribe), Castañeda, Ramírez, Rojas, Bailetti. - *Independiente*: Santoro, Commisso, Sá, Garisto, Pavoni, Pastoriza, Raimondo, Semenewicz, Balbuena, Mircoli, Saggioratto (Bulla) - *SR*: Marques (Brasilien)

INDEPENDIENTE AVELLANEDA - Universitario Lima 2:1

Independiente: Santoro, Commisso, Sá, Garisto, Pavoni, Pastoriza, Raimondo, Semenewicz, Balbuena, Maglioni, Saggioratto (Mircoli) - *Universitario*: Ballesteros, Soría, Cuellar, Chumpítaz, Luna, Techera (Alva), Cruzado, Castañeda, Munante, Rojas, Ramírez (Bailetti) - *Tore*: 1:0 Maglioni (6.), 2:0 Maglioni (61.), 2:1 Rojas (79.) - *SR*: Favilli Neto (Brasilien)

Copa Libertadores de América 1973

Titelverteidiger Independiente Avellaneda Freilos bis zur Zwischenrunde

Vorrunde

Gruppe 1

Oriente Petrolero Santa Cruz - River Plate B. Aires 1:3, 1:7
Jorge Wilstermann Cochabamba - San Lorenzo B.A. 1:0, 0:3
Oriente Petrolero Santa Cruz - San Lorenzo B.A. 0:3, 0:4
Jorge Wilstermann Cochabamba - River Plate B.A. 1:0, 2:2
Oriente Petrolero Buenos Aires - Jorge Wilstermann 3:1, 0:1
San Lorenzo Buenos Aires - River Plate Buenos Aires 1:0, 4:0

1. SAN LORENZO B. AIRES (ARG) 6 5 0 1 15:1 10-2
2. Jorge Wilstermann Coch. (BOL) 6 3 1 2 6:8 7-5
3. River Plate Buenos Aires (ARG) 6 2 1 3 12:10 5-7
4. Oriente Petrolero St. Cruz (BOL) 6 1 0 5 5:19 2-10

Gruppe 2

Palmeiras São Paulo - Botafogo Rio de Janeiro 3:2, 0:2
Nacional Montevideo - Peñarol Montevideo 2:0, 1:1
Botafogo Rio de Janeiro - Nacional Montevideo 3:2, 2:1
Palmeiras São Paulo - Peñarol Montevideo 2:0, 2:0
Palmeiras São Paulo - Nacional Montevideo 1:1, 2:1
Botafogo Rio de Janeiro - Peñarol Montevideo 4:1, 2:2

1. Botafogo Rio de Janeiro (BRA) 6 4 1 1 15:9 9-3
2. Palmeiras São Paulo (BRA) 6 4 1 1 10:6 9-3
3. Nacional Montevideo (URU) 6 1 2 3 8:9 4-8
4. Peñarol Montevideo (URU) 6 0 2 4 4:13 2-10

Entscheidungsspiel

BOTAFOGO RIO DE JANEIRO - Palmeiras São Paulo 2:1

Gruppe 3

Emelec Guayaquil - El Nacional Guayaquil 2:0, 0:1
Colo Colo Santiago - Unión Española Santiago 5:0, 0:0
Emelec Guayaquil - Unión Española Santiago 1:0, 1:1
El Nacional Guayaquil - Colo Colo Santiago 1:1, 1:5
Emelec Guayaquil - Colo Colo Santiago 1:0, 1:5
El Nacional Guayaquil - Unión Española Santiago 1:0, 1:2

1. COLO COLO SANTIAGO (CHI) 6 3 2 1 16:4 8
2. Emelec Guayaquil (ECU) 6 3 1 2 6:7 7-5
3. El Nacional Quito (ECU) 6 2 1 3 5:10 5-7
4. Unión Española Santiago (CHI) 6 1 2 3 3:9 4-8

Gruppe 4

Die venezolanischen Teilnehmer traten nicht an
MILLONARIOS BOGOTÁ (COL) - Deportivo Calí (COL) 6:2, 0:0

Gruppe 5

Sporting Cristal Lima - Universitario Lima 2:2, 1:0
Cerro Porteño Asunción - Olimpia Asunción 4:2, 1:2
Universitario Lima - Olimpia Asunción 2:1, 1:3
Sporting Cristal Lima - Olimpia Asunción 1:0, 0:1
Universitario Lima - Cerro Porteño Asunción 0:2, 0:1
Sporting Cristal Lima - Cerro Porteño Asunción 1:1, 0:5

1. CERRO PORTEÑO ASUNC. (PAR) 6 4 1 1 14:5 9-3
2. Olimpia Asunción (PAR) 6 3 0 3 9:9 6-6
3. Sporting Cristal Lima (PER) 6 2 2 2 5:9 6-6
4. Universitario Lima (PER) 6 1 1 4 5:10 3-9

Zwischenrunde

Gruppe 1

Millonarios Bogotá - Independiente Avellaneda 1:0, 0:2
Millonarios Bogotá - San Lorenzo Buenos Aires 0:0, 0:2
San Lorenzo B. Aires - Independiente Avellaneda 2:2, 0:1

1. INDEPENDIENTE AVELL. (ARG) 4 2 1 1 5:3 5-3
2. San Lorenzo Buenos Aires (ARG) 4 1 2 1 4:3 4-4
3. Millonarios Bogotá (COL) 4 1 1 2 1:4 3-5

Gruppe 2

Botafogo Rio de Janeiro - Colo Colo Santiago 1:2, 3:3
Cerro Porteño Asunción - Colo Colo Santiago 5:1, 0:4
Cerro Porteño Asunción - Botafogo Rio de Janeiro 3:2, 0:2

1. COLO COLO SANTIAGO (CHI) 4 2 1 1 10:9 5-3
2. Cerro Porteño Asunción (PAR) 4 2 0 2 8:9 4-4
3. Botafogo Rio de Janeiro (BRA) 4 1 1 2 8:8 3-5

Finale (22., 28.5., 6.6.73, 40.000, 80.000, 50.000/Montevideo)

Independiente Avellaneda (ARG) - Colo Colo Sant. (CHI) 1:1

Independiente: Santoro, Commisso, Sá, López, Pavoni, Semenewicz, Raimondo, Martínez, Balbuena (Bertoni), Giachello (Maglioni), Mendoza - *Colo Colo*: Nef, Galindo, Herrera, González, Silva, Páez, Valdés, Osorio (Caszely), Messen, Ahumada, Véliz (Lara) - *Tore*: 0:1 Sá (71./ET), 1:1 Mendoza (75.) - *SR*: Lorenzo (Uruguay)

Colo Colo Santiago - Independiente Avellaneda 0:0

Colo Colo: Nef, Galindo, Herrera, González, Silva, Páez, Valdés, Osorio, Caszely, Messen, Véliz - *Independiente*: Santoro, Commisso, Sá, López, Pavoni, Semenewicz, Raimondo, Martínez, Balbuena (Bertoni), Giachello (Maglioni), Mendoza - *SR*: Arpi Filho (Brasilien)

INDEPENDIENTE AVELLANEDA - Colo Colo Santiago 2:1 n.V.

Independiente: Santoro, Commisso, Sá, López, Pavoni, Semenewicz, Raimondo, Galván, Bertoni, Maglioni (Bochini), Mendoza (Giachello) - *Colo Colo*: Nef, Galindo, Herrera, González, Silva (Castañeda), Valdés, Páez, Messen, Caszely, Ahumada, Véliz (Lara) - *Tore*: 1:0 Mendoza (25.), 1:1 Caszely (39.), 2:1 Giachello (107.) - *SR*: Romei (Paraguay)

Copa Libertadores de América 1974

Titelverteidiger Independiente Avellaneda Freilos bis zur Zwischenrunde

Vorrunde

Gruppe 1

Rosario Central - Huracán Buenos Aires 1:0, 0:1
Huracán Buenos Aires - Colo Colo Santiago 2:0, 2:1
Unión Española Santiago - Colo Colo Santiago 2:1, 2:0
Unión Española Santiago - Huracán Buenos Aires 1:3, 1:5
Rosario Central - Colo Colo Santiago 2:0, 3:1
Unión Española Santiago - Rosario Central 0:1, 0:4

1. Huracán Buenos Aires (ARG) 6 5 0 1 13:4 10-2
2. Rosario Central (ARG) 6 5 0 1 11:2 10-2
3. Unión Española Santiago (CHI) 6 2 0 4 6:14 4-8
4. Colo Colo Santiago (CHI) 6 0 0 6 3:13 0-12

Entscheidungsspiel um Platz 1

HURACÁN BUENOS AIRES - Rosario Central 4:0

Gruppe 2

São Paulo FC - Palmeiras São Paulo 2:0, 2:1
Jorge Wilstermann Cochab. - Palmeiras São Paulo 1:0, 0:2
Deportivo Municipal La Paz - Palmeiras São Paulo 0:1, 0:3
Jorge Wilstermann Cochabamba - São Paulo FC 0:1, 0:5
Deportivo Municipal La Paz - São Paulo FC 1:1, 3:3
Jorge Wilstermann Cochab. - Deportivo Municipal 1:0, 2:5

1. SÃO PAULO FC (BRA) 6 4 2 0 14:5 10-2
2. Palmeiras São Paulo (BRA) 6 3 0 3 7:5 6-6
3. Dep. Municipal La Paz (BOL) 6 1 2 3 9:11 4-8
4. Jorge Wilstermann Coch. (BOL) 6 2 0 4 4:13 4-8

Gruppe 3

Portuguesa Acarigua - Valencia FC Acarigua 0:0, 1:0
Atlético Nacional Medellín - Millonarios Bogotá 0:3, 1:2
Portuguesa Acarigua - Millonarios Bogotá 2:0, 1:2
Valencia FC Acarigua - Atlético Nacional Medellín 1:2, 1:2
Valencia FC Acarigua - Millonarios Bogotá 1:1, 1:2
Portuguesa Acarigua - Atlético Nacional Medellín 0:0, 0:3

1. MILLONARIOS BOGOTÁ (COL) 6 4 1 1 10:6 9-3
2. Atlético Nacional Medellín (COL) 6 3 1 2 8:7 7-5
3. Portuguesa Acarigua (VEN) 6 2 2 2 4:5 6-6
4. Valencia FC Acarigua (VEN) 6 0 2 4 4:8 2-10

Gruppe 4

Defensor Lima - Sporting Cristal Lima 2:0, 2:0
El Nacional Quito - Universidad Católica Quito 2:0, 0:0
Universidad Católica Quito - Defensor Lima 1:0, 0:1
El Nacional Quito - Defensor Lima 0:0, 1:2
Universidad Católica Quito - Sporting Cristal Lima 0:0, 1:2
El Nacional Quito - Sporting Cristal Lima 3:0, 3:1

1. DEFENSOR LIMA (PER) 6 4 1 1 7:2 9-3
2. El Nacional Quito (ECU) 6 3 2 1 9:3 8-4
3. Universidad Católica Quito (ECU) 6 1 2 3 2:5 4-8
4. Sporting Cristal Lima (PER) 6 1 1 4 3:11 3-9

Gruppe 5

Cerro Porteño Asunción - Olimpia Asunción 1:0, 1:1
Nacional Montevideo - Peñarol Montevideo 0:1, 2:0
Peñarol Montevideo - Olimpia Asunción 0:0, 2:0
Nacional Montevideo - Cerro Porteño Asunción 1:2, 2:2
Nacional Montevideo - Olimpia Asunción 1:1, 0:2
Peñarol Montevideo - Cerro Porteño Asunción 1:0, 1:1

1. PEÑAROL MONTEVIDEO (URU) 6 3 2 1 5:3 8-4
2. Cerro Porteño Asunción (PAR) 6 2 3 1 7:6 7-5
3. Olimpia Asunción (PAR) 6 1 3 2 4:5 5-7
4. Nacional Montevideo (URU) 6 1 2 3 6:8 4-8

Zwischenrunde

Gruppe 1

Huracán Buenos Aires - Independiente Avellaneda 1:1, 0:3
Peñarol Montevideo - Huracán Buenos Aires 1:1, 3:0
Peñarol Montevideo - Independiente Avellaneda 2:3, 1:1

1. INDEPENDIENTE AVELL. (ARG) 4 2 2 0 8:4 6-2
2. Peñarol Montevideo (URU) 4 1 2 1 7:5 4-4
3. Huracán Buenos Aires (ARG) 4 0 2 2 2:8 2-6

Gruppe 2

Millonarios Bogotá - São Paulo FC 0:0, 0:4
Defensor Lima - São Paulo FC 0:1, 0:4
Millonarios Bogotá - Defensor Lima 1:0, 4:1

1. SÃO PAULO FC (BRA) 4 3 1 0 9:0 7-1
2. Millonarios Bogotá (COL) 4 2 1 1 5:5 5-3
3. Defensor Lima (PER) 4 0 0 4 1:10 0-8

Finale (12., 16., 19.10.1974, 50.000, 55.000, n.B./Santiago)

São Paulo FC (BRA) - Independiente Avellaneda (ARG) 2:1

São Paulo: Valdir Peres, Nelson, Paranhos, Arlindo, Gilberto, Ademir (Chicão), Zé Carlos (Mauro), Rocha, Terto, Mirandinha, Piau - *Independiente*: Gay, Commisso, Sá, López, Pavoni, Galván, Raimondo, Saggioratto, Balbuena, Bochini, Bertoni - *Tore*: 0:1 Saggioratto (28.), 1:1 Rocha (48.), 2:1 Mirandinha (50.) - *SR*: Pérez (Peru)

Independiente Avellaneda - São Paulo 2:0

Independiente: Gay, Commisso, Sá, López, Pavoni, Galván, Raimondo, Saggioratto, Balbuena, Bochini, Bertoni (Semenewicz) - *São Paulo*: Valdir Peres, Nelson, Paranhos, Arlindo, Gilberto, Chicão, Rocha, Mauro, Terto, Mirandinha, Piau - *Tore*: 1:0 Bochini (34.), 2:0 Balbuena (48.) - *SR*: Barreto (Uruguay)

INDEPENDIENTE AVELLANEDA - São Paulo FC 1:0

Independiente: Gay, Commisso, Sá, López, Pavoni, Galván, Raimondo, Semenewicz, Balbuena (Carrica), Bochini, Bertoni (Giribet) - *São Paulo*: Valdir Peres, Forlán, Paranhos, Arlindo, Gilberto (Nelson), Chicao, Zé Carlos (Silva), Rocha, Mauro, Mirandinha, Piau - Tor: 1:0 Pavoni (37.)

Copa Libertadores de América 1975

Titelverteidiger Independiente Avellaneda Freilos bis zur Zwischenrunde

Vorrunde

Gruppe 1

Rosario Central - Newell's Old Boys Rosario 1:1, 1:1
Cerro Porteño Asunción - Olimpia Asunción 0:0, 1:2
Rosario Central - Cerro Porteño Asunción 2:1, 3:1
Olimpia Asunción - Newell's Old Boys Rosario 2:0, 2:3
Rosario Central - Olimpia Asunción 1:1, 0:0
Cerro Porteño Asunción - Newell's Old Boys Rosario 0:1, 2:3

1. Rosario Central (ARG) 6 2 4 0 8:5 8-4
2. Newell's Old Boys Rosario (ARG) 6 3 2 1 9:8 8-4
3. Olimpia Asunción (PAR) 6 2 3 1 7:5 7-5
4. Cerro Porteño Asunción (PAR) 6 0 1 5 5:11 1-11

Entscheidungsspiel um Platz 1
ROSARIO CENTRAL - Newell's Old Boys Rosario 1:0
Gruppe 2
The Strongest La Paz - Jorge Wilstermann Cochab. 3:1, 1:1
Huachipato Talcahuano - Unión Española Santiago 0:0, 2:7
Jorge Wilstermann Cochabamba - Huachipato Tal. 0:0, 0:4
The Strongest La Paz - Huachipato Talcahuano 1:0, 2:4
Jorge Wilstermann Coachab. - Unión Española Sant. 1:1, 1:4
The Strongest La Paz - Unión Española Santioago 1:1, 0:4
1. UNIÓN ESPAÑOLA SANT. (CHI) 6 3 3 0 17:5 9-3
2. Huachipato Talcahuano (CHI) 6 2 2 2 10:10 6-6
3. The Strongest La Paz (BOL) 6 2 2 2 8:11 6-6
4. Jorge Wilstermann Coch. (BOL) 6 0 3 3 4:13 3-9
Gruppe 3
Cruzeiro Belo Horizonte - Vasco da Gama Rio de J. 3:2, 1:1
Deportivo Calí - Atlético Nacional Medellín 0:0, 1:2
Atlético Nacional Medellín - Vasco da Gama Rio 1:1, 0:2
Deportivo Calí - Cruzeiro Belo Horizonte 1:0, 1:2
Atlético Nacional Medellín - Cruzeiro Belo Horizonte 1:2, 3:2
Deportivo Calí - Vasco da Gama Rio de Janeiro 2:1, 0:0
1. CRUZEIRO BELO HORIZ. (BRA) 6 3 1 2 10:9 7-5
2. Deportivo Calí (COL) 6 2 2 2 5:5 6-6
3. Atlético Nacional Medellín (COL) 6 2 2 2 7:8 6-6
4. Vasco da Gama Rio de J. (BRA) 6 1 3 2 7:7 5-7
Gruppe 4
LDU Quito - El Nacional Quito 3:1, 2:2
Deportivo Galicia Caracas - Portuguesa Acarigua 0:0, 1:1
LDU Quito - Deportivo Galicia Caracas 4:2, 1:0
El Nacional Quito - Deportivo Galicia Caracas 0:0, 0:4
El Nacional Quito - Portuguesa Acarigua 5:1, 0:1
LDU Quito - Portuguesa Acarigua 1:1, 1:1
1. LDU QUITO (ECU) 6 3 3 0 12:7 9-3
2. Portuguesa Acarigua (VEN) 6 1 4 1 5:8 6-6
3. Deportivo Galicia Caracas (VEN) 6 1 3 2 7:6 5-7
4. El Nacional Quito (ECU) 6 1 2 3 8:11 4-8
Gruppe 5
Peñarol Montevideo - Wanderers Montevideo 1:0, 2:1
Unión Huaral - Universitario Lima 1:1, 2:2
Peñarol Montevideo - Unión Huaral 5:2, 3:0
Wanderers Montevideo - Unión Huaral 4:0, 2:2
Wanderers Montevideo - Universitario Lima 0:2, 1:3
Peñarol Montevideo - Universitario Lima 0:1, 2:3
1. UNIVERSITARIO LIMA (PER) 6 4 2 0 12:6 10-2
2. Peñarol Montevideo (URU) 6 4 0 2 13:7 8-4
3. Wanderers Montevideo (URU) 6 1 1 4 8:10 3-9
4. Unión Huaral (PER) 6 0 3 3 7:17 3-9

▶ **Zwischenrunde**

Gruppe 1
LDU Quito - Universitario Lima 0:0, 1:2
LDU Quito - Unión Española Santiago 4:2, 0:2
Unión Española Santiago - Universitario Lima 2:1, 1:1
1. UNIÓN ESPAÑOLA SANT. (CHI) 4 2 1 1 7:6 5-3
2. Universitario Lima (PER) 4 1 2 1 4:4 4-4
3. LDU Quito (ECU) 4 1 1 2 5:6 3-5
Gruppe 2
Rosario Central - Independiente Avellaneda 2:0, 0:2
Cruzeiro Belo Horizonte - Rosario Central 2:0, 1:3
Cruzeiro Belo Horizonte - Independiente Avellaneda 2:0, 0:3
1. INDEPENDIENTE AVELL. (ARG) 4 2 0 2 5:4 4-4
2. Rosario Central (ARG) 4 2 0 2 5:5 4-4
3. Cruzeiro Belo Horizonte (BRA) 4 2 0 2 5:6 4-4

▶ **Finale** (18., 25., 29.6.1975, 43.200, 60.000, 55.000/Asunción)

Unión Española Santiago (CHI) - Independiente Av. (ARG) 1:0
Unión Española: Vallejos, Machuca, Berly, Soto, Arias, Palacios, Las Heras (Inostroza), Trujillo, Spedaletti, Ahumada, Hoffmann (Miranda) - *Independiente*: Pérez, Commisso, Sá, Semenewicz, Pavoni, Galván, Bochini, Rojas, Balbuena, Ruiz Moreno, Bertoni (Giribet) - *Tor:* 1:0 Ahumada (87.) - *SR:* Martínez Bazán (Uruguay)

Independiente Avellaneda - Unión Española Santiago 3:1
Independiente: Pérez, Commisso, Sá, Semenewicz, Pavoni, Galván, Bochini, Balbuena, Ruiz Moreno, Rojas, Bertoni - *Unión Española*: Vallejos, Machuca, Berly, Soto, Arias, Palacios, Las Heras (Maldonado), Inostroza, Spedaletti, Ahumada, Véliz (Trujillo) - *Tore:* 1:0 Rojas (1.), 1:1 Las Hera (56.), 2:1 Pavoni (58.), 3:1 Bertoni (83.) - *SR:* Barreto (Uruguay)

INDEPENDIENTE AVELL. - Unión Española Santiago 2:0
Independiente: Pérez, Commisso, Sá, López, Pavoni, Semenewicz, Galván, Bochini, Balbuena, Ruiz Moreno, Bertoni (Saggioratto) - *Unión Española:* Vallejos, Machuca, Maldonado, Gaete, Arias, Palacios, Inostroza (Las Heras), Véliz, Spedaletti, Trujillo, Ahumada - *Tore*: 1:0 Ruiz Moreno (29.), 2:0 Bertoni (65.) - *SR*: Pérez (Peru)

Copa Libertadores de América 1976

Titelverteidiger Independiente Avellaneda Freilos bis zur Zwischenrunde

▶ **Vorrunde**

Gruppe 1
Deportivo Galicia Caracas - Portuguesa Acarigua 1:2, 1:3
River Plate Buenos Aires - Estudiantes La Plata 1:0, 0:1
Portuguesa Acarigua - Estudiantes La Plata 2:2, 0:3
Deportivo Galicia Caracas - River Plate Buenos A. 0:1, 1:4
Portuguesa Acarigua - River Plate Buenos Aires 0:2, 1:2
Deportivo Galicia Caracas - Estudiantes La Plata 0:1, 0:4
1. RIVER PLATE BUENOS A. (ARG) 6 5 0 1 10:3 10-2
2. Estudiantes La Plata (ARG) 6 4 1 1 11:3 9-3
3. Portuguesa Acarigua (VEN) 6 2 1 3 8:11 5-7
4. Deportivo Galicia Caracas (VEN) 6 0 0 6 3:15 0-12
Gruppe 2
Guabirá Montero Santa Cruz - Bolívar La Paz 1:0, 1:7
LDU Quito - Deportivo Cuenca 1:1, 0:0
Deportivo Cuenca - Bolívar La Paz 3:1, 2:4
LDU Quito - Guabirá Montero Santa Cruz 4:0, *
*beim Stande von 1:0 nach 15 Minuten wegen Ausschreitungen abgebrochen und mit 1:0 für LDU gewertet
Deportivo Cuenca - Guabirá Montero Santa Cruz 1:0, 2:0
LDU Quito - Bolívar La Paz 2:1, 2:3
1. LDU Quito (ECU) 6 3 2 1 10:5 8-4
2. Deportivo Cuenca (ECU) 6 3 2 1 9:6 8-4
3. Bolívar La Paz (BOL) 6 3 0 3 16:11 6-6
4. Guabirá Montero Santa C. (BOL) 6 1 0 5 2:15 2-10
Entscheidungsspiel um Platz 1
LDU QUITO - Deportivo Cuenca 2:1
Gruppe 3
Cruzeiro Belo Horizonte - Internacional Porto Alegre 5:4, 2:0
Olimpia Asunción - Sportivo Luqueño 2:3, 1:0
Sportivo Luqueño - Cruzeiro Belo Horizonte 1:3, 1:4
Internacional Porto Alegre- Olimpia Asunción 1:0, 1:1
Olimpia Asunción - Cruzeiro Belo Horizonte 2:2, 1:4
Internacional Porto Alegre - Sportivo Luqueño 3:0, 1:0
1. CRUZEIRO BELO HORIZ. (BRA) 6 5 1 0 20:9 11-2
2. Internacional Porto Alegre (BRA) 6 3 1 2 10:8 7-5
3. Olimpia Asunción (PAR) 6 1 2 3 7:11 4-8
4. Sportivo Luqueño (PAR) 6 1 0 5 5:14 2-19
Gruppe 4
Millonarios Bogotá - Independiente Santa Fe Bogotá 1:1, 0:1
Independiente Santa Fe Bogotá - Alfonso Ugarte P. 2:2, 1:2
Millonarios Bogotá - Alianza Lima 1:0, 1:2
Independiente Santa Fe Bogotá - Alianza Lima 2:3, 0:3
Millonarios Bogotá - Alfonsa Ugarte Puno 4:0, 1:1
Alianza Lima - Alfonso Ugarte Puno 0:0, 0:0
1. ALIANZA LIMA (PER) 6 3 2 1 8:4 8-4
2. Millonarios Bogotá (COL) 6 2 2 2 8:5 6-6
3. Alfonso Ugarte Puno (PER) 6 1 4 1 5:8 6-6
4. Independiente Santa Fe B. (COL) 6 1 2 3 7:11 4-8
Gruppe 5
Peñarol Montevideo - Nacional Montevideo 1:1, 2:1
Unión Española Santiago - Palestino Santiago 1:0, 1:0
Unión Española Santiago - Peñarol Montevideo 0:0, 0:2
Palestino Santiago - Nacional Montevideo 2:1, 1:1
Palestino Santiago - Peñarol Montevideo 1:0, 1:2
Unión Española Santiago - Nacional Montevideo 2:0, 1:1
1. PEÑAROL MONTEVIDEO (URU) 6 3 2 1 7:4 8-4
2. Unión Española Santiago (CHI) 6 3 2 1 5:3 8-4
3. Palestino Santiago (CHI) 6 2 1 3 5:6 5-7
4. Nacional Montevideo (URU) 6 0 3 3 5:9 3-9

▶ **Zwischenrunde**

Gruppe 1
LDU Quito - Alianza Lima 2:1, 0:2
LDU Quito - Cruzeiro Belo Horizonte 1:3, 1:4
Alianza Lima - Cruzeiro Belo Horizonte 0:4, 1:7
1. CRUZEIRO BELO HORIZ. (BRA) 4 4 0 0 18:3 8-0
2. LDU Quito (ECU) 4 1 0 3 4:10 2-6
3. Alianza Lima (PER) 4 1 0 3 4:13 2-6
Gruppe 2
River Plate Buenos Aires - Independiente Avellaneda 0:0, 1:0
Independiente Avellaneda - Peñarol Montevideo 1:0, 1:0
Peñarol Montevideo - River Plate Buenos Aires 1:0, 0:3
1. River Plate Buenos Aires (ARG) 4 2 1 1 4:1 5-3
2. Independiente Avellaneda (ARG) 4 2 1 1 2:1 5-3
3. Peñarol Montevideo (URU) 4 1 0 3 1:5 2-6
Entscheidungsspiel um Platz 1
RIVER PLATE BUENOS AIRES - Independiente Avellaneda 1:0

▶ **Finale** (21., 28., 30.6.1976, 58.720, 90.000, 40.000/Santiago)

Cruzeiro Belo Horizonte (BRA) - River Plate B. A. (ARG) 4:1
Cruzeiro: Raúl, Nelinho, Morais, Darcy Menezes, Vanderley, Eduardo (Ronaldo Drumond), Wilson Piazza (Valdo), Zé Carlos, Jairzinho, Palhinha, Joãozinho - *River Plate*: Fillol (Landaburu), Comelles, Perfumo, Lonardi, H. O. López, J. J. López, Merlo, Sabella, P. A. González, Luque, Mas - *Tore:* 1:0 Nelinho (22.), 2:0 Palhinha (29.), 3:0 Palhinha (40.), 3:1 Mas (63.), 4:1 Valdo (80.) - *SR*: Llobregat (Venezuela)

River Plate Buenos Aires - Cruzeiro Belo Horizonte 2:1
River Plate: Landaburu, Comelles, Perfumo, Passarella, H. O. López (Artico), J. J. López, Merlo, Alonso, P.A. González, Luque, Mas (Sabella) - *Cruzeiro*: Raúl, Nelinho, Morais, Darcy Menezes, Vanderley, Eduardo (Ronaldo Drumond), Wilson Piazza, Zé Carlos, Jairzinho, Palhinha, Joãozinho - *Tore:* 1:0 J. J. López (10.), 1:1 Palhinha (48.), 2:1 P. A. González (76.) - *SR:* Martínez Bazán (Uruguay)

CRUZEIRO BELO HORIZONTE - River Plate Buenos Aires 3:2
Cruzeiro: Raúl, Nelinho, Morais, Darcy Menezes, Vanderley, Ronaldo Drumond, Wilson Piazza (Osiris), Zé Carlos, Eduardo, Palhinha, Joãozinho - *River Plate*: Landaburu, Comelles, Lonardi, Artico, Urquiza, Sabella, Merlo, Alonso, P. A. González, Luque, Mas (Crespo) - *Tore:* 1:0 Nelingo (24.), 2:0 Ronaldo (55.), 2:1 Mas (59.), 2:2 Urquiza (64.), 3:2 Joãozinho (88.) - *SR:* Martínez (Chile)

Copa Libertadores de América 1977

Titelverteidiger Cruzeiro Belo Horizonte Freilos bis zur Zwischenrunde

▶ **Vorrunde**

Gruppe 1
Boca Juniors Buenos Aires - River Plate Buenos Aires 1:0, 0:0
Peñarol Montevideo - Defensor Montevideo 0:2, 4:2
River Plate Buenos Aires - Peñarol Montevideo 2:1, 2:2
Defensor Montevideo - Boca Juniors Buenos Aires 0:0, 0:2
Peñarol Montevideo - Boca Juniors Buenos Aires 0:1, 0:1
River Plate Buenos Aires - Defensor Montevideo 1:1, 0:0
1. BOCA JUNIORS B. A. (ARG) 6 4 2 0 5:0 10-2
2. River Plate Buenos Aires (ARG) 6 1 4 1 5:5 6-6
3. Defensor Montevideo (URU) 6 1 3 2 5:7 5-7
4. Peñarol Montevideo (URU) 6 1 1 4 7:10 3-9
Gruppe 2
Bolívar La Paz - Oriente Petrolero Medellín 1:0, 0:0
Atlético Nacional Medellín - Deportivo Calí 0:3, 1:3
Bolívar La Paz - Deportivo Calí 3:0, 0:3
Oriente Petrolero Medellín - Atlético Nacional Med. 4:0, 1:3
Bolívar La Paz - Atlético Nacional Medellín 3:0, 0:1
Oriente Petrolero Santa Cruz - Deportivo Calí 1:0, 0:3
1. DEPORTIVO CALÍ (COL) 6 4 0 2 12:5 8-4
2. Bolívar La Paz (BOL) 6 3 1 2 7:4 7-5
3. Oriente Petrolero S. Cruz BOL) 6 2 1 3 6:7 5-7
4. Atlético Nacional Medellín (COL) 6 2 0 4 5:14 4-8
Gruppe 3
El Nacional Quito - Deportivo Cuenca 0:0, 2:0
Corinthians São Paulo - Internacional Porto Alegre 1:1, 0:1
El Nacional Quito - Corinthians São Paulo 2:1, 0:3
Deportivo Cuenca - Internacional Porto Alegre 0:2, 1:3
Deportivo Cuenca - Corinthians São Paulo 2:1, 0:4
El Nacional Quito - Internacional Porto Alegre 2:0, 0:2
1. INTERNACIONAL P. A. (BRA) 6 4 1 1 9:4 9-3
2. El Nacional Quito (ECU) 6 3 1 2 6:6 7-5
3. Corinthians São Paulo (BRA) 6 2 1 3 10:6 5-7
4. Deportivo Cuenca (ECU) 6 1 1 4 3:12 3-9
Gruppe 4
Libertad Asunción - Olimpia Asunción 2:2, 0:0
Everton Viña del Mar - Universidad de Chile Santiago 2:0, 0:1
Universidad de Chile Santiago - Libertad Asunción 1:0, 0:3
Universidad de Chile Santiago - Olimpia Asunción 1:0, 0:1
Everton Viña del Mar - Libertad Asunción 1:3, 1:2
Everton Viña del Mar - Olimpia Asunción 1:0, 2:2
1. LIBERTAD ASUNCIÓN (PAR) 6 3 2 1 10:5 8-4
2. Universidad de Chile S. CHI) 6 3 0 3 3:6 6-6
3. Everton Viña del Mar (CHI) 6 2 1 3 7:8 5-7
4. Olimpia Asunción (PAR) 6 1 3 2 5:6 5-7
Gruppe 5
Unión Huaral - Sport Boys Callao 1:0, 1:1
Estudiantes Mérida - Portuguesa Acarigua 0:2, 0:3
Unión Huaral - Portuguesa Acarigua 1:1, 0:2
Sport Boys Callao - Portuguesa Acarigua 1:2, 0:0
Estudiantes Mérida - Unión Huaral 1:0, 1:2
Sport Boys Callao - Estudiantes Mérida 1:3, 0:1
1. PORTUGUESA ACARIGUA (VEN) 6 4 2 0 10:2 10-2
2. Unión Huaral (PER) 6 2 2 2 5:6 6-6
3. Estudiantes Mérida (VEN) 6 3 0 3 6:8 6-6
4. Sport Boys Callao (PER) 6 0 2 4 3:8 2-10

▶ **Zwischenrunde**

Gruppe 1
Boca Juniors Buenos Aires - Libertad Asunción 1:0, 1:0
Deportivo Calí - Libertad Asunción 0:0, 1:2
Deportivo Calí - Boca Juniors Buenos Aires 1:1, 1:1
1. BOCA JUNIORS B. A. (ARG) 4 2 2 0 4:2 6-2
2. Deportivo Calí (COL) 4 0 3 1 3:4 3-5
3. Libertad Asunción (PAR) 4 1 1 2 2:3 3-5
Gruppe 2
Internacional Porto Alegre - Cruzeiro Belo Horizonte 0:1, 0:0
Portuguesa Acarigua - Internacional Porto Alegre 3:0, 1:2
Portuguesa Acarigua - Cruzeiro Belo Horizonte 0:4, 1:2
1. CRUZEIRO BELO H. (BRA) 4 3 1 0 7:1 7-1
2. Internacional Porto Alegre (BRA) 4 1 1 2 2:5 3-5
3. Portuguesa Acarigua (VEN) 4 1 0 3 5:8 2-6

▶ **Finale** (6., 11., 14.9.1977, 60.000, 80.000, 90.000/Montev.)

Boca Juniors Rivers Plate (ARG) - Cruzeiro Belo H. (BRA) 1:0
Boca Juniors: Gatti, Pernía, Sá (Tesare), Mouzo, Tarantini, Veglio, Suñé, Zanabria, Mastrángelo, Pavón (Bernabitti), Felman - *Cruzeiro:* Raúl, Nelinho, Darcy Menezes, Morais, Vanderley, Zé Carlos, Eduardo, Ely Carlos, Ely Mendes, Neca, Joãozinho - *Tor*: 1:0 Veglio (3.) - *SR*: Cerullo (Uruguay)

Cruzeiro Belo Horizonte - Boca Juniors Buenos Aires 1:0
Cruzeiro: Raúl, Nelinho, Morais, Darcy Menezes, Vanderley, Zé Carlos, Eduardo, Ely Carlos (Livio), Ely Mendes, Neca, Joãozinho - *Boca Juniors*: Gatti, Pernía, Tesare, Mouzo, Tarantini, Ribolzi, Suñé, Zanabria, Veglio, Mastrángelo, Veglio (Pavón), Felman (Ortiz) - *Tor*: 1:0 Nelinho (76.) - *SR*: Orozco (Peru)

BOCA JUNIORS BUENOS A. - Cruzeiro Belo H.0:0 n.V., 5:4 n.E.
Boca Juniors: Gatti, Pernía, Tesare, Mouzo, Tarantini, J.J. Benitez (Ribolzi, Pavón), Suñé, Zanabria, Mastrángelo, Veglio, Felman - *Cruzeiro*: Raúl, Nelinho (Mariano), Morais, Darcy Menezes, Vanderley, Zé Carlos, Eduardo, Ely Carlos (Livio), Ely Mendes, Neca, Joãozinho - *SR*: Llobregat (Venezuela) - *11er verwandelt:* Mouzo, Tesare, Zanabria, Pernía, Felman (Boca), Darcy Menezes, Neca, Morais, Livio (Cruzeiro) - *11er verschossen*: Vanderley (Cruzeiro)

Copa Libertadores de América 1978

Titelverteidiger Boca Juniors Buenos Aires Freilos bis zur Zwischenrunde

▶ **Vorrunde**

Gruppe 1
LDU Quito - Independiente Avellaneda 1:0, 0:2
El Nacional Quito - River Plate Buenos Aires 1:1, 0:2
El Nacional Quito - Independiente Avellaneda 1:2, 0:2
LDU Quito - River Plate Buenos Aires 0:0, 0:4
El Nacional Quito - LDU Quito 2:0, 2:3
Independiente Avellaneda - River Plate Buenos A. 0:0, 0:0
1. River Plate Buenos Aires (ARG) 6 2 4 0 7:1 8-4
2. Independiente Avellaneda (ARG) 6 3 2 1 6:2 8-4
3. LDU Quito (ECU) 6 2 1 3 4:10 5-7
4. El Nacional Quito (ECU) 6 1 1 4 6:10 3-9

Entscheidungsspiel
RIVER PLATE BUENOS AIRES - Independiente Avellaneda 4:1
Gruppe 2
The Strongest La Paz - Oriente Petrolero Santa Cruz 2:0, 1:4
Sporting Cristal Lima - Alianza Lima 2:2, 1:4
The Strongest La Paz - Sporting Cristal Lima 3:1, 0:3
Oriente Petrolero Santa Cruz - Alianza Lima 0:4, 1:5
Oriente Petrolero Santa Cruz - Sporting Cristal Lima 0:1, 0:1
The Strongest La Paz - Alianza Lima 1:2, 0:2
1. ALIANZA LIMA (PER) 6 5 1 0 19:5 11-1
2. Sporting Cristal Lima (PER) 6 3 1 2 9:9 7-5
3. The Strongest La Paz (BOL) 6 2 0 4 7:12 4-8
4. Oriente Petrolero S. Cruz (BOL) 6 1 0 5 5:14 2-10
Gruppe 3
Unión Española Santiago - Palestino Santiago 0:0, 3:2
Atlético Mineiro Belo Horizonte - São Paulo FC 1:1, 2:1
Unión Española Santiago - Atlético Mineiro Belo H. 1:1, 1:5
Palestino Santiago - São Paulo FC 0:1, 2:1
Unión Española Santiago - São Paulo FC 1:1, 1:1
Palestino Santiago - Atlético Mineiro Belo Horizonte 4:5, 0:2
1. ATLÉTICO MINEIRO B. H. (BRA) 6 4 2 0 16:8 10-2
2. Unión Española Santiago (CHI) 6 1 4 1 7:10 6-6
3. São Paulo FC (BRA) 6 1 3 2 6:7 5-7
4. Palestino Santiago (CHI) 6 1 1 4 8:12 3-9
Gruppe 4
Atlético Junior Barranquilla - Deportivo Calí 0:0, 0:0
Peñarol Montevideo - Danubio Montevideo 4:2, 2:1
Atlético Junior Barranquilla - Danubio Montevideo 0:0, 0:0
Deportivo Calí - Peñarol Montevideo 1:0, 2:0
Atlético Junior Barranquilla - Peñarol Montevideo 1:0, 0:1
Deportivo Calí - Danubio Montevideo 2:0, 0:3
1. DEPORTIVO CALÍ (COL) 6 3 2 1 5:3 8-4
2. Peñarol Montevideo (URU) 6 3 0 3 7:7 6-6
3. Atlético Junior Barranq. (COL) 6 1 4 1 1:1 6-6
4. Danubio Montevideo (URU) 6 1 2 3 6:8 4-8
Gruppe 5
Cerro Porteño Asunción - Libertad Asunción 1:0, 0:0
Estudiantes Mérida - Portuguesa Acarigua 0:0, 2:1
Portuguesa Acarigua - Libertad Asunción 1:0, 2:1
Estudiantes Mérida - Cerro Porteño Asunción 2:3, 1:1
Estudiantes Mérida - Libertad Asunción 1:1, 1:2
Portuguesa Acarigua - Cerro Porteño Asunción 1:1, 0:1
1. CERRO PORTEÑO ASUNC. (PAR) 6 3 3 0 7:4 9-3
2. Portuguesa Acarigua (VEN) 6 2 2 2 5:5 6-6
3. Estudiantes Mérida (VEN) 6 1 3 2 7:8 5-7
4. Libertad Asunción (PAR) 6 1 2 3 4:6 4-8
Zwischenrunde
Gruppe 1
Boca Juniors Buenos Aires - River Plate Buenos Aires 0:0, 2:0
Atlético Mineiro Belo Horizonte - Boca Juniors B. A. 1:2, 1:3
River Plate Buenos Aires - Atlético Mineiro Belo H. 1:0, 0:1
1. BOCA JUNIORS B. A. (ARG) 4 3 1 0 7:2 7-1
2. River Plate Buenos Aires (ARG) 4 1 1 2 1:3 3-5
3. Atlético Mineiro Belo H. (BRA) 4 1 0 3 3:6 2-6
Gruppe 2
Alianza Lima - Cerro Porteño Asunción 3:0, 1:3
Deportivo Calí - Cerro Porteño Asunción 1:1, 4:0
Deportivo Calí - Alianza Lima 3:2, 4:1
1. DEPORTIVO CALÍ (COL) 4 3 1 0 12:4 7-1
2. Cerro Porteño Asunción (PAR) 4 1 1 2 4:9 3-5
3. Alianza Lima (PER) 4 1 0 3 7:10 2-6
Finale (23. und 28.11.1978, 50.000, 80.000)
Deportivo Calí (COL) - Boca Juniors Buenos Aires (ARG) 0:0
Calí: Zape, Ospina, F. Castro (Correa), Caicedo, M. Escobar, Arce Valverde, Otero (Jaramillo), Landucci, Torres, Scotta, A. J. Benítez - *Boca Juniors*: C. Rodríguez, Pernía, Sá, Mouzo, Bordón, J. J. Benítez, Suñé, Zanabria, Mastrángelo, Salinas, Perotti - *SR:* Ortiz (Paraguay)
BOCA JUNIORS BUENOS AIRES - Deportivo Calí 4:0
Boca Juniors: Gatti, Pernía, Sá, Mouzo, Bordón, J. J. Benítez (Veglio), Suñé, Zanabria, Mastrángelo, Salinas, Perotti - *Calí*: Zape, Ospina (F. Castro), M. Escobar, Caicedo, Correa, Arce Valverde, Landucci, Otero (Umaña), Torres, Scotta, A. J. Benítez - *Tore*: 1:0 Perotti (15.), 2:0 Mastrangelo (60.), 3:0 Salinas (71.), 4:0 Perotti (85.) - *SR*: Pérez (Peru)

Copa Libertadores de América 1979

Titelverteidiger Boca Juniors Buenos Aires Freilos bis zur Zwischenrunde
Vorrunde
Gruppe 1
Millonarios Bogotá - Deportivo Calí 1:1, 0:2
Quilmes Buenos Aires - Independiente Avellaneda 1:2, 0:2
Deportivo Calí - Quilmes Buenos Aires 3:2, 1:3
Millonarios Bogotá - Independiente Avellaneda 3:3, 1:4
Deportivo Calí - Independiente Avellaneda 1:0, 0:1
Millonarios Bogotá - Quilmes Buenos Aires 1:0, 2:1
1. INDEPENDIENTE AVELL. (ARG) 6 4 1 1 12:6 9-3
2. Deportivo Calí (COL) 6 3 1 2 8:7 7-5
3. Millonarios Bogotá (COL) 6 2 2 2 8:11 6-6
4. Quilmes Buenos Aires (ARG) 6 1 0 5 7:11 2-10
Gruppe 2
Olimpia Asunción - Sol de América Asunción 2:1, 1:0
Bolívar La Paz - Jorge Wilstermann Cochabamba 4:0, 6:0
Jorge Wilstermann Cochabamba - Olimpia Asunción 0:2, 2:4
Bolívar La Paz - Sol de América Asunción 4:1, 2:2
Jorge Wilstermann Cochabamba - Sol de América A. 2:3, 1:2
Bolívar La Paz - Olimpia Asunción 2:1, 0:3
1. OLIMPIA ASUNCIÓN (PAR) 6 5 0 1 13:5 10-2
2. Bolívar La Paz (BOL) 6 4 1 1 18:7 9-3
3. Sol de América Asunción (PAR) 6 2 1 3 9:12 5-7
4. Jorge Wilstermann Coch.(BOL) 6 0 0 6 5:21 0-12
Gruppe 3
Alianza Lima - Universitario Lima 3:6, 0:1
Alianza Lima - Guarani Campinas 0:3, 0:2
Universitario Lima - Guarani Campinas 3:0, 1:6
Alianza Lima - Palmeiras São Paulo 2:4, 0:4
Universitario Lima - Palmeiras São Paulo 2:5, 2:1
Palmeiras São Paulo - Guarani Campinas 1:4, 0:1
1. GUARANI CAMPINAS (BRA) 6 5 0 1 16:5 10-2
2. Universitario Lima (PER) 6 4 0 2 15:15 8-4
3. Palmeiras São Paulo (BRA) 6 3 0 3 15:11 6-6
4. Alianza Lima (PER) 6 0 0 6 5:20 0-12
Gruppe 4
O'Higgins Rancagua - Palestino Santiago 1:1, 0:1
Deportivo Galicia Caracas - Portuguesa Acarigua 1:1, 1:1
Portuguesa Acarigua - O'Higgins Rancagua 1:1, 1:1
Deportivo Galicia Caracas - Palestino Santiago 1:1, 0:5
Deportivo Galicia Caracas - O'Higgins Rancagua 0:1, 0:6
Portuguesa Acarigua - Palestino Santiago 0:2, 0:6
1. PALESTINO SANTIAGO (CHI) 6 4 2 0 16:2 10-2
2. O'Higgins Rancagua (CHI) 6 2 3 1 10:4 7-5
3. Portuguesa Acarigua (VEN) 6 0 4 2 4:12 4-8
4. Deportivo Galicia Caracas (VEN) 6 0 3 3 3:15 3-9
Gruppe 5
El Nacional Quito - Técnico Universitario Ambato 2:1, 1:1
Peñarol Montevideo - Nacional Montevideo 0:0, 1:1
Peñarol Montevideo - Técnico Universitario 4:0, 1:0
Nacional Montevideo - Técnico Universitario 2:0, 1:1
Nacional Montevideo - El Nacional Quito 3:0, 0:1
Peñarol Montevideo - El Nacional Quito 2:1, 2:0
1. PEÑAROL MONTEVIDEO (URU) 6 4 2 0 10:2 10-2
2. Nacional Montevideo (URU) 6 2 3 1 7:3 7-5
3. El Nacional Quito (ECU) 6 2 1 3 6:10 5-7
4. Técnico Univ. Ambato (ECU) 6 0 2 4 4:12 2-10
Zwischenrunde
Gruppe 1
Peñarol Montevideo - Independiente Avellaneda 0:0, 0:1
Boca Juniors Buenos Aires - Peñarol Montevideo 1:0, 0:0
Independiente Avellaneda - Boca Juniors Buenos A. 1:0, 0:2
1. BOCA JUNIORS B. A. (ARG) 4 2 1 1 3:1 5-3
2. Independiente Avellaneda (ARG) 4 2 1 1 2:2 5-3
3. Peñarol Montevideo (URU) 4 0 2 2 0:2 2-6
Entscheidungsspiel
BOCA JUNIORS B. A. - Independiente Avellaneda 1:0 n.V.
Gruppe 2
Palestino Santiago - Guarani Campinas 0:0, 2:2
Olimpia Asunción - Guarani Campinas 2:1, 1:1
Palestino Santiago - Olimpia Asunción 0:2, 0:3
1.OLIMPIA ASUNCIÓN (PAR) 4 3 1 0 8:2 7-1
2.Guarani Campinas (BRA) 4 0 3 1 4:5 3-5
3.Palestino Santiago (CHI) 4 0 2 2 2:7 2-6
Finale (22. und 27.7.1979, 50.000, 65.000)
Olimpia Asunción (PAR) - Boca Juniors Buenos A. (ARG) 2:0
Olimpia: Almeida, Paredes, Jiménez, Solalinde, Kiese, Piazza, Isasi, L. Torres, Villalba, Talavera, Aquino - *Boca Juniors*: Gatti, Pernía, Capurro, Mouzo, Bordón, J. J. Benítez (Palacios), Suñé, Salinas, Mastrángelo, Salguero, J. R. Rocha - Tore: 1:0 Aquino (2.), 2:0 Piazza (27.) - *SR*: Castro (Chile)
Boca Juniors Buenos Aires - OLIMPIA ASUNCIÓN 0:0
Boca Juniors: Gatti, Pernía, Sá, Capurro, Bordón, J. J. Benítez, Suñé, Zanabria (Salguero), Mastrángelo, Salinas, J. R. Rocha (Palacios) - *Olimpia*: Almeida, Solalinde, Paredes, Jiménez, Piazza, L. Torres (Guasch), Kiese, Talavera, Isasi, Villalba, Aquino (Delgado) - *SR:* Cardellino (Uruguay)

Copa Libertadores de América 1980

Titelverteidiger Olimpia Asunción Freilos bis zur Zwischenrunde
Vorrunde
Gruppe 1
Sporting Cristal Lima - Atlético Chalaco Callao 0:0, 2:0
River Plate Buenos Aires - Vélez Sarsfield Buenos A. 0:0, 0:0
Atlético Chalaco Callao - Vélez Sarsfield Buenos Aires 0:2, 2:5
River Plate Buenos Aires - Sporting Cristal Lima 3:2, 2:1
Vélez Sarsfield Buenos Aires - Sporting Cristal Lima 2:0, 1:0
River Plate Buenos Aires - Atlético Chalaco Callao 3:0, 2:0
1. VÉLEZ SARSFIELD B. A. (ARG) 6 4 2 0 10:2 10-2
2. River Plate Buenos Aires (ARG) 6 4 2 0 10:3 10-2
3. Sporting Cristal Lima (PER) 6 1 1 4 5:8 3-9
4. Atlético Chalaco Callao (PER) 6 0 1 5 2:14 1-11
Entscheidungsspiel
VÉLEZ SARSFIELD BUENOS A. - River Plate Buenos Aires 1:1
Vélez Sarsfield aufgrund des besseren Torverhältnisses in den Gruppenspielen weiter
Gruppe 2
Nacional Montevideo - Defensor Montevideo 1:0, 3:0
Oriente Petrolero Santa Cruz - The Strongest La Paz 1:0, 2:3
Oriente Petrolero Santa Cruz - Nacional Montevideo 1:3, 0:5
The Strongest La Paz - Defensor Montevideo 2:0, 1:1
Oriente Petrolero Santa Cruz- Defensor Montevideo 0:1, 1:1
The Strongest La Paz - Nacional Montevideo 3:0, 0:2
1. NACIONAL MONTEVIDEO (URU) 6 5 0 1 14:4 10-2
2. The Strongest La Paz (BOL) 6 3 1 2 9:6 7-5
3. Defensor Montevideo (URU) 6 1 2 3 3:8 4-8
4. Oriente Petrolero Santa C. (BOL) 6 1 1 4 5:13 3-9
Gruppe 3
Vasco da Gama Rio de J. - Internacional Porto Alegre 0:0, 1:2
Deportivo Galicia Caracas - Táchira San Cristóbal 1:0, 1:0
Deportivo Galicia Caracas - Vasco da Gama Rio d. J. 0:0, 0:4
Táchira San Cristóbal - Internacional Porto Alegre 0:1, 0:4
Dep. Galicia Caracas - Internacional Porto Alegre 2:1, 0:2
Táchira San Cristóbal - Vasco da Gama Rio de J. 0:1, 0:1
1. INTERNACIONAL P. A. (BRA) 6 4 1 1 10:3 9-3
2. Vasco da Gama Rio de J. (BRA) 6 3 2 1 7:2 8-4
3. Deportivo Galicia Caracas (VEN) 6 3 1 2 4:7 7-5
4. Táchira San Cristóbal (VEN) 6 0 0 6 0:9 0-12
Gruppe 4
Emelec Guayaquil - Universidad Católica Quito 1:0, 0:5
América Calí - Independiente Santa Fe Bogotá 1:0, 1:1
Emelec Guayaquil - Independiente Santa Fe Bogotá 0:2, 2:1
Universidad Católica Quito - América Calí 4:2, 0:1
Universidad Católica Quito - Indep. Santa Fe Bogotá 1:0, 0:1
Emelec Guayaquil - América Calí 1:2, 1:4
1. AMÉRICA CALÍ (COL) 6 4 1 1 11:7 9-3
2. Universidad Católica Quito (ECU) 6 3 0 3 10:5 6-6
3. Independiente Santa Fe B. (COL) 6 2 1 3 5:5 5-7
4. Emelec Guayaquil (ECU) 6 2 0 4 5:14 4-8
Gruppe 5
Colo Colo Santiago - O'Higgins Rancagua 1:1, 3:1
Sol de América Asunción - Cerro Porteño Asunción 2:1, 0:0
Sol de América Asunción - O'Higgins Rancagua 1:4, 0:2
Cerro Porteño Asunción - O'Higgins Rancagua 1:0, 0:0
Cerro Porteño Asunción - Colo Colo Santiago 5:3, 1:2
Sol de América Asunción - Colo Colo Santiago 2:1, 1:1
1. O'HIGGINS RANCAGUA (CHI) 6 2 2 2 8:6 6-6
2. Cerro Porteño Asunción (PAR) 6 2 2 2 8:7 6-6
3. Colo Colo Santiago (CHI) 6 2 2 2 11:11 6-6
4. Sol de América Asunción (PAR) 6 2 2 2 6:9 6-6
O'Higgins Rancagua Sieger aufgrund des Torverhältnisses
Zwischenrunde
Gruppe 1
Vélez Sarsfield Buenos A. - Internacional Porto A. 0:1, 1:3
América Calí - Vélez Sarsfield Buenos Aires 0:0, 0:0
América Calí - Internacional Porto Alegre 0:0, 0:0
1. INTERNACIONAL P. A. (BRA) 4 2 2 0 4:1 6-2
2. América Calí (COL) 4 0 4 0 0:0 4-4
3. Vélez Sarsfield Buenos A. (ARG) 4 0 2 2 1:4 2-6
Gruppe 2
O'Higgins Rancagua - Nacional Montevideo 0:1, 0:2
O'Higgins Rancagua - Olimpia Asunción 0:1, 0:2
Olimpia Asunción - Nacional Montevideo 0:1, 1:1
1. NACIONAL MONTEVIDEO (URU) 4 3 1 0 5:1 7-1
2. Olimpia Asunción (PAR) 4 2 1 1 4:2 5-3
3. O'Higgins Rancagua (CHI) 4 0 0 4 0:6 0-8
Finale (30.7., 6.8.1980, 70.000, 65.000)
Internacional Porto Al. (BRA) - Nacional Montev. (URU) 0:0
Internacional: Gasperin, Toninho, Mauro Pastor, Mauro Galvão, André, Falcão, Batista, Tonho, Jair, Chico Spina (Adavílson), Mario Sergio - *Nacional*: R. Rodríguez, Blanco, De León, Moreira, Espárrago, W. González, Bica, De La Peña, Victorino, Luzardo, D. Pérez - SR: Romero (Argentinen)
Internacional P. A. - NACIONAL MONTEVIDEO (URU) 0:1
Nacional: R. Rodríguez, Blanco, De León, Moreira, Espárrago, W. González, Bica, De La Peña, Victorino, Luzardo, Morales - *Internacional*: Gasperin, Mauro Pastor, Mauro Galvão, Toninho, Falcão, Claudio Mineiro, Chico Spina, Batista, Adílson, Jair (Berreta), Mario Sergio - Tor: *0:1* Victorino (35.) - *SR*: Pérez (Peru)

Copa Libertadores de América 1981

Titelverteidiger Nacional Montevideo Freilos bis zur Zwischenrunde
Vorrunde
Gruppe 1
Rosario Central - River Plate Buenos Aires 0:1, 2:3
Atlético Junior Barranquilla - Deportivo Calí 1:0, 1:4
Atlético Junior Barranquilla - River Plate Buenos A. 0:0, 0:3
Deportivo Calí - Rosario Central 1:0, 1:2
Atlético Junior Barranquilla - Rosario Central 1:2, 0:5
Deportivo Calí - River Plate Buenos Aires 2:1, 2:1
1. DEPORTIVO CALÍ (COL) 6 4 0 2 10:6 8-4
2. River Plate Buenos Aires (ARG) 6 3 1 2 9:6 7-5
3. Rosario Central (ARG) 6 3 0 3 11:7 6-6
4. Atlético Junior Barranq. (COL) 6 1 1 4 3:14 3-9
Gruppe 2
Cobreloa Calama - Sporting Cristal Lima 6:1, 0:0
Cobreloa Calama - Universidad de Chile Santiago 1:0, 0:0
Cobreloa Calama - Atlético Torino Talara 6:1, 1:1
Sporting Cristal Lima - Universidad de Chile 3:2, 1:1
Sporting Cristal Lima - Atlético Torino Talara 2:1, 2:1
Universidad de Chile Santiago - Atlético Torino Talara 3:0, 2:1
1. COBRELOA CALAMA (CHI) 6 3 3 0 14:3 9-3
2. Sporting Cristal Lima (PER) 6 3 2 1 9:11 8-4
3. Universidad de Chile Sant. (CHI) 6 2 2 2 8:6 6-6
4. Atlético Torino Talara (PER) 6 0 1 5 5:16 1-11
Gruppe 3
Atlético Mineiro Belo Horizonte - Flamengo Rio d. J. 2:2, 2:2
Cerro Porteño Asunción - Olimpia Asunción 0:0, 3:0
Flamengo Rio de Janeiro - Cerro Porteño Asunción 5:2, 4:2
Olimpia Asunción - Atlético Mineiro Belo Horizonte 0:0, 0:1
Cerro Porteño Asunción - Atlético Mineiro Belo H. 0:1, 2:2
Flamengo Rio de Janeiro - Olimpia Asunción 1:1, 0:0
1. FLAMENGO RIO DE J. (BRA) 6 2 4 0 14:9 8-4
2. Atlético Mineiro Belo H. (BRA) 6 2 4 0 8:6 8-4
3. Cerro Porteño Asunción (PAR) 6 1 2 3 9:12 4-8
4. Olimpia Asunción (PAR) 6 0 4 2 1:5 4-8
Entscheidungsspiel
FLAMENGO RIO D. J. - Atlético Mineiro Belo Horzonte *
*nach 35 Minuten abgebrochen, da Atlético Mineiro nach fünf Platzverweisen nur noch sechs Spieler hatte. Als Sieg für Flamengo gewertet

Gruppe 4
Jorge Wilstermann Cochab. - The Strongest La Paz 3:2, 0:2
Barcelona Guayaquil - Técnico Universitario Ambato 2:1, 1:4
Técnico Universitario Ambato - Jorge Wilstermann 1:2, 1:3
Barcelona Guayaquil - The Strongest La Paz 2:1, 0:1
Técnico Universitario Ambato - The Strongest La Paz 2:3, 2:4
Barcelona Guayaquil - Jorge Wilstermann Cochab. 3:0, 0:1
1. JORGE WILSTERMANN C. (BOL) 6 4 0 2 9:9 8-4
2. The Strongest La Paz (BOL) 6 4 0 2 13:9 8-4
3. Barcelona Guayaquil (ECU) 6 3 0 3 8:8 6-6
4. Técnico Univ. Ambato (ECU) 6 1 0 5 11:15 2-10
Entscheidungsspiel
JORGE WILSTERMANN COCHAB. - The Strongest La Paz 4:1
Gruppe 5
Peñarol Montevideo - Bella Vista Montevideo 3:1, 0:0
Estudiantes Mérida - Portuguesa Acarigua 1:1, 0:0
Portuguesa Acarigua - Peñarol Montevideo 0:1, 0:3
Estudiantes Mérida - Bella Vista Montevideo 1:4, 1:3
Portuguesa Acarigua - Bella Vista Montevideo 0:4, 0:4
Estudiantes Mérida - Peñarol Montevideo 0:2, 2:4
1. PEÑAROL MONTEVIDEO (URU) 6 5 1 0 13:3 11-1
2. Bella Vista Montevideo (URU) 6 4 1 1 16:5 9-3
3. Estudiantes Mérida (VEN) 6 0 2 4 5:14 2-10
4. Portuguesa Acarigua (VEN) 6 0 2 4 1:13 2-10
▶ **Zwischenrunde**
Gruppe 1
Deportivo Calí - Flamengo Rio de Janeiro 0:1, 0:3
Jorge Wilstermann Cochabamba - Flamengo Rio d.J. 1:2, 1:4
Deportivo Calí - Jorge Wilstermann Cochabamba 1:0, 1:1
1. FLAMENGO RIO DE JAN. (BRA) 4 4 0 0 10:2 8-0
2. Deportivo Calí (COL) 4 1 1 2 2:5 3-5
3. Jorge Wilstermann Coch. (BOL) 4 0 1 3 3:8 1-7
Gruppe 2
Peñarol Montevideo - Nacional Montevideo 1:1, 1:1
Nacional Montevideo - Cobreloa Calama 1:2, 2:2
Peñarol Montevideo - Cobreloa Calama 0:1, 2:4
1. COBRELOA CALAMA (CHI) 4 3 1 0 9:5 7-1
2. Nacional Montevideo (URU) 4 0 3 1 5:6 3-5
3. Peñarol Montevideo (URU) 4 0 2 2 4:7 2-6
▶ **Finale** (13., 20., 23.11.1981, 93.985, 61.721, 30.200/Montev.)
Flamengo Rio de Janeiro (BRA) - Cobreloa Calama (CHI) 2:1
Flamengo: Raúl, Leandro, Figueiredo, Mozer, Júnior, Andrade, Zico, Adilio, Lico (Baroninho), Nunes, Tita - *Cobreloa*: Wirth, Rojas, Soto, Tabilo, Escobar, Alarcón, Jiménez, Merello, Múñoz (R. Gómez), Siviero, Puebla - *Tore*: 1:0 Zico (12.), 2:0 Zico (30.), 2:1 Merello (65.) - *SR*: Espósito (Argentinen)
Cobreloa Calama - Flamengo Rio de Janeiro 1:0
Cobreloa: Wirth, Jiménez, Tabilo, Soto, Escobar, Merello, Alarcón, R. Gómez (Múñoz), Puebla, Siviero, W. Olivera - *Flamengo*: Raúl, Leandro, Figueiredo, Mozer, Júnior, Andrade, Adilio, Zico, Lico (Baroninho), Nunes (Nei Dias), Tita Tor: 1:0 Merello (79.) - *SR*: Barreto (Uruguay)
FLAMENGO RIO DE J. (BRA) - Cobreloa Calama (CHI) 2:1
Flamengo: Raúl, Nei Dias, Marinho, Mozer, Júnior, Leandro, Andrade, Zico, Tita, Nunes (Anselmo), Adilio - *Cobreloa*: Wirth, Tabilo, Páez (Múñoz), Soto, Escobar, Jiménez, Merello, Alarcón, Puebla, Siviero, W. Olivera - *Tore*: 1:0 Zico (18.), 2:0 Zico (79.) - *SR*: Cerullo (Uruguay)

Copa Libertadores de América 1982
Titelverteidiger Flamengo Rio de Janeiro Freilos bis zur Zwischenrunde
▶ **Vorrunde**
Gruppe 1
Jorge Wilstermann Cochabamba - Boca Juniors B. A. 1:0, 2:2
The Strongest La Paz - River Plate Buenos Aires 1:0*, 1:4
Boca Juniors Buenos Aires - River Plate Buenos Aires 0:0, 0:1
The Strongest La Paz - Boca Juniors Buenos Aires 1:0, 0:1
Jorge Wilstermann Cochabamba - The Strongest La P. 1:2, 1:1
Jorge Wilstermann Cochabamba - River Plate B. A. 0:1, 0:3
* wegen Einsatz nicht spielberechtigter Akteure für River Plate gewertet
1. RIVER PLATE BUENOS A. (ARG) 6 5 1 0 9:2 11-1
2. The Strongest La Paz (BOL) 6 2 1 3 6:7 5-7
3. Boca Juniors Buenos Aires (ARG) 6 1 2 3 3:5 4-8
4. Jorge Wilstermann C. (BOL) 6 1 2 3 5:9 4-8
Gruppe 2
Peñarol Montevideo - Defensor Montevideo 3:0, 0:0
São Paulo FC - Grêmio Porto Alegre 2:2, 0:0
Defensor Montevideo - São Paulo FC 1:3, 1:2
Peñarol Montevideo - São Paulo FC 1:0, 1:0
Defensor Montevideo - Grêmio Porto Alegre 0:0, 2:1
Peñarol Montevideo - Grêmio Porto Alegre 1:0, 1:3
1. PEÑAROL MONTEVIDEO (URU) 6 4 1 1 7:3 9-3
2. São Paulo FC (BRA) 6 2 2 2 7:6 6-6
3. Grêmio Porto Alegre (BRA) 6 1 3 2 6:6 5-7
4. Defensor Montevideo (URU) 6 1 2 3 4:9 4-8
Gruppe 3
Atlético Nacional Medellín - Tolima Ibagué 0:3, 0:0
Táchira San Cristóbal - Estudiantes Mérida 0:0, 0:1
Estudiantes Mérida - Atlético Nacional Medellín 1:3, 0:2
Táchira San Cristóbal - Tolima Ibagué 0:2, 2:2
Estudiantes Mérida - Tolima Ibagué 1:1, 0:1
Táchira San Cristóbal - Atlético Nacional Medellín 0:0, 0:1
1. TOLIMA IBAGUÉ (COL) 6 3 3 0 9:3 9-3
2. Atlético Nacional Medellín (COL) 6 3 2 1 6:4 8-4
3. Estudiantes Mérida (VEN) 6 1 2 3 3:7 4-8
4. Táchira San Cristóbal (VEN) 6 0 3 3 2:6 3-9
Gruppe 4
Barcelona Guayaquil - LDU Quito 4:1, 2:4
Colo Colo Santiago - Cobreloa Calama 0:0, 0:2
LDU Quito - Colo Colo Santiago 2:2, 0:1
Barcelona Guayaquil - Cobreloa Calama 1:1, 0:3
Barcelona Guayaquil - Colo Colo Santiago 1:3, 0:2
LDU Quito - Cobreloa Calama 0:0, 1:3
1. COBRELOA CALAMA (CHI) 6 3 3 0 9:2 9-3
2. Colo Colo Santiago (CHI) 6 3 2 1 8:5 8-4
3. LDU Quito (ECU) 6 1 2 3 8:12 4-8
4. Barcelona Guayaquil (ECU) 6 1 1 4 8:14 3-9
Gruppe 5
Mariano Melgar Arequipa - Dep. Municipal Lima 2:1, 2:0
Olimpia Asunción - Sol de América Asunción 1:1, 1:1
Deportivo Municipal Lima - Olimpia Asunción 1:2, 0:1
Mariano Melgar Arequipa - Olimpia Asunción 0:3, 0:4
Mariano Melgar Arequipa - Sol de América Asunción 3:2, 2:0
Dep. Municipal Lima - Sol de América Asunción 0:3, 1:2
1. OLIMPIA ASUNCIÓN (PAR) 6 4 2 0 12:3 10-2
2. Mariano Melgar Arequipa (PER) 6 4 0 2 9:10 8-4
3. Sol de América Asunción (PAR) 6 2 2 2 9:8 6-6
4. Deportivo Municipal Lima (PER) 6 0 0 6 3:12 0-12
▶ **Zwischenrunde**
Gruppe 1
Peñarol Montevideo - Flamengo Rio de Janeiro 1:0, 1:0
River Plate Buenos Aires - Flamengo Rio de Janeiro 0:3, 2:4
River Plate Buenos Aires - Peñarol Montevideo 2:4, 1:2
1. PEÑAROL MONTEVIDEO (URU) 4 4 0 0 8:3 8-0
2. Flamengo Rio de Janeiro (BRA) 4 2 0 2 7:4 4-4
3. River Plate Buenos Aires (ARG) 4 0 0 4 5:13 0-8
Gruppe 2
Tolima Ibaqué - Cobreloa Calama 1:0, 0:3
Tolima Ibaqué - Olimpia Asunción 1:1, 0:2
Olimpia Asunción - Cobreloa Calama 1:1, 0:1
1. COBRELOA CALAMA (CHI) 4 2 1 1 5:2 5-3
2. Olimpia Asunción (PAR) 4 1 2 1 4:3 4-4
3. Tolima Ibagué (COL) 4 1 1 2 2:6 3-5
▶ **Finale** (26. und 30.11.1982, 55.248, n.b.)
Peñarol Montevideo (URU) - Cobreloa Calama (CHI) 0:0
Peñarol: G. Fernández, W. Olivera, N. Gutiérrez, V. Diogo, Bossio, J. V. Morales, V. Ramos, Saralegui, F. Morena, Jair Gonçalves, W. Silva (D. Rodríguez) - *Cobreloa*: Wirth, Soto, E. Gómez, Tabilo, Alarcón, Escobar, Letelier, Merello (Puebla), Siviero, R. Gómez, W. Olivera (Rubio) - SR: Assis de Aragão (Brasilien)
Cobrela Calama - PEÑAROL MONTEVIDEO 0:1
Cobreloa: Wirth, E. Gómez, Soto, Tabilo (Martínez), Alarcón, Escobar, Rubio, Merello, Siviero, R. Gómez, W. Olivera (Letelier) - *Peñarol*: G. Fernández, V. Diogo, N. Gutiérrez, W. Olivera, J. V. Morales, Bossio, Saralegui, Vargas, Jair Gonçalves, F. Morena, Ramos (D. Rodríguez) - *Tor*: 0:1 Morean (89.) - *SR*: Romero (Argentinen)

Copa Libertadores de América 1983
Titelverteidiger Peñarol Montevideo Freilos bis zur Zwischenrunde
▶ **Vorrunde**
Gruppe 1
Estudiantes La Plata - Ferro Carril Oeste Buenos A. 0:0, 2:1
Colo Colo Santiago - Cobreloa Calama 2:1, 0:2
Colo Colo Santiago - Ferro Carril Oeste Buenos A. 1:0, 0:1
Cobreloa Calama - Estudiantes La Plata 3:0, 0:2
Colo Colo Santiago - Estudiantes La Plata 1:0, 1:4
Cobreloa Calama - Ferro Carril Oeste Buenos Aires 2:1, 0:1
1. ESTUDIANTES LA PLATA (ARG) 6 3 1 2 8:6 7-5
2. Cobreloa Calama (CHI) 6 3 0 3 8:6 6-6
3. Colo Colo Santiago (CHI) 6 3 0 3 5:8 6-6
4. Ferro Carril Oeste B. A. (ARG) 6 2 1 3 4:5 5-7
Gruppe 2
Grêmio Porto Alegre - Flamengo Rio de Janeiro 1:1, 3:1
Bolívar La Paz - Blooming Santa Cruz 6:0, 0:3
Blooming Santa Cruz - Grêmio Porto Alegre 0:2, 0:2
Bolívar La Paz - Grêmio Porto Alegre 1:2, 1:3
Blooming Santa Cruz - Flamengo Rio de Janeiro 0:0, 1:7
Bolívar La Paz - Flamengo Rio de Janeiro 3:1, 2:5
1. GRÊMIO PORTO ALEGRE (BRA) 6 5 1 0 13:4 11-1
2. Flamengo Rio de Janeiro (BRA) 6 2 2 2 15:10 6-6
3. Bolívar La Paz (BOL) 6 2 0 4 13:14 4-8
4. Blooming Santa Cruz (BOL) 6 1 1 4 4:17 3-9
Gruppe 3
Universitario Lima - Alianza Lima 0:0, 1:2
América Calí - Tolima Ibagué 1:1, 2:0
Universitario Lima - Tolima Ibagué 2:2, 1:1
Alianza Lima - Tolima Ibagué 0:1, 0:0
Universitario Lima - América Calí 1:1, 0:2
Alianza Lima - América Calí 1:2, 0:2
1. AMÉRICA CALÍ (COL) 6 4 2 0 10:3 10-2
2. Tolima Ibagué (COL) 6 1 4 1 5:6 6-6
3. Universitario Lima (PER) 6 0 4 2 5:8 4-8
4. Alianza Lima (PER) 6 1 2 3 3:6 4-8
Gruppe 4
Atlético San Cristóbal - Táchira San Cristóbal 2:0, 0:0
El Nacional Quito - Barcelona Guayaquil 3:1, 0:2
Atlético San Cristóbal - Barcelona Guayaquil 2:0, 3:3
Táchira San Cristóbal - Barcelona Guayaquil 1:1, x:x
Táchira San Cristóbal - El Nacional Quito 0:0, 0:3
Atlético San Cristóbal - El Nacional Quito 1:0, 0:1
1. ATLÉTICO S. CRISTÓBAL (VEN) 6 3 2 1 8:4 8-4
2. El Nacional Quito (ECU) 6 3 1 2 7:4 7-5
3. Barcelona Guayaquil (ECU) 5 1 2 2 7:9 4-6
4. Táchira San Cristóbal (VEN) 5 0 3 2 1:6 3-7
Gruppe 5
Olimpia Asunción - Nacional Asunción 1:2, 0:0
Nacional Montevideo - Wanderers Montevideo 1:1, 0:1
Wanderers Montevideo - Nacional Asunción 3:1, 1:1
Nacional Montevideo - Nacional Asunción 4:2, 3:0
Olimpia Asunción - Nacional Montevideo 0:1, 0:3
Olimpia Asunción - Wanderers Montevideo 2:3, 0:0
1. Nacional Montevideo (URU) 6 4 1 1 12:4 9-3
2. Wanderers Montevideo (URU) 6 3 3 0 9:5 9-3
3. Nacional Asunción (PAR) 6 1 2 3 6:12 4-8
4. Olimpia Asunción (PAR) 6 0 2 4 3:9 2-10
Entscheidungsspiel um Platz 1
NACIONAL MONTEVIDEO - Wanderers Montevideo 2:0
▶ **Zwischenrunde**
Gruppe 1
Atlético San Cristóbal - Peñarol Montevideo 0:0, 0:1
Atlético San Cristóbal - Nacional Montevideo 1:2, 1:5
Peñarol Montevideo - Nacional Montevideo 2:0, 2:1
1. PEÑAROL MONTEVIDEO (URU) 4 3 1 0 5:1 7-1
2. Nacional Montevideo (URU) 4 2 0 2 8:6 4-4
3. Atlético San Cristóbal (VEN) 4 0 1 3 2:8 1-7
Gruppe 2
Grêmio Porto Alegre - Estudiantes La Plata 2:1, 3:3
América Calí - Grêmio Porto Alegre 1:0, 1:2
Estudiantes La Plata - América Calí 2:0, 0:0
1. Grêmio Porto Alegre (BRA) 4 2 1 1 7:6 5-3
2. Estudiantes La Plata (ARG) 4 1 2 1 6:5 4-4
3. América Calí (COL) 4 1 1 2 2:4 3-5
▶ **Finale** (22. und 28.7.1983, 70.000, 80.000)
Peñarol Montevideo (URU) - Grêmio Porto Alegre (BRA) 1:1
Peñarol: G. Fernández, W. Olivera, N. Gutiérrez, N. Montelongo, V. H. Diogo, M. Bossio, W. Silva (J. Villarreal), M. Saralegui, F. Morena, J. L. Zalazar, V. Ramos - *Grêmio*: Mazaropi, Baidek, De León, Paulo Roberto, China, Casemiro, Renato, Osvaldo, Caio (César), Tita, Tarciso - *Tore*: 0:1 Tita (12.), 1:1 Morena (35.) - *SR*: Nitti (Argentinien)
GRÊMIO PORTO ALEGRE - Peñarol Montevideo 2:1
Grêmio: Mazaropi, Baidek, De León, Paulo Roberto, China, Casemiro, Renato, Osvaldo, Caio (César), Tita, Tarciso - *Peñarol*: G. Fernández, W. Olivera, N. Gutiérrez, N. Montelongo, V. H. Diogo, M. Bossio, W. Silva, M. Saralegui, F. Morena, J. L. Zalazar, V. Ramos - *Tore*: 1:0 Caio (9.), 1:1 Morena (70.), 2:1 César (87.) - *SR*: Edison Pérez (Peru)

Copa Libertadores de América 1984
Titelverteidiger Grêmio Porto Alegre Freilos bis zur Zwischenrunde
▶ **Vorrunde**
Gruppe 1
Estudiantes La Plata - Independiente Avellaneda 1:1, 1:4
Olimpia Asunción - Sportivo Luqueño 0:0, 2:1
Sportivo Luqueño - Independiente Avellaneda 0:1, 0:2
Olimpia Asunción - Independiente Avellaneda 1:0, 2:3
Sportivo Luqueño - Estudiantes La Plata 0:0, 1:1
Olimpia Asunción - Estudiantes La Plata 2:1, 1:0
1. INDEPENDIENTE AVELL. (ARG) 6 4 1 1 11:5 9-3
2. Olimpia Asunción (PAR) 6 4 1 1 8:5 9-3
3. Sportivo Luqueño (PAR) 6 0 3 3 2:6 3-9
4. Estudiantes La Plata (ARG) 6 0 3 3 4:9 3-9
Gruppe 2
Universidad Católica Santiago - O'Higgins Rancagua 2:0, 2:0
Bolívar La Paz - Blooming Santa Cruz 0:0, 1:2
Bolívar La Paz - Universidad Católica Santiago 3:2, 1:3
Blooming Santa Cruz - Universidad Católica Santiago 1:2, 0:0
Blooming Santa Cruz - O'Higgins Rancagua 3:0, 4:3
Bolívar La Paz - O'Higgins Rancagua 5:1, 0:0
1. UNIVERSID. CATÓLICA S. (CHI) 6 4 1 1 11:5 9-3
2. Blooming Santa Cruz (BOL) 6 3 2 1 10:6 8-4
3. Bolívar La Paz (BOL) 6 2 2 2 10:8 6-6
4. O'Higgins Rancagua (CHI) 6 0 1 5 4:16 1-11
Gruppe 3
Flamengo Rio de Janeiro - Santos FC 4:1, 5:0
América Calí - Atlético Junior Barranquilla 2:0, 1:4
América Calí - Flamengo Rio de Janeiro 1:1, 2:4
Atlético Junior Barranquilla - Flamengo Rio de Jan. 1:2, 1:3
Atlético Junior Barranquilla - Santos FC 0:3, 3:1
América Calí - Santos FC 1:0, 1:0
1. FLAMENGO RIO DE J. (BRA) 6 5 1 0 19:6 11-1
2. América Calí (COL) 6 3 1 2 8:9 7-5
3. Atlético Junior Barranq. (COL) 6 2 0 4 9:12 4-8
4. Santos FC (BRA) 6 1 0 5 5:14 2-10
Gruppe 4
Nacional Montevideo - Danubio Montevideo 1:0, 1:0
El Nacional Quito - Nueve de Octubre Milagro 3:1, 2:2
Nueve de Octubre Milagro - Danubio Montevideo 2:2, 1:5
El Nacional Quito - Nacional Montevideo 3:1, 1:1
Nueve de Octubre Milagro - Nacional Montevideo 1:3, 0:6
El Nacional Quito - Danubio Montevideo 3:0, 0:1
1. NACIONAL MONTEVIDEO (URU) 6 4 1 1 13:5 9-3
2. El Nacional Quito (ECU) 6 3 2 1 12:6 8-4
3. Danubio Montevideo (URU) 6 2 1 3 8:8 5-7
4. Nueve de Octubre Milagro (ECU) 6 0 2 4 7:21 2-10
Gruppe 5
Sporting Cristal Lima - Mariano Melgar Arequipa 3:2, 0:2
Univ. Los Andes Mérida- Portuguesa Acarigua 2:0, 2:1
Portuguesa Acarigua - Sporting Cristal Lima 1:0, 1:2
Universidad Los Andes Mérida - Mariano Melgar Ar. 1:0, 1:0
Universidad Los Andes Mérida - Sporting Cristal Lima 0:1, 0:2
Portuguesa Acarigua - Mariano Melgar Arequipa 4:0, 2:1
1. UNIV. LOS ANDES MÉRIDA (VEN) 6 4 0 2 6:4 8-4
2. Sporting Cristal Lima (PER) 6 4 0 2 8:6 8-4
3. Portuguesa Acarigua (VEN) 6 3 0 3 9:7 6-6
4. Mariano Melgar Arequipa (PER) 6 1 0 5 5:11 2-10
Entscheidungsspiel um Platz 1
UNIV. LOS ANDES MÉRIDA - Sporting Cristal Lima 2:1

▶ **Zwischenrunde**

Gruppe 1

Nacional Montevideo - Independiente Avellaneda 1:1, 0:1
Universidad Católica Santiago - Independiente Av. 0:0, 1:2
Nacional Montevideo - Universidad Católica Sant. 2:0, x:x
1. INDEPENDIENTE AVELL. (ARG) 4 2 2 0 4:2 6-2
2. Nacional Montevideo (URU) 3 1 1 1 3:2 3-3
3. Univ. Católica Santiago (CHI) 3 0 1 2 1:4 1-5

Gruppe 2

Grêmio Porto Alegre - Flamengo Rio de Janeiro 5:1, 1:3
Univ. Los Andes Mérida - Flamengo Rio de Janeiro 0:3, 1:2
Universidad Los Andes Mérida - Grêmio Porto Alegre 0:2, 1:6
1. Grêmio Porto Alegre (BRA) 4 3 0 1 14:5 6-2
2. Flamengo Rio de Janeiro (BRA) 4 3 0 1 9:7 6-2
3. Univ. Los Andes Mérida (VEN) 4 0 0 4 2:13 0-8
Entscheidungsspiel um Platz 1
GRÊMIO PORTO ALEGRE - Flamengo Rio de Janeiro 0:0*
*Grêmio aufgrund des Torverhältnisses in den Gruppenspielen weiter

▶ **Finale** (24. und 27.7.1984, 55.000, 75.000)

Grêmio Porto Alegre (BRA) - Independiente Avell. (ARG) 0:1
Grêmio: João Marcos, Casemiro, Baidek, De León, Paulo César, China, Luis Carlos, Osvaldo, Renato, Guilherme (Gilson), Tarciso - *Independiente*: Goyén, Villaverde, Trossero, Enrique, Giusti, Marangoni, Bochini, Burruchaga, Bufarini, Barberón (Reinoso) - *Tor*: 0:1 Burruchaga (24.)
INDEPENDIENTE AVELLANEDA - Grêmio Porto Alegre 0:0
Independiente: Goyén, Clausen, Villaverde, Trossero, Enrique, Giusti, Marangoni, Bochini (Zimmermann), Bufarini, Burruchaga, Barberón - *Grêmio*: João Marcos, Casemiro, Baidek, De León, Paulo César, China, Luis Carlos, Osvaldo, Renato, Guilherme, Tarciso

Copa Libertadores de América 1985

Titelverteidiger Independiente Avellaneda Freilos bis zur Zwischenrunde

▶ **Vorrunde**

Gruppe 1

Argentinos Juniors Buenos Aires - Ferro Carril Oeste 0:1, 3:1
Vasco da Gama Rio de Janeiro - Fluminense Rio d. J. 3-3*, 0:0
Vasco da Gama - Argentinos Juniors Buenos Aires 1:2, 2:2
Fluminense Rio - Argentinos Juniors Buenos Aires 0:1, 0:1
Ferro Carril Oeste B.A. - Vasco da Gama Rio de J. 2:0, 2:0
Ferro Carril Oeste B.A. - Fluminense Rio de Janeiro 1:0, 0:0
*wegen Einsatz eines nicht spielberechtigten Akteurs für Fluminense gewertet
1. Argentinos Juniors B. A. (ARG) 6 4 1 1 9:5 9-3
2. Ferro Carril Oeste B. A. (ARG) 6 4 1 1 7:3 9-3
3. Fluminense Rio de Janeiro (BRA) 6 1 2 3 3:6 4-8
4. Vasco da Gama Rio de J. (BRA) 6 0 2 4 6:11 2-10
Entscheidungsspiel um Platz 1
ARGENTINOS JUNIORS B. A. - Ferro Carril Oeste B.A. 3:1

Gruppe 2

Táchira San Cristóbal - Deportivo Italia Caracas 0:0, 3:1
Blooming Santa Cruz - Oriente Petrolero Santa Cruz 1:1, 1:0
Táchira San Cristóbal - Oriente Petrolero Santa Cruz 1:1, 2:3
Deportivo Italia Caracas - Blooming Santa Cruz 0:3, 0:8
Táchira San Cristóbal - Blooming Santa Cruz 0:1, 3:6
Deportivo Italia Caracas - Oriente Petrolero Santa C. 0:3, 1:3
1. BLOOMING SANTA CRUZ (BOL) 6 5 1 0 20:4 11-1
2. Oriente Petrolero S. Cruz (BOL) 6 3 2 1 11:6 8-4
3. Táchira San Cristóbal (VEN) 6 1 2 3 9:12 4-8
4. Deportivo Italia Caracas (VEN) 6 0 1 5 2:20 1-11

Gruppe 3

Guaraní Asunción - Cerro Porteño Asunción 0:0, 1:3
América Calí - Millonarios Bogotá 0:0, 0:0
Guaraní Asunción - Millonarios Bogotá 2:0, 1:5
Cerro Porteño Asunción - Millonarios Bogotá 0:0, 2:0
Cerro Porteño Asunción - América Calí 0:0, 0:2
Guaraní Asunción - América Calí 1:1, 1:2
1. AMÉRICA CALÍ (COL) 6 2 4 0 5:2 8-4
2. Cerro Porteño Asunción (PAR) 6 2 3 1 5:3 7-5
3. Millonarios Bogotá (COL) 6 1 3 2 5:5 5-7
4. Guaraní Asunción (PAR) 6 1 2 3 6:11 4-8

Gruppe 4

Peñarol Montevideo - Bella Vista Montevideo 1:0, 2:0
Colo Colo Santiago - Magallanes Santiago 2:0, 3:1
Colo Colo Santiago - Bella Vista Montevideo 2:0, 1:2
Magallanes Santiago - Peñarol Montevideo 1:1, 0:1
Magallanes Santiago - Bella Vista Montevideo 2:1, 1:0
Colo Colo Santiago - Peñarol Montevideo 1:2, 1:3
1. PEÑAROL MONTEVIDEO (URU) 6 5 1 0 10:3 11-1
2. Colo Colo Santiago (CHI) 6 3 0 3 10:8 6-6
3. Magallanes Santiago (CHI) 6 2 1 3 5:8 5-7
4. Bella Vista Montevideo (URU) 6 1 0 5 3:9 2-10

Gruppe 5

Sport Boys Callao - Universitario Lima 0:2, 0:4
El Nacional Quito - Nueve de Octubre Milagro 3:1, 1:0
Nueve de Octubre Milagro - Universitario Lima 1:0, x:x
El Nacional Quito - Sport Boys Callao 2:0, 2:1
Nueve de Octubre Milagro - Sport Boys Callao 4:0, x:x
El Nacional Quito - Universitario Lima 4:1, 1:1
1. EL NACIONAL QUITO (ECU) 6 5 1 0 13:4 11-1
2. Universitario Lima (PER) 5 2 1 2 8:6 5-5
3. Nueve de Octubre Milagro (ECU) 4 2 0 2 6:4 4-4
4. Sport Boys Callao (PER) 5 0 0 5 1:14 0-10

▶ **Zwischenrunde**

Gruppe 1

Peñarol Montevideo - América Calí 1:1, 0:4
El Nacional Quito - América Calí 2:0, 0:5
Peñarol Montevideo - El Nacional Quito 2:0, 0:2
1. AMÉRICA CALÍ (COL) 4 2 1 1 10:3 5-3
2. El Nacional Quito (ECU) 4 2 0 2 4:7 4-4
3. Peñarol Montevideo (URU) 4 1 1 2 3:7 3-5

Gruppe 2

Argentinos Juniors Buenos Aires - Independiente Av. 2:2, 2:1
Blooming Santa Cruz - Argentinos Juniors Buenos A. 1:1, 0:1
Blooming Santa Cruz - Independiente Avellaneda 1:1, 0:2
1. ARGENTINOS JUNIORS (ARG) 4 2 2 0 6:4 6-2
2. Independiente Avellaneda (ARG) 4 1 2 1 6:5 4-4
3. Blooming Santa Cruz (BOL) 4 0 2 2 2:5 2-6

▶ **Finale** (17., 22.24.10.1985, 50.000, 50.000, 35.000/Asunción)

Argentinos Juniors Buenos A. (ARG) - América Calí (COL) 1:0
Argentinos: Vidallé, Villalba, Pavoni, Olguin, Domenech, Comisso, Batista, Corsi, Castro, Borghi, Ereros (Pellegrini) - *America*: Falcioni, Porras (Chaparro), Soto, Viafara, Valencia, González, Aquino, Cabañas, Penagos (Escobar), De Avila, Ortiz, Gareca - *Tor*: 1:0 Comisso (40.)
América Calí - Argentinos Juniors Buenos Aires 1:0
America: Falcioni, Valencia, Soto, Viafara, Chaparro, Sarmiento, González, Aquino, Cabañas, Ortiz (De Avila), Gareca, Bataglia (Herrera) - *Argentinos*: Vidallé, Villalba, Pavoni, Olguin, Domenech, Videla, Batista, Comisso, Castro (J. Lopez), Borghi, Ereros (Valdez) - *Tor*: 1:0 Ortiz (3.)
ARGENTINOS JUNIORS B. A. - América Calí 1:1 n.V., 5:4 n.E.
Argentinos: Vidallé, Villalba (Mayor), Pellegrini (Lemme), Pavoni, Domenech, Olguin, Batista, Corsi, Comisso, Borghi, Videla - *America*: Falcioni, Valencia, Soto, Viafara, Chaparro, Sarmiento, González, Aquino, Cabañas, Ortiz (De Avila), Gareca, Bataglia (Herrera) - *Tore*: 1:0 Comisso (37.), 1:1 Gareca (42.)

Copa Libertadores de América 1986

Titelverteidiger Argentinos Juniors Buenos Aires Freilos bis zur Zwischenrunde

▶ **Vorrunde**

Gruppe 1

Peñarol Montevideo - Wanderers Montevideo 1:3, 0:1
Boca Juniors Buenos Aires - River Plate Buenos Aires 1:1, 0:1
Wanderers Montevideo - River Plate Buenos Aires 0:2, 2:4
Peñarol Montevideo - Boca Juniors Buenos Aires 1:2, 1:1
Wanderers Montevideo - Boca Juniors Buenos Aires 2:0, 2:3
Peñarol Montevideo - River Plate Buenos Aires 0:2, 1:3
1. RIVER PLATE BUENOS A. (ARG) 6 5 1 0 13:4 11-1
2. Wanderers Montevideo (URU) 6 3 0 3 10:10 6-6
3. Boca Juniors Buenos Aires (ARG) 6 2 2 2 7:8 6-6
4. Peñarol Montevideo (URU) 6 0 1 5 4:12 1-11

Gruppe 2

América Calí - Deportivo Calí 0:0, 1:0
América Calí - Cobresal El Salvador 0:0, 2:2
Deportivo Calí - Cobresal El Salvador 1:1, 1:1
Cobresal El Salvador - Universidad Católica Santiago 1:1, 1:0
América Calí - Universidad Católica Santiago 2:1, 3:1
Deportivo Calí - Universidad Católica Santiago 3:1, 3:1
1. AMÉRICA CALÍ (COL) 6 3 3 0 8:4 9-3
2. Deportivo Calí (COL) 6 2 3 1 8:5 7-5
3. Cobresal El Salvador (CHI) 6 1 5 0 6:5 7-5
4. Universidad Católica S. (CHI) 6 0 1 5 5:13 1-11

Gruppe 3

Universitario Lima - Universidad Técnica Cajamarca 2:0, 3:1
Bolívar La Paz - Jorge Wilstermann Cochabamba 1:0, 2:1
Jorge Wilstermann Cochabamba - Universitario Lima 4:0, 2:1
Bolívar La Paz - Universidad Técnica Cajamarca 2:1, 2:2
Bolívar La Paz - Universitario Lima 4:0, 0:3
Jorge Wilstermann - Universidad Técnica Cajamarca 2:0, 2:3
1. BOLÍVAR LA PAZ (BOL) 6 4 1 1 12:7 9-3
2. Jorge Wilstermann Coch. (BOL) 6 3 0 3 11:8 6-6
3. Universitario Lima (PER) 6 3 0 3 9:11 6-6
4. Univ. Técnica Cajamarca (PER) 6 1 1 4 7:13 3-7

Gruppe 4

Barcelona Guayaquil - Deportivo Quito 3:3, 0:0
Barcelona Guayaquil - Coritiba Curitiba 1:1, 0:0
Deportivo Quito - Coritiba Curitiba 2:1, 1:3
Barcelona Guayaquil - Bangu Rio de Janeiro 1:0, 2:1
Deportivo Quito - Bangu Rio de Janeiro 3:1, 3:3
Bangu Rio de Janeiro - Coritiba Curitiba 1:1, 0:2
1. BARCELONA GUAYAQUIL (ECU) 6 2 4 0 7:5 8-4
2. Coritiba Curitiba (BRA) 6 2 3 1 8:5 7-5
3. Deportivo Quito (ECU) 6 2 3 1 12:11 7-5
4. Bangu Rio de Janeiro (BRA) 6 0 2 4 6:12 2-10

Gruppe 5

Die venezolanischen Teilnehmer Estudiantes Mérida und Táchira San Cristóbal traten nicht an
OLIMPIA ASUNCIÓN - Nacional Asunción 3:1, 2:1

▶ **Zwischenrunde**

Gruppe 1

Argentinos Juniors Buenos Aires - River Plate B. A. 0:0, 2:0
Barcelona Guayaquil - Argentinos Juniors Buenos A. 1:0, 0:1
Barcelona Guayaquil - River Plate Buenos Aires 0:3, 1:4
1. River Plate Buenos Aires (ARG) 4 2 1 1 7:3 5-3
2. Argentinos Juniors B. A. (ARG) 4 2 1 1 3:1 5-3
3. Barcelona Guayaquil (ECU) 4 1 0 3 2:8 2-6
Entscheidungsspiel
RIVER PLATE - Argentinos Juniors Buenos Aires 0:0 n.V.
River Plate Buenos Aires aufgrund des besseren Torverhältnisses in den Gruppenspielen weiter

Gruppe 2

Olimpia Asunción - Bolívar La Paz 3:1, 1:1
Olimpia Asunción - América Calí 1:1, 0:1
Bolívar La Paz - América Calí 2:0, 1:2
1. AMÉRICA CALÍ (COL) 4 2 1 1 4:4 5-3
2. Olimpia Asunción (PAR) 4 1 2 1 5:4 4-4
3. Bolívar La Paz (BOL) 4 1 1 2 5:6 3-5

▶ **Finale** (22. und 29.10.1986, 55.000, 85.000)

América Calí (COL) - River Plate Buenos Aires (ARG) 1:2
America: Falcioni, Valencia, Espinoza, Esterilla, Porras, González, Aquino, Ischia (De Avila), Cabañas, Ortiz (Escobar), Gareca, Bataglia - *River Plate*: Pumpido, Gordillo, Gutiérrez, Ruggeri, Montenegro, Enrique, Gallego, Alonso (Sperandio), Alfaro (Troglio), Alzamendi, Funes - *Tore*: 0:1 Funes (22.), 0:2 Alonso (25.), 1:2 Cabañas (47.)
RIVER PLATE BUENOS AIRES - América Calí 1:0
River Plate: Pumpido, Gordillo, Gutiérrez, Ruggeri, Montenegro, Enrique, Gallego, Alonso (Gomez), Alzamendi (Sperandio), Funes - *America*: Falcioni, Valencia (De Avila), Espinoza, Luna, Porras, González, Aquino (Escobar), Ischia, Cabañas, Ortiz , Gareca, Bataglia - *Tor*: 1:0 Funes (70.)

Copa Libertadores de América 1987

Titelverteidiger River Plate Buenos Aires Freilos bis zur Zwischenrunde

▶ **Vorrunde**

Gruppe 1

Estudiantes Mérida - Rosario Central 0:3, 2:5
Táchira San Cristóbal - Independiente Avellaneda 3:2, 0:5
Táchira San Cristóbal - Rosario Central 0:0, 2:3
Estudiantes Mérida - Independiente Avellaneda 0:1, 0:2
Táchira San Cristóbal - Estudiantes Mérida 3:2, 3:0
Rosario Central - Independiente Avellaneda 0:0, 1:3
1. INDEPENDIENTE AVELL. (ARG) 6 4 1 1 13:4 9-3
2. Rosario Central (ARG) 6 3 2 1 12:7 8-4
3. Táchira San Cristóbal (VEN) 6 3 1 2 11:12 7-5
4. Estudiantes Mérida (VEN) 6 0 0 6 4:17 0-12

Gruppe 2

América Calí - Deportivo Calí 1:0, 1:2
The Strongest La Paz - Oriente Petrolero Santa Cruz 3:2, 1:2
The Strongest La Paz - Deportivo Calí 2:1, 0:4
Oriente Petrolero Santa Cruz - Deportivo Calí 0:1, 1:5
The Strongest La Paz - América Calí 1:1, 0:6
Oriente Petrolero Santa Cruz - América Calí 1:1, 1:3
1. América Calí (COL) 6 3 2 1 13:5 8-4
2. Deportivo Calí (COL) 6 4 0 2 13:5 8-4
3. The Strongest La Paz (BOL) 6 2 1 3 7:16 5-7
4. Oriente Petrolero S. Cruz (BOL) 6 1 1 4 7:14 3-9
Entscheidungsspiel um Platz 1
AMÉRICA CALÍ - Deportivo Calí 0:0 n.V., 4:2 n.E.

Gruppe 3

Cobreloa Calama - Colo Colo Santiago 1:0, 0:0
Guarani Campinas - São Paulo FC 3:1, 2:2
Guarani Campinas - Cobreloa Calama 0:0, 1:3
São Paulo FC - Cobreloa Calama 2:1, 1:3
Guarani Campinas - Colo Colo Santiago 0:0, 0:2
São Paulo FC - Colo Colo Santiago 1:2, 2:2
1. Cobreloa Calama (CHI) 6 3 2 1 8:4 8-4
2. Colo Colo Santiago (CHI) 6 2 3 1 6:4 7-5
3. Guarani Campinas (BRA) 6 1 3 2 6:8 5-7
4. São Paulo FC (BRA) 6 1 2 3 9:13 4-8

Gruppe 4

Sol de América Asunción - Olimpia Asunción 2:2, 1:2
El Nacional Quito - Barcelona Guayaquil 2:0, 1:2
Olimpia Asunción - El Nacional Quito 2:0, 0:4
Sol de América Asunción - El Nacional Quito 2:1, 1:4
Sol de América Asunción - Barcelona Guayaquil 1:2, 0:1
Olimpia Asunción - Barcelona Guayaquil 1:0, 2:3
1. BARCELONA GUAYAQUIL (ECU) 6 4 0 2 8:7 8-4
2. Olimpia Asunción (PAR) 6 3 1 2 9:10 7-5
3. El Nacional Quito (ECU) 6 3 0 3 12:7 6-6
4. Sol de América Asunción (PAR) 6 1 1 4 7:12 3-9

Gruppe 5

Alianza Lima - Colégio San Agustín Lima 0:0, 2:1
Peñarol Montevideo - Progreso Montevideo 3:2, 1:1
Colégio San Agustín Lima - Progreso Montevideo 3:1, 0:3
Alianza Lima - Progreso Montevideo 0:0, 0:0
Alianza Lima - Peñarol Montevideo 0:1, 0:2
Colégio San Agustín Lima - Peñarol Montevideo 1:1, 0:2
1. PEÑAROL MONTEVIDEO (URU) 6 4 2 0 10:4 10-2
2. Progreso Montevideo (URU) 6 1 3 2 7:7 5-5
3. Alianza Lima (PER) 6 1 3 2 2:4 5-7
4. Colégio San Agustín Lima (PER) 6 1 2 3 5:9 4-8

▶ **Zwischenrunde**

Gruppe 1

Cobreloa Calama - Barcelona Guayaquil 3:0, 2:0
Cobreloa Calama - América Calí 2:2, 1:1
Barcelona Guayaquil - América Calí 0:2, 0:4
1. AMÉRICA CALÍ (COL) 4 2 2 0 9:3 6-2
2. Cobreloa Calama (CHI) 4 2 2 0 8:3 6-2
3. Barcelona Guayaquil (ECU) 4 0 0 4 0:11 0-8

Gruppe 2

River Plate Buenos Aires - Independiente Avellaneda 0:0, 0:2
Peñarol Montevideo - Independiente Avellaneda 3:0, 4:2
Peñarol Montevideo - River Plate Buenos Aires 0:0, 0:1
1. PEÑAROL MONTEVIDEO (URU) 4 2 1 1 7:3 5-3
2. River Plate Buenos Aires (ARG) 4 1 2 1 1:2 4-4
3. Independiente Avellaneda (ARG) 4 1 1 2 4:7 3-5

▶ **Finale** (21., 28., 31.10.87, 65.000, 60.000, 25.000/Santiago)

América Calí (COL) - Peñarol Montevideo (URU) 2:0
América: Falcioni, H. Valencia, V. Espinosa, Aponte, Porras, Luna, Santín, R. Cabañas, H. D. Herrera (A. Escobar), Gareca (O. Maturana), Battaglia - *Peñarol*: E. Pereira, J. Herrera, Rotti, Trasante, A. Domínguez (Villar), J. Perdomo, G. Matosas (E. Da Silva), D. Vidal, R. Viera, J. Cabrera, D. Aguirre - *Tore*: 1:0 Battaglia (8.), 2:0 Cabaña (20.) - *SR*: Wright (Brasilien)
Peñarol Montevideo - América Calí 2:1
Peñarol: E. Pereira, J. Herrera, Rotti (J. Gonçálvez), Trasante, A.

Domínguez, J. Perdomo, E. Da Silva, D. Vidal, R. Viera, J. Cabrera (Villar), D. Aguirre - *América*: Falcioni, H. Valencia, V. Espinosa, Aponte, Porras, Luna, Santín, R. Cabañas, W. Ortiz (H. D. Herrera), Gareca, Battaglia - *Tore*: 0:1 Cabañas (19.), 1:1 Aguirre (68.), 2:1 Villar (87.) - *SR*: Calabria (Argentinien)

PEÑAROL MONTEVIDEO - América Calí 1:0 n.V.

Peñarol: E. Pereira, J. Herrera, Rotti, Trasante, A. Domínguez, J. Perdomo (J. Gonçálvez), E. Da Silva, D. Vidal (Villar), R. Viera, J. Cabrera, D. Aguirre - *América*: Falcioni, H. Valencia, V. Espinosa, Aponte, Ampudia, Luna, Santín, R. Cabañas, W. Ortiz, Gareca (Esterilla), Battaglia - Tor: 1:0 Aguirre (120.) - *SR*: Silva (Chile)

Copa Libertadores de América 1988

Titelverteidiger Peñarol Montevideo Freilos bis ins Viertelfinale

Vorrunde

Gruppe 1

Táchira San Cristóbal - Marítimo Caracas 0:0, 1:1
Universidad Católica Santiago - Colo Colo Santiago 1:0, 2:2
Táchira San Cristóbal - Universidad Católica Santiago 0:1, 1:3
Marítimo Caracas - Universidad Católica Santiago 0:0, 1:2
Marítimo Caracas - Colo Colo Santiago 0:1, 0:1
Táchira San Cristóbal - Colo Colo Santiago 0:1, 0:2
1. UNIVERSIDAD CATÓLICA (CHI) 6 4 2 0 9:4 10-2
2. Colo Colo Santiago (CHI) 6 4 1 1 7:3 9-3
3. Marítimo Caracas (VEN) 6 0 3 3 2:5 3-9
4. Táchira San Cristóbal (VEN) 6 0 2 4 2:8 2-10

Gruppe 2

Newell's Old Boys Rosario - San Lorenzo Almagro 0:0, 0:0
Barcelona Guayaquil - Filanbanco Guayaquil 4:2, 2:1
Filanbanco Guayaquil - Newell's Old Boys Rosario 1:1, 0:1
Barcelona Guayaquil - San Lorenzo Almagro 2:0, 1:2
Filanbanco Guayaquil - San Lorenzo Almagro 1:2, 0:2
Barcelona Guayaquil - Newell's Old Boys Rosario 0:0, 0:3
1. Newell's Old Boys Rosario (ARG) 6 2 4 0 5:1 8-4
2. San Lorenzo Almagro (ARG) 6 3 2 1 6:4 8-4
3. Barcelona Guayaquil (ECU) 6 3 1 2 9:8 7-5
4. Filanbanco Guayaquil (ECU) 6 0 1 5 5:12 1-11

Entscheidungsspiel um Platz 1
NEWELL'S OLD BOYS ROSARIO - San Lorenzo Almagro 1:0

Gruppe 3

Wanderers Montevideo - Nacional Montevideo 0:0, 0:1
Millonarios Bogotá - América Calí 2:3, 1:2
Wanderers Montevideo - América Calí 1:2, 0:1
Nacional Montevideo - América Calí 2:0, 0:0
Wanderers Montevideo - Millonarios Bogotá 2:1, 0:3
Nacional Montevideo - Millonarios Bogotá 4:1, 1:6
1. AMÉRICA CALÍ (COL) 6 4 1 1 8:6 9-3
2. Nacional Montevideo (URU) 6 3 2 1 8:7 8-4
3. Millonarios Bogotá (COL) 6 2 0 4 14:12 6-8
4. Wanderers Montevideo (URU) 6 1 1 4 3:8 3-9

Gruppe 4

Bolívar La Paz - Oriente Petrolero Santa Cruz 1:2, 3:1
Cerro Porteño Asunción - Olimpia Asunción 0:0, 0:1
Oriente Petrolero Santa Cruz - Olimpia Asunción 1:0, 2:1
Bolívar La Paz - Olimpia Asunción 2:0, 2:4
Oriente Petrolero S. Cruz - Cerro Porteño Asunción 2:2, 0:1
Bolívar La Paz - Cerro Porteño Asunción 2:0, 2:3
1. ORIENTE PETROLERO S.C. (BOL) 6 3 1 2 8:8 7-5
2. Bolívar La Paz (BOL) 6 3 0 3 12:10 6-6
3. Cerro Porteño Asunción (PAR) 6 2 2 2 6:7 6-6
4. Olimpia Asunción (PAR) 6 2 1 3 6:7 5-7

Gruppe 5

Universitario Lima - Alianza Lima 2:0, 0:0
Sport Recife - Guarani Campinas 0:1, 1:4
Alianza Lima - Guarani Campinas 2:1, 0:1
Universitario Lima - Guarani Campinas 1:1, 1:1
Universitario Lima - Sport Recife 1:0, 0:0
Alianza Lima - Sport Recife 0:1, 0:5
1. GUARANI CAMPINAS (BRA) 6 3 2 1 9:5 8-4
2. Universitario Lima (PER) 6 2 4 0 5:2 8-4
3. Sport Recife (BRA) 6 2 1 3 7:6 5-7
4. Alianza Lima (PER) 6 1 1 4 2:10 3-9

Achtelfinale

Universidad Católica S. (CHI) - NACIONAL M. (URU) 1:1, 0:0
AMÉRICA CALÍ (COL) - Universitario Lima (PER) 1:0, 2:2
ORIENTE PETROLERO (BOL) - Colo Colo Sant. (CHI) 2:1, 0:0
SAN LORENZO ALM. (ARG) - Guarani Campinas (BRA) 1:1, 1:0
Bolívar (BOL) - NEWELL'S OLD BOYS (ARG) 1:0, 0:1, 2:3 n.E.

Viertelfinale

NEWELL'S OLD BOYS (ARG)* - NACIONAL M. (URU) 1:1, 1:2
SAN LORENZO ALMAGRO (ARG) - Peñarol M. (URU) 1:0, 0:0
Oriente Petrolero (BOL) - AMÉRICA CALÍ (COL) 1:1, 0:2
*Newell's Old Boys kam als bester Verlierer weiter

Halbfinale

NACIONAL MONTEVIDEO (URU) - América Calí (COL) 1:0, 1:1
NEWELL'S OLD BOYS (ARG) - San Lorenzo Alm. (ARG) 1:0, 2:1

Finale (19. und 26.10.1988, 45.000, 75.000)

Newell's Old Boys Rosario (ARG) - Nacional Montev. (URU) 1:0

Newell's: Scopini, Llop, Theiler, Pautasso, Sensini, Marino (81. Fullana), Franco, Alfaro, Rossi, Batistuta, Almiron (46. Gabrich) - *Nacional*: Sere, Pintos Saldanha, Revelez, De Leon, Soca, Lemos, Ostolaza, Cardaccio, Castro, Vargas (89. Carreno), De Lima - *Tor*: 1:0 Gabrich (60.) - *SR*: Silva (Chile)

Newell's Old Boys R. (ARG) - NACIONAL M. (URU) 0:3 n.V.*

Nacional: Sere, Pintos Saldanha, Revelez, De Leon, Soca, Lemos, Ostolaza, Cardaccio, Castro (11. Moran), Vargas (54. Carreno), De Lima - *Newell's*: Scopini, Llop (Ramos), Theiler, Pautasso, Sensini, Marino, Franco, Alfaro (46. Almiron), Rossi, Gabrich, Batistuta - *Tore*: 0:1 Vargas (13.), 0:2 Ostolaza (36.), 0:3 De Leon (78.) - *SR*: Coelha (Brasilien) - **es wurde eine Verlängerung ausgespielt, da nach 90 Minuten nur die Punkte, nicht aber die Tore ausschalggebend waren. Nach Ende der Verlängerung wurden dann auch die Tore zur Entscheidungsfindung herangezogen*

Copa Libertadores de América 1989

Titelverteidiger Nacional Montevideo Freilos bis ins Viertelfinale

Vorrunde

Gruppe 1

Olimpia Asunción - Sol de América Asunción 0:0, 4:5*
Colo Colo Santiago - Cobreloa Calama 0:2, 2:2
Colo Colo Santiago - Sol de América Asunción 3:1, 0:1
Cobreloa Calama - Sol de América Asunción 1:0, 0:0
Olimpia Asunción - Colo Colo Santiago 2:0, 0:2
Cobreloa Calama - Olimpia Asunción 2:0, 0:2
* Das Spiel war nach 24 Minuten wegen Flutlichtausfall abgebrochen und am Tag darauf neu angesetzt worden. Nachdem das dabei erzielte Ergebnis beiden paraguayischen Mannschaften weiterhalf, bestrafte die CONMEBOL beide Vereine mit einer Strafe von 5.000 US-Dollar, ließ das Ergebnis aber stehen
1. COBRELOA CALAMA (CHI) 6 3 2 1 7:4 8-4
2. SOL DE AMÉRICA ASUNC. (PAR) 6 2 2 2 7:8 6-6
3. OLIMPIA ASUNCIÓN (PAR) 6 2 1 3 8:9 5-7
4. Colo Colo Santiago (CHI) 6 2 1 3 7:8 5-7

Gruppe 2

Marítimo Caracas - Táchira San Cristóbal 0:1, 0:2
Internacional Porto Alegre - Bahia Salvador 1:2, 0:1
Táchira San Cristóbal - Internacional Porto Alegre 1:0, 1:3
Marítimo Caracas - Internacional Porto Alegre 1:1, 0:3
Marítimo Caracas - Bahia Salvador 0:0, 2:3
Táchira San Cristóbal - Bahia Salvador 1:1, 1:4
1. BAHIA SALVADOR (BRA) 6 4 2 0 11:5 10-2
2. TÁCHIRA SAN CRISTÓBAL (VEN) 6 3 1 2 7:8 7-5
3. INTERNACIONAL P. A. (BRA) 6 2 1 3 8:6 5-7
4. Marítimo Caracas (VEN) 6 0 2 4 3:10 2-10

Gruppe 3

Emelec Guayaquil - Deportivo Quito 1:0, 0:1
Millonarios Bogotá - Atlético Nacional Medellín 1:1, 2:0
Emelec Guayaquil - Atlético Nacional Medellín 1:1, 1:3
Deportivo Quito - Atlético Nacional Medellín 1:1, 1:2
Emelec Guayaquil - Millonarios Bogotá 0:2, 1:4
Deportivo Quito - Millonarios 0:0, 1:3
1. MILLONARIOS BOGOTÁ (COL) 6 4 2 0 12:3 10-2
2. ATLÉTICO NACIONAL M. (COL) 6 2 3 1 8:7 7-5
3. DEPORTIVO QUITO (ECU 6 1 2 3 4:7 4-8
4. Emelec Guayaquil (ECU) 6 1 1 4 4:11 3-9

Gruppe 4

Sporting Cristal Lima - Universitario Lima 1:0, 0:4
Boca Juniors Buenos Aires - Racing Club Avellaneda 3:2, 0:0
Universitario Lima - Boca Juniors Buenos Aires 1:0, 0:2
Sporting Cristal Lima - Boca Juniors Buenos Aires 1:0, 3:4
Universitario Lima - Racing Club Avellaneda 2:1, 0:2
Sporting Cristal Lima - Racing Club Avellaneda 1:2, 0:2
1. BOCA JUNIORS B. A. (ARG) 6 3 1 2 9:7 7-5
2. RACING CLUB AVELL. (ARG) 6 3 1 2 9:6 7-5
3. UNIVERSITARIO LIMA (PER) 6 3 0 3 7:6 6-6
4. Sporting Cristal Lima (PER) 6 2 0 4 6:12 4-8

Entscheidungsspiel um Platz 1
BOCA JUNIORS BUENOS AIRES - Racing Club Avellaneda 3:1

Gruppe 5

Danubio Montevideo - Peñarol Montevideo 4:1, 0:2
Bolívar La Paz - The Strongest La Paz 0:0, 0:0
The Strongest La Paz - Peñarol Montevideo 1:2, 1:1
Bolívar La Paz - Peñarol Montevideo 3:0, 0:5
The Strongest La Paz - Danubio Montevideo 1:0, 0:1
Bolívar La Paz - Danubio Montevideo 3:1, 0:1
1. PEÑAROL MONTEVIDEO (URU) 6 3 1 2 11:9 7-5
2. DANUBIO MONTEVIDEO (URU) 6 3 0 3 7:7 6-6
3. BOLÍVAR LA PAZ (BOL) 6 2 2 2 6:7 6-6
4. The Strongest La Paz (BOL) 6 1 3 2 3:4 5-7

Achtelfinale

ATLÉTICO NACIONAL M. (COL) - Racing Club (ARG) 2:0, 1:2
Bolívar (BOL) - MILLONARIOS (COL) 1:0, 2:3 n.V., 3:4 n.E.
Deportivo Quito (ECU) - COBRELOA CALAMA (CHI) 0:0, 0:1
Nacional Montev. (URU) - DANUBIO MONTEV. (URU) 1:3, 0:0
INTERNACIONAL Porto A. (BRA) - Peñarol M. (URU) 6:2, 2:1
Universitario Lima (PER) - BAHIA SALVADOR (BRA) 1:1, 1:2
SOL DE AMÉRICA (PAR) - Táchira (VEN) 3:0, 0:3 n.V., 3:2 n.E.
OLIMPIA A. (PAR) - Boca Juniors (ARG) 2:0, 3:5 n.V., 7:6 n.E.

Viertelfinale

ATLÉTICO NACIONAL (COL) - Millonarios Bog. (COL) 1:0, 1:1
Cobreloa Calama (CHI) - DANUBIO MONT. (URU) 0:2, 1:2
INTERNACIONAL (BRA) - Bahia Salvador (BRA) 1:0, 0:0
OLIMPIA ASUNC. (PAR) - Sol de América Asunc. (PAR) 2:0, 4:4

Halbfinale

Danubio Mont. (URU) - ATLÉTICO NACIONAL (COL) 0:0, 0:6
OLIMPIA A. (PAR) - Internacional (BRA) 0:1, 3:2 n.V., 5:3 n.E.

Finale (24. und 31.5.1989, 50.000, 50.000)

Olimpia Asunción (PAR) - Atl. Nacional Medellín (COL) 2:0

Olimpia: Almeida, Miño, Benitez, Chamas, Krausemann, Sanabria (Balbuena), Guasch, Neffa, Bobadilla, Amarilla, Mendoza (Gonzalez) - *Nacional*: Higuita, Gómez, Perea, Escobar, Villa (Carmona), Pérez, Alvárez, Fajardo, Garcia, Arango (Arboleda), Usurriaga - *Tore*: 1:0 Bobadilla (36.), 2:0 Sanabria (60.) - *SR*: Wright (Brasilien)

ATL. NACIONAL MEDELLÍN - Olimpia Asunc. 2:0 n.V., 5:4 n.E.

Nacional: Higuita, Carmona, Perea, Escobar, Gómez, Alvárez, Fajardo, Garcia, Fajardo (Arboleda), Arango (Pérez), Usurriaga, Trellez - *Olimpia*: Almeida, Miño, Benitez, Chamas, Krausemann, Sanabria, Guasch, Bobadilla (Balbuena), Neffa, Amarilla, Mendoza - *Tore*: 1:0 Eigentor (64.), 2:0 Usurriaga (64.) - *SR*: Loustau (Argentinien)

Copa Libertadores de América 1990

Titelverteidiger Atlético Nacional Medellín Freilos bis ins Viertelfinale

Vorrunde

Gruppe 1

The Strongest La Paz - Oriente Petrolero Santa Cruz 2:0, 0:1
Barcelona Guayaquil - Emelec Guayaquil 0:0, 1:3
The Strongest La Paz - Emelec Guayaquil 4:3, 0:1
Oriente Petrolero Santa Cruz - Emelec Guayaquil 1:0, 2:2
Barcelona Guayaquil - Oriente Petrolero Santa Cruz 2:1, 1:1
The Strongest La Paz - Barcelona Guayaquil 2:1, 0:1
1. EMELEC GUAYAQUIL (ECU) 6 2 2 2 9:8 6-6
2. THE STRONGEST LA PAZ (BOL) 6 3 0 3 8:7 6-6
3. Barcelona Guayaquil (ECU) 6 2 2 2 6:7 6-6
4. Oriente Petrolero S. Cruz (BOL) 6 2 2 2 6:7 6-6

Entscheidungsspiel um Platz 3
BARCELONA G. - Oriente Petrolero S. C. 3:1, 2:3 n.V., 5:4 n.E.

Gruppe 2

River Plate B. A. (ARG) - INDEPENDIENTE AB. (ARG) 0:0, 0:1
Kolumbiens Vereine wurden ausgeschlossen, nachdem beim Spiel zwischen Atlético Nacional Medellín und Vasco Da Gama Rio de Janeiro 1990 der Schiedsrichter von sechs Attentätern überfallen worden war.

Gruppe 3

Universidad Católica Santiago - Colo Colo Santiago 2:1, 0:0
Sporting Cristal Lima - Unión Huaral 0:0, 3:0
Sporting Cristal Lima - Universidad Católica Santiago 0:0, 0:2
Unión Huaral - Universidad Católica Santiago 1:0, 2:2
Sporting Cristal Lima - Colo Colo Santiago 1:2, 0:2
Unión Huaral - Colo Colo Santiago 1:1, 1:3
1. COLO COLO SANTIAGO (CHI) 6 3 2 1 9:5 8-4
2. UNIVERSIDAD CATÓLICA (CHI) 6 2 3 1 6:4 7-5
3. UNIÓN HUARAL (PER) 6 1 3 2 5:9 5-7
4. Sporting Cristal Lima (PER) 6 1 2 3 4:6 4-8

Gruppe 4

Defensor Sporting - Progreso Montevideo 0:0, 1:1
Mineros Ciudad Guayana - Pepeganga Porlamar 1:0, 1:2
Mineros Ciudad Guayana - Progreso Montevideo 1:3, 1:1
Pepeganga Porlamar - Progreso Montevideo 1:0, 0:2
Pepeganga Porlamar - Defensor Sporting Montev. 1:0, 0:1
Mineros Ciudad Guayana - Defensor Sporting Mont. 0:0, 1:3
1. PROGRESO MONTEVIDEO (URU) 6 2 3 1 7:4 7-5
2. DEFENSOR SPORTING M. (URU) 6 2 3 1 5:3 7-5
3. PEPEGANGA PORLAMAR (VEN) 6 3 0 3 4:5 6-6
4. Mineros Ciudad Guayana (VEN) 6 1 2 3 5:9 4-8

Entscheidungsspiel um Platz 1
Progreso Montevideo - Defensor Sporting Montevideo 4:0

Gruppe 5

Grêmio Porto Alegre - Vasco da Gama Rio de Jan. 2:0, 0:0
Olimpia Asunción - Cerro Porteño Asunción 2:1, 2:3
Olimpia Asunción - Grêmio Porto Alegre 1:0, 2:2
Cerro Porteño Asunción - Grêmio Porto Alegre 3:1, 0:0
Olimpia Asunción - Vasco da Gama Rio de Janeiro 2:1, 0:1
Cerro Porteño Asunción - Vasco da Gama Rio de Jan. 1:1, 0:2
1. OLIMPIA ASUNCIÓN (PAR) 6 3 1 2 9:8 7-5
2. CERRO PORTEÑO ASUNC. (PAR) 6 2 2 2 8:8 6-6
3. VASCO DA GAMA RIO (BRA) 6 2 2 2 5:5 6-6
4. Grêmio Porto Alegre (BRA) 6 1 3 2 5:6 5-7

Achtelfinale

UNIVERSIDAD CATÓLICA (CHI) - The Strongest (BOL) 3:1, 1:1
VASCO DA GAMA (BRA) - Colo Colo (CHI) 0:0, 3:3 n.V., 5:4 n.E.
Cerro Porteño (PAR) - ATLÉTICO NACIONAL (COL) 0:0, 0:1
Defensor Sporting Mont. (URU) - RIVER PLATE (ARG) 1:2, 1:2
Pepeganga (VEN) - INDEPENDIENTE AVELL. (ARG) 0:6, 0:3
Unión Huaral (PER) - EMELEC GUAYAQUIL (ECU) 1:0, 0:2
BARCELONA GUAYAQUIL (ECU) - Progreso M. (URU) 2:0, 2:2
Freilos: OLIMPIA ASUNCIÓN

Viertelfinale

OLIMPIA ASUNC. (PAR) - Universidad Católica (CHI) 2:0, 4:4
Vasco da Gama (BRA) - ATLÉTICO NACIONAL (COL) 0:0, 0:1*
RIVER PLATE (ARG) - Independiente Avell. (ARG) 2:0, 1:1
Emelec Guayaquil (ECU) - BARCELONA GUAY. (ECU) 0:0, 0:1
*Wiederholungsspiel in Santiago de Chile, nachdem das Ergebnis des Rückspiels in Medellín (2:0 für Atlético Nacional) annulliert worden war, weil der Schiedsrichter Morddrohungen erhalten hatte

Halbfinale

Atlético Nacional (COL) - OLIMPIA (PAR) 1:2, 3:2 n.V., 1:2 n.E.
River Plate (ARG) - BARCELONA G. (ECU) 1:0, 0:1 n.V., 3:4 n.E.

Finale (3. und 10.10.1990, 35.000, 50.000)

Olimpia Asuncíon (PAR) - Barcelona Guayaquil (ECU) 2:0

Olimpia: Almeida, J. Ramirez, Fernandez, M. Ramirez, Suarez, Guasch, Balbuena (Cubilla), Monzon, Gonzalez, Samaniego, Amarilla - *Barcelona*: Morales, Izquierdo, Martinez, Macias, F. Bravo, Saralegui, Muñoz (Maldonado), Proano (D. Bravo), Trobbiani, Jimenez, Acosta - *Tore*: 1:0 Amarilla (47.), 2:0 Samaniego (65.) - *SR*: Cardellino (Uruguay)

Barcelona Guayaquil - OLIMPIA ASUNCÍON 1:1

Barcelona: Morales, Izquierdo, F. Bravo, Macias, Guzman (Proano), Saralegui, D. Bravo, Trobbiani, Muñoz, Uquillas, Acosta - *Olimpia*: Almeida, J. Ramirez, M. Ramirez, Suarez, Fernandez (Gonzalez), Guasch, Balbuena, Jara, Monzon, Amarilla (Sanabria), Samaniego - *Tore*: 0:1 Trobbiani (61.), 1:1 Amarilla (80.) - *SR*: Montalban (Peru)

Copa Libertadores de América 1991

Titelverteidiger Olimpia Asunción Freilos bis ins Viertelfinale

▶ Vorrunde

Gruppe 1

Boca Juniors Buenos Aires - River Plate Buenos Aires 4:3, 2:0
Bolívar La Paz - Oriente Petrolero Santa Cruz 2:0, 1:2
Bolívar La Paz - River Plate Buenos Aires 4:1, 0:2
Oriente Petrolero Santa Cruz - River Plate Buenos A. 1:1, 1:3
Bolívar La Paz - Boca Juniors Buenos Aires 2:0, 0:0
Oriente Petrolero Santa Cruz - Boca Juniors Buenos A. 1:0, 0:0

1. BOLÍVAR LA PAZ (BOL)	6	3	1	2	9:5	7-5
2. BOCA JUNIORS B. A. (ARG)	6	2	2	2	6:6	6-6
3. ORIENTE PETROLERO S. C. (BOL)	6	2	2	2	5:7	6-6
4. River Plate Buenos Aires (ARG)	6	2	1	3	10:12	5-7

Gruppe 2

Concepción - Colo Colo Santiago 0:0, 0:2
Barcelona Guayaquil - LDU Quito 0:1, 0:0
Concepción - Barcelona Guayaquil 1:0, 2:2
Colo Colo Santiago - Barcelona Guayaquil 3:1, 2:2
LDU Quito - Concepción 4:0, 0:3
Colo Colo Santiago - LDU Quito 3:0, 0:0

1. COLO COLO SANTIAGO (CHI)	6	3	3	0	10:3	9-3
2. LDU QUITO (ECU)	6	2	2	2	5:6	6-6
3. CONCEPCIÓN (CHI)	6	2	2	2	6:8	6-6
4. Barcelona Guayaquil (ECU)	6	0	3	3	5:9	3-9

Gruppe 3

Flamengo Rio de Janeiro - Corinthians São Paulo 1:1, 2:0*
Nacional Montevideo - Bella Vista Montevideo 3:0, 3:0
Bella Vista Montevideo - Flamengo Rio de Janeiro 2:2, 1:1
Nacional Montevideo - Flamengo Rio de Janeiro 0:1, 0:4
Bella Vista Montevideo - Corinthians São Paulo 1:1, 1:4
Nacional Montevideo - Corinthians São Paulo 1:1, 0:0
*nach 84 Minuten wegen Ausschreitungen beim Stande von 2:0 abgebrochen und mit 2:0 gewertet

1. FLAMENGO RIO DE J. (BRA)	6	3	3	0	11:4	9-3
2. CORINTHIANS SÃO P. (BRA)	6	1	4	1	7:6	6-6
3. NACIONAL MONTEVIDEO (URU)	6	2	2	2	7:6	6-6
4. Bella Vista Montevideo (URU)	6	0	3	3	5:14	3-9

Gruppe 4

Atlético Colegiales Asunción - Cerro Porteño As. 1:1, 1:1
Sport Boys Callao - Universitario Lima 0:2, 3:1
Sport Boys Callao - Atlético Colegiales Asunción 2:2, 1:4
Universitario Lima - Atlético Colegiales Asunción 0:0, 0:2
Sport Boys Callao - Cerro Porteño Asunción 1:3, 0:3
Universitario Lima - Cerro Porteño Asunción 1:1, 0:0

1. CERRO PORTEÑO ASUNC. (PAR)	6	2	4	0	9:4	8-4
2. ATLÉTICO COLEGIALES A. (PAR)	6	2	4	0	10:5	8-4
3. UNIVERSITARIO LIMA (PER)	6	1	3	2	4:6	5-7
4. Sport Boys Callao (PER)	6	1	1	4	7:15	3-9

Entscheidungsspiel um Platz 1
Atlético Colegiales Asunción - Cerro Porteño Asunción 0:1

Gruppe 5

Marítimo Caracas - Táchira San Cristóbal 0:0, 1:2
Atlético Nacional Medellín - América Calí 0:2, 0:1
Marítimo Caracas - América Calí 0:1, 0:2
Táchira San Cristóbal - América Calí 1:1, 2:3
Marítimo Caracas - Atlético Nacional Medellín 1:3, 2:2
Táchira San Cristóbal - Atlético Nacional Medellín 1:2, 0:0
Atlético Nacional Medellín und América Calí mussten ihre Heimspiele wegen der Vorfälle 1989 und 1990 in anderen Ländern austragen.

1. AMÉRICA CALÍ (COL)	6	5	1	0	10-3	11
2. ATLÉTICO NACIONAL M. (COL)	6	2	2	2	7-7	6
3. TÁCHIRA SAN CRISTÓBAL (VEN)	6	1	3	2	6-7	5
4. Marítimo Caracas (VEN)	6	0	2	4	4-10	2

▶ Achtelfinale

NACIONAL MONTEV. (URU) - Bolívar La Paz (BOL) 4:1, 1:1
Universitario Lima (PER) - COLO COLO SANT. (CHI) 0:0, 1:2
Táchira San Cristóbal (VEN) - FLAMENGO RIO (BRA) 2:3, 0:5
BOCA JUNIORS B.A. (ARG) - Corinthians São P. (BRA) 3:1, 1:1
Concepción (CHI) - AMÉRICA CALÍ (COL) 0:3, 3:3
LDU Quito (ECU) - ATLÉTICO NACIONAL MED. (COL) 2:2, 0:2
OLIMPIA ASUNCIÓN (PAR) - Atlético Colegiales (PAR) 1:1, 2:1
Oriente Petrolero (BOL) - CERRO PORTEÑO A. (PAR) 1:1, 0:2

▶ Viertelfinale

COLO COLO SANTIAGO (CHI) - Nacional Mont. (URU) 4:0, 0:2
Flamengo Rio (BRA) - BOCA JUNIORS B. A. (ARG) 2:1, 0:3
América Calí (COL) - ATLÉTICO NACIONAL M. (COL) 0:0, 0:2
Cerro Porteño Asunción (PAR) - OLIMPIA AS. (PAR) 1:0, 0:3

▶ Halbfinale

Boca Juniors (ARG) - COLO COLO SANTIAGO (CHI) 1:0, 1:3
Atlético Nacional Medellín (COL) - OLIMPIA A. (PAR) 0:0, 0:1

▶ Finale (29.5., 5.6.1991, 48.000, 64.000)

Olimpia Asunción (PAR) - Colo Colo Santiago (CHI) 0:0
Olimpia: J. Battaglia, V. Cáceres, R. Fernández, C. Castro, S. Suárez, F. Balbuena, J. Guasch, L. Monzón, C. Guirland, A. Samaniego, G. González - *Colo Colo*: D. Morón, L. Garrido, J. Margas, M. Ramírez, E. Vilchez, G. Mendoza, R. Espinoza, J. Pizarro, J. Peralta, M. Barticciotto, R. Martínez - *SR*: Filippi (Uruguay)

COLO COLO SANTIAGO - Olimpia Asunción 3:0
Colo Colo: D. Morón, L. Garrido, M. Ramírez, J. Margas, E. Vilchez, J. Peralta, R. Espinoza, J. Pizarro, G. Mendoza (L. Herrea), L. Pérez, M. Barticciotto - *Olimpia*: J. Battaglia, J. Ramírez, C. Castro, R. Fernández, S. Suárez, A. Jara, F. Balbuena, J. Guasch, L. Monzón, C. Guirland, G. González - *Tore*: 1:0 L. Pérez (13.), 2:0 L. Pérez (15.), 3:0 Herrera (85.) - *SR*: Wright (Brasilien)

Copa Libertadores de América 1992

Titelverteidiger Colo Colo erhielt ein Freilos bis ins Viertelfinale, wollte jedoch aus finanziellen Gründen an der Vorrunde teilnehmen und wurde daraufhin in Gruppe 1 eingegliedert.

▶ Vorrunde

Gruppe 1

Colo Colo Santiago - Coquimbo Unido 1:0, 1:1
Colo Colo Santiago - Universidad Católica Santiago 1:1, 0:0
Newell's Old Boys Rosario - San Lorenzo Almagro 0:6, 1:0
Coquimbo Unido - Universidad Católica Santiago 3:2, 1:5
San Lorenzo Almagro - Colo Colo Santiago 1:0, 0:1
Newell's Old Boys Rosario - Coquimbo Unido 3:0, 2:1
San Lorenzo Almagro - Coquimbo Unido 3:0, 1:0
Newell's Old Boys Rosario - Colo Colo Santiago 3:1, 1:1
Universidad Católica Santiago - Newell's Old Boys R. 1:1, 0:0

1. Newell's Old Boys Rosario (ARG)	8	4	3	1	11:10	11-5
2. Universidad Católica S. (CHI)	8	2	5	1	15:8	9-7
3. San Lorenzo Almagro (ARG)	8	4	1	3	13:8	9-7
4. Colo Colo Santiago (CHI)	8	2	4	2	6:7	8-8
5. Coquimbo Unido (ARG)	8	1	1	6	6:18	3-13

Gruppe 2

Criciúma - São Paulo FC 3:0, 0:4
Bolívar La Paz - San José Oruro 2:1, 4:2
San José Oruro - São Paulo FC 0:3, 1:1
Bolívar La Paz - São Paulo FC 1:1, 0:2
San José Oruro - Criciúma 1:2, 0:5
Bolívar La Paz - Criciúma 1:1, 1:2

1. CRICIÚMA (BRA)	6	4	1	1	13:7	9-3
2. SÃO PAULO FC (BRA)	6	3	2	1	11:5	8-4
3. BOLÍVAR LA PAZ (BOL)	6	2	2	2	9:9	6-6
4. San José Oruro (BOL)	6	0	1	5	5:17	1-11

Gruppe 3

Marítimo Caracas - Universidad Los Andes Mérida 1:2, 0:0
Barcelona Guayaquil - Valdez FC Milagros 0:0, 1:0
Universidad Los Andes Mérida - Valdez FC Milagros 0:2, 1:1
Marítimo Caracas - Valdez FC Milagros 1:0, 1:2
Marítimo Caracas - Barcelona Guayaquil 1:1, 1:3
Universidad Los Andes Mérida - Barcelona Guayaquil 0:1, 1:5

1. BARCELONA GUAYAQUIL (ECU)	6	4	2	0	11:3	10-2
2. VALDEZ FC MILAGROS (ECU)	6	2	2	2	5:4	6-6
3. Marítimo Caracas (VEN)	6	1	2	3	5:8	4-8
4. Univ. Los Andes Mérida (VEN)	6	1	2	3	4:10	4-8

Entscheidungsspiel um Platz 3
MARÍTIMO CARACAS - Universidad Los Andes Mérida 1:0

Gruppe 4

Sport Boys Callao - Sporting Cristal Lima 1:1, 0:2
América Calí - Atlético Nacional Medellín 2:0, 0:3
América Calí - Sport Boys Callao 2:0, 2:1
Atlético Nacional Medellín - Sport Boys Callao 2:2, 6:0
América Calí - Sporting Cristal Lima 1:0, 1:3
Atlético Nacional Medellín - Sporting Cristal Lima 1:0, 3:0

1. ATLÉTICO NACIONAL M. (COL)	6	4	1	1	15:4	9-3
2. AMÉRICA CALÍ (COL)	6	4	0	2	8:7	8-4
3. SPORTING CRISTAL LIMA (PER)	6	2	1	3	6:7	5-7
4. Sport Boys Callao (PER)	6	0	2	4	4:15	2-10

Gruppe 5

Defensor Sporting Montevideo - Nacional Montev. 0:1, 3:2
Sol de América Asunción - Cerro Porteño Asunción 0:2, 0:2
Defensor Sporting M. - Cerro Porteño Asunción 2:3, 1:1
Nacional Montevideo - Cerro Porteño Asunción 0:0, 1:1
Nacional Montevideo- Sol de América Asunción 2:2, 3:1
Defensor Sporting Mont. - Sol de América Asunción 1:2, 0:0

1. CERRO PORTEÑO ASUNC. (PAR)	6	3	3	0	9:4	9-3
2. NACIONAL MONTEVIDEO (URU)	6	2	3	1	9:7	7-5
3. DEFENSOR SPORTING M. (URU)	6	1	2	3	7:9	4-8
4. Sol de América Asunción (PAR)	6	1	2	3	5:10	4-8

▶ Achtelfinale

Universidad Católica S. (CHI) - AMÉRICA CALÍ (COL) 0:0, 0:1
Marítimo Caracas (VEN) - ATLÉTICO NACIONAL (COL) 0:0, 0:3
Sporting Cristal Lima (PER) - CRICIÚMA (BRA) 1:2, 2:3
Colo Colo S. (CHI) - BARCELONA GUAYAQUIL (ECU) 1:0, 0:2
Bolívar La Paz (BOL) - CERRO PORTEÑO ASUN. (PAR) 2:0, 0:3
Nacional Montevideo (URU) - SÃO PAULO FC (BRA) 0:1, 0:2
Defensor Sport. (URU) - NEWELL'S OLD BOYS (ARG) 1:1, 0:1
San Lorenzo A. (ARG) - Valdez FC (ECU) 2:0, 2:2 n.V., 6:5 n.E.

▶ Viertelfinale

NEWELL'S OLD BOYS (ARG) - San Lorenzo Alm. (ARG) 4:0, 1:1
Atlético Nacional Med. (COL) - AMÉRICA CALÍ (COL) 0:1, 2:4
BARCELONA (ECU) - Cerro Porteño (PAR) 1:1, 1:1 n.V., 4:3 n.E.
SÃO PAULO FC (BRA) - Criciúma (BRA) 1:0, 1:1

▶ Halbfinale

NEWELL'S OLD BOYS ROSARIO (ARG) - América Calí (COL) 1:1, 1:1 n.V., 11:10 n.E.
SÃO PAULO FC (BRA) - Barcelona Guyaquil (ECU) 3:0, 0:2

▶ Finale (10. und 17.6.1992, 45.000, 105.000)

Newell's Old Boys Rosario (ARG) - São Paulo FC (BRA) 1:0
Newell's: Scoponi, Raggio, Gamboa, Pochettino, Saldanha, Berti, Berizzo, Martino (Garfagnoli), Zamora, Lunari, Mendoza (Domizzi) - *São Paulo*: Zetti, Cafu, Antonio Carlos, Ronaldo, Ivan, Adilson, Pintado, Rai, Müller, Palinha (Macedo), Elivelton - *Tor*: 1:0 Berizzo (38.) - *SR*: Silva (Chile)

SÃO PAULO FC - Newell's Old Boys Rosario 1:0 n.V., 3:2 n.E.
São Paulo: Zetti, Cafu, Antonio Carlos, Ronaldo, Ivan, Adilson, Pintado, Rai, Palinha, Müller (Macedo), Elivelton - *Newell's*: Scoponi, Saldana, Gamboa, Pochettino, Berizzo, Llop, Berti, Martino (Domizzi), Lunari, Zamora, Mendoza - *Tor*: 1:0 Rai (65.) - *SR*: Cadena (Kolumbien)

Copa Libertadores de América 1993

Titelverteidiger São Paulo FC Freilos bis ins Viertelfinale

▶ Vorrunde

Gruppe 1

Minervén Puerto Ordaz - Caracas FC 1:0, 1:1
Sporting Cristal Lima - Universitario Lima 1:3, 2:2
Sporting Cristal Lima - Caracas FC 0:1, 3:1
Universitario Lima - Caracas FC 4:1, 1:1
Sporting Cristal Lima - Minervén Puerto Ordaz 6:2, 1:0
Universitario Lima - Minervén Puerto Ordaz 2:0, 2:2

1. UNIVERSITARIO LIMA (PER)	6	3	3	0	14:7	9-3
2. SPORTING CRISTAL LIMA (PER)	6	3	1	2	13:9	7-5
3. Minervén Puerto Ordaz (VEN)	6	1	2	3	6:12	4-8
4. Caracas FC (VEN)	6	1	2	3	5:10	4-8

Entscheidungsspiel um Platz 3
MINERVÉN PUERTO ORDAZ - Caracas FC 1:0

Gruppe 2

Cobreloa Calama - Universidad Católica Santiago 1:1, 1:1
Bolívar La Paz - San José Oruro 3:1, 0:1
Bolívar La Paz - Universidad Católica Santiago 3:1, 0:3
San José Oruro - Universidad Católica Santiago 2:5, 1:4
Bolívar La Paz - Cobreloa Calama 3:0, 1:1
San José Oruro - Cobreloa Calama 2:3, 1:2

1. UNIVERSIDAD CATÓLICA (CHI)	6	3	2	1	15:8	8-4
2. BOLÍVAR LA PAZ (BOL)	6	3	1	2	10:7	7-5
3. COBRELOA CALAMA (CHI)	6	2	3	1	8:9	7-5
4. San José Oruro (BOL)	6	1	0	5	8:17	2-10

Gruppe 3

Nacional Montevideo - Bella Vista Montevideo 2:2, 1:0
El Nacional Quito - Barcelona Guayaquil 1:0, 0:4
Barcelona Guayaquil - Bella Vista Montevideo 2:0, 1:2
El Nacional Quito - Bella Vista Montevideo 5:0, 0:4
Barcelona Guayaquil - Nacional Montevideo 1:1, 0:3
El Nacional Quito - Nacional Montevideo 2:0, 1:5

1. NACIONAL MONTEVIDEO (URU)	6	3	2	1	12:6	8-4
2. EL NACIONAL QUITO (ECU)	6	3	0	3	9:11	6-6
3. BARCELONA GUAYAQUIL (ECU)	6	2	1	3	8:7	5-7
4. Bella Vista Montevideo (URU)	6	2	1	3	6:11	5-7

Gruppe 4

América Calí - Atlético Nacional Medellín 0:3, 2:3
Internacional Porto Alegre - Flamengo Rio de Janeiro 0:0, 1:3
América Calí - Flamengo Rio de Janeiro 2:1, 3:1
Atlético Nacional Medellín - Flamengo Rio de J. 0:1, 1:3
Internacional Porto Alegre - América Calí 1:1, 2:4
Internacional Porto Alegre - Atlético Nacional Med. 0:1, 0:0

1. FLAMENGO RIO DE J. (BRA)	6	3	1	2	9:7	7-5
2. AMÉRICA CALÍ (COL)	6	3	1	2	12:11	7-5
3. ATLÉTICO NACIONAL M. (COL)	6	3	1	2	8:6	7-5
4. Internacional Porto Alegre (BRA)	6	0	3	3	4:9	3-9

Entscheidungsspiel um Platz 2
América Calí - Atlético Nacional Medellín 4:2

Gruppe 5

Cerro Porteño Asunción - Olimpia Asunción 0:0, 0:1
River Plate Buenos Aires - Newell's Old Boys Rosario 0:1, 0:0
Cerro Porteño Asunción - Newell's Old Boys Rosario 0:0, 2:1
Olimpia Asunción - Newell's Old Boys Rosario 1:1, 1:1
Cerro Porteño Asunción - River Plate Buenos Aires 2:1, 1:1
Olimpia Asunción - River Plate Buenos Aires 1:1, 0:1

1. CERRO PORTEÑO ASUNC. (PAR)	6	2	3	1	5:4	7-5
2. NEWELL'S OLD BOYS R. (ARG)	6	1	4	1	4:4	6-6
3. OLIMPIA ASUNCIÓN (PAR)	6	1	4	1	4:4	6-6
4. River Plate Buenos Aires (ARG)	6	1	3	2	4:5	5-7

▶ Achtelfinale

El Nacional Quito (ECU) - SPORTING CRISTAL (PER) 3:0, 0:4
CERRO PORTEÑO A. (PAR) - Cobreloa Calama (CHI) 1:1, 2:0
UNIV. CATÓLICA (CHI) - Atlético Nacional (COL) 2:0, 1:2
Universitario Lima (PER) - BARCELONA GUAY. (ECU) 2:1, 0:3
Nacional Montevideo (URU) - OLIMPIA ASUNC. (PAR) 1:2, 0:3
FLAMENGO (BRA) - Minervén Puerto Ordaz (VEN) 8:2, 1:0
Newell's Old Boys Ros. (ARG) - SÃO PAULO FC (BRA) 2:0, 0:4
AMÉRICA CALÍ (COL) - Bolívar La Paz (BOL) 2:1, 1:1

▶ Viertelfinale

AMÉRICA CALÍ (COL) - Sporting Cristal Lima (PER) 2:2, 3:2
Flamengo Rio de Jan. (BRA) - SÃO PAULO FC (BRA) 1:1, 0:2
UNIV. CATÓLICA (CHI) - Barcelona Guayaquil (ECU) 3:1, 1:0
Olimpia (PAR) - CERRO PORTEÑO (PAR) 1:1, 0:0 n.V., 2:4 n.E.

▶ Halbfinale

SÃO PAULO FC (BRA) - Cerro Porteño Asunción (PAR) 1:0, 0:0
UNIVERSIDAD CATÓLICA (CHI) - América Calí (COL) 1:0, 2:2

▶ Finale (19. und 26.5.1993, 99.000, 50.000)

São Paulo FC (BRA) - Universidad Católica Santiago (CHI) 5:1
São Paulo: Zetti - Vitor (Cate), Valber, Gilmar, Ronaldo, Luis (Andre), Pintado, Dinho, Rai, Cafu, Palhinha, Muller - *Católica*: Wirth - Contreras, Lopez (Barrera), Vasquez, Romero, Tupper, Lunari, Parraguez, Leppe, Almada, Perez (Reinoso) - *Tore*: 1:0 Lopez (ET), 2:0 Dinho, 2:1 Almada (E), 3:1 Gilmar, 4:1 Rai, 5:1 Muller - *SR*: Torres (Kolumbien)

SÃO PAULO FC - Universidad Católica Santiago 2:0
Católica: Wirth - Romero, Vasquez, Contreras (Cardozo), Tupper (Reinoso), Parraguez, Leppe, Lunari, Perez, Almada, Barrera - *São Paulo*: Zetti - Vitor (Toninho Cerezo), Gilmar, Valber, Pintado, Dinho, Rai, Palhinha, Cafu, Macos Adriano, Muller - *Tore*: 1:0 Lunari, 2:0 Almada - *SR*: Escobar (Paraguay)

Copa Libertadores de América 1994

Titelverteidiger São Paulo FC Freilos bis ins Viertelfinale

▶ Vorrunde

Gruppe 1

Olimpia Asunción - Cerro Porteño Asunción 1:0, 3:1
Atlético Junior Barranquilla - Independiente Medellín 0:1, 1:0
Independiente Medellín - Olimpia Asunción 0:0, 2:0
Atlético Junior Barranquilla - Olimpia Asunción 0:0, 0:1
Independiente Medellín - Cerro Porteño Asunción 3:0, 0:0
Atlético Junior Barranquilla - Cerro Porteño Asunción 3:2, 0:1

1. INDEPENDIENTE MEDELL. (COL	6	3	2	1	6:1	8-4
2. OLIMPIA ASUNCIÓN (PAR)	6	3	2	1	5:3	8-4
3. ATLÉTICO JUNIOR BARR. (COL)	6	2	1	3	4:5	5-7
4. Cerro Porteño Asunción (PAR)	6	1	1	4	4:10	3-9

Gruppe 2
Vélez Sarsfield Buenos Aires - Boca Juniors Buenos A. 1:1, 2:1
Palmeiras São Paulo - Cruzeiro Belo Horizonte 2:0, 1:2
Palmeiras São Paulo - Boca Juniors Buenos Aires 6:1, 1:2
Cruzeiro Belo Horizonte - Vélez Sarsfield Buenos Aires 1:1, 0:2
Boca Juniors Buenos Aires - Cruzeiro Belo Horizonte 1:2, 1:2
Vélez Sarsfield Buenos Aires - Palmeiras São Paulo 1:0, 1:4
1. VÉLEZ SARSFIELD B. A. (ARG) 6 3 2 1 8:7 8-4
2. CRUZEIRO BELO HORIZ. (BRA) 6 3 1 2 7:8 7-5
3. PALMEIRAS SÃO PAULO (BRA) 6 3 0 3 14:7 6-6
4. Boca Juniors Buenos Aires (ARG) 6 1 1 4 7:14 3-9
Gruppe 3
Emelec Guayaquil - Barcelona Guayaquil 0:1, 1:0
Universitario Lima - Alianza Lima 0:1, 2:1
Barcelona Guayaquil - Universitario Lima 0:0, 0:0
Emelec Guayaquil - Universitario Lima 2:0, 1:2
Barcelona Guayaquil - Alianza Lima 3:0, 1:2
Emelec Guayaquil - Alianza Lima 3:0, 2:2
1. EMELEC GUAYAQUIL (ECU) 6 3 1 2 9:5 7-5
2. BARCELONA GUAYAQUIL (ECU) 6 2 2 2 5:3 6-6
3. UNIVERSITARIO LIMA (PER) 6 2 2 2 4:5 6-6
4. Alianza Lima (PER) 6 2 1 3 6:11 5-7
Gruppe 4
Unión Española Santiago - Colo Colo Santiago 1:2, 1:3
Defensor Sporting Montevideo - Nacional Montev. 1:0, 1:1
Unión Española Santiago - Defensor Sporting Mont. 1:0, 1:1
Colo Colo Santiago - Defensor Sporting Montevideo 2:0, 0:0
Unión Española Santiago - Nacional Montevideo 1:0, 1:0
Colo Colo Santiago - Nacional Montevideo 4:2, 0:2
1. COLO COLO SANTIAGO (CHI) 6 4 1 1 11:6 9-3
2. UNIÓN ESPAÑOLA SANT. (CHI) 6 3 1 2 6:6 7-5
3. DEFENSOR SPORTING M. (URU) 6 1 3 2 3:5 5-7
4. Nacional Montevideo (URU) 6 1 1 4 5:8 3-9
Gruppe 5
Minervén Puerto Ordaz - Marítimo Caracas 2:1, 1:4
Bolívar La Paz - The Strongest La Paz 0:0, 0:0
Minervén Puerto Ordaz - Bolívar La Paz 1:1, 0:4
Marítimo Caracas - Bolívar La Paz 0:2, 1:2
Minervén Puerto Ordaz - The Strongest La Paz 5:0, 1:7
Marítimo Caracas - The Strongest La Paz 1:1, 0:5
1. BOLÍVAR LA PAZ (BOL) 6 3 3 0 9:2 9-3
2. THE STRONGEST LA PAZ (BOL) 6 2 3 1 13:7 7-5
3. MINERVÉN PUERTO O. (VEN) 6 2 1 3 10:17 5-7
4. Marítimo Caracas (VEN) 6 1 1 4 7:13 3-9
▶ **Achtelfinale**
Universitario (PER) - INDEPEND. MEDELLÍN (COL) 2:1, 0:2
Defensor Sporting Montev. (URU) - VÉLEZ SARSFIELD (ARG) 1:1, 0:0 n.V., 2:4 n.E.
MINERVÉN P. O. (VEN) - Emelec (ECU) 2:0, 1:3 n.V., 4:2 n.E.
ATLÉTICO JUNIOR (COL) - Colo Colo (CHI) 1:1, 2:2 n.V., 4:3 n.E.
The Strongest La Paz (BOL) - BOLÍVAR LA PAZ (BOL) 1:2, 0:4
Barcelona Guayaquil (ECU) - OLIMPIA ASUNC. (PAR) 0:1, 1:2
UNIÓN ESPAÑOLA S. (CHI) - Cruzeiro Belo H. (BRA) 1:0, 0:0
Palmeiras São Paulo (BRA) - SÃO PAULO FC (BRA) 0:0, 1:2
▶ **Viertelfinale**
Indep. Medellín (COL) - ATLÉTICO JUNIOR (COL) 0:2, 0:0
Minervén Puerto O. (VEN) - VÉLEZ SARSFIELD (ARG) 0:0, 0:2
Bolívar La Paz (BOL) - OLIMPIA ASUNCIÓN (PAR) 0:1, 0:2
Unión Española Sant. (CHI) - SÃO PAULO FC (BRA) 1:1, 3:4
▶ **Halbfinale**
SÃO PAULO FC (BRA) - Olimpia As. (PAR) 2:1, 0:1 n.V., 4:3 n.E.
Atlético Junior Barranquilla (COL) - VÉLEZ SARSFIELD (ARG) 2:1, 1:2 n.V., 4:5 n.E.
▶ **Finale** (24. und 31.8.1994)
Vélez Sarsfield Buenos Aires (ARG) - São Paulo FC (BRA) 1:0
Vélez Sarsfield: Chilavert, Zandoná, Trotta, Sotomayor, Cardozo, Basualdo, Gomez, Bassedas, Pompei, Turu Flores (73. Fabián Fernández), Asad (83. Claudio Husain) - *São Paulo*: Zetti, Vítor, Júnior Baiano, Gilmar, André Luiz, Válber, Axel, Cafu, Palhinha (56. Juninho), Euller, Müller - *Tor*: 1:0 Asad (35.) - *SR*: José Joaquin Torres (Kolumbien)
São Paulo FC - VÉLEZ SARSFIELD BUENOS A. 1:0 n.V., 3:5 n.E.
São Paulo: Zetti, Vítor (76. Juninho), Júnior Baiano, Gilmar, André Luiz, Válber, Axel, Cafu, Palhinha (56. Juninho), Euller, Müller - *Vélez Sarsfield*: Chilavert, Zandoná, Trotta, Almandoz, Cardozo, Basualdo (54. Pompei), Gomez, Bassedas, Pellegrino, Turu Flores (65. Claudio Husain), Asad - *Tor*: 1:0 Müller (33.) - *SR*: Ernesto Filipp (Uruguay) - *11m*: André Luiz, Müller und Euller für São Paulo (Palhinha verschießt), Trotta, Chilavert, Zandoná, Almandoz, Pompei für Vélez

■ Copa Libertadores de América 1995

Titelverteidiger Vélez Sarsfield Buenos Aires Freilos bis ins Achtelfinale
▶ **Vorrunde**
Gruppe 1
Independiente - River Plate Buenos Aires 1:1, 0:2
Peñarol Montevideo - CA Cerro Montevideo 3:3, 2:0
Peñarol Montevideo - Independiente Avellaneda 1:2, 1:0
CA Cerro Montevideo - River Plate Buenos Aires 0:1, 0:5
Peñarol Montevideo - River Plate Buenos Aires 1:1, 1:1
CA Cerro Montevideo - Independiente Avellaneda 1:0, 1:2
1. RIVER PLATE BUENOS A. (ARG) 6 3 3 0 11:3 12
2. PEÑAROL MONTEVIDEO (URU) 6 2 3 1 9:7 9
3. INDEPENDIENTE AVELL. (ARG) 6 2 1 3 5:7 7
4. CA Cerro Montevideo (URU 6 1 1 4 5:13 4
Gruppe 2
Trujillanos Valera - Caracas FC 1:3, 2:3
Olimpia Asunción - Cerro Porteño Asunción 1:1, 2:2
Olimpia Asunción - Caracas FC 5:0, 2:1
Cerro Porteño Asunción - Caracas FC 2:1, 6:0
Trujillanos Valera - Olimpia Asunción 2:2, 1:4
Trujillanos Valera - Cerro Porteño Asunción 1:2, 1:3
1. CERRO PORTEÑO ASUNC. (PAR) 6 4 2 0 16:6 14
2. OLIMPIA ASUNCIÓN (PAR) 6 3 3 0 16:7 12
3. CARACAS FC (VEN) 6 2 0 4 8:18 6
4. Trujillanos Valera (VEN) 6 0 1 5 8:17 1
Gruppe 3
Universidad de Chile Santiago - Univ. Católica Sant. 4:1, 0:2
Atlético Nacional Medellín - Millonarios Bogotá 0:0, 0:2
Millonarios Bogotá - Universidad Católica Santiago 5:1, 1:4
Atlético Nacional Me. - Universidad Católica Santiago 3:1, 1:1
Millonarios Bogotá - Universidad de Chile Santiago 1:0, 2:3
Atlético Nacional Me. - Universidad de Chile Santiago 1:0, 0:0
1. MILLONARIOS BOGOTÁ (COL) 6 3 1 2 11:8 10
2. ATLÉTICO NACIONAL ME. (COL) 6 2 3 1 5:4 9
3. Universidad de Chile Sant. (CHI) 6 2 1 3 7:7 7
4. Universidad Católica Sant. (CHI) 6 2 1 3 10:14 7
Entscheidungsspiel um Platz 3
UNIVERSIDAD CATÓLICA - Universidad de Chile 4:1
Gruppe 4
Palmeiras São Paulo - Grêmio Porto Alegre 3:2, 0:0
Emelec Guayaquil - El Nacional Quito 1:1, 2:0
El Nacional Quito - Palmeiras São Paulo 1:0, 0:7
Emelec Guayaquil - Palmeiras São Paulo 1:3, 1:2
Emelec Guayaquil - Grêmio Porto Alegre 2:2, 1:4
El Nacional Quito - Grêmio Porto Alegre 1:2, 0:2
1. PALMEIRAS SÃO PAULO (BRA) 6 4 1 1 15:5 13
2. GRÊMIO PORTO ALEGRE (BRA) 6 3 2 1 12:7 11
3. EMELEC GUAYAQUIL (ECU) 6 1 2 3 8:12 5
4. El Nacional Quito (ECU) 6 1 1 4 3:14 4
Gruppe 5
Bolívar La Paz - Jorge Wilstermann Cochabamba 2:0, 1:1
Sporting Cristal Lima - Alianza Lima 3:0, 1:1
Jorge Wilstermann Cochabamba - Alianza Lima 2:1, 1:6
Bolívar La Paz - Alianza Lima 3:1, 1:1
Jorge Wilstermann Cochabamba - Sporting Cristal 2:2, 0:7
Bolívar La Paz - Sporting Cristal Lima 1:1, 0:1
1. SPORTING CRISTAL LIMA (PER) 6 3 3 0 15:4 12
2. BOLÍVAR LA PAZ (BOL) 6 2 3 1 8:5 9
3. ALIANZA LIMA (PER) 6 1 2 3 10:11 5
4. Jorge Wilstermann C. (BOL) 6 1 2 3 6:19 5
▶ **Achtelfinale**
Olimpia Asunción (PAR) - GRÊMIO PORTO A. (BRA) 0:3, 0:2
EMELEC G. (ECU) - Cerro Porteño (PAR) 2:0, 0:2 n.V., 5:4 n.E.
Alianza Lima (PER) - MILLONARIOS BOGOTÁ (COL) 1:1, 0:2
Bolívar La Paz (BOL) - PALMEIRAS SÃO PAULO (BRA) 1:0, 0:3
Caracas FC (VEN) - SPORTING CRISTAL LIMA (PER) 2:2, 3:6
ATLÉTICO NACIONAL (COL) - Peñarol Montev. (URU) 3:1, 3:1
Independiente (ARG) - VÉLEZ SARSFIELD (ARG) 0:3, 2:2
Universidad Católica S. (CHI) - RIVER PLATE (ARG) 2:1, 1:3
▶ **Viertelfinale**
RIVER PLATE (ARG) - Vélez Sarsfield (ARG) 1:1, 0:0 n.V., 5:3 n.E.
GRÊMIO PORTO A. (BRA) - Palmeiras São Paulo (BRA) 5:0, 1:5
EMELEC GUAYAQ. (ECU) - Sporting Cristal Lima (PER) 3:1, 1:1
ATLÉTICO NACIONAL (COL) - Millonarios Bog. (COL) 2:1, 1:1
▶ **Halbfinale**
ATLÉTICO NAC. (COL) - River Plate (ARG) 1:0, 0:1 n.V., 8:7 n.E.
Emelec Guayaquil (ECU) - GRÊMIO PORTO AL. (BRA) 0:0, 0:2
▶ **Finale** (23. und 30.8.1995)
Grêmio Porto A. (BRA) - Atlético Nacional Medellín (COL) 3:1
Grêmio: Danrlei, Arce, Rivarola, Adílson, Roger, Dinho, Luiz Carlos Goiano, Carlos Miguel, Arílson (89. Alexandre), Paulo Nunes (83. Nildo), Jardel - *Atlético*: Higuita, Santa, Marulanda, Foronda, Mosquera, Serna, Gutiérrez, Alexis García, Pabon (45. Matamba), Arangó, Angel - *Tore*: 1:0 Marulanda (35.), 2:0 Jardel (43.), 3:0 Paulo Nunez (55.), Angel (55.) - *SR*: Alfredo Rodas (Ecuador)
Atlético Nacional Medellín - GRÊMIO PORTO ALEGRE 1:1
Atlético: Higuita, Santa (57. Herrera), Marulanda, Foronda, Mosquera, Serna, Gutiérrez, Alexis García, Arangó (82. Matamba), Aristzábal, Angel - *Grêmio*: Danrlei, Arce, Rivarola, Adílson (78. Luciano), Roger, Dinho, Luiz Carlos Goiano, Carlos Miguel, Arílson, Paulo Nunes (63. Alexandre), Jardel (82. Nildo - *Tore*: 1:0 Aristizábal (12.), 1:1 Dinho (85./E) - *SR*: Salvador Imperatore (Chile)

■ Copa Libertadores de América 1996

Titelverteidiger Grêmio Porto Alegre Freilos bis ins Achtelfinale
▶ **Vorrunde**
Gruppe 1
Barcelona Guayaquil - Espoli Quito 3:2, 2:1
Olimpia Asunción - Cerro Porteño Asunción 1:2, 0:0
Espoli Quito - Olimpia Asunción 1:0, 1:2
Barcelona Guayaquil - Olimpia Asunción 2:1, 1:1
Espoli Quito - Cerro Porteño Asunción 2:1, 1:2
Barcelona Guayaquil - Cerro Porteño Asunción 3:2, 0:1
1. BARCELONA GUAYAQUIL (ECU) 6 4 1 1 11:8 13
2. CERRO PORTEÑO ASUNC. (PAR) 6 3 1 2 8:7 10
3. ESPOLI QUITO (ECU) 6 2 0 4 8:10 6
4. Olimpia Asunción (PAR) 6 1 2 3 5:7 5
Gruppe 2
Sporting Cristal Lima - Universitario Lima 0:2, 2:1
Defensor Sporting Montevideo - Peñarol Montev. 2:4, 1:1
Universitario Lima - Peñarol Montevideo 1:3, 2:1
Sporting Cristal Lima - Peñarol Montevideo 3:3, 1:1
Universitario Lima - Defensor Sporting Montevideo 1:1, 0:2
Sporting Cristal Lima - Defensor Sporting Montev. 0:0, 0:0
1. PEÑAROL MONTEVIDEO (URU) 6 2 3 1 13:10 9
2. DEFENSOR SPORTING M. (URU) 6 1 4 1 6:6 7
3. SPORTING CRISTAL LIMA (PER) 6 1 4 1 6:7 7
4. Universitario Lima (PER) 6 2 1 3 7:9 7
Gruppe 3
Atlético Junior Barranquilla - América Calí 1:0, 0:2
San José Oruro - Guabirá Santa Cruz 2:1, 1:4
Guabirá Santa Cruz - América Calí 0:2, 0:5
San José Oruro - América Calí 1:0, 0:2
Atlético Junior Barranquilla - Guabirá Santa Cruz 5:1, 1:1
San José Oruro - Atlético Junior Barranquilla 2:0, 0:1
1. AMÉRICA CALÍ (COL) 6 4 0 2 11:2 12
2. ATLÉTICO JUNIOR BARR. (COL) 6 3 1 2 8:6 10
3. SAN JOSÉ ORURO (BOL) 6 3 0 3 6:8 9
4. Guabirá Santa Cruz (BOL) 6 1 1 4 7:16 4
Gruppe 4
Corinthians São Paulo - Botafogo Rio de Janeiro 3:0, 1:1
Universidad de Chile - Universidad Católica Santiago 2:0, 0:0
Universidad Católica Santiago - Corinthians São P. 2:3, 1:3
Universidad de Chile Santiago - Corinthians São P. 1:0, 1:3
Botafogo Rio de J. - Universidad Católica Santiago 4:1, 1:2
Universidad de Chile S. - Botafogo Rio de Janeiro 2:1, 1:3
1. CORINTHIANS SÃO P. (BRA) 6 4 1 1 13:6 13
2. UNIVERSIDAD DE CHILE (CHI) 6 3 1 2 7:7 10
3. BOTAFOGO RIO DE JAN. (BRA) 6 2 1 3 10:10 7
4. Universidad Católica S. (CHI) 6 1 1 4 6:13 4
Gruppe 5
Minervén Puerto Ordaz - Caracas FC 4:2, 1:1
San Lorenzo Almagro - River Plate Buenos Aires 1:1, 0:0
Minervén Puerto Ordaz - San Lorenzo Almagro 2:2, 0:4
Caracas FC - San Lorenzo Almagro 1:1, 1:5
Minervén Puerto Ordaz - River Plate Buenos Aires 1:2, 0:5
Caracas FC - River Plate Buenos Aires 1:4, 0:2
1. RIVER PLATE BUENOS A. (ARG) 6 4 2 0 14:3 14
2. SAN LORENZO ALMAGRO (ARG) 6 2 4 0 13:5 10
3. MINERVÉN PUERTO O. (VEN) 6 1 2 3 8:16 5
4. Caracas FC (VEN) 6 0 2 4 6:17 2
▶ **Achtelfinale**
San José (BOL) O. - BARCELONA G. (ECU) 1:0, 1:2 n.V., 2:4 n.E.
SAN LORENZO ALMAGRO (ARG) - Peñarol M. (URU) 3:2, 5:1
Minervén Puerto Ordaz (VEN) - AMÉRICA CALÍ (COL) 1:1, 1:4
Espoli Quito (ECU) - CORINTHIANS S. P. (BRA) 1:3, 0:2
Sporting Cristal Lima (PER) - RIVER PLATE B. A. (ARG) 2:1, 2:5
Cerro Porteño A. (PAR) - ATLÉTICO JUNIOR B. (COL) 0:0, 0:1
UNIVERSIDAD DE CHILE (CHI) - Defensor Sporting M. (URU) 3:2, 1:2 n.V., 7:6 n.E.
Botafogo Rio de Jan. (BRA) - GRÊMIO PORTO A. (BRA) 1:1, 0:2
▶ **Viertelfinale**
UNIVERSIDAD DE CHILE (CHI) - Barcelona Gua. (ECU) 2:0, 1:2
Atlético Junior Barranq. (COL) - AMÉRICA CALÍ (COL) 1:1, 0:1
San Lorenzo Almagro (ARG) - RIVER PLATE B. A. (ARG) 1:2, 1:1
Corinthians São P. (BRA) - GRÊMIO PORTO A. (BRA) 0:3, 1:0
▶ **Halbfinale**
Grêmio Porto Alegre (BRA) - AMÉRICA CALÍ (COL) 1:0, 1:3
Universidad de Chile (CHI) - RIVER PLATE (ARG) 2:2, 0:1
▶ **Finale** (19. und 26.6.1996)
América Calí (COL) - River Plate Buenos Aires (ARG) 1:0
América: Córdoba, Cardona (58. Hernández), Bermúdez, Asprilla, Cabrera, Berti, Oviedo, Escobar, De Ávilha, Zambrano (70. Pérez) - *River Plate*: Burgos, Hernán Díaz, Aayala, Guillermo Rivarola, Altamirano, Almeida, Astrada, Sorín, Ortega (80. Gallardo), Francescoli (86. Gómez), Crespo (66. Lavallén) - *Tor*: 1:0 Astreda (64.) - *SR*: Oscar Velázquez (Paraguay)
RIVER PLATE BUENOS AIRES - América Calí 2:0
River Plate: Burgos, Hernán Díaz, Aayala, Guillermo Rivarola, Altamirano, Almeida, Escudero (74. Gómez), Cedrés, Ortega (87. Sorín), Francescoli, Crespo (86. Gallardo) - *América*: Córdoba, Bermúdez, Asprilla, Dinas, Cabrera, Berti, Maziri, Oviedo, Escobar, De Ávilha, Zambrano - *Tore*: 1:0 Crespo (6.), 2:0 Crespo (59.) - *SR*: Julio Matto (Uruguay)

■ Copa Libertadores de América 1997

Titelverteidiger River Plate Buenos Aires Freilos bis ins Achtelfinale
▶ **Vorrunde**
Gruppe 1
Guaraní Asunción - Cerro Porteño Asunción 1:0, 2:2
Oriente Petrolero Santa Cruz - Bolívar La Paz 0:4, 3:3
Oriente Petrolero Santa Cruz - Guaraní Asunción 4:1, 0:0
Bolívar La Paz - Guaraní Asunción 4:1, 1:3
Oriente Petrolero Santa Cruz - Cerro Porteño Asunc. 1:0, 1:2
Bolívar La Paz -Cerro Porteño Asunción 3:1, 0:2
1. BOLÍVAR LA PAZ (BOL) 6 3 1 2 15:10 10
2. ORIENTE PETROLERO S. C. (BOL) 6 2 2 2 9:10 8
3. GUARANÍ ASUNCIÓN (PAR) 6 2 2 2 8:11 8
4. Cerro Porteño Asunción (PAR) 6 2 1 3 7:8 7
Gruppe 2
Emelec Guayaquil - El Nacional Quito 2:1, 0:1
Racing Club Avellaneda - Vélez Sarsfield Buenos A. 1:2, 0:1
El Nacional Quito - Vélez Sarsfield Buenos Aires 1:0, 0:3
Emelec Guayaquil - Racing Club Avellaneda 2:2, 0:2
El Nacional Quito - Racing Club Avellaneda 2:0, 0:2
Emelec Guayaquil - Vélez Sarsfield Buenos Aires 2:3, 1:1
1. VÉLEZ SARSFIELD B. A. (ARG) 6 4 1 1 10:5 13
2. EL NACIONAL QUITO (ECU) 6 3 0 3 5:7 9
3. RACING CLUB AVELL. (ARG) 6 2 1 3 7:7 7
4. Emelec Guayaquil (ECU) 6 1 2 3 7:10 5
Gruppe 3
Mineros Ciudad Guayana - Minervén Puerto Ordaz 0:0, 0:1
Universidad Católica Santiago - Colo Colo Santiago 2:2, 0:2
Universidad Católica S. - Mineros Ciudad Guayana 6:0, 1:1
Colo Colo Santiago - Mineros Ciudad Guayana 1:0, 4:1
Universidad Católica Sant. - Minervén Puerto Ordaz 6:0, 0:1
Colo Colo Santiago - Minervén Puerto Ordaz 1:0, 2:1

1. COLO COLO SANTIAGO (CHI) 6 5 1 0 12:4 16
2. UNIVERSIDAD CATÓLICA (CHI) 6 2 2 2 15:6 8
3. MINERVÉN PUERTO O. (VEN) 6 2 1 3 3:9 7
4. Mineros Ciudad Guayana (VEN) 6 0 2 4 2:13 2

Gruppe 4
Cruzeiro Belo Horizonte - Grêmio Porto Alegre 1:2, 1:0
Sporting Cristal Lima - Alianza Lima 0:0, 1:1
Alianza Lima - Cruzeiro Belo Horizonte 1:0, 0:2
Sporting Cristal Lima - Cruzeiro Belo Horizonte 1:0, 1:2
Alianza Lima - Grêmio Porto Alegre 0:4, 0:2
Sporting Cristal Lima -Grêmio Porto Alegre 1:0, 0:2
1. GRÊMIO PORTO ALEGRE (BRA) 6 4 0 2 10:3 12
2. CRUZEIRO BELO HORIZ. (BRA) 6 3 0 3 6:5 9
3. SPORTING CRISTAL LIMA (PER) 6 2 2 2 4:5 8
4. Alianza Lima (PER) 6 1 2 3 2:9 5

Gruppe 5
Deportivo Calí - Millonarios Bogotá 1:2, 2:2
Nacional Montevideo - Peñarol Montevideo 1:4, 2:0
Nacional Montevideo - Millonarios Bogotá 1:2, 0:2
Peñarol Montevideo - Millonarios Bogotá 2:1, 2:1
Deportivo Calí - Peñarol Montevideo 2:0, 3:4
Deportivo Calí - Nacional Montevideo 0:1, 1:1
1. PEÑAROL MONTEVIDEO (URU) 6 4 0 2 12:10 12
2. MILLONARIOS BOGOTÁ (COL) 6 3 1 2 10:8 10
3. NACIONAL MONTEVIDEO (URU) 6 2 1 3 6:9 7
4. Deportivo Calí (COL) 6 1 2 3 9:10 5

▶ **Achtelfinale**
RACING CLUB (ARG) - River Plate (ARG) 3:3, 1:1 n.V., 5:3 n.E.
SPORTING CRISTAL L. (PER) - Vélez Sarsfield (ARG) 0:0, 1:0
Guaraní Asunción (PAR) - GRÊMIO (BRA) 2:1, 1:2 n.V., 1:2 i.E.
Minervén Puerto O. (VEN) - BOLÍVAR LA PAZ (BOL) 1:1, 0:7
Millonarios (COL) - PEÑAROL (URU) 2:0, 1:3 n.V., 2:3 n.E.
UNIV. CATÓLICA (CHI) - Oriente Petrolero (BOL) 4:0, 5:1
Nacional Montevideo (URU) - COLO COLO (CHI) 1:3, 2:1
El Nacional Quito (ECU) - CRUZEIRO (BRA)1:0, 1:2 n.V., 3:5 n.E.

▶ **Viertelfinale**
Bolívar La Paz (BOL) - SPORTING CRISTAL LIMA (PER) 2:1, 0:3
Universidad Católica (CHI) - COLO COLO (CHI) 2:1, 1:3
CRUZEIRO Belo H. (BRA) - Grêmio Porto Alegre (BRA) 2:0, 1:2
Peñarol M. (URU) - RACING CLUB (ARG) 1:0, 0:1 n.V., 2:3 n.E.

▶ **Halbfinale**
CRUZEIRO (BRA) - Colo Colo Sant. (CHI) 1:0, 2:3 n.V., 4:1 n.E.
Racing Club (ARG) - SPORTING CRISTAL LIMA (PER) 3:2, 1:4

▶ **Finale** (6. und 13.8.1997)
Sporting Cristal Lima (PER) - Cruzeiro Belo Horiz. (BRA) 0:0
Sporting: Balerio, Marengo, Rebosio (53. Torres), Asteggiano, Vásquez (62. Mendoza), Jorge Soto, Garay, Carmona (62. Magallanes), Solano, Bonnet, Julinho - *Cruzeiro*: Dida, Vítor, Gélson Baresi, Wilson Gottardo, Nonato, Donizete Oliveira, Fabinho, Ricardinho, Palhinha (89. Tico), Cleison, Marcelo Ramos (77. Da Silva) - *SR*: Byron Moreno (Ecuador)
Cruzeiro Belo Horizonte - Sporting Cristal Lima 1:0
Cruzeiro: Dida, Vítor, Gélson Baresi, Nonato, Donizete Oliveira, Fabinho, Ricardinho (72 Da Silva), Palhinha, Elivélton, Marcelo Ramos - *Sporting*: Balerio, Rivera, Marengo, Asteggiano, Solano, Jorge Soto, Torres (82. Serrano), Garay, Amoako (47. Carmona), Bonnet (86. Habrahamshon), Julinho - *Tor*: 1:0 Elivélton (75) - *SR*: Javier Castrilli (Argentinien)

■ Copa Libertadores de América 1998

Titelverteidiger Cruzeiro Belo Horizonte Freilos bis ins Achtelfinale

▶ **Vorqualifikation**
América Ciudad de México - CD Guadalajara 2:0

▶ **Qualifikation**
Atlético Zulia Maracaibo - CD Guadalajara 2:3, 1:4
Caracas FC - CD Guadalajara 1:1, 1:4
Atlético Zulia Maracaibo - América Ciudad de M. 0:2, 0:2
Caracas FC - América Ciudad de México 1:0, 1:1
1. CD GUADALAJARA (MEX) 4 3 1 0 12:5 10
2. AMÉRICA CD. DE MÉXICO (MEX) 4 2 1 1 5:2 7
3. Caracas FC (VEN) 4 1 2 1 4:6 5
4. Atlético Zulia Maracaibo (VEN) 4 0 0 4 3:11 0

▶ **Vorrunde**

Gruppe 1
América Calí - Atlético Bucaramanga 2:2, 1:0
Barcelona Guayaquil - Deportivo Quito 0:0, 1:1
Deportivo Quito - Atlético Bucaramanga 1:0, 0:2
Barcelona Guayaquil - Atlético Bucaramanga 2:0, 0:1
Deportivo Quito - América Calí 0:4, 1:2
Barcelona Guayaquil - América Calí 1:0, 1:1
1. AMÉRICA CALÍ (COL) 6 3 2 1 10:5 11
2. BARCELONA GUAYAQUIL (ECU) 6 2 3 1 5:3 9
3. ATL. BUCARAMANGA (COL) 6 2 1 3 5:6 7
4. Deportivo Quito (ECU) 6 1 2 3 3:9 5

Gruppe 2
CD Guadalajara - América Ciudad de México 0:1, 0:2
Grêmio Porto Alegre - Vasco da Gama Rio de Jan. 1:0, 0:3
CD Guadalajara - Grêmio Porto Alegre 1:0, 0:2
América Ciudad de México - Grêmio Porto Alegre 1:2, 0:1
CD Guadalajara - Vasco da Gama Rio de Janeiro 1:0, 0:2
América Ciudad de México - Vasco da Gama Rio de J. 1:1, 1:1
1. GRÊMIO PORTO ALEGRE (BRA) 6 4 0 2 6:5 12
2. VASCO DA GAMA RIO D. J. (BRA) 6 2 2 2 7:4 8
3. AMÉRICA CD. DE MÉXICO (MEX) 6 2 2 2 6:5 8
4. CD Guadalajara (MEX) 6 2 0 4 2:7 6

Gruppe 3
Olimpia Asunción - Cerro Porteño Asunción 5:1, 2:1
Universidad Católica Santiago - Colo Colo Santiago 2:3, 0:2
Cerro Porteño Asunción - Universidad Católica S. 0:0, 0:1
Olimpia Asunción - Universidad Católica Santiago 2:0, 1:2
Cerro Porteño Asunción - Colo Colo Santiago 2:0, 2:1
Olimpia Asunción - Colo Colo Santiago 1:1, 3:1
1. OLIMPIA ASUNCIÓN (PAR) 6 4 1 1 14:6 13
2. COLO COLO SANTIAGO (CHI) 6 2 1 3 8:10 7
3. CERRO PORTEÑO ASUNC. (PAR) 6 2 1 3 6:9 7
4. Universidad Católica Sant. (CHI) 6 2 1 3 5:8 7

Gruppe 4
Bolívar La Paz - Oriente Petrolero Santa Cruz 3:2, 1:1
Peñarol Montevideo - Nacional Montevideo 2:1, 4:1
Oriente Petrolero Santa Cruz - Peñarol Montevideo 0:0, 1:6
Bolívar La Paz - Peñarol Montevideo 1:0, 1:0
Oriente Petrolero Santa Cruz - Nacional Montevideo 2:1, 1:4
Bolívar La Paz - Nacional Montevideo 2:0, 1:4
1. BOLÍVAR LA PAZ (BOL) 6 4 1 1 9:7 13
2. PEÑAROL MONTEVIDEO (URU) 6 3 1 2 12:5 10
3. NACIONAL MONTEVIDEO (URU) 6 2 0 4 11:12 6
4. Oriente Petrolero Santa C. (BOL) 6 1 2 3 7:15 5

Gruppe 5
Colón Santa Fé - River Plate Buenos Aires 1:2, 1:4
Alianza Lima - Sporting Cristal Lima 1:0, 2:3
Colón Santa Fé - Sporting Cristal Lima 1:0, 1:1
Alianza Lima - River Plate Buenos Aires 1:1, 0:2
Colón Santa Fé - Alianza Lima 1:0, 0:1
Sporting Cristal Lima - River Plate Buenos Aires 2:3, 1:3
1. RIVER PLATE BUENOS A. (ARG) 6 5 1 0 15:6 16
2. ALIANZA LIMA (PER) 6 2 1 3 5:7 7
3. COLÓN SANTA FÉ (ARG) 6 2 1 3 5:8 7
4. Sporting Cristal Lima (PER) 6 1 1 4 7:11 4

▶ **Achtelfinale**
CERRO PORTEÑO ASUNC. (PAR) - América Calí (COL) 1:0, 2:1
Nacional Montevideo (URU) - GRÊMIO P.A. (BRA) 1:1, 0:4
COLÓN SANTA FÉ (ARG) - Olimpia (PAR) 3:2, 0:1 n.V., 2:1 n.E.
Atlético Bucaramanga (COL) - BOLÍVAR LA PAZ (BOL) 1:2, 0:1
América Cd. de México (MEX) - RIVER PLATE (ARG) 1:1, 0:1
BARCELONA GUAYAQUIL (ECU) - Colo Colo S. (CHI) 2:1, 2:2
Alianza Lima (PER) - PEÑAROL M. (URU) 1:0, 1:2 n.V., 1:3 n.E.
VASCO DA GAMA RIO (BRA) - Cruzeiro Belo H. (BRA) 2:1, 0:0

▶ **Viertelfinale**
Grêmio Porto Alegre (BRA) - VASCO DA GAMA (BRA) 1:1, 0:1
RIVER PLATE B. A. (ARG) - Colón Santa Fé (ARG) 2:1, 3:1
Bolívar La Paz (BOL) - BARCELONA GUAYAQUIL (ECU) 1:1, 0:4
Peñarol Montevideo (URU) - CERRO PORTEÑO (PAR) 2:0, 0:3

▶ **Halbfinale**
VASCO DA GAMA RIO (BRA) - River Plate B. A. (ARG) 1:0, 1:1
BARCELONA (ECU) - Cerro Porteño (PAR) 1:0, 1:2 n.V., 4:3 n.E.

▶ **Finale** (12. und 26.8.1998, n.b., 72.000)
Vasco da Gama Rio (BRA) - Barcelona Guayaquil (ECU) 2:0
Vasco: Carlos Germano, Vagner (65. Vítor), Mauro Galvão, Odvan, Felipe, Luisinho, Nasa, Pedrinho (66. Ramon), Juninho, Donizete, Luizão - *Barcelona*: José Cevallos, Luis Gómez (37. Wagner Rivera), Jimmy Montanero, Holger Quiñonez, Luis Capurro, Julio Rosero (46' Héctor Carabalí), Macías (58. Fricson George), Marcelo Morales, Washington Aires, Nicolas Asencio, Anthony de Avila - *Tore*: 1:0 Donizete (7.), 2:0 Luizão (35.)
Barcelona Guayaquil - VASCO DA GAMA RIO DE JAN. 1:2
Barcelona: José Cevallos, Jimmy Montanero, Raúl Noriega (46. Washington Aires), Holger Quiñonez, Luis Gómez, Marcelo Morales, Héctor Carabalí, Nicolas Asencio, Fricson George, Anthony de Avila, Agustín Delgado - *Vasco*: Carlos Germano, Vagner, Odvan, Mauro Galvão, Felipe, Luisinho Nasa, Juninho, Pedrinho (75. Ramon), Donizete, Luizão (82. Alex) - *Tore*: 0:1 Luizão (25.), 0:2 Donizete (45.), 1:2 De Avila (79.) - *SR*: Javier Castrilli (Argentinien)

■ Copa Libertadores de América 1999

Titelverteidiger Vasco da Gama Rio de Janeiro Freilos bis ins Achtelfinale

▶ **Qualifikation**
Estudiantes Mérida - Universidad Los Andes Mérida 3:2, 2:0
Necaxa Ciudad de México - Monterrey 2:2, 0:1
Estudiantes Mérida - Necaxa Ciudad de México 0:0, 0:2
Universidad Los Andes Mérida - Necaxa Cd. de Méx. 0:0, 0:1
Estudiantes Mérida - Monterrey 3:0, 1:5
Universidad Los Andes Mérida - Monterrey 2:1, 1:4
1. MONTERREY (MEX) 6 3 1 2 13:9 10
2. ESTUDIANTES MÉRIDA (VEN) 6 3 1 2 9:9 10
3. Necaxa Cd. de México (MEX) 6 2 3 1 5:3 9
4. Univ. Los Andes Mérida (VEN) 6 1 1 4 5:11 4

▶ **Vorrunde**

Gruppe 1
Estudiantes Mérida - Monterrey 2:1, 0:4
Bella Vista Montevideo - Nacional Montevideo 0:1, 0:1
Monterrey - Bella Vista Montevideo 1:1, 0:2
Estudiantes Mérida - Bella Vista Montevideo 2:1, 1:5
Monterrey - Nacional Montevideo 1:2, 3:2
Estudiantes Mérida - Nacional Montevideo 3:1, 1:2
1. NACIONAL MONTEVIDEO (URU) 6 4 0 2 9:8 12
2. ESTUDIANTES MÉRIDA (VEN) 6 3 0 3 9:14 9
3. BELLA VISTA MONTEV. (URU) 6 2 1 3 9:6 7
4. Monterrey (MEX) 6 2 1 3 10:9 7

Gruppe 2
Vélez Sarsfield Buenos Aires - River Plate Buenos A. 1:1, 1:1
Deportivo Calí - Once Caldas Manizales 1:0, 0:3
Once Caldas Manizales - River Plate Buenos Aires 4:1, 0:3
Deportivo Calí - River Plate Buenos Aires 1:0, 1:2
Once Caldas Manizales - Vélez Sarsfield Buenos Aires 0:0, 0:1
Deportivo Calí - Vélez Sarsfield Buenos Aires 1:0, 0:3
1. VÉLEZ SARSFIELD B. A. (ARG) 6 2 3 1 6:3 9
2. DEPORTIVO CALÍ (COL) 6 3 0 3 4:8 9
3. RIVER PLATE BUENOS A. (ARG) 6 2 2 2 8:8 8
4. Once Caldas Manizales (COL) 6 2 1 3 7:6 7

Gruppe 3
Cerro Porteño Asunción - Olimpia Asunción 4:3, 2:2
Palmeiras São Paulo - Corinthians São Paulo 1:0, 1:2
Cerro Porteño Asunción - Palmeiras São Paulo 2:5, 1:2
Olimpia Asunción - Palmeiras São Paulo 4:2, 1:1
Corinthians São Paulo - Cerro Porteño Asunción 8:2, 0:3
Olimpia Asunción - Corinthians São Paulo 1:2, 0:4
1. CORINTHIANS SÃO P. (BRA) 6 4 0 2 16:8 12
2. PALMEIRAS SÃO PAULO (BRA) 6 3 1 2 12:10 10
3. CERRO PORTEÑO AS. (PAR) 6 2 1 3 14:20 7
4. Olimpia Asunción (PAR) 6 1 2 3 11:15 5

Gruppe 4
Universitario Lima - Sporting Cristal Lima 2:1, 2:2
Colo Colo Santiago - Universidad Católica Santiago 1:0, 1:3
Universidad Católica Santiago - Sporting Cristal Lima 1:1, 1:1
Universitario Lima - Colo Colo Santiago 2:0, 0:1
Universidad Católica Santiago - Universitario Lima 1:0, 3:1
Sporting Cristal Lima - Colo Colo Santiago 1:1, 1:1
1. UNIVERSIDAD CATÓLICA (CHI) 6 3 2 1 9:5 11
2. COLO COLO SANTIAGO (CHI) 6 2 2 2 5:7 8
3. UNIVERSITARIO LIMA (PER) 6 2 1 3 7:8 7
4. Sporting Cristal Lima (PER) 6 0 5 1 7:8 5

Gruppe 5
LDU Quito - Emelec Guayaquil 4:1, 0:2
Blooming Santa Cruz - Jorge Wilstermann Cochab. 0:0, 0:1
Emelec Guayaquil - Jorge Wilstermann Cochabamba 3:2, 2:4
LDU Quito - Jorge Wilstermann Cochabamba 3:1, 1:1
Emelec Guayaquil - Blooming Santa Cruz 1:0, 0:2
LDU Quito - Blooming Santa Cruz 1:0, 1:3
1. LDU QUITO (ECU) 6 3 1 2 10:8 10
2. EMELEC GUAYAQUIL (ECU) 6 3 0 3 9:12 9
3. JORGE WILSTERMANN C. (BOL) 6 2 2 2 9:9 8
4. Blooming Santa Cruz (BOL) 6 2 1 3 5:4 7

▶ **Achtelfinale**
Jorge Wilstermann (BOL) - CORINTHIANS S.P. (BRA) 1:1, 2:5
PALMEIRAS S.P. (BRA) - Vasco da Gama RdJ (BRA) 1:1, 4:2
RIVER PLATE (ARG) - LDU Quito (ECU) 1:0, 0:1 n.V., 5:4 n.E.
Emelec Guayaq. (ECU) - ESTUDIANTES MÉRIDA (VEN) 1:3, 1:0
Universitario Lima (PER) - VÉLEZ SARSFIELD (ARG) 0:0, 0:4
BELLA VISTA M. (URU) - Universidad Católica (CHI) 2:2, 3:1
DEPORTIVO CALÍ (COL) - Colo Colo Santiago (CHI) 2:0, 0:1
CERRO PORTEÑO Asunc. (PAR) - Nacional M. (URU) 5:0, 1:2

▶ **Viertelfinale**
DEPORTIVO CALÍ (COL) - Bella Vista Montev. (URU) 2:1, 1:1
Estudiantes Mérida (VEN) - CERRO PORTEÑO (PAR) 3:0, 0:4
RIVER PLATE (ARG) - Vélez Sarsfield (ARG) 2:0, 0:1
PALMEIRAS (BRA) - Corinthians (BRA) 2:0, 0:2 n.V., 4:2 n.E.

▶ **Halbfinale**
River Plate B. A. (ARG) - PALMEIRAS S. P. (BRA) 1:0, 0:3
DEPORTIVO CALÍ (COL) - Cerro Porteño Asunc. (PAR) 4:0, 2:3

▶ **Finale** (2. und 16.6.1999, n.b., 32.000)
Deportivo Calí (COL) - Palmeiras São Paulo (BRA) 1:0
Deportivo: Rafael Dudamel; John Wilmer Pérez, Mario Yepez, Andrés Mosquera, Gerardo Bedoya, Alexander Viveros, Martín Zapata, Mayer Candelo, Geovanny Córdoba, Victor Bonilla (73. Miguel Marrero), Carlos Castillo (80. Emiliano Rey) - *Palmeiras*: Marcos; Francisco Javier Arce, Júnior Baiano, Roque Júnior, César Sampaio, Rogério, Alex (71. Euller), Zinho (83. Galeano), Paulo Nunes, Oséas (47. Evair) - *Tor*: 1:0 Bonilla (42.) - *SR*: Mario Sánchez (Chile)
PALMEIRAS SÃO PAULO - Deportivo Calí 2:1 n.V., 4:3 n.E.
Palmeiras: Marcos; Francisco Javier Arce (57. Evair), Júnior Baiano, Roque Júnior, Rogério, César Sampaio, Alex (75. Euller), Zinho, Oséas, Paulo Nunes - *Deportivo*: Rafael Dudamel; John Wilmer Pérez (84. Herman Gaviria), Andrés Mosquera, Mario Yepez, Gerardo Bedoya, Martín Zapata, Alexander Viveros, Arley Betancourt, Mayer Candelo (62. Freddy Hurtado), Geovanny Córdoba (81. Manuel Valencia), Victor Bonilla - *Tore*: 1:0 Evair (65./E), 1:1 Zapata (70./E), 2:1 Oséas (76.) - *SR*: Aquino (Paraguay) - *11m*: Zinho - gehalten, 0:1 Dudamel, 1:1 Júnior Baiano, 1:2 Gaviria, 2:2 Roque Júnior, 2:3 Yepes, 3:3 Rogério, Bedoya - verschossen, 4:3 Euller, Zapata - verschossen

■ Copa Libertadores de América 2000

Titelverteidiger Palmeiras São Paulo Freilos bis ins Achtelfinale

▶ **Qualifikation**
América Ciudad de México - Atlas Guadalajara 2:0, 3:6
Dep. Táchira San Cristóbal - Deportivo ItalChacao C. 0:2, 0:0
Dep. Táchira San Cristóbal - América Cd. de México 1:0, 0:6
Deportivo ItalChacao C. - América Ciudad de México 1:1, 1:1
Dep. Táchira San Cristóbal - Atlas Guadalajara 2:2, 0:3
Deportivo ItalChacao Caracas - Atlas Guadalajara 3:3, 2:2
1. ATLAS GUADALAJARA (MEX) 6 2 3 1 16:12 9
2. América Cd. de México (MEX) 6 2 2 2 13:9 8
3. Deportivo ItalChacao C. (VEN) 6 1 5 0 9:7 8
4. Dep. Táchira San Cristóbal (VEN) 6 1 2 3 3:13 5

▶ **Vorrunde**

Gruppe 1
Alianza Lima - Atlético Paranaense Curitiba 0:3, 1:2
Emelec Guayaquil - Nacional Montevideo 0:2, 0:1
Alianza Lima - Emelec Guayaquil 2:1, 2:2
Nacional Montevideo - Alianza Lima 2:0, 2:2
Atlético Paranaense Curitiba - Emelec Guayaquil 1:0, 0:0
Nacional Montevideo - Atlético Paranaense Curitiba 1:3, 0:2
1. ATLÉTICO PARANAENSE C. (BRA) 6 5 1 0 11:2 16
2. NACIONAL MONTEVIDEO (URU) 6 3 1 2 8:7 10
3. Alianza Lima (PER) 6 1 2 3 7:12 5
4. Emelec Guayaquil (ECU) 6 0 2 4 3:8 2

Gruppe 2
Universidad Católica Santiago - Peñarol Montevideo 1:1, 1:5
Blooming Santa Cruz - Boca Juniors Buenos Aires 1:0, 1:6

Boca Juniors Buenos Aires - Universidad Católica S. 2:1, 3:1
Peñarol Montevideo - Blooming Santa Cruz 2:1, 3:3
Blooming Santa Cruz - Universidad Católica Sant. 3:1, 0:5*
Peñarol Montevideo - Boca Juniors Buenos Aires 0:0, 1:3
*nach 65 Minuten wegen Nebel abgebrochen. Ergebnis blieb
1. BOCA JUNIORS B. A. (ARG) 6 4 1 1 14:5 13
2. PEÑAROL MONTEVIDEO (URU) 6 2 3 1 12:9 9
3. Blooming Santa Cruz (BOL) 6 2 1 3 9:17 7
4. Universidad Católica S. (CHI) 6 1 1 4 10:14 4

Gruppe 3
América Ciudad de México - Corinthians São Paulo 2:0, 1:2
LDU Quito - Olimpia Asunción 0:1, 1:1
Olimpia Asunción - América Ciudad de México 3:1, 2:8
Corinthians São Paulo - LDU Quito 6:0, 2:0
América Ciudad de México - LDU Quito 1:0, 2:2
Olimpia Asunción - Corinthians São Paulo 2:2, 4:5
1. CORINTHIANS SÃO P. (BRA) 6 4 1 1 17:9 13
2. AMÉRICA CD. DE MÉXICO (MEX) 6 3 1 2 15:9 10
3. Olimpia Asunción (PAR) 6 2 2 2 13:17 8
4. LDU Quito (ECU) 6 0 2 4 3:13 2

Gruppe 4
Atlas Guadalajara - River Plate Buenos Aires 1:1, 2:3
Universidad Chile Santiago - Atl. Nacional Medellín 4:0, 1:4
Atlético Nacional Medellín - Atlas Guadalajara 2:3, 1:5
River Plate Buenos Aires - Universidad de Chile S. 3:1, 1:1
Atlético Nacional Medellín - River Plate Buenos Aires 1:1, 3:2
Atlas Guadalajara - Universidad de Chile Santiago 0:0, 2:3
1. RIVER PLATE BUENOS A. (ARG) 6 2 3 1 11:9 9
2. ATLAS GUADALAJARA (MEX) 6 2 2 2 13:10 8
3. Universidad de Chile San. (CHI) 6 2 2 2 10:10 8
4. Atlético Nacional Medellín (COL) 6 2 1 3 11:16 7

Gruppe 5
Cerro Porteño Asunción - Atlético Junior Barranquilla 1:0, 0:2
San Lorenzo Almagro - Universitario Lima 3:0, 1:1
Atlético Junior Barranquilla - San Lorenzo Almagro 3:1, 0:2
Universitario Lima - Cerro Porteño Asunción 1:0, 0:3
San Lorenzo Almagro - Cerro Porteño Asunción 2:2, 1:3
Atlético Junior Barranquilla - Universitario Lima 1:0, 1:0
1. ATLÉTICO JUNIOR BARR. (COL) 6 4 0 2 7:4 12
2. CERRO PORTEÑO ASUN. (PAR) 6 3 1 2 9:6 10
3. San Lorenzo Almagro (ARG) 6 2 2 2 10:9 8
4. Universitario Lima (PER) 6 1 1 4 2:9 4

Gruppe 6
Rosario Central - Sporting Cristal Lima 3:1, 3:3
Atlético Colegiales Asunción - América Calí 2:5, 1:2
América Calí - Rosario Central 5:3, 3:3
Sporting Cristal Lima - Atlético Colegiales Asunción 3:0, 1:2
Rosario Central - Atlético Colegiales Asunción 4:2, 3:3
América Calí - Sporting Cristal Lima 3:1, 2:0
1. AMÉRICA CALÍ (COL) 6 5 1 0 20:10 16
2. ROSARIO CENTRAL (ARG) 6 2 3 1 19:17 9
3. Sporting Cristal Lima (PER) 6 1 1 4 9:13 4
4. Atlético Colegiales As. (PAR) 6 1 1 4 10:18 4

Gruppe 7
Palmeiras São Paulo - The Strongest La Paz 4:0, 2:4
Juventude Caxias do Sul - El Nacional Quito 1:0, 0:2
The Strongest La Paz - Juventude Caxias do Sul 5:1, 0:4
El Nacional Quito - Palmeiras São Paulo 3:1, 1:4
El Nacional Quito - The Strongest La Paz 0:0, 4:1
Palmeiras São Paulo - Juventude Caxias do Sul 3:0, 2:2
1. PALMEIRAS SÃO PAULO (BRA) 6 3 1 2 16:10 10
2. EL NACIONAL QUITO (ECU) 6 3 1 2 10:7 10
3. Juventude Caxias do Sul (BRA) 6 2 1 3 8:12 7
4. The Strongest La Paz (BOL) 6 2 1 3 10:15 7

Gruppe 8
Atlético Mineiro Belo Horizonte - Bolívar La Paz 1:0, 0:4
Bella Vista Montevideo - Cobreloa Calama 1:1, 1:1
Bolívar La Paz - Bella Vista Montevideo 1:0, 0:4
Cobreloa Calama - Atlético Mineiro Belo Horizonte 1:0, 0:6
Cobreloa Calama - Bolívar La Paz 3:3, 1:4
Atlético Mineiro Belo Horizonte - Bella Vista Montev. 2:1, 0:1
1. BOLÍVAR LA PAZ (BOL) 6 3 1 2 12:9 10
2. ATLÉTICO MINEIRO B. H. (ARG) 6 3 0 3 9:7 9
3. Bella Vista Montevideo (URU) 6 2 2 2 8:5 8
4. Cobreloa Calama (CHI) 6 1 3 2 7:15 6

Achtelfinale
ATL. MINEIRO (BRA) - Atl. Paranaense (BRA) 1:0, 1:2 n.V., 5:3 n.E.
Rosario Centr. (ARG) - CORINTHIANS (BRA) 3:2, 2:3 n.V., 3:4 n.E.
El Nacional Quito (ECU) - BOCA JUNIORS (ARG) 0:0, 3:5
Cerro Porteño Asunción (PAR) - RIVER PLATE (ARG) 0:4, 0:1
ATLAS GUADALAJARA (MEX) - Atlético Junior (COL) 2:0, 3:1
Peñarol M. (URU) - PALMEIRAS (BRA) 2:0, 1:3 n.V., 2:3 n.E.
AMÉRICA CD. DE MÉXICO (MEX) - América Calí (Col) 2:1, 3:2
Nacional Montev. (URU) - BOLÍVAR (BOL) 3:0, 0:3 n.V., 3:5 n.E.

Viertelfinale
Atlético Mineiro (BRA) - CORINTHIANS (BRA) 1:1, 1:2
River Plate B. A. (ARG) - BOCA JUNIORS B. A. (ARG) 2:1, 0:3
Atlas Guadalajara (MEX) - PALMEIRAS SÃO P. (BRA) 0:2, 2:3
AMÉRICA CD. DE MÉXICO (MEX) - Bolívar La P. (BOL) 2:0, 2:1

Halbfinale
Corinthians (BRA) - PALMEIRAS (BRA) 4:3, 2:3 n.V., 4:5 n.E.
BOCA JUNIORS (ARG) - América Cd. de México (MEX) 4:1, 1:3

Finale (14. und 21.6.2000, 50.580, 75.000)
Boca Juniors Buenos A. (ARG) - Palmeiras São Paulo (BRA) 2:2
Boca Juniors: Oscar Córdoba; Hugo Ibarra, Jorge Bermúdez, Walter Samuel, Rodolfo Arruabarrena; Cristian Traverso, Sebastian Battaglia, Juan Román Riquelme, Gustavo Barros Schelotto (65. César La Paglia), Christian Giménez (46. Martín Palermo), Antonio Barijho (46. Guillermo Barros Schelotto) - *Palmeiras:* Marcos; Nenem, Roque Júnior, Argel, Júnior; Rogério, César Sampaio; Galeano, Alex (87. Tiago), Pena (62. Marcelo Ramos), Euller (85. Faustino Asprilla) - Tore: 1:0 Arruabarrena (2:2), 1:1 Pena (43.), 2:1 Arruabarrena (61.), 2:2 Euller (63.) - *SR*: Gustavo Méndez (Uruguay)
Palmeiras São Paulo - BOCA JUNIORS B. A. 0:0 n.V., 2:4 n.E.
Palmeiras: Marcos; Rogéiro, Argel, Roque Júnior, Junior; César Sampaio, Galeano, Alex; Marcelo Ramos (35. Faustino Asprilla), Pena (61. Basilio), Euller - *Boca Juniors*: Oscar Córdoba; Hugo Ibarra, Jorge Bermúdez, Walter Samuel, Rodolfo Arruabarrena; Sebastián Battaglia, Cristian Traverso, José Basualdo, Juan Román Riquelme, Guillermo Barros Schelotto, Martín Palermo - *SR*: Epifanio González (Paraguay) - *11m*: Palmeiras: Alex, Asprilla (gehalten), Roque Júnior (gehalten), Rogério - Boca Juniors: Barros Schelotto, Riquelme, Palermo, Bermúdez

Copa Libertadores de América 2001

Titelverteidiger Boca Juniors Buenos Aires Freilos bis ins Achtelfinale

Qualifikation
Atlante Ciudad de México - Cruz Azul Cd. de México 2:4, 3:1
Deportivo ItalChacao Caracas - Táchira San Cristóbal 1:2, 2:0
Deportivo ItalChacao Caracas - Atlante Cd. de M. 2:0, 3:2
Táchira San Cristóbal - Atlante Ciudad de México 1:0, 2:1
Deportivo ItalChacao Caracas - Cruz Azul Cd. de M. 0:2, 1:4
Táchira San Cristóbal - Cruz Azul Ciudad de México 1:0, 1:4
1. CRUZ AZUL CD. DE M. (MEX) 6 4 0 2 15:8 12
2. Dep. Táchira San Cristóbal (VEN) 6 4 0 2 7:8 12
3. Dep. ItalChacao Caracas (VEN) 6 3 0 3 9:10 9
4. Atlante Cd. de México (MEX) 6 1 0 5 8:13 3

Vorrunde
Gruppe 1
Universitario Lima - Vélez Sarsfield Buenos Aires 0:2, 0:1
Atlético Junior Barranquilla - Rosario Central 3:1, 0:1
Rosario Central - Universitario Lima 6:0, 1:1
Vélez Sarsfield B. A. - Atlético Junior Barranquilla 2:0, 0:4
Rosario Central - Vélez Sarsfield Buenos Aires 2:0, 2:0
Universitario Lima - Atlético Junior Barranquilla 1:2, 1:1
1. ROSARIO CENTRAL (ARG) 6 4 1 1 13:4 13
2. ATLÉTICO JUNIOR BARR. (COL) 6 3 1 2 10:6 10
3. Vélez Sarsfield Buenos A. (ARG) 6 3 0 3 5:8 9
4. Universitario Lima (PER) 6 0 2 4 3:13 2

Gruppe 2
Universidad de Chile S. - Cerro Porteño Asunción 0:2, 0:6
Cerro Porteño Asunción - Sport Boys Callao 3:1, 4:0
Sport Boys Callao - Universidad de Chile Santiago 0:2, 1:1
Palmeiras São Paulo - Universidad de Chile Santiago 2:1, 2:1
Sport Boys Callao - Palmeiras São Paulo 1:4, 0:3
Cerro Porteño Asunción - Palmeiras São Paulo 0:0, 2:5
1. PALMEIRAS SÃO PAULO (BRA) 6 5 1 0 16:5 16
2. CERRO PORTEÑO ASUNC. (PAR) 6 4 1 1 17:6 13
3. Universidad de Chile S. (CHI) 6 1 1 4 5:13 4
4. Sport Boys Callao (PER) 6 0 1 5 3:17 1

Gruppe 3
Jorge Wilstermann Cochabamba - San Lorenzo Alm. 4:2, 0:2
Nacional Montevideo - Jorge Wilstermann Cochab. 3:0, 2:1
Deportes Concepción - Nacional Montevideo 0:0, 0:2
San Lorenzo Almagro - Deportes Concepción 2:1, 2:3
Jorge Wilstermann Cochabamba - Dep. Concepción 2:1, 0:3
Nacional Montevideo - San Lorenzo Almagro 1:0, 1:1
1. NACIONAL MONTEVIDEO (URU) 6 4 2 0 9:2 14
2. DEPORTES CONCEPCIÓN (CHI) 6 2 1 3 8:8 7
3. San Lorenzo Almagro (ARG) 6 2 1 3 9:10 7
4. Jorge Wilstermann C. (BOL) 6 2 0 4 7:13 6

Gruppe 4
Emelec Guayaquil - Olimpia Asunción 1:1, 2:2
Olimpia Asunción - Sporting Cristal Lima 1:0, 2:3
Sporting Cristal Lima - Emelec Guayaquil 0:1, 1:3
Sporting Cristal Lima - Cruzeiro Belo Horizonte 0:1, 0:5
Cruzeiro Belo Horizonte - Emelec Guayaquil 2:0, 0:0
Olimpia Asunción - Cruzeiro Belo Horizonte 3:4, 1:3
1. CRUZEIRO BELO HORIZ. (BRA) 6 5 1 0 15:4 16
2. EMELEC GUAYAQUIL (ECU) 6 2 3 1 7:6 9
3. Olimpia Asunción (PAR) 6 1 2 3 10:13 5
4. Sporting Cristal Lima (PER) 6 1 0 5 4:13 3

Gruppe 5
Guaraní Asunción - El Nacional Quito 3:1, 1:3
River Plate Buenos Aires - The Strongest La Paz 5:1, 1:4
El Nacional Quito - River Plate Buenos Aires 1:0, 0:2
The Strongest La Paz - Guaraní Asunción 1:1, 1:4
River Plate Buenos Aires - Guaraní Asunción 4:0, 1:0
El Nacional Quito - The Strongest La Paz 2:1, 1:2
1. RIVER PLATE BUENOS A. (ARG) 6 4 0 2 13:6 12
2. EL NACIONAL QUITO (ECU) 6 3 0 3 8:9 9
3. Guaraní Asunción (PAR) 6 2 1 3 9:11 7
4. The Strongest La Paz (BOL) 6 2 1 3 10:14 7

Gruppe 6
Peñarol Montevideo - América Calí 1:2, 1:2
Deportivo Táchira San Cristóbal - Peñarol Montev. 0:0, 1:3
América Calí - Deportivo Táchira San Cristóbal 3:0, 2:0
América Calí - Vasco da Gama Rio de Janeiro 0:3, 1:4
Deportivo Táchira San Cristóbal - Vasco da Gama 0:1, 2:3
Vasco da Gama Rio de Janeiro - Peñarol Montevideo 2:1, 3:1
1. VASCO DA GAMA RIO (BRA) 6 6 0 0 16:5 18
2. AMÉRICA CALÍ (COL) 6 4 0 2 10:9 12
3. Peñarol Montevideo (URU) 6 1 1 4 7:10 4
4. Dep. Táchira San Cristóbal (VEN) 6 0 1 5 3:12 1

Gruppe 7
Defensor Sporting Montevideo - Olmedo Riobamba 3:2, 2:4
Cruz Azul Ciudad de México - Defensor Sporting M. 2:0, 2:3
Olmedo Riobamba - Cruz Azul Ciudad de México 2:3, 1:3
AD São Caetano - Cruz Azul Ciudad de México 1:1, 0:1
Olmedo Riobamba - AD São Caetano 2:1, 0:3
AD São Caetano - Defensor Sporting Montevideo 0:0, 1:0
1. CRUZ AZUL CD. DE MÉX. (MEX) 6 4 1 1 12:7 13
2. AD SÃO CAETANO (BRA) 6 2 2 2 6:4 8
3. Defensor Sporting M. (URU) 6 2 1 3 8:11 7
4. Olmedo Riobamba (ECU) 6 2 0 4 11:15 6

Gruppe 8
Deportivo Calí - Cobreloa Calama 1:2, 1:2
Boca Juniors Buenos Aires - Oriente Petrolero S. C. 2:1, 1:0
Cobreloa Calama - Boca Juniors Buenos Aires 0:1, 0:1
Oriente Petrolero Santa Cruz - Deportivo Calí 1:3, 1:4
Cobreloa Calama - Oriente Petrolero Santa Cruz 2:1, 2:2
Boca Juniors Buenos Aires - Deportivo Calí 2:1, 0:3
1. BOCA JUNIORS B. A. (ARG) 6 5 0 1 7:5 15
2. COBRELOA CALAMA (CHI) 6 3 1 2 8:7 10
3. Deportivo Calí (COL) 6 3 0 3 13:8 9
4. Oriente Petrolero Santa C. (BOL) 6 0 1 5 6:14 1

Achtelfinale
Cobreloa Calama (CHI) - ROSARIO CENTRAL (ARG) 2:3, 1:1
AMÉRICA CALÍ (COL) - Nacional Montevideo (URU) 2:0, 3:1
Emelec Guayaquil (ECU) - RIVER PLATE B. A. (ARG) 2:0, 0:5
Cerro Porteño Asunción (PAR) - CRUZ AZUL (MEX) 2:1, 1:3
AD São Caetano (BRA) - PALMEIRAS (BRA)1:0, 0:1 n.C., 3:5 n.E.
El Nacional Quito (ECU) - CRUZEIRO B. H. (BRA) 1:2, 1:4
Deportes Concepción (CHI) - VASCO DA GAMA (BRA) 1:3, 0:1
Atlético Junior Barranq. (COL) - BOCA JUNIORS (ARG) 2:3, 1:1

Viertelfinale
PALMEIRAS (BRA) - Cruzeiro (BRA) 3:3, 2:2 n.V., 3:2 n.E.
Vasco da Gama Rio (BRA)- BOCA JUNIORS (ARG) 0:1, 0:3
ROSARIO CENTRAL (ARG) - América Calí (COL)1:0, 2:3 n.V., 4:3 n.E.
River Plate Buenos Aires (ARG) - CRUZ AZUL (MEX) 0:0, 0:3

Halbfinale
CRUZ AZUL CD. D. M. (MEX) - Rosario Central (ARG) 2:0, 3:3
BOCA JUNIORS (ARG) - Palmeiras (BRA) 2:2, 2:2 n.V., 3:2 n.E.

Finale (20. und 28.6.2001, 115.000, 60.000)
Cruz Azul Cd. de México (MEX) - Boca Juniors B. A. (ARG) 0:1
Cruz Azul: Oscar Pérez; Víctor Gutiérrez (53. Héctor Adomaitis), Norberto Angeles (42. Tomas Campos), Sergio Almaguer, Melvin Brown; Pablo Galdames, José Alberto Hernandez, Julio César Pinheiro, Angel Morales; Juan Francisco Palencia, José Cardozo - *Boca Juniors:* Oscar Córdoba; Hugo Ibarra, Jorge Bermúdez, Nicolás Burdisso, Clemente Rodríguez (55. Gustavo Pinto); Sebastián Battaglia, Javier Villareal (78. José Pereda), Cristián Traverso, Juan Román Riquelme, Walter Gaitán; Christian Giménez (60. Marcelo Delgado) - *Tor*: 0:1 Marcelo Delgado (79.) - *SR*: Marcio Rezende (Brasilien)
BOCA JUNIORS - Cruz Azul Cd. de México 0:1 n.V., 3:1 n.E.
Boca Juniors: Oscar Córdoba; Hugo Ibarra, Jorge Bermúdez, Anibal Matellán, Clemente Rodriguez; Mauricio Serna, Javier Villareal (46. Christian Giménez), Cristián Traverso, Juan Román Riquelme; Walter Gaitán, Marcelo Delgado - *Cruz Azul*: Oscar Pérez; Víctor Gutiérrez, Norberto Angeles, Sergio Almaguer, Melvin Brown; Pablo Galdames, José Alberto Hernández, Julio César, Pinheiro, Tomás Campos (66. Emilio Mora); Juan Francisco Palencia, José Cardozo - *Tor*: 0:1 Juan Francisco Palencia (45.) - *SR*: Gilberto Hidalgo (Peru) - *11m*: 1:0 Riquelme, 1:1 Palencia, 2:1 Serna, Galdames - verschossen, 3:1 Delgado, Hernández - verschossen, Bermúdez - verschossen, Pinheiro - verschossen

Copa Libertadores de América 2002

Titelverteidiger Boca Juniors Buenos Aires Freilos bis ins Achtelfinale

Qualifikation
Trujillanos Valera - Caracas FC 1:0, 0:3
Atlético Morelia - América Ciudad de México 1:3, 0:2
Trujillanos Valera - Atlético Morelia 0:1, 0:3
Caracas FC - Atlético Morelia 3:1, 0:3
Trujillanos Valera - América Ciudad de México 2:1, 1:7
Caracas FC - América Ciudad de México 1:1, 0:1
1. AMÉRICA CD. DE MÉXICO (MEX) 6 4 1 1 15:5 13
2. ATLÉTICO MORELIA (MEX) 6 3 0 3 9:8 9
3. Caracas FC (VEN) 6 2 1 3 7:7 7
4. Trujillanos Valera (VEN) 6 2 0 4 4:15 6

Vorrunde
Gruppe 1
Alianza Lima - Cerro Porteño Asunción 0:0, 0:2
Cobreloa Calama - AD São Caetano 2:1, 0:3
AD São Caetano - Alianza Lima 4:0, 3:0
Cerro Porteño Asunción - Cobreloa Calama 3:0, 0:3
Cobreloa Calama - Alianza Lima 5:0, 2:1
Cerro Porteño Asunción - AD São Caetano 1:3, 1:0
1. AD SÃO CAETANO (BRA) 6 4 0 2 14:4 12
2. COBRELOA CALAMA (CHI) 6 4 0 2 12:8 12
3. Cerro Porteño Asunción (PAR) 6 3 1 2 7:6 10
4. Alianza Lima (PER) 6 0 1 5 1:16 1

Gruppe 2
Oriente Petrolero Santa Cruz - Grêmio Porto Alegre 2:4, 2:3
Cienciano Cuzco - 12 de Octubre Itauguá 3:0, 0:1
Oriente Petrolero Santa Cruz - Cienciano Cuzco 3:1, 0:2
12 de Octubre Itauguá - Oriente Petrolero Santa Cruz 3:2, 0:1
Grêmio Porto Alegre - Cienciano Cuzco 2:0, 1:2
12 de Octubre Itauguá - Grêmio Porto Alegre 1:0, 0:1
1. GRÊMIO PORTO ALEGRE (BRA) 6 4 0 2 11:7 12
2. CIENCIANO CUZCO (PER) 6 3 0 3 8:7 9
3. 12 de Octubre Itauguá (PAR) 6 3 0 3 5:7 9
4. Oriente Petrolero Santa C. (BOL) 6 2 0 4 10:13 6

Gruppe 3
Real Potosí - San Lorenzo Almagro 1:0, 1:5
El Nacional Quito - Peñarol Montevideo 1:0, 0:3
Peñarol Montevideo - Real Potosí 4:0, 1:6
San Lorenzo Almagro - El Nacional Quito 1:0, 0:3

STATISTIK SÜDAMERIKA 229

Real Potosí - El Nacional Quito 2:4, 0:2
Peñarol Montevideo - San Lorenzo Almagro 1:0, 2:0
1. PEÑAROL MONTEVIDEO (URU) 6 4 0 2 11:7 12
2. EL NACIONAL QUITO (ECU) 6 4 0 2 10:6 12
3. San Lorenzo Almagro (ARG) 6 2 0 4 6:8 6
4. Real Potosí (BOL) 6 2 0 4 10:16 6

Gruppe 4

Atlético Paranaense Curitiba - Bolívar La Paz 1:2, 5:5
América Calí - Olmedo Riobamba 1:0, 0:1
Olmedo Riobamba - Atlético Paranaense Curitiba 2:1, 0:2
Bolívar La Paz - América Calí 1:1, 0:2
Atlético Paranaense Curitiba - América Calí 1:1, 0:5
Olmedo Riobamba - Bolívar La Paz 4:1, 0:2
1. AMÉRICA DE CALÍ (COL) 6 3 2 1 10:3 11
2. OLMEDO RIOBAMBA (ECU) 6 3 0 3 7:7 9
3. Bolívar La Paz (BOL) 6 2 2 2 11:13 8
4. Atl. Paranaense Curitiba (BRA) 6 1 2 3 10:15 5

Gruppe 5

Atlético Morelia - Vélez Sarsfield Buenos Aires 0:0, 3:2
Sporting Cristal Lima - Nacional Montevideo 3:4, 0:1
Nacional Montevideo - Atlético Morelia 3:3, 2:4
Vélez Sarsfield Buenos Aires - Sporting Cristal Lima 1:0, 3:2
Nacional Montevideo - Vélez Sarsfield Buenos Aires 2:2, 1:0
Atlético Morelia - Sporting Cristal Lima 4:0, 1:0
1. ATLÉTICO MORELIA (MEX) 6 4 2 0 15:7 14
2. NACIONAL MONTEVIDEO (URU) 6 3 2 1 13:12 11
3. Vélez Sarsfield Buenos A. (ARG) 6 2 2 2 8:8 8
4. Sporting Cristal Lima (PER) 6 0 0 6 5:14 0

Gruppe 6

Montevideo Wanderers - Emelec Guayaquil 3:1, 1:0
Boca Juniors B. A.- Santiago Wanderers Valparaíso 0:0, 0:1
Santiago Wanderers Valparaíso - Montev. Wanderers 1:1, 1:3
Emelec Guayaquil - Boca Juniors Buenos Aires 1:2, 0:1
Boca Juniors Buenos Aires - Montevideo Wanderers 2:0, 2:0
Emelec Guayaquil - Santiago Wanderers Valparaíso 1:1, 1:2
1. BOCA JUNIORS B. A. (ARG) 6 4 1 1 7:2 13
2. MONTEV. WANDERERS (URU) 6 3 1 2 8:7 10
3. Santiago Wanderers Valp. (CHI) 6 2 3 1 6:6 9
4. Emelec Guayaquil (ECU) 6 0 1 5 4:10 1

Gruppe 7

América Ciudad de México - Talleres Córdoba 2:0, 1:0
River Plate Buenos Aires - Talleres Córdoba 0:0, 1:1
Deportivo Tuluá - América Ciudad de México 0:2, 2:3
Talleres Córdoba - Deportivo Tuluá 2:1, 2:4
River Plate Buenos Aires - América Ciudad de México 0:1, 0:0
River Plate Buenos Aires - Deportivo Tuluá 2:0, 5:2
1. AMÉRICA CIUDAD DE M. (MEX) 6 5 1 0 9:2 16
2. RIVER PLATE BUENOS A. (ARG) 6 2 3 1 8:4 9
3. Talleres Córdoba (ARG) 6 1 2 3 5:9 5
4. Deportivo Tuluá (COL) 6 1 0 5 9:16 3

Gruppe 8

Once Caldas Manizales - Flamengo Rio de Janeiro 1:0, 1:4
Flamengo Rio de J. - Universidad Católica Santiago 1:3, 1:2
Olimpia Asunción - Once Caldas Manizales 3:2, 1:2
Universidad Católica Santiago - Olimpia Asunción 0:1, 1:1
Flamengo Rio de Janeiro - Olimpia Asunción 0:0, 0:2
Once Caldas Manizales - Universidad Católica Sant. 3:0, 1:3
1. OLIMPIA ASUNCIÓN (PAR) 6 3 2 1 8:5 11
2. UNIVERSIDAD CATÓLICA (CHI) 6 3 1 2 9:8 10
3. Once Caldas Manizales (COL) 6 3 0 3 10:11 9
4. Flamengo Rio de Janeiro (BRA) 6 1 1 4 6:9 4

▶ **Achtelfinale**

Universidad Católica (CHI) - AD SÃO CAETANO (BRA) 1:1, 1:1 n.V., 2:4 n.E.
River Plate (ARG) - GRÊMIO PORTO ALEGRE (BRA) 1:2, 0:4
Montevideo Wanderers (URU) - PEÑAROL MONTEVIDEO (URU) 2:2, 2:2 n.V., 0:3 n.E.
NACIONAL MONTEVIDEO (URU) - América Calí (COL) 1:0, 0:0
Olmedo Riobamba (ECU) - ATLÉT. MORELIA (MEX) 0:5, 2:3
El Nacional Quito (ECU) - BOCA JUNIORS (ARG) 0:0, 0:2
Cienciano Cuzco (PER) - AMÉRICA CD. DE M. (Mex) 0:1, 1:4
Cobreloa Calama (CHI) - OLIMPIA ASUNCIÓN (PAR) 1:2*, 1:4
*in der Halbzeit abgebrochen, da der Schiedsrichter von einem Münzwurf getroffen worden war, und mit 0:2 gewertet

▶ **Viertelfinale**

Peñarol M. (URU) - SÃO CAETANO (BRA) 1:0, 1:2 n.V., 1:3 n.E.
GRÊMIO PORTO ALEGRE (BRA) - Nacional M. (URU) 1:0, 1:1
Morelia (MEX) - AMÉRICA CD. DE MÉXICO (MEX) 1:2, 1:2
Boca Juniors (ARG) - OLIMPIA ASUNCIÓN (PAR) 1:1, 0:1

▶ **Halbfinale**

SÃO CAETANO (BRA) - América Cd. de México (MEX) 2:0, 1:1
OLIMPIA A. (PAR) - Grêmio P. A. (BRA) 3:2, 0:1 n.V., 5:4 n.E.

▶ **Finale** (24. und 31.7.2002, 40.000, 55.000)

Olimpia Asunción (PAR) - AD São Caetano (BRA) 0:1

Olimpia: Ricardo Tavarelli; Néstor Isasi (65. Virginio Cáceres), Nelson Zelaya, Julio César Cáceres, Henrique Da Silva; Sergio Orteman, Julio César Enciso, Juan Carlos Franco, Gastón Córdoba; Richart Báez (60. Mauro Caballero), Miguel Angel Benítez - *São Caetano*: Silvio Luiz; Russo, Daniel, Didinho, Rubens Cardoso; Aílton (64. Marlon), Marcos Senna, Adaozinho, Anaílson (79. Wagner); Robert (61. Serginho), Somália - *Tor*: 0:1 Aílton (61.) - *SR*: Horacio Elizondo (Argentinien)

AD São Caetano - Olimpia Asunción 1:2 n.V., 2:4 n.E.

São Caetano: Sílvio Luiz; Russo, Daniel, Dininho, Rubens Cardoso; Marcos Senna, Adãozinho, Aílton (78. Wagner), Robert (60. Serginho); Anaílson (90. Marlon), Somália - *Olimpia*: Ricardo Tavarelli; Néstor Isasi, Nelson Zelaya, Julio César Cáceres, Henrique Da Silva; Julio César Enciso, Víctor Quintana, Sergio Ortemán, Gastón Córdoba (73. Mauro Caballero); Miguel Angel Benítez (81. Juan Carlos Franco), Richart Báez (62. Rodrigo López) - *Tore*: 1:0 Aílton (31.), 1:1 Córdoba (49.), 1:2 Báez (58.) - *SR*: Oscar Ruiz (Kolumbien) - *11m*: 1:0 Adaozinho, 1:1 Enciso, 2:1 Senna, 2:2 Ortemán, Marlon - verschossen, 2:3 López, Serginho - verschossen, 2:4 Caballero

Copa Libertadores de América 2003

Titelverteidiger AD São Caetano Freilos bis ins Achtelfinale

▶ **Qualifikation**

Estudiantes Mérida - Pumas UNAM Ciudad de México 1:0, 1:3
Nacional Táchira San Cristóbal - Pumas UNAM CdM 1:2, 0:4
Estudiantes Mérida - Cruz Azul Ciudad de México 1:1, 1:2
Nacional Táchira San Cristóbal - Cruz Azul Cd. de. M. 2:3, 0:4
Pumas UNAM Cd. de M. - Cruz Azul Cd. de México 1:1, 2:0
Estudiantes Mérida - Nacional Táchira San Cristóbal 1:0, 2:3
1. PUMAS UNAM CD. DE M. (MEX) 6 4 1 1 12:4 13
2. CRUZ AZUL CD. DE M. (MEX) 6 3 2 1 11:7 11
3. Estudiantes Mérida (VEN) 6 2 1 3 7:9 7
4. Nacional Táchira San Cr. (VEN) 6 1 0 5 6:16 3

▶ **Vorrunde**

Gruppe 1

Libertad Asunción - Emelec Guayaquil 2:2, 5:1
Deportivo Calí - River Plate Buenos Aires 2:0, 1:2
Emelec Guayaquil - Deportivo Calí 0:4, 0:1
River Plate Buenos Aires - Libertad Asunción 3:1, 2:0
Deportivo Calí - Libertad Asunción 1:0, 0:1
Emelec Guayaquil - River Plate Buenos Aires 3:1, 0:2
1. DEPORTIVO CALÍ (COL) 6 4 0 2 9:3 12
2. RIVER PLATE BUENOS A. (ARG) 6 4 0 2 10:7 12
3. Libertad Asunción (PAR) 6 2 1 3 9:9 7
4. Emelec Guayaquil (ECU) 6 1 1 4 6:15 4

Gruppe 2

Cerro Porteño Asunción - Universidad Católica Sant. 3:2, 1:2
Sporting Cristal Lima - Paysandu SC Belém 0:2, 1:2
Universidad Católica Santiago - Sporting Cristal Lima 0:1, 1:3
Paysandu SC Belém - Cerro Porteño Asunción 0:0, 6:2
Paysandu SC Belém - Universidad Católica Santiago 3:1, 1:1
Sporting Cristal Lima - Cerro Porteño Asunción 1:1, 0:1
1. PAYSANDU SC BELÉM (BRA) 6 4 2 0 14:5 14
2. CERRO PORTEÑO ASUNC. (PAR) 6 2 3 1 8:11 8
3. Sporting Cristal Lima (PER) 6 2 1 3 6:7 7
4. Universidad Católica S. (CHI) 6 1 1 4 7:12 4

Gruppe 3

12 de Octubre Itaugua - El Nacional Quito 3:1, 0:1
América Calí - Santos FC 1:5, 0:3
Santos FC - 12 de Octubre Itaugua 3:1, 4:1
El Nacional Quito - América Calí 1:1, 0:1
América Calí - 12 de Octubre Itaugua 4:1, 4:1
El Nacional Quito - Santos FC 0:0, 0:3
1. SANTOS FC (BRA) 6 4 2 0 16:4 14
2. AMÉRICA CALÍ (COL) 6 3 1 2 11:11 10
3. El Nacional Quito (ECU) 6 1 3 2 4:6 6
4. 12 de Octubre Itaugua (PAR) 6 1 0 5 7:17 3

Gruppe 4

Alianza Lima - Olimpia Asunción 1:1, 1:0
Cobreloa Calama - Gimnasia y Esgrima La Plata 0:0, 0:0
Olimpia Asunción - Cobreloa Calama 0:0, 3:2
Gimnasia y Esgrima La Plata - Alianza Lima 5:1, 1:1
Gimnasia y Esgrima La Plata - Olimpia Asunción 1:1, 1:4
Alianza Lima - Cobreloa Calama 2:3, 0:4
1. COBRELOA CALAMA (CHI) 6 2 3 1 9:5 9
2. OLIMPIA ASUNCIÓN (PAR) 6 2 3 1 9:6 9
3. Gimnasia y Esgrima La Pl. (ARG) 6 1 4 1 8:7 7
4. Alianza Lima (PER) 6 1 2 3 6:14 5

Gruppe 5

Grêmio Porto Alegre - Pumas UNAM Cd. de Méxiko 3:2, 0:1
Pumas UNAM Ciudad de Méxiko - Bolívar La Paz 2:0, 0:2
Peñarol Montevideo - Grêmio Porto Alegre 2:2, 1:4
Bolívar La Paz - Peñarol Montevideo 5:2, 0:4
Peñarol Montevideo - Pumas UNAM Cd. de Méxiko 2:0, 1:3
Grêmio Porto Alegre - Bolívar La Paz 1:0, 0:1
1. GRÊMIO PORTO ALEGRE (BRA) 6 3 1 2 10:7 10
2. PUMAS UNAM CD. DE M. (MEX) 6 3 0 3 8:8 9
3. Bolívar La Paz (BOL) 6 3 0 3 8:9 9
4. Peñarol Montevideo (URU) 6 2 1 3 12:14 7

Gruppe 6

Universitario Lima - Racing Club Avellaneda 1:1, 1:1
Nacional Montevideo - Racing Club Avellaneda 1:2, 1:4
Universitario Lima - Oriente Petrolero Santa Cruz 2:0, 2:2
Oriente Petrolero Santa Cruz - Nacional Montevideo 2:3, 0:3
Racing Club Avellaneda - Oriente Petrolero Santa C. 2:0, 1:0
Nacional Montevideo - Universitario Lima 2:0, 2:2
1. RACING CLUB AVELL. (ARG) 6 4 2 0 11:4 14
2. NACIONAL MONTEVIDEO (URU) 6 3 1 2 12:10 10
3. Universitario Lima (PER) 6 1 4 1 8:8 7
4. Oriente Petrolero Santa C. (BOL) 6 0 1 5 4:13 1

Gruppe 7

Barcelona Guayaquil - Colo Colo Santiago 2:0, 1:1
Boca Juniors Buenos Aires - Independiente Medellín 2:0, 0:1
Colo Colo Santiago - Boca Juniors Buenos Aires 1:2, 2:2
Independiente Medellín - Barcelona Guayaquil 1:0, 4:2
Boca Juniors Buenos Aires - Barcelona Guayaquil 2:1, 2:2
Colo Colo Santiago - Independiente Medellín 2:1, 0:2
1. INDEPENDIENTE MEDELL. (COL) 6 4 0 2 9:6 12
2. BOCA JUNIORS B. A. (ARG) 6 3 2 1 10:7 11
3. Barcelona Guayaquil (ECU) 6 1 2 3 8:10 5
4. Colo Colo Santiago (CHI) 6 1 2 3 6:10 5

Gruppe 8

Corinthians São Paulo - Cruz Azul Ciudad de México 1:0, 0:3
Cruz Azul Ciudad de México - The Strongest La Paz 3:2, 1:2
Fénix Montevideo - Corinthians São Paulo 1:2, 1:6
The Strongest La Paz - Fénix Montevideo 1:0, 0:2
Fénix Montevideo - Cruz Azul Ciudad de México 6:1, 0:4
Corinthians São Paulo - The Strongest La Paz 4:1, 2:0
1. CORINTHIANS SÃO P. (BRA) 6 5 0 1 15:6 15
2. CRUZ AZUL CD. DE M. (MEX) 6 3 0 3 12:11 9
3. Fénix Montevideo (URU) 6 2 0 4 10:14 6
4. The Strongest La Paz (BOL) 6 2 0 4 6:12 6

▶ **Achtelfinale**

CRUZ AZUL (MEX) - Deportivo Calí (COL) 0:0, 0:0 n.V., 3:2 n.E.
BOCA JUNIORS (ARG) - Paysandu SC Belém (BRA) 0:1, 4:2
Nacional M. (URU) - SANTOS FC (BRA) 4:4, 2:2 n.V., 1:3 n.E.
Pumas UNAM (MEX) - COBRELOA CALAMA (CHI) 0:1, 0:0
Olimpia Asunción (PAR) - GRÊMIO PORTO A. (BRA) 2:3, 0:3
AMÉRICA CALÍ (COL) - Racing Av. (ARG) 1:1, 0:0 n.V., 6:5 n.E.
Cerro Porteño Asunción (POR) - INDEPENDIENTE MEDELLÍN (COL) 0:1, 1:0 n.V., 2:4 n.E.
RIVER PLATE (ARG) - Corinthians São Paulo (BRA) 2:1, 2:1

▶ **Viertelfinale**

Cruz Azul Cd.de México (MEX) - SANTOS FC (BRA) 2:2, 0:1
Cobreloa Calama (CHI) - BOCA JUNIORS (ARG) 1:2, 1:2
Grêmio P. A. (BRA) - INDEPENDIENTE MEDELLÍN (COL) 2:2, 1:2
River Plate (ARG) - AMÉRICA CALÍ (COL) 2:1, 1:4

▶ **Halbfinale**

Santos FC (BRA) - Independiente Medellín (COL) 1:0, 3:2
Boca Juniors (ARG) - América Calí (COL) 2:0, 4:0

▶ **Finale** (25.6. und 2.7.2003, 57.000, 75.000)

Boca Juniors Buenos Aires (ARG) - Santos FC (BRA) 2:0

Boca Juniors: Roberto Abbondanzieri; Hugo Ibarra, Rolando Schiavi, Nicolás Burdisso, Clemente Rodríguez; Sebastián Battaglia, Raúl Cascini, Diego Cagna (88. Franco Cángele); Carlos Tevez; Marcelo Delgado, Guillermo Barros Schelotto (53. Javier Villarreal) - *Santos*: Fabio Costa; Araújo, Pereira (46 André Luis), Alex, Léo; Paulo Almeida, Renato, Fabiano (69 Nené), Diego; Robinho, Ricardo Oliveira - *Tore*: 1:0 Marcelo Delgado (32.), 2:0 Marcelo Delgado (83.) - *SR*: Oscar Ruiz (Kolumbien)

Santos FC - BOCA JUNIORS BUENOS AIRES 1:3

Santos: Fabio Costa; Wellington (30 Nené), Alex, André Luis, Léo; Paulo Almeida, Renato; Fabiano, Diego, Robinho; Ricardo Oliveira (67. Douglas) - *Boca Juniors*: Roberto Abbondanzieri; Hugo Ibarra, Rolando Schiavi, Nicolás Burdisso, Clemente Rodríguez; Sebastián Battaglia, Raúl Cascini, Javier Villarreal (88. Pablo Jerez), Diego Cagna (87. Miguel Caneo); Carlos Tevez, Marcelo Delgado (90. Franco Cángele) - *Tore*: 0:1 Carlos Tévez (21.), 1:1 Alex (70.), 1:2 Mercelo Delgado (84.), 1:3 Rolando Schiavi (90.+5/E) - *SR*: Jorge Larrionda (Uruguay)

Copa Libertadores de América 2004

Titelverteidiger Boca Juniors Buenos Aires Freilos bis ins Achtelfinale

▶ **Vorrunde**

Gruppe 1

AD São Caetano - The Strongest La Paz 4:2, 2:0
América Ciudad de México - Peñarol Montevideo 3:1, 0:2
The Strongest La Paz - América Ciudad de México 0:0, 0:4
Peñarol Montevideo - AD São Caetano 1:1, 1:1
AD São Caetano - América Ciudad de México 1:2, 1:2
Peñarol Montevideo - The Strongest La Paz 4:0, 0:2
1. AMÉRICA CD. DE MÉXICO (MEX) 6 4 1 1 11:5 13
2. AD São Caetano (BRA) 6 2 2 2 10:8 8
3. Peñarol Montevideo (URU) 6 2 2 2 9:7 8
4. The Strongest La Paz (BOL) 6 1 1 4 4:14 4

Gruppe 2

Vélez Sarsfield Buenos Aires - UA Maracaibo 1:1, 2:4
Once Caldas Manizales - Fénix Montevideo 3:0, 2:2
Unión Atlético Maracaibo - Once Caldas Manizales 1:2, 1:2
Fénix Montevideo - Vélez Sarsfield Buenos Aires 2:1, 0:1
Fénix Montevideo - Unión Atlético Maracaibo 1:2, 1:1
Vélez Sarsfield Buenos Aires - Once Caldas Manizales 2:0, 0:2
1. ONCE CALDAS MANIZ. (COL) 6 4 1 1 11:6 13
2. UA Maracaibo (VEN) 6 2 2 2 10:9 8
3. Vélez Sarsfield Buenos A. (ARG) 6 2 1 3 7:9 7
4. Fénix Montevideo (URU) 6 1 2 3 6:10 5

Gruppe 3

Santos Laguna Torreón - Universidad de Concepción 2:2, 2:2
Cruzeiro Belo Horizonte - Caracas FC 3:1, 3:2
Universidad de Concepción - Cruzeiro Belo Horiz. 1:3, 0:5
Caracas FC - Santos Laguna Torreón 0:1, 1:3
Cruzeiro Belo Horizonte - Santos Laguna Torreón 1:1, 0:1
Universidad de Concepción - Caracas FC 2:3, 0:1
1. CRUZEIRO BELO HORIZ. (BRA) 6 4 1 1 15:6 13
2. SANTOS LAGUNA TORR. (MEX) 6 3 3 0 10:6 12
3. Caracas FC (VEN) 6 2 0 4 8:12 6
4. Universidad Concepción (CHI) 6 0 2 4 7:16 2

Gruppe 4

Cobreloa Calama - LDU Quito 0:2, 1:5
Alianza Lima - São Paulo FC 1:2, 1:3
LDU Quito - Alianza Lima 3:0, 0:1
São Paulo FC - Cobreloa Calama 3:1, 2:1
LDU Quito - São Paulo FC 3:0, 0:1
Alianza Lima - Cobreloa Calama 2:0, 1:0
1. SÃO PAULO FC (BRA) 6 5 0 1 11:7 15
2. LDU QUITO (ECU) 6 4 0 2 13:3 12
3. Alianza Lima (PER) 6 3 0 3 6:8 9
4. Cobreloa Calama (CHI) 6 0 0 6 3:15 0

Gruppe 5

El Nacional Quito - Nacional Montevideo 0:0, 2:3
Independiente Avellaneda - Cienciano Cuzco 4:2, 2:3
Nacional Montevideo - Independiente Avellaneda 0:0, 1:1
Cienciano Cuzco - El Nacional Quito 1:0, 3:3
Independiente Avellaneda - El Nacional Quito 2:0, 0:1
Nacional Montevideo - Cienciano Cuzco 1:0, 2:1
1. NACIONAL MONTEVIDEO (URU) 6 3 3 0 7:4 12
2. Independiente Avellaneda (ARG) 6 2 2 2 9:7 8

3. Cienciano Cuzco (PER) 6 2 1 3 10:12 7
4. El Nacional Quito (ECU) 6 1 2 3 6:9 5

Gruppe 6

Libertad Asunción - Deportes Tolima Ibagué 0:0, 2:3
Deportivo Táchira San Cristóbal - River Plate B. A. 0:0, 2:2
Deportes Tolima Ibagué - Deportivo Táchira S. C. 1:1, 0:2
River Plate Buenos Aires - Libertad Asunción 4:1, 0:1
Deportivo Táchira San Cristóbal - Libertad Asunción 2:0, 1:1
Deportes Tolima Ibagué - River Plate Buenos Aires 2:3, 0:1
1. RIVER PLATE BUENOS A. (ARG) 6 3 2 1 10-6 11
2. DEP. TÁCHIRA SAN CRIST. (VEN) 6 2 4 0 8-4 10
3. Deportes Tolima Ibagué (COL) 6 1 2 3 6-9 5
4. Libertad Asunción (PAR) 6 1 2 3 5-10 5

Gruppe 7

Guaraní Asunción - Barcelona Guayaquil 0:0, 0:2
Jorge Wilstermann Cochamamba - Santos FC 2:3, 0:5
Barcelona Guayaquil - Jorge Wilstermann Cochab. 4:0, 2:2
Santos FC - Guaraní Asunción 2:2, 2:1
Jorge Wilstermann Cochabamba - Guaraní Asunción 0:0, 1:3
Barcelona Guayaquil - Santos FC 1:3, 0:1
1. SANTOS FC (BRA) 6 5 1 0 16:6 16
2. Barcelona Guayaquil (ECU) 6 2 2 2 9:6 8
3. Guarani Asunción (PAR) 6 1 3 2 6:7 6
4. Jorge Wilstermann Coch. (BOL) 6 0 2 4 5:17 2

Gruppe 8

Colo Colo Santiago - Deportivo Calí 2:3, 1:3
Bolívar La Paz - Boca Juniors Buenos Aires 3:1, 0:3
Deportivo Calí - Bolívar La Paz 3:1, 0:1
Boca Juniors Buenos Aires - Colo Colo Santiago 2:0, 0:1
Deportivo Calí - Boca Juniors Buenos Aires 0:1, 0:3
Bolívar La Paz - Colo Colo Santiago 2:0, 0:2
1. BOCA JUNIORS B. A. (ARG) 6 4 0 2 10:4 12
2. DEPORTIVO CALÍ (COL) 6 3 0 3 9:9 9
3. Bolívar La Paz (BOL) 6 3 0 3 7:9 9
4. Colo Colo Santiago (CHI) 6 2 0 4 6:10 6

Gruppe 9

Olimpia Asunción - Rosario Central 0:2, 1:2
Sporting Cristal Lima - Coritiba FC Curitiba 4:1, 0:2
Coritiba FC Curitiba - Olimpia Asunción 1:1, 1:1
Rosario Central - Sporting Cristal Lima 1:1, 1:4
Rosario Central - Coritiba FC Curitiba 2:0, 0:2
Sporting Cristal Lima - Olimpia Asunción 3:2, 1:2
1. SPORTING CRISTAL LIMA (PER) 6 3 1 2 13:9 10
2. ROSARIO CENTRAL (ARG) 6 3 1 2 8:8 10
3. Coritiba FC Curitiba (BRA) 6 2 2 2 7:8 8
4. Olimpia Asunción (PAR) 6 1 2 3 7:10 5

▶ **Ausscheidung der schlechtesten Gruppenzweiten**

SÃO CAETANO (BRA) - Independiente (ARG) 2:2 n.V., 4:2 n.E.
BARCELONA GUAYAQUIL (ECU) - UA Maracaibo (VEN) 6:1

▶ **Achtelfinale**

Santos Laguna (MEX) - RIVER PLATE (ARG) 0:1, 2:1 n.V., 2:4 n.E.
Sporting Cristal Lima (PER) - BOCA JUNIORS (ARG) 2:3, 1:2
DEPORTIVO TÁCHIRA (VEN) - Nacional Mont. (URU) 3:0, 2:2
AD SÃO CAETANO (BRA) - América Cd. de M. (Mex) 2:1, 1:1
LDU Quito (ECU) - SANTOS FC (BRA) 4:2, 0:2 n.V., 3:5 n.E.
DEPORTIVO CALÍ (Col) - Cruzeiro (BRA) 1:0, 1:2 n.V., 3:0 n.E.
Rosario Centr. (ARG) - SÃO PAULO FC (BRA) 1:0, 1:2 n.V., 4:5 n.E.
Barcelona G'l (ECU) - ONCE CALDAS (COL) 0:0, 1:1 n.V., 2:4 n.E.

▶ **Viertelfinale**

SÃO PAULO FC (BRA) - Deportivo Táchira (VEN) 3:0, 4:1
Santos FC (BRA) - ONCE CALDAS MANIZALES (COL) 1:1, 0:1
São Caetano (BRA) - BOCA JUNIORS (ARG) 0:0, 1:1 n.V., 3:4 n.E.
RIVER PLATE B. A. (ARG) - Deportivo Calí (COL) 1:0, 3:1

▶ **Halbfinale**

São Paulo FC (BRA) - ONCE CALDAS MANIZ. (COL) 0:0, 1:2
BOCA JUNIORS (ARG) - River Plate (ARG) 1:0, 1:2 n.V., 5:4 n.E.

▶ **Finale** (23.6. und 1.7.2004)

Boca Juniors B. A. (ARG) - Once Caldas Manizales (COL) 0:0
Boca Juniors: Roberto Abbondanzieri; Pablo Alvarez, Rolando Schiavi, Nicolás Burdisso, Clemente Rodríguez; Pablo Ledesma, Javier Villarreal, Diego Cagna (76. Franco Cángele); Iarley; Guillermo Barros Schelotto, Antonio Barijho - *Once Caldas*: Juan Carlos Henao; Miguel Rojas, Samuel Vanegas, Edgar Cataño, John García; Jhon Viáfara, Rubén Velásquez, Diego Arango, Elkin Soto; Arnulfo Valentierra (37. Javier Araujo, 74. Wilmer Ortegón), Jorge Agudelo (64 Herly Alcázar) - *SR*: Gustavo Méndez (Uruguay)

ONCE CALDAS MANIZALES - Boca Juniors 1:1 n.V., 2:0 n.E.
Once Caldas: Juan Carlos Henao; Miguel Rojas, Edgar Cataño, Samuel Vanegas, John García (90. Wilmer Ortegón); Rubén Velásquez, Jhon Viáfara, Arnulfo Valentierra, Elkin Soto, Moreno (66. Díaz), Herly Alcázar (79. Jorge Agudelo) - *Boca Juniors*: Roberto Abbondanzieri; Perea, Rolando Schiavi, Nicolás Burdisso, Clemente Rodríguez, Javier Villareal, Cascini, Vargas, Diego Cagna (86. Caneo), Franco Cángele, Tévez - *Tore*: 1:0 Viáfara (7.), 1:1 Burdisso (52.) - *SR*: Chandia (Chile)

Copa Libertadores de América 2005

▶ **Qualifikation**

Quilmes AC (ARG) - COLO COLO SANTIAGO (CHI) 0:0, 2:2
Mineros de Guayana (VEN) - AMÉRICA CALÍ (Col) 0:2, 1:3
CD GUADALAJARA (MEX) - Cienciano Cuzco (PER) 3:1, 5:1
Tacuary Asunción (PAR) - PALMEIRAS SÃO P. (BRA) 2:2, 0:2
ATL. JUNIOR BARR. (Col) - Oriente Petrolero (BOL) 2:1, 3:1
LDU QUITO (ECU) - Peñarol Montevideo (URU) 3:0, 1:4

▶ **Vorrunde**

Gruppe 1

Indepndiente Medellín - Atlético Paranaense Curitiba 2:2, 4:0
Libertad Asunción - América Calí 1:2, 1:0
América Calí - Independiente Medellín 1:0, 0:2
Atlético Paranaense Curitiba - Libertad Asunción 1:0, 2:1
Libertad Asunción - Independiente Medellín 3:2, 2:4
América Calí - Atlético Paranaense Curitiba 3:1, 1:2
1. INDEPENDIENTE MED. (COL) 6 3 1 2 14:8 10
2. Atl. Paranaense Curitiba (BRA) 6 3 1 2 8:11 10
3. América Calí (COL) 6 3 0 3 7:7 9
4. Libertad Asunción (PAR) 6 2 0 4 8:11 6

Gruppe 2

Bolívar La Paz - Santos FC 4:3, 0:6
Danubio Montevideo - LDU Quito 3:0, 1:1
Santos FC - Danubio Montevideo 3:2, 2:1
LDU Quito - Bolívar La Paz 1.0, 2:2
Danubio Montevideo - Bolívar La Paz 2:0, 0:2
LDU Quito - Santos FC 2:1, 1:3
1. SANTOS FC (BRA) 6 4 0 2 18:10 12
2. LDU Quito (ECU) 6 2 2 2 7:10 8
3. Danubio Montevideo (URU) 6 2 1 3 9:8 7
4. Bolívar La Paz (BOL) 6 2 1 3 8:14 7

Gruppe 3

Universidad de Chile Santioago - Quilmes AC 3:2, 1:1
The Strongest La Paz - São Paulo FC 3:3, 0:3
São Paulo FC - Universidad de Chile Santiago 4:2, 1:1
Quilmes AC - The Strongest La Paz 1:0, 1:2
Universidad de Chile Santiago - The Strongest La Paz 2:1, 0:0
Quilmes AC - São Paulo FC 2:2, 1:3
1. SÃO PAULO FC (BRA) 6 3 3 0 16:9 12
2. Univ. de Chile Santiago (CHI) 6 2 3 1 9:9 9
3. Quilmes AC (ARG) 6 1 2 3 8:11 5
4. The Strongest La Paz (BOL) 6 1 2 3 6:10 5

Gruppe 4

Deportivo Táchira San Cristóbal - Santo Andre 1:0, 0:6
Cerro Porteño Asunción - Palmeiras São Paulo 1:1, 0:0
Santo Andre - Cerro Porteño Asunción 2:2, 0:1
Palmeiras São Paulo - Deportivo Táchira San Cristóbal 3:0, 2:1
Palmeiras São Paulo - Santo Andre 1:1, 1:2
Cerro Porteño Asunción - Deportivo Táchira S. C. 3:1, 3:0
1. CERRO PORTEÑO ASUNC. (PAR) 6 3 3 0 10:4 12
2. Palmeiras São Paulo (BRA) 6 2 3 1 8:5 9
3. Santo André EC (BRA) 6 2 2 2 11:6 8
4. Dep. Táchira San Cristobal (VEN) 6 1 0 5 3:17 3

Gruppe 5

Nacional Montevideo - Atlético Junior Barranquilla 0:1, 2:3
Olmedo Riobamba - River Plate Buenos Aires 2:3, 1:1
Atlético Junior Barranquilla - Olmedo Riobamba 2:0, 1:3
River Plate Buenos Aires - Nacional Montevideo 1:0, 3:1
Nacional Montevideo - Olmedo Riobamba 1:2, 3:2
Atlético Junior Barranquila - River Plate Buenos A. 0:2, 1:2
1. RIVER PLATE BUENOS A. (ARG) 6 5 1 0 12:5 16
2. Atl. Junior Barranquilla (COL) 6 3 0 3 8:9 9
3. Olmedo Riobamba (ECU) 6 2 1 3 10:11 7
4. Nacional Montevideo (URU 6 1 0 5 7:12 3

Gruppe 6

Alianza Lima - Tigres UANL Monterrey 0:0, 0:0
Caracas FC - Banfield Buenos Aires 1:1, 1:3
Banfield Buenos Aires - Alianza Lima 3:2, 1:0
Tigres UANL Monterrey - Caracas FC 3:1, 5:2
Alianza Lima - Caracas FC 2:1, 0:2
Tigres UANL Monterrey - Banfield Buenos Aires 2:2, 3:0
1. TIGRES UANL MONT. (MEX) 6 3 3 0 13:5 12
2. Banfield Buenos Aires (ARG) 6 3 2 1 10:9 11
3. Alianza Lima (PER) 6 1 2 3 4:7 5
4. Caracas FC (VEN) 6 1 1 4 8:14 4

Gruppe 7

Cobreloa Calama - CD Guadalajara 1:3, 1:3
Once Caldas Manizales - San Lorenzo Almagro 0:0, 1:0
CD Guadalajara - Once Caldas Manizales 0:0, 2:4
San Lorenzo Almagro - Cobreloa Calama 0:0, 0:2
Cobreloa Calama - Once Caldas Manizales 2:1, 0:0
CD Guadalajara - San Lorenzo Almagro 2:1, 0:0
1. CD Guadalajara (MEX) 6 3 2 1 10:7 11
2. Once Caldas Manizales (COL) 6 2 3 1 6:4 9
3. Cobreloa Calama (CHI) 6 2 2 2 6:7 8
4. San Lorenzo Almagro (ARG) 6 0 3 3 1:5 3

Gruppe 8

Sporting Cristal Lima - CF Pachuca 2:0, 0:2
Deportivo Cuenca - Boca Juniors Buenos Aires 0:0, 0:3
CF Pachuca - Deportivo Cuenca 2:1, 1:1
Boca Juniors Buenos Aires - Sporting Cristal Lima 3:0, 3:0
Sporting Cristal Lima - Deportivo Cuenca 1:0, 2:2
CF Pachuca - Boca Juniors Buenos Aires 3:1, 0:4
1. BOCA JUNIORS B. A. (ARG) 6 4 1 1 14:3 13
2. CF Pachuca (MEX) 6 3 1 2 8:9 10
3. Sporting Cristal Lima (PER) 6 2 1 3 5:10 7
4. Deportivo Cuenca (ECU) 6 0 3 3 4:9 3

▶ **Achtelfinale**

LDU Quito (ECU) - RIVER PLATE BUENOS AIRES (ARG) 2:1, 2:4
Atlético Junior Barr. (COL) - BOCA JUNIORS (ARG) 3:3, 0:4
BANFIELD (ARG) - Independiente Medellín (COL) 3:0, 2:0
CF Pachuca (MEX) - CD GUADALAJARA (MEX) 1:1, 1:3
Palmeiras São Paulo (BRA) - SÃO PAULO FC (BRA) 0:1, 0:2
Universidad de Chile Sant. (CHI) - SANTOS FC (BRA) 2:1, 0:3
Once Caldas (COL) - TIGRES UANL MONTERREY (MEX) 1:1, 1:2
ATLÉTICO PARANAENSE CURITIBA (BRA) - Cerro Porteño Asunción (PAR) 2:1, 1:2 n.V., 5:4 n.E.

▶ **Viertelfinale**

SÃO PAULO FC (BRA) - Tigres UANLMonterrey (MEX) 4:0, 1:2
ATLÉTICO PARANAENSE C. (BRA) - Santos FC (BRA) 3:2, 2:0
Banfield Buenos Aires (ARG) - RIVER PLATE (ARG) 1:1, 2:3
CD GUADALAJARA (MEX) - Boca Juniors B. A. (ARG) 4:0, 0:0*
*nach 70 Minuten beim Stande von 0:0 wegen Ausschreitungen abgebrochen und mit 0:0 gewertet

▶ **Halbfinale**

SÃO PAULO FC (BRA) - River Plate Buenos A. (ARG) 2:0, 3:2
ATLÉTICO PARANAENSE (BRA) - Guadalajara (MEX) 3:0, 2:2

▶ **Finale** (6. und 14. 7.2005, 35.000, 80.000)

Atlético Paranaense (BRA) - São Paulo FC (BRA) 1:1
Atletico: Diego; Jancarlos (83 André Rocha), Danilo, Durval, Marcão; Cocito, Fabricio, Alan Bahia; Fernandinho (66. Evandro); Lima, Aloísio - *São Paulo*: Rogério Ceni; Fabão, Diego Lugano, Alex; Cicinho, Mineiro, Josué, Junior; Danilo; Luizão, Amoroso - *Tore*: 1:0 Aloísio (14.), 1:1 Durval (52./ET) - *SR*: Jorge Larrionda (Uruguay)

SÃO PAULO FC - Atlético Paranaense Curitiba 4:0
São Paulo: Rogério Ceni; Fabão, Diego Lugano, Alex; Cicinho, Mineiro, Josué, Junior (85 Fabio Santos); Danilo; Luizão (73. Souza), Amoroso (79. Diego Tardelli) - *Atletico*: Diego; Jancarlos, Danilo, Durval, Marcão (60. Rodrigo); André Rocha (82. Alan Bahía), Cocito, Fabricio; Evandro; Lima (60. Fernandinho), Aloísio - Tore: 1:0 Amoroso (17.), 2:0 Fabão (52.), 3:0 Luizão (70.), 4:0 Diego Tardelli (90.) - *SR*: Horacio Elizondo (Argentinien)

Copa Libertadores de América 2006

▶ **Qualifikation**

Nacional Asunción (PAR) - UNIVERSITARIO LIMA (PER) 2:2, 0:0
Colo Colo (CHI) - CD GUADALAJARA (MEX) 1:3, 3:5
PALMEIRAS SÃO PAULO (BRA) - Dep. Táchira (VEN) 2:0, 4:2
Deportivo Cuenca (ECU) - GOIÁS EC GOIÂNIA (BRA) 1:1, 0:3
RIVER PLATE (ARG) - Oriente Petrolero S. C. (BOL) 6:0, 2:0
Defensor Sporting Montevideo (URU) - INDEPENDIENTE SANTA FE (COL) 2:2, 0:0

▶ **Vorrunde**

Gruppe 1

Cienciano Cuzco - CD Guadalajara 0:1, 0:0
Caracas FC - São Paulo FC 1:2, 0:2
CD Guadalajara - Caracas FC 1:1, 0:0
São Paulo FC - Cienciano Cuzco 4:1, 2:0
Cienciano Cuzco - Caracas FC 2:1, 0:4
CD Guadalajara - São Paulo FC 2:1, 2:1
1. SÃO PAULO FC (BRA) 6 4 0 2 12:6 12
2. CD GUADALAJARA (MEX) 6 3 3 0 6:3 12
3. Caracas FC (VEN) 6 1 2 3 7:7 5
4. Cienciano Cuzco (PER) 6 1 1 4 3:12 4

Gruppe 2

Bolívar La Paz - Estudiantes La Plata 1:0, 1:2
Sporting Cristal Lima - Independ. Santa Fe Bogotá 1:2, 1:2
Independiente Santa Fe Bogotá - Bolívar La Paz 2:2, 0:1
Estudiantes La Plata - Sporting Cristal Lima 4:3, 2:2
Sporting Cristal Lima - Bolívar La Paz 2:1, 2:1
Independiente Santa Fe Bogotá - Estudiantes La Pl. 3:1, 0:1
1. INDEP. SANTA FE BOGOTÁ (COL) 6 3 1 2 9:7 10
2. ESTUDIANTES LA PLATA (ARG) 6 3 1 2 10:10 10
3. Sporting Cristal Lima (PER) 6 2 1 3 11:12 7
4. Bolívar La Paz (BOL) 6 2 1 3 7:8 7

Gruppe 3

The Strongest La Paz - Newell's Old Boys Rosario 3:2, 0:2
Unión Española Santiago - Goiás EC Goiânia 0:2, 0:0
Newell's Old Boys Rosario - Unión Española Sant. 2:0, 1:1
Goiás EC Goiânia - The Strongest La Paz 2:0, 0:1
Unión Española Santiago - The Strongest La Paz 1:0, 1:0
Goiás EC Goiânia - Newell's Old Boys Rosario 3:0, 0:0
1. GOIÁS EC GOIÂNIA (BRA) 6 3 2 1 7:1 11
2. NEWELL'S OLD BOYS (ARG) 6 2 2 2 7:7 8
3. Unión Española Santiago (CHI) 6 2 2 2 3:5 8
4. The Strongest La Paz (BOL) 6 2 0 4 4:8 6

Gruppe 4

Universidad Católica Sant. - Tigres UANL Monterrey 3:2, 0:1
Deportivo Calí - Corinthians São Paulo 0:1, 0:3
Tigres UANL Monterrey - Deportivo Calí 5:4, 2:2
Corinthians São Paulo - Universidad Católica Santi. 2:2, 3:2
Tigres UANL Monterrey - Corinthians São Paulo 2:0, 0:1
Universidad Católica Santiago - Deportivo Calí 2:1, 3:2
1. CORINTHIANS SÃO PAULO (BRA) 6 4 1 1 10:6 13
2. TIGRES UANL MONT. (MEX) 6 3 1 2 12:10 10
3. Universidad Católica Sant. (CHI) 6 3 1 2 12:11 10
4. Deportivo Calí (COL) 6 0 1 5 9:16 1

Gruppe 5

Rocha FC - Universitario Lima 0:0, 1:1
LDU Quito - Vélez Sarsfield Buenos Aires 1:3, 2:2
Vélez Sarsfield Buenos Aires - Rocha FC 3:0, 5:0
Universitario Lima - LDU Quito 1:2, 0:4
Rocha FC - LDU Quito 3:2, 0:5
Universitario Lima - Vélez Sarsfield Buenos Aires 0:1, 3:4
1. VÉLEZ SARSFIELD B. A. ARG) 6 5 1 0 18:6 16
2. LDU QUITO (ECU) 6 3 1 2 16:9 10
3. Rocha FC (URU) 6 1 2 3 4:16 5
4. Universitario Lima (PER) 6 0 2 4 5:12 2

Gruppe 6

Nacional Montevideo - Pumas UNAM Cd. de México 2:0, 1:1
UA Maracaibo - Internacional Porto Alegre 1:1, 0:4
Pumas UNAM Ciudad de México - UA Maracaibo 0:1, 0:3
Internacional Porto Alegre - Nacional Montevideo 3:0, 0:0
Pumas UNAM Ciudad de M. - Internacional Porto A. 1:2, 2:3
Nacional Montevideo - UA Maracaibo 0:0, 3:2
1. INTERNACIONAL P. AL. (BRA) 6 4 2 0 13:4 14
2. NACIONAL MONTEVIDEO (URU) 6 2 3 1 6:6 9
3. Unión Atlético Maracaibo (VEN) 6 2 2 2 7:8 8
4. Pumas UNAM Cd. de M. (MEX) 6 0 1 5 4:12 1

Gruppe 7

Atlético Nacional Medellín - Rosario Central 1:0, 2:1
Cerro Porteño Asunción - Palmeiras São Paulo 0:0, 0:0
Rosario Central - Cerro Porteño Asunción 0:2, 3:1

Palmeiras São Paulo - Atlético Nacional Medellín 3:2, 2:1
Cerro Porteño Asunción - Atlético Nacional Medellín 1:5, 2:2
Palmeiras São Paulo - Rosario Central 0:0, 2:2
1. ATL. NACIONAL MEDELLÍN (COL) 6 3 1 2 13:9 10
2. PALMEIRAS SÃO PAULO (BRA) 6 2 3 1 9:8 9
3. Cerro Porteño Asunción (PAR) 6 2 2 2 9:12 8
4. Rosario Central (ARG) 6 1 2 3 6:8 5
Gruppe 8
El Nacional Quito - Paulista FC Jundiaí 1:1, 0:0
Libertad Buenos Aires - River Plate Buenos Aires 2:0, 0:1
Paulista FC Jundiaí - Libertad Buenos Aires 0:0, 0:1
River Plate Buenos Aires - El Nacional Quito 4:3, 0:2
River Plate Buenos Aires - Paulista FC Jundiaí 4:1, 1:2
Libertad Buenos Aires - El Nacional Quito 4:1, 1:1
1. LIBERTAD ASUNCIÓN (PAR) 6 3 2 1 8:3 11
2. RIVER PLATE BUENOS A. (ARG) 6 3 0 3 10:10 9
3. El Nacional Quito (ECU) 6 1 3 2 8:10 6
4. Paulista FC Jundiaí (BRA) 6 1 3 2 4:7 6
▶ **Achtelfinale**
LDU QUITO (ECU) - Atlético Nacional Medellín (COL) 4:0, 1:0
Estudiantes La Plata (ARG) - GOIÁS EC (BRA) 2:0, 1:3
CD GUADALAJARA (MEX) - Independ. Santa Fe (COL) 3:0, 1:3
Palmeiras São Paulo (BRA) - SÃO PAULO FC (BRA) 1:1, 1:2
RIVER PLATE B. A. (ARG) - Corinthians São Paulo (BRA)3:2, 3:1
Newell's Old Boys (ARG) - VÉLEZ SARSFIELD (ARG) 2:4, 2:2
Nacional Montevideo (URU) - INTERNACIONAL (BRA) 1:2, 0:0
Tigres UANL (MEX) - LIBERTAD (PAR) 0:0, 0:0 n.V., 3:5 n.E.
▶ **Viertelfinale**
CD GUADALAJARA (MEX) - Vélez Sarsfield (ARG) 0:0, 2:1
LDU Quito (ECU) - INTERNACIONAL PORTO A. (BRA) 2:1, 0:2
Estudiantes (ARG) - SÃO PAULO FC (BRA) 1:0, 0:1 n.V., 3:4 n.E.
River Plate (ARG) - LIBERTAD ASUNCIÓN (PAR) 2:2, 1:3*
*nach 87 Minuten wegen Ausschreitungen abgebrochen und mit dem Ergebnis gewertet
▶ **Halbfinale**
CD Guadalajara (MEX) - SÃO PAULO FC (BRA) 0:1, 0:3
Libertad Asunción (PAR) - INTERNACIONAL (BRA) 0:0, 0:2
▶ **Finale** 9. und 16.8.2006, 71.745, 55.000)
São Paulo FC (BRA) - Internacional Porto Alegre (BRA) 1:2
São Paulo: Rogério Ceni; Edcarlos (76. Aloisio), Diego Lugano, Fabao, Júnior; Souza, Mineiro, Josué, Danilo (63. Lenilson); Ricardo Oliveira, Leandro (86. Richarylson) - *Internacional*: Clemer; Ceará (56. Wellington), Fabiano Eller, Bolívar, Jorge Wagner; Edinho, Tinga, Fabinho, Alex (73. Indio); Rafael Sobis (78. Michel), Fernandao - *Tore*: 0:1 Rafael Sobis (53.), 0:2 Rafael Sobis (61.), 1:2 Edcarlos (75.) - *SR*: Jorge Larrionda (Uruguay)
INTERNACIONAL PORTO ALEGRE - São Paulo FC 2:2
Internacional: Clemer; Ceará, Bolívar, Fabiano Eller, Jorge Wagner; Indio, Edinho, Tinga, Alex (78. Michel); Fernandão, Rafael Sobis (82. Edigle) - *São Paulo*: Rogério Ceni; Fabão, Diego Lugano, Edcarlos (70. Alex Dias); Souza, Richarylson (58. Thiago), Mineiro, Danilo (58. Lenílson), Júnior; Aloísio, Leandro - Tore: 1:0 Fernandão (29.), 1:1 Fabão (50.), 2:1 Tinga (66.), 2:2 Lenílson (85.) - *SR*: Horacio Elizondo (Argentinien)

Copa Libertadores de América 2007

▶ **Qualifikation**
AMÉRICA (MEX) - Sporting Cristal Lima (PER) 5:0, 1:2
VÉLEZ SARSFIELD (ARG) - Danubio Montev. (URU) 3:0, 2:1
Deportivo Táchira (VEN) - DEPORTES TOLIMA (COL) 1:2, 0:2
Blooming Santa Cruz (BOL) - SANTOS FC (BRA) 0:1, 0:5
Tacuary (PAR) - LDU QUITO (ECU) 1:1, 0:3
Cobreloa Calama (CHI) - PARANÁ (BRA) 0:2, 1:1
▶ **Vorrunde**
Gruppe 1
El Nacional Quito - América Ciudad de México 1:2, 1:2
Libertad Asunción - Banfield Buenos Aires 1:0, 1:0
Banfield Buenos Aires - El Nacional Quito 4:1, 1:0
América Ciudad de México - Libertad Asunción 1:4, 0:1
El Nacional Quito - Libertad Asunción 1:1, 0:1
América Ciudad de México - Banfield Buenos Aires 4:0, 1:3
1. LIBERTAD ASUNCIÓN (PAR) 6 4 1 1 9:4 13
2. AMÉRICA CD.DE MÉXICO (MEX) 6 4 0 2 12:10 12
3. Banfield Buenos Aires (ARG) 6 3 0 3 8:8 9
4. El Nacional Quito (ECU) 6 0 1 5 4:11 1
Gruppe 2
Audax Italiano Santiago - São Paulo FC 0:0, 2:2
Alianza Lima - Necaxa Aguascalientes 1:2, 0:2
Necaxa Aguascalientes - Audax Italiano Santiago 2:0, 1:2
São Paulo FC - Alianza Lima 4:0, 1:0
Alianza Lima - Audax Italiano Santiago 1:3, 0:1
Necaxa Aguascalientes - São Paulo FC 2:1, 0:3
1. NECAXA AGUASCAL. (MEX) 6 4 0 2 9:7 12
2. SÃO PAULO FC (BRA) 6 3 2 1 11:4 11
3. Audax Italiano Santiago (CHI) 6 3 2 1 8:6 11
4. Alianza Lima (PER) 6 0 0 6 2:13 0
Gruppe 3
Cúcuta Deportivo - Deportes Tolima Ibagué 0:0, 4:3
Cerro Porteño Asunción - Grêmio Porto Alegre 0:1, 0:1
Grêmio Porto Alegre - Cúcuta Deportivo 0:0, 1:3
Deportes Tolima Ibagué - Cerro Porteño Asunción 1:0, 0:1
Cúcuta Deportivo - Cerro Porteño Asunción 1:1, 1:2
Deportes Tolima Ibagué - Grêmio Porto Alegre 1:0, 0:1
1. GRÊMIO PORTO ALEGRE (BRA) 6 3 1 2 4:4 10
2. CÚCUTA DEPORTIVO (COL) 6 2 3 1 9:7 9
3. Deportes Tolima Ibagué (COL) 6 2 1 3 5:6 7
4. Cerro Porteño Asunción (PAR) 6 2 1 3 4:5 7
Gruppe 4
Emelec Guayaquil - Vélez Sarsfield Buenos Aires 0:1, 0:1
Nacional Montevideo - Internacional Porto Alegre 3:1, 0:1
Vélez Sarsfield Buenos Aires - Nacional Montevideo 1:1, 0:2
Internacional Porto Alegre - Emelec Guayaquil 3:0, 2:1
Vélez Sarsfield Buenos Aires - Internacional Porto A. 3:0, 0:0
Emelec Guayaquil - Nacional Montevideo 1:0, 1:3
1. VÉLEZ SARSFIELD B. A. (ARG) 6 3 2 1 6:3 11
2. NACIONAL MONTEVIDEO (URU) 6 3 1 2 9:5 10
3. Internacional Porto Alegre (BRA) 6 3 1 2 7:7 10
4. Emelec Guayaquil (ECU) 6 1 0 5 3:10 3
Gruppe 5
Real Potosí - Flamengo Rio de Janeiro 2:2, 0:1
Unión Atlético Maracaibo - Paraná Clube Curitiba 2:4, 1:2
Paraná Clube Curitiba - Real Potosí 2:0, 1:3
Flamengo Rio de Janeiro - Unión Atlético Maracaibo 3:1, 2:1
Unión Atlético Maracaibo - Real Potosí 1:1, 2:2
Paraná Clube Curitiba - Flamengo Rio de Janeiro 0:1, 0:1
1. FLAMENGO RIO DE JAN. (BRA) 6 5 1 0 10:4 16
2. PARANÁ CLUBE CURITIBA (BRA) 6 3 0 3 9:8 9
3. Real Potosí (BOL) 6 1 3 2 8:9 6
4. Unión Atlético Maracaibo (VEN) 6 0 2 4 8:14 2
Gruppe 6
Caracas FC - LDU Quito 1:0, 1:3
Colo Colo Santiago - River Plate Buenos Aires 1:2, 0:1
LDU Quito - Colo Colo Santiago 3:1, 0:4
River Plate Buenos Aires - Caracas FC 0:1, 1:3
LDU Quito - River Plate Buenos Aires 1:1, 0:0
Caracas FC - Colo Colo Santiago 0:4, 1:2
1. COLO COLO SANTIAGO (CHI) 6 3 0 3 12:7 9
2. CARACAS FC (VEN) 6 3 0 3 7:10 9
3. LDU Quito (ECU) 6 2 2 2 7:8 8
4. River Plate Buenos Aires (ARG) 6 2 2 2 5:6 8
Gruppe 7
Bolívar La Paz - Boca Juniors Buenos Aires 0:0, 0:7
Cienciano Cuzco - CD Toluca 1:2, 0:3
CD Toluca - Bolívar La Paz 1:2, 2:0
Boca Juniors Buenos Aires - Cienciano Cuzco 1:0, 0:3
Cienciano Cuzco - Bolívar La Paz 5:1, 3:2
CD Toluca - Boca Juniors Buenos Aires 2:0, 0:3
1. CD TOLUCA (MEX) 6 4 0 2 10:6 12
2. BOCA JUNIORS B. A. (ARG) 6 3 1 2 11:5 10
3. Cienciano Cuzco (PER) 6 3 0 3 12:9 9
4. Bolívar La Paz (BOL) 6 1 1 4 5:18 4
Gruppe 8
Defensor Sporting Montevideo - Gimnasia y Esgrima 3:0, 0:3
Deportivo Pasto - Santos FC 0:1, 0:3
Santos FC - Defensor Sporting Montevideo 1:0, 2:0
Gimnasia y Esgrima La Plata - Deportivo Pasto 3:2, 2:0
Santos FC - Gimnasia y Esgrima La Plata 3:0, 2:1
Deportivo Pasto - Defensor Sporting Montevideo 1:2, 0:3
1. SANTOS FC (BRA) 6 6 0 0 12:1 18
2. DEFENSOR SPORTING M. (URU) 6 3 0 3 8:7 9
3. Gimnasia y Esgrima La Pl. (ARG) 6 3 0 3 9:10 9
4. Deportivo Pasto (COL) 6 0 0 6 3:14 0
▶ **Achtelfinale**
AMÉRICA CD. DE MÉXICO (MEX) - Colo Colo (CHI) 3:0, 1:2
São Paulo FC (BRA) - GRÊMIO PORTO ALEGR. (BRA) 1:0, 0:2
DEFENSOR SPORTING (URU) - Flamengo (BRA) 3:0, 0:2
BOCA JUNIORS (ARG) - Vélez Sarsfield (ARG) 3:0, 1:3
Caracas FC (VEN) - SANTOS FC (BRA) 2:2, 2:3
CÚCUTA DEPORTIVO (COL) - CD Toluca (MEX) 5:1, 0:2
Paraná Curitiba (BRA) - LIBERTAD ASUNCIÓN (PAR) 1:2, 1:1
NACIONAL MONTEVIDEO (URU) - Necaxa (MEX) 3:2, 1:0
▶ **Viertelfinale**
CÚCUTA DEPORTIVO (COL) - Nacional Montev. (URU) 2:0, 2:2
América Cd. de México (MEX) - SANTOS FC (BRA) 0:0, 1:2
Defensor Sporting (URU) - GRÊMIO (BRA) 2:0, 0:2 n.V., 2:4 n.E.
BOCA JUNIORS B.A. (ARG) - Libertad Asunción (PAR) 1:1, 2:0
▶ **Halbfinale**
GRÊMIO PORTO ALEGRE (BRA) - SANTOS FC (BRA) 2:0, 1:3
Cúcuta Deportivo (COL) - BOCA JUNIORS (ARG) 3:1, 0:3
▶ **Finale** (13. und 20.6.2007, 39.993, 55.000)
Boca Juniors Buenos A.(ARG) - Grêmio Porto A. (BRA) 3:0
Boca Juniors: Mauricio Caranta; Hugo Ibarra, Daniel Díaz, Claudio Morel Rodríguez, Clemente Rodríguez, Pablo Ledesma, Ever Banega (81. Sebastián Battaglia), Neri Cardozo (67. Jesús Dátolo), Juan Román Riquelme, Rodrigo Palacio, Martín Palermo - *Gremio*: Sebastián Saja; Patricio, William, Teco, Lucio, Sandro Goiano, Diego Gavilán, Tcheco (80. Douglas), Diego Souza, Carlos Eduardo, Tuta (72 Lucas) - *Tore*: 1:0 Rodrigo Palacio (18.), 2:0 Juan Román Riquelme (73.), 3:0 Patricio (89./ET) - *SR*: Jorge Larrionda (Uruguay)
Grêmio Porto Alegre - BOCA JUNIORS BUENOS A. 0:2
Gremio: Sebastián Saja; Patricio, William, Teco (35. Rolando Schiavi), Lucio; Diego Gavilán, Diego Souza, Lucas, Tcheco (46. Amoroso); Tuta (70. Everton), Carlos Eduardo - *Boca Juniors*: Mauricio Caranta; Hugo Ibarra, Daniel Díaz, Claudio Morel Rodríguez, Clemente Rodríguez; Pablo Ledesma, Ever Banega (82. Sergio Orteman), Neri Cardozo (59. Sebastián Battaglia); Juan Román Riquelme; Rodrigo Palacio (87 Mauro Boselli), Martín Palermo - *Tore*: 1:0 Juan Román Riquelme (68.), 2:0 Juan Román Riquelme (80.) - *SR*: Oscar Ruiz (Colombia)

Copa Libertadores de América 2008

▶ **Qualifikation**
ARSENAL BUENOS AIRES (ARG) - Mineros de Guayana (VEN) 2:0, 1:2
CRUZEIRO BELO H. (BRA) - Cerro Porteño Asu. (PAR) 3:1, 3:2
ATLAS GUADALAJARA (MEX) - La Paz FC (BOL) 2:0, 0:1
Olmedo Riobamba (ECU) - LANÚS BUENOS A. (ARG) 1:0, 0:3
CIENCIANO CUZCO (PER) - M'video Wanderers (URU) 1:0, 0:0
Boyacá Chicó FC (COL) - Audax Italiano (CHI) 4:3, 2:3*
*nach 65 Minuten wegen Ausschreitungen abgebrochen und als Sieg für Audax Italiano gewertet
▶ **Vorrunde**
Gruppe 1
Caracas FC - San Lorenzo Almagro 2:0, 0:3
Cruzeiro Belo Horizonte - Real Potosí 3:0, 1:5
San Lorenzo Almagro - Cruzeiro Belo Horizonte 0:0, 1:3
Caracas FC - Real Potosí 2:1, 1:3
Cruzeiro Belo Horizonte - Caracas FC 3:0, 1:1
Real Potosí - San Lorenzo Almagro 2:3, 0:1
1. CRUZEIRO BELO HORIZ. (BRA) 6 3 2 1 11:7 11
2. SAN LORENZO ALMAGRO (ARG) 6 3 1 2 8:7 10
3. Caracas FC (VEN) 6 2 1 3 6:11 7
4. Real Potosí (BOL) 6 2 0 4 11:11 6
Gruppe 2
Deportivo Cuenca - Estudiantes La Plata 1:0, 0:2
Lanús Buenos Aires - Danubio Montevideo 3:1, 2:1
Deportivo Cuenca - Danubio Montevideo 0:0, 0:2
Estudiantes La Plata - Lanús Buenos Aires 0:0, 3:3
Danubio Montevideo - Estudiantes La Plata 1:2, 0:2
Lanús Montevideo - Deportivo Cuenca 0:0, 1:1
1. ESTUDIANTES LA PLATA (ARG) 6 3 2 1 9:5 11
2. LANÚS BUENOS AIRES (ARG) 6 2 4 0 9:6 10
3. Deportivo Cuenca (ECU) 6 1 3 2 2:5 6
4. Danubio Montevideo (URU) 6 1 1 4 5:9 4
Gruppe 3
Unión Atlético Maracaibo - Boca Juniors Buenos A. 1:1, 0:3
Atlas Guadalajara - Colo Colo Santiago 3:0, 1:1
Unión Atlético Maracaibo - Colo Colo Santiago 1:3, 0:2
Boca Juniors Buenos Aires - Atlas Guadalajara 3:0, 1:3
Atlas Guadalajara - Unión Atlético Maracaibo 3:0, 1:1
Colo Colo Santiago - Boca Juniors Buenos Aires 2:0, 3:4
1. Atlas Guadalajara (MEX) 6 3 2 1 11:6 11
2. BOCA JUNIORS B. A. (ARG) 6 3 1 2 12:9 10
3. Colo Colo Santiago (CHI) 6 3 1 2 11:9 10
4. Unión Atlético Maracaibo (VEN) 6 0 2 4 3:13 2
Gruppe 4
Coronel Bolognesi - Flamengo Rio de Janeiro 0:0, 0:2
Cienciano Cuzco - Nacional Montevideo 2:1, 1:3
Coronel Bolognesi - Nacional Montevideo 0:1, 0:1
Flamengo Rio de Janeiro - Cienciano Cuzco 2:1, 3:0
Nacional Montevideo - Flamengo Rio de Janeiro 3:0, 0:2
Cienciano Cuzco - Coronel Bolognesi 1:0, 0:0
1. FLAMENGO RIO DE J. (BRA) 6 4 1 1 9:4 13
2. NACIONAL MONTEVIDEO (URU) 6 4 0 2 9:5 12
1. Cienciano Cuzco (PER) 6 2 1 3 5:9 7
4. Coronel Bolognesi (PER) 6 0 2 4 0:5 2
Gruppe 5
Universidad San Martín - River Plate 2:0, 0:5
América - Universidad Católica 2:1, 0:2
Univ. San Martín - Univ. Católica 0:1, 0:1
River Plate - América 2:1, 3:4
Universidad Católica - River Plate 1:2, 0:2
América - Universidad San Martín 3:1, 0:1
1. RIVER PLATE BUENOS A. (ARG) 6 4 0 2 14:8 12
2. AMÉRICA CD. DE MÉXICO (MEX) 6 3 0 3 10:10 9
3. Universidad Católica S. (CHI) 6 3 0 3 6:6 9
4. Universidad San Martín (PER) 6 2 0 4 4:10 6
Gruppe 6
Cúcuta Deportivo - Santos 0:0, 1:2
Guadalajara - San José 2:0, 3:0
Cúcuta Deportivo - San José 0:0, 4:2
Santos - Guadalajara 1:0, 2:3
Guadalajara - Cúcuta Deportivo 0:1, 0:1
San José - Santos 2:1, 0:7
1. CÚCUTA DEPORTIVO (COL) 6 3 2 1 7:4 11
2. SANTOS FC (BRA) 6 3 1 2 13:6 10
3. CD Guadalajara (MEX) 6 3 0 3 8:5 4
4. San José Oruro (BOL) 6 1 1 4 4:17 4
Gruppe 7
Audax Italiano - Sportivo Luqueño 1:2, 1:4
Atlético Nacional - São Paulo FC 1:1, 0:1
São Paulo FC - Audax Italiano 2:1, 0:1
Atlético Nacional - Sportivo Luqueño 3:0, 3:1
Sportivo Luqueño - São Paulo FC 1:1, 0:1
Audax Italiano - Atlético Nacional 1:0, 1:1
1. SÃO PAULO FC (BRA) 6 3 2 1 6:4 11
2. ATLÉTICO NACIONAL M. (COL) 6 2 2 2 8:5 8
3. Sportivo Luqueño (PER) 6 2 1 3 8:10 7
4. Audax Italiano Santiago (CHI) 6 2 1 3 6:9 7
Gruppe 8
Arsenal Buenos Aires - Libertad Asunción 1:0, 2:1
LDU Quito - Fluminense Rio de Janeiro 0:0, 0:1
LDU Quito - Libertad Asunción 2:0, 1:3
Fluminense Rio de Janeiro - Arsenal Buenos Aires 6:0, 0:2
Arsenal Buenos Aires - LDU Quito 0:1, 1:6
Libertad Asunción - Fluminense Rio de Janeiro 1:2, 0:2
1. FLUMINENSE RIO DE JAN. (BRA) 6 4 1 1 11:3 13
2. LDU QUITO (ECU) 6 3 1 2 10:5 10
3. Arsenal Buenos Aires (ARG) 6 3 0 3 6:14 9
4. Libertad Asunción (PAR) 6 1 0 5 5:10 3
▶ **Achtelfinale**
Lanus Buenos A. (ARG) - ATLAS GUADALARA (MEX) 0:1, 2:2
LDU QUITO (ECU) - Estudiantes La Plata (ARG) 2:0, 1:2
Atlético Nacional Medellín (COL) - FLUMINENSE (BRA) 1:2, 0:1
BOCA JUNIORS B. A. (ARG) - Cruzeiro Belo H. (BRA) 2:1, 2:1
AMÉRICA CD. DE MÉXIKO (MEX) - Flamengo (BRA) 2:4, 3:0
Nacional Montevideo (URU) - SÃO PAULO FC (BRA) 0:0, 0:2
San Lorenzo Almagro (ARG) - River Plate (ARG) 2:1, 2:2
SANTOS FC (BRA) - Cúcuta Deportivo (COL) 2:0, 2:0
▶ **Viertelfinale**
São Paulo FC (BRA) - FLUMINENSE RIO DE J. (BRA) 1:0, 1:3
BOCA JUNIORS (ARG) - Atlas Guadalajara (MEX) 2:2, 3:0

232 STATISTIK SÜDAMERIKA

AMÉRICA CD. DE MÉXICO (MEX) - Santos FC (BRA) 2:0, 0:1
San Lorenzo Almagro (ARG) - LDU QUITO (EXU)
 1:1, 1:1 n.V., 3:5 n.E.
▶ **Halbfinale**
América Cd. de México (MEX) - LDU QUITO (ECU) 1:1, 0:0
Boca Juniors (ARG) - FLUMINENSE RIO DE J. (BRA) 2:2, 1:3
▶ **Finale** (25.6. und 2.7.2008, 45.000, 86.027)
LDU Quito (ECU) - Fluminense Rio de Janeiro (BRA) 4:2
LDU Quito: José Francisco Cevallos; Renán Calle, Norberto Araujo, Jairo Campos, Joffre Guerrón; Enrique Vera, Patricio Urrutia, Paul Ambrossi, Luis Bolaños; Damián Manso (74. Williams Araujo), Claudio Bieler (82. Agustín Delgado) - *Fluminense*: Fernando Henrique; Gabriel, Luiz Alberto, Thiago Silva, Júnior César; Ygor, Arouca (67. Mauricio), Darío Conca, Cícero; Thiago Neves (90. Roger), Washington (72. Dodó) - *Tore:* 1:0 Claudio Bieler (2.), 1:1 Darío Conca (12.), 2:1 Joffre Guerrón (29.), 3:1 Jairo Campos (34.), 4:1 Patricio Urrutia (45.), 4:2 Thiago Neves (52.) - *SR*: Carlos Chandía (Chile)
Fluminense Rio de Janeiro - LDU QUITO 3:1 n.V., 1:3 n.E.
Fluminense: Fernando Henrique, Gabriel (105. Mauricio), Thiago Silva, Luiz Alberto, Junior César, Ygor (46. Dodó), Arouca (110. Roger), Thiago Neves, Darío Conca, Cícero, Washington - *LDU Quito*: José Francisco Cevallos, Jairo Campos, Norberto Araujo, Renán Calle, Paúl Ambrossi, Patricio Urrutia, Enrique Vera, Joffre Guerrón, Luis Bolaños (105. Franklin Salas), Damián Manso (88. William Araújo), Claudio Bieler - *Tore*: 0:1 Luis Bolaños (6.), 1:1 Thiago Neves (12.), 2:1 Thiago Neves (28.), 3:1 Thiago Neves (58.) - *SR*: Héctor Baldassi (Argentinien) - *11m*: 0:1 Urrutia, Conca - verschossen, Campos verschossen, Thiago Neves - verschossen, 0:2 Salas, 1:2 Cícero, 1:3 Guerrón, Washington - verschossen

■ **Copa Conmebol**
▶ **1992** ATL. MINEIRO (BRA) - Olimpia Asunción 2:0, 0:1
▶ **1993** PEÑAROL (URU) - Botafogo (BRA) 1:1, 2:2 n.V., 3:1 n.E.
▶ **1994** SÃO PAULO FC (BRA) - Peñarol M. (URU) 6:1, 0:3
▶ **1995** Atlético Mineiro (BRA) - ROSARIO CENTRAL (ARG)
 4:0, 0:4 n.V., 3:4 n.E.
▶ **1996** LANÚS (ARG) - Independ. Santa Fe (COL) 2:0, 0:1
▶ **1997** Lanús (ARG) - ATLÉTICO MINEIRO (BRA) 1:4, 1:1
▶ **1998** SANTOS FC (BRA) - Rosario Central (ARG) 1:0, 0:0
▶ **1999** CS Alagoano (BRA) - TALLERES B. A. (ARG) 4:2, 0:3
▶ **2000** Wettbewerb eingestellt

■ **Copa Mercosur**
▶ **1998** Palmeiras São Paulo (BRA)
▶ **1999** Flamengo Rio de Janeiro (BRA)
▶ **2000** Vasco da Gama Rio de Janeiro (BRA)
▶ **2001** San Lorenzo Almagro (ARG)

■ **Copa Merconorte**
▶ **1998** Atlético Nacional Medellín (COL)
▶ **1999** América Cali (COL)
▶ **2000** Atlético Nacional Medellín (COL)
▶ **2001** Millonarios Bogotá (COL)

■ **Copa Sudamericana**
▶ **2002** SAN LORENZO ALMAGRO (ARG) - Atletico Nacional
 Medellín (COL) 4:0, 0:0
▶ **2003** CIENCIANO CUZCO (PER) - River Plate (ARG) 3:3, 1:0
▶ **2004** BOCA JUNIORS (ARG) - Bolívar La Paz (BOL) 0:1, 2:0
▶ **2005** Boca Juniors Buenos Aires (ARG) - Pumas UNAM
 Ciudad de México (MEX) 1:1, 1:1 n.V., 4:3 n.E.
▶ **2006** CD PACHUCA (MEX) - Colo Colo S. (CHI) 1:1, 2:1
▶ **2007** América (MEX) - ARSENAL BUENOS A. (ARG) 2:3, 2:1

■ **Supercopa Libertadores (Supercopa João Havelange)**
▶ **1988** Racing Club Avellaneda (ARG)
▶ **1989** Boca Juniors Buenos Aires (ARG)
▶ **1990** Olimpia Asunción (PAR)
▶ **1991** Cruzeiro Belo Horizonte (BRA)
▶ **1992** Cruzeiro Belo Horizonte (BRA)
▶ **1993** São Paulo FC (BRA)
▶ **1994** Independiente Avellaneda (ARG)
▶ **1995** Independiente Avellaneda (ARG)
▶ **1996** Vélez Sarsfield Buenos Aires (ARG)
▶ **1997** River Plate Buenos Aires (ARG)

■ **Recopa**
▶ **1988** Nacional Montevideo (URU)
▶ **1989** Boca Juniors Buenos Aires (ARG)
▶ **1990** Olimpia Asunción (PAR)
▶ **1991** Colo Colo Santiago (CHI)
▶ **1992** São Paulo FC (BRA)
▶ **1993** São Paulo FC (BRA)
▶ **1994** Independiente Avellaneda (ARG)
▶ **1995** Grêmio Porto Alegre (BRA)
▶ **1996** Vélez Sarsfield Buenos Aires (ARG)
▶ **1997** Cruzeiro Belo Horizonte (BRA)
▶ **1998-2001** nicht ausgespielt
▶ **2002** Olimpia Asunción (PAR)
▶ **2003** Cienciano Cuzco (PER)
▶ **2004** Boca Juniors Buenos Aires (ARG)
▶ **2005** Boca Juniors Buenos Aires (ARG)
▶ **2006** Internacional Porto Alegre (BRA)
▶ **2007** Boca Juniors Buenos Aires (ARG)

Copa-Libertadores-Sieger 1991
Colo Colo Santiago

ARGENTINIEN

Asociación del Fútbol Argentino

Argentinischer Fußball-Verband | gegründet: 1893 | Beitritt FIFA: 1912 | Beitritt CONMEBOL: 1916 | Spielkleidung: hellblau-weiß gestreiftes Trikot, schwarze Hose, weiße Stutzen | Saison: August - Juli | Spieler/Profis: 2.658.811/3.530 | Vereine/Mannschaften: 3.348/23.623 | Anschrift: Viamonte 1366/76, Buenos Aires – 1053 | Telefon: +54-11/43727900 | Fax: +54-11/43754410 | Internet: www.afa.org.ar | E-Mail: gerencia@afa.org.ar

Südamerikas Fußballwiege

Argentiniens stolzer Fußball leidet seit langem unter Exodus, Geldmangel und Gewalt

República Argentina

Argentinische Republik | Fläche: 2.780.403 km² | Einwohner: 38.372.000 (13,8 je km²) | Amtssprache: Spanisch | Hauptstadt: Buenos Aires (2.776.138) | Weitere Städte: Córdoba (1.267.774), San Justo (La Matanza, 1.253.858), Rosario (906.004) | Währung: 1 Argentinischer Peso = 100 Centavos | Zeitzone: MEZ -4h | Länderkürzel: AR | FIFA-Kürzel: ARG | Telefon-Vorwahl: +54

Die Intensität, mit der Fußball gelebt wird, ist schwer zu messen und schon gar nicht in Worte zu fassen. Sie kann nur gespürt, erlebt werden. Um die ungeheure Intensität, mit der Fußball in Argentinien gelebt wird, zu erfahren, empfiehlt sich ein Derby zwischen Boca Juniors und River Plate. Neutralität findet dort nicht statt. Stattdessen mündet die Parteilichkeit regelmäßig in offene Gewalt, trennt der gegenseitige Hass auf den jeweils anderen – bei unendlicher Liebe zum eigenen Klub – zwei Lager, eine Stadt und ein ganzes Land. Wer nach den 90 Minuten ein wenig erleichtert ob seiner körperlichen Unversehrtheit und voller Eindrücke und Emotionen das Stadion verlässt, der ahnt, dass Argentinien möglicherweise das Land ist, in dem der Fußball am intensivsten auf der ganzen Welt gelebt wird.

■ **EINE SPURENSUCHE** führt in das 19. Jahrhundert, als Argentinien ein beliebtes Auswandererziel war. Ausdehnte landwirtschaftliche Flächen und der Beginn des industriellen Zeitalters lockten seinerzeit Hunderttausende vornehmlich europäische Immigranten an, die bereit waren für einen Neuanfang in einem Land, das bis zur Jahrhundertwende zum sechstreichsten der Welt aufsteigen sollte. Zwischen 1890 und 1914 registrierte man über vier Mio. Neuankömmlinge, von denen die meisten aus Italien und Spanien stammten. Auch Briten fanden den Weg an den Río de la Plata – allerdings nicht als arbeitssuchende Immigranten, sondern als einflussreiche Bänker, Kaufleute, Lehrer und Ingenieure. Vor allem die heutige Millionenstadt Buenos Aires erwies sich als Magnet. Um 1860 lebten etwa 40.000 Briten in der unaufhaltsam wachsenden Metropole am Río de la Plata und verwandelten sie gemeinsam mit der benachbarten uruguayischen Hauptstadt Montevideo in die Wiege des Rugbys bzw. des Fußballs in Südamerika.

Schon in den frühen 1860er Jahren kam es in Buenos Aires zu ersten Rugbyspielen, und 1867 erblickte dort mit dem von Thomas Hogg gebildeten Buenos Aires Football Club auch der erste Rugbyverein Südamerikas das Licht der Welt. Noch heute zählt Rugby in Argentinien zu den populärsten Sportdisziplinen.

Wesentlich populärer ist allerdings der Assoziationsfußball, der sich in den 1880er Jahren durchsetzte. Federführend waren von Briten betriebene Schulen. So gilt der Schotte Alexander Watson Hutton, der 1884 in Buenos Aires die English High School gründete, als der »padre« (Vater) des argentinischen Fußballs. Der von Hutton gebildete Alumni AC – ein Team von Absolventen der High School – avancierte nach der Jahrhundertwende zum ersten Spitzenverein Argentiniens, während der nach einer berühmten Lehranstalt benannte und 1887 gegründete Klub Gimnasia y Esgrima La Plata heute ältester Fußballverein Südamerikas ist. Allerdings erhielt er erst 1893 eine entsprechende Sektion.

■ **DIE ZWEITE SÄULE DER** britischen Fußballpioniere in Argentinien bildeten Eisenbahner. 1863 hatte man begonnen, das Land von Buenos Aires aus über Schienenstränge zu erschließen, woraufhin weitere britische Fachkräfte gekommen waren und entlang der entstehenden Bahnstrecke Klubs wie Quilmes Athletic Club und Rosario Central gründeten.

Sein rasanter Fortschritt verwandelte Buenos Aires in die weltweit erste Balltreterhochburg außerhalb der britischen Insel. Auch in Sachen Ligaspielbetrieb war man Vorreiter. 1891 wur-

TEAMS | MYTHEN

SAN LORENZO ALMAGRO Einer der »cinco grandes«, die Argentiniens Profifußball über Jahrzehnte dominierte. Der Klub stammt aus den Barrios Almagro bzw. Boedo und verdankt seine Gründung einer Gruppe jugendlicher Straßenfußballer. Nach einem Unfall mit einer Straßenbahn waren jene vom Priester Lorenzo Massa zum Kicken in den Kirchhof an der México avenua eingeladen worden, woraus der nach Massa benannte Club Atlético San Lorenzo de Almagro hervorging. 1931 Mitgründer der Profiliga, errang die Elf um den Basken Isidro Lángara mit gleich fünf brasilianischen Legionären 1933 ihre erste Meisterschaft. 1946 brachen »Los Santos« die Vorherrschaft von River Plates »La Máchina« und gingen auf eine Europatournee, auf der das Team um René Pontoni und Reinaldo Martino mit modernem Raumfußball Furore machte. Als einflussreicher »padre« fungierte seinerzeit Pedro Bidegain von der ersten Regierungspartei UCR. Zwischen 1968 und 1974 verlebten »los Azulgrana« (»Blau-Rote«) mit vier Meistertiteln ihre erfolgreichste Epoche. Missmanagement führten 1979 zum Verlust und Abriss des geliebten Stadions »El Gasómetro« und dem Sturz in die Zweitklassigkeit. Im Dezember 1993 öffnete das vom umstrittenen Präsidenten Fernando Miele initiierte Stadion »Nuevo Gasómetro« seine Pforten, in dem »Los Santos« in der Clausura-Serie 1995 erstmals seit 21 Jahren wieder einen Titel bejubeln konnten. San Lorenzo de Almagro gilt als Arbeiterverein und ist inzwischen in Flores verortet, einem im Süden von Buenos Aires gelegenen Viertel, in dem überwiegend Immigranten aus Bolivien, Paraguay und Peru leben.
[1.4.1908 | Pedro Bidegain »Nuevo Gasometro« (43.494) | 13]

INDEPENDIENTE AVELLANEDA In den frühen 1970er Jahren war Independiente das Nonplusultra im südamerikanischen Spitzenfußball. Zwischen 1972 und 1975 gingen »Los Diablos Rojos« (»die Roten Teufel«) viermal in Folge als Sieger aus der Copa Libertadores hervor und stellten damit einen Rekord auf. Insgesamt erreichten sie siebenmal das kontinentale Finale – und gingen in allen sieben Fällen als Sieger vom Platz! Das Erfolgsrezept war ein hohes Maß an Teambildung, die Independiente über weite Strecken seiner Geschichte auszeichnete. Der Klub wurde 1905 von kreolischen Mitarbeitern des britischen Kaufhauses »La Ciuddad de Londres« gegründet, die im von Briten geführten Verein »Maipú Banfield« keine Aufnahme gefunden hatten. Mit der Namensgebung sollte die Unabhängigkeit von den Briten deutlich gemacht werden. Zunächst in Blau-Weiß auflaufend, wechselte der Klub 1908 nach einem Gastspiel von Nottingham Forest zu Rot-Weiß und ließ sich im Industriequarier Avellaneda nieder. Dort entwickelte der in der Arbeiterschaft ansässige Klub eine intensive Rivalität mit dem bürgerlichen Nachbarn Racing, dessen Stadion keine 200 Meter von der Independiente-Arena entfernt liegt. 1922 und 1926 gewannen die von Olympiateilnehmer Raimundo Orsi angeführten »Diablos Rojos« die Amateurmeisterschaft und zählten 1931 zu den Mitgründern der Profiliga. 1938 und 1939 errang ein von der paraguayischen Torjägerlegende Arsenio Erico (293 Tore in 325 Spielen), Antonio Sastre und Vicente de la Mata angeführtes legendäres Team jeweils den Titel. El-Gráfico-Kolumnist Julio César Pasquoto schwärmte später, er habe in seinem Leben nur zwei unbesiegbare Mannschaften gesehen: »Brasilien 1970 und Independiente 1938-39«. Bis zur nächsten Erfolgsepoche der »Diablos Rojas« vergingen allerdings mehr als zwei Jahrzehnte. In den 1960er Jahren praktizierte die bis dahin für ihren Offensivfußball berühmten Rot-Weißen unter Trainer Manuel Giúdice defensiven Zweckfußball, mit dem sie 1964 ungeschlagen das Finale um die Copa Libertadores erreichten. Gegen den Pelé-Klub Santos FC gewann man dort seine erste von sieben Kontinentalmeister-

Die legendäre britische Mannschaft des Alumni AC Buenos Aires im Jahr 1905.

de erstmals um eine Meisterschaft gerungen, und 1893 nahm mit der Argentine Association Football League (AAFL, ab 1903 Argentine Football Association, AFA) die viertälteste Fußball-Liga nach der englischen (1888) und der schottischen bzw. nordirischen (beide 1890) ihren Spielbetrieb auf.

Im Grunde genommen war Argentiniens Fußball damals allerdings »britischer Fußball im Exil«. Die allermeisten Mannschaften wurden von Briten gebildet, Umgangssprache war Englisch, die AAF trat 1904 der englischen FA bei und Gastspiele renommierter Profiklubs wie Southampton (1904), Nottingham Forest (1905), Everton und Tottenham Hotspur (1909) fanden vor allem in der britischen Gemeinde Anklang.

■ **AUCH ARGENTINIENS** internationaler Spielbetrieb war britisch. Schon 1889 hatten sich Fußballteams der britischen Gemeinschaften von Buenos Aires und Montevideo aus Anlass des Geburtstags der Queen erstmals gegenübergestanden. 1901 stiftete der schottische Teebaron Sir Thomas Lipton einen Pokal, der zu einer Städtemeisterschaft führte, an der zunächst ebenfalls überwiegend Europäer beteiligt waren.

Die Briten umgab allerdings ein gewisser Snobismus, der neben den einheimischen Kreolen auch die Einwanderergruppen – namentlich Spanier und Italiener – aussperrte. Sie waren somit gezwungen, eigenständige Wege einzuschlagen. Dieser Prozess setzte noch vor der Jahrhundertwende ein und zog einen tiefgreifenden Strukturwandel nach sich, als binnen weniger Jahre mit River Plate (1901), Racing (1903), Boca Juniors und Independiente (beide 1905) sowie San Lorenzo (1908) jene Klubs entstanden, die heute als »cinco grandes« (»die großen Fünf«) bezeichnet werden. Sie stammen unisono aus Immigrantenkreisen und waren im innenstadtnahen Hafenviertel La Boca (Boca Juniors, River Plate) bzw. dem Industriequarier Avellaneda (Racing, Independiente) ansässig.

Weil sich seinerzeit im gesamten Stadtgebiet Hunderte von Vereinen bildeten, explodierte das Ligasystem förmlich. Schon 1899 war eine Zweite Liga entstanden, der 1900 eine dritte und 1901 eine vierte Spielklasse folgten. Die britischen Vereine wurden von diesem Prozess regelrecht überrollt und gaben vielfach den Fußball auf, um sich von den »porteños« (»Hafenbewohner«, Bezeichnung für die Einwohner von Buenos Aires) abzuschotten.

■ **PARALLEL DAZU DEHNTE SICH** der Großraum Buenos Aires weiter aus. Aus den 90.000 Seelen, die man 1854 gezählt hatte, waren 1895 bereits 670.000 geworden – eine Zahl, die bis 1914 auf rund 1,6 Mio. anschwellen sollte. Rund die Hälfte von ihnen waren Ausländer, wobei Italiener mit 39,5 und Spanier mit 35 Prozent das Gros stellten. Die unablässige Zuwanderung führte zur Bildung neuer Stadtviertel (»barrios«), in denen der Fußball einen wesentlichen Faktor bei der Integration darstellte und zum sozialen Anker wurde. Bis heute ist die Verwurzelung selbst von Weltklubs wie Boca Juniors in ihren Heimatvierteln enorm.

Nach der Jahrhundertwende verwandelte sich Argentiniens Fußball vom noblen (britischen) Elitesport zum populären (kreolischen) Arbeiter- und Massensport. Dadurch entwickelten sich zwei Spielkulturen: der vom körperlichen Einsatz und Fair-Play geprägte Gentlemensport der britischen Schulen und der von individueller Klasse bzw. Frechheit gezeichnete, technisch versierte kreolische Fußball, der auf den staubigen Straßen der Barrios gespielt wurde. Dass sich Letzterer durchsetzte, lag nicht zuletzt an seiner »männlichen« Ausprägung, die vor allem die spanischen und italienischen Einwanderergruppen ansprach. Schon früh kamen in Einwandererkreisen Forderungen nach dem bezahltem Fußball auf. Angesichts der enormen Zuschauerkulissen, die den Vereinen die Kassen füllten, konnte das nicht überraschen. 1910 zählte man beim Ländervergleich mit Uruguay bereits mehr

STÄTTEN | TEMPEL

▶ Estadio Alberto J. Armado »La Bombonera«

Aufgrund seiner eigentümlichen Architektur »La Bombonera« – »die Pralinenschachtel« – genannt, ist die Heimstätte der Boca Juniors eine der mystischen Fußballtempel Argentiniens. Inmitten des Hafenviertels La Boca gelegen, bietet die 1940 eingeweihte Arena gegenwärtig 57.395 Menschen Platz und ist für ihre mächtige Akustik gefürchtet. 1978 WM-Spielstätte, wurde die Pralinenschachtel mehrfach renoviert (zuletzt 1996) und hieß bis 2000 Estadio Camillo Cichero.

▶ Estadio Antonio V. Liberti »El Monumental«

Die Heimstatt von River Plate war 1978 Spielstätte des WM-Finals zwischen Argentinien und den Niederlanden und wurde 1938 mit einem Freundschaftsspiel zwischen River Plate und Peñarol Montevideo (3:1) eingeweiht. Mit gegenwärtig 65.645 Plätzen ist die im Stadtviertel Belgrano gelegene Arena die größte Spielstätte Argentiniens. Die Anlage verfügt über eine Leichtathletiklaufbahn und wurde zuletzt 1978 zur WM grundlegend renoviert.

als 10.000 Zuschauer, und in den Ligaspielen waren vierstellige Kulissen die Regel. Die britischen Pioniere sperrten sich jedoch, und so riefen kreolische Funktionäre 1912 mit der Federación Argentina de Fútbol (FAF) einen Konkurrenzverband ins Leben, der eine weitere Stadtliga installierte.

■ **ALS DIE KONTRAHENTEN** 1915 in der Asociación Argentina de Football (AAF) wieder zusammenflossen, hatten die britischen Pioniere ihren Einfluss verloren und Argentiniens Fußball war zu einer kreolischen Domäne geworden. 1913 hatte sich mit dem Racing Club erstmals ein kreolisches Team die Meisterschaft des britischen AAF gesichert. Zu den Opfern dieses Prozesses zählte der erste Serienmeister Alumni AC (neun Meisterschaften von 1901-11), der bereits 1912 aufgelöst worden war. Auf den Spielfeldern dominierte fortan der kreolische Stil, der sich durch den Verzicht auf lange Pässe zugunsten von präzisen Kurzpässen und Dribblings auszeichnete. Als eine Kombination aus italienischen, spanischen und kreolischen Eigenschaften wirkte er zudem identitätsstiftend.

In jener Zeit nahm auch eine bis heute gepflegte Verbindung zwischen Fußball und Politik ihren Anfang. Als 1916 die ersten demokratischen Wahlen in Argentinien durchgeführt wurden, waren die Fußballvereine längst eine etablierte soziale Anlaufstelle in den Barrios. Für die neugegründeten Parteien waren sie daher ein ideales Hilfsmittel, um für sich zu werben. So knüpfte mit Pedro Bidegain ein führendes Mitglied der ersten Regierungspartei Unión Cívica Radical (UCR) Verbindungen zu San Lorenzo de Almagro, während Aldo Cantoni, Senator von San Juan und Präsident des AFA, die Präsidentschaft von Huracán Buenos Aires übernahm.

Unter der bis 1930 regierenden UCR wurde der Fußball zudem als Hilfsmittel bei der Bildung einer nationalen Identität im Vielvölkerstaat Argentinien benutzt. Dabei half vor allem die Nationalmannschaft »albiceleste« (»Weiß-Himmelblauen«), die 1921 erstmals Südamerikameister wurde und 1928 bei den Olympischen Spielen in Amsterdam für Begeisterung sorgte und Silber gewann – wobei sie im Endspiel ausgerechnet auf Nachbar Uruguay traf. Der war zwei Jahre später abermals Gegner, als es in Montevideo um die erstmals ausgespielte Weltmeisterschaft ging. Argentiniens 2:4-Niederlage sorgte in Buenos Aires für einen Wutschrei und war begleitet von Ausschreitungen. Die Erfolge stärkten im Übrigen nicht nur das argentinische Nationalgefühl, sondern manifestierten auch die Überzeugung, der kreolische Stil sei dem britischen Kick-and-Rush überlegen.

Zugleich entwickelte sich in jenen Tagen ein Problem, das Argentiniens Fußball auch 2009 noch beschäftigt: Gewalt. Schon 1912 war das Stadion von Estudiantes La Plata gesperrt worden, nachdem Zuschauer den Schiedsrichter angegriffen hatten. In den 1920er Jahren war es Usus, gegnerische Fans (und damit indirekt ein anderes Barrio) anzugreifen und ihnen die Klubwappen zu stehlen. Der mit dem Fußball einhergehende Machoismus sowie die Vereinnahmung der Klubs durch die Politik förderten diesen Prozess.

■ **1919 KAM ES ZU HEFTIGEN** Auseinandersetzungen auf administrativer Ebene, bei denen sich Amateurverfechter und Profibefürworter unversöhnlich gegenüberstanden. Die AAF schloss schließlich sieben Klubs aus (darunter Gimnasia, San Lorenzo und Racing), die daraufhin mit der Asociación Amateurs de Football einen Konkurrenzverband ins Leben riefen und eigene Spielklassen installierten. Erst im Oktober 1926 kam es auf Intitiative von Staatspräsident Marcelo T. de Alvear zur Einigung und der Bildung der gemeinsamen Asociación Amateurs Argentina de Football (AAAF), die sich allerdings ebenfalls nur als Übergangslösung erwies.

Ein Spielerstreik sorgte schließlich 1931 für

schaften. 1965 glückte die Titelverteidigung, ehe Independiente mit seinem gefürchteten Sturmduo Ricardo Bochini/Daniel Bertoni zwischen 1972 und 1975 Südamerika sogar im Alleingang beherrschte und viermal in Folge die Copa holte. Das Erfolgsteam war allerdings für seinen körperbetonten (andere sagten »brutalen«) Fußball gefürchtet. 1973 verzichtete Ajax Amsterdam sogar auf die Austragung des Weltpokalfinals, den sich Independiente daraufhin mit einem 1:0 über Ajax-Vertreter Juventus Turin sicherte. Finanziell erheblich angeschlagen, geriet die Elf um Vereinslegende Ricardo »El Maestro« Bochini (740 Spiele) nach der Doppelmeisterschaft von 1977-78 etwas ins Straucheln, konnte ihren eindrucksvollen Erfolgsannalen aber immerhin vier nationale (1983, 1988, 1994/Clausura und 2002/Apertura) und zwei internationale Titel (Copa Libertadores und Weltpokal, beide 1984) hinzufügen. [1.1.1905 | Doble Visera (52.823) | 16]

■ **RACING CLUB AVELLANEDA** Klub mit großer Vergangenheit aber unsicherer Zukunft. 1903 von französischen Immigranten gegründet und nach dem in Paris erscheinenden Motorsportjournal »Racing« benannt, zählten die Himmelblauen aus dem Industriequartier Avellaneda zu den erfolgreichsten Teams in der Vorprofiära. 1913 durchbrachen sie als erster kreolischer Klub die britische Dominanz und gewannen bis 1925 acht weitere Titel. Aufgrund der erfolgreichen Nachwuchsförderung sprach man seinerzeit von »La Academia«. Mit der Einführung des Profitums sank Racings Stern zunächst ab, ehe er in der Perón-Ära umso steiler wieder aufstieg. Grund: Peróns Schatzmeister Ramón Cereijo war leidenschaftlicher Racing-Fan. Sein geschicktes Lobbyspiel verhalf dem Klub 1950 zum modernen Stadion »El Cilindro«, während die illuster verstärkte Mannschaft um Kapitän Ruben Bravo 1949 erstmals Profimeister wurde und diesen Titel anschließend bis 1951 verteidigte. Der Volksmund sprach seinerzeit vielsagend von »Deportivo Cereijo«. In den Jahren 1966 und 1967 erreichte der im Bürgertum verankerte Klub, dessen Stadion in Wurfweite von dem des proletarischen Erzrivalen Independiente liegt, seinen Zenit. Die Elf um Torsteher Mario Cejas, Routinier Humberto und Torjäger Cardenas gewann seinerzeit nacheinander die Landesmeisterschaft, die Copa Libertadores (gegen Nacional Montevideo) sowie den Weltpokal (gegen Celtic Glasgow). Racing war allerdings bekannt für eine recht raue Spielweise, die 1967 auch Celtic Glasgow im Weltpokalfinale zu spüren bekam. Finanzielle Probleme sorgten in den 1970er Jahren zum Ausverkauf, ehe der Klub 1983 unter kontroversen Umständen abstieg und für zwei Spielzeiten in der zweiten Liga kickte. Nachdem 2000 ein in jahrelanger Misswirtschaft angehäufter Schuldenberg (60 Mio. Dollar) beinahe zum Konkurs geführt hätte, übernahm der Unternehmer Fernando Marin die Führung, und in der Apertura-Serie 2001 konnte Racing seinen 16. Meistertitel feiern. Trotz eines hohen Zuschauerzuspruchs geriet der Traditionsklub jedoch 2008 erneut an den Rand des Ruins und vermied erst in der Relegation den Abstieg. [25.3.1903 | Juan Domingo Perón »El Cilindro« (61.161) | 16]

■ **ALUMNI AC BUENOS AIRES** Erster Serienmeister, der in nur elf Jahren Existenz neun Meisterschaften feierte. 1891 von Absolventen der britischen High School gegründet, war Alumni (wörtlich »Zögling«, gemeint ist »Studentenverbindung«) eine typische Erscheinung des damals britisch dominierten Fußballs in Argentinien. Für die Rot-Weißen kickten ausschließlich britische Gentlemen, die es sich leisten konnten, ohne Gedanken an eine Bezahlung zu spielen. Mit Beginn des Kreolisierungsprozesses endete Alumnis Ära abrupt, und 1912 wurde die Mannschaft aufgelöst. [1891 | 9]

ARGENTINOS JUNIORS BUENOS AIRES

Maradonas Heimatverein und Gewinner der Copa Libertadores 1985. Der Klub wurde 1904 von dem sozialistischen Lager nahestehenden jungen Männern in Villa Crespo ins Leben gerufen und ist heute in La Paternal beheimatet. Die »Bichos Colorados« (»rote Käfer«) gelten als herausragende Talentequelle, der – lange von José Pekerman geleitet – neben Maradona u. a. Diego Placente und Juan Román Riquelme entsprangen und den Juniors den Beinamen »El Semillero« (»Samenschale«) einbrachte. Seine Erfolgsepoche begann 1976 mit dem Debüt von Diego Armando Maradona, der 1981 für die Rekordablöse von fünf Mio. US-Dollar zu Boca Juniors wechselte. Mit dem Erlös wurde eine leistungsstarke Elf geformt, die unter Ángel Labruna (bzw. nach dessen Tod 1983 von Marcos Saporiti) mit schwungvollem Angriffsfußball die Liga Metropolitana (1984), die Liga Nacional (1985) und als Höhepunkt die Copa Libertadores (1985, im Elfmeterschießen gegen América Cali) errang. Wenig später brach die Erfolgself um Sergio Batista und Claudio Borghi auseinander, und nachdem die Juniors 1995 in die Zweitklassigkeit absteigen mussten, wurden sie zur Fahrstuhlelf. [15.8.1904 | Diego Armando Maradona (24.800) | 2]

BOCA JUNIORS BUENOS AIRES

Buenos Aires' Hafenviertel La Boca hat zwei Weltberühmtheiten hervorgebracht: den Tango und die Boca Juniors. Der mit 17 internationalen und 28 nationalen Titeln nach dem AC Mailand zweiterfolgreichste Fußballklub der Welt steht synonym für die Armen und Besitzlosen von Buenos Aires. Er ist seit über 100 Jahren im Hafenviertel La Boca verankert und gilt als emotionaler, sozialer und gesellschaftlicher Gegenpol zu River Plate, das zwar ebenfalls in La Boca entstand, sich aber zu einem Klub des wohlhabenden Bürgertums entwickelte. Zu den berühmtesten unter den zahlreichen Fußball-Legenden, die im Laufe der Zeit für »Boca« spielten, gehört Diego Armando Maradona, der das Klubmotto »Boca, te llevo en el alma y cada dia te quiero más« (»Boca, ich halte dich in meiner Seele und liebe dich mehr jeden Tag«) medienwirksam lebt. Die Klubgründung erfolgte, nachdem der irische Lehrer und ehemalige Boxer Paddy MacCarthy Studenten des Commercial College um 1905 mit dem Fußball vertraut gemacht hatte. Die Gründer stammten überwiegend aus dem italienischen Genua, weshalb der Klub auch den Beinamen »Xeneise« trägt – ein lokaler Slangbegriff für Genuesen. Die Bezeichnung Boca Juniors indes setzte sich zusammen aus dem Hafenviertel La Boca (Boca steht für »Mund« im Sinne von Flussmündung) und der britischen Gepflogenheit von »Old Boys« bzw. »Juniors«. Seine blaugelben Klubfarben verdankt Boca der Idee, die Landesfarben des nächsten in Buenos Aires einlaufenden Schiffes zu übernehmen – es war ein schwedischer Frachter. 1919 sicherte sich der Klub seine erste Meisterschaft, der bis zur Einführung des Profitums 1931 fünf weitere folgten. 1925 ging das Team auf eine fünfmonatige Europareise, während der es spektakulären Fußball bot und 15 von 19 Spielen in Spanien, Frankreich und Deutschland gewann. 1930 stellte man mit den Verteidigern Ramón Muttis und Pedro Suárez, Mittelfeldspieler Roberto Cherro sowie Torjäger Marino Evaristo vier Akteure des argentinischen Vizeweltmeisterteams. Ein Jahr später gingen die »Auriazul« (Gelbblauen) mit ihrem Starsturm um Benítez Cáceres, Roberto Cherro und Francisco Varallo (mit 181 Toren in 209 Spielen bis heute Rekordschütze) als erster Profimeister Argentiniens durchs Ziel und eröffneten 1940 in La Boca das Estadio Dr. Camilo Cichero, das aufgrund seiner eigentümlichen Form »La Bombonera« (»Pralinenschachtel«) genannt wird. Die neue Arena erlebte 1943 und 1944 zwei weitere Titelgewinne, ehe die Boca-Fans mit ansehen mussten, wie Erzrivale River Plate davonzog, während es für die eigene Elf lediglich 1954 zum Titel reichte. Die Wende kam, als Präsident Alber-

Zehntausende versammelten sich 1928 vor dem Büro der Zeitung »La Prensa«, um der Radioübertragung des olympischen Fußballfinales zwischen Uruguay und Argentinien zu lauschen.

den endgültigen Bruch zwischen Amateur- und Profiverfechtern, und im Mai desselben Jahres nahm eine 18 Mannschaften starke Profiliga ihren Spielbetrieb auf. Nachdem vier Spielzeiten lang sowohl eine Amateur- als auch eine Profiliga ausgetragen worden waren, vereinten sich der Amateurverband AAF und die Profiorganisation Liga Argentine de Football (LAF) zur Asociación del Fútbol Argentino (AFA).

Die wirtschaftliche und sportliche Macht der fünf führenden Profiklubs River Plate, Boca Juniors, Independiente, Racing und San Lorenzo de Almagro war enorm. Erst 1967 sollte es Estudiantes de La Plata gelingen, die Phalanx der »cinco grande« zu brechen und ihnen erstmals seit 1931 den Meistertitel zu entreißen. Auch wirtschaftlich dominierte das Quintett in der 1930 auf fünf Mio. Einwohner angewachsenen Metropole Buenos Aires und drängte zahlreiche Konkurrenten ins Abseits. Bis heute wählt jeder argentinische Fußballfan, gleich in welchem Landstrich er auch lebt, unwillkürlich eine der hauptstädtischen Mannschaften als »seine« aus. Unterstützt wurde dieser Monopolisierungsprozess durch die Massenmedien. Mit »El Gráfico« verfügte Argentinien seit 1919 über eines der renommiertesten Fußballfachblätter der Welt, das 1930 allein in Buenos Aires auf eine Auflage von 100.000 verkauften Exemplaren kam und auf dem gesamten Kontinent gelesen wurde.

Das Duell zwischen Boca Juniors und River Plate wurde unterdessen zum »superclásico«, der landesweit die Gemüter erregte. Mit der Profiliga trafen die zuvor häufig in verschiedenen Ligen spielenden Rivalen erstmals regelmäßig aufeinander und begründeten einen der faszinierendsten Aspekte des argentinischen Fußballs. Ihr Duell geht weit über die sportlichen Dimensionen hinaus. Beide Klubs stammen zwar aus dem Hafenviertel La Boca und damit dem Immigrantenmilieu, ihre Rivalität hat aber dennoch einen gesellschaftlichen Hintergrund. »Boca« gilt als Klub der Arbeiter, während »River«, das 1923 ins wohlhabende Nuñez umgezogen war, Verein der Bessergestellten ist. Angesichts des in Lateinamerika üblichen krassen Missverhältnisses zwischen (wenigen) Besitzenden und (vielen) Besitzlosen ist es nicht verwunderlich, dass Boca insgesamt der beliebtere Klub ist.

Bei der Profiliga handelte es sich im Übrigen keinesfalls um eine landesweite Nationalliga, denn die war schon aus infrastrukturellen Gründen kaum möglich. Bis 1939 deckte die Klasse lediglich den Großraum Buenos Aires/La Plata ab, ehe sie zumindest bis Rosario ausgeweitet wurde, wo seit 1905 eine Stadtliga existierte. Erst 1958 wurde sie nach Córdoba ausgeweitet, und 1966 nahm erstmals ein Team aus Santa Fé teil.

Nationalmittelstürmer Manuel Ferreira.

Jahr	Meister	Jahr	Meister	Jahr	Meister	Jahr	Meister
1891	St. Andrew's	1902	Alumni AC	1931	Boca Juniors Buenos A.	1949	Racing Club Avellaneda
1892	nicht ausgespielt	1903	Alumni AC	1932	River Plate Buenos Aires	1950	Racing Club Avellaneda
1893	Lomas Athletic	1904	Belgrano Athletic	1933	San Lorenzo Almagro	1951	Racing Club Avellaneda
1894	Lomas Athletic	1905	Alumni AC	1934	Boca Juniors Buenos A.	1952	River Plate Buenos Aires
1895	Lomas Athletic	1906	Alumni AC	1935	Boca Juniors Buenos A.	1953	River Plate Buenos Aires
1896	Lomas Academy	1907	Alumni AC	1936	River Plate Buenos Aires	1954	Boca Juniors Buenos A.
1897	Lomas Athletic	1908	Belgrano Athletic	1937	River Plate Buenos Aires	1955	River Plate Buenos Aires
1898	Lomas Athletic	1909	Alumni AC	1938	Independiente Avell.	1956	River Plate Buenos Aires
1899	Belgrano Athletic	1910	Alumni AC	1939	Independiente Avell.	1957	River Plate Buenos Aires
1900	English High School	1911	Alumni AC	1940	Boca Juniors Buenos A.	1958	Racing Club Avellaneda
1901	Alumni AC			1941	River Plate Buenos Aires	1959	San Lorenzo de Almagro
				1942	River Plate Buenos Aires	1960	Independiente Avell.
Jahr	Meister AAF		Meister FAF	1943	Boca Juniors Buenos A.	1961	Racing Club Avellaneda
1912	Quilmes AC		Porteño Buenos Aires	1944	Boca Juniors Buenos A.	1962	Boca Juniors Buenos A.
1913	Racing Club Avellaneda		Estudiantes La Plata	1945	River Plate Buenos Aires	1963	Independiente Avell.
1914	Racing Club Avellaneda		Porteño Buenos Aires	1946	San Lorenzo Almagro	1964	Boca Juniors Buenos A.
1915	Racing Club Avellaneda			1947	River Plate Buenos Aires	1965	Racing Club Avellaneda
1916	Racing Club Avellaneda			1948	Independiente Avell.	1966	Racing Club Avellaneda
1917	Racing Club Avellaneda						
1918	Racing Club Avellaneda			Jahr	Meister Metropolitana		Meister Nacional
				1967	Estudiantes La Plata		Independiente Avellaneda
Jahr	Meister A Asociación F		Meister A. Amateur F	1968	San Lorenzo Almagro		Vélez Sarsfield Buenos A.
1919	Boca Juniors Buenos Aires		Racing Club Avellaneda	1969	Chacarita Juniors		Boca Juniors Buenos A.
1920	Boca Juniors Buenos Aires		River Plate Buenos Aires	1970	Independiente Avell.		Boca Juniors Buenos A.
1921	Huracán Buenos Aires		Racing Club Avellaneda	1971	Independiente Avell.		CA Rosario Central
1922	Huracán Buenos Aires		Independiente Avell.	1972	San Lorenzo Almagro		San Lorenzo Almagro
1923	Boca Juniors Buenos Aires		San Lorenzo Almagro	1973	Huracán Buenos Aires		CA Rosario Central
1924	Boca Juniors Buenos Aires		San Lorenzo Almagro	1974	Newell's Old Boys		San Lorenzo Almagro
1925	Huracán Buenos Aires		Racing Club Avellaneda	1975	River Plate Buenos Aires		River Plate Buenos Aires
1926	Boca Juniors Buenos Aires		Independiente Avell.	1976	Boca Juniors Buenos A.		Boca Juniors Buenos A.
				1977	River Plate Buenos Aires		Independiente Avell.
Jahr	Meister	Jahr	Meister	1978	Quilmes AC		Independiente Avell.
1927	San Lorenzo Almagro	1931	Estudiantil Porteño	1979	River Plate Buenos Aires		River Plate Buenos Aires
1928	Huracán Buenos Aires	1932	Sportivo Barracas	1980	River Plate Buenos Aires		CA Rosario Central
1929	Gimnasia y Esgrima LP	1933	Sportivo Dock Sud	1981	Boca Juniors Buenos A.		River Plate Buenos Aires
1930	Boca Juniors B. A.	1934	Estudiantil Porteño	1982	Estudiantes La Plata		Ferrocarril Oeste B. A.
				1983	Independiente Avell.		Estudiantes La Plata
				1984	Argentinos Juniors B. A.		Ferrocarril Oeste B. A.

Jahr	Meister	Jahr	Meister
1985	Argentinos Juniors B. A.	1999/C	Boca Juniors B. A.
1985/87	River Plate Buenos A.	1999/A	Boca Juniors B. A.
1987/88	CA Rosario Central	2000/C	River Plate B. A.
1987/88	Newell's Old Boys	2000/A	River Plate B. A.
1988/89	Independiente Av.	2001/C	San Lorenzo Almagro
1989/90	River Plate Buenos A.	2001/A	Boca Juniors B. A.
1990/91	Newell's Old Boys R.	2002/C	River Plate B. A.
1992/C	Newell's Old Boys R.	2002/A	Racing Club Avell.
1992/A	River Plate B. A.	2003/C	River Plate B. A.
1993/C	Vélez Sarsfield B. A.	2003/A	Independiente Av.
1993/A	Boca Juniors B. A.	2004/C	River Plate B. A.
1994/C	Independiente A.	2004/A	Boca Juniors B. A.
1994/A	River Plate B. A.	2005/C	River Plate B. A.
1995/C	San Lorenzo Almagro	2005/A	Newell's Old B.
1995/A	River Plate B. A.	2006/C	Vélez Sarsfield B. A.
1996/C	Vélez Sarsfield B. A.	2006/A	Boca Juniors B. A.
1996/A	Vélez Sarsfield B. A.	2007/C	Boca Juniors B. A.
1997/C	River Plate B. A.	2007/A	Estudiantes LP
1997/A	River Plate B. A.	2008/C	San Lorenzo Almagro
1998/C	Vélez Sarsfield B. A.	2008/A	Lanús Buenos A.
1998/A	River Plate B. A.	2009/C	River Plate B. A.

Independiente Avellaneda 1938-39.

■ **EINER DER GRÜNDE FÜR DIE** Einführung des Profitums war der in den 1920er Jahren dramatisch zunehmende Exodus argentinischer Nationalspieler nach Europa gewesen. Vor allem italienische Vereine hatten ihre Finger nach den kreolischen Ballkünstlern ausgestreckt, zumal die häufig italienische Wurzeln aufwiesen. Julio Libonatti war 1925 als erster Argentinier nach Italien gewechselt und hatte sich 1926 erstmals das Jersey der »Squadra Azzurra« übergestreift. Nach den Olympischen Spielen 1928 war Independiente-Angreifer Raimundo Orsi zu Juventus Turin gewechselt, und in Italiens Weltmeisterelf von 1934 standen mit Orsi, Demaría, Guaita und Monti gleich vier gebürtige Argentinier. Mit der Profiliga wollte man seinen Spitzenkräften die Möglichkeit verschaffen, auch in der Heimat ein gutes Einkommen mit dem Fußball zu erzielen.

Für die Politik wurde der Fußball unterdessen zum willigen Werkzeug. Die engen Verbindungen zwischen dem Nationalverband AFA und der jeweiligen Regierung erreichten in den 1940er Jahren ihren Höhepunkt, als mit Ramón Castillo der Sohn des Staatspräsidenten die Führung des Nationalverbandes übernahm. Fußball stellte für die Politik einen leichten Zugang zum Volk dar. Das erklärt auch die sich in den 1930er Jahren häufenden Stadienprojekte, als zahlreiche von der öffentlichen Hand finanzierte Großarenen entstanden (1938 eröffnete River Plates El Monumental, 1940 Boca Juniors La Bombonera). Immerhin wurden den Gebäuden im Gegenzug kommunale Einrichtungen wie Kindergärten, Schulen oder öffentliche Schwimmbäder angeschlossen.

■ **MIT BEGINN DER** Weltwirtschaftskrise geriet die Industrienation Argentinien in schwere Turbulenzen. 1930 putschte ein Bündnis aus Militär und Großgrundbesitzern und es begann eine bis 1983 währende Phase, in der das Militär einen bestimmenden Einfluss auf

to Armando die Elf um Rekordspieler Antonio Rattín (352 Spiele) in den 1960er Jahren mit der Verpflichtung von Torhüter Antonio Roma, Verteidiger Silvio Marzolini, Mittelstürmer José Sanfilippo sowie dem Brasilianer Orlando entscheidend aufpeppte. 1963 zogen die Blau-Gelben erstmals in das Finale um die Copa Libertadores ein, in dem sie an Pelé-Klub Santos FC scheiterten. Es war der Beginn einer Ära, die Boca fünf Titel binnen sieben Jahren bescherte und deren Krönung das Jahr 1977 war, als das von Defensivverfechter Juan Carlos »Toto« Lorenzo trainierte Team nach der Landesmeisterschaft auch die Copa Libertadores (5:4 im Elfmeterschießen gegen Cruzeiro Belo Horizonte) und den Weltpokal (3:0 gegen Mönchengladbach) gewann. Im Folgejahr verteidigte die Erfolgsequipe um Torhüterlegende Hugo Orlando »el Loco« Gatti die Copa Libertadores. Dennoch verzichtete Argentiniens Auswahlcoach Menotti 1978 bei der WM im eigenen Land weitestgehend auf Boca-Akteure, da die Defensivtaktik des Vereins nicht in sein Offensivkonzept passte. Der weitere Werdegang des Klubs verlief turbulent. 1980 zahlte man umgerechnet mehr als fünf Mio. US-Dollar für Diego Armando Maradona an Argentinos Juniors und geriet in die Schuldenspirale. 1982 musste Maradona nach Barcelona verkauft werden, und bis 1992 ging Boca im Titelrennen leer aus. Erst als der Wechsel von Torjäger Gabriel Batistuta nach Florenz die Schuldenlast entscheidend verringerte, konnte man aufatmen. 1995 übernahm der peronistische Bauunternehmer und Politiker Mauricio Maceri die Klubführung, übergab Carlos Bianchi die Trainingsleitung und reaktivierte die brachliegende Nachwuchsarbeit. Drei Meisterschaften (1999-2001), zwei Copa-Libertadores-Erfolge (2000 und 2001) sowie der Gewinn des Weltpokals 2000 flankierten die Bianchi-Ära, die von Spielern wie Roberto »El Pato« Abbondanzieri, Juan Román Riquelme und Walter Samuel geprägt war und über das Kollektiv zum Erfolg fand. Mit der argentinischen Wirtschaftskrise von 2001 stürzte Boca erneut in Turbulenzen, die das Erfolgsteam zerfallen ließen und drohen, den Verein an einer hohen Schuldenlast zerbrechen zu lassen. [3.4.1905 | Alberto Armado »La Bombonera« (57.395) | 28]

 ■ **HURACÁN BUENOS AIRES** Die großen Zeiten des im einstigen Künstlerviertel Parque Patricios ansässigen Klubs sind lange vorbei. In den 1920er Jahren prägte der Club Atlético Huracán mit einer von WM-1930-Torschützenkönig Guillermo Stábile angeführten Mannschaft die Amateurliga und ging vier Mal als Sieger aus ihr hervor. Als 1946 Alfredo Di Stéfano für einige Monate das Spielkleid der Hurrikans trug, hatten sie den Anschluss an die nationale Spitze längst verpasst. Lediglich 1973 konnte noch einmal gefeiert werden, als »Los Quemeros« (»Verbrenner«, nahe des Stadions war einst eine Müllverbrennungsanlage) unter Trainer César Luis Menotti die Liga Metropolitano gewannen. Huracáns Barrios Parque Patricios ist unterdessen zu einem industriegeprägten sozialen Brennpunkt verkommen. [1.11.1908 | Tomás Adolfo Ducó (48.314) | 5]

 ■ **RIVER PLATE BUENOS AIRES** An diesem Klub ist alles gigantisch: Das Stadion heißt »Monumental«, an der Eingangspforte wird man mit den Worten »Der Stolz, der Größte zu sein« begrüßt und der Spitzname lautet »Los Millonarios«. Der Club Atlético River Plate ist – gemeinsam mit seinem Erzrivalen Boca Juniors – die Personifizierung des argentinischen Klubfußballs, und das Duell zwischen River und Boca (»superclásico«) wurde 2008 vom Fachblatt »World Soccer« zum wichtigsten Derby nach dem zwischen Barcelona und Real Madrid erklärt. Wie Boca Juniors entstand auch River Plate im rauen Hafenviertel La Boca, wo zur Jahrhundertwende Zehntausende europäische Immigranten lebten. Ungleich Bocas ist River heute jedoch im bürgerlichen Stadtviertel Núñez zu Hause, und im Gegensatz zum »Arbeiterklub« Boca ist River ein Verein des Bürgertums, was ihrem Duell auch

eine soziale Komponente verleiht. In der Publikumsgunst liegt River hauchdünn hinter Arbeiterverein Boca. Klubgründer waren Straßenfußballer um den italienischstämmigen Francesco Gentile. Seinen Namen erhielt der 1901 gebildete Verein auf Anregung von Pedro Martínez, der zuvor im Hafen von Buenos Aires beobachtet hatte, wie Kisten mit der Aufschrift »The River Plate« gelöscht worden waren. 1908 gelang der Aufstieg in die höchste Spielklasse, der man seitdem ohne Unterbrechung angehört. Nach relativ bescheidenen ersten Jahren wurde der Klub mit Beginn des Profizeitalters 1931 zu »Los Millonarios«, als er die Nationalspieler Bernabé Ferreyra und Carlos Desiderio Peucelle verpflichtete und prompt Meister wurde. Vorausgegangen war 1923 der Umzug ins wohlhabende Núñez, wo sich River ein zahlungskräftiges Zuschauer- und Unterstützerklientel hatte erschließen können. 1930 wies der Klub bereits über 15.000 Mitglieder (»socios«) auf. Acht Jahre später konnte man das mit kommunaler Hilfe errichtete Estadio »Monumental« eröffnen, bei dessen Einweihung 70.000 Zuschauer ein 3:1 gegen Peñarol Montevideo sahen. Die 1940er Jahre waren geprägt von der sagenumwobenen »La Máchina«-Mannschaft (»die Maschine«), deren Herzstück die Angriffsreihe um Juan Carlos Muñoz, José Manuel Moreno, Adolfo Pedernera, Ángel Labruna und Félix Loustau war. Unter Trainer Carlos Peucelle spielte River seinerzeit einen rasanten Angriffs- und Kombinationsfußball, der einen Meilenstein in der Fußball-Weltgeschichte darstellte. Nach vier Meisterschaften endete die Epoche 1948 mit dem Wechsel von Leistungsträgern wie Nestor Rossi und Alfredo Di Stéfano ins kolumbianische »El Dorado«. Angeführt vom Uruguayer Walter Gómez, Dribbelkünstler Enrique Omar Sívori sowie Rekordspieler Amadeo Carrizo (521 Einsätze) konnte River seinen Annalen in den 1950er Jahren noch fünf weitere Meisterschaften hinzufügen, ehe »la década maldita« (»die verfluchte Dekade«) begann, die außer zwei Vizemeisterschaften lediglich den erstmaligen Einzug in das Finale um die Copa Libertadores brachte (1966, gegen Peñarol Montevideo verloren). Der erste Titelgewinn nach 18 Jahren läutete 1975 eine neue Erfolgsepoche ein. Wenngleich 1976 unter Trainer Ángel Labruna auch der zweite Anlauf in der Copa Libertadores scheiterte, als River im Finale am Cruzeiro Belo Horizonte scheiterte, stellte man 1978 mit Ubaldo Fillol, Daniel Passarella, Norberto Alonso, Leopoldo Luque und Oscar Ortiz immerhin fünf Akteure der argentinischen Weltmeisterelf. Acht Jahre später war River in Mexiko mit vier Spielern Anteil am zweiten argentinischen Triumph beteiligt (Nery Pumpido, Oscar Ruggeri, Héctor Enrique und Julio Jorge Olarticoechea). Im selben Jahr gelang der langersehnte Durchbruch auf kontinentaler Ebene, als sich ein von Héctor Rodolfo Veira trainiertes Team im Finale um die Copa Libertadores gegen América Calí durchsetzte und anschließend gegen Steaua Bukarest auch den Weltpokal gewann. Als River exakt zehn Jahre später zum zweiten Mal Südamerikameister wurde, ragten mit Hernán Crespo, Ariel Ortega, Matías Almeyda und Julio Cruz vier Spieler heraus, die wenig später aus wirtschaftlichen Gründen nach Europa verkauft werden mussten. Der 1999 vom Fachblatt »El Gráfico« zum »Campeón Del Siglo« (»Jahrhundertmeister«) gekürte Klub kämpft seit langem mit einer enorm hohen Schuldenlast, die trotz regelmäßiger Verkäufe von Leistungsträgern nicht geringer wird. [25.5.1901 | Antonio Vespucio Liberti »Monumental« (65.700) | 34]

■ **VÉLEZ SARSFIELD BUENOS AIRES** Der im westlichen Stadtviertel Liniers ansässige Klub gilt als einer der bestgeführten des Landes. Seine Wurzeln liegen im zur Jahrhundertwende von italienischen Einwanderern geprägten Floresta. Dort gab es eine Bahnstation namens »Vélez Sarsfield«, die dem Klub seinen Namen verschaffte. Vélez Sarsfield war ein Politiker irischer Abstammung, der u.a. die argentinischen Bürgerrechte verfasste. Die Bahnstation heißt seit 1944 »Floresta«. 1931 zu den Gründungsmitgliedern der Profi-

Die legendäre »La-Maquina«-Auswahl im Jahr 1946. Stehend v.l.: Trainer Stabile, De la Mata, Méndez, Pedernera, Labruna, Loustau. Vorn: Salomón, Sobrero, Fonda, Strembel, Vacca, Pescia,

die Landespolitik ausübte. In Sachen Fußball zog sich Argentinien derweil weitestgehend zurück. 1934 reiste lediglich eine Amateurauswahl zur WM nach Italien, und 1938 verzichtete man ganz auf die Teilnahme. Das erfolgte nicht nur aus Furcht vor einem weiteren Spielerexodus, sondern auch aus Verärgerung über die FIFA, die die WM 1938 nicht wie ursprünglich vorgesehen nach Südamerika, sondern nach Frankreich vergeben hatte. Mit dem Zweiten Weltkrieg und der Unterbrechung des globalen Spielbetriebs beschränkte sich Argentiniens Radius vollends auf den eigenen Kontinent.

1946 wurde mit Juan Domingo Perón ein Mann zum Staatspräsidenten gewählt, dessen nationalistisch motivierte Politik Argentinien auf einen Sonderweg zwischen Kapitalismus und Kommunismus führte. Der leidenschaftliche Fußballanhänger versuchte den wirtschaftlichen Einfluss ausländischer Unternehmen zurückzudrängen und wollte Argentinien autark machen. Sport – und vor allem Fußball – wurde von dem populären Präsidenten als Hilfsmittel bei der Sozialisierung der Jugend, der Stärkung der nationalen Identität sowie der politischen Propaganda betrachtet und daher der staatlichen Kontrolle unterstellt.

Die ohnehin enge Verzahnung zwischen Fußball und Politik erreichte während der Perón-Ära (1946-55) ihren Höhepunkt. Fast alle Klubs fanden seinerzeit einen politischen »padrino« (»Godfather, patron«), der ihre Interessen auf höchster politischer Ebene vertrat. Das führte zu einem weiteren Stadionbauboom, durch den u. a. Huracán, Racing und Vélez Sarsfield neue Arenen erhielten. Im Gegenzug rekrutierten die Politiker die Fans ihrer Vereine zunehmend als »Wachpersonal« für ihre propagandistischen Veranstaltungen. Daraus entwickelten sich die so genannten »barras bravas«, die alsbald plündernd und randalierend durch die Stadien und Städte zogen. Das betraf keineswegs nur Buenos Aires, wo sich neben dem Konflikt zwischen Boca und River auch in Almagro (San Lorenzo gegen Huracán), Avellaneda (Racing gegen Independiente) und La Plata (Gimnasia gegen Estudiantes) von Gewalt geprägte Rivalitäten entwickelt hatten, sondern zudem Rosario (der Hass zwischen Arbeiterklub Central und den bürgerlichen Newell's Old Boys wird sogar schärfer als der zwischen Boca und River eingeschätzt), Santa Fé und Cordoba.

■ **SPORTLICH BLÜHTE ARGENTINIENS** Fußball unter Perón auf. Während Europa im Zweiten Weltkrieg versank, erleuchtete das Land Südamerikas Fußball-Himmel. In der nationalen Meisterschaft dominierte River Plate, das mit seiner legendären Angriffsreihe Muñoz, Moreno, Pedenera, Labruna und Lousteau Fußball wie von einem anderen Stern zelebrierte und von 1941-47 viermal Meister wurde. Doch nicht nur das »la Máquina« (»Die Maschine«) genannte River-Plate-Ensemble definierte Fußball als schönes und elegantes Spiel. San Lorenzo de Almagro beispielsweise düpierte 1946 auf einer Europareise Spanien gleich mit 6:1 und setzte einen Meilenstein, als das »kleine Kammerorchester« genannte Team um Rinaldo Martino (»Cello«) und Ferro (»Violine«), statt auf Tempo zu spielen, den leeren Raum suchte. In der Copa América dominierte derweil die »albiceleste« mit drei Siegen von 1945-47, wobei ihr zwischenzeitlich eine Fusion von kreolischen Dribbelkünsten und schottischem Kurzpassspiel gelungen war, die

● **Erfolge**
Weltmeister 1978, 1986 **Sieger Copa América** 1910, 1921, 1925, 1927, 1929, 1937, 1941, 1945, 1946, 1947, 1955, 1957, 1959, 1991, 1993

● **FIFA World Ranking**
1993	1994	1995	1996	1997	1998	1999	2000
8	10	7	22	17	5	6	3
2001	2002	2003	2004	2005	2006	2007	2008
2	5	3	4	3	1	6	

● **Weltmeisterschaft**
1930 Endturnier (Zweiter) **1934** Endturnier (Achtelfinale) **1938-54** nicht teilgenommen **1958** Endturnier (Vorrunde) **1962** Endturnier (Vorrunde) **1966** Endturnier (Vorrunde) **1970** Qualifikation **1974** Endturnier (Zwischenrunde) **1978** Endturnier (Ausrichter, Sieger) **1982** Endturnier (Zwischenrunde) **1986** Endturnier (Sieger) **1990** Endturnier (Zweiter) **1994** Endturnier (Achtelfinale) **1998** Endturnier (Viertelfinale) **2002** Endturnier (Vorrunde) **2006** Endturnier (Viertelfinale) **2010** Qualifikation

● **Vereinserfolge**
Copa Libertadores Independiente Avellaneda (1964, 1965, 1972, 1973, 1974, 1975, 1984), Racing Club Avellaneda (1967), Estudiantes La Plata (1968, 1969, 1970), Boca Juniors Buenos Aires (1977, 1978, 2000, 2001, 2003), Argentinos Juniors Buenos Aires (1985), River Plate Buenos Aires (1986, 1996), Vélez Sarsfield Buenos Aires (1994)

»la nuestra« (»das Unsere«) genannt wurde. Das Publikum war begeistert, und nie war Fußball in Argentinien populärer als in jenen Tagen. Kulissen zwischen 80.000 und 100.000 Zuschauer waren die Regel, selbst unterklassige Amateurvereine lockten tausende von Zuschauern an und das Spiel boomte bis in die entlegendsten Landesteile.

■ **DOCH ES GAB AUCH** Schattenseiten. Schon 1944 war es nach der Gründung der mexikanischen Profiliga zu einem Massenwechsel argentinischer Spieler in das Aztekenreich gekommen. 1948 führte ein Spielerstreik um die Gründung einer Spielergewerkschaft und höhere Löhne zur Massenemigration nach Kolumbien, wo neben der legendären »la Máquina«-Angriffsreihe River Plates mit Alfredo Di Stéfano auch ein Ausnahmetalent Unterschlupf fand, das es später bei Real Madrid zum Weltstar bringen sollte. Insgesamt wechselten rund 100 argentinische Fußballprofis ins kolumbianische »El Dorado«.

Nachdem Péron 1955 von einem Bündnis aus Militär, Kirche und Konservativen aus dem Amt gejagt worden war, kehrte Argentinien auf die internationale Fußballbühne zurück. 1957 schien eine Auswahl um die Jungstars Maschio (20 Jahre), Angelillo (17) und Sivori (19) mit einem 3:1-Finalsieg in der Copa América über Brasilien prompt eine neue Erfolgsära einzuläuten. Doch »los ángeles con las caias sucias« (»die Engel mit den schmutzigen Gesichtern«) wechselten wenig später geschlossen nach Italien und ließen sich für die »Squadra Azzurra« naturalisieren.

Als Argentinien ein Jahr später erstmals seit 1934 wieder zu einem WM-Turnier reiste, wurden die Folgen des Dauerexodus deutlich. Individuell gehörte man noch immer zur Weltspitze – taktisch aber hatte man sich überhaupt nicht weiterentwickelt. Vor allem beim 1:6 gegen die Tschechoslowakei zeigte sich, dass die argentinische Philosophie »wer am Ball ist, darf spielen« der in Europa üblichen Manndeckung nicht gewachsen war.

Das WM-Debakel führte zu einem tiefen Einschnitt. Zunächst wurde nahezu alles in Frage gestellt. Schließlich wich der »la nuestra«-Stil einer körperbetonten »europäischen« Spielweise, für die vor allem Nationaltrainer Juan Carlos Lorenzo stand. Lorenzo hatte als Spieler in Italien, Frankreich und Spanien gewirkt und gab die Parole »bislang haben wir Fußball gespielt, jetzt rennen wir Fußball« aus. Etwa zur selben Zeit propagierten die Argentinier Helenio Herrera und Manuel Giúdice im Übrigen jenen strikten Defensivfußball, der es als »Catenaccio« zu Weltruhm bringen sollte.

Binnen kurzem wurde aus Argentiniens schwungvollem Tangofußball ein hässliches Raufspiel, wich individuelle Klasse kollektiver Wucht. 1962 und 1966 machte die »albiceleste« bei den WM-Turnieren mit Brutalfußball Schlagzeilen, während Giúdice Independiente Avellaneda 1964-65 mit bissigem Defensivfußball zweimal zum Copa-Libertadores-Sieg führte. Zum Symbol des »antifútbol« aber wurde die in La Plata ansässige Elf von Estudiantes, die Fußball unter ihrem Trainer Osvaldo Zubeldía als »harte Arbeit« begriff und im Weltpokal für einige der hässlichsten Momente der Fußball-Weltgeschichte sorgte.

■ **DIE ELF UM CARLOS BILARDO**, die dreimal Kontinentalmeister wurde und 1969 den Weltcup errang, spiegelte mit ihrem skrupellosen Erfolgsstreben und zahllosen taktischen Tricksereien unfreiwillig die marode und korrupte Politik wider, in die Argentinien 1966 nach einem Militärputsch geraten war.

Unter den Militärs kam es allerdings auch zur Ausweitung des nationalen Profifußballs über den Großraum Buenos Aires/Rosario hinaus. Ab 1967 wurde neben der Hauptstadtliga (Liga Metropolitano) zusätzlich die Liga Nacional ausgespielt, an der die Topteams der Metropolitana sowie die führenden Vereine aus dem »interior« – also Städten wie Córdoba, Mendoza, Santa Fe und Tucumán – teilnahmen. Dadurch konnten sowohl die kleineren Klubs aus Buenos Aires als auch die Spitzenvereine im Rest des Landes gestärkt werden, wohingegen die seit Einführung des Profitums herrschende Dominanz der »cinco grandes« allmählich schwächer wurde. 1967 sicherte sich Estudiantes erstmals den Titel, und auch Huracán (1973 unter César Luis Menotti Metropolitana-Meister), Vélez Sarsfield sowie Chacarita Juniors konnten triumphieren. 1974 ging der Titel schließlich erstmals nach Rosario (Newell's Old Boys).

Unterdessen geriet Argentinien an den Rand des Bürgerkriegs. 1976 ergriffen die Militärs erneut die Macht, und unter General Jorge Rafael Videla wurde eine brutale Diktatur errichtet, die sieben Jahre Bestand haben und mehr als 30.000 Opfer fordern sollte. Ausgerechnet während der düstersten Phase seiner Geschichte fungierte Argentinien 1978 liga zählend, stand »El Fortín« (»das Fort«, nach dem Estadio José Amalfitani) lange im Schatten der »cinco grandes« und konnte nur 1968 einen Titel erringen. Die große Klubepoche waren die 1990er Jahre, als Präsident Raúl Gámez für solides Wirtschaften garantierte, während Ex-Torjäger Carlos Bianchi das Training leitete und die Elf um den paraguayischen Paradiesvogel José Luis Chilavert zu insgesamt neun Erfolgen führte – darunter vier Landesmeisterschaften sowie je einen Triumph in der Copa Libertadores (1994 Finalsieg gegen São Paulo) und dem Weltpokal (1994, 2:0 gegen den AC Mailand). [1.1.1910 | José Amalfitani (49.000) | 6]

■ **ESTUDIANTES LA PLATA** Estudiantes geriet 1969 in die Schlagzeilen, als das Weltpokalspiel gegen den AC Mailand in eine rüde Rauferei ausuferte und anschließend mehrere Spieler auf Veranlassung der Militärjunta gesperrt wurden. Der Klub entstand 1905, als der La Plataer Sportverein Gimnasia y Esgrima entschied, den Fußball vereinsintern zurückzustellen. Zu Ehren des seinerzeit in Buenos Aires dominierenden Alumni AC wählte Estudiantes (»Studenten«) eine rot-weiß gestreifte Kluft, errang 1913 seine erste Meisterschaft und zementierte eine intensive Lokalrivalität mit Gimnasia y Esgrima. Während Gimnasia dem Arbeiterlager nahe steht, ist Estudiantes ein bürgerlicher Klub. 1931 zählten die Rot-Weißen zu den Mitgründern der Profiliga, in der die »Los Profesores« (»Die Professoren«) genannte Sturmreihe um Lauri, Scopelli, Zozaya, Ferreyra und Guayta tüchtig Furore machte. Die große Ära des Klubs basierte auf einer Nachwuchself der frühen 1960er Jahre, die den Beinamen »La Tercera que Mata« (»die mordenden Jugendlichen«) trug und zu der Spieler wie Carlos Salvador Bilardo, Raúl Madero und Juan Ramón Verón zählten. Unter dem 1965 gekommenen Ex-Nationaltrainer Osvaldo Zubeldía durchbrach Estudiantes 1967 die Hegemonie der »cinco grandes« und errang seinen ersten Profititel. Anschließend dominierten die Rot-Weißen von 1968 bis 1970 mit drei aufeinanderfolgenden Siegen die Kontinentalmeisterschaft Copa Libertadores, wobei sie mit ihrem raubeinigen Fußball und listigem Gusto zum Symbol für den »antifútbol« wurden. Dies zeigte sich vor allem in den Weltpokalspielen mit europäischen Gegnern. Nach der Begegnung mit dem AC Mailand, die 1969 zu einer wahren Schlacht ausgeartet war, wurden Torhüter Poletti lebenslang und Verteidiger Aguirre Suarez für 30 Spiele gesperrt. 1971 endete die Ära im Ausverkauf aufgrund finanzieller Schwierigkeiten, und zwei mit solider Defensive errungenen Meistertiteln in den 1980ern folgte 1994 überraschend der Abstieg aus dem Oberhaus. Nach seiner direkten Rückkehr etablierte sich Estudiantes als Talentschmiede und formte Akteure wie Juan Sebastián Verón, Martín Palermo, Luciano Galletti, Bernardo Romeo, Ernesto Farias, José Ernesto Sosa und Pablo Piatti. 2006 führte Diego Simeone die »Studenten« sogar erstmals seit 23 Jahren wieder zu einem Titelgewinn (Apertura). [4.8.1905 | Jorge Luis Hirschi Stadium (20.000) | 5]

■ **GIMNASIA Y ESGRIMA LA PLATA** Der älteste Fußballklub Südamerikas entstand 1887 als Sportsektion einer renommierten Lehranstalt und nahm 1893 den Fußball in sein Repertoire auf. Wie sein Name verrät (»Gymnastik und Fechten«), war »El Lobo« (»der Wolf«) ursprünglich im bürgerlichen Milieu verankert. Später erwarb sich der Klub als Rivale des bürgerlichen Estudiantes (1905 aus Gimnasia abgespalten) allerdings den Ruf eines Arbeitervereins. 1929 errangen die Blau-Weißen ihren einzigen Meistertitel. Nach vielen Jahren in unteren Ligen deutete »El Lobo« mit fünf Vizemeisterschaften zwischen 1995 und 2005 seine Renaissance an. [3.6.1887 | Juan Carlos Zerillo (31.460) | 1]

■ **NEWELL'S OLD BOYS ROSARIO** Fünffacher Landesmeister und zweifacher Copa-Libertadores-Finalist aus der drittgrößten Stadt des Landes, die seit 1939 in der nationalen Profiliga vertreten ist. Der 1903 von Absolventen der britischen High School gegründete Klub (»Old Boys« war eine übliche Bezeichnung für ehemalige Schüler, Sir Isaac Newell war der Schulleiter) steht in erbitterter Rivalität mit dem proletarischen Lokalrivalen Rosario Central. Seit die Old Boys in den 1920er Jahren bei einem Wohltätigkeitsspiel zugunsten einer Lepraklinik aufliefen, werden sie »los Leprosos« genannt, während der nicht auflaufende Rivale »Canallas« (Schufte«) heißt. Die Schwarz-Roten errangen 1974 in der Liga Metropolitana ihren ersten Titel und erreichten 1998 und 1992 das Finale um die Kontinentalmeisterschaft, das gegen Nacional Montevideo bzw. den São Paulo FC jeweils verloren ging. Aus der berühmten Nachwuchsarbeit gingen u. a. Gabriel Batistuta, Walter Samuel Roberto Sensini, Gabriel Heinze, Maxi Rodriguez und Lionel Messi hervor. [3.11.1903 | El Coloso del Parque (39.121) | 5]

■ **ROSARIO CENTRAL** 1889 von britischen Eisenbahnarbeitern gegründeter und 1939 in die Profiliga aufgenommener Klub. Wurde 1971 unter Trainer Ángel Labruna als erster nicht aus dem Großraum Buenos Aires stammender Verein Meister und errang 1975, 1980 sowie 1987 drei weitere Titel. Mit Mario Kempes streifte sich in den späten 1970er Jahren ein Weltmeister das Jersey der Blau-Gelben über, die in einem intensiven Wettstreit mit dem bürgerlichen Stadtrivalen Newell's Old Boy's stehen. Seitdem sich Central in den 1920er Jahren weigerte, zu einem Wohltätigkeitsspiel zugunsten einer Lepraklinik anzutreten, trägt man den Spitznamen »canallas« (»Schufte«), während der auflaufende Stadtrivale »los Leprosos« heißt. [24.12.1889 | Gigante de Arroyito (41.654) | 4]

HELDEN | LEGENDEN

■ **ROBERTO AYALA** In 63 seiner 115 Länderspiele führte der Zentralverteidiger Argentiniens »albiceleste« aufs Feld – das ist nationaler Rekord. Ayala, der seinen Spitznamen »El Ratón« (»die Maus«) von seinem Namensvetter und WM-74-Teilnehmer Rubén Ayala erbte (keine verwandschaftliche Beziehung), nahm 1998, 2002 und 2006 an den WM-Turnieren teil und errang 2004 mit der Olympiaauswahl Gold. 1995 über Ferrocarril Oeste bzw. River Plate zum SSC Neapel gekommen, erreichte er seinen Zenit beim FC Valencia, für den er von 2000-07 auflief und mit dem er dreimal das UEFA-Cup-Finale erreichte (2004 gewonnen). [*14.4.1973 | 115 LS/7 Tore]

■ **GABRIEL BATISTUTA** Im italienischen Florenz haben sie ihm eine Bronzestatue aufgestellt, und auch für Argentiniens Nationalelf stellt »Batigol« eine Legende dar. Mit 56 Treffern ist er Rekordtorschütze des Landes, und 1994 bzw. 1998 gelang ihm mit jeweils Hattrick bei den WM-Turnieren sogar ein Weltrekord. Der Stürmer mit italienischen Wurzeln wechselte 1991 in die Heimat seiner Vorfahren und trug bis 2000 in 269 Spielen (168 Tore) das Jersey des AC Florenz, dem er bis heute verbunden ist. Der zweifache Copa-América-Sieger (1997, 1999) wurde 1991 zu Südamerikas Fußballer des Jahres gewählt. [*1.2.1969 | 78 LS/56 Tore]

■ **ALFREDO DI STÉFANO** siehe Band 1, S. 254

Die beiden WM-Erfolge 1978 (links, Kapitän Passarella) und 1986 (rechts, Diego Armando Maradona) ragen aus der schillernden Historie des argentinischen Fußballs heraus.

als WM-Gastgeber. Das aufgrund der politischen Umstände weltweit umstrittene Turnier brachte der »albiceleste« den langersehnten sportlichen Durchbruch, als sich die Elf um Mario Kempes und Angel Brindisi im Finale mit 3:1 gegen die Niederlande durchsetzte.

Pikanterweise war mit Trainer César Luis Menotti ausgerechnet ein erklärter Vertreter der politischen Linken für den Erfolg verantwortlich. Der Kettenraucher und Anhänger des Offensivfußballs störte das Unterfangen der Militärs, die WM für Propagandazwecke zu missbrauchen, empfindlich. Und auch die argentinischen Fußballfans ließen sich nur bedingt einspannen. Sie genossen den sportlichen Erfolg, verweigerten den Militärs jedoch zugleich den Applaus. In der Retrospektive wird das WM-Turnier sogar als erster Schritt auf dem Weg zur 1983 erfolgten Wiederherstellung demokratischer Verhältnisse betrachtet.

Sportlich markierte das Turnier die Rückkehr zum »la-nuestra«-Stil. Dafür standen sowohl Namen wie Kempes, Ardiles, Bertoni und Passarella als auch Argentiniens Junioren-Nationalmannschaft um Ramón Díaz und Ausnahmetalent Diego Armando Maradona, die 1979 ebenfalls Weltmeister wurde.

■ **DOCH DIE ÄRA WÄHRTE NICHT** einmal ein Jahrzehnt, denn 1983 übernahm mit Carlos Bilardo ein ehemaliger Zubeldías-Schüler und Vertreter des »antifútbol« das Zepter. Die Kreativität ruhte fortan auf den Schultern nur eines Mannes: Diego Armando Maradona. Der Ballzauberer aus dem hauptstädtischen Armenviertel Villa Fiorita erreichte seinen mystischen Höhepunkt 1986, als er bei der WM in Mexiko im Viertelfinale gegen England zunächst die »Hand Gottes« bemühte und anschließend mit einem grandiosen Sololauf über das gesamte Spielfeld seine Ausnahmeklasse unter Beweis stellte. In jenem Spiel gelang Maradona die perfekte Symbiose aus listigem »antifútbol« und mitreißendem »la nuestra«.

Während der exzentrische Ballvirtuose mit seinem impulsiven Wesen zum allseits geliebten Volkshelden aufstieg, avancierte er 1982 mit seinem Transfer von Boca Juniors zum FC Barcelona auch zur Verkörperung des maroden Zustands des argentinischen Klubfußballs. Seit den 1970er Jahren waren bei sämtlichen Profivereinen enorme Schuldenlasten aufgelaufen, und die stetig zurückgehenden Zuschauerzahlen, der anhaltende wirtschaftliche Niedergang des Landes sowie die eklatante Misswirtschaft auf Vereinsebene trieben Argentiniens Fußball immer tiefer in die Krise.

■ **1990 FEIERTE DIE** »albiceleste« ihren letzten großen Erfolg, als sie in Italien abermals das WM-Finale erreichte, sich mit ihrem auf Zerstören ausgerichteten Spiel jedoch keine Freunde machte. Auch der zwischenzeitlich nach Neapel gewechselte und bereits vom ausschweifenden Leben gezeichnete Maradona versprühte nicht mehr jene Genialität, die ihn 1986 noch ausgezeichnet hatte. Als er 1991 wegen Drogenkonsums für ein Jahr vom Spielbetrieb in Italien ausgeschlossen wurde, befand sich der Fußball in seinem Heimatland längst auf einer Talfahrt, die bis heute nicht gestoppt werden konnte. Lediglich zwei WM-Viertelfinalteilnahmen (1998 und 2006) sowie die Copa-América-Erfolge 1991 und 1993 wurden seitdem verbucht.

Argentiniens Dauerkrise ist von drei Aspekten geprägt: einem eklatanten Ausverkauf längst nicht mehr nur der Spitzenspieler, brutalen Hooliganbanden im Umfeld vieler Vereine und enormen wirtschaftlichen Problemen aufgrund anhaltender Misswirtschaft. Obwohl sie regelmäßig beträchtliche Summen für Spielertransfers kassieren, kommen Klubs wie Boca Juniors, River Plate oder Racing nicht aus den roten Zahlen heraus. Gegenüber den »barras bravas« hat sich eine fatalistische Ohnmacht eingestellt, zumal Vereinspräsidenten die Schlägerbanden immer wieder selbst dazu benutzten, um unliebsame Spieler, Trainer oder politische Konkurrenten einzuschüchtern. Tote gehören seit langem zum Alltag im argentinischen Fußball.

Seit Argentiniens damaliger Präsident Néstor Kirchner das Land 2001 offiziell für bankrott erklärte, hat sich die Lage dramatisch verschlechtert. Der Nationalverband um seinen egozentrischen Präsidenten Julio Grondona wirkt hilflos, die Klubs steuern von einer Finanzkrise in die nächste und die Nachwuchsarbeit dient nur noch dem Zweck, Erlöse für das eigene Überleben zu erzielen. »Wir bilden derzeit rund 450 Jugendliche aus«, erklärte Sergio Almiron, Jugendkoordinator der Newell's Old Boys kurz vor der WM 2006, und fügte stolz hinzu: »Weltweit dürften wir die meisten Erstligaspieler hervorgebracht haben.«

Sportlich ist die Dominanz der »cinco grandes« auf der nationalen Ebene wie erwähnt bereits seit den späten 1960er Jahren gebrochen und der Spielbetrieb deutlich offener geworden. Selbst kleine Klubs konnten inzwischen große Erfolge feiern. So gewann Lanús Buenos Aires 1996 die Copa Conmebol (vergleichbar mit dem UEFA-Cup in Europa), während sich 2007 mit Arsenal ein allerdings unter der Obhut des mächtigen Verbandspräsidenten Grondona stehender »Kleiner« im Nachfolgewettbewerb Copa Sudamericana durchsetzte.

Nichtsdestotrotz führte River Plate 2008 die nationale Rangliste mit 34 Meisterschaften unangefochten an – gefolgt von Boca Juniors (28), Independiente und Racing (jeweils 16), San Lorenzo (13) sowie Vélez Sarsfield (6). Er-

Diego Armando Maradona.

Außenseiter
Falkland-Inseln

Die Falkland-Inseln gerieten 1982 in die Schlagzeilen, als sich Argentinien und Großbritannien einen blutigen Krieg um den im Südatlantik gelegenen Archipel lieferten. Das britische Überseegebiet wird seit 1833 von Argentinien beansprucht. Auf den Malwinen, wie sie in Argentinien genannt werden, wird bereits seit den 1930er Jahren Fußball gespielt, wobei Briten den Ton angeben. Neben regelmäßigen Begegnungen gegen die Besatzungen von auf der Inselgruppe festmachenden Schiffen gibt es seit 1947 eine Inselliga (Falkland Islands Football League, FIFL), an der die vier Klubs Redsox, Mustangs, Rangers und Dynamos teilnehmen. Rund 60 der etwa 3.000 Insulaner sind aktive Fußballer. Bisweilen nimmt zudem ein Team von der isoliert zwischen Südamerika und Afrika gelegenen Atlantikinsel St. Helena teil (»All Saints«). 2001 und 2005 reiste die Inselauswahl der Falklands jeweils zu den Island Games und feierte dabei 2005 mit einem 2:1 über die estnische Insel Saarema ihren ersten Pflichtspielsieg. Das Auswahlteam besteht ausnahmslos aus Zivilisten, da britische Militärs nicht eingesetzt werden. Die FIFL ist Mitglied der südamerikanischen Regionalgruppe des Non-Fifa-Boards und hat keinerlei Ambitionen auf den Beitritt zum CONMEBOL oder der FIFA.

■ **MARIO KEMPES** Nach Maradona der berühmteste argentinische Fußballer der Neuzeit. Der aus Córdoba stammende Kempes führte die »albiceleste« 1978 zum WM-Titel und wurde im selben Jahr zu Südamerikas Fußballer des Jahres gewählt. 1976 von Rosario Central zum FC Valencia gewechselt, wurde er 1979 spanischer Meister und half 1980 mit, den Europapokal der Pokalsieger nach Valencia zu holen. »El Matador« galt als äußerst fairer Spieler und übergab 1983 das Trikot mit der Rückennummer 10 an Diego Maradona, der in vielfacher Hinsicht sein Nachfolger werden sollte. Kempes schlug später eine Trainerkarriere ein, die ihn zwar in exotische Länder wie Indonesien und Albanien führte, sportlich jedoch glücklos blieb. [*15.7.1954 | 43 LS/20 Tore]

■ **DIEGO ARMANDO MARADONA** Berühmtester Fußballer, den Argentinien hervorgebracht hat und für viele Experten der beste Fußballer, den es weltweit jemals gegeben hat. Schon früh wurde der in ärmlichen Verhältnissen aufwachsende Maradona als »Pibe de oro« (»Goldjunge«) bezeichnet und bestätigte diesen Ruf, nachdem er 16-jährig in der Profielf der Argentinos Juniors debütiert hatte. Nationaltrainer Menotti verzichtete bei der WM 1978 dennoch auf den Jungstar, der 1981 zu den Boca Juniors wechselte und im »El Bombonera« sofort zum Publikumsliebling aufstieg. Nach nur zwölf Monaten musste Boca den offensiven Mittelfeldspieler jedoch an Barcelona verkaufen, während Maradona 1982 zu seiner ersten von insgesamt vier WM-Teilnahmen kam. Seinen Zenit erreichte der kleine Ballzauberer 1986, als er aus einer biederen »albiceleste« herausragte und sie fast im Alleingang zum WM-Titel schoss. Dreh- und Angelpunkt des Teams, verzauberte er mit seinen Dribblings, unnachahmlichen Freistößen und atemberaubenden Alleingängen die gesamte Fußballwelt. Sein 1:0 im Viertelfinale gegen England wurde das berühmteste Handspieltor der Geschichte, sein Treffer zum 2:0, erzielt durch einen unglaublichen Sololauf, zum »Jahrhunderttor«. Inzwischen im italienischen Neapel spielend, erreichte er 1990 mit der »albiceleste« abermals das WM-Finale, doch sein Stern war bereits im Sinken. 1991 wurde er wegen Kokainmissbrauchs in Italien gesperrt und 1994 bei der WM in den USA aus demselben Grunde ausgeschlossen. Anschließend versank er in einem Cocktail aus Drogen, falschen Freunden, Selbstüberschätzung und Realitätsverlust. Erst als er 2004 einen Herzinfarkt erlitt, gelang Maradona die Wende. Eine Entziehungskur ließ ihn von Drogen Abstand nehmen, eine Magenverkleinerung reduzierte das üppige Gewicht und seine Freundschaft mit Kubas Revolutionsführer Fidel Castro gab ihm eine politische Berufung. 2006 machte Maradona bei der WM in Deutschland als leidenschaftlich mitgehender Fan Schlagzeilen und wurde wieder zu »el pibe de oro«, ehe er im November 2008 völlig überraschend zum neuen Nationaltrainer erkoren wurde. [*30.10.1960 | 91 LS/34 Tore]

■ **LIONEL MESSI** Von Maradona ernannter Nachfolger seiner selbst und das größte Talent Argentiniens der letzten Jahrzehnte. Stammt aus der Nachwuchsschule der Newell's Old Boys und wechselte bereits mit 13 Jahren nach Spanien, um der Wirtschaftskrise in seiner Heimat zu entgehen. Debütierte 2004 in der Ligaelf von Barça und wurde 2005 mit Argentinien U20-Weltmeister. Ein Jahr später gelang ihm ein überzeugendes WM-Debüt, dem 2008 der Gewinn der olympischen Goldmedaille folgte. [*24.6.1987 | 29 LS/9 Tore]

■ **JOSÉ MANUEL MORENO** Schlüsselspieler in River-Plates »La Máquina«-Formation, die Argentiniens Fußball Anfang der 1940er Jahre beherrschte. Gewann mit Argentinien dreimal die Copa América und wechselte 1944 in die mexikanische Profiliga. Später auch in Chile, Uruguay und Kolumbien am Ball. [*3.8.1916 †26.8.1978 | 34 LS/19 Tore]

■ **RAIMUNDO ORSI** Angehöriger der olympischen Finalelf von 1928, der wie seine Mannschaftskollegen Demaría, Guaita und Monti später nach Italien wechselte und für die italienische »Squadra Azzurra« auflief. Der Stürmer mit italienischen Wurzeln begann seine Laufbahn 1920 bei Independiente Avellaneda und debütierte 1924 im Trikot der »albiceleste«. Nach Gewinn der olympischen Silbermedaille 1928 mit Argentinien blieb er in Europa und streifte bis 1935 das Jersey von Juventus Turin über. Neben fünf »Scudetto« mit der »Alten Dame« feierte Orsi 1934 mit Italien den Gewinn der Weltmeisterschaft, an dem er mit drei Treffern entscheidend beteiligt war. 1935 kehrte er nach Südamerika zurück und ließ seine Karriere bei Independiente, Peñarol Montevideo und Flamengo Rio de Janeiro ausklingen. [*2.12.1901 †6.4.1986 | 13 LS/3 Tore für Argentinien, 35/13 für Italien]

■ **ADOLFO PEDERNERA** »El Maestro« genannter Angreifer, der von 1936-47 mit River Plate sechsmal Meister wurde und Teil der berühmten »La Máquina«-Elf war. Wird bis heute als einer der größten Spieler Landes betrachtet. Wechselte 1949 zu Millonarios Bogotá ins kolumbianische »El-Dorado« und kehrte 1954 nach Buenos Aires zurück, um seine Karriere bei Huracán zu beenden. [*18.11.1918 †12.5.1995 | 36 LS/18 Tore]

■ **ANTONIO RATTÍN** Gallionsfigur der 1960er Jahre, der mit 352 Einsätzen Rekordspieler der Boca Juniors ist und mit der »albiceleste« zu zwei WMs reiste. Legendär sein Auftritt bei der WM 1966, als er des Feldes verwiesen wurde und sich weigerte, dieses zu verlassen. Der ansonsten als ruhig und nüchtern geltende Rattín zog 2000 als erster Ex-Fußballer ins argentinische Parlament ein. [*16.5.1937 | 34 LS/1 Tore]

■ **GUILLERMO STÁBILE** Torjägerlegende der WM 1930, deren Torschützenkönig er wurde. »El Filtrador« konnte sich unnachahmlich durch die gegnerische Abwehr schlängeln und wurde mit Huracán viermal Amateurmeister. Ein Ausflug nach Europa endete glücklos, während er als Trainer der »albiceleste« (1939-58!) sechsmal die Copa América errang. Der als Geschäftsmann erfolgreiche Stábile starb 1966 als Millionär. [*17.1.1905 †27.12.1966 | 4 LS/8 Tore]

■ **JAVIER ZANETTI** Argentiniens Rekordnationalspieler (125 Einsätze ab 1994) feierte seine größten Erfolge in Italien, wo er Inter Mailand dreimal zum Scudetto und 1998 zum UEFA-Cup schoss. Zwei WM-Teilnahmen 1998 und 2002 sowie der Gewinn der olympischen Silbermedaille 1996 ragen aus seiner Bilanz heraus. Wird wegen seines kraftvollen Spiels »il trattore« (»der Traktor«) genannt. [*10.8.1973 | 125 LS/5 Tore]

Boca Juniors (oben) und River Plate (unten) sind noch immer Argentiniens Legenden.

folgreichster »Provinzverein« sind die Newell's Old Boys aus Rosario mit fünf Meistertiteln.

■ **DAS LIGASYSTEM IST** einem beständigen Wechsel unterworfen. 1985 wurden die Liga Metropolitana und die Liga Nacional zusammengefasst, und seit 1991 spielt Argentinien im Clausura-/Apertura-System mit zwei Meistern pro Kalenderjahr. Besonders umstritten ist das Abstiegssystem, bei dem die Punkte von drei Spielzeiten zusammengerechnet werden und der Durchschnitt entscheidet. Folge ist, dass die meisten Aufsteiger gleich wieder absteigen. Hinzu kommt eine weit verzweigte Korruption unter den etablierten Profiklubs, die es kleineren und weniger zahlungsfähigen Teams schwer macht.

Größter Hoffnungsträger auf ein baldiges Ende der Dauerkrise ist Argentiniens Nachwuchs, der seit den 1990er Jahren zu den erfolgreichsten der Welt gehört. Als Begründer wird Trainer José Pekerman betrachtet, ein Anhänger des »la-nuestra«-Systems, unter dem Argentiniens U20 1995, 1997 und 2001 Weltmeister wurde und durch dessen Hände Spieler wie Juan Román Riquelme, Carlos Tevez, Javier Saviola und Andrés D'Alessandro gingen. Nach dem Olympiasieg 2004 löste Pekerman den populären A-Nationaltrainer Marcelo Bielsa ab und erreichte 2006 mit der »albiceleste« um Jungstar Lionel Messi das WM-Viertelfinale, wo gegen Gastgeber Deutschland das Aus kam. Auch 2005 und 2007 wurde Argentinien U20 Weltmeister, während die U23 2008 zum zweiten Mal in Folge olympisches Gold errang. Argentiniens Fußball-Ikone Diego Armando Maradona übernahm im November 2008 die schwierige Aufgabe, auch die A-Auswahl wieder auf Erfolgskurs zu bringen.

Argentiniens Talentereichtum ist einerseits einem enorm effektiven und landesweit verzweigten Scoutsystem zu verdanken, resultiert andererseits aber auch aus der chronisch desolaten Wirtschaftslage. Vor allem für Jugendliche aus weniger gut betuchtem Hause bietet der Fußball inzwischen eine der seltenen Möglichkeiten, der Armut zu entrinnen und einen gesellschaftlichen Aufstieg zu feiern. Und so schließt sich der Kreis, denn wie in seinen Anfängen ist Fußball in Argentinien auch heute wieder ein Sport, der vor allem den Unterschichten zugute kommt.

BOLIVIEN

Federación Boliviana de Fútbol

Bolivianischer Fußball-Bund | gegründet: 14.9.1925 | Beitritt FIFA: 9.7.1926 | Beitritt CONMEBOL: 9.7.1926 | Spielkleidung: grünes Trikot, weiße Hose, grüne Stutzen | Saison: Februar - Oktober | Spieler/Profis: 578.800/400 | Vereine/Mannschaften: 890/1.100 | Anschrift: Av., Libertador Bolívar 1168, Cochabamba | Tel: +591-4/4244982 | Fax: +591-4/4282132 | www.fbf.com.bo | E-Mail: fbfcba@hotmail.com

Hochgebirgsfußball
»Tahuichi«-Akademie leitete Boliviens größte Fußballepoche ein

República de Bolivia

Republik Bolivien | Fläche: 1.098.581 km² | Einwohner: 9.009.000 (8,2 je km²) | Amtssprachen: Spanisch, Ketschua, Aimará | Hauptstadt: Sucre (215.778) | Weitere Städte: Santa Cruz de la Sierra (1.135.526), La Paz (793.293), El Alto (649.958), Cochabamba (517.024) | Währung: 1 Boliviano = 100 Centavos | Bruttosozialprodukt: 960 $/Kopf | Zeitzone: MEZ -5h | Länderkürzel: BO | FIFA-Kürzel: BOL | Telefon-Vorwahl: +591

Wann immer Bolivien im großen Fußball einen Erfolg feiert, kommt das Gespräch garantiert sofort auf die Höhe. Doch nicht etwa auf die des Ergebnisses, sondern auf die des Ortes, in dem der Erfolg erzielt wurde. So wie in der WM-Qualifikation 1994, als man Brasilien mit 2:0 schlug, der »seleção« damit die erste WM-Qualifikationsniederlage ihrer Geschichte beibrachte und sich erstmals seit 44 Jahren wieder für ein Endturnier qualifizierte. Oder 1963, als Bolivien zum bis heute einzigen Mal Südamerikameister wurde. Beide Erfolge wurden in La Paz errungen – und das liegt mit 3.600 Höhenmetern deutlich über jenen 2.500 Metern, die FIFA-Boss Sepp Blatter als »gesundheitsschädlich« einstuft. Für die Fußballwelt ist es eine einfache Rechnung: La Paz' Höhe bevorteilt mit ihrer dünnen Luft die Heimelf und ist für Gastteams ein Wettbewerbsnachteil.

■ **DOCH SO EINFACH IST** es nicht. In der Andenrepublik gibt es nämlich selbst enorme Höhenunterschiede, und dass 2.000 oder mehr Höhenmeter überwunden werden müssen, gehört in der bolivianischen Liga zum Alltag. So darf ein Duell zwischen The Strongest aus La Paz (3.600 m ü.N.) und Oriente Petrolero aus Santa Cruz (400 Meter ü.N.) durchaus als Spiel »zwischen Himmel und Erde« bezeichnet werden – mit körperlichen Schwierigkeiten auf beiden Seiten: Während die Flachländer in den Höhen Atemnot bekommen, nehmen die Körperzellen der Höhenbewohner in der Ebene zusätzlich Wasser auf, und sie legen rasch ein paar Kilo zu.

Die geschickteste Möglichkeit, den Problemen aus dem Weg zu gehen, ist übrigens eine zeitnahe Anreise unmittelbar zum Anstoß. Bis sich die Höhen-/Tiefenprobleme richtig bemerkbar machen, vergehen häufig ein paar Stunden, und da kann man sich längst schon wieder auf dem Heimweg befinden.

In der internationalen Diskussion spielt Boliviens Ligaalltag natürlich keine Rolle. Ebensowenig werden die bolivianischen Einwände berücksichtigt, dass es für Spieler weitaus gesundheitsgefährdender sein kann, in der Hitze des brasilianischen Recife oder dem Smog von Mexiko City zu spielen. Dementsprechend ist man in Bolivien (wie auch in Peru und Ecuador) über die FIFA verärgert und überzeugt, lediglich ein Bauernopfer beim Versuch der »Großen« darzustellen, ihre Interessen durchzusetzen.

■ **DIESE ROLLE SPIEGELT** Boliviens Schicksal als politischer Spielball der Region wider. Der neben Paraguay einzige Binnenstaat des Kontinents ist das Armenhaus Südamerikas und sah sich wiederholt gewalttätiger Eingriffe von innen wie außen ausgesetzt. Um fast die Hälfte seines Gebietes ist das ursprüngliche Bolivien durch Kriege und Abtrennungen reduziert worden. So verlor man im »Salpeterkrieg« (1879-83) den Zugang zum Meer an Chile, büßte im »Kautschukkrieg« (1899-1903) die Region Acre sowie den Zugang zu den wasserreichen Flüssen La Plata und Amazonas an Brasilien ein, führte der »Chaco-Krieg« (1932-35) um ein Stück lebloser Wüste zu Zehntausenden von Toten und der Abtrennung der südlichen Provinz an Paraguay.

Bolivien ist die Wiege der andinen Kultur und wurde im August 1825 nach fast dreihundertjähriger Kolonialherrschaft Spaniens in die Unabhängigkeit entlassen. Seinerzeit nahm die zuvor Oberperu genannte Andenrepublik den Namen des südamerikanischen Freiheitskämpfers Simón Bolívar an. Das heutige Bolivien zerfällt in zwei geographische Extreme: das Hochland im Westen (»Altiplano«) und

TEAMS | MYTHEN

■ JORGE WILSTERMANN COCHABAMBA

Führendes Team der Stadt Cochabamba, die im Zentrum von Bolivien liegt und deren Umgebung als »Kornkammer« des Landes gilt. Der Klub wurde 1949 von Angestellten der nationalen Fluggesellschaft »Lloyd Aéreo Boliviano« gegründet und trat zunächst unter dem Namen des lokalen Flughafens »San José de la Banda« an. Nachdem der beliebte Pilot Jorge Wilstermann 1953 bei einem Flugzeugabsturz ums Leben gekommen war, nahm man auf Anregung von Mannschaftskapitän Walter Lemm den Namen des Verunglückten an. Die Rot-Blauen stellen traditionell eine der stärksten Provinzmannschaften und gingen von 1958 bis 1960 dreimal in Folge als Sieger des Torneo Integrado durchs Ziel. 1967, 1972 und 1973 folgten drei weitere Titel, ehe »Wilster« 1977 zu den Mitgründern der nationalen Profiliga gehörte, deren Titel man 2006 (Clausura) zum vierten Mal errang. 1981 hatte »El Equipo Aviador« mit der Verpflichtung des brasilianischen Weltstars Jairzinho Furore gemacht und als erster bolivianischer Verein die Vorunde in der Copa Libertadores überstanden.
[24.11.1949 | Félix Capriles (35.000) | 9]

■ BOLÍVAR LA PAZ

Mit 15 Titeln seit Einführung des Profitums (1977) Rekordmeister Boliviens und gemeinsam mit The Strongest beliebtester Verein des Landes. Der Klub wurde 1925 als Club Atlético Bolívar in der La Pazer Altstadt gegründet und ist nach dem lateinamerikanischen Freiheitskämpfer Simón Bolívar benannt. 1930 nahm er erstmals am Spielbetrieb der La Pazer Stadtliga teil und begann eine Rivalität mit dem Nachbarklub The Strongest, die heute als »Clásico del fútbol boliviano« bezeichnet wird. Bolívar gilt als »Verein des Volkes«, während The Strongest das Bürgertum vertritt. 1932 sicherte sich Bolívar seine erste Stadtmeisterschaft, der bis 1953 sieben weitere Titel folgten. Nach einer langen Durststrecke kehrten die Blau-Weißen 1966 auf den Meisterthron zurück und zählten 1977 zu den Gründungsmitgliedern der Nationalliga, die sie seitdem mit 15 Titeln und sechs Vizemeisterschaften dominierten. Größter internationaler Erfolg war das Erreichen der Zwischenrunde in der Copa Libertadores 1986 sowie der Einzug in das Finale um die Copa Sudamerica 2004. Aufgrund ihrer erfolgreichen Nachwuchsarbeit werden die im innerstädtischen Viertel Tembladerani ansässigen Hauptstädter »La Academia« genannt. Bolivianische Fußball-Legenden wie Víctor Agustín Ugarte, Marco Etcheverry, Erwin »Platini« Sánchez, Marco Antonio Sandy und Carlos Borja trugen das himmelblaue Jersey der Hauptstädter. [12.4.1925 | Libertador Simón Bolívar (15.000) | 16 national, 12 La Paz]

■ THE STRONGEST LA PAZ

Rekordmeister der Epoche vor Einführung des Profitums (1977) und mit Abstand ältester Klub im nationalen Leistungsfußball. Die Wurzeln der Gold-Schwarzen (die Farben stehen für Tag und Nacht) reichen zurück in das Jahr 1908, als eine Gruppe junger Männer um José León Lopez Villamil aus dem britisch dominierten Sportverein »Thunders« löste und The Strong Football Club bildete, aus dem schließlich The Strongest FC wurde. Der Benutzung eines englischen Namens verdeutlicht den bis heute ungebrochenen Bezug zum Fußball-Mutterland, wohingegen der Begriff »Strongest« auf eine »strongu-istas« genannte Militäreinheit zurückgeht, die im »Chaco-Krieg« (1932-35) eine »Batalla de Cañada Strongest« genannte Schlacht gewann. Der dem Militär nahestehende Verein ist historisch in der bessergestellten Gesellschaft von La Paz verankert. 1914 errangen »die Stärksten« ihre erste Stadtmeisterschaft und dominierten bis in die späten 1920er Jahre gemeinsam mit dem Club Colegio Militar den hauptstädtischen Fuß-

1963 wurde Bolivien zum einzigen Mal Südamerikameister. Verbandspräsident Roberto Prada mit der Siegertrophäe.

das Tiefland im Osten. Nur etwa 20 Prozent der neun Mio. Bolivianer leben im Tiefland, das wiederum zwei Drittel der Staatsfläche ausmacht. Dortige Metropole ist die mit 1,1 Mio. Einwohnern größte Stadt Boliviens Santa Cruz de la Serra, die sich in den letzten Jahrzehnten in eine boomende Ölmetropole entwickelt hat und von der weißen (und reichen) Bevölkerung des Landes geprägt ist. Die ärmeren Indios leben überwiegend im Hochplateau der Anden. Dort liegen auch die beiden Hauptstädte Sucre (offiziell) und La Paz (Regierungssitz), die »Kornkammer« Chochabamba sowie die einstige Silbermetropole Potosí.

■ **ANGESICHTS DER ISOLIERTEN** Lage und des schwierigen Reliefs – bis heute gibt es lediglich 1.300 km gepflasterte Straßen – dauerte es eine Weile, bis sich der Fußball in Bolivien etablieren konnte. Protagonisten waren Chilenen, die 1896 in der Bergbaustadt Oruro erstmals gegen den Ball traten. Als Schirmherr wird der Chilene Angel Leoncio Zuaznábar genannt, der am 26. Mai 1896 gemeinsam mit Ricardo Ramos den Oruro Royal Club und damit Boliviens ersten Fußballverein ins Leben rief. Etwa zeitgleich engagierten sich auch einige im 240 Kilometer weiter nördlich gelegenen La Paz mit dem Bau der Eisenbahnstrecke ins chilenische Antofagasta beschäftigte Briten als Fußball-Geburtshelfer. Aus ihren Aktivitäten entsprangen 1901 die Bolivian Rangers, für deren Gründung der zuvor in der chilenischen Fußballwiege Valparaíso studierende Luis Farfán verantwortlich zeigte. Im weiteren Verlauf bildeten vom Studium in Europa zurückgekehrte Bolivianer weitere Klubs, und 1904 soll es den Überlieferungen zufolge im La Pazer Stadtteil San Pedro zum ersten überregionalen Fußballduell zwischen dem Oruro Royal Club und einer britischen Elf namens Thunder La Paz gekommen sein. Der Fußball fand zunächst nur in der aristokratischen, spanischstämmigen Oberschicht der Criollos (Kreolen) Akzeptanz und wurde über Bildungseinrichtungen weitergereicht. Kreolen stellen zwar nur ein Viertel der Gesamtbevölkerung, verfügen aber als Großgrund- bzw. Minenbesitzer sowohl über die ökonomische als auch über die politische Macht. Ihre Geschäftsinteressen und ihr westlich orientierter Lebensstil brachte sie früh in Kontakt mit den Europäern, was die Aufnahme des Fußballs erleichterte. Bis auch Boliviens Bevölkerungsmehrheit der Indios gegen den Ball trat, vergingen noch viele Jahrzehnte.

Dementsprechend war die 1911 ins Leben gerufene La Pazer Stadtliga mit ihren acht Mannschaften europäisch bzw. kreolisch geprägt. Erster Sieger wurde der 1908 von jungen Männern aus gehobenem Hause gegründete Klub »The Strongest«, dessen Name ebenso wie der des am 22. Februar 1914 geformten Stadtverbandes La Paz Foot-Ball Association dem britischen Vorbild entlehnt worden war. Auch in anderen Städten Boliviens entstanden seinerzeit Fußballklubs. 1912 erhielt Santa Cruz mit dem Franco FC seinen Pionier, 1914 folgten Cochabamba (Racing) und Chuquiasaca (Stormers), 1918 Tarija (Royal Obrero) und 1922 Potosí (Highland Players).

Nachdem weitere Regionalverbände entstanden waren, konnte 1925 mit der Federación Boliviana de Fútbol (FBF) schließlich ein in Cochabamba ansässiger Nationalverband ins Leben gerufen werden, der ein Jahr später ein Turnier der Provinzauswahlen organisierte, das die Elf aus Cochobamba gewann.

■ **NACHDEM DIE FBF 1926** in die CONMEBOL aufgenommen worden war, debütierte Bolivien im Oktober desselben Jahres in der Copa

STÄTTEN | TEMPEL

▶ Estadio Hernando Siles, La Paz

Das zu den umstrittensten Fußballarenen der Welt gehörende Bauwerk ist mit 3.637 Metern das höchstgelegene Nationalstadion der Welt und darf nur noch mit einer FIFA-Sondergenehmigung internationale Spiele beherbergen. Benannt nach Hernando Siles Reyes, dem 31. Präsidenten Boliviens (1926-30), liegt das 1931 eingeweihte Stadion im Stadtviertel Miraflores. 1963 errang Bolivien dort seine bislang einzige Copa América. Die Arena ist regelmäßig Schauplatz von Ligaspielen.

● **Erfolge**
Copa América 1963

● **FIFA World Ranking**
1993	1994	1995	1996	1997	1998	1999	2000
58	44	53	39	24	61	61	65
2001	2002	2003	2004	2005	2006	2007	2008
70	92	99	94	96	101	108	58

● **Weltmeisterschaft**
1930 Endturnier (Vorrunde) **1934-38** nicht teilgenommen **1950** Endturnier (Vorrunde) **1954** nicht teilgenommen **1958-90** Qualifikation **1994** Endturnier (Vorrunde) **1998-2010** Qualifikation

América und bezog in seinem ersten Länderspiel ein 1:7 gegen Nachbar Chile. Auch beim 1930 ohne Qualifikationsspiel erreichten ersten WM-Turnier in Uruguay setzte es für Bolivien gegen Jugoslawien und Brasilien jeweils hohe Niederlagen.

Der bolivianische Klubfußball blieb bis in die 1950er Jahre auf Provinzebene beschränkt. Neben den geographischen Schwierigkeiten waren dafür politische Turbulenzen verantwortlich. Nach der Niederlage im »Chaco-Krieg« hatten 1936 linksgerichtete Armeegeneräle die Macht ergriffen und eine bis 1946 während Epoche wechselnder Militärregierungen eingeläutet, die die Fortentwicklung des Fußballs erheblich behinderte.

Das Herz des bolivianischen Fußballs schlug seinerzeit in La Paz, wo mit The Strongest ein Team dominierte, das seinem Namen alle Ehre machte und bis 1946 13-mal Stadtmeister wurde. Ärgster Rivale war der 1925 gegründete Volksklub Bolívar, der zwischen 1932 und 1942 sechs Titel errang und aufgrund seiner vorzüglichen Nachwuchsarbeit »La Academia« genannt wurde.

Nachdem La Paz seine Stadtliga bereits 1950 in eine Halbprofiliga hatte umwandeln können, trugen die Bemühungen des Nationalverbandes FBF um eine Landesmeisterschaft 1954 erste Früchte. Zunächst trafen zwar nur die Meister von La Paz, Cochabamba und Oruro aufeinander (»Torneo Integrado«), doch 1957 konnte der Wettbewerb zum »Torneo Nacional« ausgeweitet werden, an dem neben den führenden Teams aus La Paz auch sämtliche Provinzmeister teilnahmen. Erster »echter« Landesmeister wurde 1958 mit Jorge Wilstermann ein Klub aus der Agrarhochburg Cochabamba, der seinen Titel 1959 und 1960 jeweils verteidigte. Der Klub war von Mitarbeitern der nationalen Fluggesellschaft »Lloyd Aéreo Boliviano« gegründet worden und trug den Namen eines bei einem Flugzeugabsturz tödlich verunglückten Piloten.

1977 konnte mit der Gründung der Liga de Fútbol Profesional Boliviano (LPFB) schließlich auch eine landesweite Profiklasse im gewöhnlichen Ligasystem eingerichtet werden. International kam Bolivien nur selten über Mittelmaß hinaus. 1950 erneut kampflos für das WM-Turnier qualifiziert, unterlag man in Brasilien dem späteren Weltmeister Uruguay mit 0:8 und durfte sich anschließend für mehr als vier Jahrzehnte keinerlei Hoffnungen auf eine weitere WM-Teilnahme machen. Herausragender Erfolg war der Gewinn der Copa

ball. Mit Einführung des Halbprofitums büßten die »Tigre« (»Tiger«) ihre Dominanz ab 1950 ein wenig ein und gerieten zeitweilig sogar in den Schatten des Lokalrivalen Bolívar bzw. von Jorge Wilstermann Cochabamba. Bis zur Einführung der Profinationalliga 1977 konnten die Gold-Schwarzen lediglich 1964 und 1974 die Landesmeisterschaft zu ihren Gunsten entscheiden. Im September 1969 wurde der Verein von einem schweren Schicksalsschlag heimgesucht, als die gesamte Ligamannschaft mitsamt Trainer Eustáquio Ortuño bei einem Flugzeugabsturz ums Leben kam. 1977 endete die sportliche Durststrecke, als sich The Strongest die erste Meisterschaft der Profinationalliga sicherte, die man seitdem bei fünf weiteren Gelegenheiten errang. 1982 wurden die »Tigres« um ihren größten internationalen Erfolg gebracht, als ein 1:0-Sieg über River Plate Buenos Aires annulliert wurde, weil man zwei nicht spielberechtigte Akteure eingesetzt hatte. 1994 stellten The Strongest mit Marcelo Torrico, Gustavo Quinteros, Óscar Sánchez und José Melgar vier Akteure des bolivianischen WM-Kaders. [8.4.1908 | Rafael Mendoza Castellón (15.000) | 7 national, 18 La Paz]

■ **SAN JOSÉ ORURO** Führendes Team der bolivianischen Fußballwiege Oruro, in der 1896 der erste Fußballklub des Landes gegründet wurde. Der Club San José entstand allerdings 1942 auf Anregung einiger Mitarbeiter der örtlichen San José-Mine. 1955 errangen »Los Santos« (»Die Heiligen«) ihren ersten Titel und erhielten den ehrenvollen Beinamen »die Ungarn«, weil ihr Kombinationsspiel an die legendäre Puskás-Elf erinnerte. 1995 sicherten sie sich ihren zweiten Titel, dem in der Clausura-Serie 2007 Nummer drei folgte. Boliviens erster Indio-Präsident Evo Morales trug in jungen Jahren das blau-weiße San José-Jersey. [19.3.1942 | Jesús Bermúdez (33.000) | 3]

■ **BLOOMING SANTA CRUZ** 1946 im Santa Cruzer Stadtteil Chacabanos gegründeter Klub, der seinen Namen vom englischen Wort »Blooming« ableitet, das im Spanischen (»Floreciente«) sowohl für »Leben« als auch für »Wandel« steht. Nachdem der Club Social, Cultural y Deportivo Blooming viele Jahre im Schatten von Lokalrivale Oriente Petrolero verbracht hatte (das Derby »Clásico Cruceño« gilt als das intensivste nach dem zwischen The Strongest und Bolívar), war er Anfang der 1980er Jahre unter dem ehrgeizigen Geschäftsmann Roberto »Tito« Paz und durch die Verbindung zur Jugendakademie »Tahuichi« in die nationale Spitze vorgerückt. 1984 errangen die »celestes« (»Himmelblauen«) unter Trainer Raúl Pino und mit Spielern wie Juan Carlos Sánchez, Milton Melgar sowie Silvio Rojas erstmals die Landesmeisterschaft. 1985 gelang Blooming der Einzug in die Zwischenrunde um die Copa Libertadores. In den 1990er Jahren geriet der Verein in finanzielle Turbulenzen und stürzte in die Zweitklassigkeit ab. Erst mit der Verpflichtung der Nationalspieler Rubén Tufiño und José Carlos Fernández endete die Krise, und Blooming konnte sich 1998 und 1999 zwei weitere Meisterschaften sichern, denen 2005 unter Trainer Gustavo Quinteros der vierte Landestitel folgte. [1.5.1946 | Ramón Tahuichi Aguilera (38.000) | 4]

■ **ORIENTE PETROLERO SANTA CRUZ** 1956 von Mitarbeitern der lokalen Ölkonzerne von Santa Cruz gebildeter Klub, der 1959 erstmals Stadtmeister wurde. Dominierte in den 1970er Jahren den Fußball im Großraum Santa Cruz und wurde 1971 erstmals Landesmeister. 1977 zählten »Los Refineros« zu den Mitgründern der Nationalliga, deren Meister sie bislang viermal wurden. Größter internationaler Erfolg war das Erreichen des Viertelfinals in der Copa Libertadores 1988, nachdem man im Achtelfinale Colo Colo Santiago ausgeschaltet hatte. [5.11.1955 | Ramón Tahuichi Aguilera (38.000) | 5]

Jahr	Meister La Paz					
1914	The Strongest La Paz	1952	The Strongest La Paz	1983	Bolívar La Paz
1915	Colegio Militar La Paz	1953	Bolívar La Paz	1984	Blooming La Paz
1916	The Strongest La Paz	**Jahr**	**Torneo Integrado**	1985	Bolívar La Paz
1917	The Strongest La Paz	1954	CD Litoral La Paz	1986	The Strongest La Paz
1918-21	nicht ausgetragen	1955	CS San José Oruro	1987	Bolívar La Paz
1922	The Strongest La Paz	1956	Bolívar La Paz	1988	Bolívar La Paz
1923	The Strongest La Paz	1957	Always Ready La Paz	1989	The Strongest La Paz
1924	The Strongest La Paz	**Jahr**	**Torneo Nacional**	1990	Oriente Petrolero Santa Cruz
1925	The Strongest La Paz	1958	Jorge Wilstermann Cochabamba	1991	Bolívar La Paz
1926	nicht ausgetragen	1959	Jorge Wilstermann Cochabamba	1992	Bolívar La Paz
1927	Nimbles Sport La Paz	1960	Jorge Wilstermann Cochabamba	1993	The Strongest La Paz
1928	Colegio Militar La Paz	1961	Municipal La Paz	1994	Bolívar La Paz
1929	CD Universitario La Paz	1962	Chaco Petrolero Santa Cruz	1995	CS San José Oruro
1930	The Strongest La Paz	1963	The Strongest/Aurora Cochab.	1996	Bolívar La Paz
1931	Nimbles Sport La Paz	1964	The Strongest La Paz	1997	Bolívar La Paz
1932	Bolívar La Paz	1965	Municipal La Paz	1998	Blooming Santa Cruz
1933-34	nicht ausgetragen	1966	Bolívar La Paz	1999	Blooming Santa Cruz
1935	The Strongest La Paz	1967	Jorge Wilstermann Cochabamba	2000	Jorge Wilstermann Cochabamba
1936	Ayacucho La Paz	1968	Bolívar La Paz	2001	Oriente Petrolero Santa Cruz
1937	The Strongest La Paz	1969	CD Universitario La Paz	2002	Bolívar La Paz
1938	The Strongest La Paz	1970	Chaco Petrolero Santa Cruz	2003/a	The Strongest La Paz
1939	Bolívar La Paz	1971	Oriente Petrolero Santa Cruz	2003/C	The Strongest La Paz
1940	Bolívar La Paz	1972	Jorge Wilstermann Cochabamba	2004/A	Bolívar La Paz
1941	Bolívar La Paz	1973	Jorge Wilstermann Cochabamba	2004/C	The Strongest La Paz
1942	Bolívar La Paz	1974	The Strongest La Paz	2005/A	Bolívar La Paz
1943	The Strongest La Paz	1975	Guabirá Santa Cruz	2005/C	Blooming Santa Cruz
1944	Ferroviario La Paz	1976	Bolívar La Paz	2006/A	Bolívar La Paz
1945	The Strongest La Paz	1977	The Strongest La Paz	2006/C	Jorge Wilstermann Cochabamba
1946	The Strongest La Paz	1978	Bolívar La Paz	2007/A	Real Potosí
1947-49	nicht ausgetragen	1979	Oriente Petrolero Santa Cruz	2007/C	San José Oruro
1950	Bolívar La Paz	1980	Jorge Wilstermann Cochabamba	2008/A	Universitario Sucre
1951	Always Ready La Paz	1981	Jorge Wilstermann Cochabamba	2008/C	Aurora Cochabamba
		1982	Bolívar La Paz	A = Apertura, C = Clausura	

HELDEN | LEGENDEN

■ **VÍCTOR HUGO ANTELO** Langjähriger Torjäger von Oriente Petrolero bzw. Blooming Santa Cruz, dessen beeindruckende Trefferquote (350 Toren in 580 Spielen) ihn zu einem der besten Torschützen weltweit machte. Obwohl »Tucho« siebenmal die Torjägerkanone der bolivianischen Nationalliga errang, kam er in der Landesauswahl nur auf elf Einsätze. [*2.11.1964 | 11 LS/2 Tore]

■ **CARLOS BORJA** Langjähriger Kapitän der Nationalelf, mit dem er 1994 zur WM in die USA reiste und siebenmal an der Copa América teilnahm. Lief in 77 Copa-Libertadores-Begegnungen für seinen Stammverein Bolívar La Paz auf. Der exzellente Mittelfeldakteur beendete seine Karriere erst im Alter von 40 Jahren. [*25.12.1960 | 88 LS/1 Tor]

■ **LUIS CRISTALDO** Im argentinischen Formosa geborener defensiver Mittelfeldspieler, der 2005 mit seinem 94. Länderspiel zum bolivianischen Rekordnationalspieler aufstieg. Cristaldo hatte 1989 im Nationaldress debütiert und lief im Verlauf seiner Karriere für Oriente Petrolero, Bolívar, Mandiyú Corrientes, Sporting Gijón, Cerro Porteño Asunción und The Strongest auf. [31.8.1969 | 94 LS/5 Tore]

■ **MARCO ETCHEVERRY** Schillernde Gallionsfigur der bolivianischen WM-Erfolgself von 1994. In den USA schrieb Etcheverry allerdings unschöne Schlagzeilen, als er im Auftaktspiel gegen Deutschland nur drei Minuten nach seiner Einwechslung vom Platz flog. Geboren in Santa Cruz, war »El Diablo« (»Der Teufel«) einer der zahlreichen Absolventen der Tahuichi-Akademie und debütierte 1989 im Nationaldress. Zuvor bereits bei Destroyers, Bolívar, Oriente Petrolero, Albacete Balompié (Spanien), Colo Colo (Chile), América Cali (Kolumbien) und Barcelona bzw. Emelec Guayaquil (Ecuador) aktiv, zählte er 1996 mit DC United zu den Gründungsmitgliedern der US-amerikanischen MLS, deren Meisterschaft er dreimal errang. 1998 wurde Etcheverry zum »wertvollsten Spieler« der MLS gewählt und später in die MLS All-Time Best XI aufgenommen. [26.9.1970 | 71 LS/13 Tore]

■ **MILTON MELGAR** Führte die nationale Rangliste mit 89 Länderspielen (1980-97) lange Zeit an und reiste 1994 mit Bolivien zur WM. Gewann mit The Strongest, Blooming und Oriente Petrolero jeweils die Landesmeisterschaft und spielte in 1985-89 mit Erfolg für die argentinischen Spitzenklubs Boca Juniors bzw. River Plate. Wurde unter Präsident Evo Morales zum Sportminister Boliviens. [*20.9.1959 | 89 LS/6 Tore]

■ **MARCO SANDY** Langjähriger Verteidiger von Bolívar und der Landesauswahl (WM-Teilnehmer 1994). Versuchte sich 1995 mit eher mäßigem Erfolg beim spanischen Profiklub Real Valladolid. [*29.8.1971 | 93 LS/6 Tore]

■ **VÍCTOR AUGUSTÍN UGARTE** Seine 16 Länderspieltore scheinen ein Rekord für die Ewigkeit zu sein, und sein vorentscheidender 3:2-Treffer beim 5:4-Finalsieg über Brasilien in der Copa América 1963 ging in die Geschichtsbücher ein. Zwischen 1947 und 1966 für seinen Heimatverein Bolívar am Ball, geriet der Torjäger nach seiner Karriere in Krankheit und Armut, was ihn 1995 in einen frühen Tod trieb. [*5.5.1926 † 20.3.1995 | 45/ LS/16 Tore]

Ex-Nationalspieler und Sportminister Milton Melgar wirbt für die Höhenluft von La Paz.

América 1963, als die von Bolívar-Kapitän Víctor Augustín Ugarte angeführte Auswahl im eigenen Land mit einem 5:4-Sieg über Brasilien zudem für eine der größten Sensationen in der Geschichte des Wettbewerbes sorgte. Auf Klubebene waren Erfolge ebenfalls rar, und ebenso wie Venezuela stellte Bolivien noch nie einen Sieger in der Copa Libertadores. 1981 drang mit Jorge Wilstermann Cochabamba erstmals ein bolivianisches Team in die Zwischenrunde des Wettbewerbes vor.

■ **DIE ENTWICKLUNG DES** nationalen Fußballs war zwischenzeitlich von politischen Turbulenzen mehrfach beeinträchtigt worden. Nach einer von Minenarbeitern und Bauern angeführten Revolution war es 1952 zu einer Kapitalflucht gekommen, die eine bedrohliche Rezession eingeleitet hatte. 1964 war General René Barrientos Ortuño mit Hilfe der USA an die Macht gekommen, ehe der rechtsgerichtete Oberst Hugo Banzer sechs Jahre später ebenfalls putschte und eine Ära der brutalen Unterdrückung einläutete, die bis 1982 anhielt. Im Verbund mit einer verfehlten Wirtschafts- und Sozialpolitik sowie dem Zusammenbruch des Weltmarktes für Zink stieg Bolivien zum ärmsten Land Südamerikas ab.

Heute dominiert der illegale Kokain-Handel, steckt das Land unter seinem 2005 gewählten ersten Indio-Präsidenten Evo Morales in einem Konflikt, der 2008 um ein Haar zum Bürgerkrieg geführt hätte und die staatliche Einheit bedroht. Während die (indianischen) Bewohner der Andenregion hinter Morales stehen, bekämpfen die weißen Großgrundbesitzer aus den östlichen Provinzen dessen Wirtschafts- und Sozialpolitik auf das Schärfste.

■ **ZWISCHENZEITLICH WAR BOLIVIEN** für viele überraschend aus seinem fußballerischen Tiefschlaf erwacht und hatte 1994 erstmals auf sportlichem Wege ein WM-Endturnier erreicht. Außerhalb des Landes war der Erfolg vor allem der Höhe von La Paz zugeschrieben worden. Tatsächlich hatte Bolivien jedes seiner Qualifikationsheimspiele gewonnen – darunter das gegen Brasilien –, während es auswärts nur in Venezuela zu einem Sieg gelangt hatte. Doch das eigentliche Erfolgsgeheimnis war eine forcierte Förderung des nationalen Nachwuchses. Dafür stand vor allem die 1978 in Santa Cruz eingerichtete Tahuichi-Schule. Gegründet vom 2002 verstorbenen Politiker Rolando Aguilera und benannt nach dessen als »Tahuichi« (»Großer Vogel«) bekanntem Vater Ramón (zählte in den 1940er Jahren zu den Protagonisten des Fußballs in Santa Cruz), war sie zunächst nur als private Fußballschule für Aguileras Söhne und deren Freunde gedacht. Als das Team jedoch 1979 bolivianischer Schulmeister wurde, rückte es zunehmend in den öffentlichen Fokus und vertrat Bolivien 1985 sogar bei der U16-WM in China. Neben ihrem fußballerischen Auftrag hatte die »Tahuichi«-Akademie die Funktion, Boliviens vom Alltag in einem zerrütteten und verarmten Land geprägten Jugend eine Perspektive zu bieten.

Von jener Mannschaft, die 1994 die WM in den USA erreichte, hatten gleich neun Akteure die Tahuichi-Akademie durchlaufen – darunter die Leistungsträger Marco Etcheverry, Luis Cristaldo, Maurico Ramos und Edwin »Platini« Sánchez. Die Tahuichi-Schule – neben der sich in Cochabamba mit der »Escuela Enrique Happ« noch eine zweite Fußballschule etablierte – revolutionierte zudem Boliviens Vereinsfußball. 1996 waren bereits 156 ihrer Absolventen in der Nationalliga am Ball, während weitere 3.000 Kinder zwischen sechs und 18 Jahren ihre fußballerische Ausbildung genossen.

Nebenbei widerlegte die Fußballakademie das Argument, Boliviens Erfolg sei das Resultat des Höhenvorteils (im Dezember 1995 hatte die FIFA erstmals ein Höhenspielverbot verhängt), denn der Akademiesitz befand sich im 400 Meter über dem Meeresspiegel gelegenen Santa Cruz, dessen Einwohner auf La Paz' Höhen dieselben Atemprobleme haben wie ausländische Gäste…

■ **DER ERFOLG KONNTE** jedoch nicht konserviert werden. 1997 drang das vom Basken Xavier Arzkagorta trainierte Erfolgsteam bei der Copa América im eigenen Land noch einmal bis ins Finale vor (1:3 gegen Brasilien), doch 1998 fiel Bolivien in der WM-Qualifikation schon wieder auf Platz acht in Südamerika zurück. Seitdem ist das Land in der FIFA-Weltrangliste von Position 18 (Juli 1997) bis auf Platz 58 (2008) abgestürzt.

BRASILIEN

Confederação Brasileira de Futebol

Brasilianischer Fußball-Bund | gegründet: 1914 | Beitritt FIFA: 1923 | Beitritt CONMEBOL: 1916 | Spielkleidung: gelbes Trikot, blaue Hose, weiße Stutzen | Saison: April - Dezember | Spieler/Profis: 13.197.733/16.200 | Vereine/Mannschaften: 28.970/86.910 | Anschrift: Rua Victor 66, Bloco 1 - Edificio 5 - 5 Andar, Barra da Tijuca, Rio de Janeiro 22.775-040 | Tel: +55-21/35359610 | Fax: +55-21/35359611 | www.cbfnews.com.br | E-Mail: cbf@cbffutebol.com.br

Die zwei Welten einer Fußballmacht

In Brasilien ist der Fußball Kulturgut, sozialer Rettungsanker und seit langem kränkelnder Patient

República Federativa do Brasil

Föderative Republik Brasilien | Fläche: 8.547.404 km² | Einwohner: 183.913.000 (22 je km²) | Amtssprache: Portugiesisch | Hauptstadt: Brasília (2,3 Mio.) | Weitere Städte: São Paulo (10,10 Mio.), Rio de Janeiro (6 Mio.), Salvador (2,6 Mio.), Belo Horizonte (2,3 Mio.), Fortaleza (2,3 Mio.) | Währung: 1 Real = 100 Centavos | Bruttosozialprodukt: 3.000 $/Kopf | Zeitzone: MEZ -3h bis -6h | Länderkürzel: BR | FIFA-Kürzel: BRA | Telefon-Vorwahl: +55

Niemand wird widersprechen, wenn man Brasilien als die Quelle des ästhetischen Fußballs bezeichnet. Fußball ist in Brasilien Ausdruck der Lebensfreude und eine spielerische Umsetzung des kindlichen Machismo, der vielen Brasilianern zu eigen ist. Aber er ist auch Werkzeug. Mittel zum Zweck, um Geld zu verdienen und den erbärmlichen Verhältnissen in diesen schier unendlichen Favelas von Rio de Janeiro oder São Paulo zu entkommen. Er ist eine der raren sozialen Leitern, über die ein Junge aus dem Armenhaus die Oberschicht erklimmen kann. Und das sogar ziemlich schnell. Dafür sind viele sogar bereit, ihre heißgeliebte Copacabana zu verlassen und die ewige Sonne der Heimat gegen die Kälte der Färöer oder die Trostlosigkeit der Ostukraine zu tauschen – denn dort gibt es das, was es im brasilianischen Fußball schon lange nicht mehr gibt: Geld.

■ **FUSSBALL IST IN BRASILIEN** so vielschichtig wie in kaum einem anderen Land der Welt. Es gilt, vier Gruppen zu unterscheiden. An erster Stelle steht die Nationalelf »seleção«. Der fünffache Weltmeister kann das ganze Land lahm legen und ist der Stolz eines jedes Brasilianers – auch jener raren Minderheit, die sich eigentlich gar nicht für Fußball interessiert. Nach der Nationalelf kommen die Legionäre. Das Schicksal von Stars wie Ronaldo, Ronaldinho oder Kaká beschäftigt die Menschen tagein, tagaus. Stellvertretend führen die Stars in den europäischen Metropolen ein Leben, von dem man in Rio oder São Paulo nur träumen kann. Nummer drei in der nationalen Popularitätsgunst sind die großen Vereine. Allen voran die großen Rio-Derbys zwischen Vasco und Flamengo bzw. Flamengo und Fluminense, die die meiste Aufmerksamkeit auf sich ziehen.

Aber auch in São Paulo (Corinthians gegen Palmeiras), Belo Horizonte (Atlético Mineiro gegen Cruzeiro) oder Porto Alegre (Grêmio gegen Inter) versteht man es, die Fans zu bewegen. An letzter Stelle steht dann der traurige Rest. Das Mittelmaß in der 20 Teilnehmer starken Nationalliga, das vor einer Handvoll Zuschauern aufspielen muss und an dem bestenfalls lokal Interesse besteht. 2004 wohnten der Erstligapartie zwischen Juventude Caxias do Sul und Corinthians São Paulo exakt 236 Zuschauer bei – Konsequenz ist, dass die zumeist ohnehin chaotisch geführten brasilianischen Klubs seit langem unter chronischem Geldmangel leiden.

Als Allheilmittel gilt der Verkauf von Spielern. Dubiose Spielervermittler tummeln sich auf sämtlichen Fußballplätzen des Landes, und fällt ein Akteur mit ein, zwei guten Spielen auf, landet er unweigerlich im (bevorzugt europäischen) Ausland. Profiteure sind in erster Linie die Vermittler, bei denen es ordentlich in der Kasse klingelt. Dass Brasilianer inzwischen selbst in unterklassigen Amateurligen Europas kicken, während die heimische Nationalliga bestenfalls Zweitliganiveau aufweist, ist die traurige Kehrseite der Medaille.

■ **HISTORISCH UND** geografisch gilt es, mehrere Bilder vom brasilianischen Fußball zu zeichnen. Brasilien ist eben ein gigantisches und ungeheuer abwechslungsreiches Land. Unter den 184 Mio. Einwohnern sind mehr Schwarze als in jedem afrikanischen Land mit Ausnahme von Nigeria. Nur in Japan leben mehr Japaner als in Brasilien. Hinzu kommen gewaltige Kommunen europäischer Einwanderer, und während große Teile des »Interior« (»Inneren«) nur dünn besiedelt sind, wuchern die Ostküstenmetropolen

TEAMS | MYTHEN

ATLÉTICO MINEIRO BELO HORIZONTE

Als 1971 erstmals um die Landesmeisterschaft »Brasileirão« gespielt wurde, setzte sich überraschend kein Vertreter aus den Fußballzentren São Paulo oder Rio durch, sondern einer aus Belo Horizonte. Doch Atlético Mineiro war kein »Kleiner«. Belo Horizonte ist die viertgrößte Metropole Brasiliens und Hauptstadt von Minas Gerais, das mehr als doppelt so groß wie Deutschland ist. Wirtschaftlich nimmt die Region als Zentrum der nationalen Bergbauindustrie eine wichtige Rolle ein. Atlético Mineiro ist der Klub der Arbeiter und stolz darauf, sich schon in frühen Jahren für alle Rassen und Schichten geöffnet zu haben. 1926 errang »O Galo« (»der Hahn«) seine erste von inzwischen 38 Bundesmeisterschaften und beherrschte bis in die 1960er Jahre den Fußball in Minas Gerais. Anschließend entbrannte ein packendes Duell mit dem Stadtrivalen Cruzeiro, der zunächst die Nase vorn hatte. Erst 1971 gelang Atlético Mineiro unter Telê Santana mit dem Triumph in dem erstmals ausgespielten Campeonato Brasileirão die Renaissance. In den 1980er Jahren eilte eine Elf um Reinaldo, Éder, Toninho Cerezo und João Leite von Erfolg zu Erfolg, ehe »O Galo« schließlich 1992 in der Copa Conmebol erstmals auch international triumphierte. Nach internen Turbulenzen um Präsident Paulo Curi destabilisiert, geriet der Klub nach der Millenniumswende ins Straucheln und musste 2005-07 in der 2. Liga auflaufen. [*25.3.1908 | Mineirão (81.987) | 1 (38 Minas Gerais)]

CRUZEIRO BELO HORIZONTE

Zu Beginn des 20. Jahrhunderts war Belo Horizonte eine attraktive Adresse für Immigranten aus Europa. Unter den zahlreichen Italienern, die sich seinerzeit in der Bergbaustadt niederließen, waren auch die Gründer der Sociétá Sportiva Palestra Itália, die zunächst nur auf italienische Spieler baute. Nachdem sie sich auch anderen Nationalitäten geöffnet hatte, gelang ihr 1928 der Gewinn der Bundesmeisterschaft von Minas Gerais, die sie bis 1930 verteidigen konnte. Als italienische Klubnamen mit Brasiliens Eintritt in den Zweiten Weltkrieg verboten wurden, nahm Palestra Itália 1942 den Namen Cruzeiro Esporte Club an. Angelehnt an das Sternbild »Cruzeiro do Sul« (»Kreuz des Südens«), erfolgte zudem ein Wechsel der Vereinsfarben von Grün-Weiß-Rot zu Blau-Weiß. Sportlich stand der »Raposa« (»Fuchs«) genannte Klub zunächst im Schatten des Lokalrivalen Atlético Mineiro, aus dem er erst mit der Eröffnung des Mineirão-Stadions (1965) heraustreten konnte. Unter Präsident Felix Brandas entstand seinerzeit ein Team um Innenverteidiger Wilson Piazza, Dauerbrenner Zé Carlos (mit 619 Einsätzen Rekordspieler des Klubs), Nachwuchstalent Dirceu Lopez sowie Dribbelkünstler Tostão, das mit einem mittelfeldorientierten Kurzpassspiel zahlreiche Erfolge feierte. Neben zehn Bundesmeisterschaften gelang 1976 zudem der Gewinn der Copa Libertadores (im Finale gegen River Plate, Jairzinho erzielte den Siegtreffer). Ein Jahr später stand Cruzeiro erneut im Finale, unterlag diesmal aber den Boca Juniors. Nach beschaulichen 1980er Jahren ging es Mitte der 1990er u. a. mit dem designierten Weltstar Ronaldo wieder aufwärts. 1997 gewann der als solide geltende Klub zum zweiten Mal die Copa Libertadores (Finalerfolg über Sporting Cristal Lima), ehe er 2003 das Triple aus Bundesmeisterschaft, Landesmeisterschaft und Landespokal feierte. [*2.1.1921 | Mineirão (81.987) | 1 (34 Minas Gerais)]

GRÊMIO PORTO ALEGRE

Der von deutschen Einwanderern gegründete Verein feierte seinen größten Erfolg ausgerechnet gegen einen deutschen Klub: 1983 bezwang Grêmio (»Brüderlichkeit«) im Weltpokalfinale den Hamburger SV. 1903 entstanden, konnte der Grêmio Foot-Ball Porto Alegrense erst in den 1950er Jahren dauerhaft im südli-

Rio de Janeiro und São Paulo scheinbar ins Uferlose.

DIE FRÜHGESCHICHTE DES

Fußballs in Brasilien spielte sich in São Paulo, Rio de Janeiro, Belo Horizonte und Salvador ab. Städte, die im 19. Jahrhundert wie Magneten auf abenteuerlustige junge Männer aus Europa wirkten. Brasilien befand sich damals im Aufbruch. Nach Jahrhunderten unter portugiesischer Kolonialherrschaft war das Land 1822 unabhängig geworden und hatte 1889 auch die Fesseln der Monarchie abgestreift. Zwischen 1900 und 1920 strömten mehr als zwei Mio. Immigranten ins Land und halfen, die lukrative Kaffeeproduktion anzukurbeln und einen Industrialisierungsprozess einzuleiten. Dazu zählt der Bau von Eisenbahnstrecken und gewaltigen Industriekomplexen, die vor allem in São Paulo und Rio de Janeiro entstanden. Das wiederum führte zur Entstehung von Ballungsräumen, in denen sich vor allem die von dem Aufschwung überproportional profitierende bürgerliche Elite niederließ.

Alles in allem ein Boden, auf dem das Fußballfieber prächtig gedeihen konnte. Eingeschleppt hatten es (natürlich) Briten. Wenngleich britische Matrosen bereits 1864 eine Mischung aus Fußball und Rugby auf brasilianischem Boden betrieben hatten, gilt der in São Paulo geborene Sohn eines schottischen Eisenbahningenieurs, Charles Miller, als Gründervater des brasilianischen Fußballs. Miller war 1884 zum Studium nach Großbritannien geschickt worden und hatte dabei Gefallen am Fußball gefunden. 1894 war er mit zwei Fußbällen und dem festen Willen, das Spiel in Brasilien weiterzupflegen, nach São Paulo zurückgekehrt.

Brasiliens Sport bestand seinerzeit aus noblen Disziplinen wie Polo und Cricket. Neben wohlhabenden Briten waren lediglich ein paar mit den Briten in Wirtschaftskontakt stehende weiße Brasilianer involviert. Dominierender Sport war Cricket, das auch Miller zunächst aufgriff und beim exklusiven São Paulo Athletic Club betrieb. 1895 gelang es ihm jedoch, einige Mitstreiter zu finden und im Stadtteil Varzea do Carmo das erste Fußballspiel Brasiliens durchzuführen.

Zwei Jahre kam mit Hans Nobiling ein weiterer Fußballenthusiast nach São Paulo. Der gebürtige Hamburger hatte beim HSV-Vorläufer SC Germania gekickt und wollte bei Millers São Paulo AC eine entsprechende Sektion ins Leben rufen. Nachdem er von der Klubführung jedoch eine Abfuhr erhalten hatte, rief er am 19. August 1899 gemeinsam mit nichtbritischen Mitstreitern den SC Internacional ins Leben, aus dem sich später der brasilianische Klub Atlética Mackenzie sowie der deutsche SC Germânia abspalteten. Internacional konnte sich rasch etablieren, da der Klub über liberale Statuten verfügte und auch Einheimischen offen stand. Allerdings betraf dies ausnahmslos Angehörige der weißen Oberschicht, die zur Kaffeeelite bzw. der politischen Führung des Landes gehörten.

RIO DE JANEIRO IST

nach São Paulo Brasiliens zweite Fußballwiege. Auch am Zuckerhut lebte eine einflussreiche britische Kolonie, über die der Fußball ins Land kam. Sie bevorzugte allerdings das Cricket und tat sich zunächst schwer mit dem Fußball. Erst 1901 arrangierte Oscar Cox, der im schweizerischen Lausanne studiert hatte, erste Spiele, aus denen 1902 der Fluminense Futebol Club hervorging.

Gefördert von den elitären Bildungseinrichtungen sowie dem Militär vermochte sich das Spiel mit rasanter Geschwindigkeit auszubreiten. 1902 staunte Fußballpionier Charles Miller: »Mehr als 2.000 Fußbälle sind in den letzten zwölf Monaten verkauft wor-

Fußballbegeisterung in Brasilien anno 1905. Paulistano (helle Hemden) trifft auf den São Paulo AC.

● **Erfolge**
Weltmeister 1958, 1962, 1970, 1994, 2002
Copa América 1919, 1922, 1949, 1989, 1997, 2004, 2007

● **FIFA World Ranking**

1993	1994	1995	1996	1997	1998	1999	2000
3	1	1	1	1	1	1	1
2001	2002	2003	2004	2005	2006	2007	2008
3	1	1	1	1	1	1	5

● **Weltmeisterschaft**
1930 Endturnier (Vorrunde) **1934** Endturnier (Vorrunde) **1938** Endturnier (Dritter) **1950** Endturnier (Ausrichter, Zweiter) **1954** Endturnier (Viertelfinale) **1958** Endturnier (Erster) **1962** Endturnier (Erster) **1966** Endturnier (Vorrunde) **1970** Endturnier (Erster) **1974** Endturnier (Zwischenrunde) **1978** Endturnier (Zwischenrunde) **1982** Endturnier (Zwischenrunde) **1986** Endturnier (Viertelfinale) **1990** Endturnier (Achtelfinale) **1994** Endturnier (Erster) **1998** Endturnier (Zweiter) **2002** Endturnier (Erster) **2006** Endturnier (Viertelfinale)

● **Vereinserfolge**
Copa Libertadores Santos FC (1962, 1963), Cruzeiro Belo Horizonte (1976, 1997), Flamengo Rio de Janeiro (1981), Grêmio Porto Alegre (1983, 1995), São Paulo FC (1992, 1993, 2005), Vasco da Gama Rio de Janeiro (1998), Palmeiras São Paulo (1999), Internacional Porto Alegre (2006)

den, und nahezu jedes Dorf hat inzwischen einen Klub.«
In der Tat entstanden zwischen 1900 und 1915 nahezu alle berühmten Klubs Brasiliens: Grêmio Porto Alegre (1903), Botafogo Rio de Janeiro (1904), Atlético Mineiro Belo Horizonte (1908), Internacional Porto Alegre (1909), Coritiba FC Curitiba (1909), Corinthians São Paulo (1910), Santos FC (1912), Palmeiras São Paulo (1914) und Vasco da Gama Rio de Janeiro (Klub 1898, Fußballabteilung 1915). Dabei engagierten sich neben Briten und Brasilianern auch andere Nationalitäten. So weist Vasco da Gama portugiesische Wurzeln auf, wurde Palmeiras von emigrierten Italienern als Palestra Itália gegründet, hat Grêmio deutsche Wurzeln.
Rasch entwickelte sich ein an das britische Vorbild angelehnter Spielbetrieb. 1902 entstand in São Paulo eine erste Regionalliga (»Paulista«). 1905 folgte Salvador (»Bahia«), 1906 Rio de Janeiro (»Carioca«), 1913 Pará, 1915 Paraná sowie Pernambuco und 1916 Minas Gerais. International betrat Brasilien im August 1903 die Bühne, als ein Team aus Salvador auf eine Nordamerikaauswahl traf. Die Bildung einer Landesauswahl (»seleção«) wurde indes durch die föderative Struktur des Landes erschwert. Wie in der Politik gingen die Bundesstaaten auch im Fußball eigene Wege.

■ **NEBEN DEN GEOGRAPHISCH**-politischen Zwängen spiegelt der Fußball auch die gesellschaftliche Umwälzung wider, der Brasilien in der ersten Hälfte des 20. Jahrhunderts unterworfen war. Schon in den 1910er Jahren drängten weitere gesellschaftliche Schichten in den von der Oberschicht dominierten Fußball. Das betraf sowohl europäische Einwanderergruppen als auch die von der Industrialisierung profitierende Mittelschicht sowie die weiße und die schwarze Unterschicht. Mit dieser gesellschaftlichen Öffnung breitete sich der Fußball rasant aus, und schon 1910 galt Rio de Janeiro als die Stadt mit den meisten Fußballplätzen in Südamerika.
Den wohl bedeutsamsten Einschnitt in der Geschichte des brasilianischen Fußballs stellte die Integration von Schwarzen dar. Sie zog sich über einen langen Zeitraum hin und war von heftigem Widerstand der weißen Elite begleitet. Brasilien hatte 1888 als letzte Nation in Amerika die Sklaverei verboten. Über 3,5 Mio. Sklaven lebten seinerzeit im Land – mehr als sechsmal so viele wie in den Vereinigten Staaten. Die befreiten ehemaligen Sklaven waren anschließend in die Städte geströmt, wo jene berüchtigten »Favelas« entstanden, die bis heute von schwarzen Gelegenheitsarbeitern geprägt sind.
Einer der ersten Klubs, der schwarze Spieler aufnahm, war der 1904 von der Geschäftsführung der britischen Textilfabrik »Progresso Industrial do Brasil« gegründete Bangu AC, der in einem Außenbezirk von Rio ansässig war. Der erste schwarze Fußballer, der es zu weltweiter Berühmtheit brachte, kickte allerdings für den deutschen SC Germânia und war der Sohn eines deutschen Kaufmannes und einer afrobrasilianischen Wäscherin: Arthur Friedenreich, ein »Pé de Ouro« (»Goldfuß«) genannter legendärer Torjäger.
Die weiße Elite wehrte sich vehement gegen die Integration von schwarzen Fußballern. Elitäre Klubs wie Fluminense, das im eleganten Stadtviertel Retiro ansässig war, oder Botafogo stellten die Entscheidungsträger und sorgten für die Ausgrenzung der »Neger«. Funktionäre der führenden Klubs bildeten auch die Führung des 1916 durch den Zusammenschluss der Stadtverbände Federação Brasileira de Futebol (São Paulo) und Federação Brasileira de Esportes (Rio de Janeiro) gebildeten nationalen Sportverbandes Confederaçao Brasileira de Desportes (CBD), der 1917 der FIFA beitrat.
International hinkte Brasilien der Entwicklung in Südamerika zunächst hinterher. Die Rio-Plata-Staaten Argentinien und Uruguay beispielsweise hatten 1916 sowohl den Kontinentalverband CONMEBOL als auch die Copa América aus der Taufe gehoben – Brasilien hingegen war es erst zwei Jahre zuvor endlich gelungen, erstmals eine Landesauswahl aufs Feld zu schicken (0:3 in Argentinien).

■ **IN DEN 1920ER JAHREN** erfasste die Industrialisierung Brasilien mit voller Wucht und schuf ein Massenproletariat, das sich auch im Fußball engagierte. Damit tauchte die Frage nach dem Profitum auf, die direkt verbunden war mit der Integration der Schwarzen. 1923 wurde der bis dahin im Schatten der weißen Eliteklubs Fluminense und Botafogo stehende liberale Vasco da Gama zum Vorreiter sowohl bei der Integration von Schwarzen als auch des Profitums, indem er nur ein Jahr nach seinem Aufstieg in die »Carioca« die Hegemonie der »weißen« Vereine durch-

chen Bundesstaat Río Grande do Sul dominierenden Lokalrivalen Internacional aufschließen. Zwölf Titel in dem Campeonato Gaúcho verwandelten Grêmio, das sich 1952 als letzter Profiklub Brasiliens für schwarze Spieler geöffnet hatte, in eine nationale Spitzenkraft. Die größte Epoche waren die frühen 1980er Jahre. 1981 errang ein von Enio Andrade trainiertes Team um Baltazar, dem uruguayischen Verteidiger De León sowie Nationalkeeper Leão erstmals die Landesmeisterschaft, und 1983 krönten die Gremistas ihre goldene Ära mit dem Gewinn der Copa Libertadores (im Finale gegen Peñarol Montevideo) bzw. dem Weltcup (gegen den HSV). Anschließend wurden die Erfolge seltener, und Anfang der 1990er Jahre musste Grêmio sogar für 24 Monate in der Zweitklassigkeit auflaufen. Nach seiner Rückkehr drang der Klub 1995 unter Luiz Felipe Scolari erneut ins Finale um die Copa Libertadores vor, das er gegen Atlético Nacional Medellín gewann. Nach dem zweiten Meistertitel 1996 zwangen finanzielle Nöte zu einem Einschnitt, der 2004 zum erneuten Abstieg führte. Doch Grêmio kehrte auch diesmal rasch zurück und drang 2007 sogar zum dritten Mal in das Finale um die Copa Libertadores vor, in dem man gegen Boca Juniors allerdings keine Chance hatte (0:3, 0:2). [*15.9.1903 | Olímpico Monumental (51.081) | 2 (34 Río Grande do Sul)]

■ **INTERNACIONAL PORTO ALEGRE** Zwei Epochen ragen aus der Historie der Rot-Weißen heraus: Die goldenen 1970er, als Falcão das Zepter schwang, und die Jahre 2005-06, als man zweimal Vizemeister und 2006 sowohl Südamerika- als auch Klubweltmeister wurde. Der Sport Club Internacional entstand 1909 durch die drei aus São Paulo stammenden Brüder Poppe, denen zuvor vom deutschen Klub Grêmio die Aufnahme verweigert worden war. Als erstes Team im Bundesstaat Río Grande de Sul nahm man 1925 einen schwarzen Spieler unter Vertrag und sicherte sich 1927 erstmals die Campeonato Gaúcho. Sieben Jahre später führte Torjägerlegende Pirillo die »Colorados« (Roten) erneut zum Titel, ehe Inter ab 1940 zur dominierenden Kraft wurde. Von 1969-76 ging der Klub achtmal in Folge als Bundesmeister hervor und errang 1975 bzw. 1976 jeweils die Landesmeisterschaft Brasileirão. Das damalige Erfolgsteam wurde angeführt von Nationalspieler Falcão, mit dem der Inter auch 1979 Landesmeister wurde und im Folgejahr das Finale um die Copa Libertadores erreichte (Niederlage gegen Nacional Montevideo). Nach Falcãos anschließendem Wechsel zum AS Rom geriet der Klub trotz Spielern wie Dunga, Taffarel und Lúcio in den Schatten des Lokalrivalen Grêmio, aus dem er erst nach der Millenniumswende wieder heraustreten konnte. 2006 errangen die Südbrasilianer im Finale gegen den São Paulo FC zum zweiten Mal die Copa Libertadores und bezwangen wenig später im Finale des FIFA Club World Cup auch den FC Barcelona. [*4.4.1909 | Beira-Río (58.306) | 1 (39 Minas Gerais)]

■ **BOTAFOGO RIO DE JANEIRO** Die erste große Ära des 1904 gegründeten und nach dem Stadtteil Botafogo benannten Klubs (Botafogo steht wörtlich für »Zündschnur«) waren die 1930er Jahre. Seinerzeit führte Nationalstürmer Carvalho Leite die in schwarz-weiß gestreiften Jerseys (einer der Klubgründer war Juventus-Turin-Fan) auflaufende Elf zu fünf Carioca-Meisterschaften. 1942 fusionierte der damalige Botafogo Football Club mit Ruderklub Regatas Botafogo zum heutigen Clube de Regatas de Botafogo (die Ruderer brachten das symbolträchtige Logo »Estrela Solitária« – »einsamer Stern« – ein) und setzte in den 1950er Jahren zu einem mitreißenden Höhenflug an. Garanten waren in erster Linie vier Spieler: der 1953 vom Provinzklub Pan Grande gekommene Dribbelkünstler Garrincha, »seleção«-Regisseur Didí, Verteidigerlegende Nilton dos Santos sowie Angreifer Mario Zagalo. Nachdem mit Torhüter Manga und Torjäger Amarildo zwei weitere Spitzenkräfte hinzugestoßen waren, dominierte »Fogão« die Bundesmeisterschaft Carioca und stellte 1962 fünf Akteure der brasilianischen WM-Elf von Chile. 1962, 1964 und 1966 setzten sich die in der urbanen Mittelschicht verankerten Schwarz-Weißen zudem jeweils im Torneio Rio-São Paulo durch. Obwohl Botafogo 1970 Regisseur Gérson und Rechtsaußen Jairzinho zur berühmtesten Landesauswahl der brasilianischen Fußballgeschichte beisteuerte, befand sich der Klub seinerzeit bereits auf der Talfahrt. 1977 zwang ein Schuldenberg zum Verkauf des unweit der weltberühmten Copacabana gelegenen Estádio General Severiano, und erst mit dem 2007 für die panamerikanischen Spiele erbauten Estádio Olímpico João Havelange (»Engenhão«) fanden die »alvinegros« (»Schwarz-Weißen«) wieder eine Heimat. Sportlich mussten sie 21 Jahre auf den nächsten Titel warten. Nachdem 1989 in der Carioca endlich der Durchbruch gelungen war, sicherte sich Botafogo 1993 die Copa Conmebol und 1995 die bislang einzige Landesmeisterschaft. Finanzielle Sorgen, das ungeliebte Vagabundendasein – Botafogo spielte entweder in Caio Martins in Niterói oder dem überdimensionierten Maracanã – sowie eine zunehmend überalterte Zuschauergemeinde (viele Fans sind seit den erfolgreichen 1960ern dabei) mündeten 2002 im Abstieg in die Zweitklassigkeit, der man jedoch umgehend wieder entkam. 2006 wurde Botafogo zum 18. Mal Bundesmeister von Rio. Seitdem der Warner-Konzern 1991 Lizenzgebühren für die Benutzung der Comicfigur Donald Duck als Klubmaskottchen verlangte, dient eine vor dem Vereinsgelände stehende Statue eines urinierenden Jungen (»Manequinho«) als Glücksbringer. [*12.8.1904 | Olímpico João Havelange »Engenhão« | 1 (18 Carioca)]

■ **FLAMENGO RIO DE JANEIRO** Nach eigenen Angaben der weltweit beliebteste Klub, zu dem sich bis zu 35 Mio. Fans bekennen sollen. In Brasilien steht Flamengo synonym für Rhythmus, Poesie und Leidenschaft, wobei der Klub über alle Schicht- und Rassengrenzen beliebt ist. Zugleich ist »O Mais Querido« (»der Meistgeliebte«) aber auch ein erschütterndes Beispiel für die unsägliche brasilianische Misswirtschaft, die den Verein seit einem Vierteljahrhundert nur selten zur Ruhe hat kommen lassen. Die Fußballsektion des seit 1895 bestehenden Rudervereins Clube de Regatas do Flamengo wurde 1911 von abtrünnigen Mitgliedern des heutigen Erzrivalen Fluminense ins Leben gerufen. Der Klub ist benannt nach einem Viertel südlich des Stadtzentrums von Rio. Das Derby zwischen »Fla« (Flamengo) und »Flu« (Fluminense) war lange Zeit das Heißeste, was Brasiliens Fußball zu bieten hatte, und nahm bisweilen klassenkämpferische Formen an: Fluminense vertrat die elitäre Oberschicht, Flamengo das Volk. Die Rivalität erreichte 1941 ihren mystischen Höhepunkt, als es in Flamengos Gavea-Stadion zum »Fla-Flu-Dalagoa« kam, bei dem Fluminense den Spielball wiederholt in den nahegelegenen Lago Rodrigo de Freitas schoss, um das Unentschieden zu retten, das zur Bundesmeisterschaft noch fehlte. Fluminenses lange Erfolglosigkeit hat die Aufmerksamkeit inzwischen etwas zugunsten des »Clásico dos milhões« mit Vasco da Gama (»Derby der Verrückten«) verschoben. Flamengo hatte 1927 seine sechste Carioca gewonnen, als der Ungar Dori Kürschner das Training übernahm und eine Equipe schuf, deren herausragende Kräfte Verteidiger Domingos (»el divino mestro«, »der göttliche Meister«) und Torjäger Leônidas (»Diamanto Negro«, »Schwarzer Diamant«) waren. Nach dem ersten »Tricampeo« (1942-44) gelang 1953-55 abermals ein Titelhattrick, für den vor allem die Angriffsreihe Joel, Indio, Evaristo, Didí und Zagalo verantwortlich war. Die 1970er Jahre wurden zu Flamengos »goldener Ära«. Angeführt von Vereinslegende Zico wurde das Team um Júnior, Carpegiani, Adílio, Cláudio Adão und Tita 1980 erstmals Landesmeister und setzte sich 1981 im Finale um die Copa Libertadores gegen den chilenischen Klub Cobrela Calama durch. Im November 1981 erreichte die Zico-Elf ihren Zenit, als sie Europapokalsieger Liverpool FC im Weltcupfinale mit 3:0 förmlich demontierte. Zwei weitere Landesmeisterschaften 1982 und 1983 folgten, bis die »goldene Ära« mit Zicos Wechsel nach Italien abrupt endete und Flamengo in von internen Streitigkeiten, Misswirtschaft

Mit Leônidas (links) und Domingos begann 1938 der Aufstieg des brasilianischen Fußballs in die Weltspitze – und der Durchbruch farbiger Fußballer in die nationale Spitze.

brach und Meister wurde. Vascos Erfolgsteam bestand aus drei Schwarzen, einem Mulatten und sieben zur Arbeiterklasse zählenden Weißen. Die etablierten Klubs sperrten sich vehement und gründeten sogar eine neue Liga, von der Vasco ausgesperrt war. Doch die enorme Popularität des Klubs ließ das Vorhaben scheitern. Daraufhin verfügten die Ligaorganisatoren, dass die Spieler den Spielbericht eigenhändig zu unterschreiben hätten – da Schwarze, Mulatten und Arbeiter in der Regel Analphabeten waren, gedachte man, sie so vom Spielbetrieb ausschließen zu können. Doch Vascos Vereinsführung brachte seinen Spieler daraufhin das Schreiben des eigenen Namens bei und umging damit den Ausschluss. Selbst als die verzweifelten Ligabosse forderten, jeder Klub müsse ein eigenes Stadion besitzen, hatte Vasco eine Antwort parat: Mit Hilfe der portugiesischen Kaufmannsgemeinde errichtete man in São Januário ein Stadion, das bis zur Eröffnung des Maracanã das größte Brasiliens war.

Danach verebbte der Widerstand der Rioer Amateurliebhaber und der »professionalismo marron« (»brauner Profifußball«, eine Anspielung auf die Hautfarbe der Akteure), hatte sich durchgesetzt. Dabei handelte es sich um ein Scheinprofitum, das vor allem von den Arbeitervereinen betrieben wurde. Offiziell waren die Spieler in Fabriken o. Ä. eingestellt, tatsächlich aber spielten sie Fußball. Das System hatte allerdings seine Schwächen. Zum einen befanden sich die schwarzen Fußballer auf dem Spielfeld in einer Art rechtsfreiem Raum und durften von den weißen Spielern folgenlos gefoult werden, zum anderen führte die arbeitsrechtlich ungeklärte Situation zu einer starken Abhängigkeit von den Klubs.

Als Anfang der 1930er Jahre Länder wie Italien, Argentinien und Uruguay das Profitum legalisierten, kam es zu einem Exodus brasilianischer Spitzenfußballer. »Ich gehe nach Italien. Ich habe es satt, Amateurfußballer in einem Land zu sein, wo dieser Status seit langem nicht mehr existiert und verhöhnt wird durch die scheinheilige Entlohnung in Form eines Almosens der Klubs, die den Großteil der Einnahmen für sich selbst einbehalten. Die Klubs werden reicher, und ich habe nichts. Ich gehe in ein Land, wo man die Fähigkeiten eines Spielers zu würdigen weiß«, sprach Amilcar Barbury 1933 in einem Interview vielen seiner Fußballkollegen aus dem Herzen.

■ **ZÜNGLEIN AN DER** Waage beim endgültigen Ende des Amateurzeitalters (und damit der weißen Dominanz) war die Politik. Am 24. Oktober 1930 zwang Brasiliens Militär Präsident Washington Luís zum Rücktritt, und mit Getúlio Vargas übernahm ein Mann die Macht, der sich zum gefürchteten Diktator aufschwingen sollte. Vargas leitete eine Modernisierung der Wirtschaft und des Staates ein, die auch eine neue Sozialgesetzgebung umfasste. Die wiederum öffnete »nebenbei« dem Berufsfußball die Tür, und am 23. Januar 1933 nahmen in Rio de Janeiro und São Paulo die ersten Profiligen ihren Spielbetrieb auf. Da das überwiegend »weiße« São Paulo zur selben Zeit einen massiven Zustrom von Schwarzen und Mestizen erfuhr, wirkte sich der Wandel am RioTieté gleich doppelt aus. Mit den Corinthians und dem italienischen Palestra Itália (heute Palmeiras) verdrängten prompt zwei liberale Klubs die dominierenden Amateurverfechter von Paulistano und

Die wichtigsten Bundesstaatsmeisterschaften

Jahr	Rio de Janeiro (Carioca)	Sao Paulo (Paulista)	Bahia	Minas Gerais	Rio Grande do Sul (Gaúcho)	Pernambuco
1902	-	São Paulo AC				
1903	-	São Paulo AC				
1904	-	São Paulo AC				
1905	-	CA Paulistano	Internacional			
1906	Fluminense	SC Germânia	Natação Regatas			
1907	Fluminense/Botafogo	SC Internacional	Natação Regatas			
1908	Fluminense	CA Paulistano	Vitória			
1909	Fluminense	AA Palmeiras	Vitória			
1910	Botafogo	AA Palmeiras	Santos Dumont			
1911	Fluminense	São Paulo AC	SC Bahia			
1912	Payssandu AC	SC Americano	Atlético			
1913	América FC	Americano/A. Pau.	Fluminense FC			
1914	Flamengo	Corinth/A. Palm.	Internacional			
1915	Flamengo	Germania/A. Palm	Fluminense FC	América FC		Flamengo
1916	América FC	Corinh/A. Paulista	SC República	América FC		Sport Recife
1917	Fluminense	CA Paulistano	SC Ypiranga	América FC		Sport Recife
1918	Fluminense	CA Paulistano	SC Ypiranga	América FC		América CF
1919	Fluminense	CA Paulistano	SC Botafogo	América FC	Brasil Pelotas	América CF
1920	Flamengo	Palestra Itália	SC Ypiranga	América FC	Guarany Bagé	Sport Recife
1921	Flamengo	CA Paulistano	SC Ypiranga	América FC	Grêmio Porto A.	América CF
1922	América FC	Corinthians	SC Botafogo	América FC	Grêmio Porto A.	América CF
1923	Vasco da Gama	Corinthians	SC Botafogo	América FC	-	Sport Recife
1924	Vasco da Gama	Corinthians	Atlético Bahia	América FC	-	Sport Recife
1925	Flamengo	AA São Bento	SC Ypiranga	América FC	Grêmio Bagé	Sport Recife
1926	São Cristovão AC	P. Itália/A. Paulista	SC Botafogo	Atlético Mineiro	Grêmio Porto A.	Torre SC
1927	Flamengo	P. Itália/A. Paulista	Bahiano e Tênis	Atlético Mineiro	Internacional	América CF
1928	América FC	Corinth/Intern.	SC Ypiranga	Palestra Itália	Americano	Sport Recife
1929	Vasco da Gama	Corinth/A. Paulista	SC Ypiranga	Palestra Itália	Cruzeiro	Torre SC
1930	Botafogo FC	Corinthians	SC Botafogo	Palestra Itália	EC Pelotas	Torre SC
1931	América FC	São Paulo FC	EC Bahia	Atlético Mineiro	Grêmio Porto A.	Santa Cruz
1932	Botafogo FC	Palestra Itália	SC Ypiranga	Atlético/Villa Nova	Grêmio Porto A.	Santa Cruz
1933	Botafogo/Bangu	Palestra Itália	EC Bahia	Villa Nova AC	São Paulo	Santa Cruz
1934	Botafoga/Vasco	Palestra Itália	EC Bahia	Villa Nova AC	Internacional	Náutico
1935	Botafogo/América	Santos/Portug.	SC Botafogo	Villa Nova AC	9º Reg. de Infant.	Santa Cruz
1936	Fluminense	Pal. Itália/Portug.	EC Bahia	Atlético Mineiro	Rio Grande	Tramways
1937	Fluminense	Corinthians	EC Bahia	Siderurgica	Grêmio SL	Tramways
1938	Fluminense	Corinthians	Bahia/Botafogo	Atlético Mineiro	Gurany Bagé	Sport Recife
1939	Flamengo	Corinthians	SC Ypiranga	Atlético Mineiro	Rio Grande	Náutico
1940	Fluminense	Palestra Itália	EC Bahia	Cruzeiro EC	Internacional	Santa Cruz
1941	Fluminense	Corinthians	Galicia	Atlético Mineiro	Internacional	Sport Recife
1942	Flamengo	Palmeiras	Galicia	Atlético Mineiro	Internacional	Sport Recife
1943	Flamengo	São Paulo FC	Galicia	Cruzeiro EC	Internacional	Sport Recife
1944	Flamengo	Palmeiras	EC Bahia	Cruzeiro EC	Internacional	América CF
1945	Vasco da Gama	São Paulo FC	EC Bahia	Cruzeiro EC	Internacional	Náutico
1946	Fluminense	São Paulo FC	AS Guarany	Atlético Mineiro	Grêmio Porto A.	Santa Cruz
1947	Vasco da Gama	Palmeiras	EC Bahia	Atlético Mineiro	Internacional	Santa Cruz
1948	Botafogo	São Paulo FC	EC Bahia	América FC	Internacional	Sport Recife
1949	Vasco da Gama	São Paulo FC	EC Bahia	Atlético Mineiro	Grêmio Porto A.	Sport Recife
1950	Vasco da Gama	Palmeiras	EC Bahia	Atlético Mineiro	Internacional	Náutico
1951	Fluminense	Corinthians	SC Ypiranga	Villa Nova AC	Internacional	Náutico
1952	Vasco da Gama	Corinthians	EC Bahia	Atlético Mineiro	Internacional	Náutico
1953	Flamengo	São Paulo FC	Vitória	Atlético Mineiro	Internacional	Sport Recife
1954	Flamengo	Corinthians	EC Bahia	Atlético Mineiro	Renner Porto A.	Náutico
1955	Flamengo	Santos FC	Vitória	Atlético Mineiro	Internacional	Sport Recife
1956	Vasco da Gama	Santos FC	EC Bahia	Atlético/Cruzeiro	Grêmio Porto A.	Sport Recife
1957	Botafogo	São Paulo FC	Vitória	América FC	Grêmio Porto A.	Santa Cruz
1958	Vasco da Gama	Santos FC	EC Bahia	Atlético Mineiro	Grêmio Porto A.	Sport Recife
1959	Fluminense	Palmeiras	EC Bahia	Cruzeiro EC	Grêmio Porto A.	Santa Cruz
1960	América	Santos FC	EC Bahia	Cruzeiro EC	Grêmio Porto A.	Náutico
1961	Botafogo	Santos FC	EC Bahia	Cruzeiro EC	Internacional	Sport Recife
1962	Botafogo	Santos FC	EC Bahia	Atlético Mineiro	Grêmio Porto A.	Sport Recife
1963	Flamengo	Palmeiras	Fluminense FC	Atlético Mineiro	Grêmio Porto A.	Náutico
1964	Fluminense	Santos FC	EC Bahia	Siderurgica	Grêmio Porto A.	Náutico
1965	Flamengo	Santos FC	Vitória	Cruzeiro EC	Grêmio Porto A.	Náutico
1966	Bangu Atlético	Palmeiras	AD Leônico	Cruzeiro EC	Grêmio Porto A.	Náutico
1967	Botafogo	Santos FC	EC Bahia	Cruzeiro EC	Grêmio Porto A.	Náutico
1968	Botafogo	Santos FC	Galicia	Cruzeiro EC	Grêmio Porto A.	Náutico
1969	Fluminense	Santos FC	Fluminense FC	Cruzeiro EC	Internacional	Santa Cruz
1970	Vasco da Gama	São Paulo FC	EC Bahia	Atlético Mineiro	Internacional	Santa Cruz
1971	Fluminense	São Paulo FC	EC Bahia	Cruzeiro EC	Internacional	Santa Cruz
1972	Flamengo	Palmeiras	Vitória	Cruzeiro EC	Internacional	Santa Cruz
1973	Fluminense	São Paulo/Portug.	EC Bahia	Cruzeiro EC	Internacional	Santa Cruz
1974	Flamengo	Palmeiras	EC Bahia	Cruzeiro EC	Internacional	Náutico
1975	Fluminense	São Paulo FC	EC Bahia	Cruzeiro EC	Internacional	Sport Recife
1976	Fluminense	Palmeiras	EC Bahia	Atlético Mineiro	Internacional	Santa Cruz
1977	Vasco da Gama	Corinthians	EC Bahia	Cruzeiro EC	Grêmio Porto A.	Sport Recife
1978	Flamengo	Santos FC	EC Bahia	Atlético Mineiro	Internacional	Santa Cruz
1979	Flamengo/Flamengo	Corinthians	EC Bahia	Atlético Mineiro	Grêmio Porto A.	Santa Cruz
1980	Fluminense	São Paulo FC	Vitória	Atlético Mineiro	Grêmio Porto A.	Sport Recife
1981	Flamengo	São Paulo FC	EC Bahia	Atlético Mineiro	Internacional	Sport Recife
1982	Vasco da Gama	Corinthians	EC Bahia	Atlético Mineiro	Internacional	Sport Recife
1983	Fluminense	Corinthians	EC Bahia	Atlético Mineiro	Internacional	Santa Cruz
1984	Fluminense	Santos FC	EC Bahia	Cruzeiro EC	Internacional	Náutico
1985	Fluminense	São Paulo FC	Vitória	Atlético Mineiro	Grêmio Porto A.	Náutico
1986	Flamengo	Atl. Internacional	EC Bahia	Atlético Mineiro	Grêmio Porto A.	Santa Cruz
1987	Vasco da Gama	São Paulo FC	EC Bahia	Cruzeiro EC	Grêmio Porto A.	Santa Cruz
1988	Vasco da Gama	Corinthians	EC Bahia	Atlético Mineiro	Grêmio Porto A.	Sport Recife
1989	Botafogo	São Paulo FC	Vitória	Atlético Mineiro	Grêmio Porto A.	Náutico
1990	Botafogo	Atl. Bragantino	Vitória	Cruzeiro EC	Grêmio Porto A.	Santa Cruz
1991	Flamengo	São Paulo FC	EC Bahia	Atlético Mineiro	Internacional	Sport Recife
1992	Vasco da Gama	São Paulo FC	Vitória	Cruzeiro EC	Internacional	Sport Recife
1993	Vasco da Gama	Palmeiras	EC Bahia	América FC	Grêmio Porto A.	Santa Cruz
1994	Vasco da Gama	Palmeiras	EC Bahia	Cruzeiro EC	Internacional	Sport Recife
1995	Fluminense	Corinthians	Vitória	Atlético Mineiro	Grêmio Porto A.	Santa Cruz
1996	Flamengo/Botafogo	Palmeiras	Vitória	Cruzeiro EC	Grêmio Porto A.	Sport Recife
1997	Botafogo	Corinthians	Vitória	Cruzeiro EC	Internacional	Sport Recife
1998	Vasco da Gama	São Paulo FC	EC Bahia	Cruzeiro EC	Juventude	Sport Recife
1999	Flamengo	Corinthians	EC Bahia	Atlético Mineiro	Grêmio Porto A.	Sport Recife
2000	Flamengo	São Paulo FC	Vitória	Atlético Mineiro	Caxias do Sul	Sport Recife
2001	Flamengo	Corinthians	EC Bahia	América FC	Grêmio Porto A.	Náutico
2002	Fluminense	Ituano FC	Vitória	Cruzeiro EC	Internacional	Náutico
2003	Vasco da Gama	Corinthians	Vitória	Cruzeiro EC	Internacional	Sport Recife
2004	Flamengo	São Caetano	Vitória	Cruzeiro EC	Internacional	Náutico
2005	Fluminense	São Paulo FC	Vitória	Ipatinga FC	Internacional	Santa Cruz
2006	Botafogo	Santos FC	Colo Colo Ilheús	Cruzeiro EC	Grêmio Porto A.	Sport Recife
2007	Flamengo	Santos FC	Vitória	Atlético Mineiro	Grêmio Porto A.	Sport Recife
2008	Flamengo	Palmeiras	Vitória	Cruzeiro EC	Internacional	Sport Recife

und Transferflops geprägte Turbulenzen geriet. Trotz namhafter Kicker (Júnior Baiano, Amoroso, Adriano, Edílson etc.) blieben die Rot-Schwarzen sportlich erfolglos und gerieten nach der Pleite ihres Vermarkters ISL 2001 sogar in ernsthafte finanzielle Schwierigkeiten und Abstiegsgefahr. Nur der ungebremste Talenteschub – der rasch weiterverkauft wird und Devisen bringt – hat den beliebtesten Verein der Welt überleben lassen. [*15.11.1895 | Gavea (20.000) | 5 (29 Carioca)]

FLUMINENSE RIO DE JANEIRO Pionier des Fußballs in Brasilien und jahrzehntelang die Hochburg des »weißen« Fußballs, der schwarze Spieler kategorisch ausschloss. Der Heimatverein des langjährigen FIFA-Präsidenten João Havelange wurde 1902 von Fußballpionier Oscar Cox gegründet und ist Zeit seiner Geschichte in der aristokratischen Oberschicht ansässig gewesen. Trotz der damit einhergehenden wirtschaftlichen Potenz rangiert der Klub in der nationalen Erfolgsliste lediglich auf Position 12 und vermochte nur ein einziges Mal Landesmeister zu werden (1984). Nennenswerte internationale Erfolge kann man nicht aufweisen. Dafür ist Fluminense mit 30 Titeln Rekordmeister des Bundesstaates Rio de Janeiro, dessen erster Meister die Grün-Roten 1906 geworden waren. Der vier Jahre zuvor entstandene Fluminense Football Club entlehnt seinen Namen vom gleichnamigen Bundesstaat. Der Begriff geht zurück auf das lateinische »flumen« – »Fluss«. »Flu«, wie der Klub in Abgrenzung zum populären Stadtrivalen Flamengo (»Fla«) genannt wird, ging von 1917-19 als erster »tricampea« in die Carioca-Geschichte ein. Als sich in den 1920er Jahren die Lokalrivalen Vasco da Gama und Flamengo allmählich den Schwarzen und den Unterschichten öffneten, reagierte die zu den radikalen Amateurverfechtern zählende »Flu«-Führung mit der Rekrutierung von weißen Spielern aus entlegenen Regionen Brasiliens. 1938 stellte Fluminense mit Torwart Batalais, Verteidiger Machado und Angreifer Romeu drei Spieler des brasilianischen WM-Kaders und hatte in den 1940er Jahren mit dem Halbrechten Tim einen berühmten Dribbelkünstler in seinen Reihen. Mit fünf Bundesmeisterschaften verlebte man zwischen 1936 und 1941 seine erfolgreichste Epoche. Obwohl Fluminense dank Spielern wie Didí, Torhüter Castilho, Stopper Pinheiro und Rechtsaußen Telê Santana auch nach dem Zweiten Weltkrieg zu den erfolgreichsten Teams des Landes gehörte, standen weder 1958 noch 1962 »Flu«-Spieler in den weltmeisterlichen Aufgeboten der »seleção«. Erst 1970 konnte man mit Torhüter Félix einen Akteur beisteuern. Unter dem ehrgeizigen Präsidenten Francisco Horta wurden anschließend zwar Superstars wie Roberto Rivelino, Carlos Alberto und Dirceu angeheuert, doch erst 1984 errangen die »Tricolor carioca« (»Dreifarbigen«) unter Trainer Carlos Alberto Parreira erstmals die Landesmeisterschaft Brasileirão. 1995 ging die bislang letzte Carioca an die Grün-Weiß-Roten, die sich anschließend auf eine turbulente Talfahrt begaben. 1997 konnte man den Abstieg am grünen Tisch noch verhindern, doch im Folgejahr gab es keine Rettung mehr und »Flu« wurde in die 3. Liga durchgereicht. Als Drittligameister erhielt man anschließend eine »Einladung« zur Rückkehr ins Oberhaus. 2008 erreichte der Klub erstmals das Finale um die Copa Libertadores, in dem man jedoch dem krassen Außenseiter LDU Quito unterlag. Die Erfolglosigkeit und Querelen haben die Anhängerschaft deutlich reduziert. 2000 bekannten sich noch 1,9 Mio. Fans zu »Flu«, während Erzrivale »Fla« mehr als 25 Mio. Anhänger um sich scharte. [*21.7.1902 | Laranjeiras (8.000) oder Maracanã (92.000) | 1 (30 Rio)]

VASCO DA GAMA RIO DE JANEIRO Populärer »Volksklub« aus Rio, der in den 1920er Jahren eine Schlüsselrolle bei der Integration dunkelhäutiger Fußballer im brasilianischen Fußball spielte und als erster Verein schwarze Spieler einsetzte. Der Klub entstand 1898 als Ruderklub und ist nach dem portugiesischen Seefahrer Vasco da Gama benannt, der 400 Jahre zuvor Südamerika »entdeckt« hatte. 1915 erhielt er eine Fußballabteilung, die rasch zu einer der populärsten der Stadt heranwuchs. Im von der weißen Elite dominierten Fußball Rios nahm Vasco seinerzeit eine Sonderrolle ein, zumal die portugiesische Gemeinde sozial randständig und von kleinbürgerlichem Kaufmannstum geprägt war. Sie hatte zudem deutlich weniger Berührungsängste zu den unteren Schichten als die aristokratischen Stadtrivalen Botafogo und Fluminense und öffnete sich entsprechend früh auch anderen Gesellschaftsschichten. Nur ein Jahr nach dem Aufstieg in die Carioca errang Vasco 1923 mit einer Elf aus Schwarzen, Mulatten und Arbeitern erstmals die Carioca, was bei den etablierten Klubs für erhebliche Unruhe sorgte und sich als erster Schritt in Richtung Profitum entpuppte. Mit dem Estádio São Januário errichtete Vasco da Gama zudem die bis zur Eröffnung des Maracanã größte Fußballarena Brasiliens. Die 1940er Jahre wurden zur ersten Erfolgsepoche der »Bacalhau« (»Stockfische«), die 1945, 1947 und 1949 unter Trainer Flávio Costa jeweils ungeschlagen Bundesmeister wurden und 1948 zudem den Vorläufer der Kontinentalmeisterschaft Copa Libertadores gewannen. 1950 stellten sie mit Ademir, Barbosa, Danilo, Friaça, Jair und Chico gleich sechs Akteure des brasilianischen WM-Kaders und spielten einen »el diagonal« genannten offensiven 4-2-4. Nachdem 1956 und 1958 zwei weitere Bundesmeisterschaften gefeiert worden waren, verließen mit Kapitän Hideraldo Luíz Bellini, Mittelfeldmotor Orlando Peçanha und Mittelstürmer Vavá drei Leistungsträger das Estádio São Januário und es setzte eine bis in die 1970er Jahre währende Durststrecke ein. Erst 1974 führte Rekordtorjäger Roberto Dinamite (698 Tore in 1.110 Spielen) den Klub mit dem Gewinn der Landesmeisterschaft Brasileirão allmählich an die nationale Spitze zurück. In den 1990er Jahren investierte Vascos Vereinsführung um den umstrittenen Parlamentsabgeordneten Eurico Miranda mehr als zehn Mio. US-Dollar und gab das Ziel Copa Libertadores aus. 1998 konnte mit einem Endspieltriumph über Barcelona Guayaquil Vollzug gemeldet werden, ehe 2000 die vierte Landesmeisterschaft folgte, an der Veteran Romário entscheidend beteiligt war. Anschließend geriet Klubchef Miranda und sein undurchsichtiges Management in den Fokus eines parlamentarischen Untersuchungsausschusses, wodurch Vasca da Gama in seinen Grundfesten erschüttert wurde. Miranda wurde 2000 von der FIFA sogar zur unerwünschten Person erklärt, während Vasco nur knapp dem Abstieg entging. 2008 löste Ex-Torjäger Roberto Dinamite den umstrittenen Politiker schließlich als Präsidenten ab. Vasco da Gama ist unverändert der Fußballliebling der großen portugiesischen Gemeinde Brasiliens und zählt etwa zehn Mio. »Vascaínos«. [*21.1.1898 | São Januário (36.273) | 4 (22 Rio)]

■ **CORINTHIANS SÃO PAULO** Gilt mit rund 24 Mio. Anhängern als der nach Flamengo populärste Klub Brasiliens und ist berühmt für einen von Kampfgeist und Entschlossenheit geprägten Fußball. Vereinsgründer waren in Bom Retiro lebende Arbeiter und Eisenbahner portugiesischer, italienischer sowie spanischer Herkunft, die ihren Klub nach der berühmten englischen Amateurmannschaft »Corinthians« benannten, die kurz zuvor Brasilien bereist hatte. Die »Coringão« (»Joker«) stiegen früh zum populären Volksklub von São Paulo auf, zumal sie sich nicht scheuten, Schwarze in ihre Reihen aufzunehmen. 1914 gelang einem legendären Team um Neco, Teleco (243 Tore in 234 Spielen!) und Servilio de Jesus »bailarino«, »Ballettänzer«) erstmals der Gewinn der Paulista, die man seitdem 24 weitere Mal gewonnen hat. Von 1922-41 dominierte der im Osten der Industrie- und Wirtschaftsmetropole São Paulo ansässige Klub mit elf Meisterschaften die Paulista und entwickelte eine intensive Rivalität zum Lokalrivalen Palestra Itália (heute Palmeiras). Nachdem die Erfolgsgeneration Anfang der 1940er Jahre allmählich aufgehört hatte, brach eine beschaulichere Epoche für die »Timão« (»großes Team«) an. Erst in den frühen 1950er Jahren konnte ein von Nationaltorhüter Gilmar, der Angriffsreihe Claudio, Baltazar, Carbone und Mario sowie Dribbelkünstler Luisinho geprägtes Team Atlética Palmeiras, die sich daraufhin zum São Paulo FC vereinten.

Zugleich kam es zu einer Spaltung auf Verbandsebene, als Vertreter der beiden neugeschaffenen Profiligen 1933 mit der Federação Brasileira de Futebol (FBF) eine weitere Organisation ins Leben riefen und den Anspruch erhoben, Brasilien in der FIFA zu vertreten. Erst 1936 konnte der Konflikt beigelegt werden, und FIFA-Mitglied CBD übernahm wieder die Kontrolle.

Unterdessen erhärtete sich die nationalistische Richtung, die der brasilianische Fußball im Verlauf der 1920er Jahre eingeschlagen hatte. 1919 war die »seleção« erstmals Sieger der in Brasilien ausgespielten Copa América geworden und hatte die Trophäe 1922 erneut errungen. Staatschef Vargas nutzte unterdessen jede sich bietende Gelegenheit, seine Politik über den Fußball zu transportieren. So verkündete er 1940 die Entscheidung, Mindestlöhne einzuführen, in Vascos Estádio São Januário. Für das auf dem Weg der Nationwerdung befindliche Brasilien wurde der Fußball dadurch zu einem »Katalysator«, zumal an ihm nahezu alle Bevölkerungsgruppen beteiligt waren.

■ **SPORTLICH HATTEN DIE QUERELEN UM DAS** Profitum sowie die umstrittene Integration der schwarzen Fußballer jedoch zu einer Stagnation geführt. Nachdem Brasilien 1930 bei der ersten WM in Uruguay bereits in der Vorrunde ausgeschieden war, kam es zu einem Umdenken in der Verbandspolitik. Unterstützt von Diktator Vargas, der Brasiliens Sport zeitgleich zentralisierte und ihn zur Stärkung der nationalen Einheit einsetzte, öffnete sich der noch immer von der Elite geprägte Fußball anschließend vollends allen Gesellschaftsschichten und Rassen. Damit einher ging die Entstehung von Massenmedien. Der brasilianische Journalist Mário Rodrigues Filho gilt sogar als Erfinder des modernen Sportjournalismus und führte 1942 auch das weltberühmte, langgezogene »Goooooooool« ein. Filhos Name wird heute in der offiziellen Bezeichnung des Maracanã-Stadions geehrt.

Die Öffnung zeigte 1938 Wirkung, als Brasilien als einziges südamerikanisches Land zur WM nach Frankreich reiste und dort tüchtig Furore machte. »Feinheit der Ballbehandlung, Schusskraft, Technik, Gewandtheit, Schnelligkeit – das sind ihre Meisterqualitäten«, staunte das französische Fachblatt »Football« über ein Team, aus dem zwei dunkelhäutige Spieler herausragten: Mittelstürmer Leônidas und Verteidiger Domingos.

Parallel zum mit dem dritten Platz endenden Auftritt tobte in der Heimat eine erregte Diskussion über die nationalen Befindlichkeiten, die der Soziologe Gilberto Freyre 1933 mit seinem Buch »Casa Grande e Senzala« (»Die Meister und die Sklaven«) ausgelöst hatte. Freyre, der die von der weißen Minderheit stets als »Last« empfundene ethnische Mischung Brasiliens (Schwarze, Mulatten, Weiße) als Chance begriff, sah sich durch die WM bestätigt und konstatierte: »Unsere Art, Fußball zu spielen, unterscheidet sich von der europäischen aufgrund einer Kombination von Qualitäten wie Überraschung, Bosheit, Gerissenheit und Flinkheit sowie Brillanz und individueller Spontanität.« Man habe, so der Soziologe, ein »britisches Spiel« genommen und daraus einen »Tanz aus irrationalen Überraschungen« geformt.

Es war der Beginn einer wunderbaren Liaison von Fußball, Karneval, Samba und dem von angolanischen Sklaven entwickelten Kampftanz Capoeira, die das Bild Brasiliens in der Welt tief beeinflussen sollte.

■ **SEINEN GLOBALEN DURCHBRUCH** feierte Brasiliens Fußball nach dem Zweiten Weltkrieg. Ausgangspunkt war die WM 1950, die am Zuckerhut ausgetragen wurde. Vorausgegangen war ein politischer Richtungswechsel. 1946 hatte das Land nach

Überregionale Meisterschaften

Jahr	Torneio dos Campeos
1920	Paulistano
1937	Atlético Mineiro Belo Horizonte

Jahr	Torneio Rio-São Paulo
1933	Palestra Itália São Paulo
1934-49	nicht ausgespielt
1950	Corinthians São Paulo
1951	Palmeiras São Paulo
1952	Portuguesa São Paulo
1953	Corinthians São Paulo
1954	Corinthians São Paulo
1955	Portuguesa São Paulo
1956	nicht ausgespielt
1957	Fluminense Rio de Janeiro
1958	Vasco da Gama Rio de Janeiro
1959	Santos FC
1960	Fluminense Rio de Janeiro
1961	Flamengo Rio de Janeiro
1962	Botafogo Rio de Janeiro
1963	Santos FC
1964	Santos FC/Botafogo Rio
1965	Palmeiras São Paulo

Jahr	Taça de Prata/Robertão
1967	Palmeiras São Paulo
1968	Santos FC
1969	Palmeiras São Paulo
1970	Fluminense Rio de Janeiro

Jahr	Campeonato Brasileirão
1971	Atlético Mineiro Belo Horizonte
1972	Palmeiras São Paulo
1973	Palmeiras São Paulo
1974	Vasco da Gama Rio de Janeiro
1975	Internacional Porto Alegre
1976	Internacional Porto Alegre
1977	São Paulo FC
1978	Guaraní Campinas
1979	Internacional Porto Alegre
1980	Flamengo Rio de Janeiro
1981	Grêmio Porto Alegre
1982	Flamengo Rio de Janeiro
1983	Flamengo Rio de Janeiro
1984	Fluminense Rio de Janeiro
1985	Coritiba Curitiba
1986	São Paulo FC
1987	Sport Club Recife
1988	EC Bahia Salvador
1989	Vasco da Gama Rio de Janeiro
1990	Corinthians São Paulo
1991	São Paulo FC
1992	Flamengo Rio de Janeiro
1993	Palmeiras São Paulo
1994	Palmeiras São Paulo
1995	Botafogo Rio de Janeiro
1996	Grêmio Porto Alegre
1997	Vasco da Gama Rio de Janeiro
1998	Corinthians São Paulo
1999	Corinthians São Paulo
2000	Vasco da Gama Rio de Janeiro
2001	Atlético Paranense Curitiba
2002	Santos FC
2003	Cruzeiro Belo Horizonte
2004	Santos FC
2005	Corinthians São Paulo
2006	São Paulo FC
2007	São Paulo FC
2008	São Paulo FC

STÄTTEN | TEMPEL

▶ Estádio Journalista Mário Filho (Maracanã)
Die im zentrumsnahen Stadtteil Maracanã von Rio de Janeiro stehende Arena zählt zu den größten Fußballmythen der Welt. 1950 für die WM erbaut, fasste sie in Spitzenzeiten 200.000 Menschen und war damit die weltweit größte Fußballarena. Seit ihrem Umbau 1998 werden nur noch 98.000 Plätze angeboten. Das marode Maracanã soll zur WM 2014 komplett umgebaut werden und trägt offiziell den Namen des Journalisten Mário Filho, der sich sehr für ihren Bau eingesetzt hatte.

zehn Jahren Diktatur eine demokratische Verfassung bekommen und sich, angetrieben von einer boomenden Wirtschaft, auf einen umfassenden Höhenflug begeben. Die Aufbruchstimmung spiegelte sich durch ein hohes staatliches Engagement wider, dessen offenkundiges Glanzstück das Estadio Maracanã war, das seinerzeit fast 200.000 Plätze bot und damit die mit Abstand größte Fußballarena der Welt war.

Sportlich hatte »seleção«-Coach Flávio Costa 1950 einen unstrittigen Auftrag: Weltmeister werden! Seine Elf um Torjäger Ademir spielte vor allem in der Finalrunde auch grandios auf und fegte Schweden mit 7:1 und Spanien mit 6:1 vom Platz. Die Krönung blieb ihr jedoch versagt, denn im letzten Gruppenspiel, das einem Endspiel gleich kam, setzten sich die cleveren Uruguayer vor über 200.000 Augenzeugen im Maracanã-Stadion mit 2:1 durch. Der uruguayische Fußballfan und Schriftsteller Eduardo Galleano schrieb später vom »tosendsten Schweigen in der Geschichte des Fußballs«, das nach dem entscheidenden Treffer der Uruguayer geherrscht habe.

Der verpasste WM-Titel war ein Schock für das Land, das sich bereits als Weltmeister gewähnt hatte und lange brauchte, um über die Niederlage hinwegzukommen. Sogar die weiße Spielkleidung, die Brasilien bis dato getragen hatte, wurde aufgegeben. Seitdem läuft die »seleção« in gelben Hemden, blauer Hose und weißen Stutzen auf.

Vier Jahre später reiste eine neuformierte Auswahl zur WM in die Schweiz, wo sie im Viertelfinale an der ungarischen »Wunderelf« scheiterte. 1958 gelang dann der Durchbruch. Routiniers wie Nílton und Djalma dos Santos, der überragende Didí, Dribbelkünstler Garrincha, die Torjäger Vavá und Zagalo sowie das erst 17-jährige Ausnahmetalent Pelé waren in Schweden nicht zu stoppen und holten die WM-Trophäe erstmals an die Copacabana.

Es war der Beginn eines neuen Zeitalters. Nicht nur taktisch – Brasilien praktizierte ein noch weitgehend unbekanntes 4-2-4 – und mit seiner enormen Improvisationskunst war man den Gegnern überlegen, sondern auch abseits des Spielfeldes. Die medizinische Versorgung der Spieler war vorbildlich, es hatte ein intensives Vorbereitungslager gegeben und die fröhliche Aura, die die »seleção« umgab, machte sie zu weltweiten Lieblingen.

Der Erfolg war fußballerischer Ausdruck eines Prozesses, der unter dem ab 1954 amtierenden Präsidenten Juselino Kubitschek begonnen hatte und das noch immer agrarisch geprägte Brasilien vollends in eine Industrienation verwandelte. Sichtbarer Ausdruck war der Bau der neuen Hauptstadt Brasília im Zentrum des Landes. Die Industrialisierung führte zu einer massiven Migration der Landbevölkerung in die Metropolen, an deren Rändern die Favelas ins Unermessliche wuchsen. Zu den wichtigsten Instrumenten bei der Integration der Neubürger zählte der Fußball, dessen Zuschauerzahlen kräftig anstiegen. Dieser Prozess wurde tatkräftig unterstützt von der ehrgeizigen Verbandsführung um João Havelange, der 1958 CBD-Präsident geworden war, sowie dem einflussreichen Mediengiganten Paulo Machado de Carvalho.

■ **FÜR DEN FUSSBALL IN BRASILIEN** war der wirtschaftliche und gesellschaftliche Aufbruch der 1950er Jahre umwälzend, zumal die sportlichen Erfolge schlagartig das Interesse an dem Spiel erhöhten. Vor allem für Jugendliche aus den Armenvierteln wurde der Beruf des Fußballers nun zu einer attraktiven Alternative – zumal mit Garrincha ein Spieler Weltmeister geworden war, der seine Jugend selbst in einem dieser tristen Favelas verbracht hatte und der ohne den Fußball vor einer ungewissen Zukunft gestanden hätte. Garrincha und der gleichfalls schwarze Pelé wurden seinerzeit zum Vorbild für Millionen von dunkelhäutigen Jugendlichen. In den 1960er Jahren erreichte die Fußballeuphorie in Brasilien ihren Zenit. 1963 stellten 177.020 Zuschauer beim Fla-Flu-Derby sogar einen Rekord für die Ewigkeit auf.

Auf Klubebene beschränkte sich der Spielbetrieb unverändert auf die Bundesstaatsligen von Rio de Janeiro, São Paulo, Minas Gerais, Río Grande do Sul, Paraná etc. Eine Landesmeisterschaft gab es nicht. Als dominierend wurden die Teams aus Rio und São Paulo betrachtet. In der Wirtschafts- und Industriemetropole São Paulo hatten sich mit Palmeiras (wie Palestra Itália seit 1942 hieß, nachdem italienische Klubnamen aufgrund Brasiliens Eintritt in den Zweiten Weltkrieg verboten

mit drei Paulista-Titeln und ebenso vielen Erfolgen im Torneio Rio-São Paulo auftrumpfen. Anschließend trat eine 23-jährige Durststrecke ein, die von fatalen Fehlentscheidungen auf der Vorstandsebene begleitet war. Corinthians wirkte bisweilen wie ein Fußball-Tollhaus (der damalige Trainer Zezé: »Der Klub braucht keinen Trainer, sondern einen Psychologen«), das trotz renommierter Akteure wie Roberto Rivelino, Luis Carlos, Zé Maria und Wladimir dem Erfolg hinterherlief. Erst 1977 endete die schwarze Serie, und angeführt von Kultfigur Sócrates konnte Corinthians zu einem landesweit geliebten Volksverein aufsteigen, dessen Anhängerschaft binnen zehn Jahren von knapp fünf Mio. auf über 15 Mio. anschwoll. Der Popularitätsschub war nicht nur den zahlreichen sportlichen Erfolgen zu verdanken, sondern auch dem politischen Engagement des Klubs. Angeführt vom rebellischen Medizinstudenten Sócrates sowie Casagrande, Wladimir und Juninho stritt die »Democracia Corintiana«-Bewegung für mehr Spielerautonomie und beteiligte sich am Kampf gegen das verhasste Militärregime. Nach dem politischen Wechsel (1985) ging der nicht unumstrittene Sócrates nach Italien, während Corinthians 1990 zum zweiten Mal das Endspiel um die Landesmeisterschaft erreichte und sich mit körperbetontem Fußball gegen den Lokalrivalen São Paulo FC durchsetzte. Zwei weitere Landesmeisterschaften unter Trainer Wanderley Luxemburgo folgten 1998 und 1999, ehe Corinthians 2000 mit dem Gewinn der FIFA-Weltmeisterschaft seinen Höhepunkt erreichte. Leistungsträger der Erfolgself, der auch Brasiliens Staatspräsident Lula die Daumen drückte, waren Vampeta, Freddy, Rincon, Edu, Dida und Edilson. Anschließend wurde es turbulent. Ein undurchsichtiger Deal mit einem Londoner Sportinvestor, hinter dem Gerüchten zufolge an Geldwäsche interessierte Russen standen, brachte zwar 2005 Superstars wie Carlos Tévez in den Parque São Jorge, zerrüttete den Traditionsklub aber in den Grundfesten. Nur zwei Jahre später stieg Corinthians 2007 erstmals in die Zweitklassigkeit ab. [*1.9.1910 | Parque São Jorge (28.000) | 4 (25 Paulista)]

■ **SÃO PAULO FC** Brasiliens sechsfacher Landesmeister zählt zu den jüngsten Vereinen des Landes. 1935 gegründet, reichen seine Wurzeln allerdings zurück bis ins Jahr 1900. Seinerzeit entstand der Clube Atlético Paulistano, der 1909 und 1910 die Paulista gewann und sich im Januar 1930 mit dem fünffachen Paulista-Meister Associação Atlética das Palmeiras zum São Paulo Floresta vereinte. Nach internen Machtkämpfen wurde daraus 1935 der São Paulo FC, der in den südlichen Stadtbezirken ansässig ist und seine Anhänger überwiegend aus der Mittelschicht und dem Arbeitertum rekrutiert. Angeführt von Torjägerlegende Artur Friedenreich hatte Floresta 1931 erstmals die Paulista gewonnen, wobei der Nachfolgeklub São Paulo FC durch die Übernahme mehrerer Kleinvereine zum wirtschaftsstarken Großverein aufstieg und Spieler wie Leônidas, António Sastre, Noronha, José Carlos Bauer, Zézé Procópio, Luizinho und Rui verpflichten konnte. Unter dem jungen Trainer Vicente Feola praktizierten die Rot-Weiß-Schwarzen schon in den 1940er Jahren das 4-2-4-System und errangen fünfmal binnen sechs Jahren die Paulista. Anschließend dauerte es bis in die frühen 1970er Jahre, ehe im 1960 eröffneten vereinseigenen Estádio do Morumbi wieder Erfolge gefeiert werden konnten. Verstärkt mit Weltmeister Gérson, den Uruguayern Pedro Rocha und Pablo Forlán sowie Toninho Guerreiro drang der SPFC 1974 ins Finale um die Copa Libertadores vor, in dem man an Independiente Avellaneda scheiterte. Nachdem Torjäger Serginho Chalupa und seine Mannschaftskameraden in den 1980er Jahren fünf Bundesmeisterschaften in das Estádio do Morumbi geholt hatten, übernahm 1990 Telê Santana das Training und führte den Klub 1991 zum dritten Mal zur Landesmeisterschaft. Seinen Höhepunkt erreichte der SPFC 1992-93, als er zweimal in Folge das Double Copa Libertadores und Weltpokal errang. Herausragende Akteure waren Sócrates' jüngerer Bruder Raí, die Flügelstürmer Leonardo und Palhinha sowie Linksverteidiger Cafu. Nachdem es 1994 im Copa-Finale gegen Vélez Sarsfield eine Niederlage gesetzt hatte, trat

Trainer Santana zurück und die Erfolgself zerbrach. Obwohl die berühmte Nachwuchsarbeit des Klubs diverse Nationalspieler hervorbrachte (Denílson, Dodô, Bordon, Edmilson, Marcelinho u.a.) dauerte es bis 2005 (und verbrauchte 14 Trainer), ehe ein abwehrstarkes Team um Nationaltorhüter Rogerio Ceri, Julio Baptista, Luís Fabiano und Jungstar Kaká die Renaissance gelang und den São Paulo FC zum dritten Mal zum Copa-Libertadores-Sieg führte. Wenig später glückte gegen den Liverpool FC auch der dritte Weltpokalerfolg. Nachdem SPFC 2006-08 unter Trainer Muricy Ramalho drei weitere Landesmeisterschaften errang, ist er gegenwärtig erfolgreichster Verein Brasiliens. [*16.1.1935 | Morumbi (80.000) | 6 (21 Paulista)]

■ **PALMEIRAS SÃO PAULO** 1914 von der italienischen Gemeinde São Paulos als Palestra Itália gegründeter Verein, der bis in die 1980er Jahre gemeinsam mit dem Stadtrivalen Corinthians das Campeonato Paulista dominierte. 1920 erstmals Bundesmeister geworden, mussten die »Periquito« (»Zwergpapageien«) nach Brasiliens Eintritt in den Zweiten Weltkrieg 1942 ihren Namen in Palmeiras ändern, weil italienische Namen verboten worden waren. Palmeiras steht für »Palmenhain« – ein Kosename für die 1920 eröffnete Spielstätte Parque Antárctica. In den 1960er Jahren stieg der italienische Klub zu einem brasilianischen Aushängeschild auf und erwarb sich mit seiner Nachwuchsarbeit den Beinahmen »Academia de Futebol«. Legenden wie Djalma dos Santos, Vavá, Mazzola (alias José Altafini) und Ademir da Guia wurden bei Palmeiras ausgebildet und ließen den Klub zum einzigen Rivalen von Pelé-Team Santos aufsteigen. 1961 und 1968 erreichten die »Verdão« (»Grünen«) jeweils das Finale um die Copa Libertadores, unterlagen jedoch Peñarol Montevideo bzw. Estudiantes La Plata. Nach zwei Landesmeisterschaften 1972 und 1973 geriet Palmeiras in eine Krise und machte vor allem durch Trainerwechsel Schlagzeilen: Von 1976-90 erfüllte kein einziger Übungsleiter seinen Vertrag. 1992 engagierte sich der italienische Lebensmittelkonzern »Parmalat« bei dem Klub und investierte umgerechnet rund 40 Milo. US-Dollar in die Infrastruktur bzw. die Mannschaft, die mit Nationalspielern wie Roberto Carlos, Cafu und Rivaldo bestückt wurde. 1993 und 1994 gelangen zwei weitere Meisterschaften, während man 1998 mit dem Gewinn der Copa Mercosur seinen ersten internationalen Erfolg feierte. Ein Jahr später führte Luiz Felipe Scolari die Grün-Weißen in einem von Ruppigkeiten und Ausschreitungen überschatteten Finale gegen Deportivo Calí schließlich auf zur Südamerikameisterschaft. Nach den finanziellen Turbulenzen um Hauptsponsor Parmalat geriet der Klub nach der Millenniumswende ins Straucheln und musste 2003 für ein Jahr in der Zweiten Liga antreten. [*26.8.1914 | Palestra Itália/Parque Antártica (32.436) | 4 (22 Paulista)]

■ **SANTOS FC** Aus der Geschichte des 1912 von Studenten gegründeten Santos FC ragt ein Name heraus: der von Pelé. Nahezu seine gesamte Laufbahn verbrachte der Weltstar bei dem Klub aus der Hafenstadt unweit São Paulos und verhalf ihr zu Weltruhm. Das renommierte argentinische Sportblatt »El Gráfico« kürte die Pelé-Elf 2000 sogar zur »besten Mannschaft aller Zeiten«. Der Pelé-Ruhm, der im Umfeld des Estádio Vila Belmiro bis heute an jeder Ecke zu spüren ist, wurde aber auch zur Last für den Verein. Mit Pelé errang Santos von 1956-73 27 nationale und internationale Titel – ohne »O Rei« waren es bis 2002 ganze vier Regionalmeisterschaften. Der sportliche Aufschwung der Schwarz-Weißen verlief parallel zu dem der Hafenstadt, die nach dem Zweiten Weltkrieg überproportional vom damaligen brasilianischen Wirtschaftsaufschwung profitierte. 1945 hatte der umsichtige Geschäftsmann Athié Jorge Coury die Klubführung übernommen und die Weichen Richtung Erfolg gestellt. 1955 ging erstmals nach 20 Jahren wieder die Paulista an »O Peixe« (»der Fisch«), dessen legendäre Elf um Gílmar, Mauro, Pepe, Zita, Pagão, Coutinho, Carlos Alberto und Pelé (der am 7. September 1956 für

Die WM 1950 begann für Brasilien im Jubel – und endete in Tränen.

worden waren) und dem São Paulo FC zwei Teams in den Vordergrund geschoben, deren Duelle bis zu 70.000 Zuschauer anlockten. In Rio hatte Vasco da Gama Flamengo und Fluminense in den 1940er Jahren als herrschende Kraft abgelöst und 1950 sogar das Gros der tragischen »seleção« mitsamt deren Trainer Flávio Costa gestellt.

Anfang der 1960er Jahre tauchten dann mit Botafogo Rio de Janeiro und dem Santos FC zwei weitere Kräfte auf. Während bei Botafogo mit Garrincha, Didí, Nílton Santos, Gérson und Jairzinho gleich fünf Hochkaräter spielten, ragte bei Santos vor allem ein Name heraus: der von Pelé. Santos wurde zudem Brasiliens international erfolgreichster Verein. 1962 und 1963 holte der Klub aus der Hafenstadt bei São Paulo jeweils die Copa Libertadores bzw. den Weltpokal nach Brasilien.

■ **ZWEI JAHRE, NACHDEM** die »seleção« 1962 ihren WM-Titel verteidigt hatte, ergriff Brasiliens Militär die Macht und schraubte die Bedeutung des Fußballs spürbar zurück. In einem von politischer Verfolgung und Folterungen geprägten Klima scheiterte die von den eigenen Finanzbehörden wegen offener Steuerzahlungen gejagte Nationalmannschaft 1966 bei der WM in England bereits in der Vorrunde.

Drei Jahre später übernahm mit General Emilio Garrastazu Médici ein Mann die Macht, unter dem sich das gesellschaftliche Klima im Land dramatisch verschlechterte – wohingegen sich die Bedingungen für den Fußball unter dem glühenden Flamengo-Fan wieder deutlich verbesserten. 1970 gelang es Brasilien, im Triumphzug auf den globalen Fußballthron zurückzukehren und sich mit einem vollkommen zu Recht mystifizierten 4:1-Finalsieg über Italien zum dritten Mal die WM-Trophäe zu sichern.

Die Erfolgself war das Glanzstück brasilianischer Fußballfreude und Spielkunst. Ex-Jungstar Pelé war zum Weltstar gereift, an seiner Seite standen mit Jairzinho und Tostão zwei Ausnahmestürmer, und sowohl Kapitän Carlos Alberto als auch Regisseur Gérson brillierten mit Traumpässen. Trainer war Mario Zagalo, der 1958 und 1962 schon als Spieler zweimal Weltmeister geworden war. »Brazil 1970« ging als das komplettste Fußballteam der Geschichte in die Annalen ein.

Doch es gab auch Schattenseiten. So war Zagalo-Vorgänger João Saldanha, der die »seleção« nach ihrem WM-Debakel 1966 wieder auf Vordermann gebracht hatte, unmittelbar vor dem WM-Start geschasst worden, weil er mit seiner linken Haltung die Militärjunta verärgert hatte.

Unter den Militärs verstärkten sich unterdessen die Bemühungen um eine Reform des nationalen Ligasystems. Mit seinen gigantischen Ausmaßen hatte Brasilien lange Zeit eine quasi unüberwindbare Hürde bei der Installierung einer Nationalliga gehabt. Mit dem Aufkommen von regelmäßigen Flugverbindungen ergaben sich nach dem Zweiten Weltkrieg jedoch neue Möglichkeiten. Schon seit 1950 waren alljährlich acht bis zehn Teams aus São Paulo und Rio de Janeiro im »Torneio Rio-São Paulo« aufeinandergetroffen. Mit der Einführung der Copa Libertadores ergab sich 1960 erstmals die Notwendigkeit, einen »Landesmeister« nennen zu müssen. Dieser wurde zunächst über den »Taça Brasil« ermittelt, an dem Klubs aus Rio, São Paulo, Minas

Gerais, Río Grande do Sul, Paranà, Bahia und Pernambuco teilnahmen.

Nachdem dann eine 1969 eingerichtete Sportlotterie zu einem unerwarteten ökonomischen Erfolg geworden war und die Militärs zudem landesweit Großstadien aus dem Boden hatten stampfen lassen, wagte man sich schließlich 1970 an die Nationalliga. Ihre Einführung war Teil eines Hilfsprogramms der Militärregierung, mit der das »Interior« Brasiliens erschlossen werden sollte. 1971 nahmen 30 Mannschaften aus den sieben größten Bundesstaaten den Spielbetrieb des Campeonato Brasileirão auf und krönten nach sechs Monaten Atlético Mineiro aus der Bergbaustadt Belo Horizonte als ersten brasilianischen Landesmeister.

In der Folgezeit forderten eklatante strukturelle Defizite im Verbandswesen ihren Tribut. Da jeder Bundesverband bei CBD-Entscheidungen über dasselbe Stimmrecht verfügte – gleich ob nun das dünn besiedelte Mato Grosso oder die Millionenstadt Rio de Janeiro –, konnten die »Kleinen« ihre Interessen auf Kosten der »Großen« durchsetzen, und die Zahl der Teilnehmer an der Campeonato Brasileirão schwoll binnen weniger Jahre dramatisch an. 1973 liefen bereits 40 Mannschaften auf, 1976 54, 1978 74 und auf dem Höhepunkt zählte man 1979 absurde 94 Erstligisten. Das führte zu einer bedenklichen Verwässerung des Niveaus, zumal parallel dazu auch noch die Bundesstaatsmeisterschaften durchgeführt wurden und viele Mannschaften auf 100 und mehr Saisonspiele kamen. Anschließend gelang es immerhin, die Zahl der Erstligisten wieder auf 44 zu reduzieren, woraufhin sich auch der 1979 auf ein Allzeittief abgerutschte Besucherzuspruch (ø 9.136) erholte und auf 20.792 hochschnellte.

Auf kontinentaler Ebene zeigten brasilianische Klubs vergleichsweise wenig Interesse an der in Argentinien und Uruguay ungeheuer populären Copa Libertadores. Zwischen 1960 und 1990 stellte Brasilien lediglich fünfmal den Südamerikameister. Erst 17 Jahre nach Santos' Doppeltriumph von 1962-63 holte Cruzeiro Belo Horizonte die Trophäe 1976 zum dritten Mal ins Land. 1981 wurde Flamengo Rio de Janeiro Kontinentalmeister; 1983 Grêmio Porto Alegre.

■ **FÜR DIE »SELEÇÃO«** brach nach dem dritten Titelgewinn von Mexiko eine 24-jährige sportliche Durststrecke an, während der Brasilien gleich mehrere Transformationen durchmachte. Zunächst gab es einen personellen Umbruch – 1973 beispielsweise beendete Pelé seine Länderspielkarriere, und auch Leistungsträger wie Carlos Alberto und Gérson hörten auf. Dann endete das brasilianische Wirtschaftswunder, das die Erfolge zwischen 1950 und 1970 maßgeblich finanziert hatte, und das Land stürzte in eine Rezession. 1982 war Brasilien bereits das am höchsten verschuldete Land der Welt.

Unterdessen nahm der Widerstand gegen die brutale Militärjunta zu (selbst Nationalspieler Sócrates beteiligte sich mit seinem Klub Corinthians an den Protesten), während sich auf den Straßen zunehmend Gewalt ausbreitete. Als 1985 die Rückkehr zu demokratischen Verhältnissen gelang,

Santos debütierte) 1962 und 1963 zweimal in Folge sowohl die Copa Libertadores als auch den Weltpokal errang. Bei Letzterem setzte sie sich in zwei legendären Begegnungen gegen Benfica Lissabon bzw. den AC Mailand durch. Mit ihrem attraktiven Offensivspiel erfreute sich die von Luis Alonso Perez, genannt »Lula«, trainierte Erfolgself seinerzeit landesweiter Beliebtheit und avancierte zu den »Harlem Globetrotters des Fußballs«, die weltweit zu lukrativen Gastspielen auflief. Nach der Pelé-Ära ging es ab 1973 sportlich wie wirtschaftlich steil bergab, und für viele Jahre wankte der im proletarischen Lager verankerte Klub am Rand des Ruins. Erst als Präsident Marcelo Teixeira in den späten 1990er Jahren die Nachwuchsarbeit reaktivierte, stabilisierte sich das Santos FC und feierte auch wieder Erfolge. 1998 gelang der Gewinn der Copa Conmebol, ehe Trainer Emerson Leão ein junges und spielfreudiges Team um die Ausnahmetalente Diego und Robinho »O Peixe« 2002 erstmals zur Landesmeisterschaft führte, die Santos 2004 unter Trainer Vanderlei Luxemburgo abermals gewann. [*14.4.1912 | Vila Belmiro (20.120) | 2 (17 Paulista)]

HELDEN | LEGENDEN

■ **CAFU** Brasiliens Rekordnationalspieler kommt auf vier WM-Teilnahmen (1994-2006) und stand als bislang einziger Spieler bei drei aufeinanderfolgenden WM-Finals auf dem Platz. Der solide Rechtsverteidiger gewann 1994 und 2002 mit der »seleçao« die Welttrophäe und wurde 1994 zum Fußballer des Jahres in Südamerika gewählt. Mit seinem Stammverein São Paulo FC wurde Marcos Evangelista de Moares zweimal Südamerikameister bzw. Weltpokalsieger (1992-93), ehe er 1995 zunächst zum Lokalrivalen Palmeiras und 1997 nach Italien wechselte, um sich beim AS Rom sowie dem AC Mailand zu bewähren. Nach einer wenig befriedigenden WM 2006 ließ Cafu seine Laufbahn allmählich ausklingen. [7.6.1970 | 142 LS/5 Tore]

■ **CARLOS ALBERTO** Kapitän der legendären WM-1970-Elf, für die er im Finale gegen Italien ein Traumtor erzielte. Aus dem Nobelklub Fluminense Rio de Janeiro hervorgehend, feierte er seine größten Erfolge an der Seite Pelés beim Santos FC, für den der Zentralverteidiger von 1965-75 auflief. In der »seleçao« verlor er hingegen 1970 nach der WM aufgrund einer schweren Verletzung seinen Stammplatz. Von 1977-79 spielte Carlos Alberto Torres an der Seite von Franz Beckenbauer bei New York Cosmos. [17.7.1944 | 53 LS/8 Tore]

■ **FALCÃO** Seine elegante Spielweise machte ihn zu einem der umschwärmtesten Akteure der 1980er Jahre, während sein Wechsel von Internacional Porto Alegre (dreimal Meister) zum AS Rom 1980 den brasilianischen Dauerexodus einleitete. In der Ewigen Stadt wurde Paulo Roberto Falcão zum »König von Rom«, nachdem er die Roma 1983 erstmals seit 1941 wieder zum scudetto geführt hatte. 1982 zu den herausragenden WM-Akteuren der »seleçao« zählend, kam der Mittelfeldspieler 1986 in Mexiko nur noch sporadisch zum Einsatz. Nach seinem Karriereende begann er eine Laufbahn als Co-Kommentator bei »TV Globo« und wurde Fußballtrainer. [16.10.1953 | 36 LS/9 Tore]

■ **ARTUR FRIEDENREICH** Kaum einen Spieler umgibt ein vergleichbar mystisches Flair wie den Sohn eines deutschen Vaters und einer brasilianischen Mutter. »Fried« wird von der FIFA mit exakt 1.329 Treffern als bester Torschütze der Weltfußballgeschichte geführt und wäre damit erfolgreicher als Pelé, der den Statistiken zufolge auf 1.282 Tore kam. Der Torjäger debütierte am 13. Mai 1911 für den deutschen Klub Germânia São Paulo und errang in seiner bis 1929 dauernden Laufbahn neunmal den Titel des Torschützenkönigs. Mit Germânia, EC Bahia, Americano und Paulistano wurde er insgesamt 13-mal Meister. Seinen größten Tri-

Das beste Team der Welt: Der Santos FC im Jahr 1962. Stehend v.l. Lima, Zito, Dalma, Calvet, Gilmar, Mauro. Vorn: Dorval, Mengálvio, Coutinho, Pelé, Pepe.

umph feierte er 1919 mit dem Gewinn der Copa América. Von seinen Gegenspielern »El Tigre« genannt, weil er sich mutig in die Abwehrreihen warf, war Friedenreich der erste dunkelhäutige Spieler in der brasilianischen »seleção«. 1930 verpasste er wegen eines Streits zwischen den Verbänden Rios und São Paulos die WM in Uruguay. [*18.7.1892 †20.11.1969 | 17 LS/8 Tore]

■ **GARRINCHA** Auch 25 Jahre nach seinem Tod  ist Manoel Francisco dos Santos – »Garrincha« – noch immer die perfekte Verkörperung für den Zwiespalt des brasilianischen Fußballs: ein Genie am Ball, der am Leben scheiterte. Aus ärmlichen Verhältnissen stammend und mit begrenzten intellektuellen Fähigkeiten ausgestattet, war Garrincha (»der kleine Vogel«) Liebling der Massen. Keiner konnte so wunderschöne Haken schlagen und seine Gegner mit Finten so austricksen wie der sensible Dribbelkönig. Garrincha war ein Naturtalent im wahrsten Sinne des Wortes. Ohne tieferen Ehrgeiz und abseits des Spielfeldes auch ohne innere Führung. Sein rechtes O-Bein war sechs Zentimeter kürzer als sein linkes X-Bein, was ihn zu einem unberechenbaren Fußballer machte. Seinen Zenit erreichte er 1962, als er die WM nach Pelés Ausscheiden fast im Alleingang entschied. Zu jenem Zeitpunkt hatte der Alkohol bereits seine Fesseln um den Dribbelkünstler geschlagen. 1983 starb er im Alter von nur 49 Jahren, verarmt und schwer alkoholkrank, in einer Klinik in Rio de Janeiro. [23.10.1933 †20.1.1983 | 57 LS/15 Tore]

■ **KAKÁ** Weltfußballer des Jahres 2007 und gegenwärtig bester Fußballer des Landes. Der Mittelfeldspieler stammt aus dem Nachwuchspool des São Paulo FC und wechselte 2003 zum AC Mailand, wo er zum Weltstar aufstieg. 2006 reiste er mit Brasilien zur WM nach Deutschland. Der aus Brasília stammende praktizierende Christ führt trotz seines enormen Ruhms ein vergleichsweise unauffälliges Leben. [22.4.1982 | 61 LS/23 Tore]

■ **LEÔNIDAS** Sie nannten ihn »Diamante Negro« (»Schwarzer Diamant«), und er war der erste Fußball-Weltstar, den Brasilien hervorbrachte. Aus dem Armenviertel Boncuesso in Rio stammend, spielte Leônidas für Vasco da Gama, Botafogo, Flamengo (fünfmal Meister) und den São Paulo FC (dreimal Meister). Wegen seiner großartigen Körperbeherrschung und der tollen Fallrückzieher wurde der treffsichere Mittelstürmer auch »Homen Boracha« (»Gummimann«) genannt. 1938 stieg José Leônidas da Silva als WM-Torschützenkönig (acht Treffer, davon vier beim 6:5 gegen Polen) vollends zur Legende auf und vermarktete sich anschließend erfolgreich selbst, indem er u. a. für Zahnpasta warb. Später ein beliebter Sportreporter, erkrankte Leônidas im Alter an Alzheimer und verstarb 2004. [6.9.1913 †24.1.2004 | 25 LS/25 Tore]

■ **PELÉ** »Fußball-König« kann nur einer sein, und  für viele Experten ist die Wahl nicht schwer: Edson Arantés do Nascimento, besser bekannt als »Pelé«, ist der ungekrönte Fußball-König der Welt! Seine Aura setzt sich aus einer Vielzahl verschiedener Bestandteile zusammen. Da ist der jugendliche Pelé, der 1958 bei der WM in Schweden traumhafte Kombinationen vorführte und nach dem Gewinn der WM-Trophäe an den Schultern seiner älteren Mannschaftskameraden hemmungslos weinte. Da ist der gereifte Pelé, der 1970 bei der WM in Mexiko unumstrittene Führungspersönlichkeit der wohl besten »seleção« der Geschichte war. Da ist der »Fußball-Rentner« Pelé, der es mit seiner Persönlichkeit schaffte, die Fußball-Diaspora USA während seiner Zeit bei New York Cosmos in eine Fußball-Hochburg zu verwandeln. Und da ist der »elder statesman« Pelé, der als brasilianischer Sportminister, als Fußball-Botschafter des Landes und als globale Fußball-Identitätsfigur weltweit Werbung für das Spiel macht. Den Großteil seiner Karriere verbrachte der aus Três Corações im Bun-

Drei Generationen Weltmeister: Links Kapitän Mauro (WM 1962), Mitte Pelé (WM 1970) und rechts Cafu (WM 2002).

steckte Brasilien in einer tiefen Depression.

Auch die fünf Weltmeisterschaften zwischen 1970 und 1994 waren für die erfolgsverwöhnte Fußballnation Brasilien ein Tal der Tränen. Lediglich 1982 blitzte die berühmte Spielfreude auf, als ein Team um Sócrates, Falcão, Junior und Zico herrlichen Kombinationsfußball zelebrierte, in der Zwischenrunde jedoch an den eiskalten Italienern scheiterte. Der gesamte Zeitraum war von der Auseinandersetzung zwischen den Verfechtern des »futebol arte« (»kunstvollen Fußball«) und denen des »futebol força« (»Kraftfußball«) geprägt. So dominierte in den frühen 1980er Jahren mit Flamengo Rio de Janeiro ein Team, das unter Regisseur Zico »futebol arte« zelebrierte. Auch bei Corinthians São Paulo boten Sócrates, Juninho, Wladmir und Casagrande gefälligen Fußball, wohingegen 1983-Südamerikameister Grêmio sowie Coritiba eher für »futebol força« standen.

Darüber hinaus litt Brasiliens Klubfußball zunehmend unter den administrativen Defiziten, dem unzureichenden Ligasystem mit viel zu vielen Saisonspielen sowie reformunwilligen Klub- und Verbandspräsidenten. Mehrfach drohten die Großklubs aus São Paulo und Rio de Janeiro, eine private Nationalliga zu initiieren, ohne ihre Drohungen jedoch umzusetzen.

Da sich die wachsenden sozialen Probleme in den Metropolen des Landes im Fußball zudem in den organisierten Hooliganbanden »torcidas organizadas« widerspiegelten, kam es abermals zu einem Einbruch bei den Besucherzahlen. 1989 wurden durchschnittlich nur noch 10.857 Zahlende in der auf 22 Teams abgespeckten Nationalliga registriert. Vor allem die ambitionierten Profivereine litten unter dieser Situation und konnten sich nur noch durch Spielertransfers finanziell über Wasser halten.

■ **DAMIT SETZTE DER EXODUS** brasilianischer Spitzenkräfte ein. Die Garanten der »goldenen Ära 1950-70« – Pelé, Tostão, Rivelino, Didí, Garrincha, Zico etc. – hatten ihre Laufbahnen noch überwiegend in der Heimat verbracht. Noch 1982 hatten mit Falcão und Dirceu lediglich zwei Legionäre im brasilianischen WM-Kader gestanden. Vier Jahre später war die Zahl bereits auf vier angewachsen, und 1990 stellten Legionäre schon mehr als die Hälfte der »seleção«-Spieler in Italien. Während der Ausverkauf den brasilianischen Fußballmythos global stärkte, schwächte er die heimischen Vereine und Ligen über alle Maßen, zumal er sich rasch in ein lukratives Business verwandelte.

Schon in den 1990er Jahren wurden junge Talente busladungsweise aus den entlegenen Randregionen nach Rio oder São Paulo gebracht, wo sie in den Fußballinternaten der großen Klubs auf lukrative Auslandsverträge hofften. Binnen kurzem entwickelte sich ein boomender Wirtschaftszweig, in dem sich diverse zwielichtige Gestalten tummelten. Auf der anderen Seite avancierte der Profifußball damit zu einem probaten Mittel im Kampf gegen die ausufernde Jugendkriminalität in Brasilien, da er Jugendlichen eine echte Lebens- und Berufsperspektive bietet. Allerdings existiert im nationalen Profifußball ein krasses Ungleichgewicht. Während die meisten Spieler mit höchstens 500 Dollar im Monat nach Hause gehen, streicht eine kleine Minderheit der im Land spielenden Profis Summen von bis zu 20.000 Dollar ein – der Fußball ist diesbezüglich ein anschauliches Spiegelbild der ungleichen brasilianischen Gesellschaft.

■ **DIE FÜHRUNGSEBENE** wirkt hilflos. 1979 war die Fußballsektion der CBD als Confederação Brasileira de Futebol (CBF) verselbständigt worden, deren Führung seit 1989 in den Händen von Ricardo Teixeira liegt. Korruption, Vetternwirtschaft und Missmanagement haben sich unter dem Schwiegersohn des mächtigen ehemaligen FIFA-Präsidenten João Havelange ungehemmt ausgebreitet, und mit Zico und Pelé bemühten sich bereits zwei Fußball-Legenden als Sportminister vergeblich um Abhilfe.

Brasiliens Fußballkrise erreichte ihren Höhepunkt Ende der 1990er Jahre in einem umstrittenen Deal mit dem Sportartikelhersteller »Nike«, der seitdem quasi eigenmächtig über die »seleção« verfügen darf. Folge ist, dass das Team Freundschaftsspiele im Rahmen einer so genannten »Brazil World Tour« praktisch nur noch in Europa bestreitet – wo ohnehin nahezu alle Nationalspieler unter Vertrag stehen. Auch der Einsatz des verletzten Jungstars Ronaldo im WM-Finale 1998 (0:3 gegen Frankreich) soll auf Druck des Ausstatters erfolgt sein.

National gelang 2003 ein Durchbruch, als die Nationalliga erstmals in der Landesgeschichte als gewöhnliche Meisterschaft mit Hin- und Rückserie, geregeltem Auf- und Abstieg sowie ohne das für Brasilien eigentlich unverzichtbare Finale durchgeführt wurde. Da man aber zugleich an den Bundesmeisterschaften festhielt, kommen an der Copa Libertadores teilnehmende Spitzenklubs noch immer auf bis zu 100 Pflichtspiele im Jahr.

Sportlich trägt Brasilien seit den 1990er Jahren zwei Gesichter: das der Nationalelf »seleção«, die von 1994 bis 2002 dreimal in Folge das WM-Finale erreichte und 1994 bzw. 2002 Weltmeister wurde, sowie das des trotz sieben Copa-Libertadores-Finalteilnahmen seit der Millenniumswende maroden Fußballs der Heimat. Während Weltstars wie Romário, Cafu, Ronaldo, Ronaldinho und Kaká (aber auch Exzentriker wie Ailton, Amoroso und Marcelinho) für eine Renaissance des »futebol arte« sorgten, gilt in der Nationalliga mehr denn je das Motto »matar o jogo« – »zerstöre das Spiel«.

Resultat sind leere Stadien, triste Stimmung und eine unsichere Zukunft. Das Publikumsinteresse hat sich auf einem für eine Fußballnation erschreckend geringen Niveau eingependelt. Selbst in der 12-Mio.-Metropole São Paulo lockt keiner der vier Spitzenklubs mehr als 20.000 Zuschauer an, und die meisten Klubs liegen wirtschaftlich ziemlich am Boden. Es scheint niemanden zu geben, der ein Rettungskonzept zur Hand hat. Stattdessen verschärfen wackelige Wirtschaftskonstrukte wie das zwischen einem dubiosen Londoner Investor und Corinthians São Paulo die Lage sogar noch. Die Funktionärs- und Beraterebene präsentiert sich derweil als ein undurchdringbares Konstrukt aus Vetternwirtschaft und Korruption, während der straff organisierte Spielerhandel Brasiliens Klubfußball ausbluten lässt. »Alles im heutigen Fußball dreht sich um den Verkauf von Spielern«, stöhnte Ex-Nationalspieler Sócrates angesichts von 1.252 brasilianischen Fußballern, die allein 2007 in 120 Länder transferiert wurden – die meisten von ihnen waren übrigens jünger als 22 Jahre.

Dass die Krise längst auch in der geliebten »seleção« angekommen ist, dokumentierten die pomadigen Auftritte von Ronaldo und Co bei der WM 2006. Zweifelsohne steht Brasiliens glorifizierter Fußball am Scheideweg. Jeder weiß das, und doch versucht niemand, einen Strang zu finden, an dem alle gemeinsam ziehen könnten. Die Vielzahl seiner Talente und die individuelle Klasse brasilianischer Fußballer wird das Land sicherlich auch in Zukunft an der Spitze des Weltfußballs halten. Doch um den »Fußballmythos Brasilien« muss man sich große Sorgen machen.

São Paulo feiert die Copa-Libertadores 2005.

desstaat Minas Gerais stammende Offensivspieler beim Santos FC, der in den frühen 1960er Jahren unter Pelés Führung zum erfolgreichsten Klub der Welt aufstieg. Über die Herkunft seines Namens gibt es verschiedene Aussagen. So soll es in Minas Gerais einen bekannten Fußballer namens »Belé« gegeben haben, während andere Quellen behaupten, türkische Migrantenkinder haben in einem Gemisch aus Türkisch und Portugiesisch »pe-le« (»mit dem Fuß, du Dummkopf«) gerufen, als der junge Pelé den Ball einmal mit der Hand gespielt habe. Am 2. Juli 1957 beim 1:2 gegen Argentinien in der »seleção« debütierend, nahm »O Rei« (»der König«) 1958, 1962, 1966 und 1970 an der WM teil und gab 1971 seinen Abschied aus dem Nationalteam. [23.10.1940 | 92 LS/77 Tore]

■ **RONALDO**  »Göttlich«, »himmlisch«, »überirdisch« – so schwärmte man Mitte der 1990er Jahre über Luiz Nazário de Lima, der als designierter Nachfolger des großen Pelé gesehen wurde. Doch zahlreiche Verletzungen, persönliche Probleme und falsche Berater haben den Wunderstürmer aus Bento Ribeiro wiederholt aus der Bahn geworfen. Der dreifache Weltfußballer (1996, 1997, 2002) wurde 1994 und 2002 mit Brasilien Weltmeister und brillierte vor allem während seiner Zeit beim FC Barcelona (1996-97), Inter Mailand (1997-2002) und den ersten Jahren bei Real Madrid (ab 2002). Von chronischen Knieproblemen entnervt und sichtlich runder geworden, verließ »O Fenômeno« (»das Phänomen«) 2007 die Königlichen und schloss sich dem AC Mailand an. [18.9.1976 | 97 LS/62 Tore]

■ **RONALDINHO**  »Der kleine Ronaldo« trat spätestens ab 2002 in die Fußstapfen des »großen« Ronaldo und stellte ihn rasch in den Schatten. 2001 von Grêmio Porto Alegre nach Paris-SG gewechselt, verzauberte der offensive Mittelfeldspieler mit seinem enormen Ballgefühl die Fans in Europa und wechselte 2003 nach Barcelona, wo er endgültig zum Weltstar aufstieg. Seine relativ skandalfreie Karriere erfuhr mit der schwachen WM 2006 einen Knick, und nach einer enttäuschenden Saison 2007/08 wechselte er zum AC Mailand, wo er auch den »großen« Ronaldo wiedertraf. [21.3.1980 | 84 LS/32 Tore]

■ **SÓCRATES** Er trank gerne ein Bier, er rauchte und in einem Trainingslager war er nicht zu halten. Doch Sócrates war kein »enfant terrible«, sondern ein seltener Vertreter des intellektuellen Fußballers, der sich gegen Obrigkeiten auflehnte und Verantwortung übernahm. Der ältere Bruder von Raí studierte nebenbei Medizin und gründete in den 1980er Jahren die »Democracio Corintiana«, die für mehr Spielerrechte kämpfte. Zugleich engagierte er sich in der Bürgerrechtsbewegung »direitas-já« gegen das Militärregime. Auf dem Spielfeld besaß er eine exzellente Übersicht und konnte den »tödlichen« Pass schlagen. Seine Hackentricks machten ihn weltberühmt, und in 20 Jahren feierte er mit Botafogo, Corinthians, Flamengo und Santos zahllose Erfolge. »O Doutor« (»der Doktor«) arbeitet heute als Arzt und Trainer. [*19.2.1954 | 63 LS/25 Tore]

■ **ZICO** »Seine Pässe finden die Mitspieler, als seien sie ferrngesteuert, und gegen seine Doppelpässe ist jede Abwehr machtlos«, schwärmte die Presse nach Flamengos 3:0 über Liverpool im Weltpokalfinale 1981. Gemeint war Regisseur Zico, der im selben Jahr zum zweiten Mal nach 1977 zu Südamerikas Fußballer des Jahres gewählt wurde (1982 verteidigte er diesen Titel). Während Zico mit Volksklub Flamengo dreimal Meister wurde und 1981 die Copa Libertadores errang, zählte er in der »seleçao« zur »verlorenen Generation«, die bei drei WM-Teilnahmen (1978-86) vorzeitig ausschied. 1983 wechselte der »weiße Pelé« nach Italien, wurde 1990 Vorgänger Pelés als Sportminister Brasiliens und schlug anschließend eine Trainerlaufbahn ein (u. a. 2004 Asienmeister mit Japan). [3.3.1953 | 89 LS/66 Tore]

CHILE

Kein Glück im Spiel

Chiles ist nach Argentinien und Uruguay Südamerikas dritte Fußballwiege

Federación de Fútbol de Chile

Fußballbund von Chile | gegründet: 19.6.1895 | Beitritt FIFA: 31.12.1912 | Beitritt CONCACAF: 1916 | Spielkleidung: rotes Trikot, blaue Hose, weiße Stutzen | Saison: März - November | Spieler/Profis: 2.608.337/637 | Vereine/Mannschaften: 5.715/31.228 | Anschrift: Avenida Quilin No. 5635, Comuna Peñalolén, Casilla No. 3733, Central de Casillas, Santiago de Chile | Tel: +56-2/8101800 | Fax: +56-2/2843510 | www.anfp.cl | E-Mail: ffch@anfpchile.cl

Um im Fußball zum Erfolg zu kommen, braucht man neben Talent und Geduld auch ein bisschen Glück. Talent und Geduld stellen in Chile kein Problem dar – mit dem Glück aber sieht es für das schmale Land an der Westküste Südamerikas schlecht aus. Obwohl Chile die nach Argentinien und Uruguay drittälteste Fußballgemeinde des Kontinents stellt, sind die Erfolgsannalen des Landes geradezu beklemmend dünn beschrieben. Bei immerhin sieben WM-Teilnahmen überstand man lediglich zweimal die Vorrunde und feierte ganze sieben Siege (allesamt zwischen 1930 und 1962), während es in der Copa América zu keinem und in der Copa Libertadores nur zu einem Titelgewinn reichte (1991, Colo Colo).

»Wir haben nicht das fußballfreundliche Umfeld, das man beispielsweise in Argentinien hat«, begründete Nationaltrainer Manuel Pellegrini 2004 die karge Erfolgsbilanz. In der Tat ist Chile zwar eine ausgewiesene Fußballnation, das Spiel nimmt aber nicht – wie etwa in Argentinien – die Rolle der »wichtigsten Nebensache der Welt« ein. Der Grund dafür ist nicht zuletzt abseits der Spielfelder zu suchen, denn Chile ist das wirtschaftlich erfolgreichste und wohlhabendste Land Südamerikas. Fußball war in Chile stets der Sport des Bürgertums, für das er eher Hobby denn Mittel zum Broterwerb war. Experten klagen dementsprechend über die mangelnde Siegermentalität chilenischer Fußballer.

■ **ES WAREN BRITISCHE** Seeleute, die das Spiel in der zweiten Hälfte des 19. Jahrhunderts an die Westküste Chiles brachten. Zum Zentrum wurde die Hafenstadt Valparaíso, in der Briten schon 1867 untereinander kickten. Als nach dem Ende des Pazifikkrieges mit Peru bzw. Bolivien (1885) ein wirtschaftlicher Aufschwung einsetzte, strömten weitere Ausländer ins Land, wo sie beim Eisenbahnbau halfen oder Handel betrieben. Unterdessen wurde der Fußball insbesondere durch die in Valparaíso ansässigen britischen Schulen Mackay und Sutherland weiter verbreitet.

1889 konnte der Brite David Scott mit dem Valparaíso FC den ersten Fußballverein des Landes ins Leben rufen, dem 1892 mit den Santiago Wanderers ein chilenisch geprägter Ortsrivale folgte. Neben Valparaíso erhielten seinerzeit auch Viña del Mar, die Hauptstadt Santiago de Chile, Coquimbo, Iquique, Antofagasta sowie Concepción Fußballklubs. 1895 vermochten acht aus Valparaíso stammende Klubs mit der Football Association of Chile (FAC) die Urzelle des heutigen Nationalverbandes aus der Taufe zu heben, der die zweitälteste Landesorganisation in Südamerika ist.

■ **GEOGRAFISCH IST CHILE** ein eigentümliches Land. Mit 750.000 km² ist es etwa doppelt so groß wie Deutschland, weist aber an seiner breitesten Stelle kaum 400 Kilometer auf und ist mit 4.300 Kilometern zugleich der längste Staat der Welt. Eingequetscht zwischen Pazifik und den Anden, die sich über die gesamte Ostgrenze ziehen, konzentriert sich der Hauptlebensraum der etwa 16 Mio. Chilenen auf einen nur etwa 100 Kilometer breiten Saum entlang der Pazifikküste. Während das Valle Central (Zentraltal), in dem auch die Hauptstadt Santiago liegt, dicht besiedelt ist, breiten sich im Norden die rohstoffreiche Atacama-Wüste und im Süden das fast menschenleere Patagonien aus.

1818 von Rebellenführer Bernardo O'Higgins aus der spanischen Kolonialherrschaft befreit, nahm die weiße Minderheit der »criollos« (Kreolen) ad hoc die Schlüsselpositionen in Wirtschaft und Politik ein, während sich die

República de Chile

Republik Chile | Fläche: 756.096 km² | Einwohner: 16.124.000 (21 je km²) | Amtssprache: Spanisch | Hauptstadt: Santiago de Chile (6,4 Mio.) | Weitere Städte: Puente Alto (494.318), Viña del Mar (331.151), Talcahuano (300.717), Valparaíso (196.013), Antofagasta (270.339) | Währung: 1 Chilenischer Peso = 100 Centavos | Bruttosozialprodukt: 5.220 $/Kopf | Zeitzone: MEZ -5h | Länderkürzel: CL | FIFA-Kürzel: CHI | Telefon-Vorwahl: +56

STÄTTEN | TEMPEL

▶ Estadio Nacional de Chile

Die 1938 eröffnete und im Stadtteil Ñuñoa gelegene Arena gelangte 1973 zu Weltruhm, als sie von General Pinochet in ein Internierungslager für politische Gegner verwandelt wurde. In sportlicher Hinsicht erreichte die Arena 1962 als Schauplatz des WM-Finales ihren Zenit. Die Heimstatt von Universidad de Chile ist Teil eines umfangreichen Sportkomplexes.

● **FIFA World Ranking**
1993	1994	1995	1996	1997	1998	1999	2000
55	47	36	26	16	16	23	19
2001	2002	2003	2004	2005	2006	2007	2008
39	84	80	74	64	41	45	31

● **Weltmeisterschaft**
1930 Endturnier (Vorrunde) **1934-38** nicht teilgenommen **1950** Endturnier (Vorrunde) **1954-58** Qualifikation **1962** Endturnier (Ausrichter, Platz 3) **1966** Endturnier (Vorrunde) **1970** Qualifikation **1974** Endturnier (Vorrunde) **1978** Qualifikation **1982** Endturnier (Vorrunde) **1986** Qualifikation **1990-94** gesperrt **1998** Endturnier (Vorrunde) **2002-10** Qualifikation

● **Vereinserfolge**
Copa Libertadores Colo Colo (1991)

Mehrheit der Indios und Mestizen als Land- bzw. Industriearbeiter verdingte. Darüber hinaus bildeten sich beträchtliche Einwanderergemeinden aus Italien, Spanien und Deutschland.

■ **NACHDEM FUSSBALL** anfänglich eine britische Angelegenheit gewesen war, übernahm noch vor der Jahrhundertwende die weiße Mittel- und Oberschicht Chiles die Führung. Dadurch wechselte der Schwerpunkt von der britischen Fußballwiege Valparaíso in die nahegelegene Hauptstadt Santiago de Chile, wo im März 1897 mit dem Unión FC ein Klub entstand, dessen Gründervater Instituto-Nacional-Professor Juan Ramsay war und dem laut Überlieferungen sogar Arbeiter angehört haben sollen. Nach der Jahrhundertwende bildeten sich weitere Vereine wie Rangers Talca (1902) und Everton Viña del Mar (1909).

Auch von der italienischen bzw. spanischen Gemeinde Santiagos wurde der Fußball seinerzeit aufgegriffen und Klubs wie Audax Ciclista (heute Audax Italiano), Iberico Ciclista oder Iberico Balompie gebildet. Ein Novum stellt der CD Palestino dar, der nach dem Ersten Weltkrieg von arabischen Palästinensern gegründet wurde.

Beim Aufbau des Ligaspielbetriebs setzte die komplizierte Geographie Chiles enge Grenzen und sorgte für eine Konzentration auf den Großraum Santiago. Einziger landesweiter Wettbewerb war zunächst der 1910 eingeführte Copa Arturo Allesandri, der von regionalen Auswahlmannschaften ausgespielt wird.

1910 erfolgte das Debüt der chilenischen Nationalmannschaft, die Argentinien in Buenos Aires mit 1:3 unterlag. Im selben Jahr schloss sich Chile der FIFA an und gehörte 1916 zu den Mitgründern der CONMEBOL. Unterdessen vereinbarten die Stadtverbände von Valparaíso und Santiago, 1916 eine gemeinsame Auswahl zur erstmals anberaumten Copa América zu entsenden. Dort setzte es mit nur einem Punkt aus drei Spielen eine sportliche Enttäuschung, während chilenische Funktionäre mit ihrem Protest gegen Uruguay, das »zwei Afrikaner« eingesetzt hatte, unrühmliche Geschichte schrieben.

1920 erstmals Gastgeber der Copa América, wurde das Kontinentalturnier 1926 bereits zum zweiten Mal in Santiago ausgetragen. Auf dem Campos de Sport de Ñuñoa, auf dem später das Nationalstadion entstehen sollte, nutzte Chiles Nationalelf die Gelegenheit und feierte 16 Jahre nach ihrem Debüt mit einem 7:1 über Bolivien endlich ihren ersten Sieg. Leistungsträger der Mannschaft waren die Angreifer David Arellano und Guillermo Subiabre.

1928 reiste Chile zu den Olympischen Spielen nach Amsterdam und zählte 1930 zu den Teilnehmern der ersten Fußball-WM in Uruguay. Nach Siegen über Mexiko und Frankreich verpasste die vom Ungarn György Orth trainierte Auswahl durch ein 1:3 gegen Argentinien knapp das Halbfinale.

■ **UNTERDESSEN ESKALIERTEN** interne Streitigkeiten, die sich um den bezahlten Fußball bzw. die damit verbundene Integration schwarzer Spieler drehten. Auf Seiten der (weißen) Amateurverfechter stand die in Valparaíso ansässige Football Association of Chile (ab 1926 Liga de Valparaíso), während die Befürworter des Profifußballs die Santiagoer Liga Metropolitana gebildet hatten, aus der 1927 zunächst die Liga Central und 1930 die Asociación de Fútbol Santiago (AFS) wurde. Als 1925 auf dem Höhepunkt des Konflikts mit der Federación de Football de Chile (FFC) zudem ein Profitum anstrebender weiterer Nationalverband entstand, wurde Chile von der FIFA suspendiert. Der am 24. Januar 1926 erfolgte Zusammenschluss der beiden Streithähne zur Federación de Fútbol de Chile (FFC) beendete zwar die internationale Sperre, löste aber nicht das Profiproblem, das die Gemüter bis in die 1930er Jahre erregte.

Am 31. Mai 1933 nahm schließlich die auf Initiative von acht Vereinen gegründete Profiliga División de Honor ihren zunächst auf den Großraum Santiago beschränkten Spielbetrieb auf. Nachdem sie in der ersten Saison noch ohne Verbandsverdikt gespielt hatte, übernahm die FFC 1934 die Verant-

TEAMS | MYTHEN

■ **COBRELOA CALAMA**  Wie die Wüstenstadt Calama entstand auch der Club de Deportes Cobreloa am Reißbrett. Nachdem sich das rund 1.000 Kilometer nördlich von Santiago in der Atamaca-Wüste gelegene Örtchen Calama nach Aufschluss der weltweit größten Kupfermine Chuquicamata völlig verwandelt hatte, beschloss die Minengesellschaft »CODELCO« im Januar 1977, zur Unterhaltung ihrer Angestellten und Arbeiter einen Profifußballklub aufzubauen. Als Basis diente der Amateurverein Deportivo Loa, der den Namen Cobreloa erhielt (»Cobre« für Kupfer, »Loa« für die Provinz, in der Calama liegt) und mit üppiger finanzieller Unterstützung binnen drei Jahren zur ersten Meisterschaft stürmte. Unterdessen wurde in Calama ein Fußballstadion errichtet, das aufgrund seiner Höhenlage (2.700 Meter) gefürchtet ist. In der von Wüste und Arbeit geprägten Region erreichte der Klub rasch eine hohe Attraktivität, während man im Rest des Landes vom »Naranja mecanica« (»oranges Uhrwerk«) sprach, weil die in Orange aufspielende Elf mit ihrem statischen Spiel an eine Maschine erinnerte. In der Folgezeit avancierten die »Zorros del desierto« (»Zorros aus der Wüste«) zum ersten Provinzverein, der dauerhaft mit den »Großen« aus Santiago mithalten konnte. Bis 1992 gelangen vier weitere nationale Titelgewinne, und 1981 sowie 1982 erreichte die Elf von Trainer Vicente Cantatore zudem zweimal in Folge das Endspiel um die Copa Libertadores. Gegen Flamengo Rio de Janeiro bzw. Peñarol Montevideo war sie dort allerdings jeweils chancenlos [7.1.1977 | Municipal (20.180) | 8]

■ **AUDAX ITALIANO SANTIAGO**  Der 1910 von italienischen Immigranten als Audax Club Ciclista Italiano gegründete Klub betrieb zunächst nur Radfahren, ehe er 1917 auch eine Fußballabteilung erhielt, die ab 1921 am Ligaspielbetrieb teilnahm. 1922 in Audax Club Sportivo Italiano umbenannt, zählten die »Itálicos« 1933 zu den Gründungsmitgliedern der Profiliga und errangen 1936 ihren ersten von vier Meistertiteln. Als Vater des Erfolges galt der technische Direktor Carlos Giúdice, während Torjäger Hernán Bolaños, Luis Cabrera sowie Ascanio Cortés sportlich herausragten. Bis in die 1950er Jahre zählte der Klub zum Besten, was die Nationalliga zu bieten hatte. Nach dem Titelgewinn von 1957 endete die Erfolgsära, und 1971 musste man sogar aus dem Oberhaus absteigen. Nach einer wechselvollen Phase zwischen erster und zweiter Liga gelang erst nach der Millenniumswende die Rückkehr in die nationale Spitze. 2006 unterlagen die in La Florida ansässigen »Itálicos« im Clausura-Finale Colo Colo und stellten 2007 mit Carlos Villanueva Chiles Fußballer des Jahres. [30.11.1910 | Municipal de La Florida (12.000) | 4]

■ **COLO COLO SANTIAGO**  Rekordmeister und mit Abstand beliebtester Verein des Landes. Wird wahlweise »El Eterno Campeón« (»der ewige Meister«) oder »El Popular« (»der Populäre«) genannt. Der Club Social y Deportivo Colo-Colo entstand 1925, als sich des Profitum fordernde Mitglieder des Amateurvereins Magallanes verselbständigten. Benannt nach dem Araucano-Häuptling Colo Colo, trägt man auch dessen Konterfei im Logo und will damit an den Freiheitskampf des chilenischen Volkes gegen die spanischen Eroberer erinnern. Mit seiner Konzentration auf harte Arbeit, großer Einsatzbereitschaft und nie erlahmendem Kampfgeist schuf sich Colo Colo vor allem im unteren Mittelstand und in der Arbeiterschaft einen guten Ruf. Bereits in den 1920er Jahren stiegen die »Cacique« (»Anführer«) zum beliebtesten Verein im Lande auf. Ursächlich dafür war auch eine legendäre Auslandstournee 1927, auf der Klubgründer und Kapitän David Arellano in Europa zunächst erstmals einen Fallrückzieher präsentierte, ehe er an den Folgen einer im Spiel gegen Valladolid erlittenen Verlet-

260 | CHILE

zung verstarb. Arellanos Andenken wird heute im Stadionnamen und dem schwarzen Balken im oberen Teil des Vereinswappens bewahrt. Nach sechs Erfolgen in Santiagos' Liga Metropolitana zählten »Los Albos« (»die Schneeweißen«) 1933 zu den Gründern der Profiliga und sicherten sich 1937 mit einem von Torjäger Alfonso Domínguez geprägten Team ihre erste Profimeisterschaft. In den 1950er Jahren bot der Klub Spieler wie die Robledo-Brüder Jorge und Ted sowie Torjäger Luis Hernán Alvárez auf und entwickelte eine Rivalität zwischen dem bürgerlichen Mittelstand verankerten Universidad de Chile, die zum »Clásico del fútbol chileno« wurde. 1973 drang eine vom Brasilianer Elson Beiruth, Torjäger Carlos Caszely und Francisco Valdés gebildete Equipe ins Finale der Copa Libertadores vor, das jedoch gegen Titelverteidiger Independiente Avellaneda verloren ging. Die 1980er Jahre standen ganz im Zeichen Colo Colos, dessen Vorsitz bisweilen von Diktator Pinochet eingenommen wurde. Unter dem kroatischen Trainer Mirko Jozić holten die Hauptstädter von 1989-91 erstmals den Titel-Hattrick, während im Stadtviertel Macul das 60.000-Plätze bietende Estadio Monumental entstand. 1991 erreichte der Klub seinen Zenit, als er zum bislang einzigen Mal die Copa Libertadores nach Chile holte. Im Finale setzten sich Kapitän Jaime Pizarro und sein Team souverän gegen Olimpia Asunción durch (0:0, 3:0). In der Folge geriet Colo Colo in einen internen Disput zwischen Peter Dragicevic und Eduardo Menichetti, bei dem sich Dragicevic durchsetzte. Trotz eines bereits erheblichen Schuldenberges verstärkte er das Team anschließend mit teuren Legionären, die zwar unter dem paraguayischen Trainer Gustavo Benítez drei weitere Meisterschaften zu erringen halfen (1996-98), den Verein aber ruinierten. 2002 hatte der Schuldenstand existenzbedrohende 20 Mio. Pesos (etwa 35 Mio. €) erreicht. Mit einer strikten Sparpolitik, jungen Spielern aus dem eigenen Nachwuchs sowie landesweiten Benefizspielen konnte das Aus erst im letzten Moment verhindert werden. Seit 2006 hat Colo Colo seinen beeindruckenden Erfolgsannalen vier weitere Meisterschaften sowie mit Matías Fernández Südamerikas Spieler des Jahres 2006 hinzugefügt. [19.4.1925 | Monumental David Arellano (62.000) | 26]

■ **MAGALLANES SANTIAGO** Legendärer Klub aus den ersten Jahrzehnten des Fußballs in Chile. 1897 als Atlético Escuela Normal FC gegründet (ab 1904 Magallanes), wurde das Gründungsmitglied der Profiliga von 1933-35 dreimal in Folge Landesmeister und sicherte sich 1938 seinen vierten und letzten Titel. Aus dem inzwischen bis in die dritte Liga abgestürzten Verein spaltete sich 1925 im Zuge der Profifußballdebatte Colo Colo ab. [27.10.1897 | Santiago Bueras, Maipu (5.000) | 4]

■ **PALESTINO SANTIAGO** Von nach der Bildung Israels aus Palästina emigrierten Arabern gegründeter Verein, der 1952 in die zweite Liga aufgenommen wurde und dort direkt in die Nationalliga aufstieg. Daraufhin wurde das Statut, ausschließlich arabische Spieler aufzunehmen, gelockert, und Palestino konnte 1955 mit einer vom argentinischen Kapitän Guillermo Coll angeführten Mannschaft erstmals Landesmeister werden. 1978 gelang den in La Cisterna ansässigen »Los Árabes« ihr zweiter Titelgewinn – diesmal schwang mit Elías Figueroa der chilenischen Auswahlkapitän das Zepter. [20.8.1920 | Municipal de La Cisterna (12.000) | 2]

■ **UNION ESPAÑOLA SANTIAGO** Um die Jahrhundertwende gründeten spanische Immigranten in Santiago mit Ciclista Ibérico und Club Ibérico Balompié zwei Klubs, die 1921 zur Union Deportivo España fusionierten, die wiederum drei Jahre darauf mit dem Centro Español in der Union Española aufging. Nach zwei Amateurmeisterschaften (1925 und 1928) zählte die Elf um Kapitän Juan Legarreta 1933 zu

1962 erreichte Chile bei der WM im eigenen Land mit Platz drei seinen größten Erfolg. Toro beim Freistoß im Halbfinale gegen Brasilien.

wortung. Erster Meister wurde das Team von Magallanes Santiago, das bis 1935 drei Titel in Folge errang, ehe es vom italienischen Klub Audax Italiano verdrängt wurde.

Als Colo Colo, ein 1925 im Zuge der Profidebatte aus dem bürgerlichen Magallanes abgespaltener Klub, 1937 erstmals Landesmeister wurde, begann eine neue Ära im chilenischen Fußball. Der nach dem legendären Araucano-Häuptling Colo Colo benannte Klub etablierte sich vor allem im Mittelstand und der Arbeiterschaft, womit er die bürgerliche Dominanz durchbrach und binnen kurzem zum beliebtesten Verein des Landes aufstieg. Mit 26 Titeln ist Colo Colo heute zudem Chiles Rekordmeister, dem Schätzungen zufolge 70 Prozent der chilenischen Fußballanhänger ihr Herz geschenkt haben.

Zu den größten Kontrahenten des Vereins zählen mit Universidad de Chile und Universidad Católica zwei in Santiago ansässige und im Bürgertum (Universidad de Chile) bzw. gehobenen Bürgertum (Universidad Católica) verankerte Teams. Bildungseinrichtungen nehmen in Lateinamerika traditionell eine elementare Rolle bei der körperlichen Ausbildung junger Männer ein, und mit Universitäten verbundene Profiklubs gibt es auch in Ländern wie Mexiko, Peru und Argentinien. Beide Klubs erreichten 1938 die Nationalliga, die Universidad de Chile 1940 und Universidad Católica 1949 erstmals gewannen. Zwei weitere die ersten Jahrzehnte des Profifußballs in Chile prägende Teams waren die 1921 gebildete Union Española, die 1943 und 1951 Meister wurde, sowie der italienische Immigrantenklub Audax Italiano (Meister 1936, 1946 und 1948).

■ **INTERNATIONAL HINKTE** Chile den führenden Nationen Südamerikas hinterher. Erst 1937 gelang mit einem 3:0 über Uruguay ein Sieg über einen der »großen Drei«. Nachdem 1941 der Ungar Ferdinand Platko eine strikte Defensivtaktik eingeführt hatte, ging die Auswahl um Torhüterlegende Sergio Livingstone 1945 bei der Copa América im eigenen Land immerhin als Dritter durchs Ziel. 1955 sowie 1956 erreichte man mit einer spielstarken Sturmformation um Enrique Hormazábal, René Meléndez, Jorge Robledo, Manuel Muñoz und Jaime Ramírez sogar jeweils Platz zwei. 1956 gelang zudem der erste Sieg über Brasiliens »seleção«, dem schließlich drei Jahre später der Premierentriumph gegen Argentinien folgte.

Administrativ zählte Chile seinerzeit zu den engagierten Förderern des Fußballs in Südamerika. 1948 richtete das Land den Vorläufer des 1960 eingeführten Copa Libertadores aus. 1949 organisierte man das erste U22-Turnier Südamerikas, und 1952 war Santiago Gastgeber der ersten Panamerikameisterschaft.

Den Höhepunkt aber markiert die WM 1962. Quasi chancenlos in das Rennen um die Turnierausrichtung gegangen, profitierte das Land von den politischen und wirtschaftlichen Schwierigkeiten des Mitbewerbers Argentinien und erhielt völlig überraschend den Zuschlag. Die Skepsis über das »Dritte-Welt-Land« Chile war jedoch enorm, und als im Mai 1960 ein Erdbeben die vorgesehenen WM-Austragungsorte Concepción und Talca erschütterte, dachte die FIFA über eine Verlegung ins »sichere« Europa nach. Doch Chile hielt an der Ausrichtung fest. Das in der Wüste des Nordens liegende Arica sowie der Badeort Viña del Mar wurden Ersatzspielstätten, und am 31. Mai 1962 nahm das siebte WM-Turnier in der Geschichte seinen Lauf.

Doch Chile und »Glück« – das scheint im Fußball nicht zueinander zu finden. In der Retrospektive wird das Turnier 1962 im besten Fall als »die vergessene WM« bezeichnet. Viele Experten sprechen sogar von der orga-

Jahr	Meister	Jahr	Meister	Jahr	Meister
1933	Magallanes Santiago	1961	Universidad Católica Santiago	1989	Colo Colo Santiago
1934	Magallanes Santiago	1962	Universidad de Chile Santiago	1990	Colo Colo Santiago
1935	Magallanes Santiago	1963	Colo Colo Santiago	1991	Colo Colo Santiago
1936	Audax Italiano Santiago	1964	Universidad de Chile Santiago	1992	Cobreloa Calma
1937	Colo Colo Santiago	1965	Universidad de Chile Santiago	1993	Colo Colo Santiago
1938	Magallanes Santiago	1966	Universidad de Chile Santiago	1994	Universidad de Chile Santiago
1939	Colo Colo Santiago	1967	Universidad de Chile Santiago	1995	Universidad de Chile Santiago
1940	Universidad de Chile Santiago	1968	Santiago Wanderers Valparaíso	1996	Colo Colo Santiago
1941	Colo Colo Santiago	1969	Universidad de Chile Santiago	1997/A	Universidad Católica Santiago
1942	Sporting Morning Santiago	1970	Colo Colo Santiago	1997/C	Colo Colo Santiago
1943	Unión Española Santiago	1971	Union San Felipe	1998	Colo Colo Santiago
1944	Unión Española Santiago	1972	Colo Colo Santiago	1999	Universidad de Chile Santiago
1945	Green Cross Santiago	1973	Unión Española Santiago	2000	Universidad de Chile Santiago
1946	Audax Italiano Santiago	1974	Huachipato Talcahuano	2001	Santiago Wanderers Valparaíso
1947	Colo Colo Santiago	1975	Unión Española Santiago	2002/A	Universidad Católica Santiago
1948	Audax Italiano Santiago	1976	Everton Viña del Mar	2002/C	Colo Colo Santiago
1949	Universidad Católica Santiago	1977	Unión Española Santiago	2003/A	Cobreloa Calma
1950	Everton Viña del Mar	1978	Palestino Santiago	2003/C	Cobreloa Calma
1951	Unión Española Santiago	1979	Colo Colo Santiago	2004/A	Universidad de Chile Santiago
1952	Everton Viña del Mar	1980	Cobreloa Calma	2004/C	Cobreloa Calma
1953	Colo Colo Santiago	1981	Colo Colo Santiago	2005/A	Unión Española Santiago
1954	Universidad Catolica Santiago	1982	Cobreloa Calma	2005/C	Universidad Católica Santiago
1955	Palestino Santiago	1983	Colo Colo Santiago	2006/A	Colo Colo Santiago
1956	Colo Colo Santiago	1984	Universidad Católica Santiago	2006/C	Colo Colo Santiago
1957	Audax Italiano Santiago	1985	Cobreloa Calma	2007/A	Colo Colo Santiago
1958	Santago Wanderers Valparaíso	1986	Colo Colo Santiago	2007/C	Colo Colo Santiago
1959	Universidad de Chile Santiago	1987	Universidad Católica Santiago	2008/A	Everton Viña del Mar
1960	Colo Colo Santiago	1988	Cobreloa Calma	A = Apertura, C = Clausura	

nisatorisch und sportlich schlechtesten der Geschichte. Chile hatte das Pech, ausgerechnet in einer fußballerischen Umbruchphase Gastgeber zu sein. Der über Jahrzehnte gepflegte Angriffsfußball mit dem W-M-System wurde vom berüchtigten »Catenaccio« verdrängt, der im Verbund mit dem zunehmenden Erfolgsdruck zu einem geradezu verbissenen Ringen um Sieg und Niederlage führte. Skandalöser Höhepunkt war das Vorrundenspiel zwischen Italien und Chile, das zu einem kollektiven Boxkampf mutierte. Auch die unverhohlene Parteinahme der chilenischen Zuschauer für ihr Team, die leeren Ränge (abgesehen von Santiago, wo Chile spielte, erreichte man eine Stadionauslastung zwischen 33 und 41 Prozent; nicht einmal das Endspiel war ausverkauft) sowie eine zunehmende Rivalität zwischen Südamerika und Europa prägten das Bild der WM 1962.

Chile indes bescherte sie den größten sportlichen Erfolg seiner Fußballgeschichte. Im Viertelfinale schaltete das Team um Torjäger Leonel Sánchez die Sowjetunion aus, ehe es im Halbfinale von Titelverteidiger Brasilien gestoppt wurde. Ein 1:0 über Jugoslawien bescherte dem Land schließlich Platz 3.

■ **ES WAR DER BIS HEUTE** letzte chilenische WM-Sieg. Sportlich, wirtschaftlich und vor allem politisch geriet Chile im Verlauf der 1960er Jahre in erhebliche Turbulenzen. Als die Nationalelf 1974 erstmals nach zwölf Jahren wieder ein WM-Endturnier erreichte, war aus einem wirtschaftlich prosperierenden und fröhlichen Land eine grimmige Diktatur geworden.

1970 hatte der Sozialist Salvador Allende eine überfällige Bodenreform eingeleitet. Da von den Verstaatlichungen auch nordamerikanische Firmen betroffen waren, bereitete der US-amerikanische Geheimdienst CIA gemeinsam mit dem chilenischen Militär einen Putsch vor, der am 11. September 1973 den rechtsgerichteten Diktator Augusto Pinochet an die Macht brachte. Unter seiner Knute kam es zu brutalen Säuberungswellen und der Verschleppung bzw. Ermordung Tausender von Oppositionellen. Der Konflikt kam auch im Fußball an, da Chile just zur selben Zeit im Rahmen der WM-1974-Qualifikation auf die Sowjetunion traf. Nach einem 0:0 in Moskau musste die Entscheidung im Rückspiel fallen, das im Nationalstadion von Santiago angesetzt war, obwohl jenes als Internierungslager für Pinochet-Gegner diente. Die Sowjets weigerten sich, unter diesen Umständen dort anzutreten, und weil die FIFA ihrem Wunsch nach Verlegung in ein anderes Stadion nicht folgte, ging das Spiel am 21. November 1973 unter höchst bizarren Umständen über die Bühne: Lediglich Chile stand auf dem Feld, als Schiedsrichter Linemayr die Partie freigab und das Spiel nach dem chilenischen Führungstor abbrach, weil der »Gegner« zum Wiederanstoß nicht in der Lage war. Chile reiste zum Endturnier nach Deutschland, wo die Auswahl um Verteidiger Elias Figueroa jedoch enttäuschte.

■ **AUF NATIONALER EBENE** war es unterdessen zu verstärkten Bemühungen um die Ausweitung der Profiliga über den Großraum Santiago hinaus gekommen. Nachdem im Verlauf der 1950er Jahre bereits Talca und Rancagua Erstligastädte geworden waren, gelangte der Profifußball durch den 1963 erfolgten Umzug des Hauptstadtklubs Green Cross nach Temuco auch in den Süden des Landes. 1971 durchbrach mit Union Santa Felipe erstmals ein »Provinzklub« die Titelphalanx der Klubs aus Santiago, Viña del Mar und Valparaíso. 1977 wurde in der Kupferminenstadt Calama im Norden der Atacama-Wüste schließlich ein Klub aus dem Boden gestampft, der sich dauerhaft in der nationalen Spitze etablieren sollte.

den Gründungsmitgliedern der Profiliga. 1943 errangen die »Hispanos« unter dem chilenischen Trainer Atanasio Pardo ihre erste Meisterschaft, der 1951 mit einem 1:0 im Entscheidungsspiel über Audax Italiano die zweite folgte. Die 1970er Jahre wurden zur »goldenen Ära«, als eine von Luis Santibáñez trainierte Elf um den Argentinier Néstor Isella 1973, 1975 und 1977 jeweils Meister wurden. Nachdem sowohl Erfolgscoach Santibáñez als auch der einflussreiche Präsident Antonio Martínez die »Rojos de Santa Laura« (»Roten aus Santa Laura«) verlassen hatten, schieden sie aus der nationalen Spitze aus und stiegen 1997 in die Zweite Liga ab. 2000 gelang die Rückkehr, der fünf Jahre später unter Trainer Fernando Díaz der Gewinn der Apertura-Meisterschaft folgte. [9.12.1935 | Santa Laura (22.000) | 6]

■ **UNIVERSIDAD DE CHILE SANTIAGO** Mit  12 Meisterschaften der nach Colo Colo erfolgreichste Verein Chiles. Ist im bürgerlichen Millieu verankert und stellt damit auch gesellschaftlich einen Gegenpol zum Arbeiter- bzw. Mittelklasseverein Colo Colo dar. Der Klub entstand 1927 als Sportabteilung der chilenischen Nationaluniversität und erhielt seinerzeit eine Eule (»Chuncho«) als Zeichen des Wissens. Nur zwei Jahre nach dem Erreichen der Profiliga sicherte sich »La U« 1940 die erste Meisterschaft. Die goldene Ära des Klubs waren die 1960er Jahre, als ein Team um Torjäger Leonel Sánchez mit flüssigem Kombinationsfußball zum »Ballet Azul« (»Blaues Ballet«) wurde und zwischen 1959 und 1969 sechs Titelgewinne einfuhr. Mit neun Spielern stellte »La U« zudem 1962 das Gros der erfolgreichen chilenischen WM-Elf. 1970 begann für »Los Azules« (»die Blauen«) ein von Turbulenzen geprägtes Vierteljahrhundert. Unter der Diktatur Pinochets wurde die Stellung der staatlichen Universitäten zugunsten der Privatschulen eingeschränkt, weshalb das Uni-Team 1980 als Club de Fútbol Profesional de la Universidad de Chile privatisiert werden musste und in finanzielle Schwierigkeiten geriet. 1988 erreichte die Krise mit dem Abstieg in die 2. Liga ihren Höhepunkt. Zwölf Monate später wieder ins Oberhaus zurückgekehrt, ging die Elf um Rekordspieler Luis Musrri erst 1994 nach 25 Jahren wieder als Meister durchs Ziel und konnte sich seitdem über vier weitere Titel freuen. 2006 stürzten wirtschaftliche Probleme »La U« abermals in eine schwere Existenzkrise. [24.5.1927 | Nacional (67.000) | 12]

■ **UNIVERSIDAD CATOLICA SANTIAGO**  Entstand 1935 als Sportabteilung der Pontificia Universidad Católica de Chile und gilt als Klub der höheren Schichten Santiagos. »UC« ist in Las Condes im elitären Norden ansässig und pflegt eine innige Rivalität mit Universidad de Chile. Der Klub gilt als solide geführt und verfügt über eine vorzügliche Infrastruktur. 1938 in die nationale Profiliga aufgestiegen, sicherte sich »La Católica« 1949 seinen ersten von inzwischen acht Meistertiteln. Nach dem Triumph von 1966 durchlitt man allerdings eine lange Durststrecke, die erst 1984 endete, als ein von Ignacio Prieto trainiertes Team um Außenstürmer Jorge Aravena und Torjäger Osvaldo Hurtado Titel Nummer fünf errang. Ihren größten internationalen Erfolg feierten »Los Cruzados« (»Kreuzritter«) 1993 mit dem Erreichen des Finales um die Copa Libertadores, das gegen den São Paulo FC verloren ging. [21.4.1935 | San Carlos de Apoquindo (20.000) | 8]

■ **SANTIAGO WANDERERS VALPARAÍSO**  Der älteste Verein des Landes wurde 1892 von jungen Männern aus gutbürgerlichem Haus gegründet und zählte zu den populärsten Fußballteams der Frühzeit. Die ungeachtet des »Santiago« im Namen in Valparaíso ansässigen Wanderers erreichten 1937 die Profinationalliga und errangen 1958, 1968 und 2001 jeweils die Landesmeisterschaft. 2007 stürzten sie im Zuge einer schweren Finanzkrise in die Zweitklassigkeit ab. [15.8.1892 | Playa Ancha (18.500) | 3]

 **EVERTON VINA DEL MAR** Von britischen Immigranten gegründeter Klub aus dem Seebad Viña del Mar, der 1950 erstmals Landesmeister wurde. Nach einer langen Phase der Erfolglosigkeit wurde Everton (die Herkunft des Klubnamens ist unsicher) in den 1970er Jahren vom ehemaligen Union-Española-Präsidenten Antonio Martínez Seguí und mit Hilfe des örtlichen Casinos wiederbelebt, woraufhin »Los Oro y Cielo« (»Gold-Blaue«, die Farben sollen an Boca Juniors erinnern) 1976 unter Trainer Pedro Morales ihre dritte Meisterschaft errangen. Schwere wirtschaftliche Probleme stürzten den Klub anschließend in eine Krise, die erst mit dem vierten Titelgewinn in der Apertura-Serie 2008 endete. [24.6.1909 | Sausalito (18.037) | 4]

HELDEN | LEGENDEN

■ **CARLOS CASZELY** Begnadeter Dribbler und Enfant terrible des chilenischen Fußballs der 1970er und 1980er Jahre. Der WM-Teilnehmer von 1974 und 1982 wurde mit Colo Colo sechsmal Meister und agierte zwischenzeitlich mit eher mäßigem Erfolg bei den spanischen Klubs Levante Valencia bzw. Español Barcelona. [*5.7.1950 | 49 LS/29 Tore]

■ **MATÍAS FERNÁNDEZ** Südamerikas Fußballer des Jahres 2006 ist gegenwärtig Chiles größter Hoffnungsträger. Der offensive Mittelfeldspieler wechselte 2007 von seinem Stammverein Colo Colo zu Villarreal CF, wo er seinem Ruf als »Matigol« nur bedingt gerecht wurde. [*11.5.1986 | 22 LS/5 Tore]

■ **ELÍAS FIGUEROA** »El Maestro Chileno« genannter Abwehrspieler, der zwischen 1966 und 1982 an drei Weltmeisterschaften teilnahm und von 1974-76 dreimal in Folge zu Südamerikas Fußballer des Jahres gewählt wurde. Stammt aus Valparaíso und debütierte im Alter von 17 Jahren beim örtlichen Erstligisten Santiago Wanderers. 1966 zu Peñarol Montevideo gewechselt, erreichte er 1971 mit den Uruguayern das Finale um die Copa Libertadores und wechselte anschließend zu Internacional Porto Alegre. 1975 nach Chile zurückgekehrt, errang Figueroa 1978 mit Palestino die Landesmeisterschaft, die er 1983 mit Colo Colo noch einmal feierte. [*25.10.1946 | 70 LS/2 Tore]

■ **JORGE ROBLEDO** Chiles Fußballheld der 1950er Jahre wurde in Iquique geboren, wuchs in England auf und begann seine Karriere bei Newcastle United. 1951/52 Torschützenkönig in England, kehrte er 1953 nach Chile zurück und schloss sich Colo Colo an. An der Seite seines Bruders Ted feierte er anschließend zahlreiche Erfolge mit dem Klub sowie der chilenischen Nationalelf, mit der er 1950 an der WM in Brasilien teilgenommen hatte. [*14.4.1926 †1.4.1989 | 31 LS/8 Tore]

■ **LEONEL SÁNCHEZ** Mit 84 Einsätzen Chiles Rekordnationalspieler und Erfolgsgarant bei der WM 1962, als er Chile mit vier Treffern an Platz drei schoss. Der Linksaußen spielte von 1953-69 bei Universidad de Chile und wurde mit »La U« sechsmal Landesmeister. [*25.4.1936 | 84 LS/23 Tore]

■ **MARCELO SALAS** Mit 37 Treffern Chiles Rekordtorschütze. »El Matador« wechselte 1998 für die damalige Rekordsumme von 99 Mio. DM von River Plate zu Lazio Rom und wurde 2003 mit Juventus Turin Meister. Südamerikas Fußballer des Jahres 2001. [*24.12.1974 | 70 LS/37 Tore]

■ **IVÁN ZAMORANO** Trotz nur 1,78 Meter Körpergröße bestach Ivan »El Terrible« durch eine ungeheure Kopfballstärke, die ihm 1995 in Diensten von Real Madrid zum Gewinn der spanischen Torjägerkanone verhalf. [*18.1.1967 | 69 LS/34 Tore]

Chiles Hoffnungsträger Matías Fernández.

In den 1980er Jahren geriet Chiles Fußball in eine schwere Krise. Die brutale Unterdrückungspolitik von General Pinochet lähmte das ganze Land, während ausufernde Gewalt, dramatisch zurückgehende Zuschauerzahlen sowie finanzielle Probleme für eine Stagnation sorgten. Namentlich der vom Pinochet-Regime vereinnahmte Volksklub Colo Colo sowie die beiden Universidad-Teams stöhnten unter enormen Schuldenlasten. Hinzu kam eine politisch bedingte Isolation. »Uns fehlen Begegnungen mit europäischen Spitzenmannschaften. Außerhalb unseres Kontinents fällt es uns aus politischen Gründen seit einigen Jahren schwer, Spielpartner zu finden«, klagte Nationaltrainer Luis Santibañez nach dem kläglichen Aus in der WM-Vorrunde 1982.
Internationale Erfolge waren rar. 1979 und 1987 erreichte Chile zwar jeweils das Finale um die Copa América, in dem man Paraguay resp. Uruguay jedoch unterlag. Tiefpunkt war die WM-Qualifikation 1990, als Torsteher Rojas schauspielerisches Talent bewies und beim Spiel in Brasilien nach einer Feuerwerksexplosion blutüberströmt vom Platz getragen wurde. Später stellte sich heraus, dass das vermeintliche Blut Ketchup war, woraufhin Chile von den Qualifikationsrunden 1990 und 1994 ausgeschlossen wurde.

■ **AUF KLUBEBENE HATTE** 1973 mit Colo Colo erstmals ein chilenischer Klub das Finale um die Copa Libertadores erreicht. Die Hauptstädter unterlagen dort jedoch ebenso wie zwei Jahre später Stadtrivale Union Española dem argentinischen Spitzenklub Independiente Avellaneda. 1981 und 1982 gelang dem wohlhabenden Minenverein Cobreloa Calama zweimal in Folge der Einzug ins kontinentale Finale, in dem er sich aber weder gegen Flamengo Rio de Janeiro noch gegen Peñarol Montevideo durchsetzen konnte. Erst 1991 durchbrach der seinerzeit finanziell bereits erheblich angeschlagene Rekordmeister Colo Colo mit einem 3:0 über Olimpia Asunción die Negativserie. Zwei Jahre später erreichte mit Universidad Católica zum bislang letzten Mal ein chilenischer Verein das Endspiel um die Copa.

Erst in den späten 1990er machte sich wieder Hoffnung breit. Bei der WM 1998 in Frankreich erreichte die von Iván Zamorano angeführte Landesauswahl das Achtelfinale, in dem sie gegen Brasilien allerdings chancenlos war. Zwei Jahre später errang die Olympiaauswahl in Sydney die Bronzemedaille. Nachdem Chile in der WM-Qualifikation 2002 nicht über den letzten Platz in Südamerika hinausgekommen und in der FIFA-Weltrangliste auf Position 84 abgestürzt war, verpuffte die Aufbruchstimmung jedoch wieder.

Das Erreichen des Viertelfinals bei der Copa América 2007 ließ Chiles Fußballfans abermals hoffen. Gallionsfigur der neuen Erfolgsgeneration war Colo-Colo-Star Matías Fernández, der 2006 zu Südamerikas Fußballer des Jahres gewählt wurde und anschließend nach Spanien wechselte. Beim selben Turnier wurden allerdings sechs Spieler – darunter Kapitän Jorge Valdivia – aufgrund von »Disziplinlosigkeiten« aus der Nationalelf geworfen und anschließend gesperrt.

»Normalerweise spiegelt der Fußball den Zustand eines Landes recht gut wider. Das ist in Chile nicht der Fall. Unsere Vereine sind schlecht geführt. Es mag hier und da Korruption geben, doch Inkompetenz ist wesentlich verbreiteter. Niemand zeigt Verantwortungsbewusstsein. Vereinspräsidenten türmen hohe Schuldenberge auf und waschen sich ihre Hände dann in Unschuld und gehen«, kommentierte Chiles Verteidigerlegende Elias Figueroa, der sein Land im Vereinsfußball auf keinem guten Weg sieht.

Auf der Auswahlebene klappt es ungleich besser. Nachdem es im Oktober 2008 unter dem argentinischen Nationalcoach Marcelo »el Loco« Bielsa erstmals in einem WM-Qualifikationsspiel einen Sieg über Argentinien gegeben hatte, breitete sich in Santiago sogar Hoffnung auf die Qualifikation für das Turnier 2010 aus. Vielleicht hat Chile ja endlich mal das Glück, das dem Land schon so häufig gefehlt hat.

ECUADOR

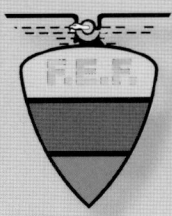

Federación Ecuatoriana de Fútbol

Ecuadorianischer Fußball-Bund | gegründet: 30.5.1925 | Beitritt FIFA: 4.6.1926 | Beitritt CONMEBOL: 1930 | Spielkleidung: gelbes Trikot, blaue Hose, rote Stutzen | Saison: Januar - Dezember | Spieler/Profis: 1.029.655/700 | Vereine/Mannschaften: 199/416 | Anschrift: Avenida las Aguas y Calle, Allianza, PO Box 09-01-7447, Guayaquil 593 | Telefon: +593-42/880610 | Fax: +593-42/880615 | Internet: www.ecuafutbol.org | E-Mail: fef@gye.satnet.net

Der kleine Riese ist erwacht

Ecuador ist Südamerikas aufstrebender Fußballstern

República del Ecuador

Republik Ecuador | Fläche: 256.370 km² | Einwohner: 13.040.000 (51 je km²) | Amtssprache: Spanisch | Hauptstadt: Quito (1.399.814) | Weitere Städte: Guayaquil (1.952.029), Cuenca (276.964), Santo Domingo (200.421), Machala (198.123), Manta (183.166) | Währung: 1 US-Dollar = 100 Cents | Zeitzone: MEZ -6h | Länderkürzel: EC | FIFA-Kürzel: ECU | Telefon-Vorwahl: +593

2002 und 2006 WM-Teilnehmer, 2008 mit LDU Quito den Sensationssieger in der Copa Libertadores gestellt – Ecuador scheint auf dem Weg zu einer festen Größe im südamerikanischen Spitzenfußball zu sein.

Dabei zählt das Land am Äquator – von dem es seinen Namen hat – eher zu den kleinen des Kontinents. Das gilt sowohl geographisch – Ecuador ist die nach Uruguay kleinste Republik Südamerikas – als auch fußballhistorisch. Bis zu den Erfolgen nach der Millenniumswende bildete Ecuador gemeinsam mit Venezuela traditionell das Ende der kontinentalen Rangliste und feierte nur kleinere Erfolge. Der größte gelang 1966, als die Nationalauswahl »tri« erst im Entscheidungsspiel den Sprung zur WM in England verpasste.

■ **DAS ZWISCHEN PAZIFIK,** Kolumbien und Peru gelegene Ecuador ist ein Land der Extreme. Auf der einen Seite steht der flache Westen mit der Hafenstadt Guayaquil, die mit fast zwei Mio. Einwohnern die größte Metropole des Landes ist. Auf der anderen Seite ragen die Anden empor, in der die Hauptstadt Quito auf 2.850 Höhenmetern residiert. Während das nüchterne Wirtschafts- und Finanzzentrum Guayaquil von den Nachfahren afrikanischer Sklaven geprägt ist, dominieren im spektakulär am Fuße des Vulkans Pichincha gelegenen Quito Einwohner indianischen Ursprungs. Mit rund 40 Prozent Anteil Amerindias an der Gesamtbevölkerung ist Ecuador das urspünglichste Land Südamerikas.

1822 vom Freiheitskämpfer Antonio José de Sucre aus dem 270-jährigen Kolonialjoch Spaniens geführt, gehörte Ecuador zunächst ebenso wie Venezuela zu Großkolumbien und wurde erst nach dessen Zerfall 1830 eigenständig. Das Land ist bislang vom Massentourismus verschont geblieben, und neben dem uralten Erbe der Inka-Kultur sowie der berühmten Galápagos-Inseln sind es vor allem Bananen, Kakao und Erdöl, die Ecuadors Wirtschaft ankurbeln. Politisch litt man lange unter Machtkämpfen innerhalb der kreolischen (weißen) Wirtschaftselite, bei denen sich die pro-kirchlichen Konservativen und die anti-kirchlichen Liberalen gegenüberstanden. Nach 23 Präsidentenwechseln zwischen 1925 und 1948 setzte erst in den frühen 1950er Jahren Kontinuität ein und Ecuador konnte einen vom Bananenexport getragenen Aufschwung beginnen. Dennoch lebt heute etwa ein Viertel der Einwohner unterhalb der Armutsgrenze, sind die Lebensverhältnisse vor allem in den Elendsvierteln der großen Städte katastrophal.

■ **ZUM FUSSBALL KAM DAS** Land verhältnismäßig spät. Juan Alfredo und Roberto Wright, zwei im peruanischen Lima aufgewachsene Brüder englischer Abstammung, gelten als die nationalen Fußballväter. Das aus besserem Hause stammende Duo hatte in Großbritannien studiert und war dort mit dem Fußball in Kontakt gekommen. Im August 1899 kehrten die beiden nach Guayaquil zurück und führten das Spiel im vier Monate zuvor von gleichfalls in England studierenden Einheimischen gegründeten Guaranyi Sport Club ein. Am 28. Januar 1900 soll den Überlieferungen zufolge das erste Fußballspiel auf ecuadorianischem Boden stattgefunden haben.

1902 entstand mit dem Ecuador SC der erste Fußballklub, und 1908 rief der Sohn des französischen Botschafters, Manuel Seminario Sáenz de Tejada, mit dem Pátria SC schließlich Ecuadors heute ältesten Verein

TEAMS | MYTHEN

■ **DEPORTIVO CUENCA** Der Klub wurde 1971 auf Anregung von Bürgermeister Alejandro Alexander Aguilar gegründet, um auch Cuenca, die mit 276.000 Einwohnern drittgrößte Stadt des Landes, im von Quito und Guayaquil beherrschten Profifußball zu etablieren. 1975 und 1976 gingen die »Morlacos« um Torjäger Angel Liciardi jeweils als Vizemeister aus dem Rennen hervor, ehe sich 2004 erstmals die Landesmeisterschaft nach Cuenca holten. [4.3.1971 | Alejandro Serrano Aguilar (22.102) | 1]

■ **BARCELONA SC GUAYAQUIL** 1925 vom Katalanen Simón Cañarte gegründeter Verein, der nach dem Armeeklub El Nacional Quito der erfolgreichste Ecuadors ist. Seinen Namen verdankt er Gründer Cañarte, der damit an seine katalanische Heimatstadt erinnern wollte. Das dem Logo des FC Barcelona ähnelnde Vereinswappen wurde hingegen erst 1955 angenommen, nachdem bis dahin das Barceloneser Stadtwappen getragen worden war. Der in schwarzgelber Kleidung auflaufende Verein ist im Hafenviertel von Guayaquil beheimatet und gilt als »Klub der Armen«. Als solcher steht er in Konkurrenz zum im bürgerlichen Umfeld verankerten Lokalrivalen Emelec, mit dem man den so genannten »Clásico del Astillero« (»Hafenklassiker«) betreibt. Der Aufstieg des Klubs begann in den 1940er Jahren und erreichte 1971 seinen ersten Höhepunkt, als die »Toreros« mit einem illustren Team um den Brasilianer José Paes, den Peruaner Pedro León und der ecuadorianischen Torjägerlegende Alberto Spencer in der Copa Libertadores den argentinischen Spitzenklub Estudiantes La Plata mit 1:0 bezwangen und nur knapp das Endspiel verpassten. Anschließend geriet Barcelona jedoch in eine Krise und konnte erst 1980 auf den nationalen Titelthron zurückkehren. Mit der 1987 erfolgten Einweihung des Estadio Monumental begann die »goldene Ära« der Guayaquileños. Die ambitionierte Klubführung erklärte seinerzeit den Gewinn der Copa Libertadores zum Ziel und lockte Akteure wie den Argentinier Marcelo Trobbiani und den Uruguayer Marcelo Saralegui nach Guayaquil. 1990 erreichte das vom Argentinier Miguel Angel Brindisi trainierte Team tatsächlich das Copa-Finale, in dem man jedoch Olimpia Asunción unterlag (0:2 in Paraguay, 1:1 daheim). 1998 gelang unter Trainer Rubén Insúa und mit einem vom Bolivianer Marco Etcheverry, dem Kolumbianer Anthony De Avila sowie den ecuadorianischen Nationalspielern Agustín »Tin« Delgado und Hólger Quiñónez geprägten Team abermals der Finaleinzug (0:2 und 1:2 gegen Vasco da Gama). Der Barcelona SC zählt mit fast 100.000 Mitgliedern zu den größten Klubs des Kontinents. [1.5.1925 | Monumental Banco Pichincha (59.283) | 13]

■ **EMELEC GUAYAQUIL** 1929 als Baseball- und Boxklub vom US-Amerikaner George Lewis Capwell gegründeter Verein, der im bürgerlichen Umfeld der Hafenstadt Guayaquil ansässig ist. Das Kürzel Emelec steht für den Elektronikkonzern **EM**presa **EL**éctrica del **EC**uador. Klubgründer Capwell war als Elektrotechniker nach Guayaquil gekommen und dort sesshaft geworden. Heute ist das von ihm 1945 errichtete vereinseigene Stadion nach ihm benannt. Emelec erhielt erst viele Jahre nach seiner Gründung auch eine Fußballsektion (Capwell war glühender Baseballfan), die 1957 unter Trainer Eduardo »Tano« Spandre die erstmals ausgespielte Landesmeisterschaft errang. 2002 sicherten sich »El Bombillo« (»die Glühbirne«) bereits zum zehnten Mal den Landestitel und erzielten 1985 mit dem Einzug ins Halbfinale um die Copa Libertadores (Aus gegen Grêmio Porto Alegre) ihren größten internationalen Erfolg. Renommierte Spieler wie Ariel Graziani, Carlos Alberto Juarez, Luis Capurro, Iván Kaviedes und Iván

des Landes ins Leben. Die Initiative ging stets von Kreolen aus dem Bildungsbürgertum aus, während die Bevölkerungsmehrheit der Indios mit dem Fußball lange Zeit nicht viel anzufangen wusste.

Fußball war im Westen Ecuadors bereits fest verankert, als er 1906 auch die Höhen von Quito erreichte. Es dauerte jedoch bis in die 1920er Jahre, ehe sich das Spiel in der Andenmetropole nennenswert etablierte. Nationaler Impulsgeber blieb folglich Guayaquil. Dort wurde am 30. Mai 1925 die Federación Deportiva del Guayas ins Leben gerufen, die sich als spartenübergreifender Sportverband begriff und 1926 der FIFA sowie 1929 der CONMEBOL beitrat.

In den 1920er Jahren kam es zur Gründung der heute populärsten Klubs. Berühmtester Name ist der von Serienmeister Barcelona SC Guayaquil, der am 1. Mai 1925 vom Katalanen Simón Cañarte gebildet wurde. Der stolze Gründer transportierte mit dem Klubnamen ein Stück Heimat nach Ecuador. Vier Jahre später rief der damals 27-Jährige US-amerikanische Elektroingenieur George Lewis Capwell mit Emelec Guayaquil Barcelonas designierten Erzrivalen ins Leben, der allerdings als Baseballklub begann. Der »Clásico del Astillero« zwischen Barcelona – Klub der Armen – und Emelec – Vertreter der Reichen – ist das brisanteste Fußballspiel, das Ecuador heute zu bieten hat.

Auch in anderen Städten kam es zu Klubgründungen. 1919 entstand in Riobamba der Club Deportivo Olmedo, 1923 erhielt Babahoyo mit dem Panamá Sporting Club seinen Pionier und 1928 wurde in Quito die Sociedad Deportivo América gebildet. Zwei Jahre später verselbständigte sich die Fußballmannschaft der Quitoer Studentenvereinigung als Liga Deportiva Universidad (LDU)

1922 konnten sowohl in Guayaquil (Provinz Guayas) als auch in Quito (Provinz Pichincha) Regionalmeisterschaften eingerichtet werden. Aus klimatischen Gründen musste man seinerzeit getrennt spielen – während die Saison an der tropischen Westküste von Mai bis Dezember verlief, konnte im Hochland nur von November bis Juli gespielt werden.

■ **MIT DER BERUHIGUNG DER** innenpolitischen Lage und dem Beginn eines vom Bananenexport gespeisten Wirtschaftsaufschwungs vermochte sich Ecuadors Fußball im Verlauf der 1940er Jahre allmählich zu stabilisieren. Ein Jahr nach ihrem Debüt gegen Bolivien (1:1) beteiligte sich die »tri« genannte Nationalmannschaft 1939 erstmals an der Copa América, und 1947 erhielt Ecuador sogar die Ausrichtung des Turniers übertragen.

Bei diesem lange als »schönstem Turnier der Geschichte« bezeichneten Ereignis landete Ecuador erstmals nicht auf dem letzten Platz, sondern ließ sowohl Bolivien als auch Kolumbien hinter sich. Insgesamt waren Erfolge jedoch rar, und in 107 Länderspielen zwischen 1938 und 1976 gelangen Ecuador ganze acht Siege.

Auf nationaler Ebene wuchs das Feld der Vereine unterdessen stetig an. Darunter war die im Februar 1945 gegründete Sociedad Deportivo Aucas Quito, die zum populärsten Klub unter den Indios Ecuadors avancierte. Der Name Aucas erinnert an einen berühmten Häuptling des Pinchincha-Stammes. 1965 erblickte mit dem Club Deportivo El Nacional auch Ecuadors heutiger Rekordmeister das Licht der Welt. Der Klub ist der Armee unterstellt und er darf ausschließlich ecuadorianische Spieler einsetzen.

Wie häufig in Lateinamerika existiert auch in Ecuador eine innige Liaison zwischen Fußball und Politik. Während El Nacional wie erwähnt Klub der Armee ist, steht der Barcelona SC der konservativen Partido Social Cristiano nahe. Lokalrivale Emelec wird von der Volkspartei Partido Roldosista Ecuatoriano unterstützt, und die christdemokratische Democracio Popular steht der LDU Quito nahe. Diese vier Klubs bilden das Herz des ecuadorianischen Vereinsfußballs, und sie verfügen im gesamten Land über Anhänger. Populärster Provinzverein ist Olmedo Riobamba.

Nachdem 1951 in Guayaquil und 1954 in Quito zwei den Profifußball anstrebende Verbände entstanden waren, kam es 1957 zu deren Zusammenschluss unter dem Dach des nationalen Sportverbandes Federación Deportiva Nacional del Ecuador, der noch im selben Jahre eine Landesmeisterschaft ausschrieb. Zunächst im K.-o.-System durchgeführt und lediglich mit Mannschaften aus Quito und Guayaquil bestückt, entwickelte sich daraus 1967 eine vom inzwischen gebildeten Nationalverband Asociación Ecuatoriana de Fútbol (seit 1978 Federación Ecuatoriana de Fútbol) gelenkte Profi-Nationalliga, in die auch Teams aus Cuenca, Riobamba, Ambato, Manta, Portoviejo und Machala aufgenommen wurden. 1971 erhielt die Klasse eine Zweite Liga als Unterbau.

Sportlich dominierten Quito und Guayaquil. Erst 2000 ging die Meisterschaft erstmals nach Riobamba, und 2004 durfte man auch in Cuenca feiern. Erfolgreichster Klub ist mit 15 Titeln Armeeverein El Nacional. Barcelona

● **FIFA World Ranking**
1993	1994	1995	1996	1997	1998	1999	2000
48	55	55	33	28	63	65	54
2001	2002	2003	2004	2005	2006	2007	2008
37	31	37	39	37	30	56	36

● **Weltmeisterschaft**
1930-58 nicht teilgenommen **1962-98** Qualifikation **2002** Endturnier (Vorrunde) **2006** Endturnier (Vorrunde) **2010** Qualifikation

● **Vereinserfolge**
Copa Libertadors LDU Quito (2008)

ECUADOR | 265

STÄTTEN | TEMPEL

▶ **Estadio Olímpico Atahualpa**

Die am 25. November 1951 eingeweihte Arena in der Hauptstadt Quito feierte am 7. November 2001 ihre große Stunde, als Ecuador mit einem 1:1 gegen Uruguay erstmals ein WM-Endturnier erreichte. Drei Jahre später war das auf über 2.800 Metern gelegene Nationalstadion auch Schauplatz des legendären 1:0-Erfolges über Brasilien. Das zentral gelegene 40.948-Plätze-Areal ist nach einem berühmten Inka-Häuptling benannt und Schauplatz der meisten ecuadorianischen Länderspiele.

(13), Emelec (10) und LDU (7) folgen in der nationalen Rangliste.

International vermochte Ecuador in den 1960er Jahren verstärkt auf sich aufmerksam zu machen. Synonym dafür steht der Name von Carlos Alberto Spencer. Aus dem Guayaquiler Klub Everest hervorgehend, wechselte der Sohn eines Jamaikaners mit britischen Wurzeln 1960 zum uruguayischen Topverein Peñarol und stieg in Montevideo zum gefürchteten Torjäger auf. Mit 54 Treffern ist Spencer bis heute Torschützenkönig der Copa Libertadores – vor Größen wie Pelé und Artime! Ecuadors Landesauswahl hatte indes Pech, als 1966 bei der zweiten Teilnahme an der WM-Qualifikation erst im Entscheidungsspiel gegen Chile die Endrundenträume platzten.

Erster Verein, der auf der internationalen Bühne Furore machte, war 1962 Emelec Guayaquil. In der Vorrunde fegten die Blauen seinerzeit die favorisierte Elf von Universidad Católica Santiago mit 7:2 vom Platz und bezwangen auch die Millonarios aus Bogotá (4:2). Alleine ihre Auswärtsschwäche kostete sie den möglichen Gruppensieg. 1971 erreichte mit Barcelona Guayaquil erstmals ein ecuadorianisches Team das Halbfinale im kontinentalen Wettbewerb.

■ **ANSCHLIESSEND FIEL ECUADORS** Fußball jedoch in einen langen Schlummerschlaf, der zahlreiche Talente ins lateinamerikanische Ausland abwandern ließ. Politisch in einem stetigen Wechsel zwischen zivilen und militärischen Regierungen gefangen, setzte unterdessen ein Wandel von einer Agrar- in eine Ölfördernation ein, auch wenn Ecuador bis heute weltweit führender Bananenexporteur ist.

In den 1990er Jahren begann Ecuadors Aufstieg zum neuen südamerikanischen Fußballhoffnungsträger. Ein erstes Achtungszeichen setzte 1990 Barcelona Guayaquil, das als erstes Team des Landes das Finale der Copa Libertadores erreichte und dort gegen Olimpia Asunción knapp den Kürzeren zog (1:1, 1:2). Zuvor hatte sich die vom Argentinier Miguel Brindisi trainierte Elf sensationell gegen River Plate aus Buenos Aires durchgesetzt. Acht Jahre später erreichten die Hafenstädter abermals das Finale, wo sie Vasco da Gama aus Rio de Janeiro unterlagen (1:2, 0:2).

Die Landesauswahl ließ derweil 1989 und 1991 in der Copa América jeweils Peru, Bolivien und Venezuela hinter sich und deutete damit an, dass sie mit ihrem Schicksal als Underdog nicht mehr zufrieden war. Die Erfolgsgrundlage hatte der Montenegriner Dusan Drasković gelegt, der 1989 nach Ecuador gekommen war und professionelle Trainingsmethoden eingeführt hatte, die Ecuador 1993 erstmals ins Halbfinale der Copa América führten (0:2 gegen Mexiko). Drasković' taktische, technische und disziplinäre Grundlagenarbeit wurde ab 1995 vom kolumbianischen Erfolgstrainer Francisco »Pacho« Maturana ausgebaut, der dem Auswahlteam eine lateinamerikanische Note verpasste.

Ein immenser Impuls ging von der 1995 in Ecuador durchgeführten U17-Weltmeisterschaft aus. Erstmals kam es seinerzeit zu einer systematisierten Nachwuchsarbeit, der Spieler wie Iván Kaviedes entstammten. 1999 übernahm Maturanas Landsmann Hernán Darío »Bolillo« Gómez die Übungsleitung und verhalf der »tri« endgültig zum Durchbruch. Angeführt vom in Mexiko spielenden Alex Aguinaga sowie Englandprofi Augustín »Tin« Delgado erreichte sie am 7. November 2001 mit einem von 40.000 Fans in Quito bejubelten 1:1 gegen Uruguay zum ersten Mal in ihrer Geschichte ein WM-Endturnier. Dort vermochten die Gómez-Schützlinge sogar das Vorurteil zu widerlegen, ihr Erfolg basiere auf der dünnen Höhenluft von Quito, indem ihnen in Yokohama ein 1:0 über den WM-Dritten von 1998 Kroatien gelang.

■ **NACH DEM FRÜHZEITIGEN** Scheitern in der Copa América 2004 wurde Erfolgstrainer Gómez von seinem Landsmann Luís Fernando Suárez abgelöst. Suárez leitete eine überfällige Verjüngungskur ein und kehrte mit einer Mischung aus Routiniers wie »Tin« Delgado, Iván Hurtado und Ulises de la Cruz sowie Talenten wie Félix Borja, Antonio Valencia und Franklin Salas auf den Erfolgsweg zurück. Legendärster Moment war der 17. November 2004, als Ecuador Brasilien im Rahmen der WM-Qualifikation 2006 mit 1:0 (Torschütze: Edison Méndez) bezwang. »Die Jungs zeigen ein gutes Zusammenspiel, der Teamgeist ist groß und individualistische Spieler gibt es nicht, außerdem sind sie verdammt schnell«,

Hurtado trugen die Kluft der Blau-Weißen, die für ihre erfolgreiche Nachwuchsarbeit bekannt sind. [28.4.1929 | George Capwell (18.222) | 10]

■ **SD AUCAS QUITO** Obwohl bislang ohne zählbare Erfolge, gehört Aucas zu den beliebtesten Vereinen des Landes. Hintergrund ist seine ethnische Struktur, denn der 1945 von Edwardus Hulwit, Guillermo Alarcón und Luis Torres gegründete Klub ist das fußballerische Aushängeschild der ecuadorianischen Indios. Benannt nach dem Pinchincha-Häuptling Aucas, wurde die Sociedad Deportiva Aucas lange vom Ölkonzern »Shell« unterstützt, der in der Region Auca Förderanlagen betrieb. Daraus resultieren auch die rot-gelben Vereinsfarben des Klubs. 2007 musste das Team in die zweite Liga (Serie B) absteigen. [1945 | Chillogallo (22.000)]

■ **LDU QUITO** Sensationssieger der Copa Libertadores 2008, als sich »La Liga« im Finale gegen Fluminense Rio de Janeiro durchsetzte. Die Erfolgsbasis war 1994 gelegt worden, als Quitos Bürgermeister Rodrigo Paz den Bau des 1997 eröffneten Estadio Casa Blanca durchgesetzt hatte. Anschließend etablierte sich die 1930 von der Studentenvereinigung der Quitoer Nationaluniversität gegründete Liga Deportivo Universitaria (LDU) dauerhaft in der nationalen Spitze und errang binnen sieben Jahren vier Titel. Aus dem vom Argentinier Edgardo Bauza trainierten Erfolgsteam ragten neben den ecuadorianischen Nationalspielern Néicer Reasco, Paúl Ambrosi, Patricio Urrutia und Agustín Delgado drei Argentinier sowie der umworbene ecuadorianische Mittelfeldmotor Joffre Guerrón heraus. LDU hatte 1970 seine erste Landesmeisterschaft errungen und war 1975 und 1976 in der Copa Libertadores jeweils in die Zwischenrunde vorgedrungen. [19.1.1930 | Casa Blanca (41.596) | 7]

■ **EL NACIONAL QUITO**  Ecuadors Rekordmeister wurde erst 1964 gegründet und ist der Armee unterstellt. El Nacional darf laut Satzung ausschließlich Ecuadorianer einsetzen, weshalb der Verein auch als »Los puros criollos« (»reine Kreolen«) bezeichnet wird. Gegründet zu einer Zeit, als das Militär vehement in die nationale Politik drängte, errangen die Rot-Blauen binnen drei Jahren ihre erste Landesmeisterschaft, der seitdem 14 folgten (zuletzt 2007). Größter internationaler Erfolg war das Erreichen der Zwischenrunde in der Copa Libertadores 1985. Zu den renommiertesten Spielern des in der Fangunst deutlich hinter Barcelona, Emelec und LDU rangierenden Klubs gehören Christian Benítez, Agustín »Tin« Delgado, Eduardo Hurtado und José Villafuerte. [1.6.1964 | Olímpica Atahualpa (40.948) | 15]

■ **CD OLMEDO RIOBAMBA**  Durchbrach 2000 als erster »Provinzverein« die Dominanz der Klubs aus Guayaquil bzw. Quito und wurde Landesmeister. Riobamba ist die Hauptstadt der Provinz Chimborazo und liegt in Sichtweite des gleichnamigen Vulkans, der mit 6.300 Metern der höchste Berg des Landes ist. Das auch »Ciclón Andino« (»andiner Zyklon«) genannte Centro Deportivo Olmedo zählt zu den ältesten Vereinen im nationalen Profifußball. [11.11.1919 | Olímpico Riobamba (18.936) | 1]

HELDEN | LEGENDEN

■ **ÁLEX AGUINAGA** Mittelfeldspieler, der 13 Jahre lang für den mexikanischen Spitzenklub Necaxa auflief und 2002 34-jährig mit Ecuador zur WM nach Japan/Südkorea reiste. Zählt zu den Gallionsfiguren der ecuadorianischen Erfolgsauswahl und kam auf 109 Länderspieleinsätze. [*9.7.1969 | 109 LS/23 Tore]

■ **AUGUSTÍN DELGADO** Tragische Figur im ecuadorianischen Fußballwunder, dessen Karriere beim englischen Profiklub Southampton FC einen schweren Rückschlag erlitt, nachdem er 2002 verletzt zur WM nach Asien gereist war. Mit 31 Treffern ist »Tin« Rekordtorschütze Ecuadors und bildete sowohl 2002 als auch 2006 mit Iván Kaviedes ein unwiderstehliches Angriffsduo. Parallel zu seiner Spielerlaufbahn etablierte der aus dem im Chota-Tal gelegenen Örtchen Piquiucho stammende Torjäger in seiner Heimat eine Fußball-Akademie, die Ecuador seitdem mit frischen Talenten versorgt. [*23.12.1974 | 70 LS/31 Tore]

■ **IVÁN HURTADO** Ecuadors Rekordnationalspieler (150 Einsätze) war die zentrale Figur der WM-Auswahlen von 2002 und 2006. 1993 im Alter von 17 Jahren im Nationalteam debütierend, führte er die »tri« ab 2000 als Kapitän aufs Feld. Der trickreiche und gewandte Stürmer lief für eine Vielzahl von Klubs auf (u. a. Emelec, Barcelona SC sowie Real Murcia/Spanien) und eröffnete 2001 in seiner Heimatstadt Esmeraldas ein erfolgreiches Fußballinternat. [*16.8.1974 | 150 LS/5 Tore]

■ **IVÁN KAVIEDES** Debütierte 1998 im Nationalteam, nachdem er 43 Saisontore für Emelec markiert hatte. Avancierte im selben Jahr mit seinem Wechsel nach Perugia zum ersten Ecuadorianer in der italienischen Serie A. 2001 erzielte der Torjäger mit griechischen Wurzeln den entscheidenden Treffer beim 1:1 gegen Uruguay, der Ecuador erstmals das WM-Tor öffnete. Bisweilen als Grenzgänger zwischen »lässig« und »faul« bezeichnet, hatte »El Nine« auf Klubebene weniger Glück und wechselte regelmäßig den Arbeitgeber. [*24.10.1977 | 53 LS/16 Tore]

■ **ALBERTO SPENCER** Größte Legende des ecuadorianischen Fußballs. Der aus dem Everest SC Guayaquil hervorgehende Torjäger erzielte von 1960-70 in 510 Spielen für den uruguayischen Spitzenklub Peñarol 326 Tore und hält mit 54 Treffern einen scheinbar ewigen Rekord in der Copa Libertadores. Viele Experten stellten Spencer sogar auf eine Stufe mit Brasiliens Fußball-Ikone Pelé. Der Sohn eines Jamaikaners mit britischen Wurzeln trug wegen seiner Kopfballstärke den Beinamen »Cabeza Mágica« (»magischer Kopf«) und lief international sowohl für Ecuador als auch Uruguay auf. 1973 seine Karriere beendend, wurde er 1982 zum ecuadorianischen Konsul in Uruguay ernannt. [*6.12.1937 †3.11.2006 | 11 LS/4 Tore für Ecuador (4/1 für Uruguay)]

Jahr	Meister	Jahr	Meister
1957	Emelec Guayaquil	1984	El Nacional Quito
1958-59	nicht ausgespielt	1985	Barcelona Guayaquil
1960	Barcelona Guayaquil	1986	El Nacional Quito
1961	Emelec Guayaquil	1987	Barcelona Guayaquil
1962	Everest Guayaquil	1988	Emelec Guayaquil
1963	Barcelona Guayaquil	1989	Barcelona Guayaquil
1964	Deportivo Quito	1990	LDU Quito
1965	Emelec Guayaquil	1991	Barcelona Guayaquil
1966	Barcelona Guayaquil	1992	El Nacional Quito
1967	El Nacional Quito	1993	Emelec Guayaquil
1968	Deportivo Quito	1994	Emelec Guayaquil
1969	LDU Quito	1995	Barcelona Guayaquil
1970	Barcelona Guayaquil	1996	El Nacional Quito
1971	Barcelona Guayaquil	1997	Barcelona Guayaquil
1972	Emelec Guayaquil	1998	LDU Quito
1973	El Nacional Quito	1999	LDU Quito
1974	LDU Quito	2000	Olmedo Riobamba
1975	LDU Quito	2001	Emelec Guayaquil
1976	El Nacional Quito	2002	Emelec Guayaquil
1977	El Nacional Quito	2003	LDU Quito
1978	El Nacional Quito	2004	Deportivo Cuenca
1979	Emelec Guayaquil	2005	LDU Quito
1980	Barcelona Guayaquil	2006	El Nacional Quito
1981	Barcelona Guayaquil	2007	El Nacional Quito
1982	El Nacional Quito	2008	Deportivo Quito
1983	El Nacional Quito		

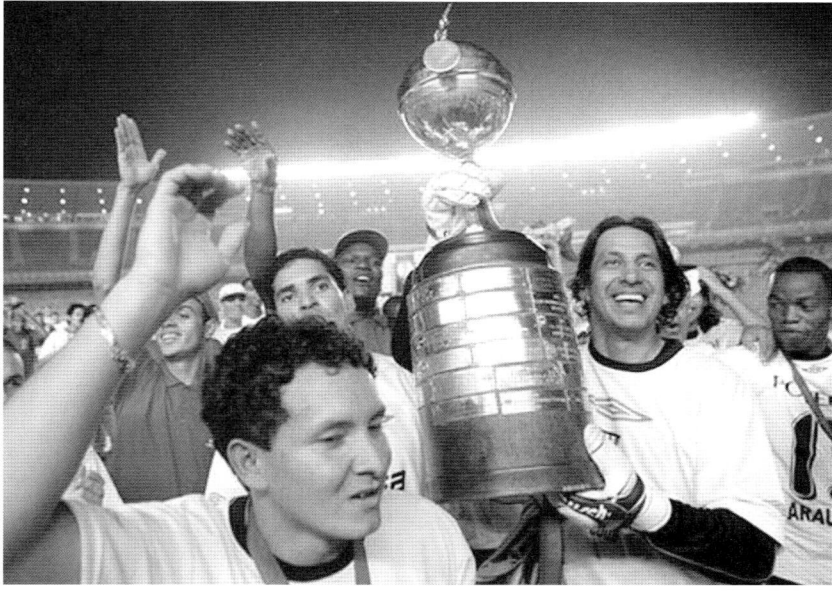

LDU Quito sorgte 2008 für eine der größten Sensationen in der Geschichte der Copa Libertadores, als man sich im Finale gegen Fluminense Rio de Janeiro durchsetzte. Torhüter José Francisco Cevallos (mit der Trophäe) avancierte im Elfmeterschießen zum Helden.

zeigte sich selbst Ecuadors Fußball-Legende Spencer beeindruckt von einem Team, das wenig später mit einem 0:0 gegen Uruguay die erneute WM-Qualifikation schaffte.

Das Erfolgsensemble war ungewöhnlich. Die meisten Akteure stammten aus der nördlichen Küstenprovinz Esmeraldas bzw. dem im nördlichen Andengebiet liegenden Valle de Chota – zwei zu den ärmsten Gegenden des Landes zählenden Regionen. Sie gehörten zudem der Volksgruppe der Afroecuadorianer an, die gleich doppelt benachteiligt war: Neben den rückständigen Bedingungen in ihren unterentwickelten Heimatregionen litt sie unter sozialen und wirtschaftlichen Benachteiligungen durch die Bevölkerungsmehrheit der Indios. Über den Fußball bot sich ihnen die Gelegenheit, anderswo unerreichbare gesellschaftliche Anerkennung zu erfahren.

Initiatoren waren die Nationalspieler »Tin« Delgado und Iván Hurtado, die 2001 im Valle de Chota bzw. in Esmeraldas Fußballinternate aufgebaut hatten, die sich gezielt um Jugendliche aus den sozial benachteiligten Familien kümmerten. Vor allem die in El Juncal ansässige Escuela de Fútbol machte Furore, weil sie 2006 gleich sieben Auswahlspieler stellte. »Wir mussten früher auf einem durch den nahen Fluss begrenzten, verkleinerten Fußballplatz trainieren. Das machte unser Spiel variabler, und nach den Spielen absolvierten wir im Fluss noch ein hartes Schwimmtraining. Die Arbeit auf den Feldern hat unsere Kondition noch weiter verbessert«, begründete »Tin« Delgado den Erfolg.

■ **ECUADORS AUFWÄRTSTREND** erfolgte auf breiter Ebene. Die Nationalliga des Landes zählt inzwischen zu den wirtschaftlich gefestigsten des Kontinents, Auswahlspieler wechseln nur ungern ins Ausland, weil die Lebensbedingungen in Ecuador für lateinamerikanische Verhältnisse vorzüglich sind, und für Spieler aus ärmeren bzw. instabileren Nachbarstaaten ist die Andenrepublik ein verlockendes Ziel.

Zudem haben die Erfolge der letzten Jahre die Popularität des Fußballs im Land enorm erhöht und vielen Ecuadorianern nach Jahren des wirtschaftlichen Niedergangs, politischer Unruhen, tragischer Naturkatastrophen und sozialer Schieflage den Glauben an ihre eigene Stärke zurückgegeben. Nicht umsonst wurde der zur WM-2006-Qualifikation von einer nationalen Brauerei ausgegebene Slogan »Sí se puede!« (»Ja, wir können es!«) zu einem geflügelten Wort, das inzwischen weit über seine fußballerischen Dimensionen hinaus Verwendung findet.

»Sí se puedo« hieß es auch im Frühjahr 2008, als Landesmeister LDU Quito als zweiter Verein nach Barcelona ins Finale um die Copa Libertadores einzog. Dort gelang der vom Argentinier Edgardo Bauza trainierten Elf um Kapitän Patricio Urrutia gegen Fluminense Rio de Janeiro die Sensation, als sie nach einem 4:2-Hinspielsieg auch im Rückspiel im Maracanã-Stadion triumphierten und die Trophäe mit einem 3:1 im Elfmeterschießen erstmals nach Ecuador holten.

Ecuador, der kleine Riese Südamerikas, scheint endgültig erwacht zu sein.

KOLUMBIEN

Federación Colombiana de Fútbol

Kolumbianischer Fußball-Bund | gegründet: 12.12.1924 | Beitritt FIFA: 1936 | Beitritt CONMEBOL: 1940 | Spielkleidung: gelbes Trikot, blaue Hose, rote Stutzen | Saison: Februar - November | Spieler/Profis: 3.043.229/929 | Vereine/Mannschaften: 2.750/7.700 | Anschrift: Avenida 32, No. 16-22 Piso 4°, Apdo Aéreo 17602 Bogotá | Telefon: +57/1-2889838 | Fax: +57/1-2889559 | Internet: www.colfutbol.org | E-Mail: info@colfutbol.org

República de Colombia

Republik Kolumbien | Fläche: 1.141.748 km² | Einwohner: 44.915.000 (39 je km²) | Amtssprache: Spanisch | Hauptstadt: Santa Fe de Bogotá (Bogotá, 6,8 Mio.) | Weitere Städte: Calí (2,3 Mio.), Medellín (2 Mio.), Barranquilla (1,3 Mio.), Cartagena (902.688), Cúcuta (682.671) | Währung: 1 Kolumbianischer Peso = 100 Centavos | Zeitzone: MEZ -5h | Länderkürzel: CO | FIFA-Kürzel: COL | Telefon-Vorwahl: +57

Das »Goldland« und sein Drogendschungel

Kolumbiens Fußballhistorie ist von Gewalt überschattet

Nach dem Rausch kommt der Kater. Eine Binsenweisheit, die in der kolumbianischen Fußballhistorie einen bitteren Beigeschmack hat. Vor der WM 1994 spielten sich die Südamerikaner in einen nie zuvor erlebten Fußballrausch. Höhepunkt war ein 5:0-Triumph in Argentinien, nach dem Kolumbien bereits als der kommende Weltmeister gehandelt wurde. Doch Valderrama und Co. bekamen die Lobeshymnen nicht. Beim WM-Turnier in den USA stürzte die Mannschaft in ein kreatives Loch und scheiterte sang- und klanglos bereits in der Vorrunde. In der von Drogen- und Wettkartellen beherrschten Heimat kam das gar nicht gut an. Verteidiger Andrés Escobar, dem beim 1:2 gegen die USA ein Eigentor unterlaufen war, bezahlte das vorzeitige Aus sogar mit dem Leben.

Sein gewaltsamer Tod sticht heraus aus einer Landes- und Fußballgeschichte, die wie keine zweite von Gewalt, Kriminalität und abenteuerlichen Alleingängen geprägt ist. Von Geldwäsche durch Fußballklubs über illegale Profiligen, einer zurückgegebenen WM bis hin zur Ermordung von Schiedsrichtern – Kolumbien hat es so ziemlich alles erlebt.

■ **KOLUMBIEN IST ETWA** dreimal so groß wie Deutschland und liegt an der Nordwestküste Südamerikas. Nach dem Ende der spanischen Kolonialepoche war die seinerzeit »Nueva Granada« (»Neugranada«) genannte Region 1819 von Unabhängigkeitskämpfer Simón Bolívar mit Venezuela und Ecuador zu Großkolumbien vereint worden. Separatistische Kämpfe führten 1829 zur Abspaltung Venezuelas und 1830 zu der Ecuadors, während das noch bis 1863 Nueva Granada genannte Kolumbien in einen blutigen Streit zwischen den zentralistischen Konservativen und den föderalistischen Liberalen geriet. Bis zur Jahrhundertwende musste das Land 22 Bürgerkriege über sich ergehen lassen und wurde zu einem von Großgrundbesitzern und Unternehmern beherrschten Zentralstaat.

Erst nach dem »Guerra de los Mil Días« (»Krieg der 1.000 Tage«, 1899-1902), dem mehr als 80.000 der damals fünf Mio. Kolumbianer zum Opfer fielen, beruhigte sich die Lage. 1903 wurde auf Druck der USA Panama abgetrennt, ehe ein durch ausländische Investoren begünstigter Aufschwung einsetzte, der vom Kaffeeanbau geprägt war und dem Land eine bis 1948 währende friedliche Epoche bescherte. Wie überall in Lateinamerika nahm dabei die weiße (kreolische) Minderheit die beherrschenden Positionen ein, während die einheimischen Indios bzw. die Nachfahren ehemaliger afrikanischer Sklaven die Fronarbeit verrichteten.

■ **FUSSBALL VERMOCHTE SICH NACH** der Jahrhundertwende in mehreren Orten gleichzeitig zu etablieren. Protagonisten waren europäische Ingenieure und Seeleute. In den 1870er Jahren waren vor allem Briten nach Kolumbien gekommen, um dort beim Bau der Eisenbahn mitzuhelfen. Die von ihnen mitgebrachten Sportdisziplinen wie Rugby und Polo wurden von den Einheimischen aufgegriffen und fanden vor allem im Militär Anklang. 1887 ließ der US-amerikanische Oberst Henry Round Lemly in der Militärschule von Bogotá zum ersten Mal eine Art Fußballspiel durchführen, das allerdings mehr an Rugby erinnerte.

Assoziationsfußball kam erst zwei Jahrzehnte später in Bogotá an. 1910 nahm der örtliche Polo Club das Spiel auf, und neben Briten kickten auch einige Angehörige der kolumbianischen Oberschicht, die das Spiel beim Studium in Großbritannien kennengelernt hatten. Kolumbiens Fußballwiege ist allerdings nicht

TEAMS | MYTHEN

ATLÉTICO JUNIOR BARRANQUILLA

1924 von britischen Kaufleuten gegründeter Klub aus der Wiege des kolumbianischen Fußballs. Barranquilla war lange Zeit die Hochburg der Amateurverfechter, weshalb sich Atlético Junior nach der Einrichtung der Profiliga DiMayor zunächst schwer tat. Erst 1977 konnten die »Tiburones« (»Haie«) von der Karibikküste ihren ersten Landestitel feiern. 1980 gelang der zweite Erfolg, und nachdem 1986 das Estadio Metropolitano eröffnet worden war, vermochten die Blau-Weißen mit einer von Carlos Valderrama angeführten Elf 1993 und 1995 zwei weitere Titel erringen. Seinen größten internationalen Erfolg feierte man 1994 mit dem Einzug in das Halbfinale um die Copa Libertadores.
[7.8.1924 | Metropolitano (60.000) | 5]

INDEPENDIENTE SANTA FÉ BOGOTÁ

1941 von Studenten des Gimnasio Moderno gegründeter Klub, der zu »El-Dorado«-Zeiten ebenso wie Lokalrivale Millonarios mit schillernden Akteuren aufwarten konnte. Seinerzeit liefen u. a. der Argentinier José Hector Rial (später Real Madrid) sowie die Briten Neil Franklin, George Mountford und Charlie Mitten für die von Ex-Manchester-United-Coach Jack Greenwall trainierten »Los Cardenales« (»Kardinäle«) auf. Dafür verantwortlich war Präsident Luis Robledo, der in Cambridge studiert hatte und mit einer Engländerin verheiratet war. Auf seinen Wunsch wurden sogar die Vereinsfarben in Rot-Weiß geändert, um an Robledos Vorbild Arsenal London zu erinnern. Der Zusatz Santa Fé weist im Übrigen auf den vollständigen Hauptstadtnamen »Santa Fé de Bogotá« hin. Nach dem Gewinn der Meisterschaft 1948 vermochte Independiente bis 1975 fünf weitere Titel zu erringen. In den 1980er Jahren geriet der »Expreso Rojo« (»Rote Express«) unter die Kontrolle des Drogenkartells von Cali und vermochte seinen Annalen lediglich einen Pokalsieg (1988) sowie die Vizemeisterschaft der Aperturasaison 2005 hinzuzufügen. [28.2.1941 | Nemesio Camacho »El Campín« (48.600) | 6]

MILLONARIOS BOGOTÁ

Weltweit berühmtester, national aber keinesfalls beliebtester Klub Kolumbiens. Seinen Ruhm verdankt der Klub mit dem provokativen Namen der »El-Dorado«-Ära, als das legendäre River-Plate-Innentrio Di Stéfano-Pedernera-Rossi für die Blau-Weißen auflief. 1937 von Studenten des Colegio San Bartolomé bzw. des Instituto La Salle als Juventud Bogotana gegründet, wurde der Klub 1938 zu Municipal Bogotá und erhielt am 18. Juni 1946 seinen heutigen Namen Club Deportivo Los Millonarios. Vorausgegangen war die Schenkung einer größeren Geldsumme durch einen Gönner, die es dem Klub ermöglicht hatte, mehrere Akteure aus Argentinien und Uruguay zu verpflichten. Der Journalist Camacho Montayo hatte daraufhin spöttisch von »Los Millonarios« geschrieben – eine Bezeichnung, die die Klubführung um den späteren Verbandspräsidenten Alfonso Senior sofort übernommen hatte. Millonarios zählte zu den vehementesten Befürwortern einer Profiliga und war entscheidend für die Ablösung der DiMayor vom damaligen Nationalverband Adefút verantwortlich. 1948 sorgten »Los Albiazules« (die Weiß-Blauen) mit der Verpflichtung des erwähnten River-Plate-Innentrios sowie Alfredo Castillo für Schlagzeilen. Später stießen u. a. der Uruguayer José Jacuzzi, Torsteher Julio Cozzi, Pedro Cabillon sowie die Schotten Billy Higgins und Bobby Flavell zu diesem Ballett«, das enorme Zuschauerkulissen anlockte und in dem mit Francisco »Cobo« Zuluaga nur noch ein Kolumbianer stand. Bis zum Ende der El-Dorado-Epoche (1953) errangen die Millonäre vier Meistertitel. Anschließend führte Trainer Gabriel Ochoa Uribe den Verein von 1959 bis 1964 zu drei weiteren nationalen Erfolgen bzw. 1960 ins Halbfinale der Copa Libertadores. 1972 und 1978 mit Ausnahmetalent Willington Ortiz zwei weitere Male Landesmeister geworden, geriet der

die Hauptstadt Bogotá, sondern die im Norden gelegene Hafenstadt Barranquilla, in der 1875 mit dem Bau einer Eisenbahnstrecke begonnen worden war. Barranquillas Fußball war zunächst britisch. Erst fünf Jahre, nachdem britische Ingenieure 1903 erstmals gekickt hatten, kam es zur Bildung eines kolumbianischen Teams, das vom zuvor in England studierenden Arturo de Castro angeführt wurde. Im Dezember 1909 rief de Castro mit dem Barranquilla FBC auch Kolumbiens ersten Fußballverein ins Leben.

Auch in Cali, Medellín und Santa Marta vermochte sich das Spiel im Verlauf der 1910er Jahre zu etablieren. Das erfolgte im Verbund mit einer rasanten Industrialisierung des Landes. So wurden seinerzeit im Großraum Medellín zahlreiche Textilunternehmen gegründet, stieg die Zuckerrohrhochburg Cali zur Verkehrsdrehscheibe des Südens auf, avancierte die Hafenstadt Santa Marta zum Umschlagplatz für die boomende Bananenproduktion.

■ VERSUCHE, DIE NATIONALE Fußballgemeinde zusammenzuführen, scheiterten wiederholt an infrastrukturellen Hürden und Kommunikationsschwierigkeiten. Kolumbien ist das viertgrößte Land Südamerikas und besteht jeweils zur Hälfte aus dem Amazonasbecken (Osten) und den nördlichen Ausläufern der Anden (Westen). Mehr als 90 Prozent seiner Einwohner leben in den Tälern und Höhen der Anden, wohingegen der von dichtem Dschungel beherrschte Osten nahezu unbewohnt ist. Mit Barranquilla und Bogotá entwickelten sich zwei fußballerische Kontrapunkte, deren Entwicklung unabhängig voneinander verlief. So richtete die in Bogotá ansässige »Junta Central des Sports« 1918 ein auf die Hauptstadt beschränktes »Campeonato Nacional« ein, während 1924 in Barranquilla eine die Nordküste abdeckende »Liga de Football de Atlantico« ihren Betrieb aufnahm, die 1936 sogar Mitglied der FIFA wurde. Mit dem Departement Antioquia und seiner Hauptstadt Medellín gab es noch eine dritte Fußballregion mit eigenem Verband (Federación Antioqueña de Fútbol).

Seine fehlende Einheit verwehrte Kolumbien lange Zeit die Möglichkeit zum internationalen Spielbetrieb. So konnte man 1919 einem vom Kontinentalverband CONMEBOL ausgesprochenen Beitrittsgesuch nicht folgen, weil es keinen Nationalverband gab. Im Verlauf der Jahre kristallisierte sich dann mit der Hauptstadt Bogotá eine dominierende Kraft heraus, die im Zuge der Industrialisierung exorbitant angewachsen war. Zwischen 1918 und 1938 stieg Bogotás Einwohnerzahl von knapp 150.000 auf über 350.000 Köpfe, avancierte die Stadt zur beherrschenden Metropole des Landes.

Dessen ungeachtet waren es Funktionäre aus Barranquilla, die 1938 mit der Asociación Colombiana de Fútbol (Adefút) erstmals einen Verband mit landesweitem Anspruch gründeten. Zu seinen Zielen zählte der Aufbau eines landesweiten Spielbetriebes sowie die Bildung einer Nationalmannschaft. Diesbezüglich orientierte sich Kolumbien zunächst gen Norden und trat 1938 dem zentralamerikanischen Kontinentalverband Confederación Centroamericano y des Caribe de Fútbol (CCCF) bei. Erst 1940 wechselte das Land zur südamerikanischen Konföderation CONMEBOL und nahm 1945 erstmals an der Copa América teil.

■ DIE 1930ER JAHRE WAREN für Kolumbien eine umwälzende Epoche. Unter dem liberalen Präsidenten Alfonso López Pumarejo verbesserten sich die Lebensverhältnisse im Land und die in den 1920er Jahren aufkommenden sozialen Spannungen konnten entschärft werden. Vom wirtschaftlichen Boom – getragen in erster Linie von der Kaffeeindustrie – profitierte auch der Fußball. 1938 wurde mit Deportivo Municipal Bogotá ein Klub gegründet, der zum Vorboten des Profifußballs wurde. Unterstützt von wohlhabenden Geschäftsleuten, schlossen sich im Verlauf der frühen 1940er Jahre mit Independiente Santa Fé Bogotá, Deportivo Cali und Atlético Nacional Medellín drei weitere Klubs der Forderung nach dem Profitum an.

Ihre Bemühungen lösten einen Streit zwischen den Amateurverfechtern des Barranquillaer Adefút und den vor allem in Bogotá ansässigen Profibefürwortern aus. 1948 überschlugen sich die Ereignisse. Zunächst gründeten die Profibefürworter die »Division Mayor« (DiMayor), dessen für April angedachter Start jedoch wegen der Ermordung des liberalen Präsidentschaftskandidaten und Bogotáer Bürgermeisters Jorge Eliéer Gaitán abgesagt wurde. Als sie ihren Spielbetrieb im August schließlich aufnahm, war der Streit zwischen Amateur- und Profibefürwortern derart eskaliert, dass die Adefút den Weltfußballverband FIFA bat, der DiMayor ihre Anerkennung zu verweigern.

Damit in die Illegalität gedrängt, konnte die Spielklasse zum berühmten »El Dorado« (»Goldland«) des Weltfußballs werden, denn aufgrund des FIFA-Verdikts war sie von sämtlichen Regularien befreit und konnte beispielsweise die Zahlung einer Ablösesumme bei Spielertransfers umgehen. Just zur selben Zeit wiederum steckte Argentiniens Profifußball in einer schweren Krise. Ein Spielerstreik hatte dort zum Zusammenbruch des Ligabetriebes geführt. Kolumbiens wohlhabende Profiklubs nutzten die Gunst der Stunde und lockten zahlreiche um höhere Gehälter ringende ar-

- **Erfolge**
Copa América 2001

- **FIFA World Ranking**

1993	1994	1995	1996	1997	1998	1999	2000
21	17	15	4	10	34	25	15
2001	2002	2003	2004	2005	2006	2007	2008
5	37	39	26	24	34	17	49

- **Weltmeisterschaft**
1930-54 nicht teilgenommen **1958** Qualifikation **1962** Endturnier (Vorrunde) **1966-86** Qualifikation **1990** Endturnier (Achtelfinale) **1994** Endturnier (Vorrunde) **1998** Endturnier (Vorrunde) **2002-2010** Qualifikation

- **Vereinserfolge**
Copa Libertadores Atlético Macional Medellín (1989), Once Caldas Manizales (2004)

als »Millonarios« verspottet worden war – ein Name, den die Vereinsführung um Rechtsanwalt Alfonso Senior aufgegriffen und in einen offiziellen verwandelt hatte. Mit der Verpflichtung des legendären River-Plate-Innenstürms Alfrédo Di Stéfano, Adolfo Pedernera und Nestor Rossi avancierten die »Millionäre« im August 1948 schlagartig zum gefeierten »Ballet Azul« (»blauen Ballett«) und heimsten mit einer der attraktivsten Fußballmannschaften in der Geschichte Lateinamerikas bis 1953 vier Meistertitel ein.

Millonarios' Aktivitäten hatten Signalwirkung, denn andere Klubs verstärkten sich ebenfalls mit Ausländern. Deportivo Calí heuerte diverse Argentinier an, Deportivo Pereira setzte vor allem auf Paraguayer, für Deportivo Cúcuta liefen insgesamt acht Uruguayer auf und Independiente Medellín bediente sich bevorzugt in Peru. 1949 kickten bereits 109 Ausländer in Kolumbien – darunter sogar britische Profis wie Neil Franklin, George Mountford und Charlie Mitten, deren Wechsel in Europa mit großem Erstaunen registriert worden war.

»El Dorado« war allerdings möglich, weil Kolumbien zur selben Zeit in einen Bürgerkrieg zwischen den Konservativen und den Liberalen geschlittert war. »Die Menschen waren verzweifelt wegen der politischen Situation, und so unterstützte die Regierung Perez unsere Bemühungen, ausländische Stars ins Land zu bringen. Sie gaben Dollars, weil sie wussten, dass die Spieler die Stadien füllen würden«, erläuterte Millonarios-Präsident Senior später.

gentinische Fußballstars nach Kolumbien. Vorreiter war der Bogotáer Klub Municipal, der 1946 von einem Gönner eine größere Summe erhalten hatte und daraufhin

Während der bis 1957 währende Bürgerkrieg (»La Violencia«) mehr als 300.000 Opfer forderte und das Land lähmte, kühlte der Fußball die Wunden des Volkes.

Doch das Glück war nicht von Dauer. Abgesehen von den Topklubs Millonarios, Independiente Santa Fé und Deportivo Calí gerieten alle anderen DiMayor-Mannschaften in finanzielle Schwierigkeiten, und als die FIFA ihre Sperre 1954 aufhob, brach das fragile System vollends zusammen. Den Klubs wurde ein Zeitraum von zwei Jahren eingeräumt, in denen die statutenwidrig verpflichteten ausländischen Spieler – inzwischen waren es mehr als 250 – zu ihren Stammvereinen zurückkehren mussten. Diverse Vereine mussten daraufhin aufgeben, und von den einst 18 Profiklubs spielten lediglich neun weiter. Noch Jahrzehnte später sollte Kolumbiens Klubfußball an den Folgen von »El Dorado« leiden.

■ **INTERNATIONAL INDES** profitierte die lange zu den schwächsten Teams des Kontinents zählende Landesauswahl (1945-63: drei Siege, 23 Niederlagen) und konnte mit der Qualifikation zur WM 1962 sogar ihren bis dahin größten Erfolg feiern. Neben dem berühmten Kurzpassspiel hatten die argentinischen Ballkünstler auch ein hohes Maß an Professionalität nach Kolumbien gebracht und damit für einen Mentalitätswandel gesorgt. Zudem war aus dem lange Zeit überwiegend von der Bildungselite betriebenen Spiel in den Industriequartieren der Großstädte ein Massenvergnügen geworden, in dem die unteren Schichten eine Chance zum gesellschaftlichen Aufstieg sahen.

Trainiert von der argentinischen Fußball-Legende Adolfo Pedernera schied die von Delio »Maravilla« Gamboa und Mittelstürmer Marino Klinger geprägte Landesauswahl 1962 bei der WM in Chile zwar bereits in der Vorrunde aus, schrieb aber beim 4:4 gegen die Sowjetunion Turniergeschichte, als sie einen 1:4-Rückstand aufholte.

Der Erfolg konnte jedoch nicht konserviert

Klub in den 1980er Jahren in die Hände des dem Medellíner Kartell nahestehenden Drogenboss Gonzalo Rodríguez Gacha (»der Mexikaner«). Mit seiner Hilfe (und den Drogengeldern) gelang es, die damalige América-Dominanz in der Nationalliga zu brechen und den Titel sowohl 1987 als auch 1988 nach Bogotá zu holen. Als Rodríguez Gacha 1989 erschossen wurde, gerieten die nunmehr mittellosen Millionäre in Turbulenzen und mussten sich seitdem mit zwei Vizemeisterschaften (1994, 1996) begnügen. [1937 | Nemesio Camacho »El Campín« (48.600) | 13]

■ **AMÉRICA CALÍ** Als »Klub des Volkes« bezeichneter Verein, dessen Wurzeln bis ins Jahr 1918 zurückreichen. Seinerzeit gründete der Lehrer Herman Zambrano den mit dem Santa Librada College verbundenen América FC, der nach wenigen Jahren wieder aufgelöst wurde. Später als Racing neugegründet, war erst die 1927 erfolgte dritte Klubgründung von Dauer. 1948 gehörte América zu den Initiatoren der Profiliga DiMayor, deren Vizemeister man 1960 und 1969 wurde. Die große Epoche der »Diabolos Rojos« (»Rote Teufel«) begann in den 1980er Jahren, als die im Drogenhandel aktiven Rodríguez Orejuela-Brüder die Führung übernahmen. In sportlicher Hinsicht trägt die Erfolgsära den Namen von Gabriel Ochoa Uribe, der einst selbst für América gespielt und 1979 für zwölf Jahre die Trainingsleitung übernommen hatte. Auf Wunsch des strenggläubigen Katholiken wurde seinerzeit sogar der Teufel aus dem Vereinswappen entfernt. 1979 errang die Elf um den argentinischen Weltmeister José Luis Brown erstmals die Landesmeisterschaft, ehe ein von Willington Ortiz, Juan Manuel Battaglia, Alex Escobar und Antony de Ávila geprägtes Team zwischen 1982 und 1986 mit fünf Titeln in Folge einen Rekord aufstellte. Dank der üppig fließenden Drogengelder liefen seinerzeit Spieler aus ganz Südamerika für die »Escarlatas« (»Feuerrote«) auf – darunter der Paraguayer Juan Manuel Battaglia, der Peruaner Julio Cesar Uribe, der Uruguayer Ruben Paz und die Argentinier Ricardo Gareca bzw. Julio Cesar Falcioni. In der Copa Libertadores erreichte América von 1985 bis 1987 dreimal in Folge das Finale, das aber jeweils verloren ging (1985 gegen Argentinos Juniors, 1986 gegen River Plate und 1987 gegen Peñarol). Nachdem sich 1991 Erfolgstrainer Ochoa verabschiedet hatte, führte sein vom Erzrivalen Atlético Nacional Medellín gekommener Nachfolger Francisco Maturana die Caleños 1992 abermals zum Titel sowie 1996 zum vierten Mal in das Finale um die Copa Libertadores (1:0 bzw. 0:2 gegen River Plate). Nach der Zerschlagung der Drogenkartelle geriet der Klub zwar in Turbulenzen, vermochte seine führende Position im kolumbianischen Fußball aber trotz eines Schuldenberges in Höhe von zwei Mio. US-Dollar zu verteidigen. Allerdings steht América seit 1995 aufgrund seiner Verwicklung in die Drogengeschäfte auf der »Clinton List« und darf nicht einmal ein Bankkonto führen. [21.12.1918 | Pascual Guerrero (45.625) | 8]

■ **DEPORTIVO CALÍ** Von Einwanderern überwiegend spanischer Herkunft als Calí FC gegründeter und im Bürgertum angesiedelter Verein. Wurde 1945 zum Großklub Deportivo und zählte 1948 zu den Gründungsmitgliedern der DiMayor. Nachdem sie 1962 bereits die Vizemeisterschaft errungen hatten, sammelten »Los Verdiblancos« (»Die Grünweißen«) von 1965-74 fünf Meisterschaften. 1978 erreichte das vom Argentinier Carlos Bilardo trainierte Team das Endspiel um die Copa Libertadores, das allerdings gegen Boca Juniors verloren ging. 1999 gelang Deportivo mit einer von Jairo »El Maestrico« Arboleda geprägten Elf abermals der Finaleinzug. Nach einem 1:0-Hinspielsieg musste man sich Palmeiras São Paolo im Rückspiel erst im Elfmeterschießen geschlagen geben. 1996, 1998 und 2005 errangen »Los Azucareros« (»die Zuckermacher«, Calí ist umgeben von Zuckerrohrplantagen) drei weitere nationale Titel. Der Klub gilt als seriös geführt und eröffnete 2008 das erste privat finanzierte Stadion in Kolumbien. [1908 | Olímpico Pascual Guerrero (45.195) | 8]

Jahr	Meister	Jahr	Meister	Jahr	Meister
1948	Independiente Santa Fé Bogotá	1971	Independiente Santa Fé Bogotá	1994	Atlético Nacional Medellín
1949	Millonarios Bogotá	1972	Millonarios Bogotá	1995	Atlético Junior Barranquilla
1950	Deportes Caldas Manizales	1973	Atlético Nacional Medellín	1996	Deportivo Calí
1951	Millonarios Bogotá	1974	Deportivo Calí	1997	América Calí
1952	Millonarios Bogotá	1975	Independiente Santa Fé Bogotá	1998	Deportivo Calí
1953	Millonarios Bogotá	1976	Atlético Nacional Medellín	1999	Atlético Nacional Medellín
1954	Atlético Nacional Medellín	1977	Atlético Junior Barranquilla	2000	América Calí
1955	Independiente Medellín	1978	Millonarios Bogotá	2001	América Calí
1956	Atlético Quindio Armenia	1979	América Calí	2002a	América Calí
1957	Independiente Medellín	1980	Atlético Junior Barranquilla	2002b	Independiente Medellín
1958	Independiente Santa Fé Bogotá	1981	Atlético Nacional Medellín	2003a	Once Caldas Manizales
1959	Millonarios Bogotá	1982	América Calí	2003b	Deportivo Tolima Ibague
1960	Independiente Santa Fé Bogotá	1983	América Calí	2004a	Independiente Medellín
1961	Millonarios Bogotá	1984	América Calí	2004b	Atlético Junior Barranquilla
1962	Millonarios Bogotá	1985	América Calí	2005a	Atlético Nacional Medellín
1963	Millonarios Bogotá	1986	América Calí	2005b	Deportivo Calí
1964	Millonarios Bogotá	1987	Millonarios Bogotá	2006a	Deportivo Pasto
1965	Deportivo Calí	1988	Millonarios Bogotá	2006b	Cúcuta Deportivo
1966	Independiente Santa Fé Bogotá	1989	nicht beendet	2007a	Atlético Nacional Medellín
1967	Deportivo Calí	1990	América Calí	2007b	Atlético Nacional Medellín
1968	Union Magdalena Santa Marta	1991	Atlético Nacional Medellín	2008a	Boyacá Chicó
1969		1992	América Calí		
1970	Deportivo Calí	1993	Atlético Junior Barranquilla		

Die Millonarios Bogotá in der Spielzeit 1952.

■ **DEPORTIVO TOLIMA IBAGUE**  Klub aus der Landwirtschafts- und Kaffeehochburg Ibague, der 2003 Meister wurde. Zuvor waren die »Vinotinto y Oro« (»Weinrot-Gelben«) viermal als Vizemeister eingelaufen. Der landesweit beliebte Klub gilt als Talentequelle und schrieb 1982 Schlagzeilen, als er mit attraktivem Angriffsfußball die Zwischenrunde der Copa Libertadores erreichte. Zu den damaligen Leistungsträgern zählte der spätere Nationaltrainer Francisco Maturana. [18.12.1954 | Manuel Murillo Toro (30.000) | 1]

■ **ONCE CALDAS MANIZALES**  Gewann 2004 mit einem von Luis Fernando Montoya gelehrten Ultradefensivsystem völlig überraschend die Kontinentalmeisterschaft Copa Libertadores. Seinerzeit setzte sich das Team um Juan Carlos Henao und John Viáfara im Elfmeterschießen gegen Boca Juniors durch. Der fußballerische Aufschwung der Kaffeemetropole Manizales hatte 1994 begonnen, als mit dem Estadio Palogrande eine moderne Fußballarena eingeweiht worden war. Engagierte Geschäftsleute verwandelten den 1959 durch Fusion von Once Deportivo und Deportes Caldas (Kolumbianischer Meister 1950) gebildeten Klub anschließend in eine Spitzenmannschaft, die 2003 Landesmeister wurde. [17.3.1959 | Palogrande (36.553) | 1 (1)]

■ **ATLÉTICO NACIONAL MEDELLÍN** Populärster und international erfolgreichster Klub Kolumbiens. Die als »equipo del pueblo« (»Mannschaft des Volkes«) bezeichneten »los Verdes« (»die Grünen«) erreichten 1989 ihren Höhepunkt, als sie als erstes Team westlich der Anden die Copa Libertadores gewannen. Die Klubwurzeln reichen zurück bis in das Jahr 1930. Seinerzeit entstand im Medelliner Barrio Manga de Don Pepe eine »Unión« genannte Mannschaft, aus der 1947 mit Hilfe lokaler Geschäftsleute Atlético Municipal wurde. 1951 führte das Vorhaben, fortan nur noch kolumbianische Spieler (»puros criollos«) einzusetzen, zur Umbenennung in Atlético Nacional. Das Gelöbnis wurde jedoch schon 1954 unter dem argentinischen Trainer Fernando Paternoster (Vizeweltmeister 1930) wieder aufgegeben, woraufhin eine mit Argentiniern, Uruguayern und Peruanern bestückte Elf erstmals Landesmeister wurde. Die große Ära des Klubs begann 1971, als der Argentinier Osvaldo Zubeldia das Training übernahm. Zubeldia hatte zuvor Estudiantes La Plata mit brutalem Defensivfußball dreimal zum Gewinn der Copa Libertadores geführt und steuerte »los Verdes« zwischen 1973 und 1981 dreimal zur Landesmeisterschaft. Vier Jahre, nachdem Zubeldia im Januar 1982 im Amt verstorben war, übernahm Ex-Verteidiger Francisco »Paco« Maturana das Training und belebte die »puros criollos«-Philosophie. Unter Maturanas Führung feierten spätere kolumbianische WM-Helden wie Faustino Asprilla, René Higuita, Víctor Aristizábal, Andrés Escobar, Iván Córdoba, Leonel Alvarez, Alexis García, Albeiro Usuriaga, Aquivaldo Mosquera Mauricio Serna und Juan Pablo Angel ihren Durchbruch. Zugleich geriet der Klub allerdings ins Drogenmilieu. Zunächst von Hernán Botero Moreno gelenkt, übernahm nach dessen Auslieferung an die USA im November 1984 Pablo Escobar die Führung. Fünf Jahre später gewann Nacional mit einem rein kolumbianischen Team die Copa Libertadores (Finalsieg über Olimpia Asunción) und versetzte das ganze Land in Jubelstimmung. Die Equipe bildete die Urzelle jener Nationalelf, die in den 1990er Jahren dreimal die WM erreichte. Nachdem Drogenboss Pablo Escobar erschossen worden war, musste sich der Klub zwar neu orientieren, verteidigte aber seinen Platz in der nationalen Spitze. 2008 feierte man unter Trainer Óscar Héctor Quintabani seine zehnte Landesmeisterschaft. [1930 | Atanasio Girardot (53.000) | 10]

■ **INDEPENDIENTE MEDELLÍN** 1913 als Medellín FBC gegründeter und im wohlhabenden Medelliner Bürgertum ansässiger Klub. Zählte 1948 zu den Gründungs-

werden. Im Juli 1965 wurde Kolumbien abermals von einem internen Streit erschüttert, als Profibefürworter mit der Federación del Fútbol Colombiana (FEDEBOL) eine Konkurrenz zur unverändert dem Amateursport verbundenen Adefút ins Leben riefen. Erst 1971 kam es mit Unterstützung der FIFA zur Einigung und der Gründung der heutigen Federación Colombiana de Fútbol (FCF).

■ **DAS NATIONALE LIGASYSTEM** war unterdessen 1968 durch einen Modus ersetzt worden, bei dem es separate Frühjahrs- (Apertura) bzw. Herbstrunden (Finalización) gab, deren erfolgreichste Teams abschließend in der Serie Definitiva den Gesamtmeister ermittelten. Das Land war damit Vorreiter für ein heute in ganz Lateinamerika verbreitetes System der Doppelsaison.

Zeitgleich neigte sich die seit Gründung der DiMayor während Dominanz der Klubs aus Bogotá (13 Titel zwischen 1948 und 1968, neun durch Millonarios, vier durch Independiente Santa Fé) ihrem Ende zu. Neue kolumbianische Fußballhauptstadt wurde Cali. Neben dem bürgerlichen Traditionsklub Deportivo (acht Titel ab 1965) spielte sich vor allem der mit Topstars aus ganz Südamerika verstärkte »Volksklub« América in den Vordergrund und errang 1979 seinen ersten von inzwischen zwölf Meistertiteln. Darüber hinaus vermochte mit Atlético Nacional Medellín ein von Abwehrspezialist Zubeldia bzw. später von »Paco« Maturana trainierter Klub Akzente zu setzen, der bewusst auf Einheimische setzte und damit sechs Titel errang.

Calís und Medellíns Kicker verhalfen Kolumbien auch international zum Durchbruch. Zwischen 1977 und 1996 erreichte mit Ausnahme von zwei Jahren jährlich mindestens ein kolumbianisches Team das Halbfinale um die Copa Libertadores. 1978 zog Deportivo Cali als erste kolumbianische Mannschaft ins Finale ein, von 1985 bis 1987 stand Lokalrivale América gleich dreimal in Folge im Endspiel, und 1989 holte Atlético Nacional die Trophäe zum ersten Mal ins Land. Der Glanz wurde von der Nationalelf widergespiegelt, die, angeführt von Ausnahmetalent Willington Ortiz, 1975 mit Platz zwei bei der Copa América ihren größten Erfolg seit der WM-Teilnahme von 1962 feierte.

■ **DIE ERFOLGE HATTEN** hatten jedoch einen schalen Beigeschmack: Sie waren mit Drogengeldern erkauft. In den 1970er Jahren hatten sich in Calí und Medellín konkurrierende Kartelle etabliert, die mit dem Drogenhandel (»narcotráfico«) enorme Gewinne verzeichneten und ihre Pfründe mit brutaler Gewalt verteidigten. Angehörige beider Kartelle engagierten sich auch im Fußball, der ihnen nicht nur als attraktiver Zeitvertreib diente, sondern zudem als günstige Möglichkeit zur Geldwäsche betrachtet wurde. Davon betroffen waren in erster Linie die Topklubs América Calí, Atlético Nacional Medellín und Millonarios Bogotá, die in den 1980er Jahren in die Hände der Drogenbosse Gilberto Rodríguez Orejuela (América), Hernán Botero Moreno bzw. Pablo Escobar (Atlético Nacional) sowie Gonzalo Rodriguez Gacha (Millonarios) gerieten.

Während der später ermordete Justizminister Rodrigo Lara Bonilla schon 1983 klagte: »Die Mafia hat Kolumbiens Fußball übernommen«, erfuhr das Land einen weiteren Rückschlag, als es die für 1986 geplante Weltmeisterschaft an die FIFA zurückgeben musste. Die wirtschaftlichen, infrastrukturellen und vor allem innenpolitischen Probleme des rezessionsgeplagten Kolumbiens waren einfach zu groß für das Turnier, das ohnehin vorwiegend ein Projekt von Verbandspräsident und Ex-Millonarios-Boss Alfonso Senior gewesen war.

■ **IN DEN 1980ER UND** 1990er Jahren ertrank Kolumbien förmlich in Gewalt. So auch im Fußball. 1989 eskalierte die Situation, als wenige Monate nach der Ermordung des América-Spielers Daniel Ortega mit Alvaro Ortega ein Schiedsrichter erschossen wurde, weil er beim Spiel Independiente Medellín gegen América Calí dem Regelwerk gefolgt war und einem der mit den Drogenkartellen verbundenen Wettkartelle schwere Verluste eingebracht hatte. Während der nationale Spielbetrieb daraufhin ausgesetzt wurde, wurde 1990 beim Copa-Libertadores-Spiel

Deportivo Cúcuta feiert seinen 3:1-Erfolg über Boca Juniors in der Copa Libertadores 2006.

zwischen Atlético Nacional und Vasco da Gama erneut ein Schiedsrichter überfallen und dessen Leben bedroht.

Inmitten der ausufernden Gewalt begab sich Kolumbiens Nationalelf auf einen mitreißenden Höhenflug. Die goldene Generation um Carlos »El Pibe« (»das Bübchen«) Valderrama, René Higuita und Faustino Asprilla, die ihr Land 1987 schon zur U19-Meisterschaft Süd-amerikas geführt hatte, erreichte 1990 erstmals seit 28 Jahren wieder ein WM-Turnier und stürmte in Italien bis ins Achtelfinale vor (0:1 gegen Kamerun). 1992 reiste Kolumbiens U23 zu den Olympischen Spielen nach Barcelona, während sich die U17 ein Jahr später die Südamerikameisterschaft sicherte. Als Vater der Erfolge galt Nationaltrainer Francisco »Paco« Maturana, der 1989 mit einer ausschließlich von Kolumbianern gebildeten Elf von Atlético Nacional Medellín die Copa Libertadores gewonnen hatte. Zudem hatte er den landestypischen Sicherheitsfußball durch ein kreatives Angriffssystem ersetzt, das »toque toque« genannt wurde und Kolumbien in eine der spektakulärsten Auswahlteams Lateinamerikas verwandelte.

1994 u.a. mit einem legendären 5:0-Qualifikationssieg in Argentinien abermals für das Endturnier qualifiziert, reiste die Maturana-Elf als Geheimfavorit in die USA – und musste, erdrückt von den enormen Erwartungen und verunsichert von den Drohungen der Drogenkartelle, bereits in der Vorrunde die Segel streichen. Anschließend erfuhr die geschockte Fußballwelt vom Einfluss der Drogen- und Wettkartelle auf den kolumbianischen Fußball, als Verteidiger Andrés Escobar, dem beim 1:2 gegen die USA ein Eigentor unterlaufen war, auf offener Straße erschossen wurde. Hintergrund: Ein Drogenboss hatte beim Wetten viel Geld verloren.

Unterdessen griffen die von den USA und der kolumbianischen Regierung angestrengten Maßnahmen zur Bekämpfung der Drogenkartelle allmählich und die Situation beruhigte sich etwas. Versuche, die Fußballklubs in transparente Unternehmen zu verwandeln, mißlangen aber. So gilt Kolumbiens Profifußball heute zwar als »sauberer«, doch neben den noch immer involvierten Drogenkartellen mischen inzwischen auch noch die gefürchteten Paramilitärs mit – so wie bei Deportivo Cúcuta, das 2006 mit einem 3:1 über die Boca Juniors für eine Sensation in der Copa Libertadores sorgte und dessen Gelder aus fragwürdigen Töpfen stammen. Hinzu kommen eklatante Gewaltprobleme. So beklagte man im März 2008 über 80 Verletzte beim Derby zwischen América und Deportivo Calí. Mit durchschnittlich rund 11.000 Zuschauern rangiert Kolumbiens Nationalliga im südamerikanischen Vergleich im Übrigen in der Spitze.

■ **DER VERLUST DER** Drogengelder hatte zudem einen Rückgang der internationalen Leistungsfähigkeit zur Folge. 1998 schied Kolumbiens Nationalelf bereits in der WM-Vorrunde aus und hat sich seitdem für kein Endturnier mehr qualifizieren können. Immerhin gelang ihr 2001 bei der im eigenen Land ausgetragenen Copa América erstmals der Gewinn der Kontinentalmeisterschaft. Der aus Manizales stammende Provinzklub Once Caldas machte derweil 2003 Furore, als er mit Ultradefensivfußball das Finale um die Copa Libertadores erreichte und dort Boca Juniors schlug.

Rein sportlich muss einem um Kolumbiens Fußballzukunft nicht bange sein, denn das Land gilt unverändert als sprudelnde Talentequelle – zuletzt wurde 2005 die U20 Südamerikameister. Politisch allerdings stets es unverändert schlecht um das völlig zerstrittene Land.

mitgliedern der DiMayor, in der man zu »El-Dorado«-Zeiten mit einer von Peruanern geprägten Elf auflief. Nach zwei Meisterschaften 1955 und 1957 kam es zu einer langen Durststrecke, die erst 2002 mit dem dritten Titelgewinn endete. 2003 gelang dem Verein, dessen Fanbasis auf den Großraum Medellín beschränkt ist, der Einzug ins Halbfinale um die Copa Libertadores. [15.4.1913 | Atanasio Girardot (52.872) | 5]

HELDEN | LEGENDEN

■ **LEONEL ÁLVAREZ** Über viele Jahre verlässliche Abwehrgröße, der sich mit seinem außergewöhnlichen Eifer und Einsatz viele Freunde schuf – seine Gegenspieler indes fürchteten ihn als »Raubein«. Errang 1989 mit Atlético Nacional Medellín die Copa Libertadores und reiste 1990 und 1994 mit Kolumbien jeweils zur WM. Seine Vereinskarriere führte ihn nach Mexiko, Spanien und in die USA. [*30.6.1965 | 101 LS/1 Tor]

■ **RENÉ HIGUITA** »El Loco« nannten sie den Torhüter mit der langen Mähne – »den Verrückten«. Tatsächlich zählte Higuita zu den schillerndsten Figuren im Weltfußball. Unvergessen sein Faux-pas beim WM-1990-Achtelfinalspiel gegen Kamerun, als er 40 Meter vor seinem Gehäuse den Ball an Roger Milla verlor und damit Kolumbiens Aus einleitete. Ebenfalls legendär seine Showeinlage vom September 1995, als er im Londoner Wembley-Stadion einen Heber mit der Hacke slapstickartig aus dem Tor beförderte. Higuita stand im Laufe seiner Karriere für zahlreiche Klubs zwischen den Pfosten und errang 1989 mit Atlético Nacional Medellín die Copa Libertadores. 1993 wurde er wegen seiner Beteiligung an einem Entführungsfall verhaftet und 2004 wegen Kokaingebrauchs von der FIFA gesperrt. [*27.8.1966 | 68 LS]

■ **WILLINGTON ORTIZ** Kolumbiens Ausnahmefußballer der 1970er. Geboren in Tumaco, begann er seine Laufbahn 1972 bei Hauptstadtklub Millonarios und reiste im selben Jahr mit Kolumbien zum olympischen Fußballturnier nach München. 1972 und 1978 wurde der gefürchtete Torjäger mit Millonarios jeweils Landesmeister, ehe er 1980 für eine damalige Rekordsumme zu Deportivo Calí wechselte. Später auch noch für den Stadtrivalen América auflaufend, beendete »El Viejo Willy« (»der alte Willy«) 1989 und damit kurz vor dem Beginn der »goldenen Ära« des kolumbianischen Fußballs seine Karrierre, in der er dreimal Vizemeister der Copa América geworden war. [*26.3.195(1)2 | 49 LS/12 Tore]

■ **CARLOS VALDERRAMA** Gallionsfigur der Erfolgself der 1990er Jahre, in der er nicht nur wegen seiner üppigen Haarmähne auffiel. »El Pibe« (»das Bübchen«) stammt aus der Hafenstadt Santa Marta (dort steht ihm zu Ehren eine Bronzeplastik vor dem Stadion) und trug in allen seinen 111 Länderspielen die Kapitänsbinde. Der bisweilen etwas lauffaule Meister des Kurzpassspiels war einer der Garanten des kolumbianischen Überraschungserfolges bei der WM 1990 (Einzug ins Achtelfinale). Vier Jahre später ging Südamerikas Fußballer des Jahres 1993 verletzt in das Turnier in den USA und konnte das vorzeitige Aus nicht verhindern. 1998 fiel er in Frankreich lediglich als lauffaule Diva auf. Valderrama spielte von 1979-78 bei Atlético Nacional Medellín und gewann mit den »los Verdes« 1989 die Copa Libertadores. Zwischen 1996 und 2004 wirkte er in den USA und wurde dort 2005 in die MLS All-Time Best XI gewählt. [*2.9.1961 | 111 LS/11 Tore]

PARAGUAY

Südamerikas Talentequelle

Das kleine Paraguay zählt seit langem zu den großen Fußballnationen Südamerikas

Asociación Paraguaya de Fútbol

Paraguayischer Fußballbund | gegründet: 18.7.1906 | Beitritt FIFA: 24.5.1925 | Beitritt CONMEBOL: 1921 | Spielkleidung: rot-weiß gestreiftes Trikot, blaue Hose, blaue Stutzen | Saison: April – Dezember | Spieler/Profis: 1.037.435/590 | Vereine/Mannschaften: 1.696/3.500 | Anschrift: Estadio de los Defensores del Chaco, Calle Mayor Martínez 1393, Asunción | Tel: +595-21/480120 | Fax: +595-21/480124 | www.apf.org.py | E-Mail: apf@telesurf.com.py

Auch einem kleinen und armen Land stehen die Pforten zur Fußballweltspitze offen. Paraguay ist der Beweis. Seit 1998 hat das neben Bolivien einzige Binnenland Südamerikas bei keinem WM-Endturnier mehr gefehlt. Rekordmeister Olimpia Asunción ist mit drei Triumphen in der Copa Libertadores der fünfterfolgreichste Verein des Kontinents, Spieler wie Torsteher José Luis Chilavert oder Goalgetter Roque Santa Cruz genießen Weltruhm und seit 1986 residiert sogar der Kontinentalverband CONMEBOL in Paraguay.

Der Erfolg basiert in erster Linie auf intensiver Nachwuchspflege. 2001 drangen die Junioren des Landes bei der WM in Argentinien bis ins Halbfinale vor. 2004 errang die U23 bei den Olympischen Spielen in Athen Silber, wurde die U16 Südamerikameister. Ein Jahr später öffnete in Ypané nahe der Hauptstadt Asunción ein modernes Trainingszentrum seine Pforten, das Paraguays Nachwuchskickern seitdem professionelle Arbeitsmöglichkeiten bietet.

■ **PARAGUAYS LANDESGESCHICHTE** ist von politischen Turbulenzen gezeichnet. 1810 der spanischen Kolonialherrschaft entronnen, geriet man umgehend in einen Krieg mit Argentinien, Uruguay und Brasilien, dem mehr als die Hälfte der damals 400.000 Einwohner zum Opfer fielen. Kaum hatte sich die außenpolitische Lage in den 1870er Jahren einigermaßen beruhigt, stürzte das Land in einen innenpolitischen Konflikt zwischen der konservativen Partido Colorado und der liberalen Partido Liberal, der die weitere Entwicklung erheblich beeinflusste.

In Paraguays Gesellschaft dominieren Mestizen (Mischlinge spanischer bzw. indianischer Herkunft) und Indios, wobei Erstere die Führungs- und Letztere die Unterschicht bilden. Zudem leben große Gemeinden von Einwanderern namentlich aus Italien, Spanien, Deutschland, Brasilien und Japan im Land. Deutsche kamen im Übrigen keinesfalls erst nach dem Zweiten Weltkrieg, als Paraguay zum sicheren Hafen für Naziverbrecher wie Josef Mengele wurde, sondern siedeln bereits seit dem 19. Jahrhundert am Chaco.

Geografisch wird das Land durch den Río Paraguay in die östliche Region Paraneña und das im Westen gelegene Chaco Boreal geteilt. Der Chaco ist das größte subtropische Feuchtgebiet der Welt. Er nimmt fast zwei Drittel der Landfläche Paraguays ein, steht zu großen Teilen unter Naturschutz und ist äußerst dünn besiedelt. Die meisten der etwa sechs Mio. Landeseinwohner leben im Osten. Dort ist auch die Hauptstadt Asunción zu finden (vollständiger Name: »Nuestra Virgen de la Asunción«, »Unsere Jungfrau der Verkündung«), die rund 510.000 Menschen beherbergt. Kulturell pflegt man das Erbe der Ureinwohner Guaraní, einer Volksgruppe, deren Sprache heute gemeinsam mit Spanisch Landessprache ist.

■ **WÄHREND DER GROSSE** Nachbar Argentinien politisch und wirtschaftlich einen hohen Einfluss auf Paraguay ausübte, wurde der Fußball von einem Niederländer ins Land gebracht. 1900 kam der holländische Lehrer Willem Paats als Sportlehrer zur Escuela Norma nach Asunción und führte das Spiel dort ein.

Er stieß auf große Begeisterung bei seinen allesamt aus noblem Hause stammenden Schülern, und am 25. November 1901 kam es zum ersten Spiel auf paraguayischem Boden, als zwei Schülermannschaften aufeinandertrafen. »Es war für das Publikum eine wirkliche Überraschung, das dieses Spiel noch nicht kannte, das aber in England, Holland und in den meisten anderen europäischen Ländern bekannt ist«, berichtete die Tageszeitung »La Democracia«.

República del Paraguay
Tetã Paraguay

Republik Paraguay | Fläche: 406.752 km² | Einwohner: 6.017.000 (14,8 je km²) | Amtssprache: Spanisch, Guaraní | Hauptstadt: Asunción (513.399) | Weitere Städte: Ciudad del Este (223.350), San Lorenzo (202.745), Luque (186.988), Capiatá (154.469) | Währung: 1 Guaraní = 100 Céntimos | Bruttosozialprodukt: 1.140 $/Kopf | Zeitzone: MEZ -5h | Länderkürzel: PY | FIFA-Kürzel: PAR | Telefon-Vorwahl: +595

Jahr	Meister	Jahr	Meister	Jahr	Meister
1906	Guaraní Asunción	1942	Nacional Asunción	1976	Libertad Asunción
1907	Guaraní Asunción	1943	Libertad Asunción	1977	Cerro Porteño Asunción
1908	nicht ausgetragen	1944	Cerro Porteño Asunción	1978	Olimpia Asunción
1909	Nacional Asunción	1945	Libertad Asunción	1979	Olimpia Asunción
1910	nicht ausgetragen	1946	Nacional Asunción	1980	Olimpia Asunción
1911	Nacional Asunción	1947	Olimpia Asunción	1981	Olimpia Asunción
1912	Olimpia Asunción	1948	Olimpia Asunción	1982	Olimpia Asunción
1913	Cerro Porteño Asunción	1949	Guaraní Asunción	1983	Olimpia Asunción
1914	Olimpia Asunción	1950	Cerro Porteño Asunción	1984	Guaraní Asunción
1915	Cerro Porteño Asunción	1951	Sportivo Luqueño	1985	Olimpia Asunción
1916	Olimpia Asunción	1952	Presidente Hayes Tacumbu	1986	Sol de América Asunción
1917	Libertad Asunción	1953	Sportivo Luqueño	1987	Cerro Porteño Asunción
1918	Cerro Porteño Asunción	1954	Cerro Porteño Asunción	1988	Olimpia Asunción
1919	Cerro Porteño Asunción	1955	Libertad Asunción	1989	Olimpia Asunción
1920	Libertad Asunción	1956	Olimpia Asunción	1990	Cerro Porteño Asunción
1921	Guaraní Asunción	1957	Olimpia Asunción	1991	Sol de América Asunción
1922	nicht ausgetragen	1958	Olimpia Asunción	1992	Olimpia Asunción
1923	Guaraní Asunción	1959	Olimpia Asunción	1993	Olimpia Asunción
1924	Nacional Asunción	1960	Olimpia Asunción	1994	Olimpia Asunción
1925	Olimpia Asunción	1961	Cerro Porteño Asunción	1995	Olimpia Asunción
1926	Nacional Asunción	1962	Olimpia Asunción	1996	Cerro Porteño Asunción
1927	Olimpia Asunción	1963	Olimpia Asunción	1997	Olimpia Asunción
1928	Olimpia Asunción	1964	Guaraní Asunción	1998	Olimpia Asunción
1929	Olimpia Asunción	1965	Olimpia Asunción	1998	Olimpia Asunción
1930	Libertad Asunción	1966	Cerro Porteño Asunción	1999	Olimpia Asunción
1931	Olimpia Asunción	1967	Guaraní Asunción	2000	Olimpia Asunción
1932-34	nicht ausgetragen	1968	Olimpia Asunción	2001	Cerro Porteño Asunción
1935	Cerro Porteño Asunción	1969	Olimpia Asunción	2002	Libertad Asunción
1936	Olimpia Asunción	1970	Cerro Porteño Asunción	2003	Libertad Asunción
1937	Olimpia Asunción	1971	Olimpia Asunción	2004	Cerro Porteño Asunción
1938	Olimpia Asunción	1972	Olimpia Asunción	2005	Cerro Porteño Asunción
1939	Cerro Porteño Asunción	1973	Cerro Porteño Asunción	2006	Libertad Asunción
1940	Cerro Porteño Asunción	1974	Cerro Porteño Asunción	2007	Libertad Asunción
1941	Cerro Porteño Asunción	1975	Olimpia Asunción	2008	Libertad Asunción

Im Juli 1902 rief Fußballpionier Paats den Foot-Ball-Club Olimpia ins Leben, der ein Jahr später mit Guaraní einen Ortsrivalen erhielt. Die erste Ausgabe des heutigen »viejo clasico« (»alter Klassiker«) gewann Guaraní im November 1903 mit 1:0. Während Olimpia den Angehörigen der liberalen Oberschicht bzw. Europäern (darunter einigen Deutschen) nahestand, engagierten sich bei Guaraní überwiegend Einheimische. Im Gegensatz zu allen anderen südamerikanischen Staaten vermochte sich der Fußball in Paraguay frühzeitig auch unter den verstädterten Indianern zu etablieren. Indianische Traditionen sind in Paraguay allerdings auch lebendiger als anderswo, da der Kolonialeinfluss Spaniens verhältnismäßig gering war.

Mit dem in konservativen Kreisen ansässigen Nacional CF (1904 gegründet) und dem liberalen CD Libertad (1905) entstanden seinerzeit noch zwei weitere später prägende Vereine, während Cerro Porteño, der neben Olimpia heute populärste Klub des Landes, erst 1912 ins Leben gerufen wurde.

■ **PARAGUAYS FUSSBALLGEMEINDE** ist wie fast alles im Land auf die Hauptstadt Asunción konzentriert. Bis das Spiel in der Provinz ankam, vergingen viele Jahre. Dementsprechend wurde auch die weitere Entwicklung in Asunción geprägt. So kam es dort 1906 zur von Adolfo Pedro Riquelme, dem Chefredakteur des »El Diario«, initiierten Gründung der Liga Paraguaya de Football (LPF), deren Erbe heute der Nationalverband Asociación Paraguaya de Fútbol (APF) trägt. Noch im selben Jahr rief die LPF eine Stadtmeisterschaft ins Leben, an der mit Olimpia, Guaraní, Nacional, General Díaz und Libertad fünf Teams teilnahmen.

Erster Meister wurde der Indio-Klub Guaraní. Als Ligavater Riquelme 1912 starb, spaltete sich mit der »Liga Centenaria« eine Konkurrenzklasse ab. Erst 1917 wurden beide Klassen wieder vereint.

Bereits 1910 hatte Paraguays Nationalauswahl »Albirroja« (»Weiß-Rote«) beim 1:2 gegen Uruguay ihr Debüt absolviert. Nach dem Beitritt zur FIFA beteiligte sich das Land 1921 erstmals an der Copa América, wo der von Nationallegende Manuel Fleitas Solich und Aurelio González geprägten Elf ein sensationelles 2:1 über Uruguay gelang. Ein Jahr später unterlag man Brasilien im Entscheidungsspiel und musste sich mit Platz zwei zufrieden geben. Das Erfolgsteam bestach durch einen für südamerikanische Verhältnisse ungewöhnlich »europäischen« Fußball, der auf Entschlossenheit und Kampfkraft basierte und fast ohne technische Kabinettstückchen auskam.

1924 fungierte das Land als Ausrichter der Copa América, wobei die Spiele mangels geeigneter Stätten in der uruguayischen Hauptstadt Montevideo ausgetragen wurden. Der wirtschaftliche Überschuss verhalf Paraguay anschließend zu infrastrukturellen Verbesserungen, und im hauptstädtischen Distrikt Sajonia konnte das heutige Nationalstadion Defensores del Chaco eröffnet werden.

1930 verpasste die von José Durán Laguna trainierte Landesauswahl bei der ersten WM in Uruguay nur knapp das Halbfinale. Anschließend wurde Paraguay erstmals mit einem Problem konfrontiert, das sich seitdem wie ein roter Faden durch die Historie des Landes zieht: personeller Ausverkauf. Argentinien und Uruguay, deren Stars nach Europa abgewandert waren, füllten ihre Lücken seinerzeit mit Pa-

TEAMS | MYTHEN

■ **CERRO PORTEÑO ASUNCIÓN** Neben dem Stadtrivalen Olimpia populärste Mannschaft Paraguays, wobei Cerro Porteño als »el club del pueblo« (»Volksklub«) gilt, während Olimpia Team der Wohlhabenden ist.  Die 1912 erfolgte Gründung war motiviert von der Idee Susana Núñez', im Arbeiterquartier des Barrio Obrero eine Sportgemeinschaft ins Leben zu rufen, die den Jugendlichen in innenpolitisch turbulenten Zeiten Halt geben sollte. Um seine politische Neutralität zu dokumentieren, erklärte der Klub das Blau der Liberalen und das Rot der konservativen Colorados zu seinen Farben. Der Vereinsname kann mit »Hafenstädterhügel« übersetzt werden. Er weist auf eine Schlacht im Krieg mit Argentinien hin, die Paraguays Armee 1811 auf dem Cerro Mbaé (Mbaé-Hügel) gegen die »porteños« (»Hafenstädter«) genannten Truppen des argentinischen Generals Belgrano gewann. Das Herz des Vereins schlägt im Hafenviertel Barrio Obrero, wo sich auch das Stadion General Pablo Rojas »la Olla« (»die Schüssel«) befindet. Cerro Porteño gewann bereits 1913 erstmals die Stadtmeisterschaft und erwarb sich 1918 den Beinamen »el Ciclón« (»der Zyklon«), als man in einem entscheidenden Spiel binnen fünf Minuten einen 0:2-Rückstand umdrehte und zum dritten Mal Landesmeister wurde. 2005 errang der Klub seinen 27. nationalen Titel. International eilt man zum Leidwesen der großen Fanschar (und zur Häme der dreifachen Südamerikameisters Olimpia) dem Erfolg allerdings hinterher. Cerro Porteño rangiert zwar auf Platz vier der ewigen Copa-Libertadores-Rangliste, ist damit aber der erfolgreichste Verein, der die Trophäe nie gewonnen hat. 1973 erreichte das Team erstmals die Zwischenrunde des Wettbewerbs, in dem Colo Colo für das Aus sorgte. Neben dem Argentinier Sergio Goycochea liefen paraguayische Größen wie Cayetano Ré, Roberto Cabañas, Saturnino Arrúa, Sinforiano García, Francisco Arce, Carlos Gamarra, Diego Gavilán und Santiago Salcedo für die Rot-Blauen auf. [1.10.1912 | General Pablo Rojas »La Olla« (25.000) | 27]

■ **GUARANÍ ASUNCIÓN** Klub der Indio-Bevölkerung, der nach Olimpia ältester Verein Paraguays ist. Der Name wie auch das Logo erinnert an die Ureinwohner der Guaraní, deren Erbe Paraguays heutige kulturelle Basis bildet.  Mit neun Meisterschaften und zehn Vizemeisterschaften zählt Guaraní zu den erfolgreichsten Teams des Landes, wobei die meisten Erfolge lange zurück liegen. 1903 von Dr. Rogelio S. Livieres gegründet, zählten die im Bezirk Dos Bocas ansässigen »Aurinegros« (»Gelbschwarzen«, die Farben erinnern an Peñarol Montevideo, für den zwei der Klubgründer einst gespielt hatten) zunächst zur nationalen Fußballelite. In den 1960er Jahren erreichten sie ihre erfolgreichste Phase, als sie unter den uruguayischen Trainern Ondino Vera und José Maria Rodriguez 1964 bzw. 1967 Landesmeister wurden und 1966 die Zwischenrunde in der Copa Libertadores erreichten. Seit ihrer neunten Meisterschaft 1984 sind »El Aborigen« (»Ureinwohner«) vornehmlich in eigene Probleme verstrickt und konnten lediglich drei Vizemeisterschaften (1996, 2000 und 2003) feiern. [12.10.1903 | Rogelio Livieres (10.000) | 9]

■ **LIBERTAD ASUNCIÓN** Dritte Kraft im hauptstädtischen Fußball, der seit der Millenniumswende der progressivste Klub Paraguays ist. 2000 hatte Tabakmogul Horacio Cartes die Klubführung  übernommen und den zwischenzeitlich in die Zweitklassigkeit abgestürzten Verein in ein kommerziell geführtes Unternehmen verwandelt. 2002 errangen die »Gumarelo« erstmals seit 1976 wieder die Landesmeisterschaft und dominieren seitdem gemeinsam mit Cerro Porteño die Nationalliga. Die Heimat der den Liberalen nahestehenden »Albinegros« (»Weißschwarzen«) ist das hauptstädtische Stadtviertel Tuyucá. Gegründet von Juan Manuel Sosa Escalada und benannt nach dem Schiff, mit dem der aus Buenos Aires stammende Gründer angekommen war, errang Libertad 1910 seinen ersten Meistertitel. Nach dem Chaco-Krieg waren die Schwarz-Weißen zunächst die Einzigen, die mit Olimpia mithalten konnten, und gingen sowohl 1943 als auch 1945 als Meister durchs Ziel. Mit Benítez Cáceres und Gerardo Rivas brachte man zudem zwei Fußball-Legenden Paraguays hervor. Nach dem Titelgewinn von 1955 mussten die Libertad-Anhänger 20 Jahre auf den nächsten Triumph warten. Die endgültige Rückkehr in die nationale Spitze gelang erst 2000 und war dem Wandel unter Präsident Cartes zuzuschreiben. Wenngleich der Klub des langjährigen CONMEBOL-Präsidenten Nicolás Leoz sportlich nach Olimpia und Cerro Porteño Paraguays Nummer drei ist, rangiert er in der Fangunst gleich hinter dem Indio-Klub Guaraní. [30.6.1905 | Dr. Nicoláz Leoz (16.000) | 13]

■ **NACIONAL ASUNCIÓN** 1904 gegründeter Klub, der den konservativen Colorados nahesteht. Die von Studenten des Colegio Nacional de la Capital gebildeten Weiß-Blau-Roten werden auch »los Academicos« genannt. 1909 gelang Nacional der erste Titelgewinn, dem 1911 der zweite folgte. Seine große Epoche erlebte der Klub in den 1920er Jahren, als Legenden wie Urbeita Sosa, Manuel Fleitas Solich und Arsenio Erico für ihn aufliefen. Nachdem 1946 der sechste Titelgewinn gelungen war, schied der für seine erfolgreiche Nachwuchsarbeit bekannte Klub aus der nationalen Spitze aus und musste mehrfach in die Zweite Liga absteigen (zuletzt 2003). [5.6.1904 | Arsenio Erico (4.500) | 6]

■ **OLIMPIA ASUNCIÓN** Ältester und erfolgreichster Verein Paraguays. Neben 38 Landesmeisterschaften ragen drei Erfolge in der Copa Libertadores heraus, die Olimpia zum nach Independiente, Boca Juniors und Peñarol erfolgreichsten Verein Südamerikas machen. 1902 als Foot-Ball Club Olimpia vom niederländischen Fußballpionier William Paats gegründet, zählte der Club Olimpia 1906 zu den Mitgründern der Stadtliga und errang 1912 seinen ersten Titel. Im selben Jahr wurde der heutige Erzrivale Cerro Porteño ins Leben gerufen. Während jener als »Klub der kleinen Leute« gilt, ist Olimpia in den höheren Gesellschaftsschichten verankert und steht der liberalen Colorado-Partei nahe. Von 1927-29 gelang mit Akteuren wie Antonio und José Brunetti, Luis Telesca, Rogelio Etcheverry, Titulo Ruiz und Desiderio Alvarez der erste Titelhattrick. Nachdem Manuel Ferreira die Vereinsführung übernommen hatte, entstand das heute nach ihm benannte vereinseigene Stadion, in dem Olimpia zwischen 1956 und 1960 fünfmal in Folge die Meisterschaft feierte. Dieser Rekord wurde gebrochen, als man von 1978 bis 1983 sogar sechs Titel in Folge errang. International drang Olimpia früh in die Riege der stärksten Klubs in Südamerika vor. Bereits 1960 erreichten die Paraguayer das Finale um die erstmals ausgespielte Copa Libertadores (0:1, 1:1 gegen Peñarol Montevideo). 1979 wurde zum erfolgreichsten Jahr der Vereinsgeschichte, als sich ein von Regisseur Hugo Talavera angeführtes und vom Uruguayer Luis Cubilla trainiertes Team zunächst im Finale um die Copa gegen die Boca Juniors durchsetzte und anschließend gegen Malmö FF auch den Weltpokal errang. Als Vater des Erfolges galt der dem Stroessner-Regime nahestehende Geschäftsmann Osvaldo Domínguez Dibb, der 1976 die Vereinsführung übernommen und anschließend Topspieler wie Torjäger Raúl Amarilla verpflichtet hatte. Von 1989-91 erreichte Olimpia dreimal in Folge das Endspiel um die Copa, die man 1990 gegen den ecuadorianischen Barcelona SC erneut gewann. Leistungsträger der vom argentinischen Weltmeister Nery Pumpido trainierten Elf waren der uruguayische Torsteher Ever Almeida, Torjäger Raúl Amarilla sowie Kapitän Juan Guasch. 2002 wurde der inzwischen »Rey de Copas« (»König der Pokale«) genannte Klub gegen den brasilianischen Klub São Caetano zum dritten Mal Kontinentalmeister. Auf nationaler Ebene steht man seit dem 38. Titelgewinn 2000 indes im Schat-

Olimpia Asunción krönte Paraguays »goldenes Fußballjahr« 1979 mit der Copa Libertadores.

raguayern auf. Namentlich die in den 1930er Jahren in Buenos Aires spielenden Torjäger Arsenio Erico und Benítez Cáceres feierten am Río de la Plata große Erfolge.

■ **DAS ENDE DER ERSTEN »GOLDENEN ÄRA«** des paraguayischen Fußballs markierte freilich der Chaco-Krieg mit Bolivien (1932-35), der für einen tiefen Einschnitt sorgte. Er destabilisierte das Land derart, dass es 1947 sogar in einen blutigen Bürgerkrieg glitt. 1954 ergriff der deutschstämmige General Alfredo Stroessner die Macht und installierte mit Hilfe der USA sowie Brasiliens eine rigide Diktatur. Auf Kosten der Freiheit und mit erheblichen Repressionen festigte Stroessner die instabile Wirtschaft und beendete die internationale Isolation des Landes. Stroessner sollte bis 1989 an der Macht bleiben und damit als dienstältester Diktator des Kontinents in die Annalen eingehen.
Unter Stroessner zerbrach das Land. Auf der einen Seite stand die kleine Oberschicht, die sich korrupt gab und in Saus und Braus lebte, auf der anderen Seite die breite Masse des Volkes, die zu Hungerlöhnen schuftete und dem täglichen Überlebenskampf dennoch nicht entgehen konnte. Jegliche Opposition wurde brutal im Keime erstickt.
Trotz der politischen Situation konnte Paraguay Ende der 1940er Jahre in die fußballerische Elite Südamerikas zurückkehren. 1947 und 1949 wurden die »Albirrojas« jeweils Zweiter in der Copa América und rangen 1950 bei der WM in Brasilien Schweden immerhin ein 2:2 ab. 1953 gelang es ihnen, mit einem 3:2 über Brasilien sogar erstmals Kontinentalmeister zu werden. Erfolgsrezept war das von Trainer Manuel Fleitas Solich entwickelte 4-2-4, mit dem Brasilien fünf Jahre später Weltmeister werden sollte. Das von Paraguay organisierte, aber in Peru ausgerichtete Turnier versorgte den Nationalverband zudem mit dringend benötigten Finanzmitteln, die in der Nationalliga u. a. die Einführung eines geregelten Auf- und Abstiegs erlaubten. Auf der anderen Seite zahlte Paraguay einen hohen Preis für seinen Erfolg, denn 20 der 22 Copa-Sieger verließen das Land wenig später in Richtung Ausland (darunter mit Angel Berni und Rubén Fernández zwei Gallionsfiguren).

■ **DER NEUAUFBAU** glückte überraschend schnell. Schon 1958 erreichte Paraguay unter Trainer Aurelio González mit der Qualifikation zur WM in Schweden einen weiteren Triumph. Legendärer Höhepunkt war ein 5:0 in Uruguay, bei dem Linksaußen Florencio Amarilla binnen acht Minuten ein Hattrick gelang. Paraguay

STÄTTEN | TEMPEL

▶ Estadio Defensores del Chaco

Paraguays Nationalstadion befindet sich im Asunciónér Distrikt Sajonia und wurde 1924 mit den Überschüssen aus der Ausrichtung der Copa América errichtet. Zunächst »Uruguay« genannt (dort hatten die Copa-Spiele 1924 stattgefunden), erhielt es 1935 nach dem Chaco-Krieg seinen heutigen Namen (»Verteidiger des Chaco«). 1996 und 2007 wurde die Nationalarena umfangreichen Renovierungsmaßnahmen unterzogen und bietet gegenwärtig 36.000 Zuschauern Platz.

● **Erfolge**
Copa América 1953, 1979

● **FIFA World Ranking**

1993	1994	1995	1996	1997	1998	1999	2000
61	87	64	38	29	25	17	10
2001	2002	2003	2004	2005	2006	2007	2008
13	18	22	30	30	35	21	17

● **Weltmeisterschaft**
1930 Endturnier (Vorrunde) 1934-38 nicht teilgenommen 1950 Endturnier (Vorrunde), 1954 Qualifikation 1958 Endturnier (Vorrunde) 1962-82 Qualifikation 1986 Endturnier (Achtelfinale) 1990-94 Qualifikation 1998 Endturnier (Achtelfinale) 2002 Endturnier (Achtelfinale) 2006 Endturnier (Vorrunde) 2010 Qualifikation

● **Vereinserfolge**
Copa Libertadores Olimpia Asunción (1979, 1990, 2002)

wurde seinerzeit eine große Fußballzukunft vorhergesagt. Die Erfolgself verfügte über ein Durchschnittsalter von 22,6 Jahren und hatte Ausnahmetalente wie Juan Agüero, José Parodi, Jorge Romero, Cayetano Ré und den erwähnten Amarilla in ihren Reihen.

Doch die Vorschusslorbeeren waren verfrüht. Nach einem 3:7-Auftaktdebakel gegen Frankreich konnten selbst ein 3:2 über Schottland und ein 3:3 gegen Jugoslawien das vorzeitige WM-Aus nicht verhindern. Anschließend kam es zu einem erneuten Ausverkauf der Erfolgself, und nachdem die Nachfolgenration 1963 noch einmal Vizemeister in der Copa América geworden war, brachen beschaulichere Zeiten für Paraguay an.

■ **AUF NATIONALER EBENE** hatte sich das Spiel zwischenzeitlich zwar landesweit etabliert, sein Herz schlug aber unverändert im Großraum Asunción, Luque, Villa Hayes und Itauguá. 1935 war die auf jene Region beschränkte Nationalliga für das Profitum geöffnet worden, und mit Olimpia sowie Cerro Porteño rangen zwei landesweit populäre Mannschaften um die Führungsrolle. Die beiden Teams dokumentieren zugleich die sozialen Gegensätze im Land. Während Olimpia Vertreter der höheren Gesellschaftsschichten ist, gilt das im Hafenviertel ansässige und nach einer berühmten Schlacht im Krieg mit Brasilien benannte Cerro Porteño als »el club del pueblo« (»Volksklub«).

Olimpia und Cerro Porteño haben Paraguays Nationalliga über weite Strecken beherrscht. Mit 42 Titeln ist Olimpia freilich deutlich erfolgreicher als Cerro Porteño, das 2005 »erst« zum 27. Mal Landesmeister wurde. Libertad und Nacional folgen mit großem Abstand (elf bzw. neun Titel), haben Paraguay dafür aber mit Größen wie Benítez Cáceres, Gerardo Rivas (Libertad) sowie Arsenio Erico und Manuel Fleitas Solich (Nacional) bereichert. Guaraní gelangen ebenfalls neun Landesmeisterschaften.

Auch international ist Olimpia der erfolgreichste Verein des Landes. Schon 1960 drangen die Schwarz-Weißen erstmals ins Finale um die Copa Libertadores vor, das sie anschließend fünf weitere Male erreichten. 1979 (gegen Boca Juniors), 1990 (Barcelona Guayaquil) und 2002 (São Caetano) gingen die Hauptstädter dabei als Sieger vom Feld und sind damit nach Independiente, Boca Juniors und Peñarol der vierterfolgreichste Klub Südamerikas. 1979 gelang ihnen gegen Malmö FF zudem der Gewinn des Weltpokals. Im Gegensatz zum »Rey de Copas« (»König der Pokale«) genannten Club Olimpia ist Cerro Porteño international zum Leidwesen seiner zahlreichen Fans bislang noch kein Erfolge gelungen.

Nachdem Olimpia und Cerro Porteño bis 2001 die Landesmeisterschaft weitestgehend beherrscht hatten, konnte sich mit Libertad ein Team in den Vordergrund schieben, das 2008 seinen fünften Titelgewinn binnen sieben Jahren feierte. Hintergrund war die Übernahme des Klubs durch den Tabakmogul Horacio Cortes, der Libertad in Paraguays ersten kommerziell geführten Verein verwandelt hat.

■ **NACH EINER LANGEN** internationalen Durststrecke brach Ende der 1970er Jahre eine neue Erfolgsära für den paraguayischen Fußball an. Ausgangspunkt war die U19-WM 1979 in Japan, bei der sich Talente wie Julio César, Romero Insfrán und Roberto Cabañas in den Vordergrund spielten. Im selben Jahr erreichte die Nationalelf unter Trainer Nicolás Leoz erstmals seit 1953 wieder das Finale um die Copa América und feierte im Finale gegen Chile ihren zweiten Triumph auf Kontinentalebene. Da Olimpia im selben Jahr sowohl die Copa Libertadores als auch den Weltpokal gewann, gilt das Jahr 1979 als das erfolgreichste der paraguayischen Fußballgeschichte.

Seitdem hat sich das Land als hartnäckigster Herausforderer der kontinentalen Spitzenkräfte Argentinien und Brasilien etabliert. 1986 gelang der »Albirroja« erstmals seit 1958 wieder die Qualifikation zur WM, während eine erfolgreiche Nachwuchspflege (1992 erreichte die U23 um Carlos Gamarra, Celso Ayala, José Luis Chilavert, Francisco Arce und José Cardozo bei den Olympischen Spielen in Barcelona das Viertelfinale), die Verbesserung der nationalen Fußballinfrastruktur sowie

ten von Cerro Porteño und Libertad. [25.7.1902 | Manuel Ferreira (20.000) | 38]

■ **3 DE FEBRERO CIUDAD DEL ESTE** 1970 gegründet und seit 2005 Mitglied der Nationalliga. Die »Rojos« (»Roten«) zählen zu den aufstrebendsten Vereinen Paraguays. Ciudad del Este ist eine einst »Puerto Stroessner« genannte Handelsmetropole an der Grenze zu Brasilien und gilt als Mekka für Hehler und Fälscher sowie Hochburg des Drogenhandels. 1999 wurde dort anlässlich der Copa América ein modernes Fußballstadion errichtet, das den Aufschwung des Club Atlético 3 de Febrero einleitete. [10.11.1970 | Antonio Oddone Sarubbi (25.000) | -]

■ **12 DE OCTUBRE ITAUGUÁ** Schälte sich in den 1990er Jahren aus einer Vielzahl konkurrierender Klubs in der 35 Kilometer von Asunción entfernten Stadt Itauguá heraus. Errang 2002 die Clausura-Meisterschaft und qualifizierte sich für die Copa Libertadores. [14.8.1914 | Juan Canuto Pettengill (8.000) | -]

■ **SPORTIVO LUQUEÑO LUQUE** Populärer Klub aus der Asunciónér Vorstadt Luque, der 1921 durch den Zusammenschluss mehrerer Vereine entstand. Nach vielen Jahren im Schatten der Großklubs aus Asunción feierte »Kure-Luque« 1951 unter dem italienischen Trainer Vessilio Bartoli erstmals die Meisterschaft. Zwei Jahre später konnten die »Auriazul« (»Gelbblauen«) ihren Erfolg wiederholen. In den 1960er Jahren wurden die Luqueños zur Fahrstuhlmannschaft, erreichten 1973 und 1983 jeweils die Vizemeisterschaft und brachten mit Julio Cesar Romero sowie José Luis Chilavert Weltstars hervor. Nachdem Luque 1999 zur Copa América ein modernes Stadion erhalten hatte, konnte dort 2007 die Apertura-Meisterschaft gefeiert werden. [1921 | Feliciano Cáceres (24.000) | 2]

■ **SOL DE AMÉRICA VILA ELISA** Ursprünglich aus dem hauptstädtischen Distrikt Obrero stammender Klub, der inzwischen in Villa Elisa residiert. Sol de América erreichte 1911 die Nationalliga, verlor 1912 das Endspiel gegen Olimpia und errang insgesamt sechs Vizemeisterschaften. Nachdem »los Danzerines« (»die Tänzer«) in den 1970er Jahren mehrfach an der Copa Libertadores teilgenommen hatten, gingen sie 1981, 1986 und 1991 jeweils als Meister durchs Ziel. [1909 | Luis Alfonso Giagni (5.000) | 3]

■ **PRESIDENTE HAYES TACUMBU** Nach dem ehemaligen US-amerikanischen Präsidenten Rutherford B. Hayes benannt, der 1878 während des Krieges mit Brasilien, Argentinien und Uruguay erfolgreich vermittelte. 1912 in die Nationalliga aufgenommen, zählten »Los Yankees« zunächst zu den stärksten Kräften im Land. Der Vizemeisterschaft 1942 folgte 1952 der einzige Titelgewinn. 1957 stieg der im hauptstädtischen Vorort Tacumbo ansässig Klub aus dem Oberhaus ab und wurde zur Fahrstuhlmannschaft. [8.11.1907 | Kiko Reyes (5.000) | 1]

HELDEN | LEGENDEN

■ **JOSÉ LUIS CHILAVERT** Paraguays fußballerische Gallionsfigur der 1990er Jahre wurde 1995, 1997 und 1998 jeweils Welttorhüter des Jahres und steht gemeinsam mit dem Kolumbianer Higuita für die These des »verrückten« Torhüters. Chilavert war als Freistoß- und Elfmeterschütze weltweit gefürchtet und erzielte in seinen 78 Länderspielen immerhin acht Treffer. 1999 gelang ihm beim Spiel seines argentinischen Klubs Vélez Sarsfield gegen Ferro Carril sogar ein Hattrick! Wenngleich zweifelsohne exzentrisch, war der aus dem Nachwuchspool von Sportivo Luqueño stammende Chilavert mit seiner Übersicht und seiner Reaktionsfähigkeit ein exzellenter Keeper. 2004 beendete er seine turbulente Karriere bei Vélez Sarsfield, wo er die größte Zeit seiner Karriere zwischen den Pfosten gestanden hatte. [*27.7.1965 | 78 LS/8 Tore]

■ **ARSENIO ERICO** Gilt bis heute gemeinsam mit Angel Labruna als der erfolgreichste Torschütze in der argentinischen Nationalliga. 293 Treffer gelangen dem 1933 von Nacional Asunción zu Independiente gewechselten Stürmer in 325 Ligaspielen.  Von 1937-39 wurde Erico sogar dreimal in Folge Torschützenkönig in Argentinien. Für Paraguay erzielte er den Aufzeichnungen zufolge 56 Treffer in nur 26 Länderspielen, während er ein Einbürgerungsangebot Argentiniens vor der WM 1938 ablehnte. Alfredo Di Stéfano bezeichnete Erico, nach dem heute das Stadion seines Stammvereins Nacional Asunción benannt ist, als »einen der größten Spieler«. [*30.3.1915 †23.7.1977 | 26 LS/56 Tore]

■ **ROBERTO FERNÁNDEZ** »Gato« (»Katze«) genannter Torsteher der Copa-América-Elf von 1979. War zwischen 1976 und 1989 unumstrittene Nummer eins zwischen den paraguayischen Pfosten, ehe er von José Luis Chilavert verdrängt wurde. [*29.7.1956 | 78 LS]

■ **CARLOS GAMARRA** Langjähriger Kapitän der Nationalelf und mit 110 Einsätzen auch Paraguays Rekordnationalspieler.  Gamarra spielte für viele Vereine, zur Legende aber wurde er bei Cerro Porteño, mit dem er 1992 erstmals Landesmeister wurde. 1995 und 1998 zu Paraguays Fußballer des Jahres gewählt, führte Gamarra die Landesauswahl 2002 zur WM und wurde anschließend von Inter Mailand unter Vertrag genommen. 2004 errang er in Griechenland olympisches Silber. Seine Rückkehr nach Paraguay sorgte 2007 für viel Wirbel, da er ausgerechnet bei Olimpia anheuerte und in Cerro-Porteño-Kreisen damit seinen Heldenstatus einbüßte. [*17.2.1971 | 110 LS/12 Tore]

■ **ROQUE SANTA CRUZ** Paraguays Fußballer des Jahres 1999 etablierte sich als erster Spieler seines Landes in der Bundesliga und kam von 1999 bis 2007 auf 155 Einsätze für Bayern München (31 Tore). Seine hohe Verletzungsanfälligkeit und die große Konkurrenz beim deutschen Rekordmeister verhinderten weitere Einsätze und mündeten 2007 im Wechsel zu den Blackburn Rovers, wo er zum gefeierten Torjäger aufstieg. Der aus dem Nachwuchssystem von Olimpia Asunción stammende Stürmer debütierte 1999 bei der Copa América für Paraguay und reiste 2002 und 2006 zur WM. [*16.8.1981 | 61 LS/20 Tore]

■ **MANUEL FLEITAS SOLICH** »El Brujo« (»der Hexer«) genannte Legende des paraguayischen Fußballs.  Als aktiver Spieler errang Solich mit Nacional Asunción zwei und mit Boca Juniors eine Landesmeisterschaft, während er Paraguays Nationalelf in den 1920er Jahren zum Sprung in die Spitze des südamerikanischen Fußballs verhalf. Nach seinem verletzungsbedingten frühen Karriereende 1930 wechselte »el Brujo« auf die Trainerbank und führte Paraguay 1953 mit einem später von Brasilien kopierten, modernen 4-2-4-System zum Gewinn der Kontinentalmeisterschaft. [*30.12.1900 †24.3.1984 | 32 LS/6 Tore]

Paraguays »Albirrojas« jubeln – kein ungewöhnliches Bild.

die Ausweitung der Nationalliga über den Großraum Asunción hinaus die Strukturen verbesserte. Städte wie Itauguá (12 de Octubre), Encarnación (Pettirossi), Ciudad del Este (3 de Febrero) und Zeballos Cué (General Caballero) erhielten seinerzeit Profiklubs, die sich rasch etablierten.

Unterdessen setzte nach 35 Jahren Stillstand ein politischer Wandel ein, als Diktator Stroessner 1989 gestürzt wurde und es zu demokratischen Wahlen bzw. Wirtschaftsreformen kam. Eine endgültiges Ende der seit 1947 währenden Colorados-Ära ließ allerdings noch bis 2008 auf sich warten, als der ehemalige Bischof Fernando Lugo zum Präsidenten Paraguays gewählt wurde.

Die Ausweitung der Nationalliga zog eine bemerkenswerte Verschiebung der Kräfte nach sich. Inzwischen stammen rund 80 Prozent der paraguayischen Spitzenfußballer aus dem Landesinneren, hat Asunción seine dominierende Rolle längst eingebüßt. »Viele der berühmten Spieler hier waren arm. Wie viele Vereine verfolgt auch Cerro die Strategie, arme junge Spieler vom Lande zu holen und zu fördern«, erläuterte ein Verantwortlicher des Hauptstadtklubs Cerro Porteño 2006 gegenüber dem britischen Fachblatt »FourFourTwo«.

■ **EIN WEITERER SCHRITT** war die Ausrichtung der Copa América 1999, durch die Luque, Ciudad del Este und Pedro Juan Caballero moderne Fußballstadien erhielten. Paraguays Fußballinfrastruktur zählt seitdem zu den modernsten in Südamerika. Federführend bei dem Aufbruchprozess war die progressive Verbandsführung um den Pharmaindustriellen Oscar Harrison bzw. dessen Vorgänger und langjährigen CONMEBOL-Präsidenten Dr. Nicolás Leoz.

Die erhofften Erfolge ließen nicht lange auf sich warten. 1998 erreichte Paraguays vom Brasilianer Paulo Cesar Carpeggiani trainierte Landesauswahl erstmals seit 12 Jahren wieder das WM-Turnier. In Frankreich überstand das Team um den schillernden Torsteher José Luis Chilavert und Rekordnationalspieler Carlos Gamarra die Vorrunde ungeschlagen, ehe es im Achtelfinale unglücklich per Golden Goal am Gastgeber scheiterte. 2001 erreichte Paraguays U20 das Halbfinale der WM in Japan, 2002 drangen die »albirrojas« bei der WM in Südkorea/Japan erneut bis ins Achtelfinale vor (0:1 gegen Deutschland) und 2004 krönte der Gewinn der olympischen Silbermedaille die bisherige Entwicklung.

Neben Superstars wie Roque Santa Cruz, Salvador Cabañas (2008 Fußballer des Jahres in Südamerika) Carlos Gamarra, Julio dos Santos und Justo Villar dokumentierten nachrückende Talente wie Nelson Haedo, Fredy Barreiro, Edgar Barreto, Diego Figueredo, Celso Esquivel und Nelson Cuevas den enormen Talentereichtum, auf dem Paraguays Fußballerfolg ruht.

Das ist umso bemerkenswerter, als Paraguay mit sechs Mio. Einwohnern deutlich kleiner ist als Kontrahenten wie Chile, Kolumbien und Peru und seit langem unter einer bedenklichen wirtschaftlichen Schieflage leidet. Rund 60 Prozent der Einwohner leben unter der Armutsgrenze, der monatliche Durchschnittsverdienst eines Spielers in der Nationalliga liegt bei 160 Euro und politisch ist das Land ein unsicherer Kantonist. Nach den Terroranschlägen vom 11. September 2001 reihte die US-Regierung um George W. Bush Paraguay sogar in ihre Liste der »Schurkenstaaten« ein, weil die an der Grenze zu Brasilien gelegene Drogenhochburg Ciudad del Este als Stützpunkt der Al-Qaida gilt.

PERU

Federación Peruana de Fútbol

Peruanischer Fußball-Bund | gegründet: 23.8.1922 | Beitritt FIFA: 24.5.1924 | Beitritt CONMEBOL: 1924 | Spielkleidung: weißes Trikot mit roten Querstreifen, weiße Hose, weiße Stutzen | Saison: März - Dezember | Spieler/Profis: 1.891.790/799 | Vereine/Mannschaften: 1.800/3.000 | Anschrift: Av. Aviación 2085, San Luis, Lima 30 | Telefon: +51-1/2258236 | Fax: +51-1/2258240 | Internet: www.fpf.com.pe | E-Mail: fepfutbol@fpf.org.pe

Die goldenen Jahre sind vorbei

Perus Fußball leidet unter vielen Problemen und zählt dennoch zu Südamerikas Hochburgen

República del Perú

Republik Peru | Fläche: 1.285.216 km² | Einwohner: 27.562.000 (21 je km²) | Amtssprache: Spanisch, Ketschua, Almará | Hauptstadt: Lima (7.9 Mio.) | Weitere Städte: Arequipa (710.103), Trujillo (603.657), Callao (512.200), Chiclayo (469.200) | Währung: Neuer Sol = 100 Céntimos | Zeitzone: MEZ -6h | Länderkürzel: PE | FIFA-Kürzel: PER | Telefon-Vorwahl: +51

Anno 1970 schwärmte die ganze Fußballwelt von Peru. Als die »neuen Ungarn« bezeichnete Englands Trainerlegende Walter Winterbottom die peruanische Landesauswahl um Teófilo Cubillas, die bei der WM in Mexiko bis ins Viertelfinale vorgedrungen war. Andere Experten fühlten sich an Brasilien erinnert, zumal das Team vom zweifachen brasilianischen Weltmeister Didí trainiert wurde. Zwei Jahre später bestätigte Landesmeister Alianza Lima mit dem Erreichen des Finales um die Copa Libertadores den Aufschwung des peruanischen Fußballs, der 1975 seinen Zenit erreichte, als das Land zum zweiten Mal in seiner Geschichte Südamerikameister wurde.

Doch von da an ging es bergab mit dem peruanischen Fußballwunder. 1978 erlitt die Landesauswahl bei der WM in Argentinien eine vernichtende 0:6-Schlappe gegen den Gastgeber, die bis heute von Bestechungsgerüchten umgeben ist. 1982 reichte es bei der bislang letzten WM-Teilnahme zu keinem Sieg, und weder in der Copa América noch in der WM-Qualifikation hat Peru seitdem auftrumpfen können. Im Gegenteil: 2006 rutschte das Andenland bis auf die vorletzte Position im südamerikanischen Fußball ab und schaut trotz Weltstars wie Claudio Pizarro, Paolo Guerrero und Jefferson Farfán neidisch auf Länder wie Ecuador und Paraguay, deren fußballerische Entwicklung ungleich positiver verlief.

■ **ALS DER FUSSBALL ZUR** Jahrhundertwende nach Peru kam, traf er auf ein Land, das auf der Suche nach einer eigenen Identität war. 1821 als letzte südamerikanische Nation vom Kolonialismus befreit, war es nicht gelungen, die aus Kolonialtagen stammende Feudalstruktur aufzulösen. Stattdessen hatte sich eine soziale Schieflage manifestiert, an deren unterem Ende bis heute die Indios stehen, die fast die Hälfte der Einwohner stellen und größtenteils als Kleinbauern in der Hochebene der Anden leben. Mestizen (Nachfahren von Europäern und Indios), stellen rund 40 Prozent der Bevölkerung und bilden die Mittelschicht sowie – gemeinsam mit den Nachfahren afrikanischer Sklaven – das Stadtproletariat. An der Spitze der Gesellschaft stehen die etwa zehn Prozent Weißen (»Criollos«), die sämtliche Fäden in Militär, Wirtschaft und Politik ziehen.

Geographisch sind im drittgrößten Land Südamerikas drei Großlandschaften zu unterscheiden: der über 2.000 km lange und schmale Küstenstreifen »Costa«, die sich östlich anschließende Andenkette, die mit ihren bis zu 6.768 Metern ein schwer zu überwindendes Hindernis darstellt, sowie die flache Urwaldregion Selva, die mit ihrer feucht-schwülen Luft den Beinamen »Grüne Hölle« trägt. Nahezu die Hälfte der Einwohner Perus lebt in der Küstenregion, in der sich der Großraum Lima/Callao als urbane Metropole mit Schattenseiten präsentiert. In ihren schier unendlichen, staubgrauen, stinkenden und zumeist wasser- wie stromlosen Vororten leben Millionen von Menschen buchstäblich von der Hand in den Mund.

■ **DER GROSSRAUM LIMA/CALLAO** war es auch, in dem britische Händler und Seeleute zur Jahrhundertwende das runde Leder einführten. Am 7. August 1892 fand in Callao das erste Fußballspiel auf peruanischem Boden statt. Neben Briten war daran eine Handvoll Angehörige der kreolischen Oberschicht beteiligt, die über die britischen Bildungsanstalten Limas zum Fußball gekommen waren.

Rasch entwickelten sich erste Vereine. Pionier war der britische Unión Cricket Club Lima,

TEAMS | MYTHEN

■ **ATLÉTICO CHALACO CALLAO** Zweifacher Landesmeister (1930, 1947) aus der mit Lima verwachsenen Hafenstadt Callao. Der Klub wurde 1902 von Mitarbeitern des Instituto Sabogal gegründet und zählte jahrzehntelang zu den prägenden Teams im peruanischen Spitzenfußball. In den 1930er und 1940er Jahren liefen Spieler wie Manolo Puente, Valeriano López, Guillermo Aguilar und »Perejil« Luna für die »El Leon Porteño« (»Löwen aus dem Hafen«) auf. Nach der Vizemeisterschaft von 1958 stürzte der Verein bis in die 3. Liga ab. [9.2.1902 | Telmo Carbajo (8.000) | 2]

■ **SPORT BOYS CALLAO** 1927 von Sportstudenten des Colego San José Maristas gegründet und in Anlehnung an den örtlichen Schwimmklub »Old Boys« »Sport Boys Association« getauft. Erreichte 1932 die Liga Peruana und feierte 1937 seine erste von inzwischen sechs Meisterschaften. Ihren letzten Titel gewannen die in pinkschwarzer Spielkleidung auflaufenden »Rosados« 1984. Seitdem pendeln sie nur noch zwischen erster und zweiter Liga. [27.7.1927 | Miguel Grau (15.000) | 1]

■ **CIENCIANO CUSCO** Sorgte 2003 mit dem Gewinn der Copa Sudamericana für eine faustdicke Überraschung. Nachdem die Elf von Trainer Freddy Ternero bereits renommierte Teams wie Universidad Católica Santiago, Atlético Nacional Medellín und den Santos FC ausgeschaltet hatte, bezwang sie im Finale auch den argentinischen Spitzenklub River Plate. Es war der erste und bislang auch einzige internationale Kluberfolg Perus. Der Klub wurde 1901 vom englischen Sportlehrer William H. Newell als Studentenmannschaft des Colegio Nacional de Ciencias de Cusco gegründet (»Ciencias« ist das spanische Wort für »Wissenschaft«). Nachdem er 1966 mit Oscar Ladrón de Guevara erstmals einen Nationalspieler gestellt hatte, gelang »El Burrito« (»das Eselchen«, nach dem Spitznamen der Studenten des Colegio Nacional) 1973 der Aufstieg in die Nationalliga, der die Südperuaner seit 1984 ohne Unterbrechung angehören. 2001 gelang in der Clausura-Serie der erste nationale Titelgewinn, dem allerdings im Saisonfinale eine Niederlage gegen Apertura-Sieger Alianza Lima folgte. Der Club Cienciano del Cusco wird vom Lokalpolitiker Juvela Silva Síaz gelenkt, der Vorstandsvorsitzender einer Firma für medizinische Geräte ist. Die Stadt Cusco liegt 600 Kilometer südöstlich von Lima auf 3.380 Metern Höhe und zählt mit ihren reichhaltigen Inkahinterlassenschaften zum UNESCO-Weltkulturerbe. [20.8.1901 | Garcilaso de la Vega (42.000)]

■ **ALIANZA LIMA** Perus populärster Klub wurde 1901 gegründet und ist nach einem Pferdegestüt namens Alianza benannt. Die Heimat der »Blanquiazul« (»Blau-Weißen«) ist das Arbeiterquartier La Victoria, das zur Jahrhundertwende über einen hohen schwarzen Bevölkerungsanteil verfügte und Alianza zum Verein der schwarzen und mestizischen Unterschicht werden ließ. Das bis heute fest in La Victoria verankerte, lebendige Vereinsleben hat Alianza den Ruf als »los íntimos« (»die Freunde«) eingebracht. Ende der 1920er Jahre stand der Klub im Zentrum rassistisch motivierter Streitigkeiten im peruanischen Fußball. Nachdem er sich geweigert hatte, seine afroperuanischen Akteure für die Landesauswahl abzustellen, weil sie mehrfach rassistischen Angriffen weißer Mitspieler ausgesetzt gewesen waren, wurde der Klub für ein Jahr aus der Stadtliga ausgeschlossen. Nach seiner Rückkehr dominierte er mit einer legendären Elf um Torjäger Alejandro »Manguera« Villanueva, Torhüter Juan Valdivieso und Juan Rostaing den Limaer Spiel-

der 1893 Fußball in sein Repertoire aufnahm. Im Mai 1897 entstand mit dem Association Foot-Ball-Club Lima der erste von Einheimischen gebildete Klub, der später unter dem Namen Ciclista Lima Association regionale Berühmtheit erlangte. Beide Teams standen sich Dezember 1897 erstmals in einem Wettstreit gegenüber, wobei die Engländer mit 3:1 die Oberhand behielten.

Auch in anderen Städten entlang der Westküste etablierte sich der Fußball. Bereits 1887 war in Trujillo mit dem CS Libertad ein Verein entstanden, der sich später auch dem Fußball öffnete. Das Zentrum der Aktivitäten aber lag im Großraum Lima, in dem es nach der Jahrhundertwende zu einem wahren Boom an Vereinsgründungen kam. Darunter waren mit dem Club Alianza, der 1901 im überwiegend von Schwarzen bewohnten Stadtviertel La Victoria entstand, sowie Atlético Chalaco Callao zwei spätere Spitzenklubs. 1912 entstand mit der Liga Peruana eine auf den Großraum Lima beschränkte Nationalliga.

In den 1920er Jahren wurde Perus Fußball unter der Regierung von Augusto B. Leguía systematisch gefördert und für den Nationwerdungsprozess institutionalisiert. Nachdem 1921 im hauptstädtischen Santa-Beatriz-Viertel das mit britischer Unterstützung erbaute heutige Nationalstadion eröffnet worden war, entstand 1922 der Nationalverband Federación Peruana de Fútbol (FPF), der 1924 dem Weltfußballverband FIFA und 1926 der CONMEBOL beitrat. 1927 gelang es der engagierten Verbandsführung um León M. Vega, das Turnier um die Copa América erstmals nach Lima zu holen. Mit Platz drei feierte die Landesauswahl um Carlos Moscoso dabei ein vorzügliches Debüt.

■ **ZUNEHMENDE SPANNUNGEN** zwischen der weißen Elite und der mestizischen bzw. schwarzen Unterschicht griffen im Verlauf der 1920er Jahre auch auf den Fußball über. Streitpunkt war insbesondere das Profitum, das sich auch in Peru allmählich ausgebreitet hatte. Mit der Asociación de Amateurs war bereits ein Konkurrenzverband entstanden, und von 1921-25 ruhte der Spielbetrieb der Nationalliga. Im Zentrum des Konflikts stand der mehrfache Stadtmeister Alianza, bei dem Afro-Peruaner wie Alejandro »Manguera« Villanueva zu regelrechten Volkshelden aufgestiegen waren – sehr zum Ärger der weißen Führungselite, die 1927 mit Universitario Lima einen »weißen« Gegenpol gegründet hatte. 1929 eskalierte die Situation, als sich die Alianza-Führung weigerte, ihre Spieler für die Nationalelf abzustellen, weil sie dort mehrfach rassistischen Angriffen ausgesetzt gewesen waren. Unter fadenscheinigen Begründungen wurde der Klub daraufhin vom Spielbetrieb ausgeschlossen und den Spielern vorgeworfen, sie würden sich »antiperuanisch« verhalten und seien »ausschließlich am Geld interessiert«. Erst als Peru 1929 mit einer rein »weißen« Landesauswahl bei der Copa América in nur drei Spielen gleich zwölf Tore kassierte, wurde Alianza wieder zugelassen, zugleich jedoch einer »weißen« Führung unterstellt. 1930 standen immerhin acht Alianza-Akteure im Kader der von Francisco »Paco« Brú trainierten ersten peruanischen WM-Elf, die sich in Uruguay trotz Vorrundenaus prima schlug.

■ **1931 WURDE DIE** Liga Peruana für das Profitum geöffnet (offiziell geschah dies erst 1951), blieb aber bis 1966 auf den Großraum Lima/Callao beschränkt. Eine landesweite Spielklasse gab die komplizierte und noch dazu eisenbahnlose Infrastruktur Perus einfach

Perus solides Abwehrtrio der 1930er Jahre: Arturo Fernández, Juan Honores und Alberto Soria.

Jahr	Meister	Jahr	Meister	Jahr	Meister
1912	Lima Cricket	1947	Atlético Chalaco Callao	1979	Sporting Cristal Lima
1913	Jorge Chávez	1948	Alianza Lima	1980	Sporting Cristal Lima
1914	Lima Cricket	1949	Universitario Lima	1981	Mariano Melgar Areguipa
1915	José Gálvez	1950	Deportivo Municipal Lima	1982	Universitario Lima
1916	José Gálvez	1951	Sport Boys Callao	1983	Sporting Cristal Lima
1917	Juan Bieluvucic	1952	Alianza Lima	1984	Sport Boys Callao
1918	Alianza Lima	1953	Mariscal Sucre	1985	Universitario Lima
1919	Alianza Lima	1954	Alianza Lima	1986	Colegio San Augustin
1920	Sport Inca	1955	Alianza Lima	1987	Universitario Lima
1921	Sport Progreso	1956	Sporting Cristal Lima	1988	Sporting Cristal Lima
1922-25	nicht ausgespielt	1957	Alianza Lima	1989	Unión Huaral
1926	Sport Progeso	1958	Sport Boys Callao	1990	Universitario Lima
1927	Alianza Lima	1959	Universitario Lima	1991	Sporting Cristal Lima
1928	Alianza Lima	1960	Universitario Lima	1992	Universitario Lima
1929	Universitario Lima	1961	Sporting Cristal Lima	1993	Universitario Lima
1930	Atlético Chalaco Callao	1962	Alianza Lima	1994	Sporting Cristal Lima
1931	Alianza Lima	1963	Alianza Lima	1995	Universitario Lima
1932	Alianza Lima	1964	Universitario Lima	1996	Sporting Cristal Lima
1933	Alianza Lima	1965	Alianza Lima	1997	Alianza Lima
1934	Alianza Lima	1966	Universitario Lima	1998	Universitario Lima
1935	Sport Boys Callao	1967	Universitario Lima	1999	Universitario Lima
1936	nicht ausgespielt	1968	Sporting Cristal Lima	2000	Universitario Lima
1937	Sport Boys Callao	1969	Universitario Lima	2001	Alianza Lima
1938	Deportivo Municipal Lima	1970	Sporting Cristal Lima	2002	Alianza Lima
1939	Universitario Lima	1971	Universitario Lima	2003	Alianza Lima
1940	Deportivo Municipal Lima	1972	Sporting Cristal Lima	2004	Alianza Lima
1941	Universitario Lima	1973	Defensor Lima	2005	Sporting Cristal Lima
1942	Sport Boys Callao	1974	Universitario Lima	2006	Alianza Lima
1943	Deportivo Municipla Lima	1975	Alianza Lima	2007	Universidad San Martín de Porre
1944	Mariscal Sucre	1976	Unión Huaral	2008	Universidad San Martín de Porre
1945	Universitario Lima	1977	Alianza Lima		
1946	Universitario Lima	1978	Alianza Lima		

● **Erfolge**
Copa América 1939, 1975

● **FIFA World Ranking**
1993	1994	1995	1996	1997	1998	1999	2000
73	72	69	54	38	72	42	45
2001	2002	2003	2004	2005	2006	2007	2008
43	82	74	66	66	70	53	75

● **Weltmeisterschaft**
1930 Endturnier (Vorrunde) **1934-54** nicht teilgenommen **1958-66** Qualifikation **1970** Endturnier (Viertelfinale) **1974** Qualifikation **1978** Endturnier (Zwischenrunde) **1982** Endturnier (Vorrunde) **1986-2010** Qualifikation

nicht her. Dessen ungeachtet vermochte sich der Fußball seinerzeit landesweit zu verankern, und entlang der Westküste entstanden mehrere regionale Spielklassen.

National führendes Team war Alianza Lima, das sechs der ersten zehn Landesmeisterschaften nach der Freigabe des Profitums gewann. Größter Rivale war Nachbar Universitario, der 1929 seinen ersten Titel errang. Die Rivalität zwischen dem »Volksklub« Alianza und dem bürgerlichen »La U« beherrscht Perus Fußball bis in heutige Tage. Die Klubs unterscheiden sich im Übrigen nicht nur in ihrer Anhängerstruktur, sondern auch auf dem Spielfeld: Alianza legt großen Wert auf Gemeinschaft und einen ästhetisch schönen Fußball, während »La U« auf einen »garra« (»Klaue«) genannten Kraftfußball schwört.

1936 erreichte die Landesauswahl um Universitario-Star »Lolo« Fernández bei den Olympischen Spielen in Berlin mit einem furiosen 7:3 über Finnland das Viertelfinale. Dort lag Peru gegen Österreich bereits mit 4:2 in Führung, als es wegen einer vermeintlichen Auswechslung Österreichs zum Spielabbruch kam. Beim anberaumten Wiederholungsspiel traten die Südamerikaner aus Protest nicht an und verpassten damit den Einzug ins Halbfinale.

1939 erreichte Perus erste »goldene Fußbalära« ihren spektakulären Höhepunkt, als das vom Engländer Jack Greenwell trainierte Team bei der in Lima ausgerichteten Copa América triumphierte und als erste Mannschaft von der Pazifikküste Kontinentalmeister wurde.

■ **ANSCHLIESSEND DAUERTE** es fast zwei Jahrzehnte, ehe Peru auf die Erfolgsspur zurückkehrte. 1956 übernahm der Ungar György Orth das Training der Landesauswahl und rang im Rahmen der WM-Qualifikation 1958 mit einer von Valeriano López, Alberto Terry, Guillermo Delgado und Juan Seminario geprägten Elf Brasilien immerhin ein Unentschieden ab. Doch Perus Erfolg hatte böse Folgen: Torjäger Seminario wechselte anschließend zu Sporting Lissabon, Vides Mosquera wurde von Boca Juniors unter Vertrag genommen und Miguel Loyaza schloss sich River Plate an. Ohne seine Leistungsträger schied Peru daraufhin beim olympischen Fußballturnier 1960 in Rom bereits in der ersten Runde aus.

1964 geriet Lima als Schauplatz einer der größten Fußball-Tragödien der Geschichte in die Schlagzeilen. Beim Olympiaqualifikationsspiel gegen Argentinien kam es zu Ausschreitungen, in deren Verlauf 318 Menschen den Tod fanden. Unterdessen durchlief das Land einen tiefgreifenden gesellschaftlichen Wandlungsprozess. In den 1950er Jahren hatte eine Massenmigration vom ländlichen Raum in die Metropole Lima eingesetzt, die sich rasant ausdehnte und binnen kurzem auf fast sieben Mio. Einwohner anwuchs. Dadurch fokussierte sich der fußballerische Schwerpunkt noch stärker auf die Hauptstadt, zumal viele der Neuankömmlinge sich über den Fußball zu assimilieren versuchten. Namentlich das Duell zwischen Alianza und Universitario erfuhr dadurch eine erhöhte Brisanz. Zugleich verwischten die Neuankömmlinge aber die so-

betrieb und sicherte sich von 1931 bis 1934 vier Meisterschaften in Folge. Zugleich stieg der Klub endgültig zum Liebling der Unterschichten bzw. Rivalen des bürgerlichen Nachbarn Universitario auf und wurde zu »los del pueblo« (»Volksklub«). Auf den sechsten Titel musste man im Estadio Alejandro Villanueva allerdings bis 1948 warten. Im Zuge der rasanten Urbanisierung Limas in den 1950er und 1960er Jahren erschloss sich Alianza viele neue Anhänger und beherrscht seitdem gemeinsam mit Universitario und Sporting Cristal den peruanischen Fußball. 1976 und 1978 erreichte eine vom uruguayischen Weltmeister Juan Hohberg trainierte Alianza-Elf um die Superstars Teófilo Cubillas und Julio Baylon mit dem Erreichen der Zwischenrunde in der Copa Libertadores die größten internationalen Erfolge der Blau-Weißen. 1987 wurde der Klub von einem schweren Schicksalsschlag getroffen, als das Flugzeug mit der Ligamannschaft an Bord beim Rückflug von einem Ligaspiel in Pucallpa abstürzte und sämtliche Insassen in den Tod riss. Daraufhin gelang erst 1997 unter dem kolumbianischen Trainer Jorge Luis Pinto und nach 18 titellosen Jahren im Schatten von Universitario und Sporting der nächste Erfolg in der nationalen Meisterschaft. Seit der Milleniumswende hat der Klub drei weitere Titel feiern können. [15.2.1901 | Estadio Alejandro Villanueva (35.000) | 22]

■ **DEPORTIVO MUNICIPAL LIMA** Vierfacher Landesmeister, dessen Erfolge aber lange zurückliegen. Ihren letzten Titel feierten die wegen ihrer vorzüglichen Nachwuchsarbeit »La Academia« genannten Blau-Weißen anno 1950. In den 1970er Jahren machte der Klub durch den später zum FC Barcelona wechselnden Dribbelkünstler Hugo Sotil Furore und wurde 1981 Vizemeister. 2000 musste er aus dem Oberhaus absteigen und wurde zur Fahrstuhlmannschaft. Der im San Borja-Viertel ansässige Stammverein von Jefferson Farfán ist seit 1993 im Estadio Municipal de Chorrillos ansässig, das aufgrund seiner Nähe zu einem Friedhof auch »La Cancha de los Muertos« (»Todesfeld«) genannt wird. [27.7.1935 | Municipal de Chorrillos (13.000) | 4]

■ **SPORTING CRISTAL LIMA** 1922 als Sporting Tabaca gegründet, fristete der im hauptstädtischen Stadtviertel Rímac ansässige Klub über Jahrzehnte ein Randdasein. Erst als 1955 die kurz zuvor vom peruanischen Geschäftsmann Ricardo Bentín Mujica aufgekaufte Brauerei »Backus and Johnston« die Führung übernahm und dem Klub aus Werbegründen den Namen Sporting Cristal Backus gab, etablierte er sich als Limas Nummer drei. Aus jenen Tagen stammt auch der passende Spitzname »Los Cerveceros« (»die Bierbrauer«). Mit einer dank gut gefüllter Kassen progressiven Transferpolitik gelang Sporting Cristal bereits 1956 der erste Titelgewinn, dem 1961 – inzwischen unter dem heutigen Namen auflaufend – der zweite folgte. 1970 stellte der Klub sechs Spieler des erfolgreichen peruanischen WM-Kaders. 2005 errangen die Blau-Weißen bereits ihren 15. Titel und sind damit der erfolgreichste Verein nach Universitario und Alianza. 1994 erreichte das Team unter dem uruguayischen Trainer Sergio Markarián als zweite peruanische Mannschaft nach Universitario das Finale um die Copa Libertadores, das nach einem 0:0 auf eigenem Platz mit 0:1 gegen Cruzeiro Belo Horizonte verloren ging. Drei Jahre später erwarb Sporting Cristal das in La Florida de Rimac gelegene marode Estadio San Martin de Porras und verwandelte es in eine schmucke Fußballbühne. Der Klub lockt wegen seiner wirtschaftlichen Ausstrahlung aber nur verhältnismäßig wenige Fans an und rangiert in der Publikumsgunst trotz seiner herausragenden Erfolge deutlich hinter den Stadtrivalen Alíanza und Universitario. [1922/13.12.1955 | San Martín de Porres (15.000) | 15]

 **UNIVERSITARIO LIMA** Perus Rekordmeister und gemeinsam mit Alianza zugleich die prägende Kraft im nationalen Fußball. 1924 von Studenten der San Marcos Universität als Federación Universiatria (seit 1931 Club Universitario de Deportes) gegründet, ist »La U« historisch der Verein der gebildeten und kosmopoliten (weißen) Elite Limas. Daraus resultiert eine tiefe Rivalität mit dem unter den Schwarzen und Mestizen populären Stadtrivalen Alianza, die als »Superclásico Peruano« gilt. Erst mit der in den 1950er Jahren einsetzenden rasanten Urbanisierung Limas verwischten die sozialen bzw. gesellschaftlichen Trennlinien ein wenig und »La U« eroberte auch in weniger gutgestellten Kreisen Anhänger. Nur drei Jahre nach seiner Gründung war der Klub 1927 auf Geheiß des bürgerlich dominierten Nationalverbandes in die Nationalliga aufgenommen worden und hatte dort auf Anhieb das Meisterschaftsendspiel erreicht (0:2 gegen Alianza). Ein Jahr später bejubelten die von der peruanischen Fußball-Nationallegende Teodoro »Lolo« Fernández angeführten »Los Cremas« (»die Cremefarbigen«) ihre erste von inzwischen 24 Landesmeisterschaften. Seine erfolgreichste Epoche verlebte der Klub in den 1970er Jahren, als er mit Héctor Chumpitaz, Roberto Challe, Ruben Correa, José Fernández, Félix Salinas, Nicolas Fuentes, Luis Cruzado und Jesus Goyzueta acht Akteure des peruanischen WM-Kaders von Mexiko stellte. 1972 erreichte »La U« unter dem uruguayischen Trainer Roberto Scarone als erster peruanischer Verein das Finale um die Copa Libertadores. Obwohl man dem argentinischen Meister Independiente Avellaneda unterlag (0:0 in Lima, 1:2 in Buenos Aires), ging dies als einer der größten Erfolge in die peruanische Fußballgeschichte ein. Seit dem ersten »Tricampeonato« der Vereinsgeschichte (1998-2000) ist der finanziell angeschlagene Verein etwas in den Schatten der erfolgreicheren Nachbarn Sporting Cristal und Alianza geraten und wartet vergeblich auf seinen 25. Titel. Seit 2000 ist Universitario de Deportes im modernen Estadio Monumental beheimat, nachdem der Klub bis dahin im vereinseigenen Estadio »Teodoro Fernández« gekickt hatte. [7.8.1924 | Monumental de Ate (60.000) | 24]

HELDEN | LEGENDEN

 **HÉCTOR CHUMPÍTAZ** Neben Teófilo Cubillas der herausragende Akteur der erfolgreichen Nationalelf der 1970er Jahre, die er viele Jahre als Kapitän aufs Feld führte. Erzielte 1970 im WM-Gruppenspiel gegen Bulgarien den wichtigen Ausgleich zum späteren 3:2-Sieg und wurde 1975 mit Peru Sieger der Copa América. 1978 erreichte er mit seinem Land bei der WM in Argentinien die Zwischenrunde. Aus dem Klub Deportivo Municipal hervorgehend, verbrachte Chumpitaz den Großteil seiner Karriere bei Universitario Lima und erreichte 1972 mit »La U« das Finale um die Copa Libertadores. Nach einem Intermezzo in Mexiko kehrte er 1977 nach Lima zurück und schnürte noch bis 1984 die Schuhe für Sporting Cristal. Später eröffnete er in Lima eine Fußballschule. [*12.4.1944 | 105 LS/3 Tore LS]

 **TEÓFILO CUBILLAS** Berühmtester Fußballer der peruanischen Landesgeschichte. Belegte 2000 bei der Wahl des Jahrhundertfußballers von Südamerika immerhin Platz elf. Der Stern von »El Nene« (»Baby«) ging bei der WM 1970 auf, als Cubillas in vier Spielen fünf Treffer gelangen und er maßgeblich daran beteiligt war, dass der Außenseiter Peru das Achtelfinale erreichte. 1978 und 1982 gehörte er ebenfalls zu den peruanischen WM-Kadern und schoss sich mit insgesamt zehn Treffern auf Position sieben der ewigen WM-Bes-

Perus Helden von 1970: v. l. Julio Baylón, Roberto Challe, Pedro »Perico« León, Teófilo »Neno« Cubillas und Alberto Gallardo.

zialen Gegensätze zwischen dem Arbeiterklub Alianza und dem bürgerlichen »La U«, die nun auch von Angehörigen der jeweils anderen Klasse unterstützt wurden. So gründeten beispielsweise 1972 weiße Bankangestellte den ersten Fanklub der »schwarzen« Alianza.

Mit Sporting Cristal etablierte sich seinerzeit noch eine dritte Kraft im nationalen Spitzenfußball. Der Klub war in den 1950er Jahren von einer Brauerei aufgekauft und systematisch in einen Spitzenverein verwandelt worden. 1956 konnte er seine erste Meisterschaft feiern.

Einhergehend mit der wirtschaftlichen Förderung der Provinzen kam es in den 1960er Jahren auch im Fußball zu einer Förderung des ländlichen Raums. 1966 wurde mit dem Campeonato Descentralizado eine »Provinzmeisterschaft« eingeführt, und im selben Jahr gelang auch die Ausweitung der Nationalliga auf das gesamte Land. 1981 sicherte sich mit Mariano Melgar Arequipa erstmals ein nicht aus dem Großraum Lima stammendes Team die Meisterschaft.

International waren in den späten 1960er Jahren wieder bessere Tage angebrochen, als eine Generation begnadeter Fußballer um Roberto Challe, Teófilo Cubillas, Julio Baylón, Hector Chumpitaz, Pedro »Perico« León, Alberto Gallardo und Hugo Sotil die Herzen der südamerikanischen Fans im Sturm erobert hatte. 1970 erstmals seit 40 Jahren wieder bei einer Weltmeisterschaft dabei, vermochte die vom zweifachen brasilianischen Weltmeister Didí trainierte Equipe in Mexiko mit tollem Angriffs- und Kombinationsspiel sowohl Bulgarien (3:2) als auch Marokko (3:0) zu schlagen und scheiterte erst im Viertelfinale an Brasilien.

1972 drang Universitario Lima als erstes peruanisches Team in der Copa Libertadores bis ins Finale vor, wo die Elf um Torjäger Percy Rojas gegen Independiente Avellaneda allerdings den Kürzeren zog. Für die heterogene Gesellschaft Perus wirkten die fußballerischen Erfolge wie sozialer Kitt. Weil in der Nationalmannschaft Spieler aller Bevölkerungsgruppen zum Einsatz kamen, konnte Fußball zum effektiven und verbindenden Identitätsstifter aufsteigen.

NACHDEM DIE WM 1974 unglücklich im Entscheidungsspiel gegen Chile verpasst worden war, erklomm die inzwischen von Marcos Calderon trainierte Landesauswahl 1975 bei der Copa América im eigenen Land ihren Zenit und wurde zum zweiten Mal nach 1939 Kontinentalmeister. Peru stand seinerzeit synonym für ästhetisch schönen und erfolgreichen Fußball, der eine Mischung aus ungarischer »Wunderelf« und brasilianischem »Sambafußball« darstellte.

1978 kam der erste Rückschlag. Nach einer überzeugenden Vorrunde war die von Oldie Cubillas angeführte Elf in der WM-Zwischenrunde chancenlos und kassierte ein peinliches 0:6 gegen Gastgeber Argentinien. Nicht nur der kurz vor dem Turnier eingebürgerte argentinische Torhüter Ramón Quiroga erregte seinerzeit das Misstrauen der um den Finaleinzug gebrachten Brasilianer, denn Perus wirtschaftlich darniederliegender Nationalverband soll Gerüchten zufolge eine größere Geldspende aus Argentinien erhalten haben, um dem »passenden« Ergebnis nicht im Wege zu stehen. Die Vorwürfe konnten weder bestätigt noch entkräftet werden.

1982 war Peru beim WM-Turnier in Spanien nur noch ein Schatten seiner selbst und musste bereits nach der Vorrunde heimreisen. Im Dezember 1987 kam der nächste Rückschlag, als die Mannschaft von Alianza Lima auf dem Rückflug von einem Spiel in Pucallpa verunglückte und eine ganze Generation hoffnungsvoller Fußballer sowie Ex-Nationaltrainer Calderon den Tod fanden.

■ **DIE FUSSBALLERISCHE KRISE** wurde verschärft von schweren politischen und wirtschaftlichen Problemen, die Peru förmlich erdrückten. Politisch hatte es bereits seit 1968 gegärt, als der linksgerichtete General Juan Velasco Alvarado die Macht an sich gerissen hatte, mit seiner nationalistisch geprägten Reformpolitik jedoch gnadenlos gescheitert war. Seitdem hatte Instabilität den Alltag beherrscht, und während die maoistische Terrorgruppe »Sendero Luminoso« (»Leuchtender Pfad«) das Land mit Gewalt überzog, sorgten gescheiterte Landreformen, Massenarbeitslosigkeit, Wohnungsnot, Rauschgifthandel und eine galoppierende Inflation für eine dramatische Verarmung des Landes. Erst der 1990 zum Präsidenten gewählte parteilose Alberto Fujimori konnte mit seiner neoliberalen Politik eine Konsolidierung des an Bodenschätzen reichen Perus erreichen.

Fußballerische Höhepunkte waren rar. 1994 erreichte Sporting Cristal das Finale um die Copa Libertadores, zog aber gegen Cruzeiro Belo Horizonte den Kürzeren. 1998 verpasste die Landesauswahl unter Trainer Juan Carlos Oblitas – der einst an der Seite von Teófilo Cubillas Furore gemacht hatte – nur aufgrund des Torverhältnisses die WM in Frankreich. Oblitas machte seinerzeit die desaströse politische und gesellschaftliche Lage im Land für den schlechten Zustand des peruanischen Fußballs verantwortlich: »Zu meiner Zeit hatten wir ein größeres Selbstbewusstsein als die heutigen Spieler. Die meisten von ihnen sind in großer Unsicherheit aufgewachsen. Neunzig Prozent sind ohne Vater aufgewachsen.«

Ein weiteres Problem war die sträflich vernachlässigte Nachwuchsarbeit. Die einst erfolgreichen Schulmeisterschaften waren ebenso eingestellt worden wie die Jugendarbeit bei den meisten führenden Vereinen brach lag. Es gab kaum vorausschauende Planung, und eine der Folgen dieser misslungenen Politik war ein eklatanter Bedeutungsverlust der Nationalliga. Zwischen 1998 und 2003 gingen die Besucherzahlen bei den Erstligaspielen um mehr als 20 Prozent zurück.

Hinzu kam eine frappierende Zunahme der Gewalt auf den Rängen, die dazu führte, dass fast alle Klubs in wirtschaftliche Probleme gerieten. Auch die unveränderte Fokussierung des nationalen Spitzenfußballs auf Lima

Das Derby zwischen »La U« (links) und Alianza ist der alljährliche Höhepunkt der peruanischen Saison.

erwies sich als Problem, denn Provinzvereine haben noch immer kaum eine Chance. Eine Ausnahme ist das Team von Cienciano del Cusco, das 2003 völlig überraschend die Copa Sudamericana gewann (3:3 und 1:0 gegen River Plate Buenos Aires) und damit den ersten internationalen Vereinstitel nach Peru holte. Das Team stammt aus der auf rund 3.400 Metern gelegenen 320.000-Einwohnerstadt Cusco, die das Zentrum der Inkakultur bildet.

■ **SEIT DER MILLENNIUMSWENDE** hat man vielerlei Anstrengungen unternommen, Peru aus seiner fußballerischen Tristesse zu reißen. 2004 fungierten sieben peruanische Städte als Gastgeber der Copa América (Lima, Trujillo, Chiclayo, Piura, Arequipa, Cusco und Tacna), was sie mit modernisierten Fußballstätten versorgte. Sportlich indes gab es Enttäuschung, nachdem die Landesauswahl unter dem umstrittenen Tainer Paulo Autuori schon im Viertelfinale ausschied und sich wenig später in heftige interne Querelen verstrickte, die zu Sperren für Leistungsträger wie Farfán führten.

Die Hoffnung ruht auf dem Nachwuchs. 2005 richtete Peru die U17-Weltmeisterschaft aus, und zwei Jahre später erreichte die Juniorenauswahl um Talente wie Reimond Manco immerhin das Viertelfinale der U-17-WM. Spieler wie Jefferson Farfán, Nolberto Solano, Claudio Pizarro, Carlos Zambrano, Juan Manuel Vargas und Jose Paolo Guerrero dokumentieren unterdessen mit ihren herausragenden Erfolgen bei europäischen Spitzenklubs, dass Perus ewige Talentequelle trotz aller Defizite noch immer sprudelt.

tenliste. Aus dem Nachwuchspool von Alianza Lima hervorgehend, hatte Cubillas bereits mit 16 Jahren in der Nationalliga debütiert und war 1966 und 1972 deren Torschützenkönig geworden. 1972 wurde er zu Südamerikas Fußballer des Jahres gewählt und gewann 1975 mit Peru die Copa América. Zwei Jahre zuvor hatte er beim portugiesischen Spitzenklub FC Porto unterschrieben, für den er bis 1977 in 108 Spielen 65 Tore erzielte. 1979 wechselte »El Nene« zu den Fort Lauderdale Strikers in die US-amerikanische NASL und beendete dort 1985 nach 530 Pflichtspielen (311 Tore) seine Laufbahn. Anschließend eröffnete er in Coral Springs (Florida) eine Nachwuchsschule und ließ sich in den USA nieder. [*8.3.1949 | 81 LS/26 Tore]

■ **TEODORO FERNÁNDEZ** Als er 1996 starb, trug ganz Peru Trauer.  »Lolo« Fernández, für 22 Jahre (1931-53) als Torjäger für »La U« bzw. Perus Nationalmannschaft am Ball, war die fußballerische Gallionsfigur der goldenen Fußballepoche in den 1930er Jahren. Zu seinen herausragenden Momenten zählt die Teilnahme an den Olympischen Spielen 1936 und der Gewinn der Copa América 1939, als er sich mit sieben Treffern zudem die Torschützenkrone sicherte. In Cañete geboren, blieb »Lolo« trotz attraktiver Angebote von Klubs aus Argentinien und Chile seiner Heimat treu. [*20.5.1913 †17.9.1996 | 32 LS/24 Tore]

■ **ROBERTO PALACIOS** Perus Rekordnationalspieler (122 Einsätze seit 1992) steht für jenen ästhetisch schönen Fußball, mit dem sein Heimatland bisweilen aufzutrumpfen vermag.  Als offensivorientierter Spielmacher begann Palacios 1991 seine Profikarriere bei Sporting Cristal und debütierte bereits ein Jahr später in der Nationalmannschaft. Später feierte er beim mexikanischen Klub UAG Tecos bzw. dem ecuadorianischen Team von LDU Quito viele Erfolge. [*28.12.1972 | 122 LS/19 Tore]

■ **HUGO SOTIL** Dem torgefährlichen Mittelfeldspieler gelang als erstem Peruaner die Etablierung in einer europäischen Spitzenklasse.  Ab 1973 spielte er an der Seite von Johan Cruyff beim FC Barcelona, für den er bis 1977 in 111 Spielen 33 Tore erzielte. Zuvor war er bei seinem Stammverein Deportivo Municipal Lima zum Publikumsliebling und Nationalspieler aufgestiegen. Der rasch aufbrausende und begnadete Techniker wird aufgrund seines ausschweifenden Lebenswandels mit George Best verglichen und reiste 1970 und 1978 mit Peru jeweils zur WM. 1975 wurde er von seinem spanischen Klub lediglich für das Finale um die Copa América freigestellt und erzielte gegen Kolumbien prompt das Tor des Tages, das Peru zum zweiten Mal die Kontinentalmeisterschaft bescherte. Später noch für Alianza Lima und Independiente Medellín am Ball, kehrte er 1981 zu Deportivo Municipal Lima zurück und beendete dort seine Laufbahn. [*8.5.1949 | 62 LS/18 Tore]

■ **ALEJANDRO VILLANUEVA** Perus Ausnahmefußballer der 1920er Jahre. Der aus dem Limaer Stadtviertel La Victoria stammende und für Alianza spielende Afroperuaner stand seinerzeit im Zentrum der rassistisch motivierten Aktivitäten des von Weißen dominierten Nationalverbandes. Bei Limas Schwarzen und den Mitgliedern der Unterschicht war »Manguera« ein geliebter Volksheld.

URUGUAY

Eine Stadt und ihr Fußball

Uruguays schillernde Fußballgeschichte wurde ausschließlich in Montevideo geschrieben

Asociación Uruguaya de Fútbol

Uruguayischer Fußball-Bund | gegründet: 1900 | Beitritt FIFA: 1923 | Beitritt CONMEBOL: 1916 | Spielkleidung: hellblaues Trikot, schwarze Hose, schwarze Stutzen | Saison: Februar-Dezember | Spieler/Profis: 241.300/1.100 | Vereine/Mannschaften: 1.210/2.200 | Anschrift: Guayabo 1531, Montevideo 11200 | Tel: +59-82/4004814 | Fax: +59-82/4090550 | www.auf.org.uy | E-Mail: auf@auf.org.uy

Kann eine Stadt ein Land sein? In Uruguay scheint das zu gehen – zumindest im Fußball. Da spielt sich nahezu alles in Montevideo ab, der mit 1,3 Mio. Einwohnern größten Stadt der zweitkleinsten Republik Südamerikas. Montevideo stellte bis 2006 stets den Landesmeister, beherbergte sämtliche Länderspiele der »celeste« seit 1901 und spielte bis 1999 die Nationalliga unter sich aus. Das deckt sich mit den geographischen und demographischen Verhältnissen im Land, dessen zweitgrößte Stadt das keine 100.000 Seelen umfassende Salto ist und dessen Fokus sich komplett auf die Hauptstadt am Río de la Plata richtet.

■ **DIE 1828 AUSGERUFENE** Republik Uruguay war über weite Strecken ihrer Geschichte ein Pufferstaat zwischen den mächtigen Nachbarn Argentinien und Brasilien. Es ist ein Land ohne besondere Merkmale. Weder verfügt es über berühmte Berge noch über eine exotische Natur. Das Leben ist europäisch geprägt, und indianische Kultur sucht man vergeblich.
Politisch wurde Uruguay über weite Strecken vom Konflikt zwischen den konservativen »Blancos« und den liberalen »Colorados« beherrscht. Nach zwei fehlgeschlagenen Aufständen setzte erst 1904 unter José Battle y Ordóñez eine gewisse Stabilität ein, durch die sich Uruguay in einen demokratischen Wohlfahrtsstaat verwandeln konnte und den Ruf der »Schweiz Lateinamerikas« erhielt.
In jenen Tagen begann auch Uruguays fußballerischer Höhenflug, der dem kleinen Land zu Weltruhm verhalf. Gemeinsam mit dem benachbarten Buenos Aires ist Montevideo die Wiege des Fußballs in Südamerika. Das in den 1880er Jahren eingeführte Spiel nahm auf beiden Seiten des River Plate (englisch für »Río de la Plata«) einen enormen Aufschwung und war lange vor der Jahrhundertwende beliebtes Freizeitvergnügen innerhalb der wohlhabenden Schichten. Neben der stattlichen britischen Kolonie kickte auch die hohe Zahl von nach Südamerika emigrierenden Kontinentaleuropäern, von denen ein Großteil über das Nadelöhr Río de la Plata einreiste. Während es in Buenos Aires mehrheitlich Italiener waren, stellten in Montevideo Spanier das Gros.

Federführend bei der Einführung und Ausbreitung des Fußballs waren Briten, die als Bankiers, Kaufleute oder auf den Eisenbahnbau spezialisierte Ingenieure nach Südamerika gekommen waren. 1878 soll den Annalen zufolge in Montevideo das erste Rugby- bzw. Fußballmatch zwischen einer Gruppe britischer Siedler und einem Team britischer Seeleute stattgefunden haben. Rugby, Cricket und Polo wurden anschließend von der britischen Kolonie Montevideos in die einheimische (kreolische) Oberschicht transferiert.
Assoziationsfußball feierte seine Ankunft im Jahr 1886. Seinerzeit heuerte der schottische Sportlehrer William Leslie Poole an der Montevideoer English High School an und führte das Spiel dort ein. Zunächst blieb es auf die britische Gemeinde Montevideos beschränkt. 1893 richtete der zwei Jahre zuvor gegründete Albion Cricket Club eine Fußballabteilung ein, und auch der 1891 von britischen Eisenbahnarbeitern geschaffene Central Uruguayan Railways Cricket Club (CURCC) fand Gefallen am Fußball. Aus dem CURCC ging später Peñarol hervor, das gemeinsam mit dem 1899 geformten Club Nacional den Klubfußball des Landes nahezu beherrschen sollte. Zwischen 1932, als in Montevideo eine Profiliga gegründet wurde, und 1975 gab es keinen anderen Meister als Peñarol oder Nacional. Insgesamt errangen die beiden Teams 81 der

República Oriental del Uruguay

Republik Östlich des Uruguay | Fläche: 176.215 km² | Einwohner: 3.439.000 (19,5 je km²) | Amtssprache: Spanisch | Hauptstadt: Montevideo (1,3 Mio.) | Weitere Städte: Salto (99.072), Ciudad de la Costa (83.399), Paysandú (73.272), Las Piedras (69.222), Rivera (64.426) | Währung: 1 Uruguayischer Peso = 100 Centésimos | Bruttosozialprodukt: 3.900 $/Kopf | Zeitzone: MEZ -4h | Länderkürzel: UY | FIFA-Kürzel: URU | Telefon-Vorwahl: +598

101 von 1901-2007 ausgespielten Landesmeisterschaften – lediglich die Glasgower Rivalen Celtic und Rangers können eine vergleichbare Dominanz aufbieten.

Peñarol und Nacional vermögen dementsprechend das gesamte Land sogleich zu bewegen als auch zu spalten: Peñarol, das seine Wiege in den ärmeren Stadtvierteln Montevideos hat, ist der Klub der Armen und Arbeiter und steht der Colorado-Partei nahe, während der als Gegenpol zum »ausländischen« Peñarol gegründete Verein Nacional von der nationalistischen Elite unterstützt wird und als Klub der Etablierten und Reichen mit den Blancos fiebert.

■ **DIE AUSBREITUNG DES** Fußballs wurde durch die beiden Bürgerkriege 1897 bzw. 1904 zunächst gestoppt. Zwar entstanden zwischenzeitlich mit der Asociación Uruguaya de Fútbol (AUF) ein Nationalverband (1900) und eine Stadtliga (1901), im Vergleich zum benachbarten Buenos Aires hinkte Montevideo der Entwicklung jedoch um fast eine Dekade hinterher.

Erst nach Beruhigung der innenpolitischen Lage konnte sich der Fußball frei ausbreiten und es entstanden weitere Klubs. 1902 gründeten Juan und Enrique Sardeson die nach den Wolverhampton Wanderers benannten Montevideo Wanderers. 1905 erblickte mit dem Central FC der Vorläufer des heutigen Central Español FC das Licht der Welt, und der ebenfalls in jenen Tagen gegründete Deutsche Fußballklub wurde 1902 und 1903 jeweils Dritter in der Stadtmeisterschaft.

Auch international zählten Uruguay und Argentinien zu den Pionieren Südamerikas. Die räumliche Nähe – Montevideo und Buenos Aires trennen keine 230 Kilometer, es gab früh regelmäßige Fährverbindungen auf dem Río de la Plata – ließ dies natürlich erscheinen, zumal auf beiden Seiten Briten das Fußballzepter schwangen. Schon im August 1888 war es aus Anlass des Geburtstags von Königin Queen Victoria zu einem Duell zwischen britischen Mannschaften aus Buenos Aires und Montevideo gekommen. Am 16. Mai 1901 begründeten beide Städte dann auch offiziell das älteste Derby außerhalb der Britischen Inseln. Binnen weniger Jahre entwickelte sich anschließend ein lebhafter »kleiner Grenzverkehr«, der 1905 mit dem vom gleichnamigen schottischen Teebaron gestifteten »Lipton Cup« einen ersten Höhepunkt erreichte.

Wie in Buenos Aires nahm der Einfluss der britischen Oberschicht nach der Jahrhundertwende auch in Montevideo dramatisch ab. Die dem Amateurgedanken verbundenen britischen Gentlemen wollten von den zunehmend in den Fußball drängenden spanischen und italienischen Immigranten nichts wissen und zogen sich zurück.

Als der Nationalverband AUF 1905 verkündete, Verkehrssprache sei nunmehr Spanisch und nicht mehr Englisch, waren die Pioniere fast vollständig verdrängt und Uruguays Fußball befand sich in den Händen einheimischer Kreolen bzw. europäischer Immigranten.

■ **WIE IN EUROPA WAR FUSSBALL** auch in Montevideo eine Frage des sozialen Standes bzw. der Herkunft. Die Klubs waren in ihren Stadtvierteln fest verwurzelt und spiegelten

TEAMS | MYTHEN

■ **BELLA VISTA MONTEVIDEO** Heimatverein von gleich vier 1930-Weltmeistern: José Leandro Andrade, Pedro Cea, Pablo Dorado und Kapitän José Nasazzi, nach dem heute das Stadion benannt ist. Der im Arbeiterlager verankerte Klub stand trotz großer Namen stets im Schatten der beiden Großen und errang 1990 seinen einzigen Meistertitel. Bella Vistas Schicksal waren die schwachen Finanzen, die regelmäßig zum Spielerverkauf zwangen. Aufgrund ihrer gelb-weißen Spielkleidung wird das Team auch »Papales« genannt – »die, die dem Papst folgen«. Die Ursprünge der Farbwahl sind umstritten. Die wahrscheinlichste Erklärung ist, dass man bei der Gründung jeweils eine Farbe von Peñarol (gelb) und Nacional (weiß) nahm. [4.10.1920 | José Nasazzi (15.000) | 1]

■ **CENTRAL ESPAÑOL MONTEVIDEO** (CENTRAL FC) Die Wurzeln des 1971 durch Fusion entstandenen Klubs reichen zurück bis in das Jahr 1905, als im Barrio Palermo der Central FC gegründet wurde. Der unweit des Cementerio Central (Zentralfriedhof) ansässige Klub stellte 1950 mit Víctor Rodríguez Andrade und Luis Alberto Rijo zwei Akteure des uruguayischen Weltmeisterteams. 1971 folgte der Zusammenschluss mit Español zum Central Español Gallegos y Lubolos Fútbol Club, der 1983 mit Hilfe von Torjäger José Villareal ins Oberhaus aufstieg und nur zwölf Monate später zum einzigen Mal Landesmeister wurde. [5.1.1905 | Parque Palermo (6.500) | 1]

■ **ATLETICO CERRO MONTEVIDEO** Gilt gemeinsam mit den Rampla Juniors als der populärste Klub nach den beiden Großen Peñarol und Nacional. Beide Vereine sind im westlichen Bezirk Villa del Cerro ansässig, wobei es die bürgerliche Mittelschicht zu den Rampla Juniors zieht, während Cerro (»Hügel«) überwiegend Arbeitsimmigranten anlockt. 1947 ins Oberhaus aufgestiegen, waren die »Albicelestes« (»Weiß-Himmelblauen«) bis zu ihrem Abstieg im Jahr 1997 der einzige Klub neben den beiden Großen, der ununterbrochen erstklassig war. 1950 stellte man mit Matías González, Rubén Morán und Héctor Vilches drei Akteure des uruguayischen Weltmeisterkaders. Neben dem Erreichen des Pokalfinals 1960 (1:3 gegen Peñarol) ragt die Teilnahme an der Copa Libertadores 1995 aus den Annalen heraus. Die Gründung des Klubs geht zurück auf eine Gruppe Jugendlicher aus Villa Cosmópolis. [1.12.1922 | Luis Tróccoli (25.000)]

■ **DANUBIO FC MONTEVIDEO** Errang 1988 seine erste Meisterschaft und etablierte sich in den 1990er Jahren als dritte Kraft hinter dem Duo Peñarol/Nacional. 2004 und 2007 feierte der Danubio Fútbol Club zwei weitere Titelgewinne, derweil er 1989 bis ins Halbfinale um die Copa Libertadores vordrang. Danubio verfügt über eine erfolgreiche Fußball-Nachwuchsschule und brachte Talente wie Álvaro Recoba, Ruben Sosa, Richard Nuñez, Carlos Grossmuller, Nery Castillo und Diego Forlán hervor. Der Klub wurde 1932 durch in Curva de Moronas lebende Schüler der Escuela Pública »República de Nicaragua« gegründet. Seinen ungewöhnlichen Namen verdankt er der Mutter eines der Klubgründer, in deren Haus die Vereinsgründung vollzogen wurde, und die aus Bulgarien stammte. »Danubio« steht für den Fluss Donau. 1948 war das »la franja« (»das Band«) genannte Team um WM-1950-Teilnehmer Carlos Romero erstmals in die Profiliga aufgestiegen und hatte sich 1954 die Vizemeisterschaft gesichert. Nach vielen Jahren zwischen erster und zweiter Liga etablierte sich der im Norden Montevideos ansässige Klub in den 1990er Jahren dauerhaft im Oberhaus. [1.3.1932 | Jardines Del Hipódromo (18.000) | 3]

Jahr	Meister	Jahr	Meister	Jahr	Meister
1900	CURCC Montevideo	1937	Peñarol Montevideo	1974	Peñarol Montevideo
1901	CURCC Montevideo	1938	Peñarol Montevideo	1975	Peñarol Montevideo
1902	Nacional Montevideo	1939	Nacional Montevideo	1976	Defensor Montevideo
1903	Nacional Montevideo	1940	Nacional Montevideo	1977	Nacional Montevideo
1904	nicht ausgespielt	1941	Nacional Montevideo	1978	Peñarol Montevideo
1905	CURCC Montevideo	1942	Nacional Montevideo	1979	Peñarol Montevideo
1906	Montevideo Wanderers	1943	Nacional Montevideo	1980	Nacional Montevideo
1907	CURCC Montevideo	1944	Peñarol Montevideo	1981	Peñarol Montevideo
1908	River Plate Montevideo	1945	Peñarol Montevideo	1982	Peñarol Montevideo
1909	Montevideo Wanderers	1946	Nacional Montevideo	1983	Nacional Montevideo
1910	River Plate Montevideo	1947	Nacional Montevideo	1984	Central Español Montevideo
1911	CURCC Montvideo	1948	nicht ausgespielt	1985	Peñarol Montevideo
1912	Nacional Montevideo	1949	Nacional Montevideo	1986	Nacional Montevideo
1913	River Plate Montevideo	1950	Nacional Montevideo	1987	Defensor Montevideo
1914	River Plate Montevideo	1951	Peñarol Montevideo	1988	Danubio Montevideo
1915	Nacional Montevideo	1952	Nacional Montevideo	1989	Progreso Montevideo
1916	Nacional Montevideo	1953	Peñarol Montevideo	1990	Bella Vista Montevideo
1917	Nacional Montevideo	1954	Peñarol Montevideo	1991	Defensor Montevideo
1918	Peñarol Montevideo	1955	Peñarol Montevideo	1992	Nacional Montevideo
1919	Nacional Montevideo	1956	Peñarol Montevideo	1993	Peñarol Montevideo
1920	Nacional Montevideo	1957	Peñarol Montevideo	1994	Peñarol Montevideo
1921	Peñarol Montevideo	1958	Peñarol Montevideo	1995	Peñarol Montevideo
1922	Nacional Montevideo	1959	Peñarol Montevideo	1996	Peñarol Montevideo
1923	Nacional Montevideo	1960	Peñarol Montevideo	1997	Peñarol Montevideo
1924	Nacional Montevideo	1961	Peñarol Montevideo	1998	Nacional Montevideo
1925	nicht ausgespielt	1962	Peñarol Montevideo	1999	Peñarol Montevideo
1926	Peñarol Montevideo	1963	Nacional Montevideo	2000	Nacional Montevideo
1927	Rampla Juniors Montevideo	1964	Peñarol Montevideo	2001	Nacional Montevideo
1928	Peñarol Montevideo	1965	Peñarol Montevideo	2002	Peñarol Montevideo
1929	Peñarol Montevideo	1966	Nacional Montevideo	2003	Peñarol Montevideo
1930	nicht ausgespielt	1967	Peñarol Montevideo	2004	Danubio Montevideo
1931	Montevideo Wanderers	1968	Peñarol Montevideo	2005	Nacional Montevideo
1932	Peñarol Montevideo	1969	Nacional Montevideo	2006	Nacional Montevideo
1933	Nacional Montevideo	1970	Nacional Montevideo	2007	Danubio Montevideo
1934	Nacional Montevideo	1971	Nacional Montevideo	2008	Defensor Montevideo
1935	Peñarol Montevideo	1972	Nacional Montevideo		
1936	Peñarol Montevideo	1973	Peñarol Montevideo		

■ **DEFENSOR MONTEVIDEO** 1913 von Mitarbeitern einer Glasfabrik in Punta Carretas (Montevideos Südspitze) gegründeter Klub, der mit Ausnahme der 1950er Jahre zum Stammpersonal der nationalen Profiliga zählte. 1976 durchbrachen »Los Violetas« (»Die Violetten«) die 44-jährige Titelhegemonie von Peñarol und Nacional, als sie mit einem von Trainer Ricardo de León gelehrten Ultradefensivsystem erstmals Meister wurden. 1987 errang der damalige Club Atlético Defensor seinen zweiten Meistertitel, ehe er 1989 mit dem beliebten Basketballverein Sporting Club Uruguay zum heutigen Defensor Sporting Club fusionierte. Nachdem man 1991 im Estadio Luis Franzini seinen dritten Titelgewinn hatte bejubeln können, setzte eine 17-jährige Durststrecke ein, die erst 2008 endete, als sich die vom argentinischen Regisseur Julio Marchant angeführten »Violetas« in den Play-offs gegen Peñarol durchsetzten und ihren vierten Titel holten. Defensor steht im Ruf, außergewöhnlich solide zu wirtschaften, und gilt als Talenteschmiede.
[15.3.1913 | Estadio Luis Franzini (18.000) | 4]

■ **NACIONAL MONTEVIDEO** Mit 41 Landesmeisterschaften und drei Copa-Libertadores-Triumphen ist Nacional der nach dem Erzrivalen Peñarol erfolgreichste Klub Uruguays. Der Verein entstand 1899, als eine von Dr. Ernesto Caprario angeführte Gruppe kreolischer Studenten einen nationalen Gegenpol zum britisch dominierten Peñarol (damals noch CURCC) bilden wollte. Basis waren der Unión y Montevideo Football Club und der Uruguay Atlético Club, die am 14. Mai 1899 fusionierten und den programmatischen Namen Club Nacional de Football annahmen. Nacional wird heute als ältester von Einheimischen gegründeter Fußballverein in Südamerika betrachtet. Der Klub ist im wohlhabenden Bildungsbürgertum zu Hause, weshalb seine Anhänger auch als »Cuelludos« bezeichnet werden – nach jenen »Stehkragen«, die einst für Studenten obligatorisch waren. 1902 und 1903 errangen die »Tricolores« (die Klubfarben Weiß-Blau-Rot sind von der uruguayischen Unabhängigkeitskämpfer General José Artigo benutzen Fahne entnommen) ihre ersten beiden Landesmeisterschaften. 1911 weihte der über viele Jahre von José María Delgado angeführte Klub mit dem Gran Parque Central eine eigene Heimstatt ein und avancierte anschließend mit Spielern wie José Leandro Andrade, José Nasazzi, Héctor Castro, Pedro Cea und Héctor Scarone zum uruguayischen Serienmeister. Eine ausgedehnte Gastspielreise durch Europa verschaffte ihm 1925 zudem eine vorzügliche internationale Reputation. Schon bei den Olympiaerfolgen 1924 und 1928 personell stark vertreten, stellte Nacional 1930 gleich acht Spieler des urguayischen WM-Kaders – darunter mit Torjäger Cea, dem Halblinken Castro und Wunderkind Andrade drei Leistungsträger. In den 1930er und 1940er Jahre prägte hingegen mit Atilio García ein Argentinier das Nacional-Spiel, dem in 435 Begegnungen 464 Tore gelangen und der damit der erfolgreichste Torjäger in der Geschichte des uruguayischen Profifußballs ist. Dank Garcías Treffsicherheit konnte Nacional von 1939-43 fünfmal in Folge Landesmeister werden (»Quinquenio de oro«, »die fünf goldenen Jahre«). 1950 stellte Nacional mit Schubert Gambetta, Julio Gervasio Pérez und Eusebio Ramón Tejera drei Weltmeister, während im Dezember 1951 ein legendärer 6:0-Sieg über den Erzrivalen Peñarol gelang. International eröffnete der Klub 1971 mit dem Gewinn der Copa Libertadores (im Finale gegen den Dreifachsieger Estudiantes La Plata) eine neue Ära. Aus dem damaligen Erfolgsteam ragten Torjäger Atilio Ancheta, Julio Montero Castillo, Luis Cubilla sowie die Argentinier Luis Artime und Rinaldo Martino heraus. 1980 (gegen Internacional Porto Alegre) und 1988 (gegen Newell's Old Boys) konnte sich Nacional zwei weitere Male der Kontinentalmeisterschaft sichern, wobei mit Hugo de León ein Verteidiger die Gallionsfigur bildete. In allen drei Fällen er-

José Nasazzi (links) vor dem WM-Finale 1930 mit Argentiniens Kapitän Manuel Ferreira.

deren soziales Gefüge auf den Fußballfeldern wider. Peñarol, wie der einst britische CURCC ab 1913 genannt wurde, stand für den gleichnamigen Stadtteil nördlich des Zentrums, das von der Arbeiterschaft geprägt war. Nacional vertrat die gebildete Oberschicht und trug voller Stolz den Spitznamen »cuelludos« – »Stehkragen«. Die Rampla Juniors stammten aus der von der Mittelschicht geprägten westlichen Vorstadt Villa del Cerro. Defensor war im Arbeiterquartier Punta Carretas im Süden angesiedelt, und in Prado konkurrierten die bürgerlichen Wanderers sowie Arbeiterklub Bella Vista.

Auf internationaler Ebene setzte Uruguay gemeinsam mit Argentinien einen Meilenstein, als man 1910 eine Art »Südamerikameisterschaft« ausrichtete. Dritter Teilnehmer des in Buenos Aires durchgeführten Turniers war Chile. Im Finale setzte sich Argentinien gegen Uruguay mit 4:1 durch.

Die 1920er Jahre avancierten zur ersten »goldenen Ära« des uruguayischen Fußballs. Bereits 1916 hatte sich die Nationalmannschaft »celeste« (»Himmelblaue«) die nach der Gründung der CONMEBOL nunmehr offizielle Kontinentalmeisterschaft (»Copa América«) gesichert und gewann jene auch 1917, 1920, 1923 und 1924. Zugleich sorgte man mit dem Einsatz afrikanischstämmiger Akteure für Aufregung. 1916 legte Chile nach seiner 0:4-Niederlage sogar Protest ein, weil Uruguay mit Juan Delgado und Isabelino Gradín zwei, wie es empört hieß, »Afrikaner« eingesetzt habe. Die beiden zählten zu der rund sieben Prozent starken Bevölkerungsgruppe ehemaliger afrikanischer Sklaven in Uruguay, die ein entscheidendes Züglein an der Waage beim Aufstieg der kleinen Nation in den Fußballhimmel darstellen sollten.

Als die »celeste« 1924 als erste Mannschaft Lateinamerikas zu einem olympischen Fußballturnier reiste, stand mit José Leandro Andrade ein weiterer Afrouruguayer im Team, das mit seinem rasanten Kurzpassspiel die an rustikales »kick and rush« gewöhnte europäische Fußballfamilie regelrecht verzückte. Uruguays erster Fußballauftritt auf dem alten Kontinent hinterließ ein Feld düpierter Gegner (Jugoslawien 0:7, USA 0:3, Frankreich 1:5, Niederlande 1:2, Schweiz 0:3) und zerstörte die europäische Überzeugung, der Meister im Spiel um den runden Ball zu sein. Uruguays »picardá criolla« genanntes Spiel (in etwa »kreolische Schlitzohrigkeit«) bescherte der »celeste« die Goldmedaille und ließ Südamerika schlagartig auf die Landkarte des Weltfußballs rücken. Vier Jahre später kam es in Amsterdam sogar zu einem südamerikanischen Finale, als sich Uruguay mit 2:1 gegen den Erzrivalen Argentinien durchsetzte. Der Höhepunkt der Entwicklung war die 1930 in Montevideo ausgespielte erste Weltmeisterschaft. Abermals trafen im Finale Uruguay und Argentinien aufeinander, abermals triumphierte Uruguay (4:2). Mit zwei Goldmedaillen und einem WM-Titel war das kleine Uruguay damit zwischen 1924 und 1930 die große Fußballmacht der Welt.

■ **WÄHREND MAN INTERNATIONAL** Furore machte, tobte national ein erbitterter Kampf zwischen Profi- und Amateurbefürwortern. Nach der Jahrhundertwende war Montevideo zu einer boomenden Metropole angewachsen, deren Einwohnerzahl durch Einwanderung und Landflucht rasant anstieg. Die Industrie brummte, der Lebensstandard war hoch und die Stimmung dementsprechend positiv. Fußball war längst zum schichten-übergreifenden Volkssport aufgestiegen, der nicht nur die Integration der Einwanderer aus Europa erleichterte, sondern dem bunten Vielvölkerstaat zudem zu einer nationalen Identität verhalf.

Die Stadien waren dementsprechend gut gefüllt, und vor allem beim Derby zwischen Nacional und Peñarol klingelten die Kassen, was Forderungen nach dem bezahlten Fußball aufkommen ließ. Schwarzgeldzahlungen (»braunes Profitum«) an die Akteure waren schon in den frühen 1920er Jahren üblich, doch eine Legalisierung erwies sich als schwierig. Erst nach zwei Spielerstreiks, die 1925 und 1930 jeweils zum Ausfall der

▶ Estadio Centenario, Montevideo
Die 1930 für die erste WM erbaute Riesenarena ist deutlich in die Jahre gekommen und spiegelt den maroden Zustand des uruguayischen Fußballs wider. In nur acht Monaten errichtet, erhielt die 80.000-Plätze-Arena aus Anlass der 100. Wiederkehr der Verfassungsgebung ihren Namen und war Schauplatz des ersten WM-Finales (Uruguay - Argentinien, 4:2). 1982 wurde sie von der FIFA zum »Monumento Historico del Fútbol« erklärt und beherbergt ein sehenswertes Fußballmuseum.

Landesmeisterschaft geführt hatten, sowie einer zwischenzeitlichen Spaltung (1923 gründeten Peñarol, Central und argentinische Dissidenten aus Buenos Aires die Federación Uruguaya de Football, die 1926 in die AUF zurückkehrte) wurden die Weichen 1932 in Richtung Profiliga gestellt.

Wenngleich ihr bis zu 18 Mannschaften angehörten, wurde sie von zwei Teams beherrscht: Peñarol und Nacional. Die beiden mit Abstand beliebtesten Vereine des Landes errangen nicht nur sämtliche Titel bis 1975, sondern waren der Konkurrenz auch wirtschaftlich haushoch überlegen. Während Klubs wie Rampla Juniors, Central, Bella Vista und Wanderers mit Zuschauerzahlen im vierstelligen Bereich auskommen mussten, war für das Derby bisweilen selbst die zur WM 1930 errichtete 100.000-Plätze-Schüssel Estadio Centenario zu klein.

Für mehr als dreißig Jahre vermochte das kleine Uruguay seine Spitzenposition in der Fußballwelt erfolgreich zu verteidigen. 1950 gelang ein erneuter Überraschungscoup, als die »celeste« dem Topfavoriten Brasilien bei der WM im eigenen Land den Titel vor der Nase wegschnappte und zum zweiten Mal Weltmeister wurde. Das Erfolgsteam um Victor Rodríguez Andrade, Neffe des 1930er Weltmeisters José Leandro, Alcide Ghiggia, Juan Schiaffino, Obdulio Varela und Roque Máspoli krönte mit einem 2:1 im entscheidenden Gruppenspiel gegen den siegesgewissen Gastgeber Brasilien nicht nur ihre eigene Epoche, sondern setzte zugleich den Schlusspunkt unter die »goldene Ära« des uruguayischen Fußballs.

Vier Jahre später unterlag die »celeste« bei der WM in der Schweiz in einem dramatischen Halbfinale dem ungarischen Wunderteam mit 2:4 und verpasste 1958 in der »Schande von Asunción« (0:5 gegen Paraguay) erstmals die Qualifikation zu einem WM-Turnier.

Lediglich auf Kontinentalebene konnte man sich anschließend unter den stärksten Teams halten und errang 1956 bzw. 1959 jeweils die Copa América. Global indes schied das kleine Uruguay in geradezu atemberaubendem Tempo aus der Elite aus.

Das führte zu einem fußballerischen Stilbruch, wie ihn keine andere große Fußballnation der Welt vollzogen hat. Im Verlauf der 1960er Jahre verwandelte sich das filigrane und schön anzusehende »picardía criolla« in auf reines Zerstören ausgerichtetes, überhartes und ultradefensives System, das als »garra charrúa« (»entschlossene Kralle«) Angst und Schrecken verbreitete. 1966 machte Deutschland bei der WM in England als eine der ersten Nationen Bekanntschaft mit der uruguayischen »Kralle«, als sich Seeler und Co. im Viertelfinale zwar mit 4:0 durchsetzten, dabei aber tüchtig Tritte und Knuffe der durch zwei Platzverweise dezimierten Südamerikaner einstecken musste. Seitdem steht Uruguay für einen körperbetonten Rauffußball, der häufig am Rande der Legalität steht und den einst sagenumwobenen Ruf des Landes in einen gefürchteten verwandelt hat.

■ DIE HINTERGRÜNDE DES WANDELS sind nicht nur im sportlichen Bereich, sondern auch auf politischer bzw. wirtschaftlicher Ebene zu suchen. Nach dem Zweiten Weltkrieg war Uruguay in eine schwere Wirtschaftskrise geraten, die das Land in ein soziales Pulverfass verwandelt hatte. Auf den Straßen von Montevideo herrschte das Gesetz des Starken – Rücksichtnahme auf Schwächere war nicht vorgesehen. Die in dieser Atmosphäre aufgewachsenen Fußballer dokumentierten mit ihrem Verhalten auf dem grünen Rasen unfreiwillig den Zerfall des einstigen uruguayischen Wohlfahrtsstaates. »Uruguay hat eines der am schlechtesten funktionierenden Rentensysteme der Welt und lässt seine jungen Menschen einschließlich der Fußballer ziehen«, konstatierte Südamerikaexperte Chris Taylor Mitte der 1990er Jahre bitter. Der von Taylor angesprochene Exodus uruguayischer Spitzenfußballer ins Ausland hatte bereits in den 1950er Jahren eingesetzt, als Größen wie Juan Alberto Schiaffino und Alcides Ghiggia nach Italien gewechselt waren.

Ungeachtet des Paradigmenwechsel gab es weiterhin Erfolge zu feiern. Vor allem die 1960 eingeführte kontinentale Vereinsmeisterschaft Copa Libertadores wurde zur uruguayischen Domäne. Zwischen 1960 und 1971 erreichten Peñarol und Nacional insgesamt zehnmal das Endspiel, das sie 1960, 1961 und 1966 (Peñarol) bzw. 1964, 1967 und 1969 (Nacional) auch gewannen. Damit stellte das uruguayische Duo in jener Epoche die erfolgreichsten Mannschaften des Kontinents. Für

rang Nacional anschließend auch den Weltpokal. Seit den 1990er Jahren sind die Erfolge etwas seltener geworden, und der Klub kam nicht mehr über das Viertelfinale in der Copa hinaus (1991, 2002 und 2007). Wie alle uruguayischen Klubs ist Nacional allerdings auch von einem beständigen personellen Aderlass betroffen. [14.5.1899 | Parque Central (20.000) | 41]

 **PEÑAROL MONTEVIDEO** Uruguays Rekordmeister und mit fünf Copa-Libertadores-Erfolgen auch der international erfolgreichste Klub des Landes. Peñarol gilt als Verein der unteren Schichten und Arbeiter. Die Klubgründer waren britische Eisenbahningenieure, die am 28. September 1891 den Central Uruguay Railway Cricket Club (CURCC) ins Leben riefen. In Erinnerung an die Lokomotive »The Rocket«, mit der George Stephenson 1829 ein legendäres Zugrennen gewonnen hatte, erhielt der Klub die Farben Schwarz und Gelb. Quasi vom ersten Tag an zählten die »Carboneros« (»Kohlenschaufler«) zu den prägenden Mannschaften im uruguayischen Fußball und waren federführend bei der Etablierung des Spiels im Land. Allerdings büßten sie im Verlauf der Zeit ihre britische Ausprägung ein und wurden von einheimischen Kreolen übernommen, wodurch sich frühzeitig die dem gleichnamigen Stadtviertel entnommene Bezeichnung Peñarol etablierte. Nachdem 1913 Spanisch als uruguayische Handelssprache das bis dahin benutzte Englisch ersetzt hatte, wurde aus dem CURCC auch offiziell der Atlético Club Peñarol. Zu jenem Zeitpunkt hatten die »Aurinegros« (»Schwarz-Gelben«) um ihren Torjäger José Pendibene bereits fünf Landesmeisterschaften auf dem Konto und dominierten mit einem vom Schotten John Harley gelehrten Kurzpassspiel die Nationalliga. Als der im Estadio Pocitos ansässige Klub 1923 eine gescheiterte Rebellion gegen den Nationalverband AUF anführte und Gründungsmitglied der Konkurrenzorganisation FUF wurde, warf ihn dieser zunächst zurück. Erst 1926 kehrte die Elf um die Nationalspieler Isabelino Gradín, Álvaro Gestido und Lorenzo Fernández in die AUF zurück und sicherte sich prompt die nächste Meisterschaft. 1932 zu den Gründungsmitgliedern der Nationalliga zählend, teilte sich Peñarol bis 1975 gemeinsam mit Nacional sämtliche Meistertitel und stellte 1950 mit Alcides Ghiggia, Juan Alberto Schiaffino, Rodríguez Andrade, Huan González, Oscar Omar Míguez, Ernesto Vidal, Roque Máspoli sowie Kapitän Obdulio Varela gleich acht Akteure des uruguayischen Weltmeisterteams. Nachdem man Leistungsträger wie Ghiggia (1953) und Schiaffino (1954) an italienische Profiklubs verloren hatte, versuchte sich der Ungar Béla Guttman in den frühen 1960er Jahren vergeblich daran, das traditionelle Peñarol-Kurzpassspiel zu modernisieren. Erst unter Nachfolger Roque Máspoli fanden die »Aurinegros« dann in die Erfolgsspur zurück und feierten zwischen 1958 und 1968 mit einer vom legendären ecuadorianischen Torjäger Alberto Spencer angeführten Elf neun Landesmeisterschaften, drei Copa-Libertadores-Erfolge (1960, 1961 und 1966) und zwei Weltpokalsiege (1961 und 1966). Neben Spencer prägten Mario Méndez, Néstor Gonçalves (mit 571 Einsätzen Peñarols Rekordspieler), Néstor Martín Errera, Tabaré González, Elías Figueroa, Pablo Forlán, Julio César Abbadie, Pedro Rocha sowie Juan Joya die erfolgreichste Epoche der Vereinsgeschichte. Die frühen 1970er Jahre waren von finanziellen Sorgen und anhaltender Erfolglosigkeit geprägt. Erst mit dem Titelhattrick 1973-75 endete die triste Ära, und 1982 gingen sowohl die Copa Libertadores als auch der Weltpokal (1:0 gegen Aston Villa) abermals an die Schwarz-Gelben. Fünf Jahre später konnten die »Aurinegros« nach ihrem Finaltriumph über América Cali zum bislang letzten Mal die Copa Libertadores in den Himmel recken. Seitdem ist der finanziell schwer angeschlagene Klub über vier Viertelfinalteilnahmen (1988, 1997, 1998 und 2002) nicht mehr hinausgekommen. So geht es Peñarol wie Uruguays Fußball insgesamt: Einer großen Vergangenheit steht eine unsichere Zukunft gegenüber. [28.9.1891 | Centenario (80.000) | 47]

RAMPLA JUNIORS FC MONTEVIDEO 1914 im Barrio La Aduana gegründeter Klub, der nach der beliebten Straße Rambla La Marsellaise benannt ist, die unweit des Gründungslokals »Trocadero« lag. Der stadtweit beliebte Verein ist seit 1921 in Villa del Cerro ansässig und steht als Klub der dortigen Mittelschicht mit dem Arbeiter- und Immigrantenverein Atlético Cerro in Lokalrivalität. Die »Rojiverdes« (»Rot-Grünen«) stiegen in den 1920er Jahren zur nationalen Nummer drei auf und errangen 1927 mit einer von Kapitän Pedro »El Indio« Arispe (Olympiasieger 1924 und 1928) sowie Torhüter Enrique Ballestrero (Weltmeister 1930) angeführten Elf ihre einzige Landesmeisterschaft. 1950 stellten sie mit Verteidiger Wiliam Pablo Martínez einen WM-Teilnehmer (kein Einsatz). Nach der Millenniumswende geriet der Klub in wirtschaftliche Nöte und rutschte kurzzeitig in die Zweitklassigkeit ab. [7.1.1914 | Olimpico (10.000) | 1]

RIVER PLATE MONTEVIDEO Ein Klub mit doppelter Vergangenheit. 1902 entstand im Hafenviertel von Montevideo der britisch geprägte River Plate Fútbol Club, der zu den dominierenden Teams im Amateurzeitalter zählte und 1908, 1913 sowie 1914 Meister wurde. Der treu zum Amateurgedanken stehende britische Gentlemenklub löste sich 1929 als Reaktion auf die Zunahme des »braunen Profitums« auf. Als zwölf Jahre später die Vereine Olimpia und Capurro fusionierten, griffen sie den Namen auf und bildeten den Club Atlético River Plate, der im Barrio Olímpico seine Heimat fand. Aus dem Klub gingen mit Severino Varela und Héctor Sena Puricelli zwei gefeierte Torjäger hervor. Seinen größten Erfolg feierte man 1982 mit der Vizemeisterschaft hinter Nacional. [1904/11.5.1932 | Federico Omar Saroldi (11.000)]

MONTEVIDEO WANDERERS 1902 von Juan und Enrique Sardeson gegründeter Verein, dessen Name an die Wolverhampton Wanderers erinnern soll und der zu Amateurzeiten zu den uruguayischen Spitzenteams zählte. 1906, 1909, 1923 und 1931 gingen die im studentischen Bürgertum verankerten »Bohemios« um die 1928-Olympiasieger René Borjas und Roberto Figueroa bzw. die 1930er Weltmeister Domingo Tejera und Zoilo Saldombide jeweils als Landesmeister hervor, ehe sie mit Einführung des Profitums etwas an Boden verloren. Nach dem erstmaligen Abstieg aus dem Oberhaus 1952 geriet der finanziell angeschlagene Klub in turbulente Zeiten und fand von 1969-73 in Las Piedras (Bezirk Canelones) ein ungeliebtes Exil. 1975 qualifizierte sich die Elf um Nationalspieler Enzo Francescoli zum ersten Mal für die Copa Libertadores, in der die Wanderers 2008 bereits zum sechsten Mal aufliefen. Wie ihr Vorbild Estudiantes Buenos Aires (nicht La Plata!) tragen sie schwarz-weiß gestreifte Jerseys und sind seit 2000 wieder fester Bestandteil der Nationalliga. [15.8.1902 | Parque Alfredo Víctor Viera (12.000)]

HELDEN | LEGENDEN

JOSÉ LEANDRO ANDRADE Es muss den Zuschauern in Paris wie ein Wunder vorgekommen sein, als sie Uruguay 1924 beim olympischen Fußballturnier kombinieren sahen. Einer der stärksten Akteure war José Leandro Andrade, der mit seiner dunklen Hautfarbe zusätzlich für Furore in einem vom aufkommenden Rassismus geprägten Europa sorgte. Der Nachfahre afrikanischer Sklaven zählte 1924 und 1928 bei den olympischen Turnieren sowie 1930 bei der WM im eigenen Land zu den herausragenden Kräften der »celeste« und war einer der Garanten für das sagenumwobene Kurzpassspiel. Aus dem Bella Vista AC hervorgehend, wurde Andrade mit

Nacional (links, 2002) und Peñarol (rechts, 2003) haben Uruguays Nationalliga über weite Strecken dominiert.

beide Klubs bot der Wettbewerb zudem eine angenehme Abwechslung vom einseitigen nationalen Spielbetrieb, den sie unverändert dominierten.

Während die »celeste« um Luis Cubilla, Ladislao Mazurkiewicz, Juan Mujica, Roberto Matosas und Pedro Rocha 1970 bei der WM in Mexiko mit ihrem Einzug ins Halbfinale noch einmal ein Schlaglicht setzte, geriet Uruguay politisch in Turbulenzen. Sowohl die Colorados als auch die Blancos hatten sich als unfähig erwiesen, die Probleme des Landes lösen zu können. Mit den »Tupamaros« war bereits eine linksgerichtete Guerillagruppe entstanden, die 1972 mit der Entführung des britischen Botschafters Schlagzeilen machte. Im selben Jahr ergriffen Uruguays Militärs die Macht und installierten eine brutale Diktatur, die bis 1985 Bestand hatte. Dass Uruguay in diesem Zeitraum lediglich eine WM-Teilnahme vorweisen kann – 1974, als man in der Vorrunde ausschied – verdeutlicht, dass die Entwicklung nicht folgenlos für den Fußball war.

Für Uruguays demokratische Politiker diente der Fußball seinerzeit als eine Art »politisches Asyl«. Colorado-Chef Julio María Sanguinetti wurde Präsident von Peñarol. Hugo Batalla, Schlüsselfigur der linksgerichteten Frente Amplio, übernahm eine Führungsposition im Nationalverband AUF, und der Sozialist bzw. spätere Staatspräsident Tabaré Vázquez wurde Präsident von Progreso.

Die mit ihrer Wirtschaftspolitik gleichfalls scheiternden Militärs missbrauchten den Fußball unterdessen als Zugang zum Volk und organisierten 1980 die so genannte »Mondialito« (»kleine WM«), an der aus Anlass des 50. Jubiläums der ersten WM alle bisherigen Weltmeister teilnahmen. Abgesehen von England, das sich aus politischen Gründen weigerte und von den Niederlanden vertreten wurde, reisten die Ex-Weltmeister geschlossen nach Montevideo, wo sich Uruguay im Finale gegen Brasilien durchsetzte.

Auf nationaler Ebene wurde unterdessen die seit 1932 unangefochtene Hegemonie von Peñarol und Nacional durchbrochen, als 1976 mit Defensor ein Klub Meister wurde, der ausgerechnet vom erklärten Kommunisten José Ricardo de León trainiert wurde. Zugleich erstickte Uruguays Nationalliga an heftigen internen Querelen. Spielerstreiks, Gewalt gegen Schiedsrichter und gigantische Schuldenberge waren an der Tagesordnung und behinderten den Spielbetrieb.

1985 brach das Militärregime nach einem Generalstreik zusammen und Peñarol-Präsident Sanguinetti übernahm die Führung über das zerstrittene, marode und ausgeblutete Uruguay, aus dem sich zwischenzeitlich mehr als ein Viertel der Einwohner abgesetzt hatte. Die Rückkehr zur Demokratie wurde von frischen Fußballerfolgen begleitet. 1986 überstand die »celeste« bei der WM in Mexiko erstmals seit 16 Jahren wieder die Vorrunde und scheiterte im Achtelfinale ausgerechnet am Erzrivalen Argentinien. Auf Klubebene sicherten sich unterdessen Nacional und Peñarol vier weitere Male die Copa Libertadores (Nacional 1980 und 1988, Peñarol 1982 und 1987). Sämtliche Erfolge wurden mit einem recht rüden Fußball errungen – so trat die von Omar Borrás trainierte Landesauswahl um Enzo Francescoli und Carlos Aguilera 1986 in Mexiko mit einem System an, das »luchar hasta morir«

● **Erfolge**
Weltmeister 1930, 1950 **Copa América** 1916, 1917, 1920, 1923, 1924, 1926, 1935, 1942, 1956, 1959, 1967, 1983, 1987, 1995

● **FIFA World Ranking**

1993	1994	1995	1996	1997	1998	1999	2000
17	37	32	43	40	76	46	32
2001	2002	2003	2004	2005	2006	2007	2008
22	28	21	16	18	29	28	23

● **Weltmeisterschaft**
1930 Endturnier (Ausrichter, Sieger), **1934-38** nicht teilgenommen **1950** Endturnier (Sieger) **1954** Endturnier (Halbfinale) **1958** Qualifikation **1962** Endturnier (Vorrunde) **1966** Endturnier (Viertelfinale) **1970** Endturnier (Halbfinale) **1974** Endturnier (Vorrunde) **1978-82** Qualifikation **1986** Endturnier (Achtelfinale) **1990** Endturnier (Achtelfinale) **1994-98** Qualifikation **2002** Endturnier (Vorrunde) **2006-10** Qualifikation

● **Vereinserfolge**
Copa Libertadores Peñarol Montevideo (1960, 1961, 1966, 1982, 1987), Nacional Montevideo (1971, 1980, 1988)

(»Kämpfen bis zum Umfallen«) hieß und José Batista beim 0:0 gegen Schottland den schnellsten Platzverweis der WM-Geschichte bescherte (55 Sekunden).

■ **OBWOHL AUCH 1990 UND 2002** die Qualifikation zum WM-Endturnier gelang und Uruguay 1987 und 1995 jeweils die Copa América errang, steckt Uruguays Fußball seit den 1980er Jahren in einer Krise, deren Dimensionen vielschichtig sind. Unter sportlichen Gesichtspunkten hat sich der Verlust des Straßenfußballs im Verbund mit einer veränderten Freizeitkultur und einer desolaten Nachwuchsförderung als fatal erwiesen. Außerdem leidet Uruguays Fußball unter einem unaufhaltsamen Exodus, der keinesfalls nur Spitzenspieler wie Alvaro Recoba, Diego Forlán und Gustavo Varela betrifft, sondern auch minderbegabte Kicker, die in benachbarten lateinamerikanischen Ländern unterkommen und die heimische Liga ausbluten lassen.

Uruguays Fußballkrise hat aber nicht nur sportliche Gründe, denn sein wirtschaftlicher Niedergang hat den früheren Wohlfahrtsstaat regelrecht verarmen lassen. Darunter leidet vor allem der einst starke (und den Fußball unterstützende) Mittelstand. Mehr als zehn Prozent der Uruguayer leben heute an oder unter der Armutsgrenze, der einstige Wirtschaftsmotor Montevideo hat den Anschluss an die kontinentale Wirtschaft verloren, und Uruguays Industrie ist hoffnungslos veraltet. Hinzu kommt eine tiefverwurzelte Korruption, die solides Arbeiten nahezu unmöglich macht.

Das zeigt sich auch im Fußball, der sich im Würgegriff von Francisco »Paco« Casal befindet. Casal besitzt die Medienrechte an der Nationalliga und den Länderspielen, er wirkt als Spielervermittler für uruguayische Fußballer und er übt mit seinem Monopol einen hohen Einfluss auf die Vereine bzw. die Nationalliga aus. Als er sich beispielsweise 2003 mit Nacional zerstritt, päppelte er den Erzrivalen Peñarol mit Starspielern wie Paraguays Torhüter José Luis Chilavert derart auf, dass die »Aurinegros« die Dominanz Nacionals durchbrechen konnten. Der zwischen 1997 und 2007 autokratisch von Eugenio Figueredo geführte Nationalverband AUF wirkte hilflos gegen sein Regiment, zumal er 2004/05 selbst in einen Skandal um Bestechungen und Manipulationen geriet.

■ **UNTERDESSEN KAM ES ZU** historischen Veränderungen im nationalen Spielbetrieb, als die Primera Division 1999 nach fast 100 Jahren als Montevideoer Stadtklasse in eine landesweite Nationalliga ausgeweitet wurde. Erste Provinzvereine, die ins Oberhaus aufgenommen wurden, waren Bella Vista Paysandu, Deportivo Maldonado und Deportivo Tacuarembo. 2006 erreichte mit Apertura-Sieger Rocha FC erstmals ein Provinzklub das Finale um die Landesmeisterschaft, in dem sich Clausura-Sieger Nacional allerdings durchsetzte.

Die Dominanz der beiden großen Klubs Peñarol und Nacional hatte bereits mit dem Ende des Militärregimes Schaden genommen. 1984 war Central España in die Meisterphalanx eingebrochen, und zwischen 1987 und 1991 war das Duo sogar gänzlich ohne Titel nach Hause gegangen. Von den vier Klubs Defensor (zwei Titel), Danubio, Progreso und Bella Vista, die seinerzeit Meister wurden, konnte sich allerdings nur Danubio dauerhaft in der Elite etablieren, die schon ab 1992 wieder von Nacional/Peñarol dominiert wurde. 2004 und 2007 errang die als Talenteschmiede bekannte Danubio-Elf jeweils die Meisterschaft, während sie 2001 und 2002 Vizemeister wurde. 2008 konnte Defensor zum vierten Mal den Titel erringen.

Insgesamt sieht Uruguays Fußballzukunft nicht sonderlich rosig aus. Der personelle Ausverkauf hat die Nationalliga geschwächt und zu einem bedrohlichen Rückgang der Zuschauerzahlen geführt, die Topklubs stehen seit Jahrzehnten vor dem finanziellen Exitus, und die Allmacht des Casal-Imperiums hat in vielen Bereichen ein Ohnmachtsgefühl aufkommen lassen. Auf kontinentaler Ebene ist der 14-fache Südamerikameister selbst von Ländern wie Kolumbien, Paraguay und Ecuador überholt worden. 2006 fehlte Uruguay nach seiner Play-off-Niederlage gegen Australien als einziger ehemaliger Weltmeister bei der WM in Deutschland.

Die vielfältigen Defizite haben auch die berühmte Nachwuchsarbeit geschädigt. Seit 1981 eilt Uruguay – immerhin siebenfacher südamerikanischer U20-Meister – im Juniorenbereich dem Erfolg hinterher. Letzter Feiertag war der zweite Platz bei der Junioren-WM 1997. Sechs Jahre später musste sich Uruguays Nachwuchs beim im eigenen Land ausgetragenen U20-Turnier hingegen mit Platz fünf begnügen.

»Heute seufzt das Centenario-Stadion von Montevideo voller Nostalgie über den verblassten Ruhm des uruguayischen Fußballs«, umschrieb der uruguayische Schriftsteller und leidenschaftliche Fußballfan Eduardo Galeano den Zustand seines Lieblingssports. Dem ist nichts hinzuzufügen.

Nacional sechsmal Landesmeister. Sein Neffe Victor Rodriguez wurde 1950 mit Uruguay ebenfalls Weltmeister. [*1.10.1901 †4.10.1957]

■ **ENZO FRANCESCOLI** Wurde 1984 und 1996 jeweils zum Fußballer des Jahres in Südamerika gewählt und war ein leichtfüßiger Spielgestalter und gefürchteter Freistoßspezialist.

Geboren und aufgewachsen im Arbeiterviertel Capurro, gelangte der zurückhaltende Francescoli über die Montevideo Wanderers zu River Plate Buenos Aires und führte die »celeste« 1986 bei der WM in Mexiko bis ins Achtelfinale. Anschließend nach Frankreich gewechselt, avancierte er in Paris bzw. Marseille zu »Le Prince«, wechselte 1980 nach Italien und kehrte 1994 zu River Plate zurück. Frankreichs Superstar Zinedine Zidane bezeichnete ihn später als Vorbild und gab sogar einem seiner Söhne den Namen Enzo. [*12.11.1961 | 72 LS/15 Tore]

■ **ALCIDES GHIGGIA** Überragender Dribbelkünstler, dessen größte Stunde im entscheidenden WM-1950-Spiel gegen Brasilien schlug, als er zunächst den 1:1-Ausgleich vorbereitete und anschließend den 2:1-Siegtreffer erzielte. Er jubelte anschließend: »Nur drei Menschen haben es geschafft, das Maracaña-Stadion zum Schweigen zu bringen: Frank Sinatra, Papst Johannes Paul II. und ich.« Das schnelle und trickreiche Leichtgewicht (62 kg) kickte von 1953-62 in Italien (Roma, Milan) und ließ seine Karriere 1968 bei Danubio Montevideo ausklingen. [*22.12.1926 | 12 LS/4 Tore für Uruguay, 5/1 für Italien]

■ **JOSÉ NASAZZI** Gallionsfigur und Kapitän der Erfolgself der 1920er Jahre, die zweimal zum Olympiasieg, viermal zur Copa América und 1930 zum WM-Triumph führte. »El Gran Mariscal« (»der große Marschall«) begann beim kleinen Stadtteilklub Bella Vista und wechselte später zu Nacional, wo er seine Karriere 1937 auch beendete. [*24.5.1901 †17.6.1968]

■ **HÉCTOR SCARONE** Sein Rekord ist uralt – doch niemandem ist es bislang gelungen, ihn zu brechen. Mit 31 Treffern führt Scarone die Rekordliste der »celeste« seit nunmehr 80 Jahren an und darf sich zudem zweifacher Olympiasieger sowie Weltmeister von 1930 nennen.

Scarones explosive Spielweise machte ihn zu einem ständigen Unruheherd vor dem gegnerischen Tor. Aus dem drittklassigen Klub Sportsman hervorgehend, verbrachte er seine erfolgreichste Zeit bei Nacional, wohingegen Ausflüge zum FC Barcelona (1926) bzw. nach Mailand und Palermo (1931-34) weniger schillernd verliefen. [*26.11.1898 †4.4.1967 | 52 LS/31 Tore]

■ **JUAN ALBERTO SCHIAFFINO** Schütze des Ausgleichs im entscheidenden WM-1950-Spiel gegen Brasilien, in dem der rechte Verbinder eine überragende Partie bot. Technisch stark und schusskräftig, feierte der zerbrechlich wirkende »Pepe« mit seinem Stammverein Peñarol zahlreiche Erfolge, ehe er nach der WM 1954 zum AC Mailand wechselte und sich später sogar das italienische Jersey überstreifte. Nach seiner Rückkehr in die Heimat (1962) war er als Scout tätig. [*28.7.1925 †13.11.2002 | 21 LS/8 Tore, 4/0 f. Italien]

■ **OBDULIO VARELA** 1950 avancierte »der Löwe von Montevideo« zum Nationalhelden, als er mit seinem enormen Kampfgeist und der Erfahrung von 34 Jahren zum wichtigen Ruhepol im entscheidenden WM-Match gegen Brasilien wurde. »El Negro Jefe« (»der schwarze Chef«) organisierte nicht nur die Abwehr, sondern motivierte sein Team nach dem brasilianischen Führungstreffer und sorgte damit für die Wende. Aus Paysandú stammend und bei den Montevideo Wanderers beginnend, trug er ab 1942 das Peñarol-Jersey und leitete nach seiner aktiven Laufbahn von 1955-56 das Training der »Aurinegros«. [*20.9.1917 †2.8.1996 | 45 LS/9 Tore]

VENEZUELA

Keine Lust mehr auf Aschenputtel

Die langjährige Baseballhochburg Venezuela hat sich in eine respektable Fußballgröße verwandelt

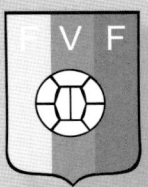

Federación Venezolana de Fútbol

Venezolanischer Fußball-Bund | gegründet: 19.1.1926 | Beitritt FIFA: 1952 | Beitritt CONMEBOL: 1965 | Spielkleidung: weinrotes Trikot, weiße Hose, weiße Stutzen | Saison: Januar - Dezember | Spieler/Profis: 1.490.573/546 | Vereine/Mannschaften: 717/2.449 | Anschrift: Avda. Santos Erminy Ira, Calle las Delicias Torre Mega II, P.H. Quitar P.H., Caracas 1050 | Tel: +58-212/7624472 | Fax: +58-212/7620596 | www.federacionvenezolanadefutbol.org | E-Mail: sec_presidencia_fvf@cantv.net

Venezuela ist Südamerikas Fußball-Aschenputtel. Als einziges CONMEBOL-Mitglied reiste man noch nie zu einem WM-Turnier, feierte weder bei der Copa América noch bei der Copa Libertadores nennenswerte Erfolge und ist noch nicht einmal eine Fußballhochburg – eine Folge der engen wirtschaftlichen und politischen Verbindung zu den USA, durch die Baseball in Venezuela deutlich höher im Kurs steht.

Doch die trüben Tage für die schmale venezolanische Fußballgemeinde scheinen ihrem Ende entgegenzugehen. 2007 richtete das Land erstmals die Copa América aus und erhielt dadurch eine Reihe moderner Fußballarenen, derweil die in weinroten Jerseys auflaufende Nationalelf »Vinotinto« in der WM-Qualifikation 2006 mit einem 3:0 in Uruguay für eine faustdicke Sensation sorgte. Auch in der Copa Libertadores gelangen venezolanischen Teams inzwischen erste Achtungserfolge, während der bei Real Mallorca tätige Juan Arango erfolgreich an der einst schier unerschütterlichen Popularität der nationalen Baseballer kratzt. Keine Frage: Venezuela ist längst nicht mehr hoffnungslos abgeschlagenes Schlusslicht in Südamerika, sondern steht inzwischen auf Augenhöhe mit den ungleich ruhmreicheren Fußballnachbarn Bolivien und Peru!

■ **VENEZUELA LIEGT IM** äußersten Nordosten des Kontinents – dort, wo die Anden auf die Karibik treffen. Die 3.000 lange Küstenlinie zählt zu den schönsten in der Karibik, und mit seinen undurchdringbaren Urwäldern im Südosten, den Kordilleren im äußersten Nordwesten und den fruchtbaren Savannen bzw. Steppen in der Ebene des Orinoco zählt Venezuela zu den abwechslungsreichsten Landstrichen Südamerikas.

Venezuelas vor allem im fruchtbaren Norden siedelnde Gesellschaft ist multikulturell. Neben Indios, Mulatten, Mestizen und Kreolen lebt eine große Gemeinde von Nachfahren ehemaliger afrikanischer Sklaven im Land. Hinzu kommen beträchtliche Einwanderergruppen aus Italien, Spanien, Deutschland, Portugal, Kolumbien sowie »Turcos« genannte Araber, die nach Venezuela kamen, als sich die Agrarnation nach der Entdeckung großer Ölvorräte in eines der wichtigsten erdölfördernden Länder der Welt verwandelte.

Mit Simón Bolívar stellte Venezuela einen der einflussreichsten Freiheitskämpfer Südamerikas. Der aus Caracas stammende Kreole führte das Land 1821 aus der Kolonialherrschaft Spaniens und vereinte es mit Kolumbien und Ecuador zu Großkolumbien. Nach dessen Zerfall wurde Venezuela 1830 eigenständig und geriet in eine von politischen Wirren, Bürgerkriegen und Diktaturen geprägte Epoche, die erst 1958 endete, als das über weite Strecken an der Seite der USA stehende Land in Richtung Demokratie einschwenkte.

Durch die allerdings überwiegend von ausländischen Konsortien kontrollierte Ölindustrie konnte Venezuela in Sachen Arbeitslosenquote, Inflationsrate und Bekämpfung des Analphabetentums lange Zeit einen Spitzenplatz in Lateinamerika einnehmen. Allerdings profitierte davon vor allem die weiße Oberschicht, während die Schwarzen und Indios in Armut leben und sich als Tagelöhner verdingen mussten.

■ **FUSSBALL KAM IN DEN** späten 1890er Jahren nach Venezuela, als britische Minenarbeiter und Goldsucher in der El-Callao-Region erstmals gegen den Ball traten. Das Spiel konnte sich außerhalb der kleinen britischen Gemeinde nicht etablieren und geriet früh

República Bolívariana de Venezuela

Bolivarische Republik Venezuela | Fläche: 912.050 km² | Einwohner: 26.127.000 (29 je km²) | Amtssprache: Spanisch | Hauptstadt: Caracas (1,8 Mio.) | Weitere Städte: Maracaibo (1,6 Mio.), Valencia (1,2 Mio.), Barquisimento (811.000), Ciudad Guayana (629.000) | Währung: 1 Bolívar = 100 Céntimos | Bruttosozialprodukt: 4.030 $/Kopf | Zeitzone: MEZ -5h | Länderkürzel: YV | FIFA-Kürzel: VEN | Telefon-Vorwahl: +58

in den Schatten des von US-Amerikanern eingeführten Baseballs (»Beisbol«), der zum Massen- und Volkssport aufstieg.

Bis in die 1920er Jahre gab es nur sporadische fußballerische Ansätze, die überwiegend den im Land lebenden Ausländern zu verdanken waren. Nachdem Juan Vicente Gómez 1908 eine straffe politische Führung installiert hatte, war es zu einer Öffnung für ausländisches Kapital gekommen. Im Zuge der 1914 einsetzenden Ölförderung sowie dem Ausbau der Infrastruktur und des Kommunikationsnetzes waren dadurch Tausende von Ausländern nach Venezuela gekommen, während die Opposition im Land brutal unterdrückt wurde.

Nachdem Sport 1914 verbindlich in die Schulpläne aufgenommen worden war, konnte sich zumindest in Caracas eine kleine Fußballgemeinde etablieren. Deren Mitglieder stammten freilich vorwiegend aus Europa, waren allesamt aus besserem Hause und gründeten 1921 einen Stadtverband, der noch im selben Jahr eine Stadtliga ins Leben rief.

Fünf Jahre später entstand mit der Federación Venezolana de Football (FVF) der Vorläufer des heutigen Nationalverbandes, dem 1931 insgesamt 19 auf die Städte Caracas, Maracaibo, Puerto Cabello, Ciudad Bolívar, Merida, Marquisimento, Valencia und Oeumare verteilte Vereine angehörten. International zunächst in Richtung Karibik ausgerichtet, debütierte Venezuelas Nationalelf 1938 mit einem 1:3 gegen Panama bei den Zentralamerika- und Karibikspielen. Zwölf Tage später konnte man mit einem 2:1 über Kolumbien den ersten Sieg der Verbandsgeschichte feiern.

■ **SEINEN DURCHBRUCH SCHAFFTE** der Fußball erst nach dem Zweiten Weltkrieg, als Tausende von der inzwischen boomenden Ölindustrie angelockte Arbeitsimmigranten aus Spanien, Italien und Portugal ins Land strömten. 1948 konnte die Stadtliga von Caracas räumlich ausgeweitet werden, ehe sie 1957 zur landesweiten Profiliga Primera División Venezolana wurde. Nichtsdestotrotz blieb Fußball ein Minderheiten- und Einwanderersport. Das verdeutlicht ein Blick auf die ersten Jahrzehnte der Profiliga, in denen Teams wie Deportivo Portuguesa, Deportivo Español, Deportivo Italia und Deportivo Galicia dominierten.

Nicht nur die Klubs, auch die Spieler waren ausländisch. »Ich spielte in Venezuela Fußball, aber ich war ein Ausländer«, erinnerte sich mit Luis Mendoza einer der wenigen Venezolaner, der sich in den 1960er Jahren in der kontinentalen Fußballspitze etablierte. Andere venezolanische Fußball-Legenden jener Tage kamen aus dem Ausland – so der Kanare Rafael Santana, der gebürtige Montevideoer Carlos Maldonado oder der Brasilianer Jaime Araujo. Für ausländische Fußballer galt Venezuela seinerzeit als gute Adresse, denn dank des Ölbooms ließ sich in kaum einem südamerikanischen Land vergleichsweise viel Geld verdienen.

■ **INTERNATIONAL ORIENTIERTE** sich die FVF nach dem Zweiten Weltkrieg allmählich nach Südamerika und trat 1952 sowohl der FIFA als auch der CONMEBOL bei. 1966 debütierten die »Vinotinto« in der WM-Qualifikation, und 1967 nahm die Landesauswahl um Luis Mendoza und Rafael Santana erstmals an der Copa América teil. Mit Platz fünf gelang ihr prompt die bis 2007 beste Turnierplatzierung.

Insgesamt fristete der Fußball in Venezuela jedoch ein Schattendasein. Die ausländischen Kicker wurden von den Einheimischen kaum wahrgenommen, an den Baseball reichte die

TEAMS | MYTHEN

■ **PORTUGUESA FC ACARIGUA** Fünffacher Landesmeister aus der Stadt Acarigua, die in der nordwestlichen Provinz Portuguesa liegt. Jene ist nach einem Fluss benannt und hat nichts mit dem Land Portugal zu tun. 1972 gegründet, errangen »los Rojinegros« (»Rot-Schwarze«) um Kapitän »Terra« Consuegra und den paraguayischen Torjäger Pedro Pascual Peralta nur zwölf Monate später ihren ersten Titel, dem von 1975-78 vier weitere folgten. Seinerzeit lief mit dem Brasilianer Jairzinho sogar ein Weltmeister für den Klub auf. Nach dem Ende der Erfolgsepoche gerieten die »Rojinegros« in Turbulenzen und verbrachten mehr Zeit in der zweiten als in der ersten Liga. [2.3.1972 | José Antonio Paéz (18.000) | 5]

■ **CARACAS FC** Der vom Pharmaziekaufmann Guillermo Valentiner angeführte Caracas Fútbol Club dominiert seit Beginn der 1990er Jahre den venezolanischen Profifußball. 2007 errangen die Hauptstädter ihren neunten Titel binnen 15 Jahren und stiegen damit zum Rekordmeister auf. Klubchef Valentiner hat »los Rojos de El Ávila« auch abseits des Spielfeldes modernisiert und in den ersten professionell geführten Fußballverein des Landes verwandelt, der seit 2005 im der Nationaluniversität angeschlossenen modernen Estadio Olimpica de la UCV spielt. Die Wurzeln des Klubs liegen im Jahr 1967, als eine von José León Beracasa angeführte Gruppe den Yamaha FC gründete. Zunächst im Amateurlager kickend, gelang dem Klub 1984 der Aufstieg in die Nationalliga, woraufhin er in Caracas FC umbenannt wurde. 1991/92 errangen die Rot-Weißen unter Trainer Manuel Palencia ihren ersten Titel. Seinerzeit führte mit Andreas Vogler ein Deutscher den Sturm und sicherte sich mit 22 Saisontoren die Torschützenkrone Venezuelas. Leistungsträger wie Stalin Rivas und Rafael Castellín verhalfen den »Rojas« (»Roten«) in den 1990er Jahren zu drei weiteren Titeln. 2002 übernahm Noël Sanviecente das Training der Hauptstädter und führte die von Nationalspieler Alejandro Guerra angeführte Elf zu vier Titeln binnen fünf Jahren. [1967 | Olímpico de la UCV (30.000) | 9]

■ **DEPORTIVO GALICIA CARACAS** Von Immigranten aus dem nordspanischen Galizien gegründeter Klub, der zwischen 1964 und 1979 viermal Meister sowie sechsmal Vizemeister wurde und damit zu den erfolgreichsten Teams jener Epoche gehörte. Rutschte anschließend in die Zweitklassigkeit ab und spielt seit 2005 unter dem Namen Galicia de Aragua in der Stadt Maracay. [19.7.1960 | Estadio Brígido Iriarte (15.000)]

■ **DEPORTIVO ITALIA CARACAS** 1948 von italienischen Immigranten gegründet, dominierte »Los Azules« (»Die Himmelblauen«) in den 1960er und 1970er Jahren den nationalen Profifußball. Zu verdanken war dies den Brüdern Mino und Pompeo D'Ambrosio, die 1958 die Klubführung übernahmen und das Team anschließend mit diversen Legionären vor allem aus Brasilien verstärkt hatten. Vier Meisterschaften (1961, 1963, 1966 und 1972), fünf Vizemeisterschaften, drei Triumphe in der Copa Venezuela sowie sechs Teilnahmen an der Copa Libertadores ragen aus jener Epoche heraus. 1969 erreichten die Italo-Venezolaner erstmals die Zwischenrunde in der Copa Libertadores, in der sie 1971 einen legendären 1:0-Sieg über Fluminense Rio de Janeiro im Maracanã-Stadion feierten. Nach dem Tod von Mino D'Ambrosio (1980) geriet der Klub in schwere Turbulenzen und wurde im August 1998 aufgrund anhaltender finanzieller Schwierigkeiten mit dem zwei Jahre zuvor vom italienischen

Jahr	Meister	Jahr	Meister	Jahr	Meister
1921	América	1951	Universidad Central Caracas	1981	Dep. Tachira San Cristóbal
1922	Centro Atlético	1952	Le Salle FC	1982	Atlético San Cristóbal
1923	América	1953	Universidad Central Caracas	1983	ULA Merida
1924	Centro Atlético	1954	Deportivo Vasco	1984	Dep. Tachira San Cristóbal
1925	Loyola SC Caracas	1955	Le Salle FC	1985	Estudiantes de Mérida
1926	Centro Atlético	1956	Banco Obrero	1986	Dep. Tachira San Cristóbal
1927	Venzoleo FC	1957	Universidad Central Caracas	1986/87	Maritímo SC Caracas
1928	Deportivo Venezuela	1958	Deportivo Portuguesa Caracas	1987/88	Maritímo SC Caracas
1929	Dep. Venezuela/C. Atlé.	1959	Deportivo Espanol	1988/89	Mineros de Guyana
1930	Centro Atlético	1960	Deportivo Portuges Caracas	1989/90	Maritímo SC Caracas
1931	Deportivo Venezuela	1961	Deportivo Italia Caracas	1990/91	ULA Mérida
1932	Unión SC	1962	Deportivo Portuges Caracas	1991/92	Caracas FC
1933	Deportivo Venezuela	1963	Deportivo Italia Caracas	1992/93	Maritímo SC Caracas
1934	Unión SC	1964	Deportivo Galicia Caracas	1993/94	Caracas FC
1935	Unión SC	1965	Deportivo Lara	1994/95	Caracas FC
1936	Dos Caminos SC Caracas	1966	Deportivo Italia Caracas	1995/96	Minervén Puerto Ordaz
1937	Dos Caminos SC Caracas	1967	Deportivo Portuges Caracas	1996/97	Caracas FC
1938	Dos Caminos SC Caracas	1968	Union Deportivo Canarias	1997/98	Atlético Zulia
1939	Unión SC	1969	Deportivo Galicia Caracas	1998/99	ItalChacoa Caracas
1940	Unión SC	1970	Deportivo Galicia Caracas	1999/00	Dep. Tachira San Cristóbal
1941	Litoral FC	1971	Valencia FC	2000/01	Caracas FC
1942	Dos Caminos SC Caracas	1972	Deportivo Italia Caracas	2001/02	Nacional Táchira S. Juan
1943	Loyola SC Caracas	1973	Portuguesa FC Acarigua	2002/03	Caracas FC
1944	Loyola SC Caracas	1974	Deportivo Galicia Caracas	2003/04	Caracas FC
1945	Dos Caminos SC Caracas	1975	Portuguesa FC Acarigua	2004/05	Unión Atlético Maracaibo
1946	Deportivo Espanol	1976	Portuguesa FC Acarigua	2005/06	Caracas FC
1947	Unión SC	1977	Portuguesa FC Acarigua	2006/07	Caracas FC
1948	Loyola SC Caracas	1978	Portuguesa FC Acarigua	2007/08	Dep. Táchira San Cristóbal
1949	Dos Caminos SC Caracas	1979	Dep. Tachira San Cristóbal		
1950	Unión SC	1980	Estudiantes de Mérida		

Konzern »Parmalat« gegründeten Deportivo Chacao zum Deportivo ItalChacao Fútbol Club fusioniert. 1999 zum fünften Mal venezolanischer Meister geworden, kehrte der Klub 2006 zu seinem Ursprungsnamen Deportivo Italia zurück und verließ die langjährige Heimstatt Estadio Brígido Iriarte zugunsten des zur Copa América 2007 modernsiierten Estadio Olímpico. Wenig später wurde der Klub von der Finanzkrise des Mutterkonzerns »Parmalat« erschüttert und verschwand erneut in der zweiten Liga. [18.8.1948 | Olímpico de la UCV (30.000) | 5]

■ CS MARÍTIMO VENEZUELA CARACAS

1959 durch von der portugiesischen Atlantikinsel Madeira stammende Immigranten gegründet und nach dem madeiranischen Spitzenklub CS Marítimo Funchal benannt. Stieg 1985 in die höchste Landesklasse auf und errang zwischen 1987 und 1993 mit einer von Torjäger Hérberth Márquez und Schlussmann Daniel Nikolac geprägten Mannschaft vier Meisterschaften. 1995 musste sich der Verein aus finanziellen Gründen aus dem Profifußball zurückziehen. [1.5.1959 | 4]

■ DEPORTIVO PORTUGUESA CARACAS

Errang 1958 nur acht Jahre nach seiner Gründung seinen ersten Landesmeistertitel, an dem vor allem Torjäger René Irazque beteiligt war. 1960 und 1962 folgten zwei weitere Titelgewinne für den in der portugiesischen Gemeinde der Hauptstadt ansässigen Klub, der 1967 seinen vierten und zugleich letzten Titel gewann. Mittelstürmer João Ramos errang seinerzeit mit 20 Saisontoren zudem die venezolanische Torjägerkrone. Nach einer langanhaltenden Fahrstuhlepoche zwischen erster und zweiter Liga zog sich der Klub 1985 aus dem Profifußball zurück, woraufhin die meisten Akteure zum Stadtrivalen CS Marítimo de Venezuela wechselten. [1950 | 4]

■ UNIÓN ATLÉTICO MARACAIBO

Erst im Januar 2001 gegründet, zählt »El Unión« inzwischen zu den erfolgreichsten Vereinen des Landes. Maracaibo ist das Herz der venezolanischen Ölindustrie und gilt traditionell als Fußballhochburg. Die treibende Kraft des Aufschwungs ist mit Bürgermeister Gian Carlo Di Martino ein Immigrant mit italienischen bzw. argentinischen Wurzeln. Dank seines Engagements war Maracaibo 2005 Schauplatz der südamerikanischen U17-Meisterschaft und fungierte 2007 als fünffacher Gastgeber bei der Copa América, deren Endspiel im modernen Estadio José Encarnación Romero-Stadion ausgetragen wurde. Parallel dazu etablierte sich das erfolgreiche Fußball-Franchise Unión Atlético, das bereits 2003 in der Clausura-Saison seinen ersten Titel errungen hatte. 2005 wurden die Rot-Blauen um Regisseur Miguel Mea Vitali und Stürmer Daniel Arismendig erstmals Landesmeister. [16.1.2001 | José Encarnación Romero (45.000) | 1]

■ ESTUDIANTES DE MÉRIDA

Nachdem die Jugendauswahl der Universitätsstadt Mérida 1969 und 1970 venezolanischer Juniorenmeister geworden war, wurde sie unter dem Namen Estudiantes (»Studenten«) in die nationale Profiliga aufgenommen und gewann 1980 und 1985 jeweils den Titel. 1999 drang der Klub bis ins Viertelfinale in der Copa Libertadores vor. [12.10.1971 | Guillermo Soto Rosas]

■ DEPORTIVO TÁCHIRA SAN CRISTÓBAL

Der zu den beliebtesten Vereinen Venezuelas zählende Klub wurde 1974 als San Cristóbal Fútbol Club von Gaetano Greco und Domingo Ortiz gegründet und erhielt 1974 die Bezeichnung Deportivo San Cristóbal. Seit 1978 trägt er den Namen der Andenprovinz Táchira, deren Hauptstadt San Cristóbal ist. Das zur Copa América 2007 modernisierte Heimstadion Polideportivo de Pueblo Nuevo wird als venezolanischer »El Templo

Zwei Garanten des venezolanischen Fußballaufschwungs: Trainer Richard Paéz (links) und Superstar Juan Arango.

Popularität des Spiels nicht heran und selbst unter den bekennenden Fußballern spielten Venezuelas Landesauswahl bzw. die Klubs nur eine Nebenrolle – die Einwanderer verfolgten lieber via TV die Spiele in ihren europäischen Ursprungsländern…

Die einzige fußballaffine Region war die Grenzregion zu Kolumbien, in der viele fußballbegeisterte Kolumbianer lebten. Vor allem die Stadt San Cristóbal konnte sich dadurch in eine Fußballhochburg verwandeln. Deportivo Táchira San Cristóbal ist heute der populärste Verein Venezuelas, dessen als »El Templo Sagrado del Futbol« (»Heiliger Tempel des Fußballs«) bezeichnetes Stadion bisweilen mit bis zu 30.000 Fans gefüllt ist. Darüber hinaus konnte sich der Fußball auch in Mérida sowie Maracaibo, zwei inmitten bzw. westlich der Kordilleren gelegenen Städten, gegenüber dem Baseball durchsetzen.

■ AUF INTERNATIONALER EBENE

war Venezuela Südamerikas »Cenicienta« (»Cinderella« bzw. »Aschenputtel«). In den ersten 30 Jahren ihres Bestehens gewannen die »Vinotinto« ganze zwei Pflichtspiele (jeweils gegen Bolivien, 1967 in der Copa América, 1982 in der WM-Qualifikation). In der Copa América kamen sie nicht über den letzten Platz hinaus, und die Olympiaqualifikation 1980 war nur dem Verzicht Argentiniens zu verdanken (immerhin gelang in Moskau ein 2:1 über Sambia). Eine durchdachte Nachwuchsförderung existierte nicht, der Nationalverband kam über rudimentäre Strukturen nicht hinaus und das Interesse der Einheimischen an der Landesauswahl hielt sich in Grenzen. Auch auf Vereinsebene waren Erfolge rar. 1977 erreichte der Portuguesa FC Acarigua als erstes venezolanisches Team die Zwischenrunde um die Copa Libertadores, in die 1983 auch Deportivo Táchira San Cristóbal und 1984 Universidad de Los Andes Mérida einzogen.

Anfang der 1990er Jahre begann dann der »Auge Vinotinto« (»Aufschwung der Weinroten«). Nachdem das serbische Trainerduo Ratomir Dujković und Sreten Petković die Nachwuchsarbeit reformiert hatte, erreichte Venezuelas U23 1996 völlig unerwartet das olympische Fußballturnier. Obwohl sie in Atlanta punktlos blieb, wirkte ihr Erfolg wie ein Katalysator. Zwei Jahre später gewann die Mannschaft die Zentralamerika- und Karibikspiele, und nachdem 1998 der Argentinier José Pasterozia das Training übernommen und professionelle Strukturen geschaffen hatte, feierte Venezuela mit einem 2:0 in Ecuador sogar den ersten Auswärtssieg seiner Geschichte.

Auch infrastrukturell ging es dank einer ambitionierten Verbandsführung um den aus dem kanarischen Teneriffa stammenden Rafael Esquivel Melo rasant aufwärts. Im Juli 2000 konnte in Caracas sogar ein modernes Trainingszentrum eröffnet werden.

■ UNTERDESSEN GERIET DAS

Land in die

● FIFA World Ranking
1993	1994	1995	1996	1997	1998	1999	2000
93	110	127	111	115	129	110	111
2001	2002	2003	2004	2005	2006	2007	2008
81	69	57	62	67	73	62	65

● Weltmeisterschaft
1930-62 nicht teilgenommen **1966-70** Qualifikation **1974** nicht teilgenommen
1978-2010 Qualifikation

Schlagzeilen der politischen Weltpresse. 1999 übernahm der charismatische Ex-Fallschirmspringer Hugo Chávez die Führung über das seit den 1980er Jahren in einer Wirtschaftskrise steckende Venezuela und leitete einen radikalen Linksruck ein. Vor allem in den USA wurde die Verstaatlichung privater Firmen sowie Chávez' Freundschaft mit Kubas Machthaber Fidel Castro mit Sorge verfolgt.

Im Fußball übernahm derweil mit Richard Paéz ein Mann das Training der Nationalauswahl, der zuvor erfolgreich in der Nachwuchsförderung tätig gewesen war. Als Venezuela 2001 in der WM-Qualifikation gleich vier Spiele in Folge gewann, frohlockte Paéz: »Die Talente waren immer da. Sie mussten nur befreit werden. Mein Plan ist es, Spieler zu erkennen, die venezolanische Werte repräsentieren, die mit ihrer Freude und Respektlosigkeit die venezolanische Gesellschaft am Laufen erhalten.«

Im März 2004 gelang seiner Elf beim 3:0 in Uruguay eine der größten Sensationen in der Geschichte des Fußballs in Südamerika. »Wir haben Venezuela auf die Fußball-Weltkarte katapultiert«, jubelte Paéz über den von Tausenden in Caracas gefeierten Triumph. Nachdem sie sich eine Zeitlang sogar Hoffnungen auf die Qualifikation zur WM 2006 machen durfte, ging der »Vinotino« allerdings die Puste aus und sie musste mit Rang acht zufrieden sein – was nichtsdestotrotz einen Erfolg für den »ewigen Letzten« in Südamerika darstellte.

■ **NÄCHSTER SCHRITT** auf dem Weg nach oben war die erstmalige Ausrichtung der Copa América 2007. Sie war das Resultat der Zusammenarbeit von fußballinteressierten Geschäftsmännern wie Guillermo Valentenir, dem Nationalverband um Rafael Esquivel sowie Sportminister Eduardo Varez, die Venezuelas Fußball auch wirtschaftlich modernisierten. Neben neun nagelneuen bzw. renovierten Fußballarenen bescherte die Copa dem Fußball in Venezuela erstmals landesweit Aufmerksamkeit, und dass die »Vinotinto« um Superstar Juan Arango nach ihrem 2:0 über Peru (nach dem 3:0 über Bolivien anno 1967 erst der zweite Copa-Sieg!) das Viertelfinale erreichte, ließ den Fußball in der Aufmerksamkeit sogar erstmals am Baseball vorbeiziehen.

Auch auf Klubebene ist seit den 1990er Jahren vieles in Bewegung geraten. Im Gegensatz zu anderen südamerikanischen Ländern besitzt Venezuela kein gewachsenes Netz an Traditionsvereinen. Die ältesten Vereine stammen aus den späten 1940er Jahren und wurden von europäischen Immigranten gegründet – wie Deportivo Italia Caracas oder CS Marítimo Caracas. Insgesamt spielten seit 1957 bereits mehr als 20 Städte in der Nationalliga, in der Kontinuität ein Fremdwort ist. Namens- oder Ortswechsel stehen an der Tagesordnung, und es gilt das Prinzip des Franchise, dessen Lizenz ge- und verkauft werden kann.

Mit dem Aufschwung erwachte auch das Interesse der Wirtschaft am nationalen Fußball und es kam zur Gründung neuer Klubs. Darunter war die Unión Atlético aus der Ölmetropole Maracaibo, die 2005 nur vier Jahre nach ihrer Entstehung erstmals Meister wurde. Dominierendes Team ist gegenwärtig Hauptstadtklub Caracas FC, der vom Pharma-Unternehmer Guillermo Valentiner angeführt wird und 2007 zum neunten Mal binnen 15 Jahren Meister wurde.

Ein ungelöstes Problem ist der mangelhafte Zuschauerzuspruch. Trotz günstigem Eintritt und dem Einzug europäischer Ultra-Fankultur mitsamt Gesängen und Fahnen belaufen sich die Besucherzahlen bei gewöhnlichen Ligaspielen auf weniger als 5.000. Während dies angesichts der wirtschaftlich gesunden Vereine ökonomisch nicht unbedingt ein Problem darstellt, trübt die mangelnde Atmosphäre das Gesamtbild. Nachdem die Copa América Venezuela eine moderne Infrastruktur beschert hatte, wurde die Nationalliga auf Empfehlung der CONMEBOL dennoch von zehn auf 18 Teilnehmer erweitert.

Ein anderes Problem ist der zunehmende Exodus der Spitzenspieler. Lange Zeit waren venezolanische Kicker im Ausland selten – Stalin Rivas kickte in den 1990er Jahren eine Zeitlang in Belgien; José Manuel Ray versuchte sich in Schottland und auf Zypern. Inzwischen hat sich mit Juan Arango sogar ein Venezolaner in der spanischen Primera Division (Mallorca) durchgesetzt und ist in der Heimat zum umjubelten Volkshelden aufgestiegen. Die frei werdenden Plätze in der nationalen Profiliga werden derweil von Profis aus dem benachbarten Kolumbien eingenommen. Darunter waren bereits ein paar große Namen – so stand der exzentrische Torsteher René Higuita eine Zeitlang für Guaros de Lara zwischen den Pfosten, während sich Mittelfeldregisseur Frankie Ovieda das rot-weiße Jersey von Deportivo Táchira überstreifte.

Das alles spricht dafür, dass Venezuela seine Rolle als südamerikanischer Fußballzwerg abgestreift und den Kampf um das fußballerische Schlusslicht auf dem Kontinent eröffnet hat. Vor allem in Bolivien und Peru sollte man sich warm anziehen!

Sagrado del Futbol« (»Heiliger Fußball-Tempel«) bezeichnet. Mit Kulissen von bis zu 35.000 ist der Klub der mit Abstand zuschauerträchtigste Fußballverein des Landes. Vom Volksmund »El Carrusel Aurinegro« (»das schwarz-weiße Karrussell«) getauft, sicherte sich Deportivo Táchira 1979 seine erste Landesmeisterschaft, der 1981 die zweite und 1984 die dritte folgten. Zwischenzeitlich spaltete sich nach einem internen Streit der Klub Atlético San Cristóbal ab, der 1986 mit Deportivo zur Unión Atlético Táchira (UAT) fusionierte. Als jener 1999 der Konkurs drohte, übernahm ein Konsortium ambitionierter Geschäftsleute die Klubführung und nahm die Rückbenennung in Deportivo Táchira vor. Ein Jahr später sicherten sich die Schwarz-Weißen ihren fünften Landesmeistertitel, dem 2008 Nummer sechs folgte.
[11.1.1974 | Polideportivo de Pueblo Nuevo (42.500) | 6]

HELDEN | LEGENDEN

■ **JUAN ARANGO** Unumstrittener Liebling des Landes und die Personifizierung des gegenwärtigen venezolanischen Fußball-Aufschwungs. Zur Copa América trug nahezu jeder venezolanische Fußballfan ein Trikot mit Arangos Nummer 18. Der torgefährliche Linksfuß ist Sohn kolumbianischer Eltern und wechselte 2000 zunächst vom Caracas FC nach Mexiko (Monterrey, Pachuca und Puebla), ehe er sich ab 2004 beim spanischen Erstligisten Real Mallorca durchsetzte. Er gilt als der beste Spieler, den Venezuela jemals hervorgebracht hat. [*16.5.1980 | 68 LS/14 Tore]

■ **JOSÉ LUIS DOLGETTA** Avancierte 1995 zum ersten Venezolaner, der als Torschützenkönig bei einer Copa América geehrt wurde. Dem Stürmer vom Deportivo Táchira gelangen in Uruguay vier Treffer.

■ **RUBERTH MORÁN** Aus der Universitätsstadt Mérida stammender Angreifer, der mit 16 Treffern (1996-2007) Rekordtorschütze der venezolanischen Nationalelf ist. Seine Karriere führte den 1,73m-Stürmer nach Spanien, Kolumbien, Argentinien sowie Norwegen. [*11.8.1973 | 65 LS/16 Tore]

■ **JOSÉ MANUEL REY** Mit exakt 100 Länderspielen (Debüt 1999) Venezuelas Rekordnationalspieler. Der Zentralverteidiger aus Caracas spielte in Europa u.a. für Dundee, Pontevedra und AEK Larnaka, ehe er 2008 nach Venezuela und zum Caracas FC zurückkehrte. Erzielte im Oktober 2007 einen Treffer bei Venezuelas erstem Auswärtssieg (2:0 in Ecuador). [*20.5.1975 | 100 LS/8 Tore]

■ **STALIN RIVAS** Der Mann mit dem ungewöhnlichen Vornamen – seine Familie hat einen kommunistischen Hintergrund – war einer der ersten Venezolaner, der nach Europa wechselte, sich bei den belgischen Klubs Standard Lüttich und KFC Boom aber nicht durchsetzen konnte. 1989 hatte Rivas im Alter von 17 Jahren bei der Copa América seinen internationalen Durchbruch geschafft und bildete zusammen mit José Luis Dolgetta ein erfolgreiches Duo bei der »Vinotinto«. [5.8.1971 | 34 LS/3 Tore]

■ **RAFAEL SANTANA** Einer der wenigen venezolanischen Fußballer, die in den 1960er Jahren internationales Niveau erreichten. Geboren im spanischen Las Palmas, kam »Rafa« allerdings erst im Alter von 12 Jahren nach Venezuela und debütierte 1963 für die »Vinotinto«. 1967 erzielte der Stürmer bei Venezuelas Copa-América-Debüt das erste Tor. Nach Ende seiner Laufbahn (1979) wechselte Santana auf die Trainerbank und leitete u.a. die Übungsstunden der Nationalauswahl.

NORD- UND ZENTRALAMERIKA, KARIBIK

Confederation of North, Central America and Caribbean Association Football - Confederación Norte-Centroamericana y del Caribe del Fútbol (CONCACAF)
Verband der nord-, zentralamerikanischen und karibischen Fußball-Verbände
gegründet 1961
Anschrift 725, Fifth Avenue, Trump Tower, 17th Floor, New York, NY 1022, USA
Telefon +1 - 212/3080044
Fax +1 - 212/3081851
Internet www.concacaf.com
E-Mail mail@concacaf.net
Mitglieder
40 Verbände
17.000 Vereine und 490.000 Mannschaften.
44.242.000 Spieler (davon 9.000 Profis)

Die Bildung des CONCACAF erwies sich als schwierige Geburt. Die räumlichen Distanzen, eine schwache Infrastruktur sowie unterschiedliche Entwicklungen ließen vor dem Zweiten Weltkrieg zwei Regionen entstehen (Nordamerika und Zentralamerika/Karibik), die zunächst getrennte Wege gingen. 1938 wurde mit der Confederación Centroamericana y del Caribe de Fútbol (CCCF) ein zentralamerikanisch-karibischer Verband ins Leben gerufen, dem 1939 mit der North American Football Confederation (NAFC) ein nordamerikanischer Counterpart folgte.
Auf Druck der FIFA kam es 1961 zur Vereinigung in der CONCACAF. Jene ist in drei Zonen gegliedert: Nordamerika, Zentralamerika (Regionalverband: Unión Centroamericana de Fútbol, UNCAF) und Karibik (Caribbean Football Union, CFU).

LÄNDERKÜRZEL NORD- UND ZENTRALAMERIKA, KARIBIK

VIR	→	Amerikanische Jungferninseln	GUA	→	Guatemala	VIN	→	St. Vincent u. die Grenadinen
AIA	→	Anguilla	GUY	→	Guyana	SUR	→	Suriname
ATG	→	Antigua und Barbuda	HAI	→	Haiti	TRI	→	Trinidad und Tobago
ARU	→	Aruba	HON	→	Honduras	TCA	→	Turks- und Caicos-Inseln
BAH	→	Bahamas	JAM	→	Jamaika	USA	→	USA
BRB	→	Barbados	CAN	→	Kanada	Nicht-FIFA-Mitglieder		
BLZ	→	Belize	CUB	→	Kuba	CUR	→	Curaçao
BER	→	Bermuda	MEX	→	Mexiko	FRG	→	Französisch-Guyana
VGB	→	Britische Jungferninseln	MSR	→	Montserrat	GDL	→	Guadeloupe
CAY	→	Cayman-Inseln	NCA	→	Nicaragua	MTQ	→	Martinique
CRC	→	Costa Rica	ANT	→	Niederländische Antillen			St-Barthélemy
DMA	→	Dominica	PAN	→	Panama	SMT	→	St-Martin
DOM	→	Dominikanische Republik	PUR	→	Puerto Rico	SPM	→	St-Pierre und Miquelon
SLV	→	El Salvador	SKN	→	St. Kitts und Nevis	SXM	→	Sint Marteen
GRN	→	Grenada	LCA	→	St. Lucia			

■ **NORDAMERIKA** Lediglich drei Länder bilden die Region Nordamerika: Die USA, Kanada und die Bermudas. Jahrzehntelang galt Nordamerika als klassische Fußball-Diaspora. In den USA dominierten American Football, Baseball und Basketball, in Kanada bevorzugte man vor allem Eishockey. Historisch zählen die beiden Länder indes zu den weltweiten Wiegen des Fußballs. Das verdankte man den Einwandererströmen des 19. Jahrhunderts, die viele fußballbegeisterte Briten nach Nordamerika brachten. Vor allem in den USA wurde jedoch schon früh Wert auf eine »amerikanische« Entwicklung gelegt, wodurch sich die von Briten eingeführten Ballspiele in American Football und Baseball manifestierten. Fußball – in Nordamerika überwiegend »Soccer« genannt – blieb auf jene ethnischen Kreise beschränkt, die Probleme mit ihrer Assimilierung hatten. Neben ethnisch geprägten Vereinen und Ligen gab es zudem eine lebendige Hochschul-Fußballgemeinde, die bis heute eigene Wege geht.

International spielte Nordamerika zunächst keine große Rolle. Kanada debütierte erst 1958 in der WM-Qualifikation und die einzige WM-Teilnahme des Landes datiert aus dem Jahr 1986. Die USA indes reisten 1930 als einer von nur 13 WM-Teilnehmern nach Uruguay, wo man immerhin das Halbfinale erreichte. Der lange Zeit größte Erfolg gelang 1950, als eine ausnahmslos aus Amateuren bestehende Mannschaft bei der WM in Brasilien England mit 1:0 bezwang. Versuche, den Profifußball nach üblichen Maßstäben einzuführen, gab es vor allem in den USA einige – zuerst 1921. Nachdem es in den 1970er Jahren mit der NASL zu einem weiteren fehlgeschlagenen Versuch gekommen war, gelang schließlich mit der Vergabe der WM 1994 an die USA der Durchbruch. Seit 1996 existiert eine lebendige Nationalliga, und auch international dominieren US-amerikanische Mannschaften inzwischen gemeinsam mit denen Mexikos die kontinentalen Wettbewerbe. Die US-Nationalelf hat seit 1990 an jedem WM-Endturnier teilgenommen und erreichte 2002 immerhin das Viertelfinale.

■ **ZENTRALAMERIKA** Die auch als Mittelamerika bekannte Region ist die Fußballhochburg im CONCACAF-Raum. Das von Mexiko im Norden bis Panama im Süden reichende Gebiet stellt die Brücke zwischen Nord- und Südamerika dar. Sein Schicksal ist erheblich von politischen Turbulenzen geprägt. Guatemala, Honduras, El Salvador und Nicaragua waren über viele Jahre in blutige Bürgerkriege verstrickt, und auch in Mexiko, Panama und Belize kam es wiederholt zu gewaltsamen Auseinandersetzungen. Das einzige Land mit einer gewissen politischen und wirtschaftlichen Stabilität ist Costa Rica. Abgesehen von Panama und Nicaragua, wo der Einfluss der USA zur Dominanz des Baseballs führte, herrscht überall König Fußball. Das Spiel kam Ende des 19. Jahrhunderts durch europäische Seeleute bzw. aus Europa angeheuerte Arbeitskräfte in die Region. Vor allem in Mexiko, Costa Rica und Guatemala entwickelte es sich rasant weiter und wurde auch von der einheimischen Bevölkerung aufgegriffen. 1902 entstand in Mexiko die erste Spielklasse, und auch in Guatemala wird bereits seit mehr als 100 Jahren um Punkte gestritten. 1943 legalisierte Mexiko den bezahlten Fußball. Die Azteken waren auch international federführend. 1926 richteten sie im Verbund mit Kuba die

■ **KARIBIK** Rum, Reggae, wunderschöne Sandstrände und schillernder Karneval prägen das Bild der Karibik. Die Archipelgruppe, die von den Bahamas im Nordwesten bis hinunter nach Trinidad kurz vor der venezolanischen Küste im Süden verläuft, ist eine von der Sonne verwöhnte, überaus vielschichtige Region. Doch sie trägt eine schwere Vergangenheit. Nach ihrer »Entdeckung« durch Christoph Columbus wurden die indianischen Ureinwohner Arawaks quasi ausgelöscht und durch aus Afrika herbeigeschleppte Sklaven ersetzt. Nach dem Verbot der Sklaverei folgten asiatische Kontraktarbeiter. Heute prägen diese beiden Bevölkerungsgruppen nahezu auf allen karibischen Inseln das Leben. Sportlich dominiert das Cricket. Weit vor dem Fußball eingeführt, hatte es deutlich mehr Zeit, sich gesellschaftlich zu verankern. Auf Puerto Rico, Kuba und in der Dominikanischen Republik äußert sich der hohe Einfluss der USA derweil durch eine Dominanz des Baseballs. Die Fußballsäulen der Karibik sind Jamaika, Kuba, Trinidad und Tobago sowie Haiti, die allesamt bereits an einem WM-Endturnier teilgenommen haben. Darüber hinaus steht das Spiel auch auf den französischen Überseedepartements Guadeloupe und Martinique sowie dem einst niederländischen Suriname hoch im Kurs. Letzteres gehört zu drei auf südamerikanischem Gebiet liegenden Ländern (außerdem Guyana und Französisch-Guyana), die aus historischen Gründen der Karibik zugewandt sind. Durch eine nach dem Zweiten Weltkrieg einsetzende Auswanderungswelle vor allem nach Großbritannien sind Spieler karibischer Herkunft (aber europäischer Geburt) in Europas Spitzenligen seit den 1980er Jahren ein vertrautes Bild. Der traditionell nur schwach entwickelte Klubfußball in der Karibik wird seit den 1990er Jahren vor allem in Jamaika und Trinidad und Tobago systematisch gefördert. Für die meisten der mitunter sehr kleinen Inselstaaten der Karibik aber gilt: viele Talente, schwache Strukturen, kaum Geld und keine gezielte Nachwuchsförderung.

ersten Zentralamerika- und Karibikspiele aus, ehe sie 1930 als eines von nur 13 Ländern beim WM-Auftakt in Uruguay dabei waren. Darüber hinaus war vor allem Costa Rica um die internationale Förderung des Fußballs bemüht. 1941 richteten die »Ticos« die erste Zentralamerika- und Karibik-Meisterschaft aus. In der WM-Qualifikation konnte Mexiko über weite Strecken aber ein regelrechtes Monopol schaffen, das den anderen zentralamerikanischen Ländern die Chance nahm, sich ebenfalls für ein Endturnier zu qualifizieren. Erst als Mexiko 1970 als WM-Gastgeber in der Qualifikation fehlte, konnte Zentralamerika mit El Salvador einen weiteren WM-Teilnehmer stellen. 1982 war man mit El Salvador und Honduras in Spanien vertreten. 1990 debütierte schließlich auch Costa Rica und sorgte in Italien mit Siegen über Schottland und Schweden für eine Sensation.

FUSSBALL IN NORD- UND ZENTRALAMERIKA, KARIBIK

Kontinent der Gegensätze

Das Gebiet des Kontinentalverbandes CONCACAF ist eine Region voller Gegensätze. Mit Kanada umfasst es das nach Russland größte Land der Welt – doch mit Montserrat gehört auch die kleinste Fußballnation der FIFA-Familie zu den Verbandsmitgliedern. Auch bei den sozialen und politischen Lebensbedingungen schwankt man zwischen Extremen. Auf der einen Seite steht die globale Wirtschaftsmacht USA, auf der anderen das karibische Armenhaus Haiti, in dem ein Viertel aller Einwohner unterhalb der Armutsgrenze lebt.

Über Jahrzehnte waren es vornehmlich die Hungerleider, die im Fußball den Takt vorgaben. Während die USA und Kanada dem Weltsport Fußball lange Zeit gleichgültig den Rücken zuwandten, etablierte sich das Spiel vor allem in Zentralamerika. Mexiko, an der Schnittstelle zwischen Nord- und Zentralamerika gelegen, avancierte früh zur kontinentalen Fußball-Hochburg, die immerhin 13 WM-Teilnahmen vorweisen kann. Schon 1943 führte man eine Profiliga ein, und heute ist der Fußball im Land des zweifachen WM-Gastgebers (1970 und 1986) nahezu komplett durchkommerzialisiert. Die weiteren Fußballwiegen waren die bürgerkriegsgeplagten Länder Guatemala, El Salvador und Honduras, zu denen sich mit Costa Rica das politisch stabilste Land Zentralamerikas gesellt.

Die zentralamerikanischen Fußballwurzeln wurden zumeist von europäischen Seeleuten gelegt. Nachdem das auf Christoph Columbus Entdeckungsreisen zurückgehende spanische Kolonialreich im Verlauf des 19. Jahrhunderts zerbrochen war und sich überall unabhängige Staaten gebildet hatten, waren zu Hauf Europäer in die Region geströmt. Grund und Boden waren dort günstig zu erwerben, die Arbeitskräfte verlangten kaum Lohn und die Lebensumstände sowie das Klima waren reizvoll. Neben Briten ließen sich vor allem Franzosen, Belgier und Deutsche nieder und sorgten noch im 19. Jahrhundert für die Verankerung des Fußballs. Von den einheimischen Indios bzw. Mestizen (Mischlinge mit spanischen und indianischen Anteilen) wurde das Spiel rasch aufgegriffen und konnte somit schon in den ersten Jahrzehnten des 20. Jahrhunderts vielerorts zum Nationalsport aufsteigen. Federführend waren die gebildeten Schichten, die eine größere Nähe zu den Europäern aufwiesen. So ist die nicaraguanische Stadt Diriamba vor allem deshalb einzige Fußballhochburg in einer leidenschaftlichen Baseballnation, weil die dortigen Grundbesitzer ihre Kinder in den 1910er Jahren zur Ausbildung nach Großbritannien entsandten.

Mit dem Baseball ist indirekt ein weiterer Einflussgeber der Region genannt: die USA. Washington versuchte im 19. Jahrhundert auf vielfältige Art und Weise, in die Politik und die Entwicklung Zentralamerikas einzugreifen. Das geschah einerseits ganz offenkundig wie in Panama, wo man mit dem Bau und der Finanzierung des Panama-Kanals einen der größten geopolitischen Zankäpfel schuf, andererseits aber auch indirekt über Handelsfirmen, die im Interesse der USA arbeiteten. Das betraf vor allem politisch instabile Länder wie Honduras, El Salvador, Guatemala und Nicaragua, wo Konsortien wie die »United Fruit« nicht nur die Plantagen kontrollierten (und die erzielten Gewinne in die USA abfließen ließen), sondern auch politisch-ökonomisch hohen Einfluss nahmen. Die damit verbundenen Konflikte sollten im Verlauf des 20. Jahrhunderts in diversen blutigen Bürgerkriegen eskalieren. In ihrem Gepäck hatten die US-Amerikaner den Baseball, der sich vor allem in Nicaragua und Panama (sowie den zur Karibik zählenden Ländern Kuba, Puerto Rico und Dominikanische Republik) etablierte. Die Grenze zwischen Fußball und Gewalt ist in der Region hauchdünn. 1969 entspann sich um das WM-Qualifikationsspiel zwischen El Salvador und Honduras sogar der so genannte »Fußballkrieg«, und während Fußballsiege häufig helfen, das Volk zu beruhigen, können Niederlagen zu gewaltsamen Eskalationen führen. Die wahre Ursache liegt aber nicht im Fußball, sondern in der sozialen Notlage.

Die Karibik, die östlich von Zentralamerika liegt und sich bis hinunter nach Südamerika erstreckt, ist Cricket-Hochburg. Großbritannien hatte sich zu Kolonialzeiten einen Großteil der kleinen bis sehr kleinen Inseln gesichert und das Spiel eingeführt. Neben Großbritannien waren auch die Niederlande sowie Frankreich als Kolonialherren vertreten. Auf nahezu allen Karibikinseln wurde die einheimische indianische Bevölkerung durch gezielte Verfolgung oder Zwangsarbeit systematisch ausgerottet und durch afrikanische Arbeitssklaven ersetzt. Nach dem Verbot der Sklaverei um 1830 nahmen Zehntausende von Kontraktarbeitern aus Asien diese Plätze ein. Das hatte zur Folge, dass viele karibische Inseln heute eine ethnisch bisweilen explosive Mischung aufweisen. Zumeist bilden die Nachfahren afrikanischer Sklaven die Mehrheit und Menschen asiatischer Herkunft eine beachtliche Minderheit, während indianische Ureinwohner nur noch vereinzelt anzutreffen sind.

Dass Cricket in der Region höher in der Gunst steht als der Fußball, ist nicht zuletzt seinem zeitlichen Vorsprung zu verdanken. Fußball steckte selbst auf den Britischen Inseln noch in den Kinderschuhen, als die Kolonialschulen in der Karibik das Cricket bereits unter der einheimischen Jugend verbreiteten. Heute steht vor allem die seit den 1930er Jahren bestehende Cricket-Auswahl der West Indies (»Windies«) hoch im Kurs. Spieler wie Brian Lara (Trinidad) und Viv Richards (Antigua) zählen zu Legenden der Sportart und haben der häufig als »hoffnungslose Region« bezeichneten Karibik viel Anlass zum Stolz gegeben.

Die karibischen Fußball-Säulen sind Haiti, Jamaika, Trinidad und Tobago sowie Kuba. Es sind zugleich jene Länder, die es bereits zu einem WM-Endturnier schafften. 1938 machte Kuba den Anfang, wobei sich die »Leones del Caribe« seinerzeit kampflos für das Endturnier qualifizierten. Der erste WM-Sieg einer karibischen Mannschaft gelang Jamaika 1998 mit einem 2:1 über Japan. Auffällig ist der verhältnismäßig schwache Vereinsfußball der Region. Lediglich die Nationalmannschaften sind in den karibischen Ländern in der Lage, größere Zuschauermengen zu mobilisieren. Eine gewachsene Vereinsstruktur existiert bislang nur in Haiti und Jamaika – zwei Länder, deren fußballerische Entwicklung durch politische Turbulenzen aber erheblich behindert wurde.

Seit den 1990er Jahren ist der Fußball auch auf den zahlreichen karibischen Kleinstaaten erwacht. Das verdankt man in erster Linie CONCACAF-Präsident Jack Warner, der sich erfolgreich um Sponsoren und – im Verbund mit dem FIFA-»Goal«-Programm – die Schaffung professioneller Strukturen bemüht hat. Die Motivation des aus Trinidad stammenden Warner ist allerdings umstritten. Kritiker werfen dem wiederholt im Zusammenhang mit Korruptionsskandalen genannten Multi-Funktionär vor, er wolle sich über die Förderung von Mininationen wie Montserrat und Aguilla die Stimmen (und damit das Wohlwollen) der Verbände erkaufen, denen bei Wahlen auf Kontinentalebene dasselbe Gewicht zukommt wie denen der großen Nationen USA oder Kanada.

Seit den 1990er Jahren gilt Nordamerika als neue Führungskraft im Fußball der Region. Ausgangspunkt war die Vergabe der WM 1994 an die USA. Vom Turniererfolg motiviert, kam es in den Staaten zu einer systematischen Förderung des Fußballs, der bis dahin lediglich im mittleren Bürgertum, von ethnischen Randgruppen sowie von Frauen gepflegt worden war. Seit 1990 hat die USA an jedem WM-Endturnier teilgenommen, und die erfolgreiche Einführung der Profiliga MLS hat den Fußball in der gesamten Region verändert. Insbesondere den Talenten aus der Karibik und Zentralamerika bietet die MLS eine willkommene Perspektive, denn nun müssen sie nicht mehr den sowohl kulturell als auch klimatisch schwierigen Wechsel nach Europa wagen, sondern können unter weitaus vertrauteren Bedingungen in den USA als Fußballer Geld verdienen. Darüber hinaus erleichtern große ethnische Gruppen von Exilanten aus Ländern wie Haiti, Kuba, Mexiko und El Salvador die Integration in den Staaten.

SIEGERTAFEL NORD- UND ZENTRALAMERIKA, KARIBIK

	CCCF CUP (BIS 1961) CONCACAF CUP (1963-89) GOLD CUP (AB 1991)	KONTINENTAL-MEISTER	NORDAMERIKA-MEISTER	ZENTRALAMERIKA-MEISTER	KARIBIK-MEISTER
1941	Costa Rica				
1943	El Salvador				
1946	Costa Rica				
1947		Mexiko			
1948	Costa Rica				
1949		Mexiko			
1953	Costa Rica				
1955	Costa Rica				
1957	Haiti				
1960	Costa Rica				
1961	Costa Rica				
1962		CD Guadalajara			
1963	Costa Rica	Racing Port-au-Prince			
1964		abgebrochen			
1965	Mexiko	abgebrochen			
1966		ausgefallen			
1967	Guatemala	Alianza San Salvador			
1968		CD Toluca			
1969	Costa Rica	Cruz Azul Cd. de México			
1970		Cruz Azul Cd. de México			
1971	Mexiko	Cruz Azul Cd. de México			
1972		Olimpia Tegucigalpa			
1973	Haiti	Transvaal Paramaribo			
1974		Municipal Cd. de Guatemala			
1975		Atlético Español Cd. de México			
1976		CD Águila San Miguel			
1977	Mexiko	CF América Cd. de México			
1978		*			
1979		CD FAS Santa Ana			
1980		UNAM/Pumas Cd de México			
1981	Honduras	Transvaal Paramaribo			
1982		UNAM/Pumas Cd de México			
1983		Atlante Cd. de México			
1984		Violette AC Port-au-Prince			
1985	Kanada	Defence Force Port of Spain			
1986		LD Alajuelense			
1987		CF América Cd de México			
1988		Olimpia Tegucigalkpa			
1989	Costa Rica	UNAM/Pumas Cd de México			Trinidad-Tobago
1990		CF América Cd de México	Kanada		abgebrochen
1991	USA	CF Puebla	Mexiko	Costa Rica	Jamaika
1992		CF América Cd de México			Trinidad-Tobago
1993	Mexiko	Deportivo Saprissa San José		Honduras	Martinique
1994		CS Cartaginés			Trinidad-Tobago
1995		Deportivo Saprissa San José		Honduras	Trinidad-Tobago
1996	Mexiko	Cruz Azul Cd de México			Trinidad-Tobago
1997		Cruz Azul Cd de México		Costa Rica	Trinidad-Tobago
1998	Mexiko	Washington DC United			Jamaika
1999		Necaxa Cd de México		Costa Rica	Trinidad-Tobago
2000	Kanada	Los Angeles Galaxy			nicht ausgespielt
2001		nicht ausgetragen		Guatemala	Trinidad-Tobago
2002	USA	Atlético Pachuca			
2003	Mexiko	CD Toluca FC		Costa Rica	Martinique
2004		LD Alajuelense			
2005	USA	UNAM/Pumas Cd de México		Costa Rica	Jamaika
2006		CF América Cd de México			
2007	USA	Atlético Pachuca		Costa Rica	Haiti
2008		Atlético Pachuca			

*Universidad Guadalajara, Defence Force Port of Spain und Comunicaciones Ciudad de Guatemala gemeinsam zum Sieger erklärt

STATISTIK CONCACAF

Copa de CCCF Nachdem 1938 der Regionalverband Confederación Centroamericana y del Caribe de Fútbol gegründet worden war, konnte 1941 erstmals um einen Kontinentalmeister gespielt werden. An dem auf Zentralamerika konzentrierten Wettbewerb nahmen mit Kuba sowie Niederländische Antillen (bzw. Curaçao und Aruba) lediglich zwei geografisch zur Karibik stammende Teams teil. Der Wettbewerb wurde in unregelmäßigen Abständen als Turnier durchgeführt.

Copa de CCCF 1941

Turnier in Costa Rica

Curaçao - Panama	3:3
Costa Rica - Nicaragua	7:2
El Salvador - Curaçao	2:2
Costa Rica - Panama	7:0
Costa Rica - Curaçao	6:2
El Salvador - Nicaragua	8:0
El Salvador - Panama	4:3
Curaçao - Nicaragua	9:1
Panama - Nicaragua	5:2
Costa Rica - El Salvador	3:1

1. COSTA RICA	4	4	0	0	23:5	8-0
2. El Salvador	4	2	1	1	15:8	5-3
3. Curaçao	4	1	2	1	16:12	4-4
4. Panama	4	1	1	2	11:16	3-5
5. Nicaragua	4	0	0	4	5:29	0-8

Copa de CCCF 1943

Turnier in El Salvador

Costa Rica - Nicaragua	7:0
El Salvador - Guatemala	2:2
Guatemala - Costa Rica	3:2
El Salvador - Nicaragua	8:1
Guatemala - Nicaragua	6:2
El Salvador - Costa Rica	4:2
El Salvador - Guatemala	2:1
Costa Rica - Nicaragua	3:2
Guatemala - Costa Rica	4:2
El Salvador - Nicaragua	10:1
El Salvador - Costa Rica	2:4
Guatemala - Nicaragua	nicht ausgetragen

1. EL SALVADOR	6	4	1	1	28:11	9-3
2. Guatemala	5	3	1	1	16:10	7-3
3. Costa Rica	6	3	0	3	20:15	6-6
4. Nicaragua	5	0	0	5	6:34	0-10

Copa de CCCF 1946

Turnier in Costa Rica

Guatemala - El Salvador	3:1
Panama - Honduras	1:0
Costa Rica - Nicaragua	7:1
Costa Rica - Panama	7:0
Honduras - Guatemala	5:3
El Salvador - Nicaragua	7:2
Costa Rica - Honduras	5:1
Panama - El Salvador	1:3
Guatemala - Nicaragua	7:0
Honduras - El Salvador	0:0
Panama - Nicaragua	0:2
Costa Rica - Guatemala	1:4
Panama - Guatemala	3:3
Honduras - Nicaragua	10:0
Costa Rica - El Salvador	4:0

1. COSTA RICA	5	4	0	1	24:6	8-2
2. Guatemala	5	3	1	1	20:10	7-3
3. Honduras	5	2	1	2	16:9	5-5
4. El Salvador	5	2	1	2	11:10	5-5
5. Panama	5	1	1	3	5:15	3-8
6. Nicaragua	5	1	0	4	5:31	2-8

Copa de CCCF 1948

Turnier in Guatemala

Costa Rica - El Salvador	3:1, 6:0
Panama - Costa Rica	0:7, 1:3
Guatemala - El Salvador	3:0, 1:1
Panama - Niederländische Antillen	1:3, 5:2
Guatemala - Costa Rica	1:1, 3:2
Guatemala - Niederländ. Antillen	2:2, 2:2
El Salvador - Panama	1:2, 0:2
Costa Rica - Niederländische Antillen	2:1, 1:4
Guatemala - Panama	4:3, 4:5
El Salvador - Niederländische Antillen	1:0, 2:0

1. COSTA RICA	8	5	1	2	25:11	11-5
2. Guatemala	8	3	4	1	20:16	10-6
3. Panama	8	4	0	4	19:24	8-8
4. Ndl. Antillen	8	2	2	4	14:16	6-10
5. El Salvador	8	2	1	5	6:17	5-11

Copa de CCCF 1951

Turnier in Panama

Costa Rica - Nicaragua	8:1
Panama - Costa Rica	2:0
Panama - Nicaragua	4:0
Panama - Costa Rica	1:1
Costa Rica - Nicaragua	4:1
Panama - Nicaragua	6:2

1. PANAMA	4	3	1	0	13:3	7-1
2. Costa Rica	4	2	1	1	13:5	5-3
3. Nicaragua	4	0	0	4	4:22	0-8

Copa de CCCF 1953

Turnier in Costa Rica

Honduras - Nicaragua	2:1
Costa Rica - El Salvador	5:1
Guatemala - Niederländische Antillen	1:1
El Salvador - Nicaragua	4:1
Costa Rica - Panama	3:0
Niederländische Antillen - Nicaragua	8:0
Panama - Niederländische Antillen	1:4
Costa Rica - Honduras	4:1
Guatemala - El Salvador	3:2
Panama - Nicaragua	0:2
El Salvador - Honduras	0:3
Costa Rica - Niederländische Antillen	1:0
Costa Rica - Nicaragua	3:0
Panama - Guatemala	2:2
Guatemala - Nicaragua	1:0
El Salvador - Panama	2:1
Niederländische Antillen - Honduras	3:4
Honduras - Panama	3:1
El Salvador - Niederländische Antillen	1:1
Costa Rica - Guatemala	3:0
Guatemala - Honduras	nicht ausgetragen

1. COSTA RICA	6	6	0	0	19:2	12-0
2. Honduras	5	4	0	1	13:9	8-2
3. Ndl. Antillen	6	2	2	2	17:8	6-6
4. Guatemala	5	2	2	1	7:8	6-6
5. El Salvador	6	2	1	3	10:14	5-7
6. Nicaragua	6	1	0	5	4:18	2-10
7. Panama	6	0	1	5	5:16	1-11

Copa de CCCF 1955

Turnier in Honduras

Honduras - Kuba	3:0
Costa Rica - Aruba	3:2
Guatemala - El Salvador	2:3
Costa Rica - Kuba	6:0
Niederländische Antillen - Aruba	2:1
Honduras - El Salvador	3:1
Guatemala - Niederländische Antillen	4:1
Costa Rica - El Salvador	4:0
Aruba - Kuba	4:1
Honduras - Niederländische Antillen	0:2
Guatemala - Costa Rica	0:2
El Salvador - Kuba	2:1
Honduras - Guatemala	1:0
Costa Rica - Niederländische Antillen	2:1
El Salvador - Aruba	2:0
Kuba - Guatemala	1:0
Niederländische Antillen - El Salvador	3:0
Honduras - Costa Rica	1:2
Aruba - Guatemala	1:0
Niederländische Antillen - Kuba	2:0
Honduras - Aruba	1:1

1. COSTA RICA	6	6	0	0	19:4	12-0
2. Honduras	6	4	0	2	11:7	8-4
3. Ndl. Antillen	6	3	1	2	9:6	7-5
4. Guatemala	6	3	0	3	8:13	6-6
5. El Salvador	6	2	1	3	9:9	5-7
6. Nicaragua	6	1	0	5	6:9	2-10
7. Aruba	6	1	0	5	3:17	1-11

Copa de CCCF 1957

Turnier in Curaçao/Niederländische Antillen

Haiti - Curaçao	3:1
Honduras - Panama	2:1
Curaçao - Kuba	2:0
Haiti - Honduras	2:1
Haiti - Panama	3:1
Honduras - Kuba	2:0
Haiti - Kuba	6:1
Curaçao - Panama	3:0
Curaçao - Honduras	1:1
Panama - Kuba	1:0

1. HAITI	4	4	0	0	14:4	8-0
2. Curaçao	4	2	1	1	7:4	5-3
3. Honduras	4	2	1	1	6:4	5-3
4. Panama	4	1	0	3	3:8	2-6
5. Kuba	4	0	0	4	1:11	0-8

Copa de CCCF 1960

Turnier auf Kuba

Costa Rica - Niederländische Antillen	1:1
Honduras - Kuba	1:2
Suriname - Kuba	2:0
Costa Rica - Honduras	1:1
Niederländische Antillen - Honduras	3:3
Costa Rica - Suriname	3:1
Costa Rica - Kuba	5:0
Niederländische Antillen - Suriname	1:0
Niederländische Antillen - Kuba	4:3
Honduras - Suriname	1:1

1. Costa Rica	4	2	2	0	10:3	6-2
2. Ndl. Antillen	4	2	2	0	9:7	6-2
3. Honduras	4	0	3	1	6:7	3-5
4. Suriname	4	1	1	2	4:5	3-5
5. Kuba	4	1	0	3	5:12	2-6

Entscheidungsspiel

COSTA RICA - Niederländische Antillen	4:1

Copa de CCCF 1961

Turnier in Costa Rica

▶ **Vorrunde**

Gruppe 1

Costa Rica - Haiti	3:0
Guatemala - Kuba	2:0
Costa Rica - Guatemala	4:2
Panama - Kuba	1:0
Costa Rica - Panama	6:1
Haiti - Guatemalöa	3:1
Costa Rica - Kuba	4:1
Haiti - Panama	3:1
Haiti - Kuba	2:1
Guatemala - Panama	2:0

1. COSTA RICA	4	4	0	0	17:4	8-0
2. HAITI	4	3	0	1	8:6	6-2
3. Guatemala	4	2	0	2	7:7	4-4
4. Panama	4	1	0	3	3:11	2-6
5. Kuba	4	0	0	4	2:9	0-8

Gruppe 2

El Salvador - Honduras	1:0
Niederländische Antillen - Nicaragua	2:1
El Salvador - Niederländische Antillen	0:0
Honduras - Nicaragua	6:0
El Salvador - Nicaragua	10:2
Honduras - Niederländische Antillen	4:2

1. EL SALVADOR	3	2	1	0	11:2	5-1
2. HONDURAS	3	2	0	1	10:3	4-2
3. Ndl. Antillen	3	1	1	1	4:5	3-3
4. Nicaragua	3	0	0	3	3:18	0-6

▶ **Endrunde**

Costa Rica - El Salvador	4:0
Honduras - Haiti	2:0
Costa Rica - Honduras	3:0
El Salvador - Haiti	2:0
Costa Rica - Haiti	8:0
El Salvador - Honduras	5:1

1. COSTA RICA	3	3	0	0	15:0	6-0
2. El Salvador	3	2	0	1	7:5	4-2
3. Honduras	3	1	0	2	3:8	2-4
4. Haiti	3	0	0	3	0:12	0-6

Copa CONCACAF Nach der Gründung des Kontinentalverbandes CONCACAF im Jahr 1961 wurde das bis dahin vom CCCF ausgerichtete Turnier zur »echten« Kontinentalmeisterschaft. Erstmals nahm nun auch Mexiko teil, wohingegen die USA und Kanada zunächst weiterhin fehlten. Das änderte sich erst, als die Kontinentalmeisterschaft 1973 erstmals mit der WM-Qualifikation verbunden wurde.

Copa CONCACAF 1963

▶ **Vorrunde**

Gruppe 1

Honduras - El Salvador	2:2
Panama - Nicaragua	5:0
Honduras - Panama	1:0
Guatemala - Nicaragua	3:1
Honduras - Guatemala	2:1
El Salvador - Panama	1:1
Honduras - Nicaragua	1:0
El Salvador - Guatemala	1:1
El Salvador - Nicaragua	6:1
Panama - Guatemala	2:2

1. HONDURAS	4	3	1	0	6:3	7-1
2. EL SALVADOR	4	1	3	0	10:5	5-3
3. Panama	4	1	2	1	8:4	4-4
4. Guatemala	4	1	2	1	7:6	4-4
5. Nicaragua	4	0	0	4	2:15	0-8

Gruppe 2

Costa Rica - Niederländische Antillen	1:0
Mexiko - Jamaika	8:0
Costa Rica - Mexiko	0:0
Niederländische Antillen - Jamaika	2:1
Costa Rica - Jamaika	6:0
Niederländische Antillen - Mexiko	2:1

1. COSTA RICA	3	2	1	0	7:0	5-1
2. ND. ANTILLEN	3	2	0	1	4:3	4-2
3. Mexiko	3	1	1	1	9:2	3-3
4. Jamaika	3	0	0	3	1:16	0-6

▶ **Endrunde**

Costa Rica - El Salvador	4:1
Niederländische Antillen - Honduras	4:1
Costa Rica - Niederländische Antillen	1:0
El Salvador - Honduras	3:0
Costa Rica - Honduras	2:1
El Salvador - Niederländische Antillen	3:2

1. COSTA RICA	3	3	0	0	7:2	6-0
2. El Salvador	3	2	0	1	7:6	4-2
3. Ndl. Antillen	3	1	0	2	6:5	3-3
4. Honduras	3	0	0	3	2:9	0-6

Copa CONCACAF 1965

Turnier in Guatemala

Mexiko - Guatelama	2:1
El Salvador - Haiti	3:1
Costa Rica - Niederländische Antillen	6:0
Mexiko - Costa Rica	1:1
El Salvador - Niederländische Antillen	1:1
Guatemala - Haiti	3:0
Guatemala - El Salvador	4:1
Costa Rica - Haiti	3:1
Mexiko - Niederländische Antillen	5:0
Guatemala - Niederländische Antillen	3:2
Mexiko - Haiti	3:0
Costa Rica - El Salvador	1:2
Mexiko - El Salvador	2:0
Guatemala - Costa Roca	0:0
Niederländische Antillen - Haiti	1:1

1. MEXIKO	5	4	1	0	13:2	9-1
2. Guatemala	5	3	1	1	11:5	7-3
3. Costa Rica	5	2	2	1	11:4	6-4
4. El Salvador	5	2	1	2	7:9	5-5
5. Ndl. Antillen	5	0	2	3	4:16	2-8
6. Haiti	5	0	1	4	3:13	1-9

Copa CONCACAF 1967

Turnier in Honduras

Guatemala - Mexiko	1:0
Trinidad-Tobago - Nicaragua	3:1
Honduras - Haiti	2:0
Guatemala - Honduras	0:0
Trinidad-Tobago - Haiti	3:2
Mexiko - Nicaragua	4:0
Guatemala - Trinidad-Tobago	2:0
Mexiko - Honduras	1:0
Haiti - Nicaragua	2:1
Guatemala - Haiti	2:1
Honduras - Nicaragua	1:1
Mexiko - Trinidad-Tobago	4:0
Guatemala - Nicaragua	2:0
Mexiko - Haiti	1:0
Honduras - Trinidad-Tobago	1:0

1. GUATEMALA	5	4	1	0	7:1	9-1
2. Mexiko	5	4	0	1	10:1	8-2
3. Honduras	5	2	2	1	4:2	6-4
4. Trinidad-Tob.	5	2	0	3	6:10	5-5
5. Haiti	5	1	0	4	5:9	2-8
6. Nicaragua	5	0	1	4	3:12	1-9

Copa CONCACAF 1969

Turnier in Costa Rica

Costa Rica - Guatemala	1:1
Mexiko - Jamaika	2:0
Niederländische Antillen - Trinidad-Tob.	3:1
Costa Rica - Niederländische Antillen	2:1
Mexiko - Trinidad-Tobago	0:0
Guatemala - Jamaika	0:0
Costa Rica - Mexiko	2:0
Guatemala - Niederländische Antillen	6:1
Trinidad-Tobago - Jamaika	3:2
Costa Rica - Trinidad-Tobago	5:0
Guatemala - Mexiko	1:0
Niederländische Antillen - Jamaika	2:1
Costa Rica - Jamaika	3:0
Guatemala - Trinidad-Tobago	3:0
Niederländische Antillen - Mexiko	2:2

1. COSTA RICA	5	4	1	0	13:2	9-1
2. Guatemala	5	3	2	0	10:2	8-2
3. Ndl. Antillen	5	2	1	2	9:12	5-5
4. Mexiko	5	1	2	2	4:5	4-6
5. Trinidad-Tob.	5	1	1	3	4:12	3-7
6. Jamaika	5	0	1	4	3:10	1-9

Copa CONCACAF 1971

Turnier in Trinidad und Tobago

Mexiko - Haiti	0:0
Costa Rica - Honduras	2:1
Kuba - Trinidad-Tobago	2:2
Mexiko - Costa Rica	1:0
Haiti - Trinidad-Tobago	6:0

Kuba - Honduras 3:1
Mexiko - Trinidad-Tobago 2:0
Haiti - Honduras 3:1
Costa Rica - Kuba 3:1
Mexiko - Kuba 1:0
Haiti - Costa Rica 0:0
Trinidad-Tobago - Honduras 1:1
Mexiko - Honduras 2:1
Haiti - Kuba 0:0
Costa Rica - Trinidad-Tobago 1:3

1. MEXIKO	5	4	1	0	6:1	9-1
2. Haiti	5	2	3	0	9:1	7-3
3. Costa Rica	5	2	1	2	6:5	5-5
4. Kuba	5	1	2	2	5:7	4-6
5. Trinidad-Tob.	5	1	2	2	6:12	4-6
6. Honduras	5	0	1	4	5:11	1-9

Copa CONCACAF 1973

Turnier in Haiti
(zugleich WM-Qualifikation 1974)
Honduras - Trinidad-Tobago 2:1
Mexiko - Guatemala 0:0
Haiti - Niederländische Antillen 3:0
Honduras - Mexiko 1:1
Haiti - Trinidad-Tobago 2:1
Niederländische Antillen - Guatemala 2:2
Haiti - Honduras 1:0
Mexiko - Niederländische Antillen 8:0
Trinidad-Tobago - Guatemala 2:2
Honduras - Niederländische Antillen 2:2
Haiti - Guatemala 2:1
Trinidad-Tobago - Mexiko 4:0
Honduras - Guatemala 1:1
Trinidad-Tobago - Ndl. Antillen 4:0
Haiti - Mexiko 0:1

1. HAITI	5	4	0	1	8:3	8-2
2. Trinidad-Tob.	5	3	0	2	11:4	6-4
3. Mexiko	5	2	2	1	10:5	6-4
4. Honduras	5	1	3	1	6:6	5-5
5. Guatemala	5	0	3	2	4:6	3-7
6. Ndl. Antillen	5	0	2	3	4:19	2-8

Copa CONCACAF 1977

Turnier in Mexiko
(zugleich WM-Qualifikation 1978)
Guatemala - Suriname 3:2
El Salvador - Kanada 2:1
Mexiko - Haiti 4:1
Mexiko - El Salvador 3:1
Kanada - Suriname 2:1
Haiti - Guatemala 2:1
Mexiko - Suriname 8:1
Haiti - El Salvador 1:0
Kanada - Guatemala 2:1
Mexiko - Guatemala 2:1
El Salvador - Suriname 3:2
Kanada - Haiti 1:1
Mexiko - Kanada 3:1
Haiti - Suriname 1:0
Guatemala - El Salvador 2:2

1. MEXIKO	5	5	0	0	20:5	10-0
2. Haiti	5	3	1	1	6:6	7-3
3. El Salvador	5	2	1	2	8:9	5-5
4. Kanada	5	2	1	2	7:8	5-5
5. Guatemala	5	1	1	3	8:10	3-7
6. Suriname	5	0	0	5	6:17	0-10

Copa CONCACAF 1981

Turnier in Honduras
(zugleich WM-Qualifikation 1982)
Mexiko - Kuba 4:0
Kanada - El Salvador 1:0
Honduras - Haiti 4:0
Haiti - Kanada 1:1
Mexiko - El Salvador 0:1
Honduras - Kuba 2:0
El Salvador - Kuba 0:0
Mexiko - Haiti 1:1
Honduras - Kanada 2:1
Haiti - Kuba 0:2
Mexiko - Kanada 1:1
Honduras - El Salvador 0:0
Haiti - El Salvador 0:1
Kuba - Kanada 2:2
Honduras - Mexiko 0:0

1. HONDURAS	5	3	2	0	8:1	8-2
2. El Salvador	5	2	2	1	2:1	6-4
3. Mexiko	5	1	3	1	6:3	5-5
4. Kanada	5	1	3	1	6:6	5-5
5. Kuba	5	1	2	2	4:8	4-6
6. Haiti	5	0	2	3	2:9	2-8

Copa CONCACAF 1985

(zugleich WM-Qualifikation 1986)
Vorrunde
Gruppe 1
Suriname - El Salvador 0:3, 0:3
Suriname - Honduras 1:1, 1:2
El Salvador - Honduras 0:0, 0:0

1. HONDURAS	4	2	2	0	5:3	6-2
2. El Salvador	4	2	1	1	7:2	5-3
3. Suriname	4	0	1	3	2:9	1-7

Gruppe 2
Kanada - Haiti 2:0, 2:0
Kanada - Guatemala 2:1, 1:1
Haiti - Guatemala 0:1, 0:4

1. KANADA	4	3	1	0	7:2	7-1
2. Guatemala	4	2	1	1	7:3	5-3
3. Haiti	4	0	0	4	0:9	0-8

Gruppe 3
Trinidad-Tobago - Costa Rica 0:3, 1:1
USA - Trinidad-Tobago 2:1, 1:0
Costa Rica - USA 1:1, 1:0

1. COSTA RICA	4	2	2	0	6:2	6-2
2. USA	4	2	1	1	4:3	5-3
3. Trinidad-Tob.	4	0	1	3	2:7	1-7

Endrunde
Costa Rica - Honduras 2:2, 1:3
Kanada - Costa Rica 1:1, 0:0
Honduras - Kanada 0:1, 1:2

1. KANADA	4	2	2	0	4:2	6-2
2. Honduras	4	1	1	2	6:6	3-7
3. Costa Rica	4	0	3	1	4:6	3-7

Copa CONCACAF 1989

(zugleich WM-Qualifikation 1990)
Mexiko wegen Passfälschungen bei der U20-WM disqualifiziert
Guatemala - Costa Rica 1:0, 1:2
Costa Rica - USA 1:0, 0:1
USA - Trinidad-Tobago 1:1, 1:0
Trinidad-Tobago - Costa Rica 1:1, 0:1
USA - Guatemala 2:1, 0:0
El Salvador - Costa Rica 2:4, 0:1
Trinidad-Tobago - El Salvador 2:0, 0:0
Guatemala - Trinidad-Tobago 0:1, 1:2
El Salvador - USA 0:1, 0:0
Guatemala - El Salvador *
*wegen der angespannten politischen Situation in El Salvador abgesagt

1. COSTA RICA	8	5	1	2	10:6	11-3
2. USA	8	4	3	1	6:3	11-3
3. Trinidad-Tob.	8	3	3	2	7:5	9-7
4. Guatemala	8	1	1	4	4:7	3-11
5. El Salvador	8	0	2	4	2:8	2-12

Gold Cup Nachdem Jack Warner 1990 zum Präsidenten der CONCACAF gewählt worden war, wurden die seit den 1980er Jahren ruhenden Pläne einer reformierten Kontinentalmeisterschaft wieder aufgegriffen. Warner war nicht zu Unrecht der Ansicht, dass die Region im internationalen Fußball zunehmend an Bedeutung verlor. Mit Unterstützung des mexikanischen Mediengiganten Televisa konnte er daraufhin 1991 den Gold Cup/La Copa de Oro aus der Taufe heben, der die Wende brachte. Preisgelder von insgesamt 250.000 US-Dollar lockten auch die großen Nationen der Region an, und die FIFA adelte den Wettbewerb mit ihrer Anerkennung. Dem seitdem ausnahmslos in den USA, Kanada und/oder Mexiko durchgeführten Endturnier gehen regionale Meisterschaftsrunden in der Karibik (CFU Caribbean Cup) bzw. Zentralamerika (UNCAF Copa de Naciones) voraus. Neben den FIFA-Mitgliedern sind auch die nur der CONCACAF angehörenden französischen Besitztümer Guadeloupe, St-Martin, Martinique und Französisch-Guyana sowie das niederländische Sint-Maarten startberechtigt. In Nordamerika hingegen werden Mexiko, die USA und Kanada in der Regel direkt für das Endturnier gesetzt. Regelmäßig wird das Teilnehmerfeld beim Endturnier des Gold Cups durch die Einladung von Teams anderer Kontinente aufgewertet.

Gold Cup 1991

Nordamerika
zugleich North America Nations' Championship (in den USA)
USA - Mexiko 2:2
Mexiko - Kanada 3:0
USA - Kanada 2:0

1. MEXIKO	2	1	1	0	5:2	3-1
2. USA	2	1	1	0	4:2	3-1
3. KANADA	2	0	0	2	0:5	0-6

Zentralamerika
Vorrunde
Panama - HONDURAS 2:0, 0:3
Nicaragua - EL SALVADOR 2:3, 3:2
El Salvador Sieger nach Losentscheid
GUATEMALA - Belize x:0
Belize trat nicht an
Endrunde (in Costa Rica)
Guatemala - El Salvador 0:0
Costa Rica - Honduras 2:0
Honduras - Guatemala 0:0
Costa Rica - El Salvador 7:1
El Salvador - Honduras 1:2
Costa Rica - Guatemala 1:0

1. COSTA RICA	3	3	0	0	10:1	6-0
2. HONDURAS	3	1	1	1	2:3	3-3
3. GUATEMALA	3	0	2	1	0:1	2-4
4. El Salvador	3	0	1	2	2:9	1-5

Karibik
Vorrunde, Gruppe A
Guyana - Jamaika 0:6
Jamaika - Cayman 3:2
Cayman - Guyana 1:2

1. JAMAIKA	2	2	0	0	9:2	4-0
2. GUYANA	2	1	0	1	2:7	2-2
3. Cayman	2	0	0	2	3:5	0-4

Vorrunde, Gruppe B
Trinidad-Tobago - Dominikanische Rep. 7:0
St. Lucia - Martinique 0:0
St. Lucia - Dominikanische Republik 0:0
Martinique - Trinidad-Tobago 0:1
Martinique - Dominikanische Republik 4:1
Trinidad-Tobago - St. Lucia 1:2

1. TRINIDAD-T.	3	2	0	1	9:2	4-2
2. ST. LUCIA	3	1	2	0	2:1	4-2
3. Martinique	3	1	1	1	4:2	3-3
4. Dom. Rep.	3	0	1	2	1:11	1-5

Halbfinale
TRINIDAD-TOBAGO - Guyana 3:1
JAMAIKA - St. Lucia 2:0
Spiel um Platz 3
St. Lucia - Guyana 4:1
Finale (2.6.1991, Kingston)
JAMAIKA - TRINIDAD-TOBAGO 2:0
Endrunde (in den USA)
Gruppe A
Honduras - Kanada 4:2
Mexiko - Jamaika 4:1
Honduras - Jamaika 5:0
Mexiko - Kanada 3:1
Jamaika - Kanada 2:3
Mexiko - Honduras 1:1

1. HONDURAS	3	2	1	0	10:3	5-1
2. MEXIKO	3	2	1	0	8:3	5-1
3. Kanada	3	1	0	2	6:9	2-4
4. Jamaika	3	0	0	3	3:12	0-6

Gruppe B
Costa Rica - Guatemala 2:0
USA - Trinidad-Tobago 2:1
Trinidad - Costa Rica 2:1
USA - Guatemala 3:0
USA - Costa Rica 3:2
Trinidad-Tobago - Guatemala 0:1

1. USA	3	3	0	0	8:3	6-0
2. COSTA RICA	3	1	0	2	5:5	2-4
3. Trinidad-Tob.	3	1	0	2	3:4	2-4
4. Guatemala	3	1	0	2	1:4	2-4

Halbfinale
USA - Mexiko 2:0
HONDURAS - Costa Rica 2:0
Spiel um Platz 3
MEXIKO - Costa Rica 2:0
Finale (7.7.1991, Los Angeles)
USA - Honduras 0:0 n.V., 4:3 n.E.
USA: Meola, Caligiuri, Balboa, Doyle, Clavijo, Quinn, Henderson, Murray (98. Kinnear), Perez, Vermes, Wynalda (61. Eck) - *Honduras*: Rivera (119. Cruz), Castro, Martinez, Flores, Zapata, Anariba, Yearwood, Funez, Espinosa, Calix, Benett (69. Vallejo)

Gold Cup 1993

Nordamerika
Gesetzt: Mexiko, USA, Kanada
Zentralamerika
Vorrunde
COSTA RICA - Nicaragua 6:0, 2:0
Endrunde
Costa Rica - El Salvador 1:0
Honduras - Panama 2:0
El Salvador - Panama 1:1
Honduras - Costa Rica 2:0
Costa Rica - Panama 2:0
Honduras - El Salvador 3:0

1. HONDURAS	3	3	0	0	7:0	6-0
2. COSTA RICA	3	2	0	1	3:2	4-2
3. PANAMA	3	0	1	2	1:5	1-5
4. El Salvador	3	0	1	2	1:5	1-5

Karibik
Vorrunde, Gruppe A
Puerto Rica - St-Martin 3:0
Jamaika - St. Kitts-Nevis 4:1
Puerto Rico - St. Kitts-Nevis 0:1
Jamaika - St-Martin 2:0
St-Martin - St. Kitts-Nevis 2:2
Jamaika - Puerto Rico 1:0

1. JAMAIKA	3	3	0	0	7:1	6-0
2. ST. KITTS-N.	3	1	1	1	4:6	3-3
3. Puerto Rico	3	1	0	2	3:2	2-4
4. St-Martin	3	0	1	2	2:6	1-5

Vorrunde, Gruppe B
Martinique - St. Lucia 2:0
St. Vincent-G. - Trinidad-Tobago 1:4
Martinique - St. Vincent-Grenadinen 3:0
St. Lucia - Triniad-Tobago 1:1
St. Lucia - St. Vincent-Grenadinen 1:3
Martinique - Trinidad-Tobago 3:2

1. MARTINIQUE	3	3	0	0	8:2	6-0
2. TRINIDAD-T.	3	1	1	0	7:5	3-3
3. St. Vincent-G.	3	1	0	2	4:8	2-4
4. St. Lucia	3	0	1	2	2:6	1-5

Halbfinale
MARTINIQUE - St. Kitts-Nevis 1:1 n.V., 3:2 n.E.
JAMAIKA - Trinidad-Tobago 3:0
Spiel um Platz 3
St. Kitts-Nevis - Trinidad-Tobago 2:2
Finale (30.5.1993, Kingston)
JAMAIKA - MARTINIQUE 0:0 n.V., 5:6 n.E.
Endrunde (in den USA bzw. Mexiko)
Gruppe A
USA - Jamaika 1:0
Honduras - Panama 5:1
Honduras - Jamaika 1:3
USA - Panama 2:1
Jamaika - Panama 1:1
USA - Honduras 1:0

1. USA	3	3	0	0	4:1	6-0
2. JAMAIKA	3	1	1	1	4:3	3-3
3. Honduras	3	1	0	2	6:5	2-4
4. Panama	3	0	1	2	3:8	1-5

Gruppe B
Mexiko - Martinique 9:0
Kanada - Costa Rica 1:1
Mexiko - Costa Rica 1:1
Kanada - Martinique 2:2
Costa Rica - Martinique 3:1
Kanada - Mexiko 0:8

1. MEXIKO	3	2	1	9	18:1	5-1
2. COSTA RICA	3	1	2	0	5:3	4-2
3. Kanada	3	0	2	1	3:11	2-4
4. Martinique	3	0	1	2	3:14	1-5

Halbfinale
USA - Costa Rica 1:0 n.V.
MEXIKO - Jamaika 6:1
Spiel um Platz 3
Costa Rica - Jamaika 1:1
Finale (26.7.1993, Mexiko-City)
Mexiko - USA 4:0
MEXIKO: Campos, Hernández, Ramírez Perales, Suárez, Ramón Ramírez, Mora (76. Cantu), Ambriz, Del Olmo, Rodríguez, Salvador (76. Noriega), Zaguinho Alves - *USA*: Meola, Kooiman, Doyle, Armstrong, Lalas, Dooley, Wegerle (78. Moore), Harkes, Jones (52. Kinnear), Henderson, Wynalda - Tore: 1:0 Ambriz (11.), 2:0 Armstrong (31/ET.), 3:0 Zaguinho Alves (69.), 4:0 Cantu (79.)

Gold Cup 1996

Nordamerika
Gesetzt: Mexiko, USA, Kanada
Zentralamerika
Vorrunde
PANAMA - Nicaragua 2:0, 5:0
Gruppe A
El Salvador - Belize 3:0
Costa Rica - Belize 2:1
El Salvador - Costa Rica 2:1

1. EL SALVADOR	2	2	0	0	5:1	6-0
2. COSTA RICA	2	1	0	1	3:3	3-3
3. Belize	2	0	0	2	1:5	0-6

Gruppe B
Honduras - Panama 2:0
Guatemala - Panama 1:0
Honduras - Guatemala 2:0

1. HONDURAS	2	2	0	0	4:0	6-0
2. GUATEMALA	2	1	0	1	1:2	3-3
3. Panama	2	0	0	2	0:3	0-6

Halbfinale
HONDURAS - Costa Rica 1:1, 4:2 n.V.
GUATEMALA - El Salvador 1:0
Spiel um Platz 3
EL SALVADOR - Costa Rica 2:1
Finale
HONDURAS - GUATEMALA 3:0
Karibik
Vorrunde, Gruppe A
Französisch Guyana - St. Vincent-Gren. 1:3
Cayman - Antigua-Barbuda 2:0
Antigua-Barbuda - St. Vincent-Gren. 1:5
Cayman - Französisch Guyana 1:0
Antigua-Barbuda - Französisch Guyana 2:1

Cayman - St. Vincent-Grenadinen 2:2
1. ST. VINCENT-G. 3 2 1 0 10:4 7-1
2. CAYMAN 3 2 1 0 5:2 7-1
3. Antigua-Bar. 3 1 0 2 3:8 3-5
4. Frz. Guyana 3 0 0 3 2:6 0-8
Vorrunde, Gruppe B
Trinidad-Tobago - Kuba 2:0
Jamaika - St. Lucia 2:1
St. Lucia - Trinidad-Tobago 0:5
Jamaika - Kuba 1:2
Kuba - St. Lucia 2:0
Jamaika -Trinidad-Tobago 1:0
1. TRINIDAD-T. 3 2 0 1 7:1 6-2
2. KUBA 3 2 0 1 4:3 6-2
3. Jamaika 3 2 0 1 4:3 6-2
4. St. Lucia 3 0 0 3 1:9 0-6
Halbfinale
ST. VINCENT-GRENADINEN - Kuba 3:2
Cayman - TRINIDAD-TOBAGO 2:9
Spiel um Platz 3
Cayman - Kuba 0:3
Finale (30.7.1995, Kingston)
St. Vincent-Gren. - TRINIDAD-TOBAGO 0:5
▶ **Endrunde** (in den USA)
Gastteilnehmer: Brasilien U23-Auswahl
Gruppe A
Mexiko - St. Vincent-Grenadinen 5:0
Guatemala - Mexiko 0:1
St. Vincent-Grenadinen - Guatemala 0:3
1. MEXIKO 2 2 0 0 6:0 6-0
2. GUATEMALA 2 1 0 1 3:1 3-3
3. St.Vincent-G. 2 0 0 2 0:8 0-6
Gruppe B
Kanada - Honduras 3:1
Brasilien U23 - Kanada 4:1
Honduras - Brasilien U23 0:5
1. BRASILIEN U23 2 2 0 0 5:2 6-0
2. Kanada 2 1 0 1 4:5 3-3
3. Honduras 2 0 0 2 1:8 0-6
Gruppe C
Trinidad-Tobago - El Salvador 2:3
USA - Trinidad-Tobago 3:2
USA - El Salvador 2:0
1. USA 2 2 0 0 5:2 6-0
2. El Salvador 2 1 0 1 3:4 3-3
3. Trinidad-Tob. 2 0 0 2 4:6 0-6
Halbfinale
USA - BRASILIEN U23 0:1
MEXIKO - Guatemala 1:0
Spiel um Platz 3
USA - Guatemala 3:0
Finale (21.1.1996, Los Angeles)
MEXIKO - Brasilien U23 2:0
MEXIKO: Campos, Villa, Davino, Suarez, Gutierrez, Lara, Ramirez, Garcia Aspe, Del Olmo (90. Pelaez), Luis Garcia, Blanco (81. Hernandez) - *BRASILIEN U23*: Dida, Andre Luis, Narciso, Carlinhos, Ze Maria, Arilson (68. Ze Elias), Amaral (64. Beto), Flavio Conceiçao, Jamelli (64. Leandro), Savio, Caio - *TORE:* 1:0 Luis Garcia (54.), 2:0 Blanco (75.)

■ **Gold Cup 1998**
▶ **Nordamerika**
Gesetzt: Mexiko, USA
▶ **Zentralamerika**
Vorrunde
Panama - Belize 1:1, 1:0
Gruppe A
Guatemala - Costa Rica 1:1
Costa Rica - Nicaragua 5:1
Guatemala - Nicaragua 6:1
1. GUATEMALA 2 1 1 9 6:1 4
2. COSTA RICA 2 1 1 0 5:1 4
3. Nicaragua 2 0 0 2 2:11 0
Gruppe B
Honduras - Panama 5:0
El Salvador - Honduras 0:3
Panama - El Salvador 0:2
1. HONDURAS 2 2 0 0 8:0 6
2. EL SALVADOR 2 1 0 1 2:3 3
3. Panama 2 0 0 2 0:7 0
Endrunde
Costa Rica - Honduras 4:0
Guatemala - El Salvador 1:0
Costa Rica - El Salvador 1:0
Guatemala - Honduras 1:0
El Salvador - Honduras 0:0
Guatemala - Costa Rica 1:1
1. COSTA RICA 3 2 1 0 6:1 7
2. GUATEMALA 3 2 1 0 3:1 7
3. EL SALVADOR 3 0 1 2 0:2 1
4. HONDURAS 3 0 1 2 0:5 1
▶ **Karibik**
Vorrunde, Gruppe A
Trinidad-Tobago - Jamaika 1:0
St. Kitts-Nevis - Suriname 1:1
St. Kitts-Nevis - Jamaika 1:4
Suriname - Trinidad-Tobago 0:3
Jamaika - Suriname 1:3
Trinidad-Tobago - St. Kitts-Nevis 5:1

1. TRINIDAD-T. 3 3 0 0 9:1 9
2. SURINAME 3 1 1 1 4:5 4
3. Jamaika 3 1 0 2 5:5 3
4. St. Kitts-Nevis 3 0 1 2 3:10 1
Vorrunde, Gruppe B
St. Vincent-Grenadinen - Kuba 0:2
Martinique - Haiti 1:0
Haiti - St. Vincent-Grenadinen 2:2
Kuba - Martinique 1:0
Martinique - St. Vincent-Grenadinen 3:0
Haiti - Kuba 0:0
1. KUBA 3 2 1 0 3:0 7
2. MARTINIQUE 3 2 0 1 4:1 6
3. Haiti 3 0 2 1 2:3 2
4. St. Vincent-G. 3 0 1 2 2:7 1
Halbfinale
TRINIDAD-TOBAGO - Martinique 2:1
KUBA - Suriname 4:0
Spiel um Platz 3
Martinique - Suriname 1:1 n.V., 2:1 n.E.
Finale (7.6.1996, Port of Spain)
TRINIDAD-TOBAGO - Kuba 2:0
▶ **Endrunde** (in den USA)
Gastteilnehmer: Brasilien
Gruppe A
El Salvador - Guatemala 0:0
Brasilien - Jamaika 0:0
Brasilien - Guatemala 1:1
El Salvador - Jamaika 0:2
Guatemala - Jamaika 2:3
El Salvador - Brasilien 0:4
1. JAMAIKA 3 2 1 0 5:2 7
2. BRASILIEN 3 1 2 0 5:1 5
3. Guatemala 3 0 2 1 3:4 2
4. El Salvador 3 0 1 2 0:6 1
Gruppe B
Honduras - Trinidad-Tobago 1:3
Mexiko - Trinidad-Tobago 4:2
Honduras - Mexiko 0:2
1. MEXIKO 2 2 0 0 6:2 6
2. Trinidad-T. 2 1 0 1 5:5 3
3. Honduras 2 0 0 2 1:5 0
Gruppe C
USA - Kuba 3:0
Kuba - Costa Rica 2:7
USA - Costa Rica 2:1
1. USA 2 2 0 0 5:1 6
2. Costa Rica 2 1 0 1 8:4 3
3. Kuba 2 0 0 2 2:10 0
Halbfinale
USA - Brasilien 1:0
Jamaika - MEXIKO 0:1 n.V.
Spiel um Platz 3
Brasilien - Jamaika 1:0
Finale (15.2.1998, Los Angeles)
USA - MEXIKO 0:1
USA: Keller, Burns, Lalas (82. McBride), Pope, Agoos, Hejduk (76. Reyna), Harkes, Moore, Jones, Wynalda, Wegerle (46. Preki) - *MEXIKO*: Perez, Villa, Davino, Pardo, Carmona, Suarez, R. Ramirez (86. Alfaro), Medina (67. Lara), Blanco, Lozano (56. Luna), Hernandez - *TOR:* 0:1 Hernandez (43.)

■ **Gold Cup 2000**
▶ **Nordamerika**
Gesetzt: Kanada, Mexiko, USA
▶ **Zentralamerika**
Gruppe A
Costa Rica - Belize 7:0
Honduras - Belize 5:1
Costa Rica - Honduras 0:1
1. HONDURAS 2 2 0 0 6:1 6
2. COSTA RICA 2 1 0 1 7:1 3
3. Belize 2 0 0 2 1:12 0
Gruppe B
Guatemala - Nicaragua 1:0
Guatemala - El Salvador 1:1
El Salvador - Nicaragua 1:0
1. EL SALVADOR 2 1 1 0 2:1 4
2. GUATEMALA 2 1 1 0 2:1 4
3. Nicaragua 2 0 0 2 0:2 0
Endrunde
Honduras - El Salvador 3:1
Costa Rica - Guatemala 1:0
Guatemala - El Salvador 1:0
Honduras - Costa Rica 2:1
Honduras - Guatemala 0:2
El Salvador - Guatemala 0:4
El Salvador - Costa Rica 0:4
1. COSTA RICA 3 2 0 1 6:2 6
2. GUATEMALA 3 2 0 1 3:1 6
3. Honduras 3 2 0 1 5:4 6
4. El Salvador 3 0 0 3 1:8 0
▶ **Karibik**
Vorrunde
Jamaika und Trinidad-Tobago für die 2. Runde gesetzt
Gruppe A
Aruba - Französisch Guyana 1:0
Suriname - Niederländische Antillen 3:3

Suriname - Französisch Guyana 2:2
Aruba - Niederländische Antillen 0:1
Niederländische Antillen - Franz. Guyana 2:1
Aruba - Suriname 3:3
1. NDL. ANT. 3 2 1 0 6:4 7
2. Aruba 3 1 1 1 4:4 4
3. Suriname 3 0 3 0 8:8 3
4. Frz. Guyana 3 0 1 2 3:5 1
Gruppe B
St. Lucia - Barbados 2:1
St. Vincent-Grenadinen - Martinique 4:1
Martinique - Barbados 4:1
St. Lucia - St. Vincent-Grenadinen 3:2
St. Lucia - Martinique 1:2
Barbados - St. Vincent-Grenadinen 4:3
1. MARTINIQUE 3 2 0 1 7:6 6
2. St. Lucia 3 2 0 1 6:5 6
3. St. Vincent-G. 3 1 0 2 9:8 3
4. Barbados 3 1 0 2 6:9 3
Gruppe C
St. Kitts-Nevis - Britischen Jungferninseln 4:0
Dominica - Guadeloupe 1:1
St. Kitts-Nevis - Dominica 1:2
Guadeloupe - Britische Jungferninseln 3:0
St. Kitts-Nevis - Guadeloupe 2:1
Dominica - Britische Jungferninseln 4:1
1. DOMINICA 3 2 1 0 7:3 7
2. St. Kitts-Nevis 3 2 0 1 7:3 6
3. Guadeloupe 3 1 1 1 5:3 4
4. Brit. Jungf. 3 0 0 3 1:11 0
Gruppe D
Grenada - Anguilla 14:1
Antigua-Barbuda - Guyana 2:2
Antigua-Barbuda - Anguilla 7:0
Grenada - Guyana 2:1
Antigua-Barbuda - Grenada 2:1
Guyana - Anguilla 14:0
1. ANTIGUA-B. 3 2 1 0 11:3 7
2. Grenada 3 2 0 1 17:4 6
3. Guyana 3 1 1 1 17:4 4
4. Anguilla 3 0 0 3 1:35 0
Gruppe E
Amerikanische Jungferninseln traten nicht an
Haiti - Puerto Rico 4:0
Dominikanische Republik - Puerto Rico 3:1
Haiti - Dominikanische Republik 5:0
1. HAITI 2 2 0 0 9:0 6
2. Dom. Rep. 2 1 0 1 3:6 3
3. Puerto Rico 2 0 0 2 1:7 0
Gruppe F
Turks und Caicos trat nicht an
Cayman - Kuba 2:2
Kuba - Bermuda 2:1
Cayman - Bermuda 2:0
1. CAYMAN 2 1 1 0 4:2 4
2. Kuba 2 1 1 0 4:3 4
3. Bermuda 2 0 0 2 1:4 0
2. Runde
Gruppe 1
Dominica - Martinique 1:5
Antigua-Barbuda - Trinidad-Tobago 2:3
Antigua-Barbuda - Dominica 2:1
Martinique - Trinidad-Tobago 1:2
Martinique - Antigua-Barbuda 1:5
Trinidad-Tobago - Dominica 8:0
1. TRINIDAD-T. 3 3 0 0 13:3 9
2. ANTIGUA-B. 3 2 0 1 9:5 6
3. Martinique 3 1 0 2 7:8 3
4. Dominica 3 0 0 3 2:15 0
Gruppe 2
Cayman - Jamaika 0:4
Haiti - Niederländische Antillen 4:0
Cayman - Niederländische Antillen 2:0
Haiti - Jamaika 1:2
Haiti - Cayman 1:0
Jamaika - Niederländische Antillen 3:2
1. JAMAIKA 3 3 0 0 9:3 9
2. HAITI 3 2 0 1 6:2 6
3. Cayman 3 1 0 2 2:5 3
4. Ndl. Antillen 3 0 0 3 2:9 0
Halbfinale
JAMAIKA - Antigua-Barbuda 1:0 n.V.
TRINIDAD-TOBAGO - Haiti 4:1
Spiel um Platz 3
HAITI - Antigua-Barbuda 3:2
Finale (31.7.1998, Port of Spain)
JAMAIKA - TRINIDAD-TOBAGO 2:1
▶ **Endrunde** (in den USA)
Gastteilnehmer: Kolumbien, Südkorea, Peru
Gruppe A
Kolumbien - Jamaika 1:0
Jamaika - Honduras 0:2
Honduras - Kolumbien 2:0
1. HONDURAS 2 2 0 0 4:0 6
2. KOLUMBIEN 2 1 0 1 1:2 3
3. Jamaika 2 0 0 2 0:3 0
Gruppe B
USA - Haiti 3:0
Haiti - Peru 1:1
Peru - USA 0:1
1. USA 2 2 0 0 4:0 6

2. PERU 2 0 1 1 1:2 1
3. Haiti 2 0 1 1 1:4 1
Gruppe C
Mexiko - Trinidad-Tobago 4:0
Trinidad-Tobago - Guatemala 4:2
Guatemala - Mexiko 1:1
1. MEXIKO 2 2 1 1 5:1 4
2. TRINIDAD-T. 2 1 0 1 4:6 3
3. Guatemala 2 0 1 1 3:5 1
Gruppe D
Costa Rica - Kanada 2:2
Kanada - Südkorea 0:0
Südkorea - Costa Rica 2:2
1. COSTA RICA 2 0 2 0 4:4 2
2. KANADA* 2 0 2 0 2:2 2
3. Südkorea* 2 0 2 0 2:2 2
*Kanada Zweiter nach Losentscheid
Viertelfinale
USA - KOLUMBIEN 2:2 n.V., 1:2 i.E.
Honduras - PERU 3:5
Costa Rica - TRINIDAD-TOBAGO 1:2 n.V.
Mexiko - KANADA 1:2 n.V.
Halbfinale
KOLUMBIEN - Peru 2:1
Trinidad-Tobago - KANADA 0:1
Finale (27.2.2000, Los Angeles)
Kanada - Kolumbien 2:0
KANADA: Forrest, Watson, Menezes, De Vos, Clarke, Fenwick, Stalteri, Hastings, Brennan, Nash (89. Kusch), Corazzin - *KOLUMBIEN*: Gómez, Martínez, Andrés Mosquera, Dinas, Cortés, Pérez, Zapata, Bónner Mosquera (46. Hurtado), Candelo, Bonilla (58. Congo), Asprilla - *TORE:* 1:0 De Vos (45.), 2:0 Corazzin (56./E)

■ **Gold Cup 2002**
▶ **Nordamerika**
Kanada, Mexiko, USA
▶ **Zentralamerika**
Gruppe A
El Salvador - Nicaragua 3:0
Honduras - Panama 1:2
El Salvador - Panama 2:1
Honduras - Nicaragua 10:2
Panama - Nicaragua 6:0
Honduras - El Salvador 1:1
1. EL SALVADOR 3 2 1 0 6:2 7
2. PANAMA 3 2 0 1 9:3 6
3. Honduras 3 1 1 1 12:5 4
4. Nicaragua 3 0 0 3 2:19 0
Gruppe B
Costa Rica - Belize 4:0
Guatemala - Belize 3:3
Costa Rica - Guatemala 1:1
1. COSTA RICA 2 1 1 0 5:1 4
2. GUATEMALA 2 0 2 0 4:4 2
3. Belize 2 0 1 1 3:7 1
Endrunde
El Salvador - Guatemala 0:0
Costa Rica - Panama 2:1
El Salvador - Panama 1:1
Costa Rica - Guatemala 0:2
El Salvador - Costa Rica 1:1
Panama - Guatemala 1:3
1. GUATEMALA 3 2 1 0 5:1 7
2. COSTA RICA 3 1 1 1 3:4 4
3. EL SALVADOR 3 0 3 0 2:2 3
4. Panama 3 0 1 2 3:6 1
▶ **Karibik**
Vorrunde
Gruppe A
Sint Maarten - Montserrat 3:1
Anguilla - Montserrat 4:1
Sint Maarten - Anguilla 3:1
1. ST. MAARTEN 2 2 0 0 6:2 6
2. Anguilla 2 1 0 1 5:4 3
3. Montserrat 2 0 0 2 2:7 0
Gruppe B
Puerto Rico - BRITISCHE JUNGFERNI. 1:2, 0:0
Gruppe C
Bahamas - AMERIKANISCHE JUNGFERNI. 0:x
Bahamas trat nicht an
1. Runde
Gruppe 1
Guyana - Sint Maarten 2:0
Kuba - Dominica 3:1
Guyana - Dominica 2:0
Kuba - Sint Maarten 1:0
Dominica - Sint Maarten 2:3
Guyana - Kuba 0:3
1. KUBA 3 3 0 0 7:1 9
2. Guyana 3 2 0 1 4:3 6
3. Sint Maarten 3 1 0 2 3:5 3
4. Dominica 3 0 0 3 3:8 0
Gruppe 2
Martinique - St. Vincent-Grenadinen 3:0
Cayman - Britische Jungferninseln 2:2
Martinique - Britische Jungferninseln 6:0
St. Vincent-Grenadinen - Cayman 1:1
St. Vincent-Gren. - Britische Jungfernin. 6:0

Martinique - Cayman 1:1
1. MARTINIQUE 3 2 1 0 10:1 7
2. St. Vincent-G. 3 1 1 1 7:4 4
3. Cayman 3 0 3 0 4:4 3
4. Brit. J'inseln 3 0 1 2 2:14 1
Gruppe 3
Haiti - Amerikanische Jungferninseln 12:1
Guadeloupe - St. Lucia 2:3
Haiti - St. Lucia 3:2
Guadeloupe - Amerikanische Jungf. 11:0
St. Lucia - Amerikanische Jungernfernin. 14:1
Haiti - Guadeloupe 2:0
1. HAITI 3 3 0 0 17:3 9
2. St. Lucia 3 2 0 1 19:6 6
3. Guadeloupe 3 1 0 2 13:5 3
4. Am. J'inseln 3 0 0 3 2:37 0
Gruppe 4
Bermuda trat nicht an
St. Kitts-Nevis - Dominikanische Republik 2:1
Antigua-Barbuda - Dominikanische R. 2:3
Antigua-Barbuda - St. Kitts-Nevis 2:2
1. ST. KITTS-N. 2 1 1 0 4:3 4
2. Dom. Rep. 2 1 0 1 4:4 3
3. Antigua-B. 2 0 1 1 4:5 1
Gruppe 5
Suriname - Aruba 5:0
Barbados - Grenada 2:1
Grenada - Aruba 4:2
Surinam - Barbados 2:2
Suriname - Grenada 3:1
Barbados - Aruba 5:2
1. SURINAME 3 2 1 0 10:3 7
2. Barbados 3 2 1 0 9:5 7
3. Grenada 3 1 0 2 6:7 3
4. Aruba 3 0 0 3 4:14 0
Finalrunde (in Trinidad-Tobago)
Gruppe A
Jamaika - Martinique 1:0
Trinidad-Tobago - Barbados 5:0
Trinidad-Tobago - Jamaika 2:1
Martinique - Barbados 3:1
Trinidad-Tobago - Martinique 1:2
Jamaika - Barbados 2:1
1. TRINIDAD-T. 3 2 0 1 8:3 6
2. MARTINIQUE 3 2 0 1 5:3 6
3. Jamaika 3 2 0 1 4:3 6
4. Barbados 3 0 0 3 2:10 0
Gruppe B
Kuba - Suriname 4:3
Haiti - St. Kitts-Nevis 7:2
Kuba - St. Kitts-Nevis 1:1
Suriname - Haiti 1:1
Haiti - Kuba 0:0
Suriname - St. Kitts-Nevis 0:4
1. HAITI 3 1 2 0 8:3 5
2. KUBA 3 1 2 0 5:4 5
3. St. Kitts-Nevis 3 1 1 1 7:8 4
4. Suriname 3 0 1 2 4:9 1
Halbfinale
TRINIDAD-TOBAGO - Kuba 2:0
HAITI - Martinique 5:0
Spiel um Platz 3
MARTINIQUE - Kuba 1:0
Finale (25.5.2001, Port of Spain)
TRINIDAD-TOBAGO - HAITI 3:0
▶ **Endrunde** (in den USA)
Gastteilnehmer: Südkorea, Ecuador
Vorausscheidung
Panama - KUBA 0:0, 0:1
Gruppe A
El Salvador - Mexiko 0:1
Mexiko - Guatemala 3:1
Guatemala - El Salvador 0:1
1. MEXIKO 2 2 0 0 4:1 6
2. EL SALVADOR 2 1 0 1 1:1 3
3. Guatemala 2 0 0 2 1:4 0
Gruppe B
USA - Südkorea 2:1
Kuba - USA 0:1
Südkorea - Kuba 0:0
1. USA 2 2 0 0 3:1 6
2. SÜDKOREA 2 0 1 1 1:2 1
3. Kuba 2 0 1 1 0:1 1
Gruppe C
Martinique - Costa Rica 0:2
Costa Rica - Trinidad-Tobago 1:1
Trinidad-Tobago - Martinique 0:1
1. COSTA RICA 2 1 1 0 3:1 4
2. MARTINIQUE 2 1 0 1 1:2 3
3. Trinidad-T. 2 0 1 1 1:2 1
Gruppe D
Haiti - Kanada 0:2
Ecuador - Haiti 0:2
Kanada - Ecuador 0:2
1. KANADA* 2 1 0 1 2:2 3
2. HAITI* 2 1 0 1 2:2 3
3. Ecuador 2 1 0 1 2:2 3
*Entscheidung per Losentscheid
Viertelfinale
COSTA RICA - Haiti 2:1 n.V.
KANADA - Martinique 1:1 n.V., 6:5 n.E.
Mexiko - SÜDKOREA 0:0 n.V., 2:4 n.E.
USA - El Salvador 4:0
Halbfinale
COSTA RICA - Südkorea 3:1
Kanada - USA 0:0 n.V., 2:4 n.E.
Spiel um Platz 3
Kanada - Südkorea 2:1
Finale (2.2.2002, Los Angeles)
USA - Costa Rica 2:0
USA: Keller, Hejduk, Lewis, Agoos, Jones (84. West), Armas, Wolff (78. Williams), Bocanegra, McBride (89. Mathis), Donovan, Mastroeni - *COSTA RICA*: Lonnis, Marin (46. Centeno), Martinez, Lopez, Solis, Wanchope, Gomez, Wallace (59. Medford), Bryce, Parks, Castro (71. Sunsing) - *TORE*: 1:0 Wolff (37.), 2:0 Agoos (63.)

■ Gold Cup 2003

▶ **Nordamerika**
Gesetzt: Kanada, Mexiko, USA
▶ **Zentralamerika**
Panama - El Salvador 1:2
Nicaragua - Honduras 0:2
El Salvador - Costa Rica 0:1
El Salvador - Nicaragua 3:0
Costa Rica - Guatemala 1:1
Costa Rica - Nicaragua 1:0
Honduras - El Salvador 0:1
Guatemala - Panama 0:2
Guatemala - Nicaragua 5:0
Panama - Honduras 1:1
El Salvador - Guatemala 0:2
Costa Rica - Honduras 1:0
Panama - Nicaragua 0:1
Guatemala - Honduras 2:1
Panama - Costa Rica 0:1
1. COSTA RICA 5 4 1 0 5:1 13
2. GUATEMALA 5 3 1 1 10:4 10
3. EL SALVADOR 5 3 0 2 6:4 9
4. HONDURAS 5 1 1 3 4:5 4*
5. Panama 5 1 1 3 4:5 4*
6. Nicaragua 5 1 0 4 1:11 3
*Honduras Vierter nach Losentscheid
▶ **Karibik**
Vorrunde
GRENADA - St-Martin 8:3, 7:1
GUADELOUPE - Puerto Rico 4:0, 2:0
Britische Jungferninseln - ST. LUCIA 1:3, 1:8
Montserrat - DOMINICA 0:x
Montserrat trat nicht an
Guyana - NL. ANTILLEN 2:1, 0:1 n.V., 2:3 n.E.
Aruba - SURINAME 0:2, 0:6
Am. Jungfernin. - DOM. REPUBLIK 1:6, 1:5
1. Runde
Gruppe 1
Dominica trat nicht an
St. Lucia - St. Kitts-Nevis 1:2
St. Kitts-Nevis - Trinidad-Tobago 0:2
Trinidad-Tobago - St. Lucia 0:1
1. TRINIDAD-T. 2 1 0 1 2:1 3
2. ST. LUCIA 2 1 0 1 2:2 3
3. St. Kitts-Nevis 2 1 0 1 2:3 3
Gruppe 2
Dominikanische Republik - Martinique 0:4
Cayman - Kuba 0:5
Dominikanische Republik - Cayman 0:1
Kuba - Martinique 2:1
Kuba - Dominikanische Republik 2:1
Martinique - Kuba 3:0
1. KUBA 3 3 0 0 9:2 9
2. MARTINIQUE 3 2 0 1 8:2 6
3. Cayman 3 1 0 2 1:8 3
4. Dominik. Rep. 3 0 0 3 1:7 0
Gruppe 3
Jamaika - Barbados 1:1
Guadeloupe - Grenada 5:4
Grenada - Barbados 0:2
Jamaika - Guadeloupe 2:0
Barbados - Guadeloupe 0:1
Grenada - Jamaika 1:4
1. JAMAIKA 3 2 1 0 7:2 7
2. GUADELOUPE 3 2 0 1 6:6 6
3. Barbados 3 1 1 1 3:2 4
4. Grenada 3 0 0 3 5:11 0
Gruppe 4
Suriname trat nicht an
Haiti - Antigua-Barbuda 1:0
Antigua-Barbuda - Niederländ. Antillen 1:1
Haiti - Niederländische Antillen 3:0
1. HAITI. 2 2 0 0 4:0 6
2. ANTIGUA-B. 2 0 1 1 1:2 1
3. Ndl. Antillen 2 0 1 1 1:4 1
Zweite Runde
Gruppe A
Haiti - Martinique 2:1
Jamaika - St. Lucia 5:0
St. Lucia - Haiti 2:1
Martinique - Jamaika 2:2
St. Lucia - Martinique 4:5
Jamaika - Haiti 3:0
1. JAMAIKA 3 2 1 0 10:2 7
2. MARTINIQUE 3 1 1 1 8:8 4
3. Haiti 3 1 0 2 3:6 3
4. St. Lucia 3 1 0 2 6:11 3
Gruppe B
Guadeloupe - Kuba 2:3
Trinidad-Tobago - Antigua-Barbuda 2:0
Kuba - Antigua-Barbuda 2:0
Guadeloupe - Trinidad-Tobago 0:1
Antigua-Barbuda - Guadeloupe 0:2
Trinidad-Tobago - Kuba 1:3
1. KUBA 3 3 0 0 8:3 9
2. TRINIDAD-T. 3 2 0 1 4:3 6
3. Guadeloupe 3 1 0 2 4:4 3
4. Antigua-Bar. 3 0 0 3 0:6 0
▶ **Qualifikation Zentral/Karibik**
Martinique - Trinidad-Tobago 3:2
Trinidad-Tobago - Honduras 0:2
Honduras - Martinique 4:2
1. HONDURAS 2 2 0 0 6:2 6
2. MARTINIQUE 2 1 0 1 5:6 3
3. Trinidad-Tob. 2 0 0 2 2:5 0
▶ **Endrunde** (in den USA und Mexiko)
Gastteilnehmer: Brasilien U23, Kolumbien
Gruppe A
Mexiko - Brasilien U23 1:0
Brasilien U23 - Honduras 2:1
Honduras - Mexiko 0:0
1. MEXIKO 2 1 1 0 1:0 4
2. BRASILIEN U23 2 1 0 1 2:2 3
3. Honduras 2 0 1 1 1:2 1
Gruppe B
Jamaika - Koumbien 0:1
Guatemala - Jamaika 0:2
Kolumbien - Guatemala 1:1
1. KOLUMBIEN 2 1 1 0 2:1 4
2. JAMAIKA 2 1 0 1 2:1 3
3. Guatemala 2 0 1 1 1:3 1
Gruppe C
USA - El Salvador 2:0
Martinique - USA 0:2
El Salvador - Martinique 1:0
1. USA 2 2 0 0 4:0 6
2. EL SALVADOR 2 1 0 1 1:2 3
3. Martinique 2 0 0 2 0:3 0
Gruppe D
Costa Rica - Kanada 0:1
Kanada - Kuba 0:2
Kuba - Costa Rica 0:3
1. COSTA RICA 2 1 0 1 3:1 3
2. KUBA 2 1 0 1 2:3 3
3. Kanada 2 1 0 1 1:2 3
Viertelfinale
USA - Kuba 5:0
COSTA RICA - El Salvador 5:2
Kolumbien - BRASILIEN U23 0:2
MEXIKO - Jamaika 5:0
Halbfinale
USA - BRASILIEN U23 1:2 n.V.
Costa Rica - MEXIKO 0:2
Spiel um Platz 3
USA - Costa Rica 3:2
Finale (27.7.2003, Mexiko-City, 80.000)
MEXIKO - Brasilien U23 1:0 n.V.
MEXIKO: O. Sanchez, Salazar (77. Mendez), Briseno, Osorio, Carmona, Valdez, Pardo, Perez, Garcia (65. Osorno), Borgetti, Arellano (66. J. P. Rodriguez) - *BRASILIEN U23*: Gomes, Maicon, Lusião, Alex, Adriano (61. Coelho), Almeida, Julio Baptista, Diego, Robinho (46. Carlos Alberto), Kaka, Nilmar (90. Ewerthon) - *SR*: Navarro (Kanada) - *TOR*: 1:0 Osorno (97.)

■ Gold Cup 2005

▶ **Nordamerika**
Gesetzt: Kanada, Mexiko, USA
▶ **Zentralamerika**
Gruppe A
Honduras - Nicaragua 5:1
Guatemala - Belize 2:0
Belize - Honduras 0:4
Guatemala - Nicaragua 4:0
Nicaragua - Belize 1:0
Guatemala - Honduras 1:1
1. HONDURAS 3 2 1 0 10:2 7
2. GUATEMALA 3 2 1 0 7:1 7
3. Nicaragua 3 1 0 2 2:9 3
4. Belize 3 0 0 3 0:7 0
Gruppe B
El Salvador - Panama 0:1
Costa Rica - El Salvador 2:1
Panama - Costa Rica 0:1
1. COSTA RICA 2 2 0 0 3:1 6
2. PANAMA 2 1 0 1 1:1 3
3. El Salvador 2 0 0 2 1:3 0
Halbfinale
HONDURAS - PANAMA 1:0
COSTA RICA - GUATEMALA 4:0
alle Halbfinalisten für den Gold Cup qualifiziert
Spiel um Platz 3
Panama - Guatemala 0:3
Finale (27.2.2005)
Honduras - COSTA RICA 1:1 n.V., 6:7 n.E.
▶ **Karibik**
Vorrunde
Gruppe A
Haiti - Amerikanische Jungferninseln 11:0
Jamaika - St-Martin 12:0
Jamaika - Amerikanische Jungferninseln 11:1
Jamaika - Haiti 3:1
St-Martin - Amerikanische Jungfernins. 0:0
1. JAMAIKA 3 3 0 0 26:2 9
2. HAITI 3 2 0 1 14:3 6
3. St-Martin 3 0 1 2 0:14 1
4. Am. J'inseln 3 0 1 2 1:22 1
Gruppe B
Französisch Guyana - Guadeloupe 1:0
Martinique - Dominica 5:1
Dominica - Guadeloupe 0:7
Martinique - Französisch Guyana 0:0
Dominica - Französisch Guyana 0:4
Martinique - Guadeloupe 0:0
1. FRZ. GUYANA 3 2 1 0 5:0 7
2. MARTINIQUE 3 1 2 0 5:1 5
3. Guadeloupe 3 1 1 1 7:1 4
4. Dominica 3 0 0 3 1:16 0
Gruppe C
Bahamas, Turks- und Caicos-Inseln, Dominikanische Republik, Niederländische Antillen und Guyana zogen alle zurück.
KUBA qualifizierte sich daraufhin kampflos
Gruppe D
Grenada - Suriname 2:2
Trinidad-Tobago - Puerto Rico 5:0
Puerto Rico - Suriname 1:1
Trinidad-Tobago - Grenada 2:0
Trinidad-Tobago - Suriname 1:0
Grenada - Puerto Rico 5:2
1. TRINIDAD-T. 3 3 0 0 8:0 9
2. GRENADA 3 1 1 1 7:6 4
3. Suriname 3 0 2 1 3:4 2
4. Puerto Rico 3 0 1 2 3:11 1
Gruppe E
Qualifikation
BERMUDA - Aruba x:0
Aruba trat nicht an
Gruppenspiele
Britische Jungferninseln - St. Vincent-G. 1:1
Cayman - Bermuda 1:2
St. Vincent-G. - Bermuda 3:3
Cayman - Britische Jungferninseln 1:0
Britische Jungferninseln - Bermuda 2:0
Cayman - St. Vincent-G. 0:4
1. ST. VINCENT-G. 3 1 2 0 8:4 5
2. BR. J'INSELN 3 1 1 1 3:2 4
3. Bermuda 3 1 1 1 5:6 4
4. Cayman 3 1 0 2 2:6 3
Gruppe F
Qualifikation
ANTIGUA-BARBUDA - Anguilla x:0
Anguilla trat nicht an
Gruppenspiele
St. Kitts-Nevis - Montserrat 6:1
Montserrat - Antigua-Barbuda 4:5
St. Kitts-Nevis - St. Lucia 1:1
St. Lucia - Montserrat 3:0*
*Wertung, Montserrat trat nicht an
St. Kitts-Nevis - Antigua-Barbuda 2:0
Antigua-Barbuda - St. Lucia 1:2
1. ST. KITTS-N. 3 2 1 0 9:2 7
2. ST. LUCIA 3 2 1 0 6:2 7
3. Antigua-B. 3 1 0 2 6:8 3
4. Montserrat 3 0 0 3 5:14 0
Zwischenrunde
1. Runde
St. Lucia - JAMAIKA 1:1, 1:2
HAITI - St. Kitts-Nevis 1:0, 2:0
KUBA - Martinique 2:0, 2:0
Britische Jungfernin. - TRINIDAD-T. 0:4, 0:2
ST. VINCENT-GRENAD. - Grenada 3:0, 1:0
Freilos: FRANZÖSISCH-GUYANA
2. Runde
JAMAIKA - Französisch Guyana 5:0, 0:0
TRINIDAD-TOBAGO - St. Vincent-G. 3:1, 0:1
Haiti - KUBA 0:1, 1:1 n.V.
Finalrunde (in Barbados)
Freilos: Barbados (als Gastgeber)
Jamaika - Trinidad-Tobago 2:1
Barbados - Kuba 0:3
Trinidad-Toabgo - Kuba 1:2
Barbados - Jamaika 0:1
Kuba - Jamaika 0:1
Barbados - Trinidad-Tobago 2:3
1. JAMAIKA 3 3 0 0 4:1 9
2. KUBA 3 2 0 1 5:2 6
3. Trinidad-Tob. 3 1 0 2 5:6 3
4. Barbados 3 0 0 3 2:7 0

▶ **Endrunde** (in den USA)
Gastteilnehmer: Kolumbien, Südafrika
Gruppe A
Kolumbien - Panama 0:1
Honduras - Treinidad-Tobago 1:1
Panama - Trinidad-Tobago 2:2
Honduras - Kolumbien 2:1
Kolumbien - Trinidad-Tobago 2:0
Honduras - Panama 1:0

1. HONDURAS	3	2	1	0	4:2	7
2. PANAMA	3	1	1	1	3:3	4
3. KOLUMBIEN	3	1	0	2	3:3	3
4. Trinidad-Tob.	3	0	2	1	3:5	2

Gruppe B
Kanada - Costa Rica 0:1
Kuba - USA 1:4
Kuba - Costa Rica 1:3
USA - Kanada 2:0
USA - Costa Rica 0:0
Kanada - Kuba 2:1

1. USA	3	2	1	0	6:1	7
2. COSTA RICA	3	2	1	0	4:1	7
3. Kanada	3	1	0	2	2:4	3
4. Kuba	3	0	0	3	3:9	0

Gruppe C
Südafrika - Mexiko 2:1
Guatemala - Jamaika 3:4
Mexiko - Guatemala 4:0
Südafrika - Jamaika 3:3
Südafrika - Guatemala 1:1
Mexiko - Jamaika 1:0

1. MEXIKO	3	2	0	1	6:2	6
2. SÜDAFRIKA	3	1	2	0	5:5	5
3. JAMAIKA	3	1	1	1	7:7	4
4. Guatemala	3	0	1	2	4:9	1

Viertelfinale
HONDURAS - Costa Rica 3:2
USA - Jamaika 3:1
Mexiko - KOLUMBIEN 1:2
Südafrika - PANAMA 1:1 n.V., 3:5 n.E.
Halbfinale
USA - Honduras 2:1
Kolumbien - PANAMA 2:3
Finale (24.7.2005, New York, 31.018)
USA - Panama 0:0 n.V., 3:1 n.E.
USA: Keller, Hejduk, Vanney, Onyweu, O'Brian, Beasley (116. Olsen), Dempsey (85. Davis), Donavan, Conrad, Armas, Wolff (62. Quaranta) - *PANAMA*: Penedo, Rivera, Moreno, Torres, Baloy, Gomez, Dely Valdes, Blanco, Medina (87. Henrique), Tejada, Mitre (43. Rodriguez) - *SR*: Batres (Guatemala)

■ **Gold Cup 2007**
▶ **Nordamerika**
Gesetzt: USA, Mexiko, Kanada
▶ **Zentralamerika**
Gruppe A
Guatemala - Nicaragua 1:0
El Salvador - Belize 2:1
Belize - Guatemala 0:1
El Salvador - Nicaragua 2:1
Nicaragua - Belize 4:2
El Salvador - Guatemala 0:0

1. EL SALVADOR	3	2	1	0	4:2	7
2. GUATEMALA	3	2	1	0	2:0	7
3. Nicaragua	3	1	0	2	5:5	3
4. Belize	3	0	0	3	3:7	0

Gruppe 2
Costa Rica - Honduras 3:1
Honduras - Panama 1:1
Panama - Costa Rica 1:0

1. PANAMA	2	1	1	0	2:1	4
2. COSTA RICA	2	1	0	1	3:2	3
3. Honduras	2	0	1	1	2:4	1

Entscheidungsspiel um Platz 5/Q. Gold Cup
Nicaragua - Honduras 1:9
Halbfinale
PANAMA - Guatemala 2:0
El Salvador - COSTA RICA 0:2
Spiel um Platz 3
El Salvador - Guatemala 0:1
Endspiel
Panama - COSTA RICA 1:1*, 1:4 n.E.
*es wurde keine Verlängerung gespielt
▶ **Karibik**
Qualifikation
Gruppe A
Suriname - Guyana 0:5
Niederländische Antillen - Grenada 1:1
Suriname - Grenada 1:0
Niederländische Antillen - Guyana 0:5
Grenada - Guyana 0:1
Niederländische Antillen - Suriname 0:1

1. GUYANA	3	3	0	0	11:0	9
2. SURINAME	3	2	0	1	2:5	6
3. Grenada	3	0	1	2	1:3	1
4. Ndl. Antillen	3	0	1	2	1:7	1

Gruppe B
Barbados - St. Kitts-Nevis 1:1
Antigua-Barbuda - Anguilla 5:3
Anguilla - St. Kitts-Nevis 1:6
Antigua-Barbuda - Barbados 1:3
Barbados - Anguilla 7:1
Antigua-Barbuda - St. Kitts-Nevis 1:0

1. BARBADOS	3	2	1	0	11:3	7
2. ANTIGUA-B.	3	2	0	1	7:6	6
3. St. Kitts-Nevis	3	1	1	1	7:3	4
4. Anguilla	3	0	0	3	5:18	0

Gruppe C
Britische Jungferninseln traten nicht an
Amerikanische Jungferninseln - Bermuda 0:6
Dominikanische Republik - Bermuda 1:3
Am. Jungferninseln - Dominikanische R. 1:6

1. BERMUDA	2	2	0	0	9:1	6
2. DOM. REP.	2	1	0	1	7:4	3
3. Am. J'inseln	2	0	0	2	1:12	0

Gruppe D
Haiti - St. Vincent-Grenadinen 4:0
Jamaika - St. Lucia 4:0
Haiti - St. Lucia 7:1
Jamaika - St. Vincent-Grenadinen 1:2
St. Lucia - St. Vincent-Grenadinen 0:8
Jamaika - Haiti 2:0

1. HAITI	3	2	0	1	11:3	6
2. ST. VINCENT-G.	3	2	0	1	10:5	6
3. Jamaika	3	2	0	1	7:2	6
4. St. Lucia	3	0	0	3	1:19	0

Gruppe E
Bahamas - Cayman 3:1
Kuba - Turcs- und Caicos-Inseln 6:0
Cayman - Turcs- und Caicos-Inseln 0:2
Kuba - Bahamas 6:0
Bahamas - Turcs- und Caicos-Inseln 3:2
Kuba - Cayman 7:0

1. KUBA	3	3	0	0	19:0	9
2. BAHAMAS	3	2	0	1	6:9	6
3. Turcs- u. Caicos	3	1	0	2	4:9	3
4. Cayman	3	0	0	3	1:12	0

Gruppe F
Martinique - Dominica 4:0
Guadeloupe - St-Martin 1:0
Martinique - St-Martin 1:0
Guadeloupe - Dominica 1:0
St. Martin - Dominica 0:0
Guadeloupe - Martinique 4:0

1. GUADELOUPE	3	3	0	0	6:0	9
2. MARTINIQUE	3	2	0	1	5:4	6
3. St-Martin	3	0	1	2	0:2	1
4. Dominica	3	0	1	2	0:5	1

Zwischenrunde
Gruppe A
Bermuda - St. Vincent-Grenadinen 0:3
Barbados - Bahamas 2:1
Bahamas - Bermuda 0:4
Barbados - St. Vincent-Grenadinen 3:0
Bahamas - St. Vincnent-Grenadinen 2:3
Barbados - Bermuda 1:1

1. BARBADOS	3	2	1	0	6:2	7
2. ST. VINCENT-G.	3	2	0	1	6:5	6
3. Bermuda	3	1	1	1	5:4	4
4. Bahamas	3	0	0	3	3:9	0

Gruppe B
Dominikanische Republik - Guadeloupe 0:3
Guyana - Antigua-Barbuda 6:0
Dominikanische Rep. - Antigua-Barbuda 2:0
Guyana - Guadeloupe 3:2
Antigua-Barbuda - Guadeloupe 1:3
Guyana - Dominikanische Republik 4:0

1. GUYANA	3	3	0	0	13:2	9
2. GUADELOUPE	3	2	0	1	8:4	6
3. DOM. REP.	3	1	0	2	2:7	3
4. Antigua-Barb.	3	0	0	3	1:11	0

Gruppe C
Haiti - Kuba 1:2
Martinique - Suriname 1:0
Kuba - Suriname 3:1
Martinique - Haitit 1:0
Suriname - Haiti 1:1
Martinique - Kuba 0:0

1. KUBA	3	2	1	0	5:2	7
2. MARTINIQUE	3	2	1	0	2:0	7
3. Haiti	3	0	1	2	2:4	1
4. Suriname	3	0	1	2	2:5	1

Play-Off der Gruppendritten
Dominikanische Republik trat nicht an
HAITI - Bermuda 2:0, 3:0
Endrunde
Gruppe A
Trinidad-Tobago - Barbados 1:1
Martinique - Haiti 0:1
Barbados - Haiti 0:2
Trinidad-Tobago - Martinique 5:1
Barbados - Martinique 2:3
Triniad-Tobago - Haiti 3:1

1. TRINIDAD-T.	3	2	1	0	9:3	7
2. HAITI	3	2	0	1	4:3	6
3. Martinique	3	1	0	2	4:8	3
4. Barbados	3	0	1	2	3:6	1

Gruppe B
Kuba - Guadeloupe 1:2
Guyana - St. Vincent-Grenadinen 0:2
Guadeloupe - Guyana 3:4
Kuba - St. Vincent-Grenadinen 3:0
Kuba - Guyana 0:0
Guadeloupe - St. Vincent-Grenadinen 1:0

1. GUADELOUPE	3	2	0	1	6:5	6
2. KUBA	3	1	1	1	4:2	4
3. Guyana	3	1	1	1	4:5	4
4. St. Vincent-G.	3	1	0	2	2:4	3

Halbfinale
Guadeloupe - HAITI 1:3
TRINIDAD-TOBAGO - Kuba 3:1
alle Halbfinalisten für den Gold Cup qualifiziert
Spiel um Platz 3
Guadeloupe - KUBA 1:2
Endspiel
Trinidad-Tobago - HAITI 1:2
▶ **Endrunde** (in den USA)
Gruppe A
Kanada - Costa Rica 2:1
Haiti - Guadeloupe 1:1
Kanada - Guadeloupe 1:2
Haiti - Costa Rica 1:1
Guadeloupe - Costa Rica 0:1
Haiti - Kanada 0:2

1. KANADA	3	2	0	1	5:3	6
2. COSTA RICA	3	1	1	1	3:3	4
3. GUADELOUPE	3	1	1	1	3:3	4
4. Haiti	3	0	2	1	2:4	2

Gruppe B
USA - Guatemala 1:0
El Salvador - Trinidad-Tobago 2:1
Guatemala - El Salvador 1:0
USA - Trinidad-Tobago 2:0
USA - El Salvador 4:0
Guatemala - Trinidad-Tobago 1:1

1. USA	3	3	0	0	7:0	9
2. GUATEMALA	3	1	1	1	2:2	4
3. El Salvador	3	1	0	2	2:6	3
4. Trinidad-Tob.	3	0	1	2	2:5	1

Gruppe C
Panama - Honduras 3:2
Mexiko - Kuba 2:1
Honduras - Mexiko 2:1
Panama - Kuba 2:2
Kuba - Honduras 0:5
Mexiko - Panama 1:0

1. HONDURAS	3	2	0	1	9:4	6
2. MEXIKO	3	2	0	1	4:3	6
3. PANAMA	3	1	1	1	5:5	4
4. Kuba	3	0	1	2	3:9	1

Viertelfinale
KANADA - Guatemala 3:0
USA - Panama 2:1
Costa Rica - MEXIKO 0:1 n.V.
Honduras - GUADELOUPE 1:2
Halbfinale
Kanada - USA 1:2
Guadeloupe - MEXIKO 0:1
Finale (24. 6. 2007, Chicago, 60.000)
USA - Mexiko 2:1
USA: Howard, Spector (72. Simek), Onyewu, Bocanegra, Bornstein, Dempsey (Twellman), Feilhaber, Mastroeni (46. Clark), Beasley, Ching, Donovan - *MEXIKO*: Sanchez; Magallon, Salcido, Marquez, Osorio, Medina (78. Blanco), Pardo, Borgetti (40. Bravo), Lozano (81. Bautista), Guardado, Castillo - *TORE*: 0:1 Guarado (44.), 1:1 Donovan (62.E), 2:1 Feilhaber (73.) - SR: Batres (Guatemala).

U19/U20 und U17-MEISTERSCHAFT Kontinentale Wettbewerbe der Jugendnationalmannschaften der CONCACAF-Länder. Seit 1996 dienen die Wettbewerbe vornehmlich als Qualifikationsturniere für die Weltmeisterschaften und es wird kein Gesamtsieger mehr ermittelt

■ **U19/U20-Meisterschaft**
1954 Costa Rica **1956** El Salvador **1958** Guatemala **1960** Costa Rica **1962** Mexiko **1964** El Salvador **1970** Mexiko **1973** Mexiko **1974** Mexiko **1976** Mexiko **1978** Mexiko **1980** Mexiko **1982** Honduras **1984** Mexiko **1986** Kanada **1988** Costa Rica **1990** Mexiko **1992** Mexiko **1994** Honduras **1996** Kanada

■ **U17-Meisterschaft**
1983 USA **1985** Mexiko **1987** Mexiko **1988** Kuba **1991** Mexiko **1992** USA **1994** Costa Rica **1996** Mexiko

REGIONALE WETTBEWERBE Historisch markieren regionale Wettbewerbe wie die Zentralamerika- und Karibikspiele den Beginn des internationalen Spielbetriebes im heutigen CONCACAF-Raum. Heute dienen der seit 1989 durchgeführte Caribbean Cup bzw. die seit 1991 ausgespielte Zentralamerikameisterschaft als Vorausscheidungen für die Kontinentalmeisterschaft Gold Cup. Federführend sind die Caribbean Football Union (CFU, Karibikmeisterschaft) bzw. die Unión Centroamericana de Fútbol, (UNCAF, Zentralamerikameisterschaft)

■ **Zentralamerika-/Karibikspiele**
1926 Mexiko **1930** Kuba **1935** Mexiko **1938** Mexiko **1946** Kolumbien **1950** Curaçao **1954** El Salvador **1959** Mexiko **1962** Niederländische Antillen **1966** Mexiko **1970** Kuba **1974** Kuba **1978** Kuba **1982** Venezuela **1986** Kuba **1990** Mexiko **1993** Costa Rica **1998** Venezuela **2002** El Salvador

■ **Nordamerikameisterschaft**
1947 Mexiko **1949** Mexiko **1990** Kanada **1991** Mexiko

■ **Zentralamerikameisterschaft (UNCAF)**
1991 Costa Rica **1993** Honduras **1995** Honduras **1997** Costa Rica **1999** Costa Rica **2001** Guatemala **2003** Costa Rica **2005** Costa Rica **2007** Costa Rica

■ **Karibikmeisterschaft (CFU)**
1989 Trinidad-Tobago **1990** nicht beendet **1991** Jamaika **1992** Trinidad-Tobago **1993** Martinique **1994** Trinidad-Tobago **1995** Trinidad-Tobago **1996** Trinidad-Tobago **1997** Trinidad-Tobago **1998** Jamaika **1999** Trinidad-Tobago **2000** nicht ausgespielt **2001** Trinidad-Tobago **2003** Martinique **2005** Jamaika **2007** Haiti

CONCACAF Champions League Mit Gründung der CONCACAF konnte man sich 1961 auch in der Region Nord-, Zentralamerika und der Karibik endlich an den langgehegten Traum einer Kontinentalmeisterschaft machen. Deren Schicksal war jedoch bis in die 1990er Jahre von außersportlichen Turbulenzen getrübt. Schwache Teilnehmerzahlen und wiederholte Entscheidungen am grünen Tisch trübten die Entwicklung. Das Interesse an dem Wettbewerb war anfangs lediglich in Zentralamerika und einigen der karibischen Länder (v. a. Niederländische Antillen, Suriname, Trinidad und Tobago sowie Jamaika) spürbar. Mexikos Klubs nahmen eher beiläufig teil. Viele der kleineren und unter politischen Turbulenzen leidenden Länder mussten schon angesichts der hohen Reisekosten kapitulieren. Erst im Verlauf der 1990er Jahre stabilisierte sich der Wettbewerb, und mit Gründung der US-amerikanischen MLS kam dann neuer Schwung in die Organisation. 2002 gab es einen ersten Versuch der Einrichtung einer Champions League, der jedoch fehlschlug. 2008 begann der zweite Versuch, der einen günstigeren Start hatte. Traditionell werden in den drei Fußballregionen Nordamerika, Zentralamerika und Karibik zunächst interne Sieger ermittelt, ehe die Teams auf Kontinentalebene aufeinandertreffen. Seit 1997 wird Mexiko dabei vornehmlich Nordamerika zugerechnet und ist mit seinem Clausura- bzw. Apertura-Meister automatisch für die Endrunde qualifiziert.

Copa de Campeones 1962
▶ Vorrunde
Nordamerika
CD GUADALAJARA (MEX) - CS Herediano (CRC) 2:0, 3:0
Zentralamerika
1. Runde
Águila San Miguel (SLV) - COMUNICACIONES (GUA) 1:1, 0:1
Olimpia Tegucigalpa (HON) - LD ALAJUELENSE (CRC) 0:1, 1:1
2. Runde
COMUNICACIONES CDF (GUA) - LD Alajuelense (CRC) 3:1, 2:3
Karibik
Estrella Haitiana P. (HAI) - SITHOC MAHUMA (ANT) 3:2, 1:1
Sithoc kam aus unbekannten Gründen weiter
▶ Halbfinale
COMUNICACIONES (GUA) - Sithoc Mahuma (ANT) 2:0, 1:1
Freilos: CD GUADALAJARA (MEX)
▶ Finale (29.7. und 21.8.1962)
Comunicaciones Ciu. d. Gua. - CD GUADALAJARA 0:1, 0:5
Torschützen: 1. Spiel: 0:1 Javier Valdivia (43.), 2. Spiel: 0:1 Salvador Reyes (25.), 0:2 Juan Jasso (41.), 0:3 Salvador Reyes (57.), 0:4 Juan Jasso (67.), 0:5 Salvador Reyes (88.)

Copa de Campeones 1963
▶ Vorrunde
Nordamerika
1. Runde
Oro Jalisco (MEX) - NEW YORK HUNGARIAN (USA) 2:3, 2:2
Freilos: CD GUADALAJARA (MEX)
2. Runde
New York Hungarian (USA) - CD GUADALAJ. (MEX) 0:0, 0:2
Zentralamerika
Vida La Ceiba (HON) - XELAJÚ MC Q'ANGO (GUA) 2:2, 0:6
CD SAPRISSA SAN JOSÉ (CRC) - CD FAS Santa Ana (SLV) x:0
CD FAS Santa Ana trat nicht an
Karibik
Sithoc Mahuma (ANT) - RACING PORT/PRINCE (HAI) 1:3, 0:1
▶ Halbfinale
Xelajú MC Q. (GUA) - RC HAÏTIENNE P/P (HAI) 1:4, 3:1, 1:2
Saprissa San José (CRC) - CD GUADALAJARA (MEX) 0:1, 1:2
▶ Finale
RACING PORT-AU-PRINCE (HAI) - CD Guadalajara (MEX) x:0
Ursprünglich waren die Spiele für den 8. und den 10. September 1963 jeweils in Guadalajara angesetzt. Nachdem die haitianischen Spieler nicht anreisen konnten, weil sie keine Pässe erhalten hatten, wurde die Begegnung insgesamt dreimal vergeblich angesetzt, ehe Guadalajara CD am 7. Februar 1964 offiziell Protest bei der CONCACAF einreichte. Die erklärte die Mexikaner daraufhin zum Sieger, was einen haitianischen Protest hervorrief. Am 2. April 1964 ordnete die CONCACAF daraufhin die Austragung der Spiele binnen zwei Monaten an. Weil sich Guadalajara jedoch auf einer Europatour befand, kamen die Spiele erneut nicht zustande, woraufhin der Racing Club Port-au-Prince zum Sieger erklärt wurde.

Copa de Campeones 1964
▶ Vorrunde
Zentralamerika
URUGUAY CORONADO (CRC) - Olimpia Teg. (HON) 2:1, 2:0
URUGUAY CORONADO (CRC) - Municipal (GUA) 3:1, 2:1
Weitere Ergebnisse nicht eruierbar.
Der Wettbewerb wurde abgebrochen.

Copa de Campeones 1965
▶ Vorrunde
Zentralamerika
Teilnehmer waren u. a. CD Saprissa San José (CRC), Águila San Miguel (SLV) und Unión Española (PAN)
Details nicht bekannt
Der Wettbewerb wurde abgebrochen

Copa de Campeones 1966
nicht ausgetragen

Copa de Campeones 1967
▶ Vorrunde
Nordamerika
Einziger Teilnehmer: PHILADELPHIA UKRAINIANS (USA)
Zentralamerika
1. Runde
ALIANZA SAN SALVADOR (SLV) - Flor de Caña (NIC) 8:0, 2:3
Olimpia Tegucigalpa (HON) - AURORA (GUA) 0:1, 1:0, 0:2
2. Runde
Aurora CdG (GUA) - ALIANZA S. SALV. (SLV) 0:0, 1:1, 0:1 n.V.
Karibik
Regiment Kingston - Jong Colombia Willemstad 0:3
Racing Port-au-Prince - Somerset Cricket Club 3:2
Jong Colombia Willemstad - Regiment Port of Spain 1:1
Regiment Kingston - Somerset Cricket Club 2:1
Regiment Port of Spain - Racing Port-au-Prince 1:0
Jong Colombia Willemstad - Somerset Cricket Club 2:0
Regiment Kingston - Regiment Port of Spain 1:2
Jong Colombia Willemstad - Racing Port-au-Prince 4:0
Somerset CC Sandys - Regiment Port of Spain 5:1
Regiment Kingston - Racing Port-au-Prince 2:0

1. JONG COLOMBIA W *(ANT)	4	3	1	0	10:1	7-1
2. Regiment Port of Spain (TRI)	4	2	1	1	5:7	5-3
3. Regiment Kingston (JAM)	4	2	0	2	5:6	4-6
4. Somerset Cricket Club (BER)	4	1	0	3	8:8	2-8
5. Racing Port-au-Prince (HAI)	4	1	0	3	3:9	2-8

▶ Halbfinale
ALIANZA S. S. (SLV) - Philadelphia Ukrainians (USA) 2:1, 1:0
*Jong Colombia Willemstad direkt für das Finale qualifiziert
▶ Finale (17., 19. und 24. März 1968)
Jong Colombia (ANT) - ALIANZA S. SALV. (SLV) 2:1, 0:3, 3:5

Copa de Campeones 1968
▶ Vorrunde
Nordamerika
1. Runde
Somerset CC (BER) - NY GREEK-AMERIC. (USA) 2:1, 0:1, 1:2
2. Runde
CD TOLUCA (MEX) - NY Greek-Americans (USA) 4:1, 3:2
Zentralamerika
1. Runde
LD Alajuelense (CRC) - AURORA CIU. D. GUA. (GUA) 0:2, 1:0
Alianza S. Salv. (SLV) - OLIMPIA TEGUCIGALPA (HON) 1:2, 0:1
2. Runde
Olimpia Tegucigalpa (HON) - AURORA C. D. G. (GUA) 1:1, 0:4
Karibik
RKSV Scherpenheuvel (ANT) - TRANSVAAL P. (SUR) 1:1, 1:3
▶ Halbfinale
TRANSVAAL PARMARIBO (SUR) - Aurora G.d.G. (GUA) 1:1, 2:0
beide Mannschaften wurden wegen Ausschreitungen disqualifiziert
Freilos: CD TOLUCA (MEX)
▶ Finale
CD TOLUCA wurde zum Sieger erklärt

Copa de Campeones 1969
▶ Vorrunde
CD SAPRISSA SAN JOSÉ (CRC) - Motagua T. (HON) 4:0, 1:1
COMUNICACIONES (GUA) Univ. Centroameric. (NIC) 1:1, 3:0
ÁGUILA SAN MIGUEL (SLV) - Jong Colombia (ANT) 3:1, 2:2
SOMERSET CC (BER) - Violette AC Port/Prince (HAI) 1:1, 5:0
▶ Viertelfinale
CD CRUZ AZUL CDM (MEX) - CD Toluca (MEX) 0:0, 0:1*
*CD Toluca wurde wegen Einsatz dreier nicht spielberechtigter Akteure disqualifiziert
Águila San Miguel (SLV) - COMUNICACIONES (GUA) 2:5, 2:2
CD SAPRISSA SAN JOSÉ (CRC) - Somerset CC (BER) 3:0, 4:0
▶ Halbfinale
CD Saprissa San José (CRC) - CD CRUZ AZUL (MEX) 2:2, 1:2
Freilos: COMUNICACIONES CIUDAD DE GUATEMALA (GUA)
▶ Finale (18. und 30. 9. 1969)
Comunicaciones (GUA) - CD CRUZ AZUL (MEX) 0:0, 0:1
Daten 2. Spiel: *CRUZ AZUL*: Latorre, Alejandrez, Galindo (Victorino), Prado (Avevalo), Pena, Guzman, Bustos, Pulido, Flores, Munguia, Pat - *COMMUNICACIONES*: Garcia, Stokes, Villavicancio, H. Torres, Contini, E. Torres, Lopez, Tambasco, Godoy, Melgar (Lugo), Mendoza - *TOR*: 0:1 Juan Manuel Alejandrez (82.)

Copa de Campeones 1970
▶ Vorrunde
Nordamerika
New York Greek-Am. (USA) - CD CRUZ AZUL (MEX) 0:1, 0:5
Zentralamerika
Gruppe A
Atlético Marte San Salvador - Diriangén FC Diriamba 5:0, 3:1
Atlético Marte San Salvador - CD Saprissa San José 1:1, 1:3
CD Saprissa San José - Diriangén FC Diriamba 9:0, 2:0

1. CD SAPRISSA SAN JOSÉ (CRC)	4	3	1	0	15:2	7
2. Atlético Marte S. Salvador (SLV)	4	2	1	1	10:5	5
3. Diriangén FC Diriamba (NIC)	4	0	0	4	1:19	0

Gruppe B
OLIMPIA TEGUCIGALPA (HON) - Municipal (GUA) 3:2, 0:0
Finale
Olimpia Tegucigalpa (HON) - SAPRISSA S. JOSÉ (CRC) 1:4, *
*Rückspiel vermutlich nicht ausgetragen
Karibik
RACING PORT/PRINCE (HAI) - SUBT Willemstad (ANT) *
*Ergebnis unbekannt, Racing Haïtien Port-au-Prince gewann
TRANSVAAL PARAMARIBO (SUR) - Maple (TRI) 2:0, 2:1
Santos FC Kingston (JAM) - TRANSVAAL P. (SUR) 0:2, 1:3
weitere Ergebnisse unbekannt, TRANSVAAL PARAMARIBO wurde Gruppensieger
▶ Halbfinale
CD Saprissa San José und Transvaal Paramaribo zogen zurück. Daraufhin wurde CD CRUZ AZUL CIUDAD DE MÉXICO zum Sieger erklärt

Copa de Campeones y Subcampeones 1971
▶ Vorrunde
Nordamerika
Elizabeth SC (USA) - CD CRUZ AZUL CDM (MEX) 0:0, 0:2*
*nicht ausgetragen, Wertung 0:2
ROCHESTER LANC. (USA) - Pembroke Ham. (BER) 4:1, 1:3 n.V.
Zentralamerika
Vorrunde
Diriangén Diriam. (NIC) - COMUNICACIONES (GUA) 0:5, 1:10
1. Runde
AURORA (GUA) - Atlético Marte San Salvador (SLV) 2:1, 1:1
Motagua Tegucigalpa (HON) - SAPRISSA S. J. (CRC) 0:3, 0:2
COMUNICACIONES (GUA) - CD FAS Santa Ana (SLV) 5:2, 3:0
Olimpia Tegucigalpa (HON) - LD ALAJUELENSE (CRC) 0:0, 0:1
2. Runde
Aurora (GUA) - COMUNICACIONES (GUA) 1:2, 0:1
CD Saprissa San José (CRC) - LD ALAJUELENSE (CRC) 1:5, 3:0
Karibik
ESTRELLA SANTA CRUZ (ANT) - Águila Negra P/P (HAI) x:0
Águila Negra Port-au-Prince trat nicht an
TRANSVAAL PARAMARIBO (SUR) - Thomas United (GUY) x:0
Thomas United trat nicht an
▶ Finalrunde (Turnier in Ciudad de Guatemala)
Rochester Lancers - Transvaal Paramaribo 2:0
Comunicaciones Ciudad de Guat. - Estrella Santa Cruz 7:0
LD Alajuelense - Estrella Santa Cruz 2:1
CD Cruz Azul Ciudad de México - Transvaal Paramaribo 1:1
CD Cruz Azul Ciudad de México - Rochester Lancers 1:1
Comunicaciones Ciudad de G. - Transvaal Paramaribo 1:1
Rochester Lancers - Estrella Santa Cruz 2:0
Comunicaciones Ciudad de Guatemala - LD Alajuelense 0:2
LD Alajuelense - Transvaal Paramaribo 2:0
CD Cruz Azul Ciudad de México - Estrella Santa Cruz 9:0
CD Cruz Azul Ciudad de México - LD Alajuelense 3:1
Comunicaciones Ciudad de G. - Rochester Lancers 3:1
Transvaal Paramaribo - Estrella Santa Cruz 1:0
LD Alajuelense - Rochester Lancers 1:0
Comunicaciones Ciduad de G. - CD Cruz Azul C. de M. 1:3

1. CD Cruz Azul C. d. M. (MEX)	5	3	2	0	17:4	8
2. LD Alajuelense (CRC)	5	4	0	1	8:4	8
3. Comunicaciones C.d.G. (GUA)	5	2	1	2	12:7	5
4. Rochester Lancers (USA)	5	2	1	2	6:5	5
5. Transvaal Paramaribo (SUR)	5	1	2	2	3:6	4
6. Estrella Santa Cruz (ANT)	5	0	0	5	1:21	0

Entscheidungsspiel (19.4.1972, Ciudad de México)
CD CRUZ AZUL CIUDAD DE MÉXICO - LD Alajuelense 5:1
Tore: 1:0 Fernando Bustos (16.), 2:0 Eladio Vera (25.), 2:1 Villalobos (43.), 3:1 Eladio Vera (60.), 4:1 Octavio Muciño (70.), 5:1 Octavio Muciño (75.E)

Copa de Campeones y Subcampeones 1972
▶ Vorrunde
Nord- und Zentralamerika
Vorrundenresultate nicht eruierbar
Finalrunde
CD TOLUCA (MEX) - CD Vida La Ceiba (HON) 3:1, 1:0
Ebenfalls qualifiziert: OLIMPIA TEGUCIGALPA (HON)
Karibik
Sieger: ROBIN HOOD PARAMARIBO (SUR)
Ergebnisse nicht eruierbar
▶ Halbfinale
CD Toluca (MEX) - OLIMPIA TEGUCIGALPA (HON) 0:1, 1:1
Freilos: ROBIN HOOD PARAMARIBO (SUR)
▶ Finale (28. und 31. Januar 1973)
Robin Hood Paramaribo (SUR) - OLIMPIA TEG. (HON) 0:1, 0:0

Copa de Campeones y Subcampeones 1973
▶ Vorrunde
Nordamerika
nicht ausgespielt
Zentralamerika
1. Runde
Vida La Ceiba (HON) - CD SAPRISSA SAN JOSÉ (CRC) 0:2, 0:1
COMUNICACIONES (GUA) - Juventud Olímpica (SLV) 0:0, 1:0
LD ALAJUELENSE (CRC) - Águila San Miguel (SLV) 1:0, 3:0
Municipal Cd. Guatemala (GUA) - OLIMPIA T. (HON) 0:0, 1:0*
*Municipal Cd. Guatemala zog sich anschließend zurück
2. Runde
Santa Cecilia (NIC) - LD ALAJUELENSE (CRC) 3:0, 0:5
Comunicaciones (GUA) - CD SAPRISSA S. JOSÉ (CRC) 1:0, 0:4
3. Runde
LD Alajuelense (CRC) - CD Saprissa San José (CRC) x:x
nicht ausgespielt, beide Teams zogen zurück
Karibik
1. Runde
Robin Hood Par. (SUR) - JONG COLOMBIA (ANT) 2:3, 0:1
DEVONSHIRE COLTS (BER) - North Village CC (BER) 3:1, 3:4
TRANSVAAL P. (SUR) - UCMM Santiago (DOM) 8:0, 6:0
Freilos: SUBT WILLEMSTAD (ANT)
2. Runde
SUBT Willemstad (ANT) - TRANSVAAL PARAM. (SUR) 2:5, 1:4

JONG COLOMBIA W. (ANT) - Devonshire Colts (BER) x:0
Devonshire Colts trat nicht an
3. Runde
TRANSVAAL PARAM. (SUR) - Jong Colombia (ANT) 2:1, 2:1
▶ **Finalrunde**
TRANSVAAL PARAMARIBO (SUR) wurde zum Sieger erklärt, da keine weiteren Teilnehmer vorhanden waren

■ Copa de Campeones y Subcampeones 1974
▶ **Vorrunde**
Nordamerika
Gemeldet hatten vermutlich Devonshire Colts (BER), North Village CC (BER) sowie Maccabee Los Angeles (USA). Keine Spiele ausgetragen
Zentralamerika
1. Runde
ALIANZA S. SALV. (SVL) - Universidad Católica (NIC) 5:0, 5:0*
*nicht ausgetragen
MOTAGUA TEGUCIG. (HON) - CS Cartaginés (CRC) 1:0, 2:0
CD Saprissa S. José (CRC) - AURORA (GUA) 2:1, 1:2, 3:3 n.V.*
*Aurora Ciudad de Guatemala Sieger nach Losentscheid
Marathón San Pedro Sula (HON) - MUNICIPAL (GUA) 0:1, 0:3
Santa Cecilia (NIC) - NEGOCIOS INTERNACION. (SLV) 4:1, 0:4
2. Runde
AURORA (GUA) - Negocios Internacionales (SLV) 3:1, 2:2
Motagua Tegucigalpa (HON) - MUNICIPAL (GUA) 0:0, 0:4
Freilos: ALIANZA SAN SALVADOR (SLV)
3. Runde
Aurora C.d.G. (GUA) - ALIANZA SAN SALVADOR (SLV) 2:3, 0:1
Freilos: MUNICIPAL CIUDAD DE GUATEMALA (GUA)
4. Runde
Alianza San Salvador (SLV) - MUNICIPAL C.d.G. (GUA) 0:1, 0:2
Karibik
Real Dorp Rincón (ANT) trat nicht an
Transvaal Paramaribo - Robin Hood Paramaribo 6:1
Jong Colombia Willemstad - Robin Hood Paramaribo 2:2
Jong Colombia Willemstad - Transvaal Paramaribo 1:2
1. TRANSVAAL PARAMARIBO (SUR) 2 2 0 0 8:2 4-2
2. Jong Colombia W'stad (ANT) 2 0 1 1 3:4 1-5
3. Robin Hood Paramaribo (SUR) 2 0 1 1 3:8 1-5
▶ **Finale** (24. und 27. Oktober 1974)
MUNICIPAL (GUA) - Transvaal Paramaribo (SUR) 2:1, 2:1

■ Copa de Campeones y Subcampeones 1975
▶ **Vorrunde**
Nordamerika
1. Runde
CF MONTERREY (MEX) - Toronto S. W. Eagles (CAN) 2:0, 1:1*
Nach 67 Minuten wegen Schlägerei abgebrochen
2. Runde
CD Monterrey (MEX) - ATLÉTICO ESPAÑOL (MEX) 1:1, 0:1
Zentralamerika
1. Runde
CD SAPRISSA SAN JOSÉ (CRC) - Real España S. (HON) 4:1, 0:2
Negocios Internacionales (SLV) - MUNICIPAL (GUA) 0:0, 1:2
Platense Puerto Cortés (HON) - AURORA CDG (GUA) 4:3, 0:1*
Aurora Ciudad de Guatemala Sieger nach Elfmeterschießen
Freilos: CS HEREDIANO (CRC)
2. Runde
CD SAPRISSA SAN JOSÉ (CRC) - CS Herediano (CRC) 2:0, 1:2
MUNICIPAL (GUA) - Aurora CdG (GUA) 2:1, 0:1 n.V., 4:2 n.E.
3. Runde
SAPRISSA S. J. (CRC) - Municipal (GUA) 2:2, 0:0 n.V., 6:5 n.E.
Karibik
Montecarlo (DOM), Racing Port-au-Prince (HAI), Robin Hood Paramaribo (SUR) zogen vermutlich zurück
1. Runde
TRANSVAAL PARAMARIBO (SUR) - Violette AC P/P (HAI) x:0
Violette AC Port-au-Prince trat nicht an
SANTOS KINGSTON (JAM) - UCMM Santiago (DOM) x:0
Universidad Católica MM Santiago disqualifiziert, weil der Landesverband der Dominikanischen Republik seine FIFA-Beiträge nicht bezahlt hatte
2. Runde
TRANSVAAL PARAMARIBO (SUR) - Santos FC (JAM) 4:1, 0:1
▶ **Halbfinale**
CD Saprissa S. J. (CRC) - ATLÉTICO ESPAÑOL (MEX) 1:2, 1:2
▶ **Finale** (7. und 9. März 1976)
Transvaal Param. (SUR) - ATLÉTICO ESPAÑOL (MEX) 0:3, 1:2
Tore: (für Atlético Español: Juan Manuel Borbolla, Juan Rodríguez Vega, Leonel Urbina/1. Spiel; Oswaldo Ramírez, Raúl Isiordia/2. Spiel)

■ Copa de Campeones y Subcampeones 1976
▶ **Vorrunde**
Nordamerika
1. Runde
TORONTO ITALIA (CAN) - New York Inter-Giul. (USA) 3:2, 2:1
Freilos: CSD LEÓN (MEX)
2. Runde
CSD LEÓN (MEX) - Toronto Italia (CAN) x:0
Toronto Italia trat nicht an
Zentralamerika
1. Runde
CD Águila San Miguel - Aurora Ciudad de Guatemala 2:1
Alianza San Salvador - Aurora Ciudad de Guatemala 1:1
CD Águila San Miguel - Alianza San Salvador 1:0
1. CD ÁGUILA SAN MIGUEL (SLV) 2 2 0 0 3:1 4-2
2. Aurora Cd. de Guatemala (GUA) 2 0 1 1 2:3 1-5
3. Alianza San Salvador (SLV) 2 0 1 1 1:2 1-5
OLIMPIA TEGUC. (HON) - Real España S.P.S. (HON) 0:0, 0:1*

*Olimpia Tegucigalpa kam weiter, vermutlich falsches Ergebnis in der offiziellen Verbandsliste
2. Runde
DIRIANGÉN DIRIAMBA (NIC) - Olimpia Tegucig. (HON) x:0
Olimpia Tegucigalpa trat nicht an
Freilos: CD ÁGUILA SAN MIGUEL (SLV)
3. Runde
Diriangén FC Diriamba (NIC) - CD ÁGUILA S. M. (SLV) 1:6, 1:5
Karibik
1. Runde
ROBIN HOOD P. (SUR) - Jong Colombia W'stad (ANT) 3:1, 1:1
Christianburg (ANT) - VOORWAARTS P. (SUR) 1:8, 0:12
Thomas United (GUY) - TRINTOPEC P/SPAIN (TRI) 0:2, 1:4
Freilos: MALVERN UNITED (TRI)
2. Runde
ROBIN HOOD PARAM. (SUR) - Malvern United (TRI) 0:0, 2:0
Trintoc Palo Seco (TRI) - VOORWAARTS PAR. (SUR) 0:4, 1:2
3. Runde
ROBIN HOOD (SUR) - Voorwaarts Param. (SUR) 3:0, 0:0
▶ **Halbfinale**
CD ÁGUILA SAN MIGUEL (SLV) - CSD León (MEX) 1:1, 2:0*
*León brach das Rückspiel beim Stande von 2:1 ab, weil es zu einer Schlägerei gekommen war. Das Spiel wurde mit 2:0 für CD Águila San Miguel gewertet
▶ **Finale** (13. Februar 1977)
CD ÁGUILA SAN MIGUEL (SLV) - Robin Hood P. (SUR) 5:1, *
*nach Angaben der CONCACAF wurde nur ein Spiel ausgetragen. Andere Quellen sprechen hingegen sprechen von einem 6:1-Hinspielsieg und einem 2:1-Rückspielsieg Águilas. Vermutlich trat Robin Hood zum Rückspiel nicht mehr an, nachdem das Hinspiel mit 1:5 (oder 1:6) verloren gegangen war.

■ Copa de Campeones y Subcampeones 1977
▶ **Vorrunde**
Nordamerika
1. Runde
CF AMÉRICA CDM (MEX) - New York Inter-Giuliana (USA) x:0
New York Inter-Giuliana trat nicht an
Zentralamerika
1. Runde
CD Águila San Miguel (SLV) - MUNICIPAL CDG (GUA) 0:2, 1:1
DIRIANGÉN FC DIRAMBA (NIC) - Barrio Mexico (CRC) x:0
Barrio Mexiko trat nicht an
CD SAPRISSA SAN JOSÉ (CRC) - Real España S.P.S. (HON) x:0
Real España San Pedro Sula trat nicht an
Freilos: MOTAGUA TEGUCIGALPA (HON)
2. Runde
MUNICIPAL CDG (GUA) - Diriangén Diramba (NIC) 13:1, 3:1
CD SAPRISSA SAN JOSÉ (CRC) - Motagua Teguc. (HON) x:0
Motagua Tegucigalpa trat nicht an
Municipal CDG (GUA) - SAPRISSA SAN JOSÉ (CRC) 1:2, 0:1
Karibik
Defence Force P. of Spain (TRI) - VIOLETTE AC (HAI) 0:2, 0:2
Pelé FC (GUY) - VOORWAARTS PARAMARIBO (SUR) 2:0, 1:4
ROBIN HOOD PARAMARIBO (SUR) - YMCA (HAI) 5:0, 1:0
TECSA P/SPAIN (TRI) - Victory SC Port-au-Prince (HAI) x:0
Victory SC Port-au-Prince trat nicht an
2. Runde
Voorwaarts Param. (SUR) - ROBIN HOOD P. (SUR) 0:1, 0:1
Freilos: TECSA PORT OF SPAIN (TRI), VIOLETTE AC PORT-AU-PRINCE (HAI)
3. Runde
Violette AC Port-au-Prince (HAI) - Robin Hood (SUR) 0:0, 0:1
Freilos: TECSA PORT OF SPAIN (TRI)
4. Runde
TECSA P/S (TRI) - ROBIN HOOD PARAMARIBO (SUR) 1:1, 1:3
▶ **Halbfinale**
CF AMÉRICA Cd. M. (MEX) - CD Saprissa San José (CRC) x:0
CD Saprissa San José trat nicht an
▶ **Finale** (15. und 17. Januar 1978, Paramaribo)
Robin Hood Paramaribo (SUR) - CF AMÉRICA (MEX) 0:1, 1:1
Tore: Hinspiel 0:1 Luis Alberto da Costa (49.), Rückspiel: 1:0 Hugo Enrique Kiesse (70.), 1:1 Emanuelson

■ Copa de Campeones y Subcampeones 1978
▶ **Vorrunde**
Nordamerika
1. Runde
UNAM/LOS PUMAS (MEX) - Maccabee Los Angeles (USA) x:0
Maccabee Los Angeles trat nicht an
2. Runde
UNAM/Los Pumas (MEX) - UNI. GUADALAJ. (MEX) 0:1, 0:1
Zentralamerika
1. Runde
SAPRISSA SAN JOSÉ (CRC) - Diriangén Diramba (NIC) 6:0, 5:0
CS Cartaginés (CRC) - CD FAS SANTA ANA (SLV) 0:2, 1:1
MUNICIPAL (GUA) - Universidad Católica M. (NIC) 5:1, 3:0
COMUNICACIONES (GUA) - Once Municipal (SLV) 3:1, 2:1
2. Runde
CD SAPRISSA SAN JOSÉ (CRC) - CD FAS S. A. (SLV) 0:0, 2:1
COMUNICACIONES (GUA) - Municipal (GUA) 2:0, 0:0
3. Runde
Saprissa S. José (CRC) - COMUNICACIONES (GUA) 0:1, 0:2
Karibik
1. Runde
Jong Holland Willemstad (ANT) - TRANSVAAL (SUR) 0:0, 2:4
DEFENCE FORCE (TRI) - Thomas United (GUY) 0:1, 3:2
PELÉ FC (GUY) - Racing Port-au-Prince (HAI) 3:1, 2:1
VOORWAARTS PARAMARIBO (SUR) - TECSA (TRI) 2:1, 1:1
2. Runde
Transvaal Paramaribo (SUR) - DEFENCE FORCE (TRI) 1:1, 1:3
VOORWAARTS PARAMARIBO (SUR) - Pelé FC (GUY) 5:1, 0:1

3. Runde
Voorwaarts Param. (SUR) - DEFENCE FORCE (TRI) 1:2, 0:2
▶ **Endturnier**
Wegen administrativer und terminlicher Probleme ausgefallen. Universidad Guadalajara (MEX), Defence Force Port of Spain (TRI) und Comunicaciones Ciudad de Guatemala (GUA) wurden als gemeinsame Sieger erklärt

■ Copa de Campeones y Subcampeones 1979
▶ **Vorrunde**
Nordamerika
UNIV. NUEVO LEÓN (MEX) - Soccer Universid. (USA) 2:0, 1:0
Zentralamerika
1. Runde
CD FAS SANTA ANA (SLV) - Comunicaciones (GUA) x:0
Communicaciones Ciudad de Guatemala trat nicht an
CS CARTAGINÉS (CRC) - Alianza San Salvador (SLV) x:0
Alianza San Salvador trat nicht an
MARATHÓN S. PEDRO SULA (HON) - CS Herediano (CRC) x:0
CS Herediano trat nicht an
2. Runde
CD FAS SANTA ANA (SLV) - Marathón SPS (HON) x:0
Marathón San Pedro Sula trat (vermutlich) nicht an
3. Runde
CD FAS SANTA ANA (SLV) - CS Cartaginés x:0
CS Cartaginés trat nicht an
Karibik
Die Ergebnisse sind nur lückenhaft überliefert. Jong Colombia Willemstad (ANT), Leo Victor Paramaribo (SUR), Robin Hood Paramaribo (SUR), Defence Force Port of Spain (TRI) und Trintopec Port of Spain (TRI) nahmen ebenfalls teil.
1. Runde
JONG HOLLAND W. (ANT) - Arnett Gardens FC (JAM) x:0
Arnett Gardens FC Kingston trat nicht an
SANTOS FC KINGSTON (JAM) - Don Bosco Cibao (DOM) x:0
Don Bosco de Moca Cibao trat nicht an
2. Runde
JONG HOLLAND WILLEMSTAD (ANT) - Santos FC (JAM) x:0
Santos FC Kingston trat nicht an
Gesamtsieger
JONG COLOMBIA WILLEMSTAD (ANT)
▶ **Halbfinale**
Univ. Nuevo León (MEX) - CD FAS Santa Ana (SLV) 0:0, 0:1
▶ **Finale** (22. und 29. Dezember 1979)
Jong Colombia Willemstad (ANT) - CD FAS S. A. (SLV) 0:1, 0:8

■ Copa de Campeones y Subcampeones 1980
▶ **Vorrunde**
Nordamerika
1. Runde
UNAM/LOS PUMAS (MEX) - Sacramento Gold (USA) 2:0, 1:0
BROOKLYN DODGERS (USA) - Hotels Internat. (BER) 2:2, 1:0
Freilos: CD CRUZ AZUL CIUDAD DE MÉXICO (MEX)
2. Runde
CD CRUZ AZUL (MEX) - Brooklyn Dodgers (USA) 9:1, 3:2
Freilos: UNAM/LOS PUMAS CIUDAD DE MÉXICO (MEX)
3. Runde
UNAM/LOS PUMAS (MEX) - CD Cruz Azul (MEX) 1:0, 3:1
Zentralamerika
1. Runde
COBÁN IMPERIAL (GUA) - Universitario Teg. (HON) 2:1, 0:1
Cobán Imperial Sieger nach Losentscheid
MARATHÓN S. PEDRO S. (HON) - CS Herediano (CRC) 3:0, 1:3
COMUNICACIONES (GUA) - Águila San Miguel (SLV) 2:0, 3:2
SANTIAGUEÑO (SLV) - CS Cartaginés (CRC) x:0
CS Cartaginés trat nicht an
2. Runde
COMUNICACIONES (GUA) - Marathón S.P.S. (HON) 1:1, 0:4*
Marathón San Pedro Sula zog anschließend zurück
SANTIAGUEÑO S. DE MARIA (SLV) - Cobán Imp. (GUA) x:0
Cobán Imperial trat nicht
3. Runde
UNIVERSITARIO (HON) - Santiagueño S. de Maria (SLV) 2:2, 3:1
Warum Universitario Tegucigalpa teilnehmen durfte, obwohl man bereits in der ersten Runde ausgeschieden war, ist nicht bekannt
Karibik
1. Runde
SUBT Willemstad (ANT) - ROBIN HOOD PARA. (SUR) 2:1, 0:4
TRANSVAAL Param. (SUR) - Police Force P/Spain (TRI) 3:1, 1:1
2. Runde
ROBIN HOOD PARAMARIBO (SUR) - Transvaal Param. (SUR) *
*Ergebnisse unbekannt
Jong Colombia Willemstad (ANT) und Defence Force Port of Spain (TRI) nahmen ebenfalls teil. Ergebnisse unbekannt
▶ **Endturnier** (8.-12. 2.1981 in Tegucigalpa, Honduras)
UNAM/Los Pumas Ciudad de México - Robin Hood P. 3:0
Universitario Tegucigalpa - Robin Hood Paramaribo 1:1
Universitario Tegucigalpa - UNAM/Los Pumas Cd México 0:2
1. UNAM/LOS PUMAS CDM (MEX) 2 2 0 0 5:0 4-0
2. Universitario Tegucigalpa (HON) 2 0 1 1 1:3 1-3
3. Robin Hood Paramaribo (SUR) 2 0 1 1 1:4 1-3

■ Copa de Campeones y Subcampeones 1981
▶ **Vorrunde**
Nord- und Zentralamerika
1. Runde
ATLÉTICO MARTE (SLV) - Juventud Retalteca (GUA) 2:2, 3:1
MARATHÓN S.P.S. (HON) - Santiagueño SdM (SLV) 4:0, 1:1
Xelajú MC Q. (GUA) - UNIVERS. NUEVO LEÓN (MEX) 0:0, 2:4
Real España S. Pedro S. (HON) - CD CRUZ AZUL (MEX) 2:1, 0:3

2. Runde
Univ. Nuevo León (MEX) - ATLÉTICO MARTE (SLV) 1:1, 0:1
MARATHÓN S. PEDRO S. (HON) - Cruz Azul (MEX) 3:1, 1:1
3. Runde
ATLÉTICO MARTE (SLV) - Marathón S. Pedro Sula (HON) x:0
Marathón San Pedro Sula trat nicht an
Karibik
1. Runde
Kentucky Memphis (TRI) - SUBT WILLEMSTAD (ANT) 0:1
TRANSVAAL PARAMARIBO (SUR) - Defence Force (TRI) 1:0
2. Runde
SUBT Willemstad (ANT) - TRANSVAAL PARAM. (SUR) 0:1, 0:2
Robin Hood Paramaribo (SUR), Saint Thomas College (GUY) und Yama Sun Oil (CAY) nahmen ebenfalls teil. Ergebnisse unbekannt
▶ **Finale** (30. Januar und 2. Februar 1982)
TRANSVAAL PARAM. (SUR) - Atlético Marte S.S. (SLV) 1:0, 1:1

Copa de Campeones y Subcampeones 1982
▶ **Vorrunde**
Nord- und Zentralamerika
1. Runde
XELAJÚ MC Quetzalt. (GUA) - CD Cruz Azul (MEX) x:0
CD Cruz Azul Ciudad de México trat nicht an
UNAM/LOS PUMAS (MEX) - NY Pancyprian Freed. (USA) x:0
New York Pancryprian Freedoms trat nicht an
CD VIDA LA CEIBA (HON) - Brooklyn Dodgers (USA) x:0
Brooklyn Dodgers trat nicht an
Independiente (SLV) - COMUNIACIONES (GUA) 0:0, 0:1
2. Runde
COMUNICACIONES (GUA) - Xelajú MC Quetz. (GUA) 1:0, 1:1
CD Vida La Ceiba (HON) - UNAM/LOS PUMAS (MEX) 2:2, 0:5
3. Runde
Comunicaciones (GUA) - UNAM/LOS PUMAS (MEX) 2:2, 0:3
Karibik
1. Runde
Defence Force P/Spain (TRI) - ROBIN HOOD (SUR) 1:1, 2:5
Transvaal Paramaribo (SUR), FC Don Bosco de Moca Cibao (DOM) und Trintopec Port of Spain (TRI) nahmen ebenfalls teil. Ergebnisse nicht bekannt
▶ **Finale** (14. u. 17.11. 1982, Querétaro/Ciudad de México)
Robin Hood Param. (SUR) - UNAM/LOS PUMAS (MEX) 0:0, 2:3

Copa de Campeones y Subcampeones 1983
▶ **Vorrunde**
Nord- und Zentralamerika
1. Runde
ATLÉTICO MARTE S.S. (SLV) - Municipal Puntarenas (CRC) x:0
Municipal Puntarenas trat nicht an
INDEPENDIENTE (SLV) - Detroit Express (USA) x:0
Detroit Express trat nicht an
Olimpia T. (HON) - UNIVERSIDAD N. LEÓN (MEX) 0:1, 1:2
Comunicaciones (GUA) - ATLANTE CD. DE M. (MEX) 2:2, 0:2
Motagua (HON) - NY PANCYPRIAN FREEDOMS (USA) 2:1, 1:3
CD Saprissa San José (CRC) - SUCHITEPÉQUEZ (GUA) 2:2, 0:1
2. Runde
New York P. Freedoms (USA) - ATLANTE CDM (MEX) 1:1, 2:3
ATLÉTICO MARTE (SLV) - Independiente (SLV) 2:3, 0:0*
*Independiente zog sich anschließend zurück
Uni. Nuevo León (MEX) - SUCHITEPÉQUEZ (GUA) 1:1, 0:3
3. Runde
Suchitepéquez (GUA) - ATLANTE CD. DE MEX. (MEX) 2:2, 0:6
Karibik
1. Runde
SUBT WILLEMSTAD (ANT) - Kentucky Memphis (USA) 5:0, 0:4
Defence Force P/Spain (TRI) - ROBIN HOOD P. (SUR) 0:1, 1:2
Leo Victor Par. (SUR) - DAKOTA ORANJES. (ANT/ARU) 1:5, 3:0
2. Runde
ROBIN HOOD (SUR) - Dakota Oranjestad (ANT/ARU) 5:1, 0:0
Freilos: SUBT WILLEMSTAD (ANT)
3. Runde
SUBT Willemstad (ANT) - ROBIN HOOD PARAM. (SUR) 1:2, 0:2
▶ **Finale** (22. Januar und 1. Februar 1984)
Robin Hood Paramaribo (SUR) - ATLANTE CDM (MEX) 1:1, 0:5
Tore 1. Spiel: Andre - Gonzalo Farfán. Tore 2. Spiel: 1:0 Gonzalo Farfán (4.), 2:0 Ricardo Castro (9.), 3:0 Ricardo Castro (47.), 4:0 Gonzalo Farfán (63.), 5:0 Eduardo Moses (70.)

Copa de Campeones y Subcampeones 1984
▶ **Vorrunde**
Nord- und Zentralamerika
1. Runde
SAGRADA (CRC) - Suchitepéquez (GUA) 0:0, 0:0 n.V., 5:3 n.E.
Universitario Tegucigalpa (HON) - CF PUEBLA (MEX) 0:0, 1:2
COMUNICACIONES (GUA) - CD FAS Santa Ana (SLV) 1:1, 2:0
NY PAN. FREEDOMS (USA) - Hotels International (BER) x:0
Hotels International trat nicht an
Águila San Miguel (SLV) - CD GUADALAJARA (MEX) 2:4, 0:3
Jacksonville Tea Men (USA) - CD VIDA LA CEIBA (HON) 0:x
Jacksonville Tea Men trat nicht an
2. Runde
COMUNICACIONES (GUA) - Sagrada Familia (CRC) x:0
Sagrada Familia San José trat nicht an
NY PAN. FREEDOMS (USA) - Puebla (MEX) 0:0, 2:2n.V., 4:2 n.E.
Freilose: CD VIDA LA CEIBA (HON), CD GUADALAJARA (MEX)
3. Runde
NY PANCYPRIAN FREEDOMS (USA) - Vida La C. (HON) 1:1, 2:1
Comunicaciones (GUA) - CD GUADALAJARA (MEX) 0:0, 1:4
4. Runde
NY Pancyprian Freedoms (USA) - CD Guadalajara (MEX) x:x
Weil man sich nicht auf Termine einigen konnte, wurden beide Mannschaften disqualifiziert

Karibik
Vorrunde
Teilnehmer: Saint George's (CAY), Aigle Noir Port-au-Prince (HAI), SUBT Willemstad (ANT), Cygne Noir (Marie-Galante GDL), CS Moulien (GDL), RC Rivière Pilote (MTQ), Cruz Azul Guayama (PUR) und Defence Force Port of Spain (TRI)
Hauptrunde
Violette AC Port-au-Prince - Victory SC Port-au-Prince 3:0
ASL Sports Port of Spain - Victory SC Port-au-Prince 0:0
Violette AC Port-au-Prince - ASL Sports Port of Spain 2:2

1. VIOLETTE AC PORTO-AU-P. (HAI)	2	1	1	0	5:2	3-1
2. ASL Sports Port of Spain (TRI)	2	0	2	0	2:2	2-2
3. Victory SC Port-au-Prince (HAI)	2	0	1	1	0:3	1-3

▶ **Finale**
Nach Absage des Finales der Gruppe Nord-/Zentralamerika wurde VIOLETTE AC PORT-AU-PRINCE (HAI) zum Sieger erklärt

Copa de Campeones y Subcampeones 1985
▶ **Vorrunde**
Nord- und Zentralamerika
1. Runde
CF AMÉRICA CD. D. M. (MEX) - CD Guadalajara (MEX) 3:1, 1:1
Chicago Croatian (USA) - OLIMPIA TEGUCIG. (HON) 0:4, 0:2
SUCHITEPÉQUEZ (GUA) - Águila San Miguel (SLV) 2:1, 2:0
CD VIDA LA CEIBA (HON) - CD FAS Santa Ana (SLV) 1:1, 2:1
Hotels International (BER) - AURORA (GUA) 0:0, 0:3
2. Runde
Suchitepéquez (GUA) - OLIMPIA T. (HON) 1:0, 0:1 n.V., 3:4 n.E.
CD Vida La Ceiba (HON) - CF AMÉRICA C. D. M. (MEX) 1:0, 0:3
Freilos: AURORA CIUDAD DE GUATEMALA (GUA)
3. Runde
OLIMPIA TEGUCIGALPA (HON) - CF América (MEX) 2:2, 1:0
4. Runde
Aurora CdG (GUA) - OLIMPIA TEGUCIGALPA (HON) 1:0, 0:2
Karibik
1. Runde
Racing Gonaïves (HAI) - GOLDEN STAR F/F (MTQ) 0:0, 0:1
San Francois National (TRI) - CS MOULIEN (GDA) 1:2, 1:2
Mont Joly (CAY), SUBT Willemstad (ANT), Violette AC Port-au-Prince (HAI), Boys Town Kingston (JAM), Tivoli Gardens FC Kingston (JAM), Aiglons Le Lamentin (MTQ) und Robin Hood Paramaribo (SUR) nahmen ebenfalls teil. Ergebnisse nicht überliefert
2. Runde
CS MOULIEN (GDA) - Weymouth Wales (BAR) 1:0, x:0
DEFENCE FORCE P/SPAIN (TRI) - JS Capesterre (GDA) 1:0, 1:0
JONG HOLLAND W. (ANT) - Transvaal Param. (SUR) 0:0, 4:3
Weitere Ergebnisse nicht bekannt. Defence Force Port of Spain (TRI) wurde Sieger
▶ **Finale** (19. und 26. Januar 1986)
DEFENCE FORCE (TRI) - Olimpia Tegucigalpa (HON) 2:0, 0:1

Copa de Campeones y Subcampeones 1986
▶ **Vorrunde**
Nordamerika
1. Runde
PEMBROKE HAMILTON (BER) - New York Greek-Americans (USA) 1:0, 0:1 n.V., x:0 i.E.
Freilos: LESLIE VERDES (BLZ)
2. Runde
Leslie Verdes (BLZ) - PEMBROKE HAMILTON (BER) 2:1, 0:3
Zentralamerika
1. Runde
Juventud Retalteca (GUA) - LD ALAJUELENSE (CRC) 1:1, 0:2
Marathón S. P. S. (HON) - ALIANZA (SLV) 0:1, 1:0 n.V., 2:4 n.E.
Saprissa San José (CRC) - COMUNICACIONES (GUA) 0:3, 2:0
Atlético Marte S.S. (SLV) - MOTAGUA TEGUC. (HON) 1:0, 1:4
2. Runde
LD ALAJUELENSE (CRC) - Alianza San Salvador (SLV) 1:1, 1:0
Comunicaciones (GUA) - MOTAGUA TEGUCIG. (HON) 1:1, 1:2
Karibik
1. Runde
Olympique Fort/France (MTQ) - CS MOULIEN (GDL) 0:1, 0:0
Sirocco (TRI) - TRINTOC PALO SECO (TRI) 2:2, 1:2
SC Kouroucien (FRG) - TRANSVAAL PARAM. (SUR) 0:1, 0:2
Juventus Bonaire (ANT) - ROBIN HOOD P. (SUR) 0:5, 0:4
Freilos: SEBA UNITED MONTEGO BAY (JAM), UNION DEPORTIVO BANDA'BOU (DOM)
2. Runde
TRINTOC PALO SECO (TRI) - CS Moulien (GDL) 1:1, 2:1
TRANSVAAL (SUR) - Union Dep. Banda'bou (DOM) 5:1, 1:2
Freilos: SEBA UNITED MONTEGO BAY (JAM), ROBIN HOOD PARAMARIBO (SUR)
3. Runde
Seba United Montego Bay (JAM) - TRINTOC P. (TRI) 1:1, 0:1
Robin Hood Param. (SUR) - TRANSVAAL PAR. (SUR) 2:2, 0:1
▶ **Zwischenrunde**
Motagua T. (HON) - PEMBROKE HAMILTON (BER) 3:2, 0:3
Freilose: LD ALAJUELENSE (CRC), TRANSVAAL PARAMARIBO (SUR), TRINTOC PALO SECO (TRI)
▶ **Halbfinale**
LD ALAJUELENSE (CRC) - Pembroke Hamilton (BER) 4:0, 0:1
TRANSVAAL PARAM.(SUR) - Trintoc (TRI) 4:2, 0:2 n.V., 4:3 n.E.
▶ **Finale** (7. und 11. Februar 1987)
LD ALAJUELENSE (CRC) - Transvaal Paramaribo (SUR) 2:1, 2:1

Copa de Campeones y Subcampeones 1987
▶ **Vorrunde**
Nord- und Zentralamerika
1. Runde
San Pedro Yugoslavs (USA) - CF AMÉRICA CDM (MEX) 0:x
San Pedro Yugoslavs trat nicht an
St. Louis Kutis SC (USA) - CF MONTERREY (MEX) 0:1, 1:3
Leslie Verdes (BLZ) - REAL ESPAÑA S. P. S. (HON) 0:2, 1:6
OLIMPIA TEGUCIGALPA (HON) - Coke Milpross (BLZ) 8:1, 1:1
2. Runde
CS Herediano - CD Águila San Miguel 1:1
Olimpia Tegucigalpa - Galcasa Villa Nueva 1:0
CD Águila San Miguel - Galcasa Villa Nueva 4:1
Olimpia Tegucigalpa - CS Herediano 0:0
Galcasa Villa Nueva - CS Herediano 0:2
Olimpia Tegucigalpa - CD Águila San Miguel 2:1

1. OLIMPIA TEGUCIGALPA (HON)	3	2	1	0	3:1	5-1
2. CS HEREDIANO (CRC)	3	1	2	0	3:1	4-2
3. CD Águila San Miguel (SLV)	3	1	1	1	6:3	3-3
4. Galcasa Villa Nueva (GUA)	3	0	0	3	1:7	0-6

Aurora Cd. de Guatemala - Real España San Pedro Sula 0:1
Alianza San Salvador - CD Saprissa San José 3:3
Aurora Ciudad de Guatemala - CD Saprissa San José 0:0
Alianza San Salvador - Real España San Pedro Sula 1:2
CD Saprissa San José - Real España San Pedro Sula 3:1
Alianza San Salvador - Aurora Ciudad de Guatemala 1:2

1. CD SAPRISSA SAN JOSÉ (CRC)	3	1	2	0	6:4	4-2
2. REAL ESPAÑA S. P. S. (HON)	3	2	0	1	4:4	4-2
3. Aurora Cd. de Guatemala (GUA)	3	1	1	1	2:2	3-3
4. Álianza San Salvador (SLV)	3	0	1	2	5:7	1-5

3. Runde
CS Herediano - Real España San Pedro Sula 3:2
CD Saprissa San José - Olimpia Tegucigalpa 1:4
Olimpia Tegucigalpa - Real España San Pedro Sula 2:0
CS Herediano - CD Saprissa San José 1:4
CD Saprissa San José - Real España San Pedro Sula 2:1
CS Herediano - Olimpia Tegucigalpa 2:1

1. OLIMPIA TEGUCIGALPA (HON)	3	2	0	1	7:3	4-2
2. CD SAPRISSA SAN JOSÉ (CRC)	3	2	0	1	7:6	4-2
3. CS Herediano (CRC)	3	2	0	1	6:7	4-2
4. Real España San Pedro S. (HON)	3	0	0	3	4:7	0-6

Halbfinale
CD Saprissa San José (CRC) - CF AMÉRICA (MEX) 2:2, 1:2
Olimpia Tegucigalpa (HON) - CF MONTERREY (MEX) 0:1, 2:2
Finale
CF AMÉRICA Cd. d. Mex. (MEX) - CF Monterrey (MEX) 3:3, 2:0
Karibik
1. Runde
MG Renegades (VIN) - CLUB FRANCISCAIN (MTQ) 2:0, 1:4
ETOILE DE MORNE-À-L'EAU (GDL) - Harbour View (JAM) 3:1, 0:2 n.V., 4:3 n.E.
VSADC CASTRIES (LCA) - Juventus Ste-Anne (GDL) 5:1, 0:2
GOLDEN STAR (MTQ) - Uptown Rebels V. Fort (LCA) 3:0, 1:0
Rick's Superstars (VIN) - TRINTOC PALO SECO (TRI) 1:2, 0:3
Freilos: DEFENCE FORCE PORT OF SPAIN (TRI)
2. Runde
DEFENCE FORCE (TRI) - Club Franciscain (MTQ) 4:2, x:0
VSADC Castries (LCA) - ETOILE MORNE-À-L'E. (GDL) 1:1, 1:3
Golden Star Ft-de-France (MTQ) - TRINTOC P. (TRI) 0:1, 0:0
3. Runde
Trintoc (TRI) - DEFENCE FORCE PORT OF SPAIN (TRI) 1:1, 1:2
▶ **Finale** (21. und 28. Oktober 1987)
Defence Force Port/Spain (TRI) - CF AMÉRICA (MEX) 1:1, 0:2

Copa de Campeones y Subcampeones 1988
▶ **Vorrunde**
Nord- und Zentralamerika
1. Runde
ATLÉTICO MORELIA (MEX) - Coke Milpross (BLZ) 9:0, 2:0
Leslie Verdes (BLZ) - CRUZ AZUL Cd.d.M.(MEX) 0:2, 2:12
Plaza Amador (PAN) - LD ALAJUELENSE (CRC) 0:2, 1:2
2. Runde
CRUZ AZUL CDM (MEX) - Seattle Mitre Eagles (USA) 9:0, 0:0
Washington Diplomats (USA) - ATL. MORELIA (MEX) 1:2, 1:2
Gruppe 1
LD Alajuelense - CD Águila San Miguel 2:1
Municipal Cd. de Guatem. - Marathón San Pedro Sula 0:2*
*Spiel wurde abgebrochen und 0:2 gewertet
Marathón San Pedro Sula - CD Águila San Miguel 1:0
Municipal Cd. Guatemala - LD Alajuelense 1:1
LD Alajuelense - Marathón San Pedro Sula 1:0
Municipal Cd. Guatemala - CD Águila San Miguel 3:1

1. LD ALAJUELENSE (CRC)	3	2	1	0	4:2	5-1
2. MARATHÓN S. PEDRO S. (HON)	3	2	0	1	3:1	4-2
3. Municipal Cd. de Guatem. (GUA)	3	1	1	1	4:4	3-3
4. CD Águila San Miguel (SLV)	3	0	0	3	2:6	0-6

Gruppe 2
Aurora Ciudad de Guatemala - Municipal Puntarenas 2:0
Olimpia Tegucigalpa - CD FAS Santa Ana 3:1
Municipal Puntarenas - CD FAS Santa Ana 2:2
Olimpia Tegucigalpa - Aurora Ciudad de Guatemala 1:1
Aurora Ciudad de Guatemala - CD FAS Santa Ana 1:1
Olimpia Tegucigalpa - Municipal Puntarenas 2:0

1. OLIMPIA TEGUCIGALPA (HON)	3	2	1	0	6:2	5-1
2. AURORA CD. DE GUATEM. (GUA)	3	1	2	0	4:2	4-2
3. CD FAS Santa Ana (SLV)	3	0	2	1	4:6	2-4
4. Municipal Puntarenas (CRC)	3	0	1	2	2:6	1-5

3. Runde
Olimpia Tegucigalpa - Aurora Ciudad de Guatemala 0:0
Marathón San Pedro Sula - LD Alajuelense 0:2
Olimpia Tegucigalpa - LD Alajuelense 1:1

Marathón San Pedro Sula - Aurora Ciudad de Guatemala 0:0
LD Alajuelense - Aurora Ciudad de Guatemala 1:1
Olimpia Tegucigalpa - Marathón San Pedro Sula 2:0

1. LD ALAJUELENSE (CRC)	3	1	2	0	4:2	4-2
2. OLIMPIA TEGUCIGALPA (HON)	3	1	2	0	3:1	4-2
3. Aurora Cd. de Guatemala (GUA)	3	0	3	0	1:1	3-3
4. Marathón San Pedro Sula (HON)	3	0	1	2	0:4	1-5

4. Runde
OLIMPIA TEGUCIGALPA (HON) - CF Cruz Azul (MEX) 0:0, 2:1
LD ALAJUELENSE (CRC) - Atlético Morelia (MEX) x:0
Atlético Morelia trat nicht an
Karibik
1. Runde
Club Franciscain (MTQ) - DEFENCE FORCE (TRI) 2:2, 0:2
Trintoc P.S. (TRI) - EXCELSIOR SCHOELCHER (MTQ) 1:1, 0:1
Leo Victor P. (SUR) - SPORT GUYANAIS CAY. (FRG) 2:1, 0:2
Centro Dominguito (DOM) - GAULOISE B.-T. (Gdl) 1:1, 0:2
SEBA UTD MONTEGO BAY (JAM) - Undeba (ANT) 3:0, 2:2
2. Runde
Cardinals (VIN) - DEFENCE FORCE P/SPAIN (TRI) 0:1, 0:0
Zénith Morne-à-l'Eau (GDL) - ROBIN HOOD P. (SUR) 3:1, 0:4
Sion Hill (VIN) - EXCELSIOR SCHOELCHER (MTQ) 1:3, 0:4
Weitere Ergebnisse nicht bekannt. ROBIN HOOD PARAMARIBO (SUR) und DEFENCE FORCE PORT OF SPAIN (TRI) qualifizierten sich
▶ **Halbfinale**
OLIMPIA TEGUCIG. (HON) - LD Alajuelense (CRC) 1:1, 1:0
Robin Hood Param. (SUR) - DEFENCE FORCE (TRI) 0:0, 0:2
▶ **Finale** (19. und 21. Dezember 1988)
OLIMPIA TEGUCIGALPA (HON) - Defence Force (TRI) 2:0, 2:0

Copa de Campeones y Subcampeones 1989

▶ **Vorrunde**
Nord- und Zentralamerika
Ausscheidungsrunde
COKE MILPROSS (BLZ) - Diriangén FC Diriamba (NIC) 3:0, 1:1
América Managua (NIC) - LA PREVISORA (PAN) 1:1, 0:2
1. Runde
Saint Louis Busch (USA) - UNI. GUADALAJARA (MEX) 0:1, 0:8
SF Greek Americans (USA) - UNAM/PUMAS (MEX) 2:2, 1:5
Duurly's (BLZ) - LA PREVISORA (PAN) 0:3, 2:6
Coke Milpross (BLZ) - PLAZA AMADOR (PAN) 1:1, 1:4
Gruppe Zentral 1
CS Cartaginés - Luis Ángel Firpo Usulután 1:0
Real España San Pedro Sula - Aurora Cd. de Guatemala 1:1
Aurora Ciudad de Guatemala - Luis Ángel Firpo Usulután 1:1
Real España San Pedro Sula - CS Cartaginés 1:0
CS Cartaginés - Aurora Ciudad de Guatemala 3:0
Real España San Pedro Sula - Luis Ángel Firpo Usulután 0:0

1. CS CARTAGINÉS (CRC)	3	2	0	1	4:1	4-2
2. REAL ESPAÑA S. P. S. (HON)	3	1	2	0	2:1	4-2
3. Luis Ángel Firpo Usulután (SLV)	3	0	2	1	1:2	2-4
4. Aurora C. d. Guatemala (GUA)	3	0	2	1	2:5	2-4

Gruppe Zentral 2
CS Herediano - Municipal Ciudad de Guatemala 3:2
Olimpia Tegucigalpa - CD Cojutepeque 3:1
Municipal Ciudad de Guatemala - CD Cojutepeque 1:1
Olimpia Tegucigalpa - CS Herediano 2:1
CS Herediano - CD Cojutepeque 3:1
Olimpia Tegucigalpa - Municipal Ciudad de Guatemala 2:2

1. OLIMPIA TEGUCIGALPA (HON)	3	2	1	0	7:4	5-1
2. CS HEREDIANO (CRC)	3	2	0	1	7:5	4-2
3. Municipal Cd. Guatemala (GUA)	3	0	2	1	5:6	2-4
4. CD Cojutepeque (SLV)	3	0	1	2	3:7	1-5

2. Runde
La Previsora (PAN) - Univ. Guadalajara (MEX) 0:1, 5:5 n.V.
Plaza Amador (PAN) - UNAM/PUMAS (MEX) 0:4, 0:6
Gruppe Zentral
Real España San Pedro Sula - CS Herediano 1:3
Olimpia Tegucigalpa - CS Cartaginés 3:0
CS Herediano - CS Cartaginés 2:2
Olimpia Tegucigalpa - Real España San Pedro Sula 3:0
Real España San Pedro Sula - CS Cartaginés 2:0
Olimpia Tegucigalpa - CS Herediano 2:1

1. OLIMPIA TEGUCIGALPA (HON)	3	3	0	0	8:1	6-0
2. CS HEREDIANO (CRC)	3	1	1	1	6:5	3-3
3. Real España San Pedro S. (HON)	3	1	0	2	3:6	2-4
4. CS Cartaginés (CRC)	3	0	1	2	2:7	1-5

3. Runde
Olimpia Tegucigalpa (HON) - UNAM/PUMAS (MEX) 1:1, 0:5
CS HEREDIANO (CRC) - Univ. Guadalajara (MEX) 2:1, 1:1
4. Runde
CS Herediano (CRC) - UNAM/LOS PUMAS (MEX) 1:1, 1:5
Karibik
1. Runde
Aigle Rouge (HAI) - ETOILE M/EAU (GDL) 1:0, 0:1 n.V., 6:7 n.E.
RC RIVIÈRE-PIL. (MTQ) - Tempête (HAI) 0:0, 2:2 n.V., 4:3 n.E.
Solidarité Scolaire (GDL) - RÉVEIL SPORTIF (MTQ) 1:1, 1:3
2. Runde
RC RIVIÈRE-PILOTE (MTQ) - Réveil Sportif (MTQ) 2:0
Freilos: ETOILE DE MORNE-À-L'EAU (GDL)
3. Runde
RC RIVIÈRE-PILOTE (MTQ) - Etoile de Morne-à-l'Eau (GDL) 2:1
Gruppe A
Pinar del Río - SV Juventus Tanki Leendert 6:0
Defence Force Chaguaramas - Jong Colombia Willemstad 2:0
Trintoc Palo Seco - Jong Colombia Willemstad 1:0
Pinar del Río - Defence Force Chaguaramas 1:0
Defence Force Chaguaramas - Juventus Tanki Leendert 0:0
Pinar del Río - Trintoc Palo Seco 3:3
Pinar del Río - Jong Colombia Willemstad 2:0
Trintoc Palo Seco - SV Juventus Tanki Leendert 4:0
SV Juventus Tanki Leendert - Jong Colombia Willemstad 4:3
Defence Force Chaguaramas - Trintoc Palo Seco 1:0

1. PINAR DEL RÍO (CUB)	4	3	1	0	12:3	7-1
2. Trintoc Palo Seco (TRI)	4	2	1	1	8:4	5-3
3. Defence Force Chaguar. (TRI)	4	2	1	1	3:1	5-3
4. Juventus Tanki Leendert (ARU)	4	1	1	2	4:13	3-5
5. Jong Colombia W'stad (ANT)	4	0	0	4	3:9	0-8

4. Runde
RC Rivière-Pilote (MTQ) - PINAR DEL RÍO (CUB) 1:1, 1:2
▶ **Finale** (16. Januar und 6. Februar 1990)
Pinar del Río (CUB) - UNAM/PUMAS CD DE M. (MEX) 1:1, 1:3

Copa de Campeones y Subcampeones 1990

▶ **Vorrunde**
Nordamerika
1. Runde
ST. PETERSBURG KICKERS (USA) - New York Greek-American (USA) 2:0, 0:1
2. Runde
St. Petersburg Kickers (USA) - CF AMÉRICA (MEX) 0:1
Zentralamerika
1. Runde
REAL ESPAÑA (HON) - Diriangén FC Diriamba (NIC) 5:1, 2:0
MUNICIPAL CD. GUATEMALA (GUA) - Duurly's (BLZ) 2:0, 3:0
SUCHITEPÉQUEZ (GUA) - San Joaquín (BLZ) 2:1, 1:0
LUIS ÁNGEL FIRPO (SLV) - Tauro FC P.-City (PAN) 1:1, 3:0
La Previsora (PAN) - ALIANZA SAN SALVADOR (SLV) 1:10, 0:2
Juventus M. (NIC) - OLIMPIA TEGUCIGALPA (HON) 0:x
Juventus Managua trat nicht an
2. Runde
Alianza San Salvador (SLV) - L.A. FIRPO U. (SLV) 0:0, 0:1
REAL ESPAÑA (HON) - Municipal Cd. Guatem. (GUA) 2:1, 1:0
OLIMPIA TEGUCIG. (HON) - Suchitepéquez (GUA) 2:2, 2:0
3. Runde
Luis Ángel Firpo Usulután - Real España Tegucigalpa 3:0, 1:1
Olimpia Tegucigalpa - Luis Ángel Firpo Usulután 1:1, 1:0
Real España Tegucigalpa - Olimpia Tegucigalpa 4:1, 0:1

1. OLIMPIA TEGUCIGALPA (HON)	4	2	1	1	4:5	5-3
2. Luis Ángel Firpo Usulután (SLV)	4	1	2	1	5:3	4-4
3. Real España Tegucigalpa (HON)	4	1	1	2	5:6	3-5

Karibik
Vorrunde
ZÉNITH MORNE (GDL) - Gauloise Basse-Terre (GDL) 1:1, 2:0
1. Runde
PARADISE (BAR) - Zénith Morne-à-l'Eau (GDL) 2:0, 1:1
Undeba (ANT) - RKVFC SITHOC MAHUMA (ANT) 2:1, 0:2
Robin Hood Par. (SUR) - TRANSVAAL PARAM. (SUR) 0:0, 1:2
Excelsior Schoelcher (MTQ) - RC Rivière-Pilote (MTQ) x:x
beide Teams zogen zurück
Seba United Montego Bay (JAM) - FICA C. H. (HAI) 0:2, 0:1
PINAR DEL RÍO (CUB) - Deportivo Central (CUB) 3:1, 1:0
2. Runde
Paradise (BAR) - TRANSVAAL PARAMARIBO (SUR) 0:2
Freilos: RKVFC SITHOC MAHUMA (ANT)
FICA Cap-Haïtien (HAI) - PINAR DEL RÍO (CUB) 1:1, 0:3
Weitere Ergebnisse unbekannt. PINAR DEL RÍO (CUB) qualifizierte sich
▶ **Halbfinale**
CF AMÉRICA (MEX) - Olimpia Tegucigalpa (HON) 3:0, 1:2
Freilos: PINAR DEL RÍO (CUB)
▶ **Finale** (19. Februar und 12. März 1991)
Pinar del Río (CUB) - CF América Cd. de Mexiko (MEX) 2:2
Pinar del Río: Martínez, Torres, Osmin Hernández, Cata, Sainz, Reyes, Dacourt (43. Del Pino), Rivera, Oswaldo Alonso, Pedel, Mezquia - *América*: García, J. Hernández, Rodón, Tena, De Los Santos, Farfán, Domínguez, Guillermo Huerta, Antonio Teodoro Dos Santos »Toninho«, Luis R. Alves Zague, Cristóbal Ortega - *Tore*: 1:0 Oswaldo Alonso (20.), 1:1 Guillerm,o Huerta (25.), 1:2 Toninho (31.), 2:2 Osmín Hernández (43.) - *SR*: Ramesh Ramdhan (TRI)
CF AMÉRICA CD. DE MEXIKO (MEX) - Pinar del Río (CUB) 6:0
América: García (46. Chávez), J. Hernández (70. Guillermo Huerta), Rodón, Tena, De Los Santos, Domínguez, Cristóbal Ortega, Farfán, Muinguia, Antonio Teodoro Dos Santos »Toninho«, Luis R. Alves Zague - *Pinar del Río*: Martínez, Cata, Osmin Hernández, R. Torres (74. C. Torres), Sainz, Dacourt, Reyes, Pérez (62. Rivera), Mezquia, Oswaldo Alonso, R. García - *Tore*: 1:0 Toninho (3.), 2:0 Toninho (9.), 3:0 Luis R. Alves Zague (68.), 4:0 Luis R. Alves Zague (80.), 5:0 Toninho (84.), 6:0 Osmín Hernández (85./ET) - *SR*: Majid Jay (USA)

Copa de Campeones y Subcampeones 1991

▶ **Qualifikation**
Nordamerika
1. Runde
Dandy Town Hornets (BER) - BROOKL. ITAL. (USA) 3:1, 0:3
PEMBROKE HAMILTON (BER) - AA Eagles (USA) 2:0, 1:2
Freilose: CF PUEBLA (MEX), UNIVERS. GUADALAJARA (MEX)
2. Runde
CF PUEBLA (MEX) - Brooklyn Italians (USA) x:0
Brooklyn trat nicht an
UNI. GUADALAJARA (MEX) - Pembroke Hamilton (BER) x:0
Pembroke Hamilton trat nicht an
3. Runde
CF PUEBLA (MEX) - Universidad Guadalajara (MEX) 2:0
Zentralamerika
1. RUNDE
TAURO FC P.-CITY (PAN) - América Managua (NIC) 5:0, 0:0
CD SAPRISSA SAN JOSÉ (CRC) - Real Esteli (NIC) 4:1, 4:1
LD ALAJUELENSE (CRC) - Plaza Amador (PAN) 4:1, 7:0
Duurly's (BLZ) - L. A. FIRPO USULUTÁN (SLV) 0:4, 0:4
REAL ESPAÑA TEG. (HON) - Acros Verdes (BLZ) 5:0, 1:0
Municipal (GUA) - ALIANZA SAN SALVADOR (SLV) 2:5, 1:1
Motagua Teg. (HON) - COMUNICACIONES (GUA) 1:1, 1:1, 0:1
2. Runde
L. Á. FIRPO USULUTÁN (SLV) - Comunicaciones (GUA) 2:0, 3:4
SAPRISSA SAN JOSÉ (CRC) - Tauro FC P.-City (PAN) 3:1, 2:0
Alianza San Salvador (SLV) - REAL ESPAÑA T. (HON) 0:1, 1:1
Freilos: LD ALAJUELENSE (CRC)
3. Runde
L. A. Firpo Usulután (SLV) - SAPRISSA SAN JOSÉ (CRC) 1:1, 0:3
REAL ESPAÑA TEG. (HON) - LD Alajuelense (CRC) 2:0, 1:0
4. Runde
CD Saprissa San José (CRC) - REAL ESPAÑA T. (HON) 1:2, 0:2
Karibik
1. Runde
SUBT Willemstad (ANT) - TRANSVAAL PARAM. (SUR) 0:3, 0:3
OLYMPIQUE MARIN (MTQ) - SC Kouroucien (FRG) 0:0, 3:2
Solidarité Scolaire (GDL) - US MARINOISE (MTQ) 0:2, 1:1
Strikers FC (CAY) - RACING GONAÏVES (HAI) 0:0, 1:2
AS CAPOISE (HAI) - RKVFC Sithoc Mahuma (ANT) 3:0, 1:3
Black Lions (JAM) - SCHOLARS INTERNAT. (CAY) 1:1, 0:1
POLICE FC P/PAIN (TRI) - Reno Savannah/M. (JAM) 2:1, 2:3
Robin Hood (SUR) - DEFENCE FORCE P/SPAIN (TRI) 1:0, 1:3
Freilos: ETOILE MORNE-À-L'EAU (GDL)
2. Runde
Racing Gonaïves (HAI) - US MARINOISE (MTQ) 1:1, 2:3
Scholars International (CAY) - DEFENCE FORCE (TRI) 0:1, 0:6
Transvaal Paramaribo (SUR) - POLICE FC P/S (TRI) 0:2, 1:2
AS Capoise (HAI) - ETOILE MORNE-À-L'EAU (GDL) 1:1, 0:3
Freilos: OLYMPIQUE MARIN (MTQ)
3. Runde
Defence Force (TRI) - POLICE FC PORT/SPAIN (TRI) 1:0, 1:3
OLYMPIQUE MARIN (MTQ) - Etoile Morne-à-l'E. (GDL) 5:0, 3:0
Freilos: US MARINOISE (MTQ)
4. Runde
US Marinoise (MTQ) - POLICE FC PORT/SPAIN (TRI) 3:2, 1:3
Freilos: OLYMPIQUE MARIN (MTQ)
Finale
Olympique Marin (MTQ) - POLICE FC P./SPAIN (TRI) 2:1, 1:3
▶ **Finalrunde**
Halbfinale
Real España Tegucigalpa (HON) - POLICE FC (TRI) 0:0, 0:1
Freilos: CF PUEBLA (MEX)
Finale
CF PUEBLA (MEX) - Police FC Port of Spain (TRI) 3:1, 1:1
Tore Hinspiel: 1:0 Roberto Ruiz Esparza (5.), 2:0 José Carlos Gelinski (34.), 2:1 Wadne Alfred (59.), 3:1 Paulo César Silva (74.) - Rückspiel: 0:1 Renato Porto (56.), 1:1 Alvin Boissoen (70.)

Copa de Campeones y Subcampeones 1992

▶ **Qualifikation**
Nord- und Zentralamerika
1. Runde
Comunicaciones (GUA) - MOTAGUA (HON) 1:2, 0:0
Municipal (GUA) - LD ALAJUELENSE (CRC) 1:1, 1:2
L. A. FIRPO USULUTÁN (SLV) - UNAM/Pumas (MEX) 0:0, 1:0
REAL ESPAÑA Teg. (HON) - Aguila San Miguel (SLV) 0:0, 3:1
S. F. BAY BLACKHAWKS (USA) - Euro Kickers (PAN) 10:0, 0:1
LA VICTORIA COROZAL (BLZ) - Diriangén Dir. (NIC) 1:0, 1:1
CD Saprissa San José (CRC) - CF AMÉRICA (MEX) 0:0, 2:4
Cemcol-Crown (BLZ) - DALLAS ROCKETS (USA) 0:1, 1:2
HAMILTON INTERN. (BMD) - Vancouver 86ers (CAN) x:0
Vancouver trat nicht an
TAURO FC PANAMA-CITY (PAN) - Real Esteli (NIC) 2:0, 5:1
2. Runde
LD ALAJUELENSE (CRC) - Motagua Tegucig. (HON) 3:1, 2:0
S. FRAN. BAY BLACKHAWKS (USA) - La Victoria (BLZ) 3:2, 2:0
DALLAS ROCKETS (USA) - Hamilton Intern. (BMD) 4:0, 2:1
Freilos: REAL ESPAÑA TEGUCIGALPA (HON), CF AMÉRICA CIUDAD DE MÉXIKO (MEX), TAURO FC PANAMA-CITY (PAN), LUIS ANGEL FIRPO USULUTÁN (SLV)
3. Runde
L.A. Usulután (SLV) - ALAJUELENSE (CRC) 0:1, 2:1 n.V., 3:5 n.E.
DALLAS ROCKETS (USA) - Tauro FC Pan.-City (PAN) 3:1, 2:2
S. F. BAY BLACKHAWKS (USA) - Real España T. (HON) 3:0, 3:0
Freilos: CF AMÉRICA CIUDAD DE MÉXIKO (MEX)
4. Runde
Dallas Rockets (MEX) - AMÉRICA CD. MÉX. (MEX) 1:2, 1:5
Freilos: LD ALAJUELENSE (CRC), SAN FRANCISCO BAY BLACKHAWKS (USA)
5. Runde
AMÉRICA (MEX) - San Francisco Bay Blackhaws (USA) 3:0, 1:2
Karibik
Vorrunde
SAN CRISTÓBAL BANCRED. (DOR) - Unique FC (VIR) 2:1, 3:3
ROCKMASTER FC (VIR) - Cruz Azul Guyama (PUR) x:0
Cruz Azul Guyama trat nicht an
1. Runde
Strikers FC (CAY) - AIGLON LAMENTIN (MTQ) 0:0, 0:7
San Cristóbal Bancred. (DOR) - SOLIDARITÉ SCOLAIRE (GDL) 3:3, 0:1
Racing Oranjestad (ARU) - SITHOC MAHUMA (ANT) 3:2, 2:5
TRANSVAAL PARAM. (SUR) - Trintoc Palo Seco (TRI) 2:0, 0:1
US ROBERT (MTQ) - Rockmaster FC (VIR) 6:0, 4:1
ETOILE MORNE-À-L'EAU (GDL) - Scholars FC (CAY) x:0
Scholars FC trat nicht an
ASC Geldar Kourou (FRG) - ROBIN HOOD P. (SUR) 1:0, 0:2
Jong Columbia (ANT) - MAYARO UTD. (TRI) 1:0, 1:2, 2:4 n.E.
2. Runde
AIGLON LAMENTIN (MTQ) - Solidarité Scolaire (GDL) 1:0, 1:1

SITHOC M. (ANT) - Transvaal P. (SUR) 2:1, 0:1 n.V., 3:2 n.E.
US Robert (MTQ) - ETOILE MORNE-À-L'EAU (GDL) 1:1, 0:1
ROBIN HOOD P. (SUR) - Mayaro United (TRI) 2:0, 0:1
Halbfinale
Sithoc M. (ANT) - AIGLON LAMENTIN (MTQ) 2:2, 1:1, 2:4 n.E.
Etoile Filante (GDL) - ROBIN HOOD PARAM. (SUR) 3:1, 0:3

▶ **Finalrunde**

Halbfinale
LD ALAJUELENSE (CRC) - Aiglon Lamention (MTQ) 2:1
AMÉRICA CD. DE MÉXIKO (MEX) - Robin Hood P. (SUR) 7:0
Finale (5.1.1993, Santa Ana)
AMÉRICA CD. DE MÉXIKO (MEX) - LD Alajuelense (CRC) 1:0
Tor: Hugo Sánchez (67.)

Copa de Campeones y Subcampeones 1993

▶ **Qualifikation**

Gruppe Nord/Zentral
Vorrunde
Acros Verdes (BLZ) - REAL ESPAÑA S.P.S. (HON) 1:2, 0:3
JUVENTUS ORANGE WALK (BLZ) - Hercules (USA) x:0
Hercules trat nicht an
Diriangén FC Diriamba (NIC) - ALIANZA S.S. (SLV) 0:2, 1:3
Sporting Colón (PAN) - COMUNICACIONES (GUA) 0:1, 1:3
PLAZA AMADOR (PAN) - Juventus Managua (NIC) 5:0, 4:0
1. Runde
Comunicaciones (GUA) - LD ALAJUELENSE (CRC) 2:1, 0:4
Juventus Orange Walk (BLZ) - MOTAGUA T. (HON) 1:3, 0:5
Alianza San Salvador (SLV) - MUNICIPAL CDG (GUA) 0:2, 1:3
Plaza Amador (PAN) - L. Á. FIRPO USULUTÁN (SLV) 2:2, 0:6
Real España Tegucigalpa (HON) - CSD LEÓN (MEX) 0:0, 0:4
SAPRISSA S. J. (CRC) - CF Puebla (MEX) 1:1, 0:0 n.V., 6:5 n.E.
2. Runde
LD Alajuelense (CRC) - CSD LEÓN (MEX) 0:0, 1:2
Motagua Tegucigalpa (HON) - MUNICIPAL (GUA) 0:1, 0:1
SAPRISSA SAN JOSÉ (CRC) - L. Á. Firpo Usult. (SLV) 2:0, 1:2
Gruppe Karibik
1. Runde
Zion Inter (USV) - ETOILE DE MORNE-À-L'EAU (GDL) 0:x
Zion Inter trat nicht an
CLUB FRANCISCAIN (MTQ) - C. Cola Rovers (USV) 10:1, 6:2
L'AIGLON DU LAMENTIN (MTQ) - Racing Gonaïves (HAI) x:0
Racing Gonaïves trat nicht an
RKVFC SITHOC MAHUMA (ANT) - Hawks (TRI) x:0
Haws trat nicht an
Club Colonial (FRG) - ROBIN HOOD P. (SUR) 0:1, 0:1
LA JUVENTA ABYMES (GDL) - Tempête St-Marc (HAI) x:0
Tempête St-Marc trat nicht an
Leo Victor P. (SUR) - ASL SPORT GUYANAIS (FRG) 0:0, 1:3
TRINTOC PALO SECO (TRI) - Juventus Tanki L. (ARU) 2:0, 2:0
2. Runde
Juventa Abymes (GDL) - CLUB FRANCISCAIN (MTQ) 0:1, 0:2
L'AIGLON LAMENTIN (MTQ) - Etoile de M/l'Eau (GDL) 3:0, 0:0
RKVFC Sithoc Mahuma (ANT) - ROBIN HOOD P. (SUR) 2:1, 0:3
TRINTOC PALO SECO (TRI) - Sport Guyanais (FRG) 2:0, 1:1
Halbfinale
Club Franciscain (MTQ) - L'AIGLON LAMENTIN (MTQ) 1:1, 0:2
ROBIN HOOD PARAMARIBO (SUR) - Trintoc P. S. (TRI) 1:0, 0:0
Finale
L'Aiglon Lamentin (MTQ) - ROBIN HOOD (SUR) 1:0, 0:3

▶ **Endturnier** (in Guatemala)

CD Saprissa San José - CSD León 2:2
Municipal Ciudad de Guatemala - Robin Hood Param. 3:0
CSD León - Robin Hood Paramaribo 4:0
Municipal Ciudad de Guatemala - CD Saprissa San José 0:0
CD Saprissa San José - Robin Hood Paramaribo 9:1
Municipal Ciudad de Guatemala - CSD León 0:0

1. CD SAPRISSA SAN JOSÉ (CRC)	3	1	2	0	11:3	4-2
2. CSD León (MEX)	3	1	2	0	6:2	4-2
3. Municipal Ciudad de Guat. (GUA)	3	1	2	0	3:0	4-2
4. Robin Hood Paramaribo (SUR)	3	0	0	3	1:16	0-6

Copa de Campeones y Subcampeones 1994

▶ **Qualifikation**

Gruppe Nord/Zentral
Vorrunde
Acros Verdes (BLZ) - COMUNICACIONES (GUA) 1:3, 1:2
AURORA CdG (GUA) - La Victoria Corozal (BLZ) 2:2, 3:1
Diriangén FC Diriamba (NIC) - CS HEREDIANO (CRC) 0:5, 2:4
1. Runde
PETROTELA TELA (HON) - CF Monterrey (MEX) 4:1, 2:3
Comunicaciones (GUA) - CS CARTAGINÉS (CRC) 2:0, 0:4
AURORA CD. GUATEMALA (GUA) - Juventus (NIC) 4:0, 5:0
ALIANZA S. SALV. (SLV) - Los Angeles Salsa (USA) 1:0, 2:2
L. Á. Firpo Usulután (SLV) - ATLANTE CF. M. (MEX) 1:4, 1:2
Olimpia Tegucigalpa (HON) - CS HEREDIANO (CRC) 0:0, 0:2
2. Runde
CS CARTAGINÉS (CRC) - Petrotela (HON) 1:0, 1:2 n.V., 3:2 n.E.
Aurora (GUA) - ALIANZA SAN SALVADOR (SLV) 1:1, 1:2 n.V.
CS Herediano (CRC) - ATLANTE CD. MEXIKO (MEX) 3:3, 1:3
Gruppe Karibik
Vorrunde
Racing Club Oranjestad (ARU) - ROBIN HOOD (SUR) 2:1, 0:7
River Plate Madiki (ARU) - LEO VICTOR PARAM. (SUR) 0:0, 0:2
1. Runde
CLUB FRANCISCAIN (MTQ) - Red Star P/Pitre (GDL) 4:1, 2:1
SITHOC Mahuma (ANT) - Solidarité Scolaire (GDL) 4:2, 0:1
Villa Lions (ATG) - NEWTOWN UNITED (SKN) 0:0, 1:2
FC AK REGINA (FRG) - Racing Goncaïves (HAI) x:0
Racing Goncaïves trat nicht an
JONG COLOMBIA W. (ANT) - Violette P/P (HAI) 2:0, 0:1
J&J Con. Parham (ATG) - US SINNAMARY (FRG) 0:1, 0:3
Robin Hood Par. (SUR) - LEO VICTOR PARAM. (SUR) 1:0, 2:4
Freilos: US ROBERT (MTQ)
2. Runde
Sithoc Mahuma (ANT) - NEWTOWN UNITED (SKN) 0:2, 0:1
CLUB FRANCISCAIN (MTQ) - US Sinnamary (FRG) 5:0, 0:2
JONG COLOMBIA (ANT) - Leo Victor (SUR) 1:0, 0:1 n.V., 5:4 n.E.
FC AK Regina (FRG) - US ROBERT (MTQ) 1:1, 1:3
3. Runde
Club Franciscain (MTQ) - JONG COLOMBIA (ANT) 2:1, 0:2
US ROBERT (MTQ) - Newtown United (SKN) 4:0, 0:0
4. Runde
US ROBERT (MTQ) - Jong Colombia W'stad (ANT) 3:0, 0:2

▶ **Endturnier** (in den USA)

Halbfinale
CS CARTAGINÉS (CRC) - US Robert (MTQ) 0:0 n.V., 5:4 n.E.
ATLANTE CdM (MEX) - Alianza San Salvador (SLV) 2:1
Spiel um Plarz 3
Alianza San Salvador (SLV) - US Robert (MTQ) 0:0 n.V., 4:2 n.E.
Finale (5. Februar 1995)
CS CARTAGINÉS (CRC) - Atlante Cd. de México (MEX) 3:2
Tore: 1:0 Heriberto Quiros (20.), 2:0 Heriberto Quiros (32.), 2:1 José Enrique García (51.), 2:2 Gastón Obledo (56.), 3:2 Marco Tulio Hidalgo (69./E)

Copa de Campeones y Subcampeones 1995

▶ **Qualifikation**

Gruppe Nord/Zentral
Gruppe A
1. Runde
Acros Crystal (BLZ) - LD ALAJUELENSE (CRC) 2:1, 1:4
Comunicaciones (GUA) - UAG GUADALAJARA (MEX) 1:3, 1:4
Juventus M. (NIC) - PROJUSA VERAGUAS (PAN) 1:1, 1:2 n.V.
2. Runde
Projusa Veraguas (PAN) - UAG Guadalajara (MEX) 0:5, 0:10
Freilos: LD ALAJUELENSE (CRC)
3. Runde
UAG Guadalaj. (MEX) - LD ALAJUELENSE (CRC) 2:1, 1:3 n.V.
Gruppe B
1. Runde
Real Verdes (BLZ) - MUNICIPAL CD. GUATEM. (GUA) 0:3, 0:3
CD FAS SANTA ANA (SVL) - Árabe Unido Colón (PAN) 4:0, 1:1
Real España Tegucigalpa (HON) - SANTOS L. (MEX) 1:1, 2:6
2. Runde
CD FAS SANTA ANA (SLV) - Santos Laguna (MEX) 3:0, 0:0
Freilos: MUNICIPAL CIUDAD DE GUATEMALA (GUA)
3. Runde
CD FAS Santa Ana (SLV) - MUNICIPAL CD. G. (GUA) 2:2, 0:2
Gruppe C
1. Runde
Motagua Tegucigalpa (HON) - SAPRISSA S. J. (CRC) 0:1, 0:3
Bautista M. (NIC) - ALIANZA SAN SALVADOR (SLV) 0:2, 2:3
2. Runde
SAPRISSA SAN JOSÉ (CRC) - Alianza S. Salvador (SLV) 3:1, 1:1
Gruppe Karibik
1. Runde
Racing Club Oranjestad (ARU) - BEACON'S G. (GUY) 0:x
Racing Club Aruba Oranjestad trat nicht an
AS Javouhey Mana (FRG) - CORONA BOYS (SUR) 1:1, 0:2
CS MOULIEN (GDL) - River Plate Madiki (ARU) 4:1, 0:2
S Cristóbal Bancr. (DOM) - FICA CAP-HAÏTIEN (HAI) 1:1, 0:1
Club Franciscain (MTQ) - AS CAPOISE (HAI) 0:10, *
* Rückspiel nicht ausgetragen
2. Runde
BEACON'S FC GEORGETOWN (GUY) - L'Aiglon (MTQ) x:0
L'Aiglon Le Lamentin trat nicht an
FICA Cap-Haïtien (HAI) - US Sinnamary (FRG) x:x
beide Klubs zogen zurück
Corona Boys (SUR) - CS MOULIEN (GDL) 1:0, 2:4 n.E.
AS Capoise (HAI) - TOPP XX LINDEN (GUY) 0:x
AS Capoise trat nicht an
3. Runde
TOPP XX LINDEN (GUY) - Beacon's G'town (GUY) 2:0, 4:5 n.E.
Freilos: CS Moulien (GDL)
4. Runde
CS MOULIEN (GDL) - Beacon's FC Georgetown (GUY) x:0
Beacon's FC Georgetown trat nicht an

▶ **Endturnier** (in San José)

CD Saprissa San José - CS Moulien 5:0
LD Alajuelense - Municipal Ciudad de Guatemala 2:3
LD Alajuelense - CS Moulien 9:1
CD Saprissa San José - Municipal Ciudad de Guatemala 1:0
LD Alajuelense - CD Saprissa San José 2:2
Municipal Ciudad de Guatemala - CS Moulien 10:0

1. CD SAPRISSA SAN JOSÉ (CRC)	3	2	1	0	8:2	7
2. Municipal Cd. de Guatem. (GUA)	3	2	0	1	13:3	6
3. LD Alajuelense (CRC)	3	1	1	1	13:6	4
4. CS Moulien (GDL)	3	0	0	3	1:24	0

Copa de Campeones y Subcampeones 1996

▶ **Qualifikation**

Gruppe Nord/Zentral
Gruppe A
1. Runde
LD ALAJUELENSE (CRC) - CD FAS Santa Ana (SLV) 4:2, 1:2
ÁRABE UNIDO COLÓN (PAN) - Real Estelí (NIC) 1:1, 1:0
Corozal Victory (BLZ) - CD VICTORIA LA CEIBA (HON) 1:3, 2:4
Freilos: CRUZ AZUL CIUDAD DE MÉXIKO (MEX)
2. Runde
VICT. LA CEIBA (HON) - Árabe Unido Colón (PAN) 1:0, 3:2 n.V.
Freilos: LD ALAJUELENSE (CRC), CRUZ AZUL (MEX)
3. Runde
CD Victoria La Ceiba (HON) - CRUZ AZUL (MEX) 1:0, 0:2
Freilos: LD ALAJUELENSE (CRC)
4. Runde
LD Alajuelense (CRC) - CRUZ AZUL CD. MEX. (MEX) 0:2, 2:3
Gruppe B
1. Runde
SAPRISSA SAN JOSÉ (CRC) - Olimpia Tegucig. (HON) 4:0, 0:3
Freilos: NECAXA CIUDAD DE MÉXIKO (MEX)
2. Runde
CD Saprissa San José - NECAXA Cd. d. M. (MEX) 2:2, 1:2
Gruppe C
1. Runde
COMUNICACIONES CD. GUA. (GUA) - Cosmos (PAN) 4:0, 2:0
SACACHISPAS (GUA) - Juventus Managua (NIC) 3:1, 2:2
Freilos: JUVENTUS ORANGE WALK (BLZ)
2. Runde
COMUNICACIONES (GUA) - Sacachispas (GUA) 2:1, 3:0
Freilos: JUVENTUS ORANGE WALK (BLZ)
3. Runde
Juventus Orange W. (BLZ) - COMUNICACIONES (GUA) 1:1, 0:7
Gruppe Karibik
1. Runde
TRANSVAAL PAR. (SUR) - Red Star Pointe-à-Pitre (GDL) x:0
Red Star Pointe-à-Pitre trat nicht an
US Sinnamary (FRG) - SV PREKASH (SUR) 0:0, 0:x
US Sinnamary zog nach dem Hinspiel zurück
2. Runde
TRANSVAAL PARAMARIBO (SUR) - SV Prekash (SUR) 0:0, 1:0
Playoff
SEATTLE SOUNDERS (USA) - Transvaal Pramaribo (SUR) 10:0

▶ **Endturnier** (in Guatemala)

Comunicaciones Cd. Guatemala - Seattle Sounders 2:0
Necaxa Ciudad de México - Cruz Azul Ciudad de México 1:1
Seattle Sounders - Necaxa Ciudad de México 1:4
Comunicaciones Cd. Guatemala - Cruz Azul Cd. México 1:2
Comunicaciones Ciudad de Guatemala - Necaxa CdM 3:3
Seattle Sounders - Cruz Azul Ciudad de México 0:11

1. CRUZ AZUL Cd. México (MEX)	3	2	1	0	14:2	7
2. Necaxa Ciudad de México (MEX)	3	1	2	0	8:5	5
3. Communicaciones Cd. G. (GUA)	3	1	1	1	6:5	4
4. Seattle Sounders (USA)	3	0	0	3	1:17	0

Copa de Campeones y Subcampeones 1997

▶ **Qualifikation**

CD GUADALAJARA (MEX) und WASHINGTON DC UNITED (USA) für die Finalrunde gesetzt
Gruppe Nord
LOS ANGELES GALAXY (USA) - Santos Laguna (MEX) 4:1
Gruppe Zentral
Vorrunde
Eurokickers (PAN) - DIRIANGÉN DIRIAMBA (NIC) 4:2, 1:4 n.V.
1. Runde
CS CARTAGINÉS (CRC) - Tauro FC Pan.-City (PAN) 5:0, 4:2
FAS S. Ana (SLV) - COMUNICACIONES (GUA) 1:1, 1:1, 3:5 n.E.
XELAJÚ MC Q. (GUA) - Real Verdes (BLZ) 0:0, 2:0
JUVENTUS ORANGE W. (BLZ) - Real España T. (HON) 0:1, 4:1
L. A. FIRPO USULUTÁN (SLV) - Olimpia Tegucig. (HON) 0:0, 3:1
Diriangén Diriamba (NIC) - LD ALAJUELENSE (CRC) 3:2, 1:3
2. Runde
Juventus Or. W. (BLZ) - COMUNICACIONES (GUA) 0:3, 2:5
Xelajú MC Q. (GUA) - L. A. FIRPO USULUTÁN (SLV) 2:1, 0:2
CS CARTAGINÉS (CRC) - LD Alajuelense (CRC) 2:1, *
* es wurde nur ein Spiel ausgetragen
Gruppe Karibik
Gruppe 1 (in Pointe-à-Pierre, Trinidad)
L'Etoile Filante Morne-à-l'Eeau - Notre Dame Bayville 0:0
United Petrotrin - Omai Gold Seekers 2:0
Omai Gold Seekers - Notre Dame SC Bayville 0:2
United Petrotrin - L'Etoile Filante Morne-à-l'Eeau 7:1
Omai Gold Seekers - L'Etoile Filante Morne-à-l'Eeau 1:1
United Petrotrin - Notre Dame SC Bayville 5:0

1. UNITED PETROTRIN (TRI)	3	3	0	0	14:1	9
2. Notre Dame SC Bayville (BRB)	3	1	1	1	2:5	4
3. L'Etoile Filante Morne-à-l'E. (GDL)	3	0	2	1	2:8	2
4. Omai Gold Seekers (GUY)	3	0	1	2	1:5	1

Gruppe 2 (in Montego Bay, Jamaika)
SV Transvaal Paramaribo - Stubborn Youth 1:0
Seba United Montego Bay - Club Franciscain 2:0*
Das ursprüngliche Resultat von 2:3 wurde wegen Einsatzes von zwei nicht spielberechtigten Akteuren annulliert
Club Franciscain - SV Transvaal Paramaribo 2:1
Seba United Montego Bay - Stubborn Youth 5:1
Stubborn Youth - Club Franciscain 2:3
Seba United Montegao Bay - SV Transvaal Paramaribo 2:0

1. SEBA UTD MONTEGO B. (JAM)	3	3	0	0	9:1	9
2. Club Franciscain (MTQ)	3	2	0	1	5:5	6
3. Transvaal Paramaribo (SUR)	3	1	0	2	2:4	3
4. Stubborn Youth SC (VIN)	3	0	0	3	3:9	0

Playoff
UNITED PETROTRIN (TRI) - Seba United (JAM) 2:1 n.V.

▶ **Endrunde**

Viertelfinale
LOS ANGELES GALAXY (USA) - L. A. Firpo Usulután (SLV) 2:0
WASHINGTON DC UNITED (USA) - United Petrotrin (TRI) 1:0
CRUZ AZUL CD. MÉXICO (MEX) - Comunicaciones (GUA) 5:0
CD GUADALAJARA (MEX) - CS Cartaginés (CRC) 1:0
Halbfinale
CD Guadalajara (MEX) - CRUZ AZUL CD. MÉXICO (MEX) 2:3
Wash. DC United (USA) - LOS ANGELES GALAXY (USA) 0:1

Spiel um Platz 3
Washington DC United (USA) - CD Guadalajara (MEX) 2:2*
Beide Teams wurden Dritter
Finale (24. August 1997, Washington DC)
Los Angeles Galaxy (USA) - CRUZ AZUL CD. D. M. (MEX) 3:5

Copa de Campeones y Subcampeones 1998

Qualifikation

Gruppe Nord
Cruz Azul Ciudad de México (MEX), CD Toluca (MEX) und Washington DC United (USA) für die Finalrunde gesetzt
Play-Off
Colorado Rapids (USA) - CSD LEÓN (MEX) 1:0, 2:4
Gruppe Zentral
1. Runde
Gruppe Süd/A
Diriangén FC Diriamba - CD Saprissa San José 0:3, 1:4
Árabe Unido Colón - Diriangén FC Diriamba 1:0, 1:1
Árabe Unido Colón - CD Saprissa San José 1:2, *
*nicht ausgetragen
1. CD SAPRISSA SAN JOSÉ (CRC) 3 3 0 0 9:2 9
2. Arabe Unido Colón (PAN) 3 1 1 1 3:3 4
3. Diriangén FC Diriamba (NIC) 4 0 1 3 2:9 1
Gruppe Süd/B
Tauro FC Ciudad da Panama - LD Alajuelense 1:2, 0:4
LD Alajuelense - Real Estelí 8:0, 3:1
Real Estelí - Tauro FC Ciudad da Panama *
*nicht ausgetragen
1. LD ALAJUELENSE (CRC) 4 4 0 0 17:2 12
2. Tauro FC Cd da Panama (PAN) 2 0 0 2 1:6 0
3. Real Estelí (NIC) 2 0 0 2 1:11 0
Gruppe Nord/A
Olimpia Tegucigalpa - Juventus Orange Walk 2:0
Comunicaciones Cd. de Gua. - Alianza San Salvador 2:2
Alianza San Salvador - Juventus Orange Walk 3:3
Comunicaciones Cd. de Gua. - Olimpia Tegucigalpa 3:2
Alianza San Salvador - Olimpia Tegucigalpa 1:4
Comunicaciones Cd. de Gua. - Juventus Orange Walk 8:2
1. COMUNICACIONES (GUA) 3 2 1 0 13:6 7
2. Olimpia Tegucigalpa (HON) 3 2 0 1 8:4 6
3. Alianza San Salvador (SLV) 3 0 2 1 6:9 2
4. Juventus Orange Walk (BLZ) 3 0 1 2 5:13 1
Gruppe Nord/B
Aurora Cd. de Guatemala - Platense Puerto Cortés 1:2, 1:2
Real Verdes Benque Viejo - Platense Puerto Cortés 0:0, 0:6
Aurora Ciudad de Guatemala - L. A. Firpo Usulután 2:2, 0:2
Real Verdes Benque Viejo - Aurora Cd. de Guatemala 1:2, 3:2
L. A. Firpo Usulután - Real Verdes Benque Viejo 4:1, *
Luis Angel Firpo Usulután - Platense Puerto Cortés 1:0, *
*nicht ausgetragen
1. PLATENSE PU. CORTÉS (HON) 5 3 1 1 10:3 10
2. Luis Angel Firpo Usulután (SLV) 4 3 1 0 9:3 10
3. Aurora Cd. de Guatemala (GUA) 5 1 1 4 8:12 4
4. Real Verdes Benque Viejo (BLZ) 5 1 1 3 5:14 4
2. Runde
Gruppe 1
Platense Puerto Cortés - CD Saprissa San José 1:3, 0:0
Comunicaciones Cd. d. G. - CD Saprissa San José 1:0, 1:2
Platense Puerto Cortés - Comunicaciones Cd. d. G. 3:1, 1:2
1. CD SAPRISSA SAN JOSÉ (CRC) 4 2 1 1 5:3 7
2. Comunicaciones Cd. d. G. (GUA) 4 2 0 2 5:6 6
3. Platense Puerto Cortés (HON) 4 1 1 2 5:6 4
Gruppe 2
LD Alajuelense - Luis Angel Firpo Usulután 1:1, 2:3
Olimpia Tegucigalpa - LD Alajuelense 0:1, 1:5
Luis Angel Firpo Usulután - Olimpia Tegucigalpa 2:0, 1:1
1. LUIS A. FIRPO USULUTÁN (SLV) 4 2 2 0 7:4 8
2. LD Alajuelense (CRC) 4 2 1 1 9:5 7
3. Olimpia Tegucugalpa (HON) 4 0 1 3 2:9 1
Entscheidungsspiel
LD ALAJUELENSE (CRC) - Comunicaciones (GUA) 4:2, 1:1
Gruppe Karibik
Weil die Karibikmeisterschaft erst im November ausgespielt wurde, entschied die CONCACAF, den Joe Public FC aus Trinidad und Tobago als Teilnehmer zu melden. Der Klub, der Vizemeister hinter Defence Force geworden war, befand sich im Besitz von CONCACAF-Präsident Jack Warner.

Endturnier (in Washington DC)

Viertelfinale
WASHINGTON DC UNITED (USA) - Joe Public FC (TRI) 8:0
Cruz Azul (MEX) - SAPRISSA SAN JOSÉ (CRC) 0:0 n.V., 3:5 n.E.
CSD LEÓN (MEX) - L. Á. Firpo Usulután (SLV) 1:1 n.V., 3:2 n.E.
CD TOLUCA (MEX) - LD Alajuelense (CRC) 2:0
Halbfinale
WASHINGTON DC UNITED (USA) - CSD León (MEX) 2:0
Saprissa San José (CRC) - CD TOLUCA (MEX) 1:1 n.V., 2:3 n.E.
Spiel um Platz 3
CD Saprissa San José (CRC) - CSD León (MEX) 2:0
Finale (16. August 1998, Washington DC, 12.607)
WASHINGTON DC UNITED (USA) - CD Toluca (MEX) 1:0
DC United: S. Garlick - G. Talley, E. Pope, J. Agoos, B. Kamler, Olsen, Harkes, M. Etcheverry, R. Williams, R. Lassiter, J. Moreno (75. C. Llamosa) - *Toluca:* M. Albarrán, S. Carmona, O. Blanco, A. Macías, A. Taboada (59. D. Vukic), V. Ruiz, F. Estay, D. Rangel, E. Alfaro (70. R. García), J. Cardozo, J.M. Abundis (75. M. Ordiales) - *Tor:* 1:0 Eddie Pope (41.) - *SR:* Carlos Batres (Guatemala)

Copa de Campeones y Subcampeones 1999

Qualifikation

Gruppe Nord
Washington DC United (USA), Chicago Fire (USA) und CD Toluca (Mexiko) automatisch qualifiziert
Entscheidungsspiel
Los Angeles Galaxy - NECAXA CD. MÉXICO 1:1 n.V., 3:4 n.E.
Gruppe Zentral
Erste Runde, Gruppe 1
Luis Angel Firpo Usulután - CD Saprissa San José 2:2, 0:2
Juventus Orange Walk - Motagua Tegucigalpa 0:0, 1:1
Comunicaciones Cd. d. Gua. - Juventus Orange Walk 2:0, 4:1
Motagua Tegucigalpa - Luis Angel Firpo Usulután 2:1, 0:1
Luis Angel Firpo Usulután - Comunicaciones CdG 1:1, 0:3
Motagua Tegucigalpa - CD Saprissa San José 1:1, 0:2
Luis Angel Firpo Usulután - Juventus Orange Walk 2:0, 0:x*
CD Saprissa San José - Comunicaciones Cd. d. G. 1:1, 0:1
Comunicaciones Cd. d. G. - Motagua Tegucigalpa 0:0, *
Juventus Orange Walk - CD Saprissa San José 0:2, *
1. COMUNICACIONES CDG (GUA) 7 4 3 0 12:3 15
2. CD Saprissa San José (CRC) 7 3 3 1 10:5 12
3. Luis Angel Firpo Usulután (SLV) 7 2 2 3 7:10 8
4. Motagua Tegucigalpa (HON) 7 1 4 2 4:6 7
5. Juventus Orange Walk (BLZ) 6 0 2 4 2:11 2
Erste Runde, Gruppe 2
LD Alajuelense - Aurora Ciudad de Guatemala 6:1, 1:1
CD FAS Santa Ana - Olimpia Tegucigalpa 0:1, 1:2
Walter Ferreti Managua - Acros Verdes Belize-City 1:0*
Olimpia Tegucigalpa - Aurora Ciudad de Guatemala 0:0, 2:2
Acros Verdes Belize-City - LD Alajuelense 1:2, 0:7
Walter Ferreti Managua - CD FAS Santa Ana 2:1*
LD Alajuelense - Olimpia Tegucigalpa 1:1, 1:4
Aurora Ciudad de Guatemala - Walter Ferreti Mangua 8:0*
CD FAS Santa Ana - Acros Verde Belize-City 2:1, 3:0
Acros Verdes Belize-City - Aurora Cd. de Guatemala 1:3, 0:5
CD FAS Santa Ana - LD Alajuelense 1:1, 1:1
Olimpia Tegucigalpa - Acros Verdes Belize-City 2:0, 1:0
Aurora Ciudad de Guatemala - CD FAS Santa Ana 1:3, **
* Walter Ferreti Managua (NIC) zog sich zurück, die Ergebnisse wurden annulliert, ** nicht ausgetragen
1. OLIMPIA TEGUCIGALPA (HON) 8 5 3 0 13:5 18
2. LD ALAJUELENSE (CRC) 8 3 4 1 20:10 13
3. CD FAS Santa Ana (SLV) 7 3 2 2 11:7 11
4. Aurora Cd. de Guatemala (GUA) 7 2 3 2 13:13 9
5. Acros Verde Belize-City (BLZ) 8 0 0 8 3:25 0
Zweite Runde (Turnier in Tegucagalpa, Honduras)
CD Saprissa San José - Comunicaciones Cd. Guatemala 3:2
Olimpia Tegucigalpa - LD Alajuelense 2:0
Olimpia Tegucigalpa - Comunicaciones Cd. Guatemala 3:1
LD Alajuelense - CD Saprissa San José 0:0
Olimpia Tegucigalpa - CD Saprissa San José 1:0
LD Alajuelense - Comunicaciones Ciudad de Guatemala 3:0
1. OLIMPIA TEGUCIGALPA (HON) 3 3 0 0 6:1 9
2. LD ALAJUELENSE (CRC) 3 1 1 1 3:2 4
3. CD SAPRISSA SAN JOSÉ (CRC) 3 1 1 1 3:3 4
4. Comunicaciones C.d.G. (GUA) 3 0 0 3 3:9 0
Gruppe Karibik
Viertelfinale
WATERHOUSE FC (JAM) - Etoile Morne à l'Eau (GDL) 3:0
CALEDONIA AIA (TRI) - Lowmans Chelsea FC (VIN) 13:0
JOE PUBLIC FC T. (TRI) - Notre Dame Bayville (BAR) 4:0
San Juan Jabloteh (TRI) - L'AIGLON LE LAMENTIN (MTG) 0:2
Halbfinale
JOE PUBLIC TUNAPUNA (TRI) - Waterhouse FC (JAM) 3:1
CALEDONIA AIA (TRI) - L'Aiglon Le Lamentin (MTG) 4:3
Finale
JOE PUBLIC FC TUNAPUNA (TRI) - Caledonia AIA (TRI) 1:0

Endturnier (in Las Vegas, USA)

Viertelfinale
Chicago Fire (USA) - Joe Public FC Tunapuna (TRI) 2:0
CD Toluca (MEX) - LD Alajuelense (CRC) 0:1
Washington DC United (USA) - Olimpia Tegucig. (HON) 1:0
Necaxa Cd de México (MEC) - CD Saprissa San José (CRC) 3:2
Halbfinale
Chicago Fire (USA) - LD Alajuelense (CRC) 1:1 n.V., 4:5 n.E.
Washington DC United (USA) - Necaxa Cd. México (MEX) 1:3
Spiel um Platz 3
Washington DC United (USA) - Chicago Fire (USA) 2:2*
Der dritte Platz wurde geteilt
Finale (3. Oktober 1999)
NECAXA CD. DE MÉXICO (MEX) - LD Alajuelense (CRC) 2:1
Tore: 0:1 Josef Miso (33./E), 1:1 Alex Aguinaga (46.), 2:1 Sergio Vázquez (65.)

Copa de Campeones y Subcampeones 2000

Qualifikation

Gruppe Nord
Washington DC United (USA), Los Angeles Galaxy (USA), Atlético Pachuca (Mexiko), CD Toluca (Mexiko) automatisch qualifiziert
Gruppe Zentral
Erste Runde, Gruppe 1
LD Alajuelense - Real Estelí 6:0, 2:1
Real España Tegucigalpa - Real Estelí 2:1, 8:0
LD Alajuelense - Real España Tegucigalpa 1:0, 1:1
1. LD ALAJUELENSE (CRC) 4 3 1 0 10:2 10
2. Real España Tegucigalpa (HON) 4 2 1 1 11:3 7
3. Real Estelí (NIC) 4 0 0 4 2:18 0
Gruppe 2
Panama Viejo - Alianza San Salvador 2:0, 2:7
CD Saprissa San José - Alianza San Salvador 3:1, 2:1
CD Saprissa San José - Panama Viejo 3:0, 0:1
1. CD SAPRISSA SAN JOSÉ (CRC) 4 3 0 1 8:3 9
2. Panama Viejo (PAN) 4 2 0 2 5:10 6
3. Alianza San Salvador (SLV) 4 1 0 3 9:9 3
Gruppe 3
Sagitún Mango Creek - Comunicaciones Cd. de G. 1:1, 1:4
Árabe Unido Colón - Sagitún Mango Creek 2:1, 2:2*
Árabe Unido Colón - Comunicaciones Cd. d. G. 1:0, 0:1
*beim Stande von 2:2 in der 89. Minute abgebrochen, weil sich Spieler von Sagitún mit Polizeikräften prügelten. Zuvor war der Sagitún-Trainer auf die Tribüne verwiesen worden
1. COMUNICACIONES C.D.G. (GUA) 4 2 1 1 6:3 7
2. Árabe Unido Colón (PAN) 4 2 1 1 5:4 7
3. Sagitún Mango Creek (BLZ) 4 0 2 2 5:9 2
Gruppe 4
La Victoria Corozal - Municipal Cd. de Guatemala 0:1, 1:6
La Victoria Corozal - Olimpia Tegucigalpa 0:3, 0:x
La Victoria trat zum Rückspiel nicht an
Olimpia Tegucigalpa - Municipal Cd. Guatemala 2:3, x:x
Rückspiel abgesagt
1. MUNICIAPL C.D.G. (GUA) 3 3 0 0 5:3 6
2. Olimpia Tegucigalpa (HON) 3 2 0 1 5:3 6
3. La Victoria Corozal (BLZ) 4 0 0 4 1:10 0
Zweite Runde
Gruppe A (Turnier in Ciudad de Guatemala)
Municipal Cd. Guatemala - CD Saprissa San José 1:1
Olimpia Tegucigalpa - Panama Viejo 5:0
Municipal Cd. Guatemala - Olimpia Tegucigalpa 0:0
CD Saprissa San José - Panama Viejo 0:1
CD Saprissa San José - Olimpia Tegucigalpa 4:1
Municipal Cd. Guatemala - Panama Viejo 5:0
1. MUNICIAPL C.D.G. (GUA) 3 1 1 1 6:4 4
2. Olimpia Tegucigalpa (HON) 3 1 1 1 6:4 4
3. CD Saprissa San José (CRC) 3 1 1 1 5:3 4
4. Panama Viejo (PAN) 3 1 0 2 1:10 3
Gruppe B (Turnier in Panama City)
LD Alajuelense - Comunicaciones Cd. de. Guatemala 2:1
Arabe Unido Colón - Real España Tegucigalpa 1:2
Arabe Unido Colón - LD Alajuelense 2:3
Real España Tegucigalpa - Comunicaciones Cd. d. Gua. 2:1
LD Alajuelense - Real España Tegucigalpa 1:0
Arabe Unido Colón - Comunicaciones Cd. de Guatemala 4:3
1. LD ALAJUELENSE (CRC) 3 3 0 0 6:3 9
2. Real España Tegucigalpa (HON) 3 2 0 1 4:3 6
3. Árabe Unido Colón (BLZ) 3 1 0 2 7:8 3
4. Comunicaciones C.d.G. (GUA) 3 0 0 3 5:8 0
Dritte Runde (Turnier in San Pedro Sula, Honduras)
LD Alajuelense - Real España Tegucigalpa 1:1
Olimpia Tegucigalpa - Municipal Cd. de Guatemala 0:0
Olimpia Tegucigalpa - Real España Tegucigalpa 2:0
LD Alajuelense - Municipal Ciudad de Guatemala 1:0
Olimpia Tegucigalpa - LD Alajuelense 0:0
Real España Tegucigalpa - Municipal Cd. Guatemala 3:2
1. OLIMPIA TEGUCIGALPA (HON) 3 1 2 0 2:0 5
2. LD ALAJUELENSE (CRC) 3 1 2 0 2:1 5
3. REAL ESPAÑA TEGUC. (HON) 3 1 1 1 4:5 4
4. Municipal Cd. de Guatemala 3 0 1 2 2:4 1
Gruppe Karibik
Gruppe A
Joe Public FC Tunapuna - Harlem United Newtown 2:0
RKVFC Sithoc Mahuma - Robin Hood Paramaribo 2:2
RKVFC Sithoc Mahuma - Harlem United Newtown 2:2
Joe Public FC Tunapuna - Robin Hood Paramaribo 5:0
Robin Hood Paramaribo - Harlem United Newtown 5:2
Joe Public FC Tunapuna - RKVFC Sithoc Mahuma 7:0
1. JOE PUBLIC TUNAPUNA (TRI) 3 3 0 0 14:0 9
2. Robin Hood Paramaribo (SUR) 3 1 1 1 7:9 4
3. RKVFC Sithoc Mahuma (ANT) 3 0 2 1 4:11 2
4. Harlem United Newtown (DMA) 3 0 1 2 4:9 1
Gruppe B
Harbour View FC Kingston - Violette AC Port-au-Prince 5:0
Paradise FC Dover - Roots Alley Ballers 1:0
Harbour View FC Kingston - Paradise FC Dover 1:0
Violette AC Port-au-Prince - Roots Alley Ballers 7:1
Harbour View FC Kingston - Roots Alley Ballers 3:0
Violette AC Port-au-Prince - Paradise FC Dover 2:1
1. HARBOUR VIEW FC (JAM) 3 3 0 0 9:0 9
2. Violette AC Port-au-Prince (HAI) 3 2 0 1 9:7 6
3. Paradise FC Dover (BRB) 3 1 0 2 2:3 3
4. Roots Alley Ballers (LCA) 3 0 0 3 1:11 0
Gruppe C
Tivoli Gardens FC Kingston - W Connection Point Lisas 1:1
Empire FC Gray's Farm - Café Sisserou Strikers 6:0
W Connection Point Lisas - Café Sisserou Strikers 11:0
Empire FC Gray's Farm - Tivoli Gardens FC Kingston 1:1
Empire FC Gray's Farm - W Connection Point Lisas 3:3
Tivoli Gardens FC Kingston - Café Sisserou Strikers 5:3
1. W CONNECTION P. LISAS (TRI) 3 1 2 0 15:4 5
2. Empire FC Gray's Farm (ATG) 3 1 2 0 10:4 5
3. Tivoli Gardens FC K'ston (JAM) 3 1 2 0 7:5 5
4. Café Sisserou Strikers (DMA) 3 0 0 3 3:22 0
Gruppe D
Nach dem Rückzug des Gastgebers Club Franciscain (MTQ) ausgefallen. Teilnehmer waren zudem Carioca FC (HAI) und Café Sisserou Strikers (DMA). Carioca Gruppensieger, Sisserou in Gruppe C verlegt
Endrunde
W Connection Point Lisas - Harbour View FC Kingston 3:1
Joe Public FC Tunapuna - Carioca FC 1:1
W Connection Point Lisas - Carioca FC 1:1
Carioca FC - Harbour View FC Kingston 1:2

Joe Public FC Tunapuna - W Connection Point Lisas 1:0
Joe Public FC Tunapuna - Carioca FC 1:1
Joe Public FC Tunapuna - Harbour View FC Kingston 1:1
1. JOE PUBLIC FC TUNAPUNA (TRI) 3 1 2 0 3:2 5
2. W Connection Point Lisas (TRI) 3 1 1 1 4:3 4
3. Harbour View FC Kingston (JAM) 3 1 1 1 4:5 4
4. Carioca FC (HAI) 3 0 2 1 3:4 2
▶ **Endturnier** (in California, USA)
Viertelfinale
CD Toluca (MEX) - OLIMPIA TEGUCIGALPA (HON) 0:1
PACHUCA CF (MEX - Joe Public FC Tunapuna (TRI) 1:0
WASHINGTON DC UNITED (USA) - LD Alajuelense (CRC) 2:1
LA GALAXY (USA) - Real España Teg. (HON) 0:0 n.V., 5:3 n.E.
Halbfinale
OLIMPIA TEGUCIGALPA (HON) - Pachuca CF (MEX) 4:0
LA GALAXY (USA) - Wash. DC United (USA) 1:1 n.V., 4:2 n.E.
Spiel um Platz 3
Washington DC United (USA) - PACHUCA CF (MEX) 1:2
Finale (21. Januar 2001, Los Angeles)
LOS ANGELES GALAXY (USA) - Olimpia Tegucig. (HON) 3:2
LA Galaxy: Kevin Hartman - Greg Vanney, Alexi Lalas, Paul Caliguiri, Zak Ibsen, Ezra Hendrickson, Simon Elliot, Peter Vagenas, Mauricio Cienfuegos (92. Brian Kelly), Cobi Jones, Adam Frye (60. Sasha Victorine) - *Olimpia Tegucigalpa*: Donaldo Gonzalez - Gerson Vasquez, Robert Lima, Samuel Caballero, Nerlin Membreno, Alex Pineda Chacon (82. Arnold Cruz), Danilo Tosello, Jose Luis Pineda (88. Reynaldo Tilgauth), Christian Santamaria, Denilson Costa, Carlos Paes - *Tore*: 0:1 Danilo Tosello (34./E), 1:1 Hendrickson (36.), 2:1 Jones (39.), 2:2 Lima (51.), 3:2 Hendrickson (78.)

Copa de Campeones y Subcampeones 2001

▶ **Qualifikation**
Gruppe Nord
Kansas-City Wizards (USA), Chicago Fire (USA), Santos Laguna (MEX) und Atlético Morelia (MEX) automatisch qualifiziert
Gruppe Zentral
Erste Runde
Gruppe A
Tauro FC Panama City - CD Saprissa San José 1:1
Comunicaciones Ciudad de G. - Motagua Tegucigalpa 0:0
Tauro FC Panama City - Motagua Tegucigalpa 1:0
Comunicaciones Cd. de Guatem.- CD Saprissa San José 1:2
Comunicaciones Cd. de Guat.- Tauro FC Panama City 2:1
CD Saprissa San José - Motagua Tegucigalpa 2:1
1. CD SAPRISSA SAN JOSÉ (CRC) 3 2 1 0 5:3 7
2. Comunicaciones C.d.G. (GUA) 3 1 1 1 3:3 4
3. Tauro FC Panama-City (PAN) 3 1 1 1 3:3 4
4. Motagua Tegucigalpa (HON) 3 0 1 2 1:3 1
Gruppe B
LD Alajuelense - Plaza Amador Panama City 6:1
Municipal Cd. Guatemala - Olimpia Tegucigalpa 0:0
Municipal Cd. Guatemala - Plaza Amador Panama City 7:0
LD Alajuelense - Olimpia Tegucigalpa 0:0
Municipal Cd. Guatemala - LD Alajuelense 2:2
Olimpia Tegucigalpa - Plaza Amador Panama City 6:0
1. MUNICIPAL CD. GUAT. (GUA) 3 1 2 0 9:2 5
2. Olimpia Tegucigalpa (HON) 3 1 2 0 6:0 5
3. LD Alajuelense (CRC) 3 1 2 0 8:3 5
4. Plaza Amador Panama City (PAN) 3 0 0 3 1:19 0
Endrunde (Turnier in Costa Rica)
CD Saprissa San José - Municipal Ciudad de Guatemala 1:1
Olimpia Tegucigalpa - Comunicaciones Cd. Guatemala 2:0
CD Saprissa San José - Olimpia Tegucigalpa 3:1
Municipal Cd. Guatemala - Comunicaciones Cd. de G. 4:0
CD Saprissa San José - Comunicaciones Cd. Guatemala 3:2
Olimpia Tegucigalpa - Municipal Cd. Guatemala 1:2
1. MUNICIAPL C.D.G. (GUA) 3 2 1 0 7:2 7
2. CD SAPRISSA SAN JOSÉ (CRC) 3 2 1 0 7:4 7
3. OLIMPIA TEGUCIGALPA (HON) 3 1 0 2 4:5 3
4. Comunicaciones C.d.G. (GUA) 3 0 0 3 2:9 0
Gruppe Karibik
Erste Runde
Fruta Conquerors (GUY) - W CONNECTION (TRI) 2:1, 0:8
Rovers United FC (LCA) - DEFENCE FORCE FC (TRI) 0:3, 1:6
RACING CLUB HAÏTIEN (HAI) - UWS Upsetters (VIR) x:0
United We Stand Upsetters trat nicht an
ROULADO FC (HAI) - Club Franciscain (MTQ) x:0
Club Franciscain trat nicht an
JONG COLOMBIA W. (ANT) - Roots Alley Ballers (LCA) x:0
Roots Alley Ballers trat nicht an
Juventus Tanki Leendert (ARU) - SNL P'MARIBO (SUR) 1:3, 1:7
TRANSVAAL PARAMARIBO (SUR) - HBA Panthers (VGB) x:0
HBA Panthers wurden disqualifziert
Empire FC Gray's Farm (ATG) - GARDEN HOTSPURS (SKN) 0:x
Empire FC Gray's Farm trat nicht an
Zweite Runde
Gruppe A (Turnier in Port-au-Prince, Haiti)
Transvaal Paramaribo (SUR) trat nicht an
W Connection Point Lisas - Jong Colombia Willemstad 3:1
Racing Club Haiti - Jong Colombia Willemstad 7:0
W Connection Point Lisas - Racing Club Haiti 4:0
1. W CONNECTION P. LISAS (TRI) 2 2 0 0 7:1 6
2. Racing Club HAITI (HAI) 2 1 0 1 7:4 3
3. Jong Colombia W'stad (ANT) 2 0 0 2 1:10 0
Gruppe B (Turnier in Trinidad)
Garden Hotspurs FC (SKN) trat nicht an
Surinaams Nationaal Leger P. - Roulado Goncaïves 0:0
Defence Force - Roulado Goncaïves 5:1
Defence Force - Surinaams Nationaal Leger Paramaribo 3:1
1. DEFENCE FORCE (TRI) 2 2 0 0 8:2 6
2. S. NATIONAAL LEGER P. (SUR) 2 0 1 1 1:3 1
3. Roulado Goncaïves (HAI) 2 0 1 1 1:5 1
Finale
Defence Force (TRI) - W Connection Point Lisas (TRI) x:x
Finale nicht ausgetragen, Wettbewerb abgebrochen

CONCACAF CHAMPIONS CUP 2002

Erster Versuch der Einrichtung einer Champions League. Ursprünglich sollten vier Gruppen à vier Teams gebildet werden. Dazu kam es jedoch nicht. Stattdessen wurde wie gewohnt im K.-O.-System gespielt.
▶ **Erste Runde**
LD ALAJUELENSE (CRC) - América Cd. México (MEX) 1:0, 2:0
COMUNICACIONES (GUA) - Wash. DC United (USA) 4:0, 1:2
Defence Force (TRI) - ATLÉTICO PACHUCA (MEX) 1:0, 0:4
Olimpia T'galpa (HON) - S. J. EARTHQUAKES (USA) 0:1, 1:3
ATL. MORELIA (MEX) - CD Saprissa San José (CRC) 2:0, 1:1
Municipal Cd. Guatem. (GUA) - CHICAGO FIRE (USA) 0:1, 0:2
Tauro FC (PAN) - SANTOS LAGUNA TORREÓN (MEX) 1:1, 2:4
W Connection P. L. (TRI) - KANSAS C. WIZARDS (USA) 0:1, 0:2
▶ **Viertelfinale**
Comunicaciones (GUA) - LD ALAJUELENSE (CRC) 2:3, 0:3
ATL. PACHUCA (MEX) - San Jose Earthquakes (USA) 3:0, 0:1
ATLÉTICO MORELIA (MEX) - Chicago Fire (USA) 2:0, 1:2
Santos Laguna Torreón (MEX) - K. C. WIZARDS (USA) 2:1, 0:2
▶ **Halbfinale**
LD Alajuelense (CRC) - ATLÉTICO PACHUCA (MEX) 2:1, 0:2
ATL. MORELIA (MEX) - Kansas City Wizards (USA) 6:1, 1:1
▶ **Finale** (18.9. 2002, Estadio Azul, Ciudad de México)
Atlético Morelia (MEX) - ATLÉTICO PACHUCA (MEX) 0:1
Tor: 0:1 Walter Silvani (48.)

CONCACAF CHAMPIONS CUP 2002/03

▶ **Qualifikation**
Zentralamerika
Gruppe 1 (Turnier in El Salvador)
Alianza San Salvador - Deportivo Jalapa 4:1
CD FAS Santa Ana - Árabe Unido Colón 0:2
CD FAS Santa Ana - Deportivo Jalapa 17:0
Alianza San Salvador - Árabe Unido Colón 1:0
Árabe Unido Colón - Deportivo Jalapa 19:0
CD FAS Santa Ana - Alianza San Salvador 2:1
1. ÁRABE UNIDO COLÓN (PAN) 3 2 0 1 21:1 6
2. CD FAS SANTA ANA (SLV) 3 2 0 1 19:3 6
3. Alianza San Salvador (SLV) 3 2 0 1 6:3 6
4. Deportivo Jalapa (GUA) 3 0 0 3 1:40 0
Gruppe 2 (Turnier in Guatemala)
Municipal Ciudad de Guatemala - FC San Marcos 4:0
Comunicaciones Cd. Guatemala - SD Santos Pocicí 3:0
Municipal Cd. Guatemala - SD Santos Pocicí 1:2
Comunicaciones Cd. Guatemala - FC San Marcos 6:0
Municipal Cd. Guatemala - Comunicaciones Cd. Guatem. 4:1
SD Santos Pocicí - FC San Marcos 2:0
1. COMUNICACIONES CDG(GUA) 3 2 0 1 10:4 6
2. MUNICIPAL CD. D. GUA. (GUA) 3 2 0 1 9:3 6
3. SD Santos Pococí (CRC) 3 2 0 1 4:4 6
4. FC San Marcos* (NIC) 3 0 0 3 0:12 0
*rückte für Walter Ferreti Managua nach, das wegen seines Rückzugs aus dem Wettbewerb 1999 gesperrt war
Gruppe 3 (Turnier in Honduras)
Marathón San Pedro Sula - LD Alajuelense 1:2
Motagua Tegucigalpa - Tauro FC Panama-City 2:1
LD Alajuelense - Tauro FC Panama-City 3:2
Motagua Tegucigalpa - Marathón San Pedro Sula 2:1
Motagua Tegucigalpa - LD Alajuelense 2:2
Marathón San Pedro Sula - Tauro FC Panama-City 4:0
1. LD ALAJUELENSE (CRC) 3 2 1 0 7:5 7
2. MOTAGUA TEGUCIGALPA (HON) 3 2 1 0 6:4 7
3. Marathón San Pedro Sula (HON) 3 1 0 2 6:4 3
4. Tauro FC Panama-City (PAN)* 3 0 0 3 3:9 0
*war anstelle der gesperrten Plaza Amador bzw. Panama Viejo nachgerückt
Gruppe Karibik
Vorrunde
George Town SC (CAY) - HARBOUR VIEW FC (JAM) 0:3, 1:7
US ROBERT (MTQ) - Saint Joseph (DMA) 5:0, 1:1
Finalrunde
Gruppe A (Turnier auf Jamaika)
Club Franciscain Le François (MTQ) trat nicht an
Arnett Gardens FC Kingston - VSADC Castries 5:0
Violette AC Port-au-Prince - VSADC Castries 3:1
Arnett Gardens FC Kingston - Violette AC Port-au-Prince 0:0
1. ARNETT GARDENS FC (JAM) 2 1 1 0 5:0 4
2. Violette AC Port-au-Prince (HAI) 2 1 1 0 3:1 4
3. VSADC Castries (LCA) 2 0 0 2 1:8 0
Gruppe B (in Trinidad)
FICA Cap-Haïtien trat nicht an
Harbour View FC Kingston - US Robert 4:1
W Connection Point Lisas - Harbour FC View Kingston 2:1
W Connection Point Lisas - US Robert 2:0
1. W CONNECTION POINT LISAS (TRI) 2 2 0 0 4:1 6
2. Harbour View Kingston (JAM) 2 1 0 1 5:3 3
3. US Robert (MTQ) 2 0 0 2 1:6 0
▶ **Endturnier**
Achtelfinale
CD TOLUCA (MEX) - W Connection P. Lisas FC (TRI) 3:2, 3:3
MUNICIPAL CDG (GUA) - San Jose Earthquakes (USA) 4:2, 1:2
CD FAS Santa Ana (SLV) - AMÉRICA CD. MÉX. (MEX) 3:1, 0:3
LD ALAJUELENSE (CRC) - New England Rev. (USA) 4:0, 1:3
Comunicaciones (GUA) - MONARCAS MORELIA (MEX)1:0, 0:4
Árabe Unido Colón (PAN) - COLUMBUS CREW (USA) 2:1, 0:3
Arnett Gardens FC (JAM) - NECAXA CD. MEX. (MEX) 0:0, 0:1
Motagua Tegucigalpa (HON) - LA GALAXY (USA) 2:2, 0:1
Viertelfinale
Municipal Cd. Guatemala (GUA) - CD TOLUCA (MEX) 1:2, 1:2
AMÉRICA CD. MÉXICO (MEX) - LD Alajuelense (CRC) 4:0, 1:3
MONARCAS MORELIA (MEX) - Columbus Crew (USA) 6:0, 0:2
Los Angeles Galaxy (USA) - NECAXA CD. MEX. (MEX) 1:4, 1:2
Halbfinale
CD TOLUCA (MEX) - América Cd. México (MEX) 1:4, 4:0 n.V.
Necaxa CdM (MEX) - CA MONARCAS MORELIA (MEX)0:0, 0:6
Finale (17. September und 8. Oktober 2003)
CA Monarcas Morelia (MEX) - CD TOLUCA (MEX) 3:3, 1:2
Tore 1. Spiel: 0:1 Israel López (6.), 0:2 Uzziel Lozano (13.), 1:2 Reinaldo Navia (44.), 2:2 Reinaldo Navia (63.), 3:2 Damián Álvarez (69.), 3:3 Israel López (82.)
Tore 2. Spiel: 1:0 Paulo Da Silva (35.), 2:0 Vicente Sanchez (54.), 2:1 Damian Alvarez (81.)

CONCACAF CHAMPIONS CUP 2003/04

▶ **Qualifikation**
Nordamerika
CF Monterrey, Atlético Pachuca (MEX), San Jose Earthquakes und Chicago Fire (USA) direkt für das Endturnier qualifiziert
Zentralamerika
Qualifikation
Boca Juniors S. Ign. (BLZ) - LD ALAJUELENSE (CRC) 0:5, 0:10
Gruppe 1 (Turnier in Nicaragua)
Real Estelí - CD Saprissa San José 0:1
Diriangén FC Diriamba - CD FAS Santa Ana 1:2
Diriangén FC Diriamba - Real Estelí 1:1
CD Saprissa San José - CD FAS Santa Ana 2:1
CD Saprissa San José - Diriangén FC Diriamba 5:0
CD FAS Santa Ana - Real Estelí 2:1
1. CD SAPRISSA SAN JOSÉ (CRC) 3 3 0 0 8:1 9
2. CD FAS Santa Ana (SLV) 3 2 0 1 5:4 6
3. Real Estelí (NIC) 3 0 1 2 2:4 1
4. Diriangen FC Diriamba (NIC) 3 0 1 2 2:8 1
Gruppe 2 (Turnier in Guatemala)
Comunicaciones Cd. Guatemala - Árabe Unido Colón 4:0
Municipal Cd. Guatemala - San Salvador FC 2:2
Municipal Cd. Guatemala - Comunicaciones Cd. Guat. 2:1
San Salvador FC - Árabe Unido Colón 1:1
Municipal Cd. Guatemala - Árabe Unido Colón 5:1
Comunicaciones Cd. Guatemala - San Salvador FC 3:0
1. MUNICIPAL CD. GUAT. (GUA) 3 2 1 0 9:4 7
2. Comunicaciones Cd. Guat. (GUA) 3 2 0 1 8:2 6
3. San Salvador FC (SLV) 3 0 2 1 3:6 2
4. Árabe Unido Colón (PAN) 3 0 1 2 2:10 1
Gruppe 3 (Turnier in Honduras)
Olimpia Tegucigalpa - LD Alajuelense 1:2
Marathón San Pedro Sula - San Francisco La Chorrera 5:0
San Francisco La Chorrera - LD Alajuelense 0:1
Marathón San Pedro Sulsa - Olimpia Tegucigalpa 0:0
Olimpia Tegucigalpa - San Francisco La Chorrera 0:1
Marathón San Pedro Sula - LD Alajuelense 0:0
1. LD ALAJUELENSE (CRC) 3 2 1 0 3:1 7
2. Marathón San Pedro Sula (HON) 3 1 2 0 5:0 5
3. San Francisco La Chorrera (PAN) 3 1 0 2 1:6 3
4. Olimpia Tegucigalpa (HON) 3 0 1 2 1:3 1
Endturnier Zentralamerika (Turnier in Los Angeles, USA)
Halbfinale
LD Alajuelense (CRC) - CD Saprissa San José (CRC) 0:1
Municipal (GUA) - Comunicaciones (GUA) 0:0 n.V., 2:4 n.E.
Spiel um Platz 3
LD ALAJUELENSE (CRC) - Municipal Cd. Guatem. (GUA) 2:0
Endspiel
SAPRISSA SAN JOSÉ (CRC) - COMUNICACIONES* (GUA) 3:2
Nachdem Guatemala im Januar 2004 von der FIFA gesperrt wurde, nahm CD FAS Santa Ana (SLV) den Endrundenplatz von Comunciaciones ein
Gruppe Karibik
SUBT Willemstad (ANT) - Robin Hood Paramaribo (SUR) x:x
Fontenoy United (GRE) - Newtown United (SKN) x:x
Erste Runde
ARNETT GARDENS (JAM) - Village Superstars (SKN) x:0
Caribbean All Stars (TCA) - JONG COLOMBIA (ANT) 0:x
Pointe Michel (DOM) - PORTMORE UNITED (JAM) 0:x
CSD BARBER (ANT) - Barbados Defence Force (BAR) x:0
W CONNECTION P. LISAS (TRI) - Harlem United (DOM) x:0
Queen's Park Rangers (GRE) - FCS NACIONAL (SUR) 0:x
Freilos: SAN JUAN JABLOTEH (TRI)
x:x = beide Teams traten nicht an, 0:x/x:0 Team mit der »0« trat nicht an
Zwischenrunde
Jong Colombia W. (ANT) - ARNETT GARDENS (JAM) 1:5, 0:8
PORTMORE UNITED (JAM) - CSD Barber (ANT) 1:0, 2:1
FCS Nacional (SUR) - W CONNECTION P. LISAS (TRI) 0:3, 2:0
Halbfinale
SAN JUAN JABLOTEH (TRI) - Arnett Gardens (JAM) 3:1, 3:1
Portmore United (JAM) - W CONNECTION P. L. (TRI) 0:0, 0:1
Finale
W Connection (TRI) - SAN JUAN J. (TRI) 1:2, 2:1 n.V., 2:4 n.E.
▶ **Endturnier**
Viertelfinale
Saprissa San José (CRC) - Pachuca (MEX) 2:0, 0:2 n.V., 3:2 n.E.
San Juan Jabloteh (TRI) - CHICAGO FIRE (USA) 5:2, 0:4
CD FAS Santa Ana (SLV) - CF MONTERREY (MEX) 0:0, 1:4
LD ALAJUELENSE (CRC) - San Jose Earthquakes (USA)3:0, 0:1
Halbfinale
CD SAPRISSA SAN JOSÉ (CRC) - Chicago Fire (USA) 2:0, 1:2
LD ALAJUELENSE (CRC) - CF Monterrey (MEX) 1:0, 2:1 n.V.

Finale (5. und 12. Mai 2004, n.b./13.000)
CD Saprissa San José (CRC) - LD ALAJUELENSE (CRC) 1:1, 0:4
Tore 1. Spiel: 0:1 Wilmer Lopez (32.), 1:1 Alonso Solis (61.)
Daten 2. Spiel: *Alajuelense*: Wardy Alfaro – Luis Marín, Michael Rodriguez, Esteban Sirias, Harold Wallace, Luis Arnáez, Pablo Gabas (Pablo Izaguirre 55), Wilmer López, Steven Bryce, Froylán Ledesma (Victor Núñez 80), Alejandro Alpízar (Brayan Ruiz 71) - *Saprissa*: Franciso Porras – Reynaldo Parks, Douglas Sequeira, Jervis Drummond, Tray Bennett, Wilson Muñoz, José Luis López, Juan Bautista Esquivel, Alonso Solís (José Francisco Alfaro 59), Gerald Drummond (Kenneth Vargas 72), Alvaro Saborio (Erick Corrales 65) - *SR*: José Pineda (Honduras) - *Tore*: 0:1 Froylan Ledezma (7.), 0:2 Alejandro Alpizar (24.), 0:3 Alejandro Alpizar (40.), 0:4 Wilmer Lopez (76.)

CONCACAF CHAMPIONS CUP 2004/05

Qualifikation

Nordamerika
Washington DC United, Kansas City Wizards (USA), CF Monterrey (MEX), UNAM/Pumas Ciudad de México (MEX) direkt für das Endturnier qualifiziert

Zentralamerika
Erste Runde
Kulture Yabra (BLZ) - ALIANZA SAN SALVADOR (SLV) 0:0, 2:5
Diriangén FC Diriamba (NIC) - FAS SANTA ANA (SLV) 0:2, 0:7
PLAZA AMADOR (PAN) - Cobán Imperial (GUA) 2:1, 2:3
Boca Juniors S.Ignacio (BLZ) - OLIMPIA T. (HON) 0:1, 0:5
Tauro FC Pan.-City (PAN) - CD HEREDIANO (CRC) 0:3, 0:3
REAL ESTELÍ (NIC) - Real España Tegucigalpa (HON) 1:1, 3:3
Zweite Runde
Alianza San Salvador (SLV) - MUNICIPAL CDG (GUA) 0:1, 1:3
CD FAS SANTA ANA (SLV) - Plaza Amador (PAN) 5:2, 1:0
Real Estelí (NIC) - CD SAPRISSA SAN JOSÉ (CRC) 0:1, 0:4
CD Herediano (CRC) - OLIMPIA TEGUCIGALPA (HON) 2:3, 1:0
Endrunde (in Ciudad de Guatemala)
Municipal Cd. Guatemala - CD FAS Santa Ana 2:0
CD Saprissa San José - Olimpia Tegucigalpa 0:0
Municipal Cd. Guatemala - Olimpia Tegucigalpa 0:1
CD Saprissa San José - CD FAS Santa Ana 3:1
Municipal Cd. Guatemala - CD Saprissa San José 1:0
Olimpia Tegucigalpa - CD FAS Santa Ana 1:3

1. MUNICIPAL CD. GUATEM. (GUA)	3	2	0	1	3:1	6
2. CD Saprissa San José (CRC)	3	1	1	1	3:2	4
3. Olimpia Tegucigalpa (HON)	3	1	1	1	2:3	4
4. CD FAS Santa Ana (SLV)	3	1	0	2	4:6	3

Gruppe Karibik
Erste Runde
SAN JUAN JABLOTEH (TRI) - Walking Bout Co. (SUR) 3:1, 0:0
INTER MOENGOT. (SUR) - Juventus St-Martin (SMT) 2:0, 1:1
Bassa All Saint's (ANT) - TIVOLI GARDENS (JAM) 2:1, 0:3
HARBOUR VIEW KINGSTON (JAM) - Ideal FC (MSR) 15:1, 15:0
Halbfinale
Inter Moengotapoe (SUR) - HARBOUR VIEW (JAM) 4:6, 2:3
San Juan Jabloteh (TRI) - TIVOLI GARDENS (JAM) 1:1, 0:1
Finale
HARBOUR VIEW K'STON (JAM) - Tivoli Gardens (JAM) 1:1, 2:1

Endturnier

Viertelfinale
Olimpia Tegucigalpa (HON) - UNAM/PUMAS (MEX) 1:1, 1:2
W. DC UNITED (USA) - Harbour View Kingston (JAM) 2:1, 2:1
CF MONTERREY (MEX) - Municipal Cd. Guat. (GUA) 2:1, 0:0
Kansas City Wizards (USA) - SAPRISSA S. JOSÉ (CRC) 0:0, 1:2
Halbfinale
Washington DC United (USA) - UNAM/PUMAS (MEX) 1:1, 0:5
SAPRISSA S. J. (CRC) - CF Monterrey (MEX)2:2, 1:1 n.V., 5:3 n.E.
Finale (4. und 11. Mai 2005)
CD SAPRISSA SAN JOSÉ (CRC) - UNAM/Pumas (MEX) 2:0, 1:2
Tore 1. Spiel: 1:0 Cristian Bolaños (21.), 2:0 Gabriel Badilla (43.)
Tore 2. Spiel: 0:1 Ronald Gomez (33.), 1:1 Joaquin Del Olmo (66.), 1:2 Leonardo Augusto (90.)

CONCACAF CHAMPIONS CUP 2005/06

Qualifikation

Nordamerika
América Ciudad de México, CD Toluca (MEX), Los Angeles Galaxy (USA), New England Revolution (USA) direkt für das Endturnier qualifiziert

Zentralamerika
Erste Runde
CD FAS Santa Ana (SLV) - SAPRISSA SAN JOSÉ (CRC) 0:2, 0:0
MARATHÓN SAN PEDRO SULA (HON) - Parmalat (NIC) x:0
SUCHITEPÉQUEZ (GUA) - Diriangén Diriamba (NIC) 2:2, 2:0
San Francisco La Ch. (PAN) - PÉREZ ZELEDÓN (CRC) 0:0, 1:3
OLIMPIA TEGUCIGALPA (HON) - Eagles FC (BLZ) 3:0, 1:0
L. A. FIRPO USULUTÁN (SLV) - Comunicaciones (GUA)4:2, 2:2
Placencia Pirates (BLZ) - LD ALAJUELENSE (CRC) 1:4, 0:6
Árabe Unido Colón (PAN) - MUNICIPAL GUAT. (GUA) 0:0, 1:4
Viertelfinale
SAPRISSA S. J. (CRC) - Marathón (HON) 4:0, 0:4 n.V., 4:3 n.E.
PÉREZ ZELEDÓN (CRC) - L. A. Firpo Usulután (SLV) 4:0, 2:2
Suchitepéquez (GUA) - OLIMPIA T'GALPA (HON) 1:4, 0:4
LD ALAJUELENSE (CRC) - Municipal Cd. Guat. (GUA) 5:2, 0:1
Halbfinale
Saprissa San José (CRC) - OLIMPIA T'GALPA (HON) 1:3, 1:1
Pérez Zeledón (CRC) - LD ALAJUELENSE (CRC) 1:0, 0:3
Spiel um Platz 3
SAPRISSA S.J. (CRC) - Pérez Zeled. (CRC) 2:0, 0:2 n.V., 5:3 n.E.
Finale
OLIMPIA T. (HON) - ALAJUELENSE (CRC) 0:1, 1:0 n.V., 2:4 n.E.

Karibik
Erste Runde
Royal 95 (SUR) - VICTORY BOYS BANDARIBA (ANT) 0:0, 1:3
NORTHERN UNITED (LCA) - Positive Vibes (VIR) 0:2, 5:0
RD Grand Bazaar Dublanc (DOM) - HOPPERS (ATG) 1:2, 0:4
Sagicor South East (DOM) - BASSA ALL SAINT'S (ATG)0:6, 1:2
SV Britannia Paradera (ARU) - ROBIN HOOD P. (SUR) 1:2, 0:2
Viertelfinale
ROBIN HOOD PARAM. (SUR) - North East Stars (TRI) x:0
Bassa All Saint's (ATG) - CSD BARBER (ANT) 1:1, 2:6
Hoppers (ATG) - PORTMORE UNITED (JAM) 0:3, 0:7
Victory Boys Bandar. (ANT) - NORTHERN UTD (LCA) 1:1, 0:1
Halbfinale
ROBIN HOOD PARAM. (SUR) - Northern United (LCA) 3:1, 4:2
CSD Barber (ANT) - PORTMORE UNITED (JAM) 1:3, 1:0
Finale
Robin Hood Par. (SUR) - PORTMORE UNITED (JAM) 2:1, 0:4

Endturnier

Viertelfinale
Portmore United (JAM) - AMÉRICA CD. MÉX. (MEX) 1:2, 2:5
New England Rev. (USA) - LD ALAJUELENSE (CRC) 0:0, 0:1
Olimpia Tegucigalpa (HON) - CD TOLUCA (MEX) 0:2, 1:2
LA Galaxy (USA) - CD SAPRISSA SAN JOSÉ (CRC) 0:0, 2:3 n.V.
Halbfinale
CD Toluca (MEX) - CD SAPRISSA SAN JOSÉ (CRC) 2:0, 2:3
LD Alajuelense (CRC) - AMÉRICA CD. MÉXICO (MEX) 1:2, 0:0
Finale (12. und 19. April 2006)
Toluca (MEX) - AMÉRICA CD. DE MÉXICO (MEX) 0:0 , 1:2 n.V.
Tore: 1:0 Paula da Silva (93.), 1:1 Kleber Boas (105.), 1:2 Duilio Davino (113.)

CONCACAF CHAMPIONS CUP 2006/07

Qualifikation

Nordamerika
Atlético Pachuca, CD Guadalajara (MEX), Washington DC United, Houston Dynamo (USA) direkt für das Endturnier qualifiziert

Zentralamerika
Erste Runde
MUN. PUNTARENAS (CRC) - Hankook Verdes (BLZ) 5:0, 1:1
Wagiya (BLZ) - MUNICIPAL CD. GUATEMALA (GUA) 0:2, 0:8
CD MARQUENSE (GUA) - Plaza Amador (PAN) 3:0, 0:0
Real Estelí (NIC) - CD SAPRISSA SAN JOSÉ (CRC) 1:1, 0:1
San Francisco La Ch. (PAN) - VICT. LA CEIBA (HON) 0:1, 1:3
LD ALAJUELENSE (CRC) - Vista Hermosa (SLV) 1:0, 2:1
Diriangén (NIC) - OLIMPIA TEGUCIGALPA (HON) 1:2*, 1:5
*wegen Einsatz eines nicht spielberechtigten Akteurs mit 0:3 gewertet
MARATHÓN S. P. SULA (HON) - Águila S. Miguel (SLV) 2:0, 1:1
Viertelfinale
LD Alajuelense (CRC) - MUNIC. PUNTARENAS (CRC) 0:3, 0:2
Saprissa San José (CRC) - VICTORIA LA CEIBA (HON) 1:0, 0:2
Municipal CdG (GUA) - OLIMPIA TEGUCIG. (HON) 1:1, 0:3
Marathón San P. S. (HON) - CD MARQUENSE (GUA) 1:1, 0:1
Halbfinale
Victoria La Ceiba (HON) - OLIMPIA T'GALPA (HON) 2:2, 0:2
MUNIC. PUNTARENAS (CRC) - CD Marquense (GUA) 2:0, 0:0
Spiel um Platz 3
CD MARQUENSE (GUA) - Victoria la Ceiba (HON) 3:0, 1:1
Finale
MUNICIPAL PUNTARENAS (CRC) - OLIMPIA TEGUCIGALPA (HON) 3:2, 0:1 n.V., 3:1 n.E.

Karibik
Erste Runde
Gruppe A (Turnier in Kingston, Jamaika)
CSD Barber - Positive Vibes 2:0
Harbour View Kingston - Aigle Noir Port-au-Prince 1:0
CSD Barber - Aigle Noir Port-au-Prince 2:0
Harbour View Kingston - Positive Vibes 5:0
Aigle Noir Port-au-Prince - Positive Vibes 2:3
Harbour View Kingston - CSD Barber 2:0

1. HARBOUR VIEW FC (JAM)	3	3	0	0	8:0	9
2. CSD Barber (ANT)	3	2	0	1	4:2	6
3. Positive Vives (VIR)	3	1	0	2	3:9	3
4. Aigle Noir Port-au-Prince (HAI)	3	0	0	3	2:6	0

Gruppe B (Turnier in Kingston, Jamaika)
Waterhouse FC Kingston - Baltimore Saint-Marc 0:2
Baltimore Saint-Marc - Undeba Banda'bou 4:0
Waterhouse FC Kingston - Undeba Banda'bou 1:1

1. BALTIMORE ST-MARC (HAI)	2	2	0	0	6:0	6
2. Waterhouse FC Kingston (JAM)	2	0	1	1	1:3	1
3. Undeba Banda'bou (ANT)	2	0	1	1	1:5	1

Gruppe C (Turnier in Bayamon, Puerto Rico)
Fruta Conquerors Georgetown (GUY) traten nicht an
Puerto Rico Islanders - Hoppers Green Bay 3:1
W Connection Point Lisas - Hoppers Green Bay 5:0
Puerto Rico Islanders - W Connection Point Lisas 0:1

1. W CONNECTION P. L. (TRI)	2	2	0	0	6:0	6
2. Puerto Rico Islanders (PUR)	2	1	0	1	3:2	3
3. Hoppers Green Bay (ATG)	2	0	0	2	1:8	0

Gruppe D (Turnier auf St. Thomas, Am. Jungferninseln)
San Juan Jabloteh - SAP Bolans 4:0
New Vibes St. Thomas - SV Britannia Piedra Plat 1:1
SV Britannia Piedra Plat - San Juan Jabloteh 0:8
New Vibes St. Thomas - SAP Bolans 1:3
SV Britannia Piedra Plat - SAP Bolans 1:7
New Vibes St. Thomas - San Juan Jabloteh 0:5

1. SAN JUAN JABLOTEH (TRI)	3	3	0	0	17:0	9
2. SAP Bolans (ATG)	3	2	0	1	10:6	6
3. New Vibes (VIR)	3	0	1	2	2:9	1
4. SV Britannia Piedra Plat (ARU)	3	0	1	2	2:16	1

Halbfinale
W CONNECTION PT. LISAS (TRI) - Harbour View (JAM) 3:2
SAN JUAN JABLOTEH (TRI) - Baltimore St. Marc (HAI) 2:0
Finale
W CONNECTION PT. LISAS (TRI) - San Juan Jabloteh (TRI) 1:0

Endturnier

Viertelfinale
W Connection P. L. (TRI) - CD GUADALAJARA (MEX) 2:1, 0:3
Mun. Puntarenas (CRC) - HOUSTON DYNAMO (USA) 1:0, 0:2
Olimpia Tegucigalpa (HON) - W. DC UNITED (USA) 1:4, 2:3
ATLÉTICO PACHUCA (MEX) - CD Marquense (GUA) 2:0, 1:0
Halbfinale
Wash. DC United (USA) - CD GUADALAJARA (MEX) 1:1, 1:2
Houston Dynamo (USA) - ATL. PACHUCA (MEX) 2:0, 2:5 n.V.
Finale (18. und 25. April 2007)
CD Guadalaj. (MEX) - A. PACHUCA (MEX) 2:2, 0:0 n.V., 6:7 n.E.
Tore: 0:1 Juan Carlos Cacho (21.), 1:1 Omar Bravo (44.), 2:1 Omar Bravo (67.), 2:2 Marvin Cabrera (82.)

CONCACAF CHAMPIONS CUP 2007/08

Qualifikation

Nordamerika
Atlético Pachuca, Atlante FC Cancún (MEX), Houston Dynamo, Washington DC United (USA) automatisch für das Endturnier qualifiziert

Zentralamerika
Erste Runde
MUNICIPAL PUNTARENAS (CRC) - FC Belize (BLZ) 3:0, 0:0
Real Estelí (NIC) - MOTAGUA TEGUCIGALPA (HON) 0:2, 1:3
REAL ESPAÑA TEGUCIGALPA (HON) - Revolutionary Conquerors (BLZ) 2:1, 1:2 n.V., 4:2 n.E.
Tauro FC P-C (PAN) - XELAJÚ MC (GUA) 1:0, 0:1 n.V., 2:4 n.E.
SAPRISSA SAN JOSÉ (CRC) - Once Municipal A. (SLV) 5:2, 0:1
LD ALAJUELENSE (CRC) - Isidro-Metapán (SLV) 3:0, 0:0
SAN FRANCISCO LA C. (PAN) - Olimpia T'galpa (HON 0:0, 1:0
Real Madriz (NIC) - MUNICIPAL CD. GUATEM. (GUA) 0:2, 0:6
Viertelfinale
MOTAGUA T'GALPA (HON) - San Francisco (PAN) 1:0, 1:0
Xelajú MC (GUA) - MUNICIPAL CDG (GUA)1:1, 1:1 n.V., 1:4 n.E.
Munic. Puntarenas (CRC) - SAPRISSA SAN JOSÉ (CRC) 1:1, 1:2
Alajuelense (CRC) - REAL ESPAÑA (HON) 0:0, 2:2 n.V., 4:5 n.E.
Halbfinale
Municipal CdG (GUA) - MOTAGUA T'GALPA (HON) 1:3, 2:3
CD SAPRISSA SAN JOSÉ (CRC) - LD Alajuelense (CRC) 1:0, 1:1
Spiel um Platz 3
LD Alajuelense (CRC) - MUNICIPAL CDG (GUA) 0:3*, 1:0
* beim Stande von 1:2 in der 81. Minute abgebrochen, nachdem das Spielfeld gestürmt worden war. Mit 0:3 gewertet
Finale
SAPRISSA S. J. (CRC) - MOTAGUA T'GALPA (HON) 1:1, 0:1

Karibik
alle Spiele in Trinidad
Gruppe A
Positive Vibes (VIR) trat nicht an
SV Nacional Noord - CSD Barber 1:1
CSD Barber - San Juan Jabloteh 0:5
San Juan Jabloteh - SV Nacional Noord 5:1

1. SAN JUAN JABLOTEH (TRI)	2	2	0	0	10:1	6
2. SV Nacional Noord (ARU)	2	0	1	1	2:6	1
3. CSD Barber (ANT)	2	0	1	1	1:6	1

Gruppe B
Newtown United Basseterre (SKN) trat nicht an
Racing Club Aruba Oranjestad - South East United 1:1
South East United - Joe Public FC Tunapuna 0:5
Joe Public FC Tunapuna - Racing Club Aruba Oranjestad 7:0

1. JOE PUBLIC FC T. (TRI)	2	2	0	0	12:0	6
2. South East United (DOM)	2	0	1	1	1:6	1
3. RCA Oranjestad (ARU)	2	0	1	1	1:8	1

Gruppe C
SAP Bolans - Inter Moengotapoe 3:3
Harbour View Kingston - Puerto Rico Islanders 2:2
Puerto Rico Islanders - SAP Bolans 10:0
Inter Moengotapoe - Harbour View Kingston 2:1
Puerto Rico Islanders - Inter Moengotapoe 5:2
Harbour View Kingston - SAP Bolans 10:0

1. PUERTO RICO ISLANDERS (PUR)	3	2	1	0	17:4	7
2. Harbour View FC (JAM)	3	1	1	1	13:4	4
3. Inter Moengotapoe (SUR)	3	1	1	1	7:9	4
4. SAP Bolans (ATG)	3	0	1	2	3:23	1

Gruppe D
Portmore United - Helenites Groveplace 2:0
Helenites Groveplace - Leo Victor Paramaribo 0:4
Portmore United - Leo Victor Paramaribo 3:0

1. PORTMORE UNITED (JAM)	2	2	0	0	5:0	6
2. Leo Victor Paramaribo (SUR)	2	1	0	1	4:3	3
3. Helenites Groveplace (VIR)	2	0	0	2	0:6	0
4. CD FAS Santa Ana (SLV)	3	1	0	2	4:6	3

Gruppe E
Pinar del Río - Jong Colombia Willemstad 5:1
Baltimore Saint-Marc - Bassa All Saint's 2:1
Bassa All Saint's - Pinar del Río 2:1
Jong Colombia Willemstad - Baltimore Saint-Marc 0:12
Jong Colombia Willemstad - Bassa All Saint's 1:4
Pinar del Río - Baltimore Saint-Marc 2:2

1. BALTIMORE SC ST. MARC (HAI)	3	2	1	0	16:3	7
2. Bassa All Saint's (ATG)	3	2	0	1	7:4	6
3. Pinar del Río (CUB)	3	1	1	1	8:5	4
4. Jong Columbia Willemstad (ANT)	3	0	0	3	2:21	0

Viertelfinale
Portmore United (JAM) - HARBOUR VIEW K'STON (JAM) 0:2
SAN JUAN JABLOTEH (TRI) - Baltimore Saint-Marc (HAI) 1:0

PUERTO RICO ISLANDERS (PRI) - Leo Victor P. (SUR) 7:1
JOE PUBLIC FC TUNAPUNA (TRI) - Bassa All Saint's (ATG) 5:0
Halbfinale
HARBOUR VIEW (JAM) - San Juan Jabl. (TRI) 0:0 n.V., 10:9 n.E.
Puerto Rico Islanders (PRI) - JOE PUBLIC FC T. (TRI) 0:1
Finale
Joe Public FC T. (TRI) - HARBOUR VIEW KINGSTON (JAM) 1:2
▶ **Endturnier**
Viertelfinale
Motagua Tegucigalpa (HON) - ATL. PACHUCA (MEX) 0:0, 0:1
Harbour View Kingston (JAM) - DC UNITED (USA) 1:1, 0:5
Atlante Cancún (MEX) - CD SAPRISSA S. JOSÉ (CRC) 2:1, 0:3
Municipal CdG (GUA) - HOUSTON DYNAMO (USA) 0:0, 1:3
Halbfinale
ATLÉTICO PACHUCA (MEX) - Wash. DC United (USA) 2:0, 1:2
Houston Dynamo (USA) - SAPRISSA SAN JOSÉ (CRC) 0:0, 0:3
Finale (23. und 30. April 2008)
Saprissa San José (CRC) - ATLÉTICO PACHUCA (MEX) 1:1, 1:2
Tore 1. Spiel: 0:1 Luis Gabriel Rey (48.), 1:1 Víctor Cordero (89.)
- *Tore 2. Spiel*: 0:1 Christian Giménez (2.), 0:2 Luis Gabriel Rey (54.), 1:2 Jairo Arrieta (90.)

■ **CONCACAF CHAMPIONS LEAGUE 2008/09**
Zweiter Versuch der Einrichtung einer Champions League (nach dem fehlgeschlagenen von 2002). Die teilnehmenden 24 Klubs kommen aus Mexiko, USA (jeweils vier), Costa Rica, El Salvador, Guatemala, Honduras und Panama (jeweils zwei) sowie Belize, Kanada und Nicaragua (jeweils einer). Hinzu kommen drei Klubs aus der Karibik.
▶ **Qualifikation**
Nordamerika
Montreal Impact - Toronto FC 0:1, 1:1
Montreal Impact - Vancouver Whitecaps 2:0, 2:0
Toronto FC - Vancouver Whitecaps 0:1, 2:2
1. MONTREAL IMPACT (CAN) 4 2 1 1 5:2 7
2. Toronto FC (CAN) 4 1 2 1 4:4 5
3. Vancouver Whitecaps (CAN) 4 1 1 2 3:6 4
Karibik
Qualifiziert: HARBOUR VIEW KINGSTON (JAM) als Sieger des CFU Club Championship 2007 und JOE PUBLIC FC TUNAPUNA (TRI) als Zweiter des CFU Club Championship 2007
Entscheidungsspiel der beiden unterlegenen Halbfinalisten des CFU Club Championship 2007
PUERTO RICO ISLANDERS (PUR) - San Juan Jabloteh (TRI) 1:0, 0:0
▶ **Vorrunde**
JOE PUBLIC (TRI) - New England Revolution (USA) 2:1, 4:0
TAURO FC CD. PANAMA (PAN) - Chivas USA (USA) 2:0, 1:1
CRUZ AZUL (MEX) - Hankook Verdes United (BLZ) 6:0, 6:0
MONTREAL IMPACT (CAN) - Real Estelí (NIC) 0:0, 0:0
Alajuelense (CRC) - PUERTO RICO ISLANDERS (PUR) 1:1, 1:2
Isidro Metapán (SLV) - MARATHÓN TEGUC. (HON) 2:2, 1:2
Harbour View FC (JAM) - PUMAS UNAM (MEX) 0:x, 0:3
Hinspiel wegen des Hurrikans Gustav ausgefallen
Dep. Jalapa (GUA) - SAN FRANCISCO LA CH. (PAN) 1:0, 0:5

▶ **Gruppenspiele**
Gruppe A
Washington DC United - CD Saprissa San José 0:2, 2:2
Marathón Tegucigalpa - Cruz Azul Ciudad de México 2:0, 1:1
Cruz Azul Ciudad de México - CD Saprissa San José 4:0, 0:1
Marathón Tegucigalpa - Washington DC United 2:0, 4:2
CD Saprissa San José - Marathón Tegucigalpa 2:1
Washington DC United - Cruz Azul Cd. de México 0:1, 0:2
1. CD SAPRISSA SAN JOSÉ (CRC) 5 3 1 1 7:7 10
2. MARATHÓN TEGUCIG. (HON) 5 3 1 1 10:5 10
6. Cruz Azul Cd. de México (CAN) 6 3 1 2 8:4 10
4. Washington DC United (USA) 6 0 1 5 4:13 1
Gruppe B
San Francisco La Chorrera - Pumas UNAM Cd. de M. 1:1, 0:6
San Francisco La Chorrera - Houston Dynamo 0:0, 1:2
Pumas UNAM Cd. de México - L. A. Firpo San Salvador 3:0, 1:1
Pumas UNAM Ciudad de México - Houston Dynamo 4:4, 2:1
L. A. Firpo San Salvador - San Francisco La Chorrera 1:0, 3:2
L. A. Firpo San Salvador - Houston Dynamo 1:1
1. PUMAS UNAM CD. DE M. (MEX) 6 3 3 0 18:7 12
2. L. A. FIRPO S. SALVADOR (SLV) 5 2 2 1 6:7 8
3. Houston Dynamo (USA) 5 1 3 1 8:9 6
4. San Francisco La Chorrera (PAN) 6 0 2 4 4:13 2
Gruppe C
Montreal Impact - Joe Public FC Tunapuna 2:0, 4:1
Atlante FC Cancún - Olimpia Tegucigalpa 1:0, 1:1
Joe Public FC Tunapuna - Olimpia Tegucigalpa 1:3, 0:4
Montreal Impact - Atlante FC Cancún 0:0, 1:2
Olimpia Tegucigalpa - Montreal Impact 1:2, 1:1
Atlante FC Cancún - Joe Public FC Tunapuna 0:1, 2:0
1. ATLANTE FC CANCÚN (MEX) 6 3 2 1 6:3 11
2. MONTREAL IMPACT (CAN) 6 3 2 1 10:5 11
3. Olimpia Tegucigalpa (HON) 6 2 2 2 10:6 8
4. Joe Public FC Tunapuna (TRI) 6 1 0 5 3:15 3
Gruppe D
Puerto Rico Islanders - Tauro FC Ciudad de Panama 2:1, 2:2
Santos Laguna Torreon - Municipal Cd. Guatemala 3:2, 4:4
Puerto Rico Islanders - Santos Laguna Torreon 3:1, 0:3
Tauro FC Ciudad de Panama - Municipal Cd. de G. 2:1, 2:2
Municipal Cd. de Guatemala - Puerto Rico Islanders 2:2, 1:0
Tauro FC Cd. de Panama - Santos Laguna Torreon 2:0, 0:3
1. SANTOS LAGUNA TORR. (MEX) 6 3 1 2 14:11 10
2. PUERTO RICO ISLANDERS (PUR) 6 2 2 2 9:10 8
3. Tauro FC Cd. de Panama (PAN) 6 2 2 2 9:10 8
4. Municipal Cd. de Guatem. (GUA) 6 1 3 2 12:13 6
Viertelfinale (Feb 24-26 & Mar 3-5)
Halbfinale
bei Redaktionsschluss noch nicht beendet
Finale (April 2009)

■ **RECOPA**
1998 eingestellter Wettbewerb der kontinentalen Pokalsieger
▶ **1991** Atlético Marte
▶ **1992** nicht ausgespielt
▶ **1993** CF Monterey
▶ **1994** Necaxa Cd. México - Aurora Cd. Guatemala 3:0
▶ **1995** UA Guadalajara - Luis Angel Firpo Usulután 2:1
▶ **1996** abgebrochen
▶ **1997** Olimpia Tegucigalpa - Necaxa Cd. de. México x:x
Endspiel nicht ausgetragen
▶ **1998** abgebrochen

■ **GIANTS CUP**
Wettbewerb der kontinentalen Mannschaften mit dem höchsten Zuschauerzuspruch
▶ **2001** América Cd. México - Washington DC United 2:0

Die umständliche Anreise gehört vor allem in der Karibik zu den alltäglichen Problemen im Leben eines Fußballers – hier auf den Britischen Jungferninseln.

AMERIK. JUNGFERNINSELN

Nur die Frauen machen Hoffnung

Das Nationalteam der Amerikanischen Jungferninseln ist bislang sieglos

US Virgin Islands Soccer Federation Inc.

Fußball-Bund der Amerikanischen Jungferninseln | gegründet: 1992 | Beitritt FIFA: 1998 | Beitritt CONCACAF: 1998 | Spielkleidung: blaues Trikot, blaue Hose, blaue Stutzen | Spieler/Profis: 6.700/0 | Vereine/Mannschaften: 10/20 | Anschrift: 79B-2 Peter's Rest, Christansted, PO Box 2346, St. Croix, VI 00823 | Telefon: +1340-7142828 | Fax: +1340-7142830 | Internet: keine Homepage | E-Mail: usvisoccer@vipowernet.net

»Traue keiner Statistik, die du nicht selbst gefälscht hast«, warnt der Volksmund. In Sachen Fußball auf den Amerikanischen Jungferninseln stellt sich beim Betrachten der offiziellen Zahlen tatsächlich ein eigentümlicher Eindruck ein. 2006 wurden beim so genannten »FIFA Big Count« insgesamt 6.700 Fußballspieler auf der Antillengruppe gezählt – das entspricht plausiblen 6,1 Prozent Anteil an der Gesamtbevölkerung. Gleichzeitig aber weist die Statistik ganze zehn Vereine und landesweit lediglich 20 Mannschaften aus – ohne zu erklären, wie sich die 6.700 Spieler denn nun auf nur 20 Mannschaften verteilen können…

So oder so – eine Fußballhochburg sind die Amerikanischen Jungferninseln nicht. Seit dem Betritt zur FIFA bzw. dem CONCACAF im Jahre 1998 wartet die Auswahl der Inselgruppe noch immer auf ihren ersten Sieg, und in der FIFA-Weltrangliste fristet das Land ein Dasein auf den hinteren Plätzen des 190er Bereichs.

■ **DIE JUNGFERNINSELN ZÄHLEN** zu den Kleinen Antillen und liegen östlich von Puerto Rico. Sie sind überwiegend vulkanischen Gesteins und umfassen sechs größere sowie eine Vielzahl kleinerer Inseln. 1493 durch Christoph Colombus entdeckt, hatten sie bereits unter wechselnder Kolonialherrschaft gestanden, als die USA ihre günstige strategische Lage erkannten und 1917 die Inseln St. Thomas, St. Croix sowie St. John von Dänemark erwarben. Daraus entwickelten sich die den USA angeschlossenen Amerikanischen Jungferninseln, deren Einwohner mit US-amerikanischen Bürgerrechten ausgestattet sind. Der Rest der Jungferninselgruppe steht als »Britische Jungferninseln« unter britischer Verwaltung.

Das Leben auf den Amerikanischen Jungferninseln ist ein Spiegelbild der turbulenten Geschichte. 80 Prozent der 108.000 Einwohner sind Nachkommen afrikanischer Sklaven, die Siedlungen überzeugen durch dänische Gemütlichkeit und der Lebensstil ist amerikanisch. Die kleinste Insel St. John gilt als Naturparadies und befindet sich fest in den Händen wohlhabender amerikanischer Pensionäre. St. Thomas indes hat sich zu einer Tourismushochburg gemausert, die neben Traumstränden vor allem durch zollfreien Handel mit Luxusgütern Erholungsuchende aus aller Welt anlockt. St. Croix, die größte Insel des Trios, bietet unterdessen eine optische Zeitreise in das Dänemark des 18. Jahrhunderts an. Das Leben dort geht einen recht unaufgeregten Gang.

■ **UNAUFGEREGT GEHT ES AUCH** im Fußball der Amerikanischen Jungferninseln zu. Das entsprechend der US-Dominanz offiziell »Soccer« genannte Spiel hat sich vor allem auf St. Thomas etabliert, steht aber auch dort im Schatten der Konkurrenz von US-Disziplinen wie Baseball und American Football.

Dänische und britische Siedler hatten das Spiel einst auf die Inselgruppe gebracht und waren bei ihren wenig beachteten Aktivitäten jahrzehntelang quasi unter sich geblieben. Erst in den 1970er Jahren hatte sich eine nennenswerte Schar an einheimischen Fußball-Enthusiasten herausgebildet.

Unterstützt von der zunehmenden Unterstützung für Mini-Verbände seitens der FIFA bzw. der CONCACAF konstituierte sich 1992 mit der United States Virgin Islands Soccer Federation (USVISF) ein Nationalverband, dessen Aktivitäten sich bislang aber ziemlich in Grenzen hielten. 1995 entstand eine auf St. Thomas beschränkte Inselmeisterschaft,

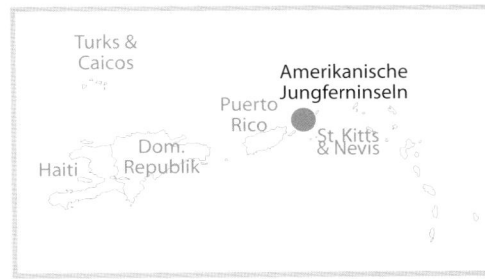

Virgin Islands of the United States

Amerikanische Jungferninseln | Fläche: 347,1 km² | Einwohner: 108.612 (309 je km²) | Amtssprache: Englisch, Spanisch, Kreolisch | Hauptstadt: Charlotte Amalie (St. Thomas, 11.004) | Weitere Städte: Anna's Retreat (8.000), Charlotte Amalie West (5.000), Fredriksted Southeast (3.000) | Währung: US-Dollar | Zeitzone: MEZ -5 | Länderkürzel: - | FIFA-Kürzel: VIR | Telefon-Vorwahl: +1340

STÄTTEN | TEMPEL

▶ **Lionel Roberts Stadium**

Die multifunktionale Sportanlage in der Hauptstadt Charlotte Amalie bietet rund 9.000 Plätze und dient sowohl dem Fußball als auch dem Baseball bzw. dem American Football als nationale Spielstätte.

● **FIFA World Ranking**

1993	1994	1995	1996	1997	1998	1999	2000
-	-	-	-	-	-	194	198

2001	2002	2003	2004	2005	2006	2007	2008
198	197	199	196	196	198	201	195

● **Weltmeisterschaft**
1930-98 nicht teilgenommen **2002-06** Qualifikation

● **Gold Cup**
1991-2000 nicht teilgenommen **2002-07** Qualifikation

deren erster Sieger die MI Roc Masters wurden. Nachdem zwei Jahre später auch auf St. Croix eine Liga gebildet bzw. die Teams von St. John der St. Thomas-Liga beigetreten waren, konnte 2000 sogar erstmals um eine Landesmeisterschaft gespielt werden. Im Finale setzten sich seinerzeit die United We Stand Upsetters aus Christiansted mit 5:1 gegen die Helenites aus Groveplace durch. Inoffiziellen Angaben zufolge gibt es auf St. Thomas gegenwärtig zwölf Vereine, auf St. Croix deren fünf und auf St. John vier.

■ **INTERNATIONAL ZÄHLEN DIE** Amerikanischen Jungferninseln zu den wohl beliebtesten Gegnern in Nordamerika. Grund: Ein Gastspiel im Lionel-Roberts-Stadion von Charlotte Amalie garantiert erholsame Stunden in einem gemütlichen Urlaubsparadies und führt mit ziemlicher Sicherheit zu einem sportlichen Erfolgserlebnis.

Der einzige Sieg in der Geschichte des Nationalverbandes USVISA datiert aus dem Jahr 1998, als man die benachbarten Britischen Jungferninseln mit 1:0 bezwang. Da dieses Spiel wenige Monate vor dem Beitritt des Nationalverbandes zur FIFA erfolgte, gelten die Amerikanischen Jungferninseln bis heute offiziell als sieglos und haben seit 2000 19 Niederlagen in Folge hinnehmen müssen. Das Debüt im Gold Cup (bzw. der Karibikmeisterschaft, die als Qualifikation zum Gold Cup dient) endete 2002 mit drei Niederlagen in drei Spielen und einem Torverhältnis von 2:37. 2005 feierte man beim 0:0 gegen St. Martin immerhin den ersten Pflichtspielpunkt.

Auf Klubebene sieht die Bilanz kaum besser aus. 1992 avancierten der Unique FC und MI Rock Masters zu Debütanten in der Kontinentalmeisterschaft, in der es aber nur selten Grund zum Jubeln gab. 2006 gelang den von einem Rundfunksender gesponsorten Positives Vibes ein überraschender 3:2-Sieg über Haitis Aigle Noir, während die New Vibes aus Charlotte Amalie als Gastgeber einer Untergruppe fungierten und sich mit einem 1:1 gegen die arubische SV Britannia einen Punkt sicherte.

Eine Prognose über die Entwicklung des Fußballs auf den Amerikanischen Jungferninseln muss dennoch zurückhaltend ausfallen. Die Probleme sind vielfältig. Vor allem die trotz der unverkennbaren Fortschritte mangelhafte Popularität des Sports auf den drei Inseln mindert die Entwicklungschancen. 2003 musste man sogar ein Länderspiel gegen die Britischen Jungferninseln absagen, weil keine elf Auswahlspieler zur Verfügung standen. Immerhin hat sich die Landesmeisterschaft nach anfänglichen Problemen seit 2005 einigermaßen stabilisiert. In einem Play-off-Turnier treffen dabei die vier besten Mannschaften der beiden Insel-Ligen aufeinander. Erfolgreichstes Team ist das der Positive Vibes, das zwischen 2005 und 2007 dreimal in Folge das Endspiel erreichte und jenes 2005 auch gewann.

■ **IN ZUSAMMENARBEIT** mit den nationalen Schulen soll in der Zukunft eine verstärkte Förderung der einheimischen Fußballjugend erfolgen. Hoffnung liefert diesbezüglich vor allem das so genannte »schwache Geschlecht«. 2006 schickten die Amerikanischen Jungferninseln erstmals eine Frauen-Nationalmannschaft ins Rennen, der prompt ein 8:1 über die Britischen Jungferninseln sowie ein 2:0 über die Turks- and Caicos-Inseln glückte. Auch eine weibliche U19-Auswahl existiert inzwischen. Erfolge im Frauenfußball – die Amerikanischen Jungferninseln scheinen also auch im Fußball auf den Spuren des großen Schutzpatrons und der Frauenfußballhochburg USA zu wandeln.

Jahr	Meister St.Thomas/St. John	Meister St. Croix
1996	MI Rock Masters	
1997	St. John United Cruz Bay	
1998	MI Rock Masters	Helenites Groveplace
1999	MI Rock Masters	Unique FC Christiansted
2000	USW Upsetters C'sted	Helenites Groveplace
2001	nicht ausgespielt	nicht ausgespielt
2002	Waitikubuli United	Helenites Groveplace
2003	Waitikubuli United	Helenites Groveplace
2004	nicht ausgespielt	Helenites Groveplace
2005	Positives Vibes	Helenites Groveplace
2006	Positives Vibes	Helenites Groveplace
2007	Positives Vibes	Helenites Groveplace
2008	Positives Vibes	Helenites Groveplace

Jahr	Meister Am. Jungfernin.
2000	USW Upsetters
2001	nicht ausgespielt
2002	Haitian Stars
2003-04	nicht ausgespielt
2005	Positives Vibes
2006	New Vibes
2007	Helenites Groveplace
2008	Positives Vibes

TEAMS | MYTHEN

■ **HELENITES GROVEPLACE** Serienmeister der Inselliga von St. Croix, die man seit 2000 im Alleingang beherrscht. 2007 gelang den Helenites zudem erstmals der Gewinn der Landesmeisterschaft. Seinerzeit setzte sich das Team aus Groveplace im Finale mit 1:0 gegen die Positives Vibes durch. Das anschließende Debüt in der Karibikmeisterschaft endete allerdings mit ernüchternden 0:6-Toren und zwei Niederlagen in ebenso vielen Spielen.

■ **POSITIVES VIBES** Die nach einem als Sponsor auftretenden Radiosender benannten »Positiven Vibrationen« sind mit drei Finalteilnahmen an der inselübergreifenden Landesmeisterschaft das erfolgreichste Team der Amerikanischen Jungferninseln. Allerdings ging die Mannschaft lediglich 2005 auch als Sieger vom Feld. Seinerzeit setzten sich die Rot-Weißen mit 2:0 über Helenites Groveplace durch, wohingegen sie 2006 (2:4 nach Verlängerung gegen die New Vibes) sowie 2007 (0:1 gegen Helenites Groveplace) jeweils eine Niederlage setzte. In der Inselliga von St. Thomas/St. John konnten Positives Vibes zwischen 2005 und 2007 dreimal in Folge die Meisterschaften erringen. International sorgten sie 2006 mit einem 3:2-Sieg über Aigle Noir Port-au-Prince aus Haiti für einen Paukenschlag.

■ **MI ROCK MASTERS** 1992 Debütant der Amerikanischen Jungferninseln in der Kontinentalmeisterschaft. Seinerzeit zogen sich die Rock Masters mit 1:2 bzw. 3:3 gegen Bancredicard Santo Domingo (Dominikanische Republik) durchaus achtbar aus der Affäre. 1996, 1998 und 1999 wurde der Klub jeweils Inselmeister von St. Thomas.

■ **UNITED WE STAND UPSETTERS** Erster »echter« Landesmeister der Amerikanischen Jungferninseln. 2000 setzten sich die in Christiansted ansässigen UWS Upsetters im Endspiel um die inselübergreifende Meisterschaft souverän mit 5:1 gegen die Helenites aus Groveplace durch. 2002 erreichten die »Aufrührer« abermals das Finale, unterlagen diesmal aber mit 0:1 gegen die Haitian Stars.

HELDEN | LEGENDEN

■ **DWIGHT FERGUSON** Kapitän der aktuellen Nationalmannschaft der Amerikanischen Jungferninseln und Rekordnationalspieler des Landes

■ **MACDONALD TAYLOR** Der 1957 in Trinidad geborene Taylor schrieb am 31. März 2004 Fußballgeschichte, als er im Alter von 46 Jahren und 180 Tagen zum ältesten Spieler wurde, der jemals an einem offiziellen Länderspiel teilnahm. Ungeachtet Taylors üppiger Routine unterlag die Auswahl der Amerikanischen Jungferninseln dem Team aus St. Kitts und Nevis jedoch mit 0:7. [*1957]

ANGUILLA

»Rainbow Warriors« und »Roaring Lions«

Auf Anguilla kommt der Fußball nur langsam in Schwung

Anguilla Football Association

Fußball-Verband Anguilla | gegründet: 1990 | Beitritt FIFA: 1996 | Beitritt CONCACAF: 1996 | Spielkleidung: Türkis-weißes Trikot, türkise Hose, türkise Stutzen | Spieler/Profis: 1.597/10 | Vereine/Mannschaften: 11/16 | Anschrift: PO Box 1318, The Valley, Anguilla | Tel: +1264-4977323 | Fax: +1264-4977324 | keine Homepage | E-Mail: axafa@yahoo.com

Mit 13.000 Einwohnern ist Anguilla das nach Montserrat bevölkerungsschwächste Land im CONCACAF-Gebiet. Kein Wunder also, dass die zu den Kleinen Antillen gehörende Koralleninsel auch im Fußball eher zu den Zwergen zählt. Anguillas Nationalmannschaft »Rainbow Warriors« feierte ihren letzten Sieg 2001, und internationale Vereinserfolge sind nicht überliefert.

Immerhin aber steht seit Oktober 2005 in Anguillas Kapitale The Valley eine moderne Fußballarena, deren Bau dem FIFA-»Goal«-Programm zu verdanken ist und die sogar über eine Flutlichtanlage verfügt. Seit ihrer Eröffnung ist die Hoffnung auf dem keine 100 km² großen Eiland gewachsen, international ein wenig aufholen zu können.

■ **ANGUILLA IST DIE** nördlichste Inseln der Leeward-Gruppe und liegt etwa 100 Kilometer nördlich von St. Kitts und Nevis, mit denen man lange gemeinsam unter britischer Kolonialherrschaft stand. Nachdem St. Kitts, Anguilla und Nevis 1967 eigenständige Republik geworden war, drängten die Anguillaner auf ihre Rückkehr in britische Hände. Seit 1980 genießt die Insel innere Autonomie und zeigt keinerlei Bedürfnis nach Unabhängigkeit.

Im Gegensatz zu seinen zumeist aus vulkanischem Gestein bestehenden Nachbarinseln besteht Anguilla überwiegend aus Korallen. Traumhafte Strände, vorzügliche Tauch- und Snorkelingmöglichkeiten sowie ein trockenheißes Klima haben die Insel in ein beliebtes Urlaubsparadies verwandelt. Die langgezogene Insel, deren Name dem spanischen Wort für Aal (»Anguila«) entlehnt ist, setzt dabei vornehmlich auf besserbetuchte Erholungssuchende.

Die Bevölkerung besteht überwiegend aus Schwarzen afrikanischer Herkunft, deren Vorfahren einst als Sklaven nach Anguilla gekommen waren. Unter den etwa vier Prozent Weißen fällt ein hoher Prozentsatz mit irischen Wurzeln auf. Nachdem die Insel über Jahrzehnte von einer hohen Arbeitslosenzahl geplagt war (1985 erreichte die Quote mit 26 Prozent ihren Höchststand), herrscht dank des boomenden Tourismusgewerbes inzwischen Vollbeschäftigung. Für Probleme sorgt allerdings regelmäßig die Hurrikansaison. So hinterließ Hurrikan Lenny 1999 auf Anguilla derart große Zerstörungen, dass sogar die Fußballsaison 2000 ausfallen musste.

■ **FUSSBALL WAR** von den Britischen Inseln nach Anguilla gekommen, wo er in Konkurrenz zum Cricket, Basketball, Tennis, Reiten sowie diversen Wassersportarten steht. Cricket gilt als Nationalsport, doch auch Fußball hat durchaus Anhänger hinter sich. Mit offiziell 11,85 Prozent Anteil aktiver Fußballer an der Gesamtbevölkerung zählt die kleine Karibikinsel numerisch sogar zu den ausgewiesenen Fußballnationen der Region.

Insgesamt existieren 16 Vereine, von denen die meisten in der Hauptstadt The Valley ansässig sind. Sie tragen phantasievolle Namen wie »Roaring Lions« oder »Attackers« und erinnern in ihren Strukturen an Hobby- bzw. Kneipenmannschaften.

Nachdem 1990 der Nationalverband Anguilla Football Association (AFA) ins Leben gerufen worden war, debütierte 1991 eine Nationalmannschaft, die in ihren 17 Länderspielen zwischen 1991 und 1998 ausnahmslos Niederlagen bezog. 1996 trat Anguilla sowohl der FIFA als auch der CONCACAF bei. In der

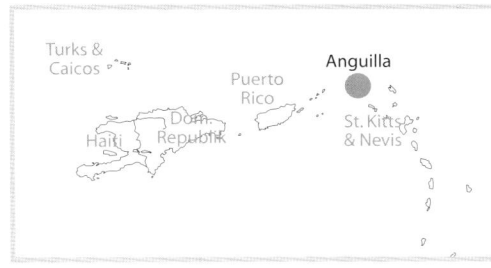

Anguilla

Anguilla | Fläche: 96 km² | Einwohner: 11.430 (128 je km²) | Amtssprache: Englisch | Hauptstadt: The Valley (1.169) | Weitere Städte: North Side (1.000), Stoney Ground (1.000), The Quarter (1.000) | Bruttosozialprodukt: 8.600 $/Kopf | Zeitzone: MEZ -5h | Länderkürzel: - | FIFA-Kürzel: AIA | Telefon-Vorwahl: +1264

▶ Ronald Webster Park Annex

Im Oktober 2005 hatte das lange Warten der anguillanischen Fußballfans auf eine internationalen Ansprüchen genügende Wettkampfstätte endlich ein Ende: In der Hauptstadt The Valley wurde der erste Spatenstich zum Nationalstadion Ronald Webster Park Annex vorgenommen. Das wenig später eingeweihte Areal (siehe Bild) fasst 1.100 Zuschauer und wurde im Verbund mit dem FIFA-»Goal«-Programm errichtet. Insgesamt verschlang es rund 1,5 Mio. US-Dollar.

FIFA-Weltrangliste hat man es bislang nicht über Platz 189 (Juni 1997) hinaus geschafft. 2000 beteiligte sich die Inselauswahl erstmals am Gold Cup (bzw. der regionalen Vorqualifikation Karibikmeisterschaft) und kassierte in drei Spielen ebenso viele Niederlagen sowie ein Torverhältnis von 1:35. Zwei Jahre später feierte Anguilla beim 4:1 über Montserrat den ersten Pflichtspielsieg seiner Geschichte. Zwischenzeitlich war auch das Debüt in der WM-Qualifikation 2002 erfolgt, in der die »Rainbow Warriors« um den in England aktiven Richard O'Connor 2006 immerhin ein torloses Unentschieden gegen die Dominikanische Republik bejubelten. Nach einem 0:6 im Rückspiel schieden sie seinerzeit jedoch ebenso frühzeitig aus wie vier Jahre später, als ein 0:12-Debakel gegen El Salvador schon zum Auftakt sämtliche Hoffnungen zerstörte.

Auch im kleinen Anguilla wirken jedoch die Mechanismen des großen Fußballs, denn Nationaltrainer Kerethney Carty musste nach dem Debakel gehen und wurde vom früheren Frauen-Nationalmannschaftstrainer Colin Johnson ersetzt. Gemeinsam mit dem Landesverband will sich Johnson nun in Großbritannien und den USA auf die Suche nach begabten Fußballern mit anguillischen Wurzeln begeben, um in der Zukunft bessere Resultate zu erzielen.

An den internationalen Klubwettbewerben der Karibik bzw. Nordamerikas haben sich anguillische Teams bislang nicht beteiligt.

■ **DER 1998 INS LEBEN** gerufenen anguillischen Nationalliga »Kategoria E Pare« gehören gegenwärtig sieben Teams an. Rekordmeister sind die Roaring Lions aus der Hauptstadt The Valley, die bislang vier Titel gewannen. Gefolgt werden sie von dem Lokalrivalen Spartans International, der zweimal als Landesmeister bejubelt wurde. 2008 standen sich im Finale die Roaring Lions und die Sunset Attackers gegenüber. Einen Pokalwettbewerb gibt es nicht. Die Vereine leben von zahlungskräftigen Sponsoren, deren Markennamen sie im Gegenzug in ihre Klubbezeichnung aufnehmen. So hießen die Spartans International eine Zeitlang »Coca Cola Spartans International«.

Das 2005 in der Hauptstadt The Valley eröffnete und mit FIFA-Mitteln errichtete moderne Fußballstadion soll vor allem Anguillas Jugend den Weg zum Fußball erleichtern. Damit besteht auch erstmals die Möglichkeit, seine WM-Spiele auf eigenem Boden austragen zu können – die 2010-Qualifikationspartie gegen El Salvador (0:4) musste allerdings noch im RFK-Stadion des US-amerikanischen Washington durchgeführt werden und lockte immerhin 22.670 Zuschauer an – und damit ziemlich genau doppelt so viele, wie Anguilla Einwohner hat…

Jahr	Meister
1998	Spartans International T. V.
1999	Attackers The Valley North
2000	nicht ausgetragen
2001	Roaring Lions Stoney Gr.
2002	Roaring Lions Stoney Gr.
2003	Roaring Lions Stoney Gr.
2004	Spartans International T. V.
2005	Roaring Lions Stoney Gr.
2006	Kicks United The Valley
2007	Kicks United The Valley
2008	Attackers The Valley North

● **FIFA World Ranking**

1993	1994	1995	1996	1997	1998	1999	2000
-	-	-	-	190	197	202	197

2001	2002	2003	2004	2005	2006	2007	2008
194	196	198	197	198	196	198	201

● **Weltmeisterschaft**
1930-98 nicht teilgenommen **2002-06** Qualifikation

● **Gold Cup**
1991-98 nicht teilgenommen, **2000-02** Qualifikation **2003-05** nicht teilgenommen **2007** Qualifikation

TEAMS | MYTHEN

■ **ROARING LIONS STONEY GROUND** Die »brüllenden Löwen« aus dem im Norden des Hauptortes The Valley gelegenen Viertel »Stoney Ground« sind mit vier Titeln Rekordmeister der kleinen Antilleninsel. [4]

■ **SPARTANS INTERNATIONAL THE VALLEY** Ging 1998 als erster Landesmeister in der Landesgeschichte durchs Ziel. Anschließend konnte der bisweilen von Coca Cola unterstützte Hauptstadtklub erst 2004 auf den Titelthron zurückkehren. [2]

■ **KICKS UNITED THE VALLEY** Gegenwärtig dominierendes Team, das seit 2006 zweimal Landesmeister wurde. [2]

HELDEN | LEGENDEN

■ **RICHARD O'CONNOR** Im englischen Wandsworth geborener Stürmer, der 2000 für Anguillas Nationalauswahl debütierte. O'Connor ist der einzige Halbprofifußballer des Landes. Er begann seine Kariere 1997 beim Wimbledon FC und spielt seit 2000 für Amateurklub Leatherhead FC. [*30.8.1978]

Fußballalltag auf Anguilla.

ANTIGUA UND BARBUDA

Ohne Sponsoren läuft nichts

Briten brachten den Fußball auf die Karibikinseln Antigua und Barbuda

Antigua and Barbuda Football Association

Fußball-Verband von Antigua und Barbuda | gegründet: 1928 | Beitritt FIFA: 1970 | Beitritt CONCACAF: 1980 | Spielkleidung: rotes Trikot, schwarze Hose, schwarze Stutzen | Saison: September - März | Spieler/Profis: 6.600/0 | Vereine/Mannschaften: 20/60 | Anschrift: Suite 19, Vendors Mall, PO Box 773, St. John's | Tel: +1268-5626012 | Fax: +1268-5626016 | www.antiguafootball.org | E-Mail: abfa@cndw.ag

Wer auch immer nach Antigua kommt, wird garantiert schon während der ersten Stunden seines Aufenthalts auf die größte Attraktion der kleinen Karibikinsel hingewiesen: Sie hat, zumindest der Legende nach, 365 Strände – also für exakt jeden Tag des Jahres einen! Einwohner wie Tourismusorganisation werden nicht müde, jedem Neuankömmling dieses zweifelsohne einzigartige Phänomen mitzuteilen – kein Wunder, denn die einstige Hochburg der Zuckerrohrproduktion hat seit den 1970er Jahren recht einseitig auf den Tourismus gesetzt.

Gemeinsam mit Barbuda, einer Koralleninsel, die zu großen Teilen als Naturschutzgebiet ausgewiesen ist, sowie der unbewohnten Vulkaninsel Redonda bildet Antigua seit November 1981 eine unabhängige Monarchie. 1493 von Christoph Columbus »entdeckt« und nach der Kirche von Santa Maria de la Antigua im spanischen Sevilla benannt, wurde Antigua 1632 von den Briten annektiert und ebenso wie Barbuda Teil der Leewards-Insel-Kolonie. Ausgedehnte Tabak- und Zuckerrohrplantagen, zu deren Bewirtschaftung afrikanische Sklaven herbeigeschafft wurden, verhalfen den Inseln zu einem gewissen Wohlstand. Heute weisen Antigua und Barbuda wie alle ehemaligen Sklaveninseln der Karibik zu mehr als neunzig Prozent eine schwarze Bevölkerung auf.

■ **AUS GROSSBRITANNIEN** kam auch die Liebe für den Sport, die auf Antigua und Barbuda in erster Linie über das Cricket ausgelebt wird. Wenn die Auswahl der West Indies zu Test-Matches antritt, kommt das öffentliche Leben in der Hauptstadt All Saints regelrecht zum Stillstand. Mit Viv Richards kann Antigua sogar eine der weltweit größten Cricket-Legenden vorweisen.

Auch der Fußball blickt auf eine lange und vielschichtige Vergangenheit zurück. Bereits 1928 legten Briten den Grundstein zum heutigen Nationalverband, der damit zu den ältesten in der Karibik zählt und Ende des Zweiten Weltkriegs der englischen FA beitrat.

In den ersten Jahrzehnten kam der Fußball kaum über die britischen Siedlerkreise hinaus. Die einheimische (schwarze) Bevölkerung zeigte zwar durchaus Interesse an dem Spiel, das ihr eine rare Möglichkeit bot, die Kräfte mit den europäischen »Herren« zu messen, doch bis in die 1950er Jahre blieb Fußball eine weiße Domäne.

Allerdings sind über die Entwicklung des Spiels auf der Doppelinsel nur Bruchstücke überliefert. 1949 feierte man mit dem Gewinn des »Leewards Islands Tournament« seinen ersten großen Erfolg. Auf Barbuda ruhte der Ball zu jenem Zeitpunkt noch.

Mit dem Ausklingen des kolonialen Zeitalters im Anschluss an den Zweiten Weltkrieg brach eine neue Ära an. Nachdem Antigua 1967 von Großbritannien mit innerer Autonomie ausgestattet worden war, rückten Einheimische in die verantwortlichen Positionen in Politik, Wirtschaft und Sport. Noch im selben Jahr konstituierte sich der Fußball-Nationalverband Antigua Football Association (AFA), der 1968 eine Landesmeisterschaft ins Leben rief. Erster Sieger wurde das Empire-Team aus dem Örtchen Gray's Farm, das heute mit 13 Titeln Rekordmeister des Landes ist.

■ **MIT DER AUTONOMIE** trat Antigua in den späten 1960er Jahren auch international verstärkt in Erscheinung. 1967 beantragte der just gegründete Nationalverband AFA die Mitgliedschaft in der FIFA, die 1970 gewährt wurde. Acht Jahre später erfolgte

Antigua and Barbuda

Antigua und Barbuda | Fläche: 441,6 km² | Einwohner: 80.000 (181 je km²) | Amtssprache: Englisch | Hauptstadt: St. John's (22.634) | Weitere Städte: All Saints (3.412), Codrington (980) | Währung: 1 Ostkaribischer Dollar = 100 Cents | Bruttosozialprodukt: 9.480 $/Kopf | Zeitzone: MEZ -5h | Länderkürzel: AG | FIFA-Kürzel: ATG | Telefon-Vorwahl: +1268

● **FIFA World Ranking**
1993	1994	1995	1996	1997	1998	1999	2000
117	136	137	145	159	137	147	144

2001	2002	2003	2004	2005	2006	2007	2008
157	155	170	153	154	132	151	128

● **Weltmeisterschaft**
1930-70 nicht teilgenommen **1974** Qualifikation **1978-82** nicht teilgenommen **1986-2010** Qualifikation

● **Gold Cup**
1991-93 nicht teilgenommen **1996** Qualifikation **1998** nicht teilgenommen **2000-07** Qualifikation

der Anschluss an die Caribbean Football Union (CFU) und 1980 der zum Kontintentalverband CONCACAF.

Das internationale Debüt der nach einem populären Volkstanz »Wadadi Boyz« benannten Landesauswahl endete am 10. November 1972 im Rahmen der WM-Qualifikation 1974 freilich mit einem 1:11-Fiasko gegen Trinidad und Tobago.

Zur selben Zeit häuften sich auf Antigua die Forderungen nach politischer Souveränität, denen im November 1981 schließlich Rechnung getragen wurde. Der kleine Nachbar Barbuda schloss sich seinerzeit nur widerwillig dem neugebildeten Staat Antigua und Barbuda an. Seine Einwohner fürchteten, im Schatten des großen Antigua unterzugehen, und versuchten vergeblich, eigene Unabhängigkeitsforderungen durchzusetzen.

Mit der Entlassung in die Unabhängigkeit begann die Verwandlung der einstigen Zuckerrohrhochburg in eine Tourismusregion. Der Fußball-Nationalverband AFA wurde unterdessen in die Antigua und Barbuda Football Association (ABFA) umgewandelt. Dessen ungeachtet spielt sich der Spitzenfußball aber bis heute nahezu ausschließlich auf Antigua ab. Während dort seit langem inselweit gekickt wird, steckt das Spiel auf Barbuda noch immer in den Kinderschuhen.

■ **NACH EINER LÄNGEREN** internationalen Spielpause, die den wirtschaftlichen und politischen Umwälzungen während des Unabhängigkeitsprozesses zuzuschreiben war, kehrte die Fußball-Landesauswahl schließlich 1986 in die WM-Qualifikation zurück, an der sie seitdem regelmäßig teilgenommen hat.

Wenngleich sich der Fußball seitdem national kontinuierlich weiterentwickeln konnte, weist er international ein vergleichsweise schwaches Niveau auf. Im Gold Cup, in dem die »Wadadi Boyz« 1996 debütierten, gelang es bislang nicht, die Qualifikationsrunde (gleichbedeutend mit der Karibikmeisterschaft) zu überstehen. 1996 feierte man immerhin ein 2:1 über Französisch-Guyana, ehe 2000 der Einzug ins Halbfinale der Karibikmeisterschaft gelang, in dem Jamaika mit einem 1:0-Sieg in der Verlängerung das glücklichere Ende für sich hatte. 2007 überstand Antigua und Barbuda abermals die erste Qualifikationsrunde. Im Rahmen der Qualifikation zur WM 2002 in Südkorea/Japan gelang den »Wadadi Boyz« derweil ein 2:1-Erfolg über die hocheingeschätzte Auswahl aus St. Vincent und den Grenadinen. Im Juni 2008 verfolgten über 4.500 Fans im Sir Vivian Richards Cricket Stadium in St. John's ein packendes WM-2010-Qualifikationsspiel gegen Kuba, in dem die von den Englandprofis Marc Joseph (Rotherham United) und Justin Cochrane (Millwall) verstärkten Hausherren zwar zweimal in Führung gingen, sich am Ende aber doch mit 3:4 geschlagen geben mussten.

Auch auf Klubebene gibt es Fortschritte. Der Bassa All Saints erreichte 2006 und 2007 sogar jeweils das Viertelfinale in der Karibikmeisterschaft.

Dass man sich in der Hauptstadt St. John's nicht mit seiner Rolle zufrieden gibt und durchaus Ambitionen hat, zeigt die 2006 erfolgte Verpflichtung des ehemaligen nordirischen Nationaltrainers Bryan Hamilton als Technischer Direktor des Nationalverbandes. Zugleich geriet das Land allerdings in die Negativschlagzeilen, weil 350.000 von der FIFA zum Bau einer Verbandsgeschäftsstelle zur Verfügung gestellte US-Dollar spurlos verschwanden. Verbandssekretär Paul »Chet« Greene, ein enger Vertrauter des umstrittenen CONCACAF-Boß Jack Warner, geriet in diesem Zusammenhang heftig in die Kritik.

■ **AUF NATIONALER EBENE** ist das Schicksal der antiguischen Klubs wie so häufig in der Karibik von ihrer Attraktivität für zahlungskräftige Sponsoren abhängig. Dementsprechend üblich sind Firmennamen im nationalen Spielbetrieb. So gewann 2006 das Team des »Hitachi Centre SAP Bolans« die »Cingular Wireless Premier League«; tragen selbst die Jugend- und Frauenwettbewerbe Sponsorennamen. Dessen ungeachtet ähneln die Strukturen der Nationalliga unverändert denen von Freizeit- bzw. Kneipenfußballteams, während eklatante Platzprobleme für viele Teams selbst das regelmäßige Training zum Problem machen. Antiguas Attraktivität wird wohl auch in Zukunft eher von Stränden als vom Fußball ausgehen.

Jahr	Meister
1968/69	Empire Gray's Farm
1969/70	Empire Gray's Farm
1970/71	Empire Gray's Farm
1971/72	Empire Gray's Farm
1972/73	Empire Gray's Farm
1973/74	Empire Gray's Farm
1974-78	unbekannt
1978/79	Empire Gray's Farm
1979-83	unbekannt
1983/84	Villa Lions FC St. John's
1984/85	Liberta FC
1985/86	Villa Lions FC St. John's
1986/87	Liberta FC
1987/88	Empire Gray's Farm
1988/89	SAP FC Bolans
1989/90	Parham FC
1990/91	unbekannt
1991/92	Empire Gray's Farm
1992/93	unbekannt
1993/94	Lion Hill Spliff St. John's
1994/95	English Harbour
1995/96	English Harbour
1996/97	English Harbour
1997/98	Empire Gray's Farm
1998/99	Empire Gray's Farm
1999/00	Empire Gray's Farm
2000/01	Empire Gray's Farm
2001/02	Parham FC
2002/03	Parham FC
2003/04	Bassa FC All Saints
2004/05	Bassa FC All Saints
2005/06	SAP FC Bolans
2006/07	Bassa FC All Saints
2007/08	Bassa FC All Saints

TEAMS | MYTHEN

■ **BASSA SC ALL SAINTS** Die Grün-Weißen aus der im Zentrum Antiguas gelegenen Hauptstadt All Saints haben in jüngster Zeit den darbenden internationalen Ruf ihres Heimatlandes tüchtig aufpoliert.  Nach erstmaligem Gewinn der Landesmeisterschaft 2003/04 starteten die »Heiligen« 2004 in der Karibikmeisterschaft mit einem sensationellen 2:1-Sieg über den jamaikanischen Profiklub Tivoli Gardens und drangen sowohl 2005/06 als auch 2007/08 bis ins Viertelfinale des Wettbewerbes vor. Auf heimischem Boden dominierten sie unterdessen die Nationalliga fast im Alleingang und errangen 2008 bereits ihre vierte Meisterschaft binnen fünf Spielzeiten. Der Bassa Sports Club ist ein Multispartenverein, der neben Fußball vor allem den Nationalsport Cricket pflegt. [4]

■ **ENGLISH HARBOUR FC** English Harbour ist ein traumhafter Naturhafen im Süden von Antigua, der einst als britische Marinewerft diente und heute Magnet für wohlhabende Touristen aus aller Welt ist. Bis zu 150.000 Erholungsuchende begrüßt man alljährlich in der kleinen Gemeinde, deren Fußballteam zu den stärksten auf Antigua zählt. Von 1995 bis 1997 ging es dreimal in Folge als Meister durchs Ziel. [3]

■ **EMPIRE FC GRAY'S FARM** Rekordmeister der Doppelinsel, der 1968/69 auch erster Landesmeister in der Geschichte von Antigua und Barbuda wurde. Dem Auftakterfolg folgten seinerzeit sechs weitere Meisterschaften in Folge. Seine 13. und bislang auch letzte Meisterschaft errang der Empire FC im Spieljahr 2000/01. Das Team mit dem an die britische Kolonialepoche erinnernden Namen ist in der Ortschaft Gray's Farm ansässig. [13]

■ **PARHAM FC** Das Team aus der im Norden gelegenen Hafengemeinde Parham errang bislang drei Titel. Im Spieljahr 1989/90 lief der Klub unter dem Namen »J and J Construction« auf. [3]

■ **HOPPERS FC GREEN BAY** Ambitionierter Klub aus Green Bay, der 2005/06 in der Karibikmeisterschaft bis ins Viertelfinale vordrang, wo man am jamaikanischen Profiklub Portmore United scheiterte.  Auf nationaler Ebene blieb dem Klub, dessen Name bzw. Vereinslogo an die Grasshoppers Zürich erinnern soll, der Durchbruch trotz vielfältiger Bemühungen und spektakulärer Transfers bislang verwehrt.

■ **LION HILL SPLIFF ST. JOHN'S** Insgesamt vier Landesmeisterschaften zieren die Annalen des Klubs aus dem St. John'ser Viertel Lion Hill, der in den ersten Jahren seines Bestehens als Villa Lions auflief. Der letzte Titelgewinn datiert allerdings bereits aus dem Jahr 1995. [4]

HELDEN | LEGENDEN

■ **DAMIEN FARRELL** Verteidiger des Empire FC und der Nationalmannschaft von Antigua und Barbuda, der 2007 gemeinsam mit Gayson Gregory Probetrainings bei den englischen Drittligisten Bournemouth AFC und Nottingham Forest bzw. Amateurklub York City absolvierte. [*17.3.1984]

■ **GAYSON GREGORY** 1999 zum »wertvollsten Spieler der Saison« gewählter Angreifer, der bereits für den trinidadischen Profiverein Joe Public auflief und 2007 gemeinsam mit Damien Farrell Probetrainings bei den englischen Drittligisten Bournemouth AFC und Nottingham Forest bzw. Amateurklub York City absolvierte. Nach deren negativem Ausgang wechselte er zum trinidadischen Profiklub San Juan Jabloteh. [*5.4.1982]

ARUBA

Der Effekt des Traumstarts verpuffte rasch

Aruba zählt zu den Fußballwiegen in der Karibik

Arubaanse Voetbal Bond

Arubischer Fußball-Bund | gegründet: 1932 | Beitritt FIFA: 1988 | Beitritt CONCACAF: 1988 | Spielkleidung: gelbes Trikot, blaue Hose, gelbe Stutzen | Saison: September - Juni | Spieler/Profis: 10.700/0 | Vereine/Mannschaften: 60/140 | Anschrift: Avenida Milio J. Croes Z/N, PO Box 376, Oranjestad | Tel: +297-829550 | Fax: +297-829550 | www.vbaruba.aw | E-Mail: avbaruba@setarnet.aw

Fußballfans schwelgen gerne in Nostalgie. Ungarn beispielsweise denkt oft an die »Goldenen 1950er« zurück, und auch der zweifache Weltmeister Uruguay beschäftigt sich lieber mit seiner Vergangenheit als mit der Gegenwart.

■ **AUF DER RUND** 25 Kilometer vor der Küste Venezuelas gelegenen Insel Aruba ist das kaum anders. Anno 1994 rangierte die Fußball-Landesauswahl des mit den Niederlanden assoziierten Eilandes noch auf einem recht ordentlichen 164. Platz in der FIFA-Weltrangliste. Seinerzeit zählte Aruba zu den aufstrebenden Namen im karibischen Fußball und wartete ungeduldig auf sein Debüt in der WM-Qualifikation.

Seitdem ist vieles schiefgelaufen. Das Jahr 2007 beendete das Land auf der 202. Position des FIFA-Rankings, womit eine schleichende Talfahrt ihren Höhepunkt erreichte. Der letzte Erfolg in Arubas Fußballhistorie datiert aus dem März 2000, als man der Auswahl Puerto Ricos ein 2:2 abrang.

Arubas Niedergang ist vor allem administrativen Defiziten zuzuschreiben. Zwischen März 2004 und Februar 2008 lief die gelb-blaue Landesauswahl nicht ein einziges Mal auf, und mit jedem Jahr verpasste sie mehr den Anschluss an die internationale Entwicklung.

Das ist bedauerlich, denn historisch zählt die Mini-Insel zu den Fußballwiegen in der Karibik. Bereits anno 1908 führte der protestantische Pfarrer Gerrit Eybers lokale Jugendliche in die Geheimnisse des Lederballs ein, und der 1932 geformte Nationalverband Arubaanse Voetbal Bond (AVB) beging 2002 immerhin seinen 70. Geburtstag.

Populärer als der Fußball ist allerdings der Baseball. Mit Eugene Kingsale, Calvin Maduro und Sidney Ponson hat das kleine Land immerhin drei Legenden der US-amerikanischen Major League hervorgebracht.

Der holländische Name des Fußball-Landesverbands verrät den hohen niederländischen Einfluss auf Aruba, der sich im Fußball allerdings nur bedingt widerspiegelt. Dass Arubas Nationalteam vom Volksmund den spanischen Beinnamen »selección« erhielt, ist nämlich nicht nur der Nähe zum spanischsprachigen Südamerika geschuldet, sondern vor allem der Tatsache, dass Aruba über Jahrhunderte Spielball zwischen den Kolonialmächten Spanien und Niederlande war.

Spanien hatte 1499 erstmals arubischen Boden betreten. Ab 1621 waren dann auch die Niederlande präsent gewesen und hatten einen schwunghaften Sklavenhandel installiert. 1845 war Aruba dem unter niederländischer Verwaltung stehenden Konstrukt »Curaçao and Dependencies« angegliedert worden, aus dem sich später die Niederländischen Antillen entwickelten. Gemeinsam mit Bonaire und Curaçao bildete man fortan die so genannten »ABC-Inseln«.

Nachdem 1929 nahe des im Osten Arubas gelegenen Örtchens Sint Nicolaas bedeutende Erdölvorräte entdeckt worden waren, entstand die seinerzeit weltweit größte Raffinerie, die in Spitzenzeiten bis zu 8.000 Menschen Beschäftigung bot. Seitdem ihre vorübergehende Schließung 1985 eine schwere Wirtschaftskrise nach sich zog, setzt Aruba vornehmlich auf die Trumpfkarte Tourismus.

■ **SEINE FUSSBALLERISCHE** Initialzündung erhielt Aruba »natürlich« aus den Niederlanden. Die erwähnten Pioniertaten von Pfarrer Eybers stießen überall auf fruchtbaren Boden, so dass schon in den 1910er Jahren in vielen Siedlungen gekickt wurde. Arubas Fußballgemeinde war dabei keinesfalls auf

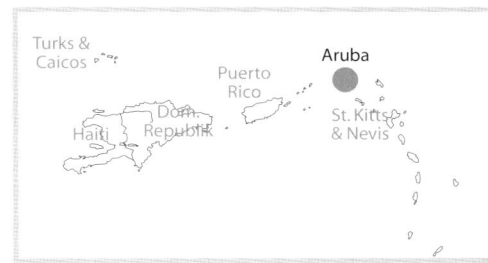

Aruba

Aruba | Fläche: 193 km² | Einwohner: 99.000 (193 je km²) | Amtssprachen: Niederländisch, Papiamento, Spanisch, Englisch | Hauptstadt: Oranjestad (20.070) | Weitere Städte: Sint Nicolaas (17.000) | Währung: Aruban Florin | Bruttosozialprodukt: 28.000 $/Kopf | Zeitzone: MEZ -6h | Länderkürzel: - | FIFA-Kürzel: ARU | Telefon-Vorwahl: +297

● FIFA World Ranking
1993	1994	1995	1996	1997	1998	1999	2000
165	173	171	181	177	180	191	184
2001	2002	2003	2004	2005	2006	2007	2008
185	189	195	198	200	198	201	193

● Weltmeisterschaft
1930-94 nicht teilgenommen **1998-2010** Qualifikation

● Gold Cup
1991-98 nicht teilgenommen **2000-03** Qualifikation **2005-07** nicht teilgenommen

Das Team von Estrella Papilon Santa Cruz, das 1971 die kontinentale Finalrunde erreichte.

die europäischen Kolonialisten beschränkt, zumal die Insel ohnehin eine für die Region ungewöhnliche Bevölkerungsstruktur aufwies: Weil es auf Aruba keine Plantagen gibt, wurden in Kolonialzeiten auch keine afrikanischen Sklaven angesiedelt und es gibt eine hohe Zahl indianischer Ureinwohner. Auf den Straßen kursiert die Kreolsprache »Papiamento«, ein Gemisch aus Spanisch, Niederländisch und Portugiesisch, während Niederländisch, Spanisch und Englisch Amtssprachen sind. Politisch wie fußballerisch zählte Aruba bis zum Ende des Zweiten Weltkriegs zu den Niederländischen Antillen, dessen Fußballzentrum die 80 Kilometer südöstlich von Aruba gelegene Insel Curaçao ist. 1921 wurde dort ein Fußballverband gegründet. 1932 entstand auf Aruba mit dem Arubaanse Voetbal Bond eine weitere Regionalorganisation. Bereits 1921 war auf Curaçao eine Inselmeisterschaft – ohne Beteiligung von Teams aus Aruba – durchgeführt worden. Am 6. April 1924 standen sich Curaçao und Aruba in Oranjestad erstmals in einem »Länderspiel« gegenüber. Curaçao gewann das prestigeträchtige Duell mit 4:0.

■ **NACH DEM ENDE DES** Kolonialzeitalters kam die Region in vielerlei Hinsicht in Bewegung. 1954 räumten die Niederlande ihren Kolonien schließlich das Recht auf politische Selbstbestimmung ein. Zum daraufhin eingeläuteten Prozess der Ablösung vom Mutterland zählte auf Aruba die Einrichtung einer Fußball-Liga, deren erster Sieger 1960 der Racing Club Aruba wurde. Im Folgejahr konnte erstmals eine Meisterschaft der gesamten Inselgruppe der Niederländischen Antillen (»Kopa Antiano«) durchgeführt werden. Mit dem Racing Club Aruba sowie der SV Estrella sicherten sich 1965 bzw. 1970 jeweils Mannschaften aus Aruba den Gesamttitel.

Als Separatisten Anfang der 1980er Jahre auf die Lösung Arubas aus dem von Curaçao dominierten Bündnis der Niederländischen Antillen drängten, zogen sich die arubischen Teams 1985 aus der gemeinsamen Inselmeisterschaft zurück. Ein Jahr später wurde der Insel administrative Autonomie zugesprochen, wohingegen eine für 1996 anvisierte staatliche Unabhängigkeit nicht zustande kam, weil sich die Mehrheit der rund 70.000 Aruber für einen Verbleib bei den Niederlanden aussprachen. Seitdem ist Aruba per Sonderstatutus direkt mit den Niederlanden verbunden.

Mit der Zuerkennung des Autonomiestatus öffneten sich für Aruba auch die Pforten zum Weltfußball. 1988 wurde der AVB Mitglied der FIFA und der CONCACAF. 1992 schickte man erstmals ein Team in das Rennen um einen Platz beim olympischen Fußballturnier, 1998 erfolgte das Debüt in der WM-Qualifikation und 2000 das im Gold Cup.

■ **INTERNATIONALE ERFOLGE** arubischer Teams sind jedoch rar. Der zwölffache Landesmeister SV Estrella erreichte 1971 – noch zu gemeinsamen Niederländische-Antillen-Zeiten also – immerhin die Finalrunde der Kontinentalmeisterschaft, wo die Orange-Weißen jedoch ohne Punkt blieben. Rekordmeister SV Dakota (15 Meisterschaften seit 1961) zog 1983 ebenfalls in die zweite Runde ein und scheiterte dort am surinamischen SV Robin Hood aus Paramaribo. Gegen denselben Gegner zog 2005 auch die SV Britannia den Kürzeren.

Organisatorisch befindet sich Arubas Fußball auf einem hohen Niveau. Es existieren zwei Spielklassen (»Division di Honor« und »Division di Prome«), in denen regelmäßig wechselnde Meister gekürt werden. Um die Spannung zu erhöhen, absolvieren die vier stärksten Teams der zehn Mannschaften umfassenden Division di Honor nach Ablauf der Ligaspiele noch eine Play-off-Runde, an deren Ende ein Endspiel steht. Neben Rekordmeister SV Dakota ragen die SV Estrella sowie der Racing Club Aruba aus dem Spielbetrieb heraus.

Der in den späten 1990er Jahren einsetzende fußballerische Niedergang verschärfte sich nach der Millenniumswende. 2000 war Aruba mit einem 1:0 über Französisch-Guyana noch Zweiter in seiner Karibikmeisterschaftsgruppe geworden, ehe es 2002 und 2003 jeweils zu keinem Punkt mehr reichte und man 2005 sowie 2007 gar nicht erst antrat. Zwar fördert der niederländische Nationalverband KNVB den AVB inzwischen sowohl materiell als auch administrativ, ein Ende der Talfahrt ist aber nicht abzusehen.

Im Grunde genommen hadert Aruba mit einem Problem, das alle Kleinstaaten der Welt betrifft: Man ist einfach zu klein, um im großen Fußball mitzuhalten.

TEAMS | MYTHEN

■ **SV DAKOTA ORANJESTAD** Mit 15 Titeln zwischen 1961 und 1995 Arubas Rekordmeister. Ihren größten Erfolg feierte die »Sport Vereinigang Dakota« 1983, als sie über die surinamische SV Leo Victor Paramaribo die zweite Finalrunde der Kontinentalmeisterschaft erreichte (5:1, 0:3). Dort sorgte Surinames Meister SV Robin Hood für das Aus. Die Schwarz-Gelben sind in der Hauptstadt Oranjestad beheimatet. [Guiilermo P. Trinidad (5.500) | 15]

■ **SV RACING CLUB ARUBA ORANJESTAD** Der erste Landesmeister in der Geschichte Arubas (1960) blickt inzwischen auf elf Titelgewinne zurück (zuletzt 2008) und ist im hauptstädtischen Stadtviertel Solito ansässig. Der Name Sport Vereinigang Racing Club Aruba steht symbolisch für die vielfältigen ethnischen und kulturellen Einflüsse auf Aruba. Ihren größten Erfolg feierten die Rot-Weiß-Blauen 1965 mit dem Gewinn der Gesamtmeisterschaft der Niederländischen Antillen. 1992 scheiterte »RCA« nach einem 3:2-Hinspielsieg über den RKVFC Sithoc Mahuma (Niederländische Antillen) erst aufgrund einer 2:5-Rückspielniederlage in der Kontinentalmeisterschaft. Zwei Jahre später gelang ein 2:1-Erfolg über die SV Robin Hood aus Suriname, dem im Rückspiel allerdings ein 0:7-Debakel folgte. [Guiilermo P. Trinidad | 11]

■ **SV ESTRELLA PAPILON SANTA CRUZ** Mit insgesamt zwölf Titeln der zweiterfolgreichste Verein Arubas. 1970 errang Estrella (spanisch für »Stern«) zudem die Meisterschaft der Niederländischen Antillen. 1971 erreichten die Orange-Weißen nach dem Rückzug ihres haitischen Vorrundengegners Águila Negra Port-au-Prince erstmals die Finalrunde um die Kontinentalmeisterschaft, wo sie in fünf Spielen allerdings 21 Gegentore kassierten. Obwohl der Klub aus Santa Cruz im Zentrum der Insel stammt, trägt er viele Spiele im Nationalstadion der Hauptstadt Oranjestad aus. [Guiilermo P. Trinidad | 12]

HELDEN | LEGENDEN

■ **RONNY NOUWEN** Im niederländischen Rotterdam geborener Mittelfeldspieler arubischer Abstammung, der 2004 für die Karibikinsel debütierte. Nouwen stammt aus dem Nachwuchslager bei Excelsior Rotterdam und bestritt zwischen 2001 und 2005 35 Ligaspiele für den Traditionsklub. 2005 wechselte er zum Deventerer Amateurverein DOTO. [*21.7.1982]

Jahr	Meister	Jahr	Meister
1960	Racing Club Aruba	1985	SV Estrella Santa Cruz
1961	SV Dakota Oranjestad	1986	Racing Club Aruba
1962	SV Dakota Oranjestad	1987	Racing Club Aruba
1963	SV Dakota Oranjestad	1988	SV Estrella Santa Cruz
1964	Racing Club Aruba	1989	SV Estrella Santa Cruz
1965	Racing Club Aruba	1990	SV Estrella Santa Cruz
1966	SV Dakota Oranjestad	1991	Racing Club Aruba
1967	Racing Club Aruba	1992	SV Estrella Santa Cruz
1968	SV Estrella Santa Cruz	1993	SV Riverplate Madiki
1969	SV Dakota Oranjestad	1994	Racing Club Aruba
1970	SV Estrella Santa Cruz	1995	SV Dakota Oranjestad
1971	SV Dakota Oranjestad	1996	SV Estrella Santa Cruz
1972	nicht ausgespielt	1997	SV Riverplate Madiki
1973	SV Estrella Santa Cruz	1998	SV Estrella Santa Cruz
1974	Dakota Oranjestad	1999	SV Estrella Santa Cruz
1975	SV Bubali Noord	2000	Deportivo Nacional
1976	SV Dakota Oranjestad	2001	Deportivo Nacional
1977	SV Estrella Santa Cruz	2002	Racing Club Aruba
1978	Racing Club Aruba	2003	Deportivo Nacional
1979	Racing Club Aruba	2004	nicht ausgespielt
1980	SV Dakota Oranjestad	2005	Britannia Piedra Plat
1981	SV Dakota Oranjestad	2006	SV Estrella Santa Cruz
1982	SV Dakota Oranjestad	2007	Deportivo Nacional
1983	SV Dakota Oranjestad	2008	Racing Club Aruba
1984	SV San Luis Deportivo		

BAHAMAS

Wandel zum Wunderknaben

Fußball genießt auf den Bahamas wachsenden Zuspruch

Bahamas Football Association

Bahamischer Fußball-Verband | gegründet: 1967 | Beitritt FIFA: 1968 | Beitritt CONCACAF: 1981 | Spielkleidung: gelbes Trikot, schwarze Hose, gelbe Stutzen | Saison: Oktober - April | Spieler/Profis: 17.944/0 | Vereine/Mannschaften: 111/34 | Anschrift: Plaza on the Way, West Bay Street, PO Box N-7434, Nassau, NP | Tel: +1242-3225897 | Fax: +1242-3225898 | www.bahamasfootballassoc.com | E-Mail: lehaven@bahamas.net.bs

Die Bahamas sind der Inbegriff für Traumurlaub. Über 700 Inseln und mehr als 2.000 so genannte »cays« (Koralleninseln bzw. Felsklippen) mit kristallklarem Wasser, herrlichen Stränden und ganzjährigen Traumtemperaturen zwischen 22 und 28 Grad haben die so genannte »Perle der Karibik« vor allem für US-Bürger zum Urlaubsziel Nummer 1 gemacht. Auf rund 3,5 Mio. Besucher kommen die Bahamas jährlich, wobei viele bei Kreuzfahrten die bahamische Hauptstadt Nassau ansteuern oder sich auf der Hauptferieninsel New Providence erholen.

■ **FÜR FUSSBALLFANS** waren die Bahamas lange Zeit alles andere als ein Paradies. Obwohl die Inselgruppe eine britische Vorgeschichte aufweist, bekennen sich nicht einmal sechs Prozent der rund 320.000 Einwohner zu dem Weltsport. Stattdessen steht neben diversen Wassersportarten vor allem Cricket hoch im Kurs.

Fußball gilt allerdings als aufstrebende Sportart, die seit der Millenniumswende dank intensiver Förderung sogar diverse spektakuläre Erfolge feiern konnte. Vor allem die Jugend zeigt sich inzwischen deutlich aufgeschlossener und lässt Bahamas Fußballfunktionäre entsprechend optimistisch in die Zukunft schauen.

1492 von Christoph Columbus »entdeckt«, ließen sich 1648 die ersten britischen Siedler in der heutigen Hauptstadt Nassau nieder. 1718 wurde die Inselgruppe, deren wichtigste Bestandteile New Providence und Grand Bahama sind, als Kronkolonie Großbritannien angeschlossen. Als nach der amerikanischen Unabhängigkeitserklärung 1776 etwa 6.000 Briten aus den nunmehrigen USA emigrierten und sich auf den Bahamas niederließen, verwandelten sich jene in ein Hauptquartier britischer Piraten und wurden zum geschäftstüchtigen Sklavenumschlagplatz. Bahamas Bevölkerung ist heute zu 85 Prozent schwarz. 1964 wurde die Inselgruppe von Großbritannien mit innerer Selbstverwaltung ausgestattet, ehe sie am 10. Juli 1973 in die Unabhängigkeit entlassen wurde.

■ **FUSSBALL WAR NACH** dem Ersten Weltkrieg von aus Europa heimkehrenden Soldaten auf der Hauptinsel New Providence eingeführt worden. Im Verlauf der 1920er Jahre entstanden Mannschaften wie St. Georges, St. Michael's und die Scouts, die sich auf der Eastern Parade in der Kapitale Nassau regelmäßig zu Wettspielen gegenüberstanden. Darüber hinaus maßen bahamische Kicker sporadisch die Kräfte mit den Besatzungen von in Nassau festmachenden ausländischen Schiffen.

In den 1940er Jahren stieg die Popularität des Fußballs allmählich an. Das Duell zwischen St. Georges und Vikings avancierte sogar zum alljährlich am Weihnachtstag durchgeführten »Boxing Day Soccer Classic«, und die Namen damaliger Fußballhelden wie Robert Irrington, »Rinky« Isaacs, Oscar und Leroy Archer, Robert Elliott, Bill Martin, Sir Randolph Fawkes, Sir Cecil Wallace-Whitfield sowie Winston »Tappy« Davis haben bis heute einen guten Klang.

Nach dem Zweiten Weltkrieg dehnte sich der Fußball auf New Providence allmählich aus. Bemühungen um die Einrichtung einer Inselmeisterschaft führten schließlich 1954 zur Gründung der Bahamas Amateur Football League, deren Führung der Engländer Brian Andrews übernahm. Wenig später entstanden mit der New Providence Sunday League bzw. der New Providence Saturday

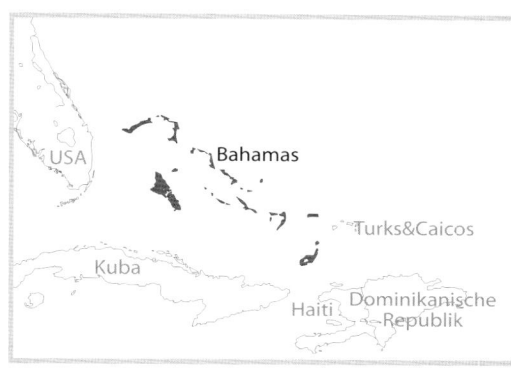

The Commonwealth of the Bahamas

Commonwealth der Bahamas | Fläche: 13.939 km² | Einwohner: 319.000 (23 je km²) | Amtssprache: Englisch | Hauptstadt: Nassau (New Providence, 210.832) | Weitere Städte: Freeport (26.910), High Rock (8.100), West End (7.800) | Währung: 1 Bahama-Dollar = 100 Cents | Bruttosozialprodukt: 15.100 $/Kopf | Zeitzone: MEZ -6h | Länderkürzel: BS | FIFA-Kürzel: BAH | Telefon-Vorwahl: +1242

● FIFA World Ranking
1993	1994	1995	1996	1997	1998	1999	2000
167						189	178
2001	2002	2003	2004	2005	2006	2007	2008
184	187	193	192	193	146	174	170

● Weltmeisterschaft
1930-98 nicht teilgenommen **2002-2010** Qualifikation

● Gold Cup
1991-2005 nicht teilgenommen **2007** Qualifikation

League zwei aus konfessionellen Gründen getrennte Spielklassen, deren Teams im Nassauer Clifford Park um Punkte stritten. Hintergrund der doppelten Ligagründung war das Verbot für orthodoxe Protestanten, am Sonntag zu spielen.

Um die damaligen Bemühungen der Regierung beim Aufbau einer nationalen Tourismusindustrie zu unterstützen, reiste zudem 1957 eine »All Stars« genannte Landesauswahl in die USA, wo sie in einem Freundschaftsspiel auf den Coral Gables Soccer Club traf. Die USA wurden seinerzeit als Hauptadressat der Bahamas in Sachen Tourismus betrachtet.

Auf Grand Bahama, der größten Insel des Landes, verbreitete sich der Fußball ungleich schleppender. Erst 1996 kam es dort zur Gründung einer auf Freeport konzentrierten Inselliga.

■ **NACHDEM DIE BAHAMAS** 1964 von Großbritannien innere Selbstverwaltung erhalten hatten, vereinten die beiden New Providence-Ligen 1967 ihre Kräfte und formten den Nationalverband Bahamas Football Association (BFA), der ein Jahr später der FIFA beitrat. Im März 1970 bestritten die Bahamas beim 1:8 gegen die Niederländischen Antillen ihr internationales Debüt. Seit 1981 ist man auch Mitglied der Kontinentalföderation CONCACAF.

Während New Providence (bzw. dessen Hauptstadt Nassau) in den 1970er Jahren unter dem progressiven Politiker Sir Lyndern Pindling mittels günstiger Steuergesetze in einen internationalen Finanzplatz verwandelt wurde (»Schweiz im Atlantik«), sorgte der boomende Tourismus auch auf den kleineren Inseln für Wohlstand.

Bahamas Fußball indes verharrte über Jahrzehnte auf geringem Niveau und konnte mit dem populären Cricket nicht konkurrieren. Auch die Bemühungen der BFA um die Errichtung landesweiter Fußballstrukturen waren nur bedingt von Erfolg gekrönt. Bis heute verfügt neben den Hauptinseln New Providence und Grand Bahama lediglich Abaco über einen geregelten Spielbetrieb, während der Fußball auf den anderen Inseln – vor allem den so genannten »Family Islands« – noch immer in den Kinderschuhen steckt.

■ **ALS ANTON D.J. SEALEY** 1996 die Führung über den nationalen Fußballverband übernahm, machte sich erstmals so etwas wie Aufbruchstimmung breit. Zunächst konnte das Trauma einer sechsjährigen Sperre durch die FIFA gemildert werden, ehe innerhalb des hauptstädtischen Baillou Hills Sporting Complex mit Hilfe des FIFA-»Goal«-Programms ein Fußballzentrum entstand, von dem vor allem der bahamische Nachwuchs profitierte. Kontakte zum britischen Profiklub Southampton FC sowie den US-amerikanischen Tampa Bay Mutiny bieten talentierten Spielern seitdem die Möglichkeit, Trainingseinheiten unter professionellen Bedingungen zu absolvieren.

Darüber hinaus engagierte sich die BFA erfolgreich in der Förderung des Frauen- und Mädchenfußballs, der in amerikanisch geprägten Gesellschaften – wie es die Bahamas zweifelsohne sind – hohe Wertschätzung genießt.

Inzwischen gibt es für beide Geschlechter und in sämtlichen Altersklassen Auswahlmannschaften, was Experten bereits dazu veranlasste, die Bahamas als Vorzeigemodell in Sachen Fußballentwicklung in Nord- und Mittelamerika zu bezeichnen.

Davon war auf Seniorenebene lange Zeit nichts zu sehen. Erst seit 2006 mit Gary White ein ehemaliger Southampton-Profi das nach einem lokalen Tanz »The Rake and Scrape Boys« genannte Nationalteam übernahm, weist die Leistungskurve nach oben. 2007 feierte die Olympiaelf einen vielbeachteten 1:0-Sieg auf Jamaika, und als die Landesauswahl 2007 bei ihrem Debüt in der Karibikmeisterschaft (zugleich Qualifikation zum Gold Cup) mit einem 3:1 über die Cayman- und einem 3:2 gegen die Turks- und Caicos-Inseln auf Anhieb die zweite Runde erreichte, preschten die Bahamas in der FIFA-Weltrangliste bis auf Position 138 vor.

■ **AUF VEREINSEBENE INDES** sind bislang nur wenige Fortschritte zu erkennen. Das 1992 erstmals durchgeführte Bahamas National Championship Final (bei dem sich die Sieger der Inselligen von New Providence und Grand Bahama gegenüberstehen) hat sich nicht etablieren können und ist seit 2004 nicht mehr ausgespielt worden. Die Strukturen der Klubs sind rudimentär, und international haben bahamische Teams bislang keinerlei Eindruck hinterlassen können.

Zu den stärksten Teams des Landes zählen der Cavalier FC, der Bears FC und die Caledonia Celtics aus New Providence sowie Abacom United Marsh Town und der Freeport Rugby FC aus Grand Bahama. Traditionell wird die New Providence-Liga stärker eingeschätzt als ihr ungleich jüngeres Pendant von Grand Bahama.

TEAMS | MYTHEN

■ **ABACOM UNITED FC MARSH TOWN** Die Elf aus Marsh Town erreichte zwar dreimal das Finale um die inselübergreifende Landesmeisterschaft, vermochte dabei aber lediglich einmal auch als Sieger vom Platz zu gehen: 2000, als man den damaligen Serienmeister Cavalier FC mit 2:1 bezwang. 2001 (1:2 gegen Cavalier FC) und 2003 (1:2 gegen den Bears FC) setzte es derweil Niederlagen. Der Klub gilt als das führende Team auf Grand Bahama. [1]

■ **BEARS FC NASSAU** Mitte der 1960er Jahre unter dem Namen Tropigas gegründeter Klub, der zwischen 1976 und 1980 acht der zehn Meisterschaften von New Providence gewann. Später zunächst als Beck's Bears auflaufend, nennt man sich inzwischen schlicht Bears FC. 2003 errangen die Rot-Weißen 2003 mit einem 2:1 im Finale über Abacom United zum einzigen Mal die Landesmeisterschaft. [1]

■ **BRITAM UNITED FC** Vierfacher Landesmeister, der seine Erfolge in den ersten Jahren der Nationalmeisterschaft feierte. Der auf New Providence ansässige Klub wurde als Nick's Body Shop gegründet und läuft heute als United FC auf. [4]

■ **CALEDONIA CELTIC NASSAU** Dass zu Kolonialzeiten neben Angelsachsen auch Kelten auf die Bahamas kamen, dokumentiert der in der Hauptstadt Nassau ansässige Klub.

■ **CAVALIER FC NASSAU** Von dem Bauunternehmen »Cavalier« unterstützter Verein aus der Hauptstadt Nassau. Neben fünf Landesmeisterschaften sicherten sich die Rot-Weißen auch fünfmal den Titel des Meisters von New Providence. [Thomas Robinson (9.100)] [5]

HELDEN | LEGENDEN

■ **LIONEL HAVEN** Rekordnationalspieler der Bahamas.

■ **NESLEY JEAN** Rekordtorschütze der bahamischen Nationalmannschaft

Jahr	Meister
1991/92	Britam United
1992/93	Britam United
1993/94	Britam United
1994/95	Britam United
1995/96	Freeport Rugby FC
1996/97	Cavalier FC
1997/98	Cavalier FC
1998/99	Cavalier FC
1999/00	Abacom United FC
2000/01	Cavalier FC
2001/02	nicht beendet
2002/03	Bears FC
2003-08	nicht ausgespielt

BARBADOS

Das Internet hilft bei der Spielersuche

Barbados' Fußball sucht den Anschluss an die karibische Elite

Barbados Football Association

Barbados Fußball-Verband | gegründet: 1910 | Beitritt FIFA: 1968 | Beitritt CONCACAF: 1968 | Spielkleidung: blaues Trikot, goldene Hose, weiße Stutzen | Saison: Januar - August | Spieler/Profis: 37.550/0 | Vereine/Mannschaften: 130/240 | Anschrift: Richmond Welches, PO Box 1362, Bridgetown, St. Michael, BB 11000 | Tel: +1246-2281707 | Fax: +1246-2286484 | www.barbadossoccer.com | E-Mail: bdosfootball@caribsurf.com

Wer als abenteuerlustiger Tourist nach Barbados kommt, dürfte etwas enttäuscht sein. Bei der am weitesten östlich gelegenen Insel der Kleinen Antillen handelt es sich um ein recht nüchternes und ziemlich flaches Eiland, das weder über die anderswo üblichen Vulkane noch über mächtigen Regenwald verfügt. Stattdessen üben schneeweiße Sandstrände sowie ein für karibische Verhältnisse außerordentlich effektiver öffentlicher Nahverkehr großen Reiz auf Erholungssuchende aus, die alljährlich in Scharen auf die Insel kommen.

■ **DARÜBER HINAUS HAT** Barbados noch etwas ganz Besonders zu bieten: Einen der ältesten Fußballverbände in der Karibik! 1910 gegründet, hat sich die zarte Pflanze Fußball unter seiner Obhut zu einer stattlichen Größe entwickelt. 1999 rückte die Antilleninsel in der FIFA-Weltrangliste sogar erstmals unter die 100 besten Nationen vor und belegte im Juni 2000 mit Rang 93 die bislang höchste Position ihrer Historie. Für ein Land mit lediglich 269.000 Einwohnern ist das keine Selbstverständlichkeit und lässt Barbados zu karibischen Größen wie Trinidad-Tobago und Jamaika aufschließen.

Trotz der langen Tradition und einer bemerkenswerten Verankerung (13,4 % der 269.000 Einwohner sind aktive Fußballer!) steht Fußball auf Barbados allerdings im Schatten von Cricket. Schlagball-Legenden wie Sir Garfield Sobers, Wes Hall und Charlie Griffith haben Geschichte geschrieben, und wenn die »West Indies« auflaufen, gerät der Fußball auf Barbados zur Nebensache.

Cricket wie Fußball gehören zum vielfältigen Erbe der britischen Kolonialherrschaft, die 1625 begann. Mehr als 100 Jahre zuvor hatten Portugiesen die Antilleninsel »entdeckt« und sie nach einem in der Region verbreiteten Fisch »Os Barbados« genannt. Unter der britischen Flagge wurden später rund 800.000 afrikanische Sklaven zur Zwangsarbeit auf den Zuckerrohrplantagen verdammt. Heute weisen mehr als 90 Prozent der Einwohner afrikanische Urahnen auf.

Fußball wurde um die Jahrhundertwende eingeführt und blieb lange Zeit in den Händen der britischen Kolonialherren. Zumeist mit Lehranstalten verbundene Klubs entstanden, und 1910 formten britische Gentlemen mit der Barbados Amateur Football Association (BAFA) den eingangs erwähnten Landesverband, der wenig später der englischen FA beitrat. Noch im selben Jahr rief man einen inseleigenen Pokalwettbewerb ins Leben, dessen erster Sieger die Kensington Rovers wurden. Mit Walter Tull spielte vor dem Ersten Weltkrieg zudem ein im englischen Folkestone geborener Sohn barbadischer Eltern für Tottenham Hotspur und Northampton Town.

Barbados Landesauswahl debütierte am 11. Februar 1931 mit einem 3:2 gegen Martinique. Im selben Jahr wurden der FIFA sechs Vereine (Harrison College, Spartan, Kensington Rovers, Empire, Wanderers und Volunteers) sowie zwei Wettbewerbe (FA Cup und Russel Cup) gemeldet. 1947 hob sich schließlich auch der Vorhang zur Landesmeisterschaft, deren Sieger das Spartan-Team aus der Hauptstadt Bridgetown wurde. Barbados' Wettbewerbe zählen damit zu den ältesten in der Karibik.

■ **ALS SICH** der Griff der britischen Kolonialherren nach dem Zweiten Weltkrieg allmählich lockerte, erhielt Barbados 1950 das allgemeine Wahlrecht zugesprochen. Die Machtverhältnisse verschoben sich

Barbados

Barbados | Fläche: 430 km² | Einwohner: 269.000 (626 je km²) | Amtssprache: Englisch | Hauptstadt: Bridgetown (6.720) | Weitere Städte: Speightstown (3.500), Oistins (2.200) | Währung: 1 Barbados-Dollar = 100 Cents | Bruttosozialprodukt: 9.270 $/Kopf | Zeitzone: MEZ -5h | Länderkürzel: BB | FIFA-Kürzel: BRB | Telefon-Vorwahl: +1246

daraufhin rasch zugunsten der schwarzen Mehrheit. 1961 erteilte Großbritannien der Insel innere Selbstverwaltung, ehe sie 1966 vollends in die politische Unabhängigkeit entlassen wurde.

Zwei Jahre später trat die Barbados Football Association (BFA) an die Stelle der BAFA und wurde Mitglied des CONCACAF sowie der FIFA. 1972 debütierte die »Bajan Pride« genannte Nationalmannschaft (»Bajan« steht im lokalen Slang für »Bürger von Barbados«) in der Olympiaqualifikation, ehe sie 1978 mit einem 2:1-Sieg über Trinidad-Tobago einen Traumstart in der WM-Qualifikation feierte.

■ **AUF NATIONALER EBENE** dominierten über die Unabhängigkeit hinaus zunächst weiterhin die britisch geführten Traditionsklubs. Vor allem die Hauptstadtteams Everton und New South Wales (später Weymouth Wales) prägten sowohl die Landesmeisterschaft als auch den FA-Cup. Derweil etablierte sich mit Gregory Goodridge erneut ein Barbadoser im englischen Profifußball (u. a. Queen's Park Rangers).

Ab den 1990er Jahren drängten in der Landesmeisterschaft dann allmählich die von der schwarzen Bevölkerungsmehrheit geprägten Teams nach vorne. 1990 ging der Titel erstmals an Brittons Hill, ehe mit Notre Dame aus Bayville und Paradise Dover zwei Teams die Führung übernahmen, die die Meisterschaft anschließend über Jahre quasi unter sich ausmachten.

International agierte die Karibikinsel beachtlich. 1999 wurde Barbados in der FIFA-Weltrangliste erstmals unter den ersten 100 geführt, und beim 2000 erfolgten Debüt im Gold Cup gelang ein viel beachteter 4:3-Erfolg über St. Vincent und die Grenadinen. 2001 sorgte das Nationalteam für eine Sensation, als es die zweite Runde in der WM-2002-Qualifikation erreichte und dort Costa Rica mit 2:1 bezwang. Zwei Jahre später gelang im Rahmen des Gold Cups ein 1:1 gegen Jamaika.

Die größten Erfolge verbuchte man aber in der Nachwuchsarbeit. 2007 brachte die U15-Auswahl Barbados' El Salvador an den Rand einer Niederlage, und auch die U23-Auswahl schlug sich im Rahmen der Qualifikation zu den Olympischen Spielen 2008 überaus ansehnlich.

■ **SEIT DER MILLENNIUMSWENDE** hat sich die Verbandsführung um Ronald Jones zudem weltweit um Spieler mit barbadischer Herkunft bemüht. 2000 debütierte mit Michael Gilkes ein in London geborener Linksaußen für Barbados, für das später auch Englandprofis wie Gregory Goodridge, Paul Ifill und Mark McCammon aufliefen. 2007 preschten die derart verstärkten »Bajan Pride« in der Karibikmeisterschaft bis in die Finalrunde vor, wo sie WM-Teilnehmer Trinidad und Tobago ein 1:1-Unentschieden abrangen. Unter dem Motto »Gib Barbados eine Chance« sucht die BFA inzwischen via Internet systematisch nach weiteren Profikickern barbadosischer Herkunft. So heißt es auf der Homepage des Nationalverbandes BFA: »Bist Du barbadischer Geburt, Nationalität oder Abstammung? Lass es uns prüfen! Spielst Du Profifußball und möchtest Du Teil des nationalen Fußballprogramms von Barbados werden? Dann melde Dich unter »bdosfootball@caribsurf.com«.«

Parallel dazu konnten mit Hilfe des FIFA-»Goal«-Programms die infrastrukturellen Voraussetzungen verbessert werden. 2004 wurde eine neue Trainingsstätte mitsamt Verbandssitz eröffnet, während das Nationalstadion Waterfords-St. Michael einer intensiven Modernisierung unterzogen würde. Von Barbados wird man noch hören!

Jahr	Meister	Pokalsieger
1910		Kensington Rovers
1911		Kensington Rovers
1912		Kens. Rovers/Har. Coll.
1913		Harrison College
1914		Kensington Rovers
1915		Kensington Rovers
1916		Kensington Rovers
1917		Kensington Rovers
1918		Kensington Rovers
1919		Kensington Rovers
1920		Harrison College
1921		Kensington Rovers
1922		Kensington Rovers
1923		Harrison College
1924		Empire
1925		Empire
1926		Empire
1927		Spartan Bridgetown
1928		Empire
1929		
1930		
1931		
1948	Spartan Bridgetown	
1949-59	unbekannt	unbekannt
1960	Everton Bridgetown	Everton Bridgetown
1961	unbekannt	
1962	Everton Bridgetown	Everton Bridgetown
1963-65	unbekannt	
1966	Everton Bridgetown	nicht vergeben
1967	New South Wales B.	New South Wales B.
1968	unbekannt	nicht ausgespielt
1969	New South Wales B.	New South Wales B.
1970	New South Wales B.	New South Wales
1971-83	unbekannt	
1984	Weymouth Wales B.	
1985	unbekannt	
1986	Weymouth Wales B.	Everton Bridgetown
1987	Everton Bridgetown	
1988	unbekannt	
1989	unbekannt	Paradise Dover
1990	Brittons Hill	Everton Bridgetown
1991	unbekannt	
1992	Pinelands	
1993	Pride of Gall Hill Oistins	Pride of Gall Hill Oistins
1994	unbekannt	Pride of Gall Hill Oistins
1995	Barbados Defence Force	Pride of Gall Hill Oistins
1996	Paradise Dover	Paradise Dover
1997	Notre Dame SC Bayville	Notre Dame SC Bayville
1998	Notre Dame SC Bayville	Pride of Gall Hill Oistins
1999	Notre Dame SC Bayville	Pride of Gall Hill Oistins
2000	Notre Dame SC Bayville	Paradise Dover
2001	Paradise Dover	Notre Dame SC Bayville
2002	Notre Dame SC Bayville	Youth Milan
2003	Paradise Dover	Paradise Dover
2004	Notre Dame SC Bayville	Notre Dame SC Bayville
2005	Notre Dame SC Bayville	Notre Dame SC Bayville
2006	Youth Milan	Pride of Gall Hill Oistins
2007	Barbados Defence Force	Brittons Hill
2008	Notre Dame SC Bayville	Notre Dame SC Bayville

TEAMS | MYTHEN

■ **KENSINGTON ROVERS** Dominierendes Team aus der Zeit vor dem Zweiten Weltkrieg. Die britische Soldatenelf sicherte sich bis 1922 insgesamt elf Mal den FA-Cup. [- | 11]

■ **NOTRE DAME BAYVILLE** Dominierte von 1996 bis 2008 gemeinsam mit Paradise Dover die Landesmeisterschaft. Machte 1997 internationale Schlagzeilen, als in der Karibikmeisterschaft ein 0:0 gegen Etoile Filante Morne-à-l'Eau aus Guadeloupe und ein 2:0 über die Omani Gold Seekers aus Guyana gelang. [8 | 4]

■ **PARADISE DOVER** Nach einer Dekade der gemeinsamen Dominanz mit Notre Dame Bayville musste die Elf aus der Südküstenstadt Dover 2006 völlig überraschend aus dem Oberhaus absteigen. Zwölf Monate später meldete sich der Zweitligist mit dem Einzug ins Finale um den FA-Cup (0:1 gegen Pride of Gall Hill) eindrucksvoll zurück. [3 | 4]

■ **PRIDE OF GALL HILL OISTINS** Sechsfacher Pokalsieger aus dem Fischereistädtchen Oistins, das im Süden der Insel liegt. [1 | 6]

■ **BARBADOS AIR FORCE PARAGON**  Team der nationalen Luftwaffe, das 1995 und 2007 jeweils Landesmeister wurde. Die Mannschaft ist in Paragon ansässig. [2 | -]

HELDEN | LEGENDEN

■ **MICHAEL GILKES** In London geborener Linksaußen mit barbadosischen Wurzeln, der mehr als 400 Spiele für den Reading FC bestritt. Streifte 2000 erstmals das Trikot der Nationalelf von Barbados über. [*20.7.1965]

■ **GREGORY GOODRIDGE** Feierte in den 1990er Jahren große Erfolge in Diensten der Queen's Park Rangers, Torquay United und Bristol City, ehe er in seine Heimat Barbados zurückkehrte und bei Brittons Hill seine Karriere ausklingen ließ. [*10.7.1971]

■ **PAUL IFILL** In England geborener und beim Millwall FC ausgebilder Profi, der 2004 mit dem Londoner Zweitligisten das Finale um den FA-Cup erreichte. Wurde über die weltweite Suchaktion nach barbadosischen Spielern »entdeckt« und stieg prompt zum Stammspieler in der Auswahl der Inselgruppe auf.

■ **MARK MC CAMMON** Stürmte 2004 an der Seite von Paul Ifill für den Millwall FC im FA-Cup-Finale und stand später auch bei Brighton and Hove Albion sowie den Doncaster Rovers unter Vertrag. Wie Ilfill barbadosischer Herkunft.

■ **WALTER TULL** Nach dem aus Guyana stammenden Andrew Watson zweiter britischer Fußballprofi mit Wurzeln in der Karibik. Tull wurde 1888 als Sohn barbadosischer Eltern im englischen Folkestone geboren. Während sein Großvater noch Sklave gewesen war, streifte sich Tull ab 1909 die Spielkleider von Tottenham Hotspur und Northampton Town über. Tull, der 1918 als britischer Soldat im Ersten Weltkrieg starb, war der erste Spieler im englischen Profifußball, der sich rassistischer Attacken erwehren musste. [*1888]

● FIFA World Ranking

1993	1994	1995	1996	1997	1998	1999	2000
114	102	107	103	110	113	121	113
2001	2002	2003	2004	2005	2006	2007	2008
107	99	124	121	115	98	128	122

● Weltmeisterschaft
1930-74 nicht teilgenommen **1978** Qualifikation **1982** nicht teilgenommen **1986** Qualifikation **1990** nicht teilgenommen **1994-2010** Qualifikation

● Gold Cup
1991-98 nicht teilgenommen **2000-07** Qualifikation

BELIZE

Im Schatten des Crickets

Spaltung der Liga warf Belizes Fußball weit zurück

Football Federation of Belize

Fußball-Bund von Belize | gegründet: 1980 | Beitritt FIFA: 1986 | Beitritt CONCACAF: 1986 | Spielkleidung: rotes Trikot, rote Hose, rote Stutzen | Saison: Oktober - April | Spieler/Profis: 17.800/150 | Vereine/Mannschaften: 32/140 | Anschrift: 26 Hummingbird Highway, Belmopan, PO Box 1742, Belize City | Tel: +501-8223410 | Fax: +501-8223377 | www.belizefootball.bz | E-Mail: info@belizefootball.bz

Mit knapp 23.000 Quadratkilometern ist Belize das nach El Salvador kleinste Land Zentralamerikas. Auch im Fußball kommt man nicht über die Rolle eines »Zwergs« hinaus und kann dem Landesmotto »Sub umbra florea« (»Floriert im Schatten«) nicht folgen. Belizes Nationalsport ist Cricket, in dessen Schatten der Fußball wahrlich nicht floriert. Obwohl das bis 1973 »Britisch-Honduras« genannte Land lange unter britischer Verwaltung stand, bekennen sich heute kaum sechs Prozent seiner 283.000 Einwohner zum Fußball.

■ **UMGEBEN VON MEXIKO,** Guatemala und Honduras bildet Belize den Ostflügel der Halbinsel Yucatán und wird von zwei mächtigen Bergketten beherrscht. Das einstige Zentrum der Mayakultur widerstand über Jahrhunderte den Attacken Spaniens und geriet erst im 18. Jahrhundert unter britische Kolonialherrschaft. Die anschließende brutale Ausbeutung des Landes und seiner Ressourcen spiegelt sich in einem bunten Bevölkerungsgemisch aus Kreolen, Mestizen und Menschen indianischen Ursprungs wider. Im Gegensatz zu seinen spanischsprachigen Nachbarn ist Belize zwar offiziell englischsprachig, doch rund die Hälfte aller Einwohner bevorzugt Spanisch.

Vom Fußball war in dem kleinen Land über Jahrzehnte kaum etwas zu sehen. Eingeführt von britischen Kolonialisten, wurde er nahezu ausschließlich auch von jenen betrieben und rangierte in seiner Bedeutung weit abgeschlagen hinter dem populäreren Cricket. 1926 unterlag eine Landesauswahl der Stadtmannschaft von Guatemala-City mit 0:4.

Die einheimische Bevölkerung kam erst nennenswert mit dem Spiel in Berührung, als sich der koloniale Griff Großbritanniens nach dem Zweiten Weltkrieg allmählich lockerte. 1964 erhielt Britisch-Honduras innere Autonomie zugesprochen, im Juni 1973 nahm man den Namen »Belize« an und wurde 1981 als letzte Kolonie des amerikanischen Festlandes in die Unabhängigkeit entlassen. Anstelle des 1961 bei einem Hurrikan fast völlig zerstörten Belize City wurde 1970 Belmopan zur Hauptstadt ernannt.

Nachbar Guatemala hat in der Vergangenheit mehrfach Ansprüche auf Belize erhoben, wobei neben historischen Gründen vor allem wirtschaftliche Aspekte eine Rolle spielten: Die Guatemalteken spekulieren auf Belizes Ölvorräte und die Fischfangrechte des Küstenstaates. Obwohl die guatemaltekische Regierung Belize 1991 offiziell anerkannte, ist es immer wieder zu Spannungen zwischen beiden Ländern gekommen.

■ **EIN JAHR VOR DER** Entlassung des Landes in die Unabhängigkeit war 1980 der Nationalverband Belize National Football Association (BNFA) ins Leben gerufen worden. Als Gründerväter gelten mit Delhart Courtney, George Brown, Hubert Bradley und Daniel Edmund vier Briten.

Erst 1986 suchte die BNFA um ihre Aufnahme in die FIFA bzw. die CONCACAF nach. Die bereits zwei Jahre zuvor erfolgte Meldung zur Teilnahme an den Qualifikationsspielen zur Fußball-Weltmeisterschaft 1986 musste daher vom Weltverband folgerichtig abgelehnt werden, und bis zu Belizes internationalem Debüt vergingen sechs weitere Jahre. 1992 nahm das Land erstmals an den Ausscheidungsspielen zu den Olympischen Spielen teil, ehe die Landesauswahl 1998 auch das Rennen um WM-Punkte aufnahm. Im Gold

Belize

Belize | Fläche: 22.965 km² | Einwohner: 283.000 (12,3 je km²) | Amtssprache: Englisch | Hauptstadt: Belmopan (12.300) | Weitere Städte: Belize City (50.400), San Ignacio/San Elena (16.100), Orange Walk Town (15.000) | Währung: 1 Belize-Dollar = 100 Cents | Bruttosozialprodukt: 3.940 $/Kopf | Zeitzone: MEZ -7h | Länderkürzel: BZ | FIFA-Kürzel: BLZ | Telefon-Vorwahl: +501

● FIFA World Ranking

1993	1994	1995	1996	1997	1998	1999	2000
-	-	173	182	179	186	190	186
2001	2002	2003	2004	2005	2006	2007	2008
167	158	174	181	180	198	201	173

● Weltmeisterschaft
1930-94 nicht teilgenommen 1998-2010 Qualifikation

● Gold-Cup
1991-93 nicht teilgenommen 1996-2002 Qualifikation 2003 nicht teilgenommen 2005-07 Qualifikation

Cup debütierte Belize 1996 und hat seitdem bei sechs Teilnahmen in zwölf Spielen lediglich zwei Unentschieden bei zehn Niederlagen erreicht. Organisierter Ligafußball existiert zwar seit den 1960er Jahren, die Quellenlage über seine Entwicklung ist allerdings karg. 1969 wurde erstmals ein Championat der Distriktmeister durchgeführt, das sich die Auswahl aus San Joaquín sicherte. Seit 1991 wird alljährlich ein Landesmeister ermittelt. Seinerzeit setzte sich La Victoria Corozal mit 3:2 über Yabra Kultura aus Belize City durch. Die Namen von Teams wie Queen's Park Rangers, Lazio Jumex oder Rekordmeister Juventus Orange Walk verdeutlichen den hohen Einfluss des europäischen Fußballs auf die nationale Fußballgemeinde.

■ SEIT DER MILLENNIUMSWENDE befindet sich Belizes Fußball im Umbruch. Das ist vornehmlich Berti Chimilio zu verdanken, der 1997 die Führung über den Nationalverband BAFA übernahm und ihm neben modifizierten Statuten auch einen seit 2001 gültigen neuen Namen (Football Federation of Belize, FFB) verpasste. Der Umwälzungsprozess ging allerdings nicht reibungslos vonstatten. Auf dem Höhepunkt interner Auseinandersetzungen traten 2002 sogar mehrere die Einführung des Profifußballs fordernde Klubs aus dem Verband aus und organisierten mit dem »Regent Challenge Champions Cup« einen Konkurrenzwettbewerb. Erst nach drei Spielzeiten gelang es, die abtrünnigen Vereine in den verbandsgesteuerten Spielbetrieb zurückzuholen. Anschließend wurde eine zweistaffelige Nationalliga ins Leben gerufen, deren Teilnehmerzahl 2007 von acht auf zwölf Teams erweitert werden konnte. Nach Ende der gewöhnlichen Serie ermitteln die vier jeweils besten Teams jeder Gruppe im K.-o.-System den Landesmeister.

Die nationale Vereinslandschaft befindet sich allerdings erst im Aufbau. Neben Traditionsklub und Rekordmeister Juventus Orange Walk gelten Yabra Kulture Belize City, Real Verdes San Ignacio sowie der erst 2005 gegründete FC Belize als die aussichtsreichsten Teams. Die Hauptstadt Belmopan stellte mit dem Bandits FC bereits dreimal den Vizemeister.

Auf internationalem Terrain zählt Belize zu den schwächsten Nationen im CONCACAF-Gebiet. Der im Mai 2002 erreichte 157. Platz in der FIFA-Weltrangliste markiert den bisherigen Höhepunkt für das Land, das sich für gewöhnlich auf den 180er bis 190er Positionen der Weltrangliste aufhält. Das hat neben der geringen Popularität des Spiels im Lande vor allem wirtschaftliche Hintergründe, denn internationale Auftritte sind aufgrund knapper Kassen rar. 2003 und 2006 trat die Nationalelf »Team Belize« jeweils zu keinem einzigen Länderspiel an, 2005 schied sie punktlos bereits in der Regionalqualifikation des Gold Cups aus und im Februar 2007 kehrte sie mit drei Niederlagen in ebenso vielen Spielen von der Zentralamerikameisterschaft in El Salvador zurück.

Auf Vereinsebene sieht die Bilanz kaum besser aus. Erster Teilnehmer an einem internationalen Vereinswettbewerb war 1986 das Team von Real Verdes (heute Acros Verdes United). Coke Milpross und La Victoria Corozal bejubelten 1989 bzw. 1992 jeweils den Einzug in die zweite Runde der Kontinentalmeisterschaft. Den größten Erfolg feierte 1995 Real Verdes San Ignacio, das den costaricanischen Spitzenklub LD Alajuelense sensationell mit 2:1 bezwang. Zwei Jahre später gelang Juventus Orange Wald ein 4:1-Erfolg über Real España Tegucigalpa aus Honduras.

Belizes Fußballanhänger blicken verhalten optimistisch in die Zukunft. 2002 wurde in der Hauptstadt Belmopan eine Fußball-Akademie eröffnet, die den Standard erhöhen und vor allem im Nachwuchsbereich Fortschritte bringen soll. Mit Nationalmannschaftskapitän und Torsteher Shane Mood-Orio hat sich inzwischen erstmals ein Belizer als Profi etabliert und spielt im costarikanischen Puntarenas. Doch obwohl Belize neben Costa Rica das einzige Land Zentralamerikas ist, in dem es seit dem Zweiten Weltkrieg politisch überwiegend friedlich zuging, ist die nationale Wirtschaft nicht in der Lage, beim Aufbau stabiler Fußballstrukturen zu helfen. Somit ist zu befürchten, dass Belize wohl auch weiterhin das schwächste Glied in einer Region sein wird, in der der Fußball eine seiner weltweiten Hochburgen hat.

Jahr	Meister	Regent Challenge
1991/92	Corozal Victoria	
1992/93	Acros Carib Belize C.	
1993/94	La Victoria Corozal	
1994/95	Acros Crystal Belize C.	
1995/96	Juventus Orange Walk	
1996/97	Juventus Orange Walk	
1997/98	Juventus Orange Walk	
1998/99	Juventus Orange Walk	
1999/00	Sagitún Independence	
2000/01	Yabra Kulture Bel. C.	
2001/02	Yabra Kulture Bel. C.	
2002/03	New Erei FC Dangrida	Sagitún Independence
2003		Yabra Kulture Belize-C.
2003/04	Boca Juniors S. Ignacío	Sagitún Independence
2005	Juventus Orange Walk	
2005/06	New Erei FC Dangriga	
2006	New Erei FC Dangriga	
2006	FC Belize	
2007	FC Belize	
2008	Real Verdes S. Ignacio	

TEAMS | MYTHEN

■ **FC BELIZE** Das Vorbild des erst 2005 gegründeten Klubs ist offensichtlich: Abkürzung und Vereinslogo des FC Belize weisen unübersehbare Bezüge zum FC Barcelona auf, dem man gerne nacheifern würde. Sportlich haben die in Belize City ansässigen »Chilangos« rasch Akzente setzen können und gingen sowohl 2006 als auch 2007 als Landesmeister durchs Ziel. [2005 | MCC Grounds (7.500) | 2]

■ **YABRA KULTURE SC BELIZE CITY** 1974 als Yabra SC gegründet, trug man später den Namen Yabra Tropical und nahm 1999 die heutige Bezeichnung Yabra Kulture SC an. Die Grün-Weißen erreichten 1991/92 das Finale um die erstmals ausgespielte Landesmeisterschaft der »Belize Premier Football League« (2:3 gegen La Victoria Corozal). Auch 2001 und 2002 gingen sie als Meister durchs Ziel, ehe sie 2003 die abtrünnige Liga der den Profisport fordernden Vereine gewann. [16.11.1974 | MCC Grounds (7.500) | 2 (+1)]

■ **REAL VERDES SAN IGNACIO** Im September 1990 gegründeter Klub, der zu den international erfolgreichsten Belizes zählt. 1995 sorgten die Grün-Weißen mit einem 2:1 über LD Alajuelense aus Costa Rica für eine der größten Überraschungen in der Geschichte der Kontinentalmeisterschaft. Der Klub lief in der Vergangenheit unter wechselnden Namen auf (gegründet als Real Verdes, anschließend Acros Carib, Acros Verdes, Acros Real Verdes sowie Hankook Verdes) und spielte bisweilen auch in der Nachbarstadt Benque Viejo des Carmen bzw. in Belize City. Gegenwärtiger Standort ist die Stadt San Ignacio, die früher El Cayo hieß und an der Grenze zu Guatemala liegt. [September 1990 | Norman Broaster Stadium | 2]

■ **COROZAL VICTORY SC** Zehn Jahre nach seiner Gründung als La Victoria Corozal feierte der Klub 1992 seinen größten Erfolg, als er in der Kontinentalmeisterschaft den Diriangén FC aus dem nicaraguaischen Diriamba ausschaltete und in die zweite Runde einzog. 1992 und 1994 errang Victory jeweils die Landesmeisterschaft. Corozal liegt rund 160 Kilometer nördlich von Belize City. Die einstige Zuckerhochburg wird heute von Textilfabriken dominiert. [26.4.1982 | Ricardo Richalde Stadium | 2]

■ **NEW EREI FC DANGRIDA** Dreifacher Meister der verbandsgesteuerten Liga zwischen 2003 und 2006. Nach seinem zweiten Titelgewinn musste der Verein allerdings aus finanziellen Gründen aufgelöst werden. Dangriga ist die größte Stadt im wenig erschlossenen Süden Belizes und hieß früher Stann Creek. Der heutige Stadtname steht für »stehendes Wasser« und ist der unter der lokalen Bevölkerungsmehrheit der »Black Caribs« (Nachfahren von karibischen Indianern bzw. afrikanischen Sklaven aus der Karibik) verbreiteten Sprache Garifuna entnommen. [2]

■ **JUVENTUS FC ORANGE WALK** Mit fünf Landesmeisterschaften der erfolgreichste Klub Belizes und auch dessen internationales Aushängeschild. 1997 sorgte man beim 4:1 über Real España Tegucigalpa für eine große Überraschung und stieg anschließend zu einem in ganz Zentralamerika gefürchteten Underdog auf. Name wie die Vereinsfarben Schwarz-Weiß des 1978 gegründeten Juventus FC sind dem berühmten italienischen Vorbild entlehnt. Die Stadt Orange Walk liegt im Norden Belizes und ist das Zentrum der belizischen »Kornkammer«. In der vornehmlich von Mestizen bewohnten Stadt wird überwiegend Spanisch gesprochen. [16.1.1978 | People's Stadium (3.000) | 5]

BERMUDAS

Länderspieldebüt in Reykjavík

Die Einführung des Profifußballs lässt Bermudas Fußballfans hoffnungsvoll in die Zukunft schauen

Bermuda Football Association

Bermuda Fußball-Verband | gegründet: 8.9.1928 | Beitritt FIFA: 1966 | Beitritt CONCACAF: 1966 | Spielkleidung: blaues Trikot, blaue Hose, blaue Stutzen | Saison: September - April | Spieler/Profis: 7.155/5 | Vereine/Mannschaften: 50/100 | Anschrift: 48 Cedar Avenue, Hamilton, HM 12 | Tel: +1441-2952199 | Fax: +1441-2950773 | www.bfa.bm | E-Mail: bfa@northrock.bm

Wundersucher wie Erich von Dänicken haben ihre helle Freude an den Bermudas. Zwischen den Bermudainseln, Puerto Rico und der Südspitze Floridas gibt es ein berüchtigtes »Meer der verlorenen Schiffe«, das als »Bermuda-Dreieck« gefürchtet ist. Immer wieder verschwinden dort Schiffe auf mysteriöse Art und Weise, verbinden sich Legenden und Seemannslatein mit menschlichen Tragödien. Während Mystiker von Dänicken verschwörerisch von »Gravitationskräften« spricht, die Dinge aus der »erkennbaren Raum-Zeit-Dimensionalität in eine Art Para-Raum verschwinden lassen«, machen Wissenschaftler gewaltige Strudel in Folge geophysikalischer Anomalien als Ursache aus.

Im Fußball der Bermudas geht es nicht ganz so spektakulär zu – Anomalien aber gehören auch dort zur Tagesordnung. So mischen die Bermuda Hogges seit 2007 in der zweithöchsten Profispielklasse der USA mit, obwohl deren Ostküste etwa 1.000 Kilometer von Bermudas Hauptstadt Hamilton entfernt liegt. In den heimischen Amateurligen plagt man sich derweil mit Drogen- und Gewaltproblemen, die allerdings auch in vielen anderen Lebensbereichen anzutreffen sind.

■ **1503 VOM SPANISCHEN** Seefahrer Juan de Bermudez entdeckt und ab 1684 im britischen Kolonialbesitz, stieg die nur 53 km² große und aus 360 Inseln bzw. Korallenatollen bestehende Inselgruppe im Verlauf des 18. Jahrhunderts zu einem wichtigen Flottenstützpunkt auf. Wenngleich 70 Prozent der etwa 65.000 Einwohner von ehemaligen afrikanischen Sklaven abstammen und die benachbarten USA in vielerlei Hinsicht präsent sind, ist der Alltag auf den Bermudas recht britisch geprägt. Hauptwirtschaftszweig ist der Tourismus. Herrliche Sandstrände, wunderschöne Korallenbänke und ein mildes Klima haben eine auf den Luxustourismus konzentrierte Erholungskultur entstehen lassen. Darüber hinaus gelten die Bermudas weltweit als »Steuerparadies«.

■ **FUSSBALL BLICKT AUF EINE** lange Geschichte zurück. Dafür verantwortlich ist in erster Linie der britische Einfluss. Die Bermudas gehören bis heute als Kolonie zum Vereinigten Königreich, und noch 1995 votierten seine Einwohner zu 73,7 Prozent gegen eine Unabhängigkeit ihrer Heimat.

Der Überlieferung zufolge kam es am 11. November 1902 zum ersten Fußballspiel auf bermudischem Boden. Seinerzeit standen sich die Auswahlteams der 36th Company of the Royal Engineers und der 2nd Company Royal Worcestershire Regiment gegenüber. Mit einem 5:0-Erfolg öffneten die »Engineers« das Buch der Fußballgeschichte Bermudas.

Das erhielt anschließend nur sporadisch neue Einträge. Erst im September 1928 formten britische Sportler bzw. Soldaten mit der Bermuda Football Association (BFA) einen Dachverband, der im selben Jahr eine Landesmeisterschaft ins Leben rief, die vom Dockyard Recreation and Sports Club gewonnen wurde. Einigen Quellen zufolge soll bereits ab 1925 um einen Pokal gespielt worden sein, wofür es allerdings keine Belege gibt. Fußball befand sich seinerzeit völlig in den Händen der Europäer, die enge Kontakte zur englischen FA pflegten.

Erst 1944 riefen schwarze Fußballenthusiasten mit der Bermuda Football League eine Konkurrenzmeisterschaft ins Leben. Bis »weißer« und »schwarzer« Fußball zusammenkamen, vergingen zehn weitere Jahre. Ab 1954 beteiligten sich auch »schwarze« Klubs am FA-Cup, und 1957 wurde mit Pembroke Hamilton erstmals ein solcher Cupsieger. Im November 1963 nahm schließlich eine gemeinsame Nationalliga ih-

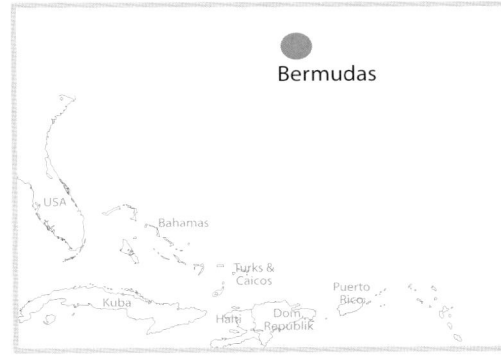

Bermuda

Bermuda | Fläche: 53 km² | Einwohner: 65.545 (1.218 je km²) | Amtssprache: Englisch | Hauptstadt: Hamilton (969) | Weitere Städte: St. George (1.000) | Bruttosozialprodukt: 36.000 $/Kopf | Zeitzone: MEZ -5h | Länderkürzel: - | FIFA-Kürzel: BER | Telefon-Vorwahl: +1441

● **FIFA World Ranking**
1993	1994	1995	1996	1997	1998	1999	2000
84	102	140	167	176	185	163	153
2001	2002	2003	2004	2005	2006	2007	2008
166	172	183	157	161	107	147	124

● **Weltmeisterschaft**
1930-66 nicht teilgenommen **1970** Qualifikation **1974-90** nicht teilgenommen **1994-2010** Qualifikation

● **Gold-Cup**
1991-2007 Qualifikation

ren Spielbetrieb auf. Nachdem sich der koloniale Griff Großbritanniens allmählich gelockert hatte, betrat Bermudas Fußball auch internationales Terrain. 1962 trat der Nationalverband BFA der FIFA bei, ehe es am 10. August 1964 zu einem der wohl bizarrsten Debüts der Fußballweltgeschichte kam, als die sonnenverwöhnten Karibikkicker ausgerechnet in der isländischen Hauptstadt Reykjavík ihr erstes Länderspiel bestritten und mit 3:4 verloren.

■ **1966 SCHLOSS SICH** die BFA dem Kontinentalverband CONCACAF an und rang bereits zwei Jahre später erstmals um einen Platz bei einem WM-Endturnier. Das damit verbundene erste Pflichtländerspiel auf bermudischem Boden endete am 11. November 1968 vor 2.942 Zuschauern in Hamilton mit einem 0:2 gegen die USA. Anschließend geriet der Entwicklungsprozess jedoch ins Stocken, und erst 1994 partizipierten die nach einem lokalen Tanz benannten »Gombey Warriors« erneut an der WM-Qualifikation. Seinerzeit schalteten sie überraschend Haiti sowie Antigua und Barbuda aus, ehe der Traum vom Endturnier trotz eines Sieges über El Salvador sowie Unentschieden gegen Jamaika bzw. Kanada in der dritten Qualifikationsrunde zerplatzte.

Rückgrat des Erfolgsteams waren englische Profis, deren Wurzeln auf die Bermudas zurückreichen. Bekannteste Namen waren West-Ham-Legende Clyde Best, Shaun Goater von Manchester City sowie Kyle Lightbourne aus Coventry.

■ **AUF NATIONALER EBENE** besticht Bermudas Fußball durch eine höchst effektive Organisation sowohl der Nationalliga »Cingular Wireless Premier Division« als auch des FA-Cups. Rekordmeister ist der Somerset Cricket Club, der 1967 seinen ersten von inzwischen neun Titeln errang. Zwischen 1968 und 1970 sicherten sich die Cricket-Kicker zudem dreimal in Folge das begehrte »triple« aus Landesmeisterschaft, FA-Cup und Friendship Trophy. Mit acht bzw. sieben Meisterschaften folgen Pembroke Hamilton sowie der North Village Community Club.

Nach der Millenniumswende wurde der nationale Fußball einer Professionalisierung unterzogen. Dazu zählte die Umwandlung der Klubs in Franchise-Unternehmen. So streitet Pembroke Hamilton seitdem als PHC Zebras, während Rekordmeister Somerset zu den Somerset Trojans wurde. Der nächste Schritt erfolgte 2006 mit der Gründung der Bermuda Hogges, die unter der Führung der ehemaligen England-Profis Shaun Goater und Kyle Lightbourne zum ersten Profiklub der Bermudas wurden. Seit April 2007 kicken die Hogges in der zweiten Liga der USA. Das erfolgte vor allem unter dem Aspekt, das Leistungsvermögen durch einen intensiveren Wettbewerb zu erhöhen und damit die nationalen Talente besser fördern zu können. Es scheint sich auszuzahlen, denn mit Stürmer Khano Smith wurde bereits ein Bermudaer vom amerikanischen Erstligisten New England Revolution unter Vertrag genommen. »Wir versuchen, so viele wie möglich an den amerikanischen Universitäten unterzubringen, damit sie dort spielen können«, erläuterte Lightbourne.

Von den Förderungsmaßnahmen profitierte auch die bermudische Nationalelf, die 2007 in der Karibikmeisterschaft nur knapp die Finalrunde verpasste und in der WM-Qualifikation 2010 einen 2:1-Sieg in Trinidad und Tobago feierte. «Innerhalb weniger Jahre, sobald sich die Spieler an schwere Spiele gewöhnt haben, werden wir sehr viel besser vorbereitet sein«, ist sich Lightbourne sicher. Es scheint, als würden demnächst auch ein paar prominente Fußballteams im »Bermuda-Dreieck« verschwinden können.

Jahr	Meister	Pokal
1928/29	Dockyard Recr. SC	Dockyard Recr. SC
1929/30	Coy A. West Y. Reg.	Coy A. West Y. Reg.
1930-35	unbekannt	
1936	Bowery Somerset	
1936-56	unbekannt	
1955/56	unbekannt	Bermuda Athletic Ass.
1956/57	unbekannt	Pembroke Hamilton
1957/58	unbekannt	Wellington Rovers
1958/59	unbekannt	Dock Hill Rangers
1959/60	unbekannt	Pembroke Hamilton
1960/61	unbekannt	Pembroke Hamilton
1961/62	unbekannt	Pembroke Hamilton
1962/63	unbekannt	Young Men's Social C.
1963/64	Young Men's Social C.	Young Men's Social C.
1964/65	Young Men's Social C.	Pembroke Hamilton
1965/66	Young Men's Social C.	Casuals
1966/67	Somerset Cricket Club	Pembroke Hamilton
1967/68	Somerset Cricket Club	Somerset Cricket Club
1968/69	Somerset Cricket Club	Somerset Cricket Club
1969/70	Somerset Cricket Club	Somerset Cricket Club
1970/71	Pembroke Hamilton	Pembroke Hamilton
1971/72	Devonshire Colts	Somerset Cricket Club
1972/73	Devonshire Colts	Devonshire Colts
1973/74	North Village CC	Devonshire Colts
1974/75	Hotels International	Pembroke Hamilton
1975/76	North Village CC	Somerset Cricket Club
1976/77	Pembroke Hamilton	Somerset Cricket Club
1977/78	North Village CC	North Village CC
1978/79	North Village CC	Somerset Cricket Club
1979/80	Hotels International	Pembroke Hamilton
1980/81	Southampton Rangers	Vasco da Gama FC
1981/82	Somerset Cricket Club	Vasco da Gama FC
1982/83	Somerset Cricket Club	North Village CC
1983/84	Somerset Cricket Club	Southampton Rangers
1984/85	Pembroke Hamilton	Hotels International
1985/86	Pembroke Hamilton	North Village CC
1986/87	Somerset Cricket Club	Dandy Town SC
1987/88	Dandy Town SC	Somerset Cricket Club
1988/89	Pembroke Hamilton	North Village CC
1989/90	Pembroke Hamilton	Somerset Cricket Club
1990/91	Boulevard Community	Boulevard Community
1991/92	Pembroke Hamilton	Pembroke Hamilton
1992/93	Somerset Cricket Club	Boulevard Community
1993/94	Dandy Town Hornets	Vasco da Gama FC
1994/95	Boulevard Community	Vasco da Gama FC
1995/96	Vasco da Gama FC	Boulevard Community
1996/97	Devonshire Colts	Boulevard Community
1997/98	Vasco da Gama FC	Vasco da Gama FC
1998/99	Vasco da Gama FC	Devonshire Colts
1999/00	PHC Zebras	North Village CC
2000/01	Dandy Town Hornets	Devonshire Colts
2001/02	North Village CC	North Village CC
2002/03	North Village CC	North Village CC
2003/04	Dandy Town Hornets	Dandy Town Hornets
2004/05	Devonshire Cougars	North Village CC
2005/06	North Village CC	North Village CC
2006/07	Devonshire Cougars	Devonshire Colts
2007/08	PHC Zebras	PHC Zebras

TEAMS | MYTHEN

■ **BERMUDA HOGGES** 2006 gegründeter Profiklub, der seit April 2007 am Spielbetrieb der 2. Liga der USA teilnimmt. Gründer waren die beiden früheren Englandprofis Shaun Goater und Kyle Lightbourne, die mit den Hogges' den nationalen Fußball-Nachwuchs fördern wollen. Der Klubname ist abgeleitet von dem Wort »Hog« (»Eber«), die auf den Bermudas eine lange Tradition genießen und für ihre Härte bekannt sind. [2006 | Bermuda National (8.500)]

■ **PHC ZEBRAS (PEMBROKE HAMILTON)** Der achtfache Landesmeister (zuletzt 1992) wurde als Pembroke Hamilton Club gegründet und ist in der Hauptstadt Hamilton beheimatet. Er war 1957 der erste »schwarze« Klub, der den FA-Cup gewann (4:3-Finalsieg über Pembroke Juniors). Seinen größten Erfolg feierte er 1986, als der Einzug in das Halbfinale der Kontinentalmeisterschaft gelang (Aus gegen LD Alajuelense, Costa Rica). Mit Kyle Lightbourne brachten die Zebras eine bermudische Fußball-Legende hervor. [9]

■ **NORTH VILLAGE COMMUNITY CLUB** Feierte 2006 seine siebte Landesmeisterschaft und ist damit Nummer drei im nationalen Fußball. Der Heimatverein von Shaun Goater errang 1978 und 2006 jeweils das Triple. [7]

■ **SOMERSET TROJANS (SOMERSET CRICKET CLUB)** Mit neun Landesmeisterschaften Rekordmeister der Bermudas. Aus den Klubannalen ragt das Dreifachtriple zwischen 1968 und 1970 heraus. Der ursprüngliche Vereinsname Somerset Cricket Club weist sowohl auf die englischen Wurzeln wie auf das Schicksal des Fußballs als vereinsinterne Nummer zwei hin. Seit der Umstellung auf das Profitum läuft die auf der Insel Somerset beheimatete Elf als Somerset Trojans auf. 2008 musste der Stammverein von Clyde Best erstmals in die Zweitklassigkeit absteigen. [9]

HELDEN | LEGENDEN

■ **CLYDE BEST** Bermudas erste Fußball-Legende. Der Stürmer erlernte beim Somerset Cricket Club das kleine Fußball-1x1, ehe er 1968 zum Londoner Profiklub West Ham United wechselte. Als einer der ersten schwarzen Fußballer im englischen Profifußball erwarb er sich auf der Britischen Insel große Anerkennung und wurde in 174 Spielen zum Fanliebling im Upton Park. Zudem debütierte er bereits mit 15 für die bermudische Nationalelf, für die er zahlreiche Spiele bestritt. Später kickte Best noch für Feyenoord Rotterdam und fungierte als Aufbauhelfer bei der US-amerikanischen NASL. Von 1997-99 betreute er die bermudische Nationalelf. [*24.2.1951]

■ **SHAUN GOATER** Unterschrieb 1989 seinen ersten Profivertrag bei Manchester United, wo ihm der Durchbruch jedoch versagt blieb. Nach mehreren Jahren bei unterklassigen englischen Klubs schloss er sich 1998 Manchester City an und schoss bis 2003 insgesamt 103 Tore (in 212 Spielen) für die Blues. Später noch für Reading, Coventry und Southend am Ball, verabschiedete er sich im Mai 2006 vom aktiven Fußball und gründete gemeinsam mit Kyle Lightbourne den Profiklub Bermuda Hogges. Zudem richtet er alljährlich das Nachwuchsturnier »Shaun Goater Grass-roots Soccer Festival« aus. [*25.2.1970 | 36 LS/32 Tore]

■ **KYLE LIGHTBOURNE** Aus dem Nachwuchslager von Pembroke Hamilton stammend, schloss sich der Angreifer 1992 dem englischen Profiklub Scarborough an und spielte später auch in Walsall, Coventry, Stoke und Cardiff. Sowohl im Fußball als auch im Cricket schaffte es Lightbourne zudem in die bermudische Landesauswahl. Nach seiner Rückkehr aus England hob er gemeinsam mit Shaun Goater den Profiklub Bermuda Hogges aus der Taufe und übernahm 2006 das Training der Nationalmannschaft. [*29.9.1968]

BRITISCHE JUNGFERNINSELN

Ein »Fun Bus« sorgt für Fußballstimmung

Wenige Spieler, kaum Renommee – Fußball kommt auf den Britischen Jungferninseln nicht über eine Außenseiterrolle hinaus

British Virgin Islands Football Association

Britische Jungferninseln Fußball-Verband | gegründet: 1974 | Beitritt FIFA: 1996 | Beitritt CONCACAF: 1996 | Spielkleidung: goldenes Trikot, grüne Hose, grüne Stutzen | Saison: August - Dezember | Spieler/Profis: 1.555/0 | Vereine/Mannschaften: 10/14 | Anschrift: Botanic Station Road, Road Town, PO Box 4269, Tortola | Tel: +1284-4945655 | Fax: +1284-4948968 | www.bvifa.com | E-Mail: bvifa@surfbvi.com

Wenn die Britischen Jungferninseln in Sachen Sport mal in die Schlagzeilen geraten, stehen bisweilen zweifelhafte Gründe dahinter. So stellte sich im März 2008 heraus, dass eine der im Zusammenhang mit der Korruptionsaffäre um das FIFA-nahe Firmenkonglomerat ISL/ISMM verdächtigen Stiftungen auf den Britischen Jungferninseln ansässig war. Der Ruf eines Steuerparadieses, in dem für den finanziellen Erfolg auch schon mal das eine oder andere Auge des Gesetzes zugedrückt wird, eilt der karibischen Inselgruppe eben auch im Sport voraus. Dass sich die bis heute zu Großbritannien gehörende ehemalige Kolonie vornehmlich dem Luxustourismus verschrieben hat und für gewöhnliche Globetrotter schlicht zu teuer ist, passt da prima ins Bild.

■ **NUN GIBT ES NATÜRLICH** nicht nur Kritisches bzw. Ketzerisches zu sagen über die Britischen Jungferninseln, die aus 60 Inseln bestehen, von denen aber nur 16 bewohnt sind. Durch eine immense Migrationsbewegung ist die Bevölkerungszahl seit 1980 von knapp 10.000 auf inzwischen 21.000 Einwohner angeschwollen. Etwa 80 Prozent von ihnen leben auf der Hauptinsel Tortola, die mit 57 km² rund ein Drittel der überschaubaren Landmasse der Britischen Jungferninseln ausmacht. Mit Road Town beherbergt Tortola auch die mit 11.000 Seelen mit Abstand größte Ortschaft des Landes. Abgesehen von den aus der gesamten Karibik stammenden Neusiedlern sind die meisten Einwohner Nachfahren afrikanischer Sklaven.

Im Vergleich zur recht turbulenten Biografie der benachbarten Amerikanischen Jungferninseln liest sich die Historie der Britischen Jungferninseln beschaulich. 1493 von Christoph Columbus entdeckt, übernahmen zunächst Spanier bzw. Niederländer die Kontrolle, ehe 1620 die ersten Engländer an Land gingen. 1672 wurde die Hauptinsel Tortola britische Kolonie, und bis 1773 gerieten nach und nach auch die anderen Inseln in britische Hände. Seit 1967 genießt die britische Kronkolonie innere Autonomie. Das britische Erbe wird aktiv gepflegt. Man fährt links, um 17 Uhr wird zum Tee gebeten und der höchste Feiertag im Land ist der Geburtstag der Queen.

■ **BRITEN BRACHTEN AUCH DEN FUSSBALL** auf die Jungferninseln. Bis sich das Spiel nach seiner Einführung in der ersten Hälfte des 20. Jahrhunderts nennenswert ausgebreitet hatte, vergingen allerdings viele Jahrzehnte. Erst nach dem Zweiten Weltkrieg griff auch die schwarze Bevölkerungsmehrheit das Spiel allmählich auf. Ein Jahr nach der Gewährung innerer Autonomie entstand 1968 eine Art Fußball-Nationalverband, aus dem sich 1974 die British Virgin Islands Football Association (BVIFA) konstituierte.

1970 war auf Tortola bereits eine Ligameisterschaft ins Leben gerufen worden, an der sich auch Teams anderer Inseln beteiligten. Seitdem 1996 auch auf Virgin Gorda eine Liga entstand, stehen sich die beiden Sieger alljährlich im Endspiel um den Landesmeister gegenüber. Auf den restlichen 14 bewohnten (aber oft nur winzigen) Inseln wird nicht um Meisterschaftspunkte gekämpft. Seit 1996 ist die BIVFA sowohl Mitglied der FIFA als auch der CONCACAF.

Obwohl die Britischen Jungferninseln seit Ende des 20. Jahrhunderts als Tourismushochburg und Steuerparadies zu Wohlstand und Reichtum gekommen sind, fehlt es dem Nationalverband BVIFA an finanziellen Ressourcen zur Förderung des Spiels. Hinzu

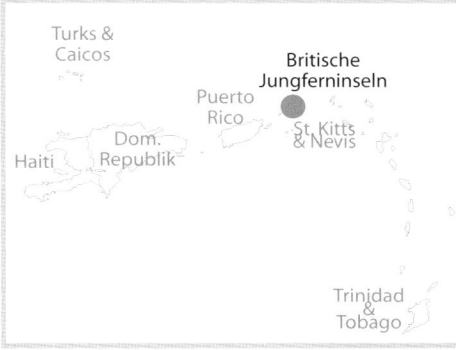

British Virgin Islands

Britische Jungferninseln | Fläche: 153 km² | Einwohner: 21.000 (145 je km²) | Amtssprache: Englisch | Hauptstadt: Road Town (Tortola, 11.000) | Weitere Städte: Spanish Town (355) | Währung: US-Dollar | Bruttosozialprodukt: 16.000 $/Kopf | Zeitzone: MEZ -3h | Länderkürzel: - | FIFA-Kürzel: VGB | Telefon-Vorwahl: +1284

● **FIFA World Ranking**

1993	1994	1995	1996	1997	1998	1999	2000
-	-	-	-	-	180	187	161
2001	2002	2003	2004	2005	2006	2007	2008
163	161	175	165	171	190	192	180

(Note: 2000 = 172)

● **Weltmeisterschaft**
1930-98 nicht teilgenommen **2002-10** Qualifikation

● **Gold-Cup**
2000-05 Qualifikation **2007** nicht teilgenommen

kommen infrastrukturelle Probleme, denn angesichts des dicht besiedelten Landes (145 Einwohner pro km²) ist es nahezu unmöglich, geeignete Freiflächen für weitere Fußballfelder zu finden. Als Nationalstadion fungiert das Shirley Recreational Field in Road Town, das 2.000 Plätze bietet. Da auch die lediglich zehn existierenden Vereine des Landes strukturell nicht über das Niveau von Kneipenmannschaften hinauskommen, hat sich der Fußball insgesamt nur zögerlich entwickeln können.

■ **SEINE GRÖSSTEN ERFOLGE** feierte man im Nachwuchsbereich. Dafür steht mit Kenrick Grant ein Mann, der in England seine Trainerlizenz erwarb und 1993 auf die Britischen Jungferninseln zurückkehrte. Ein Jahr später stellte Grant ein Jugend-Förderungsprogramm auf die Beine, das die nationalen Schulen einband und die Popularität des Fußballs gezielt zu steigern vermochte. Neben der Einrichtung von Jugendligen und einem attraktiven Beach Soccer-Turnier erfreute sich vor allem ein unter dem Motto »Football For All« durch das Land tourender »Fun-Bus« großer Beliebtheit.

Als der Nationalverband BVIFA 1996 mit »Cable & Wireless« einen zahlungskräftigen Sponsor fand, konnte die Nachwuchsarbeit intensiviert werden. Drei Jahre später halfen FIFA-Mittel, mit Charlie Cook und Gary White zwei weitere englische Fußball-Lehrer auf die Inselgruppe zu holen. Nächster Höhepunkt waren diverse Jugend-Auswahlspiele mit dem Nachbarn Amerikanische Jungferninseln. Neben dem Jugendfußball hat sich auch der Frauenfußball auf der Inselgruppe positiv entwickeln können.

Dennoch rangiert der Fußball auf den Britischen Jungferninseln noch immer am Rande der Bedeutungslosigkeit. In den Inseligen von Tortola und Virgin Gorda tummelt sich lediglich eine Handvoll Teams, und auf internationaler Ebene steht das Debüt einer Vereinself der Britischen Jungferninseln noch aus.

Unterdessen leidet die Landesauswahl unter einem spezifischen Problem: Weil nur zehn Prozent der nationalen Fußballer dem FIFA-Reglement zufolge als Einheimische gelten und für die Britischen Jungferninseln auflaufen dürfen, ist der Spielerkanon, auf den Nationaltrainer Mitchell Patrick zugreifen kann, erschreckend überschaubar. Ihren größten Erfolg feierten »the Nature Boyz« 1999, als sie Puerto Rico mit 5:0 düpierten. 2005 erreichten sie nach einem 2:0 über Bermuda erstmals die 2. Runde in der Karibikmeisterschaft, wo sie an Trinidad und Tobago scheiterten.

Internationale Auftritte sind rar. Nachdem der Nationalverband BVIFA 2007 seine Teilnahme an der Karibikmeisterschaft hatte absagen müssen, blieb die Landesauswahl zwischen Dezember 2004 (0:2 gegen Trinidad und Tobago) und November 2007 (1:0 auf St. Martin) ohne jeden Einsatz. Neben drei Teilnahmen an der WM-Qualifikation weisen die Annalen der Britischen Jungferninseln auch drei Beteiligungen am Gold Cup (erstmals 2000) auf.

Hoffnung bereitet ein im Rahmen des FIFA-»Goal«-Programms errichtetes Verbandszentrum, das 2008 in Road Town auf Tortola eingeweiht wurde. Vorausgegangen war allerdings eine geradezu peinlich lange Suche nach einem geeigneten Baugrundstück. Sie verdeutlichte, dass die Britischen Jungferninseln wohl auch in Zukunft nicht über den Fußball in die weltweiten Schlagzeilen geraten werden.

TEAMS | MYTHEN

■ **SKB BUDWEISER** Mit sechs Titeln Rekordmeister des Landes. Die Erfolgsepoche des Klubs liegt allerdings lange zurück – der sechste und bislang letzte Titel wurde anno 1987 gefeiert. [6]

■ **HAIROUN** Team von der kleineren Insel Virgin Gorda, das sich 1991 und 1992 die Gesamt-Landesmeisterschaft sicherte. [2]

■ **INTERFADA** Dominierte zwischen 1993 und 1997 den nationalen Fußball und wurde in fünf Jahren viermal Meister. [4]

■ **HBA PANTHERS** Zweifacher Landesmeister, der 2000 und 2001 auch Sieger der Tortolaer Inselmeisterschaft wurde. Konnte 2001 in der Kontinentalmeisterschaft gegen die SV Transvaal Paramaribo aus Suriname nicht antreten, da die Mannschaft disqualifiziert wurde. [2]

■ **RANGERS** Das dominierende Team der Insel Virgin Gorda dominiert zwar mit sieben Titelgewinnen seit 2000 die inselinterne Meisterschaft, ging aber in der Landesmeisterschaft bislang leer aus. [-]

HELDEN | LEGENDEN

■ **AMANDA EMMANUEL** Gegenwärtig hoffnungsvollstes Talent des Landes. Emmanuel erhielt 2007 ein Sportstipendium beim renommierten New Yorker Bryan & Stratton College.

Jahr	Meister
1979	SKB Budweiser
1980	Queen City Strikers
1981	SKB Budweiser
1982	International Motors
1983	International Motors
1984	SKB Budweiser
1985	SKB Budweiser
1986	SKB Budweiser
1987	SKB Budweiser
1988	abgebrochen
1989	Popeye Bombers
1990	Jolly Rogers Strikers
1991	Hairoun
1992	Hairoun
1993	Interfada
1994	Interfada
1995	Interfada
1996	Black Lions Road Town
1997	Interfada
1998	BDO Binder Stingers R. T.
1999	HBA Panthers
2000	HBA Panthers
2001	Veterans Road Town
2002	Future Stars United Road T.
2003	Old Madrid
2004	Valencia FC
2005-08	nicht ausgetragen

Außenseiter
Britisch-Karibik

Nach dem Zweiten Weltkrieg strebte Großbritannien für seine Kolonien in der Karibik zunächst die Schaffung eines mit Australien vergleichbaren Bundesstaates an, der als Ganzes in die politische Unabhängigkeit entlassen werden sollte. Im Januar 1958 entstand die »West Indies Federation«, die unter dem Motto »to dwell in unity« stand (»in Gemeinschaft siedeln«) und einen Zusammenschluss der Kolonien Barbados, Jamaika, Trinidad und Tobago, British Leeward Islands sowie British Windward Islands darstellte. »West Indies« ist ein englischer Begriff für »Karibik«.

Auch im Fußball kam es seinerzeit zu einem vergleichbaren Zusammenschluss. Ausgehend von mehreren durch Jamaikas Nationalverband JFF organisierten Benefizspielen war am 22. Januar 1957 in der jamaikanischen Hauptstadt Kingston mit der British Caribbean Football Association eine entsprechende Organisation ins Leben gerufen worden. Analog zu der bereits seit den 1930er Jahren existierenden Cricketauswahl der »West Indies« sollte sie auch im Fußball eine Auswahlmannschaft der britischen Kolonialgebiete in der Karibik aufstellen.

Weder dem politischen noch dem sportlichen Bündnis war jedoch eine lange Lebensdauer vergönnt. Als Jamaika 1961 Pläne für eine eigene Unabhängigkeit veröffentlichte, brach das politische Bündnis auseinander und wurde zum 31. März 1962 auch formal aufgelöst.

Die karibische Fußballauswahl indes hatte 1957 noch eine Tournee nach England unternommen, bei der sie u. a. auf die Britische Olympiaauswahl getroffen war (2:7), ehe auch sie mit der jamaikanischen Unabhängigkeitserklärung zerfiel. Erst 1968 wurde die BCFA offiziell aufgelöst.

Neben Jamaika entstanden aus der West Indies Federation mit Trinidad und Tobago, den Bermudas, Barbados, British-Guyana (heute Belize), St. Vincent und den Grenadinen, Grenada, Dominica, Antigua und Barbuda, den Cayman-Inseln, Montserrat, St. Kitts und Nevis, Anguilla, St. Lucia sowie den Turks- und Caicos-Inseln zahlreiche weitere heute souveräne bzw. weiterhin als Kronkolonien mit Großbritannien verbundene Länder.

CAYMAN-INSELN

Das Steuerparadies ist Fußball-Diaspora

Der Fußballverband der Cayman-Inseln versuchte, den Erfolg zu kaufen

Cayman Islands Football Association

Cayman-Inseln Fußball-Verband | gegründet: 1966 | Beitritt FIFA: 1992 | Beitritt CONCACAF: 1993 | Spielkleidung: rotes Trikot, blaue Hose, weiße Stutzen | Spieler/Profis: 3.700/0 | Vereine/Mannschaften: 10/50 | Anschrift: Truman Bodden Sports Complex, Olympic Way, Off Walkers Road, PO Box 178, Grand Cayman | Tel: +1345-9495775 | Fax: +1345-9457673 | www.caymanfootball.ky | E-Mail: cfa@candw.ky

Verrückte Fußballwelt. Obwohl die Cayman-Inseln über das weltweit achthöchste Pro-Kopf-Einkommen verfügen, musste die FIFA dort über ihr »Goal«-Programm für die Errichtung (und Finanzierung!) zeitgemäßer Fußball-Trainingsfelder sorgen.

Die Cayman-Inseln sind eben ein Steuer- und kein Fußballparadies. Nachdem der britische König George III. die Inselbewohner im 18. Jahrhundert von sämtlichen Steuern und Abgaben befreit hatte, verwandelte sich die britische Kronkolonie in eine schillernde Finanzkapitale. Gegenwärtig gibt es auf den drei Cayman-Inseln, deren Gesamtlandfläche 259 km² nicht überschreitet, über 500 Bankniederlassungen und mehr Briefkastenfirmen, als man zählen kann.

■ **AUCH IM FUSSBALL** versuchte es die Inselgruppe, mit pekuniärer Hilfe auf verkürztem Wege zum Erfolg zu kommen. Im Vorfeld der Qualifikation zur WM 2002 umwarben caymanische Verantwortliche britische Profis, deren Fähigkeiten höher angesiedelt waren als die der einheimischen Hobbykicker und die bereit waren, das rote Trikot der Caymans überzustreifen. Ob sie eine Verbindung zu der Inselgruppe hatten, war einerlei, denn in der caymanischen Kapitale George Town betrachtete man jeden Briten automatisch als spielberechtigt für die Cayman-Auswahl. »Wir benutzen dieselben Pässe, wir haben das Gesicht der Queen auf unserer Währung«, fand Nationaltrainer Barry McIntosh diese Vorstellung selbstverständlich.

Der caymanische Ruf traf auf offene Ohren. Von den 24 kontaktierten Profispielern lehnten lediglich zwei die finanziell attraktive Offerte ab, derweil Akteure wie Greg Brannan (Motherwell), Martin O'Connor (Birmingham City), Wayne Allison (Tranmere Rovers) und Barry Hales (Fulham FC) freudig zu »Caymanis« wurden. »Diese Spieler haben sich nicht wegen des Geldes dazu entschieden, sondern weil sie internationalen Fußball spielen wollen«, beeilte sich Auswahlcoach McIntosh hinzuzufügen.

Der Weltfußballverband FIFA war »not amused«. Nach diversen Drohungen aus der FIFA-Zentrale in Zürich trauten sich am 5. März 2000 schließlich »nur« sieben britische Berufsfußballer zum caymanischen Qualifikationsspiel nach Kuba, und als die FIFA in letzter Sekunde auch ihrem Einsatz einen Riegel vorschob, mussten die Cayman-Inseln schließlich doch wieder ausschließlich mit heimischen Hobbyakteuren auflaufen. Resultat war ein 0:4, das sämtliche WM-Träume vorzeitig platzen ließ. Wenig später modifizierte die FIFA im Übrigen ihr Regelwerk und stopfte das Schlupfloch.

■ **NUN DARF MAN** mit Recht die Frage aufwerfen, warum die Caymans eigentlich überhaupt im Weltfußball mitkicken dürfen, gehören sie doch wie die mit ihren FIFA-Aufnahmeanträgen gescheiterten Dependancen Gibraltar oder Guernsey zu Großbritannien. Die Antwort ist in den politischen Ränkespielen auf nordamerikanischer Konföderationsebene zu finden, wo einflussreiche FIFA- bzw. CONCACAF-Funktionäre über leicht steuerbare Miniverbände ihre Macht zu zementieren versuchten.

Die südlich von Kuba gelegene Inselgruppe war 1503 von Christoph Columbus »entdeckt« und 1670 der britischen Krone unterstellt worden. Der Name Cayman leitet sich von einer lokalen Krokodilart ab. Nachdem es nahezu drei Jahrhunderte von Jamaika aus verwaltet worden war, wurde das dünn besiedelte Inseltrio (1906: 5.000 Einwohner) 1962 in eine direkt mit Großbritannien

Cayman Islands

Cayman-Inseln | Fläche: 259 km² | Einwohner: 44.000 (164 je km²) | Amtssprache: Englisch | Hauptstadt: George Town (Grand Cayman, 20.626) | Weitere Städte: West Bay (10.000), Bodden Town (6.000), East End (1.000), North Side (1.000) | Währung: Cayman Island Dollar | Bruttosozialprodukt: 35.000 $/Kopf | Zeitzone: MEZ -4h | Länderkürzel: - | FIFA-Kürzel: CAY | Telefon-Vorwahl: +1345

verbundene Kronkolonie umgewandelt. Kurz zuvor war in der Hauptstadt George Town ein internationaler Flughafen eröffnet worden, der das beschauliche Leben auf den Caymans radikal veränderte. Der Umwälzungsprozess begann seinerzeit mit dem Aufbau einer Tourismusindustrie, dem später jene Banken bzw. Briefkastenfirmen folgten, die die erwähnte Abgabenbefreiuung für ihre Geschäfte nutzen wollten.

■ **»GEFÜHLT« SIND DIE** Cayman-Inseln ein Stückchen Großbritannien der Karibik. Dazu passen Sportarten wie Cricket, Rugby und Fußball, die landesweit populär sind. Das Leben konzentriert sich im Übrigen einseitig auf die Hauptinsel Grand Cayman, wo etwa 40.000 der 44.000 Caymanis leben. Auf Cayman Brac (3.500 Einwohner) bzw. Little Cayman (500) geht es bedeutend ruhiger zu.

Fußball war in den 1950er Jahren aufgekommen und zunächst ausnahmslos von Briten betrieben worden. Die wie vielfach in der Karibik von den Nachfahren aus Afrika verschleppter Sklaven bestehende Bevölkerungsmehrheit stand derweil abseits. Erst als in den frühen 1960er Jahren auf Anregung der beiden Lehrer Clifton Hunter und Timothy McField in der Grand-Cayman-Metropole George Town mit »the Annex« ein Fußballfeld errichtet wurde, konnte die Basis des Spiels ausgedehnt werden. Etwa zeitgleich legte Clifton Hunter auch in West Bay, der zweitgrößten Stadt des Landes, den Keim für den Fußball und begründete damit eine intensive Rivalität zwischen beiden Gemeinden.

1966 riefen vorwiegend englischstämmige Fußballenthusiasten den Nationalverband Cayman Islands Football Association (CIFA) ins Leben, unter dessen Ägide 1980 erstmals um eine Landesmeisterschaft und 1996 erstmals um einen Pokal gestritten wurde. Der erste Landesmeister Yama Sun Oil meldete 1980 sogar seine Teilnahme an der Kontinentalmeisterschaft an.

Die Cayman-Inseln machten seinerzeit mit einer ungewöhnlichen Regel Schlagzeilen, die besagte, dass bei Regenfällen kein Spiel angepfiffen werden durfte – begann es erst während einer Partie zu regnen, durfte übrigens weitergespielt werden. Die Regel wurde abgeschafft, als die CIFA im Mai 1992 auf Initiative ihres neugewählten Präsidenten Jeffrey Webb Mitglied der CONCACAF wurde. Im Juli desselben Jahres trat man auch der FIFA bei. Caymans sportliche Geburt war vier Jahre zuvor erfolgt, als mit dem Jamaikaner Winston Chung ein engagierter Trainer das Amt des Nationaltrainers übernahm. 1991 nahmen die Cayman-Inseln an der erstmals ausgespielten Karibikmeisterschaft teil, für deren Halbfinale sie sich 1996 unter dem deutschen Trainer Bernhard Schumm qualifizieren konnten (2:9-Niederlage gegen Trinidad und Tobago). 2000 gelang zum dritten und bislang letzten Mal die Qualifikation zur Finalrunde in der Karibikmeisterschaft.

Auf nationaler Ebene wurde unterdessen die Infrastruktur verbessert. 1994 entstand in West Bay das »Ed Bush Field«, auf dem die Cayman-Auswahl wenig später einen legendären Sieg über Jamaika feierte. Ein Jahr später öffnete der Truman Bodden Sports Complex in George Town seine Pforten, der noch im selben Jahr Schauplatz der Vorrunde zur Karibikmeisterschaft 1996 wurde.

In der WM-Qualifikation konnte die Inselgruppe nach ihrem Debüt 1998 nur selten Aufmerksamkeit erregen. Das lag nicht zuletzt am Nachbarn Kuba, mit dessen spielstarker Auswahl man sich regelmäßig schon in der ersten Qualifikationsphase auseinanderzusetzen hat. Abgesehen von einem torlosen Unentschieden in der Qualifikationsrunde 2002 setzte es dabei ausnahmslos Niederlagen für die Cayman-Inseln.

■ **NACH DER EINGANGS** geschilderten umstrittenen Rekrutierung britischer Profis für die Landesauswahl geriet die heile Welt des caymanischen Fußballs tüchtig durcheinander. In der FIFA-Weltrangliste stürzte man von Position 127 (November 1995) bis auf Rang 189 (2006) ab und reihte sich damit in die Riege der karibischen Underdogs ein.

Ein Schwerpunkt in der Arbeit des Nationalverbandes liegt seitdem auf der Nachwuchspflege. Mit Leon Whittaker absolvierte 2001 erstmals ein caymanisches Talent ein Probetraining bei einem englischen Profiklub (Reading FC), und mit Carson Fagan sowie Tuda Murphy stehen zwei weitere Talente bereit. Inzwischen existiert ein Austauschprogramm mit dem brasilianischen Traditionsklub Vasco da Gama, und dank des FIFA-»Goal«-Programms konnte 2007 in George Town ein modernes Trainingszentrum eröffnet werden.

Auch auf nationaler Ebene gibt es Fortschritte zu vermelden. Die vorsichtige Professionalisierung der Nationalliga erreichte 2005/06 sogar einen neuen Höhepunkt, als erstmals Eintrittsgelder verlangt wurden. Die Nationalliga besteht aus zwei Staffeln (Ost und West), deren Sieger im Finale aufeinandertreffen. Der nationale Klubfußball spielt sich nahezu ausschließlich auf Grand Cayman ab. Neben der Hauptstadt George Town wird auch in West Bay, Bodden Town, North Side und East End fleißig gekickt. Mit 15 Meisterschaften ist das Team der West Bayer »Scholars International« der erfolgreichste Klub des Landes.

TEAMS | MYTHEN

■ **SCHOLARS INTERNATIONAL WEST BAY** Mit 15 Meisterschaften und zehn Pokalsiegen stellen die „Internationalen Schüler" das mit Abstand erfolgreichste Team der Inselgruppe. 1991 drang man in der Kontinentalmeisterschaft mit einem 1:0 über die Black Lions aus Jamaika in die 2. Runde vor. Der Klub ist in der im Norden von Grand Cayman gelegenen Gemeinde West Bay ansässig und einer dortigen Schule angeschlossen. [16 | 11]

■ **GEORGE TOWN SC** Aushängeschild der Hauptstadt, das sich 1997, 1999 und 2002 jeweils die Landesmeisterschaft sicherte. Das Motto der Grün-Roten ist »Strength in Unity« (»Stärke durch Gemeinschaft«). [3 | 2]

■ **WESTERN UNION FC GEORGE TOWN** Von der auf internationale Finanzgeschäfte spezialisierten »Western Union« gesponserte Mannschaft aus der Hauptstadt George Town, die bis 2006 als Money Express auflief. Mit zwei Meisterschaften und einem Pokalsieg feierte man bereits einige Erfolge. 2005 gelang sogar der Gewinn des Doubles. [2 | 1]

■ **LATINOS FC** Errang 2003/04 das Double und ist ein von Spanisch sprechenden Immigranten geprägter Klub, der 1992 gegründet wurde. Das Vereinsmotto lautet »Unity through Sports« (»Einheit durch Sport«).

■ **RAMOON RANGERS** Machte in den 1980er Jahren Furore, als gleich acht Mitglieder der Familie Ramoon den Kern der Mannschaft bildeten und ihr auch den Namen gaben. Darunter war Mittelstürmer Lee Ramoon, der Ende der 1980er Jahre zu Probetrainings bei Manchester United, Celtic Glasgow und Oldham Athletic weilte. Sicherte sich mehrfach die Landesmeisterschaft, wobei die Quellen lediglich jene aus dem Jahr 1988 belegen.

HELDEN | LEGENDEN

■ **LEON WHITTAKER** Mittelfeldtalent, der 2000/01 zum Aufsteiger des Jahres auf den Cayman-Inseln gewählt wurde. Absolvierte anschließend ein Probetraining beim damaligen englischen Zweitligisten Reading FC.

Jahr	Meister	FA-Cup
1980	Yama Sun Oil	
1981-82	unbekannt	
1983	St. George's	
1984	Mont Joly	
1985-87	unbekannt	
1988	Ramoon Rangers	
1989-95	unbekannt	
1995/96	unbekannt	East End
1996/97	George Town SC	unbekannt
1997/98	Scholars International	George Town SC
1998/99	George Town SC	unbekannt
1999/00	Western Union FC	unbekannt
2000/01	Scholars International	Bodden Town SC
2001/02	George Town SC	George Town SC
2002/03	Scholars International	Scholars International
2003/04	Latinos	Latinos
2004/05	Western Union FC	Western Union FC
2005/06	Scholars International	Scholars International
2006/07	Scholars International	Latinos
2007/08	Scholars International	Scholars International

● FIFA World Ranking
1993 1994 1995 1996 1997 1998 1999 2000
154 150 131 148 164 153 148 159
2001 2002 2003 2004 2005 2006 2007 2008
165 164 181 176 181 189 192 172

● Weltmeisterschaft
1930-94 nicht teilgenommen **1998-2010** Qualifikation

● Gold-Cup
1991 Qualifikation **1993** nicht teilgenommen **1996** Qualifikation **1998** nicht teilgenommen **2000-07** Qualifikation

COSTA RICA

Zentralamerikas Fußball-Aushängeschild

Mit drei WM-Teilnahmen ist Costa Rica die erfolgreichste Fußballnation der Region

Federación Costarricense de Fútbol

Costaricanischer Fußball-Verband | gegründet: 29.6.1921 | Beitritt FIFA: 1927 | Beitritt CONCACAF: 1962 | Spielkleidung: rotes Trikot, weiße Hose, weiße Stutzen | Saison: August - Mai | Spieler/Profis: 1.084.588/1.025 | Vereine/Mannschaften: 248/1.391 | Anschrift: Costado Norte Estatua, León Cortés, Sabana Este, San José 670-1.000 | Tel: +506-2221544 | Fax: +506-2552674 | www.fedefutbol.com | E-Mail: ejecutivo@fedefutbol.com

Wenn es um Fußball geht, lässt man in Costa Rica so ziemlich alles stehen und liegen – vor allem, wenn die Nationalmannschaft aufläuft. »La selección nacional es el honor de los ticos«, heißt es in einem populären Popsong – »die Nationalmannschaft ist die Ehre der Costaricaner«. Dreimal erreichte »la Sele«, wie die »Selección nacional« liebevoll genannt wird, ein WM-Endturnier: 1990, 2002 und 2006. Das ist Rekord für ein zentralamerikanisches Land. Bei seinem WM-Debüt im Sommer 1990 sorgte das Team mit Siegen über Schottland und Schweden sogar für die ersten (und bis heute auch einzigen) Erfolge einer zentralamerikanischen Mannschaft über europäische Teams, ehe es im Achtelfinale an der Tschechoslowakei scheiterte.

■ **DASS FUSSBALL** in Costa Rica Nationalsport ist, zeigt auch der Hype um die beiden führenden Klubs des Landes, die LD Alajuelense und Deportivo Saprissa aus der Hauptstadt San José. Ligaduelle zwischen »La Liga« (LD steht für »Liga Deportiva«) und »El Monstruo Morado« (»das lila Monster«) lassen das öffentliche Leben bisweilen zum Stillstand kommen. Selbst Experten wagen es nicht, dem einem oder dem anderem Klub einen höheren Beliebtheitsgrat zuzuschreiben. Mit einem Anteil von über 26 Prozent eingetragener Fußballer an der Gesamtbevölkerung ist Costa Rica weltweit führend und stellt selbst große Fußballnationen wie England (8,47 Prozent) oder Brasilien (7 Prozent) mühelos in den Schatten!

Trotz der allgemeinen Begeisterung ist der Fußball-Alltag in Costa Rica für lateinamerikanische Verhältnisse erfreulich friedlich. Noch dazu ist er weitestgehend korruptionsfrei, was von keinem anderen zentralamerikanischen Land gesagt werden kann. Ohnehin gilt das auf der Verbindungsbrücke zwischen Süd- und Nordamerika gelegene Costa Rica als vorbildlich und steht nicht nur wegen seiner bergigen Landschaft im Ruf, »die Schweiz Mittelamerikas« zu sein. Wirtschaftlich floriert Costa Rica seit langem, diverse Naturschönheiten sorgen für einen kontinuierlichen Touristenstrom und nur, wer sich die Mühe macht und hinter die Kulissen schaut, entdeckt ein Land, in dem die Schere zwischen Arm und Reich wie überall in der Region bedrohlich auseinandergeht. Ein Heer von Arbeitslosen und von hoffnungslosen Jugendlichen hat auch Costa Rica längst die »lateinamerikanischen Krankheiten« der hemmungslosen Ausbeutung und der Drogenkriminalität beschert.

■ **1502 VON CHRISTOPH COLUMBUS** entdeckt und mit dem Namen Costa Rica (»reiche Küste«) versehen, geriet das Land zunächst in die Hände der spanischen Konquistadoren. Vehementer und anhaltender Widerstand der einheimischen »Ticos« bescherten Costa Rica bereits 1821 die Unabhängigkeit, die jedoch durch ein hohes Maß wirtschaftlicher Abhängigkeit von Großbritannien und den USA getrübt wurde. Während sich das US-Konsortium »United Fruit« um die Ausbeutung der Bananenplantagen kümmerte, zogen die Briten in der zweiten Hälfte des 19. Jahrhunderts eine Bahnlinie durch das Land, mit der die Südfrüchte schneller zu den Häfen transportiert und nach Europa verschifft werden konnten.

Überlieferungen zufolge soll bereits am 8. Dezember 1876 erstmals in Costa Rica gegen einen Fußball getreten worden sein – angesichts des frühen Datums wird es sich dabei jedoch höchstwahrscheinlich um ein Rugby-Ei gehandelt haben. Assoziationsfußball feierte

República de Costa Rica

Republik Costa Rica | Fläche: 51.100 km² | Einwohner: 4.253.000 (83 je km²) | Amtssprache: Spanisch | Hauptstadt: San José (309.672) | Weitere Städte: Puerto Limón (56.719), Ipís (52.922), Desamparados (52.283), Alajuela (42.889), San Francisco (40.840) | Währung: 1 Costa-Rica-Colón = 100 Céntimos | Bruttosozialprodukt: 4.470 $/Kopf | Zeitzone: MEZ -7h | Länderkürzel: CR | FIFA-Kürzel: CRC | Telefon-Vorwahl: +506

Jahr	Meister	Jahr	Meister	Jahr	Meister
1921	CS Herediano	1951	CS Herediano	1979/80	LD Alajuelense
1922	CS Herediano	1952	Deportivo Saprissa San José	1980/81	CS Herediano
1923	CS Cartaginés	1953	Deportivo Saprissa San José	1981/82	Deportivo Saprissa San José
1924	CS Herediano	1954	nicht ausgespielt	1982/83	LD Alajuelense
1925	CS La Libertad San José	1955	CS Herediano	1983/84	LD Alajuelense
1926	CS La Libertad San José	1956	nicht ausgespielt	1984/85	CS Herediano
1927	CS Herediano	1957	Deportivo Saprissa San José	1985/86	Municipal Puntarenas
1928	LD Alajuelense	1958	LD Alajuelense	1986/87	LD Alajuelense
1929	CS La Libertad San José	1959	LD Alajuelense	1987/88	Deportivo Saprissa San José
1930	CS Herediano	1960	LD Alajuelense	1988/89	Deportivo Saprissa San José
1931	CS Herediano	1961	CS Herediano (Asofútbol)	1989/90	nicht vergeben
1932	CS Herediano		Carmen Alajuela (Federación)	1990/91	LD Alajuelense
1933	CS Herediano	1961/62	Deportivo Saprissa San José	1991/92	LD Alajuelense
1934	CS La Libertad San José	1962/63	CS Uruguay Coronado	1992/93	CS Herediano
1935	CS Herediano	1963/64	Deportivo Saprissa San José	1993/94	Deportivo Saprissa San José
1936	CS Cartaginés	1964/65	Deportivo Saprissa San José	1994/95	Deportivo Saprissa San José
1937	CS Herediano	1965/66	LD Alajuelense	1995/96	LD Alajuelense
1938	Orión FC San José	1966/67	Deportivo Saprissa San José	1996/97	LD Alajuelense
1939	LD Alajuelense	1967/68	Deportivo Saprissa San José	1997/98	Deportivo Saprissa San José
1940	CS Cartaginés	1968/69	Deportivo Saprissa San José	1998/99	Deportivo Saprissa San José
1941	LD Alajuelense	1969/70	LD Alajuelense	1999/00	LD Alajuelense
1942	CS La Libertad San José	1970/71	LD Alajuelense	2000/01	LD Alajuelense
1943	Universidad de Costa Rica	1971/72	Deportivo Saprissa San José	2001/02	LD Alajuelense
1944	Orión FC San José	1972/73	Deportivo Saprissa San José	2002/03	LD Alajuelense
1945	LD Alajuelense	1973/74	Deportivo Saprissa San José	2003/04	LD Alajuelense
1946	CS La Libertad San José	1974/75	Deportivo Saprissa San José	2004/05	LD Alajuelense
1947	CS Herediano	1975/76	Deportivo Saprissa San José	2005/06	Deportivo Saprissa San José
1948	CS Herediano	1976/77	Deportivo Saprissa San José	2006/07	Deportivo Saprissa San José
1949	LD Alajuelense	1977/78	CS Herediano	2007/08	Deportivo Saprissa San José
1950	LD Alajuelense	1978/79	CS Herediano		

vermutlich erst 1890 sein Debüt, als britische Eisenbahnarbeiter den Ball auspackten. Während Rugby nie über die europäischen Siedlerkreise hinauskam und heute keine Rolle mehr spielt, feierte der Fußball schnell auch unter den Einheimischen »ticos« seinen Durchbruch. Bereits 1896 wurden im La Saban Park der Hauptstadt San José erste Wettspiele durchgeführt, und schon am 10. Oktober 1899 erblickte mit dem CS Costariccense der erste Klub des Landes das Licht der Welt. Nach der Jahrhundertwende breitete sich das Spiel vor allem im dicht besiedelten Meseta-Central-Tal mit enormer Geschwindigkeit aus. Auch Colón, Heredia, Alajuela und Cartago erhielten seinerzeit Vereine, und ungeachtet der infrastrukturellen Schwierigkeiten – gereist wurde noch zu Pferde – kam es sogar zu ersten Städtespielen. Dadurch wurde 1906 auch die Grundlage für die heutige Rivalität zwischen Alajuela und San José gelegt, indem San Josés damaliges Stadtoberhaupt (und Costa Ricas späterer Staatspräsident) Ricardo Jiménez den CS Renacimiento Alajuela zu einem Freundschaftsspiel in die Hauptstadt einlud.

ANFANG DER 1920ER Jahre war der Fußball fester Bestandteil des costaricanischen Alltags. Nachdem Ramón Herrero 1921 einen Pokal gestiftet hatte, kam es zur Gründung der Liga Nacional de Fútbol, die mit der Copa Siglo Nuevo (»Neues Zeitalter-Pokal«) eine sieben Mannschaften umfassende Nationalliga einrichtete. Erster Landesmeister wurde der CS Herediano; die weiteren Teilnehmer waren LD Alajuelense, CS Cartaginés, Española, Unión de Tres Ríos, La Libertad sowie Limonense. Aus dem seinerzeit gegründeten Ligaverband wurde 1927 die Federación Deportiva de Costa Rica, die heute den Namen Federación Costarricense de Fútbol trägt. Nachdem 1924 in San José ein Nationalstadion eröffnet worden war, verfügten Costa Ricas Balltreter auch infrastrukturell über beste Voraussetzungen.

Trotz anfänglicher Streitigkeiten zwischen den »Provinzklubs« und den Hauptstadtteams etablierte sich die Nationalliga und vermochte die landesweite Fußball-Begeisterung weiter anzufachen. Mit dem für Alajuelense auflaufenden Mittelstürmer Alejandro Morera brachte Costa Rica sogar einen der seinerzeit berühmtesten Fußballer Lateinamerikas hervor. Vier Jahre, nachdem »El Mago del Balon« (»der Ballzauberer«) »La Liga« erstmals zur Meisterschaft geführt hatte, wechselte er zum spanischen FC Barcelona und erwarb sich später in Diensten von Hercules Alicante den Beinamen als »Schrecken Zamoras«. Ricardo Zamora war in den 1920er Jahren Spaniens als unüberwindbar geltender Nationaltorhüter.

INTERNATIONAL ZÄHLTE Costa Rica sowohl zu den wichtigsten Förderern als auch zu den spielstärksten Teams in der Region. Schon ihr erster internationaler Auftritt bescherte der »Sele« am 14. September 1921 einen 7:0-Triumph über El Salvador, und der Nationalverband wurde 1927 als erstes Land Zentralamerikas in die FIFA aufgenommen. Die geplante Teilnahme an der WM-Qualifikation 1938 hingegen musste abgesagt werden, weil die finanziellen Mittel fehlten. Stattdessen zählte Costa Rica im WM-Jahr zu den Gründungsmitgliedern des CONCACAF-Vorläufers Confederación Centroamericana y Caribe de Fútbol (CCCF), deren erstes Kontinentalturnier 1941 in der costaricanischen Hauptstadt San José durchgeführt wurde. Die »Sele« um Regisseur José Rafael »Fello« Meza setzte sich seinerzeit im entscheidenden Duell mit 3:1 gegen El Salvador durch und behielt die Trophäe im Land.

TEAMS | MYTHEN

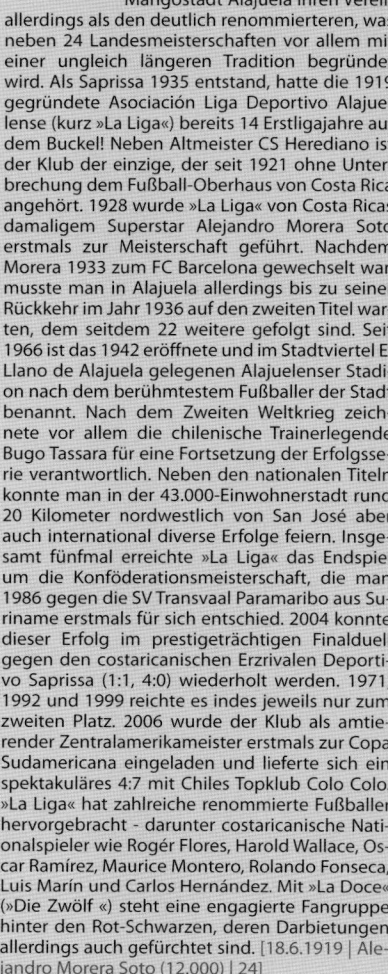

■ **LD ALAJUELENSE** Dominiert seit den 1950er Jahren gemeinsam mit Deportivo Saprissa San José den costaricanischen Klubfußball. Im Vergleich zum Hauptstadtklub betrachten die Anhänger der Rot-Schwarzen aus der Blumen- und Mangostadt Alajuela ihren Verein allerdings als den deutlich renommierteren, was neben 24 Landesmeisterschaften vor allem mit einer ungleich längeren Tradition begründet wird. Als Saprissa 1935 entstand, hatte die 1919 gegründete Asociación Liga Deportivo Alajuelense (kurz »La Liga«) bereits 14 Erstligajahre auf dem Buckel! Neben Altmeister CS Herediano ist der Klub der einzige, der seit 1921 ohne Unterbrechung dem Fußball-Oberhaus von Costa Rica angehört. 1928 wurde »La Liga« von Costa Ricas damaligem Superstar Alejandro Morera Soto erstmals zur Meisterschaft geführt. Nachdem Morera 1933 zum FC Barcelona gewechselt war, musste man in Alajuela allerdings bis zu seiner Rückkehr im Jahr 1936 auf den zweiten Titel warten, dem seitdem 22 weitere gefolgt sind. Seit 1966 ist das 1942 eröffnete und im Stadtviertel El Llano de Alajuela gelegenen Alajuelenser Stadion nach dem berühmtestem Fußballer der Stadt benannt. Nach dem Zweiten Weltkrieg zeichnete vor allem die chilenische Trainerlegende Bugo Tassara für eine Fortsetzung der Erfolgsserie verantwortlich. Neben den nationalen Titeln konnte man in der 43.000-Einwohnerstadt rund 20 Kilometer nordwestlich von San José aber auch international diverse Erfolge feiern. Insgesamt fünfmal erreichte »La Liga« das Endspiel um die Konföderationsmeisterschaft, die man 1986 gegen die SV Transvaal Paramaribo aus Suriname erstmals für sich entschied. 2004 konnte dieser Erfolg im prestigeträchtigen Finalduell gegen den costaricanischen Erzrivalen Deportivo Saprissa (1:1, 4:0) wiederholt werden. 1971, 1992 und 1999 reichte es indes jeweils nur zum zweiten Platz. 2006 wurde der Klub als amtierender Zentralamerikameister erstmals zur Copa Sudamericana eingeladen und lieferte sich ein spektakuläres 4:7 mit Chiles Topklub Colo Colo. »La Liga« hat zahlreiche renommierte Fußballer hervorgebracht - darunter costaricanische Nationalspieler wie Rogér Flores, Harold Wallace, Oscar Ramírez, Maurice Montero, Rolando Fonseca, Luis Marín und Carlos Hernández. Mit »La Doce« (»Die Zwölf«) steht eine engagierte Fangruppe hinter den Rot-Schwarzen, deren Darbietungen allerdings auch gefürchtet sind. [18.6.1919 | Alejandro Morera Soto (12.000) | 24]

■ **CA CARTAGINÉS** Der dreifache Landesmeister ist nach dem Hauptstadtklub La Libertad San José der älteste Verein Costa Ricas. Er ist im Barrio Asis-Distrikt der Kaffeehochburg und ehemaligen Hauptstadt Cartago zu Hause. Seine Gründung im Juli 1906 verdankte er einer Gruppe Engländer um Willie Perie. Zwischen 1914 und 1921 unter dem Namen »Américano« auflaufend, zählten die Blau-Weißen 1921 zu den Mitbegründern der Nationalliga und kehrten aus diesem Anlass zu ihrem Gründungsnamen CS Cartaginés zurück. Als 1923 nach dem Gewinn der ersten Landesmeisterschaft mehrere Leistungsträger nach Europa wechselten, geriet Cartaginés in eine bis Mitte der 1930er Jahre währende Krise. Erst 1936 und 1940 gelangen zwei weitere Meisterschaftsgewinne. Obwohl mit José Rafael »Fello« Meza Ivankovich einer der renommiertesten Spieler der costaricanischen Fußballgeschichte in den Reihen der Blau-Weißen stand, konnte der Klub die 1950 einsetzende Dominanz von Alajuelense bzw. Saprissa nicht mehr durchbrechen und verschwand in den 1980er Jahren sogar eine Zeitlang in der Zweitklassigkeit. Die heimischen Fans sind überzeugt, dass ihr Klub einem bösen Fluch unterliegt, seitdem Cartaginés' Anhänger 1940 bei der Meisterfeier die lokale Basílica de Los Ángles hoch zu Ross erstürmt und den Herrgott gegen sich aufgebracht hatten. Eine andere Gruppe wiederum macht »El Muñeco« als Ursache für die anhaltende Erfolglosigkeit aus – eine Vodoo-Puppe, die der Legende zufolge im »Fello Meza«-Stadion vergraben worden sein soll. 1994 schien dieser Fluch kurzzeitig außer Kraft gesetzt, als die Blau-Weißen mit einem 3:2-Finalsieg über Atlante Mexico Kontinentalmeister wurden und damit den größten Erfolg ihrer Vereinsgeschichte feierten. [1.7.1906 | José Raffael »Fello« Meza Ivankovich (18.000) | 3]

■ **CS HEREDIANO** Die Wurzeln des costaricanischen Altmeisters reichen zurück bis in das Jahr 1905, als ein italienischer Lehrer namens Benvenuti den Schülerklub CS Cristóbal Colón gründete. Jener fusionierte am 12. Juni 1921 mit dem CS Renacimiento sowie dem CS Juan J. Flores zum CS Herediano, der sich umgehend die im selben Jahr erstmals ausgeschriebene Landesmeisterschaft sicherte. Das Team aus der Kaffeehochburg Heredia, die rund zehn Kilometer nördlich von San José liegt, wird auch »El Team Florense« genannt und dominierte bis in die 1950er Jahre nahezu im Alleingang den costaricanischen Ligafußball. Erst mit dem Aufkommen von Deportivo Saprissa wurde die Dominanz gebrochen. Inzwischen ist der Ruhm der Rot-Schwarzen weitestgehend verblasst. Seine 21. und bislang auch letzte Meisterschaft feierte man 1992/93. 1990 stellte Herediano mit German Chavarria einen Schlüsselspieler der costaricanischen WM-Elf, in der mit Paul Wanchope noch ein weiterer ehemaliger Herediianer stand. [12.6.1921 | Eladio Rosabel Cordero (12.000) | 21]

■ **CS LA LIBERTAD SAN JOSÉ** Sechsfacher Landesmeister und damit der vierterfolgreichste Klub in der Geschichte des costaricanischen Fußballs. La Libertad wurde am 3. November 1905 gegründet und zählt zu den ältesten Vereinen des Landes. Gründervater war mit Braulio Quiros der Herausgeber der Zeitung »Prensa Libre« (»Freie Presse«), der während seines Studiums in England mit dem Fußball in Berührung gekommen war. La Libertad dominierte bis in die frühen 1950er Jahre die Fußballszene in der Hauptstadt San José, ehe der Klub im Schatten von Deportivo Saprissa verschwand und sich auf eine lange sportliche Talfahrt begab. [3.11.1905 | 6]

■ **DEPORTIVO SAPRISSA SAN JOSÉ** Rekordmeister und seit den 1950er Jahren gemeinsam mit der LD Alajuelense auch das dominierende Team des Landes. Im Dezember 2005 vertraten die Lila-Weißen Costa Rica bei der FIFA-Klub-WM in Japan und erreichten nach einer 0:3-Halbfinalniederlage gegen Liverpool mit einem 3:2 im »kleinen Finale« über Al-Ittihad Jiddah einen respektablen dritten Platz. Die Geschichte des Club Deportivo Saprissa – wahlweise »Deportivo« oder »CD« genannt – liest sich ungewöhnlich: Sie beginnt Anfang der 1930er Jahre, als der für den zweifachen Landesmeister Orión FC San José arbeitende Jugendleiter Roberto »Beto« Fernández in der San-José-Vorstadt Los Angeles eine aus talentierten 12- bis 13-jährigen bestehende Mannschaft zusammenstellte, deren Finanzierung der spanische Textilfabrikant Ricardo Aguilar Aymá übernahm. Als am 16. Juli 1935 ein richtiger Klub daraus wurde, stand zunächst der Name von Saprissas Firma »Labertino« (»Labyrinth«) im Raum, ehe man sich entschloss, seinen Gönner direkt beim Namen zu nennen und den Club Deportivo Saprissa ausrief. Gönner Saprissa, der den Überlieferungen zufolge einst bei Español Barcelona als Verteidiger gespielt haben soll, erfreute sich anschließend einer sagenhaften Erfolgsserie, die sein Team 1936, 1937, 1938 und 1940 jeweils als Jugendmeister von San José einlaufen ließ. Nachdem die jugendlichen Erfolgskicker das Erwachsenenalter erreicht hatten, meldete der Klub 1947 seine Teilnahme am Spielbetrieb der dritten Liga Costa Ricas an – und fand sich schon zwei Jahre später im nationalen Oberhaus wieder! Trainiert von Ex-Orión-Star Francisco »Pachico« García

Costa Ricas Überraschungsteam bei der WM 1990 in Italien.

In den folgenden 20 Jahren unterstrichen »los ticos« ihre regionale Dominanz mit sieben weiteren Siegen bei insgesamt zehn Meisterschaftsrunden. 1963 ging Costa Rica zudem als erster Sieger aus der von der neugegründeten Konföderation CONCACAF durchgeführten Kontinentalmeisterschaft hervor.

In der WM-Qualifikation hatten »los ticos« indes Pech und trafen mit Mexiko regelmäßig auf einen unüberwindbaren Gegner. 1958 erstmals an der Qualifikationsrunde teilnehmend, belegten sie dreimal in Folge den undankbaren zweiten Platz – jeweils hinter den Azteken. Spieler wie Ruben Jiménéz, Errol Daniels, Leonel Hernández und Edgar Marín prägten jene Epoche und genießen bis heute einen guten Klang im costaricanischen Fußball.

Erst als die Auswahlmannschaften von Guatemala, Honduras, El Salvador und Haiti in den 1960er Jahren allmählich an Stärke gewannen, büßte Costa Rica seine Dominanz ein. Lediglich 1969 vermochten »los ticos« bei der Kontinentalmeisterschaft im eigenen Lande noch einmal zu triumphieren.

■ **AUF NATIONALER EBENE** war es in den 1950er Jahren zu erheblichen Verschiebungen gekommen. Während sich mit dem CS Herediano das erfolgreichste Team der ersten Jahrzehnte allmählich aus dem Kreis der führenden Mannschaften verabschiedete, stieg mit dem Hauptstadtklub Deportivo Saprissa ein neuer Stern am costaricanischen Fußballhimmel auf. Der Klub war erst 1935 entstanden, als sich die Jugendabteilung des zweifachen Landesmeisters Orión FC verselbständigte. Unter Führung von Roberto Fernández Vásquez und unterstützt vom Textilfabrikanten bzw. Namensgeber Ricardo Saprissa waren die Lila-Weißen 1947 in den Ligaspielbetrieb aufgenommen worden. Drei Jahre – und drei Aufstiege – später erreichten sie die Nationalliga, in der sie 1949/50 auf Anhieb Vizemeister wurden.

Meister wurde in jenem Jahr die LD Alajuelense, womit jene Rivalität ihren Anfang nahm, die Costa Ricas Fußball heute fest im Griff hat. Mit 26 Titelgewinnen und 15 Vizemeisterschaften wies Saprissa 2008 einen hauchdünnen Vorsprung auf den Rivalen aus Alajuela auf, der auf 24 Titel und 18 Vizemeisterschaften zurückblickt. In der ewigen Tabelle der costaricanischen Nationalliga führt indes das Gründungsmitglied LD Alajuelense, das allerdings im Vergleich zu Saprissa auch deutlich mehr Spiele bestritten hat. Costa Ricas Nummer drei ist der Altmeister CS Herediano, der 21 Titel und 11 Vizemeisterschaften aufweist. Die nationale Bedeutung der Rot-Schwarzen ist jedoch nicht mit der von Alajuelense bzw. Saprissa zu vergleichen.

■ **COSTA RICAS NATIONALLIGA** wurde in den 1950er Jahren von heftigen Auseinandersetzungen zwischen Amateurverfechtern und Profibefürwortern erschüttert. 1954 und 1956 musste die Ligarunde sogar jeweils abgesagt werden. 1961 erreichten die Streitigkeiten ihren Höhepunkt, als gleich zwei konkurrierende Ligen zur Austragung kamen – die

- **FIFA World Ranking**

1993	1994	1995	1996	1997	1998	1999	2000
42	65	78	72	51	67	64	60
2001	2002	2003	2004	2005	2006	2007	2008
30	21	17	27	21	68	70	53

- **Weltmeisterschaft**
1930-54 nicht teilgenommen **1958-86** Qualifikation **1990** Endturnier (Achtelfinale) **1994-98** Qualifikation **2002** Endturnier (Vorrunde) **2006** Endturnier (Vorrunde) **2010** Qualifikation

- **Gold-Cup**
1991 Endrunde (Vierter) **1993** Endrunde (Halbfinale) **1996** Qualifikation **1998** Endrunde **2000** Endrunde **2002** Endrunde (Finale) **2003** Endrunde (Halbfinale) **2005** Endrunde **2007** Endrunde

- **Vereinswettbewerbe**
Kontinentalmeisterschaft Deportivo Saprissa San José (1993, 1995, 2005), LD Alajuelense (1986, 2004), CS Cartaginés (1994)

Profiliga »Asofútbal« und die vom Nationalverband betriebene Spielklasse. Anschließend gelang es jedoch, die Rivalitäten beizulegen und Costa Ricas Fußball wieder zu vereinen.

Der Erfolg dieses Konzentrationsprozesses ließ nicht lange auf sich warten. 1969 erreichte mit Saprissa erstmals eine costaricanische Elf das Halbfinale um die Kontinentalmeisterschaft. Zwei Jahre später drang Erzrivale LD Alajuelense sogar bis ins Endspiel vor, wo die Rot-Schwarzen Cruz Azul aus Mexiko mit 1:5 unterlagen. 1986 setzte sich »La Liga« im Finale dann über die surinamische Elf von Transvaal Paramaribo durch und holte die Trophäe erstmals ins Land. 1993 erklomm auch Erzrivale Saprissa den nordamerikanischen Fußballthron, den die Lila-Weißen 1995 zum zweiten Mal bestiegen. 1994 schließlich trug sich auch der CS Cartaginés in die kontinentale Siegerliste ein.

■ **DIE ERFOLGE WURDEN** flankiert von einem neuerlichen Höhenflug der costaricanischen Nationalelf, die 1980 und 1984 jeweils das olympische Fußballturnier erreichte und dort 1984 immerhin Italien schlug. 1990 gelang auch in der WM-Qualifikation der Durchbruch. Zwar profitierte Costa Rica vom Fehlen Mexikos, das international gesperrt war, doch die von Ex-Saprissa-Coach Marvin Rodríguez trainierte Elf um Hernán Medford, Paul Wanchope und Alexandre Guimarães stellte in Italien eindrucksvoll unter Beweis, dass sie zu Recht im Endturnier stand. Mit hoher taktischer Disziplin und mutigem Konterfußball spielten sich »los ticos« in die Herzen der neutralen Zuschauer und feierten trotz eines umstrittenen Trainerwechsels (Rodríguez war kurz vor dem Turnier vom Weltenbummler Bora Milutinović abgelöst worden) gegen Schottland (1:0) bzw. Schweden (2:1) die ersten WM-Siege eines zentralamerikanischen Teams. Erst im Achtelfinale musste man sich der Tschechoslowakei geschlagen geben und schied aus. Aufgrund ihrer technischen Fähigkeiten wurden die Costaricaner seinerzeit als »Brasilianer Zentralamerikas« bezeichnet. Paul Wanchope und Walter Centeno vermochten sich anschließend bei europäischen Erstligisten durchzusetzen.

■ **DASS FUSSBALL IN** Costa Rica zu einem Erfolgsprodukt heranreifen konnte, war nicht zuletzt der wirtschaftlichen und politischen Stabilität des Landes zu verdanken.

Seit einem kurzen Bürgerkrieg 1948 hat Costa Rica kein Militär mehr, das, wie in den zentralamerikanischen Nachbarländern an der Tagesordnung, putschen könnte, und eine fortschrittliche Arbeits- und Sozialgesetzgebung sorgt für einen gewissen sozialen Frieden und Wohlstand im Land.

Im Fußball setzte nach dem WM-Erfolg von 1990 eine turbulente Epoche der Umwälzungen ein. Plötzlich als nach Mexiko zweite Macht in Nordamerika angesehen, gerieten »los ticos« in eine schwere Krise, die sie in den WM-Qualifikationsrunden 1994 und 1998 jeweils kläglich scheitern ließ. Flankiert wurde das Desaster von einer schwerfälligen Verbandsführung, der es nicht gelang, auf den Erfolgen aufzubauen. So wurde vor allem die Installierung eines nachhaltigen Nachwuchssystems verpasst. Erst als jenes nach einem Wechsel an der Verbandsspitze nachgeholt wurde, kehrten die Erfolge zurück. Seit 1995 haben Costa Ricas Junioren viermal an der U20- und fünfmal an der U17-WM teilgenommen. 2001 erreichte die U20-Auswahl um Winston Parks, Carlos Hernández, Jervis Drummond und Roy Myrie mit dem Einzug ins Achtelfinale der Junioren-WM in Peru den bislang größten Erfolg.

Damit wurde auch auf Seniorenebene die Basis für eine neue Erfolgsära gelegt. 2002 gelang »los ticos« erstmals seit zwölf Jahren wieder die Qualifikation zu einem WM-Endturnier. In Südkorea/Japan vermochte die von Ex-Regisseur Alexandre Guimarães trainierte Auswahl um Rekordnationalspieler Luis Marín allerdings trotz ansprechender Leistungen gegen Brasilien, die Türkei und China nicht, die Vorrunde zu überstehen. Nichtsdestotrotz wurde Costa Rica Ende 2003 in der FIFA-Weltrangliste auf einem erstaunlichen 17. Rang geführt.

2006 avancierten »los ticos« mit ihrer insgesamt dritten Qualifikation zu einem WM-Endturnier endgültig zur erfolgreichsten Mannschaft in Zentralamerika. Vorausgegangen waren allerdings erhebliche atmosphärische Störungen mit mehreren Trainerwechseln, insgesamt 45 in 18 Qualifikationsspielen eingesetzten Akteuren und heftigen Reibereien zwischen Verband und Liga. Erst als der seit 1999 amtierende Verbandspräsident Hermes Navarro den nach der WM 2002 geschassten Erfolgstrainer Guimarães zurückholte, glätteten sich die Wogen. Beim Endturnier in Deutschland begannen »los ticos« mit einem begeisternden 2:4 gegen Gastgeber Deutschland (Volksheld Paul Wanchope erzielte beide Treffer), reisten nach weiteren Niederlagen gegen Ecuador und Polen aber erstmals ohne Punktgewinn von einem WM-Turnier heim.

■ **AUF NATIONALER EBENE** machte der gingen die Lila-Weißen in ihrer Aufstiegssaison 1949/50 prompt als Vizemeister durchs Ziel und begründeten ihre heutige Rivalität mit der LD Alajuelense, die in jenem Jahr Landesmeister wurde. Seitdem eilt Saprissa von Erfolg zu Erfolg. Von 1972-77 stellte der Klub mit sechs Meisterschaften in Folge einen lateinamerikanischen Rekord auf, wurde 1993 erstmals Kontinentalmeister und erklomm 1995 sowie 2005 zwei weitere Male den kontinentalen Fußballthron. 2004 zog man im costaricanischen Finale ausgerechnet gegen den Erzrivalen LD Alajuelense den Kürzeren. Seit 1987 trägt der Klub den Spitznamen »El Monstruo Morado« (»das lila Monster«). Saprissas Fans hatten das Stadion zuvor mehrfach in ein lila Farbenmeer getaucht und einen derartigen Lärm veranstaltet, dass sich ein Reporter der Tageszeitung »El Diario Extra« an ein »lila Monster« erinnert fühlte. Die Klubführung griff diese Bezeichnung umgehend auf und manifestierte ihn über eine umfassende Marketingkampagne im ganzen Land. Saprissas Fangruppe »La Ultra Morada« (»Lila Ultras«) geriet in den 1990er Jahren wiederholt durch Ausschreitungen in die Schlagzeilen. Das 1972 eröffnete vereinseigene Estadio Ricardo Saprissa trägt den Beinamen »cueva del monstruo« (»Höhle des Monsters«) und befindet sich im hauptstädtischen Stadtteil San Juan de Tibás. Die Arena ist regelmäßig Schauplatz von Länderspielen und weist seit 2003 eine synthetische Spielfläche auf. Nachdem Saprissa zur Millenniumswende in eine konkursbedrohende Finanzkrise geraten war, wurde der Klub 2001 in eine Aktiengesellschaft umgewandelt und zu 52 Prozent vom mexikanischen Unternehmer Jorge Vergara übernommen. Vergara ist auch Besitzer des mexikanischen Traditionsklubs CD Guadalajara sowie des US-amerikanischen Franchise-Fußballunternehmen »Chiva«. Der umstrittene Unternehmer, der mit seinem auf einem Schneeballsystem basierenden »Omnilife«-Konsortium ein Vermögen angehäuft hatte, verwandelte Saprissa binnen kurzem in ein florierendes Wirtschaftsunternehmen. Inzwischen können neben Lebensmitteln wie Milch, Softdrinks und Keksen sogar Särge mit dem Saprissa-Logo erworben werden, was dem Klub in wirtschaftlicher Hinsicht einen enormen Vorsprung gegenüber der nationalen Konkurrenz verschafft hat. Saprissa baut traditionell auf costaricanische Spieler und stellt traditionell das Gros der Landesauswahl. Renommierte Akteure wie Hernán Medford, Alexandre Guimarães, Harald Wallace, Oscar Ramírez, Roger Flores, Walter Centeño und Christian Bolaños trugen einst die Spielkluft des »lila Monsters«. [16.7.1935 | Ricardo Saprissa Ayma (34.000) | 25]

HELDEN | LEGENDEN

■ **WALTER CENTEÑO** Über viele Jahre unverzichtbarer Ideengeber im offensiven Mittelfeld der Nationalmannschaft bzw. von Rekordmeister Saprissa. Der 2004 zu Costa Ricas Fußballer des Jahres gewählte Mittelfeldspieler bestritt 2006 sein zweites WM-Turnier. [*6.10.1974 | 107 LS/18 Tore]

■ **RÓGER FLORES** Der Kapitän der WM-Elf von 1990 war bereits zwei Jahre zuvor zum Nationalhelden aufgestiegen, als er in einem Freundschaftsspiel zwischen »los ticos« und dem AS Rom das costaricanische Siegtor markierte. Wichtiger indes war sein Treffer beim 2:1 über Guatemala, der Costa Rica in der WM-Qualifikation 1990 wieder ins Rennen brachte. Der Verteidiger begann seine Karriere in Alajuelense, verbrachte aber den Großteil seiner Laufbahn beim Erzrivalen Deportivo Saprissa. 1984 hatte er mit Costa Rica am olympischen Fußballturnier teilgenommen. [*26.5.1957]

■ **ALEXANDRE GUIMARÃES** Spindeldürrer Mittelfeldregisseur, der bei der WM 1990 Hernán Medford den entscheidenden Pass zu dessen Treffer zum 1:0 gegen Schweden vorlegte. Guimarães wurde 1959 in Brasilien geboren und kam

1971 nach Costa Rica, weil sich sein Vater dort in einem Malaria-Bekämpfungsprojekt engagierte. Der 1985 eingebürgerte »Guima« erzielte in 377 Ligaspielen für Deportivo Saprissa 95 Treffer (dreimal Landesmeister) und reiste 1990 mit der costaricanischen Nationalelf zur WM nach Italien. Nach Beendigung seiner Spielerkarriere wechselte er auf die Trainerbank von Saprissa und erwarb sich den Ruf als penibler Perfektionist. Nach drei Landesmeisterschaften mit den Lila-Weißen übernahm er die costaricanische Nationalelf und führte sie 2002 zum zweiten Mal zur WM. Anschließend zurückgetreten, wurde er während der Qualifikationsrunde 2006 zurückgeholt, um mit »los ticos« abermals das Endturnier zu erreichen. Guimarães, der von 2006 bis 2008 in Panama arbeitete, verfasste zudem zwei Bücher über den costaricanischen Fußball, denn »es gibt so viele Geschichten, so viele Legenden und so wenig Schwarz auf Weiß«. [*7.11.1959]

■ **HERNÁN MEDFORD** Trug sich 1990 in die Annalen des nationalen Fußballs ein, als ihm beim 1:0 über Schweden das Tor des Tages gelang. Der pfeilschnelle und langjährige Stürmer von Deportivo Saprissa blieb nach der WM in Europa und lief u.a. für Dinamo Zagreb und Rapid Wien auf. 2003 wechselte »Pelicano« auf die Trainerbank und führte Rekordmeister Saprissa zur FIFA-Klub-WM im Dezember 2005. Zwischen 2006 und 2008 agierte er mit wenig Glück als Nationaltrainer. [*23.5.1968 | 89 LS/18 Tore]

■ **LUIS MARÍN** Mit 126 Länderspieleinsätzen Costa Ricas Rekordnationalspieler. Der Abwehrspieler aus Alajuela führte Costa Rica 2006 als Kapitän in sein zweites WM-Turnier. Nach einem fehlgeschlagenen Versuch bei River Plate Buenes Aires gelang ihm ab 2006 beim israelischen Erstligisten Maccabi Netanya ein erfolgreiches Auslandsengagement. [*10.8.1974 | 126 LS/5 Tore]

■ **ALEJANDRO MORERA SOTO** »El Mago del Balón« (»Zauberer am Ball«) genanntes Ausnahmetalent, das von 1933 bis 1936 bei den spanischen Klubs FC Barcelona und Hércules Alicante kickte. Morera stammt aus Alajuela und errang 1928 mit »La Liga« erstmals die nationale Meisterschaft, der 1934 der spanische Titelgewinn mit »Barça« folgte. In Spanien erwarb sich »El Fenomeno costaricense« einen gefürchteten Ruf als »Schrecken Zamoras«. Mit Beginn des spanischen Bürgerkriegs kehrte er nach Alajuelense zurück, dessen Stadion 1966 mit seinem Namen versehen wurde. [*14.7.1909 †26.3.1995]

■ **JOSÉ RAFAEL »FELLO« MEZA IVANKOVICH** Zu Costa Ricas »Spieler des 20. Jahrhunderts« gewählter Regisseur, der den Beinamen »Maestro« trug. Wurde 1940 mit CS Cartaginés erstmals Landesmeister und errang 1956 mit Herediano bzw. 1957 mit dem mexikanischen Klub Atlante zwei weitere Titel. [*20.7.1920]

■ **PAUL WANCHOPE** Costa Ricas Fußball-Volksheld des 20. Jahrhunderts erreichte 2006 den Zenit seiner Laufbahn, als ihm im WM-Auftaktspiel gegen Gastgeber Deutschland zwei Treffer gelangen. Der in Caribe Sur, einer Grenzstadt zu Panama, geborene Stürmer begann seine Laufbahn bei Altmeister CS Herediano und feierte 1995 bei der U20-WM den Durchbruch. 1997 nach Europa gewechselt, erwarb sich der »La Cobra« (»Kobra«) genannte, technisch versierte und körperlich robuste Angreifer bei Derby County, West Ham United und Manchester City zahlreiche Meriten. Ein Gastspiel beim spanischen Klub Málaga FC verlief weniger glücklich, und über den katarischen Erstligisten Al-Gharafa, den FC Tokio sowie Rosorio Central kehrte der costaricanische Rekordtorschütze (45 Treffer in 72 Länderspielen) schließlich 2006 zu seinem Stammverein CS Herediano zurück. Nach der WM 2006 beendete die »Kobra« ihre internationale Laufbahn. [*31.7.1976 | 76 LS/45 Tore]

Das Duell zwischen Saprissa (hinten) und Alajuelense wird stets mit Spannung erwartet.

Fußball zwischenzeitlich eine regelrechte Metamorphose durch. Durch die Erfolge der Nationalmannschaft rückte das Spiel auch auf Vereinsebene zunehmend in den Fokus der Wirtschaft und wurde kräftig umgekrempelt. Exemplarisch dafür ist die Entwicklung von Rekordmeister Deportivo Saprissa. Zur Millenniumswende noch vom Konkurs bedroht, wurden die Lila-Weißen 2001 in eine Aktiengesellschaft umgewandelt, deren Mehrheit der mexikanische Filmproduzent und Unternehmer Jorge Vergara (»Omnilife«) erwarb. Vergara, der auch Besitzer des mexikanischen Traditionsklubs CD Guadalajara sowie des US-amerikanischen Ablegers Chivas USA ist, verwandelte Saprissa anschließend in ein florierendes Wirtschaftsunternehmen. Binnen kurzem stieg der Klub zu einer der erfolgreichsten »Marken« des Landes auf. Inzwischen kann man landesweit Saprissa-Milch (»Saprileche«), Saprissa-Cola (»Sapricola«) und Saprissa-Kekse (»Sapricookies«) kaufen, ist das Vereinsmaskottchen omnipräsent, fördern Saprissa-Radio- bzw. Fernsehsendungen die Popularität des Klubs. Selbst Erzrivale Alajuelense hat Schwierigkeiten, mit der geballten Wirtschaftsmacht des Konkurrenten aus der Hauptstadt mitzuhalten.

In sportlicher Hinsicht haben die beiden Klubs die Nationalliga in den vergangenen rund 15 Jahren nahezu im Alleingang dominiert. Zuletzt gelang es 1993 Altmeister CS Herediano, die Phalanx des Erfolgsduos zu durchbrechen. Costa Ricas Nationalliga wird seit 1997 im Apertura- bzw. Clausura-System durchgeführt, wobei die Halbjahresmeister am Ende einen Gesamtsieger ausspielen. Die costaricanische Nationalliga ist die zweifelsohne gefestigtste Spielklasse in Zentralamerika. Kontinuierlich fließende Gelder ermöglichen den Spielern ein Leben als Vollprofi, was vor allem für die Spitzenspieler die Verlockungen des Auslands spürbar reduziert, zumal der Lebensstandard auf Costa Rica recht hoch ist. Von den 23 Akteuren des WM-2006-Kaders standen lediglich drei bei ausländischen Klubs unter Vertrag.

■ **SOZIALPOLITISCH GILT FUSSBALL** als eine der verlässlichsten und stabilsten Klammern des Landes. Wenn Costa Ricas Nationalelf aufläuft, steht das ganze Land hinter ihr, und die Erfolge werden unabhängig vom sozialen Stand oder der gesellschaftlichen Bedeutung gefeiert. »Es gibt so viele soziale Probleme in Costa Rica, aber wenn ein Fußballspiel ist, reden die Leute nur noch darüber«, resümierte der Gewerkschaftsaktivist Didier Leitón vor der WM 2006. »Wir haben zurzeit 17 Premium-Sponsoren, und das Interesse der Unternehmen ist ungebrochen«, freute sich derweil Verbandspräsident Navarro über die hohe wirtschaftliche Attraktivität des costaricanischen Fußballs.

Costa Ricas Fußballerfolge werden längst auch in Südamerika anerkannt. 2004 nahmen »los ticos« bereits zum dritten Mal an der Copa América teil, wo sie immerhin das Viertelfinale erreichten. Zudem erreichte man bislang viermal das Halbfinale im Gold Cup (1991, 1993, 2002 und 2003), dessen Endspiel »los ticos« 2002 mit 0:2 gegen die USA verloren. Seit 1997 hat Costa Rica zudem fünf von sechs Zentralamerikameisterschaften gewonnen. Und auch auf Klubebene zählen die costaricanischen Teams unverändert zu den erfolgreichsten Nationen im CONCACAF-Gebiet. 2004 (Alajuelense, im costaricanischen Endspiel gegen Saprissa) sowie 2005 (Saprissa) ging die Trophäe jeweils nach Costa Rica, und 2005 schaffte es Saprissa bei der FIFA-Klubweltmeisterschaft immerhin auf Rang drei.

HINWEIS

Curaçao = siehe Niederländische Antillen

DOMINICA

Bewerbung per E-Mail

Auf der „Abenteuerinsel" Dominica hat der Fußball nur wenig Abenteuerliches

Dominica Football Association

Dominica Fußball-Verband | gegründet: 1970 | Beitritt FIFA: 1994 | Beitritt CONCACAF: 1994 | Spielkleidung: grünes Trikot, schwarze Hose, grüne Stutzen | Saison: Juli - November | Spieler/Profis: 4.500/0 | Vereine/Mannschaften: 20/20 | Anschrift: Patrick John Football House, Bath Estate, PO Box 372, Roseau | Telefon: +1767-4487577 | Fax: +1767-4487587 | Internet: keine Homepage | E-Mail: domfootball@cwdom.dm

Commonwealth of Dominica

Commonwealth Dominica | Fläche: 751 km² | Einwohner: 71.000 (95 je km²) | Amtssprache: Englisch | Hauptstadt: Roseau (27.401) | Weitere Städte: Berekua (3.000), Portsmouth (3.000) | Währung: 1 Ostkaribischer Dollar = 100 Cents | Zeitzone: MEZ -5h | Länderkürzel: DM | FIFA-Kürzel: DMA | Telefon-Vorwahl: +1767

»Abenteuerinsel« nennen die Dominicaner ihre rund 750 km² große Heimat, die in der östlichen Karibik liegt und zu den Kleinen Antillen zählt. Abenteuer kann man in der Tat reichlich erleben auf Dominica. Schon die Fahrt vom an der Ostküste gelegenen internationalen Flughafen in die auf der gegenüberliegenden Inselseite befindliche Hauptstadt Roseau ist ein solches. Eine von Schlaglöchern übersäte Piste führt durch ein atemberaubendes Naturspektakel, in dem geradezu beklemmende Steigungen, eine dichte Wand aus Regenwald sowie bis zu 1.000 Meter hohe Vulkanmassive für eine Gänsehautatmosphäre sorgen. Man ist auf einer der Hauptverkehrsadern des Landes – und befindet sich doch mitten im wildesten Urwald!

Auf Dominica scheint in vielerlei Hinsicht die Zeit stehen geblieben zu sein. Die praktisch unbezähmbar raue Topografie der von Vulkanismus geprägten Insel hat die Ausbildung eines Badetourismus bislang verhindert, und auf den wenigen Straßen sollte man besser mit einem geländetauglichen Fahrzeug unterwegs sein. Das dementsprechend vom Überlebenskampf geprägte Dasein der etwa 71.000 Einwohner wird erschwert durch regelmäßige Hurrikans und eine korrupte Politik, die das von seiner Bananenmonokultur einseitig abhängige Dominica mit anhaltender Misswirtschaft zum nach Haiti ärmsten Staat in der Karibik gemacht hat.

■ **AUS DER VERGANGENHEIT** ist für die »Abenteuerinsel« auch die Bezeichnung »Insel der vielen Kämpfe« überliefert. Zurückgehend auf die indianischen Ureinwohner Dominicas, war jene Ausdruck eines bemerkenswerten Widerstandsgeistes. Bereits 1493 von Christoph Columbus »entdeckt« (und »Dominica« genannt, weil er an einem Sonntag ankam), vermochten erst die Briten 1759 den Widerstand zu brechen. Zuvor hatten die indianischen Ureinwohner erfolgreich die Spanier und die Franzosen vertrieben.

Die Briten indes blieben und reihten Dominica 1805 in ihr Kolonialreich ein. Alsdann schafften sie Tausende von Sklaven aus Afrika herbei, die in den Ananas- und Bananenplantagen zu schuften hatten und deren Nachfahren heute mehr als 90 Prozent aller Einwohner Dominicas stellen.

■ **NACH DER JAHRHUNDERTWENDE** gelangten diverse britische Sportdisziplinen in die Karibik. Darunter war neben dem heutigen Volkssport Cricket auch der Fußball, der auf Dominica in den 1930er Jahren erstmals rollte. Es waren allerdings ausschließlich britische Kolonialisten, die gegen das runde Leder traten.

Dabei blieb es bis in die 1950er Jahre, als die seinerzeit zur britischen Leeward-Island-Koloniegruppe gehörende Insel der Entkolonialisierung unterzogen wurde. Zunächst als Bestandteil der Westindischen Föderation vorgesehen, erhielt sie nach deren Scheitern 1967 innere Autonomie und wurde 1978 vollends in die Unabhängigkeit entlassen.

Unterdessen hatte die schwarze Bevölkerungsmehrheit Gefallen am Fußball gefunden, der 1970 erstmals eine feste organisatorische Form erhielt. Neben dem Nationalverband Dominica Football Association (DFA) wurden seinerzeit auch eine Nationalliga sowie ein Pokalwettbewerb aus der Taufe gehoben. Beide Wettbewerbe sind seitdem mit erstaunlicher Kontinuität betrieben worden und weisen mit Harlem United aus dem Roseauer Vorort Newtown ein überragendes Team auf.

Auf internationaler Ebene vergingen noch zwei weitere Jahrzehnte, ehe Dominica im Mai 1989

TEAMS | MYTHEN

■ **HARLEM UNITED NEWTOWN** Dominicas mit Abstand erfolgreichstes Team. Den lückenhaften Aufzeichnungen zufolge errang man seit 1970 mindestens 19 Meistertitel sowie 13 Pokalsiege. Nachdem der Klub 1970 erster Double-Sieger des Landes geworden war, dauerte es bis 1985, ehe er von den Antilles Kensboro aus Roseau wieder vom Meisterthron gestürzt werden konnte. Erst mit dem Aufkommen zahlungskräftiger Sponsoren erhielten die Kicker aus dem hauptstädtischen Vorort Newtown nach der Millenniumswende spielstarke Konkurrenz und büßten ihre Dominanz ein. 2006 feierten sie unter Nationaltrainer Don Leogal ihren bislang letzten Meistertitel. Natürlich engagierten sich auch beim dominicanischen Rekordmeister diverse Sponsoren, der dadurch bereits als Harlem Bombers bzw. Harris Paints Harlem United auflief. Der Klub stellt eine der beliebtesten Fußballmannschaften auf Dominica und begrüßt mitunter Kulissen von für lokale Verhältnisse geradezu exorbitanten 1.000 und mehr Neugierigen. [19 | 13]

■ **SAGICOR SOUTH EAST UNITED LA PLAINE** Meister von 2007 und dreifacher Pokalsieger. La Plaine ist eine 2.000-Einwohner-Gemeinde an der südlichen Ostküste. [1 | 3]

■ **BOMBERS PORTSMOUTH** Obwohl bislang titellos, zählen die Bombers aus der im Norden der Westküste gelegenen Stadt Portsmouth zu den beliebtesten Teams des Landes. Portsmouth ist eine Hochburg des Bootsbaus und ein wichtiger Hafen für den Bananenexport Dominicas. Der Klub wurde in den letzten Jahren von diversen Sponsoren unterstützt und lief u. a. als Indian Inn River Bombers sowie Fone Shack Bombers auf.

Jahr	Meister	Pokal
1970	Harlem United Newtown	Harlem United Newt.
1971	unbekannt	Harlem United Newt.
1972	Harlem United Newtown	unbekannt
1973	Harlem United Newtown	Harlem United Newt.
1974	Harlem United Newtown	Harlem United Newt.
1975	nicht ausgespielt	nicht ausgespielt
1976	unbekannt	Harlem United Newt.
1977	unbekannt	unbekannt
1978	unbekannt	Harlem United Newt.
1979	unbekannt	unbekannt
1980	unbekannt	Harlem United Newt.
1981	Harlem United Newtown	unbekannt
1982	unbekannt	unbekannt
1983	Harlem United Newtown	unbekannt
1984	unbekannt	Harlem United Newt.
1985	Antilles Kensboro Roseau	unbekannt
	Harlem United Newtown	
1986-88	unbekannt	unbekannt
1989	Harlem United Newtown	unbekannt
1990-91	unbekannt	unbekannt
1992	Harlem United Newtown	Harlem United Newt.
1993	Harlem United Newtown	unbekannt
1994	Harlem United Newtown	Harlem United Newt.
1995	Harlem United Newtown	unbekannt
1996	Black Rocks Roseau	unbekannt
1997	Harlem United Newtown	Harlem United Newt.
1998	ACS Zebbians Goodwill	Pointe Michel
1999	Harlem United Newtown	
2000	Harlem United Newtown	
2001	Harlem United Newtown	
2002	Kubuli All Stars St. Joseph	Sagicor South E. Utd.
2003	Harlem United Newtown	Harlem United Newt.
2004	Harlem United Newtown	Harlem United Newt.
2005	Dubland Striker SC	Sagicor South East Utd.
2006	Harlem United Newtown	
2007	Sagicor South East United	
2008	nicht ausgespielt	

mit einem 1:1 gegen Jamaika die Weltbühne betrat. 1994 trat der Nationalverband sowohl der FIFA als auch der CONCACAF bei. Sportliche Erfolge sind ein rares Gut für die Kicker von der Abenteuerinsel. 1998 in der WM-Qualifikation debütierend, konnten sie bislang lediglich drei Siege feiern. Im Rahmen der WM-2006-Qualifikation schaltete die Elf von Nationaltrainer Don Leogal immerhin die Bahamas aus, ehe sie in der zweiten Runde im klassischen »David-gegen-Goliath«-Duell Mexiko mit 0:10 und 0:8 unterlag. Seit dem 3:1 gegen die Bahamas (März 2004) vermochte die Auswahlelf in 14 Länderspielen nur zwei Tore zu erzielen und konnte lediglich beim 0:0 gegen St. Martin (Karibikmeisterschaft 2006) sowie dem 1:1 gegen Barbados (WM-Qualifikation 2010) Punkte erringen. Dominicas Teilnahmen an der Kontinentalmeisterschaft Gold Cup 2002 und 2003 endeten mit sechs Niederlagen in ebenso vielen Spielen und einem Torverhältnis von 6:41.

■ **FUSSBALL STÖSST AUF** Dominica auf natürliche Grenzen. Vor allem die schwierige Infrastruktur, die das Reisen zur Tortur macht, kaum vorhandene Spielflächen sowie ein schlecht ausgebautes Kommunikationsnetz haben die Entwicklung erheblich behindert. Die meisten der auf reiner Amateurbasis arbeitenden Erstligisten kommen aus Orten entlang der relativ gut erschlossenen Westküste. Neben dem Großraum der Hauptstadt Roseau gilt die im Norden gelegene Hafenstadt Portsmouth als Fußball-Hochburg. An der Ostküste indes wird vor allem in La Plaine erfolgreicher Fußball angeboten.

Die nationale Sportinfrastruktur ist nur schwach entwickelt. 2005 wurde in Roseau zwar ein mit chinesischer Hilfe errichtetes und äußerst idyllisch gelegenes Nationalstadion eröffnet, doch die 12.000 Plätze bietende Arena ist als Cricketstadion konzipiert. Mit Hilfe des FIFA-»Goal«-Programms soll nun in Geneva nahe der Südküstenstadt Grand Bay auch ein internationalem Standard genügendes Fußballstadion errichtet werden. Über das »Goal«-Programm war 2005 in Roseau bereits ein modernes Verbandsgebäude entstanden. Federführend war der damalige Verbandschef Patrick John, der eng mit CONCACAF-Chef Jack Warner befreundet ist. John ist ein äußerst umstrittener Politiker, der 1970 erster Premierminister von Dominica wurde und vom CIA als »korrupt und tyrannisch« eingeschätzt wird. 1981 leitete er gemeinsam mit Ku-Klux-Klan-Führer Don Black und Wolfgang Droege einen Putsch gegen die damalige Regierung und verschwand nach dessen Scheitern für zwölf Jahre hinter Gittern. Nach seiner Freilassung übernahm er den nationalen Fußballverband, dessen Führung er 2006 bei den Präsidentschaftswahlen an Dexter Francis verlor. Im Frühjahr 2008 setzte CONCACAF-Chef Jack Warner Francis aus fadenscheinigen Gründen ab und hob seinen Vertrauten Patrick John erneut auf den Präsidentensessel. Der Coup wurde schließlich von der FIFA unterbunden, und Francis kehrte ins Amt zurück.

■ **SEIT DER MILLENNIUMSWENDE** engagieren sich verstärkt zahlungskräftige Sponsoren bei den nationalen Spitzenklubs, die im Gegenzug ihre Namen entsprechend anpassen. So standen sich 2005 im entscheidenden Titelduell die »Harris Paints Harlem United« aus Newtown und die »Indian Inn Rivers Bombers« aus Portsmouth gegenüber, während die Nationalliga den Namen »Cable and Wireless B-Mobile Premiere Division« trug.

In Zukunft sollen ein oder zwei dominicanische Mannschaften in die von den französischen Überseedepartements Guadeloupe und Martinique ins Leben gerufene Ligue Antilles-Guyane aufgenommen werden. Dabei handelt es sich um eine grenzüberschreitende Spielklasse mit Teams aus insgesamt fünf Ländern, die den Spitzenfußball in allen beteiligten Nationen fördern soll. 2008 wurde die Nationalliga allerdings von internen Querelen überschattet, die zur Suspendierung von gleich 16 Mannschaften führten. Daraufhin wurde die Saison komplett abgesagt.

Dominicas Nationalverband hat bei seinen verstärkten Bemühungen um die Entwicklung des Spiels vor allem den Nachwuchs vor Augen. Für die Zukunft plant man an mehreren Orten des Landes die Einrichtung von Jugendakademien, in denen sowohl Jungs als auch Mädchen fachkundig gefördert werden sollen. Damit verbunden ist die Intention, Dominicas Jugend über den Fußball von Drogen und Gewalt fernzuhalten, sowie die Hoffnung, das unverändert geringe Interesse am Fußball etwas anzukurbeln und gegenüber dem Nationalsport Cricket aufzuholen. Mit 4.500 Mitgliedern erreicht die DFA gegenwärtig nur 6,5 Prozent aller Einwohner Dominicas.

Wie viele Karibikstaaten sucht auch Dominica zudem inzwischen weltweit nach talentierten Fußballern mit dominicanischen Wurzeln. Dabei hilft mitunter der Zufall. So kam im Frühjahr 2008 im WM-2010-Qualifikationsspiel gegen Barbados ein Amateurtorhüter aus dem englischen Bristol zum Einsatz, der über ein dominicanisches Elternteil verfügt. Er hatte per E-Mail »einfach mal beim Verband nachgefragt« und war prompt eingeladen worden.

● **FIFA World Ranking**

1993	1994	1995	1996	1997	1998	1999	2000
–	158	138	139	133	149	152	
2001	2002	2003	2004	2005	2006	2007	2008
161	174	185	165	172	181	189	191

● **Weltmeisterschaft**
1930-94 nicht teilgenommen 1998-2010 Qualifikation

● **Gold-Cup**
1991-98 nicht teilgenommen 2000-03 Qualifikation 2005-07 nicht teilgenommen

DOMINIKANISCHE REPUBLIK

Federación Dominicana de Fútbol

Dominikanischer Fußball-Bund | gegründet: 1953 | Beitritt FIFA: 1958 | Beitritt CONCACAF: 1964 | Spielkleidung: blaue Trikot, weiße Hose, rote Stutzen | Saison: August - Mai | Spieler/Profis: 501.004/4 | Vereine/Mannschaften: 250/600 | Anschrift: Centro Olimpico Juan Pablo Duarte, Ensanche Miraflores, Apartado postal 1953, Santo Domingo | Telefon: +1809-5426923 | Fax: +1809-3812734 | Internet: www.fedofutbol.org | E-Mail: fedofutbol@verizon.net.do

Im Hinterland des Fußballs

Fußball rangiert in der Dominikanischen Republik abgeschlagen auf Rang 5 in der nationalen Präferenzliste

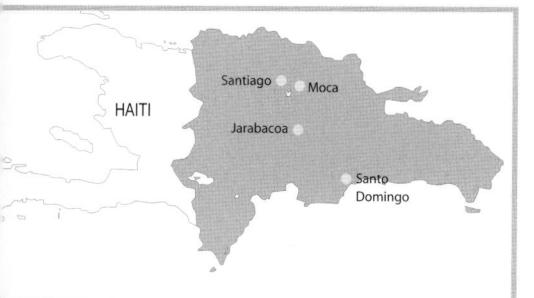

República Dominicana

Dominikanische Republik | Fläche: 48.422 km² | Einwohner: 8.768.000 (181 je km²) | Amtssprache: Spanisch | Hauptstadt: Santo Domingo (1.887.586) | Weitere Städte: Santiago de los Caballeros (507.418), San Pedro de Macorís (193.713), La Romana (191.103), Los Alcarrizos (166.903) | Währung: 1 Dominikanischer Peso = 100 Centavos | Zeitzone: MEZ -5h | Länderkürzel: DO | FIFA-Kürzel: DOM | Telefon-Vorwahl: +1809

Fußballfan, kommst du in die Dominikanische Republik, bereite dich auf Abstinenz vor. In der karibischen Urlaubshochburg rangiert das Spiel auf der Beliebtheitsskala unter ferner liefen, und so sollten sich Groundhopper, die vom kombinierten Bade- und Fußballurlaub träumen, besser anderweitig orientieren. Vielleicht in das benachbarte Haiti, mit dem die Dominikanische Republik die Insel Hispanola bildet, und das zu den Fußballhochburgen in der Karibik zählt.

■ **WIE SO HÄUFIG** findet sich die Begründung für das Desinteresse am Weltsport Fußball in der Kolonialgeschichte. 1492 von Christoph Columbus entdeckt, geriet Hispanola (»Kleines Spanien«) in eine lange Auseinandersetzung zwischen spanischen und französischen Kolonialisten. 1657 wurde die Insel geteilt, und nach einem wirren Hin und Her erlangte der französische Westen schließlich 1804 als weltweit erste Kolonie nach den USA unter dem Namen Haiti seine Unabhängigkeit. 40 Jahre später verselbständigte sich auch der spanische Osten. Die seinerzeit ausgerufene Dominikanische Republik (bisweilen auch Santo Domingo genannt), nimmt rund zwei Drittel Hispanolas ein und ist ein berg- wie waldreiches Naturparadies.

Die beiden Hispanola-Republiken unterscheiden sich grundlegend in ihren ethnischen Strukturen. Während Haiti von den Nachfahren der einst zu Tausenden nach Hispanola verschleppten afrikanischen Sklaven geprägt ist, leben in der Dominikanischen Republik nur elf Prozent Schwarze. Wirtschaftlich knüpfte der Osten Ende des 19. Jahrhunderts enge Kontakte zu den benachbarten USA, deren Sportdisziplinen sich daraufhin rasant ausbreiteten. Als Nationalsport gilt der von US-Marines eingeführte Baseball, in dem die Dominikanische Republik mit Sammy Sosa bereits einen Weltstar hervorgebracht hat. Gegenwärtig verdingen sich mehr als 300 Dominikaner in den USA als Baseball-Profis. Rund die Hälfte von ihnen stammt aus der im Süden gelegenen Baseballhochburg San Pedro de Macorís. Neben Baseball stehen in der Dominikanischen Republik auch Basketball, Leichtathletik und Volleyball hoch im Kurs. Fußball rangiert mit etwa einer halben Million registrierter Spieler (5,4 Prozent Anteil an der Gesamtbevölkerung) abgeschlagen auf Position fünf und wird vor allem von der schwarzen Bevölkerungsgruppe betrieben.

■ **DAS ENDE DES 19. JAHRHUNDERTS** von europäischen Kolonialisten nach Hispanola gebrachte Spiel hatte sich dort früh etablieren können. Doch während Fußball in Haiti binnen kurzem zum Nationalsport aufstieg, kam er in der Dominikanischen Republik nie in Schwung.

Aufzeichnungen über die Entwicklung des Spiels im Lande sind rar. Aus dem Jahr 1941 ist die Gründung eines Klubs namens »Sosua Puerto Plata« überliefert, für die der aus Hamburg emigrierte deutsche Jude Arthur Kirchheimer verantwortlich war. Organisationsstrukturen entwickelten sich erst in den 1950er Jahren. 1953 wurde der Nationalverband Federación Dominicana de Fútbol (FEDOFUTBOL) aus der Taufe gehoben, der fünf Jahre später der FIFA beitrat und seit 1964 auch Mitglied der CONCACAF ist.

Die schleppende Entwicklung des Fußballs war im Wesentlichen dem von wirtschaftlichem Interesse gespeisten hohen Einfluss der USA zuzuschreiben. 1903 intervenierten die USA erstmals auch militärisch in der Dominikanischen Republik, die zwischen 1916

TEAMS | MYTHEN

■ **FC DON BOSCO MOCA** Mindestens zwei Meisterschaften belegen die kargen Quellen für die Elf aus der Kaffee- und Kakaohochburg Moca, die im Norden des Landes liegt. 1979 konnte der mit einer katholischen Mission verbundene Klub in der Kontinentalmeisterschaft gegen den jamaikanischen Santos FC aus finanziellen Gründen nicht antreten. [2]

■ **BANINTER JARABACOA** Der zweifache Gewinner der Halbprofiliga »Liga Mayor« ist eines der zahlreichen Opfer der wirtschaftlichen Schwäche des nationalen Fußballs. 2005 stieg die Elf aus der im Landeszentrum gelegenen und als Fußballhochburg geltenden Stadt Jarabacoa als amtierender Meister aus der Nationalliga ab. [2]

■ **UCMM SANTIAGO** Mit vollständigem Namen »Universidad Católica Madre y Maestra« genannte Auswahl der katholischen Universität von Santiago de los Caballeros. Die Mannschaft dominierte in den 1970er Jahren den nationalen Fußball und sicherte sich den lückenhaften Aufzeichnungen zufolge allein zwischen 1972 und 1974 drei Meisterschaften in Folge. Dabei blieb man 1974 im gesamten Saisonverlauf ungeschlagen. Ein Jahr zuvor hatte UCMM in der Kontinentalmeisterschaft debütiert (0:6 und 0:8 gegen Transvaal Paramaribo aus Suriname). Nachdem den Universitätsmannschaften 1975 die weitere Teilnahme am Ligaspielbetrieb untersagt worden war, endete die UCMM-Epoche abrupt. Santiago de Los Caballeros (kurz »Santiago«) ist die Hauptstadt des dicht besiedelten Cibao-Tals und liegt im Norden Hispanolas. Die Stadt kommt auf etwa eine halbe Mio. Einwohner und gilt als Hochburg des dominikanischen Karnevals. [3]

■ **BANCREDICARD FC SANTO DOMINGO**

Die von einem Bankunternehmen unterstützte Hauptstadtelf errang neben zwei Landesmeisterschaften (1991 und 1994) noch zwei Vizemeisterschaften (2003 und 2005) sowie zwei dritte Plätze (2001 und 2005). 2002 gelang zudem der Gewinn des nationalen Pokals. Seit 2005 tragen die Blau-Roten den Namen Barcelona Santo Domingo. [2]

HELDEN | LEGENDEN

■ **VÍCTOR NÚÑEZ** Einziger Dominikaner, der jemals an einer Fußball-Weltmeisterschaft teilnahm – als Bestandteil der costaricanischen Auswahl 2006! In Costa Rica seit 1999 zu einem gefürchteten Torjäger gereift, war »Mambo« 2003 naturalisiert worden, kam beim Endturnier in Deutschland allerdings nicht für »los ticos« zum Einsatz. [15.4.1980 | 17 LS/5 Tore für Costa Rica]

Jahr	Meister
1970-71	unbekannt
1972	UCMM Santiago
1973	UCMM Santiago
1974	UCMM Santiago
1975-77	unbekannt
1978	FC Don Bosco Moca
1979-90	
1991	Bancr. S. Domingo
1992-93	unbekannt
1994	Bancr. S. Domingo
1995-96	unbekannt
1997	FC Santos S. Cristóbal
1998	nicht ausgetragen
1999	FC Don Bosco Moca
2000/01	CD Pantoja
2001/02	unbekannt
2002/03	CD Pantoja
2003/04	Casa de España
2005	Deportivo Jarabacoa
2006	Dom. Savio La Vega
2007-08	nicht ausgespielt

Jahr	Liga Mayor
2001/02	Baninter Jarabacoa
2002/03	Baninter Jarabacoa
2003/04	nicht ausgetragen
2004/05	CD Pantoja
2005-08	nicht ausgetragen

● FIFA World Ranking
1993 1994 1995 1996 1997 1998 1999 2000
153 164 159 130 144 152 155 157
2001 2002 2003 2004 2005 2006 2007 2008
160 149 171 180 174 136 166 185

● Weltmeisterschaft
1930-74 nicht teilgenommen **1978** Qualifikation **1982-90** nicht teilgenommen **1998-2010** Qualifikation

● Gold Cup
1991 Qualifikation **1993-98** nicht teilgenommen **2000-03** Qualifikation **2005** nicht teilgenommen **2007** Qualifikation

---

und 1924 von US-Truppen besetzt war. 1930 installierte der per Staatsstreich an die Macht gekommene US-nahe General Rafael Trujillo eine brutale Familiendiktatur, die bis zu seiner Ermordung im Jahr 1961 Bestand hatte. Selbst die Hauptstadt Santo Domingo trug seinerzeit seinen Namen (»Ciudad Trujillo«). Nach einer chaotischen Übergangsphase übernahm 1966 der von den USA protegierte Joaquín Videla Balaguer die Macht und leitete eine umfassende Industrialisierung ein, mit der sich die wirtschaftliche Abhängigkeit vom großen Nachbarn noch verschärfte. Zugleich kam es zu einer Forcierung des Fremdenverkehrs. Heute ist vor allem der Großraum Puerto Plata Urlaubshochburg, wobei mehr als 60 Prozent der jährlich etwa 2,2 Mio. Gäste aus den Vereinigten Staaten kommen.

■ **1970 SAH DIE EINFÜHRUNG** einer Fußball-Nationalliga (»Campeonato Nacional«), deren Sieger nur lückenhaft überliefert sind. Die an der Debütsaison teilnehmenden Teams stammten aus Moca, San Francisco de Macorís, Haina, San Cristóbal, Santo Domingo und San Pedro de Macorís. Vor allem Bildungseinrichtungen hatten den Fußball zwischenzeitlich weiterentwickelt. So stellte die in Santiago de los Caballeros ansässige Universität UCMM (Universidad Católica Madre y Maestra) in den ersten Jahrzehnten die dominierende Elf des Landes und fungierte 1973 auch als erster Vertreter der Dominikanischen Republik in der Kontinentalmeisterschaft. Erfolgreiche Teams stellten zudem die Universidad Mundial Dominicana und die Universidad Nacional Pedro Henríquez Ureña, die beide in der Hauptstadt Santo Domingo ansässig sind. Als der Nationalverband den Universitätsmannschaften 1975 die weitere Teilnahme am Ligaspielbetrieb untersagte, erwies sich dies als folgenschwerer Rückschlag für die Nationalliga.

■ **DIE NATIONALAUSWAHL** der Dominikanischen Republik debütierte am 21. Mai 1967 auf internationaler Bühne und bezog bei dieser Gelegenheit ein 0:8-Debakel gegen Haiti. 1978 meldete man erstmals seine Teilnahme an der WM-Qualifikation und traf erneut auf den Nachbarn Haiti, der sich mit einem 1:0 vor fast 15.000 Zuschauern in Santo Domingo sowie einem 3:0 im Rückspiel in Port-au-Prince souverän durchsetzte. Anschließend trat eine 16-jährige Wettspielpause ein, die erneuten politischen Unruhen zuzuschreiben war. Präsident Balaguer hatte ein autoritäres Regime installiert und damit den Protest der Bevölkerung provoziert, der vom linksgerichteten Juan Bosch Gavino angeführt wurde. Als US-Präsident Jimmy Carter Balaguer 1978 die Unterstützung entzog, versank die Dominikanische Republik abermals in Gewalt. Erst Ende der 1990er Jahre beruhigte sich die Lage wieder, wobei gegenwärtig noch immer rund 70 Prozent der Einwohner an oder unterhalb der Armutsgrenze leben.

Die brach liegende dominikanische Fußballgemeinde konnte sich nur langsam wieder erholen. Mit Hilfe des FIFA-»Goal«-Programms wurde zunächst die Infrastruktur restauriert, wobei CONCACAF-Präsident Jack Warner im Juli 2003 in San Cristóbal sogar ein mit Verbandsmitteln finanziertes Verbands- und Leistungszentrum einweihen konnte.

In sportlicher Hinsicht avancierte derweil WM-98-Teilnehmer Jamaika zum Vorbild. Der dominikanische Nationaltrainer William Bennett verkündete nach der WM in Frankreich, mit rund neun Mio. Einwohnern verfüge auch sein Land über das Potenzial, zu den führenden Teams in der Karibik aufzuschließen.

Das gelang bislang allerdings nur dem vermeintlich »schwachen Geschlecht«. Die weibliche U20-Auswahl der Dominikanischen Republik sorgte 2006 beim 25:0-Sieg über die Britischen Jungferninseln sogar für einen Weltrekord. Im Herrenbereich indes wich die Aufbruchstimmung rasch einer lähmenden Trägheit. Zwischen Juni 2004 und September 2006 lief die Nationalauswahl »los Quisqueyanos« zu keinem einzigen Spiel auf, und nachdem der Nationalverband FEDOFUTBOL schon 2005 auf die Teilnahme am Gold Cup verzichtet hatte, musste er seine Auswahl 2007 aus Finanzmangel aus dem laufenden Wettbewerb zurückziehen. Konsequenz war ein Absturz in der FIFA-Weltrangliste auf Position 178 – ihre beste Position hatte die Dominikanische Republik übrigens im Mai 1996 mit Platz 116 erreicht.

■ **AUF NATIONALER EBENE** gab es ebenfalls mehr Rück- als Fortschritte. Die 2001 mit viel Hoffnung eingerichtete Halbprofiliga »Liga Mayor« musste 2003/04 erstmals unterbrochen werden, weil sie sich als finanzielles Desaster erwiesen hatte. Nach einer kurzen Renaissance 2005 ruht der Spielbetrieb seit 2006 erneut. Damit zerschlugen sich auch die Hoffnungen, über eine wettbewerbsfähige Nationalliga international Fortschritte erreichen zu können. In den kontinentalen Wettbewerben haben Klubmannschaften der Dominikanischen Republik bislang kaum Eindruck hinterlassen können.

Angesichts der chronischen Finanzschwäche, der überragenden Dominanz durch den Baseball sowie den erschreckenden Problemen beim Aufbau eines nationalen Spielbetriebes wird Fußball in der Dominikanischen Republik wohl auch in Zukunft eher ein Stiefkind bleiben.

EL SALVADOR

Federación Salvadoreña de Fútbol

Salvadorischer Fußball-Verband | gegründet: 31.3.1935 | Beitritt FIFA: 1938 | Beitritt CONCACAF: 1961 | Spielkleidung: blaues Trikot, blaue Hose, blaue Stutzen | Saison: August - Mai | Spieler/Profis: 459.692/200 | Vereine/Mannschaften: 68/2.828 | Anschrift: Avenida José Matias Delgado, Frente al Centro Español, Colonia Escalón, Zona 10, San Salvador CA 1029 | Telefon: +503-22096200 | Fax: +503-22637528 | Internet: www.fesfut.org.sv | E-Mail: rcalvo@fesfut.org.sv

Im Gedächtnis blieb nur der »Fußballkrieg«

Die Fußball-Hochburg El Salvador leidet unter Kriegen, Krisen und Katastrophen

República de El Salvador

Republik El Salvador | Fläche: 21.041 km² | Einwohner: 6.762.000 (321 je km²) | Amtssprache: Spanisch | Hauptstadt: San Salvador (485.847) | Weitere Städte: Soyapango (287.034), Santa Ana (253.037), San Miguel (245.428), Mejicanos (193.400) | Währung: 1 El-Salvador-Colón = 100 Centavos | Zeitzone: MEZ -7h | Länderkürzel: SV | FIFA-Kürzel: SLV | Telefon-Vorwahl: +503

Mit 21.000 km² ist El Salvador etwa so groß wie Hessen und damit das kleinste Land Zentralamerikas. Im Fußball indes zählt man zu den regionalen Größen und reiste bereits zweimal zu einem WM-Endturnier. In der öffentlichen Wahrnehmung wird El Salvador dennoch nur selten mit Fußballerfolgen verbunden. Stattdessen beherrschen Krisen, Kriege und Naturkatastrophen das Bild. Spektakulärer »Höhepunkt« war der so genannte »Fußballkrieg«, den man sich 1969 mit dem WM-Qualifikationsgegner Honduras lieferte.

Weitaus folgenschwerer war allerdings ein über weite Strecken der 1980er Jahre währender Bürgerkrieg, der mehr als 75.000 Tote forderte und erst 1992 endete. Der von Oliver Stone in »Salvador« verfilmte Konflikt stürzte El Salvador in ein heilloses Chaos und bittere Armut. Jeder vierte Einwohner des kleinen Landes verlor durch ihn seine Heimat, während Arbeitslosigkeit, Armut und Hunger bis heute als Langzeitfolgen zu spüren sind.

■ **DIE URSACHEN DES** salvadorianischen Dramas liegen in der Kolonialgeschichte. Nachdem sich spanische Konquistadoren ab 1524 große Teile des heutigen El Salvador einverleibt hatten, wurde eine elitäre Oligarchie von 14 Großgrundbesitzer-Clans installiert (»14 familias«), die mit einer absurden Landverteilungspolitik (0,3 % der Bevölkerung besitzen 40 % der landwirtschaftlichen Nutzfläche) den Grundstein für die sozialen Konflikte des modernen El Salvadors legte.

Anfang des 19 Jahrhunderts zählte das Land zu den engagiertesten Regionen im Ringen um die Unabhängigkeit der spanischen Kolonien Zentralamerikas. Nachdem ein 1824 gemeinsam mit Nicaragua, Honduras, Guatemala und Costa Rica gebildeter großflächiger Zentralamerikanischer Bundesstaat bereits 1841 wieder zerbrochen war, votierte man für die staatliche Eigenständigkeit. Seitdem sieht sich die Republik El Salvador einem schier unendlichen internen Dauerkonflikt ausgesetzt, bei dem ausländische Großunternehmen unrühmliches Zünglein an der Waage spielen. Friedliche Perioden sind rar, demokratische Episoden sind kurz und die durchschnittliche Amtszeit einer salvadorianischen Regierung beträgt 16 Monate.

Zugleich gilt El Salvador als das »amerikanischste« Land unter den zentralamerikanischen Republiken. Das kommt nicht zuletzt dadurch zum Ausdruck, dass inzwischen mehr als 2,5 Mio. Menschen salvadorianischer Abstammung in den Staaten leben und den dortigen Lebensstil angenommen haben.

■ **FUSSBALL HATTE DEN** Weg nach El Salvador über britische Staatsbürger gefunden. Als erstes Spiel auf salvadorianischem Boden wird eine am 26. Juli 1899 auf dem Campo Marte von Santa Ana durchgeführte Partie zwischen einer Lokalauswahl und einem Team aus der Hauptstadt San Salvador betrachtet. Anhand der mit einheimischen Namen gespickten Aufstellung beider Mannschaften lässt sich jedoch vermuten, dass das Spiel seinerzeit längst in der salvadorianischen Gesellschaft verankert gewesen sein muss. Historiker gehen dementsprechend davon aus, dass die Wurzeln des Spiels wesentlich früher gelegt wurden. Belege dafür konnten sie bislang allerdings nicht liefern, weshalb die Kaffeehochburg Santa Ana bis heute als El Salvadors »Fußballwiege« gilt.

Nach der Jahrhundertwende verbreitete sich das Spiel in atemberaubendem Tempo über das gesamte Land, so dass El Salvador schon in den frühen 1920er Jahren gemeinsam mit

TEAMS | MYTHEN

■ **ONCE MUNICIPAL AHUACHAPÁN** Die »kommunale Elf von Ahuachapan« wurde 1949 erster Meister der Primera Division. Anschließend tauchte sie völlig ab und veräußerte 1960 ihre Erstligalizenz an den Hauptstadtklub Alianza FC. Erst 2007 feierten die »Canarios« ihre Renaissance, als sie mit einem 3:1-Endspielsieg über CD FAS Santa Ana Apertura-Meister wurden.
[20.8.1945 | Estadio Simeón Magaña (5.000) | 2]

■ **CD FAS SANTA ANA** Mit 16 Titelgewinnen El Salvadors Rekordmeister seit 1953. Darüber hinaus errangen die »Tigres« (»Tiger«) aus der salvadorianischen Fußballwiege Santa Ana 1979 gegen Jong Columbia von den Niederländischen Antillen die Kontinentalmeisterschaft. Der Klub entstand 1947 durch den Zusammenschluss der Vereine Fuerte 22, Olimpic, Mecca und Excelsior. Das Kürzel »FAS« steht für »Futbolistas Asociados Santanecos« (»Vereinigte Fußballer von Santa Ana«), und das Klubmotto lautet »FAS tu puedes« (»FAS – Du kannst es«). Zu den berühmtesten Spielern, die das blau-weiß-rote Spielkleid der »Tigres« trugen, gehört El Salvadors Fußball-Legende Jorge »Mágico« González, der von 1977-82 und erneut von 1991-99 für FAS auflief. 1970 stellte man mit Mario Monge, Mauricio Manzano, David Cabrera, Genaro Sermeno und Elmer Acevedo fünf Spieler des salvadorianischen WM-Kaders in Mexiko. 1982 waren neben »Mágico« González auch Carlos Recinos und Ersatzkeeper José Munguía dabei. Die 253.000-Einwohner-Stadt Santa Ana ist das wirtschaftliche Zentrum des westlichen El Salvadors und lebt vor allem vom Kaffeeanbau.
[16.2.1947 | Estadio Oscar Quiteño (15.000) | 16]

■ **CD ÁGUILA SAN MIGUEL** Mit 14 Landesmeisterschaften der nach CD FAS Santa Ana erfolgreichste Klub des Landes. Größter Erfolg der »Adler« (»Águila«) war der Gewinn der Kontinentalmeisterschaft 1976, als man sich zunächst gegen die mexikanische Elf des CSD León durchsetzte und anschließend im Finale auch die SV Robin Hood aus Surinam bezwang. Bereits 1926 gegründet, hatte der Club Deportivo Águila zunächst lediglich Baseball und Basketball im Angebot, derweil der örtliche Fußball vom zweifachen Landesmeister CD Dragón dominiert wurde. Erst als Águila 1958 den in der zweiten Fußball-Liga spielenden Stadtrivalen CD Alacranes schluckte, erhielten die »Adler« eine Fußballsektion, die sogleich zu einem bemerkenswerten Höhenflug ansetzte. Mit enormem finanziellen Aufwand erreichte sie noch im selben Jahr das nationale Oberhaus und ging 1959 erstmals als Landesmeister durchs Ziel. Anschließend stieg Águila zu einem der landesweit beliebtesten Vereine auf und konnte den bis dahin dominierenden Lokalrivalen CD Dragón ins Abseits drängen. 1970 stellten die »Adler« mit Juan Ramón Martínez und Saturnino Osorio zwei Stammkräfte der salvadorianischen WM-Elf, während sie 1982 durch José Jovel Cruz in Spanien vertreten war. San Miguel ist mit etwa 250.000 Einwohnern die viertgrößte Stadt El Salvadors, zeichnet sich durch ein heißes und trockenes Klima aus und liegt rund 140 Kilometer nördlich von San Salvador auf 2.130 Metern Höhe. Die Region gilt als El Salvadors Kornkammer. [15.2.1926 | Estadio Juan Francisco Barraza (10.000) | 14]

■ **ALIANZA FC SAN SALVADOR** Führendes Team der Hauptstadt San Salvador, das 1967 als erste salvadorianische Mannschaft Kontinentalmeister wurde. Der Klub war 1958 unter dem Namen Atlético Constancia gegründet und 1960 vom Hotelier Hocklenderd übernommen worden. Der gebürtige Peruaner und bekennende Alianza-Lima-Anhän-

Costa Rica als Zentrum des mittelamerikanischen Fußballs galt. Nachdem es bereits in den 1910er Jahren zu ersten inoffiziellen Auswahlspielen gekommen war, betrat das Nationalteam »la Selecta« (»Auswahl«, bzw. »Cuscatlecos«) schließlich am 14. September 1921 auch offiziell die internationale Bühne. Bei einem aus Anlass der 100. Wiederkehr der Unabhängigkeit Zentralamerikas durchgeführten Turnier in Guatemala bezog es seinerzeit eine 0:3-Niederlage gegen Costa Rica. Zu den salvadorianischen Fußballhelden jener Tage zählten Pablo Huezo, Carlos Escobar und Santiago Barrachina. Im Dezember 1928 schoss sich auch Gustavo »Taviche« Marroquín in die Annalen, als ihm beim 5:0 über Honduras (dem ersten Sieg der salvadorianischen Fußballgeschichte) sämtliche fünf Treffer gelangen.

■ **AUCH AUF NATIONALER** Ebene schritt die Entwicklung rasch voran, und im Verlauf der 1920er Jahre entstanden landesweit Sportvereine. Als ältester Klub gilt der am 17. September 1923 konstituierte CD Luis Angel Firpo. Seinerzeit als »Tecún Umán« gegründet, wechselte der in der Stadt Usulután im Südosten El Salvadors ansässige Klub schon wenige Tage später zur heutigen Bezeichnung. Anlass war ein Besuch der argentinischen Boxlegende Luis Angel Firpo, der auf dem Weg zu seinem Weltmeisterschaftskampf gegen den US-Amerikaner Jack Dempsey in Zentralamerika Station gemacht hatte.
1924 lobte die Zeitschrift »Sports Week« einen Pokal aus, den sich der hauptstädtische CD Hércules mit einem 4:0-Finalsieg über den Chinameca SC sicherte. Zwei Jahre später wurde der Wettbewerb in den Stand einer

Die WM-Qualifikationsspiele 1970 zwischen El Salvador (dunkles Trikot) und Honduras eskalierten in einem Krieg. Hier eine Szene aus dem Hinspiel in Honduras.

offiziellen Landesmeisterschaft erhoben. Dabei trafen bis 1948 allerdings lediglich die Regionalmeister in einer K.-o.-Runde aufeinander, ehe es zur Einführung einer »richtigen« Nationalliga im Ligasystem kam.
Die Nationalmannschaft El Salvadors betrat 1930 Neuland, als sie unter ihrem amerikanischen Trainer Mark Scott Thompson zu den Zentralamerika- und Karibikspielen nach Kuba reiste und dort einen triumphalen 8:2-Auftaktsieg über Guatemala feierte. Fünf Jahre später fungierte das kurz zuvor im San Salvadorer Stadtviertel Flor Blanca eröffnete Nationalstadion als Schauplatz der dritten Zentralamerika- und Karibikspiele.
Im selben Jahr wurde der Nationalverband Federación Salvadoreña de Fútbol aus der Taufe gehoben, der 1938 dem Weltverband FIFA beitrat. Die beabsichtigte Meldung zur Teilnahme an der Qualifikation zur WM im selben Jahr musste allerdings aus wirtschaftlichen Gründen entfallen. 1943 errang El Salvador seinen ersten internationalen Titel, als »la Selecta« aus der im eigenen Land durchgeführten zweiten Zentralamerikameisterschaft als Sieger hervorging.
Die salvadorianische Landesmeisterschaft erfuhr durch die erwähnte Einführung der Nationalliga (»Primera Division«, 1948) einen tiefen Einschnitt. Das spiegelt nicht zuletzt die Liste der Landesmeister wider, denn von jenen Teams, die bis 1948 dominierten, konnte sich anschließend kein einziges mehr in die Siegerliste eintragen! Rekordmeister der ersten Epoche ist Hércules San Salvador, das drei offizielle und zwei inoffizielle Titel errang. CD 33 San Salvador sowie Quequeisque Santa Tecla bejubelten jeweils zwei Titel.

■ **ANSTELLE DER HAUPTSTADTKLUBS** dominieren anschließend vor allem die Teams aus San Miguel, Santa Ana und Usulután den nationalen Spitzenfußball. Erster Sieger der Nationalliga wurde 1948 mit Once Municipal allerdings eine Mannschaft aus der Grenzstadt Ahuachapán. In der Folgezeit schälten sich dann mit FAS Santa Ana und Águila San Miguel zwei Vereine heraus, die inzwischen

Jahr	Meister	Jahr	Meister	Jahr	Meister
1924	CD Hércules San Salvador	1962	CD FAS Santa Ana	1991/92	L.A. Firpo Usulután
1925	CD Hércules San Salvador	1963/64	CD Águila San Miguel	1992/93	L.A. Firpo Usulután
1926	Chinameca SC San Miguel	1964	CD Águila San Miguel	1993/94	Alianza San Salvador
1927	CD Hércules San Salvador	1965/66	Alianza San Salvador	1994/95	CD FAS Santa Ana
1928	CD Hércules San Salvador	1966/67	Alianza San Salvador	1995/96	CD FAS Santa Ana
1929	CD Hércules San Salvador	1967/68	CD Águila San Miguel	1996/97	Alianza San Salvador
1929/30	CD Hércules San Salvador	1968/69	Atlético Marte San Salvador	1997/98	L.A. Firpo Usulután
1931-36	nicht ausgespielt	1970	Atlético Marte San Salvador	1998/99A	Alianza San Salvador
1937	CD 33 San Salvador	1971	Juventud Olímpica B. Santa Anita	1998/99C	L.A. Firpo Usulután
1938	CD 33 San Salvador	1972	CD Águila San Miguel	1999/00A	CD Águila San Miguel
1939-41	nicht ausgespielt	1973	Juventud Olímpica B. Santa Anita	1999/00C	L.A. Firpo Usulután
1942	Quequeisque Santa Tecla	1974/75	CD Platense Zacatecoluca	2000/01A	CD Águila San Miguel
1943	Quequeisque Santa Tecla	1975/76	CD Águila San Miguel	2000/01C	CD Águila San Miguel
1944-45	nicht ausgespielt	1976/77	CD Águila San Miguel	2001/02A	Alianza San Salvador
1946	CD Libertad San Salvador	1977/78	CD FAS Santa Ana	2001/02C	CD FAS Santa Ana
1947	abgebrochen	1978/79	CD FAS Santa Ana	2002/03A	CD FAS Santa Ana
1948/49	Once Municipal Ahuachapán	1979/80	CD Santiagueño	2002/03C	San Salvador FC
1949/50	nicht ausgespielt	1980/81	Atlético Marte San Salvador	2003/04A	CD FAS Santa Ana
1950/51	CD Dragón San Miguel	1981	CD Águila San Miguel	2003/04C	Alianza San Salvador
1951/52	CD FAS Santa Ana	1982	Atlético Marte San Salvador	2004/05A	CD FAS Santa Ana
1952/53	CD Dragón San Miguel	1983	CD Águila San Miguel	2004/05C	CD FAS Santa Ana
1953/54	CD FAS Santa Ana	1984	CD FAS Santa Ana	2005/06A	Vista Hermosa S. F. Gotera
1955	Atlético Marte San Salvador	1985	Atlético Marte San Salvador	2005/06C	CD Águila San Miguel
1955/56	Atlético Marte San Salvador	1986/87	Alianza San Salvador	2006/07A	Once Mun. Ahuachapán
1957/58	CD FAS Santa Ana	1987/88	CD Águila San Miguel	2006/07C	CD Isidro Metapán
1959	CD Águila San Miguel	1988/89	L.A. Firpo Usulután	2007/08A	L.A. Firpo Usulután
1960/61	CD Águila San Miguel	1989/90	Alianza San Salvador	2007/08C	L.A. Firpo San Salvador
1961/62	CD FAS Santa Ana	1990/91	L.A. Firpo Usulután	A = Apertura, C = Clausura	

mit 16 (FAS) bzw. 14 Titeln (Águila) die erfolgreichsten des Landes sind. Beide Klubs sind erstaunlich jung. Águila wurde zwar schon 1926 als Baseball- bzw. Basketballverein gegründet, erhielt aber erst 1958 eine Fußballsektion, als der Fußball-Zweitligist CD Alacranes absorbiert wurde. Mit massiver finanzieller Unterstützung gelang den »Adlern« (»Águila«) anschließend der Aufstieg in die Nationalliga, deren Meisterschaft sie 1959 erstmals errangen. FAS indes wurde 1947 durch den Zusammenschluss von drei Vereinen gegründet, wofür auch das Kürzel »FAS« (»Futbolistas Asociados Santanecos« – »Vereinigte Fußballer von Santa Ana«) steht. 1951/52 gingen die »Tigres« erstmals als Landesmeister durchs Ziel.

■ **ERST 1965/66 KONNTE** auch in der Hauptstadt San Salvador wieder eine Meisterschaft bejubelt werden. Sie war das Resultat systematischer Planungen. 1959 hatte der peruanische Hotelier Hocklenderd einen Fußballklub ins Leben gerufen und ihn nach seiner peruanischen Lieblingself Alianza FC benannt. Nachdem Hocklenderd wenig später dem finanziell klammen Ex-Meister Once Municipal die Erstligalizenz hatte abkaufen können und der Alianza FC damit ohne sportliche Qualifikation in die Nationalliga gelangt war, eilte der mit Spitzenspielern wie Mario Monge, El »Ruso« Quintanilla, La »Burra« Rivas, El »Tigre« Zamora, Guido Alvarado, Ricardo Sepúlveda und El »Chueco« Hermosilla bestückte Newcomer schon 1966 zur ersten Landesmeisterschaft. Ein Jahr später feierte man einen viel beachteten Freundschaftsspielsieg über den Pelé-Klub Santos FC und sicherte sich im Endspiel um die Kontinentalmeisterschaft gegen die SV Jong Colombia aus den Niederländischen Antillen auch den ersten internationalen Titel. Dank der üppig sprudelnden Geldquellen des Klubs trugen seinerzeit mit Dante Juárez, Juan Verón sowie Santiago sogar drei argentinische Profis das Jersey des »Orquesta Alba«.

■ **EL SALVADORS NATIONALAUSWAHL** konnte ihre Position unter den führenden Teams Zentralamerikas nach dem Zweiten Weltkrieg zunächst verteidigen. 1954 überraschte »la selecta« sämtliche Experten und kehrte als Sieger von den Zentralamerika- und Karibikspielen aus Mexiko zurück. Am 13. März 1954 schrieb dann ein von Carbilio Tomasino trainiertes Auswahlteam Geschichte, als es Mexiko die erste Heimniederlage gegen einen zentralamerikanischen Kontrahenten beibrachte (3:2). Die damalige Erfolgself in der Besetzung Yohalmo Aurora, Armando Larín, Hugo Moreno, Luis Regalado, Conrado Miranda, José Hernández, »Marilet« Montoya, »Calulo« Hernández, Ricardo »Chilenita« Valencia, »Cariota« Barraza und Alfredo Ruano genießt bis heute Kultstatus unter den salvadorianischen Fußballanhängern. Neun Jahre später erreichte El Salvador bei der in Santa Ana und San Salvador ausgerichteten ersten Kontinentalmeisterschaft der neugegründeten Konföderation CONCACAF Platz zwei hinter Costa Rica.

Die Übernahme des Nationaltrainerpostens durch den Chilenen Hernán Carrasco Vivanco im Sommer 1964 markiert den Beginn der »goldenen Ära« des salvadorianischen Fußballs. Erster Höhepunkt für die Landesauswahl um Torsteher Raúl Magaña war die Qualifikation zu den Olympischen Spielen 1968 in Mexiko, wo sie abgesehen von einem 1:1 gegen Ghana allerdings erfolglos blieb. Zwei Jahre darauf glückte bei der allerersten WM-Qualifikationsteilnahme der Sprung zum Endturnier, der freilich insofern erleichtert war, als mit Mexiko das regionale Ausnahmeteam als WM-Gastgeber in der Qualifikation fehlte.

ger war mit dem Ziel angetreten, die seit Einführung der Nationalliga während Dominanz der Vereine aus San Miguel und Santa Ana zu brechen. Nachdem der Besitzer des hauptstädtischen »Intercontinental« Hotel den Klubnamen in Alianza FC hatte ändern lassen, kaufte er dem finanzklammen Ex-Meister Once Municipal Ahuachapán die Erstligalizenz ab und nahm noch 1960 mit den Hauptstädtern den Spielbetrieb im Oberhaus auf. 1966 sowie 1967 errang die mit renommierten Akteuren wie Mario Monge, »El Ruso« Quintanilla, »La Burra« Rivas, »El Tigre« Zamora, Guido Alvarado, Ricardo Sepúlveda und »El Chueco« Hermosilla bestückte Elf unter Trainer Hernán Cararasco Vivanco ihre ersten beiden von inzwischen neun Landesmeisterschaften und machte mit einem Freundschaftsspielsieg über den Pelé-Klub Santos FC Furore. Höhepunkt war der Gewinn des Kontinentalpokals 1967, als man im Finale die SV Jong Columbia von den Niederländischen Antillen bezwang. Mit Dante Juárez, Juan Veron und Santiago standen seinerzeit drei argentinische Ex-Profis im Alianza-Team. Anschließend geriet das »Orquesta Alba« bzw. »Paquidermos« (»Dickhäuter«) jedoch in eine lange Krise, die erst 1987 mit dem dritten Titelgewinn endete. Unter der zurückgekehrten Trainerlegende Hernán Carrasco Vivanco (hatte El Salvador zwischenzeitlich 1970 zur WM geführt) entstand eine vom Chilenen Raúl Toro geprägte Mannschaft, die Alianza nicht nur an die nationale Spitze zurückführte, sondern im Finale gegen Deportivo Saprissa San José (Costa Rica) zudem Zentralameriksameister wurde. [1958 | Estadio Cuscatlán (40.360) | 9]

■ **ATLÉTICO MARTE SAN SALVADOR**

Armeeklub, der 1950 durch den Zusammenschluss der hauptstädtischen Vereine Libertad und Alacranes entstand. Der dem salvadorianischen Militär angeschlossene Klub Alcantaras war zuvor in die Primera Division aufgestiegen, während Libertad als wirtschaftlich angeschlagen galt. Das ohnehin exquisit besetzte Alcantaras-Team erfuhr mit dem Zusammenschluss eine weitere Verstärkung, so dass der neue Großklub sowohl 1955 als auch 1956 als Landesmeister durchs Ziel gehen konnte. Nach einer anschließenden Durststrecke durften die Fans der »Marcianos« erst 1969 und 1970 wieder jubeln, als Atlético zwei weitere Titelgewinne gelangen. 1970 stellte der Militärklub mit Ernesto Aparicio, Guillermo Castro, Santiago Cortés-Méndez, Raúl Magaña, Sergio Méndez, José Antonio Quintanilla und Alberto Villalta das Gros des salvadorianischen WM-Kaders von Mexiko. Zwölf Jahre später war Atlético durch Ramón Fagoaga, José Rugamas, José »Pajarito« Huezo und Guillermo Ragazone am zweiten salvadorianischen WM-Abenteuer in Spanien beteiligt. International verpasste man 1981 den Erfolg, als es im Finale um die Kontinentalmeisterschaft ein 0:1 bzw. 1:1 gegen die surinamische SV Transvaal Paramaribo gab. Nach dem Gewinn der siebten Landesmeisterschaft 1985 büßte der Militärklub seine führende Rolle auch national ein und musste 2002 aus der Nationalliga absteigen. Seit 2006 läuft man in der Stadt Quezaltepeque auf und trägt dem Namen CD Arabe Marte. [12.4.1950 | Estadio Jorge »Mágico« González (32.000) | 7]

■ **CD HÉRCULES SAN SALVADOR** El Salvadors erster Serienmeister, der den nationalen Fußball in den 1920er Jahren quasi im Alleingang beherrschte. Neben den beiden inoffiziellen Meistertiteln von 1924 und 1925 gewann Hércules zwischen 1927 und 1929 auch drei offizielle Meisterschaften. [7]

■ **SAN SALVADOR FC** Im Januar 2002 gegründeter Klub, der dem dominierenden Hauptstadtklub Alianza FC Konkurrenz machen soll. Gelangte 2002 ohne sportliche Qualifikation in die Primera Division, weil man Erstligist AD El Transito für 100.000 US-Dollar die Lizenz abkaufte. Verstärkt durch nationale Fußballgrößen wie Jaime Rodriguez und die

aus Spanien zurückkehrenden Auswahlspieler Jorge »Mágico« Gonzalez sowie Norberto Huezo gelang auf Anhieb der Einzug ins Endspiel der Apertura-Serie 2002 (1:3 gegen FAS Santa Ana). 2003 führte der uruguayische Trainer Ruben Alonso den Newcomer mit einem 3:1 über die CD L.A. Firpo zur Meisterschaft in der Clausura-Saison. Danach ging vieles schief, und 2008 verschwand der vermeintliche Überflieger sogar in der 2. Liga. [2002 | Cuscatlán (40.360) | 1]

■ **CS L.A. FIRPO USULUTÁN/SAN SALVADOR**  Der älteste Klub des Landes trägt inzwischen neun Sterne auf seinem Hemd – und jeder symbolisiert eine Landesmeisterschaft. Ursprünglich in der Stadt Usulután im ländlichen Südosten El Salvadors ansässig, wird die seit 2003 in San Salvador verortete Mannschaft auch »El Toro de las Pampas« genannt – »die wilden Bullen aus der Pampa«. Seinen Namen L. A. Firpo verdankt der Klub einem Zufall. Wenige Tage, nachdem Usulutáner Bürger am 17. September 1923 den Klub »Tecún Umán« ins Leben gerufen hatten, gastierte der argentinische Starboxer Luis Angel Firpo in der Stadt. Als Firpo sieben Tage später durch einen K.-o.-Sieg über Jack Dempsey erster lateinamerikanischer Boxschwergewichtsweltmeister wurde, taufte man Tecún Umán ihm zu Ehren in CD Luis Angel Firpo um. Der Volksmund spricht seitdem nur von »L.A. Firpo« oder »Firpo«. Erfolge waren zunächst rar für die »Bullen aus der Pampa«. 1941 erreichten sie erstmals die Finalrunde der Regionalmeister, wo sie gegen Quequeisque Santa Tecla jedoch chancenlos waren. Mit Luis »El Loco« Regalado stellte man allerdings bereits einen Nationalspieler, dem später Männer wie Ricardo und Miguel Zamora, Leonidas und Lázaro Quinteros sowie Ramón und Mario Águila folgen sollten. Nach Bildung der Primera Division (1948) schwankte der Klub lange zwischen Titelambitionen und Abstieg, ehe er sich in den 1970er Jahren endgültig in der Nationalliga etablieren konnte. In den 1980er Jahren begann die goldene Ära der bis dahin im Schatten der Klubs aus Santa Ana und San Miguel stehenden Rot-Blauen. Mit einer von Mauricio Cienfuegos und Raul Díaz Arce geprägten Mannschaft holte »Firpo« 1989 erstmals die Landesmeisterschaft nach Usultuán, wo anschließend noch sechs weitere Male gefeiert werden konnte. Firpos Stärke lag im heimischen Estadio Sergio Torres, das den Beinamen »The Devil's Cauldron« trägt. Nichtsdestotrotz verlegte der Klub seine Basis im Januar 2003 in die Hauptstadt San Salvador, wo er sich einen höheren Zuschauerzuspruch erhofft. 2007/08 dominierte Firpo die Nationalliga und sicherte sich beide Meisterschaften. [17.9.1923 | Estadio Sergio Torres (5.000) | 9]

HELDEN | LEGENDEN

■ **MAURICIO CIENFUEGOS**  Der Mittelfeldspieler ist der erfolgreichste unter jenen salvadorianischen Akteuren, die sich in den 1990er Jahren im US-amerikanischen Profifußball etablierten. Cienfuegos feierte 1996 beim Gold Cup seinen internationalen Durchbruch, und zuvor im Dress von L.A. Firpo Usulután bereits zahlreiche nationale Erfolge hatte feiern können bzw. zwei Jahre in der mexikanischen Profiliga am Ball gewesen war (Morelia bzw. Santos Laguna). 1996 wechselte er zu Los Angeles Galaxy und avancierte dort zu einem verlässlichen Stammspieler. Bis zu seinem Karriereende 2003 erzielte er in 206 Spielen 35 Tore. An der Seite von Spielern wie Carlos Valderrama, Marco Etcheverry und Peter Nowak galt Cienfuegos als einer der besten Spielmacher in der Geschichte der MLS und wurde 1996, 1998 und 1999 jeweils in die Elf des Jahres gewählt. [*12.2.1968 | 68 LS/7 Tore]

■ **RAÚL DÍAZ ARCE** Mit 39 Treffern in 55 Länderspielen El Salvadors Rekord-Torjäger. Der aus San Miguel stammende Stürmer begann seine Karriere 1988 beim Zweitligisten CD Dragon San

Nach dem 1:10-Auftaktdebakel gegen Ungarn schlug sich die salvadorianische Auswahl bei der WM 1982 beim 0:1 gegen Belgien deutlich besser. José Rivas im Duell mit dem Belgier Luc Millecamps.

Zudem blieb weniger El Salvadors sportliche Leistung im Gedächtnis als vielmehr die einzigartigen Begleiterscheinungen, unter denen sie zustande kam: der berühmte »Fußballkrieg«. Dessen Ursachen lagen ungeachtet seines Namens nicht auf dem grünen Rasen, sondern waren politischer Natur. El Salvador wies schon damals die höchste Bevölkerungsdichte in Zentralamerika auf, was angesichts der eingangs erwähnten unsozialen Landverteilung zu erheblichen Problemen geführt hatte. Im Laufe der Jahre waren daher mehr als 300.000 Salvadorianer in das dünn besiedelte Nachbarland Honduras emigriert, wo sie zunächst geduldet wurden. Als Honduras jedoch 1967 eine Landreform vornahm und die illegalen Siedler abschieben wollte, weigerte sich die salvadorianische Regierung, die Menschen wieder aufzunehmen. Inmitten der aufkochenden politischen Spannung kam es im Juni 1969 zu den WM-Qualifikationsduellen zwischen El Salvador und Honduras, die sich als willkommenes Ventil für die auf beiden Seiten aufgestaute Wut erwiesen.

Es begann damit, dass die salvadorianische Mannschaft in der Nacht vor dem Hinspiel in Tegucigalga von honduranischen Anhängern systematisch um den Schlaf gebracht wurde. Als »la selecta« daraufhin mit 0:1 verlor, nahm sich in San Salvador eine junge Frau das Leben, woraufhin El Salvadors Medien die vergiftete Stimmung weiter anheizten. »Ein junges Mädchen, das es nicht verwinden konnte, dass sein Vaterland in die Knie gezwungen wurden«, posaunte »El Nacional« voller Pathos, derweil das Freitodopfer im Beisein von Militär und hohen Politikern per Staatsbegräbnis beigesetzt wurde. Wenige Tage später herrschte beim Rückspiel im San Salvadorer Stadion Flor Blanca eine extrem aufgeheizte Atmosphäre. Zwei honduranische Fans wurden regelrecht gelyncht, und nach der 0:3-Niederlage gab Honduras' Trainer Mario Griffin erleichtert zu Protokoll: »Ein Glück, dass wir dieses Match verloren.«

Neun Tage darauf eskalierte der Konflikt, als El Salvador das Nachbarland mit drei Uralt-Mustangs und 12.000 Soldaten militärisch angriff. 100 Stunden später endete der »Fußballkrieg«, der 6.000 Tote forderte und erst 1980 mit einem Friedensvertrag auch formal beendet wurde. Absurderweise standen sich die beiden Auswahlmannschaften zwischenzeitlich zum fälligen Entscheidungsspiel gegenüber, wobei sich El Salvador am 28. Juni 1969 in Mexiko-City mit 3:2 in der Verlängerung durchsetzte. Nachdem »la selecta« anschließend auch Haiti ausgeschaltet hatte, reiste sie schließlich als erstes zentralamerikanisches Team zu einem WM-Endturnier. Dort war das überwiegend von Akteuren des Militärklubs Atlético Marte gebildete Team gegen Mexiko, Belgien und die Sowjetunion allerdings chancenlos und kam zu keinem einzigen Torerfolg – geschweige denn einem Punktgewinn.

■ **OBWOHL EL SALVADOR** sowohl sportlich als auch in seiner kulturellen Ausprägung zu den Fußballhochburgen Zentralamerikas zählt, sind die Erfolgsannalen des Landes auf Vereinsebene dünn beschrieben. Nach Alianzas erwähntem Triumph in der Konföderationsmeisterschaft 1967 dauerte es bis 1976, ehe Águila San Miguel erneut die Nordamerika- und Karibikmeisterschaft ins Land holte. 1979 errang auch FAS Santa Ana die Trophäe,

● **FIFA World Ranking**

1993	1994	1995	1996	1997	1998	1999	2000
66	80	82	65	64	92	96	83

2001	2002	2003	2004	2005	2006	2007	2008
86	94	95	106	124	156	134	111

● **Weltmeisterschaft**
1930-66 nicht teilgenommen **1970** Endturnier (Vorrunde) **1974-78** Qualifikation **1982** Endturnier (Vorrunde) **1986-2010** Qualifikation

● **Gold-Cup**
1991-93 Qualifikation **1996** Endturnier **1998** Endturnier **2000** Qualifikation **2002** Endturnier **2003** Endturnier **2005-07** Qualifikation

● **Vereinserfolge**
CONCACAF-Meister Alianza FC San Salvador (1967), Águila San Miguel (1976), CD FAS Santa Ana (1979)

während Armeeklub Atlético Marte 1981 im Finale der surinamischen Elf SV Transvaal Paramaribo unterlag.

Als El Salvadors Nationalelf 1982 zum zweiten Mal die Qualifikation zu einem WM-Endturnier glückte, steckte das Land in einer schweren politischen und wirtschaftlichen Krise. Im Oktober 1979 war es zu einem Militärputsch gekommen, der sich zu einem brutalen Bürgerkrieg ausweitete. Dabei standen sich die seit 50 Jahren herrschenden (und massiv vom damaligen US-Präsident Ronald Reagan unterstützten) Militärs sowie die linksgerichtete Befreiungsbewegung FLMN (»Frente Farabundo Martí de Liberación Nacional«) gegenüber. Als es im Februar 1992 mit Hilfe der UN endlich gelang, einen Friedensvertrag zu schließen, beklagte man mehr als 75.000 Tote, eine weitgehend zerstörte Infrastruktur und eine brachliegende Wirtschaft. Jeder vierte Einwohner hatte seine Heimat verloren, eine hohe Arbeitslosenquote brachte Armut und Hunger, derweil die Gewalt immer wieder aufflammte.

Das WM-Abenteuer von 1982 war bereits von den politischen Unruhen überschattet gewesen. Nationaltrainer Mauricio »Pipo« Rodríguez, 1970 noch als Spieler bei der WM dabei, hatte aus finanziellen Gründen mit nur 20 statt 22 Akteuren arbeiten und zudem auf jegliche Vorbereitungslager verzichten müssen. Dennoch war er voller Hoffnung auf die Reise nach Spanien gegangen. Sein Vertrauen galt vor allem der Abwehr um Torsteher Luís Mora und Abwehrchef Paco Jovel, die »la selecta« in der Qualifikation den Ruf des »defensivsten Teams der Welt« eingebracht hatte. Im WM-Auftaktspiel gegen Ungarn war von Defensivstärke allerdings nichts mehr zu sehen. Nach 90 Minuten schlich die Elf um Spielmacher Norberto Huezo mit einer 1:10-Rekordniederlage vom Feld und bezog anschließend auch gegen Belgien (0:1) sowie Argentinien (0:2) Niederlagen. Mit null Punkten in sechs WM-Spielen sowie 1:22-Toren ziert El Salvador seitdem unangefochten den letzten Platz in der Ewigen WM-Tabelle.

Nur für Mittelfeldregisseur Jorge González lohnte sich der WM-Ausflug, denn »El Magico« wurde anschließend vom spanischen Erstligisten Cadiz CF engagiert und blieb insgesamt neun Jahre in Europa.

■ **ALS ER 1991 NACH EL SALVADOR** zurückkehrte, lag der Fußball dort hoffnungslos am Boden. Weder in der WM-Qualifikation noch in der Kontinentalmeisterschaft hatte »la selecta« während des Bürgerkrieges an alte Erfolge anknüpfen können. Stattdessen musste man seine regionale Führungsrolle an Costa Rica abgeben, und auch die lange zu den führenden Teams in Zentralamerika zählenden salvadorianischen Vereine hatten den Bürgerkrieg mit ihrem Ausscheiden aus der kontinentalen Elite bezahlt. Erst 1994 erreichte mit Alianza San Salvador wieder eine salvadorianische Mannschaft das Halbfinale der Kontinentalmeisterschaft – es war seitdem die einzige.

Nach dem Friedensschluss sorgten dann die katastrophalen wirtschaftlichen und infrastrukturellen Rahmenbedingungen für weitere Rückschläge. In der seit 1991 ausgespielten Zentralamerikameisterschaft konnte El Salvador erst 2007 seinen ersten Sieg verbuchen, und im November 2006 erreichte das Land mit dem Rückfall auf Position 169 in der FIFA-Weltrangliste den tristen Tiefpunkt seines Niedergangs. Damit stand der zweifache WM-Teilnehmer auf einer Stufe mit Ländern wie Antigua und Barbuda, Taiwan und Seychellen – keinem anderen ehemaligen WM-Teilnehmer ist seit Ende des Zweiten Weltkriegs ein derartiges Schicksal widerfahren.

Hinzu kommen große Gewaltprobleme im nationalen Fußball als Folge der im Bürgerkrieg völlig verrohten Sitten. Viele fußballbegeisterte Salvadorianer bleiben den Ligaspielen fern, weil es immer wieder zu abscheulichen Gewaltexzessen in den maroden Stadien kommt. Zu allem Übel wurde 2001 bei einem Erdbeben auch noch das Nationalstadion Flor Blanca erheblich in Mitleidenschaft gezogen.

Verzweifelt versucht die Verbandsführung entgegenzusteuern. Mit der Einführung des bezahlten Fußballs sowie der Splittung der Primera Division in eine Apertura- (Frühjahr) bzw. Clausura (Herbst)-Serie sollte der Klubfußball gestärkt werden, während der neugegründete San Salvador FC sowie der nach San Salvador verlegte siebenfache Landesmeister CD L.A. Firpo den hauptstädtischen Fußball wiederbeleben sollten. Bislang vergeblich. El Salvadors Fußball-Talente wie Raúl Diaz Arce, Maurico Cienfuegos, Ronald Cerrilos und Jorge Rodriguez folgen inzwischen mit Vorliebe den Angeboten US-amerikanischer Klubs, weil sie in den Saaten unter friedlicheren Umständen deutlich mehr Geld verdienen und dank der dort lebenden 250.000 El Salvadorianer zudem heimische Lebenskultur genießen können. Es steht nicht gut um El Salvadors stolzen Fußball.

Miguel und wechselte 1991 zum CD L.A. Firpo Usulután, für den er in fünf Jahren 150 Tore markierte. 1996 wurde er vom US-amerikanischen MLS-Klub DC United unter Vertrag genommen und vermochte sich mit 23 Saisontoren blendend einzufügen. Im selben Jahr brillierte er zudem mit der salvadorianischen Nationalmannschaft beim Gold Cup. Anschließend lief Díaz Acre bis 2001 für diverse Teams im US-amerikanischen Profilager auf (New England Revolution, Tampa Bay Mutiny, San Jose Clash, MetroStars und Colorado Rapids) und konnte insgesamt 82 Treffer markieren. Nach einem Kurzintermezzo für Zweitligist Puerto Rico Islanders übernahm er 2004 das Amt des Trainers der U17-Nationalmannschaft der USA. [*1.2.1970 | 55 LS/39 Tore]

■ **JUAN FRANCISCO BARRAZA** Legende aus den Frühtagen des salvadorianischen Fußballs. Dem aus ärmlichen Verhältnissen stammenden »Cariota« bot sich über den Fußball die Gelegenheit, der Armut zu entrinnen. Mit unermüdlichem Fleiß schaffte er beim San Migueler Spitzenklub CD Dragón tatsächlich den Durchbruch. 1953 debütierte Barraza in der Nationalmannschaft und wechselte später zum aufstrebenden CD Águila San Miguel. Seine technischen Fähigkeiten ließen ihn zu einem frühen Idol des salvadorianischen Fußballs aufsteigen. Der Name des im Dezember 1997 nach Herzproblemen verstorbenen Barraza lebt heute im Stadion von San Miguel fort. [*12.2.1935 †17.12.1997 | 64 LS/13 Tore]

■ **JORGE GONZÁLEZ** Der berühmteste Spieler, den El Salvador jemals hervorgebracht hat. Heißt mit vollständigem Namen Jorge Alberto González Barillas, wird aber landesweit nur »El Mágico« genannt.

In einem Armenviertel von San Salvador zur Welt gekommen, begann González seine Laufbahn bei Rekordmeister FAS Santa Ana und erhielt aufgrund seiner Ballfertigkeit zunächst den Künstlernamen »Mago« (»Zauberer«). Nachdem der 1976 im Nationalteam debütierende offensive Mittelfeldspieler 1982 mit El Salvador zur WM nach Spanien gereist war, wurde daraus »El Mágico« (»Magier«). Selbst der argentinische Superstar Diego Armando Maradona soll seinerzeit geschwärmt haben: »Der einzige Magier, den ich kenne, ist ein Salvadorianer namens Jorge González.« Umjubelt wegen seiner vorzüglichen Ballbehandlung und einer ausgefeilten Dribbeltechnik gelang González nach der WM im spanischen Cádiz als bislang einzigem Salvadorianer die Etablierung in einer europäischen Profiliga. Aufgrund seines ausschweifenden Nachtlebens und einem für einen Fußballprofi recht ungewöhnlichen Schlafrhythmus geriet der Mittelamerikaner aber auch wiederholt in die Schlagzeilen. Nach Problemen mit Trainer Joanet wechselte er 1985 nach Valladolid, wo er jedoch nicht zurecht kam und nach neun Spielen nach Cádiz zurückkehrte. Als er sich 1991 in seine Heimat El Salvador verabschiedete, hatte er in 183 Ligaspielen 57 Tore markiert. Nach fünf weiteren Spielzeiten in Diensten von FAS Santa Ana wechselte González 2002 auf die Trainerbank und half beim Aufbau des neugegründeten San Salvador FC. 2003 erhielt er den Orden »Hijo Meritísimo«, derweil El Salvadors Nationalstadion »Flor Blanca« mit seinem Namen versehen wurde. [*13.3.1958 | 48 LS/41 Tore]

■ **LUIS GUEVARA MORA** El Salvadors bedauernswerter Torsteher des 1:10-Debakels gegen Ungarn bei der WM 1982. Guevara hatte 1978 17-jährig im Nationalteam debütiert und war bekannt für seine außergewöhnlichen Reflexe und seinen akrobatischen Stil. Mit 20 Jahren avancierte er 1982 zum jüngsten WM-Torhüter aller Zeiten und vermochte in Spanien trotz des Ungarn-Debakels zu überzeugen. Seine Vereinskarriere verbrachte der 1,86m-Schlussmann bei Platense Zacatecoluca, Once Lobos, Atlético Marte sowie dem Alianza FC. [*2.9.1961 | 89 LS]

Außenseiter
Französisch-Guyana

Französisch-Guyana ist eine ungewöhnliche Fußballregion. Obwohl das Land auf südamerikanischem Gebiet liegt, nehmen seine Teams am Spielbetrieb der nordamerikanischen Konföderation CONCACAF teil. Der gehört die nationale Ligue de Football de Guyane zudem nicht als vollwertiges, sondern lediglich als »associated member« an. Hintergrund ist, dass Ex-Kolonialmacht Frankreich der Region beharrlich die seit langem angestrebte Unabhängigkeit verweigert. So darf Französisch-Guyana zwar einen Teilnehmer am französischen Landespokal stellen, muss aber an der WM-Qualifikation zuschauen. Dieses Schicksal teilt man mit Martinique und Guadeloupe, die ebenfalls als Überseedepartements geführte ehemalige französische Kolonien sind.

Die kolonialen Verbindungen zwischen den französischen Besitztümern in der Karibik sind auch der Grund, dass sich Französisch-Guyana fußballerisch nicht dem südamerikanischen CONMEBOL sondern der nordamerikanischen CONCACAF zugewandt hat.

■ **FRANZÖSISCH-GUYANA IST** insofern eines der letzten Relikte der Kolonialepoche. Die Geschichte des Landes liest sich ungewöhnlich. Als Großbritannien, die Niederlande und Frankreich im Verlauf des 17. Jahrhunderts versuchten, auf dem von Spanien und Portugal dominierten südamerikanischen Kontinent Fuß zu fassen, war nur noch der vom Amazonas und dem undurchdringbaren Regenwald geprägte Norden »übrig«. Um 1660 entstanden dort mit Britisch-Guyana, Niederländisch-Guyana und Französisch-Guyana drei Kolonien, die zwar gemeinsam in die Karibik ausgerichtet waren, deren weiteres Schicksal aber unterschiedlich verlief. Während Großbritannien und die Niederlande ihre Ländereien 1966 bzw. 1975 als Guyana bzw. Suriname in die Unabhängigkeit entließen, hob Paris sein Besitztum zwar 1947 in den Rang eines Überseedepartements, hielt aber an seiner Macht fest. Heute genießen die Einwohner des etwa 84.000 km² großen Französisch-Guyana französische Staatsrechte, bezahlen mit dem Euro und pflegen einen vom französischen »savoir vivre« und karibischem Calypso geprägten Lebensstil.

Es sind vor allem zwei Dinge, die Französisch-Guyana weltweit Berühmtheit verschafft haben: die gefürchtete Sträflingsinsel Île du Diable (»Teufelsinsel«), auf der auch Henri Charrière die Erfahrung für seinen berühmten Roman »Papillon« sammelte, und das bei Kourou gelegene europäische Weltraumzentrum »Ariane«.

■ **ABER AUCH ÜBER DEN FUSSBALL** macht Französisch-Guyana regelmäßig Schlagzeilen. Das geschieht allerdings zumeist indirekt, denn die aus Französisch-Guyana stammenden Spitzenfußballer votieren in der Regel für eine Laufbahn in Europa. Cyrille Regis, dessen Vater von der Karibikinsel St. Lucia stammt, gehörte in den 1970er Jahren sogar zur ersten Generation karibischer Profis im englischen Profifußball und bestritt neben 302 Begegnungen (112 Tore) für West Bromwich Albion auch fünf Länderspiele für England. Der in Frankreich geborene und in Französisch-Guyana aufgewachsene Bernard Lama errang derweil 1998 mit Frankreich den WM-Titel, und auch 2006 stand mit Florent Malouda wieder ein Spieler aus Französisch-Guyana für die »grande nation« im WM-Finale.

Das Interesse am Fußball ist in Französisch-Guyana tief verankert. Nachdem Brasilianer um die Jahrhundertwende für die Einführung des Spiels gesorgt hatten, gossen britische Kaufleute das Spiel in organisatorische Strukturen. Da der Fußball schon früh auch von den einheimischen »Amérindiens« aufgegriffen wurde, konnte er rasch zu einem beliebten Freizeitvergnügen aufsteigen. 1912 entstand eine Landesmeisterschaft, deren Resultate allerdings nur lückenhaft überliefert sind. Ein am 3. Dezember 1934 gebildeter Fußballverband wurde unterdessen als Regionalorgansiation Mitglied des französischen Dachverbandes. Lange Zeit dominierten europäische Siedler sowohl den Spielbetrieb als auch die Administration. Erst als Frankreich seine Kolonie 1947 in ein »Département d'outre-mer« (DOM) verwandelte, übernahmen Einheimische die nationalen Sportstrukturen. 1962 wurde die Ligue de Football de la Guyane gegründet, die sowohl die Nationalliga Division d'Honneur als auch den Pokalwettbewerb übernahm und dem französischen Nationalverband FFF als Regionalgruppe angeschlossen wurde. Später wurde man »associated member« des Kontinentalverbandes CONCACAF.

Währenddessen schnellte die Einwohnerzahl des Landes durch Migration aus anderen karibischen Ländern rasant nach oben. 1982 waren aus den knapp 33.000 Einwohnern, die man zur Jahrhundertwende gezählt hatte, bereits 73.000 geworden. 2003 lebten etwa 186.000 Menschen in Französisch-Guyana.

■ **DIE HOCHBURG DES NATIONALEN** Fußballs ist die Hauptstadt Cayenne, in der mit etwa 60.500 Einwohnern ungefähr ein Drittel der Landesbevölkerung lebt. Die Stadt beherbergt auch die nationale Fußball-Arena Stade de Baduel. Neben dem Hauptstadtklub AS Colonial (heißt seit 2008 CSCC) haben vor allem die Association Jeunesse aus Saint-Georges sowie der mit dem europäischen Weltraumzentrum verbundene ASC Le Geldar Korou den nationalen Spielbetrieb geprägt.

Im Gegensatz zu den ausgewiesenen Fußballhochburgen Guadeloupe und Martinique nimmt Fußball in Französisch-Guyana allerdings keinen allzu hohen Stellenwert ein. Daran ist nicht zuletzt das schwer zugängliche Hinterland aus dichtem Regenwald schuld, das den Aufbau einer landesweiten Fußball-Infrastruktur sichtlich erschwerte. Darüber hinaus wird der Fußball von regelmäßigen Gewaltexzessen geplagt. Zuletzt kam es im März 2008 zu einem dreiwöchigen Schiedsrichterstreik, nachdem drei Akteure des SC Kouroucien einen Kollegen angegriffen hatten.

International haben Teams aus Französisch-Guyana bislang nur sporadisch Aufmerksamkeit erregen können. Die Nationalauswahl debütierte 1969 mit einem torlosen Unentschieden gegen Martinique auf internationalem Terrain und beteiligte sich 1996 erstmals am Gold Cup. 2000 gab es beim 2:2 gegen Suriname den ersten Punktgewinn zu feiern.

Auf Vereinsebene hatte sich 1988 Sport Guyannais Cayenne als erstes Team des Landes an der Kontinentalmeisterschaft beteiligt und war auf Anhieb gegen die SV Leo Victor Paramaribo in die zweite Runde vorgedrungen. Seit 1993 ist dort allerdings keine Mannschaft aus Französisch-Guyana mehr aufgelaufen. Auch im französischen Pokal haben sich Mannschaften aus Französisch-Guyana bislang nicht sonderlich mit Ruhm bekleckert. Erster Teilnehmer des Landes war 1963 der Club Colonial.

Perspektivisch sollen die spielstärksten Teams aus Französisch-Guyana in die von Martinique und Guadeloupe initiierte grenzüberschreitende Meisterschaftsrunde »Ligue Antilles-Guyane« integriert werden. Von dieser verspricht man sich eine Hebung des sportlichen Niveaus in allen beteiligten Ländern.

Jahr	Meister	Pokal
1912-59	unbekannt	
1959/60	unbekannt	AJ St. Georges Cayenne
1960-62	unbekannt	unbekannt
1962/63	Racing Club Cayenne	unbekannt
1963/64	unbekannt	unbekannt
1964/65	AJ St. Georges Cayenne	AJ St. Georges Cayenne
1965/66	unbekannt	unbekannt
1965-68	unbekannt	unbekannt
1968/69	unbekannt	AJ St. Georges Cayenne
1969/70	unbekannt	unbekannt
1970/71	unbekannt	AJ St. Georges Cayenne
1971/72	unbekannt	unbekannt
1972/73	unbekannt	Roura
1973/74	unbekannt	AS Colonial Cayenne
1974/75	unbekannt	AS Colonial Cayenne
1975/76	unbekannt	Olympique
1976/77	AS Colonial Cayenne	unbekannt
1977/78	AS Colonial Cayenne	AS Colonial Cayenne
1978/79	AS Colonial Cayenne	ASC Le Geldar Kourou
1979/80	unbekannt	AJ St. Georges Cayenne
1980/81	unbekannt	unbekannt
1981/82	USL Montjoly	AS Colonial Cayenne
1982/83	AJ St. Georges Cayenne	AJ St. Georges Cayenne
1983/84	AJ St. Georges Cayenne	AJ St. Georges Cayenne
1984/85	ASC Le Geldar Kourou	AJ St. Georges Cayenne
1985/86	Sport Guyanais Cayenne	unbekannt
1986/87	unbekannt	unbekannt
1987/88	ASC Le Geldar Kourou	unbekannt
1988/89	ASC Le Geldar Kourou	unbekannt
1989/90	SC Kouroucien Kourou	AJ St. Georges Cayenne
1990/91	AS Colonial Cayenne	unbekannt
1991/92	AS Colonial Cayenne	AS Jahouvey Mana
1992/93	US Sinnamary	AS Colonial Cayenne
1993/94	US Sinnamary	AS Colonial Cayenne
1994/95	AS Jahouvey Mana	unbekannt
1995/96	AS Colonial Cayenne	US Sinnamary
1996/97	unbekannt	AS Colonial Cayenne
1997/98	AS Jahouvey Mana	US Sinnamary
1998/99	AJ St. Georges Cayenne	EF Iracoubo
1999/00	AJ St. Georges Cayenne	AJ St. Georges Cayenne
2000/01	ASC Le Geldar Kourou	AJ St. Georges Cayenne
2001/02	AJ St. Georges Cayenne	US Sinnamary
2002/03	AJ Matoury	AJ St. Georges Cayenne
2003/04	ASC Le Geldar Kourou	AJ St. Georges Cayenne
2004/05	ASC Le Geldar Kourou	US Matoury
2005/06	unbekannt	US Matoury
2006/07	US Macouria	ASC Le Geldar Kouou
2007/08	ASC Le Geldar Kourou	CSCC Cayenne

Cyrille Regis wuchs in Französisch-Guyana auf und feierte beim englischen Profiklub West Bromwich Albion große Erfolge.

GRENADA

Grenada Football Association

Grenada Fußball-Verband | gegründet: 1924 | Beitritt FIFA: 1978 | Beitritt CONCACAF: 1969 | Spielkleidung: grün-gelbes Trikot, rote Hose, gelbe Stutzen | Spieler/Profis: 2.138/0 | Vereine/Mannschaften: 30/50 | Anschrift: Deco Building, PO Box 326, St. George's | Telefon: +1473-4409903 | Fax: +1473-4409973 | Internet: www.grenadafootball.com | E-Mail: gfa@caribsurf.com

Hurrikan Ivan stoppt die Carib Hurricans

Fußball hat sich auf Grenada nur mühsam entwickeln können

State of Grenada

Staat Grenada | Fläche: 344,5 km² | Einwohner: 106.000 (308 je km²) | Amtssprache: Englisch | Hauptstadt: St. George's (3.908) | Weitere Städte: Gouyave (3.000), Grenville (2.000), Victoria (2.000) | Währung: 1 Ostkaribischer Dollar = 100 Cents | Zeitzone: MEZ -5h | Länderkürzel: GD | FIFA-Kürzel: GRN | Telefon-Vorwahl: +1473

Wer die Paarungen der grenadischen Fußball-Nationalliga aufmerksam studiert, kann eine Menge über das Leben auf der kleinen Karibikinsel erfahren. Teams wie die Carib Hurricans oder ASOMS Paradise beispielsweise geben einen anschaulichen Einblick in den grenadischen Alltag, der sich zwischen verheerenden Naturkatastrophen und paradiesischer Postkartenidylle bewegt.

Auch Grenadas Geschichte ist vom Wandel geprägt. 1498 von Christoph Columbus entdeckt und zunächst »Conceptión« genannt, wechselte die südlichste der »Inseln über dem Winde« mehrfach zwischen britischer und französischer Herrschaft, ehe das zwischenzeitlich in Grenada umbenannte Land (nach der spanischen Stadt Granada) 1877 endgültig britische Kronkolonie wurde. Seinerzeit war der lange Widerstand der einheimischen Kariber gegen die europäischen Kolonialmächte längst gebrochen und Grenadas Bevölkerungsstruktur durch die massenhafte Verschleppung afrikanischer Sklaven nachhaltig verändert worden. Heute stellen Schwarze etwa 82 Prozent der 106.000 Einwohner.

■ **1956 MIT AUTONOMIE AUSGESTATTET** und 1967 als Staat mit Großbritannien assoziiert, geriet Grenada 1974 nach seiner Entlassung in die Unabhängigkeit in schwere politische Turbulenzen. Ex-Gewerkschaftschef Eric Gairy schwang sich seinerzeit zum extravaganten Diktator auf und drohte die kleine Inselrepublik mit seiner Politik zu ruinieren. Nachdem er im März 1979 von linksgerichteten Oppositionellen gestürzt worden war, knüpfte die nachfolgende »Revolutionäre Volksregierung« enge Kontakte zu Kuba und der Sowjetunion, was wiederum den Nachbarn USA auf den Plan rief. Im Oktober 1983 ebneten daraufhin US-Militärs in einem völkerrechtlich umstrittenen Militäreinsatz den Weg für eine neue Regierung bürgerlicher Herkunft.

Grenada gehört zu den ärmsten Ländern in der Karibik und lebt vorwiegend von der Landwirtschaft sowie dem Tourismus. Neben der Hauptinsel Grenada (die als zweitgrößter Muskatnussexporteur der Welt auch »Gewürzinsel« genannt wird) bilden diverse kleinere Inseln das Staatsgebiet, das in seinen Ausmaßen dem von Malta entspricht. Mehr als 400.000 Grenadiner leben im Ausland und unterstützen ihre in der Heimat verbliebenen Angehörigen mit regelmäßigen Geldzuwendungen.

Grenadas Hauptstadt St. George's gilt als eine der schönsten Hafenstädte in der Karibik. Die wechselnden kolonialen Einflüsse haben eine einzigartige Kolonialstruktur aus französischen und britischen Elementen hinterlassen.

■ **VOR ALLEM DAS BRITISCHE** Erbe ist präsent. Grenadas Staatsoberhaupt ist die britische Königin Elisabeth II., und auch im Fußball haben die Angelsachsen tiefe Spuren hinterlassen. Der bereits 1921 von britischen Kolonialisten ins Leben gerufene Nationalverband Grenada Football Association (GFA) gehörte bis zur Unabhängigkeit 1974 sogar der englischen FA an.

Um die Jahrhundertwende von Briten auf die Karibikinsel gebracht, war der Fußball dort lange Zeit ein auf die europäischen Siedler konzentriertes Vergnügen geblieben, das zudem im Schatten des ungleich populäreren Crickets gestanden hatte. Neben dem Nationalsport Cricket sieht sich der Fußball auf Grenada bis heute harter Konkurrenz durch die US-amerikanischen Disziplinen Baseball und American Football ausgesetzt.

TEAMS | MYTHEN

■ **ANCHOR QUEEN'S PARK RANGERS FC**
Traditionsreichster und auch erfolgreichster Klub der Karibikinsel. Errang den vorliegenden Aufzeichnungen zufolge vermutlich 1983 seinen ersten Meistertitel. Der bislang letzte Titelgewinn datiert aus dem Jahr 2002. Der von britischen Kolonialisten gegründete Klub ist nach einem Park im Norden der Hauptstadt St. George's benannt.

■ **FONTENOY UNITED** Errang neben der verbürgten Landesmeisterschaft von 1998 noch zwei weitere Titel unbekannten Datums und zählt damit zu den erfolgreichsten Teams des Landes. Das Örtchen Fontenoy liegt nördlich von St. George's an der Westküste Grenadas.

■ **ASOMS PARADISE** Das Team der »Andall School of Modern Soccer« (ASOMS) sicherte sich 2005 und 2007 jeweils den nationalen Meistertitel. Die Stadt Paradise liegt im Nordosten Grenadas.

■ **CARIB HURRICANS FC** Dreifacher Landesmeister, der in der Hauptstadt St. George's ansässig ist. Pikanterweise führten die Carib Hurricans 2004 die Tabelle der Nationalliga an, als Hurrikan »Ivan« für schwere Zerstörungen sorgte und die Landesmeisterschaft abgebrochen werden musste.

TEAMS | MYTHEN

■ **BRENDON BATSON** Der in St George's geborene Verteidiger kam bereits als Schuljunge nach London und spielte zunächst für Arsenal London bzw. Cambdridge City, ehe er 1977 von West Bromwich Albion unter Vertrag genommen wurde. In 172 Spielen avancierte Batson bis zu seinem verletzungsbedingten Karriere-Aus 1984 zu einem Leistungsträger im Hawthorns-Stadion und bildete gemeinsam mit Laurie Cunningham sowie dem aus Französisch-Guyana stammenden Cyrille Regis ein »the Three Degrees« genanntes karibisches Fußballtrio. Nach seinem Karriereende engagierte sich Batson in der »Professional Footballers' Association«. [*6.2.1953]

■ **SHALRIE JOSEPH** Defensiver Mittelfeldspieler, der 1978 in St. George's geboren wurde und in Brooklyn (New York) aufwuchs. 2005 wurde er als Kapitän der USA-Profielf New England Revolution in die »MSL-Elf der Saison« gewählt. 2007 wollte der schottische Erstligist Celtic FC Glasgow Joseph für zwei Mio. Pfund verpflichten, doch die New-England-Führung verweigerte ihm die Freigabe. Seit 2002 ist Joseph auch für die grenadische Nationalelf im Einsatz. [*24.5.1978]

■ **JASON ROBERTS** Grenadas berühmtester Fußballer wurde 1978 in London geboren und hat seine gesamte Karriere in England verbracht. 1998 gelang dem Neffen von Cyrille Regis (aus Französisch-Guyana stammender ehemaliger englischer Nationalspieler) beim Drittligisten Bristol Rovers der Durchbruch im Profifußball, als er in 78 Spielen 38 Treffer für die »Pirates« markierte. 2000 wechselte der bullige Stürmer für 2 Mio. Pfund zu West Bromwich Albion, wo er gemeinsam mit Lee Hughes ein Erfolgsduo bildete und die »Baggies« 2002 in die Premier League schoss. 2003 wechselte Roberts zu Wigan Athletic und erzielte im August 2005 das Premierentor der erstmals in der höchsten Liga vertretenen »Latics«. Nachdem er zwischenzeitlich für die Nationalelf von Grenada debütiert hatte, zog Roberts 2006 weiter zu den Blackburn Rovers und rief im Frühling 2007 die »Jason Roberts Foundation« ins Leben, die armen Kindern und Jugendlichen aus Großbritannien und Grenada die Möglichkeit bieten will, ebenfalls Sport zu treiben.
[*25.1.1978 | 22 LS/12 Tore]

● **FIFA World Ranking**
1993 1994 1995 1996 1997 1998 1999 2000
143 142 141 127 111 117 121 143
2001 2002 2003 2004 2005 2006 2007 2008
133 131 154 144 151 163 176 118

● **Weltmeisterschaft**
1930-78 nicht teilgenommen 1982 Qualifikation 1986-94 nicht teilgenommen 1998-2010 Qualifikation

● **Gold-Cup**
1991-98 nicht teilgenommen 2000-07 Qualifikation

Grenadische Fußballanhänger bei einem Länderspiel.

Erst nach dem Zweiten Weltkrieg öffnete sich die nationale Fußballgemeinde auch der schwarzen Bevölkerungsmehrheit. Mit der schrittweisen Entlassung des Landes in die Unabhängigkeit gelangte das Spiel schließlich in die Hände der Einheimischen. 1969 wurde der Nationalverband GFA als »associated member« in die Kontinentalföderation CONCACAF aufgenommen, der man seit 1976 als vollwertiges Mitglied angehört. Im selben Jahr wurde die GFA auch Mitglied der FIFA.

Die Entwicklung schritt jedoch nur mühsam voran. Bei ihrem Debüt im März 1980 musste sich die »Spice Boyz« genannte Nationalmannschaft der Gewürzinsel im Rahmen der WM-82-Qualifikation Guyana mit 2:5 geschlagen geben. Drei Jahre später nahm eine grenadische Landesmeisterschaft den Spielbetrieb auf, deren Ergebnisse zunächst nur lückenhaft dokumentiert sind. Dominierendes Team der Anfangsjahre war der in der Hauptstadt St. George's ansässige Queen's Park Rangers FC, zu dessen Leistungsträgern in den 1980er Jahren Tyrone Harbin, Royston La Hee, Alston George und Roy Ferguson zählten.

■ **WIE NAHEZU ALLE KARIBIKSTAATEN** hat auch Grenada diverse Fußballer hervorgebracht, die sich im britischen Profifußball bewährten. Brendon Batson zählte in den 1970er Jahren bei West Bromwich Albion gemeinsam mit dem aus Französisch-Guyana stammenden Cyrille Regis sogar zur ersten Generation karibischer Fußballer im modernen englischen Profifußball. Nach der Millenniumswende erwarb sich Jason Roberts in Wigan sowie Blackburn Anerkennung. Seine Auftritte in der grenadischen Nationalauswahl sind aufgrund von Reiseproblemen allerdings rar, so dass Erfolge wie das 5:0 über Guyana in der WM-2006-Qualifikation oder das 2:2 gegen Costa Rica in der Ausscheidung für das Turnier 2010 die Ausnahme darstellen. 2005 lieferten die »Spice Boyz« den USA beim 2:3 in St. George's ein unvergessenes Duell.

2000 feierte Grenada bei seinem Debüt in der Karibikmeisterschaft einen 14:1-Rekordsieg über Anguilla und verpasste nur knapp den Einzug in die zweite Runde. Jener gelang 2005 mit einem 2:2 gegen Suriname und einem 5:2 über Puerto Rico zum ersten und bislang auch einzigen Mal. 1989 war Grenada bei der damals noch inoffiziellen Karibikmeisterschaft allerdings bis ins Finale vorgedrungen und hatte sich Trinidad und Tobago mit 1:2 geschlagen geben müssen.

Als FIFA-Präsident Blatter im Rahmen des verbandsinternen Wahlkampfs 2001 die kleine Karibikinsel besuchte, versprach er dem Nationalverband die Aufnahme in das »Goal«-Hilfsprogramm. Daraufhin entstanden in St. George's zwei Spielfelder sowie ein Schulungs- und Übernachtungsgebäude, die helfen sollten, die Basis des Fußballs auf Grenada zu erweitern und zu stärken. Gegenwärtig kicken 32 Vereine in drei Spielklassen. Das auf reiner Amateurbasis betriebene Spiel weist die Strukturen eines Hobbysports auf. Es fehlt vor allem an geeigneten Spielfeldern, und auf internationaler Ebene sind grenadische Teams in der Regel chancenlos – vor allem finanziell: Fontenoy United schied sowohl 2003 als auch 2006 kampflos aus der Kontinentalmeisterschaft aus.

National dominieren der Carib Hurricans FC, Traditionsklub Queen's Park Rangers sowie ASOMS Paradise den Spielbetrieb. Bei Letzter handelt es sich um das Team der in der Stadt Paradise ansässigen »Andall School of Modern Soccer« (ASOMS).

Wie eingangs erwähnt, wird Grenada immer wieder von Naturkatastrophen heimgesucht. Davon bleibt natürlich auch der Fußball nicht verschont. 2004 musste die Landesmeisterschaft aufgrund der Zerstörungen durch den Hurrikan Ivan sogar abgebrochen werden – wobei seinerzeit ausgerechnet die Carib Hurricans die Tabelle anführten...

Jahr	Meister	Pokal
1983-95	unbekannt	
1996	Barba Super Stars	
1997	Seven Seas Rock City	
1998	Fontenoy United	
1999	St. Andrews F. L. Grenville	A. Queen's Park Rangers
2000	Mutual Life St. George's	Carib Hurricans FC
2001	Mutual Life St. George's	Carib Hurricans FC
2002	A. Queens Park Rangers	
2003	Carib Hurricans FC	Carib Hurricans FC
2004	nicht beendet	Police SC
2005	ASOMS Paradise	St. John's Sports
2006	Carib Hurricans FC	unbekannt
2007	ASOMS Paradise	Fontenoy United
2008	Carib Hurricans FC	

Außenseiter
Guadeloupe

Thierry Henry, William Gallas, Lilian Thuram, Sylvain Wiltord, Louis Saha, Pascal Chimbonda und Mikaël Silvestre haben zwei Dinge gemeinsam: Sie erreichten 2006 mit der Nationalmannschaft Frankreichs das WM-Finale in Deutschland – und sie stammen aus dem französischen Überseedepartement Guadeloupe. Das ist ganze 1.700 km² groß, besteht aus zwei großen und einer Handvoll kleiner Inseln – und stellte dennoch fast ein Drittel des französischen WM-Kaders von 2006!

Die Inselgruppe in den Antillen steuert aber nicht erst seit 2006 personell zum Fußballerfolg Frankreichs bei. Bereits in den 1950er Jahren streifte sich mit Xercès Louis ein Spieler aus Guadeloupe die Kluft der Équipe tricolore über, in der 1982 mit Marius Trésor und 1992 sowie 1996 mit Jocelyn Angloma zwei weitere Guadelouper an Welt- bzw. Europameisterschaften teilnahmen. »Ils sont nos Brésiliens«, schwärmte das Fachblatt »France Football« in den 1980er Jahren über die Ballkünste der guadeloupischen Fußballer – »sie sind unsere Brasilianer«.

■ **GUADELOUPE WURDE** 1493 von Christoph Colombus entdeckt und wechselte mehrfach zwischen britischer und französischer Führung, ehe es 1816 dauerhaft Teil des französischen Kolonialimperiums wurde. Die damalige Ansiedlung zur Zwangsarbeit auf den Plantagen eingesetzter afrikanischer Sklaven veränderte die Bevölkerungsstruktur nachhaltig. Heute dominieren die Nachfahren der Sklaven bzw. in den Antillen geborene Kreolen das Straßenbild.

1946 wandelte Frankreich die Kolonie in ein Überseedepartement (DOM, Département d'Outre-Mer) um, das sämtliche Rechte eines französischen Festlanddepartements genießt. Den Großteil Guadeloupes bilden die durch das Flüsschen Salée voneinander getrennten Inseln Basse-Terre und Grande-Terre. Hinzu kommen fünf weitere Dépendances, darunter das im Fußball auf eigenen Pfaden wandelnde Saint-Martin. 2003 zählte man landesweit etwa 440.000 Einwohner, von denen rund 21.000 in der auf Grande-Terre gelegenen Hauptstadt Pointe-à-Pitre lebten. In Frankreich werden weitere rund 100.000 Menschen guadeloupischer Abstammung geschätzt.

Fußball gespielt wird auf Guadeloupe seit der Jahrhundertwende. Ausländische Seemänner, französische Zivilangestellte sowie Einheimische, die das Spiel in Europa kennengelernt hatten, sorgten seinerzeit für die Einführung. 1917 entstand mit der Solidarité Scolaire Pointe-à-Pitre der älteste Klub des Landes. Der mit einer renommierten Bildungseinrichtung verbundene Klub fungiert seit Jahrzehnten als nationales Fußball-Ausbildungszentrum. Aus dem Jahr 1934 ist das erste »Länderspiel« Guadeloupes überliefert. Seinerzeit unterlagen die heimischen »Gwada Boys« der Auswahl des ebenfalls zu Frankreich gehörenden Martinique mit 0:6. 1939 entstand ein Nationalverband, der umgehend der französischen Federation beitrat.

Jocelyn Angloma

■ **ORGANISIERTER SPORT** blieb bis nach dem Zweiten Weltkrieg auf die französischen Kolonialisten beschränkt. Erst mit Guadeloupes Umwandlung in ein »Département d'Outre-mer« setzte der Aufbau nationaler Sportstrukturen ein. 1964 konnte die Ligue Guadeloupéenne de Football sogar der CONCACAF beitreten, wird von jener aber aufgrund der unveränderten politischen Abhängigkeit Guadeloupes von Frankreich nicht als vollwertiges, sondern lediglich als »associated member« geführt. Auch dem seit langem angestrebten Beitritt zum Weltfußballverband FIFA steht Paris' hartnäckiges Festhalten an der Antilleninsel entgegen – sehr zum Ärger der engagierten Unabhängigkeitsbewegung Guadeloupes. Dessen Fußball zahlt einen hohen Preis dafür, denn weil man an Wettbewerben wie der WM-Qualifikation nicht teilnehmen kann, votieren die heimischen Talente nahezu ausschließlich für eine Karriere im französischen Nationalteam.

Eine mit den eingangs erwähnten Spielern bestückte Auswahl würde zweifelsohne zu den stärksten Teams in Nordamerika zählen. Doch selbst ohne seine Weltstars ist Guadeloupe zumindest in der Karibik ein ernstzunehmender Gegner. 2007 erreichte die Landesauswahl über Haiti, Kanada und Honduras sogar das Halbfinale in der Kontinentalmeisterschaft Gold Cup, das gegen Mexiko unglücklich mit 0:1 verloren ging. Guadeloupes Erfolgself setzte sich überwiegend aus in Europa aktiven Legionären zusammen. Torsteher Franck Grandel und Angreifer Loïc Loval standen in Utrecht unter Vertrag, Verteidiger David Sommeil kickte in Valenciennes und Michael Tacalfred, Aurélien Capoue sowie Richard Socrier bei französischen Zweitligisten. Mit Jocelyn Angloma läuft seit der Millenniumswende zudem ein langjähriges Mitglied der französischen Erfolgself für seine Heimatinsel bzw. den Spitzenklub Etoile Morne-à-l'Eau auf.

■ **GUADELOUPES NATIONALLIGA** erblickte den vorliegenden Aufzeichnungen zufolge 1951 das Licht der Welt. Zeitzeugen erinnern sich, dass das Stade Gallodrome in Pointe-à-Pitre in den 1960er Jahren regelmäßig prall gefüllt war, wenn die Spitzenteams die Kräfte maßen. Basse-Terre und Grande-Terre gelten als nationale Fußball-Hochburgen. Das etwas größere Basse-Terre stellt mit Solidarité Scolaire Pointe-à-Pitre sowie dem Racing Club Basse-Terre zwei der erfolgreichsten Klubs des Landes, während auf Grande-Terre Juventus Sainte-Anne und Etoile Morne-à-l'Eau dominieren. Der kleinere Nachbar Marie Galente weist mit der JS Capesterre und Cygne Noir zwei erfolgreiche Mannschaften auf. Die abseits gelegene Mini-Insel La Désirable steuerte unterdessen mit Thierry Henry einen Weltklassefußballer bei. Henrys Mutter stammt allerdings aus Martinique, das dementsprechend ebenfalls Ansprüche auf den Welttorjäger des Jahres 2003 stellt.

Seit 1984 nehmen guadeloupische Teams auch an den Vereinswettbewerben der CONCACAF teil. Der größte Erfolg gelang 1995 dem CS Moulien, der seinerzeit die Finalrunde erreichte. Bereits 1987 war es Etoile Morne-à-l'Eau gelungen, den jamaikanischen Spitzenklub Harbour View im Elfmeterschießen auszuschalten. Darüber hinaus ist das französische Departement berechtigt, einen Teilnehmer am Coupe de France zu stellen. Seit 1962 trafen einheimische Teams dadurch auf Mannschaften wie AJ Ajaccio, FC Grenoble, Racing Paris, AS Saint-Etienne und SÉC Bastia. La Gauloise (1978/79) sowie CS Moulien (1980/81) überstanden jeweils immerhin eine Runde, während Cygne Noir de Marie-Galante 1982 dem FC Grenoble erst im Elfmeterschießen unterlag.

Seit einigen Jahren bemühen sich guadeloupische Funktionäre gemeinsam mit denen Martiniques um die Einrichtung einer großräumigen und grenzüberschreitenden Meisterschaftsrunde (»Ligue Antilles-Guyane«), die das Niveau in den beteiligten Ländern heben soll. Perspektivisch sollen daran auch die Topteams von Französisch-Guyana, St. Lucia und Dominca teilnehmen.

Jahr	Meister	Pokal
1942	-	Racing Basse-Terre
1943	-	nicht beendet
1944-45	-	nicht ausgespielt
1946	-	La Gauloise Basse-Terre
1947	-	Cygne Noir Marie-G.
1948	-	CS Moulien Le Moule
1949	-	nicht ausgespielt
1950	-	Red Star
1951	unbekannt	Racing Basse-Terre
1952	unbekannt	Racing Basse-Terre
1953	unbekannt	nicht ausgespielt
1953/54	Arsenal Petit-Bourg	CS Moulien Le Moule
1955	unbekannt	Juventus Sainte-Anne
1956	unbekannt	Red Star
1957	unbekannt	CS Capesterre M.-Gal.
1958	unbekannt	Juventus Sainte-Anne
1959	unbekannt	Racing Basse-Terre
1960	unbekannt	Red Star
1961	unbekannt	Redoutable
1962	unbekannt	CS Capesterre M.-Gal.
1963	Cygne Noir Marie-Galante	Solidarité Scolaire
1964	unbekannt	Juventus Sainte-Anne
1965-66	unbekannt	nicht ausgespielt
1966/67	Juventus Sainte-Anne	nicht ausgespielt
1967/68	Racing Basse-Terre	Juventus Sainte-Anne
1968/69	Juventus Sainte-Anne	Juventus Sainte-Anne
1969/70	Red Star	S. Port-Louis
1970/71	La Gauloise Basse-Terre	Juventus Sainte-Anne
1971/72	Cygne Noir Marie-G.	CS Moulien Le Moule
1972/73	Juventus Sainte-Anne	Solidarité Scolaire
1973/74	Juventus Sainte-Anne	CS Moulien Le Moule
1974/75	Juventus Sainte-Anne	Juventus Sainte-Anne
1975/76	Juventus Sainte-Anne	Juventus Sainte-Anne
1976/77	unbekannt	Etoile Morne-à-l'Eau
1977/78	La Gauloise Basse-Terre	Juventus Sainte-Anne
1978/79	Juventus Sainte-Anne	Etoile Morne-à-l'Eau
1979/80	Etoile Morne-à-l'Eau	JS Capesterre M.-Gal.
1980/81	Etoile Morne-à-l'Eau	Jeunesse Trois-Rivières
1981/82	Etoile Morne-à-l'Eau	CS Capesterre
1982/83	unbekannt	Cygne Noir Marie-G.
1983/84	JS Capesterre M.-Gal.	Etoile Morne-à-l'Eau
1984/85	CS Moulien Le Moule	Etoile Morne-à-l'Eau
1986	unbekannt	Solidarioté Scolaire
1987	unbekannt	SIROCO
1987/88	Solidarité Scolaire P-à-P.	US Baie-Mahault
1988/89	Zénith Morne-à-l'Eau	Zénith Morne-à-l'Eau
1989/90	Solidarité Scolaire P-à-P.	
1990/91	Solidarité Scolaire P-à-P.	Racing Basse-Terre
1991/92	Solidarité Scolaire P-à-P.	Solidarité Scolaire
1992/93	Solidarité Scolaire P-à-P.	Solidarité Scolaire
1993/94	Jeunesse Trois-Rivières	
1994/95		Arsenal Petit-Bourg
1995/96	Etoile Morne-à-l'Eau	
1996/97	Etoile Morne-à-l'Eau	
1997/98	Etoile Morne-à-l'Eau	
1998/99	Racing Basse-Terre	AJCS Tesse-de-Haut
1999/00	Juventus Sainte-Anne	AS Gosier
2000/01	Etoile Morne-à-l'Eau	Racing Basse-Terre
2001/02	Etoile Morne-à-l'Eau	Etoile Morne-à-l'Eau
2002/03	Phare Petit-Canal	
2003/04	Racing Basse-Terre	Racing Basse-Terre
2004/05	AS Gosier	Rapid Club
2005/06	JS Vieux-Habitants	Amical Club
2006/07	Etoile Morne-à-l'Eau	La Gauloise Basse-Terre
2007/08	Evolucas Lamentin	CS Moulien Le Moule

GUATEMALA

Gibt es Hoffnung für das Paradies?

Guatemalas Fußball leidet seit langem unter den politischen Turbulenzen im Land

Federación Nacional de Fútbol de Guatemala

Nationaler Fußballbund von Guatemala | gegründet: 1919 | Beitritt FIFA: 1946 | Beitritt CONCACAF: 1961 | Spielkleidung: blaues Trikot, weiße Hose, blaue Stutzen | Saison: September - Mai | Spieler/Profis: 2.006.649/600 | Vereine/Mannschaften: 138/225 | Anschrift: 2a. Calle 15-57, Zona 15, Boulevard Vista Hermosa, Guatemala City 01015 | Tel: +502-24227777 | Fax: +502-24227780 | www.fedefut.org | E-Mail: info@fedefutgate.com

Guatemala wurde einst als Ort bezeichnet, »der dem Paradies am nächsten steht«. Die paradiesischen Zeiten sind jedoch lange vorbei. Zwar besticht Guatemala noch immer durch außergewöhnliche Naturschönheiten und einem lebendigen Maya-Erbe, der Alltag in dem zu den ärmsten Ländern der Welt zählenden Staat hat jedoch schon lange nichts Himmlisches mehr. Als 1996 nach über 36 Jahren Bürgerkrieg endlich ein Friedensvertrag unterzeichnet werden konnte, fiel die Bilanz verheerend aus: Guatemalas Wirtschaft befand sich im Würgegriff globaler Konzerne, das soziale Gefälle war enorm, die Politik wurde vom Militär dominiert und auf den Straßen herrschten Banden, die sich die Städte in »Einflussgebiete« aufgeteilt hatten. Heute ist Guatemala das Land Lateinamerikas mit der größten Schere zwischen Arm und Reich, mündet die wachsende Kluft zwischen Habenichtsen und Besitzenden immer häufiger in Gewalt. Mit 31 Prozent weist man zudem die höchste Analphabetenrate Lateinamerikas auf.

■ **FUSSBALL ZÄHLT ZU** den wenigen Hoffnungsträgern der Guatemalteken und ist einer der verlässlichsten sozialen Anker des Landes. Gleichwohl bleibt auch eine nähere Betrachtung der nationalen Balltretergeschichte nicht ohne schalen Beigeschmack. Das gilt nicht zuletzt in sportlicher Hinsicht, denn obwohl das größte und bevölkerungsreichste Land Zentralamerikas zu den Fußballwiegen der Region zählt, ist es ihm bislang noch nicht gelungen, sich für ein WM-Endturnier zu qualifizieren. Selbst das wesentlich kleinere El Salvador durfte seine Künste bereits zweimal auf der Fußballweltbühne präsentieren, und das politisch wie wirtschaftlich ungleich verlässlichere Costa Rica reiste 2006 immerhin schon zum dritten Mal zum Endturnier.

Das wie ein gigantisches Puzzlestück geformte Guatemala blickt auf eine turbulente Geschichte zurück. Ab 1524 von Spanien kolonialisiert, gehörte es für rund drei Jahrhunderte zum Vizekönigreich von Neu-Spanien (heute Mexiko), ehe es 1821 gemeinsam mit El Salvador, Costa Rica, Honduras und Nicaragua den Zentralamerikanischen Bundesstaat gründete. Nach dessen Zusammenbruch entstand 1838 die Republik Guatemala.

Jene ist seitdem nur selten zur Ruhe gekommen. Neben diversen Naturkatastrophen (vor allem Erdbeben und Hurrikane) haben tief verankerte politische Probleme für viel Leid gesorgt. Ursache ist eine absurde Landverteilung, durch die eine schmale (und häufig ausländische) Oberschicht über weit mehr als die Hälfte der landwirtschaftlichen Nutzfläche verfügt, während mehr als 56 Prozent der landlosen Guatemalteken in Armut lebt.

■ **ALS DER FUSSBALL IM** ausklingenden 19. Jahrhundert Zentralamerika erreichte, stand Guatemala unter der Knute des als korrupt geltenden Diktators Manuel Estrada Cabrera. Mit Unterstützung des Militärs hatte Cabrera das rückständige Land zwar durch den Bau von Straßen, Eisenbahnen und Nachrichtenverbindungen spürbar modernisiert, zugleich aber die politischen Rechte der Einwohner erheblich beschnitten. Weite Teile der Landbevölkerung wurden seinerzeit in abhängige Beschäftigungen auf von ausländischen Konsortien wie der US-amerikanischen »United Fruit« dominierten Plantagen gezwungen.

In Sachen Fußball gaben zunächst ebenfalls Ausländer den Ton an – darunter eine

República de Guatemala

Republik Guatemala | Fläche: 108.889 km² | Einwohner: 12.295.000 (113 je km²) | Amtssprache: Spanisch | Hauptstadt: Ciudad de Guatemala (Guatemala-Stadt, 942.348) | Weitere Städte: Mixco (403.689), Villa Nueva (355.901), San Juan Sacatepéquez (152.583), San Pedro Carchá (1458.344), Cobán (144.461) | Währung: 1 Quetzal = 100 Centavos | Bruttosozialprodukt: 2.190 $/Kopf | Zeitzone: MEZ -7h | Länderkürzel: GT | FIFA-Kürzel: GUA | Telefon-Vorwahl: +502

Jahr	Meister	Pokal
1904		Olympic C.d.G.
1905/06		Olympic C.d.G.
1906-10		-
1911a		Gay C. de Guatemala
1911b		Michigan C.d.G.
1913		Guatemala FC C.d.G.
1914		Guatemala FC C.d.G.
1915		-
1916		Ohio C.d.G.
1917		Allies C.d.G.
1918-30	19: Allies, 20: Hércules	
1931	Pensativo de Antigua	
1935	Pensativo de Antigua	
1936	Cibeles	
1937	Imperial de Cobán	
1938	Tipografia Nacional C.d.G.	
1939	Municipal Retalhuleu	
1940	Tipografia Nacional C.d.G.	
1941	Guatemala FC C.d.G.	
1942/43	Municipal C.d.G.	
1943	Tipografia Nacional C.d.G.	
1944/45	Tipografia Nac. C.d.G.	Real Hospicio C.d.G.
1947	Municipal C.d.G.	
1950/51	Municipal C.d.G.	
1951/52		Comunicaciones C.d.G.
1952/53	Tipografia Nac. C.d.G.	
1954/55	Municipal C.d.G.	Comunicaciones C.d.G.
1956	Comunicaciones C.d.G.	IRCA
1957/58	Comunicaciones C.d.G.	Aurora C.d.G.
1959/60	Comunicaciones C.d.G.	Municipal C.d.G.
1961/62	Xelajú MC Quetzalt.	
1963/64	Municipal C.d.G.	
1964	Aurora C.d.G.	
1965/66	Municipal C.d.G.	
1966	Aurora C.d.G.	
1967/68	Aurora C.d.G.	Municipal C.d.G.
1968/69	Comunicaciones C.d.G.	
1969/70	Municipal C.d.G.	
1970/71	Comunicaciones C.d.G.	
1971	Comunicaciones C.d.G.	
1972	Comunicaciones C.d.G.	
1973	Municipal C.d.G.	Xelajú MC Quetzalt.
1974	Municipal C.d.G.	
1975	Aurora C.d.G.	
1976	Municipal C.d.G.	
1977	Comunicaciones C.d.G.	
1978	Aurora C.d.G.	
1979/80	Comunicaciones C.d.G.	
1980	Xelajú MC Quetzalt.	
1981	Comunicaciones C.d.G.	
1982	Comunicaciones C.d.G.	
1983	CD Suchitepéquez	Comunicaciones C.d.G.
1984	Aurora C.d.G.	Comunicaciones C.d.G.
1985/86	Comunicaciones C.d.G.	
1986	Aurora C.d.G.	
1987	Municipal C.d.G.	
1988/89	Municipal C.d.G.	
1989/90	Municipal C.d.G.	
1990/91	Comunicaciones C.d.G.	
1991/92	Municipal C.d.G.	Comunicaciones C.d.G.
1992/93	Aurora C.d.G.	Aurora C.d.G.
1993/94	Municipal C.d.G.	Suchitepéquez
1994/95	Comunicaciones C.d.G.	Municipal C.d.G.
1995/96	Xelajú MC Quetzalt.	Municipal C.d.G.
1996/97	Comunicaciones C.d.G.	Amatitlán
1997/98	Comunicaciones C.d.G.	Suchitepéquez
1998/99	Comunicaciones C.d.G.	Municipal C.d.G.
1999/00/A	Comunicac. C.d.G.	-
1999/C	Municipal C.d.G.	-
2000/01/A	Municipal C.d.G.	
2000/01/C	Comunicac. C.d.G.	
2001/02/A	Municipal C.d.G.	Deportivo Jalapa
2001/02/C	Municipal C.d.G.	
2002/03/A	Comunicac. C.d.G.	Municipal C.d.G.
2002/03/C	Comunicac. C.d.G.	
2003/04/A	Municipal C.d.G.	Municipal C.d.G.
2003/04/C	Imperial de Cobán	
2004/05/A	Municipal C.d.G.	Deportivo Jalapa
2004/05C	Municipal C.d.G.	
2005/06/A	Municipal C.d.G.	Deportivo Jalapa
2005/06/C	Municipal C.d.G.	
2006/07/A	Municipal C.d.G.	
2006/07/C	Xelajú MC Quetzalt.	
2007/08/A	Deportivo Jalapa	
2007/08/C	Municipal C.d.G.	

C.d.G. = Ciudad de Guatemala/Guatemala-Stadt

Gruppe deutscher Einwanderer, die im zentralguatemaltekischen Cobán eine neue Heimat gefunden hatte. Die Wiege des guatemaltekischen Fußballs steht allerdings in der Hauptstadt Ciudad de Guatemala. Dort machte sich neben den Zuzüglern aus Europa vor allem das einheimische Brüderpaar Jorge und Carlos Aguirre Matheu um den Fußball verdient. Die Aguirre-Brüder hatten das Spiel während ihres Studiums am englischen St. George's College kennengelernt und riefen am 23. August 1901 mit dem Guatemala FC den ersten Fußballklub des Landes ins Leben.

Nachdem drei weitere Klubs entstanden waren, konnte 1904 erstmals um einen etwas großspurig »Copa Centroamerica« genannten Pokal gestritten werden, der an den von Carlos Águirre angeführten Olympic FC ging. In den Folgejahren etablierte sich der Fußball auch in Provinzstädten wie Escuintla, Quiché, Huehuetenango und Quetzaltenango.

Als Guatemala 1917 bei einem schweren Erdbeben großen Schaden nahm, geriet das Land in politische Turbulenzen. Die US-amerikanische »United Fruit« nutzte die politische Schwäche und rückte in eine die Landespolitik beherrschende Position. Vom Volksmund wurde das Konsortium seinerzeit »el Pulpo« (»die Krake«) getauft.

■ **DER HAUPTSTÄDTISCHEN FUSSBALLGEMEIN-DE** gelang es unterdessen 1919, die anfänglich vier Teams umfassende »Liga Capitalina de Fútbol« ins Leben zu rufen. Zugleich kam es zur Einführung einer nationalen Endrunde zwischen den Regionalmeistern. Erster Sieger wurde der hauptstädtische Klub Hércules, der die Auswahl Quetzaltenangos mit 1:0 bezwang. Die Hércules-Spieler hatten sich seinerzeit auf den Rücken von Eseln auf die lange und beschwerliche Reise in den Spielort Quetzaltenango begeben.

International zählte Guatemala zu den Trendsettern in Zentralamerika. Nachdem 1919 der Nationalverband Federación Nacional de Fútbol de Guatemala ins Leben gerufen worden war, debütierte im September 1921 die »La Azul y Blanco« (»die Blau-Weißen«) genannte Landesauswahl bei einem Turnier aus Anlass der 100. Wiederkehr der Befreiung Zentralamerikas aus der Kolonialherrschaft Spaniens. Mit einem 9:0 über Honduras verbuchte sie sogleich ihren bis heute höchsten Sieg. Dem Weltverband FIFA trat das Land allerdings erst 1933 bei.

Auf nationaler Ebene konnte 1931 mit der Einführung des »Campeonato de la República« ein weiterer Meilenstein gesetzt werden. Erster Sieger des über die Hauptstadtgrenzen hinausgehenden Wettbewerbes wurde die Elf von Pensativo de Antigua Guatemala.

■ **POLITISCH WAR GUATEMALA** unterdessen in schwere Turbulenzen geraten. 1931 hatte General Jorge Ubico die Macht übernommen und die Wirtschaftspolitik des Landes vollends auf die Interessen der US-Firmen bzw.

TEAMS | MYTHEN

■ **AURORA FC CIUDAD DE GUATEMALA**

Mit der guatemaltekischen Armee verbundener Klub, der in der Hauptstadt Guatemala-City ansässig ist. 1945 als Aurora de la Guardia de Honor gegründet, nennt man sich seit 1952 schlicht Aurora Fútbol Club. Mit acht Meisterschaften sind die Schwarz-Gelben die Nummer drei im Lande. Aufgrund der Nähe zum Militär ist das Team allerdings nicht sonderlich populär. Aurora (»Morgenröte«) wurde 1947 in die Nationalliga aufgenommen und verlebte seine erfolgreichste Epoche in den 1960er Jahren, als man unter dem uruguayischen Trainer Rubén Amorín dreimal binnen vier Jahren Meister wurde. Herausragender Akteur war seinerzeit Jorge »El Grillo« Roldán, der mit 111 Toren bis heute Torschützenkönig des Klubs ist. Vier weitere Meisterschaften konnten in den 1970er und 1980er Jahren errungen werden, als Spieler wie Torjäger Selvin Pennant und Verteidiger Victor Hugo Monzón das Spiel der Schwarz-Gelben prägten. Nach seinem achten und bislang letzten Titel 1993 geriet der Armeeklub in eine schwere Krise und musste 2005 nach 58 Erstligajahren sogar aus dem Oberhaus absteigen. [14.4.1945 | Estadio Del Ejército (13.000) | 8]

■ **COMUNICACIONES CIUDAD DE GUATEMALA**

Mit 21 Landesmeisterschaften der nach dem Lokalrivalen Municipal erfolgreichste Verein des Landes. Der Club Social y Deportivo Comunicaciones wird aufgrund seiner cremefarbenen Spielkleidung, die man seinem mexikanischen Vorbild CF América abgeguckt hat, auch »Los Cremas« genannt. Die Wurzeln des Klubs reichen zurück bis in das Jahr 1939, als Don Jorge Micheo den Verein Real Hospicio ins Leben rief, der 1945 Pokalsieger wurde. 1947 in España FC umbenannt, ging er 1949 im vom Direktor des nationalen Kommunikationsministeriums angeführten CSD Comunicaciones auf. Neben den vielen nationalen Titeln errang der im Nationalstadion Mateo Flores ansässige Klub auch international Meriten. Der größte Erfolg – Gewinn der Kontinentalmeisterschaft 1978 – wurde allerdings am grünen Tisch errungen, weil die kontinentale Endrunde aus organisatorischen Gründen entfiel. Nach der Millenniumswende gerieten die auf eine landesweite Fanbasis bauenden »Cremas« in erhebliche wirtschaftliche Schwierigkeiten. Erst die Bildung einer Auffanggesellschaft, die von den Enkelkindern des Klubgründers Raul Garcia-Granados ins Leben gerufen worden war, sorgte für die Rettung. Sportlich ist der Lokalrivale Municipal gegenwärtig allerdings ein wenig enteilt. Seit 2000 errang Comunicaciones lediglich vier Meisterschaften – zuletzt in der Clausura-Saison 2003. [1939 (1949) | Estadio Mateo Flores (30.000) | 21]

■ **MUNICIPAL CIUDAD DE GUATEMALA**

Guatemalas Rekordmeister wurde 1936 von Arbeitern der hauptstädtischen Ayuntamiento (»Rathaus«) gegründet und verpasste schon 1938 nur knapp seine erste Meisterschaft. 1942/43 ging der Klub als Sieger der neugeschaffenen Nationalliga durchs Ziel. Insgesamt errangen »Los Rojos« (»die Roten«) seitdem 25 nationale Meisterschaften und holten 1974 als erste guatemaltekische Elf auch die Kontinentalmeisterschaft ins Land (2:1 bzw. 2:1 in den Endspielen gegen Transvaal Paramaribo aus Suriname). Die »Diablos Rojos« (»Roten Teufel«) bzw. »Máquina Escarlata« (»Scharlachrote Maschine«) gelten als populärste Elf Guatemalas und werden dementsprechend »el equipo del pueblo« (»Mannschaft des Volkes«) genannt. Das »el clasico« genannte Derby gegen den Erzrivalen Comunicaciones zählt zu den Höhepunkten der guatemaltekischen Fußballsaison und garantiert für volle Ränge im von beiden Teams genutzten Nationalstadion »Mateo Flores«. Unter dem zu den Vereinsgründern zählenden Trainer Manuel F. Carrera dominierte Municipal schon in den 1940er Jahren die Landesmeisterschaft. Herausragender Akteur war seinerzeit der charismatische Stürmer Carlos »Pepino« Toledo, der insgesamt 129 Tore für »los Rojos« erzielte. Nach dem Aufkommen von Comunicaciones wurden die Erfolge etwas spärlicher, und erst unter dem Uruguayer Rubén Amorín vermochte Municipal in den 1970er Jahren in die Erfolgsspur zurückzukehren. 1973 und 1974 gelangen erstmals zwei Meisterschaften in Folge, ehe der Klub 1974 mit dem Gewinn der Kontinentalmeisterschaft auch international wieder zum Aushängeschild avancierte. Im Finale um die Copa Interamericana unterlag Municipal seinerzeit unglücklich dem Südamerikameister Independiente Buenos Aires. Die damalige Erfolgself um Verteidiger Alberto López Oliva, das Mittelfeldduo Benjamín Monterroso-Emilio Mitrovich sowie Torjäger Julio César Anderson nimmt bis heute eine herausragende Rolle in der Klubgeschichte ein. Ende der 1970er Jahre geriet Municipal erneut in eine Krise und konnte 1981 nur knapp den Abstieg aus der Nationalliga vermeiden. Erst dem argentinischen Trainer Miguel Angel Brindisi gelang es 1987, Municipal nach elf erfolglosen Jahren wieder zur Meisterschaft zu führen. Anschließend verpassten »los Rojos« nur knapp einen weiteren internationalen Erfolg, als sie 1993 beim in Guatemala-Stadt durchgeführten Endturnier um die kontinentale Klubmeisterschaft Deportivo Saprissa aus Costa Rica nur aufgrund des schlechteren Torverhältnisses unterlagen. 2006 sicherte sich das von Torjäger Juan Carlos Plata angeführte Team im Endspiel gegen Clausura-Sieger Deportivo Marquense seinen 25. Meistertitel. Municipals farbenfrohes Klubwappen basiert auf dem Stadtlogo von Guatemala, das wiederum auf Symbole der Stadt Santiago de los Caballeros de Guatemala zurückgreift, die den heiligen Santiago (Saint James) zeigt. [17.5.1936 | Estadio Mateo Flores (30.000) | 26 | 7]

■ **TIP-NAC CIUDAD DE GUATEMALA**
Fünffacher Landesmeister, dessen große Ära die 1940er Jahre waren, als man mit Stadtrivale Municipal den nationalen Fußball beherrschte. Der Aufstieg des mit der Staatsdruckerei Tipografia Nacional (»Tip-Nac«) verbundenen Klubs begann 1928, als die Elf um den costaricanischen Torjäger Roberto »Tico« Calderón und Torhüter Gustavo »Sharkey« Asturias erstmals Stadtmeister wurde. Nach seinem Titel von 1952 wurde der Club de Fútbol »Tip-Nac« allmählich ins Abseits verdrängt und stieg 1982 aus der Nationalliga bzw. 2006 aus der 2. Liga ab. [1924 | 5]

■ **XELAJÚ MC QUETZALTENANGO** Der

mit vier Meisterschaften erfolgreichste guatemaltekische Provinzklub heißt mit vollem Namen Club Social y Deportivo Xelajú Mario Camposeco und ist in der 140.000-Einwohner-Stadt Quetzaltenango ansässig. Die einstige Hochburg des Kaffeeanbaus fungiert heute als quirliger Verkehrsknotenpunkt zwischen Guatemala und Mexiko. Obwohl die Klubgründung offiziell erst 1928 erfolgte, reichen die Wurzeln der »Los Superchivos« (»Die Superziegen«) bis ins Jahr 1912 zurück, als deutsche Siedler den Klub Alemán gründeten. 1928 entstand der AD Independiente de Xelajú. Xelajú ist eine populäre Abkürzung des Stadtnamens Quetzaltenango. Angeführt von Klub-Mitgründer Mario Camposeco dominierten die Rot-Blauen seinerzeit den Fußball im Westen Guatemalas und zählten 1942 zu den Mitgründern des »Campeonato de Liga«. Nachdem Camposeco 1951 bei einem Flugzeugabsturz ums Leben gekommen war, ehrte man ihn mit der Aufnahme seines Namens in die Vereinsbezeichnung (»MC«) sowie der Umbennung des lokalen Stadions. 1962 errang Xelajú seine erste Landesmeisterschaft, der 1980 die zweite und 1996 die dritte folgte. Seinen bislang letzten Titel errang man in der Clausura-Saison 2007, als die Rot-Blauen im Halbfinale den Rekordmeister Municipal ausschalteten und im Finale auch Deportivo Marquense bezwangen. [1928 | Estadio Mario Camposeco (13.500) | 4]

Jubel bei den »Cremas« von Comunicaciones (links) und den »Diablos Rojos« von Municipal – die beiden Hauptstadtklubs dominieren seit langem den guatemaltekischen Fußball.

der nationalen Oberschicht ausgerichtet. Unter dem wegen seines herrischen Gehabes auch »Napoleon der Tropen« genannten Militärchef wurde Guatemalas Fußball einer tiefgreifenden Umwälzung unterzogen. An die Stelle der privat geführten Vereine rückten nun kommunale Betriebs- und Behördenmannschaften, die dem guatemaltekischen Fußball an sozialistische Staaten erinnernde Strukturen verschafften. Federführend war fortan das staatliche Departamento de Educación Física y Deporta.

Zum erfolgreichsten Team avancierte der 1936 von städtischen Arbeitern gegründete Hauptstadtklub Deportivo Municipal, der 1942/43 auch Sieger des erstmals ausgespielten landesweiten Campeonato de Liga wurde. Nachdem anfänglich vor allem das »Tip-Nac« genannte Team der Tipografia Nacional (Staatsdruckerei) noch Erfolge erzielen konnte, etablierte sich ab 1949 zunehmend der dem Kommunikationsministerium unterstellte CSD Comunicaciones als Municipal-Rivale. 1956 erklommen die aufgrund ihrer Trikotfarbe »Los Cremas« genannten Kommunikationsfachleute erstmals den nationalen Meisterthron. Mit 25 (Municipal) bzw. 21 (Comunicaciones) Titeln haben die beiden Mannschaften den nationalen Fußball seitdem quasi im Alleingang dominiert.

Nationale Nummer drei ist die Militärmannschaft des Aurora FC, die Achtmal Landesmeister wurde. Ihre Gründung im April 1945 fiel mit abermaligen politischen Umwälzungen zusammen. 1944 war General Ubico von reformorientierten Offizieren gestürzt worden, die Guatemala anschließend mit Hilfe politischer und wirtschaftlicher Reformen einen kontinuierlichen Aufschwung beschert hatten. Als sie jedoch 1954 eine Bodenreform durchführten und die mächtige »United Fruit« aufforderten, einen Teil ihrer Besitztümer abzutreten, sahen sich die USA veranlasst, schützend einzugreifen. Mit Hilfe der CIA kam es zu einem Putsch rechtsgerichteter Offiziere, die Guatemalas liberale Verfassung außer Kraft setzten und das Land in einen autoritären Militärstaat verwandelten. Daraufhin begann 1960 ein Guerilla-Krieg linksgerichteter Gruppen, auf den die herrschenden Militärs wiederum mit der Bildung der Anti-Terror-Gruppe »Weiße Hand« reagierten, die rasch landesweit gefürchtet war. Nach Angaben von »amnesty international« fielen allein zwischen 1960 und 1980 rund 30.000 Menschen dem von fanatischem Antikommunismus geprägten Staatsterror zum Opfer.

■ **IM FUSSBALL GINGEN DIE** 1940er Jahre als »goldene Ära« in die Annalen ein. Spieler wie Mario Camposeco, Carlos »Pepino« Toledo, Armando Durán, Efraín »Soldado« de León und Guillermo »Mito« Marroquin prägten das Bild einer der erfolgreichsten Nationalmannschaften in der Geschichte des guatemaltekischen Fußballs. 1943, 1946 und 1948 erreichte man bei der Kontinentalmeisterschaft jeweils Platz zwei hinter Costa Rica. Ausgerechnet das kleine Panama erwies sich gleich zweimal als Stolperstein auf dem Weg zum Gesamtsieg.

Mit Beginn der geschilderten politischen Umwälzungen büßte Guatemalas Fußball erheblich an Stärke ein. Trotz einer unverän-

● **FIFA World Ranking**
1993	1994	1995	1996	1997	1998	1999	2000
120	149	145	105	83	73	73	56
2001	2002	2003	2004	2005	2006	2007	2008
67	78	77	71	56	105	106	109

● **Weltmeisterschaft**
1930-54 nicht teilgenommen **1958-62** Qualifikation **1966** nicht teilgenommen **1970-2010** Qualifikation

● **Gold Cup**
1991 Endturnier **1993** nicht teilgenommen **1996** Endturnier (Halbfinale) **1998** Endturnier **2000** Endturnier **2002** Endturnier **2003** Endturnier **2005** Endturnier **2007** Endturnier (Viertelfinale)

● **Vereinserfolge**
Kontinentalmeister Municipal Ciudad de Guatemala 1974

dert sprudelnden Talentequelle und landesweiter Fußballbegeisterung gab es nur noch sporadisch Erfolge zu feiern.

Dazu zählte der Einzug von Comunicaciones ins Endspiel um die Kontinentalmeisterschaft 1969, das die Hauptstädter unglücklich gegen den mexikanischen Profiklub CD Cruz Azul verloren (0:0 bzw. 0:1). Ein Jahr zuvor hatte die von César Viccino trainierte Landesauswahl bereits das olympische Fußballturnier von Mexiko-City erreicht und war dort durch Siege über die Tschechoslowakei (1:0) und Thailand (4:1) bis ins Viertelfinale vorgedrungen, wo man an Ungarn gescheitert war. 1974 holte Municipal im Finale gegen Transvaal Paramaribo aus Suriname zum ersten Mal die Kontinentalmeisterschaft ins Land. Vier Jahre später erhielt auch Erzrivale Comunicaciones die Trophäe überreicht, verdankte dies aber einem organisatorischen Tohuwabohu, das zum Ausfall des Endturniers geführt hatte.

■ **GUATEMALAS BISHERIGE AUFTRITTE IN DER** WM-Qualifikation waren von Tragik geprägt. Bei ihrem Debüt 1958 scheiterten die Blau-Weißen ebenso wie 1962 an Costa Rica. 1966 konnte man wegen der politischen Unruhen nicht auflaufen, und 1970 bzw. 1974 war Haiti zu stark. Während es zwischenzeitlich in der Olympiaqualifikation 1976 sowie 1988 zwei weitere Endturnierauftritte gab, rückte die WM lediglich 2002 in greifbare Nähe, als »Los Chapines« mit einem 2:5 im Entscheidungsspiel gegen Costa Rica nur knapp die kontinentale Schlussrunde verpassten. In der Kontinentalmeisterschaft Gold Cup erreichte Guatemala 1996 dank einer stabilen Defensive um Martin Machon mit Platz vier seine bislang beste Platzierung.

Auf politischer Ebene waren nach einem erneuten Militärputsch ab 1983 die Bemühungen verstärkt worden, den blutigen Konflikt zwischen den Regierungstruppen und der linksgerichteten URNG zu beenden. Doch es dauerte noch bis 1996, ehe der längste Bürgerkrieg in Lateinamerika schließlich endete. Mehr als 200.000 Menschen – vor allem Zivilisten – waren gestorben, und rund 1,5 Mio. Menschen hatten ihre Heimat aufgeben müssen.

Guatemalas Fußball hatte zwischenzeitlich noch zwei weitere Schicksalsschläge hinnehmen müssen. 1994 war auf Anordnung des neuen CONCACAF-Präsidenten Jack Warner der kontinentale Verbandssitz von Guatemala-City nach New York verlegt worden, und im Oktober 1996 war es beim WM-Qualifikationsspiel gegen Costa Rica zur Katastrophe gekommen, als im völlig überfüllten Nationalstadion »Mateo Flores« 81 Menschen zu Tode gedrückt wurden. Sportlich notierte Guatemala derweil im November 1995 mit Platz 163 die schlechteste Platzierung seiner Geschichte.

Nach dem Ende des Bürgerkriegs stand Guatemalas Fußball vor immensen Herausforderungen. Die Sport-Infrastruktur lag landesweit brach, viele Vereine waren personell und finanziell ausgeblutet und die meisten guatemaltekischen Talente kickten im Ausland. So hatte sich Martin Machon zwischenzeitlich in Spanien, den USA und Mexiko verdingt, spielte Fredy García in Griechenland und Dwight Pezza Rossi in Argentinien. International hatte man große Mühe, wieder zu den führenden Teams des Kontinents aufzuschließen. Seitdem Municipal 1993 in der Kontinentalmeisterschaft knapp an Deportivo Saprissa aus Costa Rica scheiterte, hat kein guatemaltekisches Team mehr ein Halbfinale erreicht.

Nach der Millenniumswende brachen dennoch allmählich wieder bessere Tage an. 2005 erreichte Municipal zumindest das Viertelfinale in der Kontinentalmeisterschaft, während die von Ex-Nationalelfkapitän Ramon Maradiaga trainierte Landesauswahl in der WM-Qualifikation 2006 mit Siegen über Costa Rica und Kanada einen Traumstart feierte. Am Ende zerstörte jedoch Trinidad und Tobago die Träume von der Reise nach Deutschland, und die Guatemalteken um ihren in den USA erfolgreichen Stürmerstar Carlos Ruíz (»El Pescadito«, »der kleine Fisch«) standen abermals mit leeren Händen da.

Dennoch: Zehn Jahre nach Ende des Bürgerkriegs kann Guatemala inzwischen wieder auf eine intakte Fußball-Infrastruktur zurückgreifen, und auch die Einführung des aus Südamerika importierten Apertura/Clausura-Systems für die Nationalliga (1999) erwies sich als Volltreffer. Zwar dominieren unverändert die Hauptstadtklubs Municipal (10 Titel) und Comunicaciones (4) den Ligaalltag, Provinzmannschaften wie Xelajú Quezaltenango, Imperial Cobán, Deportivo Marquense San Marcos und Deportivo Jalapa haben aber deutliche Akzente setzen können.

HELDEN | LEGENDEN

■ **JULIO CESAR ANDERSON** Torjäger von Rekordmeister Municipal, der von 1974-76 dreimal in Folge Torschützenkönig der Nationalliga wurde.

■ **MARIO CAMPOSECO** »El caballero de deporte« – »Gentleman des Sports« – genannter legendärer Rechtsaußen, der sowohl bei seinem Stammverein Xelajú Quetzaltenango als auch in der guatemaltekischen Nationalelf große Erfolge feierte. Debütierte 1938 in der Nationalelf. Nachdem er 1951 bei einem Flugzeugabsturz ums Leben kam, nahm sein Heimatklub Xelajú seinen Namen in die Vereinsbezeichnung auf.

■ **EDGAR ESTRADA** Langjähriger Stammkeeper der Nationalmannschaft und des Armeeklubs Aurora (1992-96) bzw. Comunicaciones (1996-2003). »El Gato« (»Die Katze«) debütierte 1995 für die Nationalelf, für die er 93 Spiele bestritt. 2001 geriet er in die Kritik, als ihm gegen Costa Rica schwere Fehler unterliefen. Nachdem er deswegen sogar Todesdrohungen erhalten hatte, verkündete er seinen Abschied aus dem Nationalteam. [*16.11.1967 | 93 LS]

■ **FREDY GARCÍA** In Puerto Barrios geborener Stürmer, der seine Laufbahn bei Comunicaciones begann und 2002 nach zwei Landesmeisterschaften in die USA zu Columbus Crew wechselte. 2004 kehrte er nach Guatemala zurück und errang mit Municipal sieben weitere Landesmeistertitel. Mit der Nationalmannschaft nahm er 2002, 2006 und 2010 jeweils an der WM-Qualifikation teil und vertrat sein Land außerdem 2000 bei der Futsal Weltmeisterschaft. [12.1.1977]

■ **VICTOR HUGO MONZÓN** Mit 103 Länderspielen Guatemalas Rekordnationalspieler. Der langjährige Kapitän der Landesauswahl verbrachte nahezu seine gesamte Karriere bei Armeeklub Aurora, mit dem er 1978, 1984, 1986 und 1993 Landesmeister wurde. 1979 debütierte der verlässliche Verteidiger in der guatemaltekischen Nationalmannschaft, mit der er 1988 zu den Olympischen Spielen nach Seoul reiste. 1994 nahm Monzón seinen Abschied vom aktiven Fußball und wechselte auf die Trainerbank (Guatemalas U17, Municipal). [12.11.1957 | 103 LS]

■ **JUAN CARLOS PLATA** Torjägerlegende des CSD Municipal Ciudad de Guatemala, für den Plata in 513 Spielen seit 1990 sagenhafte 392 Treffer markierte. Erwies sich auch mit 35 Toren im Nationaldress als treffsicher (bis Juni 2008 Rekord) und errang mit Municipal insgesamt elf Meisterschaften. [1.1.1971 | 88 LS/35 Tore]

■ **CARLOS RUÍZ** Gefürchteter Stürmer, der aus dem Nachwuchslager von Municipal stammt und seit seinen vier Treffern beim WM-Qualifikationsspiel gegen St. Lucia im Juni 2008 erfolgreichster Torschütze der guatemaltekischen Länderspielgeschichte ist. Einem missglückten Gastspiel beim griechischen Klub PAS Ioanna folgte ab 2002 die Etablierung im US-amerikanischen Spitzenfußball, wo »El Pescadito« (»der kleine Fisch«) seitdem für Los Angeles Galaxy (2002 Meister) und den FC Dallas auflief. Im November 1998 debütierte er für Guatemala, mit dem er bislang dreimal an der WM-Qualifikation teilnahm. [15.9.1979 | 77 LS/39 Tore]

■ **CARLOS TOLEDO** »Pepino« genannte Torjägerlegende der 1940er Jahre. Zählte damals zu den Leistungsträgern beim CSD Municipla, dessen große Ära er mitbegründete.

GUYANA

Knapp den Weltrekord verpasst

Guyana gilt als »schlafender Riese« im karibischen Fußball

Guyana Football Federation

Guyanischer Fußball-Bund | gegründet: 1902 | Beitritt FIFA: 1968 | Beitritt CONCACAF: 1969 | Spielkleidung: grünes Trikot, grüne Hose, gelbe Stutzen | Saison: August - Mai | Spieler/Profis: 50.740/0 | Vereine/Mannschaften: 90/270 | Anschrift: Lot 17 Dadanawa Street, Section K, Campbellville, PO Box 10727, Georgetown | Tel: +592-2278758 | Fax: +592-2262641 | www.guyanaff.com | E-Mail: gff@networksgy.com

Die Frage, welches Land in Südamerika den viertältesten Fußballverband nach Argentinien, Chile und Uruguay stellt, dürfte selbst Experten Kopfzerbrechen bereiten. Brasilien ist es nicht – dort entstand erst 1914 eine Föderation. Und in Peru und Paraguay musste man sogar bis in die 1920er Jahre auf eine Dachorganisation warten. Guyana ist es, ein an Venezuela und Brasilien grenzender Kleinstaat im Norden des Kontinents, in dem Briten anno 1902 die Guyana Football Federation (GFF) ins Leben riefen!

■ **SIE BEGRÜNDETEN** seinerzeit allerdings keineswegs eine Fußballnation, denn in Guyana steht Cricket ungleich höher im Kurs. Das Land ist einer der Eckpfeiler der regionalen Cricketauswahl der »West Indies«, deren Auftritte die cricketverrückte Karibik regelmäßig in ihren Bann schlagen.

Zudem gehört die GFF gar nicht dem fußballdominierten südamerikanischen Kontinent (bzw. dem CONMEBOL) an, sondern der nordamerikanischen Konföderation CONCACAF – und die hat sich einer erheblichen Konkurrenz durch Cricket und Baseball zu erwehren. Guyanas Hinwendung nach Nordamerika bzw. in die Karibik hat historische Gründe. Nachdem sich britische, französische und niederländische Kolonialisten während des 17. Jahrhunderts im vom Amazonas beherrschten Norden Südamerikas niedergelassen hatten, entstanden mit Französisch-Guyana, Niederländisch-Guyana (heute Suriname) und Britisch-Guyana drei Kolonien, die enge Kontakte zu den europäischen Besitztümern in der benachbarten Karibik knüpften.

1816 in den Stand einer Kronkolonie erhoben, war Britisch-Guyana zwei einschneidenden gesellschaftlichen Umwälzungen unterworfen. Zunächst wurden mit Beginn des 17. Jahrhunderts Abertausende von afrikanischen Arbeitssklaven nach Guyana verschleppt und in den dortigen Plantagen ausgebeutet. Als die Sklaverei dann 1834 verboten wurde, zogen die befreiten Sklaven in die Städte, während aus Asien angeheuerte Kontraktarbeiter ihre Arbeit in den Plantagen übernahmen. Resultat ist, dass Asiaten (vornehmlich Inder) und Schwarze heute 51 und 41 Prozent an der Gesamtbevölkerung stellen und Guyana unter hartnäckigen Rassenkonflikten leidet.

■ **WENNGLEICH DAS LAND** dank der Aktivitäten britischer Soldaten und Seeleute schon vor der Jahrhundertwende zum Fußball kam, ist es zu keiner Zeit eine Fußballhochburg gewesen. Allerdings avancierte in den 1880er Jahren mit Andrew Watson ein in Britisch-Guyana geborener Spieler zum ersten karibischen Fußballer im britischen Spitzensport. Mit dem Queen's Park FC Glasgow wurde Watson sogar zweimal schottischer Pokalsieger und streifte sich 1881 beim schottischen 6:1 in England erstmals das Jersey der »Tartan Army« über.

In Watsons Heimat schlugen die Fußballuhren derweil langsamer, zumal die britischen Kolonialherren ihre Aktivitäten lange Zeit auf ihresgleichen beschränkten. Selbst eine 1928 erfolgte Ausweitung der politischen Rechte für die kolonialisierte Bevölkerung zog im Fußball keinerlei spürbare Folgen nach sich. 1930 meldete die GFF dem Weltverband FIFA ganze 14 Klubs, die ausnahmslos in der Hauptstadt Georgetown sowie der Bauxithochburg Linden ansässig waren. Eine Landesmeisterschaft existierte nicht, während der Pokalwettbewerb vom Artillery SC, dem Georgetown FC sowie dem British-Guyana FC dominiert wurde.

Co-operative Republic of Guyana

Kooperative Republik Guyana | Fläche: 214.969 km² | Einwohner: 750.000 (3,5 je km²) | Amtssprache: Englisch | Hauptstadt: Georgetown (137.330) | Weitere Städte: Linden (29.572) | Währung: 1 Guyana-Dollar = 100 Cents | Bruttosozialprodukt: 1.020 $/Kopf | Zeitzone: MEZ -5h | Länderkürzel: GY | FIFA-Kürzel: GUY | Telefon-Vorwahl: +592

Aus dem Jahr 1937 ist der erste Auftritt einer Landesauswahl überliefert, die Trinidad mit 0:3 unterlag.

■ **ALS GROSSBRITANNIEN** nach dem Zweiten Weltkrieg seinen kolonialen Griff lockerte, begann Britisch-Guyanas Weg in die Eigenständigkeit. In den 1950er Jahren entstanden erste politische Parteien, womit plötzlich die latenten Rassenprobleme aufkochten und das Land gespalten wurde. Während die marxistische PPP die indische Mehrheit repräsentierte, sammelte die sozialistische PNC überwiegend unter der schwarzen Bevölkerung Stimmen. Aufgrund der damit einhergehenden Konflikte musste sogar die eigentlich bereits für 1962 vorgesehene Entlassung in die Unabhängigkeit um vier Jahre verschoben werden. Erster Regierungschef wurde 1966 PPP-Gründer Forbes Burnham, der das Land bis zu seinem Tod im Jahr 1985 mit autoritärer Hand regieren sollte.

Als Burnham 1970 die Umwandlung der parlamentarischen Monarchie Guyana in eine »Kooperative Republik« veranlasste, um die sozialistische Ausrichtung zu unterstreichen, befand sich Guyana längst in einer internen Zerreißprobe. Während der schwarze Bevölkerungsanteil die Politik, die Verwaltung und das Militär dominierte, beherrschten die Inder den Handel und die Landwirtschaft. Trotz vielfältiger Bemühungen ist das Land bislang nur selten zur Ruhe gekommen. Zuletzt fiel Landwirtschaftsminister Sawh 2006 einem Anschlag zum Opfer.

Guyanas überschaubare Fußballgemeinde wird von der schwarzen Bevölkerungsgruppe dominiert und steht im Schatten des von den Indern bevorzugten Cricket. Zwei Jahre nach der Entlassung in die Unabhängigkeit war der bis dato der englischen FA angehörende Nationalverband GFF 1968 der FIFA beigetreten. Ein Jahr später war die Aufnahme in die CONCACAF gefolgt. 1978 debütierte die »Golden Jaguars« genannte Landesauswahl in der WM-Qualifikation, aus der sie sich nach einem vielversprechenden 2:0 über den Nachbarn Suriname durch ein 0:3 im Rückspiel frühzeitig verabschieden musste.

Erster Arbeitsschwerpunkt nach der Unabhängigkeit war der Aufbau landesweiter Strukturen gewesen. Das hatte sich als schwierige Aufgabe erwiesen. Während in der Hauptstadt Georgetown immerhin schon 1976 eine Stadtliga an den Start ging, konnte der Rest des Landes erst im Verlauf der 1990er Jahre mit kleinräumigen Ligen ausgestattet werden. In der Bauxitmetropole Linden wurde 1990 das »Kashif & Shanghai Knockout Tournament« aus der Taufe gehoben, aus dem sich ein landesweiter Pokalwettbewerb entwickelt hat. Daran nehmen gelegentlich auch ausländische Gastteams teil – 2007 konnte der Jack-Warner-Klub Joe Public FC die Trophäe sogar nach Trinidad entführen.

Eine Nationalliga hat sich bislang nicht etabliert. 1990 gab es mit der Carib League einen ersten Anlauf, der nach vielen Problemen aber 2001 endgültig abgebrochen werden musste. Neben sportlichen und finanziellen gab es dafür auch infrastrukturelle Gründe, denn mit Ausnahme des nordöstlichen Küstenbereichs ist Guyana von dichtem und schwer zugänglichem Urwald beherrscht.

■ **INTERNATIONAL ZÄHLTE** das Land lange Zeit zu den schwächsten Kräften in der Karibik. Platz vier bei der Karibikmeisterschaft 1991 sowie das Vordringen in die zweite Runde der WM-Qualifikation 1982 (auf Kosten Grenadas) wurden als die größten Erfolge der »Golden Jaguars« angesehen.

Seit der Millenniumswende befindet sich der guyanische Fußball jedoch international im Aufbruch und wird inzwischen sogar als »schlafender Riese« bezeichnet. Vor allem die Konzentration auf die Ausbildung des nationalen Nachwuchses sowie die allgemeine Stärkung der Fußball-Basis unter den Heranwachsenden – gegenwärtig sind 6,6 Prozent der Einwohner Fußballer – trägt bereits erste Früchte.

Unter den guyanischen Nachwuchsförderern sind auch einige einst im benachbarten Trinidad als Profis aktive guyanische Fußballer zu finden. Guyanas Fußball-Legende Kayode »The Magician« McKinnon hat sogar eine eigene Fußballakademie aus der Taufe gehoben, die sich auf den männlichen und weiblichen Nachwuchs zwischen sechs und 16 Jahren konzentriert. McKinnon wird dabei von der in den USA ansässigen »Guyana Sports Development Foundation« sowie dem »Linden Economic Advancement Programme« unterstützt.

Dass Guyana inzwischen zu den aufstrebenden Nationen zählt, verdankt man aber auch der zunehmenden Rekrutierung von in Europa geborenen Spielern mit guyanischen Wurzeln. Dadurch vermochten die »Golden Jaguars« zwischen September 2005 und Januar 2007 in 13 aufeinanderfolgenden Länderspielen als Sieger vom Feld zu gehen, womit der Weltrekord von 14 Siegen in Folge (gehalten von Australien, Brasilien und Frankreich) nur knapp verpasst wurde! Zugleich preschte das Team von Nationaltrainer Jamaal Shabazz in der FIFA-Weltrangliste bis auf Position 100 hinauf. Herzstück der Erfolgself ist der treffsichere Sturm um Gregory Richardson, Nigel Codrington und Randolph Jerome.

TEAMS | MYTHEN

■ **PELÉ FC GEORGETOWN** Wie Lokalrivale Santos FC verdankt auch der vierfache Stadtmeister von Georgetown dem brasilianischen Fußballidol Pelé seinen Namen. Der Pelé FC wurde 1976 erster Meister der Stadtliga von Georgetown. Im Kashif & Shanghai Cup hatten die Hauptstädter indes Pech. 1997 unterlagen sie im Finale Topp XX Linden, ein Jahr später scheiterten sie an selber Stelle an Milerock Linden. International zählt man zu den renommiertesten Mannschaften des Landes. Beim Debüt in der Kontinentalmeisterschaft gelang 1977 ein überraschendes 2:0 gegen Voorwaarts Paramaribo, dem im Rückspiel aber ein 1:4 folgte. 1978 gelang den Schwarz-Weißen auch gegen den Racing Club Port-au-Prince ein Sieg.

■ **SANTOS FC GEORGETOWN** Mit drei Titeln Rekordmeister der 2001 eingestellten Nationalliga. Der Klub, dessen Name eine Hommage an Pelé-Klub Santos ist, ging zudem 1986 und 1998 jeweils als Sieger der Stadtmeisterschaft von Georgetown hervor.

■ **TOPP XX LINDEN** Sportliches Aushängeschild der mit rund 30.000 Einwohnern zweitgrößten Stadt des Landes. Errang fünfmal den populären Kashif & Shanghai Cup und wurde 1997 Sieger der ehemaligen Nationalliga Carib League. Die Stadt Linden entstand erst 1971 durch den Zusammenschluss von Mackenzie, Wismar und Christianborg. Sie ist Hauptort der einst blühenden guyanischen Bauxitindustrie.

HELDEN | LEGENDEN

■ **ANDREW WATSON** Erster aus der Karibik stammender schwarzer Fußballer, der sich im britischen Spitzensport etablierte. Watson kam im Mai 1857 als Sohn des wohlhabenden schottischen Plantagenbesitzers Peter Miller und der Einheimischen Rose Watson in Demerara zur Welt und debütierte am 12. März 1881 beim 6:1 in England für die schottische Nationalmannschaft. Mit dem Queen's Park FC Glasgow wurde er zweimal schottischer Pokalsieger. [*1857 | 3 LS für Schottland]

■ **KAYRODE MCKINNON** Nationale Fußball-Legende, der den vielsagenden Beinamen »The Magican« trägt. McKinnon war viele Jahre in der trinidadischen Profiliga aktiv und eröffnete später eine Fußballakademie in Guyana.

● FIFA World Ranking

1993	1994	1995	1996	1997	1998	1999	2000
136	154	162	153	168	161	171	183
2001	2002	2003	2004	2005	2006	2007	2008
178	169	182	182	167	100	128	131

● Weltmeisterschaft
1930-74 nicht teilgenommen **1978-2010** Qualifikation

● Gold Cup
1991 Qualifikation **1993-98** nicht teilgenommen **2000-07** Qualifikation

Jahr	Meister	Kashif&Shanghai
1990	Santos FC Georgetown	
1991	Santos FC Georgetown	Milerock Linden
1992	-	Eagles United Linden
1993	-	Botafogo Linden
1994	Western Tigers G'town	Camptown G'town
1995	Milerock Linden	Topp XX LInden
1996	Omai Gold Seekers	Beacon's Bartica
1997	Topp XX Linden	Topp XX Linden
1998	Santos FC Georgetown	Milerock Linden
1999	-	Doc's Khelwalaas T.
2000	-	Topp XX Linden
2000/01	Conquerors G'town	Topp XX Linden
2002	-	Real Victoria Kings
2003	-	Conquerors G'town
2004	-	Camptown G'town
2005	-	Conquerors G'town
2006	-	Topp XX Linden
2007	-	Joe Public (Trinidad)
2008	-	Alpha United G'town

HAITI

Hunger nach Frieden

Haitis Fußballhöhepunkt war die Teilnahme an der WM 1974

Fédération Haïtienne de Football

Haitianischer Fußball-Bund | gegründet: 26.5.1912 | Beitritt FIFA: 1933 | Beitritt CONCACAF: 1961 | Spielkleidung: blaues Trikot, rote Hose, blaue Stutzen | Saison: Februar - November | Spieler/Profis: 451.724/100 | Vereine/Mannschaften: 310/1.200 | Anschrift: 128 Avenue Chrishophe, Casa postale 2258,. Port-au-Prince | Telefon: +509-2440115 | Fax: +509-2440117 | Internet: www.haitifoot.com | E-Mail: jbyves@yahoo.com

Fußball kann eine seelsorgerische Wirkung haben und unter Umständen sogar helfen, Traumata zu überwinden. So wie im Falle von Haiti, dem bürgerkriegsgeschüttelten Armenhaus der Karibik, das sich seit Jahrzehnten im politischen und wirtschaftlichen Ausnahmezustand befindet. Als im August 2004 die brasilianische »seleção« in die haitianische Hauptstadt Port-au-Prince reiste, um den dort leidenden Menschen mit einem Freundschaftskick einen Moment der Freude zu schenken, sprach man voller Pathos von einem »Spiel für Frieden«. Haitis nicht gerade als Friedensengel bekannter Premierminister Gérard Latortue behauptete gar, »am 18. August ist ein Wunder passiert, und ich sage Ihnen, dass wir den Tag von nun an zum Tag des Friedens und der nationalen Versöhnung erklären werden!«.

■ **AUCH WENN LATORTUES AUSSAGE** vielleicht etwas übertrieben war, vermochte der Auftritt von Ronaldo und Co. in der Tat für einen jener Momente des friedlichen Miteinanders zu sorgen, die Haitis Politikern seit Jahrzehnten beharrlich versagt bleiben. Abgesehen davon war es natürlich erstaunlich, dass Brasiliens hochbezahlte Kicker überhaupt in einem von illegalen Waffen nur so strotzenden Land wie Haiti aufliefen. Immerhin übertraf der Marktwert der brasilianischen Auswahl mit rund 637 Mio. Dollar das Staatsbudget von Haiti gut und gerne um das Doppelte, befanden sich unter den 15.000 Zuschauern im restlos ausverkauften Stadion Sylvio Cator auch ein paar jener Rebellenkämpfer, die landesweit ob ihrer Brutalität gefürchtet waren. Doch der Fußball ließ auch ihre Waffen schweigen und nährte damit die Hoffnung, dass selbst Haiti eines Tages den Frieden wird finden können.

Haiti, das gemeinsam mit der Dominikanischen Republik die Karibikinsel Hispanola bildet, war nach den USA die zweite Kolonie der Welt, die in die Unabhängigkeit entlassen wurde. 1492 von Christoph Columbus »entdeckt«, war Hispanola 1697 in den spanischen Osten (heute Dominikanische Republik) und den französischen Westen (heute Haiti) zerfallen. Nach einem Sklavenaufstand gegen die französische Kolonialmacht konstituierte sich 1804 die Republik Haiti, deren Name für »Land der hohen Berge« steht und die als weltweit erste von Schwarzen geführte Republik gilt.

Haitis Bevölkerungsstruktur ist ein Abbild der kolonialen Vergangenheit. Mehr als 60 Prozent der 8,4 Mio. Einwohner stammen von ehemaligen afrikanischen Sklaven ab, und der berühmte Vodoo-Kult ist Ausdruck der Verquickung von afrikanischen Glaubensinhalten und der Christenlehre.

■ **UNGLEICH DES** spanischsprachigen Nachbarn Dominikanische Republik, der als Baseballhochburg und Fußballdiaspora gilt, steht Fußball in Haiti Sport an erster Stelle. Das von europäischen Kolonialisten bzw. Seeleuten eingeführte Spiel fasste schon um die Jahrhundertwende Fuß, und bereits 1904 konnte ein Vorläufer des 1912 gegründeten Fußball-Nationalverbandes gebildet werden.

Obwohl die weitere Ausbreitung von ständigen politischen Unruhen behindert war – zwischen 1915 und 1934 war Haiti sogar von US-Militärs besetzt – hatte sich das Spiel in den 1920er Jahren weitestgehend etabliert. Am 22. März 1925 verlor Haitis Nationalauswahl ihr Debütländerspiel mit 1:2 gegen Jamaika, ehe der Nationalverband FHF 1933 als vierter karibischer Vertreter

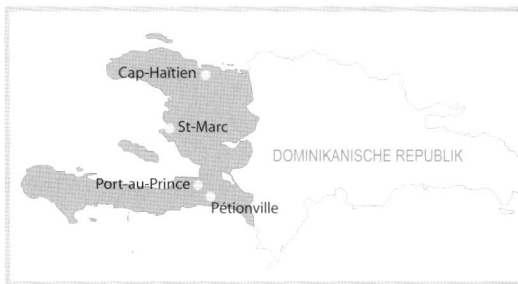

République d'Haïti
Repiblik Dayti

Republik Haiti | Fläche: 27.750 km² | Einwohner: 8.407.000 (303 je km²) | Amtssprache: Französisch, Kreolisch | Hauptstadt: Port-au-Prince (990.558) | Weitere Städte: Carrefour (336.222), Delmas (284.079, Cap-Haïtien (113.555) | Währung: 1 Gourde = 100 Centimes | Zeitzone: MEZ-6h | Länderkürzel: HT | FIFA-Kürzel: HAI | Telefon-Vorwahl: +509

in den Weltverband FIFA aufgenommen wurde. Ein Jahr später kam es zum Debüt in der WM-Qualifikation, wobei Haitis Auswahl seinerzeit vor allem in Europa hoher Respekt gezollt wurde. Das deutsche Fachblatt »Fußball« sprach gar von einem »neuen Fußballwunderland«, in dem man »fabelhaften Fußball« spielen würde, und hob die Karibikinsel auf eine Stufe mit Brasilien, dessen Stern gerade aufging.

Für Haiti waren die Vorschusslorbeeren jedoch verfrüht. Man verlor zwei der drei anberaumten Qualifikationsspiele gegen Kuba – wegen der dortigen Unruhen allesamt in Port-au-Prince ausgetragen –, vermochte erst im dritten Spiel ein Unentschieden zu erreichen und musste seine WM-Träume vorzeitig begraben. Dass die drei Begegnungen von jeweils 5.000 bis 6.000 Neugierigen in Port-au-Prince beobachtet worden waren, unterstrich freilich die enorme Popularität, die der Fußball seinerzeit bereits genoss. Dementsprechend florierte das Spiel auch auf nationaler Ebene. 1937 gelang es dem Nationalverband FHF, sowohl eine Landesmeisterschaft als auch einen Verbandspokal ins Leben zu rufen. Erster Meister wurde der im März 1923 gegründete Racing Club Haïtien Port-au-Prince, der heute mit zehn Titeln Haitis Rekordmeister ist. Neben der Hauptstadt Port-au-Prince entwickelte sich auch die an der Nordküste gelegene Stadt Cap-Haïtien zur Fußballhochburg. Gemeinsam haben die beiden Städte seit 1937 32 der 47 Landesmeister gestellt. Das Spiel ist aber im gesamten Land verbreitet und gesellschaftlich breit verankert. Schon in den 1940er und 1950er Jahren entstanden dementsprechend landesweit Fußballvereine.

■ **DER WEITEREN AUSBREITUNG** standen neuerliche politische Turbulenzen entgegen. Zahlreiche Regierungswechsel, diverse Putsche sowie bewaffnete Auseinandersetzungen mit dem Nachbarn Dominikanische Republik ließen Haitis Entwicklung nicht nur im Fußball zusehends stagnieren. Erst als François Duvalier im Oktober 1957 die Macht übernahm, beruhigte sich die Lage ein wenig. Der Preis war freilich enorm hoch, denn der »Papa Doc« genannte schwarze Arzt installierte eine straffe Diktatur und schuf mit der »Ton Ton Macoute« eine alsbald gefürchtete Polizeitruppe, die jegliche Opposition brutal im Keim erstickte. Während sich Haiti unter Duvalier in eine »Insel der Angst« verwandelte, ernannte sich der Diktator 1964 zum »Präsidenten auf Lebenszeit«.

Haitis Fußball litt schwer unter den politischen Instabilitäten. Weder 1938 noch 1950 hatte die Nationalmannschaft an der WM-Qualifikation teilnehmen können, und 1954 war sie gegen Mexiko bzw. die USA hoffnungslos überfordert gewesen.

Dass der Karibikstaat dennoch Fußball-Schlagzeilen schreiben konnte, verdankte er Joe Gaetjens. Der in Port-au-Prince geborene Stürmer erzielte bei der WM 1950 jenen historischen Treffer, der zum Sensationssieg der USA über England führte. Gaetjens' Lebenslauf liest sich wie eine Blaupause für die haitianischen Turbulenzen. 1942 hatte der Stürmer zunächst das Jersey der haitianischen Nationalelf übergestreift, ehe er zum Studium in die USA emigriert war und es auch dort in die Landesauswahl geschafft hatte – und zur WM nach Brasilien. Nachdem er zwischenzeitlich beim französischen Profiklub Racing Paris gekickt hatte, kehrte der als »exzentrisch« umschriebene Stürmer 1953 nach Port-au-Prince zurück und feierte im Dezember desselben Jahres sein Comeback im haitianischen Nationalteam. Inzwischen als Trainer für seinen Stammverein L'Etoile Haïtienne tätig, wurde er am 8. Juli 1963 von Duvaliers Geheimpolizei verschleppt und (vermutlich) getötet. Hintergrund war, dass Gaetjens' Bruder Gerard als Oppositioneller ins Visier des Regimes geraten war.

■ **AUCH UNTER DER** Duvalier-Diktatur stagnierte Haitis Fußball zunächst weiter. Zwischen 1958 und 1966 fehlte das Land bei sämtlichen WM-Ausscheidungen und kam 1965 in der Kontinentalmeisterschaft selbst gegen die Niederländischen Antillen nicht über ein Unentschieden hinaus. Der einzige internationale Erfolg jener Tage wurde am grünen Tisch errungen – 1963 erhielt der Hauptstadtklub Racing Haïtien kampflos die Kontinentalmeisterschaft, weil der mexikanische Gegner CD Guadalajara nicht angetreten war. Mit Torsteher Blaun, Halbstürmer Cadot und Torjäger Délices verfügten die Blau-Gelben seinerzeit über drei herausragende Akteure.

Die 1970er Jahre hingegen wurden zur »goldenen Ära« des haitianischen Fußballs. Unter Nationaltrainer Antoine Tessy vermochte die »les Bicolores« (»die Zweifarbigen«) genannte Landesauswahl mit Talenten wie Henri Francillon, Philippe Vorbe und Guy St-Vil zunehmend zu den stärksten Teams in der Karibik aufzuschließen. Als Haiti 1970 erstmals seit 16 Jahren wieder seine Teilnahme an der WM-Qualifikation meldete, fegte die Tessy-Elf nacheinander Trinidad-Tobago, Guatemala und die USA beiseite, ehe sie unglücklich an El Salvador scheiterte.

Nachdem Haiti 1971 bei der Kontinentalmeisterschaft Zweiter geworden war, gelang schließlich 1974 der Durchbruch. Über Puerto Rico souverän für die kontinentale Endrunde qualifiziert, richtete man jene

TEAMS | MYTHEN

■ **FICA CAP-HAÏTIEN** Fußballerisches Aushängeschild der mit 113.000 Einwohnern viertgrößten Stadt des Landes. Der FICA (»Football Inter Club Association«) wurde 1972 gegründet und dominierte von 1989-91 mit drei Meisterschaften in Folge den Spielbetrieb der Nationalliga Haitis. 1990 schalteten die Gelb-Grünen bei ihrem Debüt in der Kontinentalmeisterschaft immerhin Seba United Montego Bay aus Jamaika aus, ehe sie am kubanischen Meister Pinar del Río scheiterten. 2005 musste die Elf um Torjäger Golman Pierre allerdings aus dem nationalen Oberhaus absteigen. Die als Cap-Français gegründete Stadt Cap-Haïtien wird vom Volksmund als »Le Cap« bezeichnet und gilt als das »Paris der Antillen«. Der modernste Hafen des Landes sorgt in der Stadt für Arbeitsplätze und ermöglicht vielen Einwohnern trotz der insgesamt desolaten Situation ein wirtschaftliches Überleben. [17.10.1972 | 6]

■ **DON BOSCO PÉTION-VILLE** Stammverein des haitianischen »Wunderstürmers« Emmanuell Sanon, der Italiens Torsteher Dino Zoff bei der WM 1974 erstmals nach 1.142 Minuten wieder bezwingen konnte. Die einer katholischen Mission nahestehenden Schwarz-Gelben stellten seinerzeit mit Abwehrspieler Wilfried Louis noch einen weiteren Akteur des haitianischen WM-Kaders. Pétion-Ville ist ein von der Mittelklasse geprägter Stadtteil im Westen von Port-au-Prince. [1963 | 2]

■ **AIGLE NOIR PORT-AU-PRINCE** Stieg in den 1950er Jahren zu einem der dominierenden Vereine des Landes auf. 1953 sicherten sich die

Die größte Stunde des haitianischen Fußballs: Italiens Keeper Dino Zoff gratuliert Emmanuel Sanon, der ihn bei der WM 1974 nach 1.143 Minuten erstmals wieder bezwungen hatte.

nicht nur selbst aus, sondern ging auch als sportlicher Sieger aus ihr hervor. Als zweites karibisches Land nach Kuba (1938) hatte sich Haiti damit für ein WM-Endturnier qualifiziert!

Doch der Erfolg war von Missklängen und Protesten begleitet. Erst nach einem Machtwort der FIFA war das Turnier überhaupt wie vorgesehen in Port-au-Prince über die Bühne gegangen – niemand mochte in jenen Tagen gerne auf die »Insel der Angst« reisen. Eine Entscheidung, die der Weltverband bitter bereute, denn Haitis diktatorisches Regime nutzte den Heimvorteil schamlos aus. Während die Geheimpolizei »Ton Ton Macoute« unter den teilnehmenden Teams ein Klima der Angst erzeugte (vor allem Favorit Mexiko wurde massiv eingeschüchtert), sorgten absurde Schiedsrichterentscheidungen für den »richtigen« sportlichen Verlauf. Insbesondere der vorentscheidende 2:1-Sieg Haitis über Trinidad und Tobago war umstritten. Nach vier (!) aberkannten Treffern für Trinidad und Tobago sprach selbst die FIFA davon, »dass es bei diesem Turnier nicht mit rechten Dingen zuging«, und sperrte den salvadorianischen Schiedsrichter José Henriquez auf Lebenszeit.

So tragisch das unsportliche Aus für die »Socca Warriors« aus Trinidad und Tobago auch war – Haiti verfügte seinerzeit unbestritten über eines der stärksten Teams in der Karibik und hätte eine politische Hilfestellung möglicherweise gar nicht nötig gehabt. Erfahrenster Akteur war Kapitän Wilner Nazaire, der als einziger Auslandsprofi innerhalb der Erfolgself in Frankreich (Valenciennes) sein Geld verdiente. Zu den weiteren Leistungsträgern zählten Torhüter Henri Francillon, Mittelfeldregisseur Philippe Vorbe sowie Torjäger Emmanuel »Manno« Sanon.

Letzterer schrieb im WM-Auftaktspiel gegen den amtierenden Vizeweltmeister Italien Fußball-Weltgeschichte, als er nach 46 Spielminuten nicht nur das erste haitianische WM-Tor erzielte und den Außenseiter damit sensationell in Führung brachte, sondern zudem Italiens Nationalkeeper Dino Zoff erstmals nach 1.143 gegentorlosen Minuten wieder bezwang. Ausgerechnet ein Haitianer stoppte also Zoffs bis heute bestehenden Weltrekord!

Abgesehen davon verlief Haitis WM-Abenteuer allerdings weniger erfreulich. Die Führung gegen Italien hatte ganze sechs Minuten Bestand, und nach der 1:3-Niederlage gegen den Vizeweltmeister von 1970 ging der Neuling im zweiten Gruppenspiel gegen Polen gleich mit 0:7 unter. Beim abschließenden 1:4 gegen Argentinien konnte sich Sanon erneut in die Torschützenliste eintragen. Tiefpunkt war der Fall von Verteidiger Ernst Jean-Joseph, der als erster Dopingsünder in die WM-Annalen einging und dessen Leben ein tragisches Ende nahm. Nach seiner Heimkehr wurde er am Flugplatz von der Geheimpolizei verhaftet und mit unbekanntem Schicksal verschleppt.

■ **ANSCHLIESSEND GING ES DRAMATISCH** bergab mit dem haitianischen Fußball. Die Ursachen dafür lagen weitestgehend auf der politischen Ebene. 1971 hatte der erst 19-jährige Jean-Claude Duvalier seinen verstorbenen Vater François als »Präsident auf Lebenszeit« abgelöst. Unter dem verharmlosenden Beinamen »Baby Doc« hatte der brutale Diktator mit Unterstützung der USA, die einen kommunistischen Aufstand vor ihrer Haustür fürchteten, sein Land endgültig in Richtung Abgrund gesteuert. Erst als im Verlauf der 1980er Jahre selbst Washington die Geduld mit dem sich gegen sämtliche Demokratisierungsbemühungen sperrenden Diktator verlor, endete die fast 30-jährige Schreckensherrschaft der Duvaliers. Als 1986 der Präsidentenpalast erstürmt wurde, setzte sich Duvalier ins Exil nach Frankreich ab.

Das von seinem Tyrannen befreite Haiti geriet umgehend in neue politische Turbulenzen. Nach mehreren Regierungswechseln übernahm im März 1990 der ehemalige katholische Armenpriester Jean Bertrand Aristide die Macht, die er nach einem zwischenzeitlichen Militärputsch ab 1994 zu festigen verstand. Abermals spielten die USA Zünglein an der Wage und stärkten Aristide trotz des Ausbleibens demokratischer Reformen den Rücken.

Haitis in den 1970er Jahren so erfolgreicher Fußball hatte zu jenem Zeitpunkt längst sämtliche Hoffnung verloren. 1995 fiel das Land in der FIFA-Weltrangliste bis auf Platz

erst zwei Jahre zuvor gegründeten »Schwarzen Adler« (»Aigle noir«) ihren ersten von inzwischen vier Landesmeistertiteln (zuletzt 1970). 1974 stellten die Grün-Schwarzen mit Fritz André, Jean-Claude Désir, Serge Ducoste, Wilner Piquant und Serge Racine fünf Akteure des haitianischen WM-Kaders. [27.6.1951 | Stade Sylvio Cantor (10.500) | 4]

■ **EXCELSIOR PORT-AU-PRINCE** Großes Team der 1940er und 1950er Jahre, als man dreimal Landesmeister wurde. Der europäisch dominierte Klub verlor seine Basis, als in den 1950er Jahren verstärkt von Einheimischen gelenkte Klubs aufkamen.

■ **RACING CLUB HAÏTIEN PORT-AU-PRINCE**  Renommiertester und mit zehn Titelgewinnen auch erfolgreichster Klub des Landes. 1923 gegründet, trugen sich die Blau-Gelben 1938 als erster Landesmeister der haitianischen Fußballgeschichte in die Annalen ein. Anschließend dominierten sie über viele Jahre gemeinsam mit den Lokalrivalen Violette, Etoile und Excelsior den nationalen Spitzenfußball. Seinen größten internationalen Erfolg feierte der liebevoll »Le Vieux Lion« (»der alte Löwe«) genannte Klub 1963 mit dem Gewinn der Kontinentalmeisterschaft. Der Erfolg wurde allerdings am grünen Tisch errungen, da man sich mit seinem mexikanischen Endspielpartner CD Guadalajara nicht auf einen Termin einigen konnte. 1974 stellten die Blau-Gelben mit Eduard Antoine, Arsène Auguste, Claude Barthélemy, Fritz Léandre, Joseph-Marion Léandre und Stürmerstar Roger Saint-Vil sechs Akteure des haitianischen WM-Kaders. Nach dem Gewinn der zehnten Landesmeisterschaft in der Herbstsaison 2002 erreichte der

Jahr	Meister	Jahr	Meister
1937/38	Racing Haïtien P.	1983	Violette Port-au-Pr.
1939	Violette Port-au-Pr.	1984-87	nicht ausgespielt
1940	Hatüey Port-au-Pr.	1987/88	unbekannt
1941	Racing Haïtien P	1988/89	FICA Cap-Haïtien
1942	Etoile Haïtienne P.	1989/90	FICA Cap-Haïtien
1943	Arsenal FC	1990/91	FICA Cap-Haïtien
1944	Etoile Haïtienne P.	1991/92	abgebrochen
1945	Hatüey Port-au-Pr.	1992/93	Tempête St.-Marc
1946	Racing Haïtien P	1993/94	FICA Cap-Haïtien
1947	Racing Haïtien P	1994/95	Violette Port-au-Pr.
1948	Excelsior Port-au-Pr.	1996	Racing FC Gônaives
1949	abgebrochen	1997	Capoise Cap-Haïtien
1950	Excelsior Port-au-Pr.	1998	FICA Cap-Haïtien
1951	Excelsior Port-au-Pr.	1999	Violette Port-au-Pr.
1952/53	Aigle Noir P.	2000	Racing Haïtien P.
1953/54	Racing Haïtien P.	2001	FICA Cap-Haïtien
1954	nicht ausgespielt	2002/A	Roulado Gônaives
1955	Aigle Noir P.	2002/C	Racing Haïtien P.
1956	Jeunesse Pétion-Ville	2003/A	Don Bosco Pétion-V.
1957	Violette Port-au-Pr.	2003/C	Roulado Gônaives
1958	Racing Haïtien P	2004	abgebrochen
1959-60	Racing Haïtien P	2004/05/A	AS Mirebalais
1961	Estrella Haitiana	2004/05/C	Baltimore St-M.
1962	Racing Haïtien P	2005/06	Baltimore St-Marc
1963-67	Racing Haïtien P.	2007/A	Baltimore St-Marc
1968	Violette Port-au-Pr.	2007/C	Cavaly Léogâne
1969	Racing Haïtien P.	2008/A	Tempête St.-Marc
1970	Aigle Noir P.	2008/C	Racing FC Gônaives
1971	Don Bosco Pétion-V.	A = Apertura	
1972-82	nicht ausgespielt	C = Clausura	

● **FIFA World Ranking**
1993	1994	1995	1996	1997	1998	1999	2000
145	132	153	114	125	109	99	80
2001	2002	2003	2004	2005	2006	2007	2008
82	72	96	95	98	102	69	102

● **Weltmeisterschaft**
1930 nicht teilgenommen **1934** Qualifikation **1938-50** nicht teilgenommen **1954** Qualifikation **1958-66** nicht teilgenommen **1970** Qualifikation **1974** Endturnier (Vorrunde) **1978-86** Qualifikation **1990** nicht teilgenommen **1994-2010** Qualifikation

● **Gold Cup**
1991-96 nicht teilgenommen **1998** Qualifikation **2000** Endturnier **2002** Endturnier (Viertelfinale) **2003-07** Qualifikation

153 zurück und war damit auf einer Stufe mit Fußballzwergen wie Djibouti und Bangladesh angelangt. Die fatale politische Entwicklung hatte die besten Spieler aus dem Land getrieben, die Klubs kämpften mit wirtschaftlichen Schwierigkeiten und international hatte man völlig den Anschluss verloren.

Einsamer Erfolg war der Gewinn der Kontinentalmeisterschaft durch den Violette AC Port-au-Prince im Jahr 1984, der allerdings, wie der vom Stadtrivalen Racing anno 1963, am grünen Tisch zustande gekommen war. Weil man sich in Nord- und Zentralamerika nicht einigen konnte, hatte es neben Karibikmeister Violette AC keinen weiteren Finalisten gegeben. Im selben Jahr schied Haitis Nationalelf mit einer 1:2-Heimpleite gegen den Fußballzwerg Antigua und Barbuda vorzeitig aus der WM-1986-Qualifikation aus. 1990 musste Haiti aufgrund der politischen Lage im Land völlig auf die Teilnahme an der WM-Qualifikation verzichten.

■ **FÜR HAITIS FUSSBALL** waren es vier verlorene Jahrzehnte. Die Nachwuchsquellen sprudelten zwar weiterhin, doch die Talente zog es angesichts der katastrophalen Lebensverhältnisse inzwischen fast ausnahmslos ins Ausland. Allein in den USA leben Schätzungen zufolge gegenwärtig etwa eine Million Haitianer, und auch in Frankreich gibt es eine große Diaspora. Darunter sind zahlreiche talentierte Fußballer. So wurde Wagneau Eloi 1998 mit Racing Lens französischer Meister, während Nationalkeeper Gabard Fénélon beim US-amerikanischen Klub Miami FC zwischen den Pfosten steht.

Unterdessen eskalierte die Lage im Land immer mehr. Die Stadien zerfielen, die Trainingsstätten wurden von rivalisierenden Banden okkupiert und so etwas wie geregelte Nachwuchspflege war nicht mehr möglich. Zwar konnte die Landesmeisterschaft fortgesetzt werden (mit Unterbrechungen allerdings), doch der fußballerische Alltag war mit Problemen förmlich gepflastert.

Im April 2002 konnte dank finanzieller und logistischer Unterstützung durch die FIFA zumindest ein modernes Fußball-Verbandszentrum eröffnet werden, womit Haitis Auswahltrainer erstmals seit Jahren wieder über vernünftige Arbeitsmöglichkeiten verfügten. Prompt gelang 2002 der Einzug in das Viertelfinale um den Gold Cup, wo die Landesauswahl erst in der Verlängerung von WM-Teilnehmer Costa Rica gestoppt wurde.

Zwei Jahre später kehrte die Gewalt zurück. Präsident Aristide hatte sich immer tiefer in ein Konstrukt aus Gewalt, Bestechung und Armut verstrickt. Nach Auflösung der Armee hatte sich der ehemalige Armenpriester mit einer brutalen Miliz aus Ghetto-Bewohnern umgeben, die sich »Chimères« nannten (ein Begriff aus der Kreol-Sprache, der für »ärgerlich-sein« steht) und durch Drogen- wie Gewaltexzesse auffielen. Selbst das erst im April 2002 eröffnete Fußball-Verbandszentrum fiel ihrer Zerstörungswut zum Opfer.

2004 eskalierte die Lage. Während Rebellen Cap-Haïtien einnahmen, zwangen die USA ihren ehemaligen Günstling Aristide zur Emigration, und der in den USA lebende Gérard Latortue übernahm die Regierung. Haiti war zwischenzeitlich zum ärmsten Land in der westlichen Hemisphäre abgesunken. 2004 lebten 22 Prozent aller Einwohner in extremer Armut und mussten mit weniger als 60 Euro im Jahr auskommen. Unterernährung (auf Haitis Märkten werden inzwischen sogar aus Lehm und Zucker gebackene Kekse offeriert!), Analphabetentum und Gewalt beherrschen den Alltag, während UN-Blauhelme vergeblich versuchen, etwas Ordnung zu schaffen.

■ **FUSSBALL IST EINES** der wenigen Dinge, die in der Lage sind, den Menschen Mut und Zuversicht zu schenken. Das erkannte auch Präsident Latortue, der Haitis Nationalmannschaft 2004 zum nationalen Friedens- und Hoffnungsbotschafter erkor. Mit Hilfe des brasilianischen Staatspräsidenten Lula gelang es ihm seinerzeit, das eingangs erwähnte Gastspiel der in Haiti enorm populären »seleção« zu vereinbaren. Ursprünglich sollte das »Match pour la paix« (»Spiel für den Frieden«) sogar die überfällige Entwaffnung des Landes vorantreiben – gegenwärtig gibt es schätzungsweise 25.000 inoffizielle Waffen in Haiti. Doch auf Intervention von Brasiliens Staatschef Lula wurde der angedachte Tausch »Waffen gegen Eintrittskarten« fallen gelassen, da die Vorstellung, Brasiliens hochbezahlte Superstars würden vor Tausenden von drogenabhängigen Milizionären spielen, dann doch ein zu hohes Sicherheitsrisiko darstellte.

Auch so wurde Brasiliens Gastspiel zum Erfolg, vergaßen die Menschen am 18. August 2004 für 90 Minuten sämtliche Sorgen. Selbst dass sich die »seleção« mit 6:0 durchsetzte, hielt die 15.000 Zuschauer im mit taiwanischer Hilfe renovierten Stade Sylvio Cator nicht davon ab, ihre Elf begeistert zu feiern. Eine Zukunftsperspektive für Haiti fällt dennoch düster aus, zumal viele Experten

Traditionsklub 2006 abermals das Endspiel, in dem er aber am Baltimore SC St. Marc scheiterte. Anschließend stürzten die Blau-Gelben in eine schwere Krise und mussten 2008 sogar erstmals aus dem Oberhaus absteigen [23.3.1923 | Stade Sylvio Cantor (10.500) | 10]

■ **VIOLETTE ATHLÉTIQUE CLUB PORT-AU-PRINCE** Neben dem Lokalrivalen Racing der renommierteste Klub Haitis. Bereits 1918 gegründet und damit der vermutlich älteste Fußballverein des Landes, gingen die Blau-Weißen 1939 erstmals als Sieger aus der ein Jahr zuvor eingerichteten Nationalliga hervor. Mit inzwischen sechs Titeln sind sie der zweiterfolgreichste Verein nach dem Rekordmeister Racing Club. 1974 stellte Violette mit Jean-Hubert Austin, Pierre Bayonne, Dopingsünder Ernst Jean-Joseph, Gérard Joseph, Roger Saint-Vil sowie Philippe Vorbe exakt ein Drittel des haitianischen WM-Aufgebots. Größter internationaler Erfolg war der Gewinn der Kontinentalmeisterschaft 1984. Als Karibikmeister ins Finale eingezogen, erhielt die Elf um Alexandre Boucicaut und Sebastien Vorbe den Titel allerdings am grünen Tisch, weil sich nach Streitigkeiten in den Untergruppen Nord und Zentral kein Endspielgegner gefunden hatte. [15.5.1918 | Stade Sylvio Cantor (10.500) | 6]

■ **BALTIMORE SC ST. MARC** Der gegenwärtig aufstrebendste Klub im haitianischen Fußball. Nach den Vizemeisterschaften 1997 und 1998 errangen die Schwarz-Weißen um die Nationalspieler Alain Vubert und Peter Germain in der Clausura-Serie 2005 ihre erste Meisterschaft und konnten jene anschließend zweimal verteidigen. 2006/07 überstand der Klub als Gruppensieger die karibische Vorrunde in der Kontinentalmeisterschaft und scheiterte erst im Halbfinale am trinidadischen Profiklub San Juan Jabloteh. Der Erfolg des Baltimore SC basiert vor allem auf einer intensiven Nachwuchspflege, die zugleich sozialarbeiterische Dimensionen einnimmt. Der Klub wurde im Sommer 1974 im südlichen Stadtviertel Chemin Neuf von einer Gruppe Jugendlicher ins Leben gerufen. Der Name soll an die von Kreolen gebildete US-amerikanische Fußballelf der Baltimore Créole (heute Baltimore Colts) erinnern. [1.8.1974 | Parc Levelt | 3]

HELDEN | LEGENDEN

■ **HENRI FRANCILLON** Torsteher der WM-Elf von 1974, der nach der WM vom deutschen Zweitligisten TSV München 1860 unter Vertrag genommen wurde. Bei den »Löwen« traf der bei der WM mit tollen Reflexen überzeugende Haitianer aber ausgerechnet auf den Wiener »Peitschenschwinger« Max Merkel, der dem karibischen Fußballer keine Chance gab. Nach nur fünf Einsätzen kehrte Francillon 1975 zu seinem Heimatverein Victory Port-au-Prince zurück. [*26.5.1946]

■ **JOE GAETJENS** Als Sohn einer haitianischen Mutter und eines belgischen Vaters in Port-au-Prince geborener Stürmer, der 1950 bei der WM in Brasilien das Siegtor beim sensationellen 1:0 der USA über England markierte. Gaetjens war in

den späten 1940er Jahren als Student in die USA gegangen und hatte zuvor bereits das Trikot der haitianischen Nationalelf getragen. Nach einem zwischenzeitlichen Ausflug in den französischen Profifußball (Racing Paris) kehrte er 1953 nach Haiti zurück und wurde abermals in die Landesauswahl berufen. 1963 wurde Joe Gaetjens, dessen Bruder in der Opposition tätig war, von der Geheimpolizei verschleppt und vermutlich getötet. Gaetjens wird seit 1976 in der US-amerikanischen »States National Soccer Hall of Fame« geehrt. [*19.3.1924 †1964]

■ **WAGNEAU ELOI**  In Port-au-Prince geborener Angreifer, der im Alter von neun Jahren nach Frankreich kam und dort 1998 mit Racing Lens französischer Meister wurde. Anschließend noch in Nancy, Monaco und Guingamp aktiv, ließ er seine Karriere von 2004 bis 2007 in Belgien ausklingen. Eloi gilt als bester und auch erfolgreichster haitianischer Spieler der letzten Dekade, der dennoch nie in der Nationalelf zum Einsatz kam. Zuletzt versuchte Fernando Clavijo den erfahrenen Angreifer 2004 vergeblich zu einem Einsatz im Nationalteam zu bewegen. Erst nach seiner Rückkehr in die Heimat übernahm er 2008 in der Trainingsleitung der Landesauswahl, scheiterte mit ihr aber vorzeitig an der Qualifikation zur WM 2010. [*11.9.1973]

■ **EMMANUEL SANON**  Schrieb sich 1974 in die Annalen der Fußballwelt, als er beim WM-Gruppenspiel gegen Italien das 1:0 für den WM-Neuling markierte und damit Italiens Nationaltorhüter Dino Zoff erstmals nach 1.143 gegentorlosen Minuten wieder bezwang. »Ich war in einer Eins-gegen-Eins-Situation mit Spinosi, den ich einfach überrannte. Dann war nur noch Dino Zoff vor mir. Ich täuschte links an, ging rechts vorbei und schob den Ball ins Netz«, schilderte »Manno« anschließend den Treffer aus seiner Sicht. Nachdem er auch im dritten Gruppenspiel beim 1:4 gegen Argentinien traf, avancierte er vollends zum ewigen haitianischen WM-Torschützenkönig. Insgesamt erzielte er 47 Länderspieltreffer, was ihn zum Rekordtorschützen seines Landes macht. Nach der WM 1974 unterschrieb der schnelle Außenstürmer beim belgischen Profiklub Beerschot AC einen Vertrag und wechselte in den 1980er Jahren in die US-amerikanische Soccer-League. 1999 kehrte er nach Haiti zurück und übernahm das Training der Nationalmannschaft. Sanon erlag im Februar 2008 im Alter von 56 Jahren einer Krebserkrankung. [*25.6.1951 †21.2.2008]

■ **PHILIPPE VORBE**  Herausragender Mittelfeldregisseur der 1974er WM-Elf Haitis, der vor allem im ersten Gruppenspiel gegen Italien eine großartige Leistung ablieferte. Der Sohn des haitianischen Fußballverbandspräsidenten war 1973 zu Haitis Fußballer des Jahres gewählt worden und hatte sich seinerzeit mit Violette Port-au-Prince auch die Landesmeisterschaft gesichert. Nach der WM versuchte er sich vergeblich bei Girondins Bordeaux zu bewähren. [*14.9.1947]

Ganz Port-au-Prince stand kopf, als Brasiliens »seleção« 2004 zum »Match pour la paix« nach Haiti kam – allerdings in gepanzerten Fahrzeugen.

bezweifeln, ob sich die politischen Verhältnisse im Land wirklich nachhaltig bessern können. Für viele ist Haiti inzwischen zu einem »hoffnungslosen Land« geworden.

Der nationale Fußball steht vor dementsprechend schweren Tagen. So warf Nationaltrainer Fernando Clavijo 2004 entnervt die Brocken hin, weil er ein wegen der maroden nationalen Infrastruktur nach Miami (USA) verlegtes Trainingslager für die WM-Qualifikationsspiele 2006 selbst finanzieren musste. Grund: dem Nationalverband war zwischenzeitlich das Geld ausgegangen. Nachdem seine Elf in der zweiten Qualifikationsrunde an Jamaika gescheitert war, übernahm Ex-Mittelfeldregisseur Carlo Marcelin das Amt.

Nur vereinzelt glimmen ein paar Hoffnungsschimmer. So konnte im Januar 2005 beim 0:1 gegen Kuba erstmals seit drei Jahren wieder ein Pflichtländerspiel in Port-au-Prince ausgetragen werden, und mit Akteuren wie Alexandre Boucicaut, Marc-Hérold Gracien und Fucien Brunel stehen durchaus hoffnungsvolle Talente zur Verfügung. Eine weitere Talentequelle ist inzwischen das Ausland. In den USA, Kanada oder Europa lebende Haitianer der zweiten oder dritten Auswanderergeneration drängen dort verstärkt in den Profifußball und sammeln dabei wertvolle Erfahrungen. Welche große emotionale Kraft der Fußball in Haiti hat, zeigte sich nach dem Brasilien-Gastspiel auch im Januar 2007, als die Nationalauswahl nach dem Gewinn der Karibikmeisterschaft von mehr als 50.000 begeisterten Fans in Port-au-Prince empfangen wurde.

Haitis Nationalliga wird seit 2002 analog des aus Süd- und Mittelamerika bekannten Apertura/Clausura-Systems in zwei unabhängigen Meisterschaftsrunden pro Jahr durchgeführt. Bis der Vereinsfußball des Landes wieder zur alten Stärke und Attraktivität zurückfinden kann, werden jedoch noch viele Jahre vergehen. Das gilt nicht zuletzt auf internationaler Ebene, wo seit 1984 kein haitianischer Verein mehr im Halbfinale der Kontinentalmeisterschaft aufgetaucht ist.

Das stärkste Team stellt derzeit der Baltimore SC aus St-Marc, der von 2005 bis 2007 dreimal in Folge Meister wurde. Ein wichtiger Schritt zur Verbesserung der Situation soll eine verstärkte Zusammenarbeit zwischen Fußballverbänden bzw. -klubs und Universitäten bringen. »Viele Talente können ihre Fußballkarriere nicht fortsetzen, weil sie stattdessen eine Berufsausbildung absolvieren«, erläuterte ein Sprecher des Nationalverbandes FHF die Idee, Fußball und Berufsausbildung über Stipendien miteinander zu koppeln. In Haiti ist Fußball wahrlich mehr als nur ein Sport.

HONDURAS

Federación Nacional Autónoma de Fútbol de Honduras

Autonomer nationaler Fußball-Verband von Honduras | gegründet: 24.10.1935 | Beitritt FIFA: 1946 | Beitritt CONCACAF: 1961 | Spielkleidung: blaues Trikot, blaue Hose, blaue Stutzen | Saison: August - Mai | Spieler/Profis: 420.600/100 | Vereine/Mannschaften: 220/1.100 | Anschrift: Colonia Florencia, Ave. Roble, Edificio Plaza América, 1 y 2 Nivel, Tegucigalpa | Telefon: +504-2311436 | Fax: +504-2398826 | Internet: www.fenafuth.com | E-Mail: fenafuth@fenafuth.com

Tragisches WM-Aus 1982

Die Entwicklung des Fußballs in Honduras ist von anhaltenden politischen Querelen überschattet

República de Honduras

Republik Honduras | Fläche: 112.492 km² | Einwohner: 7.048.000 (63 je km²) | Amtssprache: Spanisch | Hauptstadt: Tegucigalpa (769.061) | Weitere Städte: San Pedro Sula (439.086), La Ceiba (114.584), Choloma (108.260), El Progreso (90.475) | Währung: 1 Lempira = 100 Centavos | Zeitzone: MEZ -7h | Länderkürzel: HN | FIFA-Kürzel: HON | Telefon-Vorwahl: +504

Ein Pfiff im falschen Moment verhinderte anno 1982 einen möglicherweise historischen Moment in der hondurianischen Fußballgeschichte. Beim WM-Vorrundenspiel zwischen dem mittelamerikanischen WM-Debütanten und Jugoslawien entschied der chilenische Unparteiische Castro Makuc kurz vor Schluss auf Elfmeter für Jugoslawien, obwohl nichts Bedenkliches vorgefallen war. Petrović verwandelte das Geschenk, und Honduras schied nach Ansicht seines fassungslosen Delegationsleiters Matarmoros in dem Bewusstsein aus, »kein Spiel verloren zu haben«. In seinen vorherigen Spielen hatte man jeweils Unentschieden gegen Gastgeber Spanien und Nordirland erreicht.

■ **DASS HONDURAS IN SEINEM** allerersten WM-Spiel ausgerechnet auf Spanien getroffen war, dürfte eine Laune der Geschichte gewesen sein. Etwa 450 Jahre zuvor hatten Iberer das 1502 von Christoph Columbus »entdeckte« Honduras (der Landesname steht sinngemäß für »Tiefe«, Columbus hatte eine raue Überfahrt gehabt) erobert und einer gnadenlosen Ausbeutung anheim fallen lassen.

Im 19. Jahrhundert spielte Honduras eine Schlüsselrolle beim Kampf der zentralamerikanischen Länder gegen die Kolonialmacht Spanien. 1821 löste man sich aus der Kolonialgewalt, trat vorübergehend Mexiko bei und bildete anschließend mit Guatemala, Costa Rica, Nicaragua und El Salvador den Zentralamerikanischen Bundesstaat. Als jener 1838 zerbrach, entstand die heutige Republik Honduras.

Die geriet ab 1900 in eine folgenschwere wirtschaftliche und politische Abhängigkeit zu den USA bzw. dem mächtigen US-Konzern »United Fruit Company«. Wie die meisten seiner Nachbarn wurde Honduras dadurch zu einem Land, dessen Biografie von Kriegen, Krisen und Katastrophen geprägt ist und das zwischen 1821 und 2001 164 Regierungswechsel, 24 Kriege und 260 Armeerevolten erlebte.

Während man von 1906 bis 1911 in einem Krieg mit Nicaragua bzw. einem internen Bürgerkrieg beschäftigt war, nahm der Einfluss großer US-Unternehmen in Honduras stetig zu. Das hatte fatale Folgen für das hondurianische Volk, denn Mitte der 1920er Jahre war Honduras zwar zum größten Bananenexporteur der Welt angewachsen – die Gewinne flossen aber nahezu ausnahmslos in die Taschen von US-Firmen.

■ **ABGESEHEN VON US-AMERIKANERN** waren in der zweiten Hälfte des 19. Jahrhunderts auch zahlreiche Europäer nach Honduras gekommen, wo sie vom billigen Land und den geringen Arbeitskosten profitieren wollten. Neben Briten handelte es sich dabei vornehmlich um Deutsche und Franzosen. Die bunte Mischung von Kulturen aus aller Welt bescherte Honduras eine lebendige Melange unterschiedlicher Sportdisziplinen. Während US-Amerikaner den Baseball importierten, bemühten sich Franzosen, Briten und Deutsche um die Förderung des Fußballs.

Der war Ende des 19. Jahrhunderts von französischen und britischen Seeleuten in den Hafenstädten Puerto Cortés, La Ceiba und Tela eingeführt worden. Julio Luis Ustariz, Sohn französischer Immigranten, gilt als Begründer des hondurianischen Fußballs. In seinen Memoiren gibt er an, 1896 von Kaufleuten aus Europa einen Fußball erhalten und damit in Puerto Cortés gekickt zu haben.

In Honduras' Hauptstadt Tegucigalpa kam der Ball erst 1906 ins Rollen, als der aus

TEAMS | MYTHEN

■ **CD VIDA LA CEIBA** Zweifacher Landesmeister, der 1940 als Firmenmannschaft der Brauerei Salvavida gegründet wurde und zunächst auch deren Namen trug. Nach der Liquidierung der Brauerei wurde der Vereinsname in VIDA geändert. Offiziell geschah dies zu Ehren von Senora Vida Code de Castaneda, tatsächlich aber ermöglichte es den Rot-Blauen, zumindest einen Teil ihres Traditionsnamens zu behalten. Nachdem Vida seine beiden Meisterschaften bereits 1982 bzw. 1984 gefeiert hatte, holte Lokalrivale Victoria den Titel 1995 ein drittes Mal in die 115.000-Einwohnerstadt im Norden Honduras', die über einen der bedeutendsten Häfen des Landes verfügt. Darüber hinaus zählt die Industrie- und Fischereistadt zu den honduranischen Fußballwiegen, in der schon im 19. Jahrhundert von Seeleuten gekickt worden war. [14.10.1940 | Estadion Municipal (Nilmo Edwards, 15.000) | 2]

■ **PLATENSE PUERTO CORTÉS** Erster Sieger der 1965/66 eingerichteten Profiliga. Seinerzeit ging man überraschend vor dem heutigen Rekordmeister Olimpia Tegucigalpa durchs Ziel. Erst im Frühjahr 2001 konnten die Grün-Weißen zum zweiten und bislang letzten Mal die Landesmeisterschaft erringen. Der 1960 gegründete Verein ist mit der »Tela Railroad Company« verbunden, die für den Bananentransport in den Hafen von Puerto Cortés zuständig ist. Während ihm in den ersten Jahren seines Bestehens fast ausschließlich Firmenmitarbeiter angehörten, ist er inzwischen für alle Sportinteressierten offen. Die an der Nordwestküste Honduras gelegene Industriestadt Puerto Cortés verfügt über einen der modernsten Containerhäfen in Zentralamerika. [4.7.1960 | Excelsior (10.000) | 2]

■ **MARATHÓN SAN PEDRO SULA** Der nach Hauptstadtklub Olimpia älteste Verein des Landes wurde im November 1925 von einer Gruppe Sportenthusiasten um Eloy Montes gegründet. Obwohl die Grün-Weißen lokal bisweilen im Schatten von Real España standen und außerdem erst 1979/80 ihre erste von inzwischen sechs Meisterschaften feierten, gilt das Duell zwischen Marathón und Olimpia als »Clasico Nacional« (»Nationaler Klassiker«). International erreichte das »Monstruo Verde« (»Grüne Monster«) 1995 mit Platz zwei bei der Recopa (inzwischen eingestellter Wettbewerb der kontinentalen Pokalsieger) seinen größten Erfolg. [25.11.1925 | Estadio Olímpico Metropolitano (50.000) | 6]

■ **REAL ESPAÑA SAN PEDRO SULA** Der 1925 als Deportivo España gegründete Klub war ursprünglich ein Schulverein der Escuela Ramón Rosa. Zu seinen Gründungsmitgliedern gehörten Pastor Reyes, Juan Banegas, »Teco« Lardizábal, Hugo Escoto Soto und Leonardo Muñoz. Der »Aurinegros« (»Gold-Schwarze«) wurde 1977 vom spanischen König der Ehrentitel »Real« verliehen. Mit neun Landesmeisterschaften ist »El España« Nummer drei im honduranischen Fußball und trug sich 1976 nach drei Meisterschaften in Folge als erster Klub in die »Tri-Campeon« Annalen des Landes ein. Größter internationaler Erfolg war das Erreichen des Halbfinales um die Kontinentalmeisterschaft 1991, das man gegen Police Force aus Trinidad und Tobago verlor. Zwei Jahre später belegte der Klub in der Endrunde um die Recopa (Pokal der Pokalsieger) Platz zwei. Real España pflegt eine intensive Rivalität mit Nachbar Marathón San Pedro Sula. Españas Anhänger bezeichnen sich selbst »Mega Locos« (»Megaverrückte«). [14.7.1925 | Estadio Francisco Morazán (20.000) | 9]

Guatemala angeheuerte Lehrer und Fußballenthusiast Miguel Saravia das Spiel an der Escuela Normal de Varones einführte. Drei Jahre später setzte der spanische Mönch Niglia am Instituto Salesiano San Miguel in Comayagua eine weitere Wurzel des honduranischen Fußballs.

Dass sich der Baseball in den ersten Jahren des 20. Jahrhundert dennoch schneller entwickeln konnte und Honduras zunächst zu einer Baseballhochburg wurde, war dem erwähnten Einfluss der US-amerikanischen Großkonzerne zuzuschreiben. Jene versorgten Honduras zudem mit Straßen, Brücken und Eisenbahnlinien, wobei dies ausschließlich in den Plantagenregionen geschah, weshalb das Land heute über das wohl lückenhafteste Verkehrssystem in Zentralamerika verfügt.

■ **WENNGLEICH SICH DER FUSSBALL** vor allem im städtischen Bildungsbürgertum durchaus etablieren konnte, stand er ziemlich im Schatten des populäreren Baseballs. Auch die einheimischen Mestizos (Mischlinge mit spanischen und indianischen Wurzeln) wussten mit dem Spiel zunächst nicht allzu viel anzufangen.

Erst im Laufe der 1910er Jahre schaffte der Fußball den Durchbruch. 1917 wurde im fünf Jahre zuvor gegründeten Baseballklub Juventud Olimpia Tegucigalpa eine Fußballabteilung ins Leben gerufen, die heute unter dem Namen CD Olimpia sowohl den ältesten als auch den beliebtesten Fußballklub des Landes darstellt. Mit Teams wie Lituania, Signos, Trebol, Honduras, Atlético Deportes, La Nueva Era, Colón, Argentina und Spring entstanden seinerzeit weitere Vereine, von denen allerdings nur der Argentina FC überlebte.

1925 erhielt auch Honduras' zweitgrößte Stadt San Pedro Sula mit dem CD Marathón ihren Fußballpionier. Damit wurde zugleich die Grundlage zur intensivsten Fußball-Rivalität gelegt, die Honduras heute kennt: dem »Klassiker aller Klassiker« zwischen Olimpia Tegucigalpa und Marathón San Pedro Sula. Mit Real España San Pedro Sula sowie dem CD Motagua Tegucigalpa entstanden Ende der 1920er Jahre noch zwei weitere Klubs, die Honduras' Fußball seitdem geprägt haben. Während España das spanische Erbe in Zentralamerika verdeutlicht, steht Motagua für die politischen Spannungen zwischen Honduras und Guatemala – der Motagua ist ein umstrittener Grenzfluss zwischen den beiden Nachbarstaaten.

■ **ORGANISIERTER LIGAFUSSBALL** kam nur langsam in Schwung. Nachdem in Tegucigalpa und San Pedro Sula lokale Spielklassen entstanden waren, standen sich 1928 erstmals die jeweiligen Stadtmeister im Duell um einen Gesamtsieger gegenüber (Olimpia bezwang Marathón mit unbekanntem Ergebnis). Zehn Jahre später nahm eine Ligameisterschaft den Spielbetrieb auf, die in der ersten Dekade nahezu im Alleingang vom Hauptstadtklub Motagua dominiert wurde. Auch international kam Honduras' Fußball nur langsam in Bewegung. Die »Los Catrachos« genannte Landesauswahl (»Catracho« ist ein spanischer Slangbegriff für die Bewohner von Honduras) erlitt bei ihrem Debüt im September 1921 ein 0:9-Debakel gegen Guatemala, und die Aktivitäten der 1935 gegründeten Federación Deportiva Hondureña beschränkten sich auf ein Minimum. Erst 1946 trat man der FIFA bei und debütierte im selben Jahr als letztes Team der Region in der Zentralamerikameisterschaft. In den Nachbarländern El Salvador, Guatemala und Costa Rica stand der Fußball seinerzeit bereits in voller Blüte.

Politisch hatte Honduras turbulente Zeiten hinter sich und war in immer größere Ab-

Jahr	Meister	Jahr	Meister	Jahr	Meister
1938	Motagua Tegucigalpa	1965/66	Platense Puerto C.	1992/93	Olimpia Tegucigalpa
1939	Motagua Tegucigalpa	1966/67	Olimpia Tegucigalpa	1993/94	Real España San Pedro Sula
1940	Motagua Tegucigalpa	1967/68	Olimpia Tegucigalpa	1994/95	Victoria La Ceiba
1941	Motagua Tegucigalpa	1968/69	Olimpia Tegucigalpa	1995/96	Olimpia Tegucigalpa
1942	Motagua Tegucigalpa	1969/70	Olimpia Tegucigalpa	1996/97	Olimpia Tegucigalpa
1943	Motagua Tegucigalpa	1970/71	Motagua Tegucigalpa	1997/98	Olimpia Tegucigalpa
1944	Motagua Tegucigalpa	1971/72	Olimpia Tegucigalpa	1999	Olimpia Tegucigalpa
1945	Motagua Tegucigalpa	1972/73	abgebrochen	1999/00/A	Motagua Tegucigalpa
1946	Motagua Tegucigalpa	1973	Motagua Tegucigalpa	1999/00/C	Motagua Tegucigalpa
1947	Victoria La Ceiba	1974	Real España San Pedro Sula	2000/01/A	Olimpia Tegucigalpa
1948	Motagua Tegucigalpa	1975/76	Real España San Pedro Sula	2000/01/C	Platense Puerto Cortés
1949	Motagua Tegucigalpa	1976/77	Real España San Pedro Sula	2001/02/A	Olimpia Tegucigalpa
1950	unbekannt	1977/78	Olimpia Tegucigalpa	2001/02/C	Marathón San Pedro Sula
1951	Motagua Tegucigalpa	1978/79	Motagua Tegucigalpa	2002/03/A	Olimpia Tegucigalpa
1952	Motagua Tegucigalpa	1979/80	Marathón San Pedro Sula	2002/03/C	Marathón San Pedro Sula
1953	unbekannt	1980/81	Real España San Pedro Sula	2003/04/A	Real España San Pedro Sula
1954	Motagua Tegucigalpa	1981/82	Vida La Ceiba	2003/04/C	Olimpia Tegucigalpa
1955	unbekannt	1982/83	Olimpia Tegucigalpa	2004/05/A	Marathón San Pedro Sula
1956	unbekannt	1983/84	Vida La Ceiba	2004/05/C	Olimpia Tegucigalpa
1957	Olimpia Tegucigalpa	1984/85	Olimpia Tegucigalpa	2005/06/A	Olimpia Tegucigalpa
1958	Olimpia Tegucigalpa	1985/86	Marathón San Pedro Sula	2005/06/C	Olimpia Tegucigalpa
1959	Olimpia Tegucigalpa	1986/87	Olimpia Tegucigalpa	2006/07/A	Motagua Tegucigalpa
1960	Olimpia Tegucigalpa	1987/88	Olimpia Tegucigalpa	2006/07/C	Real España San Pedro Sula
1961	Olimpia Tegucigalpa	1988/89	Real España San Pedro Sula	2007/08/A	Marathón San Pedro Sula
1962	Vida La Ceiba	1989/90	Olimpia Tegucigalpa	2007/08/C	Olimpia Tegucigalpa
1963	Olimpia Tegucigalpa	1990/91	Real España San Pedro Sula	A = Apertura	
1964	Olimpia Tegucigalpa	1991/92	Motagua Tegucigalpa	C = Clausura	

hängigkeit zu den USA geraten. Als sich 1933 General Tiburcio Carias Andino an die Macht putschte und eine Militärdiktatur errichtete, zementierte sich diese Verbindung und Honduras wurde endgültig zum treuesten Verbündeten der USA in Zentralamerika.

■ **IM VERLAUF DER 1940ER JAHRE** dehnte sich die nationale Fußballgemeinde allmählich weiter aus. 1948 riefen die fünf Hauptstadtklubs Olimpia, Motagua, Argentina, Federal und España die »Liga Mayor de Futbol Francisco Morazan« ins Leben, an der zunächst nur Mannschaften aus dem Süden Honduras teilnahmen. Erster Sieger wurde das Team von Victoria La Ceiba, das sich im Finale gegen den CD Motagua durchsetzte.

Während der organisierte Ligaspielbetrieb im Süden also florierte, steckte er im Norden noch immer in den Kinderschuhen. Als 1951 das lokale Stadion von San Pedro Sula für die lokalen Fußballer gesperrt wurde, platzte den Verantwortlichen der Kragen. Angeführt von Juan Manuel Galvez sorgte eine Gruppe von Funktionären aus allen Landesteilen für die Umwandlung des Nationalverbandes in die unter staatlicher Obhut stehende Federación Nacional de Cultura Fisíca y Deportes de Honduras.

Daraufhin gelang es endlich, das Spiel landesweit auf eine stabilere Basis zu stellen. Mit Hémerito F. Hernández und CONCACAF-Mitgründer Féderico Bunker Aguilar standen Honduras seinerzeit allerdings auch zwei äußerst erfahrene Funktionäre zur Verfügung, die Anfang der 1960er Jahre die Weichen für eine landesweite Profiliga stellten. Die Idee dazu stammte von Alejandro Talbott, der beim Studium in Mexiko das dortige Ligasystem kennengelernt hatte.

Im Mai 1964 gegründet, nahm die »Liga Nacional de Fútbol de Honduras« (»LINAFUTH«) im Juli 1965 ihren Spielbetrieb auf. Nachdem sich mit der CD Platense Puerto Cortés ausgerechnet ein Provinzklub die erste Landesmeisterschaft gesichert hatte, übernahmen erwartungsgemäß die Teams aus den nationalen Fußballhochburgen Tegucigalpa und San Pedro Sula die Führung. Abgesehen von 1982, 1984, 1995 und 2001, als der Titel entweder nach La Ceiba oder nach Puerto Cortés ging, wurden sämtliche Landesmeisterschaften in der Hauptstadt Tegucigalpa bzw. in der Industriestadt San Pedro Sula gefeiert.

Die 1960er Jahre sahen einen allgemeinen Aufbruch des rückständigen honduranischen Fußballs. 1962 debütierte die Nationalmannschaft in der WM-Qualifikation und scheiterte erst im Entscheidungsspiel an Costa Rica. 1963 zählte Honduras zu den Teilnehmern der erstmals ausgespielten

1969 kam es zwischen Honduras und El Salvador zum Bürgerkrieg.

Kontinentalmeisterschaft, in der man 1967 immerhin Platz drei erreichte.

Zwei Jahre später kam es zu jenem WM-Qualifikationsduell mit dem Nachbarn El Salvador, das als »Fußballkrieg« in die Annalen einging. Eigentlicher Grund war eine hondurianische Landreform, durch die Tausende illegal nach Honduras eingewanderte Salvadorianer des Landes verwiesen wurden. Inmitten der dadurch angeheizten politischen Stimmung kam es am 14. Juni 1969 in Tegucigalpa zum ersten Qualifikationsspiel zwischen den beiden Nachbarländern, das die Stimmung explodieren ließ. Nach Honduras' 1:0-Sieg kam es vor dem Rückspiel in San Salvador zu brutalen Ausschreitungen, denen zwei hondurianische Anhänger zum Opfer fielen. Derweil erzwang El Salvadors' 3:0-Sieg (Honduras' Trainer Mario Griffin: »Ein Glück, dass wir dieses Match verloren.«) dem damaligen Reglement entsprechend ein Entscheidungsspiel auf neutralem Platz. Bevor jenes über die Bühne gehen konnte, überschritten salvadorianische Soldaten jedoch die hondurianische Grenze und es kam zu einem 100 Stunden dauernden und nahezu 6.000 Tote fordernden Krieg. Erst nach Vereinbarung eines Waffenstillstandes konnte das fällige Entscheidungsspiel durchgeführt werden und sah El Salvador am 26. Juni 1969 in Mexiko City triumphieren.

■ **DIE 1970ER JAHRE** waren von sozialen Unruhen und politischen Turbulenzen überschattet. Mehrfach kam es zu Putschen und Grenzkonflikten mit El Salvador, manifestierten das Militär seine Macht und die US-Konsortien ihre marktbeherrschende Stellung. Nachdem Olimpia Tegucigalpa 1972 mit dem Gewinn der Kontinentalmeisterschaft (1:0 bzw. 0:0 gegen Robin Hood Paramaribo aus Suriname) noch für ein Highlight hatte sorgen können, musste Honduras aufgrund fehlender finanzieller Mittel 1978 sogar auf die Teilnahme an der WM-Qualifikation verzichten.

Dennoch nahm in jenen trüben Tagen die »goldene Ära« des hondurianischen Fußballs ihren Anfang. Ausgangspunkt war die U20-WM 1977 in Tunesien, bei der die hondurianischen Jugendlichen mit einer famosen

Nach einer umstrittenen Schiedsrichterentscheidung schied Honduras in der WM-Vorrunde aus 1982. Villegas (links) und Arzu (Mitte) lassen sich von einem Betreuer kaum trösten.

■ **MOTAGUA TEGUCIGALPA** Mit elf Meisterschaften der nach dem Lokalrivalen Olimpia erfolgreichste Klub Honduras'. 1928 durch den Zusammenschluss von América, Honduras, Atlético und Aguila gebildet. Gründerväter waren Marco Antonio Rose und Alejandro Lara, die seinerzeit eine Idee des Schriftstellers Marco Antonio Ponce aufgriffen, der eine weitere Spitzenkraft im hauptstädtischen Fußball gefordert hatte. Der Name des Club Deportivo Motagua ist dem gleichnamigen und lange umstrittenen Grenzfluss zwischen Guatemala und Honduras entlehnt. Die »Aguilas Azules« (die »Blauen Adler«, man spricht auch vom »Ciclón Azul«, »Blauer Zyklon«) errangen 1968/69 unter Trainer Rodolfo Godoy ihre erste Landesmeisterschaft und machten im selben Jahr mit dem Pokalsieg das Double komplett. Nach Einführung des Apertura/Closura-Systems ging Montagua 1997/98 auch als erster »Doppelmeister« Honduras' hervor. Größter internationaler Erfolg ist das Erreichen des Viertelfinals in der Kontinentalmeisterschaft 1986. Seinerzeit schied Motagua überraschend gegen den krassen Außenseiter Pembroke Hamilton aus Bermuda aus. Mit der Ultragruppe »La Revo« und den vereinsnahen »Macro Azurra« wird der Klub von zwei Fangruppen unterstützt, die sich in einer intensiven Rivalität mit dem Nachbarn CD Olimpia sehen. [29.8.1928 | Estadio Tiburcio Carias Andino (30.000) | 11]

Leistung auf sich aufmerksam machten. Fünf Jahre später gelang der inzwischen erwachsen gewordenen Erfolgself überraschend die Qualifikation zur WM in Spanien, als sie sich beim auf honduranischem Boden durchgeführten Qualifikationsturnier mit einer höchst stabilen Abwehr gegen den turmhohen Favoriten aus Mexiko durchsetzte.

Gemeinsam mit dem Nachbarn und Ex-Kriegsgegner El Salvador reisten »los catrachos« daraufhin im Sommer 1982 nach Spanien, wo ihnen zum Auftakt ein viel beachtetes 1:1 gegen Gastgeber Spanien gelang. Anschließend auch gegen Nordirland einen Punkt erringend, verpasste der Debütant nur aufgrund des eingangs erwähnten Elfmeters gegen Jugoslawien den Einzug in die Zwischenrunde.

Als Vater des Erfolges galt Nationaltrainer José de la Paz Herrera Ucles. Der »Chelato« (»Weißer«) genannte Übungsleiter hatte in Argentinien unter Cesar Luis Menotti hospitiert und neben einer stabilen Abwehr ein modernes Rotationssystem eingeführt. In über zehn Monaten intensiver Vorbereitung war es ihm zudem gelungen, sein Team mit dem in Europa üblichen Fußball vertraut zu machen und es auch mental auf das Turnier vorzubereiten. Herausragende Akteure waren Spielmacher Ramon Maradiaga – »el Primitivio« genannt –, Zentralverteidiger Jaime »Kaiser« Villegas sowie Kreativkraft Gilberto Yearwood. Letzterer war zudem einziger honduranischer Akteure mit Auslandserfahrung – er trug das Jersey des spanischen Profiklubs CF Elche.

■ **DER IN HONDURAS BEGEISTERT** gefeierte Erfolg erwies sich jedoch als Eintagsfliege. Dafür waren nicht zuletzt erneute politische Turbulenzen verantwortlich. In den 1980er Jahren verstärkte US-Präsident Ronald Reagan angesichts der Entwicklung in den Bürgerkriegsländern Nicaragua und El Salvador die amerikanische Militärpräsenz in Honduras und errichtete mehrere Ausbildungslager für antisandinistische Contra-Rebellenkämpfer. Honduras wurde dadurch in die Bürgerkriege Nicaraguas und El Salvadors hineingezogen.

Keine sechs Jahre nach der WM war Honduras zu einem der ärmsten Länder der Region abgesunken und stand vor dem Bankrott. Auch der Fußball, der mit dem WM-Erfolg einen gewaltigen Popularitätsschub erfahren hatte, musste in den Hintergrund treten. Lediglich auf Klubebene gab es noch vereinzelte Erfolge zu feiern. Nachdem Olimpia Tegucigalpa 1985 im Finale um die Kontinentalmeisterschaft gegen Defence Force aus Trinidad und Tobago noch den Kürzeren gezogen hatte, bezwangen die »Leones« drei Jahre später denselben Gegner und sicherten sich zum zweiten Mal nach 1972 die kontinentale Krone.

Nach dem Ende der Bürgerkriege (Nicaragua 1990, El Salvador 1992) beruhigte sich die politische Situation auch in Honduras allmählich, und die Verantwortlichen konnten sich wieder ihren sportlichen Aufgaben widmen. Während sich honduranische Spitzenkräfte wie Eduardo Bennetti, Milton Núñez und Carlos Pavón mit unterschiedlichem Erfolg im südamerikanischen bzw. europäischem Profifußball versuchten, drang die Landesauswahl um Altstar Yearwood 1991 beim erstmals ausgespielten Gold Cup überraschend bis ins Finale vor. Erst im Elfmeterschießen mussten sich »los catrachos« seinerzeit den USA geschlagen geben.

Die Hoffnungen auf eine erneute WM-Teilnahme erfüllten sich indes nicht. 1994 kam Honduras in der dritten Qualifikationsrunde nicht über den letzten Platz hinaus, 1998 musste man trotz eines überraschenden Sieges über Mexiko vorzeitig die Segel streichen und 2002 verspielten »los catrachos« durch eine ebenso unerwartete wie unnötige 0:1-Heimniederlage gegen Trinidad-Tobago die bereits sicher geglaubte Qualifikation.

Gerüchte, Honduras habe seinerzeit »mit Absicht« verloren, schienen sich zu bestätigen, als ein den Vorwürfen auf den Grund gehender Journalist tot in einem Hotelaufzug aufgefunden wurde. Bestechung, Gewalt und Korruption zählen im honduranischen Fußball – und nicht nur da – seit langem zum Alltag.

■ **WIE VIELE ZENTRALAMERIKANISCHE** Länder verfügt Honduras über technisch herausragende Spieler, denen es aber im entscheidenden Moment bisweilen etwas an der nötigen Nervenstärke fehlt. Lange Zeit vermochten sich Honduraner zudem nur schwer im

■ **OLIMPIA TEGUCIGALPA** Honduras' populärster und zugleich auch ältester Fußballverein. 1912 gegründet und anlässlich der seinerzeit in Stockholm durchgeführten Olympischen Spiele Juventud Olimpia getauft, erhielten die »Leones« (»Löwen«) allerdings erst 1917 eine Fußballabteilung. Neben zahlreichen nationalen Erfolgen – 2008 feierte man seine 21. Landesmeisterschaft seit 1967 – gelangen auch international diverse Erfolge. 1959 holte der Club Deportivo Olimpia mit einem 4:3 über die LD Alajuelense erstmals die Zentralamerikameisterschaft nach Honduras. Auf kontinentaler Ebene setzte man sich 1972 im Endspiel gegen die SV Robin Hood Paramaribo aus Suriname und 1988 im Finale gegen Defence Force aus Trinidad und Tobago durch. 1985 und 2000 kassierte Olimpia gegen Defence Force bzw. LA Galaxy jeweils Finalniederlagen. 1988 gelang mit einem 2:1 beim mexikanischen Profiklub Cruz Azul der bis heute einzige Sieg einer zentralamerikanischen Vereinsmannschaft im Estadio Azteca von Mexiko-City. Der Klub hat mit den »La Ultra Fiel« (»Treue Ultras«) eine ebenso engagierte wie gefürchtete Fangruppe hinter sich. [12.6.1912 | Estadio Tiburcio Carias Andino (30.000) | 21]

Meisterjubel bei Marathón San Pedro Sula.

Wenn der große Fußball nach Honduras kommt, sind die Ränge prall gefüllt – wie 2008 beim Champions-League-Spiel zwischen Cruz Azul aus Mexiko und Marathón San Pedro Sula.

- **FIFA World Ranking**

1993	1994	1995	1996	1997	1998	1999	2000
40	53	49	45	73	91	69	46
2001	2002	2003	2004	2005	2006	2007	2008
27	40	49	59	41	56	53	40

- **Weltmeisterschaft**

1930-58 nicht teilgenommen **1962-74** Qualifikation **1978** nicht teilgenommen **1982** Endturnier (Vorrunde) **1986-2010** Qualifikation

- **Gold Cup**

1991 Finalist **1993-98** Endrunde **2000** Endrunde (Viertelfinale) **2002** Qualifikation **2003** Endrunde **2005** Qualifikation **2007** Endrunde (Viertelfinale)

Ausland zu etablieren. Angesichts der katastrophalen Wirtschaftslage und der verheerenden Verwüstungen durch den Wirbelsturm »Mitch«, der im Oktober 1998 fast 70 Prozent der nationalen Infrastruktur zerstörte, wagen Honduras' Fußballtalente inzwischen aber deutlich häufiger den Sprung ins Ausland. Seit der Millenniumswende haben sich neben dem in Mailand zum Superstar gereiften David Suazo auch Amado Guevara (2003 in der US-amerikanischen MLS zum »wertvollsten Spieler« gewählt), Wilson Palacios (Wigan Athletic), Edgar Álvarez (AS Rom) und Maynor Suazo (Red Bull Salzburg, 1. FC Köln) über die Grenzen des Landes hinaus einen Namen gemacht.

Ihre dabei gewonnene Erfahrung wirkt sich auch positiv auf die Leistungsfähigkeit der Nationalelf aus. Nachdem Honduras 2001 bei der Copa América immerhin Brasilien geschlagen hatte und Dritter geworden war, kletterte das Land kurzzeitig auf einen beeindruckenden 20. Platz in der FIFA-Weltrangliste. Doch Enttäuschungen sind im hondurianischen Fußball nie fern. Von zahlreichen Trainerwechseln geschwächt (2003 und 2004 gab es jeweils deren drei), scheiterten »los catrachos« 2007 unter Trainer Reinaldo Rueda im Gold Cup nach Siegen über Mexiko und Costa Rica im Viertelfinale ausgerechnet am krassen Außenseiter Guadeloupe und fielen auf Rang 63 zurück.

■ **AUF NATIONALER EBENE** ist Honduras' Fußball seit Jahrzehnten fest in den Händen der Teams aus Tegucigalpa und San Pedro Sula. Puerto Cortés' CD Platense konnte seiner 1965 errungenen ersten Meisterschaft erst im Frühjahr 2001 Titel Nummer zwei hinzufügen. Darüber hinaus vermochten nur die La Ceibaer Rivalen Vida und Victoria Landesmeister zu werden. Dominierende Kräfte sind die hauptstädtischen Rivalen Olimpia und Motagua, die zusammen auf 33 Titel kommen. Ihrem Duell zugrunde liegt eine erbitterte Rivalität zwischen den beiden einzigen »wirklichen« Städten Honduras', die in der Vergangenheit häufig in Gewalt gemündet hat.

Seit 1999 ist Honduras' Landesmeisterschaft nach dem aus Südamerika bekannten Apertura/Clausura-System organisiert, womit es alljährlich zwei Meister gibt: Einen Herbst- (Apertura) sowie einen Frühjahrsmeister (Clausura). International haben Honduras Teams inzwischen wieder zu den stärkeren auf dem Kontinent aufschließen können. 2000/01 qualifizierte sich Olimpia Tegucigalpa als kontinentaler Vizemeister sogar für die Klub-Weltmeisterschaft, die aufgrund der ISL-Pleite jedoch abgesagt werden musste. 2006 und 2008 errangen mit Olimpia bzw. Motagua jeweils hondurianische Teams die Zentralamerikameisterschaft.

HELDEN | LEGENDEN

■ **EDUARDO BENNETT** Verdingte sich mehr als zehn Jahre lang mit beachtlichem Erfolg in Argentinien und Chile, wobei der torgefährliche Offensivspieler vor allem im Dress der Argentinos Juniors zu überzeugen wusste. 1991 debütierte der aus La Ceiba stammende »el Balín« (»das Kügelchen«) auch für die hondurianische Nationalmannschaft, während er sich 1995 in der Clausura-Saison mit San Lorenzo de Almagro die argentinische Landesmeisterschaft sicherte.
[*11.9.1968 | 30 LS/17 Tore]

■ **AMADO GUEVARA** Mit 109 Länderspielen Honduras' Rekordnationalspieler. Der aus Tegucigalpa stammende Mittelfeldspieler stand in jener Elf, die 2001 bei der Copa América überraschend Brasiliens U23-Auswahl ausschaltete und das Halbfinale erreichte. »El Lobo« wurde anschließend in die Elf des Turniers gewählt. Seine Karriere 1992 bei Olimpia Tegucigalpa beginnend, wurde er von 1998 bis 2000 mit Motagua dreimal hondurianischer Landesmeister, ehe er auf Weltreise ging und in Mexiko, Spanien (Valladolid) sowie Costa Rica auflief. 2003 gelang ihm beim US-amerikanischen Profiklub MetroStars der endgültige Durchbruch. Nach 103 Spielen (32 Tore) begab er sich 2006 abermals auf Wanderschaft und kehrte erst 2008 mit dem Toronto FC in die MLS zurück.
[*2.5.1976 | 109 LS/25 Tore]

■ **WILSON PALACIOS** Erster Honduraner, der sich in der englischen Premier League durchsetzte. Debütierte 2007 beim 0:0 gegen Liverpool für Birmingham City und wechselte im Januar 2008 zu Wigan Athletic, wo er als einer der talentiertesten Fußballer der Vereinsgeschichte betrachtet wurde. Palacios gilt neben David Suazo als der gegenwärtig beste Fußballer Honduras'.
[*29.7.1984 | 52 LS/4 Tore]

■ **CARLOS PAVÓN** Aus der Kleinstadt El Progreso stammender Angreifer, der sich 2001 als erster Honduraner in der italienischen Serie A versuchte. Nach einer Spielzeit in Udinese (7 Einsätze/1 Tor) wechselte er 2002 zum SSC Neapel (13 Spiele), ehe er 2003 nach Honduras zurückkehrte. Zuvor war Pavón bereits in Mexiko und Spanien (Valladolid) unter Vertrag gewesen. Im Herbst 2007 lief er eine Zeitlang im Dress von Los Angeles Galaxy auf und markierte zwei Treffer – jeweils auf Vorlage von David Beckham. Mit 46 Länderspieltoren Honduras' Rekordtorjäger.
[*9.10.1973 | 79 LS/46 Tore]

■ **DAVID SUAZO** Mit seinem Wechsel zu Inter Mailand avancierte Suazo im Sommer 2007 vollends zum Superstar des hondurianischen Fußballs. 255 Einsätze für Cagliari hatte der in Tegucigalpa geborene Stürmer bereits auf dem Buckel, als er in die lombardische Metropole wechselte. Aus dem Nachwuchslager von Olimpia stammend, war der Cousin von Maynor Suazo 1999 nach Cagliari gewechselt und hatte 2000 mit der hondurianischen Nationalelf an den Olympischen Spielen in Sydney teilgenommen. 2006 wurde er nach 22 Saisontreffern gemeinsam mit dem Brasilianer Kaká zum besten Ausländer in der Serie A gewählt. Ein Jahr später gewann Inter Mailand das daraufhin ausbrechende Rennen um seine Person und durfte Suazo für die Zahlung von rund 15 Mio. Euro in seine Squadra einreihen. [*5.11.1979 | 38 LS/14 Tore]

■ **GILBERTO YEARWOOD** Das Aushängeschild der hondurianischen WM-Teams von 1982 wird von vielen Experten als der beste Spieler der hondurianischen Fußballgeschichte bezeichnet. In Spanien wurde »El Vikingo« (»Der Wikinger«) allerdings zur tragischen Figur, als er im dritten Spiel gegen Jugoslawien wegen allzu lautstarker Proteste vom Platz flog. Yearwood war der erste Honduraner, der im spanischen Ligafußball Fuß fasste und für Elche, Real Valladolid, Celta Vigo sowie CD den Teneriffa auflief. Der Zentralverteidiger stammt aus dem Nachwuchspool von Real España San Pedro Sula und lief in seiner Heimat auch für Olimpia, Motagua und Marathón auf. Nach seinem Karriereende 1993 wechselte er auf die Trainerbank. [*15.4.1956]

Die »Reggae Boyz« tanzten nur einen Sommer

Jamaikas Fußball steckt seit der WM 1998 in einer schweren Krise

Jamaika Football Federation

Jamaika Fußball-Bund | gegründet: 10.7.1910 | Beitritt FIFA: 1962 | Beitritt CONCACAF: 1961 | Spielkleidung: goldenes Trikot, schwarze Hose, goldene Stutzen | Saison: September - Mai | Spieler/Profis: 168.494/270 | Vereine/Mannschaften: 270/900 | Anschrift: 20 St. Lucia Crescent, Kingston 5 | Tel: +1876-9298036 | Fax: +1876-9290438 | www.jamaicafootball-federation.com | E-Mail: jamff@hotmail.com

Zum erfolgreichen Fußball gehört mehr als nur Talent und Ausdauer. Geld beispielsweise kommt sehr hilfreich daher, und eine moderne Infrastruktur ebnet den Weg nach oben für gewöhnlich ebenfalls etwas schneller.
Geld und eine moderne Infrastruktur waren Mangelware, als der Brasilianer René Simoes im Oktober 1994 die jamaikanische Nationalmannschaft übernahm. Abgeschlagen auf Position 96 der FIFA-Weltrangliste rangierte die cricketverrückte Karibikinsel seinerzeit und hatte im Fußball nichts außer den Gewinn der Karibikmeisterschaft 1991 vorzuweisen.

■ **VIER JAHRE SPÄTER REISTEN** die »Reggae Boyz« als dritte Karibiknation nach Kuba (1938) und Haiti (1974) zu einem WM-Endturnier, errangen in Frankreich einen bemerkenswerten 2:1-Vorrundensieg über Japan und kletterten in der FIFA-Weltrangliste bis auf Position 27.
Jamaikas Fußballwelt hatte sich aber nicht nur sportlich komplett verändert. Inzwischen stand eine ganze Armada von Sponsoren bereit, die Fußball-Infrastruktur war nicht mehr wiederzuerkennen und selbst die über Jahrzehnte darbende Nationalliga war erfolgreich geliftet worden. Ein Wunder? Nein – »nur« das Ergebnis beharrlicher Arbeit von Nationaltrainer Simoes, dessen Assistenten Carl Brown sowie Ex-Armeegeneral Horace G. Burrel, der als Verbandspräsident erfolgreich die Fäden gezogen hatte.
Zu Beginn war es vor allem Burrels Enthusiasmus gewesen, der Jamaikas Fußball aus der Tristesse gerissen hatte. Mit dem Bankier Howard McIntosh sowie Jamaikas Premierminister P. J. Patterson gewann der erfolgreiche Großbäcker 1994 zwei einflussreiche Persönlichkeiten für seine Pläne, mit deren Unterstützung er sich erfolgreich um Sponsoren bemühen konnte. Mit Hilfe ihrer diplomatischen Beziehungen gelang es zudem, den erfahrenen brasilianischen Trainer Simoes nach Jamaika zu locken.
Der »Professor«, wie er allerorten genannt wurde, rückte alsdann den drängendsten Problemen des jamaikanischen Fußballs auf den Pelz: einer mangelhaften finanziellen Versorgung seiner Amateurkicker sowie einer eklatanten Disziplinlosigkeit. Dabei ging er mit nüchternem Realismus vor. Um die finanzielle Situation der Aktiven zu verbessern, wurde ein Projekt namens »Adopt a Player« ins Leben gerufen, bei dem Wirtschaftsunternehmen die Patenschaft über einen Spieler übernahmen und sich gezielt um dessen Wohlergehen kümmerten. Kontrakte mit nationalen Nahrungsmittelunternehmen sowie einer Fluggesellschaft lösten unterdessen die gröbsten strukturellen Probleme des chronisch finanzklammen Nationalverbandes und sorgten für reibungslosere Abläufe.
Der frappierenden Disziplinlosigkeit seiner Spieler rückte der »Professor« in ausdauernden Einzelgesprächen zu Leibe. Darin vermittelte er ihnen den Glauben an sich selbst und beseitigte den in der Karibik verbreiteten Fatalismus, dass die Region und ihre Bewohner auf immer und ewig zur Rückständigkeit und Gewalttätigkeit verdammt seien.

■ **UM SEIN TEAM AUF DIE** lange WM-1998-Qualifikation vorzubereiten (Jamaika hatte bis zur Qualifikation 20 Spiele zu bestreiten!), organisierte Simoes alsdann diverse Freundschaftsspiele, die zudem den Teamgeist förderten. Ein weiterer Coup war die weltweite Suche nach Profifußballern mit jamaikanischen Wurzeln, um dem vorwiegend mit in

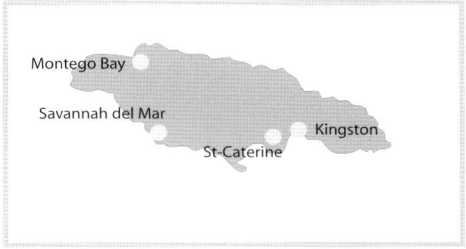

Jamaica

Jamaika | Fläche: 10.991 km² | Einwohner: 2.645.000 (241 je km²) | Amtssprache: Englisch | Hauptstadt: Kingston (579.137) | Weitere Städte: Spanish Town (131.515), Portmore (93.800), Montego Bay (82.000), May Pen (45.900) | Währung: 1 Jamaika-Dollar = 100 Cents | Bruttosozialprodukt: 3.300 $/Kopf | Zeitzone: MEZ -6h | Länderkürzel: JM | FIFA-Kürzel: JAM | Telefon-Vorwahl: +1876

● **FIFA World Ranking**

1993	1994	1995	1996	1997	1998	1999	2000
80	96	56	32	39	33	41	48
2001	2002	2003	2004	2005	2006	2007	2008
53	51	46	49	42	57	97	65

● **Weltmeisterschaft**
1930-62 nicht teilgenommen **1966-70** Qualifikation **1974** nicht teilgenommen **1978** Qualifikation **1982-86** nicht teilgenommen **1990-94** Qualifikation **1998** Endturnier (Vorrunde) **2002-2010** Qualifikation

● **Gold Cup**
1991 Endturnier **1993** Endturnier (Halbfinale) **1996-98** Qualifikation **2000** Endturnier **2002** Qualifikation **2003** Endturnier (Viertelfinale) **2005** Endturnier (Viertelfinale) **2007** Qualifikation

den heimischen Klubs aktiven Amateuren bestückten Team gezielt zu individueller Klasse zu verhelfen. Mit Deon Burton, Fitzroy Simpson und Robbie Earle stießen seinerzeit drei englische Berufsfußballer hinzu und sorgten für die gewünschte Qualitätssteigerung.

Am 16. November 1997 öffnete ein torloses Unentschieden gegen Mexiko dank einer zeitgleichen Niederlage El Salvadors in den USA Jamaika die WM-Pforte und stürzte das Land in den Ausnahmezustand. Premierminister Patterson erklärte den nächsten Tag für arbeitsfrei, während Tausende von Fans in Kingston die Sensation stilgerecht mit einem Konzert von Reggaestar Dennis Brown bejubelten. Jamaikas Fußballer waren unter den großen Nationen der Welt angekommen!

■ **DAS KANNTE DIE** ehemalige britische Kolonie bis dahin nur vom Cricket. Jamaika zählt zu den Cricket-Hochburgen der Welt und stellt in der Regel das Gros jener West-Indies-Auswahl, deren Auftritte bisweilen die gesamte Karibik zu fesseln vermögen. Jamaikanische Cricket-Größen wie Courtney Walsh oder (der allerdings in Panama geborene) George Alphonso Headley genießen Kultstatus, während Fußball auf Jamaika lediglich Nummer zwei ist. 2006 kam der Nationalverband Jamaica Football Federation (JFF) mit seinen rund 170.000 Mitgliedern auf einen Anteil von etwa 6,1 Prozent an der Gesamtbevölkerung, was im globalen Vergleich bestenfalls gehobener Durchschnitt ist.

Es waren ausgerechnet Cricket-Enthusiasten, die in den 1880er Jahren den Fußball auf Jamaika einführten. Unter ihnen war Reverend G. C. Hendricks, der seinerzeit an der York-Castle-Schule eine Fußballmannschaft ins Leben rief. Auch der Kingston Cricket Club zeigte schon früh Interesse an dem Spiel um den runden Ball. Darüber hinaus verstärkten auf Jamaika stationierte britische Soldaten die ersten Fußballteams.

Fußball wurde anfänglich fast ausschließlich über die britisch geprägten Bildungseinrichtungen transportiert und erhielt entsprechend strukturierte Wettbewerbe. Bis heute verfügt Jamaika über zwei populäre Schulmeisterschaften: den Martinez Association Football Cup, der 1906 ins Leben gerufen wurde, und den 1909 aus der Taufe gehobenen Wettbewerb um den Olivier Shield, der von Ex-Governor Sir Sydney Olivier gestiftet worden war. Britische Soldatenmannschaften rangen derweil 1898 erstmals um den Challenge Shield.

■ **DIE ERSTEN FUSSBALLZENTREN** Jamaikas waren die im Norden gelegene Stadt Montego Bay sowie die Hauptstadt Kingston. In Letzterer gründeten im Juli 1910 fünf aus dem innerstädtischen Quartier Corporate Area stammende Gemeinschaften im Verbund mit jamaikanischen und britischen Armeeangehörigen die Jamaica Football Association (JFA), die sich kurz darauf der englischen FA anschloss.

Das entsprach den politischen Realitäten jener Tage. 1655 hatten Briten das seit 1509 von Spanien kolonisierte »Land der Flüsse und Seen« (»Xaymaca« in der Sprache der Aruak-Indianer, daraus wurde später »Jamaika«) erobert und in einen der weltweit größten Umschlagplätze für den Sklavenhandel verwandelt. Nach dem Verbot der Sklaverei (1838) war zunächst die jamaikanische Plantagenwirtschaft zusammengebrochen, ehe Jamaika nach einem Aufstand ehemaliger Sklaven 1866 als Kolonie dem britischen Empire einverleibt worden war.

Britische Kolonialisten spielten eine tragende Rolle bei der Etablierung des Fußballs auf Jamaika. Dennoch war der Fußball von Beginn an auch ein Spiel der Einheimischen. Dass deren kulturelle Wurzeln über die aus Afrika verschleppten Sklaven bis zum schwarzen Kontinent reichen, verdeutlicht heute neben der Reggae-Musik, die eine Mischung aus afrikanischer und karibischer Musik darstellt, vor allem der Fußball, der auf Jamaika »schwarz« ist.

International trat Jamaika erstmals 1925 in Erscheinung, als die Vorgänger der »Reggae Boyz« in der haitianischen Hauptstadt Port-au-Prince ein glänzendes Debüt ablieferten. 1930 umfasste der Nationalverband JFA 34 ihm angeschlossene Klubs (davon vier Armeevereine) und 522 Spieler (90 Soldaten).

■ **NACH DEM ZWEITEN WELTKRIEG** wurde der »britische« Fußball Jamaikas zusehends zu einem jamaikanischen. 1950 löste mit der Jamaica Football Federation (JFF) ein von Einheimischen geführter Nationalverband die JFA ab. Der Durchbruch gelang, als die JFF zwei Jahre später nach einem verheerenden Hurrikan eine Reihe von Benefizspielen organisierte, bei denen eine jamaikanische Auswahl auf eine »Caribbean All Stars« genannte Regionalauswahl traf. Während letzterer Akteure aus Kuba, Haiti, Surinam, Guyana, Puerto Rico, Guadeloupe und Trinidad-Tobago angehörten, standen im jamaikanischen Team mit »Lindy« Delapenha und Gillie Heron zwei Spieler, die sich zwischenzeitlich im britischen Profifußball

TEAMS | MYTHEN

■ **ARNETT GARDENS FC KINGSTON** Entstand 1977 durch den Zusammenschluss von Jones Town und den All Saints. Die Schwarz-Weiß-Roten gingen schon ein Jahr später erstmals als Landesmeister durchs Ziel. 2001 und 2002 folgten unter Trainer Jerome Waite zwei weitere nationale Meistertitel. Arnett Garden ist ein Wohngebiet im Süden der Kingstoner Vorstadt Saint Andrew, das auch als »Concrete Jungle« bekannt ist. Dementsprechend trägt der Klub den Spitznamen »Junglists«. [1977 | Anthony Spaulding Complex (7.000) | 3]

■ **HARBOUR VIEW FC KINGSTON** 1974 aus einer seit den frühen 1960er Jahren bestehenden Fußballmannschaft gegründeter Klub, der im Harbour View Distrikt von Kingston ansässig ist. Ursprünglich diente der Verein als eine Art Sozialklub für ein unterhalb des Fort Nugent Tower gelegenes neues Wohngebiet am Aqua Park. 2000 und 2007 wurden die Blau-Gelben jeweils Landesmeister. Darüber hinaus liefen sie bereits fünfmal als Vizemeister ein und errangen sowohl 2004 als auch 2007 die Karibikmeisterschaft und qualifizierten sich für die Endrunde um die Kontinentalmeisterschaft. Nach der Millenniumswende wurden die »Stars of the East« als erster jamaikanischer Fußballklub in eine Aktiengesellschaft umgewandelt. Das vereinseigene Stadion gilt als eine der modernsten Arenen des Landes. Die HVFC-Klubführung zählt zu den vehementesten Befürwortern einer weiteren Professionalisierung des jamaikanischen Fußballs. [4.3.1974 | Harbour View Stadium (7.000) | 2]

■ **SANTOS FC KINGSTON** Mit fünf Titeln sind die Schwarz-Gelben mit dem berühmten Namen Jamaikas Rekordmeister. Allerdings liegen die Erfolge des Santos FC lange zurück – seinen letzten Titel feierte man anno 1980. Die Klubgründer zeigten sich bei der Namensgebung inspiriert vom berühmten brasilianischen Namensvetter und Pelé-Klub, der in den frühen 1970er Jahren mehrfach in der Karibik aufgelaufen war. [5]

■ **TIVOLI GARDENS FC KINGSTON** Dreifacher Landesmeister, der aus dem zum im Westen von Kingston gelegenen Trenchtown-Distrikt gehörenden Ghetto Tivoli stammt. Der mit dem nationalen Eisenbahnbetreiber »Jamaica Railway Corporation« verbundene Klub steht seit den 1970er Jahren der konservativen JLP-Partei um den ehemaligen jamaikanischen Premierminister Edward Seaga nahe. Nach jenem ist auch die Sportstätte am Railway Oval benannt. »T. G.« galt lange als erbitterter Gegenspieler des der PNP nahestehenden Lokalrivalen Waterhouse FC. In den 1970er Jahren gab es wiederholt gewaltsame Auseinandersetzungen zwischen den Fangruppen beider Vereine. [Edward Seaga Sports Complex/ Railway Oval, Tivoli Gardens (3.000) | 3]

■ **WATERHOUSE FC KINGSTON** 1968 gegründeter Klub aus dem Trenchtown-Distrikt im Westen von Kingston. Waterhouse ist ein innerstädtisches Wohnquartier mit Ghetto-Charakter, das in den 1970er Jahren der sozialistischen PNP nahestand und dadurch in die politischen Auseinandersetzungen geriet, die auch auf den Fußball übergriffen. Vor allem im Verhältnis zum der JLP nahestehenden Nachbarklub Tivoli Gardens FC äußerte sich dies in bisweilen offener Feindschaft und zahllosen Gewaltexzessen. Mit dem Wechsel vom Emmett Park in das nahegelegene Waterhouse Stadium

avancierten die Blau-Gelben nach der Millenniumswende zu einem der ambitioniertesten Vereine des Landes. 2006 errang der Klub, der 1998 mit Onandi Lowe und dem früh verstorbenen Peter Cargill zwei Leistungsträger der WM-Elf stellte, seinen zweiten Meistertitel nach 1998.
[1968 | Waterhouse Stadium (5.000) | 2 | 2]

■ **VIOLET KICKERS FC MONTEGO BAY**
Fußballerisches Aushängeschild aus Montego Bay, das 1994 und 1996 jeweils Landesmeister wurde. Steuerte 1998 Nationalkeeper Warren Barrett zur jamaikanischen WM-Elf bei. [2]

■ **PORTMORE UNITED FC**  Die Rot-Weißen aus dem im Südosten gelegenen St. Catherine sicherten sich 2008 bereits ihre vierte Landesmeisterschaft. Der Klub wurde Ende der 1970er Jahre als Hazard United gegründet und erhielt 2003 seinen heutigen Namen. Hintergrund war ein Ortswechsel von Clarendon nach St. Catherine, weil in Clarendon keine geeignete Sportstätte vorhanden war. Um die neue Fangemeinde für sich attraktiver zu machen, gab man sich den Namen des Distrikts Portmore. Größter internationaler Erfolg war der Gewinn der Karibikmeisterschaft 2005. Bekannteste Spielernamen sind die der ehemaligen Nationalelfkapitäne Anthony Corbett und Linval Dixon.
[Ferdi Neita Sports Complex (2.000) | 4]

■ **RENO FC SAVANNAH DEL MAR**  Dreifacher Landesmeister (1990, 1991, 1995) aus der Stadt Savannah del Mar, die Hauptort des Distriktes Westmoreland ist. Die Blau-Weißen stellten 1998 mit Torsteher Aaron Lawrence einen Akteur des jamaikanischen WM-Abenteuers. [Frome Sports Club (2.000) | 3]

HELDEN | LEGENDEN

■ **JOHN BARNES**  Der Sohn eines Armeeangehörigen und ehemaligen jamaikanischen Nationalspielers verließ seine Heimat im Alter von 12 Jahren, um in England eine bessere Ausbildung zu erhalten. Barnes schloss sich 1981 dem Watford FC an, debütierte 1982 in der englischen Nationalmannschaft und war von 1987-96 unverzichtbare Größe beim Liverpool FC. Später auf die Trainerbank wechselnd, leitete er von Juni 1999 bis Februar 2000 die Übungsstunden bei Celtic Glasgow und übernahm im September 2008 die der jamaikanischen Nationalauswahl.
[7.11.1963 | 79 LS/11 Tore für England]

■ **WARREN BARRETT**  Erfahrener Torsteher aus Montego Bay, der auf insgesamt 127 Berufungen für die verschiedenen jamaikanischen Nationalmannschaften kam. Verhalf Jamaika 1993 mit tollkühnen Paraden zum dritten Platz beim Gold Cup in den USA und führte die »Reggae Boyz« 1998 als Kapitän zur WM. Auf Vereinsebene stand »Boopie« zumeist für die Violet Kickers aus Montego Bay zwischen den Pfosten. [*9.11.1970]

■ **WALTER BOYD**  Enfant terrible des jamaikanischen Fußballs der 1990er Jahre. Flog unter Erfolgstrainer René Simoes phasenweise aus der Nationalmannschaft, weil er seinem Trainer vorwarf, er wolle »ein lebender Gott« sein. Am Ende durfte »Blacka Pearl« aber doch mit zur WM nach Frankreich, wo er in allen drei Spielen zum Einsatz kam. Boyd trug in seiner Karriere u. a. die Spielkleider von Constant Spring, Colorado Foxes, Swansea City und Arnett Gardens. [*1.1.1972 | 66 LS/19 Tore]

durchgesetzt hatten. Die Charity-Spiele sorgten nicht nur für einen spürbaren Popularitätsschub des Fußballs auf Jamaika, sondern mündeten in der Einrichtung des karibischen Regionalverbandes (»British Caribbean Football Association«, BCFA, siehe Seite 328), der ähnlich wie die zeitgleich gegründete Westindische Föderation einen Zusammenschluss der britischen Kolonien in der Karibik darstellen sollte.

Der vor allem vom Kolonialherrn Großbritannien vorangetriebene Föderationsgedanke scheiterte jedoch an den Unabhängigkeitsbestrebungen von Jamaika und Trinidad. Nachdem jene 1962 zur staatlichen Eigenständigkeit der beiden Länder geführt hatte, zerbrach die BCFA und die beteiligten Regionen gingen eigene Wege. Jamaikas JFF trat daraufhin der FIFA bei und richtete sich im zwischenzeitlich errichteten Nationalstadion von Kingston ein.

Drei Jahre später beteiligte sich die vom Brasilianer Jorge Penna trainierte Nationalauswahl erstmals an der WM-Qualifikation. In der Publikumsgunst hatte der Fußball zwischenzeitlich enorm aufgeholt, und Leistungsträger wie Regisseur Syd Bartlett sowie die Stürmer Lascalles Dunkley und Oscar Black waren in der Publikumsgunst zu nationalen Cricket-Heroen aufgestiegen.

Auf nationaler Ebene stand der Fußball nach dem Abgang der britischen Kolonialisten indes vor einem umfassenden Umbruch. Die bis dahin prägenden britischen Teams waren aufgelöst worden, organisierten Ligaspielbetrieb gab es nicht, und die von Einheimischen gebildeten Hobbymannschaften vermochten sich erst in den frühen 1970er Jahren in richtige Vereine zu verwandeln. Mit dem Harbour View FC, Tivoli Gardens, Arnetts Gardens und dem Waterhouse FC entstanden seinerzeit vier der heute populärsten Klubs des Landes. Während jene allesamt aus der Hauptstadt Kingston stammen, prägten in Montego Bay vor allem die Violet Kickers und der Wadadah FC das Geschehen.

1973 gelang es dem Nationalverband JFF, eine Nationalliga ins Leben zu rufen. Erster Sieger wurde der Hauptstadtklub Santos FC, dessen Name symbolisch für die hohe Popularität steht, die Brasiliens Fußballs auf Jamaika genießt. Insbesondere in den turbulenten 1970er Jahren sah die schwarze Bevölkerungsmehrheit der Karibik in den brasilianischen Fußballerfolgen einen immensen Beitrag zur Emanzipation der schwarzen Rasse gegenüber ihren »Unterdrückern« aus Europa bzw. Nordamerika.

■ **AUF JAMAIKA GERIET DER** Fußball unterdessen in die politischen Streitigkeiten und wirtschaftlichen Turbulenzen, die das Land über weite Strecken der 1970er und 1980er Jahre lähmten. Mit der von Michael Manley angeführten sozialitischen PNP und der bürgerlich-liberalen JLP um Alexander Bustamente bzw. Edward Seaga standen sich zwei Parteien gegenüber, deren ideologische Auseinandersetzungen in den Ghettos von West-Kingston (Trenchtown) brutale Banden- und Partisanenkämpfe heraufbeschworen und die jamaikanische Hauptstadt in eine Art karibisches Belfast verwandelten.

Auch vor den Fußballfeldern machte die Gewalt nicht Halt. Namentlich das Duell zwischen den verfeindeten Ghettos Tivoli (stand der JLP nahe) und Waterhouse (PNP) mutierte zu einem regelrechten Ersatzkrieg. Massenschlägereien, körperliche Angriffe auf Schiedsrichter, Spielabbrüche und selbst Schießereien standen seinerzeit auf der Tagesordnung. Nachdem die Situation 1976 derart eskaliert war, dass der Notstand ausgerufen werden musste, beruhigte sich die Lage erst 1980 wieder, als die JLP die regierende PNP ablöste.

Die Gewalt warf Jamaikas Fußball weit zurück. Weil Investoren, Sponsoren und Zuschauer abgeschreckt wurden, konnten sich die Vereine und die Nationalliga kaum weiterentwickeln, während viele Eltern ihren Kindern den Fußball verboten. Lediglich die von Schulmannschaften bestrittenen Wettbewerbe um den Manning Cup bzw. den Olivier Shield blieben von der Gewalt unberührt und lockten entsprechende Zuschauerkulissen an.

Trotz prominenter Unterstützer wie Reggae-Star Bob Marley, der selbst leidenschaftlicher Fußballer war, fand der heimische Fußball nicht aus der Krise. Der Tiefpunkt wurde Mitte der 1980er Jahre erreicht, als der Nationalverband JFF wegen unbezahlter Mitgliedsbeiträge sogar von der WM-1986-Qualifikation ausgeschlossen wurde.

Unterdessen etablierten sich immer mehr Fußballer mit jamaikanischen Wurzeln im britischen Profifußball. Darunter waren Bob Hazell, der Anfang der 1980er Jahre in Wolverhampton bzw. bei den Queens Park Rangers zum Publikumsliebling aufstieg, und John Barnes, der es in Watford und Liverpool sogar zum englischen Nationalspieler schaffte. Sie waren Kinder jener jamaikanischen Immigranten, die in den 1950er Jahren zu Abertausenden in Großbritannien eine neue Heimat gefunden hatten.

■ **ERST IN DEN 1990ER JAHREN** besserte sich die Lage allmählich. 1991 konnten die »Reggae Boyz« mit dem Gewinn der Karibikmeisterschaft und der damit verbundenen Qualifikation zum Gold Cup sogar ihren ersten internationalen Erfolg feiern.

1993 übernahm dann der ehemalige Armeegeneral und Großbäcker Horace Burrell die Führung über den Nationalverband und leitete umfassende Reformen ein. Burrell, der bereits seit Mitte der 1970er Jahre als Funktionär im karibischen Fußball tätig war, reformierte zunächst auf eigene Kosten die maroden Verbandsstrukturen und begab sich anschließend auf die Suche nach kompetenten Mitstreitern. Mit der Verpflichtung des brasilianischen Trainers René Simoes gelang ihm dabei jener Glückstreffer, der zu den eingangs geschilderten Umwälzungen mit dem Höhepunkt der Qualifikation zur WM 1998 führte.

Nicht nur international gelang seinerzeit die Wende, denn zugleich wurde auf Jamaika das Halbprofitum eingeführt. »Eine vernünftig strukturierte Fußballindustrie wird Arbeitsplätze schaffen und ausländische Gelder anlocken. Wir sind nicht mehr nur Sportvereine, wir bieten hochklassiges Entertainment«, unterstützte ein Sprecher des Kingstoner Spitzenklubs Harbour View diese Pläne.

Der Umbruch gelang. Im Jahr 2003 verfügten Jamaikas Topklubs über Etats in Höhe von 15-25 Mio. JS. (200.000-350.000 €), während Spitzenspieler bis zu 100.000 JS (1.300 €) verdienen konnten – das waren für karibische Verhältnisse geradezu astronomische Zahlen. Und auch sportlich gelang die Wende, denn zwischen 2004 und 2007 ging die Karibikmeisterschaft gleich dreimal nach Jamaika (Harbour View, 2004 und 2007, Portmore United, 2005), während sich jamaikanische Klubs auf CONCACAF-Ebene zunehmend Respekt verschafften. 2003 beispielsweise gelang Arnett Gardens ein 0:0 gegen den mexikanischen Spitzenklub Necaxa.

■ **DIE ÜPPIGEN VERDIENSTMÖGLICHKEITEN** sollten auch dazu beitragen, den seit den 1950er Jahren ungebremsten Exodus jamaikanischer Fußballspieler in die USA bzw. nach Europa zu verlangsamen. Jamaikaner sind inzwischen überall auf der Welt im Fußballeinsatz – vor allem in Großbritannien, wo zahlreiche auf der britischen Insel geborene Kinder der Einwanderergenerationen in das Profigeschäft drängten.

Deren Potenzial erkannte auch Nationaltrainer Simoes, der britische Profis mit jamaikanischem Blut als die ideale Ergänzung für seinen WM-Kader 1998 betrachtete. So entstand eine bunte Mischung aus in Jamaika aktiven Spielern wie Onandi Lowe, Walter Boyd und Warren Barrett sowie britischen Jamaikanern wie Robbie Earle, Dean Burton, Paul Hall und Fitzroy Simpson, die den »Reggae Boyz« zu einem international wettbewerbsfähigen Team verhalfen. Mit dem Festhalten an einheimischen Spielern schärfte Simoes außerdem deren Selbstvertrauen, was ähnlich wie im Fall der in »Cool Running« verfilmten jamaikanischen Bobmannschaft bei den Olympischen Winterspielen 1988 zu einem ungeahnten Höhenflug führte. Die WM-Teilnahme von 1998 war der Höhepunkt dieser Entwicklung. Jamaikas frecher Angriffsfußball und Simoes selbstbewusste Art (»Wir wollen ins Finale«) erinnerten an das Vorbild Brasilien, die mitgereisten »Ouch Girls« avancierten zu vielfotografierten Lieblingen der Weltpresse und selbst Jamaikas »böse Jungs« zeigten sich beeindruckt – die chronisch hohe Verbrechensrate auf der Karibikinsel ging während des WM-Turniers nämlich deutlich zurück.

■ **DOCH DER ERFOLG HATTE** seinen Preis. Plötzlich schnellte die Erwartungshaltung in die Höhe, und als nach der WM mit ausbleibendem Erfolg auch das Disziplinproblem zurückkehrte, brach Jamaikas heile Welt rasch zusammen.

Das galt nicht zuletzt auf personeller Ebene. Nachdem Erfolgstrainer Simoes schon nach der WM 1998 freiwillig aus dem Amt geschieden war, wurde 2003 Verbandspräsident Burrell völlig überraschend aus dem Amt gewählt. Damit einher ging eine geradezu tragische Unglücksserie, die im Juni 1999 mit dem Tod von Reggae-Star Dennis Brown begann, der zwei Jahre zuvor noch bei der WM-Siegesfeier gespielt hatte. Kurz darauf wurde die Ernährungsberaterin der »Reggae Boyz« Heather Little-White bei einem Unfall schwer verletzt. 2001 bzw. 2005 verstarben mit Steve »Shorty« Malcolm und Peter Cargill zwei Leistungsträger der 98er-Erfolgself viel zu früh.

Von der einstigen Aufbruchstimmung ist heute nichts mehr zu spüren. Der bislang letzte große Erfolg der »Reggae Boyz« datiert aus dem Jahr 2005, als sie mit einem 1:0-Finalsieg über Kuba Karibikmeister wurden und anschließend im Gold Cup bis ins Viertelfinale vordrangen. Nachdem das Team in der WM-Qualifikation 2006 wie schon vier Jahre zuvor bitter enttäuschte und sich unter dem brasilianischen Coach Sebastio Lazaroni erhebliche Disziplinprobleme einstellten, wurde aus dem »Wunder von 1998« endgültig ein rasch verblassender Mythos.

Als Worte der Hoffnung sei auf das üppige Repertoire von Reggae-Ikone Bob Marley zurückgegriffen, der nicht nur bemerkte, »Football is freedom«, sondern zudem mit dem Song »Get up, stand up« in die Charts kam. Wenngleich sich Marley darin an die Unterdrückten in der Welt richtete, dürften seine Worte auch Jamaikas »Reaggae Boyz« wie Musik in den Ohren klingen.

■ **DURRANT BROWN** Mit 107 Länderspielen ist der Zentralverteidiger von Wadadah Montego Bay Jamaikas Rekordnationalspieler. »Tatty« reiste 1998 mit zur WM nach Frankreich, wo er jedoch nicht zum Einsatz kam. [*8.7.1964 | 107 LS/2 Tore]

■ **LLYOD DELAPHENHA** Erster Fußballstar des Landes und auch erster Jamaikaner im englischen Profifußball. »Lindy« wurde entdeckt, als er nach dem Zweiten Weltkrieg für die britische Armee im Mittleren Osten diente. 1948 kam er zum Portsmouth FC, mit dem er 1949 englischer Meister wurde. 1950 wechselte er zum Middlesbrough FC, für den er in 270 Begegnungen 93 Tore schoss. Später war er noch für Mansfield Town und Hereford United am Ball, ehe er Anfang der 1960er Jahre nach Jamaika zurückkehrte und bei BBC Jamaika Karriere machte. [*25.5.1927]

■ **ROBBIE EARLE** Einer jener »englischen Jamaikaner«, die 1998 von Nationaltrainer René Simoes zur gezielten Verstärkung der »Reggae Boyz« rekrutiert wurden. Geboren in Newcastle-under-Lyme, bestritt Earle von 1982 bis 2000 insgesamt 578 Ligaspiele für Port Vale bzw. Wimbledon und erzielte 136 Tore. In Wimbledon war er einer der Gallionsfiguren der »Crazy gang«, die für ihre »never-give-up«-Mentalität berühmt war. 1997 debütierte der Mittelfeldspieler für Jamaika, nachdem er zuvor bereits in den englischen Kader berufen worden, aber nicht zum Einsatz gekommen war. [*27.1.1965 | 33 LS/8 Tore]

■ **THEODORE WHITMORE** Jamaikas Held der WM 1998 – beim 2:1 über Japan gelangen ihm beide Treffer – führt mit 24 Toren in 105 Länderspielen die nationale Rangliste an. In Montego Bay geboren, spielte der 1998 zum »karibischen Fußballer des Jahres« gewählte Whitmore zunächst für die Violet Kickers und Seba United, ehe er 1999 vom englischen Profiklub Hull City unter Vertrag genommen wurde. Nach einem folgenschweren Autounfall, bei dem Stephen Malcolm ums Leben kam, geriet seine Karriere allerdings 2002 ins Strauchein. Nach missratenen Gastspielen in Livingston und bei den Tranmere Rovers kehrte der offensive Mittelfeldspieler im Januar 2006 nach Jamaika zurück und schloss sich erneut Seba United an. [5.8.1972 | 105 LS/24 Tore]

Jahr	Meister	Jahr	Meister
1973/74	Santos FC Kingst.	1991/92	Wadadah FC
1974/75	Santos FC Kingst.	1992/93	Hazard United
1975/76	Santos FC Kingst.	1993/94	Violet Kickers
1976/77	Santos FC Kingst.	1994/95	Reno FC Savannah
1977/78	Arnett Gardens FC	1995/96	Violet Kickers
1978/79	abgebrochen	1996/97	Seba United
1979/80	Santos FC Kingst.	1997/98	Waterhouse FC
1980/81	Cavaliers FC	1998/99	Tivoli Gardens FC
1981/82	nicht ausgespielt	1999/00	Harbour View FC
1982/83	Tivoli Gardens FC	2000/01	Arnett Gardens FC
1983/84	Boys' Town FC	2001/02	Arnett Gardens FC
1984/85	Jamaica Defence F.	2002/03	Hazard United
1985/86	Boys' Town FC	2003/04	Tivoli Gardens FC
1986/87	Seba United	2004/05	Portmore United
1987/88	Wadadah FC	2005/06	Waterhouse FC
1988/89	Boys' Town FC	2006/07	Harbour View FC
1989/90	Reno FC Savannah	2007/08	Portmore United
1990/91	Reno FC Savannah		

KANADA

Das lange Warten auf eine Nationalliga

Kanadas ethnisch strukturierter Fußball scheint endlich auf dem Vormarsch zu sein

The Canadian Soccer Association

Der Kanadische Fußball-Verband | gegründet: 1912 | Beitritt FIFA: 1912 (bis 1928), 1946 | Beitritt CONCACAF: 1978 | Spielkleidung: rotes Trikot, rote Hose, rote Stutzen | Saison: Mai - Oktober | Spieler/Profis: 2.695.712/150 | Vereine/Mannschaften: 7.000/55.000 | Anschrift: Place Soccer Canada, 237 Metcalfe Street, Ottawa, Ontario, K2P 1R2 | Tel: +1/613-2377678 | Fax: +1/613-2371516 | www.canadasoccer.com | E-Mail: info@soccerca.ca

Kanada ist das nach Russland zweitgrößte Land der Welt. Mit rund zehn Mio. km² ist es fast so groß wie Europa, und das Landesmotto »A Mari usque ad Mare« (»Vom Meer zum Meer«) darf durchaus wörtlich genommen werden: Im Osten grenzt Kanada an den Atlantik, im Westen an den Pazifik.

Im Fußball ist alles eine Nummer kleiner. Da konzentriert sich das Interesse auf das überschaubare Gebiet der westlichen Bundesstaaten British Columbia und Alberta sowie die Großräume Toronto (Ontario) und Montreal (Quebec). Lediglich eine WM-Teilnahme steht auf dem Konto – und 1986 machte Kanada auch eher als Nation ohne Fußball-Nationalliga denn als spielstarke Equipe auf sich aufmerksam.

■ **REIN SPRACHLICH IST AUCH** Kanada eine »football«-Hochburg. Allerdings handelt es dabei sich um die kanadische Variante des American Football, das im Land des Ahorns gemeinsam mit dem Rugby als Nationalsport gilt. Führend in der Rangliste der populären Sportdisziplinen ist allerdings das Eishockey, das 1855 in Kanada erfunden wurde und sich, von den klimatischen Gegebenheiten begünstigt, rasant ausbreiten konnte. Auch Basketball steht hoch im Kurs und blickt auf eine lange Tradition zurück.

Im Association Football – wie in den benachbarten USA »Soccer« genannt – kann Kanada immerhin mit einem Olympiasieger aufwarten! 1904 errang der Galt FC Ontario bei den Spielen im US-amerikanischen St. Louis Gold – allerdings nur theoretisch, denn das Turnier, an dem lediglich drei Mannschaften teilnahmen, hatte keinen offiziellen Charakter.

Über den Beginn des Fußballs in Kanada gibt es widersprüchliche Aussagen. Nach Auskunft einiger Sporthistoriker soll bereits 1859 in Toronto erstmals gegen den runden Ball getreten worden sein. Angesichts des frühen Datums muss aber davon ausgegangen werden, dass sich die St. George's Society und ein von irischen Einwanderern gebildetes Team seinerzeit eher um ein Rugby-Ei stritten. Andere Historiker sehen Kanadas Fußball-Debüt im weitaus plausibleren Jahr 1876, als schottische Immigranten in Toronto erstmals kickten.

Zehn Jahre zuvor hatte die britische bzw. französische Kolonie im Übrigen mit der Bildung der Dominion of Canada ihre Entwicklung zu einem souveränen Staat eingeleitet. Es dauerte allerdings noch bis 1931, ehe Kanada unabhängig wurde.

■ **KANADAS ERSTE** Fußballhochburg war der Südosten des Bundesstaates Ontario, der unter starkem Einfluss durch den benachbarten Großraum Boston/New York/Washington – also der Wiege des US-amerikanischen »soccer« – stand. 1880 entstand im seinerzeit Berlin genannten heutigen Kitchener die vom später als »Vater des kanadischen Soccers« gefeierten David Forsyth angeführten Western Football Association (WFA), die bei der Verbreitung des Fußballs eine Schlüsselrolle einnahm. 1884 hob die WFA auch den internationalen Vorhang für Kanada, indem sie eine Auswahl nach East Newark (New York) schickte – mit etwas Wohlwollen kann man diese Paarungen sogar als die weltweit ersten Länderspiele außerhalb der Britischen Insel bezeichnen! Drei Jahre später begab man sich auf eine zweimonatige Reise nach Großbritannien, wo die WFA-Auswahl mit neun Siegen in 23 Spielen einen hervorragenden Eindruck hinterließ.

Zweite Fußballhochburg war British Columbia, wo sich das Spiel vor allem im Großraum Vancouver verankerte. In den dortigen Bergwerksgemeinden arbeiteten viele britische Emigranten, die den Fußball aus ihrer Heimat

Canada

Kanada | Fläche: 9.984.670 km² | Einwohner: 31.974.000 (3,2 je km²) | Amtssprache: Englisch, Französisch | Hauptstadt: Ottawa (1.063.664) | Weitere Städte: Toronto (4.482.897), Montréal (3.426.350), Vancouver (1.986.965), Calgary (951.395), Edmonton (937.845) | Währung: 1 Kanadischer Dollar = 100 Cents | Bruttosozialprodukt: 28.310 $/Kopf | Zeitzone: MEZ -4½- 9h | Länderkürzel: CA | FIFA-Kürzel: CAN | Telefon-Vorwahl: +1

● **Erfolge**
Kontinentalmeister 1985, 2000

● **FIFA World Ranking**
1993	1994	1995	1996	1997	1998	1999	2000
44	63	65	40	66	101	81	63
2001	2002	2003	2004	2005	2006	2007	2008
92	70	87	90	84	82	55	90

● **Weltmeisterschaft**
1930-54 nicht teilgenommen **1958** Qualifikation **1962-66** nicht teilgenommen **1970-82** Qualifikation **1986** Endturnier (Vorrunde) **1990-2010** Qualifikation

● **Gold Cup**
1991-96 Endturnier **1998** nicht teilgenommen **2000** Endturnier (Sieger) **2002** Endturnier (Platz drei) **2003-05** Endturnier **2007** Endturnier (Halbfinale)

kannten. Auch in Winnipeg und Calgary wurden lange vor der Jahrhundertwende die lokalen Fußballwurzeln gelegt.

Insgesamt traf das Spiel aber auf zahlreiche Widerstände. So wurde es zwar wie andere Disziplinen auch von den Eliteschulen und Universitäten gepflegt, Kanadas Nachwuchs aber bevorzugte den Baseball. Und weil sich fast ausschließlich britische Einwanderer im Fußball engagierten, erhielt das Spiel zudem eine ethnische Ausprägung und man sprach bald vom »British Game«.

Nachdem sich in mehreren Regionen Verbände konstituiert hatten, konnte schließlich am 24. Mai 1912 mit der »Dominion of Canada Football Association« (DCFA) ein landesweiter Nationalverband ins Leben gerufen werden, der umgehend sein Beitrittsgesuch bei der FIFA einreichte. Im Folgejahr hob er mit dem National Challenge Cup einen landesweiten Wettbewerb ins Leben, der bis heute ausgespielt wird. Erster Sieger wurden die aus Winnipeg stammenden Norwood Wanderers.

Aufgrund Kanadas bundesstaatlicher Struktur, der enormen Größe und der klimatischen Extreme – der südlichste Punkt des Landes liegt auf der Höhe von Rom, während es von der Nordgrenze ganze 700 Kilometer bis zum Nordpol sind – vollzog sich der Aufbau der nationalen Fußballgemeinde vorwiegend über regionale Stränge. Das führte immer wieder zu Disputen, die vor allem das Thema bezahlter Fußball betrafen. So kam es 1912 über eine in British Columbia geplante Profiliga bzw. den angedachten Besuch einer britischen Profimannschaft zur Gründung des Konkurrenzverbandes Amateur Union of Canada (AUC). Als dann 1913 in Ontario und Quebec tatsächlich eine Profiliga an den Start ging, gerieten die DCFA und die AUC derart aneinander, dass der Spielbetrieb abgebrochen werden musste. Anschließend kam es bis 1961 zu keinem weiteren Versuch, das Profitum einzuführen.

■ **SOCCER GELANG ES** zu keiner Phase, sich gegen die ungleich populärere Konkurrenz des Canadian Footballs, des Rugbys, des Basketballs, des Baseballs und vor allem des Eishockeys durchzusetzen. Als mit Beginn des Ersten Weltkriegs viele Briten in ihre Heimat zurückkehrten, geriet das Spiel vollends ins Abseits. Erst 1926 gelang es, mit der National Soccer League eine Spielklasse zu gründen, die sämtliche Krisen und Wirren überstand und bis heute existiert. Ihre Blütezeit hatte die ungeachtet ihres Namens zunächst auf das französischsprachige Quebec begrenzte heutige Canadian Soccer League (CSL) in den 1930er Jahren.

Insgesamt war die DCFA 1930 in sieben Regionalverbände gegliedert, denen 339 Klubs angehörten – darunter 14 Profivereine mit insgesamt 107 Berufsfußballern.

Angesichts der internen Probleme überraschte es nicht, dass Kanada international zunächst wenig Ambitionen an den Tag legte. Erst im Juni 1924 debütierte die »Canucks« genannte Nationalmannschaft (ein Slangbegriff für »Kanadier«) auf der Weltbühne und unterlag Australien mit 2:3. 1928 musste der Nationalverband DFA auf Geheiß der britischen Mutterverbände wegen der Berufsspielerfrage aus dem Weltverband FIFA austreten und kehrte erst 1946 zurück. In der Zwischenzeit kam es zu keinen weiteren Länderspielen.

Talente waren durchaus vorhanden. So etablierten sich in den 1930er Jahren mit dem aus Hamilton stammenden Robert McDonald sowie dem Montrealer Joe Kennaway zwei Kanadier im schottischen Profifußball und liefen für die Rangers bzw. Celtic auf. Auch in Kanada spielten Schotten übrigens eine prägende Rolle. Toronto Scottish übernahm in den 1920er Jahren die nationale Führung, und mit Toronto Ulster sowie den New Westminster Royals prägten seinerzeit zwei weitere von britischen Einwanderern gebildete Mannschaften Kanadas bescheidenen Fußball-Alltag.

■ **DIE 1930ER JAHRE SOLLTEN** Kanada von Grund auf verändern. Es begann 1930 mit dem Börsencrash und der dadurch ausgelösten »Großen Depression«. Ein Jahr später wurde das Land in die Unabhängigkeit entlassen, und 1939 fand es sich an der Seite Großbritanniens im Zweiten Weltkrieg wieder. Eine verheerende Entwicklung für den Fußball, der landesweit am Boden lag, als der Krieg 1945 endete.

Der Wiederaufbauprozess gestaltete sich zäh und fand unter erheblich veränderten Rahmenbedingungen statt. Nach Kriegsende strömten nicht mehr nur Briten nach Kanada, sondern verstärkt auch Süd- und Osteuropäer. Die ethnische Dimension des Fußballs in Kanada wurde dadurch noch vergrößert. Mannschaften wie Montreal Ukraina, Polish Canadians Calgary, Windsor Teutonia oder die Torontoer Klubs Italia, Panhellenic, Portuguese United, Hellas, Croatia und Hungaria sorgten für eine tiefe Zersplitterung und einen völligen Bedeutungsverlust für den Fußball, der zu einem ethnischen Nischensport degradierte.

■ **BIS KANADA INTERNATIONAL** wieder in Schwung kam, vergingen viele Jahre. Erst im Juni 1957 lief die Nationalmannschaft erstmals seit 30 Jahren wieder zu einem Länderspiel auf und bezwang den Nachbarn USA im Rahmen der WM-1958-Qualifikation vor 7.567 Zu-

TEAMS | MYTHEN

■ **EDMONTON DRILLERS** Der von Geschäftsmann Peter Pocklington angeführte Klub aus Kanadas Ölhauptstadt übernahm 1979 das NASL-Franchise der Okland Stompers und konnte sich über Kulissen von bis zu 10.000 Zuschauern freuen. Größter Erfolg war der Gewinn der NASL Hallenligasaison 1981, ehe das Fußball-Unternehmen 1982 aufgegeben wurde. Später gab es noch zwei weitere Klubs mit dem Namen Drillers – darunter ein Hallenfußballteam.

■ **MONTREAL IMPACT** 1993 als Nachfolger der Montreal Supra gegründeter Klub, der im Besitz des einflussreichen Saputo-Familienclans steht und gegenwärtig in der US-amerikanischen USL First Division spielt. Familienoberhaupt Joey Saputo verbindet eine enge Freundschaft mit George Gillet, der nicht nur Besitzer des Eishockeyteams Montreal Canadians ist, sondern auch über Anteile am englischen Liverpool FC verfügt. Gemeinsam will man den Impact de Montréal FC bzw. Montreal Impact FC (Montreal ist zweisprachig) 2011 in die US-amerikanische MLS bringen. Dazu konnte im Mai 2008 bereits das im Osten der Stadt errichtete Stade Saputo bezogen werden. Nachdem sich die zuvor im Complexe sportif Claude-Robillard ansässigen Schwarz-Blauen zunächst selten mehr als 4.000 Zuschauer anlockten, beläuft sich ihr Besuch inzwischen auf rund 12.000. [1993 | Stade Saputo (13.034)]

■ **TORONTO BLIZZARDS (ITALIA, FALCONS, METROS, METROS-CROATIA)** Die Historie des über viele Jahre erfolgreichsten Torontoer Profivereins liest sich turbulent und ist von ständigen Besitzerwechseln geprägt. Es begann in den 1940er Jahren, als der in italienischen Immigrantenkreisen verankerte Klub Toronto Italia entstand, der 1961 zu den Gründungsmitgliedern der ECPSL zählte. Angeführt vom umtriebigen Kaufmann Joe Peters erreichte das Team um den dänischen Torjäger Jorgen Petersen 1963 mit dem Gewinn des kanadischen Doubles seinen ersten Höhepunkt. 1966 nahm der Verein den Namen Toronto Falcons an, um ihn auch für Fans außerhalb der italienischen Gemeinde zu öffnen, und zählte zwei Jahre später zu den Gründungsmitgliedern der NASL. Unter WM-1938-Teilnehmer Ferdinand Daučík und verstärkt durch Daučíks Schwiegersohn Ladislav Kubala etablierte sich der Klub problemlos und schluckte zudem den Lokalrivalen Toronto City. Nachdem 1971 die Prosoccer Limited das Franchise übernommen hatte, wurde der Klub in Toronto Metros umbenannt und 1975 wegen finanzieller Schwierigkeiten an kroatische Geschäftsleute verkauft, die ihm den Namen Toronto Metros-Croatia gaben. 1976 gelang der vom portugiesischen Altstar Eusébio angeführten Elf mit einem 3:0 über Minnesota der Gewinn der NASL-Meisterschaft. 1979 übernahm Global Communications das Franchise, um mit dem nunmehr Toronto Blizzards genannten Klub den kanadischen TV-Markt zu erobern. Zwei Jahre später erwarb die vom Deutschen Karsten von Wersebe geführte Grundstücksfirma York Hanover das Franchise, und mit Ex-Profis wie Arno Steffenhagen, Jan Möller und Roberto Bettega erreichte die von Bob Houghton trainierten Blizzards 1983 und 1984 zweimal in Folge das NASL-Finale, das aber gegen Tulsa Roughnecks (0:2) bzw. Chicago Stings (0:2) jeweils verloren ging. Nach dem Aus der NASL spielten die Blizzards bis 1993 noch in verschiedenen Ligen Kanadas und der USA mit, ehe sie endgültig aufgelöst wurden. [1 NASL]

■ **TORONTO CITY** Der 1961 vom kanadischmazedonischen Geschäftsmann Steve Stavro errichtete Klub machte schon kurz nach seiner Gründung mit der Verpflichtung von Größen wie Stan Matthews, Danny Blanchflower, Johnny Haynes, Jackie Mudie und Tommy Younger Furore. 1967 war man unter den Gründungsmitgliedern der US-amerikanischen Profiliga »USA« zu finden, wobei allerdings der schottische Profiklub Hibernians Edinburgh unter dem Namen Toronto City

KANADA

auflief. Nach dem Aus für die »USA« veräußerte Stavro sein Franchise an den Lokalrivalen Toronto Falcons (später Blizzard).

■ **TORONTO CROATS**  Klub der kroatischen Gemeinde Torontos, der zu den stärksten Vertretern der gegenwärtigen Nationalliga CSL zählt. 2007 errangen die im 20 Kilometer von Toronto entfernten Mississauga ansässigen Kroaten zum dritten Mal nach 2000 und 2004 die Meisterschaft. Der Klub war von 1975-79 an den Toronto Metro-Croatia (später Blizzards) beteiligt, die 1976 Meister der NASL wurde. [1956 | Hershey Centre | 3 CSL]

■ **TORONTO FC**  2006 gebildetes, Fußballspielendes Franchise-Unternehmen, das sich im Besitz der Maple Leaf Sports & Entertainment Ltd. (MLSE) befindet. Jene betreibt auch im Hockey (Toronto Maple Leafs), Basketball (Toronto Raptors) und American Hockey (Toronto Marlies) Profimannschaften. Die »Reds« wurden 2007 als erster kanadischer Klub in die US-amerikanische MLS aufgenommen und avancierten dort zum Publikumsmagneten. Mit 14.500 Dauerkarten stellte der Klub einen Ligarekord auf, während die Stimmung im Torontoer BMO Field bisweilen an in den USA eher unübliche britische Zustände erinnert. Allerdings fallen die Torontoer Fans neben ihren Gesängen gelegentlich auch durch Rowdytum auf. In sportlicher Hinsicht verfehlte die von Mo Johnston trainierte Elf um Torjäger Alecko Eskandarian das gesteckte Ziel der Play-offs. Das 2007 im Exhibition Place eröffnete BMO Field ist das erste reine Fußballstadion Kanadas. [11.5.2006 | BMO Field (20.522)]

■ **VANCOUVER WHITECAPS (86ERS)**   1986 als Vancouver 86ers gegründeter Verein, der die alte CSL mit vier Meisterschaften zwischen 1998 und 1991 dominierte. Der Begriff 86er bezog sich sowohl auf das Gründungsjahr des Vereins als auf das der Stadt Vancouver, die 1886 entstanden war. Seit dem Zusammenbruch der CSL spielt der Verein in der Zweiten US-Liga und erhielt 2001 seinen heutigen Namen, der an die schneebedeckten »White caps« der umliegenden Berge bzw. die Wellen des nahegelegenen Pazifiks erinnern soll. In den 1970er Jahren hatte es schon einmal einen Klub mit dem Namen Whitecaps gegeben, der 1974 aus den Vancouver Royals entstanden war (dort kickte 1968 kurzzeitig Ferenc Puskás) und der in der NASL als Zuschauermagnet Furore gemacht hatte (1983: ø 29.130). Mit dem geplanten Bau einer reinen Fußballarena hofft das von Bob Lenarduzzi angeführte Franchise-Unternehmen, 2011 in die die US-amerikanische MLS aufrücken zu können. [1986 | Swangard Stadium (5.288)]

HELDEN | LEGENDEN

■ **OWEN HARGREAVES** Einer von diversen Kanadiern, die ihr Fußballglück in anderen Nationen fanden. Hargreaves wurde 1981 als Sohn kurz zuvor nach Kanada emigrierter englischer/walisischer Eltern in Calgary geboren und wechselte 1997 zu Bayern München, wo er es 2000 in die Ligaelf schaffte. Im selben Jahr debütierte er für Englands Jugendnationalelf (sein älterer Bruder Darren streifte sich derweil das kanadische Jersey über) und kam 2001 als erster Spieler, der niemals in England gelebt hatte, in der englischen A-Auswahl zum Einsatz. In England wegen seiner deutsch-kanadischen Lebensphilosophie nicht unumstritten, nahm er 2002 und 2006 an der WM sowie 2004 an der EM teil. [20.1.1981 | 82 LS]

■ **DALE MITCHELL** Mit 19 Länderspieltoren Kanadas Rekordtorschütze. Wurde 1986 zum

Seit 2007 schwelgt Toronto im Soccer-Fieber.

schauern in Toronto mit 5:1. Bei dem Spiel, das zugleich Kanadas WM-Debüt darstellte, standen vornehmlich Hobbykicker aus dem Großraum Vancouver auf dem Feld. In der zweiten Qualifikationsrunde sorgte Mexiko für das Aus der »Canucks«.

1962 und 1966 verzichtete Kanada auf die WM-Qualifikationsteilnahme, und selbst auf kontinentaler Ebene trat das Land nur selten auf. Erst 1977 debütierte man in der Kontinentalmeisterschaft, und der CONCACAF gehört Kanada erst seit 1978 an.

Kanadas Klubfußball fiel seinerzeit in der öffentlichen Wahrnehmung hoffnungslos hinter Eishockey, Canadian Football und Baseball zurück. Während es dort schon in den 1920er Jahren zu einem Kommerzialisierungsprozess gekommen war, überschritten die Besucherzahlen bei den ethnisch geprägten Soccerteams selten die 1.000er Marke.

Daran vermochten auch die vielfältigen Bemühungen vor allem der italienischen Fußballgemeinde Kanadas nichts zu ändern. 1961 machte zwar eine »Eastern Canada Professional Soccer League« (ECPSL) genannte Profiliga Furore, weil es Toronto City gelungen war, Stars wie Stan Matthews, Danny Blanchflower, Johnny Haynes, Jackie Mudie und Tommy Younger als Gastspieler zu engagieren, doch nachdem deren Einsatz aufgrund unklarer Wechselbedingungen untersagt worden war, verpuffte der Effekt rasch wieder. Ohnehin erreichte die Spielklasse nach Einschätzung von Experten lediglich jene Menschen, die bereits am Fußball interessiert waren – nicht aber das abstinente kanadische Volk.

Nach dem auch in Nordamerika aufmerksam verfolgten Medienereignis WM 1966 kam es 1968 zur Gründung der North American Soccer League (NASL), die das gesamte Gebiet der USA und Kanadas abdeckte. Kanadas damaliger Verbandspräsident Bill Simpson gab sich optimistisch und meinte: »Wir haben seit Jahren versucht, Fußball in Kanada in einen Nationalsport zu verwandeln. Dies ist nun unsere große Chance.« Doch auch die NASL konnte die nordamerikanische Fußball-Diaspora nicht dauerhaft aus ihrer Tristesse reißen. Mit Toronto und Hamilton zählten zwar zwei kanadische Städte zu den Gründungsmitgliedern (später stellten auch Calgary, Edmonton, Montreal und Vancouver Teilnehmer), doch die Besucherzahlen waren mäßig (wobei sie in Kanada im Verhältnis zu den USA noch hoch ausfielen), und die TV-Gesellschaften hielten sich aus Mangel an Werbemöglichkeiten – im Fußball gibt es kaum Spielunterbrechungen für Werbebotschaften – zurück.

Als die NASL 1984 Konkurs anmeldete, hatte Kanada immerhin zweimal den Meister gestellt: 1976 war Toronto Metros-Croatia mit Fußball-Größen wie Eusébio, Ivan Lukacević und Zeljko Bilecki 3:0-Sieger im Finale über Minnesota gewesen, und drei Jahre später hatten die Vancouver Whitecaps das Endspiel mit 2:1 gegen die Tampa Bay Rowdies für sich entschieden. 1983 waren die Toronto Blizzards beim 0:3 im Finale gegen Tulsa Roughnecks hingegen chancenlos gewesen. Zudem war durch die NASL unter Kanadas Jugend das Interesse am Fußball etwas geweckt worden, und die Zahlen der aktiven Spieler stiegen langsam an.

■ **NACHDEM ZWISCHENZEITLICH** auch die 1983 gegründete »Canadian Professional Soccer League« nach nur einem Jahr wieder aufgelöst worden war, stand Kanada 100 Jahre nach der Einführung des Fußballs noch immer ohne funktionstüchtige nationale Profiliga da.

International indes hatte man zwischenzeitlich enorm aufholen können. 1982 hatten die »Canucks« erstmals aussichtsreich in der WM-Qualifikation mitgestritten und waren zwei Jahre später beim olympischen Fußballturnier in Los Angeles immerhin bis ins Viertelfinale vorgedrungen, wo man Brasilien erst im Elfmeterschießen unterlag. Das Erfolgsteam war eine perfekte Abbildung der personellen Strukturen im kanadischen Fußball: Neben zahlreichen Akteuren aus dem Bundesstaat British Columbia gehörten überwiegend nach dem Krieg als Immigranten nach Kanada gekommene Ausländer wie der Slowake Igor Vrablic, der Schotte David Norman, der Italiener Tino Lettieri und der Deutsche Sven Habermann zum Kader.

1985 ereichte die Erfolgsserie ihren Höhepunkt, als 7.500 Zuschauer in St. John's ein 2:1 über Honduras bejubelten, das Kanada nicht nur die Kontinentalmeisterschaft bescherte, sondern dem Land erstmals die Pforte zum WM-Endturnier öffnete. Der Erfolg wurde jedoch von administrativen Problemen überschattet. Seit dem Aus der NASL kickten die meisten kanadischen Fußballprofis bei nordamerikanischen Hallenfußballteams, was kaum als ideale WM-Vorbereitung angesehen wurde. Weil Kanadas Regierung ausschließlich Amateursportler unterstützte, musste das WM-Abenteuer zudem durch private Sponsoren finanziert werden.

Umso stolzer war Kanadas englischer Teamchef Tony Waiters, als sich seine Auswahl arbeitsloser Profis schon im WM-Auftaktspiel gegen Frankreich recht beachtlich schlug und »nur« mit 0:1 verlor. Zwar konnte man anschließend weder gegen Ungarn (0:2) noch die Sowjetunion (0:2) ein Tor erzielen, trat aber dennoch mit erhobenem Haupt die Heimreise an.

■ **WENNGLEICH DER BEHERZTE AUFTRITT** der Elf um Kapitän Bruce Wilson kurz darauf von einem Bestechungsskandal getrübt wurde, erwies er sich als Katalysator bei den Bemühungen um die Einrichtung einer nationalen Profiliga. 1987 ging schließlich die Canada Soccer League (CSL) an den Start, deren erster Sieger die Calgary Kickers wurden, und die aus Fußballspielenden Franchise-Unternehmen bestand. Doch auch der CSL war kein glückliches Schicksal beschieden – 1992 musste sie ebenfalls Konkurs anmelden. Die mit vier Titelgewinnen dominierenden Vancouver 86ers wechselten daraufhin gemeinsam mit Toronto Blizzard und Montreal Impact in die US-amerikanische Profiliga APSL, während die restlichen Teams in der halbprofessionellen kanadischen National Soccer League (NSL) weiterkickten.

Während Kanadas Fußballfrauen in den 1990er Jahren zur Weltspitze aufschlossen, gerieten die Männer in eine Dauerkrise. Weder in der WM-Qualifikation noch in der Kontinentalmeisterschaft konnte der Erfolg von 1986 bestätigt werden. Auf nationaler Klubebene gelang erst 1998 eine Wende, als die auf das Jahr 1926 zurückreichende NSL in die Canadian Professional Soccer League (seit 2006 Canadian Soccer League, CSL) umgewandelt wurde. Die anfangs auf den Großraum Toronto begrenzte Spielklasse konnte Jahr für Jahr ausgeweitet werden und vermochte sich tatsächlich zu etablieren. Ein Blick auf ihr Teilnehmerfeld zeigt allerdings, dass die ethnischen Strukturen des kanadischen Fußballs in Klubs wie Italia Shooters, Toronto Croatia und Serbian White Eagles noch immer höchst lebendig sind.

Seit 2007 ist die CSL zudem nur noch »zweite Wahl«, da seinerzeit mit dem Toronto FC ein kanadisches Fußball-Franchise-Unternehmen in die US-amerikanische MSL aufgenommen wurde. Die Gründung der »Reds«, die zum Zuschauermagneten in der MLS aufstiegen und mit dem BMO-Field das erste reine Fußballstadion Kanadas bezogen, war der bisherige Höhepunkt eines kontinuierlichen Aufschwungs, der Mitte der 1990er Jahre eingesetzt hatte und durch den Fußball in Kanada erstmals eine breite öffentliche Wahrnehmung erfuhr. Als die kanadische Nationalelf 2000 mit einem 2:0-Finalsieg über Kolumbien den Gold Cup errang und ein Jahr später beim Confed-Cup in Japan selbst Brasilien ein Unentschieden abtrotzte, saß die gesamte Nation erstmals gebannt vor den TV-Bildschirmen. Vor allem die Jugend hatte den Fußball für sich entdeckt, und 2005 zog das Spiel mit 841.466 Aktiven tatsächlich am Nationalsport Eishockey (543.390) vorbei. Während Fußball bei den Aktiven damit Nummer eins im Land des Ahorns ist, hinkt das Spiel in der Publikumsgunst (und der TV-Präsenz) allerdings noch immer deutlich hinterher.

Doch auch diesbezüglich gibt es Fortschritte zu vermelden. 2007 sorgte Kanada bei der U20-Weltmeisterschaft mit mehr als 1,2 Mio. Zuschauern sogar für einen neuen Rekord, und inzwischen sind auch die großen TV-Gesellschaften auf das Spiel aufmerksam geworden. »Ich glaube, das ist der Wendepunkt für die Zukunft des Fußballs in Kanada«, jubelte Ex-Nationalkeeper Craig Forest anschließend.

Eine den Boom zweifelsohne verstärkende WM-Qualifikation indes ist sowohl 2002 als auch 2006 ausgeblieben. Zwar stehen Kanada inzwischen zahlreiche Talente zur Verfügung, doch Weltklassespieler wie Owen Hargreaves oder Jonathan de Guzman votieren aufgrund der größeren Möglichkeiten lieber für eine Karriere unter anderen Landesflaggen (England bzw. Niederlande). Das Gros der Nationalelf um Kapitän und Ex-Bundesligaprofi Paul Stalteri ist bei europäischen Mittelklasseklubs wie FC Kopenhagen, Roda Kerkrade oder Sparta Prag sowie in der US-amerikanischen MLS aktiv.

Helden der WM-Qualifikation, als ihm zahlreiche Treffer gelangen. Schon 1984 hatte er bei den Olympischen Spielen mit seinem Ausgleichstreffer gegen Brasilien für die Verlängerung gesorgt. Der im Mittelfeld beginnende spätere Stürmer stammte aus dem Nachwuchspool der (damaligen) Vancouver Whitecaps und wechselte nach seinem Karriereende auf die Trainerbank. Im Mai 2007 übernahm er Kanadas Nationalmannschaft. [*21.4.1958 | 55 LS/19 Tore]

■ **RANDY SAMUEL** Aus Trinidad stammender Verteidiger, der mit 82 Länderspielen zwischen 1983 und 1997 Kanadas Rekordnationalspieler ist. Begann seine Karriere bei den Edmonton Eagles und spielte viele Jahre in den Niederlanden (Eindhoven, Volendam, Sittard). 1986 Stammspieler bei Kanadas WM-Abenteuer. [23.12.1963 | 82 LS/]

■ **PAUL STALTERI** Gegenwärtige Gallionsfigur der »Canucks«. Wechselte 1998 nach seinem Debüt in der kanadischen Landesauswahl zu Werder Bremen und wurde 2004 Deutscher Meister. Nach 151 Bundesligaspielen unterschrieb der vielseitige Verteidiger 2005 bei Tottenham Hotspur und führte Kanada 2007 als Kapitän ins Gold-Cup-Turnier. [*18.10.1977 | 67 LS/7 Tore]

■ **BRUCE WILSON** Gallionsfigur der WM-Elf von 1986, die er als Kapitän anführte. Kam von 1980 bis 1989 auf 57 Länderspiele, in denen er zwei Treffer markierte und 1984 mit Kanada auch am olympischen Fußballturnier teilnahm. Mit 299 Einsätzen Rekordspieler der NASL, wobei Wilson für Vancouver, Chicago Stings, New York Cosmos sowie Toronto Blizzard auflief. Der klassische Verteidiger wurde 1998 als einziger Kanadier in die »CONCACAF-Elf des Jahrhunderts« gewählt. [*20.6.1951 | 51 LS]

Jahr	Pokal
1913	Norwood W. Winnip.
1914	Norwood W. Winnip.
1915	Winnipeg Scottish
1916-18	nicht ausgespielt
1919	Montreal Grand
1920	Hamilton W'house
1921	Toronto Scottish
1922	Calgary Hillhursts
1923	Naniamo Wanderers
1924	United Weston W'peg
1925	Toronto Ulster
1926	United Weston W'peg
1927	Naniamo Wanderers
1928	New Westm. Royals
1929	Montreal CNR
1930	New Westm. Royals
1931	New Westm. Royals
1932	Toronto Scottish Vanc.
1933	Toronto Scottish
1934	Verdung Park Montr.
1935	Montreal Aldrods
1936	New Westm. Royals
1937	Johnston Nationals BC
1938	Vancouv. North Shore
1939	Vancouver Radials
1940-45	nicht ausgespielt
1946	Toronto Ulster United
1947	Vancouv. St. Andrews
1948	Montreal Central
1949	Vancouv. North Shore
1950	Vancouver City

Jahr	Pokal
1951	Toronto Ulster United
1952	Montreal Stelco
1953	New Westm. Royals
1954	Winnipeg Scottish
1955	New Westm. Royals
1956	Vancouver Halecos
1957	Montreal Ukraina
1958	New Westm. Royals
1959	Montreal Alouettes
1960	New Westm. Royals
1961	Montreal Concordia
1962	Winnipeg Scottish
1963	nicht ausgespielt
1964	Vancouver Columbus
1965	Vancouver Firefighters
1966	British Columbia
1967	Ballymena U. Toronto
1968	Toronto Royals
1969	Vancouver Columbus
1970	nicht ausgespielt
1971	Vancouver Eintracht
1972	New Westm. Blues
1973	Vancouver Firefighters
1974	Calgary Kickerrs
1975	London Boxing Club
1976	Victoria West
1977	Vancouver Columbus
1978	Vancouver Columbus
1979	Victoria West
1980	St. John Drydock
1981	Toronto Ciociaro

Jahr	Meister	Pokal
1982		Victoria West
1983	Edmonton Eagles	Vancouver Firefighters
1984	nicht ausgespielt	Victoria West
1985	nicht ausgespielt	Vancouria Croatia
1986	nicht ausgespielt	Hamilton Steelers
1987	Calgary Kickers	Winnipeg Lucania
1988	Vancouver 86ers	St. John's Holy Cross
1989	Vancouver 86ers	Scarborough Azzuri
1990	Vancouver 86ers	Vancouver Firefighters
1991	Vancouver 86ers	Vanc. Norvan ANAF
1992	Winnipeg Fury	Vanc. Norvan ANAF
1993		Vanc. Westside Rino
1994		Edm. Ital-Canadians
1995		Mistral-Estrie
1996		Westside CIBC
1997		Edm. Ital-Canadians
1998	Saint Catharine's	RDP Condores
1999	Toronto Olympians	Calgari CSFC
2000	Toronto Croatia	Luciana Winnipeq
2001	Saint Catharine's	Haligax King of Donair
2002	Ottawa Wizards	Manigoba Sons of Italy
2003	Brampton Hitmen	Calgary Callies
2004	Toronto Croatia	Pegasus FC Surrey
2005	Oakville Blue Devils	Scarborough United
2006	Italia Shooters Ontario	Ottawa St. Anth. Italia
2007	Toronto Croatia	Calgary Callies
2008	Ser. Wh. Eagles Ontario	Calgary Callies

KUBA

Das Mauerblümchen erwacht

Fußball hat sich auf Kuba zum Trendsport entwickelt und kann erstmals mit dem Nationalsport Baseball konkurrieren

Asociación de Fútbol de Cuba

Fußball-Verband von Kuba | gegründet: 1929 | Beitritt FIFA: 1932 | Beitritt CONCACAF: 1961 | Spielkleidung: rotes Trikot, rote Hose, rote Stutzen | Saison: September - Mai | Spieler/Profis: 1.141.825/100 | Vereine/Mannschaften: 338/1.500 | Anschrift: Calle 41 No. 4109 e/44 y 46, La Habana | Tel: +53-2076440 | Fax: +53-2043563 | keine Homepage | E-Mail: futbol@inder.co.cu

Für exakt 60 Jahre hielt Kuba einen Rekord: als einzige Fußballauswahl der Karibik bei einem WM-Turnier als Sieger vom Platz gegangen zu sein. Erst 1998 egalisierte Jamaika mit einem 2:1 über Japan Kubas Uraltrekord aus dem Jahr 1938. Seinerzeit hatten sich die »Leones del Caribe« (»Löwen der Karibik«) als erster karibischer WM-Teilnehmer überhaupt gegen eine mit Profis gespickte Auswahl aus Rumänien durchgesetzt und waren ins Viertelfinale eingezogen, wo Schweden für das Aus gesorgt hatte.

Wie der größte Erfolg, so liegen die großen Zeiten des kubanischen Fußballs insgesamt recht lange zurück. Das ficht die meisten Kubaner freilich kaum an, denn auf der Karibikinsel dominiert der in den 1860er Jahren aus den USA eingeführte Baseball. Nach der Revolution unter Fidel Castro rückten außerdem medaillenträchtige Disziplinen wie Boxen und Leichtathletik in den Focus des Interesses, in dem sich der Fußball nur selten wiederfindet.

■ **DAS HAT IN ERSTER LINIE** politisch-historische Hintergründe. Nachdem die Kolonialmacht Spanien das 1492 von Christoph Columbus »entdeckte« Kuba 1898 im Verlauf des spanisch-amerikanischen Krieges an die USA verloren hatte, war die Karibikinsel in eine tiefe Abhängigkeit zu den USA geraten. Obwohl 1899 in die Unabhängigkeit entlassen, hing Kuba insbesondere ökonomisch weiter am Rockzipfel des großen Nachbarn, der sich sogar ein Interventionsrecht im Falle innerer Unruhen eingeräumt hatte. Als 1922 nach mehreren militärischen Interventionen die letzten US-Marines die Insel verließen, war Baseball längst die mit Abstand populärste Sportdisziplin und stand auch bei der Unterschicht hoch im Kurs.

Ökonomisch hatte sich auf der Zuckerinsel eine Zweiklassengesellschaft gebildet, bei der einer überschaubaren Oberschicht die breite Masse der verarmten Arbeiter gegenüberstand. In jener waren viele Nachfahren der über 800.000 zu Kolonialzeiten nach Kuba verschleppten afrikanischen Sklaven zu finden.

Insgesamt zählte Kuba zu den weltweiten Protagonisten in Sachen Sport. 1900 war man eines von lediglich 20 Ländern, die an den zweiten Olympischen Spielen der Neuzeit teilnahmen. Das Spektrum der auf der Insel betriebenen Sportdisziplinen war immens und umfasste auch den modernen Fußball, der sich bereits vor der Jahrhundertwende etabliert hatte.

Historiker berichten im Übrigen von einer antiken Version des Fußballs, die in vorkolonialen Zeiten auf Kuba betrieben wurde. Eine Verbindung zum von Europäern eingeführten Assoziationsfußball besteht allerdings nicht.

■ **DER HOHE WIRTSCHAFTLICHE UND** gesellschaftliche Einfluss der USA machte den wenigen kubanischen Fußballern das Leben schwer. Erst in den 1910er Jahren schälte sich eine erwähnenswerte Fußballgemeinde heraus, deren Zentrum die Hauptstadt La Habana (Havanna) war. Den Aufzeichnungen zufolge fand dort am 11. Dezember 1911 mit der Begegnung zwischen dem von Spaniern betriebenen SC Hatüey und dem britisch geprägten Rovers Athletic Club auch das erste Wettspiel auf kubanischem Boden statt. Der für den Rovers AC auflaufende Engländer Jack Orr erzielte seinerzeit das einzige Tor des Tages und gewann im Folgejahr mit seinen Rovers auch die erstmals ausgeschriebene Stadtmeisterschaft von Havanna.

Wenngleich sich das Spiel in den 1920er Jahren weiter ausbreiten konnte, gelang erst mit der im April 1929 gegründeten Asociación de Fútbol

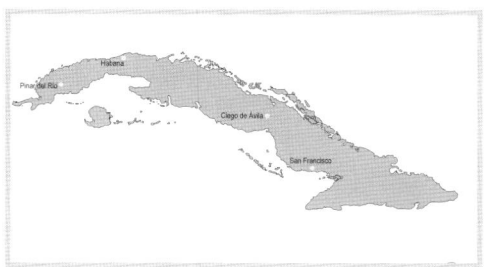

República de Cuba

Republik Kuba | Fläche: 110.860 km² | Einwohner: 11.245.000 (101 je km²) | Amtssprache: Spanisch | Hauptstadt: La Habana (Havanna, 2.201.610) | Weitere Städte: Santiago de Cuba (423.392), Camagüey (301.574), Holguín (269.618), Santa Clara (210.220), Guantánamo (208.145) | Währung: 1 Kubanischer Peso = 100 Centavos | Bruttosozialprodukt: 2.900 $/Kopf | Zeitzone: MEZ -6h | Länderkürzel: CU | FIFA-Kürzel: CUB | Telefon-Vorwahl: +53

● **FIFA World Ranking**
1993	1994	1995	1996	1997	1998	1999	2000
159	175	96	68	88	107	77	77
2001	2002	2003	2004	2005	2006	2007	2008
76	71	75	76	75	46	71	79

● **Weltmeisterschaft**
1930 nicht teilgenommen **1934** Qualifikation **1938** Endturnier (Viertelfinale) **1950** Qualifikation **1954-62** nicht teilgenommen **1966** Qualifikation **1970-74** nicht teilgenommen **1978-82** Qualifikation **1986** nicht teilgenommen **1990-2010** Qualifikation

● **Gold Cup**
1991-93 nicht teilgenommen **1996** Qualifikation **1998** Endturnier **2000** Qualifikation **2002** Endturnier **2003** Endturnier (Viertelfinale) **2005** Endturnier **2007** Endturnier

de la República de Cuba (AFRC) der Durchbruch. 1930 umfasste die Organisation bereits drei Regionalverbände und insgesamt 40 Mitgliedsvereine, von denen 17 aus Havanna, zehn aus der Provinz Oriente und zwei aus Santa Clara stammten.

Im selben Jahr fungierte Kuba als Gastgeber für die zweiten Zentralamerika- und Karibikspiele, die man vier Jahre zuvor gemeinsam mit Mexiko ins Leben gerufen hatte. 1932 scheiterte die Landesauswahl um Kapitän Mario Lopez bei ihrem Debüt in der WM-Qualifikation nach einem überzeugenden Auftakt gegen Haiti in der zweiten Runde an Mexiko.

Unterdessen drohte die politische Situation auf Kuba aufgrund der desolaten Wirtschaftslage zu eskalieren. Die Qualifikationsbegegnungen mit Haiti waren aus Sicherheitsgründen bereits allesamt in der haitianischen Hauptstadt Port-au-Prince ausgetragen worden. 1933 kam es dann zu einem von den USA unterstützten Militärputsch, in dessen Verlauf General Fulgencio Batista die Macht übernahm und Kuba in eine rigide Militärdiktatur verwandelte.

■ **FÜR KUBAS FUSSBALL WAR** die Entwicklung fatal. Das Spiel verschwand aus der Riege der populären Sportarten und büßte nahezu alle Unterstützung durch Schulen und Behörden ein. Dennoch kam es just in jenen Tagen zum schillernden Höhepunkt in der kubanischen Fußballhistorie: der Teilnahme an der WM 1938. Jene war allerdings einem von Rückschlägen und Skurrilitäten geprägten Qualifikationschaos in Lateinamerika zu verdanken. Nach der Vergabe des Turniers an Frankreich hatten sich zahlreiche Länder der Region zurückgezogen, weil nach ihrer Ansicht Argentinien mit der Turnierdurchführung an der Reihe gewesen wäre. Am Ende waren nur noch Kuba und Brasilien übriggeblieben – und wurden kampflos zum Endturnier zugelassen.

Voller Zuversicht dampfte die international unerfahrene Auswahl von Nationaltrainer José Tapia daraufhin nach Frankreich, wo ihr gegen Auftaktgegner Rumänien keinerlei Chancen eingeräumt wurden. Doch vor etwa 7.000 Zuschauern im Toulouser Stade Chapou kam es anders. Mit einem überragenden Benito Carvajales zwischen den Pfosten zwang der krasse Außenseiter das mit zahlreichen Profis bestückte rumänische Team in eine Verlängerung und erreichte ein Wiederholungsspiel. Vier Tage später komplettierten »Los Lions del Caribe« die Sensation und zogen mit einem 2:1-Erfolg ins Viertelfinale ein. »Kuba plötzlich mit Rumba«, staunte das deutsche Fachblatt »Fußball« und sparte nicht an Lob für die Kicker aus dem »vermeintlichen Fußballentwicklungsland«.

Im Viertelfinale endete Kubas süßer WM-Traum. Nachdem Torsteher Carvajales während der gesamten Saison 1938 mit seinem Klub Juventud Asturiana Habana lediglich neun Treffer hatte hinnehmen müssen, musste er gegen Schweden binnen 90 Minuten gleich achtmal hinter sich greifen – und war dennoch stärkster Akteur seiner Elf. Kubas 0:8-Debakel war allerdings von organisatorischen Pannen begünstigt. Während die Schweden ausgeruht waren, weil ihre Vorrundenpartie gegen Österreich nach dessen politischem »Anschluss« an das Deutsche Reich ausgefallen war, hatten Kubas Fußballer nach dem Wiederholungsspiel gegen Rumänien ganze 48 Stunden Zeit gehabt, um von Toulouse nach Nizza zu kommen. Mit der Ehre im Gepäck, als erstes zentral-amerikanisches bzw. karibisches Land einen WM-Sieg errungen zu haben, dampften die »Löwen der Karibik« nicht unzufrieden nach Havana zurück.

■ **DOCH DIE GLÜCKLICHEN TAGE** des kubanischen Fußballs waren vorbei. Das Spiel verschwand immer tiefer im Schatten des von der politischen Führung bevorzugten Baseballs und vermochte sich lediglich in den Städten noch einigermaßen zu behaupten. Selbst die Einführung des Profitums brachte keine Wende. Von 1949 bis 1959 bildeten fünf Profiklubs eine Nationalliga, deren Schicksal von ständigen Finanzsorgen geprägt war. Einsamer sportlicher Höhepunkt jener Tage war die Ausrichtung der Nordamerikameisterschaft 1947, als Kuba Zweiter hinter Mexiko wurde.

Während es in den 1950er Jahren innenpolitisch hoch her ging und Fidel Castro und der argentinische Arzt Ernesto »Che« Guevara einen Guerillakampf gegen die Batista-Diktatur organisierten, setzte sich der Niedergang des kubanischen Fußballs ungebremst fort.

Daran änderte sich auch nichts, als Castro und Guevara den Diktator schließlich 1959 stürzten und Kuba dem Sozialismus zuwandten – Revolutionsführer Castro galt nämlich als Baseballanhänger und hatte in jungen Jahren selbst als »Pitcher« gespielt. Während die Profiligen im Fuß- wie Baseball nach der Revolution abgeschafft wurden, übernahm 1961 das nach sowjetischem Vorbild gebildete staatliche »Instituto Nacional de Deportes Educacion Fisica y Recreacion« (INDER) die Kontrolle und richtete das Interesse auf jene Disziplinen, in denen der Gewinn olympischer Medaillen möglich war. Während Kuba zu einer der weltweit erfolgreichsten Nationen im Boxen, Baseball, Volleyball, Judo und der

TEAMS | MYTHEN

■ **CIEGO DE ÁVILA** Im Zentrum Kubas gelegene Stadt, die 1993, 2002 und 2003 den Fußball-Landesmeister stellte. Mit Lester Moré sorgte vor allem ein treffsicherer Torjäger für den Erfolg der in Gelb-Weiß auflaufenden Distriktauswahl. 2003 sicherte sich Moré mit 32 Saisontreffern die kubanische Torschützenkanone. Ciego de Ávila ist eine geschäftige Industriestadt mit rund 115.000 Einwohnern, ist ein wichtiger Umschlagplatz für landwirtschaftliche Produkte und tropische Früchte ist. [Estadio Jose Ramon Cepero (7.000) | 3]

■ **LA HABANA** Obwohl die Auswahl der kubanischen Hauptstadt Havanna mit neun Titeln Rekordmeister der Epoche seit der kubanischen Revolution ist, zählt sie nicht zu den konstantesten Teams im Lande. Drei Meisterschaften zwischen 1965-67 folgten sechs weitere, ohne erkennbares Muster errungene Titel. Havannas Stadtauswahl agierte zu keiner Zeit als eine dominierende Mannschaft, wie es für eine Hauptstadt eigentlich zu erwarten wäre. [9]

■ **GRANJEROS LA HABANA** Fünffacher Landesmeister aus der Hauptstadt Havanna. Der Klub zählte in den 1960er und 1970er Jahren zu den spielstärksten Teams im Land. Seine letzte Meisterschaft feierte er 1977. [5]

■ **CD GALLEGO LA HABANA** Überragende Mannschaft der 1930er Jahre, als man binnen zehn Jahren sechs Meisterschaften gewann. Stellte 1938 sieben Akteure des kubanischen WM-Kaders – darunter den zweiten Torsteher Juan Ayra, der im Wiederholungsspiel gegen Rumänien zum Einsatz kam. 1945 und 1947 errang der Klub zwei weitere Meisterschaften. [8]

■ **INDUSTRIAL LA HABANA** Vierfacher Landesmeister, der nach der Castro-Revolution entstand und anschließend für eine Weile den nationalen Fußball dominierte. Installiert nach sowjetischem Vorbild stand der Klub den hauptstädtischen Industriearbeitern nahe. [Campo Armada | 4]

■ **JUVENTUD ASTURIANA LA HABANA** Nach dem Lokalrivalen DC Gallego die überragende Mannschaft der 1930er Jahre. 1927 erstmals Landesmeister geworden, gingen die Hauptstädter um Torjäger Juan Tuñas auch 1933, 1935, 1936, 1941, 1944 und 1948 als Sieger aus dem Titelrennen hervor. [7]

■ **DEPORTIVO SAN FRANCISCO** Dominierte in den turbulenten 1950er Jahren den nationalen Fußball. Der ersten Meisterschaft 1951 folgten bis 1955 vier weitere, ehe der Siegeszug 1957 mit Titel Nummer sechs endete. San Francisco gehört zum Distrikt Santa Cruz del Sur und liegt in der südlichen Provinz Camagüey. [4]

■ **PINAR DEL RÍO** Der siebenfache Landesmeister ist Kubas international erfolgreichstes Team. 1989 und 1990 erreichten die Grün-Weißen aus der im Westen gelegenen 125.000-Einwohnerstadt San Cristóbal jeweils das Endspiel um die Kontinentalmeisterschaft. 1989 unterlagen sie dem mexikanischen Spitzenklub UNAM/Los Pumas nach einem 1:1 auf eigenem Platz im Rückspiel mit 1:3. Zwölf Monate später folgte einem 2:2 gegen CF América eine 0:6-Schlappe in Mexiko. Mit sieben Landesmeisterschaften seit 1987 (zuletzt 2006) stellt man zudem eine der erfolgreichsten Distriktauswahlen. Pinar del Río ist die Hochburg der kubanischen Tabakindustrie. [1978 | Estadio La Bombonera | 7]

■ **VILLA CLARA** Team der Provinz Villa Clara, die in Zentralkuba liegt und deren Hauptort die 200.000-Einwohner-Gemeinde Santa Clara ist. Die Distriktauswahl errang 1992, 1996, 1997, 2002 und 2004 jeweils die Landesmeisterschaft im Fußball.
[Estadio Augusto Cesar Sandino (15.000) | 5]

HELDEN | LEGENDEN

■ **BENITO CARVALES** Torsteher der WM-Elf von 1938, der vor allem im ersten Spiel gegen Rumänien förmlich über sich hinauswuchs. Dennoch musste er im Wiederholungsspiel auf der Tribüne Platz nehmen, weil sein Trainer José Tapia die Rumänen mit der Berufung von Ersatzkeeper Juan Ayra verwirren wollte. Im Viertelfinale kehrte der Stammkeeper von Juventud Asturiana dann zwischen die Pfosten zurück, musste gegen Schweden aber gleich acht Gegentreffer hinnehmen. [*1913]

■ **ALBERTO DELGADO** Einer der torgefährlichsten kubanischen Fußballer der 1990er Jahre und zugleich ein Symbol für die großen Probleme, denen sich das Land ausgesetzt sieht: 2002 setzte sich Delgado während des Gold Cups in den USA gemeinsam mit Rey Ángel Martínez vom kubanischen Auswahlteam ab und bat in den Staaten um Asyl. Der bis dahin für Ciudad de la Habana auflaufende Angreifer setzte seine Karriere anschließend bei Colorado Rapids fort, ehe er 2004 vom puertoricanischen Profiverein Puerto Rico Islanders unter Vertrag genommen wurde. [*11.3.1978 | 22 LS/4 Tore]

■ **MAYKEL GALINDO** Aus Vila Clara stammendes Ausnahmetalent, das im Januar 2002 sein Debüt in der kubanischen Landesauswahl gab. Setzte sich drei Jahre später während des Gold Cups in den USA vom Nationalteam ab und unterschrieb bei Seattle Sounders einen Profivertrag. Nach drei von Verletzungen überschatteten Jahren wechselte er 2007 zu Chivas USA und etablierte sich in der MLS. Seine Länderspielkarriere indes endete mit der Flucht aus Kuba. [*28.1.1981 | 35 LS/12 Tore]

■ **HECTOR SOCORRO** Mittelstürmer der WM-Elf von 1938, der seinerzeit drei der vier kubanischen WM-Tore markierte. Der wuselige Stürmer war auf Vereinsebene für Puentes Grandes Havanna am Ball. [*26.6.1912]

■ **JUAN TUÑAS** Legende aus erfolgreicheren kubanischen Fußballtagen. Der »Romperredes« (»Netz-Zerstörer«) genannte Angreifer spielte in den 1930er Jahren für Juventud Asturiana und Centro Gallego, ehe er 1938 mit Kuba zur WM nach Frankreich reiste und zum sensationellen Vorrundensieg über Rumänien beisteuerte. Nach der WM wechselte Tuñas zum mexikanischen Profiklub Real Club España, mit dem er 1942 und 1945 Landesmeister wurde. 2005 erhielt der letzte Überlebende des kubanischen WM-Kaders von 1938 in Havanna die Medaille »Gloria del Deporte Cubano Award« überreicht. [*1.2.1917]

Auch wenn es anders aussieht: Fidel Castro gilt nicht als Fußballanhänger.

Leichtathletik aufstieg, darbte der Fußball abseits jeglichen Interesses.

■ **HINZU KAM DIE INTERNATIONALE** Isolation, in die Kuba nach seinem Wechsel ins sozialistische Lager geriet. Zwischen 1954 und 1962 fehlte das Land dreimal in Folge in der WM-Qualifikation, und selbst auf kontinentaler Ebene waren die »Leones del Caribe« nur noch selten gesehene Gäste. Als man 1966 die internationale Sportblockade endlich durchbrechen konnte und als Ausrichter der Zentralamerikaspiele fungierte, feierte die Führung um Fidel Castro dies als gelungene Rückkehr auf die internationale Bühne.

Nachdem Kuba in den 1960er Jahren aufgrund der einbrechenden Zuckerpreise in eine schwere ökonomische Abhängigkeit zur UdSSR geraten war, unternahm die politische Führung einen halbherzigen Versuch, den mächtigen Baseball als »Yankee-Sport« zu diskreditieren und seine Wirkung einzudämmen. Doch das Vorhaben endete erfolglos, denn vor allem im ländlichen Raum war Baseball längst zu einer unverzichtbaren Klammer im sozialen Miteinander geworden.

Während viele Kubaner aufgrund der politischen Entwicklung in die USA emigrierten, verharrte Kubas Fußball auf niedrigem Level. Das galt auch für die taktische Entwicklung, denn da sich die internationalen Kontakte auf die sozialistischen Bruderstaaten beschränkten, gab es kaum Impulse von außen. Auf nationaler Ebene waren derweil Distriktauswahlen und Behördenteams an die Stelle der aufgelösten Vereine gerückt und entemotionalisierten den Spielbetrieb zusätzlich.

Für nahezu drei Jahrzehnte sollte Kubas Fußball anschließend weitestgehend unbeachtet und ziemlich erfolglos vor sich hindümpeln. Die einzigen Erfolge gelangen bei den international zweitrangigen Panamerikaspielen, bei denen man 1970, 1974 und 1978 als Sieger aus dem Fußballturnier hervorging. Erst als die »Leones del Caribe« bei der Boykott-Olympiade 1980 in Moskau überraschend Sambia und Venezuela bezwangen, wurde eine vom Politiker Pedro Miret angeführte Kommission gebildet, die sich um Verbesserungen in den nationalen Fußballstrukturen kümmerte. Ihre Arbeit trug dazu bei, dass die Distriktauswahl aus der Tabakhochburg Pinar del Río 1989 und 1990 jeweils das Finale um die Kontinentalmeisterschaft erreichte. In beiden Fällen war sie dort gegen die mexikanischen Profimannschaften von UNAM bzw. América allerdings machtlos.

■ **ERST ALS 1991 DER** Zusammenbruch der Sowjetunion bzw. des Ostblocks Kubas politische und ökonomische Situation dramatisch veränderte, konnte der Fußball allmählich aus seiner Versenkung auftauchen. Ohne seine wirtschaftlichen Handelspartner in Osteuropa musste sich Kuba zwangsläufig den kapitalistischen Ländern öffnen – und damit auch dem Tourismus. Mit der steigenden Zahl von Urlaubern aus Lateinamerika und Europa wiederum wuchs das Bewusstsein über die eigene Nebenrolle im Weltsport Fußball. Als dann Jamaika 1998 bei der WM in Frankreich – die erste, die vom kubanischen Fernsehen live übertragen wurde! – so positiv überraschte, manifestierte sich in Havanna der Wille, im Fußball zur internationalen Spitze aufschließen zu wollen.

»Fußball in Kuba ist populär wie nie und hat sein Mauerblümchendasein längst verloren – hier herrscht eine regelrechte Aufbruchstimmung, die auch von den Zuschauern honoriert wird«, durfte Fußball-Verbandspräsident José Francisco Reinoso Zayas nur wenige Monate später bereits jubeln. Vor allem unter Kubas Jugendlichen war das Interesse am Fußball mit der WM schlagartig angeschwollen.

■ **DAS ERWACHENDE INTERESSE** wurde durch die Erfolge kubanischer Fußballer im Ausland weiter angefeuert. Mit Lázaro Darcourt wurde sogar erstmals ein Kubaner von einem euro-

KUBA | 375

Jahr	Meister	Jahr	Meister
1912	Rovers La Habana	1960	Cerro La Habana
1913	Hatüey La Habana	1961	Deportivo Mordazo
1914	Rovers La Habana	1962	nicht ausgespielt
1915	Hispano América	1963	Industriales La H.
1916	La Habana FC	1964	Industriales La H.
1917	Iberia La Habana	1965	La Habana
1918	Iberia La Habana	1966	La Habana
1919	Hispano América	1967	La Habana
1920	Hispano América	1968	Granjeros
1921	Hispano América	1969	Granjeros
1922	Iberia La Habana	1970	Granjeros
1923	Iberia La Habana	1971	nicht ausgespielt
1924	Olimpia	1972	Industriales La H.
1925	Fortuna	1973	Industriales La H.
1926	Real Iberia La Habana	1974	Azucareros
1927	Juventud Asturiana	1975	Granjeros
1928	Real Iberia La Habana	1976	Azucareros
1929	Real Iberia La Habana	1977	Granjeros
1930	Deportivo Español	1978/79	Ciudad de La Hab.
1931	Gallego La Habana	1979	Ciudad de La Habana
1932	Gallego La Habana	1980	Villa Clara
1933	Juventud Asturiana	1981	Villa Clara
1934	Real Iberia La Habana	1982	Villa Clara
1935	Juventud Asturiana	1983	Villa Clara
1936	Juventud Asturiana	1984	Ciudad de La Habana
1937	Gallego La Habana	1985	Cienfuegos
1938	Gallego La Habana	1986	Villa Clara
1939	Gallego La Habana	1987	Pinar del Río
1940	Gallego La Habana	1988/89	Pinar del Río
1941	Juventud Asturiana	1989/90	Pinar del Río
1942	Dep. Puentes Grandes	1990/91	Cienfuegos
1943	Dep. Puentes Grandes	1991/92	Pinar del Río
1944	Juventud Asturiana	1992	Villa Clara
1945	Gallego La Habana	1993	Ciego de Ávila
1946	nicht ausgespielt	1994	Ciudad de La Habana
1947	Gallego La Habana	1995	Pinar del Río
1948	Juventud Asturiana	1996	Villa Clara
1949	Diablos Rojos S. de C.	1997	Villa Clara
1950	Hispano América.	1998	Ciudad de La Habana
1951	Dep. San Francisco	1999/00	Pinar del Río
1952	Dep. San Francisco	2000/01	Ciudad de La Hab.
1953	Dep. San Francisco	2001/02	Ciego de Ávila
1954	Dep. San Francisco	2002/03	Villa Clara
1955	Dep. San Francisco	2003	Ciego de Ávila
1956	Casino Español	2004/05	Villa Clara
1957	Dep. San Francisco	2005/06	Holguín
1958	Deportivo Mordazo	2006	Pinar del Río
1959	Deportivo Mordazo	2007/08	Cienfuegos

päischen Spitzenteam (Olympique Marseille) unter Vertrag genommen. Die Auswahlspieler Osmín Hernández, Ariel Alvarez, Lester Moré, Manuel Bobadilla und Eduardo Sebrango erreichten derweil nationalen Heldenstatus und feierten ungewohnte Erfolge mit den »Leones del Caribe«. 1998 gelang Kuba erstmals die Qualifikation für die Finalrunde in der Kontinentalmeisterschaft Gold Cup, in der man 2003 sogar bis ins Viertelfinale vordringen konnte. Lohn war der Sprung auf Platz 75 in der Weltrangliste, in der Kuba 1994 noch exakt 100 Plätze weiter hinten notiert gewesen war. Im Dezember 2006 erreichte das Land mit Platz 46 übrigens sein Allzeithoch.

Wenngleich sich Kubas Fußball unverkennbar im Aufbruch befindet und sein Mauerblümchendasein abgestreift hat, gibt es noch viele ungelöste Probleme. Dazu zählt der unaufhaltsame Exodus kubanischer Spitzensportler. Neben Baseball-Legenden wie José Ariel Contreras und den Brüdern Livan und Orlando Hernández kehrten in der Vergangenheit auch viele Fußballer ihrem Heimatland den Rücken. Während des Gold Cups in Los Angeles setzten sich 2002 mit Alberto Delgado und Rey Ángel Martínez zwei Nationalspieler ab. 2005 nutzte das Stürmertalent Maykel Galindo den Gold Cup zur Flucht, und im März 2008 verschwanden gleich elf Spieler der kubanischen U23-Auswahl aus dem Trainingslager, was die berechtigten Hoffnungen auf das olympische Fußballturnier in Peking rüde zerplatzen ließ. Ein anderer Fall von »Landflucht« ist etwas skurriler: Im Frühjahr 1999 wurde nahezu die komplette kubanische Nationalmannschaft vom deutschen Viertligisten Bonner SC angeheuert. Hintergrund des beiderseitigen Agreements war, dass die Kubaner Spielpraxis für die Karibikmeisterschaft 1999 erlangen und dem Bonner SC nebenbei zum Klassenerhalt verhelfen sollten. Das medienträchtige Ereignis gelang: Kubas Nationalelf erreichte das Endspiel um die Karibikmeisterschaft, und der Bonner SC vermied den Abstieg.

■ **WIE IN SO VIELEN BEREICHEN** in dem nach 50 Jahren Sozialismus ziemlich ruinierten und maroden Land setzt man auch im Fußball seine Hoffnung auf den Wechsel an der politischen Spitze. 2008 löste Raúl Castro seinen Bruder und Revolutionsführer Fidel an der Führung der Landes ab und kündigte eine liberalere Wirtschaftspolitik an, die einen tiefgreifenden Wandel bewirken soll. Unterdessen übernahm mit Reinhold Fanz ein ehemaliger Bundesligatrainer das Training der Fußball-Landesauswahl, deren Ziel die Qualifikation zur WM 2010 ist.

Insgesamt hat sich der kubanische Fußball in den letzten zehn Jahren enorm weiterentwickelt. Mit rund 1,2 Mio. Aktiven kommt der Nationalverband inzwischen auf einen Anteil von über zehn Prozent an der Gesamtbevölkerung, was Kuba einen Spitzenplatz im weltweiten Vergleich verschafft. In der nationalen Popularitätsskala hat das Spiel sogar zum lange als unerreichbar geltenden Baseball aufschließen können. Während jener auf dem Lande noch immer klare Nummer eins ist, dominiert der Fußball vor allem in den Städten bereits die Szene.

Doch es gibt noch viel zu tun. So wird die 1977 anstelle der Nationalliga eingeführte »División Politica Administrativa« unverändert von unattraktiven Distriktauswahlen bestritten, unter denen herausragende Mannschaften schwer auszumachen sind. Zuletzt gelang es Rekordmeister Villa Clara, 1996 und 1997 zweimal in Folge den Titel zu erringen. Seitdem haben Villa Clara, Pinar del Río und Ciego de Avila mit jeweils zwei Meisterschaften die erfolgreichsten Teams gestellt. Vereinsmannschaften gibt es auf Kuba nicht.

Auch in Sachen Fußball-Infrastruktur liegt nach den langen Jahren des wirtschaftlichen Niedergangs (»periodo especial«) noch vieles brach. Vielerorts mangelt es an den simpelsten Ausrüstungsgegenständen, und selbst das im Havanner Stadtteil Miramar gelegene Nationalstadion Pedro Marrero genügt längst nicht den internationalen Anforderungen. Dennoch: Der »Löwe der Karibik« ist erwacht!

Jahr	Meister	Pokal
1919	Intrepide Fort-de-France	
1920	Colonial Fort-de-France	
1921	Colonial Fort-de-France	
1922	Colonial Fort-de-France	
1923	Colonial Fort-de-France	
1924	Colonial Fort-de-France	
1925	Intrepide Fort-de-France	
1926	Colonial Fort-de-France	
1927	Golden Star Fort-de-Fr.	
1928	Golden Star Fort-de-Fr.	
1929	Golden Star Fort-de-Fr.	
1930	Colonial Fort-de-France	
1931	Colonial Fort-de-France	
1932	Stade Spiritain St.-Esprit	
1933	Intrepide Fort-de-France	
1934	nicht ausgetragen	
1935	Colonial Fort-de-France	
1936	Golden Star Fort-de-Fr.	
1937	Golden Star Fort-de-Fr.	
1938	Colonial Fort-de-France	
1939	Golden Star Fort-de-Fr.	
1940	Colonial Fort-de-France	
1941	Colonial Fort-de-France	
1942	Colonial Fort-de-France	
1943	Colonial Fort-de-France	
1944	Gauloise Trinité	
1945	Good Luck Fort-de-France	
1946	Aigle Sportif Fort-de-Fr.	
1947	Aigle Sportif Fort-de-Fr.	
1948	Golden Star Fort-de-Fr.	
1949	Colonial Fort-de-France	
1950	Gauloise Trinité	
1951	Gauloise Trinité	
1952	Golden Star Fort-de-Fr.	
1953	Golden Star Fort-de-Fr.	Golden Star Fort-de-Fr.
1954	Golden Star Fort-de-Fr.	Franciscain Le François
1955	Gauloise Trinité	Colonial Fort-de-France
1956	Golden Star Fort-de-Fr.	Good Luck Fort-de-Fr.
1957	Good Luck Fort-de-France	Golden Star Fort-de-Fr.
1958	Golden Star Fort-de-Fr.	Golden Star Fort-de-Fr.
1959	Golden Star Fort-de-Fr.	Colonial Fort-de-France
1960	Stade Spiritain St.-Esprit	US Robert Le Robert
1961	Stade Spiritain St.-Esprit	US Robert Le Robert
1962	Golden Star Fort-de-Fr.	Colonial Fort-de-France
1963	Assaut St.-Pierre	Golden Star Fort-de-Fr.
1964	Colonial Fort-de-France	Assaut St. Pierre
1965	Colonial Fort-de-France	Assaut St. Pierre
1966	Assaut St.-Pierre	Assaut St. Pierre
1967	Assaut St.-Pierre	Assaut St. Pierre
1968	Assaut St.-Pierre	Assaut St. Pierre
1969	Eclair Rivière Salée	Franciscain Le François
1970	Franciscain Le François	Golden Star Fort-de-Fr.
1971	CS Vauclinois Le Vauclin	unbekannt
1972	Colonial Fort-de-France	unbekannt
1973	Assaut St.-Pierre	Good Luck Fort-de-Fr.
1974	CS Vauclinois Le Vauclin	Good Luck Fort-de-Fr.
1975	Samaritaine Ste.-Marie	unbekannt
1976	Golden Star Fort-de-Fr.	unbekannt
1977	Renaissance Sainte Anne	CS Case-Pilote
1978	Renaissance Sainte Anne	Racing Rivière-Pilote
1979	Renaissance Sainte Anne	Good Luck Fort-de-Fr.
1980	Gauloise Trinité	Colonial Fort-de-France
1981	Samaritaine Ste.-Marie	Racing Rivière-Pilote
1982	Racing Rivière-Pilote	unbekannt
1983	Racing Rivière-Pilote	unbekannt
1984	Aiglons Le Lamentin	unbekannt
1985	Olympique Marin	unbekannt
1986	Golden Star Fort-de-Fr.	Franciscain Le François
1987	Excelsior Schoelcher	Franciscain Le François
1987/88	Excelsior Schoelcher	unbekannt
1988/89	Excelsior Schoelcher	unbekannt
1989/90	US Marinoise Marin	Franciscain Le François
1990/91	Aiglons Le Lamentin	unbekannt
1991/92	Aiglons Le Lamentin	unbekannt
1992/93	US Robert Le Robert	unbekannt
1993/94	Franciscain Le François	unbekannt
1994/95	US Marinoise Marin	Aiglon Le Lamentin
1995/96	Franciscain Le François	Aiglon Le Lamentin
1996/97	Franciscain Le François	unbekannt
1997/98	Aiglons Le Lamentin	Franciscain Le François
1998/99	Franciscain Le François	unbekannt
1999/00	Franciscain Le François	Assaut St. Pierre
2000/01	Franciscain Le François	Franciscain Le François
2001/02	Franciscain Le François	Franciscain Le François
2002/03	Franciscain Le François	Franciscain Le François
2003/04	Franciscain Le François	Franciscain Le François
2004/05	Franciscain Le François	Franciscain Le François
2005/06	Franciscain Le François	CS Case-Pilote
2006/07	Franciscain Le François	Franciscain Le François
2007/08	Racing Rivière-Pilote	Franciscain Le François

Außenseiter
Martinique

Französisches »savoir vivre« unter karibischer Sonne? Dann ab nach Martinique, ein »Perle der Karibik« genanntes Paradies, das mit 1.102 km² die zweitgrößte Insel der Kleinen Antillen darstellt und herrliche Erholungsmöglichkeiten bietet. Ab 1635 von französischen Kolonialisten für den Anbau von Zuckerrohr und Kaffee genutzt, gehört die Insel seit 1946 als Überseedepartement zur Grande Nation. Eine Liaison mit beiderseitigen Vorteilen: Während Martinique Frankreichs wichtigster Rumlieferant ist, wird auf der Karibikinsel mehr Champagner pro Kopf verköstigt als in Frankreich! Neben Rum zählen auch Fußballer zu den erfolgreichen Exportgütern Martiniques. Gérard Janvion spielte einst an der Seite von Michel Platini beim AS Saint-Etienne und erreichte 1982 mit Frankreich das WM-Halbfinale. Später schaffte es Charles-Édouard Coridon in Guingamp, Lens und Paris zum Erstligaspieler, kickten auch José-Karl Pierre-Fanfan, Eddy Heurlié, Richard Massolin, Frédéric Piquionne und Fabrice Reuperne hochklassig. Mit Eric Abidal, Nicolas Anelka und David Régis weisen drei weitere französische Fußballgrößen zumindest in Spuren martiniquische Wurzeln auf. Das gilt auch für Thierry Henry, dessen Mutter aus Martinique stammt, während er selbst auf der zu Guadeloupe gehörenden Mini-Insel La Désirable aufwuchs.

■ **FUSSBALL WIRD AUF** Martinique seit mehr als 100 Jahren gespielt. Französische Kolonisten führten das Spiel um die Jahrhundertwende ein und errichteten 1903 mit dem Club Colonial sowie Excelsior Schoelcher auch die ersten Klubs. Seit 1919 wird alljährlich um einen Landesmeister gespielt. Rekordmeister ist mit 18 Titeln der in der Hauptstadt Fort-de-France ansässige Pionierklub Colonial, dessen letzter Titelgewinn allerdings aus dem Jahr 1972 stammt. Lokalrivale Golden Star (16 Titel) sowie der in Le François ansässige und seit der Millenniumswende dominierende Club Franciscain (14 Meisterschaften seit 1970) folgen in der nationalen Rangfolge. Seit 1953 wird zudem um einen Landespokal gestritten. Martiniques Nationalmannschaft debütierte im Februar 1931 mit einem 2:3 gegen Barbados. Das Spiel ist auf der gesamten Insel verankert und wird in nahezu jeder Gemeinde betrieben. Während die 1938 gebildete Ligue Martiniquaise de Football bereits seit 1964 »associated member« des CONCACAF ist, steht ihrem angestrebten Anschluss an die FIFA Martiniques Status als französisches Departement entgegen – wie in den vergleichbaren Fällen Guadeloupe und Französisch-Guyana, bleibt die FIFA-Pforte für die französischen Überseeregion geschlossen. In den 1980er Jahren aufkommende Unabhängigkeitsforderungen wurden im Übrigen von Paris mit staatlicher Härte beantwortet. Folge: Im Dezember 2003 votierten bei einem Referendum knapp über 50 Prozent der Abstimmungsberechtigten gegen eine Loslösung von Frankreich.

Martiniques internationale Fußballaktivitäten beschränken sich aus den genannten Gründen auf regionale Wettbewerbe wie die Karibikmeisterschaft, den Gold Cup und die CONCACAF-Vereinswettbewerbe. Sportlich zählt die martiniquische Landesauswahl dabei zu den stärksten Teams in der Karibik, deren Meister sie 1993 erstmals wurde. 1993, 2002 und 2004 gelang jeweils die Qualifikation für das Endturnier um den Gold Cup, in dem Martinique 2004 immerhin bis ins Viertelfinale vordrang. Dort musste sich die Elf von Trainer Gérard Janvion Kanada erst im Elfmeterschießen geschlagen geben.

Auch auf Klubebene wird Martinique traditionell unter den spielstärksten Vertretern in der Karibik geführt. 1989 verpasste Racing Rivière-Pilote nur knapp das Finale um die Kontinentalmeisterschaft, und 1994 drang mit dem US Robert abermals ein Klub von der Karibikinsel bis ins Halbfinale vor. In einer internen Bewertung aller CONCACAF-Mitglieder stellt Martinique mit seinen Erfolgen zahlreiche etablierte FIFA-Mitglieder mühelos in den Schatten.

Als französisches Überseedepartement (DOM, Département d'Outre-Mer) hat Martinique das Recht, am französischen Coupe de France teilzunehmen. Das geschieht im Verbund mit den anderen französischen Überseegebieten in Afrika, Ozeanien und der Karibik. Schon im ersten Anlauf errang Assaut Saint-Pierre 1964 den erstmals ausgespielten »Coupe DOM«, an dem die Pokalsieger von Martinique, Guadeloupe und Französisch-Guyana teilnehmen. Zuletzt ging der Club Franciscain 1998 und 2004 als Sieger aus dem Wettbewerb hervor. Bei ihren Auftritten gegen Teams aus dem Mutterland haben sich martiniquische Teams allerdings bislang noch nicht sonderlich mit Ruhm bekleckert.

Martiniques größtes Problem ist die mangelhafte Infrastruktur. Die meisten Sportplätze erreichen bestenfalls gehobenes Amateurniveau, und ausschließlich das Nationalstadion »Dillon« genügt internationalen Ansprüchen. Im November 2005 war es Schauplatz eines Freundschaftsspiels zwischen Frankreich und Costa Rica. Obwohl Martinique kein FIFA-Mitglied ist, wurde das Land 2004 in das FIFA-»Goal«-Förderprogramm aufgenommen, mit dessen Hilfe die nationale Infrastruktur nun verbessert werden soll.

■ **UM DIE WETTBEWERBSFÄHIGKEIT** der Vereinsteams zu erhöhen, bemühen sich martiniquische Funktionäre seit einiger Zeit um die Einrichtung einer grenzüberschreitenden »Ligue Antilles-Guyane«. Daran sollen perspektivisch jeweils vier Teams aus Martinique und Guadeloupe, zwei Mannschaften aus Französisch-Guyana sowie jeweils eine aus St. Lucia und Dominica teilnehmen. Ungeachtet einer vor allem finanziell enormen Herausforderung konnte 2004 der Vorhang zu diesem ambitionierten Projekt gehoben werden. Erster Sieger der bislang lediglich von Teams aus Martinique und Guadeloupe gebildeten Liga wurde der AS Gosier aus Guadeloupe.

Links: Charles-Édouard Coridon im Dress des französischen Profiklubs En Avant Guingamp. Oben: Pokalübergabe an den Kapitän von Franciscain Le François.

MEXIKO

Federación Mexicana de Fútbol Asociación, A. C.

Mexikanischer Assoziationsfußballverband | gegründet: 1927 | Beitritt FIFA: 1929 | Beitritt CONCACAF: 1961 | Spielkleidung: grünes Trikot, weiße Hose, rote Stutzen | Saison: August - Mai | Spieler/Profis: 8.479.595/4.593 | Vereine/Mannschaften: 302/19.957 | Anschrift: Colima No. 373, Colonia Roma, Mexiko D. F. 06700 | Telefon: +52-55/52410166 | Fax: +552-55/52410191 | Internet: www.femexfut.org.mx | E-Mail: ddmaria@femexfut.org.mx

Wenn Stärke zur Schwäche wird

Mexiko ist Wiege des Fußballs und Vorreiter für dessen kommerzielle Ausbeutung in Nord- und Zentralamerika

Estados Unidos Mexicanos

Vereinigte Mexikanische Staaten | Fläche: 1.953.162 km² | Einwohner: 103.795.000 (53 je km²) | Amtssprache: Spanisch | Hauptstadt: Ciudad de México (Mexiko-Stadt, 8.605.239) | Weitere Städte: Guadalajara (1.646.183), Escatepec de Morelos (1.621.827), Puebla (1.271.673), Nezahualcóyotl (1.225.083), Ciudad Juárez (1.118.275), Tijuana (1.148.681), Monterrey (1.110.909), León (1.020.818) | Währung: 1 Mexikanischer Peso = 100 Centavos | Zeitzone: MEZ -6h bis -9h | Länderkürzel: MX | FIFA-Kürzel: MEX | Telefon-Vorwahl: +52

Ausgerechnet Mexiko, das so häufig im Schatten des benachbarten Wirtschaftsriesen USA steht, hat im Fußball ein Wohlstandsproblem. Weil es nirgendwo sonst im lateinamerikanischen Fußball so gut zu verdienen gibt und die Arbeitsbedingungen in keinem anderen Land der Region besser sind, zieht es mexikanische Profis nur ungern ins Ausland. In Verbindung mit einer jahrzehntelangen Dominanz Mexikos im nordamerikanischen Spitzenfußball führte dies zu einer recht paradoxen sportlichen Stagnation, die Mexikos »Tri« trotz inzwischen 13 WM-Teilnahmen auch 2006 wieder nur als Außenseiter an den Start gehen sah. Doch auch Mexiko wurde inzwischen von der Globalisierungswelle erfasst: Waren vor der WM 2006 lediglich vier Akteure im Ausland beschäftigt gewesen, so verdoppelte sich diese Zahl während des Turniers.

■ **MEXIKO IST DAS AUSHÄNGESCHILD** des nordamerikanischen Fußballs und nach Brasilien und Argentinien die Nummer drei in Lateinamerika. Nördlich des Amazonas ist man die unumstrittene Fußballhochburg. Bereits seit den 1930er Jahren existiert in Mexiko bezahlter Fußball, die Zuschauerzahlen bei Länderspielen überschreiten regelmäßig die 100.000er-Marke und der Kommerzialisierungsgrad ist nur in den USA höher.

Im Gegensatz zur langjährigen Fußball-Diaspora USA kann Mexiko aber eine gewachsene und vielschichtige Fußballkultur vorweisen. Wissenschaftler datieren den Beginn des Fußballs im ehemaligen Aztekenreich sogar um mehr als 1.000 Jahre zurück in eine Zeit, als in Teotihuacan, Tula, Xochicalco und Chichén-Itzá an Fußball erinnernde Ballspiele betrieben wurden. Die hatten allerdings nichts mit dem modernen Fußball zu tun, den, wie nahezu überall auf der Welt, Briten ins Land brachten.

Nach der 1822 erfolgten Entlassung in die Unabhängigkeit durchlief die ehemalige spanische Kolonie im Laufe des 19. Jahrhunderts einen enormen Wandlungsprozess. Der Umbruch von einer Agrargesellschaft in eine Industrienation lockte zahlreiche ausländische Facharbeiter ins Land. Darunter war eine aus dem englischen Cornwall stammende Gruppe von Technikern und Bergleuten, die 1898 in der 70 Kilometer nordöstlich von Mexiko-City gelegenen Bergbaustadt Pachuca erstmals auf mexikanischem Boden um einen Lederball rangen. 1901 riefen sie mit dem Pachuca Athletic Club auch Mexikos ersten Fußballverein ins Leben, dessen Nachfolger 2008 Kontinentalmeister wurde. Wenig später wurden in den boomenden Industriequartieren der Hauptstadt Ciudad de México (Mexiko-Stadt), in Puebla sowie in der Textilstadt Veracruz weitere Vereine gegründet, wobei sich ebenfalls Engländer bzw. Schotten engagierten.

■ **1902 SCHLOSSEN SICH** die Klubs zur »Liga de Football Asociación Amateur« zusammen, die noch im selben Jahr eine Meisterrunde ausschrieb, deren Sieger der überwiegend mit Schotten bestückte Athletic Club aus der rund 200 Kilometer südöstlich von Mexiko-City gelegenen Jutehochburg Orizaba wurde.

Die einheimischen Mexikaner entwickelten frühzeitig Interesse an dem britischen Vergnügen. Vor allem unter den ökonomisch führenden Schichten, dem Bildungsbürgertum sowie konfessionellen Kreisen zeigte man sich dem Fußball gegenüber sehr aufgeschlossen.

Die immensen Dimensionen und die nur rudimentäre Infrastruktur des Landes verhinderten jedoch eine zügige Weiterverbreitung. Bis heute ist Mexikos Spitzenfußball auf jenen

TEAMS | MYTHEN

CLUB NECAXA AGUASCALIENTES (ATLÉTICO ESPAÑOL) Obwohl die Rot-Weißen zu den erfolgreichsten Teams Mexiko-Citys zählen, verließen sie die Hauptstadt 2002 aufgrund mangelhaften Zuschauerzuspruchs und ließen sich in Aguascalientes nieder. Die großen Zeiten des 1923 durch den Zusammenschluss von El Luz y Fuerza und El Tranvias entstandenen und dem Elektrikkonzern Compañia de Luz unterstellten Klubs liegen lange zurück. Vor Einführung des Profifußballs zählte der Club Impulsora del Deportivo Necaxa (die Bezeichnung stammt von dem gleichnamigen Fluss) zu den dominierenden Kräften im hauptstädtischen Fußball und sicherte sich von 1933-38 vier Meisterschaften. Herausragender Akteur war Horacio Casarin. Als Konzernchef und Fußballfan Frasser 1942 überraschend verstarb, verloren die »Electricistas« ihre finanzielle Basis und mussten auf die Teilnahme an der ein Jahr später eingeführten Profiliga verzichten. Zudem wurde die populäre Heimstatt Parque Necaxa geschlossen. Nachdem man 1950 schließlich doch das Profistatut annehmen konnte, stellte sich nur wenig Erfolg ein, und 1971 wurde der Verein von einer Gruppe wohlhabender spanischer Geschäftsmänner übernommen, die ihn in Atlético Español umbenannte. Damit büßte er vollends seine traditionelle Fanbasis ein und wurde zu einem Team ohne Zuschauer, das 1975 immerhin Kontinentalmeister wurde. Acht Jahre später übernahm der TV-Gigant Televisa den Verein, gab ihm seinen Ursprungsnamen zurück und verankerte ihn im Estadio Azteca. Unter Trainer Manuel Lapuente konnten sich die Rot-Weißen um den Ecuadorianer Alex Aguinaga 1995 erstmals nach 57 Jahren wieder die Landesmeisterschaft sichern und errangen auch 1996 und 1999 unter Erfolgstrainer Raúl Arrias jeweils den Titel. 2002 zollte man dem unverändert schwachen Zuschauerzuspruch (ø 2.200) Tribut und verlegte seinen Sitz in die aufstrebende Region Aguascalientes. [21.8.1923 | Olimpico de Aguascalientes (28.000) | 3]

ATLANTE FC CANCÚN Der in den hauptstädtischen Arbeitervierteln La Condesa und La Napolera gegründete Atlante FC gilt als »El Equipo del Pueblo« (»Verein des Volkes«) und ist seit 2007 in der Stadt Cancún im Osten Mexikos zu Hause. 1916 von einer Gruppe um Refugio »El Vaquero« Martínez gegründet, lief man zunächst als Sinaloa bzw. U 53 auf (nach einem deutschen U-Boot), ehe sich 1920 der heutige Begriff durchsetzte. Der Name soll an die Atlantikschlachten des Ersten Weltkriegs erinnern. 1932 und 1941 unter der Vereinslegende Juan Carreño jeweils Meister der Amateurliga geworden, zählten die ausschließlich auf mexikanische Spieler setzenden »Los Potros de Hierro« (»die eisernen Colts«) 1943 zu den Gründungsmitgliedern der Profiliga, deren Meisterschaft sie mit einer von Stürmer Horacio Casarín geprägten Elf 1946, 1947, 1950 und 1951 gewannen. Als Klubchef General José Manuel Nuñez die Blau-Roten 1966 verkaufte, begann eine lange Durststrecke, in deren Verlauf Atlante 1976 sogar in die Zweite Liga abstieg. Zwei Jahre später übernahm das staatliche Instituto Mexicano del Seguro Social (IMSS) den Verein und vollzog einen Paradigmenwechsel, indem erstmals ausländische Kicker zugelassen wurden. Mit Spielern wie den Argentiniern Ricardo de La Volpe, Enrique Wolff und Ruben Galvan, dem brasilianischen Torjäger Cabinho sowie dem Polen Grzegorz Lato kehrte der seinerzeit im Estadio Azteca beheimatete Klub daraufhin in die nationale Spitze zurück und errang 1983 im Finale gegen die SV Robin Hood Paramaribo (Suriname) die Kontinentalmeisterschaft. Nach mehreren Besitzer- bzw. Stadionwechseln verschwand Atlanta 1990 abermals in der Zweiten Liga und erreichte erst mit einer Besinnung auf den Nachwuchs die Wende. Die Aura des Vereins hatte jedoch stark gelitten, und 2007 verließ man aufgrund des mangelhaften Zuschauerzuspruchs die Hauptstadt, um in der an der Grenze zu Belize gelegenen Stadt dichtbesiedelten Streifen in der Landesmitte konzentriert, der von Guadalajara im Westen bis Veracruz im Osten reicht und dessen Herz das mit schätzungsweise 8,6 Millionen Einwohnern zu den größten Städten der Welt zählende Mexiko-City ist.

Mexiko-City avancierte seinerzeit auch im Fußball zum alles aufsaugenden Schmelztiegel. So musste sich 1905 mit dem Orizaba AC der erste Landesmeister aus dem Spielbetrieb zurückziehen, weil er die Anreise zu den immer zahlreicher werdenden Spielen in der Hauptstadt nicht mehr finanzieren konnte. Das nachrückende Team aus Puebla meldete sich 1907 aus demselben Grund vom Spielbetrieb ab.

Unterdessen schälte sich mit dem hauptstädtischen Reforma AC eine erste Ausnahmemannschaft heraus, die zwischen 1906 und 1912 sechs von sieben Meistertiteln gewann. Während Reforma noch überwiegend von Ausländern gebildet worden war, setzte sich 1912 mit dem von christlichen Maristen bzw. Jesuiten gegründeten México FC erstmals ein rein mexikanischer Verein durch. Darüber hinaus beteiligten sich mit Germania, Amicale Française, España und Cataluña weitere von europäischen Kolonialisten gebildete Klubs am Spielbetrieb.

In den weiter entfernten Städten Guadalajara, León, Irapuato, Veracruz und Bajío ging man derweil eigene Wege und rief regionale Spielklassen ins Leben. In Guadalajara hatten Belgier und Franzosen 1906 mit dem CF Unión die Fußballbasis gelegt. Der Klub trägt heute den Namen CD Guadalajara und zählt zu den populärsten im Land.

1910 wurde Mexiko von einer Revolution erschüttert, mit der eine fast 27 Jahre währende diktatorische Herrschaft von General Porfirio Díaz zu Ende ging. Die erhoffte politische Stabilisierung blieb jedoch aus. Stattdessen rutschte das Land in einen Bürgerkrieg, der mehr als eine Million Opfer forderte und Mexiko weit zurückwarf.

Als sich die Situation ab 1919 allmählich wieder entspannte, war der nationale Fußball nicht mehr wiederzuerkennen. Die von den Unruhen abgeschreckten bzw. nach Beginn des Ersten Weltkrieges zurückbeorderten britischen Pioniere hatten das Land verlassen, und in den mexikanischen Spitzenklassen, die während des Bürgerkrieges fortgeführt worden waren, dominierten nun spanische Mannschaften.

Schon 1913/14 war mit dem Club Española ein Klub der ehemaligen Kolonialmacht Landesmeister geworden. Der ausschließlich auf den eigenen – also spanischen – Nachwuchs setzende Klub dominierte den Fußball in der Hauptstadt bis in die frühen 1920er Jahre quasi im Alleingang.

INSGESAMT WAR FUSSBALL nur zwei Jahrzehnte nach seiner Einführung bereits zum Volkssport aufgestiegen. Lediglich in der Region Yucatán im äußersten Nordosten dominiert bis heute der von kubanischen Emigranten importierte Baseball. Zudem erreichte der Fußball in Mexiko schon in den 1920er Jahren einen Kommerzialisierungsgrad, der in seinen Dimensionen an große europäische Fußballnationen wie England und Spanien erinnerte.

Ebenso wie dort kam es aber auch in Mexiko zu einem Streit über die Frage des bezahlten Fußballs, der 1919 sogar zur Ligaspaltung führte. Zwei Spielzeiten lang wurden seinerzeit sowohl eine Amateur- als auch eine Profiliga ausgespielt, ehe es zu einer Einigung kam. Analog der politischen Entwicklung mit der Ausbildung einer modernen Klassengesellschaft war Mexikos Spitzenfußball entlang

Mexikos Fußballpioniere kamen aus dem Ausland: Das britisch geprägte Team des Reforma AC im Jahr 1902 ohne einen einzigen Mexikaner.

STÄTTEN | TEMPEL

▶ Estadio Azteca, Ciudad de México

1970 staunte die ganze Fußballwelt über eines der beeindruckendsten Fußballarenen der Welt. Mit ??? Plätzen war das Aztekenstadion nicht nur eine der größten Fußballspielstätten, sondern mit ??? VIP-Logen auch eine der modernsten. Errichtet unter Mitwirkung des Mediengiganten Televisa war die Spielstätte über Jahre Austragungsort sämtlicher Televisa-Mannschaften. Heute ist vor allem Vorzeigeklub CF América dort ansässig. Die Arena wurde 1986 für die zweite WM gründlich renoviert.

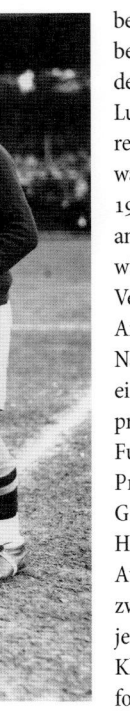

1930 zählte Mexiko in Uruguay zu den WM-Pionieren. Kapitän Rafael Gutiérrez (links) beim Wimpeltausch mit dem Chilenen Schneeberger.

der sozialen Trennlinien ausgerichtet. So stand in Mexiko-City Atlante für die Arbeiterschaft und América für das mächtige Bürgertum, gab es in Guadalajara mit dem Volksklub CD sowie dem bürgerlichen Atlas ebenfalls Vertreter beider großen Lager. Die enge Bindung zwischen sozialer Herkunft bzw. Ideologie und Fußball existiert bis heute – bisweilen begleitet von einer nicht immer unproblematischen Nähe zu politischen Parteien.

■ **MIT DEM ENDE DES** Bürgerkrieges kam es zu einer Renaissance der mexikanischen Indianer-Kultur, an der sich auch der Fußball beteiligte. Im Januar 1923 debütierte die »El Tri« (»Die Dreifarbigen«) genannte mexikanische Nationalauswahl mit einem 3:2 im benachbarten Guatemala, und die 1927 gegründete Federación Mexicana de Fútbol Asociación (FMF) dokumentiert in ihrem Logo das reiche Erbe der Aztekenkultur.

Nachdem man bereits 1928 eine Auswahlmannschaft zum olympischen Fußballturnier nach Amsterdam entsandt hatte, zählte Mexiko 1930 auch zu den 13 WM-Debütanten, die in Uruguays Hauptstadt Montevideo zusammenkamen. Mit dem ersten Welttunier begann allerdings auch eine fast als tragisch zu bezeichnende mexikanische Erfolglosigkeit, denn sportlich war die Elf von Trainer Jean Luqué Serralongo in Uruguay chancenlos und reiste schon nach der Vorrunde heim. Zudem war es die vorerst letzte WM-Teilnahme, denn 1934 scheiterte Mexiko beim im fernen Rom anberaumten Qualifikationsspiel an den USA, während man 1938 aus Protest gegen die Vergabe des Turniers an Frankreich (statt an Argentinien) auf die Teilnahme verzichtete.

Nachdem es im Verlauf der 1920er Jahre zu einem schleichenden Professionalisierungsprozess gekommen war, wurde der bezahlte Fußball schließlich 1943 mit der Profiliga Primera Fuerza legalisiert. Von den zehn Gründervereinen stammten sechs aus der Hauptstadt Mexiko-City (América, Asturias, Atlante, España, Marte und Moctezuma), zwei aus Guadalajara (Atlas und CD) sowie jeweils einer aus Veracruz und Orizaba. Die Klasse wurde zu einem bahnbrechenden Erfolg. Nachdem auch Teams aus León, Puebla, Tampico, San Sebastian sowie dem hoch im Norden gelegenen Monterrey aufgenommen worden waren, konnte 1950 sogar eine zweithöchste Spielklasse eingeführt werden.

Darüber hinaus streiten Mexikos Klubs seit 1933 um einen Landespokal. Vorausgegangen war die Einführung diverser Pokalwettbewerbe – darunter der 1907 erstmals ausgespielte »Copa Tower«. Ein weiteres alljährliches Fußball-Highlight ist der »Copa Campeon de Campeones«, der seit 1942 zwischen dem Meister und dem Pokalsieger ausgespielt wird.

Die Einführung des Profifußballs hatte revolutionäre Folgen auf die Vereinslandschaft. Die erfolgreichen Klubs der Amateurepoche lösten sich auf oder verschwanden in unterklassigen Ligen und wurden von wirtschaftsstarken Großklubs wie dem CF América verdrängt. Auch die spanisch dominierten Teams verschwanden aus dem Fokus, und selbst die Dominanz der Hauptstadt Mexiko-City nahm Schaden. 1946 ging der Titel erstmals nach Veracruz und wurde in den folgenden 20 Jahren auch in León, Guadalajara, Tampico sowie Zacatepec gefeiert, während die Hauptstadt lediglich 1954 mit dem Marte FC den Landesmeister stellte.

Zur neuen nationalen Fußballkapitale avancierte die Industriemetropole Guadalajara, die Cancún eine neue Heimat zu finden. Dort gelang ein Traumstart, als sich Atlante in einem dramatischen Apertura-Finale gegen die CD Guadalajara durchsetzte und zum dritten Mal Meister wurde. Doch was beinahe noch schöner war: Die meisten Begegnungen hatten vor prall gefüllten Rängen in Cancún stattgefunden. [18.4.1916 | Andrés Quintana Roo (20.000) | 3]

■ **CF AMÉRICA CIUDAD DE MÉXICO** Der Ruf  des neben dem CD Guadalajara populärsten Klubs des Landes ist nicht unumstritten, denn Américas Ruhm ist nicht unwesentlich dem Klubbesitzer und Mediengiganten Televisa zu verdanken, der dominierender TV-Anbieter im spanischsprachigen Lateinamerika ist. Die dadurch überproportional im Medienfokus stehenden Gelb-Blauen repräsentieren die wohlhabende Führungsschicht und skrupellose Karriereristen. Der Begriff »Américanista« wird inzwischen synonym für »karriereorientiert« verwandt. Der Club de Fútbol América entstand 1916 durch eine Fusion der Studentenvereine Record FC und Colón FC. Angeführt vom späteren Nationaltrainer Rafael Garza Gutiérrez stieg er binnen weniger Jahre zu einem der erfolgreichsten und beliebtesten Vereine der Hauptstadt auf. In den 1920er Jahren errang die aufgrund ihrer cremefarbenen Spielkleidung »Cremas« genannte Mannschaft vier Meisterschaften und stellte das Rückgrat der mexikanischen Nationalmannschaft, die 1930 zur ersten WM nach Uruguay reiste. 1943 zu den Gründungsmitgliedern der Profiliga zählend, gerieten die ›Águilas‹ (»Adler«) in eine schwere Krise und wurden 1956 an einen Softdrinkhersteller verkauft. Drei Jahre später erwarb Televisa-Boss Emilio Azcárraga Milmo im Rahmen eines umfangreichen Finanztransfers den Verein und läutete eine neue Ära in der Geschichte des mexikanischen Vereinsfußballs ein. Azcárraga betrachtete Fußball unter wirtschaftlichen Gesichtspunkten und sah den CF América als Instrument bei der angestrebten Beherrschung des lateinamerikanischen TV-Marktes. Unterstützt von Präsident Guillermo Cañedo sowie Trainer Ignacio Trelles wurde der Klub mit einer modernen Infrastruktur ausgestattet, erhielt ein landesweit tätiges Scout-Netzwerk und wurde mit enormer medialer Anstrengung in den Mittelpunkt gerückt. Zur Stärkung der seinerzeit im Schatten des CD Guadalajara stehenden Ligaelf wurden derweil Spitzenspieler aus ganz Lateinamerika angeheuert – darunter mit dem Brasilianer Vavá ein zweifacher Weltmeister. 1965/66 gelang unter Trainer »Nacho« Trellez der erste Titelgewinn seit Einführung des Profitums, der verbunden war mit dem Umzug in das Estadio Azteca, in dem es der Zielgruppe entsprechend die weltweit ersten VIP-Logen gab. Zuvor hatte América im Parque España gespielt. In den 1970er Jahren konnte das Team um Enrique Borja, Cristóbal Ortega und dem Chilenen Carlos Reynoso auch international erste Erfolge einfahren und wurde 1977 Kontinentalmeister. Anschließend setzte man sich im Finale um die Copa Interamericana überraschend gegen den argentinischen Spitzenklub Boca Juniors durch. Mit fünf Landesmeisterschaften sowie einer weiteren Kontinentalmeisterschaft (1987) avancierten die 1980er Jahre zu Américas »goldener Ära«. Nach einer von Transferflops und Misserfolgen geprägten Epoche, in der man vornehmlich als »Skandalnudel« Schlagzeilen machte, kehrten die Gelb-Blauen erst nach der Millenniumswende in die nationale Spitze zurück. Aus dem Nachwuchs stammende Spieler wie Cuauhtémoc Blanco und Germán Villa führten ihn 2002 zur ersten Meisterschaft seit 13 Jahren. Neben Guadalajara ist América heute der beliebteste, zugleich aber auch meistgehasste Verein Mexikos. Das Derby mit den »Chivas« ist alljährlicher Höhepunkt der nationalen Fußballsaison und gilt als »El Super Clásico Mexicano«. Mit dem Arbeiterklub Cruz Azul verbindet América derweil »El Clásico Joven« (»der junge Klassiker«). Eine Umfrage im Januar 2008 ergab, dass 22 Prozent der mexikanischen Fußballfans América unterstützen. Dank der permanenten Medienpräsenz wächst sie stetig an. Wirtschaftlich verfügt der Klub über ein unvergleichliches Potenzial, was ihm regelmäßig Millionentransfers ermöglicht.

Dennoch geriet man 2008 erneut in eine Krise, die zum Austausch der kompletten Führungsriege führte. Die neuen Entscheidungsträger kündigten bereits ein »neues América« an und planen zudem einen Ableger für die US-amerikanische MSL.
[12.10.1916 | Azteca(111.258) | 10]

■ **CRUZ AZUL CIUDAD DE MÉXICO** 1927  in Jasso gegründeter Klub, der seine Wurzeln in der Arbeiterklasse hat. Die Vereinsgründer arbeiteten für die Kooperative Cemento Cruz Azul (»Blaues Kreuz«), deren Namen sie für ihren Klub übernahmen. Als Basketball- und Volleyball-Klub beginnend, erhielt der Club Deportivo Social y Cultural Cruz Azul erst 1930 eine Fußballsektion, die 1961 das Profistatut annahm. Zwei Jahre später erreichte man die Nationalliga und feierte 1969 unter dem späteren Nationaltrainer Raúl Cárdeñas die erste Landesmeisterschaft, der von 1969 bis 1971 drei Kontinentalmeisterschaften folgten. 1971 wechselte der Klub auf Wunsch des Cruz-Azul-Zementunternehmens in die Hauptstadt Mexiko-City und ließ sich im Aztekenstadion nieder. Verstärkt durch vor allem aus Argentinien stammende Importe avancierten »los Cementeros« zum erfolgreichsten Klub der 1970er Jahre und wurden nach sechs Meisterschaften binnen zehn Jahren »La Máquina« (»Die Maschine«) genannt. Nach vergleichsweise beschaulichen 1980ern kehrte Cruz Azul erst 1995 mit der Vizemeisterschaft in die nationale Spitze zurück. Drei Jahre später errangen die Blau-Weißen zum achten Mal die Landesmeisterschaft und sicherten sich 1996 bzw. 1997 ihre vierte und fünfte Kontinentalmeisterschaft. Den größten Erfolg feierte man 2001 mit dem Gewinn der Copa Libertadores. Seit 1996 ist der Klub im Estadio Azul beheimatet, das unweit des südwestlichen Stadtteil Napoles in der Colonia Nochebuena liegt. [22.5.1927 | Azul (35.000) | 8]

■ **UNAM »PUMAS« CDUDAD DE MÉXICO**  Die Mannschaft der Universidad Nacional Autónoma de Mexico (UNAM, »Autonome Nationaluniversität von Mexiko«) wird überwiegend unter ihrem Kampfnamen »Los Pumas« (»Die Pumas«) gehandelt. Sie entstand 1954 auf Anregung der Universitätsführung. 1962 gelang ihr der Aufstieg in die Nationalliga, der UNAM seitdem ohne Unterbrechung angehört. Die Pumas umgibt eine oppositionelle bis rebellische Aura. Wie die Universität UNAM stehen sie für intellektuelle Unabhängigkeit und gesellschaftskritische Positionen. Zugleich begreifen sie sich als die einzig wahre Verkörperung des »pueblo« (»Leute von unten«) im mexikanischen Fußball. Durch ehemalige Studenten verfügt man landesweit über Fanbasen, wobei UNAM-Anhänger eine Zeitlang als gewalttätig gefürchtet waren. Der Aufstieg der Blau-Gelben (die Farben wie auch der Begriff »Pumas« stammen von der American-Football-Mannschaft der UNAM, die »Pumas Dorados« genannt werden) begann in den 1960er Jahren, als der argentinische Trainer Renato Cesarini eine auf den eigenen Nachwuchs gerichtete Philosophie einführte. Dieses »puros jóvenes« ist bis heute UNAMs Markenzeichen. Seine erfolgreichste Epoche verbrachte der Verein in den 1970ern, als Jungstar Hugo Sánchez, der brasilianische Torjäger Cabinho sowie der spätere Weltenbummler Velibor »Bora« Milutinović für ihn aufliefen. 1976 und 1977 errang man seine ersten Meisterschaften, und 1981 sicherten sich »los Pumas« in einem dramatischen Finale gegen Nacional Montevideo überraschend den Interamericana Cup. 1980, 1982 und 1989 wurde der Klub jeweils Kontinentalmeister. Als 2004 Vereinslegende Hugo Sanchez als Trainer zurückgekehrt war, endete eine lange Durststrecke und es begann »el año de oro« (»das goldene Jahr«), in dem UNAM sowohl Frühjahrs- als auch Wintermeister wurde. Der Klub ist inzwischen nicht mehr direkt der Universität unterstellt, folgt aber unverändert seiner »puros jóvenes«-Philosophie, aus der Größen wie Enrique Borja, Hugo Sánchez, Claudio Suarez, Alberto Garcia Aspe, Jorge Campos und Gerardo Torrado entstammten.
[28.8.1954 | Olímpico Universitario (72.449) | 5]

sich selbst als »mexikanischte Stadt Mexikos« betrachtet. Passenderweise setzt der Lokalmatador CD Guadalajara ausnahmslos auf mexikanische Spieler – und das mit großem Erfolg. Zwischen 1957 und 1965 gingen die »Chivas« (»Ziegen«) aus sieben von neun Meisterschaftsrunden als Sieger hervor.

■ **DIE STRUKTUREN DES** mexikanischen Profifußballs sind ungewöhnlich. Die meisten der ursprünglich von den Mitgliedern gelenkten Vereine sind heute als Franchise-Unternehmen mit entsprechend regelmäßigem Besitzerwechsel organisiert. In den 1970er Jahren häuften sich die Fälle, in denen größere Unternehmen oder schwerreiche Industrielle Klubs aufkauften und für einen Bruch mit der Tradition sorgten. So wurde 1971 der traditionsreiche Arbeiterverein Necaxa von einer Gruppe spanischer Geschäftsleute übernommen und in Atlético Español umgetauft. Necaxa bezahlte dafür mit dem Verlust seiner Fanbasis und wurde zum Klub ohne Zuschauer. Ebenfalls 1971 wechselte der in Jasso ansässigen Klub Cruz Azul auf Wunsch seines Besitzers – einem großen Zementwerk – nach Mexiko-City.

Einen tiefgreifenden Umbruch machte auch der CF América durch, der bereits 1961 vom TV-Monopolisten Televisa übernommen worden war. Dessen Chef Emilio Azcárraga verband mit der Übernahme zwei Ziele: Erstens América zum größten und erfolgreichsten Fußballverein Mexikos zu machen und Televisa über die dadurch erzielte Aufmerksamkeit in den größten Medienanbieter Lateinamerikas zu verwandeln, und zweitens über den Klub direkten Einfluss auf die Politik des mexikanischen Fußballverbandes zu nehmen.

Beides gelang eindrucksvoll. Seit den 1970er Jahren ist Televisa der mit Abstand einflussreichste spanischsprachige Medienanbieter Lateinamerikas, und sportlich nimmt América seit Mitte der 1960er Jahre eine prägende Rolle in Mexikos Spitzenfußball ein. Nachdem scharenweise Spieler aus ganz Lateinamerika verpflichtet worden waren (»Unsere Auffassung ist es, dass Mexikos Fußball noch viel zu lernen hat und die Südamerikaner uns dabei helfen können«), gelang 1965 der erste Titelgewinn seit 1928, während Legionäre wie der zweifache Weltmeister Vavá den kontinentalen Fernsehmarkt für América bzw. Televisa öffneten. Da Televisa im Besitz der TV-Übertragungsrechte der mexikanischen Nationalliga war, konnte Américas Fanbasis zudem durch eine hohe Medienpräsenz Zug um Zug ausgebaut werden.

■ **INTERNATIONAL HADERTE MEXIKO** lange mit seiner aus fußballerischer Sicht ungünstigen geografischen Lage. Der große Nachbar USA zeigte vor 1990 kaum Interesse am Fußball, die zentralamerikanischen Fußballnationen Guatemala, El Salvador und Honduras waren zu klein und politisch instabil, und ein mehrfach geäußerter Wunsch, der süd-amerikanischen Konföderation CONMEBOL beizutreten, fand kein Gehör. »Wir verharren auf einem

Jahr	Meister	Jahr	Meister	Jahr	Meister
1902/03	Orizaba AC	1941/42	RC España Cd. de México	1980/81	UNAM/Pumas Cd. d. M.
1903/04	Mexico Cricket Club Cd. M.	1942/43	Marte FC Cd. de México	1981/82	UANL Nuevo Léon
1904/05	Pachuca AC	1943/44	Asturias Cd. de México	1982/83	CF Puebla
1905/06	Reforma AC Cd. de México	1944/45	RC España Cd. de México	1983/84	CF América Cd. de México
1906/07	Reforma AC Cd. de México	1945/46	CD Veracruz	1984/85	CF América Cd. de México
1907/08	British Club Cd. de México	1946/47	Atlante FC Cd. de México	1986/87	CD Guadalajara
1908/09	Reforma AC Cd. de México	1947/48	CSD León	1987/88	CF América Cd. de México
1909/10	Reforma AC Cd. de México	1948/49	CSD León	1988/89	CF América Cd. de México
1910/11	Reforma AC Cd. de México	1949/50	CD Veracruz	1989/90	CF Puebla
1911/12	Reforma AC Cd. de México	1950/51	CD Atlas Guadalajara	1990/91	UNAM/Pumas Cd. d. M.
1912/13	Mexico FC Cd. de México	1951/52	CSD León	1991/92	CSD León
1913/14	RC España Cd. de México	1952/53	Tampico FC Ciudad Madero	1992/93	Atlante FC Cd. de México
1914/15	RC España Cd. de México	1953/54	Marte FC Cd. de México	1993/94	UAG/Tecos Guadalajara
1915/16	RC España Cd. de México	1954/55	CD Zacatepec	1994/95	Necaxa Cd. de México
1916/17	RC España Cd. de México	1955/56	CSD León	1995/96	Necaxa Cd. de México
1917/18	Pachuca AC	1956/57	CD Guadalajara	1996/97/A	Santos Laguna Torreon
1918/19	RC España Cd. de México	1957/58	CD Zacatepec	1996/97/C	CD Guadalajara
1919/20	RC España CdM (Nacional)	1958/59	CD Guadalajara	1997/98/A	Cruz Azul Cd. de México
	Pachuca AC (Mexicana)	1959&60	CD Guadalajara	1997/98/C	CD Toluca
1920-21	RC España CdM (Nacional)	1960/61	CD Guadalajara	1998/99/A	Necaxa Cd. de México
	Germania CdM (Mexicana)	1961/62	CD Guadalajara	1998/99/C	CD Toluca
1921/22	RC España Cd. de México	1962/63	Oto Guadalajara	1999/00/A	CA Pachuca
1922/23	Asturias Cd. de México	1963/64	CD Guadalajara	1999/00/C	CD Toluca
1923/24	RC España Cd. de México	1964/65	CD Guadalajara	2000/01/A	Atlético Moreila
1924/25	CF América Cd. de México	1965/66	CF América Cd. de México	2000/01/C	Santos Laguna Torreon
1925/26	CF América Cd. de México	1966/67	CD León	2001/02/A	CA Pachuca
1926/27	CF América Cd. de México	1967/68	CD Toluca	2001/02/C	CF América Cd. de México
1927/28	CF América Cd. de México	1967/68	CD Toluca	2002/03/A	CD Toluca
1928/29	Marte FC Cd. de México	1968/69	Cruz Azul Cd. de México	2002/03/C	CF Monterrey
1929/30	RC España Cd. de México	1969/70	CD Guadalajara	2003/04/A	CA Pachuca
1930/31	nicht ausgespielt	1970	Cruz Azul Cd. de México	2003/04/C	UNAM/Pumas Cd. d. M.
1931/32	Atlante FC Cd. de México	1970/71	CF América Cd. de México	2004/05/A	UNAM/Pumas Cd. d. M.
1932/33	Necaxa Cd. de México	1971/72	Cruz Azul Cd. de México	2004/05/C	CF América Cd. de México
1933/34	RC España Cd. de México	1972/73	Cruz Azul Cd. de México	2005/06/A	CD Toluca
1934/35	Necaxa Cd. de México	1973/74	Cruz Azul Cd. de México	2005/06/C	
1935/36	RC España Cd. de México	1974/75	CD Toluca	2006/07/A	CD Guadalajara
1936/37	Necaxa Cd. de México	1975/76	CF América Cd. de México	2006/07/C	CA Pachuca
1937/38	Asturias Cd. de México	1976/77	UNAM/Pumas Cd. d. M.	2007/08/A	Atlante FC Cancún
1938/39	Asturias Cd. de México	1977/78	UANL Nuevo Léon	2007/08/C	Santos Laguna Torreon
1939/40	RC España Cd. de México	1978/79	Cruz Azul Cd. de México	A = Apertura, C = Clausura	
1940/41	Atlante FC Cd. de México	1979/80	Cruz Azul Cd. de México		

● **Erfolge**
Gold Cup 1993, 1996, 1998, 2003

● **FIFA World Ranking**
1993 1994 1995 1996 1997 1998 1999 2000
 16   12   15   12   11   5   10   10
2001 2002 2003 2004 2005 2006 2007 2008
  9   8   7   7   5   20   15   26

● **Weltmeisterschaft**
1930 Endturnier (Vorrunde) **1934** Qualifikation **1938** nicht teilgenommen **1950** Endturnier (Vorrunde) **1954** Endturnier (Vorrunde) **1958** Endturnier (Vorrunde) **1962** Endturnier (Vorrunde) **1966** Endturnier (Vorrunde) **1970** Endturnier (Gastgeber, Viertelfinale) **1974** Qualifikation **1978** Endturnier (Vorrunde) **1982** Qualifikation **1986** Endturnier (Gastgeber, Viertelfinale) **1990** disqualifiziert **1994** Endturnier (Achtelfinale) **1998** Endturnier (Achtelfinale) **2002** Endturnier (Achtelfinale) **2006** Endturnier (Achtelfinale) **2010** Qualifikation

● **Gold Cup**
1991 Endturnier (Halbfinale) **1993** Endturnier (Sieger) **1996** Endturnier (Sieger) **1998** Endturnier (Sieger) **2000** Endturnier (Viertelfinale) **2002** Endturnier (Viertelfinale) **2003** Endturnier (Sieger) **2005** Endturnier (Viertelfinale) **2007** Endturnier (Finalist)

● **Vereinswettbewerbe**
Copa Interamericana
CF América Ciudad de México 1977, 1990 UNAM/Pumas Ciudad de México 1980
Kontinentalmeister
Cruz Azul Ciudad de México 1969, 1970, 1971, 1996, 1997 CF América Ciudad de Mexiko 1977, 1987, 1990, 1992, 2006 UNAM/Pumas Ciudad de México 1980, 1982, 1989 Necaxa/Atlético Español Ciudad de México 1975, 1999 CD Guadalajara 1962, 2007 CD Toluca 1968, 2003 Atlante Ciudad de México 1983 UAG/Tecos Guadalajara 1978 (geteilt) CF Puebla 1991 CA Pachuca 2002, 2008
Recopa
Necaxa/Atlético Español Ciudad de México 1994 CF Monterrey 1993 UAG Guadalajara 1995

bestimmten Standard, verbessern uns nur langsam, weil in unserem geografischen Gebiet die ernsthaften Konkurrenten fehlen und Südamerikas beste Nationalmannschaften bei den Riesenentfernungen unseres Kontinents selten zu Vergleichen kommen. Mexiko ist ein kleines Fußball-Land«, verzweifelte Nationaltrainer Ignacio Trelles in den 1960er Jahren regelrecht.

Die Folgen dieser unfreiwilligen Fußball-Isolation zeigten sich vor allem bei den WM-Turnieren. Seit 1950 bei jedem Turnier bis 1974 dabei, errang Mexiko in 18 Spielen nur drei Siege (der erste 1962, die anderen beiden 1970 im eigenen Land) und kassierte 37 Gegentreffer. Mexikos berühmtester Kicker war nicht zufällig mit Antonio »la tota« Carbajal ein Torhüter, der im Übrigen mit fünf Endturnierteilnahmen gemeinsam mit Lothar Matthäus WM-Rekordhalter ist.

Auf Ebene der CONCACAF dominierte Mexiko indes nach Belieben. 1962 sicherte sich der CD Guadalajara die erstmals ausgespielte Kontinentalmeisterschaft, die 2008 bereits zum 24. Mal in das Aztekenreich ging. Rekordhalter sind Cruz Azul und der CF América, die jeweils fünfmal Kontinentalmeister wurden. Cruz Azul errang den Titel zwischen 1969 und 1971 sogar dreimal in Folge. UNAM/Los Pumas setzte sich bei drei Gelegenheiten durch, Necaxa, Guadalajara, Toluca und Pachuca triumphierten jeweils zweimal. Mexikanischen Vereinen gelang es zudem dreimal, die Copa Interamericana, die zwischen dem südamerikanischen und dem nordamerikanischen Kontinentalmeister ausgespielt wird, zu gewinnen. 1977 und 1990 triumphierte América, 1980 Los Pumas/UNAM. Der größte Erfolg aber gelang Cruz Azul, der 2001 im Finale um die südamerikanische Copa Libertadores (an der Mexikos Klub seit 1999 teilnehmen) erst im Elfmeterschießen an Boca Juniors Buenos Aires scheiterte.

■ **DIE VERGABE DER WM 1970** an Mexiko war nicht nur ein Höhepunkt für das Land, sondern auch ein Wendepunkt in der WM-Historie. Zum ersten Mal wurde die Veranstalterwahl durch Lobbyismus massiv beeinflusst. Emsiger Strippenzieher war Azcárragas und dessen Medienmogul Televisa, das zwischenzeitlich ein Bündnis mit der seit den 1930er Jahren führenden Partei PRI eingegangen war. Daraus war eine den gesamten mexikanischen Lebensalltag beherrschende Verbindung geworden, die vom Lateinamerika-Experten Chris Taylor mit den Worten »die PRI konzentrierte sich auf das Brot, während Televisa den Zirkus lieferte« charakterisiert wurde. 1968 hatten Mexikos Lobbyisten schon dafür gesorgt, dass die Olympischen Spiele trotz weltweiter Bedenken im Moloch Mexiko-City über die Bühne gegangen waren.

Die FIFA hingegen war erfreut, denn Televisa hatte ihr das Versprechen gegeben, aus der WM 1970 ein weltweites Medienereignis zu machen. Tatsächlich ging das Turnier als die erste »Fernseh-WM« in die Geschichte ein, bei der das zahlende Publikum nur noch eine Nebenrolle spielte. Nicht zufällig war das gigantische Aztekenstadion zugleich das weltweit erste, in dem VIP-Logen installiert wurden. Nebenbei ebnete die WM 1970 dem Brasilianer João Havelange, einem engen Freund und Geschäftspartner Azcárragas, den Weg an die FIFA-Spitze, die er vier Jahre später als erster Lateinamerikaner übernahm.

■ **FÜR MEXIKOS FUSSBALL WAREN** die Olympischen Spiele von 1968 und die WM 1970 das Signal zum Aufbruch. Neben dem Aztekenstadion standen nun auch in León, Puebla, Guadalajara und Toluca Großarenen zur Verfügung und sorgten dafür, dass Mexiko weltweit bestaunte Zuschauerkulissen registrieren konnte.

In sportlicher Hinsicht herrschte ebenfalls Zufriedenheit. Ohne ein Gegentor zu kassieren, überstand die von Raúl Cárdenas trainierte »tri« erstmals die WM-Vorrunde und scheiterte erst im Viertelfinale am späteren Vizeweltmeister Italien. Als Gallionsfiguren galten Stürmer Enrique Borja und Verteidiger Gustavo Peña. Auch wenn Kritiker den Erfolg mit der dünnen mexikanischen Höhenluft und einem fanatischen Publikum zu begründen versuchten (»Nie wurde eine Gästemannschaft von einem Publikum unsportlicher empfangen«, schrieb der »kicker« nach dem 1:0 über Belgien), war unverkennbar, dass Mexiko sportlich enorm aufgeholt hatte.

■ **NACH DER WM VERSCHLECHTERTE** sich die wirtschaftliche Lage jedoch dramatisch, und seit langem schwelende ethnische sowie öko-

■ **CD ATLAS GUADALAJARA** Mexikos »Aschenputtel« blickt auf eine geradezu tragische Erfolgslosigkeit zurück. 1950/51 errang eine als »La Academia« zur Legende gewordene Mannschaft die einzige Profimeisterschaft der Vereinsgeschichte. Zu Amateurzeiten waren Atlas zudem fünf Regionaltitel in der Liga Occidental gelungen. 1916 von Studenten im Stadtviertel Tlaquepaque gegründet und im wohlhabenden Millieu von Guadalajara verankert, ist der Club Deportivo Atlas einer der letzten Profiklubs in Mexiko, der sich noch in den Händen seiner Mitglieder befindet. Jene betrachten sich im Übrigen im Gegensatz zum erfolgreicheren Lokalrivalen CD als die wahren »tapatíos« (Einwohner von Guadalajara, das Derby gilt als »Clásico Tapatío«). »Los Zorros« (»Die Füchse«) verfügen über eine der besten Nachwuchsabteilungen Mexikos und haben Spieler wie Jared Borgetti, Daniel Osorno, José de Jesús Corona, Pavel Pardo, Oswaldo Sanchez, Rafael Marquez, Juan Carlos Medina, Jorge Hernández und Andres Guardado hervorgebracht. [15.8.1916 | Jalisco (66.193) | 1 (5)]

■ **CD GUADALAJARA** Gemeinsam mit dem CF América beliebtester Klub Mexikos und mit elf Titeln auch Rekordmeister. Während América für das Kapital und die Karrierebewussten steht, gelten »las Chivas« (»die Ziegen«) als Klub von »las clases populares« (i.e. »Volksschichten«). Der einzige nicht in der Hauptstadt verankerte Großklub hat sich zudem mit einer »puros Mexicanos«-Philosophie, nach der ausschließlich mexikanische Spieler zum Einsatz kommen, viele Freunde erworben. Darüber hinaus steht er für viele Mexikaner synonym für den Kampf der Provinzen gegen die Allmacht Mexiko-Citys – wobei die von Guadalajara abgesehen größte Fanbasis der »Chivas« die Hauptstadt ist... Der Klub wurde 1906 von Belgier Edgar Everaert unter dem Namen CF Unión gegründet und stand seinerzeit der französisch-mexikanischen »Fábricas de Francia« nahe. Die Umbenennung in CD Guadalajara erfolgte 1908, nachdem der belgische Klubgründer bei einer Europareise entdeckt hatte, dass die dortigen Vereine häufig nur den Namen ihrer Heimatstadt trugen. Guadalajara hatte bereits 13-mal die regionale Liga Occidental gewonnen, als man 1943 zu den Gründungsmitgliedern der nationalen Profiliga zählte. Binnen kurzem stiegen die im Parque Oblatos ansässigen Blau-Weiß-Roten anschließend zu einer der führenden Mannschaften des Landes auf. Nach zwei Vizemeisterschaften 1952 und 1955 errangen sie 1957 erstmals den Titel und initiierten eine nie zuvor erlebte Dominanz ein, die begleitet wurde von der 1960 eröffneten späteren WM-Arena Estadio Jalisco. Von 1957 bis 1965 errang eine heute als »Campeonísimo« verehrte Mannschaft um Torjäger Salvador Reyes, Jaime »Tubo« Gomez, Guillermo »Tigre« Sepúlveda, José »Jamaicón« Villegas, Pancho Flores, Juan »Bigotón« Jasso, Isidoro »Chololo« Díaz, Sabás Ponce sowie Francisco Jara dreimal in Folge die Kontinentalmeisterschaft und wurde siebenmal mexikanischer Meister. Nachdem es 1970 mit Jungstar Alfredo Onofre erneut zum Titelgewinn gereicht hatte, gerieten »las Chivas« jedoch etwas aus der Erfolgsspur und zugleich in den Schatten des ambitionierten Televisa-Klubs CF América, mit dem sie inzwischen eine als »el Superclásico« bezeichnete Rivalität pflegen. 1987 kehrte der Erfolg nach 17 titellosen Jahren schließlich zurück, als man im Finale gegen Cruz Azul durchsetzte. Finanzielle Schwierigkeiten führten 1992 zum Verkauf des Klubs an den Ölmagnaten Salvador Martinez Garza, der zwei Jahre später zum Entsetzen der »Chivas«-Fans die TV-Rechte des Klubs ausgerechnet an den CF América-Besitzer Televisa veräußerte. Der zehnte Titelgewinn in der Verano-Saison 1997 hatte die Gemüter gerade wieder etwas aufgehellt, als die Vereinsführung mit dem Verkauf von »Chivas«-Ikone Ramon Ramirez an América vollends den Respekt ihrer Anhänger verlor. 2002 übernahm der aus Guadalajara stammende »Omnilife«-Gründer Jorge Vergara (auch Besitzer des costaricanischen Spitzenklubs Saprissa San José) den Verein und leitete die Wende ein. Seitdem spielt Guadalajara ohne Werbung auf dem Trikot, während der Begriff »Chivas« zu einem erfolgreichen Marketingprodukt wurde. Heute gibt es in Mexiko nahezu alles mit dem Namen »Chivas« zu erwerben. Zudem wurde 2004 ein unweit von Los Angeles ansässiger Ableger namens »Chivas USA« gegründet, der in der US-amerikanischen MLS spielt und die große mexikanische Fangemeinde in den USA bedient. Sportlich gelang 2005 die Wende, als sich eine Elf um Oswaldo Sanchez, Ramon Morales, Omar Bravo und Adolfo Bautista im Viertelfinale der Copa Libertadores sensationell gegen Boca Juniors durchsetzte und ein Jahr später unter Trainer José Manuel »Chepo« de la Torre die elfte Landesmeisterschaft errang. Der Klub errichtet gegenwärtig ein modernes Stadion und zählt zu den aussichtsreichsten im lateinamerikanischen Fußball. [8.5.1906 | Jalisco (56.713) | 11]

■ **UAG GUADALAJARA** Team der Universidad Autónoma de Guadalajara (UAG, Autonome Universität von Guadalajara), das vom Volksmund »Los Tecos« (»die Eulen«, nach dem nahuatlischen »Tecolotes«) genannt wird. Der Club de Fútbol UAG entstand 1971, als die Studentenmannschaften der Fachbereiche Wirtschaft, Technik und Medizin zusammengelegt wurden und man gemeinsam in der dritthöchsten Spielklasse den Ligaspielbetrieb aufnahm. Innerhalb von vier Jahren schafften es die Rot-Schwarzen bis in die Nationalliga und errichteten das im Stadtteil Zapopan gelegene Estadio Tres de Marzo. Die größten Erfolge waren die Meisterschaft 1994 und der Gewinn der kontinentalen Recopa 1995. Der Klub lockt ein vornehmlich konservatives bis rechtsgerichtetes Publikum an. [13.7.1974 | Trez de Marzo (30.015) | 1]

■ **CSD LÉON** Gemeinsam mit Veracruz war Léon jene Provinzstadt, die 1948 die Hegemonie der hauptstädtischen Klubs im nationalen Spitzenfußball durchbrach. Ganze vier Jahre nach seiner Gründung errang der Club Social y Deportivo Léon seinerzeit die Landesmeisterschaft, der 1949, 1952 und 1956 drei weitere Titel folgten. Aushängeschild der »Esmeraldas« war Torhüterlegende Antonio Carbajal. Die Wurzeln des Klub reichen in das Jahr 1920 zurück, als Léon Atlético entstand. [15.8.1944 | Noue Camp (33.943) | 5]

■ **CF PACHUCA** Die Stadt Pachuca de la Franja ist Mexikos Fußballwiege. Der 1901 von englischen Technikern und Minenarbeitern der »Compañia Real del Monte« gegründete Pachuca Athletic Club wurde zwar schon 1920 aufgelöst, fand aber 1921 im Club de Fútbol Pachuca einen Nachfolger. Nach sportlich wie finanziell schwierigen Jahrzehnten gelang »los tuzos« 1967 endlich der ersehnte Aufstieg in die Nationalliga, in der man sich allerdings nach diversen Auf- und Abstiegen erst ab 1998 unter Trainer Javier Aguirre dauerhaft etablieren konnte. Mit dem Gewinn der Wintermeisterschaft 1999 läutete der von Präsident Jesús Martínez angeführte Klub eine sensationelle Erfolgsära ein. Neben vier weiteren Landesmeisterschaften ragen seitdem der Gewinn der Kontinentalmeisterschaft 2007 und 2008 sowie der der Copa Sudamericana 2006 – die Pachuca als erster CONCACAF-Klub aus Südamerika entführte – aus den Annalen heraus. [1901/1921 | Cuauhtémoc (46.412) | 5]

■ **CD TOLUCA** Mit acht Landesmeisterschaften der dritterfolgreichste Klub Mexikos. Die »Diablos Rojos« (»Rote Teufel«) wurden 1917 vom deutschstämmigen Großgrundbesitzer Manuel Henkel gegründet und fungierten ursprünglich als Hobbymannschaft für Landarbeiter. Nach wenigen Monaten entwickelte sich daraus der CD Toluca, der im Laufe der Jahre diverse Lokalrivalen (u. a. Águila, Reforma und Cuauhtémoc) schluckte und 1950 zu den Gründungsmitgliedern der Zweiten Liga zählte. 1953 in die Nationalliga aufgestiegen, feierte man 1966 und 1967

Höhepunkt WM 1970.

nomische Probleme traten zutage. Darunter litt auch der Fußball. 1974 fehlte die »tri« erstmals seit 36 Jahren wieder bei einem WM-Endturnier, und 1978 schied sie bei der WM in Argentinien recht klanglos in der Vorrunde aus. 1982 kam erneut auf Qualifikationsebene das Aus, als man erstmals seit 46 Jahren wieder gegen die USA verlor und an El Salvador bzw. Honduras scheiterte.

Beim darauffolgenden Turnier waren die Mexikaner kampflos dabei. Nachdem Kolumbien die Austragung der WM 1986 kurzfristig hatte zurückgeben müssen, war Mexiko mit der Durchführung beauftragt worden. Dass man damit als erstes Land der Welt zum zweiten Mal WM-Gastgeber wurde, war erneut den vielfältigen »Kontakten« zu verdanken. WM-70-OK-Chef Cañedo war inzwischen zum FIFA-Vizepräsident aufgerückt, und Televisa-Chef Azcárraga (es handelte sich um den gleichnamigen Sohn des Firmengründers) stand in engen geschäftlichen Beziehungen mit FIFA-Boss Havelange, während man gemeinsam mit der adidas-Tochter ISL die WM-Marketingrechte besaß. Auf der anderen Seite sprach freilich eine im Vergleich zu den Alternativen USA und Kanada vorhandene Fußball-Infrastruktur sowie ein hohes Maß an Fußballbegeisterung für Mexiko.

■ **EINE WIEDERHOLUNG DES** des erfolgreichen Turniers von 1970 wurde es dennoch nicht. Mexikos seinerzeit florierende Wirtschaft steckte in der Rezession, und eine überfällige Landreform, ein unaufhörliches Bevölkerungswachstum sowie eine zunehmende wirtschaftliche Abhängigkeit von den USA trübten die Stimmung im Land. Im September 1985 wurde Mexiko zudem von einem schweren Erdbeben erschüttert. Das zweite WM-Turnier produzierte dementsprechend viele Negativschlagzeilen, zumal überhöhte Eintrittspreise weite Teile des Volkes aussperrten und die Veranstalter geschönte Besucherzahlen veröffentlichten. Bleibendes Erbe war die »mexikanische Welle«, die erfolgreich nach Europa importiert wurde.

Sportlich gab es Anlass zur Zufriedenheit. Wie 1970 überstand die »tri« um ihren bei Real Madrid zum Superstar gereiften Torjäger Hugo Sánchez die Vorrunde und räumte im Achtelfinale auch Bulgarien beiseite. Erst im Elfmeterschießen des Viertelfinales musste sie sich Deutschland geschlagen geben. Bis heute stellt das Turnier von 1986 das erfolgreichste in der Geschichte Mexikos dar.

■ **KEINE DREI JAHRE SPÄTER** stand der Nationalverband FMF vor einem Scherbenhaufen. Nachdem man bei der U20-WM in Saudi-Arabien an den Geburtsjahren manipuliert hatte, verhängte die FIFA eine zweijährige Sperre, und Mexiko wurde aus der Qualifikationsrunde zur WM 1990 ausgeschlossen.

Anschließend drohte sogar die Televisa-Hegemonie zu zerbrechen. Aufgerüttelt von dem Pass-Skandal begann der Nationalverband FMF, die Macht des Medienmoguls über den heimischen Fußball zu hinterfragen. Weil Televisa für die Übertragungsrechte der

Ligaspiele nur einen Spottpreis zahlte, kam es zu einem von Francisco Ibarra (Präsident von Atlas Guadalajara) und Emilio Maurer (Präsident CF Pueblo) angeführten »Aufstand«, der den Einfluss des Mediengiganten deutlich einschränkte. Doch Televisa saß am längeren Hebel. Der Konzern erhöhte im Verbund mit der Politik und den Behörden den Druck auf die Aufständischen, und auf dem Höhepunkt eines absurden Schauspiels wanderte Puebla-Präsident Maurer für 24 Stunden ins Gefängnis. Zermürbt gab der Millionär daraufhin auf und Televisa übernahm wieder die Kontrolle. Zwischenzeitlich war selbst Mexikos seit Jahrzehnten manifestierte Dominanz in Nordamerika erstmals ernsthaft in Gefahr geraten. Mit der Ausrichtung der WM 1994 war der große Nachbar USA fußballerisch aufgewacht und hatte sich zu einem ernsthaften Konkurrenten entwickelt. Die ungewohnte Konkurrenzsituation erwies sich freilich als durchaus positiv für den mexikanischen Fußball, zumal er von einem Mentalitätswechsel begleitet war. Dafür wiederum war der Argentinier Cesar Luis Menotti verantwortlich, der die tief verwurzelte Überzeugung der Mexikaner, angesichts der ständigen Pleiten bei WM-Turnieren sei man gar nicht mehr in der Lage, dort sportliche Erfolge zu feiern, in Frage stellte. Menottis damaliger Ansatz, die fatalistische Verlierer- in eine Siegermentalität umzuwandeln, war die Grundlage für die nun allmählich einsetzenden internationalen Erfolge des mexikanischen Fußballs.

■ **DIESE WURDEN ZUNÄCHST** auf Vereinsebene verbucht. Sechsmal konnten mexikanische Teams in den 1990er Jahren die Kontinentalmeisterschaft erringen und dominierten damit den Klubfußball im CONCACAF-Raum. 1990 gewann América zudem zum zweiten Mal nach 1977 die prestigeträchtige Copa Interamericana. Der damit einhergehende kommerzielle Erfolg machte den mexikanischen Fußball selbst für europäische Kicker attraktiv. So kamen im Verlauf der 1990er Jahre mit Uwe Wolf (Necaxa, Puebla), Bernd Schuster (UNAM) und Maurizio Gaudino (América) auch drei Deutsche ins Land, und für Südamerikaner war Mexiko seinerzeit die erste Alternative, wenn es mit einem Engagement bei einem europäischen Klub nicht klappte.

Eigentlicher Erfolgsgarant aber war der unablässige Talentefluss, für den Spieler wie der exzentrische Torsteher Jorge Campos, Luis García, Claudio Suarez, Cuauthémoc Blanco und Superstar Luís Hernández stehen. Sie führt die »tri« 1998 erstmals bei einer in Europa ausgetragenen WM ins Achtelfinale, wo sie nach einer mitreissenden Darbietung unglücklich an Deutschland scheiterte. Mit Francisco Fonseca, Jared Borgetti, Pavel Pardo, Ricardo Osorio etc. stand seinerzeit schon die nächste Erfolgsgeneration bereit, die Mexiko bei den WM-Turnieren 2002 und 2006 ebenfalls ins Achtelfinale führen sollte. Und auch um seine Zukunft muss Mexiko nicht bange sein: 2005 wurde die U17-Nationalelf erstmals Weltmeister, während sich Talente wie Dos Santos (Barcelona), Carlos Vela (Arsenal London) und Andres Guardado in europäischen Topklubs bewährten.

■ **GEMEINSAM MIT DEN USA**, mit denen Mexiko seit 1991 die Kontinentalmeisterschaft »Gold Cup« ausrichtet, ist Mexiko das Zugpferd des nordamerikanischen Spitzenfußballs. Die Arbeitsbedingungen sind für lateinamerikanische Verhältnisse herausragend, die Verdienstmöglichkeiten bemerkenswert (2006 lag der Durchschnitt bei 30.000 Dollar im Monat, kam Superstar Cuauthémoc Blanco sogar auf 70.000 Dollar) und die landesweite Begeisterung für den Fußball legendär. Allerdings hat die positive Entwicklung des Profifußballs in den USA inzwischen Spuren hinterlassen. Mit den »Chivas USA« nimmt ein Ableger des CD Guadalajara an der US-amerikanischen MLS teil, und auch der CF América plant, demnächst eine Mannschaft unter Trainer Ignacio Trelles seine ersten beiden Landesmeisterschaften, denen 1968 die Kontinentalmeisterschaft folgte. 1975 gelang Titelgewinn Nummer drei, ehe eine 23 Jahre währende Erfolgslosigkeit einsetzte. Zwischen 1998 und 2000 feierte das von Enrique Meza Enriquez trainierte Team um Torsteher Marco Antonio Ferreira und Stürmer Augustin Manzo dann drei weitere Titelgewinne. 2002 und 2005 gingen die »Diablos Rojos« jeweils als Meister aus der Apertura-Serie hervor und sicherten sich 2003 zum zweiten Mal die Kontinentalmeisterschaft. [17.3.1917 | Nemesio Díez (27.000) | 8]

HELDEN | LEGENDEN

■ **CUAUTHÉMOC BLANCO** Nicht unumstrittener Star der Erfolgsgeneration der 1990er Jahre. Der offensive Mittelfeldspieler wuchs im sozialen Brennpunkt Tepito auf und lernte früh, Kreativität mit Aggressivität zu verbinden. Er begann seine Karriere 1992 beim CF América und versuchte sich zwischen 2000 und 2002 mit mäßigem Erfolg beim spanischen Erstdivisionär Real Valladolid. 2007 wechselte er zu Chicago Fire in die US-amerikanische MLS. 1999 erhielt Blanco beim Konföderationscup den Silver Ball sowie die Torjägerkanone (sechs Treffer). 1998 und 2002 reiste er mit der »tri« zu den WM-Turnieren, wohingegen er 2006 von Coach La Volpe übergangen wurde. Sein außergewöhnlicher Torjubel, der an den aztekischen König Cuauthémoc erinnern soll, ist ebenso berühmt wie seine Fähigkeit, den Ball so zwischen den eigenen Füßen einzuklemmen, dass er nicht weitergespielt werden kann (»Blanco Bounce« bzw. »Cuauhtemiña«). [*17.1.1973 | 97 LS/34 Tore]

■ **JARED BORGETTI** Mexikos Rekordtorjäger. Der kopfballstarke Angreifer, dessen Großvater Italiener war, begann seine Laufbahn bei Atlas Guadalajara und wechselte 1996 zu Santos Laguna, wo er dreimal in Folge Mexikos Torschützenkönig und zweimal Meister wurde. Später auch für Pachuca am Ball, avancierte er 2005 bei den Bolton Wanderers zum ersten Mexikaner im englischen Profifußball. 1997 in der Nationalelf debütierend, reiste der 2000 zu Mexikos Fußballer des Jahres gewählte Angreifer 2002 und 2006 mit der »tri« zu den WM-Turnieren und errang 2003 den Gold Cup. 2007 kehrte er nach Mexiko zuück und schloss sich dem CF Monterrey an. [*14.8.1973 | 90 LS/46 Tore]

■ **ENRIQUE BORJA** Gefürchteter Torjäger der 1970er Jahre, der zwischen 1966 und 1975 in 65 Länderspielen 31 Treffer erzielte und 1966 sowie 1970 an den WM-Endturnieren teilnahm. Seine Karriere bei UNAM/Los Pumas beginnend, wechselte Borja 1969 zum CF América, in dessen Dress er 1970/71 mit 24 Treffern erstmals Torschützenkönig wurde. 1971/72 (26) und 1972/73 (20) verteidigte er diese Trophäe und feierte zudem 1971 und 1976 mit América jeweils die Landesmeisterschaft. Nach Beendigung seiner aktiven Laufbahn blieb Borja dem Fußball als Funktionär treu und fungierte sowohl bei Necaxa als auch beim Nationalverband in führenden Positionen. 2007 übernahm der als TV-Kommentator tätige ehemalige Torjäger die Präsidentschaft des Profiklubs UANL/Tigres. [*30.12.1045 | 65 LS/31 Tore]

■ **JORGE CAMPOS** Wegen seiner selbstentworfenen und sehr auffälligen Kluft nannte man ihn Paradiesvogel. In sportlicher Hinsicht zählte er in den 1990er Jahren zu den besten Torhütern der Welt und verfügte über grandiose Reflexe. Mit 130 Länderspielen zwischen 1991 und 2004 einer der beständigsten Akteure Mexikos, kam Campos 1994 und 1998 zu zwei WM-Teilnahmen. Der aus Acapulco stammende Exzentriker konnte auch im Sturm eingesetzt werden und ist neben dem Paraguayer Chilavert und dem Kolumbianer Higuita der torgefährlichste Torhüter aller Zeiten. Campos' Stammverein ist Uni-Klub UNAM/Los Pumas UNAM. Er lief aber auch für Cruz Azul, Atlante, UANL Tigres, Puebla, Los Angeles Galaxy und Chicago Fire auf. [*15.10.1966 | 103 LS]

Hugo »Hugól« Sánchez (links) und Rekordnationalspieler Claudio Suárez..

■ **ANTONIO CARBAJAL** Torhüterlegende, der mit fünf WM-Teilnahmen gemeinsam mit Lothar Matthäus Rekordhalter ist. «La Tota« begann beim Hauptstadtverein Club España und stand über weite Strecken seiner Karriere für den CSD León zwischen den Pfosten (1950-66, 409 Spiele, 523 Gegentore). 1948 schon bei den Olympischen Spielen dabei, gab er 1950 in Brasilien sein WM-Turnier. In elf WM-Spielen bis 1962 kassierte Carbajal zwar insgesamt 25 Treffer und feierte lediglich einen Sieg, zählte aber dennoch häufig zu den herausragenden Akteuren seines Teams. [*7.6.1929 | 48 Tore]

■ **RAFAEL GAOZA GUTIERREZ** Mexikos Star der 1930er und 1940er Jahre, der später zum Nationaltrainer wurde.

■ **LUIS HERNÁNDEZ** Bei Boca Juniors »El Pájaro« (»der Vogel«) getaufter Stürmer, der neben Cuauthémoc Blanco überragender mexikanischer Akteur der 1990er Jahre war. Der Blondschopf trug den Beinamen »El Matador« und brillierte vor allem bei der WM 1998, als ihm an der Seite von Arellano vier Treffer gelangen. 1997 und 1998 zu Mexikos Spieler des Jahres gewählt, wurde er 1997 von den Boca Juniors unter Vertrag genommen, konnte sich in Argentinien aber nicht etablieren. Später noch für Los Angeles Galaxy am Ball, geriet er auch in den USA eher zur Enttäuschung. [*22.12.1968 | 90 LS/35 Tore]

■ **GUSTAVO PEÑA** Langjährige Gallionsfigur der »tri«, für die er zwischen März 1961 und März 1979 82 Spiele bestritt und mit der er 1966 und 1970 an der WM teilnahm. Der »Halcón« genannte Vorstopper verfügte über eine überragende Ballannahme und war ein mitdenkender Verteidiger. 1968 und 1970 wurde er zu Mexikos Fußballer des Jahres gewählt. Mit seinem Verein Cruz Azul errang er 1969 und 1970 die Landesmeisterschaft und 1965 und 1971 die Kontinentalmeisterschaft. 1963 war er bereits mit Oro Guadalajara Meister geworden. [*22.11.1941 | 82 LS/3 Tore]

■ **HUGO SÁNCHEZ** Legende, Ikone und schillernder Superstar der mexikanischen Fußballgeschichte. »Hugól« war zudem der einzige echte Weltstar, den Mexiko bislang hervorbrachte. Neben drei WM-Teilnahmen (1978, 1986, 1994) stehen für einen der besten Fußballer der CONCACAF-Zone 164 Treffer in 283 Spielen für Real Madrid zu Buche. Sánchez begann seine Karriere bei Uni-Klub UNAM, wo er nebenbei Zahnmedizin studierte und an der Seite des Brasilianers Cabinho große Erfolge feierte. 1981 wechselte er zu Atlético Madrid und wurde 1985 von Real Madrid unter Vertrag genommen. Mit den »Königlichen« errang der vor Selbstvertrauen strotzende Mexikaner fünf Landesmeisterschaften, einen UEFA-Cup und einen Landespokal, während er 1989 gemeinsam mit dem Bulgaren Hristo Stoichkov zu Europas Fußballer des Jahres gewählt wurde. Nach seinem Karriereende führte er seinen geliebten Stammverein UNAM 2004 und 2005 jeweils zur Meisterschaft, ehe er 2006 seinen ärgsten Rivalen Ricardo La Volpe als Nationaltrainer ablöste. Nach dem Aus der U23 in der Olympiaqualifikation wurde Sánchez 2008 von diesem Posten enthoben. [*11.7.1958 | 55 LS/26 Tore]

■ **CLÁUDIO SUÁREZ** Seine 178 Länderspiele sind Weltrekord, und der Innenverteidiger gilt dementsprechend als einer der besten Spieler, die Nordamerika jemals hervorgebracht hat. Seine Karriere 1988 bei UNAM beginnend, verließ »El Emperador« nach zwei Meisterschaften mit UNAM (1991) bzw. Guadalajara (1997) seine Heimat erst im Herbst seiner Karriere, indem er 2006 zum mexikanischen Ableger Chivas USA in die USA wechselte. Im selben Jahr reiste Suárez zum dritten Mal zu einer WM, kam in Deutschland aber nicht zum Einsatz. [*17.12.1968 | 178 LS/6 Tore]

Der CF América ist sowohl beliebtester als auch unbeliebtester Verein des Landes.

für die US-Bühne zu bilden. Hintergrund ist die große mexikanische Gemeinde in den Staaten (schätzungsweise 26,8 Mio. Menschen mexikanischer Abstammung leben dort), die wirtschaftlich eine hochinteressante Zielgruppe darstellt.

Sportlich ist Mexiko seit 1996 in einer Frühjahrs- (Apertura) und einer Wintermeisterschaft (Clausura) durchgeführten Nationalliga so ausgeglichen wie kaum eine andere in Nord- und Zentralamerika. Mit den »Chivas« aus Guadalajara, den Hauptstadtklubs CF América und UNAM/Los Pumas, den »Provinzvereinen« Pachuca, Toluca und Santos Laguna sowie den in die Peripherie verlegten ehemaligen Hauptstadtklubs Cruz Azul und Necaxa gibt es gleich acht Vereine, die sich alljährlich Hoffnung auf die Meisterschaft machen können.

In der Fangunst führen die Erzrivalen CF América und Guadalajara die Rangliste mit großem Abstand vor UNAM und Cruz Azul an. América gilt als »el equipo de los ricos« (»Klub der Reichen«), Guadalajara steht mit seiner »puros Mexicanos«-Philosophie für die mexikanische Kultur. Cruz Azul vertritt die Arbeiterschaft und UNAM/Los Pumas die Junggebliebenen und politisch linksstehenden Intellektuellen. Nur diese vier Klubs haben landesweit Fanbasen.

■ **MEXIKOS LANGJÄHRIGE** Dominanz auf kontinentaler Ebene hatte insofern lähmende Folgen, als die Motivation mexikanischer Profis, ins Ausland zu wechseln, lange Zeit sehr gering war. Erst mit der WM 2006, nach der mit Ricardo Osorio, Pavel Pardo, Francisco Fonseca und Carlos Salcido gleich vier Auswahlspieler nach Europa wechselten, scheint Mexiko den Wandel von einer Fußballer-Import- in eine Exportnation eingeleitet zu haben. Ob dies nun positive Auswirkungen haben wird, oder, wie in Peru, Kolumbien, Chile oder Uruguay eher negativ ausfällt, muss die Zukunft zeigen. Mexikos Fußball-Nationallegende Hugo Sánchez, der einzige Mexikaner, der sich bislang auf höchstem Niveau im Weltfußball durchsetzen konnte, erkannte darin jedenfalls einen Vorteil: »Ich habe immer gesagt, dass ein Spiel in einer europäischen Liga 30 Spiele in Mexiko aufwiegt. Die Erfahrung, die diese Spieler nun im Ausland sammeln, ist von unschätzbarem Wert und auch für die Nationalelf von grundlegender Bedeutung«.

Ein anderes Problem ist die in Lateinamerika häufige Ungeduld. Jeder Nationaltrainer, der Mexiko seit 1994 zu einer WM geführt hat, saß beim Endturnier schon nicht mehr auf der Bank. Erst dem kettenrauchenden Argeninier Ricardo La Volpe gelang es, diesen scheinbaren Automatismus 2006 zu durchbrechen. Nach dem Turnier wurde jedoch auch er abgelöst – ausgerechnet von seinem Intimfeind Hugo Sánchez, der sich mit den Worten »Ich will Weltmeister werden« einführte. Auch daraus wird nichts werden, denn nachdem Mexikos U23 2008 völlig überraschend in der Olympia-Qualifikation an Kanada und Guatemala scheiterte, wurde Sánchez gefeuert.

Sorge bereiten auch die dramatisch wachsenden wirtschaftlichen und polititischen Probleme des Landes. Mexiko gerät immer mehr in die Hände der Drogenmafia (die benachbarten USA sind der weltweit größte Drogenmarkt), während die rasant auseinandergehende Schere zwischen Arm und Reich ein eklatantes Gewaltproblem heraufbeschworen hat. Das macht auch vor dem Fußball nicht Halt – die Entführung von Fußballern oder deren Familienangehörigen hat in den letzten Jahren gleich mehrfach für Aufregung gesorgt.

MONTSERRAT

Montserrat Football Association Inc.

Montserrater Fußball-Verband | gegründet: 1994 | Beitritt FIFA: 1996 | Beitritt CONCACAF: 1996 | Spielkleidung: grünes Trikot, grüne Hose, grüne Stutzen | Spieler/Profis: 700/0 | Vereine/Mannschaften: 0/10 | Anschrift: PO Box 505, Woodlands, Montserrat | Telefon: +1664-4918744 | Fax: +1664-4918801 | Internet: www.montserrat-football.com | E-Mail: monfa@candw.ms

Der König der Zwerge

Montserrat ist die kleinste Fußballnation der Welt

Montserrat

Montserrat | Fläche: 102 km² | Einwohner: 4.488 (44 je km²) | Amtssprache: Englisch | Hauptstadt: Brades (1.000) | Weitere Städte: Cork Hill (732), Salem (680), St. Johns (627) | Währung: East Caribbean Dollar | Zeitzone: MEZ -5h | Länderkürzel: - | FIFA-Kürzel: MSR | Telefon-Vorwahl: +1664

Montserrat ist eine dieser diversen Absurditäten im internationalen Fußball. Mit 102 km² umfasst die Karibikinsel nicht einmal die Hälfte des Staatsgebietes von Liechtenstein, bildet mit offiziell gemeldeten 700 Fußballern das weltweite Schlusslicht und untersteht politisch dem Vereinigten Königreich von Großbritannien. Weil London die 1632 von der Krone einverleibte Vulkaninsel zwischen St. Kitts, Antigua und Guadeloupe aber 1960 mit innerer Autonomie ausstattete, war der Weg für Montserrats Fußballer in die internationale Weltgemeinschaft dennoch frei. Seit 1996 genießt man nun dieselben Rechte wie das Mutterland England und erfreut sich an einer kompetenten Förderung der heimischen Infrastruktur durch das »Goal«-Programm der FIFA.

■ **DIE LEBENSREALITÄTEN** auf Montserrat haben wenig mit den üblichen verklärt-idyllischen Darstellungen vom karibischen Alltag zu tun. Statt Sonne, Strand und Lebenslust haben Leid, Zerstörung und Trauer die jüngere Vergangenheit geprägt. Neben regelmäßig über Montserrat hinwegziehenden Hurrikans war dafür eine Serie von Vulkanausbrüchen verantwortlich, die zwischen Juli 1995 und Juni 1997 die Südhälfte der Insel komplett verwüstete. Der wütende Vulkan Soufrière Hills begrub seinerzeit auch Montserrats Hauptstadt Plymouth, machte rund 3.500 Menschen heimatlos und legte die Inselwirtschaft nahezu komplett lahm.

Seitdem beschränkt sich das Leben auf die Nordhälfte der Mini-Insel, wo die 1.000-Seelen-Gemeinde Brades als Interimskapitale fungiert. Wann – und ob – der Süden wieder bezogen werden kann, ist ungewiss. Die Absperrung erfolgte im Übrigen nicht nur wegen der völlig zerstörten Infrastruktur, sondern auch wegen gesundheitsschädlicher Dämpfe, die von der erkalteten Lava ausgehen. An Tagen mit ungünstiger Wetterlage liegt Montserrat regelrecht unter einer Wolke vulkanischer Partikel und ist alles andere als ein Paradies.

Viele Montserrater nahmen die Naturkatastrophe zum Anlass, ihrer Heimat dauerhaft den Rücken zu kehren. Rund 8.000 Menschen verließen die Insel zwischen 1995 und 1997, wodurch die Gesamtbevölkerungszahl von 13.000 (1994) auf gegenwärtig knapp 4.500 schrumpfte.

■ **SEINEN NAMEN VERDANKT** Montserrat Christoph Columbus, der die Karibikinsel 1493 nach dem im spanischen Katalonien gelegenen Kloster »Santa María de Montserrate« taufte. Später ließen sich vorwiegend Iren auf der Insel nieder und begründeten ihren Ruf als »Emerald Isle of the Caribbean«. Montserrats Fußball-Nationalauswahl trägt den entsprechenden Spitznamen »The Emerald Boys«.

Fußball war über die europäischen Siedler nach Montserrat gekommen, kam dort aber zu keiner Phase über eine Hobbyebene hinaus. Erst in den 1970er Jahren wurden allmählich Organisationsstrukturen sichtbar, und 1973 soll einigen Quellen zufolge sogar erstmals eine Landesauswahl aufgelaufen sein.

Die Aktivitäten gingen einher mit einem allgemeinen Aufbruch der Insel im Bereich Tourismus und Wirtschaft. 1979 eröffnete Beatles-Produzent George Martin auf Montserrat die »AIR Studios« und lockte damit weltbekannte Musiker an, die sich von der Ruhe und der tropischen Umgebung der Karibikinsel inspirieren lassen wollten. Montserrats Öffnung zur Welt erfuhr einen ersten Rückschlag, als Hurrikan Hugo im September 1989 schwere Verwüstungen hin-

TEAMS | MYTHEN

■ **ROYAL POLICE FORCE** Auswahl der königlichen Polizei Montserrats, die sich vier der fünf bislang ausgespielten Meisterschaften sicherte. Die Mannschaft wurde über viele Jahre von Nationalmannschaftskapitän Carlos Thomson angeführt und hatte den entscheidenden Vorteil, über eigene Trainingsstätten zu verfügen. [4]

■ **IDEAL SC** Durchbrach 2004 die Dominanz der Polizeimannschaft und sicherte sich erstmals die Landesmeisterschaft. Anschließend lief man bis als erstes montserratisches Team in der Kontinentalmeisterschaft auf – und kassierte in zwei Begegnungen gegen den jamaikanischen Profiklub Harbour View FC insgesamt 30 Gegentreffer. [1]

HELDEN | LEGENDEN

■ **TESFAYE BRAMBLE** Im englischen Ipswich geborener Stürmer montserratischer Herkunft. Begann seine Laufbahn ebenso wie sein Bruder Titus Bramble bei Chelmsford City und landete anschließend über Cambridge City beim Profiklub Southend United, für den er im Januar 2001 debütierte. In 150 Ligaspielen erzielte er bis 2005 insgesamt 40 Treffer für die »Shrimps«, mit denen er 2004 das Finale um die LDV Vans Trophy erreichte. Im November 2004 bestritt Bramble beim 4:5 gegen Antigua und Barbuda sein einziges Länderspiel für Montserrat. [*20.7.1980 | 1 LS]

■ **WAYNE DYER** Trug sich im März 2000 in die Annalen des montserratischen Fußballs ein, als ihm beim 1:3 gegen die Dominikanische Republik der Ehrentreffer gelang. Es war Montserrats erstes Tor in einem WM-Qualifikationsspiel. Der in England geborene und aufgewachsene Dyer spielte zwar bereits für die Profiklubs Birmingham City, Oxford United, Walsall und Stevenage Borough, verbrachte aber weite Teile seiner Karriere im Non-League-Football. [*24.12.1977 | 5 LS/1 Tor]

■ **JUNIOR MENDES** Wie Bramble und Dyer ein in England geborener Stürmer montserratischer Herkunft, der seit 1995 für zahlreiche Klubs im Einsatz war (u. a. St. Mirren FC, Dunfermline Athletic, Huddersfield Town, Notts County und Aldershot Town). Erreichte 2006 mit Huddersfield das League One Play-Off-Finale gegen Barnsley und bestritt 2004 zwei Länderspiele für Montserrat (St. Kitts und Nevis sowie Antigua und Barbuda), bei denen ihm ein Treffer gelang. [*15.9.1976 | 2 LS/1 Tor]

Jahr	Meister
1996	Royal Police Force
1997	abgebrochen
1998-99	nicht ausgetragen
2000	Royal Police Force
2001	Royal Police Force
2002	nicht ausgetragen
2003	Royal Police Force
2004	Ideal SC
2004-08	nicht ausgetragen

● **FIFA World Ranking**

1993	1994	1995	1996	1997	1998	1999	2000
-	-	-	-	-	-	201	202

2001	2002	2003	2004	2005	2006	2007	2008
203	203	204	202	202	198	201	201

● **Weltmeisterschaft**
1930-98 nicht teilgenommen **2002-2010** Qualifikation

● **Gold Cup**
1991-2007 nicht teilgenommen

terließ, die auch zur Schließung des beliebten Produktionsstudios führten.

Im Fußball setzte sich der Aufwärtstrend zunächst fort, und am 10. Mai 1991 kam es zum ersten nachgewiesenen Auftritt einer Montserrater Landesauswahl, die St. Lucia seinerzeit mit 0:3 unterlag. Drei Jahre später formierte sich die Montserrat Football Association (MFA), die 1995 eine Nationalliga aus der Taufe hob. Jener gehörten vier Mannschaften an (Combined Team, The Royal Montserrat Police Force, The Adventist Trendsetters und Montserrat Volcano Observatory), von denen sich die der königlichen Polizei als stärkste erwies. 1996 trat man der FIFA bzw. der CONCACAF bei. Ein Jahr zuvor war beim 3:2 über Anguilla der erste Länderspielsieg gefeiert worden.

Anschließend stoppte die folgenschwere Serie der Vulkanausbrüche jedoch auch im Fußball sämtliche Aktivitäten. Als das Rennen um Punkte 2000 wieder aufgenommen werden konnte, hatte sich die Situation dramatisch verändert. Das einzige Fußballfeld der Insel lag unter der Lava-Asche begraben, die nationale Fußballgemeinde war angesichts des erwähnten Massenexodus bedrohlich ausgedünnt und mit dem Cricketfeld des Salem Park stand lediglich eine ungenügende Ausweichfläche zur Verfügung, auf der Montserrats Fußballer noch dazu allenfalls geduldet wurden. Lediglich das von Nationalelfkapitän Carlos Thompson angeführte königliche Polizeiteam konnte auf eigene Spiel- und Trainingsstätten zurückgreifen, was ihm 2000 und 2001 jeweils zur Meisterschaft verhalf. Im März 2000 konnte Montserrats Landesauswahl zudem ihr WM-Debüt feiern, das mit einem ansehnlichen 0:3 gegen die Dominikanische Republik endete.

■ **DAS KLEINE MONTSERRAT** hat in der Vergangenheit einige durchaus bekannte Sportler hervorgebracht. Cricket-Enthusiasten mögen an Jim Allen denken, der mit den West Indians an der World Series teilnahm. Am unterklassigen englischen Fußball interessierte Zeitgenossen werden derweil bei den Namen Junior Mendes, Wayne Dyer, Titus und Tesfaye Bramble aufhorchen, die es sogar in den Profifußball schafften. Bei ihnen handelt es sich allerdings um in England geborene und aufgewachsene Montserrater.

Das herausragende Ereignis seiner Fußballhistorie verdankt die kleine Karibikinsel dem Niederländer Matthijs de Jong. Auf dessen Initiative kam es am 30. Juni 2002 in der bhutanischen Hauptstadt Thimphu zum im Dokumentarfilm verewigten »The Other Final«, bei dem sich mit Bhutan und Montserrat die schlechtesten Mannschaften der FIFA-Weltrangliste gegenüberstanden.

Für die Montserrater Hobbykicker war die parallel zum WM-Finale zwischen Brasilien und Deutschland ausgetragene Partie ein unvergessliches Abenteuer. Nicht nur, dass ihr rund 25.000 Zuschauer beiwohnten – und damit das fünffache der Einwohnerzahl Montserrats! – das Aufeinandertreffen von karibischer Calypsokultur und bhutanischem Buddhismus erfüllte sämtliche an den Sport gestellten Ansprüche in Sachen Völkerverbindung! Während Montserrats Inselhit »Hot, Hot, Hot« auf den gemütlichen Straßen Thimphus zum Gassenhauer wurde, entdeckten die karibischen Lebenskünstler die Dimensionen buddhistischer Meditationspraktiken.

Sportlich endete das Abenteuer weniger spektakulär. Neben der 0:4-Niederlage trübten vor allem interne Streitigkeiten den Ausflug. Montserrats Auswahltrainer hatte kurz vor der Abreise erbost das Handtuch geworfen, weil einflussreiche Funktionäre darauf bestanden, statt der sportlich besten Akteure mit ihnen verwandte oder befreundete Fußballer zu entsenden. So reiste eine Elf nach Bhutan, die nie zuvor zusammengespielt hatte und in der die besten Fußballer Montserrats fehlten.

■ **IN DER HEIMAT GINGEN** unterdessen die Aufräumarbeiten nach der Vulkankatastrophe weiter. Mit Unterstützung der FIFA konnte am 2. April 2002 in Blakes ein neues Nationalstadion eingeweiht werden, dem vier Jahre später moderne Umkleidekabinen sowie ein geräumiges »Fußball-Haus« angeschlossen wurden. »Das ist nach den Jahren des Stillstands vieler Aktivitäten ganz wichtig für unser Land, verhindert ein Abgleiten der Jugend ins Uferlose und bietet Abwehrmechanismen gegen den Missbrauch von Alkohol, Nikotin und Drogen«, freute sich Montserrats Erziehungsministerin Isabelle Meade bei der Einweihung.

Der Nationalverband MFF setzte sich derweil neue Ziele. »Wir müssen Anschluss an den internationalen Fußball finden und Mannschaften zu Freundschaftsspielen von den benachbarten Inseln nach Blakes holen«, forderte Vizepräsident James White und freute sich über einen gelungenen Auftakt, als die Schweizer Hobbymannschaft SV Vollmond Zürich mit 2:1 bzw. 6:2 geschlagen werden konnte. Kapitän Carlos Thompson forderte anschließend: »Wir sollten jetzt mehr und mehr auf unsere Jugend setzen.«

Seitdem ist die Entwicklung allerdings schon wieder etwas ins Stocken geraten. Seit 2005 ruht der nationale Ligaspielbetrieb, und auch die »Emerald Boys« um Englandprofi Junior Mendes kamen zwischen November 2004 und Februar 2008 zu keinem einzigen Einsatz.

NICARAGUA

Federacion Nicaragüense de Futbol

Nicaraguaischer Fußball-Verband | gegründet: 3.11.1931 | Beitritt FIFA: 22.6.1950 | Beitritt CONCACAF: 1968 | Spielkleidung: blaues Trikot, weiße Hose, blaue Stutzen | Saison: Juli-März | Spieler/Profis: 467.031/0 | Vereine/Mannschaften: 1.270/4.221 | Anschrift: Hospital Bautista 1, Cuadra abajo, 1 cuadra al Sur y 1/2 cuadra abajo, Managua 976 | Telefon: +505-2227035 | Fax: +505-2227885 | Internet: www.fenifut.org.ni | E-Mail: fenifut@tmx.com.ni

Nur Diriamba trotzt dem Baseball

Auch in Nicaraguas Sportgeschichte ist der US-amerikanische Einfluss unübersehbar

República de Nicaragua

Republik Nicaragua | Fläche: 120.254 km² | Einwohner: 5.376.000 (45 je km²) | Amtssprache: Spanisch | Hauptstadt: Managua (973.087) | Weitere Städte: León (144.538), Chinandega (126.387), Masaya (130.113), Tipitapa (127.153), Matagalpa (109.089) | Währung: 1 Córdoba = 100 Centavos | Zeitzone: MEZ -7h | Länderkürzel: NI | FIFA-Kürzel: NCA | Telefon-Vorwahl: +505

»Das Land, das der Fußball vergaß«, überschrieb der englische Journalist Chris Taylor in dem 1998 erschienenen Buch »The Beautiful Game« seine Eindrücke aus Nicaragua. Taylor hatte ein Land bereist, das mitten im fußballverrückten Zentralamerika liegt und dennoch eine Fußballdiaspora darstellt. Dass Baseball Volkssport Nummer eins ist in Nicaragua, hat einen ganz einfachen Grund: Während sich in den Nachbarländern Honduras, Costa Rica, El Salvador und Guatemala zur Jahrhundertwende Europäer niederließen und für die Einführung des Fußballs sorgten, tummelten sich in Nicaragua vornehmlich US-Amerikaner – und die hatten eben den Baseball im Gepäck.

■ **DIE USA NAHMEN OHNEHIN** tiefen Einfluss auf die jüngeren Geschicke Nicaraguas. Ab 1522 von Spanien kolonisiert, hatte Nicaragua 1821 zunächst gemeinsam mit Costa Rica, Honduras, El Salvador und Guatemala den Zentralamerikanischen Bundesstaat gebildet und war 1838 unabhängige Republik geworden. Als 1894 britische Protektorate der Karibikküste hinzukamen, entstand das Nicaragua in seinen heutigen Grenzen. Dessen Entwicklung war durch von Gewalt überschattete Streitigkeiten zwischen Liberalen und Konservativen sowie einen wachsenden Einfluss der USA geprägt. 1909 griffen die USA erstmals militärisch ein und verwandelten Nicaragua faktisch in ein Protektorat der USA.

Baseball (»Beisbol«) war bereits in den 1880er Jahren durch US-Militärs eingeführt worden. 1890 entstanden erste Spielklassen, und dank des wachsenden amerikanischen Einflusses konnte sich das Spiel vor allem unter der mittellosen Landbevölkerung rasant ausbreiten.

Der Fußball hingegen kam erst nach der Jahrhundertwende ins Land. Als wichtigster Protagonist gilt der aus dem englischen Manchester stammende Tom Cranshaw, der um 1915 nach Nicaragua kam und sich dort in vielfältiger Hinsicht um den Fußball verdient machte.

Nicaraguas Fußballwiege steht nicht etwa in der Hauptstadt Managua, sondern in dem Örtchen Diriamba, das etwa 30 Kilometer südlich der Hauptstadt auf dem Plateau von Carazo liegt. Die Region erfreute sich zur Jahrhundertwende eines dem Kaffeeanbau zu verdankenden Wirtschaftsbooms, der eine Reihe wohlhabender Familien entstehen ließ. Die wiederum schickten ihren Nachwuchs bevorzugt zur Ausbildung nach England, wo die Jugendlichen auch mit dem Fußball in Kontakt kamen. Unterdessen wirkten spanische und französische Ordensbrüder der »La Salle« sowie »Jesuiten«-Orden vor Ort als Fußballpioniere, indem sie das Spiel in den Schulen der Region Diriamba einführten.

■ **IN DIRIAMBA ENTSTAND 1917** mit dem Diriangén FC auch der erste Fußballklub des Landes. Der nach einem indianischen Häuptling aus dem 16. Jahrhundert benannte Klub ist heute der beliebteste Verein Nicaraguas und mit 25 Titeln auch sein Rekordmeister.

Wenngleich sich der Fußball in den 1920er Jahren auch in Masaya, Corinto, Managua und León etablierte, kam er abseits des Carazo-Plateaus nicht am übermächtigen Baseball vorbei. Das hatte vor allem wirtschaftlich-kulturelle Gründe. Während sich in der Carazo-Ebene fußballorientierte britische Firmen durchgesetzt hatten, dominierten in den restlichen Landesteilen den Baseball präferierende US-Unternehmen. Namentlich die Baumwollstadt León konnte sich mit Hilfe

TEAMS | MYTHEN

DIRIANGÉN FC DIRIAMBA Ältester und auch erfolgreichster Klub des Landes. Die im Südwesten gelegene Kleinstadt Diriamba war Anfang des 20. Jahrhunderts das Zentrum des nicaraguanischen Kaffeeanbaus und besaß eine verhältnismäßig britische Prägung. Dadurch konnte sich der Fußball nicht nur früher als in anderen Teilen der Baseballnation etablieren, sondern vor allem wesentlich tiefer verankern. Der 1917 gegründete Diriangén FC verdankt seinen Namen dem indianischen Häuptling Diriangén (Chorotega), der 1521 gegen die spanischen Kolonialisten kämpfte. Der Klub trägt entsprechend den Beinamen »Caciques« (Häuptlinge«). 1940 erstmals Landesmeister geworden, haben die Schwarz-Weißen den nationalen Fußball seitdem weitestgehend dominiert und errangen 2006 ihren 26. Meistertitel. Zu den größten internationalen Erfolgen gehört das Erreichen des Viertelfinals im kontinentalen Pokalsiegerwettbewerb 1994, als man an Real Maya aus Honduras scheiterte. Diriambas Estadio Cacique Diriangén zählt zu den modernsten im Lande und ist regelmäßig Schauplatz von Länderspielen. [1917 | Estadio Cacique Diriangén (7.500) | 26]

REAL FC ESTELÍ Mit sechs Titeln der nach Rekordmeister Diriangén erfolgreichste Klub des Landes. Estelí ist ein 92.000 Köpfe zählender Verkehrsknotenpunkt im Nordwesten, der sowohl am Pan-American-Highway als auch einer der wichtigen Bahnstrecken Zentralamerikas liegt. Der 1960 als Estelí FC gegründete Klub gab sich 1961 das Präfix »Real« und wird auch »El Tren del Norte« (»der Zug aus dem Norden«) genannt. Die Vereinsgründer hatten zuvor in Diriamba studiert und wurden vom costaricanischen Fußballenthusiasten Rigoberto Núñez angeführt. Ihren größten internationalen Erfolg feierten die Rot-Weißen, als sie 2004 in der Zentralamerikameisterschaft Real España San Pedro Sula aus Honduras ausschalteten und als erster nicaraguanischer Verein die zweite Runde erreichten. [1960 | Estadio Independencia, (4.500) | 6]

DEPORTIVO WALTER FERRETI MANAGUA Nach dem im November 1988 tödlich verunglückten ehemaligen nicaraguanischen Fußball-Verbandspräsidenten Walter Ferreti benannter Klub, der 1998 und 2001 Meister wurde. [2]

Jahr	Meister	Jahr	Meister
1933	Alas Managua	1973	Santa Cecilia Diriamba
1934	Club Atlético Managua	1974	Diriangén FC Diriamba
1935-38	nicht ausgetragen	1975	UCA Managua
1939	Lido	1976	UCA Managua
1940	Diriangén FC Diriamba	1977	UCA Managua
1941	Diriangén FC Diriamba	1978-79	nicht ausgespielt
1942	Diriangén FC Diriamba	1980	Bufalos de Rivas
1943	Diriangén FC Diriamba	1981	Diriangén FC Diriamba
1944	Diriangén FC Diriamba	1982	Diriangén FC Diriamba
1945	Diriangén FC Diriamba	1983	Diriangén FC Diriamba
1946	Ferrocarril	1984	Deportivo Masaya
1947	Colegio Centro Americano Managua	1985	América Managua
		1986	Deportivo Masaya
1948	Ferrocarril	1987	Diriangén FC Diriamba
1949	Diriangén FC Diriamba	1988	América Managua
1950	Aduana Managua	1989	Diriangén FC Diriamba
1951	Aduana Managua	1990	América Managua
1952	nicht ausgespielt	1991	Real FC Estelí
1953	Diriangén FC Diriamba	1992	Diriangén FC Diriamba
1954	La Salle	1993	Juventus FC Managua
1955	Aduana Managua	1994	Juventus FC Managua
1956	Diriangén FC Diriamba	1994/95	Diriangén Diriamba
1957	nicht ausgespielt	1995/96	Diriangén Diriamba
1958	Club Atlético Managua	1996/97	Diriangén Diriamba
1959	Diriangén FC Diriamba	1997/98	Walter Ferreti Man.
1960	La Nica	1998/99	Real FC Estelí
1961	Santa Cecilia Diriamba	1999/00	Diriangén Diriamba
1962-64	nicht ausgespielt	2000/01	Walter Ferreti Man.
1965	Santa Cecilia Diriamba	2001/02	Deportivo Jalapa
1966	Flor de Caña Managua	2002/03	Real FC Estelí
1967	Flor de Caña Managua	2003/A	Real FC Estelí
1968	UCA Managua	2004/C	Real FC Estelí
1969	Diriangén FC Diriamba	2004/05	Diriangén Diriamba
1970	Diriangén FC Diriamba	2005/06	Diriangén Diriamba
1971	Santa Cecilia Diriamba	2006/07	Real FC Estelí
1972	Santa Cecilia Diriamba	2007/08	Real FC Estelí

der US-amerikanischen Großgrundbesitzer in eine Baseballhochburg verwandeln. Fußballenthusiasten wie Tom Cranshaw bemühten sich unterdessen, ihren Sport weiter zu fördern. Nachdem Nicaraguas Nationalelf »La Azul y Blanco« (»die Blau-Weißen«) im Mai 1929 ihr Debüt mit 0:9 in El Salvador verloren hatte, gelang es im November 1931, mit der »Comisión Nacional de Deportes« einen nationalen Sportverband zu bilden. Angeführt von Tom Cranshaw hob jener zwei Jahre später eine von Alas Managua, Sporting Corinto, Metropolitano León und Diriangén Diriamba gebildete Fußball-Nationalliga aus der Taufe, deren erster Sieger Hauptstadtklub Alas wurde.

Zur selben Zeit verstärkte sich der Widerstand gegen die US-amerikanische Besatzung. Als die USA ihre Militärs schließlich 1933 abzogen, übernahm jedoch mit dem Nationalgarde-Chef Anastasio Somoza ein Mann die politische Führung, der enge Kontakte zu Washington pflegte und eine Familiendiktatur installierte, die Nicaragua über 40 Jahre lang erbarmungslos ausbeuten sollte. Erst 1979 gelang es den nach einem 1934 hingerichteten Widerstandskämpfer benannten »Sandinisten«, das Somoza-Regime zu stürzen. Nicaragua geriet jedoch übergangslos in einen Bürgerkrieg zwischen den Sandinisten und den von ehemaligen Nationalgardisten Somozas gebildeten »Contras«. Bis zu dessen endgültigem Ende im Jahr 1990 verloren etwa 15.000 Menschen ihr Leben; mussten mehr als 250.000 Nicaraguer ihre Heimat aufgeben.

■ **NICARAGUAS FUSSBALL WAR** unter dem Somoza-Regime noch weiter ins Abseits gedrängt worden. Der amerikatreue Diktator hatte einseitig den Baseball gestützt, während der Fußball sich bestenfalls in den Städten zu behaupten wusste. Im internationalen Kontext zählte das Land zu den Schlusslichtern in Lateinamerika. Zu den wenigen Highlights der nicaraguanischen Fußballhistorie gehört die Teilnahme an der ersten Zentralamerika-/Karibikmeisterschaft 1941 sowie die 1950 erfolgte Aufnahme in die FIFA, die man bereits 13 Jahre zuvor beantragt hatte. Auf nationaler Ebene konstituierten sich im Verlauf der 1950er Jahre mehrere Regionalverbände, aus deren Mitte 1963 der Nationalverband Federación Nicaragüense de Fútbol gebildet wurde.

Trotz der administrativen Fortschritte vermochte sich der Fußball aber weiterhin kaum über den Großraum Diriamba auszubreiten. Erst 1960 entstand in dem im Nordwesten gelegenen Verkehrsknotenpunkt Estelí mit dem Real FC ein Klub, der heute als zweiterfolgreichster des Landes geführt wird. Die Klubgründer hatten zuvor in Diriamba studiert.

■ **DER BÜRGERKRIEG** warf den Fußball zusätzlich zurück. Auf seinem Höhepunkt konnte 1978/79 nicht einmal mehr um die Landesmeisterschaft gespielt werden.

Erst nach dem Ende der Kampfhandlungen konnte sich die Situation entspannen und der Fußball vermochte gegenüber dem übermächtigen Baseball allmählich aufzuholen. Dabei halfen sportliche Erfolge. 1991 schied Nicaragua in der Zentralamerikameisterschaft erst nach Losentscheid gegen El Salvador aus. 1994 debütierte »La Azul y Blanco« in der WM-Qualifikation (0:5 bzw. 1:5 gegen El Salvador), und im Zuge der globalen Popularitätswelle des Fußballs wuchs in den 1990er Jahren selbst unter Nicaraguas baseballfixierter Jugend das Interesse an dem Weltsport. Gefördert von den nationalen Bildungseinrichtungen sowie dem FIFA-»Goal«-Programm vermochte der Fußball dadurch nach der Millenniumswende erstmals in der Geschichte Nicaraguas auf Augenhöhe zum Nationalsport aufzusteigen.

Im April 2002 wurde in Diriamba schließlich Nicaraguas erste Fußballschule eingeweiht. Die 1ª. Escuela Nacional de Talentos de Fútbol »Negro Julio« soll keineswegs nur die sportlichen Talente des Nachwuchses fördern, sondern zudem eine soziale Funktion wahrnehmen. »Die Zahl der Mannschaften ist in allen Kategorien beträchtlich gestiegen. Aber was noch mehr zählt, ist, dass diese Schule in der Gesellschaft bereits ihre Spuren hinterlassen hat, die weit über den Sport hinausgehen«, konstatierte Nationalverbandspräsident Julio Rocha schon kurz nach der Eröffnung: Die Schule soll helfen, Nicaraguas vom Krieg traumatisierte Jugend über den Fußball vor einem Abgleiten in Drogen und Alkoholismus zu bewahren.

Eine schöne Karriere des einstigen nicaraguanischen Sportmauerblümchens, und ein Beleg, dass es im Sport eben manchmal um viel mehr als nur um Punkte und Pokale geht.

● **FIFA World Ranking**

1993	1994	1995	1996	1997	1998	1999	2000
155	168	174	179	182	188	193	191
2001	2002	2003	2004	2005	2006	2007	2008
188	186	173	158	152	168	161	181

● **Weltmeisterschaft**
1930-94 nicht teilgenommen **1998-2010** Qualifikation

● **Gold Cup**
1991-2007 Qualifikation

NIEDERLÄNDISCHE ANTILLEN

Das zerbrechliche Paradies

Der Fußball der Niederländischen Antillen wird von Curaçao dominiert

Nederlands Antilliaanse Voetbal Unie

Fußball-Verband Niederländische Antillen | gegründet: 21.5.1921 (Curaçao) | Beitritt FIFA: 4.5.1932 (Curaçao) | Beitritt CONCACAF: 1961 | Spielkleidung: weißes Trikot, weiße Hose, blaue Stutzen | Spieler/Profis: 4.220/780 | Vereine/Mannschaften: 40/75 | Anschrift: Bonamweg 49, Cujruçao | Telefon: +599-97365040 | Fax: +599-97365047 | Internet: www.navusoccer.com | E-Mail: navusoccer@interneeds.net

Nederlandse Antillen

Niederländische Antillen | Fläche: 800 km² | Einwohner: 180.592 (220 je km²) | Amtssprache: Niederländisch, Papiamento, Englisch, Spanisch | Hauptstadt: Willemstad (Curaço, 43.550) | Weitere Städte: Princess Quarter (Sint Maarten, 13.000), Kraleendijk (Bonaire, 3.000) | Währung: Antillean Guilder | Zeitzone: MEZ -3h | Länderkürzel: - | FIFA-Kürzel: ANT | Telefon-Vorwahl: +599

Eigentlich sollte im Dezember 2008 ein Völkerbündnis zu Grabe getragen werden, das zeit seiner Existenz umstritten war: die Niederländischen Antillen. Bestehend aus zwei 900 Seekilometer voneinander entfernten Inselgruppen vor der Nordküste Südamerikas bzw. in den karibischen Antillen, fand die ehemalige niederländische Kolonie nie zur Einheit. Stattdessen gingen die vor der Küste Venezuelas gelegenen Inseln Curaçao, Bonaire und Aruba ebenso eigene Wege wie die Antilleninseln Sint Eustatius, Saba und Sint Maarten.

■ **NACHDEM SICH 1986** bereits Aruba aus dem fragilen Inselbündnis gelöst hatte, war auch auf anderen Inseln die Forderung nach Eigenständigkeit aufgekommen. Nach der Millenniumswende durchgeführte Referenden ergaben, dass Curaçao und Sint Maarten nach mehr Souveränität verlangten, derweil Saba, Bonaire und Sint Eustatius das bestehende Bündnis beibehalten wollten.

Daraufhin wurde vorgeschlagen, Curaçao und Sint Maarten in direkt mit den Niederlanden verbundene autonome Regionen zu verwandeln, während Bonaire, Saba und Sint Eustatius die Niederländischen Antillen als Dreierbündnis fortführen sollten. Aufgrund administrativer Schwierigkeiten musste die für den 15. Dezember 2008 geplante Umsetzung jedoch auf ein unbestimmtes Datum verschoben werden, wodurch sich ein gewisser Schwebezustand ergab.

Das gilt nicht zuletzt für den Fußball der Niederländischen Antillen. Insbesondere die Hoffnungen von Curaçao und Sint Maarten, rasch in die FIFA aufgenommen zu werden und damit eigenständig das Rennen um WM-Punkte aufnehmen zu können, wurden enttäuscht.

■ **DER FUSSBALLERISCHE SCHWERPUNKT** der ursprünglichen Niederländischen Antillen lag auf den beiden vor der Nordküste Südamerikas gelegenen Inseln Curaçao und Aruba. Das nach dem Ersten Weltkrieg durch niederländische Kolonialisten auf die Inseln gekommene Spiel konnte sich vor allem auf Curaçao gut entwickeln. Das war kein Zufall, denn Curaçao war die mit Abstand größte Insel der Niederländischen Antillen und diente den Niederländern zu Kolonialzeiten als Verwaltungssitz.

Federführend bei den ersten Fußballaktivitäten waren europäische Kolonialisten. 1921 wurde in der curaçaischen Hauptstadt Willemstad erstmals um eine Inselmeisterschaft gerungen, die sich das von Niederländern geprägte Team der Curaçaosche Voetbal Vereeniging Sparta sicherte.

Im Mai desselben Jahres entstand der Curaçaosche Voetbalbond, der 1930 eine von Europäern gebildete Mannschaft zu den Zentralamerika- und Karibikspielen nach Kuba entsandte. 1932 wurde man als nach Suriname weltweit zweite Kolonie in den Weltfußballverband FIFA aufgenommen. Aus den 1920er Jahren stammt auch eine intensive Rivalität mit dem benachbarten und gleichfalls niederländisch verwalteten Suriname. 1941 war Curaçao unter den Teilnehmern der ersten Zentralamerika- und Karibikmeisterschaft zu finden.

Auf den anderen Inseln steckte das Spiel zu jenem Zeitpunkt noch nicht einmal in den Kinderschuhen. Lediglich auf Aruba und Bonaire wurde überhaupt gekickt, während die drei Antilleninseln noch quasi fußballfrei waren.

■ **ALS SICH NACH DEM ZWEITEN** Weltkrieg die Kolonialreiche auflösten, wurden die

TEAMS | MYTHEN

■ CKRSV JONG COLOMBIA WILLEMSTAD

1951 gegründeter Verein, der mit sieben Meisterschaften einer der erfolgreichsten des Inselbündnisses ist. 1979 unterlag man im Endspiel um die Kontinentalmeisterschaft FAS Santa Ana aus El Salvador. Der Klub ist Stammverein von Torhüterlegende Brutil Hose und brachte mit Rocky Siberie (u. a. Wuppertaler SV) und Nelson Wau (Willem II Tilburg) weitere Spitzenspieler hervor. [1951 | 7]

■ CSD BARBER
Mit sieben Landesmeisterschaften seit 2002 avancierte das Centro Social Deportivo aus dem im Nordwesten Curaçaos gelegenen Barber nach der Millenniumswende zum dominierenden Team. [7]

■ CKRSV JONG HOLLAND WILLEMSTAD
Elf curaçaische Inselmeisterschaften ließ die »jungen Holländer« zur dominierenden Elf der Frühphase der Inselmeisterschaft aufsteigen. [1]

■ SUBT WILLEMSTAD

Der elffache Meister von Curaçao und zweifache Antillenmeister heißt mit vollständigem Namen Sport Unie Brion Trappers und verlebte seine beste Phase zwischen 1941 und 1958. 1969 und 1980 errang man zudem die Meisterschaft der Antillengruppe. [1925 | 2]

■ RKVFC SITHOC MAHUMA
Einer der ältesten Vereine auf Curaçao. Der vierfache Landesmeister erreichte 1962 das Halbfinale in der Kontinentalmeisterschaft, das die Rot-Weißen gegen Comunicaciones aus Guatemala verloren. [1942 | 4]

HELDEN | LEGENDEN

■ PEDRO ERGITIO HATO
Torhüterlegende der 1940er und 1950er Jahre. Der Stammkeeper der Nationalauswahl verbrachte den Großteil seiner Karriere auf Kuba.

Jahr	Meister Curaçao		
1921	CVV Sparta	1965	Jong Colombia
1922	Juliana	1966	Jong Colombia
1923	CVV Sparta	1967	Jong Colombia
1924	nicht ausgespielt	1969	Jong Colombia
1925	CVV Sparta	1970	Scherpenheuvel
1926	Jong Holland W'stad	1971	SUBT Willemstad
1927	Dutch FC	**Jahr**	**Meister Ndl. Antillen**
1928	Jong Holland W'stad	1961	RKVFC Sithoc Mahuma
1929	Asiento	1962	RKVFC Sithoc Mahuma
1930	Asiento	1963-64	unbekannt
1931	Volharding	1965	RCA Oranjestad
1932	Jong Holland W'stad	1966	Jong Colombia
1933	Transvaal	1967	Didi Skèrpène
1934	Asiento	1968	Jong Colombia
1935	Jong Holland W'stad	1969	SUBT Willemstad
1936	Racing CC	1970	Estrella Santa Cruz
1937	Jong Holland W'stad	1971-72	unbekannt
1938	SUBT Willemstad	1973	Jong Colombia
1939	nicht ausgespielt	1974	Jong Colombia
1940	Jong Holland W'stad	1975-76	unbekannt
1941	SUBT Willemstad	1977	Jong Holland W'stad
1942	Independiente	1978	unbekannt
1943	Jong Holland W'stad	1979	unbekannt
1944	nicht ausgespielt	1980	SUBT Willemstad
1945	SUBT Willemstad	1982-84	unbekannt
1946	SUBT Willemstad	1985	Union Banda Abou
1947	Jong Holland W'stad	1986	unbekannt
1948	Jong Holland W'stad	1987	Union Banda Abou
1949	SUBT Willemstad	1988-89	unbekannt
1950	SUBT Willemstad	1989/90	Union Banda Abou
1951	nicht ausgespielt	1991-92	unbekannt
1952	Jong Holland W'stad	1992/93	RKVFC Sithoc M.
1953	SUBT Willemstad	1994-95	unbekannt
1954	nicht ausgespielt	1996/97	Union Banda Abou
1955	SUBT Willemstad	1997	Jong Colombia
1956	nicht ausgespielt	1998/99	RKVFC Sithoc M.
1957	SUBT Willemstad	2000/01	Jong Colombia
1958	SUBT Willemstad	2001/02	CSD Barber
1959	Jong Holland W'stad	2002/03	CSD Barber
1960	St. Thomas College	2003/04	CSD Barber
1961	St. Thomas College	2004/05	CSD Barber
1962	Veendam	2005/06	CSD Barber
1963	Jong Colombia	2006/07	CSD Barber
1964	Scherpenheuvel	2007/08	CSD Barber

beiden überwiegend von den Nachfahren afrikanischer Sklaven bewohnten Inselgruppen 1954 in den Niederländischen Antillen zusammengefasst. Mit der Nederlands Antilliaanse Voetbal Unie (NAVU) formierte sich daraufhin ein inselübergreifender Nationalverband.

Fußball stand seinerzeit vor allem auf Curaçao in höchster Blüte. 1952 hatte die Hauptinsel sogar eine Mannschaft zu den Olympischen Spielen nach Helsinki geschickt (1:2 gegen die Türkei), und 1954 zählte man auf Curaçao insgesamt 26 Vereine mit 1.535 Spielern. Unter ihnen war mit Torsteher Ergilio Hato eine »Schwarzer Panther« genannte Fußball-Legende, dessen Name heute im Nationalstadion von Curaçao fortlebt.

Neben Ausnahmespielern wie Hato garantierte vor allem das Willemstader Rifstadion mit seinem gefürchteten Sandbelag für Erfolge. Nach dem Gewinn der Bronzemedaille bei den Panamerikaspielen 1955 sowie dem zweiten Platz bei der Kontinentalmeisterschaft 1957 wurde die Auswahl der Niederländischen Antillen – die faktisch noch immer die Curaçaos war – 1963 und 1969 jeweils Dritter bei der kontinentalen Meisterschaft. In der Olympiaqualifikation indes kam 1960 und 1964 jeweils gegen Suriname bzw. 1968 gegen Trinidad-Tobago (0:4 nach 3:0-Hinspielsieg!) das Aus. 1957 hatte Curaçao die achte Kontinentalmeisterschaft ausgerichtet und war erstmals in der WM-Qualifikation angetreten.

Ab 1959 lief man im Übrigen als Niederländische Antillen auf und machte durch eine recht farbenfrohe Spielkleidung (oranges Hemd, blaue Hose und orange-schwarze Stutzen) Schlagzeilen.

■ ALS DER HÖHENFLUG ZUM
Ende der 1960er Jahre allmählich abebbte, begann der traurige Niedergang des Spitzenfußballs auf Curaçao bzw. den Niederländischen Antillen. Zwar partizipierte die Landesauswahl von 1958 bis 2010 an jeder WM-Qualifikation, Erfolge waren jedoch Mangelware. Hinzu kamen interne Unzulänglichkeiten. So wurde zwar eine Landesmeisterschaft ausgeschrieben (»Kopa Antiano«), an der jedoch aus logistischen Gründen nur die jeweiligen Inselmeister der drei südlichen Inseln Aruba, Curaçao und Bonaire teilnahmen. Auf den drei Antilleninseln hatte sich zwischenzeitlich in Sint Maarten ebenfalls eine kleine Fußballgemeinde herausgebildet.

Sämtliche Landesmeister bis 2008 wurden von Curaçao oder Aruba gestellt. Rekordmeister ist mit sieben Titeln der in Willemstad ansässige Verein Jong Colombia, der 1979 zudem das Finale um die Kontinentalmeisterschaft erreichte und jenes gegen die el salvadorianische Mannschaft von FAS Santa Ana verlor. Der Inselrivale CSD Barber kommt auf sechs und Sithoc Mahuma sowie Undeba auf jeweils vier Meisterschaften. Aruba stellte 1967 mit dem Racing Club Aruba bzw. 1970 mit Santa Cruz zweimal den Gesamtmeister der Niederländischen Antillen.

Nachdem Aruba 1986 aus dem Inselbündnis ausgeschieden war, wurde vor allem auf Sint Maarten der Ruf nach Autonomie immer lauter. Sint Maarten ist eine in einen niederländischen und einen französischen Teil gespaltene Insel unweit von Guadeloupe. Die für die niederländische Hälfte verantwortliche Sint Maarten Soccer Association debütierte 1992 mit einem 4:2-Erfolg über die Cayman-Inseln auf internationaler Bühne und wurde 1998 »associated member« des Kontinentalverbands CONCACAF (siehe auch Seite 400).

■ NACHDEM SICH 2008 AUF
politischer Ebene das Ende des Inselbündnisses abzeichnete, hieß es auch im Fußball Abschied nehmen. Das letzte gemeinsame Abenteuer einer inselübergreifenden Nationalelf sollte die WM-Qualifikation 2010 werden. Der Nationalverband NAVU hatte dazu das Motto »the miracle« ausgegeben und das Erreichen der dritten (und letzten) Qualifikationsrunde zum Ziel erklärt. Dazu wurden diverse in Europa tätige Akteure mit niederländisch-antillischen Wurzeln rekrutiert, deren Traum jedoch bereits in der zweiten Qualifikationsrunde von Haiti (0:0, 0:1) zerstört wurde.

Mit der unverändert anstehenden Loslösung Curaçaos bzw. Sint Maartens steht eine Neuordnung des Fußballs in der Inselgruppe an. Die Zukunftsperspektiven fallen dabei recht unterschiedlich aus. Während die Miniinsel Sint Maarten wohl kaum über die Rolle eines Außenseiters hinauskommen wird, darf man auf das Abschneiden Curaçaos durchaus gespannt sein. Der dann auf Bonaire, Saba und Sint Eustaties beschränkte niederländisch-antillische Nationalverband NAVU dürfte es jedenfalls schwer haben, mit seinem ehemaligen Fußball-Zugpferd mitzuhalten.

● FIFA World Ranking
1993	1994	1995	1996	1997	1998	1999	2000
128	152	125	142	156	156	167	175
2001	2002	2003	2004	2005	2006	2007	2008
183	177	188	163	168	177	183	152

● Weltmeisterschaft
1930-54 nicht teilgenommen **1958-2010** Qualifikation

● Gold Cup
1991-98 nicht teilgenommen **2000** Qualifikation **2002** nicht teilgenommen **2003-07** Qualifikation

PANAMA

Federación Panameña de Fútbol

Panamaischer Fußball-Verband | gegründet: 1.9.1937 | Beitritt FIFA: 1938 | Beitritt CONCACAF: 1961 | Spielkleidung: rotes Trikot, rote Hose, rote Stutzen | Saison: Februar - November | Spieler/Profis: 203.400/300 | Vereine/Mannschaften: 570/950 | Anschrift: Estadio Rommel Fernández, Puerta 24, Ave. José Aeustin Araneo, Apartado postal 8-391 Zona 8 | Telefon: +507-2333896 | Fax: +507-2330582 | Internet: www.fepafut.com | E-Mail: fepafut@info.net

Mit dem Kanal kam der Baseball

Panamas Fußball hat seit der Millenniumswende international enorm aufgeschlossen

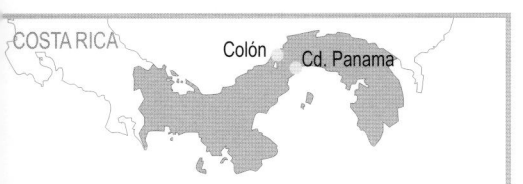

República de Panamá

Republik Panama | Fläche: 75.517 km² | Einwohner: 3.175.000 (42 je km²) | Amtssprache: Spanisch | Hauptstadt: Panamá (Panama, 708.438) | Weitere Städte: Tocumen (81.250), David (76.481), Nuevo Arraiján (63.753), Puerto Armuelles (60.102) | Währung: 1 Balboa = 100 Centésimos | Zeitzone: MEZ -6h | Länderkürzel: PA | FIFA-Kürzel: PAN | Telefon-Vorwahl: +507

Er dürfte eine der bekanntesten Wasserstraßen der Welt sein – und bescherte dem an der Schnittstelle zwischen Mittel- und Südamerika gelegenen Panama weltweite Aufmerksamkeit: der Panama-Kanal, der Pazifik und Atlantik miteinander verbindet und der Seefahrt rund 13.000 Kilometer Umweg erspart. Von 1904 bis 1914 durch die USA errichtet (und auch finanziert), hat die 80 Kilometer lange Wasserstraße Panamas Schicksal in vielerlei Hinsicht geprägt und das Land in eine der umstrittensten geopolitischen Regionen der Welt verwandelt.

Vor allem Bauherr USA, der den erst im Jahr 2000 vollständig in panamaische Hände übergebenen Kanal durch eine breite Schutzzone abgegrenzt hat, nahm in der Vergangenheit einen hohen Einfluss auf die Politik des Landes. Das Engagement des großen Nachbarn hat auch im Sport seine Spuren hinterlassen. In Panama dominieren Baseball und Boxen, während Fußball mit einem Anteil von lediglich 6,3 Prozent an der Gesamtbevölkerung nur eine Nebenrolle spielt.

■ **SEIT BEGINN DES 16. JAHRHUNDERTS** im spanischen Besitz, wurde Panama 1821 der Republik Großkolumbien zugeschlagen und blieb nach deren Zerfall 1830 kolumbianisch. Zwischenzeitlich war es in den USA zu einem Goldrausch gekommen, der eine Seeverbindung von der amerikanischen West- zur Ostküste auf die politische Agenda gerückt hatte. Washington hatte daraufhin uralte spanische Pläne aufgegriffen und nach der kolumbianischen Weigerung, diese in Panama umzusetzen, auf die Abtrennung der Region von Kolumbien gedrängt. Wenige Monate nach Ausrufung der Republik Panama im November 1903 begannen die Arbeiten an der »Interoceánia«, die 1914 feierlich eröffnet wurde.

■ **ÜBER DIE ZAHLREICHEN** am Bau beteiligten Arbeiter und Fachleute erhielt Panama seinerzeit ein ungewöhnlich buntes Potpourri verschiedener Sportdisziplinen. So führten die zum Schutz des Kanals abgestellten amerikanischen Soldaten Baseball, Softball, Boxen, American Football und Basketball ein, während aus Europa angeheuerte Experten den Fußball mitbrachten und aus der Karibik rekrutierte schwarze Hilfsarbeiter Cricket im Gepäck hatten.

Wenngleich bereits vor der panamaischen Staatsgründung ausländische Seeleute vereinzelt Fußballspiele auf panamaischem Boden durchgeführt hatten, beginnt Panamas Fußballgeschichtsschreibung offiziell erst 1919, als in Ciudad de Barcelona erstmals gekickt wurde. Als Protagonisten fungierten seinerzeit eine »Antillanos« genannte Elf aus Einwanderern benachbarter Antilleninseln sowie ein europäisches Team. Bereits 1921 riefen drei zwischenzeitlich gebildete Fußballteams (»El Cable«, die jamaikanischen »Rangers« sowie das von Barbadosern gebildete »Standard Oval«) eine Fußball-Liga ins Leben. Mit Unterstützung der Kirche konnte sich der Fußball derweil entlang der Kanalzone weiter ausbreiten.

■ **1925 ENTSTAND EINE VON** sechs Mannschaften gebildete großräumige Spielklasse, deren erster Sieger das Team der »Panamá Hardware« wurde. Nachdem zwischenzeitlich in der Hauptstadt Ciudad del Panamá und entlang der Atlantikküste zwei weitere Spielklassen gebildet worden waren, kam es 1934 zum ersten Endspiel der Regionalmeister um die Landesmeisterschaft. Die Ergebnisse sind allerdings nicht überliefert.

1937 wurde der Nationalverband Federación Nacional de Fútbol de Panamá aus der Taufe

TEAMS | MYTHEN

■ **DEPORTIVO ÁRABE UNIDO COLÓN** Führendes Team aus Colón, dem nördlichen Eingangstor des Panamakanals. Die Blau-Weißen sicherten sich 1999, 2001 sowie 2004 die Meisterschaft und erreichten 2003 als erster panamaischer Klub die Endrunde um die Kontinentalmeisterschaft. Stammverein der Dely Valdes-Zwillinge. [28.4.1992 | 4]

■ **PLAZA AMADOR CIUDAD DEL PANAMA** Mit fünf Meisterschaften seit 1988 das nach dem Lokalrivalen Tauro FC zweiterfolgreichste Team des Landes. Der im Barrio Martir-Distrikt von El Chorillo ansässige Verein wird als »Volksklub« bezeichnet. [1955 | Estadio Revolucion/Rommel Fernández (22.000) | 5]

■ **TAURO FC CIUDAD DEL PANAMA** Der siebenfache Landesmeister und panamaische Rekordmeister wurde 1984 von dem Italiener Giancarlo Gronchi gegründet und war zunächst eine Hobbymannschaft für in der Hauptstadt lebende Europäer. 1988 zählten die Schwarz-Weißen zu den Gründungsmitgliedern der Profiliga ANAPROF, deren Meister sie 1989 erstmals wurden. Der seitdem zu den engagiertesten Fußballklubs des Landes zählende Tauro FC hat seinen Sitz im hauptstädtischen Finanzviertel Pedregal. Seinen größten internationalen Erfolg feierte er 2001, als in der Kontinentalmeisterschaft ein 1:1 gegen Deportivo Saprissa aus Costa Rica sowie ein 1:0 gegen Motagua aus Guatemala gelangen. [1984 | Estadio Pedragal | 7]

■ **SAN FRANCISCO FC LA CHORRERA** Im September 1971 gegründeter und in der Stadt La Chorrera ansässiger Klub, der zu den Gründungsmitgliedern der Profiliga zählte. Spielte von 1988 bis 1992 als Deportivo La Previsora und errang 2003 seine fünfte Landesmeisterschaft. [1971 | Estadio Augustín Sanchez | 5]

HELDEN | LEGENDEN

■ **JORGE UND JULIO CESAR DELY VALDES** Die Zwillingsbrüder sind Panamas berühmteste Fußballer. Julio kickte u.a. in Cagliari, bei Paris-SG und in Oviedo bzw. Malaga; Jorge machte in Japan Furore. Gemeinsam spielte das aus Colón stammende Sturmbrüderpaar u. a. bei Nacional Montevideo und in Panamas Nationalelf. [*12.3.1967]

■ **ROMMEL FERNÁNDEZ** Erster Panamaer, der sich in Europa etablierte. Der »Panzer« genannte Mittelstürmer schoss den CD Tenerife 1989 in Spaniens Oberhaus und wechselte 1991 nach Valencia, wo er jedoch nur sporadisch zum Einsatz kam. Nach seinem frühen Tod bei einem Autounfall wurde Panamas Estadio Revolución nach ihm benannt. [*15.1.1966 †6.5.1993]

■ **PEDRO PABLO AROSEMANA** Panamas Torhüterlegende aus den 1940er Jahren. Der »Empanda« genannte Torsteher wechselte 1939 von Deportivo Pacifico zum kubanischen Profiklub Juventud Asturiana.

Jahr	Meister	Jahr	Meister
1951	San José FC Chiriqui P.	1999/00	Tauro FC Pan. City
1952-87	unbekannt	2000/01	Panamá Viejo FC
1988	CD Plaza Amador	2001	Árabe Unido Colón
1989	Tauro FC Panama City	2002	CD Plaza Amador
1990	CD Plaza Amador	2003	Tauro FC Panama City
1991	Tauro FC Panama City	2004	Árabe Unido Colón
1992	CD Plaza Amador	2005	CD Plaza Amador
1993	AFC Euro Kickers	2006	San Francisco FC
1994/95	San Francisco FC	2007/A	Tauro FC Pan. City
1995/96	San Francisco FC	2007/C	San Francisco FC
1996/97	Tauro FC Pan. City	2008/A	San Francisco FC
1997/98	Tauro FC Pan. City	2008/C	Árabe Unido Colón
1998/99	Árabe Unido Colón		

gehoben, der im Folgejahr dem Weltfußballverband FIFA beitrat und mit einem 3:1 über den Nachbarn Venezuela debütierte. Im selben Jahr fungierte Panama zudem als Ausrichter der Zentralamerika- und Karibikmeisterschaft.

Fußball verharrte dennoch auf dem Niveau einer Randsportdisziplin und blieb im Schatten des populären Baseballs. Der größte Erfolg datiert aus dem Jahr 1951, als die Nationalmannschaft »La Marea Roja« (»Die rote Welle«, man spricht auch von »Los Canaleros«, »den Kanalisten«) Meister von Zentralamerika und der Karibik wurde. Panamas berühmtester Fußballer jener Tage war Torsteher Pedro Pablo »Empanda« Arosemana, der allerdings für Kuba zwischen den Pfosten stand. 1964 lieferte Panama sein Debüt in der Olympiaqualifikation, ehe sich 1978 mit einem beachtenswerten 3:2 über Costa Rica auch der WM-Vorhang hob.

■ **DIE ENTWICKLUNG DES SPIELS** (wie auch des Landes) wurde wiederholt von politischen Querelen aufgrund der ungeklärten Situation in der von den USA verwalteten Kanalzone behindert. Im Klima eines wachsenden Antiamerikanismus putschte sich 1968 der Nationalgardist Omar Torrijos Herrera an die Macht und errichtete eine Militärdiktatur. Nach seinem Tod bei einem Flugzeugabsturz übernahm 1981 mit Manuel Antonio Noriega ein ehemaliger CIA-Agent die Macht, der in Geschäfte mit dem kolumbianischen Drogenkartell verwickelt war. Nachdem sich die USA zunächst abwartend verhalten hatten, kam es im Dezember 1989 zu einem umstrittenen militärischen Eingriff durch US-Truppen, bei dem Noriega verhaftet wurde.

Aus den 1994 durchgeführten ersten demokratischen Wahlen seit 26 Jahren ging Ernesto Pérez Balladares als Sieger hervor. Der dem Militär nahestehende neue Präsident öffnete Panama anschließend mit neoliberalen Bankgesetzen und niedrigen Steuern dem Welthandel bzw. den Spekulanten. Heute ist Panama ein Land der extremen Kontraste. Einer Handvoll Superreicher steht die breite Masse des Volkes gegenüber, dessen Alltag vom Überlebenskampf geprägt ist. Korruption, internationale Geldwäsche und Drogenhandel dominieren die Schlagzeilen.

Auch Panamas Fußball geriet seinerzeit in einen Wandlungsprozess. Nach mehreren fehlgeschlagenen Versuchen, eine Nationalliga einzurichten, konnte schließlich 1988 die »Asociación Nacional Pro Fútbol« (ANAPROF) geschaffen werden, die noch im selben Jahr eine Halbprofiliga organisierte. 1994 entstand mit der LINFUNA ein weiterer Ligaverband, der vom Nationalverband FPF unterstützt wurde und ebenfalls eine Nationalliga schuf. Nachdem über zwei Spielzeiten jeweils zwei Meisterschaftsrunden durchgeführt worden waren, kam es 1996 auf Vermittlung von CONCACAF-Präsident Jack Warner zur Vereinigung. Seitdem ist die ANAPROF Panamas landesweit akzeptierte und einzige Nationalliga.

Rekordmeister ist mit sieben Titelgewinnen der Hauptstadtklub und ANAPROF-Mitgründer Tauro FC, dessen ärgster Konkurrent der Ortsrivale CD Plaza Amador ist, der seit 1988 auf fünf Meistertitel kam. Auch in der westlich von Panama-City gelegenen Stadt La Chorrera sowie in Colón feierte man bereits mehrere Meisterschaften. Auf internationaler Ebene haben Panamas Klubs seit der Millenniumswende mehrfach beachtliche Erfolge feiern können. Höhepunkt war der Einzug von Deportivo Arabe Unido Colón in die Endrunde um die Kontinentalmeisterschaft 2003.

Panamas Nationalelf durfte 2006 erstmals vom Erreichen des WM-Endturniers träumen. Vor allem beim 3:0 über El Salvador boten die vom Kolumbianer Jose »Che Che« Hernandez trainierten »Canaleros« um die stürmenden Zwillinge Julio Cesar und Jorge Luis Dely Valdes eine beeindruckende Leistung. Erst in der letzten Qualifikationsrunde ging der panamaischen Überraschungself die Puste aus. Nächster Höhepunkt war das Erreichen der Finalrunde um den Gold Cup 2005, in dem sich Panama nach 120 torlosen Minuten Gastgeber USA im Elfmeterschießen geschlagen geben musste. Lohn war das Vorrücken auf einen wenige Jahre zuvor noch undenkbaren 78. Platz in der FIFA-Weltrangliste.

Anschließend übernahm der costaricanische Erfolgstrainer Alexandre Guimarães die Leitung und erreichte mit der von Luis Tejada angeführten Auswahl 2007 das Finale der Zentralamerikameisterschaft. In jenem fehlten Panama gegen Costa Rica lediglich fünf Minuten zum ersten Titelgewinn seit 1951. Mit Rang 52 belegte das Land anschließend seine historische Bestmarke in der FIFA-Weltrangliste.

Erst im Juni 2008 erhielt der Aufschwung einen Dämpfer, als Panama in der WM-2010-Qualifikation vorzeitig an El Salvador scheiterte und Trainer Guimarães daraufhin seinen Hut nahm. Dennoch: gegenwärtig ist der Fußball in der Baseballnation Panama so populär wie nie zuvor.

● **FIFA World Ranking**
1993	1994	1995	1996	1997	1998	1999	2000
132	140	126	101	119	131	138	121
2001	2002	2003	2004	2005	2006	2007	2008
109	129	125	100	78	81	67	88

● **Weltmeisterschaft**
1930-74 nicht teilgenommen 1978-2010 Qualifikation

● **Gold Cup**
1991 Qualifikation 1993 Endturnier 1996-98 Qualifikation 2000 nicht teilgenommen 2002-03 Qualifikation 2005 Endturnier (Finalist) 2007 Endturnier

PUERTO RICO

Federación Puertorriqueña de Fútbol

Puertoricanischer Fußball-Verband | gegründet: 1934 | Beitritt FIFA: 1960 | Beitritt CONCACAF: 1962 | Spielkleidung: weißes Trikot, weiße Hose, weiße Stutzen | Saison: Oktober - Juni | Spieler/Profis: 222.670/45 | Vereine/Mannschaften: 75/350 | Anschrift: 392 Juan B. Rodriguez, Parque CentralHato Rey, PR 00918, San Juan | Telefon: +1787-7652895 | Fax: +1787-7672288 | Internet: www.fedefutbolpr.com | E-Mail: jserralta@yahoo.com

Das Glück liegt in Amerika

Die Baseballnation Puerto Rico tut sich im Fußball sehr schwer

Puerto Rico

Puerto Rico | Fläche: 8.959 km² | Einwohner: 3.912.054 (428 je km²) | Amtssprache: Spanisch, Englisch | Hauptstadt: San Juan (421.958) | Weitere Städte: Bayamón (203.000), Carolina (170.000), Ponce (152.000) | Währung: US-Dollar | Zeitzone: MEZ -6h | Länderkürzel: - | FIFA-Kürzel: PUR | Telefon-Vorwahl: +1787

Ein einziges Mal hat es die Baseballhochburg Puerto Rico bislang in die Schlagzeilen der Fußball-Weltpresse geschafft: 1992, als man sich mit einer ausschließlich aus amerikanischen Ex-Profis bestehenden Equipe in der WM-Qualifikation gegen die Dominikanische Republik durchsetzte. Puerto Ricos Fußballfunktionäre argumentierten seinerzeit, da man politisch Bestandteil der Vereinigten Staaten von Amerika sei, wären US-Bürger automatisch spielberechtigt für die Auswahl von Puerto Rico. Vergeblich protestierten die unterlegenen Dominikaner gegen diese etwas eigenwillige Regelauslegung, und auch der FIFA waren die Hände gebunden. Eine Runde später bereitete Jamaika dem Spuk dann jedoch ein sportliches Ende, und Puerto Rico verschwand wieder im Kanon der unbedeutenden Fußball-Diasporen.

■ **DIE ÖSTLICH VON KUBA** gelegene Karibikinsel Puerto Rico gehört zu den Großen Antillen und zählt im nordamerikanischen Fußball traditionell zu den Underdogs. Ganze 5,6 Prozent der etwa vier Mio. Puertoricaner bekennen sich zum Fußball – damit rangiert man im weltweiten Vergleich im hinteren Mittelfeld der Rangliste.

Nichtsdestotrotz weist das Spiel auf der ab 1508 von Spanien kolonialisierten Insel eine durchaus reichhaltige Fußballtradition auf. Bereits in den 1890er Jahren hatten europäische Kolonialisten den Fußball nach Puerto Rico gebracht, wo sie bei ihren Aktivitäten allerdings praktisch unter sich geblieben waren. Zur nationalen Kickhochburg avancierte damals die Hauptstadt San Juan.

Als Puerto Rico 1898 im Zuge des spanisch-amerikanischen Krieges von US-Truppen erobert wurde, brachten US-Marines den Baseball ins Land, der heute gemeinsam mit dem Basketball sowie Boxen heißgeliebter Nationalsport ist. Puertoricaner wie Roberto Clemente, Juan »Igor« González, Bernie Williams, Roberto Hernández, Iván Rodríguez und Leo Gómez stiegen zu gefeierten Stars in der Major League auf, während es Félix »Tito« Trinidad in den späten 1990er Jahren zum Box-Weltmeister brachte.

Unter dem Sternenbanner setzte zudem ein systematischer Ausbau der Zuckerproduktion sowie eine umfassende Industrialisierung der Insel ein, die mit politischen Spannungen verbunden waren. Nachdem wiederholt Forderungen nach Reformen aufgekommen waren, wurde Puerto Rico schließlich 1952 Autonomie zugesprochen. Die staatliche Eigenständigkeit (oder alternativ die Eingliederung als 51. Bundesstaat in die USA) wurde hingegen 1967 von der Mehrheit der Puertoricaner abgelehnt. Mit rund vier Mio. Einwohnern ist Puerto Rico damit das bevölkerungsreichste nicht-unabhängige Land der Welt.

■ **IM SCHATTEN DES BOOMENDEN** Baseballs konnte sich der Fußball erst im Verlauf der späten 1920er Jahre inselweit etablieren. Mit dem Real San Juan FC entstand seinerzeit ein Verein, der ebenso von Europäern angeführt wurde wie der 1937 gebildete Nautico FBC. 1934 hob der Spanier Don Francisco »Paco« Bueso den Nationalverband Asociación de Fútbol Aficionado de Puerto Rico (AFA, seit 1970 Federación Puertorriqueña de Fútbol, FPF) aus der Taufe, dessen Auswahl im November 1940 mit einem 1:1 auf Kuba debütierte. Seit 1960 ist Puerto Rico Mitglied des Weltverbandes FIFA.

Nachdem zwischen 1947 und 1951 weitere Vereine entstanden waren, konnte eine auf die Hauptstadt San Juan konzentrierte Liga

TEAMS | MYTHEN

■ **ACADEMICA QUINTANA SAN JUAN** Einer der ältesten Fußballvereine Puerto Ricos (1969 gegründet), der mit dem Ehrentitel »Onceno del pueblo« (»Elf des Volkes«) ausgestattet ist. Quintana ist ein hauptstädtischer Wohnbezirk. Mit insgesamt 15 Meisterschaften (sechs seit 1990) ist »La Academica« der erfolgreichste Verein in der puertoricanischen Fußballgeschichte. 2008 waren die Blau-Weißen als einer von nur zwei existierenden Klubs unter den Gründungsmitgliedern der Profiliga zu finden. [1969 | Estadio Hiram Bithorn (18.000) | 6]

■ **PUERTO RICO ISLANDERS** 2003 gebildeter Profiklub, der in der zweithöchsten Profiliga der USA kickt. Initiator war der puertoricanische Geschäftsmann Joe Serralta. 1995 hatte Serralta schon einmal einen Klub namens »Islanders« gegründet und in der US-Liga antreten lassen. Seinerzeit hatte man jedoch nach nur vier Spielen aus finanziellen Gründen aufgeben und sich mit drei puertoricanischen Meistertiteln zufrieden geben müssen (1998, 1999, 2001). Der heutige Klub trägt seine Spiele in der San Juaner Vorstadt Bayamón aus und hat sich mit Hilfe von Spielern aus dem gesamten lateinamerikanischen Raum sowie heimischen Kräften wie Marco Vélez, Alexis Rivera, Rafael Ortiz Huertas im US-Profifußball etabliert. Dank Zuschauerzahlen von 5.000 und mehr gelang auch wirtschaftlich der Durchbruch. »Los Isleños« nehmen mit ihrer Reserve am puertoricanischen Spielbetrieb teil und erreichten 2006 erstmals die Kontinentalmeisterschaft. 2008 zählte die mit dem spanischen Profiklub Sevilla FC verbundene Reserve als Sevilla FC Puerto Rico zu den Gründungsmitgliedern der nationalen Profiliga. Das Estadio Juan Ramon Loubriel war ursprünglich eine Baseballarena, die inzwischen in ein reines Fußballstadion umgewandelt wurde. Auch die Nationalmannschaft trägt dort ihre Spiele aus. [2003 | Estadio Juan Ramón Loubriel (12.500) | 3]

■ **CF FRAIGCOMAR SAN IGNACIO DE RÍO PIEDRAS** Mit rund 800 Spielern und zehn Mannschaften größter Klub des Landes, dessen Stärke die Nachwuchsarbeit ist. »Fraico« wurde 1985 von einer Gruppe Priester aus San Ignacio de Río Piedras als eine Art Straßensozialarbeitsprojekt ins Leben gerufen. 1990 erfolgte die Umwandlung in einen Fußballklub, der 1993 den Ligaspielbetrieb aufnahm. Von 2005 bis 2007 gingen die Blau-Weißen dreimal in Folge als Landesmeister durchs Ziel. [1986 | 2/3]

HELDEN | LEGENDEN

■ **CHRIS ARMAS** Der berühmteste Fußballer Puerto Ricos feierte seine größten Erfolge in den USA. 1972 als Sohn puertoricanischer Eltern in Brentwood (New York) geboren, lief der Mittelfeldspieler zwar 1993 fünfmal in der Karibikmeisterschaft für Puerto Rico auf, da es sich dabei aber nicht um einen offiziellen FIFA-Wettbewerb handelte, konnte er 1998 zudem für die USA debütieren. Der langjährige Stammspieler des MLS-Clubs Chicago Fire (214 Spiele, 1998 Meister) verpasste allerdings seinen großen Traum von einer WM-Teilnahme. 2006 stand er zumindest auf Abruf im Kader, ehe er seine Karriere 2007 beendete [27.8.1972 | 5 LS für Puerto Rico, 66/2 LS für die USA]

■ **MARCO VÉLEZ** Langjähriger Kapitän der Nationalelf, der sich auf Vereinsebene in der zweithöchsten US-Liga bei Seattle Sounders und den Puerto Rico Islanders durchsetzte. Nach seinem Wechsel zum Toronto FC im März 2008 etablierte sich Vélez als erster auf Puerto Rico geborener und aufgewachsener Puertoricaner auch in der MLS. [26.6.1980]

eingerichtet werden. Zu den dominierenden Teams zählten seinerzeit Lasalle sowie der Swiss Sport-Club. Darüber hinaus kam es sporadisch zu Begegnungen zwischen puertoricanischen Auswahlmannschaften und den Besatzungen in San Juan festmachender ausländischer Schiffe.

Sportlich zählte die Antilleninsel zu den am wenigsten aktiven Nationen in Nordamerika. 1974 debütierte man zwar in der WM-Qualifikation (0:7 bzw. 0:5 gegen Haiti), nahm anschließend aber erst 1986 wieder daran teil. Bei den Panamerika-Spielen lief die Landesauswahl »El Huracán Azul« (»Der blaue Hurrikan«) erstmals 1979 auf, während das Debüt in der Kontinentalmeisterschaft Gold Cup 1993 erfolgte. Die kontinentalen Klubwettbewerbe gingen bis 1984 ohne puertoricanische Beteiligung über die Bühne. Cruz Azul Guyana war seinerzeit erster puertoricanischer Teilnehmer.

Auf nationaler Ebene kam das Spiel lange Zeit nicht über an Hobbyfußball erinnernde Amateurstrukturen hinaus. Zwar räumten die nationalen Bildungseinrichtungen dem Fußball in den 1950er Jahren etwas mehr Aufmerksamkeit ein, doch im Schatten des Base- bzw. des Basketballs vermochte er nie aus seinem traurigen Randdasein herauszutreten.

Einher mit der Bedeutungslosigkeit gingen administrative Defizite. Nachdem jahrzehntelang nur auf regionaler Ebene um Punkte gestritten worden war, konnte 1990 mit der Liga Superior endlich eine Nationalliga eingerichtet werden. Als sechs Jahre später mit der Liga Mayor jedoch eine Konkurrenzliga entstand, verfügte Puerto Rico plötzlich über zwei nationale Fußball-Ligen!

Sportlich dominierte seinerzeit der Academica Quintana CF, der bis 2002 sechs Meisterschaften errang und der als »Volksklub« bezeichnet wird. Anschließend übernahm der CF Fraigcomar das Geschehen. 2007 wurden die einst von einer Gruppe Priester gegründeten Blau-Weißen aus San Ignacio de Río Piedras zum dritten Mal in Folge Meister. Sie verfügen zudem über die größte Nachwuchssektion aller 75 Fußballvereine des Landes.

■ **SEIT DER MILLENNIUMSWENDE** befindet sich Puerto Ricos Fußball im Umbruch. So wurde 2003 mit den Puerto Rico Islanders ein Profiklub gegründet, der seit 2004 in der zweithöchsten US-amerikanischen Fußball-Liga aufläuft und zu seinen Begegnungen bis zu 5.000 Zuschauer in das zur Fußballarena konvertierte ehemalige Baseballstadion »Juan Ramón Loubriel« lockt. Es war bereits der zweite Versuch, im US-amerikanischen Profifußball Fuß zu fassen. 1995 hatte sich ein gleichfalls Islanders genannter Verein jedoch nach nur vier Spielen wieder zurückziehen müssen. Federführend war in beiden Fällen der puertoricanische Geschäftsmann Joe Serralta, der seit 2004 auch dem nationalen Fußballverband vorsteht.

Unterdessen konnte sich mit Chris Armas ein gebürtiger Puertoricaner einen Stammplatz in der US-amerikanischen Nationalmannschaft sichern und das allmählich erwachende Fußballinteresse auf der Karibikinsel weiter anfeuern. Mit Marco Vélez, Roger Espinosa sowie Christopher Gores haben sich inzwischen drei weitere Puertoricaner im Ausland etabliert (Kanada bzw. Neuseeland), derweil Chris Megaloudis vom MSL-Klub New York Red Bulls unter Vertrag genommen wurde. 2008 konnte schließlich auch auf nationaler Ebene ein Durchbruch erzielt werden. Mit der Puerto Rico Soccer League (PRSL) entstand eine nationale Profiliga, die in den nächsten Jahren um eine zweite und eine dritte Liga erweitert werden soll. Gespielt wird im Apertura-/Clausura-Rhythmus, also mit zwei Meistern pro Spielzeit. Unter den acht Gründungsmitgliedern waren mit Academica Quintana und Tornados de Humacao lediglich zwei bereits bestehende Vereine, während die anderen Teams von ausländischen Großvereinen wie River Plate Buenos Aires, Fluminense Rio de Janeiro und Sevilla FC kontrollierte Franchise-Unternehmen darstellten.

Angesichts der Fortschritte ist Puerto Ricos umtriebiger Verbandspräsident Joe Serralta zuversichtlich, dass sein Land spätestens 2014 die Qualifikation zu einem WM-Endturnier schaffen kann. Dass die Nationalelf seit 1993 sieglos ist, Puerto Rico 2006 auf die Teilnahme an der WM-Qualifikation bzw. 2007 auf die am Gold Cup verzichtete und man von November 2004 bis Januar 2008 zu keinem einzigen Länderspiel auflief, lässt dies allerdings (noch) als eine etwas gewagte These erscheinen.

● **FIFA World Ranking**

1993	1994	1995	1996	1997	1998	1999	2000
105	112	128	149	169	182	186	195
2001	2002	2003	2004	2005	2006	2007	2008
195	198	200	194	195	195	196	142

● **Weltmeisterschaft**
1930-70 nicht teilgenommen **1974** Qualifikation **1978-82** nicht teilgenommen **1986-2002** Qualifikation **2006** nicht teilgenommen **2010** Qualifikation

● **Gold Cup**
1991-93 Qualifikation **1996** nicht teilgenommen **2000-05** Qualifikation **2007** nicht teilgenommen

Jahr	Liga Superior/PRSC	Mayor/Nacional
1990/91	Cruz Azul Guayama	
1992-94	nicht ausgespielt	
1995/96	Academica Quintana	
1996/97	Academica Quintana	Leones Maunabo
1997/98	Academica Quintana	Islanders San Juan
1998/99	CF Nacional Carolina	Islanders San Juan
1999/00	Academica Quintana	Vaqueros Bayamón
2000/01	Academica Quintana	Islanders San Juan
2001/02	Academica Quintana	Vaqueros Bayamón
2003	nicht ausgespielt	Sporting Carolina
2004	nicht ausgespielt	Sporting San Lorenzo
2005a	CF Fraigcomar	Real Quintana
2005b		CF Fraigcomar
2006	CF Fraigcomar	CF Fraigcomar
2007		CF Fraigcomar
2008	Sevilla FC Bayamón	-

ST. KITTS UND NEVIS

St Kitts and Nevis Football Association

St. Kitts und Nevis Fußball-Bund | gegründet: 1932 | Beitritt FIFA: 1992 | Beitritt CONCACAF: 1992 | Spielkleidung: grünes Trikot, rote Hose, gelbe Stutzen | Saison: Oktober - Mai | Spieler/Profis: 3.500/0 | Vereine/Mannschaften: 30/40 | Anschrift: Warner Park, PO Box 465, Basseterre | Telefon: +1869-4668502 | Fax: +1869-4659033 | Internet: www.sknfa.com | E-Mail: info@sknfa.com

Die winzige Hochburg

St. Kitts und Nevis ist der Shooting-Star im karibischen Fußball

Federation of Saint Kitts and Nevis

Föderation St. Kitts und Nevis | Fläche: 269 km² | Einwohner: 47.000 (175 je km²) | Amtssprache: Englisch | Hauptstadt: Basseterre (St. Kitts, 13.220) | Weitere Städte: Charlestown (Nevis, 1.820), St. Paul's (St. Kitts, 1.483) | Währung: 1 Ostkaribischer Dollar = 100 Cents | Zeitzone: MEZ -5h | Länderkürzel: KN | FIFA-Kürzel: SKN | Telefon-Vorwahl: +1869

Einem Land mit kaum 40.000 Einwohnern ist in seiner fußballerischen Entwicklung eine geradezu natürliche Grenze gesetzt. Dieses schien im Falle der karibischen Doppelinsel St. Kitts und Nevis allerdings lange Zeit außer Kraft gesetzt zu sein, denn für mehr als zehn Jahre befand sich das winzige Inselduo auf einem faszinierenden fußballerischen Höhenflug, der im Juli 2004 mit Position 108 in der FIFA-Weltrangliste seinen Zenit erreichte.

■ **ST. KITTS UND NEVIS'** kleines Fußballwunder beruhte auf einer langen Historie. Deren Wurzeln wiederum wurden von britischen Kolonialisten gelegt. Seit dem 17. Jahrhundert britisch besiedelt, hatten St. Kitts und Nevis ab 1783 unter britischer Kolonialverwaltung gestanden und waren 1882 mit Anguilla zu einer Verwaltungseinheit zusammengefasst worden. Nachdem sich Anguilla 1980 per Autonomiestatus losgelöst hatte, waren St. Kitts und Nevis 1983 zur unabhängigen Föderation geworden.

St. Kitts, das 1493 von Christoph Columbus »entdeckt« und mit dem Namen St. Christopher (die Kurzform »Kitt« für Christopher setzte sich später als Inselname durch) ausgestattet worden war, ist der größere Teil der heutigen Doppelinsel. Mit Basseterre ist dort auch die Hauptstadt zu finden. Das kleine Nevis ist ein als »Königin der Kariben« bekanntes Paradies für Tauch- und Schnorchelfreunde.

Beide Inseln haben sich erfolgreich dem Luxustourismus zugewandt und locken die Schönen und Reichen dieser Welt mit angenehmer Ruhe und hohem Lebensstandard. Neben Golfplätzen, Yachtklubs und einem Casino umfasst das vor allem erstklassige Nobelhotels. Darüber hinaus gelten St. Kitts und Nevis als »Land der Briefkästen« – in der Steueroase existieren mehr als 17.500 »Briefkastenfirmen«.

■ **IN SACHEN SPORT HABEN** sich beide Inseln einen guten Ruf erworben. St. Kitts brachte 2003 mit Kim Collins sogar einen Weltmeister über 100 Meter hervor, während Nevis diverse renommierte Cricketspieler stellte, die mit der legendären Auswahl der West Indies große Erfolge feierten. 2007 war die Landeshauptstadt Basseterre sogar Gastgeber für einige Begegnungen des Cricket World Cups.

Auch im Fußball hat man frühzeitig Zeichen setzen können. Nachdem britische Segler das Spiel in den 1920er Jahren auf die Inselgruppe gebracht hatten, war es rasch von der überwiegend aus Nachfahren afrikanischer Sklaven bestehenden einheimischen Bevölkerung aufgegriffen worden. Zunächst diktierten allerdings britische Siedler bzw. Kolonialisten das Geschehen. Dementsprechend schloss sich die 1932 geformte St. Kitts, Nevis-Anguilla Football Association auch der englischen FA an.

In den 1940er und 1950er Jahren beherrschte die seinerzeit im deutschsprachigen Raum St. Cristopher, Nevis und Anguilla genannte Kolonie den allmählich erwachenden Fußball in der Ostkaribik. Namen wie George McMahon, Flügelflitzer St. Clair Illidge sowie Arthur Thompson genießen bis heute einen vorzüglichen Klang unter den ostkaribischen Fußballanhängern. National prägten derweil die allesamt in Basseterre angesiedelten und britisch geführten Klubs Rovers bzw. Blackpool den Spielbetrieb. Mit Santos nahm aber auch eine zwischenzeitlich von einheimischen Kariben gebildete Mannschaft am Spielbetrieb teil.

TEAMS | MYTHEN

GARDEN HOTSPUR FC BASSETERRE
Vierfacher Landesmeister aus der Hauptstadt Basseterre, der 2001 seinen bislang letzten Triumph feierte. [4]

NEWTOWN UNITED BASSETERRE  Seit den 1980er Jahren das dominierende Team der Doppelinsel. 1963 von Leroy Ponteen und Earl Clarkeals als Pont Side Rangers gegründet, erhielten die Rot-Weißen 1973 den Namen Zip Side und erreichten 1975 nach einem 2:1 im Entscheidungsspiel über den Erzrivalen Superstars das Oberhaus von Basseterre. Daraufhin in Newtown United umbenannt, gewann der in East Basseterre ansässige Klub 1981 seine erste Landesmeisterschaft, der seitdem 14 weitere folgten (zuletzt 2007/08). Bei ihrem internationalen Debüt drangen die Hauptstädter 1994 unter Trainer Clintin »Tinnie« Percival in der Kontinentalmeisterschaft auf Anhieb bis in die dritte Runde vor, wo sie an der US Robert aus Martinique scheiterten. Der Klub trägt seine Spiele im mit FIFA-Mitteln errichteten nationalen Fußballzentrum »Warner Park« aus. [1962 | Warner Park (6.000) | 13]

VILLAGE SUPERSTARS BASSETERRE
Der erste Landesmeister in der Geschichte von St. Kitts und Nevis steht inzwischen im Schatten von Serienmeister Newtown United. Die letzte von insgesamt fünf Meisterschaften gelang den Superstars 2006. 2008 standen sich die beiden Erzrivalen im Finale gegenüber – Newtown setzte sich mit 0:0 bzw. 3:2 durch. [5]

HELDEN | LEGENDEN

ATIBA HARRIS Unterzeichnete 2004 als erster auf St. Kitts und Nevis geborener und aufgewachsener Spieler einen Vertrag bei einem europäischen Profiklub. Seine größten Erfolge feierte Harris jedoch nicht im spanischen Cádiz (kein Einsatz), sondern in den USA, in denen er ab 2006 tätig war. Nach 43 Pflichtspielen für Zweitligist Real Lake City wechselte er Ende 2007 zum MLS-Klub Chivas USA und schaffte auch im US-amerikanischen Oberhaus den Durchbruch. Der Stürmer stammt aus dem Nachwuchslager des St. Peters FC, mit dem er 2004 im Endspiel um die Landesmeisterschaft den Village Superstars unterlag. [*9.1.1985 | 23 LS/7 Tore]

DEAN WALLING Im englischen Leeds geborener Offensivspieler mit St. Kitts-Wurzeln. Erhielt bei Leeds United seine Fußball-Ausbildung und bewährte sich anschließend bei Carlisle United, für das er von 1991 bis 1997 235 Ligaspiele bestritt. Später auch noch in Lincoln und Doncaster im Einsatz, wurde Walling zudem mehrfach in die Nationalmannschaft von St. Kitts und Nevis berufen. [*17.4.1969]

Aufgrund des Koloniestatus waren den internationalen Aktivitäten der Insulaner enge Grenzen gesetzt. 1978 trat der Nationalverband der karibischen Regionalkonföderation CFU bei und wurde ein Jahr später »associated member« der CONCACAF. Im Juni 1979 debütierte die Landesauswahl »Sugar Boyz« mit einem 1:2 auf Jamaika auf der internationalen Bühne.

Nachdem Anguilla 1980 aus dem Inselbündnis ausgeschieden war und einen eigenständigen Fußballverband ins Leben gerufen hatte, richtete die nunmehrige St. Kitts and Nevis Football Association noch im selben Jahr eine Nationalliga ein. Deren Basis liegt auf St. Kitts, das mit Newtown United auch den Rekordmeister des Landes stellt. 2007 sicherten sich die Hauptstädter bereits zum 13. Mal seit 1981 den Titel.

NACHDEM IM AUGUST 1988 ein Unabhängigkeitsgesuch der Insel Nevis an der erforderlichen Zweidrittelmehrheit gescheitert war, öffneten sich 1992 für St. Kitts und Nevis die Pforten zum Weltverband FIFA. Damit begann der fulminante Aufstieg des Inselduos, das sich plötzlich anschickte, den karibischen Fußball regelrecht aufzumischen. Schon bei ihrer ersten Teilnahme an der Karibikmeisterschaft drangen die »Sugar Boyz« 1993 bis ins Halbfinale vor, wo sie Martinique erst im Elfmeterschießen unterlagen. In der WM-Qualifikation 1998 erreichten sie alsdann die dritte Runde, wo ihnen St. Vincent-Grenadinen nur aufgrund der Auswärtstore Einhalt gebieten konnte. Freundschaftsspielsiege über Haiti und Trinidad-Tobago verschafften St. Kitts und Nevis wenig später weiteren internationalen Respekt.

Als 2001 der ehemalige englische Profi Eric Winstanley nach Basseterre kam und dort eine Fußballschule eröffnete, erhielt die Entwicklung zusätzliche Dynamik. Im Verbund mit dem FIFA-»Goal«-Programm entstand ein nationales Trainingszentrum, in dem vor allem der Fußball-Nachwuchs des Inselduos gefördert werden soll und das den Namen von CONCACAF-Präsident Jack Warner trägt.

Die Nachwuchsarbeit trägt inzwischen erste Früchte. Nach einem Qualifikationsspiel zum olympischen Fußballturnier 2006 in den USA erhielten vier Akteure der Inselauswahl eines der begehrten Sportstipendien für die USA, während sich mit Atiba Harris (USA), Keith »Kayamba« Gumbs (Hongkong bzw. Malaysia) sowie George »Yellowman« Issag (Trinidad und Tobago) drei Auswahlspieler in ausländischen Profiligen etablierten. Mit einem Anteil von knapp neun Prozent aktiver Fußballer an der Gesamtbevölkerung zählt St. Kitts und Nevis zu den Fußballhochburgen in der Karibik.

Das neue Trainingszentrum dient aber nicht nur der Schulung des nationalen Nachwuchses. »Das Haus des Fußballs und die Trainingsanlage werden hoffentlich noch mehr Sporttouristen anlocken und St. Kitts und Nevis endgültig zum bevorzugten Ziel unzähliger Mannschaften machen, welche die optimalen klimatischen Bedingungen auf der Insel für eine perfekte Vorbereitung nutzen wollen«, verlieh Verbandssekretär L. Spencer Amory bei der Eröffnung seiner Hoffnung Ausdruck, dass St. Kitts und Nevis seine Entwicklung zur auch für andere Teams attraktiven karibischen Fußballhochburg fortsetzen kann. Die Rechnung scheint aufzugehen, denn inzwischen kommt es in Basseterre alljährlich zu einem attraktiven Sommerturnier, an dem bereits Teams wie Oldham Athletic und die Nationalauswahlen von Jamaika, Trinidad-Tobago und Barbados teilgenommen haben. Auch wenn der fulminante Aufschwung in den letzten Jahren etwas abflachte und man in der FIFA-Weltrangliste auf Platz 160 zurückgefallen ist (was nicht zuletzt auf die Fortschritte auf anderen karibischen Inseln zurückzuführen ist), wird man von St. Kitts und Nevis wohl noch viel Positives hören.

● **FIFA World Ranking**

1993	1994	1995	1996	1997	1998	1999	2000
166	175	150	121	127	132	137	146
2001	2002	2003	2004	2005	2006	2007	2008
129	109	134	118	129	143	160	153

● **Weltmeisterschaft**
1930-94 nicht teilgenommen **1998-2010** Qualifikation

● **Gold Cup**
1991 nicht teilgenommen **1993** Qualifikation
1995 nicht teilgenommen **1998-2007** Qualifikation

Jahr	Meister
1980	Village Superstars
1981	Newtown United
1982-83	unbekannt
1984	Newtown United
1985	unbekannt
1986	Garden Hotspurs
1987	Newtown United
1988	Newtown United
1989	Newtown United
1990	Garden Hotspurs
1991	Village Superstars
1992	Newtown United
1993	Newtown United
1994	Garden Hotspurs
1995	Newtown United
1996	Newtown United
1997	Newtown United
1998	Newtown United
1999	St. Paul's United
2000/01	Garden Hotspurs
2001/02	Cayon Rockets
2002/03	Village Superstars
2003/04	Newtown United
2004/05	Village Superstars
2005/06	Village Superstars
2006/07	Newtown United
2007/08	Newtown United

ST. LUCIA

St Lucia Football Association

St. Lucia Fußball-Bund | gegründet: 1979 | Beitritt FIFA: 1988 | Beitritt CONCACAF: 1988 | Spielkleidung: weißes Trikot, weiße Hose, weiße Stutzen | Spieler/Profis: 11.023/0 | Vereine/Mannschaften: 40/125 | Anschrift: La Clery, PO Box 255, Castries | Telefon: +1758-4530687 | Fax: +1758-4560510 | Internet: keine Homepage | E-Mail: sifa@candw.lc

Ein Winzling träumt von der WM

Fußball befindet sich auf St. Lucia auf einem hoffnungsvollen Weg

Saint Lucia

Saint Lucia | Fläche: 616,3 km² | Einwohner: 164.000 (266 je km²) | Amtssprache: Englisch | Hauptstadt: Castries (37.963) | Weitere Städte: Bexon (7.119), Babonneau (5.138), Ciceron (3.577) | Währung: 1 Ostkaribischer Dollar = 100 Cents | Zeitzone: MEZ -5h | Länderkürzel: LC | FIFA-Kürzel: LCA | Telefon-Vorwahl: +1758

St. Lucia ist ein ungewöhnliches Land. Die zu 95 Prozent farbige Bevölkerung ist überwiegend katholisch, was auf eine französische Kolonialvergangenheit hindeutet. Zugleich aber ist die Amtssprache Englisch, tragen die Telefonzellen auf der kleinen Karibikinsel dasselbe Rot wie jene in London. Auf den Straßen wiederum wird ein Patois gesprochen, das dem Französischen ähnelt, und auch das fröhliche Durcheinander erinnert eher an Marseille denn an London.

St. Lucias Wirrwarr ist das Resultat einer ebenso wirren Kolonialgeschichte, in der die Karibikinsel zwischen 1660 und 1814 gleich 20-mal zwischen Großbritannien und Frankreich wechselte, ehe sie dauerhaft bei Großbritannien blieb.

Das kleine St. Lucia kann zudem mit einer Weltbesonderheit aufwarten, denn unter den überschaubaren 164.000 Einwohnern befinden sich gleich zwei Nobelpreisträger! Sowohl Sir Arthur Lewis (Wirtschaft, 1979) als auch Derek Walcott (Literatur, 1992) besuchten das St. Marys College in Castries, das mit dieser beneidenswerten Erfolgsquote so manch renommierte Lehranstalt in Großbritannien und den USA aussticht.

■ **IM FUSSBALL GEHT ES ETWAS** bescheidener zu auf der 613 km² großen Vulkaninsel in den Kleinen Antillen. Nachdem britische Kolonialisten das Spiel um die Jahrhundertwende eingeführt hatten, avancierte es zu einem exklusiv europäischen Vergnügen, das zudem in den Schatten des wie fast überall in der Karibik auch auf St. Lucia populäreren Crickets geriet. Zwar wurden sogar Wettspiele organisiert, an denen aber ausnahmslos Briten beteiligt waren. Das Geschehen konzentrierte sich dabei auf die Inselkapitale Castries, und ortsübergreifende Begegnungen waren rar.

Das war nicht zuletzt der komplizierten Infrastruktur der von tropischem Regenwald dominierten Insel zuzuschreiben, die nur an ihren Küsten besiedelt ist. Zwischen West- und Ostküste gibt es lediglich eine ganzjährig befahrbare Piste.

■ **ERST MIT DEM AUFBRUCH** des Kolonialzeitalters und der Gewährung innerer Autonomie durch das Vereinigte Königreich im Jahre 1967 erfuhr die lokale Fußballgemeinde eine Erweiterung. Nachdem St. Lucia 1979 vollends in die Unabhängigkeit entlassen worden war, entstand die St. Lucia National Football Union (SLNFU), die noch im selben Jahr eine Landesmeisterschaft ins Leben rief. Erster Meister in der nationalen Fußballgeschichte wurde der Dames SC aus dem an der Südostküste gelegenen Örtchen Vieux Fort. 1983 reichte St. Lucia bei der FIFA ein Aufnahmegesuch ein, dem 1988 stattgegeben wurde. Vorausgegangen war die Umwandlung der SLNFU in die heutige St. Lucia Football Association (SLFA). Der CONCACAF war man bereits 1965 als »associated member« beigetreten. Die Mitgliedschaft wurde 1988 in eine vollständige umgewandelt.

In der öffentlichen Wahrnehmung kam der Fußball dennoch nicht am populäreren Cricket vorbei. Daran änderte auch das erste Länderspiel im Juni 1989 nichts, obwohl St. Lucia seinerzeit ein beachtliches 1:1 auf Jamaika erreichte. Nach dem gleichfalls gelungenen Debüt in der Karibikmeisterschaft (1991, Aus im Halbfinale gegen Jamaika) bzw. der Olympiaqualifikation (1992) nahm St. Lucia schließlich 1994 auch das Rennen um einen WM-Startplatz auf, an dem die kleine Inselmonarchie seitdem regelmäßig beteiligt ist. 2006 erreichte man gegen die Auswahl der Britischen Jungferninseln sogar

TEAMS | MYTHEN

ROOTS ALLEY BALLERS VIEUX FORT
Mit drei (überlieferten) Landesmeisterschaften Rekordmeister der Karibikinsel. Der Klub stammt aus dem 4.000-Einwohner-Örtchen Vieux Fort, das als industrielles Zentrum von St. Lucia gilt. Neben dem internationalen Flughafen findet sich in der an der Südspitze gelegenen Gemeinde auch das St. Lucianer Nationalstadion. [3 | 1]

VSADC CASTRIES
Der Vempers Sports Athletic Dramatic Club ging 2001 und 2002 jeweils als Double-Sieger durchs Ziel und zählt damit zu den erfolgreichsten Fußballmannschaften auf St. Lucia. Unbestätigten Angaben zufolge sollen die Hauptstädter zwischen 1982 und 1996 vier weitere Meisterschaften errungen haben. 1987 feierte VSADC ein gelungenes internationales Debüt, als man sich mit 5:1 bzw. 0:2 gegen Juventus Sainte-Anne aus Guadeloupe durchsetzte. Anschließend kam gegen Etoile de Morne-à-l'Eau das Aus. [2 | 2]

HELDEN | LEGENDEN

KEITH ALEXANDER
1956 im englischen Nottingham geborener Mittelstürmer mit St. Lucianer Wurzeln, der für mehrere englische Profiklubs am Ball war. Seine beste Zeit verlebte Alexander in den späten 1980er Jahren, als er für Grimsby Town, Stockport County und Lincoln City auflief. 1980 gewann er mit dem Amateurklub Stamford FC die FA Vase, wobei ihm beim 2:0-Sieg im Endspiel im Wembleystadion ein Treffer gelang. In den 1990er Jahren kam Alexander regelmäßig für St. Lucia zum Einsatz. Seit 1992 ist er als Trainer tätig und betreute bereits Klubs wie Lincoln City, Peterborough United und Macclesfield Town. [14.11.1956]

WARREN HACKETT
In London geborener St. Lucianer, der die Jugendschule der Tottenham Hotspurs durchlief. Avancierte zwischen 1995 und 2001 zum Stammspieler bei den unterklassigen englischen Profiklubs Mansfield Town und Barnet FC. Hackett kam mehrfach in der Nationalauswahl von St. Lucia zum Einsatz. [16.12.1971]

EARL JEAN
Auf St. Lucia geboren, begann der 1,73m große Stürmer 1991 beim portugiesischen Klub UD Oliveirense eine wechselvolle Fußball-Karriere, die ihn 1996 bis nach England brachte. Dort erwarb er sich die Beinamen »the flea« (»der Floh«) und bestritt unter anderem 67 Ligaspiele für Plymouth Argyle. 2000 kehrte er in die karibische Heimat zurück, um seine Karriere beim trinidadischen Profiklub W Connection fortzusetzen. [9.10.1971]

die zweite Qualifikationsrunde, in der Panama den St. Lucianer »Siegeszug« stoppte. Bei dieser Gelegenheit stand St. Lucia im Übrigen zum ersten Mal einem Gegner gegenüber, der nicht aus der Karibik stammte! Lohn war der Sprung auf Position 112 in der FIFA-Weltrangliste, die im April 2003 mit Platz 108 sogar noch getoppt wurde.

Auch in der Qualifikation 2010 gelang gegen die Turcs- und Caicos-Inseln der Sprung in die zweite Runde, in der sich Guatemala allerdings als übermächtig erwies (0:6, 1:3). Der bislang größte Erfolg gelang St. Lucia in der Ausscheidungsrunde zum Turnier 2002, als man einen 1:0-Heimerfolg über Suriname feierte und sich im Rückspiel erst im Elfmeterschießen geschlagen geben musste. Auch der 14:1-Rekordsieg über die Amerikanischen Jungferninseln im März 2001 machte über die Landesgrenzen hinaus Schlagzeilen.

An der Kontinentalmeisterschaft Gold Cup hat St. Lucia seit 1991 regelmäßig teilgenommen. Bislang ist der Insel allerdings nicht der Sprung über die Vorqualifikation der Karibikmeisterschaft hinaus gelungen. Nachdem es 1991 zum erwähnten Halbfinaleinzug gereicht hatte, überstand St. Lucia erst 2005 wieder die erste Qualifikationshürde und scheiterte wie 1991 an Jamaika.

Mit Earl Jean vermochte sich zwischenzeitlich ein St. Lucianer Nationalspieler im englischen Profifußball zu etablieren, und auch im Profilager von Trinidad und Tobago mischen einige Kicker der kleinen Karibikinsel mit. Der berühmteste Fußballer-Name, der mit St. Lucia verbunden wird, ist der von Cyrille Regis. Regis, dessen Vater aus St. Lucia stammt, bestritt von 1977 bis 1984 302 Ligaspiele für den englischen Profiklub West Bromwich Albion. Er wuchs allerdings in Französisch-Guyana auf. Darüber hinaus schafften inzwischen mehrere in Großbritannien geborene St. Lucianer den Sprung ins europäische Profilager.

DIE ENGAGIERTE VERBANDSFÜHRUNG
hat den Fußball auf St. Lucia in den letzten Jahren kontinuierlich weiterentwickeln können. Im Jugendbereich existieren inzwischen inselweite Strukturen, und angesichts der florierenden Nachwuchspflege stellte der Verbandspräsident Oswald »Wilkie« Larcher bereits die optimistische Prognose aus, dass man »eines Tages in die Fußstapfen von Jamaika und Trinidad-Tobago treten und zu einer WM reisen« werde. Angesichts der vergleichsweise geringeren Bevölkerungszahl und eines beschaulichen Anteils von 6,5 Prozent aktiver Fußballer an der Gesamtbevölkerung scheint dies gegenwärtig noch etwas träumerisch zu sein.

Auf nationaler Ebene existiert neben der 1980 eingeführten Landesmeisterschaft (Ergebnisse nur lückenhaft überliefert) auch ein Pokalwettbewerb. Erfolgreichster Klub ist das Team des Vempers Sports Athletic Dramatic Club (VSADC), das in der Kapitale Castries ansässig ist. Neben Castries werden auch die 3.000-Seelengemeinde Soufrière sowie das etwas größere Vieux Fort, wo auch das Nationalstadion steht, als Fußballdomänen betrachtet.

International haben Klubs der kleinen Insel durchaus Eindruck hinterlassen können. 1987 setzte sich VSAC Castries bei seinem (und St. Lucias) Debüt in der Kontinentalmeisterschaft immerhin gegen Juventus Sainte-Anne aus Guadeloupe durch. Und 2005 räumte Northern United die Positive Vibes (Amerikanische Jungferninseln) sowie die Hoppers (Antigua und Barbuda) aus dem Weg, ehe man im karibischen Halbfinale an der SV Robin Hood aus Suriname scheitere. In naher Zukunft soll mindestens ein Team aus St. Lucia in die von Martinique und Guadeloupe initiierte League Antilles-Guyana aufgenommen werden. Von dem Konzentrationsprozess verspricht man sich auch auf St. Lucia eine dringend notwendige Erhöhung der Wettbewerbsfähigkeit.

FIFA World Ranking

1993	1994	1995	1996	1997	1998	1999	2000
139	157	114	134	142	139	152	135
2001	2002	2003	2004	2005	2006	2007	2008
130	112	130	114	128	160	180	176

Weltmeisterschaft
1930-90 nicht teilgenommen **1994-2010** Qualifikation

Gold Cup
1991-2007 Qualifikation

Jahr	Meister	Pokal
1980	Dames SC Vieux Fort	
1981	Uptown Rebels Vieux Fort	
1982-91	unbekannt	
1992	Catholic Youth	
1993-96	unbekannt	
1997	Pioneers FC Castries	
1998	Rovers Utd. Mabouya V.	Rovers Utd. Mabouya V.
1999	Roots Alley Ballers Vieux F.	Roots Alley Ballers V. F.
2000	Roots Alley Ballers Vieux F.	Rovers Utd. Mabouye V.
2001	VSADC Castries	VSADC Castries
2002	VSADC Castries	VSADC Castries
2003	-	18 Plus
2003/04	Roots Alley Ballers V. F.	Northern Utd. Gros Islet
2004/05	Northern Utd. Gros I.	nicht ausgespielt
2005/06	Canaries Canaries	Elite Challengers
2006/07	GYSO Soufrière	Northern United Gros I.
2007/08	GYSO Soufrière	-

Außenseiter
St-Barthélemy

St. Barthélemy ist eine stolze 21 km² große Vulkaninsel in der Karibik, die als Dépendance zum französischen Überseedepartement Guadeloupe gehört. Die 6.900 Insulaner leben überwiegend im Hauptort Gustavia (der Name stammt aus der schwedischen Zeit der Insel) und erfreuen sich eines recht gemütlichen Alltags. Dass die Urahnen vieler Insulaner einst aus der Normandie bzw. der Bretagne nach St-Barthélemy kamen, ist bis heute unschwer am Straßenbild zu erkennen.

Beachtliche Teile der Insel befinden sich in Besitz der Millionärsfamilien Rothschild und Rockefeller, die vor allem von kilometerlangen Sandstränden angelockt wurden, an denen der Massentourismus bislang vorbeiging.

Fußballerisch existiert eine enge Bindung zum 29 Kilometer entfernten St-Martin, mit dem St-Barthélemy das Comité de Football des Îles du Nord bildet. Als »associated member« der CONCACAF darf jenes seit 2002 an den kontinentalen Wettbewerben teilnehmen, wobei das Team allerdings unter dem Begriff St-Martin aufläuft. In der WM-Qualifikation ist man mangels FIFA-Mitgliedschaft nicht startberechtigt.

Seit 2003/04 wird auf St-Barthélemy um eine Inselmeisterschaft gerungen. Überragendes Team ist mit drei Titeln seit 2005 das Team des Amical FC (bis 2007 FC Beach-Hôtel). 2008 bejubelte die Association Sportive Portugaise de Saint Barthélémy (ASPSB) den Titelgewinn.

Jahr	Meister
2003/04	FC Gustavia
2004/05	FC Beach-Hôtel
2005/06	FC Beach-Hôtel
2006/07	Amical FC
2007/08	ASPSB

Außenseiter
Sint Maarten/St-Martin

Die Kolonialgeschichte hat ja diverse Kuriositäten hinterlassen. Das zu den »Inseln über dem Winde« zählende Antillen-Eiland St. Martin aber ist in seiner Ungewöhnlichkeit wahrhaftig einzigartig. Nicht einmal 100 km² umfassend (und damit ungefähr halb so groß wie Liechtenstein!), besteht es nämlich gleich aus zwei »Ländern« – dem 54 km² mächtigen französischen Norden (St-Martin) und dem 42 km² großen niederländischen Süden (Sint Maarten). Nun muss man sich die Grenze allerdings nicht mit Schlagbaum und Passkontrolle vorstellen. Stattdessen weist ein schlichtes zweisprachiges Straßenschild freundlich und ohne jegliche Komplikationen auf den bevorstehenden Landeswechsel hin.

Der harmonische Übergang passt zum Hintergrund der ungewöhnlichen Teilung. Jene reicht zurück ins Jahr 1648, als französische und niederländische Kriegsgefangene gemeinsam ihre spanischen Aufpasser vertrieben und die 1493 von Christoph Columbus »entdeckte« Insel unter sich aufteilten.

Während man wirtschaftlich und administrativ in vielerlei Hinsicht Hand in Hand geht, verlaufen die fußballerischen Wege der beiden Hälften recht unterschiedlich. Das französische St-Martin wird von der Ligue Guadeloupèenne de Football des 250 Kilometer entfernten französischen Überseedepartements Guadeloupe verwaltet, während das niederländische Sint-Maarten als administrativer Teil der Niederländischen Antillen in die Zuständigkeit der Nederlands Antilliaanse Voetbal Unie (NAVU) fällt. Dessen Zentrale liegt allerdings im über 900 Kilometer entfernten Curaçao.

Beide Hälften sind in Sachen Fußball eher unauffällig – kein Wunder, ist doch mit 36.000 (St-Martin) bzw. 14.000 (Sint-Maarten) Einwohnern nicht wirklich viel Staat zu machen.

■ **ETWAS AKTIVER WAR DIE NIEDERLÄNDISCHE SEITE.** Dort existiert die als Regionalverband der NAVU unterstellte Sint Maarten Soccer Association, die 1979 gegründet wurde und Anfang der 1990er Jahre eine Landesmeisterschaft ins Leben rief. Am 3. April 1992 lieferte man sein Debüt auf internationaler Ebene ab, das mit einem 4:2 über die Auswahl der Cayman-Inseln durchaus vielversprechend ausfiel. Noch im selben Jahr wurde Sint Maarten »associated member« der CONCACAF und durfte als solches 1993 erstmals an der Karibikmeisterschaft – zugleich Vorausscheidung zum Gold Cup – teilnehmen. Seit 2004 darf der Landesmeister an der Karibikmeisterschaft – und damit an der Vorrunde zur Kontinentalmeisterschaft – teilnehmen. Der Spielbetrieb konzentrierte sich auf den Hauptort Philipsburg, wo auch der Raoul Sports Complex steht, in dem sämtliche Spiele durchgeführt werden.

■ **AUF FRANZÖSISCHER SEITE** zeigte man sich animiert von den Unternehmungen des kleineren Nachbarn und rief gemeinsam mit dem Nachbarn St-Barthélemy das Comité de Football des Îles du Nord ins Leben. Am 1. November 1994 debütierte auch jenes auf internationaler Ebene und bezog eine 1:2-Niederlage gegen Antigua und Barbuda. Nach der Millenniumswende wurde die Organisation »associated member« der CONCACAF und beteiligte sich 2002 erstmals an der Karibikmeisterschaft.

■ **AUF NIEDERLÄNDISCHER SEITE** bahnten sich unterdessen umwälzende Veränderungen an, als sich bei einem Referendum fast 70 Prozent der Einwohner für einen Austritt aus den Niederländischen Antillen entschieden. Zum 15. Dezember 2008 sollte Sint Maarten daraufhin eigentlich als direkt mit den Niederlanden verbundene autonome Region eigenständig werden. Nachdem diese Pläne aufgrund administrativer Probleme auf Eis gelegt werden mussten, zerplatzten auch die Träume der Sint Maartener Fußballer, rasch der FIFA beitreten und an der WM-Qualifikation teilnehmen zu können.

Derlei Ambitionen hat man im französischsprachigen Norden gar nicht erst. Trotz vielfältiger Forderungen hält Frankreich nämlich an seinen ehemaligen Kolonien in der Karibik fest, und solange Guadeloupe (und damit St-Martin) direkt mit dem Mutterland verbundenes Departement ist, kann und wird die FIFA ihre Pforten nicht öffnen.

Jahr	St-Martin	Sint Maarten
1992/93		Victory Boys Philipsburg
1993-97		unbekannt
1997/98	Jah Rebels	unbekannt
1998/99	Jah Rebels	unbekannt
1999/00	Junio Stars Marigot	unbekannt
2000/01	Sporting Club	Sporting Club
2001/02	Attackers	Victory Boys
2002/03	Junior Stars	unbekannt
2003/04	Juventus	Juventus
2004/05	Orleans Attackers	unbekannt
2005/06	unbekannt	C&D
2006/07	Orleans Attackers	D&P Connection FC

St. Pierre und Miquelon ist eine 242 km² große Inselgruppe im Nordatalantik, die vor der Ostküste Kanadas liegt und auf etwa 7.000 Einwohner kommt. Politisch und adminis-trativ gehört man als Territoire d'Outre Mer (TOM) zu Frankreich und genießt weitreichende Autonomie. Über die Fischerei zu Reichtum gekommen, erfreut man sich auf den drei Hauptinseln St-Pierre, Langlade und Miquelon eines recht gemütlichen und wohlhabenden Lebens.

■ **FUSSBALL WIRD AUF DER** Inselgruppe vor Neufundland seit vielen Jahrzehnten gespielt. 1964 erblickte die dem französischen Nationalverband FFF angeschlossene Ligue de Football de Saint-Pierre-et-Miquelon das Licht der Welt und rief einen Pokalwettbewerb aus, der seit 1976 als Landesmeisterschaft fungiert. Insgesamt gibt es allerdings lediglich drei Vereine, und der dementsprechend überschaubare Spielbetrieb konzentriert sich auf die sowohl kleinste als auch südlichste Insel Sainte-Pierre, die mit 5.900 auch das Gros der Landesbevölkerung beherbergt. Dort sind zwei der drei Fußballfelder St-Pierre-et-Miquelons zu finden (das dritte liegt auf Miquelon). Populärer ist indes das Feldhockey, in dem das französische Territorium sogar schon Olympiateilnehmer stellte.

Mit der in der Hauptstadt St-Pierre ansässigen AS Ilienne Amater (ASIA) verfügt die Inselgruppe über eine herausragende Mannschaft, die den nationalen Fußball über weite Strecken dominiert hat und zwischen 1964 und 1991 nur zweimal nicht als Meister durchs Ziel ging. In beiden Fällen sicherte sich der Stadtrivale AS Saint-Pierraise den Titel, den er von 1992-94 weitere drei Male gewann. Erst 2005 konnte sich mit der AS Miquelonnaise auch das dritte Team der Inselgruppe mal durchsetzen und die Meisterschaft nach Miquelon entführen.

Eine Vereinbarung mit dem kanadischen Nationalverband ermöglicht es den Klubs, am Pokalwettbewerb des nahegelegenen Neufundland teilzunehmen und dabei »internationale« Spielpraxis zu sammeln.

Außenseiter St. Pierre/Miquelon

Ansonsten ist St. Pierre und Miquelon über die Grenzen hinaus recht wenig aktiv. Die Inselauswahl feierte 1999 einen 3:0-Sieg über eine Auswahl aus Belize-City. Weitere Spiele sind nicht nicht bekannt.

Jahr	Meister	Jahr	Meister
1964	AS Ilienne Amateur	1985	AS Ilienne Amateur
1965	AS Ilienne Amateur	1986	AS Ilienne Amateur
1966	AS Ilienne Amateur	1987	AS Ilienne Amateur
1967	AS Ilienne Amateur	1988	AS Saint-Pierraise
1968	AS Ilienne Amateur	1989	AS Ilienne Amateur
1969	AS Ilienne Amateur	1990	AS Ilienne Amateur
1970	AS Ilienne Amateur	1991	AS Ilienne Amateur
1971	AS Ilienne Amateur	1992	AS Saint-Pierraise
1972	AS Saint-Pierraise	1993	AS Saint-Pierraise
1973	AS Ilienne Amateur	1994	AS Saint-Pierraise
1974	AS Ilienne Amateur	1995	unbekannt
1975	AS Ilienne Amateur	1996	AS Ilienne Amateur
1976	AS Ilienne Amateur	1997-2001	unbekannt
1977	AS Ilienne Amateur	2002	AS Ilienne Amateur
1978	AS Ilienne Amateur	2003	AS Ilienne Amateur
1979	AS Ilienne Amateur	2004	AS Ilienne Amateur
1980	AS Ilienne Amateur	2005	AS Miquelonnaise
1981	AS Ilienne Amateur	2006	unbekannt
1982	AS Ilienne Amateur	2007	unbekannt
1983	AS Ilienne Amateur	2008	unbekannt
1984	AS Ilienne Amateur		

ST. VINCENT/GRENADINEN

Saint Vincent and the Grenadines Football Federation

Fußball-Bund St. Vincent und die Grenadinen | gegründet: 1979 | Beitritt FIFA: 1988 | Beitritt CONCACAF: 1988 | Spielkleidung: grünes Trikot, blaue Hose, grüne Stutzen | Spieler/Profis: 9.500/0 | Vereine/Mannschaften: 50/300 | Anschrift: Murray's Road, PO Box 1278, Saint George | Telefon: +1784-4561092 | Fax: +1784-4572193 | Internet: www.svgincyheat.com | E-Mail: svgfootball@vincysurf.com

Ein ungewöhnlicher Rekordhalter

Die Inselgruppe St. Vincent und die Grenadinen zählt zu den fußballerischen Topteams in der Karibik

Saint Vincent and the Grenadines

Saint Vincent und die Grenadinen | Fläche: 389,3 km² | Einwohner: 118.000 (303 je km²) | Amtssprache: Englisch | Hauptstadt: Kingstown (13.526) | Weitere Städte: Barroualie (2.000), Georgetown (2.000), Layou (2.000) | Währung: 1 Ostkaribischer Dollar = 100 Cents | Zeitzone: MEZ -5h | Länderkürzel: VC | FIFA-Kürzel: VIN | Telefon-Vorwahl: +1784

Im Zeitalter der ständigen Rekorde und Superlative ist es schön, etwas Einzigartiges aufweisen zu können. St. Vincent und die Grenadinen kann diesbezüglich mit dem längsten Verbandsnamen der FIFA-Familie aufwarten. Auf stolze 45 Buchstaben kommt die Bezeichnung in ihrem englischen Original und ist damit ein Horror für alle Statistiker, die verzweifelt über mögliche Abkürzungen brüten.

Bei dem von der FIFA schlicht als »VIN« geführten Land handelt es sich um eine rund 390 km² große Inselgruppe in der Südkaribik, deren größter Bestandteil die Vulkaninsel St. Vincent ist. Neben der 344 km² großen Hauptinsel, auf der auch die Hauptstadt Kingstown zu finden ist, zählen 40 kleinere Inseln des nördlichen Grenadinenarchipels zum Staatsgebiet.

Wie bei allen Karibikinseln ist auch die Geschichte von St. Vincent und den Grenadinen entscheidend vom kolonialen Zeitalter geprägt. 1498 von Christopher Columbus »entdeckt«, vermochten sich die einheimischen Kariben zwar eine Zeitlang gegen die Vereinnahmung durch Europa zu wehren, wurden aber 1783 schließlich doch in britischen Besitz überführt. Nachdem die Urbevölkerung anschließend auf die honduranische Insel Roatán zwangsumgesiedelt worden war, wurden Sklaven aus Afrika herbeigeschafft, die auf den Bananenplantagen zu schuften hatten. Nach dem Verbot der Sklaverei ersetzten aus Asien angeheuerte Kontraktarbeiter ihre Positionen, weshalb St. Vincent und die Grenadinen heute über eine ungewöhnliche Bevölkerungs- und Wirtschaftsstruktur verfügt: Während die Nachfahren der afrikanischen Sklaven die Plantagen bewirtschaften, kurbeln gebürtige Asiaten den Handel in den Städten an.

Nach dem Zweiten Weltkrieg wurde die Inselgruppe Zug um Zug in die Unabhängigkeit entlassen. Ab 1956 bereits mit Autonomiestatus versehen, wurde sie 1969 zunächst zu einem noch mit Großbritannien assoziierten Staat, ehe es 1979 endgültig die Unabhängigkeitspapiere für die seitdem im Commonwealth verankerte Monarchie gab.

■ **DIE BRITISCHE KOLONIALZEIT** hat auch den Sport auf St. Vincent und den Grenadinen tief geprägt. Nummer eins in der nationalen Publikumsgunst ist Cricket, das nach seiner Einführung im 19. Jahrhundert rasch auch von den ehemaligen Sklaven bzw. Asiaten aufgegriffen worden war.

Fußball nimmt inzwischen Rang zwei in der nationalen Popularitätsskala ein und gilt als aufstrebende Disziplin. Gleichfalls von Briten eingeführt, war das Spiel bis in die 1950er Jahre nahezu ausschließlich von Kolonialisten betrieben worden, ehe es mit Beginn des Unabhängigkeitsprozesses eine gesellschaftliche und ethnische Ausdehnung erfahren hatte. Erst seit den 1970er Jahren kann man jedoch von einer nationalen Fußballgemeinde sprechen.

Mit der Unabhängigkeitserklärung von 1979 entstanden landesweite Strukturen, wobei die mit Abstand größte Insel St. Vincent federführend agierte. Noch 1979 wurde dort die Saint Vincent and the Grenadines Football Federation (SVGFF) ins Leben gerufen, die 1982 ihr Beitrittsgesuch bei der FIFA einreichte. Nachdem jenes 1988 abgenickt worden war (ebenso wie das zur CONCACAF), debütierte ein Jahr später die Nationalmannschaft »Vincy Heat« mit einem 0:2 beim Nachbarn Grenada. Anschließend nahm der Fußball auf der Inselgruppe einen gewaltigen Aufschwung. 1992 überraschte man bei seinem Debüt in

Die Vincy-Heat vor dem WM-Qualifikationsspiel 2004 gegen Mexiko.

● FIFA World Ranking							
1993	1994	1995	1996	1997	1998	1999	2000
129	144	95	93	122	138	141	127
2001	2002	2003	2004	2005	2006	2007	2008
125	144	169	137	130	85	101	133

● Weltmeisterschaft
1930-90 nicht teilgenommen **1994-2010** Qualifikation

● Gold Cup
1991 nicht teilgenommen **1993** Qualifikation
1995 Endturnier **1997-2002** Qualifikation
2003 nicht teilgenommen **2005-07** Qualifikation

TEAMS | MYTHEN

■ **LOWMANS CHELSEA FC** Mit zwei Meisterschaften (1999 und 2000) Rekordmeister des Landes. Kassierte 1999 bei seinem Debüt in der Kontinentalmeisterschaft ein 0:13-Debakel gegen Caledonia AIA aus Trinidad. [2]

HELDEN | LEGENDEN

■ **EZRA HENDRICKSON** Der Rekordnationalspieler der »Vincy Heat« gilt als einer der besten Fußballer, den die karibische Inselgruppe jemals hervorgebracht hat. Der aus Layou stammende Verteidiger überzeugte vor allem während seiner Zeit beim US-amerikanischen Profiklub Los Angeles Galaxy, für den er zwischen 1997 und 2003 168 Spiele bestritt und 22 Tore markierte. 1995 debütierte Hendrickson im Dress der Nationalauswahl seiner Heimat, die er viele Jahre als Kapitän anführte. [*16.1.1972 | 123 LS]

■ **RODNEY JACK** Erster Fußballer der Inselgruppe, der sich im englischen Profifußball etablierte. Drei Jahre nach seinem Debüt für die Nationalmannschaft von St. Vincent und die Grenadinen wurde er 1995 bei einem Einsatz für die Karibikauswahl »FC Lambada« vom damaligen Torquay United-Trainer Eddie May entdeckt und auf die britische Insel geholt. Wenige Monate später bot Newcastle United 250.000 Pfund für den Stürmer, dessen Wechsel sich jedoch zerschlug. Nach 110 Spielen (30 Tore) für Torquay wechselte Jack schließlich 1998 für 650.000 Pfund zu Crewe Alexandra, für die er in 188 Spielen 42 Tore schoss. Weitere Engagements bei Rushden & Diamonds, Oldham Athletic und Waterford United (Irland) schlossen sich an, ehe Jack 2007 in seine Heimat zurückkehrte, um seinen schwerkranken Vater zu pflegen. [*28.9.1972 | 45 LS/13 Tore]

■ **KENDAL VELOX** In über 110 Länderspielen bewährter Angreifer, der den Großteil seiner Karriere in der Profiliga von Trinidad und Tobago verbrachte. Nach erfolgreichen Gastspielen bei Caledonia AIA und dem Joe Public FC wurde er 2000 vom libanesischen Klub Al-Nejmeh Beirut unter Vertrag genommen, konnte sich im Land der Zedern aber nicht durchsetzen und kehrte rasch nach Trinidad zurück. Von 2003 bis 2008 trug er das Trikot der North East Stars. [*18.8.1971 | 113 LS/10 Tore]

der WM-Qualifikation mit einem 0:0 bzw. 2:1 gegen Suriname und zog in die zweite Runde ein, wo sich das kleine Inselreich den Supermächten Mexiko, Costa Rica und Honduras gegenübersah. Bis heute unvergessen ist der Auftritt im riesigen Aztekenstadion, das mit 90.000 Plätzen beinahe so viele Besucher fasst, wie St. Vincent und die Grenadinen Einwohner hat! Die mangels geeigneter Fußballarenen im Cricketstadion von Kingstown ausgetragenen Heimspiele gerieten derweil zu unvergessenen Volksfesten.

Als 1995 der US-Amerikaner Lenny Taylor das Training der »Vincy Heat« übernahm, setzte sich die Erfolgsserie fort. »Er hat eine professionelle Einstellung, kann mit den Spielern umgehen und sie motivieren«, lobte Verbandssekretär Lynette Baptiste den Coach, der St. Vincent und die Grenadien 1996 bei der Karibikmeisterschaft zum Gruppensieg führte. Nach einem 3:2-Triumph über Kuba durften die »Vincy Heat« seinerzeit sogar zum Endturnier des Gold Cups in die USA reisen, wo sie sich mit Mexiko und Guatemala auseinanderzusetzen hatten. Trotz zweier Niederlagen zahlte sich der beachtliche Erfolg mit dem Sprung auf Position 93 in der FIFA-Weltrangliste aus.

Gallionsfigur der Erfolgself war Stürmer Rodney Jack, der 1995 vom englischen Profiklub Torquay United unter Vertrag genommen worden war. An seiner Seite standen mit Andre Hinds und Kendall Velox zwei weitere torgefährliche Angreifer, während Orande Ash im Mittelfeld die Fäden zog und Fitz Gerald Bramble als verlässlicher Ballfänger zwischen den Pfosten stand.

■ **AUF NATIONALER EBENE** etablierte sich unterdessen ein geregelter Ligaspielbetrieb. Aufgrund der zeitraubenden und komplizierten Reisen insbesondere zwischen den grenadinischen Inseln ist eine echte Nationalliga freilich bislang undenkbar. Stattdessen ringen die Teams zunächst in regionalen Wettbewerben untereinander, ehe sie einen Gesamtsieger ermitteln. Erster Landesmeister wurden 1997 die Stubborn Youths. Darüber hinaus dient die Liga der Förderung des eigenen Nachwuchses. 2007 errang die U20-Nationalmannschaft sogar die Landesmeisterschaft.

Insgesamt verharrt der Vereinsfußball aber auf einem geringen Niveau. Ohne zahlungskräftige Sponsoren wären den Klubs angesichts sehr überschaubarer Zuschauerzahlen die Hände gebunden, und die talentiertesten Fußballer des Landes zieht es ins Ausland (und sei es nur ins benachbarte Trinidad), wo ihre Entwicklungs- und Verdienstmöglichkeiten deutlich besser sind.

International hatten bereits 1987 die MG Renegades bei der Kontinentalmeisterschaft den Vorhang für ihr Land geöffnet und mit einem 2:0 über das martiniquische Spitzenteam Club Franciscain sogleich für eine Überraschung gesorgt.

Wie in vielen Karibikstaaten genießt auch im Fußball auf St. Vincent und den Grenadinen lediglich die Nationalmannschaft Kultstatus und ist als einziges Team in der Lage, dem populären Cricket Paroli zu bieten. Dem wurde inzwischen insofern Rechnung getragen, als in Kingstown mit dem Arnos Vale Playing Ground eine moderne Fußballarena entstand, die mit 18.000 Plätzen mehr als zehn Prozent der Gesamtbevölkerung der Inselgruppe Platz bietet.

Dass international mit St. Vincent und den Grenadinen weiterhin zu rechnen ist, belegen die jüngsten Erfolge. Das Jahr 2006 beendeten die »Vincy Heat« auf einem sensationellen 85. Platz in der FIFA-Weltrangliste, und 2007 erreichten sie mit einem 2:1 über Jamaika erneut die Finalrunde der Karibikmeisterschaft. Dort brachte die Elf um Torjäger Shandel Samuel Guyana erstmals nach 14 Spielen wieder eine Niederlage bei.

Jahr	Meister
1996/97	Stubborn Youths SC
1998/99	Lowmans Chelsea FC
1999/00	Lowmans Chelsea FC
2002/03	System 3 FC
2003/04	Samba FC
2005/06	Hope International FC
2006/07	U-20 Nationalelf

ST. VINCENT UND DIE GRENADINEN

SURINAME

Vorbei die goldenen Zeiten

Suriname zählte in den 1970er Jahren zu den stärksten Fußballkräften auf dem Kontinent

Surinaamse Voetbal Bond

Surinamischer Fußball-Bund | gegründet: 1.10.1920 | Beitritt FIFA: 17.5.1929 | Beitritt CONCACAF: 1964 | Spielkleidung: weißes Trikot, grüne Hose, grüne Stutzen | Saison: Oktober - Mai | Spieler/Profis: 35.250/0 | Vereine/Mannschaften: 30/292 | Anschrift: Letitia Vriesdelaan 7, PO Box 1223, Paramaribo | Telefon: +597-473112 | Fax: +597-479718 | Internet: www.svb.sr | E-Mail: svb@sr.net

Republiek van Surinamee

Republik Suriname | Fläche: 163.265 km² | Einwohner: 446.000 (2,7 je km²) | Amtssprache: Niederländisch | Hauptstadt: Paramaribo (205.000) | Weitere Städte: Lelydorp (15.600), Nieuw Nickerie (11.100) | Währung: 1 Surinamee-Dollar = 100 Cents | Zeitzone: MEZ -4h | Länderkürzel: SR | FIFA-Kürzel: SUR | Telefon-Vorwahl: +597

Suriname ist Hollands Fußball-Schatzkiste. Spieler wie Clarence Seedorf, Edgar Davids, Ruud Gullit, Jimmy Floyd Hasselbaink, Winston Bogarde, Frank Rijkaard und Aron Winter haben ihre Wurzeln in der kleinen Republik im Norden von Südamerika, die aus historischen Gründen der Karibik näher steht und im Fußball dem nordamerikanischen CONCACAF angehört. Zum großen Bedauern der Surinamer orientiert sich jedoch jeder halbwegs talentierte Fußballer des Landes sofort in Richtung Niederlande, wodurch ihm die Spielberechtigung für die eigenen Landesauswahlen verloren geht. Surinames Talentequelle sprudelt inzwischen sogar direkt auf dem alten Kontinent, denn aus der schätzungsweise 300.000 Köpfe starken surinamischen Kolonie in den Niederlanden gehen regelmäßig Profifußballer hervor.

Surinames eigene goldene Fußballjahre liegen lange zurück. In den 1970er Jahren zählte das Land noch zu den stärksten Kräften in der Karibik und war zwischen 1972 und 1977 alljährlich mit einem Team im kontinentalen Fußballfinale vertreten! Heute haben die Klubteams regelmäßig schon in der Karibikmeisterschaft das Nachsehen, zeigt sich die Landesauswahl bereits überfordert, wenn der Gegner mal Aruba oder Martinique heißt.

■ **GEMEINSAM MIT DEN NACHBARN** Guyana und Französisch-Guyana zählte Suriname im 16. Jahrhundert zu jener nördlich des Amazonas gelegenen Region, in der die Weltmächte Großbritannien, Niederlande und Frankreich auf dem ansonsten portugiesisch und spanisch dominierten südamerikanischen Kontinent Fuß zu fassen versuchten. Das heutige Suriname stand über Jahrhunderte im wechselseitigen Einfluss von Großbritannien und den Niederlanden, ehe es ab 1816 dauerhaft niederländisch wurde. Aus der tausendfachen Verschleppung von Sklaven aus Afrika bzw. dem Zuzug von Asiaten vor allem indischer Herkunft nach dem Verbot der Sklaverei (1863) resultiert jenes bunte Völkergemisch, das Suriname heute ausmacht. Offizielle Landessprache ist Niederländisch, doch auf den Straßen dominieren Hindi und ein »Taki-Taki« bzw. »Shrahan« genanntes Mischmasch aus unterschiedlichen Sprachen. Geschäftssprache ist Englisch.

Schon früh entwickelte die seinerzeit Niederländisch-Guyana genannte Region Selbständigkeitsansprüche. Dennoch dauerte es bis 1954, ehe das niederländische Königshaus seiner Kolonie Autonomiestatus gewährte. 1975 wurde sie als Suriname endgültig in die Unabhängigkeit entlassen.

Fußball war eines der zahlreichen Mitbringsel niederländischer Kolonialisten zur Jahrhundertwende. Eingeführt im Laufe der 1910er Jahre, wurde das Spiel anfänglich von den Europäern dominiert. 1914 entstand mit dem »Nederlandsch Guyaneesche Voetbal Bond« (NGVB) ein Fußballverband, der darüber wachte, dass die europäische Führungsschicht unter sich blieb.

Nachdem sich zunehmend auch Einheimische am Fußball interessiert gezeigt hatten, entstand im Oktober 1920 mit dem Surinaamse Voetbal Bond (SVB) eine »einheimische« Konkurrenzorganisation. Jene schickte im Januar 1921 erstmals eine Landesauswahl ins Rennen, die dem Nachbarn Britisch-Guyana mit 1:2 unterlag. In der Folgezeit kam es zu regelmäßigen Duellen mit der Auswahl Curaçaos (Niederländische Antillen), die heute als Surinames fußballerischer »Erzrivale« gilt.

■ **NACHDEM DER SVB** 1924 eine zunächst auf die Hauptstadt Paramaribo beschränkte Meis-

TEAMS | MYTHEN

■ **INTER MOENGOTAPOE MOENGO** Erster Landesmeister, der nicht aus der Hauptstadt Paramaribo stammt. 2007 und 2008 setzte sich die Elf aus dem im Nordosten gelegenen Kleinstadt Moengo im Titelrennen jeweils gegen die hauptstädtische Konkurrenz durch. 2004 war der Klub bereits Vizemeister geworden. [2]

■ **LEO VICTOR PARAMARIBO** Mit vier Landesmeisterschaften bestenfalls fünftes Rad am Wagen der hauptstädtischen Fußballgemeinde. Der traditionsreiche Klub weist dennoch eine erkleckliche Anhängerschar auf. [9.1.1934 | Dr. Ir. F. Essed Stadion | 4]

■ **ROBIN HOOD PARAMARIBO** Erst 1945 gegründet, sind die Grün-Roten heute mit 23 Titelgewinnen Surinames Rekordmeister. Zudem erreichte die Sport Vereinigang Robin Hood (oft auch als »Robinhood« bezeichnet) 1972, 1976, 1977, 1982 und 1983 fünfmal das Finale um die Kontinentalmeisterschaft, ging aber in allen Fällen als Verlierer vom Feld. 2005 verlor man auch das Finale um die Karibikmeisterschaft gegen den jamaikanischen Klub Portmore United (2:1, 0:4). Die Klubgründer Anton Blijd und J. Nelom gaben ihrem Verein das Motto »Geen strijd, geen kroon« (»Kein Kampf, keine Krone«) und verankerten ihn damit vor allem im einfachen Volk. Daran sollte auch der Name des legendären englischen Volkshelden erinnern. Prägende Figur des Vereins war der jahrzehntelang als Trainer tätige Ronald Kolf, unter dem Robin Hood 15 seiner 23 Meisterschaften errang. Gegenwärtig gemeinsam mit Erzrivale Transvaal im Nationalstadion spielend, plant Robin Hood den Bau einer eigenen Arena. [6.2.1945 | André Kamperveenstadion (18.000) | 23]

■ **TRANSVAAL PARAMARIBO** Dominiert seit Jahrzehnten gemeinsam mit dem Lokalrivalen Robin Hood den nationalen Fußball und ist zudem Surinames international erfolgreichster Klub. 1973 und 1981 errang die Sport Vereiniging Transvaal unter Trainer Humbert Boerleider jeweils die Kontinentalmeisterschaft. Während man die Trophäe 1973 »nur« am grünen Tisch erhielt, weil administratives Chaos das Endspiel verhindert hatte, setzte sich Transvaal acht Jahre später gegen Atlético Mare San Salvador auf sportlichem Wege durch. 1986 erreichte man zum dritten Mal das Kontinentalfinale und unterlag der LD Alajuelense aus Costa Rica. Die 1921 gegründeten Grün-Weißen sind nach der SV Voorwaarts der zweitälteste Fußballklub Surinames. Der Klubname soll an die burische Provinz Transvaal in Südafrika erinnern, die zwischen 1899 und 1902 im Zentrum des Burenkrieges gestanden hatte. [15.1.1921| André Kamperveenstadion (18.000) | 19]

■ **VOORWAARTS PARAMARIBO** Surinames ältester Fußballverein ist mit sechs Meisterschaften die sportliche Nummer drei nach Rekordmeister SV Robin Hood sowie der SV Transvaal. Die großen Zeiten der Schwarz-Gelben aus der Hauptstadt liegen allerdings lange zurück. Erst 2002 durfte man sich erstmals nach 25 titellosen Jahren wieder über eine Meisterschaft freuen. [1.8.1919| 6]

Stolzer Kontinentalmeister 1981 SV Transvaal Paramaribo.

terschaft ausgeschrieben hatte, entstanden weitere Vereine, die den Fußball gesellschaftlich tief verankerten. Der Spielbetrieb blieb allerdings auf den Großraum Paramaribos beschränkt. Daran hat sich bis heute kaum etwas geändert, zumal diese Gewichtung den Siedlungsstrukturen Surinames entspricht. Fast die Hälfte der knapp 450.000 Einwohner leben in der Hauptstadt, während das dünn besiedelte Hinterland nur schwer zugänglich ist und vorwiegend von Marons, den auf traditionelle Lebensweise zurückgreifenden Nachfahren ehemaliger Sklaven, besiedelt wird. Drei Viertel der Landfläche Surinames bestehen aus feuchtheißem Dschungel.

Surinames Fußball konzentriert sich dementsprechend auf die Küstenregion im Norden, wo sich abgesehen von Paramabribo vor allem in Groningen, Moengo und Nieuw Nickerle aktive Fußballgemeinden entwickelt haben. Fünf Jahre nach dem Beitritt des SVB zur FIFA im Mai 1929 folgte 1934 das offizielle Länderspieldebüt der surinameschen Landesauswahl, die bei dieser Gelegenheit mit 3:1 auf Curaçao gewann. Zwei Jahre später unternahm man eine Gastspielreise ins benachbarte Brasilien, wohingegen die anvisierte Meldung zur Teilnahme an der WM-Qualifikation 1938 wirtschaftlichen Hindernissen zum Opfer fiel.

■ **NACH DEM ZWEITEN WELTKRIEG** stieg Suriname zu den führenden Fußballnationen in der Karibik auf. Das war nicht zuletzt der einer Initialzündung gleichkommenden Gründung des heutigen Rekordmeisters SV Robin Hood zu verdanken. Im Februar 1945 entstanden, sicherten sich die Grün-Roten bereits 1953 ihre erste Landesmeisterschaft und stiegen unter Führung von Trainer Ronald Kolf gemeinsam mit den Stadtrivalen SV Transvaal bzw. SV Voorwaarts zu den prägenden Kräften des nationalen Fußballs auf.

Nachdem es zwischenzeitlich zur Vereinigung der konkurrierenden Verbände NGVB und SVB gekommen war, meldete der nunmehr unumstrittene SVB 1953 landesweit 840 aktive Fußballer und exakt 29 Mitgliedsvereine, die allesamt in Paramaribo ansässig waren. Mit Bill Bromet stellte das Land seinerzeit zudem einen international renommierten Unparteiischen.

Mit der Erteilung des Selbstverwaltungsrechtes (Dezember 1954) begann der Ablösungsprozess Niederländisch-Guyanas von den Niederlanden. Im Fußball war dies von zahlreichen Erfolgen begleitet.

1960 beteiligte sich die Landesauswahl »A-Selektie« erstmals an der Kontinentalmeisterschaft, ehe sie 1962 auch das Rennen um WM-Punkte aufnahm und knapp an den Niederländischen Antillen scheiterte. Auf Klubebene sorgte 1968 die SV Transvaal für Furore, als sie in der Kontinentalmeisterschaft bis ins Halbfinale vordrang. Dort trafen die Grün-Weißen auf die guatemaltekische Militärelf Aurora und lieferten sich im wahrsten Sinne des Wortes eine »Schlacht«, nach der beide Teams disqualifiziert wurden.

Fünf Jahre später durfte Transvaal stolz die kontinentale Trophäe in Empfang nehmen. Der Erfolg wurde allerdings am grünen Tisch erzielt, weil administrative Schwierigkeiten zum Ausfall des Endspiels geführt hatten. Bis Ende der 1970er Jahre zählten surinamesche Klubs zu den spielstärksten im CONCACF-

- **FIFA World Ranking**
1993	1994	1995	1996	1997	1998	1999	2000
117	104	124	131	145	160	162	164
2001	2002	2003	2004	2005	2006	2007	2008
141	141	158	149	152	122	153	129

- **Weltmeisterschaft**
  1930-58 nicht teilgenommen **1962-86** Qualifikation **1990** nicht teilgenommen **1994-2010** Qualifikation

- **Gold Cup**
  1991-96 nicht teilgenommen **1998-2007** Qualifikation

- **Vereinswettbewerbe**
  Kontinentalmeisterschaft Transvaal Paramaribo (Sieger, 1973, 1981)

Gebiet und erreichten sechsmal in Folge das kontinentale Finale. Dort agierten sie indes unglücklich: 1972, 1976 und 1977 zog die SV Robin Hood gegen Olimpia Tegucigalpa (Honduras), Águila San Miguel (El Salvador) und CF América Mexiko jeweils den Kürzeren, während Transvaal 1974 bzw. 1975 der Municipal-Elf aus Guatemala bzw. Atlético Espana aus Mexiko unterlag.

Surinames Nationalelf drang unterdessen bis einschließlich 1978 regelmäßig in die letzte Runde in der nordamerikanischen WM-Qualifikation vor, ohne allerdings ernsthaft Hoffnungen auf das Erreichen des Endturniers zu hegen.

Dass das kleine Suriname seinerzeit Topfußball anbieten konnte, war neben dem enormen Talentereichtum, für den Namen wie Michel Kruin und Erwin Sparendam standen, vor allem den vorzüglichen Arbeitsbedingungen zu verdanken. Nirgendwo im karibischen Raum gab es eine vergleichbare Fußball-Infrastruktur mit modernen Stadien, gepflegten Trainingsstätten und wirtschaftlichen Ressourcen. Außerhalb Surinames war das Nationalstadion von Paramaribo allerdings aufgrund seiner trockenen und harten Oberfläche vor allem unter den technisch starken Mannschaften regelrecht gefürchtet.

■ **SURINAMES FUSSBALLERISCHER** Höhenflug endete ausgerechnet mit der Entlassung des Landes in die Unabhängigkeit. Nachdem Suriname 1954 von den Niederlanden mit innerer Selbstverwaltung ausgestattet worden war, hatte eine den indischen Bevölkerungsanteil repräsentierende Partei die Regierung übernommen, was einen schwelenden Rassenkonflikt ausgelöst hatte. 1973 war es zum Putsch einer kreolisch-javanesischen Koalition gekommen, die gegen den Willen der Inder die Unabhängigkeit anstrebte. Nachdem jene 1975 erreicht worden war, emigrierten über 300.000 Menschen vornehmlich indischer Herkunft in die Niederlande.

Suriname glitt anschließend ins Chaos. 1980 putschte sich das Militär an die Macht und es entwickelte sich ein bis 1992 währender Bürgerkrieg zwischen der links-nationalen Regierung und den prowestlichen Rebellengruppen, der mehr als 1.000 Tote forderte.

Surinames Fußball traf die politischen Turbulenzen mit voller Wucht. Hatte schon die Massenflucht nach der Unabhängigkeit das gesellschaftliche Gefüge des Landes – und damit auch seines Fußballs – schwer erschüttert, so wurde durch den Bürgerkrieg auch noch der Spiel- und Trainingsbetrieb erheblich behindert. Nachdem die Nationalelf »A-Selektie« 1977 noch einmal Karibikmeister geworden war bzw. die letzte Qualifikationsrunde im Rennen um einen Platz bei der WM 1978 erreicht hatte, konnte sie weder 1981 noch 1983 an der Karibikmeisterschaft teilnehmen und fehlte 1990 erstmals seit 30 Jahren wieder in der WM-Qualifikation.

Auf Klubebene indes stellten sich zunächst noch weitere Erfolge ein. 1981 holte Transvaal Paramaribo mit einem 1:0 bzw. 1:1 im Endspiel über El Salvadors Militärklub Atlético Marte San Salvador sogar erstmals auf sportlichem Wege die Kontinentalmeisterschaft ins Land. Anschließend erreichte Stadtrivale Robin Hood zweimal in Folge das kontinentale Endspiel, ehe Transvaal 1986 zum achten und bis heute auch letzten surinameschen Finalisten auf Kontinentebene wurde.

■ **NACH ENDE DES BÜRGERKRIEGES** kam Surinames Fußball nicht mehr auf die Beine. Während Surinamer wie Clarence Seedorf, Edgar Davids, Ruud Gullit, Jimmy Floyd Hasselbaink, Frank Rijkaard, Aron Winter und »der surinamische Diamant« Romeo Castelen in den Niederlanden Karriere machten, fristete das Spiel in ihrer Heimat ein Schattendasein. Weil der Exodus zudem weit mehr als nur die späteren Weltstars betraf, bluteten Surinames Fußball und seine Vereine förmlich aus.

Surinames Nationaltrainer Kenneth Jaliens hat zwar durchaus Verständnis für die Europaambitionen seiner Spieler, doch auch bei ihm überwiegt die Trauer, denn mit seinen zahlreichen Talenten könnte Suriname sicherlich problemlos zu einer Spitzenkraft im karibischen (oder sogar nordamerikanischen) Fußball aufsteigen. Immerhin bleiben ihm ein paar renommierte Namen. So läuft mit Giovanni Drenthe der jüngere Bruder von Real Madrids Royston Drenthe für Suriname auf, während Torjäger Orlando Grootfaam und der auf Trinidad als Profi aktive Lorenzo Wiebers als hoffnungsvolle Talente bezeichnet werden.

Auf nationaler Ebene spielte sich unterdessen 2006/07 Historisches ab, als sich mit Inter Moengotapoe erstmals seit Einführung der Nationalliga im Jahr 1924 ein Provinzklub die Landesmeisterschaft sicherte! Das Team aus der 7.000-Einwohnerstadt Moengo ging souverän vor dem hauptstädtischen Leo Victor durchs Ziel und vermochte ihren Titel im Folgejahr erfolgreich zu verteidigen.

HELDEN | LEGENDEN

■ **LOUIS GISKUS** Surinamesche Fußball-Legende der 1960er und 1970er Jahre. Kam seinerzeit auf 65 Länderspiele und war damit bis zur Ära von Clifton Sandvliet Rekordnationalspieler.

■ **LEO KOSWAL** Wurde von 1992 bis 1998 siebenmal in Folge zum Fußballer des Jahres in Suriname gewählt und gilt als herausragender Akteur seiner Epoche. Nach Ende seiner aktiven Laufbahn übernahm Koswal die Betreuung der Nationalmannschaft, mit der er aber wenig Glück hatte. Im Juli 2006 wurde er nach einer Niederlagenserie gefeuert.

■ **CLAUDIO PINAS** Gefürchteter Torjäger, der 2000 und 2004 Torschützenkönig der Nationalliga wurde. Erzielte zudem 55 Treffer für die suriamesche »A-Selektie«.

■ **CLIFTON SANDVLIET** Sowohl Rekordnationalspieler (68 Einsätze) als auch Rekordtorschütze (79 Treffer) Surinames. Die beeindruckende Treffsicherheit spiegelt sich bei Sandvliet auch auf nationaler Ebene wider, denn 2003, 2005 und 2006 wurde der Angreifer jeweils nationaler Torschützenkönig. Sandvliet trug im Verlauf seiner Laufbahn die Trikots der SV Robin Hood, der SV Surinaams National Leger (SNL), der SV Transvaal sowie (ab 2004) der Walking Bout Company.
[*18.8.1977 | 68 LS/79 Tore]

■ **EDGAR DAVIDS, RUUD GULLIT, FRANK RIJKAARD, CLARENCE SEEDORF** Allesamt niederländische Nationalspieler, deren ethnische Wurzeln in Suriname liegen. Zwar ist man in Suriname stolz, dem einstigen Kolonialherren derartige Erfolgsgaranten geliefert zu haben, betrachtet sie aber nur noch bedingt als surinamesche Spieler.

Jahr	Meister	Jahr	Meister
1924	Olympia Paramaribo	1967	Transvaal Paramaribo
1925	Transvaal Paramaribo	1968	Transvaal Paramaribo
1926	Ajax Paramaribo	1969	Transvaal Paramaribo
1927	Ajax Paramaribo	1970	Transvaal Paramaribo
1928	Ajax Paramaribo	1971	Robin Hood Param.
1929	Ajax Paramaribo	1972	nicht ausgespielt
1930	Excelsior/Blauw Wit	1973	Transvaal Paramaribo
1931	nicht ausgespielt	1974	Transvaal Paramaribo
1932	Cicerone Paramaribo	1975	Robin Hood Param.
1933	Cicerone Paramaribo	1976	Robin Hood Param.
1934	Cicerone Paramaribo	1977	Voorwaarts Param.
1935	Cicerone Paramaribo	1978	Leo Victor Paramaribo
1936	Voorwaarts Param.	1979	Robin Hood Param.
1937	Transvaal Paramaribo	1980	Robin Hood Param.
1938	Transvaal Paramaribo	1981	Robin Hood Param.
1939	Arsenal Paramaribo	1982	Leo Victor Paramaribo
1940	Arsenal Paramaribo	1983	Robin Hood Param.
1941	Voorwaarts Param.	1984	Robin Hood Param.
1942-45	nicht ausgespielt	1985	Robin Hood Param.
1946	Robin Hood Param.	1986	Robin Hood Param.
1947	nicht ausgespielt	1987	Robin Hood Param.
1948	MVV Paramaribo	1988	Robin Hood Param.
1949	MVV Paramaribo	1989	Robin Hood Param.
1950	Transvaal Paramaribo	1990	Transvaal Param.
1951	Transvaal Paramaribo	1991/92	Transvaal Param.
1952	Voorwaarts Param.	1992/93	Leo Victor Param.
1953	Robin Hood Param.	1993/94	Robin Hood Par.
1954	Robin Hood Param.	1994/95	Robin Hood Par.
1955	Robin Hood Param.	1995/96	Transvaal Param.
1956	Robin Hood Param.	1997	Transvaal Param.
1957	Voorwaarts Param.	1998/99	SNL Paramaribo
1958	nicht ausgespielt	1999/00	Transvaal Param.
1959	Robin Hood Param.	2000/01	nicht ausgespielt
1960	nicht ausgespielt	2001/02	Voorwaarts Param.
1961	Robin Hood Param.	2002/03	FCS Nacional Par.
1962	Transvaal Paramaribo	2003/04	Walking Bout C.
1963	Leo Victor Paramaribo	2004/05	Robin Hood Par.
1964	Robin Hood Param.	2005/06	Walking Bout C.
1965	Transvaal Paramaribo	2006/07	Inter Moengotapoe
1966	Transvaal Paramaribo	2007/08	Inter Moengotapoe

TRINIDAD UND TOBAGO

Die fröhlichen Fußball-Krieger

Die Cricket-Nation Trinidad und Tobago verwandelt sich allmählich in eine Fußballhochburg

Trinidad and Tobago Football Federation

Trinidad und Tobago Fußball-Bund | gegründet: 1908 | Beitritt FIFA: 1963 | Beitritt CONCACAF: 1964 | Spielkleidung: rotes Trikot, rote Hose, rote Stutzen | Saison: April - Dezember | Spieler/Profis: 84.600/250 | Vereine/Mannschaften: 95/380 | Anschrift: 24-26 Dundonald Street, PO Box 400, Port of Spain | Tel: +1868-6237312 | Fax: +1868-6238109 | www.socawarriorstt.com | E-Mail: admin@ttff.com

Jede Fußball-Weltmeisterschaft hat ihr »buntes Gesicht« – eine Mannschaft aus lauter unbekümmerten Nobodys, die im Verlauf des Turniers zum Publikumsliebling aufsteigt. 2006 übernahm mit Trinidad und Tobago das bislang kleinste Teilnehmerland der WM-Geschichte diesen Part. Das karibische Inselduo war wie geschaffen für die Rolle. Als nach Brasilien größte Karnevalsnation eilte ihm ohnehin ein recht fröhlicher Ruf voraus, und mit Soca und Calypso hat man die Musikwelt zudem mit stimmungsvollen Rhythmen bereichert. Doch auch fußballhistorisch kann sich »T&T« durchaus sehen lassen. Trinidad zählt sogar zu den Wiegen des Spiels in der Karibik, während die Nationalelf »Soca Warriors« schon 1974 und 1990 nur knapp das Endturnier verpasste.

■ **TRINIDAD UND TOBAGO** ist eine aus zwei Inseln bestehende Republik, die geografisch zu Südamerika gehört. Aufgrund aus der Kolonialzeit stammender Verbindungen zur Karibik ist das rund zehn Kilometer vor der Küste Venezuelas gelegene Land gen Norden ausgerichtet und mischt im Fußball nicht in Süd-, sondern in Nordamerika mit.

Insgesamt etwa so groß wie das Saarland ist Trinidad der mit 4.828 km² wesentlich größere Bestandteil. Die Insel wird von großräumigen Öl- und Gasindustrie-Anlagen dominiert und kann nicht wirklich als »Perle« bezeichnet werden. Nachbar Tobago indes kommt auf lediglich 300 km², gilt dafür aber als idyllisches Urlauberparadies.

Nach Jahrhunderten unter der Kolonialherrschaft Spaniens und Großbritanniens (Trinidad) bzw. Großbritanniens, Frankreichs und der Niederlande (Tobago) wurde das Inselduo 1889 unter der britischen Kolonie zusammengefasst. Zuvor waren Abertausende von Sklaven aus Afrika eingeschleppt und zu Fronarbeiten in den Zucker- und Kaffeeplantagen gezwungen worden. Nach dem Verbot der Sklaverei übernahmen Asiaten vornehmlich indischer Herkunft diesen Part. Heute weist Trinidad ein entsprechend buntes ethnisches Gemisch aus Schwarzen, Mischlingen und Indern auf, während Tobago überwiegend von den Nachfahren schwarzer Sklaven bewohnt wird. Haupterwerbszweig ist die Erdölindustrie, die ab 1910 von US-amerikanischen Firmen aufgebaut wurde.

■ **DER GEBÜRTIGE SCHOTTE** Thomas Boyd soll es gewesen sein, der 1893 das erste Fußballspiel auf Trinidad organisierte. Boyd hatte sich einen Ball aus der schottischen Heimat schicken lassen und kickte seinerzeit mit ein Paar Landsleuten auf einer Brachfläche in der heutigen Hauptstadt Port of Spain. Den Überlieferungen zufolge hatten die britischen Pioniere aber erhebliche Probleme mit den hohen Temperaturen und beließen es bei gelegentlichen Spielen. Wenig später fungierte Thomas Boyd federführend bei der Gründung des British Rovers Club, dessen Auftritte sich anfänglich auf jene Momente konzentrierten, in denen ein britisches Schiff im Hafen von Port of Spain festmachte. Populärste Sportdisziplin jener Tage war das Cricket – bis heute Nationalsport in Trinidad und Tobago. Legenden wie Brian Lara haben Trinidad in ihrer Disziplin zu weltweitem Ruf verholfen.

Auch für den Fußball spielt Cricket durchaus eine Rolle, denn zur Jahrhundertwende versuchte sich der noble Queen's Park Cricket Club einige Male im Spiel um den größeren Lederball. Die Bemühungen wurden aber bald wieder aufgegeben, und auch die Bri-

Republic of Trinidad and Tobago

Republik Trinidad und Tobago | Fläche: 5.128 km² | Einwohner: 1.301.000 (254 je km²) | Amtssprache: Englisch | Hauptstadt: Port of Spain (49.031) | Weitere Städte: Chaguanas (67.433), San Fernando (55.419), Arima (32.278) | Währung: 1 Trinidad-und-Tobago-Dollar = 100 Cents | Bruttosozialprodukt: 8.730 $/Kopf | Zeitzone: MEZ -5h | Länderkürzel: TT | FIFA-Kürzel: TRI | Telefon-Vorwahl: +1868

tish Rovers verschwanden rasch wieder in der Versenkung. Erst ihr Nachfolger, der schottisch geprägte Klub Clydesdale, schaffte nach der Jahrhundertwende gemeinsam mit den Casuals (ein Team von aus anderen Karibikinseln nach Trinidad gekommenen Europäern), der irischen Shamrock-Elf sowie einer Polizei- und zwei Schulmannschaften den Durchbruch. 1908 gelang es, mit der Trinidad Amateur Football Association (TAFA, auf Tobago ruhte der Ball seinerzeit noch) den drittältesten Fußballverband in der Karibik zu gründen. Noch im selben Jahr wurde eine auf Port of Spain konzentrierte Spielklasse eingerichtet, deren erster Sieger der Pionierklub Clydesdale wurde.

Getreu dem Kolonialstatus Trinidad und seiner britischen Führung trat die TAFA allerdings nicht der FIFA, sondern der englischen FA bei. Ohnehin war Fußball in jenen Tagen eine Sache der weißen Kolonialisten. Protagonisten waren neben Armeeteams vor allem die britischen Schulen sowie die Kirchen.

■ **1909 FORMIERTE SICH** mit »Majestic« eine Mannschaft, die vom nationalen Fachblatt »Sports Weekly« als »coloured« (»farbig«) bezeichnet wurde, die aber weder ökonomisch noch von ihren gesellschaftlichen Möglichkeiten mit den europäischen (also »weißen«) Klubs mithalten konnte. Erst in den 1930er Jahren konnte mit »Everton« eine in den Arbeitervierteln von Port of Spain verankerte »schwarze« Elf in die nationale Spitze vorstoßen. Mit Alfred Charles brachte der Klub zudem den ersten »Trini« im englischen Profifußball unter.

Sowohl räumlich als auch in der Publikumsgunst vermochte sich der Fußball rasch auszudehnen. Als 1912 in Port of Spain Clydesdale und eine »Southern« genannte Mannschaft aus dem Süden Trinidads aufeinandertrafen, strömten bereits mehr als 4.000 Zuschauer herbei. Im Süden der Insel konzentrierte sich das Geschehen auf den Großraum San Fernando. Dort entstand Anfang der 1920er Jahre ein Regionalverband, der eine eigene Liga und einen Pokalwettbewerb ausschrieb. 1924 standen sich die Sieger der Stadtliga von Port of Spain und der »Southern League« erstmals im Endspiel um die Landesmeisterschaft von Trinidad gegenüber. Hauptstadtklub Shamrock Port of Spain setzte sich seinerzeit durch.

International war Trinidad recht früh aktiv. 1922 kam es im Rahmen des »Inter-Colonial Contest« erstmals zu einem Kräftemessen mit Britisch-Guyana (heute Guyana), und im August 1934 absolvierte man beim 3:3 gegen Niederländisch-Guyana (heute Suriname) auch sein offizielles Debüt. Gemeinsam mit Kuba, Jamaika, Haiti und den drei Guyanas fungierte Trinidad seinerzeit als Motor bei der Verbreitung des Fußballs in der cricketdominierten Karibik.

■ **AUF DER NATIONALEN EBENE** öffnete man sich dennoch erst nach dem Zweiten Weltkrieg bzw. dem Aufbruch der Kolonialreiche allen Gesellschaftskreisen. Nachdem Großbritannien das Inselduo 1956 mit Autonomie ausgestattet hatte, sollte es eigentlich in der Westindischen Föderation aufgehen, die als eine Art Bundesstaat der britischen Kolonialgebiete in der Karibik gedacht war. Doch vor allem auf Jamaika war das Bedürfnis nach staatlicher Eigenständigkeit größer, und als die Reggae-Hochburg 1962 für die Eigenständigkeit votierte, musste die auch im Fußball bereits verfestigte Idee der Westindischen Föderation (siehe Britisch-Karibik, Seite xxx) zu den Akten gelegt werden.

Ebenso wie Jamaika wurde auch Trinidad und Tobago 1962 in die Unabhängigkeit entlassen, woraufhin die nunmehrige Trinidad and Tobago Football Association 1963 der FIFA beitrat. Der alsdann einsetzende Reformprozess offenbarte eine tiefe Spaltung der nationalen Sportgemeinde. Während die Nachfahren afrikanischer Sklaven überwiegend für den Fußball votierten, bevorzugte der asiatischstämmige Bevölkerungsanteil das Cricket. Dessen großer Schatten nahm dem Fußball viel Licht. So musste Trinidads Fußball-Landesauswahl ihre Begegnungen beispielsweise im Queen's Park Oval bestreiten, in dem zwar bis zu 20.000 Zuschauer Platz fanden, das aber eine fußballfeindliche Cricket-Arena war.

■ **TRINIDADS WM-DEBÜT** im Februar 1965 begann mit einem Paukenschlag. Nach exakt 50 Sekunden erzielte Jeff Gellineau beim 4:1 über Suriname das erste Pflichtspieltor in der Historie des jungen Staates! 1966 ließ die Auswahl um Kelvin Berassa und Leroy De Leon bei den Panamerika-Spielen im kanadischen Winnipeg einen sensationellen 1:0-Sieg über Argentinien sowie ein 5:2 gegen Kolumbien folgen.

Auf nationaler Ebene setzte unterdessen ein tiefgreifender Strukturwandel ein. Nachdem die britischen Kolonialherren das Inselduo verlassen hatten, verschwanden auch die über Jahrzehnte dominierenden britischen Mannschaften. Letzter »britischer« Meister Trinidads war 1959 Shamrock Port of Spain geworden. An ihre Stelle rückten unter ethnischen bzw. räumlichen Gesichtspunkten gebildete Gemeinschaften, die enge Bindungen zur Kommune bzw. zu Behörden oder anderen Institutionen aufwiesen. Vereinzelt gab es auch indische und chinesische Teams, die aber nur wenig Eindruck hinterlassen konnten.

TEAMS | MYTHEN

■ **DEFENCE FORCE FC CHAGUARAMES**  Mit 20 Titelgewinnen Rekordmeister des Landes. Die Mannschaft untersteht der Nationalarmee und wird vom Volksmund als »Teteron Boys« bezeichnet. Auch auf internationalem Terrain konnten die Schwarz-Gelben einigen Ruhm erwerben. Höhepunkt war der Gewinn der Kontinentalmeisterschaft 1985, als sich die Armeeelf gegen den honduranischen Klub Olimpia Tegucigalpa durchsetzte. 1978 hatte Defence Force erstmals das Endturnier um die Kontinentalmeisterschaft erreicht; 1987 und 1988 standen die Schwarz-Gelben zwei weitere Male im Finale, unterlagen jedoch CF América aus Mexiko bzw. Olimpia Tegucigalpa. Die Mannschaft hat ihren Sitz in Chaguaramas, einer nüchternen Industrie- und Regimentsiedlung westlich von Port of Spain, die einst als Hauptstadt der gescheiterten Westindischen Föderation aus dem Boden gestampft worden war. Seine Heimspiele trägt man aber im Nationalstadion Hasley Crawford von Port of Spain aus. [1974 | Hasly Crawford Stadium (26.000) | 20 | 6 | 5]

■ **SAN JUAN JABLOTEH** Im hauptstädtischen Stadtviertel San Juan ansässiger Klub, der 1974 als Fußball spielende Jugendgruppe gegründet wurde, um den Heranwachsenden eine bessere Perspektive zu bieten. Mit der Professionalisierung des nationalen Fußballs wurde die Jugendorganisation 1994 in einen richtigen Klub umgewandelt, dessen Führung der umtriebige Geschäftsmann und Finanzexperte Jerry Hospedales übernahm. Nach drei vierten Plätzen zwischen 1996 und 1998 zählten die »San Juan Kings« 1999 zu den Gründungsmitgliedern der nationalen Profiliga. Neben den Landesmeisterschaften von 2002, 2003 und 2008 konnte man in San Juan bereits die Karibikmeisterschaft 2003 sowie die zweifache Teilnahme an der Kontinentalmeisterschaft bejubeln. 2006 stellte der Klub mit Ansil Elcock, Cyd Gray, Aurtis Whitley und Anthony Wolfe vier Akteure zum WM-Kader von Trinidad und Tobago. [1974 | Hasely Crawford Stadium (26.000) | 3 | 2]

■ **W CONNECTION POINT LISAS**  Dreifacher Landesmeister aus Point Lisas bzw. Marabella. Die Grün-Weißen wurden 1986 von den Brüdern David John und Patrick John Williams als W Connections Sports Club gegründet (das »W« steht für »Williams«, der Name der Gründer). Nach Gründung der nationalen Profiliga wurde daraus der W Connections FC, der 1999 zu den Gründungsmitgliedern der PFL zählte. 2000 und 2001 sicherten sich die »Savonetta Boys« ihre ersten beiden Meisterschaften, denen 2005 Titel Nummer drei folgte. 2002 und 2006 jeweils Karibikmeister geworden, erreichte der inzwischen von der Radiostation Vibe CT 105 gesponsorte Klub 2003 zum ersten Mal die Endrunde um die Kontinentalmeisterschaft. 2007 gelang in jener der Einzug in das Viertelfinale, in dem man nach einem 2:1 über den mexikanischen Profiklub Guadalajara mit einem 0:3 im Rückspiel ausschied. W Connections verfügt traditionell über einen internationalen Kader. So trug mit Aaron Black bereits ein nordirischer U19-Nationalspieler das grüne Jersey des Klubs, für den zudem Akteure aus Brasilien, Guyana und St. Lucia auflaufen. [1986 | Manny Ramjohn Stadium (10.000) | 3 | 3]

■ **JOE PUBLIC FC TUNAPUNA**  Vom umstrittenen CONCACAF-Präsidenten Jack Warner angeführter Klub, der sich 1998 und 2006 jeweils die Landesmeisterschaft sicherte. Die Klubgründung erfolgte 1996, als Warner nach dem wiederholten Scheitern der »Soca Warriors« in der WM-Qualifikation eine professionelle Klubbasis für die nationalen Spitzenfußballer errichten wollte. Der umtriebige Funktionär knüpfte enge Verbindungen zum Unterhaltungsbranchen-Riesen »Joe Public«, mit dessen finanzieller Hilfe sich der Neuling umgehend in einen Spitzenklub verwandelte. 1997 gelang die Qualifikation für die nationale Halbprofiliga, in der Joe Public 1998 mit einem Team von Spielern aus ganz Lateinamerika erstmals Meister wurde. Auf Initiative von Jack Warner wurde Joe Public im selben Jahr zur Kontinentalmeisterschaft eingeladen, kassierte dort jedoch ein empfindliches 0:8 gegen DC United. 1999 und 2000 nahmen die in dem Handelszentrum Tunapuna ansässigen »Eastern Lions« erneut an der kontinentalen Endrunde teil. 2004 wechselte der Klub von der Nationalliga zum Konkurrenten Sportsworld Super League, kehrte jedoch nach zwei Jahren zurück und wurde auf Anhieb erneut Meister. Joe Public zählt zu den ambitioniertesten Fußballvereinen in Trinidad und Tobago. Der Klub verfügt über eine prosperierende Nachwuchsabteilung und wird wegen seiner Wirtschaftskraft »Manchester United von Trinidad« genannt. Seine Heimspiele trägt man im Marvin Lee Stadium aus, das Teil des João Havelange Centre of Excellence ist. [1996 | Marvin Lee Stadium (6.000) | 2 | 2]

HELDEN | LEGENDEN

■ **EVERALD CUMMINGS** Regisseur der »Soca Warriors«, die 1974 nur knapp die WM verpassten. Spielte seinerzeit in der US-amerikanischen NASL für die Atlanta Chiefs bzw. New York Cosmos. 1990 fungierte »Gally« als Trainer der »Strike Squad«, die mit einer 0:1-Heimniederlage gegen die USA abermals knapp die WM verpasste. [*24.8.1948]

■ **ANGUS EVE** Mit 118 Länderspielen Rekordnationalspieler der »Trinis«. Spielte für Joe Public, San Juan Jabloteh sowie Chester City. [*23.2.1973 | 118 LS/34 Tore]

■ **CARLTON HINDS** Stürmerstar der 1940er und 1950er Jahre, der von Fachleuten noch vor Dwight Yorke als »der wahre Pelé des trinidadischen Fußballs« bezeichnet wird. Der für den mehrfachen Meister Malvern auflaufende Hinds trug den Beinamen »Prince of Forwards«.

■ **SHAKA HISLOP** Der in London geborene, aber in Trinidad aufgewachsene Torsteher begann seine Karriere 1992 beim Reading FC und spielte später mit großem Erfolg für Newcastle United, West Ham sowie Portsmouth. 2006 feierte der inzwischen 37-jährige Ausnahmehüter seine größte Stunde, als er beim 0:0 im WM-Auftaktspiel gegen Schweden über sich hinauswuchs. [*22.2.1969 | 26 LS]

■ **STERN JOHN** Langjähriger Torjäger der »Soca Warriors«, der mit 69 Treffern die nationale Torschützenliste anführt. Begann seine Profilaufbahn in den USA und wechselte 1999 nach England, wo er für Nottingham Forest, Birmingham City, Coventry, Derby, Sunderland und Southampton spielte. 2002 zum Spieler des Jahres in »T&T« gewählt, war er einer der Garanten für die Qualifikation zur WM 2006. [*30.10.1976 | 104 LS/69 Tore]

■ **RUSSELL LATAPY** Obwohl dem »little magician« die Erfolge eines Dwight Yorke fehlen, wird er von vielen Experten als Trinidads größter Fußballer der 1990er Jahre betrachtet. 2006 kam der überwiegend in Portugal und Schottland aktive Latapay 38-Jährig bei der WM einmal zum Einsatz. [*2.8.1968| 67 LS/28 Tore]

■ **DWIGHT YORKE** Gallionsfigur des trinidadischen Fußballs. Begann seine Laufbahn 1989 beim englischen Profiklub Aston Villa, wo er in 232 Spielen (73 Tore) zum Publikumsliebling aufstieg. 1998 für 12,6 Mio. Pfund von Manchester United verpflichtet, spielte sich der leidenschaftliche Cricket-Fan auch in Old Trafford rasch in die Herzen der Fans und markierte an der Seite von Andy Cole in 151 Spielen 64 Tore. Mit professioneller Einstellung und stets lustigem Wesen ragte der »Smiling Assassin« (»lachende Attentäter«) positiv aus dem verbissenen Profigeschäft heraus. Bereits aus der Nationalelf zurückgetreten, kehrte er zur WM-2006-Qualifikation zurück und erreichte das Endturnier in Deutschland [*3.11.1971 | 59 LS/16 Tore]

■ **POLITISCH STAND TRINIDAD** und Tobago seinerzeit vor turbulenten Tagen. 1970 kam es zum so genannten »Black Power«-Aufstand, mit dem die schwarze Bevölkerungsmehrheit zusätzliche Rechte einforderte. In der Folge entwickelten sich schwere Rassenunruhen zwischen Afrokariben und Indokariben, die Regierungschef Eric Williams 1972 veranlassten, den Notstand auszurufen. Erst mit einer Verfassungsreform, die Trinidad und Tobago 1976 in eine Präsidialrepublik umwandelte, entspannte sich die Lage wieder. In sportlicher Hinsicht avancierten die 1970er Jahre zur ersten Erfolgsära Trinidads. Die Nationalelf »Soca Warriors« (ein Wortspiel aus »soca« und »soccer«) erreichte in der WM-Qualifikation 1974 ihren ersten Höhepunkt. Nachdem das vom torgefährlichen Regisseur Everald »Gally« Cummings angeführte Team Antigua-Barbuda und Suriname ausgeschaltet hatte, reiste es voller Zuversicht zum letzten Qualifikationsturnier nach Haiti, wo es jedoch zum Skandal kam. Haitis Diktator Duvalier überstrapazierte den Begriff »Heimvorteil« und ließ sowohl die gegnerischen Mannschaften als auch die Schiedsrichter durch seine gefürchtete Geheimpolizei in Angst und Schrecken versetzen. Als den »Soca Warriors« beim vorentscheidenden Duell gegen den Gastgeber Haiti vier reguläre Treffer aberkannt wurden, reiste statt Trinidad und Tobago Haiti zum Endturnier nach Deutschland. Auf trinidadischer Seite ragten seinerzeit neben Regisseur Cummings mit Stürmer Steve David und Kapitän Leroy Spann zwei in der US-amerikanischen NASL aktive Kräfte heraus.

Auf Klubebene lieferte unterdessen die in Chaguarames ansässige Armeemannschaft des Defence Force FC Schlagzeilen, als sie in der Kontinentalmeisterschaft 1978 bis ins Endturnier vordrang. Nachdem jenes aufgrund administrativer Schwierigkeiten abgesagt werden musste, erhielten die Schwarz-Gelben sogar die Trophäe überreicht – allerdings gemeinsam mit zwei weiteren Teams am grünen Tisch.

■ **DIE WEITERE ENTWICKLUNG** des Fußballs auf Trinidad und Tobago ist eng mit der Person von Jack Warner verknüpft. Der smarte und ehrgeizige Geschäftsmann engagierte sich bereits seit Anfang der 1970er Jahre für den Fußball auf Trinidad bzw. in der gesamten Karibik. Als Generalsekretär des Nationalverbandes TTFA war er 1974 für die Einrichtung einer »echten« Nationalliga eingetreten, die dem Inselduo eine stabile Ligagrundlage verschaffen sollte und die Gründung weiterer Vereine nach sich zog. Seinem Engagement war es zudem zu verdanken, dass sich zunehmend zahlungskräftige Sponsoren im trinidadischen Fußball engagierten. Warner ist allerdings kein einfacher Zeitgenosse, sondern ein ellbogenbewehrter Machtmensch. Das stellte er erstmals unter Beweis, als der Geschäftsmann Arthur Suite 1981 eine Profiliga ins Leben rief. Die Verbandsführung reagierte mit einem Bann für sämtliche Vereine, woraufhin Suite sein Experiment 1983 abbrechen musste. Unterdessen häuften sich die internationalen Erfolge der Teams von der Doppelinsel. 1985 setzte sich Defence Force im Endspiel um die Kontinentalmeisterschaft gegen Olimpia Tegucigalpa durch und holte die Trophäe zum bislang einzigen Mal auf sportlichem Wege nach Trinidad. Bei zwei weiteren Finalauftritten unterlagen die Armeekicker 1987 bzw. 1988 dem CF América aus Mexiko bzw. Olimpia Tegucigalpa aus Honduras. Auch Trintoc (Halbfinalist 1986) und der Police FC (Finalist 1991) vermochten international Eindruck zu machen.

Ende der 1980er Jahre stand Trinidad und Tobago dann abermals eine aussichtsreiche Nationalauswahl zur Verfügung. Mit Spielern wie Dwight Yorke, Russel »Little Magician« Latapy, Leroy Spann und Kapitän Clayton Morris durfte man sich sogar berechtigte Hoffnungen auf die Qualifikation zur WM 1990 machen. Doch im entscheidenden Spiel gegen die USA versagten der aufgrund ihrer Sturmqualitäten »Strike Squad« genannten Elf von Trainer Everald Cummings die Nerven und sie unterlag vor 35.000 erwartungsfrohen Fans im heimischen Port of Spain mit 0:1.

Die Niederlage löste einen Reformprozess aus. Als eine der ersten Staaten in der Karibik setzte Trinidad und Tobago anschließend auf die Professionalisierung seines nationalen Vereinsfußballs. Einer der Protagonisten war Warner-Klub Joe Public FC, der mit Hilfe zahlungskräftiger Sponsoren Spieler aus ganz Lateinamerika verpflichtete. 1996 entstand eine Halbprofiliga, die 1999 in die »Professional Football League« umgewandelt werden konnte. »Hier wird ein technisch hochklassiges und sehr schnelles Spiel betrieben, und der Standard ist enorm hoch«, staunte Aaron Black, U19-Auswahlspieler Nordirlands, nach seinem Wechsel zu W Connection wenig später.

Die Niveausteigerung zeigte sich auch auf internationaler Ebene, wo Trinidads Teams

● **FIFA World Ranking**

1993	1994	1995	1996	1997	1998	1999	2000
88	91	57	41	56	51	44	29
2001	2002	2003	2004	2005	2006	2007	2008
32	47	70	63	50	91	81	77

● **Weltmeisterschaft**
1930-62 nicht teilgenommen **1966-2002** Qualifikation **2006** Endturnier (Vorrunde) **2010** Qualifikation

● **Gold Cup**
1991 Endrunde **1993** Qualifikation **1995** Endturnier **1998** Endturnier **2000** Endturnier (Halbfinale) **2002** Endturnier **2003** Qualifikation **2005** Endturnier **2007** Endturnier

● **Vereinserfolge**
Kontinentalmeister Defence Force (1985)

zum gehobenen Mittelfeld zählen. 1997 erreichte der fünf Jahre zuvor aus der Fusion der Öl-Mannschaften von Trintoc und Trintopec entstandene United FC Petrotin das Viertelfinale in der Kontinentalmeisterschaft (0:1 gegen DC United), und seit der Millenniumswende haben sich Teams der Karibikinsel regelmäßig für die kontinentale Endrunde qualifiziert.

Die Profiliga leidet allerdings unter einer Reihe von Problemen. Sponsoren sind rar, das Zuschauerinteresse ist überschaubar und die interessantesten Spieler wechseln so schnell wie möglich nach Europa. Kritiker bemängeln zudem, man habe es versäumt, Vereine mit Identität zu schaffen. In der Tat treffen überwiegend fußballspielende Franchise-Unternehmen wie Joe Public und W Connection oder Behördenteams wie Defence Force aufeinander, denen es nicht gelang, stabile Fanbasen zu generieren. Entsprechend fragil ist das Konstrukt, und als der inzwischen allmächtige Jack Warner der Liga 2002 seine Unterstützung entzog und mit seinem Klub Joe Public zur neuen Konkurrenzliga »Sportsworld National Super League« wechselte, geriet sie prompt in Turbulenzen. Erst 2006 kehrte Joe Public reumütig in die nationale Profiliga zurück.

■ **EIN ANDERES PROBLEM** ist der unablässige personelle Aderlass, dem sich der nationale Fußball seit den 1950er Jahren ausgesetzt sieht. 2000 schätzte der Nationalverband TTFA, dass mehr als 50 »Trinis« in europäischen Profiligen aktiv waren. Darunter waren Weltstars wie Dwight Yorke, der es bei Manchester United zum Leistungsträger gebracht hatte, sowie Shaka Hislop, der bei West Ham United zwischen den Pfosten stand.

Der Exodus hatte allerdings auch seine »guten« Seiten. Neben Yorke und Hislop waren nämlich noch 13 weitere im britischen Fußball aktive Profis daran beteiligt, dass den »Soca Warriors« 2006 die Qualifikation zur WM in Deutschland gelang – darunter Torjäger Stern John sowie Glasgow-Rangers-Verteidiger Marvin Andrews.

Der Vater des Erfolges saß allerdings auf der Bank. Nach einer enttäuschenden ersten Qualifikationsrunde hatte Verbandspräsident Jack Warner alles auf eine Karte gesetzt und Auswahltrainer Bertille St. Clair durch den renommierten Niederländer Leo Beenhakker ersetzt. Der von Sponsoren finanzierte Deal brachte tatsächlich den Durchbruch, und nach einem vorentscheidenden 2:1 über Mexiko schwärmte der erfahrene Fußball-Lehrer: »«Die Zeit schreitet voran und ich bin nun so ziemlich am Ende meiner Laufbahn. Dies hier könnte ein phantastisches Finale für mich sein«.

Stern John nach der WM-Qualifikation.

So kam es. Mit einem 1:0 in Bahrain sicherten sich die »Soca Warriors« im November 2005 das allerletzte WM-Ticket und lieferten in Deutschland eine mitreißende Vorstellung ab. Nach einem achtbaren 0:0 gegen Schweden kam es zum Duell mit Ex-Kolonialherr England, der sich glücklich mit 2:0 durchsetzen konnte. Abseits des Spielfeldes avancierten die von zwei Musikgruppen begleiteten »Trinis« zu Publikumslieblingen und bescherten dem Turnier einen tüchtigen Schuss bunter Exotik.

Auf der anderen Seite geriet Verbandschef und CONCACAF-Präsident Jack Warner wegen illegal verkaufter Sponsorentickets allerdings in die Negativschlagzeilen, was ihm sogar einen Rüffel von seinem Duz-Freund Sepp Blatter einbrachte. Warner verfügt inzwischen über ein weitverzweigtes »Familienunternehmen« und beherrscht den gesamten Fußball in Trinidad und Tobago, wobei er sich nach Ansicht von Kritikern keineswegs auf legale Mittel beschränkt.

Wie es weitergeht mit dem Fußball auf Trinidad und Tobago, ist ungewiss. Zwei Jahre nach dem Turnier war die WM-Euphorie jedenfalls längst verpufft. Tiefpunkt war ein Rechtsstreit zwischen Verband und Spielern um die WM-Prämien gewesen, der zu einem inoffiziellen Bann von 16 Spielern geführt hatte. Das Team von Beenhakker-Nachfolger Wim Rijsbergen hatte sich daraufhin 2007 im Finale um die Karibikmeisterschaft Haiti geschlagen geben müssen.

Jahr	Meister	Pokalsieger
1908	Clydesdale Port of Spain	
1909	Casuals Port of Spain	
1910	Shamrock Port of Spain	
1911	Shamrock Port of Spain	
1912	Casuals Port of Spain	
1913	Casuals Port of Spain	
1914	Casuals Port of Spain	
1915	Clydesdale Port of Spain	
1916-18	nicht ausgespielt	
1919	Queen's Park Port of Spain	
1920	Royal Sussex Port of Spain	
1921	Casuals Port of Spain	
1922	Shamrock Port of Spain	
1923	Shamrock Port of Spain	
1924	Shamrock Port of Spain	
1925	Shamrock Port of Spain	
1926	Sporting Club P/Spain	
1927	Maple Port of Spain	Shamrock Port of Spain
1928	Maple Port of Spain	Southern Casuals
1929	Maple Port of Spain	nicht vergeben
1930	Everton Port of Spain	Everton Port of Spain
1931	Everton Port of Spain	Everton Port of Spain
1932	Everton Port of Spain	Everton Port of Spain
1933	Queen's Royal College P.	nicht ausgespielt
1934	Casuals Port of Spain	Casuals Port of Spain
1935	Casuals Port of Spain	Sporting Club P/Spain
1936	Sporting Club P/Spain	Shamrock Port of Spain
1937	Sporting Club P/Spain	UBOT Port of Spain
1938	Casuals Port of Spain	West Ham Port of Spain
1939	Notre Dame Port of Spain	Casuals Port of Spain
1940	Casuals Port of Spain	Maple Port of Spain
1941	Casuals Port of Spain	UBOT Port of Spain
1942	Colts Port of Spain	Spitfire Port of Spain
1943	Fleet Air Arm Port of Spain	UBOT Port of Spain
1944	Shamrock Port of Spain	Colts Port of Spain
1945	Colts Port of Spain	Colts Port of Spain
1946	Notre Dame Port of Spain	Maple Port of Spain
1947	Colts Port of Spain	Notre Dame P/Spain
1948	Malvern Port of Spain	Colts Port of Spain
1949	Malvern Port of Spain	Maple/Charlton
1950	Maple Port of Spain	UBOT Port of Spain
1951	Maple Port of Spain	UBOT/Providence
1952	Maple Port of Spain	Malvern Port of Spain
1953	Maple Port of Spain	Maple Port of Spain
1954	Sporting Club P/Spain	UBOT Port of Spain
1955	Sporting Club P/Spain	Malvern Port of Spain
1956	Notre Dame Port of Spain	TPD Port of Spain
1957	Colts Port of Spain	Shell/Shamrock
1958	Shamrock Port of Spain	Casuals Port of Spain
1959	Shamrock Port of Spain	Shamrock Port of Spain
1960	Maple Port of Spain	Malvern Port of Spain
1961	Maple Port of Spain	Malvern/Apex
1962	Maple Port of Spain	Dynamos Port of Spain
1963	Maple Port of Spain	Maple Port of Spain
1964	Paragon Port of Spain	Paragon Port of Spain
1965	Regiment Port of Spain	Malvern/BP Palo Seco
1966	Regiment Port of Spain	Regiment/Juniors
1967	Maple Port of Spain	Regiment Port of Spain
1968	Maple Port of Spain	Malvern Port of Spain
1969	Maple Port of Spain	Point Fortin
1970	Regiment Port of Spain	Maple Port of Spain
1971	nicht beendet	nicht ausgespielt
1972	Def. Force Chaguaramas	Maple Port of Spain
1973	Def. Force Chaguaramas	nicht ausgespielt
1974	Def. Force Chaguaramas	Def. Force Chaguaramas
1975	Def. Force Chaguaramas	Police FC St. James
1976	Def. Force Chaguaramas	Falcons
1977	Def. Force Chaguaramas	Malvern Port of Spain
1978	Def. Force Chaguaramas	Falcons
1979	Police FC St. James	unbekannt
1980	Def. Force Chaguaramas	unbekannt
1981	Def. Force Chaguaramas	Def. Force Chaguaramas
1982	ASL Sports Port of Spain	ASL Sports Port of Spain
1983	ASL Sports Port of Spain	ASL Sports Port of Spain
1984	Def. Force Chaguaramas	Motown United
1985	Def. Force Chaguaramas	Def. Force Chaguaramas
1986	Trintoc Palo Seco	Trintoc Palo Seco
1987	Def. Force Chaguaramas	La Brea Angels
1988	Trintoc Palo Seco	Trintoc Palo Seco
1989	Def. Force Chaguaramas	Defence Force
1990	Def. Force Chaguaramas	Police FC St. James
1991	Police FC St. James	Def. Force Chaguaramas
1992	Def. Force Chaguaramas	Motown
1993	Def. Force Chaguaramas	Trintoc Palo Seco
1994	Police FC St. James	Police FC St. James
1995	Def. Force Chaguaramas	United Petrotrin
1996	Def. Force Chaguaramas	Def. Force Chaguaramas
1997	Def. Force Chaguaramas	United Petrotrin
1998	Joe Public FC Tunapuna	San Juan Jabloteh
1999	Def. Force Chaguaramas	W Connections P. Lisas
2000	W Connection Point Lisas	W Connections P. Lisas
2001	W Connection Point Lisas	Joe Public FC Tunapuna
2002	San Juan Jabloteh	W Connections P. Lisas
2003	San Juan Jabloteh	North East Stars
2004	North East Stars	nicht ausgespielt
2005	W Connection Point Lisas	San Juan Jabloteh
2006	Joe Public FC Tunapuna	WASA
2007	San Juan Jabloteh	Joe Public FC Tunapuna
2008	San Juan Jabloteh	Caledonia AIA

 # TURKS- UND CAICOS-INSELN

Sieben Jahre bis zum ersten Sieg

Der Fußball auf den Turks- und Caicos-Inseln hat sich in der Breite gut entwickelt

Turks and Caicos Islands Football Association

Turks- und Caicos-Inseln Fußball-Verband | gegründet: 1996 | Beitritt FIFA: 1998 | Beitritt CONCACAF: 1998 | Spielkleidung: weißes Trikot, weiße Hose, weiße Stutzen | Saison: Oktober - März | Spieler/Profis: 2.155/0 | Vereine/Mannschaften: 9/9 | Anschrift: Tropicana Plaza, Leeward Highway, PO Box 626, Providenciales | Tel: +1649-9415532 | Fax: +1649-9415554 | www.football.tc | E-Mail: tcifa@tciway.tc

Aufgepasst, Fußballwelt – da wächst etwas heran! 2006 erzielte die Nationalmannschaft der Turks- und Caicos-Inseln nicht nur ihr erstes Länderspieltor nach mehr als sieben Jahren Flaute, sondern gewann zugleich das erste Spiel ihrer Existenz! Gegner Cayman-Inseln sah sich nach seiner 0:2-Pleite bei der im kubanischen Havanna ausgespielten Karibikmeisterschaft dem Hohn und Spott der Fußballwelt ausgesetzt, während die mitgereisten rund 100 Turks- und Caicos-Insulaner kaum wussten, wohin mit ihrer Freude. Doch keine Angst: Angesichts von exakt 2.155 registrierten Aktiven und lediglich neun Vereinen dürfte das rund 30 Inseln umfassende Inselreich auch in Zukunft kaum über den Rang eines krassen Außenseiters hinauskommen.

■ **DIE TURKS- UND CAICOS-INSELN** wurden 1512 vom Spanier Juan Ponce de León »entdeckt« und standen ab 1874 unter britischer Kolonialherrschaft. 1958 zu den Gründungsmitgliedern der Westindischen Föderation zählend, wurden sie nach deren Auseinanderbrechen 1962 in eine Kronkolonie verwandelt. Von 1965 bis 1973 von den benachbarten Bahamas verwaltet, erhielt die nördlich von Haiti bzw. der Dominikanischen Republik gelegene Inselgruppe nach der bahamaischen Unabhängigkeit 1973 einen britischen Gouverneur und wurde zur britischen Überseekolonie. Forderungen nach der eigenen Unabhängigkeit verebbten 1980, als die knapp 20.000 Einwohner eine pro-britische Regierung wählten.

Mehr als 80 Prozent der überwiegend von ehemaligen afrikanischen Sklaven abstammenden Einwohner leben auf Grand Turk. Dort befindet sich auch die Hauptstadt Cockburn Town. Lediglich sieben weitere Inseln sind ganzjährig bewohnt, während sich die anderen Eilande in Privatbesitz befinden oder unbewohnt sind. Abgesehen vom Tourismus lebt man vor allem vom Geldhandel. Eine unbekannte Zahl von »Briefkastenfirmen« haben den Turks- und Caicos-Inseln einen nicht ganz unbefleckten Ruf als Steuerparadies eingebracht.

■ **FUSSBALL SPIELT EINE** große Rolle im Alltag der Einheimischen. Mit über zehn Prozent Anteil an der Gesamtbevölkerung nehmen die Turks- und Caicos-Inseln im globalen Vergleich sogar einen Spitzenplatz ein. Der hohe Wert muss allerdings relativiert werden, denn er kam vor allem durch enorme Anstrengungen in den letzten Jahren zustande.

Britische Marinesoldaten hatten das Spiel in der ersten Hälfte des 20. Jahrhunderts auf die Inselgruppe gebracht, wo es sich zunächst nicht etablieren konnte. Die räumliche Nähe und der hohe Einfluss der USA (offizielles Zahlungsmittel ist bis heute der US-Dollar) begünstigte Sportarten wie Basektball und Baseball, die auf den Turks- und Caicos-Inseln auch heute noch beliebter sind.

Über die Entwicklung des Fußballs ist wenig bekannt. Bis zum Zweiten Weltkrieg blieben die europäischen Kolonialisten weitestgehend unter sich, und der Spielbetrieb beschränkte sich auf sporadische Privatduelle. Mit dem Aufbrechen des britischen Kolonialreiches drängten dann allmählich auch Einheimische in die nationale Fußballgemeinde. Doch erst in den frühen 1990er Jahren entwickelten sich tragfähige Organisationsstrukturen – nicht zuletzt aufgrund der massiven Werbung von FIFA und CONCACAF, die es sich zur Aufgabe gemacht hatten, die karibischen Kleinstaaten für sich zu gewinnen.

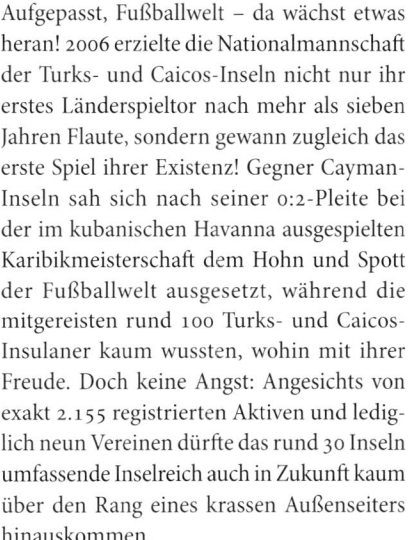

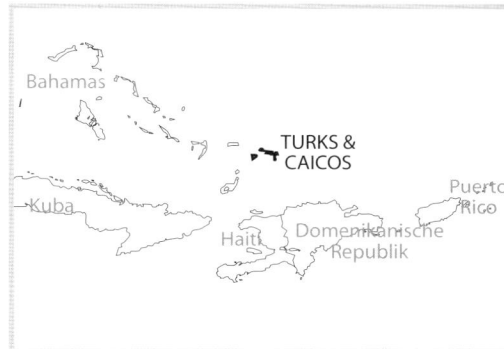

Turks and Caicos Islands

Turks- und Caicos-Inseln | Fläche: 430 km² | Einwohner: 20.014 (46 je km²) | Amtssprache: Englisch | Hauptstadt: Cockburn Town (Grand Turk, 2.500) | Weitere Städte: Cockburn Harbour (1.744) | Währung: US-Dollar | Bruttosozialprodukt: 9.600 $/Kopf | Zeitzone: MEZ -6h | Länderkürzel: - | FIFA-Kürzel: TCA | Telefon-Vorwahl: +1649

● FIFA World Ranking
1993	1994	1995	1996	1997	1998	1999	2000
–	–	–	–	–	–	196	200
2001	2002	2003	2004	2005	2006	2007	2008
200	202	203	203	203	169	181	168

● Weltmeisterschaft
1930-98 nicht teilgenommen **2002-10** Qualifikation

● Gold Cup
1991-2007 nicht teilgenommen

Die Aktivitäten beschränkten sich zunächst auf die Hauptinsel Grand Turk. Dort entstand 1990 ein Inselverband, der regelmäßig freundschaftliche Begegnungen zwischen Behörden- und Firmenteams organisierte. Als federführend wird der örtliche Polizist Cromwell Warrican gelobt, dessen Mannschaft »Police Department« zu den aktivsten auf Grand Turk zählte.

■ **1996 KONNTE EIN** inselübergreifender Nationalverband ins Leben gerufen werden, dem zwei Jahre später sowohl die FIFA als auch die CONCACAF ihre Pforten öffneten. Die schlicht »TCI-Team« genannte Landesauswahl gab im Februar 1999 im Rahmen der Karibikmeisterschaft mit einem 2:2 gegen die Amerikanischen Jungferninseln ihr Debüt. Im selben Jahr gelang es, eine auf Grand Turk beschränkte Fußball-Liga einzurichten. Zunächst als eine Art Sommerturnier binnen weniger Tage ausgespielt, entwickelte sich daraus die seit 2003 existierende Major Football League (MFL), in der sechs Teams in einem gewöhnlichen Ligarhythmus um die Landesmeisterschaft streiten. Seit 2000 wird zudem – allerdings noch unregelmäßig – um einen Landespokal gespielt. Eher abenteuerliche Namen wie »Tropic All Stars«, »Sharks FC«, »Barefoot« und »Beaches FC« verdeutlichen, dass die Vereinsstrukturen noch recht rudimentär sind.

International tritt die Inselgruppe nur selten in Erscheinung und ist dementsprechend rasch überfordert. Das von exakt 853 Zuschauern verfolgte WM-Qualifikationsdebüt am 19. März 2000 endete mit einem aussagekräftigen 0:8 gegen St. Kitts und Nevis. Für den Gold Cup hat man sich bislang noch nicht qualifizieren können, während insulanische Vereinsteams auf internationaler Ebene Mangelware sind.

■ **SEIT DER MILLENNIUMSWENDE** ist der Nationalverband TCIFA recht rührend bemüht, die Strukturen zu stärken. Mit Hilfe des FIFA-»Goal«-Programms konnte 2005 in Providenciales sogar ein nationales Trainingszentrum eröffnet werden, dem im März 2006 ein moderner Verbandssitz folgte. Die Bemühungen zahlen sich vor allem in der Breite aus. Hatte man 2000 noch lediglich 950 aktive Fußballer auf sämtlichen Inseln gezählt, so war diese Zahl 2006 bereits auf 2.155 angewachsen. Vor allem im Frauenbereich haben die Turks- und Caicos-Inseln enorme Zuwächse verzeichnen können. Als schwierig gestaltet sich indes die Entwicklung im männlichen Nachwuchsbereich. Viele Jugendliche bevorzugen die US-Sportdisziplinen, zumal die USA insgesamt leuchtendes Vorbild und entsprechend lockendes Ziel sind.

Nichtsdestotrotz haben sich inzwischen auch erste sportliche Erfolge eingestellt. Bei der Karibikmeisterschaft 2006 gelang dem »TCI-Team« der eingangs erwähnte erste Pflichtspielsieg, dem eine unglückliche 2:3-Niederlage gegen die Bahamas folgte, die erst drei Minuten vor Schluss zustande kam. Drei der vier turks- und caicosischen Tore in dem Turnier erzielte übrigens Gavin Glinton. Zwei Jahre später steuerte der in der US-amerikanischen MLS spielende Torjäger auch beim 2:1 über St. Lucia im Rahmen der WM-Qualifikation 2010 einen Treffer bei. Dem zweiten Pflichtspielsieg folgte jedoch im Rückspiel eine das Aus besiegelnde 0:2-Niederlage.

Als Vater des Erfolges galt Paul Crosbie, der einst in Schottland als Profi gekickt hatte und als Technischer Direktor auf die Inselgruppe gekommen war. Mangels Alternativen war er beim ersten Pflichtspielsieg gegen die Cayman-Inseln zudem selbst aufgelaufen – da die Turks- und Caicosinseln Teil des britischen Königreiches sind und ihre Einwohner britische Pässe besitzen, verstieß dies nicht gegen die FIFA-Regeln.

Mit Crosbies Hilfe und seiner langen Erfahrung konnten anschließend halbprofessionelle Strukturen im nationalen Fußball geschaffen werden. Neben einem regelmäßigen und systematischen Training der Vereinsmannschaften gehörte dazu auch die Verpflichtung von Akteuren anderer Karibikinseln. Darüber hinaus gelang es, die große haitianische Kolonie auf Grand Turks zu integrieren. Mit den Provo Haitian Stars stellen die Exil-Haitianer inzwischen einen aussichtsreichen Vertreter in der MFL.

Insgesamt ist das Interesse am nationalen Vereinsfußball aber noch immer sehr gering. Die Ligaspiele locken selten mehr als 20 Zuschauer an, und mit der Faszination des Baseball kann der Fußball noch längst nicht konkurrieren. Daran konnten selbst die ersten Pflichtspielsiege nichts ändern.

Jahr	Meister	FA-Cup
1999	Tropic All Stars	
2000	Masters FC	Masters FC
2001	Sharks FC	
2002	Beaches FC	
2003	Caribbean All Stars	Caribbean All Stars
2004	KPMG United	Police FC
2005	KPMG United	
2006	Beaches FC	Beaches FC
2007	Beaches FC	
2008	PWC Athletic	

TEAMS | MYTHEN

■ **CARIBBEAN ALL STARS** Double-Sieger von 2003, als man die erstmals ausgespielte MFL mit drei Punkten Vorsprung auf die Master Hammer gewann und sich im Pokalfinale mit 2:1 gegen denselben Gegner durchsetzte. 2004 und 2005 mussten sich die All Stars hingegen jeweils mit der Vizemeisterschaft zufrieden geben. [1 | 1]

■ **BEACHES FC** Drei Meistertitel zieren die Annalen des Teams mit dem Urlaubsnamen – 2002 setzte man sich im Finale mit 2:0 gegen die »Barefoot«-Elf durch, 2006 und 2007 entschied man die MFL jeweils nach Punkten für sich. 2007 konnte die im gesamten Saisonverlauf ungeschlagene Elf sogar einen Vorsprung von sieben Zählern auf Verfolger Provo Haitian Stars herausarbeiten. [3 | 1]

■ **KPMG UNITED** Errang 2004 und 2005 jeweils die Landesmeisterschaft. 2004 verpasste man das Double, als es im Pokalfinale eine 3:4-Niederlage gegen den Police FC gab. KPMG steht für »Klynveld, Peat, Marmich, Goerdeler« und ist ein global tätiges Wirtschaftsprüfungs- und Beratungsunternehmen. [2]

■ **PROVO HAITIAN STARS** Team der großen haitianischen Gemeinde auf den Turks- und Caicos-Inseln. Die Mannschaft machte erstmals auf sich aufmerksam, als ihr 2007 die Vizemeisterschaft gelang.

TEAMS | MYTHEN

■ **GAVIN GLINTON** Nicht erst mit seinen drei Treffern bei der Karibikmeisterschaft 2006 stieg Glinton zum Fußballhelden der Turks- und Caicos-Inseln auf. Der auf Grand Turk geborene Stürmer unterschrieb 2002 einen Vertrag bei dem US-amerikanischen Profiklub Los Angeles Galaxy und vermochte sich als erster Akteur der Inselgruppe in der MLS durchzusetzen. Später noch für Dallas Burn und Zweitligist Charleston Battery am Ball, kehrte er 2006 nach Los Angeles zurück und wechselte 2008 gemeinsam mit Galaxy-Trainer Frank Yallop zu San Jose Earthquakes. Nach seinen drei Toren bei der Karibikmeisterschaft 2006 traf Glinton auch beim 2:1-WM-Qualifikationssieg über St. Lucia im Frühjahr 2008 ins Schwarze. Mit vier Treffern ist Gavin Glinton, dessen jüngerer Bruder Duane ebenfalls zu den Stützen des »TCI-Team« zählt, damit unangefochtener Torschützenkönig der Turks- und Caicos-Inseln. [*1.3.1979]

 USA

Soccer erobert die »Neue Welt«

Auch in den USA ist Fußball inzwischen auf dem Weg zu einem Nationalsport – wenn auch nicht zu einem Kulturgut

US Soccer Federation

Vereinigte Staaten Fußball Bund | gegründet: 1913 | Beitritt FIFA: 1914 | Beitritt CONCACAF: 1961 | Spielkleidung: weißes Trikot, blaue Hose, weiße Stutzen | Saison: April - Oktober | Spieler/Profis: 24.482.778/1.513 | Vereine/Mannschaften: 5.000/400.000 | Anschrift: US Soccer House, 1801 S. Prairie Avenue, Chicago IL 60616 | Tel: +1-312/8081300 | Fax: +1-312/8081301 | www.ussoccer.com | E-Mail: communications@ussoccer.org

Andrei S. Markovits, der wohl profundeste Kenner der Geschichte des Fußballs in den USA, fand zur Millenniumswende wenig schmeichelhafte Worte über den Zustand des Weltsports in Nordamerika: »Das 20. Jahrhundert begann mit Soccer als einer Randerscheinung der amerikanischen Sportwelt, und es endet auch so«.

Trotz dreier aufeinanderfolgender WM-Teilnahmen und der Ausrichtung des Turniers 1994 hatte sich an der Außenseiterrolle des Fußballs in den Staaten scheinbar nichts geändert. Erst bei näherem Betrachten waren Fortschritte zu erkennen, denn durch die WM 1994 war das Spiel erstmals in den Fokus der von American Football, Baseball und Basketball beherrschten amerikanischen Sportöffentlichkeit gerückt, während die seitdem gezeigten sportlichen Leistungen der »US-Boys« eine erhöhte Aufmerksamkeit erfuhren.

Der zwar langsame, aber beständige Aufschwung des US-amerikanischen Fußballs setzte sich nach der Milleniumswende fort. Als die US-Auswahl bei der WM 2002 mit weltweit gelobtem Kombinationsfußball nur knapp das Halbfinale verpasste, schenkte selbst die konservative US-Presse dem »Soccer« ihre Aufmerksamkeit, während sich die 1996 gegründete MLS zu jener langersehnten nationalen Profiliga entwickelte, die neben schillernden Weltstars wie David Beckham auch guten Sport bot.

■ **ÜBER DIE URSACHEN DES** Fußballdesinteresses in den Vereinigten Staaten ist viel diskutiert worden. Die Spurensuche führt unweigerlich in das 19. Jahrhundert, als sich Zigtausende von Europäern (v. a. Briten, Iren, Italiener und Deutsche) in die »Neue Welt« aufmachten. 1890 waren 15 Prozent der Einwohner der USA im Ausland geboren, und mitsamt der Nachfahren der ehemaligen afrikanischen Sklaven befanden sich die USA auf dem Weg zur ersten multiethnischen Gesellschaft der Welt. Die daraus resultierenden Identifikationsprobleme führten getreu dem Landesmotto »e pluribus unum« (»aus vielen eins«) zu Bemühungen um einen ethnienübergreifenden »Amerikanismus«.

So auch im Sport. Angeführt von den nationalen Bildungseinrichtungen – allen voran renommierten Institutionen wie Harvard und Yale – waren im Verlauf des 19. Jahrhunderts diverse über die europäischen Immigranten in die Staaten gelangte Sportarten aufgegriffen und »amerikanisiert« worden. Daraus entwickelten sich mit dem Baseball und dem American Football zwei der heutigen Nationaldisziplinen, die dem Cricket bzw. dem Rugby ähnlich sind. Während das auf dem Schlagballspiel Rounders basierende Baseball zum Volkssport wurde, fand American Football vor allem in der Bildungs- und Wirtschaftselite der Staaten Anklang. Später kamen noch der Basketball – 1891 als erstes »indoor«-Spiel vom YMCA (CVJM) eingeführt – sowie das aus Kanada importierte Eishockey hinzu.

■ **DER FUSSBALL WAR** in den 1860er Jahren in die USA gelangt und hatte dort zunächst durchaus Anhänger gefunden. Wann exakt das erste Mal auf amerikanischem Boden gekickt wurde, ist umstritten. Das US-Fußballmuseum »National Soccer Hall of Fame« sieht die Anfänge im Jahr 1862, als in der Ostküstenstadt Boston mit dem Oneida Football Club »der erste organisierte Fußballklub der Vereinigten Staaten« gebildet wurde und ein Spiel betrieb, das heute als »Boston Game« bezeichnet wird. Während jenes allerdings deutlich

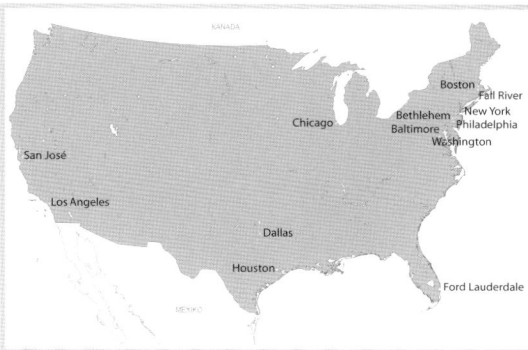

United States of America

Vereinigte Staaten von Amerika | Fläche: 9.809.155 km² | Einwohner: 293.655.000 (30 je km²) | Amtssprache: Englisch, Spanisch (regional) | Hauptstadt: Washington (553.523) | Weitere Städte: New York (8,1 Mio.), Los Angeles (3,8 Mio.), Chicago (2,8 Mio.), Houston (2 Mio.), Philadelphia (1,4 Mio.), Phoenix (1,4 Mio.), San Diego (1,2 Mio.), San Antonio (1,2 Mio.), Dallas (1,2 Mio.) | Währung: 1 US-Dollar = 100 Cents | Bruttosozialprodukt: 41.440 $/Kopf | Zeitzone: MEZ -6h bis -11h | Länderkürzel: US | FIFA-Kürzel: USA | Telefon-Vorwahl: +1

mehr Rugby- als Fußballanteile aufwies und dementsprechend auch von der American-Football-Gemeinde für sich reklamiert wird, orientierte man sich drei Jahre später bei einem Duell zwischen den Universitäten von Princeton und Rutgers weitestgehend an den Regeln der englischen FA.

Der Fußball hatte es jedoch schwer. Die amerikanische Elite verpönte ihn, weil er in Großbritannien auf dem Weg zum Volkssport war und damit dem Geist des eigenständigen »Amerikanismus« widersprach. Und im Volk hatte sich mit dem Baseball bereits ein Massensport etabliert, der half, die unablässig in die Staaten strömenden Immigranten zu integrieren. Die Formel war klar: Wer immer sich in seiner neuen Heimat asssimilieren will, spielt Baseball und lässt die Finger vom Fußball.

Last but not least behinderten Dinge wie die geringe Trefferzahl und die vergleichsweise beschauliche »action« den Fußball, der in den Augen der US-Sportgemeinde als »langweilig« galt. In der Tat unterscheiden sich vor allem Fußball und American Football fundamental: Während Fußball in den USA anschaulich als »Kickspiel« bezeichnet wird, ist American Football ein Laufspiel, bei dem es nicht um Tore geht, sondern die Überbrückung von Spielfeldanteilen Punkte bringt.

Nachdem im Verlauf der 1870er Jahre sämtliche Bildungseinrichtungen den Fußball nach und nach aufgegeben hatten, geriet das Spiel zur Randsportart und wurde zum »Soccer«. Zwar nahmen es einige Universitäten nach der Jahrhundertwende wieder in ihr Angebot auf, doch Soccer wurde ausschließlich als Trainings- und Freizeitvergnügen betrachtet, das völlig im Schatten der Publikumsdisziplinen Baseball und American Football stand. Während Fußball Lateinamerika geradezu im Fluge eroberte, verharrte er in den USA somit auf dem Stand einer Randsportart, dessen Anhänger als »seltsame Eigenbrödler« und gesellschaftliche Außenseiter betrachtet wurden.

Weil das Spiel vor allem in den proletarisch angehauchten Immigrantenkreisen betrieben wurde, erhärtete sich der antiamerikanische Eindruck des Soccers, der als Domäne von Ausländern und assimilierungsunwilligen Immigranten betrachtet wurde, sogar noch.

■ **DIE WENIGEN SOCCER-HOCHBURGEN** lagen allesamt an der hochindustrialisierten Ostküste (West Hudson, New England), deren Stahlfabriken, Stoffmanufakturen, Werften und Bergwerke an Europa erinnernde Bedingungen boten, in denen auch der Fußball florierte. Darüber hinaus etablierte sich das Spiel in St. Louis, wo eine große irische Gemeinde lebte und dem Fußball einen konfessionellen Anstrich gab.

1884 riefen britische Einwanderer in Newark (New Jersey) die American Football Association (AFA) ins Leben, und bereits 1894 wurde eine auf den Großraum New York (West Hudson) beschränkte Profiliga eingerichtet. Betreiber waren die Besitzer der örtlichen Baseball-Teams, die ihre Arenen nach Ende der Baseballsaison im Oktober weiternutzen wollten und zudem einen Zugang zu den neuen Einwandererschichten suchten. Nach exakt 17 Tagen fand die Pionierliga schon wieder ihr Ende. Weil der Besitzer der Baltimore Orioles acht englische Profis verpflichtet hatte, dominierte seine Mannschaft die Konkurrenz, und mit dem Verdikt »Fußballer sind keine Künstler und dürfen damit nicht unter professionellen Vertrag genommen werden«, sorgte die von der Konkurrenz alarmierte staatliche Obrigkeit daraufhin für ein Ende des Spielbetriebes. »Die Liga hätte das Schicksal des amerikanischen Fußballs verändern können«, bedauerte der amerikanische Fußballhistoriker Zander Hollander noch 1981.

1912 rief eine Gruppe europäischstämmiger Funktionäre um den englischen Emigranten Randolph »Gus« Manning (hatte in Deutschland studiert und war 1900 bei der Gründung des DFB dabei gewesen) die American Amateur Soccer Association (AAFA) ins Leben, die 1913 einen Delegierten zum FIFA-Kongress nach Stockholm entsandte. Dort stellte sich heraus, dass Konkurrenzverband AFA den englischen Verbandssekretär Frederick Wall mit der Wahrung seiner Interessen beauftragt hatte, woraufhin die FIFA-Herren zunächst eine interne Einigung anmahnten. Daraufhin kam es am 5. April 1913 zur Bildung der United States Football Association (USFA, ab 1945 US Soccer Football Association, USSFA, seit 1974 US Soccer Federation, USSF), die umgehend in den Weltverband aufgenommen wurde. Als sich am 13. August 1913 auch die AFA anschloss, sprach Amerikas Fußball erstmals mit geeinter Zunge.

■ **BEFLÜGELT VOM INDUSTRIELLEN** Aufschwung und den verbesserten Reisemöglichkeiten durch das Aufkommen der Eisenbahn blühte Soccer anschließend auf. Neben Gastspielen prominenter europäischer Teams wie der Londoner Corinthians lockten vor allem die Begegnungen des von der USFA eingerichteten Pokalwettbewerbs National Open Challenge Cups (heute Lamar Hunt U.S. Open Cup) große Zuschauermassen an. Das Herz des US-amerikanischen Fußballs schlug an der Ostküste. Es sollte noch bis 1951 dauern, ehe der erste Westküstenverein an dem Pokalwettbewerb teilnahm. Auch die von Verbandssekretär Thomas Cahill vorangetriebene Einführung des Profitums – im Baseball, American Football und Basketball längst Usus und

TEAMS | MYTHEN

■ **BETHLEHEM STEEL FC** Eine der größten Legenden aus den ersten Jahren des US-amerikanischen Profiklubfußballs. Bethlehem ist eine Industriegemeinde nördlich von Philadelphia, die sich nach der Jahrhundertwende eines wirtschaftlichen Aufschwungs erfreute. 1914 stellte der lokale Stahlwerkchef Charles Schwab 25.000 Dollar zur Verfügung, um die Werks-Fußballmannschaft, die von 1913-15 dreimal in Folge Meister der AAFBA geworden war, in einen Profiverein zu verwandeln. Daraufhin kamen zahlreiche britische Profis in die im Lehigh Valley gelegene Kleinstadt und ebneten den »Steelers« den Weg in die nationale Spitze. Viermal gewann man den National Open Challenge Cup (1915, 1916, 1918 und 1919), wurde von 1919 bis 1921 dreimal in Folge Sieger der NAFBL und tourte 1919 als erster US-amerikanischer Verein durch Europa. 1921 zählte der Klub auch zu den Gründungsmitgliedern der Ostküsten-Profiliga ASL, in der die »Steelers« allerdings 1921/22 in Philadelphia antraten und prompt Meister wurden. Nach Bethlehem zurückgekehrt, errangen sie 1927 abermals den Titel und pflegten eine erbitterte Rivalität mit den Fall River Marksmen um die Führungsrolle im US-amerikanischen Profifußball. Nach dem Zusammenbruch der ASL wurde der Profiklub Bethlmehm Steel FC 1930 aufgelöst. [East End Field | 2 (ASL)]

■ **NEW ENGLAND REVOLUTION BOSTON** Der Pechvogel der MLS, in der die Blau-Roten aus Foxboro bzw. Boston viermal Vizemeister (2001, 2005-07) wurden und zudem eine Pokalfinalniederlage verbuchten. Erst 2007 endete die schwarze Endspielserie, als die von Craig Tornberg trainierten »Revs« im Finale des Lamar Hunt U.S. Open Cup mit 3:2 gegen den FC Dallas durchsetzten. Der Klubname erinnert an die Revolutionäre des 18. Jahrhunderts, die die US-amerikanische Unabhängigkeitsbewegung von Großbritannien anführten. [1995 | Gillette Stadium (68.756) | - | 1]

■ **CHICAGO FIRE** Der Name des Chicagoer MLS-Franchise soll an das große Feuer von 1871 erinnern, das weite Teile Chicagos zerstörte. 1998 in die MLS aufgenommen, errangen die Rot-Weißen um ihren polnischen Kapitän Piotr Nowak auf Anhieb die Meisterschaft und gingen 2006 bereits zum vierten Mal als Sieger aus dem Lamar Hunt U.S. Open Cup hervor. 1999 und 2004 erreichten sie in der Kontinentalmeisterschaft jeweils das Halbfinale. Nach zehn Jahren im Besitz der Anschutz-Gruppe wurde der Klub 2007 vom Investmentbanker Andell Holdings übernommen und verließ das Soldier Field, um sich im neuen Fußballstadion Toyota Park im südwestlichen Stadtteil Bridgeview niederzulassen. Mit der mexikanischen Fußball-Ikone Cuauhtémoc Blanco gelang zudem die Verpflichtung eines schillernden Superstars. Der Klub, für den in der Vergangenheit Spieler wie Eric Wynalda und Hristo Stoichkov aufliefen, ist wiederholt von internen Querelen erschüttert worden. Chicago zählt zu den Zuschauerhochburgen der MLS und wurde 2003 mit dem »MLS Supporters' Shield« für den besten Durchschnittsbesuch der Liga (ø 14.005) ausgezeichnet. [8.10.1997 | Toyota Park, Bridgeview (20.000) | 1 | 4]

■ **CHICAGO STING** Wurde 1984 letzter Meister der NASL, als man sich im Finale gegen die Toronto Blizzards durchsetzte. Zu jenem Zeitpunkt hatte die Klubführung bereits angekündigt, dass ab 1985 nur noch Hallenfußball betrieben werden würde. Die 1975 gegründeten Stings gehörten dem Börsenmakler Lee Stern und waren unter dem deutschstämmigen Trainer Willi Roy (1981 zum NASL-Trainer des Jahres gewählt) zu einer Art deutscher Filiale im US-amerikanischen Fußball geworden. Als sie 1981 erstmals NASL-Meister wurden, bildeten Deutsche fast 50 Prozent des Kaders – darunter die Ex-Bundesligaprofis Karl-Heinz Granitza, Paul Hahn, Arno Steffenhagen, Ingo Peter und Dieter Ferner. Im selben Jahr stellten die Sting mit 39.623 Zuschauern beim Play-off gegen San Diego Sockers eine lokale NASL-Rekordkulisse auf. [1975 | Comiskey Park (45.000) | 1 NASL]

■ **DALLAS TORNADO**  NASL-Klub des 2006 verstorbenen »Godfather of Soccer« Lamar Hunt. Der Milliardär war einer der kontinuierlichsten Unterstützer des US-amerikanischen Profifußballs und hatte die Tornados 1967 zur Bildung der »USA« (ging 1968 in der NASL auf) gegründet. Seinerzeit ging der schottische Klub Dundee United für Dallas auf Punktejagd. 1971 errang das Team um Kyle Rote Junior und Roy Turner seine einzige Landesmeisterschaft. Nach dem Aus der NASL spielte man noch ein Jahr als Indoor-Team, ehe der Klub aufgelöst wurde. Lamar Hunt indes schickte 1996 bei der Gründung der MLS mit Columbus Crew und FC Dallas (Ex-Dallas Burn) gleich zwei Fußball-Franchises ins Rennen. [1967 | Texas Stadium | 1 | 4]

■ **FALL RIVER MARKSMEN** Steht gemeinsam mit Bethlehem Steel für die erste große Soccer-Ära, die die USA in den 1920er Jahren erfasste. Fall River ist eine Industriestadt rund 70 Kilometer südlich von Boston und war in den 1920er Jahren die Textilhochburg der USA. 1922 wurde der lokale Fußballklub Fall River United von dem Industriellen Sam Mark übernommen und erhielt den Namen Fall River Marksmen. Nachdem Mark im benachbarten North Tiverton ein modernes Fußballstadion errichtet und damit das strikte Sonntagsspielverbot in Massachusetts umgangen hatte, konnte sich der Klub in einen Publikumsmagneten verwandeln. Seine zahlreichen sportlichen Erfolge verdankte er einer offensiven Rekrutierungspolitik. Mit Harold Brittan engagierte Mark zunächst einen ausgewiesenen Fußballfachmann aus Bethlemhen, der über eine Dekade lang als Spieler, Trainer und Manager die Geschicke der Marksmen lenkte. Aus Großbritannien angeheuerte Profis wie James White, Tommy Martin, Charlie McGill, Bill McPherson und Findlay Kerr ergänzten derweil den ansonsten von US-Amerikanern geprägten Kader, aus dem mit Billy Gonsalves und Bert Patenaude zwei Akteure herausragten. Zwischen 1924 und 1930 sicherten sich die Marksmen sieben von neun Landesmeisterschaften und begaben sich im August 1930 auf eine ausgedehnte Europatournee. Aufgrund der wirtschaftlichen Schwierigkeiten im Verlauf der »Großen Depression« verlegte Klubchef Sam Marks den Verein 1930 nach New York, wo er mit dem New York Soccer Club zu den New York Yankees vereint wurde. Nur ein Jahr später wurde der Verein im Zuge des ASL-Aus aufgelöst. [1922 | Mark's Stadium, North Tiverton, Rhode Island (15.000) | 7 (ASL)]

■ **FORT LAUDERDALE STRIKERS**  Der nach New York Cosmos schillerndste Verein der NASL-Ära. Klubbesitzer Joe Roby, zudem Macher beim American-Football-Team Miami Dolphins, betrachtete die 1977 gegründeten »Strikers« (»Stürmer«) als Abschreibeobjekt und heuerte zahlreiche Fußballstars aus aller Welt an. Darunter war Englands WM-Keeper Gordon Banks, die nordirische Fußball-Legende George Best, der deutsche »Bomber« Gerd Müller, Perus WM-Star Teófilo Cubillas, der Brasilianer Marinho sowie der Belgier Jan Van Beveren. 1980 erreichten die Strikers unter Trainer Eckhard Krautzun die Soccer-Bowls-Endrunde und scheiterten im Halbfinale mit 0:3 an New York Cosmos. 1983 wurde der Klub nach Minnesota verlegt, kickte nach dem NASL-Aus zunächst in der Hallenfußball-Liga weiter und

daher weniger konfliktträchtig als in Europa – beschränkte sich auf den Osten. Der erste Profifußballklub der USA entstand 1914 in der rund 100 Kilometer nördlich von Philadelphia gelegenen Industriestadt Bethlehem und wurde vom dortigen Stahlwerk unterstützt. Mit diversen aus England stammenden Profis errang der Bethlehem Steel FC von 1915 bis 1919 viermal den National Challenge Cup und avancierte zur ersten Übermannschaft in der Historie des US-Soccers. Ärgster Rivale war der Fall River FC Marksmen, der im Gegensatz zu Bethlehem Steel von Amerikanern geprägt war. Fall River ist eine lange von Textilindustrie geprägte Stadt südlich von Boston.

■ **1921 ENTSTAND DIE** American Soccer League (ASL), deren Spielbetrieb sich gleichfalls auf die Ostküste beschränkte und an der anfangs nur sieben Mannschaften teilnahmen. Mit ihr ging der Fußball in den USA erstmals getrennte Wege: den des vom Nationalverband USFA protegierten Amateursports, der u. a. 1924 zur Teilnahme an den Olympischen Spielen in Paris führte, und den des bezahlten Fußballs, der privat organisiert wurde und in den 1920er Jahren schier unaufhaltsam schien.

Das lag sowohl am wirtschaftlichen Aufschwung, den die Vereinigten Staaten nach dem Ersten Weltkrieg genommen hatten, als auch an einer in ihrer Heimat mit dem Fußball aufgewachsenen neuen Einwanderergeneration, die nach Kriegsende ins Land geströmt war und überwiegend Osteuropäer, Griechen, Italiener, Spanier und Portugiesen umfasste. Amerikas bis dato britisch, irisch und deutsch geprägte Fußballgemeinde erhielt dadurch eine weitverzweigte ethnische Untergliederung.

Darüber hinaus wurden nach Einführung des Profitums zahlreiche britische Profis in die USA gelockt, wo die Verdienstmöglichkeiten deutlich besser waren. Und schließlich kamen in den frühen 1920er Jahren Tausende von europäischen Juden, die dem anwachsenden Antisemitismus auf dem Alten Kontinent entgehen wollten, in die Staaten. Insgesamt ergab sich dadurch eine Melange, die den Erfolg der ASL fast garantierte.

Vor allem die von der Schwerindustrie unterstützten Großklubs lockten Zehntausende von Zuschauern an (1926 verfolgte die Rekordkulisse von 46.000 Zuschauern in New York ein Gastspiel der Wiener Hakoah). Selbst die Presse begann, euphorisch über Soccer zu berichten, und renommierte Spieler wie Bela Gutmann, »Billy« Gonsalves und Alex Jackson verliehen der Liga einen schillernden Glanz. Doch der Boom war nicht von Dauer. Einerseits beschränkte sich die Euphorie auf die europäischen Immigrantenkreise und das Proletariat, während die bürgerlichern »Amerikaner« bestenfalls aus reiner Neugierde mal ein Soccer-Spiel besuchten. Andererseits brach 1927 eine interne Fehde aus. Auslöser war die umstrittene Teilnahme mehrerer Profiklubs am Amateurpokal des Nationalverbandes, was zur Suspendierung der ASL durch die USFA führte. Als man den Streit nach zwei Jahren endlich beilegte, war die Euphorie um den Fußball verpufft, hatten sich vor allem die Sponsoren längst anderen Disziplinen zugewandt.

Das enorme Potenzial, über das der US-Fußball seinerzeit verfügte, wurde bei der WM 1930 sichtbar. Nachdem sie Belgien und Paraguay jeweils mit 3:0 bezwungen hatten, erreichten die US-Boys das Halbfinale (1:6 gegen Argentinien) und sorgten damit für das beste Ergebnis in der Geschichte des US-amerikanischen Fußballs! Unumstrittener

Die Fußball-Diaspora USA im Rampenlicht: Joe Gaetjens wird nach dem sensationellen 1:0-Sieg über England bei der WM 1950 in Brasilien von begeisterten Fans vom Platz getragen.

Jahr	Meister ASL
1922	Philadelphia Field Cl.
1923	J&P Coats Pawtucket
1924	Fall River Marksmen
1925	Fall River Marksmen
1926	Fall River Marksmen
1927	Bethlehem Steel FC
1928	Boston Wonder Work.
1929a	Fall River Marksmen
1929b	Fall River Marksmen
1930	Fall River Marksmen
1930	Fall River Marksmen
1931	New York Giants
1932	abgebrochen

Jahr	Meister NASL
1967/USA	L. Angel. Wolves
1967/NPSL	Oakland Clipp.
1968	Atlanta Chiefs
1969	Kansas City Spurs
1970	Rochester Lancers
1971	Dallas Tornado
1972	New York Cosmos
1973	Philadelphia Atoms
1974	Los Angeles Aztecs
1975	Tampa Bay Rowdies
1976	Toronto Metros-Cr.
1977	New York Cosmos
1978	New York Cosmos
1979	Vancouver Whitecaps
1980	New York Cosmos
1981	Chicago Sting
1982	New York Cosmos
1983	Tulsa Roughnecks
1984	Chicago Sting

Jahr	Meister MLS	Pokal (Open Cup)
1996	DC United	DC United
1997	DC United	Dallas Burn
1998	Chicago Fire	Chicago Fire
1999	DC United	Rochester Rhinos
2000	Kansa City Wizards	Chicago Fire
2001	San Jose Earthquakes	Los Angeles Galaxy
2002	Los Angeles Galaxy	Columbus Crew
2003	San Jose Earthquakes	Chicago Fire
2004	CD United	Kansas City Wizards
2005	Los Angeles Galaxy	Los Angeles Galaxy
2006	Houston Dynamo	Chicago Fire
2007	Houston Dynamo	New England Revolution
2008	Columbus Crew	DC United

Star war mit »Billy« Gonsalves ein Stürmer portugiesischer Abstammung, der in seiner Karriere über 1.000 Tore geschossen haben soll. Vier Jahre später erwarb sich Aldo »Buff« Donelli Ruhm, als er die USA im WM-Qualifikationsspiel gegen Mexiko mit vier Treffern fast im Alleingang erneut zum Endturnier schoss.

Die internen Querelen der ASL fielen zusammen mit schweren wirtschaftlichen Problemen. Der Börsencrash von 1929 (»Schwarzer Freitag«) ließ in den amerikanischen Städten ein Heer von Arbeitslosen entstehen und entzog auch dem Profifußball seine Finanzmittel. Fußball in Amerika begab sich anschließend auf eine Talfahrt, und schon bald waren es wieder nur die »Spinner« und »Außenseiter«, die kickten. Ausgenommen davon war der Hochschulfußball, der sich weiterhin großer Beliebtheit erfreute. Allerdings ließen die meisten Jugendlichen den Soccer nach ihrem Eintritt ins Erwachsenenalter zugunsten »seriöser« Disziplinen wie American Football und Baseball fallen, während das inexistente Nachwuchssystem und die mangelhaften Ligastrukturen denjenigen, die am Ball bleiben wollten, keine Chance auf eine Weiterentwicklung gab.

■ **ALS DIE USA 1950 ZUM** dritten Mal zu einer WM reisten, bot die Mannschaft ein komplett anderes Bild als 1930 und 1934. Die spätestens mit dem Zweiten Weltkrieg zur Weltmacht aufgestiegenen USA wurden in Brasilien ausnahmslos von auf Hobbyebene kickenden Angehörigen ethnischer Randgruppen vertreten. Darunter war der gebürtige Haitianer Joe Gaetjens, der noch nicht einmal die US-Staatsbürgerschaft besaß und sich sein US-Studium als Tellerwäscher finanzierte. Das hielt ihn nicht davon ab, beim 1:0-Vorrundensieg über England das Tor des Tages zu erzielen und damit für die größte Sensation in der WM-Geschichte zu sorgen. In den USA wurde der weltweit beachtete Sensationssieg allerdings nur beiläufig registriert…

Die Akteure der Erfolgself kickten ausschließlich für Vereine zweier konkurrierender Ligen der Ostküste, die von europäischen Immigranten gelenkt wurden: der German-American League (GAL), 1925 gegründet, und das Staatendreieck New York, New Jersey und Connecticut abdeckend, sowie der American Soccer League (ASL), die sich aus den Resten der gleichnamigen ehemaligen Profiliga entwickelt hatte und die Regionen Philadelphia, St. Louis, Pittsburgh, Baltimore, Detroit und Chicago betreute. Beide Spielklassen genossen in den 1950er Jahren eine hohe Popularität unter den Immigranten aus Europa. Gastspiele renommierter europäischer Klubs wie Hamburger SV, 1. FC Kaiserslautern oder AC Mailand sorgten seinerzeit für enorme Kulissen.

Doch auch dieser Boom war nicht von Dauer. 1958 eskalierte der Streit zwischen ASL und GAL, als der Nationalverband USSFA die ASL offiziell anerkannte und die GAL damit zur Piratenliga deklarierte. Beide Ligen zerbrachen an dem Konflikt. Walter Bahr, einer der WM-Helden von 1950, bedauerte später: »Mit einer einzigen, gut organisierten Profiliga hätten wir an den Erfolg von 1950 anschließen können.«

Erst die WM 1966 brachte wieder Bewegung in die Soccer-Gemeinde. Das von NBC live übertragene Endspiel zwischen England und Deutschland fand ein unerwartet hohes Interesse, woraufhin der Nationalverband USSFA ankündigte, privaten Bemühungen um die Bildung einer von Küste zu Küste reichenden Nationalliga seine Unterstützung zukommen zu lassen.

Daraufhin bildeten sich drei konkurrierende Konsortien, denen Millionäre wie der texanische Ölmulti Lamar Hunt und der kanadische Medientycoon Jack Kent Cooke angehörten und deren Motivation wirtschaftlicher Natur war (Hunt: »Wir wollen keine Charity-Veranstaltungen, wir wollen Business betreiben.«). Der heraufbeschworene Wettstreit um die Gunst der USSFA eskalierte im Frühjahr 1967, als sich zwei der drei Gruppen in der National Professional Soccer League (NPSL) vereinten, einen lukrativen TV-Kontrakt mit dem Mediengiganten CBS schlossen und verkündeten, auch ohne Verbandsverdikt an den Start gehen zu wollen. Die düpierte USSFA gründete daraufhin mit der verbliebenen dritten Gruppe die United Soccer Asscociation (USA) und

wurde 1988 aufgelöst. [1977 | Lockhart Stadium (20.450)]

■ **HOUSTON DYNAMOS** Erst im Dezember 2005 gegründet, sicherten sich die Dynamos aus der texanischen Metropole Houston sowohl 2006 als auch 2007 jeweils die MLS-Meisterschaft. Der im Besitz der Anschutz-Gruppe befindliche Klub hatte allerdings 2005 das Franchise, die Mannschaft und den Betreuerstab der San José Earthquakes übernommen, die 2001 und 2003 bereits zweimal Landesmeister geworden waren. Zunächst war die Elf um den ehemaligen Zwickauer Zweitligaspieler Dwayne de Rosario als Houston 1836 aufgelaufen, hatte ihren Namen aber aufgrund von Protesten (1836 erfolgte nicht nur die Stadtgründung von Houston, sondern es begann auch der texanische Unabhängigkeitskrieg mit Mexiko) in Dynamos geändert. Mit durchschnittlich 16.000 Zuschauern hat sich die Mannschaft rasch eine treue Fanschar erobern können. [2005 | Robertson Stadium (33.000) | 2 | -]

■ **CHIVAS USA LOS ANGELES** US-amerikanischer Ableger des mexikanischen Rekordmeisters CD Guadalajara, der auch als »las Chivas« (»die Ziegen«) bekannt ist. Nachdem der mexikanische Geschäftsmann Jorge Vergara (»Omnilife«) den mexikanischen Stammverein 2002 übernommen hatte (Vergara ist außerdem in Besitz des costaricanischen Spitzenklubs Saprissa San José), bemühte er sich um eine Lizenz für die MLS. Als Zielgruppe galt die vor allem im Großraum Los Angeles lebende mexikanische Immigrantengemeinde (45 Prozent der dortigen 9,8 Mio. Einwohner sind mexikanischer Herkunft). 2005 nahmen die Chivas USA ihren Spielbetrieb in der MLS auf und brachten eine für amerikanische Verhältnisse ungewöhnliche Fankultur in die Spielklasse. Während man die spanischsprachige Fangemeinde in den USA rasch an sich binden konnte, ist der sportliche Durchbruch bislang ausgeblieben. [1995 | The Home Depot Center (27.000)]

■ **LOS ANGELES GALAXY** Ohnehin schon mit Spielern wie Jorge Campos, Andreas Herzog, Alexi Lalas, Cobi Jones und Luis Hernández schillernder als jeder andere MLS-Klub, sorgten die Kalifornier im Januar 2007 mit der Verpflichtung von David Beckham für einen weiteren Paukenschlag und brachten die MLS weltweit in die Schlagzeilen. Der Name »Galaxy« verweist auf Los Angeles' Rolle als Heimat vieler Hollywood-Stars. Der Klub befindet sich im Besitz der »Anschutz Entertainment Group« von Philip Anschutz und greift traditionell auf eine bunte Mischung aus Lateinamerikanern (in Los Angeles leben über vier Mio. Mexikaner) und Europäern zurück. Zwischen 1996 und 2006 erreichte Galaxy als einziges MLS-Team in jedem Jahr die Play-Off-Runde und zog dreimal ins Finale ein. Sowohl 1996 (2:3 gegen DC United), 1999 (0:2 gegen DC United) als auch 2001 (1:2 gegen San Jose Earthquakes) ging man dabei aber als Verlierer vom Feld. Erst 2002 gelang der Durchbruch, als sich Galaxy mit 1:0 gegen New England Revolution durchsetzte. Zwischenzeitlich waren mit dem Gewinn der Kontinentalmeisterschaft 2000 (3:2 gegen Olimpia Tegucigalpa) sowie des Lamar Hunt U.S. Open Cup 2001 weitere Erfolge gelungen. 2005 errang die inzwischen durch Torjäger Landon Donovan verstärkte Elf zum zweiten Mal die Landesmeisterschaft (1:0 gegen New England Revolution) und erreichte im Pokalfinale gegen den FC Dallas das Double. Mit der Beckham-Verpflichtung rückte der Klub 2007 noch stärker in den öffentlichen Fokus, zumal im November desselben Jahres mit Ruud Gullit auch noch ein renommierter Trainer verpflichtet wurde. Interne Querelen um den später geschassten Manager Alexi Lalas warfen den Klub jedoch regelmäßig zurück. Die

zunächst im WM-Stadion Rose Bowl kickenden Kalifornier bezogen 2003 mit dem in der Vorstadt Carson gelegenen Home Depot Centre eine reine Fußballarena, die man sich mit dem Lokalrivalen Chivas USA teilt. Galaxy zählt zu den publikumsträchtigsten Vertretern der MLS und erreichte 1996 seinen Rekord, als durchschnittlich 30.129 Fans pro Spiel begrüßt wurden. [1995 | Home Depot Centre (27.000) | 2 | 2]

■ **NEW YORK COSMOS** Die bekannteste Mannschaft und schillerndste Legende der NASL-Ära ging mit fünf Meisterschaften zwischen 1972 und 1982 zudem als Rekordmeister in die NASL-Annalen ein. Der 1971 von den Industriemogulen Ahmet und Nesuhi Ertegün gegründete und vom ehemaligen Londoner Journalisten Clive Toye geführte Klub avancierte seinerzeit zum »Wachmacher« für die vom Aus bedrohte NASL. Das war vor allem der Unterstützung durch den mächtigen »Warner Brothers Konzern« und dessen Präsident Steve Ross zu verdanken, durch die Cosmos (der Name war abgeleitet von »Cosmopolitans«) den gesamten US-amerikanischen Profifußball aufmischen konnte. In einer geschickten Verknüpfung von exzessivem Showbusiness und renommierten Fußball-Weltstars gelang es Cosmos, binnen kurzem das Interesse der Amerikaner für sich und den Soccer zu wecken. Es begann 1975 mit der Verpflichtung von Superstar Pelé, der in insgesamt 105 Spielen 55 Treffer erzielte. 1977 kam »Kaiser« Franz Beckenbauer, dem mit Carlos Alberto, Vladislav Bogićević, Giorgio Chinaglia, Hubert Birkenmeier, Władysław Żmuda, Marinho Chagas, Andranik Eskandarian, Johan Neeskens, Mordechai Spiegler, Julio Cesar Romero, Roberto Cabañas und François Van Der Elst weitere bekannte Namen folgten. Insgesamt liefen im Laufe der Jahre Spieler aus 14 Nationen für den Klub auf, der damit so etwas wie ein Vorreiter der Globalisierung im Weltfußball war und gewaltige Kulissen in das Giants Stadium lockte (Rekord: 1978, als 47.856 pro Spiel kamen). Nachdem 1980 Hennes Weisweiler den Trainerstab übernommen hatte, bewies Cosmos während einer Europareise, dass man inzwischen mehr als nur eine Operettenmannschaft war, und bezwang u. a. den Hamburger SV mit 7:2. Auch gegen Lazio Rom und Atlético Madrid zogen sich die Amerikaner gut aus der Affäre. Der unumstrittene Motor des NASL-Aufschwungs läutete am Ende aber auch das Aus der Liga ein. Nachdem die Weltstars gegangen waren und Geldgeber Warner Brothers den Klub fallengelassen hatte, brach das Publikumsinteresse ein und 1982 musste sich Cosmos aus der NASL zurückziehen, die zwei Jahre später eingestellt wurde. Unterdessen kickte eine Mannschaft namens New York Cosmos noch eine Zeitlang in der Hallenfußball-Liga bzw. der italo-amerikanischen Amateurliga von New York, ehe das Label Cosmos vollends zur Geschichte wurde. Dass es längst eine Legende ist, zeigte sich 2006, als Matt Dillon den Dokumentarfilm »Once In A Lifetime« vorstellte, der die schillernde Geschichte des einstigen New Yorker Vorzeigeklubs nachzeichnete. [1971 | Giants Stadium (76.891) | 5 NASL]

■ **NEW YORK RED BULL** (NY/NJ METROSTARS)

Erst 1996 gebildet, trägt der Klub aus dem Großraum New York/New Jersey bereits seinen vierten Namen. Gegründet als Empires, votierten die Klubeigentümer John Kluge und Stuart Subotnick nach nur wenigen Monaten für die Bezeichnung MetroStars, was einerseits an ihr Unternehmen »MetroMedia« erinnerte und andererseits für die Metropole New York/New Jersey stand. Ab 1998 entfiel dann die Ortsbezeichnung, ehe die MetroStars am 9. März 2006 nach der Übernahme durch den Red-Bull-Konzern zu den New York Red Bulls wurden. Schon bei der MLS-Gründung als einer der designierten Großklubs gehandelt, wartet der Verein trotz renommierter Spieler wie Roberto Donadoni, Lothar Matthäus, Adolfo Valencia, Tab Ramos, Alexi Lala, Youri Djorkaeff und

Brasiliens Fußball-Legende Pelé begeisterte auch die US-Amerikaner.

rief eine weitere Profiliga – allerdings eine verbandssanktionierte – ins Leben.

So gingen 1967 also gleich zwei Ligen an den Start – und beide scheiterten kläglich. In der NPSL kickten zehn Mannschaften, die sich ausnahmslos aus alternden Ex-Profis wie Horst Szymaniak sowie unbekannten Amateuren zusammensetzten, deren fußballerische Fähigkeiten begrenzt waren. Unter ihnen waren acht Amerikaner – und damit immerhin acht mehr als in der verbandssanktionierten »USA«, die es noch abenteuerlicher trieb. Weil die Zeit für die Zusammenstellung eigener Mannschaften zu knapp geworden war, hatte man kurzerhand Mannschaften aus Europa und Südamerika »angemietet«, die während der europäischen Sommerpause im Fußball-Entwicklungsland USA aufliefen. So kickten die Wolverhampton Wanderers als »Los Angeles Wolves«, Cagliari Calcio als »Chicago Mustangs«, Shamrock Rovers Dublin als »Boston Rovers« etc. Zumeist handelte es sich dabei allerdings nicht um die regulären Ligamannschaften, sondern um Mischungen aus betagten Fußball-Rentnern, einer Handvoll Profis und minderbegabten Amateuren.

Die beiden aus sportlicher Sicht höchst zweifelhaften Veranstaltungen endeten nach wenigen Monaten mit der Pleite sämtlicher Teilnehmer.

■ **NACHDEM SICH DIE RIVALISIERENDEN** Gruppen zunächst mit Klagen überzogen hatten, kam es 1968 zur Einigung und der Gründung einer gemeinsamen Liga. Mit der NASL (North American Soccer League) begann ein neues Kapitel in der Geschichte des Profifußballs in den USA und Kanada, das zu einem der schillerndsten in der Historie des Spiels in Nordamerika wurde.

Danach sah es zunächst allerdings nicht aus. Schon 1969 waren von den ursprünglich 17 Teams nur noch fünf übriggeblieben, und als sich die Klasse Anfang der 1970er Jahre allmählich stabilisierte, fand dies auf recht niedrigem Niveau statt. Das änderte sich 1975, als New York Cosmos mit Unterstützung des Unterhaltungsgiganten »Warner Communications« das selbst in den USA bekannte brasilianische Fußball-Idol Pelé anheuerte. Es war der Auftakt zu einer Reihe von spektakulären Spielerverpflichtungen, wobei sich neben New York Cosmos vor allem die Fort Lauderdale Strikers hervortaten. Deren Besitzer Joe Roby besaß bereits das American-Football-Team Miami Dolphins und sah – wie viele Investoren – im Soccer vornehmlich eine interessante Abschreibemöglichkeit.

Plötzlich wurden die USA auch im Fußball zum »Land der unbegrenzten Möglichkeiten«. Neben Pelé kamen weitere Weltstars wie Franz Beckenbauer, Eusébio, Gerd Müller, Giorgio Chinaglia, Carlos Alberto, Teofilo »Nene« Cubillas, Johan Neeskens, Johan Cruyff, George Best und Gordon Banks in die Staaten, wo man das Spiel erfolgreich als Entertainment verkaufte. Als 1977 das Halbfinalspiel um die »Soccer Bowl« zwischen New York Cosmos und Fort Lauderdale Strikers die Rekordkulisse von 77.691 Zuschauern anlockte, schien Soccer die Herzen der Amerikaner erobert zu haben.

Dabei half auch ein 1969 eingeführtes Punktesystem, das dem des American Football ähnelte, und bei dem ein Sieg sechs Punkte sowie jedes erzielte Tor einen weiteren Zähler brachte. 1974 war zudem das Remis abgeschafft worden, fanden unentschiedene Spiele fortan im Elfmeterschießen ihren Sieger. Auch Cheerleader in knappen Röckchen und Mas-

● **Erfolge**
Gold Cup 1991, 2002, 2005, 2007

● **FIFA World Ranking**
1993	1994	1995	1996	1997	1998	1999	2000
22	23	19	18	26	23	22	16
2001	2002	2003	2004	2005	2006	2007	2008
24	10	11	11	8	31	19	22

● **Weltmeisterschaft**
1930 Endturnier (Halbfinale) **1934** Endturnier (Achtelfinale), **1938** nicht teilgenommen **1950** Endturnier (Vorrunde) **1954-86** Qualifikation **1990** Endturnier (Vorrunde) **1994** Endturnier (Ausrichter, Achtelfinale) **1998** Endturnier (Vorrunde) **2002** Endturnier (Viertelfinale) **2006** Endturnier (Vorrunde) **2010** Qualifikation

● **Gold Cup**
1989 Zweiter **1991** Sieger **1993** Zweiter **1996** Dritter **1998** Zweiter **2002** Sieger **2003** Dritter **2005** Sieger **2007** Sieger

● **Vereinserfolge**
Kontinentalmeister Washington DC United (1998), Los Angeles Galaxy (2000)

kottchen wie Cosmos' karottenkauendes Bugs Bunny ebneten dem Soccer den Zugang zum amerikanischen Markt. Zunächst funktionierte es prächtig. Stars wie Mick Jagger und Luciano Pavarotti tauchten auf den Tribünen auf, Henry Kissinger, im fränkischen Fürth geborener Staatsmann, fungierte bereitwillig als kompetente Verbindungsbrücke zur Politik, und das Publikum strömte in Massen. Bis 1980. Nachdem sich die (ohnehin nur für finanzstarke Klubs wie Cosmos und Fort Lauderdale spielenden) Stars zurückgezogen hatten und das Teilnehmerfeld auf 24 Mannschaften aufgebläht worden war, verloren das Publikum und vor allem die TV-Anstalten schlagartig das Interesse. 1982 zog sich Zugpferd Cosmos aus der Liga zurück, und 1984 gingen die Lichter der NASL aus.

■ **WIEDER WAR DIE USA** ohne Nationalliga. Wieder wurde das Spiel in eine Außenseiterrolle gedrängt, reduzierte sich der Spielbetrieb auf wenige ethnische Gruppen (nach dem Zweiten Weltkrieg war die wachsende Gemeinde der Hispanolas – Mexikaner, Kubaner, El Salvadorianer etc. – hinzugekommen), gab es ein unüberschaubares Wirrwarr aus unterschiedlichen Spielklassen, die nicht miteinander verzahnt waren. Jeder kochte sein eigenes Süppchen. In New York konkurrierten in den 1980er Jahren allein 20 spanische Fußball-Ligen miteinander – und in anderen Volksgruppen war das kaum anders. Zugleich wurde vergeblich versucht, den Hallenfußball in eine US-spezifische Version des Fußballs zu verwandeln. Alles vergeblich: Soccer war erneut »out«.

Damit einher ging die erschreckende internationale Bedeutungslosigkeit des US-Soccers. Die Nationalmannschaft hatte seit 1950 kein WM-Turnier mehr erreicht und zeigte sich in der Qualifikation schon mit Teams wie Niederländische Antillen und Haiti überfordert. US-Vereinsteams spielten keinerlei Rolle im CONCACAF-Raum.

Nur wer genau hinsah, erkannte, dass die NASL doch etwas verändert hatte. Durch sie war Soccer erstmals in den amerikanischen Alltag eingedrungen – wenn auch »nur« als Aktivität, und nicht als Kultur. Doch die Zahl der über die NASL für den Fußball sensibilisierten Kinder und Jugendlichen war enorm, und vor allem unter den Mädchen war das Spiel außerordentlich populär. Als die erste Generation dieser »amerikanischen« Fußballer und Fußballerinnen im Erwachsenenalter ankam, zeigte sich erneut das enorme Potenzial, über das die USA verfügt. 1991 wurden die US-Soccer-Girls in China erster Weltmeister und stiegen zu den prägenden Kräften im Frauenfußball auf. Ihre männlichen Kollegen hatten ein Jahr zuvor in der Qualifikation zur WM den Durchbruch gefeiert, als ihnen ein Last-minute-Sieg in Trinidad erstmals seit 40 Jahren wieder das Tor zum Endturnier geöffnet hatte.

Vorausgegangen war eine weitere bahnbrechende Entscheidung: die Übertragung der WM 1994 an die USA. Unterstützt von der FIFA, die den riesigen US-Markt für sich erschließen wollte, wurde die Fußballdiaspora anschließend akribisch auf das Weltereignis vorbereitet und massiv auf dem US-Sport- und Entertainmarkt verankert.

Dass die WM 1994 zu einem Erfolg wurde und den US-Fußball sogar von seinem Stigma als Immigrantensport befreite, hatte auch sportliche Gründe. Schon 1990 war die Landesauswahl um Paul Caligiuri und Tab Ramos bei der WM in Italien trotz Vorrundenaus positiv aufgefallen. Vier Jahre später trumpfte das von Ikonen wie Alexi Lalas geprägte Team im eigenen Land mit einem 2:1 über Kolumbien auf und zog ins Achtelfinale ein, wo man dem späteren Weltmeister Brasilien knapp mit 0:1 unterlag.

Seitdem hat die USA an jedem WM-Endturnier teilgenommen und 2002 mit dem Erreichen des Viertelfinals für den größten Erfolg seit 1930 gesorgt. Vor allem der 3:0-Vorrundensieg über den Geheimfavoriten Portugal sowie das 2:0 im Achtelfinale gegen den Erzrivalen Mexiko kurbelte seinerzeit das Interesse schlagartig an und lockte trotz der für die USA ungünstigen Einschaltzeiten am frühen Morgen Rekordkulissen vor die TV-Bildschirme.

Auf kontinentaler Ebene ringt die USA seitdem mit dem einst uneinholbar scheinenden Nachbarn Mexiko um die Führungsrolle. 2007 sicherten sich die US-Boys zum vierten Mal seit 1991 die Kontinentalmeisterschaft Gold Cup, dessen Endturnier aus ökonomischen Gründen ausschließlich in den USA, Mexiko und Kanada stattfindet und längst zum Kassenschlager avancierte.

■ **AUCH AUF NATIONALER** Ebene brachte die WM 1994 einiges in Bewegung – sie musste es allerdings auch, denn die FIFA hatte die Bildung einer Nationalliga an die Vergabe gekoppelt. 1996 nahm mit der Major League Soccer (MLS) eine in zwei Regionalstaffeln

Amado Guevara bislang vergeblich auf seinen sportlichen Durchbruch und machte stattdessen durch einen hohen Trainerverschleiß auf sich aufmerksam. Abgesehen vom Erreichen des Halbfinals im Soccer Bowl 2000 sowie dem Endspiel um den Lamar Hunt U.S. Open Cup 2003 (0:1 gegen Chicago Fire) gähnen die Annalen der New Yorker durch Leere. Zudem wechselte das Franchise bereits zweimal den Besitzer: 2001 übernahm die »Anschutz Entertainment Group« die Führung, ehe 2006 der österreichische Energiedrinkhersteller Dietrich Mateschitz mit seinem Unternehmen Red Bull eine umstrittene und schlagzeilenträchtige Übernahme vollzog. Ex-Nationaltrainer Bruce Arena führte die nunmehrigen »Roten Bullen« anschließend immerhin erstmals seit 2000 wieder in die Play-Off-Runde, während man 2007 beim Gastspiel von Los Angeles Galaxy die Rekordkulisse von 66.238 Zuschauern im Giants Stadion begrüßen konnte – die meisten kamen allerdings, weil sie den neuen Galaxy-Star David Beckham bei dessen MLS-Debüt sehen wollten. Die New Yorker bauen gegenwärtig in Harrison (New Jersey) eine reine Fußballarena, die 2009 bezogen werden soll. [1995 | Giants Stadium (80.242)]

■ **SAN JOSE EARTHQUAKES** Die Fußballhistorie der »Erdbeben«-Kicker aus San Jose steht exemplarisch für die Irrungen und Wirrungen im US-amerikanischen Franchise-Fußball. Das Fußball-Franchise der Kalifornier reicht zurück bis in das Jahr 1974, als eine San Jose Earthquakes genannte Mannschaft um den nordirischen Superstar George Best in der damaligen NASL auflief. 1989 ging es an den San Franciscoer Grundstücksmakler Dan van Voorhis, der ein nach seinem Unternehmen »Blackhawks« genanntes Team ins Leben rief und jenes in der WSL antreten ließ. Nach zahlreichen internen Streitigkeiten wurde der Spielbetrieb 1992 eingestellt. 1996 entstanden zur MLS-Gründung die San Jose Clash, deren Franchise vom Ligaverband MLS gehalten wurde. Clash-Star Eric Wynalda war es, der am 6. April 1996 vor 31.683 Zuschauern im Spartan Stadium von San Jose beim 1:0 gegen DC United das erste Tor in der MLS-Historie markierte. Seit dem 27. Oktober 1999 wieder als Earthquakes auflaufend, errangen die »Quakes« 2001 und 2003 unter dem kanadischen Trainer Frank Yallop sowie mit Akteuren wie Torjäger Landon Donovan und Keeper Tim Hanley jeweils die MLS-Meisterschaft und heimsten 2005 den Preis für die publikumsträchtigste Mannschaft ein (ø 13.037). Als die inzwischen als Franchise-Inhaber fungierende »Anschutz Entertainment Group« 2004 aufgrund ungeklärter Stadionprobleme den Verkauf an den mexikanischen Spitzenklub CF América ankündigte, kam es zu Protesten, woraufhin der Klub 2006 ins texanische Houston verlegt wurde und er 2006 sowie 2007 als Houston Dynamos abermals Meister wurde. In San Jose kündigten derweil 2007 die Besitzer des örtlichen Baseballteams Oakland Athletics, Lewis Wolff und John Fisher an, eine neue Profifußballmannschaft aufzuziehen, und riefen 2008 zum dritten Mal einen Klub mit dem Namen San Jose Earthquakes ins Leben, der ad hoc den Spielbetrieb in der MLS aufnahm. Wenn spätestens 2010 eine reine Fußballarena bezogen werden kann, hofft man auch namentlich auf ein kleines bisschen mehr Konstanz. [17.4.1995 | Spartan Stadium (26.000) | 2]

■ **DC UNITED WASHINGTON** Mit vier Meisterschaften und einem Pokalsieg das erfolgreichste Team der bisherigen MLS-Historie. In den ersten vier Spielzeiten erreichten die Rot-Schwarzen aus der Hauptstadt Washington alljährlich das Endspiel und gingen 1996 sogar als Doublesieger durchs Ziel. 1998 gelang dem von Bruce Arena trainierten und den Kolumbianern Jaime Moreno und Marco Etcheverry geprägten Team zudem der Gewinn der Kontinentalmeisterschaft (1:0 gegen Toluca) sowie der Copa Interamericana (0:1 und 2:0 gegen Vasco da Gama, Brasilien).

Nachdem Erfolgscoach Arena 1998 die Nationalmannschaft der USA übernommen hatte, flachte die Erfolgskurve der Washingtoner allerdings etwas ab. Erst 2004 gelang unter Trainer Piotr Nowak und mit dem Wunderkind Freddy Adu auf dem Feld durch ein 3:2 über Kansas City Wizards der vierte Titelgewinn der Geschichte. 2006 war DC United zudem der erste US-amerikanische Klub, der eine Einladung zur Teilnahme an der Copa Sudamericana erhielt. Der Name DC United ist eine Anspielung an »Washington D.C.« bzw. soll an berühmte europäische Klubs wie Manchester United und Leeds United erinnern. DC United zählt zu den beliebtesten Teams im Land und heimste bereits viermal die Trophäe für den höchsten Zuschauerbesuch der Liga ein (Rekord: 21.518 in der Saison 2001). Gegenwärtig im Robert F. Kennedy Memorial Stadium spielend, plant man östlich des Anacostia-Flusses den Bau einer reinen Fußballarena. Im Januar 2007 wurde der Klub für die Rekordsumme von 33 Mio. US-$ von einer Investorengruppe um Victor MacFarlane übernommen. Zuvor hatten die »Anschutz Entertainment Group« (2001-07) bzw. die »Washington Soccer L.P.« (bis 2001) das Franchise gehalten.
[1995 | RFK Memorial (56.692) | 4 | 2]

HELDEN | LEGENDEN

FREDDY ADU Mit zarten 14 Jahren in der MLS debütierend und zum designierten Weltstar hochgejazzt, hat der im afrikanischen Ghana geborene Wunderstürmer die enormen Erwartungen bislang nicht erfüllen können. Adu debütierte am 3. April 2004 für DC United und war damit jüngster Profidebütant aller Zeiten und aller Disziplinen in den USA. Er durchlief zudem sämtliche Jugendauswahlmannschaften der USA und debütierte im Januar 2006 in der A-Auswahl der Staaten. Im Dezember 2006 zu Real Salt Lake City ausgeliehen, wechselte der hochbegabte offensive Mittelfeldspieler 2007 zu Benfica Lissabon, wo er sich jedoch nicht durchsetzen konnte und im Juli 2008 zum AS Monaco ausgeliehen wurde. [*2.6.1989 | 8 LS]

WALTER BAHR Kapitän der legendären US-Elf von 1950, die er mehrfach bei der WM in Brasilien sensationell mit 1:0 bezwang. Bahr lieferte Joe Gaetjens seinerzeit die Vorlage zum entscheidenden Treffer. Hatte 1948 mit der US-Elf schon am olympischen Fußballturnier in London teilgenommen und gewann zwischen 1951 und 1955 mit den Philadelphia Nationals viermal die ASL-Meisterschaft. [*1.4.1927 | 19 LS]

MARCELO BALBOA Kam auf 128 Einsätze für die Nationalelf, die er mehrfach als Kapitän aufs Feld führte. Der Verteidiger mit argentinischen Wurzeln (Vater Luis Balboa war einst Profi in Buenos Aires) debütierte am 10. Januar 1988 gegen Guatemala in der US-Auswahl, mit der er 1990, 1994 und 1998 an den WM-Turnieren teilnahm. 1994 von den Bay Blackhawks San Francisco zum mexikanischen Profiklub León gewechselt, kehrte er 1996 zur MLS-Gründung in die USA zurück und bestritt bis 2001 151 Spiele für die Colorado Rapids. Seit seinem Karriereende ist Balboa für diverse TV- und Rundfunkstationen als Fußballexperte im Einsatz. [*8.8.1967 | 128 LS/13 Tore]

LANDON DONOVAN Seine 36 Treffer für die Nationalmannschaft der USA sind bislang unerreicht. Donovan gilt als einer der begabtesten Akteure der jüngeren US-Fußballgeschichte und gewann sowohl mit San Jose Earthquakes (2001 und 2003) als auch mit LA Galaxy (2005) die Landesmeisterschaft. Beim Bundesligisten Bayer Leverkusen, zu dem der offensive Mittelfeldspieler 2001 kam, vermochte er sich indes nicht durchzusetzen und

Die WM 1994 verhalf den USA zum »richtigen« Fußballgeist.

gegliederte Profiliga mit abschließendem Play-Off (»Soccer Bowl« bzw. »MLS Cup«) den Spielbetrieb auf, die von Fußball spielenden Franchise-Unternehmen gebildet wird und die sich nach einigen Anlaufschwierigkeiten etablierte

Die Liga hat freilich wenig mit den aus Europa bekannten Verhältnissen gemein. Von ihren zehn Gründungsmitgliedern gehörten gleich sechs dem aus Denver stammenden Milliardär Philip Anschutz, und weder gibt es Auf- und Abstieg, noch existiert das unter Europas Vereinen übliche Konkurrenzdenken. Die Klubs bzw. ihre Eigentümer betrachten sich stattdessen als Geschäftspartner, Spieler werden über das »Drafting«-Verfahren verschoben und wer in die MLS will, muss eine Lizenz erwerben und warten, bis ein Platz frei wird. Wie ungewöhnlich die Liga ist, zeigte sich 2002, als der Ligaspielbetrieb während der WM in Südkorea/Japan einfach weiterging – die Erfolge der »US Boys« wurden als flankierende Werbemaßnahme begriffen.

Nachdem die MLS zur Millenniumswende eine Krise durchlitt, konnte sie ihre Aufwärtsentwicklung anschließend fortsetzen. Investoren wie Stan Kroenke (Colorado Rapids), der Österreicher Dietrich Mateschitz (New York Red Bull) und der Mexikaner Vergara (Chivas USA) ermöglichten die Erweiterung des Teilnehmerfeldes auf zwölf Teams, und 2007 konnte mit dem Toronto FC sogar eine kanadische Mannschaft aufgenommen werden. Inzwischen sind in Los Angeles, Columbus, Dallas, Chicago und Colorado moderne Fußballstadien entstanden, während für 2011 die Erweiterung der MLS auf 18 Teilnehmer vorgesehen ist. Unterhalb der MLS existiert die »United Soccer Leagues« mit zwei Profiligen sowie mehreren Amateurligen, und 2007 rangierte die MLS mit durchschnittlich 17.400 Besuchern immerhin auf dem Niveau der italienischen Serie A.

Von dem aus NASL-Zeiten bekannten Glamour ist zwar einiges auch in der MLS zu finden, die Liga lebt aber nicht wie ihr Vorgänger vom Theater, sondern vom Sport. Auf den Rängen sitzt ein durchaus fachkundiges Publikum, und das Regelwerk entspricht dem weltweit üblichen. Seit 2005 sind sogar für US-amerikanische Disziplinen unübliche Unentschieden erlaubt, und 2007 wurden die Trikots der MLS-Teams für Werbung freigegeben – ausgerechnet in den USA ist dies im Sport unbekannt.

Einer der vehementesten Verfechter der MLS ist Phil Anschutz, der 2007 für den nächsten Meilenstein in der Entwicklung der MLS sorgte, als er den Fußball spielenden Popstar David Beckham verpflichtete und ihn bei Los Angeles Galaxy unterbrachte. Während Beckham Glamour ins Stadion bringen sollte, wurde seine Frau und Ex-Spice-Girl Victoria Beckham als willkommene Ergänzung in der täglichen US-amerikanischen Seifenopfer des Lebens betrachtet. »Beckham ist die ideale Verpflichtung für den US-Fußball«, jubelte selbst der ansonsten eher kritische Experte Andrei S. Markovits, denn er könne »den 20 Millionen amerikanischen Fußballspielern endlich ein Fernsehgesicht geben«. Der englische Sunnyboy gab sich bei seiner Vorstellung entsprechend missionarisch und verkündete: »Auf der ganzen Welt ist Fußball groß, nur in Amerika nicht. Das möchte ich ändern«.

Die Verpflichtung Beckhams war aber nicht nur ein gelungener Schachzug in Sachen Showbusiness, sondern spiegelt auch die qualitative Entwicklung der MLS wider. Mit 31 Jahren passte der Engländer eigentlich nicht in die Rolle eines »Fußball-Rentners«, und tatsächlich betrachtete Beckham sein Engagement in Los Angeles auch durchaus als sportliche Herausforderung. Das galt umso mehr für den zweiten MLS-Superstar, die mexikanische Fußball-Ikone Cuautémoc Blanco. Der bei Chicago Fire spielende Blanco soll vor allem die große hispanolische Fangemeinde in den Staaten anlocken. »Cuauhtémoc ist für 40 Millionen Hispanics das, was Beckham für den Rest der Welt ist«, jubelte MLS-Chef Don Garber über den Transfercoup.

Dass sich die MLS bewährte und dem Profifußball in den USA endlich den Durchbruch ermögliche, ist aber auch den heimischen Talenten zu verdanken, die systematisch gefördert werden. Im Gegensatz zur »Operettenliga« NASL dominieren in der MLS nicht die ausländischen Stars, sondern amerikanische Kicker.

Nur der Wandel zu einem einschaltträchtigen TV-Sport mitsamt entsprechenden Fanmassen gestaltet sich unverändert als schwierig. 2000 verfolgten lediglich 0,9 Prozent der Fernsehgucker die MLS, standen die Begegnungen der englischen Premier League und der mexikanischen Primera Division deutlich höher im Kurs. Angesichts des enormen Rückstandes, den der Fußball in mehr als 100 Jahren auf die »großen Dreieinhalb« American Football, Baseball, Basketball und Eishockey (das Halbe) angehäuft hat, darf das freilich nicht überraschen. Fußball braucht in den USA einfach noch etwas Zeit, und wenn sich die gegenwärtige Entwicklung fortsetzt, dürfen die Soccer-Fans in den USA durchaus hoffnungsvoll in die Zukunft schauen. »Soccer ist ein Teil des »American way of life'«, staunte der inzwischen verstorbene NASL-Mitgründer und Kansas-City-Chiefs-Besitzer Lamar Hunt in einem Interview mit der BBC über die Entwicklung und schüttelte lächelnd den Kopf.

David Beckham in Los Angeles.

■ **REIN ZAHLENMÄSSIG IST DER** Fußball in den USA längst unter die beliebtesten körperlichen Betätigungen vor allem unter Frauen, zunehmend aber auch unter Männern vorgerückt. Dabei offenbart sich allerdings eine gewisse ethnische Dimension, denn Schwarze und Hispanolas sind im von der gutsituierten weißen Mittelschicht beherrschten US-Fußball selten. »Jugendfußball in den USA ist das Mittelklassen-Äquivalent zu Polo oder Dressur-Reiten. Er ermöglicht es Mittelklasse-Eltern, sich und ihre Kinder von unteren sozialen Schichten und Minderheiten zu distanzieren«, analysierte Soziologieprofessor Paul Kooistra dementsprechend 2007.

Dabei ist Fußball vor allem in hispanolischen Kreisen unumstrittene Nummer eins, doch die Kinder der großen mexikanischen, kubanischen, salvdarorianischen etc. Gemeinden bleiben bei ihren Aktivitäten weitestgehend unter sich. Den schwarzen Bevölkerungsanteil hat der Soccer-Boom im Übrigen bislang noch nicht erreicht.

Was es für die alteingesessenen Fußballnationen in Europa und Südamerika bedeuten könnte, würde dem Fußball in den Staaten eines Tages tatsächlich der Durchbruch zum Publikums- und TV-Massensport gelingen, gehört zu den wenig diskutierten Phänomenen. Dabei ist dies ein durchaus »bedrohliches« Szenario, denn mit fast 300 Mio. Einwohnern, einer enormen Sportfixierung sowie bedeutenden ökonomischen Möglichkeiten hat die Fußballdiaspora USA allemal das Potenzial zu einer Weltmacht! »Stellen Sie sich vor, eine amerikanische Mannschaft mit elf Michael Jordans würde bei uns in Wembley auflaufen. Ich hoffe, dass das einmalige Sportpotenzial der USA sich niemals voll dem Fußball zuwendet. Das wäre unser Ende«, warnte ein britischer Fußballjournalist dementsprechend schon 2002, als die US-Boys bei der WM in Südkorea/Japan ein wenig mit den Muskeln spielten.

kam nach einem kapitalen Fehler im Champions-League-Spiel gegen Liverpool nicht mehr zum Einsatz. 2002 und 2006 reiste Donovan mit den USA jeweils zum WM-Turnier und wurde 2002 in Südkorea/Japan zum »Best Young Player« gewählt. [*4.3.1982 | 102 LS/36 Tore]

■ **JOE GAETJENS** siehe Seite 358

■ **BILLY GONSALVES** Gallionsfigur der WM-Auswahl von 1930, die in Uruguay bis ins Halbfinale vorstürmte. Der charismatische und für seine Fairness berühmte Mittelfeldspieler portugiesischer Abstammung wird in den USA als »Babe Ruth of American Soccer« bezeichnet. 1926 seine Karriere beim Lusitania Recreation Club beginnend, legte er die Schuhe erst 1952 bei den Newark Germans für immer beiseite. Seine erfolgreichste Phase verlebte er in den 1920er Jahren, als er gemeinsam mit Bert Patenaude für den Profiklub Fall River Marksmen stürmte und zahlreiche Titel errang. [*10.8.1908 †17.7.1977 | 6 LS/1 Tore]

■ **COBI JONES**  Überschritt 1997 im Alter von 27 Jahren als bislang jüngster Spieler die 100-Länderspielmarke und ist mit 164 Auswahleinsätzen Rekordnationalspieler der USA. Reiste 1994, 1998 und 2002 mit dem US-Team zu den WM-Endturnieren. Der beliebte Mittelfeldakteur begann seine Profikarriere 1992 bei Coventry City, wo er sich jedoch nicht dauerhaft durchsetzen konnte. 1996 zur MLS-Gründung zu LA Galaxy gewechselt, erzielte er bis zu seinem Karriereende 2007 in 305 Begegnungen für die Kalifornier 70 Treffer. [*16.6.1970 | 164 LS/15 Tore]

■ **ALEXI LALAS**  Er war der perfekte Protagonist für die neugegründete MLS: Ein schillernder Star und begabter Fußballer – das gab es selten in den Staaten. Mit feuerroter Zottelmähne, einem zehn Zentimeter langen Kinnbart und seinem Hobby als Rockmusiker (»Gypsies«) war der aus griechischen Einwandererkreisen stammende Panayotis »Alexi« Lalas das gefundene Fressen für die mit dem Fußball ungeübte US-Medienwelt. Der Paradiesvogel am Ball erlernte das Fußball-1x1 bei der Rutgers University, debütierte 1991 in der Nationalelf und nahm 1992 mit den US-Boys an den Olympischen Spielen teil. Nach der WM 1994, bei der Lalas aus dem US-Team herausgeragt hatte, wechselte er zum italienischen Serie-A-Klub AC Padova und wurde später in Italien als »Kreuzung aus Buffalo Bill und General Custer« bezeichnet. Bis 1996 bestritt der eisenharte und technisch nur mäßig begabte Vorstopper 33 Ligaspiele für Padova, ehe er in die Staaten zurückkehrte und zu einem der Publikumshelden der neuen MLS wurde. Bei New England Revolution, NY/NJ MetroStars, Kansas City Wizards und LA Galaxy lockte er die Fans mit seinen verrückten Kabinettsstücken in Scharen. Nach Ende seiner aktiven Laufbahn wechselte Lalas auf die Funktionärsebene, agierte dabei aber eher unglücklich. [*1.6.1970 | 96 LS/9 Tore]

■ **BERT PANTENADE** Torjägerlegende der 1920er und 1930er Jahre, der an der Seite von Billy Gonsalves vor allem mit den Fall River Marksmen große Erfolge feierte. Erzielte 1930 beim 3:0 über Paraguay zudem den ersten Hattrick der WM-Geschichte. [*4.11.1909 †4.11.1974 | 4 LS/6 Tore]

■ **ERIC WYNALDA** Vertreter jener Spielergeneration, mit der die USA in den 1990er Jahren Anschluss an die Weltspitze fand. Etablierte sich ab 1992 als erster US-Amerikaner in der Bundesliga (Saarbrücken, Bochum) und kehrte 1996 zur MLS-Gründung in die USA zurück. Gefürchtet für seine bisweilen unüberlegten Worte gegenüber Vorgesetzten, ist die Karriere des dreifachen WM-Teilnehmers (1990, 1994, 1998) von Höhen und Tiefen gezeichnet. [*9.6.1969 | 107 LS/34 Tore]

OZEANIEN

Oceania Football Confederation (OFC)
Ozeanischer Fußball-Verband
gegründet 1966
Anschrift Ericsson Stadium, 12 Maurice Road, Penrose, PO Box 62586, Auckland 6, Neuseeland
Telefon +64 - 9/5258161
Fax +64 - 9/5258164
Internet www.oceaniafootball.com
E-Mail info@ofcfoot.org.nz
Mitglieder
11 Verbände (+ Australien, in Asien)
mit Australien: 2.801 Vereine und 24.968 Mannschaften. 1.276.162 Spieler (davon 225 Profis)
ohne Australien: 2.000 Vereine und 13.000 Mannschaften. 573.000 Spieler

Ozeaniens Föderation ist der jüngste der insgesamt sechs Kontinentalverbände. Er wurde 1966 auf Initiative von Australien, Neuseeland, Papua-Neuguinea und des damaligen FIFA-Chefs Stanley Rous ins Leben gerufen. Dem Verband blieb aufgrund seiner mangelhaften Strukturen und geringen Mitgliederzahl – lange Zeit waren lediglich Australien, Neuseeland, Fidschi und Papua-Neuguinea FIFA-Vollmitglieder – bis 1996 die vollständige Anerkennung durch den Weltverband verwehrt. 2006 trat Australien aus dem OFC aus und wechselte zum asiatischen AFC.

LÄNDERKÜRZEL OZEANIEN

ASA	→	Amerikanisch-Samoa	\multicolumn{3}{c}{Nicht-FIFA-Mitglieder}
AUS	→	Australien	KIR	→	Kiribati
COK	→	Cook-Inseln	MHL	→	Marshallinseln
FIJ	→	Fidschi	FSM	→	Mikronesien
NCL	→	Neukaledonien	NRU	→	Nauru
NZL	→	Neuseeland	NIU	→	Niue
PNG	→	Papua-Neuguinea			Osterinsel (Rapa Nui)
SOL	→	Salomonen	PLW	→	Palau
SAM	→	Samoa	TKL	→	Tokelau
TAH	→	Tahiti	TVU	→	Tuvalu
TGA	→	Tonga			Wallis und Futuna
VAN	→	Vanuatu			Yap

■ **AUSTRALIEN** Historische Fußball-Hochburg Ozeaniens, wenngleich das Spiel »down under« lange Zeit im Schatten des Rugbys stand. Europäische Einwanderer brachten den Fußball in den 1880er Jahren ins Land und etablierten ihn vor allem in der Bergbauregion von New South Wales, die bis heute zu den Hochburgen des australischen Fußballs zählt. Nach dem Zweiten Weltkrieg gaben mehr als eine Million vornehmlich osteuropäischer Einwanderer dem Spiel eine ethnische Ausprägung, die eine ungünstige Zergliederung nach sich zog. 1977 gelang die Einrichtung einer Nationalliga, deren Geschichte von zahlreichen der ethnischen Gliederung zugrunde liegenden Problemen überschattet war. Australiens Nationalmannschaft »Socceroos« qualifizierte sich 1974 erstmals für die WM und haderte anschließend mit dem für Ozeanien zweifelhaften Qualifikationssystem. Erst 2006 gelang der erneute Sprung zum Endturnier. Zwei Jahre zuvor war die von Fußball spielenden Franchise-Unternehmen gebildete A-League ins Leben gerufen worden, die mit hohen Zuschauerzahlen aufwarten konnte und Fußball erstmals in einen Boomsport verwandelte. Seit 2006 gehört Australien der asiatischen Konföderation an.

■ **POLYNESIEN** Samoa und Amerikanisch-Samoa, Tonga, Tokelau, die Cook-Inseln, Französisch-Polynesien, die Phönix- und die Ellice-Inseln (Tuvalu), Wallis und Futuna, Horn, Hawaii sowie die Osterinsel bilden die ethnische bzw. geografische Einheit Polynesien, die den Osten Ozeaniens abdeckt und zu geografisch auch Neuseeland gehört. Die Sportgeschichte der zumeist winzigen Inselreiche fällt – je nach kolonialer Vergangenheit – unterschiedlich aus. Tonga und Samoa gelten als Rugby-Hochburgen, auf Französisch-Polynesien steht Fußball hoch im Kurs (vor allem auf Tahiti, das eigenständiges FIFA-Mitglied ist) und auf dem zu den USA gehörenden Inseln Amerikanisch-Samoas dominieren US-Disziplinen.

■ **MELANESIEN** Die das Zentrum Ozeaniens einnehmende ethnische bzw. geografische Einheit Melanesien umfasst Papua-Neuguinea, die Salomonen, Vanuatu (ehemals Neue Hebriden), Fidschi, Neukaledonien, die Loyaltyinseln sowie die Santa-Cruz-Inseln. Rugby und Fußball sind die dominierenden Sportdisziplinen. Lediglich das französische Überseedepartement Neukaledonien ist eine Fußball-hochburg und stellte 1998 mit Christian Karembeu sogar einen Weltmeister. Auf den Salomonen hat der Fußball jüngst einen enormen Aufschwung verzeichnet, derweil auf Fidschi vornehmlich indische Einwanderer kicken und die Urbevölkerung Rugby bevorzugt. Papua-Neuguinea zählt zwar historisch zu den ozeanischen Fußballwiegen (und 1966 auch zu Mitgründern des OFC!), hat aber sein Potenzial nie abrufen können.

■ **NEUSEELAND** Auf Neuseeland rangiert der Fußball in der öffentlichen Gunst weit abgeschlagen hinter dem Rugby. Während die »All Blacks« zu den stärksten Teams der Welt gehören, ringen ihre Fußball-Kollegen von den »All Whites« selbst auf ozeanischer Ebene um Anerkennung. Einsamer internationaler Erfolg war die Teilnahme am WM-Endturnier 1982. Das Spiel hat auf der Doppelinsel bis in die 1880er Jahre zurückreichende Wurzeln. Seinerzeit wurde es von britischen Einwanderern im Großraum Auckland sowie den Industrieregionen der South Island eingeführt. Erst nach dem Zweiten Weltkrieg bildete sich eine erwähnenswerte Fußballgemeinde heraus, und 1970 konnte sogar eine Nationalliga gebildet werden. 2004 nahm eine von Franchise-Unternehmen gebildete Nationalliga ihren Spielbetrieb auf. Trotz der Fortschritte ist Fußball in Neuseeland noch immer ein Nischensport.

■ **MIKRONESIEN** Neben dem gleichnamigen Bundesstaat Mikronesien (»Federated States of Micronesia«) umfasst die im ozeanischen Norden gelegene geografische Region Mikronesien auch die Karolinen, die Marianen, die Marshall- und die Gilbertinseln sowie Nauru. Der Fußball steht in Mikronesien völlig im Schatten anderer Disziplinen – vorwiegend Rugby. Kein Land der Region gehört der FIFA oder dem OFC an, und nirgendwo existiert ein verwurzelter Ligaspielbetrieb. Die zu Mikronesien gehörenden Länder Guam und Nördliche Marianen haben sich der asiatischen Konföderation AFC zugewandt.

SIEGERTAFEL OZEANIEN

	OZ-MEISTER	O-LEAGUE	SÜDPAZIFIKSPIELE	FUSSBALLER DES JAHRES
1963			Neukaledonien	
1966			Tahiti	
1969			Neukaledonien	
1971			Neukaledonien	
1973	Neuseeland			
1975			Tahiti	
1979			Tahiti	
1980	Australien			
1983			Tahiti	
1987			Neukaledonien	
1988				Frank Farina
1989				Wynton Rufer
1990				Wynton Rufer
1991			Fidschi	Robbie Slater
1992				Wynton Rufer
1993				Robbie Slater
1994				Aurelio Vidmar
1995			Tahiti	Christian Karembeu
1996	Australien			Paul Okon
1997				Mark Bosnich
1998	Neuseeland			Christian Karembeu
1999		South Melbourne (AUS)	Guam	Harry Kewell
2000	Australien	Wollongong Wolves (AUS)		Mark Viduka
2001				Harry Kewell
2002	Neuseeland			Brett Emerton
2003			Fidschi	Harry Kewell
2004	Australien			Tim Cahill
2005		Sydney FC (AUS)		
2006		Auckland City (NZE)		
2007		Waitakere United (NZE)	Neukaledonien	
2008	Neuseeland	Waitakere United (NZE)		

FUSSBALL IN OZEANIEN

Der Aufschwung ist spürbar

Ozeanien spaltet traditionell die Gemüter im Weltfußball. Während seine Freunde vom »Fußball im Paradies« schwärmen, beklagen viele Kritiker den geringen Leistungsstand im weitläufigen Pazifik. »Goal Islands« überschrieb die britische Fachzeitung »When Saturday Comes« 2001 einen Artikel über den Zustand des Fußballs in Ozeanien. Anlass war die 0:31-Rekordniederlage von Amerikanisch-Samoa in der WM-Qualifikation gegen Australien. Die gesamte Qualifikation sei eine »Farce«, stellten die Briten entrüstet fest und forderten den Anschluss der ozeanischen Verbände an die asiatische Konföderation.

Das war keine neue Forderung. Regelmäßig vorgetragen, hat sie bislang jedoch weder in Asien noch in Ozeanien ausreichend Unterstützung gefunden. Australien zog inzwischen seine Konsequenzen aus der unbefriedigenden Situation und wechselte 2006 als Einzelverband zum AFC, wo man sich neben verbesserten Marketingmöglichkeiten auch einen stärkeren sportlichen Wettbewerb für seine chronisch unterforderten Teams erhofft. In Ozeanien sah man den Abschied des mit Abstand größten Landes der Region mit einem lachenden und einem weinenden Auge. Einerseits erhöhten sich die internationalen Chancen für die zahlreichen Mini-Fußballnationen Ozeaniens, andererseits verlor man seinen wichtigsten Fußballentwicklungsmotor bzw. die wirtschaftliche Triebfeder.

Ozeanien war immer das »fünfte Rad am Wagen« der globalen Fußballgemeinde. Zwar gelangte das Spiel schon in den 1880er Jahren über britische Einwanderer nach Australien und Neuseeland, es geriet dort jedoch sofort in den Schatten des bereits etablierten Crickets bzw. Rugbys, die heute die dominierenden Disziplinen in den meisten ozeanischen Ländern darstellen. Vor allem das frühzeitig von den staatlichen Bildungseinrichtungen geförderte Rugby erfreut sich einer hohen Popularität. Neben den aus Europa bekannten Varianten der Rugby Union (ursprünglich aus dem Amateurlager stammender »Gentlemensport«) und der Rugby League (früh professionalisierte »Volksversion«) existiert in Ozeanien mit dem »Australian Rugby« noch eine dritte Art, bei der es verhältnismäßig rüde zugeht. Das eine Mischung aus Rugby, Fußball und Gaelic Football darstellende Spiel entwickelte sich aus einem winterlichen Zeitvertreib für Cricketspieler und hat seine Hochburg im australischen Bundesstaat Victoria.

Abgesehen von den beiden kontinentalen Fußballwiegen ist der Fußball vor allem auf Fidschi, Vanuatu (ehemals Neue Hebriden) sowie den französischen Überseegebieten Neukaledonien und Tahiti (Teil von Französisch-Polynesien) verankert. Die Salomonen werden seit einiger Zeit ebenfalls als Fußballnation gehandelt, während der Kontinentalverband OFC mit der Entsendung von professionellen Fußball-«Leihlehrern« erfolgreich die Entwicklung in den zahlreichen Minirepubliken angekurbelt hat.

Nachdem britische Einwanderer das Spiel in Australien bzw. Neuseeland eingeführt hatten, waren es europäische Kolonialisten bzw. Missionare, die es auf die Inseln Ozeaniens verteilten. Insbesondere Missionare griffen gerne auf den Fußball zurück, um sich den Zugang zu den einheimischen Volksgruppen zu erleichtern. Zugleich sorgten strenggläubige Gruppen wie die »Seventh Day Adventists« aber auch dafür, dass sich der Fußball nur schleppend weiterentwickeln konnte. So herrscht in vielen Regionen Ozeaniens bis heute ein striktes Sonntagsspielverbot, das den geregelten Spielbetrieb erheblich erschwert.

Fußball steht in vielen pazifischen Gesellschaften in dem Ruf, »unmännlich« zu sein. Der Körperbau der Melanesier bzw. Polynesier bevorzugt ebenso wie ihre Mentalität Rugby, bei dem selbst winzige Länder wie Samoa und Tonga auf höchster Weltebene mitmischen können. Zudem ermöglicht Rugby eine ansonsten seltene Verbindung der einheimischen Kultur mit der der Einwanderer. Anschaulichster Ausdruck dafür ist Neuseelands Rugby-Auswahl »All Blacks«, die vor ihren Spielen den aus der Maori-Tradition stammenden »Haka-Tanz« aufführt. Auch in Samoa und Tonga pflegt man derlei Traditionen.

Neben der mächtigen Konkurrenz durch Rugby (bzw. in Australien zudem Cricket) hat der Fußball mit einer komplizierten Infrastruktur zu kämpfen. Der australische Historiker Greg Dening bezeichnete Ozeanien einst als »einen Kontinent ohne Kontinent«, als »ein Land, das vor allem aus Wasser besteht«. Die räumlichen Maße des Kontinents, der rund ein Sechstel der Welt abdeckt, sind gigantisch – doch abgesehen von Australien, Neuseeland und Papua-Neuguinea besteht er überwiegend aus kleinen bis sehr kleinen Inseln, Atollen oder Clays. Das Spektrum reicht dabei von den verhältnismäßig »großen« Ländern Salomonen, Neukaledonien und Fidschi (zwischen 18.000 und 27.000 km^2) bis hin zur Minirepublik Nauru, die auf ganze 21,3 km^2 kommt. Extrem sind auch die räumlichen Verhältnisse innerhalb vieler Länder. So verteilen sich die 240 km^2 Landfläche der Cook-Inseln auf eine Fläche, die derjenigen Westeuropas entspricht, leben auf den fast 20.000 km^2 Neukaledoniens lediglich 230.000 Menschen, sind die drei Tokelau bildenden Inseln ausschließlich per Schiff zu erreichen.

Zudem sind die räumlichen Distanzen enorm. Wenn Tonga auf Papua-Neuguinea trifft, müssen rund 5.000 Kilometer überwunden werden, und weil viele der Minirepubliken in chronischen wirtschaftlichen Schwierigkeiten stecken, reduzieren sich die fußballerischen Aktivitäten zwangsläufig auf ein Minimum. Selbst der 1966 gegründete Kontinentalverband OFC wurde erst 1996 als vollwertiges FIFA-Mitglied anerkannt, während die Kontinentalmeisterschaft bis heute um ihre Anerkennung ringt. 1973 erstmals ausgespielt, folgte erst 1980 der zweite Wettbewerb, ehe erneut eine 16-jährige Pause eintrat. Eine Kontinentmeisterschaft auf Klubebene erwies sich als noch schwerer umsetzbar. Erst 1999 hob sich der Vorhang zur »O-League«

Der auf Inititative von Neuseeland, Australien und Papua-Neuguinea gegründete Kontinentalverband OFC fristete jahrzehntelang eine unbeachtete Nischenrolle und nahm erst unter der Führung des aus Schottland stammenden Neuseeländers Charles Dempsey einen Aufschwung. Dempsey, der später eine unrühmliche Schlüsselrolle bei der Vergabe der WM 2006 an Deutschland einnahm, knüpfte enge Kontakte zur FIFA-Führung um João Havelange und verhalf der Region damit allmählich zu Anerkennung. Die WM-Teilnahmen von Australien (1974) und Neuseeland (1982) rückten den Kontinent derweil sportlich erstmals in die Aufmerksamkeit. Ozeaniens Rolle in der WM-Qualifikation sorgte im Übrigen bisweilen für Ärger. Mehrfach wurden politisch »unliebsame« Länder wie Israel oder Taiwan in den fünften Kontinent »verlegt«, der unterdessen vergeblich um einen eigenen Startplatz beim WM-Endturnier rang. Nachdem Australien fünfmal in Folge unglücklich in der Qualifikation gescheitert war, gelang den »Socceroos« erst 2006 der erneute Sprung ins Endturnier.

Als die FIFA in den 1990er Jahren das »Goal«-Förderprogramm ins Leben rief, kam Bewegung in Ozeaniens Fußball. Mit der finanziellen und administrativen Unterstützung durch den Weltfußballverband entstanden in vielen Ländern Fußballarenen bzw. adäquate Trainingsstätten, denen zumeist ein Verbandssitz und eine Jugendakademie angeschlossen ist. Inzwischen führt die Region die Rangliste der am schnellsten wachsenden Fußballregionen mit großem Vorsprung an – was allerdings aufgrund des erheblichen Rückstandes relativiert werden muss. Die Hoffnung – und auch die Zukunft – sieht man im Nachwuchsbereich, denn in Ozeanien leben gegenwärtig rund 5,5 Millionen Menschen unter 14 Jahren.

Im Verbund mit den nationalen Bildungseinrichtungen versucht man vielerorts, mit einer betont familiären Atmosphäre den patriarchalischen und hierarchischen Strukturen des Rugbys entgegenzutreten. Die Familie spielt in vielen ozeanischen Lebensgemeinschaften kulturell eine herausragende Rolle. Dadurch hat der Fußball inzwischen selbst in einer Rugby-Hochburg wie Samoa Fuß fassen und in einigen Altersgruppen Rugby sogar überholen können.

Australien und Neuseeland setzten derweil auf moderne Vermarktungsmethoden und haben von Fußball spielenden Franchise-Unternehmen gebildete Spitzenklassen ins Leben gerufen. Während die Entwicklung in Neuseeland durch die anhaltende Schwäche der Nationalelf getrübt wird, nahm Australiens A-League, begünstigt durch den erfrischenden Auftritt der »Socceroos« bei der WM 2006, einen enormen Aufschwung und zählt inzwischen zu den 15 zuschauerträchtigsten Fußball-Ligen der Welt.

Seit 2003 leitet der Tahitianer Reynald Temarii die Verbandsgeschäfte der Oceania Football Confederation (OFC). Der eloquente Geschäftsmann war früher als Profifußballer in Frankreich am Ball und will für Ozeaniens Fußball mit modernen Visionen endgültig die Pforte zur Zukunft aufstoßen. Temariis Traum ist es, die WM 2018 nach Ozeanien zu holen. Dazu soll der bislang zu mehr als 90 Prozent von FIFA-Geldern abhängige ozeanische Fußball wirtschaftlich auf eigene Beine gestellt und damit der Anschluss an die anderen Kontinentalverbände erreicht werden.

Aufgrund der schleppenden Fußballentwicklung und der schwierigen Infrastruktur verfügt der OFC über eine ungewöhnlich hohe Zahl an »associated« (nicht vollwertigen) Mitgliedern, die nur an den kontinentalen, nicht aber an den FIFA-Wettbewerben teilnehmen dürfen. Dazu zählen neben der Ozeanienmeisterschaft vor allem die Südpazifikspiele, der Melanesien-Cup sowie der Polynesienpokal.

Nachdem Neukaledonien 2004 als 204. Mitglied in den Weltverband FIFA aufgenommen wurde, stehen mit Kiribati, den Marshall-Inseln, den Föderierten Staaten Mikronesien, Palau sowie Nauru noch immer fünf politisch souveräne Länder Ozeaniens abseits der weltweiten Fußballfamilie. Gebiete mit besonderem politischen Status sind Niue, die Osterinsel, Tokelau, Tuvalu sowie Wallis et Futuna. Die Nördlichen Marianen und Guam haben sich unterdessen in Richtung Asien orientiert.

Dort mischt seit 2006 auch Australien mit. Der kontinentale Marktführer versprach sich von dem Wechsel sowohl sportliche als auch wirtschaftliche Vorteile. Mit dem Abgang der »Socceroos« wurden die sportlichen Karten auf dem fünften Kontinent völlig neu gemischt. Statt wie erwartet Neuseeland dominierte 2007 allerdings das seit langem um seine Unabhängigkeit ringende französische Überseedepartement Neukaledonien, das über eine reichhaltige Fußballtradition verfügt. Darüber hinaus haben sich die Salomonen in den Vordergrund gespielt. Auf Fidschi, dem bevölkerungsreichsten Land der Region, leidet der Fußball indes unter einer internen Zersplitterung zwischen den Einwanderern aus Indien, die den Fußball bevorzugen, und der einheimischen Urbevölkerung, die zum Rugby tendiert. Länder, in denen der US-amerikanische Einfluss hoch ist (wie Amerikanisch-Samoa, Palau oder Marshall-Inseln), hinken der allgemeinen Entwicklung weit hinterher.

Ozeanien hat internationale Spitzenspieler wie Wynton Rufer, Paul Agostino, Ned Zelic, Mark Viduka, Tim Cahill etc. hervorgebracht. Der aus Neukaledonien stammende Christian Karembeu wurde 1998 mit Frankreich sogar Weltmeister.

STATISTIK OZEANIEN

Ozeanienmeisterschaft Es dauerte bis 1996, ehe die Kontinentalmeisterschaft erstmals so etwas wie »Strukturen« erhielt. In jenem Jahr erfuhr die OFC auch die Anerkennung als vollwertiges Mitglied der FIFA. Fünf Jahre nach der Gründung des OFC war 1971 in Neukaledonien die Auftaktveranstaltung geplant worden, die kurzfristig abgesagt wurde, weil sich Australien zurückzog. Nach den Turnieren von 1973 und 1980 gelang es erst 1996, das dritte Turnier durchzuführen. Seitdem wird alle zwei Jahre um die Trophäe gerungen. Der Wettbewerb leidet erheblich unter den großen Entfernungen in Ozeanien und dem krassen sportlichen Leistungsgefälle.

■ **Ozeanienmeisterschaft 1971**
Für Oktober 1971 geplantes Turnier in Nouméa (Neukaledonien), an dem Australien, Fidschi und Neukaledonien teilnehmen sollten. Nach dem Rückzug von Australien wurde das Turnier abgesagt.

■ **Ozeanienmeisterschaft 1973**
Turnier vom 17.-24.2.1973 in Neuseeland
▶ **Vorrunde**
Tahiti - Fidschi	4:0
Neuseeland - Fidschi	5:1
Neukaledonien - Fidschi	2:0
Neuseeland - Tahiti	1:1
Tahiti - Neue Hebriden	0:0
Neukaledonien - Neue Hebriden	4:1
Neuseeland - Neukaledonien	2:1
Neue Hebriden - Fidschi	2:1
Tahiti - Neukaledonien	2:1
Neuseeland - Neue Hebriden	3:1

1. NEUSEELAND	4	3	1	0	11:4	7-1
2. Tahiti	4	2	2	0	7:2	5-3
3. Neukaledonien	4	2	0	2	8:5	4-4
4. Neue Hebriden	4	1	1	2	3:5	3-5
5. Fidschi	4	0	0	4	2:13	0-8

▶ **Spiel um Platz drei**
Neukaledonien - Neue Hebriden 2:1
▶ **Finale** (24.2.1973, Auckland)
NEUSEELAND - Tahiti 2:0

■ **Ozeanienmeisterschaft 1977**
Das in Fidschi geplante Turnier wurde abgesagt.

■ **Ozeanienmeisterschaft 1980**
Turnier vom 24.2.-1.3.1990 in Neukaledonien
▶ **Vorrunde**
Gruppe A
Fidschi - Salomonen	3:1
Tahiti - Neuseeland	3:1
Fidschi - Neuseeland	4:0
Tahiti - Salomonen	12:1
Tahiti - Fidschi	6:3
Neuseeland - Salomonen	6:1

1. TAHITI	3	3	0	0	21:5	6-0
2. Fidschi	3	2	0	1	10:7	4-2
3. Neuseeland	3	1	0	2	7:8	2-4
4. Salomonen	3	0	0	3	3:21	0-6

Gruppe B
Papua Neuguinea - Neue Hebriden	4:3
Australien - Neukaledonien	8:0

Australien - Papua Neuguinea 11:2
Neukaledonien - Neue Hebriden 4:3
Neukaledonien - Papua Neuguinea 8:0
Australien - Neue Hebriden 1:0

1. AUSTRALIEN	3	3	0	0	20:2	6-0
2. Neukaledonien	3	2	0	1	12:11	4-2
3. Papua Neug.	3	1	0	2	6:22	2-4
4. Neue Hebriden	3	0	0	3	6:9	0-6

▶ **Spiel um Platz drei**
Neukaledonien - Fidschi 2:1
▶ **Finale** (1.3.1980, Nouméa)
AUSTRALIEN - Tahiti 4:2

Ozeanienmeisterschaft 1996

▶ **Vorrunde**
Neuseeland - Australien 0:0, 0:3
Salomonen - Tahiti 0:1, 1:2
▶ **Finale** (26.10., 1.11.1996, Papeete, Canberra)
Tahiti - AUSTRALIEN 0:6, 0:5

Ozeanienmeisterschaft 1998

▶ **Vorrunde**
Freilos: Australien, Neuseeland
Gruppe Melanesien
(zugleich Cup of Melanesia 1998)
Fidschi - Neukaledonien 3:0
Salomonen - Papua Neuguinea 3:1
Vanuatu - Fidschi 1:2
Papua Neuguinea - Neukaledonien 1:0
Vanuatu - Papua Neuguinea 1:1
Salomonen - Neukaledonien 3:2
Fidschi - Papua Neuguinea 2:0
Vanuatu - Salomonen 3:1
Fidschi - Salomonen 1:1
Vanuatu - Neukaledonien 3:2

1. FIDSCHI	4	3	1	0	8:2	10
2. VANUATU	4	2	1	1	8:6	7
3. Salomonen	4	2	1	1	8:7	7
4. Papua Neug.	4	1	1	2	3:6	4
5. Neukaledonien	4	0	0	4	4:10	0

Gruppe Polynesien
(zugleich Cup of Polynesian 1998)
Cook-Inseln - Samoa 2:1
Tonga - Amerikanisch-Samoa 3:0
Tahiti - Tonga 5:0
Cook-Inseln - Amerikanisch-Samoa 4:3
Tahiti - Samoa 5:1
Cook-Inseln - Tonga 2:2
Samoa - Tonga 2:0
Tahiti - Amerikanisch-Samoa 12:0
Samoa - Amerikanisch-Samoa 4:0
Cook-Inseln - Tahiti 0:5

1. TAHITI	4	4	0	0	27:1	12
2. COOK-INSELN	4	2	1	1	8:11	7
3. Samoa	4	2	0	2	8:7	6
4. Tonga	4	1	1	2	5:9	4
5. Am.-Samoa	4	0	0	4	3:23	0

▶ **Endrunde** (in Brisbane, Australien)
Gruppe 1
Neuseeland - Tahiti 1:0
Tahiti - Vanuatu 5:1
Neuseeland - Vanuatu 8:2

1. NEUSEELAND	2	2	0	0	9:1	6
2. TAHITI	2	1	0	1	5:2	3
3. Vanuatu	2	0	0	2	2:13	0

Gruppe 2
Australien - Fidschi 3:1
Fidschi - Cook-Inseln 3:0
Australien - Cook-Inseln 16:0

1. AUSTRALIEN	2	2	0	0	19:1	6
2. FIDSCHI	2	1	0	1	4:3	3
3. Cook-Inseln	2	0	0	2	0:19	0

▶ **Halbfinale**
AUSTRALIEN - Tahiti 4:1
NEUSEELAND - Fidschi 1:0
▶ **Spiel um Platz drei**
Fidschi - Tahiti 4:2
▶ **Finale** (4.10.1998, Brisbane)
Australien - NEUSEELAND 0:1
Tor: 0:1 Burton, ZS: 2.100

Ozeanienmeisterschaft 2000

▶ **Vorrunde**
Freilos: Australien, Neuseeland
Gruppe Melanesien
(zugleich Cup of Melanesia 2000)
Fidschi - Papua Neuguinea 5:0
Neukaledonien - Salomonen 4:2
Salomonen - Vanuatu 2:1
Fidschi - Neukaledonien 2:1
Neukaledonien - Papua Neuguinea 6:1
Fidschi - Vanuatu 4:1
Vanuatu - Neukaledonien 6:0
Salomonen - Papua Neuguinea 4:2
Papua Neuguinea - Vanuatu 1:4
Fidschi - Salomonen 2:2

1. FIDSCHI	4	3	1	0	13:4	10
2. SALOMONEN	4	2	1	1	10:9	7
3. Vanuatu	4	2	0	2	12:7	6
4. Neukaledonien	4	2	0	2	11:11	6
5. Papua Neug.	4	0	0	4	4:19	0

Gruppe Polinesien
(zugleich Cup of Polynesia 2000)
Samoa - Tonga 4:0
Tahiti - Amerikanisch-Samoa 18:0
Tahiti - Samoa 2:1
Tonga - Cook-Inseln 1:2
Amerikanisch-Samoa - Cook-Inseln 0:3
Tahiti - Tonga 8:1
Amerikanisch-Samoa - Samoa 1:6
Tahiti - Cook-Inseln 2:0
Amerikanisch-Samoa - Tonga 1:2
Samoa - Cook-Inseln 2:3

1. TAHITI	4	4	0	0	30:2	12
2. COOK-INSELN	4	3	0	1	8:5	9
3. Samoa	4	2	0	2	13:6	6
4. Tonga	4	1	0	3	4:15	3
5. Am. Samoa	4	0	0	4	2:29	0

▶ **Endrunde** (19.-28.6.2000, Papeete, Tahiti)
Vanuatu spielt anstelle Fidschi
Gruppe 1
Australien - Cook-Inseln 17:0
Salomonen - Cook-Inseln 5:1
Australien - Salomonen 6:0

1. AUSTRALIEN	2	2	0	0	23:0	6
2. SALOMONEN	2	1	0	1	5:7	3
3. Cook-Inseln	2	0	0	2	1:22	0

Gruppe 2
Neuseeland - Tahiti 2:0
Vanuatu - Tahiti 3:2
Neuseeland - Vanuatu 3:1

1. NEUSEELAND	2	2	0	0	5:1	6
2. VANUATU	2	1	0	1	4:5	3
3. Tahiti	2	0	0	2	2:5	0

▶ **Halbfinale**
AUSTRALIEN - Vanuatu 1:0
NEUSEELAND - Salomonen 2:0
▶ **Spiel um Platz drei**
Salomonen - Vanuatu 2:1
▶ **Finale** (28.6.2000, Papeete)
AUSTRALIEN - Neuseeland 2:0

Ozeanienmeisterschaft 2002

▶ **Qualifikation** (Turnier in Apia, Samoa)
Cook-Inseln trat nicht an
Amerikanisch-Samoa - Neukaledonien 0:10
Samoa - Tonga 2:0
Amerikanisch-Samoa - Tonga 2:7
Neukaledonien - Papua Neuguinea 1:4
Papua Neuguinea - Tonga 5:0
Samoa - Amerikanisch-Samoa 5:0
Neukaledonien - Tonga 9:0
Samoa - Papua Neuguinea 1:4
Amerik.-Samoa - Papua Neuguinea 0:7
Samoa - Neukaledonien 0:5

1. PAPUA NEUG.	4	4	0	0	20:2	12
2. NEUKALEDON.	4	3	0	1	25:4	9
3. Samoa	4	2	0	2	8:9	6
4. Tonga	4	1	0	3	7:18	3
5. Am.-Samoa	4	0	0	4	2:29	0

▶ **Endrunde** (Turnier in Neuseeland)
Gruppe A
Fidschi - Neukaledonien 2:1
Australien - Vanuatu 2:0
Fidschi - Vanuatu 0:1
Australien - Neukaledonien 11:0
Neukaledonien - Vanuatu 0:1
Australien - Fidschi 8:0

1. AUSTRALIEN	3	3	0	0	21:0	9
2. VANUATU	3	2	0	1	2:2	6
3. Fidschi	3	1	0	2	2:10	3
4. Neukaledonien	3	0	0	3	1:14	0

Gruppe B
Papua Neuguinea - Salomonen 0:0
Neuseeland - Tahiti 4:0
Salomonen - Tahiti 2:3
Neuseeland - Papua Neuguinea 9:1
Papua Neuguinea - Tahiti 1:3
Neuseeland - Salomonen 6:1

1. NEUSEELAND	3	3	0	0	19:2	9
2. TAHITI	3	2	0	1	6:7	6
3. Salomonen	3	0	1	2	2:12	1
4. Papua Neug.	3	0	1	2	2:12	1

▶ **Halbfinale**
AUSTRALIEN - Tahiti 2:1 n.V.
NEUSEELAND - Vanuatu 3:0
▶ **Spiel um Platz drei**
Tahiti - Vanuatu 1:0
▶ **Finale** (14.7.2002, Auckland)
NEUSEELAND - Australien 1:0

Ozeanienmeisterschaft 2004

Zugleich Qualifikation zur WM 2006
▶ **Qualifikation**
Gruppe 1 (Turnier auf den Salomonen)
Tonga - Salomonen 0:6
Tahiti - Cook-Inseln 2:0
Salomonen - Cook-Inseln 5:0
Tahiti - Neukaledonien 0:0
Tonga - Cook-Inseln 2:1
Salomonen - Neukaledonien 2:0
Neukaledonien - Cook-Inseln 8:0
Tahiti - Tonga 2:0
Neukaledonien - Tonga 8:0
Tahiti - Salomonen 1:1

1. SALOMONEN	4	3	1	0	14:1	10
2. TAHITI	4	2	2	0	5:1	8
3. Neukaledonien	4	2	1	1	16:2	7
4. Tonga	4	1	0	3	2:17	3
5. Cook-Inseln	4	0	0	4	1:17	0

Gruppe 2 (Turnier auf Samoa)
Papua-Neuguinea - Vanuatu 1:1
Samoa - Amerikanisch-Samoa 4:0
Amerikanisch-Samoa - Vanuatu 1:9
Fidschi - Papua-Neuguinea 4:2
Fidschi - Amerikanisch-Samoa 11:0
Samoa - Vanuatu 0:3
Amerikanisch-Samoa - Papua-Neug. 0:10
Fidschi - Samoa 4:0
Fidschi - Vanuatu 0:3
Papua-Neuguinea - Samoa 4:1

1. VANUATU	4	3	1	0	16:2	10
2. FIDSCHI	4	3	0	1	19:5	9
3. Papua-Neug.	4	2	1	1	17:6	7
4. Samoa	4	1	0	3	5:11	3
5. Am.-Samoa	4	0	0	4	1:34	0

▶ **Endrunde** (29.5.-6.5. 2004 in Australien)
Vanuatu - Salomonen 0:1
Tahiti - Fidschi 0:0
Australien - Neuseeland 1:0
Neuseeland - Salomonen 3:0
Australien - Tahiti 9:0
Fidschi - Vanuatu 1:0
Australien - Fidschi 6:1
Tahiti - Salomonen 0:4
Neuseeland - Vanuatu 2:4
Neuseeland - Tahiti 10:0
Fidschi - Salomonen 1:2
Vanuatu - Australien 0:3
Tahiti - Vanuatu 2:1
Fidschi - Neuseeland 0:2
Salomonen - Australien 2:2

1. AUSTRALIEN	5	4	1	0	21:3	13
2. SALOMONEN	5	3	1	1	9:6	10
3. Neuseeland	5	3	0	2	17:5	9
4. Fidschi	5	1	1	3	3:10	4
5. Tahiti	5	1	1	3	2:24	4
6. Vanuatu	5	1	0	4	5:8	3

▶ **Finale** (9. und 12.10.2004, Honiara/Sydney)
Salomonen - Australien 1:5
Salomonen: Ray, Leo, Houkarawa, George Suri, Kilifa, Maemae, Batram Suri, Menapi, Lui, Samani, Fa'arodo - *Australien:* Schwarzer, Muscat, Colosimo, Neill (71. Mvkain), Vidmar, Popovic, Emerton (60. Sterjovski), Skoko, Grella (60. Wilkshire), Elrich, Milicic - *Tore:* 0:1 Skoko (5.), 0:2 Milicic (28.), 0:3 Skoko (28.), 0:4 Emerton (43.), 1:4 Batram Suri (60.), 1:5 Elrich (79.) - *SR:* O'Leary (Neuseeland)
AUSTRALIEN - Salomonen 6:0
Australien: Schwarzer, Muscat (45. Mvkain), Colosimo, Neill, Vidmar, Popovic, Emerton, Skoko (45. Thompson), Kewell (45. Elrich), Wilkshire, Milicic - *Salomonen:* Ray, Houkarawa, George Suri, Kilifa, Maemae, Konofilia, Batram Suri, Menapi, Lui, Omokriro, Fa'arodo - *Tore:* 1:0 Milicic (5.), 2:0 Kewell (8.), 3:0 Vidmar (60.), 4:0 Thompson (79.), 5:0 Elrich (82.), 6:0 Emerton (86.) - *SR:* Rakaroi (Fidschi)

Ozeanienmeisterschaft 2008

Zugleich Qualifikation zur WM 2010
▶ **Qualifikation** (Turnier auf Samoa)
Gruppe A
Fidschi - Tuvalu 16:0
Tahiti - Neukaledonien 0:1
Tuvalu - Neukaledonien 0:1
Fidschi - Cook-Inseln 4:0
Tuvalu - Tahiti 1:1
Neukaledonien - Cook-Inseln 3:0
Tahiti - Fidschi 0:4
Cook-Inseln - Tuvalu 4:1
Neukaledonien - Fidschi 1:1
Cook-Inseln - Tahiti 0:1

1. FIDSCHI	4	3	1	0	25:1	10
2. NEUKALED.	4	3	1	0	6:1	10
3. Tahiti	4	1	1	2	2:6	4
4. Cook-Inseln	4	1	0	3	4:9	3
5. Tuvalu	4	0	1	3	2:22	1

Gruppe B
Salomonen - Amerikanisch-Samoa 12:1
Vanuatu - Samoa 4:0
Salomonen - Tonga 4:0
Amerikanisch-Samoa - Samoa 0:7
Amerikanisch-Samoa - Vanuatu 0:15
Samoa - Tonga 2:1
Tonga - Amerikanisch-Samoa 4:0
Vanuatu - Salomonen 0:2
Samoa - Salomonen 0:3
Tonga - Vanuatu 1:4

1. SALOMONEN	4	4	0	0	21:1	12
2. VANUATU	4	3	0	1	23:3	9
3. Samoa	4	2	0	2	9:8	6
4. Tonga	4	1	0	3	6:10	3
5. Am.-Samoa	4	0	0	4	1:38	0

Halbfinale
Salomonen - Neukaledonien 2:3
Fidschi - Vanuatu 3:0
Spiel um Platz 3
Salomonen - Vanuatu 0:2
Finale
Fidschi - Neukaledonien 0:1
Tor: 0:1 Jose Hmnae (61.)
▶ **Endrunde**
Fidschi - Neuseeland 0:2
Fidschi - Neukaledonien 1:2
Neuseeland - Vanuatu 4:1
Neukaledonien - Fidschi 4:0
Vanuatu - Neukaledonien 1:1
Neukaledonien - Vanuatu 3:0
Fidschi - Vanuatu 2:0
Neukaledonien - Neuseeland 1:3
Vanuatu - Fidschi 2:1
Neuseeland - Neukaledonien 3:0
Neuseeland - Fidschi 0:2

1. NEUSEELAND	6	5	0	1	14:5	15
2. NEUKALED.	6	2	2	2	12:10	8
3. Fidschi	6	2	1	3	8:11	7
4. Vanuatu	6	1	1	4	5:13	4

U19/U20 und U17-MEISTERSCHAFT Kontinentale Wettbewerbe der Jugendnationalmannschaften der ozeanischen Länder.

U19/U20-Meisterschaft

1974 Tahiti **1978** Australien **1980** Neuseeland **1982** Australien **1985** Australien **1987** Australien **1988** Australien **1990** Australien **1992** Neuseeland **1994** Australien **1996** Australien **1998** Australien **2001** Australien **2003** Australien **2005** Australien **2007** Neuseeland

U17-Meisterschaft

1983 Australien **1986** Australien **1989** Australien **1991** Australien **1993** Australien **1995** Australien **1997** Neuseeland **1999** Australien **2001** Australien **2003** Australien **2005** Australien **2007** Neuseeland

REGIONALE WETTBEWERBE Vor allem die Südpazifikspiele nehmen eine wichtige Rolle im internationalen Kalender der Region ein.

Südpazifikspiele

1963 Neukaledonien **1966** Französisch-Polynesien **1969** Neukaledonien **1971** Neukaledonien **1975** Tahiti **1979** Tahiti **1983** Tahiti **1987** Neukaledonien **1991** Fidschi **1995** Tahiti **1999** nicht ausgespielt **2003** Fidschi **2007** Neukaledonien

Südpazifik-Minispiele

1981 Tahiti **1985** Tahiti **1989** Papua-Neuguinea **1993** Tahiti

Cup of Melanesia

1988 Fidschi **1989** Fidschi **1990** Vanuatu **1992** Fidschi **1994** Salomonen **1998** Fidschi **2000** Fidschi

Cup of Polynesia

1994 Tahiti **1998** Tahiti **2000** Tahiti

Trans-Tasman Cup

1983 Neuseeland **1986** Australien **1987** Neuseeland **1988** Australien **1991** Australien

O-League Noch schwieriger als die Einführung einer Kontinentalmeisterschaft gestaltete sich der Aufbau eines Klubwettbewerbs der ozeanischen Meister. 1987 standen sich in einem ersten Versuch die Titelträger von Neuseeland und Australien gegenüber. Anschließend trat eine zwölfjährige Pause ein, ehe 1999 auf Fidschi erstmals ein Turnier der Landesmeister durchgeführt werden konnte. Daraus entwickelte sich 2007 die »O-League«, die als bislang modernste Form des internationalen Klubfußballs in Ozeanien bezeichnet werden kann.

■ Südpazifikmeisterschaft 1987
▶ **Finale** (15. März 1987, Auckland)
ADELAIDE CITY (AUS) - Mount Wellington Auckland (NZL)
    1:1 n.V., 4:1 n.E.
Tore: 1:0 Joe Millen (15.), 1:1 Witteveen (20.)

■ OFC Championship 1999
Turnier vom 18. bis 26. September 1999 in Fidschi
▶ **Vorrunde**
- Gruppe A
South Melbourne - Malaita Eagles 2:1
Malaita Eagles - Konica Machine FC 14:2
South Melbourne - Konica Machine FC 10:0
1. SOUTH MELBOURNE (AUS) 2 2 0 0 12:1 6
2. Malaita Eagles (SOL) 2 1 0 1 15:4 3
3. Konica Machine FC (AMS) 2 0 0 2 2:24 0
- Gruppe B
Nadi - AS Vénus Mahina 1:1
AS Vénus Mahina - Kiwi 14:1
Nadi - Kiwi 13:0
1. AS VÉNUS MAHINA (TAH) 2 1 1 0 15:2 4
2. NADI (FIJ) 2 1 1 0 14:1 4
3. Kiwi (SAM) 2 0 0 2 1:27 0
Nadi als bester Gruppenzweiter für das Halbfinale qualifiziert
- Gruppe C
Central United Auckland - SC Lotoha'apai Nuku'alofa 16:0
Tafea FC Port Vila - SC Lotoha'apai Nuku'alofa 10:0
Central United Auckland - Tafea FC Port Vila 2:2
1. CENTRAL UNITED A'LAND (NZL) 2 1 1 0 18:2 4
2. Tafea FC Port Vila (VAN) 2 1 1 0 12:2 4
3. SC Lotoha'apai Nuku'alofa (TON) 2 0 0 2 0:26 0
▶ **Halbfinale**
Central United Auckland - NADI 0:1
SOUTH MELBOURNE - AS Vénus Mahina 3:0
▶ **Spiel um Platz 3**
Central United Auckland - AS Vénus Mahina *
*nicht ausgespielt
▶ **Finale** (26. September 1999, Nadi, Fidschi)
SOUTH MELBOURNE - Nadi 5:1
Tore: 1:0 Isofidis (8.), 2:0 Clarkson (16.), 3:0 Curcija (47./E), 4:0 Coventry (50.), 5:1 Voli (87.)

■ OFC Championship 2001
Turnier vom 9. bis 22. Januar 2001 in Port Moresby, Papua Neuguinea
▶ **Vorrunde**
- Gruppe A
SC Lotoha'apai Nuku'alofa - Wollongong Wolves 0:16
Foodtown Warriors - Laugu United FC 1:3
Unitech FC - Napier City Rovers 0:2
Napier City Rovers - Laugu United FC 1:1
Unitech FC - SC Lotoha'apai Nuku'alofa 5:2
Wollongong Wolves - Foodtown Warriors 5:0
Foodtown Warriors - Unitech FC 1:3
SC Lotoha'apai Nuku'alofa - Napier City Rovers 0:9
Laugu United FC - Wollongong Wolves 0:10
Foodtown Warriors - Napier City Rovers 0:4
Wollongong Wolves - Unitech FC 6:0
Laugu United - SC Lotoha'apai Nuku'alofa 7:0
Unitech FC - Laugu United FC 2:8
SC Lotoha'apai Nuku'alofa - Foodtown Warriors 2:5
Napier City Rovers - Wollongong Wolves 0:1
1. WOLLONGONG WOLVES (AUS) 5 5 0 0 38:0 15
2. NAPIER CITY ROVERS (NZL) 5 3 1 1 16:2 10
3. Laugu United (SOL) 5 3 1 1 19:14 10
4. Unitech FC (PNG) 5 2 0 3 10:19 6
5. Foodtown Warriors (FIJ) 5 1 0 4 7:17 3
6. SC Lotoha'apai Nuku'alofa (TON) 5 0 0 5 4:42 0
- Gruppe B
AS Vénus Mahina - PanSa Soccer Club 2:0*
Tafea FC Port Vila - Titavi FC 5:1
Titavi FC - AS Vénus Mahina 0:6
PanSa Soccer Club - Tupapa FC 0:2*
Tafea FC Port Vila - PanSa Soccer Club 2:0*
AS Vénus Mahina - Tupapa FC 10:1
Tupapa FC - Tafea FC Port Vila 0:9
PanSa Soccer Club - Titavi FC 0:2*
Titavi FC - Tupapa FC 2:0
Tafea FC Port Vila - AS Vénus Mahina 6:0
1. TAFEA FC PORT VILA (VAN) 4 4 0 0 22:1 12
2. AS VÉNUS MAHINA (TAH) 4 3 0 1 18:7 9
3. Titavi FC (SAM) 4 2 0 2 5:11 6
4. Tupapa FC (COK) 4 1 0 3 3:21 3
5. PanSa Soccer Club (AMS)* 4 0 0 4 0:8 0
*PanSa Soccer Club disqualifiziert. Alle Spiele mit 0:2 gewertet

▶ **Halbfinale**
WOLLONGONG WOLVES - AS Vénus Mahina 4:2
TAFEA FC PORT VILA - Napier City Rovers 4:2
▶ **Spiel um Platz 3**
AS Vénus Mahina - Napier City Rovers 2:3
▶ **Finale (22. Januar 2001)**
WOLLONGONG WOLVES - Tafea FC Port Vila 1:0
Tor: 1:0 Scott Chipperfield (62.)

■ OFC Championship 2002
Turnier vom 17. bis 27. September 2002 in Honiara, Salomonen
Das Turnier entfiel, nachdem die FIFA das FIFA Club Championship 2003 abgesagt hatte.

■ OFC Championship 2005
▶ **Qualifikation**
Manumea (AMS) - AUCKLAND CITY (NZL) 0:x
Manumea disqualifiziert
Nikao Sokattack (COK) - AS MAGENTA N. (NCL) 0:4, 1:5
SOBOU FC LAHI (PNG) - Tuinaimato Breeze (SAM) 5:0, 2:0
SC Lotoha'apai N. (TON) - TAFEA FC PORT VILA (VAN) 1:2, 0:5
4R Electric Ltd Ba (FIJ) - MAKURU FC (SOL) 1:4, 1:4
▶ **Vorrunde**
Turnier vom 30. Mai bis 10. Juni 2005 in Papeete, Tahiti
- Gruppe A
Sydney FC - Auckland City 3:2
Sobou FC Lahi - AS Piraé 1:5
AS Piraé - Auckland City 1:0
Sobou FC Lahi - Sydney FC 2:9
Sydney FC - AS Piraé 6:0
Auckland City - Sobou FC Lahi 6:1
1. SYDNEY FC (AUS) 3 3 0 0 18:4 9
2. AS PIRAÉ (TAH) 3 2 0 1 6:7 6
3. Auckland City (NZL) 3 1 0 2 8:5 3
4. Sobou FC Lahi (PNG) 3 0 0 3 4:20 0
- Gruppe B
Tafea FC Port Vila - Makuru FC 3:2
AS Magenta Nouméa - AS Manu Ura Paea 4:1
AS Magenta Nouméa - Tafea FC Port Vila 1:1
AS Manu Ura Paea - Makuru FC 1:2
As Manu Ura Paea - Tafea FC Port Vila 0:2
Makuru FC - AS Magenta Nouméa 0:5
1. AS MAGENTA NOUMÉA (NCL) 3 2 1 0 10:2 7
2. TAFEA FC PORT VILA (VAN) 3 2 1 0 6:3 7
3. Makuru FC (SOL) 3 1 0 2 4:9 3
4. AS Manu Ura Paea (TAH) 3 0 0 3 2:8 0
▶ **Halbfinale**
SYDNEY FC - Tafea FC Port Vila 6:0
AS MAGENTA NOUMÉA - AS Piraé 4:1
▶ **Spiel um Platz 3**
AS Piraé - Tafea FC Port Vila 1:3
▶ **Finale** (10. Juni 2005, Papeete, 4.000)
SYDNEY FC - AS Magenta Nouméa 2:0
Sydney: Bolton, Fyfe, Ceccoli, Talay (62. Corica), Middleby (76. Brodie), Bingley, Zdrilic (89. Carney), Petrovski, Salazar, Packer, McFlynn - *Magenta*: Hne, Ouka, Sinedo, Wiako, Elmour, Longue, Wea, Poatinda (46. Kaudre), Wadriako, Hmae (78. Watrone), Wadriako - *Tore*: 1:0 Bingley (16.), 2:0 Zdrilic (59.) - *SR*: Fox (Neuseeland)

■ OFC Championship 2006
▶ **Qualifikation**
Turnier vom 6.-10.2.2006 in Ba, Fidschi
SC Lotoha'apai Nuku'alofa - Nokia Eagles Nadi 1:5
Nikao Sokattak - Tuanaimato Breeze 0:0
Nikao Sokattak - SC Lotoha'apai Nuku'alofa 1:3
Nokia Eagles Nadi - Tuanaimato Breeze 2:1
SC Lotoha'apai Nuku'alofa - Tuanaimato Breeze 1:1
Nokia Eagles Nadi - Nikao Sokattak 0:0
1. NOKIA EAGLES NADI (FIJ) 3 2 1 0 7:2 7
2. Tuanaimato Breeze (SAM) 3 1 1 1 4:4 4
3. SC Lotoha'apai Nuku'alofa (TON) 3 1 1 1 5:7 4
4. Nikao Sokattak (COK) 3 0 1 2 2:5 1
▶ **Vorrunde**
Turnier vom 10.-16.5.2005 in Auckland, Neuseeland
- Gruppe A
Marist FC Honiara - AS Piraé 1:10
Auckland City - Sobou FC Lahi 7:0
Auckland City - Marist FC Honiara 3:1
AS Piraé - Sobou FC Lahi 7:0
Sobou FC Lahi - Marist FC Honiara 1:7
AS Piraé - Auckland City 0:0
1. AUCKLAND CITY (NZL) 3 3 0 0 11:1 9
2. AS PIRAÉ (TAH) 3 2 0 1 17:2 6
3. Marist FC Honiara (SOL) 3 1 0 2 9:14 3
4. Sobou FC Lahi (PNG) 3 0 0 3 1:21 0
- Gruppe B
AS Magenta Nouméa - Tafea FC Port Vila 0:1
Nokia Eagles Nadi - YoungHeart Manawatu 2:2
AS Magenta Nouméa - YoungHeart Manawatu 0:3
Tafea FC Port Vila - Nokia Eagles Nadi 0:4
Tafea FC Port Vila - YoungHeart Manawatu 3:3
Nokia Eagles Nadi - AS Magenta Nouméa 0:1
1. YOUNGHEART MANAW. (NZL) 3 1 1 1 8:5 5
2. NOKIA EAGLES NADI (FIJ) 3 1 1 1 6:3 4
3. Tafea FC Port Vila (VAN) 3 1 1 1 4:7 4
4. AS Magenta Nouméa (NCL) 3 1 0 2 1:4 3

▶ **Halbfinale**
AUCKLAND CITY - Nokia Eagles Nadi 9:1
YoungHeart Manawatu - AS PIRAÉ 1:2
▶ **Spiel im Platz 3**
Nokia Eagles Nadi - YoungHeart Manawatu 0:4
▶ **Finale** (21. Mai 2006)
AUCKLAND CITY - AS PIRAÉ 3:1
Auckland: Nicholson, Bunce, Seaman, Perry, Pritchett, Young, Sykes, Jordan (80. Coombes), Graham Little, Cuneen, Can Steeden - *Piraé*: Torohia, Faaiuaso, Ly Waut, Steven Bennett (46. Heirani Bennett), Simon, Hmae, Li Fung Kuee, Williams, Pirowae, Charriere, Zaveroni - *Tore*: 1:0 Jordan (21.), 2:0 Jordan (41.), 3:0 Jordan (63./E), 3:1 Faaiuaso (84.)

■ O-League 2007
▶ **Vorrunde**
- Gruppe A
Port Vila Sharks (VAN) durfte wegen mangelhafter Infrastruktur nicht starten, dafür rückte Waitakere United nach
AS Mont Doré - Auckland City 0:2
Waitakere United - Auckland City 2:2
Waitakere United - AS Mont Doré 6:1
Auckland City - AS Mont Doré 4:0
AS Mont Doré - Waitakere United 0:3
Auckland City - Waitakere United 2:2
1. WAITAKERE UNITED (NZL) 4 2 2 0 13:5 8
2. Auckland City FC (NZL) 4 2 2 0 10:4 8
3. AS Mont Doré (NCL) 4 0 0 4 1:15 0
- Gruppe B
Marist FC Honiara - 4R Electrical Ltd. Ba 0:2
AS Temanava - 4R Electrical Ltd. Ba 1:1
4R Electrical Ltd. Ba - Marist FC Honiara 3:2
AS Temanava - Marist FC Honiara 2:1
4R Electrical Ltd. Ba - AS Temanava 1:0
Marist FC Honiara - AS Temanava 0:1
1. 4R ELECTRICAL LTD. BA* (FIJ) 4 3 1 0 7:3 10
2. AS Temanava (TAH) 4 1 1 2 3:5 4
3. Marist FC Honiara (SOL) 4 1 0 3 3:6 3
*Trat offiziell als Vereinsmannschaft auf, war aber de facto eine Stadtauswahl
▶ **Endrunde** (21./29.4.2007, Ba/Auckland, 10.000/9.000)
4R Electrical Ltd. Ba - Waitakere United 2:1
Ba: Tuba, Lal, Kumar, Vesikula, Doidoi (63. Turagalailai), Bukalidi, Wise, Vidovi, Chandra (55., Vakatalesau, 90.+2 Vurukania), Tiwa - *Waitakere*: Utting, Suri, Hay, Menapi, Pearce, Wylie (72. Fowler), Sinkora, Koprivcic (81. Gwyther), Campbell, Puna, Edwards (73. Santos) - *Tore*: 1:0 Chandra (4.), 1:1 Menapi (54.), 2:1 Bukalidi (74.) - *SR*: Minan (Papua-Neuguinea)
WAITAKERE UNITED - 4R Electrical Ltd. Ba 1:0
Waitakere: Utting, Wylie, Suri, Pearce (85. Puna), Jasper, Edwards, Santos (59. Fowler), Campbell, Peartce, Menapi, Koprivcic (73. Sinkora) - *Ba*: Tuba, Lal (68. Avinesh), Kumar, Vesikula, Bukalidi, Wise, Finau, Turagalailai, Vakatalesau (82. Chandra), Tiwa, Kainihewe - *Tor*: 1:0 Alan Pearce (55.) - *SR*: Averii (Tahiti)

■ O-League 2008
▶ **Qualifikation**
Turnier in Nouméa, Neukaledonien
Nikao Sokattack (COK) trat nicht an
JS Baco Koné - University 2:0
Tafea FC Port Vila - University 5:1
JS Baco Koné - Tafea FC Port Vila 0:5
1. TAFEA FC PORT VILA (VAN) 2 2 0 0 10:1 6
2. JC Baco Koné (NCL) 2 1 0 1 2:5 3
3. University (PNG) 2 0 0 2 1:7 0
▶ **Endrunde**
- Gruppe 1
Auckland City - AS Manu-Ura Paea 6:0, 1:0
Waitakere United - AS Manu-Ura Paea 2:1, 1:1
Auckland City - Waitakere United 0:1, 1:1
1. WAITAKERE UNITED (NZL) 4 2 2 0 5:3 8
2. Auckland City (NZL) 4 2 1 1 8:2 7
3. AS Manu-Ura Paea (TAH) 4 0 1 3 2:10 1
- Gruppe 2
Kossa FC Honiara - Tafea FC Port Vila 1:1, 1:1
Ba - Tafea FC Port Vila 1:0, 1:2
Kossa FC Honiara - Ba 2:0, 4:2
1. KOSSA FC HONIARA (SOL) 4 2 2 0 8:4 8
2. Tafea FC Port Vila (VAN) 4 1 2 1 4:4 5
3. Ba (FIJ) 4 1 0 3 4:8 3
Finale (26. April und 11. Mai 2008)
Kossa FC Honiara - Waitakere United 3:1
Tore: 1:0 Joe Luwi (21.), 2:0 Joe Luwi (42.), 2:1 Jonathan Perry (48.), 3:1 James Naka (89.)
WAITAKERE UNITED - Kossa FC Honiara 5:0
Tore: 1:0 Benjamin Totori (8.), 2:0 Chris Bale (25.), 3:0 Allen Pearce (72.), 4:0 Allen Pearce (78.), 5:0 Jake Butler (85.)

■ Ozeaniencup der Pokalsieger
▶ **1987** Sydney City
Keine weiteren Wettbewerbe durchgeführt

AMERIKANISCH-SAMOA

Torflut im Paradies

Amerikanisch-Samoa kam erst spät zum Fußball

Football Federation American Samoa

Fußball-Bund Amerikanisch-Samoa | gegründet: 1984 | Beitritt FIFA: 1998 | Beitritt OFC: 1994 | Spielkleidung: blaues Trikot, weiße Hose, rote Stutzen | Spieler/Profis: 3.248/0 | Vereine/Mannschaften: 27/33 | Anschrift: Pago Park, PO Box 999413, Pago Pago 96799 | Telefon: +684-6447104 | Fax: +684-6447102 | Internet: www.ffas.as | E-Mail: ffas@bluesyknet.as

Auf der Internet-Präsenz des Fußball-Verbandes von Amerikanisch-Samoa ist stolz von »Football in Paradise« die Rede. Kein Wunder, denn mit seinen herrlichen Sandstränden und dem atemberaubend schönen Vulkanpanorama entspricht der östliche Teil des samoanischen Archipels den gängigen Vorstellungen vom »Paradies auf Erden«.

Doch wenn es um Fußball geht, ist Amerikanisch-Samoa eher die »Hölle auf Erden«. Die 0:31-Niederlage der Nationalauswahl gegen Australien aus dem April 2001 stellt einen schwer zu brechenden Negativweltrekord dar, und in der FIFA-Weltrangliste zählt das Land traditionell zu den Schlusslichtern. Der letzte – und zugleich einzige – Sieg der Verbandsgeschichte datiert aus dem Jahr 1983, als man die Hobbykicker vom benachbarten Inselduo Wallis und Futuna in einem inoffiziellen Duell mit 3:0 bezwang. In seinen acht Länderspielen zwischen 2002 und 2007 kassierte das »Au Fili« (»Nationalteam«) Amerikanisch-Samoas insgesamt 72 Treffer, schoss selbst lediglich zwei und verlor im günstigsten Fall mit vier Treffern Unterschied. »Football in Paradise« ist in der Realität wohl eher »Fußball am Ende der Welt«…

■ **DASS AMERIKANISCH-SAMOA** ein Paradies ist, wird von vielen Pazifik-Besuchern ohnehin abgestritten. Die entlang der Datumsgrenze im Herzen des Pazifiks gelegene Inselgruppe gilt zwar als landschaftlich wunderschön, die einheimische Gesellschaft aber wird gemeinhin mit »verdorben« umschrieben. Statt exotischem Südseezauber herrscht vor allem in den größeren Orten ernüchternde Modernität. Ein Alltag amerikanischer Prägung hat nicht nur die traditionellen Lebensformen zerstört, sondern eine Überflussgesellschaft entstehen lassen, in der Übergewicht, Lethargie, Brutalität und Umweltzerstörung dominieren.

57.000 Einwohner leben auf den sieben Inseln Amerikanisch-Samoas, das bis 1929 eine politische und wirtschaftliche Einheit mit der benachbarten Rugby-Hochburg Samoa (früher West-Samoa) bildete. Die größte Insel ist Tutuila, auf der sich auch die Hauptstadt Pago Pago befindet. Seit Mitte der 1970er Jahre ist Ost-Samoa ein mit innerer Autonomie ausgestattetes US-Territorium, und wie in nahezu allen Lebensbereichen dominieren auch im Sport amerikanische Vorlieben. Für junge Menschen gibt es im Grunde genommen nur drei Berufszweige: eine Karriere beim US-Militär, ein Job in der nationalen Thunfischindustrie sowie der Sprung zu einem American Football-Collegeteam in die USA.

■ **OBWOHL IMMERHIN** 5,6 % der Gesamtbevölkerung beim nationalen Fußballverband eingeschrieben sind, spielt Fußball – »soccer« – nur eine Nebenrolle. Das Spiel war im Verlauf der 1960er Jahre auf die Inselgruppe gekommen und hatte sich nur langsam ausbreiten können. Unterstützer waren in erster Linie Bildungseinrichtungen. Erst 1975 entstand mit der American Samoa Soccer Union (ASSU) ein landesweit tätiger Dachverband, der sich auch außerhalb von Lehranstalten um die Etablierung des Spiels bemühte.

Nachdem der Kontinentalverband OFC Amerikanisch-Samoa 1983 als »associated member« aufgenommen hatte, entsandte das Land noch im selben Jahr eine Auswahl zu den Südpazifikspielen und feierte den erwähnten 3:0-Erfolg über Wallis und Futuna. Ein Jahr später löste die American Samoa Football Association (ASFA) die ASSU ab und wurde 1994

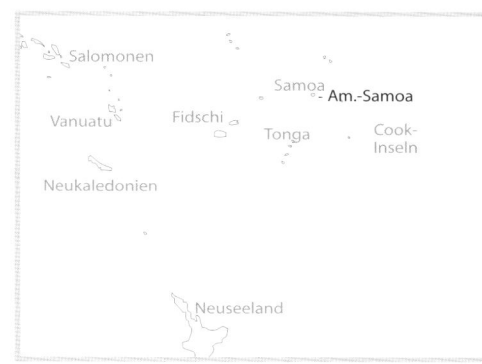

American Samoa

Amerikanisch-Samoa | Fläche: 194,8 km² | Einwohner: 57.000 (56 je km²) | Amtssprache: Samoanisch, Englisch | Hauptstadt: Pago Pago (Tutuila, 4.278) | Weitere Städte: Tafuna (11.000), Nu'uuli (5.000), Leone (4.000) | Währung: US-Dollar | Zeitzone: MEZ -11h | Länderkürzel: - | FIFA-Kürzel: ASA | Telefon-Vorwahl: +684

▶ Veterans Memorial

Seitdem das Veterans Memorial in der Hauptstadt Pago Pago 2007 eingeweiht wurde, hat sich im Fußball von Amerikanisch-Samoa vorsichtiger Optimismus ausgebreitet. Das mit FIFA-Geldern errichtete Areal bietet nicht nur rund 10.000 Zuschauern Platz, sondern beherbergt zudem den Verbandssitz und bietet moderne Trainingsmöglichkeiten. Erstmals in der Geschichte des Fußballs auf Amerikanisch-Samoa hat die dortige Balltretergemeinde damit eine Heimat.

TEAMS | MYTHEN

■ **NU'UULI FC** Team aus der an der Südküste Tutilas gelegenen 5.000-Seelen-Gemeinde Nu'uuli. 1983 erstmals Landesmeister geworden, sicherte sich die Mannschaft 1992 sogar das Double. [2 | 1]

■ **KONICA MACHINE FC PAGO PAGO** Die Orange-Schwarzen aus der Hauptstadt Pago Pago errangen im Dezember 2007 ihren zweiten Meistertitel, als sie sich im Finale im frisch eröffneten Veterans Memorial mit 4:2 gegen die Peace Brothers durchsetzten (siehe Foto). 1999 hatte sich der Klub bereits das Double gesichert. [2 | 1]

■ **PAGO EAGLES** Dominierendes Team aus den ersten Jahren des organisierten Ligafußballs auf der Inselgruppe. Sicherte sich 1981, 1982 und 1997 jeweils die Meisterschaft. [3 | 1]

■ **PANSA SOCCER CLUB** Dominierte nach der Millenniumswende eine Zeitlang den nationalen Spielbetrieb und errang insgesamt vier Meisterschaften. [4]

HELDEN | LEGENDEN

■ **NATIA NATIA** Erzielte 2005 beim 1:9 gegen Vanuatu das erste Pflichtspieltor Amerikanisch-Samoas.

■ **RAMIN OTT** Erzielte 2007 beim 1:12 im Südpazifikspiele-Duell gegen die Salomonen vom Elfmeterpunkt aus das zweite Pflichtspieltor des Landes.

■ **NICKY SALAPOU** Bedauernswerter Torsteher vom 0:31-Debakel gegen Australien. Steht gewöhnlich für Pansa East zwischen den Pfosten. [*3.1.1978]

● FIFA World Ranking

1993	1994	1995	1996	1997	1998	1999	2000
-	-	-	-	-	-	193	199	203
2001	2002	2003	2004	2005	2006	2007	2008
201	201	202	204	205	198	201	201

● Weltmeisterschaft
1930-98 nicht teilgenommen **2002-06** Qualifikation

● Ozeanienmeisterschaft
1973-80 nicht teilgenommen **1996-2008** Qualifikation

Jahr	Meister	Pokalsieger
1981	Pago Eagles	
1982	Pago Eagles	
1983	Nu'uuli FC	
1984-91	unbekannt	
1992	Nu'uuli FC	Nu'uuli FC
1993-94	nicht ausgespielt	nicht ausgespielt
1995		Dream Team
1996	nicht ausgespielt	Pago Eagles
1997	Pago Eagles	nicht ausgespielt
1998	nicht ausgespielt	nicht ausgespielt
1999	Konica Machine FC	Konica Machine FC
2000	PanSa Soccer Club	nicht ausgespielt
	Wild Wild West	nicht ausgespielt
2001	PanSa Soccer Club	Renegades
2002	PanSa Soccer Club	Leone Lions
2003	nicht ausgespielt	
2004	PanSa Soccer Club	
2005	nicht ausgespielt	
2006	nicht ausgespielt	
2007	nicht ausgespielt	
2008	Konica Machine FC	

vollwertiges OFC-Mitglied. Vier Jahre darauf trat man auch dem Weltverband FIFA bei. Der nationale Spielbetrieb konzentriert sich auf die Hauptinsel Tutuila. 1981 sicherten sich die hauptstädtischen Pago Eagles die erstmals ausgeschriebene Landesmeisterschaft, die seitdem ebenso wie der 1992 eingeführte Pokalwettbewerb aufgrund infrastruktureller Probleme nur sporadisch ausgespielt werden konnte. Neben den Pago Eagles vermochten vor allem der Nu'uuli FC sowie der PanSa Soccer Club zu überzeugen.

■ **DAS GRÖSSTE PROBLEM** der Fußballer Amerikanisch-Samoas bestand über viele Jahre in einer frappierenden Heimatlosigkeit. Die meisten Spiele fanden im Baseballstadion Mapusaga Field statt, wo die Kicker bestenfalls ungeliebte Gäste waren. Zur Millenniumswende geriet der Nationalverband ASFA dadurch in eine schwere Krise, die erst im Dezember 2007 mit der Bildung der Nachfolgeorganisation Football Federation American Samoa (FFAS) endete. Parallel dazu wurden mit Hilfe des FIFA »Goal«-Programms die Weichen für eine professionellere Basis des Fußballs im kleinsten OFC-Mitgliedsland gelegt. Vor allem die Errichtung des Nationalstadions »Veterans Memorial« erwies sich als bahnbrechend. Eingeweiht von dem aus Neukaledonien stammenden französischen Weltmeister Christian Karembeu, bietet das Gelände Amerikanisch-Samoas Fußballern erstmals eine echte Heimat, was neben der Landesauswahl auch den nationalen Ligabetrieb spürbar stabilisierte.

Ein unverändert brennendes Problem ist indes die Frage der Staatsangehörigkeit. 2004 waren von den 57.000 Einwohnern der sieben Inseln lediglich 11.000 wahlberechtigt und standen Nationaltrainer Langkilde damit (theoretisch) für die Landesauswahl zur Verfügung. Weil sie eine Karriere in der US-Armee anstreben, votieren einheimische Jugendliche in der Regel für die US-Staatsbürgerschaft und fallen damit für die amerikanisch-samoanische Auswahl aus.

Die Verantwortlichen versuchen die Attraktivität des Fußballs mit einer Besinnung auf die traditionellen Lebensformen zu erhöhen. So setzt man vor allem im Nachwuchsbereich auf die Einbindung der gesamten Familie, die in der samoanischen Tradition eine überragende Rolle einnimmt. »Fußball ist sehr populär unter den Kindern und ihren Eltern, und es gibt einen kulturellen Aspekt, mit dem sich Familien auf Amerikanisch-Samoa leicht identifizieren können. Baseball und American Football weisen diese Qualität nicht auf«, erklärte eine Verbandssprecherin 2005 stolz. Der Nachwuchsbereich ist zudem eng verzahnt mit dem nationalen Bildungssystem, und die unter den Schulen ausgespielte »Summer League« erfreut sich großer Beliebtheit.

Nächster Schritt soll die Stärkung des nationalen Vereinsfußballs sein. Bislang nahm lediglich 2001 mit dem PanSa Soccer Club ein Team von Amerikanisch-Samoa an der Ozeanienmeisterschaft teil. Auch die Teilnahmehoffnungen des Konica FC, der sich 2008 mit einem 4:2-Triumph über Verfolger Peace Brothers den Landestitel sicherte, zerschlugen sich schließlich.

■ **DIE ENTWICKLUNGSMÖGLICHKEITEN** des Fußballs auf Amerikanisch-Samoa werden freilich auch in Zukunft begrenzt sein. Das offenbarte sich nicht zuletzt beim WM-Qualifikationsdebüt im April 2001, als Torsteher Nicky Salapu in vier Spielen 57 Treffer einfing und Amerikanisch-Samoa den erwähnten 0:31-Weltrekord gegen Australien aufstellte. »Die Australier waren so schnell, dass es schien, sie würden Motorräder haben«, bekannte Trainer Tony Langkilde anschließend frustriert. Die krassen Unterschiede traten nicht nur auf dem Spielfeld zutage: Während die australischen Profis pro Tag 300 $ Grundentlohnung und weitere 4.000 $ für ihren Sieg erhielten, mussten die Hobbykicker aus Pago Pago für das gesamte Turnier mit insgesamt 100 $ pro Nase auskommen.

Wie für viele der »Kleinen« ist es für Amerikanisch-Samoa dennoch wichtig, international dabei zu sein. »Sicher, wir sind das jüngste Land auf der FIFA-Liste, aber wir werden beweisen, dass wir nicht das schlechteste sind«, verkündete Trainer Langkilde 2001 nach dem Australien-Debakel trotzig. Und tatsächlich: In der WM-Qualifikation 2006 erzielte Natia Natia beim 1:9 gegen Vanuatu das erste Pflichtspieltor der Auswahlgeschichte, und Ende 2006 wurde Amerikanisch-Samoa bereits auf Position 198 der 205 Teams umfassenden FIFA-Weltrangliste geführt. Es geht also zweifelsohne aufwärts!

AUSTRALIEN

Vom Soccer zum Fußball

Australiens ethnisch gegliederter »Soccer« hat sich in den nationalen »Football« verwandelt

Football Federation Australia Limited

Fußball-Bund Australien | gegründet 1961 | Beitritt FIFA: 1958 (-60), 1963 | Beitritt OFC: 1966 (-1972), 1978 (-2005) | Beitritt AFC: 2006 | Spielkleidung: gelbes Trikot, gelbe Hose, grüne Stutzen | Saison: März - Oktober | Spieler/Profis: 389.000/200 |Vereine/Mannschaften: 1.200/12.000 | Anschrift: Level 7, 26 College Street, Locked Bag A4071, Sydney South, NSW 2000 1235 | Tel: +61-02/83545555 | Fax: +61-02/83545590 | Internet: www.footballaustralia.com.au | E-Mail: info@footballaustralia.com.au

Für mehr als 120 Jahre fristete der Fußball auf dem fünften Kontinent das Schicksal einer Randsportart. Rugby (in seinen verschiedenen Ausprägungen) und Cricket rangierten in der Gunst der sportbegeisterten Australier deutlich höher als der Weltsport Nummer eins, der vorwiegend in ethnisch geprägten Klubs betrieben wurde.

Seit der Millenniumswende ist das Geschichte. »Das Gesicht des Sports in Australien wandelt sich, und mein Spiel muss aufpassen«, fürchtete Australian-Rugby-Legende Chris McDermott 2006 und sah »Soccer in vielfacher Hinsicht im Aufschwung. Auf dem Feld war das Spiel nie spektakulärer, und die TV-Berichterstattung war niemals besser.« 2005 konnten die Verantwortlichen des nationalen Fußballverbandes sogar das jahrzehntelang nahezu Unvorstellbare wagen und die Bezeichnung »soccer« im Verbandsnamen durch das weltläufigere »football« ersetzen, das in Australien eigentlich dem Rugby vorbehalten ist. Als die »Socceroos« dann 2006 bei der WM in Deutschland auch noch einen mitreißenden Auftritt ablieferten und erst im Achtelfinale durch einen dubiosen Strafstoß gegen Italien ausschieden, avancierte Australien endgültig zu einer Soccer- – pardon – Fußballnation.

■ **HISTORISCH ZÄHLT AUSTRALIEN** zu den Fußballwiegen der Welt. Auf den Juli 1880 werden die fußballerischen Anfänge in »down under« datiert. Die frühen Aktivitäten waren einer Welle von (überwiegend) britischen und jüdischen Einwanderern zu verdanken, die sich seinerzeit auf dem ehemaligen britischen Sträflingskontinent niederließen. Nach der Entdeckung von Naturschätzen sowie einem Goldrausch Mitte des 19. Jahrhunderts war der Zuwandererstrom noch einmal deutlich angeschwollen.

Im Gepäck der Neuankömmlinge befanden sich beliebte britische Spiele wie Rugby, Cricket und Fußball, die in der neuen Heimat weitergepflegt wurden. In der überwiegend männlich geprägten australischen Gesellschaft jener Tage fungierte Sport früh als ein wichtiges Ventil und stieg zu einer Art »Überreligion« auf. Dominierend war dabei zunächst das Cricket, in dem Australien 1882 im Londoner Oval-Stadion einen epochalen Erfolg über England verbuchte. Darüber hinaus vermochte sich insbesondere Rugby zu etablieren, wobei sich neben der aus Großbritannien importierten »Rugby Union« mit dem »Australian Rugby« noch eine australische Eigendisziplin durchsetzte, die ursprünglich als Fitnessübung für Cricketspieler konzipiert worden war.

Der Fußball tat sich vergleichsweise schwer. Das hatte in erster Linie zeitliche Gründe, denn in den 1880er Jahren steckte das Spiel selbst im Mutterland Großbritannien noch in den Kinderschuhen und stand dort im Schatten von Cricket und Rugby. Dementsprechend fielen auch die Präferenzen der britischen Neusiedler in Australien aus.

■ **AUSTRALIENS FUSSBALLWIEGE** ist Sydney. In der Hauptstadt von New South Wales (NSW) waren es bezeichnenderweise Rugby-Funktionäre, die am 3. August 1880 mit dem English Association Club Australiens ersten Fußballverein ins Leben riefen. Der später in Sydney Wanderers umbenannte Klub lief am 14. August desselben Jahres auch zum ersten Spiel auf australischem Boden auf, als ihm ein Team von Rugbyenthusiasten der lokalen King's School gegenüberstand.

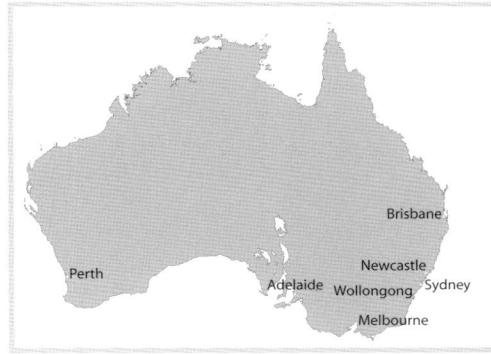

Commonwealth of Australia

Commonwealth Australien | Fläche: 7.682.300 km² | Einwohner: 18.532.000 (2,4 je km²) | Amtssprache: Englisch | Hauptstadt: Canberra (344.800) | Weitere Städte: Sydney (3.879.400), Melbourne (3.283.000), Brisbane (1.520.600), Perth (1.295.100), Adelaide (1.079.200) | Währung: 1 Australischer Dollar = 100 Cents | Bruttosozialprodukt: 20.650 $/Kopf | Zeitzone: MEZ +7h - 9½h | Länderkürzel: AUS | FIFA-Kürzel: AUS | Telefon-Vorwahl: +61

Nachdem anfänglich vor allem Mitglieder des Bürgertums kickten, übernahm schon bald die Arbeiterschaft die Führung. 1883 gründeten Metallarbeiter mit Granville Sydney den ältesten heute noch bestehenden Verein Australiens.

New South Wales blieb zunächst der wichtigste Impulsgeber. 1883 lief die NSW-Bundesauswahl zum ersten inneraustralischen Duell gegen Victoria auf, 1885 wurde in Sydney der erste nationale Vereinswettbewerb ins Leben gerufen und 1888 erblickte dort der nach einem lokalen Geschäftsmann benannte »Gardiner Challenge Cup« das Licht der Welt.

Zur zweiten Fußballhochburg avancierte die benachbarte Kohlestadt Newcastle, doch auch in Melbourne und Brisbane konnte sich der Fußball noch in den 1880er Jahren etablieren. Nachdem Australien in den 1890er Jahren in eine tiefe Wirtschaftskrise geraten war, sorgten arbeitssuchende Migranten schließlich auch für seine Verbreitung in entlegeneren Landesteilen. So gründeten schottische Bergleute in den Kohlefeldern der Nordküste erste Klubs, während vom Goldrausch angesteckte Abenteurer das Spiel nach Kalgoorlie und Perth trugen.

Ungeachtet dessen konnte Fußball in der öffentlichen Wahrnehmung allerdings nicht mit dem populären Rugby konkurrieren, zumal jener von den Schulen und den Medien des Landes einseitig gefördert wurde. Während in Victoria, South Australia, Tasmania und West Australia der Australian Rugby dominierte, überwog in New South Wales und Queensland die Rugby League.

■ **ORGANISATORISCH GINGEN** die sechs Australien bildenden Bundesstaaten lange Zeit ihre eigenen Wege. In New South Wales war bereits 1883 ein Regionalverband entstanden, der 1904 eine Auswahl zu »Länderspielen« nach Neuseeland entsandte. Auch Queensland und Victoria erhielten frühzeitig Verbände, und selbst im entlegenen Westen konnte sich mit der Western Australian Soccer Football Association bereits 1896 ein Dachverband bilden.

1912 vorgelegte Pläne zur Gründung eines australischen Fußball-Verbandes fielen indes dem Ersten Weltkrieg zum Opfer. Jener zog zudem eine konfessionelle Spaltung der australischen Fußballgemeinde nach sich, als sich die Streitigkeiten der beiden großen Kirchen in der Frage der Wehrpflicht auch auf den Fußball ausweiteten. Während die Protestanten fortan die Nähe zum Fußball suchten, wandten sich die Katholiken von ihm ab und votierten stattdessen für Rugby. Bis in die 1960er Jahre sollte Fußball in Australien eine nahezu ausschließlich protestantische Domäne sein.

■ **ALS FUSSBALLFANS AUS DEM WELTKRIEG** heimkehrende Soldaten sowie eine neuerliche Einwanderungswelle forcierten das Interesse nach Kriegsende, und 1921 entstand mit The Football Association Australia ein Nationalverband, der zunächst der englischen FA beitrat. Sein Einfluss blieb gering. So konnten die Bundesverbände in den 1920er Jahren ihr Interesse ungestört auf die Bundesauswahlen lenken, mit denen sie die immer einflussreicheren Immigrantenvereine schwächen wollten. Das wiederum hemmte die Gesamtentwicklung des australischen Klubfußballs.

Die Folgen wurden nicht zuletzt auf internationaler Ebene sichtbar. Ohnehin mit dem Nachteil einer isolierten geografischen Lage hadernd, kam es erst am 17. Juni 1922 zum ersten offiziellen Länderspiel Australiens, das prompt mit einer 1:3-Niederlage gegen das gleichfalls debütierende Neuseeland endete. Bis zum Beginn des Zweiten Weltkrieg liefen die »Socceroos« nur 26-mal auf, wobei sie neben Neuseeland lediglich auf Kanada (1924), eine englische Amateurauswahl (1937) sowie Indien (1938) trafen. Immerhin etablierten sich unterdessen mit Harry Higginbotham und Alfred Jennings zwei Australier im englischen Profifußball.

■ **NACH DEM ZWEITEN WELTKRIEG** kam Bewegung in die nationale Fußballgemeinde. Die Aufhebung der »White Australia«-Politik, die lediglich anglo-keltischen bzw. englischsprachigen Volksgruppen die Pforte nach Australien geöffnet hatte, führte vermehrt aus Südeuropa stammende Immigranten (Jugoslawen, Ungarn, Tschechen, Polen, Griechen, Italiener, Malteser etc.) nach »down under«. Bis 1960 strömten rund 1,6 Mio. Neubürger nach Australien.

Weil die als »wogs« (»Kaffern«, »Kameltreiber«) bezeichneten Neuankömmlinge wie Menschen zweiter Klasse behandelt wurden und auch den bestehenden Fußballteams nicht beitreten konnten, stand der australische Klubfußball vor einer regelrechten Umwälzung. Analog zu den sich herausbildenden ethnischen Siedlungsstrukturen in den Städten entstanden in den 1950er Jahren ethnisch geprägte Klubs wie Budapest Sydney, South Melbourne Hellas, Sydney Hakoah oder Marconi Fairfield, die Australiens Fußball binnen weniger Jahre eine nach Volksgruppen ausgerichtete neue Struktur verpasste. Die Fußball-Ligen lasen sich seinerzeit beinahe wie eine Europakarte. In Sydney beispielsweise kämpften Klubs wie Budapest, Hakoah, APIA (Italo-Austria), Yugal, Croatia, Prague und Polonia miteinander.

Die Folgen waren fatal. Nachdem 1951 ein Antrag auf den Verzicht ethnischer

TEAMS | MYTHEN

■ **ADELAIDE UNITED** Der Pechvogel der A-League.  In der Auftaktsaison 2005/06 ging die von John Koshima trainierte Elf aus der »City of Churches« als Meister aus der regulären Liga hervor – und scheiterte im Play-off an den Central Coast Mariners. Ein Jahr später stürmten die kurzzeitig mit der brasilianischen Fußball-Legende Romario auflaufenden »Reds« dann sogar bis ins »Grand Final« – und gingen in jenem vor der nationalen Rekordkulisse von 55.436 Zuschauern im Melbourner Telstra Dome mit 0:6 gegen Melbourne Victory unter. 2008 unterlag die mit Paul Agostino verstärkte Mannschaft im Finale der asiatischen Champions League Gamba Osaka aus Japan. Das 2003 gegründete Franchise-Unternehmen setzt die Tradition von Adelaide City Juventus fort, die 1946 von italienischen Einwanderern gegründet worden war. [September 2003 | Hindmarsh (16.500) | - | -]

■ **SOUTH MELBOURNE** (SM Hellas, Lakers)   Der 1959 durch den Zusammenschluss von Hellenic, Yarra Park Aiantas und South Melbourne United gegründete South Melbourne Hellas Soccer Club ist einer der beliebtesten Vereine in Australien und war über viele Jahre das Fußball-Aushängeschild der Australian-Rugby-Hochburg Melbourne. Mit Kulissen von bis zu 20.000 Anhängern zählte SM Hellas lange zu den Zuschauermagneten im nationalen Fußball. Der im griechischen Umfeld ansässige Verein erreichte in den 1960er Jahren seinen ersten Zenit, als er viermal Bundesmeister von Victoria wurde. Neben dem ehemaligen griechischen Nationalspieler Kostas Nestoridis liefen seinerzeit mit Andreas Roussis, Leo Damianakos und Jim Pyrgolios weitere Ex-Profis für die Blau-Weißen auf. 1977 zu den Gründungsmitgliedern der NSL zählend, wurde »South« 1984 erstmals Landesmeister. Zugleich geriet der Klub allerdings durch ständige Trainerwechsel und interne Turbulenzen wiederholt in die Schlagzeilen. 1991, 1998 und 1999 gelangen den bisweilen von der ungarischen Fußball-Legende Ferenc Puskás trainierten Griechen drei weitere nationale Titelgewinne, wobei sie ab 1996 als South Melbourne Lakers bzw. ab 1998 als South Melbourne Soccer Club aufliefen. Nach dem Gewinn der Ozeanienmeisterschaft 1999 (5:1 gegen Nadi/Fidschi) nahm die von Kapitän Paul Trimboli angeführte Hellas-Elf 2000 unter Trainer Ange Postecoglu ohne Erfolg an der FIFA-Klubweltmeisterschaft in Brasilien teil. Finanziell schwer angeschlagen, wurde »South« 2004 bei der Gründung der A-League von Stadtrivalen Melbourne Victory verdrängt. Inzwischen macht man sich aber Hoffnungen auf die A-League-Lizenz und gilt als designierter Nutzer des neuerbauten Rectangular Stadium. [1959 | Bob Jane Stadium (14.000) | 4 | 2]

■ **MELBOURNE CROATIA** (Knights) 1953 von kroatischen Immigranten als Melbourne Croatia gegründeter Klub.   Weil es in Melbourne mit Hajduk bereits einen kroatischen Verein gab, wechselte man wenig später ins 70 Kilometer entfernte Geelong und fusionierte 1959 mit dem Klub Preston zu Preston Croatia. 1961 nach Melbourne zurückgekehrt, kam es 1962 zum Zusammenschluss mit weiteren kroatischen Vereinen zu Melbourne Croatia. 1965 heuerte der damalige Präsident Frank Burin sechs schottische Ex-Profis an (darunter Nationalspieler Duncan McKay), mit denen Croatia zur dominierenden Kraft im Bundesstaat Victoria aufstieg und 1968 erstmals dessen Meisterschaft errang. 1977 fehlten die Kroaten bei der NSL-

Gründung, nachdem sie sich geweigert hatten, ihren ethnischen Namen abzulegen. Erst 1984 erreichten sie das nationale Oberhaus, dessen Finale sie 1991 mit 4:5 im Elfmeterschießen gegen den Lokalrivalen South Melbourne verloren. Nach der Aufforderung, die ethnischen Namen zu streichen, lief der Klub 1991/92 als Melbourne CSC (Croatian Soccer Club) auf und zog abermals in das NSL-Endspiel ein (Elfmeterschießen-Niederlage gegen Adelaide City). Die 1993 erfolgte Umbenennung in Melbourne Knights war von der dritten Endspielniederlage binnen vier Jahren begleitet (0:1 gegen Adelaide City, das Tor erzielte ausgerechnet Ex-Croatia-Spieler Damian Mari). 1994/95 zum vierten Mal binnen fünf Jahren im Endspiel stehend, durften die Südaustralier erstmals jubeln. Dem 2:0 im Meisterschaftsfinale über Adelaide City folgte mit dem 6:0 im Pokalfinale über den Lokalrivalen Heidelberg United sogleich das Double. Obwohl das von Trainer Mirko Bazic, Torjäger Mark Viduka und Verteidiger Steve Horvat geprägte Erfolgsteam anschließend zerbrach, konnten die »Reds« ihren Titel 1996 mit einem 2:1 über Marconi Fairfield verteidigen. Mit der Gründung der A-League wurde der Klub 2004 vom Franchise-Unternehmen Melbourne Victory abgelöst, das 2007 mit einer vom Brasilianer Fred dominierten Elf durch einen 6:0-Triumph im Grand Final über Adelaide United erstmals Meister wurde. Melbourne Victory verzog 2006 vom traditionsreichen Olympic Park in den modernen Telstra Dome. [2004 | Telstra Dome (53.355) | 1 | -]

■ **NEWCASTLE UNITED JETS (United, Breakers)**  Die an der Ostküste von New South Wales gelegene Bergbaustadt Newcastle ist eine der Fußballhochburgen Australiens. 1978 wurde dort Newcastle KB United gegründet, der 1984 den Namen Newcastle Rosebud United erhielt und bis 1986 der NSL angehörte. Nach einigen turbulenten Jahren als Newcastle Breakers kehrte man 2000 zur Bezeichnung United zurück. Seit 2005 läuft der Klub als Newcastle United Jets auf. Der Name und die drei F/A-18-Hornets im Wappen sind eine Hommage an die Royal Australian Air Force Base im 20 Kilometer von Newcastle entfernten Williamtown. Unter Trainer Gary van Egmond avancierten die »Jets« zur Überraschungself der A-League und erreichten 2006 und 2007 jeweils die Playoffs. 2007/08 heuerten sie den Portugiesen Mário Jardel an und setzten sich im Grand Final gegen die Central Coast Mariners durch. Das örtliche Energy Australia Stadium steht als eines der potenziellen Arenen der WM 2018 vor dem Umbau. [2000 | Energy Australia (26.164) | 1 | 1]

■ **PERTH GLORY** Perth ist die wohl abgelegenste Fußballmetropole der Welt. Selbst zu gewöhnlichen Ligaspielen muss der örtliche  Perth Glory FC regelmäßig zwischen 1.500 und 3.000 Kilometer überwinden, um seine Gegner in Victoria oder New South Wales zu erreichen. Die geografische Randlage der als Hochburg des Australian Rugby bekannten Stadt brachte in der Vergangenheit viele logistische Probleme mit sich. Aufgrund der Weigerung der Ostküstenklubs, die weite Reise nach Perth anzutreten, wurde die Millionenstadt schon 1977 bei der Gründung der NSL übergangen. 1994 gründete eine Gruppe lokaler Geschäftsmänner den Perth Kangeroos IFC, der sich am Spielbetrieb der Profiliga von Singapur beteiligte (!) und in jener ungeschlagen Meister wurde. Finanzielle Schwierigkeiten führten jedoch noch im selben Jahr zur Auflösung des Vereins, woraufhin ein vom italienischstämmigen Fastfood-Millionär Nick Tana angeführtes Konsortium den heutigen Perth Glory FC ins Leben rief, der 1996 in die NSL aufgenommen wurde. Unter Trainer Gary Marocchi avancierte die Lila-Weißen mit attraktivem Angriffsfußball (Motto: »Schießt ihr drei Tore, schießen wir vier«) zum Publikumsmagneten, bei dessen Auftritten nahezu britische Atmosphäre herrschte. Spieler wie Vinko Buljubasic, Lokalpatriot Bobby Despotovski, der neuseeländische Nationalspieler

Klubnamen abgelehnt wurde, geriet Australiens Vereinsfußball in eine schwere Identitätskrise. Das ethnische Lagerdenken hatte nicht nur unschöne nationalistische Begleitumstände mitsamt Ausschreitungen zur Folge, sondern ließ zudem unterschiedliche Spielauffassungen aufeinanderprallen. Während die »australischen« Teams aus den Bergbaugebieten in New South Wales das körperbetonte britische Spiel pflegten, gaben die Immigranten aus Südeuropa dem eleganten, körperbetonten Spiel Kontinentaleuropas den Vorzug. Sie klagten über die übermäßige Härte der Australier, die sich ihrerseits über die »europäischen Tricksereien« der kroatischen, griechischen, italienischen usw. Kicker mokierten. Als sich die Lage in den 1960er Jahren allmählich etwas entspannte, war der Ruf des Fußballs längst ruiniert, galt das Spiel als gewalttätig und hatte in der nationalen Popularitätshierarchie seinen Tiefpunkt erreicht.

■ **AUCH ADMINISTRATIV ÜBERNAHMEN** die ethnischen Klubs die Initiative. 1957 verselbstständigten sich acht führende Vereine Australiens und riefen mit der Australian Soccer Federation (ASF) eine Organisation ins Leben, die in Konkurrenz zur als »ultrakonservativ« eingeschätzten »britischen« FA stand und 1958 der FIFA beitrat. Dadurch vertieften sich die ethnischen Gräben weiter, und Fußball wurde endgültig zum despektierlich »wogball« (»Kaffernspiel«) genannten Nischensport.

Hinzu kam eine schwere internationale Krise. Als 1960 einige Klubs 26 österreichische bzw. niederländische Profis nach Australien lockten, ohne die fälligen Ablösesummen zu bezahlen (darunter waren die österreichischen Nationalspieler Leo Baumgärtner, Karl Janos und Heinz Wenzl), sperrte die FIFA Australien bis zur Klärung der Umstände für den internationalen Spielbetrieb. Erst nach Zahlung einer symbolischen »Ablösesumme« an Österreich bzw. die Niederlande durfte man 1963 in den Weltverband zurückkehren.

Unterdessen bemühte sich die ASF auf nationaler Ebene um neue Strukturen. Noch immer fand Fußball in Australien ausschließlich auf regionaler Ebene statt, gab es mit Ausnahme der von den Bundesauswahlen bestrittenen Inter-State-Meisterschaft keinen landesweiten Wettbewerb. 1962 konnte zwar ein nationaler Pokalwettbewerb ins Leben gerufen werden, der aber schon sechs Jahre später wieder eingestellt wurde. Und auch die 1965 unter dem Zeichen dramatisch zurückgehender Zuschauerzahlen aufgekommenen Überlegungen über die Gründung einer Nationalliga waren aufgrund infrastruktureller und wirtschaftlicher Gründe nicht umsetzbar.

■ **DAFÜR GAB ES AUF INTERNATIONALER** Ebene Fortschritte. Als sich Australien 1966 erstmals zur Teilnahme an der WM-Qualifikation meldete, bot sich den »Socceroos« sogar eine einmalige Chance, denn nach dem Rückzug der afrikanischen Staaten (aus Protest gegen die europazentrierte FIFA-Politik) hätten sie in nur zwei Qualifikationsspielen das Endturnier erreichen können. Gegner war der krasse Außenseiter Nordkorea, dem gegen die mit erfahrenen Kräften wie Bill Rice, Pat Hughes, Vic Reynolds und Les Scheinflug gespickte australische Elf keine Chance eingeräumt wurde. Doch es kam

Australiens Fußball der 1960er Jahre war ethnisch geprägt: Hier duellieren sich Ex-Italienprofi Johnny Giacometti (links) und Ex-England-Profi Roger Hilary beim Spiel zwischen APIA Leichhardt und St. George-Budapest.

anders. Im ersten Spiel wurde Australien mit 1:6 vom Platz gefegt, und als es drei Tage später eine weitere Niederlage gab, reiste statt der »Aussis« Nordkorea nach England und avancierte dort zum Sensationsteam. Für Insider kam das Scheitern nicht überraschend. Schließlich war Nordkorea erst der zweite nichtbritische Gegner Australiens gewesen, nachdem man 1956 bei den Olympischen Spielen bereits auf Japan getroffen war. Verschärft wurde diese »splendid isolation« durch den freiwilligen Verzicht auf einen Nationaltrainer.

Nach dem Scheitern gegen Nordkorea wurde die antiquierte Verbandspolitik zu den Akten gelegt, und Australien bemühte sich verstärkt um internationale Erfahrungen. Zunächst ergebnislos, denn 1970 sorgte Israel abermals für das vorzeitige Aus in der WM-Qualifikation. Erst als Ralé Ražić das Training übernahm, gelang der Durchbruch. Ein 1:0 im Entscheidungsspiel über Südkorea öffnete den »Socceroos« schließlich im November 1973 erstmals die Pforte zu einem WM-Endturnier.

■ **OBWOHL ES BEIM** Endturnier in Deutschland in drei Spielen zu keinem Treffer reichte (0:2 gegen die DDR, 0:3 gegen den Gastgeber, 0:0 gegen Chile), wirkte der WM-Auftritt wie ein Katalysator auf den rückständigen australischen Fußball. Drei Jahre später nahm die vom Elektrokonzern Philips geförderte National Soccer League (NSL) ihren Spielbetrieb auf, in der lediglich die Bundesstaaten Tasmania und Western Australia fehlten und die Australiens erste landesweite Sportliga darstellte – ausnahmsweise konnte also der »soccer« mal Vorreiter für die Rugbydisziplinen spielen. Einher mit der Nationalliga ging die Einführung eines nationalen Pokalwettbewerbes (»NSL-Cup«).

Die NSL begann hoffnungsvoll. In den ersten drei Spielzeiten gab es attraktiven Sport zu sehen, der durch hohe Besucherzahlen belohnt wurde. Doch schon bald traten die ersten Probleme auf. Als 1981 eine Marktforschungsstudie ermittelte, dass die ethnische Gliederung der Klubs einer weiteren Popularisierung des Fußballs entgegenstünde, ordnete die NSL-Führung die »Australisierung« der Klubnamen an. Wenngleich daraufhin beispielsweise aus den South Melbourne Hellas die South Melbourne Gunners oder aus Sydney Hakoah die Sydney Slickers wurden, blieben die ethnischen Strukturen bestehen – und damit die Probleme. Als der 1977 noch bei 10.000 pro Spiel liegende Zuschauerschnitt trotz Gastspielern wie Bobby Charlton und Kevin Keegan auf 3.000 abrutschte und Ligasponsor Philips 1982 zudem seinen Rückzug verkündete, orakelte der »World

Jahr	Meister	Pokal
1962		Yugal Sydney
1963		Slavia Melbourne
1964		George Cross M'bourne
1965		Sydney Hakoah
1966		Melbourne Hungaria
1967		Sydney Hakoah
1968-76		nicht ausgespielt
1977	Eastern Suburbs Sydney	Brisbane City
1978	West Adelaide Hellas	Brisbane City
1979	Marconi Fairfield Sydney	Adelaide City
1980	Sydney City	Marconi Fairfield S.
1981	Sydney City	Brisbane Lions
1982	Sydney City	APIA Leichhardt S.
1983	St. George BSC Sydney	Sydney Olympic
1984	South Melbourne Hellas	Newcastle United
1985	Brunswick Juventus	Sydney Olympic
1986	Adelaide City	Sydney City
1987	APIA Leichhardt Sydney	Sydney Croatia
1988	Marconi Fairfield Sydney	APIA Leichhardt S.
1989	Marconi Fairfield Sydney	Adelaide City
1989/90	Olympic Sydney	South Melbourne
1990/91	South Melbourne Hellas	Parramatta Eagles
1991/92	Adelaide City	Adelaide City
1992/93	Marconi Fairfield S.	Heidelberg United M.
1993/94	Adelaide City	Parramatta Eagles
1994/95	Melbourne Knights	Melbourne Knights
1995/96	Melbourne Knights	South Melbourne
1996/97	Brisbane Strikers	Collingwood Warriors
1997/98	South Melbourne	
1998/99	South Melbourne	
1999/00	Wollongong Wolves	
2000/01	Wollongong Wolves	
2001/02	Sydney Sharks	
2002/03	Perth Glory	
2003/04	Perth Glory	
2004/05	nicht ausgespielt	
2005/06	Sydney FC	
2006/07	Melbourne Victory	
2007/08	Newcastle Jets	

Soccer«: »Aussie League droht der Kollaps«. Verzweifelt versuchte die NSL-Führung gegenzusteuern. 1984 wurden zwei Regionalstaffeln gebildet und das Teilnehmerfeld von 12 auf 24 verdoppelt. Vergeblich. Als man 1987 zur Einheitsliga zurückkehrte, war der Glamour der NSL längst verblasst. Selbst Landesmeister Marconi hatte in seinen 13 Heimspielen nur durchschnittlich 4.375 Zuschauer angelockt (und damit trotzdem einen Ligarekord aufgestellt!), derweil Sydney City sogar den Spielbetrieb einstellen musste, weil der ihn unterstützende Hakoah Social Club die finanzielle Unterstützung gestoppt hatte. Auch der 1989 vorgenommene Wechsel zur Sommersaison brachte keine Wende, und 15 Jahre nach der WM-Teilnahme stand Fußball längst wieder im übermächtigen Schatten der Konkurrenz von Rugby und Cricket. Unterdessen lebten auch die ethnischen Disparitäten fort. 1989/90 waren mit Blacktown und Wollongong lediglich zwei ethnisch offene Klubs im Oberhaus vertreten. Dave Mitchell, bei Eintracht Frankfurt erster Australier in der deutschen Bundesliga, bekannte resignierend: »Du wirst auch schief angesehen, wenn du Fußball spielst – das ist ein Sport für Ausländer.«

Verschärft wurde die nationale Fußballkrise von den ausbleibenden internationalen Erfolgen. Nationaltrainer Ražić war nach der WM 1974 wegen angeblich zu defensiver Spielweise überraschend entlassen worden, und eine ganze Reihe von Nachfolgern konnte in den folgenden Jahren Australiens Rückfall in die

Gavin Wilkinson sowie Gareth Naven bildeten das Rückgrat eines Erfolgsteams, das 1999 unter Marocchi-Nachfolger Bernd Stange erst im Halbfinale von Sydney United gestoppt wurde. 2003 und 2004 sicherten sich die Lila-Weißen die letzten Meisterschaften der NSL, ehe sie 2004 zu den acht Gründungsmitgliedern der A-League zählten. [1995 | Members Equity Stadium (18.450) | 2 | -]

■ **APIA LEICHHARDT SYDNEY** In der italienischen Community des Sydneyer Stadtteils Leichhardt ansässiger Klub (»APIA« = Associazione Polisportiva Italo-Australia), der in den 1960er Jahren unter Trainer Joe Marston (ehemaliger englischer Nationalspieler) den Fußball in Sydney dominierte. Der Klub wurde 1979 in die NSL aufgenommen und errang 1987 die Landesmeisterschaft. 1966, 1982 und 1988 feierte man jeweils den Pokalsieg. Inzwischen als APIA Leichhardt Tigers auftretend, stiegen die Blau-Weißen 1992 aus der NSL ab und betätigen sich seitdem auf regionaler Ebene. [1954 | Lambert Park (7.000) | 1 | 3]

■ **SYDNEY FC** Der Klub schrieb 2006 Fußballgeschichte, als er keine 24 Monate nach seiner Gründung erstmals Landesmeister wurde. Der von der Stadt Sydney sowie Ligachef und Milliardär Frank Lowy unterstützte Sydney FC gilt als der »Glamour Klub« der A-League. Mit Hollywoodstar Anthony La Paglia und Rocksänger Jimmy Barnes weist man entsprechend schillernde Anhänger auf, und in der vom 1990er Weltmeister Pierre Littbarski trainierten 2006er Meisterelf stand mit Dwight Yorke auch der bislang größte Name im australischen Klubfußball. Weitere Leistungsträger waren die »Socceroos« Clint Bolton, Steve Corica und David Zdrilic. Parallel zum erfolgreichen Ligastart (gekrönt von einem 1:0 im Grand Final über die Central Coast Mariners) feierte der Sydney FC auch international Erfolge und wurde 2005 Ozeanienmeister. Bei der Klubweltmeisterschaft im Dezember desselben Jahres belegte er nach einem 2:1 über Al-Ahly Kairo immerhin Platz fünf. Nach der erfolgreichen Auftaktsaison gab es allerdings Turbulenzen beim Überflieger. Trainer Littbarski wurde wegen finanzieller Unstimmigkeiten durch Terry Butcher abgelöst, der mit dem wirtschaftlich angeschlagenen Sydney FC lediglich Platz vier belegte und in der asiatischen Champions League bereits in der Vorrunde ausschied. Der im Aussie Stadium in Moore Park ansässige Publikumsmagnet (ø 2007/08: 14.665) gilt dennoch unverändert als einer der Motoren im australischen Klubfußball. [2004 | Aussie Stadium (41.159) | 1 | -]

■ **SYDNEY CITY** (Hakoah, Eastern Suburbs) Die 1939 von jüdischen Emigranten aus Österreich und Deutschland gegründete Sydney Hakoah zählt zu schillerndsten Klubs in der australischen Fußballgeschichte. Zudem war sie Vorreiter bei der Bildung eigenständiger ethnischer Strukturen. Benannt nach der berühmten Wiener Hakoah (der jüdische Begriff steht für »Kraft«), dominierten die Blau-Weißen in den 1960er Jahren mit Akteuren wie dem ehemaligen österreichischen Nationalspielern Victor Mach, Heinz Wenzl, Adolf Blutsch, Peter Hrncir, Karl Jaros, dem Schotten Jock Aird, Gerry Chaldi aus Israel sowie Ron Kearns (Neuseeland) und Ray Neal (Australien) Sydneys Spitzenfußball. Seinen Zenit erreichte der Klub 1968, als er unter dem ehemaligen englischen Nationalspieler Doug Holden sämtliche vier Wettbewerbe, in denen er in jenem Jahr startete, gewann. Zu den Leistungsträgern zählten seinerzeit der ehemalige walisische Nationalspieler Trevor Edwards, die beiden Schotten Alan Marnoch und John Dully sowie der Österreicher Herbert Nienaus. 1977 in Eastern Suburb umbenannt, wurden die Blau-Weißen erster Meister der Nationalliga NSL, die der ab 1979 als Sydney City auflaufende Klub anschließend mit einer Elf um John Kosmina, Joe Watson, John Spanos und Steve O'Connor im Alleingang dominierte. Der Glanz des Vereins war zu jenem Zeitpunkt allerdings längst verblasst, und die Blau-Weißen mussten häufig vor weniger als 1.000 Zuschauern auflaufen. Als 1987 der vom heutigen Verbandspräsidenten Frank Lowry angeführte Hakoah Social Club seine finanzielle Unterstützung einstellte, musste man sich sogar aus der NSL zurückziehen. [1939 | Sydney Athletic Field (12.000) | 4 | 3]

■ **MARCONI FAIRFIELD SYDNEY** Aus dem im Süden von Sydney gelegenen Stadtteil Fairfield (Bossley Park) stammender Klub, der 1958 von italienischen Immigranten gegründet wurde. SeineName ist angelehnt an den Physiker Gugliemo Marconi, der 1909 für seine Pionierleistungen auf dem Gebiet der drahtlosen Nachrichtenübermittlung den Nobelpreis erhielt. Dafür steht auch das Vereinslogo, das eine Weltkugel und einen Funkmasten zeigt. 1969 gelang den Grün-Weißen der Sprung in die höchste Liga des Bundesstaates New South Wales. 1974 stellte man mit Ray Richards und Ernie Campbell zwei Akteure des australischen WM-Kaders. Drei Jahre später zu den Gründungsmitgliedern der NSL zählend, verpasste Marconi unter Ex-Nationaltrainer Rale Rasic nur aufgrund des schlechteren Torverhältnisses gegenüber dem Lokalrivalen Eastern Suburbs (später Sydney City) die erste Landesmeisterschaft. Jene konnte dann 1979 unter Trainer Les Scheinflug errungen werden, und ein Jahr später errang das Team um den späteren Bundesligaprofi Eddie Krnčević auch den NSL-Pokal. Nach einer turbulenten Phase mit zahlreichen Trainerwechseln stabilisierten sich die Grün-Weißen Mitte der 1980er Jahre allmählich wieder und errangen 1988 sowie 1989 zwei weitere Meistertitel. Trainer war seinerzeit der einst aus dem vereinseigenen Nachwuchspool hervorgegangene Berti Mariani, unter dem Marconi Spieler wie Kapitän Tony Henderson und Torjäger Frank Farina hervorbrachte. [1956 | Marconi (12.000) | 4 | 1]

■ **SYDNEY OLYMPIC (Pan-Hellenic, Sharks)** Der im griechischen Milieu ansässige Klub wurde 1958 als Pan-Hellenic Soccer Club gegründet und stieg rasch zu einer der Zuschauerbastionen im australischen Fußball auf. Zur Gründung der NSL nahm man 1977 den Namen Sydney Olympic an. Abgesehen von der Saison 1980 zählten die Griechen zu den Stammkräften in der 2004 aufgelösten NSL. Ihre größten Erfolge feierten sie in den 1980er Jahren. Neben zwei Pokalsiegen (1983 und 1985) erreichten die Blau-Weißen 1984, 1986 und 1989 das Grand Final, das jeweils verloren ging. Erst 1990 konnte man sich mit einem 2:0 über den Lokalrivalen Marconi Fairfield (Torschützen: Alistair Edwards und Robert Ironside) vor der damaligen Rekordkulisse von 26.353 erstmals die Landesmeisterschaft sichern. Anschließend wurde der im Stadtteil Belmore verankerte Klub zum Wandervogel. 1995 formte man mit der University of Technology Sydney (UTS) den UTS Olympic und wechselte zum Leichhardt Oval, ehe man 2001 unter dem Namen Olympic Sharks in den NSL-Klubfreien Süden Sydneys wechselte und seine Zelte in Sutherland Shire aufschlug. Dort gelang zweimal in Folge der Einzug ins Grand Final (jeweils gegen Perth Glory, 2002 gewannen die Sharks 1:0, 2003 triumphierte Perth mit 2:0). 2003 erfolgte die Rückbenennung in Sydney Olympic und der Wechsel in das OKI Jubilee Stadium in Kogarah. [1958 | Pratten Park (10.000) | 2 | 2]

■ **ST. GEORGE BUDAPEST SYDNEY** 1950 von ungarischen Migranten gegründet und zunächst »Ferencváros« genannter Verein. 1951 in »Europa« umbenannt, erhielt der Klub 1957 nach dem Einmarsch der Ostblocktruppen in Ungarn den Namen Fußball-Steinzeit nicht verhindern. Erst als 1979 der deutsche Fußball-Globetrotter Rudi Gutendorf Talente wie Steve O'Connor und Alan Davidson einbaute, kam wieder etwas Hoffnung auf. Nach dem überraschenden Aus in der WM-Qualifikation 1982 gegen Neuseeland trat Gutendorf allerdings zurück. Größter Erfolg jener Tage war ein 0:0 gegen England, das im Juni 1983 von 29.000 Fans in Sydney gefeiert wurde.

■ **UNTERDESSEN SCHLUG AUSTRALIEN** zumindest in der Nachwuchsarbeit einen hoffnungsvollen Weg ein. Mitte der 1980er Jahre zählte man landesweit bereits 200.000 Jugendspieler – und damit deutlich mehr als Rugby Union und Australian Rugby gemeinsam aufbieten konnten. 1981 drang die U-17 bei der Juniorenweltmeisterschaft im eigenen Land bis ins Viertelfinale vor, und mit John Kosmina, Craig Johnston, Alan Davidson sowie erwähntem Davie Mitchell gelang in jenen Tagen gleich vier Akteuren der Sprung vom australischen Schulfußball in den europäischen Profibetrieb. Zwischen 1985 und 1989 schnellte die Zahl der australischen Fußballprofis in Europa dann sogar auf 23 hoch (darunter waren Eddie Krnčević und Frank Farina), während die Olympiaauswahl sowohl 1988 als auch 1992 das Endturnier erreichte und in Barcelona immerhin Vierter wurde.

Die Etablierung australischer Kicker in Europa brachte allerdings neue Probleme mit sich, denn aufgrund der enormen Entfernung zwischen dem »alten Kontinent« und »down under« gab es regelmäßig Streitigkeiten um die Freigabe der Europalegionäre für Länderspiele.

■ **FÜR DIE NATIONALLIGA** brach 1992 eine neue Ära an. Seinerzeit übernahm mit David Hill ein ehemaliger TV-Boss die Führung über den Nationalverband, der radikale Veränderungen ankündigte. Dazu zählte neben dem erneuten Verbot ethnischer Klubnamen auch die Verbannung sämtlicher Nationalflaggen (außer der australischen) aus den Stadien bzw. den Klublogos. Ein Schritt, der überfällig war. Seit die Migration in den 1980er abgeflaut war, hatten die ethnischen Klubs dramatisch an Rückhalt eingebüßt und waren, zumal die Australier dem Fußball weiterhin keine Beachtung schenkten, in ernsthafte finanzielle Probleme geraten.

Es bedurfte freilich mehr als nur neuer Namen bzw. eines Flaggenverbots, um Australiens Klubfußball wirklich zu sanieren. Dazu schien sowohl der völlige Verzicht auf eine ethnische Gliederung als auch die Bildung von modernen Klubs, deren Fokus auf die gesamte australische Gesellschaft gerichtet war, unabdingbar. Das wiederum erschien

Australiens WM-Helden von 1974.

durchaus als lohnenswertes Ziel, denn während die (osteuropäische) Einwanderergeneration erwiesenermaßen fußballbegeistert war, hatten auch die (britischen) Australier zwischenzeitlich bei den Weltmeisterschaften bzw. bei ausgewählten Länderspielen der »Socceroos« durchaus Fußballbegeisterung gezeigt.

Die neue Ära im australischen Klubfußball begann im fernen Westen. 1996 hob der Fastfoodmillionär Nick Tana mit dem Perth Glory FC einen Verein aus der Taufe, der angab, keine andere Ethnie als die Australiens vertreten zu wollen. Während Perth Glory ebenso wie die ähnlich strukturierten Wollongong Wolves zu Erfolgsprojekten avancierten, schlug die Umwandlung anderswo fehl. Der 1998 in der Australian-Rugby-Hochburg Melbourne gegründete Klub Carlton beispielsweise kam am übermächtigen griechischen Lokalrivalen South Melbourne nicht vorbei und meldete im Dezember 2000 Konkurs an.

■ **ZU EINEM WESENTLICHEN** Marketinginstrument wurde die Nationalmannschaft, deren Ausstrahlung durch die Erfolge von Spielern wie Ned Zelic, Paul Agostino und Mark Viduka in Europa noch verstärkt worden war. Doch der sehnsüchtig erwarteten erneuten Qualifikation zu einem WM-Endturnier stand ein fragwürdiges Qualifikationssystem der FIFA gegenüber. Während Australien in der Ozeanienqualifikation mit Rekordsiegen über hoffnungslos unterlegene Gegner zumeist (zu) leichtes Spiel hatte, traf man anschließend auf überlegene Gegner, die zwar auf ihrer Kontinentalebene bereits gescheitert waren, gegen den Ozeanienmeister aber noch eine zweite Chance erhielten. Das erwies sich als fatal für die »Socceroos«, die 1994 an Argentinien scheiterten, 1998 unter Terry Venables aufgrund der Auswärtstore

STÄTTEN | TEMPEL

▶ Sydney Football Stadium (SFS)

Eines der zahlreichen Glieder in der gegenwärtigen australischen Fußball-Erfolgskette ist das 1999 im Vorort Homebush errichtete SFS-Stadion. Für die Olympischen Spiele 2000 erbaut (104.098 sahen seinerzeit das Finale zwischen Kamerun und Spanien), wurde es rasch zum Fußball-Mekka. Im Gegensatz zum größeren Cricket Ground in Melbourne besticht die bis 2007 »Aussie-Stadium« genannte Arena durch eine stimmungsvolle Atmosphäre. 2005 feierte Australien dort die WM-Qualifikation.

Iran unterlagen und 2002 unter Frank Farina Uruguay den Vortritt lassen mussten.

Seinerzeit war auch die Aufbruchstimmung in der NSL längst wieder verpufft. In Sydney beispielsweise kickten insgesamt fünf Erstligisten, von denen kein einziger mehr als nur eine Handvoll Fans anlockte. Das australische Fernsehen übertrug lieber Begegnungen aus Europa bzw. Südamerika, und die meisten NSL-Partien gingen vor wenigen Zuschauern und in heruntergekommenen Stadien anonymer Vorstädte über die Bühne

2003 hatte Australiens Regierung die Nase voll und gab eine unabhängige Untersuchung in Auftrag. Dieser »Crawford Report« empfahl die sofortige Ablösung der von den sechs Bundesstaaten gebildeten ASF-Verbandsführung und attestiertem dem Fußball weiterhin, der am schnellsten wachsende Sport Australiens zu sein. Im Jugendbereich, so die Analysten, sei Fußball bereits die Nummer eins.

■ **MIT FRANK LOWRY** übernahm nun der zweitreichste Mann des Landes die Führung über den Fußball-Nationalverband. Der ethnische Tscheche und Herrscher über diverse Shoppingcenter (»Westfield«) galt als erwiesener Fußballfan (in den 1980er Jahren hatte er sich bei Sydney City engagiert) und harter Sanierer. Er holte mit John O'Neill einen Mann an seine Seite, der aus dem Rugby stammte und freimütig bekannte, »sehr wenig über ›soccer‹« zu wissen. Zu seinen ersten Amtshandlungen zählte die geradezu revolutionäre Forderung, das Wörtchen »soccer« im Verbandsnamen durch das weltläufigere »football« zu ersetzen.

Als jene 2005 umgesetzt wurde, hatte das neue Führungsduo Australiens Klubfußball komplett umgekrempelt. 2004 war die defizitäre NSL aufgelöst und von der A-League abgelöst worden, in der acht Fußball spielende Wirtschaftsunternehmen antraten, die Kunstnamen wie »Melbourne Victory« oder »Queensland Roar« trugen. Die A-League ist eine »geschlossene« Liga ohne Auf- und Abstieg, bei der es nach einer gewöhnlichen Hin- und Rückserie zu einem Play-off-System kommt, in dem der Meister in einem »Grand Final« ermittelt wird. Die Klubs sind in privaten Händen und werden wie Wirtschaftsunternehmen geführt. Mit Perth Glory, Adelaide United und Newcastle United erhielten lediglich drei der existierenden Klubs eine Lizenz, derweil Nachbar Neuseeland mit den in Auckland ansässigen New Zealand Knights ebenfalls ein Team ins Rennen schickte.

Wenngleich den Klubs ein »salary cap« auferlegt ist, gibt es die Möglichkeit, zusätzlich einen höher bezahlten »marquee player« zu engagieren – ein Spieler, der allein mit seinem Namen für großes Interesse sorgt. Zum ambitioniertesten Klub avancierte der neugeschaffene Sydney FC, der unter der Führung von Frank Lowry steht und mit Ex-England-Profi Dwight Yorke den bislang schillerndsten Star der A-League aufwies. Mit einem 1:0 über die Central Coast Mariners sicherten sich die von Pierre Littbarski trainierten Sydneyer im März 2006 auch den ersten Meistertitel der neuen australischen Fußballära.

Die Spielklasse machte seitdem eine eindrucksvolle Entwicklung durch. Schon im zweiten Spieljahr registrierte man einen Besucheranstieg um stolze 33 Prozent, und mit durchschnittlich 14.611 Besuchern lief Australien im weltweiten Vergleich auf Position 14 ein – in Europa verzeichnete man nur in England, Frankreich, Deutschland, den Niederlanden, Italien, Schottland und Spanien höhere Zusprüche. Das von der Rekordkulisse von 55.436 Zuschauern besuchte »Grand Final« 2007 zwischen Melbourne Victory und Adelaide United (6:0) schaffte es derweil zur am »häufigsten erwähnten« Medienstory der Woche.

Die erfolgreiche Ligaeinführung wurde vom größten Erfolg der »Socceroos« seit über 30 Jahren begünstigt. Im November 2005 stürzte ein Elfmeterschießen-Sieg im letzten WM-Qualifikationsspiel über Uruguay das ganze Land in Jubel. Endlich hatte sich Australien wieder für ein WM-Turnier qualifiziert, und das von Guus Hiddink trainierte Team um die Europaprofis Harry Kewell, Mark Viduka, Lucas Neill, Tim Cahill, John Aloisi und Mark Schwarzer vermochte die Herzen der Australier geradezu im Sturm zu erobern. Als es beim Endturnier in Deutschland sogar das Achtelfinale erreichte, verwandelte sich die

»Budapest«, der 1963 in St. George Budapest Soccer Club erweitert wurde. St. George ist ein ungarisch geprägter Stadtteil von Sydney. Angeführt vom WM-1938-Finalisten Gyula Polgar errangen die »Dragons« 1967 erstmals die Bundesmeisterschaft von New South Wales und stellten 1974 mit Doug Utejesenovic, Manfred Schaefer, John Warren, Adrian Alston, Atti Abonyi und Harry Williams sechs Akteure des australischen WM-Kaders. Drei Jahre später zu den Gründungsmitgliedern der NSL zählend, errangen die Rot-Weißen 1983 unter Trainer Frank Arok ihre einzige Landesmeisterschaft. Mit dem Abstieg aus der NSL endete 1991 die Ära des im Stadtteil Rockdale angesiedelten Klubs, der heute schlicht St. George FC heißt.
[1950 | Barton Park (12.000) | 1 | -]

■ **SYDNEY UNITED (Croatia)** Sydneys kroatischer Klub, der 1957 als Croatia ins Leben gerufen wurde. Trat in den 1960er Jahren auch als Metropolitan Adriatic bzw. South Sydney Croatia auf und pflegte eine intensive Rivalität mit dem serbischen Nachbarn Yugal. 1984 in die NSL aufgenommen, unterlag man 1988 dem Nachbarn Marconi im Elfmeterschießen des Grand Final. 1992 nahm man zunächst den Namen Sydney CSC an, der bereits 1993 in Sydney United geändert wurde. 1997 erreichte United unter Trainer Branko Čulina und mit einem jungen Team um David Zdrilić erneut das Grand Final, das diesmal mit 0:2 gegen Brisbane verloren ging. Auch der dritte Finalauftritt endete 1999 ohne Erfolg. Seit 2004 kickt der in den hoch industrialisierten westlichen Vororten Sydneys ansässige Klub, dessen Heimstatt Edensor Park vom Volksmund »King Tom« genannt wird, nur noch auf Bundesebene. [1957 | Edensor Park (12.000) | - | 1]

■ **WOLLONGONG WOLVES** 1980 gegründeter und ausdrücklich nicht-ethnisch geprägter Klub aus der Region Illawarra. Der zweifache NSL-Meister (2000 und 2001) brachte Spieler wie Scott Chipperfield, Robbie Middleby, Alvin Ceccoli und Sasho Petrovski hervor. 2001 Ozeanienmeister geworden (1:0 gegen Tafae Port Vila aus Vanuatu), fehlte der Klub 2005 bei der Gründung der A-League. Inzwischen in Wollongong FC umbenannt, hoffen die von Millionär Bruce Gordon unterstützten Rot-Weißen aber spätestens 2010 auf die A-League-Lizenz.
[1980 | WIN Stadium (18.500) | 2 | -]

HELDEN | LEGENDEN

■ **FRANK FARINA** Galt lange Zeit neben dem Neuseeländer Wynton Rufer als bester Fußballer Ozeaniens. »Swanky« begann seine Laufbahn 1983 bei Canberra City und spielte später mit großem Erfolg in Belgien, Italien, England und Frankreich. Mit Marconi Sydney und dem Club Brügge KV wurde er jeweils Landesmeister. Der gefürchtete Torjäger (164 Treffer in 354 Spielen) kam auf 67 Länderspiele (14 Tore, Debüt im November 1984 beim 2:0 gegen Indonesien). 1995 nach Australien zurückgekehrt, wechselte Farina im Mai 1998 auf die Trainerbank und leitete von 1999 bis 2005 das Training der »Socceroos«.
[5.9.1964 | 67 LS/14 Tore]

■ **CRAIG JOHNSTONE** In Südafrika als Sohn australischer Eltern geborener Stürmer, der in den 1980er Jahren unersetzlicher Bestandteil der damaligen Liverpooler Erfolgself war. Stieg an der Anfield Road zudem zum Publikumsliebling auf, wird heute als der erste erfolgreiche Australier im englischen Spitzenfußball betrachtet. Spielte weder für England noch für Südafrika oder Australien international. Beendete 1988 seine Karriere und widmet sich erfolgreich der Entwicklung moderner Fußballausrüstungen (u.a. entwickelte Johnstone den Prototypen für Adidas' »Predator«) [25.6.1960]

■ **JOHN KOSMINA** Der treffsichere Mittelstürmer war einer der ersten Ozeanier, der sich im europäischen Profifußball versuchte. Aus polnischem Umfeld stammend, begann Kosmina seine Karriere bei Polonia Adelaide und debütierte 1976 in der australischen Nationalmannschaft, für die er exakt 100-mal auflief. Am 2. April 1977 erzielte er im Dress von West Adelaide das erste Tor in der Geschichte der Nationalliga NSL. Ein anschließendes Gastspiel bei Arsenal London verlief allerdings enttäuschend, so dass Kosmina bereits 1979 nach Australien zurückkehrte und anschließend für West Adelaide, Sydney City (Meister 1981 und 1982) bzw. Sydney Olympic auf Torejagd ging. Inzwischen erfolgreich als Trainer in Australien tätig (u. a. Sydney FC). [*17.8.1956 | 100 LS/42 Tore]

■ **JOE MARSTON** Gilt als bester australischer Fußballer der 1950er Jahre. Begann seine Laufbahn bei APIA Leichhardt und wechselte 1950 zum englischen Profiklub Preston North End, für den er 154 Spiele bestritt und mit dem er 1954 das Pokalfinale erreichte. Kehrte anschließend nach Australien zurück und wurde Kapitän der »Socceroos« bzw. APIA Leichhardt. Später erfolgreicher Trainer, lebt sein Name heute in der »Joe Marston Medal« fort, die nach jedem A-League-Spiel dem »Man of the match« verliehen wird. [*7.1.1926 | 35 LS Tore]

■ **ROBBIE SLATER** Wurde 1994 englischer Meister mit den Blackburn Rovers und zählte in den 1990er Jahren zu den verlässlichsten Kräften der »Socceroos«. Lieferte 1993 beim 1:1 im WM-Qualifikationsspiel gegen Argentinien ein denkwürdiges Match. Wurde anschließend wegen seines Haarschopfes nur noch »the red one« genannt. War 1983 mit den St George Saints NSL-Meister geworden. [22.11.1964 | 44 LS/6 Tore]

■ **ALEX TOBIN** Mit 87 Länderspielen zwischen 1988 und 1998 ist der Zentralverteidiger Australiens Rekordnationalspieler. Tobin verbrachte seine gesamte Karriere in Australien und kommt auf die Rekordzahl von 522 Ligaspielen – die meisten für seinen Stammklub Adelaide United, mit dem er fünfmal NSL-Meister wurde. [3.11.1965 | 87 LS/2 Tore]

■ **MARK VIDUKA** Der Kapitän der australischen WM-Elf von 2006 ist die Gallionsfigur der damaligen australischen Erfolgself. Mit seinen kroatisch-ukrainischen Wurzeln steht Viduka zudem für die ethnische Vielfältigkeit des australischen Fußballs. Der Stürmer begann seine Karriere 1993 bei den Melbourne Knights und wurde 1994 und 1995 jeweils zu Australiens Spieler des Jahres gewählt. 1995 mit den Knights NSL-Meister geworden, wechselte er zu Croatia/Dinamo Zagreb und errang dreimal in Folge das kroatische Double. Anschließend war Viduka mit wechselndem Erfolg in Großbritannien am Ball (Celtic Glasgow, Leeds Rovers, Middlesbrough, Newcastle United). Führte die Socceroos 2006 als Kapitän ins WM-Achtelfinale. [9.10.1975 | 43 LS/11 Tore]

■ **PETER WILSON** Kapitän der WM-Elf von 1974. Im englischen Felling geboren, kam Wilson 1968 nach Australien und errang bereits im Folgejahr mit South Coast United die Meisterschaft von New South Wales. 1970 erfolgte das Debüt in der Nationalelf, für die der »Big Willie« genannte Abwehrchef bis 1977 insgesamt 63 Spiele bestritt und mit der er 1973 Ozeanienmeister wurde. Wilson galt als kompromissloser Spieler und Kopf der damaligen australischen Erfolgsgeneration. [*15.9.1947 | 63 LS/5 Tore]

Soccer-Diaspora Australien endgültig in eine Fußballhochburg. »Ganz Australien spielt verrückt, der größte Sieg der australischen Sportgeschichte lässt uns zu einer Weltmacht aufsteigen«, jubelte der »Daily Telegraph«. Das anschließende Aus gegen Italien, zustande gekommen durch absurden Elfmeter in der Nachspielzeit, bescherte Australien zudem einen Mythos.

»Die Leute realisieren allmählich, dass Mark Viduka mit dem Fußball mehr Geld verdient als die großen Spieler im Rugby oder Cricket«, wies Mark Jukić, Vorsitzender des einst als Sydney Croatia zu den Topvereinen des Landes zählenden Sydney United FC, zudem auf eine die Fußballbegeisterung verstärkende wirtschaftliche Komponente hin.

Zudem gelang im Dezember 2006 der seit langem angestrebte Wechsel vom OFC zum AFC. Davon verspricht sich die Verbandsführung nicht nur einen intensiveren sportlichen Wettbewerb für die in Ozeanien chronisch unterforderten australischen Auswahlmannschaften, sondern zudem bessere Vermarktungschancen. Australiens WM-Qualifikationsspiele waren vom australischen TV nur selten übertragen worden, und das öffentliche Interesse an Gegnern wie Amerikanisch-Samoa oder Tonga hatte sich in Grenzen gehalten. Darüber hinaus war es wiederholt zu Problemen aufgrund der weiten Anreise bzw. der Zeitverschiebung der in Europa stationierten Nationalspieler gekommen – und auch diesbezüglich liegt Asien einfach »näher«.

Der rasante Wandel des australischen Fußballs von einem ethnisch geprägten Nischen-Ladenhüter in ein attraktives und erfolgreiches Marketingprodukt ist weltweit einzigartig und bestätigt jene Stimmen, die schon in den 1990er Jahren behauptet haben, Australien sei im Grunde genommen längst eine Soccer-Nation. Noch gibt es zwar allerlei ungeklärte Probleme – die umstrittene Gehaltsobergrenze lässt viele Talente ins Ausland abwandern, das geringe technische Niveau der A-League-Spiele steht in der Kritik und der finanzielle Crash der New Zealand Knights im Dezember 2006 trübten das Bild ein wenig – doch insgesamt kann man der Entwicklung nur unumschränkt Beifall zollen. Längst gibt es Diskussionen über die Ausweitung der A-League auf zwölf Teams bzw. Metropolen wie Canberra, Geelong, Wollongong oder Townsville, und selbst auf Tasmania träumt man inzwischen von einem lokalen Profiklub.

Der größte Traum aber ist der von einer Weltmeisterschaft »down under«. Spätestens 2018 soll es so weit sein.

● **Erfolge**
Ozeanienmeister 1980, 1996, 2000, 2004

● **FIFA World Ranking**
1993	1994	1995	1996	1997	1998	1999	2000
49	58	51	50	35	39	89	73
2001	2002	2003	2004	2005	2006	2007	2008
48	50	82	58	48	39	48	28

● **Weltmeisterschaft**
1930-66 nicht teilgenommen **1970-78** Qualifikation **1982** Endturnier (Vorrunde) **1986-2010** Qualifikation

● **Ozeanienmeisterschaft**
1973 nicht teilgenommen **1980** Sieger **1996** Sieger **1998** Finalist **2000** Sieger **2002** Finalist **2004** Sieger

● **Vereinserfolge**
Ozeanienmeister South Melbourne (1999), Wollongong Wolves (2000), Sydney FC (2005)

Craig Moore und Tim Cahill bejubeln das 1:1 beim WM-Vorrundenspiel gegen Kroatien (2:2).

COOK-INSELN

Cook Islands Football Association

Fußball-Verband der Cook-Inseln | gegründet: 1971 | Beitritt FIFA: 1994 | Beitritt OFC: 1994 | Spielkleidung: grünes Trikot, grüne Hose, weiße Stutzen | Spieler/Profis: 2.350/0 | Vereine/Mannschaften: 35/113 | Anschrift: Matavera Main Road, PO Box 29, Tupapa, Rarotonga | Telefon: +682-28980 | Fax: +682-28981 | Internet: keine Homepage | E-Mail: cifa@cisoccer.org.ck

»Five-a-side«-Turnier als Top-Ereignis

Fußball steht auf den Cook-Inseln im Schatten des mächtigen Rugbys

**Kūki 'Āirani
Cook Islands**

Cook-Inseln | Fläche: 240,1 km² | Einwohner: 18.027 (89 je km²) | Amtssprachen: Englisch, Maori | Hauptstadt: Avarua (Rarotonga, 12.188) | Weitere Inseln: Aitutaki (2.389), Mangaia (1.108), Atiu (956), Mauke (652) | Währung: 1 Cookinseln-Dollar = 100 Cents | Zeitzone: MEZ -11 h | Länderkürzel: - | FIFA-Kürzel: COK | Telefon-Vorwahl: +682

Ganze 240 Quadratkilometer Landmasse verstreut auf rund zwei Millionen Quadratkilometer (das entspricht etwa den Ausmaßen Westeuropas!) – die Cook-Inseln sind ein »gigantischer Zwergstaat«. Insgesamt 15 Eilande bilden die nach dem britischen Entdecker James Cook benannte Inselgruppe, deren Zentrum die wunderschöne Vulkaninsel Rarotonga darstellt. Dort leben fast zwei Drittel aller Einwohner, und dort befindet sich auch die Hauptstadt Avarua.

Geographisch in die vorwiegend aus Korallen-atollen bestehende »Northern Group« sowie die von Vulkangestein geformte »Southern Group« gegliedert, wurden die Cook-Inseln 1888 unter britisches Protektorat gestellt und 1901 Neuseeland angeschlossen. Seit 1965 ist man in »freier Assoziierung« mit Neuseeland verbunden und verwaltet sich selbst.

■ **AUS NEUSEELAND** stammt auch die Vorliebe für das Rugby, das auf den Cook-Inseln unumstrittene Nummer eins ist. Mit dem ehemaligen australischen Kapitän Mal Meninga sowie den neuseeländischen Brüdern Grame und Steve Bachop hat man drei renommierte Rugby-Größen hervorgebracht.

Auf wesentlich ältere Wurzeln als Rugby blickt allerdings der Fußball zurück, der auf den Cook-Inseln »Soccer« heißt und in den frühen 1900er Jahren von neuseeländischen Missionaren eingeführt wurde. Nachdem in den 1920er Jahren Rugby Union aufgekommen war, geriet Soccer allerdings rasch ins Abseits. Während Fußball anschließend bis in die 1960er Jahre ein wenig beachtetes Randdasein fristete, entstand schon 1948 ein Rugby-Nationalverband.

Erst durch die Aktivitäten von aus Neuseeland, Australien, England und den Niederlanden eingewanderten Fußball-Enthusiasten konnte das Spiel wiedererweckt werden. Mit Carlo Anderson und Father George erwarben sich seinerzeit zwei Männer große Verdienste um den Fußball der Cook-Inseln bzw. der Hauptinsel Rarotonga. Dennoch blieb das Spiel mit dem runden Ball im Schatten des übermächtigen Rugbys. Anfänglich wurde sogar nur während der jährlichen Rugby-Spielpause gekickt, wobei sich auch einige der nationalen Rugby-Größen an der »Gaudi« beteiligten.

■ **NACHDEM SICH INSGESAMT** zehn Vereine konstituiert hatten, entstand 1971 der Dachverband Rarotonga Soccer Associati-

Jahr	Meister	Pokalsieger
1971	Titikaveka FC	
1972	Titikaveka FC	
1973	Titikaveka FC	
1974	Titikaveka FC	
1975	Titikaveka FC	
1976	Titikaveka FC	
1977	Titikaveka FC	
1978	Titikaveka FC	Tupapa Maraerenga FC
1979	Titikaveka FC	Titikaveka FC
1980	Avatiu FC	Matavera FC
1981	Titikaveka FC	Avatiu FC
1982	Titikaveka FC	Avatiu FC
1983	Titikaveka FC	Nika'o
1984	Titikaveka FC	Titikaveka FC
1985	Arorangi FC	Arorangi FC
1986	-	nicht ausgespielt
1987	Arorangi FC	nicht ausgespielt
1988-90	-	nicht ausgespielt
1991	Avatiu FC	Takuvaine FC
1992	Tupapa Maraerenga FC	Avatiu FC
1993	Tupapa Maraerenga FC	Avatiu FC
1994	Avatiu FC	Avatiu FC
1995	PTC Coconuts	Avatiu FC
1996	Avatiu FC	Avatiu FC
1997	Avatiu FC	Avatiu FC
1998	-	Teau-o-Tonga
1998/99	Tupapa Maraerenga FC	Tupapa Maraerenga FC
1999	Avatiu FC	Avatiu FC
2000	Nika'o Sokattack	Avatiu FC
2001	Tupapa Maraerenga FC	Tupapa FC
2002	Tupapa Maraerenga FC	Nika'o Sokattack
2003	Tupapa Maraerenga FC	Nika'o Sokattack
2004	Nika'o Sokattack	Tupaya Maraerenga FC
2005	Nika'o Sokattack	Nika'o Sokattack
2006	Nika'o Sokattack	Takuvaine
2007	Tupapa Maraerenga FC	Nika'o Sokattack
2008	Nika'o Sokattack	

TEAMS | MYTHEN

■ **AVATIU FC** Zehnfacher Pokalsieger und sechsfacher Landesmeister aus dem Hafenviertel der Hauptstadt Avarua. Dominierte vor allem in den 1990er Jahren den Fußball der Cook-Inseln. [10 | 6]

■ **NIKA'O SOKATTACK** Stellt seit der Millenniumswende das dominierende Team auf den Cook-Inseln dar. Nika'o liegt unmittelbar in der Nähe des internationalen Flughafens und westlich der Hauptstadt Avarua auf Rarotonga. Das Team nahm 2005 und 2006 jeweils an der Ozeanienmeisterschaft teil, wobei die Elf um Torjäger Steve Willis mehrfach nur knapp an Sensationen vorbeischlitterte. Größter Erfolg war ein 0:0 gegen die Nokia Eagles aus Nadi (Fidschi) im 2006er Wettbewerb. 2008 konnte der Klub in der neugegründeten O-League aus wirtschaftlichen Gründen nicht antreten. [4 | 5]

■ **TITIKAVEKA FC** Die dominierende Kraft der ersten beiden Jahrzehnte des organisierten Vereinsfußballs auf den Cook-Inseln. 13 der 14 zwischen 1971 und 1984 ausgespielten Landesmeisterschaften gingen an die Elf von der Südküste Rarotongas, wo man zudem 1979 und 1984 jeweils auch den Pokalsieg feierte. Nachdem die Meisterschaft in den 1980er Jahren aufgrund infrastruktureller Probleme mehrfach ausfiel, geriet die ruhmreiche Ära des Klubs allmählich in Vergessenheit. [13 | 2]

■ **TUPAPA MARAERENGA FC** Mit sieben Meisterschaften der nach Rekordmeister Titikaveka FC erfolgreichste Verein der Cook-Inseln. Sicherte sich seinen letzten Titel im Spieljahr 2007 und ist einziger Vertreter der kleinen Inselgruppe, der bislang an einem kontinentalen Wettbewerb teilgenommen hat. 2001 kassierten die Hobbyfußballer aus Tupapa in der Vorrunde des OFC Championship in Papua-Neuguinea in vier Spielen vier herbe Niederlagen – und schlossen dennoch nicht als Gruppenletzter ab, da der PanSa Soccer Club aus Amerikanisch-Samoa disqualifiziert wurde und Tupapa damit drei Punkte am grünen Tisch bescherte. [7 | 4]

HELDEN | LEGENDEN

■ **JOSEPH CHAMBERS** Rekordnationalspieler der Inselgruppe. Chambers ist für gewöhnlich als Stürmer für den Tupapa FC unterwegs. [*15.4.1976]

---

on, der eine auf die Hauptinsel beschränkte Spielklasse einrichtete. Deren dominierende Kraft wurde der Südküstenklub Titikaveka FC, der sich bis 1984 13 der 14 ausgespielten Meisterschaften sicherte. Seit 1978 wird auf Rarotonga auch um einen Landespokal gerungen.

Auf den anderen Inseln der Cook-Inseln wird nur rudimentär gekickt, und eine »echte« Nationalliga dürfte angesichts der enormen Distanzen und der damit verbundenen infrastrukturellen Probleme vermutlich noch lange auf sich warten lassen. So meldete das weit abseits im Norden gelegene Puka-Puka-Atoll erst 2002 überhaupt die Ankunft des Fußballs. Bezeichnenderweise gilt ein alljährlich vor Saisonbeginn durchgeführtes »Five-a-side«-Turnier als das beliebteste Fußballereignis des Jahres.

■ **DAS INS JAHR 1971** fallende Debüt der Nationalauswahl fiel desaströs aus und erinnerte in seinen Dimensionen an Rugby. Im Rahmen der Südpazifikspiele unterlag die »Soka Kuki Airani« (»Nationalteam«) genannte Cook-Auswahl Tahiti mit 0:30, Papua Neuguinea mit 1:16 und Fidschi mit 1:15. Anschließend dauerte es 24 Jahre, ehe die Cook-Inseln 1995 erneut an dem Wettbewerb teilnahmen und beim 2:1 über Wallis et Futuna immerhin ihren ersten Pflichtspielsieg feiern durfte.

Die zögerliche Entwicklung des Fußballs war auch der ablehnenden Haltung des Rugby-Verbandes zuzuschreiben. Anfang der 1980er Jahre schreckten die Rugby-Verantwortlichen nicht einmal davor zurück, ein nach drei Jahren harter Arbeit gerade erst eröffnetes Fußballfeld für ihre Zwecke zu beanspruchen. Für den Fußball auf den Cook-Inseln erwies sich dies als schwerer Rückschlag und führte zum Ausfall mehrerer Ligameisterschaften bzw. Pokalwettbewerbe. Erst 2004 konnte mit Hilfe des FIFA-»Goal«-Programms in Matavera an der Ostküste Rarotongas ein explizites Fußballstadion eröffnet werden, das auch den Verbandssitz sowie eine Jugendakademie beherbergt. Einheimische Talente wie Campbell Best, Geoffrey Strickland, Tuka Tisam und Steve Willis engagierten sich unterdessen mit allerdings überschaubarem Erfolg in Neuseelands Halbprofiliga.

■ **BEREITS 1893 ALS** »associated member« in den OFC aufgenommen, wurden die Cook-Inseln erst elf Jahre später vollständiges Mitglied des Konföderationsverbandes. Vorausgegangen war die Gründung eines inselübergreifenden Nationalverbands (Cook Islands Football Association, CIFA), der noch im selben Jahr der FIFA beitrat. 1998 lieferten die Cook-Inseln ihr WM-Qualifikationsdebüt und schlugen sich beim 0:2 gegen Tonga bzw. dem 1:2 gegen Samoa durchaus beachtlich. Bei

● **FIFA World Ranking**
1993	1994	1995	1996	1997	1998	1999	2000
-	-	-	188	192	173	182	170
2001	2002	2003	2004	2005	2006	2007	2008
179	182	190	190	194	197	200	201

● **Weltmeisterschaft**
1930-94 nicht teilgenommen **1998-2010** Qualifikation

● **Ozeanienmeisterschaft**
1973-96 nicht teilgenommen **1998** Vorrunde **2000** Endrunde **2002** nicht teilgenommen **2004** Vorrunde **2008** Vorrunde

der Ozeanienmeisterschaft im selben Jahr gelang der »Soka Kuki Airani« gar sogar der Sprung in die Endrunde, wo es allerdings zwei Niederlagen in zwei Spielen setzte – darunter ein 0:16 gegen Gastgeber Australien.

Einen weiteren internationalen Erfolg feierte man beim Polynesien-Cup 2000, als die grün-gelbe Auswahl nach Siegen über Tonga (2:1), Amerikanisch-Samoa (3:0) und Samoa (3:2) Zweiter wurde und sich damit erneut für die Endrunde um die Ozeanienmeisterschaft qualifizierte. Dort folgte einem 0:17-Auftaktdebakel gegen Australien ein 1:5 gegen die Salomonen.

■ **TROTZ DES ÜBERMÄCHTIGEN** Rugbys hat sich Fußball auf den Cook-Inseln inzwischen eine solide Position verschafft. Das Nationalstadion hat die Strukturen sichtlich stabilisiert, während die intensivierte Nachwuchsförderung die Basis für das Spiel auf der gesamten Inselgruppe spürbar verbreitete. Nichtsdestotrotz konnte man 2002 nicht in der Ozeanienmeisterschaft antreten, weil dem Nationalverband CIFA die entsprechenden Finanzmittel fehlten.

Darüber hinaus sorgen die isolierte Lage der Inselgruppe sowie die chronisch klamme Verbandskasse für einen dünnen Terminplan. 2002, 2003, 2005 und 2006 kam die Nationalelf jeweils zu keinem einzigen Länderspieleinsatz. 2007 gelang ihr im Rahmen der WM-2010-Qualifikation immerhin ein 4:1-Erfolg über Tuvalu, der das vorzeitige Aus aber nicht verhindern konnte.

National kämpfen inzwischen 40 Vereine in diversen Wettbewerben, wobei sich das Zentrum des Spiels unverändert auf der Hauptinsel Rarotonga befindet. Gegenwärtig führende Teams sind Tupapa Maraerenga FC sowie Nika'o Sokattack, das von 2004-06 dreimal in Folge Meister wurde. Die Elf sorgte sogar international für Furore, als sie im Februar 2006 im Rahmen der Ozeanienmeisterschaft in Fidschi sowohl gegen Tuanaimato Breeze (Samoa) als auch gegen den SC Lothoa'apai Nuku'alofa (Tonga) zur Halbzeit jeweils in Führung lagen – am Ende aber in beiden Fällen als Verlierer vom Platz gingen. Der einzige Punktgewinn gelang beim 0:0 gegen die Auswahl aus Nadi (Fidschi). 2008 konnte man in der O-League aus finanziellen Gründen nicht antreten.

FIDSCHI

Fiji Football Association

Fußball-Verband von Fidschi | gegründet: 1938 | Beitritt FIFA: 1963 | Beitritt OFC: 1966 | Spielkleidung: weißes Trikot, blaue Hose, blaue Stutzen | Spieler/Profis: 49.688/0 | Vereine/Mannschaften: 400/2.000 | Anschrift: 73 Knolly Street, PO Box 2514, Suva | Telefon: +679-3300453 | Fax: +679-3304642 | Internet: www.fijifootball.com | E-Mail: bobkumar@fijifootball.com.fj

Gespaltene Gesellschaft

Fidschis Fußball ist indisch geprägt

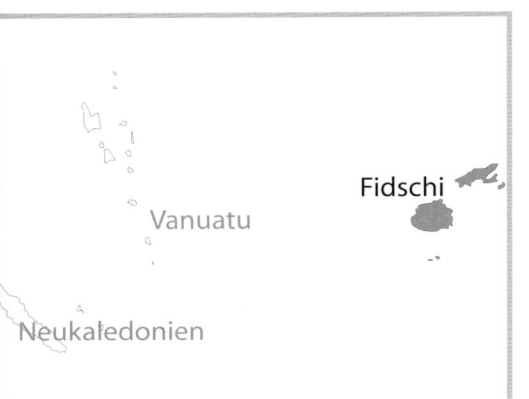

Matanitu Tu-Vaka-i-koya Ko Viti
Republic of the Fiji Islands

Republik Fidschi-Inseln | Fläche: 18.376 km² | Einwohner: 841.000 (46 je km²) | Amtssprachen: Fidschianisch, Englisch | Hauptstadt: Suva (77.366) | Weitere Städte: Lautoka (36.083), Nadi (9.170), Labasa (6.491), Ba (6.314) | Währung: 1 Fidschi-Dollar = 100 Cents | Zeitzone: MEZ +11 h | Länderkürzel: FJ | FIFA-Kürzel: FIJ | Telefon-Vorwahl: +679

Dass Fidschi eine gespaltene Gesellschaft ist, ist nicht zuletzt am Sport zu erkennen. Während die Ureinwohner (»Fijians«) bevorzugt Rugby-Union betreiben, ziehen die Nachfahren der einst von der Ex-Kolonialmacht Großbritannien auf die pazifische Inselgruppe gelockten Inder (»Indians«) das Spiel mit dem runden Ball vor. Abseits des Sports hat die Rivalität zwischen den größten Bevölkerungsgruppen des Landes (Fijians: 54 %, Indians: 38 %) in der Vergangenheit schon mehrfach zu blutiger Gewalt geführt und die Republik Fidschi in ihrer politischen und wirtschaftlichen Entwicklung schwer gehemmt.

■ **DEN FIDSCHI-INSELN EILT** der Ruf voraus, eine Hochburg des Kannibalismus gewesen zu sein. Weiße werden in der Tat bis heute als »long pig« (»Langes Schwein«) bezeichnet, und die Literatur ist voll von Schauergeschichten, die sich allerdings nicht selten als Ammenmärchen entpuppen.

Von den über 330 Inseln sind etwa 100 bewohnt, wobei sich das gesellschaftliche Leben vornehmlich auf den beiden größten und auch am dichtesten besiedelten Inseln Viti Levu (»Big Fiji«) sowie Vanua Levu abspielt. Mit rund 850.000 Einwohnern ist Fidschi der bevölkerungsreichste Inselstaat Ozeaniens.

Fußball wurde Anfang des 20. Jahrhunderts durch europäische Missionare eingeführt. Das Spiel sollte seinerzeit als soziale Klammer für das bunte Völkergemisch im seit 1874 der britischen Krone unterstellten Inselreich fungieren. Neben einheimischen Melanesiern und einer Handvoll europäischer Kolonialisten bzw. Missionaren stach vor allem die vielköpfige Gruppe indischer Kontraktarbeiter aus der fidschianischen Gesellschaft hervor. Zwischen 1879 und 1916 hatte die britische Kolonialregierung mehr als 63.000 Inder vornehmlich für die Arbeit auf den Zuckerrohrplantagen angeheuert, was dazu führte, dass die überwiegend hinduistischen bzw. muslimischen Immigranten in den 1940er Jahren plötzlich die Bevölkerungsmehrheit bildeten und es zu Spannungen mit den Ureinwohnern kam. Da Inder per Gesetz kein Land erwerben durften, ließen sich viele der Einwanderer in den Städten nieder und dominierten entsprechend rasch den Handel der gesamten Inselgruppe.

■ **FUSSBALL WURDE ANFÄNGLICH** nahezu ausschließlich von Kolonialisten und Missionaren betrieben. Fidschis Fußballwiege ist die auf Ovalau gelegene Stadt Levuka, wo Missionare das Spiel über die Schulen einführten. Zur Jahrhundertwende kam der Fußball auch auf den beiden Hauptinseln Viti Levu und Vanua Levu auf, ehe 1905 in der Hauptstadt Suva mit dem Soccer Football Club der erste Fußballverein des Landes entstand. Mit Nausori und Levuka erhielten kurz darauf zwei weitere Gemeinden europäisch geprägte Vereine, die vornehmlich gegen die Besatzungen internationaler Schiffe antraten. 1910 kam es zum ersten innerfidschianischen Städtespiel zwischen Suva und Nausori.

In den 1920er Jahren wurde Fußball verstärkt vom indischen Bevölkerungsteil aufgegriffen. Dabei handelte es sich überwiegend um die Gruppe der im Handel beschäftigten und entsprechend gut gestellten Inder, während die asiatischen Arbeiter auf den Zuckerrohrplantagen zunächst außen vor blieben.

Das wiederum führte dazu, dass Fidschis Fußball heute ein nahezu ausschließlich

TEAMS | MYTHEN

■ **BA** Die nach einem Fluss benannte Kleinstadt Ba liegt im Norden der Insel Viti Levu und ist eine der Hochburgen der fidschianischen Zuckerindustrie. Im Rugby zu den nationalen Wiegen zählend, nimmt die »Sugar City« auch im Fußball eine überragende Rolle ein und wird mit gegenwärtig 22 Distriktmeisterschaften als Rekordmeister geführt. Auf Initiative des Missionars Ami Chandra sowie der ortsansässigen »Colonial Sugar Refining Company« war 1935 die Ba Indian Football Association ins Leben gerufen worden, die 1938 zu den Mitgründern des Nationalverbandes zählte und heute den Namen Ba Football Association trägt. In den 1950er Jahren zählte die Ba'er Verbandsführung zu den vehementesten Befürwortern der ethnischen Öffnung des fidschianischen Fußballs. Hintergrund war ein verhältnismäßig hoher Anteil fußballbegeisterter Fijians in der »Sugar City«. Nachdem den Forderungen nachgekommen worden war, avancierten die »Men in Black« (bzw. »Ibrahim Ba«) prompt zur dominierenden Kraft im Land und gingen schon in den 1960er Jahren fünfmal als Distriktmeister durchs Ziel. 2007 konnte man im Govind Park bereits seinen 22. Titelgewinn feiern. Darüber hinaus errang die Ba'er Auswahl elfmal den »Battle-of-the-Giants-Cup«, 14-mal den Super Cup und sieben Mal den FA-Cup. Ba ist berühmt für seinen kombinationsorientierten Fußball (»The Brazilians of Fiji Soccer«), eine familiäre Atmosphäre sowie einen ausgeprägten Teamgeist, der auf die Arbeiterkultur der fußballverrückten 6.300-Einwohnerstadt zurückzuführen ist. Hinzu kommt eine bemerkenswerte Kontinuität. So ging Trainer Yogendra Dutt 2007 bereits in sein 14. Jahr, und in der Regel vertraut man in Ba auf den eigenen Nachwuchs. Die Nachwuchsarbeit des von Rishi Kumar geführten Verbandes hat in der Vergangenheit renommierte Spieler wie Wailotua Peni Finau, Osea Vakatalesau, Roneel Kumar und Shalesh Kumar hervorgebracht. Ihren größten internationalen Erfolg feierten die »Men in Black« 2007, als sie das Endspiel der Kontinentalmeisterschaft O-League erreichten. Nach einem 2:1-Heimerfolg über Neuseelands Waitakere United unterlagen die Fidschianer im Rückspiel unglücklich mit 0:1 und verpassten damit den Gesamtsieg. [1935 | Govind Park (13.500) | 22]

■ **LAUTOKA** Die »Baby Blues« aus der zweitgrößten Stadt des Landes wurden 1934 als Lautoka Soccer Football Association gegründet und standen lange Zeit unter der Führung von John Bairagi. Der Mitgründer des Nationalverbandes FIFA stellte in den 1940er und 1950er Jahren eine der spielstärksten Auswahlmannschaften und wurde 2005 zum 18. Mal Distriktmeister. Mit der ethnischen Öffnung des fidschianischen Fußballs büßte das indisch geprägte Team zwar etwas von seiner Dominanz ein, die an der Westküste von Viti Levu gelegene Stadt zählt aber noch immer zu den Hochburgen im Fußball der Fidschi-Inseln. [1934 | Churchill Park (15.000) | 18]

■ **NADI** Nadi ist die drittgrößte Stadt der Fidschi-Inseln. Die phonetisch »Nandi« genannte 9.000-Einwohner-Gemeinde liegt im Südwesten von Viti Levu. 1937 durch Edward Grant gegründet, beteiligte sich die damalige Nadi städtischer Sport ist. Aus religiösen Gründen trugen die indischen Hindus seinerzeit übrigens Fußbandagen zum Kicken und verzichteten auf Schuhe.

Die einheimischen Fijians zeigten wenig Interesse am Fußball. Sie adaptierten stattdessen das 1884 von neuseeländischen Missionaren eingeführte Rugby, das ihrer körperlichen Konstitution sowie ihrem Temperament besser zusagte. Im 1913 entstandenen nationalen Rugbyverband waren sowohl europäische Kolonialisten als auch einheimische Fijians aktiv. Heute zählt Fidschi zu den führenden Rugbynationen und erreichte 1987 sowie 2007 jeweils das WM-Viertelfinale.

■ **FUSSBALL BLIEB DEMENTSPRECHEND** über Jahrzehnte eine indisch dominierte Disziplin. Diese Entwicklung wurde durch das Engagement mehrerer britischer Plantagenbesitzer verstärkt, die über den Fußball das Gemeinschaftsgefühl unter ihren indischen Arbeitskräften stärken wollten. Die im Norden von Viti Levu gelegene Zuckerhochburg Ba konnte dadurch zu einer Fußballhochburg avancieren, während 1925 in Nausori das erste explizite Fußballfeld des Landes eröffnet wurde.

Ein Jahr zuvor war in Levuka erstmals um eine Provinzmeisterschaft gestritten worden, derweil in Lautoka eine Freitags- sowie eine Samstagsliga entstanden, an denen die Teams entsprechend ihrer konfessionellen Ausrichtung partizipierten. Aus der heutigen Hauptstadt Suva sind aus jenen Tagen der Sunshine Club und die Sitare Hind (»Sterne von Indien«) als dominierende Teams überliefert.

Als im Januar 1928 der christlichen Kirche nahestehende Inder eine Schulmeisterschaft ins Leben riefen, erwies sich dies als Signal für die Bildung übergeordneter Verbandsstrukturen. 1936 entstand die Suva Football Association, und nachdem auch in Rewa, Ba, Lautoka, Levuka und Nadi Provinzverbände gebildet worden waren, kam es am 8. Oktober 1938 zur Gründung des Nationalverbands Fiji Indian Football Association (FIFA). Als deren Gründervater gilt der Suvaer Geschäftsmann Arthur Stanley Farebrother, dessen Unternehmen zudem eine Trophäe stiftete, die fortan dem Landesmeister übergeben wurde. Am Inter District Championship, dessen erstes Endspiel im Oktober 1938 die Elf aus Rewa mit 3:2 über Ba gewann, nahmen ausnahmslos Provinzauswahlen teil. Bis heute bilden die Regionalverbände mit ihren Auswahlmannschaften das Rückgrat des fidschianischen Fußballs, in dem Vereine bis in die 1990er Jahre nahezu unbekannt waren.

■ **NACH DEM ZWEITEN** Weltkrieg erhoben sich Forderungen, den indisch geprägten Nationalverband auch für andere Ethnien zu öffnen. Zwar votierten die einheimischen Fijians noch immer mit überwältigender Mehrheit pro Rugby, doch auch unter ihnen war das Interesse am Spiel um den runden Ball allmählich angewachsen. Zudem hatten die Fidschi-Inseln 1951 mit einem Ländervergleich gegen Neuseeland internationales Terrain betreten, wodurch die Frage nach einer ethnienübergreifenden Landesauswahl aufgetaucht war.

Nach schwierigen und langwierigen Verhandlungen kam es schließlich im August 1961 zur Umwandlung der Fiji Indian Football Association (FIFA) in die multiethnische Fiji Football Association (FFA), die zwei Jahre später in Suva die ersten Südpazifikspiele ausrichtete. Der fidschianischen Landesauswahl gelang bei dieser Gelegenheit der Gewinn der Silbermedaille (2:8-Finalniederlage gegen Neukaledonien). Im selben Jahr wurden die inzwischen politisch nach Unabhängigkeit strebenden Fidschi-Inseln Mitglied des Weltverbandes FIFA.

Auf nationaler Ebene zeigte die ethnische Öffnung enorme Wirkung. Hatten bis in die frühen 1960er Jahre noch indisch geprägte Teams die Meisterschaft dominiert, dominierten nun plötzlich die multiethnisch bestückten Teams aus Ba und Suva. Vor allem in der Zuckerstadt Ba zeigte sich der fijiani-

Jahr	Meister	Jahr	Meister
1938	Rewa	1957	Lautoka
1939	Rewa	1958	Lautoka
1940	Suva	1959	Lautoka
1941	Lautoka	1960	Suva
1942	Lautoka	1961	Ba
1943	Rewa	1962	Lautoka
1944	Rewa	1963	Ba
1945	Suva	1964	Lautoka
1946	Suva	1965	Lautoka
1947	Rewa	1966	Ba
1948	Suva	1967	Ba
1949	Lautoka	1968	Ba
1950	Lautoka	1969	Nadi
1951	Suva	1970	Ba
1952	Suva	1971	Nadi
1953	Lautoka	1972	Rewa
1954	Suva	1973	Lautoka
1955	Rewa	1974	Nadi
1956	Suva	1975	Ba

Jahr	Meister	Nationalliga
1976	Ba	-
1977	Ba	Ba
1978	Ba	Nadi
1979	Ba	Ba
1980	Ba	Nadi
1981	Suva	Nadi
1982	Ba	Nadi
1983	Suva	Nadi
1984	Lautoka	Lautoka
1985	Lautoka	Nadi
1986	Ba	Ba
1987	Nadroga	Ba
1988	Nadroga	Lautoka
1989		Nadroga
1990	Nasinu	Nadroga
1991	Ba	Labasa
1992	Labasa	Ba
1993	Nadroga	Nadroga
1994	Labasa	Ba
1995	Tavua	Ba
1996	Ba	Suva
1997	Ba	Suva
1998	Nadi	Nadi
1999	Nadi	Ba
2000	Ba	Nadi
2001	Rewa	Ba
2002	Nadi	Ba
2003	Ba	Ba
2004	Ba	Ba
2005	Lautoka	Ba
2006	Ba	Ba
2007	Ba	Labasa
2008	Ba	Southern Forest Navua

● FIFA World Ranking
1993	1994	1995	1996	1997	1998	1999	2000
107	120	139	147	146	124	135	141
2001	2002	2003	2004	2005	2006	2007	2008
123	140	149	135	135	150	131	106

● Weltmeisterschaft
1930-78 nicht teilgenommen **1982** Qualifikation **1986** nicht teilgenommen **1990-2010** Qualifikation

● Ozeanienmeisterschaft
1973-80 Endturnier **1996** nicht teilgenommen **1998-2008** Endturnier

sche Bevölkerungsanteil verhältnismäßig aufgeschlossen für den Fußball und verhalf der »Men in Black« genannten Stadtauswahl zu einer nationalen Führungsrolle.

■ **ADMINISTRATIV GAB ES** ebenfalls Fortschritte. 1968 konnte ein zweistufiges Ligasystem ins Leben gerufen werden, bei dem die Auswahlen von Ba, Labasa, Lautoka, Nadi, Rakiraki, Rewa, Sigatoka und Suva das nationale Oberhaus bildeten.

Nachdem Fidschi 1970 in die Unabhängigkeit entlassen worden war, geriet der hoffnungsvolle Prozess jedoch ins Stocken. Die massenhafte Auswanderung von Europäern und Indern schwächte die nationale Fußballgemeinde, in der sich die ethnischen Spannungen zunehmend in Gewalt entluden.

Zunächst gab es aber weitere Fortschritte zu vermelden, und neben einer 1977 eingeführten Nationalliga (der Distriktmannschaften) verbesserte der Bau mehrerer Fußballfelder bzw. Stadien die Verhältnisse. 1980 öffnete in Suva ein modernes Verbandsgebäude seine Pforten, ehe die vom deutschen Globetrotter Rudi Gutendorf betreute Nationalmannschaft 1983 mit dem Einzug ins Finale bei den Südpazifikspielen in Samoa einen neuerlichen Erfolg feierte (0:1 gegen Tahiti).

Anschließend überschatteten die ethnischen Differenzen die Entwicklung, und zahlreiche Alkohol- und Gewaltexzesse im Zusammenhang mit Fußballspielen veranlassten die FIFA im Dezember 1984 sogar, Fidschi für ein Jahr von sämtlichen internationalen Aktivitäten auszuschließen.

■ **1987 KAM ES ZU EINEM** Putsch fijianischer Militärs gegen die indisch dominierte Regierung, der das Land in einen blutigen Bürgerkrieg stürzte. Während weitere rund 20.000 Inder das Land fluchtartig verließen, räumte eine neue Verfassung den Ureinwohnern weitreichende Vorteile ein und zementierte damit die gesellschaftliche Spaltung.

Für Fidschis Fußball brachen schwere Tage an. Aus religiösen Gründen wurde ein Sonntagsspielverbot erlassen, die ethnischen Differenzen behinderten den nationalen Spielbetrieb und die umstrittene Führungspolitik von Oberst Sitiveni Rabuka isolierte das Land auf internationaler Ebene. Namentlich Neuseeland und Australien weigerten sich wiederholt, der fidschianischen Fußballauswahl die Einreise in ihre Länder zu erlauben.

Einsamer Fußballhöhepunkt jener Tage war ein sensationeller 1:0-Sieg über Australien im November 1988. Drei Jahre später gelang der »Timi ni viti« (Nationalmannschaft«) bei den Südpazifikspielen in Papua-Neuguinea zudem der Gewinn der Goldmedaille.

Nachdem das Land 1997 mit einer neuen Verfassung bzw. einer gemäßigten politischen Führung um den indischstämmigen Mahendra Chaudhry in die Riege der demokratischen Länder zurückgekehrt war, entspannte sich die Lage etwas. So auch im Fußball. 1999 fungierte die Stadt Nadi sogar als Gastgeber der ozeanischen Klubmeisterschaft, wobei die Lokalauswahl sensationell bis ins Finale vordrang und jenes mit 1:5 gegen South Melbourne verlor.

■ **ALS ES IM MAI 2000** jedoch zu einem erneuten Putsch ethnischer Fidschianer kam, versank die Inselgruppe abermals in Gewalt und Terror. Fidschis Fußball hat unter dem noch immer nicht beendeten Konflikt schweren Schaden genommen. Herrschte auf der Inselgruppe in den 1980er Jahren noch die Hoffnung, eines Tages die Qualifikation zu einem WM-Turnier feiern zu können, fand sich das Land im Juli 2007 abgeschlagen auf Position 165 der FIFA-Weltrangliste wieder. Letzter großer Erfolg war der Gewinn der Goldmedaille bei den Südpazifikspielen 2003. Mit Roy Krishna und Osea Vakatalesau stehen Fidschis uruguayischem Nationaltrainer Juan Carlos Buzzetti gegenwärtig immerhin zwei hoffnungsvolle Talente zur Verfügung.

Auf nationaler Ebene sah sich der Nationalverband FFA angesichts der verstärkten Bemühungen der ozeanischen Konföderation OFC um den kontinentalen Klubfußball gezwungen, erstmals eine Landesmeisterschaft für Klubs einzurichten. An der 2005 gegründeten »Club Franchise League« partizipieren seitdem mit den Provinzverbänden verbundene Franchise-Mannschaften wie »4r Electric Ba«.

Das Interesse der heimischen Fans konzentriert sich allerdings auf die traditionsreichen Provinzmannschaften, die noch immer jährlich um Fidschis Landesmeisterschaft streiten und auch an der Kontinentalmeisterschaft teilnehmen. Serienmeister Ba schaffte es 2007 in der neugeschaffenen O-League sogar überraschend bis ins Finale, wo man Neuseelands Meister Waitakere United nur aufgrund der Auswärtstoreregel unterlag.

Indian Soccer Association 1939 erstmals an der Inter-District-Championship. 1969 sicherten sich die Grün-Weißen ihre erste Landesmeisterschaft und avancierten zu einer der prägenden Kräfte im Land. Im verbandseigenen Prince Charles Park wurde 1999 das Endturnier um die ozeanische Klubmeisterschaft ausgespielt. Durch ein 1:0 über Neuseelands Central United (Tor durch Marika Namaqa) drang Nadis Auswahl seinerzeit überraschend ins Finale vor, wo sie sich Australiens Profiklub South Melbourne mit 1:5 geschlagen geben musste. Zu den bekanntesten Spielern der »Jetsetter« zählen Rusiate Waqa, Savenaca Waqa, Manu Poker, Henry Dyer, Inosi Tora, Marika Ravula, Eswa Nadan, Dan Lutumailagi, Qawali, Batram Suri, Stanley Waeta und Robert Hrdzic. [1937 | Prince Charles Park (10.000) | 5]

■ **SUVA** Die Hauptstadt der Fidschi-Inseln ist eine der Wiegen des Fußballs auf der Inselgruppe. 1905 bildeten europäische Kolonialisten mit dem Suva Soccer Football Club den landesweit ersten Klub, und im Dezember 1927 wurde im lokalen Albert Park erstmals um eine Schulmeisterschaft gespielt. Daraus entwickelte sich 1928 ein indisch geprägter Verband, der 1936 in der Suva Football Association aufging. Mit ihrer überwiegend indisch geprägten Struktur war die Handelshochburg Suva früh unter den führenden Teams des Landes zu finden, wenngleich sie in Sachen Erfolgen nicht mit Rekordmeister Ba konkurrieren kann. Die Weiß-Schwarzen tragen ihre Heimspiele im Nationalstadion von Suva aus und feierten 1983 ihre elfte und bislang letzte Meisterschaft. [1936 | National Stadium (5.000) | 11]

HELDEN | LEGENDEN

■ **ESALA MASI** Mit mehr als zehn Jahren Erfahrung im australischen Profifußball (1997-2007) ist Esala Masi einer der erfolgreichsten Fußballer, die Fidschi jemals hervorbrachte. Der torgefährliche Mittelfeldspieler debütierte 1997 für die fidschianische Nationalelf und führte sie anschließend viele Jahre als Kapitän aufs Feld. Seine erfolgreichste Zeit verbrachte der aus Ba stammende Masi bei NSL-Klub Wollongong City Wolves. Später spielte er noch mit den Oakleigh Cannons in der Victorian Premier League. Sein Cousin Manoa Masi hat es ebenfalls zum Nationalspieler gebracht. [*9.3.1974]

HINWEISE Französisch-Polynesien = siehe Tahiti
Das Kapitel Guam befindet sich in Band 1 der Weltenzyklopädie

Außenseiter
Kiribati

Kiribati ist ein sterbendes Paradies. Die 33 Korallenatolle umfassende Republik im Zentralpazifik ragt durchschnittlich nur knapp drei Meter über den Meeresspiegel, und weil für Küstenschutzprogramme das Geld fehlt, ist ihr Schicksal angesichts des durch den Klimawandel ansteigenden Meeresspiegels besiegelt: Kiribati wird eines Tages schlicht untergehen. Dass man bis dahin fußballerisch für Furore gesorgt haben wird, ist unwahrscheinlich. Zwar zählt Fußball neben Kanufahren und Volleyball zu den beliebtesten Freizeitvergnügungen der etwa 86.000 Kiribatier, das Spiel kommt jedoch nicht über eine Hobbyebene hinaus.

Es waren britische Kolonialisten, die den Fußball auf die ungewöhnlich strukturierte Atollgruppe brachten. Kiribati zieht sich über rund 4.500 km entlang des Äquators und überquert dabei sogar die Datumsgrenze. 822 km² Landfläche verteilen sich auf 3.950 km² Meerfläche – kein anderes Land auf der Welt weist ein derartig krasses Verhältnis zwischen Land- und Wasserfläche auf.

1892 waren die Gilbert-Inseln, Banabas, die Phönix-Inseln, die meisten Atolle der Line Islands sowie die Ellice-Islands unter britisches Protektorat gestellt worden. 1978 hatten zunächst die polynesisch geprägten Ellice-Inseln als Tuvalu ihre Unabhängigkeit erlangt, ehe am 12. Juli 1979 auch die mikronesisch geprägten Gilbert-Inseln als Kiribati souverän wurden und dem britischen Commonwealth beitraten.

Fußball hat seine historische Hochburg auf der Atollkette Tarawa (dort befindet sich auch die Hauptstadt Bairiki) bzw. dem heutigen Tuvalu, wo Missionare bereits im 19. Jahrhundert kicken ließen. Es dauerte allerdings bis in die 1950er Jahre, ehe mit einer gewissen Regelmäßigkeit gespielt wurde. In den 1960er Jahren kam es zu ersten Duellen zwischen Inselauswahlen, und 1979 debütierte Kiribati bei den Südpazifikspielen in Fidschi auf internationalem Terrain, wobei man in nur zwei Spielen ernüchternde 37 Gegentreffer anhäufte.

Unter Führung des zufällig vor Ort weilenden kiribatischen Studenten Teburoro Tito wurden anschließend die Weichen für eine günstigere Entwicklung gestellt. Neben der 1980 erfolgten Gründung des Nationalverbandes Kiribati Islands Football Association sowie der Einrichtung eines inselübergreifenden Spielsystems umfasste dies auch die Ausbildung von Schiedsrichtern.

Heute ist das Spiel vor allem auf der abseits gelegenen Kiritimati (»Weihnachtsinsel«, 2.500 Einwohner) verankert, wo bereits seit 1994 um eine Inselmeisterschaft bzw. einen Pokal gerungen wird. Als stärkste Teams werden die Casino Royals sowie die Kampone Rangers angesehen. Darüber hinaus gilt die Atollgruppe Tarawa als Fußballhochburg und weist mit den in der Hauptstadt Bairiki ansässigen Flying Tigers ebenfalls ein Spitzenteam auf. Selbst auf abgelegeneren und dünn besiedelten Atollen konnte in den 1980er Jahren aber dank des Engagements australischer Trainer wie Mick Jones die Basis zur Fußballentwicklung gelegt werden.

Kiribatis seit 1983 unregelmäßig ausgespielte Landesmeisterschaft führt die Inselmeister zusammen und wird in der Regel im Nationalstadion von Bairiki ausgetragen. Die enorme Ausdehnung des Staatsgebietes sowie die erwähnte Datumsgrenze lassen jedoch nur einen rudimentären nationalen Spielbetrieb zu. Auch die Nationalmannschaft kocht zumeist auf Sparflamme, denn Kiribatis Gegner in »Länderspielen« sind in der Regel die Besatzungen ausländischer Schiffe bzw. Teams aus anderen pazifischen Ministaaten.

Seit der Millenniumswende hat der Nationalverband seine Aktivitäten allerdings deutlich erhöht. 2003 wurde zum zweiten Mal nach 1979 eine Landesauswahl zu den Südpazifikspielen entsandt, die sich vor allem bei der ehrenvollen 2:3-Niederlage gegen den Nachbarn Tuvalu bewährte. Nachdem der Nationalverband schon 1999 der ozeanischen Konföderation OFC als »associated member« angeschlossen war, trat er im Dezember 2005 auch dem NF-Board bei.

Eine Mitgliedschaft in der FIFA wird gegenwärtig nicht angestrebt, womit Kiribati eines der wenigen Länder der Welt ist, das freiwillig abseits der weltweiten Fußballfamilie steht.

Jahr	Meister
1983	South Tarawa
1984	South Tarawa
2002	Arorae
2003	-
2004	Tarawa Urban Council
2005	-
2006	Betio Town Counil

Außenseiter
Marshall-Inseln

Die Marshall-Inseln genießen traurige Berühmtheit: Nach dem Zweiten Weltkrieg führten die USA auf den Atollen Bikini und Eniwetok Atomwaffenversuche durch und hinterließen schwere Verwüstungen. Erst 1980 (Eniwetok) bzw. 1998 (Bikini) konnten die zwangsumgesiedelten Bewohner auf ihre kontaminierten Heimatatolle zurückkehren.

Ohnehin blickt die insgesamt 34 Atolle sowie 867 Inseln umfassende Republik der Marshall-Inseln auf eine recht turbulente Geschichte zurück. Spanien und Deutschland hatten als Kolonialherren bereits ihre Spuren hinterlassen, als im Verlauf des Ersten Weltkriegs Japan die Kontrolle an sich riss. Dadurch wurde die Inselgruppe während des Zweiten Weltkriegs in Japans Krieg mit den USA gezogen. Nach Kriegsende übertrugen die UN den Vereinigten Staaten ein Treuhandsmandat, woraufhin am 1. Januar 1946 auf Bikini die erste von der Weltmacht gezündete Atombombe explodierte.

1986 erhielten die Marshall-Inseln zunächst eingeschränkte und 1990 dann volle Unabhängigkeit. Mit 180 km² Landfläche ist die seinerzeit ausgerufene Republik das fünftkleinste Land der Welt. Sie besteht aus zwei Inselgruppen – der östlichen »Ratak«-Kette (»Inseln der aufgehenden Sonne«) sowie der westlichen »Ralik«-Kette (»Inseln der untergehenden Sonne«).

Wirtschaftlich hängen die Marshall-Inseln am Tropf von Ex-Treuhandmacht USA. »Wir sind völlig abhängig von den USA, auch in unserem Denken und Fühlen«, bekannte Außenminister Alvin Jacklick 2001. Korruption und Missmanagement haben die Entwicklung der eigenen Wirtschaft schwer behindert, und abgesehen von Kopra und der Fischerei gibt es auf den Marshall-Inseln kaum Möglichkeiten, Geld zu verdienen. 2000 betrug die Arbeitslosenquote 30 %. Die Zukunftshoffnung richtet sich vor allem auf Abenteuerurlaub – beim »Wreck diving« können Wagemutige die Wracks der bei den Atomwaffentests versenkten Kriegsschiffe erkunden.

In Sachen Sport dominieren amerikanische Disziplinen wie Baseball und Basketball. Fußball – »Soccer« genannt – fristet ein auf Schulen bzw. Jugendliche beschränktes Schattendasein. Immerhin existiert mit der Marshall Island Soccer Association ein Nationalverband, der seit 1998 sogar regelmäßig eine Landesmeisterschaft ausrichtet. In zwei Regionalgruppen – analog der Ratak- bzw. Ralik-Ketten – ermitteln die Inselauswahlen dabei zunächst untereinander Sieger, die schließlich im Play-off um den Landesmeister spielen.

Als Fußball-Hochburgen gelten Kwajalein (wo eine US-Militärbasis dominiert und für bescheidenen Wohlstand gesorgt hat) und Majuro. Auf Letzterer liegen auch die Orte Dalap, Uliga und Darrit, die gemeinsam die Hauptstadt der Republik der Marshall-Inseln bilden. Die erfolgreichsten Fußballteams des Landes nennen sich Spartans, Calvary, Queens of Peace und Kobeer. Ergebnisse sind leider nicht überliefert.

International ist die abseits im Nordpazifik gelegene Inselrepublik bislang nur sporadisch in Erscheinung getreten. Obwohl man als souveränes Land die Möglichkeit hätte, sind die Marshall-Inseln bislang auch weder der OFC bzw. der FIFA noch dem NF-Board beigetreten. Fußball spielt eben nur eine Nebenrolle in der ehemaligen US-Dependance – und daran wird sich vermutlich in der näheren Zukunft auch nur wenig ändern.

Außenseiter
Föderative Staaten Mikronesien

Mikronesien trägt seinen Namen durchaus zu Recht, denn es sind exakt 607 mehr oder weniger winzige Inseln bzw. Atolle, die die »Föderierten Staaten von Mikronesien« bilden. 1990 von den USA in die Unabhängigkeit entlassen, ist das Staatenbündnis nicht zu verwechseln mit dem geografischen Begriff »Mikronesien«, der die Gesamtheit der östlich der Philippinen gelegenen Karolinen-, Marianen- und Marshall-Inseln sowie Guam umfasst.

Die Föderierten Staaten Mikronesien setzen sich aus den vier Teilstaaten Pohnpei, Kosrae, Chuuk (»Karolineninseln«) und Yap zusammen. Auf den von 1947 bis 1990 unter der Verwaltung der USA stehenden Inseln haben sich vornehmlich US-amerikanische Sportarten etabliert. Namentlich Baseball steht hoch im Kurs, während Fußball lediglich auf Yap eine gewisse Rolle einnimmt. 1998 vertrat die Yap-Auswahl das Staatenbündnis Mikronesiens sogar bei den Mikronesienspielen in Palau. Seit kurzem ist Yap auch eigenständiges Mitglied des NF-Board (siehe Seite 469).

Nachdem Fußball jahrzehntelang nahezu ausschließlich von Ausländern betrieben worden war, kam es Anfang der 1990er erstmals zu einer systematischen Förderung unter der einheimischen Bevölkerung. 1992 wurde in Pohnpei eine Staatsliga ins Leben gerufen, und im Januar 1999 entstand mit der Federated States of Micronesia Football Association (FSMFF) ein Nationalverband. Ein im August 2000 nach der Teilnahme von FSMFF-Delegierten am 52. FIFA-Kongress angekündigtes Aufnahmegesuch in den Weltfußballverband bis zum Jahr 2004 konnte hingegen nicht realisiert werden. 2006 wurde Mikronesien zumindest vom OFC in die Liste der »associated member« aufgenommen.

Die rührigen Bemühungen der mikronesischen Fußballenthusiasten tragen nur langsam Früchte. 2007 zählte man in den vier Teilstaaten lediglich 150 erwachsende sowie etwa 500 jugendliche Fußballer, zu denen drei Schiedsrichter und fünf Trainer kamen – eine karge Bilanz angesichts von insgesamt 110.000 Einwohnern. Neben Pohnpei weisen auch Chuuk und Yap Spielklassen auf, während Fußball auf Kosrae noch immer in den Kinderschuhen steckt. Aufgrund der enormen Entfernungen zwischen den Inseln der einzelnen Staaten – Mikronesiens 700 km² Festlandmasse sind auf über 2.900 km² Wasserfläche verstreut – ist eine reguläre Landesmeisterschaft noch in weiter Ferne. Von den in der gesamten Bundesrepublik Mikronesien existierenden fünf Spielfeldern genügt lediglich das in Yap internationalen Ansprüchen.

1999 wurde erstmals eine Staatenmeisterschaft ausgespielt, an der sich mit den Local Warriors, der Pohnpei Agricultural and Trade School, der Seventh Day Adventists School Kolonia sowie dem Team International vier Mannschaften beteiligten (Ergebnisse sind nicht überliefert). Im selben Jahr debütierte auch die Nationalauswahl der Föderierten Staaten und bejubelte bei den in Yap durchgeführten Mikronesienspielen einen 14:1-Finalsieg über eine »Crusaders« genannte Auswahl internationaler Arbeiter.

Bei den 2003 auf Yap durchgeführten dritten Mikronesienspielen maßen die Staatenteams von Pohnpei, Yap und Chuuk sogar erstmals die Kräfte, während die vom Israeli Shimon Shenhar betreute Landesauswahl bei den Südpazifikspielen in Fidschi in vier Spielen 52 Gegentreffer kassierte und selbst ohne Torerfolg blieb.

Die Auswahl der Föderativen Staaten Mikronesien (gestreifte Jerseys) nach einem Freundschaftsspiel gegen Genova Lex Calcio.

Außenseiter
Nauru

Mit exakt 21,3 km² zählt Nauru zu den kleinsten Republiken der Welt. Angesichts von nur 12.000 Landeseinwohnern hat es Fußball schon aus demographischen Gründen schwer, und die seit 1973 bestehende Nauru Soccer Association (NSA) ist bislang weder dem OFC noch der FIFA bzw. dem NF-Board beigetreten.

Nichtsdestotrotz tummeln sich auch auf dem nordöstlich von Papua-Neuguinea gelegenen Miniatoll ein paar Fußballvereine, die ungewöhnliche Namen wie »Panzers«, »Aida Warriors« und »Black Arrow« tragen. Sie sind ausnahmslos in der Hauptstadt Yaren ansässig und ringen alljährlich um einen League Cup. Fußball spielt allerdings keine erwähnenswerte Rolle im Alltag eines Landes, das in der Vergangenheit unter deutscher, australischer sowie japanischer Verwaltung stand, ehe es 1947 zum UN-Treuhandgebiet wurde. 1968 in die Unabhängigkeit entlassen, ist Nauru seitdem Mitglied des britischen Commonwealth. Nicht nur wegen seiner geringen Größe gilt Nauru als eines der ungewöhnlichsten Länder der Welt. Jahrzehntelanger rigoroser Phosphatabbau hat den Atollbewohnern einerseits überproportional die Geldbeutel gefüllt, ihnen andererseits aber auch eine weitestgehend ruinierte Natur hinterlassen. Weil die Pflanzendecke durch den inzwischen eingestellten Phosphatabbau großräumig zerstört wurde, zerstreut die aufsteigende Luft nahezu alle Wolken und beschert Nauru regelmäßig lange Trockenperioden. Darüber hinaus hat sein Wohlstand dem Land die weltweit höchste Rate an Diabetespatienten beschert – Fettleibigkeit und Bewegungsmangel gehören in dem vermeintlichen Südseeidyll zum Lebensstil.

Sport wird bevorzugt vor dem Fernseher genossen. Hoch im Kurs stehen dabei die Spiele der australischen Rugby-Liga, während Fußball – »Soccer« genannt – nahezu ausnahmslos von ausländischen Arbeitskräften (v. a. Chinesen, Kiribatis und Tuvalus) goutiert wird. In der Hauptstadt Yaren steht den Fußballenthusiasten mit dem Meneng Stadium immerhin ein Spielfeld zur Verfügung.

Bereits 1983 dachte man auf Nauru über ein Aufnahmegesuch bei der FIFA nach, das aber bis heute nicht zustande kam. Elf Jahre später debütierte eine Landesauswahl am für den naurischen Fußball seidem legendären 2. Oktober 1994 mit einem historischen 2:1-Sieg über die Auswahl der benachbarten Salomonen.

Weitere Auftritte blieben Mangelware, und stattdessen machte Nauru vor allem als Stützpunkt des internationalen Drogenhandels sowie als Geldwäschehochburg der russischen Mafia Schlagzeilen. Zudem brachte Australien mehrere tausend aus Asien (v. a. Afghanistan) geflohene »boat people« in einem Internierungslager auf Nauru unter. Nauru ist eben ein ungewöhnliches Land.

NEUKALEDONIEN

Die Fußballinsel im Rugbyland

Neukaledonien brachte bereits einen Fußball-Weltmeister hervor

Fédération Calédonienne de Football

Fußballbund von Kaledonien | gegründet: 1928 | Beitritt FIFA: 2004 | Beitritt OFC: 1966 | Spielkleidung: graues Trikot, rote Hose, graue Stutzen | Spieler/Profis: 9.800/0 | Vereine/Mannschaften: 100/250 | Anschrift: 7 bis, rue Suffren Quartier latin, BP 560, 99845 Nouméa, CEDEX 99845 | Telefon: +687-272383 | Fax: +687-263249 | Internet: www.fedcalfoot.com | E-Mail: fedcalfoot@canl.nc

»L'heure des Néo-Calédoniens« – »die Stunde Neukaledoniens« –, überschrieb das Fachblatt »France Football« im Januar 2008 sein Resümee über das abgelaufene Fußballjahr in Ozeanien. In acht Länderspielen war Neukaledonien sechsmal als Sieger vom Platz gegangen, hatte nicht eine Niederlage kassiert und war Südpazifikmeister geworden. Lohn war Platz eins in der kontinentalen Gesamtwertung – womit die kleine Inselgruppe im südwestlichen Pazifik selbst das große Neuseeland ausstach – sowie Rang drei in der FIFA-Weltrangliste »Aufsteiger des Jahres«!

■ **EXPERTEN KONNTE** das beherzte Auftreten der neukaledonischen Kicker, die erst seit 2004 der FIFA angehören, nicht überraschen. Immerhin hatte Neukaledonien mit Christian Karembeu bereits einen Weltmeister hervorgebracht (1998, Frankreich), stand das Fußballspiel auf der 1853 von Frankreich annektierten Inselgruppe seit den 1920er Jahren in stolzer Blüte. Im Gegensatz zu seinen rugbyverrückten Nachbarn Australien, Neuseeland und Fidschi ist Neukaledonien ein Fußball-Land voller Tradition.

Das erste Spiel auf neukaledonischem Boden fand anno 1910 statt, als die Besatzung des französischen Kreuzers »Montcalm« gegen eine Auswahl in der Hauptstadt Nouméa stationierter französischer Soldaten auflief. Nach dem Ersten Weltkrieg auf die Insel gekommene europäische Kolonialisten sorgten dann in den 1920er Jahren für ein beispielloses Aufblühen des Ballspiels. 1928 entstand mit der Fédération Calédonienne de Football (FCF) ein Nationalverband, der damit nach dem von Australien und Neuseeland der drittälteste Ozeaniens ist.

Weil Neukaledonien politisch zu Frankreich gehört, konnte der FCF lange jedoch keine eigenen Wege gehen, sondern schloss sich dem französischen Nationalverband FFF an. Das passte insofern, als Neukaledoniens Fußball seinerzeit ohnehin von europäischen Siedlern dominiert war und die einheimischen Melanesier – »Kanaki« genannt – kaum Interesse an dem Spiel zeigten. Der Legende zufolge soll Edouard »Marcellin« Unei in den 1920er Jahren der erste Einheimische gewesen sein, der auf Klubebene gegen den Ball trat und für eine Soldatenmannschaft das Tor hütete.

■ **NACH DEM ZWEITEN** Weltkrieg wurde das Spiel auf eine breitere gesellschaftliche Ebene gehievt. 1947 erhielt der Nationalverband den Namen »Ligue Calédonienne de Football«, und im September 1951 überraschte Neukaledonien in seinem ersten »Länderspiel« den Nachbarn Neuseeland mit einem sensationellen 2:0. Ein Jahr zuvor hatte sich der Hauptstadtklub Impassible Nouméa die erste Landesmeisterschaft gesichert, während Ortsrivale Indépendante 1954 mit einem 5:3 über Uniforme Fayaoué den neugeschaffenen Landespokal errang. 1950 war mit Jean Louis »Jojo« Merignac zudem ein in Diensten von Girondins Bordeaux stehender Kanake französischer Meister geworden.

Das Spiel hatte sich zwischenzeitlich weit über Neukaledoniens Hauptinsel Grande Terre ausbreiten können und war auch auf den umliegenden Loyalitätsinseln angekommen. Pokalfinalist Uniforme Fayaoué beispielsweise hatte sein Domizil auf dem nur 130 km² großen Eiland Ouvéa.

In den 1960er Jahren verwandelte sich Neukaledonien in ein beliebtes Ferienziel. Unter den Erholungssuchenden aus aller Welt waren auch Fußballmannschaften aus Australien bzw. Neuseeland, deren Gastspiele das Niveau des neukaledonischen Fußballs

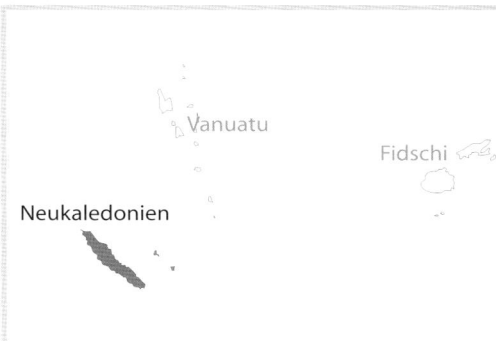

Nouvelle Calédonie

Neukaledonien | Fläche: 19.103 km² | Einwohner: 229.000 (11 je km²) | Amtssprache: Französisch, melanesische und polynesische Sprachen | Hauptstadt: Nouméa (83.266) | Weitere Städte: Mont-Doré (26.000), Dumbéa (21.000), Wé (11.000), Paita (10.000) | Währung: 1 Euro = 100 Cents | Zeitzone: MEZ +12h | Länderkürzel: - | FIFA-Kürzel: NCL | Telefon-Vorwahl: +687

Neukalediens Auswahlmannschaft im Jahr 2008.

erheblich anhoben. Das zeigte sich vor allem auf internationaler Ebene, denn 1963 sicherte sich die Landesauswahl bei den ersten Südpazifikspielen prompt die Goldmedaille. 1969 und 1971 ging das Edelmetall zwei weitere Male nach Nouméa.

■ **ADMINISTRATIV ZÄHLTE** Neukaledonien seinerzeit zu den ambitioniertesten Kräften im ozeanischen Fußball. Obwohl einer der vehementesten Befürworter der Bildung eines Kontinentalverbandes, musste man sich als französische Kolonie allerdings zwangsläufig mit der Rolle eines »associated member« zufrieden geben, als der OFC schließlich 1966 entstand. Der Beitritt zur FIFA blieb Neukaledonien sogar gänzlich verwehrt. 1971 gab es einen weiteren Rückschlag, als die in Nouméa geplante erste Ozeanienmeisterschaft nach dem Verzicht Australiens abgesagt werden musste.

Auf nationaler Ebene indes florierte der Fußball. Neben der Landesmeisterschaft bzw. dem Pokalwettbewerb gab es diverse regionale Spielklassen sowie eine Meisterschaft der Provinzmeister, womit Neukaledonien über das mit Abstand modernste Spielsystem der Region verfügte. Wenngleich auch Teams aus der »Provinz« regelmäßig Erfolge feiern, lag und liegt das Epizentrum des neukaledonischen Fußballs auf der Hauptinsel Grande Terre bzw. in der Hauptstadt Nouméa. Dort lebt rund ein Drittel der Gesamtbevölkerung des Landes, dominieren Klubs wie JS de la Vallée du Tir, AS Le Nickel sowie CA Saint-Louis den nationalen Fußballspielbetrieb.

Als französische Kolonie hat Neukaledonien das Recht, einen Teilnehmer am Pokalwettbewerb des Mutterlandes zu stellen. Über viele Jahre musste sich jener in einer Art Vorqualifikation dem tahitischen Cupsieger stellen. 1966 überwandt mit der JS Vallée du Tir Nouméa erstmals ein neukaledonisches Team diese Hürde und erreichte die Runde der letzten 64, wo man dem SC Toulon auf eigenem Platz mit 0:1 unterlag. Später erreichten auch AS Le Nickel Nouméa (1976, 0:3 gegen Corbeil), USL Gélima (1983, 0:1 gegen Red Star Paris) sowie CA Saint-Louis (1984, 2:3 im Elfmeterschießen gegen Abbeville bzw. 1987, 1:2 gegen Cannes) die siebte Hauptrunde im Coupe de France.

■ **1984 BRACHEN MIT DEM BEGINN** eines Rebellenkriegs gegen die französische Fremdherrschaft schwere Tage für Neukaledonien und seinen Fußball an. Als die linksgerichtete Unabhängigkeitsorganisation FLNKS den Boykott des »französischen« Spiels anordnete, sank die Zahl der aktiven Fußballer binnen weniger Wochen von über 8.000 auf knapp 2.000. Neukaledoniens damaliger Nationaltorhüter Gilles Tavergeux bezeichnete dies später als »schlimme Entscheidung, denn die Jugend wurde vom Sport weg und hin zur Kleinkriminalität gelenkt«. Erst 14 Jahre später beruhigte sich die Lage nach

Jahr	Meister	Pokalsieger
1950	Impassible Nouméa	
1951	Impassible Nouméa	
1952	Indépendante Nouméa	
1953	Impassible Nouméa	
1954	Indépendante Nouméa	Independante Nouméa
1955	unbekannt	nicht ausgespielt
1956	Impassible Nouméa	PLGC Nouméa
1957	PLGC Nouméa	Impassible Nouméa
1958	PLGC Nouméa	PLGC Nouméa
1959	PLGC Nouméa	Wé (Lifou)
1960	Impassible Nouméa	Uniforme Fayaoué
1961		Ile des Pins
1962	USC Nouméa	Olympique Nouméa
1963	USC Nouméa	Olympique Nouméa
1964		JS Vallée du Tir Nouméa
1965		JS Vallée du Tir Nouméa
1966		JS Vallée du Tir Nouméa
1967		JS Vallée du Tir Nouméa
1968		JS Vallée du Tir Nouméa
1969		AS Le Nickel Nouméa
1970		AS Le Nickel Nouméa
1971		AS Le Nickel Nouméa
1972		AS Le Nickel Nouméa
1973		UAC Yaté
1974		UAC Yaté
1975		AS Le Nickel Nouméa
1976		Kehdek Koumac
1977		USL Gélima
1978	Gélima Canala	USL Gélima
1979		USL Gélima
1980		JS Baco Koné
1981		CA Saint-Louis
1982		USL Gélima
1983		AS Païta
1984	AS Frégate Nouméa	JS Baco Koné
1985	AS Kunié	CA Saint-Louis
1986		CA Saint-Louis
1987		JS Baco Koné
1988		Wé Luécilla
1989		AS Frégate
1990		CA Saint-Louis
1991		JS Baco Koné
1992		Wé Luécilla
1993	Wé Luécilla	AS Le Nickel Thio
1994	JS Baco Koné	CA Saint-Louis
1995	JS Baco Koné	JS Baco Koné
1996	JS Traput	AS Magenat Nouméa
1997	JS Baco Koné	CA Saint-Louis
1998	AS Poum	JS Traput
1999	FCN Gaitcha	JS Traput
2000	JS Baco Koné	AS Magenta Nouméa
2001	JS Baco Koné	AS Magenta Nouméa
2002	AS Mont Doré	AS Magenta Nouméa
2003	AS Magenta Nouméa	AS Magenta Nouméa
2004	AS Magenta Nouméa	AS Magenta Nouméa
2005	AS Magenta Nouméa	AS Magenta Nouméa
2006	AS Mont-Doré	AS Mont-Doré
2007	AS Lossi	AS Lossi
2008	AS Magenta Nouméa	AS Mont-Doré

TEAMS | MYTHEN

■ **FCN GAITCHA** Vom ehemaligen französischen Nationalspieler und Ex-Profi Marc Kanyan angeführter Verein, der zu den größten Hoffnungsträgern des neukaledonischen Fußballs zählt. Kanyan will den Landesmeister von 1999 perspektivisch zu einer der Talentschmieden des Landes aufbauen. [1 | -]

■ **JS BACO KONÉ** Als sechsfacher Landesmeister und fünffacher Pokalsieger zählt die Jeunesse Sportive Baco Koné zu den erfolgreichsten Klubs des Landes. Die Rot-Weißen aus der 5.000-Einwohnergemeinde im Norden der Hauptinsel Grande Terre scheiterten 2008 nach einem 2:0-Erfolg über University Port Moresby aus Papua-Neuguinea und einem 0:5 gegen Vanuatus Meister Tafea FC bereits in der Qualifikation der Kontinentalmeisterschaft »O-League«. [Stade Yoshida (1.000) | 6 | 5]

■ **AS MAGENTA NOUMÉA** Die Gelb-Weißen aus der Hauptstadt Nouméa zählen seit der Millenniumswende zu den erfolgreichsten Teams des Landes. 2005 erreichten sie in der Ozeanienmeisterschaft mit einem 4:1 über den AS Piraé aus Tahiti das Endspiel, das mit 0:2 gegen den australischen Profiklub Sydney FC verloren ging. Magentas Leistungsträger sind Torsteher Hne sowie Torjäger Michel Hmaé. [Stade Numa-Daly Magenta (16.000) | 4 | 7]

■ **AS LE NICKEL NOUMÉA** Fünffacher Pokalsieger aus der Hauptstadt Nouméa, dessen große Epoche die frühen 1970er Jahre waren. [- | 5]

■ **JS VALLÉE DU TIR NOUMÉA** Der Klub dominierte in den ausklingenden 1960er Jahren den nationalen Pokalwettbewerb und entschied von 1964 bis 1968 fünfmal in Folge das Endspiel zu seinen Gunsten. [- | 5]

■ **AS MONT-DORÉ** Team aus der zweitgrößten Stadt Neukaledoniens Le Mont-Doré. Die Rot-Schwarzen wurden 2002 erstmals Meister und sicherten sich 2006 den Titel der Nationalliga Division d'Honneur. 2007 blieben sie in der Kontinentalmeisterschaft »O-League« ohne jeden Punktgewinn. [Stade Mont-Doré | 2 | 2]

HELDEN | LEGENDEN

■ **MICHEL HMAÉ** Der Stürmer aus Nouméa zählt zu den profiliertesten Angreifern der neukaledonischen Nationalmannschaft. In Diensten des Hauptstadtklubs AS Magenta stehend, machte er 2004 mit fünf Treffern beim 8:0 über die Cook-Inseln Furore und erzielte 2007 im Finale der Südpazifikspiele gegen Fidschi das Tor des Tages. Bruder José ist ebenfalls Stammspieler in der Nationalelf Neukaledoniens.

■ **MARC KANYAN** Der gebürtige Neukaledonier reiste 1968 mit der Olympiaauswahl Frankreichs zu den Olympischen Spielen nach Mexiko.

■ **CHRISTIAN KAREMBEU** Bekanntester Kicker, den Neukaledonien jemals hervorbrachte. Karembeu wurde 1970 auf Lifou geboren und begann seine Profikarriere 1990 beim französischen Profiklub FC Nantes. Zu seinen weiteren Stationen zählten u. a. Sampdoria Genua und Real Madrid. Der größte Erfolg des 53-fachen französischen Nationalspielers war der Gewinn der Weltmeisterschaft 1998. Karembeu weigerte sich stets, die französische Nationalhymne »La Marseillaise« mitzusingen.

Jubel in Neukaledonien – die JS Baco Koné zählt zu den erfolgreichsten Teams des Landes.

Begründung: 1931 waren zwei seiner Onkel während einer Kolonialausstellung in Paris in einem menschlichen Zoo zur Schau gestellt worden. Abseits des Spielfeldes machte der Spieler durch seine Heirat mit dem slowakischen Model Adriana Sklenaříková Schlagzeilen. Seit Beendigung seiner aktiven Laufbahn ist Karembeu als Scout für verschiedene Vereine tätig und engagiert sich in vielerlei Hinsicht für den Fußball in Ozeanien. In nahezu allen Inselstaaten des Pazifiks genießt der sympathische Spieler einen Status als Volksheld. [*3.12.1970 | 53 LS/1 Tor für Frankreich]

■ **GILLES TAVERGEUX** Langjähriger Nationaltorhüter Neukaledoniens, der 1979 sein Debüt zwischen den Pfosten ablieferte.

■ **ZIMAKO** Der 1955 in Dueulu auf Lifou geborene Außenstürmer war bis Christian Karembeu Neukaledoniens berühmtester Fußballexport. 1972 schloss sich »Zimako« – bürgerlicher Name Jacques Atre – dem korsischen Klub SÉC Bastia an und erreichte mit den Korsen Platz drei in der Division 1. 1977  wechselte der dunkelhäutige Außenstürmer nach St. Etienne, wo er vier Jahre später an der Seite von Michel Platini und Johnny Rep sogar französischer Meister wurde. Im Juni 1977 hatte er beim 0:0 gegen Argentinien zudem in der französischen Nationalelf debütiert, für die er bis 1981 insgesamt 13-mal auflief und zwei Treffer erzielte. 1982 gehörte Zimako zum erweiterten WM-Kader Frankreichs, wurde aber von Nationaltrainer Hidalgo letztendlich gestrichen. 1982 nach Sochaux gewechselt, kehrte er 1984 nach Bastia zurück und ließ seine Karriere auf Korsika ausklingen. [*28.12.1955 | 13 LS/2 Tor für Frankreich]

● FIFA World Ranking
1993 1994 1995 1996 1997 1998 1999 2000
- - - - - - - -
2001 2002 2003 2004 2005 2006 2007 2008
- - - 186 187 176 118 130

● Weltmeisterschaft
1930-2006 nicht teilgenommen **2010** Qualifikation

● Ozeanienmeisterschaft
1973-80 Endturnier **1996** nicht teilgenommen
1998-2000 Qualifikation **2002** Endturnier (Vorrunde) **2004** Qualifikation **2008** Endturnier (Zweiter)

der Verabschiedung eines Übergangsstatus wieder. Für 2012 ist nun ein Referendum über die Unabhängigkeit vorgesehen.

Unterdessen blieb Neukaledoniens Fußball in der Obhut des französischen Mutterverbandes. Ab 1994 durfte man sogar einen eigenen Teilnehmer am Coupe de France stellen, wodurch bereits Profiteams wie Olympique Nîmes, FC Istres und FC Tours zu Gastspielen nach Nouméa reisen.

Auch in personeller Hinsicht ist die enge Verbindung zu Frankreich unübersehbar. Das berühmteste Beispiel ist Christian Karembeu, der 1970 auf Lifou geboren und 1998 mit Frankreich Weltmeister wurde. Vor Karembeu hatten bereits Jacques Atre (bekannt als »Zimako«), Charles Teambeuconi sowie Marc Kanyan das Jersey der »équipe tricolore« getragen. Kanyan reiste 1968 mit der französischen Olympiaauswahl sogar nach Mexiko, während Zimako 1982 im erweiterten WM-Kader Frankreichs stand. Mit Joseph Wamai, Simei Ihily und Antoine Kombouaré etablierten sich noch weitere Kanaken im französischen Profifußball. 2007/08 waren mit Poulidor und Jean-Louis Toto zwei neukaledonische Brüder beim korsischen Profiklub SC Bastia aktiv.

■ **AUF KONTINENTALER EBENE** konnte Neukaledonien ungeachtet der politischen Querelen bzw. des Bürgerkriegs seine Position unter den führenden Kräften der Region verteidigen. 1973 und 1980 wurde die Nationalelf bei den Ozeanienmeisterschaften jeweils Dritte; 1987 errang sie erneut Gold bei den Südpazifikspielen. 1990 richtete das Land zudem die zweite Ozeanienmeisterschaft aus.

Mit der Verabschiedung des Übergangsstatus von 1998 war dann der Weg zur administrativen Eigenständigkeit frei, und Neukaledonien konnte sich endlich um eine vollwertige Mitgliedschaft im OFC bzw. in der FIFA bewerben. Am 21. Mai 2004 wurde das Land schließlich als 205. Mitglied in den Weltverband FIFA aufgenommen.

In sportlicher Hinsicht war der Prozess von einer schweren Krise begleitet. 1998 und 2000 enttäuschte die nach einem heimischen Vogel benannte Landesauswahl »les Cagous« und schied bei den Ozeanienmeisterschaften frühzeitig aus. Erst 2002 gelang ihr erneut der Sprung in die Endrunde, wo sie gegen Australien eine 0:11-Pleite hinnehmen musste. Anschließend schürte die erste Teilnahme an einer WM-Qualifikation (2006, sieben Zähler aus vier Spielen) wieder etwas Hoffnung, die 2007 mit dem fünften Gewinn der Goldmedaille bei den Südpazifikspielen bestätigt wurde. In der FIFA-Weltrangliste wirkte sich das durch den Sprung bis auf Position 118 aus – damit war Neukaledonien drittbester »Aufsteiger des Jahres«.

Eine auf breiter Basis angelegte Nachwuchsförderung sowie der noch immer intensive Kontakt zum Mutterland Frankreich hat die Situation in Neukaledoniens Fußball seitdem stetig verbessert. 2002 wurde mit der Division d'Honneur eine Landesmeisterschaft ins Leben gerufen, an der die drei stärksten Teams der Inselliga von Grande Terre sowie die Meister der kleineren Inseln teilnehmen. Erster »echter« Landesmeister wurde 2002 die Jeunesse Sportive Baco aus Koné.

»Grundsätzlich ist ein Jugendlicher aus Neukaledonien begabter als einer aus dem Mutterland Frankreich, aber im Gegensatz zu ihm hat er keinerlei Strukturen, die er nutzen kann. Das ist eine absolute Vergeudung von Talenten«, sieht Ex-Profi Marc Kanyan die größte Herausforderung in der Schaffung professioneller Strukturen. Ziel ist eine möglichst landesweite Sichtung von Talenten, die in den ambitioniertesten Vereinen versammelt und zu einer nationalen Fußball-Elite ausgebildet werden sollen. Den Kommunen obliegt derweil die Aufgabe, die dafür notwendige Infrastruktur in Form von Stadien und Trainingsstätten zu schaffen.

Erste Erfolge sind bereits zu erkennen. 2005 drang Landesmeister AS Magenta Nouméa in der Ozeanienmeisterschaft bis ins Finale vor (0:2 gegen den Sydney FC), und 2007 schlug die eingangs erwähnte »Stunde Neukaledoniens«. Nachdem das Nationalteam unter dem französischen Trainer Didier Chambarou die Vorqualifikation zur WM 2010 ungeschlagen überstanden hatte, reiften in Nouméa erste Träume von der Reise nach Südafrika. Auch wenn jene schließlich zerplatzten, wird es vermutlich nicht die letzte »Stunde Neukaledoniens« gewesen sein!

NEUSEELAND

New Zealand Football Inc.

Neuseeländische Fußball Gesellschaft | gegründet: 7.10.1891 | Beitritt FIFA: 1948 | Beitritt OFC: 1966 | Spielkleidung: weißes Trikot, weiße Hose, weiße Stutzen | Saison: Oktober - März | Spieler/Profis: 198.757/25 | Vereine/Mannschaften: 325/7.524 | Anschrift: North Harbour Stadium, Oteha Valley Road, PO Box 301, 043 Albany | Telefon: +64-9/4140175 | Fax: +64-9/4140176 | Internet: www.nzfootball.co.nz | E-Mail: tracy.brady@nzfootball.co.nz

Die »All Blacks« verdüstern den Fußballhimmel

Neuseelands Fußballer werden den Erwartungen nur selten gerecht

New Zealand / Aotearoa

Neuseeland | Fläche: 270.534 km² | Einwohner: 4.061.000 (15 je km²) | Amtssprache: Englisch, Maori | Hauptstadt: Wellington (183.900) | Weitere Städte: Auckland (416.900), Manukau (374.000), Christchurch (367.700), North Shore (254.000), Waitakere (197.700) | Währung: 1 Neuseeland-Dollar = 100 Cents | Zeitzone: MEZ +11h | Länderkürzel: NZ | FIFA-Kürzel: NZL | Telefon-Vorwahl: +64

Am 2. Juli 2004 lag Neuseelands Fußball – mal wieder – am Boden: Mit einem 2:4 gegen den Fußballzwerg Vanuatu hatte sich die Nationalelf der »Kiwis« weltweit zum Gespött gemacht und war kläglich bei ihrem Versuch gescheitert, zum zweiten Mal nach 1982 ein WM-Turnier zu erreichen. Rund 120 Jahre nach der Einführung des Fußballs im Südpazifik war Neuseeland erneut auf das Niveau eines Fußball-Entwicklungslandes zurückgefallen.

■ **DIE ERNÜCHTERNDE GEGENWART** verwundert, weist Fußball auf den beiden Neuseeland bildenden Pazifikinseln Fumante (»North Island) und Jade (»South Island«) doch eine lange Geschichte auf. Allerdings spielte er dort niemals die erste Geige.

Ein Rückblick: Als in der zweiten Hälfte des 19. Jahrhunderts vermehrt Briten nach Neuseeland emigrierten, hatten sie diverse Ballspiele im Gepäck. Das war neben dem damaligen britischen Nationalsport Cricket vor allem Rugby, das in den 1850er Jahren von Neuseelands Public Schools aufgegriffen und über das ganze Land verbreitet wurde. Dabei setzte sich insbesondere die vom Amateurgedanken geprägte Gentlemenvariante »Rugby Union« durch, wohingegen die volkstümlichere »Rugby League« erst viel später den Durchbruch feierte. 1868 entstand in der im Norden der Südinsel gelegenen Küstenstadt Nelson zudem ein Klub, der sich dem so genannten »Victorian football« widmete. Jener war aus dem benachbarten australischen Bundesstaat Victoria herübergeschwappt und wird auch »Australian rules football« genannt.

Association Football gelangte erst mit seiner Etablierung in Großbritannien nach Neuseeland und wurde im Gegensatz zum Rugby nicht von den nationalen Bildungseinrichtungen aufgegriffen. Zur neuseeländischen Fußballwiege wurde die auf der Nordinsel gelegene Stadt Auckland, in der am 22. April 1887 mit dem Auckland Association Football Club der erste Fußballklub des Landes ins Leben gerufen wurde. Inititator war mit Joseph Sidney Hill ein englischer Missionar, der 1878 nach Neuseeland gekommen war. Nachdem sich im Großraum von Auckland weitere Klubs gebildet hatten (darunter mit North Shore der heute älteste Klub Neuseelands), konnte im Juni 1887 auch ein Stadtverband gegründet werden.

In Neuseelands Hauptstadt Wellington wurde unterdessen 1891 erstmals um eine Meisterschaft gerungen, die sich die Petone Wanderers sicherten. Darüber hinaus etablierte sich das Spiel vor allem in den Industrie- und Arbeiterregionen der Südinsel. In Dunedin, der Kohlebergbaustadt Kaitangata sowie Otaga entstanden noch in den 1890er Jahren ebenfalls Klubs.

■ **FUSSBALL KONNTE ALLERDINGS** nie aus dem übergroßen Schatten des Rugbys treten. Von der Politik wie von den Schulen nach Kräften gefördert, avancierte jener somit zum nationalen Massensport und wurde zu einer der raren Klammern in einer sich durch Zuwanderungen ständig verändernden neuseeländischen Gesellschaft. Rugby überbrückte selbst die Differenzen zwischen den »Pakehas« genannten Einwanderern aus Europa und den maorischen Ureinwohnern, die das Spiel ebenfalls aufgriffen. 1888 standen sich erstmals eine rein maorische Rugby-XV und eine britische Auswahl gegenüber. Neben der charakteristischen schwarzen Spielkleidung der »All Blacks« steht heute vor allem der aus der Maorikultur stammende

TEAMS | MYTHEN

■ **AUCKLAND CITY** 2004 zur Gründung der NZFC gebildetes Fußball-Franchise-Unternehmen. Zuvor gab es bereits einen Fußballklub Auckland City, der bis 1972 Mount Albert-Ponsonby hieß und phasenweise in der Nationalliga mitmischte. Das »Fußball-Unternehmen« City errang schon wenige Monate nach seiner Gründung den ersten Titel, als es sich im März 2005 im Grand Final mit 3:2 gegen den Lokalrivalen Waitakere United durchsetzte. 2006 konnte die Landesmeisterschaft mit einem 5:4 im Elfmeterschießen gegen Canterbury United aus Christchurch verteidigt werden. Nachdem die Auckländer durch ein 3:1 über den tahitischen AS Pirarae auch Ozeanienmeister geworden waren, reisten sie im Dezember 2006 zur Klubweltmeisterschaft nach Japan, wo die Elf von Trainer Allan Jones allerdings gegen Al-Ahly Kairo und Jeonbuk Hyundai Motors (Südkorea) ohne Punktgewinn blieb. Mit einem 3:2 über Waitakere United entschied Auckland City im April 2007 zum dritten Mal in Folge das Grand Final zu seinen Gunsten. 2008 endete die Auckländer Dominanz, als man bereits im Halbfinale am Team Wellington scheiterte. [2004 | Kiwitea Street (3.000) | 3 | -]

■ **EASTERN SUBURBS AUCKLAND** 1934 durch Zusammenschluss von Tamaki United AFC (1924 gegründet) und Glen Innes (1930) gebildeter Stammverein des langjährigen Verbandspräsidenten Charlie Dempsey. 1951 und 1953 feierten die Schwarz-Gelben die ersten beiden ihrer insgesamt fünf Chatham-Cup-Siege und schlossen zum lange dominierenden Stadtrivalen North Shore United auf. Als einer der ersten neuseeländischen Vereine begab sich »Suburbs« zudem auf eine Auslandstournee (Neukaledonien). Größter Erfolg war der Gewinn der Meisterschaft 1971. Der Verein verortet sich in den Auckländer Stadtvierteln Parnell, Newmarket, Remuera, Meadowbank, Mission Bay, Kohimaramara, St Heliers, Glendowie, Glen Innes und Panmure. [1934 | 1 | 5]

■ **MOUNT WELLINGTON AUCKLAND** In Auckland ansässiger Klub, der jahrzehntelang zu den beliebtesten Teams des Landes zählte. 1960 war der acht Jahre zuvor gegründete Klub mit einem von Torsteher Kevin Curtin angeführten Team in die Northern League aufgestiegen, deren Meister »The Mount« anschließend zweimal wurde. 1970 zählte man zu den Gründungsmitgliedern der Nationalliga, aus der die seinerzeit von Ken Armstrong trainierte Elf 1972 erstmals als Landesmeister hervorging. Im selben Jahr begründete ein erst im dritten Spiel entschiedenes Chatham Cup-Finale mit Christchurch United Neuseelands größte Fußballrivalität. Ebenso wie der Kontrahent von der Südinsel errang der Mount Wellington Association Football Club insgesamt sechs Landesmeisterschaften und wurde siebenmal Chatham-Cup-Sieger. 1979 eröffnete man mit dem Bill-McKinlay-Park ein modernes Stadion, in dem mit 20 Siegen in 22 Saisonspielen prompt ein bis heute ungebrochener Rekord aufgestellt wurde. Leistungsträger des damaligen Erfolgsteams waren Neuseelands langjähriger Rekordnationalspieler Brian Turner, sowie Clive Campbell, Tony Sibley und Keith Nelson. 1982 stellte »The Mount« mit »Ricki« Herbert, Glen Adam, Billy McClure drei Akteure des neuseeländischen WM-Kaders. Nachdem man 1986 zum bislang letzten Mal Landesmeister geworden war und 1987 das Finale der Südpazifikspiele erreicht hatte (1:4 im Elfmeterschießen gegen Adelaide City), neigte sich die Ära des Klubs jedoch allmählich ihrem Ende zu. 2000 kam es zur Fusion mit dem Auckland University AFC (1983-86 Erstligist) zum University-Mount Wellington AFC, der 2001 bzw. 2003 zwei weitere Male den Chatham Cup in den Bill McKinlay-Park holte. [1952 | Bill McKinlay Park (5.000) | 6 | 7]

Stolzer Sieger des »Brown-Shield« 1907: Aucklands Stadtauswahl.

»Haka«-Tanz für diese einzigartige Symbiose, die dem neuseeländischen Vielvölkergemisch eine erste verbindende Identität gab.

Fußball indes verharrte in der Position eines Minderheitensports. Zwar entstand bereits im Oktober 1891 mit der New Zealand Football Association ein Nationalverband, das Spiel kam aber nicht über die größeren Städte des Landes hinaus. Daran änderten auch die zahlreichen Wettbewerbe nichts. Schon 1892 hatten die Provinzauswahlen der North Island erstmals um einen vom aus Glasgow stammenden Whisky-Hersteller Brown gestifteten Pokal (»Brown Shield«) gerungen, derweil auf der Südinsel um die »Peter Dawson Trophy« gespielt worden war. 1904 sorgten mehrere Auswahlspiele gegen ein Team aus dem australischen New South Wales für erstes internationales Flair.

■ **NEUSEELANDS ABSEITIGE LAGE** sowie die enormen Entfernungen (zwischen Otago und Auckland liegen rund 1.600 Kilometer) hemmten die Entwicklung zusätzlich. So steckte das Spiel noch immer in den Kinderschuhen, als die britische Kolonie 1914 in den Ersten Weltkrieg hineingezogen wurde. Jener hatte für Neuseelands Fußball zwei höchst unterschiedliche Folgen: Zunächst kam der nationale Spielbetrieb fast völlig zum Erliegen, weil viele »Kiwis« in Europa mitkämpften. Nach Kriegsende aber verdankte er dem Konflikt seine bis dahin größte Blüte, weil viele Neuseeländer auf den Schlachtfeldern von Belgien und Frankreich den Spaß am Fußball für sich entdeckt hatten!

Vier Jahre nach dem Friedensschluss lieferte die neuseeländische Fußball-Nationalmannschaft 1922 ihr Debüt ab und bejubelte ein 3:1 über Australien. In Anlehnung an die »All Blacks« wurde die Fußball-Elf im Übrigen in eine weiße Spielkleidung gesteckt und »All Whites« genannt.

Im selben Jahr spendierte die Besatzung des englischen Kriegsschiffes HMS Chatham einen Pokal, der zur Einführung eines K.-o.-Wettbewerbes auf Klubebene führte. Erster Sieger des »Chatham Cups« wurde der Südinselklub Seacliff Otago, der sich im Finale mit 4:0 gegen YMCA Wellington durchsetzte. Anschließend dominierten freilich die Teams von der Nordinsel den Wettbewerb, dessen als Höhepunkt der neuseeländischen Fußballsaison geltendes Finale traditionell im Basin Reserve von Wellington ausgetragen wurde.

International konnten die »All Whites« trotz unverkennbarer Fortschritt kaum mithalten. Zwischen 1927 und 1951 verloren sie jedes ihrer 19 absolvierten Länderspiele und erreichten ein Torverhältnis von 31:122. Damit standen sie nicht nur im Schatten der erfolgreicheren Rugby-Konkurrenz (die schon 1905 mit 32 Siegen in 33 Spielen von einer Großbritannien-Tournee heimgekehrt war), sondern mussten sich fußballerisch mit »Zwergen« wie Neukaledonien, Tahiti und Fidschi vergleichen lassen.

■ **ERST NACH DEM ZWEITEN** Weltkrieg trat eine Besserung ein. Ausschlaggebend war eine weitere Immigrantenwelle, die in den 1950er Jahren zahlreiche Briten nach Neuseeland spülte. Unter den Neuankömmlingen waren nicht nur der spätere OFC-Präsident und engagierte Fußballförderer Charlie Dempsey, sondern auch diverse ehemalige Profis, die Neuseelands Fußball in der Spitze erheblich zu stärken vermochten.

Zudem zahlten sich die Bemühungen des Nationalverbandes NZFA, das Spiel im ländlichen Raum auszubreiten, allmählich aus. Zahlreiche Klubgründungen sorgten für eine wachsende Basis, und Fußball konnte unter Neuseelands Jugendlichen erstmals zu einer echten Alternative zum Rugby aufsteigen. Selbst die Universitäten des Landes öffneten sich nun für das Spiel.

Der Nationalverband kurbelte das erwachende Interesse mit der Verpflichtung renommierter ausländischer Mannschaften weiter an. 1955 gab der Hongkonger Spitzenklub South China seine Visitenkarte in Neuseeland ab, und 1957 begrüßte man mit Austria Wien sogar eine europäische Spitzenmannschaft »down under«.

Das Training der Nationalauswahl übernahm derweil der frühere irische Nationalspieler und Manchester-City-Profi Billy Walsh, der zudem ein nationales Programm zur Trainerausbildung ins Leben rief. Bis dahin

Zwei Männer, die Neuseelands Fußball prägten: links der ehemalige englische Nationalspieler Ken Armstrong, rechts der langjährige Verbandspräsident Charlie Dempsey (links), gemeinsam mit Nationaltrainer Kevin Fallon.

hatten sich Neuseelands Trainer vornehmlich mittels aus England importierten Büchern selbst schulen müssen.

Mit finanzieller Unterstützung durch engagierte Geschäftsleute wie dem Gisborner Kaufmann Ron Goodman konnten schließlich in den 1950er Jahren die Weichen zu einer vorsichtigen Professionalisierung des Spielbetriebes gestellt werden. Dadurch fanden weitere britische Profis wie Ken Armstrong, John Aird, Tom McNab und Ken Hough den Weg nach Neuseeland, dessen Klubfußball sich nun zunehmend stabilisierte.

Vor allem Ken Armstrong erwies sich als Glücksgriff. Der langjährige Chelsea-Profi und englische Nationalspieler rüttelte die nationale Kickgemeinde regelrecht auf und avancierte mit der Einführung des 4-4-2-Systems zum »modernen Architekten des neuseeländischen Fußballs« (Peter Devlin in »The Rise of New Zealand Soccer«).

■ **AUF NATIONALER EBENE** hielt die Dominanz des Nordens an. Bis 1970 vermochten lediglich die Technical Old Boys Christchurch, Western Christchurch und Northern Dunedin den Chatham Cup in den Süden zu entführen. Unter den Nordklubs dominierten die Teams aus Wellington und Auckland. Eastern Suburbs errang die Trophäe fünfmal, der Aucklander Lokalrivale North Shore feierte vier Titel und Seatoun Wellington deren zwei.

Einhergehend mit der Professionalisierung verstärkten sich Anfang der 1960er Jahre die Forderungen nach einer Nationalliga, die die unbefriedigenden regionalen Spielklassen ablösen sollte. Mit finanzieller Unterstützung des Tabakunternehmens »Rothmans« konn-

Jahr	Pokal
1923	Seacliff Otago
1924	Harbour Board Auckl.
1925	YMCA Wellington
1926	Sunnyside Christch.
1927	Ponsonby Auckland
1928	Petone SC W'ton
1929	Tramways Auckland
1930	Petone SC W'ton
1931	Tramurewa Auckland
1932	Marist Wellington
1933	Ponsonby Auckland
1934	Thistle Auckland
1935	Hospital Wellington
1936	Western Christchurch
1937	nicht ausgespielt
1938	Waterside Wellington
1939	Waterside Wellington
1940	Waterside Wellington
1941-44	nicht ausgespielt
1945	Western Christchurch
1946	Marist Wellington
1947	Waterside Wellington
1948	Technical Christch.
1949	Petone SC W'ton
1950	Eden Auckland
1951	Eastern Suburbs Auckl.
1952	North Shore/Western
1953	Eastern Suburbs Auckl.
1954	Onehunga Auckland
1955	Western Christchurch
1956	Stop Out Wellington
1957	Seatoun Wellington
1958	Seatoun Wellington
1959	Northern Dunedin
1960	North Shore United
1961	Northern Dunedin
1962	Tech Old Boys Hamilt.
1963	North Shore United
1964	Mount Roskill Auckl.
1965	Eastern Suburbs Auckl.
1966	Miramar Rangers W.
1967	North Shore United
1968	Eastern Suburbs Auckl.

Jahr	Meister	Pokal
1969		Eastern Suburb Auckl.
1970	Blockhouse Bay Auckl.	Blockhouse Bay Auckl.
1971	Eastern Suburbs Auckl.	Western Suburs W'ton
1972	Mount Wellington	Christchurch United
1973	Christchurch United	Mount Wellington
1974	Mount Wellington	Christchurch United
1975	Christchurch United	Christchurch United
1976	Wellington Diamond U.	Onehunga Auckland
1977	North Shore United	Nelson United
1978	Christchurch United	Manurewa Auckland
1979	Mount Wellington	North Shore United
1980	Mount Wellington	Mount Wellington
1981	Wellington Diamond U.	Dunedin City
1982	Mount Wellington	Mount Wellington
1983	Manurewa Auckland	Mount Wellington
1984	Gisborne City	Manurewa Auckland
1985	Wellington United	Napier City Rovers
1986	Mount Wellington	North Shore United
1987	Christchurch United	Gisborne City
1988	Christchurch United	Christchurch United
1989	Napier City Rovers	Christchurch United
1990	Waitakere City	Mount Wellington
1991	Christchurch United	Christchurch United
1992	Waitakere City	Miramar Rangers W.
1993	Napier City Rovers	Napier City Rovers
1994	North Shore United	Waitakere City
1995	Waitakere City	Waitakere City
1996	Waitakere City	Waitakere City
1997	Waitakere City	Central United Auckl.
1998	Napier City Rovers	Central United Auckl.
1999	Central United Auckland	Dunedin Technical
2000	Napier City Rovers	Napier City Rovers
2001	Central United Auckland	Uni-Mount Wellington
2002	Miramar Rangers W.	Napier City Rovers
2003	Miramar Rangers W.	Uni-Mount Wellington
2004	nicht ausgespielt	Miramar Rangers W.
2005	Auckland City	Central United Auckl.
2006	Auckland City	Western Suburbs
2007	Auckland City	Central United Auckl.
2008	Waikatere United	

■ **NORTH SHORE UNITED**  Der vom Volksmund stets »Shore« genannte Klub ist der älteste Verein Neuseelands. 1887 im heutigen Auckländer Stadtteil Devonport von einer vom ehemaligen englischen Fußballprofi Charles Dacre angeführten Gruppe junger Männer gegründet, nahm man 1893 den Namen North Shore an (nach einer wohlhabenden Siedlung im Norden von Auckland, die inzwischen auf rund 215.000 Einwohner angewachsen ist und die dichtbesiedelste Stadt Neuseelands darstellt), und stieg zu einem der führenden Klubs des Landes auf. Wirtschaftliche Schwierigkeiten zwangen 1933 zur Fusion mit dem Lokalrivalen Belmont zu North Shore United. Dessen erfolgreichste Epoche begann 1959, als der ehemalige englische Nationalspieler Ken Armstrong das Amt des Spielertrainers übernahm und »Shore« mit modernem Fußball zu vier Erfolgen im populären Chatham Cup führte. 1970 verpasste der Klub erst in der Relegation gegen Hungaria Wellington die Qualifikation zur neuen Nationalliga, die man schließlich 1974 erreichte. Vier Jahre später holte ein von Torsteher Sandy Davie, Duncan Ormond (Neffe von Schottlands ehemaligem Nationaltrainer Willie Ormond), Adrian Elrick und Duncan Cole geprägtes Team erstmals die Landesmeisterschaft nach North Shore, derweil Elrick und Cole 1982 mit Neuseeland zur WM nach Spanien reisten. 1994 errang »Shore« seine zweite und bislang auch letzte Meisterschaft. [1886 | Allen Hill Stadium (3.000) | 2 | 6]

■ **CHRISTCHURCH UNITED**  Die Bildung des Christchurch United FC im Jahr 1968 war in erster Linie ein Bekenntnis der lokalen Verantwortlichen zum Profifußball: Mit den Rangers, Shamrock, Technical (1948 Pokalsieger) sowie Christchurch City vereinten seinerzeit die vier führenden Klubs der im Zentrum von South Island gelegenen Gartenstadt und Industriemetropole die Kräfte. Ziel war die Bildung eines wettbewerbsfähigen Teams für die geplante nationale Profiliga. Das Unterfangen trug rasch Früchte. 1972 setzten sich die nach dem englischen Profiklub Derby County »The Rams« benannten Blau-Weißen in einem legendären Pokalfinale über drei Partien gegen ihren heutigen Erzrivalen Mount Wellington durch, errangen ein Jahr später die erste Landesmeisterschaft und stellen heute gemeinsam mit Mount Wellington mit sechs Titeln Neuseelands Rekordmeister. Eine Kombination aus lokalen Talenten wie Graham Griffiths, Alan Marley und Graham Dacombe sowie britischen Fußball-Importen aus dem Amateurlager (u. a. Ken France, Tom Randles, Brian Hardman, Lawrie Bylth und Ian Park) hatte die Erfolgsgrundlage der »Rams« gelegt. Fester Bestandteil war zudem Ex-Cricket-Star Vic Pollard, der den Fußball später aufgeben musste, weil er nach einem Konfessionswechsel keine Sonntagsspiele mehr bestreiten durfte. 1975 sicherte sich das von Terry Conley trainierte Team um den 17-jährigen Shootingstar Steve Sumner das Double und avancierte ein Jahr später mit der Umbenennung in »Trans Tour United« zum Vorreiter der Kommerzialisierung im neuseeländischen Fußball. Nach der Meisterschaft 1978 verließen mehrere Leistungsträger den Klub in Richtung der neugegründeten australischen Profiliga NSL, woraufhin eine bis 1987 währende Titelflaute eintrat, während die Blau-Weißen 1982 keinen einzigen Spieler zum neuseeländischen WM-Kader beisteuern konnten. Erst als der Schotte Ian Marshall 1985 das Training im Queen-Elizabeth-II-Park übernahm, gelang die Wende. Ihre bislang letzte Meisterschaft errangen »The Rams« 1991. 2004 zählte das neugebildete Christchurcher Fußball-Franchise-Unternehmen Canterbury United zu den Gründungsmitgliedern der NZFC und erreichte 2006 das Grand Final (3:3 und 3:4 gegen Auckland City). Zum großen Bedauern der Verantwortlichen hat sich die Stadt Christchurch allerdings bislang nur selten als ausgewiesene Fußballhochburg präsentiert. [1968 | Queen-Elizabeth-II-Park (20.000) | 7 | 6]

■ **MIRAMAR RANGERS**  Erreichte zwischen 2001 und 2003 dreimal in Folge das nationale Endspiel und ging 2002 und 2003 aus jenem auch als Sieger hervor. In den späten 1980er Jahren trug Wynton Rufer eine Zeitlang das Jersey der Blau-Schwarzen aus dem Wellingtoner Vorort Miramar. [1907 | Centennial Park | 2 | 3]

■ **NAPIER CITY ROVERS**  Als 1973 die Napier Lokalrivalen Rovers und City die Kräfte zu den Napier City Rovers vereinten, entstand ein Klub, der binnen kurzem zu den erfolgreichsten im Land aufstieg. Neben jeweils vier Chatham-Cup-Siegen bzw. Landesmeisterschaften ragt die Teilnahme an der Ozeanienmeisterschaft 2001 aus den Annalen heraus, bei denen man nach einem 2:4 gegen den tahitianischen AS Vénus allerdings nur Vierter wurde. 2004 zählte der Klub zu den acht Gründungsmitgliedern der NZFC, ehe er 2005 vom neugebildeten Franchise-Unternehmen Hawke's Bay United abgelöst wurde. [1973 | Park Island (6.000) | 4 | 4]

■ **WAITAKERE CITY**  Erfolgreichster Klub der 1990er Jahre, in denen die Schwarz-Weißen gleich fünf Landestitel einheimsten. Waitakere ist ein im Westen Aucklands gelegener und bürgerlich geprägter Vorort, dessen Name in der maorischen Sprache für »Tiefes Wasser« steht. 1988 durch die Zusammenführung der stärksten Spieler der Klubs West Auckland, Te Atatu und Lynndale gebildet, stieg Waitakere City binnen weniger Jahre zu den dominierenden Teams des Landes auf. Zu verdanken war dies vor allem einem Erfolgsduo um den ehrgeizigen Klubchef Rex Dawkins und den schottischen Trainer Keith Pritchett, das mit Waitakere nicht nur den Aucklander Spitzenfußball, sondern den gesamten neuseeländischen Spitzenfußball aus dem Tiefschlaf riss. Als sich 1991 der Lokalrivale Massey anschloss, konnte man zudem die bis dahin genutzte ungeliebte Speedway-Bahn gegen den Fred-Taylor-Park tauschen, wo 1992 die erste Landesmeisterschaft gefeiert wurde. 1995 und 1996 gelang den Schwarz-Weißen jeweils der Gewinn des Doubles. Anschließend brachen beschaulichere Tage an. 2002 musste der fünffache Meister sogar aus dem Oberhaus absteigen. [1988 | Fred Taylor Park (3.000) | 5 | 3]

■ **WAITAKERE UNITED**  2004 gebildetes Fußball-Franchise-Unternehmen, das in dem Aucklander Vorort Henderson ansässig ist. Neben der Landesmeisterschaft 2007 errangen die von der Mount-Wellington-Legende Chris Milich trainierten Rot-Weißen um Ex-Englandprofi Neil Emblen 2007 und 2008 jeweils die Kontinentalmeisterschaft O-League. Bei der FIFA-Klub-Weltmeisterschaft im Dezember 2007 scheiterte man bereits im ersten Spiel am Asienvize Sepahan Teheran. [2004 | The Trust Stadium, Henderson | 1 | -]

■ **WELLINGTON DIAMOND UNITED** Über viele Jahre führender Hauptstadtklub. Verlebte seine beste Phase in den 1970er und 1980er Jahren, als man unter Trainer Barrie Truman dreimal Landesmeister wurde. 1981 stand mit Wynton Rufer das größte Talent des neuseeländischen Fußballs in Diensten der Diamonds. 1985 fusionierten jene mit Wellington City zu Wellington City Diamond United. Heute läuft man als Wellington United auf. [Newtown Park (10.000) | 3]

■ **TEAM WELLINGTON**  Fußball spielendes Franchise-Unternehmen aus Wellington, das 2008 die dreijährige Titeldominanz von Auckland City durchbrach und sich die Meisterschaft der Nationalliga NZFC sicherte. Ist mit dem in der australischen A-League spielenden Profiklub Wellington Phoenix verbunden. [2004 | Newtown Park (10.000) | 1]

Wynton Rufer am Ball – der spätere Bundesligaprofi war einer der Garanten bei Neuseelands WM-1982-Qualifikation.

ten in einem ersten Schritt drei Regionalligen ins Leben gerufen werden (1966 Nord, 1967 Mitte und 1968 Süd), mit denen es erstmals im neuseeländischen Sport Klubduelle auf nationaler Ebene gab – ausnahmsweise war also der Fußball mal Vorreiter!

Unterdessen wurden auf Klubebene die Strukturen verbessert. Dabei ging es nicht nur um die Bildung von leistungsstarken Großvereinen wie Fusionsklub Christchurch United, sondern vor allem um den Bau geeigneter Spielfelder bzw. Stadien, damit sich die Fußballkubs aus ihrer behindernden Abhängigkeit zu den platzbesitzenden Rugby- bzw. Cricket-Rivalen lösen konnten.

Der Erfolg blieb nicht aus. Als 1967 mehr als 27.000 Zuschauer dem Gastspiel von Manchester United in Auckland beiwohnten, schwärmte das Fachblatt »World Soccer«: »In den letzten zehn Jahren hat Fußball enorme Fortschritte gemacht.«

Einer der entscheidenden Protagonisten des Aufschwungs war Neuseelands damaliger Verbandspräsident Charlie Dempsey. Der gebürtige Schotte und erfolgreiche Bauunternehmer hatte die nationale Fußballgemeinde mit seiner bisweilen etwas starrsinnigen Persönlichkeit aus dem Tiefschlaf gerissen. Insbesondere strebte er die internationale Öffnung des Landes und die Stärkung der Nationalmannschaft an, um das landesweit aufkommende Interesse am Fußball zu forcieren.

Dabei erwies sich allerdings Neuseelands geographische Randlage als Problem. Nachdem ein 1962 gemeinsam mit Australien gestelltes Aufnahmegesuch an die asiatische Konföderation AFC von jener abgelehnt worden war, hob man schließlich 1966 den ozeanischen Kontinentalverband OFC aus der Taufe, dem allerdings die volle Anerkennung durch die FIFA versagt blieb.

■ **1970 HOB SICH DER** Vorgang zur landesweiten Nationalliga, an der anfänglich nur acht Teams teilnahmen (Blockhouse Bay, Eastern Suburbs, Mount Wellington, Stop Out, Gisborne City, Hungaria, Western Suburbs und Christchurch United), deren Zahl sich aber rasch vergrößerte. Allen Problemen zum Trotz – vor allem die enormen Reisekosten bereiteten Sorgen – vermochte sich die Spielklasse rasch durchzusetzen. Sportlich gaben wie im Chatham Cup die Klubs aus dem Norden den Ton an. Zwischen 1970 und 2003 wurden 27 der 33 Meisterschaften auf der Nord- und nur sechs auf der Südinsel gefeiert. Mit jeweils sechs Titeln führen der Auckländer Klub Mount Wellington und sein Südinselrivale Christchurch United die nationale Rangliste für diesen Zeitraum an. Beide Klubs verbindet seit einem über drei Partien gehenden dramatischen Pokalfinale 1972 eine Rivalität, wie sie sonst unbekannt ist im recht unaufgeregten neuseeländischen Spitzenfußball.

Mit der Nationalliga gewann Neuseelands Fußball insgesamt an Stärke. Spitzenspieler wie Steve Nemet, Tony Gowans und Chris Martin etablierten sich nun in Australien bzw. England, während die 1970 bei ihrem WM-Qualifikationsdebüt gegen Israel noch chancenlose Nationalelf 1973 bei der erstmals durchgeführten Ozeanienmeisterschaft als Sieger durchs Ziel ging.

Nachdem sie 1974 und 1978 jeweils am Nachbarn Australien gescheitert waren, feierten die »All Whites« schließlich 1982 auch in der WM-Qualifikation ihren Durchbruch. Endlich einmal konnten sich die »Kiwis« seinerzeit gegen ihren Erzrivalen Australi-

- **Erfolge**
Ozeanienmeister 1973, 1998, 2002

- **FIFA World Ranking**
1993	1994	1995	1996	1997	1998	1999	2000
77	99	102	132	120	103	100	91
2001	2002	2003	2004	2005	2006	2007	2008
84	49	88	95	120	131	95	86

- **Weltmeisterschaft**
1930-66 nicht teilgenommen 1970-78 Qualifikation 1982 Endturnier (Vorrunde) 1986-2010 Qualifikation

- **Ozeanienmeisterschaft**
1973 Sieger 1980 Endturnier 1996 Endturnier 1998 Sieger 2000 Endturnier 2002 Sieger 2004 Endturnier 2008 Endturnier

- **Vereinserfolge**
Ozeanienmeister Auckland City (2006), Waitakere United (2007, 2008)

en durchsetzen und erzwangen mit einem 5:0-Triumph in Saudi-Arabien ein Entscheidungsspiel gegen die punktgleichen Chinesen. Jenes konnte das Team von Auswahltrainer John Adshead vor 60.000 Zuschauern im neutralen Singapur mit 2:1 für sich entscheiden.

Zum ersten Mal hatte sich Neuseeland damit für ein WM-Endturnier qualifiziert, wodurch der Fußball erstmals aus dem schier übermächtigen Schatten des Rugbys herauszutreten vermochte. Das galt auch für den Zuschauerzuspruch, denn statt der üblichen Kulissen von 3.000-4.000 hatten sich bei den WM-Qualifikationsspielen bis zu 22.000 im Auckländer Mount-Smart-Stadion eingefunden. Neuseelands umjubelte Fußballhelden waren der erst 19-jährige Stürmer Wynton Rufer, der beim 2:1 über China das entscheidende zweite Tor erzielte, der naturalisierte Engländer Steve Sumner sowie Robert Almond, Brian Turner, Steve Wooding und »Ricky« Herbert.

Beim Endturnier in Spanien schlug sich der WM-Neuling zwar tapfer, musste nach einem 2:5 gegen Schottland, einem 0:3 gegen die Sowjetunion und einem 0:4 gegen Brasilien aber dennoch punktlos die Heimreise antreten.

■ **DIE HOFFNUNGEN, DASS** der Fußball mit der WM-Teilnahme seinem Nischendasein entkommen sei, zerschlugen sich rasch. Das hatte in erster Linie interne Gründe. Erfolgstrainer Adshead schied nach dem WM-Aus überraschend aus dem Amt, und mit seinem Nachfolger Allan Jones begann eine von ständigen Trainerwechseln geprägte Ära der frappierenden Erfolglosigkeit. Als die »All Whites« in der Qualifikation für die Olympischen Spiele 1984 in allen vier Spielen Niederlagen kassierten, war Fußball längst wieder zur nationalen Nebensache geworden.

Die Nationalliga litt derweil unter dramatisch zurückgehenden Besucherzahlen. Waren 1970 noch immerhin 1.370 Zahlende pro Spiel gezählt worden, registrierte man 1983 nur noch einen Schnitt von 720. Die enormen Reisekosten verschlangen einen Großteil der Etats, jeder halbwegs talentierte Fußballer wechselte frühzeitig ins Ausland und das sportliche Niveau sank kontinuierlich ab.

Im Grunde genommen taumelt Neuseelands Leistungsfußball seit der WM 1982 von einer Krise in die nächste, sind hoffnungsvolle Momente rar. 1998 wäre diesbezüglich zu erwähnen, als der beim deutschen Drittligisten VfL Osnabrück kickende Mark Burton im Finale der Ozeanienmeisterschaft den 1:0-Siegtreffer über Australien erzielte und damit eine jahrelange Negativserie gegen den Erzrivalen beendete. Die Basis des vom ehemaligen Englandprofi Dugdale trainierten Teams entsprang der erfolgreichen Nachwuchspflege und hatte bereits 1997 mit der Qualifikation zur U17-WM in Ägypten für eine Überraschung gesorgt. Die prompt aufkommenden Hoffnungen auf die Qualifikation zur WM 2002 zerschellten jedoch einmal mehr an Australien, das sich in der

Die »All Whites« bei der WM 1982 in Spanien.

HELDEN | LEGENDEN

■ **KEN ARMSTRONG** Gebürtiger Engländer, dessen Engagement dem neuseeländischen Spitzenfußball in den 1960er und 1970er Jahren zum Durchbruch verhalf. Stand 1954 im englischen WM-Kader und wurde ein Jahr später mit Chelsea englischer Meister. Emigrierte 1957 nach Neuseeland, wo er mit den Auckländer Klubs Eastern Suburbs und North Shore United insgesamt viermal Chatham-Cup-Sieger wurde. Anschließend erfolgreicher Trainer von Mount Wellington und einer der entscheidenden Kräfte beim Aufbau der Nationalmannschaft »All Whites«, für die er zwischenzeitlich selbst 13-mal aufgelaufen war und die er später als Trainer übernahm. Nach seinem frühen Tod wurde Armstrongs Asche in Chelseas Stadion Stamford Bridge verteilt. [3.6.1924 † 13.6.1984 | 13 LS]

■ **VAUGHAN COVENY**  Mit 71 Länderspielen und 30 Toren einer der verlässlichsten »Kiwi«-Akteure der 1900er und 2000er Jahre. Stieg am 27. Mai 2006 mit seinen beiden Treffern beim 3:1 über Georgien zu Neuseelands »greatest ever goalscorer« auf. Coveny begann seine Karriere bei Newlands United und erreichte 1992 mit der Teilnahme am olympischen Fußballturnier in Barcelona seinen ersten Karrierehöhepunkt. Der treffsichere Angreifer trug später außerdem die Spielkleidung von Porirua Viard, Waterside Karori und Miramar Rangers, ehe er 1991 nach Australien wechselte. Nach 16 erfolgreichen Jahren in Diensten von Melbourne Knights, Wollongong Wolves, South Melbourne und Newcastle Jets kehrte er 2007 nach Neuseeland zurück und schloss sich den in der australischen A-League spielenden Wellington Phoenix an. [13.12.1971 | 71 LS/30 Tore]

■ **CERI EVANS** Der aus Christchurch stammende Verteidiger hatte sich bereits in Diensten von Nelson United, Christchurch United und Dunedin City einen Namen gemacht, als er 1984 ins englische Oxford wechselte und parallel zu seinem Studium beim örtlichen Profiklub Oxford United kickte. Mit 135 Einsätzen avancierte er zum erstem Neuseeländer, der sich im britischen Profifußball etablierte. Seit seinem Karriereende 1993 ist Cole erfolgreich als spezialisierter Psychiater tätig. [2.10.1963 | 27 LS]

■ **HEREMAIA NGATA** War unter dem Namen Harry Ngata der erste Maori, der sich in der englischen Football League durchsetzte und es bei Hull City in die Stammelf schaffte. Der in Wanganui geborene Mittelfeldspieler lief in Neuseeland zumeist für North Shore United und die Melbourne Kingz auf. [*24.8.1971]

■ **WYNTON RUFER**  Neuseelands berühmtester Fußball-Export war der umjubelte Held der sensationellen WM-Qualifikation von 1982. Der in Wellington geborene Sohn eines Schweizer Vaters und einer Maori-Mutter schoss Neuseeland seinerzeit fast im Alleingang nach Spanien, wo er aus einer nur durchschnittlichen Mannschaft herausragte. Rufer war schon 1981 bei der Jugendweltmeisterschaft in Argentinien positiv aufgefallen und hatte sich in jenem Jahr Wellington Diamond United angeschlossen, mit denen er seine erste Landesmeisterschaft errang. Ein anschließendes Intermezzo beim englischen Zweitligisten Norwich City endete abrupt, weil Rufer keine Aufenthaltsgenehmigung für England erhielt. Daraufhin wechselte er in die Heimat seines Schweizer Vaters und spielte sich beim FC Zürich in den Vordergrund. 1984 in der Schweiz zum »Nachwuchsspieler des Jahres« geehrt, musste »Kiwi« den Klub jedoch 1986 verlassen, weil er gemeinsam mit seinem Bruder Shane unerlaubt zu einem Länderspiel nach Neuseeland gereist war. Der FC Aarau und die Grasshopper Zürich waren Rufers nächste Stationen, ehe der torgefährliche Publikusliebling 1989 zu Werder Bremen in die Bundesliga wechselte. Der erste Neuseeländer im bundesdeutschen Oberhaus bestritt 174 Spiele für die Bremer (59 Tore), wurde 1991 sowie 1994 Pokalsieger und errang 1992 den Europapokal der Pokalsieger. Beim 2:0-Finalsieg über den AS Monaco bereitete Rufer das 1:0 vor und traf selber zum 2:0. 1995 verließ er Bremen und lief in der Folge für JEF United Chiba (Japan), den 1. FC Kaiserslautern, Central United Auckland (1997 und 1998 Pokalsieger) sowie North Shore United auf, ehe er in den Trainerstab des neuseeländischen Nachwuchsbereiches wechselte. 2005 wurde er als erster Fußballer in Neuseelands »Hall of Fame« aufgenommen. Neben seinen sportlichen Qualitäten bestach der Neuseeländer durch eine in Profikreisen ungewöhnliche Ausstrahlung. Der bekennende Christ engagierte sich für diverse Hilfsprojekte und setzte sich wiederholt öffentlichkeitswirksam für den christlichen Glauben ein. Zudem rief er die in Auckland stationierte »Wynrs football academy for young players« ins Leben. [*29.12.1962 | 37 LS/20 Tore]

■ **STEVE SUMNER** Auf 105 Länderspieleinsätze kam der offensive Mittelfeldspieler zwischen 1976 und 1986 – das ist Rekord in Neuseelands Fußball. Sumners größter Erfolg war die Teilnahme an der WM 1982. Seinerzeit führte er die »All Whites« als Kapitän nach Spanien und traf beim 2:5 gegen Schottland einmal ins Schwarze. 1955 im englischen Preston geboren, war Sumner 1973 nach Neuseeland gekommen, wo er sich Christchurch United angeschlossen hatte. An der Seite von Ian Park und Roy Drinkwater wurde er mit »the rams« dreimal Meister und dreimal Pokalsieger. Durch die Hochzeit mit einer Neuseeländerin erwarb sich der treffsichere Spielmacher die Spielberechtigung für die neuseeländische Nationalmannschaft und avancierte nach seinem Debüt für die »All Whites« 1976 rasch zum Stammspieler. Nach der WM 1982 wurde der zwischenzeitlich zum australischen Profiklub Newcastle United gewechselte Sumner im Nationalteam aus unerklärlichen Gründen von Allan Boath verdrängt. Nach seiner Rückkehr nach Neuseeland führte Sumner 1983 den Aucklander Klub Manurewa zur Landesmeisterschaft und wurde zu Neuseelands Fußballer des Jahres gewählt. Später noch für Gisborne City und Christchurch United am Ball, hängte er seine Stiefel 1989 an den Nagel. [2.4.1956 | 105 LS/27 Tore]

■ **BRIAN TURNER** Mit 102 Länderspielen zählt der Angreifer zu den prominentesten Akteuren der neuseeländischen Fußballgeschichte. 1968 absolvierte der seinerzeit als »größtes Talent des Landes« gefeierte Turner ein Probetraining bei Chelsea London, das aber nicht zur Verpflichtung führte. Zählte 1982 zur Stammformation der erfolgreichen neuseeländischen WM-Elf. Nach dem 0:4 Vorrundenspiel gegen Brasilien beendete Turner seine internationale Karriere. Auf Klubebene spielte er für Eden, Mount Wellington, Blacktown City und Gisborne City. [31.7.1949 | 102 LS]

■ **IVAN VICELICH** Mittelfeldspieler kroatischer Abstammung, der 2001 zum niederländischen Erstligisten Roda JC Kerkrade wechselte und sich dort in 129 Spielen bewährte. Debütierte 1995 in der neuseeländischen Nationalelf, zu deren Leistungsträger er rasch aufstieg. Seit 2006 für den RKC Waalwijk am Ball. [3.3.1976 | 60 LS/6 Tore]

■ **JOHNNY WRATHALL** Herausragender Akteur im neuseeländischen Fußball der 1950er und 1960er Jahre. Der für Eastern Suburbs Auckland auflaufende Angreifer soll den Quellen zufolge mehr als 1.000 Tore markiert haben. Auf dem Feld galt er als technisch starker, aber bisweilen etwas fauler Stürmer, der stets im richtigen Moment zur Stelle war. Wrathall starb im Oktober 1975 im Alter von nur 38 Jahren, als er bei einem Tennisspiel zusammenbrach.

Selten gewordener Fußballjubel. 1998 setzte sich Neuseeland im Finale um die Ozeanienmeisterschaft überraschend mit 1:0 gegen Australien durch.

regionalen Vorausscheidung souverän gegen die »Kiwis« durchsetzte.

Nachdem Neuseeland 2002 mit einem 1:0-Finalsieg über Australien erneut Ozeanienmeister geworden war, machten sich die »All Whites« 2004 mit der erwähnten 2:4-Niederlage gegen Fußballzwerg Vanuatu sogar zum Gespött der Fachwelt. »Die Teilnahme an einem Turnier ohne jegliche Vorbereitung grenzt an Arroganz«, machte Rekordnationalspieler Steve Sumner den trägen Nationalverband für das damit einhergehende Aus in der WM-Qualifikation verantwortlich.

■ **AUCH IM KLUBFUSSBALL GING ES** ziemlich turbulent zu. 1992 wurde die Nationalliga aus finanziellen Gründen in die aus drei Regionalstaffeln bestehende »Superclub« umgewandelt, aus der vier Jahre später wieder eine landesweite Staffel wurde. Deren Teilnehmer waren nach wirtschaftlichen Gesichtspunkten ausgewählt worden. Es gab keinen Auf- bzw. Abstieg, und es wurde überwiegend in den Sommermonaten gespielt. Als 2000 die Rückkehr zum Winterspielbetrieb erfolgte, war dies verbunden mit der Wiedereinführung von Auf- und Abstieg und einer Play-off-Runde um die Meisterschaft.

Mit der im Oktober 2004 startenden New Zealand Football Championship (NZFC) kam es schließlich zu einem radikalen Schnitt. Anstelle von Vereinen bilden seitdem lizensierte Franchise-Unternehmen das neuseeländische Fußballoberhaus, das eine »geschlossene Gesellschaft« ohne Auf- und Abstieg darstellt. Die in einer gewöhnlichen Hin- und Rückrunde mit anschließendem Play-Off bzw. »Grand-Final« absolvierte Halbprofiliga entpuppte sich als sportlicher wie wirtschaftlicher Durchbruch. Zwar können die Zuschauerzahlen nicht mit jenen der australischen A-League konkurrieren, doch für neuseeländische Verhältnisse fallen sie recht ordentlich aus (Spitzenspiele locken bis zu 5.000 Neugierige an).

Sportlich dominierte zunächst Auckland City, das nach drei Titelgewinnen in Folge erst 2008 vom Team Wellington vom Meisterthron gestoßen wurde. Parallel dazu beteiligte sich mit den New Zealand Knights ein in Auckland ansässiger neuseeländischer Klub am Spielbetrieb der australischen A-League. Dort erlitten die »Ritter« allerdings sportlich wie wirtschaftlich Schiffbruch. Nachdem ihnen 2007 die Lizenz verweigert worden war, nahm Wellington Phoenix den vakanten neuseeländischen Platz in der Profiliga des großen Nachbarn ein.

Insgesamt leiteten die Reformen eine unverkennbare Leistungssteigerung ein. Nachdem 1999 mit Central United (gegen Nadi/Fidschi), 2001 mit den Napier City Rovers (gegen Tafea aus Vanuatu) und 2005 mit Auckland City (Vorrunde) neuseeländische Teams in der Kontinentalmeisterschaft noch krass versagt hatten und vorzeitig ausgeschieden waren, drang 2006 mit Auckland erstmals ein Team bis ins Finale vor und gewann jenes gegen die AS Piraé aus Tahiti sogar. 2007 und 2008 setzte sich jeweils Waitakere United durch.

Dass weder Auckland noch Waitakere bei der FIFA-Klubweltmeisterschaft 2006 bzw. 2007 zu Punktgewinnen kamen, unterstreicht freilich Neuseelands Schicksal als fußballerischer Underdog – und der erreichte im Juni 2007 mit Platz 154 in der FIFA-Weltrangliste einen neuerlichen Tiefpunkt.

Außenseiter
Niue

Niue ist eines der am isoliertest gelegenen Länder der Welt. Bis zum nächsten Nachbarn Tonga sind es 600 Kilometer, die Cook-Haupt-insel Rarotonga liegt rund 1.000 Kilometer entfernt und Neuseelands Hauptstadt Auckland gar 2.640 Kilometer.

HINWEIS Das Kapitel Nördliche Marianen befindet sich in Band 1 der Weltenzyklopädie

Mit 259 km² stellt das in einer freiwilligen Assoziation mit Neuseeland verbundene Land zwar eines der größten zusammenhängenden Korallenatolle der Welt dar, doch von Südseeromantik ist auf Niue (frei übersetzt: »Erblicke die Kokosnuss«) nur wenig zu spüren. Das Leben der etwa 1.900 Einwohner spielt sich entlang der 60 Kilometer langen Küstenstraße ab, und weil es nur eine Handvoll schmaler Sandstrände gibt, kommt der Tourismus nicht auf Touren.

Der Alltag auf dem Mini-Eiland ist tief von missionarischem Eifer geprägt. Jeden Sonntag kommt das Leben regelrecht zum Stillstand, fallen auch die sportlichen Aktivitäten unter das Gebot, dem Herrn zu dienen. Populärste Disziplin auf Niue ist Rugby, das einst von neuseeländischen Missionaren eingeführt wurde und in dem sich das kleine Niue durchaus einen großen Namen gemacht hat.

Auch Fußball blickt auf eine lange Historie zurück. Bereits 1960 wurde die »Niue Island Soccer Association« ins Leben gerufen, deren Auswahl allerdings erst im September 1983 bei den Südpazifikspielen im samoanischen Apia debütierte und mit einem 0:14 gegen Tahiti sowie einem 0:19 gegen Papua-Neuguinea tüchtig Prügel bezog. Seit 1986 ist Niue provisorisches Mitglied des Kontinentalverbandes OFC.

Auf nationaler Ebene verdingt sich eine Handvoll Auswahlmannschaften. 1985 errang das Team des Hauptorts Alofi (582 Einwohner) die erstmals ausgeschriebene Landesmeisterschaft, und auch die auf der Ostseite gelegene Siedlung Lakepa sowie das im Norden zu findende Örtchen Talav haben bereits den Landesmeister gestellt. Gespielt wird in der Regel im High School Oval der Hauptstadt Alofi.

Größtes Problem ist der enorme Exodus der Einheimischen. Lebten 1974 noch rund 4.000 Menschen auf Niue, so halbierte sich diese Zahl seitdem. Heute leben allein in Neuseeland mehr als 20.000 gebürtige Niuaner.

Jahr	Meister
1985	Alofi
1986-97	unbekannt
1998	Lakepa
1999	Talava
2000	Talava
2001	Alofi

Außenseiter
Osterinsel

Für die Osterinsel kursieren mehrere Namen – neben dem im deutschsprachigen Raum verbreiteten »Osterinsel« auch das spanische »Pasque« sowie das dem Polynesischen entlehnte »Rapa Nui«. Die Osterinsel liegt rund 3.700 Kilometer östlich vor der Küste Südamerikas und ist administrativ Teil von Chile. Geografisch indes wird sie Ozeanien zugeordnet, weil sie die östliche Ecke des polynesischen Dreiecks darstellt.

Mit 171 km² ist die Osterinsel etwas kleiner als Fehmarn und kommt auf rund 3.000 Einwohner, die zumeist in den Siedlungen Hanga Roa und Mata Veri leben. Ihr berühmtestes Erbe sind die mysteriösen »aringa ora« (»lebende Gesichter«) – gewaltige Steinstatuen, deren Herkunft bislang ungeklärt ist.

Fußball blickt auf Rapa Nui auf eine lange und lebhafte Tradition zurück. Schon in den 1920er Jahren kickten britische Abenteurer. In den 1950er Jahren erwarb sich ein gewisser Don Luís große Verdienste, indem er erstmals inselinterne Spiele organisierte. Willkommene Gegner waren zudem die Besatzungen ausländischer Schiffe, durch die 1965 auch die ersten Trikots sowie Stollenschuhe auf die Osterinsel gelangten.

Nachdem die NASA in den 1970er Jahren auf Rapa Nui einen Notlandeplatz für ihre Space Shuttles errichtete, war es mit der beschaulichen Ruhe auf der Insel allerdings vorbei. Fußball profitierte durchaus von den Veränderungen. 1975 entstand der nationale Fußballverband Asociación de Fútbol Amateur, der zwei Jahre später dem chilenischen Nationalverband beitrat. Die beliebtesten Teams sind die beiden chilenischen Fußball-Legenden Colo Colo sowie Universidad de Chile, deren Duelle via TV aufmerksam verfolgt werden. 2006 schaffte es mit Christian Solina Ika erstmals ein von der Osterinsel stammender Spieler in die Jugendmannschaft von Universidad Catolica.

Erfolgreichstes nationales Team ist der Hauptstadtklub Deportivo Cultural Hanga Roa. Daneben haben auch Moe Roa, Vaihu (»Wildes Wasser«), Manu Tara (»Meeresschwalben«), Kia Kia, Haro Repa sowie Okamiro Akzente setzen können. Die Inselauswahl misst derweil regelmäßig die Kräfte mit Teams vom südamerikanischen Festland, Tahiti sowie den Besatzungen ausländischer Schiffe.

Außenseiter
Palau

Es gibt tatsächlich Gegenden auf der Weltkugel, in denen der Fußball weitestgehend unbekannt ist. Auf Palau beispielsweise, einer 241 Inseln umfassenden und 508 km² großen Archipelgruppe östlich der Philippinen, hat man mit dem Weltsport nichts am Hut. Zwar existiert mit der Palau Amateur Soccer Association ein Nationalverband, dessen Aktivitäten allerdings kaum erwähnenswert sind.

Palau wurde erst 2006 »associated member« des OFC und gehört nicht der FIFA an. Nicht einmal in den Schulen steht Fußball auf dem Lehrplan, und die Handvoll Palauer Fußballenthusiasten sieht sich entsprechenden Problemen gegenüber. Dass auf der Insel Kayangel zudem das Tragen von kurzen Hosen verpönt ist, hat die Entwicklung auch nicht gerade gefördert.

Die Republik Belau, wie sich das Land in Abgrenzung zum aus Kolonialtagen stammenden »Palau« offiziell nennt, wurde 1994 nach mehr als einem Jahrhundert unter spanischer, deutscher, japanischer bzw. US-amerikanischer Führung in die Unabhängigkeit entlassen und konnte seitdem durch eine recht stabile Wirtschaftsentwicklung überzeugen.

Unter Tauchern gilt sie als »Mekka der Ozeane«, wohingegen die mangelnde Fußballtradition wesentlich der jahrzehntelangen Dominanz durch die USA zuzuschreiben ist. Erst in den 1990er Jahren regten sich nennenswerte Fußball-Aktivitäten, und 1998 richtete Palau sogar das Fußballturnier der Mikronesienspiele aus. Die wenigen Kick-Enthusiasten leben in der Kapitale Koror, die mit 13.000 Selen auch das Gros der 20.000 Palauer beherbergt.

PAPUA-NEUGUINEA

Hoffnungsträger Profiliga

Fußball in Papua-Neuguinea befindet sich im Aufschwung

Papua New Guinea Football Association

Papua-Neuguinea Fußball-Verband | gegründet: 1962 | Beitritt FIFA: 1963 | Beitritt OFC: 1966 | Spielkleidung: rot-gelbes Trikot, schwarze Hose, rote Stutzen | Spieler/Profis: 196.000/0 | Vereine/Mannschaften: 400/1.100 | Anschrift: Lae 411, PO Box 957, Morobe Province | Telefon: +675-4751398 | Fax: +675-4751399 | Internet: www.pngfootball.com.pg | E-Mail: pngsoka@datec.net.pg

Die Wertschätzung des Fußballs ist in Ozeanien häufig schon an der Verwendung der Begriffe »Soccer« bzw. »Football« zu erkennen. In Papua-Neuguinea heißt das Spiel »Football«, was von einer dem britischen Erbe entsprechenden hohen Popularität kündet, in diesem Fall allerdings die Tatsache verdeckt, dass Rugby der eigentliche Liebling im Land ist. Trotz einer langen und reichhaltigen Fußballvergangenheit zählt Papua-Neuguinea nämlich zu den Underdogs im Weltfußball und hat sein angesichts von rund sechs Mio. Einwohnern beträchtliches Potenzial bislang nicht entfalten können.

■ **PAPUA-NEUGUINEA IST EIN** schwer zu greifendes Land. Den Hauptteil bildet der Osten der Insel Neuguinea, deren Westen zu Indonesien gehört und seit langem um die Unabhängigkeit ringt (siehe Kapitel Westpapua, Fußball-Weltenzyklopädie Band 1, Seite 339). Ein Großteil der rohstoffreichen Insel wird von dichtem Regenwald eingenommen, der bislang nicht vollständig erforscht werden konnte, und dem Neuguinea seinen Ruf als »Kannibaleninsel« verdankt.

Ab 1546 unter wechselnder Kolonialherrschaft stehend, wurde der Osten Neuguineas 1884 in einen britisch verwalteten (»Papua«) sowie sowie einen deutschen Teil separiert. Während die Westhälfte Neuguineas nach dem Zweiten Weltkrieg unter niederländischer Flagge blieb (und 1963 von Indonesien annektiert wurde), wurden die beiden Teile der Osthälfte nach dem Zweiten Weltkrieg zum UN-Treuhandgebiet und unter australische Verwaltung gestellt. 1975 erfolgte die Entlassung in die Unabhängigkeit.

Der seinerzeit gebildete Staat Papua-Neuguinea stellt ein scheinbar wirres Sammelsurium von territorialen Gebieten und ethnischen Regionen dar. Mehr als 700 Sprachen kursieren landesweit, wobei sich »Tok Pisin«, eine Art Pidgin-Englisch, als Umgangssprache durchgesetzt hat. Neben Papua (also dem Osten Neuguineas) umfasst das Staatsgebiet, den Bismarck-Archipel, die Trobriand-Inseln, die Admiralitäts-Inseln sowie die Nördlichen Salomonen, die sich allerdings 1975 als Bougainville zur autonomen Republik erklärten und nach Unabhängigkeit streben. Daraus entwickelte sich ein bis 1998 währender blutiger Rebellenkrieg, der die wirtschaftliche und politische Entwicklung Papua-Neuguineas schwer belastete. Auf Bougainville befinden sich Kupfer- und Goldminen, die einen wesentlichen Beitrag zum Staatshaushalt leisten.

■ **FUSSBALL KAM 1884** durch deutsche Missionare nach Neuguinea und wurde erstmals in dem Örtchen Finschhafen in der Provinz Morobe betrieben. Etwa zeitgleich pflegten einheimische Mitarbeiter der Goldminen in der Region Wau/Bulolo ein fußballähnliches Ballspiel, das bis heute als »Wau Kik« bzw. »Kik« (»rohes Spiel«) gespielt wird.

Nachdem die Vereinten Nationen Papua-Neuguinea 1920 in australische Hände gelegt hatten, geriet der nur schwach verbreitete Fußball in den langen Schatten des von den »Aussis« protegierten Rugbys. Eine Renaissance erfuhr das Spiel erst im Verlauf des Zweiten Weltkriegs, als britische Soldaten den Militärstützpunkt Rabaul zu einer Fußballhochburg ausbauten. Darüber hinaus etablierte sich das Spiel seinerzeit auch in der heutigen Hauptstadt Port Moresby, in Lae, Madang sowie Wewak. Die europäischen Siedler bzw. Soldaten blieben jedoch weitestgehend unter sich, denn die einheimischen Ethnien – hauptsächlich Papuas, darüber

Independent State of Papua New Guinea Papua Niugini

Unabhängiger Staat Papua-Neuguinea | Fläche: 462.840 km² | Einwohner: 5.772.000 (12,5 je km²) | Amtssprache: Englisch, Tok Pisin (Pidgin-Englisch) | Hauptstadt: Port Moresby (254.158) | Weitere Städte: Lae (78.038), Arawa (36.443), Mount Hagen (27.782), Madang (27.394), Kokopo (20.262) | Währung: 1 Kina = 100 Toea | Zeitzone: MEZ +9h | Länderkürzel: PG | FIFA-Kürzel: PNG | Telefon-Vorwahl: +675

● **FIFA World Ranking**

1993	1994	1995	1996	1997	1998	1999	2000
-	-	-	169	167	172	183	192
2001	2002	2003	2004	2005	2006	2007	2008
196	167	172	161	166	178	183	201

● **Weltmeisterschaft**
1930-94 nicht teilgenommen 1998 Qualifikation 2002 nicht teilgenommen 2006 Qualifikation 2010 nicht teilgenommen

● **Ozeanienmeisterschaft**
1973 nicht teilgenommen 1980 Endrunde 1996 nicht teilgenommen 1998-2000 Qualifikation 2002 Endrunde 2004 Qualifikation 2008 nicht teilgenommen

hinaus malaiische, polynesische und chinesische Minderheiten – bevorzugten Rugby, dessen raue Attitüde besser zur ihrer Mentalität passte.

■ **ERST IN DEN 1950ER JAHREN** erwachte auch unter den Einheimischen das Interesse am Fußball. Nachdem bereits einige Regionalverbände entstanden waren, konstituierte sich 1962 mit der Papua New Guinea Football Association (PNGFA) ein Nationalverband, der ein Jahr später der FIFA beitrat und 1966 zu den Gründungsmitgliedern des ozeanischen Kontinentalverbandes OFC zählte. Sein internationales Debüt hatte Papua-Neuguinea bereits 1963 bei den Südpazifikspielen in Fidschi abgelegt. 1969 feierte man beim Turnier im eigenen Land mit dem Gewinn der Bronzemedaille seinen ersten internationalen Fußballerfolg.

In den 1970er Jahren verstärkte die PNGFA ihre Bemühungen um den Aufbau bzw. die Entwicklung des Spiels in den vier Regionen »Southern«, »New Guinea Islands«, »Highlands« und »Momase«. Dabei stieß man allerdings auf viele Probleme. Topographisch ist Papua-Neuguinea ein schwieriges und zudem infrastrukturell rückständiges Land. Noch in den 1980er Jahren gab es landesweit kaum 600 Kilometer geteerte Überlandstraßen, und weil inländische Flüge teuer waren, konzentrierten sich die fußballerischen Aktivitäten zwangsläufig auf die Ballungsräume.

Wie im benachbarten Indonesien operiert der Fußball auch in Papua-Neuguinea auf der Ebene von Regionalverbänden bzw. -auswahlen. Insgesamt gibt es 22 Regionalverbände, in denen Fußball ausschließlich Amateurangelegenheit ist. 1976 konnte erstmals um eine Landesmeisterschaft gespielt werden, bei der sich die Auswahl der Provinz Mopi durchsetzte. Mopi liegt im Norden Neuguineas und weist mit der 80.000-Einwohnergemeinde Lae die zweitgrößte Stadt des Landes auf.

Seitdem treffen alljährlich während der Osterfeiertage die erfolgreichsten Regionalauswahlen in der Hauptstadt Port Moresby aufeinander, um in einem Schnellturnier den Landesmeister zu ermitteln. Die erfolgreichsten Auswahlen stellten bislang die Hauptstadt Port Moresby, Lae sowie Lahi. Vereine waren bis zur Millenniumswende unbekannt.

■ **VIER JAHRE NACH SEINER** Teilnahme an der Olympia-76-Qualifikation lieferte Papua-Neuguinea 1980 auch sein Debüt in der Ozeanienmeisterschaft ab. Nach einem hoffnungsvollen 4:3 über die Neuen Hebriden (heute Vanuatu) bezog das »Nesenol Tim« (»Nationalteam«) beim 2:11 gegen eine australische Juniorenauswahl sowie einem 0:8 gegen Neukaledonien allerdings ernüchternde Niederlagen.

1985 kam der bundesdeutsche Fußball-Entwicklungshelfer Jochen Figg nach Port Moresby und leitete eine erste Erfolgsphase ein, die 1989 mit dem Gewinn der South Pacific Mini Games ihren Höhepunkt erreichte.

Bis zur ersten Teilnahme Papua-Neuguineas an der WM-Qualifikation verging noch ein weiteres Jahrzehnt. 1998 überraschte die Auswahl bei ihrem WM-Debüt prompt mit dem Erreichen der zweiten Qualifikationsrunde, wo ihr ein sensationelles 1:0 über Neuseeland gelang, dem allerdings eine 0:7-Rückspielpleite folgte.

■ **MIT SEINER FÜR OZEANISCHE** Verhältnisse hohen Bevölkerungszahl (etwa 5,7 Mio.) verfügt Papua-Neuguinea theoretisch über das Potenzial, zu den führenden Kräften des Kontinents aufzusteigen. Die erwähnten geografischen Schwierigkeiten, die geringe Verstädterungsrate (16 %) sowie die durch den langen Rebellenkrieg um Bougainville (Nördliche Salomonen) hervorgerufenen wirtschaftlichen Probleme haben aber dafür gesorgt, dass man sein Potenzial bislang nicht abrufen konnte.

Erst seit Ende des Krieges (1998) hat sich die Lage verbessert. Unter der Führung des engagierten Verbandspräsidenten (und OFC-Vizepräsidenten) David Chung schlug der Fußball-Nationalverband PNGFA eine moderne Richtung ein und setzte sich zum Ziel, den Fußball landesweit zu popularisieren. Erster Schritt war die Schaffung einer modernen Verbandszentrale mitsamt Fußball-Akademie, die 2003 in Lae ihre Pforten öffnete. Neben einer intensivierten Nachwuchs- sowie Frauenförderung kümmerte sich die Verbandsführung zudem um die Bildung einer Profiliga auf Vereinsbasis. Nach einem ersten Testlauf im Jahre 2003 nahm schließlich im September 2006 die Halbprofiliga »National Soccer League« (NSL) ihren Spielbetrieb auf, an dem sich mit PRK Souths United FC (seit 2008 »Hekari United«), Gelle Hills FC, WFD Nomads, AK Madang Fox und Blue Kumuls fünf eigens gegründete Fußball-Franchise-Unternehmen beteiligten. Die Spielklasse soll Papua-Neuguineas Fußball zu mehr Wettbewerbsfähigkeit – vor allem auf internationaler Ebene – verhelfen. Ihre weitere Entwicklung verlief durchaus hoffnungsvoll. 2007 konnte man mit der »Telikom PNG« sogar einen Ligasponsor prä-

TEAMS | MYTHEN

■ **SOBOU LAE LAHI** Das Team aus der Fußballhochburg Lae ging zwischen 2001 und 2005 fünfmal in Folge als Provinzmeister durchs Ziel. Lae liegt im Norden von Neuguinea und ist die Hauptstadt der Provinz Mopi. Die Stadt ist auch Sitz des nationalen Fußballverbandes.

■ **PRK SOUTHS PORT MORESBY** Erster Meister der 2006 eingerichteten Halbprofiliga NSL. Der »Petroleum Resources Kutubu Souths United FC« setzte sich seinerzeit im Endspiel mit 2:0 über Gelle Hills United durch. Im anschließenden Duell mit »Provinzmeister« University Port Moresby unterlag der erst 2006 als Franchise-Unternehmen gebildete Klub allerdings sowohl im Hin- als auch im Rückspiel mit 1:2 und verpasste damit die Qualifikation für die Kontinentalmeisterschaft »O-League«. Seit 2007 tritt der in der Hauptstadt Port Moresby ansässige Klub nach einem Sponsorenwechsel unter dem Namen Hekari United FC an. Im selben Jahr verpflichtete man mit Jack Samani und Abraham Iniga zwei Angreifer von den benachbarten Salomonen und konnte seinen Titel mit einem 3:2-Sieg im Finale über Gelle Hills verteidigen. [2006 | 2]

■ **ICF UNIVERSITY PORT MORESBY** Die Mannschaft der hauptstädtischen Universität dominierte in der zweiten Hälfte der 1990er Jahre den nationalen Spielbetrieb und wurde viermal in Folge Provinzmeister. 2006 kehrte sie nach einer längeren Durststrecke auf den Meisterthron zurück und setzte sich auch im Endspiel gegen den NSL-Meister PRK Souths Port Moresby durch. In der Kontinentalmeisterschaft »O-League« schieden die hauptstädtischen Amateure indes mit zwei Niederlagen in zwei Spielen frühzeitig aus.

Es sind seltene Momente, in denen Papua-Neuguinea ins Blickfeld der Fußballwelt rückt – so wie bei der Auslosung der WM-Qualifikationsspiele 2006.

Jahr	Provinzmeister	Vereinsmeister
1976	Mopi Lae	
1977	GFC Port Moresby	
1978	Tarangau Port Moresby	
1979	Tarangau Port Moresby	
1980	nicht ausgetragen	
1981	Mopi Lae	
1982	Buresong Lae	
1983	nicht ausgetragen	
1984	Buresong Lae	
1985	Mopi Lae	
1986	Guria FC Port Moresby	
1987	West Pac Port Moresby	
1988	Guria Lahi	
1989-94	unbekannt	
1995	IFC University P. Moresby	
1996	IFC University P. Moresby	
1997	IFC University P. Moresby	
1998	IFC University P. Moresby	
1999	Guria Lahi	
2000	Unitech Lae	
2001	Sobou Lae Lahi	
2002	Sobou Lae Lahi	
2003	Sobou Lae Lahi	
2004	Sobou Lae Lahi	
2005	Sobou Lae Lahi	
2006	University FC	PRK Souths FC P. M.
2007	nicht ausgespielt	PRK Souths FC P. M.
2008	Sunammad FC	

sentieren, der 80.000 Kina für die Namensrechte bezahlte, während INSPAC Rapatona das Teilnehmerfeld erweiterte.

Im Januar 2007 fungierte Port Moresby zudem als Gastgeber des OFC-Kongresses. Bei dieser Gelegenheit kündigte FIFA-Boss Sepp Blatter Papua-Neuguinea eine Mio. US-Dollar aus der FIFA-Kasse als Entwicklungshilfe für den nationalen Fußball an.

■ **INSGESAMT SIND DIE STRUKTUREN** des Fußballs in Papua-Neuguinea allerdings noch immer ebenso rudimentär wie instabil. Proteste gegen Schiedsrichterentscheidungen und daraus resultierende Rückzüge von Mannschaften stehen an der Tagesordnung. Sportliche Entscheidungen werden häufig am grünen Tisch gefällt, und die finanzielle Lage von Klubs, Verbänden und Spielklassen ist traditionell angespannt. Da das Zuschauerinteresse überschaubar ist, herrscht eine einseitige Abhängigkeit von Sponsoren.

Das gilt auch für die internationale Ebene, denn nachdem das »Nesenol Tim« von 2002 bis 2004 immerhin bis zu vier Länderspiele pro Jahr hatte bestreiten können, konnte es zwischen Mai 2004 und August 20008 aus finanziellen Gründen zu lediglich einem Spiel auflaufen (1:2 gegen die Salomonen) und verzichtete auf die Teilnahme an der Qualifikation zur WM 2010.

Wenngleich sich Nationalspieler wie Reginald Davani, Desmond Sow und Alex Davani inzwischen in Neuseeland bzw. Australien einen Namen gemacht haben, ist eine kontinuierliche Fortentwicklung des nationalen Fußballs unter diesen Umständen nur schwer zu erreichen.

Für Papua-Neuguinea ist es wohl noch ein langer Weg an die kontinentale Spitze.

SALOMONEN

Einigendes Fußballfieber

Fußball zählt auf den krisengeschüttelten Salomonen zu den Hoffnungsträgern

Solomon Islands Football Federation

Fußball-Bund der Salomonen-Inseln | gegründet: 1978 | Beitritt FIFA: 1988 | Beitritt OFC: 1988 | Spielkleidung: grünes Trikot, blaue Hose, weiße Stutzen | Spieler/Profis: 26.820/0 | Vereine/Mannschaften: 200/500 | Anschrift: Allan Boso Complex, Ranadi Highway, PO Box 854, Honiara | Telefon: +677-26496 | Fax: +677-26497 | Internet: www.siff.com.sb | E-Mail: administration@siff.com.sb

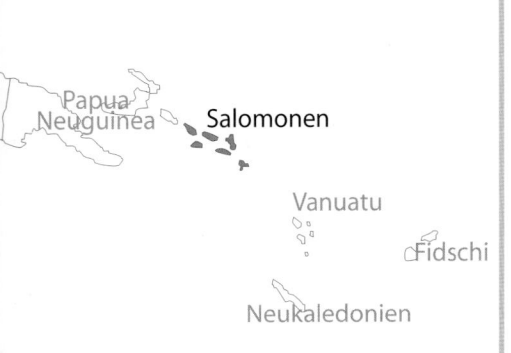

Solomon Islands

Salomonen | Fläche: 27.556 km² | Einwohner: 466.000 (16,9 je km²) | Amtssprache: Englisch, Pidgin-Englisch (Neo-Solomonan) und etwa 80 melanesische und polynesische Sprachen | Hauptstadt: Honiara (50.100) | Weitere Städte: Gizo (7.000), Auki (5.000) | Währung: 1 Salomonen-Dollar = 100 Cents | Zeitzone: MEZ +10h | Länderkürzel: SB | FIFA-Kürzel: SOL | Telefon-Vorwahl: +677

Die Weltliteratur hat wenig schmeichelhafte Worte für die Salomonen gefunden. Abenteurer Jack London beispielsweise notierte in seinem Südseebuch »The Cruise of the Snark«: »Wenn ich König wäre, dann wäre die schlimmste Strafe, die ich meinen Feinden angedeihen ließe, die Verbannung auf die Salomonen.« Und der amerikanische Traveller Paul Theroux ätzte in seinem 1992 veröffentlichten Südsee-Reisebericht »Die glücklichen Inseln Ozeaniens« über die salomonische Hauptstadt Honiara: »Mein erster Eindruck von diesem Ort: so klapprig, arm, beängstigend, so unglaublich dreckig, dass ich den Begriff Kulturschock jetzt erst richtig zu verstehen glaubte – in dieser lähmenden, bösartigen Form hatte ich so etwas noch nie erlebt.«

■ **DIE 992 INSELN BZW. ATOLLE** umfassende Republik der Salomonen zählt wahrlich nicht zu den »glücklichen Inseln«. Umweltverschmutzung, Gewalt und Korruption sind weit verbreitet, während sich tiefsitzende politische Spannungen zwischen der auf Guadalcanal ansässigen Urbevölkerung sowie den auf der Nachbarinsel Malaita lebenden Zuwanderern 1999 zu einem blutigen Bürgerkrieg ausweiteten, der erst im Oktober 2000 mit einem wackeligen Waffenstillstand endete. Hinzu kommt ein Dauerkonflikt um die zu Papua-Neuguinea gehörenden Nördlichen Salomonen (Bougainville), die vehement den Anschluss an die Salomonen fordern.

Einer der wenigen nationalen Hoffnungsträger ist der Fußball. Als die salomonische Nationalmannschaft im Sommer 2004 mit einem 2:2 gegen Australien sensationell das Finale der WM-Vorqualifikation Ozeaniens erreichte, vergaß das zerrüttete Land für einen kurzen Moment seine Sorgen und stürzte sich Arm in Arm in die Feierlichkeiten.

■ **DIE BIS 1978 ZUM BRITISCHEN** Kolonialimperium zählende Inselgruppe im Westpazifik weist eine vergleichsweise üppige Fußballhistorie auf. Zwar konkurriert das Spiel auch auf den Salomonen mit dem allgegenwärtigen Rugby, vermochte jenem aber stets die Stirn zu bieten. In den 1920er Jahren von Missionaren und Lehrern eingeführt, rangen in der Hauptstadt Honiara schon 1947 erstmals acht Mannschaften um Punkte und markierten damit den Beginn des organisierten Fußballs auf den Salomonen. Epizentrum der Balltreter ist die größte und am dichtesten besiedelte Insel Guadalcanal, deren ökonomisches und kulturelles Zentrum das rund 50.000 Köpfe zählende Honiara ist. Darüber hinaus ist Fußball vor allem auf Makira und Malaita verankert.

Die Entwicklung und Ausbreitung des Spiels über Guadalcanal verlief allerdings schleppend. Die schwierige Topographie und die komplizierte Infrastruktur des zersplitterten Inselreiches erschwerten den Spielbetrieb. 1977 wurde erstmals ein »Interprovincial Tournament« durchgeführt, bei dem sich diverse Insel- bzw. Stadtauswahlen gegenüberstanden. Sieger wurde das Team Honiaras, dessen Stadtverband ohnehin die mit Abstand stärkste Gruppe der nationalen Fußballgemeinde stellt. Über viele Jahre war der Fußball über Regional- bzw. Stadtauswahlen organisiert, und der zwischenzeitlich eingeführte Klubfußball ist bislang nicht über Honiara hinausgekommen. Seit 1984 wird in der Hauptstadt regelmäßig ein Stadtmeister ermittelt, während die Provinzmeisterschaft bereits 1982 wieder einschlief.

Die Nationalauswahl konnte erst 1964 ihr De-

Kraftvoll weiht Bobby Charlton 2001 das renovierte Lawsan-Tama-Stadion ein.

TEAMS | MYTHEN

■ **RANGERS HONIARA** Achtfacher Stadtmeister von Honiara und in den 1990er Jahren das dominierende Team auf den Salomonen.

■ **SUNBEAM HONIARA** Sicherte sich 1984 die erstmals ausgelobte Stadtmeisterschaft von Honiara und konnte jenen Titel auch 1989 und 1990 erringen.

■ **KOLOALE FC HONIARA** Vom umtriebigen Geschäftsmann Abrahim Eke gegründeter Klub, der sein Domizil in den Hügeln von Kombuvatu hat und dank seines zahlungskräftigen Protagonisten über modernste Ressourcen verfügt. Ekes Motivation ist keineswegs wirtschaftlicher, sondern vielmehr sozialer Natur. So ließ er auf dem Gelände eines ehemaligen Sägewerks eine moderne Sportanlage errichten, um den wegen des ethnischen Konflikts arbeitslos gewordenen Bewohnern eine neue Beschäftigung zu geben. Sportlich stehen die Zeichen gut. Nach drei Stadtmeisterschaften zwischen 2001 und 2003 sicherte sich Koloale 2003 erstmals die Landesmeisterschaft. 2008 durfte der Newcomer sogar das Double bejubeln. [2]

■ **KOSSA FC HONIARA** Landesmeister von 2007, der sich seinerzeit im Finale gegen den Lokalrivalen Koloale FC durchsetzte. 2008 sorgten die Blau-Gelben in der Kontinentalmeisterschaft »O-League« für den größten Vereinserfolg in der salomonischen Fußballgeschichte, als sie sich gegen den vanuatischen Tafea FC und Ba aus Fidschi durchsetzten und das Finale erreichten. Dort folgte einem sensationellen 3:1-Hinspielsieg über den neuseeländischen Profiklub Waitakere United eine 0:5-Niederlage in Neuseeland. [Lawson Tama Stadium (10.000) | 1]

■ **MARIST FC HONIARA** Der salomonische Landesmeister von 2006 erreichte 2006 sowie 2007 die Kontinentalmeisterschaft »O-League«, konnte aber in beiden Anläufen die Vorrunde nicht überstehen. 2006 unterlag er zum Auftakt dem AS Piraé aus Tahiti mit 1:10, was nach einem 7:1-Rückspielsieg zum Aus führte. 2007 gelang lediglich gegen den AS Temanava aus Tahiti ein Sieg (2:0). Marist trat in den beiden S-League-Spielzeiten 2004 und 2005 unter dem Namen »Systek Kingz« an. [Lawson Tama Stadium (10.000) | 1]

büt abliefern, das mit einem traumatischen 0:18 gegen Tahiti endete. Auch die weiteren Auftritte waren geprägt von herben Niederlagen wie einem 1:8 gegen Neukaledonien (1966) und einem 1:15 gegen Fidschi (1969). Erst 1972 vermochten die Salomonen gegen die Neuen Hebriden (heute Vanuatu) ihr Heimdebüt zu feiern.

■ **MITTE DER 1970ER JAHRE** etablierte sich mit Lancy Wane erstmals ein Salomoner im neuseeländischen Profifußball, und in den 1980er Jahren schafften mit Sam Ata sowie Wilson Maelana gleich zwei Landsleute im australischen Brisbane den Durchbruch. Dadurch konnte auch die Nationalmannschaft erste Erfolge verbuchen. 1975 und 1979 kehrte die nach einem lokalen Fisch benannte Auswahl »The Bonitos« mit der Bronzemedaille von den Südpazifikspielen aus Fidschi zurück und beteiligte sich 1980 erstmals an der Ozeanienmeisterschaft. Zwei Jahre zuvor waren die Salomonen

Jahr	Inter Provincial	Stadtliga Honiara
1977		Honiara
1978	nicht ausgespielt	
1979		Honiara
1980	nicht ausgespielt	
1981	Western Province	
1982	Western Province	
1983		
1984		Sunbeam
1985		Rangers
1986		
1987		
1988		Rangers
1989		Sunbeam
1990		Sunbeam
1991		Rangers
1992		
1993		
1994		Honiara Police
1995		Rangers
1996		Rangers
1997		Rangers
1998		Malaita Rangers SC
1999		Rangers
2000		Laugu United
2001		Koloale FC
Jahr	Club Championship	Stadtliga Honiara
2003	Koloale FC Honiara	Koloale FC
2004	Central Realas	Makuru FC
2005	nicht ausgespielt	nicht ausgespielt
2006	Marist FC Honiara	nicht ausgespielt
2007	Kossa FC Honiara	Makuru FC
2008	Koloale FC Honiara	Koloale FC Honiara

von Großbritannien in die Unabhängigkeit entlassen worden, was zur Bildung des vom visionären Alan Boso angeführten Nationalverbandes »Solomon Islands Football Federation« geführt hatte.
Nachdem die FIFA ein salomonisches Beitrittsgesuch Mitte der 1980er Jahre mit Verweis auf die unzureichenden Strukturen noch abgelehnt hatte, wurde die Inselgruppe schließlich 1988 sowohl in den Weltverband als auch die OFC aufgenommen. Das darauffolgende Debüt in der WM-Qualifikation 1994 verlief mit einem 1:1 gegen Tahiti durchaus erfolgreich. Insbesondere die knappe 1:2-Niederlage gegen Australien ließ gar so etwas wie Stolz aufkommen.

■ **DER SALOMONISCHE FUSSBALL** befand sich also auf einer durchaus hoffnungsvollen Entwicklung, als 1999 politische Unruhen das Land erschütterten. Plötzlich wurde Honiara zum Schauplatz erbitterter Schlachten zwischen den »Malaita Eagle Forces« (Vertreter der Malaitaner auf Guadalcanal) und dem »Isatabu Freedom Movement«, das die Interessen der Ureinwohner Guadacanals vertrat. Der Konflikt lähmte auch den Fußball. »Als eines Abends einer meiner Stürmer nicht zum Training erschien, mussten wir feststellen, dass man ihn entführt hatte. Er war mit einer Angehörigen der gegnerischen Volksgruppe verheiratet und wurde erst nach Bezahlung eines Lösegelds wieder freigelassen«, erinnerte sich der damalige australische Nationaltrainer der Salomonen, George Cowie.
Nachdem die Kämpfe im August 2000 eingestellt worden waren, reiste eine Delegation von FIFA-Entwicklungshelfern nach Honiara und kümmerte sich um die Wiederbelebung des Fußballs. Im Rahmen des »Goal«-Projekts wurde auch das Nationalstadion Lawson Tama wieder hergerichtet und am 22. August 2001 im Beisein der britischen Fußball-Legende Sir Bobby Charlton eröffnet.

Die runderneuerte Spielstätte erfüllt den salomonischen Fußball mit großem Stolz. »Lange galt Honiara als eine der schmutzigsten Städte der Welt. Doch das Lawson-Tama-Stadion glänzt vor lauter Sauberkeit. Niemand lässt Abfall liegen, das Spielfeld und die ganze Anlage wirken äußerst gepflegt«, freute sich Verbandssprecher Martin Alfurai über die hohe Wertschätzung, die das Areal genoss.

■ **IM SOMMER 2004** erreichte die salomonische Fußballhistorie ihren bisherigen Höhepunkt. Nach einem 2:2 gegen Australien lief die vom Engländer Alan Gillett betreute Nationalauswahl in der kontinentalen WM-Qualifikation (zugleich die Ozeanienmeisterschaft) vor Neuseeland auf Platz zwei ein und erreichte damit die kontinentalen Endspiele beider Wettbewerbe. Dort traf man jeweils auf Australiens »Socceroos«, die die Inselkicker rüde aus ihren Träumen rissen. Nachdem schon die Finals um die Ozeanienmeisterschaft mit 1:5 und 0:6 verloren gegangen waren, setzten sich die »Aussis« auch in der WM-Qualifikation souverän durch. Einem 0:7 in Sydney folgte in Honiara eine von 20.000 Zuschauern verfolgte 1:2-Niederlage. Trotz allem überwog der Stolz auf die Leistung der von den Australien-Legionären Commins Menapi, Henry Fa'arado und Battram Suri geprägten Mannschaft, die nicht nur Fußballgeschichte geschrieben, sondern das zerstrittene Land kurzzeitig geeint hatte. Aus diesem Anlass rief der salomonische Ministerpräsident Alan Kemakesa sogar einen Feiertag aus.

■ **DIE BEDEUTUNG DES FUSSBALLS** reicht auf den Salomonen inzwischen weit über die sportlichen Aspekte hinaus. Eine intensivierte Nachwuchsarbeit, die auch die entlegeneren Inseln berücksichtigt, hat geholfen, die ethnischen Spannungen einzudämmen, und über den Fußball entwickelt sich allmählich so etwas wie eine ethnienübergreifende »salomonische Identität«. Die anhaltenden Erfolge von Nationalspielern wie Henry Fa'arado (Melbourne Knights), Commins Menapi (Sydney United) sowie Battram Suris geben derweil der Hoffnung auf eine dauerhafte Etablierung in Ozeaniens Spitzenfußball Nahrung. »Zunächst wollen wir mit unseren Spielern in den australischen Markt vordringen, danach dann in den europäischen«, träumt man in der Verbandszentrale bereits von »mehr«.

Doch bis dahin ist es noch ein langer und wohl auch beschwerlicher Weg. Rückschläge bleiben dabei nicht aus. So musste die 2005 ins Leben gerufene Nationalliga »S-League« nach nur zwei Jahren schon wieder den Spielbetrieb einstellen, weil sich die finanziellen Strukturen nicht als tragfähig erwiesen hatten. Dennoch erreichte 2008 mit dem Kossa FC Honiara erstmals ein Klub der Salomonen das Endspiel um die Kontinentalmeisterschaft, derweil die Nationalelf unglücklich die Qualifikation zum olympischen Fußballturnier verpasste.

Nach dem 2:2 über Australien und der Qualifikation für das Endspiel der ozeanischen WM-2006-Qualifikation wird Nationaltrainer Alan Gillett von seinen Spielern gefeiert.

■ **MAKURU HONIARA** Feierte 2004 erstmals den Gewinn der Stadtmeisterschaft von Honiara, die auch 2007 an den Klub ging. In der S-League ging Makuru unter dem Namen »JP Su'uria« sowohl 2004 als auch 2005 als Meister durchs Ziel. [Lawson Tama Stadium (10.000) | 2]

HELDEN | LEGENDEN

■ **HENRY FA'ARADO** Umschwärmter Glamourboy des salomonischen Fußballs, der mit seinen Erfolgen in der australischen bzw. der neuseeländischen Profiliga für Furore sorgte. Trug u. a. das Trikot der Melbourne Knights, Perth Glory und von Auckland City. Zudem Stammspieler der salomonischen Nationalmannschaft, deren Sturm er gemeinsam mit Commins Menapi prägt. [*5.10.1982]

■ **COMMINS MENAPI** Bekanntester und zudem einer der erfolgreichsten Fußballer der Salomonen. Machte mit mehr als 27 Treffern für die Nationalelf Furore und etablierte sich über viele Jahre im neuseeländischen bzw. australischen Profifußball. Lief u. a. für Sydney United, Young-Heart Manawatu und Waitakere United auf. Bildet gemeinsam mit Henry Fa'arado den Sturm der salomonischen Nationalelf. Erzielte beim sensationellen 2:2 gegen Australien im Mai 2004 beide Treffer für den Außenseiter. [*18.9.1977]

● FIFA World Ranking
1993	1994	1995	1996	1997	1998	1999	2000
149	163	170	171	130	128	144	130
2001	2002	2003	2004	2005	2006	2007	2008
134	142	156	130	140	160	123	163

● Weltmeisterschaft
1930-90 nicht teilgenommen **1994-2010** Qualifikation

● Ozeanienmeisterschaft
1973-96 nicht teilgenommen **1998** Qualifikation **2000** Endturnier (Platz 3) **2002** Endturnier **2004** Endturnier (Finalist) **2008** Qualifikation

SAMOA

Eine Rugbyhochburg gerät ins Wanken

Fußball liegt auf Samoa vor allem unter Jugendlichen im Trend

Samoa Football Soccer Federation

Samoa Fußball Soccer Verband | gegründet: 1968 | Beitritt FIFA: 1986 | Beitritt OFC: 1984 | Spielkleidung: blaues Trikot, blaue Hose, rote Stutzen | Spieler/Profis: 5.700/0 | Vereine/Mannschaften: 60/220 | Anschrift: Tuanaimato, PO Box 6172, Apia | Telefon: +685-7783210 | Fax: +685-22855 | Internet: www.soccersamoa.ws

Anno 2004 äußerte Samoas Fußballverbandspräsident Toleafoa Tautulu Roebeck einen bemerkenswerten Satz: »Fußball hat bei den Jugendlichen Rugby als Sport Nr. 1 abgelöst.« Für ein Land, das zu den weltweiten Rugby-Hochburgen zählt und mehrfach bei Rugby-Weltmeisterschaften für Furore sorgte, war dies geradezu sensationell und dokumentierte einen eindrucksvollen Wandel. Bis in die 1990er Jahre galt Fußball auf Samoa als »Ausgleichssport« und wurde lediglich auf Hobbyebene betrieben. Enorme Anstrengungen des Fußball-Nationalverbandes SFSF haben Samoa seitdem im Verbund mit dem FIFA-Förderprogramm »Goal« die Pforte zum Weltfußball geöffnet, und dass der Nationalmannschaft im Januar 2004 im Rahmen der Qualifikation zum olympischen Fußballturnier ein 1:0-Sieg über die Auswahl der Salomonen gelang, belegt, dass die Entwicklung auch sportlich erste Früchte trägt.

■ **SAMOA UMFASST 13 MEHR** oder weniger wunderschöne Inseln im Südpazifik, die als Naturparadies bekannt sind und auf denen das Leben einen recht gemütlichen Gang nimmt. Acht von ihnen bilden den unabhängigen Staat Samoa, der bis 1997 Westsamoa genannt wurde. Die restlichen fünf Inseln stehen als Amerikanisch-Samoa unter der Verwaltung der USA.

Samoa ist der letzte Ort auf der Welt, an dem am Abend die Sonne untergeht. Die vorherrschende Lebensformel des »fa'a Samoa« (»Samoanischer Weg«) hat bereits Generationen von Ethnologen fasziniert. Seine Basis ist eine intensive Bindung an die Großfamilie (»aiga«), ohne die man auf Samoa keinerlei Chancen auf sozialen und wirtschaftlichen Aufstieg hat.

Als Fußball Anfang des 20. Jahrhunderts seinen weltweiten Siegeszug antrat, stand Samoa gerade unter deutscher Kolonialherrschaft. Das Erbe des Kaiserreichs beschränkt sich freilich auf architektonische Aspekte, denn erst als Neuseeland nach dem Ersten Weltkrieg die Inselgruppe übernahm, gelangten Spiele wie Cricket und Rugby auf die Inseln. Namentlich Cricket ging dabei seinen eigenen Weg und wurde zum »Kirikiti«, dem heute beliebtesten Freizeitvergnügen der Samoer. Bei dem an Cricket erinnernden Spiel kann jeder mitmachen; die Spieldauer ist unbegrenzt.

■ **IN SACHEN LEISTUNGSSPORT** konnte sich Rugby am nachhaltigsten in der polynesischen Gesellschaft Samoas durchsetzen. Von neuseeländischen Missionaren eingeführt, entstand bereits 1924 ein Rugby-Nationalverband. In den 1980er Jahren drang Samoas Rugby-XV dank der Rekrutierung samoanischstämmiger Neuseeländer zunehmend in die internationale Spitze vor und nahm 1991 erstmals am WM-Turnier teil. Nationale Rugby-Größen wie Michael Jones und Peter Schuster stehen synonym für den Beginn einer bis heute anhaltenden Erfolgsepoche des samoanischen Rugbys. Wie Neuseelands »All Blacks« praktizieren im Übrigen auch die samoanischen Rugbyspieler vor ihren Auftritten einen »Haka«-Tanz.

Fußball, in Samoa »Soccer« genannt, kam erst in den 1950er Jahren auf und blieb zunächst auf Bildungseinrichtungen beschränkt. 1968 entstand mit der Western Samoa Football (Soccer) Association (WSFSA) ein Nationalverband, unter dessen Ägide 1979 ein auf die Hauptinsel Upolu konzentriertes Ligasystem geschaffen wurde, an dem sich bis zu 70 Teams beteiligten. Es handelte sich

Mālō Tuto'atasi o Sāmoa-s-Sisifo

Unabhängiger Staat Samoa | Fläche: 2.831 km² | Einwohner: 184.000 (65 je km²) | Amtssprache: Samoanisch, Englisch | Hauptstadt: Apia (Upolu, 38.836) | Weitere Städte: keine | Währung: 1 Tala = 100 Sene | Zeitzone: MEZ -12h | Länderkürzel: WS | FIFA-Kürzel: SAM | Telefon-Vorwahl: +685

STÄTTEN | TEMPEL

▶ **J. S. Blatter Fields**

2001 eingeweihtes Nationalstadion, das in der Gemeinde Faleata rund zehn Kilometer nördlich der Hauptstadt Apia liegt. Benannt nach FIFA-Präsident Sepp Blatter, war ihr Bau dem »Goal«-Programm des Weltfußballverbandes zu verdanken. Mit der Arena erhielten Samoas Fußballer erstmals eine Heimat sowie moderne Trainingsstätten. Mit der Einweihung der Blatter Fields begann der Aufwärtstrend des samoanischen Fußballs. 2007 fanden dort die Südpazifikspiele statt.

● **FIFA World Ranking**
1993 1994 1995 1996 1997 1998 1999 2000
  -    -   -   177 183 164 180 173
2001 2002 2003 2004 2005 2006 2007 2008
 172 163 176 179 182 187 146 177

● **Weltmeisterschaft**
1930-94 nicht teilgenommen **1998-2010** Qualifikation

● **Ozeanienmeisterschaft**
1973-96 nicht teilgenommen **1998-2008** Qualifikation

Jahr	Meister	Pokalsieger
1979	Vaivase-tai	
1980	Vaivase-tai	
1981	Vaivase-Tai u. SCOPA	
1982	Alafua	
1983	Vaivase-tai	
1984	Kiwi	
1985	Kiwi	
1986-96	unbekannt	
1997	Kiwi	Kiwi
1998	Vaivase-tai	Togafuafua
1999	Moata'a	Moaula
2000	Titavi FC	Gold Star Sogi
2001	Gold Star Sogi	Strickland Brothers L.
2002	Strickland Brothers Lepea	Vaivase-tai
2003	Strickland Brothers Lepea	Strickland Brothers L.
2004	Strickland Brothers Lepea	Tunaimato Breeze
2005	Tunaimato Breeze	
2006	Vaivase-tai	
2007	Cruz Azull	
2008	Sinamoga	

überwiegend um Mannschaften öffentlicher Bildungseinrichtungen bzw. von Rugbyspielern gebildete Hobbyteams. Erster Meister von Upolu – und damit von Samoa – wurde 1979 das Team von Vaivase-tai. Vier Jahre später entstand auf der größten Insel Savai'i ebenfalls eine Ligameisterschaft, die aber lange Probleme hatte, sich zu etablieren.

■ **1979 ENTSANDTE DER** Nationalverband WSFSA erstmals eine Auswahl zu den Südpazifikspielen, wo es ein ernüchterndes 0:12 gegen die Salomomen setzte. Auf internationaler Ebene ist Samoa bis heute ein Underdog mit wenig Sensationspotenzial. Größter Erfolg war ein 3:1-Sieg über den Nachbarn Amerikanisch-Samoa bei den 1983 in der samoanischen Hauptstadt Apia ausgetragenen Südpazifikspielen. Mit einem 3:3 gegen Tonga erreichte die nach einem lokalen Vogel benannte Auswahl »Manumea« seinerzeit sogar das Viertelfinale, ehe sie sich dem späteren Gesamtsieger Tahiti geschlagen geben musste.

1984 wurde der Nationalverband WSFSA in den OFC und 1986 in die FIFA aufgenommen. Samoaner wie Colin Tuaa, Ronnie Perez, Brian Field und David Fagaloa etablierten sich unterdessen im neuseeländischen Spitzenfußball. 1994 erfolgte Samoas WM-Qualifikationsdebüt (2:1 gegen die Salomonen).

Einen gehörigen Aufschwung erfuhr das Spiel durch das FIFA-Förderprogramm »Goal«. Das ehrgeizige Vorhaben von FIFA-Chef Sepp Blatter, den Fußball an den »Rändern« der Welt zu stärken, bescherte Samoa sein erstes reines Fußballstadion. Die in der zehn Kilometer nördlich von Apia gelegenen Gemeinde Faleata errichtete Arena wurde 2001 eingeweiht und trägt den bezeichnenden Namen »J. S. Blatter Fields«.

Einher mit ihrem Bau ging der Auftakt zu einem großangelegten Jugendförderprogramm namens »Footykids«, mit dem Fußball auf Samoa erstmals gezielt gefördert wurde. Seitdem wird landesweit systematisch nach Fußballtalenten gesucht, erfahren die hoffnungsvollsten Nachwuchskicker eine professionelle Förderung. Das Resultat ist bemerkenswert: Inzwischen gibt es für sämtliche Altersklassen Landesmeisterschaften, nehmen Samoas Jugendnationalmannschaften an allen kontinentalen Wettbewerben teil, dürfen die talentiertesten Akteure auf den beiden Naturrasenfeldern der J. S. Blatter Fields trainieren.

■ **»VOR DEM FOOTYKIDS-PROGRAMM** bot sich den wenigsten Kindern die Gelegenheit, Fußball zu spielen. Deshalb überrascht es auch nicht, dass die Kinder des ganzen Archipels so begeistert auf das Angebot reagierten«, schwärmte mit Lehrer Bob Aoulua einer der Organisatoren des Förderprogramms über die rasanten Fortschritte, die der Fußball seitdem genommen hat und die inzwischen selbst die einst unumstößliche Dominanz des Nationalsports Rugby gefährdet. Eine enge Zusammenarbeit mit den nationalen Schulen hat das Interesse der samoanischen Jugend am Fußball noch verstärkt.

Die intensive Basisförderung spiegelt sich inzwischen auch auf der sportlichen Ebene wider. Neben dem eingangs erwähnten 1:0 über die Salomonen in der Olympiaqualifikation 2004 ragt der Sprung auf Position 166 in der FIFA-Weltrangliste im März 2002 aus den nationalen Fußballannalen heraus. 2007 war die Hauptstadt Apia zudem Gastgeber der Südpazifikspiele, die gleichzeitig als erste WM-Vorqualifikation fungierten.

Selbst wenn das Team von Nationaltrainer David Brand auch in absehbarer Zeit vermutlich nicht über die Rolle eines Underdogs herauskommen und Fußball den mächtigen Rugby auf Samoa möglicherweise nie verdrängen wird, dürfen die Verantwortlichen voller Stolz auf ihre Arbeit zurückblicken, denn Fußball ist auf Samoa so etabliert wie nie zuvor!

TEAMS | MYTHEN

■ **KIWI** Dreifacher Landesmeister (1984, 1985 und 1997), dessen Basis auf Samoa lebende Neuseeländer bildeten. [3 | 1]

■ **STRICKLAND BROTHERS LEPEA** Mit der in Lepea ansässigen Baufirma »Strickland Brothers« verbundener Klub, der von 2002 bis 2004 dreimal in Folge Landesmeister wurde und sich 2003 das Double sicherte. [3 | 2]

■ **VAIVASE-TAI** Samoas Rekordmeister (fünf Titel) und zugleich der erste Landesmeister der Landesgeschichte. Vaivase-Tai ist ein Vorort der Hauptstadt Apia, der in einem gleichnamigen Tal liegt. [5 | 1]

HELDEN | LEGENDEN

■ **CHRIS UND TIM CAHILL** Der Englandprofi Tim Cahill (Foto) ist zwar Samoas berühmtester Fußballer, trug aber nur kurzzeitig die nationale Fußballkluft. Stattdessen votierte Cahill, dessen Mutter samoanischer Herkunft ist, nach einem Einsatz in der U13 Samoas für Australien – jenes Land, in dem der Mittelfeldakteur auch aufwuchs. Cahills für den Sydney FC spielender Bruder Chris indes entschied sich für sein Mutterland und führte die »Manumea« 2007 als Kapitän in die Südpazifikspiele bzw. die WM-Qualifikation. Obwohl Samoa Heimrecht hatte, kam die Elf nicht über die Vorrunde hinaus.

SAMOA

TAHITI

Das verlorene Paradies

Tahiti ist Französisch-Polynesiens Vertreter in der Fußballwelt

Fédération Tahitienne de Football

Tahitischer Fußballbund | gegründet: 27.7.1989 | Beitritt FIFA: 1990 | Beitritt OFC: 1990 | Spielkleidung: rotes Trikot, weiße Hose, rote Stutzen | Saison: August-Juni | Spieler/Profis: 16.296/0 |Vereine/Mannschaften: 164/650 | Anschrift: Rue Coppenrath, Stade de Fautaua, Casa postale 50858, Pirae 98716, Tahiti | Telefon: +689-540954 | Fax: +689-419629 | Internet: www.ftf.pf | E-Mail: contact@ftf.pf

Mit über 13.000 offiziell gemeldeten Fußballern zählt Tahiti zu den Großen in Ozeanien und kämpft gemeinsam mit Neukaledonien und den Salomonen um Platz zwei hinter Neuseeland. Tahiti darf zudem mit Fug und Recht als polynesische Fußballwiege bezeichnet werden. Schon 1935 stritt eine Inselauswahl mit der Besatzung eines englischen Schiffes erstmals um den runden Lederball. Seit 1938 wird jährlich um einen Landespokal gerungen und 1948 wurde mit FeiPi Papeete erstmals ein Landesmeister ermittelt.

■ **FÜR VIELE MENSCHEN IST** Tahiti der Inbegriff des Mythos von der Südseeromantik. Anno 1768 sah sich der französische Kapitän Louis Antoine de Bougainville sogar »in den Garten Eden versetzt«, als er im Auftrag Frankreichs dort vor Anker ging. Später machte Tahiti als »Geburtsort der Venus« und »Insel der Liebe« Furore, auf der unbekümmerte Nacktheit und freizügig gelebte Sexualität eine »Welt vor dem Sündenfall« (de Bougainville) bewahrt habe. Später hinterließen der zum Wahnsinn neigende Maler Paul Gauguin sowie die berühmte »Meuterei auf der Bounty« weitere Legenden auf Tahiti.

Von diesem Mythos ist heute nur noch wenig zu spüren. Zwar gilt Tahiti unverändert als Insel mit einer natürlichen Schönheit, auf der die Nationalpflanze »Tiare« (eine Geranienart) mit ihrem eigenwilligen Geruch den Besuchern die Sinne betäubt, doch es gibt viele Schattenseiten. Tahiti ist teuer, es wird von einem hohen Verkehrsaufkommen geplagt und es erstickt an Korruption. Der Hauptort Papeete wirkt wie eine ausgeplünderte und leblose Siedlung, hinter der passenderweise zwei erloschene Vulkane stehen, und weil das Inselinnere aus unzugänglichen Berghängen besteht, drängt sich die Bevölkerung fast vollständig an den Rändern.

Administrativ gilt es, Tahiti von Französisch-Polynesien abzugrenzen. Letzeres ist ein 188 Inseln bzw. Atolle umfassendes französisches Überseeterritorium, das sich aus den »Gesellschaftsinseln«, den »Inseln unter dem Winde« und den »Inseln über dem Winde« zusammensetzt. Tahiti ist mit 1.042 km² die größte der vier »Gesellschaftsinseln« und stellt rund ein Viertel der Gesamtfläche von Französisch-Polynesien dar.

■ **FRANZÖSISCHE KOLONIALISTEN UND** Missionare brachten den Fußball in den 1920er Jahren in die Region und riefen 1938 die von Europäern dominierte »Ligue de Football de Polynésie française« (LFPF) ins Leben. Schon damals nahm Tahiti eine überragende Rolle ein. Das gipfelte 1990 im Beitritt des drei Jahre zuvor gegründeten tahitischen Fußballverbandes zum OFC bzw. der FIFA, in denen Französisch-Polynesien in seiner Gesamtheit bis heute fehlt.

Abgesehen von Tahiti ist der Fußball in Französisch-Polynesien auch auf Moorea, Bora Bora, Huahine, Raiatea, Rurutu, Tubuai, Raivavae, Tuamotu, Nuka Hiva sowie Ua Pou verankert. Während es dort jeweils eigene Spielklassen gibt, kann Ua Huka lediglich eine Inselauswahl aufbieten, die am Spielbetrieb von Ua Pou teilnimmt. Alljährlich messen die Inselmeister mit den spielstärksten Teams der unumstrittenen fußballerischen Führungskraft Tahitis im Coupe de Polynésie die Kräfte. Erst seit 1998 jährlich ausgespielt, steht der Wettbewerb allerdings im Schatten des ungleich älteren Coupe de Tahiti. International werden tahitische Klubs traditionell zu den stärksten in Ozeanien gezählt.

```
           Französisch Polynesien

    ·Tahiti      Tuamotu
   De la Société

      Tubuai           Gambier
                            ·Pitcairn
```

Tahiti

Tahiti | Fläche: 1.042 km² | Einwohner: 115.820 (62 je km²) | Amtssprache: Französisch, Tahitisch/Polynesisch | Hauptstadt: Papeete (30.200) | Weitere Städte: Faa'a (29.000), Punaauia (25.000), Mahina (14.000), Pirae (13.974) | Währung: 1 Euro = 100 Cents | Zeitzone: MEZ -11h | Länderkürzel: - | FIFA-Kürzel: TAH | Telefon-Vorwahl: +689

Seine Stärke verdankt Tahiti der intensiven Wirtschaftsförderung durch das Mutterland Frankreich. Als ökonomisches Herz Französisch-Polynesiens profitiert die Insel überproportional von der Unterstützung durch Paris. Anderswo wirft das französische Engagement hingegen eher Schatten – Mururoa und Fangataufa beispielsweise sind seit den umstrittenen französischen Atomwaffenversuchen sogar unbewohnbar.

■ **DIE 1948 GEBILDETE** höchste Fußball-Landesklasse von Tahiti ist unterteilt in eine Vor- und eine Finalrunde. Rekordmeister ist der Hauptstadtklub Central Sport Papeete, der bereits 20 Meisterschaften sowie 18 Pokalsiege feierte. Während seine große Zeit jedoch lange vorbei ist, prägen mit der AS Vénus aus Mahina, der AS Piraé sowie der AS Manu-Ura aus Paea gegenwärtig drei Teams aus kleineren Orten Meisterschaft wie Pokalwettbewerb. Piraé erreichte 2006 sogar das Finale um die Kontinentalmeisterschaft »O-League«, wo man sich dem neuseeländischen Profiklub Auckland City mit 1:3 beugen musste.

Im Gegensatz zu den fußballerisch zumeist auf Amateur- bzw. Hobbyebene verharrenden ozeanischen Inselstaaten ist Fußball auf Tahiti auf Halbprofibasis möglich.

Als französisches Überseeterritorium erhielt Französisch-Polynesien 1974 das Recht, einen Teilnehmer am Landespokal von Frankreich zu stellen. Mehrfach trafen tahitische Teams dadurch in der Vergangenheit auf Profiklubs aus dem Mutterland. Im Dezember 1978 sorgte Rekordmeister Central Sport de Papeete bei dieser Gelegenheit mit einem 3:0 über den damaligen Zweitligisten US Orleans erstmals für eine Sensation. Vier Jahre später bezwangen die Rot-Schwarzen aus der tahitischen Hauptstadt mit dem AS Béziers abermals einen Profiklub (4:2 nach Verlängerung).

Mit Errol Bennett streifte sich 1981 erstmals ein Tahitier das Jersey eines französischen Profiklubs über (Paris FC). Später machten vor allem Pascal und Marama Vahirua in Frankreich Furore – der langjährige Auxerre-Linksaußen Pascal Vahirua wurde im Januar 1990 sogar erster Tahitianer im französischen Nationaldress und reiste 1992 mit der Équipe Tricolore zur EM nach Schweden.

■ **INTERNATIONAL ZÄHLT TAHITI** zu den Trendsettern im Südpazifik. 1963 debütierte man mit einem 18:0-Kantersieg über die Salomonen, und 1973 drangen die Inselkicker bei der erstmals ausgetragenen Ozeanienmeisterschaft prompt bis ins Finale vor, das sie allerdings mit 0:2 gegen Neuseeland verloren. Sieben Jahre später stach die Elf um Torjäger Bennett immerhin den WM-82-Qualifikanten Neuseeland aus und drang erneut ins Finale vor, wo man Australien mit 2:4 unterlag.

2002 belegte »l'Équipe du Fenua« (»das Team der Insel«) nach einem 1:0 über Vanuatu den dritten Platz. Bislang größter Erfolg aber war der Gewinn der ozeanischen Jugendmeisterschaft 1974, als Tahitis Nachwuchs den Neuseelands mit 2:0 bezwang. 1971 schrieb die Inselauswahl mit einem 30:0-Rekordsieg über die Cook-Inseln Geschichte.

1981 lockte ein Gastspiel der legendären St.-Etienne-Elf um Michel Platini und dem Neukaledonier Zimako mehr als 15.000 Neugierige an und bestätigte die enorme Fußballbegeisterung auf Tahiti.

Nachdem Französisch-Polynesien 1984 innere Autonomie zugesprochen worden war, konnte die im Juli 1987 gegründete und

Jahr	Meister	Pokalsieger
1938		Marine
1938-44		nicht ermittelt
1945		CAICT
1946		Fei Pi Papeete
1947		Fei Pi Papeete
1948	Fei Pi Papeete	Fei Pi Papeete
1949	Fei Pi Papeete	Fei Pi Papeete
1950	Fei Pi Papeete	Central Sport Papeete
1951	Fei Pi Papeete	Jeunes Tahitiens Pape.
1952	Excelsior Papeete	AS Vénus Mahina
1953	AS Vénus Mahina	Central Sport Papeete
1954	Jeunes Tahitiens Papeete	Central Sport Papeete
1955	Central Sport Papeete	Fei Pi Papeete
1956	Excelsior Papeete	Fei Pi Papeete
1957	Excelsior Papeete	Central Sport Papeete
1958	Central Sport Papeete	Fei Pi Papeete
1959	Excelsior Papeete	Fei Pi Papeete
1960	Excelsior Papeete	Excelsior Papeete
1961	Jeunes Tahitens Papeete	Central Sport Papeete
1962	Central Sport Papeete	Central Sport Papeete
1963	Central Sport Papeete	Excelsior Papeete
1964	Central Sport Papeete	Excelsior Papeete
1965	Central Sport Papeete	Excelsior Papeete
1966	Central Sport Papeete	Central Sport Papeete
1967	Central Sport Papeete	Central Sport Papeete
1968	Fei Pi Papeete	Punaruu Papeete
1969	Punaruu Papeete	Punaruu Papeete
1970	Fei Pi Papeete	Arue
1971	Fei Pi Papeete	Jeunes Tahitiens P.
1972	Central Sport Papeete	Central Sport Papeete
1973	Central Sport Papeete	Central Sport Papeete
1974	Central Sport Papeete	Vaieté Papeete
1975	Central Sport Papeete	Central Sport Papeete
1976	Central Sport Papeete	Central Sport Papeete
1977	Central Sport Papeete	Central Sport Papeete
1978	Central Sport Papeete	AS Piraé
1979	Central Sport Papeete	Central Sport Papeete
1980	Arue	AS Piraé
1981	Central Sport Papeete	Central Sport Papeete
1982	Central Sport Papeete	Jeunes Tahitiens Pape.
1983	Central Sport Papeete	Central Sport Papeete
1984	Postes	AS Piraé
1985	Central Sport Papeete	Postes
1986	Excelsior Papeete	Postes
1987	Jeunes Tahitiens Papeete	Jeunes Tahitens Pape.
1988	Excelsior Papeete	Central Sport Papeete
1989	AS Piraé	Jeunes Tahitiens Pape.
1990	AS Vénus Mahina	AS Vénus Mahina
1991	AS Piraé	AS Vénus Mahina
1992	AS Vénus Mahina	AS Vénus Mahina
1993	AS Piaré	nicht vergeben
1994	AS Piraé	AS Piraé
1995	AS Piraé	Central Sport Papeete
1996	AS Manu-Ura Paea	AS Piraé
1997	AS Vénus Mahina	AS Dragon Papeete
1998	AS Vénus Mahina	AS Vénus Mahina
1999	AS Vénus Mahina	AS Vénus Mahina
2000	AS Vénus Mahina	AS Dragon Papeete
2001	AS Piraé	AS Vénus Mahina
2002	AS Vénus Mahina	AS Piraé
2003	AS Manu-Ura Paea	AS Manu-Ura Paea
2004	AS Manu-Ura Paea	AS Tefana Faa'a
2005	AS Tefana Faa'a	AS Manu-Ura Paea
2006	AS Piraé	AS Tefana Faa'a
2007	AS Manu-Ura Paea	
2008	AS Manu-Ura Paea	

TEAMS | MYTHEN

■ **AS VÉNUS MAHINA** Mit rund 14.000 Einwohnern ist Mahina die fünftgrößte Stadt Tahitis. Lokalmatador AS Vénus feierte 1953 seine erste von inzwischen acht Landesmeisterschaften. 1999 errang man mit einem 4:2 im Elfmeterschießen über SS St. Louisienne aus Réunion den Coupe DOM-TOM und qualifizierte sich für den Coupe de France. 2001 gelang in der ozeanischen Klubmeisterschaft der Einzug ins Halbfinale, wo Vénus dem neuseeländischen Profiklub Wollongong Wolves mit 2:4 unterlag. 2007 scheiterte der Klub im Coupe de France mit 1:3 am Amateurverein aus Brive. [8 | 7]

■ **AS MANU-URA PAEA** 1996, 2004, 2007 und 2008 feierte man in Paea jeweils die Landesmeisterschaft und nahm 2005 erstmals an der ozeanischen Klubmeisterschaft teil. Beim in der tahitischen Metropole Papeete durchgeführten Endturnier blieben die Lila-Weißen jedoch in drei Spielen punktlos und schieden kläglich aus. 2008 gelang im »O-League« mit einem 1:1 gegen Waitakere United der erste Punktgewinn. [4 | 2]

■ **AS CENTRAL SPORT PAPEETE** Von einem aus dem bretonischen Rennes stammenden Franzosen gegründeter Klub, der analog zu Stade Rennes die Farben Rot und Schwarz trägt. Der heutige Rekordmeister (20 Titel) errang 1950 erstmals den Landespokal und sicherte sich 1955 seine erste Landesmeisterschaft. 1965 gelang ihm ein viel beachteter Freundschaftsspielsieg über den französischen Zweitligisten SC Toulon. Seinerzeit trugen mit Claude Carrara, Pretin Waoute und Errol Bennett drei herausragende Spieler das Trikot der »Rouge et Noir«, mit denen Central Sport über viele Jahre den Fußball auf Tahiti dominierte. Zwischen 1972 und 1985 errangen die Rot-Schwarzen zwölf Meistertitel und acht Pokalsiege, derweil Bennet zehnmal in Folge Torschützenkönig der Nationalliga wurde. Im Hintergrund wirkte seinerzeit mit dem späteren Verbandspräsidenten Napoléon Spitz ein Mann, der erfolgreich für halbprofessionelle Rahmenbedingungen in der Hauptstadt gesorgt hatte. 1974 qualifizierte sich die AS Central Sport mit einem 3:2 über US Yate als erster tahitischer Klub für den Coupe de France, wo sie Frankreichs Amateurmeister US Malakoff mit 1:2 unterlag. 1982 gelang mit einem 4:2-Verlängerungssieg über den AS Béziers der größte Erfolg im französischen Landespokal. Später lief mit Philippe Redon (Stade Rennes) sogar ein französischer Ex-Profi für die Tahitianer auf. Nach dem Sieg im Coupe de Tahiti von 1995 gerieten die Schwarz-Roten allerdings in eine schwere Krise und mussten sogar zweimal aus der höchsten Spielklasse absteigen. 2001 und 2008 erreichte der Lieblingsklub von Fußballpräsident Eugène Haereraaroa unterdessen jeweils das Finale um den Coupe de Polynesie und hat sich inzwischen wieder im Oberhaus etabliert. [20 | 18]

■ **FEI PI PAPEETE** Errang 1948 die erstmals ausgeschriebene Landesmeisterschaft von Tahiti und dominierte zunächst den nationalen Fußball. 1971 feierte Fei Pi seinen letzten von insgesamt sieben Meistertiteln. [7 | 8]

■ **AS PIRAÉ** Die mit 13.000 Einwohnern sechstgrößte Stadt Piraé ist der Nabel des tahitischen Fußballs. Dort steht mit dem Stade de Fautaua die repräsentativste Sportstätte Tahitis, und dort hat auch der Fußball-Nationalverband FTF seine Zelte aufgeschlagen. Das örtliche Fußball-Kollektiv feierte 1989 seine erste von inzwischen acht Meisterschaften. Auf internationaler Ebene erwarben die Piraéer ebenfalls großen Ruhm. 2005 erreichten sie das Halbfinale in der kontinentalen Klubmeisterschaft und drangen 2006 sogar bis ins Finale vor. Dort setzte es gegen den neuseeländischen Profiklub Auckland City eine 1:3-Niederlage. [8 | 6]

HELDEN | LEGENDEN

■ **ERROL BENNETT** Legende des tahitischen Fußballs, der in den 1970er Jahren zehn Spielzeiten in Folge nationaler Torschützenkönig wurde! Als Bennett 1977 der »Jesus Christ Latter Day Saints«-Kirche beitrat und es ihm fortan untersagt war, sonntags zu Spielen aufzulaufen, wechselte sogar die gesamte Liga vom Sonntagsspieltag zum Samstag! Als Kapitän der Nationalelf führte Bennett Tahiti 1975 und 1979 jeweils zur Goldmedaille bei den Südpazifikspielen und erreichte 1973 bzw. 1980 zweimal das Finale um die Ozeanienmeisterschaft. 1981 wechselte der Stürmer des Central Sport zum französischen Profiklub Paris FC, wo er sich jedoch nicht durchsetzen konnte. Der in Polizeidiensten stehende Benett genießt in Papeete bis heute Kultstatus. [*7.5.1950]

■ **MARAMA VAHIRUA** Der in Papeete geborene Stürmer erhielt seine Fußball-Ausbildung in der berühmten Jugendakademie des französischen Klubs FC Nantes, für den er zwischen 1998 und 2004 in 111 Erstligabegegnungen 28 Treffer erzielte. 1999 und 2001 wurde er mit »les canaries« jeweils Pokalsieger. 2001 errang er mit dem Klub die Landesmeisterschaft. 2004 wechselte Vahirua zum OGC Nizza, ehe er 2007 in die Bretagne zurückkehrte und seine Zelte beim FC Lorient aufschlug. Unter Trainer Raymond Domenech kam der Cousin von Pascal Vahirua zudem in der U21-Nationalmannschaft Frankreichs zum Einsatz. [*12.5.1980]

■ **PASCAL VAHIRUA** Der Stürmer wechselte 1983 vom tahitianischen AS Mateiea zum Guy-Roux-Klub AJ Auxerre nach Frankreich. 1985 mit dem Nachwuchs der Burgunder französischer Jugendpokalsieger geworden, erspielte er sich anschließend einen Stammplatz bei den Blau-Weißen. 287 Einsätze und 53 Tore verwandelten Vahirua in den berühmtesten Fußballer Französisch-Polynesiens, der im Januar 1990 von Michel Platini auch als erster Tahitier in die französische Nationalelf berufen wurde. 1992 reiste der klassische Linksaußen mit der »équipe tricolore« zur Europameisterschaft nach Schweden, wo er zweimal zum Einsatz kam. 1995 verließ er Auxerre und streifte sich in der Folgezeit die Jerseys von SM Caen, Atromitos Peristeron und FC Tours über, ehe er 2002 nach Auxerre zurückkehrte und sich dem Amateurklub Stade Auxerrois anschloss. [*9.3.1966 | 22 LS/1 Tor für Frankreich]

von Napoléon Spitz angeführte Fédération Tahitienne de Football 1990 sowohl dem OFC als auch der FIFA beitreten und 1994 in der WM-Qualifikation debütieren. Das Team um Frankreich-Profi Marama Vahirua schlug sich dabei beachtlich, kam aber an Australien und Neuseeland nicht vorbei. Im August 2002 erreichte Tahiti mit Position 111 in der FIFA-Weltrangliste seine bislang beste Platzierung. 2000 richtete der Nationalverband FTF in Papeete die fünfte Ozeanienmeisterschaft aus. Fünf Jahre später war die tahitische Hauptstadt zudem Schauplatz der Endrunde um die kontinentale Klubmeisterschaft.

■ **ALS DER LANGJÄHRIGE SPORTMINISTER** Reynald Temarii 2003 etwas überraschend zum OFC-Präsidenten gekürt wurde, rückte Tahiti international noch stärker ins Rampenlicht. Der eloquente frühere Fußballprofi (FC Nantes) verschaffte sich mit seinem engagierten Wesen allseits Respekt und hat sich die Förderung des »kleinen« Fußballs in Ozeanien auf seine Fahnen geschrieben. Unter Temarii wandte sich der OFC erstmals bewusst der Zukunft zu. So unterstützt der Tahitier das australische Bestreben, 2018 (oder 2022) die Weltmeisterschaft auf dem fünften Kontinent durchzuführen – obwohl Australiens Wechsel zur asiatischen Konföderation auch auf Tahiti nicht unumstritten war.

● FIFA World Ranking

1993	1994	1995	1996	1997	1998	1999	2000
141	148	156	158	161	123	139	131
2001	2002	2003	2004	2005	2006	2007	2008
127	115	133	124	141	173	162	188

● Weltmeisterschaft
1930-90 nicht teilgenommen **1994-2010** Qualifikation

● Ozeanienmeisterschaft
1973 Endrunde (Finalist) **1980** nicht teilgenommen **1996** Endrunde (Finalist) **1998** Endrunde (Vierter) **2000** Endrunde **2002** Endrunde (Dritter) **2004** Endrunde **2008** Qualifikation

Reynald Temarii, seit 2003 Vorsitzender der ozeanischen Fußball-Konföderation OFC, mit FIFA-Präsident Sepp Blatter.

Tokelau ist etwas für Abenteurer. Die Atollgruppe liegt rund 500 Kilometer nördlich von Samoa und ist ausschließlich per Boot zu erreichen. Auch das Reisen im »Landesinneren« ist beschwerlich, denn die auf die drei Atolle Atafu, Fakaofo und Nukunonu verteilten exakt 10,12 Quadratkilometer tokelauische Landmasse sind wie kleine Pixelpunkte im Pazifik verstreut: Zwischen Nukunonu und Atafu erstrecken sich 92 Kilometer, und wer von Nukunonu nach Fakaofo will, muss 64 Ozeankilometer überwinden.

Der aus dem Polynesischen stammende Name Tokelau steht übrigens vielsagend für »Nordwind«, wobei den etwa 1.500 Insulanern zumindest die gefürchteten Zyklone der Region erspart bleiben.

Politisch gehört Tokelau zu Neuseeland, von wo auch die Begeisterung am Fußball stammt. Allerdings steht Neuseelands Nationalsport Rugby auf Tokelau deutlich höher in der Gunst als der Weltsport Fußball. Darüber hinaus betreibt man eine polynesische Variante des Cricket (»Kilikiti«), bei der bis zu 50 Spieler pro Team üblich sind und es recht ruppig zugeht.

Wie viele der Ministaaten Ozeaniens leidet Tokelau unter einer enorm hohen Emigrationsrate. Die traditionelle Lebensweise, Spötter sprechen von »antiquierter«, lässt kaum Spielraum für eine zukunftsgewandte Persönlichkeitsentwicklung, was Tausende von Tokelauern ins Exil nach Neuseeland bzw. Australien getrieben hat.

Eines nicht allzu fernen Tages werden, so ist zu befürchten, sogar alle Bewohner die Atollgruppe verlassen müssen, denn angesichts der globalen Erderwärmung und des ansteigenden Meeresspiegels sind Atafu, Fakaofo und Nukunonu buchstäblich dem Untergang geweiht.

Ob es Tokelau bis dahin im Fußball zu Berühmtheit geschafft hat, darf bezweifelt werden. Es gibt zwar eine Handvoll Klubs – die bekanntesten sind Hakava und Matalele, die auf Fakaofo ansässig sind –, und der nationale Sportverband »Tokelau Amateur Sports Association« unterhält sogar zwei Spielklassen, doch alles spielt sich auf geringem Niveau ab. Obwohl eine »Nationalelf« existiert, ist Tokelau weder Mitglied des OFC bzw. der FIFA, noch hat man bislang Anstalten gemacht, dem NF-Board beizutreten.

Außenseiter Tokelau

Dennoch: Fußball lebt auch auf Tokelau, den Inseln am Ende der Welt!

TONGA

Tonga Football Association

Tonganischer Fußball-Verband | gegründet: 1965 | Beitritt FIFA: 1994 | Beitritt OFC: 1994 | Spielkleidung: rotes Trikot, weiße Hose, rote Stutzen | Spieler/Profis: 5.000/0 | Vereine/Mannschaften: 100/220 | Anschrift: Loto Tonga Soko Center, Off Taufa'Ahau Road – 'Atele, PO Box 852, Nuku'alofa | Telefon: +676-30233 | Fax: +676-30240 | Internet: www.tongafootball.com | E-Mail: tfa@kalianet.to

Königlicher Fußball
Fußball steht auf Tonga im Schatten des Rugby

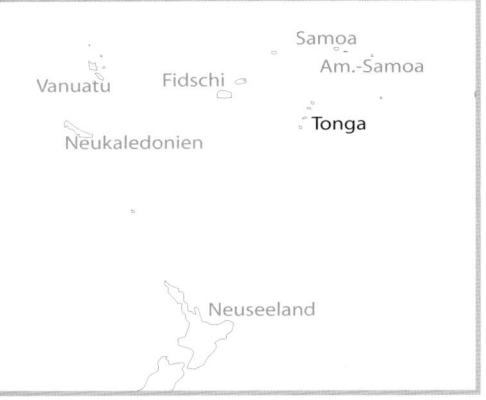

Pule'anga Fakatu'i 'o Tonga

Königreich Tonga | Fläche: 748 km² | Einwohner: 102.000 (136 je km²) | Amtssprache: Tonganisch | Hauptstadt: Nuku'alofa (Tongatapu, 34.654) | Weitere Städte: Mu'a (5.000), Neiafu (4.000), Havelotoi (3.000), Vaini (3.000) | Währung: 1 Pa'anga = 100 Seniti | Zeitzone: MEZ +12h | Länderkürzel: TO | FIFA-Kürzel: TGA | Telefon-Vorwahl: +676

Die Floskel von »König Fußball« hat auf Tonga eine nahezu wörtliche Bedeutung – es war nämlich König Taufa'ahau Tupou IV. höchstpersönlich, der den Fußball Mitte der 1960er Jahre auf die südpazifische Inselgruppe brachte! Der Monarch hatte auf einer Europareise Bekanntschaft mit dem Spiel gemacht und daran Gefallen gefunden. Allerdings rannte das tonganische Oberhaupt keineswegs selbst dem Ball nach – dazu fehlte ihm schlicht die körperliche Fitness. Jahre später sollte Taufa'ahau Tupou sogar als »dickster Monarch der Welt« in die Schlagzeilen geraten und in Spitzenzeiten bis zu 200 Kilo auf die Waage bringen…

■ **TONGA IST EIN BESONDERES** Stückchen Erde. Die 1767 vom Entdecker James Cook als »Friendly Islands« bezeichnete Inselgruppe gibt an, in ihrer Geschichte weder erobert noch kolonialisiert worden zu sein. Allerdings stand man zwischen 1900 und 1970 unter dem »Protektorat« Großbritanniens. Das Land gilt als streng konservativ und hat sich westlichen Lebensformen weitestgehend verschlossen. Der Umgang mit geregelter Arbeit bzw. dem damit verbundenen Stress und Termindruck bereitet vielen Einheimischen ernsthafte Probleme, und an der Außenwelt ist man auf Tonga nur bedingt interessiert. »Die Tonganer betrachteten alle Nicht-Tonganer mit einer Mischung aus Mitleid und Verachtung, als Sünder und arme Schlucker, die dumm genug waren, sich kaputtzuschuften«, charakterisierte der amerikanische Reisejournalist Paul Theroux in seinem Büchlein »Die glücklichen Inseln Ozeaniens« die tonganische Mentalität mit recht bissigen Worten. Ganz so glücklich sind die insgesamt sieben tonganischen Inselgruppen im Übrigen nicht, denn Übergewicht, Diabetes und Fettleibigkeit gelten als weitverbreitete Phänomene unter den etwa 100.000 Insulanern.

In Sachen Sport steht Fußball im Schatten des Rugbys, der als Nationalsport unumstritten ist. Rugbyspieler zählen zu den erfolgreichsten Exportprodukten des Landes, und Rugby-Legenden tonganischen Ursprungs (wie der Australier Willie Ofahengaue oder der Neuseeländer Jonah Lomu) haben dem kleinen Inselreich weltweiten Ruhm beschert. Seit seinem WM-Debüt 1987 ist Tonga regelmäßiger Teilnehmer an den Rugby-Weltturnieren.

Während Rugby bereits in den 1920er Jahren von irischen Missionaren eingeführt und anschließend von neuseeländischen Missionaren gefördert wurde, war von Fußball jahrzehntelang nichts zu sehen. Erst König Taufa'ahau Tupou IV. sorgte 1965 wie erwähnt für dessen Einführung und veranlasste sowohl die Gründung des Nationalverbandes Tonga Football Association (TFA) als auch die Bildung diverser Klubs bzw. die Einrichtung eines Ligasystems. Zum Zentrum des Spiels avancierte die Hauptinsel Tongatapu, auf der mehr als die Hälfte aller Tonganer lebt und die auch Sitz der Hauptstadt Nuku'alofa ist. Später wurden auch auf Ha'apai, Vava'u, Niuafoou und 'Eua Spielklassen ins Leben gerufen. 1970 konnte erstmals um eine Landesmeisterschaft gerungen werden.

■ **DAS NIVEAU DES TONGANISCHEN** Fußballs blieb jedoch gering. Größtes Problem war der begrenzte Platz auf der kaum 750 km² großen und dichtbesiedelten Inselgruppe. Um mehr Spiele auf den raren Rasenflächen austragen zu können, waren die Meisterschaftsbegegnungen jahrelang sogar auf zweimal 15 Minuten beschränkt, was in-

Fußball-Globetrotter Rudi Gutendorf mit Tongas König Taufa'ahau Tupou.

zifikspielen, wo es nach einem ernüchternden 0:8 gegen Tahiti Underdog Tuvalu zum ersten Sieg seiner Landesgeschichte verhalf. Bis auch Tonga das Gefühl eines Sieges erfuhr, vergingen vier weitere Jahre: 1983 konnte die Auswahl von Amerikanisch-Samoa mit 3:2 niedergerungen werden! Zwischenzeitlich hatte König Taufa'ahau Tupou IV. in seiner Verzweiflung sogar den deutschen Fußball-Globetrotter Rudi Gutendorf angelockt. Gutendorfs erster Eindruck war allerdings ernüchternd ausgefallen: »Direkt hinter dem Königspalast liegt ein Acker mit 20 Zentimeter hohem Gras. Dazu ein paar eingeknickte Rohrstangen – das sind die Tore. Ich habe mir erst mal aus dem Palast einen Rasenmäher besorgt und selbst gemäht«, stöhnt er in seiner Biographie »Mit dem Fußball um die Welt«. Nach wenigen Monaten verließ Gutendorf Tonga wieder.

■ **WÄHREND SICH TONGANER WIE** Siuta Hela und Lenny Tui im Collegefußball in Australien bzw. Neuseeland einen Namen machten, suchte der Nationalverband TFA Anschluss an die internationale Fußballgemeinde. 1983 wurde er »associated member« des OFC, derweil die angestrebte FIFA-Mitgliedschaft aufgrund der eigenwilligen Regelauslegung mit der Spieldauer von zweimal 15 Minuten erwartungsgemäß abgelehnt wurde. Erst als Tonga in den 1990er Jahren sein Regelwerk den internationalen Gepflogenheiten anpasste, öffnete die FIFA der pazifischen Inselmonarchie 1994 ihre Pforten.

Tongas darauffolgendes WM-Debüt nahm die Dimensionen eines Fußball-Märchens an. Nach einem 2:0 über die Cook-Inseln sowie einem 1:0 gegen Samoa zog der Debütant sensationell in die zweite Runde ein und träumte bereits vom Endturnier in Frankreich, als er sich den Salomonen mit 0:4 bzw. 0:9 beugen musste. Vier Jahre später schrieb Tonga bei seiner 0:22-Niederlage gegen Australien dann sogar unschöne Rekordschlagzeilen. Zur grenzenlosen Erleichterung unterlag Amerikanisch-Samoa jedoch nur drei Tage später demselben Gegner gleich mit 0:31 und übernahm den unliebsamen Weltrekord.

Wie das gesamte Leben nimmt auch die Entwicklung des Fußballs auf Tonga ei-

TEAMS | MYTHEN

■ **NGELE'IA KOLOFOU** Das Team aus Kolofou war in den 1980er Jahren die überragende Mannschaft und sicherte sich vier (nachgewiesene) Meisterschaften bzw. sieben Pokalerfolge.

■ **SC LOTOHA'APAI NUKU'ALOFA** Mit seiner neunten Meisterschaft in Folge steuert der Hauptstadtklub seit 1998 souverän, aber dennoch außerhalb von Tonga unbeachtet auf Rekordkurs. [9]

HELDEN | LEGENDEN

■ **SIUTA HELA** Tonganischer Fußball-Halbprofi, der sein Geld in Australien verdient.

■ **LENNY TUI** Ebenfalls Halbprofi, der allerdings in Neuseeland aktiv ist.

ternational zu großen Verwirrungen führte. Auch die als lethargisch umschriebene tonganische Mentalität sowie der Einfluss mormonischer Gruppen, die für ein striktes Sonntagsspielverbot sorgten, wirkten entwicklungshemmend.

So dauerte es bis 1978, ehe der Nationalverband im 13. Jahr seines Bestehens endlich eine Landesauswahl ins Rennen schicken konnte. Eine Reise nach Neuseeland konfrontierte Tonga seinerzeit recht rüde mit dem »modernen Fußball« und sah die Insulaner mit 1:9 gegen eine U19-Auswahl Aucklands sowie mit 3:7 gegen ein Team aus dem Örtchen Franklin untergehen.

Ein Jahr später reiste das »Timi Fakafomua« (»Nationalteam«) erstmals zu den Südpa-

● FIFA World Ranking
1993 1994 1995 1996 1997 1998 1999 2000
-    -   -   164 174 163 178 185
2001 2002 2003 2004 2005 2006 2007 2008
173 175 180 183 185 188 170 190

● Weltmeisterschaft
1930-94 nicht teilgenommen **1998-2010** Qualifikation

● Ozeanienmeisterschaft
1973-96 nicht teilgenommen **1998-2008** Qualifikation

nen gemütlichen Gang. Von 2005 bis 2007 lief die Landesauswahl zu keinem einzigen Spiel auf, und weder die Juniorennationalelf noch Tongas Landesmeister (seit 1998 alljährlich vom hauptstädtischen Klub SC Lotoha'apai gestellt) haben es bislang geschafft, regelmäßig bei den kontinentalen Wettbewerben aufzutauchen. Konsequenz ist, dass Tonga in der FIFA-Weltrangliste auf den 190er Rängen verharrt und damit im krassen Gegensatz zur Rugby-XV »'Ikale Tahi« (»Seeadler«) steht, die 2007 zum vierten Mal an der WM teilnahm.

Mit Unterstützung der FIFA und deren »Goal«-Förderprogramm versucht man seit der Millenniumswende, dem nationalen Fußball stabilere Grundlagen zu verschaffen. Immerhin wird Fußball landesweit über die Schulen gefördert, und auch die administrativen bzw. infrastrukturellen Möglichkeiten haben sich spürbar verbessert. Im März 2007 wurde in Nuku'alofa sogar das »Loto Tonga Soko Center« eröffnet, das den Fußballenthusiasten völlig neue Möglichkeiten bietet. 2006 hatte Tongas U19-Auswahl mit dem zweiten Platz bei der Ozeanienmeisterschaft bereits für einen sportlichen Hoffnungsschimmer gesorgt.

Dennoch: Wunderdinge sollten von der Inselgruppe auch in Zukunft nicht erwartet werden.

Jahr	Meister	Pokalsieger
1970-80	unbekannt	
1981	unbekannt	Ngele' ia Kolofou
1982	Ngele' ia Kolofou	Ngele' ia Kolofou
1983	Ngele' ia Kolofou	Ngele' ia Kolofou
1984	Ngele' ia Kolofou	Veitongo
1985	Ngele' ia Kolofou	Ngele' ia Kolofou
1986	unbekannt	Ngele' ia Kolofou
1987	unbekannt	Ngele' ia Kolofou
1988	unbekannt	Ngele' ia Kolofou
1989-93	unbekannt	unbekannt
1994	Navutoka	Navutoka
1995-97	unbekannt	unbekannt
1998	SC Lotoha'apai Nuku'alofa	Veitongo
1999	SC Lotoha'apai Nuku'alofa	
2000	SC Lotoha'apai Nuku'alofa	
2001	SC Lotoha'apai Nuku'alofa	
2002	SC Lotoha'apai Nuku'alofa	Ngele' ia Kolofou
2003	SC Lotoha'apai Nuku'alofa	SC Lotoha'apai N.
2004	SC Lotoha'apai Nuku'alofa	
2005	SC Lotoha'apai Nuku'alofa	
2006	SC Lotoha'apai Nuku'alofa	
2007-08	unbekannt	

Außenseiter
Tuvalu

Idyllischer Fußball-Alltag auf Tuvalu.

Auch auf Tuvalu träumt man vom großen Fußball und dem Sprung zur WM. Als die neun im Südpazifik verteilten Korallenatolle 2007 eine Fußballauswahl zu den Südpazifikspielen ins samoanische Apia entsandten, reiften in der Heimat kühne Pläne: »Fußball ist der populärste Sport auf Tuvalu. Über 3.000 der 11.000 Einwohner spielen Fußball, und wir wollen so schnell wie möglich der FIFA und dem OFC beitreten«, verkündete Verbandspräsident Tapugao Falefou seinerzeit. Dumm nur, dass Tuvalus Fußball-Elf bei ihren drei Auftritten satt 21 Treffer kassierte und nur bedingt Wettbewerbsreife bewiesen hatte...

Es war im Übrigen nicht der erste internationale Auftritt Tuvalus. Schon 1973 hatten die ehemaligen Ellice-Inseln, die bis 1975 gemeinsam mit den Gilbert-Inseln (dem heutigen Kiribati) unter britischer Kolonialherrschaft standen, an den Südpazifikspielen teilgenommen. Seinerzeit konnten sie sogar mit einem 5:3 über Tonga aufwarten, dem ein 0:18 gegen Tahiti sowie ein 0:11 gegen Neuseeland gefolgt waren. Anschließend hatten sich die Ellice-Inseln bzw. Tuvalu für mehr als zwei Jahrzehnte aus dem internationalen Fußball zurückgezogen. Fußball war durch britische Kolonialisten auf die insgesamt nur 26 km² große Atollgruppe gekommen. Tuvalu steht für »Acht gemeinsame Einheiten«. Mit »Ano« wird auf Tuvalu zudem ein traditionsreiches Ballspiel gepflegt, das an Baseball erinnert, aber mit zwei Bällen betrieben wird, um die Spannung zu erhöhen.

Fußball wird überwiegend auf dem exakt 2,54 km² großen Atoll Funafuti gespielt, wo die Landebahn des internationalen Flughafens als nationale Fußballspielstätte dient – Grund und Boden sind eben knapp auf der dichtbesiedelten Atollgruppe.

Ein Jahr nach der politischen Separation der Ellice Islands von den Gilbert-Inseln bzw. Kiribati (1975) entstand 1976 der Nationalverband »Fakapotopotoga futipoolo a Tuvalu« (»Tuvalu Soccer Association«), der wenig später eine Landesmeisterschaft einrichtete, in der Orts- und Atollauswahlen die Kräfte messen. Die Ergebnisse sind bedauerlicherweise nicht überliefert.

Obwohl Tuvalu bereits seit 1978 vollständige politische Souveränität genießt, sind internationale Auftritte rar. Der Nationalverband würde durchaus häufiger eine Elf in Ländervergleiche schicken, schreckt jedoch vor den immensen Reisekosten zurück. So waren auch Tuvalus drei Teilnahmen an den Südpazifikspielen vorwiegend der räumlichen Nähe zum jeweiligen Veranstalter zu verdanken – 1973 und 2003 richtete Fidschi das Turnier aus, 2007 Nachbar Samoa.

Tuvalus Reise zum Turnier 2007 brachte die FIFA in eine prekäre Situation. Weil die Südpazifikspiele gleichzeitig als Vorqualifikation für die WM 2010 fungierten, hätte sich das Nicht-FIFA-Mitglied Tuvalu theoretisch für das Endturnier in Südafrika qualifizieren können! Doch der Weltverband hatte Glück: Nach einem achtbaren 1:1 gegegen Tahiti (Torschütze Viliamu Sekifu) musste Tuvalu nach einem 1:4 gegen die Cook-Inseln sowie einem 0:16 gegen Fidschi bereits in der Vorrunde die Segel streichen.

Jahr	Meister
2005	Funafuti Atoll

VANUATU

Spitzenfußball in Babylon

Vanuatu – die ehemaligen Neuen Hebriden – zählen zu den Spitzenteams in Ozeaniens Fußball

Vanuatu Football Federation

Vanuatischer Fußballbund | gegründet: 1934 | Beitritt FIFA: 1988 | Beitritt OFC: 1988 | Spielkleidung: goldenes Trikot, schwarze Hose, goldene Stutzen | Spieler/Profis: 27.400/0 | Vereine/Mannschaften: 200/400 | Anschrift: VFF House, Anabrou, PO Box 266, Port Vila | Telefon: +678-27239 | Fax: +678-25236 | Internet: www.vanuafoot.com | E-Mail: vanua2foot@yahoo.com.vu

Wer auf der Suche nach dem berühmten »babylonischen Sprachgewirr« ist, sollte sich mal auf Vanuatu umhören. Unter den rund 200.000 Einwohnern des 12 Haupt- und 70 Nebeninseln umfassenden Archipels im Südpazifik kursieren mehr als 100 aktive Sprachen, wozu neben der offiziellen Landessprache Bislama auch Englisch und Französisch gehören. Bis 1980 stand die von ihrem Entdecker James Cook »Neue Hebriden« genannte Inselgruppe nämlich unter einem weltweit einzigartigen Konstrukt der gemeinsamen Kolonialherrschaft von Frankreich und Großbritannien. Angesichts der bekannten Rivalität zwischen den beiden Großmächten ging dies nicht ohne Reibungsverluste über die Bühne und produzierte diverse lustige Anekdoten. Die Einheimischen Vanuatuer nutzten das Kompetenzgerangel der europäischen Kolonialmächte derweil für ihre Zwecke und forderten 1950 erstmals ihre Eigenständigkeit. 1980 wurden die Neuen Hebriden als Vanuatu (»Unser Land«) unabhängiges Mitglied des britischen Commonwealth.

■ **EUROPÄER WAREN ES,** die in der ersten Hälfte des 20. Jahrhunderts moderne Sportdisziplinen auf den Neuen Hebriden einführten – darunter den Fußball. Die Neuen Hebriden waren seinerzeit einer der weltweit wichtigsten Lieferanten für Sandelholz und blickten auf eine triste Vergangenheit als geschäftiger Sklavenumschlagplatz zurück. Sechs Jahre nach der französisch kontrollierten Nachbarinsel Neukaledonien erhielten 1934 auch die Neuen Hebriden einen nationalen Fußballverband, der damit der viertälteste Ozeaniens ist.

Gründer waren europäische Kolonialisten, die zunächst weitestgehend unter sich blieben und nahezu ausnahmslos auf der Hauptinsel Éfaté bzw. in der Hauptstadt Port Vila ansässig waren.

Nach dem Zweiten Weltkrieg stiegen die Neuen Hebriden zu den wichtigsten Protagonisten im südpazifischen Fußball auf. 1951 stellte man erstmals eine Nationalmannschaft (0:9 gegen Neuseeland) und sicherte sich 1966 bei den zweiten Südpazifikspiele mit einem 5:2 über Papua-Neuguinea die Bronzemedaille. Die Erfolge waren einer gelungenen Kombination aus europäischen Kolonialisten und einheimischen Melanesiern zu verdanken, die den Neuen Hebriden zu einer der spielstärksten Auswahlmannschaften Ozeaniens verhalf. 1971 setzte es im Halbfinale der Südpazifikspielen allerdings eine 1:7-Pleite gegen den Nachbarn Neukaledonien.

■ **MIT ERLANGUNG DER** Unabhängigkeit im Juli 1980 war es mit der sportlichen Stärke zunächst vorbei. Die meisten europäischen Siedler kehrten in die Heimat zurück, und die nunmehr als Vanuatu auflaufende und ausschließlich aus Einheimischen bestehende Auswahl zahlte tüchtig Lehrgeld. 1983 setzte es bei den Südpazifikspielen auf Samoa in drei Spielen drei Niederlagen, und 1987 konnte man lediglich die Underdogs Wallis et Futuna bzw. Amerikanisch-Samoa bezwingen.

Zugleich eröffnete die politische Unabhängigkeit den vanuatischen Fußballern die Möglichkeit, erstmals offiziell am internationalen Spielbetrieb teilzunehmen. 1988 trat der Nationalverband VFF sowohl dem OFC als auch der FIFA bei, und in der Folge vermochte sich das Spiel auf der Inselgruppe allmählich wieder zu stabilisieren. 1990 gelang mit dem Gewinn des Melanesien-Pokals erstmals ein internationaler Erfolg, ehe Vanuatu 1994 auch sein Debüt in der WM-Qualifikation ableg-

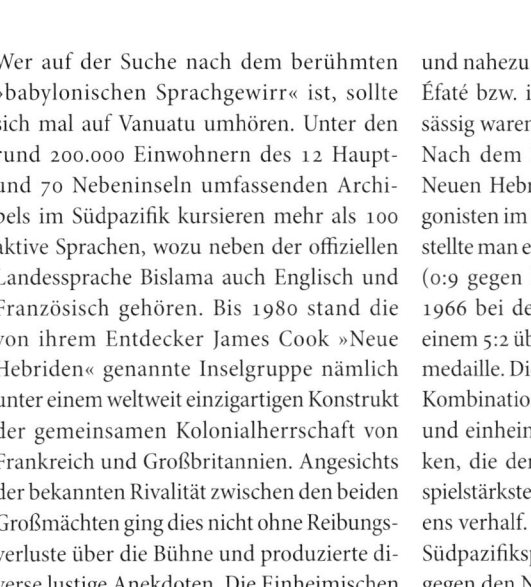

Ripablik bilong Vanuatu
Republic of Vanuatu
République de Vanuatu

Republik Vanuatu | Fläche: 12.190 km² | Einwohner: 207.000 (17 je km²) | Amtssprachen: Bislama, Englisch, Französisch | Hauptstadt: Port Vila (Éfaté, 29.356) | Weitere Städte: Luganville (10.738), Norsup (3.000), Port Olry (2.000) | Währung: Vatu | Zeitzone: MEZ +10h | Länderkürzel: VU | FIFA-Kürzel: VAN | Telefon-Vorwahl: +678

● **FIFA World Ranking**

1993	1994	1995	1996	1997	1998	1999	2000
164	172	179	180	186	177	184	167
2001	2002	2003	2004	2005	2006	2007	2008
168	156	160	143	146	167	140	141

● **Weltmeisterschaft**
1930-90 nicht teilgenommen **1994-2010** Qualifikation

● **Ozeanienmeisterschaft**
1973 Endrunde **1980** Endrunde **1996** nicht teilgenommen **1998** Endrunde **2000** Endrunde (Platz drei) **2002** Endrunde (Platz drei) **2004** Endrunde **2008** Endrunde

■ **WIE IN ALLEN SÜDPAZIFISCHEN** Inselstaaten hat der Fußball auf Vanuatu mit allerlei organisatorischen und infrastrukturellen Problemen zu kämpfen. Die finanzielle Lage des Verbandes und der Klubs lässt keine großen Sprünge zu, und abgesehen von der etablierten Spielklasse auf der Hauptinsel Éfaté (»Premia Divisen of Port Vila Football League«) spielt sich alles auf Hobby- bzw. Freizeitebene ab. Eine Nationalliga im eigentlichen Sinne existiert nicht. Während es in der Hauptstadt Port Vila immerhin drei Spielklassen gibt, wird auf den abseitigen Archipelen lediglich um den »Independence Cup« bzw. den »Mitsubishi Cup« gerungen. Neben Éfaté gelten Melsis und Pentecost als nationale Fußballhochburgen. Ein weiteres Problem ist die unzureichende Infrastruktur. Vanuatus einziges Stadion befindet sich in Port Vila und bietet kaum 1.500 Besuchern Platz. Nichtsdestotrotz vermochte man in den 1990er Jahren erneut zu den führenden Mannschaften im Südpazifik aufzuschließen. 1998 überstand die Nationalmannschaft sogar erstmals die Vorrunde in der Ozeanienmeisterschaft und reiste zum Endturnier ins australische Brisbane, wo sie gegen Tahiti (1:5) und Neuseeland (2:8) allerdings chancenlos war. Zwei Jahre später drangen »the Men in Gold and Black« bis ins Halbfinale vor, wo sie sich Australien nach einem aufopferungsvollen Kampf mit 0:1 geschlagen geben mussten.

2002 bestätigte das Team um Torjäger Mermer seinen Aufwärtstrend und erreichte abermals das Halbfinale, das mit 0:3 gegen Neuseeland verloren ging. Zwei Jahre später schrieb Vanuatu mit einem 4:2-WM-Qualifikationssieg über Neuseeland dann Fußball-Weltgeschichte und bescherte den »All Whites« ein peinliches Aus. 2007 drohte dem großen Nachbarn dasselbe Schicksal, als Jean Nako Napropol den Underdog im WM-2010-Qualifikationsspiel nach 26 Minuten in Führung brachte. Erst als Vanuatus überragender Torsteher Chikau Mansale in der Schlussphase verletzt ausscheiden musste, kam Neuseeland noch zu zwei Treffern und verhinderte die Blamage. Vanuatu sicherte sich anschließend mit einem 2:0 über die Salomonen immerhin die Bronzemedaille und qualifizierte sich für die Ozeanienmeisterschaft 2008.

Große Hoffnungen machte auch der 19. Platz, den die U12-Auswahl Vanuatus 2007 te (1:4 gegen Neuseeland). bei einem illuster besetzten Turnier im französischen Lyon belegte. Er bestätigte vor allem die Protagonisten einer intensivierten Jugendarbeit auf der Inselgruppe. Im März 2008 überraschte Vanuatu dann mit der Verpflichtung des Niederländers Aad de Mos. Unter dem ehemaligen Bundesligatrainer feierte die Inselauswahl in der WM-2010-Qualifikation zwar ein 2:1 über Fidschi, kam aber nicht über den letzten Platz hinaus.
Auf Klubebene zählt Vanuatu zu den Spitzenkräften im Südpazifik. Serienmeister Tafae FC Port Vila erreichte 2001 sogar das Finale um die Kontinentalmeisterschaft, wobei man auf dem Weg dorthin immerhin den neuseeländischen Profiklub Napier City Rovers ausschaltete. Im Endspiel unterlagen die Vanuatuer den Wollongong Wolves unglücklich mit 0:1. Vier Jahre später belegte der 14-fache Landesmeister nach einem 3:1 über Tahitis AS Piraé erneut Platz drei, ehe er 2008 erstmals an der Endrunde der neueingeführten O-League teilnahm.

■ **TROTZ SEINER ZAHLREICHEN ERFOLGE** mangelt es dem Fußball in Vanuatu aber an professionellen Strukturen. So wurden die Port Vila Sharks 2007 nicht zur Teilnahme an der O-League zugelassen, weil sie kein den internationalen Ansprüchen genügendes Sportgelände vorweisen konnten. Auch die weitverbreitete Korruption in dem politisch recht instabilen Land wirkt sich negativ auf die Entwicklung des Fußballs aus.
Ein völlig anderes Problem wird die multilinguale Inselgruppe in der Zukunft aber höchstwahrscheinlich deutlich mehr beschäftigen: Der durch die Klimaerwärmung ansteigende Meeresspiegel, durch den große Teile Vanuatus regelrecht unterzugehen drohen. Das auf der Insel Tegua gelegene Dörfchen Lateau hat sich bereits den unschönen Ruf erworben, die weltweit erste Siedlung zu sein, die wegen des Klimawandels aufgegeben werden musste. Lateau ist damit zum Symbol geworden für eine Entwicklung, die im Südpazifik noch viel Leid bringen wird.

Jahr	Meister (Port Vila)
1994	Tafea FC Port Vila
1995	Tafea FC Port Vila
1996	Tafea FC Port Vila
1997	Tafea FC Port Vila
1998	Tafea FC Port Vila
1999	Tafea FC Port Vila
2000	Tafea FC Port Vila
2001	Tafea FC Port Vila
2002	Tafea FC Port Vila
2003	Tafea FC Port Vila
2004	Tafea FC Port Vila
2005	Tafea FC Port Vila
2006	Tafea FC Port Vila
2007	Tafea FC Port Vila

TEAMS | MYTHEN

■ **TAFAE FC PORT VILA** Serienmeister und unumstritten bester Klub Vanuatus. Im Dezember 2007 errang das in Port Vila ansässige und von Robert Calvo trainierte Team mit einem 2:0 über Verfolger Tupuji Imere seine 14. Stadtmeisterschaft in Folge. Einziger Spieler, der sämtliche Titelgewinne seit 1993 mitgefeiert hat, ist Vanuatus langjähriger Nationalkeeper David Chilia. 2001 sorgten die Rot-Weißen zudem für eine kontinentale Sensation, als sie im Halbfinale der Ozeanienmeisterschaft den neuseeländischen Halbprofiklub Napier City Rovers ausschalteten. Im anschließenden Endspiel gegen die Wollongong Wolves aus Australien zog der vanuatische Underdog nur knapp mit 0:1 den Kürzeren. Die Klubelf aus Port Vila trat bereits mehrfach als vanuatische Nationalmannschaft auf. [Korman Stadium (5.000) | 14]

HELDEN | LEGENDEN

■ **DAVID CHILIA** Der langjährige Nationalkeeper war einer der Garanten bei den 14 aufeinanderfolgenden Stadtmeisterschaften von Tafea FC. Er verlor seinen Platz zwischen den Pfosten des nationalen Gehäuses 2008 an seinen beim Tafea-Rivalen Tupuji Imere spielenden Neffen Chikau Mansale. [*10.6.1978 | 24 LS/0 Tore]

■ **JEAN VICTOR MALEB** Wurde 2004 zum vanuatischen Fußball-Helden, als er beim 4:2-Sensationssieg über Neuseeland zwei Treffer markierte. Ein Probetraining beim englischen Klub Southampton FC endete weniger erfolgreich – Maleb hatte nicht nur erhebliche Anpassungsprobleme an die englische Esskultur, sondern zeigte zudem deutliche Motivationsmängel. Zuletzt machte er bei den ozeanischen Beach-Soccer-Meisterschaften Furore, als er 2006 und 2007 mit Vanuatu jeweils Zweiter wurde. [*7.7.1986 | 11 LS/5 Tore]

■ **FRANÇOIS SAKAMA** Absolvierte im Frühjahr 2008 ein Probetraining bei einem israelischen Profiklub. Sakama ist ein schneller und technisch begabter Stürmer, der Vanuatu 2007 mit einem herrlichen 16-Meter-Schuss zum Sieg über die Salomonen und damit der Bronzemedaille bei den Südpazifikspielen verhalf. [5 LS/4 Tore]

■ **PRETIN WAOUTE** Stürmte in den späten 1970er und 1980er Jahren an der Seite der tahitischen Fußball-Legende Errol Bennet für Tahitis Rekordmeister AS Central Sport Papeete. Gilt als erster »Fußball-Star« der damaligen Neuen Hebriden.

Aus dem Länderspiel 2008 zwischen Vanuatu (dunkle Hosen) und Neukaledonien.

Außenseiter
Wallis und Futuna

Wallis und Futuna ist eine unentdeckte Fußballhochburg. Rund 15.400 Menschen bevölkern die beiden schmalen Inseln, die einsam und vergessen zwischen Fidschi und Samoa mitten im Südpazifik liegen. Mehr als 1.500 von ihnen sind bei der nationalen »Ligue de Football de Wallis et Futuna« gemeldet, womit man auf erstaunliche zehn Prozent Fußballenthusiasten kommt – zum Vergleich: Fußball-Mutterland England erreicht lediglich deren 8,47!

Mit rund 10.200 Einwohnern ist Wallis der deutlich größere Bestandteil des unter französischer Flagge stehenden Inselduos. Wallis ist eine von einer Lagune umrandete Insel vulkanischen Gesteins, deren Hauptort Mata'Utu (1.300 Einwohner) auch die Hauptstadt von Wallis et Futuna ist. Rund 230 Ozeankilometer weiter liegt Futuna, das auf etwa 5.300 Einwohner kommt und dessen Kapitale Leava 950 Seelen beherbergt. Das Leben auf Wallis et Futuna geht einen recht gemütlichen Gang. Erst 1994 kam beispielsweise das Fernsehen nach Futuna, und auch der Tourismus steckt noch in den Kinderschuhen. Insgesamt sind auf beiden Inseln ganze sechs Hotels mit einer Gesamtkapazität von 44 Betten zu finden.

Abgesehen von dem Nationalsport »Javelin Throwing«, einem traditionellen Speerwerfen, ist Fußball die populärste Sportdisziplin. Wallis verfügt über vier Fußballteams, von denen die AS Aka-Aka aus der Hauptstadt Mata'Utu das erfolgreichste stellt. Das kleinere Futuna schickt sogar fünf Mannschaften ins Rennen. Französische Kolonialisten brachten das Spiel einst auf die Doppelinsel und verankerten es dort. 1966 nahm erstmals eine Inselauswahl an den Südpazifikspielen teil, ehe Wallis et Futuna 1979 bei den Südpazifikspielen in Fidschi mit einem 3:1 über Amerikanisch-Samoa den ersten Pflichtspielsieg seiner Fußballhistorie errang. Vier Jahre später drang die Auswahlelf mit einem 3:0 über Tonga und einem 2:1 gegen den Nachbarn Samoa sogar bis ins Viertelfinale vor, wo sie Neukaledonien mit 0:4 unterlag.

Ebenso wie politisch ist Wallis et Futuna auch fußballerisch Frankreich angeschlossen. Der Nationalverband ist Mitglied des französischen Nationalverbandes FFF, woraus sich die Berechtigung ergibt, am französischen Landespokal »Coupe de France« teilnehmen zu dürfen. Bislang sind die Teams aus Mata'Utu bzw. Leava dabei aber jeweils schon in der Vorqualifikation auf DOM-TOM-Ebene ausgeschieden.

Die Zukunftsperspektiven des Inselduos sind ohnehin beschränkt, denn der feste Griff Frankreichs verhindert den angestrebten Beitritt zum OFC bzw. zur FIFA, womit Wallis et Futuna wohl auch in Zukunft bestenfalls an den Südpazifikspielen wird teilnehmen können.

Außenseiter
Yap

Yap ist der westlichste Teil der »Föderativen Staaten von Mikronesien« und die Fußball-Hochburg des von einer langen Phase unter US-Verwaltung geprägten Landes. Mit rund 12.000 Einwohnern stellen die vier Inseln Yaps etwa zehn Prozent der Einwohner Mikronesiens und sind damit der zweitkleinste Teil der aus vier Staaten bestehenden Föderation (siehe Seite 396). Yap gilt als der am wenigsten »verwestlichte« Bestandteil Mikronesiens.

In Sachen Fußball geht man eigene Wege. 1998 vertrat eine Inselauswahl die Bundesrepublik Mikronesien bei den Mikronesienspielen in Palau, als deren Gastgeber Yaps Hauptstadt Colonia 1999 und 2007 jeweils fungierte (es handelt sich dabei um die Spiele der geografischen Region Mikronesien, von denen die Föderativen Staaten Mikronesien ein Teil sind). Zudem ist die »Yap Soccer Association« (YSA) eigenständiges Mitglied des NF-Boards.

Im Vergleich zur eher behäbigen Entwicklung im Gesamtstaat Mikronesien erfreut sich Fußball auf Yap einer gezielten Förderung durch den Nationalverband YSA sowie dem übergeordneten »Yap Sports Council«. Seit längerem existieren sowohl für Kleinfeld- als auch für Großfeldmannschaften Inselmeisterschaften, hat man erfolgreich die Bildung von Frauenmannschaften gefördert. Durch die Entsendung von Trainern wurden auch die noch fußballlosen Inselgemeinden mit dem Spiel bekannt gemacht.

Nachdem die Föderativen Staaten von Mikronesien 2006 als »associated member« in den Kontinentalverband OFC aufgenommen wurde, sind die internationalen Möglichkeiten für Yap allerdings erheblich eingeschränkt. Doch Zugpferd des mikronesischen Fußballs zu sein und jenen in seiner Gesamtheit zu fördern, kann auch ein reizvolles Ziel sein.

HINWEIS
Westsamoa = Samoa

AUSWAHLLITERATUR

▶ Amara, Mahfoud, Henry, Ian: Between Globalization and Local „Modernity". The Diffusion and Modernization of Football in Algeria. In Soccer and Society, Vol 5., No. 1, 2004

▶ Apraku, Eva, Hesselmann, Markus: Schwarze Sterne und Pharaonen. Der Aufstieg des afrikanischen Fußballs. Verlag Die Werkstatt, Göttingen, 1998

▶ Archer, Robert, Bouillon, Antoine: The South African Game. Sport and Racism. Zed Press, London, 1982

▶ Armstrong, Gary, Giulianotti, Richard: Football in Africa. Conflict, Concilation and Community. Palgrave McMillian, 2004, Basingstoke

▶ Armstrong Gary, Giulianotti Richard: Entering the Field – New Perspectives in World Football Berg Oxford International Publishers, 1997

▶ Armstrong Gary, Giulianotti Richard: Fear and Loathing in World Football, Oxford International Publishers, 2001

▶ Armstrong, Gary/Giulianotti, Richard: Football Cultures and Identities, Macmillan Press, Basingstoke, 1999

▶ Arnold, Martin (Hrsg.): Abenteuer Fußball, Verlag Die Werkstatt, Göttingen, 2006

▶ Aslanoff, Samuel, Emond, Olivier: La Coupe du monde à tous les stades, Librio, 2002

▶ Auf der Heyde, Peter: Has Anybody Got A Whistle. A Football Reporter in Africa, The Parrs Wood Press, Manchester, 2002

▶ Azzellini, Dario, Thimmel, Stefan (Hrsg.): „Futbolistas", Fußball und Lateinamerika. Assoziation A, Berlin, 2006

▶ Baker, Barry: A Journal of African Football. History 1883-2000 Heart Books, Rijmenam, 2001

▶ Baker, Barry: The African Football Guide 1996/1997, Heart Books, Rijmenam, 1996

▶ Barrett, Norman (ed.): World Soccer from A to Z, Pan Books, London, 1973

▶ Bath, Richard: The Complete Book of Rugby. SevenOaks, 1997

▶ Bausch, Armando und Philipp, Paul: Halbzeit, Imprimerie Saint-Paul

▶ Bellos Alex: Futebol. The Brazilian Way Of Life, Bloomsbury, London, 2002

▶ Benavides, Roberto Salinas: Federación Peruana de Fútbol, 75 aniversario, 1997

▶ Bestard, Miguel Angel: International Football in South America 1901-1991 Soccer Book Publishing, 1992

▶ Bestard, Miguel Angel: Paraguay. Un siglo de fútbol, 1996

▶ Biermann Christoph, Fuchs Ulrich: Der Ball ist rund, damit das Spiel die Richtung ändern kann. Wie moderner Fußball funktioniert KiWi, Köln, 1999

▶ Biermann, Christoph: Fußball ist ein Spiel für 22 Leute, und am Ende gewinnt immer Deutschland. Außer manchmal, Verlag Die Werkstatt, Göttingen, 1998

▶ Boin, Victor: Histoire du Football en Belgique et au Congo Belge. Le Livre d'Or Jubilaire de L'URBSFA 1895-1945.

▶ Boniface, Pascal: La terre est ronde comme un ballon. Géopolitique du Football, L'Épreuve des Faits Seuil. Paris, 2002

▶ Brändle, Fabian, Koller, Christian: Goooal!!! Kultur- und Sozialgeschichte des modernen Fußballs. Orell füssli, Zürich, 2002

▶ Brigger, J.-P., Nepfer, Jürg (Hg.): Statistics and Report 2002 FIFA World Cup Korea/Japan™, Zürich, 2002

▶ Brohm, Jean-Marie, Perelman, Marc: Le Football une peste émotionnelle. Les Éditions de la Passion Paris, 1998

▶ Buschmann, Jürgen; Lennartz, Karl: Die Olympischen Fußballturniere, Band 1. Agon Sportverlag, Kassel, 1999

▶ Buschmann, Jürgen; Lennartz, Karl: Die Olympischen Fußballturniere, Band 2. Agon Sportverlag, Kassel, 2001

▶ Buschmann, Jürgen; Lennartz, Karl: Die Olympischen Fußballturniere, Band 3. Agon Sportverlag, Kassel, 2002

▶ Calder, Simon: The Panamericana. On the Road through Mexico and Central America. Vacation Work, Oxford, 2000

▶ Castro, Jose de Almeida: Histórias da Bola. 135 Anos da História do Futebol, Talento, 1998

▶ Castro, Lucauino: History of the World Cup 1930-1998. A Southamerican View Blue Note Publications, Cocoa Beach, 2002

▶ Christopher, Kevin: The Un-official Beginners Guide to The History of the Australian National Soccer League. Bentleigh, 1999

▶ Colins, François, Muller, Lex: De Grote Voetbal Encyclopedie Van Het Nieuwsblad Houtekiet,Strengholt. 2002

▶ Colins, François, Muller, Lex: Standaard Gouden Voetbal Gids. Standaard Uitgeverij, Antwerpen

▶ CONMEBOL 80 Años 1916-1996, 1996

▶ CONMEBOL: Conmebol 2001, Asunción, 2001

▶ Costantino, Maria: The Illustrated Flag Handbook D&S Books, Bideford, 2001

▶ Darby, Paul: Africa, Football and FIFA. Politics, Colonialism and Resistance. Frank Cass, London, 2003

▶ Davis, Hunter: A Walk Around the West Indies. Orion, London, 2001

▶ Devlin, Peter: The Dempsey Years. The Rise of New Zealand Soccer. SeTo Publishing, Auckland 1988

▶ Dietel, Andreas: "Asante Kotoko, Wokum Apem a Apem Beba". Der Fußballklub Asante Kotoko, der ghanaische Fußball und seine Organisation, seine Rezeption in der Presse, unter den Fans und den Spielern". Unveröffentlichter Lehrforschungsbericht von 1996

▶ Dietschy, Paul, Gastaut, Yvan, Mourlane, Stéphane: Historique politique des coupes du monde de football, Vuibert, Paris, 2006

▶ Don Balon: Historia de la Selección Chilena, 1998

▶ Douglas, Geoffrey: The Game of their Lives. The Untold Story of the World Cup's Biggest Upset, Perennial Currents, New York, 1996

▶ Duke Vic, Crolley Liz: Football Nationality and the State, Addison Wesley Longman, Harlow, 1996

▶ Dunning, Eric, Murphy, Patrick, Waddington Ivan, Astrinakis, Antonios E. (Hg.): Fighting Fans. Football Hooliganism as a World Phenomenon. University College Dublin Press, Dublin, 2002

▶ Eisenberg, Christiane (Hrsg.): Fußball, soccer, calcio – Ein englischer Sport auf seinem Weg um die Welt, dtv München, 1997

▶ Evans, Julian: Transit of Venus. Travels in the Pacific. Minerva, London, 1992

▶ Fabian, A.H., Green Geoffrey (Editor): Associaction Football. Four Volumes. London 1960

▶ Fanizadeh, Michael, Hödl, Gerald, Manzenreiter, Wolfram (Hrsg.): Global Players – Kultur, Ökonomie und Politik des Fußballs. Historische Sozialkunde/Internationale Entwicklung 20, Brandes & Apsel/Südwind, Frankfurt 2002

▶ FDCL: Argentinien, WM `78. Fußball und Folter. Eine Dokumentation zur argentinischen Realität vor dem Hintergrund der Fußballweltmeisterschaft 1978

▶ Fédération Camerounaise de Football: L'Indomptable. Yaoundé 2008

▶ Ferguson, James: World Class. An illustrated history of Caribbean football. MacMoillan, Oxford, 2006

▶ FEZAFA: Le Zaire en Coupe du Monde.

▶ Fischer Weltalmanach 2007, Fischer Taschenbuch Verlag, Frankfurt/Main, 2006

▶ Fischer, Gerd, Roth, Jürgen: Ballhunger. Vom Mythos des brasilianischen Fußballs. Verlag Die Werkstatt, Göttingen, 2005

▶ Foer, Franklin: How Soccer explains the World, HarperCollins New York, 2004

▶ Fontanelli, Carlo: Football in Costa D'Avorio. Campionato – Coppa – Nazionale 1960-2000. La Biblioteca del Calcio, 2000

▶ Freddi, Cris: Complete Book of the World Cup 2002. A full record of every tournament since 1930. CollinsWillow, London, 2002

▶ Galeano, Eduardo: Der Ball ist rund und Tore lauern überall, Peter Hammer Verlag, Wuppertal, 1997

▶ Garrido, Atilio: Cien años de gloria. La verdadera historia del fútbol uruguayso, 2000

▶ Gastaut, Yvan, Mourlane, Stéphane: Le football dans nos sociétés. Une culture populaire 1914-1998. autrement, 2006

▶ Gisbert, Carlos Mesa: La Epopeya del Fútbol Boliviano 1896-1994, 1994

▶ Giulianotti Richard, Williams John: Game without Frontiers – Football, Identity and Modernity, Arena, 1994

▶ Glanville, Brian: The Story of the World Cup, Faber and Faber, London, 1998

▶ Goldblatt, David: The Ball is Round – A Global History of Football, Viking, London 2006

▶ Goldblatt, David: World Football Yearbook 2002-3 Dorling Kindersley, Frome, 2002

▶ Goldblatt, David: World Football Yearbook 2003-4 Dorling Kindersley, Frome, 2003

▶ Goldblatt, David: World Football Yearbook 2004-5 Dorling Kindersley, Frome, 2004

▶ Golesworthy, Maurice, Macdonald, Roger: the AB-Z of World Football, Pelham Books, London, 1966

▶ Golesworthy, Maurice, The Encyclopedia of Association Football

▶ Gordon, Cesar, Heal, Ronaldo: The Crisis of Brazilian Football: Perspectives for the Twenty-First Centuty. (In: The International Journal of the History of Sport, 2001)

▶ Govers, Bruno (u. a.): Le Dictionnaire des Diables Rouges, Euro Images, Bruxuelles, 2000

▶ Graham, Alexander D.I.: A Statistical History of Football in Argentina, Skye Soccer Books, Glendale

▶ Grill, Bartholomäus: Ach, Afrika. Berichte aus dem Inneren eines Kontinents. Goldmann Verlag, München, 2005

▶ Grüne, Hardy: Fußball WM-Enzyklopädie 1930 bis 2010, Agon Sportverlag, Kassel, 2006

▶ Grüne, Hardy: Fußballweltmeisterschaft 1934 Italien, Agon Sportverlag, Kassel, 2002

▶ Grüne, Hardy: Weltfußball-Enzyklopädie Band 1, Europa und Asien, Verlag Die Werkstatt, Göttingen, 2007

▶ Gutendorf, Rudi: Mit dem Fußball um die Welt, Verlag Die Werkstatt, Göttingen, 2002

▶ Gutsch, Kai-Uwe: Uruguay 1998. Im Land der Gauchos, Hannover, 2000

▶ Hamilton, Aidan: An Entirely Different Game. The British Influence on Brazilian Football Mainstream

▶ Harvey, Charles, Sport International, 1960

▶ Havekost, Folke, Stahl, Volker: Fußball-WM 1930, Agon Sportverlag, Kassel, 2005

▶ Havekost, Folke, Stahl, Volker: Fußball-WM 1970, Agon Sportverlag, Kassel, 2004

▶ Herzog, Jürgen: Geschichte Tansanias. VEB Deutscher Verlag der Wissenschaften Berlin, 1986

▶ Hopf, Wilhelm (Hrsg.): Fußball. Soziologie und Sozialgeschichte einer populären Sportart. Lit, Münster 1994

▶ Horn, Michael: Lexikon der internationalen Fußballstars, Verlag Die Werkstatt, Göttingen, 2004

▶ Huba, Karl-Heinz: Lexikon berühmter Fußballspieler, Copress München, 1987

▶ IFFHS: Olympische Fußballturniere 1908-36, Band 1 und 2 Kassel

▶ Ingles, Simon: Sightlines. A Stadium Odyseey. Yellow Jersey Press, London, 2000

▶ Iwanczuk, Jorge: Historia del Futbol Amateur en la Argentina, CIHF, Buenos Aires, 1992

▶ Jelínek, Radovan, Tomeš, Jiří: Fußball-Weltatlas, Copress-Sport, München, 2001

▶ Jennings, Andrew: Foul! The secret world of FIFA HarperSport, London, 2006

▶ Jenkins, Garry: The Beautiful Team. In Search of Pelé and the 1970 Brazilians. Pocket Books, London, 1998

▶ Jeune Afrique : L'état de l'Afrique 2006. 53 pays à la loupe, Paris, 2006

Kapuściński, Ryszard: Der Fußballkrieg. Berichte aus der Dritten Welt. Fischer-Verlag, München, 1992

▶ Kaiser, Rupert: Olympia-Almanach. Von Athen 1896 bis Athen 2004, AGON Sportverlag, Kassel, 2004

▶ Keïta, Salif: „Mes quatre vérités.", Editions Chiron

▶ Keifu, R. (Hrsg.): I. Fußballweltmeisterschaft 1930 in Uruguay Agon Sportverlag, Kassel, 1993

▶ Kistner, Thomas, Weinreich, Jens: Das Milliardenspiel. Fußball, Geld und Medien, Fischer Taschenbuchverlag, Frankfurt, 1998

▶ Kit, Jean-Luc, Atlas Mondial du Football, 1994

▶ Klein, Marco Aurelio, Audinio, Sergio Alfredo: O Almanaque do Futebol Brasileiro, Editora Escala, São Paulo, 1996

▶ Knight, Ken; Kobylecky, John; Van Hoof, Serge: A History of the World Cup. Volume I. The Jules Rimet Years 1930-1970, Heart Books. Rijmenam. 1998

▶ Kobert, Heide (Red.): Die Welt kompakt, Fischer Taschenbuchverlag, Frankfurt, 2001

▶ Kobylecky, John: A History of the World Cup, Volume II - 1974 Heart Books, Rijmenam

▶ Kobylecky, John: A History of the World Cup, Volume III - 1978 Heart Books, Rijmenam

▶ Kobylecky, John: A History of the World Cup, Volume III - 1982 Heart Books, Rijmenam

▶ Kuhn, Helmut: Fußball in den USA. Edition Temmen, Bremen, 1994

▶ Kukulski, Janusz: Światowa Piłka Nożna 1977-1983. Warszawa, 1983

▶ Kukulski, Janusz: Światowa Piłka Nożna. Warszawa, 1974

▶ Kukulski, Janusz: Światowa Piłka Nożna. Warszawa, 1979

▶ Kuper, Simon: Football against the Enemy, Orion, London, 1994

▶ Kupfer, Thomas: Erfolgreiches Fußballclub Management – Analysen, Beispiele, Lösungen, Verlag Die Werkstatt Göttingen, 2006

▶ La Gazzetta dello Sport: Dizionario del Calcio Biblioteca Universale Rizzoli. Milano, 1990

▶ LaBlanc, Michael L.; Henshaw, Richard: The World Encyclopedia of Soccer, Visible Ink. Press, London, 1994

▶ Lever, Janet: Fußball, Opium der Brasilianer

▶ Lösche Peter, Ruge Undine, Stolz Klaus (Red.): Fußballwelten – Zum Verhältnis von Sport, Politik, Ökonomie und Wirtschaft, Leske + Budrich, Opladen 2002

▶ Longmore, Zenga: Tap-Taps to Trinidad. A journey through the Caribbean. Arrow Books, London, 1989

▶ Lutz, Walter: Die Saga des Weltfußballs, Habegger, Derendingen, 1991

▶ Mahjoub, Faouzi: Le Football Africain. Trente Ans de Coupe d'Afrique des Nations 1957-1988. Jeune Afrique Livres, Paris, 1989

▶ Mason, Tony: Passion of the People? Football in South America, Verso, London, 1995

▶ Menary, Steve: Outcasts! The Lands that FIFA Forgot. Know The Score, Studley, 2007

▶ Merle, Claude: Dictionnaire du football et des footballers – 2 Bände, Le Sycomore éditions, Paris 1982

▶ Miller, Rory M., Crolley, Liz (Ed.): Football in the Americas: Fútbol, Futebol, Soccer. Institute for the Stuy of the Americas, London, 2007

▶ Miranda, Leonardo Affonso: Footballmania - Uma História Social do Futebol no Rio de Janeiro, 1902-1908. Nova Fronteira, 2000

▶ Missen Francois, Buguin Jean-Claude: Les Pays nouveaux adeptes du football dans le Monde, Editions Famot, 1979

▶ Moon, Paul, Burns, Peter: The Asia-Oceania Soccer Handbook Oamaru, 1985

▶ Moon, Paul; Burns, Peter: Asia-Oceania Soccer Yearbook 1986-87

▶ Moore, Peter: The Full Montezuma, Bantam Books, London, 2000

▶ Moore, W.G.: The Penguin Encyclopedia of Places, Penguin, 1971

▶ Moroy, Franck : Football et politique. Le derby tunisois Espérance sportive de Tunis - Club Africain, éd. Institut d'études politiques, Aix-en-Provence, 1997

▶ Morrison, Ian: The World Cup. A Complete Record 1930-1990 Breedon Books Sport

▶ Murray, Bill: The World's Game. A History of Soccer. University of Illinois Press, 1998

▶ Nait-Challal, Michel: Dribbleurs de l'Indépendance. L'Incroyable Histoire de L'Équipe de Football du FLN Algerien. Editions Prolongations, 2008

▶ Nasser, Yousef: Die Professionalisierung des Fußballs in (Profi-) Fußballvereinen (Europas) sowie ihrer Führung unter Berücksichtigung des Fußballs in den arabischen Ländern – ein internationaler Vergleich. Unveröffentlichte Diplomarbeit, Göttingen, 2006

▶ Odegbami, Segun: Football in Nigeria 1960-1990, Lagos, 1991

▶ Oliver, Guy: Almanack of World Football 2006, Headline Book Publishing, London, 2005

▶ Oliver, Guy: Almanack of World Football 2007, Headline Book Publishing, London, 2006

▶ Oliver, Guy: Almanack of World Football 2008, Headline Book Publishing, London, 2007

▶ Oliver, Guy: Almanack of World Football 2009, Headline Book Publishing, London, 2008

▶ Oliver, Guy: The Guinness Record of World Soccer Guinness Publishing, London, 1992

▶ Olivier-Scerri, G. E. „Gino": Encyclopedia of Australian Soccer 1922-88, St. Leonards, 1988

▶ Pagano, Leo, Marien, R.: Encyclopedie van de Voetbalsport. Elsevier, Amsterdam/Brussel, 1955

▶ Parnham, Tim, Haines, Steve: 22 Men And A Bag Of Wind. The Ultimate History Of The World Cup, DSM, Peterborough, 2002

▶ Pawlovich, Yury: Columbia. Campeonato Nacional de futbol profesional 1948-51, St. Petersburg, 1994

▶ Pelé: My Life and the Beautiful Game New English Library, 1977

▶ Pickering, David: The Cassell Soccer Companion, Cassell Book, London, 1997

▶ Pivato, Stefano: Les Enjeux Du Sport XXe Siècle Casterman, Firenze, 1994

▶ Placar: Anuário Placar 2004, São Paulo, 2004

▶ Planet Fußball – Spiegel Spezial, 2/2006

▶ Pontaza Izeppi, Carlos Humberto: Guatemala - 100 años de Fútbol. Prensa Libre, 2001

▶ Pramann, Ulrich (Hrsg.): Fußball und Folter Argentinien `78 Rowohlt Taschenbuchverlag, Hamburg, 1978

▶ Prats, Luis: A Crónica Celeste

▶ Radnedge, Keir: World Cup Football Directory 1984-85, Queen Anne Press, London, 1984

▶ Radnedge, Keir: World Cup Football Directory 1985-86, Queen Anne Press, London, 1985

▶ Ray, Philip: Rothmans Atlas of World Sport, London, 1982

▶ Regalado, Jesús García: Venezuela y sus Selecciones de Fútbol. 1965-2000, 2000

▶ Ricci, Filippo Maria : Elephants, Lions and Eagles. A Journey through African Football. WSC Books, London 2008

▶ Ricci, Filippo Maria: The Phillys African Football Yearbook 1998. Mariopasa Editrice, Fornacette di Calcinaia 1998

▶ Rimet, Jules: Histoire Merveilleuse de la Coupe du Monde

▶ Riordan, James: Sport under Comminism, C. Hurst & Company, London, 1978

▶ Rocheteau, Dominique (Hg.): 1930-1986. L'Épopée De La Coupe Du Monde, Éditions Messidor, Paris, 1986

▶ Rohr, Bernd, Simon, Günter: Fußball Lexikon, Copress Verlag, München, 1993

▶ Roland, Thierry: La Fabuleuse Histoire de la Coupe du Monde de 1930 à nos Jours Éditions de La Martinière, 1998

▶ Rollins, Jack: The Guinness Record of the World Cup 1930-94, Guinness Publishing, 1994

▶ Rous, Stanley: Football Worlds. A Lifetime in Sport Readers Union, Newton Abbot, 1979

▶ Rowlands, Aland: Trautmann – Biografie, Bombus-Verlag München, 2005

▶ Saïfi, Djamel: Le Football Algérien au coeur du Mundial. Editions EnAP, 1983, Alger

▶ Schreiber Barba, Luis Carlos Arias: Seleccion Peruana. 402 Partidos 1927-1998, don Balon, Lima, 1998

▶ Schulze-Marmeling, Dietrich (Hrsg.): Strategen des Spiels – Die legendären Fußballtrainer, Verlag Die Werkstatt, Göttingen, 2005

▶ Sicari Giuseppe, Giusti Alexia: Enciclopedia de Calcio Mondiale, SEP Edritrice Milano, 2004

▶ Skrentny, Werner: Fußballweltmeisterschaft 1958 Schweden Agon Sportverlag, Kassel, 2002

▶ Soter, Ivan: Enciclopédia da Seleção. As Seleções Brasileiras de Futebol 1914-1994 Opera Nostra Editora. Rio de Janeiro, 1995

▶ Spampinato, Angelo: Stadi del Mundo – Sport & Architettura, Gribaudo 2004

▶ Straker, Joe: Popular Culture as Critical Process in Colonial Africa: A Study of Brazzaville Football

▶ Sturm, Karin, Bruder, Carsten: Zwischen Strand und Stadion. Das Fußballwunder Brasiliens. Sportverlag Berlin, 1998

▶ Sugden, John, Tomlinson, Alan: Great Balls of Fire. How Big Money Is Hijacking World Football, Mainstream Publishing, Edinburgh, 1999

▶ Taylor, Chris: The Beautiful Game. A Journey Through Latin American Football, Victor Gollancz, London, 1998

▶ Theroux, Paul: Dark Star Safari. Overland from Cairo to Cape Town. Penguin Books, London 2002

▶ Theroux, Paul: Der alte Patagonien-Express. dtv, München 1997

▶ Theroux, Paul: Die glücklichen Inseln Ozeaniens. dtv, München 1996

▶ Theweleit, Klaus. Tor zur Welt. Fußball als Realitätsmodell, Kiwi, Köln, 2004

▶ Thomas, Mel ap lor: African Football Handbook, Blaenau Ffestiniog, 1988

▶ Tyler, Martin: The Story of Football, Marshall Cavendish, London, 1976

▶ Van Hoof, Serge u.a.: The North & Latin American Football Guide Heart Books, Rijmenam, 2000

▶ Van Hoof, Serge (Hg.). The North & Latin American Football Guide 2003/04. Heart Books, Rijmenam, 2004

▶ Vanauskas, Laura: An Encyclopedia of Football in Bolivia 1914-1998. Heart Books, Rijmenam 1999

▶ Vanka, Karel: Malá encyklopedie fotbalu, Olympia, Praha, 1984

▶ Velásquez, Mauro: El Fútbol Ecuatoriano y su Selección Nacional, 1998

▶ Voetbal ABC, Bookprojects, Amsterdam 1986

▶ Voigt, Matthias: Fußballweltmeisterschaft 1962 Chile Agon Sportverlag, Kassel, 2002

▶ Wahl, Alfred: La balle au pied. Histoire du football Gallimard, 1990

▶ Wahl, Alfred: Les Archives du Football. Sport et société en France (1880-1980) Collection Archives, 1989

▶ Wangerin, David: Soccer in a Football World. The Story of America's Forgotten Game. WSC Books, London, 2006

▶ When Saturday Comes – The half decent football Book, Penguin London, 2005

▶ Wolek, Tomasz u.a.: Encyklopedia piłkarska Fuki tom 13. Copa America 1910-95 GIA, Katowice, 1995

▶ Zakine, Hubert: La Memoire du Football D'Afrique du Nord. Phocea, 1995

PERIODIKA

▶ European Football Yearbook
▶ kicker-Almanach
▶ Rocznik
▶ Un Anno nel Pallone

ZEITSCHRIFTEN

▶ 11 Freunde. Magazin für Fußball-Kultur
▶ A Bola
▶ African Soccer
▶ Afrique football
▶ ballesterer
▶ Calcio 2000
▶ FIFA magazin
▶ Football Asia
▶ FourFourTwo
▶ France Football
▶ Fußball
▶ Fußball-Weltzeitschrift
▶ Fuwo - Die neue Fußballwoche
▶ Guerin Sportivo
▶ Johan
▶ kicker
▶ Libero
▶ marca
▶ nummer 14 - voetbal internationl
▶ Onze mondial
▶ Planet Football
▶ So Foot
▶ Sport-Bild
▶ Stadionwelt
▶ Voetbal International
▶ When Saturday Comes
▶ World Soccer

DER AUTOR
HARDY GRÜNE

www.hardy-gruene.de

Hardy Grüne, »das Gedächtnis des Fußballs« (Frankfurter Allgemeine), publiziert seit vielen Jahren hochkarätige Bücher zum Fußball. Dazu zählen seine »Fußball-WM-Enzyklopädie« und die »Fußball-EM-Enzyklopädie« (Agon-Sportverlag). Im Verlag Die Werkstatt erschien u.a. sein Standardwerk »100 Jahre Deutsche Meisterschaft. Die Geschichte des Fußballs in Deutschland«.

Hardy Grüne lebt als freier Autor und Lektor in der Nähe von Göttingen und bricht regelmäßig zu Entdeckungsreisen in die Welt auf. So berichtete er 2008 von der Afrikameisterschaft in Ghana. Seine Fußballherz schlägt für den RSV Göttingen 05, die Bristol Rovers und En Avant de Guingamp.

ENZYKLOPÄDIEN VON HARDY GRÜNE

Hardy Grüne

WM-Enzyklopädie 1930 bis 2010
704 Seiten
über 1.000 Abbildungen
ISBN 978-3-89784-290-8
49,90 Euro

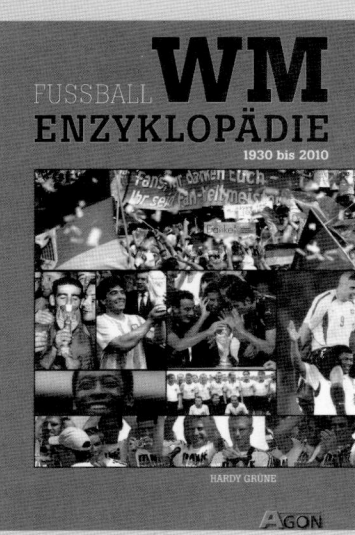

»Drei Kilo pralle Fakten, alles, wirklich alles zu den Weltmeisterschaften, dazu noch sehr anschaulich aufbereitet - gehört in jede Fußballbibliothek«

Manni Breuckmann

»Wieder einmal gelingt Grüne eine unglaubliche Datenfülle ebenso informativ und kompetent, wie unterhaltsam und umfassend rüberzubringen. Die EM-Enzyklopädie ist das, was Grünes Nachschlagewälzer zu sein pflegen: ein Standardwerk.«

Remscheider Generalanzeiger

Hardy Grüne

EM-Enzyklopädie 1960 bis 2012
416 Seiten
über 1.000 Abbildungen
ISBN 978-3-87984-350-9
39,90 Euro

Agon Sportverlag www.agon-sportverlag.de